LEXIKON ZUR BIBEL

LEXIKON ZUR BIBEL

HERAUSGEGEBEN

VON

FRITZ RIENECKER

in Verbindung mit Gerd Seewald und Lothar Coenen

Volksausgabe

R. BROCKHAUS VERLAG WUPPERTAL

1977
5. Auflage der Volksausgabe
12. Gesamtauflage

Textillustration: K. Busch, H. Fickel, E. Remmers
Schutzumschlag: Elfriede Fulda
Gesamtherstellung: Ernst Kaufmann, Lahr/Schwarzwald
ISBN 3-417-00403-9

VORWORT ZUR 1. UND 2. AUFLAGE

Das »Lexikon zur Bibel« soll als biblisches Nachschlagewerk jedem, der selbständig mit der Bibel arbeiten will, eine Hilfe zum Verständnis der uns zeitlich fernliegenden und vielfach fremden Umwelt der biblischen Berichte an die Hand geben.

Welt- und völkergeschichtliche, biographische, archäologische und kulturhistorische Kenntnisse, welche aus einer unübersehbaren Menge von einzelnen Forschungsarbeiten schwer zu gewinnen sind und darum in der Regel nur dem Fachgelehrten zur Verfügung stehen, werden in gedrängter und übersichtlicher Ordnung zugänglich gemacht.

Die bibelwissenschaftlichen Arbeiten wurden dabei nach dem Maßstab gesichtet und verwertet, nach welchem der Verlag auch seine übrigen die Bibel betreffenden Bücher herausgibt: die Heilige Schrift ist maßgebende göttliche Autorität, weil sie aus dem souveränen Offenbarungswillen Gottes entstanden ist, der sein Wort ins Menschenwort hineingibt und es in dieser Gestalt als sein Wort weiterhin erhält und bestätigt.

Diese grundsätzliche Einstellung zur Bibel ist in dem Artikel »Heilige Schrift« dargelegt und begründet. Polemik und Abgrenzung gegen religionswissenschaftliche und literarkritische Thesen haben wir bewußt beschränkt. Eingehende fachwissenschaftliche Auseinandersetzungen oder die Anführung auch nur der wichtigsten abweichenden Meinungen überschreiten den Rahmen dieses Lexikons.

Unser Ziel war, die Gesamtaussagen der Schrift in den einzelnen Artikeln möglichst unvoreingenommen hinzustellen und damit den Anspruch des lebendigen Gottes an den Menschen unserer Tage deutlich zu machen. Das gilt besonders für die Behandlung theologischer Begriffe. Dabei haben wir uns bemüht, das Bild der biblischen Aussagen nicht durch dogmatisch oder kirchengeschichtlich bedingte Vor-Entscheidungen, seien sie kirchlicher oder freikirchlicher Herkunft, zu trüben. Grundlegend war das Bewußtsein, daß die Heilige Schrift der Maßstab ist, von dem unser Denken und Handeln auf allen Gebieten des täglichen Lebens immer wieder gerichtet, korrigiert und neu ausgerichtet wird.

Die Bewältigung der gestellten Aufgabe in verhältnismäßig kurzer Zeit wurde dadurch erleichtert, daß der Verlag Kok in Kampen/Holland uns in großzügigem Entgegenkommen gestattete, für die Realien teils in Übersetzung, teils in Anlehnung entsprechende Artikel der von ihm herausgegebenen »Bijbelse Encyclopädie« zu verwerten.

Manche Anregung und Hinweise verdanken wir außerdem anglo-amerikanischen Bibelwerken (z. B. The Westminster Dictionary of the Bible von J. D. Davis; The Westminster Historical Atlas to the Bible, neubearb. hrsg. von G. E. Wright und F. V. Filson, 5. Aufl. 1957; The New Bible Commentary der Intervarsity Fellowship, hrsg. von F. Davidson, 2. Aufl. 1955; Ungers Bible Dictionary, Moody Press Chicago 1958), die die Darstellung der deutschsprachigen theologischen Literatur ergänzt und korrigiert haben.

Fast alle Mitarbeiter haben ihre Beiträge zum Lexikon neben ihrer eigentlichen Berufsarbeit geleistet und damit um der Sache willen zusätzliche Belastungen auf sich genommen. Anderseits sind hierdurch verschiedentlich Terminschwierigkeiten entstanden, die nur durch eine Gemeinschaftsarbeit überwunden werden konnten. Bei der gesamten Anlage der Arbeit läßt sich aber auch sonst der Anteil des einzelnen Mitarbeiters vielfach nicht genau abgrenzen. Daher haben wir mit wenigen begründeten Ausnahmen von einer Signierung der Einzelartikel abgesehen. Von den Mitarbeitern außerhalb des Verlages hat besonders Herr Pastor Dr. Coenen die Redaktion des Gesamtwerkes wesentlich unterstützt.

Darüber hinaus haben folgende Fachgelehrte uns mit ihrem Wissen zur Seite gestanden und unsere Arbeit kritisch begutachtet: Herr Dr. A. van Deursen, Dozent für biblische Geographie, Groningen/Holland; Herr Oberregierungsrat Dr. jur. K.-F. Engelhardt, Remscheid-Lüttringhausen; Herr Prof. Dr. theol. W. H. Gispen, Amsterdam/Holland; Herr Prof. Dr. theol. F. W. Grosheide, Amsterdam/Holland; Herr Lektor Dr. J. P. Lettinga, Kampen/Holland; Herr Prof. Dr. theol. H. Ridderbos, Kampen/Holland; Herr Prof. Dr. rer. nat. H. Weyland, Wuppertal-Elberfeld; Herr D. J. Wiseman, Britisches Museum London, sowie Herr Prof. Dr. theol. H. W. Wolff, Ingelheim.

Bei der Beschaffung des Bildmaterials waren uns behilflich Herr Prof. Luc. H. Grollenberg O. P., Nimwegen/Holland; Herr R. Inchley vom Verlag der Intervarsity Fellowship, London; Herr Dr. Focko Lüpsen, Bethel-Bielefeld und Herr Willem van de Poll, Amsterdam, außerdem Herr Dr. Tavor und seine Gattin von der Israelischen Botschaft in Köln; Herr W. T. Dajany, der Attaché der Jordanischen Botschaft in Bonn; Herr Dr. Carp von der Türkischen Kulturabteilung in Bad Godesberg und Herr Prof. Dr. Ahmed Moussa vom Kulturrat der Vereinigten Arabischen Republik in Bonn. Herr Prof. Dr. M. Avi-Yonah, Jerusalem, gestattete uns die Benutzung seiner Veröffentlichung »The Madaba Mosaic Map«, Jerusalem 1954, bei der Herstellung der Farbtafel der Medeba-Karte.

All denen, die an der Verwirklichung des Lexikons in irgendeiner Form beteiligt waren, sprechen wir an dieser Stelle unseren herzlichen Dank aus.

Für Korrekturen oder ergänzende Hinweise aus dem Leserkreis ist der Verlag im Blick auf eine etwaige Neuauflage dankbar.

Wuppertal, Oktober 1960

Fritz Rienecker · Gerd Seewald · Rolf Brockhaus

VORWORT ZUR 3. AUFLAGE

Das Lexikon zur Bibel hat eine so unerwartet gute Aufnahme gefunden, daß schon vor Ablauf eines Jahres ein weiterer Nachdruck nötig wurde. Eine systematische Durchsicht des Textes hat uns dabei verschiedene Korrekturen und Verbesserungen ermöglicht.

Außerdem ist der Anhang um folgende Ergänzungen erweitert worden: An die Stelle des Kartenverzeichnisses tritt eine vollständige Aufzählung aller Text- und Tafelabbildungen, nach Sachgebieten geordnet. Ein Register der außerbiblischen geographischen Namen erleichtert die Benutzung und Auswertung des in den Ortsnamenartikeln enthaltenen Materials. Eine Bibliographie zu den Sachgebieten Heilige Schrift und Hilfswissenschaften soll der ersten Unterrichtung und Orientierung für selbständiges Weiterarbeiten dienen.

Anderweitige Verpflichtungen erlaubten es Herrn Pfarrer Rienecker nicht, sich an den Arbeiten zu dieser Neuauflage zu beteiligen. Sie sind von den Mitherausgebern vollverantwortlich durchgeführt worden. Wir danken allen, die uns bei diesen Arbeiten unterstützt haben, besonders Herrn Pastor S. Külling.

Wuppertal, August 1961

Fritz Rienecker · Gerd Seewald · Lothar Coenen

REDAKTION Gerd Seewald

MITARBEITER

Eberhard Auer, Pfarrer, Stuttgart
Hugo Aust, Essen
Werner Bachmann, Prediger, Bochum
Oswald Becker, Vikar, Rheydt
Otto v. Bibra, Pfarrer, Egloffstein/Forchheim
Joachim Bieneck, Dr. theol., Wuppertal-Barmen
Arnold Bittlinger, Pfarrer, Klingen-Münster
Jürgen Blunck, Vikar, Essen-Werden
Werner de Boor, Oberkirchenrat Lic., Schwerin
Hans Brandenburg, Lic., Korntal
Wilhelm Brauer, Pastor, Berlin
Ulrich Brockhaus, Wuppertal-Elberfeld
Martha Buchheim, Wetzlar
Hans Bürki, Dr. phil., Moscia/Schweiz
Lothar Coenen, Pfarrer Dr. theol., Neviges
Günter Dulon, Bibelschullehrer, Wiedenest
Reiner Friedemann Edel, Dr.theol., Marburg
Erich v. Eicken, Pfarrer Dr. theol., Marburg
H. Feghelm, Pfarrer, Heidenheim-Schnaitheim
Sven Findeisen, Pfarrer, Neumünster
Renate Fritz, Dr. phil., Offenbach
Gustav Haarbeck, Pfarrer Dr. theol., Wuppertal-Barmen
Hermann Haarbeck, Direktor Pastor, Wuppertal-Barmen
Ernst Henschen, Pastor, Hamburg-Othmarschen
Arnold Hitzer, Pastor, Darmstadt
Gerhard Hoffmann, Pastor Dr. theol., Hamburg
Peter Hotzelmann, Pastor, Breklum
Hans-Bernhard Kaufmann, Dr. phil., Plön
Horst Kiehne, Pastor, Rothwesten
Samuel Külling, Pastor, Thun/Schweiz
André Lamorte, Prof. Dr. theol. Dr. phil., Aix-en-Provence/Frankreich
Fritz Laubach, Dr. theol., Ewersbach
Johann Laubach, Marburg
Anna Lawton, Bad Salzuflen
Alfred Lechler, Dr. med., Oberursel
Walter Lohrmann, Pfarrer, Hengstfeld
Abraham Meister, Wuppertal-Ronsdorf
Ernst Michel, Wuppertal-Ronsdorf
H. Mulder, Pfarrer Dr. theol., Delft/Holland
Hermann Müller, Pfarrer Dr. theol., Hilchenbach
J. M. Nicole, Prof., Nogent-sur-Marne/Frankreich
Arno Pagel, Pastor, Kalbertal
Helmuth Pohl, Schriftleiter, Kassel
Otto Riecker, Pfarrer Dr. theol., Adelshofen
Fritz Rienecker, Pfarrer, Stuttgart
Heinrich Reuter, Pfarrer Dr. phil. Dr. rer. pol., Ewersbach
Hermann Ruhloff, Seminarlehrer, Ewersbach
Domenico Salvato, Dr. theol., Mettmann
Hans von Sauberzweig, Superintendent, Hamburg-Bahrenfeld
Eberhard Schmidt, Pfarrer, Solingen-Wald
Wolfgang R. Schmidt, Pastor, Hamburg-Nienstedten
Erhard Schneider, Pastor, Koblenz
Siegfried Schneider, Leonberg
Georg Schönweiß, Pastor Dr. theol., Neuendettelsau
Theodor Schreiner, Pfarrer Lic., Wuppertal-Barmen
H. Schultz, Pfarrer, Marburg
Gerd Seewald, Dr. phil., Siegburg
Robert Steiner, Pfarrer, Wuppertal-Barmen
Karl Sundermeier, Pastor, Schwelm
Gertrud Tabler, Vikarin, Marburg
Herbert Venske, Pfarrer, Solingen
Hans Währisch, Pfarrer, Velbert
Reinhard Zorn, Dr. theol., Mönchen-Gladbach

HINWEISE ZUR BENUTZUNG DES LEXIKONS

In Stichworten und Orthographie hält sich das Lexikon an den Luthertext. In dem beigefügten *Register* am Schluß des Bandes kann aber der Leser der Elberfelder, der Menge- und Zürcher Bibel sowie des neu revidierten Luthertestaments bei vom Luthertext abweichenden Übersetzungen das sachlich entsprechende Stichwort im Bibellexikon finden. Auch die Abweichungen in der Namensschreibung, die das Auffinden des gesuchten Artikels häufig erschweren, sind nahezu vollständig berücksichtigt worden. Darüber hinaus ist das Register in vielen Fällen auch als Sachregister zu verwenden.

Außer dem Register enthält der *Anhang* die Zeittafel, das Verzeichnis der Karten, Pläne, Stammbäume und Tabellen und die Evangelienharmonie. Bei den *Verweisen* steht der Pfeil (→) immer unmittelbar vor dem Stichwort, auf das verwiesen wird: → Philister; 2 → jährige Lämmer. Bei Begriffen aus zwei Worten zeigt der Pfeil zugleich an, wo sie im Lexikon eingeordnet sind: → Tausendjähriges Reich, aber Zehn → Gebote, Ehernes → Meer. Die röm. oder arab. Zahlen und Buchstaben hinter dem Stichwort (→ Heiligkeit II, 3c; → Asarja 19; → Auferstehung III A 1) geben den betreffenden Abschnitt des Artikels an; wenn der Verweis im laufenden Text vorkommt, sind sie in Klammern gesetzt, z. B.: einer der sieben → Diener (IV) der Gemeinde in Jerusalem.

Auf Textabbildungen wird mit der Spaltenzahl verwiesen (vgl. Abb. Sp. 951; vgl. Karte Sp. 722), auf Tafeln mit der Nummer der Tafel und der Zahl der Spalte, neben der sie steht (vgl. Taf. 57/896), bei mehreren Bildern auf einer Tafel treten kleine Buchstaben hinzu (vgl. Taf. 48a/737).

VERZEICHNIS DER ABKÜRZUNGEN

ALTES TESTAMENT

Am	Amos	Jer	Jeremia	Neh	Nehemia
Chron	Chronik	Jes	Jesaja	Ob	Obadja
Dan	Daniel	Jo	Joel	Pred	Prediger
Es	Esra	Jon	Jona	Ps	Psalm
Est	Esther	Jos	Josua	Ri	Richter
Hab	Habakuk	Klgl	Klagelieder	Rt	Ruth
Hag	Haggai	Kö	Könige	Sach	Sacharja
Hes	Hesekiel	Mal	Maleachi	Sam	Samuel
Hi	Hiob	Mi	Micha	Spr	Sprüche
Hl	Hoheslied	Mo	Mose	Zeph	Zephanja
Hos	Hosea	Nah	Nahum		

NEUES TESTAMENT

Apg	Apostelgeschichte	Mk	Markusevangelium
Eph	Epheserbrief	Mt	Matthäusevangelium
Gal	Galaterbrief	Offb	Offenbarung Johannes
Hebr	Hebräerbrief	Petr	Petrusbrief
Jak	Jakobusbrief	Phil	Philipperbrief
Joh	Johannesevangelium bzw. Johannesbrief	Phim	Philemonbrief
		Röm	Römerbrief
Jud	Judasbrief	Thess	Thessalonicherbrief
Kol	Kolosserbrief	Tim	Timotheusbrief
Kor	Korintherbrief	Tit	Titusbrief
Lk	Lukasevangelium		

APOKRYPHEN

Bar	Baruch	Makk	Makkabäer	Tob	Tobias
Jdt	Judith	Sir	Sirach	Weish	Weisheit Salomos

ÜBERSETZUNGEN

EÜ	Elberfelder Bibelübersetzung	RÜ	Neue revidierte Lutherübersetzung (NT)
LÜ	Luthers Bibelübersetzung		
MÜ	Menges Bibelübersetzung	ZÜ	Zürcher Bibelübersetzung

ALLGEMEINE ABKÜRZUNGEN

a. a. O.	am angegebenen Ort	hrsg.	herausgegeben
Abb.	Abbildung	Hrsg.	Herausgeber
ägypt.	ägyptisch	Hs., Hss.	Handschrift(en)
akkad.	akkadisch	HS	Heilige Schrift
allg.	allgemein	i. J.	im Jahre
althochdt.	althochdeutsch	insbes.	insbesondere
Anm.	Anmerkung	isrl.	israelitisch
Apokr.	Apokryphen	Jh.	Jahrhundert
arab.	arabisch	Jt.	Jahrtausend
aram.	aramäisch	jüd.	jüdisch
arm.	armenisch	Kap	Kapitel
Art.	Artikel	kath.	katholisch
assyr.	assyrisch	lat.	lateinisch
AT	Altes Testament	Ll.	Luftlinie
atl.	alttestamentlich	lt.	laut
Aufl.	Auflage	luth.	evang.-lutherisch
Ausg.	Ausgabe	LXX	Septuaginta (griech. Übers. des AT)
babyl.	babylonisch		
Bd.	Band	m	Meter
Bde.	Bände	MT	Masoretischer Text (hebr. Text des AT; vgl. → Masora)
bes.	besonders		
betr.	betreffend		
bzw.	beziehungsweise	N	Norden
ca.	cirka	mittelhdt.	mittelhochdeutsch
chald.	chaldäisch	n. Chr.	nach Christi Geburt
d. Ä.	der Ältere	neubabyl.	neubabylonisch
dgl.	dergleichen, desgl.	neuhebr.	neuhebräisch
d. Gr.	der Große	nördl.	nördlich
d. h.	das heißt	NT	Neues Testament
d. i.	das ist	ntl.	neutestamentlich
d. J.	der Jüngere	O	Osten
dt.	deutsch	oberdt.	oberdeutsch
Dyn.	Dynastie	orient.	orientalisch
ebd.	ebenda	östl.	östlich
engl.	englisch	par.	und Parallelstellen
ev.	evangelisch	pers.	persisch
Ev.	Evangelium	phön.	phönizisch
evtl.	eventuell	Plur.	Plural (Mehrzahl)
Expl.	Exemplar	röm.	römisch
f	und folgende(r)	röm.-kath.	römisch-katholisch
ff	Vers, Seite, Jahrg. und folgende Verse, Seit., Jahrg.	S	Süden
		s. d.	siehe dort
		s. o.	siehe oben
frz.	französisch	sog.	sogenannt
geb.	geboren	Sp.	Spalte
gest.	gestorben	spätjüd.	spätjüdisch
griech.	griechisch	spez.	speziell
ha	Hektar	s. u.	siehe unten
Hdb.	Handbuch	südl.	südlich
hebr.	hebräisch	syr.	syrisch
holl.	holländisch	Taf.	Tafel

u.	und	v.	von
u. a.	und andere, unter anderem	v. Chr.	vor Christi Geburt
		vgl.	vergleiche
u. ä.	und ähnliche(s)	viell.	vielleicht
u. a. m.	und anderes mehr	W	Westen
ü. d. M.	über dem Meeresspiegel	westl.	westlich
		wörtl.	wörtlich
u. ö.	und öfter	z. B.	zum Beispiel
urspr.	ursprünglich	Zs.	Zeitschrift
usf.	und so fort	z. T.	zum Teil
usw.	und so weiter	Zushg.	Zusammenhang
V	Vers	z. Zt.	zur Zeit

BÜCHER · SAMMELWERKE · ZEITSCHRIFTEN

Zum Verzeichnis dieser Abkürzungen vgl. die Bibliographie im Anhang.

UMSCHRIFT

Hebräisch

Konsonanten

Alef	—
Bet	b
Gimel	g
Dalet	d
He	h
Waw	w
Zajin	z
Chet	ch
Thet	th
Jod	j
Kaf	k
Lamed	l
Mem	m
Nun	n
Samek	s
Ajin	—
Pe	p
Sade	s
Khof	kh
Resch	r
Sin	s
Schin	sch
Taw	t

Vokale

Khamäs	a (o)
Patach	a
Segol	ä
Sere	e
Choläm	o
Schuräkh	u
Khibbus	u
Chiräkh	i

Griechisch

Alpha	a
Beta	b
Gamma	g
vor g, k, ch	n
Delta	d
Epsilon	e
Zeta	z
Eta	ae
Theta	th
Iota	i
Kappa	k
Lambda	l
My	m
Ny	n
Xi	x
Omikron	o
Pi	p
Rho	r
Sigma	s
Tau	t
Ypsilon	y
nach e, o	u
Phi	ph
Chi	ch
Psi	ps
Omega	ô

BILDNACHWEIS

Bavaria-Verlag, Gauting vor München 1 (van de Poll), 7b (Hans W. Silvester), 10b (Boudot-Lamotte), 14a (Tonny Rosiny), 15 (Omnia), 16 (Hans W. Silvester), 23b (Omnia), 28a (Hans W. Silvester), 43a (van de Poll), 43b (van de Poll), 50a (van de Poll), 50b (Hans W. Silvester), 56a (van de Poll), 56b (van de Poll), 60b (van de Poll), 61 (van de Poll), 62a (van de Poll), 63 (Boudot-Lamotte), 71a (van de Poll), 72 (Hans W. Silvester), 73a (van de Poll), 73b (Hans W. Silvester), 89 (Hans W. Silvester), 90a (Hans W. Silvester), 93 (van de Poll).

Vincent Böckstiegel, Werther-Arrode 14b, 21, 33, 62b, 67c, 91

Botschaft der Vereinigten Arabischen Republik, Bonn 2b

Ulrich Brockhaus, Wuppertal 18b, 24b, 34b, 36, 39, 40, 47a, 52b, 65, 66a, 77b, 78b, 96

Elia Photo-Service, Jerusalem 49

Elsevier, Amsterdam 8a, 8b

Luc. H. Grollenberg O. P. 22a, 22b, 31a, 44a, 55b, 58b, 85b, 95a

Institut Français d'Archaeologie, Beirut/Libanon 32b

Israelische Botschaft, Köln 18a, 19b, 37b, 70b, 80, 81a, 75a, 86a

Dr. Focko Lüpsen, Bethel-Bielefeld 13a, 13b, 25a, 69b, 83b

Palestine Archaeological Museum, Jerusalem 71b

Willem van de Poll, Amsterdam 9a, 17a, 17b, 26a, 26b, 27a, 27b, 28b, 29a, 29b, 35b, 41a, 41b, 45a, 45b, 46a, 48a, 48b, 51, 53, 58a, 64b, 66b, 68a, 69a, 70a, 74a, 75b, 77a, 83a, 86b, 90b

Paul Popper, London 23a, 55a, 87

Alfred Salomon, Freden 31b, 92a

Erich Sauer †, Wiedenest 47b

Walter Schinzer, Kassel 10a, 11b, 68b, 78a

Türkische Botschaft, Bonn (Turkish Press Broadcasting and Tourist Department, Ankara) 34a, 44b, 64a, 75a, 81b, 94

Prof. Dr. H. Weyland, Wuppertal 74b

Mit Genehmigung des Verlegers entnommen aus D. J. Wiseman, Illustrations from Biblical Archaeology, Tyndale Press, London 1959: 4a, 4b, 6, 9b, 12b, 19a, 25b, 30a, 30b, 32a, 37a, 38, 42, 46b, 59a, 59b, 60a, 67a, 67b, 76, 79a, 82, 84b, 88, 92b

Prof. H. W. Wolff, Ingelheim 35a, 79b

Dr. Wolff & Tritschler, Frankfurt 2a, 3a, 3b, 5, 7a, 11a, 20, 24a, 54

أريحا ٦ ك.م
JERICHO 6 K.M.
البحر الميت ٨ ك.م
DEAD SEA 8 K.M.
JERUSALEM 3

Tafel 1

A und O. I) A und O im NT entspricht dem grundtextlichen »Alpha und Omega«, den Anfangs- und Schlußbuchstaben des griech. Alphabets. Diese Ausdrucksweise ist dem hebr. Denken entlehnt; isrl. Schriftausleger benutzten sie, um eine Sache von Anfang bis zu Ende ganz und total zu bezeichnen. So heißt es bei den Rabbinern: »Adam hat das ganze Gesetz von Aleph bis zum Taw (vom ersten bis zum letzten Buchstaben des hebr. Alphabets) übertreten.« Ein anderer rabbinischer Ausspruch lautet: »Abraham hat das ganze Gesetz von Aleph bis zum Taw gehalten.« Vgl. auch unser dt. »von A bis Z«. Rabbi Levi deutet das hebr. Wort *amat* = »Treue« als eine Wesensbezeichnung Gottes, weil Aleph der erste, Mem der mittelste und Taw der letzte Buchstabe des hebr. Alphabetes sei und sie somit das ganze Wesen Gottes als Anfang, Mitte und Ende alles Seins darstellen.

II) Dieser Begriff des »Allumfassenden« = A und O entfaltet sich nun in dreifacher Weise:

1) Gott und Christus sind in allumfassender Weise »eines Wesens« und ohne Anfang und ohne Ende. In Offb 1,8; 21,6 ist A und O die Selbstbezeugung Gottes. Die Formel ist in Offb 22,13 im gleichen Sinne auch als Selbstbezeichnung des erhöhten Christus angeführt. Beide nennen sich A und O. Weil der erhöhte Christus sich als das A und O bezeichnet und sich nennt »der Erste und der Letzte, der Anfang und das Ende«, weiß er sich eins mit Gott (vgl. Joh 10,30). Die Formel A und O versichert also erneut, daß Jesus Christus »wahrhaftiger Gott« ist.

2) Gott und Christus sind in allumfassender Weise die Bürgschaft für die Gabe des ewigen Lebens.

Wenn das Prädikat »der Erste und der Letzte«, eine Erläuterung der Formel A und O, nach Jes 41,4; 44,6; 48,12 im AT eine Selbstbezeichnung des Herrn ist und auch von Jesus Christus gilt, so liegt darin weiterhin die Gewißheit, daß ebenfalls Israel, welches ja zu Gott gehört, auf Grund dieses Gottesnamens »bleiben« wird, bis daß Gott in Christus kommt.

Wenn weiterhin Jesus Christus sich das → »Haupt« der Gemeinde nennt (Eph 1,22) und als solcher das A und O ist, dann steht auch für die »Gemeinde des Herrn« unumstößlich fest, daß die »Gemeinde« als solche »bleiben« wird, bis daß er kommt (Mt 16,18), und daß sie ewig leben wird wie Christus selbst (Eph 3, 9—11 u. a. Stellen).

3) Gott und Christus sind in allumfassender Weise die Garantie für das Geschenk der Glaubensgewißheit.

Die feierliche Anführung des Gottes- und Christusnamens in der Ausdrucksweise des A und O ist eine Bekräftigung an Eides Statt, durch die Gott in Christus bei seinem ewigen, unveränderlichen Wesen schwört, daß sein Wort wahrhaftig ist und daß er sein Wort in seiner Ganzheit gewiß erfüllen wird. Auf diesem Schwur Gottes ruht unsere Glaubensgewißheit und unsere Seligkeit.

III) Der Ausdruck A und O ist ein Hinweis darauf, daß Gott in Jesus Christus ein Lebendiger, immer Wirkender und Schaffender ist, der, obwohl mit unserem Auge nicht sichtbar, dennoch da ist und fort und fort erlebt und erfahren werden darf als der immer Anwesende und nie Abwesende, und einmal über alles Denken hinaus der wunderbar Wiederkommende sein wird. Gott ist in Jesus Christus Schöpfer und Vollender, Urgrund und Ziel schlechthin und absolut.

Aaron. Bedeutung ungeklärt. A. war ein Nachkomme Levis und Sohn von Amram und Jochebed (2 Mo 6,20; 4 Mo 26,59). Er war jünger als seine Schwester Mirjam und drei Jahre älter als sein Bruder Mose (2 Mo 7,7). A. heiratete Eliseba, die Tochter Amminadabs und Schwester Nahessons aus dem Stamm Juda (4 Mo 1,7). Sie gebar ihm vier Söhne: Nadab, Abihu, Eleasar, Ithamar (2 Mo 6,23).

Als Gott Mose zum Führer und Befreier Israels beruft, ordnet er ihm A., der 83 Jahre alt ist, als Sprecher zu. Er soll sein Mund (2 Mo 4,16) und sein Prophet (2 Mo 7,1) sein. Die beiden Brüder treffen sich in der Wüste (2 Mo 4,27) und treten gemeinsam vor die Ältesten Israels (V 28—31) und Pharao Beim Gespräch mit Pharao und bei den ersten drei Plagen führt A. auch den Stab (2 Mo 7,9. 19; 8,1 [5]. 12 [16]), der später nur noch in der Hand Moses erscheint. A. und Mose empfangen die Erlaubnis zum Auszug aus Ägypten (2 Mo 12,31) und leiten das Volk auf der Wüstenwanderung (Kap 16). Die Stelle 2 Mo 19,22—24, wo A. vor den anderen Priestern bevorzugt wird, läßt es möglich erscheinen, daß er schon in Ägypten eine priesterliche Stellung innegehabt hatte.

Als Mose während der Schlacht gegen die Amalekiter betet, stützen A. und Hur seine Arme (2 Mo 17,12). Am Sinai steigt A. mit Mose auf den Berg (2 Mo 19,24) und begleitet mit seinen zwei Söhnen, Nadab und Abihu, und 70 Ältesten den Führer Mose zur feierlichen Bundesschließung vor dem Herrn (2 Mo 24,1.9). Als Mose wiederum auf den Berg Sinai hinaufsteigt, setzt er A. und Hur als seine Stellvertreter ein, die während seiner Abwesenheit das oberste Richteramt versehen (V 14). In den folgenden 40 Tagen erhält Mose von Gott den Auftrag, A. und seine Söhne zu Priestern zu weihen (Kap 28; 29).

Das Hohepriestertum vererbte sich auf A. Nachkommen (2 Mo 29,30), die Psalmen preisen ihn als ehrwürdiges Vorbild dieser Würde (Ps 99,6; 133,2). Vorrechte und Einkünfte der Priester werden nach der Vernichtung der Rotte Korahs geregelt (4 Mo 18). Die eingehenden Vorschriften für die Priesterkleidung sind oft als Rückspiegelung aus späterer Zeit angesehen worden. Die Ausgrabungen haben jedoch gezeigt, daß man die notwendigen handwerklichen Arbeiten schon z. Zt. A. auszuführen verstand.

Während Mose auf dem Berg weilt, gibt A. dem

Tafel 2
a. Blick über den Nil.
b. Die Nilinsel Elephantine bei Assuan, wo im 6. und 5. Jh. v. Chr. eine jüd. Militärkolonie mit einem → Tempel (VII, 2) bestand. Das geht aus zahlreichen Papyrusurkunden hervor, die hier gefunden wurden.

Drängen des Volkes nach und richtet ein Stierbild (goldenes → Kalb) auf. Ohne Mose besitzt A. nicht die nötige Widerstandskraft, den Israeliten entgegenzutreten und sie vom Abfall zurückzuhalten. Seine ganze Hilflosigkeit drückt sich in seiner dürftigen Entschuldigung aus (2 Mo 32). Mose rettet ihn durch seine Fürbitte vor dem Zorn Gottes (5 Mo 9,20) und weiht ihn, als das heilige Zelt fertiggestellt ist, mit seinen Söhnen nach dem Befehl des Herrn zum Priester (3 Mo 8). In der hohenpriesterlichen Kleidung A. wird seine Stellung, vor allem durch das → Amtschild mit den 12 Edelsteinen und den Urim und Thummim (→ Licht und Recht), hervorgehoben. Noch am Tage ihrer Priesterweihe brachten A. älteste Söhne → Nadab und → Abihu ein Feueropfer dar, das der Herr nicht befohlen hatte, und mußten für ihre Eigenmächtigkeit sterben (3 Mo 10,1.2). Nicht nur ihr plötzlicher Tod zeigt, wie ernst es Gott mit dem Dienst des Priesters nimmt, sondern auch die Tatsache, daß A. als Hoherpriester seiner persönlichen Trauer keinen Ausdruck verleihen darf, er würde sonst sterben müssen (V 6). Das beweist, wie streng Gott sein Wort nimmt: »An denen, die mir nahe stehen, will ich mich als den Heiligen erweisen« (V 3).

Im zweiten Jahr der Wüstenwanderung tritt A. mit Mirjam gegen Mose auf. Sie nehmen Anstoß an seiner kuschitischen Frau (→ Mose) und zweifeln seine besondere Stellung vor Gott an. Mirjam, die der Herr mit Aussatz bestraft, scheint dabei die treibende Kraft gewesen zu sein. A. tritt bei Mose für sie ein, und auf dessen Gebet wird sie geheilt (4 Mo 12).

Der Aufruhr Korahs, Dathans und Abirams richtet sich nicht nur gegen die Führung Moses, sondern auch gegen das auf A. und seine Söhne beschränkte Priestertum. Als das Volk Mose und A. den Tod der Empörer zur Last legt, schickt der Herr eine Plage unter die Israeliten, der A. durch sein Räuchern ein Ende setzt. Darauf bestätigt der Herr das Priestertum A. erneut und läßt den Stab Levis, auf dem A. Name geschrieben steht, ausschlagen und blühen (Kap 16; 17). Der Stab findet dann seinen Platz in der Bundeslade (Hebr 9,4).

Bei Kades wird A. am Ungehorsam des Mose mitschuldig, als dieser zweimal mit dem Stab an den Felsen schlägt, statt zum Felsen nur zu reden. Damit verlieren beide das Anrecht, das verheißene Land zu betreten (4 Mo 20). Bald darauf beruft der Herr A. ab. Mose steigt auf sein Geheiß mit A. und Eleasar auf den Berg Hor. Dort zieht er A. die hohenpriesterlichen Kleider aus und legt sie Eleasar an, der damit an die Stelle seines Vaters tritt. A. stirbt im Alter von 123 Jahren (4 Mo 33,39) und wird 30 Tage lang beweint (4 Mo 20,23–29).

A. erscheint als ein wenig selbständiger Charakter, der in seinem Handeln stark von andern – Mose, Mirjam, dem Volk – bestimmt wird. Seine Bedeutung liegt darin, daß Gott ihn zum Hohenpriester Israels berufen hat. Doch sein Amt ist begrenzt, was besonders deutlich in dem Ausziehen der Priesterkleidung vor seinem Tode zum Ausdruck kommt.

Der Hebräerbrief betont in Kap 7–9 deutlich und eindringlich die Vorläufigkeit und Unzulänglichkeit des aaronitischen Priestertums gegenüber dem messianischen »nach der Ordnung Melchisedeks« (Hebr 5,6; 7,11).

Aas. I) In buchstäblicher Bedeutung.

1) Das Wort A. bedeutet den toten Körper eines Tieres, das nicht durch Schlachtung zum Opfer oder zur Mahlzeit getötet worden ist, sondern eines natürlichen Todes gestorben oder ohne Blutverlust umgekommen ist; Apg 15,20 steht dafür »Ersticktes«. 1 Mo 15,11 wird ausnahmsweise das Opfertier Abrahams als A. bezeichnet, das schon längere Zeit auf dem Altar lag. Der Leichnam der Gottlosen, z. B. Isebels (2 Kö 9,37), wird auch als A. bezeichnet.

2) Das isrl. Zeremonialgesetz enthielt in Bezug auf das A. folgende Bestimmungen: Das A. reiner Tiere war unrein und seine Berührung oder sein Genuß schloß jeden Israeliten aus der Gemeinschaft mit Gott und dem Volk bis an den Abend des betreffenden Tages aus. Der Unreine verunreinigte auch das, was er bis zum Abend berührte. Erst wenn er sich gebadet und seine Kleider gewaschen hatte, war er wieder rein (3 Mo 11,39.40; 17,15; 22,8; 2 Mo 22,30 [31]). Das Fett des A. durfte nicht gegessen, wohl aber sonst verwendet werden (3 Mo 7,24). Das A. unreiner Tiere, auf welche Weise sie auch verendet sein mochten, verunreinigte den Israeliten in jedem Falle (3 Mo 5,2; 11,8.24.36). Auch derjenige, welcher unbewußt das A. eines unreinen Tieres berührte, wurde unrein und mußte ein Schuldopfer darbringen (3 Mo 5,2ff).

3) Aber nicht nur der Israelit und das, was er berührte, sondern auch jeder Gegenstand, auf den ein A. fiel, wurde bis an den Abend unrein. Zerbrechliche Gefäße, die mit A. in Berührung gekommen waren, mußten zerbrochen, hölzerne Gefäße, Kleider usw. ins Wasser gelegt werden. Jedes Getränk aus einem solchen Gefäß, jede Speise daraus verunreinigte. Die Brunnen, die Gruben und Wasserbehälter, in die A. hineingeriet, blieben rein; ebenso der Same, wenn er auch mit A. zusammengekommen war. Den zum Säen bestimmten Samen verunreinigte ein A. dann, wenn der Same bereits in Wasser eingeweicht worden war (3 Mo 11,32–38).

→ Fremdlinge dagegen durften A. essen und wieder verkaufen (5 Mo 14,21). Sonst warf man es den Hunden vor (2 Mo 22,30 [31]). Die Heidenchristen der urchristlichen Gemeinden sollten um der brüderlichen Gemeinschaft mit den Judenchristen willen sich des Erstickten, also des A. enthalten (Apg 15,20ff).

4) Als Grund dieser Verbote wurde angegeben: Denn du bist ein heiliges Volk dem Herrn, deinem Gott (5 Mo 7,6). Der Tod jeder Kreatur ist wegen seines Zusammenhanges mit der Sünde des Menschen etwas Verunreinigendes und Befleckendes. Die Bestimmungen des Zeremonialgesetzes über das A. sollen also im Volke Gottes das Bewußtsein seiner Trennung von Gott durch die Sünde und deren Schuld lebendig erhalten. Sie geben Zeugnis davon, daß Gott kein Gefallen an der Sünde und am Tode hat. In diesen Gesetzen nur gesundheitspolizeiliche Vorschriften zu sehen, heißt, das ganze Wesen des mosaischen Gesetzes verkennen.

II) In bildlicher Verwendung steht das den Feldtieren und Vögeln zum Fraß hingeworfene A. für das dem Gericht Gottes verfallene Ägypten (Hes 32, 3–5). Die Schnelligkeit, mit der sich die Geier (LÜ Adler) am A. sammeln, ist Hab 1,8 Bild der zum Gericht nahenden Chaldäer. In der Form eines Sprichworts: wo ein A. ist, da sammeln sich die Adler (Mt 24,28; Lk 17,37) wendet Jesus das gleiche Bild auf seine Wiederkunft an, die wie das Eintreffen der Raubvögel am gefallenen Tier sicher, unvermittelt und offenbar sein wird.

Vgl. weiter → Rein und unrein, → Leichnam.

Ab → Jahr

Abaddon »Vernichtung, Untergang«.

Name des »Engels des Abgrunds« (Offb. 9,11), der

auf griech. Apollyon = »Verderben« heißt. Im AT bezeichnet dieser Ausdruck (Hi 31,12 LÜ Abgrund) auch das Totenreich, das Hi 26,6; Ps. 88,12 (LÜ Verderben) neben dem Grab, Hi 28,22 neben dem Tod und Spr 15,11; 27,20 neben der Hölle genannt wird. Auch in der rabbinischen Literatur kommt das Wort für den untersten Raum der Hölle vor (StB III,810).

Abagtha »Schöngestaltig« oder »Glücksgabe« (?). Einer der → Kämmerer des Perserkönigs Ahasveros (Est 1,10), die den König persönlich bedienten. Das hebr. Wort bezeichnet sie als → Verschnittene.

Abarim (Landstrich) »jenseits« (eines Tals oder Flusses).
Gebirgiges Hochland östl. des Jordan (Jer 22,20), das den Westrand der moabitischen Hochebene bildet und dessen steile Hänge vom Westufer des Jordans aus als das »Jenseitige« bezeichnet wurden. Es erstreckt sich über moabitisches Gebiet und das Erbland Rubens. Seine höchsten Erhebungen sind der Nebo (5 Mo 32,49), von dem aus Mose das verheißene Land schauen durfte, die Höhen des Pisga (5 Mo 34,1) und der Peor (4 Mo 23,28). Auf dem Gebirge A. hatten die Israeliten ihren vorletzten Lagerplatz vor dem Einzug ins Land Kanaan, von hier aus stiegen sie in die Jordanebene, um nach Abel-Sittim im Wadi Kefren zu kommen (4 Mo 33,47). Vgl. Taf. 71a/1120.

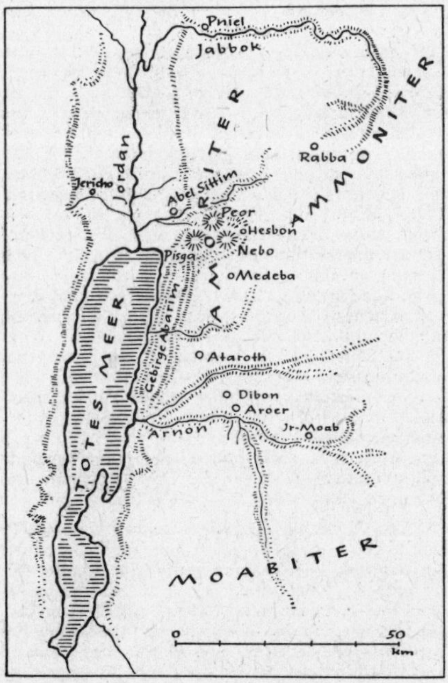

Gebirge Abarim und das südl. Ostjordanland

Abba → Vater; → Namen Gottes III, 2

Abbitten, durch Bitten oder Gebet einen andern von einem Vorhaben abbringen (Jes 47,3).

Abda »Diener«, wohl Kurzform von Obadja »Diener des Herrn«; *a* kann auch Vokativendung sein: »oh Diener«.

1) Vater Adonirams (1 Kö 4,6).
2) Levit, der Sohn Sammuas (Neh 11,17), in 1 Chron 9,16 → Obadja genannt.

Abdeel »Diener Gottes«.
Vater Selemjas (Jer 36,26).

Abdi, Kurzform für »Diener des Herrn« oder »Mein Diener«.
1) Levit aus dem Geschlecht Meraris, der Großvater Ethans, eines der Tempelsänger z. Zt. Davids (1 Chron 6,29 [44]).
2) Vater des Leviten Kis z. Zt. Hiskias (2 Chron 29,12).
3) Mann aus dem Geschlecht Elams (Es 10,26).

Abdiel »Diener Gottes«.
Gaditer in Gilead, Vater des Ahi (1 Chron 5,15).

Abdon »Untertänig, Knecht dem (Gottes)«.
1) Sohn Hillels, aus Pirathon in Ephraim, der 8 Jahre Richter über Israel war. Seine 40 Söhne und 30 Enkel besaßen jeder einen Esel als Reittier, was zu seiner Zeit, als die Israeliten noch keine Pferde hatten, ein Zeichen für den Reichtum und die Bedeutung der Familie war (Ri 12,13–15).
2) Sohn Sasaks, ein Benjaminit in Jerusalem (1 Chron 8,23.25.28).
3) Ältester Sohn des Jeiel in Gibeon, ein Vorfahr Sauls (1 Chron 8,30; 9,35.36).
4) Sohn Michas, ein Hofbeamter König Josias (2 Chron 34,20), heißt sonst → Achbor.
5) Levitenstadt der Gersoniter im Stamme Asser (Jos 21,30; 1 Chron 6,59 [74]), heute Chirbet Abde (neuhebr. Kefar Avdon), 17 km nordöstl. von Akko (vgl. Karte Sp. 846). In Jos 19,28 ist statt »Ebron« auch »Abdon« zu lesen, da hier wahrscheinlich eine Verwechslung der hebr. Buchstaben d und r vorliegt.

Abed-Nego, wahrscheinlich = Abed-Nebo »Diener des (babyl. Gottes) → Nebo«. Babyl. Name des Asarja, Daniels Freund (Dan 1,7). A. erhält mit Sadrach und Mesach zusammen die Verwaltung der Landschaft Babel (Dan 2,49). Wegen ihrer Weigerung, das goldene Bild anzubeten, werden sie in den Feuerofen geworfen und durch den Engel Gottes gerettet (Dan 3,12–30).

Abel. I) Viell. mit assyr. *aplu* oder sumerisch *ibila* »Sohn« zusammenhängend.
Der zweite Sohn Adams, ein Schafhirt. Gott nahm das Opfer an, das A. von den Erstlingen seiner Herde und ihrem Fett darbrachte. Sein Bruder Kain erschlug ihn aus Neid, als sein eigenes gleichzeitiges Opfer nicht angenommen wurde (1 Mo 4,2–11). Im NT wird A. der Gerechte genannt und sein Glaube und Handeln gerühmt (Mt 23,35; Hebr 11, 4; 1 Joh 3,12). Daß das vergossene Blut A. anklagend zu Gott schrie, wird Hebr 12,24 in Beziehung zu dem mächtigeren Reden des Blutes Christi gesetzt, das Grundlage der Vergebung ist.
II,1) A. wird in Verbindung mit anderen Namen meist mit »Grasflecken, Weide, Aue« übersetzt, Stätten, die sich durch Anmut und Fruchtbarkeit auszeichnen. Der Name kann aber auch einen »Ort mit einem gedeckten Brunnen« bezeichnen.
2) A. (2 Sam 20,18) ist identisch mit → Abel-Beth-Maacha (vgl. V 14.15).

Abel-Beth-Maacha »Aue, Wasserlauf (bei) Beth-Maacha«,
Grenzfeste im Stammgebiet Naphtalis (2 Sam 20, 15), etwa 45 km (Ll.) nördl. vom See Genezareth. 2 Chron 16,4 wird diese Stadt Abel Maim genannt (»Wasseraue, bewässertes Land«, vgl. 1 Kö 15,20). Hier endete die Verfolgung des Empörers Seba durch Joab (2 Sam 20,13–22). Die Weisheit der Einwoh-

ner von A. war sprichwörtlich (V 18). Die Stadt wurde durch Benhadad zerstört (1 Kö 15,20), und Thiglath-Pileser III. führte ihre Einwohner in assyr. Gefangenschaft (2 Kö 15,29).

Abel Maim → Abel-Beth-Maacha

Abel-Mehola viell. »Tanzwiese«.
Heimatort des Propheten Elisa, wohl das heutige Tell Aba Sifri, am Oberlauf des Baches Wadi el-Maleh, ca. 25 km nordöstl. von Sichem.
Zu der Rolle, die der Ort in der Gaubeschreibung aus salomonischer Zeit spielt, würde diese Ansetzung gut passen: als Grenze des Verwaltungsgebietes »von Beth-Sean bis an A.–M.« (1 Kö 4,12). Zu beiden Seiten des Wadis nimmt der Ackerboden eine größere Breite an, so daß man sich hier Elisa von A.–M. mit zwölf Joch Ochsen auf einem Feld pflügend gut vorstellen kann (1 Kö 19,16.19). Vgl. PJb 1928, S. 45; 1932, S. 40. Vgl. Karte Sp. 492.

Abel Mizraim (ZÜ; EÜ Avel-Mizraim; LÜ Der Ägypter Klage) → Atad.

Abel Sittim viell. »Akazienaue«.
Letzter Lagerplatz der Israeliten vor ihrem Durchzug durch den Jordan nach Kanaan (4 Mo 33,49). Der Ort heißt 4 Mo 25,1; Jos 2,1; Mi 6,5 nur → Sittim. Vgl. Karte Sp. 5; 730.

Abend. Außer für die Tageszeit (1 Mo 24,63) wird A. auch für die Himmelsrichtung Westen gebraucht (1 Mo 28,14; Jos 1,4; Jes 11,14; Mt 8,11). Bis zum A. (3 Mo 15,5; Ri 20,26) bedeutet den ganzen → Tag, da der neue Tag mit Sonnenuntergang beginnt.

Abendmahl. Jesus Christus selber hat das A. in der Nacht vor seinem Tode für seine Jünger und die spätere Gemeinde eingesetzt (Mt 26,26ff; Mk 14,22 ff; Lk 22,19f). Der Apostel Paulus beruft sich auf die Einsetzung des A. durch den Herrn (1 Kor.11, 23ff) und nennt darum diese Mahlfeier auch »Tisch des Herrn« (1 Kor 10,21) oder »Herrnmahl« (1 Kor 11,20), wie er auch in diesem Zusammenhang vom »Kelch des Herrn« spricht (1 Kor 10,21; 11,27).
Die Abendmahlsfeier Jesu und das Mahl der Urgemeinde weisen zurück auf das → Passah Israels (Mt 26,17; Mk 14,12; Lk 22,1; 1 Kor 5,7), das vor dem Auszug des Volkes aus Ägypten von Gott angeordnet wurde (2 Mo 12,3–23). Die Passahfeier Israels ist das atl. Vorbild für das A. der ntl. Gemeinde der Gläubigen.

I) DAS PASSAH ISRAELS. Als das Volk des alten Bundes nach 430jähriger Knechtschaft in Ägypten (2 Mo 12,40) seinen Weg durch die Wüste nach dem Land der Verheißung antrat, mußte in der Nacht der Befreiung in jedem israelitischen Haushalt ein fehlerloses Lamm geopfert werden. Denn auch Israel stand unter Sünde und Schuld. Streitsucht und Zank (2 Mo 2,13), Hader und Verbitterung gegen Gott und seinen Knecht Mose (2 Mo 5, 21) herrschten im Volk. Die Ältesten mißtrauten dem, was Gott durch Mose verhieß (2 Mo 6,9). Sogar von den religiösen Sitten und Gebräuchen ihrer Umwelt hatten die Israeliten angenommen. Denn das goldene Kalb, das sie unter Aarons Anleitung später am Sinai anfertigten, entsprach ganz der kultischen Verehrung mumifizierter heiliger Tiere durch die Ägypter. Aber trotz der Sünde Israels schafft Gott mit dem Gericht über Ägypten zugleich die Möglichkeit zur Rettung seines Volkes. In jedem Haus wird ein Lamm geopfert, d. h. an Stelle der sündigen Hausbewohner stirbt ein unschuldiges Tier. Mit dem Blut des Lammes werden die Türpfosten und die Oberschwelle bestrichen, es ist »das Zeichen« (2 Mo 12,13), das das Volk Gottes vor dem Verderber rettet.

II) DAS PASSAH DES NTL. GOTTESVOLKES. Paulus schreibt: »Unser Passah ist geopfert: Christus!« (1 Kor 5,7). Wie das Blut des Passahlammes in der Nacht vor dem Auszug aus Ägypten die Rettung Israels erwirkte, so rettet das Blut Jesu die Gemeinde des neuen Bundes. Christus ist unser Passahlamm, am Passahfest geopfert. Nach Joh 19,30f darf angenommen werden, daß Jesus am Kreuz in den Stunden starb, in denen die Israeliten im Tempel das → Passah (VI) schlachteten. Mit seinem Blut gab Jesus uns sein Leben (3 Mo 17,11). Durch seinen Opfertod hat er uns erlöst von der Macht der Sünde und des Teufels (1 Petr 1,18f). Das Blut Jesu Christi reinigt unser Leben von der Sünde (1 Joh 1,7; Hebr 9,14) und heiligt uns. Eine umwandelnde, heiligende Kraft strömt vom Sühnetod Jesu aus in das Leben derer, die die Erlösung im Glauben angenommen haben (Hebr 13,12). Gottes Wort verheißt uns: »Wir haben die Freudigkeit zum Eingang in das Heilige durch sein Blut« (Hebr 10,19). Der Weg zum Herzen Gottes ist wieder frei, weil Jesus starb. So ist uns durch das Blut Jesu, durch sein für uns dahingegebenes Leben alles geschenkt: Erlösung – Reinigung – Heiligung – Anteil an der Herrlichkeit Gottes. Vgl. → Opfer.

III) Das A. ist ein GEDÄCHTNISMAHL der Gemeinde Jesu. Wie dem atl. Gottesvolk die stete Erinnerung an den Auszug aus Ägypten durch das Passahopfer geboten war (2 Mo 12,24f.42), so soll auch die ntl. Gemeinde immer wieder des Todes ihres Herrn gedenken. »Dies tut zu meinem Gedächtnis!« (Lk 22, 19; 1 Kor 11,24f). Diese Worte fehlen zwar in den beiden ältesten Evangelien Matthäus und Markus. Es besteht jedoch kein Zweifel daran, daß Lukas und Paulus auf die Einsetzungsworte zurückgehen, die der Herr in der letzten Nacht gesprochen hat. Wenn nicht Jesus die Wiederholung des Mahles selbst angeordnet hätte, wäre die Selbstverständlichkeit unerklärlich, mit der die Urgemeinde von Anfang an immer wieder das Mahl gefeiert hat (Apg 2,42.46; 20,7). Das Passahopfer sollte stets von neuem vollzogen werden, um die Erinnerung an die große Heilstat Gottes wachzuhalten. Wohl ist das Opfer Jesu ein einmaliges, ein für allemal abgeschlossenes Geschehen: »Christus wurde einmal geopfert, wegzunehmen vieler Sünden; zum andernmal wird er ohne Sünde zur Seligkeit erscheinen denen, die auf ihn warten« (Hebr 9,28). Jesu Tod ist unwiederholbar; aber die Gemeinde soll sich immer wieder an das Opfer Jesu erinnern, indem sie sich um den Tisch des Herrn versammelt.

IV) Das A. ist ein AUSDRUCK DER GEMEINSCHAFT (1 Kor 10,16f). Das griech. Wort *koinônia* heißt in seiner ursprünglichen Bedeutung »Teilhaberschaft«. Mit dieser Mahlgemeinschaft erlebt die Gemeinde sowohl ihre Teilhabe am göttlichen Geschehen der Vergebung, wie auch die Verbundenheit untereinander, wie sie die Glieder eines Leibes haben. Die Beziehung zur Geschichte Israels ist auch hier wichtig. Gott gab seinem alten Bundesvolk in Mose einen Führer, mit dem es beim Durchzug durch das Rote Meer in eine unlösbare Schicksalsgemeinschaft trat. Er gab Israel auch Brot vom Himmel und Wasser aus dem Felsen, um es auf der Wüstenwanderung zu stärken. Wer nicht von dem Brot Gottes aß, verhungerte auf dem Wege. Täglich mußte es gesammelt werden. Ähnlich gewann der einzelne Israelit durch das Essen der geistlichen Speise immer wieder Anteil an dem wunderbaren Geschehen, durch das Gott sein Bundesvolk zum Ziele führte. Der Hirte der ntl. Gemeinde ist Jesus Christus, der durch den Heiligen Geist in seinen Nachfolgern wohnt, seine Gemeinde leitet und regiert (2 Kor 3, 17). Und wie Israel immer wieder Wunderhilfe durch Himmelsbrot und Felsenwasser erfuhr, so sind auch in der Gemeinde Jesu geistliche Kräfte wirksam, die stets neu beleben und bevollmächtigen. Der Weg unseres Herrn hat drei Stationen: Kreuzestod, Auferstehung und Himmelfahrt, Wiederkunft in Herrlichkeit. Die dritte steht noch aus. Durch den Empfang des Heiligen Geistes werden wir Glieder am Leibe Christi, in der Nachfolge zu einer unlösbaren Lebens- und Opfergemeinschaft mit unserem Haupt verbunden. Nun gilt es, im engsten Anschluß an ihn zu bleiben (Joh 15), um Leidenskraft (Mt 10,24; Lk 6,40) und Vollmacht zum Wirken (Lk 10,19; Joh 14,12) zu haben, auf daß wir auch den letzten Abschnitt erreichen: »Ihr seid der Sünde abgestorben, und euer Leben ist zusammen mit Christus in Gott verborgen. Mit ihm werdet ihr offenbar werden in Herrlichkeit« (Kol 3,3f). Das ist das Ziel unseres Weges. Und so wird das, was für das alte Bundesvolk das Manna in der Wüste war, für das neue Volk Gottes die Abendmahlsgemeinschaft: eine lebendige Quelle der Kraft in Erinnerung an das Erdulden und die Siege des Herrn. »Gemeinschaft heißt, daß man wieder zusammenkommt, alle paar Tage, und das Mahl hält« (Karl Heim).

V) Das A. ist eine besondere Form der VERKÜNDIGUNG. Paulus sagt 1 Kor 11,26: »So oft ihr dieses Brot eßt und den Kelch trinkt, verkündigt ihr den Tod des Herrn«. »Dies ist mein Leib, für euch dahingegeben« (1 Kor 11,24). Das Kreuz Christi steht im Mittelpunkt dieser Verkündigung. Jesus starb den Tod eines Verbrechers – für uns! »Dieser Kelch ist der neue Bund in meinem Blut« (1 Kor 11,25). Das A. ist also ebenso Ausrufung des neuen Bundes, den Gott auf Golgatha mit der Menschheit geschlossen hat, wie Verkündigung des Sühnetodes Jesu. Als Gott den alten Bund mit Israel am Sinai schloß, floß zur Bestätigung Opferblut (2 Mo 24,8). Der neue Bund wurde in gleicher Weise besiegelt (Hebr 9,15f). Der alte Bund bezog Israel in die Gottesgemeinschaft ein und machte es zum Volk Gottes. Der neue Bund gilt der ganzen Menschheit. Gottes Liebe umschließt alle Menschen. Jedem ist das Heil zugänglich, jeder darf es ergreifen.

VI) AN WEN richtet sich das Zeichen des göttlichen Heils beim A.? Es besteht wohl kein Zweifel, daß die Urchristenheit das A. unter Ausschluß der Öffentlichkeit gefeiert hat. Nur Gemeindeglieder durften zugegen sein. Offenbar ist die Feier

1) eine Darstellung der Vergebung und Erlösung für die Gemeinde selbst. So oft wir zum Tisch des Herrn gehen, gibt uns der Herr selber jedesmal erneut eine Bestätigung unserer Errettung. Brot und Wein wollen uns in zeichenhafter Sprache sagen: so wirklich, wie wir das Brot brechen, so wirklich ließ sich Jesus für uns grausam martern und hinrichten. So wirklich, wie wir den Wein trinken, so wirklich verblutete er für uns in Schmach und Verlassenheit.

2) Das A. ist auch Gemeinschaft der Kinder Gottes vor der unsichtbaren Welt. Nach dem Zeugnis des NT wissen wir, daß die Engel Gottes und die Dämonen Anteil nehmen an allem, was Gott mit der Christusgemeinde tut (Mt 18,10; 1 Kor 11,10; Hebr 1,14; 1 Petr 1,12; Eph 2,2;6,12). Die Gemeinde Jesu soll der Engelwelt und den Dienern Satans ein Anschauungsunterricht sein für das, was Gottes Gnade vermag (Eph 3,10). So dürfen wir sagen, daß die Augen der unsichtbaren Welt auf die Gemeinde gerichtet sind, wenn sie sich um den Tisch des Herrn versammelt.

VII) Das A. als AUSDRUCK DER FREUDE auf die Wiederkunft Jesu Christi. »So oft ihr dieses Brot eßt und den Kelch trinkt, verkündigt ihr den Tod des Herrn, bis er kommt« (1 Kor 11,26). Diese Worte setzen dem A. eine zeitliche Grenze. Mit der Wiederkunft Jesu und der Entrückung seiner Gemeinde findet die irdische Form der heiligen Gemeinschaft ihren Abschluß. Ihre Vollendung findet sie in Gottes Herrlichkeit (Lk 13,28f; Offb 19,6ff; 2 Tim 2,12). Schon in der Nacht, in der Jesus mit seinen Jüngern das A. feierte, sprach er davon, daß er Brot und Wein eines Tages aufs neue mit ihnen teilen werde, aber in verklärter Weise, weil es dann im »Reiche Gottes« geschehen werde (Mt 26,29; Mk 14,25; Lk 22,16). Damit wurde die Niedergeschlagenheit und Verzweiflung in der Nacht des Verrates, als der Herr beim Mahl von seinem ihnen noch unverständlichen Leiden sprach, überstrahlt von der Hoffnung auf eine herrliche Zukunft. Fortan lag auf den Mahlverbindungen der Jünger eine geradezu himmlische Freude. Jesus hatte verheißen, die Gemeinschaft aufs neue mit ihnen zu feiern in der Herrlichkeit des Vaters. Jede Erinnerungsfeier der Urgemeinde an ihren Meister wurde nun ein Vorwegnehmen des großen Freudenmahls, das Jesus den Seinen versprochen hatte. Gerade beim A. kam die heilige Gewißheit einer wunderbaren Zukunft in fröhlicher Zuversicht zum Ausdruck. Das sollte auch für die Abendmahlsfeiern der gegenwärtigen Gemeinde gelten.

Abendopfer → Opfer

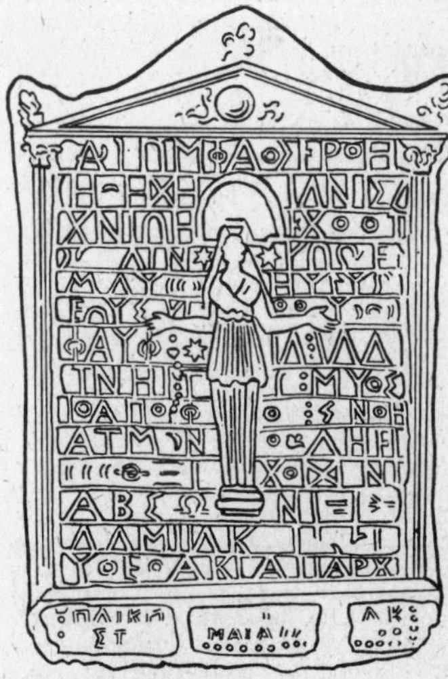

Griech. Amulett mit Darstellung der Diana von Ephesus (2. Jh. v. Chr.)

Aberglaube. I) LÜ setzt A. für das griech. Wort *deisidaimonia* (Apg 25,19), das Gottesfurcht, Aberglaube und allgemein Religion bedeuten kann. In diesem Fall wird kaum ein negativer Sinn anzunehmen sein, wenn Festus König Agrippa gegenüber, der selber Jude ist, vom A. der Juden spricht.

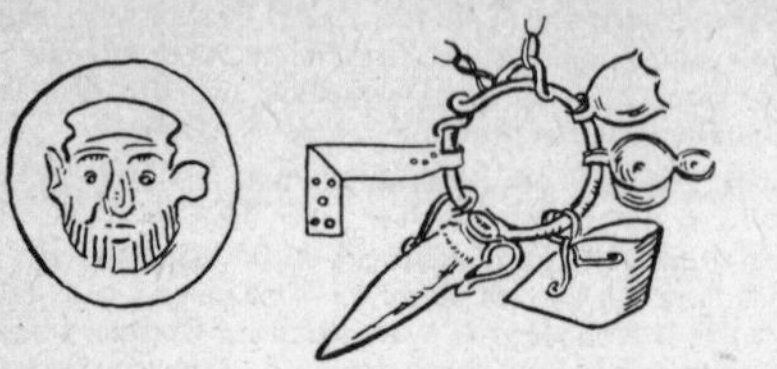

Gußform aus Geser für ein Amulett mit dem ägypt. Zwerggott Bes und Anhänger einer Amulettkette aus Jerusalem (Römerzeit)

II) Wenn die HS auch das Wort A. als Sammelbegriff für verzerrten Glauben nicht verwendet, so ist doch die Sache in Israel stets streng verboten gewesen (5 Mo 18,9–14). Im Gegensatz dazu bilden im Heidentum Magie, Astrologie usw. ein Wesensstück der Religion.
Vgl. → Totenbeschwörung, → Wahrsagerei, → Zauberei.

Abfall, abfallen. I) A. ist Treubruch oder die Trennung Untergebener von ihren Herren und die Gehorsamsverweigerung der Soldaten ihren Offizieren und Königen gegenüber (2 Kö 8,22; 1 Kö 12, 19; 1 Mo 14,4; Jer 52,3).

II) In Bezug auf Gott ist A. die Verletzung der schuldigen Treue, das Abweichen von seinem Wort und die Empörung des Menschen gegen Gott durch die Sünde, an der wir alle teilhaben (Ps 53,4; Jer 2, 29). A. bedeutet den Bund verlassen und anderen Göttern und Gütern nacheilen (5 Mo 32,5; Jes 1,2ff; Ps 78,9; Lk 8,13; 1 Tim 1,19). Die »verkehrte Art« beweist trotz äußeren Scheines in ihrem A. ihr aufständisches ungöttliches Wesen (5 Mo 32,5). Anfechtungen und Schwierigkeiten bewegen den oberflächlichen, wurzellosen Christen zum A. (Lk 8,13), die Gläubigen aber harren darunter aus (Ps 44,18f) und werden gekräftigt. Der A. von Gott und seinem Sohn Jesus Christus ist eine schwere Sünde (Zeph 1, 2–6; Mt 10,22; Hebr 3,12), die der Herr oft mit vorzeitigem Tod ahndet (Ps 73,27; vgl. Hebr 6,6).

III) Vor dem Wiederkommen Jesu Christi muß der große A. kommen *(apostasia)*, sagt der Apostel Paulus 2 Thess 2,3; 1 Tim 4,1. Dabei handelt es sich nicht um den A. einzelner Christen, sondern einer großen Schar, die alle Stände durchdringen wird. Dieser letzte A. ist eine Abwendung von der vollkommenen Gnadenoffenbarung Gottes in seinem Sohn, eine bewußte Verleugnung Christi, eine offene Lossagung von der Gemeinde und allem Christlichen. Dieser A. wird seine zerstörenden Wirkungen in den Lebensbereichen der Familie, des Staates, des allgemeinen Lebens und der Gemeinde offenbaren. Seinen Höhepunkt wird er erreichen, wenn das 2. bedeutende Vorzeichen des Tages des Herrn sich erfüllt, wenn der Sohn des Verderbens offenbar wird (2 Thess 2,3). Ein Vorspiel dieses durch verschiedene Stufen hindurchgehenden A. der Christenheit bietet die Geschichte Israels, bes. in der Zeit vor der Zerstörung Jerusalems (vgl. 2 Chron 36,16; Jer 44,4; 7,24; 11,8).

Abgaben. I) Die ältesten A. im Volk Israel waren sämtlich A. ANS HEILIGTUM. Freiwillig gegeben wurden vor allem die Spenden für die Herstellung des heiligen Zeltes (2 Mo 25,1–9; 35,4–29; 36,4–7; 38,24.29) und den Bau des 1. (1 Chron 29,2–9) und 2. Tempels (Es 2,68.69; 7,16; Neh 7,70–72).
Eine weitere Geldabgabe wurde zuerst in Höhe von einem halben Sekel Silber (Silberling; → Geld) bei der Volkszählung in der Wüste von jedem gezählten, also allen wehrfähigen Männern über 20 Jahre, erhoben (2 Mo 30,11–16). Sie sollte verhindern, daß um der Zählung willen eine Plage über das Volk käme (vgl. 2 Sam 24). Das Silber, das dabei zusammenkam, wurde mit bei der Herstellung des heiligen Zeltes verwendet (2 Mo 38,25–28). Nach der Zeit des Baaldienstes unter Athalja wurde die Abgabe durch Joas zur Ausbesserung des Tempels erneuert und jährlich eingesammelt (2 Kö 12,5 [4]; 2 Chron 24,5.6.9.27). Als das Volk sich dann unter Nehemia neu verpflichtete, das Gesetz zu halten, übernahm es die wiederum jährliche A. von einem Drittel Sekel Silber, die nun für die Kosten der Opfer im Tempeldienst bestimmt wurde (Neh 10,33 [32]f). Der geringere Ansatz wird nicht begründet; später kehrte man zur alten Höhe zurück, in der die Tempelsteuer z. Zt. Jesu von jedem erwachsenen Israeliten jährlich erhoben wurde (Mt 17,24). Man bezeichnete sie jetzt mit dem entsprechenden griech. Münzwert als die »Doppeldrachme« (Zinsgroschen). Der V. 27 genannte Stater galt 4 Drachmen und entsprach dem Wert des Sekels (vgl. → Geld).
Als Naturalabgaben waren im Gesetz festgelegt die → Erstgeburt, die zum Teil gelöst werden konnte oder mußte (2 Mo 13,11–16; 4 Mo 3,44–51), die → Erstlinge (2 Mo 23,19; 5 Mo 26,1–11) und der → Zehnte (3 Mo 27,30–33; 5 Mo 14,22–29), den schon Abraham und Jakob gekannt hatten (1 Mo 14,20; 28,22). Neh 12,44 werden die Gaben an den Tempel als → Heben (= Abgaben), Erstlinge und Zehnten zusammengefaßt.

II) STAATLICHE ABGABEN begannen in Israel erst, als nach der Einsetzung eines Königs neben die Stammesorganisation eine davon unabhängige Verwaltung trat.

1) In der KÖNIGSZEIT kam es zu Enteignungen, durch die der Herrscher seine Beamten versorgte (1 Sam 8,14), während sowohl Israeliten (V 12.16; 1 Kö 5,27[13]) wie Kanaaniter (1 Kö 9,20.21) zu ausgedehnten Dienstleistungen (→ Frondienst) gezwungen waren. Als ständige A. forderte der König den Zehnten von Korn, Wein und Vieh (1 Sam 8,15.17), für seine Einziehung waren die 12 Statthalter zuständig, die Salomo eingesetzt hatte (1 Kö 4,7–19). Amos 7,1 scheint sich auf ein Recht des Königs auf die 1. Grasmahd zu beziehen. Weiter hören wir von Abgaben der Kaufleute (1 Kö 10,15), also wohl Waren- und Straßenzöllen. Dazu kamen noch die Tribute, die die isrl. Könige von unterworfenen Völkern erhielten (2 Sam 8,12; 1 Kö 5,1 [4,21]; 2 Kö 3,4; 2 Chron 17,11), später aber selber an die fremden Eroberer Assyrien, Babylonien und Ägypten zahlen mußten. Menahem erhob bei solcher Gelegenheit von den begüterten Israeliten »ein Geld« (2 Kö 15,20) von je 50 Sekeln Silber, um die geforderte Summe zusammenzubringen. Andere Bezeichnungen der Tribute sind Geschenk (2 Kö 17,4) oder Schatzung (2 Kö 23,33).

2) Nach der Rückkehr aus der Verbannung wurden unter der PERSERHERRSCHAFT auch in Judäa die in pers. Provinzen üblichen Steuern erhoben, → Renten (Es 6,8) oder → Schoß (Neh 5,4) genannt. Dabei werden Es 4,13.20; 7,24 gleichmäßig drei Arten von Abgaben unterschieden (LÜ variiert in der Übersetzung), worunter wir möglicherweise direkte Besteuerung, indirekte Steuern auf Verbrauchsgüter und Straßen- und Brückenzölle zu verstehen haben. Priester, Leviten und Tempelknechte waren von allen 3 Arten befreit (Es 7,24). Aus diesen Einkünften, die jede Provinz in bestimmter Höhe ab-

zuführen hatte, wurde außerdem der Unterhalt des Statthalters, wozu in Judäa noch eine Summe von 40 Sekel Silber täglich gehörte, bestritten. Nehemia verzichtete darauf und erleichterte damit dem Volk die Steuerlast (Neh 5,14.15). Aus dem Steueraufkommen der Provinzen jenseits des Euphrats wurden auch die Lieferungen für den Tempel in Jerusalem angewiesen (Es 6,8; 7,21.22). Daß ihr pünktliches Eingehen damit noch keineswegs gesichert war, ist verständlich und hat wohl wesentlich zum Steckenbleiben des Tempelbaues beigetragen. Zu besonderen Anlässen, wie der Hochzeit mit Esther (Est 2,18), ließ der Perserkönig die Länder ruhen, d. h. er bewilligte ihnen einen Steuerlaß.

3) Schon unter den ägypt. Ptolemäerkönigen und dann unter den syr. Seleukiden waren die Steuern in Palästina verpachtet worden, was sich in der RÖMERZEIT fortsetzte. Der Steuerpächter verpflichtete sich zu einer festgesetzten Zahlung an die Staatskasse, über die hinaus er dann seinen eigenen Gewinn aus dem Lande herauspreßte. Die röm. Besteuerung, als → Zins (Mk 12,14) oder → Schoß (Lk 20,22; 23,2; Röm 13,6.7) bezeichnet, setzte sich zusammen aus einer Grundsteuer und einer Kopfsteuer, die wieder eine eigentliche Kopfsteuer (Mt 22,17–21) und eine Einkommensteuer umfaßte. Die Zinsmünze (V 19), in der die Steuern gezahlt wurden, war der röm. Denar (→ Geld). Ferner wurden Ein- und Ausfuhrzölle sowie Straßen- und Brückenzoll erhoben. Diese Zölle wurden ebenfalls verpachtet, und die vielfach jüd. Zollpächter und Einnehmer waren unter der Bevölkerung die verhaßtesten Leute.

Zur Festsetzung der Steuerbeträge ließ der Kaiser allgemeine Volkszählungen und Vermögensaufnahmen durchführen. Die Schätzung z. Zt. der Geburt Jesu (Lk 2,1–3) erfaßte nacheinander das gesamte röm. Reich. Eine andere fand in Judäa ebenfalls unter → Cyrenius 6 n. Chr. statt, als das Gebiet des Archelaus in eine röm. Provinz umgewandelt wurde, und verursachte wahrscheinlich den Aufstand des Galiläers Judas (Apg 5,37).

Abgötterei → Götze

Abgrund. I) Im AT sind A. (hebr. *tehom;* Ps 107, 26) oder Tiefe die Meerestiefe (1 Mo 1,2; Hi 28,14; 38,16) und nach isrl. Vorstellung die Orte unter der Erde, aus denen die Brunnen und Wasser emporsteigen (1 Mo 7,11; 8,2; Spr 8,28).

II) Vgl. → Abaddon.

III) In der Offenbarung bezeichnet A. den Aufenthaltsort und Ausgangspunkt der Verderbensmächte (Offb. 9,1.2; 11,7) und das Gefängnis, in dem der → Satan für 1000 Jahre gebunden wird (Offb. 20, 1–3). Lk 8,31 steht in gleicher Bedeutung Tiefe.

Abhauen, mittels scharfer Werkzeuge rasch und durch Gewalt abtrennen.

I) Vom unfruchtbaren Baum (Mt 3,10; 7,19; Röm 11,22). Dieses A. ist ein Bild des göttlichen Strafgerichtes und trifft denjenigen, der nicht die Früchte des Glaubens und der Liebe bringt. Es bedeutet gewaltsames und schmerzliches Ausgeschlossenwerden aus der Gegenwart des gnädigen Gottes und Verlust des ewigen Lebens.

II) Das Wort Jesu vom A. der Hand oder des Fußes, die uns ärgern, zum Fallstrick werden (Mt 5, 30; 18,8ff), bedeutet die scharfe Loslösung von allem, was uns im Wachstum des Glaubens und der Heiligung hindert. Es gilt, lieber auf vielleicht harmlos aussehende Dinge und Gepflogenheiten zu verzichten, als im Heiligungsleben Schaden zu nehmen. Zu diesen »harmlos aussehenden« Dingen können auch die Berufsarbeit, die Familie, die Musik, die Malerei, die Wissenschaft, der Alkohol, die Zigarre, kurz alles das zählen, was uns zur Leidenschaft wird und den Herrn an die zweite oder gar eine untergeordnete Stelle rückt. Alles dieses gilt es »abzuhauen«. Über diese »abzuhauenden« Dinge kann kein für alle bindendes, mechanisches Schema aufgestellt werden, sondern ein jeder prüfe sich selbst.

Abi → Abia (7)

Abia »Der Herr ist Vater«.

1) Frau des Judäers Hezron (1 Chron 2,24).

2) Mann aus dem Stamm Benjamin (1 Chron 7,8).

3) Zweiter Sohn Samuels, der sich wie sein Bruder als Richter in Beer-Seba bestechlich zeigte und den Israeliten dadurch Anlaß gab, Samuel um einen König zu bitten (1 Sam 8,2.3.5).

4) Nachkomme Aarons. Seine Familie wurde z. Zt. Davids als achte der 24 Abteilungen der Priester ausgelost (1 Chron 24,10). Vgl. unten (8).

5) Der Sohn König Jerobeams von Israel. Der Prophet Ahia von Silo verkündete der Königin vom Herrn das Gericht über Jerobeam und den Tod ihres Sohnes. Allein A. soll vom Haus Jerobeams in ein Grab kommen, da sich an ihm noch etwas Gutes vor dem Herrn gefunden hat. Der Spruch trifft ein (1 Kö 14,1–18).

6) Sohn des Königs Rehabeam von Juda (913–911 /10 v. Chr.), den sein Vater schon zu Lebzeiten zum Nachfolger einsetzte (2 Chron 11,22). 1 Kö 15, 1–8 heißt er Abiam. Seine Mutter Maacha wird 1 Kö 15,2; 2 Chron 11,20.21 eine Tochter Absaloms, 2 Chron 13,2 Michaja, die Tochter Uriels von Gibea genannt. Wahrscheinlich war Uriel Absaloms Schwiegersohn und Maacha seine Enkelin, die geringe Abweichung in der Namensform macht keine Schwierigkeiten. A. machte sich wie sein Vater am Götzendienst in Juda mitschuldig. Doch Gott stand ihm um Davids willen in seinem Kampf mit Jerobeam von Israel bei und gab ihm den Sieg (2 Chron 13). A. hatte von seinen 14 Frauen 22 Söhne und 16 Töchter. Sein Sohn Asa wurde sein Nachfolger.

7) Tochter Sacharjas und Mutter Hiskias (2 Chron 29,1). 2 Kö 18,2 heißt sie Abi.

8) Familienhaupt der Priester, die mit Serubabel aus der Verbannung zurückkehrten (Neh 12,4.7). Vermutlich gehört er zu den Nachkommen der alten Priesterabteilung A. (s.o. 4), doch da deren Name in Es 2,36–39 nicht genannt wird, läßt sich das nicht belegen. In der nächsten Generation war Sichri das Haupt der Priesterfamilie A. (Neh 12,17). Ein Priester A. unterzeichnete unter Nehemia die Verpflichtung auf das Gesetz (Neh 10,8 [7]). Später gehört der Vater Johannes des Täufers der Priesterabteilung A. an (Lk 1,5).

Abi-Albon, einer von Davids Helden (2 Sam 23,31). Vielleicht ist »Albon« Schreibfehler, durch »Saalboniter« im nächsten Vers hervorgerufen. In der LXX und 1 Chron 11,32 heißt er Abiel.

Abiam → Abia (6)

Abiasaph »(Mein) Vater hat gesammelt« oder »Vater hat hinzugefügt«.

Levit aus dem Geschlecht Korahs (2 Mo 6,24). In 1 Chron 6,8[23].22[37] und 9,19, wo sein Sohn Kore erwähnt wird, steht im hebr. Text Ebiasaph, was EÜ, ZÜ, MÜ beibehalten. 1 Chron 26,1 ist sein

Name zu Asaph (ZÜ Abiasaph, MÜ Ebiasaph) verkürzt.

Abib → Jahr

Abida »Vater hat gewußt, weiß«.
Nachkomme Abrahams durch Midian, den Sohn der Ketura (1 Mo 25,4; 1 Chron 1,33).

Abidan »(Mein) Vater hat Recht geschafft«.
Sohn des Gideoni, verantwortlicher Fürst des Stammes Benjamin auf der Wüstenwanderung (4 Mo 1, 11; 2,22; 10,24).

Abiel »Gott ist (mein) Vater«.
1) Benjaminit, Vater des → Kis und Großvater Sauls (1 Sam 9,1.2) und Abners (1 Sam 14,51).
2) Einer der Helden Davids (1 Chron 11,32), er heißt 2 Sam 23,31 → Abi-Albon.

Abieser »Mein Vater ist Hilfe«.
1) Mann aus dem Stamm Manasse (Jos 17,2; 1 Chron 7,18). 4 Mo 26,30 steht die Kurzform Hieser. In Ri 8,2 ist mit A. das ganze Geschlecht gemeint, zu dem auch Gideon gehört (Ri 6,11).
2) Einer der Helden Davids, ein Benjaminit aus Anathoth (2 Sam 23,27; 1 Chron 11,28) und Führer der 9. Heeresabteilung (1 Chron 27,12).

Abiesriter. Nachkommen Abiesers (Ri 6,11.34; 8,32). 4 Mo 26,30 steht auch hier die Kurzform Hieseriter.

Abigail.
1) Die kluge und schöne Frau Nabals, den sie vor der Rache Davids bewahrte (1 Sam 25). Nach dem Tode ihres Mannes wird sie Davids Frau. Beim Überfall der Amalekiter auf Ziklag wird sie geraubt und wieder befreit (1 Sam 30,5.18). Sie schenkt David einen Sohn Chileab (2 Sam 3,3) oder Daniel (1 Chron 3,1).
2) Mutter Amasas und Schwester Davids (1 Chron 2,16.17), nach 2 Sam 17,25 aber nur seine Halbschwester. Ihr Vater ist Nahas und nicht Isai.

Abihail.
1) Levit aus dem Geschlecht Meraris (4 Mo 3,35).
2) Frau des Judäers Abisur (1 Chron 2,29).
3) Gaditer (1 Chron 5,14).
4) Tochter von Davids Bruder Eliab und Frau von Davids Sohn Jerimoth (so nach der besseren Übersetzung von 2 Chron 11,18 in EÜ, ZÜ, MÜ). Ihre Tochter Mahalath wurde die Frau Rehabeams.
5) Vater Esthers (Est 2,15).

Abihu »(Mein) Vater ist er« (d. h. Gott),
zweiter Sohn Aarons (2 Mo 6,23). A. und sein Bruder Nadab begleiteten Mose mit Aaron und 70 Ältesten zur feierlichen Bundesschließung auf dem Sinai (2 Mo 24,1.9) Als sie am Tage ihrer Priesterweihe eigenmächtig ein Feueropfer darbrachten, das Gott nicht geboten hatte, verzehrte Feuer vom Herrn Nadab und A. (3 Mo 10,1.2), und sie starben kinderlos (4 Mo 3,4).

Abihud,
Nachkomme Benjamins (1 Chron 8,3). Für »Gera, Abihud« setzt ZÜ »Gera, den Vater Ehuds«, vgl. V 6. Vgl. auch → Abiud.

Abilene, Landschaft im Osten des Antilibanons, sie hat ihren Namen von der Hauptstadt Abila. Abila lag am Flusse Barada (→ Amana), etwa 30 km nordwestlich von Damaskus. Die örtliche Überlieferung, daß Abel hier begraben sei, hat ihren Ursprung in dem Wortgleichklang von »Abel« und »Abila«. Als Johannes der Täufer am Jordan auftrat, wurde A. regiert vom Vierfürsten Lysanias (Lk 3,1). Dies wird bestätigt von einer Inschrift bei Abila aus der Regierungszeit des Tiberius; sie nennt in dieser Zeit Lysanias als Tetrarchen von Abilene. Vgl. Taf. 98/1537.

Abimael »Gott ist (mein) Vater«,
Nachkomme Joktans (1 Mo 10,28; 1 Chron 1,22). Sein Wohnort ist in Arabien zu suchen.

Abimelech »(Mein) Vater ist König«.
1) König von Gerar z. Zt. Abrahams. A. nimmt Sara zu sich, die Abraham in Gerar aus Furcht als seine Schwester ausgegeben hat, gibt sie ihm aber auf Gottes Geheiß zurück (1 Mo 20).
Später schließen Abraham und A. einen Bund miteinander (1 Mo 21,22—32). Auch Isaak lebt für einige Zeit bei einem Philisterkönig A. von Gerar und bezeichnet ihm gegenüber seine Frau als seine Schwester. Sie schließen ebenfalls einen Vertrag miteinander (1 Mo 26). Es ist wahrscheinlich, daß es sich hier nicht um denselben König A. handelt, sondern um seinen Nachfolger. Dann wäre A. kein persönlicher Name, sondern ein Titel der Philisterkönige, wie alle ägypt. Könige den Titel Pharao tragen. Dafür spricht ferner, daß Achis, der König von Gath (1 Sam 21,11[10]f), in Ps 34,1 auch A. genannt wird.
2) Sohn Gideons von seiner Nebenfrau, die in Sichem lebte (Ri 8,31). Mit Hilfe seiner Verwandten tötet A. seine 70 Brüder in Ophra und läßt sich zum König von Sichem machen. Nur der jüngste Sohn Gideons, Jotham, entkommt dem Blutbad. Mit dem Gleichnis vom Dornbusch flucht er A. und den Einwohnern von Sichem. Der Fluch geht in Erfüllung, als die Leute von Sichem nach drei Jahren mit A. unzufrieden werden und sich von Gaal gegen ihn aufhetzen lassen. Die Empörung endet mit der Zerstörung der Stadt und dem Tod ihrer Bewohner. A. fällt kurz darauf bei der Eroberung von Thebez, als ihm eine Frau von der Mauer einen Mühlstein (den oberen Teil einer Handmühle) auf den Kopf wirft (Ri 9).
3) 1 Chron 18,16 ist A. Schreibfehler für → Ahimelech.

Abinadab »(Mein) Vater hat sich freigebig gezeigt«.
1) Mann aus Kirjath-Jearim, in dessen Haus die Bundeslade nach ihrer Rückkehr aus dem Philisterland gebracht wurde. Sein Sohn Eleasar wurde geweiht, die Lade zu hüten (1 Sam 7,1). Als David sie dann aus Kirjath-Jearim abholte, um sie nach Jerusalem zu bringen, führten A. Söhne Ahjo und Usa den Wagen. Dabei kam Usa ums Leben, als er die Lade vor dem Umstürzen bewahren wollte (2 Sam 6,3.4.6.7; 1 Chron 13,7.9.10). Es wird nicht ausdrücklich berichtet, ist aber doch wahrscheinlich, daß A. und seine Söhne Leviten waren.
2) Zweiter Sohn Isais und Davids älterer Bruder (1 Sam 16,8; 17,13).
3) Sohn Sauls, der mit seinem Vater auf dem Gebirge Gilboa fiel (1 Sam 31,2).
4) Vater von Salomos Schwiegersohn und Statthalter über Dor (1 Kö 4,11). EÜ läßt Ben-Abinadab = Sohn des A. als Namen stehen.

Abinoam, etwa »(Mein) Vater ist Wonne, Lieblichkeit«,
Vater Baraks aus dem Stamm Naphthali (Ri 4,6).

Abiram »(Mein) Vater ist erhaben«, Nebenform von Abram.
1) A. und Dathan, die Söhne des Rubeniten Eliab, empörten sich mit → Korah gegen Mose (4 Mo 16).
2) Erstgeborener des Hiel, der Jericho wieder aufbaute (1 Kö 16,34); mit dem Tod A. erfüllte sich der erste Teil des Fluches Josuas (Jos 6,26).

Abisag.
Mädchen aus Sunem von großer Schönheit. Sie pflegte den greisen David (1 Kö 1,1–4). Später erbat Adonia sie sich zur Frau, um durch diese Heirat seinen Anspruch auf den Thron zu stützen. Salomo begriff diese Absicht und ließ ihn hinrichten (1 Kö 2,13–25).

Abisai. Bedeutung unsicher.
Sohn der Zeruja, Bruder Joabs und Asahels und Neffe Davids (1 Chron 2,15.16). Seit der Zeit der Flucht vor Saul ist A. Davids Gefährte und hält ihm auch während der Aufstände Absaloms und Sebas die Treue (2 Sam 16; 20). Er nimmt eine hervorragende Stellung unter Davids Helden ein (2 Sam 23,18; 1 Chron 11,20). Bei dem gefährlichen Gang ins Lager Sauls ist er sein Begleiter (1 Sam 26,6–9) und rettet dem König im Kampf mit dem Riesen Jesbi zu Nob das Leben (2 Sam 21,16.17).
Seine innere Haltung ist aber, wie bei Joab, anders als die Davids. Schonung eines Feindes ist ihm fremd. So will er Saul (1 Sam 26,6) und Simei (2 Sam 16,9; 19,22[21]) das Leben nehmen und versteht Davids Entscheidung nicht, der er aber gehorcht. An Abner rächt er sich gemeinsam mit Joab (2 Sam 3,30) mitten im Frieden dafür, daß er ihren Bruder Asahel im offenen Kampf erschlagen hat. Bei solcher Gelegenheit betont David die Grenze ihrer Gemeinschaft: »Was habe ich mit euch zu schaffen, ihr Söhne der Zeruja?« (2 Sam 16,10; 19, 23 [22]; vgl. 3,39).
In der Zweifrontenschlacht gegen die Syrer und Ammoniter vertraut Joab A. den Oberbefehl des einen Heeresteiles an (2 Sam 10,10). Nach 1 Chron 18,12.13 hat er auch den Sieg über die Edomiter im Salztal erfochten. Daß 2 Sam 8,13.14 als Sieger in diesem Kampf nicht der Feldherr, sondern der König David genannt wird, bedeutet keinen Widerspruch und rechtfertigt keine Änderung des Chronika-Textes, wie sie ZÜ vornimmt.

Abisalom, Nebenform für → Absalom (1 Kö 15,2. 10).

Abisua »(Mein) Vater ist Hilfe, Rettung«.
1) Benjaminit aus der Familie Belas (1 Chron 8,4).
2) Sohn des Priesters Pinehas (1 Chron 6,35 [50]; Es 7,5), der vierte Hohepriester.

Abisur »(Mein) Vater ist (schützende) Mauer«,
Judäer aus dem Geschlecht Hezrons (1 Chron 2,28. 29).

Abital »(Mein) Vater ist Tau«,
Frau Davids und Mutter seines fünften Sohnes Sephatja (2 Sam 3,4; 1 Chron 3,3).

Abitob »(Mein) Vater ist Güte«,
Sohn des Benjaminiten Saharaim und seiner Frau Husim (1 Chron 8,8.11).

Abiud (griech. Form des hebr. Abihud),
Vorfahr Josephs (Mt 1,13).

Abjathar »(Mein) Vater hat mit Überfluß, reichlich gegeben«.
Sohn Ahimelechs, ein Priester aus der Nachkommenschaft Elis. Als Saul die Priester zu Nobe durch Doeg ausrotten ließ, entkam A. als einziger. Er floh zu David und nahm das Ephod mit (1 Sam 22, 20; 23,6; → Leibrock). David befragte wiederholt den Herrn durch A. (1 Sam 23,9–12; 30,7.8). Nach Davids Thronbesteigung teilten sich A., der von Ithamar, dem jüngsten Sohn Aarons, abstammte, und der von Saul inzwischen eingesetzte Zadok, ein Nachkomme von Aarons älterem Sohn Eleasar (1 Chron 24,3), in das Amt des Hohenpriesters (2 Sam 15,24.35; 1 Chron 15,11; vgl. 1 Kö 4,4). An einer Reihe von Stellen (2 Sam 8,17; 1 Chron 18,16; 24, 3.6.31) erscheint aber statt A. sein Sohn Ahimelech als Priester neben Zadok. Man hat das in 2 Sam 8,17 als Schreibfehler angesehen und wie in ZÜ und MÜ in »A. der Sohn Ahimelechs« ändern wollen. Das ist aber den anderen Angaben gegenüber nicht zu rechtfertigen. Wir müssen vielmehr annehmen, daß Ahimelech, der den Namen seines Großvaters trägt, seinem Vater A. in dessen Alter in der Ausübung des Priesteramtes beistand. Das gleiche finden wir bei Hophni und Pinehas, die auch schon zu Lebzeiten ihres Vaters Eli Priester sind und so genannt werden (1 Sam 1,3 und 2,11).
A., der David sein Leben lang und auch während des Aufstandes Absaloms die Treue gehalten hatte, unterstützt dann aber doch mit Joab zusammen den älteren Königssohn Adonia, der sich gegen Salomos Nachfolge auflehnt (1 Kö 1,7). Als Adonia nach Davids Tod erneut versucht, sein Anrecht auf den Thron zu sichern (1 Kö 2,22), macht Salomo der Verschwörung ein Ende. Allein A. behält als Davids Priester und Schicksalsgefährte das Leben, wird aber nach Anathoth verbannt. Damit verlieren er und seine Söhne das Amt des Hohenpriesters (V 26.27), das nun ganz auf die Linie des Salomo treugebliebenen Zadok übergeht (V 35). So erfüllt sich das Gerichtswort des Herrn über das Haus Elis (1 Sam 2,27–36).
Man hat in A. oder seinem Sohn Jonathan auch den Verfasser oder Gewährsmann der Geschichte Davids in 2 Sam – 1 Kö 2 vermutet, und gemeint, daß der Prophet Jeremia von dem nach Anathoth verbannten A. abstammen könne (Jer 1,1).

Abkneipen. Den Tauben sollte der Priester beim Opfer nicht den ganzen Kopf abreißen, sondern nur die Ader am Halse mit dem Daumennagel a., d. h. aufreißen (3 Mo 1,15; 5,8).

Abner »Vater ist eine Leuchte«. Im hebr. Text von 1 Sam 14,50 heißt er Abiner (»Mein Vater ...«).
Der Sohn Ners und Vetter Sauls, dessen Heerführer er ist (1 Sam 14,50.51; 20,25; 26,5.14–16). David begegnet er zuerst vor dessen Kampf mit Goliath (1 Sam 17,55–58).
Nach dem Tode Sauls macht A. dessen Sohn Is-Boseth in Mahanaim zum König über Israel (2 Sam 2,8–10), während Juda David zum König wählt. Die beiden Heere begegnen sich darauf im Grenzgebiet am Teich von Gibeon. Aus dem Kampfspiel, das A. vorgeschlagen hat, wird Ernst, und in der sich entwickelnden Schlacht unterliegt Israel mit hohen Verlusten. Auf der Flucht tötet A. seinen hartnäckigen Verfolger Asahel, den Bruder Joabs und Abisais. Erst am Abend brechen die Judäer auf die Mahnung A. die Verfolgung ab. Doch der Krieg geht weiter (2 Sam 2,12–3,1). Als Is-Boseth A. vorwirft, daß er ein Verhältnis mit Sauls Nebenfrau Rizpa angefangen und damit zugleich einen Anspruch auf die Herrschaft erhoben hat, wirft A. ihm im Ärger vor, daß Gott ja David zum König bestimmt hat, und wechselt die Partei. David nimmt seine Dienste nur unter der Bedingung an, daß er zuerst seine Frau Michal zurückerhält. A. macht in Israel Stimmung für David und bringt selber Michal nach Hebron. David bewirtet ihn und entläßt ihn wieder, seine Versprechungen zu erfüllen (2 Sam 3,7–21).
Joab, der kurz darauf mit dem Heer heimkehrt, läßt A. zurückholen und tötet ihn zur Rache für Asahel. Das ist offener Mord, doch A. ereilt damit nur der Lohn für seinen Verrat. David distanziert

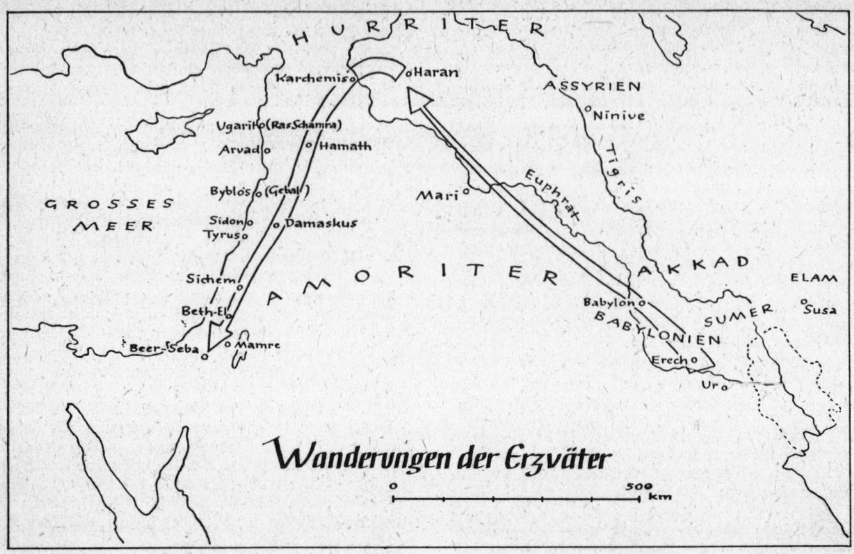

Wanderungen der Erzväter

sich öffentlich von Joabs Tat und befiehlt die Totenklage, an der er sich selber mit einem Klagelied beteiligt. Er wagt aber nicht, als König das Gericht an Joab zu vollziehen, sondern überläßt die Strafe Gott (2 Sam 3,22–39). A. hatte einen Sohn Jaesiel (1 Chron 27,21). Von seiner Kriegsbeute weihte A. wie die andern Heerführer einen Teil dem Herrn (1 Chron 26,28).

Abraham. I) Der Name des Erzvaters lautete ursprünglich Abram und wurde von Gott in Abraham verwandelt (1 Mo 17,5). Um 2000 v. Chr. begegnen uns in Mesopotamien entsprechende Namen. Hebr. bedeutet Abram »Vater ist erhaben«. A. kann als »Vater einer Menge« (arab. *raham* = Menge) aufgefaßt werden.

II) Nach den Zeitangaben der Erzvätergeschichten liegen 290 Jahre zwischen der Geburt A. und Jakobs Zug nach Ägypten (1 Mo 21,5; 25,26; 47,9); dort lebte Israel 430 Jahre (2 Mo 12,40). Je nach dem frühen oder späten Ansatz des → Auszuges Israels (vgl. auch → Zeitrechnung u. Zeittafel) kommen wir also für die Datierung der Geburt A. auf rund 2165 oder 1990 v. Chr. Über A. Zeitgenossen erfahren wir aus der Bibel nichts, was wir mit Personen verbinden könnten, die wir sonst aus der Geschichte kennen. Die oft vermutete Gleichsetzung von Amraphel (1 Mo 14,1) mit Hammurabi von Babylon muß aufgegeben werden, da Hammurabi nach den Maribriefen um 1700 v. Chr., also in jedem Fall nach A. lebte. A. Jugend fällt entweder noch in die Gutäerherrschaft (nach neuer Ansetzung rund 2130–2060 v. Chr.), während welcher Ur von Lagasch abhängig war, oder in die 3. sumerische Dynastie von Ur (2050–1950 v. Chr.; vgl. F. Schmidtke, Der Aufbau der babyl. Chronologie, Münster i. W. 1952). Die damals in Ur herrschende Vielgötterei wird Jos 24,2 angedeutet. Besondere Verehrung genoß der Mondgott Nannar, babyl. Sin genannt, der auch in Haran verehrt wurde. Auch andere Verbindungen finden sich zwischen beiden Städten.

III) A. war der Sohn Tharahs aus dem Geschlecht Sems. Von seinen Brüdern Nahor und Haran starb der letzte, Lots Vater, noch zu Lebzeiten Tharahs in Ur (1 Mo 11,27.28). A. Frau Sarai, mit der er keine Kinder hatte (V 29.30), war seine Halbschwester (1 Mo 20,12). Tharah zog mit A., Sarai und Lot aus Ur fort, um nach Kanaan zu gehen. Auf dem Weg den Euphrat aufwärts blieben sie zunächst in Haran, wo viele Karawanenstraßen zusammenliefen. Von dort wanderte A. im Alter von 75 Jahren weiter, dem ursprünglichen Ziel Kanaan entgegen (1 Mo 12,4). Nach Stephanus (Apg 7,4), ist das nach dem Tode Tharahs gewesen. Der Vers 1 Mo 11,26 muß nicht so verstanden werden, daß Tharah alle drei Söhne im Alter von 70 Jahren bekam.

IV) Der Aufbruch A. von Haran geschah im Gehorsam gegen den Ruf Gottes (1 Mo 12,1–3), der schon in Ur an ihn ergangen war (vgl. 1 Mo 15,7; Neh 9,7 und Apg 7,2). Bei der Berufung erhält A. die dreifache Verheißung einer Gebietszuweisung, einer großen Nachkommenschaft und eines Segens, der allen Geschlechtern der Erde zuteilwerden soll (1 Mo 12,3).

Wahrscheinlich zog A. von Haran über Damaskus (vgl. seinen Knecht Elieser von Damaskus) auf dem üblichen Reiseweg von Mesopotamien nach Kanaan. Außer Tharah begleiteten ihn alle, die von Ur ausgezogen waren; auch das spricht dafür, daß sein Vater Tharah bereits in Haran gestorben war. Auch in Kanaan nimmt A. keinen festen Wohnsitz. Er lagert in Sichem (1 Mo 12,6), wo ihm der Herr das Land Kanaan verheißt (V 7). Danach begibt er sich in die Gegend zwischen Beth-El und Ai und sodann ins Südland, wo ihn eine Hungersnot nach Ägypten treibt. Dort gibt er aus Furcht dem Pharao gegenüber Sarai als seine Schwester aus (V 10–20). Er kehrt ins Südland zurück und wandert wieder bis nach Beth-El (1 Mo 13,1.3). Nun trennt er sich von Lot, dem er das fruchtbare Jordantal nach dessen Wahl überläßt (V 5–12). Darauf verheißt Gott dem A. das ganze Land erneut als Besitz seiner Nachkommen (V 15–17), und A. läßt sich in Mamre bei Hebron nieder (V 18).

Hier schließt A. ein Bündnis mit den Amoritern, die in der Gegend wohnen (1 Mo 14,13). Als Lot bei dem Zug der vier Könige aus dem Osten in Gefangenschaft gerät, befreit er ihn. Der heimkehrende Sieger wird von Melchisedek gesegnet und gibt ihm den Zehnten (Kap 14). Vgl. Karte Sp. 762.

V) A. empfängt von Gott die Verheißung eines Erben. Daß er der Verheißung glaubt, rechnet ihm Gott zur Gerechtigkeit an (1 Mo 15,5.6). Die Zusage des Landes wird durch einen feierlichen Vertragsschluß zwischen Gott und A. bestätigt (V 7–21). A. versucht, die Verheißung des Erben zur Erfüllung zu bringen, und nimmt auf Sarais Rat deren Magd Hagar zur Nebenfrau. Sie schenkt ihm, als er 86 Jahre alt ist, den Ismael (Kap 16). 13 Jahre später (1 Mo 17,1) wiederholt der Herr seine Verheißung: nicht Ismael, sondern Isaak, der Sohn Sarais, die von nun an Sara (»Fürstin«) heißen soll, wird A. Erbe sein (V 15.16). Dabei empfängt A. das Bundeszeichen der Beschneidung, und Gott verwandelt seinen Namen Abram in Abraham (V 5. 10). Sodom und Gomorra verfallen ihrer Sünden wegen der Zerstörung, auf A. Fürbitte aber wird Lot gerettet (Kap 18 u. 19).
A. bricht ins Südland auf. In Gerar gibt er König Abimelech gegenüber Sara wieder als seine Schwester aus (Kap 20). Menschenfurcht und Schwachheit gewinnen noch einmal wie in Ägypten Macht über A. Dann wird dem Hundertjährigen der Sohn Isaak geboren. Auf Saras Bitte und Gottes Befehl schickt A. Hagar und Ismael fort (1 Mo 21,1–21). In Beer-Seba schließt er ein Bündnis mit Abimelech von Gerar (V 22–32) und bleibt noch lange Zeit in der Gegend (V 33.34). Hier fordert ihn Gott auf, Isaak zu opfern. A. gehorcht, im Vertrauen darauf, daß Gott ihn von den Toten zurückgeben werde (Hebr 11,17–19). Der Herr greift im letzten Augenblick ein und bestätigt endgültig alle Verheißungen an A., indem er bei sich selber schwört. A. kehrt nach Beer-Seba zurück (1 Mo 22).

VI) Als Sara 127jährig in Hebron stirbt, kauft A. von dem Hethiter Ephron die Höhle Machpela und begräbt sie dort (Kap 23). Der Text wirkt wie ein Auszug aus dem Kaufvertrag, was nach hethitischen Funden tatsächlich der Fall sein könnte. Der Preis von 400 Sekel Silber ist beträchtlich (→ Geld). Dieses Grundstück ist der einzige Boden, den A. als Eigentum erwirbt.
Nach Saras Tod, als A. 140 Jahre alt war, sandte er seinen Knecht Elieser von Damaskus nach Mesopotamien, um aus seiner Verwandtschaft eine Frau für Isaak zu holen; denn er wollte vermeiden, daß sein Sohn eine heidnische Kanaaniterin heiratete. Elieser fand in der Stadt Nahors (1 Mo 24,10), die in der Nähe Harans liegt, Rebekka, die Tochter Bethuels, und brachte sie mit. Danach nahm A. Ketura zur Frau, die ihm noch 6 Söhne schenkte (1 Mo 25,1.2). Alle seine Nebenfrauen mit ihren Söhnen aber sandte A. noch zu seinen Lebzeiten fort (V 6). Er starb im Alter von 175 Jahren. Isaak und Ismael begruben ihn neben Sara in der Höhle Machpela (V 7.9).

VII) A. war reich an Groß- und Kleinvieh und dem dazu nötigen Gesinde (1 Mo 24,35). Als er aus Haran auszieht, nimmt er die Leute mit, die er dort erworben hat (1 Mo 12,5). Später hören wir von Sklaven, die er geschenkt erhielt (1 Mo 12,16; 20, 14), die er kaufte oder die ihm geboren wurden (1 Mo 17,23.27), aus ihrer Zahl stehen ihm 318 erprobte Männer im Kampf gegen die vier Könige zur Verfügung (1 Mo 14,14). Die Führer der Hethiter behandeln ihn als »Gottesfürsten« (1 Mo 23,6), Amoriter und Philister schließen Bündnisse mit ihm ab (1 Mo 14,13; 21,22–32).
Bei seiner Herkunft und seinem Reichtum erscheint es selbstverständlich, daß unter A. Sklaven auch Schreiber waren. Vielleicht konnte er sogar selber schreiben, was nach der durch Funde bezeugten Verbreitung des Schreibens in Ur nicht unwahrscheinlich ist. Wir dürfen also damit rechnen, daß die Abrahamsgeschichten des 1. Buches Mose bereits zu seiner Zeit niedergelegt wurden (→ Mosebücher). Dafür spricht auch die Nüchternheit der Berichte, die keine Verherrlichung des Menschen A. kennen.

VIII) A. Bedeutung liegt in seiner Erwählung durch den Herrn zum Stammvater Israels (1 Mo 12,2; 17, 4–8; Jes 51,2), des Gottesvolkes unter den Völkern. Auf diese Erwählung antwortet er durch Gehorsam (1 Mo 12,4) und Glauben (1 Mo 15,6; Hebr 11,8) und wird damit zum Vorbild aller, die Gott aus ihrer natürlichen Heimat heraus in Bewegung setzt, um sie seinem verheißenen Erbe entgegenzuführen (vgl. Gal 3,29; → Wohnung III). Dabei wird er in ungewöhnlicher Weise auf die Probe gestellt und wird so zum Freund Gottes (Jes 41,8; Jak 2,23) und zum Vater derer, die im Glauben gehorsam sind (Röm 4; Gal 3,6–14; Hebr 11,8–19; Jak 2,21–24). Vgl. → Erzvater.

Abrahams Schoß, Bezeichnung für die Geborgenheit, die die verstorbenen Gerechten im Jenseits erwartet (Lk 16,22). Zugrunde liegt die Vorstellung eines Festmahls. Dabei ist Abraham der Gastgeber, und der höchstgeehrte Gast liegt in seinem → Schoß oder an seiner → Brust (vgl. Mt 8,11). Vgl. → Paradies, → Hölle.

Abrona, Bedeutung hängt mit dem hebr. »durchziehen« zusammen.
Lagerplatz der Israeliten während der Wüstenreise (4 Mo 33,34). Heute wohl die Oase En Defije, neuhebr. Ein Avrona, etwa 14 km nördl. von Ezeon-Geber am Golf von Akaba. Vgl. Karte Sp. 1548.

Absalom »Vater ist Friede«.
1 Kö 15,2.10 steht nach dem hebr. Text Abisalom. Der dritte Sohn Davids, zu Hebron von Maacha, der Tochter des Königs Thalmai von Gessur, geboren (2 Sam 3,3), also auch von der Mutter her königlicher Abstammung. Er wirkt äußerlich als das Idealbild eines Königs, von außergewöhnlicher Schönheit, mit prächtigem, schwerem Haar (2 Sam 14,25.26) und von gewinnendem Wesen (2 Sam 15, 6). Diese Schönheit teilt seine Schwester Thamar mit ihm.
Das Leben A. steht jedoch von seinem ersten Auftreten an unter dem Schatten der Schuld seines Vaters und des Gerichtes Gottes über Davids Ehebruch und Mord an Uria (2 Sam 12,9–11), und durch Davids weiche Vaterliebe wird die Auswirkung von Schuld und Gericht noch furchtbarer. Davids ältester Sohn Amnon begehrt seine Halbschwester Thamar und tut ihr Gewalt an, was David ungestraft läßt. A. schweigt zwei Jahre, dann erbittet er sich vom König die Anwesenheit Amnons beim Fest der Schafschur und läßt ihn dort niederhauen. Er flieht zu seinem Großvater nach Gessur, nordöstl. vom See Genezareth. David trauert, aber sieht tatenlos zu (2 Sam 13).
Nach drei Jahren nutzt Joab die Liebe Davids zu A. aus und läßt den König durch eine kluge Frau zu einem Rechtsspruch verleiten, der ihm nun ermöglicht, die straflose Rückkehr A. nach Jerusalem zu rechtfertigen. Nach außen hin erfüllt er damit nur die Bitte Joabs. Zwar bleibt A. vorerst noch vom

Hof ausgeschlossen, aber nach zwei Jahren ertrotzt er sich die volle, offizielle Versöhnung (2 Sam 14). Kaum hat A. seine Bewegungsfreiheit zurück, so schafft er sich eine Leibwache und fängt an, »das Herz der Männer Israels zu stehlen« (2 Sam 15,6), indem er ihnen eine bessere Rechtsprechung als die des Königs in Aussicht stellt. Die Schaffung eines zentralen Königtums unter David mag manche Unzufriedenheit im Lande mit sich gebracht haben, die A. entgegenkam. Nach vier Jahren sieht er seine Zeit gekommen, die Verschwörer sammeln sich in Hebron. Der Gefährlichste und Begabteste unter ihnen ist Ahitophel, Davids Ratgeber und der Großvater der Bath-Seba. Auf die Nachricht von der Empörung zieht David mit dem Hof und den zuverlässigen Truppen aus Jerusalem ab. Er läßt aber die ihm ergebenen Priester und den Arachiter Husai, seinen Vertrauten, zurück. Die Empörer besetzen die Hauptstadt (2 Sam 15; vgl. Ps 3,1).

Danach läßt sich A. von Ahitophel dazu bestimmen, die 10 zurückgebliebenen Nebenfrauen Davids durch einen demonstrativen Akt in aller Öffentlichkeit zu seinen Frauen zu erklären. Er tritt damit die Nachfolge Davids in aller Form an und verzichtet endgültig auf jede Versöhnung. Das ist zugleich Gottes Gericht über David (2 Sam 16,15ff). Nun will Ahitophel selber mit einer Abteilung Kerntruppen David sofort nachsetzen und den König erschlagen. Das leuchtet allen ein, aber in der Unsicherheit des Verräters fragt A. doch noch Husai um seine Ansicht. Der schlägt vor, lieber ganz sicher zu gehen und nichts zu überstürzen und schmeichelt dabei dem Ehrgeiz A. A. läßt sich fangen und hat so am ersten Abend seiner Herrschaft jede Aussicht auf Erfolg verspielt. Das ist Gottes Gericht über A. Ahitophel begreift augenblicklich die Hoffnungslosigkeit der Lage und macht seinem Leben ein Ende. Husai warnt David über die Priester, und der entzieht sich durch den Übergang über den Jordan jeder Gefahr (2 Sam 17).

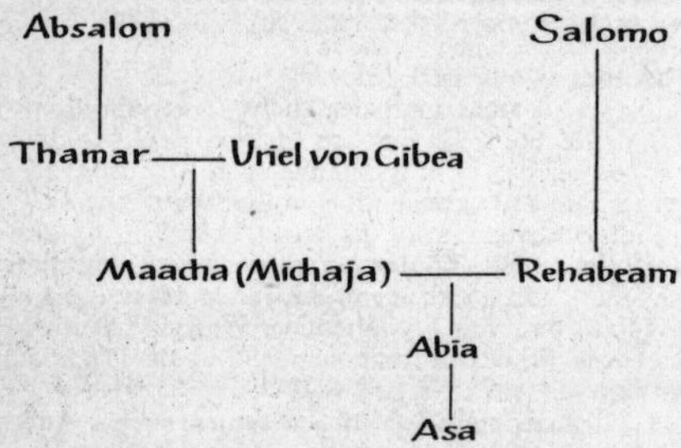

Nachkommen Absaloms

A. sammelt seine Truppen und folgt David, der inzwischen nach Mahanaim gekommen ist. Die Heere treffen im Wald Ephraim aufeinander, und A. wird unter großen Verlusten geschlagen. Er selber ist beim Reiten in den Ästen eines großen Baumes hängen geblieben, wo ihn Joab so lebend und hilflos antrifft. Statt aber Davids Befehl, den er vor der Schlacht zur Schonung A. gegeben hatte, zu gehorchen, stößt er A. drei Spieße ins Herz. 10 Waffenträger Joabs schlagen ihn vollends tot. Man wirft den Leichnam in eine Grube und errichtet einen Steinhaufen über ihm (2 Sam 18). Davids Schmerz kennt keine Grenze, und erst als Joab brutal mit einem neuen Abfall droht, setzt sich der König ins Tor, damit das Volk zu ihm kommen kann (2 Sam 19,1[18,33]ff).

A. hatte drei Söhne (2 Sam 14,27), die aber alle jung gestorben sein müssen, denn er hat sich noch selber im Königstal einen Malstein zu seinem Gedächtnis errichtet (2 Sam 18,18). Seine Tochter, die er nach seiner Schwester Thamar nannte, war wohl die Frau Uriels von Gibea und Großmutter König Abias (2 Sam 14,27; 2 Chron 11,20–22; 13,2; → Abia (6), → Maacha).

Abschied → Gruß

Abschütteln → Fuß, → Staub

Absondern → Bann

Abtritt → Gemächer, heimliche

Abwaschen. Zur Zubereitung des bitteren verfluchten Wassers, das die des Ehebruchs verdächtige Frau trinken mußte, gehörte, daß der Priester die Flüche, die die Schuldige treffen sollten, auf einen Zettel schrieb und mit dem Wasser abwusch (4 Mo 5,23). Im NT ist das A. der Sünden Bild der Vergebung auf Grund der geschehenen Sühnetat Jesu Christi am Kreuz, es wird mit Bezug auf die Taufe gebraucht (Apg 22,16; 1 Kor 6,11).
Vgl. weiter → Waschen, → Rein und unrein, → Blut, → Taufe.

Achaja, Provinz des röm. Weltreiches. Anfänglich wurde nur ein Teil des Peloponnes als A. bezeichnet, später die ganze südl. Halbinsel Griechenlands. Die Römer hatten Griechenland in die Provinzen Mazedonien und A. geteilt (140 v. Chr.). Zu A. gehörten Athen und Korinth. Korinth war Sitz der röm. Verwaltung und Hauptstadt von A. A. wurde in ntl. Zeit durch einen röm. Prokonsul verwaltet, wie auch Lukas Apg 18,12 (LÜ → Landvogt) angibt. Paulus besuchte A. auf seiner 2. und 3. Missionsreise (Apg 17 u. 18; 19,21). Auch Apollos hatte die Gemeinden in A. besucht (Apg 18,27). Das Haus des Stephanas gehörte zu den »Erstlingen« der Gemeinde A. (1 Kor 16,15). Vgl. Karte Sp. 1151/2.

Achaikus »Mann aus Achaja«,
Christ aus Korinth, den die Gemeinde zu Paulus nach Ephesus sandte (1 Kor 16,17).

Achan. Im hebr. Text steht 1 Chron 2,7 Achar.
Sohn Charmis aus dem Stamm Juda. Er vergriff sich bei der Eroberung von Jericho an dem gebannten Gut. Darum stand Israel unter dem Zorn des Herrn und wurde vor Ai geschlagen. Das Los bezeichnete A. als den Schuldigen, er gestand und wurde mit seiner ganzen Familie gesteinigt, samt seinem Besitz verbrannt und unter aufgehäuften Steinen im Tal Achor begraben (Jos 7).

Achat → Edelstein

Achban, Bedeutung hängt viell. mit arab. »stark, kräftig« zusammen.
Sohn Abisurs (1 Chron 2,29).

Achbor »Maus«.
1) Vater des Königs Baal-Hanan von Edom (1 Mo 36,38; 1 Chron 1,49).
2) Sohn Michajas und Vater Elnathans, Hofbeamter König Josias (2 Kö 22,12; Jer 26,22). 2 Chron 34,20 wird er → Abdon (4) genannt.

Achim, Vorfahr Josephs aus der Zeit nach der babyl. Gefangenschaft (Mt 1,14).

Achis, Bedeutung unbekannt.
Sohn des Maoch und König von Gath. David suchte bei diesem Philister zweimal Zuflucht vor Saul (1 Sam 21,11[10]; 27,2). In Ps 34,1 wird er wohl

mit seinem Titel → Abimelech genannt. Zu Anfang der Regierung Salomos ist A., der Sohn des Maacha, König von Gath (1 Kö 2,39). Eine Regierungszeit von über 50 Jahren ist denkbar; und der geringe Unterschied im Namen des Vaters erlaubt auch, in ihm den gleichen Herrscher zu sehen. Er hätte dann seinen Zeitgenossen David um mindestens 3 Jahre überlebt.

Achor. Tal, in dem → Achan gesteinigt wurde (Jos 7,24). Es liegt etwa 12 km (Ll.) südwestl. von Jericho und wurde unlängst mit dem Wadi Daber und dem Wadi Mukeli identifiziert. Das Tal ist verrufen und unfruchtbar. Der Herr aber verheißt durch seine Propheten eine Zeit, da A. ein Viehlager (Jes 65,10) und eine Stätte der Hoffnung werden soll (Hos 2,17 [15]). Vgl. Karte Sp. 730.

Achsa »Fußspange, Fußring«.
Tochter Kalebs, die er dem Eroberer von Debir oder Kirjath-Sepher versprochen hatte. Othniel, sein jüngerer Bruder, nimmt die Stadt ein und erhält A. zur Frau. Auf A. Bitte schenkt ihr Kaleb ein Stück Land mit Quellen, da Kirjath-Sepher in einer trokkenen Gegend liegt (Jos 15,16–19; Ri 1,12–15).

Achsaph »Zauberstätte«,
Königsstadt in Kanaan (Jos 11,1), die von Josua erobert wurde (Jos 12,20). Danach fiel sie dem Stammgebiet Assers zu (Jos 19,25). A. ist wahrscheinlich der heutige Tell Kesan, neuhebr. Tel Kison, in der Ebene von Akko südöstl. dieser Stadt. Das fast gleichnamige Chirbet Iksaf kommt nicht in Frage, da es nicht zu Asser gehört. A. wird schon unter den von Thutmose III. (1504–1450 v. Chr.) eroberten Städten genannt. Vgl. Karte Sp. 1067.

Achsel → Handfaß

Achsib viell. »Lügenhaft«.
1) Stadt in Juda zwischen Kegila und Maresa (Jos 15,44), der gleiche Ort wie Chesib (1 Mo 38,5). Eusebius nannte einen Ruinenhügel bei Adullam als Platz des alten A. Man sucht es heute entweder im Hügel Tell el-Beda (Elliger ZDPV 1934, S. 124), 7 km nordöstl. von Maresa, oder in Ain el-Kezbe (= Chesib) nördl. von Adullam (Karte Sp. 920). Mi 1,14 wird auf die Bedeutung des Namens angespielt.
2) Stadt an der Küste im Gebiet Assers (Jos 19,29), die die Israeliten jedoch nicht erobern konnten (Ri 1,31). Heute Ez-zib, neuhebr. Akhziv, 14 km nördl. von Akko. Vgl. Taf. 97/1536.

Acht = Verbannung (Es 7,26).

Acht → Zahl

Acker → Maße und Gewichte I,3

Ackerbau. I) Wenn auch in der Frühzeit der Erzväter die → Viehzucht als wesentliche Kulturform des isrl. Volkes gelten muß, so haben die Israeliten doch spätestens in Ägypten den Landbau kennengelernt. Nach der Landnahme in Palästina treibt das Volk in erster Linie A. Schon die Gesetzgebung ist typisch auf ein Bauernvolk zugeschnitten (→ Sabbat, → Sabbatjahr). Vollends das 5. Buch Mose mit der Erwähnung des Halljahres als Schutz des Grundeigentums und des Verbotes, die Marksteine zu verrücken (5 Mo 19,14; 27,17), macht dies deutlich. Selbst der König ist im Anfang Bauer (1 Sam 11,5), und die drei Hauptfeste des Volkes stehen im Zusammenhang mit der Ernte.

II) KLIMA UND BODENBEARBEITUNG. In der biblischen Zeit dürfte das Klima dem heutigen sehr ähnlich gewesen sein. Die Niederschlagsmenge hat sich wohl kaum wesentlich verändert, und so ist der A. durch die Regenperiode von Oktober bis April bestimmt. Schwer feststellen lassen sich die Grenzen des landwirtschaftlich genutzten Gebietes; durch Rodung der Wälder und Abweiden des Buschwerkes durch das Vieh haben sich diese immer wieder verschoben. Die Niederschlagsmengen sind in den höheren Gebirgsschichten des nördl. Westens am höchsten, in der südl. und östl. Wüste am geringsten; schwach sind sie an den Osthängen des westl. Gebirges und über dem syr. Graben (→ Regen).
Weil der Bodenbestand sehr ungleichmäßig ist, gibt es kaum geschlossene landwirtschaftlich bebaute Gebiete. Für den landwirtschaftlichen Anbau kommen in erster Linie die Talflächen und Ebenen infrage; aber auch an den Abhängen der Gebirge bildet sich durch den verwitterten roten Kalkstein fruchtbares Land, ebenfalls durch die Lavaverwitterung im Ostjordanland. Verbessert wurde der Boden vor allem durch Entsteinung, aber auch die Brache in jedem 7. Jahr trug zu seiner Kräftigung bei. Von einer planmäßigen Düngung ist aus der vorröm. Zeit so gut wie nichts bekannt.
In der Regel befinden sich die Höfe im Familienbesitz, Großbesitz ist selten; dieser hat allerdings wohl später zugenommen, wie die damit zusammenhängenden Gerichtsworte der Propheten (Jes 5,8–10; Mi 2,2) zeigen. Auf solchen größeren Höfen kennt man Sklaven und Lohnarbeiter, aber auch sie stehen von vornherein unter dem Schutz des Gesetzes (2 Mo 21,2ff; 3 Mo 25, 39–46; 5 Mo 15,12ff) Zum Auflockern des Bodens hat man anfangs wohl die Hacke benutzt, ein Gerät mit einem am hölzernen Stiel befestigten und von diesem spitz abgewinkelten Metallblatt (Jes 5,7; 7,25). Sie findet später nur noch im Gemüseanbau (s. u.) Verwendung.

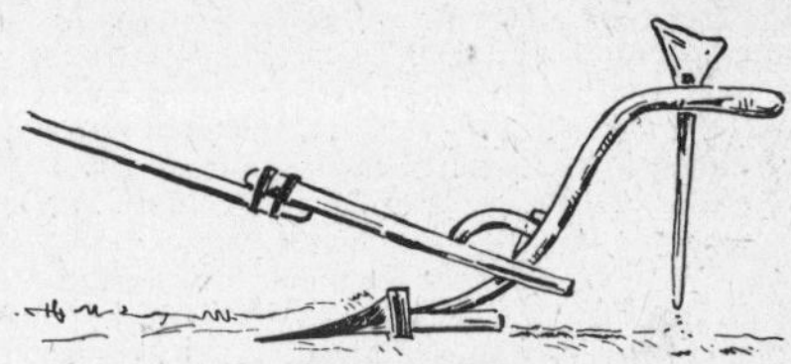

Pflug mit Saattrichter

Kennzeichen des A. im eigentlichen Sinne ist erst der Pflug, der sich in Palästina z. Zt. der Landnahme Israels schon findet. Wurde zunächst mit einem angespitzten harten Holzstab, an dem in einem bestimmten Winkel starr ein Jochstab befestigt war und der dann von zwei Rindern oder zwei Eseln gezogen wurde, der Boden aufgelockert, so erhält das Pflugholz schon bald eine eiserne Spitze, die die Israeliten wohl von den Philistern übernommen haben. Der Pflüger lenkte den Pflug mit entsprechendem Druck auf das Lenkholz, den Sterz, während er die Tiere, die paarweise mit Stricken unter das Joch gebunden waren, mit dem → Stachel antrieb. Wahrscheinlich sind auch Eggen, die den unseren ähnlich sehen, verwendet worden.

III) ANBAU. Landwirtschaftlich angebaut wurde Getreide, und zwar von den uns bekannten Getreidearten vor allem → Weizen in Galiläa und dem fruchtbareren Ostjordanland, → Gerste in Judäa. Dazu hören wir auch vom → Spelt (Jes 28,25; Hes 4,9) und vor allem von der aus Afrika stammenden → Hirse, die sich auch schon im Hackbau findet und besonders ertragreich ist. Unbekannt sind hingegen Hafer und Roggen. Gilt der Weizen als bestes Brotgetreide, so verwendet man doch auch Spelt, Hirse und Gerste dazu bzw. mindestens als

Beimischung, namentlich unter den ärmeren Bevölkerungsschichten. Neben dem ländlichen Getreideanbau wird in Gartenkultur abgesehen von → Feigenbäumen, → Wein, → Ölbäumen und → Granatäpfeln auch Gemüse angepflanzt (1 Kö 21,2; 2 Kö 4,39); so hören wir von Linsen (1 Mo 25,34), Bohnen (2 Sam 17,28), Gurken, Zwiebeln, Lauch und Melonen (4 Mo 11,5) und von Koloquinten (2 Kö 4,39).
Nach dem Pflügen im Herbst wird hauptsächlich im November und Dezember ausgesät, und zwar zunächst die Hülsenfrüchte, im Dezember der Weizen, während die Sommerfrucht im Januar und Februar in den Boden gebracht wird (vgl. → Jahr). Dabei wirft der Sämann aus einer beutelartigen Tasche den Samen breit aus; nur hin und wieder wird er in die verhältnismäßig niedrigen Pflugfurchen eingestreut. Niemals darf zweierlei Samen auf ein Feld gebracht werden (3 Mo 19,19), ebensowenig wie zwei verschiedene Tiere unter dem gleichen Joch laufen dürfen. Das dem Israeliten vertraute Bild der Aussaat dient Jesus als Gleichnis in Mt 13,3ff. 24ff; Mk 4,26ff u. ö., wo er den Samen mit dem göttlichen Wort vergleicht, das je nach der Beschaffenheit des Bodens (der Herzen) und den widrigen Einflüssen von außen Frucht bringt (→ Taf. 43a/672).

IV) ERNTE. Die harte Arbeit der Feldbestellung und Aussaat und das bange Warten auf den Regen zur rechten Zeit (vgl. 3 Mo 26,19; 1 Kö 17,1 wird sein Ausbleiben als Strafe gesehen) wie die Furcht vor dem versengenden Ostwind (5 Mo 28,22f) finden nach dem Spätregen im April/Mai ihren Lohn in der Freude der Erntezeit (vgl. das Bild Ps 126,5f). Sie beginnt mit der Gerste etwa Anfang April je nach Witterung und Lage des Feldes und erstreckt sich über rund 2 Monate, wobei der Weizen am spätesten geerntet wird. Der Ertrag pflegt am reichsten bei dem minderwertigsten Getreide, der Hirse, zu sein, dann folgt die Gerste, bei der man mit fünfzigfachem Ertrag rechnen kann, und schließlich der wertvolle Weizen, bei dem der im Gleichnis (Mt 13, 8) genannte dreißig- bis hundertfache Ertrag im Vergleich zur Aussaat durchaus im Bereich des Möglichen lag.
Gemäht wird mit einer Handsichel, wobei man in ältester Zeit scharfe Feuersteinstücke an einem gebogenen Holz befestigte, seit Eingang der Eisenzeit jedoch eine eiserne Sichel benutzte. Während die rechte Hand die Halme etwa auf halber Höhe

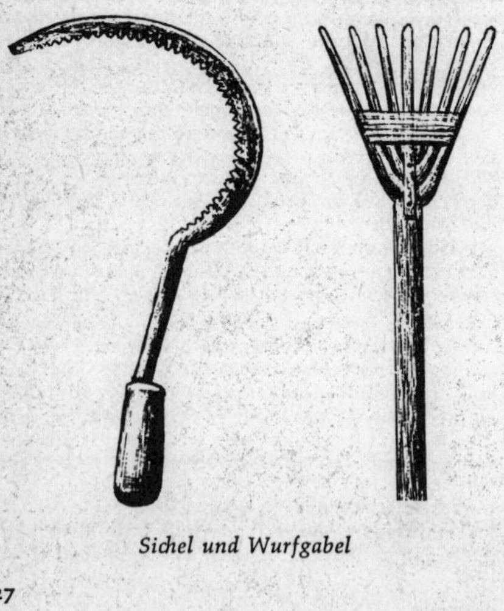

Sichel und Wurfgabel

schneidet, also wesentlich höher als mit der Sense, umgreift der Schnitter mit der linken die Ähren und legt sie ab. Sammler bzw. Binder (auch Frauen Rt 2,8) folgen und binden die geschnittenen Ähren, um dann die Garben zum Schutze vor Nachttau hochzustellen, sie meist aber direkt zur Tenne zu tragen. Manchmal werden auch die losen Ähren zur Tenne gebracht und aufgeschichtet. Erntewagen finden sehr selten, dann aber auch erst in späterer Zeit und nur im westlichen flachen Gebirgsvorland Verwendung; sie sind wohl von den Philistern übernommen (1 Sam 6,7ff).
In der Erntezeit verlassen die Bauern häufig die Wohnung und wohnen in Zelten oder Höhlen in der Nähe des Feldes. Als Tenne findet ein ebener Platz Verwendung, dessen harter Boden manchmal noch planiert und verbessert wird, dessen Ränder man oft mit Steinen befestigt und der vor allem wegen des Worfelns unter dem Westwind liegen muß. Nur selten gehört die Tenne einem einzelnen (2 Sam 24,18; Rt 3,2), meist der Bauernschaft des Ortes gemeinsam. Dann werden die einzelnen Fruchtstapel rings um den Platz niedergelegt.

Dreschwagen und Dreschschlitten (vgl. Taf. 24b/353)

Drischt man die Hülsenfrüchte und vielleicht auch etwas Getreide für den Familienbedarf zunächst mit dem Stock, so ist die Regel wohl das Dreschen durch Tiere (Hos 10,11; 5 Mo 25,4), die man zu mehreren im Kreis über das auf der ganzen Tenne ausgebreitete Getreide treibt, dann aber auch mit Dreschschlitten (Am 1,3). Bei den Schlitten handelt es sich um zwei oder mehrere miteinander verbundene und vorne aufgebogene Bretter, unter denen meist noch Flintsteine, später auch Eisenmesser befestigt sind, um die Körner herauszulösen und die Halme zu zerschneiden. Später haben auch Dreschwagen (Jes 28,27f) Verwendung gefunden: ein Gestell mit mehreren teilweise gezackten Steinrädern oder Walzen, das wie der Schlitten von den Außenrändern her über den Getreidehaufen gefahren wird. Der Bauer steht dabei auf dem Schlitten bzw. Wagen. Nach dem Dreschen, wegen des dann stärkeren Windes gegen Abend, wird zunächst mit der mehrzinkigen hölzernen Wurfgabel die Spreu herausgenommen; dann wirft man Häcksel und Körner mit der Wurfschaufel hoch, wobei der Wind alles, was zu leicht ist, forträgt. Den Rest siebt man (Am 9,9) mit einem Sieb aus Darmsaiten, um auch noch die Steine zu entfernen, bevor man die Körner bis zum Mahlen (→ Mühle) in Krügen oder Speichern aufbewahrt. Um solche Getreidespeicher, nicht also um Scheunen in unserem Sinne, handelt es sich wohl auch bei dem Gleichnis Lk 12,15ff. Vgl. Taf. 24b/353; 79a/1248. Vgl. auch → Ernte.

Ada, Bedeutung hängt mit dem hebr. »als Schmuck anlegen, schmücken mit« zusammen.
1) Eine der beiden Frauen Lamechs, die Mutter von Jabal und Jubal (1 Mo 4,19–21).
2) Eine der Frauen Esaus, Tochter des Hethiters Elon und Mutter des Eliphas (1 Mo 36,2.4).

Ad-Ada. Stadt im Süden Judas (Jos 15,22). Ihre Lage ist unbekannt. Vielleicht muß dafür Arara gelesen werden, das etwa 16 km südöstl. von Beer-Seba liegt. Vgl. auch → Aroer (3).

Adaja »Der Herr hat geschmückt, als Schmuck angelegt«.
1) Mann aus Bozkath, der Großvater König Josias (2 Kö 22,1).
2) Levit aus dem Geschlecht Gersons (1 Chron 6,26 [41]).
3) Priester aus dem Geschlecht Malchias (1 Chron 9,12; Neh 11,12).
4) Benjaminit, Sohn Simeis (1 Chron 8,21).
5) Zwei Nachkommen Banis, die ihre heidnischen Frauen verstießen (Es 10,29.39).
6) Judäer, Sohn Jojaribs (Neh 11,5).
7) Vater des Obersten Maaseja (2 Chron 23,1).

Adalja, einer der 10 Söhne Hamans (Est 9,8).

Adam. I,1) »Mensch«, auch kollektiv für »Menschen« gebraucht. A. hängt mit dem hebr. Wort → *adama* und mit *adam* »rot sein« zusammen (vgl. Edom). Als Eigenname wird A. zuerst 1 Mo 4,25 verwendet.
2) 1 Mo 2,7 wird berichtet, daß Gott den Menschen aus Erde vom Ackerboden bildete. Dann hauchte er ihm Odem ein, so daß der Mensch zu einem lebenden Wesen wurde. In seinem natürlichen Leben steht dieser, abgesehen von seinen geistigen Funktionen (1 Mo 2,20), den Tieren gleich (1 Mo 2,19; 6, 17; Pred 3,18–21). Ihn unterscheidet von allen andern Lebewesen, daß er darüberhinaus zum Ebenbilde Gottes (1 Mo 1,26.27) und zur Gemeinschaft mit Gott geschaffen ist (vgl. → Mensch).
3) Gott schuf den Menschen als Mann und Frau (1 Mo 1,27), wobei er die Frau nach und aus dem Mann bildete (1 Mo 2,20–23). Er verlieh den Menschen die Herrschaft über die Tiere und die ganze Erde. Damit wurde ihm auch die Verantwortung für sie übertragen (1 Mo 1,28). A. sollte den Garten Eden bebauen und bewahren (1 Mo 2,15). Die gesamte Schöpfung war nach dem Urteil Gottes »sehr gut« (1 Mo 1,31). Gott hatte den Menschen jedoch auch an sein Gebot gebunden, nicht vom → Baum der Erkenntnis des Guten und Bösen zu essen (1 Mo 2,16.17). Hier setzte die Versuchung ein. Das kindliche Vertrauen und der schlichte Gehorsam zu Gott zerbrachen, der Mensch überschritt die Grenze, die ihm gesetzt war (Kap 3). Vgl. auch → Weib I.
4) Der Sündenfall hatte nicht nur für A. und Eva die Vertreibung aus dem Garten Eden und die Mühsal ihres weiteren Lebens zur Folge, durch ihre Eigenwilligkeit kamen Sünde und Tod in der ganzen Welt zur Herrschaft; sie gingen von A. auf alle Menschen und die → Schöpfung über (Hos 6,7; Röm 5,12–14).
Der einzige Weg zur Rettung liegt in Jesus Christus, den Paulus darum den letzten A. nennt (Röm 5,15–19; 1 Kor 15,22.45), dessen Glaube und Gehorsam Gerechtigkeit und Leben gebracht haben, ebenfalls wieder für den Menschen und die sonstige Schöpfung (Röm 8,19–24).
5) Von A. Kindern werden uns nur seine Söhne Kain, Abel und Seth mit Namen genannt (1 Mo 4, 1.2.25; 5,4), im NT wird auf ihn als auf den Stammvater aller Menschen Bezug genommen (Apg 17,26). A. starb im Alter von 930 Jahren (1 Mo 5, 5). Die bibl. Angaben ermöglichen uns jedoch nicht, bestimmt zu sagen, wann A. gelebt hat (→ Zeitrechnung).

II) Stadt in der Jordanebene (»Rötlicher Ort«), unterhalb von Zarthan (Jos 3,16), vgl. Karte Sp. 722. Heute Tell ed-Damije etwa 2 km südl. der Mündung des Jabbok in den Jordan. Hier stauten sich auf Gottes Geheiß die Wasser des Jordans, damit das Volk Israel 30 km südl., gegenüber von Jericho, das Flußtal passieren konnte. Vgl. Taf. 55/864.

Adama, urspr. »Das rote, gepflügte Land«, wird zu »Bestelltes, pflanzentragendes Land überhaupt«.
1) Stadt in der Nähe des Toten Meeres (1 Mo 10, 19; 14,2.8), die mit Sodom und Gomorra vernichtet wurde (5 Mo 29,22[23]; Hos 11,8).
2) Eine der befestigten Städte Naphthalis (Jos 19, 36) nordwestl. vom See Genezareth. Das heutige Tell ed-Damije (nicht zu verwechseln mit dem gleichnamigen Ort am Jordan; → Adam II) liegt südwestl. von Tiberias, daher ist seine Identität mit dem alten A. fraglich (vgl. auch Adami-Nekeb).

Adami-Nekeb.
A.-N. ist eine Grenzstadt des Stammes Naphthali (Jos 19,33), wohl das heutige Chirbet Damije. Dieser Hügel war schon in der Bronzezeit bewohnt. A.-N. liegt an einem Brunnen der alten Karawanenstraße, die von Akko nach Gilead führt, etwa 8 km südwestl. von Tiberias. Vgl. Karte Sp. 722; 1067.

Adar »Der dunkle, mehr bewölkte (Monat)«.
1) → Jahr.
2) Stadt im Süden Judas, auf der Grenze gegen Edom (Jos 15,3; 4 Mo 34,4). Heute wohl Ain Kederat, etwa 8 km nordwestl. von Kades-Barnea, vgl. Karte Sp. 1304.

Adbeel.
Dritter Sohn Ismaels (1 Mo 25,13; 1 Chron 1,29). Assyr. Inschriften des 8. Jh. v. Chr. kennen einen nordarabischen Stamm Idibail, nicht weit von der ägypt. Grenze.

Addar, Benjaminit (1 Chron 8,3). Vielleicht derselbe wie → Ard (1 Mo 46,21).

Addi, wohl Kurzform von Adaja.
Vorfahr Christi, mehrere Generationen vor Serubabel (Luk 3,28).

Addon. Stadt in Babylonien (Es 2,59; Neh 7,61). Die von dort aus der Verbannung zurückkehrenden Juden konnten den Beweis ihrer Zugehörigkeit zu Israel nicht führen. Die Lage der Stadt ist unbekannt. Nun geht aber aus den Muraschudokumenten aus der Zeit von 464–401 v. Chr., die in Nippur gefunden wurden, hervor, daß dort viele Juden wohnten. Sie waren zurückgeblieben, als die Rückkehrer unter Serubabel fortzogen. Vielleicht deutet diese Ansiedlung von zahlreichen Juden in Nippur darauf hin, daß die Es 2,59 genannten Städte, also auch A., in der gleichen Gegend zu suchen sind.

Ader. I) Wohl »Hilfe«, Sohn des Benjaminiten Beria (1 Chron 8,15).
II) A. bezeichnet in Hi 10,11; Jes 48,4; Hes 37,6.8 keine Blutgefäße, sondern die Sehnen. 1 Mo 32,33 [32] ist mit Spannader der Hüftmuskel gemeint.

Adiel wohl »Schmuck Gottes«.
1) Simeonit (1 Chron 4,36).
2) Priester, Sohn des Jahsera (1 Chron 9,12).
3) Vater Asmaveths, des Vermögensverwalters Davids (1 Chron 27,25).

Adin, etwa »Wonne«.
Verbannte aus dem Geschlecht A. kehrten unter Serubabel (Es 2,15) und Esra (Es 8,6) aus Babylon zurück. Ein A. unterschrieb für das Geschlecht die Verpflichtung auf das Gesetz z. Zt. Nehemias (Neh 10, 17[16]).

Adina, weibl. Form zu Adin,
einer von Davids Helden, ein Rubeniter (1 Chron 11,42).

Adithaim.
Ort in den Niederungen des Stammes Juda (Jos 15, 36). Eine der Grenzstädte, deren nähere Lage uns unbekannt geblieben ist. Man hat A. gelegentlich in el-Hadith, etwa 4 km nördl. von Ajalon, vermutet.

Adlai viell. »Gartenkresse« (Noth).
Vater eines Aufsehers über die Rinderherden Davids (1 Chron 27,29).

Adler. I) Das hebr. Wort *näschär*, das in der LÜ mit A. wiedergegeben wird, ist eigentlich der Sammelbegriff für alle großen Raubvögel, sowohl Adler wie auch → Geier. Sie waren für den Israeliten unrein und durften nicht gegessen werden (3 Mo 11, 13; 5 Mo 14,12). In Palästina kommen verschiedene Arten vor. Der A. ist meist ein Wintergast, nur im Negev findet man im Sommer den Königsadler *(Aquila heleacea)*. Der größte A., der Steinadler, *(A. chrysaetus)* kommt im Winter in ganz Palästina vor wie auch der Steppenadler (*A. orientalis)*, der als einzige Adlerart in kleinen Gruppen auftritt. Weiter gibt es noch den Schlangenadler *(Circaetus gallicus)*, der in seiner Lebensweise mehr dem Bussard als dem A. gleicht.

II) Im übertragenen Sinn ist der A. in der HS häufig Bild für Stärke und Gewalt (Jes 40,31; Hab 1,8 u.a.). In Hes 17,3.7 stellt je ein A. zuerst das babyl. und dann das ägypt. Weltreich dar. Weiter dient er als Bild der Schnelligkeit (5 Mo 28,49; 2 Sam 1,23; Hi 9,26; Jer 4,13; Klgl 4,19; Offb 12,14), als Bild der Vorsorge und des Schutzes Gottes für sein Volk (5 Mo 32,11), aber auch als das des hochfahrenden Sinnes (Spr 23,5; Jer 49,16). Über die A. (= Geier), die Jesus im Gleichnis anführt (Mt 24, 28) → Aas. – Die Köpfe der vier Lebewesen (Cherubim) in der Erscheinung der Herrlichkeit des Herrn zeigten an einer Seite das Gesicht eines A. (Hes 1,10; 10,14.20; Offb 4,7).

Admatha pers. »Unbesiegt« (?),
einer der 7 Fürsten von Persien und Medien unter →Ahasveros (Est 1,14). Diese engsten Ratgeber des Perserkönigs werden auch Es 7,14 erwähnt. Bei ihnen lag die höchste Regierungsgewalt, und sie hatten jederzeit ungehindert Zutritt zum Herrscher.

Adna, etwa »Wonne«.
1) Mann aus Manasse, der in Ziklag zu David kam (1 Chron 12,20).
2) Judäer, hoher Offizier unter Josaphat (2 Chron 17,14).
3) Sohn Pahath-Moabs (Es 10,30).
4) Priester, Haupt des Geschlechtes Harim in der zweiten Generation nach der babyl. Gefangenschaft (Neh 12,15).

Adonia »Herr ist der Herr (= Jahwe)«.
1) Der vierte Sohn Davids, den ihm Haggith in Hebron schenkte (2 Sam 3,4). Er war schön, ebenso wie Absalom, und David hatte sein Handeln nie getadelt. Im Greisenalter des Königs begann er als ältester der lebenden Königssöhne nach der Herrschaft zu streben, obgleich Salomo zum Nachfolger bestimmt war. Er schaffte sich eine Leibwache und zog mit Joab und Abjathar das Heer sowie einen Teil der Priester und Leviten auf seine Seite. Doch konnte er weder den Propheten Nathan, den Priester Zadok noch Benaja und die königliche Garde für sich gewinnen. Auf die Warnung Nathans läßt David im letzten Augenblick Salomo zum König salben, die Verschwörung A. fällt auseinander, und Salomo begnadigt ihn (1 Kö 1). Als A. aber nach Davids Tod sich Abisag von Sunem durch Bath-Seba zur Frau erbittet, erkennt Salomo darin einen neuen Versuch, ein Anrecht auf den Thron geltend zu machen. Er läßt A. und Joab hinrichten, verbannt Abjathar und beseitigt so jede weitere Gefahr (1 Kö 2,13–34).
2) Einer der Leviten, die Josaphat mit der Unterweisung des Volkes beauftragte (2 Chron 17,8).
3) Ein Mann, der für sein Geschlecht die Verpflichtung auf das Gesetz z. Zt. Nehemias unterschrieb (Neh 10,17[16]). → Adonikam.

Adoni-Besek »Herr von Besek« oder »(Mein) Herr ist (der Gott) Besek«.
König von Besek, den die Judäer besiegten und ebenso verstümmelten, wie er es zuvor mit 70 anderen Königen getan hatte. Er starb in Jerusalem (Ri 1,4–7).

Adonikam »Der (mein) Herr hat sich erhoben«.
Verbannte aus dem Geschlecht A. kehrten mit Serubabel und Esra aus Babylon zurück (Es 2,13; 8, 13; Neh 7,18). In Neh 10,17[16] steht an der Stelle, wo man A. vermuten würde, Adonia.

Adoniram »(Mein) Herr ist erhaben«.
Hoher Beamter der Könige David, Salomo und Rehabeam, der für die Fronarbeiten verantwortlich war (1 Kö 4,6; 5,28[14]). Er war der Sohn Abdas und wird auch Adoram (2 Sam 20,24; 1 Kö 12,18) bzw. Hadoram (2 Chron 10,18) genannt. Als sich die 10 Stämme Israels gegen Rehabeam empören, schickt er unklugerweise A. als Unterhändler, den sie kurzerhand steinigen.

Adoni-Zedek »Der (mein) Herr ist gerecht« oder »Gerechtigkeit«,
König von Jerusalem. Sein Name erinnert an den des früheren Königs von Salem, Melchisedek. Nach dem Fall Ais und dem Bündnis der Gibeoniten mit Israel überfiel er mit vier anderen Königen Gibeon, wurde aber von Josua besiegt und erschlagen (Jos 10,1–27).

Adoraim, von Rehabeam zur Festung ausgebaute Stadt (2 Chron 11,9). Es ist das spätere Adora (vgl. 1 Makk 13,20) und heutige Dura etwa 7,5 km westl. von Hebron.

Adoram → Adoniram

Adrammelech »(Der Gott) Adar (= Hadad) ist König«.
1) Gott der Leute von Sepharvaim, die der König von Assyrien in Samarien angesiedelt hatte. Zur Verehrung dieser wohl syr. Gottheit gehörte auch das Verbrennen von Kindern als Opfer (2 Kö 17,24. 31).

Tafel 3
Der fruchtbare Schlamm, den der Nil Jahr für Jahr in der Überschwemmungszeit auf den Feldern ablagert, sichert die Ernte Ägyptens. Im regenlosen Klima des Landes wird der schnell austrocknende Boden aber ohne ständige Bewässerung aus dem Fluß bald von tiefen Rissen durchzogen.

Tafel 3

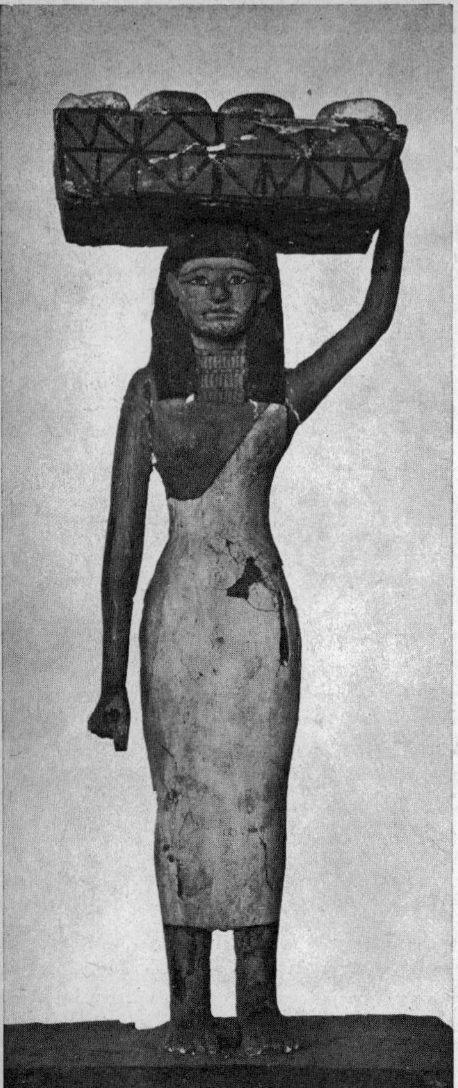

2) Sohn des Königs Sanherib von Assyrien. A. und sein Bruder Sarezer erschlugen ihren Vater 681 v. Chr. und flohen dann nach Armenien (2 Kö 19,36. 37; Jes 37,38).

Adramyttium, Hafenstadt Kleinasiens in der Provinz Mysia, Heimathafen des Schiffes, das Paulus als Gefangenen von Cäsarea nach Rom bringen sollte (Apg 27,2). Heute das am Ägäischen Meer gelegene Edremit, 65 km nördl. von Pergamus.

Adria (Adria-Meer), der Teil des Mittelmeeres zwischen Italien und der Balkanhalbinsel, heute bis an das Ionische Meer. Im Altertum dehnte man die Bezeichnung auch auf die weiter südl. liegenden Meeresteile aus, so daß sogar die Insel Malta noch zum Adriatischen Meer gerechnet wurde (Apg 27, 27).

Adriel »(Meine) Hilfe ist Gott«.
Sohn Barsillais, des Meholathiters, dem Saul seine Tochter Merab zur Frau gab, obwohl sie David bereits versprochen war (1 Sam 18,17–19). Seine 5 Söhne waren unter den 7 Nachkommen Sauls, die David den Gibeonitern zur Tilgung der Blutschuld Sauls auslieferte (2 Sam 21,1–14; vgl. 4 Mo 35,33).

Adullam viell. »Abgeschlossener Ort«.
Stadt in Juda (1 Mo 38,1; Jos 15,35), ein alter kanaanitischer Königssitz (Jos 12,15). König Rehabeam befestigte ihn (2 Chron 11,7). Der Ort wird außerdem in Neh 11,30 und in Mi 1,15 genannt. David flüchtete in eine Höhle in der Nähe von A. (1 Sam 22,1; 23,13; 1 Chron 11,15).
Der Ort ist das heutige Chirbet esch-Schech Madkur am Wadi es Sur, dessen Höhe das Tal und den Weg nach Beth-Zur beherrscht. Die Höhle sucht man unmittelbar nördl. davon im Berg Ed-el-Mije an der Westseite des Tals. Am Fuß des Berges, der den alten Namen bewahrt hat, liegt ein Brunnen und etwas höher eine größere, bewohnbare Höhle. 1 Chron 11,16; 12,8 wird die Höhle als Festung, Berg- oder Wüstenfeste (LÜ sicherer Ort) bezeichnet. Vgl. Karte Sp. 279.

Adummim (Jos 15,7; LÜ Steige von A.), das heutige Talat ed-damm, ein Teil des Weges von Jericho nach Jerusalem, ungefähr bis Chan Hatrur, der heute sog. »Herberge des barmherzigen Samariters«. Der alte Name ist die Mehrzahl von *adom* »(blut-) rot« und deutet damit auf den roten Kalkfelsen, der sich dort findet.

Affe (hebr. *khop;* lat. *Simia).*
In Palästina ist kein A. heimisch. Nur 1 Kö 10,22; 2 Chron 9,21 werden A. erwähnt, die die Handelsflotte Salomos aus Ophir mitbrachte. Diese A. hatten als fremdländische Tiere einen gewissen Wert im Handel.

Afterreden → Verleumden

Agabus. Ein → Prophet, der in der Gemeinde in Antiochia die Hungersnot z. Zt. des Kaisers Klaudius voraussagt. (Apg 11,27–30). Später kündigt A. in Cäsarea dem Paulus dessen Gefangennahme in Jerusalem an, indem er sich zum Zeichen mit dem Gürtel des Apostels Hände und Füße bindet (Apg 21,10.11).

Tafel 4
a. Frau, die einen Korb mit Broten trägt (vgl. 1 Mo 40,16.17). Ägypt. Grabbeigabe, um 2000 v. Chr. Britisches Museum, London.
b. Die Merneptah-Stele (um 1224 v. Chr.) mit dem frühesten außerbiblischen Beleg des Namens Israel (2. Zeile von unten im Raum zwischen den Pfeilen; vgl. → Ägypten IV, 3). Museum Kairo.

Agag (vielleicht ein amalekitischer Königstitel).
1) König, den Bileam in seinem Segensspruch über Israel nennt (4 Mo 24,7).
2) König der Amalekiter, den Saul gefangennimmt und gegen den Befehl des Herrn verschont. Samuel erschlägt ihn (1 Sam 15,7–9.32.33).

Agagiter. Beiname Hamans (Est 3,1). Es ist fraglich, ob dieser Name eine amalekitische Abstammung Hamans bezeugt, die seine Judenfeindschaft erklären würde.

Age viell. »Kameldorn«.
ein → Harariter, Vater des Samma, eines der Helden Davids (2 Sam 23,11).

Agrippa → Herodes Agrippa

Agur »Gemietet, Lohnarbeiter«,
Sohn Jakes aus dem ismaelitischen Stamm Massa (1 Mo 25,14), der Verfasser von Sprüche 30 (Spr 30,1; vgl. ZÜ, MÜ).

Ägypten. I) NAME. Der hebr. Name für Ä. in der HS ist Mizraim (1 Mo 10,6), der im übrigen mit Ä. übersetzt wird. Da Mizraim eine Dualform ist (d. h. »Zweizahl«), kann man darin einen Hinweis auf die Zweiteilung des Landes in Ober- und Unterägypten sehen. Das Wort »Mizraim« wird aber auch für Unterägypten allein gebraucht, denn Jes 11,11 und Jer 44,15 steht Pathros, d. h. Oberägypten, unmittelbar daneben (vgl. Hes 30,14.16).
Die Ägypter selber nannten ihr Land *Kemet,* »schwarzes Land«, und zwar nach der dunklen Akkererde im Gegensatz zum hellen Wüstensand. Unsere Bezeichnung Ä. kommt aus dem griech. *Aigyptos,* dessen Ableitung unsicher ist. Vielleicht handelte es sich ursprünglich um die Bezeichnung des westl. Nilarmes im Delta. Dieser Name mag dann zuerst auf den ganzen Fluß und später auf das Land übertragen worden sein.

II) GEBIET. Das alte Ä. war eine langgestreckte Oase, im N vom Mittelmeer begrenzt, im W von der libyschen Wüste (siehe Karte), im O von der arab. Wüste. Dort war der Grenzfluß der Wadi el Arisch, der Bach Ä. (4 Mo 34,5; Jos 15,4; 1 Kö 8,65; Jes 27,12). Im S grenzte es an der ersten Stromschnelle des Nils bei Syene an Nubien. Wenn Hesekiel weissagt, daß Ä. von Migdol bis Syene an der Grenze des Mohrenlandes verwüstet werden soll (Hes 29,10; 30,6), dann bezeichnet er damit die größte Nord-Südausdehnung des Landes.
Der → Nil ist die Lebensader Ä., das in seiner Existenz völlig von diesem Strom abhängig ist. Daher nennen die Griechen Ä. ein »Geschenk des Nils«. Ohne den Nil würde das lange, schmale Land zur Wüste werden (Jes 19,5–9). Vgl. Taf. 2/1; 3/32.
Von den Bergketten im O, zwischen Niltal und Rotem Meer, holten die Ägypter die dunklen Gesteine für ihre Sarkophage (z. B. Porphyr). Die Kalksteinhöhen an der Westseite lieferten den prächtigen Alabaster. Von der Sinaihalbinsel kamen u. a. Kupfer und Malachit.
Während seiner Überschwemmung lagert der Nil den feinen Schlamm ab, der dem ägypt. Boden jährlich neue Fruchtbarkeit bringt. Die fruchtbare Erde war schon im Altertum Garten- und Ackerland. Die Israeliten erinnerten sich auf ihrer Wanderung durch die Wüste mit genießerischer Sehnsucht an die Kürbisse, Melonen, Zwiebeln und den Knoblauch Ä. (4 Mo 11,5). Die ägyptischen Getreidesorten waren besonders Gerste, Weizen und Spelt (2 Mo 9,31.32), aus ägypt. Flachs wurde feine Leinwand gewebt (Hes 27,7). Vgl. Taf. 79a/1248.
Sehr scharf ist der Gegensatz zwischen dem dicht-

 Ägypten

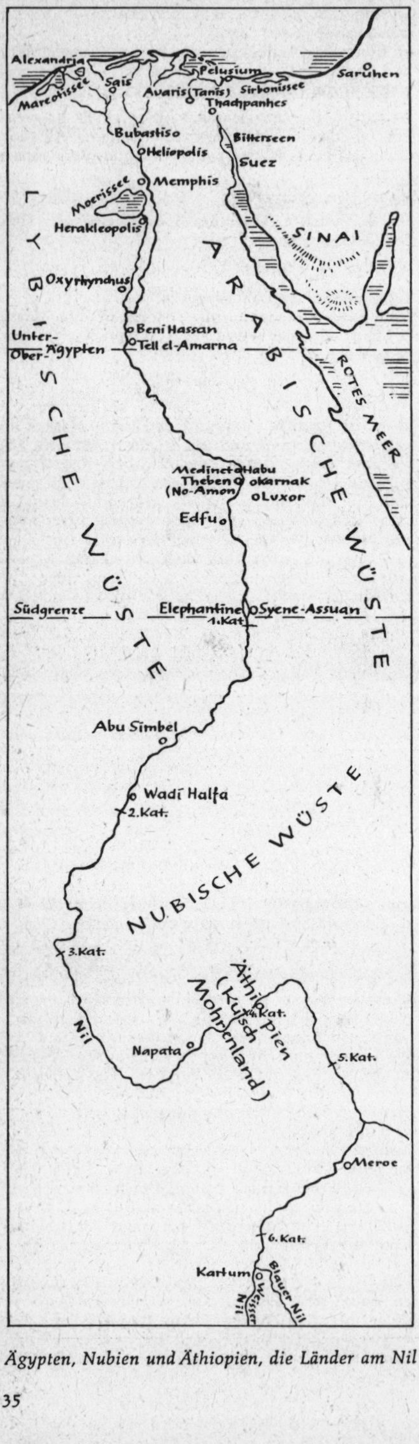

Ägypten, Nubien und Äthiopien, die Länder am Nil

Nilpferdjagd im Papyrussumpf

bevölkerten Niltal und den angrenzenden Wüsten. Nur wenige Kilometer vom Flußlauf entfernt geht die fruchtbare schwarze Erde unmittelbar in Wüstensand über. Blendende Sonne und heiße, trockene Luft bestimmen das Klima Ä., das in den Sommermonaten durch regelmäßige Nordwinde gemildert wird, im Winter vom Mittelmeer her Abkühlung und Bewölkung nur für das Delta erfährt. Die Reinheit seiner Luft verdankt das Land der umgebenden Wüste. Regen fällt in Oberägypten sehr selten, auch in Kairo gibt es nur 4-6 Regentage im Jahr. Die Bewässerung der Äcker durch größere und kleinere Kanäle ist allein aus dem Fluß oder durch Grundwasser (2 Mo 7,24) möglich. Zum Wasserschöpfen verwendete man Schöpfräder, die mit den Füßen in Bewegung gesetzt wurden (5 Mo 11,10 EÜ, ZÜ, MÜ; vgl. auch Taf. 89/1408), oder einen an einem Ende beschwerten Balken *(schaduf)* wie beim Ziehbrunnen (Abb. Sp. 1503). Die bebaubare Oberfläche des fruchtbaren Niltals und des Deltas ist nur wenig größer als etwa die der Niederlande. Hier entwickelten die Ägypter eine hohe Kultur, die durch vornehme Selbstgenügsamkeit gekennzeichnet war und auf die verächtlich »Sandbewohner« und »Bogenschützen« genannten Wüstenvölker herabsah. Treffend heißt es 1 Mo 46,34: Alle Viehhirten sind den Ägyptern ein Greuel.

III) VOLK, SPRACHE UND KULTUR. Die Ägypter gehörten zu den hamitischen Völkern (1 Mo 10,6), und die Psalmen sprechen von Ä. als dem Land (Ps 105, 23) oder den Zelten Hams (Ps 78,51). Im Lauf der Jahrhunderte haben Fremdvölker und Eroberer (Hyksos, Libyer, Nubier, Assyrer, Babylonier, Perser, Griechen) aber manchen anderen Einschlag hinzugebracht. Man vermutet u. a., daß Volk und Sprache aus der Vermischung einer ursprünglich afrikanischen Bevölkerung mit einem in vorgeschichtlicher Zeit eingedrungenen semitischen Stamm entstanden sei.

Die monumentale ägypt. Bilderschrift der Hieroglyphen (heilige Worte) war zwar für Bauten und Bildwerke vortrefflich geeignet, weniger aber als Schreibschrift. Deshalb entwickelten sich daraus durch Abkürzung und Änderungen nacheinander die hieratische (heilige) und die demotische oder Volksschrift. Den Schlüssel zur Entzifferung bot der dreisprachige Stein von Rosette (Raschid) im Westdelta (195 v. Chr.) mit seiner gleichlautenden Inschrift in Hieroglyphen, demotischer Schrift und Griech. Das Auftreten der Hieroglyphen fällt mit dem Beginn der geschichtlichen Zeit im 3. Jt. v. Chr. zusammen; die ersten schriftlichen Quellen, Namen und Inschriften, beenden die Vorgeschichte. Die Hieroglyphenschrift besteht, wie auch die hebr. und phön. Schrift, ursprünglich nur aus einem Konsonantengerippe, die Vokale und Endungen wurden beim Lesen ergänzt. Dazu entwickelte man ein System von Lesehilfen, Zeichen, die andeuteten, ob das folgende Wort etwa ein Völker- oder Eigenname war. Auch die Verben unterteilte man, so hatten z. B. alle Tätigkeiten mit Hand und Arm ein gemeinsames Zeichen. Vgl. Taf. 4b/33; 76/1185.

Die RELIGION der Ägypter war heidnische Vielgötterei. Sie sahen Offenbarungen göttlicher Mächte in Tieren, Pflanzen, Quellen und Berggipfeln. Hauptgottheiten waren → Amon, Ptah und der Sonnengott Re; andere bekannte Götter sind Osiris, Horus und Seth. Pyramiden, Gräber und die Sitte, die Gestorbenen einzubalsamieren, zeigen die große Bedeutung, die man dem Fortleben nach dem Tode beimaß. Äußeres Zeichen der Götterverehrung waren die oft riesigen Tempelbauten, die als Wohnsitze der einzelnen Gottheiten galten. Dazu kamen die Totentempel der Pharaonen, z. B. der der Königin Hatschepsut in Der-el-Bahri oder das Ramesseum Ramses II. in Theben. Die Priester, die den Tempelgottesdienst versahen, erlangten besonders im Neuen Reich immer größere Macht. Die Priesterschaft des Gottes Amon, mit der jetzt auch die bis dahin selbständigen Priesterschaften der andern Ortsheiligtümer vereinigt wurden, beherrschte das gesamte religiöse Leben. Schließlich kam es sogar zur Bildung eines unabhängigen Gottesstaates in Theben, an dessen Spitze der oberste Amonspriester stand. Hand in Hand damit ging eine immer reichere Ausstattung der Tempel.

Ägypt. Priester und Priesterin

Im AT trägt Josephs ägypt. Frau den Namen Asnath (»der Göttin Nut gehörig«). Sie war die Tochter Potipheras (»den der Sonnengott Re geschenkt hat«), des Oberpriesters von On oder Heliopolis, einer der alten ägypt. Städte und Mittelpunkt der Sonnenverehrung (1 Mo 41,45). Hesekiel weissagt das Gericht des Herrn über die Götzen der Hauptstadt Noph oder Memphis (Hes 30,13), wo der Hauptsitz des Ptah-Dienstes war und der schwarze Apisstier verehrt wurde. Die V 17 genannte Stadt Bubastis war das »Haus der Katzengöttin Bast«. Theben, die Hauptstadt Oberägyptens, wird als Stadt des → Amon Nah 3,8 No-Amon genannt. Auch dieser Gottheit wird das Gericht angekündigt (Jer 46,25). Zum Apisstier → Taf. 60a/929.

Von der Höhe der ALTÄGYPT. KUNST zeugen Pyramiden, Tempel, Wandgemälde, Reliefs, Bildwerke und zahllose andere Schmuck- und Gebrauchsgegenstände des täglichen Lebens. Die technische Bewältigung architektonischer Aufgaben, besonders im Pyramidenbau, nötigt uns noch heute Bewunderung ab. Auch die LITERATUR umfaßt klassische Werke, wobei das religiöse Schrifttum, das sich vor allem mit dem Leben nach dem Tode beschäftigt, breiten Raum einnimmt. Prophetien und Weisheitsbücher erlauben Vergleiche mit dem AT. Weiter sind uns Erzählungen und Gedichte erhalten; neuerdings ist besonders die altägypt. Liebeslyrik durch Übersetzungen weiter bekanntgeworden. Diese Kenntnisse verdanken wir dem Umstand, daß im heißen, trokkenen Klima Ä. auch das vergängliche Schreibmaterial der Papyrusblätter erhalten blieb. An der Spitze des STAATES stand der → Pharao. Dies Wort ist eine Entstellung des ägypt. *per-o* = großes Haus, Palast. Es bezeichnet den König in gleicher Weise, wie man heute vom Heiligen Stuhl spricht und den Papst meint. Für Israeliten und Assyrer hatte dies Wort fast die Bedeutung eines Eigennamens gewonnen, vgl. Pharao, der König von Ä. (2 Mo 6, 11). Nur zweimal steht der Titel mit folgendem Eigennamen, Pharao Necho (2 Kö 23,29.33) und Pharao Hophra (Jer 44,30).

IV) GESCHICHTE. In der Zählung der ägypt. Herrscherdynastien folgt man noch heute Manetho, einem ägypt. Priester, der um 270 v. Chr. unter Ptolemäus I. und II. eine griech. Geschichte Ä. schrieb und 30 Dynastien aufzählte. Man unterteilt die ägypt. Geschichte in:

1. Das Alte Reich im 3. Jt. v. Chr., 1.–11.Dynastie (davon 6.–11. Dynastie Zwischenzeit).
2. Das Mittlere Reich von rund 2050 bis 1570 v. Chr., 12.–17. Dynastie (mit der 13. Dynastie Zwischenzeit, 15. und 16. Dynastie Hyksosherrschaft).
3. Das Neue Reich 1570 bis 655 v. Chr., 18.–25. Dynastie.
4. Die saitische Zeit 655–525 v. Chr., 26. Dynastie.
5. Die Perserherrschaft 525–332 v. Chr.
6. Die griech.-röm. Zeit 332 v.–641 n. Chr.
   a) die Zeit der Ptolemäerkönige 332–30 v. Chr.
   b) die röm. Herrschaft 30 v.–395 n. Chr.
   c) die oström. Herrschaft bis zur Eroberung durch die Araber 395–641.

Die ägypt. Chronologie basiert vielfach nur auf der naturgemäß unsicheren Grundlage astronomischer Berechnungen. Daher stellen die angeführten Jahreszahlen im 2. Jt. Annäherungswerte dar und sind alle Datierungen für das 3. Jt. ganz unsicher (vgl. Historia Mundi Bd. II, München 1953). Außerdem nimmt man für rund 2350–2050 v. Chr. eine Übergangszeit an, in der Ä. unter den Einfällen von Asiaten, vermutlich → Amoritern, zu leiden hatte. Dieser Abschnitt umfaßt die 6. bis zur Mitte der 11. Dynastie. Eine 2. Übergangsepoche lag um 1785 –1570 v. Chr., in die die Hyksoszeit mit der 15. und 16., den Hyksosdynastien, fällt.

1) Der Gründer der 1. Dynastie, Menes (um 2850 v. Chr. und neuerdings auch noch später angesetzt) einigte Ä. von Süden her. In die Blütezeit des alten Reiches gehören die großen Pyramidenbauten und die bekannten Pharaonen Snofru, Cheops und Chefren. Unter der 6. Dynastie begann der Niedergang, und später herrschten Verwirrung und Bürgerkrieg. Einfälle von Asiaten und anderes Unglück machen diese Übergangsepoche zu einem dunklen Abschnitt der ägypt. Geschichte. Noch in diese Zeit oder in den Anfang des Mittleren Reiches fällt Abrahams Aufenthalt in Ä. (1 Mo 12,10ff). Vgl. Taf. 6/65.

2) Kurz nach 2000 v. Chr. machte Amenemhet I., der die 12. Dynastie gründete, den Wirren ein Ende. Unter ihm und seinen Nachfolgern erlebte das Land die Blütezeit des Mittleren Reiches. Ä. herrschte über Nubien und die Sinaihalbinsel und führte

Feldzüge nach Kanaan. Große Leistungen auf den Gebieten des Wasserbaus, der Baukunst und der Literatur entstanden. Die Beobachtung des Hochwasserstandes am 1. Katarakt des Nils – die jährlichen Marken wurden in den Fels eingehauen – erlaubte die Vorausberechnung der Ernte und der Steuern. Der Moeris-See wurde durch Regelung seines Ein- und Ausflusses zum Stausee gemacht und ermöglichte so eine ganz erhebliche Erhöhung der Wassermenge im Unterlauf während der Zeit des niedrigsten Wasserstandes. Riesige Mauerbauten am Eintritt des Nilarms ins Fajjum gewannen ein weites Gebiet neuen Ackerlandes, in dem die Stadt Arsinoe gegründet wurde. Zu den großen Tempelbauten der 12. Dynastie gehört auch der Beginn des Amontempels in Theben. Für die Literatur gilt das Mittlere Reich als das klassische, goldene Zeitalter. Die Lehren Amenemhets I. für seinen Sohn, die Geschichte Sinuhes mit seiner Flucht nach Syrien und ehrenvollen Rückkehr im Alter und die Geschichte des Schiffbrüchigen, der auf der Reise nach Punt seltsame Abenteuer erlebt, gehören zu den erhaltenen Werken.

Unter einem der Pharaonen der 12. Dynastie sind nach der Frühdatierung des → Auszugs Israels auch Joseph und Jakob nach Ä. gekommen, der spätere Ansatz bringt ihre Ankunft in Ä. mit den asiatischen Hyksosherrschern in Verbindung, die in der folgenden Übergangszeit um 1700–1570 v. Chr. zur Macht kamen. Der Name Hyksos bedeutet vermutlich »Fürsten der Hirten« oder mit geringer Änderung der Aussprache »fremde Fürsten« oder ähnlich. Man sieht den Hyksoseinfall auch im Zusammenhang mit den Einfällen der → Amoriter in → Babylonien Die Hauptstadt der Hyksos war Avaris (Tanis oder Zoan) im NO des Deltas. Einer ihrer bekanntesten Könige war Apopi III. Man schreibt dem Einfluß der Hyksos zu, daß die Ägypter Pferde und Streitwagen und andere militärische Neuerungen in ihrem Heer einführten. Umgekehrt übernahmen sie selber in großem Umfang ägypt. Kultur und ägypt. Sitten.

3) Die Hyksos wurden durch Ahmose I. (um 1570–1545 v. Chr.), den Gründer der 18. Dynastie, endgültig aus Ä. vertrieben. Die Befreiungsbewegung war von S, von Theben ausgegangen. Mit Ahmose beginnt die Zeit des Neuen Reiches. Er kämpfte bereits in Palästina und Syrien, und seine Nachfolger haben die Macht Ä. immer wieder in Vorderasien zur Geltung gebracht. Nach der Frühdatierung des Auszugs ist der König von Ä. in 2 Mo 1,8 ein Pharao der 18. Dynastie gewesen, möglicherweise Thutmose I. (1525–1508 v. Chr.). Diese Pharaonen herrschten in Theben, ihre Hauptgottheit war → Amon. (Nur Amenophis IV. oder Echnaton errichtete eine neue Residenz in Amarna und versuchte, einen Monotheismus mit der Verehrung der Sonnenscheibe (Aton) einzuführen; beides überdauerte ihn nicht.) Die 18. Dynastie herrschte über Syrien und Palästina, Thutmose I. eroberte Nubien. Berühmt ist seine Tochter, die Königin Hatschepsut (1504–1483 v. Chr.), vielleicht die Tochter Pharaos von 2 Mo 2,5. Der bis zu ihrem Tode in die Rolle des Prinzgemahls zurückgedrängte Thutmose III. (1504–1450 v. Chr.) wurde dann ein berühmter Eroberer, der 1482 v. Chr. in der Schlacht bei Megiddo den Fürsten von Kades am Orontes und seine Bundesgenossen besiegte. Wenn er der Pharao ist, von dem 2 Mo 2,15.23 die Rede ist, dann ist Amenophis II. der Pharao des Auszugs (1450–1423 v. Chr.). Sein Nachfolger Thutmose IV. (1423–1410 v. Chr.) war anscheinend nicht sein ältester Sohn (vgl. 2 Mo 12,29). Die Zeit von Amenophis III. (1410–1372 v. Chr.) und Amenophis IV. oder Echnaton (1380–1360 v. Chr.) heißt auch die Amarnazeit (→ Amarna). Vor allem unter Echnaton, dem Ketzerkönig (s. o.), erlahmte die ägypt. Herrschaft über Syrien und Palästina. Sein Nachfolger Tutanchamun kehrte wieder zur Verehrung des Amon von Theben zurück. Als Echnaton starb, übernahm der General Haremhab in Memphis die tatsächliche Führung Ägyptens, die er auch unter dem schwachen Pharao Eje behielt. 1340–1314 v. Chr. wurde er dann selber König. Er trat allen Verfallserscheinungen energisch entgegen, organisierte das Reich neu, verlegte die Residenz nach Tanis, ordnete Verwaltung und Justiz. In ihm haben wir nach der Spätdatierung des Auszugs der Israeliten wohl den Pharao der Unterdrückung zu sehen.

Pharao Ramses II. auf seinem Streitwagen

Aus der von Haremhab gegründeten 19. Dynastie sind vor allem Seti I. (1313–1301 v. Chr.), Ramses II. (1301–1234 v. Chr.) und Merneptah (1234–1222 v. Chr.) bekannt. Seti I. führte wie schon Haremhab Feldzüge nach Palästina und kämpfte gegen die Hethiter, denen auch Ramses II. am Beginn seiner Herrschaft eine Schlacht bei Kades am Orontes lieferte, in der er nur mit Mühe das Schlachtfeld behauptete. Nach etwa 15 Jahren kam dann um 1280 v. Chr. ein Nichtangriffs- und Beistandspakt zwischen Ä. und dem Hethiterreich zustande. Danach war die lange Regierungszeit Ramses II. durch Frieden und Wohlstand gekennzeichnet. Von Pharao Merneptah ist uns die sog. Israelstele erhalten, eine Inschrift, in der er sich seiner Siege in Kanaan rühmt. Darin sagt er u. a.: Israels Leute sind wenig, sein Same besteht nicht mehr. Daraus ergibt sich, daß Israel um 1230 v. Chr. sicher in Kanaan wohnte, spätestens also um 1270 v. Chr. unter Ramses II. Ä. verlassen haben muß. Dieser Spätansatz des Auszugs gründet sich vor allem auf archäologische Argumente. Vgl. Taf. 4b/33; 5/64; 9b/128.

In der 20. Dynastie schlug Ramses III. (1195–1164 v. Chr.) die Einfälle der Seevölker, unter denen auch die → Philister genannt werden, zurück. Dann folgte eine Zeit des Niedergangs. Unter den schwachen Pharaonen Ramses IV. bis Ramses XII., die alle den gleichen Namen trugen, wurde der Oberpriester des Amon von Theben je länger je mächtiger, während Ä. Ansehen im Ausland ständig sank. Ramses XII. wurde nach 5 Herrschaftsjahren von einer neuen Dynastie aus Tanis nach Theben vertrieben, wo aber bald der Oberpriester Amons die Macht an sich riß. Nun herrschten die Fürsten von Theben und die von Tanis nebeneinander. Man nennt die 21. Dynastie die tanitische. Die Schwäche

Ä. bedingte mit, daß Israel unter David und Salomo zu so hoher Blüte gelangen konnte. Wenn 1 Kö 3,1 steht, daß Salomo sich mit dem Pharao verschwägerte, dann werden wir an einen der tanitischen Herrscher zu denken haben. Den Brautschatz bildete Geser (1 Kö 9,16). Die folgende 22. oder bubastische Dynastie wurde von dem Libyer Scheschonk I. (945–924 v. Chr.) gegründet, dessen Vorfahren als Anführer libyscher Hilfstruppen nach Ä. gekommen waren. Er ist der 1. Pharao, der mit seinem Namen als → Sisak (1 Kö 11,40; 14,25.26; 2 Chron 12,1–9) in der Bibel genannt wird. Aus dem Bericht, den er auf den Tempelmauern von Karnak über seinen Zug nach Palästina 925 v. Chr. gibt, zeigt sich, daß er vor allem Orte des Nordreichs und des Negev erobert hat. Doch kann man daraus kaum entnehmen, er habe eigentlich Jerobeam I. und nur nebenbei Rehabeam bekriegt. In seinem Sohn und Nachfolger Osorkon (924–895 v. Chr.) hat man den Äthiopier Serah sehen wollen, der Asa mit einem großen Heer angriff (2 Chron 14,8[9]ff.), aber das läßt sich nicht halten. Die 22. Dynastie endete in Schwäche. Das Reich zerfiel in fast 20 kleine Herrschaften, die einander bekämpften. Kein Wunder, daß Ä. kein Gegengewicht gegen die aufsteigende Macht Assyriens bilden konnte. Es scheint seine größte Kraft schon Jahrhunderte, bevor Assur als Anwärter auf die Herrschaft über Syrien und Palästina auftrat, verbraucht zu haben.

Unter Osorkon III., einem Pharao der schwachen 23. Dynastie, wurde Ä. durch die Nubier unter ihrem König Pianchi (743–714 v. Chr.) erobert. Osorkon unterwarf sich, die nubische Hauptstadt Napata wurde zur Hauptstadt Ä. Doch vermochte nach Pianchis Rückkehr nach Nubien einer der Deltafürsten, Tefnachte, ein eigenes Reich aufzurichten. Sein Sohn Bokchoris wird allein als 24. Dynastie gezählt. Sabaka (714–700 v. Chr.), der Bruder und Nachfolger Pianchis, gründete die 25. Dynastie. Seine frühere Gleichsetzung mit dem 2 Kö 17,4 genannten → So ist aufgegeben, weil sie zeitlich auseinanderliegen. Nach seiner Eroberung Ä. hat er jedoch auch die Fürsten Syriens und Palästinas zum Aufstand gegen Assyrien ermutigt (Jes 20). Wahrscheinlich sind es seine Truppen gewesen, die Sanherib 701 v. Chr. bei Eltheke schlug. 2 Kö 19,9 wird in diesem Zusammenhang als Feldherr Thirhaka, der König von Äthiopien, genannt, der jedoch erst 689–664 v. Chr. Pharao war. Es ist aber möglich, daß Thirhaka, der Sohn Pianchis, von seinem Onkel Sabaka mit dem Oberbefehl des ägypt. Heeres betraut war, bzw. vor seiner Regierung in Ä. über Äthiopien herrschte. Unter seiner Herrschaft als Pharao – ägypt. heißt er Taharka – erfolgte der

Sisak (links) mit der unter- und Thirhaka (rechts) mit der oberägypt. Pharaonenkrone

Großangriff Assyriens auf Ägypten. Nachdem er anfangs → Asar-Haddon zurückgeschlagen hatte, fiel 671 v. Chr. Theben, und Thirhaka mußte nach Nubien flüchten. Unterägypten wurde dem assyr. Reich eingegliedert. Unter den 20 Deltafürsten, die Asar-Haddon Treue gelobten, befand sich auch Necho, der Fürst von Sais und Memphis, der wahrscheinlich ein Nachkomme des Tefnachte war. Nach dem Abzug der Assyrer wußte Thirhaka die Macht jedoch zurückzugewinnen. 669 v. Chr. starb Asar-Haddon auf einem neuen Feldzug gegen Ä. Sein Sohn Assurbanipal (→ Asnaphar) besiegte Thirhaka erneut und setzte die 20 Deltafürsten wieder ein. Ein geheimes Bündnis der Deltafürsten mit Thirhaka wurde entdeckt und auch Necho gefangengenommen, dann aber wieder begnadigt. Nachdem Thirhaka 664 v. Chr. in Napata gestorben war, zog sein Sohn Tanuatamon nach Norden und besiegte die Deltafürsten. Necho fiel im Kampf, und sein Sohn Psammetich flüchtete nach Syrien. Im Gegenstoß vertrieb Assurbanipal Tanuatamon und eroberte, plünderte und zerstörte Theben (vgl. Nahum 3,8–10). Wenn Assyrien damit der äthiopischen Herrschaft auch endgültig ein Ziel setzte, so hat es sich doch selber nicht lange in Ä. halten können.

4) Psammetich I. (663–609 v. Chr.), den Assurbanipal wieder als Fürsten von Sais und Memphis eingesetzt hatte, konnte mit Hilfe griechischer Soldtruppen, die ihm König Gyges von Lydien gesandt hatte, Ä. einigen und unabhängig machen. Assurbanipal hatte in seinem großen Reich zu viele Schwierigkeiten, um an einen neuen ägypt. Feldzug denken zu können. Psammetich gründete die 26. Dynastie und brachte Ägypten wieder zur Blüte. Sein Sohn → Necho II. (609–594 v. Chr.) versuchte vergeblich, den Rest des assyr. Reiches gegen Babylon zu stützen und Syrien und Palästina wieder für Ä. zu sichern. Juda mußte erfahren, daß Ä. wohl aufwiegeln, aber nicht wirklich helfen konnte. Nach seiner Niederlage bei Karchemis und einer 2., wohl unentschiedenen Schlacht 601 v. Chr. hat Necho nicht mehr gewagt, Nebukadnezar entgegenzutreten. Er wandte sich der Seefahrt und anderen friedlichen Unternehmungen zu, u. a. sandte er eine Flotte zur Umsegelung Afrikas aus. Von den Pharaonen der saitischen Dynastie ist noch Hophra oder Apries (588–569 v. Chr.) zu nennen, der Jer 44,30 erwähnt wird. Er begann erneut den Kampf mit Nebukadnezar, unterstützte den Aufstand Judas, konnte das belagerte Jerusalem aber nicht entsetzen. Seine Regierung wirkte sich für Ä. günstig aus, er wurde jedoch im Verlaufe innerer Wirren getötet, und sein Gegner Amasis trat die Nachfolge an. Amasis II. (569–526 v. Chr.) war ein geschickter Diplomat, der für griech. Kultur schwärmte. Sein Sohn, Psammetich III., verlor nach wenigen Monaten seine Herrschaft an die Perser unter Kambyses (525 v. Chr.). Von da ab blieb Ä. der Fremdherrschaft unterworfen.

V) In der Bibel ist Ä. das Dienst- oder Sklavenhaus, aus dem der Herr sein Volk befreit hat (2 Mo 20,2; vgl. auch Offb. 11,8). Die Propheten, u. a. Jesaja und Jeremia, tadeln das Bestreben der judäischen Könige ihrer Zeit, bei Ä. erst gegen Assyrien und dann gegen Babylonien Hilfe zu suchen. Der assyr. Befehlshaber z. Zt. Hiskias hatte ganz recht, wenn er Ä. mit einem geknickten Rohrstab verglich, der dem die Hand durchbohrt, der sich darauf stützt: so ist der Pharao für alle, die sich auf ihn verlassen (2 Kö 18,21; vgl. Jes 30,1–17; 31 u. ö.).

Ahab viell. »Bruder des Vaters«, d. h. »ihm ähnlich«.

I, 1) Sohn und Nachfolger König Omris von Israel, 874/3–853 v. Chr. Seine Regierungszeit ist gekennzeichnet durch die religiösen Kämpfe im Innern und das erfolgreiche außenpolitische Ringen um die Vormachtstellung Israels in Palästina und Syrien.
2) Durch seine Frau Isebel, die tatkräftige Tochter des Königs von Sidon, wird A. zum Baalsdienst hinübergezogen. Wenn die Stierbilder Jerobeams in erster Linie nur den Tempeldienst in Jerusalem ersetzen sollten (1 Kö 12,27.28), so wird jetzt ganz offiziell die Verehrung fremder Götter in Israel eingeführt: das bedeutet den Kampf zwischen Baal und dem Herrn. Die Königin Isebel ist die treibende Kraft der heidnischen Partei, ihr Gegner der Prophet Elia, der Thisbiter. Zwischen ihnen steht A., und es ist auffällig, daß die Namen seiner drei Kinder, die wir kennen, alle mit dem Namen des Herrn (Jahwe) zusammengesetzt sind: Ahasja, Joram, Athalja. Aber seine Frau gewinnt immer wieder Macht über ihn zum Bösen. A. errichtet in Samaria einen Tempel und Altar des Baal und ein Bild der Aschera (1 Kö 16,31–33); die Altäre des Herrn werden zerstört, seine Propheten ausgerottet bis auf 100, die der Hofmeister Obadja retten kann (1 Kö 18,4; 19,10). Dafür treiben nun 450 Priester und Propheten des Baal und 400 der Aschera in Israel ihr Unwesen (1 Kö 18,19). Auf den in Samaria ausgegrabenen Elfenbeintäfelchen (Abb. Sp. 151: Frühe Eisenzeit links; 328) aus A. Palast (1 Kö 22,39) finden sich Darstellungen ausländischer Gottheiten. Vgl. auch Taf. 77/1216 u. Abb. Sp. 1187/8.

Der Herr antwortet auf die Verehrung der Fruchtbarkeitsgötter mit einer jahrelangen Dürre und Hungersnot, die Elia angekündigt hatte (1 Kö 17,1). Ehe es wieder regnet, erhält der Prophet den Auftrag, die Priester des Baal und der Aschera zu einem öffentlichen Gottesurteil auf dem Berg Karmel herauszufordern, was A. zugesteht. Baal schweigt, aber herabfallendes Feuer verzehrt das für den Herrn bereitete Brandopfer. Das ist das Todesurteil für die Baalspriester, das Elia zugleich als Vergeltung vollzieht (1 Kö 18).

A. scheint betroffen, Isebel beugt sich nicht. Sie droht Elia mit dem Tode, und er flieht. Am Berg Horeb beauftragt ihn der Herr, diejenigen zu berufen, die sein Gericht über A. und Isebel vollziehen sollen: Hasael zum König von Syrien, Jehu zum König von Israel, Elisa zum Propheten und Nachfolger Elias (1 Kö 19,1–3.15.16). Nach dem Justizmord an Naboth tritt der Prophet A. noch einmal entgegen und verkündet ihm das Urteil Gottes über das Königspaar und das Ende seines Geschlechtes. Als A. daraufhin Buße tut, verschiebt der Herr die Vollstreckung bis in die Zeit seines Sohnes (1 Kö 21).

3) Bei der Einführung des Baalsdienstes mag die politische Verbindung mit Tyrus und Sidon eine Rolle gespielt haben. Der Wiederaufbau Jerichos (1 Kö 16,34) unter A. Regierung diente der Grenzsicherung gegen Moab. Beides richtet sich gegen den Herrn, scheint aber politisch notwendig als Flankendeckung im Hinblick auf den Kampf um die Vormachtstellung, den A. mit dem syr. König in Damaskus führt. Diese Vorsorge bewahrt A. jedoch nicht vor der drohenden Niederlage beim Einfall Benhadads. Er verdankt die entscheidenden Siege, die er bei der Belagerung Samarias und im folgenden Jahr in offener Feldschlacht bei Aphek gegen die syr. Übermacht erringt, nicht der eigenen Stärke, sondern der Hilfe des Herrn und den Weisungen seines Propheten. Aber A. gibt den Erfolg wieder preis, indem er sich gegen den Willen des Herrn verleiten läßt, mit dem geschlagenen Benhadad einen Vertrag zu schließen (1 Kö 20). Im Jahre 853 v. Chr. tritt A. gemeinsam mit anderen Königen in der Schlacht bei Karkar nördl. von Hamath dem vordringenden Assyrer → Salmanasser III. entgegen. Nach assyr. Angaben war A. mit 2000 Streitwagen und 10000 Mann Fußvolk zum Heer der Verbündeten gestoßen, während die Syrer nur 1200 Wagen zu stellen vermochten. Die Schlacht verlief unentschieden, und die Assyrer zogen sich zurück.

Nach dreijährigem Frieden und dem gemeinsamen Kampf gegen die Assyrer nimmt A. jedoch seinen Streit mit dem König von Damaskus sofort wieder auf. Zusammen mit Josaphat von Juda, dessen Sohn Joram A. Tochter Athalja zur Frau hatte, versucht er, Ramoth in Gilead zu erobern. Die Warnung des Propheten Micha hat ihn nicht abhalten können; er zieht nur vorsichtshalber verkleidet in den Kampf. Doch das schützt ihn nicht; er wird verwundet und stirbt. Man bringt ihn nach Samaria und begräbt ihn dort. Als sein Wagen abgewaschen wird, lecken die Hunde sein Blut (1 Kö 22,1–38). Das Wort Elias hat sich erfüllt (1 Kö 21,19).

4) A. Verhängnis ist seine Frau Isebel, die den sehr gefühlsbestimmten König zum Abfall vom Herrn, zu Unrecht und Gewalttat verleitet. All seine politischen Erfolge, die auch nur vorübergehend sind, können sein dunkles Bild nicht aufhellen. Er zerbricht am Herrn. Der Hilfe, die Gott ihm bietet, bedient er sich nicht. Nur Gottes Barmherzigkeit schont ihn zu Lebzeiten vor dem Gericht, das nach seinem Tode nicht mehr abzuwenden ist.

II) Falscher Prophet unter den verbannten Juden in Babylon, der Sohn Kolajas. Jeremia weissagt seine Hinrichtung durch den babyl. König (Jer 29,21–23).

Aharhel, Judäer, Sohn des Harum (1 Chron 4,8).

Ahas »Er hat (bei der Hand) ergriffen, hält (bei der Hand)«. Nach der Namensform der assyr. Inschriften wohl Kürzung von Joahas »Der Herr hat (bei der Hand) ergriffen, hält (bei der Hand)«.

1) Sohn und Nachfolger des Königs Jotham von Juda, ab 735 v. Chr. Mitregent, 732/1–716/5 v. Chr. König. Er fällt vom Herrn ab und gibt sich ganz der Verehrung fremder Götter hin, opfert auf den Höhen und im Hinnomtal, richtet gegossene Baalsbilder auf und verbrennt seinen Sohn als Götzenopfer (2 Kö 16,3.4; 2 Chron 28,2–4).

Der politische Niedergang des Reiches erscheint als die unmittelbare Folge des religiösen Abfalls. Schon ehe er die Regentschaft übernahm, haben sich Syrien und Israel gegen Juda verbündet und bringen A. nun schwere Niederlagen bei. Ein Sohn des Königs und zwei hohe Beamte werden erschlagen, zahlreiche Gefangene fortgeführt (2 Chron 28,5–8). Im Süden geht Elath verloren, Philister und Edomiter fallen erfolgreich in Juda ein (2 Kö 16,6; 2 Chron 28,17.18). Schließlich rücken Rezin von Damaskus und Pekah von Israel gegen Jerusalem vor, um dort einen sonst unbekannten Sohn Tabeels zum König zu machen (2 Kö 16,5; Jes 7,6). In diesem Augenblick höchster Bedrängnis sendet der Herr den Propheten Jesaja zu A. und läßt ihm die Vernichtung seiner Feinde ankündigen. Dafür soll er sich ein Zeichen fordern. A. schreckt davor zurück und unterläßt es, Gott so ernst zu nehmen. Darauf sagt ihm Jesaja das Zeichen des → Immanuel und das Gericht über seinen Unglauben an (Jes 7).

A. entschließt sich dann, nachdem er vielleicht in dieser aussichtslosen Lage seinen Sohn geopfert hat, zu dem gefährlichen politischen Schachzug, mit dem Schatz des Tempels und des Königspalastes

die Hilfe des Assyrerkönigs Thiglath-Pileser III. zu erkaufen (2 Kö 16,7.8; 2 Chron 28,16.19.20). Thiglath-Pileser nimmt Damaskus und tötet Rezin (2 Kö 16,9), erobert Nordisrael und siedelt die Bevölkerung aus; Pekah wird von Hosea erschlagen (2 Kö 15,29.30). Aber A. bezahlt die Befreiung von seinen Feinden mit dem Verlust der Selbständigkeit; als unterworfener u. tributpflichtiger König erscheint er vor dem Assyrer in Damaskus (2 Kö 16,10).
Hier sieht er einen heidnischen Altar, den er durch den Priester Uria in Jerusalem genau nachbauen läßt. Nach seiner Rückkehr bestimmt A., daß allein auf diesem Altar zu opfern sei, schließt den Tempel, zerstört die Tempelgeräte und errichtet überall heidnische Altäre. Er geht den Weg des Unglaubens zu Ende und betet die Götter seiner Feinde an, die ihn besiegt haben, weil er sich nicht auf den Herrn verlassen wollte (2 Kö 16,10–17; 2 Chron 28,23–25).
Als er stirbt, wagt man nicht, ihn in den Gräbern der Könige beizusetzen, sondern begräbt ihn in der Stadt (V 27).
2) Urenkel Jonathans, des Sohnes Sauls (1 Chron 8,35.36; 9,42).

Ahasbai, Bedeutung ungeklärt,
Vater eines der Helden Davids (2 Sam 23,34).

Ahasja »Der Herr hat (bei der Hand) ergriffen, hält fest«.
1) Sohn König Ahabs von Israel und der Isebel. Er regierte nur zwei Jahre (853–852 v. Chr.) und folgte mit seinem Baalsdienst ganz dem Vorbild seiner Eltern (1 Kö 22,52–54). Den Abfall der Moabiter, deren König Mesa seit Ahabs Tod aufgehört hatte, Tribut zu zahlen, nahm A. untätig hin (2 Kö 1,1; 3,4.5). A. und Josaphat von Juda ließen in Ezeon-Geber gemeinsam Schiffe bauen, aber als Josaphat durch einen Propheten wegen der Zusammenarbeit mit A. getadelt wurde und die Schiffe scheiterten, fand das Unternehmen sein Ende (1 Kö 22,49.50; 2 Chron 20,35–37).
Als A. durch das Geländer vom oberen Stockwerk seines Palastes gestürzt war, sandte er zum Baal-Sebub nach Ekron, um zu erfahren, ob seine Verletzung tödlich sein würde. Der Prophet Elia hielt die Boten unterwegs auf und schickte sie mit dem Spruch zurück, A. müsse sterben, weil er nicht den Herrn befragt habe. Das geschah, und A. Bruder Joram folgte ihm als König (2 Kö 1).
2) Jüngster Sohn König Jorams von Juda und der Athalja, Enkel von Ahab und Isebel. 2 Chron 21,17 heißt er mit Umstellung der beiden Namensbestandteile Joahas. Seine älteren Brüder waren beim Einfall der Araber und Philister ums Leben gekommen (2 Chron 22,1). Er stand in seiner einjährigen Regierungszeit (841 v. Chr.) völlig unter dem Einfluß seiner Mutter und seiner Verwandten aus dem Geschlecht Ahabs (V 2–5). Mit Joram von Israel, der bei Ramoth in Gilead verwundet wird, kämpft A. dort gegen die Syrer. Als er nachher seinen verwundeten Onkel in Jesreel besucht, wird er mit ihm von Jehu erschlagen, der das Gericht des Herrn über Ahabs Haus vollzieht (2 Kö 8,28.29; 9, 24.27). Dabei finden auch 42 judäische Prinzen und Neffen A. den Tod (2 Kö 10,12–14; 2 Chron 22,8). Die übrigen Verwandten und Söhne A. läßt seine Mutter töten, um ihre Herrschaft zu sichern. Nur seinen kleinen Sohn Joas vermag A. Schwester als einzigen zu retten (2 Kö 11,1–3).

Ahastari, Judäer (1 Chron 4,6).

Ahasveros, hebr. Form des pers. Königsnamens, der griech. Xerxes lautet, »Oberster Herrscher«.
1) Vater von Darius dem Meder (Dan.9,1). Wir wissen nicht sicher, wer dieser A. war. Vgl. zu den verschiedenen Vermutungen → Darius (1).
2) Der König A. des Estherbuches ist der in der Weltgeschichte wohlbekannte Perserkönig Xerxes (486–465 v. Chr.), der Sohn des Darius Hystaspis (522–486 v. Chr.). Seine Mutter war eine Tochter des Kores (Kyrus). Die Ausdehnung seines Reiches von Indien bis Äthiopien (Est 1,1) wird durch eine in Persepolis entdeckte Inschrift bestätigt. Zwischen dem Gastmahl im dritten Jahr seiner Regierung (Est 1,3), das mit der Verstoßung der Königin Vasthi endet, und der Hochzeit mit Esther im 7. Regierungsjahr (Est 2,16) liegt der Feldzug des A. nach Griechenland mit den Niederlagen von Salamis (480 v. Chr.) und Plataä (479 v. Chr.). Das Bild des A. als eines sinnlichen, vorschnellen, unbeständigen und grausamen orientalischen Herrschers entspricht ganz den Berichten der griech. Geschichtsschreiber über Xerxes.
3) In dem König A., dem die Feinde der Juden eine Anklage gegen sie übersenden (Es 4,6), hat man ebenfalls Xerxes vermutet, aber auch Kambyses (530–522 v. Chr.), den Sohn und Nachfolger des Kores, sehen wollen.

Ahava, nordbabyl. Ort an einem Fluß oder Bewässerungskanal (Es 8,15). Er war etwa 9 Tagereisen von Babylon entfernt (vgl. Es 7,9; 8,15.31). Hier sammelte Esra die nach Jerusalem zurückkehrenden Juden und ließ ein Fasten ausrufen, um eine sichere Reise zu erlangen (Es 8,21).

Ahelab.
Stadt im Gebiet des Stammes Asser, deren kanaanäische Bevölkerung die Israeliten nicht vertreiben konnten (Ri 1,31). Auf dem Prisma Sanheribs wird der Ort als Mahalliba genannt, heute Chirbet el-Mahalib, nordöstl. von Tyrus. Vielfach vermutet man in Helba im gleichen Vers denselben Ort. Vgl. Karte Sp. 1144. Möglicherweise ist der Ort auch in Jos 19,29 genannt: ZÜ übersetzt »Mahaleb, Achsib« für LÜ »in der Gegend von Achsib.«

Ahelai, Kurzform, viell. »Bruder meines Gottes«.
1) Tochter des Sesan, der sie mit seinem ägypt. Knecht Jarha verheiratete (1 Chron 2,31.34.35).
2) Vater des Sabad, eines der Helden Davids (1 Chron 11,41).

Aher »Ein Anderer« (d. h. wohl: Ersatz für einen verstorbenen Bruder).
Benjaminit (1 Chron 7,12). Er ist möglicherweise mit Ahiram (4 Mo 26,38), Ehi (1 Mo 46,21) und Ahrah (1 Chron 8,1) identisch, aber Sicherheit ist darüber kaum zu gewinnen.

Ahi.
1) Sohn Abdiels, Gaditer in Basan (1 Chron 5,15).
2) Sohn des Asseriten Semer (1 Chron 7,34).

Ahia »Bruder ist der Herr«.
1) Benjaminit, Sohn Belas (1 Chron 8,7). V 4 wird A. → Ahoah genannt.
2) Sohn des Judäers Jerahmeel (1 Chron 2,25).
3) Sohn Ahitobs und Priester z. Zt. Sauls (1 Sam 14,3.18). Er wird nur in Gibea beim Sieg Jonathans über die Philister erwähnt. Man hat vermutet, daß A. ein anderer Name für den Priester Ahimelech sei; es kann sich aber auch um einen älteren Bruder und Vorgänger Ahimelechs im Priesteramt handeln, der kinderlos gestorben ist.
4) Einer von Davids Helden (1 Chron 11,36).
5) Levit, der zu Davids Zeit die Aufsicht über die dem Herrn geweihten Schätze hatte (1 Chron 26,20).
6) Prophet von Silo z. Zt. Salomos. Er kündigt Je-

robeam an (indem er seinen Mantel in 12 Stücke zerreißt und 10 davon an Jerobeam gibt), daß der Herr ihm wegen Salomos Götzendienst nach dessen Tode die Herrschaft über die 10 Stämme Israels übertragen wird, und verheißt ihm Gottes Segen, wenn er dem Herrn gehorsam bleibt. Als Salomo von dem Prophetenspruch erfährt, muß Jerobeam nach Ägypten fliehen (1 Kö 11,29–40). Als Jerobeam König geworden ist, schickt er seine Frau verkleidet zu A., um ihn über die Krankheit ihres Sohnes Abia zu befragen. Der Herr kündigt dem blinden Propheten ihr Kommen an, und A. offenbart der Königin als Gericht über Jerobeams Ungehorsam den Tod seines Sohnes, das Ende seines Geschlechtes (vgl. 1 Kö 15,29) und die Gefangenschaft Israels (1 Kö 14,1–18). 2 Chron 9,29 wird ein Bericht über die Ereignisse z. Zt. Salomos in den Prophezeiungen A. von Silo erwähnt. Er hat seine Sprüche also schriftlich niedergelegt.
7) Vater des Königs Baesa von Israel, aus dem Stamm Isaschar (1 Kö 15,27).

Ahiam,
einer der Helden Davids, Sohn des Harariters Sarar oder Sachar (2 Sam 23,33; 1 Chron 11,35).

Ahieser »(Mein) Bruder ist Hilfe«.
1) Sohn Ammi-Saddais, Führer des Stammes Dan auf der Wüstenwanderung (4 Mo 1,12; 2,25; 7,66).
2) Benjaminit aus Gibea, der in Ziklag zu David kommt (1 Chron 12,3).

Ahihud.
I) Sohn Selomis, Fürst des Stammes Asser, war einer der Männer, die die Verteilung des Landes Kanaan überwachen sollten (4 Mo 34,27).
II) Hebr. anders geschrieben. Ein Benjaminit (1 Chron 8,7).

Ahija »(Mein) Bruder ist der Herr«,
Sohn Sisas, der z. Zt. Salomos das Hofamt des Schreibers bekleidete (1 Kö 4,3).

Ahikam »(Mein) Bruder hat sich erhoben«.
Sohn Saphans, ein Hofbeamter König Josias (2 Kö 22,12.14; 2 Chron 34,20). Später schützt A. Jeremia vor König Jojakim und dem Volk (Jer 26,24). Sein Sohn ist → Gedalja (4).

Ahilud (Schreibfehler für Ahihud?).
Vater des Josaphat, des Kanzlers z. Zt. Davids und Salomos (2 Sam 8,16; 20,24; 1 Kö 4,3), und des Baana, eines der 12 Statthalter Salomos (V 12).

Ahimaaz.
1) Vater von Sauls Frau Ahinoam (1 Sam 14,50).
2) Sohn des Priesters Zadok. Während Absaloms Aufstand übernahmen er und Abjathars Sohn Jonathan die gefährliche Aufgabe der Nachrichtenübermittlung zwischen Husai, der in Jerusalem geblieben war, und König David (2 Sam 15,27.36; 17, 17–21). Nach der Entscheidungsschlacht erreicht er den König zuerst mit der Siegesbotschaft. Den Tod Absaloms meldet aber Joabs Bote Chusi (2 Sam 18, 19–32).
3) Salomos Statthalter in Naphthali, der die Königstochter Basmath zur Frau hatte (1 Kö 4,15). Vielleicht derselbe wie der Sohn Zadoks.

Ahiman.
1) Mann vom Geschlecht Enaks in Hebron (4 Mo 13,22[23]). Er wurde mit seinen Brüdern von Kaleb vertrieben (Jos 15,14; Ri 1,10). → Enakiter.
2) Levit und Torhüter am Tempel (1 Chron 9,17).

Ahimelech »(Mein) Bruder ist König«.
1) Sohn Ahitobs und Urenkel Elis, Hoherpriester in Nobe z. Zt. Sauls. David bittet ihn auf der Flucht um Brot und um eine Waffe und erhält Schaubrote sowie das Schwert Goliaths (1 Sam 21,2[1]–10[9]). Als Saul durch den Edomiter Doeg davon erfährt, läßt er A. zu sich kommen und wirft ihm Verrat vor. A. verteidigt sich damit, daß er im guten Glauben gehandelt habe. Doch das rettet ihn nicht vor dem Todesurteil, das Doeg vollzieht. 85 Priester und alle Einwohner Nobes werden erschlagen. Allein A. Sohn Abjathar entkommt zu David (1 Sam 22,9–23; Ps 52, 2). Im NT weist Jesus darauf hin, daß David die Schaubrote gegessen hat, und nennt dabei als Priester anstelle seines Vaters A. Abjathar (Mk 2,26).
2) Sohn Abjathars und Enkel A., der den Namen seines Großvaters trägt und öfter statt Abjathar als Priester neben Zadok genannt wird (2 Sam 8,17; 1 Chron 24,3.6.31). A. hat wohl seinem alternden Vater in der Ausübung des Priesteramtes beigestanden (→ Abjathar). Abimelech in 1 Chron 18,16 ist Schreibfehler für A.
3) Hethiter und Gefährte Davids (1 Sam 26,6).

Ahimoth.
Levit, Sohn des Elkana (1 Chron 6,10[25]).

Ahinadab »(Mein) Bruder hat sich freigebig gezeigt«,
Sohn des Iddo und Amtmann unter Salomo in Mahanaim (1 Kö 4,14).

Ahinoam etwa »(Mein) Bruder ist Wonne, Lieblichkeit«
1) Tochter des Ahimaaz u. Sauls Frau (1 Sam 14,50).
2) Jesreelitin und Frau Davids. Sie zieht mit ihm zu Achis, wird in Ziklag von den Amalekitern gefangengenommen, aber wieder befreit und schenkt David in Hebron seinen ältesten Sohn Amnon (1 Sam 25,43; 27,3; 30,5.18; 2 Sam 3,2).

Ahira. Sohn Enans, verantwortlicher Fürst über den Stamm Naphthali während der Wüstenwanderung (4 Mo 1,15; 7,78–83).

Ahiram »(Mein) Bruder ist erhaben«,
Sohn Benjamins, dessen Nachkommen die Ahiramiter sind (4 Mo 26,38). Vgl. → Aher.

Ahisahar »(Mein) Bruder ist Morgenröte«,
Benjaminiter, Sohn des Bilhan (1 Chron 7,10).

Ahisamach »(Mein) Bruder hat gestützt, geholfen«.
Daniter, Vater des → Oholiab (2 Mo 31,6).

Ahisar »Bruder hat sich als gerecht erwiesen«.
Hofmeister Salomos (1 Kö 4,6).

Ahitob »(Mein) Bruder ist Güte«.
1) Sohn des Pinehas, Enkel Elis (1 Sam 14,3) und Vater des Priesters Ahimelech (1 Sam 22,9).
2) Sohn Amarjas und Vater des Priesters Zadok (2 Sam 8,17; 1 Chron 5,33.34[6,7.8]).
3) Ein späterer Priester aus der gleichen Familie, ebenfalls der Sohn eines Amarja und Vater eines Zadok (1 Chron 5,37[6,11]f; Neh 11,11).

Ahitophel, Bedeutung unsicher.
Ratgeber Davids aus Gilo (2 Sam 15,12), dessen Rat so hoch galt, als ob man den Herrn befragt hätte (2 Sam 16,23). Er war der Vater eines der Helden Davids und aller Wahrscheinlichkeit nach der Großvater Bath-Sebas (2 Sam 11,3 und 23,34). Das würde erklären, warum er sich bei Absaloms Aufstand auf die Seite der Empörer schlägt. A. ist der fähigste Kopf unter den Gegnern Davids und erkennt, daß die Besetzung der Hauptstadt nur ein Scheinerfolg bleibt, solange der König am Leben und noch eine Versöhnung denkbar ist. Als Absalom auf A. Rat die zurückgelassenen Nebenfrauen seines Vaters öf-

fentlich zu seinen Frauen erklärt und damit jede Aussöhnung unmöglich gemacht hat, geht es nur noch um die Person Davids, den A. sofort verfolgen und erschlagen will. Der Rat verspricht Erfolg, und Absalom stimmt zu; er läßt sich aber dann doch von Husai, der insgeheim im Auftrag des Königs handelt, dazu überreden, einen andern Weg mit angeblich größerer Sicherheit und geringerem Risiko zu wählen. Der Herr hatte Davids Gebet (2 Sam 15,31) erhört und A. Rat vereitelt. Da verzweifelt A. am Sieg seiner Sache, reitet nach Hause, ordnet seinen letzten Willen und erhängt sich (2 Sam 16,15–17; 7,14.23).

Ahjan »Brüderchen«,
Sohn des Semida aus dem Stamm Manasse (1 Chron 7,19).

Ahjo »Brüderchen«.
1) Sohn des → Abinadab (2 Sam 6,3.4).
2) Benjaminit, Sohn Berias (1 Chron 8,14).
3) Benjaminit, Sohn des Jeiel und der Maacha (1 Chron 8,31; 9,35.37).

Ahmetha (griech.-lat. Ekbatana, heute Hamadan) war Hauptstadt Nordmediens und Sommerresidenz der pers. Könige, etwa 580 km (Ll.) nördl. des Pers. Golfs. Unter Darius I. fand man im Archiv in A. (Es 6,2) den Erlaß des Kyrus (Kores), der den Juden den Wiederaufbau des Tempels erlaubt hatte, worauf auch Darius den Weiterbau gestattete (V 6ff). Vgl. Karte Sp. 917.

Ahoah, Sohn des Bela und Enkel des Benjamin, auch Ahia (1) genannt (1 Chron 8,4.7).

Ahohi → Ahohiter

Ahohiter, Beiname, wahrscheinlich »Sohn des Ahoah« (2 Sam 23,28; 1 Chron 11,12.29; 27,4), in 2 Sam 23,9 LÜ mit »Sohn Ahohis« wiedergegeben.

Ahrah. Sohn Benjamins (1 Chron 8,1). Vgl. → Aher.

Ahsai, Kurzform von Ahasja.
Priester, Sohn Mesillemoths und Enkel Immers (Neh 11,13). Seine Nachkommen kehrten aus der Verbannung nach Jerusalem zurück.

Ahumai. Sohn des Jahath, Nachkomme Judas, zur Familie der Zorathiter gehörig (1 Chron 4,2).

Ahussam. Sohn des Ashur und der Naera aus dem Stamme Juda (1 Chron 4,6).

Ahussath.
Der → Freund des Königs Abimelech von Gerar z. Zt. Isaaks (1 Mo 26,26), ein hoher Hofbeamter.

Ai (mit Artikel) »Der Trümmerhaufen«.
1) Ort in der Nähe von Beth-El (1 Mo 12,8;13,3; Es 2,28), auch Aja (Neh 11,31) und Ajja genannt (1 Chron 7,28). Z. Zt. der Eroberung Kanaans durch Israel war A. eine befestigte Stadt von 12000 Einwohnern unter einem Stadtkönig; sie wurde von Josua erobert (Jos 8). Wenn Ajath (Jes 10,28) ebenfalls mit A. gleichzusetzen ist, darf man den Ort nördl. von Michmas suchen. Man hat es immer wieder mit dem Hügel Et-Tell bei Der Diwan gleichsetzen wollen. Ausgrabungen haben hier eine Stadt größer als Jericho oder Megiddo (vgl. dagegen Jos 7,3) aufgedeckt, die aber schon um 2000 v. Chr. einer Katastrophe zum Opfer fiel und erst um 1200 v. Chr. wieder von Israeliten schwach besiedelt wurde. Z. Zt. der Eroberung lag Et-Tell also in Trümmern. Auch das Jos 8,11 nördl. der Stadt genannte Tal ist nicht vorhanden. Man wird A. also an einem anderen Ort östl. von Beth-El suchen müssen. Vgl. Karte Sp. 686; 730.
2) Stadt der Ammoniter, wahrscheinlich in der Nähe von Hesbon (Jer 49,3).

Ain »Auge« oder »Quelle«.
1) Nach der Grenzbeschreibung Kanaans ein Ort nordöstl. vom See Genezareth (4 Mo 34,11). Seine Lage ist unbekannt. Oder ist mit dem Namen etwa die Jordanquelle gemeint?
2) Jos 15,32 wird A. zusammen mit Lebaoth, Silhim und → Rimmon genannt. Auch 1 Chron 4,32 kommt A. in Verbindung mit Rimmon vor, während in Neh 11,29 beide Namen merkwürdigerweise zu einem Wort En-Rimmon zusammengesetzt sind. Wahrscheinlich bildete das Brunnengebiet mit der Stadt ein Ganzes. En-Rimmon war ein Ort im Mittagsland. Das Onomastikon gibt an: »Eremmon, ein sehr großes Dorf, von Juden bewohnt, 16 Meilen von Eleutheropolis, im Süden von Daroma.« Heute Umm er-Ramamin, 15 km nördl. von Beer-Seba. Vgl. Karte Sp. 1304.
3) A. in Jesreel (1 Sam 29,1 LÜ) ist eine Quelle bei Jesreel.

Aja I) »Königsweih«.
1) Sohn des Horiters Zibeon und Bruder Anas (1 Mo 36,24; 1 Chron 1,40).
2) Vater von Sauls Nebenfrau Rizpa (2 Sam 3,7; 21,8–11).
II) → Ai (1).

Ajalon »Hirsch-Ort, Hirsch-Gegend«.
1) Stadt, die schon in den → Amarnabriefen unter dem Namen »Aialuna« erscheint. Sie ist bekannt durch den Ausspruch Josuas bei der Verfolgung der Amoriter (Jos 10,12): »Sonne, steh still zu Gibeon und Mond im Tale A!« A. war eine Levitensiedlung des Stammes Dan (Jos 19,42; 21,24). Nach der Reichsteilung wurde sie von Rehabeam befestigt (2 Chron 11,10), unter Ahas von den Philistern erobert (2 Chron 28,18).
A., etwa 20 km nordwestl. von Jerusalem, ist das auf einem Hügel gelegene heutige Jalo, wo man Scherben aus der Zeit zwischen 1600 und 1200 v. Chr. fand. Dieser Hügel war also z. Zt. der Landnahme Israels bewohnt, was der Angabe von Ri 1, 35 entspricht. Das Tal A. liegt nordöstl. von Jalo.
2) Stadt des Stammes Sebulon, in der der Richter Elon begraben wurde (Ri 12,12). Ihre genaue Lage ist unbekannt.

Ajath (Jes 10,28) → Ai (1)

Ajja (1 Chron 7,28) vgl. →Ai (1). Viell. aber auch das heutige Turmus Aija, 2 km südl. von Silo.

Akan. Sohn des Horiters Ezer (1 Mo 36,27). Er heißt sonst → Jaakan (1 Chron 1,42).

Akazie. I) Die A. gehört zu den Mimosengewächsen und kommt als strauch- und baumförmige, dornige Pflanze in wärmeren Gebieten vor. Sie kann leicht verwechselt werden mit dem gleichnamigen Baum (*Robinia Pseudacacia)*, der aus Nordamerika stammt und erst seit etwa 1600 n. Chr. in Europa angepflanzt wurde.

II) In der Nähe des Toten Meeres und im Jordantal gibt es zwei Arten; eine davon ist die *Acacia arabica.* In Ägypten wächst die sog. Nila *(Acacia nilotica)* oder ägypt. Schotendorn.

III) Die A. (hebr. *schittah)* wird als Baum nur einmal in der HS genannt (Jes 41,19), obwohl das Holz für den Bau der Stiftshütte große Bedeutung hatte (2 Mo 25,5ff u.a.). Es war für derartige Zwekke die einzige brauchbare Holzart der Wüste. Dunkler und härter als Eichenholz, erweist die A. sich als sehr haltbar. Sie wird von holzfressenden Insekten gemieden und kann allein im frischen Zustand bearbeitet werden; sie ergibt dann eine schöne Maserung. Vgl. Taf. 7a/96.

Akkad oder sumerisch Agade ist eine Stadt in Nordbabylonien (1 Mo 10,10), das heutige Tell Der. Hier gründete Sargon I. die semitische Dynastie von A. (um 2270–2130 v. Chr.). Unter ihm und seinen Nachfolgern, besonders Naram-Sin, entstand ein Reich, das sich bis an den Pers. Golf und von Elam bis an das Mittelmeer, ja zeitweise bis nach Kleinasien erstreckte. Diese erste semitische Großmacht der Weltgeschichte ging zwar bald wieder unter, blieb jedoch das Ideal späterer Zeiten.
Mit dem Namen »akkadisch« bezeichnet man bis heute die zusammengehörigen semitischen Sprachen Babylons und Assyriens, weil sie sich hier am frühesten entfaltet haben und zur Blüte gekommen sind. Vgl. Karte Sp. 169/70.

Akko, kanaanitische Hafenstadt auf einem Vorgebirge am Mittelmeer, etwa 43 km südl. von Tyrus. Über eine Bucht gleichen Namens hinweg sah man etwa 13 km südl. der Stadt den Berg Karmel. Als bester natürlicher Hafen Palästinas war A. ein wichtiger Knotenpunkt alter Handelsstraßen, die zur Jordanebene und nach Ägypten führten. Unweit von A. (etwa 3 km) fließt ein kleiner Fluß namens Belus. Vgl. Taf. 97/1536; 98/1537.
Ob das heutige Akka oder Acre an der Stelle des bibl. A. liegt, ist nicht sicher. Man sucht das alte A. auf dem Hügel Tell-el-Fukhar, 1500 m landeinwärts (östl.). Wahrscheinlich hat die Hügelsiedlung im gleichen Maße abgenommen, wie ihr Hafenvorort an Bevölkerung zunahm, bis sie schließlich ganz verschwand.
A. war dem Stammgebiet von Asser zugewiesen, aber von Israel nicht erobert worden (Ri 1,31). Es wird nur noch Mi 1,10 und später mit dem hellenistischen Namen Ptolemais (Apg 21,7) als Sitz einer Christengemeinde erwähnt, die Paulus auf der Rückkehr von seiner 3. Missionsreise besuchte.

Akkub viell. »Bewacht, beschützt« (dieselben Konsonanten hat auch das hebr. »Ferse« und »betrügen«).
1) Levit, Familienhaupt unter den Torhütern am Tempel (1 Chron 9,17; Es 2,42; Neh 7,45; 12,25).
2) Stammvater einer Familie der Tempelknechte, die aus der babyl. Gefangenschaft zurückkehrte (Es 2,45).
3) Levit, der dem Volk das Gesetz erklärte, das Esra verlas (Neh 8,7).
4) Sohn des Eljoenai aus der judäischen Königsfamilie (1 Chron 3,24).

Akrabbim. Die Steige A., der »Skorpionenpaß« (Jos 15,3) ist wahrscheinlich der Weg, den man arab. Naqb es-Safa, neuhebr. Maale Aqrabim nennt, 12 km südl. von Kornub. Dieser Paß führt in das Tal des Wadi el-Fikra und bildet hier die Grenze des Heiligen Landes (4 Mo 34,4). Vgl. Karte Sp. 1304.

Alemeth.
1) Sohn des Benjaminiten Becher (1 Chron 7,8).
2) Nachkomme Sauls (1 Chron 8,36; 9,42).
3) Levitenstadt im Stamm Benjamin (1 Chron 6,45 [60]). Nach Jos 21,18 scheint der Ort auch Almon zu heißen. Man sucht A. auf dem Ruinenhügel Chirbet Almit, nordöstl. von Jerusalem. Vgl. Karte Sp. 846.

Alexander griech. »Männer abwehrend«.
1) A. d. Gr. (336–323 v. Chr.), der im Alter von 20 Jahren auf den mazedonischen Thron gekommen war, befreite die Griechenstädte an der kleinasiatischen Küste vom pers. Joch (334 v. Chr.) und brachte 333 v. Chr. dem Perserkönig Darius III. bei Issus eine schwere Niederlage bei. Im folgenden Jahr gründete er nach der Eroberung von Tyrus, Palästina und Ägypten die nach ihm benannte Stadt Alexandrien in der Nähe der westl. Nilmündung als Mittelpunkt für Handel und Kultur. Nach der Entscheidungsschlacht von Gaugamela (331 v. Chr.) und der endgültigen Vernichtung des Perserreiches wurde A. der unumschränkte Beherrscher des Orients. Nach weiteren Feldzügen, die ihn bis nach Indien führten, starb er im Alter von erst 33 Jahren in Babylon an der Malaria.
Das Reich zerfiel schon bald nach seinem Tode. Bleibender waren seine wirtschaftlichen Erfolge. Etwa 70 neue Städte hatte er gegründet, das Straßennetz ausgebaut, eine einheitliche Währung geschaffen. Am bedeutendsten sind die kulturellen Auswirkungen des Alexanderreiches. Griech. Sprache und Bildung erobern die damalige Welt und leiten das Zeitalter des Hellenismus ein. Dem Umstand, daß das Griech. zur Weltsprache geworden war, verdankt das Christentum seine rasche Ausbreitung.
Der Name A. wird in 1 Makk 1,1–8; 6,2 erwähnt. In Dan 8,5–8 (vgl. V 21) erscheint er unter dem Bild des Ziegenbocks. Der Bericht des Josephus, wonach A. bei seinem Einzug in Jerusalem vor dem Hohenpriester Jaddua niedergefallen sei und im Tempel dem Herrn ein Opfer dargebracht habe, entspricht kaum den geschichtlichen Tatsachen.
2) Unter den Christen bekannter Sohn des Simon von Kyrene (Mk 15,21).
3) Mitglied der Hohenpriesterfamilie bei der Verhandlung gegen Petrus und Johannes vor dem Hohen Rat (Apg 4,6).
4) Jude aus Ephesus, den die Juden beim Aufstand der Silberschmiede vorschoben, um damit die Schuld auf die Christen abzuwälzen (Apg 19,33.34).
5) Abtrünniger Christ (1 Tim 1,20).
6) Schmied, der Paulus viel Böses angetan hat (2 Tim 4,14), möglicherweise handelt es sich bei 4 bis 6 um die gleiche Person.

Alexandria, 331 v. Chr. von Alexander d. Gr. gegründet, um den Staat der Pharaonen materiell und ideell an das griech. Weltreich zu binden. Der Gedanke, eine Stadt von Rang auf einer Landzunge zwischen dem Mittelmeer und dem Mareotis-See zu gründen, erwies sich als außerordentlich glücklich. Denn erstens hatte man hier durch die schiffbaren Flußarme Verbindungen zum Nil und zweitens war die Lage westl. des Nildeltas eine Gewähr dafür, daß der Hafen nicht durch die hier nach Osten laufende Meeresströmung versanden würde. Auf der kleinen Insel Pharus, die der Stadt vorgelagert war, begann Alexander mit dem Bau eines riesigen Leuchtturms, des Hephestaion (7. Weltwunder). Alexandrien wurde so der große Handelsplatz zwischen Osten und Westen. Er war auch der Getreidehafen Ägyptens, aus dem die Frachtschiffe nach Rom ausliefen (Apg 27,6). Außerdem entfaltete A. sich zu einer Metropole der Wissenschaft. Die Bibliothek des »Museums« (700 000 Buchrollen) war weltbekannt. Von Philo von A. wurde der Versuch unternommen, die atl. Offenbarungsreligion mit der griech. Philosophie in Einklang zu bringen. Dies geschah hauptsächlich durch die sog. allegorische Schriftauslegung, die hinter dem offen-

baren Wortsinn der atl. Texte einen weiteren verborgenen Sinn suchte. Vgl. Karte Sp. 35.
In ihrer Blütezeit wurde A. zur zweitgrößten Stadt des röm. Imperiums. Ihre 700 000 Einwohner setzten sich aus Griechen, Ägyptern, Römern und Juden zusammen. Umgangssprache war das Griech. Unter den alexandrinischen Juden ist die griech. Übersetzung des AT entstanden, die unter dem Namen → Septuaginta (LXX) Berühmtheit gewann. Die Juden von A., die nach Apg 6,9 zu den Verfolgern des Stephanus gehörten, hatten in Jerusalem ihre eigene Synagoge. Die Predigt Johannes d. Täufers und Jesu wurde auch in Alexandrien bekannt, wie dem Auftreten des Apollos aus A. zu entnehmen ist (Apg 18,24–28). Der Tradition zufolge hat hier der Evangelist Markus den Grund für die Ausdehnung des Christentums gelegt.

Allammelech. Grenzort von Asser (Jos 19,26). Der Name hat sich vermutlich in der Bezeichnung des Wadi el-Melek, neuhebr. Tsippori, erhalten, der die Wasser der Ebene von el-Battuf in den Kison leitet, gegenüber vom Berge Karmel.

Allerheiligstes → Stiftshütte, → Tempel

Allmächtig. Gott ist a., weil er alle Dinge geschaffen und sie ewig in Händen hat, sein Reich auch gewiß zur Vollendung führt. Dazu dient ihm der ganze von ihm beherrschte Kosmos: die Naturgewalten, die Menschenkräfte und die Engelmächte (2 Mo 6,1; Hi 37,12; Ps 91,11; 104,4; Jes 45,1ff; Am 5,8; Hebr 1,14). Selbst die abgöttische Welt muß dem a. Gott zur Ausführung seiner Ratschlüsse behilflich sein (2 Mo 15,6; Jes 13,3–6; Offb 21, 5). Seine Allmacht verbürgt die Erfüllung seiner Verheißungen. Dementsprechend wird die Selbstoffenbarung → Gottes »El Schaddai« mit »a.« übersetzt (1 Mo 17,1; 28,3; 43,14; 48,3; 49,25; 2 Mo 6,3). Die Gottesbezeichnung »Jahwe Zebaoth« gibt die Offenbarung des Johannes nach der Weise der LXX mit *pantokrator* = »der A.« wieder (vgl. Offb 1,8 u. ö.).

Allon »Großer, kräftiger Baum«.
Simeonit, Nachkomme Semajas (1 Chron 4,37).

Almodad. Sohn Joktans und Stammvater eines arab. Volkes (1 Mo 10,26; 1 Chron 1,20).

Almon viell. »Wegmarke« → Alemeth (3)

Almon-Diblathaim.
Lagerplatz der Israeliten zwischen dem Flusse Arnon und dem Berge Nebo, östl. des Toten Meeres (4 Mo 33,46). A.-D. ist wohl identisch mit → Beth-Diblathaim (Jer 48,22). Man sucht es im heutigen Deleileth el-Garbije, das etwa 18 km (Ll.) nordöstl. von Machärus liegt. Vgl. Karte Sp. 914.

Almosen (griech. *eleaemosynae* = Erbarmen).
I) Schon das AT, besonders das mosaische Gesetz, weist den atl. Frommen auf die Pflicht, den Armen wohlzutun (3 Mo 19,9ff). Das A.geben war eine besondere Bestätigung der Barmherzigkeit in Gestalt von Gaben, die oft in kleinen unverzinslichen Anleihen bestanden (3 Mo 25,35ff; 5 Mo 15,7ff). Das wurde mit der Zeit vielfach zu einem äußerlichen Ausweis der Gerechtigkeit (vgl. Mt 6,1). Zu den guten Werken gehörte das Beten, das Fasten und das A.geben. Im späteren Judentum waren »Gerechtigkeit« und A.geben nahezu gleichbedeutend (vgl. dazu auch Dan 4,24), der barmherzigen Gabe wird sogar sündentilgende und errettende Kraft zugeschrieben (Tob 4,11; 12,9; Sir 3,33). Auf diese Bibelstellen stützt sich die Lehre der röm. Kirche.

II) Z. Zt. Jesu war Betteln und A.geben eine gewöhnliche Erscheinung (Mt 6,1ff; Mk 10,46; Joh 9, 8; Apg 3,2). Man sammelte durch Herumgehen von Haus zu Haus für die Armen des Ortes. Drei Leute gingen dazu alle Tage mit einem großen Brotkorb durch die Stadt. Überdies war in jeder Synagoge ein Armenkasten, an dem zwei Männer, Parnasim genannt, die A. einnahmen. Am folgenden Sabbat teilten drei Männer diese Gaben unter die Armen für die folgende Woche aus.

III) Auch das NT ermuntert, die Hand dem Armen nicht zu verschließen, ohne eine Verdienstlichkeit im Sinne der Selbstgerechtigkeit damit zu verbinden (vgl. 1 Joh 3,17; Lk 3,11; 6,30; 11,41; 12, 33). Hier sind freiwillige Gaben selbstverständlicher Ausdruck brüderlicher Liebe und der Verbindung mit dem Herrn (vgl. Apg 10,31 u. ö.). Paulus hält es mit Recht für ungut, müßiggängerische Bettelei durch A. zu unterstützen (2 Thess 3,10). → Arm, Arme, Armenversorgung.

Almosenpfleger → Arm, Arme, Armenversorgung II, → Diener IV.

Aloe scheint im biblischen Altertum ein Sammelbegriff für wohlriechende Holzarten verschiedener Pflanzen gewesen zu sein, wurde aber besonders für das harzreiche Holz der *Aquilaria Agallocha (Lignum Aloës)* angewandt. Mit der botanischen Gattung A. hat die biblische A. nichts zu tun.
Es handelt sich vielmehr um einen Baum aus der Familie der *Thymelaceen*, der bes. in Hinterindien heimisch ist. Er hat ein dunkelbraunes, hartes und sprödes Holz, das ein wohlriechendes, jedoch bitteres Harz enthält. Auf den großen Handelsstraßen konnte A. bereits im Altertum nach Palästina und Ägypten importiert werden, wo es sehr geschätzt war. Es wurde als Räuchwerk (Ps 45,9; Spr 7,17) und als Zusatz bei Leicheneinbalsamierungen (Joh 19,39) verwendet. In Hl 4,14 wird es neben andern wohlriechenden Stoffen erwähnt.

Aloth → Bealoth (2)

Alphabet (nach den ersten beiden Zeichen der griech. Buchstabenreihe, Alpha und Beta) nennt man im Gegensatz zur Bilderschrift der ägypt. Hieroglyphen und den Silben- bzw. Begriffszeichen der Keilschrift die Schrift aus reinen Lautzeichen, die besonders wegen der starken Verringerung der Buchstabenzahl eine wesentliche Vereinfachung bedeutet.
Einzelne Konsonantenzeichen kannten die Ägypter schon sehr früh, doch blieb das ohne Einfluß auf das System ihrer Schrift. Den Übergang vom Bild- zum Lautzeichen scheinen wir dagegen in der sinaitischen Schrift des 15. Jh. v. Chr. vor uns zu haben, die uns aus dem ägypt. Bergbau-Zentrum Serabit el Khadim auf der Sinai-Halbinsel bekannt ist. Sie geht auf die Hieroglyphen zurück.
Bei einigen weiteren Funden wohl auch schon alphabetischer Inschriften des 2 Jt. v. Chr. aus Palästina (Beth-Semes, Geser, Lachis, Sichem) sind Lesung, Deutung und Datierung noch zu unsicher, um schon eine Einordnung in die Entwicklung des A. zu gestatten.
Von Formen der Keilschrift geht dann das A. von →Ras Schamra (Ugarit) aus, das vielleicht nur kurze Zeit, etwa gleichzeitig mit der sinaitischen Schrift (15. Jh. v. Chr.), in Gebrauch war. Es zeigt schon dieselbe Buchstabenfolge wie das hebräische A., enthält jedoch 8 Zeichen mehr, im ganzen 30. Man hat daher vermutet, daß das einfachere phön. A., dem das von Ugarit weichen mußte, und von

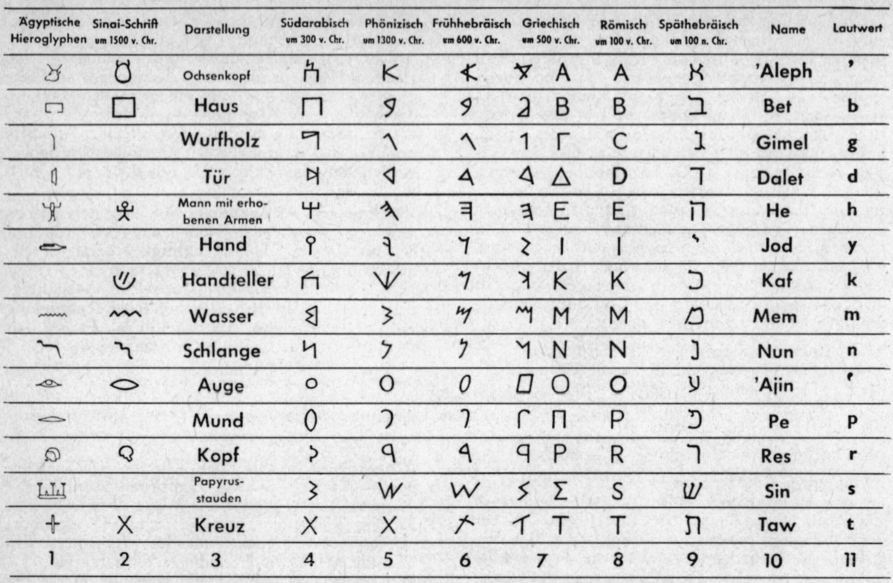

Übersicht über die Entwicklung des Alphabets von den Bilderschriften Ägyptens und des Sinai an. Zur hebr. Schrift vgl. die Soloahinschrift (Taf. 82c/1281) und die Lachisbriefe (Taf. 12b/161).

dem sich auch die hebr. Schrift ableitet, bereits vor dem 15. Jh. v. Chr. in gleicher Reihenfolge und Buchstabenzahl wie das von Ugarit bestand.
Belegt ist die phön. Schrift aber erst in den Funden aus Byblos (→ Gebal), die man heute ins 11./10. Jh. v. Chr. datiert; nach 900 v. Chr. kennen wir sie aus Zypern, Sardinien, Karthago und anderen Orten im Westmittelmeer. Hier zeigt das phön. A. überall, wie auch das frühhebr., kursive Formen, während das südarab. A. (um 300 v. Chr.), das ebenfalls auf die phön. Zeichen zurückgeht, einen älteren, strengeren Formcharakter bewahrt hat (vgl. Abb. oben).
Mit der Übernahme des A. durch die Griechen (und weiter die Römer) wurden den bisher allein vorhandenen Konsonantenzeichen auch Buchstaben für die Vokale hinzugefügt.
Die feste Reihenfolge der Buchstaben im A., die zuerst in Ugarit (15. Jh. v. Chr.) belegt ist – die ersten 5 Buchstaben hat man auch in Lachis eingeritzt gefunden (8. Jh. v. Chr.) – ermöglicht zugleich ihre Verwendung als Zahlzeichen. Auf diese Weise werden zum Beispiel vielfach die Zahlen im hebr. und griech. AT geschrieben. Der Zahlenwert der Buchstaben (vgl. Sp. 57) erlaubt ferner, die »Summe« oder »Zahl« eines Wortes auszurechnen, was für Geheimschriften und Deckbegriffe (vgl. → Nero) eine Rolle spielte. Vgl. weiter → Schrift.

Alphäus. Bedeutung unsicher.
1) Vater des Jüngers → Jakobus (2) (Mt 10,3; Mk 3,18; Lk 6,15; Apg 1,13). Wahrscheinlich ist er mit → Kleophas (2), dem Mann der → Maria (4) und Vater von Jakobus und Joses (Joh 19,25; Mt 27,56; Mk 15,40) identisch.
2) Vater des Evangelisten Matthäus oder Levi (Mk 2,14 und Mt 9,9).

Alt, der Alte. Alt kommt, abgesehen vom Gegensatz zu jung (→ Alter), namentlich in drei Bedeutungen vor.

I) A. bezeichnet das zeitlich VERGANGENE, die a. Zeit (Ps 77,6) und a. Geschichten (Ps 78,2); Menschen, die früher gelebt haben: die a. Propheten (Lk 9,8. 19), die A. (Mt 5,21.27.33; Hebr 11,2).
»Ellen nach a. Maß« (2 Chron 3,3) unterscheiden die auch bei Hes 40–43 für die Ausmessung des Tempels verwendete Elle (52,5 cm) von der gewöhnlichen (45 cm): Hes 40,5 (vgl. → Maße u. Gewichte I,1).
Das a. Getreide (3 Mo 25,22) ist das der letzten Ernte vor dem Sabbatjahr, von dem bis in das dritte Jahr gegessen werden sollte.

II) Das UNVERÄNDERTE, das in seinem Wert und Wesen stets sich gleich Bleibende: Neues und A. (Mt 13,52); das a. Gebot (1 Joh 2,7); den a. Gott (wörtl. den Gott der Urzeiten) oder den A. (5 Mo 33,27; Dan 7,9.13.22); aber auch die a. Schlange: den Teufel (Offb. 12,9; 20,2).
Der a. Jünger Mnason (Apg 21,16) wird im Hinblick auf die Dauer seiner Jüngerschaft so genannt oder auch nach seinem wohl schon hohen Lebensalter.

III) A. bezeichnet schließlich das ÜBERHOLTE im Sinne von Hebr 8,13: »Indem er sagt »ein neues«, macht er das erste a. Was aber a. und überjährt ist, das ist nahe seinem Ende.« So nennt das NT den a. Menschen (Röm 6,6; Eph 4,22; Kol 3,9), den a. Sauerteig (1 Kor 5,7.8), das A. Testament (2 Kor 3, 14; Hebr 8,13) und das a. Wesen des Buchstabens, des Gesetzes (Röm 7,6), das A. überhaupt (2 Kor 5,17; vgl. Jes 43,18) bzw. das Verbrauchte: das a. Kleid und die a. Schläuche (Mt 9,16.17).

Altar. I) Der A. ist keine typisch isrl. bzw. biblische Einrichtung, sondern gehört zum Gemeingut aller Religionen und Völker des Mittelmeerraumes. Als der besonders geweihte Ort, an dem der Mensch der Gottheit sein Opfer bringt, ist er eine

1	א	A	α
2	ב	B	β
3	ג	Γ	γ
4	ד	Δ	δ
5	ה	E	ε
6	ו	F	-
7	ז	Z	ζ
8	ח	H	η
9	ט	Θ	ϑ
10	י	I	ι
20	כ	K	κ
30	ל	Λ	λ
40	מ	M	μ
50	נ	N	ν
60	ס	Ξ	ξ
70	ע	O	o
80	פ	Π	π
90	צ	-	-
100	ק	ϙ	-
200	ר	P	ϱ
300	ש	Σ	σ, ς
400	ת	T	τ
		Y	υ
		Φ	φ
		X	χ
		Ψ	ψ
		Ω	ω

Zahlenwert der hebr. und griech. Buchstaben

Stätte der kultischen Begegnung mit der Gottheit. Nach dem Bericht der Bibel baute Noah nach dem Ende der Sintflut den ersten Altar (1 Mo 8,20); vielleicht deutet schon das Opfer Kains und Abels 1 Mo 4 auf das Vorhandensein eines A. hin. Opfertiere, Getreide oder andere Opfergaben (→ Opfer) werden auf dem A. niedergelegt, meist wohl auch verbrannt, wobei man in dem Aufsteigen des Rauches ein Zeichen dafür sah, daß Gott die Gabe angenommen hatte. Diese Anschauung ist schon im 3. Jt. v. Chr. sowohl in Babylonien wie in Ägypten nachzuweisen. So gehört der A. zu jedem → Tempel, zu jeder Kultstätte (→ Hain, →Höhe), findet sich aber auch für den privaten bzw. familiären Gebrauch. A. werden wohl auch als Zeichen des Dankes und der Erinnerung errichtet, ohne daß darauf ständig geopfert worden wäre. Man kann sagen, daß der Weg der Erzväter zum Zeichen ihrer Verbundenheit mit dem Herrn von Altären gesäumt wird, die sie errichteten (vgl. 1 Mo 12,7.8; 13,18; 26,25; 35,1). A. erstehen vornehmlich auf Höhen und in Hainen. Als Stätten der Begegnung mit der Gottheit sind sie verwandt mit den Masseben (LÜ → Säulen), aufgerichteten Steinen, in denen man eine Vergegenwärtigung der Gottheit sah. Von einem solchen Gedenkstein ist z. B. noch 1 Mo 28,18ff bei Jakob die Rede. Sie werden jedoch später in Israel verurteilt, weil hierbei Gott als in dem Stein wohnend betrachtet wurde, was für den A. nicht zutrifft. Zu den Masseben vgl. Taf. 32a/481.

II,1) Ursprüngliche Formen des A. sind der FELSALTAR und der ERDALTAR, eine Aufschüttung aus Steinen und Lehm, die in der Regel die Form eines niedrigen, bis zu 0,50 m hohen rechteckigen Tisches hatte. In Sichem hat man einen solchen Erd-A. von 0,30 m Höhe und 2,20 × 1,65 m Oberfläche gefunden. Häufig bei den übrigen Völkern, seltener bei Israel benutzte man auch einen Findlingsblock als A. (vgl. Ri 6,20; 13,19; 1 Sam 6,14; 14,33). In solchen Felsblöcken hat man an der Oberfläche ausgehauene napfförmige Vertiefungen gefunden, die wohl zur Aufnahme der Opfergaben dienten.

Felsaltar

Räucheraltäre

2 Mo 20,24 schreibt für Israel die Erdaufschüttung vor, wobei in V 25 das Behauen von Steinen für den A.-Bau ausdrücklich verboten wird (vgl. 5 Mo 27,5; Jos 8,31). Durch das Behauen wären die Steine entweiht worden. 1 Kö 18,31 wird ein A. aus zwölf Steinen »nach der Zahl der Stämme der Kinder Jakobs« erwähnt. Stufen zum A., wie sie namentlich im damaszenischen Raum üblich waren, sind für Israel verboten, »damit nicht deine Blöße aufgedeckt werde« (2 Mo 20,26).

Auf der Oberfläche der A. hat man des öfteren Erhöhungen, zunächst in der Mitte, später an den Ekken gefunden, die bei Fels-A. oft aus demselben Stein gehauen waren. Dabei handelt es sich wohl um Masseben, die die Gegenwart der Gottheit versinnbildlichen. Solche kleinen Säulen sind auch für den Brandopfer-A. der Stiftshütte angeordnet worden (2 Mo 27,2) und zwar nun als Sinnbild göttlicher Macht und Stärke. Das Abschlagen der Hörner bedeutet die Entweihung und Vernichtung des A. (Am 3,14). Für Israel ist bestimmt, daß das Ergreifen der Hörner des A. demjenigen, der ohne Vorsatz und böse Absicht zum Totschläger geworden ist, göttlichen Schutz gewährt (2 Mo 21,13f; vgl. 1 Kö 1,50; 2,28).

2) Der BRANDOPFER-A. der Stiftshütte und auch der späteren Tempel ist ein beweglicher Holzkasten, mit Bronzeblech überzogen (vgl. 2.Mo 27,1ff), der vermutlich mit Steinen bzw. Erde aufgefüllt wurde. Er ist fünf Ellen groß im Geviert und drei Ellen hoch (die Elle »nach altem Maß« = 52,5 cm), dabei bis zur halben Höhe mit einem netzförmigen Gitter umgeben. Dieses Gitter trug wohl einen Umgang, auf dem der Opfernde über eine aufgeschüttete Rampe (Stufen waren verboten) an den A. treten konnte. Nach 2 Chron 4,1 war der im salomonischen Tempelvorhof aufgestellte Brandopfer-A. 20 Ellen im Geviert und 10 Ellen hoch, während 1 Kö 8 und

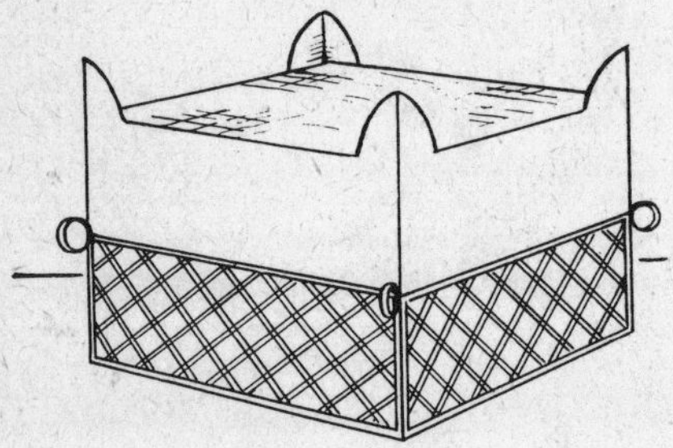

Rekonstruktion des Brandopferaltars der Stiftshütte

9 eine genaue Maßbeschreibung fehlt, und nur erwähnt wird, daß der A. zwar für die normalen Opfer (1 Kö 9,25) ausreichend war, daß der König aber für das große Opfer am Tempelweihfest (1 Kö 8,63f) »die Mitte des Hofes« geweiht hätte. Beim Wiederaufbau des Tempels nach dem Exil ist nach Es 3,3 ein A. an der Stelle (auf dem Fundament?) des alten A. errichtet worden. Der A.-Entwurf Hesekiels (Hes 43) sieht einen würfelförmigen A. in drei Absätzen vor, dessen Grundfläche 9,45 × 9,45 m, dessen Oberfläche 6,3 × 6,3 m und dessen Gesamthöhe 5,25 m beträgt. Nach 2 Kö 16,10–16 hat Ahas einen (Stufen?)-A. nach damaszenischem Muster errichten lassen. Über den Brandopfer-A. des herodianischen Tempels erfahren wir von Josephus, dem jüd. Geschichtsschreiber, daß es sich um einen Würfel aus unbehauenen Steinen in einer Höhe von 15 Ellen bei einer Grundfläche von 50 × 50 Ellen gehandelt hätte, während nach anderen Quellen dieser A. 6 Ellen hoch und 30 × 30 Ellen im Geviert gewesen ist. Vgl. Abb. Sp. 1373/4.

3) Sehr häufig finden sich RÄUCHER-A., die sich schon in sehr früher Zeit nachweisen lassen. Aus der Bronzezeit sind rechteckige Tonständer (vgl. Jes 65,3) von 1/2 bis 1 m Höhe bekannt, deren Oberfläche oft nur wenige cm (7 × 9) beträgt und in der Eisenzeit auf 20 bis 30 cm im Quadrat ausgedehnt wird. Sie haben sich auch in den Häusern gefunden, wohl als Anzeichen heidnischen Götzendienstes (2 Kö 22,17; Jer 44,5.17), da nach 4 Mo 17,5 [16,40] das Räuchern vor dem Herrn ausschließlich den Priestern, den Nachkommen Aarons vorbehalten blieb. 1 Kö 7,48 wird ein goldüberzogener Räucher-A. für den Tempel erwähnt, während er im Entwurf des Hesekiel nicht vorgesehen ist. Für die Stiftshütte ist ein solcher Räucher-A. von 2 Ellen Höhe und je einer Elle Länge und Breite genannt, wiederum mit Hörnern an den vier Ecken und mit feinem Gold überzogen sowie mit einer Goldleiste abgesetzt, der vor dem Vorhang vor der Lade stehen und auf dem Aaron täglich des Morgens und Abends Räucherwerk opfern sollte. Die Hörner mußten einmal im Jahre mit dem Blut des Sündopfers bestrichen werden (2 Mo 30,1–10). Salomo ließ im Tempel den Räucheraltar ebenfalls vor dem Allerheiligsten aufstellen (1 Kö 6,22; vgl. Jes 6,6). Obgleich er im Gesicht des Hesekiel vom neuen Tempel nicht ausdrücklich erwähnt wird, hat er sich doch nach Lk 1,11 im Herodianischen Tempel wiederum gefunden.

III) Im NT wird der A. nur noch im bildlichen Sinne erwähnt (Hebr 13,10) und in den Bildreden der Offb., wobei deutlich erkennbar ist, daß es sich hierbei nicht mehr um einen Opfer-A. handelt, nachdem der Herr selbst als das einmalige und endgültige Versöhnungsopfer auf Golgatha sich hingegeben hat.

Alter. I) LEBENSALTER. Langes Leben und hohes A. sind ein Geschenk Gottes (Ps 21,5), das im allgemeinen denen zuteil wird, die nach seinem Willen leben (Hi 36,11; Spr 3,2; 16,31). Gottes Verheißungen (2 Mo 20,12; 23,25.26; 5 Mo 30,20) verknüpfen es immer wieder mit dem Halten seiner Gebote; und die Erfüllung bleibt aus, wo diese Voraussetzung fehlt (1 Kö 3,14). Wo der Herr aber Gehorsam findet wie bei Mose und Kaleb, da erhält er trotz vorgeschrittener Jahre die ungebrochene Kraft (5 Mo 34,7; Jos 14,10.11; Ps 92,15), während sein Gericht bewirkt, daß kein A. im Hause ist (1 Sam 2,31.32). Daher wird es dem Frommen zur Anfechtung, wenn die Gottlosen »bei guten Tagen« alt werden (Hi 21,7.13).

Von diesen Zusammenhängen her gesehen werden auch die sehr langen, häufig angezweifelten Lebenszeiten sinnvoll, die uns von Adam bis Noah (1 Mo 5: zwischen 969 und 365 Jahren) und weiter bis zu Abraham (Kap 11: zwischen 600 und 148 Jahren) berichtet werden. Anderseits geben diese Zahlen schwerlich eine Handhabe, genau auszurechnen, wann Adam gelebt hat (vgl. → Zeitrechnung). Das höchste in der Bibel überlieferte A. hat Methusalah mit 969 Jahren erreicht (1 Mo 5,27). Von Abraham bis Josua umfaßt die Lebensdauer, soweit sie uns mitgeteilt wird, zwischen 180 und 110 Jahren (1 Mo 35,28; 50,26; Jos 24,29). Aber auch viel später noch erreicht Jojada ein A. von 130 Jahren (2 Chron 24,15). Überhaupt dürfen wir hier keine Durchschnittszahlen suchen, wir erfahren ja nur die Lebenslängen bestimmter Menschen, die alle in der Geschlechterfolge standen, in der Gottes Verheißungen weitergegeben wurden. Die allgemeine Lebenserwartung setzt Ps 90,10 mit 70–80 Jahren an; mit mindestens 100 Jahren rechnet die Weissagung des Jesaja für die kommende Heilszeit (Jes 65,20.22; vgl. Sach 8,4).

Innerhalb der ganzen Zeitspanne des Lebens bezeichnet A. auch den gerade erreichten Abschnitt oder das Verhältnis zu anderen (Dan 1,10; 2 Mo 28,10). In Eph 4,13 ist mit dem vollkommenen A. die volle Reife der Gemeinde Jesu gemeint, die sich in der Einheit des Glaubens und in der Erkenntnis des Christus, zu der die Gläubigen hingelangen werden, erweisen wird. Diese »Vollendung der Heiligen«, das »Erwachsensein« der Gemeinde ist das Ziel, dem der Dienst der Apostel, Propheten, Evangelisten, Hirten und Lehrer gilt. Ihren Maßstab findet diese Vollendung in der »Fülle des Christus«, in seinem vollen Wuchs (LÜ vollkommenes A.). Bei Paulus ist das neue Leben in Christus so stark, daß die Sehnsucht, abzuscheiden und daheim zu sein beim Herrn (Phil 1,23; 2 Kor 5,8), den Wunsch nach langem Erdenleben ablöst. Und Henochs Leben, das er in besonderer Gemeinschaft mit Gott führte, dauerte nur etwa halb so lange wie das seiner Vorfahren und Nachkommen, weil »Gott ihn hinwegnahm« (1 Mo 5,23).

II) GREISENALTER: der letzte Abschnitt des Lebens, in dem die Zeit des leiblichen Zeugens und Gebärens vorbei ist, obwohl Gott auch noch im A. (1 Mo 21,2.7; 24,36; Hebr 11,11; 1 Mo 37,3; 44,20; Lk 1,36) Kinder schenken kann. Die Frucht des ganzen Lebens zeigt sich jetzt in der erfahrungsreichen Weisheit der Alten (Ps 37,25). Wer ihren Rat ohne weiteres verwirft wie Rehabeam, handelt töricht und schädlich (1 Kö 12,6–8). Joas und Usia gehen nach dem Tode ihrer alten Ratgeber eigene Wege (2 Chron 24,17; 26,5). Daneben stehen aber auch die Warnungen vor Überschätzung der bloßen Erfahrung. Gott kann den Verstand der Alten fortnehmen (Hi 12,20); dann wird ihr Anspruch auf weise Überlegenheit zum Spott (V 12). Denn allein Gottes Geist macht verständig (Hi 32,6–9), und wer seine Befehle schon in der Jugend hält, ist klüger als die an sich kundigeren Alten (Ps 119,100). An erster Stelle aber steht das Gebot des Herrn, die Eltern (2 Mo 20,12) und die Betagten zu ehren, insbes. die altgewordene Mutter nicht zu mißachten (Spr 23,22) und vor einem grauen Haupte aufzustehen (3 Mo 19,32). Das oft erwähnte graue Haar (5 Mo 32,25; 1 Sam 12,2; Hi 15,10; Ps 71,18) ist ein natürlicher Schmuck, eine Art Krone (Spr 20,29; 16, 31). Das gilt nicht bei dem, der es nicht wahrhaben will, daß er »alt und grau« geworden ist (Hos 7,9). Wie Vätern und Müttern soll Timotheus den Alten begegnen (1 Tim 5,1.2); aber diese müssen auch Vorbild sein (Tit 2,2–5) und Kindern und Kindeskindern mit ihrem Verhalten die Kraft Gottes verkündigen (Ps 71,18).
Eine zahlreiche Nachkommenschaft bis in die 3. und 4. Generation (1 Mo 50,23; Hi 42,16) wird als Segen des A. gepriesen (Spr 17,6) und verheißen (Ps 128,6). Von ihnen erwartet man Freude und Fürsorge im A. (Rt 4,15; 1 Tim 5,4.8.16). Wer solch ein A. erlebt, der sinkt ins Grab wie Garben, die nach voller Reife eingebracht werden (Hi 5,26); der stirbt »in gutem A.« (1 Mo 15,15; Ri 8,32; 1 Chron 29, 28), alt und lebenssatt (1 Mo 25,8; 35,29; 2 Chron 24,15; Hi 42,17) und »fährt in Frieden dahin« (Lk 2,29).

Doch schon des Lebens satt sein (1 Chron 23,1) schließt die Last des A. mit ein, und oft werden graue Haare mit Herzeleid und Jammer ins Grab gebracht (1 Mo 42,38; 44,29), nicht im Frieden, sondern mit Blut (1 Kö 2,6.9). Daher die flehentliche Bitte zu Gott: verwirf mich nicht, verlaß mich nicht im A. (Ps 71,9.18), und seine rettende Antwort: »Ich will euch tragen bis ins A., und bis ihr grau werdet« (Jes 46,4).
Der alte Mensch verliert häufig die Fähigkeit zur Entscheidung und zum Handeln: so Eli seinen Söhnen gegenüber (1 Sam 2,22–25); David bei Adonias Versuch, sich zum König zu machen (1 Kö 1); und Salomo, als er seinen heidnischen Frauen nachgibt (1 Kö 11,4). Ein alter König kann auch zum Narren werden (Pred 4,13). Die letzte Zeit der Altersschwäche wird ohne Beschönigung geschildert (2 Sam 19, 36[35]; 1 Kö 1,1–4; Pred 12,1–5): Den Greis quälen oft Mißmut und Unzufriedenheit; er weiß vielfach nicht mehr klar, was gut und böse ist. Die Glieder werden zittrig und krumm, Steigen und sogar Gehen wird schwer, selbst mit Hilfe des Stocks (Sach 8,4). Die Zähne fallen aus, die Augen werden matt oder sie erblinden (Pred 12,3; 1 Mo 27,1; 48, 10; 1 Sam 3,2; 1 Kö 14,4; doch 5 Mo 34,7). Das Gehör läßt nach, die Stimme wird schwach, Essen und Trinken schmecken nicht mehr, und der Schlaf flieht. Der Körper wird nicht mehr richtig warm und die Zeit des Liebens ist endgültig vorbei. Dann ist es Zeit zum Sterben, zur Rückkehr zu Gott, der das Leben geschenkt hat (Pred 12,6.7) und das Leben ist.

Altes Testament → Testament, Altes

Ältester. I) Im AT ging aus der natürlichen Ältestenschaft der Familie, der Sippe und des Stammes (4 Mo 22,7; Jos 9,11; 2 Mo 3,16.18) das → Amt der Ä. hervor. Die »siebzig Ä.« wurden nicht vom Volk, sondern von Mose im Auftrag Gottes erwählt, aus der natürlichen Ordnung der Ä. heraus (4 Mo 11, 16). Dieses Amt ist mit geistlicher Begabung verbunden (4 Mo 11,25ff). Die Ä. bilden meist die ratgebende Versammlung. Vgl. auch → Stamm.
II) Im NT.

1) BERUFUNG. Das → Amt der Ä. (Presbyter, Priester) geht nicht aus natürlichem Alter oder Gemeindewahl bzw. -bestätigung hervor, sondern aus Gottes Wahl durch Prophetie (Apg 20,17.28; vgl. 2 Petr 1,21) und aus bestätigender Einsetzung, d. h. Handauflegung der Apostel (Apg 14,23 wörtl.; 6,6) oder gelegentlich von deren Gesandten (Tit 1,5).
Mit der Handauflegung wurden auch geistliche Gaben, als Ausrüstung für den Dienst, gegeben (Apg 8,14–17; vgl. 2 Tim 1,6). In den Missionsgemeinden setzte der Apostel Paulus erst eine amtliche Ältestenschaft ein, also mehrere Aufseher (»Bischöfe«) als Ä. in einer Gemeinde (Apg 14,23; 20,17.28; Phil 1,1; vgl. auch Apg 11,30; 15,2; 21,18). Es bestand kein Gebot der Ehelosigkeit für Ä. (Tit 1,5.6).

2) DIENST. Die Ä. waren gewissermaßen eine in die Einzelgemeinde verlängerte Hand der Apostel und wirkten nur im lebendigen Zusammenhang mit diesen. Sie wirkten je nach Amtscharakter in der Gemeindeleitung prophetisch, evangelistisch oder als Hirte und Lehrer. Die Belehrung in schwierigen Fragen behielten sich die Apostel vor, doch hatten die Jerusalemer Ä. auch eine beratende Funktion mit den Aposteln (Apg 15,6). Die Ä. hatten für die Gemeinde Verantwortung (Hebr 13,17) und Autorität (Hebr 13,17; 1 Tim 5,17.19; 2 Thess 3,14; 1 Petr 5, 5). Sie hatten die Herde zu weiden (1 Petr 5,2). Durch ihre gemeinsame → Handauflegung wurden auch → Geistesgaben mitgeteilt (1 Tim 4,14). Auch die → Krankenheilung durch gemeinsame Handauflegung gehörte zu ihrem Amt (Jak 5,14).
Die Apostel konnten, wie die beiden anderen Gemeindeämter, auch das des Ä. selbst versehen (2 und 3 Joh 1; 1 Petr 5,1).
Bevollmächtigte Ä. sind für die Vollendung der Gemeinden nötig. Um sie will Gott wie um alle Arbeiter in seiner Ernte gebeten sein (Mt 9,38).

Alus, Lagerplatz der Israeliten zwischen der Wüste Sin und der Wüste Sinai, vor Raphidim. Hier gebrach es dem Volk an Trinkwasser (4 Mo 33,13.14).

Alwa »Widerspenstigkeit«,
Fürst in Edom und Nachkomme Esaus (1 Mo 36,40; 1 Chron 1,51); wahrscheinlich trug er den Namen seines Gebietes.

Amal »Mühevolle Arbeit, Mühsal, Unheil«, Sohn Helems aus dem Stamme Asser (1 Chron 7, 35).

Amalek. Enkel Esaus, Sohn des Eliphas und seiner Nebenfrau Thimna (1 Mo 36,12). Er gilt als Stammvater der Amalekiter, sein Name dient auch zur Bezeichnung des Volkes (z. B. 2 Mo 17,8; 4 Mo 24,20; Ri 5,14). Gegen die Möglichkeit dieser Abstammung hat man eingewendet, daß schon 1 Mo 14,7, lange vor der Geburt A., das Land der Amalekiter erwähnt wird. Das läßt sich aber ohne Schwierigkeiten so verstehen, daß das gemeinte Gebiet hier nach seinen späteren Bewohnern genannt wird, wie ja in diesem Kapitel verschiedentlich die zur Zeit Moses gültigen Namen zur Erklärung der alten eingefügt sind.
Die Wohnsitze der Amalekiter lagen im palästinensischen Südland um Kades und erstreckten sich bis zur Grenze Ägyptens und bis nach Arabien hinein (1 Mo 14,7; 4 Mo 13,29[30]; 14,25; 1 Sam 15,7). Bileam nennt A. das erste und mächtigste unter den Völkern (4 Mo 24,20).
Bald nach dem Auszug Israels aus Ägypten überfallen die Amalekiter die Nachzügler des Volkes und werden dann von Josua bei Raphidim geschlagen (2 Mo 17,8–16; 5 Mo 25,17–19). Seitdem liegt der Fluch des Herrn auf ihnen, und es herrscht Todfeindschaft zwischen Israel und A. Als die Israeliten im Ungehorsam von Süden her in das verheißene Land einzudringen versuchen, schlagen Kanaaniter und Amalekiter sie vereint zurück (4 Mo 14,43. 45). In der Richterzeit fallen amalekitische Streifscharen als Verbündete der Moabiter und Midianiter raubend und plündernd ins Land Israel ein (Ri 3,12.13; 6,3.33; 7,12). Vielleicht hat das Gebirge der Amalekiter im Land Ephraim (Ri 12,15) in Verbindung mit diesen Kämpfen seinen Namen erhalten.
Nachdem sich die Keniter von den Amalekitern getrennt hatten (1 Sam 15,6), wird durch die Siege Sauls (1 Sam 15,7.8) und Davids (1 Sam 27,8; 30, 17.18) die Macht A. endgültig gebrochen und das Volk zum größten Teil ausgelöscht. Z. Zt. Hiskias vernichten 500 Simeoniten den Rest der Amalekiter im Gebirge Seir (1 Chron 4,42.43). Das Gericht Gottes über A., das auch Bileam vorausgesagt hatte (4 Mo 24,20), hat sich erfüllt.

Amam.
Stadt im S Judas (Jos 15,26), 9 km von Saruhen, neuhebr. Tseelim. Vgl. Karte Sp. 1304.

Amana »Feste Abmachung«.
1) Fluß, der auf den Höhen A. (2) entspringt (2 Kö 5,12). Er durchströmt und bewässert die Gärten von → Damaskus und war bekannt wegen seines klaren Wassers. Heute heißt er »Barada«, der Kalte. Vgl. Taf. 97/1536.
2) Höhen des Antilibanons (→ Libanon), die Hl 4,8 erwähnt werden.

Amarja »Der Herr hat gesprochen«.
1) Sohn Merajoths (1), ein Nachkomme Aarons aus dem Geschlecht Eleasars (1 Chron 5,33[6,7]; 6, 37[52]).
2) Priester, Nachkomme des A. (1) und Vorfahr Esras (1 Chron 5,37[6,11]; Es 7,3).
3) Levit, der zweite Sohn Hebrons (1 Chron 23,19; 24,23).
4) Priester z. Zt. Josaphats (5), den der König als obersten Richter für alle kultischen Rechtsfragen einsetzte (2 Chron 19,11), vielleicht identisch mit A. (2).
5) Einer der Leviten, die unter Hiskia mit der Versorgung ihrer Brüder in den Priesterstädten beauftragt waren (2 Chron 31,15).
6) Sohn des Hiskia und Vorfahr des Propheten Zephanja (Zeph 1,1).
7) Judäer aus dem Geschlecht Perez (Neh 11,4).
8) Priester, der mit Serubabel aus Babylon zurückkehrte (Neh 12,2). Seine Familie wird unter dem Hohenpriester Jojakim genannt (V 13).
9) Priester, der z. Zt. Nehemias die Verpflichtung auf das Gesetz unterschrieb (Neh 10,4[3]), wohl Nachkomme des A. (8).
10) Mann z. Zt. Esras, der seine heidnische Frau verstieß (Es 10,42).

Amarna, Tell el. I) Ort am Ostufer des Nils in Mittelägypten, Fundstätte des Archivs Amenhoteps oder Amenophis IV., benannt nach dem früher dort wohnenden Stamm der Beni Amran. Der Ort liegt südl. Hermupolis, 312 km stromauf von Kairo, gegründet im 5. Jahr des Königs. Die Stadt wurde unter Tutenchamun wieder verlassen, durch Haremheb gründlich zerstört. Da das Gebiet nie wieder bebaut wurde, haben die Ausgrabungen ein gutes Bild des damaligen Lebens gegeben (Büste der Nofretete in Berlin; Kopf Amenophis IV. (Echnaton) im Louvre). Die Stadt am Rand des Fruchtlandes auf Wüstenboden bestand aus drei Teilen. Der Hauptteil lag in der Mitte und enthielt den großen Atontempel (Länge 1500 Meter). Weitere sehr interessante Anlagen waren Staatspalast, Privatpalast, umgeben von Magazinen, Büros, darunter das Lebenshaus (die Schreibstube) und das königliche Sekretariat, in dem die Amarnatafeln gefunden wurden, nebst einem kleinen Atontempel, ferner Parkanlagen mit See, Wasserspielen und Kiosken, Palast der Nofretete und weitere Privathäuser usw. (vgl Helck-Otto, Kl. Wörterbuch d. Ägyptologie, Wiesbaden 1956, S. 366f). Vgl. auch Karte Sp. 35; Abb. Sp. 1511; 1149/50.

II) Amenophis IV. war der Sohn Amenophis III. und der Teje; er war König am Ende der 18. Dynastie, regierte wahrscheinlich 17 oder 19 Jahre, etwa von 1377–1358 oder von 1353–1336 v. Chr. Zwischen den divergierenden chronologischen Angaben ist vorerst noch nicht sicher zu entscheiden. Er versuchte die unter seinem Vater eingeleitete Entwicklung zur Befreiung der ägypt. Kultur von den Ketten der Tradition durch Gewaltmaßnahmen zu erzwingen, die ihn in starken Gegensatz zu der Amonpriesterschaft brachten. Amenophis IV. brach radikal mit der Vergangenheit und machte den Versuch der Durchsetzung eines vergeistigten Sonnenmonotheismus um Aton. Der überaus eigenwillige »Ketzerkönig« hatte im Volk keinen Rückhalt. A. Scharff bietet umfangreiches Belegmaterial, insbesondere in Bezug auf die krasse Reform auf künstlerischem Gebiet. Das betonte Bestreben Amenophis IV. nach Wahrheit ist bemerkenswert (vgl. A. Scharff, Ägypten, München 1950, S. 142).
Aber die Macht Ägyptens ging unter Amenophis IV. empfindlich zurück. Hervorzuheben ist der Abfall der syr. und palästinensischen Gebiete, bedingt durch heftige Vorstöße von nichtansässigen Volksstämmen aus den syr. Wüsten.

Tafel 5
Kolossalstatue des Pharao Ramses II. (1301–1234 v. Chr.) in Memphis.

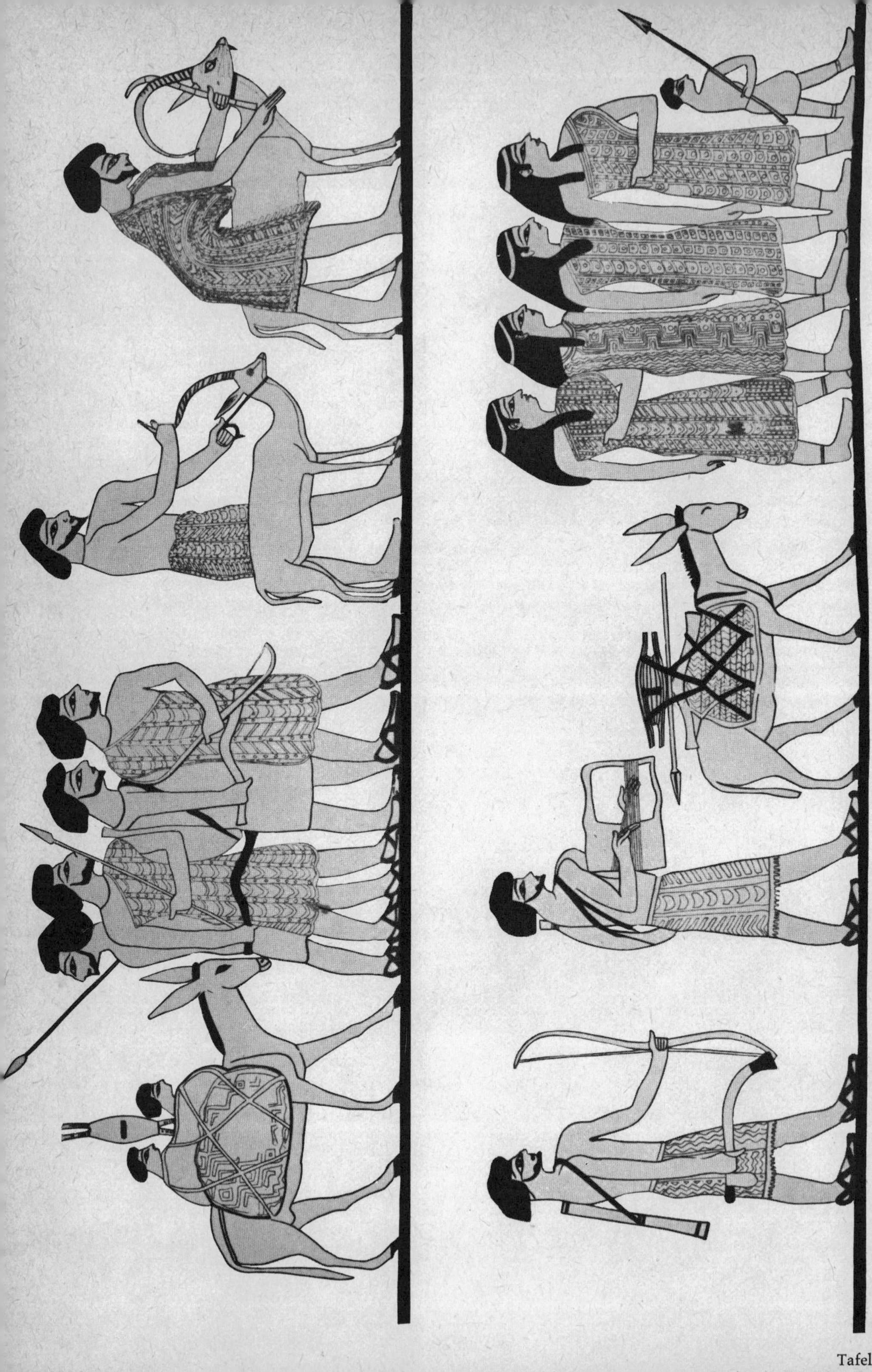

Tafel 6

III) Das 1887 entdeckte Archiv der A.-tafeln enthält zahlreiche Tontafeln mit der in Keilschrift abgefaßten Korrespondenz der Könige Amenophis III. und IV. mit den Herrschern von Babylon, Assyrien, Mitanni, Arzawa, Alasija (Zypern), Hatti (dem Hethiterreich) und hauptsächlich mit den mehr oder weniger abhängigen Fürsten Syriens, besonders des Grenzgebietes in Phönizien, Mittelsyrien und Palästina (vgl. Honigmann, in Reallexikon für Assyriologie Bd. 1, S. 92f).
Kulturgeschichtlich bedeutsam ist die Tatsache, daß die damalige Diplomatensprache nicht das Ägypt., sondern das Babyl. war. Daß auch das stolze Ägypten sich im diplomatischen Verkehr der fremden Sprache und der Keilschrift bedienen mußte, verdient Beachtung.
Die Königsbriefe geben Einblicke in die damals sich vollziehende Mächteverschiebung im Vorderen Orient: Assur als Großmacht verkehrt trotz Einspruches des schwachen Babyloniers durch eigene Gesandte mit dem Pharao; dieser ist zwar noch »Eigentümer« von Kanaan, vermag aber babyl. Karawanen und Gesandte nicht vor Ausplünderung durch seine Untertanen zu schützen. Politische Heiratsprojekte beschäftigen verschiedene Höfe. Gesandte kommen und gehen. Geschenke und Höflichkeiten werden ausgetauscht. Naive Betteleien um das im Nillande vorhandene Gold hält keiner der Großkönige für unter seiner Würde.
Zahlreicher als die Königsbriefe sind die Schreiben der syr.-palästinensischen Stadtfürsten, z. B. aus Askalon, Byblos, Jerusalem, Lachis, Megiddo, Sidon usw. Während die Königsbriefe dem Brauch gepflegter Kanzleien folgen, zeigen die Stadtfürstenbriefe durch epigraphische Eigentümlichkeiten und ein mit Kanaanismen durchsetztes, oft verderbtes Babyl. eine Reihe halbgebildeter Schreiberpersönlichkeiten. Der Inhalt der Briefe, soweit er sich nicht in Ergebenheitsversicherungen gegenüber dem Pharao und in Anschwärzung von Nachbarfürsten erschöpft, gibt Zeugnis von der Ohnmacht der Ägypter in Syrien-Palästina. Es herrscht Krieg aller gegen alle, wobei als gefährliche Feinde die Chabiri (nichtansässige Bevölkerungselemente, jedoch kein Volksname) und die Hatti (Hethiter) benannt werden. (Vgl. hierzu R. Borger, ZDPV 74 [1958] S. 121f). Zur Abwehr der Feinde und zum Schutz der Länder des Königs wird von allen Seiten um Entsendung ägypt. Hilfstruppen gebeten, ohne daß solche je in ausreichendem Maße gekommen zu sein scheinen. Die Sprache dieser Amarna-Briefe mit den oben erwähnten epigraphischen Eigentümlichkeiten, diesen »kanaanäischen Glossen«, ist das älteste Denkmal der Landessprache und zugleich der unmittelbare Vorläufer des Hebr., der »Sprache Kanaans«, Jes 19,18. E. Michel.

Amasa, Kurzform von Amasja.
1) Sohn der Abigail, der Halbschwester Davids, und des Ismaeliten Jether oder Jethra (2 Sam 17,25 und 1 Chron 2,17). A. nahm an → Absaloms Aufstand teil, wurde als dessen Heerführer aber von Davids Truppen im Walde Ephraim vollständig geschlagen (2 Sam 17,25; 18,7). David begnadigte ihn und machte ihn zum Heerführer auf Lebenszeit an → Joabs Statt (2 Sam 19,14[13]). Damit gewann David das Herz der Männer Judas zurück. Doch bewies A. bei der Niederwerfung → Sebas nicht die nötige Tatkraft (2 Sam 20,4ff). Bei der ersten Gelegenheit wurde er von Joab meuchlings ermordet, der sich damit seines Rivalen entledigte (2 Sam 20,9.10). Salomos Gericht an Joab bezieht sich auf diesen Mord (1 Kö 2,32). Vielleicht ist A. mit → Amasai (2) identisch.
2) Sohn Hadlais, einer unter den vornehmsten Ephraimitern, die das isrl. Heer Pekahs veranlaßten, die judäischen Gefangenen freizugeben und in die Heimat zurückzusenden (2 Chron 28,12ff).

Tafel 6
Ankunft von »37 Asiaten« (Semiten) unter ihrem Führer Ibscha in Ägypten. Sie tragen vielfarbige Wollkleidung und sind mit Bogen, Speer, Wurfholz und Beil bewaffnet. Einer spielt auf einer 8saitigen Leier. Auf den Eseln Wasserschläuche.
Ähnlich haben wir uns die Ankunft Abrahams oder Jakobs in Ägypten vorzustellen.
Grabgemälde von Beni-Hassan, um 1890 v. Chr.

Amasai, Kurzform von Amasja.
1) Levit, Sohn des Elkana und Vorfahr Samuels (1 Chron 6,20[35]). Der V 10[25] genannte A. scheint ein anderes Glied desselben Geschlechtes zu sein.
2) Hauptmann unter den 30 Helden Davids. Er kam mit einer Gruppe von Judäern und Benjaminiten zu David nach Ziklag (1 Chron 12,16–18). Vielleicht identisch mit → Amasa (1).
3) Einer der Priester, die bei der Heimholung der Bundeslade nach Jerusalem die Trompete bliesen (1 Chron 15,24).
4) Vater des Leviten → Mahath z. Zt. Hiskias (2 Chron 29,12).

Amasja »Der Herr hat getragen« (d. h. schützend auf seine Arme genommen),
Sohn Sichris, ein hoher Offizier König Josaphats (2 Chron 17,16).

Amassai, Kurzform von Amasja,
Priester, Sohn Asareels, der z. Zt. Nehemias im Tempel diente (Neh 11,13).

Amazja »Der Herr hat sich stark erwiesen« (d. h. ist stark).
1) Sohn und Nachfolger des Königs Joas von Juda (796–767 v. Chr.). Die Bibel sagt über ihn: Er tat, was dem Herrn wohlgefiel, doch nicht von ganzem Herzen (2 Chron 25,2). Im Alter von 25 Jahren trat er die Herrschaft an, und als er die Macht fest in Händen hatte, ließ er die Hofleute hinrichten, die seinen Vater ermordet hatten. Ihre Kinder aber verschonte er nach der Vorschrift des Gesetzes (5 Mo 24,16).
Er führte Juda zum Kampf gegen die Edomiter und warb für diesen Feldzug außerdem in Israel eine Söldnertruppe, die er aber auf die Warnung eines Propheten hin wieder entließ, obwohl er hohe Summen dafür ausgegeben hatte. A. errang einen vollen Sieg über die Edomiter im Salztal, eroberte ihre Hauptstadt Sela und benannte sie in Joktheel (»Von Gott vernichtet«) um. Im Bewußtsein seines Sieges forderte er Joas von Israel zum Kampf. Er hatte aber die erbeuteten edomitischen Götzenbilder in Jerusalem aufgerichtet und ihnen geopfert und damit den Zorn Gottes gegen sich herausgefordert, der ihn durch seinen Propheten hatte warnen lassen. Joas versuchte, A. vom Kampf abzuhalten, dieser aber bestand auf seiner Herausforderung. In der Schlacht bei Beth-Semes wird Juda geschlagen und A. gefangen. Joas führt ihn nach Jerusalem, läßt eine breite Bresche in die Nordmauer reißen, plündert Tempel und Königspalast und kehrt mit Geiseln und Beute nach Samaria zurück. Damit ist A. Macht endgültig gebrochen. Das Volk erhebt sich unmittelbar darauf und macht 792/1 v. Chr. seinen 16jährigen Sohn Asarja (11) oder → Usia (4) zum Regenten (2 Kö 14,21.22). A. bleibt noch lange Zeit

am Leben. Als später erneut eine Verschwörung gegen ihn entsteht, flieht er nach Lachis, aber die nachgesandten Mörder erreichen ihn auch dort. Man bringt den Leichnam nach Jerusalem zurück und setzt ihn in den Königsgräbern bei (2 Kö 14,1–20; 2 Chron 25,1–28).
2) Simeonit, Vater des Josa (1 Chron 4,34).
3) Vorfahr des Leviten und Tempelsängers Ethan (1 Chron 6,30[45]).
4) Priester des Stierdienstes zu Beth-El, der bei König Jerobeam II. von Israel über den Propheten Amos Klage führt. A. verbietet Amos, weiter in Beth-El gegen Israel zu weissagen, weil hier ein Königsheiligtum und Reichstempel sei. Amos beruft sich auf seinen Auftrag vom Herrn und kündigt A. an, daß auch ihn und seine Familie das Gericht Gottes beim Untergang des Volkes treffen wird (Am 7,10–17; vgl. 1 Kö 12,28–33).

Amead, unbekannte, nur Jos 19,26 genannte Grenzstadt im Stamm Asser.

Ameise (hebr. *nemala*).
Zur Familie der *Formicidae* gehörend, ein artenreicher, über die ganze Erde verbreiteter Hautflügler. Die in Palästina vorkommende Art gehört zur Gattung *Messor.* Sie nisten in der Erde und sammeln dort Körnervorräte. Einzelne Exemplare erreichen die Größe unserer europäischen Bienen und Wespen. – In Spr 6,6–8 wird die A. als ein Vorbild an Fleiß hingestellt, die in ihrem herrscherlosen Staat die wunderbarste Einheit und Ordnung aufweist, dabei täglich etwa 16 Stunden ununterbrochen arbeitet. In Spr 30,24.25 wird ihre Klugheit gerühmt, mit der sie ihre Vorräte speichert.

Amen, hebr. *amen* = gewiß: so sei es (Jer 11,5), wahrlich (Jer 28,6), Luther: »Das ist gewißlich wahr« oder »ja, ja, es soll also geschehen«.
I) Das Wort A. wurde aus dem Hebr. ins griech. NT und ins Latein, schließlich auch in die dt. Sprache unverändert übernommen. Es hat den gleichen hebr. Stamm *'mn* wie die hebräischen Worte für »fest, zuverlässig, beständig, Glauben, Wahrheit, Treue«.
II,1) In AT und NT bekräftigt A. eine Aussage, gleich, ob es sich um Zustimmung zur Rede eines andern handelt (1 Kö 1,36), um die Bekräftigung des vorgelesenen Bundes mit der Anerkennung des Fluches, der den trifft, der den Bund verläßt (5 Mo 27,15–26), oder einen Eid (4 Mo 5,22); ob es in Verbindung mit einem Wunsch gebraucht wird (Jer 28,6), als Antwort (respondierende Doxologie; 1 Chron 16,36; Neh 8,6), oder bekräftigend und zustimmend am Schluß einer Lobpreisung steht (Röm 1,25; 11,36; 1 Kor 16,24). Es wird, wie im gottesdienstlichen Leben, so auch im profanen (1 Kö 1,36) gebraucht.
2) Die LXX übernimmt A. als Eigennamen nur in Jes 65,16 (LÜ der wahrhaftige Gott), einem starken Ausdruck für die Treue und Zuverlässigkeit Gottes. In allen anderen Fällen übersetzt sie A. im Sinne des hebr. Wortstammes.
A. als Namen des Herrn finden wir ferner in Offb. 3,14: der A., LÜ »das sagt, der A. heißt, der treue und wahrhaftige Zeuge«, von dem Paulus 2. Kor. 1,20 sagt: »Denn so viele Gottes Verheißungen sind, sind sie in ihm das Ja, darum auch durch ihn das A., Gott zum Lobe durch uns« (nach dem Urtext).
3) Beide Testamente kennen eine Steigerung zum doppelten A. Im AT als Abschluß der ersten drei Psalm-Bücher (Ps 41,14; 72,19; 89,53), beim Schwur (4 Mo 5,22) und beim Lobpreisen (Neh 8,6).
Das A. a. des Johannesevangeliums, mit dem Jesus die Unumstößlichkeit seiner Worte so stark wie möglich betont, gehört zum Sondergut des Johannes (LÜ wahrlich, wahrlich; Joh 5,19.24.25; 6,26.32. 47.53; 8,34.51.58 u. ö.). Die ersten drei Evangelien benutzen A. nur selten.
III) Das A., das der Betende als Abschluß seines Gebets selber sagt, ist eine Entleerung seines Sinngehalts und ein Mißverständnis seines biblischen Gebrauchs, wenn es nicht in lebendigem Bezug zum Inhalt des Gebetes steht. Am Schluß des → Unser Vater finden wir A. erst in jüngeren Hss. *(textus receptus),* es steht ursprünglich im Herrengebet nicht. Auch Paulus setzt A. oft an den Schluß einer Lobpreisung oder eines Segens, doch immer im Sinne einer Bekräftigung und Zustimmung zum Voraufgesagten (Röm 1,25; 11,36; Gal 1,5; Phil 4,20 u. ö.). Nur so hat auch das A. der einem Gebet folgenden Gemeinde seinen rechten Sinn.

Amethyst → Edelstein

Ami → Amon I,3

Amitthai, Kurzform: »(Der Herr ist) Beständigkeit, Treue, Wahrheit«.
Vater des Propheten Jona aus Gath-Hepher, aus dem Stamme Sebulon (2 Kö 14,25; Jon 1,1).

Amma, 1. »Unterarm«, 2. »Zapfen (des Türflügels)«, 3. »Elle«.
Hügel bei Giah an der Straße von Gibeon durch die Wüste zum Jordan. Joab und Abisai verfolgten Abner bis A. (2 Sam 2,24; vgl. V 16 u. 29). Die genaue Lage ist unbestimmt. Viell. der Hügel Tell el-Milh bei El-Fauwar (→ Giah).

Amme. Da die isrl. Mutter ihre Kinder für gewöhnlich selber nährte (1 Mo 21,7; 1 Sam 1,23), werden A. nur selten erwähnt. Wir hören von A. in der Königsfamilie (2 Kö 11,2; 2 Chron 22,11), die die Kinder auch weiterhin betreuten (2 Sam 4,4). Das besondere Vertrauensverhältnis zwischen A. und Kind, auch zur Familie des Kindes, bleibt für das ganze Leben bestehen (1 Mo 24,59; 35,8). Indem die Tochter des Pharao den Mose seiner eigenen Mutter als A. übergab, hielt sie ihn in der Verbindung mit seinem Volk und mit dem Gott Israels (2 Mo 2,7–11; Apg 7,23–25). – Im Hebr. heißen auch Pflegemütter A. (Rt 4,16; LÜ Wärterin). Als Bild für die Sorge des Mose um das Volk oder des Paulus um die Gemeinde wird das Verhältnis der A. zum Kind 4 Mo 11,12 und 1 Thess 2,7 verwendet; vgl. noch Jes 49,23; 60,16.

Ammi »Mein Volk«.
1) Sohn des Lot und seiner jüngsten Tochter. Eigentlich heißt er Ben-Ammi »Sohn des Volkes« (1 Mo 19,38). Er ist der Stammvater der → Ammoniter.
2) Im hebr. Text symbol. Name für das begnadigte Volk (Hos 2,25[23]; LÜ: Du bist mein Volk).
Vgl. → Lo-Ammi.

Ammiel »(Mein) Familienangehöriger, Verwandter (wörtl. Volk) ist Gott«.
1) Sohn Gemallis, der Daniter unter den Kundschaftern, die Mose nach Kanaan sendet (4 Mo 13, 12 [13]).
2) Vater des Machir von Lo-Dabar aus dem Stamm Manasse (2 Sam 9,4.5; 17,27).
3) Vater der Bath-Seba, der Frau des Uria (1 Chron 3,5). Er heißt 2 Sam 11,3 mit Umstellung der Namensbestandteile → Eliam.
4) Sechster Sohn Obed-Edoms, ein Torhüter des Tempels (1 Chron 26,5).

Ammihud.
1) Vater → Elisamas, ein Vorfahr Josuas (4 Mo 1, 10; 1 Chron 7,26).

2) Simeonit, Vater des → Samuel (1) (4 Mo 34,20).
3) Mann des Stammes Naphtali, Vater des → Pedahel (4 Mo 34,28).
4) Vater des Königs Thalmai zu Gessur, des Großvaters Absaloms (2 Sam 13,37).
5) Judäer aus dem Geschlecht des Perez (1 Chron 9,4).

Amminadab »(Mein) Volk (Verwandter) hat sich freigebig gezeigt«.
1) Vater des → Nahesson (4 Mo 1,7) und Elisebas, der Frau Aarons (2 Mo 6,23). Er ist Vorfahr Davids (Ruth 4,19) und Jesu Christi (Mt 1,4; Lk 3,33).
2) Sohn Kahaths und Vater Korahs (1 Chron 6,7 [22]). Er wird sonst im Stammbaum der Leviten stets Jizhar genannt (1 Chron 6,23[38]; 2 Mo 6,21; 4 Mo 16,1).
3) Levit aus dem Geschlecht Usiels, der mit seinen 112 Brüdern die Bundeslade nach Jerusalem geleitete (1 Chron 15,10.11).

Ammi-Nadib, die Form der LXX und Vulgata für → Amminadab. LÜ enthält im Hl 6,12[11] diesen Eigennamen, wahrscheinlich handelt es sich hier aber nicht um eine Person, sondern es sollte vielmehr heißen: » . . . meine Seele setzte mich auf den Wagen meines edlen Volkes.« Andernfalls könnte es ein bekannter Wagenlenker gewesen sein.

Ammisabad »(Mein) Volk hat beschenkt«,
Sohn des Befehlshabers Benaja. Er stand an der Spitze der Abteilung seines Vaters und hatte jeweils im dritten Monat eines jeden Jahres mit seinem Heer für den König David dienstbereit zu sein (1 Chron 27,5.6).

Ammi-Saddai, Vater des → Ahieser (4 Mo 1,12).

Ammoniter oder »Kinder Ammon«
sind die Nachkommen Ben-Ammis (→ Ammi 1), eines Sohnes Lots und dessen jüngster Tochter. Das Volk ist nah verwandt mit den Moabitern, seinen südl. Nachbarn. Ihre Sprache steht, wie die erhaltenen Namen ausweisen, dem Hebr. nahe.
1) Im GEBIET der A. zwischen dem Arnon und dem oberen Jabbok lebten vorher die Samsummiter, ein Volk von Riesen, das von ihnen vertrieben wurde (5 Mo 2,19–21). Die A. scheinen zunächst bis zum Jordan gesiedelt zu haben, was aus ihrem Anspruch Ri 11,13 (vgl. Jos 13,25) hervorgeht, doch wurden sie dort von Sihon, dem Amoriterkönig, verdrängt. Bei der Landnahme der Israeliten schonen diese, einem Befehl Gottes folgend, das Gebiet der A. (5 Mo 2,19); indem sie aber den oberen Jabbok zur Grenze Gads machen und das Stammgebiet Gads zwischen die A. und den Jordan schieben, ziehen sie sich die Feindschaft der A. zu.
Am Oberlauf des Jabbok liegt die Hauptstadt der A. und die Residenz ihrer Könige, Rabba oder Rabbath-Ammon, heute Amman, die Hauptstadt Jordaniens. Vgl. Karte Sp. 5.
2) Die A. erscheinen durch ihre ganze GESCHICHTE als Feinde der Juden. Weil sie gemeinsam mit den Moabitern Bileam veranlaßt hatten, Israel zu fluchen, darf bis ins zehnte Glied niemand aus den Völkern der A. und der Moabiter in die Gemeinde Israels (»des Herrn«) aufgenommen werden (5 Mo 23,4 [3]). In der Richterzeit besiegen A. und Amalekiter als Verbündete des Königs Eglon von Moab die vor Gott untreuen Israeliten (Ri 3,13). Später drängt Jephta die A. in ihre Grenzen zurück (Ri 10,7–9. 11). Saul kämpft gegen den A.-König Nahas und besiegt ihn (1 Sam 11,1–11). Nahas nimmt David dagegen freundlich auf (2 Sam 10,2). Doch schon sein Sohn Hanun erneuert die alte Feindschaft (2 Sam 10,1ff). David schlägt die A. und nimmt Rabba ein (1 Chron 20,1). Eine kleine Textverbesserung (vgl. 1 Chron 20,3 mit 2 Sam 12,31 im MT und ZÜ) legt nahe, daß die Gefangenen nicht etwa unter die Sägen geworfen, sondern als Zwangsarbeiter an die Sägen usw. gestellt wurden. Die Macht der A. ist gebrochen, aber nicht ihre Feindschaft. Unter Josaphat endet ein Einfall der A. und Moabiter mit deren Vernichtung (2 Chron 20), die Könige Usia, zu dessen Zeit Amos das Gericht über die A. verkündigt (Am 1,13–15), und Jotham empfangen von ihnen Tribut (2 Chron 26, 8; 27,5). Nachdem sie noch unter Jojakim als Vasallen Nebukadnezars in Juda eingefallen waren (2 Kö 24,2), scheinen sie unter Zedekia mit den Juden im Widerstand gegen Babel einig zu sein (Jer 27, 3). Doch bald nach der Zerstörung Jerusalems durch Nebukadnezar (2 Kö 24) hat der A.-König Baalis bei der Ermordung des jüd. Statthalters Gedalja seine Hand im Spiel (Jer 40,14). Die Wegführung der zehn Stämme betrachten sie mit Schadenfreude (Zeph 2,8; Hes 25,3). Mit den Moabitern wandern sie in die Gebiete von Gad und Ruben ein. Wie Amos und Zephanja vor ihnen, weissagen Jeremia (49,1–6) und Hesekiel (21,25[20]; 25, 1–7) das kommende Gericht über die A. Nach dem Untergang Babels unterstehen sie den Persern, später den Griechen und seit 64 v. Chr. den Römern als Teil der röm. Provinz Syrien. In der Makkabäerzeit kämpfen sie mit den Syrern gegen die Juden. Origines faßt sie mit den Moabitern und Edomitern unter dem Namen Araber zusammen. Ihr Name verschwindet so aus der Geschichte (Hes 25,9.10: »Den Kindern des Morgenlandes will ich Moab samt dem Lande der Kinder Ammon zum Erbe geben, daß man der Kinder Ammon nicht mehr gedenken soll unter den Heiden«). Bis heute sind keinerlei Funde mit Schriften der A. gemacht worden. A.-Könige werden auf assyr. Texten erwähnt: z. Zt. Salmanassers III. wird Baesa geschlagen; Thiglath-Pileser III. erhält Tribut von Sanipu, Asar-Haddon von Puduilu, Assurbanipal von Amminadbi (AOT 2. Aufl.). Nehemia wendet sich mit Strenge gegen einzelne Juden, die ammonitische Frauen genommen hatten, wegen der Gefahr, daß mit diesen Frauen der Götzendienst bei den Juden Eingang finden könnte (Neh 13,23ff.). Als Götze der A. wird Milkom oder → Moloch genannt (1 Kö 11,5.7.33), zur Richterzeit auch der moabitische → Kamos (Ri 11,24).

Amnon »Zuverlässig, treu«.
1) Ältester Sohn Davids, den ihm die Jesreelitin Ahinoam in Hebron schenkte. A. tat seiner Halbschwester Thamar Gewalt an und wurde dafür zwei Jahre später von ihrem Bruder Absalom erschlagen (2 Sam 3,2; 13). Damit beginnt das Gericht an David für seinen Mord an → Uria: daß nämlich das Schwert nicht von seinem Hause lassen soll (2 Sam 12,10).
2) Judäer, der Sohn Simons (1 Chron 4,20).

Amok »Tief«, wohl im Sinn von »weise, unergründlich« (akkad. *emku* = weise).
Familienhaupt unter den Priestern, die unter Serubabel aus Babylon zurückkehrten (Neh 12,7). Seine Familie wird auch unter dem Hohenpriester Jojakim genannt (V 20).

Amon. I) »Zuverlässig, treu«.
1) Stadthauptmann Samarias z. Zt. Ahabs (1 Kö 22,26; 2 Chron 18,25).
2) Sohn und Nachfolger des Königs Manasse von Juda (643/2–641/40). Er kam mit 22 Jahren für nur zwei Jahre zur Regierung und setzte den Götzen-

dienst seines Vaters fort, ohne sich an dessen Umkehr ein Beispiel zu nehmen. A. fiel einer Verschwörung am Hof zum Opfer, das Volk tötete seine Mörder und setzte seinen achtjährigen Sohn → Josia auf den Thron (2 Kö 21,19–26; 2 Chron 33,21–25; Mt 1,10).

3) Stammvater oder Haupt einer Familie der Knechte Salomos, die mit Serubabel aus der Gefangenschaft zurückkehrten (Neh 7,59). In Es 2,57 heißt er Ami.

Der ägypt. Gott Amon mit seiner Gemahlin Mut und seinem Sohn Chonsu

II) »Der Verborgene«. Ursprünglich ist A. (oder Amun) die Stadtgottheit des oberägypt. Theben, das in der Bibel auch No-Amon = Stadt Amons genannt wird (Nah 3,8; vgl. Jer 46,25). Mit der Entwicklung Thebens zur ägyptischen Hauptstadt während der Zeit des Mittleren Reiches breitet sich auch die Verehrung A. weiter aus, bis er mit der 18. Dynastie schließlich zum Reichsgott wird und unter dem Namen Amon-Re mit dem Sonnengott Re verschmilzt. Die dem A. geweihten Tiere sind Widder und Gans. Er wird menschengestaltig abgebildet mit einer Krone und zwei langen Federn, verschiedentlich mit seiner Gemahlin Mut und seinem Sohn Chonsu. Später findet man ihn auch mit dem Kopf des Widders. Vgl. → Ägypten, → Amarna.

Amoriter, hängt zusammen mit akkad. *amurru* »Westen«.

Nach 1 Mo 10,16 stammen die A. von Kanaan, dem Sohn Hams, ab. Das Volk hat eine bedeutende Rolle in der Geschichte gespielt, weit hinaus über das Gebiet von Syrien und Palästina, das die Babylonier im 3. Jt. v. Chr. als »das Land der A.« bezeichnen. Z. Zt. Abrahams werden uns A. westlich vom Toten Meer genannt, in → Hebron (1 Mo 14,13; vgl. 13,18) und → Engedi (1 Mo 14,7 und 2 Chron 20,2). Sie sind eins der sieben Völker, deren Land der Herr Israel verspricht (1 Mo 15,21; 5 Mo 7,1) und die Israel gänzlich verbannen soll (5 Mo 20,17), wenn das Maß ihrer Ungerechtigkeit voll ist (1 Mo 15,16). Ihr Name als der des stärksten Volkes kann auch die gesamte vorisraelitische Bevölkerung Kanaans bezeichnen, besonders wenn vom heidnischen Götzendienst die Rede ist (1 Mo 15,16; Jos 24,15; Ri 6,10; 1 Kö 21,26).

Die A. gründen die erste babyl. Dynastie, deren berühmtester Herrscher Hammurabi (um 1700 v. Chr.) war. Gleichzeitig bestand ein anderes amoritisches Reich in Mari am mittleren Euphrat, wo das königliche Archiv von rund 20 000 Tontafeln ausgegraben wurde. Diese → Mari-Briefe haben in mancher Hinsicht zum besseren Verständnis der bibl. Berichte aus der Patriarchenzeit beigetragen. Ein Reich Amurru in Palästina-Phönizien wird in den ägypt. → Amarnabriefen genannt. Als die Israeliten ins Ostjordanland kommen, treffen sie dort zwei A.-Reiche an, das des Königs → Sihon von Hesbon, der das Gebiet zwischen Arnon und Jabbok, Jordan und Wüste den Moabitern und Ammonitern abgenommen hatte, und das des Königs → Og von Basan vom Jabbok bis zum Hermon. Beide Könige traten Israel feindlich entgegen, sie wurden jedoch geschlagen und ihr Land erobert (4 Mo 21,21–35; 5 Mo 2,24–3,11). Nach dem Jordanübergang und der Eroberung von Ai besiegt → Josua die fünf A.-Könige von Jerusalem, Hebron, Jarmuth, Lachis und Eglon (Jos 10), und auch unter den Gegnern, die er am Wasser Merom schlägt, befinden sich A. (Jos 11,1–14). In der Bußpredigt des Amos hält Gott Israel vor, wie er den Amoriter, »der so hoch war wie die Zedern und seine Macht wie die Eichen« vor Israel vertilgt habe, »oben seine Frucht und unten seine Wurzel« (Am 2,9.10). Trotz dieser Siege aber bleibt ein Überrest unter den Israeliten wohnen (Ri 1,35; 3,5; 2 Sam 21,2). Z. Zt. Samuels herrscht Friede mit ihnen (1 Sam 7, 14). Salomo drückt sie dann mit den übrigen Resten der Kanaaniter zu Zwangsarbeitern herab (1 Kö 9, 20.21; 2 Chron 8,7.8). Noch z. Zt. Esras aber werden Heiraten von Juden mit amoritischen Frauen erwähnt (Es 9,1). Bei Hesekiel heißt es von Jerusalem: Dein Vater war ein A., deine Mutter eine Hethiterin (Hes 16,3). Vgl. Karte Sp. 19/20; 754; 762.

Amos. I) Der Name A. ist eine Kurzform von Amasja. Der Name seines Vaters wird uns nicht gemeldet.

II) A. kommt aus Thekoa (Am 1,1), das in Juda, zwischen Bethlehem und Hebron liegt. Bevor Gott ihn ins Prophetenamt ruft, war er Viehhirte (Am 1, 1), und aus Am 7,14 schließt man, daß er auch Feigenzüchter war. A. ist in jedem Fall ein einfacher Mann gewesen. An den Bildern, die er in seiner Predigt gebraucht, kann man den Landmann noch erkennen (vgl. Am 3,4.8.12; 4,1; 5,8.19 u. ö.). Durch göttlichen Auftrag verließ er seine Herden und begab sich aus Judäa nach Israel in das Zehnstämmereich, das sich zu dieser Zeit unter dem König Jerobeam II. (782/1–753 v. Chr.) in politischer und wirtschaftlicher Blüte befand. Wie ein Blitz aus heiterem Himmel wirkte hier seine prophetische Predigt von der Gerechtigkeit Gottes, mit der er auf den inneren Verfall wies, den die glänzende Fassade des wirtschaftlichen Aufschwungs nicht verbergen konnte. Auf religiösem, sittlichem und sozialem Gebiet herrschten schlimmste Mißstände. Darum war das Gericht unvermeidlich. A. hat seine Botschaft im Nordreich, schließlich auch in Beth-El am Heiligtum Israels ausgerichtet. Wahrscheinlich wurde zu dieser Zeit gerade das Herbstfest gefeiert. Der Menge, die sich zu dem goldenen Stierbild drängte, das Jerobeam I. aufgerichtet hatte, erzählt er sein Gesicht von der Bleischnur (Am 7,7–9). Amazja, Priester von Beth-El, jagt nach einem Bericht an Jerobeam II. den Propheten A. aus Beth-El (→ Amazja 4; vgl. Am 7,10–15). Man vermutet, daß A. nach dem Befehl Amazjas zu seinen Herden nach Thekoa zurückgegangen ist. Genaueres weiß man jedoch darüber nicht. A. war jedoch nicht nur Unheilsprophet, sondern verkündigte auch Heil, den Wiederaufbau der verfallenen Hütte Davids

(Am 9,11–15) und das Heil des verheißenen Messias.

III) Inhaltsangabe.

1) Am 1–2 das Gericht über die sechs benachbarten Völker, sowie Juda und Israel.

2) Am 3–6 Bußruf an Israel.

3) Am 7,1–9; 8,1–6; 9,1–10 die Gesichte von den Heuschrecken, vom verzehrenden Feuer, von der Bleischnur, vom Korb mit Obst, vom Herrn am Altar.

4) Am 7,10–17 A. in Beth-El.

5) Am 8,7–14 Weissagung vom vergeblichen Hunger nach Gottes Wort.

6) Am 9,11–15 Schlußverheißung: Wiederaufbau der zerfallenen Hütte Davids.

IV,1) Immer wieder haben Stil und Darstellung des A. die Aufmerksamkeit der Leser angezogen. Nicht nur die Strenge seiner Drohungen, auch der kraftvolle, bildreiche Ausdruck versetzen in Erstaunen. Der Stil des A., eines der ersten Propheten, von denen eine Sammlung ihrer Sprüche erhalten ist, ist prägnant und klar, reicht jedoch an den Schwung Joels nicht immer heran. Dafür zeichnet er sich durch die Ebenmäßigkeit der Rede aus, die sich bisweilen zu dichterischem Parallelismus (→ Dichtkunst) erhebt. In sich zeigen die Visionen einen klaren Aufbau, der sich zum Schluß hin steigert. Rede u. Visionen des A. sind reich an Symbolen. Das Buch A. setzt die Kenntnis der 5 Bücher Mose voraus (Am 1,11: 5 Mo 23,8; Am 2,3: 4 Mo 24,17; Am 2,8: 2 Mo 22,25[26]; Am 2,9: 4 Mo 21,21–28; Am 2,11: 4 Mo 6,2–13; Am 3,2: 5 Mo 4,34; Am 4,4: 5 Mo 14,28 u. ö.). Es beginnt (vgl. V 2) mit Worten, die schon im Propheten Joel begegnen (vgl. Jo 4,16[3,21]) und verrät an manchen Stellen Anklänge an das Buch Hiob (Am 5,8: Hi 38,31 u. ö.).

Offenbar ist das Buch A. sehr gern gelesen worden. Hosea zitiert daraus (vgl. Hos 1,1; 4,15; 8,14), und auch bei Jesaja finden sich Anklänge an A. (Jes 1, 11: Am 5,22; Jes 5,12: Am 6,5.6; Jes 13,10: Am 5,8; Jes 17,1: Am 1,3 u. ö.).

2) Die Zeit des Auftretens des Propheten wird in der Überschrift des Buches A. angegeben: z. Zt. Usias, des Königs in Juda, und Jerobeams, d. Sohnes des Joas, 2 Jahre vor dem Erdbeben. Ganz genau jedoch können wir die Zeit seines Auftretens nicht mehr umreißen, weil uns unbekannt ist, in welchem Jahr das Am 1,1 erwähnte (vgl. auch Sach 14,5) Erdbeben stattgefunden hat. Mit Hilfe der Regierungsjahre beider genannter Könige jedoch läßt sich die Zeit des A. annähernd bestimmen. Danach muß der Prophet zwischen 782 und 740 v. Chr. aufgetreten sein. Flavius Josephus will das Erdbeben zeitlich genau festlegen (vgl. Antiquitates IX,10). Vielleicht spiegelt sich in dem Bild des Gerichts Am 8,9 eine Erinnerung an die Sonnenfinsternis, die nach astronomischen Berechnungen am 15. 6. 763 v. Chr. stattfand (vgl. → Zeitrechnung).

V) Theologie.

A. ist wie kaum ein anderes prophetisches Buch ein Schulbuch klassischer Prophetie. Es enthält die Grundzüge des Prophetentums mit nicht zu übertreffender Klarheit. Der Herr beruft A. persönlich und begegnet ihm in den Gesichten. Mit einer neuen Blickrichtung begabt und zu einem neuen göttlicher. Sehen der Menschen befähigt, verkündigt der Prophet die offenbarte Botschaft. Gott ist ihm die absolute persönliche Macht. Gott setzt seinen Herrschaftsanspruch in seinen Gerichten gegen alles durch, was sich gegen ihn nicht nur äußerlich, sondern dem innersten Wesen nach erhebt. Der Herr läßt sich durch den Kult Israels nicht täuschen, wie er sich auch nicht an einen Erwählungsglauben solcher bindet, die damit ihr anklagendes Gewissen beruhigen. Vgl. → Rest.

Mit schonungslosem Ernst weist A. auf die sozialen Mißstände (Am 6,7.12 u.ö.) und geißelt die Verantwortungslosigkeit der Reichen. In unmißverständlicher Deutlichkeit kündigt A. die Zerstörung des Reiches und die Wegführung des Volkes an (Am 9,1ff). Doch lassen seine Worte die Liebe Gottes hindurchleuchten in der geweissagten Bestrafung der Heiden und der Aufforderung zur Buße, der die Rettung verheißen ist (Am 4,4; 5,14f). Schließlich bricht jedoch die Gnadensonne Gottes ganz durch die Wolken des Gerichtes (Am 9,11ff), und dem Volke wird eine Zeit verheißen, wo Gott selbst Volk und Land baut und zu seiner Herrlichkeit führen will.

Amoz. Kurzform von Amazja.
Vater des Propheten Jesaja (2 Kö 19,2; Jes 1,1 u.a.).

Amphipolis griech. »Rings umschlossene Stadt«.
Befestigte Handelsstadt in Thrakien, die 436 v. Chr. durch die Athener nahe der Strymonmündung (heute Struma) gegründet wurde. Sie liegt an einer Krümmung des Flusses, wird fast vollständig von ihm umströmt und erhielt davon ihren Namen. Unter den Römern war A. die Hauptstadt Ostmazedoniens. Es war ein bedeutender Straßenknotenpunkt an der Via Egnatia, rund 50 km südwestl. von Philippi. Paulus berührt A. auf seiner Reise von Philippi nach Thessalonich (Apg 17,1). Heute heißt der Ort Neokhori. Vgl. Karte Sp. 1045/6.

Amplias. Abkürzung des häufigen lat. Sklavennamens Ampliatus »Erhöht«.
A. war ein Christ in Rom, an den Paulus besondere Grüße ausrichten ließ. Er nennt ihn »meinen Geliebten im Herrn« (Röm 16,8).

Amram »Das Volk (der Verwandte) ist erhaben«.
1) Levit, Sohn des Kahath, Mann der Jochebed und Vater von → Mirjam, → Aaron und → Mose (2 Mo 6,18; 4 Mo 26,59).
Er wurde 137 Jahre alt. Seine Nachkommen sind die Amramiten (4 Mo 3,27; 1 Chron 26,23).
2) Sohn des Bani. Er verstieß die nichtisrael. Frau, die er im Exil genommen hatte (Es 10,34).

Amramiten → Amram (1)

Amraphel, König von Sinear, der mit Kedor-Laomor von Elam und zwei anderen Stadtkönigen ins Tal Siddim am Salzmeer einfällt und Lot gefangen wegführt. Er wird von Abraham geschlagen (1 Mo 14). Man hat ihn früher mit Hammurabi von Babylon gleichsetzen wollen, was schon sprachlich nicht ohne Schwierigkeiten war. Die → Mari-Briefe haben nun gezeigt, daß Hammurabi kein Zeitgenosse Abrahams war, sondern erst um 1700 v. Chr. gelebt hat.

Amt. I) Im AT gibt es neben den allgemeinen Ämtern (wie Stammesvertretern, Gemeindebeamten, Heerführern, königlichen Beamten usw.) die Ämter des → Propheten, des → Richters und des → Ältesten, von denen besonders die ersten beiden außer ihrer Berufung durch Gott auch eine besondere geistliche Begabung und Vollmacht haben. Eine Sonderstellung nimmt der → König ein, der zu den allgemeinen, aber auch als »Gesalbter des Herrn« zu den von Gott besonders autorisierten Amtsträgern gehören kann. Im religiösen Leben gibt es bei den Israeliten seit Mose als ständige Einrichtung das Amt der → Priester und → Hohenpriester. Ein in die Zukunft weisendes, nur in der Prophetie erwähntes Amt ist das des Knechtes des Herrn (→ Jesaja III, 2).

II) Im NT handelt es sich um die Ämter der von ihrem Hohenpriester (Hebr 4,14) und König (Joh 19,17) → Jesus Christus beauftragten → Diener der Gemeinde, die sein Leib (Eph 1,22.23) und der Tempel des Heiligen Geistes (Eph 2,20–22) ist.

1) NOTWENDIGKEIT. Da die Gemeinde als Leib Christi den vollkommensten, göttlichen Organismus darstellt, ist ihre Ordnung und Verfassung nicht den Gedanken und Plänen ihrer Glieder überlassen, sondern dem Haupte, Jesus Christus. Die Gleichheit des ntl. allgemeinen Priestertums erstreckt sich zwar auf das Erlöstsein (Gal 3,26–28) und ordentliche Dienen mit Geistesgaben (1 Kor 12,7 ff), nirgends aber auf die Amtsfunktionen (Eph 4,11; 1 Kor 12,28.29; 1 Tim 3,13; 1 Kor 12,5).

2) BERUFUNG. Das Amt im ntl. Gottesvolk bleibt nicht der Gemeindewahl überlassen, sondern ist von Gott »gesetzt« (Eph 4,11; 1 Kor 12,28; Apg 20,28; vgl. Apg 13,2; 1 Tim 1,18; Röm 10,15). Die Gemeinde bekommt von Gottes Geist Diener seines Hauses zugeteilt.

Von allen Ämtern erfahren wir nur bei den Diakonen, daß sie von der mündigen, geisterfüllten Gemeinde auf Veranlassung der Apostel gewählt wurden (Apg 6,3). Alle anderen werden durch → Weissagung berufen und einschließlich der Diakonen (Apg 6,6) durch Apostel (oder deren Gesandten: Tit 1,5) eingesetzt bzw. durch Handauflegung ordiniert (Apg 14,23 wörtl.; vgl. noch in der Kirchengeschichte des Eusebius, wo es [3,23] heißt: Der Apostel Johannes in Kleinasien »ordinierte zum Klerus diejenigen, welche vom Heiligen Geiste dazu bezeichnet waren«).

3) FUNKTION. Die Ämter im NT entfalten sich sichtlich, besonders in den Missionsgemeinden des Apostels Paulus, erst in dem Wachsen der Gemeinden und im Heranreifen geeigneter Christen. Jedes Amt hat seine Autorität, wird aber als Dienst aufgefaßt (Mt 20,26; 23,11), nicht als Herrschaft, sondern als Hilfe zur Freude (2 Kor 1,24). Doch läßt erst die Annahme dieses Dienstes den Segen des betreffenden Amtes wirksam werden (Mt 10,14.15.40.41; 1 Joh 1,3), weshalb auch Paulus so darauf besteht, als »Apostel« angenommen zu werden (2 Kor 12,11.12). Das Ziel des Dienstes ist die Vollendung der Gemeinde (Eph 4,11–13).

4) ABFALL. Doch schon z. Zt. des NT gab es Christen und Gemeinden, die ihre eigene, menschliche (und darum »fleischliche«) Verfassungsform für »geistlicher« hielten, als die von Gott gesetzte (Kol 2,22.23 u. a.) und darum vom Amt, insbesondere vom apostolischen Amt abfielen (2 Tim 1,15; 4,10. 14–16; 3 Joh 9.10; 1 Kor 4,8; Röm 16,17). Da aber von der Anerkennung und dem Wirken des Amtes die geistliche Vollendung abhängt (Eph 4,11.12), sieht das NT in diesem Zusammenhang die Möglichkeit des Abfalls und der Fehlentwicklung der Gemeinde voraus (Apg 20,29.30; Offb 2; 3; 1 Tim 4,1; Gal 4,11; 2 Tim 4,3.4; 2 Kor 11,3; 2 Petr 2,1–3; 1 Joh 2,18.19).

III) Im NT gibt es zwei Amtsreihen:

1) Das VIERFACHE AMT (Eph 4,11; 1 Kor 12,28): → Apostel, → Propheten, → Evangelisten und das Amt der → Hirten und Lehrer. Diese Ämter, deren Wirkungskreis über die einzelne Gemeinde hinausgeht (vgl. Apg 8,14.40; 11,27; 15,32–34), sind nicht eins durch das andere ersetzbar (1 Kor 12,29–31), sondern alle nötig zur Vollendung, »bis (griech. *mechri)* daß wir alle hinankommen zu einerlei Glauben und Erkenntnis des Sohnes Gottes und ein vollkommener Mann werden, der sei im Maße des vollkommenen Alters Christi« (Eph 4,13).

2) Das DREIFACHE GEMEINDEAMT besteht aus → Dienern (Diakonen), → Ältesten und → Bischöfen, die gewöhnlich eng zu ihrer bestimmten Ortsgemeinde gehörten. Eine grundsätzliche Trennung dem vierfachen Amt gegenüber besteht jedoch nicht. So ist z. B. Philippus gleichzeitig Diakon und Evangelist (Apg 6,5; 21,8). Die einzelnen Gemeinden hatten jeweils mehrere Bischöfe, Älteste und Diener (Phil 1,1; Apg 20,17), außerdem kannten sie auch eigene Sonderbeauftragte (»Apostel« der Gemeinden, LÜ Boten oder Gesandte; 2 Kor 8,23; Phil 2,25).

3) Das Wesen der genannten Ämter besteht darin, daß Jesus, der selber als Apostel (Hebr 3,1), Prophet (Joh 4,19), Hirt (Hebr 13,20) und Lehrer (Joh 3,2), als Diener (Lk 22,27) und Bischof (1 Petr 2,25) erscheint, in besonderer Weise durch diese Ämter wirkt (Apg 21,19; 2 Kor 13,3; vgl. 12,12; Gal 2,8).

R. F. E.

Amtmann, Amtleute. I) Der Begriff des Amtmanns oder der Amtleute ist in der Schrift nicht fest umrissen. Luther übersetzt so verschiedene hebr. Ausdrücke und gibt andererseits denselben hebr. Begriff durch verschiedene deutsche Wörter wieder, z. B. Knecht, Männer, Vorsteher u. a.

II) Ganz allgemein läßt sich sagen, daß ein A. ein Aufsichtsbeamter im zivilen, kultischen oder militärischen Bereich ist. Je nach den Umständen ist er Fürsorger oder auch Strafbevollmächtigter.

III) Amtleute in außerisrl. Kulturbereichen.

1) ÄGYPTEN war außerordentlich reich an Beamten. Das erfahren wir auch aus den Josephsberichten und aus der Fronzeit Israels in Ägypten. Als Amtleute werden bezeichnet: Gefängnisdirektoren (1 Mo 40, 3.4), höfische Versorgungsbeamte (1 Mo 40,2), Verwalter der Kornmagazine (1 Mo 41,34). Zu nennen wären hier auch die ägypt. Fronvögte (2 Mo 1,11ff) und ihre isrl. Unteraufseher (2 Mo 5,13–19), die für das Tagessoll der Bausklaven verantwortlich waren. Nach ägypt. Nachrichten handelt es sich bei diesen Aufsehern um schreibkundige Leute. Darum werden gelegentlich auch Schreiber unter den Amtleuten aufgeführt.

2) In BABYLONIEN (um 550 v. Chr.) scheinen die Amtleute nach der Notiz in Dan 3,2.3 die unterste Stufe einer stark gegliederten Beamtenhierarchie vertreten zu haben.

3) Zur PERS. ZEIT (um 400 v. Chr.) handelte es sich bei den Amtleuten um hohe Distriktsbeamte, die Es 8,36 neben den Landpflegern genannt werden. Von Ahasveros (Xerxes, um 470 v. Chr.) wird berichtet, daß er durch Amtleute (LÜ Männer) Frauen für seinen Harem suchen ließ (Est 2,3).

4) Die SYR. Amtleute (um 170 v. Chr.), von denen uns in den Makk.-Büchern mit solchem Abscheu berichtet wird, waren Steuereintreiber (1 Makk 9,25).

IV) Amtleute in Israel.

1) Als die ersten isrl. Amtleute sind wohl die 70 Männer um MOSE anzusprechen, die neben ihrer betont geistlichen Aufgabe, mit Mose »die Last des Volkes zu tragen« (4 Mo 11,16), auch richterliche Funktionen hatten (5 Mo 1,15.16; vgl. 2 Mo 18). 5 Mo 20,5 hingegen ist von Amtleuten die Rede, denen die Aushebung der Truppen für den Kriegsdienst oblag (→ Älteste, → Stamm).

2) Unter JOSUA waren die Amtleute vorwiegend Militärs, was sich aus der besonderen Lage des Volkes ergab (Jos 1,10). Nach anderen Stellen zu urteilen (Jos 8,33; 24,1), mögen sie ähnliche Befugnisse gehabt haben, wie ihre Kollegen um Mose. Nicht viel anders wird es z. Zt. der RICHTER gewesen sein (Ri 9,28).

3) Unter der Regierung DAVIDS (um 1000 v. Chr.) stellte die Gruppe der Leviten ein Viertel ih-

rer Leute als Amtmänner ab. Darin zeigt sich die starke kultische Bindung dieses Amtes (1 Chron 23, 4; vgl. 2 Chron 19,8–11, Regierung Josaphats um 860 v. Chr).

4) Unter SALOMO (um 950 v. Chr.) versorgten 12 Amtleute in monatlichem Wechsel den Hofstaat mit Lebensmitteln. Während ihrer monatlichen Amtszeit unterstanden sie wahrscheinlich einem Neffen des Königs (1 Kö 4,5–19; → Asarja 5). Aber auch Salomos Fronvögte wurden Amtleute genannt (1 Kö 5,30[16]). Vgl. → Kanzler; → Rentmeister.

5) Aus der Zeit König JOAS' (um 800 v. Chr.) und HISKIAS (um 700 v. Chr.) wird uns gemeldet, daß Amtleute die Tempelkasse verwalteten (2 Chron 24,11; 31,13).

6) JEREMIA (um 600 v. Chr.) bezeichnet den Oberpriester des Tempels als Amtmann (Jer 20,1; LÜ Oberster). Dieser hatte auch beschränkte richterliche Gewalt. Bei der Eroberung Jerusalems im Jahre 586 v. Chr. wird ein A. gefangengenommen, der – eigentlich Kämmerer – den Oberbefehl über die Verteidiger hatte (Jer 52,25; 2 Kö 25,19).

7) Häufig verwendet NEHEMIA (um 440 v. Chr.) diesen Begriff, um damit den Vorgesetzten bestimmter Priester-, Leviten- und Tempelsängergruppen zu kennzeichnen (Neh 11,9.14.22; 12,42; LÜ Vorsteher).

V) Wichtig erscheint uns eine Stelle aus dem apokryphen Buch der Weisheit (vermutlich um 100–50 v. Chr. geschrieben), wo alle Könige der Erde als Amtleute unter Gott bezeichnet werden (Weish 6,5). Damit wird die Überzeugung ausgesprochen, daß jedes Amt – auch das in Händen von Heiden – von dem lebendigen Gott kommt und deshalb vor ihm zu verantworten ist.

VI) So verschieden die Funktionen des verwaltenden Amtes in Israel und anderswo gewesen sein mögen, – seine Autorität und seinen Auftrag hatte es immer von einer höheren Instanz. Auch Israel leitete es, wo es das Amt recht verstand, von Gott ab. Das wird am deutlichsten bei den 70 Ältesten u. überall dort, wo enge kultische Bindungen vorlagen. Die vielfältige Entartung des Amtes hat diese Überzeugung niemals umstoßen können, wie das Beispiel aus dem Buch der Weisheit zeigt. Dem widerspricht auch nicht, daß der A. bestimmte Fähigkeiten und Vorkenntnisse in sein Amt mitbrachte.

VII) Im NT kommt der Ausdruck A. nicht vor, wenn er auch der Sache nach häufig in bürgerlichen und politischen Zusammenhängen erscheint (LÜ Diener u. ä.). Allerdings kennt die Gemeinde des NT den Begriff des Aufsehers (*episkopos*, LÜ Bischof), der aber nur formal an den atl. A. erinnert (Apg 20,28; Phil 1,1; 1 Tim 3,2; Tit 1,7). Es handelt sich hierbei niemals um eine Bestallung im juristischen Sinn, sondern um ein durchaus geistliches Amt, das sich auf den Bischof Christus gründet (1 Petr 2,25).

Amtschild hebr. *choschän*, machte einen Teil des Gewandes des → Hohenpriesters aus und wurde über dem Leibrock getragen (2 Mo 28,15–30; 39,8–21). Die Beschreibung des Gegenstandes in den angeführten Bibelstellen ist aber für uns nicht mehr völlig eindeutig. Es kann sich um eine aus Goldfäden, Purpur und Leinwand gewirkte quadratische, doppeltgelegte Stoff-»Tasche« handeln, die mit Edelsteinen geschmückt war und die Urim und Thummim (→ Licht und Recht) enthielt (2 Mo 28, 30). Auf der Tasche kann sich aber auch ein goldenes Schild befunden haben, auf dem die 12 Edelsteine in 4 Reihen gefaßt waren (2 Mo 39,8.15). In diese Steine, die den Hohenpriester an die 12 Stämme Israels erinnern sollten, wenn er vor den Herrn trat (2 Mo 28,29), waren die Namen der Stämme eingeschnitten.

Amzi, Kurzform von Amazja.
1) Levit, Sohn des Bani, Nachkomme des Merari und Vorfahr des → Ethan (1 Chron 6,31[46]).
2) Priester, Sohn Sacharjas und Vorfahr des → Adaja 3 (Neh 11,12).

Ana.
1) Sohn des Heviters Zibeon und Vater Oholibamas, der Frau Esaus (1 Mo 36,2.14), wohl derselbe A., der die heißen Quellen in der Wüste entdeckte (V 24; 1 Chron 1,40).
Im hebr. Text steht 1 Mo 36,2.14 wörtlich: Oholibama, Tochter A., TOCHTER *(bt = bat)* Zibeons. LÜ wählt die mögliche Übersetzung: Oholibama, die Tochter des Ana, die ENKELIN Zibeons. LXX, samaritanische und syr. Überlieferung lesen dagegen: Oholibama, die Tochter A., des SOHNES (hebr. *bn = ben)* Zibeons. A. läßt sich also in jedem Fall als männlicher Name auffassen.
2) A. und Zibeon erscheinen 1 Mo 36,20.29 auch unter den Nachkommen des Horiters Seir. Möglicherweise sind sie mit den oben genannten identisch, dann müßte man in den → Hevitern eine Untergruppe der → Horiter sehen.

Anab, viell. Enab »Weinbeere«,
Stadt in den Bergen des Stammes Juda. Josua rottete die dort wohnenden → Enakiter aus (Jos 11,21; 15,50). Heute Chirbet Anab, ca. 5 km westlich Daharije, das 18 km südwestl. Hebron liegt.

Anaharath. Stadt an der Grenze von Isaschar (Jos 19,19). Wahrscheinlich das heutige en-Na-urah, 8 km nordöstl. von Jesreel. Vgl. Karte Sp. 1067.

Anaja »Der Herr hat (zustimmend) geantwortet, erhört«.
1) Einer der Männer (wahrscheinlich Priester), die zur Rechten Esras standen, als er dem Volk aus dem Gesetzbuch Gottes vorlas (Neh 8,4).
2) Israelit, der für sein Geschlecht mit Nehemia den Bund unterzeichnete (Neh 10,23[22]).

Anamiter. Hamitisches Volk in oder bei Ägypten (1 Mo 10,6.13; 1 Chron 1,8.11).

Anammelech. Neben Adrammelech wird A. als Gottheit der Sepharviter genannt (2 Kö 17,31), die ihr ihre Kinder als Opfer verbrannten (vgl. Molochverehrung). Da wir heute den Ort Sepharvaim nicht mehr genau festlegen können, wissen wir auch nicht, aus welchem Gebiet diese Gottheit stammt. Vielleicht ist die syr. Göttin Anath gemeint, nach der einige Orte in Palästina ihren Namen tragen (vgl. Jos 19,38; Ri 1,33; Jer 1,1). Der Name würde dann »Anath ist Königin« bedeuten, und A. wäre die weibliche Gottheit zu Adrammelech.

Anan, wahrscheinlich Kurzform für Ananja.
Israelit, der für sein Geschlecht unter Nehemia den Bund versiegelte (Neh 10,27[26]).

Anani, Kurzform von Ananja.
Sohn Eljoenais, Nachkomme Davids (1 Chron 3,24).

Ananias griech. Form des hebr. Hananja »Der Herr ist gnädig«.
1) Jünger der Urgemeinde in Jerusalem, der den Aposteln einen Teil des Erlöses aus dem Verkauf eines Grundstücks zur Verteilung an die Armen zur Verfügung stellte. Er behielt mit Wissen seiner Frau Saphira etwas von dem Gelde heimlich zurück,

tat aber, als ob der Rest das Ganze sei. Damit zeigt er, daß die Gabe, zu der er durchaus nicht verpflichtet war, nicht aus aufrichtigem Herzen kam. Seine Lüge gegen die Apostel richtete sich zugleich gegen den im Kreise der Jünger wirkenden Heiligen Geist, gegen Gott, der den A. durch Petrus scharf zurechtweisen läßt und ihn auf der Stelle richtet. Das Offenbarwerden der Lüge führte bei A. und danach bei seiner Frau unmittelbar zum Tode (Apg 5,1–11). → Arm, Arme, Armenversorgung.

2) Jünger in Damaskus, den der Herr in einem Gesicht beauftragt, in das Haus des Judas in der Geraden Straße zu gehen, um dem erblindeten → Paulus die Hände aufzulegen, damit dieser das Augenlicht wiedererlange und mit dem heiligen Geist erfüllt werde, ihm seine Berufung zu bestätigen und ihn in die Gemeinde der Christen zu führen (Apg 9,10–18; 22,12–16).

3) Hoherpriester, den König Herodes von Chalkis 48 n. Chr. einsetzte. Bei der vom röm. Oberst Klaudius Lysias befohlenen Gegenüberstellung mit dem gefangenen Paulus in Jerusalem läßt A. den Apostel auf den Mund schlagen, als dieser vor dem Hohen Rat bekennt, er habe Gott bis heute mit gutem Gewissen gedient. Paulus antwortet auf dieses ungesetzliche Schlagen: »Gott wird dich schlagen, du getünchte Wand.« Er wußte aber nicht, daß es der Hohepriester war. Die Sitzung endet mit einem Tumult (Apg 22,30–23,10). Ein mit Wissen des Hohenpriesters geplanter Anschlag auf das Leben des Apostels mißlingt (Apg 23,15.30.31). In Cäsarea erscheint A. gegen Paulus in Begleitung der Ältesten und des Anwalts Tertullus vor Felix, muß aber wieder unverrichteter Sache heimkehren (Apg 24, 1–22). A. wird bald darauf gegen das Ende der Amtszeit des Felix von Herodes Agrippa II. als Hoherpriester abgesetzt (Jos. Bell. II, 13.3). Im Jahre 66 wird er zu Beginn des jüd. Aufstandes als Römerfreund ermordet (Jos. Bell. II, 17.6 und 9).

Ananja »Der Herr ist vor Augen erschienen, hat sich gezeigt«.

1) Großvater → Asarjas (20) (Neh 3,23).

2) Ort, den die Benjaminiten nach der Rückkehr aus der babyl. Gefangenschaft besiedelten (Neh 11, 32). Man hält A. für das spätere → Bethanien, 4 km östl. von Jerusalem.

Anath (Name einer kanaanitischen Gottheit). Vater des → Samgar (Ri 3,31).

Anathema (hebr. *cheräm* = → Bann).
Das griech. A. kann wie *cheräm* ausschließen bedeuten. Es bezeichnet etwas »Gott Geweihtes«, Menschen, Vieh, Grundbesitz und Gegenstände (vgl. 3 Mo 27,28, wo die LXX A. übersetzt), auch im Tempel »Aufgestelltes« (vgl. Lk 21,5, wo die Jünger dem Herrn die Kleinodien des Tempels zeigen). Nach 5 Mo 7,26 und Jes 34,2.5 fällt das Gebannte der Vernichtung anheim. Nach Es 10,8 wird dem Mann, der nicht bei der Volksversammlung erscheint, seine Habe gebannt und er selber aus der Gemeinde ausgeschlossen.

Im NT wird A. nur noch im Sinne des Ausschlusses aus der Gemeinde Gottes und ihren Segnungen gebraucht: A. sei, wer den Herrn Jesus Christus nicht liebhat (1 Kor 16,22), wer ein anderes Evangelium verkündigt (Gal 1,8). Paulus verneint die Möglichkeit, daß einer, der durch den Geist Gottes redet, das A. über Jesus spricht (1 Kor 12,3). In Röm 9,3 finden wir die wohl schärfste Form des A.: von Christo hinweg, hier wie bei Mose (vgl. 2 Mo 32, 32) aus glühender Liebe zu den Brüdern gesprochen. Verschiedene Ausleger haben gemeint, A. sei gleichbedeutend mit der Übergabe an den Satan (1 Kor 5,5; 1 Tim 1,20). Das dem A. 1 Kor 16,22 beigefügte Maranatha ist eine ernste Mahnung: »Der Herr kommt, die Entscheidungsstunde ist nahe.« Ausgrabungsfunde aus jüngster Zeit weisen darauf hin, daß in Palästina bei Strafen, die Ausschluß aus der Volksgemeinschaft bedeuteten, vom Richter das Wort A. über dem Schuldigen ausgesprochen wurde.

Anathoth »(Ort der Göttin) Anath«.

1) Levitenstadt im Stamme Benjamin, die den Kindern Aaron zugewiesen wurde (1 Chron 6,45[60]; Jos 21,18). Sowohl der von Salomo verstoßene Priester Abjathar hatte hier seine Heimat (1 Kö 2,26) als auch der Prophet Jeremia (Jer 1,1; 29,27). Jeremia fand hier kein Gehör (Jer 11,21). Aus dieser Stadt stammte Abieser, einer der dreißig Helden Davids (2 Sam 23,27) sowie Jehu (1 Chron 12,3). Nach dem Exil wohnten Benjaminiten dort (Neh 11, 32). Vgl. Karte Sp. 686; 846; 986.
Weil das 5 km nordöstl. Jerusalems liegende Anata eine sehr junge Siedlung ist, sucht man das bibl. A. besser auf dem einige 100 Meter südwestl. von Anata gelegenen Hügel Ras el-Harrube, wo man Zisternen und Scherben fand, die hohes Alter aufweisen. Vgl. Taf. 8a/97; 49/768.

2) Sohn des Benjaminiten Becher (1 Chron 7,8).

3) Israelit, der unter Nehemia die Verpflichtung auf das Gesetz unterschrieb (Neh 10,20[19]).

Anathothiter. Beiname, der die Herkunft aus → Anathoth (1) bezeichnet (2 Sam 23,27; 1 Chron 11, 28; 12,3; 27,12).

Anbeten, Anbetung → Beten V, 1

Anblasen, im übertragenen Sinn Mitteilung des Hl. Geistes (Joh 20,22). → Geist.

Anbruch. Beim Backen war der erste Kuchen (A.) als → Hebe dem Herrn darzubringen (4 Mo 15,20 ff). Dieser A. heiligte den ganzen Teig. So sieht Paulus das ganze Israel dem Herrn geweiht. Er erinnert die Heidenchristen daran angesichts der Verwerfung Israels und warnt sie, als die eingepfropften neuen Zweige sich nicht gegen den Wurzelstock Israel zu rühmen (Röm 11,16).

Andreas »Mannhaft«.
Bruder des Simon Petrus, aus Bethsaida am See Genezareth (Joh 1,44). Sie waren beide Fischer und besaßen ein Haus in Kapernaum (Mk 1,16.29). A. war zuerst ein Jünger Johannes des Täufers, der ihn zu Jesus wies, worauf er seinen Bruder herbeirief mit der Botschaft: Wir haben den Messias gefunden (Joh 1,35–42). Jesus ruft sie dann von ihrer Arbeit fort in seine Nachfolge (Mt 4,18.19; Mk 1,16.17). Sie gehören zum engeren Jüngerkreis der Zwölf (Mt 10,2; Mk 3,18; Lk 6,14) und zu den → Aposteln (Apg 1,13). Mit Petrus, Jakobus und Johannes stellt A. die Frage, wann der Tempel zerstört werden wird (Mk 13,3.4). Er macht bei der Speisung der 5000 auf den Knaben aufmerksam, der fünf Gerstenbrote und zwei Fische bei sich hat (Joh 6,8), und führt mit Philippus einige Griechen, d. h. hellenistische Juden, zu Jesus (Joh 12,22). Weiter erfahren wir aus dem NT nichts über ihn.

Andronikus »Mann des Sieges«.
Verwandter oder Stammesgenosse und Mitgefangener des Paulus, von dem er in Rom gegrüßt wird (Röm 16,7). Er war kein »berühmter Apostel« (LÜ), sondern »angesehen unter den Aposteln« (EÜ, ZÜ, MÜ nach dem Urtext).

Äneas »Der Gelobte«.
Mann aus Lydda, der bereits acht Jahre lang gelähmt gelegen hatte, als er durch Petrus geheilt wurde (Apg 9,32–35).

Anem. Levitenstadt in Isaschar, die den Gersonitern gegeben wurde (1 Chron 6,58[73]). Sie wird Jos 19, 21; 21,29 → En-Gannim (2) genannt. Man sucht den Ort aber auch in Ulam, 18 km nördl. von Beth-Sean.

Aner. 1) Amoriter aus der Gegend von Hebron. Er hilft Abraham mit seinen Brüdern → Eskol und → Mamre im Kampf gegen die vier Könige aus dem Osten und erhält seinen Beuteanteil dafür (1 Mo 14,13.24).
2) Levitenstadt des Stammes Manasse (1 Chron 6, 55[70]). Vielleicht ist dafür nach Jos 21,25 → Thaanach zu lesen.

Anfechtung. Das griech. Wort *peirasmos* = Versuchung gibt LÜ unterschiedlich mit A. oder mit Versuchung wieder (Mt 26,41; Mk 14,38). Vermutlich sollte das Wort A. bisweilen eine Verstärkung des griech. Wortes sein. → Versuchung.

Angel → Fisch, fischen

Angenehm. Die HS bezeichnet Dinge, Eigenschaften und Personen als a., die zu Gott dem Herrn in einem rechten Verhältnis stehen: Aufrichtigkeit (1 Chron 29,17); das Gebet der Frommen (Spr 15,8); Brandopfer der Fremden, die den Bund halten (Jes 56,7); Fürbitte (1 Tim 2,3); den Willigen (2 Kor 8, 12); geistliche Opfer sind Gott a. durch Jesus Christus (1 Petr 2,5). Gott a. sein kann einmal gekennzeichnet sein durch Gottes »allgemeine« Gnade, die er allen Menschen zuwendet (»in allerlei Volk, wer ihn fürchtet und recht tut, der ist ihm a.« Apg 10, 35), als auch durch die bes. Gnade in Jesus Christus (Eph 1,6). Die HS kennt eine »angenehme« Zeit, in der »bes.« Gottes Gnadensonne scheint (Ps 69, 14; 2 Kor 6,2), und das a. Jahr des Herrn (Lk 4,19).

Angesicht. I) Das hebr. Wort *panäh* hat nach der Wurzel *panah* die Grundbedeutung: wenden, kehren. Es ist die nach außen gekehrte, einem Objekt zugewendete Seite einer Sache oder Person.
Das griech. *prosôpon* meint darüber hinaus auch Oberfläche, äußere Gestalt, Anblick, Antlitz, Miene, Züge usw.

II) Wie wir vom Antlitz der Erde sprechen, spricht der Hebräer vom A. (der Außenseite) eines Gewandes (LÜ Kleid aufdecken Hi 41,5[4]), der Erde (LÜ alles Land; EÜ die Oberfläche der Erde 1 Mo 2,6), des Wassers (LÜ oben; EÜ Fläche Hi 38,30) Er nimmt A. als Präposition und meint »vor« (Mose legte die Stäbe vor den Herrn 4 Mo 17,22[7]), auch im Sinne unseres »angesichts« (3 Mo 14,53). In Verbindung mit Vor- und Nachsilben wandelt er das Wort beständig um, immer aber, um die erfahrbare oder erkennbare Seite dessen auszudrücken, von dessen A. er spricht.

III,1) Wenn die Bibel vom A. des MENSCHEN spricht, gebraucht sie A. wie wir. So spricht sie vom schönen A. der Sara (1 Mo 12,11), der Rebekka (1 Mo 24,16), des Joseph (1 Mo 39,6), der Abigail (1 Sam 25,3), der Esther (Est 2,7 EÜ). Vor Angst wird das A. bleich (Nah 2,11); heimliches Reden macht das A. sauer (Spr 25,23); Jeremia klagt über das harte A. seines Volkes (Jer 5,3). Bei mangelhafter Speise wird das A. jämmerlich (Urtext: verfallen, Dan 1,10) und Scham spiegelt sich im A. wieder (1 Kö 2,16). Kühnheit gibt dem A. einen löwenhaften Ausdruck (1 Chron 12,8) und Weisheit erleuchtet des Menschen A. (Pred 8,1), Freundlichkeit und Huld machen es licht (Hi 29,24).
2) Das A. wider jemanden setzen bedeutet Widerstand (3 Mo 20,5), wer auf sein A. fällt, beugt sich vor Hoheit und unterwirft sich auf orientalische Weise (3 Mo 9,24). Ins A. speien ist Ausdruck völliger Verachtung (4 Mo 12,14; Mt 26,67), ins A. geschlagen werden schmachvoll (2 Kor 11,20). In Scham, in Demut und Leid wird das A. verhüllt (1 Mo 24,65; 2 Mo 3,6; 2 Sam 19,5[4]).
3) Das A. als der persönlichste Teil des Menschen steht manchmal für die Person selbst (2 Sam 17,11 im Urtext).

IV,1) Im AT ist das A. GOTTES der lebendige Ausdruck seiner Gegenwart, und es ist Zeichen und Anfang schwerer Gerichte, wenn Gott sein A. verbirgt (Jes 54,8; 59,2; 64,6[7]) oder wenn er sein strafendes und zürnendes A. wider einen Menschen oder ein Volk richtet (Jer 44,11; 1 Petr 3,12, Offb. 6,16).
2) Bisweilen steht Gottes A. für Gott selbst (2 Mo 33,14f; Hi 1,11.12 Urtext; Ps 31,21 im Urtext: »im Schutze (eigentlich im Verborgenen) deines A.« u. ö.). Das A. Gottes wird allezeit von den Engeln Gottes geschaut (Mt 18,10).
3) Gott offenbart sich dem Menschen, der ihn nicht schauen kann, ohne zu sterben, in der Offenbarung seines A. (im Sinne des hebr. *panah)* durch die Zuwendung der Fülle dessen, was dem Menschen von Gott erfahrbar ist. Als Mose für sein Volk die Gegenwart Gottes erfleht, läßt Gott sein A. mitziehen (2 Mo 33,14). Er läßt sein A. über seinem Volk leuchten und erfüllt damit den von ihm selbst verordneten aaronitischen Segen (4 Mo 6,25). Das A. Gottes führt Israel aus Ägypten (5 Mo 4,37; nach Jes 63,9 der Engel seines A., in dem sein Name ist 2 Mo 23,20.21, in dem er sich schauen läßt 1 Mo 16, 7–13). So hat sich Gott dem Mose genaht, als er mit ihm von A. zu A., wie mit einem Freunde sprach, und so hat ihn Jakob gesehen (2 Mo 33,11; 1 Mo 32,31[30]).

V) Im A. JESU war auf Erden die Herrlichkeit Gottes verhüllt. Er war so verachtet, daß man das A. vor ihm verbarg. Er jedoch verbarg sein A. nicht vor Schmach und Speichel (Jes 53,3; 50,6; Mt 26,67; Mk 14,65; Lk 22,64). Nur einmal leuchtete, auf dem Berge der Verklärung, sein A. wie die Sonne (Mt 17,2). Doch im A. des Auferstandenen strahlt die Herrlichkeit (LÜ Klarheit) Gottes unverhüllt (2 Kor 4,6), und so ist der erhöhte Herr auch Johannes im Gesicht erschienen (Offb 1,16). Während aber Mose, als sein A. im Widerschein der Herrlichkeit Gottes glänzte, das Vergehen dieses Glanzes mit einer Dekke vor den Israeliten verbergen mußte (2 Mo 34,29 –35; 2 Kor 3,13), spiegelt sich jetzt die Herrlichkeit des Herrn in dem aufgedeckten A. der Gläubigen, die dadurch von einer Klarheit zur anderen in sein Bild verwandelt werden (2 Kor 3,18), bis sie schließlich zum Schauen von A. zu A. gelangen (1 Kor 13, 12; Offb 22,4).

Angst. In der Sprache Luthers liegt bei A. (dem griech. *thlipsis* »Bedrängnis« entsprechend) die Betonung vielfach stärker als heute auf den äußeren Ursachen der A. und nicht in erster Linie auf dem dadurch ausgelösten beengenden Gefühl des Menschen. Unter einer oft unbestimmten Bedrohung, der Vorstellung von Gefahren, denen man sich, gerade weil sie in ihrem Ausmaß nicht klar erfaßbar erscheinen, nicht gewachsen fühlt, werden Lebensmut und Lebensfreude gelähmt. A. hat oft physische Auswirkungen (erhöhter Blutdruck, erschwertes Atmen, Schweißausbrüche). Die HS kennt verschiedene Arten von Ängsten:

I) Die Geburtsängste einer Frau (Ps 48,7; Jer 13, 21), die A. vor den Feinden (vgl. u. a. Ps 18,7; 31, 10; 42,10), die A. vor dem Tode (Ps 116,3), die A. vor der Hölle (Jes 53,8), die Ängste als ständiger Begleiter derer, die Böses tun (Röm 2,9), und schließlich die A. vor dem Tage des Gerichts (Zeph 1,15).

II) Der Apostel Paulus kennt noch besondere Arten der A., die mit seiner Berufung zusammenhängen, etwa die A. um die ihm anvertrauten Seelen (Gal 4,19; 2 Kor 2,4) oder die Ä. für Christus (2 Kor 12,10).

III) Weiter gibt es die A., die Gerechtigkeit Gottes zu verlieren (vgl.Ps 51,13), sie hängt mit der Frage der Heilsgewißheit zusammen. Daneben kennt die HS eine Furcht, die der Volksmund mit »Galgenreue« bezeichnet (vgl. 2 Mo 8,4[8].24[28]; 1 Kö 21,27; Apg 8,24).

IV) Da A. oft mit dem Gefühl der Isolierung, des Alleingelassenseins verbunden ist, vermag das Bewußtsein der Gemeinschaft mit und in Jesus auch davon zu befreien. In der Welt steht der Gläubige immer in Bedrängnis, aber Christus hat die Welt überwunden (Joh 16,33). Darum weiß Paulus von der sieghaften Überwindung der A. vor Feinden, Hölle, Tod und Gericht (Röm 8,35). Damit ist jedoch der Schrecken des Todes für uns als Geschöpfe nicht aufgehoben, auch Jesus hat diese Bangigkeit gekannt (Lk 12,50).

Aniam. Sohn des Semida aus dem Stamm Manasse (1 Chron 7,19).

Anim. Grenzstadt auf den Bergen Judas (Jos 15,50), die schon in den → Amarnabriefen genannt wird. Eusebius gibt ihre Lage 14 km südl. von Hebron an. Sie ist wohl im heutigen Chirbet Ghuwein, neuhebr. Hurva Anim, zu suchen, 24 km nordöstl. von Beer-Seba.

Anker. Der A. wird Hebr 6,19 als Bild der Hoffnung verwendet. Weiter → Schiff, Schiffahrt.

Anlaufen, Anläufe, wird in dreifachem Sinn gebraucht.

I) Anstoßen, daß man fällt. Im übertragenen Sinn: durch eigene Schuld und Torheit zu Fall kommen (vgl.Ps 27,2; Hes 3,20, auch Röm 11,11).

II) Paulus wird mit Zusprüchen oder Bitten bedrängt (er wird angelaufen, 2 Kor 11,28).

III) In Eph 6,11 warnt der Apostel die Gemeinde vor den »listigen Anläufen des Teufels«. Hier steht das Wort im Sinne von »Angriff«.

Ansehen hat als Verb und als Substantiv jeweils verschiedene Bedeutungen:

I) Eine Sache oder eine Person a. heißt, sich ihr interessiert zuwenden, sie in Augenschein nehmen (1 Mo 1,31; 2,9; 3,6; 9,16; Mt 5,28; Lk 22,61).

II) A. als äußeres Erscheinungsbild: Jesaja nennt das A. des Gottesknechtes häßlicher als das der Menschenkinder (Jes 52,14), Johannes beschreibt das A. dessen, der auf dem Stuhl saß, »wie Jaspis und Sarder« (Offb 4,3).

III) A. als Akt glaubenden Gehorsams: Wer die eherne Schlange in der Wüste ansieht, wird geheilt (4 Mo 21,14f; vgl. Joh 3,8f). Mose sah an die Belohnung und achtete im Hinblick darauf die Schmach Christi für größeren Reichtum als die Schätze Ägyptens (Hebr 11,26).

IV) A. als Partei ergreifen: Bei Gott ist kein A. der Person (2 Chron 19,7; Röm 2,11; Gal 2,6; Eph 6,9; Kol 3,25 u. ö.). Nach dem A. richten (Joh 7,24 = nach dem äußeren Schein) war eine schwere Anklage für den Richter (5 Mo 1,17; Spr 24,23), und in der Gemeinde soll nicht nach dem A. geurteilt werden (2 Kor 5,12; 10,7).

V) Wenn Gott das Elend eines Menschen ansieht, nimmt er an seinem Ergehen teil. Bei ihm sind a. und barmherziges Helfen identisch (1 Sam 1,11; Ps 9,14; Jes 57,18).

Anspeien. Das A. war Ausdruck tiefster Verachtung (4 Mo 12,14; Mt 26,67; 27,30). Zu 5 Mo 25,9 → Ehe.

Anthothja. Benjaminit, Sohn Sasaks (1 Chron 8,24).

Antichristus. Das Wort A. (LÜ, ZÜ, MÜ Widerchrist) kommt als Name nur in den beiden ersten Johannisbriefen vor, und zwar fünfmal (1 Joh 2,18a und b; 2,22; 4,3; 2 Joh 7). Dem Wesen nach kommt die Bezeichnung A. in der Bibel oft vor, sowohl im AT wie im NT.

I) VOM VORKOMMEN DES WORTES A. Johannes meint mit A. entweder den Widerchristen, der kommen soll, oder eine unbestimmte Zahl von Widerchristen, die bereits als Vorläufer des eigentlichen Widerchristen in Erscheinung getreten sind (1 Joh 2, 18b; 2 Joh 7). Diese schon jetzt auftretenden Widerchristen sind vom »Geist des A.« geprägt, so daß vom A. gesagt werden kann, daß er jetzt schon dem Geiste nach in der Welt ist (1 Joh 4,3). Der A. und die Antichristi werden Lügner und Irrlehrer (Verführer) genannt (1 Joh 2,22; 2 Joh 7). Die Irrlehre besteht in einer Doppelaussage:

1. Jesus ist nicht der Christus, d. h. der im AT verheißene Messias (1 Joh 2,22).
2. Jesus Christus ist nicht ins Fleisch gekommen (2 Joh 7).

Beide Sätze stammen aus ein und derselben gedanklichen Wurzel: Gott kann nicht Gott und Mensch zugleich sein, darum ist er nicht in Jesus von Nazareth Fleisch (!) geworden (Satz 2) und Jesus von Nazareth ist nicht der verheißene Messias (Satz 1). Es wird geleugnet, daß Jesus Christus wahrer Mensch und wahrer Gott gewesen sei. Der himmlische Christus, ein Ausfluß Gottes, habe sich des Menschen Jesus von Nazareth nur zum Schein bedient, indem er bei der Geburt oder in der Taufe auf ihn herabkam (wie könnte Gott ins Fleisch kommen!) und ihn vor dem Leiden und Sterben wieder verließ (wie könnte Gott leiden und sterben!). Erlöst würde man nicht durch das Leiden und Sterben Gottes in Christus, sondern durch die Annahme einer bestimmten Heilslehre (Gnosis) unter bes. Weihen. Nach 1 Joh 2,19 sind diese gnostischen Irrlehrer ehemalige Glieder der Gemeinde Jesu gewesen, die sich dann wieder von ihr losgelöst haben.

Die falschen Christi, die sog. Pseudochristi, von denen Christus selbst spricht (Mt 24,24; Mk 13,22), sind von den oben genannten gnostischen Irrlehrern zu unterscheiden, weil sie sich im Gegensatz zu den Irrlehrern selbst als Christi ausgegeben.

II) VOM VORKOMMEN DER WESENSBEZEICHNUNG A. Die johanneische Einzahlform vom kommenden A., der ein persönlicher und direkter Gegenpart des erhöhten Christus im satanisch-feindlichen Sinne ist, stimmt mit dem paulinischen Wort in 2 Thess 2,3.4. 8.10 überein. Hier wird der A. genannt:

der Mensch der Gesetzlosigkeit
der Sohn des Verderbens
der Widersacher (der Gegenüberliegende)
der sich über alles erhebt, was Gott oder der Gegenstand der Gottesverehrung ist,

der sich in den Tempel Gottes setzt
der sich selbst als Gott ausgibt
der Gesetzlose
der durch alle möglichen Machttaten, Zeichen und Wunder der Lüge sich auswirkende Satan
der durch jede Art von Verführung betrügt, usw.
Die Offenbarung des Johannes spricht im gleichen Sinn wie Paulus vom A. Er wird das wilde Tier genannt im bewußten Gegensatz zu Jesus Christus, dem Lamm (Offb 13,1–10; 17,7–17). Nach Offb 19, 20 wird dieses Tier zusammen mit dem falschen Propheten lebendig in den feurigen Pfuhl geworfen. Nach Offb 20,10 werden das Tier und der falsche Prophet Tag und Nacht gequält in alle Ewigkeiten hinein.
Beide Apostel, sowohl Paulus als auch Johannes, beziehen sich bei ihren Aussagen über den A. auf die Gesichte des Propheten Daniel. Daniel spricht von einem König, der Gott den Allerhöchsten lästern wird, die Heiligen des Höchsten mißhandeln und darauf ausgehen wird, die Festzeiten und das Gesetz Gottes zu ändern (Dan 7,24.25). Der A. wird als König mit einem frechen Angesicht auftreten und ein Meister in quälenden Schikanen sein. Er wird ungeheures Unheil anrichten und großen Erfolg haben in seinem Tun. In seinem Herzen sinnt er auf Großes und unversehens bringt er über viele das Verderben (Dan 8,23–25). Man vergleiche weiter Dan 9,27; 11,36.38.41.45. Antiochus Epiphanes ist das atl. Abbild des A.
Ein atl. Hinweis auf einen A. oder Gegenmessias findet sich auch Hes 38. Weitere Stellen, die im antichristlichen Sinn gedeutet werden, sind Ps 110,6 (Haupt über große Lande); Jes 11,4 (der Gottlose) und Hab. 3,13 (Haupt aus dem Hause der Gottlosen).

Antilibanon. Bergkette östl. vom → Libanon. Vgl. Karte Sp. 1359/60.

Antilope. Hohlhörnige Wiederkäuer, die in mancher Beziehung den Hirschen ähnlich sind. Ihr eigentliches Verbreitungsgebiet ist Afrika, doch kommen sie auch in den angrenzenden Gebieten vor. Palästina besitzt noch heute einzelne Arten, die sich durch alle Verfolgungen hindurch erhalten konnten und nun durch Jagdgesetze geschützt sind. Die HS unterscheidet folgende Arten:
1) die Gazelle (hebr. *sebi;* LÜ Reh). Es ist ein schnelles, scheues Tier (2 Sam 2,18; Jes 13,14; Spr 6,5 u. a.), zugleich ein Bild für alles, was lieblich und schön ist (Hl 2,9.17; 4,5 u. a.). Ihr Fleisch durfte gegessen (5 Mo 14,5), aber nicht geopfert werden (5 Mo 12,15.22). Die bekannteste Gazelle ist die *Gazella dorcas.* Sie ist kleiner als unser Reh, schlanker gebaut und sandfarben. Die Hörner sind geringelt und zunächst nach oben, dann nach hinten gerichtet. In Gruppen zu 3 bis 7 Tieren treten sie in hügligen Gebieten, häufig auch in der Ebene Jesreel auf. Im Negev erscheinen sie oft in Gruppen bis zu 20 und mehr. Weniger bekannt ist die Arabische Gazelle (*Gazella arabica)* mit ihrer typischen schwarzen Nase.
2) Das hebr. *dischon* (LÜ Gemse) bezeichnet wohl die Schrauben- oder weiße Springantilope (*Antilope addax).* Sie ist stark gebaut, hat schraubenartige Hörner und kam bis vor einigen Jahren noch vereinzelt am Wadi Araba südlich des Toten Meeres vor, ist jetzt aber ganz verschwunden. Auch sie war den Israeliten ein reines Tier (5 Mo 14,5).

Antiochia. Von den 16 Städten dieses Namens im Altertum interessieren uns hier nur zwei.
I) A. in PISIDIEN (oder Galatien), von dessen einstiger Pracht heute noch großartige Ruinen zeugen (Tempel, röm. Plätze, Triumphbogen des Augustus, röm. Aquädukt), lag im Herzen Kleinasiens in unwirtlicher, wasserarmer Gebirgsgegend nordwestl. des Taurus-Gebirges. Es war Grenzstadt zwischen den Landschaften Phrygien und Pisidien, wurde aber z. Zt. des Paulus zur röm. Provinz Galatien gezählt.
1) Von dem syr. Herrscher Seleukus I. Nikator (312–280 v. Chr.) gegründet und nach seinem Vater benannt, wurde A. 189 v. Chr. Freie Stadt (mit selbstgewählter Verwaltung), 24 v. Chr. röm. Provinzhauptstadt (röm. Bürger mit dem Sonderrecht der Stadt Rom an der Spitze; die Einheimischen minderen Rechtes sprachen griech.) und 11 v. Chr. röm. Kolonie (Veteranensiedlung mit Sonderrechten).
2) Als lebhaftes Handelszentrum mit großer Lederindustrie, günstig gelegen an der großen Handelsstraße von Ephesus zur Zilizischen Pforte, zog A. zahlreiche jüdische Händler an, die hier auch eine Synagoge errichteten. Außerdem beherbergte die Stadt zahlreiche zivile und militärische Verwaltungen.

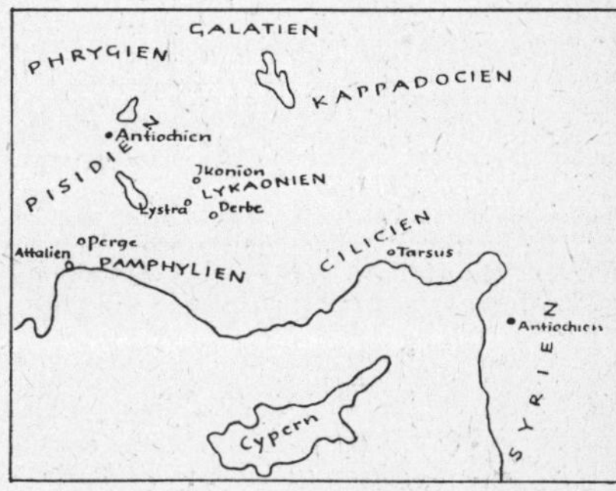

Das syr. und das pisidische Antiochia.

3) A. war das Zentrum der Verehrung des Fruchtbarkeitsgottes Men, der als stierköpfiger Krieger mit phrygischer Mütze dargestellt wurde. Im Zuge der unter Augustus (30 v.–14 n. Chr.) hoch aufwogenden messianischen Erwartungen identifizierte man den Gott Men mit dem Kaiser, bis nach dessen Tode die große Enttäuschung kam.
4) Paulus und Barnabas betraten A. erstmals auf der ersten Missionsreise (um 48 n. Chr.) und gründeten sogleich eine christliche Gemeinde mit starken Ausstrahlungen in die Umgegend (Apg 13, 14ff.50.51), nachdem sie wie üblich bei der jüd. Synagoge angeknüpft hatten. Dieser Missionserfolg war wahrscheinlich auch auf die durch Augustus enttäuschte Messiaserwartung zurückzuführen (vgl. die messianischen Momente in der Missionspredigt des Paulus, Apg 13,16–41). Die Gemeinde mag vorwiegend aus Heidenchristen bestanden haben. Jedenfalls entstanden Paulus in den dort ansässigen Juden heftige Gegner (Apg 14,19; 2. Tim 3,11). Auf seiner Rückreise berührte Paulus noch einmal A. (Apg 14,21), wahrscheinlich aber auch noch einmal zu Beginn seiner 2. Reise (Frühjahr 50 oder 52 n. Chr., vgl. Apg 15,41; 16,1.2.6).
II) A. in SYRIEN.
1) Die einstmals prunkvolle, heute aber heruntergekommene und unbedeutende Stadt (türkisch Antakya) liegt zwischen Libanon- und Taurus-Gebirge, eingebettet in fruchtbares Weideland am Orontes-

Fluß, 32 km östl. des Mittelmeeres und 300 km nördl. von Damaskus. Vgl. Taf. 8b/97.
2) Sie ist ebenfalls eine Gründung von Seleukus I. Nikator (um 310 oder 300 v. Chr.), wurde 64 v. Chr. Freie Stadt und zugleich röm. Provinzhauptstadt mit dem Sitz des röm. Statthalters.
3) A. galt neben Rom und Alexandria als die dritte Hauptstadt des röm. Weltreiches und verband West und Ost. Mit dem vorgelagerten Seehafen Seleucia bildete es ein wichtiges Handelszentrum, das ungeheure Reichtümer an sich zog. Z. Zt. des Paulus mag es 150 000 bis 200 000 Einwohner gezählt haben. Weit bekannt war A. auch durch seine Rinderzucht.
4) Kulturell wurde A. durch den Hellenismus geprägt. Es beherbergte berühmte Schulen für Philosophie, Medizin und Rhetorik und eine großartige Bibliothek; weiter Theater, Sportstadien, Thermen (Warmwasserbäder) und ein Amphitheater für Schaukämpfe. Eine säulenumsäumte Prachtstraße zog sich dreispurig über 6,7 km Länge mitten durch die Stadt. Auch Straßenbeleuchtung gab es! Zahlreiche Mosaikfußböden künden noch heute von dem Reichtum und von dem Kunstsinn der Antiochener.
5) So berühmt A. wegen seiner kulturellen Errungenschaften war, so verrufen war es wegen seiner sittlichen Laxheit. Sie war sprichwörtlich: der Daphne-Vergnügungspark tat das Seine dazu. Zahlreiche Tempel waren der Unmoral »geweiht«. Apoll, der Glänzende, lockte seine Anhänger in das Dunkel der Freudenviertel. Und zu allem noch das große soziale Elend eines Drittels der Bevölkerung, der Sklaven! Bekannt war die Schlagfertigkeit der Antiochener, welche sie bereitwillig in den Dienst loser Witzeleien stellten. War es Anerkennung, die sie den Begriff »Christianer« (Apg 11,26) prägen ließ, oder Spott?
6) Ein starker Bevölkerungsteil bestand aus Juden, die mit großem missionarischen Eifer für ihre Religion warben. Zahlreiche Proselyten (LÜ Judengenossen) schlossen sich ihren Synagogengemeinschaften an. Apg 6,5 wird unter den 7 Armenpflegern ein gewisser Nikolaus, ein Proselyt aus A. aufgeführt.
7) Im Zuge der Verfolgung um Stephanus flüchteten die gehetzten Gemeindeglieder auch nach A. Sie wurden sogleich missionarisch aktiv, wandten sich aber zunächst nur an jüdische Kreise, bis (jüd.?) Bekehrte aus Zypern und Kyrene (Cyrenaika) zu ihnen stießen und das Evangelium unter den griech. sprechenden Einwohnern der Stadt ausbreiteten (Apg 11,19.20). So entstand in der Weltstadt eine große und sehr lebendige Gemeinde (Apg 11,21).
8) Als man in der Gemeinde zu Jerusalem davon vernahm, wurde Barnabas dorthin entsandt (Apg 11,22). Dieser geisterfüllte Mann mit dem weiten und seelsorgerlichen Herzen erkannte sofort die großen Möglichkeiten für das Evangelium, setzte sich stark ein (Apg 11,24) und holte schließlich Paulus, der sich in Tarsus aufhielt, als seinen Gehilfen herbei (Apg 11,25.26). Ein Jahr lang missionieren und lehren sie in A. (vor 48 n. Chr.).
Von nun an reißt die Verbindung mit Jerusalem nicht ab. Prophetisch begabte Männer von dort verstärken die Christenschar (Apg 11,27ff). Man sammelt in A. für die notleidenden Brüder in Jerusalem (Apg 11,29f). Als judaisierende Brüder Verwirrung anrichteten (vgl. Gal 2,11), sandte man Paulus und Barnabas nach Jerusalem, um die Stellung des Christen zum mosaischen Gesetz zu klären (Apg 15, 1–3). Judas und Silas übermitteln die Antwort der führenden Männer zu Jerusalem (Apg 15,22.27).
9) Wohl das wichtigste Ereignis in der Gemeinde zu A. ist die Aussendung von Barnabas und Paulus in die Heidenmission durch Geistes- und Gemeindebeschluß unter Handauflegung und Gebet (Apg 13, 1–3). Damit wurde diese geistlich so starke Gemeinde, der es auch an sehr gebildeten Persönlichkeiten nicht fehlte (Apg 13,1), zur Geburtsstätte der Heidenmission, für die Paulus fortan seine ganze Kraft einsetzen sollte. Hier begann und beschloß er seine ersten beiden Missionsreisen (Apg 13, 1–3; 14,26; 15,36; 18,22). A. war seine Missionsbasis.

Antipas Kurzform von Antipater »Ebenbild des Vaters«.
1) Christ in Pergamus in Kleinasien, der seinen Glauben mit dem Tod bezeugte (Offb 2,13).
2) → Herodes Antipas.

Antipatris. Stadt am Südostrand der Saron-Ebene an der alten Heeresstraße zwischen Jerusalem und Cäsarea. → Herodes d. Gr. baute sie an der Stelle des alten Aphek (Jos Ant XIII, 15,1: Kapharsaba, das von einem Fluß umströmt wird, Ant XVI,5,2; Jos Bell I,21,9) und nannte sie nach seinem Vater. Schon im 4. Jh. n. Chr. ist A. wieder verfallen. – Paulus wurde nachts nach A. und von dort nach Cäsarea zu Felix dem Landpfleger gebracht (Apg 23, 31). – Man sucht A. heute in Kefr Saba, in dem der alte Name noch anklingt, oder, mit größerer Wahrscheinlichkeit, in Ras el-Ain, das etwa 18 km (Ll) ostnordöstl. von Jaffa liegt. Vgl. Taf. 98/1537.

Antwort, antworten. I,1) Die Bibel schenkt den zwischenmenschlichen Beziehungen größere Beachtung, weil sie weiß, daß Gott den Menschen zum Mitmenschen hin geschaffen hat. Zu diesen zwischenmenschlichen Beziehungen gehört das Antworten. Eine richtige A. ist eine Freude (Spr 15,23) oder wie ein → Kuß (Spr 24,26), kommt aber nicht nur aus der Überlegung, sondern das Herz des Gerechten ersinnt, was zu antworten ist (Spr 15,28). Eine linde A. stillt den Zorn, während das harte Wort Grimm anrichtet (Spr 15,1), eine Erfahrung, die sich in der A. Rehabeams an die 10 Stämme Israels und ihren Folgen bewahrheitete (1 Kö 12,6.9.13.16). Auch die Vorschrift über die Behandlung gegnerischer Städte durch die Israeliten berücksichtigt die Art ihrer A. (5 Mo 20,11). In der A. eines Menschen offenbart sich seine Wesensart (Spr 18,23). Töricht ist es, zu antworten, ehe man gehört hat (V 13). Die Furcht aber kann zum Antworten unfähig machen (2 Sam 3,11).
2) Auch das NT betont, wie wichtig es ist, daß man jedem recht zu antworten weiß (Kol 4,6), und den Jüngern, die angeklagt werden, wird der Heilige Geist im rechten Augenblick geben, was sie antworten sollen (Lk 12,11.12). Hier bedeutet antworten wie auch an anderen Stellen (2 Mo 23,2; 1 Sam 12, 3) vor Gericht aussagen, bezeugen, sich verantworten.
II, 1) Aber die Bibel weiß nicht nur um die zwischenmenschlichen Beziehungen, sondern auch – und das zuerst und vor allem –, daß der Mensch zu Gott hin bestimmt ist. Darum muß der Mensch hören und antworten, wenn Gott ihn ruft (1 Sam 3, 10), und im Gehorsam muß die Tat dem Wort folgen (Mt 21,28–32). Aber oft ruft Gott zu Buße und Umkehr, und die Menschen wollen nicht antworten (Jes 50,2; 65,12; 66,4; Jer 7,13; 35,17). Dann macht auch der Prophet, der im Auftrag des Herrn spricht, die gleiche Erfahrung (Jer 7,27; 1 Kö 18,21). Aber wenn der Mensch schweigt, werden seine Taten A. geben, Zeugnis gegen ihn ablegen (Jes 59,12), die Steine in der Mauer werden schreien und die Sparren im Balkenwerk ihnen antworten (Hab 2,11; Lk 19,40). Selbst auf Gottes Verheißung und die Zusa-

ge seiner Hilfe kann die menschliche A. Zweifel und Unglaube sein, der dann dem Gericht (2 Kö 7,2.19) oder doch der Strafe verfällt (Lk 1,18–20).
2) Gott, der vom Menschen A. fordert, antwortet auch selber auf das Rufen seiner Knechte mit Wort und Tat (Ps 34,5; Jes 58,9; Jer 33,3), während der Götze auf alles Schreien keine A. gibt (Jes 46,7; 1 Kö 18,24). Der Herr antwortet, sobald er es hört (Jes 30,19), ja er verheißt: ehe sie rufen, will ich antworten (Jes 65,24). Der Prophet fragt und erhält A. (Hab 2,1.2), manchmal völlig unerwartete (Röm 11, 2–4). In der Wüste gab Gott seinem Volk durch Mose klare A. (3 Mo 24,12.13), dann sprach er durch Träume, durch → Licht und Recht (Urim und Thummim), und durch seine Propheten (1 Sam 28, 6), Simeon war durch den Heiligen Geist A. geworden (Lk 2,26). Ausdruck seines Gerichtes aber ist es, wenn Gott nicht mehr antwortet, den Menschen, der auf sein Rufen nicht hören wollte, nun auch seinerseits allein läßt (1 Sam 28,6.15; 2 Sam 22,42; Spr 1,28). Vor allem löst der Götzendienst solch Schweigen Gottes aus (Hes 14,3; vgl. Kap. 20).

III) Unter den biblischen Büchern kreist das Buch Hiob um das Suchen nach A. (vgl. die Konkordanz). Hiob fragt nach dem Sinn seines Leidens und läßt nicht ab, obgleich er weiß, daß er mit Gott nicht rechten, ihm als Mensch auf tausend nicht eins antworten kann (Hi 9,3.14.15.32). Die Versuche seiner Freunde, Gott zu verteidigen, bleiben erfolglos und unbefriedigend, bis sie am Ende verstummen müssen (Hi 21,34; 32,1). Zwar hat Zophar ausgerufen: Darauf muß ich antworten, der Geist meines Verstandes soll für mich antworten (Hi 20,2.3). Doch schon Elihu wurde zornig, daß die 3 Männer trotzdem keine A. fanden (Hi 32,3.5), und Gott urteilt über sie: Ihr habt nicht recht von mir geredet (Hi 42,7). Schließlich antwortet der Herr selber Hiob aus dem Wetter (Hi 38,1). Das ist die gültige A., der Hiob sich beugt (Hi 40,4[39,34]f), obschon ihr Inhalt dem menschlichen Verstand mit der Frage Hiobs wenig zu tun zu haben scheint. Echte A. vollzieht sich in einem anderen Bereich als dem des logischen Denkens.

IV) Z. Zt. Jesu spielte sich alles Lernen und Lehren im Wechsel lebendiger Frage und A. ab. Der Lehrer fragte, und der Schüler antwortete, und schon der zwölfjährige Jesus setzte im Tempel die Schriftgelehrten durch seine Antworten in Verwunderung (Lk 2,47). Wer umgekehrt den Lehrer fragte, mußte selber bereit sein, sich fragen zu lassen und Rede zu stehen (Lk 20,1–8), denn in Glaubensdingen zählt nur die eigene und nicht die übernommene A. So weckte die Frage Jesu das Bekenntnis des Petrus (Mt 16,16.17; Joh 6,67–69), und auch sein Schweigen (Mt 15,23) war keine abweisende Härte, sondern wartete wie die wiederholte Frage (Joh 21,15–17) auf die A. des anderen, die nur aus Selbsterkenntnis, Umkehr und Glauben kommen konnte. Von der rechten A. wies er weiter aufs Tun (Lk 10, 28). Ein anderes Schweigen aber stand oft am Ende der Gespräche Jesu mit den Pharisäern, wenn sie nicht mehr zu fragen wagten noch antworten wollten (Mt 22,46; Lk 14,6; 20,26). Wie in einem allerletzten Versuch hält er ihnen das nach seiner Gefangennahme noch einmal vor (Lk 22,68). Danach hat alles Reden seinen Sinn verloren, und der das Wort Gottes ist, hat keine A. mehr auf Anklagen und Fragen des Hohenpriesters (Mt 26,62), des Pilatus (Mk 15,4.5; Joh 19,9) und des Herodes (Lk 23,9).

Anub »Verbunden«,
Sohn des Koz und Nachkomme Judas (1 Chron 4,8).

Anziehen. I). Für anziehen, bekleiden, anlegen, auch bedecken steht im Hebr. fast immer *labasch*, im Griech. *endyein*. Wo im Hebr. und Griech. das gleiche Wort im übertragenen Sinn gebraucht wird, übersetzt LÜ auch mit erfüllt, ergriffen, angetan werden u. a.

II) In seiner wörtlichen Bedeutung meint a. ein Überkleidetwerden des menschlichen Körpers (1 Mo 3,21).

III) Viel häufiger werden *labasch* und *endyein* im übertragenen Sinn angewandt:
1) Die Art wie Gott, sowohl als Richter als auch in seiner Barmherzigkeit sich dem Geschaffenen zuwendet, wird durch Psalmisten und Propheten veranschaulicht, indem sie vom A. des Rockes der Gerechtigkeit sprechen und von Kleidern des Heils (Jes 61,10); Gott zieht Gerechtigkeit an wie einen Panzer (Jes 59,17), er ist bekleidet mit Hoheit (Ps 93,1, LÜ: herrlich geschmückt), mit Macht und Majestät (Ps 104,1).
2) David und Salomo bitten darum, daß Gott die Priester des Tempels mit Heil bekleide (Ps 132,16; 2 Chron 6,41), sie Gerechtigkeit a. lasse (Ps 132,9).
3) Die Feinde Gottes ziehen Schande (Ps 35,26), Schmach und Fluch an (Ps 109,29).
4) Die Vorstellung, daß der Mensch, dem Gott Heilsgüter zueignet, diese anzieht, sich in sie einhüllt, deutet darauf hin, daß hier Irdisch-menschliches unter göttlichem Schutz, in göttlicher Kraft, ja, eingehüllt in Christus selbst, in der Welt lebt, ihr entgegentritt und ihr im Auftrag Gottes diese gleichen Heilsgüter anbietet. Im Schutz eines solchen Angezogenseins braucht sich der Mensch nicht zu fürchten. So wird er aufgefordert, die Waffen des Lichts anzuziehen (Röm 13,12), die ganze Waffenrüstung Gottes (Eph 6,11), herzliches Erbarmen usw., Liebe (Kol 3,12.14). Der Begriff steigert sich: Das Verwesliche soll Unverweslichkeit a. (1 Kor 15, 53). Paulus nennt den Ephesern und Kolossern die Voraussetzung zu alledem: sie sollen den nach Gott in Gerechtigkeit und Heiligkeit geschaffenen neuen Menschen a. (Eph 4,24; Kol 3,10), ja, nach Röm 13, 14 Christus selbst, der nach Gal 3,27 von denen, die auf ihn getauft worden sind, angezogen wurde.
5) Wenn der Heilige Geist einen Menschen erfüllt, sagt das AT: der Geist Gottes »bekleidete« Amasai (1 Chron 12,18; LÜ ergriff) und Sacharja (2 Chron 24,20; LÜ erfüllte). Dem entspricht im NT die Wendung (nach dem Urtext): bis ihr »bekleidet« werdet mit Kraft aus der Höhe (Lk 24,49; LÜ bis ihr angetan werdet . . .).

Apelles, Christ in Rom, den Paulus einen »bewährten Bruder in Christo« nennt, als er ihn grüssen läßt (Röm 16,10).

Apfel, Apfelbaum.
In Palästina kommen Apfelbäume verhältnismäßig selten vor. Allein in der Umgebung von Askalon sind sie häufiger und in guten Arten anzutreffen. Vor der Einnahme Kanaans durch die Israeliten scheint der Apfelbaum (hebr. *tappuach)* jedoch ein bekannter und beliebter Baum gewesen zu sein, da auch verschiedene Ortsnamen auf ihn hinweisen (vgl. Jos 15,34.53; 17,7). In späterer Zeit wird er von Joel unter den Bäumen des Landes aufgezählt (Jo 1,12) und hat einen besonderen Platz im Hohen Lied (Hl 2,3; 7,9[8]; 8,5). – Ein Wort zur rechten Zeit geredet, vergleicht Salomo in Spr 25,11 mit einem goldenen A. Das Mißverständnis eines Wortes im Vulgatatext: *lignumque scientiae boni et mali* (und den Baum der Erkenntnis des Guten und Bösen) hat in der Kunst zu der falschen Darstellung

geführt, nach der Eva einen Apfel vom Baume nahm (1 Mo 2,9.17). Es liegt eine Verwechslung des lat. *malum* (Apfel) und *malus* (böse) vor. Eva nahm von der »Frucht« (1 Mo 3,6).

Apharsach, die von. Umsiedler, die unter dem Assyrerkönig Asar-Haddon (Es 4,2) nach Samaria gebracht wurden. Der Name kommt nur Es 4,9; 5,6; 6,6 vor und ist sonst unbekannt. Vielleicht ist auch einfach »Perser« zu übersetzen, wie in ZÜ. Andere sehen in den hebr. Wörtern pers. Beamtentitel.

Aphek »Festung, Burg«.
1) Grenzort zwischen Kanaan und den Amoritern, anscheinend nördl. von Sidon (Jos 13,4), gilt heute allgemein als Vorläufer Afkas im Libanon (früher Aphaca), 37 km nordöstl. von Beirut, zwischen Byblos und Baalbek.
2) Sitz eines der kanaanitischen Stadtkönige, die Josua schlug (Jos 12,18), vermutlich der Hügel Tell Ras el-Ain, auf dem später Herodes → Antipatris erbaute. A. ist eine sehr alte Stadt, deren Name bereits in der Liste Thutmoses III. (1504–1450 v. Chr.) vorkommt (1 Sam 4,1; 29,1). Vgl. Karte Sp. 1067.
3) Stadt im Stammgebiet Assers (Jos 19,30). Der Name weist auf eine Stadt in der Nähe einer wasserreichen Quelle. Dieses A. ist wohl Tell Kerdane in der Ebene 9 km südsüdöstl. von Akko (auch Aphik Ri 1,31).
4) Stadt, in die → Benhadad vor Ahab floh (1 Kö 20,26.30). Sie muß in einer Ebene liegen (V 25.28). Wahrscheinlich das heutige Fik oder Afik im Dscholan, 6 km östl. vom See Genezareth. Der Ort ist wohl auch in 2 Kö 13,17 gemeint. Vgl. Taf. 97/1536 Deckblatt.

Apheka »Feste, Burg«.
Stadt in den Hügeln Judas in der Nähe von Beth-Thappuah (Jos 15,53), viell. Chirbet er-Rarrame, 3 km südwestl. von Hebron.

Aphiah, viell. »Mit großem Vorderkopf«,
Vater des Bechorath, ein Benjaminit und Vorfahr König Sauls (1 Sam 9,1).

Aphik → Aphek (3)

Apokalypse → Offenbarung d. Johannes

Apokryphen (apokryph = Verborgen, geheim; hier: vom gottesdienstlichen Gebrauch ausgeschlossen).
I, 1) APOKRYPHE SCHRIFTEN DES AT sind Schriften des späteren Judentums vorchristlicher Zeit, die, ohne daß damit zunächst eine Wertung verbunden wurde, vom gottesdienstlichen Gebrauch ausgeschlossen waren. Erst später war apokryph gleichbedeutend mit ketzerisch. Um 400 n. Chr. verstand man darunter die 12, bzw. 14 Schriften, die das griech. und das lat. AT über den hebr. Kanon hinaus enthält. Anderseits sind die Apokryphen gegen die unter dem Pseudonym eines der großen Männer des AT herausgegebenen Pseudepigraphen abzugrenzen, die ausnahmslos fantastisch-legendäre und vorwiegend apokalyptische Züge tragen (z.B. Testament Adams, Himmelfahrt Moses u. Jesajas, Henochbuch, Offenbarungen Abrahams, Moses, Elias). Die A. waren stark verbreitet und in frommen Kreisen sehr geschätzt; sie liegen noch heute in vielen alten Übersetzungen vor.
2) Manche Ausgaben der LÜ und der MÜ bieten zwischen dem AT und NT eine Auswahl von A., die der LXX entnommen ist. Luther: »Das sind Bücher, so der heiligen Schrift nicht gleich gehalten, und doch nützlich und gut zu lesen sind.« Einige der Bücher erfreuen sich noch heute gottesdienstlichen Gebrauchs. Das ist nicht so verwunderlich, wenn man bedenkt, daß das NT gelegentlich auf a. Schriften Bezug nimmt (z. B. Mt 16,27, vgl. Sir 35, 24; Jak 1,19, vgl. Sir 5,13; Offb 2,27, vgl. Psalmen Salomos 17,26). Das gilt sogar von pseudepigraphischen Schriften (z. B. Jud 4 vgl. Henoch 10,4ff; Jud 9, vgl. Himmelf. Moses). Dem Bibelleser wird vieles an den A. fremdartig erscheinen, anderseits wird ihn die Nähe vieler Aussagen zum AT beeindrukken. Dem Historiker geben einige a. Bücher wertvolle Aufschlüsse über jüd. Ergehen, Denken und jüd. Frömmigkeit in der Zeit zwischen AT und NT, einige Schriften sind für ihn jedoch wegen ihres legendären Stoffes wertlos.
3) Die a. Bücher, die sich in der LÜ und MÜ finden:
a) Von geringem oder gar keinem historischen Interesse sind folgende Schriften, die bestimmte bibl.-historische Situationen weiter ausschmücken oder bestimmte bibl. Gestalten mit dem Mantel der Legende umgeben: JUDITH, ein Loblied auf eine fromme jüdische Witwe, die bereit ist, für Tempel und Volk ihre Frauenehre zu opfern; TOBIAS, eine wundervolle, aber ebenso naive Erzählung von zwei jungen Menschen, die auch schwerste Schicksalsschläge nicht in ihrem Gottvertrauen zu erschüttern vermögen, so daß der Lohn der Frömmigkeit nicht ausbleiben kann; DANIEL UND SUSANNA, DANIEL UND DER BEL ZU BABEL, DANIEL UND DER DRACHE ZU BABEL, drei Erzählungen über die detektivische Findigkeit Daniels, zwei davon auch Spottlieder auf die Armseligkeit und Nichtigkeit des Götzendienstes.
b) Schon die ebengenannten Danielerzählungen bilden in der LXX Zusätze zu einem biblischen Buch (Daniel, dem sie vorgesetzt oder angehängt sind). Es gibt noch eine Reihe weiterer Zusätze und Einschübe in den LXX-Text des AT, die zwar ebensowenig authentisch, aber wegen ihrer stärkeren inneren Bezogenheit zur Bibel von größerem Wert sind: sechs Einschübe verschiedenen Inhalts in das ESTHERbuch zu folgenden Versen: 1,1; 3,13; 4,17; 5, 1.2; 8,13; 10,3; das GEBET ASARJAS und der GESANG DER DREI MÄNNER IM FEUEROFEN in Erweiterung zu Dan 3,23 und das GEBET MANASSES als Ergänzung zu 2 Chron 33,11ff.
c) Drei Bücher, die der Weisheitsliteratur angehören oder nahestehen, sind es wohl wert, von uns gelesen zu werden: BARUCH enthält, abgesehen von seinem historisch fragwürdigen Eingang, eine reiche Sammlung an Bußgebeten, Klageliedern, Trostgesängen und Lehrgedichten, die in guter Nachbarschaft zum AT stehen. Dasselbe gilt auch der Form und dem Inhalt nach von dem sogenannten BRIEF DES JEREMIA, der sich in der Vulgata und bei Luther als 6. Kapitel im Verband des Baruchbuches findet. Auf hohem Niveau steht JESUS SIRACH, eine Schrift, die praktische und geistliche Lebensregeln in großer Fülle und unter reicher Abwechslung in der literarischen Form bietet und in einen mitreißenden Lobpreis auf die Väter Israels von Henoch bis Nehemia ausklingt. Unser Choral »Nun danket alle Gott« ist aus Sir 50,24–26 geschöpft. Es ist auch das einzige Buch dieser Reihe, dessen Verfasser uns bekannt ist: Jesus (der Sohn des) Sirach, der es um 200 v. Chr. in hebr. Sprache niederschrieb. Sein Enkel übersetzte es um 190–170 v. Chr. ins Griech. (Sir 1,1ff; 50,27ff). Außerdem bietet uns die Schrift auf Grund von Sir 1,3 den Zeitpunkt, vor dem der atl. Kanon abgeschlossen gewesen sein muß.
Das Buch der WEISHEIT SALOMOS (es kann nicht von Salomo geschrieben sein!) ist ein Versuch sowohl der Versöhnung wie auch der Abgrenzung von

griech.-hellenistischem und jüd. Denken, um den Glauben der durch das Griechentum bedrohten Gemeinde zu festigen. Weisheit, wie sie der griech. Gebildete verstand, und Gerechtigkeit, wie das Judentum sie faßte, werden unter jüd. Vorzeichen miteinander vermählt und mit Gottlosigkeit und Götzendienerei konfrontiert; so werden Judentum und Griechentum ein wenig künstlich zu Kampfgenossen gegenüber einem gemeinsamen Feind. Die Herrschenden der Erde werden aufgefordert, der so verstandenen Weisheit Raum zu geben. Dann folgt ein breiter heilsgeschichtlicher Aufriß über das Wirken der Weisheit von Adam bis zur Landnahme.

d) Zwei Prosaschriften: 1. UND 2. MAKKABÄER. Das erste Buch ist für den geschichtlich Interessierten bedeutsam, weil es in die Verhältnisse z. Zt. der Makkabäerkämpfe gegen Antiochus IV. Epiphanes von Syrien (175–164 v. Chr., vgl. Dan 11) einführt. Diese Zeit ist wichtig für das Verständnis der politischen, völkischen und religiösen Verhältnisse in Palästina z. Zt. Jesu und des NT. Das zweite Buch, das von der Hand eines anderen Verfassers stammen muß, spiegelt in seinem ersten Teil dieselbe Situation wider. Aber das historische Interesse tritt stark hinter dem theologischen zurück. Es gibt guten Einblick in die Welt und das Denken des Pharisäertums, das bereits feste Formen angenommen hatte. Die Verbindung zum NT liegt damit auf der Hand. Vgl. → Makkabäer.

Alle hier besprochenen A. des AT sind in der Zeit von 200 v. Chr. bis 100 n. Christus entstanden. Die Mehrzahl wurde gleich in griech. Sprache abgefaßt, der Rest bald aus dem Hebr. oder Aram. ins Griech. übersetzt.

II) APOKRYPHE SCHRIFTEN DES NT.

1) Die begriffliche Abgrenzung ist schwierig, da immer neue Funde von Handschriften gemacht werden. Am besten bezeichnen wir die Bücher als ntl. A., die zeitlich und inhaltlich in die Nähe des NT rücken und doch keine Aufnahme in den Kanon fanden. Ihre Entstehung fällt in das 2. bis 4. Jh. n. Chr.

2) Man unterscheidet folgende Kategorien:

a) Apokryphe EVANGELIEN, die sich mehr oder weniger im Stil der Legende mit der Person Jesu oder seiner Eltern befassen und in den kanonischen Ev. nicht belegte Aussprüche aus Jesu Mund zitieren. Eine Reihe solcher Ev. sind uns namentlich bekannt (z.B. Hebräerev., Ägypterev., Petrusev., Thomasev., Ev. der Wahrheit). Ihr Inhalt ist – abgesehen von dem kürzlich entdeckten Thomasevangelium – bis auf die Bruchstücke, die sich in Zitaten bei Kirchenvätern finden, verlorengegangen.

b) Apokryphe APOSTELGESCHICHTEN gab es in großer Zahl. Sie schilderten mehr oder weniger breit das Leben und Wirken der Apostel und ihrer Schüler (z. B. Petrus, Paulus, Thomas, Andreas, Thaddäus, Timotheus). Sie sind meist späteren Datums als die apokryphen Ev. und auch nur in Bruchstücken erhalten.

c) Nur wenige apokryphe BRIEFE sind uns erhalten. Einer wird sogar Jesus zugeschrieben, drei Paulus, einer Barnabas.

d) Apokryphe APOKALYPSEN (Offenbarungen) wurden z. B. Petrus, Paulus, Thomas, Stephanus, Johannes und Maria, der Mutter Jesu, zugeschrieben.

III) Zusammenfassend kann man sagen, daß die meisten A. des AT und NT kein historisch gesichertes Material liefern, sondern einen Einblick gewähren in die fantasiereiche Volksfrömmigkeit auf jüd.-christl. Boden in der Zeit vom 2. Jh. v.–4. Jh. nach Chr.

Von den ntl. A. sind abzugrenzen die Schriften der apostolischen Väter, d. h. Apostelschüler aus dem 2. Jh. n. Chr., die hier nur genannt werden wegen ihrer Nähe zum NT und weil andere sie gelegentlich zu den A. rechnen. Es handelt sich vor allem um Briefe und apologetische Abhandlungen, die einen guten Einblick in die Verhältnisse der Gemeinde des 2. Jahrhunderts geben und recht zuverlässig in ihren Angaben sind.

Vgl. Heilige → Schrift II C–D.

Apollonia »Dem Apollo gehörig«,
Stadt in Mazedonien, die Paulus mit Silas auf seiner zweiten Missionsreise durchwanderte (Apg 17, 1). Sie lag inmitten von Eichen-, Akazien- und Kastanienwäldern am Bolbesee (heute Beschik-See), an der berühmten Via Egnatia, zwischen Amphipolis und Thessalonich. Heute heißt A. Pollino. Vgl. Karte Sp. 1045/6.

Apollos, Kurzform von Apollonius, Apollodorus oder Apollonidas.
Alexandrinischer Jude, gelehrt, redegewandt und erfahren in den Schriften des AT. Er kannte die Botschaft der Christen und lehrte richtig über Jesus, wußte aber nur um die Johannestaufe. In Ephesus empfing A. von → Priska und → Aquila, die ihn in der Synagoge gehört hatten und bei sich aufnahmen, genauere Unterweisung (Apg 18,24–26). Von dort ging er mit einem Empfehlungsschreiben der Gemeinde nach Achaja (Griechenland) und setzte in Korinth die Arbeit des Paulus erfolgreich fort (Apg 18,27–19,1; 1 Kor 3,6). Bei seinem Dienst entstanden aber Schwierigkeiten in der Gemeinde, eine Gruppe berief sich ausschließlich auf A. und nannte sich nach ihm (1 Kor 1,12; 3,4–7.22; 4,6). Als Paulus von Ephesus aus zu den Vorgängen Stellung nimmt, ist A. bei ihm. Anscheinend haben die Korinther um seine Rückkehr gebeten, und Paulus hat das unterstützt, aber bis zum Augenblick des Schreibens stand der Wille des Herrn dagegen (1 Kor 16, 12; nach dem griech. Text wörtl. »und es war durchaus nicht der Wille [d. h. des Herrn], daß er jetzt käme«. Die Beziehung auf A. hätte anders ausgedrückt werden müssen, vgl. Rieneckers Schlüssel zur Stelle). Jahre später erwähnt Paulus A. noch einmal und legt Titus die Sorge für ihn und seinen Reisegefährten Zenas ans Herz (Tit 3,13).

Apollyon → Abaddon

Apostel.
I) NAME.

A) Der griech. Ausdruck *apostolos* entspricht dem hebr. *schaliach* und bedeutet → »Gesandter«, und zwar von der LXX im schlichten Wortsinn von »Bote« (1 Kö 14,6) und »Botschafter« (Jes 18,2) gebraucht. In gleicher Weise wendet Joh 13,16 das Wort A. an.

B) Das NT bezeichnet als A. einen bevollmächtigten Gesandten, der das Evangelium vom Reich Gottes und der Auferstehung Jesu von den Toten zu verkündigen und darüber hinaus einen besonderen Dienst (→ Amt) vom Herrn übertragen bekommen hat. Jeder Apostel ist ein → Jünger. Aber nicht jeder Jünger ist ein Apostel. Apostel im engeren Sinn sind offenbar (so schon die Urgemeinde) Augenzeugen (vgl. → Zeuge II) des Auferstandenen (Apg 1, 21.22; vgl. 1 Kor 15,1ff).

Nach dem NT lassen sich mehrere Gruppen unterscheiden, die im Urtext A. genannt werden.

1) A. als Untergebener des Herrn, der ihn sendet (Joh 13,16).

2) A. als Abgesandte von Gemeinden, die eine Liebesgabe (→ Arme) überbrachten. Paulus nennt u. a. den Titus so (2 Kor 8,23; LÜ Bote).

3) A., die Missionare (= Gesandte) der Urchristenheit (Apg 14,14: »Da das die Apostel Barnabas und Paulus hörten«).

4) Die Zwölf, die Jesus A. genannt hat (Lk 6,13).

5) Selbst Jesus wird in Hebr 3,1 A. und Hoherpriester genannt, als der von Gott in die Welt Gesandte und zugleich die Welt vor Gott Vertretende (vgl. das hohepriesterliche Amt Jesu, → Jesus Christus).

6) Es gibt falsche A. (Pseudo- oder Lügenapostel Offb 2,2), Irrlehrer, die Paulus ironisch »hohe«, im Urtext mit einer eigenen Wortprägung »übergroße« A. nennt (2 Kor 11,5; 12,11; 11,13), die in Wirklichkeit aber Betrüger sind.

II) DIE ZWÖLF APOSTEL.

A) IHRE NAMEN.

Der Name A. für die Zwölf (IB4) geht auf Jesus zurück (Lk 6,13).
1–4) Die zwei Brüderpaare: Mt 4,18–22; 10,2; Mk 1,16–20; 3,16–18; Lk 6,14.

1) Simon, Sohn des Jona, Beiname: → Petrus, hebr. Kephas, zu dt. Fels (Joh 1,42).

2) Der Bruder des Simon: → Andreas (Joh 1,35–42).

3) → Jakobus, Sohn des Zebedäus und – wahrscheinlich – der Salome (vgl. Mt 27,56; Mk 15,40).

4) Der Bruder des Jakobus: → Johannes (Schreiber des Evangeliums, der drei Briefe und der Offenbarung). Die beiden Zebedäussöhne werden Mk 3,17 auch (wegen Lk 9,54?) → Bnehargem, d. h. Donnerskinder, genannt.

5) → Philippus (Mt 10,3, nicht zu verwechseln mit dem Diakon Philippus: Apg 6,5; 8,5ff).

6) → Bartholomäus = Nathanael (Joh 1,43–51; Mt 10,3).

7) → Thomas (Joh 20,24–29).

8) → Matthäus, der Zöllner (Mt 9,9). Er wird auch Levi genannt (Mk 3,18; Lk 5,27).

9) → Jakobus, des Alphäus Sohn (Mt 10,3).

10) Lebbäus, mit dem Zunamen Thaddäus = → Judas, des Jakobus Sohn (Mt 10,3; Lk 6,16; Joh 14,22; Apg 1,13).

11) → Simon von Kana, eigentlich: Kananäus oder → Zelot, d. h. Eiferer (Mt 10,4).

12) → Judas Ischariot, der »Mann aus Karioth«, der Verräter: Mt 26,14–16; Mk 14,10f; Lk 22,3–6; Joh 13,21–30.
Nach dem Selbstmord des Verräters wurde durch Los → Matthias hinzugewählt (Apg 1,15–26).
Das NT hat vier Apostellisten (Mt 10,2–4; Mk 3,16–19; Lk 6,14–16; Apg 1,13). Folgende Zusammenstellung mag über die Reihenfolge der »Zwölf«, ihre Benennung und ihre Erwähnung im NT genauer unterrichten:

Mt 10,2 ff	Mk 3,16 ff	Lk 6,14 ff	Apg 1,13	bei Joh
Simon	Simon	Simon	Petrus	Andreas
Andreas	Jakobus	Andreas	Johannes	Simon
Jakobus	Johannes	Jakobus	Jakobus	Zebedäus-
Johannes	Andreas	Johannes	Andreas	[söhne
Philippus	Philippus	Philippus	Philippus	Philippus
Bartholomäus	Bartholomäus	Bartholomäus	Thomas	Nathanael
Thomas	Matthäus	Matthäus	Bartholomäus	Judas Isch.
Matthäus	Thomas	Thomas	Matthäus	Thomas
Jakobus	Jakobus	Jakobus	Simon	
Thaddäus	Thaddäus	Simon	Judas	
Simon	Simon	Judas	Judas Isch.	
Judas Isch.	Judas Isch.	Judas Isch.	Jakobus	

B) DIE BERUFUNG DER ZWÖLF.
Im Predigen, Lehren und Heilen (Mt 4,23; 9,35) ging es Jesus Christus während seiner knapp drei Jahre währenden Wirksamkeit auf Erden um die Ausbreitung des Reiches Gottes. Zu Gehilfen berief er die Zwölf als A. und unterwies sie. Viele Jünger berief Jesus zu Lebzeiten: Da waren der Kreis der 500 (1 Kor 15,6) und der Siebzig (Lk 10,1), der der Zwölf und innerhalb der Zwölf die Drei, d. h. die vertrautesten Jünger: Petrus, Jakobus und Johannes. Im eigentlichen Sinn waren nur die Zwölf die »Schüler« (griech. *mathaetai)*, die sich zu einer Lebensgemeinschaft mit Jesus, ihrem »Rabbi« (Joh 1,38), zusammengeschlossen hatten. Mit den Dreien hatte er besonders vertrauten Umgang, sie durften bei der Auferweckung des Töchterleins des Jairus dabei sein: Mk 5,37; auch auf dem Berg der Verklärung: Mt 17,1; im Garten Gethsemane: Mt 26,37. Unter den Dreien nahmen Petrus (Mt 16,13–20) und Johannes (Joh 13,23; 19,26f) wieder eine Sonderstellung ein.
Wie und wann hat Jesus die Zwölf berufen? Darauf haben die Evangelien keine eindeutige Antwort. Nebeneinander stehen: die ausführlichen Berufungsgeschichten bei Johannes, die deutlich erkennen lassen, daß hier ein Augen- und Ohrenzeuge spricht, der die Stunde der ersten Begegnung mit Jesus nicht vergessen konnte (Joh 1,35–51, vor allem V 39); der Bericht vom Fischzug des Petrus und seiner Berufung in Lk 5,1–11 und die inhaltsschweren kurzen Berufungsgeschichten in den drei ersten Evangelien: Mt 4,18–22; Mk 3,13–19 und Lk 6,12–16. Daß Jesus die Zwölf um sich sammelt, ist wohl die besondere Frucht einer Gebetserhörung: Lk 6,12. Die Sammlung der Jünger entspricht daher auch dem Willen seines Vaters im Himmel. Was in dem Herzen eines A. bei der Berufung vorging, ahnt man aus den verschiedenen Berufungsgeschichten, z. B. aus der des Petrus: Überwältigt vom Reden (Lk 5,1), Befehlen (V 4) und Handeln (V 6) Jesu, sieht er den lebendigen Gottessohn vor sich und erkennt sich als Sünder (V 8). Das Vergebungswort Jesu (V 10) macht aus ihm einen neuen Menschen, schenkt ihm eine neue Existenz, die nun nicht mehr unter dem Vorzeichen des »Ich«, sondern unter der Führung Jesu Christi steht (V 11). Aus Dank für die Rettung zum Leben aus dem Tod (Joh 5,24) muß nun Petrus die Konsequenzen ziehen (Lk 5,10b.11): Er muß weitersagen und weiterschreiben, wes sein Herz voll ist (Mt 12,34; Apg 4,20). Alle Berufungen sind die Folge einer Begegnung mit dem Sohne Gottes. Nüchterne Menschen verlassen alles, was sie haben, und folgen ihm nach (Mt 4,18–21; Lk 5,11; Joh 1,43–45). Die zwölf A. treten nicht in die Nachfolge, weil sie für Jesus »begeistert« waren oder weil sie in sich einen Drang verspürten, Jesu Reich ausbreiten zu müssen, sondern – weil er sie rief. Immer ging die Initiative von Jesus aus.

C) DIE AUFGABEN DER A.

Allerdings – die einmal in die Nachfolge Jesu Berufenen bleiben nun nicht passiv: Jesus macht sie zu aktiven Mitarbeitern. Er unterrichtet sie nicht, damit sie diese ihre »Lehre« für sich behalten sollen, sondern damit sie das, was sie hören und sehen (sein Unterricht besteht ja auch in seinen Taten),

Tafel 7
a. Akazie. Das bes. feste Akazienholz wurde beim Bau der Stiftshütte und ihrer Geräte verwendet.
b. Orientalisches Markttreiben bei Luxor in Ägypten.

weitersagen und niederschreiben. Das Evangelium muß »wachsen und laufen« (vgl. Lk 19,20ff). Darum sendet Jesus seine Boten aus (Mt 10,5ff.16ff), damit sich seine Wirksamkeit – das Predigen, Verkündigen und Heilen – vervielfältige und Frucht bringe (Mt 13,23; Joh 15,2.5.8).

D) Obwohl die A. beständig in der Umgebung Jesu lebten, bewiesen sie wenig VERSTÄNDNIS für seine Sendung (Mk 10,35–40; Lk 9,54). Es fiel ihnen schwer, in der Knechtsgestalt Jesu und in seinem Leiden die Herrlichkeit des Messias zu erkennen. Sie verstanden das alles erst nach seiner Auferstehung (Mt 16,22; Lk 24,25; Joh 2,22; 16,12; 20,9). So kamen sie auch erst mit Hilfe einer Erklärung Jesu hinter den gleichnishaften Sinn seiner Rede (Mt 15,15.16) und baten um Stärkung ihres Glaubens, als sie versagt hatten (Lk 17,5; vgl. Mt 17, 20).

E) DIE GEMEINSCHAFT DER A.
Die A. waren keine frommen Individualisten, sondern lebten von der → Gemeinschaft mit ihrem Herrn und in der Gemeinschaft untereinander. Wenn Jesus seine Jünger »je zwei und zwei« aussandte (Lk 10,1; vgl. auch Apg 13,2), so aber gewiß auch deshalb, weil sie → Zeugen in einer Sache über Leben und Tod (vgl. 2 Kor 2,15.16) sind.

F) DIE NEUE SITUATION NACH DER AUFERSTEHUNG.
1) Vor Karfreitag hatten die Zwölf jämmerlich versagt: Petrus: Mt 26, 69–75; Judas: Mt 26,14–16; 27,3–10, die andern: Mt 26,56b. In den 40 Tagen zwischen Ostern und Himmelfahrt führt Jesus die A. aus aller Zaghaftigkeit und Unsicherheit (Joh 20, 19) in einen fröhlichen Glauben (V 20), in eine rechte Glaubenszuversicht (1 Joh 5,4). Er erneuert ausdrücklich den → Sendungsbefehl und den Auftrag (Joh 20,21.22), seine Arbeit aufzunehmen und weiterzuführen, nämlich die Verkündigung des Reiches Gottes (Apg 1,3.8; Mt 24,14). Der Auferstandene verheißt ihnen, mit seinem Geist bei ihnen zu sein (Mt 28,20; Joh 14,16). Auch der Sonderauftrag an → Petrus wird feierlich wiederholt (Mt 16,16–19 und Joh 21,15–19). Man kann mit Recht sagen, daß der Begriff A. »erst durch die Osterwirklichkeit seine bleibende Bedeutung erhalten« hat (H. W. Beyer, Gal.brief im NTD: Gal 1,5). Petrus versteht darunter: einen »unter diesen Männern, die bei uns gewesen sind die ganze Zeit über, welche der Herr Jesus unter uns ist aus- und eingegangen, von der Taufe des Johannes an bis auf den Tag, da er von uns genommen ist«. Er muß ein »Zeuge seiner Auferstehung mit uns werden« (Apg 1,21.22). Nun, nach der Auferstehung, sprengt der Auftrag, den der Auferstandene den A. gegeben hat, alle Grenzen im örtlichen und zeitlichen Sinn: bis an die Enden der Erde (Apg 1,8) und bis zur Vollendung der Zeitalter (Mt 28,18–20) soll das Evangelium verkündigt werden.
2) Weil aber Jesus als Auferstandener nicht nur den Zwölfen erschienen ist, geht der Begriff A. auch auf andere über: auch der leibliche Bruder Jesu, Jakobus, wird A. genannt (Gal 1,19).
3) Die A. waren die Führer der Urgemeinde. Paulus nennt sie unter den Ämtern immer an erster Stelle: 1 Kor 12,28; Eph 4,11; Apostel, Propheten, Lehrer.
Weil die Erscheinungen des Auferstandenen bei der Himmelfahrt aufhörten (Apg 1,3), ist die Zahl und die Zeit der A. begrenzt (vgl. aber → Amt). Nur eine Ausnahme gibt es, gleichsam eine »Nachgeburt«: → Paulus (1 Kor 15,8). Was vor Damaskus geschah, das war eine lebendige Gottesbegegnung, durch die der Christenverfolger Saulus zu einem »auserwählten Rüstzeug« in der Hand Jesu (Apg 9,15) wurde. In dieser besonderen Lebensführung wurzelt des Paulus besonderes Sendungsbewußtsein: Gal 1,8.15ff; 1 Kor 15,10. Dabei geht es ihm niemals um seine Person, sondern immer um die Sache: 1 Kor 3,5. In seinem besonderen Auftrag wird er – wenn auch nicht ohne Widerspruch – von den anderen Aposteln anerkannt: Gal 2,9ff; Apg 15,22ff; 16,3; 21,17ff. Vgl. → Apostelkonzil.

III) DIE A. UND DIE GEMEINDE.
Die Zeit der A. ist schon lange vorüber. Aber was die A. getan und geredet haben, das hat für die Christen aller Zeiten und aller Schattierungen bleibende und entscheidende, ja kanonische Bedeutung. Durch die A. wurde die Gemeinde gegründet (Apg 2,1ff). Immer weiter wuchs diese Gemeinde – durch der A. Zeugnis, das sich durch Drohungen (Apg 4, 17.20) und Verfolgungen (Apg 12,1ff) nicht aufhalten ließ. Der Wille der A. zur Verkündigung war stärker als der Wille zum Leben (2 Kor 11,23–28). Ihr Zeugnis hing nicht von dem Stand ihrer Bildung ab (Apg 4,13; 2 Kor 11,6), sondern von dem Feuer, das in ihren Herzen brannte (Lk 12,49; 24, 32; Apg 4,20) und das um so heller aufloderte, je mehr man es zu ersticken suchte (Apg 4, 1–4; vgl. auch 2 Kor 13,8). Durch nichts ließen sie sich daran hindern, dem Befehl ihres Meisters gehorsam zu sein: »Gehet hin und machet alle Völker zu Jüngern und tauft diese« (Mt 28,19 nach dem Grundtext). Darum bewies sich ihr Wort als »Dynamis«, als Sprengkraft und vorwärtsdrängende geschichtsgestaltende Macht (Röm 1,16).
So ist ihr Zeugnis von den »großen Taten Gottes« (Apg 2,11) und die »Apostellehre« (Apg 2,42) das Fundament, auf dem sich der Bau der Gemeinde erhebt: Alle, die in diesen Bau eingefügt werden (Eph 3,6), werden »erbaut auf den Grund der Apostel und Propheten, da Jesus Christus der Eckstein ist, auf welchem der ganze Bau ineinandergefügt wächst zu einem heiligen Tempel in dem Herrn« (Eph 2, 20f). Vgl. weiter Heilige → Schrift II CD; → Matthäusevangelium I,2.

Apostelgeschichte (*praxeis apostolôn* = Taten, Unternehmungen der Apostel).

I) EINLEITUNGSFRAGEN.
1) Der SCHREIBER der A. nennt seinen Namen nicht, aus Apg 1,1; Lk 1,1–4 geht aber hervor, daß er mit dem Verfasser des dritten Ev. identisch ist. Dessen Überschrift und die Kirchenväter bezeichnen ihn einmütig als Lukas, den Begleiter des Paulus (Kol 4, 14; Phim 24; 2 Tim 4,11). Dieses Zeugnis wird dadurch noch gestützt, daß ein Teil der A. als Augenzeugenbericht erscheint (Wir-Berichte: Apg 16, 10–17; 20,5–16; 21,1–18; 27, 1–28,16). Wenn man die Mitarbeiter des Paulus ausscheidet, die auch zu anderen Zeiten bei ihm waren, kommt man auf Lukas als den Schreiber des Buches. Wenn auch diese Erschließung des Schreibers und das Zeugnis der Kirchenväter noch nicht als zwingender Beweis anzusehen sind, sind doch auch keine stichhaltigen Bedenken dagegen zu finden. Über die Person des Lukas wissen wir nur, daß er Arzt war (Kol 4,14). Dazu paßt die genaue Beobachtungsgabe und treffen-

Tafel 8
a. Blick vom Ras el-Harrube, dem Hügel des bibl. Anathoth, auf den heutigen Ort Anata. Hier war die Heimat des Propheten Jeremia.
b. Blick auf Antiochia am Orontes in Syrien. Hier entstand die erste heidenchristliche Gemeinde (Apg 11,20ff).

de Darstellung, die man in seinen Berichten findet (über Krankheiten: Apg 3,2.7; 9,33; 14,8; 28,8; Menschenzeichnung: Apg 8,9–24; 17,18–21; 19,23–40; Ereignisschilderung: Apg 27, Reise und Schiffbruch). Zur Frage der Herkunft des Lukas geht aus Kol 4,10–14 hervor, daß er kein Jude gewesen ist. Über seine Heimat und seinen Weg zum Glauben finden wir keine Andeutung.

2) Als EMPFÄNGER nennt die A. einen Mann namens Theophilus. Auch seine Person bleibt im Dunkel. Das Lk-ev. nennt ihn *kratistos* = mächtigster, hochansehnlichster; so werden z. B. Statthalter angeredet (Apg 23,26; 24,3). Er muß also eine Persönlichkeit hohen Standes gewesen sein, deren Einfluß u. U. für die Gemeinde wichtig werden konnte. Man nimmt an, daß Theophilus in Italien wohnte, weil die Orte in Palästina näher beschrieben werden, während er die Orte Italiens ohne nähere Angaben zu kennen scheint.

3) Über ZEIT UND ORT der Niederschrift der A. gehen die Meinungen auseinander. Sie schließt mit einem Wir-Bericht und der Angabe, daß Paulus zwei Jahre in Rom gefangen war, ohne aber das Ende der Gefangenschaft ausdrücklich zu erwähnen. Danach können wir annehmen, daß hiermit auch der Zeitpunkt der Abfassung, noch vor der ersten Christenverfolgung unter Nero i. J. 64, gegeben ist. Bei späterer Niederschrift bleibt unverständlich, daß weder vom Tod der Apostel Paulus und Petrus noch von der Zerstörung Jerusalems die Rede ist.

4) Die ABSICHT des Lukas wird uns aus seinem Buch erkennbar. Er ist kein Chronist, der über alle Ereignisse Buch führt, sondern er wählt aus. Was er aber berichtet, stellt er lebendig und genau dar. Anderseits ist er kein Dichter, der einen Helden verherrlichen will, sonst würde er nicht verschwiegen haben, was 2 Kor 11,23–28; 12,1–4 angedeutet wird. So wird der Anlaß der gleiche sein wie bei dem Ev. Ein Mann in der Stellung des Theophilus muß das zuverlässige Bild des Herrn und seines Weges mit der Gemeinde haben; er darf nicht auf einzelne mündliche Nachrichten angewiesen bleiben. Darum zeigen die Berichte die Gestaltung der Gemeinde, die Ausbreitung des Evangeliums und die Führung der Boten durch Verfolgung und Gefahr.

5) Für einen solchen Bericht war Lukas der rechte Mann, da ihm verschiedene QUELLEN zugänglich waren. Manche wichtige Begebenheit hatte er miterlebt. Was er sonst über das Werk des Paulus berichtet, konnte er von diesem selbst und dem Mitarbeiterkreis aus erster Hand erfahren. Weiter hatte Lukas als Begleiter des Paulus Gelegenheit genug, mit anderen Aposteln und führenden Männern zu sprechen und Berichte auf Zuverlässigkeit zu prüfen, wie er es schon bei der Abfassung seines Ev. getan hatte (Lk 1,1–4). So sind uns die Berichte durchaus zuverlässig, was sich auch in manchen Einzelheiten zeigt, die die archäologische Forschung hat bestätigen können (vgl. A. T. Robertson, »Luke, the Historian in the Light of Historical Research«).

II) INHALT.

1) Man kann in der A. die Ausführung des Auftrags Jesu (Apg 1,8) sehen, den Bericht vom Vorstoß in die 3 Gebiete Jerusalem, Judäa und Samarien und bis an die Enden der Erde. Die Einteilung wäre dann aber aufgestellt ohne Blick für die inneren Vorgänge in der damaligen Christenheit, und der Plan wäre nicht eingehalten worden, da von Anfang an das Evangelium in die Welt getragen wurde (Apg 2,9–11; 8,26–39). Der Blick auf die innere Linie zeigt, daß es nach der Himmelfahrt Christi galt, die noch ausstehenden Verheißungen zu verwirklichen, wie etwa Mt 21,43 (vorgezeichnet im AT: Jes 62,2; 65,1). Darum bringt die A. den ausführlichen Bericht über die Himmelfahrt Jesu, d. h. die Erhöhung auf den Thron Gottes. Auf Erden geht es nun um die Sammlung und Aufrichtung des Gottesvolkes, damit dies Volk mit und unter seinem Herrn durch die Geschichte gehen kann. Diese Arbeit der Apostel ist in der von der A. dargestellten Zeit geleistet worden. So kann Petrus etwa gleichzeitig mit dem Schluß der A. feststellen: »die ihr weiland nicht ein Volk wart, nun aber Gottes Volk seid.« (1 Petr 2,10). Als Bericht über die Grundlegung und Aufrichtung dieses Gottesvolkes (→ Gemeinde; vgl. auch Korintherbriefe) steht die A. ganz in der Gedankenwelt des Paulus, von dem 4 Briefe erhalten sind über die Frage, wie aus Juden und Griechen ein Volk und ein Leib werden kann.

2) Von dieser Schau aus ergibt sich als Gedankengang:

Einleitung: Inthronisation Jesu (Apg 1,4–12).
Ergänzung des Mitarbeiterstabes (1,13–26).

- I. Die Gemeinde aus den Juden (2,1–7,59).
  - a. Grundlegung (2,1–47).
  - b. Unentschiedenheit des Hohen Rates (3,1–4,22).
  - c. Der Toleranzbeschluß (4,23–5,42).
  - d. Verfolgung durch Volksaufruhr (6,1–7,59).
- II. Das Hinzukommen der Heiden (8,1–10,48).
  - a. Der Weg des Philippus (8,1–40).
  - b. Berufung des Heidenapostels (9,1–31).
  - c. Belehrung des Petrus über Gottes Weg (9,32–10,48).
- III. Grundlegung des neuen Gottesvolkes (11,1–15,35).
  - a. Das neue Problem für die Gemeinde (11,1–12,25).
  - b. Mission unter den Heiden (13,1–14,28).
  - c. Gemeinde in der Freiheit vom Gesetz (15,1–35).
- IV. Bau der Gemeinde auf dem neuen Grund (15,36–20,38).
  - a. Auf der 2. Missionsreise (15,36–18,23).
  - b. Gemeinde in der Hauptstadt Asiens (18,24–20,38).
- V. Die Obrigkeiten und das neue Volk (21,1–28,16).
  - a. Der Weg des Paulus in die Gefangenschaft (21,1–40).
  - b. Die Juden in der Entscheidung (22,1–23,21).
  - c. Die Statthalter in der Entscheidung (23,22–25,12).
  - d. König Agrippa in der Entscheidung (25,13–26,32).
  - e. Reise zur Entscheidung des Kaisers (27,1–28,16).

Schluß: Letzte Werbung um Israel (28,17–31).

III) Von der THEOLOGIE der A. kann man nur sprechen als von der Theologie eines Weges, nicht der Theologie eines Zustandes. Es ist unmöglich, ein Wort oder einen Bericht herauszugreifen und ihn als Norm der Gemeinde zu setzen. Derartige Versuche können aus der A. selbst widerlegt werden. Ein Beispiel mag dies zeigen. Gläubigen wird nach der Taufe durch Handauflegung der Geist Gottes mitgeteilt (Apg 8,17; 19,6). Paulus werden vor seiner Taufe die Hände aufgelegt, von einer Mitteilung des Geistes in erkennbarer Form (mit Wirkung des Zungenredens) wird nichts erwähnt (Apg 9,17–19). Anderseits fällt der Geist ohne Handauflegung auf Heiden, und sie werden dann getauft (Apg 10,44–48). Apollos weiß nur von der Taufe des Johannes und wird über Gottes Weg weiter unterrichtet, aber wir lesen nichts von Taufe und Handauflegung zur Mitteilung des Geistes. Dennoch lehrt er mit brünstigem Geist (Apg 18,25). Sofort anschließend daran wird von Männern berichtet, welche die Taufe des Johannes empfangen hatten und nun auf den Namen Jesu getauft werden. Dann werden ihnen die Hände aufgelegt, und sie empfangen den Geist, so daß sie mit Zungen reden (Apg 19,1–7). So finden wir in allen Stücken ein freies, durch keine Formen gebundenes Wirken Gottes durch seine Diener.

Anderseits ist die Freiheit keine Willkür, sondern wir erkennen eine Richtung der Bewegung, die sich auf verschiedenen Gebieten gleichzeitig vollzieht. In der Stellung zum Gesetz, der Grundlage des Alten Bundes, sehen wir die Lösung von allem gesetzlichen Geist und die Leitung zur Freiheit der Kinder Gottes, deren Handeln allein bestimmt ist durch die Liebe zu Gott und den Brüdern. Der Durchbruch zu dieser Freiheit erfolgte grundlegend beim → Apostelkonzil. Aber damit war der Geist der Gesetzlichkeit noch nicht überwunden, der an die Stelle des uneingeschränkten Gehorsams des Herzens die Beachtung und Einhaltung von religiösen Normen und Formen setzen möchte.

Auf andrer Linie liegt das Durchbrechen der Erkenntnis, daß das Kreuz nicht zwischen Juden und Heiden steht, sondern der Heide durch das Kreuz der jüd. Verheißungen teilhaftig wird (Röm 2,29; 3,30; Gal 3,28f). Anderseits führt der Weg zum Kreuze jedoch nicht durch das Judentum hindurch, so daß der Heide erst unter das Gesetz zu gehen habe, wenn er das Kreuz erreichen will (Apg 15,28; Gal 2,3). Vielmehr sind Juden und Heiden nun immer eins (Röm 3,9ff; 3,23; 10,12). Vor dem Kreuze sind sie eins in ihrer Verlorenheit und nach dem Schritt durch dies Tor sind sie eins als Glieder des einen Leibes und Volkes (Röm 3,9; 1 Kor 12,12ff; Kol 3,11).

Diese Frage kann auch die andre Form annehmen: Ist Israel dem Heil in Christus nicht näher als die Heiden? (Röm 3,9). Wir sehen dann das heiße Werben um Israel, das in der A. geschildert wird (Apg 13,14; 14,2; 17,2.10 u. ö.). Fast alle überlieferten großen Reden sind im isrl. Raume gehalten (Apg 2, 14ff; 7,2ff; 11,3ff; 13,15ff; 15,7ff.13ff). Wir erkennen, wie bitter der Weg des Paulus war, der seine Seligkeit für die Rettung seines Volkes gegeben hätte (Röm 9,3) und zum Schluß sich endgültig der Heidenmission zuwenden muß (Apg 13,46; 28,28). Die in der A. gezeichneten Erfahrungen stehen hinter seinem bitteren Wort über die Juden 1 Thess 2, 15.16.

Das theologische Ringen um diese 3 Fragen finden wir in den Briefen des Paulus an die Galater, die Römer und die Epheser. Seine Antwort auf diese Fragen könnte man vielleicht als theologischen Ertrag der in der A. dargestellten Führung Gottes ansehen. In umgekehrter Schau könnte man die A. als lebendige Illustration dieser Briefe ansprechen.

Apostelkonzil. I) Als A. wird die Gemeindeversammlung in Jerusalem bezeichnet, die zwischen der ersten und zweiten Missionsreise des Paulus stattfand und auf der die Freiheit der Heidenchristen vom mosaischen Gesetz anerkannt wurde (Apg 15).

II) Den Anlaß bildete die Forderung auf Beschneidung der Heidenchristen, die Judenchristen aus Jerusalem in Antiochia erhoben (Apg 15,1). Vermutlich war es das Auftreten derselben Leute, das Petrus und Barnabas sich von der Tischgemeinschaft mit den Heidenchristen zurückziehen ließ, offenbar weil diese die jüdischen Reinheitsvorschriften nicht beachteten (Gal 2,11–14). Zur verbindlichen Klärung der Gegensätze sandte die Gemeinde in Antiochia Paulus und Barnabas mit einigen anderen nach Jerusalem (Apg 15,2).

III) In der Versammlung der Jerusalemer Gemeinde mit den Aposteln und Ältesten (Apg 15,4.6) traten gläubig gewordene Pharisäer erneut für die Beschneidung der Heidenchristen ein (V 5), drangen aber nicht durch. Petrus erinnerte an Gottes Handeln bei der Bekehrung des Kornelius (V 7–11), Paulus und Barnabas berichteten, was der Herr durch sie in der Heidenmission getan hatte (V 12). Abschließend zeigte Jakobus, daß dies Geschehen Erfüllung der atl. Weissagung war (V 13–18), und zog die Folgerung daraus, daß die Heiden nicht erst durch Beschneidung und Gesetzesübernahme Juden werden müßten, um gerettet zu werden (V 19). Das fand allgemeine Zustimmung und bedeutete die Anerkennung der Haltung des Paulus und der Gemeinde in Antiochia.

IV) Anderseits forderte Jakobus jedoch, daß die Heidenchristen um der Tischgemeinschaft mit den Judenchristen willen vier atl. Reinheitsgebote beachten und sich von aller Berührung mit Götzenopfern, vom Blut, vom Erstickten und von der Hurerei freihalten sollten (Apg 15,20.29; 21,25). Die ersten drei Vorschriften finden sich 3 Mo 17,7–9; V 10–12; V 13.15; in der vierten haben wir wohl das Verbot der Verwandtenehen (3 Mo 18,6–18; vgl. 1 Kor 5,1) zu sehen, da Hurerei im weiteren Sinn in jedem Fall durch die Worte Jesu ausgeschlossen war (Mt 5,28.32; 19,9). Schon im AT waren die genannten vier Gebote nicht auf Israel beschränkt gewesen, sondern galten ebenso für die Fremdlinge innerhalb des Gottesvolkes (3 Mo 17,8.10.13; 18,26). Auch Paulus, der selber bereit war, um des schwachen Bruders willen auf jeden Fleischgenuß zu verzichten (1 Kor 8,13), war offensichtlich ohne weiteres mit der Forderung des Jakobus einverstanden.

Aufgrund einer abweichenden Lesart der wichtigen Hs. D in Apg 15,20.29; 21,25 hat man verschiedentlich einen ursprünglichen Wortlaut angenommen, der nur von »Götzenverehrung, Blut (= Mord) und Hurerei«, den Hauptsünden der Heiden, gesprochen habe. Doch dürfte diese Lesart erst eingedrungen sein, als man das Problem der Tischgemeinschaft zwischen Juden- und Heidenchristen bereits vergessen hatte, also etwa vom 2. Jh. an. Der Situation entsprechen jedenfalls konkrete Reinheitsvorschriften besser als »moralische« Gebote, die sowieso für alle Christen galten und ihnen jedenfalls nicht erst vom AT her neu auferlegt werden mußten.

V) Der Beschluß der Versammlung wurde in einem Schreiben, dem sog. Aposteldekret, an die Gemeinden in Antiochia, Syrien und Zilizien niedergelegt (Apg 15,23–29), das Judas und Silas, die die Antiochener zurückbegleiteten, dorthin überbrachten (V 30). Die Entscheidung wurde mit Freuden aufgenommen, und auf der nächsten Missionsreise gaben Paulus und Silas sie auch an die übrigen heidenchristlichen Gemeinden weiter (Apg 16,4). Noch einmal wird das Aposteldekret Apg 21,25 erwähnt. Jakobus betont hier, die völlige Freiheit vom Gesetz gelte nur den Heidenchristen – »denn nur (RÜ) den Gläubigen aus den Heiden haben wir geschrieben ....« –, während Paulus als Jude zeigen solle, daß er sich nicht weigere, nach dem Gesetz zu leben. Damit entfällt jede Vermutung, Paulus habe erst jetzt vom Aposteldekret erfahren, sei also bei seiner Vereinbarung nicht dabei gewesen.

VI) Eine weitere Schwierigkeit liegt in der sehr umstrittenen Frage, wie der Bericht des Paulus Gal 2, 1–10 in die Ereignisse der Apostelgeschichte einzuordnen ist. Eine gute Lösung bietet die folgende Auffassung, die etwa von F. F. Bruce vertreten wird. Das Gespräch von Paulus und Barnabas mit Jakobus, Petrus und Johannes fand danach beim 2. Besuch des Paulus in Jerusalem statt (Gal 2,1 = Apg 11,30; vgl. auch Gal 2,2 mit Apg 11,28). Dabei erkannten die Apostel die in Antiochia bereits bestehende selbständige Heidenmission an (Gal 2, 6–9). Titus wurde nicht gezwungen, sich beschneiden zu lassen (V 3), von einer allgemein bindenden Entscheidung in dieser Frage ist aber noch nicht die Rede. Vorbereitet war die Haltung der Apostel durch die Bekehrung des Kornelius und seine Taufe durch Petrus (Apg 10,1–11.18). Die Entstehung weiterer heidenchristlicher Gemeinden führte aber erneut zu Auseinandersetzungen mit Judenchristen, sowohl in Kleinasien (Anlaß des Galaterbriefs; vgl. auch die Erwähnung der Christen in Syrien und Zilizien Apg 15,23) wie in Antiochia (Apg 15,1; Gal 2,11ff). In dieser Situation, noch vor dem Apostelkonzil, wäre dann der Galaterbrief geschrieben. Diese Darstellung versucht, beiden Berichten ohne Abstriche gerecht zu werden, und vermeidet, einen durch den anderen in Frage zu stellen.

Appaim »Nase«, wohl an »Großnase« gedacht.
Sohn Nadabs, Vater des Jesei und Nachkomme Jerahmeels aus dem Stamme Juda (1 Chron 2,30.31).

Appia »Die Fruchtbare«,
wahrscheinlich die Frau des Philemon in Kolossä. Ihr gilt der besondere Gruß des Paulus (Phim 2).

Appifor = Forum Appii, »Markt des Appius«,
Stadt an der Via Appia, die von Rom nach Süden führt. A. liegt etwa 60 km südl. von Rom und war seiner diebischen Einwohner wie seiner Malariaerkrankungen wegen berüchtigt. Hier begegneten dem gefangenen Paulus die ersten Christen Roms, die ihm von dort entgegengeeilt waren (Apg 28,15). Vgl. Karte Sp. 1049/50.

Aquila lat. »Adler«.
Aus Pontus im nördl. Kleinasien gebürtiger Jude, von Beruf Zeltmacher (LÜ Teppichmacher). Als Kaiser Klaudius alle Juden aus Rom ausweist, verläßt er mit seiner Frau Priska (Paulusbriefe) oder Priscilla (Apg) die Stadt und zieht nach Korinth. Dort wohnt und arbeitet Paulus, der denselben Beruf ausübt, während der ersten Zeit seines Aufenthaltes bei dem Ehepaar (Apg 18,1–3), ehe er in das Haus des Titius Justus neben der Synagoge umzieht (V 7). A. und seine Frau sind sicher in Korinth noch Christen geworden, sie begleiten Paulus bei seiner Abreise bis nach Ephesus und bleiben dort (V 18. 19). Hier nehmen sie Apollos bei sich auf und unterrichten ihn genauer über Glauben und Lehre (V 26). Als Paulus wieder nach Ephesus kommt, versammelt sich die Gemeinde regelmäßig im Haus des Ehepaars, und sie senden gemeinsam mit dem Apostel Grüße nach Korinth (1 Kor 16,19). Paulus bezeichnet sie als seine Mitarbeiter, die ihr Leben für ihn eingesetzt haben (Röm 16,3.4). Wahrscheinlich geschah das bei der Bedrängnis in Ephesus (1 Kor 15,32; 16,9; 2 Kor 1,8.9), und sie mögen dann zugleich mit Paulus die Stadt verlassen und sich nach Rom gewendet haben, wo ihr Haus wieder Versammlungsort der Gemeinde ist (Röm 16,5) und wohin Paulus ihnen nun von Korinth aus seinen empfehlenden Gruß sendet. Später finden wir sie noch einmal in Ephesus (2 Tim 4,19).
Im Dienst des Herrn sind A. und Priska als Ehepaar in ihrem Leben und Handeln so eins geworden, daß sie immer nur gemeinsam genannt werden, wobei in 4 von 6 Fällen (nach dem griech. Text) der Name der Frau voransteht.

Ar, wahrscheinlich hebr. *ir* = »Stadt«,
eine der Hauptstädte der Moabiter, vollständiger »Ar in Moab« genannt (Jes 15,1), an der Nordgrenze Moabs (4 Mo 21,15; 5 Mo 2,18) im Tale des Arnon gelegen (4 Mo 22,36: die Stadt der Moabiter; 5 Mo 2,36: Stadt am Bach; Jos 13,9: Stadt mitten im Tal). Viell. Muhattat el-Haddsch, 5 km südwestl. von Aroer, am Südrand des Arnontales an der Land- oder Königsstraße, kaum aber das heutige er-Rabba ca. 20 km südl. des Arnon.

Ara. Sohn Jethers aus dem Stamme Asser (1 Chron 7,38).

Arab, hängt wohl mit »im Hinterhalt liegen, jemandem auflauern« zusammen.
Stadt im Gebirge Judas (Jos 15,52). Sie lag etwa 13 km (Ll.) südwestl. von Hebron an der Stelle des heutigen Chirbet er-Rabije.

Araba → Blachfeld

Arabien, Araber. A. ist vom hebr. *arabah* = Wüste abgeleitet. Araber heißt so viel wie »Wüsten- oder Steppenbewohner«, die arab. Bezeichnung *Sarkijun* (Sarazenen) = »Morgenländer«.
I, 1) A. als Bezeichnung für das Gebiet zwischen dem Pers. Golf, dem Roten Meer, der Syr. Wüste und dem Indischen Ozean kennt die Bibel kaum. Wenn sie von A. oder von den Arabern, den Bewohnern der *arabah*, spricht, versteht sie manchmal die Männer der Wüste schlechthin (Jer 3,2; 9,25 [26]), vornehmlich aber die Stämme im Norden, in Arabia Peträa (steiniges A., das Moab und Edom umschloß) und Arabia Deserta (die syr. Wüste). So nennt Ptolemäus die nördl. Gebiete im Unterschied zu Arabia Felix (glückliches Arabien), womit er das Küstenland des Jemen meint. Dort liegen die Städte und Landschaften → Hevila, → Saba, → Ophir, → Hazarmaveth, → Parwaim.
Ps 11,6 (LÜ: Wetter) erwähnt den gefährlichen Samum, den Glutwind der Wüste, und Jesaja nennt die Fata Morgana (arab. *sarab*; Jes 35,7), wörtl.: »die trügerische Luftspiegelung wird zum Teiche«.
2) Die Bibel kennt Araber als nomadisierende Stämme semitischer Herkunft (1 Mo 10,21–30), auch als Nachkommen Ismaels (1 Chron 1,29–33; 1 Mo 37,25; Ri 8,24; Gal 4,25: Denn Hagar heißt in A. der Berg Sinai) und Söhne der Ketura (1 Chron 1,32–33). Sie werden auch als »die aus dem Morgenland« bezeichnet (Ri 6,3; Hi 1,3). Die Namen der größeren Stämme A. Peträas, von denen die Bibel berichtet, sind: Amalekiter, Edomiter, Gessuriter, Girsiter, Hagariter, Horiter, Ismaeliter, Kadmoniter, Keniter, Kenisiter, die Bewohner von Kedar, die Midianiter, Nabatäer (→ Aretas, → Nebajoth).
3) A. alter Ruhm war sein Reichtum an aromatischen Gewächsen, Gold und Edelsteinen. »Sie trugen goldene Ohrringe, weil sie Ismaeliter waren« (Ri 8,24). Mit ihren Schätzen kam die Königin von Saba (LÜ Reicharabien = Südarabien) zu Salomo (1 Kö 10), »und alle Könige der Araber ... brachten Gold und Silber zu Salomo«, ob als Geschenke oder als Tribut, geht aus dem Bericht nicht hervor (2 Chron 9,14). Josaphat brachten sie Kleinvieh (2 Chron 17,11), ihre Handelsbeziehungen gingen bis Tyrus (Hes 27,21) und Ägypten (1 Mo 37,25).
4) In den politischen Beziehungen Israels zu A. tritt besonders das Verhältnis zu Midian hervor, wo sich Mose vierzig Jahre aufhält (2 Mo 2,15). Später fallen die Midianiter wiederholt in Israel ein, bis Gideon Israel befreit (Ri 6–8). Während Jo-

rams Herrschaft plündern Araber Jerusalem (2 Chron 21,16), später werden sie von Usia geschlagen (2 Chron 26,7).
Auch in den Gerichtsweissagungen der Propheten werden Midian und Kedar genannt (Hab 3,7; Jes 21,13–17; Jer 49,28–33). Der Feldzug Nebukadnezars gegen die Araber wird durch die neuveröffentlichte babyl. Chronik ins Jahr 599/8 v. Chr. datiert.
II) Im NT begegnen wir Arabern unter den Besuchern des Pfingstfestes in Jerusalem (Apg 2,11). Diese waren sicher Juden aus dem damaligen Reich der Nabatäer, das sich aus der pers. Provinz A. gebildet hatte. Paulus reist dorthin. In Damaskus hat er es mit dem Statthalter des → Aretas zu tun (Gal 1,17; 2 Kor 11,32).
III) Der Gegensatz zwischen Juden und Arabern, der mit der Zerstörung Jerusalems 70 n. Chr. aus der Geschichte verschwunden war, ist nach dem 1. Weltkrieg und vor allem seit der Gründung des Staates Israel politisch, religiös und militärisch wieder aufgelebt und verleiht den atl. Berichten und Weissagungen erneute Aktualität.
IV) Die reiche Kultur der Araber, ihre Literatur und Kunst, reizen zu einer intensiven Beschäftigung damit. Auch der Alttestamentler hat davon Gewinn. Die Geschichten der Beduinen erläutern ihm den Hintergrund und die Atmosphäre, in der das AT gewachsen ist. Wellhausen, Robertson, Smith, J. A. Montgomery, Hitti, Pedersen u. a. haben auf die Bedeutung des Arabischen für die atl. Wissenschaft hingewiesen.

Arachiter. Angehöriger eines kanaanitischen Stammes desselben Namens. Nach Jos 16,2 lagen die Besitzungen der A. an der Südgrenze des Stammes Ephraim, zwischen Lus und Ataroth. Davids → Freund (des Königs) und Ratgeber → Husai war ein Arachiter (2 Sam 15,32).

Arad wohl »Wildesel«.
1) Stadt an der Südgrenze Kanaans (4 Mo 21,1; Ri 1,16), heute Tell Arad, 27 km südl. von Hebron. Der König von A. griff die Israeliten an, die von Kades kamen. Aber Israel nahm A. ein, zerstörte es und nannte die Stätte (wohl den Ort der Entscheidungsschlacht) → Horma (4 Mo 21,1–3). Später eroberte Josua A. (Jos 12,24), dabei werden A. und Horma nebeneinander genannt.
2) Benjaminit, Sohn Berias (1 Chron 8,15).

Arah wohl »Wildochse«.
1) Mann aus dem Stamm Asser, Sohn des Ulla (1 Chron 7,39).
2) Israelit, dessen Nachkommen mit Serubabel aus der Gefangenschaft zurückkehrten (Es 2,5; Neh 7,10). Er ist wahrscheinlich derselbe A., dessen Sohn Sechanja der Schwiegervater des Ammoniters Tobia war (Neh 6,18).

Araloth »Vorhäute«
nennt Jos 5,3 einen Hügel in der Nähe des 1. Lagerplatzes der Israeliten, nachdem sie den Jordan überschritten hatten (→ Gilgal). Hier holte Josua die Beschneidung der jungen Israeliten nach, die erst auf dem Wüstenmarsch geboren waren.

Aram.
1) Sohn Sems (1 Mo 10,22), Stammvater der Aramäer oder → Syrer.
2) Sohn des Asseriten Semer (1 Chron 7,34).

Aramäisch. I) Das Aram. erscheint in der Bibel zuerst 1 Mo 31,47, wo Laban den Steinhaufen aram. benennt, dem Jakob den entsprechenden hebr. Namen gibt. Es ist schwierig, genau anzugeben, wie alt die aram. Sprache ist. Albright meint sicher sagen zu können, daß sie ihren Ursprung in einem westsemitischen Dialekt hatte, der in Nordwestmesopotamien am Beginn des Zeitabschnitts von 2000–1000 v. Chr. gesprochen wurde. Dieser Dialekt scheint Spuren in den → Maribriefen hinterlassen zu haben. Nach Albright sprachen die hebr. Patriarchen diese Mundart, bevor sie sich in Palästina ansiedelten. Dort übernahmen sie dann einen örtlichen kanaanäischen Dialekt. Diese Darstellung enthält aber noch manche Unsicherheiten. Eine der ältesten aram. Inschriften, die gefunden worden sind, die Kilammu-Inschrift, gehört vermutlich der 2. Hälfte des 9. Jh. v. Chr. an. Sie wurde in Sendschirli zusammen mit jüngeren Inschriften, wohl aus dem 8. Jh. v. Chr. entdeckt. Dann haben wir die Zakir-Inschrift vom Beginn des 8. Jh. v. Chr. (→ Benhadad 3). Dies alte Aram. zeigt noch viele Übereinstimmungen mit dem Kanaanäischen. Dieser Einfluß und dazu der des Akkadischen ist besonders in der Kilammu-Inschrift so groß, daß manche den Text noch nicht als Aram. ansehen wollen.
II) Das Aram., früher auf Grund von Dan 2,4 zu Unrecht als Chaldäisch bezeichnet, wurde zu einem weitverbreiteten Dialekt (syr. 2 Kö 18,26), der schließlich auch das → Hebr. als Umgangssprache verdrängte und z. Zt. Jesu die Volkssprache war. Die hebr. Schriftsprache, in der der größte Teil des AT geschrieben war, wurde im Alltag nicht mehr gebraucht. Wie unter den Assyrern und Babyloniern das Akkad. und später im röm. Reich das Griech., bildete das Aram. im Perserreich die Amts- und internationale Verkehrssprache (vgl. auch das Buch Esra). Auch die Juden in der Zerstreuung in Ägypten redeten Aram. Das zeigt sich in den Funden von jüd. Papyrusurkunden aus dem 5. und 4. Jh. v. Chr. in Elephantine in Oberägypten. In der Zeit nach der babyl. Gefangenschaft hörte man Hebr. nur noch in der Synagoge bei der Schriftlesung. Dabei wiederholte ein Übersetzer den gelesenen Text auf Aram. Später entstand das Bedürfnis, diese Übersetzungen, die begreiflicherweise ziemlich frei waren, schriftlich festzulegen. Man nannte sie aram. → Targum (= Übersetzung). Mit der Zeit ist das Aram. dann durch das Arab. verdrängt worden.
III) Das Aram. wird mit dem Kanaanäischen und Hebr. zum Nordwestsemitischen gerechnet und seinerseits in West- und Ostaram. unterteilt. Zum Westaram. gehören:
1) die altaram. Inschriften.
Dazu gehören die Inschriften aus Sendschirli mit der Kilammu-Inschrift und die Zakir-Inschrift. Weiter die nabatäischen Inschriften (1. Jh. v.–1. Jh. n. Chr.), die Palmyra-Inschriften (1. Jh. v.–3. Jh. n. Chr.), die Sinai-Inschriften (1.–4. Jh. n. Chr.).
2) Das Bibelaram.
Darin sind geschrieben zwei Worte in 1 Mo 31,47 (s. o.), Jer 10,11; Dan 2,4–7,28; Es 4,8–6,18; 7,12–26.
3) Die Sprache der jüd.-aram. Papyri und anderer Urkunden aus Ägypten (5. und 4. Jh. v. Chr.).
4) Das jüd. Aram. der Targume und des Jerusalemer und Palästinensischen Talmud (2.–5. Jh. n. Chr.).
5) Das Samaritanische, die Sprache der samaritanischen Targume zu den Mosebüchern, das auch nach seinem Aussterben noch als reine Literatursprache bis ins Mittelalter weiter gebraucht wurde.
6) Das christlich-palästinensische A. der Melchitischen Christen in Palästina (5.–8. Jh. n. Chr.).
7) Das Neuaram., das heute noch in Malula im Antilibanon und zwei Dörfern in der Nähe gesprochen wird (Taf. 86b/1345).

IV) Zum Ostaram. werden gerechnet:
1) Das Jüd.-aram. des babyl. Talmud (4.–6. Jh. n. Chr.).
2) Das Mandäische, die Sprache der heidnisch-gnostischen Sekte der Mandäer seit dem 4. Jh. n. Chr.
3) Das Syr., die Schriftsprache der syr. Kirche in Nordsyrien und Mesopotamien vom 3.–14. Jh. Es ist aus dem bereits in heidnischer Zeit literarisch verwendeten Dialekt von Edessa entstanden, dessen älteste Inschriften aus dem 1. Jh. n. Chr. stammen. Die Bezeichnung syr. rührt daher, daß die ostaram. redenden Christen sich selber *Sûrjâjê* nannten. Dies Wort hatten sie aus dem griech. *Syroi*, einer Abkürzung von *Assyrioi* entlehnt. Den semitischen Volknamen *Arâmâjê*, akkad. *Arime*, verwendeten sie nur noch in der Bedeutung »Heiden«.
4) Die neuaram. Dialekte in Mesopotamien, heute in Mosul und Tur Abdin gesprochen, und Armenien, wo das Neusyr. von Urmia auch zur Schriftsprache geworden ist.

Aran. Sohn Disans aus dem Geschlecht der Horiter (1 Mo 36,28; 1 Chron 1,42).

Ararat, Name einer Landschaft im Norden Assyriens (2 Kö 19,37; Jes 37,38), vermutlich das Urartu der Keilschrifttexte, das Land Armenien am Araxes (Karte Sp. 131/2).
Durch die Keilinschriften erhielten wir Kenntnis von der urartäischen (nichtsemitischen) Sprache. Jeremia nennt ein Königreich A. im Zusammenhang mit den Reichen Minni und Askenas (Jer 51,27). Er ruft es prophetisch zum Gericht an Babel auf. Dieses Reich A. hatte seine Blütezeit im 9.–7. Jh. v. Chr. Die Söhne Sanheribs flüchteten nach dem Mord an ihrem Vater aus Assyrien in das Land A. (2 Kö 19, 37). Vgl. Karte Sp. 917.
Die Arche Noah setzte auf einem der Berge des Landes A. auf (1 Mo 8,4). Böhl hat jedoch darauf hingewiesen, daß in assyr. Inschriften auch ein Gebirge A. erwähnt werde (Arardi in den Annalen Assurnasirpals). Europäer erst gaben der höchsten Spitze des aram. Berglandes den Namen A. (5156 m). Nichts weist jedoch darauf hin, daß hier die Arche aufgesetzt hätte.

Aravna. Jebusiter, der eine Tenne auf dem Berg Morija bei Jerusalem besaß. Als die Pest zur Strafe für Davids Volkszählung in Israel wütete, hielt der Engel an dieser Stelle inne und der König bekam durch den Propheten Gad die Weisung, hier einen Altar für den Herrn zu errichten. David kaufte von A., der gerade beim Dreschen war, die Tenne, dazu die Rinder zum Brandopfer und Dreschschlitten und Geschirre als Brennholz. Salomo errichtete später an der Stelle von Davids Altar den Tempel (2 Sam 24,15–25; 1 Chron 21,14–22,1; 2 Chron 3,1). Die Kaufsumme, die A. erhält, wird in 2 Sam 24,24 mit 50 Sekeln Silber, in 1 Chron 21,25 mit 600 Sekeln Gold angegeben (→ Geld). In den Chronikbüchern heißt A. Ornan.

Arba »Vier«.
Vater Enaks, der größte Mann unter dem Riesengeschlecht der Enakiter. Nach ihm hieß Hebron früher Kirjath-Arba, »Stadt des A.« (Jos 14,15; 15,13; 21, 11; Ri 1,10).

Arbathiter. Aus → Beth-Araba stammend, das auf der Grenze von Juda und Benjamin liegt (Jos 15,6). Abi-Albon, einer der Kriegsmänner Davids, war ein Arbathiter (2 Sam 23,31; 1 Chron 11,32: Abiel, der A.).

Arbe → Heuschrecke IV

Arbeel, genauer Beth-A., Ort, der dem Onomastikon zufolge im Ostjordanland liegt, in der Gegend Pellas; heute Irbid, 20 km südöstl. von Gadara. Man hat verschiedentlich auch an Chirbet Irbid westl. des Sees Genezareth gedacht. Auch dieses, das Arbela von 1 Makk 9,2, könnte A. sein (Hos 10,14). → Salman. Vgl. Karte Sp. 1179.

Arbeit.
I) DIE ARBEIT GOTTES.
Die Bibel zeigt uns Himmel und Erde und alles Leben als Gottes Werk. Sein Schaffen (hebr. *bara*, nur für das Schaffen Gottes gebraucht) steht am Anfang alles Tuns. Es ist Voraussetzung für alles Handeln. Nach der Vollendung der → Schöpfung »ruhte Gott von allen seinen Werken« (1 Mo 1–2). So soll auch das Leben seines Geschöpfes, das ihm gleicht, von dem Rhythmus von Arbeit und → Ruhe getragen sein. Die Arbeit erhält den Charakter von »Mühe, Last, Kampf, Todesgefahr« – in diesem Sinn ist das Wort in Jes 43,24; 53,11 LÜ noch gebraucht – erst durch den Einbruch der Sünde in das Leben des Menschen.
Aber Gottes Werk ist mit der Schöpfung nicht abgeschlossen; er erhält und regiert alles Geschaffene in gleichbleibender Treue und wirkt und wirbt um die Erlösung des gefallenen Menschen in Gerechtigkeit und Gericht. Dies füllt das Leben und Handeln Jesu vollständig aus (Joh 5,17). Er beruft, sammelt und heiligt seine Gemeinde; er führt sie durch ihren Kampf hindurch zum Sieg über die Mächte der Finsternis (Eph 6,12) und zur Ruhe der vollen Erlösung (Jes 40,11; Hebr 4,1–11).

II) DIE ARBEIT DES MENSCHEN.
Von den verschiedenen Wörtern, die alle »schaffen, tun« bedeuten, sind es im AT vor allem das Wort *abad* und im NT *ergazesthai*, die unserem Wort »arbeiten« am genauesten entsprechen.

1) Würde und Segen der Arbeit.
Gott hat dem Menschen Gaben des Körpers und des Geistes gegeben, daß er sie nütze, sie nicht verkommen lasse, sondern mit ihnen »wuchere« als mit dem wertvollsten Gut (Lk 19,11–27), das er besitzt. Dafür wird er zur Rechenschaft gezogen. Dafür hat er Rede und Antwort zu stehen, er ist »verantwortlich«. Hierbei kommt es nicht so sehr auf die Größe der Gabe als vielmehr auf das »Wuchern« an. Diese Arbeit soll zum Segen des Nächsten und zu Gottes Ehre geschehen. Weil es Gottes Gabe ist, die es zu verwalten gilt, kann man von einer Würde der Arbeit sprechen. Diese Würde wird noch dadurch hervorgehoben, daß der Mensch in seinem Schaffen besonders deutlich das Ebenbild des schaffenden Gottes verkörpert.
Arbeit ist vor der Sünde da. Im Paradies ist der Mensch nicht arbeitslos. Das unterscheidet das Paradies vom Schlaraffenland. Gott setzte die ersten Menschen in den Garten Eden, »daß sie ihn bauten und bewahrten« (1 Mo 2,15). Darum steht die Arbeit von Anbeginn unter dem Segen Gottes.

2) Bürde und Fluch der Arbeit.
Arbeit an sich ist nicht Bürde. Sie wird es erst durch die Sünde. Nicht Arbeit an sich steht unter dem Fluch, sondern die fruchtlose A. (Dornen und Disteln!) ist Folge des Fluches über die Sünde des Adam: 1 Mo 3,17f. Diesem Doppelaspekt der A. als Segen und als Fluch und der dadurch bedingten Spannung kann niemand entgehen. Ps 90,10 LÜ steht A. jedoch wieder in anderem Sinn (s. o. I). Das hebr. Wort bedeutet Beschwer (ZÜ) oder Nichtigkeit (EÜ, MÜ).

3) Aus dem Gesagten ergibt sich für den Christen

ein klares Ja zur A. und ein ebenso klares Nein zum Müßiggang. Das ist nicht nur die immer wiederkehrende Mahnung des Weisen im Buch der Sprüche (vor allem Spr 6,6–8), sondern ebenso die Mahnung der ganzen HS, vor allem auch des NT (2 Thess 3,10). Vgl. auch → Lohn.

4) Auf Grund dieser biblischen Lehre von der Arbeit müssen wir uns abgrenzen

a) gegen jede Unterbewertung der A. (Lk 10,7; 1 Tim 5,18), wie wir sie vor allem in der Antike finden, wo die A. als eines freien oder hochstehenden Mannes unwürdig empfunden wurde oder wo wenigstens solche A. abgelehnt wurde, die »auf einen sachlich-praktischen Zweck gerichtet ist« (Thielicke, Theol. Ethik II, 1 S. 398);

b) gegen jede falsche Rangabstufung zwischen Arbeiten, die Gott mehr oder weniger gefällig seien (vgl. 1 Tim 5,10 zur Hausfrauenarbeit). A. schändet nicht, sondern adelt (Lk 22,27);

c) gegen jede Überbewertung der Arbeit, wodurch die Arbeit zu einer von Gott gelösten und zur Sünde verkehrten Macht wird, die dann leicht die Stelle Gottes selbst einnimmt (vgl. die Vergötzung der Arbeit im Materialismus);

d) gegen eine falsche christliche, introvertierte Ethik, der es nicht um die Besserung der sozialen Notstände zu tun ist, weil sie zu einseitig nur die himmlischen und geistlichen Dinge im Auge hat. An der Behebung z. B. der Arbeitslosigkeit, an der Änderung einseitiger Arbeitssysteme (z. B. Akkord), an der rechten Freizeitgestaltung, an der 40-Stunden-Woche und ihrer Problematik muß auch – und bes. – die christliche Ethik interessiert sein.

Arbiter. Beiname, der die Herkunft aus → Arab bezeichnet (2 Sam 23,35).

Arche. Das für die A. (lat. *arca* = Kasten) Noahs (1 Mo 6,14–16) verwendete hebr. *tebah* bezeichnet auch das Rohrkästchen, in dem Mose ausgesetzt wurde (2 Mo 2,3.5). A. kommt nur im NT vor (Mt 24,38; Lk 17,27; 1 Petr 3,20; Hebr 11,7). Der Kasten, den Noah auf Gottes Geheiß baute, war aus Gopherholz (LÜ Tannenholz). Wir wissen nicht, welche bes. Holzart damit gemeint ist, vielleicht Zypressenholz. Die A. sollte Kammern (1 Mo 6,14) enthalten. Das hier gebrauchte hebr. Wort bezeichnet sonst im AT ein »Nest«. Wir werden an einzelne Räume, Abteilungen innerhalb der 3 Stockwerke zu denken haben, in die die A. unterteilt war. Der fertige Bau wurde mit Pech von außen und innen wasserdicht gemacht. Das ganze Fahrzeug war 300 Ellen (135 m) lang, 50 Ellen (22,5 m) breit und 30 Ellen (13,5 m) hoch. Auch V 16 ist nicht ganz eindeutig. Die Übersetzung »Fenster« oder »Lichtöffnung« ist nicht sicher, andere vermuten »Dach«. Daher ist auch die Bedeutung der Maßangabe von einer Elle an dieser Stelle nicht völlig klar.

Archelaus »Herrscher des Volkes«.
Ältester der drei Söhne des idumäischen Königs Herodes d. Gr., die ihm in der Herrschaft folgten. Seine Mutter war die Samariterin Malthake. Er wurde mit seinem Bruder Herodes Antipas in Rom erzogen. In der letzten Fassung seines Testaments hatte Herodes d. Gr. A. zu seinem Nachfolger als König bestimmt, den anderen Söhnen hatte er kleinere Herrschaftsgebiete zugedacht. Nach dem Tod des Herodes reiste A. zunächst nach Rom, um sich vom Kaiser das Recht der Nachfolge bestätigen zu lassen. Noch vor seiner Abreise aber kommt es am Passahfest zu einem Aufruhr im Tempel, den er schließlich mit Waffengewalt niederschlagen läßt, wobei 3000 Juden umkommen. Daraufhin wird ihm eine Gesandtschaft der Juden mit der Bitte an Augustus nachgesandt, A. nicht zum König zu machen, sondern sie unter einem röm. Statthalter nach ihrem Gesetz leben zu lassen. Gleichzeitig tritt auch Herodes Antipas als sein Rivale in Rom auf. Das Gleichnis Jesu in Lk 19 scheint in V 12 und 14 auf diese Vorgänge anzuspielen, und vielleicht dürfen wir auch in dem Schluß-V 27 eine Beziehung zu A. sehen.
In seiner Entscheidung verweigert der Kaiser A. zwar den offiziellen Königstitel, bestätigt aber im übrigen das Testament des Herodes. A. erhält als Ethnarch (Volksfürst) die Herrschaft über Samarien, Judäa und Idumäa mit den Städten Cäsarea, Sebaste (Samaria), Joppe und Jerusalem (4 v. Chr.). In dieser Zeit (vgl. → Zeitrechnung V,1) kehrt Joseph mit Maria und dem kleinen Jesus aus Ägypten zurück, vermeidet, als er von seinem Regierungsantritt hört, das Gebiet des A. und läßt sich in Nazareth in Galiläa nieder (Mt 2,22.23).
Während seiner Regierung behandelt A. Samariter und Juden gleichermaßen schlecht, bis er schließlich auf ihre Klagen und Vorstellungen in Rom wegen seiner Grausamkeit und Gewalttaten abgesetzt und nach Vienne in Südfrankreich verbannt wird (6 n. Chr.). Sein Herrschaftsgebiet wird von nun an als röm. Provinz von einem Statthalter (Prokurator) verwaltet.

Archippus »Pferdebezwinger«.
Christ in Kolossä, dem ein Dienst in der Gemeinde übertragen worden war (Kol 4,17) und der wohl als Freund oder Verwandter in naher Beziehung zu Philemon stand. Paulus nennt ihn seinen Mitkämpfer (Phim 2).

Ard »Buckel, bucklig«,
Sohn Belas, ein Benjaminit (1 Mo 46,21). Seine Nachkommen heißen Arditer (4 Mo 26,40). Die abweichende Namensform Addar in 1 Chron 8,3 erklärt sich wahrscheinlich durch einen Schreibfehler.

Ardon »Buckel, bucklig«,
Sohn Kalebs, des Sohnes Hezrons aus dem Stamme Juda (1 Chron 2,18).

Areli, Sohn des Gad, der 4 Mo 26,17 → Ariel (3) heißt (1 Mo 46,16). Von ihm stammen die Arieliter ab (4 Mo 26,17).

Areopag »Hügel des Ares«.
Kahler Kalksteinhügel in → Athen, der dem Kriegsgott Ares (lat. Mars) geweiht war. Er lag nordwestl. von der Akropolis. Auf seinem Südostteil erhoben sich eine Anzahl Altäre, die verschiedenen Göttern zu Ehren gebaut waren. Nordwestl. des A. lag der Markt *(agora)* mit der Justizhalle, in der das höchste Gericht (der »A.«) tagte. Auf diesem Markte hatte Paulus denen, die sich dazu einfanden, das Evangelium von der Auferstehung Jesu verkündigt (Apg 17,17). Von dort führte an der Südseite des A. eine Felsentreppe auf einen größeren Platz, der vor der Bergspitze lag. Hier wurde vom »A.« das Urteil nach Abschluß des Verhörs in der Justizhalle gefällt. Auf diesen Gerichtsplatz (LÜ) führten die epikuräischen und stoischen Philosophen Paulus, um seine Botschaft anzuhören (Apg 17,19ff). Seine von ihren Vorstellungen ausgehende Rede gipfelte in der Forderung, auf Grund der Auferstehung Jesu von den Toten Gott zu glauben und zu ihm umzukehren. Die vielfach vertretene Ansicht, Paulus habe vor dem Gericht des »A.« gesprochen, wird u. a. damit gestützt, daß der »A.« damals auch für religiöse Fragen zuständig war. Der Bericht des Lukas spricht gegen eine solche Annahme (vgl. V 20.21.32.33). Vgl. Taf. 10a/129.

Aretas »Tüchtig«.
Name mehrerer arab. Könige der Nabatäer (→ Nebajoth) in Petra, der früheren Hauptstadt der Edomiter, südöstl. vom Toten Meer. A. IV. (9 v.–40 n. Chr.) war der Schwiegervater des Herodes Antipas. Weil Herodes seine edomitische Frau verstoßen hatte, um seine Nichte Herodias heiraten zu können, griff A. gegen ihn zu den Waffen und vernichtete sein Heer. Die Römer kamen Herodes zu Hilfe, aber ihre Strafexpedition unter Vitellius wurde auf die Nachricht vom Tode des Kaisers Tiberius abgebrochen (Jos. Ant. XVIII.5,1–3). Unter der Regierung Kaiser Caligulas hat A. zwischen 36 und 40 n. Chr. für kurze Zeit die Oberhoheit über Damaskus innegehabt. Paulus erwähnt seinen Statthalter in Damaskus (2 Kor 11,32; vgl. Apg 9,24), und Münzfunde bestätigen das.

Arg →Böse

Ärgernis, ärgern. I) Dem Begriff Ä., ärgern liegt die Vorstellung von einem Hindernis auf dem Wege zugrunde, das beirrt, aufhält oder zu Fall bringt. Stellen, an denen mehrere gleichbedeutende Worte stehen, machen das deutlich: Stein des Anstoßes, Fels des Ä., Strick, Fall (Jes 8,14); Strick, Berückung, Ä., Vergeltung (Röm 11,9); sich stoßen, ärgern, schwach werden (Röm 14,21).

II, 1) Dies Bild betrifft in der HS immer die Beziehung zu Gott. Was den Menschen vom Wege des Glaubens und Gehorsams abbringt, ist Ä.: der Anlaß zur Sünde (Mt 5,29.30) und die Sünde selber (Mt 13,41; 1 Joh 2,10), vor allem der Götzendienst (Jer 18,15; Hes 14,7; Zeph 1,3; Offb 2,14). Hier spielt auch die andere Seite mit, daß Gott an der Sünde Anstoß nimmt und daß sie sein Gericht hervorruft.
2) Sünde ist aber auch darin Ä., daß sie andere von Gott fernhält und abstößt (Mal 2,8). Darum warnen Jesus und Paulus so eindringlich davor, den Kleinen oder den (schwachen) Bruder zu ärgern, ihn auf seinem Glaubensweg zu hindern (Mt 18,6.7; Mk 9,42.45; Lk 17,1.2; Röm 14,13.21; 1 Kor 8, 13; 10,32).

III) Es gibt aber noch ein anderes Ä., das verborgenen Ungehorsam offenbar macht. Hier werden Gott (Jes 8,14), der Knecht des Herrn (Jes 52,14), Jesus (Mt 11,6; 15,12; Joh 6,61) und sein Kreuz (1 Kor 1,23; Gal 5,11) zum Anstoß für Menschen, die in ihrer Blindheit und Selbstsicherheit Gottes Wege nicht verstehen. Dieser Gefahr sind auch die Jünger Jesu ausgesetzt (Mt 26,31.33). Darum sagt ihnen der Herr Verfolgung und Not voraus (Joh 16,1), damit sie vor dem in solchen Zeiten bes. leichten Anstoß und Abfall (Mt 13,21.57; 24,10) bewahrt bleiben.

Argob. 1) Der Name dieser Landschaft östl. vom Jordan (5 Mo 3,4.13; 1 Kö 4,13) hängt vielleicht mit *rägäb* = »Erdscholle« zusammen. Die Gegend, in der 60 befestigte Städte lagen, gehörte zu Basan, ohne daß wir genaueres über ihre Lage angeben können. Die Gleichsetzung mit Trachonitis, der heutigen Ledscha (= Zufluchtsstätte), ist mit Recht angefochten worden, denn diese Landschaft liegt nordöstl. vom eigentlichen Batanäa (Basan).
2) Einer der Männer, die mit König Pekahja von Israel erschlagen wurden (2 Kö 15,25).

Aridai, einer der 10 Söhne Hamans (Est 9,9).

Aridatha, einer der 10 Söhne Hamans (Est 9,8).

Ariel »Opferherd«.
Dieses hebr. Wort kann viell. auch übersetzt werden mit »Löwe Gottes«. Auch aus dem Akkad. hat man es ableiten wollen und dann »Götterberg« übersetzt (vgl. Hes 43,15).
1) Hes 43,15.16 ist wohl der Herd des Brandopferaltars gemeint.
2) In Jes 29,1.2 erscheint A. als dichterischer Name für Jerusalem, weil dort der Opferaltar Gottes steht.
3) Einer der sieben Söhne Gads, der 1 Mo 46,16 → Areli heißt (4 Mo 26,17).
4) Abgesandter Esras, der Diener für das Haus Gottes in Jerusalem werben soll (Es 8,16).

Arieliter → Areli

Arimathia (Griech. Name von Ramathaim). Ort, aus dem der Ratsherr Joseph kam, in dessen neues Felsengrab in Jerusalem Jesus gelegt wurde (Mt 27,57ff; Mk 15,43ff u. ö.). Eusebius schreibt für A. Armathem Seipha. Das entspricht dem bibl. Namen → Ramathaim-Zophim, dem Geburtsort des Propheten Samuel (1 Sam 1,1). Andernorts nennt Eusebius für A. auch Remphis in der Nähe von Diospolis, dem ntl. Lydda (Apg 9,32) und atl. Lod (1 Chron 8,12). Beide Ortsangaben weisen auf das heutige Rentis nordöstl. von Lydda. Man fand bei Grabungen Reste von Mosaiken einer mittelalterlichen Kirche, die dem Joseph von A. geweiht war. Sicher ist A. nicht mit Rama (1) im Stamme Benjamin gleichzusetzen.

Arioch (indogermanisch *arjaka* »Edelmann«?).
1) König von Ellasar in Süd-Babylonien, Verbündeter → Amraphels (1 Mo 14,1). Wir haben sonst keine Nachrichten über ihn; die uns bekannten Könige von Ellasar wie das Auftreten des Namens (Arriwuk) in Mari gehören in spätere Zeit.
2) Name (vielleicht auch Titel) des Befehlshabers der Leibwache König Nebukadnezars in Babylon (Dan 2,14.15.24.25). Er war auch für die Vollstrekkung von Todesurteilen zuständig.

Arisai, einer der 10 Söhne Hamans (Est 9,9).

Aristarchus »Ausgezeichneter Herrscher«.
Mazedonischer Christ aus Thessalonich, Reisegefährte des Paulus. Beim Aufruhr der Goldschmiede in Ephesus werden er und Gajus von der wütenden Menge ergriffen, es scheint ihnen aber nichts geschehen zu sein (Apg 19,29). Er begleitet Paulus weiter nach Griechenland, kehrt mit ihm nach Kleinasien zurück (Apg 20,4) und befindet sich auf der Reise nach Rom (Apg 27,2) und auch dort (Phlm 24) unter seinen Gefährten. Im Kolosserbrief (Kol 4,10) nennt ihn der Apostel seinen Mitgefangenen.

Aristobulus »Ausgezeichneter Ratgeber«,
Christ in Rom, an dessen Hausgenossen der Apostel Paulus besondere Grüße ausrichten läßt (Röm 16,10).

Arje »Löwe«.
Einer der Männer, die bei dem Anschlag des Pekah auf den König Pekahja mit diesem den Tod fanden (2 Kö 15,23–25).

Arkiter. Stamm aus den Nachkommen Kanaans (1 Mo 10,17; 1 Chron 1,15) mit der Stadt Arka nördl. von Tripoli in Syrien, die der Pharao Thutmose III. (15. Jh. v. Chr.) als Arkantu erwähnt. In den Amarna-Briefen heißt sie Irkita. Der Assyrerkönig Thiglath-Pileser III. eroberte sie 743 v. Chr. Vgl. Karte Sp. 754.

Armband → Geschmeide

Arm, Arme, Armenversorgung. I) Armut wird im AT nicht als Ideal, sondern als ein Übel betrachtet, meist als Folge von Sünde (Spr 6,9–11; 10,4; 21,17 u. ö.). Das Ideal umschreibt die Bitte Agurs: »Armut und Reichtum gib mir nicht, laß mich aber mein beschieden Teil Speise dahinnehmen. Ich möchte sonst, wo ich zu satt würde, verleugnen und sagen: Wer ist der Herr? Oder wo ich zu a. würde, möchte ich stehlen und mich an dem Namen meines Gottes vergreifen« (Spr 30,8.9).
Obwohl die Verheißungen Gottes an die Erzväter (1 Mo 13,15; 26,3; 28,13) einen Reichtum an materiellen Gütern einschließen, sieht die Bibel doch auch Armut als von Gott kommend an (1 Sam 2,7) und den A. als von Gott gemacht (Spr 17,5; 22,2). In der Gesetzgebung an Mose und das Volk nahm darum der Herr den A. unter seinen Schutz. So gebietet er seinem Volk, das Recht des A. nicht zu beugen (2 Mo 23,6) und die Hand dem bedrängten und a. Bruder weit aufzutun (5 Mo 15,11; vgl. das → Sabbat- und das Jubeljahr und Bestimmungen wie 3 Mo 19,9.10; 23,22; 5 Mo 23,25[24]f; 24,19–21). Selbst bei den Opfergesetzen wurde mit dem geringeren Vermögen der A. gerechnet (vgl. 3 Mo 1,14–17; 12,8; 14,21; 27,8). Besonders das 5. Buch Mose nimmt sich in seinen Bestimmungen der Hilfsbedürftigen: der Witwen und Waisen, der Fremdlinge und A. an. Unter allen biblischen Büchern trägt gerade dieses Buch den sozialen Umständen des Volkes Israel Rechnung. So kommt es, daß das jüd. Volk ursprünglich die Armut kaum gekannt hat. Bei aller Fürsorge soll aber ein Richter den Geringen nicht vorziehen, um dadurch den Namen eines milden Richters zu erhalten (2 Mo 23,3; 3 Mo 19,15; vgl. 2 Sam 15,2–4).
Das Volk Israel hat sich jedoch nicht an diese Bestimmungen gehalten. Durch die zunehmende Verweltlichung, besonders seit der Zeit Davids und Salomos, mit dem Aufkommen der Stadtkulturen, brach der Gegensatz zwischen Reich und A. auf. Gegen die ausbeutenden Reichen sind besonders Amos, Jesaja und Jeremia, aber auch andere Propheten im Namen des Herrn aufs schärfste aufgetreten (Am 2, 6; 3,10.15; 4,1; 5,11; Jes 5,8; Jer 34,8ff). Da dieser gesetzlos erworbene → Reichtum nicht mehr als Ausdruck des Segens Gottes verstanden werden konnte, anderseits aber auch die Abhängigkeit vom Beistand Gottes (seine Freunde hassen den A. nach Spr 14,20; 19,4) den A. in die Nähe Gottes treibt, wird Armut häufig zu einem Kennzeichen des Frommen (Ps 9,10.11; Spr 19,1.22; 28,6) und Gerechten, dem voller Trost und Ersatz für das hier um der Gerechtigkeit Gottes willen Entbehrte verheißen wird (Ps 37; 72; Jes 29,19).
II) So sieht auch das NT den A. Es zeigt am Beispiel und im Gleichnis, wie nah er dem Himmelreich ist (Lk 16,19ff; Mt 11,5; Lk 14,13; Mk 12,42 ff). Dabei kennt es aber auch eine Armut, die nicht mehr materiell zu verstehen ist, sondern als Einfalt, Demut, Niedrigsein. Einen solchen A. preist Jesus glückselig (Mt 5,3). Trotzdem vergißt Jesus auch die materielle Not des A. nicht (Joh 13,29), und das NT gebietet auf verschiedene Weise, für ihn zu sorgen. Die Glieder der Urgemeinde verkauften Land und übergaben das Geld an die Apostel, damit sie es an die A. austeilten. Sie schufen so eine Art Armenversorgung (Apg 2,44.45; 4,34ff, vgl. → Ananias), die auch darum notwendig wurde, weil die Glieder der jungen Christengemeinde z. T. ihren Arbeitsplatz, auch den Rückhalt in ihren Familien verloren hatten und aus aller jüd. Wohltätigkeit ausgeschlossen waren. Als die Witwen der griech. sprechenden Christen übersehen worden waren (Apg 6,1f), wählten die Apostel Armenpfleger (oder auch Almosenpfleger), die den charitativen Dienst in der Gemeinde zu versehen hatten. Dies mußten Männer voll heiligen Geistes u. Weisheit sein, die einen guten Ruf hatten – was deutlich macht, wie dieser Dienst in der Urgemeinde verstanden worden ist. Auch Paulus hat es sich stets angelegen sein lassen, die A. der Muttergemeinde in Jerusalem durch die heidenchristlichen Gemeinden zu versorgen. Mit Beispiel (2 Kor 8,1–5) und durch Anreiz im Hinblick auf das im übrigen gute Gemeindeleben der Korinther (V 7.8), auch durch den Hinweis auf Jesus (der, obwohl er reich ist, doch a. wurde um unseretwillen, damit wir durch seine Armut reich würden V 9), wirbt er bei den Korinthern um Kollekten für Jerusalem (vgl. weiter Röm 15,26; Gal 2,10; Jak 2,2f). Sehr schwer ist die Frage zu beantworten, ob das NT den materiell A. geistlich einen gewissen Vorzug einräumt. Es gibt bestimmte Stellen in der HS, die darauf hinzudeuten scheinen (Mt 19,23.24; Lk 1,53; 6,24; 12,16; 18,23; 1 Tim 6,17). Dabei ist die Frage berechtigt, ob mit den Reichen nicht solche gemeint sind, die ihren Reichtum mißbrauchen, um A. und Bedürftige zu unterdrücken, da das NT sehr wohl den Reichtum kennt und ihn nicht schlechthin verurteilt und verdammt.
Vgl. → Reich, Reichtum.

Armoni viell. »Aus dem Wohnturm stammend«, Sohn Sauls von der Rizpa, den David mit weiteren sechs Nachkommen Sauls den Gibeonitern zur Tilgung alter Blutschuld auslieferte (2 Sam 21,8ff).

Arnan viell. »Steinbock«,
Nachkomme Serubabels (1 Chron 3,21).

Arnon viell. »Der mit Lorbeer (neu) gesäumte Fluß«, Fluß im Osten Palästinas, der in der Hochebene der syr.-arab. Wüste entspringt. Er hat mehrere Furten (Jes 16,2) und windet sich durch zerklüftete Schluchten des rötlichen Kalksteingebirges, oft 500 m tief eingeschnitten, zum Toten Meer. Südl. von Dibon ist die A.-Schlucht 4 km breit. Der nie versiegende Fluß wird von mehreren Nebenflüssen und Bächen gespeist, die sich oft in treppenförmigen Wasserfällen ins Tal ergießen. Der A. ist außerordentlich fischreich. Die Gebirgsränder und steilen Ufer entlang des Wadi el-Modschib, so heißt der A. heute, sind mit duftendem Rosenlorbeer bewachsen. Der A. war der Grenzfluß zwischen dem Amoriterreich Sihons im N und den Moabitern im S (4 Mo 21,13), später zwischen dem Stamm Ruben und den Moabitern (5 Mo 3,8; Jos 13,16). Er bildete die südliche Grenze Israels im Ostjordangebiet. Der Moabiterkönig Mesa nennt ihn auf seinem Gedenkstein (→ Mesastein).

Arod »Buckel, bucklig«,
Sohn des Gad, dessen Nachkommen Aroditer genannt wurden (4 Mo 26,17). In 1 Mo 46,16 heißt er Arodi.

Aroer »Wachholderstrauch«.
1) Stadt nördl. des Arnon, etwa 24 km (Ll.) östl. vom Toten Meer (5 Mo 2,36; 3,12; 4,48; Ri 11,26). A. war die südlichste Stadt im Amoriterreich des Königs Sihon und wurde nach dem → Mesastein zur befestigten Stadt ausgebaut. A. wurde von Israel eingenommen (4 Mo 21,21ff; Jos 12,2). Die Gaditer bauten die Stadt auf (4 Mo 32,34). Später gehörte es aber zu Ruben (Jos 13,16). Es fiel in die Hände des Königs Hasael von Syrien (2 Kö 10,33; 1 Chron 5,8). Z. Zt. Jeremias gehörte es zu Moab (Jer 48,19). A. beherrschte von seinem 750 m hohen Hügel aus den Übergang über den Arnon, und den

großen röm. Nord-Südweg. Die Stadt heißt heute Chirbet Arair.
2) Ort oder Gegend an der Grenze Gads in Gilead, vor Rabba im Flußgebiet des Jabbok (Jos 13,25; vielleicht auch Ri 11,33). Es gehörte ursprünglich den Kindern Ammon. Man vermutet A. in der Gegend von Rabbath-Ammon, dem heutigen Amman. Vgl. Karte Sp. 492.
3) Stadt im Süden Judas, im Negev, wohl identisch mit Ad-Ada (Jos 15,22). Dorthin sandte David Beute von seinem Feldzug gegen die Amalekiter (1 Sam 30,28). Es wurde in dem Ruinenhügel Bir Arara, neuhebr. Hurva Aroer, gefunden, etwa 16 km südöstl. von Beer-Seba. Vgl. Karte Sp. 1304.

Aroeriter. Beiname, der wohl die Herkunft aus → Aroer (1) oder (3) bezeichnet (1 Chron 11,44).

Arpad. Stadtstaat in Nordsyrien. A. wird oft in Zusammenhang mit Hamath genannt (2 Kö 18,34; 19,13; Jes 10,9). Nach Jer 49,23 besteht auch eine Verbindung zu Damaskus.
Etwa 40 km nördl. von Aleppo liegt der Ruinenhügel Tell Erfad, dessen Ausgrabung i. J. 1924 bestätigt, daß hier A. gelegen hat. Der Ort muß bedeutend gewesen sein. Er wurde von dem Assyrerkönig Thiglath-Pileser III. (743 v. Chr.) eingenommen und später durch Sargon II. (um 720 v. Chr.) zerstört (vgl. 2 Kö 18,34). Seitdem wird A. in der Geschichte nicht mehr genannt. Vgl. Karte Sp. 1359/60.

Arphachsad. Sohn Sems und Vater Salahs (1 Mo 10,22.24; 11,10–13). Man sucht in ihm den Stammvater der Babylonier. Aber weder über die Bedeutung seines Namens noch über die Gegend, in der seine Nachkommen wohnten, wissen wir bisher etwas Sicheres. Lk 3,36 wird er im Stammbaum Christi genannt. Vgl. auch → Völkertafel.

Artemas, Kurzform von Artemidoros »Geschenk der Artemis«.
Gefährte des Paulus, der evtl. den Titus in seinem Amt auf Kreta ablösen sollte, damit dieser zu Paulus nach Nikopolis in Griechenland kommen konnte (Tit 3,12).

Arthahsastha. Der pers. König Artaxerxes I. Longimanus (Langhand), Sohn und Nachfolger des Xerxes (→ Ahasveros). Er regierte 465–423 v. Chr. Nachdem er, veranlaßt durch die Gegner der Juden, zunächst jede Bautätigkeit im zerstörten Jerusalem verboten hatte (Es 4,7–23), gab er später doch wieder seine Erlaubnis (Es 6,14). In seinem 7. Regierungsjahr (458 v. Chr.) ließ er → Esra mit einer großen Zahl Verbannter nach Jerusalem zurückkehren, um Tempeldienst und Gesetz wieder aufzurichten, und gab ihm dazu seine volle Unterstützung (Es 7). 13 Jahre später (445 v. Chr.) gewährt er → Nehemias Bitte und beurlaubt ihn, der das Vertrauensamt des Mundschenken innehatte, auf Jahre vom Hofdienst, damit er als Statthalter Jerusalem wieder aufbauen kann (Neh 2,1–8). Im 32. Herrschaftsjahr des A. (433 v. Chr.) kehrt Nehemia für kurze Zeit an den pers. Hof zurück, darf dann aber seine Aufgaben in Jerusalem erneut übernehmen (Neh 13,6).

Arubboth. Ort, in dem einer der Statthalter Salomos seinen Amtssitz hatte (1 Kö 4,10). Zu seinem Aufsichtsbereich gehörten auch »Socho und das ganze Land Hepher«. Man hat den Ort in Arrabé, 14 km (Ll.) nördl. von Samaria, oder auch in Tell el-Asawir, 15 km (Ll.) südöstl. von Dor, vermutet. Vgl. Karte Sp. 1181.

Aruma. In diesem Ort hielt sich Abimelech auf, als er gegen Sichem kämpfte (Ri 9,41). Man hat A. auch für das Ruma von 2 Kö 23,36 gehalten. Man sucht den Ort in Chirbet el-Orma, einem Hügel, der Spuren der Besiedlung aus der Eisenzeit aufweist, etwa 9 km (Ll.) südl. von Sichem. Vgl. Karte Sp. 492.

Arvad,
mächtige Inselstadt vor der phönizischen Küste, etwa 185 km (Ll.) nördl. von Tyrus und etwa 50 km nördl. von Tripolis. Es lag etwa 3 km vom Festland entfernt im Mittelmeer und war bereits im 14. Jh. v. Chr. eine blühende Handelsstadt, die in ägypt. und assyr. Inschriften erwähnt wird. Nach 1 Mo 10, 18 waren ihre Ureinwohner Kanaaniter. In der Zeit des Propheten Hesekiel stellten die Arvaditer wohl das Schiffspersonal der reichen Handelsleute von Tyrus und die militärischen Wachen auf den Festungsmauern der Stadt (Hes 27,8.11). Unter den Griechen und Römern hieß A. Arados, heute heißt es Ruad. Der Raummangel hatte die Einwohner von A. schon früh zum Bau mehrstöckiger Häuser veranlaßt. Vgl. Karte Sp. 754; 1359/60.

Arza viell. »Holzwurm«.
Haushofmeister des Königs → Ela von Juda (1 Kö 16,9).

Arzt. → Krankheit und ärztliches Handeln stehen in Israel immer unter dem Vorzeichen des Wortes: Ich bin der Herr, dein A. (2 Mo 15,26). Ahasja, der das heidnische Orakel nach dem Ausgang seiner Krankheit befragt (2 Kö 1,6), und Asa, der »auch in seiner Krankheit den Herrn nicht suchte, sondern die Ärzte« (2 Chron 16,12), sterben. Dagegen gehören zum Wirken der Propheten und Jesu und seiner Jünger untrennbar auch → Krankenheilung und Totenauferweckung (→ Auferstehung).
Eine eigenständige Medizin, wie Ägypten (vgl. 1 Mo 50,2), Babylonien, Assyrien und Griechenland sie besaßen, hat Israel nicht entwickelt. Doch werden Ärzte mehrfach genannt. Daß sie bezahlt wurden, geht aus 2 Mo 21,19 hervor. Häufiger ist die bildliche Verwendung des Wortes. Hiob vertraut Gott mehr als den »PFUSCHÄRZTEN«, wie er seine Freunde nennt (Hi 13,4). Jesaja prophezeit, daß dem hoffnungslos daniederliegenden Israel keiner mehr WUNDARZT sein will (Jes 3,7) und Jeremia findet keinen A., der die Wunden Israels heilen wollte (Jer 8,22).
Mit der griech. Kultur kommt auch die griech. Medizin nach Palästina, wir hören von vielen Ärzten (Mk 5,26; Lk 8,43). Jesus führt das Sprichwort an vom A., der sich selber helfen soll (Lk 4,23). Er nennt sich selbst im Gleichnis A. (Mt 9,12). Er ist A. in einer eigentümlichen Bezogenheit zum Kranken: »durch seine Wunden sind wir geheilt worden« (Jes 53,5). Lukas, der Begleiter des Paulus und Evangelist, ist von Beruf A. (Kol 4,14). Als Helfer des A., die ihn sicher weithin ersetzt haben, werden Hebammen (→Wehmutter) und → Salbenbereiter genannt.
Obgleich in der Bibel von manchen → Krankheiten berichtet wird, sind doch die Angaben über Heilmittel nur spärlich. Wunden wurden ausgedrückt und verbunden (Jes 1,6; 30,26), Öl diente zum Lindern und Erweichen, Wein zur Desinfektion (Lk 10,34). Dazu kam die Behandlung mit Salben oder Balsam (Jer 8,22; 46,11; 51,8); auch → Augensalbe wird genannt (Offb 3,18). Beim Knochenbruch wird vom Verband aus Binden gesprochen (Hes 30,21), der wohl um den geschienten Arm angelegt wurde. Pflanzliche Heilmittel sind → Pflaster aus Feigen bei Geschwüren (Jes 38,21) und die Früchte der

Mandragora (Liebesäpfel), die gegen Unfruchtbarkeit helfen sollen (1 Mo 30,14); Blätter als Arznei werden Hes 47,12 genannt. Wein wurde als Stärkungsmittel für den Magen gebraucht (1 Tim 5,23), mit Myrrhe vermischt diente er als Betäubungstrank (Mk 15,23). Bei Gemütskrankheiten versprach man sich von der Musik heilende Wirkung (1 Sam 16,16), und Spr 16,24 wird auf die Hilfe des freundlichen Zuspruchs im Umgang mit Kranken hingewiesen. Bei tobsüchtigen Geisteskranken und Besessenen versuchte man wenigstens, sie mit Ketten zu binden und so daran zu hindern, sich und anderen zu schaden (Dan 4,12.20; Mk 5,3.4; Lk 8,29).

Asa.
1) Sohn und Nachfolger König Abias von Juda, ein Enkel Rehabeams und Urenkel Salomos (1 Kö 15,9–24; 2 Chron 14–16; Mt 1,7), seine Regierung dauerte 41 Jahre, von 911/10–870/69 v. Chr. Außenpolitisch herrschte während der ersten 10 Jahre Ruhe (2 Chron 13,23[14,1]), das gab A. die Möglichkeit, entschlossen gegen den Götzendienst in Juda vorzugehen. Er zerstörte und beseitigte Götzenbilder und heidnische Altäre, → Sonnensäulen und Höhenheiligtümer, vertrieb die Hurer, männliche Prostituierte im Dienst der Fruchtbarkeitsgöttin, und entzog seiner Großmutter Maacha den Rang der Königin-Mutter, weil sie ein → Ascherabild hatte herstellen lassen, das er verbrannte. Die Weihgaben seines Vaters und seine eigenen ließ er in den Tempel bringen. Zugleich nutzte er die Zeit zur Befestigung der judäischen Städte und zum Aufbau des Heeres. Einen mit ungeheurer Übermacht vorgetragenen Einfall des Kuschiten Serah konnte A., der sich auf die Hilfe Gottes verließ (2 Chron 14,10[11]), bei Maresa zurückschlagen. Der Sieg war vollständig, und das Heer kehrte mit reicher Beute heim. Der Prophet Asarja, der Sohn Odeds, bestärkte den König im Vertrauen auf Gott und im Kampf gegen den heidnischen Götzendienst. A. führt die Reform nun in seinem gesamten Reich durch, stellt den Brandopferaltar am Tempel wieder her, und das ganze Volk erneuert mit einem Opfer von 700 Rindern und 7000 Schafen aus der Kriegsbeute den Bund mit dem Herrn. Die Beteiligung von Untertanen des Nordreiches aus Ephraim und Manasse an diesem Dankopferfest gab König Baesa von Israel wahrscheinlich den Anlaß, Rama zur Sperrfestung auszubauen, um von da aus die Straßen nach Jerusalem beherrschen zu können. Die Jahresangaben »im 35.« und »36. Jahr des Königreiches A.« (2 Chron 15,19; 16,1) erscheinen dabei aber unverständlich, da Baesa nach 1 Kö 15,33; 16,8 schon 10 Jahre früher gestorben ist. Man hat daher entweder an eine Jahreszählung seit der Reichsteilung unter Rehabeam gedacht oder an Schreibfehler für das 15. und 16. Jahr (das 25. und 26. Jahr liegen ebenfalls schon zu spät). Nach diesen Vermutungen erfolgte der Ausbau Ramas im gleichen oder nächsten Jahr nach dem Dankopfer A. Dieser Bedrohung versucht A. nun mit politischen Mitteln zu begegnen. Er schickt Gesandte mit allem Gold und Silber, das nach dem Beutezug Pharao Sisaks durch Palästina (1 Kö 14,25.26) im Tempel und Königsschatz noch übriggeblieben war, an König Benhadad I. von Damaskus und fordert ihn auf, sein Bündnis mit Baesa zu brechen. A. hat Erfolg, die Syrer fallen in Nordisrael ein, und Baesa zieht von Rama ab. Das dort zurückgelassene Baumaterial schafft A. nach Geba und Mizpa und befestigt damit diese Städte (vgl. Jer 41,9).
Als nun aber der Seher Hanani den König tadelt, der den äußerlich geglückten politischen Schachzug nur im Vertrauen auf die eigene Klugheit ohne den Herrn unternommen hatte, und ihm offenbart, daß er damit einen Sieg über die Syrer aus der Hand gegeben und weiterhin Krieg zu erwarten habe, wird A. zornig und läßt den Propheten gefangensetzen. Das bedeutet den Wendepunkt in seinem Leben. Als er später an den Füßen erkrankt, »sucht er auch in seiner Krankheit den Herrn nicht, sondern die Ärzte«, und die Krankheit führt im dritten Jahr zum Tode. A. Beisetzung geschieht mit großer Pracht, und sein Sohn Josaphat wird sein Nachfolger. Mt 1,7 nennt A. unter den Vorfahren Christi.
2) Sohn Elkanas, ein Levit, Vater → Berechjas (1 Chron 9,16).

Asael → Asahel (2)

Asahel »Gott hat gemacht«.
1) Jüngster Sohn der → Zeruja, ein Bruder Joabs und Abisais. Er war einer der 30 Helden Davids und berühmt wegen seiner Schnelligkeit im Lauf (2 Sam 2,18; 23,24). 1 Chron 27,7 wird er mit seinem Sohn Sebadja als Befehlshaber der 4. Heeresabteilung unter David genannt. Nach der Niederlage der Truppen Is-Boseths bei Gibeon verfolgt A. Abner, dessen Heerobersten, und läßt sich durch keine Warnung davon abbringen, so daß Abner schließlich seinem hartnäckigen Verfolger den Schaft des Speers durch den Leib stößt (2 Sam 2,19–23). Jahre später rächt Joab den Tod des Bruders mitten im Frieden an Abner in Hebron (2 Sam 3,26.27).
2) Einer der Leviten, die Josaphat mit der Unterweisung des Volkes beauftragt (2 Chron 17,8). LÜ schreibt hier Asahel.
3) Levit z. Zt. Hiskias, einer der Aufseher über die Gaben, die zum Tempel gebracht wurden (2 Chron 31,13).
4) Vater des unter Esra gegen die Scheidung von den heidnischen Frauen auftretenden Jonathan (Es 10,15).

Asaja »Der Herr hat gemacht«.
1) Simeonitischer Fürst (1 Chron 4,36).
2) Levit, Nachkomme Meraris und Familienhaupt z. Zt. Davids (1 Chron 6,15[30]; 15,6.11).
3) Sohn Baruchs, ein Judäer aus dem Geschlecht der Selaniter. Er wohnte nach der Gefangenschaft in Jerusalem und wurde auch mit dem gleichbedeutenden Namen Maaseja genannt (1 Chron 9,5; Neh 11, 5).
4) Hofbeamter des Königs Josia, der mit anderen den Herrn über das wieder aufgefundene Buch des Gesetzes befragen sollte (2 Kö 22,12.14; 2 Chron 34,20).

Asan »Rauch«.
1) Ort, der in den Niederungen des Stammes Juda zu suchen (Jos 15,42) und nach 1 Chron 6,44[59] als Levitenstadt den Kindern Aaron übereignet worden ist. Jos 21,16 in Ain verschrieben. Es könnte mit Bor-A. (1 Sam 30,30) identisch sein, vielleicht auch mit A. (2), wenn A. später an Simeon gekommen wäre. Es ist möglicherweise das heutige Chirbet-Asan, etwa 10 km (Ll.) nordwestl. von Beer-Seba. Vgl. Karte Sp. 846; 1304.
2) Ort des Stammes Simeon, dessen Lage unbekannt ist (Jos 19,7; 1 Chron 4,32).

Asanja »Der Herr hat vernommen, das Ohr geneigt«.
Vater des → Jesua, ein Levit (Neh 10,10[9]).

Asaph »Er (Gott) hat sich (jemandes) angenommen« oder »Er (Gott) hat weggenommen« (nämlich die Schmach).
1) Der Sohn Berechjas, ein Levit aus dem Geschlecht Gersons z. Zt. Davids (1 Chron 6,24[39];

Neh 12,46). Er und seine Nachkommen sind Sänger und Musiker an der Bundeslade und dann am Tempel. Mit Gesang und Spiel preisen sie den Herrn. A. wird bei der Überführung der Bundeslade nach Jerusalem genannt (1 Chron 15,16–19; 16,5.7), die Kinder A. bei der Reinigung des Tempels z. Zt. Hiskias (2 Chron 29,13), beim Passah Josias (2 Chron 35,15), unter den Rückkehrern aus der babyl. Gefangenschaft (Es 2,41; Neh 7,44) und bei der Grundsteinlegung des Tempels (Es 3,10.11). A. ist nicht nur Sänger, sondern auch Dichter und Prophet (1 Chron 25,1.2; 2. Chron 29,30), und diese dreifache Gabe finden wir auch unter seinen Nachkommen. So beklagen zwei (Ps 74 u. 79) von den 12 Psalmen, die den Namen A. tragen (Ps 50; 73–83), die Zerstörung des Tempels und geben sich dadurch als Dichtung eines der Kinder A. zu erkennen. Und Jahasiel aus A. Geschlecht weissagt König Josaphat den Sieg über Ammoniter und Moabiter (2 Chron 20,14–17).

2) Vater von Hiskias Kanzler Joah (2 Kö 18,18; Jes 36,3).

3) Forstmeister des Perserkönigs Arthahsastha, der Nehemia Bauholz liefern sollte (Neh 2,8).

4) 1 Chron 26,1 erscheint der Name des Leviten → Abiasaph zu A. verkürzt.

Asareel viell. »Gott hat mit Freude erfüllt«.

1) Sohn Jehallel-Els aus dem Stamme Juda (1 Chron 4,16).

2) Levit, der zu David nach Ziklag kam (1 Chron 12,6).

3) Sänger z. Zt. Davids (1 Chron 25,18), Sohn Hemans. In V 4 wird er Usiel genannt.

4) Sohn Jerohams, Fürst des Stammes Dan z. Zt. Davids (1 Chron 27,22).

5) Israelit, Nachkomme des Bani, der sich unter Esra von seiner nichtjüdischen Frau trennte (Es 10, 41).

6) Sohn des Ahsai aus der Nachkommenschaft des Immer und Vater des Amassai (Neh 11,13.14). Wahrscheinlich derselbe, der unter Esra bei der Einweihung der Mauer Jerusalems als priesterlicher Musiker mitwirkte (Neh 12,36).

Asarela viell. »Gott hat mit Freude erfüllt«.
Ein Sohn Asaphs (1 Chron 25,2), wohl derselbe, der V 14 → Jesarela genannt wird.

Asar-Haddon »(Der Gott) Assur hat einen Bruder gegeben«.
Der Lieblingssohn des Assyrerkönigs → Sanherib, der fähigste, aber nicht der älteste unter seinen Söhnen. Die Bevorzugung A. erbitterte seine Brüder Adrammelech und Sarezer so sehr, daß sie ihren Vater erschlugen, als A. auf einem Feldzug von Ninive abwesend war. Er kehrte zurück, siegte nach kurzem Kampf, und die Mörder flohen nach Armenien (→ Ararat; 2 Kö 19,36.37; Jes 37,37.38). A. herrschte von 681–669 v. Chr. und war ein hervorragender Feldherr und Politiker und der mächtigste Herrscher Assyriens. Im ersten Regierungsjahr schlug er den Sohn des Chaldäers → Merodach-Baladan, des Feindes seines Vaters Sanherib, in Südbabylonien. Dann baute er Babylon, das sein Vater zerstört hatte, und den Marduktempel dort wieder auf und rühmt sich dieser Großtat in seinen Inschriften. Er kämpft gegen die von Norden nach Assyrien einbrechenden Kimmerier und stößt siegreich nach Zilizien und Syrien vor. 677 v. Chr. erobert und zerstört er Sidon. Daraufhin unterwerfen sich 10 Völker auf Zypern und 12 auf dem Festland, u. a. → Manasse (2 Chron 33,11), der in einer Inschrift als »Menase, König von Juda« auch erwähnt wird. Interessant ist die erst kürzlich gefundene Liste von Vertragsbedingungen, in denen Asar-Haddon seinen Vasallen die Anerkennung des assyr. Hauptgottes Assur auferlegte. Unter seiner Herrschaft werden fremdvölkische Kolonisten in Samaria angesiedelt (Es 4,2). Nun wendet sich A. gegen Ägypten. Den ersten Angriff konnte der Pharao → Thirhaka abwehren, aber als A. 671 v. Chr. erneut einfällt, wird der Ägypter geschlagen, seine Hauptstadt Memphis in einem halben Tag belagert, eingenommen, zerstört und verbrannt. Thirhaka flieht nach Äthiopien. A. setzt 20 Satrapen über Unterägypten ein, das er seinem Reiche einverleibt, und nimmt als erster Assyrer den Titel »König der Könige Ägyptens« an. Nach seinem Tode folgt ihm sein Sohn → Asnaphar (Assurbanipal) in der Herrschaft.

Siegesstele Asar-Haddons. Er hält den besiegten König Abdimilkut von Sidon (stehend) und Pharao Thirhaka an Ringen, die durch ihre Lippen gezogen sind. Was Thirhaka betrifft, blieb die Darstellung ein Wunschbild.

Asarja »Der Herr hat geholfen«.

1) Judäer aus dem Geschlecht Serahs und der Familie Ethans (1 Chron 2,8).

2) Levit, Nachkomme Jizhars aus dem Geschlecht Kahaths. Von ihm stammen Samuel der Prophet und Heman der Sänger ab (1 Chron 6,21[36]).

3) Einer der obersten Beamten Salomos, Sohn des Hohenpriesters Zadok und Bruder des Ahimaaz (1 Kö 4,2; 2 Sam 15,27).

4) Enkel Zadoks und Sohn des Ahimaaz (1 Chron 5,35[6,9]).

5) Sohn Nathans (2 Sam 5,14), also wohl Enkel Davids und Salomos Neffe. Er ist Vorgesetzter der 12 Statthalter Salomos (1 Kö 4,5).

6) Ein Prophet, der Sohn Odeds. Er ermutigte König Asa, seine religiöse Reform in ganz Juda und Benjamin durchzuführen (2 Chron 15,1–8).

7) Zwei Söhne des Königs Josaphat (2 Chron 21,2). Falls es sich nicht um eine Textverderbnis handelt, könnte man annehmen, daß beide von verschiedenen Müttern stammten, also Halbbrüder waren. Für den zweiten A. setzt ZÜ Usia ein, auch MÜ schlägt das vor. Vgl. für die Möglichkeit solches Doppelnamens unten 11.
8) Judäer aus dem Geschlecht Hezrons und der Familie Jerahmeels (1 Chron 2,38.39). Sein Großvater war Obed (V 38), daher könnte er identisch sein mit dem Obersten A., Sohn des Obed, der mithilft, Athalja zu stürzen und deren Enkel Joas auf den Thron zu setzen (2 Chron 23,1).
9) Ein anderer Oberst, Sohn Jerohams, der beim Sturz Athaljas beteiligt ist (2 Chron 23,1).
10) Sohn Johanans, einer der vornehmsten Ephraimiter, die das Heer Pekahs veranlaßten, die gefangenen Judäer freizugeben (2 Chron 28,12).
11) Sohn Amazjas (1) und König von Juda, auch → Usia (4) genannt (vgl. 2 Kö 15,1 mit 2 Chron 26,1).
12) Hoherpriester (1 Chron 5,36[6,10]), wahrscheinlich derselbe, der Usia zurückwies, als der König sich das Priesteramt anmaßte (2 Chron 26,17–20). Vielleicht war er noch z. Zt. Hiskias im Amt (2 Chron 31,10.13), wahrscheinlich aber gab es dann einen anderen Priester desselben Namens.
13) Der Vater → Joels, ein Kahathiter (2 Chron 29,12), und
14) ein Levit vom Geschlecht Meraris. Dieser und Joel halfen z. Zt. Hiskias mit, den Tempel zu reinigen (2 Chron 29,12).
15) Hoherpriester, Sohn Hilkias und Vater Serajas, nicht lange vor der babyl. Gefangenschaft (1 Chron 5,39[6,13]f; Es 7,3).
16) Sohn Hosajas und Gegner des Propheten Jeremia (Jer 43,2). → Jesanja.
17) Der hebr. Name → Abed-Negos (Dan 1,7).
18) Verbannter, der mit Serubabel aus Babylon zurückkehrte (Neh 7,7). Vielleicht in Es 2,2 → Seraja (8) genannt.
19) Vornehmer Judäer, wohl ein Fürst Judas, der an der feierlichen Einweihung der Mauer Jerusalems teilnahm (Neh 12,33).
20) Sohn Maasejas, der zu Nehemias Zeit ein Haus in Jerusalem besaß und die Mauer daneben ausbesserte (Neh 3,23.24).
21) Einer der Leviten, die dem Volk das Gesetz erklärten, das Esra verlas (Neh 8,7).
22) Priester, der z. Zt. Nehemias die Verpflichtung auf das Gesetz unterschrieb (Neh 10,3[2]).
23) Nachkomme Hilkias, Tempelvorsteher nach der babyl. Gefangenschaft (1 Chron 9,11). →Seraja(10).

Asas Kurzform von Asasja.
Sohn des Sema und Vater des → Bela aus dem Stamme Ruben (1 Chron 5,8).

Asasel
I) BEGRIFF.
1) Was der Ausdruck bedeutet, hat bis heute niemand mit Sicherheit sagen können. Auf verschiedenen Wegen kam man z. B. zu folgenden sprachlichen Deutungen: 1. verlassener Ort, 2. der sich Entfernende oder Fortgeschickte (von dem Ziegenbock, s. u.), 3. der abgefallene, der trotzige oder starke Geist (von Satan oder einem seiner Engel).
2) Immer mehr scheint sich die Auffassung durchzusetzen, daß es sich um einen Eigennamen handeln muß, der einen Wüstendämon bezeichnet (vgl. Jes 13,21; 34,14; Mt 12,43; Lk 11,24). Für diese Auffassung spricht auch, daß in 3 Mo 16,8 »A.« dem Namen des Herrn gegenübergestellt ist.

II) A. UND DER GROSSE VERSÖHNUNGSTAG.
1) An diesem Tage (10. Tag des 7. Monats, September/Oktober) wurde über zwei Ziegenböcke das Los geworfen, wodurch der eine zur Opferung für die Sünden des ganzen Volkes, der andere aber zur Entsendung in die Wüste bestimmt wurde. Der erste Bock galt »dem Herrn«, der zweite »dem A.« (3 Mo 16,8).
2) War der Bock »für den Herrn« geschlachtet und sein Blut im Heiligtum und Allerheiligsten versprengt worden, so »stemmte« der Hohepriester dem Bock »für A.« beide Hände auf den Kopf, sprach für das versammelte Volk das Sündenbekenntnis und ließ ihn durch einen gelosten Mann hinaus in die Wüste führen, damit er die Sünde des Volkes hinwegtrage (3 Mo 16,20–22). Hinterher mußte sich der Mann besonderen Waschungen unterziehen (V 26).
3) Über den Bock als Zwischenträger wird also die Sünde, nachdem sie von dem Volk genommen ist, dem überantwortet, der sie verursacht hat, verkörpert oder symbolisiert, A. Die Sünde wird so aus dem Volk entfernt und soll in ihm keinen Platz mehr haben. Man darf den Vorgang jedoch nicht so deuten, als brachte man mit dem Bock »für A.« dem Wüstendämon A. ein Opfer dar. Es gibt im AT nur noch eine kultische Handlung, die an diese hier erinnert: 3 Mo 14,50.53, aber auch stark von ihr unterschieden ist.

III) ASASEL UND DAS NT.
1) Das NT bezieht sich niemals auf diesen Brauch und hat auch nichts Entsprechendes aufzuweisen. Das hat seine Hauptgründe wohl darin, daß die Sünde nicht als eine Summe von Taten, sondern als eine Grundhaltung des Menschen verstanden wird und daß Christus eindeutig an die Stelle aller anderen Mittler getreten ist.
2) Es verbietet sich schon mit Rücksicht auf Hebr 13,11–12, den Bock »für A.« typologisch auf Christus zu deuten. Außerdem ist nach 3 Mo 16 nicht der Bock »für A.« der Sühner, sondern der Bock »für den Herrn«. Nur er und sein Schicksal wird somit in Hebr 13 auf Christus gedeutet.
3) Eine Stelle im NT wird allerdings gelegentlich zum Vergleich herangezogen: 1 Kor 5,5, wonach Paulus einen Blutschänder im Namen Jesu dem Satan übergibt. Der große Unterschied liegt aber darin, daß hier der Sünder selbst ausgeliefert wird, und das, wie Paulus zuversichtlich hofft, nicht für immer! (Vgl. → Satan.)

Asasja »Der Herr hat sich gezeigt«.
1) Einer der Leviten, der die Harfe spielte, als die Bundeslade nach Jerusalem gebracht wurde (1 Chron 15,21).
2) Vater des → Hosea (2) (1 Chron 27,20).
3) Aufseher im Tempel z. Zt. Hiskias (2 Chron 31, 13).

Asbai. Vater des → Naerai (1 Chron 11,37).

Asbal, auch Asbel, viell. »Mit langer Oberlippe«. Sohn Benjamins (1 Mo 46,21; 1 Chron 8,1). Seine Nachkommen sind die Asbeliter (4 Mo 26,38).

Asbea. Nachkomme des Sela aus dem Stamme Juda (1 Chron 4,21). Er und seine Familie waren Baumwollweber.

Asbel, Asbeliter → Asbal

Asbuk. Vater eines Nehemia, der aber nicht mit dem gleichnamigen Statthalter identisch ist (Neh 3,16).

Asche. Unverbrennbare Rückstände aus der Verbrennung organischer. Stoffe. A. wird in der Schrift in vielen Zusammenhängen erwähnt und findet häufig bildliche Verwendung.

I) IM ISRL. ALLTAG.
1) Feuerstellen wurden mit A. bedeckt, um die Wärme besser zu halten. Die Brotkuchen, die man zum Backen an die Außenwand einer bestimmten Art von Backofen klebte, wurden zusätzlich noch mit A. bestreut, oder das Brot wurde direkt in der (Holz-) asche gebacken (4 Mo 11,8).
2) Häufig verbrannte man die Leichen der Feinde zum Zeichen ihrer völligen Vernichtung zu A. (Hes 28,18) oder → Kalk (Am 2,1 EÜ, ZÜ).
3) Bei Trauer oder zum Zeichen tiefer Erschütterung streute man sich A. aufs Haupt (2 Sam 13,19), setzte sich in die A. (Jes 61,3; 44,20) oder wälzte sich darin (Jer 25,34). Nach Ps 102,10 aß man (tatsächlich!) »A. wie Brot«, das beim Backvorgang sowieso mit A. bestreut worden war.

II) IN KULTISCHEN ZUSAMMENHÄNGEN.
1) Die A. vom Brandopferaltar wurde nach bestimmten Regeln an eine »reine« Stelle vor das Lager getragen (3 Mo 6,3[10]f).
2) Kam es zur Verunreinigung durch Leichen, so diente die A. der »roten Kuh«, nachdem man sie mit Quellwasser vermengt hatte, als Spreng- und Reinigungsmittel für Menschen, Geräte und Kleider (4 Mo 19,18; vgl. Hebr 9,13), → Sprengwasser.

III) IM ÜBERTRAGENEN SINN.
1) Das Bekenntnis, »Staub und A.« zu sein, drückt die Nichtigkeit und Vergänglichkeit des Menschen vor Gott aus (1 Mo 18,27; Hi 30,19; Jes 44,20). Manchmal liegt der Ton auch auf der Wertlosigkeit. Ferner ist die A. ein Bild des Todes (Jer 31,40).
2) Daß Gott »Reif wie A.« vom Himmel herabsendet, ist Ps 147,16 ein Beweis für sein souveränes Handeln.
3) Jes 44,20 verspottet die Götzenanbeter mit der Bemerkung, daß der Götze A. (ein Nichts) sei.

IV) A. UND GOTTES GERICHT.
1) Gott will dem ungehorsamen Volk »A. statt Regen« (Vulkanausbrüche) senden, um es zu vernichten (5 Mo 28,24; vgl. 2 Petr 2,6). Ähnlich, aber im Bilde: Klgl 3,16; Hes 28,18; Mal 3,21[4,3].
2) Die Tempeleinrichtungen sind, solange sie bestehen, ein Zeichen der Güte und Langmut Gottes. Läßt Gott den Altar ohne menschliches Zutun (→ Wunder) zerbrechen und die Altarasche in alle Winde verwehen (entgegen 3 Mo 6,3.4[6,10.11]), so kündet sich darin sein Gericht an (1 Kö 13,3).
3) Der Bußfertige aber greift dem Gericht Gottes vor, indem er sich in »Sack und A.« hüllt (Hi 42,6; Jon 3,6; Mt 11,21). Die Veräußerlichung dieser Bußübung wird von Jesaja scharf kritisiert (Jes 58,5).

Aschera. I) Göttin, deren Name außer im AT auch in den Amarnabriefen in dem Eigennamen Abd-Aschirta und in den Texten von Ras-Schamra vorkommt. Nach Böhl ist Aschirta oder Aschirat die Gemahlin des Gottes Amurru. Man denkt auch an einen engen Zusammenhang zwischen A. und Astarte (→ Asthoreth) als Fruchtbarkeits- und Liebesgöttinnen. In den Ras-Schamra-Texten ist Ascherat die Frau des höchsten Gottes El, der als Sonnengott auf einem Berg im N wohnte, und wird als »Herrin der See« bezeichnet. Sie wird auch (mit der weiblichen Form von El) Elat genannt. El u. Ascherat haben miteinander 70 Kinder, Baal u. a. A. ist also in der Umwelt Israels eine wichtige Göttin gewesen und ihr Götzendienst fand auch im Gottesvolk Eingang (1 Kö 15,13; 2 Kö 23,4.7; 2 Chron 33,3; Ri 3,7 die Mehrzahl Ascheroth). In 1 Kö 18,19 werden neben den 450 Baalspropheten 400 Propheten der A. genannt, die alle von Isebel ihren Unterhalt erhielten.

II) A. kommt aber nicht nur als Eigenname im AT vor. In den heidnischen Heiligtümern stehen neben den Masseben, geweihten Steinen (LÜ Säulen), auch A., geweihte Pfähle (LÜ meist A.bilder 1 Kö 14,23; 2 Kö 17,10; manchmal auch → Hain 2 Mo 34,13; 5 Mo 7,5). Während die Steine die → Baale vertreten oder allgemein die männlichen Gottheiten, stellen die Pfähle die Göttinnen, die A. oder Astharoth dar (Ri 6,25.26.28.30; 1 Kö 16,33; 2 Chron 17,6; Jes 17,8). Es ist nicht mit völliger Sicherheit zu sagen, ob der Name der Göttin auf den geweihten Pfahl übergegangen, oder ob sie nach dem Kultgegenstand genannt worden ist, doch scheint das erste wahrscheinlicher. Diese geweihten Pfähle, ursprünglich waren es vielleicht geweihte Bäume, standen dicht an den Altären.

Asdod wird zum 1. Mal Jos 11,22 als enakitische Stadt genannt, später ist es als Stadtstaat eine der 5 Hauptstädte der Philister neben Askalon, Gaza, Gath und Ekron (Jos 13,3; 1 Sam 6,17). Nach Jos 15,46 ist A. Juda zugewiesen worden, es behauptete aber bis in die Zeit der Könige seine Unabhängigkeit. In seinen Mauern stand der Tempel des → Dagon, des Hauptgottes der Philister, und hier wurde die von den Philistern eroberte → Bundeslade aufgestellt. Darum suchte Gott A. und sein Gebiet mit schweren Krankheiten heim, auch die Städte, in die die Leute von A. die Bundeslade auslagerten, bis sie das isrl. Heiligtum mit goldenen Kleinodien als Schuldopfer an Israel zurückgaben (1 Sam 5–6). A. wurde nur einmal von → Usia eingenommen. Er schleifte die Mauern der Stadt und baute Städte im Umkreis von A. (2 Chron 26,6; vgl. Am 1,8; Sach 9,6). Nicht viel später eroberte der Assyrer Thiglath-Pileser III. A. und machte es tributpflichtig; auch unter Sargon II. wird es von dessen Heerführer (Tharthan) erfolgreich belagert (vgl. Jes 20,1). Mit einem König von Assurs Gnaden ist es nun Hauptstadt der assyr. Provinz Asdudu. Vgl. Karte Sp. 618.
Der ägypt. Pharao Psammetich I. (663/2–609 v. Chr.) eroberte die Festung nach Herodot nach 29-jähriger Belagerung. Von den Einwohnern blieb nur ein »Rest A.« am Leben (Jer 25,20; vgl. Herodot II, 157). Als die aus der Gefangenschaft zurückgekehrten Juden die Mauern Jerusalems wieder aufbauten, gehörte A. zu dem Bund der Araber und Ammoniter, die den Bau mit Waffengewalt hindern wollten (Neh 4,1[7]). Trotzdem heirateten einige der Rückkehrer gegen das Gebot Gottes Frauen aus A. (Neh 13,23.24).
Während der Makkabäerzeit wurde A. zweimal von Judas Makkabäus belagert und zerstört und der Tempel Dagons gebrandschatzt (1 Makk 10,83.84; 11,4), 55 v. Chr. bauten die Römer die Stadt wieder auf. Philippus predigte das Evangelium in A. und Cäsarea (Apg 8,40).
Am Abhang eines Hügels dicht bei dem Dorf Esdud, neuhebr. Ashdod, vermutet man die alte Stadt. Sie liegt etwa 15 km nordöstl. von Askalon zwischen Jaffa und Gaza, etwa 4 km vom Mittelmeer entfernt.

Aseka. Bis hierhin jagte Josua die amoritischen Stadtkönige von Jerusalem, Hebron, Jarmuth, Lachis und Eglon, die Gibeon belagert hatten (Jos 10, 10.11). A. war dem Stamm Juda zugewiesen worden (Jos 15,35). Zwischen A. und Socho hatten die Philister ihr Lager, aus dem der Riese Goliath hervortrat und Israel verhöhnte (1 Sam 17,1). A. war von Rehabeam zur festen Stadt ausgebaut worden (2 Chron 11,9). Später wurde es von Nebukadnezar als eine der letzten Städte (neben Lachis) belagert und erobert (Jer 34,7). Nach der Rückkehr der Juden aus der Gefangenschaft wurde es neu besiedelt (Neh 11,30). A. lag gegenüber der Stadt Socho, südl. des Tales Ajalon und etwa 27 km nordwestl. von Hebron. Man vermutete, daß der Hügel Tell Zakarije, neuhebr. Tel Azeqa, das alte A. verborgen hielt. Bei Ausgrabungen fand man dort eine größere Stadt, umgeben mit einer Innenmauer und befestigt mit 8 wuchtigen Türmen. Erstaunlich sind die unterirdischen Gänge und Räume, die wohl in Kriegszeiten Zufluchtsorte und Vorratskammern waren. Hier fand man auch Krüge und Scherben aus isrl. Zeit. Vgl. Taf. 22b/321; Karte Sp. 1129.

Asel, viell. mit »weggehen, schwinden« zusammenhängend.
Name eines Platzes in der Nähe von Rama bei → Najoth (1 Sam 20,19). Genaue Lage des Ortes unbekannt. Hier verabschiedeten sich Jonathan und David voneinander.

Asgad, pers. *izgad* »Bote«.
Israelit, dessen Nachkommen z. T. unter Serubabel (Es 2,12; Neh 7,17), z. T. unter Esra (Es 8,12) aus der babyl. Gefangenschaft zurückkehrten. Der Vertreter dieser Familie unterschrieb den Bund unter Nehemia (Neh 10,16[15]).

Ashur. Sohn des Hezron aus dem Stamm Juda (1 Chron 2,24; 4,5). Er hat mit seiner Nachkommenschaft wohl in Thekoa gewohnt oder diesen Ort gegründet, da er »der Vater Thekoas« genannt wird.

Asia. I) A. bezeichnet z. Zt. der Makkabäer das Reich der Seleukiden, das über Klein- und Vorderasien reichte.

II) Das NT versteht unter A. die 133 v. Chr. gebildete röm. Provinz *Asia proconsularis* im Westen Kleinasiens mit der Hauptstadt Ephesus. Diese Provinz unterstand der Herrschaft eines Prokonsuls. Sie umfaßte Mysien, Lydien, Phrygien und Karien (Apg 6,9; 19,10; 1 Kor 16,19; 2 Kor 1,8; 2 Tim 1,15; 1 Petr 1,1; Offb 1,4.11).

III) Außerdem nennt das NT A. das westl. Küstenland dieser Provinz ohne Phrygien (Apg 2,9; 16,6). Die sieben Gemeinden in A., an die sich die sieben Sendschreiben der Offenbarung wenden: Ephesus, Smyrna, Pergamus, Thyatira, Sardes, Philadelphia und Laodizea liegen sämtlich in diesem westl. Teil A. (Offb 1,4). Vgl. Karte Sp. 1009; 1151/2.

IV) Drei Apostel standen in enger Beziehung zu den zahlreichen Gemeinden in A.
1) Paulus bereiste A. erstmals auf seiner zweiten Missionsreise, ohne daß uns Näheres über seine Wirksamkeit berichtet wird (Frühjahr 50 n. Chr., Apg 16,6–8). Dann betritt er es wieder am Anfang und am Ende seiner 3. Reise (52–56 n. Chr., Apg 18,23; 20,1.2.13–16). Zwischendurch wirkte er drei Jahre in der Hauptstadt von A., Ephesus. Mit seinen Briefen wendet er sich an zwei Städte in A. direkt (Ephesus, Kolossä) und an eine indirekt (Laodizea; Kol 4,13.16), deren Gemeinden ihm viel verdankten.
2) Petrus spricht in seinem 1. Brief u. a. auch zu Christen in A.
3) Johannes soll noch in hohem Alter in Ephesus gewirkt haben. Jedenfalls stand er durch die Sendschreiben (Offb 1,4.11) mit sieben Gemeinden in A. in Verbindung.

Asiel. I) »Gott möge ernähren«.
Levitischer Sänger z. Zt. Davids (1 Chron 15,20).
II) »Gott möge handeln«. Simeonit, Vater des Seraja (1 Chron 4,35).

Asima. Syr. Gottheit, die Umsiedler aus Hamath nach Samarien mitbrachten (2 Kö 17,30). Die LXX faßt A. als weibliche Gottheit auf. Weiter ist nichts über sie bekannt.

Asisa. Israelit aus dem Geschlecht Satthu, der eine heidnische Frau geheiratet hatte (Es 10,27).

Askalon, eine der fünf Hauptstädte (Stadtstaaten) des Philisterlandes (→ Philister, → Asdod). Sie lag als Hafenstadt am Mittelmeer und gilt als Einfallstor für die philistäische Einwanderung aus Kreta (Jer 47,7). Vor den Philistern müssen → Avviter dort gewohnt haben (5 Mo 2,23; Jos 13,3). Schon die Amarnatafeln erwähnen A. Es wurde um 1280 v. Chr. von Ramses II. erobert (Abb. Sp. 399) und kam dann in die Hände der Philister. Vgl. Karte Sp. 1076.
Juda und Simeon nahmen A. nur für kurze Zeit ein (Ri 1,18), z. Zt. Simsons hatten es die Philister wieder zurückgewonnen (Ri 14,19; 1 Sam 6,17). Danach ist es durch Thiglath-Pileser III. erobert worden, und auch Sanherib hat es besetzt gehalten. Jeremia, Amos, Zephanja und Sacharja weissagen gegen A. (Jer 25,20; 47,5.7; Am 1,8; Zeph 2,4.7; Sach 9,5). Ein in Sakkara gefundener Papyrusbrief enthält die vergebliche Bitte um Hilfe, die A. angesichts der Bedrohung durch Nebukadnezar 604 v. Chr. an Ägypten richtete. Vgl. Karte Sp. 618.
A. war die Geburtsstadt Herodes d. Gr., der durch große Bauwerke und Gartenanlagen den Ruhm der Stadt mehrte. In der röm.-byzantinischen Ära wurde A. ein Mittelpunkt griech. Kultur. Nur die Ruinen der röm. Stadt sind bis jetzt ausgegraben, den anderen Stadtteil bedeckt der Dünensand. Der fruchtbare Boden A. bringt große Äpfel und berühmte Feigen hervor. A. neuhebr. Tel Ashqelon, liegt etwa 20 km nördl. von Gaza. Vgl. Taf. 9a/128.

Askenas. Ältester Sohn von Gomer, dem Sohn Japhets (1 Mo 10,3; 1 Chron 1,6). Das gleiche Wort bezeichnet im Assyr. die Skythen. Jer 51,27 wird das Königreich A. neben Ararat und Minni in Armenien genannt. Vgl. → Szythe.

Asmaveth. Bedeutung ungeklärt. Name einer der *Aristida plumosa* verwandten Pflanze (Kamelfutter).
1) Benjaminit, dessen Söhne zu David nach Ziklag kamen (1 Chron 12,3).
2) Einer der Helden Davids (2 Sam 23,31; 1 Chron 11,33).
3) Vermögensverwalter Davids (1 Chron 27,25).
4) Nachkomme Sauls (1 Chron 8,36; 9,42).
5) Ort etwa 7 km nördl. Jerusalem (Es 2,24). 42 seiner Einwohner kehrten aus der babyl. Gefangenschaft zurück. Neh 7,28 heißt der Ort Beth-Asmaveth. Hier wohnten Tempelsänger aus Jerusalem (Neh 12,29). A. ist wohl das heutige Hizma, wo man ausgehauene Zisternen und Getreidespeicher fand. Vgl. Karte Sp. 986.

Asna.
1) Einer der Tempelknechte, dessen Nachkommen unter Serubabel aus dem Exil zurückkehrten (Es 2, 50).
2) Stadt in Juda, die nach Esthaol und Zora genannt wird (Jos 15,33), vielleicht Chirbet Hasan 4,5 km südsüdwestlich von Latrun und 3 km nordwestl. von Zora.
3) Judäischer Ort weiter südl. (Jos 15,43), vielleicht Idna zwischen Hebron und Lachis.

Asnaphar akkad. Assur-bani-apli »(Der Gott) Assur ist Erschaffer eines Erben«.
Aram. Namensform für den Assyrerkönig Assurbanipal (669 bis mindestens Juni 631 v. Chr.), den Sohn und Nachfolger Asar-Haddons.
Er war kein Soldat und Eroberer, seine Begabung und seine Liebe gehörten Kunst, Wissenschaft und Literatur. Kulturell ist seine Regierung eine Blütezeit des assyr. Reiches. In Ninive brachte er eine riesige Bibliothek zusammen, von der etwa 22000 Tontafeln mit historischen, religiösen und magischen, astronomischen und mathematischen Texten, die eine unschätzbare Hilfe zum Verständnis der Umwelt des AT bilden, ausgegraben worden sind. Während der König in seiner Hauptstadt blieb, führten seine Generäle die Kämpfe zur Erhaltung des gewaltigen, von seinem Vater ererbten Reiches. In Ägypten wurde Thirhaka, der nach Asar-Haddons Tod die Macht wieder an sich gerissen hatte, erneut geschlagen und die assyr. Herrschaft wieder aufgerichtet. Bei einem zweiten Feldzug 663 v. Chr. stürmten die Assyrer das für uneinnehmbar gehaltene Theben (vgl. Nah 3,8–10). Der nun als König unter assyr. Oberhoheit eingesetzte Psammetich wußte sich jedoch mit Hilfe des Lyderkönigs Gyges, den dafür die Rache A. traf, unabhängig zu machen, und die inneren Schwierigkeiten des assyr. Reiches verboten einen neuen ägypt. Feldzug. Mit Samassumukin, dem von seinem Vater als Unterkönig in Babylon eingesetzten Bruder des A., war es zu fortgesetzten Reibereien gekommen, die in offenem Kampf endeten. A. besiegte schließlich seinen Bruder und dessen Verbündete und verleibte Babylon und Elam seiner Herrschaft ein (648 v. Chr.). Ausdrücklich erwähnt wird A. in der Bibel nur Es 4,9.10 als der »große und berühmte A.«, der Umsiedler aus den verschiedenen Teilen seines Reiches nach Samarien gebracht hatte. Soweit wir die Gegenden bestimmen können, passen sie zu den assyr. Feldzügen 648–640 v. Chr. Vgl. → Assyrien, → Ninive, → Asar-Haddon.

Asnath nach dem ägypt. *ns-n(j)t* = »der (Göttin) Neith angehörig« (Kriegsgöttin der Stadt Sais im Nildelta).
Tochter des Potiphera, eines Priesters zu On. Der Pharao gab sie Joseph zur Frau. Sie wurde die Mutter von Manasse und Ephraim (1 Mo 41,45.50; 46, 20).

Asnoth-Thabor. Grenzort Isaschars in der Nähe des Thabors (Jos 19,34).

Asor. Sohn des Eliakim, Vater des Zadok und Ahnherr Josephs. Er lebte nach dem Exil (Mt 1,13.14).

Aspatha pers. »Vom Roß gegeben« (?).
Einer der 10 Söhne Hamans (Est 9,7).

Aspenas pers. »Gastfreund«,
Oberster der Kämmerer am Hofe Nebukadnezars, dem Daniel und seine Freunde unterstellt waren (Dan 1,3).

Asriel.
I) Viell. »(Gegenstand) jubelnder Freude ist Gott«.
Nachkomme Manasses, von dem die Asrieliter abstammen (4 Mo 26,31; Jos 17,2; 1 Chron 7,14).
II) »Meine Hilfe ist Gott«.
1) Vater Jeremoths, ein Naphthaliter z. Zt. Davids (1 Chron 27,19).
2) Fürst des Stammes Ostmanasse (1 Chron 5,24).
3) Vater des Seraja z. Zt. Jeremias (Jer 36,26).

Asrikam »Meine Hilfe hat sich erhoben«.
1) Sohn des Azel aus dem Stamm Benjamin (1 Chron 8,38; 9,44).
2) Palastvorsteher des Königs Ahas, den der Ephraimit Sichri erschlug (2 Chron 28,7).
3) Levit, Sohn des Hasabja und Vater Hassubs (1 Chron 9,14; Neh 11,15).
4) Sohn des Nearja, Nachkomme Serubabels (1 Chron 3,23).

Assan.
Vater Paltiels, des Fürsten aus Isaschar (4 Mo 34, 26).

Asser hängt mit hebr. »glücklich nennen, preisen« zusammen.
1) Jakobs 8. Sohn, der 2. von Leas Magd Silpa (1 Mo 30,12.13; 35,26). Er hatte vier Söhne, eine Tochter und zwei Enkel, als er nach Ägypten kam (1 Mo 46,17). Der Segen Jakobs (1 Mo 49,20; ebenso der des Mose, 5 Mo 33,24.25) verheißt ihm ein fruchtbares Land als Wohnsitz.
2) Der Stamm, die Nachkommen A. Vom 2. Jahr nach dem Auszug bis zur Volkszählung im Ostjordanland steigt die Zahl seiner wehrfähigen Männer von 41 500 auf 53 400, womit der Stamm der Größe nach von der 9. an die 5. Stelle rückt (4 Mo 1,41; 26,47), wenige Generationen später sind es aber nur noch 26 000 (1 Chron 7,40). In der Lagerordnung ist der Platz A. im N des heiligen Zeltes zwischen Dan und Naphthali, diese drei Stämme brechen beim Abmarsch als letzte auf (4 Mo 2,25–31). Das A. bei der Verteilung des Landes Kanaan zugewiesene Gebiet erstreckt sich am Mittelmeer vom Berg Karmel nach N bis Groß-Sidon (Jos 19,24–31). Seine östl. Nachbarn sind Naphthali und Sebulon, im S. wohnt Manasse, der zwar das Anrecht auf einige Orte im Land A. hatte, sie aber nicht zu besetzen vermochte (Jos 17,11–13). Außerdem liegen 4 Levitenstädte in A. (Jos 21,30.31). Da aber die Asseriten die Kanaaniter aus einer ganzen Reihe fester Städte nicht zu vertreiben vermochten (Ri 1, 31.32) und nur am Berg Karmel die Küste erreichten, blieb ihnen vor allem das Bergland als Wohnsitz. Vgl. Taf. 97/1536.
Sie beteiligten sich nicht am Kampf Baraks gegen → Sisera (Ri 5,17), zogen aber → Gideon gegen Midian zu Hilfe (Ri 6,35; 7,23). Mit Ausnahme Simeons ist A. der einzige Stamm westl. vom Jordan, aus dem kein Richter und auch später kein bedeutender Mann hervorgegangen ist. Schon z. Zt. Davids war der Stamm so unbedeutend, daß sein Name bei der Aufzählung der Stammesfürsten (1 Chron 27,16–22) nicht mehr genannt wird. Z. Zt. Hiskias folgen einzelne Asseriten, die nach der Wegführung der 10 Stämme noch im Land geblieben waren, seiner Einladung zur Feier des Passah in Jerusalem (2 Chron 30,11). Dann hören wir nur noch von der Witwe und Prophetin Hanna, die den Herrn im Tempel für die Geburt Jesu preist, daß sie aus A. stammte (Lk 2,36–38).
In der Weissagung des Hesekiel erhält A. jedoch an zweiter Stelle nach Dan wieder seinen Anteil am verheißenen Land zugewiesen (Hes 48,2.3), und unter den 144 000 Versiegelten aus den 12 Stämmen werden auch 12 000 von A. aufgeführt (Offb. 7,6).
3) Viell. auch ein Ort östl. von Sichem an der Gren-

Tafel 9
a. Askalon. Überreste von hellenistischen Bauten aus der Stadt der Römerzeit.
b. Ziegel aus Nilschlamm und gehacktem Stroh, gestempelt mit Namen und Titel Ramses II. (1301–1234 v. Chr.). Britisches Museum, London.
Solche Ziegel mußten die Israeliten während der Zeit ihrer Unterdrückung herstellen.

ze des Stammes Manasse (Jos 17,7). Genaue Lage unbekannt; vermutet hat man ihn in Tajasir, 8 km nordöstl. von Thirza.

Assir »Gefangener«.
1) Levit, Sohn des Korah, in Ägypten geboren (2 Mo 6,24; 1 Chron 6,7[22]).
2) Levit, Sohn des Abiasaph (1 Chron 6,8[23]).
3) In einigen Übersetzungen wird noch ein A. als Sohn des Königs Jechonja (→ Jojachin) erwähnt (1 Chron 3,17). In diesem Falle wäre anzunehmen, daß er ein Sohn war, der in der Gefangenschaft geboren wurde. Diese Annahme beruht auf der Vulgata, LXX und Kimchi, wo an dieser Stelle A. als Eigenname aufgefaßt wird. Es besteht aber auch die Möglichkeit, in A. die Bezeichnung »Gefangener« zu sehen, die sich auf den gefangenen König beziehen würde.

Assos, Hafenstadt in Mysien (Kleinasien). Sie liegt auf einem Felsen am Golf von Adramyttium (heute Edremit), 25 km südöstl. von Troas. Von Behramköy, wie dieser Ort heute heißt, fuhr Paulus mit dem Schiff nach Palästina (Apg 20,13.14). Vgl. Karte Sp. 1049/50.

Assur.
I,1) Sohn Sems und Stammvater der Assyrer (1 Mo 10,22; 1 Chron 1,17).
2) Südlichste und älteste der großen Städte des Reiches → Assyrien, die als einzige auf dem rechten oder Westufer des Tigris lag (1 Mo 2,14; LÜ Assyrien). Sie war ursprünglich eine babyl. Kolonie im Gebiet der Hurriter (→ Horiter). Der Ruinenhügel trägt heute den Namen Qalat Scherqat.
Der Stadtgott A., den man vor allem als Kriegsgott betrachtete und der später zum Nationalgott Assyriens aufstieg, hatte hier sein Hauptheiligtum. Den Namen des Gottes trugen auch die Stadt, das Land und Reich (1 Mo 10,11; 4 Mo 24,22; Jes 7,18 u. ö.). Im ganzen barg die Stadt 34 Heiligtümer. Bei den Ausgrabungen in A., die schon 1840 begonnen wurden, kam auch eine Urkunde ans Licht, die all diese Tempel aufzählt und daher als Götteradreßbuch bezeichnet wird. Weitere Funde von Bedeutung waren die Annalen Thiglath-Pilesers I. (um 1100 v. Chr.) und die unter dem großen Palast entdeckten Königssarkophage, u. a. der Sarkophag → Sanheribs, der 681 v. Chr. in Ninive ermordet wurde (2 Kö 19,37).
3) Von A. = Assyrien zu trennen ist augenscheinlich eine Landschaft in NW-Arabien (Ps 83,9), die vielleicht mit → Sur gleichzusetzen ist. Vgl. → Assuriter.
II) »Helfer, hilfreich«.
1) Vater des falschen Propheten Hananja von Gibeon (Jer 28,1).
2) Vater des Jaasanja z. Zt. Hesekiels (Hes 11,1).
3) Israelit, der z. Zt. Nehemias die Verpflichtung auf das Gesetz unterzeichnete (Neh 10,18[17]).
III) Schreibfehler im hebr. Text für *teaschur* (Hes 31,3), vgl. → Zypresse.

Assuriter. Arab. Stamm, durch Dedan und Joktan von Abraham und Ketura abstammend (1 Mo 25,3). Über seinen Wohnort ist nichts Genaues bekannt. Wenn Sur (V 18) und Assur (Ps 83,9) das gleiche sind, dann haben wir die A. an der Westgrenze von Arabien zu suchen; die Verbindung mit Dedan weist sie ebenfalls dorthin.

Tafel 10
a. *Der Areopag in Athen. Die Gedenktafel enthält den Text der Paulusrede, die er hier gehalten hat (Apg 17).*
b. *Zug mit Opfertieren. Fries vom Parthenon in Athen.*
Vgl. Apg 14,13: Der Zeuspriester in Lystra brachte Stiere und Kränze und wollte vor Paulus und Barnabas opfern.

Assyrien. I) Durch den Fund der assyr. Königsliste in Khorsabad 1932/33, von der wir heute bereits 3 Exemplare kennen (vgl. F. Schmidtke, Aufbau der babyl. Chronologie. Münster i. W. 1952; JNES 13 (1954) S. 209–230), sind wir über Namen und Reihenfolge der assyr. Könige gut unterrichtet und können sie bis ins 18. Jh. v. Chr. hinein auch ziemlich sicher datieren. Die älteste Zeit Assyriens liegt aber trotzdem weithin für uns noch im Dunkel. Aus den kappadozischen Keilschrifttexten wissen wir von assyr. Kolonien im östl. Kleinasien um 2000 v. Chr. Dann kam das Reich unter Samsi-Adad I. (1753–1721 v. Chr.) zu größerer Machtentfaltung. Nach seinem Tode aber konnte Hammurabi Assyrien in Abhängigkeit von Babylon bringen. Nach dem Sturz der Dynastie Hammurabis wurde A. vom Reich Mitanni abhängig, das nichtsemitische Völker, die von Osten nach Mesopotamien eingedrungen waren, um 1500 v. Chr. gegründet hatten.
II) Nach dem Niedergang der Mitanni gewinnt A. unter Assuruballit I. (1363–1328 v. Chr.) seine Unabhängigkeit zurück. Dieser Herrscher steht in diplomatischer Korrespondenz mit Pharao Amenophis IV. Damit gewinnen wir den frühesten Synchronismus, der eine genaue Nachprüfung der ägypt. Daten erlaubt. Babylon gerät nun in Abhängigkeit von Assyrien, dessen Herrschaft sich unter Salmanasser I. (1273–1244 v. Chr.) und Tukulti-Ninurta I. (1243–1207 v. Chr.) immer weiter ausdehnt. Seit 1200 v. Chr. beginnt in A. aber eine Zeit des Niedergangs, die nur durch die Regierung Thiglath-Pilesers I. (1112–1074 v. Chr.) unterbrochen wird, der das Reich Tukulti-Ninurtas wieder herstellt. Seine Nachfolger sind jedoch nicht in der Lage, die Eroberungen gegen die ständigen Angriffe der Aramäer zu behaupten. Der erneute Niedergang des assyr. Reiches und die gleichzeitige Schwäche Babylons ermöglichen die Errichtung eines isrl. Großstaates unter David und Salomo.
III) Unmittelbare Bedeutung für die bibl. Geschichte erlangen nun die Herrscher des neuassyr. Reiches, unter denen A. seine größte Machtentfaltung erlebte.
Assurnasirpal II. (883–859 v. Chr.) bekriegte die aram. Kleinfürsten mit unerhörter Grausamkeit (Hautabziehen, Pfählen bei lebendigem Leibe usw.) und stellte das Reich im Umfang Thiglath-Pilesers I. wieder her. Im Innern schuf er eine straff organisierte Verwaltung. Seine Hauptstadt errichtete er in Kalah (Nimrud). Die 1951 gefundene Einweihungsinschrift von 879 v. Chr. nennt eine Einwohnerzahl von über 60 000 Menschen; das bestätigt die Angabe von 120 000 Einwohnern für das etwa doppelt so große Ninive bei Jona (Jon 4,11).
→ Salmanasser III. (859–824 v. Chr.) setzte die Politik seines Vaters fort. Er kämpfte bei Karkar gegen eine syr. Koalition (853 v. Chr.), besiegte → Hasael von Damaskus und machte → Jehu von Israel tributpflichtig (841 v. Chr.). Taf. 46b/705.
Nach seinem Tode wird A. von einer Reihe schwacher Könige regiert, die vor allem gegen das erstarkende Königreich Urartu (im heutigen Armenien) und gegen Unruhen im eigenen Lande zu kämpfen hatten. Juda und Israel können sich deshalb in der Zeit von 824–745 v. Chr. des Friedens erfreuen. Der eigentliche Begründer des assyr. Weltreiches ist der Usurpator Pulu (der bibl. Phul), der 745 v. Chr.

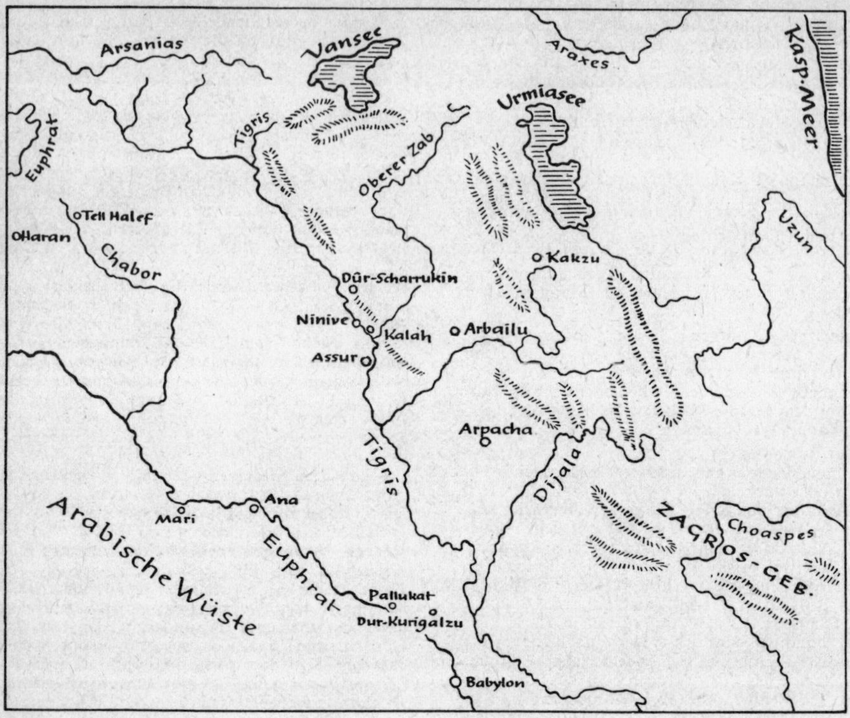

Karte von Assyrien.

als → Thiglath-Pileser III. den assyr. Thron besteigt und bis 727 v. Chr. regiert. Nach erfolgreichem Kampf gegen Urartu wendet er sich nach Westen. → Menahem von Israel unterwirft sich freiwillig (2 Kö 15,19.20). Als Thiglath-Pileser später bis Philistäa vordrang, rief → Ahas von Juda ihn gegen Israel und Damaskus zu Hilfe, worauf er Israeliten und Syrer vernichtend schlug und in die Verbannung führte (2 Kö 16,5–9). Hosea wurde anstelle Pekahs als Herrscher über den Rumpfstaat Samaria eingesetzt, und Ahas wird tributpflichtig. Nach der Eroberung und Sicherung von Gaza an der ägypt. Grenze setzt Thiglath-Pileser sich unter dem Namen Pulu 729 v. Chr. auch auf den babyl. Thron.
→ Salmanasser V. (726–722 v. Chr.) hat während seiner kurzen Regierungszeit vor allem gegen Unruhen in Syrien und Palästina zu kämpfen. 3 Jahre lang belagert er Samaria. Die Eroberung der Stadt scheint noch unter ihm gelungen zu sein, genannt wird sie aber als Tat seines Nachfolgers → Sargon II. (721–705 v. Chr.), der sich auch der Fortführung von 27 290 Israeliten rühmt (vgl. 2 Kö 17,1–6). Sargon befestigt weiterhin die Grenzen des assyr. Reiches durch endgültige Niederwerfung des Königreichs Urartu und des letzten Hethiterstaates von Karchemis (717 v. Chr.), durch Siege über die → Meder, die syr. Kleinstaaten und → Merodach-Baladan von Babylon.
Sein Sohn → Sanherib (705–681 v. Chr.) wirft Merodach-Baladan erneut nieder und erobert 701 v. Chr. die meisten phön. und palästinensischen Städte. Nur → Hiskia konnte sich in Jerusalem halten (2 Kö 18,13–19,36). Nach der Zerstörung der Stadt Babylon (689 v. Chr.), die sich erneut gegen die Assyrerherrschaft erhoben hatte, wird Sanherib von seinen zwei ältesten Söhnen 681 v. Chr. ermordet (2 Kö 19,37).
Nachdem → Asar-Haddon (680–669 v. Chr.) seine beiden älteren Brüder besiegt und den assyr. Thron bestiegen hatte, ließ er Babylon wieder aufbauen. Er befestigte das Reich weiterhin durch Siege über die Kimmerier und Skythen und vor allem durch die Eroberung Ägyptens (671 v. Chr.). Vgl. Karte Sp. 915.

Kopf eines Assyrers.

Assurbanipal (→ Asnaphar; 669 – mindestens Juni 631 v. Chr.) unterdrückt einen Aufstand der Ägypter und zerstört Theben (663 v. Chr.). Dann ist er jedoch mit Kämpfen gegen Babylon und Elam so beschäftigt, daß Pharao Psammetich I. um 655 v. Chr. die ägypt. Unabhängigkeit zurückgewinnen kann. Zu den kulturellen Verdiensten Assurbanipals gehört vor allem die Errichtung einer wieder ausgegrabenen Bibliothek von über 20 000 Tontafeln in Ninive. Hier wurde ungefähr alles aufgezeichnet, was der Orient bisher an Literatur hervorgebracht hatte.
Nach dem Tode Assurbanipals treibt das durch viele Kriege erschöpfte Assyrerreich rasch seinem Zerfall entgegen, bis schließlich die Hauptstadt Ninive 612 v. Chr. von dem Meder Kyaxares und dem Chaldäer Nabopolassar erobert und zerstört wird. Ein assyr. Rumpfstaat, den Assuruballit II. mit der Hauptstadt Haran halten wollte, wird trotz ägypt. Hilfe (→ Necho) ebenfalls zerschlagen. Meder und Chaldäer teilen sich den Besitz des ehemaligen A. (vgl. Nah 2 u. 3).

Astharoth. Mehrzahl von → Asthoreth.
1) In Verbindung mit Baal oder Baalim ein Sammelname für die weiblichen Gottheiten der Kanaaniter (Ri 2,13; 10,6; 1 Sam 7,3.4; 12,10). 1 Sam 31, 10 vielleicht der Plural majestatis, mit dem ehrerbietig von der Göttin Asthoreth gesprochen wurde.
2) Alte Stadt in Basan, Sitz der Verehrung der Göttin Asthoreth und Hauptstadt des Königs Og (5 Mo 1,4; Jos 9,10). Er und einige der alten Einwohner waren Riesen (Jos 12,4; 13,12). Der Ort fiel an die Kinder Machirs aus dem Stamm Manasse (Jos 13, 31), wurde aber als Levitenstadt den Gersonitern zugeteilt (1 Chron 6,56[71]). Usia, einer der Helden Davids, stammt aus diesem Ort (1 Chron 11,44). A. wird gewöhnlich mit dem heutigen Tell Aschtara, etwa 35 km östl. des Sees Genezareth, gleichgesetzt. Dieser Hügel liegt in einer wasserreichen Grasebene. Viell. auch = → Astharoth-Karnaim. Vgl. Abb. Sp. 445/6.

Astharoth-Karnaim »Astharoth bei Karnaim.«
Ort, dessen Einwohner Riesen waren und von König Kedor-Laomor besiegt wurden (1 Mo 14,5). Vermutlich stand dort ein Bild einer gehörnten → Asthoreth. Der Name scheint später zu Karnaim (»Zwei Hörner«) verkürzt zu sein und wird so in der Makkabäerzeit in Verbindung mit Städten Gileads und mit Atargation erwähnt (1 Makk 5,26.43f; 2 Makk 12,26). Unter dieser Voraussetzung ist der Ort von → Astharoth, der Hauptstadt Ogs (5 Mo 1,4) zu trennen, denn die Beschreibung der Lage von Karnaim in 2 Makk 12,21 stimmt nicht mit der Lage von Tell Aschtara = Astharoth überein. Man sucht A.-K. deshalb entweder im heutigen Tell Aschari, ca. 8 km südl. von Tell Aschtara, wahrscheinlicher aber in Scheich Saad, ca. 4 km nördl. von Tell Aschtara.

Asthoreth. Name einer Göttin, babyl.-assyr. Istar, kanaan. Astarte. Im Hebr. ist A. die Einzahl von → Astharoth (1). Dabei haben wir wahrscheinlich mit einer absichtlich verkehrten Vokalisierung zu rechnen, man las den Namen Asthereth wohl bewußt mit den Vokalen von *boschät*=Schande. An den Orten → Astharoth (2) und Astharoth-Karnaim werden wir Heiligtümer der A. vermuten können. Ein weiterer Tempel der Göttin (die Mehrzahlform ist hier wohl als ehrerbietiger Plural majestatis zu verstehen) stand in → Beth-Sean (1 Sam 31,10), wo man ihn auch gefunden zu haben meint. Als Hauptgöttin der Phönizier heißt A., zu deren Verehrung Salomo durch seine Frauen verführt wurde, die Göttin oder der Greuel von Sidon (1 Kö 11,5.33; 2 Kö 23,13).

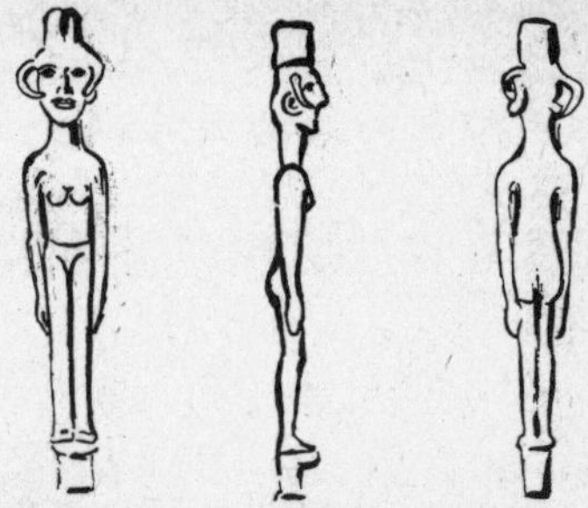

Bronzefigürchen der Astoreth aus Geser (10. Jh. v. Chr.).

In Babylon galt Istar als Tochter des Mondgottes Sin, später als Frau des Himmelsgottes Anu. Hier wie in Phönizien und Kanaan war sie vor allem Liebes- und Fruchtbarkeitsgöttin, in Assyrien und auch bei den Philistern (1 Sam 31,10) Kriegsgöttin. Böhl weist zur Erklärung dieses Gegensatzes auf die Doppelrolle hin, die auch ihr Planet, die Venus, spielt. Schon früh war die Identität von Morgen- und Abendstern bekannt, wobei man den Morgenstern als Kriegsgestirn, den Abendstern als Gestirn der Liebe betrachtete. Bärtige Darstellungen der Istar in Babylon bezeugen ebenfalls ihren Doppelcharakter. In hellenistischer Zeit setzte man Istar mit der griech. Aphrodite gleich. Auch bei der z. Zt. Jeremias in Jerusalem verehrten Himmelskönigin (Jer 7,18; 44,17–19.25) werden wir an den Morgen- und Abendstern und damit an die A. zu denken haben. Die jüdischen Frauen buken ihr wohl sternförmige Opferkuchen. In Palästina sind zahlreiche nackte Frauenfigürchen gefunden worden, die man für Darstellungen der A. hält. In Geser trugen die Gestalten Hörner, vgl. dazu den Ortsnamen Astharoth-Karnaim = »zweigehörnte Astharoth«. Die Häufigkeit der gefundenen Figürchen gerade aus isrl. Zeit bestätigt die biblischen Nachrichten über die Verbreitung dieses Götzendienstes in Israel.
Mit der Verehrung der A. als Göttin der Fruchtbarkeit und Sinnenlust war überall auch die kultische Prostitution verbunden. Neben den berufsmäßigen Tempeldirnen gaben sich auch andere Frauen im Tempel preis, männliche Prostituierte (5 Mo 23,18 [17]; 1 Kö 14,24; → Hurer) standen ebenfalls im Dienst der Göttin. Wenn die Propheten den Götzendienst als Ehebruch, Unzucht und Hurerei bezeichneten, war das also nicht nur Bildrede, sondern bezog sich auch auf konkrete Formen des Fruchtbarkeitskultes (vgl. Hes 23).

Asthrathiter, Mann aus → Astharoth (2) (1 Chron 11,44).

Asuba »Verlassen«.
1) Frau des Kaleb, des Sohnes Hezrons (1 Chron 2,18.19).
2) Tochter Silhis. Sie war die Mutter des Königs Josaphat (1 Kö 22,42; 2 Chron 20,31).

Asuriter. Sonst unbekanntes Volk im nördl. Teil Israels, das zum Reich Is-Boseths gehörte (2 Sam 2, 9). Die Vulgata hat hier → Gessuriter.

Aswath »Blind«,
Sohn Japhlets und Nachkomme Assers (1 Chron 7, 33).

Asynkritus »Der Unvergleichliche«.
Christ in Rom, dem Paulus Grüße ausrichten läßt (Röm 16,14).

Atad »Bockshorn«.
Tenne östl. des Jordan, auf der Joseph sieben Tage Totenklage um seinen Vater Jakob hielt, ehe er den Jordan überschritt (1 Mo 50,10), um ihn bei Mamre zu begraben. Die Kanaaniter nannten den Ort danach »Klage der Ägypter« (Abel-Mizraim; 1 Mo 50,11).

Atara »Kranz, Diadem«.
Zweite Frau des Judäers Jerahmeel, Mutter Onams (1 Chron 2,26).

Ataroth, Mehrzahl von Atara.
1) Stadt im Ostjordanland (4 Mo 32,3.34). Nach dem → Mesastein wurde der von Gaditern bewohnte Ort von den Moabitern erobert. Heute heißt er Chirbet Attarus. Er liegt auf einem Bergrücken südl. des Wadi Zarqa Main, etwa 5 km nördl. von Machärus und ca. 10 km östl. vom Toten Meer.
2) Atroth-Sophan im Ostjordanland (4 Mo 32,35) bauten die Gaditer. Seine Lage ist unbekannt.
3) Grenzstadt zwischen Ephraim und Manasse (Jos 16,7) am Rande des Jordantales. Man vermutet A. heute in Tell Scheich ed-Diab, etwa 23 km (Ll.) nördl. von Jericho. Vgl. Taf. 97/1536.
4) Grenzstadt zwischen Ephraim und Benjamin auf dem Weg von Jerusalem nach Beth-El (Jos 16,2), wohl mit A.-Adar (Jos 16,5; 18,13) identisch. Vielleicht das heutige Chirbet Attura, das etwa 10 km nördl. von Jerusalem und östl. von Beth-Horon liegt. Vgl. → Arachiter.
5) A. des Hauses Joab (A.-Beth-Joab; 1 Chron 2, 54) ist ein Ort unbekannter Lage im Stammgebiet Judas, vielleicht in der Gegend Bethlehems.

Ataroth-Adar → Ataroth (4)

Ater »Gekrümmt«.
1) Vorfahr einer Familie, die mit Serubabel aus dem babyl. Exil zurückkehrte (Es 2,16; Neh 7,21).
2) Haupt einer Familie levitischer Torhüter, die ebenfalls mit Serubabel zurückkehrte (Es 2,42; Neh 7,45).
3) Israelit, der unter Nehemia den Bund unterschrieb (Neh 10,18[17]).

Athach.
Ort im Süden Judas, dessen Ältesten David einen Teil der Beute sandte, die er den Amalekitern abgenommen hatte (1 Sam 30,30). Vielleicht ist an einen Schreibfehler für → Ether (2) (Jos 19,7) zu denken, bei dem man ein *r* durch ein *ch* ersetzt hat. In Jos 15,42 liest eine LXX-Hs. entsprechend Ithak für Ether (1).

Athaja etwa »Der Herr hat sich als überragend, als über Menschenmaß hinausgehend erwiesen«.
Sohn des Judäers Usia, der nach dem Exil in Jerusalem wohnte (Neh 11,4).

Athalja »Der Herr hat seine Erhabenheit bekundet«.
1) Frau des Königs Joram von Juda, Tochter Ahabs und Enkelin Omris (2 Kö 8,18.26). Energisch und skrupellos wie ihre Mutter Isebel, verschaffte sie dem → Baalsdienst des isrl. Königshauses durch Joram und ihren Sohn → Ahasja auch in Juda Eingang. Als nach dem Tode Jorams Ahasja nach einjähriger Regierung von Jehu erschlagen wurde, griff A. selber nach der Herrschaft. Sie ließ alle Glieder der königlichen Familie töten, um uneingeschränkt regieren zu können. Joseba, einer Schwester Ahasjas und Frau des Hohenpriesters Jojada, gelang es jedoch, des Königs jüngsten Sohn Joas zu retten und vor A., die sechs Jahre lang regierte (841–835 v. Chr.), im Tempel zu verbergen. Dann ließ Jojada nach sorgfältiger Vorbereitung den 7jährigen Joas zum König ausrufen. A., die auf die Jubelrufe des Volkes herbeieilt, wird gefangen, aus dem Tempelbezirk hinausgeführt und im Palast erschlagen. Die Menge zerstörte darauf den Baalstempel und tötete den Baalspriester Matthan (2 Kö 11; 2 Chron 22; 23). A. war die einzige → Königin, die über Juda herrschte.
2) Benjaminit aus der Familie Jerohams, der in Jerusalem wohnte (1 Chron 8,26).
3) Vater eines Jesaja aus dem Geschlecht Elam, eines der Rückkehrer aus der Gefangenschaft z. Zt. Esras (Es 8,7).

Athen, Hauptstadt Attikas in Griechenland, nach der Göttin Athene benannt.
Als Paulus nach A. kam (Apg 17,15.16), besuchte er eine der berühmtesten Stätten der Weisheit und Kunst des Altertums. Obwohl es schon den Höhepunkt seines Ruhms hinter sich hatte – Handelszentrum war Korinth, zur Metropole der Wissenschaften war Alexandrien geworden, A. war seit 146 v. Chr. Freistadt, doch politisch ausgeschaltet –, verursachte die allgemein hellenistisch ausgerichtete Geisteshaltung jener Zeit, daß A. seinen Namen weit über seine politische Geltung hinaus behielt.
Z. Zt. des Paulus gab es in A. 4 philosophische Lehrrichtungen, deren Interessengebiete von ihren verschiedenen philosophischen Grundlagen abhängig waren. Die Platoniker trieben vor allem Mathematik, die Aristoteliker oder Peripathetiker beschäftigten sich mit den Naturwissenschaften im allgemeinen, die Stoiker waren Juristen und den Epikuräern ging es um die Allgemeinbildung. Die letzten beiden Gruppen waren darüber hinaus auch religiös interessiert (Apg 17,18).
Die Stadt wird von der Akropolis (156 m) überragt, einem Hügel, der schon im 3. Jt. v. Chr. (Steinzeit) besiedelt war und um 1500 v. Chr. eine Burg trug, von der noch Reste erhalten sind. Um 600 v. Chr. stehen dort die ersten Steintempel, und später reiht sich ein griech. Heiligtum an das andere, der Athene, der Artemis und anderen Göttern geweiht: das Hekatompedon, der Parthenon-Tempel, das Erechtheion, auf einem freien Platz das riesenhafte bronzene Standbild der Athene Promachos, dessen vergoldeter Helmkamm und Speer die heimkehrenden Seeleute grüßte, die Propyläen als Zugang zum Plateau. – Die Unterstadt umfaßte Tempel, Märkte, Gymnasien und Schulen, in denen die Philosophen lehrten. An die Akropolis lehnen sich Theater im Süden, der → Areopag im Westen, im Norden die Agora an, der von Säulenhallen, Tempeln, Basaren und Regierungsgebäuden umgebene Marktplatz, auf dem sich die Athener gern aufhielten und wo jeder frei reden konnte. Hier predigte der Apostel Paulus zuerst, als er auf seiner 2. Missionsreise nach A. kam (Apg 17,17). Die Schriftsteller des Altertums berichten von vielen Göttern und Götterbildern in A. Nach Plinius gab es deren etwa 3000. Pausanias berichtet von einem Altar, der »unbekannten Göttern« geweiht war und am Wege lag, der vom Hafen an der Phaleronbai zur Stadt führte. Auch in Pergamon hat man eine solche Inschrift gefunden.
A. hatte auch eine Synagoge, in der sich Paulus vor seiner Rede an die Athener an die Juden gewandt hatte (Apg 17,17).
In A. gewann Paulus nur wenige Menschen für den Glauben an Christus: Dionysios, den Areopagiten, Damaris »und andere mit ihnen« (Apg 17,34).

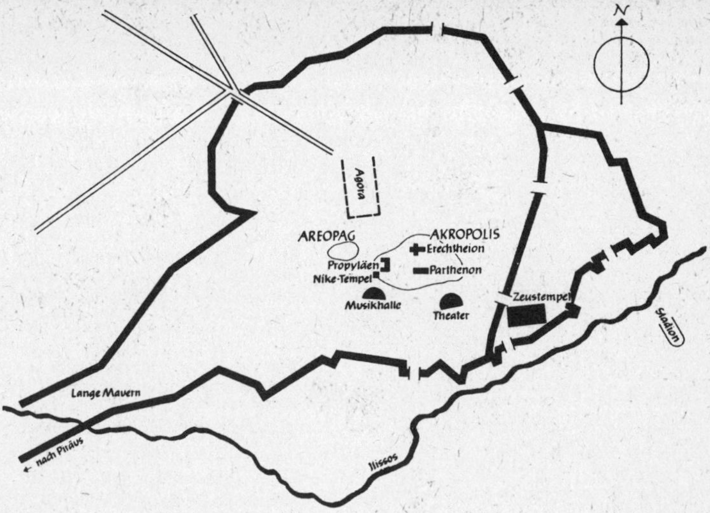

Stadtplan von Athen. Vgl. Taf. 10/129; 11/160.

Athlai, Kurzform von Athalja.
Israelit, der eine heidnische Frau genommen hatte (Es 10,28).

Athni, Kurzform von Ethnan.
Sohn Serahs und Vater Malchias, ein Levit aus der Familie der Gersoniter (1 Chron 6,26[41]). V 6[21] heißt er Jeathrai.

Atroth-Sophan → Ataroth (2)

Attalien, das heutige Antalya, ein Seehafen an der Küste Pamphyliens am gleichnamigen Golf, südl. von Perge. Die Stadt wurde von König Attalus Philadelphus von Pergamos (um 145 v. Chr.) gebaut. Paulus und Barnabas besuchten sie auf der ersten Missionsreise (Apg 14,25). Sie kamen von Perge und fuhren mit dem Schiff von A. nach Antiochien. Vgl. Karte Sp. 86

Atthai, Kurzform von Athaja oder Athalja.
1) Sohn des ägypt. Knechtes Jarha und der Tochter des Judäers Sesan (1 Chron 2,34.36).
2) Einer der Gaditer, die zu David nach Ziklag kamen (1 Chron 12,11).
3) Sohn Rehabeams und → Maachas, der Enkelin Absaloms (2 Chron 11,20)

Ätzen. Die »Ätzschrift« (3 Mo 19,28 EÜ, MÜ) ist wohl eine damals übliche Art heidnischer Tätowierung

Aue bezeichnet in LÜ 1 Chron 27,28; 2 Chron 26, 10; 28,18 die Sephela, das »Niederland«, das im Süden der Saronebene liegt und östl. vom Gebirge Juda begrenzt wird. An anderen Stellen steht dafür »Gründe« (5 Mo 1,7; Jos 9,1 u. ö). Vgl. → Blachfeld, Gefilde.

Auerochs. Das hebr. Wort *teo,* das Luther in 5 Mo 14,5 mit Auerochs, in Jes 51,20 mit → Hirsch übersetzt, bezeichnet vermutlich die sog. Säbelantilope *(Oryx leucoryx).* Sie war für die Israeliten ein reines Tier, das gegessen werden durfte. In den syr. und arab. Wüsten wie auch vereinzelt in Transjordanien lebend, fällt dieses Tier besonders durch seine säbelartig gebogenen Hörner auf.

Auferstehung, auferstehen.

I) DER BIBLISCHE BEGRIFF
Die A. ist ein Zentralbegriff der Bibel. Gegenüber einer griech. Unsterblichkeitshoffnung bezeugt die Schrift die Wiedererstehung des ganzen Menschen nach Geist, Seele und Leib. Das NT kennt die beiden Ausdrücke *anastaenai* und *egeiresthai* (»wiedererstehen« und »auferweckt werden«) und verwendet sie im Sinne von Rückkehr ins Leben. »Auferstehung« und »Auferweckung« sind zwei Seiten einundderselben Sache. Die ganze Bibel lehrt die A., wenn auch im AT erst allmählich das volle Erkenntnislicht über die A. durchbricht. Die biblische Bezeugung von der A. gipfelt in der johanneischen Erkenntnis, daß Jesus Christus in seiner Person das Auferstehungsleben darstellt. »Ich bin die A. und das Leben« (Joh 11,25). Daher wird hier vornehmlich von Christus zu reden sein. Aber schon im AT, das auch hier »Christum treibt«, wetterleuchtet es von A.

II) DER ATL. BEFUND
A) Die isrl. Frommen haben unter der Wirkung des Gottesgeistes einen beachtlichen Wirklichkeitssinn in der Schau des Todes und des Lebens nach dem Tode entwickelt. Hier wird die heidnische Philosophie, die den Tod verharmlost, in den Schatten gestellt. Man stirbt im Alten Bunde nicht leicht; denn der Tod bedeutet ein Versinken in das Schattenreich der Toten, in dem man Gottes nicht mehr gedenkt (Ps 6,6; 115,17). Die Abgeschiedenen führen ein bejammernswertes Dasein, das nicht mehr ein Leben zu nennen ist (Ps 88,6.11ff). Hier wird der Tod von seiner ganzen lebensfeindlichen Seite erlebt. Vgl. → Hölle.

B) Anderseits ist mit dem atl. Gottesbegriff bereits der Keim einer A.hoffnung gegeben. Ursprung und

Keim des A.glaubens ist die Wahrheit: der Herr hat Macht über Leben und Tod. »Der Herr tötet und macht lebendig, führt ins Totenreich und wieder heraus« (1 Sam 2,6). »Du gibst meine Seele (= mein Leben) dem Totenreich nicht preis, du läßt deinen Frommen nicht schauen die Vernichtung (oder: die Verwesung)« (Ps 16,10). Solche und ähnliche Worte deuten bereits auf eine Wiederherstellung des im Tode verlorenen und versunkenen Lebens. In die Reihe dieser Zeugnisse gehören noch Jes 26,19; Hes 37,1–14; Hi 19,25–27 und vor allem als leuchtendes Zeugnis des A.glaubens im AT Dan 12,2–3. Hier ist bereits wie in Joh 5,29 von einer doppelten A. (zum Leben und zum Gericht) die Rede. Immer heller bricht das Licht über die A. der Toten im späteren Judentum hindurch. In der Makkabäerzeit finden die Märtyrer Trost in der A.hoffnung (2 Makk 7,9.11.14).

C) Daß der Herr Macht hat, aus dem Totenreich zurückzurufen und noch einmal einen toten Körper zum Leben zu erwecken, ist dem AT durch die Erfahrung bekannt. Solche Totenerweckungen werden gewißlich immer als mächtige Glaubensstärkung im Blick auf die einstige A. der Toten erlebt worden sein. Es werden im AT drei solcher Erweckungen Toter berichtet: 1 Kö 17,17–24 (Elia), 2 Kö 4,31–37 (Elisa) und 2 Kö 13,21 (die Gebeine Elisas). Mit dieser Einstellung (Ernstnehmen des ganzen Todesgeschehens und ebenso ernsthaftes Rechnen mit den Möglichkeiten Gottes, der nicht vor dem Tode kapituliert) war Israel wohl vorbereitet für die Erscheinung dessen, der sich selber die A. nannte.

III) DIE ERFÜLLUNG DER A.HOFFNUNG IN CHRISTUS.

A) JESUS IST DIE A.

Wesentlich für die bibl. A.hoffnung ist ihre Bezogenheit auf Christus. Grundlegendes hierüber steht Joh 11,23–26. Marthas gläubige Hoffnung »ich weiß, daß mein Bruder auferstehen wird in der A. am jüngsten Tage« ist korrekt, aber eben nur eine Fernhoffnung. Als solche ist sie nicht genügend und auch für den Augenblick wenig tröstend. In Jesus wird jedoch diese Fernhoffnung Gegenwartsbesitz: »Ich bin das A.leben«. In seinem ganzen Sein als das fleischgewordene Wort (Joh 1,14) vergegenwärtigt und verwirklicht Jesus Christus das für die Hoffnung so ferne Ziel. »In ihm war das Leben« (Joh 1,4). Wo Jesus ist, da wirken bereits neugestaltend und belebend die Kräfte der zukünftigen Welt (Mt 11,4–6). So hat Jesus auch Tote auferweckt: Mt 9,18–26 par. (Tochter des Jairus), Lk 7, 11–17 (Jüngling zu Nain) und Joh 11,17–45 (Lazarus). So ist er selber auferstanden, nachdem er seinen Auftrag erfüllt hatte, durch seinen Tod dem die Macht zu nehmen, der durch den Tod seine Macht ausübt, nämlich dem Teufel (Hebr 2,14). Was sagt die Schrift über die A. Jesu?

1) Neben den Aussagen der apostolischen Briefe (einschl. Apg) haben wir das Zeugnis der Ev. In den Briefen ist vor allem auf das Zeugnis des Paulus hinzuweisen, das auf Überlieferung und eigenem Erleben beruht (1 Kor 15,3–8), sowie auf den Hymnus Phil 2,6–11. Das Zeugnis der Ev. ist keineswegs einheitlich, was nicht im geringsten gegen die Glaubwürdigkeit spricht. Wir haben eine gemeinsame Kernerzählung der drei ersten Ev. über die Erlebnisse einiger Frauen am frühen Morgen des A.tages: Mt 28,1–8; Mk 16,1–8; Lk 24,1–11. Übereinstimmend wird hier berichtet, daß einige Frauen am Sonntagmorgen sehr früh zum Grabe kommen, das Grab leer finden (die A. Jesu selbst kann nicht beschrieben werden), aus Engelmund die Botschaft vernehmen, er sei auferstanden, und dazu den Auftrag (darin stimmen nur Mt und Mk überein), den Jüngern eine Begegnung mit dem Auferstandenen in Galiläa anzukündigen. Darüber hinaus haben alle vier Evangelisten je ein reiches Sondergut. Nur Mt berichtet von der Grabeswache (Mt 27,62–66), der Bestechung der Wächter (Mt 28,11–15), einer Erscheinung Jesu vor den beiden Frauen (V 9.10) und der Offenbarung des Auferstandenen auf einem Berge in Galiläa mit dem Tauf- und Missionsbefehl (V 16–20). Im Sondergut des Mk (Mk 16,9–20) wird von Erscheinungen Jesu von Ostern bis zur Himmelfahrt berichtet. Während Mt und Mk nur Erscheinungen Jesu in Galiläa kennen, weiß Lk von solchen in und um Jerusalem zu erzählen. Die Geschichte von den Emmausjüngern (Lk 24,13–35) und Berichte über eine Erscheinung des Auferstandenen am Ostersonntagabend im Jüngerkreise (V 36–49) und seinen Abschied von den Jüngern (V 50–53) bilden das Sondergut des Lk. Hierher gehört auch Apg 1,1–12 mit der Erwähnung, daß Jesus »vierzig Tage lang« den Aposteln nach seinem Leiden erschienen sei. Der johanneische A.bericht spricht zunächst von dem leeren Grabe. Petrus und Johannes überzeugen sich davon (Joh 20,2–10). Der Auferstandene erscheint der Maria Magdalena (V 1.11–18). Er offenbart sich ferner am Abend desselben Tages bei verschlossenen Türen den Jüngern ohne Thomas (V 19–23) und acht Tage später, wiederum bei verschlossenen Türen, demselben Kreis mit Thomas. Dieser gibt seine Zweifel auf (V 24–29). Joh 21 enthält eine weitere Offenbarung Jesu vor einigen Jüngern am See von Tiberias mit wunderbarem Fischzug, Mahl am Ufer, Wiedereinsetzung Petri in sein Hirtenamt und Weissagung über sein Ende.

2) Wie steht es nun mit der Glaubwürdigkeit der A. Jesu? Sie geschah ganz im Verborgenen und entzieht sich damit dem Zugriff der historischen Wissenschaft. Historisch beweisbar jedoch ist der Glaube der Jünger Jesu an die A. ihres Herrn. Dieser Glaube war wohlbegründet:

a) durch zuverlässige Zeugen.

Am zuverlässigsten hat sich auch hier an den Jüngern das Zeugnis des heiligen Geistes ausgewirkt. Ohne dieses innere Zeugnis hätten nämlich die anderen Zeugen der A. Christi ihre Wirkung verfehlt. Übereinstimmend weisen alle Evangelisten auf den Unglauben und Zweifel der Jünger hin, der zu überwinden war (Mt 28,17; Mk 16,14; Lk 24,11. 25.36ff; Joh 20,24ff). Diese Tatsache, daß der Unglaube der Jünger durch das Einwirken des Geistes Gottes überwunden werden mußte, spricht mächtig für die Glaubwürdigkeit der A. als eines objektiven Geschehens und gegen die Annahme, daß die Jünger subjektiv etwa in der Form von Visionen den A.glauben aus sich heraus gebildet hätten. Unter der Mitbezeugung des heiligen Geistes gab es für die Jünger vier zuverlässige Zeugen: das Zeugnis des AT (s. o.), das Zeugnis Jesu vor seinem Tode über seine bevorstehende A. (Mt 16,21; 17,23; 20,19 par.), das Zeugnis des leeren Grabes und das der Engel bzw. der Frauen. Vornehmlich wurde jedoch ihr A.glaube begründet

b) durch die Erscheinung des Herrn.

Erst durch die Erscheinungen des Auferstandenen wurden die Jünger »Zeugen seiner Auferstehung« (vgl. Apg 1,22). Diese Offenbarungen selbst können niemals Gegenstand historischer Forschung sein. Wir gehen nicht fehl in der Annahme, daß der auferstandene Herr seinen Jüngern nicht in der vollendeten Herrlichkeitsgestalt, die er bei dem Vater hat, erschienen ist. Diese hätten sie nicht ertragen können (vgl. Offb 1,17). Vielmehr ist er ihnen »unter einer anderen Gestalt« begegnet (Mk 16,12). Er gab sich ihnen also in abgewandelter, angepaßter

Gestalt kund, der Maria Magdalena als »Gärtner«, den Emmausjüngern als »Fremdling«, den Jüngern am Osterabend und Thomas in faßbarer Leiblichkeit (er aß und trank vor ihnen – Lk 24,42f –; Thomas sieht und betastet Nägelmale und Seitenwunde). In Wirklichkeit war sein A.leib nicht mehr den irdischen Bedingungen des Stoffes, der Zeit und des Raumes unterworfen. Darum konnte der Auferstandene in verschlossenen Räumen erscheinen. So gehört auch die Erscheinungsweise Jesu in den Tagen nach seiner A. in etwa noch in das Kapitel seiner Herablassung und Erniedrigung hinein. Alles in allem ist der Glaube der Apostel an die A. Jesu wohlbegründet. Auf ihrem Glauben und Zeugnis ruht nun unser A.glaube.

B) JESUS IST UNSERE AUFERSTEHUNG HEUTE.

Es ist sofort deutlich zu machen, daß der christliche A.glaube etwas anderes ist als eine Hoffnung auf ferne Zeiten. »Gelobet sei Gott und der Vater unseres Herrn Jesus Christi, der uns nach seiner großen Barmherzigkeit wiedergeboren hat zu einer lebendigen Hoffnung durch die A. Jesu Christi von den Toten« (1 Petr 1,3). Wir können also zugespitzt sagen, daß wir nicht nur eine Hoffnung haben, sondern daß diese Hoffnung an uns, die wir glauben, bereits jetzt sich zu verwirklichen anfängt. Es muß allemal der Schritt vollzogen werden von dem dogmatisch-rechtgläubigen »Einst« zu dem triebkräftigen und bewegenden »Hier und Jetzt«! Wir haben im Glauben mit SOFORTWIRKUNGEN der A. Jesu Christi zu rechnen. Von einer solchen Sofortwirkung berichtet Mt 27,52.53. Gott hat Jesus von den Toten auferweckt und ihn damit glorreich gerechtfertigt und beglaubigt. Der nun errungene Sieg über die Todesgewalten wurde sofort in der Mitauferwekkung einer Erstlingsschar offenbar. Hiermit ist das neue Auferstehungszeitalter eingeleitet worden. Es ist biblisch erlaubt, zu sagen: die A. der Gläubigen hat bereits begonnen.

1) Es müssen hier beide Wörter betont werden: das »hat« und auch das »begonnen«; denn das »hat« will bezeugen, daß die A. der Gläubigen ein mit der A. Jesu bereits eingeleiteter Vorgang ist, der sich im Vollzuge befindet, und das »begonnen« deutet darauf hin, daß er einen Abschluß finden muß, der erst mit der Wiederkunft des Herrn erfolgen wird. Wir haben also zunächst von der Mitauferstehung der Gläubigen, d. h. derer, »die Christo angehören« (1 Kor 15,23), zu sprechen, wie es die an dieser Stelle aufgestellte Rangordnung gebietet: »jeder in seiner Reihenfolge: Der Erstling Christus, darnach die Christo angehören bei seiner Wiederkunft«. Solchen Gläubigen gelten die Worte: »Ihr seid in ihm mitauferweckt worden durch den Glauben, den Gott wirkt, welcher ihn auferweckt hat von den Toten, und er hat euch mit ihm lebendig gemacht . . .« (Kol 2,12f). »Ihr seid mit Christo auferstanden« (Kol 3,1). So gibt es durch den Glauben eine fortlaufende »Herausauferstehung aus den Toten« (so wörtlich Phil 3,11). Dieser Glaube vollzieht sich in den Gläubigen auf Grund derselben Kraftwirkung, mit der Gott Christus auferweckt hat (Eph 1,19f). So ist der Appell zu verstehen: »Wache auf, der du schläfst, und stehe auf von den Toten, so wird dich Christus erleuchten« (Eph. 5,14). Diese »A. von den Toten«, die auch Wiedergeburt genannt wird (Joh 3,3), muß hier und jetzt begonnen haben, wenn man in der Wiederkunft des Herrn zu ihr »gelangen« will (vgl. Phil 3,8–11).

2) Wir werden also durch die A. Jesu Christi in ein gegenwärtiges, sich an uns, die wir glauben, vollziehendes Geschehen hineingestellt. Wir gelangen aus dem Zustand des geistlichen Todes in den Lebensbereich Christi hinein (Eph 2,5f). Wer so in Christus seine Existenz gefunden hat, der ist eine neue Kreatur (2 Kor 5,17), er wandelt »in Neuheit des Lebens« (Röm 6,4). Hier wirken sich die Lebenskräfte des Auferstandenen aus. Gott hat ihn ja »um unserer Rechtfertigung willen« auferweckt, d. h. damit die neue Wesensgerechtigkeit Jesu Christi in uns Gestalt werde (Röm 4,25).

3) Wer sich so in das A.leben Christi gläubig hineinnehmen läßt, hat bereits jetzt lebendigen Anteil an dem A.geschehen. Er ist hinübergewechselt von dem Todesbereich in die Lebenszone (Joh 5,24). Er wird den Tod nicht »sehen« und nicht »schmecken« (Joh 8,51f). »Wer an mich glaubt, der wird leben, ob er gleich stürbe; und wer da lebet und glaubet an mich, der wird nimmermehr sterben« (Joh 11, 25f). Dieses alles haben wir jedoch hier auf Erden nur »im Glauben« und noch nicht »im Schauen« (2 Kor 5,7). Wir müssen wohl durch viel Trübsale ins Reich Gottes gehen (Apg 14,22), aber dennoch ist in Christus alles vorgebahnt und geebnet, und schließlich wird in einer kommenden Vollendung das zum herrlichen Abschluß gebracht werden, was seit dem Golgatha- und Ostergeschehen mächtig im Werden ist.

C) »SIEHE, ICH MACHE ALLES NEU!« (OFFB 21,5).

Mit der A. Jesu hat seine Erhöhung und damit der endgültige Durchbruch eines neuen Äons (Weltperiode) angefangen. Christi A. bedeutet eine Revolution in den gesamten Weltzuständen. Sie hat unermeßliche Folgen für die Zukunft der Welt.

1) Die Vollendung derer, die Christus angehören. »Selig ist und heilig, der teilhat an der ersten A.« (Offb 20,6). Die A. der Gläubigen findet ihren glorreichen Abschluß, wenn der Herr wiederkommt. Dann wird das gekrönt werden, was im Glauben hier auf Erden begann: die Verwandlung unseres Todes- und Niedrigkeitsleibes in die Ebenbildlichkeit seines Herrlichkeitsleibes (Phil 3,21). Dann wird der Herr die Seinen für alle Zeit mit sich vereinen (1 Thess 4,13ff). Entsprechend dem verklärten Leibe des auferstandenen Herrn, der nicht mehr den Bedingungen des Raumes, des Stoffes und der Zeit wie ein irdischer Leib unterworfen war, wird es sich auch mit den verklärten Leibern der Auferstandenen verhalten. Sie gehören nicht mehr der Erde an, sondern dem Himmel; sie sind nicht mehr irdischstofflich, sondern sie sind geistliche Leiber; sie sind auch nicht mehr der vergänglichen Zeit unterworfen, sondern sie sind ewig (1 Kor 15,42ff). Kurzum: »wir werden ihm gleich sein; denn wir werden ihn sehen, wie er ist« (1 Joh 3,2). Vgl. → Entrückung.

2) Neue Zustände auf Erden (sog. → Tausendjähriges Reich).
A.kräfte werden auch das Leben auf dieser Erde neugestalten. Jesus spricht von der »Wiedergeburt«, wenn des Menschen Sohn sitzen wird auf dem Stuhl seiner Herrlichkeit (Mt 19,28). Hier harren noch viele bisher unerfüllte Verheißungen ihrer Erfüllung (z. B. Jes 11,6ff; Sach 8,7.8.13.20–23). Wenn der Satan gebunden sein wird, wird der Weg frei sein für die ungeahnte Entfaltung der Lebenskräfte des auferstandenen Herrn auf dieser Erde (Offb 20,1–6).

3) Die allgemeine Totenauferstehung zum Gericht. Die A. Jesu hat unermeßliche Folgen auch für die übrige Menschheit, die nicht zum Glauben an den Herrn durchgedrungen ist. Nach Jesu Aussage (Joh 5,28f) gibt es eine »Auferstehung des Lebens« und eine »Auferstehung des Gerichts«. Von der ersten war oben die Rede. Die zweite steht allen übrigen Menschen bevor. »Gleichwie sie in Adam alle ster-

ben, also werden sie in Christo alle lebendig gemacht werden« (1 Kor 15,22). Diese allgemeine A. geschieht, wenn Christus seine Königsherrschaft in die Hände seines Vaters zurückgeben wird (1 Kor 15,24), also am Ende der Erdentage. Diese A. ist mit dem Jüngsten Gericht verbunden und wird alle Toten vor dem Thron des Weltrichters vereinen. Die Schrift in den Gerichtsakten Gottes und die Namenslisten im Buch des Lebens entscheiden über das endgültige Los der Gerichteten (Offb 20,11–15).

4) Die Vollendung aller Dinge.
Die allerletzten Folgen der A. Jesu Christi sind für uns noch fast undenkbar. »Siehe, ich will einen neuen Himmel und eine neue Erde schaffen, daß man der vorigen nicht mehr gedenken wird noch sie zu Herzen nehmen« (Jes 65,17). Darauf wartet die gläubige Christenheit (2 Petr 3,13). Der Seher Johannes empfängt in seiner gewaltigen Schau einen Vorgeschmack davon (Offb 21–22). Die in der A. Jesu wirksamen Verwandlungskräfte bergen in sich die Gewähr, daß auch die jetzige leibliche Gestalt des Kosmos zu einer neuen verklärten Leiblichkeit hindurchgewandelt wird (2 Petr 3,13).

Auferwecken → Auferstehung

Auffahren

I) A. drückt im Dt. wie im Hebr. eine plötzliche ungestüme, ja leidenschaftliche Bewegung aus (vgl 4 Mo 14,1; Dan 3,24). Furcht, Zorn, Freude können a. lassen und in höchste Aktivität versetzen.

II) Im übertragenen Sinn bedeutet a. 2 Mo 9,9; 3 Mo 13,2 Ausbruch einer Hautkrankheit, Ri 13,20 aber das Auflodern einer Flamme.

III) Etwas völlig anderes ist das A. Jesu gen Himmel. → Himmelfahrt. Es hat seine Vorbilder in Henochs Weggenommenwerden (1 Mo 5,24) und Elias Himmelfahrt (2 Kö 2). Wenn auch Christi Himmelfahrt nach einigen Stellen (Joh 3,13; 6,62; 20,17, Eph 4,8–10; Hebr 4,14; 6,20; 12,2; 1 Petr 3,22) eigenes, selbstmächtiges Tun zu sein scheint, so macht doch bes. Phil 2,9 deutlich, daß Gott handelt. So ist der Vorgang auch Apg 1,9 beschrieben: Er »wurde aufgehoben«. Die Auffahrt des Herrn – Ausdruck höchster Majestät und tiefer Demut – ist als Inthronisation bereits im AT geweissagt (vgl. Ps 47,6). Bei der Himmelfahrt war Jesus König, und die Engel, die Gewaltigen u. die Kräfte waren ihm untertan (1 Petr 3,22). Er ist aufgefahren als der, dem wesensmäßig schon alles unter die Füße gelegt war (1 Kor 15,24.25). Davor ist er hinuntergefahren und hat die Mächte der Finsternis besiegt (Eph 4,9ff). Als der Aufgefahrene ist Christus nun der Siegeskönig, der im Triumphzug das »Gefängnis gefangen führt« und den Seinen die Siegesgaben austeilt (Eph 4,8), die in ihrer überwältigenden Fülle erstmals zu Pfingsten offenbar werden.

Aufgang. I) Unter dem »hölzernen A.« am Tempel des Hesekiel (Hes 41,25) ist vermutlich ein überdachter Eingang zu verstehen.

II, 1) Der A. als Himmelsrichtung bezieht sich auf den Sonnenaufgang, also den O. und wird verschiedentlich auch für die Länder, die von Palästina aus in dieser Richtung liegen, angewendet (1 Mo 25,6; 4 Mo 21,11; Ri 11,18; 1 Chron 6,63[78]; Jes 2,6; 46,11).
2) »Vom A. der Sonne bis zu ihrem Niedergang« ist darum der häufig vorkommende Ausdruck für die ganze Ausdehnung der Erde (Ps 50,1; 75,7; 107,3; 113,3). So vergleicht z. B. Jesus seine Wiederkunft mit dem Blitz, der vom A. ausgeht und bis zum Niedergang leuchtet (Mt 24,27).

III) Der »A. aus der Höhe«, von dem Zacharias in seinem Lobgesang spricht (Lk 1,78), ist das aus der LXX übernommene *anatolae*, hebr. *sämach* = Sproß (Jer 23,5; Sach 3,8; 6,12), und bezieht sich auf den verheißenen Messias, mit dem das Reich Gottes auf diese Erde herniederkam.

Aufruhr → Empörung

Aufsätze (griech. *paradoseis* »Überlieferung«, Mt 15,2ff; Mk 7,3ff).
A. sind Verordnungen, die der Thora (dem Gesetz) hinzugefügt wurden. Seit der Zeit Esras sind sie von den Schriftgelehrten weitergegeben worden und stellen Deutungen und Erweiterungen des mosaischen Gesetzes dar. Diese Satzungen sind in den Gesetzesschulen zunächst mündlich tradiert und später im → Talmud festgehalten worden. Diese A. wurden bis auf Mose zurückgeführt und von den Juden dem mosaischen Gesetz gleichgeachtet. Die Juden beriefen sich dabei fälschlicherweise auf 5 Mo 4,14; 17,10. Bisweilen wurden diese A. dem mosaischen Gesetz sogar übergeordnet, ihre Übertretung wurde geahndet.

Aufwachen → Wachen

Aufzug und **Eintrag,** d. h. Kett- und Schlußfäden des Gewebes, setzt Luther nach der LXX für das hebr. *scheti* und *eräb* (3 Mo 13,48). Wahrscheinlich sind aber bestimmte Gewebearten gemeint; vgl. »Gewebtes und Gewirktes« in ZÜ.

Auge.

I, 1a) Das A. ist das Organ des MENSCHEN, das die Außenwelt am stärksten aufnimmt und nach innen weitergibt. Es kann sich nicht satt sehen (Spr 27,20; Pred 1,8), und das Herz folgt den A. nach (Hi 31,7). Daher erscheint das A. als des Leibes Leuchte: wenn dein A. lauter ist, so wird dein ganzer Leib licht sein. Wenn aber dein A. böse ist, so wird dein ganzer Leib finster sein (Mt 6,22.23 RÜ). Der Sieg der Versuchung beginnt an den A. (1 Mo 3,6; vgl. 1 Joh 2,16), und der begehrliche Blick ist schon Sünde im Herzen (Mt 5,28). Vom Gerechten heißt es, daß er seine A. zuhält, um nichts Böses zu sehen (Jes 33,15). Hiob hat mit seinen A. einen Bund gemacht, nicht auf eine Jungfrau zu achten (Hi 31,1), und Jesus rät, lieber das A., das Anstoß bereitet, auszureißen, als dadurch verloren zu gehen (Mt 5, 29).
b) Doch der Mensch sieht allein, was vor A. ist (1 Sam 16,7), für tiefere Einsicht muß Gott, der ein sehendes A. gibt (Spr 20,12), ihm die A. erleuchten (Ps 13,4; Spr 29,13), erleuchtete A. des Verständnisses schenken (Eph 1,18), sonst sieht er nicht trotz sehender A. (Mt 13,13) und seine A. schlummern (V 15). Wo die A. jedoch nur gehalten sind (Lk 24, 16), öffnet sie der Herr zu rechtem Erkennen (V 31), wie er es auch bei Hagar (1 Mo 21,19) und bei Bileam getan hat (4 Mo 22,31). Das Bestechungsgeschenk dagegen soll die A. blenden (1 Sam 12,3).
c) Wie das A. von außen nach innen vermittelt, so enthüllt es auch, was im Herzen ist. Es kann gütig sein (Spr 22,9), hoch, stolz und hoffärtig (Ps 18,28, Spr 6,17; Ps 131,1; Spr 21,4; Jes 10,12), abgöttisch (Hes 6,9) und voll Ehebruchs (2 Petr 2,14). Die A. funkeln vor Feindschaft (Hi 16,9), sie spotten (Ps 35,19) und wenden sich unbarmherzig ab (Spr 28, 27). Ein Narr läßt die A. unruhig hin- und hergehen (Spr 17,24). Das Winken mit den A. dient heimlicher Verständigung (Spr 6,13; 10,10; 16,30), die A. des Psalmisten schauen auf das Wirken Gottes, wie die Sklaven mit den A. auf die Hände ih-

rer Herren achten (Ps 123,2). Die A. aufheben bedeutet Hoffnung und Gebet zum Herrn (V 1), Anrufen der Götzen (Hes 33,25) oder auch Trotz (2 Kö 19,22). In Scham und Demut wagt man die A. nicht aufzuheben und schlägt sie nieder (Es 9,6; Lk 18, 13; Hi 22,29).

d) »Vor seinen A.« bedeutet: in der Gegenwart jemandes sein (1 Mo 23,11; Jes 13,16; vgl. 2 Mo 10,28 29), außerdem bezeichnet es persönliche Ansicht oder Meinung (1 Mo 6,11; Rt 2,10; 1 Sam 1,18; 15, 17; Hi 25,5). Das A. des Blinden (Hi 29,15) oder des Volkes in der Wüste (4 Mo 10,31) ist der, der den rechten Weg sieht und führt. Hl 4,9 meint mit »einem deiner A.« wohl: mit einem Blick. Auf die leichte Verletzbarkeit des A. und die gegenseitige Hilfe dabei spielt das Gleichnis vom Splitter und Balken (Lk 6,41.42) und das Bild vom Augapfel an, der ganz besonders behütet wird (5 Mo 32,10; Ps 17,8; Spr 7,2; Sach 2,12[8]). Als die Lust seiner A. wird Hes 24,16 die Frau des Propheten bezeichnet. Der Ausdruck »die Decke der A.« (1 Mo 20,16) kann Sühne bedeuten, die begangenes Unrecht gutmacht, so daß man nicht mehr darauf sieht. So auch im Urtext 1 Mo 32,20.

2) Die plastische hebr.-Sprache verwendet im Urtext A. als Bild zur Kennzeichnung des perlenden Weins (Spr 23,31); der Erdoberfläche (2 Mo 10,5.15; 4 Mo 22,5.11); der Quelle, oft in Verbindungen mit »*ain*«. Sach 5,6 »ihr A. im ganzen Lande« meint Ansehen, Beurteilung (LÜ Gestalt).

II) Während die Götzenbilder A. haben und doch nicht sehen (Ps 115,5; 135,16), bleibt vor GOTTES AUGEN, der das Herz ansieht (1 Sam 16,7), nichts verborgen. Es ist alles bloß und aufgedeckt vor ihm, dem wir Rechenschaft geben müssen (Hebr 4,13 RÜ), alles Gewesene und auch das noch Zukünftige (Ps 139,16). Seine A. stehen offen über allen Wegen der Menschen (Jer 32,19; Hi 24,23). Sie schauen alle Lande, um den Gerechten zu helfen (2 Chron 16,9) und sie mit seinen A. zu leiten (Ps 32,8; vgl. Ps 123,2), doch ebenso zum Gericht (Am 9,4.8), bei dem sein A. die Sünder nicht schonen soll (Hes 5, 11), wie er das Volk in der Wüste verschont hatte (Hes 20,17). Sach 3,9; 4,10 werden → sieben A. des Herrn genannt, und auch das Lamm Offb 5,6 hat sieben A. Vgl. weiter → Sehen, → Ansehen, → Angesicht, → Blindheit, → Krankheiten: Blind.

Augenlust → Fleischeslust

Augensalbe. Griech. *kollyrion*, Verkleinerungsform von *kollyra* = Brot, auf die Form des Medikaments bezogen. Das Wort bezeichnet eine Vielzahl von Augenheilmitteln der antiken Medizin. Man bewahrte die verschiedenen Medikamente meist getrocknet in Form von länglichrunden Walzen oder Zäpfchen auf, aus denen man die zur Anwendung benötigten Salben, Pulver oder Tropfen bereitete. Die schriftlichen Nachrichten wurden verschiedentlich durch Funde bestätigt. Man versuchte auch die Sehschärfe mit solchen Mitteln wiederherzustellen, worauf Offb 3,18 anspielt (vgl. Pauly-Wissowa, Realencyclopädie d. klass. Altertumswiss. XI, 1100 ff).

Augustus »Der Anbetungswürdige«.
Im Jahre 27 v. Chr. verleiht der röm. Senat dem 63 v. Chr. als Sohn des C. Octavius geborenen Gajus Julius Caesar Octavianus den Ehrentitel A. (griech. Sebastos), den seine Nachfolger beibehalten und der auch als Augusta von den Gemahlinnen, Müttern, Töchtern und Schwestern des Kaisers als Ausdruck göttlicher Weihe getragen wird. A. war ein Großneffe Caesars, der ihn in seinem Testament adoptiert und zu seinem Erben bestimmt hatte. Aus den Kämpfen nach Caesars Tod geht er als Alleinherrscher hervor und wird der erste röm. Kaiser (31 v.–14 n. Chr.). Vgl. Taf. 59/928.

Die Erwartung der Geburt eines Weltheilands, der ein neues, glückliches Zeitalter heraufführen sollte, von Vergil in seiner 4. Ekloge, einem Hirtengedicht, um 40 v. Chr. ausgesprochen, konzentrierte sich auf den jungen Kaiser Oktavian, dessen Weltherrschaft den ersehnten Frieden zu bringen versprach; man erwies ihm göttliche Ehren, und auch Vergil bekannte sich in der Aeneis (6,791/2) zu dieser Erfüllung seiner Weissagung: Caesar Augustus ist der Verheißene! In Lyon wird ein Altar der Götter Roma und A. geweiht, in Rom der Altar des Augusteischen Friedens errichtet und 8 v. Chr. der Tempel des Kriegsgottes Janus offiziell geschlossen: es herrschte Friede im röm. Reich.

A. hat ein gutes Verhältnis zu den Juden. Er läßt auf seine Kosten zweimal täglich im Tempel opfern und begegnet Herodes freundlich. Dieser bemüht sich, hinter dem amtlichen Kaiserkult nicht zurückzustehen. Er nennt die Stadt Samaria nach der griech. Form des Kaisertitels in Sebaste um und errichtet dort einen A.-Tempel, ein Tempel der Roma und des A. wird in der neuerbauten und zu Ehren des Kaisers Cäsarea benannten Hafenstadt am Mittelmeer geweiht, ein dritter A.-Tempel entsteht in dem erst später nach Tiberius so benannten Cäsarea Philippi. Wie früher für den Perserkönig (Es 6,10) geschieht nun täglich fürbittendes Opfer für den Kaiser im Tempel in Jerusalem. Vor diesem Hintergrund steht die nüchterne Angabe des Evangelisten Lukas (Lk 2,1), daß die vom Kaiser A. befohlene Volkszählung und Steuereinschätzung den äußeren Anlaß dazu bot, daß Joseph und Maria nach Bethlehem zogen und Jesus in der Stadt seines Vorfahren David geboren wurde.

Ausgang. Der hebr. Text hat zwei Ausdrücke für A.:

I) *acharit* meint das äußerste → Ende, auch den Abschluß einer Sache. So bezeichnet es das Ende eines Jahres (5 Mo 11,12), einer Herrschaft (Dan 8,23 LÜ letzte Zeit), des menschlichen Lebens (4 Mo 23,10 LÜ Ende) und des göttlichen Zorns (Dan 8,19). In Jes 46,10 wird A. eschatologisch als Ende aller Dinge verstanden.

II) *mosa* bedeutet herausgehen, hervorsprossen. Der Aufgang der Sonne wird als A. aus ihrem Zelt verstanden (Ps 19,6). Das Erscheinen des Herrn vergleicht Hos 6,3 mit dem A. = Aufgang der Morgenröte; das Schöpferwort Gottes findet in seinem Munde seinen A. = Ursprung (5 Mo 8,3). A. in Mi 5,1 (hebr. Ausgänge) bezieht sich auf Christus. Das kann sowohl die Herkunft des Sohnes Gottes aus dem Wesen des Vaters, als auch seinen Ursprung vor der Zeit bedeuten (vgl. Joh 1,1; Spr 8, 22; Joh 17,24).

III) A. wird auch sprichwörtl. gebraucht: A. und Eingang (Ps 121,8; 2 Sam 3,25), und zwar immer in dieser Reihenfolge als Hinweis darauf, daß Existenz aus Gottes Schöpfermacht hervorgeht und das Ende dieser irdischen Existenz den Eingang in die andere Welt bedeutet, auch, daß Leben in der Gegenwart Gottes den sündigen Menschen ausgehen heißt aus der Welt des Todes, der Sünde und eingehen in das Reich Gottes.

Ausgießen. Beim A. wird eine Menge Wasser oder Flüssigkeit aus einem Gefäß gleichzeitig auf ein bestimmtes Ziel hingegossen. 1 Mo 24,20 schüt-

tet Rebekka das Wasser ihres Kruges in die Tränkrinne (vgl. Ri 6,20), und die Israeliten gossen 1 Sam 7,6 (Opfer-?) Wasser aus »vor dem Herrn«.
Ähnlich schüttet Gott 1 Mo 7,11 aus den Fenstern des Himmels das Wasser der Sintflut oder Mal 3,10 Segen in Fülle auf diejenigen, die willig den Zehnten aus ihrem Einkommen geben. Wenn Gott seinen → Geist ausgießt, empfangen ihn nicht nur Einzelne, sondern ganze Gruppen, wie die 70 Ältesten bei Mose (4 Mo 11,25), oder die Propheten samt Saul (1 Sam 10,5.10). Nach schwerem Gericht wird Jes 32,15 der »Geist aus der Höhe« über Israel ausgegossen, ähnlich Hes 39,29; Sach 12,10 wird er dem Haus Davids verheißen, und Joel 3,1.2 wird Gottes Geist »über alles Fleisch«, über Söhne, Töchter, Älteste, Knechte und Mägde ausgegossen. Diese Verheißungen erfüllen sich in der Gemeinde Jesu. Joel 3 sieht Petrus Apg 2,17.18 ausdrücklich im Geschehen von Pfingsten erfüllt. Was die Hörer sehen und hören, hat Jesus im Auftrag des Vaters ausgegossen (Apg 2,33). Gott hat durch Jesus Christus den »heiligen Geist reichlich über uns ausgegossen« (Titus 3,6).
Ähnlich wie an Pfingsten die Jüngerschar und die Tausende, so empfangen in der Apostelgeschichte auch andere Mehrheiten von Gläubigen zusammen den heiligen Geist: Apg 10,45 das Haus des Cornelius, Apg 8,17 die in Samaria Gläubiggewordenen, Apg 19,6 die Johannesjünger in Ephesus. Bei den beiden letzten Gruppen geschieht der Empfang des heiligen Geistes auf die fürbittende Handauflegung der Apostel hin. Es handelt sich bei diesen »Ausgießungen« um geistliche Gesamtvorgänge, die zur Gründung von Gemeinden führten. In die Herzen der Christen ist »die Liebe Gottes ausgegossen durch den heiligen Geist« (Röm 5,5).

Ausgrabungen.

I) GESCHICHTE DER GRABUNGSMETHODEN. Die A. im Vorderen Orient – Mariette in Ägypten (1850–80), Botta und Layard in Mesopotamien (seit 1843 bzw. 1845) – begannen als »Schatzsuche«. Ihr Ziel war, möglichst repräsentative Ausstellungsstücke, Standbilder und Denkmäler, für die europäischen Museen zu gewinnen. Zwar war Layard darin seiner Zeit weit voraus, daß er großen Wert auf die genaue Beachtung und Aufzeichnung der Fundumstände legte, aber eine grundlegende Wandlung trat erst ein, als 1890 Flinders Petrie – nach den Erfahrungen Schliemanns in Troja (1872–74) – sein in Ägypten ausgearbeitetes System einer relativen Chronologie auf Grund der gefundenen Keramik bei der Ausgrabung des Tell el-Hesi in Südpalästina anwandte.
Diese Methode war in ihrer Verbindung von Stratigraphie und Typologie geeignet, auch bei der vielfachen Schichtung eines Tell (s. u. II,1) und dem weitgehenden Fehlen inschriftlicher Zeugnisse in Palästina auswertbare Ergebnisse zu erzielen. Die Stratigraphie stellt die Funde jeder einzelnen Schicht (Stratum) zusammen und scheidet ältere oder jüngere Gegenstände aus, wenn Schichten z. B. durch spätere Anlage von Zisternen oder ähnlichem gestört sind. Die Beziehung zwischen den Gefäßformen der verschiedenen Schichten und damit das Bild ihrer Entwicklung und der relativen Chronologie stellt dann die Typologie fest. Über Inschriften oder Vergleich mit anderen Ausgrabungen läßt sich auch der Anschluß an die absolute Chronologie, die feste Datierung der einzelnen Siedlungsperioden, erreichen.
Bei den Ausgrabungen in → Samaria 1908–10 verband G. A. Reisner die Methoden, die die bedeutendsten deutschen Ausgräber (Koldewey in Babylon 1899–1914, Andrä in Assur 1902–14) bei der Aufdeckung von Bauwerken und in der technischen Durchführung der Grabung entwickelt hatten, mit der Stratigraphie und Typologie der Schule Petries. Zur Aufzeichnung und Auswertung der Funde bediente er sich amerikanischer Karteien und Registrierungssysteme. Nach diesen Methoden wird auch heute noch gearbeitet, sie sind in den späteren Ausgrabungen von Tell Beit Mirsim 1926–32 (F. W. Albright), Samaria 1931–35 (J. W. Crowfoot), → Lachis 1932–38 (Wellcome-Marston-Expedition) und → Jericho 1952–58 (Miss Kenyon) ständig weiter ausgebaut und verfeinert worden.
Eine andere Mustergrabung führten die Amerikaner in → Megiddo durch. Dabei ergaben die seit 1925 vollständig abgedeckten vier obersten Schichten der Stadt u. a. bedeutsame Funde aus der Zeit → Salomos. 1935–38 stieß man auf begrenztem Raum bis auf den gewachsenen Fels hinab und konnte zeigen, daß der Ort seit rund 3500 v. Chr. besiedelt war.
Private Grabungen mit ungenügenden Mitteln und Raubgrabungen werden heute durch die Aufsicht der Regierungen verhindert, die die Grabungserlaubnis nur noch anerkannten wissenschaftlichen Instituten und Forschungsgesellschaften erteilen, sodaß die bestmögliche Aufnahme und Auswertung der Funde gesichert ist. Anderseits erschwert aber im Vorderen Orient die politische Unruhe vielfach eine systematische Ausgrabungstätigkeit. Dann gewinnt die Oberflächenuntersuchung besondere Bedeutung, vor allem, wenn sie über weitere Gebiete ausgedehnt wird, wie es Nelson Glueck seit 1932 für das Ostjordanland und den Negev mit gutem Erfolg getan hat.

II, 1) Die PRAKTISCHE DURCHFÜHRUNG der Grabungen wird wesentlich durch die Beschaffenheit der alten Ruinenhügel oder Tells bestimmt, die für den Vorderen Orient charakteristisch sind. Diese künstlichen Hügel, die mit Sicherheit eine alte Ortslage kennzeichnen, haben sich durch die Anhäufung von Schutt und Abfällen jeder Art gebildet. Jahrhunderte und Jahrtausende hindurch hat immer wieder die nächste Generation auf den Ruinen ihrer Vorgänger gebaut. Nach Zerstörung in Kriegszeiten oder bei unzureichender Wasserversorgung wurden Städte auch verlassen, und Wind und Regen ebneten ihre Lehmziegelbauten ein. Schließlich zeigt dann z. B. der Tell Beit Mirsim, das alte → Debir, 10 Schichten von insgesamt 6 Meter aus einer zweitausendjährigen Geschichte. Der Tell el-Hösn (→ Beth-Sean) enthält sogar aus zeitweise unterbrochener Besiedelung über 4000 Jahre hin 18 Schichten von insgesamt 24 Meter Mächtigkeit. Dazu kommt, daß diese Siedlungsschichten keineswegs überall klar getrennt sind, wie es etwa durch eine Aschenlage geschehen kann, wenn ein Brand den Ort zerstört hat. Vielfach benutzen die jüngeren Häuser und Befestigungsanlagen die Fundamente der alten, so daß beides nur schwer auseinander zu halten ist.

2) Nachdem der zur Ausgrabung gewählte Stadthügel vermessen, fotografiert und der Grabungsbereich in Quadrate von meist 20 Meter Seitenlänge aufgeteilt ist, beginnt man mit der Abtragung der obersten Schicht. Jeder Fundgegenstand und jeder Gebäuderest wird fotografiert und mit seiner genauen Lage innerhalb des Quadrats auf dem Plan eingezeichnet; falls notwendig, wird neben der seitlichen auch die Höhenlage des Fundes festgehalten. Erst nach Beendigung der Aufnahme wird die nächste Schicht in Angriff genommen. Bei komplizierten oder gestörten Schichtverhältnissen werden Querschnitte durch den Hügel gelegt, um die Siedlungs-

 Ausgrabungen

Querschnitt eines Tell in Nordsyrien.

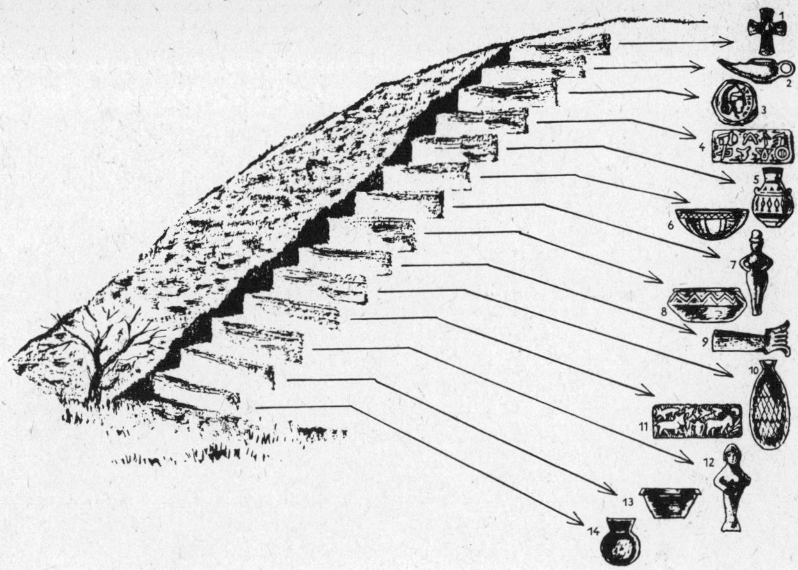

Schicht I: *Kirche aus byzantinischer Zeit.*
Schicht II: *Dorf aus röm. Zeit.*
Schicht III: *Ansiedlung der pers. Zeit.*
Schicht IV: *Funde der syr.-hethit. Zeit (1000 bis 500 v. Chr.).*
Schicht V: *Keramik der Seevölker (1200–1000 v. Chr.).*
Schicht VI: *Keramik versch. Völker, vor allem aus Zypern (1600–1200 v. Chr.).*
Schicht VII: *Tonfigur einer Göttin, Verbindungen zum Osten (1800–1600 v. Chr.).*
Schicht VIII: *Bemalte Gefäße, verwandt mit denen der Hyksoszeit (2000–1800 v. Chr.).*
Schicht IX: *Bronzegerät (2400–2000 v. Chr.).*
Schicht X: *Einfuhrgegenstände aus Nordmesopotamien (2600–2400 v. Chr.).*
Schicht XI: *Siegelzylinder aus Ur (3100–2600 v. Chr.).*
Schicht XII: *Gebrauch des Metalls allgemein (3400–3100 v. Chr.).*
Schicht XIII: *Gefäße von Hand ohne Töpferscheibe geformt (3800–3400 v. Chr.).*
Schicht XIV: *Älteste Dorfsiedlung (4500–3800 v. Chr.).*

folge zu überprüfen. Sind Zeit und Mittel begrenzt oder will man die Lage bestimmter Gebäude feststellen, so zieht man an ausgewählten Stellen Suchgräben, die dann nach Bedarf erweitert werden können.

3) Neben der Registrierung beginnt auch die Restaurierung und Auswertung der Funde vielfach schon während der laufenden Grabung. Lesung von Inschriften und Bestimmung von Münzen geben wichtige Aufschlüsse über die Datierung der Schichten und Hinweise auf die Aussicht der weiteren Arbeit. Auch die zerbrochenen Gefäße werden weitgehend schon an Ort und Stelle zusammengesetzt; sie erlauben Rückschlüsse auf die Volkszugehörigkeit der früheren Siedler und ihre Handelsbeziehungen und bilden beim Fehlen anderer Zeugnisse die Grundlage der Chronologie.
Chemische Untersuchungen und die eingehende Bearbeitung des gesamten Materials bleibt dagegen meist den Spezialisten in Laboratorien und Museen vorbehalten, in die die Funde überführt werden. Auf diesen oft Jahre erfordernden Arbeiten beruht dann die abschließende Veröffentlichung der Grabungsergebnisse, die sie nun der Wissenschaft allgemein zugänglich macht.

III) Zur zeitlichen Einordnung der Grabungsfunde dient eine auf archäologischen Voraussetzungen aufgebaute CHRONOLOGIE. Davon gehören die ältere und jüngere Steinzeit noch ganz der Vorgeschichte an, die geschichtliche Zeit seit dem Auftreten schriftlicher Zeugnisse umfaßt die Bronze- und Eisenzeit mit folgenden Perioden:

Frühbronzezeit	2400–2000 v. Chr.
Mittlere Bronzezeit I	2000–1800 v. Chr.
II	1800–1600 v. Chr.
Spätbronzezeit I	1600–1400 v. Chr.
II	1400–1200 v. Chr.
Frühe Eisenzeit (I)	1200– 900 v. Chr.
Mittlere Eisenzeit (II)	900– 600 v. Chr.

In den Abschnitt der mittleren Bronzezeit fällt die → Erzväterzeit, Mittleres Reich und Hyksosperiode in → Ägypten, die Spätbronzezeit schließt den Aufenthalt Israels in Ägypten, → Auszug und → Wüstenwanderung ein. Eine an vielen Orten Palästinas deutlich erkennbare Siedlungslücke zwischen Spätbronze und Eisen I hat man vielfach mit der Eroberung Kanaans durch die Israeliten in Verbindung gebracht. Doch warten gerade hier noch eine ganze Reihe von Problemen auf ihre Lösung, sowohl von archäologischer Seite wie von den chronologischen Angaben der Bibel her. Eisen I umfaßt die Richter- und frühe Königszeit, Eisen II die Periode von der Reichsteilung bis zur Zerstörung Jerusa-

Typische Fundgegenstände

1. Frühbronzezeit. a Schmuckscheibe (?). **b** Bemalte Gefäßscherbe (?). **c** Räuchergefäß aus Et-Tell (Ai). **d** Tongefäß, viell. als Trommel verwendet. **e** Tongefäß mit Tülle. **f** Vierschnauzige Lampe. **g** Pfeilspitze (?).

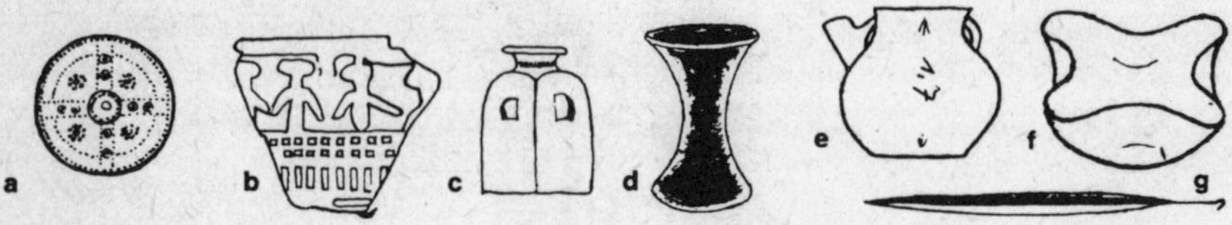

2. Mittlere Bronzezeit. a Pferdetrense aus Megiddo. **b** Bronzering mit Skarabäussiegel aus Megiddo. **c** Gegossene Bronzefigur einer kanaanitischen Göttin aus Naharija. **d** Affenfigur auf einem Tonkrug aus Naharija.

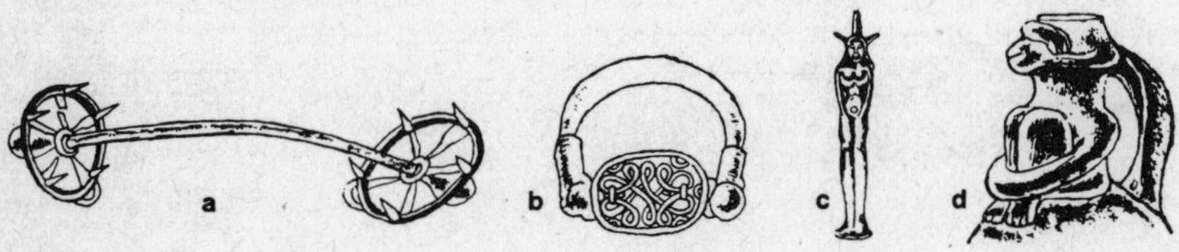

3. Spätbronzezeit. a Löwenrelief aus dem Mekaltempel in Beth-Sean. Der Stern auf der Schulter des Löwen kennzeichnet ihn vermutlich als Tier aus dem königlichen Tierpark. **b** Bronzefigur eines Gottes aus Megiddo. **c** Goldring mit altkanaanäischen Schriftzeichen aus Megiddo (um 1350–1250 v. Chr.). **d** Gießgefäß aus Megiddo. **e** Hethitische Streitaxt aus Beth-Sean. **f** Goldene Gewandnadel. **g** Elfenbeinschnitzerei aus Megiddo (vgl. Abb. Sp. 1425/6).

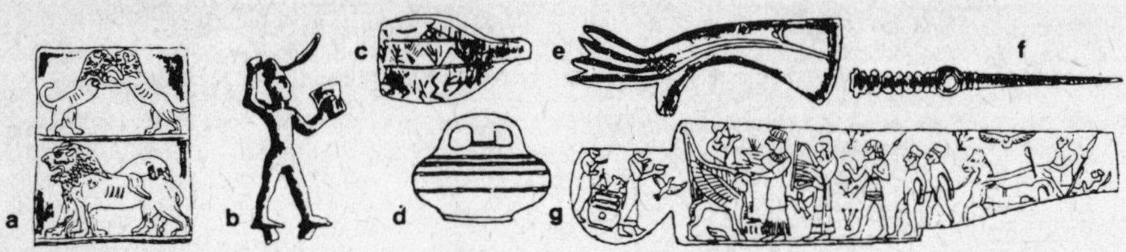

4. Frühe Eisenzeit. (I). a Elfenbeinschnitzerei aus Samaria. **b** Stempel auf Krughenkel: *lmlk* und Hebron. **c** Schlangengefäß aus Beth-Sean. **d** Räucheraltar aus Megiddo.

5. Mittlere Eisenzeit. (II). a Siegel Jaasanjas aus Tell en-Nasbe (vgl. Abb. Sp. 534). **b** Lachisbrief III, Rückseite. **c** Volutenkapitell aus Ramat Rahel. **d** Bemaltes Tongefäß aus Megiddo (um 900 v. Chr.).

 Ausgrabungen

6. Persisch-griechische Zeit. a Silberschale aus Tell el-Fara (Saruhen). **b** Schöpfkelle mit Frauenfigur als Griff aus Tell el-Fara (Saruhen). **c** Älteste hebr. Münze, 4. Jh. v. Chr. (vgl. Taf. 59b, 2/928). **d** Krugstempel *jhd.* **e** Lampe.

7. Hellenistische Zeit. a Säulenkapitell (?). **b** Gefäß (?). **c** Weinkrug für Importwein aus Rhodus. **d** Münze des Johannes Hyrkan, 135–105 v. Chr. **e** Lampe, in der Form durch griech. Importware beeinflußt. **f** Gemme (?).

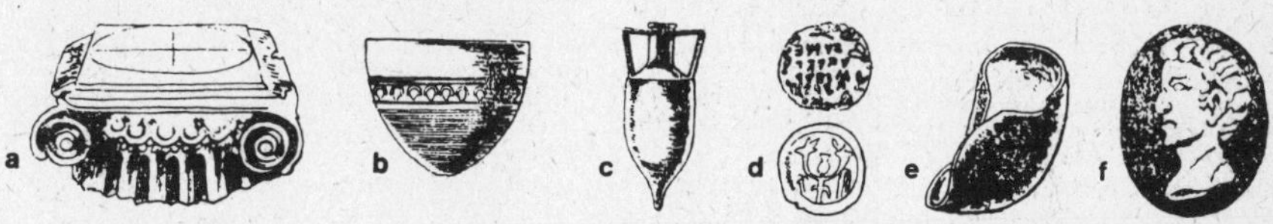

8. Römische Zeit. a Hss.-Fragment von Qumran. **b** Tongefäß zur Aufbewahrung von Hss. aus Qumran. **c** Silbersekel aus dem 1. jüd. Aufstand (vgl. Taf. 59b, 3/928). **d** Typische herodianische Lampe. **e** Ossuar. **f** Relief aus der Synagoge von Kapernaum. Nach der Darstellung in der Synagoge von Dura-Europos stellt es viell. die Rücksendung der Bundeslade durch die Philister dar. **g** Lampe. **h** Griech. Inschrift (?). **i** Silbertetradrachme aus dem 2. jüd. Aufstand (vgl. Taf. 59b, 4/928).

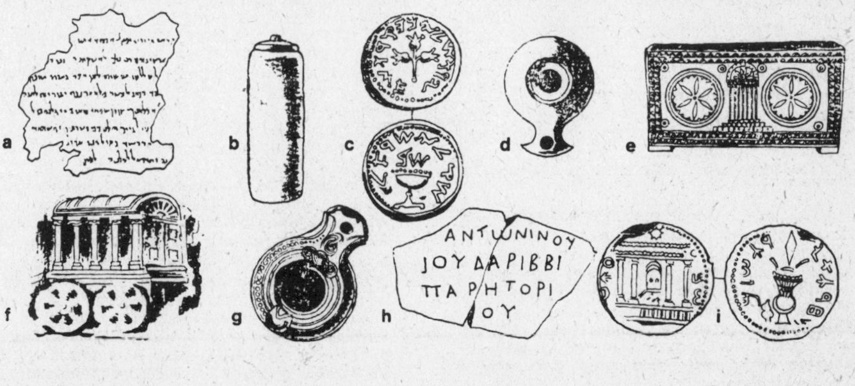

9. Byzantinische Zeit. a Christliche Lampe. **b** Lampe. **c** Jüd. Lampe mit dem siebenarmigen Leuchter. **d** Christliches Relief (??). **e** Mosaik aus der Synagoge von Beth-Alpha: Thoraschrein mit Leuchtern, Vorhang, Löwenfiguren (vgl. → Schule III).

lems. Die folgenden Jahrhunderte bezeichnet man nach der politischen Geschichte Palästinas als:
Pers.-griech. Zeit 600–300 v. Chr.
Hellenistische Zeit 300–100 v. Chr.
Röm. Zeit 100 v. – 300 n. Chr.
Byzantinische Zeit 300–640 n. Chr.

IV) BEDEUTENDE AUSGRABUNGSSTÄTTEN UND FUNDE.

1) ÄGYPTEN. Die gewaltigen Steinbauten Ägyptens, Pyramiden, Tempel, Totenstädte sind zum großen Teil stets sichtbar gewesen; soweit sie vom Sand zugedeckt waren, der im trocknen ägypt. Klima sogar so vergängliches Material wie die Papyrusrollen erhielt, brachten sie reiche Funde. Die zahllosen Inschriften erleichtern die Datierung weitgehend. Da man aber die absoluten Daten zunächst nur durch astronomische Berechnung festzulegen suchte, herrscht im einzelnen heute noch ziemliche Unsicherheit, wenn wir auch die ägypt. Ansetzungen an mehreren Punkten durch die assyr.-babyl. Chronologie kontrollieren können. Im großen steht die Reihenfolge der Herrscher jedoch fest, und ägypt. → Siegel in Skarabäusform, die in Palästina gefunden werden, geben bei der dortigen Armut an Inschriften wichtige Datierungshinweise.

Aus dem übergroßen Reichtum Altägyptens sind vor allem folgende Funde für die biblische Geschichte wichtig. Zunächst aus der 12. Dynastie des Mittleren Reiches die sog. Ächtungstexte, Fluchformeln, die Feinde Ägyptens in Syrien und Palästina nennen. Hier findet sich die früheste Erwähnung → Jerusalems. Dann die Ausgrabungen im östl. Nildelta mit Funden aus der Hyksoszeit (um 1700–1570 v. Chr.) und der 19. Dynastie (13. Jh. v. Chr.), die für die Frage des → Auszugs Israels eine Rolle spielen, und weiter die Aufdeckung der Residenzstadt Tell el → Amarna. Von der Sinaihalbinsel kennen wir Reste früher ägypt. Bergbautätigkeit (Kupfergruben schon im 3. Jt.), zu denen auch eine Anzahl Inschriften in Hieroglyphen und der sinaitischen Schrift gehört. Dieses → Alphabet (15. Jh. v. Chr.) bestand bereits z. Zt. Moses.

Aufs Ganze gesehen haben sich jedoch die Ausgrabungen in Ägypten weniger ertragreich für die Erhellung der Bibel erwiesen, als die Funde in Palästina für die Ägyptologie.
Vgl. Taf. 2b/1; 4/33; 5/64; 9b/128; 60a/929; 76/1185; Abb. Sp. 1015; 1584.

2) MESOPOTAMIEN. Anders als in Ägypten waren hier die alten Städte mit ihren wenig widerstandsfähigen Lehmziegelbauten völlig unter den Ruinenhügeln verschwunden, ehe sie die Ausgräber zu neuem Leben erweckten. Und auch die aufgedeckten Bauten, etwa in Babylon, sind mit wenigen Ausnahmen wieder vom endgültigen Zerfall bedroht. Der Ton als Schreibmaterial hingegen hat uns die Literatur des Zweistromlandes in ganz großem Umfang erhalten, wobei diese Keilschriftdenkmäler weit reicher an biblischen Bezügen sind als die ägypt. Eine noch nicht gelesene Schrifttafel aus Kisch, nördl. von Babylon, wird um 3300 v. Chr. angesetzt, früher als die ersten ägypt. Papyri. Aus Kisch stammt auch ein Tonprisma (um 2000 v. Chr.), das die 10 Könige aufzählt, die vor der → Sintflut herrschten. Viele Tafeln sind Abschriften älterer Texte, so die Weltkarte aus Sippar (6. Jh. v. Chr.; Abb. Sp. 1524) und die Werke aus der Bibliothek Assurbanipals (→ Asnaphar) in der assyr. Hauptstadt → Ninive (7. Jh. v. Chr.), der wir den babyl. → Schöpfungsbericht und das Gilgamesch-Epos mit der Sintfluterzählung verdanken. Viel früher liegen die Schriftfunde aus Nuzi bei Kirkuk (15. Jh. v. Chr.), die neues Licht auf die Lebensberichte der → Erzväter geworfen haben, und die → Maribriefe, die die aufsteigende Macht der → Amoriter und die Datierung Hammurabis von Babylon um 1700 v. Chr. belegen. Die berühmte Gesetzessammlung dieses Herrschers fand sich jedoch nicht in seiner Hauptstadt, sondern im persischen → Susa, wohin ein späterer Eroberer den Steinblock entführt hatte (→ Elam).

Die Heimat →Abrahams, → Ur, wurde 1922–34 von C. L. Woolley ausgegraben. Die prachtvoll ausgestatteten Königsgräber bezeugen eine erstaunliche Höhe des Kunsthandwerks schon um 2500 v. Chr., Häuser- und Schriftfunde ergänzen das Bild der versunkenen Weltstadt. Weiter entdeckte man dort eine 2,5–3,5 Meter mächtige Tonschlammablagerung einer großen Überschwemmung, auf ähnliche Ablagerungen stieß man auch an anderen Orten, ihr Verhältnis zueinander ist jedoch noch nicht geklärt (vgl. → Sintflut). Tempeltürme (Ziggurats; Abb. Sp. 1378) besaßen neben Ur auch → Assur, Borsippa und → Babylon (vgl. 1 Mo 11), wo Paläste, Befestigungen (Istartor), Tempel und die große Prozessionsstraße ausgegraben wurden. Die »hängenden Gärten« Babels galten im Altertum als eins der sieben Weltwunder. Über gewölbten Kellerräumen, innerhalb des Königspalastes, war eine künstliche Berglandschaft mit Bäumen und Bewässerungseinrichtungen angelegt worden. Auch von der Bepflanzung der Terrassen der Tempeltürme erfahren wir. Vgl. Taf. 41/640; 88/1377; 92b/1441; Abb. Sp. 1324; Taf. 12a/161; 25b/384.

Aus Khorsabad (Abb. Sp. 1029), der Residenz → Sargons II., stammt die für die mesopotamische Chronologie grundlegende assyr. Königsliste mit Angabe der Regierungszeiten bis zu Samsi-Adad I. (1753–1721 v. Chr.; → Assyrien). → Kalah (Nimrud) verdanken wir Reliefs und die Annalen → Thiglath-Pilesers III., den schwarzen Obelisken → Salmanassers III., neue Inschriften Sargons II. zur Zerstörung Samarias und die Vertragsbedingungen → Asar-Haddons für unterworfene Könige (vgl. → Manasse 4). In → Ninive haben sich die Reliefs an der Eroberung von → Lachis im Palast → Sanheribs und das Tonprisma mit dem Bericht seines Feldzugs gegen → Hiskia (701 v. Chr.) gefunden. Die Zeit der Verbannung erhellen der Nachweis jüd. Umsiedler in Tell Halaf (→ Gosan; vgl. 1 Chron 5, 26; 2 Kö 17,6), Aufzeichnungen über Unterhaltslieferungen an den gefangenen → Jojachin in Babylon und jüd. Namen in den Unterlagen einer Bankiersfamilie in Nippur, den Muraschu-Dokumenten (5. Jh. v. Chr.). Vgl. Taf. 46b/705; 82/1281; 30/449.

Doch die Ausgrabungen haben nicht nur bekannte Männer und Ereignisse lebendig gemacht, sie haben uns auch vorher unbekannte Völker und Reiche neu erschlossen. Dazu gehören die Hurriter (→ Horiter) und das Reich Mitanni (15./14. Jh. v. Chr.) in Nordmesopotamien, das wir aus den → Amarnabriefen und hethitischen Staatsverträgen aus Boghazköi kennengelernt haben.

3) KLEINASIEN UND SYRIEN. Gleiches gilt für das → Hethiterreich in Kleinasien, in dessen alter Hauptstadt Hattusas, dem heutigen Boghazköi, der Spaten deutscher und türkischer Forscher ungeahnt reiche Funde, vor allem auch Tontafeln, aufgedeckt hat. Ein 2. wichtiger Fundort für die Hethiter ist Karatepe im östl. Kleinasien. Südwestl. davon hat der Hügel von Kültepe die kappadozischen Keilschrifttafeln assyr. Handelskolonien um 2000 v. Chr. bewahrt. In Verbindung mit den Reisen des Paulus und der Entstehung der ersten Christengemeinden richtete sich das Interesse auf Funde aus dem 1. Jh. n. Chr. in → Ephesus mit seinem Artemistempel,

→ Laodizea, → Antiochia (1) in Pisidien, → Kolossä, → Lystra und anderen Orten. Mehr als irgendein anderer Gelehrter hat wohl Sir William Ramsay die Forschung auf diesem Gebiet gefördert. Vgl. Taf. 22b/321; 23a/352; 68b/1057; 74b/1153; 75a/1184; 78a/1217; 81b/1280.

Wichtigstes Material bieten auch die syr. Fundstellen, an denen meist französische Forscher arbeiteten. Die Grabung von → Ras Schamra (Ugarit) ergab umfangreiche religiöse Texte der Kanaaniter und eine einzigartige Keilbuchstabenschrift. Das phön. Byblos (→ Gebal), dessen Königssarkophage und Inschriften etwa um 1000 v. Chr. anzusetzen sind, wird seit 1919 durch Dunand Schicht um Schicht vollständig ausgegraben. Alalach (Tell Atschana) lieferte schriftliche Urkunden aus der Zeit der Maribriefe und später. Eine Elfenbeintafel mit dem vermutlichen Porträt → Hasaels von Damaskus kennen wir aus Arslan Tasch. Auch der Glanz des syr. → Antiochia (2) in ntl. Zeit läßt sich durch Funde belegen. Vgl. Taf. 28/417; 8b/97.

4) PALÄSTINA. Die Ausgrabungen in Palästina begannen verständlicherweise in → Jerusalem (Warren 1867–70). Man stieß dabei auf Mauerreste südöstl. vom Tempelplatz und Teile der Anlagen zur Wasserversorgung, im ganzen war aber die Ausbeute aus Mangel an ausgebildeten Methoden und Datierungsmöglichkeiten gering. Erst 1923–25 und 1927/28 wurden die Grabungen in der Davidsstadt nun mit besserem Erfolg wieder aufgenommen. Wir kennen heute u. a. Befestigungen der alten → Jebusiterstadt und aus der Zeit → Davids am → Ophel, den → Siloahtunnel → Hiskias mit der Bauinschrift, die »Königsgräber« im Südosthügel und das Grab des → Sebna, Bauten → Herodes d. Gr., das Ossuar → Usias und Felsengräber aus ntl. Zeit, die Inschrift der Theodotos-Synagoge, vielleicht der Schule der → Libertiner (Apg 6,9). Von den beiden → Tempeln haben sich nach den Zerstörungen der Stadt jedoch keine Spuren mehr erhalten. Nur zwei der Inschriften, die den Heiden bei Todesstrafe das Betreten des Vorhofs der Israeliten untersagten, sind gefunden worden.
Vgl. Taf. 16/225; 35b/544; 82/1281; 84b/1313.

Auch die Geschichte der Hauptstadt des Nordreiches → Samaria ist von ihrer Gründung unter → Omri bis in die Zeit Herodes d. Gr. durch Grabungen erhellt worden. An Inschriften sind vor allem die beschriebenen Tonscherben (Ostraka) aus der Zeit → Jerobeams II. wichtig. Ein Jh. früher werden Omri und → Ahab auf dem moabitischen → Mesastein aus → Dibon im Ostjordanland erwähnt. Östl. von Samaria ist jetzt das ältere → Thirza durch die noch laufende Grabung von De Vaux in Tell el-Fara lokalisiert worden. Vgl. Taf. 77/1216; 67a/1056; 85b/1344.

Für die Zeit der Eroberung Kanaans durch die Israeliten hat man stets den Funden in Jericho große Bedeutung beigemessen. Nach einer deutschen Grabung 1907–09 arbeitete Garstang hier 1930–36. Er meinte, Reste umgestürzter Mauern auf 1400 v. Chr. und die Stadt z. Zt. Josuas festlegen zu können. Nach den neuesten Ausgrabungen 1952–58 muß die betreffende Schicht jedoch schon 300 Jahre früher angesetzt werden. → Beth-El ist in der Spätbronzezeit durch Feuer zerstört worden, und auch in → Hazor weisen Israeli-Ausgräber eine Schicht der Zerstörung unter Josua zu, eine andere der unter Thiglath-Pileser III. Hier fand sich ein spätbronzezeitlicher Tempel, ein mächtiger → Altar und Räucheraltar noch mit Asche- und Brandresten. Weiter in einem kanaanitischen Heiligtum eine steinerne Sitzfigur des Gottes → Baal neben einer Reihe von Masseben (LÜ Säulen) von rund 30 cm Höhe. Ein ganzes Höhenheiligtum wurde im edomitischen → Petra aufgedeckt. Vgl. 47/736; 13b/192; 32a/481; 71b/1120; 72/1121.

In → Silo stellten dänische Ausgräber fest, daß der Ort, wohl nach der Niederlage Israels gegen die Philister bei Eben-Ezer (1 Sam 4), zerstört worden war, was wir bisher nur aus Anspielungen bei Jeremia schließen konnten (Jer 7,12.14; 26,6). Das Eisenmonopol der Philister (1 Sam 13,19–21) bestätigte die Ausgrabung der Burg → Sauls in → Gibea, in der sich nur ein einziges Eisengerät fand.

Bauten der salomonischen Zeit kennen wir aus → Megiddo (Pferdeställe der Garnison, Palast des Statthalters), → Hazor, → Geser, dazu die Kupferverhüttungsanlage in → Ezeon-Geber. Auch Bergwerke in der Araba sind ausgegraben worden. Aus Geser stammt ferner ein »Kalender« mit der Aufzählung der landwirtschaftlichen Arbeiten durch das ganze → Jahr. Vgl. Taf. 31b/480; 69a/1088; Plan Sp. 1332.

Den scharfen Gegensatz zwischen Nord und Süd nach der Reichsteilung verdeutlichen u. a. die starken Befestigungen von Tell en-Nasbe (→ Mizpa). Hier wurde auch das → Siegel → Jaasanjas (2) gefunden, während Megiddo das Löwensiegel Semas aus der Zeit → Jerobeams II., → Elath das Siegel → Jothams (3) und → Lachis das des → Gedalja (4) bewahrt hat. Vgl. Taf. 67/1056.

Die Grabung in Lachis hat in Einzelheiten die Darstellung der Eroberung auf den assyr. Reliefs bestätigen können. Mit der Rolle der Stadt als Distriktszentrum für die Ablieferung von Naturalabgaben hängt der Fund eines mit »königliches Bath« bezeichneten Kruges von 22 Liter Inhalt zusammen (→ Maße und Gewichte I, 4b). Die Zustände während der Invasion Nebukadnezars werden durch die Lachisbriefe (→ Brief) lebendig. Für die Zeit nach der Zerstörung Jerusalems ist archäologisch in Juda bisher noch kein Ort nachgewiesen worden, der in den Jahren der babyl. Gefangenschaft ohne Unterbrechung bewohnt war. Vgl. Taf. 65/1024; 12b/161.

Aus ntl. Zeit sind die neuesten und wichtigsten Funde die → Handschriftenfunde vom Toten Meer (1947–56). Nach dem ersten Zufallsfund verdanken wir sie einer systematischen Suche. Die Hss. von Qumran und anderen Fundorten stammen aus dem Zeitraum von 200 vor bis 68 bzw. 132–135 n. Chr. Die vollständige Jesajarolle aus dem 1. Jh. v. Chr. verlängert die überschaubare hebr. Textgeschichte um 1000 Jahre (bisher älteste Zeugen um 900 n. Chr.). Unter den Hss. und Fragmenten sind bis auf Esther alle Bücher des AT vertreten. In der Zahl der Abschriften stehen 5 Mo, Jesaja und Psalmen voran, das entspricht der Häufigkeit ihrer Anführung im NT. Auch für die Literarkritik sind die Funde von Bedeutung, die für Teile von Jesaja und Prediger manchmal behauptete Datierung in späthellenistische Zeit ist jetzt ausgeschlossen. Die Auswertung der außerbiblischen Hss. von Qumran und neu gefundener ägypt. Papyri ist außerdem für das NT von Bedeutung. Danach braucht man für die Bildsprache des Johannesevangeliums keinen späten hellenistischen Ursprung mehr anzunehmen, und es besteht die Möglichkeit, daß alle vier Evangelien vor 70 n. Chr. und sämtliche Bücher des NT bereits um 85 n. Chr. niedergeschrieben waren (D. J. Wiseman). Das früheste Handschriftenbruchstück des NT stammt jedoch nicht aus Palästina, sondern aus Ägypten, es enthält die Verse Joh 18,31–33.37.38 und ist um 125 n. Chr. geschrieben worden (Abb. Sp. 383).
Vgl. Taf. 37/576; 39/608; 40/609.

Aussatz → Krankheiten

Ausschlag → Krankheiten

Auszug aus Ägypten.

I) BEDEUTUNG DES A. FÜR ISRAEL.

1) Das Ereignis war von so außerordentlicher Bedeutung für die Volkwerdung, daß die Schrift in ihren verschiedenen Teilen mehr als 60mal Bezug darauf nimmt (z. B. 5 Mo 16,3; Ps 78,2ff;Am 4,10).

2) Etwa 100 Bezugnahmen zeigen, daß dieses Ereignis die Gottesvorstellung ganz entscheidend bestimmt hat: der A. ist eine Großtat des Herrn. In ihm offenbart sich Gott der Herr als der Heiland (z. B. in Form von Bekenntnissen: 2 Mo 32,11; 1 Chron 17,21; Neh 9,9; Ps 80,9; Jes 31,3; Jer 2,6; Dan 9,15; Hos 12,14; Am 2,10; in Form von Selbstaussagen Gottes, etwa 80 Beispiele, z. B. 2 Mo 3,8; Ri 2,1; 1 Sam 8,8; 1 Kö 8,16; 3 Mo 11,45 als typische Formel; Jer 7,22; Hes 20,5; Hos 11,4; Hag 2,5 [6]). Für den atl. Frommen offenbarte sich der Herr im A. in so eindeutiger Weise als der Erlöser, daß dieses Ereignis zum Bild für die Erlösung schlechthin werden konnte (z. B. Jes 19,19; 43,3; Hes 29,14; Sach 10,10). Daß der A. messianisch gedeutet werden konnte, zeigt u. a. die Verknüpfung mit Jesus Christus in Mt 2,15 (vgl. Hos 11,1; 2,17[15]). Man kann schon sagen, daß der A. aus Ägypten für den atl. Frommen eine ähnliche Rolle spielte wie Tod und Auferstehung Jesu für die ntl. Gemeinde.

II) GESCHICHTLICHKEIT DES A.

Dafür sprechen:

1) Die außerordentliche Häufigkeit der bibl. Bezugnahme.

2) Ägypt. Einflüsse auf isrl. Personennamen (z. B. Moses, Pinehas, Hophni, Pashur).

3) Die Bestätigung biblischer Ortsangaben durch die Altertumsforschung in Ägypten (z. B. Raemses, Pithon, Sukkoth).

4) Die zuverlässige, durch die ägypt. Archäologie erhärtete Nachzeichnung ägypt. Verhältnisse in den betreffenden bibl. Berichten (z. B. 1 Mo 40,1ff.20; 41,8.30.35; 46,6.34; 50,2.26).

5) Daß der A. in keiner ägypt. Quelle direkt erwähnt wird, verwundert uns heute nicht mehr, nachdem wir bei den Ägyptern das Verschweigen eigener Niederlagen öfter nachweisen können.

III) VORGESCHICHTE UND HERGANG DES A.

Der bibl. Bericht findet sich in 1 Mo 37–2 Mo 14,31.

1) Joseph kommt nach Ägypten (1 Mo 37; 39–41).

2) Die Jakobsfamilie wird im Ostnildelta ansässig 1 Mo 45; 46). Dauer des Aufenthalts: 400–450 Jahre (vgl. 1 Mo 15,13–16; 2 Mo 12,40f; Apg 13,18; da Gal 3,17 die 215jährige Patriarchenzeit mit einzubeziehen scheint, käme man nach dieser Notiz auf eine Dauer von nur 215 Jahren; vgl. → Zeitrechnung IV, 3).

3) Die Nachkommen Jakobs werden als Bedrohung für Ägypten empfunden, zur Sklavenarbeit herangezogen und das Volk in seinem Fortbestand bedroht (2 Mo 1). Vgl. Taf. 9b/128.

4) Gott errettet Mose, läßt ihn zum Führer des Volkes heranbilden, beruft ihn und rüstet ihn aus (2 Mo 2–5).

5) Pharao und die Ägypter werden durch 10 → Plagen gezwungen, das Volk ziehen zu lassen (2 Mo 7–12).

6) In einer Nacht, die das spätere Passahfest vorbildet, brechen die Israeliten auf und gelangen auf Umwegen über die Lagerstätten Sukkoth, Etham, Pihachiroth an das Schilfmeer (2 Mo 12–14).

7) Pharao, der das Volk nun doch mit seinem Heer verfolgt, verliert seine Streitkräfte im Schilfmeer (es wird nichts darüber gesagt, daß er selbst mit umkommt!), während Israel durch Gottes wunderbare Fügung sicher hindurchgeleitet wird (2 Mo 14).

IV) DATIERUNG DES A. (vgl. auch → Zeitrechnung IV, 2).

1) Geht man von 1 Kö 6,1 aus, wonach Salomo den Tempelbau zu Jerusalem 480 Jahre nach dem Auszug begann (nämlich 967 v. Chr.), so erfolgte der A. um 1445 v. Chr. Demnach wäre die Familie Jakobs vor 1800 v. Chr. nach Ägypten gekommen. Von 1400 v. Chr. an wäre die Landnahme unter Josua erfolgt. Der Pharao der Unterdrückung (2 Mo 1,8) müßte Thutmose III. gewesen sein (1504–1450 v. Chr.), der Pharao des A. (2 Mo 2,23) Amenophis II. (1450–1423 v. Chr.). Diese Datierung hat den Vorzug, daß sie mit den Angaben 1 Kö 6,1 und Ri 11,26 übereinstimmt und den Ereignissen zwischen Auszug und Königszeit genügend Raum läßt.

2) Eine andere Datierung geht davon aus, daß Ramses II. (1301–1234 v. Chr.) der Pharao des A. gewesen sei (sein Vater Seti I. der Pharao der Unterdrückung, 1313–1301 v. Chr.). Hierbei spielen vor allem archäologische Argumente eine wichtige Rolle. Danach hätte der A. um 1270 v. Chr. stattgefunden, wäre Jakobs Familie um 1700 v. Chr. nach Ägypten gekommen und Josua um 1230 v. Chr. nach Kanaan einmarschiert. Für diese Annahme spricht, daß der biblische Bericht für die Stadt Avaris schon den späteren Namen Raemses nennt (2 Mo 1,11; vgl. V). Allerdings wird nach dieser Berechnung die Zeit zwischen Auszug und Königszeit knapp. Das gilt in noch stärkerem Maße von einem dritten Vorschlag, wonach Ramses II. der Pharao der Unterdrückung und Merneptah (1234–1222 v. Chr.) der Pharao des A. gewesen sein soll.

V) DIE A.ROUTE.

1) Der A. nahm seinen Ausgang von Raemses oder Pi-Ramses »Haus des Ramses« (vgl. 2 Mo 1,11; 12, 37; 4 Mo 33,3), das 1720 v. Chr. von den Hyksos unter dem Namen Avaris erbaut worden war und um 1300 v. Chr. in Raemses umbenannt wurde. Ab 1100 v. Chr. heißt die Stadt Tanis. In der Bibel wird sie auch Zoan genannt (4 Mo 13,22[23]). Avaris-Raemses war die Hauptstadt der Hyksos (bis 1570 v. Chr.), dann trat bis 1300 v. Chr. wieder das alte Theben in Oberägypten an ihre Stelle. Ramses II. erhob Avaris-Raemses wieder zur Hauptstadt. Die Stadt (heute San el-Hagar) lag etwa 10 km südwestl. vom Mensale-See im östl. Nildelta in der Landschaft, die die Bibel Land Raemses oder Gefilde von Zoan nennt.

2) Das Volk wandte sich nun nicht auf direktem Wege über die alte Philisterstraße nach Kanaan, weil er durch eine ganze Reihe von Grenzbefestigungen gesichert war, sondern etwa 50 km südwärts nach Sukkoth, westl. des Timsah-Sees und etwa 13 km östl. von Pithon. Man hat Reste der Befestigungsanlagen von Sukkoth ausgegraben.

3) Von dort ging es weiter südöstl. nach Etham, das nördl. der Bitterseen direkt am Rande der Wüste Sur lag. Über Etham führte, von On (Heliopolis) kommend, ebenfalls eine Straße nach Kanaan. Etham bedeutet Festung.

4) Nun wendete sich der Zug, um den Pharao zu täuschen (2 Mo 14,2.3), wieder nach W und S zu-

Tafel 11

a. Die Akropolis, die Burg von Athen, überragt mit ihren Tempeln die Stadt.

b. Teil des Parthenon, des Athenetempels auf der Akropolis.

LACHIS-BRIEF IV:

Hosajahu an Jaus

»Möge der Herr meinen Herrn an diesem Tage gute Botschaft hören lassen! Und nun, nach allem, was mein Herr geschrieben hat, hat dein Diener getan; ich habe an die Tür geschrieben all dem entsprechend, was mein Herr mir geschrieben hat. Und was das betrifft, was mein Herr über die Angelegenheit Beth-haraphid geschrieben hat: es ist niemand da.
Und was Samachja betrifft: Semaja hat ihn genommen und hat ihn in die Stadt hinaufgebracht. Und was deinen Diener betrifft: ich sende niemand dorthin [heute (?), aber ich werde senden] morgen früh.
Und laß (meinen Herrn) wissen, daß wir auf die Lichtsignale von Lachis achten, nach allen Anweisungen, die mein Herr gegeben hat, denn wir können (die Lichtsignale von) Aseka nicht sehen.«

rück und gelangte an den dritten Lagerplatz »Pihachiroth, zwischen Migdol (= Festung, Turm) und dem Meer, gegen Baal Zephon«.
Pihachiroth und Migdol werden in ägypt. Quellen genannt, sind aber bisher noch nicht sicher lokalisiert. Pihachiroth vermutet man südwestl. der Bittereseen. Migdol hat viell. am Dschebel Abu Hassan, ca. 20 km nordwestl. von Suez gelegen. Baal-Zephon war dann viell. der heutige Dschebel Murr, ca. 10 km nordwestl. von Suez, man hat aber auch an den Dschebel Ataka westl. von Suez gedacht.
5) Von Pihachiroth aus erfolgte der Durchzug durch das »Meer« (2 Mo 14,9.22). Dabei kann es sich kaum um das heutige Rote Meer gehandelt haben, das noch 20—30 km südlicher liegt. Vielmehr haben wir den Ort des Durchzugs wahrscheinlich irgendwo an oder südl. von den Bitterseen zu suchen, die damals noch in Verbindung mit dem Roten Meer standen (vgl. auch die Karte zum → Wüstenzug).

VI) DAS WUNDER DES DURCHZUGS.
Man hat dafür eine Reihe von Erklärungsversuchen naturwissenschaftlicher Art bereit, die den Begriff des Wunders zu umgehen suchen (z. B. starke Ebbe, starker Wind, vgl. 2 Mo 14,21). Die Schrift wird jedoch nicht müde zu betonen, daß der Durchzug erst durch ein unmittelbares Eingreifen Gottes möglich wurde (z. B. 2 Mo 14,14.16.18.19.20.21.26.30; 15,6; 4 Mo 33,3). Spekulationen darüber, inwieweit sich Gott dabei natürlicher Vorgänge bediente, sind überflüssig, weil sie das letzte doch nicht erklären (→ Wunder).

VII) DIE ZAHL DER AUSZIEHENDEN.
Nach 2 Mo 12,37f belief sich die Zahl der ausziehenden Männer auf 600 000, so daß die Gesamtzahl der Flüchtenden höher gelegen haben muß. Da die Sinaihalbinsel ein verhältnismäßig kleines und sehr unfruchtbares Gebiet ist, halten viele diese Zahlenangabe für zu hoch gegriffen. Es sei undenkbar, daß sich ein so großes Volk 40 Jahre lang in einem derartigen Gebiet ernähren konnte. Das haben nach den biblischen Berichten die Israeliten nicht nur ebenfalls gedacht, sondern auch erlebt; auch in dieser Frage erwies sich Gott als der helfende Wundertäter (2 Mo 16; 17; 4 Mo 20). Auch die Menge des Metalls, das die Israeliten für den Bau des heiligen Zeltes und der Geräte spendeten (2 Mo 38,21–24), liegt bei 600 000 Männern durchaus im Rahmen des Möglichen, wird jedoch bei wesentlich geringerer Volkszahl unwahrscheinlich hoch.

Aven »Böses, Unheimliches, Schlechtigkeit«.
1) Der Name der ägypt. Stadt → On oder Heliopolis wird Hes 30,17 durch zusätzliche Punktierung in A. verändert, um die Verachtung für ihren Götzendienst auszudrücken.
2) Aus dem gleichen Grunde spricht Hosea von → Beth-El als A. (Hos 10,8) bzw. → Beth-A. (V 5).
3) Ort in der Nähe von Damaskus, dessen Name zur Bezeichnung eines Tales diente (Am 1,5). Man vermutet darunter das heutige Baalbek, das syr. Heliopolis, berühmt durch seine herrlichen Tempel. Es liegt zwischen dem Libanon und dem Antilibanon. Vgl. Taf. 33/512; Karte Sp. 542.

Avva, auch Iwwa und Iwa,
Stadt des assyr. Reiches. Ihre Einwohner (die von A.) sind zur Kolonisierung Samariens herangezogen worden (2 Kö 17,24; 18,34 Iwwa; 19,13 Iwwa; Jes 37,13 Iwa). Man vermutet A. im heutigen Tell Kafr Aja bei Ribla oder in Ammia, dem heutigen Enfi, 26 km nördl. von Byblos (Gebal), das schon in den Amarnabriefen vorkommt.

Avvim. Ort in Benjamin (Jos 18,23), viell. Chirbet Haijan, 0,5 km südl. von Der Diwan.

Avviter. Volk in der Nähe von Gaza, das von den aus → Kaphtor einwandernden Philistern vertrieben wurde (5 Mo 2,23; Jos 13,3).

Awith, edomitische Stadt (1 Mo 36,35; 1 Chron 1, 46), die Geburtsstadt König Hadads. Abel vermutet sie in Chirbet Juththa am Wadi Juththa zwischen Basta und Maan, ca. 20 km südöstl. von Petra.

Axt → Waffen und Geräte

Azalja viell. »Der Herr hat sich vornehm, edel erwiesen« oder »Der Herr hat auf die Seite getan, spart auf«.
Sohn Mesullams, Vater → Saphans des Schreibers (2 Kö 22,3; 2 Chron 34,8).

Azel »Vornehm, edel«.
1) Nachkomme Sauls (1 Chron 8,37.38; 9,43.44).
2) Ort in der Umgebung Jerusalems, bis zu dem eine west-östl. verlaufende breite Gebirgsspalte reichen wird, die den Ölberg spaltet dann, wenn »die Füße des Herrn auf dem Ölberg stehen werden« (Sach 14,5). Nach der LXX Jasal, viell. Wadi Jasul, ein rechtes Seitental des Kidron, ca. 1,5 km südöstl. von Jerusalem.

Azmon. Dieser Ort ist wohl an der Südgrenze Kanaans am Bach Ägyptens zu suchen (4 Mo 34,4f; Jos 15,4). Vielleicht ist A. heute Quseime, 14 km nordwestl. von Kades-Barnea (Ain Kedes).

Azor, Ort in Dan (Jos 19,45 LXX), heute Jazur, neuhebr. Azor, 5 km südöstl. von Jaffa. Sanherib erwähnt Azuru zusammen mit Beth-Dagon, Japho und Banaiabarqa (Bne-Barak) als Orte, die er 701 v. Chr. erobert hat

Tafel 12
a. Rekonstruktion des alten Babylon mit dem Tempelbezirk und dem Stufenturm Etemenanki, dem »Turm zu Babel«.
b. Einer der Briefe auf Tonscherben (Ostraka) aus Lachis. Sie stammen aus der letzten Zeit vor der Eroberung Jerusalems durch Nebukadnezar (um 588-586 v. Chr.). Palestine Archeological Museum.

B **Baal** (Plur. Baalim).
I, 1) Gottheiten in Palästina und Syrien, die als B., als »Besitzer« und »Herr« bestimmter Orte und Tiere in hl. Bäumen, Bergen und Quellen wohnend gedacht wurden. Die ländliche Bevölkerung glaubte, daß das Wachstum des Getreides, des Obstes und Viehs von ihnen abhängig sei. Diese Gottheiten wurden mit dem Sammelnamen Baalim bezeichnet (Ri 6,25; 1 Kö 16,31; 18,26ff). Der Name des semitischen Fruchtbarkeitsgottes B. begegnet uns zuerst in Ägypten in der Hyksoszeit, auch später wurde er dort noch verehrt. In den Amarnabriefen scheint B. mit dem syr. Donnergott Adad oder Hadad gleichgesetzt zu werden.
In Syrien ist B. sonst Eigenname eines anderen Gottes, des »Herrn des Himmels« *(B. schamem)*, der wiederum mit der babyl. Gottheit Bel-Marduk verwandt ist und im Stier gottesdienstlich verehrt wurde. In Ras Schamra fand man einen Baalstempel neben den Tempel Dagons, der, wie auch El (vgl. → Aschera), als Vater B. galt. Bei diesen Ausgrabungen fand man auch kleine B.figuren. Auf den dabei gefundenen Texten wird der Name B. öfter erwähnt. Die Gemahlin des B. heißt Anat. Der Einfluß des B.kultes in Kanaan macht sich in vielen Ortsbezeichnungen (z. B. B.-Peor) geltend. Eigennamen werden mit dem B.namen verbunden (Baeljada, Bealja, Jerubaal), ja Gott (Jahwe) selbst wird als B. bezeichnet (vgl. Bealja = Jahwe ist B., 1 Chron 12,5).
2) B. wurde auf den Höhen Moabs bereits z. Zt. des Bileam und Balak angebetet (4 Mo 22,41). In der

Stele des Gottes Baal aus Ras Schamra, geweiht von dem kleiner dargestellten König (14. Jh. v. Chr.).

Richterzeit gab es auch in Palästina B.altäre (Ri 2,13; 6,28–32), und als Ahab Isebel, die Tochter des Königs Ethbaal von Tyrus, heiratete, breitete sich der syr.-phön. B.dienst über das ganze Land aus. Der Kampf zwischen dem wahren und falschen Gottesdienst spitzte sich bis zur Begegnung Elias mit den Baalspriestern auf dem Berg Karmel zu (1 Kö 16,31.32; 18,17–40), die zugleich (1 Kön 18,26ff) ein anschauliches Bild des B.dienstes gibt: wilde Rufe, rasende Tänze, Verwundungen für B., verzücktes Stammeln bis hin zur völligen Erschöpfung. Sie endete damit, daß die Priester des B. getötet wurden und alles Volk sich erneut dem wahren Gott hingab. Bald jedoch nahm der B.dienst wieder zu, bis er in Israel unter Jehu ausgerottet wurde (2 Kö 10,18–28), während er in Juda noch den Schutz von Isebels Tochter Athalja, der Frau des Königs Joram, genoß (2 Chron 21,6; 22,3). Nach ihrem Sturz wurde der Tempel des B. zu Jerusalem niedergerissen, seine Altäre und Bilder zerbrochen und Matthan, der Hauptpriester, getötet (2 Kö 11,18). Trotzdem lebte die B.anbetung sowohl in Israel (Hos 2,10[8]) wie in Juda wieder auf. Der König Ahas ließ gegossene Bilder der Baalim anfertigen (2 Chron 28,2). Nachdem Hiskia in seiner Reform den Götzendienst bekämpft hatte, gab sich ihm sein Sohn Manasse erneut hin (2 Kö 21,3). Josia vernichtete wiederum die Altäre, Bilder und dergl. (2 Kö 23,4.5). Erst mit der → Gefangenschaft (V) war offenbar die Gefahr des B.dienstes endgültig überwunden.
Immer wieder griffen die Propheten den B.dienst an (Hos 2,19[17]; 13,1; Jer 19,4.5; 23,13; Zeph 1,4), den man als Verehrung der »Schande« *(boseth)* betrachtete (vgl. die Namensänderungen bei Is-Boseth, Mephiboseth). – Dazu kommt, daß der B.dienst mit geschlechtlichen Ausschweifungen und kultischer Prostitution (1 Kö 14,24), mit Kinderopfern, dargebracht durch die Eltern (Jer 19,5), und dem Küssen des Götzenbildes (1 Kö 19,18; Hos 13,2) verbunden war. Oft wird B. mit der Göttin → Asthoreth zusammen genannt (Ri 2,13), und in der Nähe der B.-altäre war meistens auch ein Ascherabild zu finden (Ri 6,30; 1 Kö 16,32.33). Vgl. Taf. 32a/481.

II, 1) Rubenit, Nachkomme Joels, der vor dem Untergang des Nordreiches lebte (1 Chron 5,5.6).
2) Benjaminit, Sohn des Jeiel zu Gibeon und Vorfahr des Königs Saul (1 Chron 8,30; 9,36).
3) Ort im Stamme Simeon (1 Chron 4,33), identisch mit → Baalath-Beer-Ramath.
4) B. in Juda (2 Sam 6,2) ist → Kirjath-Jearim.

Baala, »Herrin, Besitzerin«.
1) Die unter dem Namen → Kirjath-Jearim bekannte Stadt (Jos 15,9), die auf der Grenze zwischen Juda, Benjamin und Dan liegt.
2) Berg (Jos 15,11), der zwischen Ekron und Jabneel liegt.
3) Stadt im Süden des Stammes Juda (Jos 15,29). Man nimmt eine Identität mit dem Orte Bala (Jos 19,3) oder Bilha (1 Chron 4,29; LXX Baala[d]) an. Die genaue Lage ist unbekannt. Man vermutet B. in der Gegend von El-Mutalla, ca. 7 km südöstl. von Beer-Seba. Vgl. Karte Sp. 1304.

Baalath, »Herrin, Besitzerin«.
Stadt, die von König Salomo befestigt worden war (1 Kö 9,18; 2 Chron 8,6) und wohl im ursprüngli-

chen Stammgebiet Dans lag (Jos 19,44), in der Nähe Gesers u. Beth-Horons.

Baalath-Beer-Ramath, »Herrin des Brunnens Ramath«,
Grenzstadt Simeons (Jos 19,8), auch als Ramath oder Ramoth im Südland (1 Sam 30,27) bekannt. Es ist wohl derselbe Ort wie Bealoth (Jos 15,24) und Baal (1 Chron 4,33). Die genaue Lage ist unbekannt. Man vermutet B.-B. in der Nähe Rehoboths.

Baal Berith. I) B.B. oder El Berith (Ri 9,46; 8,33; 9,4) ist der Beiname einer dem Eigennamen nach unbekannten kanaanitischen Hauptgottheit (→ Baal), die z. Zt. der Richter um 1200 v. Chr. in Sichem verehrt wurde. B. B. bedeutet Herr, Urheber oder Patron des Bundes oder Vertrages, El Berith hingegen Gott des Bundes.

II) Nach dem Tode Gideons wandten sich die isrl. Stämme wieder kanaanäischen Gottheiten zu (Ri 8, 33). Sein Sohn Abimelech schloß mit den Sichemiten im Zeichen B. B. einen Vertrag, der ihn in die Rechte eines Königs einsetzte (Ri 8,33; 9,4.46). Dieser Bund, unter einem heidnischen Vorzeichen geschlossen, währte nur drei Jahre, weil Gott »einen bösen Geist zwischen Abimelech und die Bürger von Sichem sandte« (Ri 9,22.23 ZÜ). So zerbricht Gott den Bund, den Abimelech unter Mißachtung des Bundes Gottes mit seinem Volk geschlossen hatte.

III) Nach Urkundenfunden in Mari (18.–17. Jh. v. Chr.) steht der Ausdruck »einen Esel töten« für: einen Bund schließen. Da auch Hemor, der Name des Stammvaters der Sichemiten, »Esel« bedeutet und seine Nachkommen »Söhne des Esels« genannt wurden (vgl. 1 Mo 33,18.19), hat man vermutet, daß die Schlachtung oder Zerteilung eines Esels zum Ritus des Vertragsschlusses im Namen B. B. gehörte und daß Hemor-Esel der Eigenname der Gottheit gewesen sei.

Baal-Gad viell. »Baal des Glücks, der günstigen Fügung«.
Ort am Fuße des → Hermon (Jos 11,17; 12,7; 13,5), an einer der Jordanquellen. B.-G. war wahrscheinlich eine Hauptstätte der Baalsverehrung und ist wohl identisch mit Baal-Hermon (1 Chron 5,23) und dem heutigen Hasbeija westl. des Berges.

Baal-Hamon »Herr des Reichtums« oder »der Menge«,
Ort, an dem Salomo seinen Weingarten den Hütern verpachtete (Hl 8,11). Seine Lage ist unbekannt.

Baal-Hanan »Baal hat sich gnädig erwiesen, ist gnädig«.
1) Sohn des Achbor und 7. König von Edom (1 Mo 36,38; 1 Chron 1,49).
2) Aufseher über die Olivenhaine und Maulbeerbäume Davids (1 Chron 27,28), ein → Gaderiter.

Baal-Hazor,
Ort bei Ephraim, wohin Absalom alle Söhne des Königs einlud, um Amnon erschlagen zu lassen (2 Sam 13,23). Die genaue Lage ist unbekannt. Man hat B.-H. in Benjamin vermutet, etwa 7 km nordöstlich von Beth-El und beinahe 25 km nördl. von Jerusalem, auf dem Berg el-Asur.

Baal-Hermon »Herr des Hermon«.
1) Stadt in der Nähe des Berges Hermon (1 Chron 5,23), wohl der gleiche Ort wie → Baal-Gad (Jos 11,17).
2) Berg, der östlich vom Libanon lag (Ri 3,3). Israel vermochte die dort wohnenden Heviter nicht zu besiegen. Bei B.-H. war die nordwestl. Grenze von Ostmanasse (1 Chron 5,23). Ob B.-H. einen dem Baal geheiligten Platz des Hermon bezeichnet oder einen Ort an dessen Osthang, bleibt unsicher.

Baalim → Baal

Baalis.
König der Ammoniter z. Zt. des Propheten Jeremia. Durch → Ismael, den Sohn Nethanjas, ließ er den von Nebukadnezar eingesetzten Statthalter Gedalja beseitigen. Von der zu erwartenden Rache der Chaldäer erhoffte B. den endgültigen Untergang des Reiches Juda und eine Vergrößerung des eigenen Reiches (Jer 40,14).

Baal-Meon »Herr des Verstecks, des Aufenthaltsorts (= Wohnung)«.
alte Amoriterstadt an der Grenze Moabs (4 Mo 32, 38; Hes 25,9), die dem Stamm Ruben zugewiesen und von den Rubenitern wieder aufgebaut worden war. Sie wurde auch Beon (4 Mo 32,3) oder Beth-Baal-Meon (Jos 13,17) genannt. Wie der Mesastein berichtet, gehörte B.-M. eine Zeitlang dem König von Moab, auch in der Zeit der großen Propheten war es Eigentum der Moabiter (Hes 25,9; Jer 48,23), die den Ort Beth-Meon nannten. Er heißt heute Main und liegt etwa 17 km südwestl. von Hesbon und 6 km südwestl. von Medeba. Vgl. Karte Sp. 914.

Baal-Peor, Gottheit der Moabiter, → Baal, zu dessen Anbetung viele Israeliten verführt wurden (vgl 4 Mo 25,5).

Baal-Perazim »Herr der Risse«,
Ort unweit Jerusalems, in der Nähe der Ebene Rephaim, wo David die Philister schlug (2 Sam 5,17–20; 1 Chron 14,9–11). Die Höhe des Eliasklosters zwischen Jerusalem und Bethlehem könnte dieser Ort (2 Sam 5,20) und der Berg Perazim von Jes 28, 21 sein, wo Gott sich vor David her gegen seine Feinde erhob, »wie Wasser«, wenn es seinen Damm zerrissen hat, unaufhaltsam »das Land überschwemmt« und alles mit sich fortreißt. Als die Philister in der Rephaimebene lagerten, war es für David, der von Adullam aus dem Hügellande kam, das Günstigste, auf der großen Straße der → Sephela auf die Höhe des Gebirgslandes hinaufzuziehen, um zuerst den Philisterposten bei dem Eliaskloster zu überrumpeln und dann von oben über das Philisterlager in die Ebene hereinzubrechen (vgl. G. Dalman, Orte und Wege Jesu, 3. Aufl., S. 21).

Baal-Salisa. Ort, aus dem ein Mann dem Elisa Erstlingsbrote brachte (2 Kö 4,42). Der Ort lag westl. von Gilgal und heißt heute Kafr Tilt, halbwegs zwischen Sichem und Jaffa.

Baal-Sebub → Beelzebub

Baal-Thamar »Herr der Palme«,
Ort in Benjamin (Ri 20,33), an dem sich das isrl. Heer zum Kampf gegen Gibea aufstellte. Das Onomastikon identifiziert B.-T. mit Ras et-Tawil, einem Hügel 1 km nordöstl. von Tell el-Ful (Gibea Sauls).

Baal-Zephon »Herr des Nordens«,
Ort, in dessen Nähe Israel auf seiner Wüstenwanderung Station machte, ehe es durchs Schilfmeer zog (2 Mo 14,2.9; 4 Mo 33,7). Er lag nahe bei Migdol u. Pihachiroth, nicht weit vom Meer. Vielleicht handelt es sich aber auch um einen Berg. Man hat an den heutigen Dschebel Murr gedacht, an dem dann die Phönizier dem Baal des Nordwindes geopfert hätten, um günstigen Wind für die Fahrt im Roten Meer zu bekommen. Als Göttername wird B.-Z. auch unter den fremden Göttern in Memphis mitgenannt. Vgl. → **Auszug V, 4.**

Baana.
1) Benjaminit, Sohn Rimmons des Beerothiters und Bruder Rechabs. Die Brüder waren Führer der Streifscharen Is-Boseths. Vielleicht dadurch ermutigt, daß Joab für den Mord an Abner straflos ausging, drangen sie zur Mittagszeit in das Haus Is-Boseths ein, erschlugen ihn auf seinem Bett und brachten seinen Kopf zu David nach Hebron. Doch statt sie zu belohnen, ließ David sie als Mörder hinrichten (2 Sam 4).
2) Vater des Netophathiters Heleb (oder Heled), eines der Helden Davids (2 Sam 23,29; 1 Chron 11,30).
3) Sohn des Ahilud und Bruder des Kanzlers Josaphat. Er war Salomos Statthalter über den Südteil der Ebene Jesreel von Megiddo bis zum Jordan (1 Kö 4,3.12).
4) Statthalter Salomos über Asser und Aloth. Sein Vater Husai war vermutlich der Freund und Ratgeber Davids (1 Kö 4,16).
5) Israelit, der mit Serubabel aus der babyl. Gefangenschaft zurückkehrte (Es 2,2; Neh 7,7).
6) Vater des Zadok, der sich zu Nehemias Zeit am Mauerbau in Jerusalem beteiligte (Neh 3,4). Vielleicht derselbe, der die Verpflichtung auf das Gesetz unterzeichnete (Neh 10,28[27]).

Baara, Frau des Saharaim aus dem Stamm Benjamin (1 Chron 8,8).

Babel. I) B. oder Babylon wird zuerst bei der Gründung des Reiches Nimrods (1 Mo 10,10) und dann beim Turmbau (1 Mo 11,9) genannt. Hier wird der Name mit »verwirren« in Verbindung gebracht, während er im Babyl. von »zerstreuen« abgeleitet werden kann. Die Babylonier selber haben den Namen jedoch als »Gottespforte« aufgefaßt. Die griech.-lat. Form Babylon beruht auf der Mehrzahlform *bab-ilani* = »Pforte der Götter«. Bereits im Bericht vom Turmbau kommt das zum Ausdruck, was Babel im AT verkörpert: Zentrum und Symbol der widergöttlichen Weltmacht. Der Turm von Babel ist das warnende Wahrzeichen der Überhebung des Menschen und der Sprachenverwirrung und Zerstreuung der Völker. Was ist davon übriggeblieben? Man nimmt an, daß es sich bei diesem Turm um den Treppenturm Etemenanki am Tempel des Gottes Marduk handelt. Dies Bauwerk ist erst durch Sanherib (689 v. Chr.) und dann durch Alexander d. Gr. (323 v. Chr.) zerstört worden. Alexander wollte die Stadt zum Mittelpunkt seines Weltreiches machen und ließ mit dem Ziel des Wiederaufbaues die Überreste des Tempelturmes abbrechen. Der Schutt wurde in die Ebene nordöstl. der Stadt kunstgerecht in 3 Hügeln aufgehäuft. An der Stelle, an der einmal der gewaltige Turm stand, ist jetzt ein Teich. Vgl. Taf. 12a/161; 25b/384; Abb. Sp. 1378.

Die Stadt Babylon war im Altertum die bedeutendste Stadt des Vorderen Orients, was zahlreiche Keilschrifttexte bezeugen. Politische Bedeutung gewann die Stadt vor allem unter Hammurabi. Später eroberten die Hethiter und bald darauf die Kassiten Babylon, die eine Dynastie gründeten, die für einige Jahrhunderte in Babel regierte. Um 1100 v. Chr. beginnt der Niedergang Babyloniens. Es herrschte oft Streit zwischen den älteren Babyloniern und den jüngeren chaldäischen Stämmen, die in den Süden eingedrungen waren und nach der Herrschaft strebten. Abwechselnd saßen babyl. und chaldäische Könige in Babel auf dem Thron, häufig nur aus Gnaden Assyriens. 689 v. Chr. zerstörte Sanherib die Stadt, jedoch sein Sohn Asar-Haddon baute sie wieder auf. Nach dem Tode Assurbanipals (Asnaphars) bestieg Nabopolassar 626 v. Chr. den Thron und

Tempelturm des Nabunaid (vgl. → Belsazer) in Ur. Ähnlich haben wir uns den Turm zu Babel vorzustellen

gründete das neubabyl. Reich. Unter seinem Sohn Nebukadnezar II. erlebte Babel als Mittelpunkt eines mächtigen Reiches eine neue Blütezeit. Die glänzende Stadt mit ihren prunkvollen Bauten ließ den König im Hochmut ausrufen: Ist das nicht das große Babylon, das ich gebaut habe? (Dan 4,27; vgl. Abb. Sp. 981 unten). Zu dem Fund von Tontafeln mit dem Namen des vorletzten Königs von Juda in den Gewölben unter den berühmten hängenden Gärten (→ Ausgrabungen IV,2) vgl. → Jojachin. 539 v. Chr. fiel die Stadt in die Hände des Perserkönigs Kores oder Kyrus (Dan 5). Das Gastmahl Belsazers fand in der Südburg statt. Dort gab es einen Thronsaal, der nicht weniger als 52 Meter lang, 17 Meter breit und 20 Meter hoch war. An seiner Wand erschien während des Festes die geheimnisvolle Schrift (V 5). Unter der folgenden Perserherrschaft wagte Babylon zweimal einen Aufstand gegen Darius Hystaspis, wurde aber besiegt und verlor seine Befestigungen. 312 v. Chr. nahm Seleukus Nikator, der Gründer der syrischen Seleukiden-Dynastie, Babel und erbaute aus dem fortgeschleppten Material eine neue Stadt Seleukia am Tigris. Das war das Ende der trotzigen Stadt, der schönsten aller Reiche, der herrlichen Pracht der Chaldäer (Jes 13,19). Wo Babel lag, steht heute ein Pfahl mit einer hölzernen Tafel und der Inschrift: »Haltepunkt Babylon. Züge halten hier nur nach Bedarf«. Es hat sich wörtlich erfüllt: es soll nimmermehr bewohnt werden, und niemand darin hausen für und für (Jer 50,39).
II) So wird Babel in der Bibel zum Sinnbild der widergöttlichen Weltmacht. Auch Johannes spricht von Babylon als dem Sitz der kommenden antichristlichen Weltmacht (Offb. 14,8; 16,19; 17,5; 18,2.10.21) und spielt damit versteckt auf Rom und seine Macht an, die sich gegen die Gemeinde Christi gewandt hatte. Ebenso haben wir 1 Petr 5,13 unter Babylon wahrscheinlich Rom zu verstehen.

Babylonien. I) Dies Land lag am Unterlauf von Euphrat und Tigris. Die Griechen nannten es B. nach der Hauptstadt → Babel, griech. Babylon. 1 Mo 10,10 heißt es von Nimrod: der Anfang seines Reiches war Babel, Erech, Akkad und Chalne im Lande Sinear. Sinear ist der atl. Name für Babylonien (1 Mo 11,2; 14,1.9; Jes 11,11; Dan 1,2; Sach 5,11). Die

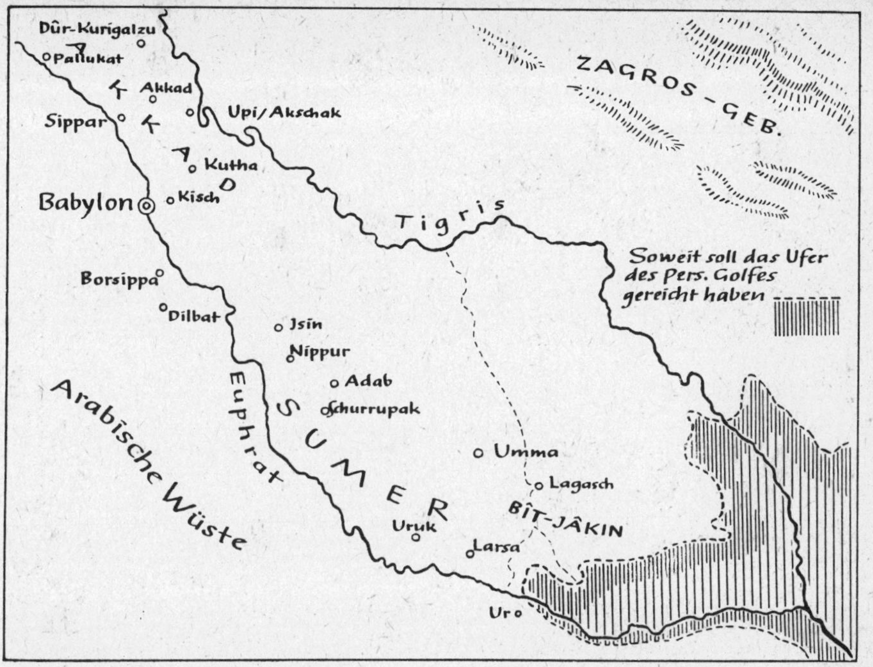

Karte von Babylonien.

Babylonier selber nannten ihr Land vorzugsweise Sumer und Akkad, da die Sumerer im Süden und die Akkader im Norden wohnten. Diese waren Semiten, die Sumerer, die vor ihnen im Lande saßen, aber nicht.

II, 1) Man nimmt an, daß die ersten Sumerer im 4. Jt. v. Chr. aus dem Bergland im Norden am Tigris entlang nach Mesopotamien vorgedrungen sind. Sie haben dann in der frühdynastischen oder Lagaschzeit (1. Hälfte des 3. Jt. v. Chr)., die in B. den

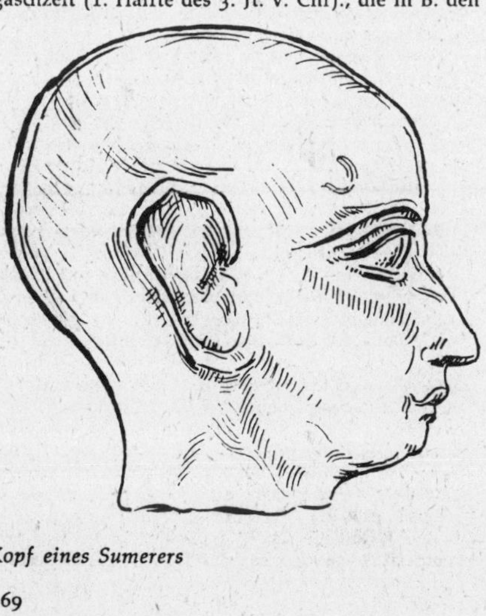

Kopf eines Sumerers

Übergang von der schriftlosen Vorgeschichte zur Geschichte bildet, die wichtigsten Städte in Besitz genommen und die ältere Bevölkerung daraus verdrängt. Mit Recht hat u. a. Albright darauf hingewiesen, daß sich die älteste staatliche Organisation begreiflicherweise in Mesopotamien und Ägypten findet. Besonders in B. hatte man jedes Jahr mit Überschwemmungen der Flüsse zu kämpfen. Ein weitverzweigtes Be- und Entwässerungssystem war unentbehrlich. Gemeinschaftsarbeit, Planung, Kontrolle von Deichen und Dämmen und die sich daraus ergebenden Fragen verlangten nach einer festen staatlichen Leitung. Die Sumerer bildeten verschiedene Stadtstaaten, die sich blutig bekämpften. Einer der berühmtesten war Lagasch, nach dem die Lagaschperiode benannt ist. An der Spitze der einzelnen Reiche standen Priesterfürsten mit dem Titel Ensi.

2) Der Sumererherrschaft bereitete zunächst der Akkader Sargon ein Ende, der die semitische Dynastie von Akkad (um 2270–2130 v. Chr.) gründete. Sein Reich dehnte sich von Elam bis zum Mittelmeer und vom pers. Golf bis nach Armenien aus. Unter ihm und seinen Nachfolgern wurden berühmte Kunstwerke geschaffen, bekannt ist z. B. das Siegesdenkmal des Königs Naram-Sin. Vgl. Karte Sp. 915.

3) Dann fiel das wilde Bergvolk der Gutäer in B. ein und eroberte Akkad. Unter ihrer Herrschaft (um 2130–2060 v. Chr.) erlebte Lagasch eine neue Blütezeit, die letzte der Sumerer. Vor allem der Fürst Gudea brachte die Stadt zu neuem Glanz, von dem Inschriften und Kunstgegenstände zeugen, die bei den Ausgrabungen ans Licht gekommen sind. In → Ur, das zunächst von Lagasch abhängig war, entwickelte sich unter der 3. Dynastie von Ur (um 2050–1950

Sargon von Akkad

v. Chr.) ein selbständiges Reich, dessen Herrscher sich Könige von Sumer und Akkad nannten. In diesem letzten Reich der Sumerer bestanden starke akkadische Einflüsse. Es erlag den Angriffen der Amoriter und Elamiter. Damit war die politische Rolle der Sumerer ausgespielt.

4) Sie waren ein Volk von großer kultureller und religiöser Bedeutung. Von ihnen stammt die Keilschrift, die dann Akkader und Assyrer übernommen haben. Die sumerischen Hauptgötter waren Enlil, der Herr des Landes, und Ea, der Gott der Wassertiefe. Weiter sind zu nennen der Mondgott Nanna (babyl. Sin), der Sonnengott Utu oder Babbar (babyl. Samas) und die Göttin Ninni oder Inanna (babyl. Istar; → Asthoreth). Wichtig ist ferner Tammuz (→ Thammus), der sterbende und auferstehende Vegetationsgott. Seine Verehrung ist besonders im Volk lange beibehalten worden, wenn ihm im babyl. Götterhimmel später auch kein Platz mehr eingeräumt wurde. Noch Hes 8,14 ist vom Tammuzkult die Rede.

III) Die → Amoriter, die zum Untergang der Sumerer beitrugen, verstärkten das semitische Element der Akkader. Sumu-abi, der Gründer der 1. oder amorit. Dynastie von Babylon, eroberte diese Stadt, von der man meist sagt, daß sie damals noch unbedeutend war. Jedoch zeigt der Bericht von der Sprachverwirrung, daß Babel schon sehr früh bekannt war (1 Mo 11,1–9). Der 6. König der genannten Dynastie war der berühmte Hammurabi, der nach den Maribriefen um 1700 angesetzt werden muß, im einzelnen differieren die Berechnungen aber noch beträchtlich. Die Gesetzessammlung Hammurabis, die 1902 in Susa gefunden wurde, steht auf einem großen Block aus schwarzem Diorit. Sie umfaßt außer ausführlicher Einleitung und Schlußschrift 282 Paragraphen. An der Spitze des übermannshohen Steins ist Hammurabi vor dem Sonnengott Samas stehend abgebildet. Viele neue Einzelheiten seiner Herrschaft sind aus den Maribriefen bekannt geworden. Er besiegte den Elamiter Rim-Sin von Larsa und Zimrilim von Mari. Auf religiösem Gebiet hat er Marduk (→ Bel), den Stadtgott Babylons, anstelle Enlils zum höchsten der babyl. Götter mit dem Titel »Herr des Himmels u. der Erde« gemacht. Politisch erreichte er die Verbindung der sumerischen und der amoritischen Kultur. Das Akkad. wurde zur herrschenden Sprache.

IV) Schon unter Hammurabis Nachfolgern bedrohten die Kassiten, die vom Zagrosgebirge her einfielen, die Machtstellung Babylons. Sie eroberten und beherrschten es, nachdem es im 16. Jh. v. Chr. von den Hethitern verwüstet worden war. Während der Zeit, in der die kassitischen Könige in Mesopotamien regierten (der Name Kardunias für Babylon ist kassitisch), erlebte das Land für ungefähr 450 Jahre (um 1500–1150 v. Chr.) keine Blüte und Macht mehr wie unter Hammurabi. Die Herrschaft der kriegerischen Kassiten wurde durch einen Einfall der Elamiter gestürzt, die wieder von Nebukadnezar I. von Babylon (um 1130 v. Chr.) besiegt wurden. Es dauerte aber noch lange, bevor die Könige von Babel wieder eine weltgeschichtliche Rolle spielen konnten. Zunächst stiegen die Assyrer auf, die ihre Herrschaft auch auf B. ausdehnten und Babel wiederholt tief erniedrigten. Zum Verständnis der späteren Blüte des babyl. Reiches ist wichtig, daß seit 1000 v. Chr. die Chaldäer, ein aram. Stamm, langsam in Mesopotamien eingedrungen waren und nach und nach von Südbabylonien aus ihre Macht ausgebreitet hatten. So war → Merodach-Baladan (2 Kö 20,12), der Sargon II. und Sanherib viel zu schaffen machte, ein chaldäischer Fürst. In den letzten Regierungsjahren Assurbanipals (Asnaphars) und danach war Kandalanu König von Babylon, wahrscheinlich unter assyr. Oberherrschaft.

V, 1) 626 v. Chr. gründete der Chaldäer Nabopolassar das neubabyl. Reich (vgl. Karte Sp. 915). Er machte sich von den Assyrern, die den Skytheneinfall auszuhalten hatten, unabhängig und eroberte 612 v. Chr. zusammen mit den verbündeten Medern Ninive. Damit rückten Syrien und Palästina in das unmittelbare Einflußgebiet des neubabyl. Reiches. Babylon wurde die Großmacht, mit der Juda von jetzt ab zu rechnen hatte. Zuerst versuchte jedoch Ägypten, seine Herrschaft in Syrien und Palästina aufzurichten. König → Josia von Juda fiel, als er Pharao → Necho bei Megiddo 609 v. Chr. entgegentrat. Nabopolassar verhinderte dann die Einnahme von Haran durch die verbündeten Ägypter und Assyrer, und kurz vor seinem Tod fiel seinem Sohn → Nebukadnezar durch den Sieg bei Karchemis (605 v. Chr.) alles Gebiet bis zur ägypt. Grenze hin zu. Nebukadnezar II. herrschte 605–562 v. Chr. Er und Hammurabi sind die beiden berühmtesten babyl. Könige und zeigen vielfach die gleichen Züge. Hammurabi ist bei weitem nicht der Friedensfürst gewesen, für den man ihn früher gehalten hatte, und Nebukadnezar, der dem selbständigen jüd. Staat ein Ende bereitete und den Tempel in Jerusalem zerstörte (vgl. → Gefangenschaft, → Jojakim, → Zedekia), hat sich auch als Gesetzgeber und königlicher Bauherr in Babylon betätigt. Sein Hochmut (vgl. Dan 4,27) entspricht der Selbstverherrlichung Hammurabis in dessen Gesetz. Dieser Geist läßt das stolze und tempelverwüstende Babylon in der Bibel zur Verkörperung der widergöttlichen und antichristlichen Weltmacht werden (vgl. 1 Mo 11; Offb. 14; 16–18). Das *große* Babylon steht dem *neuen* Jerusalem gegenüber. Die Propheten haben das Gericht über Babel verkündet (Jes 13; 14; 47; Jer 50; 51; vgl. Ps. 137). Vgl. Taf. 12b/161; 30/449.

2) Auf Nebukadnezar folgte sein Sohn → Evil-Merodach (562–560 v. Chr), der nach kurzer Herrschaft

von seinem Schwager → Nergal-Sarezer (560–556 v. Chr.) ermordet wurde. Nachdem dessen Sohn Labasi-Marduk nur einige Wochen regiert hatte und durch eine Verschwörung gestürzt worden war, kam Nabunaid zur Regierung (556–539 v. Chr.). Er hatte die Unterstützung der Priester, und seine Thronbesteigung setzte der Macht der Militärpartei ein Ende. Er stellte viele Tempel wieder her und ließ dabei durch seine Gelehrten Untersuchungen über deren Gründung und Geschichte vornehmen. Während seines Zuges zur Oase Thema, wo er 8 Jahre blieb, war sein Sohn → Belsazer (vgl. Dan 5) Regent in Babylon. Inzwischen waren die Perser unter ihrem König Kores (Kyrus) zur Macht gekommen und hatten 550 v.Chr. das Reich der Meder unterworfen. 539 v. Chr. eroberte Kores Babylon, Belsazer kam um, und Nabunaid wurde gefangen genommen. Das war das Ende der Machtstellung B. Einzelne Versuche, sie zurückzugewinnen, schlugen fehl. Die Babylonier blieben unter pers. Herrschaft, die 332–323 v. Chr. durch die Alexanders d. Gr. und 312–171 v. Chr. durch die der syr. Seleukiden abgelöst wurde. Dann gehörte Babylon bis ins 3. Jh. n. Chr. zum Partherreich.

Bach, arab. *wadi,* ist der kleine Fluß und das Flußtal. Die Bäche trocknen in Palästina meist aus und führen nur z. Zt. der Regenfälle reichlich Wasser, dann aber reißen sie alles mit sich fort (Ps 18,5). Ihr Bild wurde von Hiob auf seine unzuverlässigen Freunde angewandt (Hi 6,15ff). Unendlich bitter klingt Jeremias Vorwurf (Jer 15,18 EÜ), Gott sei ihm zum Trugbache geworden. Die Steine im Flußbett schoben sich zur Wasserzeit übereinander und stießen ihre Kanten ab. Solche glatten Steine wählte David für seine Schleuder (1 Sam 17,40).
Vgl. weiter → Arnon, → Besor, → Eskol, → Jabbok, → Kana, → Kidron, → Kison, → Krith, → Sered, → Sorek, → Weidenbach.

Bach Ägyptens, alter Grenzfluß zwischen Ägypten und Kanaan, dessen Unterlauf die große ägypt. Armeestraße nach Palästina und Syrien etwa 75 km Ll. südwestl. von Gaza schneidet. Der »B.Ä.«, nicht zu verwechseln mit dem »Strom Ägyptens«, dem Nil, wird von verschiedenen Wadis gespeist, die im Gebirge im südl. Teil der Sinaihalbinsel entspringen. Der B. Ä. (vgl. 4 Mo 34,5; Jos 15,4; 1 Kö 8,65; Jes 27,12), heute Wadi el-Arisch genannt, mündet an einem Ort gleichen Namens an der Bahnlinie Kantara-Haifa ins Mittelmeer. Vgl. Karte Sp. 1548; 282.

Bachweide → Weide

Backen → Brot

Bad der Wiedergeburt. An einer Stelle spricht das NT von der Rettung durch das Bad der Wiedergeburt und die Erneuerung des Heil. Geistes (Tit 3,5). Keinesfalls hat Paulus darunter ein die Wiedergeburt und Erneuerung des Heiligen Geistes wirkendes Bad verstanden, etwa die Taufe mit solcher Wirkung. Erfolgte diese Rettung durch die Taufe, so wäre Paulus kein zur Rettung der Menschen gesandter Apostel, denn er weiß sich von Christo gesandt, nicht zu taufen, sondern das Evangelium zu verkündigen (1 Kor 1,17). So kann es sich nur um das Bad im Rahmen der → Wiedergeburt handeln, welche ohne die mitfolgende Erneuerung durch den Geist wirkungslos bleibt. Eine Verbindung mit Eph 5,26 ist dadurch ausgeschlossen, daß diese Stelle nicht von der Wiedergeburt handelt, sondern von der auch nach der Wiedergeburt noch fortschreitenden Reinigung zur Vollkommenheit. Sie vollzieht sich an denen, die unter der Wirkung des Wortes bleiben (Phil 2,15f; 1 Kor 1,4–8; Joh 8,31f).

Baden. Im warmen Klima des Vorderen Orients ist B. ein Bedürfnis. Aus 2 Mo 2,5; 7,15; 8,16[20] erfahren wir, daß man zur Zeit des Mose am Pharaonenhof gewohnt war, zum B. an den Nil zu gehen; allerdings könnte es sich an den beiden letztgenannten Stellen auch um ein Fest zu Ehren des Nilgottes handeln. Bei den Ausgrabungen in Ägypten haben sich in den Palästen Badezimmer gefunden. Man badete dort in der Form, daß man sich sitzend mit Wasser übergießen ließ, das durch Abflußrohre abgeleitet wurde. Auch Babylonier und Assyrer hatten Baderäume in ihren Palästen. Zur Zeit der Dynastie von Akkad (→ Babylonien) besaß ein Palast, der vor einigen Jahren in Asnunna ausgegraben wurde, 7 Toiletten und 5 Baderäume. In jedem Toilettenraum stand ein großer Wasserkrug mit einer tönernen Schöpfkelle (vgl. P. v. d. Meer, De Agade-periode in: Kernmomenten der antieke beschaving (1947) S. 226). In Assyrien kannte man auch Badewannen. Eine in Samaria gefundene Fußbadewanne (vgl. Ps 60,10) stammt aus der Zeit von 900–600 v. Chr. Vgl. auch Abb. Sp. 1418.
Im AT ist oft von B. und Waschen die Rede. Gebadet wird in fließendem Wasser (3 Mo 15,13) oder im Fluß (2 Kö 5,10.12). Man wusch sich nach der Reise den Staub von den Füßen (1 Mo 18,4; 19,2;24, 32;43,24). In den Häusern der Vornehmen wusch man sich im Innenhof (2 Sam 11,2.4). Man badete oder wusch sich vor festlichen Gelegenheiten (Rt 3, 3; Hes 23,40) und nach der Trauerzeit (2 Sam 12, 20). Schneewasser, Lauge und Seife zum Waschen werden Hi 9,30; Jer 2,22 erwähnt.
Eine große Rolle spielten Waschungen beim Dienst am heiligen Zelt und im Tempel (2 Mo 40,12.13; 3 Mo 8,6; 16,4.24), sowie im levitischen Reinigungsgesetz (3 Mo 14,8; 15,5; 17,15; 4 Mo 19,7.8). Im

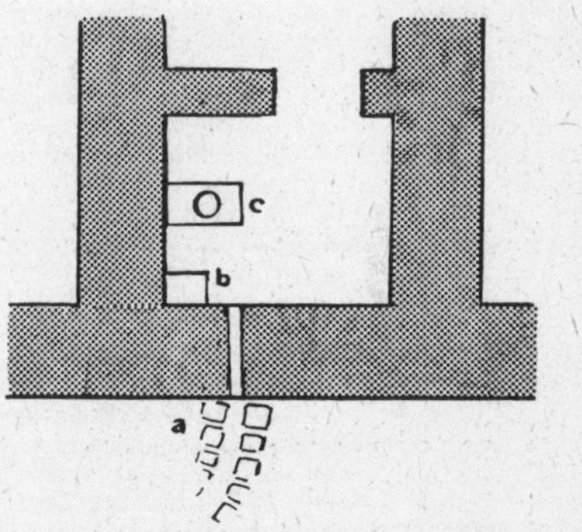

Baderaum der Hyksoszeit in Tell Addschul südl. Gaza mit Abflußkanal (a), einer Art Sitz (b) und Abtritt (c).
Fußbadewanne aus Samaria.

Vorhof des Zeltes stand ein bronzener Wasserkessel für die Waschungen der Priester (2 Mo 30,17–21). Diese Vorschriften des Gesetzes rufen immer neu in Erinnerung, daß nur die Reinen sich dem Herrn nahen dürfen, wobei die leibliche und kultische Unreinheit zugleich Bild der Unreinheit der Sünde ist. Im NT wird ebenfalls öfter vom B. oder Waschen gesprochen (Joh 13,10; Mk 7,3.4; Apg 9,37). Wir hören vom Fußewaschen und dem dazu gebrauchten Becken (Lk 7,44; Joh 13,5; 1 Tim 5,10). Öffentliche Bäder mit Säulenhallen wie der Teich → Bethesda (Joh 5,2) oder → Siloah, wohin Jesus den Blinden sandte, sich zu waschen (Joh 9,7), waren wohl erst nach dem Vorbild griech. und röm. Bäder angelegt. Auch die warmen Heilquellen von Tiberias und Gadara am See Genezareth und von Kallirhoe östl. vom Toten Meer werden nicht vor der Römerzeit erwähnt. In Kallirhoe suchte der todkranke Herodes d. Gr. vergeblich Heilung. Vgl. auch → Waschen.

Baeljada »Der Baal (oder der Herr) hat gewußt, weiß«.
Sohn Davids, der ihm in Jerusalem geboren wurde (1 Chron 14,7). Er heißt auch Eljada »Gott weiß« (2 Sam 5,16; 1 Chron 3,8). Es scheint, daß die Israeliten anfangs auch Jahwe als Baal (= Herr) bezeichnet haben (vgl. Bealja), was aber mit dem Eindringen des heidnischen Götzendienstes mißverstanden werden konnte und zu Namensänderungen Anlaß bot (vgl. die in anderer Richtung geänderten Namen Is-Boseth, Mephiboseth). Der Davidssohn mag den zweiten Namen aber schon zu Lebzeiten geführt haben. Daß ZÜ überall Beeljada einsetzt, erscheint ungerechtfertigt.

Baesa. Ein Mann niedriger Abkunft (1 Kö 16,2) aus dem Stamm Isaschar, der Sohn des Ahia. Er war anscheinend ein höherer Offizier König Nadabs von Israel, gegen den er eine Verschwörung anstiftete, ihn bei der Belagerung von Gibbethon erschlug und als sein Nachfolger (909/8–886/5 v. Chr.) zu Thirza residierte (1 Kö 15,27–34). B. rottete das gesamte Geschlecht Jerobeams aus, setzte aber dessen Götzendienst fort und verfiel so demselben Gericht Gottes, das er an den Erschlagenen vollzogen hatte (1 Kö 14,7–11; 16,1–7). Mit König Asa von Juda befand sich B. während seiner ganzen 24jährigen Regierungszeit im Kriegszustand (1 Kö 15,16), es kann sich jedoch überwiegend nur um Kleinkrieg und Grenzzwischenfälle gehandelt haben, da uns für Juda lange Jahre äußerer Ruhe bezeugt sind (2 Chron 13,23[14,1]; 15,15.19). Schließlich ging B. aber zum Angriff über, wahrscheinlich aus Anlaß der Beteiligung seiner Untertanen am Dankopferfest → Asas, und rückte nach Rama vor, nachdem er vorher die Städte Beth-El, Jesana und Ephron, die Asas Vater Abia Jerobeam abgenommen hatte (2 Chron 13,19), zurückgewonnen haben wird. Er begann nun, Rama zur Sperrfestung auszubauen, und bedrohte damit Jerusalem unmittelbar. Asa veranlaßte darauf B. bisherigen Verbündeten Benhadad von Damaskus zum Bruch dieses Bündnisses und Einfall in Nordisrael; die Städte Ijon, Dan, Abel-Beth-Maacha und ganz Naphthali gingen an die Syrer verloren. Das zwang B. zum Abzug von Rama (1 Kö 15,17–22; 2 Chron 16,1–6). Nach seinem Tode folgte ihm sein Sohn Ela in der Herrschaft (1 Kö 16,8).

Baeseja, wohl Maaseja = »Werk des Herrn«,
Sohn Malchias, Vorfahr des Sängers Asaph (1 Chron 6,25[40]).

Baherumiter → Barhumiter

Bahurim »Die jungen (noch ledigen) Männer«,
Städtchen im Stamme Benjamin (2 Sam 3,16) unweit des Ölberges. Es lag am Wege von Jerusalem zum Jordan. Hier wohnte Simei, der König David fluchte (2 Sam 16,5). In B. verbargen sich Jonathan und Ahimaaz vor den Soldaten Absaloms, als sie David Botschaft über die Pläne seines aufrührerischen Sohnes brachten (2 Sam 17,18ff). Die Einwohner von B. heißen Barhumiter oder Baherumiter (2 Sam 23,31; 1 Chron 11,33). B. ist das heutige Ras et-Tmin, etwa 2,5 km nordöstl. von Jerusalem. Vgl. Karte Sp. 1014.

Baith »Haus«,
Moabiterstadt oder auch Tempel östl. des Toten Meeres (Jes 15,2). Möglicherweise ist zu lesen Bath-Dibon = Tochter Dibon als Personifikation eines Städtenamens wie Jer 48,18 (vgl. F. M. Abel, Geographie de la Palestine II, S. 261).

Bakbakkar. Levit, der aus dem babyl. Exil heimkehrte und dann in Jerusalem wohnte (1 Chron 9,15).

Bakbuk »Flasche«,
einer der Tempelknechte, dessen Nachkommen unter Serubabel aus der babyl. Gefangenschaft heimkehrten (Es 2,51; Neh 7,53).

Bakbukja.
Levit, Glied der Familie Asaphs, der nach dem Exil in Jerusalem wohnte. Er war Torhüter u. Leiter einer Gruppe der Tempelsänger (Neh 11,17; 12,9.25).

Bala. Ort in Simeon (Jos 19,3), auch → Baala (Jos 15,29) und Bilha (1 Chron 4,29) genannt.

Baladan, viell. akkad. *aplaiddin* »Er (Gott) gibt einen Erben«,
Vater des Merodach-Baladan, des Königs zu Babel z. Zt. Hiskias (2 Kö 20,12; Jes 39,1).

Balak »Er hat verheert«,
Sohn Zippors, König der Moabiter zur Zeit der Wüstenwanderung des Volkes Israel. Die Siege des Gottesvolkes hatten ihm Furcht eingeflößt, darum beauftragte er den Seher Bileam, Israel zu fluchen. Er wurde aber enttäuscht, denn Gott wandelte den Fluch in Segen. Später versuchte er auf den Rat Bileams hin, das Volk zu Götzendienst und Unzucht zu verleiten, was ihm auch teilweise gelang (4 Mo 22,3–25,5; Offb 2,14).

Balsam. In der HS wird von mehreren B.arten gesprochen, die von verschiedenen Bäumen und Sträuchern gewonnen werden. Der echte B. (hebr. *bosäm*) kommt von dem *Balsamodendron opobalsamum syn. Commiphora opobalsamum.* Die Heimat dieses Baumes sind die südarab. Küstengebiete. In Palästina gab es große Anpflanzungen von B.bäumen bei

Balsam.

Engedi und in der Umgebung von Jericho. Hier bestanden sie noch z. Zt. der Römerherrschaft. An den vielen dünnen Zweigen des B.baumes hängt in hellgelben Tropfen sein Harz, der B. Zuerst ist der B. flüssig wie Honig, durch die Lufteinwirkung aber wird er dunkler und ist zum Schluß ganz fest. Das hebr. Wort ist jedoch oft auch nur Sammelbegriff (1 Kö 10,25; Hl 4,10.14; 2 Chron 9,1.9.24; LÜ Würze oder Gewürz; u. ö.) Der B. war unter anderem Zutat zum Räucherwerk und Mittel zur Schönheitspflege (2 Mo 25,6 u. ö.; Est 2,12; LÜ Spezerei). Die Königin von Saba schenkte dem König Salomo eine große Menge B. (1 Kö 10,10; LÜ Spezerei; vgl. Hes 27,22). – Mit dem dt. Wort Balsam gibt LÜ häufig das hebr. *sari* = → Mastix wieder, ebenso in Ps 133,2; 141,5 das hebr. *schämän* = Salböl und in 2 Mo 30,34 das hebr. *schechelät*, das wohl die Schalen einer Flügelschneckenart bezeichnet, die beim Verbrennen einen intensiven Geruch verbreiten.

Bamoth »Anhöhen«,
Station auf Israels Wanderung durch die Wüste, nördl. des Arnon (4 Mo 21,19). Auch → Bamoth-Baal genannt.

Bamoth-Baal »Anhöhen Baals«,
Platz nördl. des Arnon, auf dem Israel während des Wüstenzuges Rast machte. Hier, auf den Höhen bei Medeba, opferte auch Balak (4 Mo 22,41). B.-B. war dem Stamme Ruben zugewiesen worden (Jos 13,17) und wird zusammen mit den Orten Dibon, Hesbon und Beth-Baal-Meon genannt. Auf dem → Mesastein hat B.-B. den Namen Beth-Bamoth erhalten. Man vermutet seine Lage etwa 5 km südl. vom Berge Nebo.

Bani wohl Kurzform von Benaja
1) Gaditer, einer der Helden Davids (2 Sam 23,36).
2) Meraritischer Levit (1 Chron 6,31[46]).
3) Judäer, Nachkomme des Perez (1 Chron 9,4)
4) Rückkehrer von Babylon aus dem Geschlecht B. finden wir unter Serubabel (Es 2,10; Neh 7,15 steht Binnui für B.) und nach der LXX auch unter Esra (Es 8,10). Mehrere Nachkommen B. hatten fremde Frauen genommen (Es 10,29.34), unter ihnen kommt auch wieder ein B. vor (V 38). Das Haupt des Geschlechts unterschreibt die Verpflichtung auf das Gesetz zur Zeit Nehemias (Neh 10,15[14]).
5) Levit, der bei der Verlesung des Gesetzes durch Esra und dem öffentlichen Gebet beteiligt war (Neh 8,7; 9,4.5) und die Verpflichtung auf das Gesetz unterschrieb (Neh 10,14[13]). Neben ihm wird noch ein zweiter Levit gleichen Namens genannt (Neh 9,4). Die Leviten Rehum, B. Sohn (Neh 3,17), und B. Sohn Usi aus den Nachkommen Asaphs (Neh 11, 22) sind wohl die Söhne eines (oder je eines) von ihnen.

Bann. I) Bannen bedeutet eine Person, ein Tier oder eine Sache dem Verfügungsbereich des Menschen entziehen und der Gottheit zur Verfügung stellen oder weihen. Das geschah in der Regel durch Vernichtung. Gebanntes galt darum als heilig oder unheilig. Möglicherweise bedeutete B. *(cheräm)* im Hebr. ursprünglich ein- oder ausschließen (vgl. arab. Harem).

II) Im AT kommt der Begriff vornehmlich in kriegerischen Zusammenhängen vor und bezieht sich auf die totale Vernichtung von Städten, Menschen, Tieren und Gütern (4 Mo 21,2f; 5 Mo 13,13–19[12–18]; Jos 10,28–40; Ri 1,17; 21,11f; 1 Sam 15,3; 1 Kö 20,42). Gelegentlich wurden dabei bestimmte Menschengruppen oder Sachwerte ausgenommen (5 Mo 2,34; 20,14ff; Jos 6,17.19–21; 8,2; 11,14). In der milderen Form bedeutete bannen, Sachwerte oder Beute dem Heiligtum zur Verfügung stellen (4 Mo 18,14; Hes 44,29; Mi 4,13; → Erstgeburt, Erstlingsfrucht). Nach 3 Mo 27,28 werden freiwillige Abgaben an das Heiligtum als B. bezeichnet. Als solche – und das ist typisch für den B. – konnten sie nicht ausgelöst werden (Ausnahme: an die Stelle der Auslieferung der → Erstgeburt trat das Erstgeburtsopfer). In der Regel wurde der B. von Gott selbst verfügt, und zwar gelegentlich mit der Begründung, daß es sich bei den Gebannten um Götzendiener handle, die für das Verhältnis Israels zu seinem Gott gefährlich werden könnten (2 Mo 34,12–16; 5 Mo 7,2.26; 20,17.18). Den Übertreter traf dasselbe Schicksal wie den Gebannten (Jos 7,1.15.24–26). Im erweiterten Sinn bedeutet B. soviel wie Strafe oder Gericht Gottes (2 Mo 22,19[20]; 3 Mo 27,29; 5 Mo 13,13[12]ff; Ri 21,11). In demselben Sinne wird der Begriff oft bildlich verwandt (Jes 34, 2.5; 43,28; Jer 50,21.26; 51,3; Sach 14,11; Mal 3,24 [4,6]). Es 10,8 handelt es sich um die zwangsweise Einziehung der Habe, die mit einer Ausstoßung der betroffenen Person aus der Volks- und Kultgemeinde Hand in Hand ging. So entwickelte sich der Begriff zum stehenden Ausdruck für die Exkommunikation. Im späteren Judentum bezeichnete der B. unter drei Stufen der Exkommunikation die zweitschwerste, die aber, falls der Ausgestoßene Reue zeigte, wieder aufgehoben werden konnte.

III) Im NT hat der entsprechende griech. Ausdruck (→ Anathema) sehr verschiedene Bedeutung. Lk 21, 5 bezeichnet er Gott oder dem Tempel geweihte Gaben (ZÜ Weihgeschenke). In der Regel wird er durch verfluchen wiedergegeben. Nach Paulus ist gebannt, wer ein falsches Evangelium verkündigt oder Christus nicht lieb hat (Gal 1,8.9; 1 Kor 16,22 LÜ verflucht). Paulus denkt dabei an Gemeindeglieder. Wir wissen aber nicht sicher, welche praktischen Folgen dieser B. gehabt haben mag, also auch nicht, ob der Ausdruck gleichbedeutend mit Exkommunikation war. Ein eigenartiger Gebrauch des Begriffes liegt in Röm 9,3 vor. Paulus wünscht hier von Christus getrennt zu sein *(anathema)*, wenn das die Rettung seiner Volksbrüder bewirken könnte, und gibt damit dem Maß seiner Liebe zu ihnen stärksten Ausdruck. In der Vollendung wird es kein Verbanntes und darum auch keinen B. mehr geben (Offb 22,3; vgl. Sach 14,11). Apg 23,12 (LÜ verschwören) handelt es sich um eine Art Selbstverfluchung für den Fall des Eidbruches. Ähnlich, aber in ganz abgeschwächtem Sinne, ist es in Mt 26,74 (LÜ verfluchen).

Bär (hebr. *dob*). Der B. der Bibel ist der syr. B. *(Ursus arctos isabellinus)*. Die letzten Exemplare wurden z. Zt. des 1. Weltkrieges ausgerottet. Dieses Tier erreichte eine Länge von 2 m und nährte sich hauptsächlich von Obst.
Auf dem Libanon gibt es noch den *Ursus arctos syriacus*. Er ist kleiner und braun und ist wohl der B. aus 1 Sam 17,34. Einzelne Exemplare sind noch heute vorhanden. Saftige Früchte, Grünzeug, junges Getreide und Honig sind seine Lieblingsspeisen, aber auch Eier, junge Vögel und kleinere Tiere. Vor einem hungrigen B. sind auch Menschen (Am 5,19) und Kinder (2 Kö 2,24) nicht sicher. Eine Bärin, ihrer Jungen beraubt, ist äußerst gefährlich (2 Sam 17, 8; Spr 17,12; Hos 13,8). Sein Brummen wird in der HS als Bild des Mißmuts und Unwillens benutzt (Jes 59,11). – In Dan 7,5, wo der B. Sinnbild für Medien und Persien ist, wird er anscheinend als Paßgänger beschrieben. Das Tier aus dem Meer in Offb 13,2 hat Bärenfüße als Zeichen gewaltiger, zermalmender Kraft. Vgl. auch → Stern I.

Barabbas »Sohn des Vaters«.
Berüchtigter Räuber, der bei einem Aufruhr in Jerusalem einen Mord begangen hatte und gefangen saß, als die Hohenpriester Jesus zur Aburteilung vor Pilatus brachten. Es bestand die Gewohnheit, daß der Statthalter an jedem Passahfest einen Gefangenen amnestierte, den das Volk sich wählen konnte, und Pilatus versuchte, auf diese Weise an einem Urteilsspruch über Jesus vorbeizukommen. Die Hohenpriester aber stachelten die Menge auf, B. zu fordern, wobei mitgespielt haben kann, daß man ihn als Widerstandskämpfer gegen Rom betrachtete. »Und ihr Geschrei drang durch«, und Pilatus ließ B. frei. Alte Textüberlieferung zu Mt 27, 16.17 besagt, daß B. ebenfalls den Vornamen Jesus getragen habe. Danach hätte Pilatus gefragt: Wen soll ich euch freilassen, Jesus B., oder Jesus, den man den Christus nennt? (Mt 27,15–26; Mk 15,6–15; Lk 23,16–25; Joh 18,39.40; Apg 3,14).

Baracha »(Sich auswirkender) Segen«,
einer der dreißig Helden aus Benjamin, die zu David nach Ziklag kamen (1 Chron 12,3).

Baracheel »Gott hat gesegnet«,
Vater des Elihu von Bus, des vierten Freundes Hiobs (Hi 32,2.6).

Barak »Blitz«.
Sohn Abinoams aus Kedes-Naphthali. Nachdem der Kanaaniterkönig Jabin von Hazor die Israeliten durch seinen Heerführer Sisera, der in Haroseth saß, 20 Jahre lang unterdrückt hatte, rief die Richterin und Prophetin Debora B. zu sich und gab ihm den Auftrag vom Herrn, mit 10 000 Mann aus Naphthali und Sebulon zum Berg Thabor zu rücken. B. wollte nur unter der Bedingung gehorchen, daß Debora ihn begleitet. Das kostete ihn den Ruhm des Sieges, denn nun sollte Sisera in die Hand einer Frau fallen. Auf die Nachricht, daß die Israeliten am Thabor stehen, rückt Sisera mit seinem ganzen Heer und 900 Streitwagen im Kisontal gegen sie vor. Aber der Angriff B. überrennt die Kanaaniter, und sie erleiden eine vernichtende Niederlage. Sisera flieht zu Fuß und wird von Jael, der Frau Hebers, in deren Zelt er Zuflucht sucht, getötet. In der Folge gelingt es Israel, König Jabin völlig zu vernichten (Ri 4). Debora und B. feiern den Sieg im Liede (Ri 5). Der Hebräerbrief nennt unter den atl. Glaubensmännern auch B. (Hebr 11,32).

Bared. Ort in der Wüste Sur, in der Nähe des Brunnens, zu dem Hagar vor Sara floh (1 Mo 16,14). Vgl. → Beer-Lahai-Roi.

Barfuß. Das Ablegen der Schuhe und B.gehen ist Zeichen der Trauer und Buße (2 Sam 15,30), auch der Ehrfurcht und Anbetung in der Gegenwart Gottes (2 Mo 3,5; Jos 5,15). B. werden Gefangene in die Verbannung geführt (Jes 20,2–4). Wer die Schwagerehe nicht eingehen will, dem soll die Witwe seines Bruders einen Schuh ausziehen und ihn anspeien. Seine Familie wird dann mit dem Spottnamen des »Barfüßers Haus« genannt (5 Mo 25,5–10).

Barhumiter oder **Baherumiter,** Leute aus Bahurim, einer Ortschaft in Juda in der Nähe des Ölbergs (2 Sam 23,31; 1 Chron 11,33).

Bariah »Gleitend, flüchtig«,
Sohn Semajas, Nachkomme Davids (1 Chron 3,22).

Bar-Jesus »Sohn des Jesus«.
Jüd. Zauberer und Wahrsager im Gefolge des röm. Prokonsuls Sergius Paulus in Paphos auf Zypern. Er nennt sich auch Elymas (wohl »der Weise«). Als der Statthalter die Botschaft des Paulus und Barnabas, die sich auf der ersten Missionsreise befinden, hören will, tritt ihnen B. entgegen, wobei er auf das Wort des Paulus für einige Zeit das Augenlicht verliert. Unter dem Eindruck dieser Vollmacht des Apostels kommt Sergius Paulus zum Glauben (Apg 13,6–12).

Barkos aram. »Sohn des (edomitischen Gottes) Kos«.
Einer der Tempelknechte, dessen Nachkommen unter Serubabel aus dem Exil zurückkehrten (Es 2,53; Neh 7,55).

Barmherzigkeit. I) Luther übersetzt mit Barmherzigkeit verschiedene hebr. und griech. Ausdrücke, die in ihrem Sinngehalt an Liebe, Treue, Güte und Gnade anklingen. Bei Gott bezeichnet B. seine unerschöpfliche, helfende Liebe, beim Menschen das Mitleid (Jes 49,15).
Menschliche B. ruht auf der B. Gottes, die in zahlreichen Stellen der HS gerühmt (Jes 54,10; Jer 31,20 u. ö.) und vielfach mit Gottes Treue und seinem Gnadenwillen in Verbindung gebracht wird (1 Mo 32,11[10]; 2 Mo 34,6; Ps 86,15; Jo 2,13 u. ö.). Am deutlichsten wird im NT die B. Gottes am Gleichnis vom verlorenen Sohn (Lk 15,11–32). B. übt Gott vor allem gegenüber seinem auserwählten Volk, daher spricht Paulus besonders in heilsgeschichtlichen Aussagen von der B. des Herrn (Röm 9,23; 15,8).

II) Am hellsten leuchtet die B. Gottes in der Errettung aus der Sünde (4 Mo 14,19; Ps 25,7; Jer 12,14.15 u. ö.). Sie wird offenbar in der Sendung seines Sohnes zu unserer Erlösung (Lk 1,78.79; 1 Petr 1,3; vgl. auch Jes 54,10; 49,13; Hos 11,8); doch ist sie nicht ohne Schranke und Ordnung. Denn die B. bietet zwar das Heil in Jesus Christus allen an, verwirklicht sich aber nur an denen, die sich im Glauben mit dem Herrn Christus verbinden (Eph 2,4ff) und in ihrer Bekehrung Gottes B. an sich geschehen lassen (Jes 55,7). Der Mensch, der den Sohn Davids mit dem: Erbarme dich unser! anruft (Mt 9,27; Mk 10,47; Lk 17,13), erfährt die B. Gottes, der ihn aus der Sünde und dem Tode herausreißt und ihm die Wiedergeburt schenkt (Tit 3,5; 1 Petr 1,3). Wer dagegen Gottes B. mutwillig mit Füssen tritt, kann nur noch die Strafe des Herrn erwarten (Hebr 10, 28–31; vgl. auch Sir 16,12).

III) Erfahrene B. löst Dank und Freude aus (1 Mo 24,27), und der Mensch kann und soll nun auch selber barmherzig zu den Hungrigen, den Witwen und Waisen sein (Jes 58,7; Spr 23,10). Diese B. wird bis auf das Vieh ausgedehnt (Spr 12,10). Dabei darf dem Christen der barmherzige Samariter als Vorbild vor Augen stehen (Lk 10,30ff). Denjenigen aber, der das Erbarmen Gottes erfahren hat, ohne selbst B. zu üben, erwartet ein unbarmherziges Gericht (Jak 2,13; Mt 18,33ff).

Barnabas »Sohn des Trostes, Zuspruchs«.
Beiname, den die Apostel dem Leviten Joses oder Joseph (EÜ, ZÜ, MÜ nach den besseren Hss.) aus Zypern gegeben hatten (Apg 4,36) und mit dem er dann ausschließlich genannt wird. Er hatte die besondere Gabe des Propheten und Lehrers (Apg 13,1) und muß bald nach Pfingsten zum Glauben gekommen sein. In der ersten Zeit der Gemeinde in Jerusalem verkaufte er ein Grundstück und stellte den Erlös notleidenden Gemeindegliedern zur Verfügung (Apg 4,37). Als Paulus zum ersten Mal nach Jerusalem kommt, nimmt B. sich seiner an und führt ihn in die Gemeinde ein (Apg 9,27). Bald dar-

auf entsteht in Antiochien die erste heidenchristliche Gemeinde, und B. wird von Jerusalem dorthin abgesandt. Er stärkt und unterstützt die Christen in Antiochien, holt Paulus, der inzwischen nach Tarsus gegangen war, heran und arbeitet mit ihm ein Jahr in der Gemeinde zusammen. Dann überbringen sie beide die Unterstützung der Heidenchristen an die Gemeinde in Jerusalem (Apg 11,20–30). Nach ihrer Rückkehr sendet die Gemeinde in Antiochien sie zur ersten Missionsreise aus, die sie über Zypern bis ins Innere Kleinasiens führt. In Lystra hält sie die heidnische Bevölkerung nach der Heilung eines Lahmen für Götter, B. für Zeus (Jupiter) und Paulus für Hermes (Merkur), weil er der Wortführer ist (Apg 12,25–14,28). Als dann die Fragen der Beschneidung der bekehrten Heiden und der Tischgemeinschaft zwischen Juden- und Heidenchristen zu Spannungen führen, bezeugen B. und Paulus in Jerusalem gemeinsam das Wirken Gottes unter den Heiden und kehren nach erzielter Einigung mit guter Botschaft nach Antiochien zurück (Apg 15; vgl. Gal 2,1–10). In Verbindung mit diesen Auseinandersetzungen haben sich wohl auch einmal Petrus und B. heuchlerisch von der Tischgemeinschaft mit den Heidenchristen zurückgezogen, als Abgesandte des Jakobus nach Antiochien kamen (V 11–13). Bald darauf bittet Paulus B. um seine Begleitung für die nächste Missionsreise. Das Versagen des B. hat also ihr Verhältnis nicht dauernd trüben können. Es kommt nun aber doch zur Trennung an der Person des Johannes Markus, der auf der ersten Reise nicht durchgehalten hatte und umgekehrt war. Paulus hat kein Zutrauen zu ihm und will ihn um der Aufgabe willen nicht mehr mitnehmen. B. ist die Verantwortung für seinen Vetter im Augenblick wichtiger, als die Mission. Sie geraten hart aneinander und trennen sich (Apg 15,36–41). Ob Paulus und B. noch einmal wieder zusammengearbeitet haben, sagen uns die kurzen Bemerkungen in den Briefen nicht; aber wenn Markus später für Paulus als sein Mitarbeiter Trost und Hilfe bedeutet, dann dürfen wir darin doch die Frucht dessen sehen, daß sich B. damals für seinen Verwandten entschieden und sich seiner angenommen hat (1 Kor 9,6; Kol 4,10; 2. Tim 4,11).

Barsabas »Sohn des Sabbas«; vielleicht »Sohn des (d. h. geboren am) Sabbat«.
1) Joseph B. oder Justus wurde mit Matthias zur Wahl gestellt, die Stelle des Judas unter den Aposteln einzunehmen. Das Los fiel auf Matthias (Apg 1,23.26).
2) Beiname des Judas, der wie Silas mit Paulus und Barnabas von Jerusalem nach Antiochien gesandt wurde. Er war ein Prophet (Apg 15,22.27.32).

Barsillai »Eisern«.
1) Reicher Gileaditer aus Roglim, der den vor Absalom geflüchteten David und seine Leute in Mahanaim mit Ausrüstung und Verpflegung versorgt (2 Sam 17,27–29). Als der 80jährige nach dem Sieg den König über den Jordan zurückgeleitet, bietet David ihm an, mit ihm zu ziehen und sein Leben am Hof geehrt und ohne Sorgen zu beschließen. B. lehnt für sich unter Berufung auf sein Alter höflich und bestimmt ab, die Welt des Hofes ist nicht seine Welt; aber er weiß die königliche Gnade Chimham, der wohl sein Sohn ist, zuzuwenden (1 Sam 19,32 [31]–41[40]), und David legt noch bei seinem Tode die Sorge für B. Söhne Salomo ans Herz (1 Kö 2,7).
2) Priester und Schwiegersohn B. des Gileaditers, der den Namen seines Schwiegervaters annahm. Seine Nachkommen konnten bei der Rückkehr aus der Verbannung ihre Abstammung nicht mehr nachweisen und wurden vom Priesteramt ausgeschlossen (Es 2,61; Neh 7,63).
3) Meholathiter, dessen Sohn Adriel Sauls Tochter Merab zur Frau hatte (2 Sam 21,8).

Bart. Es ist der Kinnbart und der Schnurrbart zu unterscheiden, die beide im AT vorkommen. 3 Mo 13,29.30 ist vom Kinnbart, V 45 vom Schnurrbart (LÜ Lippen) die Rede. Die Haartracht und die Form, wie man den B. trug, war bei den einzelnen Völkern des Altertums verschieden, dazu wechselte die Mode. Die Ägypter waren meist glattrasiert (1 Mo 41,14), das Gleiche gilt von den Philistern. Bei den Israeliten trug der Mann den B. Wenn er ihm gegen seinen Willen abgenommen wurde, galt das als große Schande (2 Sam 10,4.5). Der B. wurde regelmäßig gepflegt (2 Sam 19,25 [24]). Zum Zeichen der Trauer schnitt man den B. ab (Jes 15,2; Jer 41,5) oder raufte sich die B.haare aus (Es 9,3). 3 Mo 13,45 wird vorgeschrieben, daß der Aussätzige die → Lippen, d. h. den Schnurrbart, verhüllen soll. Gemeint ist ein Bedecken des Gesichts bis über die Oberlippe, den Mund eingeschlossen. Das Gleiche wird unter den Trauergebräuchen (Hes 24,17.22; Mi 3,7) erwähnt. 3 Mo 19,27; 21,5 (EÜ, ZÜ, MÜ) wird verboten, den Rand des B. zu stutzen. Das wird wie das Stutzen des Haupthaares und das teilweise oder völlige Kahlscheren (5 Mo 14,1; Am 8,10; Mi 1,16 → kahl) zu den heidnischen Trauergebräuchen gehört haben. Daneben könnte man aber auch an die verbreitete heidnische Sitte denken, den Götzen Haaropfer darzubringen.

Barte → Waffen und Geräte

Bartholomäus »Sohn des Tholmai«.
Einer der Jünger Jesu, der bei ihrer Aufzählung in den drei ersten Evangelien stets nach Philippus (Mt 10,3; Mk 3,18; Lk 6,14) und dann noch einmal in der Gemeinschaft der Jünger vor Pfingsten genannt wird (Apg 1,13). Johannes erwähnt ihn nicht, nennt dafür aber → Nathanael, den wir in den andern Evangelien nicht finden, und ebenfalls in Verbindung mit Philippus (Joh 1,45). Man nimmt daher allgemein an, daß es sich um denselben Jünger mit dem Rufnamen Nathanael und dem Beinamen B. handelt.

Bartimäus »Sohn des Timäus«,
blinder Bettler aus Jericho, der durch Jesus wieder sehend wurde (Mk 10,46–52).

Baruch »Gesegnet«.
1) Sohn Nerias, Freund und Schreiber des Propheten Jeremia. Sein Bruder Seraja war Quartiermeister König Zedekias (Jer 51,59). Im vierten Jahr König Jojakims (605/4 v. Chr.) diktiert Jeremia Baruch auf Befehl des Herrn alle seine Aussprüche in eine Buchrolle und gibt ihm den Auftrag, die Rolle an einem Fasttag im Tempel als Ruf zur Umkehr vor dem Volk zu verlesen. Das geschieht im folgenden Jahr. Als die obersten Beamten und Ratgeber des Königs davon erfahren, lassen sie B. kommen und die Weissagungen vortragen, raten ihm, sich in Sicherheit zu bringen, und legen die Rolle dem König vor. Jojakim hört sich die Gerichtsprophezeiungen an, verbrennt die Rolle trotz der Vorstellungen seiner Räte Stück für Stück und befiehlt, Jeremia und B. zu verhaften. Aber der Herr hält sie verborgen und läßt Jeremia B. eine neue Rolle zum Ersatz der verbrannten diktieren, erweitert durch ein Gerichtswort über den König und andere Aussprüche (Jer 36). In dieser gefahrvollen Lage sagt der Herr B. zu, der verzweifeln möchte, daß er sein Leben durch alle Gerichtskatastrophen hindurch erhalten wird (Jer 45). Während der Belagerung Jerusalems durch

Nebukadnezar übergibt Jeremia B. den Kaufvertrag, den er als Zeichen für neue Gnade nach dem Gericht mit seinem Vetter Hanameel über einen Acker zu Anathoth abgeschlossen hatte (Jer 32,9–15). Nach dem Fall Jerusalems und der Ermordung des Statthalters Gedalja zwingen die übriggebliebenen Juden Jeremia und B., dem sie vorwerfen, den Propheten gegen sie beeinflußt zu haben, mit ihnen nach Ägypten zu ziehen (Jer 43,1–7).
2) Sohn Sabbais, der beim Mauerbau in Jerusalem mithalf (Neh 3,20).
3) Priester, der die Verpflichtung auf das Gesetz unterzeichnete (Neh 10,7[6]). Vielleicht mit dem vorigen identisch.
4) Judäer, der Vater Maasejas (Neh 11,5).
5) → Apokryphen I, 3c.

Basan »Steinlose, fruchtbare Ebene«,
Land östl. des Jordan und nördl. von Gilead. Im N reichte es bis zum Hermon und grenzte an die Gebiete der Gessuriter und Maachathiter, im O erstreckte es sich bis zum Haurangebirge und zur arab. Wüste (Jos 12,5). Israel kannte B. als Argob, als das Land der 60 befestigten Städte, die zum Reich Ogs gehörten (5 Mo 3,4.5), darunter Golan nördl. des Jarmuk (5 Mo 4,43), Astharoth und Edrei (5 Mo 1,4) und Salcha (5 Mo 3,10). Die Ureinwohner B. waren → Riesen. Die Amoriter, die sie vertrieben hatten, wurden von Israel in der Schlacht bei Edrei besiegt, ihr Gebiet fiel Ostmanasse als Stammgebiet zu (4 Mo 21,33–35). Nach der Reichsteilung gehörte es zum Nordreich. Unter Ahab, Joram und Jehu war B. offenbar z. T. oder ganz in aram. Besitz (vgl. 1 Kö 22,3; 2 Kö 8,28; 10, 33). Unter Jerobeam II. ist es wieder zurückerobert worden (2 Kö 14,25). Thiglath-Pileser III. gliederte es in das assyr. Reich ein (2 Kö 15,29). Nach der babyl. Gefangenschaft war B. in die vier Gebiete Gaulanitis, Trachonitis, Auranitis und Batanäa aufgeteilt, die zum Reich Herodes d. Gr. gehörten. Später herrschten hier der Vierfürst Philippus und Herodes Agrippa II. B. ist eine fruchtbare Ebene. Bekannt sind seine Weiden, sein Vieh und sein Wohlstand (Jer 50,19; Mi 7,14). Berühmt waren seine Eichen (Jes 2,13; Hes 27,6; Sach 11,2); bis heute zieren immergrüne Eichenwälder die Hochebene B. Vgl. Karte Sp. 591; 1299.

Basilisk → Schlangen

Basmath »Wohlriechender Balsam«.
1) Frau Esaus (1 Mo 36,3.4.10.13.17). Hier wird sie die Tochter Ismaels und Schwester Nebajoths, in 1 Mo 26,34 aber die Tochter des Hethiters Elon genannt. An anderer Stelle aber heißt Elons Tochter Ada (1 Mo 36,2) und die Tochter Ismaels Mahalath (1 Mo 28,9). Eine befriedigende Auflösung dieser Schwierigkeiten ist noch nicht gelungen.
2) Salomos Tochter und Frau seines Statthalters Ahimaaz in Naphthali (1 Kö 4,15).

Bastard (griech. *nothos*),
im Ehebruch gezeugtes Kind, entspricht z. T. den hebr. *mamzerim* (5 Mo 23,3[2] LÜ Hurenkinder). Sie heißen auch Kinder der Fremden (Jes 2,6) oder fremde Kinder (Hos 5,7). Weil die B. gewöhnlich nicht die Erziehung der echten Söhne erhielten, wird das Bild Hebr 12,8 auf Christen angewandt, die ohne die Züchtigung Gottes bleiben.

Bath → Maße und Gewichte I, 4b

Bathrabbin »Tochter Zahlreicher, Vieler«,
ein Tor der Stadt Hesbon, das wahrscheinlich in der Richtung auf Rabba liegt (Hl 7,5[4]).

Bath-Seba »Tochter der Fülle«.
Tochter Eliams, Enkelin Ahitophels und Frau des Hethiters Uria (2 Sam 11,3; 23,34; Mt 1,6). 1 Chron 3,5 wird sie Bath-Sua und ihr Vater Ammiel genannt. Als ihr Mann mit dem isrl. Heer vor dem belagerten Rabba liegt, sieht David sie baden und läßt sie zu sich holen. Gegen den Befehl des Königs gibt es keinen Widerspruch, und B. gehorcht. Als sie dem König dann hat melden lassen, sie erwarte ein Kind von ihm, und alle Versuche Davids, seinen Ehebruch zu vertuschen, fehlgeschlagen sind, schickt er Uria in den Tod und macht B. nach Ablauf der Trauerzeit zu seiner Frau (2 Sam 11). Der Sohn B. stirbt nach dem Spruch des Herrn, doch dann wird sie die Mutter Salomos (2 Sam 12,14.18.24) und schenkt David noch drei weitere Söhne, Simea, Sobab und Nathan (1 Chron 3,5). Als Adonia kurz vor Davids Tod versucht, die Herrschaft an sich zu reißen, bewirken die Warnungen B. und des Propheten Nathan, daß der König ihm mit der Salbung Salomos zuvorkommt und seinen Plan vereitelt (1 Kö 1,11–53). Bei einem zweiten Versuch, sein Anrecht auf den Thron zu sichern, bedient Adonia sich B. und erbittet sich durch sie Abisag von Sunem zur Frau. Das wird ihm zum Verhängnis, Salomo erkennt die versteckte Absicht und läßt → Adonia hinrichten (1 Kö 2,13–25).

Bau, bauen, erbauen.
I, 1) Bauen bezeichnet zunächst die Arbeit des Landmanns, der den Acker (1 Mo 2,5; 3,23; 4,12; Spr 12,11; 2 Tim 2,6; Hebr 6,7) oder Weinberg (5 Mo 28,39; Ps 80,15.16) bestellt und pflegt. 1 Mo 2,15 gibt Gott dem Menschen den Auftrag, den Garten Eden zu bauen (hier hebr. wörtlich »schaffen«) und zu bewahren. Öfter wird bauen und pflanzen (Jer 1,10; 18,9; Lk 17,28) zusammen genannt, auch bauen und säen (Hes 36,9). Das Tun des Schöpfers, der die Feldfrüchte wachsen läßt, heißt ebenfalls bauen (Ps 65,10).
2) Im übertragenen Sinn wird bauen auf die Sorge Gottes für sein Volk angewandt, er hält es wie einen Weinstock im Bau (Ps 80,15.16; vgl. Joh 15,1.2), und die Gemeinde ist Gottes Ackerwerk und Gottes Bau (1 Kor 3,9). Dabei sind Propheten (Jer 1,10; 18,9) und die leitenden Männer der Gemeinde (1 Kor 3,5–9) seine Mitarbeiter. An die Gemeinde ergeht der Aufruf, in Christus gewurzelt und erbaut zu sein (Kol 2,7).
II) Bei der Schöpfung des Menschen baute Gott die Frau aus der Rippe des Mannes (1 Mo 2,22).
III, 1) Bauen und erbauen heißt weiter das Aufrichten von steinernen Gebäuden, Häusern (1 Mo 33,17; 1 Kö 2,36; Hi 20,19), Städten (1 Mo 4,17; 1 Kö 12, 25; 16,24; Dan 4,27) oder ihren Befestigungen (2 Sam 5,9; 1 Kö 15,17; 2 Chron 11,5; Neh 2,17), Schafhürden (4 Mo 32,16) und Gräbern (Mt 23,29). Wüstungen und Trümmer werden wieder erbaut (Jes 58,12; 61,4; Hes 36,10). Man baut Altäre des Herrn (1 Mo 12,7; 2 Mo 17,15; 20,25), Altäre und Höhen zum Götzendienst (1 Kö 11,7; Jer 7,31; 19,5; Hes 16,25) und den Tempel (2 Sam 7,5.13; 1 Kö 6, 1; Es 5,2.4; Sach 1,16). Hier kann bauen auch Wiederherstellung (2 Chron 24,27) und Umbau bezeichnen (Joh 2,20).
2) Weil das Bauen des Menschen häufig gegen Gott gerichtet ist (1 Mo 11,4; Hos 8,14), arbeiten die Bauleute umsonst, wo der Herr nicht das Haus baut (Ps 127,1). Der Weheruf gilt dem, der das Haus mit Sünden (Jer 22,13) oder die Stadt mit Blut und Unrecht baut (Hab 2,12; Mi 3,10). Wo der Herr im Gericht zerbricht, hilft kein Bauen (Hi 12,14; Jer 45,4),

auch wenn Israel im Hochmut sagt: Ziegelsteine sind gefallen, wir wollen's mit Werkstücken wieder bauen (Jes 9,9[10]).
3) Im übertragenen Sinn baut Gott Zion (Ps 87,5; 102,17) und Davids Thron (Ps 89,5), er erbaut Israel (Jer 12,16). Am wichtigsten ist hier aber das Bild vom Hausbau. Es bezieht sich einmal auf das Geschlecht, die Familie, die Gott baut, indem er Nachkommen schenkt (2 Mo 1,21; 1 Sam 2,35; 2 Sam 7, 27), aber auch der Mensch, der Kinder zeugt (5 Mo 25,9; Rt 4,11).
Dann wird das Bild vom Tempel auf die Gemeinde übertragen. Sie baut sich (Apg 9,31) und wird erbaut (Mt 16,18; Apg 20,32; Eph 4,12) auf dem Grund Christus (1 Kor 3,11.12.14), dem Grund der Apostel und Propheten (Eph 2,20; vgl. 4,11), wo Christus der → Eckstein ist, auf dem Glauben (Jud 20) zum geistlichen Hause (1 Petr 2,5), zu einer Behausung Gottes im Geist (Eph 2,21). Sie ist der nicht mit Händen gemachte Tempel, den Jesus in drei Tagen bauen will (Mk 14,58; Joh 2,19–22). Paulus bemüht sich, nicht auf fremdem Grund zu bauen, d. h. nur dort zu arbeiten, wo niemand vor ihm das Evangelium verkündigt hat (Röm 15,20).
In den Gleichnissen Jesu steht das Bild vom Haus- oder Turmbau, wo vom Wesen der Jüngerschaft und Nachfolge die Rede ist (Mt 7,24–27; Lk 6,47–49; 14,28–30).
Schließlich bezeichnet der von Gott erbaute Bau, das nicht mit Händen gemachte Haus im Himmel, den Auferstehungsleib (2 Kor 5,1–3; vgl. oben II).
Vgl. weiter → Haus, → Tempel, → Stadt, → Festung.

Baum. I) Durch die günstige Lage Palästinas kommen dort fast alle Bäume des gemäßigten bis heißen Klimas vor. Vgl. die einzelnen Artikel.

II) Zum Verbot, die Früchte neugepflanzter Bäume während der ersten Jahre zu essen (3 Mo 19,23–25), vgl. → Erstgeburt, Erstlinge.
Die Fruchtbäume im Feindesland durften nicht gefällt werden, wohl aber die andern Bäume, um aus ihrem Holz Belagerungsgerät anzufertigen (5 Mo 20,19.20).

III) Häufig werden im AT einzelne Bäume genannt, die zu Erinnerungszeichen geworden sind. So gibt es eine Klageeiche, unter der die Amme Debora begraben liegt (1 Mo 35,8), die Eiche (Terebinthe) zu Sichem, unter der Josua seinen Gedenkstein aufrichtete (Jos 24,26), die Palme Deboras zwischen Rama und Beth-El (Ri 4,5), die Zaubereiche (Ri 9,37), die Tamariske zu Gibea, unter der Saul Gericht hielt über die Anhänger Davids (1 Sam 22,6), die Eiche Thabor (1 Sam 10,3), den Granatbaum zu Gibea (1 Sam 14,2) u. a.

IV) Neben den heiligen → Hainen wählten die Israeliten nach dem Vorbild der heidnischen Kanaaniter auch einzelne grüne Bäume mit großem Laubdach (Jes 57,5; Hes 6,13; 20,28) zu Stätten der Götzenanbetung. Schon in 1 Mo 3,8 benutzt der Mensch die Bäume, um sich vor dem lebendigen Gott zu verbergen und abzuschirmen. Im Jubel der Heilszeit aber werden auch die Bäume mit der gesamten Schöpfung in das Lob Gottes einstimmen (Ps 96,12; Jes 44,23; 55,12).

V) Im Sinne von »Balken« kann Baum auch einen Hinrichtungspfahl oder Galgen bezeichnen (Est 5, 14; 6,4; 7,9).
VI) Mit dem Gleichnis von den Bäumen, die einen König über sich wählen wollten, sprach Jotham seinen Fluch über Abimelech und die Sichemiten aus (Ri 9,7–15). Weiter dient B. als Bild für das assyr. Reich (Jes 10,19) und für den mächtigen König Nebukadnezar (Dan 4,7ff). In Jes 61,3 werden die Erlösten des Herrn »Bäume der Gerechtigkeit« genannt, wie in Ps 1,3 und Jer 17,7.8 ein fruchtbarer B. das Bild des nach dem Gesetz Gottes lebenden Menschen ist. Auch im NT sind gute oder faule, unfruchtbare Bäume Gleichnis für geistlich fruchtbare oder unfruchtbare Menschen (Mt 3,10; 7,17–19; Lk 6,43–44). – In Jud 12 werden die Irrlehrer als doppelt unfruchtbare Bäume beschrieben, die weder Blätter noch Früchte haben und entwurzelt keinen Halt besitzen noch geben können.
Im Gleichnis Jesu wird auch die hohe Pflanze des Senfs als B. bezeichnet (Mt 13,32).

Baum der Erkenntnis. 1 Mo 2,9 berichtet die HS, daß Gott im Garten Eden allerlei Bäume wachsen ließ. Unter ihnen befand sich außer dem → Baum des Lebens in der Mitte des Gartens auch der B. d. E. des Guten und Bösen. Den beiden ersten Menschen gibt Gott das Gebot, daß sie von allen Bäumen des Gartens essen dürften außer vom B. d. E., damit sie nicht sterben (V 16.17). Eva unterlag der Versuchung der Schlange, die ihr dies Gottesgebot in Frage stellte (1 Mo 3,5). Sie sah, daß der Baum begehrenswert war, weil er klug machte, darum nahm sie seine Frucht (→ Apfel) und aß und gab sie auch ihrem Mann (V 6). Da wurden ihre Augen geöffnet und sie erkannten, daß sie nackt waren (V 7). Deswegen verbergen sie sich vor dem Herrn, müssen aber mit der Begründung für ihr Verstecken selber die Übertretung des Gebotes zugeben (V 10.11). Nun weiß der Mensch, was gut und böse ist (V 22), aber die Gemeinschaft mit Gott ist darüber zerbrochen.

Aus diesen Aussagen der Schrift geht deutlich hervor, daß es hier um den Gehorsam der Menschen vor Gott ging, einen Gehorsam, der nicht erst selber wissen und entscheiden wollte, sondern Gottes Gebot allein um des Herrn willen befolgte. Der Mensch aber unterlag der Versuchung, unabhängig und selber Herr zu werden. Daß sie sich dann ihrer Nacktheit schämten, war das Zeichen des erwachten Schuldbewußtseins.

Baum des Lebens. I) 1 Mo 2,9 spricht neben dem Baum der Erkenntnis auch von einem B. d. L. Dieser Baum stand in der Mitte des Gartens Eden. Damit aber nun der Mensch »seine Hand nicht ausstrecke und breche auch von dem Baum des Lebens und esse und lebe ewiglich« (1 Mo 3,22), trieb der Herr den Menschen aus dem Garten Eden und lagerte davor die Cherubim mit dem bloßen, hauenden Schwert (V 24).

II) Der B. d. L. ist in der Geschichte der Auslegung auch als Symbol auf Christus gedeutet worden (vgl. Offb. 2,7). Das »Holz des Lebens« von Offb. 22,2.14 ist eine deutliche Erinnerung an die Paradiesgeschichte und deren Lebensbaum. Denjenigen, die mit Christus überwinden, wird am Ende der Zeit zuteil, was am Anfang dem Menschen nach seinem Sündenfall von Gott verwehrt wurde; denn Christus ist die Überwindung der Sünde.

III) Einen Lebensbaum kennen wir auch als alte orientalische Vorstellung der babyl. Mythologie. Danach wächst irgendwo ein Baum oder ein Gewächs, dessen Früchte das ewige Leben vermitteln. Dem Menschen ist jedoch der Zugang dazu verwehrt, nur die Götter dürfen davon essen (vgl. Gilgamesch-Epos).

Darstellung des Lebensbaumes auf Siegeln aus Palästina.

IV) Im übertragenen Sinn gebrauchen die Sprüche Salomos diese Wendung für eine Gabe, einen Vorzug oder eine Kostbarkeit (Spr 3,18; 11,30; 13,12; 15,4).

Baumwolle war vor der hellenistischen Zeit anscheinend nur als Einfuhrartikel aus Indien bekannt. Unter den Gewebefunden in Ägypten war bisher keine Baumwolle vertreten. Erst Est 1,6 werden farbige B.tücher (hebr. *karpas* von sanskrit *karpasa)* erwähnt.

Bavvai pers. »Glück wünschen« (?),
Sohn Henadads, ein Oberster über den halben Teil des Bezirkes → Kegila, der unter Nehemia die Mauer Jerusalems ausbessern half (Neh 3,18).

Bazlith → Bazluth

Bazluth, einer der Tempelknechte, dessen Nachkommen unter Serubabel aus dem Exil heimkehrten (Es 2,52). In Neh 7,54 wird er Bazlith genannt.

Bealja »Der Herr ist Herr«,
einer der Benjaminiten, die zu David nach Ziklag kamen (1 Chron 12,5).

Bealoth, Mehrzahl von Baala, Baalath.
1) Grenzstadt des Stammes Juda im Negev (Jos 15, 24), wahrscheinlich mit Baalath-Beer (Jos 19,8) identisch. Sie lag vermutlich in der Nähe von Rehoboth.
2) 1 Kö 4,16 wird ein Aloth genannt, das zum Stamme Asser zählt. Im Hebr. bleibt unsicher, ob der Ort vollständig Bealoth heißt oder ob »Be-« nur ein Umstandswort zu Aloth ist.

Bebai, viell. nach akkad. *bibi, bibija, bibbia* »Kind«, Israelit, dessen Nachkommen z. T. unter Serubabel, z. T. unter Esra aus dem Exil heimkehrten (Es 2,11; Neh 7,16). Ein Vertreter dieser Familie unterschrieb den Bund z. Zt. Nehemias (Neh 10,16[15]).

Becher. I) Mit B., Kelch und Schale gibt Luther eine Reihe von hebr. Wörtern wieder, die verschiedene Arten von Gefäßen bezeichneten, deren Merkmale wir nicht mehr genau kennen. Verwandt sind ihnen auch die Schüssel und der Kad. Sie waren in der Regel aus Ton hergestellt, aber auch aus Stein, Holz, Leder (Spr 23,31, Glas nach LÜ), edlen Metallen, Eisen, Bronze, Glas und Porzellan. Unter dem Einfluß des ägypt. Kunsthandwerks wurden Edelsteine und Buntgestein hineinverarbeitet, die Assyrer gaben den B. fantasievolle Gestalt (Löwenköpfe u. a.). Später machten sich griech. und röm. Einflüsse bemerkbar. Die isrl. Tonbecher und Kelche waren napf- oder schalenförmig gearbeitet oder dem Blütenkelch der Lilie nachgebildet (vgl. 1 Kö 7,26); es gab sie mit oder ohne Standring, mehr oder weniger schlankem Fuß, Henkel und Deckel (vgl. Es 1, 10, hebr. Text).

II) Die Schrift deutet einiges über die Verwendung von B. in Israel und in ntl. Zeit an. Wenn auch meistens von Weinkelchen die Rede ist, wurden B. doch zur Aufnahme aller möglichen Getränke gebraucht (Mt 10,42; vgl.Ri 4,19). Für den täglichen Gebrauch wurde der Wein in Mischkelchen verdünnt (so vielleicht Jes 65,11; Spr 23,30; ZÜ aber »Mischgetränk«). Der Vornehme hatte seinen bestimmten, kostbaren B., aus dem nur er trank (1 Mo 40,11 u. ö.) Der Arme in 2 Sam 12,3 dagegen besaß wohl nur einen einzigen B., aus dem auch das Lamm schleckte. Trank der Reiche Wein, so war der Arme für einen B. kühlen (nicht fauligen!) Wassers sehr dankbar (Mt 10, 42). Es war Sache des Hausvaters, den B. zu füllen und ihn den Familienmitgliedern und Gästen zu reichen. So wurde die Zuteilung des B. wahrscheinlich zum Bild für Lebensfügung und Schicksal (vgl. Ps 11,6; 16,5; 23,5; LÜ Lohn, Teil usw.). Trauernden wurde von Verwandten und Freunden der B. des Trostes gereicht (Spr 31,6; Jer 16,7). Daß der B. in fröhlicher Runde kreiste und ihm dabei zuviel zugesprochen wurde, wird gelegentlich erwähnt (Spr. 23,31; Jer 16,8; vgl. Taumelbecher, nämlich B. der Benebelung). Wurde das Trinkgefäß nicht gebraucht, so konnte es an einem Nagel an der Wand aufgehängt werden (vgl. Jes 22,24). Einmal wird in der Schrift erwähnt, daß B. zur Wahrsagerei verwendet wurden, jedoch wohl kaum in Israel (1 Mo 44,5), d. h. man goß Öl in Wasser oder Wasser in Öl, warf Edelsteine in Wasser oder tropfte Wachs hinein und schloß unter Beachtung bestimmter Regeln auf die Zukunft. Am häufigsten sind B. (LÜ auch Schalen) in kultischen Zusammenhängen erwähnt (z. B. 4 Mo 7,84; 1 Chron 28,17; Es 1,10; 8,27), wo sie verschiedenste Verwendung fanden (z. B. für das Trankopfer 2 Mo 25,29; 37,16; 4 Mo 4,7; vgl. Ps 116,13; zur Aufnahme des Blutes für die Besprengung des Altars 2 Mo 24,6, als Ölbehälter auf dem

Tonbecher und Schalen mit Standfuß aus Palästina.

Leuchterschaft 2 Mo 25,31 u. ö. LÜ Knäufe). Auch die sakrale Tischgemeinschaft bediente sich des B. Bei der Passahfeier spielte der »B. der Segnung« eine Rolle, wahrscheinlich der dritte Kelch im Verlauf der Feier, über dem der Hausvater einen Lobpreis sprach, bevor er ihn herumreichte. Dieser B. erscheint bei Paulus im Zushg. mit dem Herrenmahl als der »Kelch, den wir segnen« (1 Kor 10,16). V 21 wird er der »Kelch des Herrn« genannt, weil er von Christus selbst zum Angedenken für sein für uns erlittenes Leiden und Sterben gestiftet wurde (Lk 22,17.20 par.; 1 Kor 11,23.25). Da der »Kelch des Herrn« Zeichen der neuen Heilsgemeinde ist, steht er im schärfsten Gegensatz zum »Kelch der Teufel« (griech. Dämonen), wobei wohl an heidn. Opfermahlzeiten gedacht ist (1 Kor 10,21). Über B. Weins und Rechabiter (Jer 35,5ff) → Rechabiter. Auch die Pharisäer seien hier genannt, die sich wie vieler Dinge, so auch des B. mit formalen Reinigungsvorschriften bemächtigten, wogegen Jesus einwendet, daß Frömmigkeit nicht nur eine Frage der äußeren Form ist (Mt 23,25.26).

III) Sehr häufig ist die bildliche Verwendung von B. Wie der Hausvater den Becher zuteilt, so bestimmt Gott das Geschick des Menschen, von dem der Fromme weiß, daß es ein gnädiges ist (Ps 11,6; 16, 5; 23,5 LÜ Lohn, Teil). Während der Freund dem Trauernden den B. des Trostes reicht, wird er Juda um seiner Sünde willen von Gott verweigert (Jer 16, 7ff). Der B. des Heils ist ein Bild für die Dankbarkeit des Beters, den Gott aus höchster Not errettete (Ps 116,13). Der Ausdruck Kelch des Grimms oder Zorns steht für den schäumenden Zorn und das brodelnde Gericht Gottes (Jes 51,17.22; Jer 25,15–18; Offb 14,10; 16,19). Er muß von den Betroffenen bis zum letzten bitteren Tropfen (Hefe) geleert werden (Ps 75,9). Der Taumelbecher, den Gott reicht, ist ein Bild dafür, wie die Völker oder auch Israel trunken von Sünde nicht merken, daß sie in ihr Unglück stürzen (Jes 51,17.22; Sach 12,2; vgl. Ps 60,5; 75,9; Jer 25,15–18; Hab 2,16). Wie der Trunkene hinstürzt und nicht merkt, daß seine Blöße aufgedeckt ist, so offenbart sich unversehens die Sünde und Schande dessen, dem der Taumelbecher an die Lippen gesetzt wurde (Hab 2,16; vgl. Klgl 4,21; Hes 23,31–33). Auch Babel, die Stadt der Sünde, reicht ihren goldenen B. herum, macht Scharen von Völkern trunken und toll und zieht sie mit sich ins Verderben (Jer 51,7; Offb 17,4; 18,6). Doch nicht jeder B., der Leid und Unglück bringt, wird einem Schuldigen gereicht, damit er seine Strafe findet; Gott setzt den B. des Leids auch dem Unschuldigen an die Lippen (Jer 49,12; vgl. Mt 20,22; 26,39.42). Jesus spricht im Zusammenhang seines Leidens von seinem Kelch, den auch seine Nachfolger leeren müßten, wollten sie in seinem Reich zu seiner Rechten und Linken sitzen (Mt 20,22). In Gethsemane fleht Jesus den Vater zweimal an, ihm den Kelch (des Leidens und Sterbens) zu ersparen, sofern es sein Wille ist (Mt 26,39.42; vgl. auch Joh 18,11).

Becher »Junges Kamel«,
zweiter Sohn Benjamins (1 Mo 46,21.22; 1 Chron 7,6.8), einer der 14 Söhne und Enkel Rahels, die mit Jakob nach Ägypten kamen. Seine Nachkommen umfassen später 9 Familien mit 20 200 Männern (V 9), werden aber auffallenderweise weder 1 Chron 8,1–6 noch bei der Volkszählung im Ostjordanland 4 Mo 26,38.39 genannt. Hier finden wir jedoch einen B., Stammvater der Becheriter, unter den Ephraimitern (V 35). Man hat daher vermutet, daß der Benjaminit B. nach dem Tod der Söhne Ephraims vor Gath (1 Chron 7,20.21) in den Stamm Ephraim eingeheiratet habe und nun dort aufgeführt sei. Die Nachkommen B. könnten aber auch anfangs nicht zahlreich genug gewesen sein, um eine eigene Familie zu bilden. Dann wären der Benjaminit und der Ephraimiter B. zwei verschiedene Personen.

Bechorath »Erstling«,
Sohn Aphiahs aus dem Stamme Benjamin und Vorfahr Sauls (1 Sam 9,1).

Becken. I) Kleines, schalenförmiges Gefäß (hebr. *aggan)*, das zur Aufnahme von Flüssigkeiten diente (2 Mo 24,6). In Jes 22,24 übersetzt Luther dieses Wort mit »Trinkgefäße«, in Hl 7,3[2] mit »Becher«.
II) Flache etwas größere Schale (hebr. *sap)*. Sie diente als Haushaltsgegenstand (2 Sam 17,28) und zum Auffangen des Opferblutes (2 Mo 12,22). Solche Becken gehörten zum Tempelzubehör (Jer 52,19; 2 Kö 12,14[13]).
III) Große Schüssel (hebr. *mizrakh)*. Sie wurde in der Stiftshütte und im Tempel für den Altardienst (4 Mo 4,14), zum Aufnehmen des Speisopfers (4 Mo 7,13; LÜ Schale) und des Opferblutes (Sach 9,15; 14,20) gebraucht. Dieses Becken war aus poliertem Gold, Silber oder Kupfer gemacht (2 Mo 27,3; 4 Mo 7,84, LÜ Schale; 1 Kö 7,45.50). – Übermütige Zecher tranken aus solchen Gefäßen Wein (Am 6,6, LÜ Schalen).
IV) Jesus wusch in einem Becken (griech. *niptaer)* den Jüngern die Füße (Joh 13,5).
V) Ehernes Becken → Handfaß.
VI) Becken oder Zimbel → Musikinstrumente II, 2.

Bedad. Vater des Hadad, des Königs von Edom (1 Mo 36, 35; 1 Chron 1,46).

Bedan viell. »Zweig, Sproß Dans« (Noth).
1) Richter, nur 1 Sam 12,11 genannt. Man rechnet mit einer Verschreibung für Abdon oder wahrscheinlicher Barak, wie die LXX und die syr. Übersetzung an dieser Stelle lesen. Das läßt sich auch durch Hebr 11,32 stützen.
2) Sohn Ulams aus dem Stamm Manasse (1 Chron 7,17).

Bedecken. I) Das B. oder Decken der Sünden und Übertretungen ist Bild der Vergebung (Ps 32,1; 85, 3; Spr 10,12; Röm 4,7; Jak 5,20; 1 Petr 4,8). Vgl. aber Hi 31,33, wo das Verbergen der Sünden gemeint ist, das der Vergebung entgegensteht.
II) Mit dem Schatten seiner Hand b. heißt in seinen Schutz nehmen (Jes 49,2; 51,16).
III) Unter den bedeckten Wagen (4 Mo 7,3) werden wir Planwagen zu verstehen haben; die bedeckte Sabbathalle (2 Kö 16,18) ist ein überdachter Raum oder Gang am Tempel.
IV) Mit Säcken bedeckt (1 Chron 21,16) heißt mit dem Trauer- und Bußgewand bekleidet sein.
V) Am Versöhnungsfest soll die Weihrauchwolke vom Räucheropfer des Hohenpriesters den Gnadenstuhl, den Deckel der Bundeslade, b., darüber hinziehen (3 Mo 16,13).
VI) Von den beiden Cherubim auf der Bundeslade (2 Mo 37,7–9) und von den Cherubim im Allerheiligsten des salomonischen Tempels (1 Kö 6,23–28) wird gesagt, daß sie den Deckel der Lade bzw. die Lade und ihre Stangen mit ausgebreiteten Flügeln von oben her decken oder b. (1 Kö 8,7; 1 Chron 28, 18; 2 Chron 5,8). Von den Einzelheiten dieser Gestalten und ihrer Haltung können wir uns jedoch kein ganz klares Bild mehr machen.
VII) »Ich kann meine Zähne mit der Haut nicht be-

decken« (Hi 19,20) versucht, ein Bild für großes körperliches Elend wiederzugeben. Die Vorstellung, die zu Grunde liegt, ist uns nicht mehr ganz verständlich, vgl. die anderen Übersetzungen.

Bedellion. Das Man wird in seiner Farbe mit dem nach 1 Mo 2,12 im Lande Hevila vorkommenden B. verglichen (4 Mo 11,7). Vermutlich ist dabei an ein hellgelbes, sehr wohlriechendes und durchsichtiges Harz zu denken, das von einem Balsambaum (*Balsamodendron)*, der in Nubien, Arabien, Baktrien und Indien heimisch ist, ausgeschieden wird. Das Harz ist bekannt unter dem Namen *bdellium* und wurde im Altertum in Ägypten gehandelt.

Bedja viell. »Zweig, Sproß (oder Diener) des Herrn«,
Israelit, der eine fremde Frau geheiratet hatte (Es 10,35).

Beelzebub (nach der Vulgata u. den syr. Übersetzungen), sonst in den ntl. Hss. auch Beezebub und Beelzebul genannt.

I) In der älteren jüd. Literatur unbekannter Teufelsname, mit dem Pharisäer und Schriftgelehrte Jesus bezeichneten (Mt 10,25). Sie behaupteten, er treibe durch den obersten der Teufel andere aus (Mt 12,24 u. 27; Mk 3,22; Lk 11,15).

II) Der Name B. ist unterschiedlich erklärt worden: Manche Gelehrte haben B. nicht ganz einsichtig nach Hieronymus mit dem Fliegengott der Philister Baal-Sebub (vgl. 2 Kö 1,3) von Ekron gleichgesetzt oder seinen Namen mit »Herr der Himmelswohnungen« wiedergegeben. Auch diese Erklärung ist unbefriedigend. Volz hat darum Zebul mit Diabolos (= Teufel) identifiziert und zieht zum Beweis den Satansnamen Zabulus der apokryphen Schrift Assumptio Mosis 10,1 heran.
Auch die andere Erklärung des Namens B. = »Mistgott« leuchtet ein, wenn man bedenkt, daß eine Ableitung des Wortes *zabal* (= düngen) in der rabbinischen Literatur für Abgötterei gebraucht wird.

Beer »Wasserstelle, (Grundwasser-)Brunnen«,
Ort, in den Jotham vor seinem Bruder Abimelech floh (Ri 9,21). Seine geographische Lage ist unbekannt. Das Onomastikon nennt Beer etwa 7,5 km nördl. von Eleutheropolis. Es ist vielleicht auch El-Birah (→ Beeroth 3). Möglicherweise liegt der Ort aber im Ostjordanland, wo B. (4 Mo 21,16; LÜ Brunnen) als Station der Wüstenwanderung Israels genannt wird. Vgl. → Elim (2).

Beera, hängt mit Beer zusammen.
1) Sohn des Baal, Fürst der Rubeniter. Unter Thiglath-Pileser III. geriet er in assyr. Gefangenschaft (1 Chron 5,6).
2) Sohn Zophahs, ein Asserit (1 Chron 7,36.37).

Beeri, hängt mit Beer zusammen.
1) Hethiter und Vater der Judith, der Frau des Esau (1 Mo 26,34).
2) Vater des Propheten Hosea (Hos 1,1).

Beer-Lahai-Roi. Brunnen in der Wüste am Weg nach Sur, zwischen Kades und Bared (1 Mo 16,7.14 LÜ Brunnen des Lebendigen, der mich ansieht), hier kehrte Hagar auf ihrer Flucht vor Sara um. Später wohnte Isaak dort (1 Mo 24,62; 25,11 LÜ Brunnen des Lebendigen und Sehenden). Viell. el-Muweilah, 5 km westnordwestl. von Azmon; vgl. Karte Sp. 1304.

Beeroth und **Beroth,** Mehrzahl von Beer.
1) Eine der 4 gibeonitischen Städte, und zwar die nördlichste (Jos 9,17). Sie lag etwa 14 km (Ll.) nördl. von Jerusalem und wurde (Jos 18,25; 2 Sam 4,2) zum Stammesgebiet Benjamins gerechnet. El-Bire ist nach Abel der arabische Name für B. (Alt, Galling und Noth halten dagegen ed-Dschib für das alte B.) Aus B. stammten die Mörder Is-Boseths (2 Sam 4,2ff) Baana und Rechab, ebenso Naherai, einer der Helden Davids, Joabs Waffenträger (1 Chron 11, 39). Hierhin kehrten aus der babyl. Gefangenschaft Teile der Einwohnerschaft zurück (Es 2,25; Neh 7, 29). Vgl. Karte Sp. 730; 986.
2) Beeroth-Bne-Jaakan → Bne-Jaakan.
3) Ort in Isaschar, von der LXX in Jos 19,19 und von Thutmose III. genannt, heute el-Birah, 12 km nördl. von Beth-Sean. Vgl. Karte Sp. 1067.

Beerothiter, Beiname, der die Herkunft aus → Beeroth (1) bezeichnet (2 Sam 4,2; 23,37; 1 Chron 11,39 Berothiter).

Beer-Seba »Siebenbrunnen (oder Schwurbrunnen)«,
Ort im tiefsten Süden Judas in der Wüste. Hier machten Abimelech und Abraham ein Bündnis miteinander. Sie wollten sich um des Brunnens willen, den Abraham hatte anlegen lassen, nicht mehr gegenseitig belästigen und wiesen ihre Hirten an, untereinander Frieden zu halten (1 Mo 21,22ff). Zur Bestätigung des Bundes gab Abraham dem Abimelech 7 Lämmer, deswegen nannte man B.-S. auch Siebenbrunnen. Hier wohnte Abraham und predigte den Namen Gottes. Als Abraham später nach Hebron zog, schütteten die Philister die Brunnen zu, so daß sie der zurückkehrende Isaak aufs neue graben mußte. Da wiederholte Abimelech oder dessen Nachfolger mit Isaak den Friedensbund, den er mit Abraham gemacht hatte (1 Mo 26,26ff). Isaak schwor Frieden, deswegen nannte man B.-S. auch Schwurbrunnen.
Von B.-S. flüchtete Jakob vor Esau und opferte hier später vor seiner Reise zu Joseph nach Ägypten (1 Mo 28,10ff; 46,1ff). In der Umgebung des Brunnens entstand eine Stadt, die Simeon zugeteilt wurde (Jos 19,2), die südlichste Stadt im Heiligen Lande. Daher bedeutet die Redensart »von Dan bis B.-S.« ganz Israel (Ri 20,1). Die Söhne Samuels waren hier Richter (1 Sam 8,2), und Elia zog durch B.-S. auf seinem Wege zum Berge Horeb (1 Kö 19,3). Vermutlich war B.-S. z. Zt. des Amos ein Heiligtum, das auch von Israeliten besucht wurde (Am 5,5; 8,14). Nach der Rückkehr Judas aus der Gefangenschaft wurde es wieder bewohnt (Neh 11,27.30).
B.-S. ist der heutige Tell es-Seba (neuhebr. Tel Beer Sheva) bei Bir es-Seba (neuhebr. Beersheba), 40 km südwestl. von Hebron. Vgl. Taf. 17b/256.

Beesthra, derselbe Ort wie → Astharoth. Sein Name ist vermutlich durch das Zusammenziehen der beiden Worte Beth und Asthereth entstanden (Jos 21,27). Es lag an der Stelle von Tell Aschtara.

Befestigung → Festung

Begehren, Begierde → Lust, → Fleischeslust

Begräbnis.
I) Über TOTENKLAGE und TRAUERGEBRÄUCHE, die vielfach heidnischen Ursprungs waren und darum in Israel Einschränkungen unterlagen vgl. → Klage I, 2.
II) BESTATTUNG UND IHRE VORBEREITUNG.
Die in Israel übliche Bestattungsform ist das Erd-

Tafel 13
a. Das Hirtenfeld bei Bethlehem. Der Ort liegt auf der Höhe im Hintergrund.
b. Die Ruinen des alten Beth-El, wo Jerobeam I. ein Stierbild errichtete, um die Bewohner des Nordreiches vom Tempelgottesdienst in Jerusalem abzuhalten.

Tafel 13

begräbnis; Verbrennung gilt als Frevel (Am 2,1) bzw. als Verschärfung der Todesstrafe für Verbrecher (3 Mo 20,14; Jos 7,25). Die Bestattung erfolgt sehr bald nach dem Sterben, meist noch am gleichen Tage (5 Mo 21,23; Apg 5,6; Lk 16,22); das ist einerseits wegen des heißen Klimas erforderlich, jedoch auch, weil jede Berührung mit der Leiche Menschen und Gegenstände unrein macht (4 Mo 19,11). Den Toten werden die Augen zugedrückt (1 Mo 46, 4), die Leiche wird gewaschen (Apg 9,37) und auch gesalbt (Mk 14,8) und dann – in ntl. Zeit auf einer Bahre (Lk 7,14) – zu Grabe (s. u. III) getragen. Während man in atl. Zeit die Toten in ihren Kleidern bestattete, wird Jes 22,18 EÜ der ägypt. Brauch des Umwickelns mit Binden erwähnt und wird es in röm. Zeit üblich, den Toten in Tücher einzuschlagen (Mt 27,59; Joh 11,44). Die Einbalsamierung ist in Palästina nicht gebräuchlich gewesen. Wohl kannte man die Sitte, in die Grabkammer stark riechende Spezereien oder Harze einzulegen, die den Todesgeruch vertreiben sollten (2 Chron 16,14; Jer 34,5). Man hat auch wohl persönliche Gebrauchsgegenstände mit ins Grab gegeben, obwohl Waffen und Schmuck nur Hes 32,27 für fremde Stämme erwähnt werden. Totenopfer in Form der Mitgabe von Speisen kommen gelegentlich vor, werden allerdings 5 Mo 26,14 deutlich verworfen, wenn sie Gott entzogen werden.

Unbegraben und damit zum Fraß der Tiere liegenzubleiben, ist eine Schande und kommt deshalb auch als Drohung vor (1 Kö 14,11; 21,23; Jer 7,33). So gilt es für Rizpa als besonderes Lob, daß sie die Toten bedeckte (2 Sam 21,10).

III) GRÄBER.

Weil die Berührung mit Gräbern 7 Tage lang unrein machte (4 Mo 19,16), tünchte man sie mit Kalkflüssigkeit, um auch versehentlichem Auftreten auf die Grabplatten oder Berühren der Steine vorzubeugen (vgl. Mt 23,27, wo Jesus vor den innerlich unreinen Schriftgelehrten warnt, und Lk 11,44). Die Totenbeschwörung, die man bei oder in den Gräbern trieb (Jes 65,4; 29,4), wird streng verboten (5 Mo 18,11); nur geistig Zerrüttete treiben dort ihr Wesen (Mt 8,28). Überhaupt kennzeichnet die Verehrung der Gräber nach Mt 23,29 schon einen Abfall vom biblischen Glauben. Das Grab des Mose ist unbekannt, und Jesus weist seine Gemeinde auf die Lebenden, auf den Dienst in der Gottesherrschaft und auf die Auferstehung hin.

Zu den verschiedenen Grabformen vgl. → Grab.

Beharren → Geduld

Behemoth. Mit dem B. der HS (Hi 40,15–24[10–19]) ist das Nilpferd *(Hippopotamus amphibius)* gemeint. Er ist ein Pflanzenfresser, erreicht bis zu 40 Zentner Gewicht und kann durch seine beiden großen Hauer gefährlich werden.

Im Altertum war das Nilpferd sehr bekannt. Ägypt. Inschriften bekunden, daß es im ganzen Nilgebiet häufig war. Auch in Palästina kam es im Jordan vor (Hi 40,23[18]), was durch Knochenfunde bestätigt ist. Heute wird es nur noch vereinzelt im Nil südl. des 17. Breitengrades und in den Strömen Zentralafrikas gefunden. Vgl. Abb. Sp. 36.

Beil → Waffen und Werkzeuge

Tafel 14

a. Wüste in der Nähe von Bethlehem.

b. Straße in Bethanien. Rechts das »Lazarusgrab« der Überlieferung.

Beinharnisch → Waffen und Werkzeuge

Beisaß → Fremdling

Bekehrung, bekehren, sich bekehren.

I) B. im AT. Wir finden das Zeitwort »bekehren« (hebr. *schub)* im atl. Text ca. 1050mal. Es wird in außerordentlich vielfältiger Weise angewandt als »sich wenden, sich umkehren, zurückkehren, sich abwenden, wiederherstellen, zurückgeben«, aber auch in seiner besonderen Bedeutung als »bekehren, sich bekehren, umkehren« (ca. 120mal) im Sinne einer Änderung der Lebenshaltung, einer Rückkehr zum lebendigen Gott. Aus der Fülle der biblischen Aussagen wollen wir die wichtigsten herausstellen und an ihnen deutlich machen, worum es bei der B. geht:

Gott selber will, daß sich die Menschen b. (Hes 18, 23; 33,11), der Anstoß zur B. geht von ihm aus. Er läßt durch seine Propheten den Aufruf zur B. an die Menschen ergehen (Jer 3,7; 25,5; Jo 2,12). Gott verlangt eine radikale B. von ganzem Herzen (1 Sam 7,3; Jo 2,12). »Sünder« sollen sich (Ps 51,15) von der Sünde weg (Jes 59,20; Hes 33,14) zum Herrn hin (Jo 2,12) b. Dabei kommt es wesentlich auf das Ziel der B. an; es besteht die furchtbare Möglichkeit, sich anstatt zum lebendigen Gott zu »Baal« zu b. (Hos 7,16). Die Frucht echter Umkehr ist die Vergebung Gottes (Jes 55,7), neues Leben unter seiner Barmherzigkeit. Es geht bei dieser Umkehr nicht um einzelne Taten, durch die der Mensch dieses oder jenes Vergehen wieder gutzumachen versucht, sondern um eine ganz neue Stellung des Menschen zu Gott und seinem Willen, die alle Bezirke seines Lebens umfaßt. Die Ablehnung der B. zieht Verstockung (Jes 6,10) und den Tod des Sünders nach sich (Hes 18,23ff; 33,11). Gott aber ist nicht nur der, von dem der Aufruf zur Umkehr ergeht, sondern der selbst die B. im Menschen wirken muß, da der Mensch nicht allein aus eigener Kraft von sich selbst loskommt. Trotzdem muß aber die eigene B. Gegenstand der Bitte des Menschen an Gott werden (Jer 31,18 LÜ und LXX; Klgl 5,21), denn die Verantwortung des Menschen für seine B. ist in keiner Weise aufgehoben. Während in den Geschichtsbüchern des AT immer wieder die B. des Volkes Israel in seiner Gesamtheit gesehen wird, sind es besonders die Propheten Jer. und Hes., die die Umkehr des einzelnen Menschen zu Gott hervorheben, die dadurch erfolgen wird, daß Gott jedem ein neues Herz und einen neuen Geist geben wird. Allen atl. Aussagen über B. liegt ein gemeinsamer Sinn zugrunde: B. ist die radikale, einmalige Umkehr des Menschen zu Gott als seine Antwort auf Gottes Ruf und vorbereitendes Wirken. Es ist der einzige Weg, um dem Gericht zu entrinnen, das Gott über die Sünde verhängt hat, um Gottes Gnade wiederzufinden und Vergebung der Sünden zu erlangen.

II) B. im NT. Aus dem hebr. Text des AT ist das Zeitwort »bekehren« auf dem Weg über die LXX in die Sprache des NT gelangt (griech. *epistrephein, apostrephein, anastrephein).* Wie im AT werden diese Worte auch im NT in mannigfacher Bedeutung als »umwenden, sich zurückwenden, sich abkehren« usw. verwandt. Das Wort *epistrephein* finden wir in den Schriften des NT 36mal, davon 18mal im Sinne von »bekehren, sich bekehren« (Mt 13, 15; Mk 4,12; Lk 1,16f; 22,32; Apg 3,19; 9,35; 11,21; 14,15; 15,19; 26,18; 26,20; 28,27; 2 Kor 3,16; 1 Thess 1,9; Jak 5,19f; 1 Petr 2,25). Das Wort *strephein* wird in dieser Bedeutung nur Mt 18,3 und Joh 12,40 gebraucht, *apostrephein* nur Apg 3,26; *anastrephein* steht nie für »bekehren«, sondern nur für »zurückkehren, zurückwenden, wandeln«. Das Substantiv B. finden wir nur einmal im NT Apg 15,3. Um einen vollständigen Überblick über die Aussagen des NT zur Frage der B. zu gewinnen, müssen wir uns noch dem Wort zuwenden, das Luther u. ZÜ meist mit → »Buße tun« übersetzen, griech. *metanoein* (Ausnahmen: LÜ: Lk 17,3f; ZÜ: Lk 17,3f; Apg 8,22). Als Johannes der Täufer mit diesem Wort das Volk Israel zur inneren Umkehr aufrief, wußte er sich als Vorläufer des Messias ganz in die Reihe der Propheten gehörig. Jesus hat am Anfang seiner Wirksamkeit den Bußruf des Täufers aufgegriffen (Mt 3,2; 4,17). Johannes der Täufer und Jesus haben aramäisch gesprochen, und das Wort, das sie in diesem Falle gebraucht haben, ist abgeleitet von dem Wort, das Luther im AT mit »sich bekehren« übersetzt hat. Die ganz enge Sinnverwandtschaft beider Wörter läßt sich nicht bestreiten. Der Ruf Johannes des Täufers und Jesu: »Tut Buße!« heißt »Bekehrt euch!«, und dort, wo im NT von Buße gesprochen wird, geht es um B., um Hinkehr zu Gott. Dabei wird B. ebenso wie im AT als einmalige, radikale Umkehr des Menschen zu Gott gefordert, geradezu befohlen (Apg 17,30), und als einziger Ausweg aus dem Gericht Gottes angeboten.

III) Durch die ganze Bibel zieht sich der Aufruf zur B.: Im Gesetz ist er eingeschlossen (5 Mo 4,30; 30,2. 8.10 u. a.), die Propheten erheben immer wieder ihren Mahnruf, Johannes der Täufer verleiht ihrer Botschaft vertieften Ernst angesichts der hereinbrechenden Gottesherrschaft. Jesus selbst stellt diesen Ruf an den Anfang seiner Wirksamkeit (Mt 4,17; Mk 1,15), er weist auf die Notwendigkeit der Umkehr hin als Voraussetzung für die Teilhaberschaft am Reich Gottes (Mt 18,3) und warnt vor dem Gericht der Verstockung (Mt 13,15 führt Jes 6,10 wörtlich an nach der LXX; vgl. Mk 4,12). Auch die Apostel nehmen den Aufruf zur Buße und Bekehrung in ihre Verkündigung auf. An Apg 3,19 und 26,20 erkennen wir deutlich, daß beide Wörter, die hier unmittelbar nebeneinander stehen, »Buße tun« und »sich bekehren«, innerlich zusammengehören und nur verschiedene Ausdrücke für den gleichen Vorgang sind. In der Apg wird uns oft von den Wirkungen der missionarischen Verkündigung der ersten Christen berichtet, und dort wird von der B. der Menschen zu Jesus Christus immer als von einem einmaligen, in sich abgeschlossenen Geschehen gesprochen (Apg 2,37ff; 8,35ff; 9,1ff; 9,35; 10,44ff; 11,21; 16,30ff). Wir können sogar aus dem Bericht Apg 15,3 erkennen, daß das Wort B. sehr bald zu einem festen Begriff in der frühen Christenheit wurde, der keiner weiteren Erläuterung bedurfte. Auch den Aposteln geht es, wenn sie von B. sprechen, um eine völlige Neuausrichtung des menschlichen Willens auf Gott, um die Heimkehr des Menschen aus der Verblendung und Irre zu dem, der der Heiland aller Menschen ist (Apg 26,18; 1 Petr 2,25). Mit der B. vollzieht sich ein Herrschaftswechsel: Der Mensch, der bisher unter der Herrschaft des Satans stand, tritt unter die Herrschaft Gottes, er kommt aus der Finsternis in das Licht (Apg 26,18; Eph 2,2ff; 5,8). Die Umkehr und Übergabe des Lebens an Gott wird im Glauben vollzogen. Glaube und B. gehören untrennbar zusammen (Apg 11,21). Frucht der B. ist die Vergebung aller Sünden (Apg 3,19; 26,18). Eine solche B. führt zu einer grundlegenden Änderung des ganzen Lebens (Apg 26,20); es bekommt einen neuen Inhalt und ein neues Ziel, so daß Paulus von den Christen in Thessalonich sagen kann: »Ihr seid bekehrt zu Gott von den Götzen, zu dienen dem lebendigen und wahrhaftigen Gott und seinen Sohn vom Himmel zu erwarten, den er von den Toten erweckt hat, Jesus, der uns errettet von dem kommenden Zorn« (1 Thess 1,9f).

IV) Mit der echten Bekehrung findet in dem Leben des Menschen zugleich die Wiedergeburt statt. Auf das gläubige Ja des Sünders zu dem, was Christus für ihn auf Golgatha vollbrachte, gibt der Heilige Geist als göttliche Bestätigung die Gewißheit der Vergebung der Sünden, erfüllt das Herz des nun gläubig Gewordenen mit Heilsgewißheit und gibt ihm die Kraft, in einem neuen Leben zu wandeln. → Wiedergeburt.

Bekennen. Griech. *homologein* = dasselbe sagen, nicht abstreiten, zugeben, zugestehen.
1) B. = Aussprechen der Sünde. → Bekenntnis I.
2) B. = Aussprechen des Glaubens.
Petrus zieht in einer entscheidenden Stunde seines Lebens das Fazit eines längeren Zusammenseins mit Jesus, indem er seinen Glauben, zu dem er auf Grund seiner Begegnung mit Jesus gekommen ist, ausspricht, d. h. bekennt: »Du bist Christus, des lebendigen Gottes Sohn« (Mt 16,16). Dieses »Bekenntnis« des Petrus zeigt, was B. heißt. Es ist a) Antwort auf das Wort Gottes in Jesus; b) Aussprechen des Glaubens an Jesus, den Gottessohn (wer in ihm einen großen Menschen oder Religionsstifter, nicht aber Gott sieht, glaubt nicht (Apg 8,37) und kann ihn daher nicht bekennen); c) Geschenk des Heiligen Geistes (Mt 16,17); d) Fundament der Gemeinde (Mt 16,18; 1 Kor 3,11; 1 Kor 12,3).
Jesus erwartet solches B. von seinen Jüngern und macht sogar die Seligkeit davon abhängig: Mt 10,32f. Wer das Geschenk des Glaubens erhalten hat, darf und kann es nicht für sich behalten, sondern muß es weitergeben und weitersagen. Daran beweist sich die Echtheit des Glaubens: Joh 20,18; Apg 4,20; 1 Kor 9,16. Jedes Verleugnen zerstört die Gemeinschaft mit Jesus (Mt 26,69–75 par.). Darum soll ein Jünger lieber furchtbare Konsequenzen auf sich nehmen als seinen Herrn verleugnen (Joh 12,42).

Bekenntnis.
I) B. = Sündenbekenntnis.
1) Der Mensch ist Gott für sein Tun verantwortlich und hat ihm Rechenschaft abzulegen, auch über sein Versagen (Hebr 4,13 MÜ, RÜ). Statt das einzugestehen, was Gott ohnehin weiß, versucht der Mensch aber immer wieder, seine Sünde zu verbergen oder zu entschuldigen, ehe er sie wirklich zugibt (1 Mo 3,11–13; 4,9–13). Zum B. vor Gott kann das B. vor Menschen hinzutreten. Daß der Bekennende gezwungen ist, die Sünde beim Namen zu nennen, läßt ihn den Teufel gleichsam verraten. Das offenbar gewordene Geheimnis kann den Menschen nicht länger binden, und er wird frei. Zugleich gibt er den äußeren Anschein einer Gerechtigkeit auf, die vor Gott nicht besteht.
2) Das AT kennt ein öffentliches Schuldbekenntnis vor der Darbringung des Sündopfers (3 Mo 5,5.6; 4 Mo 5,6–8), das in seinem Vollzug ebenfalls ein Eingeständnis der sündigen Tat bedeutet. Daneben steht das persönliche B. der Schuld vor Gott (Ps 32, 1–5; Jes 6,5–7), von dem wir aber z. B. bei Ps 51 wissen, daß ihm das Eingeständnis vor Menschen vorausgegangen ist (2 Sam 12,13). Auch das B. Davids nach der Volkszählung geschieht vor den Ohren der Ältesten (1 Chron 21,16.17). Ps 32,3–5; Spr 28,13 nennen das B. der Sünden als einzigen Weg zur Vergebung. Ohne innere Aufrichtigkeit kann aber auch beim B. vor Menschen die Vergebung versagt bleiben (2 Mo 9,27.28; 10,16.17; 1 Sam 15,24–31).

Außerdem gibt es ein Sündenbekenntnis des einzelnen, das er stellvertretend für das Volk ablegt, allein (Dan 9,4–19) oder im Beisein anderer (Es 9, 6–15).
3) Bei Johannes d. Täufer sind Sündenbekenntnis und Bußtaufe fest miteinander verbunden (Mt 3,6; Mk 1,5). Dem B scheint sich ein Gespräch über das rechte Verhalten im weiteren Leben angeschlossen zu haben (Lk 3,10–14).
4) Jesus hat die Vergebung auch ohne äußerlich erkennbares (Mt 9,2) oder in Worten ausgedrücktes Sündenbekenntnis (Lk 7,48) zugesprochen. Er hat anderseits im Gespräch Sünde aufgedeckt und dadurch ihr Eingeständnis auch vor Menschen hervorgerufen (Joh 4,17–19.20). Im Gleichnis vom verlorenen Sohn hat er klar die Reihenfolge von Erkenntnis (Lk 15,17, B. (V 21) und Vergebung der Sünde (V 22–24) aufgezeigt. Vgl. auch Mt 6, 12; Lk 11,4.
5) Nach seiner Auferstehung hat Christus den Jüngern Vollmacht geschenkt, Sünden zu vergeben oder zu behalten (Joh 20,23; vgl. Mt 16,19; 18,18), und in der Urgemeinde war das Bekennen der Sünden fester Bestandteil des christlichen Lebens (Jak 5,16). Nach 1 Joh 1,9 ist ohne Sündenbekenntnis keine Gemeinschaft und kein Wandel im Licht möglich (vgl. Eph 5,11.13). Auch das häufig erwähnte gegenseitige → Ermahnen und Wachen übereinander (Apg 20,31; Hebr 3,12.13; 10,25; 13,17) ist ohne offenes Aussprechen der persönlichen Schuld nicht denkbar (vgl. auch 2 Petr 1,9).
Neben dem freiwilligen Offenbarwerden im B. kannte die Urgemeinde in einzelnen Fällen auch ei ne unfreiwillige Offenbarung verborgener Sünde (1 Kor 14,24.25), die leicht zum plötzlichen, endgültigen Gericht führen konnte (Apg 5,1–11).
II) B. = bekennen des Glaubens (→ bekennen). Es hat einen dreifachen Bezug: zu Jesus, der es gebietet und dem zu gehorchen ist (Mt 10,32f); zum christlichen Bruder als Erkennungszeichen und Band der Einheit (Mt 16,16; Apg 8,37); zum Nichtchristen als vom heiligen Geist gewirktes Zeugnis, das den andern zur Stellungnahme zwingt.
III) B. = formulierte Aussage über den gemeinsamen Glauben. Schon im NT gibt es solche Formulierungen: eingliedrige B. zu Jesus (Mt 16,16; Joh 6,69; 1 Kor 12,3; Röm 10,9; Phil 2,11; 1 Joh 4,15; 5,5.10; Hebr 4,14), zweigliedrige B. zu Gott dem Vater und dem Sohn (1 Kor 8,6; 1 Tim 6,13; 2 Tim 4,1) und dreigliedrige zum dreieinigen Gott (Mt 28, 19; 2 Kor 13,13). Zur Abwehr der Irrlehrer, die die Gemeinden bedrohten (vgl. Gal. und Kol.), war es nötig, sich in solchen B. gegen die falsche Lehre abzugrenzen (vgl. 1 Joh 4,2.3).

Bel (akkad. *belu* »Herr«, verwandt mit hebr. *baal*) oder Marduk (hebr. Merodach; Jer 50,2) war der höchste Gott des babyl. Götterhimmels (Jer 51,44). Ursprünglich nur der Stadtgott von Babylon, gewann er seit der Zeit Hammurabis immer größere Bedeutung. Als sein Vater galt der Gott Ea, als sein Sohn → Nebo (Jes 46,1). Er wurde im Tempel Esagila und dem siebenstufigen Tempelturm Etemenanki (→ Babel) verehrt. An jedem Neujahrsfest mußte der König in einer feierlichen Zeremonie »die Hand Marduks ergreifen«, um dadurch die Wohlfahrt des Staates zu sichern.

Bela »Beredt« (Noth) oder »Verschlungenes, Verwirrung, Verleumdung« (Köhler).
1) König zu Edom, Sohn des Beor aus der Stadt Dinhaba (1 Mo 36,33).
2) Ältester Sohn Benjamins (1 Mo 46,21). Von ihm kommen die Belaiter (4 Mo 26,38).

Bild des Gottes Bel.

3) Oberster aus dem Stamme Ruben, Sohn Asas, der mit seiner Familie ein großes Gebiet im Lande Gilead bewohnte (1 Chron 5,8).
4) Ursprünglicher Name → Zoars im Tale Siddim am Südostende des Toten Meeres (1 Mo 14,2).

Belagerung → Festung

Belial »Der Heillose, Nichtswürdige«
ist im NT eine Bezeichnung des Satans (2 Kor 6,15). Im AT begegnet wörtl. der Ausdruck »Söhne Belials«, bei dem wir aber noch nicht an eine Personifizierung des Bösen zu denken haben. LÜ gibt ihn daher mit »lose«, »heillose« oder »böse Leute« wieder (5 Mo 13,14[13]; 1 Sam 1,16; 25,25; 30,22; 2 Sam 23,6; 2 Chron 13,7). 2 Sam 22,5; Ps 18,5 steht das Wort ebenfalls in einer Verbindung: Bäche des »Verderbens«.

Belsazer »(Der Gott) Bel schütze den König« (babyl.).
Nach zeitgenössischen babyl. Urkunden ist B. der älteste Sohn und Mitregent des letzten Herrschers des neubabyl. Reiches, Nabunaid (556–539 v. Chr.). Seine Mutter Nitokris war die Tochter Nebukadnezars. Als Nabunaid im dritten Jahr seiner Regierung zur Eroberung der Oasenstadt Thema in Arabien auszog, übergab er B., »dem Sohn des Königs«, die Regierungsgeschäfte und den Oberbefehl über die Truppen im Norden des Reiches. Diese Regelung blieb bis zum Fall Babylons bestehen, da Nabunaid jahrelang in Thema weilte und die Stadt ausbaute. Aus dieser Zeit sind uns Geschäfte und eine Anzahl Spenden B. für babyl. Tempel bekannt. Das bestätigt die bibl. Angaben über B. (Dan 5; 7,1; 8,1).
Als Mitregent Nabunaids (vgl. Dan 5,29) war B. der letzte babyl. König. Daß Nebukadnezar als sein Vater bezeichnet wird, entspricht auch – abgesehen von der tatsächlich bestehenden Verwandtschaft – der damals in der Hofsprache üblichen Ausdrucksweise für das Verhältnis des regierenden Herrschers zu seinen Vorgängern. Die Ereignisse, die zum Tode B. führen, stehen in Verbindung mit der Besetzung Babylons 539 v. Chr. durch die Perser unter Gobryas (Gubaru), dem Feldherrn des → Kores (Kyrus).

Beltsazar »(Der Gott Bel) schirme sein Leben«. Babyl. Name, den der oberste Kämmerer Nebukadnezars → Daniel gab (Dan 1,7).

Benaja »Der Herr hat gebaut«, im Sinne von »Haus bauen«, d. h. Nachkommenschaft verleihen, oder wie im Akkad. »das Kind selbst bauen«, d. h. erschaffen.
1) Levit aus Kabzeel in Juda, der Sohn des Priesters Jojada, des Führers der Aaroniter, die mit den anderen Stämmen nach Hebron kamen, um David zum König zu machen (2 Sam 23,20; 1 Chron 27,5; 12,27). B. war einer von Davids Helden, berühmt für seine Taten (2 Sam 23,20–23), der Führer der Leibwache (2 Sam 8,18) und Befehlshaber der dritten Heeresabteilung zur Zeit Davids; hier war sein Sohn Ammisabad sein Stellvertreter (1 Chron 27, 5.6). Er und sein Sohn Jojada gehörten auch zu den Ratgebern des Königs (2 Sam 20,23; 1 Chron 27, 34). B. blieb David bei Absaloms Aufstand (2 Sam 15,18) und Adonias Verschwörung treu und erhielt mit dem Priester Zadok und dem Propheten Nathan den Auftrag, Salomo zum König zu salben (1 Kö 1,10.32–38). Er vollstreckte die Todesurteile an Adonia, Joab und Simei (1 Kö 2,25.29–34.46) und wurde von Salomo als Heerführer eingesetzt (V 35).
2) Einer der Helden Davids aus Pirathon in Ephraim, Befehlshaber der elften Heeresabteilung (2 Sam 23,30; 1 Chron 27,14).
3) Levit der zweiten Ordnung, der bei der Überführung der Bundeslade nach Jerusalem und vor der Lade den Psalter spielte (1 Chron 15,18.20; 16,5).
4) Priester, der bei der Überführung der Bundeslade nach Jerusalem und vor der Lade die Trompete blies (1 Chron 15,24; 16,6).
5) Levit aus dem Geschlecht Asaphs, Großvater des Jahasiel z. Zt. Josaphats (2 Chron 20,14).
6) Fürst aus dem Stamm Simeon (1 Chron 4,36).
7) Levit zur Zeit Hiskias, einer der Aufseher über die Gaben, die zum Tempel gebracht wurden (2 Chron 31,13).
8) Vater Pelatjas, eines Fürsten z. Zt. Hesekiels (Hes 11,1.13).
9) Vier Männer aus den Familien Pareos, Pahath-Moab, Bani und Nebo, die heidnische Frauen genommen hatten (Es 10,25.30.35.43).

Benhadad »Sohn des (Gottes) Hadad«.
Syr. Könige von Damaskus, die im 9. und 8. Jh. v. Chr. im Kampf um die Vorherrschaft in Syrien und Palästina die unversöhnlichen Feinde des isrl. Nordreiches waren.
1) B., der Sohn Tabrimmons und Enkel Hesjons, wurde von König Asa von Juda gegen Baesa, König von Israel, zu Hilfe gerufen. Er ergriff die Gelegenheit zur Ausweitung seiner Macht, brach sein Bündnis mit Baesa, fiel in die nördlichen Gebiete Israels ein und eroberte Ijon, Dan, Abel-Beth-Maacha, sowie ganz Kinneroth und Naphthali. Das bedeutete für Damaskus die Kontrolle über die Handelswege nach Tyrus und zur Ebene Jesreel, die weiter ins Philisterland und nach Ägypten führten. Asa wurde so zwar von der unmittelbaren Bedrohung durch Baesa, der Rama zur Sperrfestung ausbauen wollte, befreit; aber den eigentlichen Nutzen hatte doch Syrien, der gemeinsame Gegner von Juda und Israel (1 Kö 15, 18–22; 1 Chron 16,1–6). Eine in Nordsyrien gefundene Inschrift B. bestätigt die bibl. Angaben über seinen Vater und Großvater. Ob aber Hesjon weiter mit Reson (1 Kö 11,23–25), dem Begründer der Herrschaft von Damaskus, gleichzusetzen ist, muß noch offen bleiben.
offen bleiben.
2) Einen B., König von Syrien, treffen wir später als den Gegner Ahabs von Israel. Er wird bei der Belagerung von Samaria geschlagen, als er den Sieg schon errungen glaubt, und erleidet im Jahr darauf bei Aphek eine vernichtende Niederlage, aus der er sich aber mit einem günstigen Vertrag zu retten weiß (1 Kö 20,1–34). Dann herrscht drei Jahre Frieden zwischen Israel und Syrien (1 Kö 22,1), die unter der Bedrohung durch den nach Westen vordringenden Assyrerkönig Salmanasser III. sogar vorübergehend zu Bundesgenossen werden. In der Schlacht bei Karkar nördl. von Hamath treten sie mit einer Reihe weiterer Verbündeter den Assyrern entgegen: Ahab nach assyr. Angaben mit 2000 Streitwagen und 10 000 Mann, der König von Damaskus mit 1200 Wagen und 20 000 Mann. Kaum sind die Assyrer wieder abgezogen, so versucht Ahab, den Syrern Ramoth in Gilead abzunehmen und fällt dabei (1 Kö 22,2–36).

Unter seinem Sohn Joram wird der Krieg zunächst durch syr. Streifscharen weitergeführt (2 Kö 5,2; 6, 8–23), mit Unterbrechungen durch erneute Angriffe Salmanassers auf Damaskus (849, 848 u. 845 v. Chr.). Danach rückt B. noch einmal gegen Samaria vor, schließt die Stadt ein und hat sie beinahe ausgehungert, als seine Truppen nachts Lärm wie von einem nahenden Entsatzheer hören und kopflos fliehen (2 Kö 6,24–7,20). Bald darauf wird B. von Hasael ermordet, der den syr. Thron besteigt (2 Kö 8, 7–15). Im assyr. Bericht über die Schlacht bei Karkar (853 v. Chr.) heißt der syr. König Adadidri = hebr. Hadadeser. Das zwingt aber nicht dazu, B., den Zeitgenossen Ahabs, von dem z. Zt. Jorams lebenden B. zu trennen und zwischen ihnen die Herrschaft eines Hadadeser anzunehmen, der dann der syr. König von 1 Kö 22,2–2 Kö 6,23 wäre, dessen Name nicht genannt wird. Wahrscheinlicher ist, daß der vollständige Name B. Benhadadeser (»Sohn des Hadad, der Hilfe ist«) lautete, den die Juden und Assyrer verschieden zu B. bzw. Adadidri verkürzt haben.

Darüberhinaus hat man auch in dem B., der zur Zeit Asas und Baesas regierte, denselben Herrscher sehen wollen. Das würde auf eine immerhin denkbare Regierungszeit des Syrerkönigs von rund 50 Jahren führen und läßt sich durch die oben erwähnte Inschrift B. (1) stützen, die nach der Form ihrer Buchstaben in die Mitte des 9. Jh. v. Chr. gehört.

3) Der Sohn und Nachfolger Hasaels zu Beginn des 8. Jh. v. Chr. Im Gegensatz zu den Erfolgen seines Vaters, unter dem B. noch als Kronprinz gegen Israel gekämpft zu haben scheint (2 Kö 13,3–7), gelang es ihm nicht, die Vormachtstellung Syriens zu bewahren. Noch unter Hasael hatte der Assyrer Adadnirari III. Damaskus eingeschlossen und tributpflichtig gemacht. Nun vermochte Joas von Israel B. dreimal zu schlagen und die von Hasael eroberten isrl. Städte zurückzugewinnen (2 Kö 13,22–25; vgl. 10,32.33). Im Norden seines Reiches, wo B. sich mit mehreren Verbündeten gegen die aufstrebende Macht des Königs Zakir von Hamath wandte, erlitt er ebenfalls einen Rückschlag, wie das Siegesdenkmal Zakirs beweist (→ Hadrach). Die Schwäche der Regierung B. ermöglichte den neuen Aufstieg Israels unter Jerobeam II.
Am 1,4 und Jer 49,27 werden die Paläste B. in Damaskus erwähnt.

Ben Hail »Sohn (viell. zu lesen: Söhne) des Vermögens, der Kraft«.
Fürst im Volke Juda, der von Josaphat in die Städte seines Königreiches gesandt wurde, um das Volk im Gesetz zu unterrichten (2 Chron 17,7).

Ben-Hanan viell. »Sohn hat sich gnädig erwiesen«. Einer der vier Söhne des Simon aus dem Stamme Juda (1 Chron 4,20).

Ben-Hinnom → Hinnom

Ben Jaesiel, Levit der 2. Ordnung, Torhüter und Sänger z. Zt. Davids (1 Chron 15,18). Nach dem Urtext faßt man die Verbindung besser als 2 Namen auf (EÜ; vgl. MÜ).

Beninu viell. »Sohn der rechten (Hand)«.
Levit, der unter Nehemia den Bund unterzeichnete (Neh 10,14[13]).

Benjamin »Sohn der rechten Hand, Glückskind«.
1) Jakobs jüngster Sohn und der zweite von Rahel, der Bruder Josephs. Seine Mutter, die bei der Geburt stirbt, nennt ihn Ben-Oni, »Sohn meines Schmerzes«; aber Jakob ändert den Namen in B. (1 Mo 35,16–20). Er ist der Lieblingssohn seines Vaters, was eine besondere Rolle bei den zwei Reisen der Jakobssöhne nach Ägypten spielt, und erfährt als der Jüngste auch von seinen Brüdern nur Liebe. Im Segen des Mose wird B. auch der Liebling des Herrn genannt (5 Mo 33,12). Ganz anders heißt er im Jakobssegen ein reißender Wolf (1 Mo 49,27). Beides zeigt sich in der Geschichte seiner Nachkommen, die uns 1 Mo 46,21; 4 Mo 26,38–41; 1 Chron 7,6–12; 8,1–28 aufgezählt werden.
2) Der Stamm B., die Nachkommen des Jakobssohnes, und sein Gebiet. Die Zahl der wehrfähigen Männer B. steigt zwischen den beiden Volkszählungen von 35 400 auf 45 600. Er rückt damit unter den 12 Stämmen vom vorletzten auf den 7. Platz (4 Mo 1,37; 26,41). Auf der Wüstenwanderung lagert B. nach Ephraim und Manasse im Westen; sie brechen nach dem heiligen Zelt und den Leviten auf (4 Mo 2,18.22). In Kanaan erhält B. das Gebiet zwischen Ephraim und Manasse im Norden und Juda im Süden zugeteilt; Ostgrenze ist der Jordan, im Westen schließt sich der Stamm Dan an. Das Land B. ist nicht groß, gewinnt aber Bedeutung durch seine Städte Jericho, Beth-El, Gibeon, Rama, Mizpe und Jerusalem (Jos 18,11–28). Davon wird Gibeon mit drei anderen Orten den Leviten zugeteilt (Jos 21,17.18). Vgl. Taf. 97/1536.
Der Stamm ist berühmt für seine Bogenschützen und Schleuderer, die z. T. links oder auch mit beiden Händen werfen können (Ri 20,16; 1 Chron 8, 40; 12,2; 2 Chron 14,7[8]; 17,17). Aus B. kommt der Richter Ehud, der Israel für 80 Jahre Ruhe vor den Moabitern verschaffte (Ri 3,12–30), und der erste König, Saul. Noch zur Richterzeit aber werden die Benjaminiter beinahe ausgerottet, als sie sich auf die Seite der Einwohner von Gibea stellen, die das ganze Volk für ihr Verbrechen zur Rechenschaft ziehen will (Ri 19-21). Mit den anderen Stämmen halten sie nach Sauls Tod an seinem Sohn Is-Boseth fest (2 Sam 2,9; 1 Chron 12,29). Auch als David König von ganz Israel geworden ist, bricht die alte Feindschaft wieder durch (2 Sam 16,5–13; 20,1–22; Ps 7,1). Bis zur neuen Trennung der Stämme unter Rehabeam jedoch hat sich ausgewirkt, daß Jerusalem auf der Grenze von Juda und B. von David zur Hauptstadt gemacht wurde. Von jetzt an bleiben die beiden Stämme den andern 10 gegenüber zusammen (1 Kö 12,21). Mit den Judäern kehren auch Benjaminiter aus der Verbannung zurück (Es 4,1; 10,9), während andere in der Zerstreuung bleiben (Est 2,5.6). Im NT verkörpert Paulus noch einmal die Wesensart B., die nun ganz dem Herrn und seinem Dienst zur Verfügung steht (Phil 3,5).
In Jerusalem tragen zwei Tore den Namen des Stammes: eins am Tempel (Jer 20,2) und eins in der Stadtmauer (Jer 37,13; 38,7; Sach 14,10), das vielleicht mit dem Schaftor gleichzusetzen ist. In der Weissagung des Hesekiel erhält B. seinen Anteil am verheißenen Land südl. von der Stadt und dem Gebiet der Leviten zugewiesen (Hes 48,23), und unter den 144 000 Versiegelten aus den 12 Stämmen werden an letzter Stelle auch 12 000 Benjaminiter aufgeführt (Offb 7,8).
3) Zweiter Sohn des Benjaminiters Bilhan (1 Chron 7,10).
4) Israelit aus dem Geschlecht Harim, der eine heidnische Frau genommen hatte (Es 10,32). Er mag derselbe sein, der an der Ausbesserung und Einweihung der Mauer Jerusalems beteiligt war (Neh 3, 23; 12,34).

Ben-Oni »Mein unheimlicher Sohn« (Köhler) → Benjamin (1)

Ben-Soheth »Sohn des Soheth«.
Sohn Jeseis, Nachkomme Judas (1 Chron 4,20). Es ist auch möglich, daß er ein Enkel Jeseis und Sohn des Soheth war.

Beon → Baal-Meon

Beor.
1) Vater des Bela, des ersten Königs von Edom (1 Mo 36,32; 1 Chron 1,43).
2) Vater → Bileams (4 Mo 22,5).

Bera, König von Sodom z. Zt. des Einfalls Kedor-Laomors in Palästina (1 Mo 14,2.17).

Berechja »Der Herr hat gesegnet«.
1) Vater Asaphs des Sängers, ein Levit aus dem Geschlecht Gersons (1 Chron 6,24[39]; 15,17).
2) Einer der vier Torhüter der Bundeslade z. Zt. Davids (1 Chron 15,23.24).
3) Sohn Mesillemoths, einer der vornehmsten Ephraimiter, die das Heer Pekahs veranlaßten, die gefangenen Judäer freizugeben und in die Heimat zurückzusenden (2 Chron 28,12).
4) Sohn Serubabels (1 Chron 3,20).
5) Sohn Asas, ein Levit, der nach der babyl. Gefangenschaft in den Dörfern der Netophathiter wohnte (1 Chron 9,16).
6) Sohn Mesesabeels. Sein Sohn Mesullam half die Mauer Jerusalems ausbessern (Neh 3,4.30), und seine Enkelin heiratete Johanan, den Sohn des Ammoniters Tobia (6,18).
7) Vater des Propheten Sacharja (Sach 1,1.7).

Bered, viell. ist mit 4 Mo 26,35 u. der syr. Übersetzung Becher zu lesen
Sohn des Suthela und Enkel Ephraims (1 Chron 7, 20).

Berg. I) Zu den besonders hervorragenden Bergen gehören der B. → Zion, früher Morija genannt (2 Chron 3,1), wegen des Tempels auf seiner Höhe gern der »heilige B.« genannt (Ps 15,1; 48,2; 99,9; Jes 56,7; 65,11 u. ö.), der → Sinai, der → »B. der Verklärung« nördl. vom galiläischen Meer, der B. → Karmel, der B. der → Seligpreisungen und der B. → Thabor. Vgl. Taf. 64b/993; 83/1312.

II) B. sind von altersher Stätten der Offenbarungen Gottes, der Anbetung und des Opfers gewesen (vgl. 1 Mo 22,2; 31,54; 1 Kö 18,19; Mt 17; Hebr 8,5 u.ö.). Auf → Höhen und Bergaltären opferten auch die Israeliten nach heidnischem Vorbild ihren Götzen (Jer 3,6; Hes 18,6; Hos 4,13).
Solche Höhenheiligtümer sind wohl auch unter den »Bergen« in Ps 121,1 zu verstehen. Dann ist der Schluß des Verses als Frage aufzufassen: woher wird meine Hilfe kommen? Die Antwort gibt V 3: vom Herrn (vgl. Jer 3,23).
Das NT erwähnt häufig, daß Jesus auf einen B ging, sowohl um dort zu seinen Jüngern vom neuen

Gesetz des Himmelreichs (→ Seligpreisungen) zu reden (Mt 5,1ff par.), als auch um dort zu beten (Mt 14,23; vgl. dagegen Joh 4,21). In der Einsamkeit des Gebirges begegnet dem Herrn Jesus Christus aber auch der Satan (Mt 4,8; Lk 4,5), und im galaläischen Bergland heilt er viele Kranke und speist 5000 Menschen. Die B., bisweilen auch Ausdruck für ein Gebirge, waren beliebte Fluchtorte (Mt 24, 16; Joh 6,15), besonders die Höhlen, die sich in den Kalkgebirgen Palästinas bildeten.

III, 1) Wuchtige B. illustrieren Gottes Schöpfermacht (Ps 65,7; Ps 104,8) und tun seine Kraft und Herrlichkeit kund (Ps 18,8; 36,7). Beschreibungen feuriger rauchender Berge bezeugen die Allmacht und Herrschaft Gottes über die Natur (Ps 104,32).

2) Die B. sind Sinnbilder der Gerechtigkeit Gottes (Ps 36,7), sie sind aber auch Symbole schier unüberwindlicher Schwierigkeiten (Sach 4,7; 1 Kor 13,2). Jesaja fordert seine Landsleute auf, diese B. zu erniedrigen, da der Herr komme (Jes 40,4). In übertragener Bedeutung sind die B. auch Symbole der antigöttlichen Mächte (Jer 51,25; Dan 2,45 u. ö.). Der Glaube jedoch besiegt all diese Schwierigkeiten und versetzt B. (Mt 17,20; 21,21).

Berg Gottes → Horeb, → Sinai

Berg des Verderbens. Berg östl. von Jerusalem, auf dem König Salomo den heidnischen Göttern Altäre baute (2 Kö 23,13). Allgemein meint man, daß es sich dabei um den südl. Teil des Ölberges handle. Die Altäre wurden durch Josia abgebrochen. Häufig auch »Berg des Ärgernisses« genannt.

Berg der Verklärung. Berggipfel, dessen genaue Lage unbekannt ist (Mt 17,1; vgl. 2 Petr 1,18), der aber schwerlich, wie die Tradition will, der Thabor gewesen sein kann. Aus dem Zusammenhang der Evangelien (Mt 16,13; 17,22.24; Mk 8,27; 9,30.33) ist zu entnehmen, daß Jesus auf einen Berg zwischen Cäsarea Philippi und Kapernaum stieg, der vermutlich im Galiläischen Bergland, genauer im Gebirge Naphthali zu suchen ist.

Berg der Versammlung. Berg im äußersten Norden (Jes 14,14). Der Name bezieht sich auf die im Altertum weitverbreitete Meinung, die auch in der babyl. Mythologie begegnet, daß dort der Versammlungsort der Götter sei.

Bergbau. 5 Mo 8,9 wird Kanaan den Israeliten als ein Land mit reichen Bodenschätzen dargestellt, und Hi 28,1—11 beschreibt den Abbau von Gold, Silber, Kupfer, Eisen und Edelsteinen. Der Bau des Siloahtunnels beweist, daß sich die Juden auf die Anlage von Schächten verstanden. Bei den Ägyptern, die schon unter der 4. Dynastie (3. Jt. v. Chr.) auf der Sinaihalbinsel Kupfergruben ausbeuteten, hatten die Schächte eine beträchtliche Tiefe. Als Bergarbeiter dienten Sklaven, Kriegsgefangene und Verbrecher.

In Ezeon-Geber, das uns in der Bibel nur als Hafenstadt genannt wird (1 Kö 9,26), ist durch die Ausgrabungen von Nelson Glueck eine ausgedehnte Anlage zur Kupferverhüttung aus der Zeit Salomos entdeckt worden. Der König ließ hier die Erzförderung der Gruben in der Araba weiterverarbeiten und verschiffen. Vgl. Taf. 18a/257; Karte Sp. 1181; Abb. Sp. 369.

Berggötter. Im Vorderen Orient war die Vorstellung verbreitet, daß Gottheiten nur ein regional begrenztes Herrschaftsgebiet hätten, über das hinaus sie nicht herrschen könnten. Die Macht der B. beschränkte sich danach auf das Gebirge. Von daher ist 1 Kö 20,23ff zu verstehen. Die Syrer begründeten den Sieg der Israeliten im Gebirgsland damit, daß der Herr ein Berggott sei. Ihre Hoffnung auf einen Sieg beim Kampf in der Ebene wurde jedoch durch die unbegrenzte Macht des Gottes Israels ebenfalls zunichte gemacht.

Bergpredigt.

I) BEGRIFF.

Unter B. verstehen wir die große, vor den Jüngern und dem versammelten Volke gehaltene Rede Jesu (Mt 5—7; Lk 6,20—49). Es handelt sich um eine Reihe aneinandergefügter Sprüche und Spruchgruppen aus dem Munde Jesu, die wir im Rahmen seiner gesamten Verkündigung betrachten müssen. Die Aufzeichnung bei Lukas ist bedeutend kürzer, beginnt aber wie bei Matthäus mit den Seligpreisungen und schließt mit dem Gleichnis vom Hausbau. Wir finden weitere Stücke der B. verstreut in verschiedenen Kapiteln bei Lukas aufgezeichnet, während Markus keine Parallele zur B. bietet. Darüber hinaus hat Matthäus ein eigenes Sondergut, d. h. wichtige Abschnitte der B., die nur bei ihm enthalten sind. Hierher gehören besonders Mt 5,17—24 und 6,1—8.16—18. Nach Mt 5,1 ist es eine Berg-, nach Lk 6,17 eine Feldrede.

II) INHALT (nach Mt).

1) Im Blick auf die mit seinem Auftreten anhebende Königsherrschaft Gottes auf Erden preist Jesus die Schar seiner Jünger in mehreren Sätzen selig — nach Lk in direkter Anrede, nach Mt in indirekter Aussage —, obwohl oder gerade weil ihr derzeitiges Ergehen sie in vieler Hinsicht als die im Leben Geschlagenen und Entbehrenden erscheinen läßt. Die mit den Seligpreisungen verbundenen Verheißungen stellen den Lohn für ihr ganz auf die Hilfe Gottes gerichtetes Warten in Demut, Gehorsam und Liebe dar. Solche Jünger sind für die Erde Salz und Licht (Mt 5,13—16), also erhaltendes und sinngebendes Element. An diese grundlegenden Aussagen schließt sich in einem größeren Abschnitt (V 17—48) eine Vertiefung des atl. Gesetzes an, die in einem sechsmaligen »Ich aber sage euch« ihren Ausdruck findet und vor unseren Augen das Bild eines Lebens im ganzen, nicht bloß äußeren oder formalen Gehorsam gegenüber dem Vater entstehen läßt. Vollkommenheit ist das Ziel der Lebensordnung des neuen Gottesvolkes (V 48), aber eine Vollkommenheit nicht unter Umgehung der Gehorsamsforderung, sondern in deren Erfüllung durch Jesus selbst (V 17).

Die B. ist geradezu der Akt, die Botschaft, durch die der Herr seine Jünger in diese Vollkommenheit, in das Bild des wahren Menschen vor Gott, hineinzieht — Mahnung und Verheißung zugleich.

2) Was so entsteht, ist der Grundriß des Lebens unter der Gottesherrschaft: nicht eine das Alte beseitigende Neuordnung, sondern ein Erblühen des Samens, der in Ordnungen und Verheißungen des Alten Bundes schon vorbereitet war, jetzt aber durch das Wirken des Sohnes und die Kraft des Geistes sich erfüllt. So handelt der nächste Abschnitt (Mt 6, 1—18) von der atl. Dreiheit »Almosen, Beten, Fasten«. Nichts wird aufgehoben, sondern alles nur in das rechte Licht gerückt nach dem Leitwort: »sein« und nicht »scheinen«! Wenn Jesus die Seinen beten lehrt (V 9—13), so nimmt er sie mit den Worten dieses Gebetes zugleich in eine Anbetungs- und Erziehungsschule. Menschen aber, die so lernen, sich zu Gott hin auszurichten, werden von sich selbst frei, sind nicht mehr bestimmt durch die Selbsterhaltung, weil sie Vertrauen zu ihrem Vater haben. Ihr Sinnen und Trachten gilt zu allererst der

Gottesherrschaft und der Gottesgerechtigkeit. So muß es unter dem Eigentumsvolke Christi sein (V 33). Nahrung und Kleidung, sowie alle nötigen Güter des Lebens sollen ihnen dann nach Jesu Verheißung hinzugelegt werden. Das enthebt jeglicher Sorge (im Sinne von Zersorgen) für den morgigen Tag.

3) Aber nicht nur das Verhältnis des Jüngers zu den Lebensumständen wird anders, sondern auch die Beziehung zu den Menschen seiner Umgebung. Er erkennt, daß seine eigene Schuld größer ist als die seines Bruders (Mt 7,1–5) und so soll er alles, was er für sich erwartet, dem anderen tun (V 12). Er kann es umsomehr, als er ständig unter der Verheißung steht, daß sein Vater im Himmel seine Bitten erhört und mit guten Gaben beantwortet (V 7–11). Die Einladung zum Eingang durch die enge Pforte läßt jedoch zugleich keinen Zweifel darüber, daß nur wenige diesen Weg finden und schlägt damit das Thema der kleinen Herde an (V 13–14). Dies Finden kann aber nur in der Einheit von Wort und Tat, Bekenntnis und Handeln geschehen, die nach dem Willen des Vaters ausgerichtet sind, nicht mit dem bloßen Lippenbekenntnis oder unter Berufung auf selbstgewählte Taten (V 15–23). Glaube, oder wie der Herr sagt, Klugheit, ist vollzogener Vertrauensgehorsam, der es wagt, sich ganz auf des Herrn Wort zu stellen; so unterstreicht es das Schlußbild vom klugen und törichten Mann beim Hausbau (V 24–27). Im vertrauenden Gehorsam hat das Leben Felsengrund und wird vor Gott bestehen, in der Nichtachtung des Herrenwortes steht es auf Sand und vermag in der Bewährungsprobe des Gerichtes nicht standzuhalten. Was die Hörer bewegte, ja außer Fassung brachte, war offenbar weniger der Inhalt der Rede, sondern die Vollmacht, in der hier in letzter Konsequenz die Frage nach dem Leben aus Glauben gestellt wurde: »Denn er predigte mit Vollmacht und nicht wie die Schriftgelehrten« (V 28.29 RÜ).

III) DEUTUNG.
Es gibt eine Fülle von Deutungsversuchen der Bergpredigt, angefangen von dem schwärmerischen Versuch, die B. als verpflichtend im öffentlichen Leben hinzustellen, bis hin zu der katholischen Unterscheidung zwischen Geboten, die für alle gelten *(praecepta)* und »evangelischen Ratschlägen« *(consilia evangelica)*, durch deren Beachtung man eine höhere Stufe der Gerechtigkeit vor Gott erreiche. Im letzten Falle würde also die B. so etwas wie eine Tugendlehre für solche sein, die höhere Vollkommenheitsgrade anstreben. Die B. ist aber weder ein Freibrief für alle möglichen Versuche einer Weltverbesserung, durch Abschaffung des Eigentums u. dgl., noch ist sie gedacht als Angriff auf die bestehende kritikbedürftige Gesellschaftsordnung. Man wird ihr nicht gerecht, wenn man sie mit Luther und Melanchthon nur für die private Umwelt des Christen verbindlich macht und sie ausdrücklich für die Öffentlichkeit als unzuständig erklärt (Unterscheidung zwischen Amts- und Personenmoral). Die B. gibt kein Recht zur Weltflucht, um in kleinen abgeschlossenen Gemeinschaften Ideale zu verwirklichen, sie will aber auch ganz sicher mehr als nur der Erweckung der Sündenerkenntnis dienen und dem Verlangen nach Vergebung Vorschub leisten. Sie ist nichts anderes als das Grundgesetz der Königsherrschaft Christi, die schon heute in den Kindern des Lichtes angebrochen ist und einst weltweit vollendet werden wird.
2) Versteht man die B. so, dann leuchtet die Art zu reden umso heller auf, die hier gebraucht ist, nämlich ein Ineinandergreifen von Aufforderung und Zusage, von gegenwärtiger Ordnung und künftiger Verheißung. Was hier ausgesprochen wird, gilt dem Kreis der hinzutretenden Jünger (Mt 5,1), allerdings ist es zugleich auch vernehmbar für das Volk, das sich in der Umgebung befindet, und in der Entscheidung des Hörens und Annehmens fällt zugleich die Entscheidung darüber, wer nun zu den Jüngern gehört. Das wird bes. an dem Schlußgleichnis (Mt 7,23–27) deutlich: Es geht darum, das Wort Jesu zu hören und zu tun, das macht zum Jünger. Es macht dann also auch der Verheißungen teilhaftig, mit denen die B. beginnt (Mt 5,3ff) und von denen sie immer wieder durchsetzt ist.
Nicht verschiedene Personenkreise sind in den Seligpreisungen gemeint, sondern es wird vielmehr in den Zustandsätzen vom Ergehen, Erleiden und der Haltung der Jünger in dieser Zeit gesprochen, während die Verheißung den Blick in die Zukunft öffnet, die der Jünger im Glauben bereits erfährt, die aber vor aller Welt erst mit der Wiederkunft Jesu offenkundig sein wird.
Zugleich macht die B. deutlich, daß es in der Gottesherrschaft, die Jesus mit seinem Kommen aufzurichten begonnen hat, deren Anfang die Jünger erfahren und deren Zeugen sie werden, nicht um ein gänzlich Neues gegenüber dem AT geht, sondern um die Erfüllung und Vollendung der Verheißungen des Alten Bundes. Die Kraft dieser Erfüllung aber liegt allein in Christus, und so kann kein Wort der B. betrachtet werden, ohne den Zushg. mit dem Sohn Gottes, in dem alle Verheißungen Ja und Amen sind (2 Kor 1,20). Wer durch den Glauben mit ihm verbunden ist, wird aus dem neuen Gesetz des Glaubens leben, und Gottes in ihm wirkender Geist wird ihn der Vollkommenheit entgegenführen. Wo die Verkündigung der B. Wirklichkeit wird, spricht die Schrift dementsprechend auch nicht von den Werken des Menschen, sondern von den Früchten des Geistes (Gal 5,22). So ist die B. der Ruf zu einem ganz an Gottes Willen orientierten Leben mit Christus, ausgesprochen zunächst in Israel, weitergreifend aber überall dahin, wo das Evangelium laut wird. Es ist die Botschaft getroster Geborgenheit, dienenden Gehorsams und festen Vertrauens zum Vater im Himmel.

Beri. Sohn des Asseriten Zopha (1 Chron 7,36).

Berill → Edelsteine (3)

Beria »Hervorragend«.
1) Sohn Assers und Vater von Heber und Malchiel (1 Mo 46,17). Seine Nachkommen heißen Beriiter (4 Mo 26,44.45).
2) Sohn Ephraims (1 Chron 7,23). Die Anspielung bezieht sich auf das ähnlich klingende hebr. Wort für »unglücklich« *(beraa)*.
3) Benjaminit; von ihm und seinem Bruder Sema stammen die Bewohner von Ajalon ab (1 Chron 8,13). Er hatte 9 Söhne (V 14–16).
4) Sohn des Leviten Simei aus dem Geschlecht Gersons. Seine Kinder und die seines Bruders Jeus galten nur als eine Familie (1 Chron 23,10.11).

Berith → Baal-Berith

Bernice »Die Siegreiche«.
Älteste Tochter des Königs Herodes Agrippa I. (37–44 n. Chr.) und Schwester der Drusilla, berühmt wegen ihrer Schönheit. Sie heiratete in zweiter Ehe ihren Onkel Herodes von Chalkis, der im Jahre 48

starb. Mit 20 Jahren Witwe geworden, lebte B. nun bei ihrem Bruder Herodes Agrippa II., der die Herrschaft ihres Mannes übernommen hatte. Das Verhältnis der Geschwister gab Anlaß zu schweren Verdächtigungen. B. willigte darauf in die Heirat mit König Polemo von Zilizien, kehrte aber schon nach kurzer Ehe wieder zu ihrem Bruder zurück. Sie begleitete ihn, der unverheiratet war, auch bei öffentlichen Anlässen. So begrüßten beide den röm. Prokurator Festus bei seinem Amtsantritt und hörten die Verteidigungsrede des Paulus an (Apg 25,13.23; 26,30). Später wußte B. Titus, als dieser während des jüd. Krieges in Palästina weilte, zu gewinnen; ihre Hoffnung, durch eine Ehe mit ihm Kaiserin zu werden, erfüllte sich aber nicht.

Beröa. Stadt Mazedoniens, an den Ausläufern des Olymps, die Paulus auf seiner dritten Missionsreise besuchte (Apg 17,10ff). Die Einwohner, im Gegensatz zu den unruhigen Handelsleuten Thessalonichs meist einfache Handwerker, Bauern und Steinhauer, forschten täglich in den Heiligen Schriften, ob sich das Zeugnis des Paulus über Jesus damit deckte. Einer der Begleiter des Apostels Paulus war Sopater von B. (Apg 20,4). B., das heutige Verria, liegt etwa 75 km westl. von Thessalonich und ca. 41 km von der See entfernt. Vgl. Karte Sp. 1045/6.

Berodach-Baladan → Merodach-Baladan

Berotha → Berothai

Berothai. Stadt des Königs Hadadeser, aus der David als Kriegsbeute viel Kupfer mitnahm (2 Sam 8,8). B. lag etwa 75 km nördl. von Damaskus und ist identisch mit dem Orte Bereitan am Westfuß des Antilibanon (8 km südwestl. von Baalbek), sicher nicht mit Beirut. Hes. 47,16 heißt der Ort Berotha. Vgl. Karte Sp. 282.

Berothiter → Beerothiter

Berufen, Berufung, Beruf. Die LXX übersetzt das hebr. *khara* mit *kalein* oder noch schärfer mit *ekkalein* (5 Mo 20,10). Es bedeutet zunächst im Profanen rufen, nennen (z. B. Mt 10,25). Im NT wird es oft im Sinn von herbeirufen, einladen gebraucht. Wenn *kalein* von Gott ausgesagt wird, so bekommt das Wort »rufen« im Dt. den gefüllteren Klang von »berufen«, wodurch das Ziel, die Absicht und die Verbindlichkeit des Rufes hervorgehoben werden.

I) WER beruft? Gott selbst ist es, dessen Ruf die Menschen trifft und damit in eine Entscheidung stellt, der niemand ausweichen kann. Gott, der redend und rufend das Schweigen, das seit dem Sündenfall feindlich zwischen ihm und den Menschen stand, gebrochen hat, tritt im AT den Menschen gegenüber: 1 Mo 12,1ff (Abraham); 2 Mo 3,1ff (Mose); Hos 11,1 (ganz Israel). Im NT vereinigt sich der Ruf Gottes des Vaters mit dem seines Sohnes. Werbend wie der gute Hirte (Joh 1,43; 10,27) und drohend (Mt 23,37) beruft Jesus Menschen.

II) WOZU beruft Gott? Zum Glauben an ihn, zur Gemeinschaft mit ihm, zum Dienst für ihn. Glaube ist die Antwort auf das Heilswerk Gottes in Jesus, das auch – als Ganzes – oft mit dem Terminus »berufen« umschrieben wird. Das Reden Gottes wartet auf die Antwort des Menschen. Voraussetzung dieser Antwort ist das Hören, Inhalt der Antwort ist Gehorchen (im Griech. wird das sehr deutlich an dem Verbum *akouein* = hören und dem Kompositum *hypakouein* = gehorchen). Glaube an Gott und an seinen Sohn ist des himmlischen Vaters Wille (Joh 14,1) und Geschenk (Mt 16,17), oft unter dem Eindruck seines vollmächtigen Wortes gewirkt (Lk 5,5c). Glaube ist Vertrauen dem gegenüber, der allein vollstes Vertrauen verdient. Aus solchem Vertrauen wird Nachfolge in den Fußtapfen des Meisters. Solcher Glaube ist zugleich Gemeinschaft mit dem Meister (Joh 15,1ff), hochzeitliche Tischgemeinschaft (Lk 14,15ff) und wird zur Dienstgemeinschaft »aus Dank und aus Liebe« (Löhe).

Mit dem Ruf zum Glauben, zur Gemeinschaft und zum Dienst will Gott den Menschen retten. Er ruft ihn damit heraus aus einer verkehrten Welt in die rechte Ordnung, aus der Fremde der Gottesferne in die Heimat, ins Vaterhaus (Lk 15,11–32), aus der Traurigkeit und der falschen Freude in die echte Freude (Lk 15,24; Bild der Hochzeit Mt 22,1ff), aus dem Krieg mit Gott und den Menschen in den wahren Frieden (Kol 3,15), aus diesem vergänglichen Leben in das ewige, aus der Armut in den Reichtum (Eph 3,16 u. a.), aus der Gesellschaft in seine Gemeinde, in sein Reich.

III) WEN beruft Gott? Gott beruft alle Menschen (*ekklaesia* »Gemeinde« kommt von *kalein*, wörtl. »die Herausgerufene«), weil er das Heil aller will (1 Tim 2,4). Seine Gnade ist universal. Auch wenn nicht alle hören – er zwingt ja niemand (Mk 10,22) –, so ist es ihm doch mit dem Heil aller ernst. Wir halten uns an die Stellen der HS, die vom offenbaren Heilswillen Gottes (→ Erwählung) für alle Menschen, für die ganze Welt (Joh 3,16) reden, und wollen diesen Heilswillen nicht auf einen bestimmten Kreis eines auserwählten Volkes (Israel) oder besonders Auserwählter beschränken. Daß dann tatsächlich Menschen verlorengehen, weil sie den Ruf ablehnen (Lk 14,18.24) oder gar nach vorübergehender Annahme wieder abfallen (vgl. Hebr 6,4–6), ist und bleibt ein Rätsel, das erst in der Ewigkeit gelöst wird.

IV) WODURCH beruft Gott? Gott kann Menschen auf viele Arten und Weisen ansprechen: direkt (2 Mo 3, 1ff), durch Traum (Mt 1,20), in einer Vision (Jes 6,1ff). Meistens aber bedient er sich menschlicher Werkzeuge (Lk 14,17). Gottes Ruf weiterzugeben ist eines jeden Christen, eines jeden Angehörigen des Gottesvolkes hoher Beruf: »daß ihr verkündigen sollt . . .« (1 Petr 2,9). Gott kann auch durch Lebensführungen rufen, wie der Vater den verlorenen Sohn ruft mit einer Teuerung (Lk 15,14). Die ganze Geschichte Gottes mit der Menschheit ist ein einziger Ruf zur Buße zum Heil.

V) WIE OFT beruft Gott? Gottes Barmherzigkeit ist groß, ja unendlich groß (Ps 103,8). Immer wieder versucht er es mit dem Menschen (Röm 2,4). Immer wieder redet er (Hebr 1,1f). Wer sein Wort hört und wem es zu Herzen geht (Apg 2,37), hat noch Raum zur Buße, zur Umkehr, zur Gnade (Hebr 12, 17). Aber wir wissen nie, wann Gottes Stunde für uns zum letzten Mal geschlagen hat. Einmal kann es – wie bei Pharao (2 Mo 6–12) – zu spät sein! Das ist der letzte Ernst des Rufes Gottes.

VI) Jeden beruft Jesus zu seinem Jünger, aber nicht jeden zum HAUPTAMTLICHEN Dienst. Wo das jedoch der Fall ist, macht es der Herr normalerweise innerhalb der Gemeinde deutlich (Apg 6,3–6; 14,23 und 20,28; Tit 1,5; vgl. → Amt), das erstreckt sich auch auf den praktischen Einsatz des bereits Berufenen (Apg 13,2). Weder eine erkennbare Not noch Begabung, menschliche Begeisterung oder Neigung allein sind schon Berufung. Die Berufung kann Begabung und Ausbildung voraussetzen (Apg 7,22), ist aber nicht daran gebunden (Jer 1,7–10). Die Berufung, zumal wenn sie unmittelbar durch den Herrn erfolgt (Jes 6,1ff; Hes 1,3–3,15; Lk 5,10; Joh 21,15–17; Apg 9,3–6; 26,12–18), löst vielfach zunächst die Abwehr des Berufenen aus (Jer 1,6; Jon 1,1–3; Mose hatte 5 Ausreden: 2 Mo 3,11.13; 4,1.10.13). Schließlich setzt sich aber der Wille des Herrn gegen alle Bedenken und auch gegen offenbaren Ungehorsam durch (Jon 3,2.3).

VII) BERUF. Wenn ein Mensch die Herrschaft Jesu anerkennt, so darf er diesem Herrn nichts vorenthalten: Mit seinem ganzen Sein, Denken und Tun gehört er dem, in dessen Nachfolge er getreten ist. Jesus heiligt alle Bereiche des Lebens, auch die »profanen« der Arbeit und des Berufes. Gott hat den Menschen in sein Dasein gerufen (Röm 4,17), hat ihm Gaben und Fähigkeiten gegeben (1 Kor 4,7), die er ausnützen, ja mit denen er wuchern soll (Lk 19,11–27). Gott will den Menschen nicht müßig sehen, sondern tätig (1 Mo 1,28; 2,15).
Als Jünger Jesu und als Geschöpf Gottes dient der Christ somit seinem Herrn. Dieser Dienst kann in jedem Beruf, der ohne Sünde ausgeübt werden kann, geschehen. Es gibt keine Berufe, die »an sich« Gott wohlgefälliger wären als andere. Das hat Luther gegenüber der röm. Bevorzugung des Kleriker- und Mönchberufes mit Recht betont (1 Kor 7,20). So kann der Christ in seinem Beruf Gott dienen und darin Gottes Gebote halten und Liebe üben.

VIII) BERUFSNOT. In der Struktur der modernen Gesellschaft ist für viele der Beruf seines eigentlichen Sinnes, als Selbstzweck dem Menschen Freude und Glück zu geben und ihn ganz zu erfüllen, beraubt. Er wird Mittel zum Zweck, Möglichkeit zum Geldverdienen. Das eigentliche Leben beginnt dann nach Feierabend. Hier werden Arbeit und Beruf ihrer Würde entkleidet, die Freude und der Stolz am eigen vollbrachten Werk gehen verloren.
Eine besondere Not ist durch die gedankenlose Arbeit (z. B. im Akkord) gegeben. Man sollte danach streben, die jungen Leute einem Beruf zuzuführen, der ihren Anlagen, Neigungen und Fähigkeiten am meisten entspricht, z. B. sollten Mädchen Berufe ergreifen, die dem mütterlichen und helfenden Charakter (1 Mo 2,18) ihres Wesens mehr entgegenkommen als Berufe an totem Material: Beruf an Menschen!

Besai, Kurzform von Besodja?
Einer der Tempelknechte, dessen Nachkommen unter Serubabel aus der Gefangenschaft heimkehrten (Esr 2,49; Neh 7,52).

Beschneidung. I) DER BRAUCH der B. war im alten Orient stark verbreitet (bes. bei den Ägyptern, Ammonitern, Edomitern und Moabitern, vgl. Jer 9,24f; in Israel; nicht nachgewiesen für die Babylonier und Assyrer; nicht geübt bei den alten Phöniziern und bei den Philistern) und wird heute noch bei primitiven Stämmen in Afrika, Australien und Amerika geübt. Die Bedeutung des B.brauches ist sehr umstritten. Jedenfalls scheinen religiöse Momente im Vordergrund gestanden zu haben, medizinische oder sanitäre Rücksichten spielten sicher keine Rolle dabei. Technisch gesehen handelte es sich um einen operativen Eingriff, nämlich um die Entfernung des Präputiums (Vorhaut) am männlichen Glied. Das hohe Alter dieses Brauches ist in der Bibel noch erkennbar an dem Gebrauch von Steinmessern (2 Mo 4,25; Jos 5,2–10).

Beschneidung in Ägypten. Sie wurde im Gegensatz zu Israel hier nicht gleich nach der Geburt vorgenommen.

II) DIE EINSETZUNG der B. für Israel wird im Zusammenhang mit Abraham bezeugt (1 Mo 17,9–14). Während der Wüstenwanderung kam man davon ab, bis Josua den Brauch wieder neu aufnahm (Jos 5,2ff). Man vollzog sie an allen männlichen Gliedern des Volkes jeden Alters (vgl. 1 Mo 17,10.23; 21,4; Jos 5,2ff), vornehmlich aber an Knaben im Alter von 8 Tagen (1 Mo 17,12; 3 Mo 12,3; Phil 3,5), und zwar später wohl am Sabbat (Lk 2,21; Joh 7,22). Auch die männlichen Leibeigenen wurden als Mitglieder der Hausgemeinde beschnitten, sowie Fremde, die an der Passahfeier teilnehmen wollten (1 Mo 34,14–17; 2 Mo 12,48), und später die Proselyten. In der Regel vollzog der Hausvater den Akt (1 Mo 17), zuweilen aber auch die Mutter (2 Mo 4,25), später ein Arzt und dann der Mohel (d. i. derjenige, der beschneidet). Z. Zt. Jesu ist die Namensgebung damit verbunden (Lk 1,59). Die urchristliche Gemeinde zu Jerusalem und die ersten Christengemeinden übten sie zunächst allgemein, bis Paulus es durchsetzte, daß die Heidenchristen davon ausgenommen wurden (Röm 4,12; Gal 2,2.3; Apg 15,1–20; vgl. auch 1 Kor 7, 18.19).

III) DIE BEDEUTUNG der B. für Israel liegt darin, daß sie Bundeszeichen ist (1 Mo 17,9–14; vgl. 2 Mo 4,25; Jos 5,2ff; Apg 7,8; 2 Mo 12,48; 4 Mo 9,14; Röm 4,11.12); sie unterschied es rein äußerlich von den Unbeschnittenen, nämlich von den Heiden, deren Typus in diesem Zusammenhang die Philister waren (Ri 14,3; 15,18; 1 Sam 14,6; 17,26; 2 Sam 1,20). Der Ausdruck »Unbeschnittener« hatte bei den Israeliten einen verächtlichen Unterton. Umgekehrt schämten sich in hellenistischer Zeit bestimmte jüdische Kreise ihrer B. und unterzogen sich einer Operation, um beim Sport, der nach griech. Weise unbekleidet getrieben wurde, nicht als Juden erkennbar zu sein. Warum gerade die B. zum Bundeszeichen für Israel wurde, wissen wir nicht. Jedenfalls erinnerte sie den Israeliten an seine im Bund mit Gott übernommenen Verpflichtungen (5 Mo 10,16; 30,6; Jer 4,4; Hes 44,7; Röm 4,11; Gal 5,3). Im NT bezeichnete der Ausdruck »B.« gelegentlich die jüdische Religionsgemeinde im Unterschied zur Christengemeinde (Gal 2,8 u. Kol 4,11 im Grundtext).

IV) IM ÜBERTRAGENEN SINNE.

1) Unbeschnittene Bäume sind Fruchtbäume, die man für vier Jahre nicht abernten durfte. Die Früchte, die sie in den ersten drei Jahren hervorbrachten, bezeichnete man als »Vorhaut« (3 Mo 19,23–25).
2) Unbeschnittene Lippen, Ohren, Herzen usw. sind ein Bild für die Untauglichkeit oder Sündhaftigkeit der so bezeichneten Glieder, bzw. des Menschen überhaupt (2 Mo 6,12.30; Jer 6,10; 3 Mo 26,41; Hes 44,9; Jer 9,25; Apg 7,51; 11,3ff; Kol 2,13). Entsprechend wird auch von der Vorhaut dieser Organe geredet, die entfernt werden muß: ein Bild für den Menschen, der Gottes Bund mißachtete und der Vergebung Gottes bedarf (5 Mo 10,16; 30,6; Jer 4,4; 9,25[26]).

3) Paulus verwendet den Begriff der B. als ein Bild für die Erneuerung des Menschen durch Christus, welche er die B. des Christus nennt (Kol 2,11). Sie besteht in der »Ablegung des sündlichen Leibes im Fleisch« und wird im Unterschied zur jüdischen Beschneidung nicht mit der Hand und nach dem Buchstaben, sondern am Herzen und durch den Geist vollzogen (Kol 2,11; Röm 2,29). Er wendet sich gegen den Schluß, daß die äußerlich vollzogene B. bereits den Juden ausmache (Röm 2,28.29), d. h. den Menschen in den Gnadenbund mit Gott stelle. Zugehörigkeit zu Gott gründet sich auf die innere Erneuerung des Menschen durch den Geist. Damit ist die B. der Juden überboten und überholt (Gal 5,6; 6,15; Kol 2,11; Röm 4,12; Gal 2,3ff). Daß die innere B. tatsächlich vollzogen ist, wird an der Taufe sichtbar (Kol 2,12). Weil Paulus sich in Kol 2,12 durch einen spontanen Vergleich leiten läßt, wird man sich hüten müssen, Taufe und B. mit allen sich daraus ergebenden Konsequenzen einfach gleichzusetzen. Von der Taufe soll nämlich gelten, was von der B. z. Zt. des Paulus nicht galt, daß nicht das äußerlich vollzogene Zeichen den Bund mit Gott in-Kraft setzt, sondern der Geist, der die Erneuerung des Menschen im Glauben wirkt (Röm 2,29; Kol 2,12).

Beschwörer. Zauberei und Beschwörung waren in Israel verboten und wurden durch das Gesetz schwer geahndet (5 Mo 18,11.12), kamen aber häufig vor und blühten vor allem in Ägypten und Babylon (2 Mo 7,11; Jes 47,9.12). Apg 19,13 erwähnt eine Art von Beschwörern, die durch Zauberformeln Krankheiten zu heilen und Außerordentliches zustande zu bringen vermochten. Sowohl diese Art als auch die andere des Schlangenbeschwörens (Ps 58,6; vgl. Jer 8,17; Pred 10,11) fielen unter das mosaische Verbot.
→ Zauberer, Zauberei, → Totenbeschwörung.

Besek »Bruch, Blitz, Riß«.
1) Stadt im Gebirge Mittelpalästinas (1 Sam 11,8), das heutige Chirbet Ibzik, 5 km nordnordöstl. von Thebez. Es lag der Mündung des Wadi el-Jabis in den Jordan gegenüber, günstig für Sauls Aufmarsch gegen Jabes in Gilead.
2) Ort (Ri 1,4), der später im Stammesgebiet von Juda lag. Vielleicht Chirbet Bezqa 5,5 km nordöstl. von Geser.

Besessenheit, besessen. I) Nach der HS verstehen wir unter B. das Innewohnen eines Dämonen in einem Menschen, dessen ganzes Denken, Fühlen und Wollen unter dämonischen Einfluß gebracht wird (Lk 22,3–6). Die Dämonen sind frühere Engel, die mitsamt ihrem Herrn, dem Satan, von Gott abgefallen sind und auf die Erde geworfen wurden (Lk 10,18; Offb 12,8.9) bzw. im Abgrund gefesselt auf den Tag des Gerichtes warten (Jud 6). Soweit sie noch das Recht haben, auf der Erde zu sein, ist es ihr Bestreben, eine Menschenwohnung zu bekommen, die ihnen Ruhe verschafft und in der sie bleiben können (Mt 12,43.44), um nicht vor der Zeit in die Hölle fahren zu müssen (Mt 8,29; Lk 8,28–31). Die Dämonen nehmen vom Menschen Besitz meist in der Einzahl, aber auch in der Mehrzahl (Mt 12,43; Lk 8,2) oder in der Vielzahl (Lk 8,30). Der Zweck der Besitzergreifung des Menschen durch einen Dämon ist es, die Gemeinschaft des Besessenen mit Gott zu verhindern und ihn zum Bösen zu veranlassen (daher werden die Dämonen oft »böse« Geister genannt) oder ihn zum Unglauben zu verführen (daher »verführerische« Geister genannt 1 Tim 4,1) oder ihn zu unwahren Reden zu verleiten (daher »falsche« Geister genannt 1 Kö 22,22) oder sein Seelenleben zu verunreinigen (daher »unsaubere« Geister genannt Mt 10,1; 12,43; Mk 1,23; Apg 8,7 u. a.). Sie suchen den Menschen stets zu quälen, indem sie ihm eine Krankheit beibringen können (Geisteskrankheit Mk 5,1ff, Anfallskrankheit Mk 9,18ff, Rückgratverkrümmung Lk 13,11) oder indem sie durch Stummheit (Mt 9,32; Mk 9, 17), Taubstummheit (Mk 9,25), Blindheit und Stummheit (Mt 12,22) es verhindern, daß der Besessene sein Verlangen nach Christus kundtun kann und für Gottes Wirken aufnahmefähig wird. Bei all diesen Quälereien sind die einen Dämonen bösartiger als die andern (Mt 12,45). Das Endziel der Dämonen ist es in jedem Fall, den Menschen umzubringen, um ihn ihrem Herrn auszuliefern (Mk 9, 22).

II) KENNZEICHEN für das Vorliegen einer B. ist: das Sprechen eines anderen aus dem Besessenen (Mt 8, 29; Mk 1,24; Lk 4,34; Apg 19,15 u. a.); Hellsichtigkeit, wobei die Dämonen Jesus als den Sohn Gottes erkennen, der gekommen ist, sie zu verderben (Mk 1,24.34 u. a.), und in bestimmten Menschen Knechte Jesu erblicken (Apg 16,17); Wahrsagen (Apg 16, 16); ein zeitweiliges unruhiges Verhalten des Menschen (Schreien, Zähneknirschen, Toben nach Mk 5, 5; 9,18); eine auffallend starke Körperkraft (Mk 5, 4; Apg 19,16); heftiges Widerstreben gegen alle göttlichen Einflüsse (Mk 1,24; 5,7; Lk 4,34 u. a.); das mit Schreien, Zu-Boden-fallen, Auftreten von Krämpfen verbundene Ausfahren des Dämons (Mk 1,26; 9,26; Lk 4,35.41; Apg 8,7); die völlige Genesung des Besessenen nach erfolgter Austreibung (Mk 5,15; 9,27). Die aus ihrer menschlichen Behausung ausgetriebenen Dämonen suchen, wenn irgend möglich, von dem gleichen Menschen wieder Besitz zu ergreifen (Mt 12,44.45; Mk 9,25).

III) Die URSACHEN der B. sind vielfältig. Das bewußte Verharren in schweren Sünden, das gewohnheitsmäßige Fluchen und Lästern, der Meineid u. a. können dem Teufel ein Anrecht an den Menschen geben. Besonders die Beschäftigung mit dem Okkultismus (Zaubereisünden, der Besuch von Wahrsagerinnen oder von spiritistischen Versammlungen, das Tragen von Amuletten und andere abergläubische Gebräuche) bringt den Menschen unter die Gewalt Satans. Auch die ausdrückliche Hingabe an den Teufel, wie direktes Anrufen um seine Hilfe, das feierliche Versprechen, ihm zu dienen, der Abschluß eines Bündnisses mit ihm (Jes 28,15) bindet den Menschen so sehr an den Teufel, daß dieser Besitz von ihm ergreifen kann.

IV) Die BEFREIUNG von der B. kann nur durch echte Buße des Besessenen und eine klare Absage an Satan erfolgen auf Grund des Glaubens an den Sieg, den Christus auf Golgatha über den Teufel errungen hat. Jesus ist gekommen, um die Werke des Teufels zu zerstören (1 Joh 3,8). Er machte die Besessenen gesund, indem er die Dämonen austrieb (Mt 4,24; 8,16; Apg 10,38 u. a.). Auch seinen Aposteln gab Jesus Vollmacht über die bösen Geister (Mt 10,1; Apg 5,16; 8,7; 16,18; 19,12). Die Verheißung solcher Vollmacht ist auch all denen gegeben, die an Jesu Macht glauben (Mk 16,17). Je mehr der Geist Gottes den Besessenen erfüllt, umsomehr schwindet die Macht des Feindes über ihn, so daß der Teufel, oft erst nach schweren Kämpfen, seine Behausung im Menschen aufgeben muß (Jak 4,7).
B. kommt auch heutzutage vor. Sie weist großenteils dieselben Merkmale auf wie die biblische B.

Besitz vgl. → Eigentum

Besodja, viell. »In vertraulicher Besprechung mit dem Herrn«.
Vater des Mesullam, der unter Nehemia beim Mauerbau mithalf (Neh 3,6).

Besor.
Bach, der wahrscheinlich südl. von Ziklag floß (1 Sam 30,9.10.21). Seine genaue geographische Lage ist unbekannt. Manche identifizieren ihn mit dem Wadi es-Scheriah, der sich im Wadi Ghazze fortsetzt und südl. von Gaza ins Mittelmeer mündet, oder auch mit dem Oberlauf des Wadi Ghazze (neuhebr. Habesor).

Besprengen. Man kann drei Arten des B. – je nach dem Mittel des B. – unterscheiden:
1) mit Öl (→ Salbe, salben): 3 Mo 14,16.
2) mit Wasser: 3 Mo 14,51; 4 Mo 8,7; Hes 36,25 u. a.
3) mit Blut: 2 Mo 29,16.20.21; 3 Mo 1,5.11; 16,14; 4 Mo 19,4; 2 Kö 16,13.
Diese drei Arten des B. haben kultische Bedeutung. Das B. mit Öl steht in enger Verbindung mit dem Sündopfer (→ Opfer): 3 Mo 14,16ff.
Das B. mit Wasser geschieht zunächst zur Reinigung (z. B. bei einem Aussätzigen: 3 Mo 14,1ff (V 7), nach der Berührung mit einem Toten: 4 Mo 19, 11–13). Das B. mit Wasser versinnbildlicht auch die Reinigung von Sünde. Menschen und Sachen können so gereinigt werden (3 Mo 14,52: ein Haus wird durch das Wasser »entsündigt«). Man wußte in Israel, daß Wasser allein nicht von Sünden reinwaschen kann – wie z. B. die Inder glauben –, sondern nur → Blut. Darum ist das B. mit Opferblut eine wichtige kultische Handlung. Am großen Versöhnungstag mußte der Hohepriester beim 2. Gang ins Allerheiligste siebenmal mit seinem Finger das Blut eines geopferten Farren an den Gnadenstuhl, den goldenen Deckel der → Bundeslade sprengen, damit er selbst von Sünden frei und zugleich fähig würde, die Sünde der andern priesterlich vor Gott zu bringen (3 Mo 16,11ff).
In Jes 52,15 ist die Übersetzung »b.« nicht sicher, EÜ, ZÜ, MÜ haben »in Staunen setzen«.
Der Hebräerbrief zieht die Linie vom atl. B. des Opferblutes in das NT am deutlichsten und ausführlichsten: Der große Hohepriester Jesus hat sein Sühnopfer Gott dargebracht, das ein für allemal gilt und das B. mit dem Blut von Opfertieren hinfort überflüssig gemacht hat. Damit ist den Gläubigen (nicht nur dem Hohenpriester wie im AT) der Weg ins Allerheiligste zu jeder Stunde (nicht nur einmal im Jahr wie 3 Mo 16,1ff; Hebr 10,20) freigemacht. Wer sich bußfertig und im Glauben dem Kreuz Jesu naht, wird in seinem Herzen »besprengt«, d. h. durch das Blut Jesu von Sünde reingewaschen (Hebr 10,22; 1 Joh 1,7).

Betah »Sicherheit, Vertrauen«,
Stadt, aus der König David sehr viel Erz wegführte (2 Sam 8,8). Ein Ort dieses Namens ist unbekannt. Deswegen meint man, B. sei eine Verschreibung von Tebah, das dann identisch wäre mit dem *dbh* Thutmoses III. und dem Tubichi der Amarnabriefe, möglicherweise dem heutigen Et-Taijibe, 5 km südsüdwestl. von Baalbek im Antilibanon. Vgl. → Tibehath.

Beten »Bauch, Leib«,
Stadt in Asser (Jos 19,25). Das Onomastikon sagt zu dieser Stelle: Batnai im Stammgebiet Assers ist jetzt ein Dorf namens Bethbeter, 8 Meilen östl. von Ptolemais. Ptolemais ist das alte Akko, und östl. davon kommt heute noch der Name Abtun (in der Nähe des Tell el-Harbadsch) vor. Hier lag also vermutlich B., 10 km südöstl. von Haifa.

Beten.
I, 1) Hebr. *tepilāh* = Gebet, Anrufung Gottes; *atar* = b., sich erbitten lassen (von Gott ausgesagt); griech. *deaesis* = Bitte; *proseuchae* = Gebet, *proskynein* = anbeten.

2) Zu allen Zeiten haben Menschen aller Völker das Gebet geübt. Der Mensch ist als höchstes Lebewesen der Schöpfung zum Bilde Gottes (1 Mo 1,27), zur Gemeinschaft mit ihm, geschaffen. Dem entspricht der Drang des Menschen – auch der der Heiden – mit Gott zu sprechen. Die Religionsgeschichte kennt ergreifende Gebete auch außerhalb Israels und des Christentums.

3) Nicht die Form, die Art oder Inbrunst des Gebetes unterscheidet das Gebet des Heiden von dem des Christen. Das Entscheidende ist, daß der Christ – geistlich wiedergeboren – in diesem Zustand mit Gott überhaupt erst zu reden vermag. Ursprünglich hatte der Mensch diese Gabe von Natur, wie 1 Mo 3,8ff lehrt. Mit dem Sündenfall und der Vertreibung aus dem Paradies haben die Menschen diese geistliche Gabe verloren. Nur durch Wiedergeburt vermag der »neue Mensch« in »Geist und Wahrheit« (Joh 4,24) Gott anzubeten. Der Christ bringt seine Gebete nicht von sich aus hervor, sondern aus Antrieb des Heiligen Geistes (Röm 8,15), der in ihm Wohnung genommen hat (vgl. Lk 1,41.46ff; 2,27ff). Der Heilige Geist bezeugt sich im Gläubigen und äußert sich durch das Gebet, ja, betet selbst in ihm (Röm 8,26) und vertritt ihn beim Vater. Diese Aussagen machen deutlich, daß rechtes christliches B. nicht eine natürliche Leistung, sondern eine Haltung, geistliche Äußerung des Christen in der Lebensgemeinschaft mit dem Herrn ist. Das Mißverständnis, B. sei ein bloßer Monolog der Seele, ist damit entschieden abgelehnt.
Das Gebet ist die Lebensform, das Lebensklima des geistlichen Menschen. Dem entspricht, daß sich im Gebet alle Äußerungen des Glaubenslebens finden: Lob und Dank (Ps 103,1ff); die Achtung vor Gott dem Allerhöchsten in der Anbetung (Apg 4,24ff); die Kindesliebe zum Vater (Röm 8,15; Gal 4,6), die Nächstenliebe in der Fürbitte (Kol 1,9; 1 Tim 2,1); der Zweifel, die Not und die Anfechtung (Ps 102, 1ff; Ps 73,23ff; Ps 74,1ff). Weil das Gebet das Lebenselement des Christen ist, kann sich Paulus auch nicht mit gelegentlichem B. begnügen, sondern ermahnt seine Gemeinde zum immerwährenden, zum Gebet »ohne Unterlaß« (Röm 12,12; Kol 4,2; 1 Thess 5,17 u. ö.).

II, 1) Gott selbst befiehlt, daß wir ihn anrufen sollen (Ps 50,15; Jes 55,6; Mt 7,7; Lk 18,1ff; Joh 14, 13f), selbst wenn wir uns von Natur, Stand und auf Grund unserer Ungerechtigkeit nicht erkühnen würden, mit Gott zu reden (1 Mo 18,27; Dan 9,18; Lk 18,13). Diesem Befehle Gottes entspricht seine Verheißung, das ernsthafte Gebet zu erhören (Ps 50, 15; Mt 7,7a.9ff; Mk 11,24; Lk 11,13). Zahlreiche Bibelstellen (z. B. 1 Mo 18,22; Ps 118,5; 2 Kö 20,5ff; Apg 12,5ff) und Zeugnisse der Gemeinde im Laufe der Jahrhunderte bestätigen, daß Gott zu seinen Verheißungen steht und Gebete erhört.

2) Für diese ERHÖRUNG kennt die Bibel bestimmte Voraussetzungen:

a) Wie schon angedeutet und durch die Anfangsworte des Vaterunsers (→ Unser Vater) deutlich gemacht wird (Mt 6,9b), darf derjenige mit der Erhörung seines Gebets rechnen, der die Versöhnung im Glauben angenommen hat und damit zu Gott in das Kindschaftsverhältnis (Röm 8,15; Gal 4,5) getreten ist. Diesem Beter ist Jesus Christus der Mittler zum Vater geworden (Joh 14,13), und er wird alles empfangen, worum er im Namen Jesu, d. h. nach dem Willen Jesu, gebeten hat (Joh 14,14; 15,7; 16,23.24). Daneben hat jedoch ganz allgemein das demütige Bitten (Lk 18,13f), das glaubende Suchen (Hebr 11,6), das Rufen in der Not (Ps 50,15; 2 Chron 33,12f) die Verheißung der Erhörung.

b) Jesus weist seine Jünger an, in seinem Namen, im Namen Jesu, zu b. (Joh 14,13; 16,24 u. 26; vgl. Mt 18,20). Dabei ist wohl nicht nur an das Gebet gedacht, das der Beter als Eigentum Jesu nun nach seinem Willen spricht, sondern auch an das Gebet, das sich auf Grund des Leidens und Sterbens Jesu Christi in seinem Sinne für die verlorene Welt bei Gott verwendet (vgl. Röm 8,32) und dem gerechten Gott fürbittend Barmherzigkeit abringt.

c) Ein Gebet, das sich auf die Verheißung Gottes verläßt und den Vater auf Grund des Opfertodes Jesu bittet, erfordert Glauben (Mt 21,22; vgl. 17,21f) und Zuversicht (Röm 4,20f; Röm 8,32). Diesem Glauben ist Erhörung verheißen. Er ist zugleich Glaubensgehorsam (vgl. Röm 1,5; 16,26), und darum ist auch das Gebet Gehorsam, geistliches Handeln auf Grund des Wortes der HS.

d) Unsere Gebete und das Festhalten an den Verheißungen werden von Gott oft auf eine Probe gestellt. Daher empfiehlt Jesus, den Vater anhaltend zu bitten, wiederholt vor ihn zu treten, bis wir Erhörung erfahren haben. Er unterstreicht diesen Hinweis durch das Beispiel des »unverschämt bittenden Freundes« (Lk 11,8) und des anhaltenden Drängens der Witwe (Lk 18,1–8).

e) Die Haltung des Beters wird von der Bitte des Vaterunsers bestimmt: »Dein Wille geschehe« (Mt 6,10). Zuversichtlichkeit und Glaubenskühnheit werden nicht dadurch gelähmt, daß der Vater die Bitte oft in einer anderen Weise erhört, als wir Menschen es uns vorstellen. Er ist der Herr, und rechte Gebetshaltung ist die Demut, die auch dann an Gott nicht irre wird, wenn der Vater, der in jedem Falle der Kinder Bestes will, einmal nicht erhört. Paulus erhält vom Herrn auf sein anhaltendes Gebet in einem besonderen Anliegen die Antwort: »Laß dir an meiner Gnade genügen« (2 Kor 12,9).

III, 1) Die rechte innere Grundhaltung des Beters und seine Stellung zu Gott prägen sich auch in bestimmten äußeren GEBETSHALTUNGEN aus.

a) Nach orientalischem Hofzeremoniell warf sich der Untertan vor seinem Herrscher auf das Angesicht. Er lag in voller Länge vor seinem König, bis der ihn aufhob oder ihm aufzustehen gebot. Diese Haltung ist auch als Gebetshaltung in der HS erwähnt (Jos 7,10; Dan 9,18). Der griech. Ausdruck dafür ist *proskynein* (hündeln).

b) Auch das Knien war dem Hofleben des Orients nicht unbekannt (vgl. Est 3,2), und drückt ebenfalls die Demut des Beters aus (2 Chron 6,13; Es 9,5; Ps 22,30; Jes 45,23; Dan 6,11; Mk 15,19; Lk 5,8; Eph 3,14; Phil 2,10 u. ö).

c) Häufig wurde aber auch im Stehen gebetet (1 Sam 1,26; Mk 11,25), was als Ausdruck der Freimütigkeit (1 Mo 18,22), aber auch falscher Sicherheit (Lk 18,11) erscheinen kann.

d) In stehender wie in kniender Haltung streckte man beim Gebet seine Hände in die Höhe (2 Mo 17,11; Ps 134,2; 141,2; 1 Tim 2,8), nach oben geöffnet, wie zum Empfang der göttlichen Gaben bereit (2 Mo 9,29; 1 Kö 8,22; Ps 90,14; 123,1; Jes 1, 15; 1 Tim 2,8). Der Zöllner hingegen schlägt im Schmerz über seine Sünde an seine Brust (Lk 18,13). Die Geste des Händefaltens kommt erst in germanischer Zeit auf, sie drückt ursprünglich das Gelöbnis von Treue und Gehorsam aus.

2) Die gewöhnlichen GEBETSZEITEN sind der Morgen (Ps 5,4; 88,14; 119,147), der Mittag (Apg 10,9) und der Abend (Es 9,5; Ps 4,9; Ps 55,18). Auch in der Nacht sind Gebete zum Himmel gesandt worden (Hi 35,10; Ps 42,9; Ps 119,55), und der Herr hat bisweilen Nächte hindurch gebetet (Lk 6,12; 21,37). Auch Paulus will das Gebet nicht auf einzelne Gebetszeiten verteilt wissen, sondern ermahnt die Gemeinde, im immerwährenden, unaufhörlichen Gebet zu verharren (Röm 12,12; Kol 3,17; 1 Thess 5,17; vgl. Lk 18,1). Daniel hielt bestimmte Gebetszeiten inne, die wohl den Opferzeiten im Tempel von Jerusalem entsprachen (Dan 6,11[10]; vgl. Ps 55,18; Ps 141,2).

3) Den Ordnungen der Gebetszeiten entsprechen solche des GEBETSORTES. So war das Obergemach ein beliebter Gebetsplatz (Dan 6,11[10]; Apg 10,9), ebenso das »Kämmerlein« (Mt 6,6; wohl die Speisekammer, ein Raum ohne Fenster und mit einem schloßartigen Riegel). Das Heiligtum, der Tempel, war nicht nur Ort gottesdienstlichen Gebetes, sondern auch bevorzugter Anbetungsort des einzelnen (1 Sam 1,3.10ff; Lk 2,37; Apg 3,1). Außerhalb des Tempels betete man in Richtung auf das Heiligtum (1 Kö 8,38; 2 Chron 6,34) und außerhalb des Landes in Richtung auf Palästina (1 Kö 8,48; Dan 6,11 [10]).

IV) Wie Jesus am Kreuz (Lk 23,46 = Ps 31,6; Mk 15,34 = Ps 22,2), hat auch die Urgemeinde aus dem großen Schatz der heiligen Schriften des AT gebetet: Apg 4,25ff = Ps 2,1.2; vgl. den Paulushymnus Röm 8,31ff (V 31 = Ps 118,6; V 36 = Ps 44,23) oder Röm 11,32ff (V 34 = Jes 40,13; Jer 23,18) oder Phil 2,5ff (V 10 = Jes 45,23 usw.). Damit bezeugt sie die innere Einheit der Botschaft des AT und NT. Offenbar hat sie aber nicht nur formulierte Gebete der Synagoge gekannt und übernommen, welche in den Psalmen eine feste liturgische Form gefunden hatte, sondern auch eigene fest formulierte Lobgebete und Preislieder geschaffen (z. B. Röm 11, 33 u. 1 Tim 3,16 [vgl. hier die dichterische Gestalt]). Neben dieser Form des Gebetes kennt die HS ein freieres B., etwa in Verbindung mit dem Zungenreden (1 Kor 14,2); vgl. auch das »Seufzen des Geistes« Röm 8,26 Neben dem laut gesprochenen Gebet (2 Mo 22,22[23]; 1 Sam 7,9; Ps 17,6; Jon 2,3; Lk 23,46; Apg 4,24) wird auch von stillem Gebet berichtet (1 Sam 1,13).

Der Unsitte, sich beim persönlichen Gebet prahlerisch zu zeigen und seine Frömmigkeit kundzutun (Mt 6,5) stellt Jesus die Forderung entgegen, zum Vater im Verborgenen zu beten (Mt 6,6; vgl. 2.Kö 4,33). Die Erhörung der Gebete hängt nicht von ihrer Wiederholung ab – einer Unart heidnischer Gebetsbräuche, die leicht zum leeren Geplapper führte (Mt 6,7) – sondern von der Ernsthaftigkeit (Jak 5,16) und der inneren Haltung des Beters (Lk 18, 13). So hat auch die Urgemeinde manches Äußere des jüd. Betens (Gebetsriemen, Gebetsquasten) und Sondervorschriften der Pharisäer nicht übernommen. Auf die Bitte der Jünger (Lk 11,1) hat der Herr ihnen das Vaterunser als Anweisung zu rechtem B. gegeben, daran soll die Gemeinde ihr Gebet immer wieder ausrichten.

V) Als Inhalt des Gebetes nennt die HS Anbetung, Dank, Bitte und Fürbitte (Phil 4,6; 1 Tim 2,1).

1) Das ganze AT ist voll der ANBETUNG Gottes. Nicht nur das Volk Israel wird ermahnt, Gott allein zu ehren und anzubeten (2 Mo 20,5; 5 Mo 4, 19), auch die Heiden werden kommen und Gott anbetend ehren (Ps 22,28; Jes 45,22ff). Ebenso beten die Engel den Herrn an (Jes 6,3) und lobsingen ihm

(Lk 2,14) mit allem himmlischen Heer (Neh 9,6). Selbst der Sohn betet den Vater an (Mt 11,25) als den, dem allein alle Ehre gebührt.
Die Anbetung Gottes zieht sich durch alle Briefe des Paulus, sei es in hymnenartiger Form oder als schlichter Dank (Röm 11,36; Gal 1,5; Eph 3,21; 1 Tim 1,17; 2 Tim 4,18). Das vollkommene Lob und die größte Anbetung wird jedoch erst die vollendete Gemeinde dem Schöpfer darbringen (Offb 5, 9ff; 7,10ff; 11,16ff; 19,1).
2) Der DANK ist die Gebetsform, die Gottes Liebeserweise preist, während die Anbetung seine Herrlichkeit rühmt. Die ganze HS spricht vom Dank an Gott den Herrn (1 Mo 29,35; 5 Mo 32,6; 2 Sam 22, 50; 1 Chron 29,11; 2 Chron 20,21; Ps 9,2; 100,4; Mt 14,19; Joh 11,41; Röm 1,8; Eph 5,20 u.ö.). Paulus beginnt beinahe alle Briefe mit einem Dank (Röm 1,8; 1 Kor 1,4; 2 Kor 2,14; Eph 1,16; Phil 1,3; u. ö.). Er ermahnt die Gemeinden, Gott reichlich zu danken (Eph 5,4; 5,20; Kol 4,2; u. ö.). Der Dank ist ein rechter Wegweiser (Ps 50,23) des Christen und bewahrt ihn vor der Müdigkeit (Kol 4,2).
3) Die BITTE entspricht der Abhängigkeit des Kindes vom Vater und des Geschöpfes vom Schöpfergott. Darum beschränkt sich der Inhalt der Bitten keinesfalls nur auf geistliche Anliegen (Mt 6,9.10; 9,38; Eph 6,19 u. ö.), sondern bringt auch menschliche Bedürfnisse vor den Herrn. In der Mitte des Vaterunsers steht die Bitte um das tägliche Brot (Mt 6, 11). Vor allen Bitten um äußere Dinge sollen Christen aber um das Kommen des Reiches Gottes, um das Geschehen des Willens Gottes bitten (vgl. Mt 6, 10). Betern, die diese Gegenstände zum Inhalt ihres Gebetes machen, ist verheißen, daß ihnen alles andere dazu gegeben werde (Mt 6,33).
Vor allem Bitten steht die eigene Bitte um die Vergebung der Sünden (Mt 6,12; → Bekenntnis I), die Bewahrung im Glauben (Lk 22,32, vgl. Joh 17,11) und vor der Versuchung (Mt 6,13; Joh 17,15). Paulus konzentrierte seine Bitten auf die Ausbreitung des Evangeliums (Eph 6,19; Kol 4,3; 2 Thess 3,1), und Jesus legt seinen Nachfolgern besonders die Bitte um Arbeiter für seine Ernte ans Herz (Mt 9,38). Mit der Bitte um das Kommen des Reiches Gottes verbanden die ersten Christen auch die Bitte um die Wiederkunft Jesu (1 Kor 16,22; Offb 22,20). Die persönliche Sehnsucht nach dem Wiederkommen Jesu (vgl. Paulus Röm 7,24) ist wohl auch der Hintergrund der letzten Bitte des Vaterunsers: »Erlöse uns von dem Übel« (Mt 6,13).
4) Zur priesterlichen Existenz des Christen gehört das priesterliche Gebet, die FÜRBITTE. Das fürbittende Eintreten für den Nächsten und das Volk Gottes finden wir bei allen biblischen Betern. Seinen Höhepunkt erreicht das Fürbittegebet im Gebet Jesu für seine Feinde (Lk 23,34). Seinem Vorbild folgt Stephanus (Apg 7,59). Abraham tritt priesterlich für seinen Neffen Lot und die Städte Sodom und Gomorra vor den Herrn (1 Mo 18,22ff). Beinahe messianisch ist die Haltung des Mose und des Paulus für das Volk Israel, die bereit sind, ihre Seligkeit daran zu geben (2Mo 32,32; Röm 9,3), um Israel vor dem Zorn Gottes und dem Untergang zu bewahren (vgl. Phil 2,6b.7a).
Nimmt auch die Fürbitte im AT bereits ihre Stelle ein (z. B. 1 Sam 7,5; 12,19; Jer 7,16; 11,14; 14,11; Dan 9,16 u. ö.), so erreicht sie doch erst im NT ihre ganze Breite und Tiefe (vgl. Joh 17,17.20). Besonders der Apostel Paulus entfaltet in seinen Briefen die Fülle seiner Anliegen. Die Leser nehmen teil an seiner Fürbitte für die einzelnen Gemeinden (Eph 1,16; 3,14ff; Phil 1,4.9f; Kol 1,9), für die Obrigkeit (1 Tim 2,1.2) wie auch für einzelne Christen. Zugleich werden die Gemeinden ermahnt, fürbittend für Paulus und seine Mitarbeiter vor Gott einzutreten (Kol 4,3; 1 Thess 5,25).
VI) Das Gebet im AT richtet sich an Gott den Herrn (1 Mo 24,26; 2 Mo 24,1; 34,8; 1 Sam 1,28; 2 Sam 12,20; 2 Chron 20,18; Ps 29,2; 96,9 u. ö.). Auch Jesus betete zum Vater und Herrn im Himmel (Mt 11,25; Lk 10,21 u. ö.). Doch schon während seines öffentlichen Wirkens (Joh 9,38) und dann nach der Auferstehung wird ihm selber göttliche Verehrung und Anbetung dargebracht (Mt 28,17; Joh 20,28). In seinen Abschiedsreden spricht Christus von Bittgebeten, die an ihn gerichtet werden (Joh 14,14). Die Zeitgenossen Jesu und die Urgemeinde (vgl. Apg 7,58b; 2 Petr 3,18) bestätigen damit, daß sie Jesus als Sohn Gottes erkannt hatten, dem es gebührte, wie der Vater (Joh 5,23) angebetet zu werden. Und noch am Ende der Tage, wenn Jesus dem Vater alles übergibt (1 Kor 15,28), wird ihm von der himmlischen Gemeinde Lob und Anbetung dargebracht werden (Offb 5,8ff). Auch für das Gebet gilt das Wort Jesu: »Niemand kommt zum Vater denn durch mich« (Joh 6,44; 14,6).
VII) Zu den bekanntesten Gebeten oder → Liedern des AT gehören das Lied des Mose (2 Mo 15,1ff) und das Gebet Moses (5 Mo 32,1ff). Ein ähnliches Lied wie das des Mose ist das Triumphlied von Debora und Barak (Ri 5,1ff). Unter den Propheten des AT ragen Samuel (1 Sam 7,5.9), Elia (1 Kö 18,36; 19,10ff), Jeremia (Jer 7,16; 11,14; 14,11) und Daniel als Beter (Dan 9,1ff) hervor. Von den Königsgestalten sind es vor allem David (vgl. Davids Lobgesang 2 Sam 22,1ff und sein Bußgebet Ps 51); Salomo (1 Kö 8,23ff) und Hiskia (2 Kö 19,14; 20,3ff).
Im NT hat uns Jesus, der größte Beter, das Vaterunser (Mt 6,9ff), das hohepriesterliche Gebet (Joh 17, 1ff) und seine Kreuzesgebete (Mt 27,46; Lk 23,34. 46) hinterlassen. Die Lobgesänge des Zacharias (Lk 1,64.67ff), der Elisabeth (Lk 1,42ff), der Maria (Lk 1,46–56) und des Simeon (Lk 2,28ff) gehören mit zu den ergreifendsten und schönsten Gebeten der ntl. Literatur. Aus der Zeit der Urgemeinde werden uns ein Lobgebet (Apg 4,24ff) beschrieben und die letzten Gebetsworte des Stephanus (Apg 7,58.59) mitgeteilt. Vom Apostel Paulus sind uns in seinen Briefen keine vollständigen Gebete erhalten, wenn man von den hymnenartigen Bekenntnissen Röm 8,31ff; 11,32ff und Eph 3,14ff absieht. Es nimmt nicht wunder, daß am Ende der HS, in der Offenbarung des Johannes, große Anbetungslieder (Offb 5,8ff; 11,17ff; 19,1ff) beschrieben sind, steht hier doch die erlöste Gemeinde vor Gott und dem Lamme und bringt dem Vater und dem Sohne in ihren Gebeten in vollendeter Gestalt Preis, Ruhm und Anbetung dar, von Ewigkeit zu Ewigkeit.

Bethabara »Haus der Furt«.
Ort am Ostufer des Jordan, an dem Johannes taufte (Joh 1,28). Statt B. haben die ältesten Hss. Bethanien, eine Lesart, die bis zu Origines auch die häufigste war und von EÜ, ZÜ, MÜ, RÜ wieder aufgenommen wurde. Origines war jedoch der Ansicht gewesen, daß man B. lesen müsse. → Bethanien (2).

Beth-Anath »Haus der (Göttin) Anath«.
Kanaanitische Stadt, dem Stamme Naphthali zugewiesen (Jos 19,38.39; Ri 1,33). B. kommt öfter in ägypt. Listen vor. Abel und Albright suchen B. an Stelle des heutigen El-Bane 19 km östl. von Akko am Wege nach Safed. Garstang meint jedoch, daß die Stadt unter dem Hügel Tell el Khurbeh, der bereits bronzezeitl. Besiedelung zeigt, begraben sei. Der Name der Göttin Anath im Ortsnamen deu-

tet auf Götzendienst im Galiläa der Heiden hin (Jes 8,23[9,1]), wo auch das Haroseth der Heiden lag (Ri 4,2). Der Stamm Naphthali hat die Stadt nicht einnehmen können, Ramses II. hat sie jedoch erobert. Sie wird eine starke Festung auf einem schwer zugänglichen Hügel gewesen sein. Das hat A. Alt daran denken lassen, den Ort in el-Baine in der Ebene El Battuf, 5 km ostnordöstl. von Rimmon (2), zu suchen. Er verweist dafür auf die Berichte eines ptolemäischen Beamten des 3. Jh. v. Chr. aus dem Papyrusarchiv von Zenon. Dort ist B. als eine Vorratsstadt erwähnt, in die aus der Umgebung Mehl und Wein geliefert werden, was gut zu den fruchtbaren Äckern und Weingärten der Ebene El Battuf paßt (vgl. PJb 1926, S. 55–59). Vgl. Karte Sp. 1144.

Bethanien »Haus des Elends«.
1) Dorf in der Nähe von Jerusalem, an der Ostseite des Ölberges, etwa 15 Stadien von Jerusalem entfernt (Joh 11,18), das sind 2,7 km oder eine halbe Stunde Fußweg. Hier ist nach Hieronymus schon in alter Zeit über dem Grab des Lazarus eine Kirche gebaut worden. Das Dorf bekam deswegen im Anklang an »Lazarus« den Namen El-Azarije. Archäologische Ausgrabungen zeigen, daß der Ort bereits vor der Zeit Jesu bestand (Taf. 14b/193). – B. war ein Ort, den Jesus öfter besucht hat und wo er dem NT zufolge mehrmals übernachtete (Mt 21,27; 26,6). Hier wohnten Lazarus, Martha und Maria (Joh 11,1). Hier lag auch das Haus Simons des Aussätzigen (Mt 26,6). Vermutlich ist B. mit dem älteren → Ananja (Neh 11,32) identisch.

2) B. am Jordan. Nach Joh 1,28 (LÜ → Bethabara) muß dieser Ort östl. des Jordans gelegen haben, was Joh 3,26; 10,40 bestätigen. Hier hat auch Jesus offenbar eine Zeitlang am Jordan gewirkt (Joh 3, 22; 4,1.2) und die Stelle des Täufers eingenommen, der dann anderswo taufte (Joh 3,23). Seit Origines sucht man B. in der Nähe von Mahadet el-Hadschle, der »Rebhuhnfurt«. Deren Umgebung paßt auch gut zu den Bildern in der Predigt des Täufers. Hier liegen die Kieselsteine, aus denen Gott selbst Abraham Kinder erwecken würde (Mt 3,9), und stehen die Bäume, denen die Axt schon an die Wurzel gelegt war (V 10). Und hier im Tal hätte Johannes beobachten können, wie das Feuer Skorpione und Schlangen aus dem trockenen Buschwerk vertrieb.
Die Hadschlafurt lag zudem an einem vielbegangenen Weg, der von Jerusalem über Jericho ins Ostjordanland führte (V 5). Wenn hier auch sehr viele Menschen zu Johannes kamen, hatte er doch in unmittelbarer Nähe Gelegenheit, sich zurückzuziehen (Mk 1,4). Nahe der Hadschlafurt mündet auf der Westseite der Wadi el Kelt und gegenüber davon am Ostufer ein kleiner Bach, der Wadi el-charrar, der durch einzelne Quellen gespeist wird. In der Talmulde wachsen Euphratpappeln. An diesem stillen Platz, der abgelegen und doch nicht weit vom Jordan entfernt war, hatte der Täufer vermutlich seine Bleibe. Hier werden wir also das B. jenseits des Jordans zu suchen haben. Auf der Medebakarte (der ältesten Karte von Palästina) steht an diesem Punkt: Ainon (»Quelle«). Hier wachsen auch heute noch Euphratpappeln. In der Nähe der Quelle können auch Feigenbäume gestanden haben (vgl. Joh 1,48). Es ist außerdem möglich, daß der Name B. eine andere Form für Beth-Ainon ist.
Vgl. Taf. 56b/865 und Karte Sp. 722.

Beth-Anoth »Haus der (Göttin) Anath«.
Ort in Juda, vermutlich das gegenwärtige Bet Ainun, 5 km nördl. von Hebron (Jos 15,59).

Beth-Araba »Haus der Wüste«.
Ort an der Grenze Judas (Jos 15,6) in der Wüste (V 61). Alt [PJb 21 (1925) S. 26] meint, B. in En el-Garabe wiedergefunden zu haben, einem Grenzplatz »in der Wüste«. Die Tatsache, daß hier Tamarisken und Pappeln wuchsen, vermutlich in der Nähe eines Brunnens mit feuchtem Talboden, erklärt, daß hier ein auffälliger Platz war, der als Grenzbezeichnung dienen konnte. Der Ort liegt ca. 4 km östl. vom heutigen Jericho.

Beth-Asmaveth → Asmaveth

Beth-Aven, zur Bedeutung vgl. → Aven.
Man hat in B.-A. ein Wortspiel zu Beth-El gesehen. Obwohl Beth-El das Haus Gottes war, in dem längere Zeit das Bundesheiligtum gestanden hatte, war es später zu einem Haus der Götzenverehrung, besonders des Kälberdienstes, geworden. Deswegen habe der Prophet Beth-El ein B.-A. genannt (Am 5, 5). Demgegenüber steht die Tatsache, daß schon vor der Zeit Jerobeams Beth-El und B.-A. als zwei verschiedene Orte angegeben werden (Jos 7,2). Die Auflösung dieser widersprüchlichen Angaben liegt wohl darin, daß man Beth-El durch die Namensänderung als den Ort der Nichtigkeit bezeichnete, ohne daß es in Wirklichkeit B.-A. gewesen ist. Außerdem deutet 1 Sam 13,5 an, daß B.-A. westl. von Michmas liegt, während Beth-El nördl. davon gelegen hat.
Man kann B.-A. vielleicht in Burka, östl. von El Bire, und nördl. von Tell en-Nasbe (Mizpa) suchen (vgl. Albright, BASOR 4, S. 141ff).

Beth-Baal-Meon → Baal-Meon

Beth-Bara, hebr. *bara* heißt »Speise nehmen, Eßgemeinschaft halten mit...«
Fähre oder Furt über den Jordan (Ri 7,24), vermutlich südl. Beth-Sean. Garstang vermutet B. in Tell Abu Sidra nördl. der Mündung des Wadi Abu Sidra in den Jordan, Sukkoth (Tell deir Allah) gegenüber. Vgl. Karte Sp. 492.

Beth-Birei, Ort der Simeoniten (1 Chron 4,31); in Jos 19,6 Beth Lebaoth (»Löwenhaus«), in Jos 15,32 Lebaoth genannt. Man vermutet B. beim Dschebel el Biri, südwestl. von Ruheibe (Rehoboth) im Negev oder auch in der Nähe von Saruhen.

Beth-Cherem »Haus des Weingartens«.
Neh 3,14 zufolge ein Ort in der Gegend um Jerusalem, nach Jer 6,1 ein hochgelegener Ort, von dem aus man Lichtsignale gab. Abel vermutete B. in Ain Karim, 7 km westl. von Jerusalem. Dalman suchte es wegen der Verbindung mit Thekoa südl. der Hauptstadt und dachte an Dschebel el Feredis (den Berg des Herodeion südöstl. von Bethlehem). Das erscheint Alt jedoch zu weit abgelegen. Er denkt an El Chadar, das noch in Sichtweite Jerusalems südwestl. von Bethlehem auf der Höhe liegt. Die Weingärten dort passen auch zu dem Namen (PJb 1938, S. 21). Vgl. Karte Sp. 986.

Beth-Dagon »Haus des Dagon«.
1) Ort in Juda (Jos 15,41), assyr. *bet dagana*, ägypt. *bet dqn* (unter Ramses III.). Dieser Name lebt vermutlich noch in dem entsprechenden Bet Dadschan, neuhebr. Beit Dagan, einem Dorf in der Saronebene am Weg von Jaffa nach Lod.
2) Grenzstadt in Asser (Jes 19,27). Wahrscheinlich Dschelamet el-Atiqa am Fuß des Karmel, 1,8 km westnordwestl. von el-Haritije (neuhebr. Shaar Haamaqim).

Beth-Diblathaim.
Moabiterstadt (Jer 48,22), die auf dem → Mesastein als Beth-Diblathen neben → Medeba und → Baal-Meon genannt wird. Wahrscheinlich derselbe Ort wie Almon-Diblathaim (4 Mo 33,46). Die genaue Lage ist nicht sicher, man vermutet B.-D. in der Ruine Ed Dlelet el-Garbije. Dieser Ort war eine große feste Stadt auf dem NNW-Hang der Hügelreihe, die die fruchtbare Ebene von Medeba nach S hin abschließt. Mit ihrer hochgelegenen, starken Burg beherrschte die Stadt die Wege nach W, O u. S und war damit von strategischer Bedeutung (A. Musil, Arabia Petraea I, S. 251).

Beth-El »Haus Gottes«.
1) An diesem Ort baute Jakob einen Altar, nachdem er im Traum eine Leiter gesehen hatte, auf der die Engel Gottes auf und nieder stiegen (1 Mo 28,11–19). Der alte Name der Stadt war Lus, der Name des Heiligtums B. Heute heißt die Stadt Betin, das Heiligtum östl. davon Burdsch Betin. Bei der Grenzfestlegung ist darum Lus von B. unterschieden worden (Jos 16,2). Schon z. Zt. Abrahams war B. ein geweihter Platz (1 Mo 12,8; 13,3.4) Nach 1 Sam 7,16 war die Stadt auch z. Zt. des Propheten und Richters Samuel von Bedeutung und besaß später eine größere Prophetenschule (2 Kö 2,3). Jerobeam machte B. zum Mittelpunkt seines Stierdienstes (1 Kö 12,29), damit wurde es zum Königsheiligtum und Reichstempel (Am 7,13). Josia zerstörte dies Heiligtum während seiner Reform (2 Kö 23,15–18). B. lag auf dem Gebirge Ephraim (Ri 4,5), an der Grenze Ephraims (Jos 18,13), südl. von Silo am Wege, der nach Sichem führte (Ri 21,19), westl. von Ai (Jos 7,2) und nördl. von Rama (Ri 4,5). Diese genaue Lagebeschreibung bestätigt die Identifizierung mit dem heutigen Betin (im Arab. geht das Schluß-l sehr häufig in n über). Amerikanische Ausgrabungen in B. haben sorgfältige Rekonstruktionen von Häusern der Mittelbronzezeit möglich gemacht. Vgl. Taf. 13b/192; Karte Sp. 730; 1076.
2) Mit dem B. in 1 Sam 30,27 ist vermutlich der Ort → Bethuel oder Bethul in Juda gemeint.

Beth-Emek »Haus des Talgrundes, der Talebene«. Ort an der Grenze des Stammes Asser (Jos 19,27). Diese Stadt wird im Talmud wiederholt erwähnt. Der Name lebt wohl in Amka (10 km nordöstl. von Akko) fort, wo man in dem benachbarten Tell Mimas bei einem Brunnen Spuren einer alten Siedlung aus dem Beginn der Eisenzeit fand.

Bether → Scheideberge

Bethesda »Haus der Barmherzigkeit«.
Badeteich in der Nähe des Schaftores, an der Ostseite der Nordmauer Jerusalems (Joh 5,2). In der Nähe der Annakirche (nördl. des Tempelplatzes) hat man Reste eines doppelten Teiches gefunden, der inmitten von 5 Säulenhallen lag, von denen je zwei den Teich nach der Länge und nach der Seite begrenzten. Eine Säulenhalle teilte die Gesamtanlage in zwei Teile (auch Joh 5,2 spricht von 5 Hallen).
»Die Übereinstimmung von ntl. und altchristlicher Überlieferung einerseits und Ausgrabungsbefund anderseits berechtigt zur Gleichsetzung des Doppelteiches von St. Anna mit dem Schafteich des Joh.-Ev. Für die glaubende Gemeinde ist das wiedergefundene B. eine neue Bezeugung dessen, daß der lebendige Gott sich in der Geschichte und an bestimmten Stätten der Geschichte geoffenbart hat« (J. Jeremias, Die Wiederentdeckung von Bethesda S. 26). Vgl. Taf. 16/225; 49/768; Stadtplan Sp. 684. Neuerdings ist die verschiedentlich angezweifelte Form des Namens B. durch die Kupferrolle von Qumran bestätigt worden, die die Teichanlage Beth-Eschdathajin (eine Dualform zu B.) nennt und auch das kleinere der beiden Bassins erwähnt.

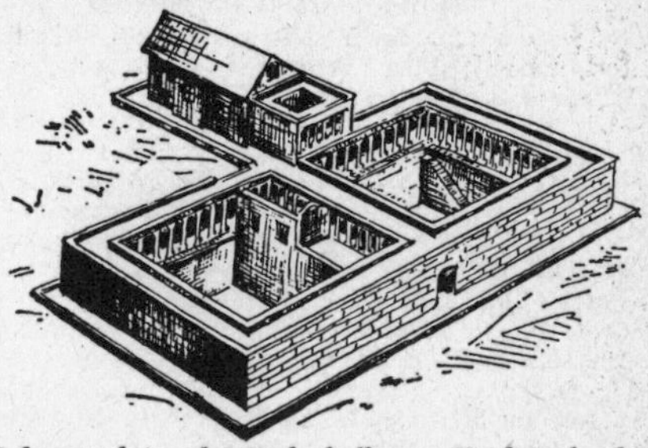

Rekonstruktion der Säulenhallen am Teich Bethesda.

Bethgader »Haus des Steinwalls, der Mauer«.
Ort in Juda (1 Chron 2,51). Vgl. auch → Geder (Jos 12,13) und → Gedor (1 Chron 4,39).

Beth-Gamul viell. »Haus der Wohltat«?
Stadt in Moab (Jer 48,23), das heutige Chirbet el-Dschumeil nördl. vom Seil el-Modschib (= Arnon) und ca. 30 km östl. vom Toten Meer (vgl. A. Musil, Arabia Petraea I, S. 246).

Beth-Gilgal »Haus des (Wagen-)Rades, der Scheibe«.
Ort in Judäa (Neh 12,29), vielleicht = Gilgal (1).

Beth-Haezel, Ort in Juda (Mi 1,11), heute Der el-Asal, ca. 2 km ostnordöstl. von Debir. Vgl. Karte Sp. 920.

Beth-Hanan → Elon-Beth-Hanan

Beth-Haram, Stadt des Stammes Gad in der Nähe des Jordan (Jos 13,27), auch Beth-Haran (4 Mo 32, 36); heute Tell Iktanu am Wadi Hesban, südwestl. von Sittim. Der etwas weiter westl. gelegene hellenistische Ort wurde von Herodes zu Ehren der Gemahlin des Augustus in Livias umbenannt. Dies ist der heutige Tell er-Rame am Wadi Hesban.

Beth-Hogla »Haus des Rebhuhns«.
Dorf an der Grenze Judas und Benjamins (Jos 15,6), nördl. des Toten Meeres (Jos 18,19), vermutlich beim heutigen Ain Hadschle. Dessen Lage am Weg zur Hadschlafurt in der Nähe niedriger Hügel, auf denen das alte B.-H. gelegen haben mag, spricht dafür. Die Oberflächenuntersuchung hat allerdings bisher keine ältere Besiedlung als in byzantinischer Zeit nachweisen können (vgl. PJb 1925, S. 26).

Beth-Horon »Haus des Horon« (einer Gottheit).
Es gab ein niederes und ein oberes B.-H. (1 Chron 7,24), auf der Grenze zwischen Ephraim und Benjamin (Jos 18,13.14; 16,3.5). Hier schlug Josua die 5 Amoriterkönige (Jos 10,11). Die alten Namen haben sich in den Ortschaften Bet ur el-Foqa (das obere B.-H., 617 m hoch) und Bet ur et-Tachta (das niedere B.-H., 399 m hoch) erhalten. Zwischen den beiden Orten liegt eine Erdverschiebung, die den großen Höhenunterschied erklärt. Diese beiden kleinen Orte beherrschen einen der wichtigsten Wege von der Ebene ins Herz des Landes, der in der Geschichte eine große Rolle gespielt hat. Noch 1917 benutzte ihn General Allenby mit zwei andern Wegen, um die Stellungen der Türken bei Jerusalem zu umgehen. Vgl. Karte Sp. 730; 1076.

Beth-Jesimoth.
Ort an der Grenze des Reiches von Sihon (4 Mo 33, 49; Jos 12,3), dem Onomastikon zufolge etwa 10 Meilen südöstl. von Jericho. Heute Tell el-Azeime, 5 km nordöstl. vom Toten Meer.

Beth-Kar »Haus des Widders«.
Ort, bis zu dem die Israeliten z. Zt. Samuels die geschlagenen Philister verfolgten (1 Sam 7,11). Seine genaue Lage ist unbekannt.

Beth-Leaphra »Aschenhausen«.
Bei der Erwähnung dieses Ortes Mi 1,10 haben wir es wohl mit einem Wortspiel zu tun: Setzt euch in Asche in Aschenhausen! Weiter erfahren wir von dem Ort nichts und sind daher auf Anklänge in späteren Ortsnamen für seine Identifizierung angewiesen. Jedoch kennen wir keine entsprechenden Namen. Nun haben die Araber aber Namen bisweilen sehr gewalttätig verändert. Namen wie Ophra und Ephron, aus denen sie Anklänge an ihren gefürchteten Dämon Afrit heraushörten, haben sie euphemistisch in Et-Taijibe= »Der mit dem guten Namen« umgewandelt. So ist das heutige Et-Taijibe nördl. von Betin sicher das alte Ophra in Benjamin. Ebenso mögen sie auch B.-L., das für arab. Ohren wie »Haus des Afrit« klang, in Et-Taijibe verändert haben. Ein Ort dieses Namens besteht nun tatsächlich zwischen Bet-Dschibrin und El Chalil (= Hebron) und ist nach den Ausgrabungen bereits in der Eisenzeit, in der byzantinischen Ära und bis in die spätarab. Zeit hinein bewohnt gewesen. Er war also jahrhundertelang eine arab. Siedlung, was die Namensänderung von B.-L. in Et-Tajjibe verständlich macht (vgl. K. Elliger, ZDPV 1934, S. 125/6). Vgl. Karte Sp. 920.

Beth-Lebaoth → Beth-Birei

Bethlehem »Haus des Brotes«.
1) Stadt in Juda, die ihren Namen wegen der Fruchtbarkeit ihrer Umgebung im Gegensatz zur nahen Wüste Juda trägt. In den Amarnabriefen heißt der Ort Beth-Lachama, d. h. Haus oder Tempel der Göttin Lachama, und war damals eine Stadt des Landes Urusalim (= Jerusalem).
Zuerst wird B. in der HS 1 Mo 35,19 (vgl. 48,7) in der Geschichte über Rahels Grab erwähnt. Jos nennt B.-Juda nicht, aber die LXX hat zwischen Jos 15,59 und 60 noch 11 Städte eingefügt, unter denen auch B. vorkommt. Aus B. in Juda war der Levit, der Götzenpriester im Hause Michas war (Ri 17,7). Elimelech und seine Frau Naemi wanderten aus B. aus und zogen nach Moab (Rt 1,1). B. ist Davids Vaterstadt (1 Sam 16) und heißt daher auch »die Stadt Davids« (1 Sam 20,6; Lk 2,4). Rehabeam befestigte B. (2 Chron 11,5.6), und nach der Rückkehr aus der Gefangenschaft besiedelten 123 Einwohner des alten B. ihre Stadt aufs neue (Es 2,21). Seinen besonderen Glanz bekommt der Ort dadurch, daß Jesus Christus hier geboren wurde, wie Micha verheißen hatte (Mi 5,1; Mt 2,3–8). »Spricht die Schrift nicht: von dem Samen Davids und aus dem Flecken B., da David war, solle Christus kommen?« (Joh 7,42). Vgl. Taf. 13a/192; 14a/193; 17a/256.
Über der vermutlichen Geburtsstätte Jesu in einer Höhle im Kalkfelsen ließ Kaiser Konstantin 330 n. Chr. die Geburtskirche errichten.
2) 11 km westnordwestl. von Nazareth liegt im Stamme Sebulon ein B. (Jos 19,15), wohl der Heimatort des Richters Ebzan (Ri 12,8). Das früher bedeutendere Beth Lahm ist heute ein kleines, armes Dorf. Vgl. Karte Sp. 492.

Beth-Maacha → Abel-Beth-Maacha

Beth-Markaboth »Haus der Wagen«,
Stadt im Stamme Simeon (Jos 19,5; 1 Chron 4,31), vielleicht eine der Wagenstädte von 1 Kö 9,19; 10, 26. Der Ort ist vermutlich der heutige Tell Abu Charera, neuhebr. Tel Haror, 27 km nordwestl. von Beer-Seba (vgl. Karte Sp. 1304).

Beth-Meon → Baal-Meon

Beth-Nimra viell. »Haus des hellen (gesunden) Wassers«.
Stadt im Stamme Gad (4 Mo 32,36; Jos 13,27), dem Onomastikon zufolge 5 Meilen nördl. von Livias (= Beth-Haram). Sein Name hat sich in der Hügelbezeichnung Tell Nimrin (am Wadi Imrin, Jericho gegenüber auf der Ostseite des Jordan) erhalten. Die älteste Siedlung von B.-N. lag schon in der Bronzezeit auf den benachbarten Hügeln Tell Bileibil und Tell el-Mustah. Vgl. Taf. 97/1536.

Beth-Pazez hängt mit hebr. »Zerbrechen« zusammen.
Stadt in Isaschar (Jos 19,21), deren genaue Lage unbekannt ist. Abel denkt an Kerm el-Hadete, hier hat man jedoch auch → Enhadda, den in der Aufzählung vorhergehenden Ort, gesucht.

Beth-Pelet hängt mit hebr. »in Sicherheit bringen, retten« zusammen.
Flinders Petrie vermutete B. (Jos 15,27; Neh 11,26) in Tell el-Fara am Wadi Gazze und stützte sich dabei auf die Bedeutung des arab. Namens »Zufluchtsort, Versteck«. Das wurde aber bestritten, und nach der Ausgrabung, bei der sich hier eine Festung aus der Hyksoszeit und der Zeit Ramses III. fand, hat man Tell el-Fara mit → Saruhen identifiziert.
Viell. ist B.-P. aber Chirbet Medbeh, 12 km südöstl. von Beer-Seba.

Beth-Peor »Haus des Peor«.
Stadt im Stamme Ruben in der Nähe des Berges Nebo (5 Mo 4,46; 34,6). Nach dem Onomastikon lag B. auf einem Berg gleichen Namens etwa in der Mitte des Weges von Livias (Beth-Haram) nach Hesbon. Es ist vermutlich das heutige Chirbet esch-Scheich Dschajel am Wadi Hesban nördl. des Nebo. Von hier hat man einen wunderbaren Ausblick auf das zur Jordanebene hin steil abfallende Gebirge.

Bethphage »Haus der kleinen, unreifen Feige«.
Ein Ort am Ölberg nahe Bethanien (Mt 21,1; Mk 11,1; Lk 19,29), nach der Tradition auf dem Ostabhang südl. von Kafr et-Tur. Dalman vermutet nach dem Zusammenhang, in dem der Name im Talmud vorkommt, eine Ableitung von lat. *pagus*, so daß B. den Landbezirk der Stadt Jerusalem bezeichnen würde.

Beth-Rapha hängt mit hebr. »heilen« zusammen.
Nachkomme Judas und Sohn Esthons (1 Chron 4, 12).

Beth-Rehob »Haus des freien Platzes« (einer Ortschaft).
Stadt im N Palästinas, in ihrer Nähe liegt das Tal von Lais oder Dan (Ri 18,28). Man wird B.-R. also im Quellgebiet des Jordan suchen, vielleicht an der Stelle des späteren Cäsarea Philippi, heute Banjas. Vgl. auch → Rehob. Vgl. Karte Sp. 1548.

Tafel 15
Neben der Quelle Gihon (heute Marienquelle) im Kidrontal versorgte der Grundwasserbrunnen Rogel oder Drachenbrunnen Jerusalem mit Trinkwasser. Er liegt an der Stelle, wo Hinnom- und Kidrontal zusammenstoßen und heißt heute Bir Eijub (Hiobsbrunnen).

Tafel 15

Bethsaida »Haus der Fischerei«.
Wir kennen ein B. an der Nordküste des Sees Genezareth, das von Herodes Philippus unter dem Namen Julias zur Stadt erhoben wurde. Dies B. war ein Doppelort. Der Stadt Julias entspricht das heutige Et Tell, dem Fischerdorf B. El Aradsch, 1 km östl. der Mündung des Jordan in das Galiläische Meer. Jesus verflucht die Stadt, weil sie trotz seiner mächtigen Taten nicht glauben wollte (Mt 11,21). In ihrer Nähe wurden die 5000 gespeist (Lk 9,10–17), außerdem erfahren wir von einer Blindenheilung (Mk 8,22–26). Auf Grund des Auftrags Jesu an die Jünger, nach B. hinüberzufahren (Mk 6,45), und ihrer Ankunft im Land Genezareth am Westufer (V 53; Mt 14,34) hat man ein zweites B. westl. vom See angenommen. Die Folgerung ist aber nicht zwingend, denn ein »Hinüberfahren« braucht sich nicht in jedem Fall auf das gegenüberliegende Ufer zu beziehen. Bei Josephus fährt man von Tiberias nach Tarichäa »hinüber«, die beide am Westufer liegen. Außerdem müssen gerade bei dieser Überfahrt das zuerst angegebene und das erreichte Ziel nicht unbedingt übereinstimmen. Vgl. Taf. 98/1537.
Weiter wird die Heimatstadt des Andreas, Petrus und Philippus (Joh 1,44) als B. in Galiläa (Joh 12, 21) bezeichnet. Doch auch das führt nicht ausschließlich auf die Westseite des Sees, da das galiläische Gebiet auch auf das Ostufer des Jordans übergriff. Es liegt also keine Notwendigkeit vor, ein zweites B., das man in oder bei Chirbet el-Minje südwestl. von Kapernaum suchte, anzunehmen.

Beth-Sean.
Stadt in Manasse (Jos 17,11), die von Israel zunächst nicht erobert werden konnte (Ri 1,27). Z. Zt. des Todes Sauls gehört die Stadt den Philistern (1 Sam 31,10). In der salomon. Zeit aber war sie isrl. (1 Kö 4,12). Später hieß sie Skythopolis (2 Makk 12, 29.30). Daß diese Namensänderung auf den Einfall der Skythen im 7. Jh. v. Chr. zurückgeht, von der Herodot berichtet, ist aber unwahrscheinlich. Griech. Namen für jüd. Städte waren erst Jahrhunderte später möglich. Als Skythopolis zählte B. zu den Zehnstädten, unter denen es die einzige Stadt westl. des Jordan war. Der Ort hat bis in die arab. Zeit hinein bestanden und ist dann langsam verfallen. Der Name B. hat sich im heutigen Beisan, neuhebr. Beit Shean, erhalten, während die alte Stadt auf dem Ruinenhügel Tell el-Hösn liegt. Ausgrabungen dort haben viele neue Erkenntnisse über die Geschichte des Ortes ergeben.
In der Hyksoszeit war B. ein Stadtstaat, ist danach von Thutmose III. (1504–1450 v. Chr.) erobert worden und hat vom 15.–13. Jh. v. Chr. zu Ägypten gehört. Aus der Zeit Thutmoses fand man 2 Tempel, deren einer der Lokalgottheit Mekal, dem Baal von B., geweiht war, dazu eine Stele des Mekal mit der Inschrift eines Gebetes; außerdem ein prächtiges Löwenrelief aus dem Mekal-Tempel (14. Jh. v. Chr.; vgl. Abb. Sp. 151 Spätbronzezeit links).
Aus der Zeit Setis I. (1313-1301 v. Chr.) entdeckte man Befestigungsanlagen, einen Turm oder eine Burg. Eine Stele dieses Pharaos spricht von den »Apiru« und scheint anzudeuten, daß sie B. erobern wollten. Es bleibt jedoch fraglich, ob diese Apiru → Hebräer sind. Man ist in jüngster Zeit mehr davon abgekommen. Ramses II. (1301–1234 v. Chr.) hat auf den alten neue Tempel gebaut, die nach dem Grabungsbefund bis in die Königszeit Israels benutzt worden sind. In einem der Tempel stand eine Stele für die Göttin Astarte oder Anath, die darauf: »Anit, Herrscherin der Himmel und Führerin aller Götter« heißt. Dies mag der Tempel sein, in dem die Philister nach 1 Sam 31,10 die Waffen Sauls aufhängten. Der andere Tempel ist den Ausgrabungsberichten zufolge das Haus Dagons, an das die Philister das Haupt des Königs von Israel hefteten (1 Chron 10,10). Diese Fundschicht gibt uns Einblick in die Macht der Philister z. Zt. Sauls. Noch in der gleichen Schicht finden sich Spuren eines Brandes, der B. verheert hat. Vermutlich hat David die Stadt erobert, denn unter Salomo gehörte B. zu Israel (1 Kö 4,12). Vgl. Karte Sp. 690; Taf. 97/1536; Abb. Sp. 1490; 1311.

Tafel 16

Ausgrabungen am Teich Bethesda. Unter meterhohem Schutt wird das Jerusalem der Zeit Jesu wieder aufgedeckt.

Beth-Semes »Sonnenhaus«.
1) Stadt an der Nordgrenze Judas, am Wege von Ekron nach Kirjath-Jearim (Jos 15,10; 1 Sam 6,9. 20), auch Ir-Semes genannt (Jos 19,41). Vermutlich ist Har Heres = »Sonnenberg« (Ri 1,35; LÜ Gebirge Heres) derselbe Ort. Die strategisch wichtige Lage der Stadt erklärt, warum die Schlacht zwischen Amazja und Joas hier stattfand (2 Kö 14,11). Der Name B. lebt noch in Ain Schems »Sonnenbrunnen« fort, die Ruinen des alten B. fand man auf dem nahen Hügel Tell Rumeilah, 25 km westlich von Jerusalem. Bei den Ausgrabungen zeigte sich alter ägyptischer Einfluß aus der Amarnazeit, weiter wurden eine Kulturschicht mit philistäischen Einflüssen und auch eine kanaanitisch-isrl. freigelegt. Bedeutsam sind einige Schriftfunde, u. a. ein Skarabäus mit Hieroglyphen, der anläßlich der Hochzeit Amenophis' III. angefertigt wurde, und eine Tontafel mit ugaritischer Keilschrift, die aber im Vergleich zu den Texten von Ras Schamra in Spiegelschrift geschrieben ist. Das deutet vermutlich auf eine Verwendung als Amulett. Vgl. Taf. 97/1536.
2) Stadt in Isaschar (Jos 19,22). Man sucht sie nördl. von Beth-Sean, entweder in Chirbet Schemsin oder in El-Abedije am Jordan; vgl. Karte Sp. 722.
3) Stadt in Naphthali (Jos 19,38). Man hat an Haris, 3 km südwestl. von Tibnin in Galiläa gedacht, unter der Voraussetzung, daß Haris auf das hebr. *chäräsch* zurückgeht, das ebenso wie *schämäsch* »Sonne« bedeutet. (Vgl. oben 1). Vgl. Karte Sp. 1144.
4) Stadt in Ägypten (Jer 43,13), Heliopolis oder → On.

Beth-Sitta »Haus der Akazie«.
Ort aus dem Bericht vom Kampf Gideons gegen die Midianiter (Ri 7,22). In Übereinstimmung mit diesem Bericht sucht man es am besten in Schatta, 10 km nordwestl. von Beth-Sean. Andere denken an einen Ort östl. vom Jordan. Vgl. Karte Sp. 492.

Beth-Thappuah »Haus des (duftenden) Apfels« oder »des Apfelbaums«,
vermutlich das heutige Taffuh, 8 km westl. von Hebron (Jos 15,53).

Bethuel.
1) Sohn des Nahor, Neffe Abrahams und Vater der Rebekka (1 Mo 22,22.23; 24,15.47; 28,2).
2) Simeonitischer Ort (1 Chron 4,30), Jos 19,4 → Bethul genannt. Vielleicht das heutige Chirbet er-Ras, neuhebr. Hurva Rosh, 10 km nordnordöstl. von Beer-Seba. Dieselbe Stadt ist möglicherweise 1 Sam 30,27 mit Beth-El gemeint. Vgl. Karte Sp. 1304.

Bethul, Ort in Simeon (Jos 19,4), → Bethuel (2).

Beth-Zur »Felsenhaus«.
Stadt in Juda (Jos 15,58), von Rehabeam befestigt (2 Chron 11,7) und nach der Gefangenschaft wieder aufgebaut (Neh 3,16). Diese Stadt hat in der Geschichte der Makkabäer eine wichtige Rolle gespielt; Flavius Josephus bezeichnete sie als die stärkste Stadt Judäas. Nach den Angaben des Hieronymus suchte man die Stadt auf dem Hügel Burdsch es-Sur, der die Erinnerung an den alten Namen bewahrte. Hier fanden sich jedoch nur Reste aus byzantinisch-arab. Zeit. Die alte Stadt lag vielmehr weiter nordwestl. in Chirbet et-Tubeiqa nördl. von Hebron. 1000 m ü. d. M. ist sie die höchste Stadtruine Palästinas. Als einzige Festung im Westen Judäas sperrte B. das einzige offene Tal an dieser Grenze, das Eichen- oder Terebinthental (1 Sam 17,2.19; LÜ → Eichgrund), in dem die Philister ins Gebirge Juda vorstießen. Bei der Ausgrabung von B. fand man eine Anzahl gestempelter Henkel von Tonkrügen, auf denen Ortsnamen wie Hebron oder Siph eingedrückt waren mit dem Zusatz »für den König« oder »vom König«. Es handelte sich also wohl um Krüge für Naturalabgaben an judäische Könige.
Auf einem Siegelabdruck steht weiter: »Gealjahu, Sohn des Königs«. Schließlich entdeckte man einige Scherben, die mit plastisch aufgelegten Schlangen geziert waren. Man vermutet daher in B. einen Schlangenkult, dessen Spuren sich auch in Beth-Sean gefunden haben. Vgl. Karte Sp. 574.

Betonim, unsicher, ob Batenim = »Pistazie«.
Stadt im Gebiete Gads (Jos 13,26), die nach dem Onomastikon noch in den Tagen des Eusebius und Hieronymus unter dem Namen Botnia oder Bothmin bestand. Heute ist B. wohl Chirbet Batné oder Batana, 6 km südwestl. von Es Salt im Ostjordanland.

Betrug ist wie die Lüge ein Verstoß gegen die Wahrheit und damit Sünde (Spr 12,20; 1 Petr 2,1). Durch den »Vater der Lüge« (Joh 8,44) kam auch der B. in die Welt (1 Mo 3,13). Die dt. Worte B. und betrügen, die mehr das unlautere Handeln im Unterschied zum unwahren Reden bezeichnen, geben sowohl im AT wie im NT eine ganze Reihe von hebr. bzw. griech. Ausdrücken wieder, die alle in den großen Bereich der → Lüge gehören.

Bett. Im AT werden für B. mehrere hebr. Worte gebraucht: *miththah, mischkab* und *eräs,* die in ihrem Bedeutungsumfang etwa dem dt. Wort »Ruhelager« entsprechen.
Arme Menschen schliefen, in ihr Oberkleid gewikkelt, auf dem Boden (2 Mo 22,26[27]). Der gewöhnliche Reisende tat das ebenfalls (1 Mo 28,11), und selbst Sisera mußte im Zelt der Jael auf dem Boden schlafen, zugedeckt mit einer Decke (Ri 4,18). Dennoch war das B. kein ausgesprochener Luxusartikel. Die Totenbeschwörerin zu Endor hatte ein B. (1 Sam 28,23) wie auch die Witwe zu Zarpath (1 Kö 17,19). Meistens wurde das Ruhebett, auf dem man am Tage liegen konnte, durch das Auflegen von Matratzen für die Nacht hergerichtet. Die Vornehmen in Juda und Israel z. Zt. des Amos schliefen auf elfenbeinernen Betten und Ruhelagern (Am 6,4). Der persische König Ahasveros hatte in seiner Burg goldene und silberne Ruhebänke (Est 1,6), und das B.gestell des Königs Og aus Basan war aus Eisen (5 Mo 3,11), hier kann aber auch ein Sarkophag aus Basalt, »Eisenstein«, gemeint sein. Im Königspalast zu Jerusalem gab es eine B.kammer (2 Kö 11,2; 2 Chron 22,11) wohl zur Aufbewahrung von B.zeug. In Ägypten, Syrien und Mesopotamien war das B. von altersher bekannt (1 Mo 47,31; 49,33; 2 Mo 7, 28[8,3]). Bei den Ausgrabungen wurden sowohl Abbildungen wie Überreste von Betten gefunden, in Keilschriften werden B. erwähnt. Aufgrund der verschiedenen Beschreibungen hat man Rekonstruktionen vorgenommen. So rekonstruierte Watzinger ein B. nach Resten, die in einem Grab aus dem 9. Jh. v. Chr. in Tell el Fara (Südjuda) gefunden wurden. Hier zeigt sich ägypt. Einfluß.
Im NT wird u. a. in Mt 9,6; Lk 5,18; Apg 5,15; 9,34 eine Matratze bzw. Schlafmatte erwähnt. Arme Leute schliefen darauf in ihrem Oberkleid. Auffällig ist, daß auf den alten Bildern in den Katakomben, die die Heilungen Gelähmter darstellen, meist eine Art B.gestell gezeigt wird.

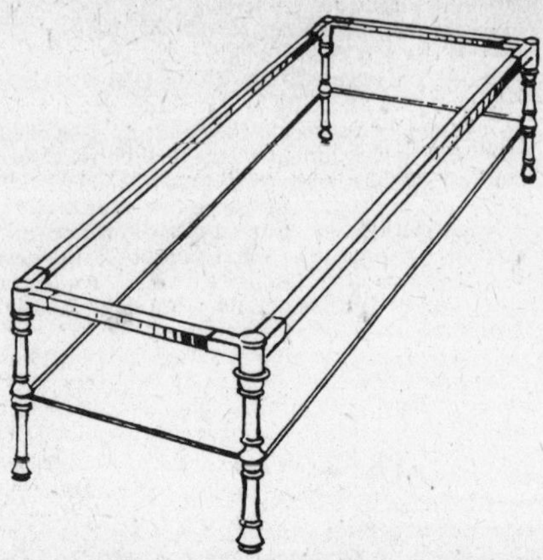

Rekonstruktion eines ägyptischen Bettes aus Tell el-Fara (Südjuda). Zwischen den Holzleisten war Stoff gespannt

Bett mit drei Matratzen (nach einem Grabstein aus Memphis).

Bettler. Vgl. zu den sozialen Verhältnissen in Israel und der Urgemeinde → Arm, Arme, Armenversorgung.

Beule → Krankheiten

Beute. Grundsätzlich gehörte die Kriegsbeute dem Herrn (→ Bann). Hatte Israel aber B. gemacht, die das Volk behalten durfte, wie nach dem Sieg über die Midianiter (4 Mo 31,26ff), so wurde sie nach einem bestimmten Schema verteilt. Eine Hälfte erhielten, nachdem der 500. Teil für die Priester abgezogen war, die Krieger, die andere Hälfte nach Abzug eines Fünfzigstels für die Leviten das übrige Volk. Von David wissen wir (1 Sam 30,24.25; vgl. auch Jos 22,8), daß er Kriegsbeute gleichmäßig unter die Kämpfenden und die Mannschaft beim Geräte verteilt hat. Von seiner B. sandte er auch verschiedenen Orten, wohl um ihre Gunst zu gewinnen (1 Sam 30, 26ff). Der Siegesjubel war meist verbunden mit der Freude über die Beute (Jes 9,2[3]).

Beutel dienten zur Aufbewahrung des → Geldes (2 Kö 5,23; Spr 7,20; Lk 10,4; 12,33; 22,35), waren jedoch nicht immer nötig, da man das Geld vielfach im Gürtel trug (Mt 10,9; vgl. → Busen). Ferner bezeichnet B. die gemeinsame Kasse (Spr 1,14), deren Verwaltung unter den Jüngern Judas Ischariot hatte (Joh 12,6; 13,29). Außerdem führte man im B. Waage und Gewichtsteine mit (Mi 6,11; 5 Mo 25,13). Jes 3,22 ist der B. ein Luxusgegenstand der vornehmen Jüdinnen.

Bezai, wohl Kurzform von Bezaleel.
Haupt einer Familie von Verbannten, die mit Serubabel aus Babylonien heimkehrte (Es 2,17; Neh 7,23). Ein Vertreter dieser Familie unterzeichnete den Bund unter Nehemia (Neh 10,19 [18]).

Bezaleel »In (unter) dem Schatten (Schutz) Gottes«.
1) Sohn Uris, ein Judäer, den Gott begabt und mit dem Daniten Oholiab zur Herstellung des heiligen Zeltes, der Bundeslade und aller Geräte, des Altars und der Priesterkleidung berufen hatte. Sie führten Schmiedearbeiten in Gold, Silber und Bronze aus, schnitten und faßten Edelsteine, zimmerten und schnitzten in Holz und fertigten die verschiedensten Webarbeiten an (2 Mo 31,1–11; 35,30–35; 38, 22.23).
2) Mann aus dem Geschlecht Pahath-Moab, der eine heidnische Frau genommen hatte (Es 10,30).

Bezer »Golderz«.
1) Frei- und Levitenstadt »in der Wüste« (5 Mo 4, 43; Jos 21,36; 1 Chron 6,63[78]) im Ostjordanland. Der Mesastein erwähnt ihren Ausbau und die Neubesiedelung durch Leute von Dibon. Vielleicht ist B. das heutige Chirbet Umm el-Amad, 14 km nordöstl. von Medeba. Vgl. auch → Bozra (2). Vgl. Karte Sp. 914.
2) Sohn des Zophath aus dem Stamme Asser (1 Chron 7,37).

Bibel → Schrift, Heilige, → Testament, Altes und Neues.

Bichri »Junges Kamel«.
Vater des Benjaminiten Seba (2 Sam 20), der sich gegen David empörte.

Bidekar, Adjutant (→ Ritter) Jehus z. Zt. König Jorams von Israel (2 Kö 9,25).

Biene *(Apis mellifica var. syriaca).*
Das hebr. Wort *deborah* bezeichnet die wilde Biene Palästinas. Diese B. zeigt einen sehr hellen Hinterleib, sticht schnell und neigt zu häufigem Schwärmen. Die Nester befinden sich in hohlen Bäumen und Felsspalten (vgl. auch Ri 14,8). Über B.zucht geht aus der HS nichts hervor. In Ägypten kannte man sie, aber nur in primitiver Art. Unter dem Honig in der HS haben wir im allgemeinen also »wilden Honig« (Mt 3,4) zu verstehen. In übertragenem Sinne sind B. das Bild der Verfolger (5 Mo 1,44; Ps 118,12; Jes 7,18). → Honig.

Bigevai, sanskrit *bhagavan* »glücklich, froh«.
Einer der führenden Israeliten, die mit Serubabel aus der babyl. Gefangenschaft heimkehrten (Es 2,2; Neh 7,7). Sein Geschlecht zog ebenfalls mit (Es 2,14; Neh 7,19), ein Rest folgte unter Esra (Es 8,14). Der Vertreter des Geschlechts unterzeichnete die Verpflichtung auf das Gesetz z. Zt. Nehemias (Neh 10, 17[16]).

Bigtha pers. »Gabe Gottes«.
Kämmerer des Perserkönigs Ahasveros (Est 1,10). → Abagtha.

Bigthan pers. »Gottesgabe«.
Kämmerer am Hofe Ahasveros, der mit seinem Kollegen ein Attentat gegen den König plante. Mardochai verriet ihre Absicht, und sie wurden hingerichtet (Est 2,21–23; 6,2).

Bild, Bildnis → Götze, Götzendienst; → Bilderdienst; → Ebenbild.

Bildad.
Einer der drei Freunde Hiobs aus Suah in Nordarabien (Hi 2,11), wahrscheinlich ein Nachkomme Abrahams und der Ketura (1 Mo 25,2). In falschem Eifer für die Sache Gottes hält er drei längere Reden (Hi 8; 18; 25), muß es aber erleben, wie Gottes Zorn darüber ergrimmt und sich erst nach seinem Opfer und Hiobs Fürbitte wendet (Hi 42,7–10).

Bilderdienst. I) Vgl. → Götzendienst; → Baal.
II) B. heißt vor allem die im Gesetz Moses streng verbotene (2 Mo 20,4ff), jedoch von Aarons goldenem Kalb an (2 Mo 32,4ff) bis in die Zeit Josias (2 Kö 23,15ff) immer wiederkehrende und bes. im Nordreich herrschende Verehrung des wahren Gottes unter einem Bilde, meist dem eines Stieres. Dieser B. und nicht der Baalsdienst ist die Sünde Jerobeams (1 Kö 12,30; 15,34; 16,31 u. ö.), die zum Verderben Israels führte (2 Kö 17,22f). Auch die Reform Jehus wandte sich nur gegen den Baalsdienst, nicht aber gegen den B. (2 Kö 10,28f).
Die → Cherubsbilder auf der Bundeslade (2 Mo 25, 18–20), in der Stiftshütte (2 Mo 26,1.31) und im Tempel fallen nicht unter diesen Begriff, denn sie gehen auf Gottes eigene Anordnung zurück. Das gleiche gilt auch für die eherne Schlange (4 Mo 21, 8ff), während es für die 12 gegossenen Rinder des ehernen Meeres (1 Kö 7,25) aus 1 Chron 28,19 ebenfalls erschlossen werden kann. Alle diese bildlichen Darstellungen sind eindeutig nicht zum Gegenstand der Anbetung und Verehrung bestimmt. Wie nahe jedoch auch hier der Mißbrauch lag und wie wichtig das 2. → Gebot (II) war, sieht man aus dem Kälberdienst Aarons u. aus der abgöttischen Verehrung der ehernen Schlange, die schließlich von Hiskia zertrümmert werden mußte (2 Kö 18,4), um dem Mißbrauch zu steuern.
Auch Christen kann religiöse Kunst zum B. werden, wenn das Bild den Blick auf den Schöpfer selbst verdunkelt (vgl. Röm 1,21–23), so daß die Mahnung des AT auch heute noch ernst zu nehmen ist.
III) Ein Kennzeichen des → Antichristen ist es, daß er die Menschen wieder zum B. verführen wird, d. h. aber dann zur Anbetung des Bildes des Tieres (Offb 13,14f; 14,9; 20,4).

Bileam, mit arab. »Vielfraß« zusammenhängend?
1) Sohn Beors, der in Pethor am Euphrat wohnte (4 Mo 22,5; 5 Mo 23,5[4]). Wahrscheinlich ist dieser Ort das Pitru am Sadschur, einem Nebenfluß des Euphrat, das Salmanasser II. als von ihm erobert erwähnt. B. lebte also in Mesopotamien und muß ein bekannter Weissager (Jos 13,22) gewesen sein. Denn als die Israeliten nach ihrem Sieg über die Ammoniterkönige östl. vom Jordan im Gefilde Moabs lagerten, sandte der Moabiterkönig Balak, der Sohn des Zippor, Boten zu B., er möge kommen und Israel verfluchen. Er wußte nämlich, daß B. Wort in Segen und Fluch eintraf (4 Mo 22,6).
Zur Gesandtschaft Balaks gehörten auch Älteste der

Midianiter (V 7), woraus wir auf ein Bündnis zwischen Moab und Midian schließen können. Die Gesandten hatten einen längeren Weg von wohl 20 Tagereisen zurückgelegt, doch B. weigerte sich mitzuziehen. Gott war ihm nachts erschienen und hatte ihm verboten, Israel zu fluchen. B. kannte also den Herrn, den Gott Israels; das mag Balak gewußt und darum gerade ihn gewählt haben. Nun gibt er sich mit der Ablehnung nicht zufrieden, und neue, vornehmere Boten erreichen, daß B. doch mitkommt. Gott gesteht es ihm unter der Bedingung zu, daß er nur das tun soll, was der Herr ihm sagen werde (V 20). Doch da er lediglich um des Lohnes willen mitzog (2 Petr 2,15; Jud 11), entbrannte der Zorn Gottes, und der Engel des Herrn trat ihm als Widersacher in den Weg (4 Mo 22,22). Nicht der Weissager, aber seine Eselin sah die Gefahr, suchte ihr auszuweichen und redete schließlich durch ein Wunder Gottes zu ihm (V 23–30; 2 Petr 2,16). Nun öffnet der Herr B. Augen, und er sieht den Engel mit dem gezogenen Schwert (4 Mo 22,31). Er erkennt, daß er gesündigt hat, und erklärt sich bereit, umzukehren (V 34). Aber der Engel läßt ihn weiterziehen, nachdem er ihm nochmals eingeschärft hat, nur zu reden, was Gott ihm sagen wird.
Zu Balaks Empörung spricht B. dann keinen Fluch, sondern nur Segen über Israel aus (4 Mo 23,7–10. 18–24; 24,3–9.15–24). Er wird vom Herrn als Prophet gebraucht, obgleich er anfangs nach Wahrzeichen ausgeht (4 Mo 24,1). Wir dürfen aber wohl annehmen, daß sein Herz nicht teilhatte an dem, was er sagen mußte. Wir erhalten darüberhinaus den Eindruck, daß er es nicht ertragen konnte, von Balak ohne Ehre und Lohn fortgejagt zu werden (V 10.11); denn er gab den Midianitern, den Nachbarn und Verbündeten Moabs (4 Mo 31,16), und ebenso Balak (Offb 2,14) den Rat, Israel zum Abfall vom Herrn und zum Dienst des Baal-Peor zu verleiten (4 Mo 25).
B. kommt um, als die Israeliten dann das Gericht Gottes an den Midianitern vollziehen (4 Mo 31,7.8; Jos 13,22). Er ist ein Feind des Gottesvolkes gewesen trotz des Inhalts seiner vom Geist Gottes eingegebenen Aussprüche, in denen er sogar vom Messias, dem Stern, der aus Jakob aufgehen wird, weissagte (4 Mo 24,17), und trotz seines Wunsches, den Tod der Gerechten zu sterben (4 Mo 23,10). Er diente dem Herrn als Werkzeug, wurde dann aber um seiner Feindschaft willen getötet.
2) Levitenstadt in Westmanasse (1 Chron 6,55[70]). Vermutlich derselbe Ort wie → Jibleam.

Bilga viell. »Licht, Glanz«.
1) Familienhaupt der 15. Priesterabteilung zur Zeit Davids (1 Chron 24,14).
2) Priester, der mit Serubabel aus der Gefangenschaft zurückkehrte (Neh 12,5.18).

Bilgai viell. »Licht, Glanz«.
Priester, der zur Zeit Nehemias die Verpflichtung auf das Gesetz unterschrieb (Neh 10,9[8]).

Bilha viell. »Sorglosigkeit«.
1) Sklavin Rahels, die ihr von Laban geschenkt worden war (1 Mo 29,29). Die kinderlose Rahel gab Jakob B. zur Nebenfrau. B. Söhne Dan und Naphthali galten dann als Rahels Kinder (1 Mo 30, 1–8). Später schlief Ruben bei B. (1 Mo 35,22) und verlor dadurch seine Stellung als ältester unter seinen Brüdern (1 Mo 49,4).
2) Ort in Simeon (1 Chron 4,29), wohl identisch mit Baala (Jos 15,29) und Bala (Jos 19,3).

Bilhan.
1) Horiter, Sohn des Ezer aus dem Gebirge Seir im Lande Edom (1 Mo 36,27; 1 Chron 1,42).
2) Benjaminit, Sohn des Jediaels und Vater von sieben Söhnen (1 Chron 7,10).

Billig bedeutet »mit Recht« (Hos 11,8; Jon 4,4; Lk 23,41) oder »in der Ordnung« (Eph 6,1).
2 Kor 11,4 kann man verstehen: so laßt ihr euch das ruhig gefallen, oder: so geschähe euch ganz recht.

Bilsa oder **Bilsan,** akkad. »Ihr Herr«.
Einer der führenden Israeliten, die mit Serubabel aus der Gefangenschaft heimkehrten (Es 2,2; Neh 7,7).

Bimehal viell. »Mit der Langmut, Geduld«.
Sohn Japhlets und Nachkomme Assers (1 Chron 7, 33).

Binea, Benjaminit, Sohn des Moza und Nachkomme Sauls (1 Chron 8,37; 9,43).

Binnui viell. Kurzform von Benaja.
1) Stammvater eines Geschlechts, das unter Serubabel aus Babylon zurückkehrt (Neh 7,15). Es 2,10 steht → Bani für B.
2) Zwei Männer aus den Geschlechtern Pahath-Moabs und Banis, die fremde Frauen genommen hatten (Es 10,30.38).
3) Levit zur Zeit Serubabels (Neh 12,8) und Levit, Sohn Henadads, zur Zeit Nehemias (Neh 3,24; 10, 10[9]). Welcher von ihnen der Vater des Leviten Noadja ist (Es 8,33), läßt sich nicht entscheiden.

Birsa, hängt wohl mit arab. »häßlich, widerlich schmecken« zusammen.
König von Gomorra z. Zt. Abrahams (1 Mo 14,2).

Birsawith, vielleicht Beer-Sait = »Brunnen des Ölbaumes«.
Enkel Berias, Nachkomme Assers (1 Chron 7,31). Vielleicht haben wir in B. auch einen Ortsnamen zu sehen.

Bisamäpfel. Apfelförmige Riechfläschchen, die von den jüdischen Frauen am Gürtel getragen wurden (Jes 3,20).

Bischof ist abgeleitet vom griech. *episkopos* = Aufseher und bezeichnet im NT eins der Ämter in der Urgemeinde. Abzusehen haben wir dabei von der schon früh (Anfang des 2. Jh.) einsetzenden Entwicklung, die dem B. die Stellung eines Vorstehers und Aufsehers über die Gemeinden eines größeren Gebietes einräumt und ihn zum Nachfolger der Apostel stempelt. Davon ist im NT noch nichts zu finden.
Die Aufgabe der Bischöfe, von denen auch mehrere in einer Gemeinde sein konnten (Phil 1,1), war die geistliche Gemeindeleitung, sie hatten auf die Herde achtzugeben und die Gemeinde Gottes zu weiden (Apg 20,28). Wie Paulus hier zu den Ältesten von Ephesus (V 17) spricht, so richtet auch Petrus die gleiche Ermahnung an die Ältesten (1 Petr 5,1.2), dabei steht für »sehet wohl zu« (V 2) das griech. Zeitwort *(episkopountes),* von dem B. *(episkopos)* abgeleitet worden ist. Nach diesen Stellen sind Bischöfe und Älteste gleichzusetzen, wobei aber Älteste die umfassendere Bezeichnung zu sein scheint. Der Auftrag des Weidens ergibt eine weitere Verbindung zum Amt des Hirten (Eph 4,11), was dadurch unterstrichen wird, daß Jesus in 1 Petr 2,25 »Hirt und B. eurer Seelen« heißt. Paulus rechnet dann auch die Lehre und Ermahnung, d. h. Seelsorge zu den Aufgaben des Bischofs (Tit 1,9). Das berührt sich wieder mit Hebr 13,17, wo von den Lehrern gesagt wird, daß sie über die Seelen wachen und Rechenschaft dafür ablegen sollen.

Als Voraussetzung zum Amt des B., den er Haushalter, Verwalter Gottes nennt, fordert Paulus für ihn persönlich wie für seine Familie eine untadelige Lebensführung, die auch außerhalb der Gemeinde anerkannt wird; er darf kein Neuling sein und muß die geistlichen Gaben zur Erfüllung seiner schon genannten Aufgaben besitzen (1 Tim 3,1–7; Tit 1,7–9). Vgl. weiter → Amt, → Älteste, → Hirt, → Lehrer.

Bisjothja. Wahrscheinlich ist in Jos 15,28 mit der LXX für diesen Ortsnamen zu lesen *benoteha* »ihre Töchter« (d. h. ihre Umgebung).

Bislam viell. »Im Einvernehmen«.
Einer der pers. Beamten, die wegen der Bauarbeiten in Jerusalem eine Beschwerde an König Artaxerxes I. (→ Arthahsastha) richteten (Es 4,7).

Bistha »Sieg«.
Kämmerer des Perserkönigs Ahasveros (Est 1,10). → Abagtha.

Bistum bezeichnet Apg 1,20 LÜ das Aufseher- (EÜ) oder Vorsteheramt (ZÜ) des Judas Ischariot (vgl. → Bischof). Die angeführte atl. Stelle (Ps 109,8) spricht ohne nähere Kennzeichnung vom → Amt.

Bithja. Ägypt. Königstochter und Frau des Judäers Mered (1 Chron 4,17).

Bithron. Name eines Tales im Ostjordanland (2 Sam 2,29). Das Wort kann aber auch als Zeitangabe übersetzt werden: einen halben Tag, einen Vormittag lang.

Bithynien, röm. Provinz im NW Kleinasiens. Als Paulus nach Mysien gekommen war, versuchte er, nach B. weiterzureisen, aber der Geist Gottes ließ es ihm nicht zu (Apg 16,7). Bald darauf müssen dort aber die ersten christlichen Gemeinden entstanden sein (1 Petr 1,1). Vgl. Karte Sp. 1151/2.

Bitte → Beten

Bitter, Bitterkeit.
I) Reine Geschmacksbezeichnung:
Mose bekam den Auftrag, Israel zum Passahlamm b. Kräuter essen zu lassen, die wohl an die b. Zeit in Ägypten erinnern sollten (2 Mo 12,8).
II) Verbunden mit Ungenießbarkeit:
b. waren die Wasser zu Mara, die das Volk auf der Wüstenreise nicht trinken konnte (2 Mo 15,23ff).
III) »Unheilbringend« für die Schuldige war das »b. und verfluchte Wasser« (4 Mo 5,18), das die des Ehebruchs verdächtige Frau aus der Hand des Priesters trinken mußte (→ Ehe IV, 2). Vgl. auch Jer 8,14.
IV) Auch die harte und grausame Gesinnung des Menschen (Hab 1,6; Kol 3,19; Jak 3,14), der danach trachtet, Schaden zu stiften (Spr 17,11), wird als b. bezeichnet. Solche Bitterkeit soll in der Gemeinde im Keim erstickt werden, damit sie nicht b. Früchte bringt (Hebr 12,15) und die Gemeinde verunreinigt.

Blachfeld (5 Mo 11,30; 2 Sam 2,29; 4,7 u. ö.) oder auch Gefilde (5 Mo 2,8; 3,17; Jos 12,3) bezeichnen in der LÜ die Araba, den großen Jordangraben, der sich im S bis zum Elanitischen Meerbusen, im N bis zum Galiläischen Meer erstreckt. Danach heißt das Tote Meer auch das Meer im B. (5 Mo 4,49; 2 Kö 14,25). Heute wird nur noch der Teil südl. des Toten Meeres als Araba bezeichnet.

Blasebalg. Der B. wird in Verbindung mit dem Schmelzen von Erz nur Jer 6,29 genannt. In Ägypten gehörten zu jedem Schmelzofen 2 B., die mit den Füßen bedient und abwechselnd getreten wurden.

Blastus »Sproß«.
Kämmerer des Königs Herodes Agrippa I. (Apg 12, 20).

Blatt. 1) Blätter eines Feigenbaumes dienten den ersten Menschen als Bekleidung (1 Mo 3,7), und das B. eines Ölbaumes war für Noah das Zeichen, daß die Gewässer der Sintflut gefallen waren (1 Mo 8,11). Seither gilt das Ölblatt als Sinnbild für Heil und Frieden.
2) Mit dem »goldenen B. der heiligen Krone« in 3 Mo 8,9 ist das goldene Stirnblatt des Hohenpriesters gemeint, das die Aufschrift »Heilig dem Herrn« trug (2 Mo 28,36; 39,30).
3) Die Türflügel zum Heiligen im Salomonischen und auch zum Heiligen wie zum Allerheiligsten im Tempel des Hesekiel (1 Kö 6,34; Hes 41,23.24) waren jeweils aus zwei »B.« zusammengesetzt. Diese senkrecht nebeneinander stehenden, gleich breiten Teile waren durch drehbare Bänder verbunden. So brauchte der Priester, um ins Heiligtum zu gelangen, nicht den ganzen Flügel zu öffnen. Vgl. Abb. Sp. 1373/4.
4) Die B. als Buchseiten des Gesetzes, die von dem König Jojakim zerschnitten und verbrannt wurden (Jer 36,23), bezeichnen die einzelnen Teile der Papyrusrolle.

Blattern → Krankheiten

Blei. Ein schon früh bekanntes Metall, das im Schmelzofen vom Silber geschieden wurde (Jes 1,25; Jer 6,29; vgl. Hes 22,18). Man fand es in Ägypten und auf der Sinaihalbinsel und führte es über Tyrus aus Tharsis ein (Hes 27,12). Bei der Aufzählung der midianitischen Beute steht es unter den Metallen an letzter Stelle (4 Mo 31,22), wohl seinem geringen Wert entsprechend. Man verwendete B. als Lot beim Bauen (Bleischnur Am 7,7.8; Richtblei Sach 4,10) und in der Seefahrt (Bleiwurf Apg 27,28). Der bildliche Gebrauch 2 Mo 15,10 spielt vielleicht auf bleierne Senker an Fischnetzen an. Sach 5,7.8 wird von einem Zentner (Talent) oder Klumpen B. als Deckel auf einem Epha gesprochen, möglicherweise handelt es sich hier um ein B.gewicht. Was Hi 19,24 wirklich gemeint ist, bleibt unklar.

Bleischnur → Blei

Bleiwurf → Blei

Blenden. Besonders gefährliche (Ri 16,21) oder wichtige Gefangene (2 Kö 25,7) wurden geblendet, wenn man sie unschädlich machen, aber doch nicht töten wollte. Auf assyr. Darstellungen sieht man den König mit einem Speer die Augen gefangener Gegner durchbohren. Die Drohung des Ammoniters Nahas, er wolle allen Männern von Jabes in Gilead das rechte Auge ausstechen, nimmt Rücksicht darauf, daß er von völlig geblendeten Menschen keinen Nutzen mehr haben würde (1 Sam 11,2).

Blindheit, blind. I) Die im Orient häufige B. (vgl. → Krankheiten: Blind) kann auch Folge des Gerichts Gottes sein (5 Mo 28,28.29). Manchmal wird der Betroffene nur vorübergehend blind (Apg 9,8.9. 17; 13,11). In anderen Fällen scheint es sich nicht um den Verlust der Sehkraft, sondern nur um die Unfähigkeit zu handeln, bestimmte Dinge klar zu erkennen (1 Mo 19,11; 2 Kö 6,18).

II) Ähnlich wird im übertragenen Sinn davon gesprochen, daß die Bestechung den Richter blind macht (2 Mo 23,8; 5 Mo 16,19).

III) Am häufigsten ist aber das Bild für den Mangel an geistlicher und praktischer Erkenntnis, der aus Selbsttäuschung (Offb 3,17) und Sünde, etwa dem Götzendienst (Jes 44,18), und dem Gericht Gottes entsteht (Jes 6,10; 29,9; 59,10; vgl. 2 Petr 1,9). Als Urheber dieser Verblendung werden auch der Satan (2 Kor 4,4) und die Finsternis genannt (1 Joh 2,11). Dabei werden nicht nur die Augen, sondern auch Herz, Verstand und Sinne verblendet und verstockt (Joh 12,40; Röm 11,10; Jes 29,14; 2 Kor 4,4). Am verhängnisvollsten wirkt diese B., wenn sie die Wächter (Jes 56,10) und Führer erfaßt, die dann als verblendete und blinde Blindenleiter das Volk in die Irre führen (Mt 15,14; 23,16.19.24; Röm 2,19), selber aber überzeugt sind, sie sähen (Joh 9,40.41). Zu den Zeichen der anbrechenden Heils- und Gnadenzeit Gottes gehört deshalb auch, daß den Blinden das Gesicht zurückgegeben wird, sowohl leiblich wie geistlich (Jes 29,18; 42,7; Lk 4,18; 7,22; Joh 9, 39). Vgl. → Auge, → sehen und schauen, → blenden.

Blindschleiche → Eidechse

Blitz. Natürliche Funkenentladung großen Ausmaßes, durch die sich elektrische Spannungen in der freien Atmosphäre ausgleichen. In Palästina gibt es Gewitter gewöhnlich nur im Frühjahr. – In der HS ist der B. Ausdruck für Gottes Herrlichkeit und gewaltige Majestät (2 Mo 20,18; Hes 1,13; Offb 4,5), wenn der Herr zum Gericht an seinen Feinden und zur Hilfe für sein Volk erscheint (Ps 18,14; 144,6; Sach 9,14). Das Gericht über Satan und sein Fall geschahen mit der Gewalt und Schnelligkeit eines Blitzschlages (Lk 10,18). Die Gestalt des Engels am Grabe Christi wird um ihres blendenden Glanzes willen mit einem B. verglichen (Mt 28,3), und am Tage seiner Wiederkunft wird der Menschensohn unvermittelt und über die ganze Welt sichtbar wie ein B. erscheinen (Lk 17,24).

Blöde heißt schwach, furchtsam, verzagt (Ri 7,3; Hi 23,16; Spr 10,15; 2 Chron 13,7; Jer 51,32). 1 Mo 29, 17 sind wohl matte, glanzlose Augen gemeint.

Blöße → Entblößen IV

Blut. I) Die Bedeutung des Blutes IN DER BIBEL ÜBERHAUPT.

1) B. = Leben: 5 Mo 12,23; genauer: das Blut ist der Sitz des Lebens, der → Seele. Im B. ist das Leben: 3 Mo 17,11. Weil das B. Leben hat, kann es zum Himmel schreien: 1 Mo 4,10. B. wird auch in der Bedeutung »Geblüt, Art, Gattung« gebraucht: Apg 17,26 (vgl. auch B. vergießen in Jes 34,3; Hab 2,12).

2) Wie Gott über das Leben wacht, das er gegeben hat (1 Mo 2,7), so wacht er auch darüber, daß das B. des Menschen nicht angetastet wird. Nicht einmal das B. von Tieren darf genossen werden (1 Mo 9,4; 5 Mo 12,16; vgl. Apg 15,20). Gegen Menschenopfer (5 Mo 18,10) und Kannibalismus hält die Bibel die Heiligkeit und Unantastbarkeit des B. und Lebens aufrecht. Wer Menschenblut vergießt, vergreift sich an dem Schöpfer des Lebens, an Gott selbst, der alles vergossene B. rächen wird (1 Mo 9, 5f; vgl. Jes 1,15). → Apostelkonzil.

II) Die Bedeutung des B. IM OPFER.

Wer sich gegen Gott versündigt, hat sein Leben verwirkt. Gottes Gerechtigkeit und Heiligkeit fordert Strafe (1 Mo 3,8–24: alle drei – Schlange, Eva und Adam – werden verflucht und bestraft). Die Tatsache des kurzen Menschenlebens (Ps 90,7–10) und des bitteren Todes (Röm 6,23) steht in ursächlichem Zusammenhang mit der Sünde des Menschen (5 Mo 24,16). Es ist Gnade, wenn Gott trotzdem das stellvertretende Darbringen des B. eines Opfertieres gelten läßt. So steht der ganze Opferkult des AT unter dem Vorzeichen der göttlichen Gnade. Anderseits läßt Gott keine andere Möglichkeit der Sündenvergebung gelten als die durch das B.vergießen gegebene: Hebr 9,22.

Das B. der Opfertiere (→ Opfer) wurde entweder auf den Altar gesprengt oder auf die Hörner des Altars gestrichen oder am Altar ausgegossen (3 Mo 5,9). Der Sünder, der das Opfertier zum Priester brachte, mußte bei der Schlachtung seine Hand auf den Kopf des Opfertieres legen und damit dokumentieren: Eigentlich sollte ich sterben, aber dieses Tier stirbt an meiner Statt – für mich! (3 Mo 1,4).

III) Das BLUT CHRISTI.

Auf dem Hintergrund des oben angedeuteten Verständnisses von B. ist die Bedeutung des B. Christi erst recht (in ihrer ganzen Wichtigkeit) zu erkennen und zu würdigen (vgl. vor allem den Hebr, z. B. 10,29; 12,24; 13,20). Durch das Vergießen seines B., das Darbringen seines Lebens, hat Jesus die Versöhnung gestiftet (3 Mo 17,11). Das B. ist der Preis – ein hoher Preis! – durch den Jesus den Menschen von der Sünde losgekauft hat (1 Petr 1,18f). So wie der Alte Bund auf das B. von Opfertieren gegründet war, so der Neue Bund auf Jesu B.: Mt 26,28 par. Wer als Sünder seine Hand gleichsam auf das »Haupt voll B. und Wunden« legt, dem gilt das Opfer, der nimmt es an, der glaubt.

Im → Abendmahl feiert die Gemeinde das Gedächtnis des sühnenden B.vergießens des Gottessohnes und nimmt an der Gemeinschaft des B. Jesu (1 Kor 10,16) teil. Diese Gemeinschaft überwindet Grenzen des Vorurteils und der Tradition zwischen den Menschen: Gal 3,28; Eph 2,13.

So wird durch das B.vergießen Jesu am Kreuz Gemeinschaft zwischen Gott und dem Menschen (denn die Vergebung macht dem Kriegszustand mit Gott ein Ende und stellt die zerstörte Gemeinschaft wieder her) und zwischen Mensch und Mensch gewirkt. Kaum ein Wort der HS drückt das treffender aus als 1 Joh 1,7.

Als *pars pro toto* (Teil fürs Ganze) wird B. im NT, vor allem von Paulus, für die ganze Heilstat und das Wirken Jesu gebraucht: Eph 1,7; Kol 1,14. Paulus hat Gottes Handeln in Christo recht verstanden, wenn er es in die Formel »Wort vom Kreuz« zusammenfaßt und darin den wesentlichen Inhalt seiner Verkündigung sieht (1 Kor 1,18). Mit seiner Theologie des Kreuzes hat er der Bedeutung des Kreuzesgeschehens für alle Zeiten den ihr gebührenden Platz eingeräumt.

Blutacker → Hakeldama

Blutbräutigam nennt Zippora ihren Mann Mose, der versäumt hatte, seinen Sohn zu beschneiden (2 Mo 4,24ff). Göttliche Strafe stand auf der Unterlassung der Beschneidung (1 Mo 17,12–14). Dem Ausdruck liegt wohl die Auffassung zugrunde, daß Zippora mit dem Blute der Beschneidung das Leben des Mose, den der Herr bedrohte, habe erkaufen müssen.

Blutegel *(Hirudo medicinalis).*

Fingerlanger, meist wasserbewohnender Ringelwurm von parasitischer Lebensweise. Am Vorder- und Hinterkörper mit einer Saugscheibe versehen, bewegt der Blutegel sich spannerraupenartig fort. – Schon im Altertum von den Ärzten zum Blutaussaugen angewandt, ist er ein passendes Bild der Unersättlichkeit (Spr 30,15).

Blutgang → Krankheiten

Blutgeld. I) Sühnegeld, das anstelle des Abbüssens einer verdienten Strafe gezahlt wurde (Am 5,12).

II) Geld, an dem Blut klebt (Mt 27,6).

Bluträcher (hebr. *goel haddam* = Löser des Blutes).
Nach dem Gesetz Gottes hat der Mensch, der einen anderen Menschen getötet hat, sein eigenes Leben verwirkt (1 Mo 9,5.6; 4 Mo 35,31). Heute sorgen die zuständigen Gerichte für Urteil und Strafvollzug. Bei den Völkern des bibl. Altertums stand die Sühne dem B., dem nächsten Verwandten des Toten, zu. Er hatte nicht nur das Recht, sondern die Pflicht, den Mörder oder Totschläger ohne vorhergehendes Gericht oder Urteil zu erschlagen. Das löste häufig wiederum die Blutrache aus, so daß schließlich ganze Familien ausgerottet wurden (vgl. 2 Sam 3,27; 14,11). Um dem vorzubeugen, war für den Israeliten der alte Rechtsbrauch an feste Vorschriften gebunden. So wurden sechs → Freistädte errichtet, in die der Totschläger vor dem B. fliehen konnte. Dort erwartete ihn in jedem Fall ein gnädiges Gericht, und nur der vorsätzliche Mörder wurde dem B. ausgeliefert. Weder für Mord noch für Totschlag durfte von den Verwandten ein Sühnegeld angenommen werden, damit das Land nicht durch Blutschuld verunreinigt wurde (4 Mo 35,31ff). Das Fundament der Blutrache ist also der Glaube, daß Gott selbst zur Sicherung der Heiligkeit des Menschenlebens die von Menschen zu vollziehende Todesstrafe auf den Mord gesetzt hat (3 Mo 24,17. 21). Die Blutrache ist damit Vollzug der von Gott verhängten Strafe, und der B. handelt im Namen Gottes (Ps 9,13). Allerdings soll die Blutrache nur den Schuldigen und nicht dessen Angehörige treffen (5 Mo 24,16; vgl. 2 Kö 14,6).
Zunächst erhielt die alte Rechtsgewohnheit eine bessere Fassung, indem der Mörder nur nach einer ordentlichen Gerichtsversammlung und nur nach Aussage von mindestens 2 Zeugen dem B. übergeben werden durfte (4 Mo 35,12.30). Der B. war in solchen Fällen nur noch der Exekutor des gerichtlichen Todesurteils. Später konnten auch Könige als Inhaber der höchsten Rechtsgewalt der gesetzmäßigen Blutrache Einhalt gebieten (2 Sam 14,8ff), und seit der Gerichtsorganisation unter König Josaphat war das Endurteil über Mörder und Totschläger dem obersten Gericht in Jerusalem vorbehalten (2 Chron 19,10; vgl. 5 Mo 17,8).
Dennoch erhielt sich die Blutrache vermutlich solange, wie es auch ein selbständiges isrl. Staatswesen gab. Erst unter der Römerherrschaft konnte sie gesetzlich nicht mehr aufrecht erhalten werden (Joh 18,31).

Bne-Barak »Söhne des Blitzes«.
Ortschaft im Gebiete Dans (Jos 19,45); das heutige Ibn Ibrak, etwa 7 km Ll. östl. von Japho, dem heutigen Jaffa. Vgl. → Azor.

Bnehargem griech. Boanerges »Söhne des Donners«.
Beiname der Zebedäussöhne Johannes und Jakobus, den ihnen der Herr gab (Mk 3,17). Der Name spielt wohl auf ihr Temperament an (vgl. Mk 10,35ff; Lk 9,54).

Bne-Jaakan »Söhne Jaakans«.
Station des Wüstenzuges (4 Mo 33,31.32), wahrscheinlich das heutige Birein, neuhebr. Beerotayim, ca. 23 km nördl. von Kades. In 5 Mo 10,6 heißt der Ort Beeroth-Bne-Jaakan.

Boas viell. »Von scharfem Geiste«.
1) Reicher und angesehener Bethlehemit, ein Verwandter Elimelechs, des Mannes der Naemi. Er heiratet Naemis verwitwete Schwiegertochter Ruth, die Moabiterin, erhält damit das Erbe Elimelechs und seiner Söhne der Familie und setzt ihr Geschlecht in seinem ersten Sohn Obed, dem Großvater Davids, fort (Rt 2–4; Mt 1,5).
2) Die linke der beiden Bronzesäulen, die Salomo vor dem Tempel errichten ließ. Ihr Name B. ist wahrscheinlich die Abkürzung einer Inschrift, die etwa gelautet haben mag: »Im Herrn liegt die STÄRKE des Königs« (1 Kö 7,15–22; 2 Chron 3,17). → Jachin.

Bochim, hängt wohl mit hebr. »weinen« zusammen.
Der Name wird Ri 2,4.5 darauf zurückgeführt, daß »das Volk seine Stimme aufhob und weinte, und sie die Stätte B. hießen«. Nach der LXX kam der Engel »nach B. und Beth-El zum Haus Israel«, die beiden Orte lagen also wohl nahe beieinander; viell. war B. auch ein anderer Name für Beth-El.

Bochru. Sohn Azels und Nachkomme Jonathans, des Sohnes Sauls (1 Chron 8,38; 9,44).

Bock. Männliches Tier der → Ziege. Der B. war ein Opfertier, vor allem zum Sündopfer (3 Mo 4,24; 9, 15; 10,16 u. a.), und durfte gegessen werden. Schafe und Ziegen weideten häufig zusammen, daher ergab sich die Notwendigkeit, die Herden immer wieder zu scheiden. Darauf wird gelegentlich angespielt. Dabei repräsentieren Mt 25,32.33 B. die Ungerechten, die einmal am Tage des Gerichtes zur Linken des Herrn stehen werden. Auch in Hes 34,17 sind sie das Bild für gottlose und ungetreue Führer des Volkes. Eine besondere Rolle spielten die Böcke am großen Versöhnungstag. Während das eine Tier für die Sünden des Volkes geopfert wurde, wurde der andere B. mit der Sünde des Volkes in die Wüste gejagt (3 Mo 16,15–22). → Asasel.
Der Ziegenbock in Dan 8,5–14.21.22 ist ein Sinnbild des griech.-mazedonischen Reiches Alexanders d. Gr., das, nachdem er 323 v. Chr. gestorben war, im Jahre 301 v. Chr. in die vier Reiche Ägypten, Syrien, Thrazien und Mazedonien zerfiel, was durch die vier nachwachsenden Hörner des Ziegenbockes veranschaulicht wird.

Bogen und Pfeile waren im Altertum eine gefährliche Waffe und werden öfter im AT genannt. Nach 1 Mo 27,3 ging Esau mit Pfeilköcher und Bogen auf Jagd. Auch Jes 7,24 wird der B. als Jagdgerät genannt. Hauptsächlich aber diente er als Kriegswaffe. Die Ägypter und Assyrer waren als gute B.schützen

Assyr. Bogenschützen.

bekannt; in Israel zeichnete sich besonders der Stamm Benjamin in dieser Kunst aus (1 Chron 8,40; 12,2; 2 Chron 14,7[8]; 17,17). Vgl. Taf. 65a/1024. Die B. wurden aus hartem, elastischem Holz (Hi 20, 24) angefertigt. Was wir uns unter ehernen B. (2 Sam 22,35; Ps 18,35; Hi 20,24) vorzustellen haben, ist nicht klar. Die hölzernen B. wurden manchmal durch ein Flechtwerk von Schnüren oder Sehnen und auch durch eine Horneinlage verstärkt. In Syrien kannte man den stumpfwinkligen B. – Die B.sehne bestand aus einer Schnur von gedrehten Leinenschnüren oder Därmen von Ochsen und Kamelen. – Vom Spannen des B. zum Schuß ist zweifelsfrei nur 2 Kö 13,16; 1 Kö 22,34; 2 Chron 18,33 die Rede, an den übrigen Stellen steht im Hebr. wörtl. »den B. treten« (Ps 7,13; 11,2; 37,14; Jes 5,28; 21,15; Klgl 2,4; 3,12; 1 Chron 5,18; Sach 9,13). Es handelt sich hier darum: Man hatte den B. nach Gebrauch durch Lösen der Sehne völlig entspannt. Um ihn wieder schußfertig zu machen, wurde der B. auf den Boden gestellt und der Fuß dagegen gestemmt. Dann drückte eine Hand das obere Ende des B. herunter, und die andere befestigte die Sehne.

Die Pfeile waren aus Rohr oder Holz, die Spitzen meist aus Eisen oder Kupfer und mit Widerhaken versehen. Federn am stumpfen Ende des Pfeiles sorgten dafür, daß er sich während des Fluges nicht überschlug. Manche Pfeilspitzen wurden mit in Pech bzw. Öl getränktem Hanf versehen und brennend in das feindliche Lager geschossen (vgl. Ps 7,14; Jes 50,11; Eph 6,16). Aus Hi 6,4 ist ersichtlich, daß vergiftete Pfeile bekannt waren.

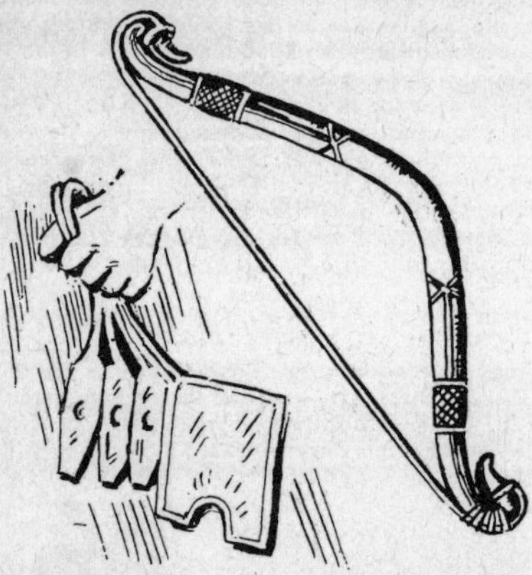

Bogen, Fingerlinge und Armschutz. Die Sehne ist am oberen Ende des Bogens nur lose eingehakt (Relief aus Sendschirli, Syrien).

Bogenschützen, der linke »tritt den Bogen« und hakt die Sehne ein (ägypt. Darstellung).

Fingerlinge und ein Armschutz aus Leder sollten die Linke, die den B. hielt, vor Verletzungen beim Abschuß des Pfeils bewahren.
Die Bezeichnung »Bogenlied« (2 Sam 1,18) für das Trauerlied Davids bezieht sich wahrscheinlich auf V 22. Vgl. auch Abb. Sp. 1063; 1488.

Bohan, Zushg. mit *behon* »Daumen, große Zehe«? Ein Rubenit. Seinen Namen trug ein Denkstein, der zugleich als Grenzstein zwischen Juda und Benjamin diente (Jos 15,6; 18,17).

Bohnen. Bei der in der HS genannten B. (hebr. *pol)* ist an unsere Saubohne *(Vicia Faba)* zu denken. Sie wurde entweder frisch gekocht oder getrocknet in einer Handmühle grob gemahlen und als Grütze oder Gries mit Knoblauch zubereitet gegessen. Auch als Viehfutter fand sie Verwendung.
Nach 2 Sam 17,28 wurden David, als er sich auf seinem Feldzug gegen Absalom befand, u. a. auch B. als Verpflegung für sein Heer gebracht. In Hungerzeiten verwendeten die Israeliten B. auch zum Brotbacken (Hes 4,9).

Bollwerk → Festung

Bor-Asan »Rauchgrube«.
Ort im Süden Judas (1 Sam 30,30), vielleicht identisch mit → Asan 1.

Borgen → Leihen

Bor-Hassira »Brunnen von Sira«.
Den 2 Sam 3,26 erwähnten Ort nennt Josephus als Brunnen Sira 20 Stadien (3,6 km) nördl. von Hebron. Man hat ihn u. a. in dem heutigen Siret el-Bella gesucht. Vgl. Karte Sp. 574.

Born = → Brunnen (Pred 12,6; Sach 13,1).

Borte bezeichnet den bes. festen Saum am Purpurrock des → Hohenpriesters (2 Mo 28,32). Jes 3,23 ist eine Kopfbedeckung, eine Haube oder ein Turban, gemeint.

Böse, Bosheit, boshaft (LÜ auch arg, der Arge) bezeichnen weniger eine einzelne Eigenschaft, als vielmehr eine innere, gottfeindliche Haltung, die sich auf allen Gebieten des Lebens auswirkt. Gut und böse sind die beiden Pole, zwischen denen der Mensch bei seinen Entscheidungen zu wählen hat. Das Wissen um gut und böse hat er sich am Anfang der Menschheitsgeschichte (1 Mo 3,1ff) im Ungehorsam gegen Gott erworben, ohne jetzt jedoch fähig zu sein, aus eigener Kraft das Gute zu tun (→ gottlos, → Sünde).

I) Gott schuf eine Welt der vollkommenen Harmonie, des Friedens und der Freiheit in der Einordnung unter seinen allein gültigen Willen. In dieser Ordnung war die Schöpfung nach Gottes eigenem Urteil sehr gut (1 Mo 1,31). Gott hat das Böse in der Welt nicht gewollt und nicht geschaffen. Dieser Tatsache entsprechen die Aussagen der HS über die Endlichkeit alles Bösen (vgl. Ps 5,5; 34,17; 37,9; 140,12; Spr 24,20; Hes 36,29–33) sowie die Vernichtung des Bösewichtes und die endgültige Scheidung des Bösen vom Guten (Mt 13,49.50; Offb 20, 10.14.15).

II) Zur vollen Harmonie gehörte, daß der Mensch als oberstes und verantwortlichstes Wesen der Schöpfung nicht durch naturgesetzliche Zwangsläufigkeit in seiner Bahn gehalten wurde, sondern durch freiwilligen Gehorsam (1 Mo 2,17), damit er ein Bild Gottes sei (1 Mo 1,27). Zu diesem Zwecke wurde dem Menschen die Möglichkeit zum Ungehorsam gegeben, durch Setzung eines Verbotes, zu dessen Übertretung für ihn keine Nötigung und keine

Lust vorlag. Da trat in der Welt ein Wesen auf, das später als der Bösewicht oder der Arge bezeichnet wird (Mt 13,19; Eph 6,16; 1 Joh 2,13f; 5,18), ein Wesen aus der Welt der Geister, das Zutritt zu dieser Welt erhielt. Der Ursprung des Bösen liegt also nicht in unserer Welt.

III) Der Böse (→ Teufel) ist der Diabolos, der Durcheinanderwerfer, Entzweier. Damit ist das Wesen des Bösen aufgedeckt. Böse ist in der Tat alles, was die Ordnung und die Pläne Gottes stört, und Bosheit als Gesinnung ist der Trieb zu solcher Störung, die Auflehnung gegen Gott. Böse ist dann jedes Wesen oder Ding, von dem eine solche Störung ausgeht (2 Mo 32,22; 5 Mo 1,34f; Jer 13,10; Phil 3, 2; 2 Thess 2,3f). Bosheit ist jedoch nicht nur Störung des Heilsplanes Gottes, Bosheit ist Rebellion gegen Gott, der Anschlag des Bösen gegen die göttliche Alleinherrschaft. Böse ist dann nicht nur ein statisches »Entgegen-Sein«, sondern der ständige Übergriff der bösen Mächte zur Besitzergreifung göttlichen Eigentums. Dabei strebt das Böse, die bösen Geister (Eph 6,12) nach Verkörperlichung (Lk 8,32; 11,24–26; → Besessenheit). Entsprechend der Leibwerdung des Geistes Gottes in Form der Gemeinde will auch der Böse leibhaftig werden, so daß die HS sogar von der »Versammlung« der Bösen sprechen kann (Ps 64,3). Hier steht dasselbe Wort, das sonst zur Bezeichnung des Gottesvolkes (Hes 13,9), der »Versammlung« der Heiligen (Ps 89,8), ja des »Rates« des Herrn (Jer 23,18.22) gebraucht wird; Ps 111,1 ist der »Rat« der Gerechten mit der Gemeinde identisch und wird im gleichen Atemzug mit ihr genannt.

IV) Das Böse hat den Trieb, sich auszubreiten. Dem Bösen (Satan) wie den bösen Menschen genügt es nicht, die Ordnung Gottes für ihre Person zu verneinen, sondern sie wollen sie in jedem Bereich untergraben, so im Bereich des Leibes (Mk 9,20–22; Lk 13,16), im Bereich der Ehe (1 Kor 7,5), des Eigentums (Mi 2,1), der Ehre des Menschen (Spr 15,28; 17,4), des Vertrauens und der Liebe (5 Mo 15,9) und der Aufrichtigkeit unter den Menschen (Jes 9,16 [17]). Jeder sichtbar werdende Plan Gottes ist ihnen ein Ärgernis, das sie bekämpfen müssen, soweit ihre Macht reicht (Hi 1–2; Mt 5,10; 1 Thess 2,14–16). Über den Menschen ist das Böse auch in die Welt eingedrungen (Röm 5,12) und möchte seitdem dem Schöpfer das Eigentum dieser Welt streitig machen. In diesem Zusammenhang spricht die HS von der argen Welt (Gal 1,4; vgl. 1 Joh 5,19), dem von der Bosheit verunreinigten bösen Land (Jer 3,2; vgl. 4 Mo 13,19[20]), den bösen Tieren (1 Mo 37,20; 3 Mo 26,6) und der bösen Zeit (1 Mo 47,9; Ps 37,19; Eph 5,16). Diese Rebellion hat den Menschen aus der Gemeinschaft mit Gott gebracht und damit ist er der Krankheit und dem Tode preisgegeben (Röm 7, 24).

V) In der Welt vor dem Falle hatte der Böse keine Macht, von sich aus die Ordnung Gottes unmittelbar zu stören. Auch in der Jüngerschaft Jesu und in seiner Gemeinde ist sein Handeln durch die Gegenwart Jesu gebunden. Er erreicht nur dort sein Ziel, wo er Glieder dieser Gemeinschaft, möglichst den Verantwortlichen, zum Ungehorsam, d. h. zur Auflehnung gegen Gott verführen kann (vgl. Röm 5,14; Mt 4,1 par.). Darum warnt die Bibel immer wieder vor dem Versucher.

VI) Bosheit will nicht als solche erkannt werden, darum ist sie Meisterin der Tarnung (Ps 28,3; 2 Kor 11,13–15) und handelt im Verborgenen, in der Finsternis (Jes 29,15; Hes 8,12; Joh 3,19.20). Jesus Christus jedoch wird bei seinem Wiederkommen die Finsternis offenbar machen (2 Thess 2,8).

VII) Damit der Mensch böse wurde, genügte es nicht, daß er aus Unkenntnis ein Gebot Gottes übertrat; darum machte Satan Eva darauf aufmerksam, daß ein Verbot Gottes vorliegen könnte (1 Mo 3,1). Um den Verführten schuldig zu machen, wird in ihm die Lust geweckt, die ihn zum Ungehorsam gegen Gott reizt (Röm 7,7f; Jak 1,14).

VIII) Die Erkenntnis des Bösen kommt nicht durch theoretische Überlegung und Belehrungen, sondern durch die Sprache des Gewissens nach begangener böser Tat (1 Sam 15,24; 2 Sam 12,13; Mt 27,4). Das »belastete« Gewissen wird zum Mahner des Menschen.

IX) Der Sitz des Bösen ist das Herz des Menschen (1 Mo 6,5; 5 Mo 15,9; Mt 24,48). Die Angst ist der Ausdruck seines Sündenbewußtseins (Röm 2,9). Das Herz des Menschen ist mit dem Bösen engste Beziehung eingegangen (Mk 7,21). Nur eine Totalbekehrung vom Bösen (Ps 119,101; 139,24; Jer 25,5; Apg 8,22), eine Totalreinigung (Jer 4,14) durch das Blut Christi (Hebr 9,14), die Auswechslung des steinernen Herzens (Hes 36,26) durch ein lebendiges, von Gott neu geschaffenes Herz (Ps 51,12) vermag den Menschen aus der Bindung an das Böse zu lösen und ihn vom Bösen zu trennen (Spr 24,1). Andernfalls geht der Mensch im Gericht Gottes über das Böse schon heute (Jer 1,16), spätestens jedoch am Ende der Tage unter (Mt 13,49). Es gibt eine Zeit, in der eine Trennung vom Bösen unmöglich wird, von der die HS sagt: »Wer böse ist, sei fernerhin böse ...« (Offb 22,11).

X) Die Überwindung des Bösen durch Christi Tod und Auferstehung bewirkt nicht nur den Straferlaß des Menschen von seiner Verschuldung (Kol 1,20), sondern auch eine ganze Befreiung von der Herrschaft des Bösen und seinen Wirkungen. Darum fordern die Apostel die Distanzierung der Nachfolger Christi von der Bosheit (1Petr 2,1; Jak 1,21) und die Überwindung des Bösen durch das Gute (Röm 12,21). Dem ständigen Zunehmen der Bosheit im Leben des Sünders (2 Tim 3,13) soll auf Seiten der Christen die Übung zum Guten (Hebr 5,14) und das Schreiten von Sieg zu Sieg gegenüberstehen.
Bis zur totalen Vernichtung des Bösen jedoch (Offb 20,10) hat der Christ gegen die besiegten Mächte des Bösen in der Kraft des Glaubens zu kämpfen (Eph 6,16). Im Bewußtsein, daß seine Feinde übermenschliche, widergöttliche Dämonien, die Fürsten der Bosheit und Gewaltigen der Geisterwelt sind (Eph 6,12), wird er sich bis zu seinem Sterben immer wieder zu seinem Herrn flüchten mit der Bitte: »Und erlöse uns von dem Bösen« (Mt 6,13), und er wird dann im Glauben an »sein Reich« inmitten des Kampfes die Kraft und die Herrlichkeit seines Gottes erfahren.

Bote, Botschaft, Botschafter → Gesandter

Bozez.
Spitzer Felsen am Wege Jonathans zu den Philistern (1 Sam 14,4). B. muß man 11 km nordnordöstl. von Jerusalem suchen, im heutigen Wadi Suweinit, in unmittelbarer Nähe von Michmas. Vgl. ZDPV 27 (1904), S. 161ff.

Bozkath. Stadt zwischen Lachis und Eglon (Jos 15, 39). Ihre genaue Lage ist unbekannt.

Bozra viell. »Unzugänglicher Ort«.
1) Berühmte Stadt in Edom (1 Mo 36,33; Jes 34,6; 63,1; Jer 49,13; Am 1,12). Sie ist vermutlich das

heutige El Buseira, das von tiefen Schluchten umgeben auf einem Felsvorsprung liegt, der nur durch einen schmalen Sattel mit der Hochebene verbunden ist (A. Musil, Arabia Petraea II,1 S. 320). Die unzugängliche Lage scheint in Jer 49,22 angedeutet zu werden. Vgl. Karte Taf. 97/1536.
2) B. in Moab (Jer 48,24) ist wohl mit → Bezer (5 Mo 4,43) gleichzusetzen, das auch auf dem Mesastein erwähnt wird. Es ist wohl das heutige Umm el-Amad 14 km nordöstl. von Medeba.
3) Ein weiteres B., das in der HS nicht erwähnt wird, liegt 38 km östl. von Edrei am Weg nach Salcha. Vgl. Taf. 97/1536 Deckblatt.

Braja »Der Herr hat geschaffen«.
Sohn Simeis, Nachkomme des Saharaim aus dem Stamme Benjamin (1 Chron 8,21).

Brand, Brandkorn. Pilzkrankheit des noch grünen Getreides, die durch bestimmte niedere Schmarotzerpilze, B.- und Rostpilze verursacht wird. Ihre Sporen bilden staubige, schwarze und braune (B.) oder rote bzw. rostfarbene Massen (Rost). Die vergilbten Ähren tragen dann keine Körner. 1 Kö 8,37; Am 4,9 werden B. und Brandkorn als Plage Gottes genannt. Vgl. → Gelbsucht.

Brandmal → Krankheiten

Brandopfer → Opfer

Brandopferaltar → Altar

Braut, Bräutigam → Ehe

Brechen.
1) B. des Brotes → Abendmahl.
2) »Was die Mutter bricht« (2 Mo 13,2.12.15; Lk 2,23) bedeutet: was den Mutterleib aufbricht, öffnet, also die Erstgeburt.

Brief. I) Bereits aus den Tagen Abrahams kennen wir ausführliche B.wechsel. Die Ausgrabungen in Mari förderten allein aus dem dortigen Archiv (um 1700 v. Chr.) nahezu 20 000 B. ans Tageslicht. Die B., auf Tontäfelchen geschrieben, haben uns Einblikke in die Lebensgewohnheiten am Euphrat gegeben. So schreibt die Schwester des Königs Zimrilim in einem B., sie habe ihre Herden verloren und hätte gern andere, um sie zu weiden. Die Schwester des Stadtfürsten selbst hütete also Herden von Kleinvieh. Das Viehhüten muß demnach nicht unbedingt auf arme Verhältnisse hinweisen (vgl. Rebekka, Rahel und Zippora) Ein anderer bedeutender B.wechsel aus dem 14. Jh. v. Chr. sind die ägyptischen → Amarnabriefe.

II) Neben diesen wichtigen und bedeutenden Funden in Mesopotamien und Ägypten ist die Sammlung der B., die man bei Ausgrabungen in Palästina fand, verhältnismäßig klein. Die größte Sammlung beschriebener Tonscherben (Ostraka) stammt aus → Samaria, enthält jedoch lediglich kleine Notizen über Lieferungen von Wein und Öl für den königlichen Hof. Die Ostraka von → Lachis dagegen zeichnen ein treffendes Bild der Verwirrung in Juda während des babyl. Einfalls. Sie sind geschrieben worden, als Nebukadnezar wohl Jerusalem schon belagerte, Lachis aber noch nicht unmittelbar im Kampfgebiet lag. Auch Aseka wird erwähnt (vgl. Jer 34,7). Die mit Tinte auf Tonscherben geschriebenen B. wurden in einem Raum am Haupttor von Lachis gefunden. Sie sind an »meinen Herrn Jaus«, den Militärbefehlshaber von Lachis, gerichtet und bilden vielleicht den Rest des Archives, das im übrigen bei der Eroberung durch die Babylonier (zwischen 588 und 586 v. Chr.) vernichtet wurde. Vgl. Taf. 12b/161.

Versiegelter Papyrusbrief (5. Jh. v. Chr.).

III) Pergamente oder Papyri hat man außer den Hss. von Qumran bisher in Palästina nicht gefunden, aber das trockene Klima Ägyptens hat auch diese vergänglichen Stoffe erhalten. So kennen wir aus Sakkara einen B., in dem das 604 v. Chr. von Nebukadnezar bedrohte Askalon vergeblich um ägyptische Hilfe bat. Aus der jüd. Militärkolonie von Elephantine sind eine ganze Anzahl von Papyrusbriefen, Kaufverträgen und Akten des 5. u. 4. Jh. v. Chr. bekannt, in denen u. a. auch → Saneballat, der pers. Statthalter von Samaria und der Hohepriester → Johanan genannt werden (um 410 v. Chr.).

IV) Das AT erwähnt öfter B. (2 Sam 11,14; 1 Kö 21, 8; 2 Kö 20,12), die es auch z. T., wohl meist auszugsweise, anführt (2 Kö 5,5–7; 10,1–3; 19,10–13). Es spricht weiter von Scheidebriefen (5 Mo 24,1) und Kaufbriefen (Jer 32,10–14). Solchen Kaufbrief pflegte man auf eine Tontafel zu schreiben, die in einer Tonkassette wie in einem Umschlag verwahrt und versiegelt wurde. Außen wurde der Vertragstext noch einmal wiederholt. Beispiele davon sind in Mesopotamien gefunden worden.

V) Das NT enthält 21 B. Die meisten davon verfaßte der Apostel Paulus (Röm, 2 Kor, Gal, Eph, Phil, Kol, 2 Thess, 2 Tim, Tit und Phim). Außerdem enthält die Apg den B., der den Beschluß des → Apostelkonzils bekanntgibt (Apg 15,23), und den B. des Lysias (Apg 23,26). Andere B. werden erwähnt, sind uns aber nicht mehr erhalten (1 Kor 5,9; 2 Kor 10,9ff; Kol 4,16). Nicht alle B. des NT jedoch sind durchgehend in B.form geschrieben. So ist die Offenbarung des Johannes, die in den 7 Sendschreiben echte B. enthält (Offb 2; 3), vor allem eine Apokalypse (= Enthüllung, d. h. Offenbarung über das Jenseits und Zukünftige); und der Hebr hat die Art einer Epistel (= kunstvoll aufgebauter Lehrbrief). Anderseits trägt der B. des Paulus an Philemon im Verhältnis zu den Gemeindebriefen einen ausgesprochen persönlich intimen Charakter, er ist auch nicht wie diese diktiert (Röm 16,22; Gal 6,11; 1 Kor 16,21; Kol 4,18; 2 Thess 3,17), sondern eigenhändig geschrieben (Phim 19; vgl. 2 Joh 12; 3 Joh 13). Sonst tritt bis auf gelegentliche persönliche → Grüße am Schluß der B. (vgl. Röm 16,3ff; 1 Kor 16,19ff; 2 Kor 13,12f; Eph 6,21ff u. ö.) der intime Charakter vor der Sache des Königreichs Gottes zurück.
Die Paulinischen Briefe sind wie auch die übrigen ntl. B. meist nach einem bestimmten Schema (B.formular) geschrieben, Absender und Grußformel (Röm 1,1.7; 1 Kor 1,3; 2 Kor 1,2; Gal 1,1.3 u. ö.), Empfänger (z. B. Gal 1,2b; Eph 1,1b; Phil 1,1b; Kol 1,2a u. ö.), dann auch Dank und Gebet (z. B. Kol 1,3; 1 Thess 1,2.3; 2 Thess 1,3; 2 Tim 1,3 u. ö.), denen am Schlusse die Grüße (s. o.) folgen, sowie Segenswünsche, die die persönliche Unterschrift ersetzen (1 Kor 16,23.24; 2 Kor 13,13; Gal 6,18; Eph 6,24 u. ö.). Dies B.formular der Paulusbriefe zeigt nun Eigenheiten, die sich in der ganzen sonst bekannten B.literatur nicht finden. Das ist u. a. ein deutlicher Hinweis darauf, daß alle diese B. vom gleichen Verfasser stammen müssen, was vielfach angezweifelt

wird. Die ntl. B.schreiber haben ihre B. ganz ihrem Missionsauftrage untergeordnet, d. h. die B. unterscheiden sich weder in Art, noch Form und Inhalt von der Wortverkündigung der Apostel. Hier wechselt Predigt, Belehrung (Röm 1,18f; 2,1f; 6,1ff; 7,1ff; 1 Tim 3,16) und Ermahnung (Röm 12,1.2; 15,30ff; 2 Kor 6,1; 10,1ff; Gal 5,1ff; Eph 5,1ff; Kap 6), Prophetie (Röm 11,25; 2 Thess 2,1ff; 2 Petr 3,8) und Lobpreis (Röm 11,33; 2 Kor 1,3f; Eph 1,3ff; 3,14ff). Die ntl. B. haben genuin eigene Gestalt. Sie sind weder Kopie alter griech. oder jüd. Vorbilder, noch Literatur im eigentlichen Sinn. Sie bilden eine völlig neue Literaturgattung. »Dieser B.stil ist Paulus; niemand als Paulus; es ist nicht Privatbrief u. doch nicht Literatur, ein unnachahmliches, wenn auch immer wieder nachgeahmtes Mittelding« (U. v. Wilamowitz-Moellendorf, Die griech. Literatur des Altertums; in: »Die Kultur der Gegenwart« I, 1924; 2. Abdr., S. 232). Die ntl. Schriftsteller gestalten ihre B. keineswegs zufällig. Ihr Inhalt und ihre Form sind erfüllt und in besonderer Weise bestimmt vom Heiligen Geist, der die Schreiber und Verfasser des NT regierte und bis in die Formgebung der Schriften hinein wirkte.
VI) Im übertragenen Sinn werden 2 Kor 3,1–3 die Gläubigen als B. Christi bezeichnet.

Brot. I) B. ist das tägliche Hauptnahrungsmittel der Israeliten, und zwar von frühester Zeit an (1 Mo 3,19; 14,18; 21,14 u. ö.). In 2 Sam 9,7 jedoch ist mit »Brot« die gesamte Nahrung gemeint, so auch im Gebet des Herrn Mt 6,11: Unser täglich B. gib uns heute. Vgl. auch 3 Mo 26, 5; Ps 37,25; 104,15; Jes 30,20; 58,7.
Wenn man auch wohl vor und neben dem B., z. B. als Soldatenverpflegung, über dem Feuer geröstete und dann aus der Ähre gelöste Körner kannte (3 Mo 23,14; Jos 5,11; Rt 2,14; 1 Sam 17,17), so ernährte man sich doch in der Regel von B. Kannte man zunächst hauptsächlich Gerstenbrot (Ri 7,13; 2

Ägypt. Bäckerei.

Tönerne Backplatte.

Schnitt durch eine Backgrube aus Megiddo.

Aufgeschnittenes Modell eines Backofens.

Kö 4, 42), so wird dies später ausgesprochen zum B. der Armen, während das früher den Wohlhabenden vorbehaltene Weizenbrot die Regel wird. Die Bereitung von B. ist tägliche Arbeit der Hausfrau, die sich für die schwereren Verrichtungen dabei auch ihrer Mägde bzw. Sklavinnen bedient. Berufsmäßige Bäcker sind die Ausnahme, obgleich es sie nicht nur in Ägypten (1 Mo 40,1) und im röm. Reich gegeben hat, sondern in der Königszeit auch in Israel (1 Sam 8,13; Hos 7,4ff); so wird Jer 37,21 in Jerusalem eine Bäckergasse erwähnt.

II) Zum Brotbacken mußte zunächst einmal allmorgendlich in den Häusern Korn zu Mehl verrieben bzw. gemahlen werden (→ Mühle, mahlen);

Röm. Bäckerei. Rechts eine Teigknetmaschine, die durch ein Pferd angetrieben wird, daneben werden auf den Tischen die Brote geformt, links der Backofen

das war eine Arbeit der Frauen (1 Mo 18,6; 1 Sam 8,13; Jer 7,18; Spr 31,15). Das Mehl wurde zusammen mit Wasser in einem meist wohl irdenen oder steinernen Backtrog zu Teig vermengt, gesalzen und dann mit Sauerteig versetzt; nachdem das Ganze durchzogen war, wurden daraus in der Regel flache runde Scheiben von ca. 30 cm Durchmesser geformt, die man meist in der Mitte mit dem Finger durchstieß und die sich nach dem Backen – nur ca. 2 mm dick – gut brechen ließen; sie wurden nicht geschnitten (Jes 58,7; Mt 14,19). Daneben hat man allerdings auch Hinweise auf längliche dickere B.-laibe, wenngleich diese seltener gewesen sein dürften.

III) Die einfachste Backart besteht darin, daß man solche Teigscheiben auf Steine legt, die vorher mit einem darüber angezündeten Feuer glühend gemacht wurden (vgl. das geröstete B. von 1 Kö 19,6); auch konnte man sie einfach in heiße Asche legen (Jes 44, 19).
Die Regel aber dürften die Backplatte, zunächst aus irdenem Material, später aus Metall, und die verschiedenen Typen des Backofens gewesen sein. Die Platte ruhte auf Steinen, wurde von untenher durch Feuer erhitzt und man legte die Teigfladen darauf, mußte sie natürlich rechtzeitig wenden (3 Mo 2,5; 6, 14[21]; Hes 4,3 LÜ Pfanne; Hos 7,8). Diese Art des Backens ist noch heute gebräuchlich und war weit verbreitet, zumal die Platte leicht transportabel war. Beim Backofen kannte man 2 Typen. Die erste Art ist eine Backgrube, deren oberer Teil einer in die Erde eingelassenen Schüssel gleicht, die oben eine abdeckbare Öffnung hat. Die andere Form war mehr über der Erde gebaut. Beide Öfen wurden von innen geheizt, die Teigfladen von oben her durch die Öffnung an die Innenwand gebracht und dort gebacken. Über die Luftzufuhr der Backgrube ist nichts Sicheres bekannt. Die Öfen waren nicht im Wohnhaus, sondern in einem besonderen Backhaus in unmittelbarer Nähe untergebracht, was wegen des Rauches notwendig war. Wegen des großen Ausmaßes im Verhältnis zu den Backplatten konnten an einem solchen Ofen gleichzeitig mehrere, oft bis zu 10 Frauen, ihr Brot backen. Gelegentlich wurde, um die Kuchen schmackhafter zu machen, wohl auch Öl gebraucht.

IV) Wie in Ps 104,15 von dem B. als Stärkungsmittel des Menschen die Rede ist, so kann der Herr im übertragenen Sinn sich selbst Joh 6,33.35.41. 50f. 58 als das B. Gottes bezeichnen, das vom Himmel kommt, oder als »das B. des Lebens«. Er will damit sagen, daß die Verbindung mit ihm, der Glaube an ihn das entscheidende Mittel zur Erlangung und Erhaltung des ewigen Lebens ist. So gilt das »B.essen« (Lk 14,15) als ein Zeichen der Tisch- und Mahlgemeinschaft im Reiche Gottes, und zwar im NT wie im AT; in dem B. als Bestandteil der Abendmahlsfeier der Gemeinde, für die der Herr es als seinen eigenen Leib gedeutet hat (Mt 26,26), ist die Gemeinschaft der Gemeinde ausgedrückt, wie sie durch den Opfertod Christi ermöglicht und immer wieder erwirkt und bezeugt wird (1 Kor 10,16f; 11, 26).
B. in der Kombination mit Wein (1 Mo 14,18) ist Hinweis auf ein reichliches Freudenmahl, in der Kombination mit Wasser (Spr 25,21; Hes 12,18) Hinweis auf die gerade noch auskömmliche Nahrung.
Am Bilde des »B. Gewährens, Austeilens« wird auch die unbegrenzte und weitreichende Hilfsbereitschaft, auf der Verheißung liegt, gezeigt (Jes 58,7f; Pred 11,1). Aber schon das AT, so sehr es die Zusage Gottes für die Vorsorge um das leibliche Wohl des Menschen kennt (2 Mo 16,8; 23,25; 3 Mo 26,5), weist darauf hin, daß der Mensch nicht von dem materiellen B. allein leben kann, sondern die geistliche Nahrung seines Gottes braucht (5 Mo 8,3), die letztlich nur der an Jesus Glaubende gewinnt.

Brotbrechen → Abendmahl

Bruder. I) Im AT wird das Wort B. mit verschiedener Bedeutung gebraucht:
1) Im Sinn von leiblichem B. im Verhältnis zu einem anderen, der von den gleichen Eltern (z. B. 1 Mo 4,8), von dem gleichen Vater (z. B. 1 Mo 42,15) oder von der gleichen Mutter abstammt.
2) Im Sinn der weiteren Blutsverwandtschaft. So wird Abrahams Neffe Lot in 1 Mo 14,16 sein B. genannt.
3) Auch Volksgenossen und Stammesangehörige heißen manchmal Brüder (2 Mo 2,11; 4 Mo 8,26).
4) Ebenso Glieder eines verwandten Volkes (5 Mo 23,8[7]),
5) auch der Freund (2 Sam 1,26; 1 Kö 20,32) bzw. der Nächste (3 Mo 19,17).
6) Schließlich weist B. auf verwandtes Geschick oder verwandte Art hin (Hi 30,29; Spr 18,9).
II) Im NT ist B. Bezeichnung für den Mitchristen. Die Verwandtschaft der einzelnen Glieder der christlichen Gemeinde durch die gemeinsame Zugehörigkeit zu Christus, durch das gemeinsame Erfülltsein mit dem Hl. Geist und als Kinder des gleichen himmlischen Vaters wird am treffendsten mit dem Wort B. ausgedrückt (Mt 23,8; 1 Petr 2,17). Doch gibt es auch falsche Brüder (2 Kor 11,26). – Nach Hebr 2,11 schämt Christus sich nicht, die Seinen Brüder zu nennen.

Brüder des Herrn werden genannt in Mt 12,46.47; 13,55; Mk 3,31; 6,3; Lk 8,19; Joh 2,12; 7,3.5; Apg 1,14; 1 Kor 9,5; Gal 1,19. – Bereits in sehr früher Zeit bestanden Meinungsverschiedenheiten über die Frage, was unter Brüdern in dieser Beziehung zu verstehen sei. Die röm. Kirche lehrt noch immer, daß Maria ihr Leben lang Jungfrau blieb und daß die im NT genannten Brüder Jesu eigentlich seine Vettern waren. Sonst nimmt man allgemein mit Recht an, daß es sich bei diesen Brüdern um Kinder von Joseph und Maria handelt, die nach der Geburt Jesu geboren wurden. Als Brüder werden Jakobus, Joseph, Simon und Judas genannt. Anfänglich glaubten sie nicht an den göttlichen Auftrag Jesu (Joh 7, 5), doch nach der Auferstehung wurde das anders. Jesus erschien dem Jakobus (1 Kor 15,7). Die Brüder des Herrn waren mit Maria im Apostelkreis (Apg 1,14). Jakobus übernimmt die Leitung der Gemeinde zu Jerusalem, als die Apostel die Stadt verlassen hatten (Apg 12,17; 15,13). Er ist der Schreiber des Jakobusbriefes (Jak 1,1), Judas der Schreiber des Judasbriefes (Jud 1). Von Joseph (in einigen Hss. auch Jose oder Joseph gen.; vgl. Mk 15,47) und Simon ist nichts weiter bekannt.

Bruderliebe → Liebe

Brunnen. I, 1) Bei der Wasserarmut Palästinas, die der regenlose Sommer mit sich bringt, spielt das Wasser für den Israeliten eine lebenswichtige Rolle. Die Wasserversorgung ist das wichtigste Problem jeder Besiedelung. Daher sind viele Orte nach dem B. benannt, der dort zuerst gegraben wurde, so etwa → Beer-Seba = »Siebenbrunnen« (1 Mo 21,30). Neben dem Grundwasserbrunnen (hebr. *beer*) gibt es den durch eine Quelle gespeisten B. (*ajin*); beide Worte werden gelegentlich für denselben B. gebraucht (1 Mo 24; LÜ stets B.). Eine dritte Form des

B. ist die → Zisterne, die das Regenwasser speichert (Jer 2,13; LÜ auch B.).
2) Der ausgegrabene B.schacht erweiterte sich meist nach unten und war manchmal über 20 m tief, innen meist ausgemauert und weiß getüncht. Bei geringer Tiefe konnte man auf einer Treppe hinabsteigen und das Wasser direkt mit Krügen schöpfen (1 Mo 24,16), sonst mußte es im Eimer hochgezogen werden. Zum Schutz vor Unfällen wurde die Brunnenöffnung mit einer Steinplatte geschlossen (1 Mo 29,2.3; 2 Mo 21,33; vgl. Hl 4,12), die eine kleinere Öffnung hatte, durch die man das Wasser hochzog. Auch dieses Loch wurde wieder mit einem Stein geschlossen (vgl. Taf. 90b/1409). Als Viehtränken stellte man am B. lange Holz- oder Steintröge auf, in die das Wasser geschöpft wurde (1 Mo 24,19.20).
3) Wegen der Wichtigkeit der B. in den Weidegebieten (Ri 1,15) stritten die Hirten oft darum (1 Mo 21,25; 26,17–22). Das Graben und Aushauen des Brunnenschachtes war eine schwere Arbeit; in Kanaan sollte Israel B. besitzen, die es nicht selber hatte aushauen müssen (5 Mo 6,11). 4 Mo 21,17.18 wird die Mitarbeit der Stammesfürsten beim B.bau genannt. Den durch eine Quelle gespeisten B. schätzte man besonders hoch und nannte ihn einen B. lebendigen Wassers (1 Mo 26,19; Jer 2,13). Daher erklärt sich das Mißverständnis der Samariterin im Gespräch mit Jesus (Joh 4,10.11). Vgl. → Wasser; Taf. 15/224; 46a/705; 48a/737; 79b/1248; 90a/1409.
II, 1) In bildlicher Verwendung bezeichnet der B. lebendigen Wassers den Herrn (Jer 2,13) und das Leben aus Gott (Joh 4,14; Offb 7,17; 21,6). Auch des Gerechten Mund (Spr 10,11) oder die Klugheit (Spr 16,22) werden ein B. des Lebens genannt.
2) Anderseits wird auch die Bosheit Jerusalems mit einem B. verglichen (Jer 6,7), und Irrlehrer sind B. ohne Wasser (2 Petr 2,17).
3) Weiter dient B. als Bild für die Braut (Hl 4,12. 15), die Frau (Spr 5,15–18) und die Dirne (Spr 23, 27). Auch die Monatsblutung (3 Mo 20,18) und krankhafte Blutung der Frau wird als B. bezeichnet (Mk 5,29).
4) Wasser trinken aus dem eigenen B. ist Bild für Frieden und ruhiges Leben (Jes 36,16).
5) Zum B. des Abgrunds (Offb 9,1) vgl. → Abgrund.

Brunnen des Lebendigen → Beer-Lahai-Roi

Brunnentor → Jerusalem III C 11

Brunst (von Brennen abgeleitet)
bezeichnet den Paarungstrieb der Tiere (Jer 2,24), wird aber auch auf den Menschen übertragen und dann als Bild für den unbezähmbaren Hang zum Götzendienst gebraucht (Hes 23,20; Jes 57,5). Im NT ist ungezügelte Leidenschaft gemeint (Kol 3,5; 1 Thess 4,5). B. leiden (1 Kor 7,9) ist der Zustand dessen, der als Unverheirateter mit seiner Geschlechtlichkeit nicht fertig wird.

Brünstig hat in der HS die positive Bedeutung der reinen und lauteren Zuneigung und göttlichen Liebe (Hos 11,8; Apg 18,25; Röm 12,11). Vgl. auch inbrünstig (1 Petr 1,22; 4,8).

Brust. 1) Z. Zt. des NT lag man nebeneinander zu Tisch, gestützt auf den linken Arm. Wer sich nun zurücklehnte, lag mit dem Kopf an der B. seines linken Tischnachbarn. Daher bedeutete der Platz rechts vom Gastgeber besondere Ehre und besonderes Vertrauen. Diesen Platz hatte Johannes während des Abendmahls Jesu mit seinen Jüngern inne (Joh 13,23.25; 21,20). Vgl. auch → Schoß u. Abb. Sp. 1411.
2) Sich an die B. schlagen ist eine Gebärde der Trauer und der Buße (Nah 2,8; Lk 18,13; 23,48).
3) An seiner Mutter Brüsten sein bezeichnet die früheste Kindheit (Ps 22,10; vgl. Hi 3,12), der Entwöhnte ist von den Brüsten abgesetzt (Jes 28,9). Die Mutterbrust wird weiter in Bildern für Fruchtbarkeit und Unfruchtbarkeit genannt (1 Mo 49,25; Hos 9,11; Lk 23,29). Übertragen spricht man von Brüsten des Trostes (Jes 66,11).
4) Beim Füllopfer und beim Dankopfer wird die B. vor dem Herrn gewebt und fällt dem Priester, der das Opfer vollzieht, als Anteil zu (2 Mo 29,26. 27; 3 Mo 8,29; 7,30.31; 9,20.21).

Bubastus, Stadt in Unterägypten am östl. Nilarm, westl. vom Wadi Tumilat (Hes 30,17). LÜ hat für das hebr. Pi-Beseth »Haus der (Göttin) Bastet« die griech. Form B. eingesetzt. Heute der Hügel Tell Basta, aus dessen Ruinen man den Tempel der katzenköpfigen Stadtgöttin Bastet ausgegraben hat. Vgl. Karte Sp. 35.

Buch. I) Wenn die Bibel von Büchern spricht, müssen wir uns darunter, vor allem in der Frühzeit (z. B. 2 Mo 17,14), Papyrus- oder Lederrollen vorstellen. Zweifellos gab es zu dieser Zeit in Israel auch Tontäfelchen (vgl. die Gesetzestafeln des Mose), die das Hebr. dann aber nicht B. (*sepher*), sondern Tafel (*luach*) nennt. *Luach* ist auch die Bezeichnung für die zwei steinernen Gesetzestafeln des Mose (2 Mo 31,18 u. ö.). Z. Zt. Moses sind Lederrollen weniger wahrscheinlich, da in Ägypten schon lange vorher die präparierten Tierhäute durch Papyrus ersetzt worden sind. Das zeigen älteste Pyramidentexte, in denen die Papyrusrolle bereits ein eigenes Hieroglyphenzeichen hatte. Der älteste uns heute bekannte ägyptische Papyrus ist ein Brief aus Saqqâra, aus der 6. Dynastie (um 2470–2270 v. Chr.). Vgl. Taf. 18b/257.

II) Dies Schreibmaterial wurde aus dem Mark der Papyruspflanze gewonnen, das man in lange Streifen zerteilte. Diese wurden kreuzweise übereinander gelegt, oft noch mit leimartigen Stoffen bestrichen und zu Blättern gepreßt. Die Papyrusblätter fügte man zu Rollen von rund 25 cm Höhe und normalerweise wohl 20 Blättern Länge zusammen. Die längste bekannte Rolle mißt 41 m. Aus den großen Rollen schnitt man nach Bedarf kleinere. Die Papyrusrolle wurde nur auf einer Seite beschrieben (Ausnahmen Hes 2,9.10; Offb 5,1), wobei der Text durch Anfeuchten und Abwischen der Tinte wieder gelöscht werden konnte. Später wurde der Papyrus als Schreibmaterial wieder von präparierten Tierhäuten verdrängt, nun aber nicht mehr Leder, sondern → Pergament.

III) Im AT kommt das Wort B. oder B.rolle häufig vor. Auch Titel bestimmter Bücher, die von Bibelschreibern als Quellen benutzt wurden, meldet uns die HS, z. B. »das B. der Frommen« (Jos 10,13), »das B. der Redlichen« (2 Sam 1,18), »das B. von den Kriegen des Herrn« (4 Mo 21,14). Dies »B. der Kriege des Herrn« ist wohl eine alte Liedsammlung, aus der das hier erwähnte Brunnenlied entnommen ist (4 Mo 21,17ff), verbunden mit (auch geographischen) Beschreibungen von Kriegszügen Israels. Das »B. der Frommen« (Jos 10,13) oder »B. der Redlichen« (2 Sam 1,18) – beiden Übersetzungen liegt das gleiche hebr. Wort zu Grunde – dem das Bogenlied entnommen ist, enthielt wohl gleichfalls eine Sammlung von Heldenliedern mit Schlachtbeschreibungen.
Dann berichtet die HS von einem »Buch des Lebens«. Wahrscheinlich geht dieser Ausdruck auf die

genealogischen Listen zurück (vgl. Neh 7,5.64; 12, 22; Hes 13,9; 1 Mo 5,1 u. ö.). Wie dort die Namen der Stammesglieder verzeichnet sind, so hält Gott die Namen aller Lebenden (Ps 139,16) und vor allem aller Gerechten (Ps 69,29) und dem Herrn Treuen (Ps 87,6) auf einer Liste fest. Sie erhalten von Gott ihren Lohn (Lk 10,20; Phil 4,3), werden das Gericht Gottes überdauern und dürfen an der Vollendung, die Gott einmal schaffen wird, teilhaben (Jes 4,3; Dan 12,1). Wer sündigt, wird aus dem B. des Lebens gestrichen, d. h. er muß sterben (Ps 69,29a; 2 Mo 32,32.33). Im NT sind es die Glieder der Gemeinde Jesu, deren Namen angeschrieben sind (Hebr 12,23), vor allem die Namen derer, die in Zeiten der Verfolgung nicht abfielen (Offb 3,5). Wer Christus, dem Gekreuzigten und Erhöhten, angehört, der wird zum ewigen Leben erhalten. Sein Name ist eingetragen in das Lebensbuch des Lammes von Anfang der Welt (Offb 13,8; 17,8; 21,27).
Weiter hören wir noch vom B. mit den sieben Siegeln (Offb 5,1ff) sowie den Büchern, nach deren Inhalt am jüngsten Tage gerichtet wird (Offb 20,12; vgl. Dan 7,10).

IV) Auch in der Zeit des NT hat das B. vielfach die Form der B.rolle (vgl. Lk 4,17.20; wörtl. »aufgerollt« und »zugerollt«). Nach der Entdeckung der Chester Beatty-Papyri aus dem 3. Jh. n. Chr. wird man jedoch die Möglichkeit offen lassen müssen, daß Schriften des AT und NT schon viel früher in der heutigen B.- (oder Kodex-) Form verbreitet waren, als man bisher angenommen hatte. Die einzelnen Seiten des Kodex aus Papyrus oder Pergament waren beiderseitig beschrieben.
Das NT nennt beim Zitieren öfter die einzelnen atl. Bücher: Das B. Moses (Mk 12,26), das Psalmbuch (Lk 20,42), das B. des Propheten Jesaja (Lk 4,17), das B. der (kleinen) Propheten (Apg 7,42). Das B. ohne erklärenden Zusatz (Hebr 10,7) ist Zitat aus Ps 40,8 und meint das Gesetz des AT. Apg 19,19 werden heidnische Bücher mit Zaubersprüchen und Beschwörungsformeln erwähnt.

Buche (hebr. *tidhar).*
Das in der LÜ durch B. wiedergegebene Wort bezeichnet nach dem Talmud eine Wacholderart (*Juniperus phoenicea),* die im ganzen unserem Wacholder *(J. communis)* ähnelt (Jes 41,19). Ein typisches Unterscheidungsmerkmal ist, daß die aromatischen Beeren der palästinensischen Art nicht schwarzblau, sondern rot sind. In Phönizien ist dieser Baum sehr häufig, und da er nach Jes 60,13 zu den »Herrlichkeiten des Libanon« gezählt wird, ist mit Bestimmtheit anzunehmen, daß es sich wirklich um den Wacholder handelt. In Jes 44,14 LÜ steht B. für ein anderes hebr. Wort unbekannter Bedeutung. Vgl. auch → Eiche.

Buchsbaum → Zypresse

Buchstabe. I) B. im wörtlichen Sinn → Schreiben, Schreiber.

II) Im übertragenen Sinn sind »die ersten B.« die Anfangsgrundlagen des christlichen Glaubens (Hebr 5,12).

III) Der Apostel Paulus entfaltet Röm 2,29; 7,6; 2 Kor 3,6ff den großen Gegensatz zwischen B. und Geist. Der B. ist hier identisch mit dem mosaischen Gesetz. Dies → Gesetz konnte keine Freiheit von der Sünde bringen, sondern tötete den Menschen (Röm 7,5ff; Gal 6,8), der ja immer schon Sünde getan hatte. Nur der → Geist macht den Menschen frei (2 Kor 3,17). Dem B. des Gesetzes des AT und Alten Bundes steht der lebendigmachende Geist des Neuen Bundes gegenüber.

Büffel → Hirsch

Bug = Vorderkeule des Opfertieres (4 Mo 6,19).

Buhlen kann in der LÜ auch noch echte Liebe und Liebeswerben bezeichnen, Gott buhlt um Israel (Hos 3,1; vgl. Jer 3,20). An den übrigen Stellen handelt es sich bei b. (Spr 7,18; Jer 2,25; Mal 2,11), buhlerisch (Hos 3,1) und den Buhlen (Hes 23,5; Hos 2,7[5]) oder Buhlern (Hes 16,33; Hos 8,9) um unbeherrschte, sündige Leidenschaft, meist als Bild für den Götzendienst gebraucht.

Bukki, wohl Kurzform von Bakbukja.
1) Stammesfürst über Dan, der für die Aufteilung des Landes Kanaan mitverantwortlich war (4 Mo 34, 22).
2) Sohn des Abisua aus dem Hohenpriestergeschlecht (1 Chron 5,31[6,5]; 6,36[51]; Es 7,4).

Bukkia, wohl Kurzform von Bakbukja.
Sohn Hemans, Leiter der 6. levitischen Sängerabteilung (1 Chron 25,4.13).

Bul → Jahr

Buna, wohl Kurzform von Benaja.
Nachkomme Judas, Sohn des Jerahmeel (1 Chron 2, 25).

Bund, Bündnis. I) Der hebr. Ausdruck für B. *(berit)* kommt 286mal im AT vor. Seine sprachliche Ableitung ist nicht geklärt. Nach einigen ist die Grundbedeutung Mahl oder Eßakt (vgl. 2 Sam 13, 5), nach anderen Fessel oder Fesselung (vgl. Hes 20, 37), nach wieder anderen Ersehen oder Bestimmen (vgl. 1 Sam 17,8). Der Begriff findet sich in einer Reihe typischer Wortverbindungen: in einen B. hineingehen, darin stehen, ihn überschreiten oder brechen; einen B. errichten, ihn setzen, aufrecht erhalten oder bewahren. Am häufigsten (86mal): einen B. abschneiden oder zerschneiden, oder genauer: etwas, nämlich ein Opfertier (1 Mo 15,10.17; Ps 50, 5), zerteilen, damit ein B. entsteht. Ferner gehören zu diesem Komplex die Begriffe: → Bundeslade, → Bundesbuch, → Beschneidung, → Testament, Salzbund und Blut des B. (s. u.). »B.« ist jedenfalls keine wörtliche Übersetzung für den entsprechenden hebr. Ausdruck, sondern eine mutmaßende Umschreibung. Auch der Ausdruck Testament und das ihm zugrunde liegende griech. Wort in der LXX und im NT geben ihn nur frei wieder. Andere schlagen vor: Vertrag, Abmachung, Stiftung u. ä.

II) Ein B.SCHLUSS zeichnet sich in der Schrift durch eine Reihe von Merkmalen aus, die einen recht komplizierten Vorgang ergeben, der vollständig nur in 1 Mo 31,44ff aufgezeichnet ist: 1. Der Vorschlag eines B.schlusses entspringt einem Gefühl der Rechtsunsicherheit (V 43f). 2. Man setzt ein B.dokument (V 45 eine Steinsäule; vgl. Bundeslade, Bundesbuch, Gesetzestafeln). 3. Die gegenseitigen Verpflichtungen werden festgelegt und genau abgegrenzt (V 50.52). 4. Gott oder eine Gottheit wird zum Zeugen angerufen (V 50.53). 5. Ein Eid wird geschworen (V 53.54). 6. Man vollzieht einen Opferakt (V 54). 7. Ein Bruderschaftsmahl bildet den Abschluß (V 54). In Einzelheiten konnte aber durchaus auch anders verfahren werden. Ein B. konnte durch Handschlag oder Bruderkuß geschlossen werden (Hes 17,18; 2 Sam 14,33). In anderen Fällen spielte das Trinken von Blut oder das Händewaschen im Blut eine Rolle (vgl. »Blut des B.«, 2 Mo 24,8; Sach 9,11), das Lebensmacht oder Lebenssubstanz bedeutete. Durch den Austausch ihres Blutes traten die Partner zueinander in das Verhältnis von Blutsverwandten. Eine ähnliche Bedeutung wird der Waffen- oder Kleidertausch gehabt haben (vgl. 1 Sam 18, 4). Anstelle der B.mahlzeit (4 Mo 18,19; vgl. 1 Mo

31,46.54; 26,28.30; Jos 9,14; 2 Sam 3,20) konnte der »Salzbund« treten: man aß zur Besiegelung des B. Salz miteinander. Jer 34,16ff spielt auf einen alten Brauch an, der in 1 Mo 15,9ff näher beschrieben wird: Opfertiere werden halbiert und die Hälften so einander gegenübergelegt, daß eine Gasse entsteht, durch die die Partner hindurchgehen, um kundzutun, daß ihnen geschehen soll wie diesen Tieren, falls sie den B. brechen sollten. Unter den mancherlei B.zeichen ist die → Beschneidung bes. zu erwähnen (vgl. 1 Mo 17).

III) B. ALS RECHTSVERHÄLTNIS.

1) Ein B. konnte zwischen Privatpersonen, Sippen, Stämmen und Völkern geschlossen werden (1 Sam 18,1–4; 20,8.17.23.42; 1 Mo 31,44.49.50; 2 Sam 5, 1–3; Jos 9,3–27; 1 Kö 5,15[1]–32[18]; 20,34; Hes 17, 13f). Die Partner traten damit in ein bestimmtes Rechtsverhältnis zueinander, das im Blick auf Rechte und Pflichten im einzelnen genau bestimmt wurde (1 Mo 31,44.50.52; 3 Mo 25,17.18; 2 Sam 3,13; 1 Kö 5,26[12]). Gleiches Gewicht der Partner und gleiches Maß an Rechten und Pflichten waren nicht unbedingte Voraussetzung für einen B. (vgl. Abraham und Abimelech, 1 Mo 21; Josua und die Gibeoniten, Jos 9; David und Jonathan, 1 Sam 18;20). Ein B. stellte zwischen blutsfremden Partnern auf dem Wege über das B.recht eine Blutsbruderschaft her (vgl. 2 Mo 4,25: »Du bist mir ein Blutbräutigam«).

2) Da ein B. in der Regel »vor Gott« (1 Sam 23, 18) oder einer Gottheit geschlossen wurde, wobei jeder Partner seine Gottheit zum Zeugen anrief (1 Mo 31,50.53), galt er als heilig. Seine Übertretung ist Sünde gegen Gott (1 Mo 31,53; Am 1,9) und fordert seinen Zorn heraus. Immer wurde er unter Eid geschlossen (2 Sam 21,7; 1 Mo 31,53), der häufig eine Selbstverfluchung »für den Fall, daß« einschloß. Das Ergebnis des B. ist Friede, eine Ganzheit, die darauf beruht, daß jeder Partner seine Verpflichtungen dem anderen gegenüber erfüllt. Treue, Gnade, Barmherzigkeit bezeichnen häufig diese Vertragstreue. Als David und Jonathan ihren B. schlossen, ging es um mehr als um ein Freundschaftsverhältnis, das auch ohne B. bestanden haben könnte (1 Sam 18). Vielmehr übernahmen sie im B. bestimmte rechtsverbindliche Verpflichtungen (1 Sam 20,8; Vertragstreue, Barmherzigkeit!), die in diesem Fall auch durch den Tod des einen Partners (Jonathan, 2 Sam 21,7) nicht aufgehoben wurden. Die persönliche Zuneigung der beiden Männer (1 Sam 18,1.3) wurde durch den B. auf eine rechtliche Basis gestellt, die weiterreichende Verpflichtungen mit sich brachte als eine gewöhnliche Freundschaft.

3) B.schlüsse sind für Israels soziale und politische Entwicklung von großer Bedeutung gewesen. Neben der Blutsverwandtschaft war der Rechtsb. lange Zeit hindurch die einzige verbindliche Ordnung. Bis in die Königszeit hinein wurden Israels Stämme auf diese Weise zusammengehalten (vgl. 2 Sam 5,1–3). Nachdem aber die Stammesverbände ihre Bedeutung verloren hatten, nahm auch der B. immer mehr die Form eines Zweckvertrages an, den man aus Gründen der Zweckmäßigkeit hielt oder auch brach (vgl. Hos 12,2; 1 Kö 5,26[12]; 15,19). Es gab Staats- und Geschäftsverträge, bei denen der Gedanke an die im B. aufgerichtete Bruderschaft keine Rolle mehr spielte.

IV) B. ALS GOTTESBUND.

A) Häufig in der Geschichte Israels tritt Gott selbst als B.partner auf, oder genauer, Gott geht eine Verbindung mit Menschen ein, die mit dem Begriff des Rechtsbundes be- und umschrieben wird. Allerdings nicht erschöpfend! Die Propheten verstanden Gottes B. mit Israel darum zunehmend als Gnadenbund, der unbegreiflicherweise von Gott aus neu errichtet wird, obwohl Israel seinen im B. übernommenen Verpflichtungen durchaus nicht nachkam. Der Mensch ist rechtlich gesehen kein geeigneter B.partner für Gott. Wenn Gott ihm dennoch seinen B. zusagt und hält, so zeigt das deutlich, daß der Gottesbund den Begriff des Rechtsbundes einfach sprengt. Vgl. → Gerechtigkeit.

B) Die Schrift kennt eine ganze Reihe von Gottesbünden.

1) Noahbund (1 Mo 8,21–9,17). Gott verpflichtet sich, den Bestand des Lebens nicht mehr einer umfassenden Vernichtung auszusetzen und verheißt Noah eine zahlreiche Nachkommenschaft. Noah wird darauf verpflichtet, Abstand vom Blutgenuß, von Mord und Totschlag zu nehmen. B.zeichen ist der Regenbogen.

2) Abrahambund (1 Mo 15,7–21; 17,3–14). Gott verheißt Abraham eine zahllose Nachkommenschaft und den Besitz des Landes Kanaan. Abraham wird zur Übung der Beschneidung verpflichtet, die zugleich B.zeichen ist. Dieser B. findet immer wieder bis ins NT hinein Erwähnung (vgl. Paulus).

3) Sinaibund (2 Mo 19–24). Gott verpflichtet sich, Israel zu seinem Eigentum zu machen, während das Volk ihm heilig sein soll (vgl. 2 Mo 19,5.6; 5 Mo 26,17.18; Hos 2,25[23]b; Jer 7,23; Hes 11,20 u. ö.). B.zeichen sind der Dekalog (in der B.lade) und das → Bundesbuch (2 Mo 24,12; 24,4.7), in denen die Verpflichtungen Israels näher erläutert werden. Vollzogen wird der B. unter Besprengung des Volkes mit dem »Blut des B.« (2 Mo 24,8) und bei einem B.mahl im Angesichte Gottes (2 Mo 24,11). Nach dem B.bruch im Zusammenhang mit dem goldenen Kalb, wird der B. unter gleichen Zeichen feierlich wiederhergestellt (2 Mo 34,27), und zwar mit der Begründung, daß Gott gnädig ist (Vertragstreue hält!), obwohl sein Partner versagte (2 Mo 34,6–9). Im Lande Moab wird dieser B. nochmals ausdrücklich bestätigt (5 Mo 28,69; 29). Dabei werden die Verpflichtungen wiederum schriftlich niedergelegt und Gedenksteine aufgerichtet. Fluch und Segen werden am Ebal verkündet.

4) Dieser Bund wird dreimal erneuert:

a) Josuabund (Jos 24), Landtag zu Sichem. Hier geht die Initiative von Josua aus, der das Volk unter den veränderten Umständen erneut auf Gott verpflichtet. Nachdem er dem Volk ausführlich Gottes Geschichte mit Israel dargelegt hatte, läßt er es sich zwischen dem Herrn und den Göttern entscheiden. Gedenksteine werden aufgerichtet (als Ohrenzeugen!) und der Vertrag schriftlich niedergelegt.

b) Josiabund (623/2 v. Chr.), Josias Reform (2 Kö 22–23). Neuverpflichtung von König, Volk und Priesterschaft im Zeichen des wiederaufgefundenen Gesetzes Moses. Neuordnung des Kultus, Reinigung desselben von götzendienerischen Elementen, Wiederaufnahme der Passahfeier. B.zeichen ist das »Bundesbuch« (5 Mo 12–26?).

c) Esrabund (Neh 8–10; Es 10,3). Buße des Volkes und Neuverpflichtung auf das Buch des Gesetzes Moses, vor allem auf die Sabbatfeier, den Zehnten und die Reinerhaltung der Ehe von volksfremden Elementen. Der B. wird durch die Unterschriften der Vornehmen des Volkes und der Priesterschaft besiegelt (Neh 10,1[9,38]).

5) Hinzu kommen außerdem noch die besonderen Bundeszusagen an David (2 Sam 7; vgl. Jes 55,3; Jer 33,21.26), Pinehas (4 Mo 25,12) und die Leviten (Mal 2,4.8).

V) CHARAKTERISTISCHE MERKMALE DES GOTTESBUNDES.
1) Die Initiative des B.schlusses liegt bei Gott selbst. Nur in ausgesprochenen Fällen der B.erneuerung (im Zusammenhang einer Bußbewegung) geht sie gelegentlich vom Menschen aus (vgl. 2 Mo 34; Josua, Josia und Esra).
2) Die Basis des Gottesbundes findet Ausdruck in der Formel, daß Gott Israels Gott sein will, und daß Israel Gottes Volk sein soll (vgl. 2 Mo 19,5.6; 5 Mo 26,17.18; Hos 2,25[23]b; Jer 7,23; Hes 11,20 u. ö.). Ihre Auslegung im Blick auf die Verpflichtungen des Volkes geben der Dekalog und das B.buch (2 Mo 20; 24,7) und andere entsprechende Vertragsschriften (Jos 24,25; Neh 8,1). Entscheidende Schwerpunkte sind u. a. die Einhaltung des Sabbats und die Übung der Beschneidung. Gott verpflichtet sich dagegen, Israel zu mehren und ihm das Land Kanaan zu geben. Auffallend ist, daß Gottes Verpflichtungen weniger konkret sind als die des Volkes, jedenfalls z. Zt. der Propheten. Das hängt damit zusammen, daß es sich um einen Gnadenbund handelt, dem gegenüber das Volk keinerlei Verdienste aufzuweisen hat, nur Ungehorsam und Versagen. Vgl. → Gesetz.
3) Der B. Gottes mit seinem Volk hat immer eine Vorgeschichte, Gottes gnädiges Handeln in der Vergangenheit. Das Volk geht den B. mit Gott nicht ein, um etwas zu bekommen, sondern weil es bereits empfangen hat. Nachdem Gott sich Israels schon lange angenommen hatte, erwählt nun Israel Gott den Herrn zu seinem Gott. Der Gottesbund regelt vom Menschen aus gesehen nachträglich ein Gottesverhältnis, das von Gott aus gesehen schon längst bestand. Er ist eine Willenskundgebung Gottes, der sich, ohne daß der Partner irgendwelche Voraussetzungen dafür mitbringt, ihm aus freien Stücken verpflichtet. So kommt der Begriff der Gnade, der unerschütterlichen Vertragstreue Gottes, hinein (vgl. 2 Mo 34,6–9). Damit ist Gottes Gericht nicht ausgeschlossen. Aber es wird gelegentlich geradezu zum Mittel, den ungetreuen Partner in den Stand der Vertragstreue zurückzuführen, die wiederum Gottes ist (Hes 20,37). Ebenso macht die Vertragstreue Gottes den Gehorsam nicht überflüssig, sondern begründet ihn. Der B. ruht in der Treue Gottes, die die Untreue des Menschen in Gericht und Gnade abfängt. Gott ist Israels Herr, damit es sein Volk sein soll, und nicht weil es sein Volk ist.
4) Wie wenig es sich bei dem Gottesbund um einen Rechtsbund formal-rechtlicher Natur handelt, wird bei den Propheten deutlich (Jesaja, bes. ab Kap. 40; Jeremia; Hesekiel und Hosea). Sie alle setzen voraus, daß der B. von seiten des Volkes gebrochen ist und damit rechtlich gesehen gar nicht mehr besteht (Jes 24,5; Jer 31,32; Hes 16,8.15; Hos 6,6 u. ö.). Und doch reden sie davon, daß Gott den B. mit Israel erneuert, indem Gott Israel erwählt (Jes 42,6), ihm gnädig ist (Jes 49,8 usw.), sich seiner erbarmt (Jer 33,20ff), ihm vergibt (Jer 31,34) – um seines Namens willen (Jer 14,21) und durch seinen Geist (Jes 59,21). Eine rechtliche Verpflichtung besteht für Gott nicht (mehr)! In ergreifenden Farben schildert Hosea das Erbarmen Gottes, indem er bei der Ehe anknüpft, bei der ja auch sonst die persönliche Zuneigung schwerer wiegt als das formale Recht (Hos 2,20[18]ff). Der neue B., von dem Jeremia spricht (Jer 31,31–34), ist nach alledem gar kein B., wenn man den Begriff rechtlich faßt. Es ist ein allein im Erbarmen begründeter und durch nichts sonst zu begründender Akt der Erwählung, die Gott aus freien Stücken zu Gunsten seines treubrüchigen Volkes trifft. Dieser Gnadenbund wird durch den Messias Gottes verwirklicht werden, dessen Bild bereits in David vorläufig aufleuchtete (vgl. Hes 34,25; 37, 26). Das Ergebnis des B. ist der Friede Gottes, der seinem Wesen und seiner Kraft nach ewig ist (vgl. Jes 55,3; Jer 32,40; Hes 16,60 u. ö.).
VI) Bildhafte Verwendungen des B.begriffes liegen in Jes 28,15 (B. mit dem Tode), Hi 31,1 (B. mit den Augen), und Jer 33,20 (B. mit dem Tage) vor.
VII) Der Begriff B. erscheint im NT 26mal, davon 7mal in Zitaten aus dem AT und 16mal in sonstigen Bezugnahmen darauf. Schon das läßt darauf schließen, daß der ntl. Bundesbegriff dem des AT verwandt ist. Nur an zwei Stellen klingt die hellenistische Vorstellung des → Testamentes an (Gal 3,15–17; Hebr 9,15.18–20).
Wie ein Testament erst mit dem Tode des Erblassers in Kraft tritt, so hat der Tod Jesu Christi dem B. Gottes Geltung und Gültigkeit verschafft. Im übrigen werden im NT gemäß Jer 31,31f zwei Bünde unterschieden, die dem Willen des einen Gottes entspringen und darum beide gültig sind, aufeinander aufbauen und allein darin unterschieden sind, daß der neue B. die Erfüllung des alten darstellt (Gal 3; 2 Kor 3). Christus ist der Begründer und Mittler des neuen B. und damit Ziel und Erfüllung der Verheißung, also auch des alten B. (Lk 22,20; 1 Kor 11,25; Hebr 9,15; Röm 10,4).

Bundesbuch. 1) Das B., das Gott Mose schreiben hieß, enthielt und beurkundete die Verpflichtungen, die Israel mit dem Bundesschluß am Sinai übernommen hatte (2 Mo 24,4.7). Dieses B. enthielt nicht die Zehn Gebote, sondern Erläuterungen und Ausführungsbestimmungen dazu. Heute haben wir uns daran gewöhnt, den Text, der 2 Mo 24 unmittelbar voraufgeht und sich zwischen ihn und die Zehn Gebote schiebt, als B. zu bezeichnen. Dieser Abschnitt enthält eine lange Liste von Rechtsentscheiden zu allerlei Fragen des völkischen Alltags (2 Mo 20,18–23,33).
2) Das z. Zt. Josias im Jahre 623/2 v. Chr. im Tempel aufgefundene Buch, das dann die Reform des Königs auslöste, trägt ebenfalls den Namen B. (2 Kö 22,8ff; 23, 2.3). Man nimmt vielfach an, daß es von dem oben erwähnten B. zu unterscheiden ist und sich inhaltlich mit dem 5. Buche Mose oder Teilen daraus deckte (Kap 12–26). Demnach handelte es sich auch hierbei um Erläuterungen und Ausführungsbestimmungen zu den Zehn Geboten. Daß Mose die in 5 Mo 12–26 gegebenen vertraglichen Bestimmungen schriftlich niederlegte, ist aus 5 Mo 28,69[29,1] zu entnehmen. Wahrscheinlich bestand das 623/2 v. Chr. aufgefundene B. wenigstens aus einer Abschrift dieser Kapitel bzw. des ganzen 5. Buches Mose, möglich ist aber ebensogut eine vollständige Hs. aller Mosebücher.

Bundeslade.
I) NAME.
1) Das hebr. *aron* ist die allgemeine Bezeichnung für Kiste bzw. Kasten. Dasselbe Wort wird in 1 Mo 50,26 mit der Bedeutung »Sarg« und in 2 Kö 12,10. 11[9.10] für »Geldkasten« gebraucht.
2) Der Name »Bundeslade« *(aron habberit;* 4 Mo 10,33; 5 Mo 31,26; vgl.Hebr 9,4 usw.) rührte daher,

Tafel 17

a. *Bethlehem von NW. Im Hintergrund der Hügel des Herodeion, der Festung Herodes d. Gr., in der er nach seinem Wunsch begraben wurde.*
b. *Bir es-Seba (neuhebr. Beersheba) im Negev, am Rande der Wüste. Der Tell des bibl. Beer-Seba liegt 4 km östl. des heutigen Ortes.*

daß diese Lade die beiden steinernen Tafeln mit den 10 Geboten enthielt, die Zeichen des Bundes Gottes mit dem Volk Israel.

3) »Lade des Zeugnisses« (2 Mo 25,16.22) bezog sich ebenfalls auf das Gesetz Gottes als ein Zeugnis seines heiligen Willens.

4) »Lade Gottes« (1 Sam 3,3; 4,11) und »Lade deiner Macht« (2 Chron 6,41; Ps 132,8) bezeichnete die B. als Zeichen der göttlichen Gegenwart.

II) MATERIAL UND HERSTELLUNG.

Die B., die sich im Allerheiligsten der Stiftshütte befand, war nach des Herrn Anweisung 2½ Ellen lang, 1½ Ellen breit und 1½ Ellen hoch. Dabei ist die längere Elle »nach altem Maß« (2 Chron 3,3) von 52,5 cm gemeint. Die B. war aus Akazienholz angefertigt, mit reinem Gold überzogen und mit einem goldenen Kranz, der ringsherum lief, verziert (2 Mo 25,10–16). Sie stand auf vier kurzen, nach auswärts gebogenen Füßen (LÜ Ecken), und dort, wo diese Füße in die Kistenwände eingesetzt waren, befanden sich an zwei einander gegenüberstehenden Seiten je 2 goldene Ringe, durch welche die Stangen aus goldüberzogenem Akazienholz gezogen waren, welche nie herausgenommen werden durften (4 Mo 4,6). Ob diese jedoch an der Längs- oder an der Querseite hinliefen, ist nicht sicher. Nach 1 Kö 8,8 aber ist anzunehmen, daß sie an den Schmalseiten entlangliefen, da sie sonst kaum hätten in das Heiligtum hineinragen können. Die Länge (20 Ellen) der Tragstangen sollte wohl mit Sicherheit die Berührung der Träger mit der B. verhüten. Da die Ringe ganz unten angebracht waren, überragte die B. ihre Träger bei den verschiedenen Überführungen beträchtlich.

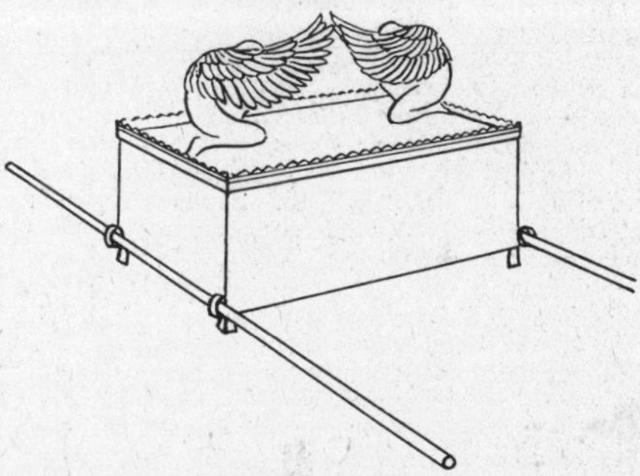

Rekonstruktion der Bundeslade.

Nach Hebr 9,4 enthielt die B. neben den schon erwähnten Gesetzestafeln einen goldenen Krug mit dem Manna und die Rute Aarons (2 Mo 16,33.34; 4 Mo 17,25[10]; vgl. aber 1 Kö 8,9).

Bedeckt war die B. mit dem → Gnadenstuhl.

III) GESCHICHTE.

Die Bedeutung der B. wird immer wieder in ihrer Geschichte offenbar. Als Zeichen der Gegenwart des Herrn wurde sie von den Priestern dem Volke Israel auf seinen Wanderungen durch die Wüste vorangetragen und gab Wegrichtung und Lagerplätze an (4 Mo 10,33). Beim Aufbruch und Niedersetzen der Lade rief Mose den Herrn an (V 35.36); vielleicht handelt es sich beim mitgeteilten Wortlaut um die Anfangszeilen von Psalmen (vgl. V 35 mit Ps 68,2). Vor der B. teilten sich die Wasser des Jordan (Jos 3,11–17; 4,7.11.18), und sie wurde um die Stadt Jericho herumgetragen, bevor die Stadt von Israel eingenommen wurde (Jos 6,4–12). So war es ganz natürlich, daß die umliegenden Völker, denen ein geistlicher Gottesdienst völlig fremd war, die B. als den Gott Israels ansahen (1 Sam 4,6.7), ein Irrtum, der noch bestärkt wurde durch die Cherubimgestalten des Gnadenstuhles. – Nach dem Durchzug durch den Jordan befand sich die B. vermutlich in Gilgal (= Abwälzung), dem Ort, in dem Josua sein Hauptquartier aufgeschlagen hatte (vgl. Jos 5,9.10; 7,6 u. a.) und wurde dann nach Silo (= Ruhe) gebracht, einem Ort, der ca. 30 km nördl. von Jerusalem im Stammgebiet von Ephraim lag, wo sie bis z. Zt. Elis blieb (1 Sam 4,4). In der Zwischenzeit wurde sie jedoch gelegentlich an andere Orte gebracht, z. B. war sie nach Ri 20,27ff z. Zt. des Kampfes gegen den Stamm Benjamin in Beth-El. Von Silo aus wurde sie in den Philisterkrieg mitgenommen, doch bekannte sich der Herr nicht zu dem äußeren Bundeszeichen, da das Volk schon längst den Bundesgehorsam im Herzen gebrochen hatte. So gerät die B. für kurze Zeit in die Hände der Philister (1 Sam 4,11), die aber ihre Siegesbeute mit Weihegeschenken zurückgeben, als sie die Macht des Herrn unmißverständlich zu spüren bekommen (1 Sam 5, 1–6,14). Nachdem sie eine kurze Zeit auf einem großen Stein in Beth-Semes aufgestellt war, blieb sie 20 Jahre auf dem Hügel in Kirjath-Jearim im Hause Abinadabs (1 Sam 7,1ff), so daß die in Silo, dann in Gibeon (2 Chron 1,3) stehende Stiftshütte ständig des Hauptheiligtums entbehrte. Die Überführung der B. nach Jerusalem wurde unterbrochen durch den Tod Usas, der sie unvorsichtig berührt hatte. Danach stand sie 3 Monate lang im Hause Obed-Edoms (2 Sam 6,10.11), bis sie endlich von David in einem großen Triumphzug in die neue Stiftshütte nach Jerusalem geholt wurde (2 Sam 6, 12–19). Auch von hier wurde die B. anscheinend noch einige Male auf Kriegszüge mitgenommen (2 Sam 11,11; 15,25).

Aus dem Zelt in Jerusalem ließ Salomo die B. dann in den neu errichteten Tempel überführen (1 Kö 8). Dort wurde sie in der Mitte des Allerheiligsten zwischen den zwei großen Cherubim-Gestalten aufgestellt. Ob die B. auch von dort noch auf Kriegszüge mitgenommen wurde, ist zweifelhaft. In 2 Chron 35,3 werden die Leviten angewiesen, die B. wieder in das Haus des Herrn zu bringen. Entweder hatte sie vor den Götzen der Könige Manasse und Amon weichen müssen oder sie war nur vorübergehend während der Tempelrenovierung z. Zt Josias woanders untergebracht worden. – Über den weiteren Verbleib der B. wird nichts mehr berichtet. Vielleicht verbrannte sie, als die Chaldäer die Stadt Jerusalem und den Tempel durch Feuer vernichteten (2 Kö 25,9). Schon Jer 3,16 ist geweissagt, daß die B. einmal weder vorhanden noch nötig sein wird. Damit erledigt sich von vornherein die Legende aus 2 Makk 2,4.5, nach der der Prophet Jeremia sie in einer Höhle des Berges Nebo versteckt haben soll, bis das Gottesreich wieder aufgerichtet werde. Dem Tempel der nachexilischen Zeit fehlte die B., das Allerheiligste war gänzlich leer (Jos. Bell. V 5, 5). 850 Jahre lang war die B. das sichtbare Zeichen der Gegenwart des Herrn für sein Volk gewesen, nach weiteren 600 Jahren erschien der Herr selbst

Tafel 18

a. Die sog. »Säulen Salomos« am Wadi Araba in der Nähe der salomonischen Kupfergruben, etwa 25 km nördl. von Elath.

b. Samaritanische Gesetzesrolle, die die Mosebücher enthält.

und zeltete auf Erden und wurde die Erfüllung des Bundes und des Gnadenstuhls (Röm 3,24.25). Jetzt realisiert Christus das, wofür im AT die Lade das Zeichen war: die Gegenwart des lebendigen, heiligen, richtenden und gnädigen Gottes.
In Offb 11,19, wo Gott den Apostel Johannes einen Blick tun läßt in den geöffneten Tempel im Himmel, wird auch die B. gezeigt als sichtbares Zeichen, daß Gott jetzt zu Ende führen wird, was er einst in dem Bund mit seinem Volk verheißen und zugesagt hatte.

Bündlein. 1) Bei den B. Geld (1 Mo 42,35) haben wir wohl an ungemünztes Silber in einem → Beutel zu denken, vielleicht auch an durchbohrte Stükke, die auf eine Schnur gezogen waren.
2) Das doppelte Bild vom Bewahren und Fortschleudern 1 Sam 25,29 macht wahrscheinlich, daß wir hier unter B. die Tasche des Hirten oder Kriegers zu verstehen haben. Wie die Schleuder als Waffe führte er die Tasche zum Aufbewahren der notwendigsten Dinge mit sich (vgl. 1 Sam 17,40). Auch Hi 14, 17 legt das gleiche Verständnis nahe.
3) Zusammengebündeltes Unkraut (Mt 13,30).

Bunni, wohl Kurzform von Benaja.
1) Vorfahr des Leviten Semaja (Neh 11,15).
2) Levit z. Zt. Nehemias (Neh 9,4).
3) Israelit, der die Verpflichtung auf das Gesetz unterzeichnete (Neh 10,16[15]).

Burg. I) → Palast, Schloß, → Festung.
II) → Zion.
III) Bei Ausgrabungen in Thaanach und Megiddo fand man in der Nähe der Stadtmauer größere Häuser, die als Verteidigungswerke burgartigen Charakter trugen. Solch eine Burg war allerletzter Zufluchtsort, wenn der Feind bereits in die Straßen der Stadt eingedrungen war. Daher wird die B. zum Bild der allerletzten Zuflucht (vgl. Ps 18,2.3).
IV) In diesem Sinn wird »B.« bes. auf Gott den Herrn angewandt (2 Sam 22,2; Ps 31,3.4; 91,2; 144, 2 u. ö.). Diesen Psalmen verdankt das Reformationslied »Ein feste B. ist unser Gott« seine Entstehung.

Bürge, Bürgschaft. Die Mosebücher erwähnen die Bürgschaft nur 1 Mo 43,9; 44,32, während die Sprüche eindringlich vor dem Eingehen einer Bürgschaft warnen (Spr 6,1–5; 11,15; 20,16; 22,26.27). Jede Bürgschaft, als deren Bekräftigung wohl allgemein der Handschlag galt (Hi 17,3 EÜ; Spr 17,18), bleibt für beide Teile unsicher, weil die Zukunft nicht in der Gewalt des Menschen steht. Darum kann nur Gott wirklich Bürge sein (Hi 17,3). Der Mensch aber soll jetzt dem helfen, der in Not ist und bittet (Mt 5,42).

Bürgerrecht (griech. *politeia).*
I) Nach dem Gesetz des AT genoß der Israelit als freier Vollbürger *(esrach)* des erwählten Gottesvolkes das B. Israels (Eph 2,12). Das schloß neben den politischen auch religiöse Rechte ein. Das B. wurde erlangt durch Geburt und Beschneidung (2 Mo 12, 48) und berechtigte zur Stimmabgabe in der Volksgemeinde und zur Teilnahme an der Passahfeier (2 Mo 12,43). Ferner schützte es den Israeliten vor lebenslänglicher Leibeigenschaft innerhalb des eigenen Volkes (2 Mo 21,2; 3 Mo 25,39f), und der ihm zugeteilte Grundbesitz war nicht für immer verlierbar (V 25ff). Den Gegensatz zum Bürger bildete der → Fremdling.
II) Zu den Vorrechten des röm. Bürgers vgl. → Römer.
III) Das Bürgerrecht des Christen (Phil 3,20; LÜ Wandel), d. h. der Staat, nach dessen Gesetzen er lebt, in dem er Bürger ist und seine Heimat hat, ist im Himmel. Auf Erden ist er rechtlich und wesensmäßig Fremdling (1 Petr 1,1; Hebr 11,13).

Bus »Geringschätzung«.
1) Sohn des Aramäers Nahor, des Bruders Abrahams (1 Mo 22,21). Seine Nachkommen bilden einen nordarab. Stamm (Jer 25,23), zu dem auch Elihu, ein Freund Hiobs, gehört (Hi 32,6).
2) Vater des Jahdo aus dem Stamme Gad (1 Chron 5,14).

Busen. Der Bausch des gegürteten Gewandes, der zugleich als Tasche diente, zugänglich durch den Schlitz des Kleides (2 Mo 4,6.7). Man trug alle möglichen Dinge im B., Hirten sogar die jungen Lämmer (Jes 40,11; vgl. sachlich auch 2 Kö 4,39; Hag 2, 12[13]), aber Feuer gefahrlos dort tragen zu wollen, bedeutet etwas Unmögliches (Spr 6,27). Das Geld verwahrte man ebenfalls im Gewand, so daß vom Vergelten oder Bezahlen in den B. gesprochen werden konnte (Ps 79,12; Jes 65,6.7; Jer 32,18). Wenn Nehemia den B. ausschüttelt, so ist das sowohl Zeichen, daß er selber keinen unrechtmäßigen Besitz hatte, wie Drohung für den, der unrechten Gewinn zurückbehielt (Neh 5,13). Vgl. auch → Schoß.

Busi »Geringschätzung«.
Priester, Vater des Propheten Hesekiel (Hes 1,3).

Buße, büßen. I) Mit dem Wort B. hat Luther für das hebr. *(schub* = hinwenden, zurückkehren) und griech. Wort *(metanoein* = den Sinn ändern) ein Wort eingesetzt, das eigentlich »bessern« (eine Lükke ausbessern: alte LÜ Neh 4,1[7], daher Lückenbüßer) bedeutet. Gleichzeitig enthält das deutsche Wort den strafrechtlichen Begriff der Genugtuung, der Sühne (vgl. 5 Mo 22,19; Es 7,26 u. ö). Von daher war der Begriff der B. in der katholischen Sühnelehre geprägt. Luther wollte das Wort von dieser Bedeutung des »Büßens« als Eigenleistung befreien, die dort damit (z. T. bis heute) verbunden ist. Darum übersetzt er das hebr. *schub* des öfteren mit »bekehren« (1 Sam 7,3; 1 Kö 8,33; Ps 7,13). Das hat jedoch nicht genügt, B. vor Mißverständnissen im genannten Sinne zu schützen. So hat es auch im Raum der ev. Gemeinden nicht an Bußversuchen gefehlt, die durch verkrampfte Reueäußerungen und veräußerlichte Bußhaltung und sogar durch eine gewisse »Bekenntnissucht« die Sündenschuld vor Gott wiedergutzumachen suchten.
II) Die HS läßt nicht im Unklaren darüber, daß Gott selber die B. wirkt u. daß seine Güte zur B. leitet (Röm 2,4). Er bekehrt sein Volk, und es tut B. (Jer 31,19), er schlägt die Brücke zum Menschen und führt das Himmelreich herbei (Mt 3,2). In seinem Sohne Jesus Christus ruft er die Menschen selbst zur Umkehr (Mt 4,17; 9,13) und schenkt nicht nur seinem Volke Israel, sondern auch den Heiden B. (Apg 11,18). Denn Gott hat keine Lust am Tode der Gottlosen, sondern daß sie sich bekehren und leben (Hes 18,23). Die B., zu der die Apostel nun aufrufen (Apg 2,38), ist keine verkrampfte Haltung, kein düsterer Gerichtsernst und Selbstverzweiflung, sondern Hinwendung zu Jesus, der gekommen ist, Sünder zu begnadigen (Mt 9,13). Das Gleichnis vom verlorenen Sohn (Lk 15) zeigt, daß die menschliche Seite der B. im → Bekenntnis und Eingeständnis der eigenen Schuld liegt (V 21; vgl. 1 Joh 1,9; Hi 42,6), nicht nur dem Herrn, sondern wenn nötig, auch den Menschen gegenüber (Jak 5,16). Zum Bekenntnis als der einen Seite der Umkehr gehört als an-

dere Seite Glaube und Hoffnung aufgrund des Sühnetodes Jesu Christi (Lk 24,47).

III) B. und Umkehr im Zusammenbruch des eigenen Lebens und Aufgabe der Selbstrechtfertigung können auch von äußeren Zeichen begleitet sein: Fasten (Jo 2,12; Jon 3,5), Weinen (Mt 26,75; Lk 7,38), Kleiderzerreißen (1 Kö 21,27; Es 9,3), dem Anlegen des Trauergewandes (Jon 3,5) und dem Schlagen an die Brust (Lk 18,13).
Zu allen Zeiten aber haben sich die Propheten gegen Veräußerlichungen der B. wenden müssen. Joel ermahnt, anstatt der Kleider das Herz zu zerreißen (Jo 2,12f) und Johannes d. Täufer warnt vor dem äußeren Anschein, der die rechten Früchte der B. vermissen läßt (Mt 3,7.8).
Rechte B. führt über die Erkenntnis der eigenen Schuld (Hi 42,6) zu den rechtschaffenen Werken des neuen Lebens (Apg 26,20), die die Abkehr von der bisherigen Lebensführung einschließen (Röm 6,2).

IV) Von hieraus gesehen gehört B. mit Glaube, Wiedergeburt und Taufe eng zusammen (Mk 1,15; Lk 24,47; Apg 2,38). Diese Zusammengehörigkeit steht wohl dem Schreiber des Hebräerbriefes vor Augen, wenn er von einer nur einmaligen B. schreibt (Hebr 6,4–6; vgl. 12,17). Die Möglichkeit zur B. ist also beschränkt, obwohl das Gnadenangebot Gottes universal ergeht. Durch festgehaltene schwere Sünde kann B. offenbar unmöglich werden, denn echte B. schließt nicht nur das Bekennen, sondern auch das Lassen der Sünde mit ein. Das Ende des irdischen Lebens und die Wiederkunft Jesu zum Gericht setzen auch der zeitlichen Möglichkeit zur B. ein Ende. Darum wird auch Sir 18,22 davor gewarnt, die Umkehr und B. bis aufs Krankenlager hinauszuzögern; es könnte zu spät sein.

V) Die HS enthält eine Vielzahl von B.predigten. Die großen B.prediger des AT sind Jeremia (Jer 2; 3), Jona (Jon 3), Amos (Am 5) und im NT Johannes d. Täufer (Mt 3,1ff). Diese Tradition nimmt Jesus auf, und Petrus führt sie bis in die Urgemeinde hinein (vgl. Apg 2,14ff.37ff). In der B.predigt werden dem Menschen die Wege Gottes (Jer 25,5; Jes 55,7f) und die eigenen falschen Wege, die ins Unrecht (Am 3, 10) und schließlich in den Tod führen (Jer 21,8), aufgezeigt. Das stößt den Hörer nicht in Verzweiflung, sondern verkündet ihm die Rettung (Am 9, 11ff; Lk 3,18). Darin liegt der Unterschied zu den Unheilsweissagungen. Die Folge rechter B.predigt sind Umkehr des Sünders, Annahme des Evangeliums (Mk 1,15) und Vergebung der Sünden (Lk 24, 47; Apg 5,31 u. ö.). Den Auftrag zur B.predigt an alle Menschen entnimmt die Gemeinde den Worten Jesu (Lk 24,47; Apg 17,30).
Vgl. auch → Bekehrung.

Butter → Milch

C

Cäsarea »Die Kaiserliche (Stadt)«, Küstenstadt Palästinas südl. des Karmel. Hier wohnte der Evangelist Philippus (Apg 8,40; 21,8), taufte Petrus den Kornelius (Apg 10,1ff) und starb Herodes Agrippa (Apg 12,19.23). Paulus besuchte C. verschiedentlich auf seinen Missionsreisen (vgl. Apg 9,30; 18,22; 21,8).
C., ursprünglich eine kleine Sidoniersiedlung namens Stratons-Turm, wurde etwa 25 v. Chr. von Herodes d. Gr. zu einer prächtigen Stadt erbaut und → Augustus zu Ehren C. benannt. Herodes schuf sich damit einen großen Hafen, der zugleich unmittelbar an der Hauptstraße Damaskus-Ägypten lag. Die 40–50 000 Einwohner (Griechen, Juden und Römer) der auf Sand gebauten Stadt wurden durch 2 Wasserleitungen versorgt, eine Ringmauer um die Stadt beschützte sie. Zwei Molen mit großen Wellenbrechern waren gegen die See vorgetrieben und sicherten einen ungestörten Hafenbetrieb. Über der Stadt erhoben sich als weithin sichtbare Gebäude der Tempel, der Königspalast und das Amphitheater.
C. war Residenzstadt der röm. Statthalter (vgl. Apg 23–26), die jedoch zu großen Festen in Jerusalem amtierten, → Pontius Pilatus (vgl. Mt 27,11ff par.). Hier wohnte im 4. Jh. n. Chr. der Verfasser des Onomastikons (einer wichtigen Ortsnamenliste Palästinas), der Geschichtsschreiber Eusebius. Nach der Zerstörung der Stadt durch die Araber im 13. Jh. erinnert nur noch ein kleines Dorf »Keisarije« inmitten eines wüsten Ruinenfeldes, dessen Steintrümmer meist zum Bau anderer Städte weggeholt wurden, an ihre Lage. Vgl. Taf. 98/1537.

Cäsarea Philippi liegt im Quellgebiet des Nahr Banias, eines der drei Quellflüsse des Jordan. Die Grotte, aus der das Wasser quillt, war von den Griechen dem Gott Pan geweiht (daher der Name Paneas, arab. Banias). I. J. 20 v. Chr. erhielt Herodes d. Gr. dieses Gebiet und baute hier zu Ehren des Augustus eine Stadt. Nahe beim Altar des Pan errichtete er einen Marmortempel mit dem Standbild des Kaisers. Der Vierfürst Philippus verschönerte die Stadt und nannte sie Cäsarea. Der Zusatz Philippi unterschied sie von der gleichnamigen Stadt an der Küste. Hier, wo man die Naturkraft des Pan verehrte und der Staatsmacht in der Person des Kaisers göttliche Ehre entgegenbrachte, hat Christus seine Jünger gefragt: Wer, sagen die Menschen, daß ich sei? Und Petrus hat das Bekenntnis ausgesprochen: Du bist Christus, der Sohn des lebendigen Gottes (Mt 16,13). Vgl. Taf. 98/1537.

Chabbon, Ort im Stamm Juda (Jos 15,40), viell. Hebra, eine Ruine 4 km östl. von Tell ed-Duweir (Lachis).

Chaldäa, das Land der Chaldäer, eins der bedeutendsten Seeländer am Pers. Golf. In diesem Lande lag auch die Stadt Ur der Chaldäer (1 Mo 11,28). Diese Stadt ist von L. C. Woolley in El-Mukajjar ausgegraben worden (vgl. sein Buch »Ur in Chaldäa«). Später ist C. die Bezeichnung für ganz Babylonien (Hes 23,16).

Chaldäer (Hebr. *Kasdim,* babyl. *Kaldu;* griech. *Chaldaioi).*

Ein aram. Stamm, der Hi 1,17 erwähnt wird. Die C. siedelten sich um 1000 v. Chr. im Süden Babyloniens an, übernahmen die babyl. Zivilisation und waren das Rückgrat des neubabyl. oder chaldäischen Reiches (2 Kö 25,4; 2 Chron 36,17; Jes 13,19; Jer 21,4 u. ö.).
Dan 2,2.4; 4,4 kommt das Wort C. auch als Bezeichnung für eine bestimmte babyl. Priesterklasse vor, die sich mit Traumdeutung und Astrologie beschäftigte. → Babylonien, → Syrer.

Chalkol.
Sohn Mahols z. Zt. König Salomos, der mit zu den weisen Männern des Landes gehörte (1 Kö 5,11[4, 31]). Er ist wahrscheinlich identisch mit dem C. in 1 Chron 2,6; dann wäre er ein Nachkomme Serahs aus dem Stamm Juda.

Chalne, Stadt im Lande Sinear, das Nimrod beherrschte (1 Mo 10,10), nach einer Erklärung des Talmud vielleicht Nippur. Man hat auch einen Zushg. mit der syr. Stadt Kullani (→Kalno) vermutet, aber die liegt nicht im Land Sinear, das wir nach 1 Mo 10,10; 11,2; Dan 1,2; Sach 5,11 in Babylonien zu suchen haben. Auch wenn in den Amarnabriefen und hethitischen Texten aus Boghazköi ein weiter nördl. liegendes Sinear erwähnt wird, bleibt eine Gleichsetzung beider Orte doch unwahrscheinlich.

Chalubai. Sohn Hezrons (1 Chron 2,9), der sonst → Kaleb (1) heißt (1 Chron 2,18.42).

Chalzedonier → Edelstein

Chananja »Der Herr hat festgemacht, gestärkt«.
1) Levit, der unter Hiskia für Hebe, Zehnten und das Geheiligte verantwortlich war (2 Chron 31,12. 13).
2) Oberster unter den Leviten z. Zt. Josias (2 Chron 35,9).

Charkas pers. »Geier«,
Kämmerer des Perserkönigs Ahasveros (Est 1,10). → Abagtha.

Charmi, hängt viell. mit hebr. »Weinberg« zusammen.
1) Vierter Sohn des Ruben (1 Mo 46,9). Von ihm stammen die Charmiter (4 Mo 26,6).
2) Sohn Sabdis aus dem Stamme Juda und Vater des Achan (Jos 7,1; 1 Chron 2,7).

Charsena pers. »Pflüger«.
Einer der sieben Fürsten von Persien und Medien unter Ahasveros (Est 1,14). → Admatha.

Chebar. Großer Kanal (babyl. *naru kabaru*), an dem judäische Gefangene in Babylonien angesiedelt waren (Hes 1,1; 3,15). Vermutlich handelt es sich um einen schiffbaren Euphratkanal in der Nähe von Babel, den heutigen Schatt en-Nil.

Chelal viell. »Vollkommenheit«.
Israelit aus der Familie des Pahath-Moab, der sich nach der Rückkehr aus der Gefangenschaft von seiner nichtjüd. Frau trennte (Es 10,30).

Chelub »Korb, (Vogel-)Käfig«.
Vater Esris, des Aufsehers über die Feldarbeiter Davids (1 Chron 27,26).

Cheluhi.
Israelit aus der Familie des Bani, der sich z. Zt. Esras von seiner heidnischen Frau trennte (Es 10,35).

Chenani, Kurzform von Chenanja.
Levit z. Zt. Nehemias (Neh 9,4).

Chenanja »Der Herr hat festgemacht, gestärkt«.
Jizharit, Oberster über die Leviten und Sangmeister z. Zt. Davids. Er wirkte bei der Überführung der Bundeslade aus dem Haus des Obed-Edom nach Jerusalem mit. Später war er mit seinen Söhnen als Amtmann und Richter im Verwaltungsdienst ausserhalb Jerusalems tätig (1 Chron 15,22.27; 26,29).

Cheran. Horiter, Sohn Disons von dem Gebirge Seir (1 Mo 36,26; 1 Chron 1,41).

Cherub. I, 1) Die Cherubim (hebr. Plur. von C.) werden in der HS deutlich von den übrigen Engeln unterschieden. Während diese als »Boten« des Herrn mit den verschiedensten Aufgaben betraut und überall anzutreffen sind (1 Mo 28,12; 32,2[1]; Ri 2,1–4; Ps 91,11; Mt 18,10; Apg 12,7–10; Hebr 1,14 u. ö.), heißen die C. »Lebewesen« (LÜ meist »Tiere«) und erscheinen dort, wo Gott persönlich gegenwärtig ist und sich in seiner Herrlichkeit offenbart (vgl. 2 Mo 25,17–21; Hes 1; 10; Ps 80,2; 99,1 u. ö.).
Im Gegensatz zu den Engeln in Menschengestalt (nur Offb 14,6 wird ein »fliegender Engel« genannt; Offb 8,13 steht im Grundtext »Adler«), werden die C. stets als geflügelte Wesen beschrieben. Schließlich werden nur sie abgebildet, während von Engelbildern nirgends die Rede ist.
2) Die GESTALT der C. kennen wir vor allem aus den Visionen Hesekiels. Nach Hes 1,4ff sind sie menschenähnliche Lebewesen (LÜ Tiere), die aufrecht auf zwei gelenklosen Beinen mit Rinderfüßen gehen, Menschenhände haben und vier Flügel, von denen zwei den Leib bedecken. Am auffallendsten sind jedoch die vier Gesichter, die jeder C. hat, und zwar das Antlitz eines Menschen, Löwen, Stiers und Adlers. Daß Hes 41,19 nur zwei Gesichter, das Menschen- und Löwenantlitz, erwähnt werden, hängt vermutlich mit der Art der Darstellung auf der Wandfläche zusammen. Die Leiber, Rücken, Hände und Flügel der C. waren voller Augen (Hes 10,12).
Bei den C.darstellungen auf der Bundeslade, in der Stiftshütte und im Tempel Salomos erhalten wir jedoch nur so spärliche Angaben, daß wir uns von ihrer Gestalt und deren Verhältnis zu der Beschreibung Hesekiels kein ganz klares Bild machen können. Nur von den 10 Ellen hohen C. im Allerheiligsten des Tempels wissen wir (1 Kö 6,23–27; 2 Chron 3,10–13), daß sie aufrecht standen und mit ausgebreiteten Flügeln einander und die Außenwände berührten. Hier scheint jeder C. nur 2 Flügel gehabt zu haben.
Heute stellt man sich diese C.gestalten vielfach ähnlich wie die geflügelten Mischwesen *(kurubu)* vor, die die Ausgrabungen in Mesopotamien und auch in Palästina und Syrien (Elfenbeinschnitzereien) ans Licht gebracht haben. Vgl. Taf. 19a/288.
3) Mit den 4 lebenden Rädern zusammen bilden die C. den Thronwagen des Herrn (Hes 1). Ebenso heißt es schon von den C. auf dem Deckel (→ Gnadenstuhl) der tragbaren → Bundeslade (2 Mo 25,17–22), daß der Herr über ihnen thront (1 Sam 4,4; 2 Sam 6,2; 2 Kö 19,15; vgl. 4 Mo 7,89). Auch die goldenen C. des salomonischen Tempels werden einmal als »Wagen« bezeichnet (1 Chron 28,18), und David spricht davon, daß der Herr auf einem C. daherfliegt (2 Sam 22,11; Ps 18,11).
Die C. sind danach Zeugen der persönlichen Gegenwart Gottes auf Erden, und so werden wir auch ihre weitere Verwendung beim Schmuck der Stiftshütte (2 Mo 26,1.31; 36,8.35) und des Tempels (1 Kö 6, 29.32.35; 7,29.36; 2 Chron 3,7.14; Hes 41,18–20.25) zu verstehen haben.

In den Gesichten des Johannes begegnen uns noch einmal 4 »Tiere« am Thron des Herrn (Offb 4,6–8; 5,6), die wir ebenfalls als C. ansehen können.
4) Nicht als Zeugen der Gegenwart Gottes, sondern als Wächter am Wege zu ihm erscheinen die C. 1 Mo 3,24, wo sie den Zugang vor dem Menschen und für den Menschen zum Baum des Lebens schützen.
5) In Hes 28,13–19 wird der König von Tyrus mit einem C. verglichen, der im Lustgarten Gottes und auf seinem heiligen Berg war, dann aber wegen seines Hochmuts verstoßen wurde.
Die Auslegung hat hierin vielfach ein Bild für den Fall des → Satans gesehen.

II) ORT in Babylonien (Es 2,59; Neh 7,61), aus dem unter der Führung Serubabels Menschen nach Juda zurückkehrten, ohne ihre Zugehörigkeit zur Volksgemeinde beweisen zu können. Die Lage des Ortes ist unbekannt.

Chesalon, hängt mit »töricht sein« zusammen.
Ort in Juda (Jos 15,10), das heutige Dorf Kesla, 4,5 km östl. von Zora.

Chesed, Sohn des Nahor und Neffe Abrahams (1 Mose 22,22), nach dem die Chaldäer (Chasdim) genannt wurden.

Chesib → Achsib (1)

Chesil »Töricht« oder »Orion«.
Ort im Süden Judas, Jos 15,30 zwischen Eltholad und Horma aufgeführt. Jos 19,4 steht an gleicher Stelle Bethul; auch in Jos 15,30 LXX haben einige Hss. → Beth-El (2) statt C. Setzt man die beiden Orte gleich, dann ist auch C. im heutigen Chirbet er-Ras nordöstl. von Beer-Seba zu suchen.

Chesulloth, hängt mit »töricht sein« zusammen.
Stadt in Isaschar (Jos 19,18); vgl. → Kisloth-Thabor.

Chidon viell. »Wurfspeer«,
Name einer Tenne (1 Chron 13,9), die auf dem Wege zwischen Kirjath-Jearim und Jerusalem lag. Hier wurde Usa vom Herrn mit dem Tode bestraft, weil er die Lade Gottes angerührt hatte. 2 Sam 6,6 wird der Ort Tenne Nachons genannt. Seine genaue Lage ist unbekannt.

Chileab, Sohn Davids (2 Sam 3,3), der 1 Chron 3, 1 Daniel heißt. Seine Mutter war Abigail, die Witwe Nabals.

Chiljon »Hinfälligkeit«.
Jüngerer Sohn des Elimelech und der Naemi, der Mann der Orpa (Rt 1,2.5).

Chimham viell. »Von fahler Gesichtsfarbe«.
1) Der 80jährige Gileaditer Barsillai wendet die ihm von David für geleistete Unterstützung zugedachte Ehrung dem C. zu (2 Sam 19,38[37]ff), der an dieser Stelle zwar nicht ausdrücklich als sein Sohn bezeichnet wird, es nach 1 Kö 2,7 aber doch wohl ist. C. begleitet den König und lebt von jetzt an am Hof.
2) Jer 41,17 wird eine in der Nähe Bethlehems gelegene Herberge C. erwähnt, ob der Name aber mit dem Sohne Barsillais zusammenhängt, wissen wir nicht.

Chios, Insel westl. von Smyrna. Auf seiner 3. Missionsreise fuhr Paulus von Mytilene nach Samos zwischen C. und der Küste hindurch nach Süden (Apg 20,15). Vgl. Karte Sp. 1049/50.

Chislev → Jahr

Chislon viell. mit arab. »schwerfällig« zusammenhängend.
Vater des Benjaminiten → Elidad (4 Mo 34,21).

Chittim. Nachkommen Javans (1 Mo 10,4; 1 Chron 1,7 LÜ Chittiter). Ursprünglich scheint der Name zu der Stadt Kition an der Südküste von Zypern zu gehören. Er bezeichnet dann die ganze Insel (Jes 23, 1.12), deren Einwohner von den Phöniziern ebenfalls Kitti genannt werden, kann aber auch andere Inseln und Küstenstriche des Mittelmeers einschließen (Jer 2,10; Hes 27,6). Genauere geographische Beziehungen können wir weder hier noch bei den Schiffen aus Chittim (4 Mo 24,24; Dan 11,30) festlegen. Jer 2,10 bezeichnen die Inseln Chittim den Westen, wie → Kedar den Osten.

Chiun. Von den Israeliten während ihrer Wüstenwanderung verehrter Gestirngott (Am 5,26). Diese Gestirngottheit, akkad. Kajawânu (Saturn), wird an dieser Stelle in Zusammenhang mit dem Gotte Sikkuth genannt. Vgl. → Remphan.

Chloe »Die Grünende«.
Wohl eine gläubige Frau aus Korinth, durch deren Gesinde die Nachricht über die Trennungen in der Gemeinde an Paulus weitergegeben wurde (1 Kor 1,11).

Chol-Hose »Allesseher«.
1) Vorfahr des nach der babyl. Gefangenschaft in Jerusalem wohnenden Maaseja (Neh 11,5).
2) Vater Salluns, des Obersten des Kreises von Mizpa z. Zt. Nehemias (Neh 3,15).

Chor. I) Ansammlung, Schar (1 Sam 19,20).
II) Das Allerheiligste des salomonischen → Tempels, in dem die Bundeslade stand (1 Kö 6,16.17; 8, 6.8), damit zugleich Sinnbild und Bürgschaft der Gegenwart Gottes (Ps 28,2).
III) Ps 120–134 werden als »Lieder im höhern C.« bezeichnet. Das können Wallfahrtslieder sein, die von Pilgern gesungen wurden, wenn sie zur heiligen Stadt aufsteigend den Tempel vor sich sahen, oder Gesänge, die am Laubhüttenfest von Tempelsängern auf der 15stufigen Treppe vorgetragen wurden, die vom Frauenhof zum Heiligtum führte. Eine dritte Erklärung vermutet eine literarische oder musikalische Bedeutung, die den Vortrag oder den hymnischen Gesang festlegen soll. Der hebr. Ausdruck könnte dann eine liturgische Anweisung, eine Anweisung zur Instrumentierung oder die Melodieangabe sein.

Chorazin. Ort, über den Jesus sein Wehe aussprach, weil seine Bewohner auf die Werke Jesu hin nicht Buße getan hatten (Mt 11,21; Lk 10,13). Dem Onomastikon zufolge war C. ein verlassenes Dorf, zwei Meilen von Kapernaum entfernt. Heute ist es Chirbet Keraze, 3 km nördl. Kapernaum, eine Ruine in einer Wüstenlandschaft, ein Ort ohne Schatten und ohne Pflanzenwuchs inmitten von Basaltblöcken. Seine Ruinen jedoch zeigen, daß hier einstmals eine bedeutende Stadt mit einer Synagoge gestanden hat, die prunkvoll aufgebaut gewesen sein muß (H. Kohl und C. Watzinger, Antike Synagogen in Galiläa, S. 41–48). Vgl. Taf. 98/1537.

Christen. Nachfolger Jesu Christi wurden zuerst in Antiochien um 43 n. Chr. C. genannt (Apg 11, 26.) Wenn dieser Name auch zunächst von den Feinden des Evangeliums gebraucht wurde, so wurde er doch bald allgemein benutzt. Dennoch kommt er nur noch zwei weitere Male im NT vor (Apg 26, 28; 1 Petr 4,16).

Christus → Jesus Christus

Chronik. I) Bei der C. der Könige von Medien und Persien (Est 10,2) handelt es sich um die laufenden Geschichtsaufzeichnungen (Annalen), die amtlich angelegt wurden (Es 4,15; Est 2,23; 6,1).

II) Das gleiche kann bei den C. Davids (1 Chron 27, 24), Salomos (1 Kö 11,41), der Könige Judas (1 Kö 14,29; 15,7; 2 Kö 8,23 u. ö.) und Israels (1 Kö 14, 19; 15,31; 2 Kö 1,18 u. ö.) der Fall sein, man hat aber auch halb- oder nichtamtliche Geschichtswerke darunter vermutet. Neh 12,23 wird eine C. genannt, die die levitischen Geschlechtsregister enthält.

Chronik, Bücher der.

I) NAME UND STELLUNG IM AT.
Die Bücher der C. heißen im Hebr. *Dibre hajjamim* = »Begebenheiten der Tage«. Die Vulgata übernimmt aus der LXX den Namen *Paralipomena*, was »Ergänzungen« zu den Samuel- und Königsbüchern bedeutet. Der Titel C. geht auf Hieronymus zurück. Er fand, daß man hier von einer Chronik der ganzen Heilsgeschichte sprechen sollte, das hat dann Luther übernommen. Die Zweiteilung der C. in ein 1. und 2. Buch der C. stammt aus der LXX, nach der sich die Vulgata und schließlich (erst seit 1448) auch die Juden richteten. In der hebr. Bibel bilden die Bücher der C. den Abschluß des AT Das war schon z. Zt. Jesu so, denn er nennt Sacharja (2 Chron 24, 20—22) als den letzten atl. Blutzeugen (Mt 23,35; Lk 11,51).

II) INHALT.
A) Die Bücher der C. behandeln die Geschichte des Volkes Israel von der Erschaffung der Welt bis zum Ende der babyl. Gefangenschaft. Der erste Abschnitt bis zum Regierungsbeginn Davids ist in der Form der Aneinanderreihung von Namen und Geschlechtsregistern gegeben (1 Chron 1—9). Ausführlich wird erst über David (Kap 11—29) und seine Nachfolger berichtet. Aber auch hier stehen nicht die geschichtlichen Begebenheiten im Vordergrund, sondern der isrl. Gottesdienst: Tempel, Opfer, Priester, Leviten, Sänger, Gesetz. Berichtet wird weiter nur die Geschichte des Südreiches Juda. Das Nordreich wird nicht berücksichtigt, denn es ist ja vom Hause Davids und vom Gottesdienst in Jerusalem abgefallen.

B) Einteilung der Bücher der C.
1) Geschlechtsregister (1 Chron 1,1—9,44).
2) Geschichte Davids (10,1—29,30).
   a) Sauls Tod (10,1—14).
   b) Die Eroberung Zions und Davids Kriege (11, 1—12,40).
   c) Davids Königtum (13,1—22,1).
   d) Davids Beitrag zum Gottesdienst (22,1—29, 30).
3) Die Geschichte Salomos (2 Chron 1,1—9,31).
   a) Sein Wohlstand (1,1—1,17).
   b) Der Bau des Tempels (2,1—7,22).
   c) Salomos Lebenswerk und Tod (8,1—9,31).
4) Geschichte der Könige von Juda (10,1—36,23).
   a) Von Jerobeam bis Zedekia (10,1—36,21).
   b) Der Erlaß des Kyrus (36,22—33).

III) VERFASSER UND ENTSTEHUNGSZEIT.
Rabbiner und Kirchenväter nahmen an, daß Esra der Verfasser der C. sei. W. F. Albright tritt für diese Tradition ein und gibt als Entstehungszeit 400—350 v. Chr. an. Andere datieren die Bücher wesentlich später. Gegen die Verfasserschaft des Esra können keine zwingenden Argumente vorgebracht werden. Die C. zeigt stilistische Verwandtschaft mit den Büchern Esra und Nehemia, die zudem den Bericht der C. unmittelbar fortsetzen. Eine gleichzeitige Entstehung mit den Büchern Esra und Nehemia liegt daher nahe.

IV) HISTORISCHE ZUVERLÄSSIGKEIT.
Von vielen Kritikern wurde die historische Zuverlässigkeit der Berichte des Chronisten angezweifelt. W. F. Albright dagegen schreibt: »die Chronikbücher enthalten eine beträchtliche Menge ursprünglichen Materials über die Geschichte des Südreiches Juda, das in den Königbüchern nicht enthalten ist und ... der historische Wert dieses Materials ist durch archäologische Funde erhärtet.« Die Berufung des Chronisten auf seine Quellen kennzeichnet ihn als einen zuverlässigen Historiker. Außer den Samuel- und Königsbüchern (weil er sie nicht nennt, hat man für die entsprechenden Abschnitte auch an andere, parallele Quellen gedacht, was die Zuverlässigkeit der Überlieferung noch bekräftigen würde) hat der Verfasser noch eine ganze Reihe anderer Quellen benutzt, und zwar nennt er:
das Buch von den Königen Judas und Israels (2 Chron 16,11; 25,26; 28,26; 32,32); das Buch der Könige Israels und Judas (2 Chron 27,7; 35,27; 36,8); das Buch der Könige Israels (1 Chron 9,1; 2 Chron 20,34); die Geschichten der Könige Israels (2 Chron 33,18); die Historie im (= Erklärung zum) Buch der Könige (2 Chron 24,27); die Chronik des Königs David (1 Chron 27,24); die Geschichten Samuels, des Sehers (1 Chron 29,29); die Geschichten des Propheten Nathan (ebd.; 2 Chron 9, 29); die Geschichten Gads, des Schauers (1 Chron 29,29); die Prophezeiungen Ahias von Silo (2 Chron 9,29); die Gesichte Jeddis, des Schauers (ebd.); die Geschichten Iddos, des Schauers (2 Chron 12,15); die Geschichten Semajas, des Propheten (ebd.); die Historie des Propheten Iddo (2 Chron 13,22); die Geschichten Jehus, des Sohnes Hananis, die aufgenommen sind ins Buch der Könige Israels (2 Chron 20,34); eine Schrift des Propheten Jesaja, des Sohnes des Amoz (2 Chron 26,22); das Gesicht des Propheten Jesaja, des Sohnes des Amoz, im Buch der Könige Judas und Israels (2 Chron 32,32); die Geschichten der Schauer (2 Chron 33,19); die Klagelieder (2 Chron 35,25). Dabei mag es sich in einzelnen Fällen um verschiedene Titel derselben Quelle handeln.

V) ZIEL UND BETRACHTUNGSWEISE.
Die Geschlechtsregister am Anfang der C. stellen die Verbindung des lebenden Geschlechtes mit den Urvätern und Patriarchen her. Sie erbringen den Nachweis, daß auch die aus der Gefangenschaft zurückgekehrten Juden die Verheißungen der Glaubensväter für sich in Anspruch nehmen dürfen. Aber das Erbe verpflichtet heilig und ernst. Durch Betonung dessen, was die Könige Judas für die Herstellung und Förderung des rechten Gottesdienstes getan haben, will der Verfasser den Eifer der heimgekehrten Juden für das Gesetz und den Gottesdienst erwecken und fördern. Er betont darum den Segen der Treue zu Gott und macht die Strafe jeder Untreue an Hand der Geschichte deutlich. Aus diesem seelsorgerlich-ermahnenden Gesichtspunkt heraus erklären sich die Auswahl des erzählenden Stoffes, die Unterschiede zur Darstellung der Samuel- und Königsbücher und die Betonung der atl. Frömmigkeit im Leben der Könige und des Volkes. Diese religiöse Zielsetzung gibt der modernen Kritik keineswegs das Recht, die geschichtliche Zuverlässigkeit der Darstellung anzuzweifeln. Man darf nicht meinen, daß der Verfasser oder seine Quellen das Geschichtsbild gefälscht hätten, weil es mit den Vorstellungen der Kritiker nicht übereinstimmt.

Die genannten Quellen stammen jedenfalls aus der Zeit, deren Ereignisse sie wiedergeben.
Aus der verschiedenen Betrachtungsweise zwischen der C. und den früheren Geschichtsbüchern des AT entstehen allerdings gelegentlich für unser Verständnis Schwierigkeiten, die wir mit unsern Mitteln nicht oder noch nicht mit völliger Sicherheit zu lösen vermögen.

Chrysolith → Edelstein

Chrysopras → Edelstein

Chub. Ein Volk, das nur Hes 30,5 genannt wird. Es ist mit Ägypten verbündet und wohl in seiner Nähe zu suchen.

Chun. Stadt Hadadesers, des Königs zu Zoba in Hamath (1 Chron 18,8), aus der David sehr viel Erz mitnahm, das Salomo später im Ehernen Meer verarbeiten ließ. Die Römer nannten diese Stadt Conna. C. ist das heutige Dorf Ras Baalbek, 807 m hoch an der Eisenbahnlinie von Beirut nach Homs gelegen, 34 km nordnordöstl. von Baalbek.

Chus.
1) Ältester Sohn Hams (1 Mo 10,6–8; 1 Chron 1, 8–10), Stammvater arab. Völker und Vorfahr Nimrods.
2) Benjaminit und Gegner Davids (Ps 7,1).

Chusa »Krug, Kanne«.
Hausverwalter des Herodes Antipas. Seine Frau Johanna war eine Jüngerin Jesu (Lk 8,3).

Chusi.
1) Vorfahr des Judi, der z. Zt. Jeremias lebte (Jer 36,14).
2) Vater des Propheten Zephanja (Zeph 1,1).
3) Der Bote, der David die Nachricht vom Tode Absaloms überbrachte (2 Sam 18,21–23.31.32). Es ist möglich, daß C. an dieser Stelle kein Eigenname ist, sondern einfach die Bezeichnung für einen Kuschiten, Äthiopier.

Chut oder Kutha (2 Kö 17,30.24) ist eine Stadt, aus der Umsiedler nach Samarien gebracht wurden. In den Keilinschriften erscheint Kutha häufig neben Babylon und Borsippa. Man hat die Stadt nordöstl. von Babylon im Tell Ibrahim wiedergefunden. Ausgrabungen förderten die Fundamente des Nergal-Tempels (2 Kö 17,30) zutage. Nergal oder Ner-unagal war der Gott des Krieges, der Jagd und der Unterwelt. Als Erscheinungsform des Sonnengottes wurde er auch in Löwengestalt dargestellt. Vgl. Karte Sp. 169/70.

Cyrenius, oder mit seinem vollen lat. Namen Publius Sulpicius Quirinius, war nach Lk 2,2 Statthalter in Syrien, als die von Augustus befohlene Volkszählung und Steuereinschätzung Joseph und Maria zur Reise nach Bethlehem veranlaßte. Diese Angabe hat viele Schwierigkeiten bereitet, da sie sich auf die Zeit vor dem Tod Herodes des Großen (4 v. Chr.) bezieht und uns aus antiken Quellen und Münzfunden von 9–6 v. Chr. Saturninus und anschließend Varus als Statthalter in Syrien bezeugt sind. Nach dem Wortlaut des griech. Textes müssen wir aber unter dem 'Statthalter' nicht unbedingt einen Verwaltungsbeamten verstehen, es kann sich auch um den Militärbefehlshaber von Syrien handeln. Und als solcher hat C. nach 11 v. Chr. einen Feldzug gegen die Hormonadenser in Zizilien geführt.
Die von Lukas genannte → Schätzung war ein Teil der von Augustus für das ganze Reich befohlenen Erfassung der Bevölkerung und ihres Vermögens (Census Augusti), die die Grundlage eines geordneten Staatshaushaltes und Steuerwesens bilden sollte. Diese Volkszählung begann 27 v. Chr. in Gallien, wo sie mindestens 40 Jahre dauerte, wurde aber bald auch auf andere Provinzen ausgedehnt. Aus Ägypten haben wir Belege, daß man sich dazu im Heimatort der Familie in die Listen eintragen ließ. Für Syrien fiel der Beginn der Erhebungen vermutlich in die Jahre 12–11 v. Chr., wobei die Leitung der Aktion, die dann auch die angrenzenden Gebiete einbezog, in den Händen des Militärbefehlshabers, also des C., gelegen haben mag.
Die Angaben über den Aufstand des Galiläers Judas z. Zt. einer Schätzung (Apg 5,37) beziehen sich wahrscheinlich auf eine zweite Steuereinschätzung, die in Samarien und Judäa nach der Absetzung des Archelaus und der Umwandlung seines Reiches in eine röm. Provinz durchgeführt wurde. Hierbei ist die Mitwirkung des C., der inzwischen Statthalter, d. h. Leiter der röm. Verwaltung von Syrien geworden war, immer schon bekannt gewesen. Es ist aber nicht gerechtfertigt, von daher die Angabe in Lk 2,2, auch wenn wir sie bisher außerhalb des NT noch nicht exakt bestätigen können, in Zweifel zu ziehen.

D

Dabbeseth viell. »Kamelhöcker«,
Grenzstadt in Sebulon (Jos 19,11). Man wird D. wohl in der Ebene Megiddo suchen müssen und hat darum an Tell-Schemmara (5 km östl. von Jokneam) gedacht.

Dabrath, hängt mit »sich abwenden, ausrotten« zusammen.
Ort auf der Grenze zwischen Sebulon und Isaschar, nach Jos 19,12 zu Sebulon gezählt, nach Jos 21,28 und 1 Chron 6,57[72] zu Isaschar gerechnet. Heute Daburije am Fuße des Thabor.

Dach. Das flache D. des → Hauses in Palästina war ein beliebter Aufenthaltsort. Samuel sprach mit Saul auf dem D. (1 Sam 9,25). David befand sich auf dem D., als er Bath-Seba sah (2 Sam 11,2), und Absalom spannte auf dem D. sein Zelt auf (2 Sam 16,22). Man schlief dort auch. Von den Dächern konnte man sehen, was in der Stadt passierte (Jes 15,3; Jer 48,38), und auf den Dächern predigen heißt öffentlich verkündigen (Mt 10,27; Lk 12,3). Man opferte dort (Jer 19,13; Zeph 1,5) und baute darauf die Laubhütten (Neh 8,16). Es war leicht, von einem D. zum anderen zu kommen, weil die Häuser aneinandergebaut und von gleicher Höhe waren (Mt 24,17). Um das D. mußte ein Geländer sein (5 Mo 22,8) oft wurde hier auch das → Obergemach errichtet (→ Haus).
Die Konstruktion des flachen D. zeigte über den D.-balken eine Lage Reisig und dann einen gewalzten Lehmbelag. Daher kann man vom Aufgraben des D. sprechen (Mk 2,4). Vgl. → Ziegel.

Dachrinnen → Siloah

Dachsfell. Das bei dem Bau der Stiftshütte häufig erwähnte D. (hebr. *tachasch*) ist nach dem arab. *tuhas* »Robbe, Seekuh« wahrscheinlich das Leder der Rotmeer-Seekuh *(Dugong dugong hemprichi)*. Ebenso deutet die syr.-christl. Überlieferung das Wort. Aus diesem Leder, das sehr dick ist, war die obere Decke der Stiftshütte gemacht (2 Mo 25,5; 26, 14; 35,7.23 u. a.), die darum einen guten Schutz gegen alle Witterungseinflüsse während der Wüstenwanderung bilden konnte.

Dagon. Gott der Philister (Ri 16,23; 1 Sam 5,2–7; 1 Chron 10,10). Noch zur Makkabäerzeit gab es in Asdod einen Tempel des D. Er wurde von Jonathan verwüstet (1 Makk 10,83–85; 11,4). Die Philister übernahmen diese Gottheit erst, als sie sich an der Küste Palästinas ansiedelten, wo die Verehrung D. alt und weit verbreitet war. Sowohl im Stamme Juda als auch Asser gab es Orte mit Namen Beth-Dagon (Haus des D.; Jos 15,41; 19,27). Das kann auf den späteren Einfluß der Philister zurückzuführen sein, jedoch ist dies bei dem Beth-Dagon in Asser zweifelhaft. In Babylon und Assyrien wurde ein Gott Dagan verehrt, und die Ausgrabungen von Ras Schamra zeigen, daß diese Gottheit auch bei den Phöniziern in hohem Ansehen stand. Dagan und D. entsprechen einander, die Bedeutung des Namens ist aber nicht sicher. Ein Zusammenhang mit hebr. *dag* = Fisch oder *dagan* = Korn ist unwahrscheinlich, eher ist der Name nichtsemitischen Ursprungs.
Bereits in der sumerischen Zeit wurde D. in Babylonien verehrt. Auch in Assyrien war er früh bekannt. Die Gleichsetzung von D. mit Enlil und Adad läßt darauf schließen, daß er ursprünglich ein Wettergott war (Schmökel). Er wird aber auch als Gott der Unterwelt verehrt.

Dalmanutha, Gegend (Mk 8,10), die in der Parallelstelle (Mt 15,39) als → Magdala erscheint. Man weiß mit dem Wort D. wenig anzufangen und hat verschiedene Lösungen vorgeschlagen. Manche denken an die Bucht bei Tarichäa (Magdala), andere an Chirbet el-Minje oder an Delhemijeh am Zusammenfluß von Jarmuk und Jordan. Die Entscheidung hängt davon ab, wie man D. sprachlich erklärt. Man hat auch Magdala als den eigentlichen Namen angesehen, der durch erklärende Randbemerkungen in Verbindung mit Abschreibefehlern zu D. geworden sei (R. Sickenberger, ZDPV 1934, S. 281–285).

Dalmatien, röm. Provinz im Gebirge nordöstl. des Adriatischen Meeres, die zur Landschaft → Illyrien gerechnet wurde. Titus zog, wahrscheinlich im Verlauf einer Missionsreise, nach D. (2 Tim 4,10).

Dalphon, pers., nach Köhler mit »schlaflos sein« zusammenhängend.
Einer der 10 Söhne Hamans (Est 9,7).

Damaris »Gattin, Geliebte« (?),
Frau, die sich unter der Predigt des Apostels Paulus in Athen bekehrte (Apg 17,34).

Damaskus. I) Eine uralte Stadt am Abana (Barada) östl. des Hermongebirges. Es fällt auf, daß die Stadt ohne jeden natürlichen Schutz ist, weit ab vom Meer, von der syr. Küste durch eine doppelte, schneebedeckte Bergkette getrennt, und am Rande der Wüste, die sich nach Osten unabsehbar ausdehnt. Doch gerade diese Lage gibt D. seine Bedeutung als Kulturzentrum und Zufluchtsstätte der Wüstennomaden. Die Stadt lebt vom Wasser des Abana, der östl. davon in der Wüste versickert, und hat die Städte ihrer Eroberer (Ninive, Babylon, Memphis) überdauert.

II) Bereits z. Zt. Abrahams wird D. genannt (1 Mo 14,15), und David besiegte die Syrer von D. (2 Sam 8,5f). Z. Zt. Salomos (etwa 950 v. Chr.) errichtete Reson ein großsyr. Reich, dessen Mittelpunkt D. war (1 Kö 11,23–25). Dieses Syrien war lange Zeit ein gefährlicher Gegner Israels (vgl. → Benhadad, → Hasael, → Rezin). 732 v. Chr. wurde D. von Thiglath-Pileser III. erobert und zu einer Provinz des assyr. Reiches gemacht (2 Kö 16,9f; Am 1,5f; Jes 17,1ff). Die Weissagung von Jer 49,23–27 bezieht sich offenbar auf die Eroberung von D. durch Nebukadnezar nach der Schlacht von Karchemis 605 v. Chr.

III) In ntl. Zeit bildete sich in D. bald eine christl. Gemeinde. Für die Juden in D. galt offenbar die Autorität des Sanhedrin in Jerusalem. Dementsprechend zog Saulus mit Vollmachtbriefen nach D., um die Gemeinde Jesu zu bekämpfen (Apg 9,1.2). Nach seiner »Damaskusstunde« hielt er sich zunächst im Hause des Judas in der heute noch bestehenden »Geraden Straße« auf (V 11). Auf seine Christusverkündigung hin suchten ihn die Juden zu töten (V 23) und bewachten, nachdem sie sich der Hilfe des Statthalters des Königs Aretas versichert hatten (2 Kor 11,32), die Tore der Stadt (Apg 9,24).

IV) Die arab. Bevölkerung nennt die Stadt heute wegen ihrer nördl. Lage vielfach Esch-Scham (= zur linken Hand), entsprechend dem bibl. Sprachgebrauch, für den O »vorne« ist. Berühmt ist es durch seine Webereien (Damaststoffe) und Eisenindustrie (Damaszenerklingen). Vgl. Taf. 21/320; 22a/321.

Damast. Mit den »Lagern von D.« (Am 3,12) sind vermutlich Elfenbeinbetten aus Damaskus gemeint. Vgl. → Elfenbein, → Bett.

Dan »(Der Herr) hat Gericht gehalten, Recht verschafft«.
1) Jakobs fünfter Sohn, der erste von Rahels Magd Bilha (1 Mo 30,5.6). Von D. wird uns nur ein Sohn, Husim (1 Mo 46,23) oder Suham (4 Mo 26,42) genannt. Der Segen Jakobs und der des Mose kennzeichnet ihn und seine Nachkommen als Richter und Krieger (1 Mo 49,16.17; 5 Mo 33,22).
2) Obwohl uns von D. nur ein Sohn bekannt ist, hält der Stamm doch bei beiden Volkszählungen die zweite Stelle nach Juda (4 Mo 1,39; 26,43). Auf der Wüstenwanderung lagert D. mit Asser und Naphthali im Norden des heiligen Zeltes; D. hat die Führung dieser Abteilung, die beim Abmarsch als letzte aufbricht (4 Mo 2,25–31). Oholiab, der Bezaleel bei den Arbeiten am heiligen Zelt, der Bundeslade und den Geräten zur Seite stand, gehört zu D. (2 Mo 31,6), ebenso später der Richter Simson (Ri 13, 2.24). Das Gebiet D., das er als letzter der 12 Stämme erhält, ist im N von Ephraim, im O von Benjamin und im S von Juda begrenzt. Von seinen Städten, u. a. Zora, Ajalon, Ekron, Japho (Joppe), werden vier den Leviten zugeteilt (Jos 19,40–46; 21,5. 23.24). D. hat sein zugewiesenes Gebiet nie ganz erobern können. Ekron blieb im Besitz der Philister, und die Amoriter ließen die Daniter nicht in die fruchtbare Ebene hinabkommen, sondern drängten sie ins Gebirge (Ri 1,34.35). Wenn der Stamm damit auch nicht völlig von der Küste abgeschnitten war (Ri 5,17), so mußte er doch einen Ausweg aus seiner Enge suchen. Kundschafter entdeckten eine Gelegenheit dazu in der Stadt Lais in Nordpalästina, die die Daniter eroberten und in D. umbenannten (Jos 19,47; Ri 18). Hier im Norden spricht ihnen auch die Weissagung des Hesekiel ihren Anteil am verheißenen Land zu (Hes 48,1), während der Name des

Stammes unter den 144 000 Versiegelten (Offb 7) nicht mehr genannt wird.
3) Nördlichster Grenzort Israels, bekannt durch die Redewendung: »Von D. bis Beer-Seba« (1 Sam 3,20; 2 Sam 3,10; 24,2.15; 1 Kö 5,5[4,25]; 2 Chron 30,5). Man meinte damit ganz Israel. Die Stadt, die vorher Lais oder Lesem hieß, erhielt von den Danitern nach der Eroberung den Namen D. (Jos 19,47; Ri 18, 29). Durch Jerobeam wurde hier der Bilderdienst eingeführt (1 Kö 12,28–30; 2 Kö 10,29; Am 8,14). Im Jahre 733 bzw. 732 v. Chr. gerieten die Einwohner D. in assyr. Gefangenschaft. D. lag in einer fruchtbaren Gegend in der Nähe von Beth-Rehob (Ri 18,9.28). Die ursprüngliche Bedeutung des Namens D. ist noch lebendig in dem Namen Tell el-Qadi, »Hügel des Richters«, an der Quelle des Nahr el-Leddan auf einem Vulkankegel. Vgl. Karte Sp. 722.
4) In Hes. 27, 19 ist wahrscheinlich Wedan zu lesen, heute Waddan zwischen Mekka und Medina.

Daniel »Gott hat gerichtet, Recht verschafft«.
1) Zweiter Sohn Davids. Seine Mutter ist die Karmelitin Abigail, in erster Ehe verheiratet mit Nabal. D. wurde in Hebron geboren (1 Chron 3,1). Er wird auch Chileab genannt (2 Sam 3,3).
2) Der Prophet, → Daniel, Buch.
3) Hes 14,14.20; 28,3 kommt ein Dan(i)el vor, dessen Gerechtigkeit und Klugheit gerühmt werden. Man hat früher und auch heute noch (z. B. Keil-Delitzsch, Hesekiel) den Propheten D. darin gesehen.
Inzwischen ist aus den Schriften von → Ras Schamra ein Weiser Danel bekannt geworden, der das Recht der Witwen und Waisen vertritt. Auch diese Gestalt könnte zu den Aussagen der Hes.-Stellen von einem gerechten und weisen D. passen.
4) Ein mit Esra aus dem Exil zurückkehrender Priester (Es 8,2; Neh 10,7[6]).

Daniel, Buch. I) Der PROPHET D. aus dem Stamme Juda lebte am Hofe Nebukadnezars von Babylon. Dorthin wurde er als junger Mann verschleppt im dritten Jahr des Königs Jojakim (605 v. Chr.; Dan 1,1). Er entstammte vornehmem, jüd. Geschlecht. D. zeichnete sich am Hofe Nebukadnezars, wo er mit dreien seiner Volksgenossen für den Dienst am Hof erzogen wurde, durch Beobachtung des mosaischen Gesetzes und durch große Klugheit aus. Er wird ein Meister der einheimischen babyl. Weisheit. In seiner Laufbahn als Staatsmann erklimmt er die höchsten Spitzen und erlebt noch die Thronbesteigung des Königs Kores (Kyrus) im Jahre 538 v. Chr. Bekannt und berühmt am Hofe Nebukadnezars wurde er durch die für den König geübte Traumdeutung. Zu Ehren gekommen, erweist er sich als kluger Statthalter, als ein gerechter Richter und als fähig, über alle Weisen Babylons gesetzt zu werden. Vielleicht bezieht sich Hes 14,14; 28,3 auf diese Qualitäten D. Daß man ihm seine Stellung neidete, zeigt ein Komplott seiner Untergebenen, die ihn aus Eifersucht denunzierten. Die Bewahrung in der Löwengrube beweist seine Unschuld (Dan 6,11ff [10]). Als er wieder einmal in priesterlichem Gebet für sein Volk vor Gott einsteht, gewährt ihm Gott in einem großen Gesicht die Schau des Verlaufes der Heilsgeschichte – im Gegensatz und im Konflikt mit den Mächten dieser Welt und ihrer Geschichte. Die sprunghafte Berichterstattung des Lebens D. von Dan 1–6 erstreckt sich über die Regierungszeit mehrerer Könige Babylons, auch wenn diese Könige nicht genannt werden.
D. ist eine im jüd. Volke beliebte Persönlichkeit gewesen. Das beweisen die mannigfachen Legenden, die über ihn im Umlaufe waren, und die apokryphen Zusätze zum Buch D. in der griech. Übersetzung des AT. Sie haben kein kanonisches Ansehen erlangt.

II) DAS BUCH D. zerfällt in zwei Teile. Der erste Teil berichtet Begebenheiten aus dem Leben D.:
1) Wegführung in die babyl. Gefangenschaft (Dan 1); Erziehung am Hofe Nebukadnezars und Deutung des Traumes Nebukadnezars von dem großen Standbild (Dan 2); die Errettung der Gefährten D. aus dem Feuerofen (Dan 3); die Deutung des Traumes Nebukadnezars von dessen bevorstehender Demütigung (Dan 4); die Deutung der Wandschrift anläßlich eines Festes des Königs Belsazer (Dan 5) und die Errettung D. aus der Löwengrube während der Regierungszeit Darius des Meders (Dan 6).
2) In der Ich-Form berichtet der Verfasser im zweiten Teil des Buches. In vier Traumgesichten schaut er die Zukunft Israels: das Traumgesicht über vier Tiere (die vier Weltreiche) und den Menschensohn (Dan 7), über den Kampf des Ziegenbockes mit dem Widder (Dan 8), der den Kampf des griech. Weltreiches mit dem medisch-pers. darstellt, über die göttliche Zeitrechnung in »70 Jahrwochen« (Dan 9) und endlich das Traumgesicht über den Untergang des Perserreiches und des Verfolgers Israels (Dan 10–12).
Beiden Teilen des Danielbuches liegt eine chronologische Ordnung zugrunde:
1) Nebukadnezar - Belsazer - Darius der Meder,
2) Belsazer - Darius der Meder - Kores.

III) Das Buch D. ist von der jüd. Synagoge nicht unter die prophetischen Bücher eingereiht gewesen, es stand unter den »Heiligen Schriften«, zu denen auch das Buch Hiob und die Psalmen gehören. Daß es doch prophetisch verstanden worden ist, zeigt die Offenbarung des Johannes, deren Inhalt Gedanken der Danielsprophetie enthält. Nicht zuletzt gewinnt D. seine Bedeutung im NT durch mannigfachen Bezug und Hinweis auf das Buch D. (Mt 24,15.30; Lk 1,19.26; Joh 5,29; Hebr 11,33ff; 2 Thess 2,4). Grundbegriffe der Verkündigung Jesu – Gottesreich, Himmelreich, Menschensohn – lehnen sich an D. an. Sehr stark geht auch die Offenbarung des Johannes auf D. zurück (die Lutherbibel verzeichnet 25 Parallelstellen).
Daß das Buch D. von den Juden nicht unter die Propheten eingereiht worden ist, hat sicher seinen Grund darin, daß dem D. wohl die Gabe der Prophetie geschenkt war, aber nicht die prophetische Rede. Er war Staatsmann und kein prophetischer Verkündiger. Darum suchen wir bei ihm vergeblich Ermahnungspredigten an seine Volksgenossen und die allgemein prophetische Ausdrucksweise: »So spricht der Herr . . .«
Auffallend ist die Tatsache, daß ein Teil des Buches (Dan 2,4–7,28) aram. geschrieben worden ist und der andere hebr. Ferner redet der erste Teil des Buches von D. in der dritten Person, der zweite Teil in der ersten. Eine vollständige Biographie D. gibt das Buch nicht. Die Erlebnisse D. aus verschiedenen Zeiten seines Lebens möchten die Treue Gottes herausstellen. Erwarten wir darum im Buch D. nicht ein vollständiges, chronologisches Verzeichnis aller Könige seiner Zeit.

IV) Das Buch D. ist einzigartig. Es zeigt unter den prophetischen Büchern den Untergang alles dessen, was sich gegen das Reich Gottes erhebt, und sieht den Verlauf der Weltgeschichte im Laufe der Geschichte des Reiches Gottes. Der Menschensohn überwindet durch sein Erscheinen den Widerstand der Weltreiche. Der Sieg des Gottesreiches ist das Ziel dieser einheitlichen Geschichtsbetrachtung. Diese politische und universale Geschichtsschau tritt dem Bibelleser hier erstmalig entgegen. Sie entspricht der Stellung D., der als Staatsmann in Babylon, im Mittelpunkt gewaltiger Machtentfaltung und Völkerbewegungen, mit weitem Blick durch die Weltgeschichte hindurch den endlichen Sieg Gottes schaut.

Dan-Jaan. Ort zwischen Gilead und Sidon (2 Sam 24,6), den Joab und die Hauptleute während der Volkszählung berührten. Der hebr. Text an dieser Stelle ist schwierig. Statt »sie kamen gen D. und um Sidon her« (LÜ) kann man auch übersetzen: »Danach erreichten sie Dan und zogen in einem Bogen nach Sidon«.

Dank, danken, Dankbarkeit, Danksagung.
I) Nicht alle Völker haben hierfür ein eigenes Wort: ein Zeichen ihrer inneren Einstellung. In der Bibel spielt das »Danken« eine bedeutende Rolle. Der hebr. Stamm *jdh* bedeutet »danken, loben, preisen«. Das griech. *eucharistein* hängt mit dem wichtigen biblischen Begriff *charis* → »Gnade« zusammen.

II) Der Dank ist in der Bibel die Antwort, die der Mensch auf das Handeln Gottes zu geben schuldig ist: auf die Schöpfung der Welt und des Menschen, auf die Darreichung der Gaben für Leib und Seele (Mt 14,19). Auf die Güte Gottes, die sich vornehmlich in seiner → Barmherzigkeit gegenüber dem sündigen Menschen zeigt (Ps 106,1 u. a.), die Gebete (Ps 42,6) und das Seufzen aus der Tiefe (Ps 130,1.2) erhört, und die alle Morgen neu ist (Klgl 3, 23), soll der Mensch ebenso wie auf den Zorn und das Gericht Gottes als Hilfe zur Buße (Jes 12,1) mit seinem Dank antworten.
Je mehr der Mensch über die Führung seines Lebens nachdenkt, über die Wunderwege, die Gott ihn führt, desto mehr kommt er ins Staunen über die weisen Pläne Gottes, der an uns denkt, der im Gedenken an uns seinen Segen ausschüttet (Ps 115,12). Vom Denken kommt es zum Danken (Ps 77,6).
Der Christ denkt auch über die Wege Gottes mit anderen Menschen nach, deshalb verbindet sich mit seiner Fürbitte der »Für-Dank« (2 Kor 1,11; Eph 1, 16; Phil 1,3).

III) Die Dankbarkeit ist die Herzensgesinnung, der der konkrete Dank und das aktive Danken entspringt. Solche Dankbarkeit führt den Menschen dem Herzen Gottes immer näher und schließt ihm die Tür auf zu den Geheimnissen der himmlischen Welt (Ps 50,23).

IV) Das in der Dankbarkeit des Herzens wurzelnde Danken kann sich in den verschiedensten Formen äußern: So mannigfach wie die Gaben und Fähigkeiten des Menschen, so mannigfach sind auch die Formen, die sich der Dank sucht, da der ganze Mensch nach Leib, Seele und Geist dabei beteiligt ist (vgl. M. Rinckart: »Nun danket alle Gott mit Herzen, Mund und Händen!«).
Die Tatantwort des Dankens ist der Gehorsam in der Nachfolge des Meisters (Joh 14,15). Das Dankopfer (→ Opfer) ist dann keine Sonderleistung, sondern schlichte Selbstverständlichkeit (Lk 17,10). Vgl. 2 Mo 20,2: Warum sollen wir die Gebote halten? Weil wir Gott D. schuldig sind: »der ich dich aus Ägyptenland, aus dem Diensthause, geführt habe.«
Die Tat bleibt nicht ohne das Wort, ohne das dankbare Auftun des Mundes, ohne das Opfer der Lippen (Ps 51,17; 63,4; Hos 14,3), ohne das Dankgebet – das beim Beten nie fehlen sollte!
Tat und Wort des Dankens sind Bekenntnis zu dem, dem der D. gilt, d. h. auch Scheidung von denen, die sich nicht zum Danken aufrufen lassen (Ps 18,50).

V) Es gibt auch die Möglichkeit eines falschen Dankens. Hier sucht man den Grund zur Dankbarkeit in sich selbst, in dem, was man selbst geschafft hat, und nicht in dem, was Gott getan hat. Da verliert der Dank den Antwort-Charakter: das ist der falsche D. des Pharisäers. Solcher D. kommt aus einem hochmütigen Herzen (Lk 18,11), und dem setzt Gott Widerstand entgegen (1 Petr 5,5). Wer Gott mit seinem Dank nicht preist, der verachtet den, von dem er alles hat und von dem er abhängig ist. Wer stolz auf seine Gaben und Fähigkeiten pocht, anstatt sie dankbar aus Gottes Händen zu nehmen (1 Kor 4,7), vergißt und verachtet Gott (5 Mo 32,6). Stolz und Undankbarkeit gehen Hand in Hand, sie sind immer beieinander (2 Tim 3,2). Wer aber so durch sein Leben geht, dem wird nie für immer geholfen, auch wenn es ihm zeitweise gut gehen mag (Lk 17,11–19). Nur dem dankbaren Samariter hat Jesus in Wirklichkeit geholfen (V 19).

VI) Danksagung hat in der Bibel oft die Bedeutung eines bes., öffentlichen Dankgebetes (Joh 6,23; 2 Kor 4,15). Schon früh, um die Wende des 1./2. Jh., wird das → Abendmahl als *eucharistia* »Danksagung« bezeichnet. Das geschieht im Anschluß an das atl. Passahmahl, das jedes neue Geschlecht an die Großtat Gottes beim Auszug aus Ägypten erinnern sollte (2 Mo 12,26f; 5 Mo 6,7.20). So soll das Bundesmahl des neuen Gottesvolkes an die »Rettungstat« Gottes in Christus, an das Leiden und Sterben des Herrn erinnern, damit das ganze Leben des Christen ein »lebendiges Opfer« als Dank für das Opfer Jesu sei (Röm 12,1; 2 Kor 5,15).

Dankopfer → Opfer

Danna, Stadt in Juda (Jos 15,49), die in der Nähe von Debir und nördl. von Beer-Seba liegt. Die genaue geographische Lage des Ortes ist unbekannt.

Dara → Darda

Darben = Mangel leiden, in Armut leben (Ps 34, 11; Lk 15,14; 16,9; 1 Joh 3,17).

Darda viell. Dardar = »Dorngestrüpp«.
Sohn des Mahol (1 Kö 5,11[4,31]), weiser Mann z. Zt. Salomos. In 1 Chron 2,6 wird er Dara genannt und als ein Nachkomme des Judäers Serah bezeichnet, es handelt sich aber zweifellos um dieselbe Person.

Darius pers. »Besitzer des Guten«.
1) D. der Meder (Dan 6,1[5,31]; 9,1), der Sohn des Ahasveros, übernahm nach der Eroberung Babylons durch die Armee des Kores (Kyrus) mit 62 Jahren die Herrschaft über das Reich der Chaldäer. Er setzte für sein Herrschaftsgebiet 120 Satrapen (Statthalter) unter drei Ministern ein, deren einer Daniel war (Dan 6,2[1]f). Auf Betreiben seiner Beamten ließ er diesen in die Löwengrube werfen (Dan 6). Im ersten Jahr seiner Regierung (539/8 v. Chr.) erhielt Daniel die Offenbarung über die 70 Wochen und das Schicksal seines Volkes (Dan 9,20–27).
Diese Angaben lassen in D. einen Regenten erkennen, der vorübergehend die Herrschaft über Babylon und das zugehörige Gebiet ausübte, bis Kores die Regierung in aller Form übernehmen konnte. Der Vers Dan 6,26[25], der zunächst auf ein größeres Herrschaftsgebiet hinzuweisen scheint, ist ebensogut so zu übersetzen, daß sich das Schreiben des D. an die Völker »im ganzen Lande«, d. h. »in der

Darius Hystaspis auf dem Thron, hinter ihm der Kronprinz Xerxes (Ahasveros). Der König hält das lange Stabzepter.

ganzen Herrschaft meines Königreiches« (V 27[26]), gerichtet hat.
Nach einer Bemerkung bei Josephus hat man den Vater des D., Ahasveros, mit Astyages, dem Großvater des Kores, und D. mit seinem Sohn Kyaxeres II., Kores' Onkel, gleichsetzen wollen. Das überzeugt aber nicht recht. Eine andere Möglichkeit, die sich durchzusetzen scheint, ist die, in D. den Gobryas (Gubaru) zu sehen, der die Truppen des Kores bei der Eroberung von Babylon befehligte, die Regierung bis zur Ankunft des Perserkönigs übernahm, pers. Verwaltungsbeamte einsetzte und in den folgenden Jahren Statthalter der Provinz Babylonien war.
2) D. Hystaspis (522–486 v. Chr.) folgte Kambyses, dem Sohn des Kores (Kyrus), nach dem Sieg über einen andern, vorgeblichen Koressohn auf dem pers. Thron und stellte die Macht des Reiches wieder her. Er stammte aus der pers. Königsfamilie und hatte eine Tochter des Kores zur Frau. Ihr Sohn Ahasveros (Xerxes) wurde sein Nachfolger.
Zu Anfang seiner Regierung schien das von Kores zusammengeschlossene Perserreich durch Aufstände in allen wichtigen Provinzen, wie Elam, Babylon, Persien, Medien, Assyrien, Armenien u. a., die D. selber in seiner großen Felsinschrift von Behistun aufzählt, auseinanderzubrechen. Innerhalb von 6 Jahren gelang es ihm jedoch, alle Empörungen niederzuschlagen. Um 515 v. Chr. war das ganze Reich wieder fest in seiner Hand.
Danach machte D. den verschiedenen Regierungsformen, die sich bei den unterworfenen Völkern noch erhalten hatten, ein Ende und teilte das gesamte Reich in einheitliche Verwaltungsbezirke (Satrapien) auf, in denen jeweils ein pers. Statthalter (Satrap), dem eine entsprechende Heeresabteilung zur Verfügung stand, die Regierungsgewalt ausübte. Das ganze Reichsgebiet wurde durch königliche Straßen und Postlinien in direkte Verbindung mit dem Hof in den Hauptstädten Susa und Persepolis gebracht. Auch Judäa wurde dabei zu einer kleinen Provinz der 5. Satrapie, in der die pers. Verwaltung die letzte Entscheidung in allen zivilen und religiösen Fragen zu fällen hatte.
Schon als die Juden im 2. Jahr des D. auf die Weissagungen des Haggai und Sacharja hin den steckengebliebenen Tempelbau fortzusetzen begannen, fragte der pers. Statthalter Thathnai nach der Erlaubnis dazu und schrieb an den König, wie es sich mit ihrer Berufung auf den Befehl des Kores verhielte (Hag 1,1.15[2,1]; Sach 1,1; Es 5). D. ließ Nachforschungen anstellen, und die entsprechende Urkunde fand sich im königlichen Archiv in Ahmetha (Ekbatana). Er bestätigte daraufhin den Erlaß des Kores, stellte den Juden die Mittel zum Bau und zum fürbittenden Opfer für den pers. König aus den königlichen Einkünften zur Verfügung und verpflichtete seine Beamten zu jeder Unterstützung. So konnte der Neubau des Tempels im 6. Jahr des D., 515 v. Chr., eingeweiht werden (Es 6,1–18).
3) D. der Perser (Neh 12,22), zu dessen Zeit Jaddua Hoherpriester war, ist der letzte Perserkönig D. Codomannus (336–331 v. Chr.). Alexander der Große schlug ihn bei Issus (333 v. Chr.) und bei Arbela (331 v. Chr.) und eroberte sein Reich.

Darkon viell. arab. »Hart«.
Einer der Knechte Salomos, dessen Nachkommen unter Serubabel aus der babyl. Gefangenschaft heimkehrten (Es 2,56; Neh 7,58).

Darlehen → Leihen

Darre → Krankheiten

Dathan viell. »Stark« (akkad. datnu).
D. und Abiram, die Söhne des Rubeniters Eliab, beteiligten sich mit ihrem Stammesgenossen On am Aufstand des Leviten Korah gegen Mose und Aaron. Sie warfen Mose bes. vor, daß er sie bisher aus dem reichen Ägypten nur in die Wüste, statt in das verheißene Land geführt habe. Sie wurden mit den anderen Empörern von der Erde verschlungen (4 Mo 16; 26,7–11; 5 Mo 11,6; Ps 106,17).

Dattelpalme. I) Wenn die HS von Palmen spricht, ist stets die D. *(Phönix dactylifera)* gemeint, die schon sehr früh nach Palästina eingeführt wurde.
Die D. ist 10–20 m, bisweilen auch 50 m hoch. Die Ansätze der abgefallenen Blätter bilden die Rinde des schlanken Stammes von 30–60 cm Durchmesser. Den Wipfel krönen 40–60 dunkelgrüne, bis zu 3 m lange Blätter (»Palmenzweige«; 3 Mo 23,40; Neh 8,15). Um die Fruchtbarkeit zu vergrößern, wendet man die künstliche Bestäubung an. Schon in der rabbinischen Literatur wird diese Methode erwähnt. Früher gab es viel mehr D. in Palästina als heute. Bekannt war die Palme der Debora (Ri 4,5). Jericho (»die Palmenstadt«; 5 Mo 34,3; Ri 1,16) war von einem Palmenwald umgeben, der etwa 20 km lang war. Thamar (»Palme«; 1 Kö 9,18 und Hes 47,19) im Süden des Landes war reich an D.; ebenso die Oase Engedi oder → Hazezon-Thamar. Die Palme war für das jüd. Volk von großer wirtschaftlicher Bedeutung. Außer den Früchten, die der Baum in großer Menge hervorbringt, liefert der Stamm Bauholz, mit den Blättern deckt man die Dächer oder

Die Dattelpalme als Symbol Judäas auf einer Münze des Prokurators Coponius (6–9 n. Chr.) und einer Siegesmünze Vespasians mit der Inschrift »Judaea capta« (Judäa ist erobert; 70 n. Chr).

flicht daraus Matten, Körbe und Zäune. Vgl. Taf. 20/289.
II) Das Bild der D. lieferte ein künstlerisches Motiv für den Schmuck der Tempelwände (1 Kö 6,29; Hes 40,16ff). Thamar = »Palme« kommt auch als Mädchenname vor (1 Mo 38,6; 2 Sam 13,1; vgl. Hl 7,8[7]f).
Als Siegeszeichen dienen Palmenzweige beim Einzug Jesu in Jerusalem (Joh 12,13) und in den Händen der großen Schar aus allen Völkern (Offb 7,9). Auf röm. Münzen ist die Palme das Symbol für Judäa.

Daumen. Bei der Priesterweihe wurde Blut (2 Mo 29,20; 3 Mo 8,22.23), bei der Reinigung Aussätziger Blut und Öl u. a. auch auf den rechten D. gestrichen (3 Mo 14,14.17.25.28).
Gefangene wurden wehrlos gemacht, indem man ihnen die D. und großen Zehen (LÜ D. der Füsse; Ri 1,6.7) abschlug.

David wahrscheinlich »Geliebter, Liebling«.
I) HERKUNFT UND SALBUNG. D. war der jüngste der acht Söhne des Judäers Isai aus Bethlehem (1 Sam 16, 1.10.11; 1 Chron 2,13–16), der Urenkel des Boas und der Moabiterin Ruth (Rt 4,18–22): schön, kraftvoll, redegewandt und kundig des Saitenspiels; als Hirt der Schafe seines Vaters zeigte er sich zuverlässig und mutig (1 Sam 16,12.18; 17,34–36); ein Mann nach dem Herzen Gottes (1 Sam 13,14). Darum sandte der Herr, nachdem Saul wegen seines Ungehorsams verworfen war, den Propheten Samuel, um D. im Beisein seines Vaters und seiner Brüder zum Nachfolger Sauls zu salben. Mit der Salbung kam der Geist des Herrn auf D. und blieb auf ihm (1 Sam 16,1–13).

II) AM HOFE SAULS. Zu Saul gerufen, vermochte er durch sein Saitenspiel den bösen Geist, der den König nach dessen Verwerfung quälte, zu vertreiben. Doch erst nachdem D. bei einem Besuch seiner Brüder im Heer auf die Herausforderung Goliaths hin diesen schwerbewaffneten Vorkämpfer der Philister mit der Hirtenschleuder niedergestreckt und damit den Sieg entschieden hatte, zog Saul ihn ganz an den Hof (1 Sam 16,14–18,2). Als Hofmann und Krieger gewann er die Freundschaft des Königssohnes Jonathan, und seine Tapferkeit wie seine Erfolge in den Philisterkämpfen begannen im Empfinden des Volkes den Ruhm Sauls zu überstrahlen. Da wurde dieser von der Eifersucht und Furcht vor dem ergriffen, dem das Reich einmal zufallen könnte. Unter einem neuen Anfall des bösen Geistes versuchte er deshalb, D. zu töten. Als das mißlang,

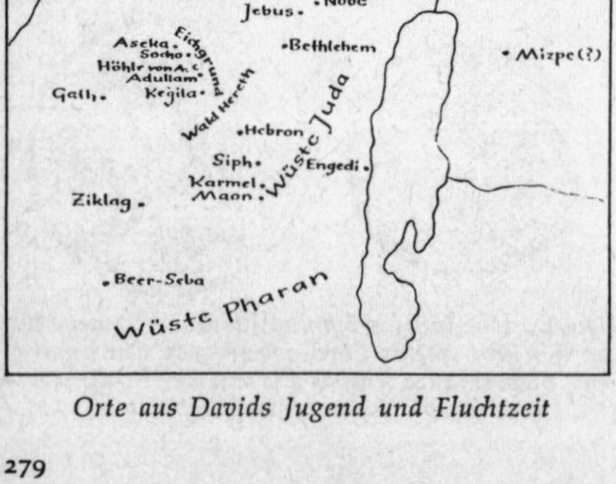

Orte aus Davids Jugend und Fluchtzeit

ging Saul vorsichtiger zu Werke. Doch je mehr er D. den Gefahren des Philisterkrieges aussetzte – wobei er sogar seine Tochter Michal, die den jungen Anführer liebgewonnen hatte, als Anreiz benutzte – umso glänzender bewährte er sich (1 Sam 18,3–30). Jetzt verhehlte Saul seine Feindschaft nicht länger. Ein Speerwurf des Königs und die drohende Festnahme, vor der ihn nur seine Frau Michal bewahrte, trieben D. zur Flucht nach Rama zu Samuel. Bei einer letzten Begegnung bestätigt ihm Jonathan die Unmöglichkeit jeder Versöhnung (1 Sam 19–20).

III) IN DER WÜSTE UND IN GATH. D. verschafft sich als erstes bei dem Priester Ahimelech zu Nobe unter Vorgabe eines Geheimauftrags des Königs Brot und eine Waffe; dann flieht er zu dem Philister Achis nach Gath. Dort will man ihn gefangennehmen. Um sich davor zu retten, stellt er sich wahnsinnig (1 Sam 21; Ps 56,1; 34,1). D. sucht nun in der Höhle Adullam Schutz, wo sich seine Verwandtschaft mit einer Schar von Bedrängten und Unzufriedenen um ihn sammelt; seine Eltern aber bringt er beim Moabiterkönig in Sicherheit. Diese Zeit der überstürzten Flucht und der ersten Versuche zur Sicherung beendet der Auftrag Gottes, der D. durch den Propheten Gad erreicht: Geh nach Juda (1 Sam 22,1–5). Von dort führt ihn der Herr auf seine Frage weiter zur Befreiung Kegilas von den Philistern, wo Abjathar, der einzige Priester aus Nobe, der Sauls Rache entkommen ist, mit dem Ephod zu D. stößt. Saul hört von D. Aufenthalt in Kegila und beginnt die jahrelange, erbarmungslose Verfolgung seines Gegners. Der aber entkommt ihm immer wieder, weigert sich zweimal, den König zu töten, als er Gelegenheit dazu hat, und wird doch endlich von den ständigen Spannungen dieses Lebens innerlich zermürbt (1 Sam 23; 24; 26).
Im Bewußtsein der Konsequenzen (1 Sam 26,19) zieht er mit 600 Mann und den beiden Frauen, die er inzwischen genommen hat (1 Sam 25) nach Gath. Dort tritt er in die Dienste des Philisters Achis, der ihm den Ort Ziklag zum Wohnsitz anweist (1 Sam 27,1–6). In den folgenden 16 Monaten läßt der Herr D. seinen eigenen Weg bis zum bitteren Ende gehen. Er muß als Feind Israels erscheinen und darf es doch nicht werden. So belügt er Achis über die Richtung seiner Raubzüge und mordet erbarmungslos, damit die Unwahrhaftigkeit nicht aufgedeckt wird. Das auf diese Weise gewonnene Vertrauen des Philisters verpflichtet ihn zur Heeresfolge gegen Israel, aber als unzuverlässige Verräter schickt man ihn und seine Männer nach Hause (1 Sam 27,6–28,2; 29). Als sie bei ihrer Rückkehr Ziklag verbrannt und ihre Frauen und Kinder geraubt finden, meutern D. Leute und wollen ihn steinigen. Da tut D., was er seit Kegila versäumt hat: er befragt den Herrn – und bekommt Antwort. Sie verfolgen die amalekitische Streifschar und gewinnen mit großer Beute alle Angehörigen und allen Besitz unversehrt zurück. Aus der Beute beschenkt D. die Ältesten Judas (1 Sam 30). Zwei Tage später bringt ein Amalekiter die Nachricht vom Tode Sauls bei Gilboa. D. trauert bis zum Abend, sein Schmerz findet Ausdruck im Klagelied für Saul und Jonathan. Dann läßt er den Boten auf sein Geständnis, den König Israels getötet zu haben, hinrichten (2 Sam 1).

IV) KÖNIG ÜBER JUDA IN HEBRON. Nachdem D. erneut den Herrn befragt hat, zieht er, wohl im Einverständnis mit Achis, nach Hebron. Dort salbt ihn sein Stamm Juda zum König. Abner jedoch, Sauls Heerführer, setzt dessen Sohn Is-Boseth in Mahanaim, außerhalb des Machtbereiches der Philister, zum König ein und richtet seine Herrschaft über die übrigen Stämme auf. Im jahrelangen Krieg zwischen Juda und Israel nimmt D. Macht ständig zu. Sechs Söhne werden ihm in Hebron geboren, darunter Amnon, Absalom und Adonia. Schließlich überwirft sich Abner mit Is-Boseth und knüpft Verhandlungen an. D. stellt Bedingungen und fordert vor allem die Rückgabe seiner Frau Michal. Das wird erfüllt; doch ehe noch ein endgültiger Abschluß erreicht ist, fällt Abner der Blutrache Joabs für Asahel zum Opfer. Statt aber seinen Neffen Joab für diesen Mord zu richten, versucht der König nur, sich durch öffentliche Totenklage vom Verdacht der Anstiftung zu reinigen. Als kurz darauf zwei benjaminitische Streifscharführer Is-Boseth überfallen und seinen Kopf nach Hebron bringen, läßt D. sie sofort hinrichten (2 Sam 2–4). 7½ Jahre, nachdem D. König über Juda wurde, ist nun der Weg zur verheißenen Herrschaft über das ganze Volk frei. Alle Ältesten Israels, bei denen Abner vorgearbeitet hatte, kommen mit Heeresabteilungen der einzelnen Stämme nach Hebron und salben D. zum König (2 Sam 5,1–5; 1 Chron 11,1–3; 12,23–40).

V) KÖNIG ÜBER ISRAEL IN JERUSALEM. Als erste Tat seiner Regierung stürmt D. das für uneinnehmbar gehaltene, bisher jebusitisch gebliebene Jerusalem und macht den auf der Grenze von Juda und Benjamin gelegenen Ort zur Hauptstadt – eine politisch und militärisch außerordentlich glückliche Wahl. Er befestigt die Stadt neu und läßt in ihr durch Handwerker, die ihm der König von Tyrus schickt, seinen Königspalast errichten. Weitere Frauen und Nebenfrauen schenken ihm noch mehr Söhne und Töchter (2 Sam 5,6–16; 1 Chron 11,4–9; 14,1–4).

Sobald seine ersten Siege ihm außenpolitisch Ruhe verschafft haben, beginnt D., Jerusalem auch zur gottesdienstlichen Hauptstadt zu machen. Die Bundeslade hatte seit ihrer Rückkehr aus dem Philisterland in Kirjath-Jearim gestanden (1 Sam 7,1). Nun holt D. sie – nach dem Scheitern eines ersten, ungenügend vorbereiteten Versuchs – von den Leviten getragen und geleitet unter dem Jubel des ganzen Volkes in feierlichem Zuge nach Jerusalem und läßt sie in dem dafür aufgeschlagenen Zelt aufstellen (vgl. Ps 24; 132). Der König tanzt auf dem Weg – mit dem Leibrock der Priester angetan – vor der Lade her. Das kostet ihn die Achtung seiner ersten Frau Michal, der Saulstochter, deren Ehe mit D. daran zerbricht (2 Sam 6; 1 Chron 13; 15; 16).

Die Überführung der Bundeslade brachte die Neuordnung des wiederaufgenommenen täglichen Gottesdienstes mit sich. Priester, Sänger und die Leviten, die den Dienst an der Lade und am Zelt, als Torhüter und Verwalter der Weihgaben wie des Tempelschatzes versahen, wurden gezählt und in Dienstabteilungen mit geregelter Ablösung eingereiht. Dem Dichter und Musiker D. lagen dabei besonders die Sänger, ihre Lieder und ihre Musik zum Lob des Herrn am Herzen. Hier wirkte er durch seine eigenen Psalmen mit, und wir erfahren, daß das »Danket dem Herrn«, das Asaph und seine Brüder singen, auf die ausdrückliche Anweisung des Königs zurückgeht (1 Chron 6,16[31]–32[47]; 9,22; 16, 4–42; 23,1–26,28).

Ein anderer Teil der Leviten wurde zu Richtern und Verwaltungsbeamten im West- und Ostjordanland bestimmt (1 Chron 26,29–32). In diesem Zusammenhang mag auch die von Mose und Josua (4 Mo 35,6.7; Jos 20,7.8) angeordnete und begonnene Zuweisung von 48 Städten, darunter 6 Freistädten, an die Leviten vollständig durchgeführt worden sein, da manche der betreffenden Orte (z. B. Eltheke und Gibbethon im Gebiet der Philister) erst durch D. Eroberungen in den isrl. Machtbereich fielen.

Aus der Dankbarkeit für die Fülle des Segens Gottes wächst in D. – als er seinen Zedernpalast, die Mitte eines befriedeten Reiches, mit der Zeltwohnung der Bundeslade (vgl. → Stiftshütte V) vergleicht – der Wunsch, zur Ehre des Herrn einen Tempel zu errichten. Aber der Wille Gottes lautet anders. Nicht D., sein Sohn erst wird den Bau ausführen. Aber dafür will Gott dem D. ein Haus bauen: er empfängt die Verheißung, die ihre Erfüllung in Christus gefunden hat. Wenn D. nun auch nicht bauen darf, so bereitet er den Bau doch vor, sammelt Mittel und stellt Baumaterial und Pläne für seinen Sohn Salomo bereit (2 Sam 7; 1 Chron 17; 22; 28,1–29,21). Als dann die Pest zur Strafe für D. Volkszählung über Israel kommt, erhält der König von dem Propheten Gad den Auftrag, an der Stelle, wo Gottes Barmherzigkeit den Engel mit dem Schwert vor Jerusalem innehalten ließ, auf der Tenne des Jebusiters Aravna dem Herrn einen Altar zu errichten. Damit wird ihm der Ort bezeichnet, an dem Salomo später den Tempel aufführt (2 Sam 24; 2 Chron 3, 1).

VI) KRIEGE MIT DEN NACHBARVÖLKERN. In dem Augenblick, in dem D. König von ganz Israel wird, rühren sich die Philister wieder, die ihn in Hebron wohl als abhängig und ungefährlich angesehen hatten. In der Nähe Jerusalems erleiden sie zwei vernichtende Niederlagen durch D., der auf Anweisung des Herrn handelt (2 Sam 5,17–25). Weitere Kämpfe (2 Sam 21,15–22) führen zu ihrer Unterwerfung (2 Sam 8,1; 1 Chron 18,1).

Im Norden bleibt D. Sieger gegen die Syrer von Damaskus und König Hadadeser von Zoba, was ihm die Freundschaft von dessen Gegner Thoi von Hamath einbringt; im Süden und Südosten richtet er seine Herrschaft über Moab, Edom und die Amalekiter auf (2 Sam 8,2–14). Mit den Ammonitern herrschte unter König Nahas Friede, bis sein Sohn Hanun mit der öffentlichen Beschimpfung von D. Gesandten den Krieg vom Zaun bricht. In einem er-

Das Reich Davids und Salomos um 1000 – 931/30 v. Chr.

sten Feldzug zersprengen Joab und Abisai das Bündnis zwischen Ammon und den zu Hilfe gerufenen Syrern, die sich jetzt endgültig unterwerfen. Im Jahr darauf nimmt D. Rabba und macht die gefangenen → Ammoniter zu Zwangsarbeitern (2 Sam 10; 11,1; 12,26–31).
Sein Reich erstreckt sich jetzt zusammenhängend von Ezeon-Geber am Golf von Akaba im Süden bis zur Grenze von Hamath im Norden und nimmt, abgesehen von den schmalen Küstenstrichen der Philister und Phönizier, den ganzen Raum zwischen dem Meer und der arab. Wüste ein. Damit hat Israel die Grenzen seines verheißenen Landes im wesentlichen erreicht (4 Mo 34,2–12; Hes 47,15–20).

VII) VERWALTUNGS- UND HEERESAUFBAU. Das ausgedehnte Reich erforderte eine umfassende Organisation der Verwaltung und des Heeres. Am Hof hat D. die Ämter des Kanzlers und des Staatsschreibers (Staatssekretärs) wohl nach ägypt. Vorbild geschaffen (2 Sam 8,16.17). Weiter hören wir von den Räten des Königs (1 Chron 27,32–34), verschiedenen Beamten der königlichen Vermögensverwaltung (V 25–31) und dem Aufsichtsleiter (Rentmeister) über die Fronarbeiten (2 Sam 20,24). Zu den Fürsten über die einzelnen Stämme (1 Chron 27,16–22) kommen die schon erwähnten levitischen Richter und Verwaltungsbeamten (1 Chron 26,29–32). D. veranstaltete auch eine allgemeine Volkszählung, die aber gegen den Willen des Herrn war und nicht zum Abschluß kam (1 Chron 27,23.24).
Den höchsten militärischen Rang hatten der Oberbefehlshaber des Heeres, d. h. des Volksaufgebotes, das in 12 Heeresabteilungen mit monatlicher Dienstablösung gegliedert wurde (1 Chron 27,1–15), und der Befehlshaber der Leibwache, der Krether und Plether (2 Sam 20,23). Eine Sonderstellung nahmen die Helden D. ein, seine Gefährten aus der Zeit der Flucht vor Saul, deren Taten gerühmt und bewundert wurden. Eine Reihe von ihnen (Joab, Abisai, Benaja) finden wir später in hohen Kommandostellen (2 Sam 23,8–39; 1 Chron 11,10–12,22; 20,4–8).

VIII) DIE GIBEONITEN UND MEPHIBOSETH. Als D. wegen einer dreijährigen Hungersnot den Herrn befragt, erhält er den Auftrag, die alte Blutschuld Sauls an den Gibeoniten zu sühnen. Auf ihre Forderung liefert er ihnen 2 Söhne und 5 Enkel Sauls zur Hinrichtung aus, worauf die Dürre aufhört (2 Sam 21,1–14). Vermutlich bezieht sich der Fluch Simeis (2 Sam 16,7.8) auf diese Ereignisse. Aber D. hat hier als oberster Herrscher und Richter seines Volkes handeln müssen; er hegt keine persönliche Feindschaft gegen Sauls Geschlecht. Zum Zeichen dafür zieht er Mephiboseth, den lahmen Sohn Jonathans, an seinen Hof und läßt ihn wie die eigenen Söhne an seinem Tisch essen (2 Sam 9). Weil Gott ihm das Reich und den Sieg gegeben hat, erweist er dem letzten Enkel Sauls königliche Barmherzigkeit.

IX) DAVIDS SÜNDE. Mitten auf der Höhe seiner Macht, während des Ammoniterkrieges, stürzt D. in die Tiefe der Sünde. Er läßt Bath-Seba zu sich holen, obgleich er weiß, daß sie die Frau Urias, eines seiner alten Gefährten, ist. Bath-Seba hat keine Wahl und gehorcht. Als dann dem König gemeldet wird, daß sie ein Kind von ihm erwartet, läßt er ihren Mann aus dem Felde nach Jerusalem kommen. Aber in unangreifbarer Korrektheit und Selbstbeherrschung weigert sich Uria vor dem ganzen Hof, sein Haus zu betreten. Dieser Sieg über D. kostet ihn das Leben. Er überbringt Joab den Befehl zur eigenen Beseitigung, und der Heerführer, dessen Mord an Abner noch immer ungesühnt ist, weiß es einzurichten, daß Uria fällt. Nach Ablauf der Trauerzeit wird Bath-Seba offiziell D. Frau und schenkt ihm einen Sohn. Da sendet der Herr den Propheten Nathan zum König, der ihm Gottes Urteil verkündet: ewig wird das Schwert nicht mehr von D. Haus lassen (was sich bis heute hin erfüllt hat), seine Frauen werden öffentlich einem andern gegeben werden. Sein Sohn muß sterben; doch das Todesurteil über ihn selber wird aufgehoben, als er seine Sünde bekennt. Die Vergebung schließt die Ehe mit Bath-Seba ein, aus der ihm nun sein Nachfolger Salomo geboren wird (2 Sam 11,2–12,25).
Von jetzt ab steht D. Leben zugleich unter Gericht und Verheißung. Der älteste Königssohn Amnon tut seiner Halbschwester Thamar Gewalt an. D. sieht tatenlos zu und liefert Amnon damit der Rache Absaloms aus, der ihn erschlagen läßt und zu seinem Großvater nach Gessur flieht (Kap 13). Joab verschafft dem König den Vorwand, unter dem er den Sohn ohne Urteilsspruch zurückrufen kann. Absalom ertrotzt sich die volle Versöhnung (2 Sam 14) und bereitet den Aufstand gegen D. vor. Beim Losschlagen gewinnt er die Unterstützung Ahitophels, des Großvaters der Bath-Seba und Ratgebers des Königs. Der veranlaßt Absalom nach der Besetzung Jerusalems, die von D. bei seiner Flucht zurückgelassenen Nebenfrauen öffentlich zu seinen Frauen zu machen (2 Sam 15; 16). So vollzieht sich Gottes Gericht, aber den weiteren Rat Ahitophels kann D. Vertrauter Husai vereiteln. Das ermöglicht dem König, mit den zuverlässigen Truppen über den Jordan zu entkommen und sein Heer in Mahanaim zu sammeln. In der Entscheidungsschlacht übernimmt D. nicht den Oberbefehl, gibt aber seinen Heerführern den ausdrücklichen Auftrag, Absalom zu schonen, was Joab bewußt mißachtet. In grenzenlosem Schmerz über den Tod seines Sohnes läßt sich der König erst durch Joabs brutale Drohung mit neuem Abfall dazu bewegen, sich dem Volk im Tor zu zeigen (2 Sam 17,1–19,9[8]). Auf dem Rückweg nach Jerusalem erweist D., der in all dem Gottes Gericht erkannt hat, Gegnern und Verdächtigen Barmherzigkeit. Er kann damit aber nicht verhindern, daß in der herrschenden Verwirrung unter dem Benjaminiten Seba ein neuer Aufstand ausbricht, den Joab geschickt und rücksichtslos niederschlägt, nachdem er Amasa, der von dem König an seiner Stelle zum Heerführer ernannt worden war, durch einen neuen Mord beseitigt hat (2 Sam 19,10[9]–20,22).

X) ABDANKUNG UND TOD. Nun herrscht zunächst Friede, bis Adonia, dem jetzt ältesten Königssohn, die Nachsicht des Vaters ebenfalls zum Verhängnis wird und er in D. hohem Alter nach der Herrschaft greift. Dem Propheten Nathan und Bath-Seba gelingt es, D. noch einmal zum Handeln zu bewegen. Salomo wird eben rechtzeitig zum König gesalbt, Adonias Partei löst sich auf und bleibt vorübergehend straflos. D. darf zu Lebzeiten seinen vom Herrn bestimmten Nachfolger auf dem Thron und das Reich nach all den inneren Wirren sicher in eine Friedenszeit hineingeführt sehen. In seinem letzten Willen übergibt er dem Sohn das unbewältigte Problem seines königlichen Richteramtes, Joab. Er verpflichtet ihn, die Söhne Barsillais zu belohnen und Simei nicht ungestraft zu lassen. D. stirbt 70jährig nach einer Regierung von über 40 Jahren und wird in Jerusalem beigesetzt (1 Kö 1,1–2, 12).

XI) DAVIDS LEBEN IM URTEIL DER BIBEL. D. hat in einer langen und tatkräftigen Herrschaft voll großer außen- und innenpolitischer, militärischer und organisatorischer Erfolge ein ausgedehntes Reich aufgerichtet und unter Überwindung aller Schwierigkeiten bewahren können. Er war Feldherr und Staatsmann zugleich, wußte geduldig zu warten und blitzschnell zu handeln. Dabei wurde er aber nicht überhart und einseitig, sondern blieb innerlich weit und reich. Als Musiker und Dichter hat er die Totenklage um Saul und Jonathan und die Psalmen gesungen, die sein ganzes Leben begleiten (vgl. die Überschriften zu Ps 59; 52; 56 u. 34; 57 u. 142; 63; 54; 60; 18 und 2 Sam 22; Ps 51; 3; 2 Sam 23,1–5). D. ist reich auch als Mann und Vater, aber hier am stärksten gefährdet. Seine Frauenliebe verleitet ihn zum Ehebruch, und die Liebe zu seinen Söhnen vermag nicht fest zu sein, wo es notwendig gewesen wäre. Nachgiebigkeit in der eigenen Familie, auch dem Neffen Joab gegenüber, führen zu einer Verletzung seiner königlichen Amtspflicht, die seine eigene Sünde noch furchtbarer sich auswirken läßt. Doch ist nicht das Versagen das Entscheidende in diesem Leben, sondern der Reichtum, die Fülle der Erfolge, die aus den Verheißungen und dem Segen des barmherzigen Herrn erwachsen, an dem D. festgehalten hat und zu dem er immer wieder zurückgekehrt ist.

Im Urteil Gottes sind die Sünden vergeben und ausgelöscht. D. bleibt der König, »den ich erwählt habe, der in meinen Wegen gewandelt ist und getan hat, was mir wohlgefällt (1 Kö 11,33.34), der mir anhing von ganzem Herzen (1 Kö 14,8)«. An diesem Vorbild des »Geliebten« Gottes – wie sein Name sagt – werden die Könige Judas und Israels immer wieder gemessen, von Salomo (2 Chron 7,17; 1 Kö 3,3; 11,4.6) und Jerobeam (1 Kö 11,38; 14,8) bis zu Hiskia (2 Kö 18,3) und Josia (2 Kö 22,2). Um D. willen verschont der Herr, wie er 2 Sam 7,15 verheißen hat, Salomo (1 Kö 11,12.13) und Abia (1 Kö 15,4.5), Juda (2 Kö 8,19) und Jerusalem (2 Kö 19,34; 20,6); und um D. willen wird Gott für den König gebeten (Ps 132,10). Wie hier (V 11–18) der Mensch, so bezieht sich auch der Herr immer wieder auf seine D. gegebene Verheißung (Jes 55,3; Jer 33,14–17). Das NT sieht in D. den Propheten (Apg 2,30) und Glaubenshelden (Hebr 11,32), den »Mann nach Gottes Herzen« und Vorfahren (Apg 13,22.23; Mt 1,1.6) des D.-Sohnes (Mt 9,27; 15,22; Röm 1,3), der zugleich D. Herr ist, Christus (Mt 22,42–45). In diesem kommen die D. gegebenen Zusagen zur Erfüllung (Lk 1,32.33).

Davids Verwandtschaft

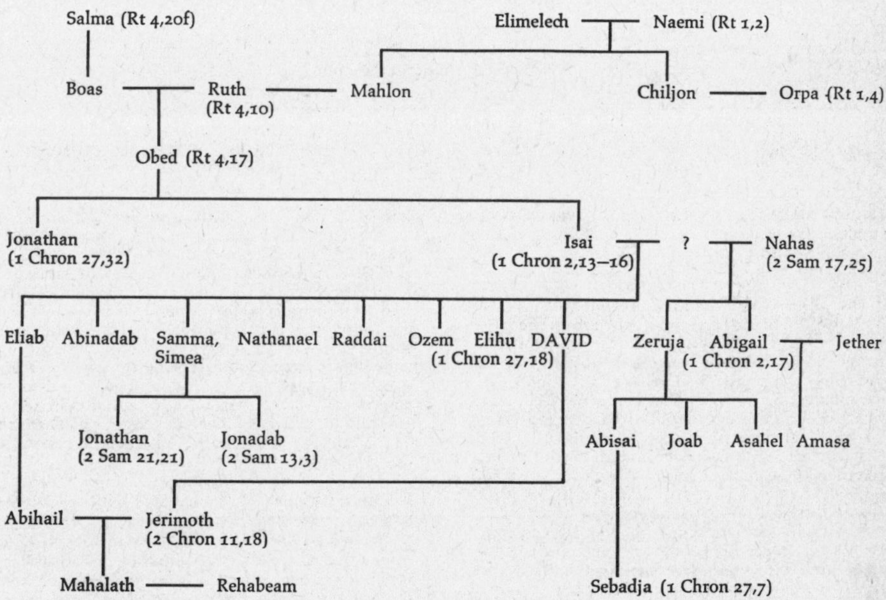

Davids Frauen und Kinder

1. Am Hof Sauls (1 Sam 18,27): Michal.

2. In der Fluchtzeit (1 Sam 25,42.43; 2 Sam 3,3; 1 Chron 3,1):

Ahinoam von Jesreel	Abigail, Nabals Witwe
Amnon (in Hebron geboren)	Chileab oder Daniel (in Hebron geboren)

3. In Hebron (2 Sam 3,2–5):

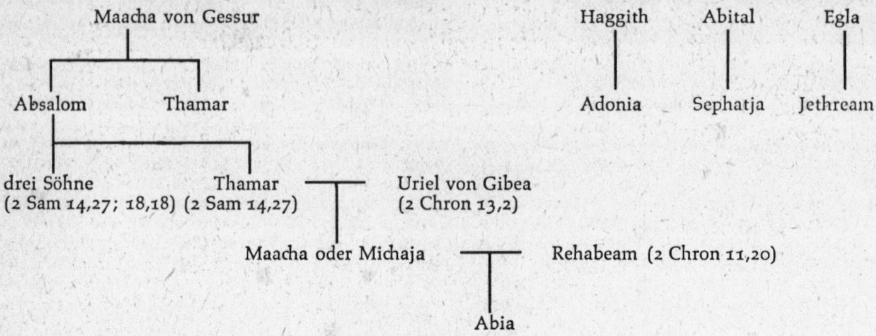

4. In Jerusalem (2 Sam 5,14–16; 1 Chron 3,5–8; 14,4–7; 2 Chron 11,18):

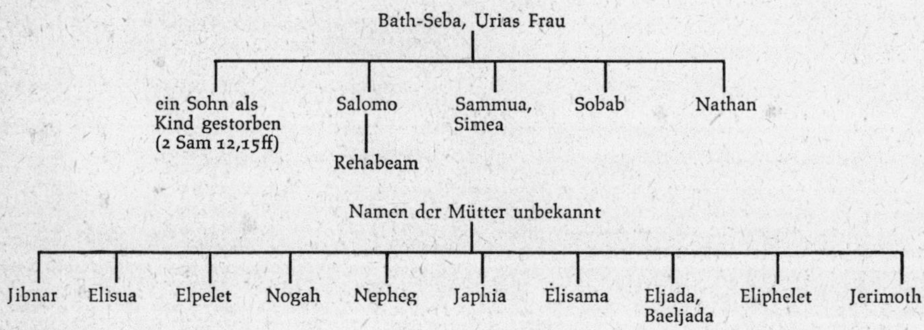

Davids Stadt. 1) Die alte Jebusiterstadt in → Jerusalem, die David erobert hatte (2 Sam 5,7.9; 1 Kö 14,31; Neh 3,15 u. ö.).
2) → Bethlehem (Lk 2,4.11).

Debir viell. »Hinterraum (des Tempels)«.
1) Jüngerer Name der Stadt Kirjath-Sepher (Jos 15,15; Ri 1,11), Jos 15,49 auch Kirjath-Sanna genannt. Josua eroberte (Jos 10,38.39) die von den Enakitern bewohnte Stadt (Jos 11,21). Später hat sie offenbar wieder den Besitzer gewechselt, denn Othniel hat sie erneut erobert (Ri 1,11.12; Jos 15, 15–17). Man war früher der Meinung, D. in Ed-Daharije am Wege von Hebron nach Beer-Seba wiederentdeckt zu haben. Ausgrabungen im Tell Beit Mirsim (vgl. → Spiel I; II) machen es jedoch wahrscheinlicher, daß D. = Kirjath-Sepher hier zu suchen ist (20 km westsüdwestl. von Hebron). Der Ort war z. Zt. der Könige als Mittelpunkt der Schafzucht auch Sitz von Webereien und hatte 5 große Färbereien (vgl. Abb. Sp. 548).
2) Nach Jos 15,7 ein Ort in der Nähe des Tales Achor, den man in Thogret ed-Debr ca. 11 km ostnordöstl. von Jerusalem in der Nähe von Adummim vermutet hat.
3) Ein Ort im Stammgebiet Gads (Jos 13,26). Nach dem hebr. Text kann der Name aber auch Lidbir lauten, was die Gleichsetzung mit → Lo-Dabar nahelegt.
4) Kanaaniterkönig von Eglon (Jos 10,3).

Debora »Biene«.
1) Die Amme Rebekkas, die sie aus ihrer Heimat, der Stadt Nahors in Mesopotamien, zu Isaak begleitete (1 Mo 24,59). Sie stirbt in hohem Alter bei Jakob in Beth-El und wird dort unter einer Eiche begraben, die danach Klageeiche hieß (1 Mo 35,8).
2) Eine Prophetin, die Frau Lapidoths, die unter der nach ihr genannten Palme zwischen Beth-El und Rama auf dem Gebirge Ephraim wohnte und z. Zt. der Bedrückung Israels durch König Jabin von Hazor Richterin war. Von ihr erhielt Barak den Auftrag zum Kampf gegen Jabins Feldherrn Sisera, sie begleitete ihn auf seinen Wunsch und gab das Zeichen zum Angriff (Ri 4,1–16). Nach der Schlacht feiert sie mit Barak den Sieg in einem großartigen Triumphlied von bildhafter und lebendiger Ausdruckskraft (Ri 5).

Decke. I) Zu den D. des heiligen Zeltes → Stiftshütte; → Dachsfell.
II) Bett- oder Schlafdecke (2 Mo 22,26[27]; Hi 24,7; 31,19; Spr 31,22; Jes 28,20), auch in bildlicher Verwendung (Hi 26,6; Ps 105,39; Jes 14,11) und als verhüllender Ausdruck für geschlechtliche Beziehungen gebraucht (5 Mo 23,1[22,30]; Rt 3,9).
III) D. der Augen → Auge I, 1 d.

Tafel 19
a. *Elfenbeintäfelung aus Nimrud (Kalah), 8. Jh. v. Chr. Ähnlich wie solche geflügelten Mischwesen stellt man sich heute vielfach die Cherubim des Tempels vor. Britisches Museum, London.*
b. *Reste der Festungsmauern von Cäsarea, der von Herodes d. Gr. erbauten Hafenstadt am Mittelmeer.*

IV) Mose verhüllte mit einer D., einem Schleier, sein Gesicht, damit die Israeliten das Vergehen des Abglanzes der Herrlichkeit Gottes nicht beobachten sollten (2 Mo 34,33–35). Diese D., so führt Paulus weiter aus, verwehrt ihnen bis heute die rechte Erkenntnis des AT (2 Kor 3,13–15). Auch Jes 25,7 ist die D. Bild der Unwissenheit der Heiden.

Decken → Bedecken

Dedan wird unter den Nachkommen Hams wie unter denen Abrahams von der Ketura aufgeführt (1 Mo 10,7 bzw. 25,3; 1 Chron 1,9 bzw. 32), in beiden Fällen erscheint Saba als sein Bruder. Auch Hes 38,13 kommen D. und Saba (LÜ das reiche Arabien) nebeneinander vor. An anderen Stellen wird der Stamm D. mit Thema, einer Oase und ihren Bewohnern im nördl. Arabien, zusammen genannt (Jes 21,13.14; Jer 25,23). Nach Jer 49,8; Hes 25,13 grenzt er von Süden an Edom. Wir haben in D. wohl ein arab. Nomaden- und Händlervolk ohne fest umschriebene Wohnsitze zu sehen, das aus der Vermischung zweier Stämme entstanden sein mag. Im Handel mit Tyrus lieferten die Dedaniten Satteldecken zum Reiten (Hes 27,20). Den Ort D. vermutet man vielfach in der heutigen Oase el-Ula in Nordhedschas, ca. 150 km südsüdwestl. von Thema und ca. 300 km nordwestl. von Medina.

Deguel viell. Kurzform »Gott hat erkannt« (Köhler).
Vater Eliasaphs, des verantwortlichen Führers des Stammes Gad auf der Wüstenwanderung (4 Mo 1, 14; 7,42; 10,20). Er heißt 4 Mo 2,14 → Reguel.

Deha. »Die von D.« (Es 4,9) sind wahrscheinlich eine Stammesgruppe aus einem sonst unbekannten Ort D., die nach der Unterwerfung des Zehnstämmereiches von → Asnaphar nach Samarien umgesiedelt wurde. Es könnte sein, daß sie identisch sind mit den Dai oder Dahi, einem Nomadenstamm, den Herodot (1.125) erwähnt. Es besteht aber auch die Möglichkeit, daß das aram. *di hu* in diesem Fall soviel heißt wie: »das ist«, also: » . . . von Susan, das sind die von Elam«.

Deker viell. »Spitzhacke« (Noth).
Vater eines der 12 Amtleute Salomos, dessen Name aber nicht genannt wird (1 Kö 4,9).

Delaja viell. (nach der Grundbedeutung) »Der Herr hat aus der Tiefe herausgeholt«.
1) Nachkomme Aarons und Leiter der 23. Priesterabteilung z. Zt. Davids (1 Chron 24,18).
2) Sohn des Semaja, einer der Fürsten, die Jojakim baten, die Weissagungen Jeremias nicht zu verbrennen (Jer 36,12.25).
3) »Kinder Delaja« waren eine Gruppe der Heimkehrer unter Serubabel, die aber ihre Abstammung nicht nachweisen konnten (Es 2,60; Neh 7,62).
4) Sohn des Mehetabeel und Vater des Semaja. Dieser riet Nehemia, sich vor seinen Feinden im Tempel zu verbergen (Neh 6,10).
5) Sohn Eljoenais und Nachkomme Serubabels (1 Chron 3,24).

Delila viell. »Herabwallende Locke«.
Frau, die im Tal Sorek wohnte. Die Philisterfürsten bestachen sie, dem Richter Simson, der sie liebgewonnen hatte, das Geheimnis seiner Kraft abzuschmeicheln. Es gelang ihr, und sie lieferte ihn seinen Feinden aus (Ri 16, 4–21).

Tafel 20
Dattelpalme. Die Rinde des Stammes wird von den Ansätzen der abgefallenen Blätter gebildet.

Demant → Edelstein

Demas »Mann aus dem Volk«.
Mitarbeiter des Paulus, der mit ihm aus Rom Grüße nach Kolossä und an Philemon sendet (Kol 4,14; Phim 24). Später hatte er den Apostel aus Liebe zur gegenwärtigen Welt verlassen und war nach Thessalonich gereist (2 Tim 4,10).

Demetrius »Der (Göttin) Demeter (der Erdmutter) gehörig«.
1) Silberschmied und vermutlich Zunftvorsteher in Ephesus, der silberne Nachbildungen des Tempels der Artemis (Diana) anfertigte, die als Weihgeschenke dienten oder von auswärtigen Tempelbesuchern mitgenommen wurden. Silberne Tempelmodelle sind bisher nicht gefunden worden, wohl aber solche aus Terrakotta. Vom Erfolg der Verkündigung des Paulus beeindruckt, ruft D. die ganze Zunft zusammen, da er nicht nur ihr gutgehendes Geschäft in Gefahr sieht, sondern auch die Verehrung der Artemis darunter leiden könne. Es folgt ein großer Tumult, die Menge strömt ins Theater, ohne recht zu wissen, worum es sich eigentlich handelt, und schreit zwei Stunden lang: »Groß ist die Artemis der Epheser«. Dann beruhigt der Stadtschreiber die Aufgeregten mit ein paar geschickten und nüchternen Worten (Apg 19,23–40).
2) Christ, dem Johannes (3 Joh 12) ein gutes Zeugnis ausstellt.

Demut. I) Der Hochmütige hält mehr von sich, als er in Wirklichkeit ist. D. ist jedoch nicht ein Sichkleiner-machen als man ist, sondern das konsequente Bekenntnis zur eigenen Nichtigkeit (für Jesus: zum angenommenen Menschsein). Die D. ist eine Art Aufrichtigkeit, ein Stehen in der Wahrheit. Dem, der seine Nichtigkeit nicht einsieht und anerkennt, kann Gott nicht sein Alles werden: »dem Demütigen gibt er Gnade« (1 Petr 5,5; Jak 4,6; Hi 22,29; Jes 57,15) und läßt es dem Aufrichtigen gelingen (Spr 2,7; 1 Chron 29,17; 1 Kö 9,4). Die Sünde Laodizeas in Offb 3,17 ist nicht ihre Armut, sondern vor allem ihr Hochmut und die Selbsttäuschung, daß sie sich für reich hält.

II) Es gibt auch eine falsche D., die sich äußerlich oder vor Gott zwar erniedrigt, aber damit nur zeigen will, wie demütig sie ist: im Grunde ist es ein versteckter Hochmut »zur Befriedigung des Fleisches« (Kol 2,23).

III) Die D., das Leben in der Wahrheit und Wahrhaftigkeit, zeigt sich in vier Richtungen:
1) D. vor Gott (Mi 6,8). Sich unter die gewaltige Hand Gottes demütigen (1 Petr 5,6; Jak 4,10) bedeutet, diejenige Stellung einnehmen, die man vor Gott hat: »ich weiß, daß in mir, d. h. in meinem Fleische, nichts Gutes wohnt« (Röm 7,18). Das (allgemeine) Sündenbekenntnis vor Gott fällt einem unter Umständen leicht, während man vor den Mitmenschen seine Position zu retten, seinen Ruhm zu bewahren trachtet. Daher gehört zur D. vor Gott:
2) D. vor den Mitbrüdern innerhalb der Gemeinde. Das bedeutet kein hochmütiges Hinausschreien der eigenen Nichtigkeit, sondern ein schlichtes Annehmen jeder Demütigung, wenn man als ein Nichts behandelt wird, was man ja vor Gott zu sein behauptet. Durch D. achtet man den anderen höher als sich selbst (Phil 2,3). Dieses Stehen zur Wahrheit, dieses »Wandeln im Licht, wie er im Licht ist«, ist die Voraussetzung zur wahren »Gemeinschaft untereinander« (1 Joh 1,6–8; Ps 43,3). Daher soll man seine Lenden mit Wahrheit umgürten (Eph 6,14; Phil 4,8) und nach der D. trachten (Zeph 2,3; 1 Petr

5,5; Kol 3,12). Natürlich gilt die Aufforderung, den anderen höher zu achten als sich selbst auch in Bezug auf die verschiedenen Gemeinden, die anderen Christen.
3) Die gleiche D. gilt auch vor den Mitmenschen, vor der Welt. Die Wahrheit ist eine Geistesfrucht (Eph 5,9), und erst wenn man auch nach außen aufrichtig ist und sich selbst nicht schont und nichts beschönigt, was bei einem in Unordnung ist, bekommt das Zeugnis vor der Welt Glaubwürdigkeit. Der Ernst wird Anerkennung finden, der sich nicht durch fromme Formeln vor den Mitmenschen abschirmt, sondern sich mit unter Gottes Gericht stellt: Man wird Vertrauen zu Christus bekommen.
4) D. und Aufrichtigkeit sich selbst gegenüber. Gott selbst ist der Wahrhaftige (Offb 6,10), und als sein Kind muß man der Lüge in jeder Form absagen: Hier liegt der Schlüssel aller Weisheit (Spr 11,2). Den Mut und die Vollmacht zur D. gewinnt man durch die Erlösung Christi am Kreuz. Dort verzichtet man auf alle angemaßte Größe und allen Selbstruhm (Röm 3,23.27; Gal 6,14). Nur bei dem, der »von Herzen demütig ist« (Mt 11,29), kann man das Kreuz und das Beiseitegesetztwerden lieben lernen (Phil 3,10.18) und sprechen: »ich will noch geringer werden in meinen Augen« (2 Sam 6,22), nämlich so gering, wie man wirklich ist. Dort lernt man für das Kreuz danken: »ich danke dir, daß du mich demütigst« (Ps 118,21), »es ist mir lieb, daß du mich gedemütigt hast« (Ps 119,71.75). Dort lernt man, daß man ohne Demütigung als Scheinheiliger lebte: »ehe ich gedemütigt ward, irrte ich« (Ps 119,67), und daß alle vorher angemaßte Größe nur Schein war: »wenn du mich demütigst, machst du mich groß« (2 Sam 22,36; Ps 18,36). Christen sollten mehr bestrebt sein, daß über sie Wahres, als daß über sie Gutes gesagt wird (vgl. Phil 4,8; 1 Joh 5,20). R. F. E.

Denken, Gedanke. I) Gottes G. sind höher als unsere (Jes 55,8f) und haben die Welt geschaffen und regieren sie (Jes 14,24; 46,11). Gedanken Gottes sind groß und köstlich (Ps 40,6; 139,17) und sehr tief (Ps 92,6).
Vornehmlich beschäftigen sich die Gedanken Gottes mit dem Heil der Menschen. So sind das D. und die Gedanken Gottes im AT wie im NT oft mit den Worten Friede und Barmherzigkeit verbunden (vgl. Ps 40,6; Jer 29,11; Hab 3,2; Lk 1,54).
Doch auch die Missetat der Menschen ist Gegenstand der Gedanken Gottes (Hes 21,29[24]; Offb 18,5).

II) Zur Schöpfung des Menschen gehört als Gottesgabe auch das D. Mit dem Sündenfall verliert der Mensch jedoch die Möglichkeit, richtig und recht zu d. (2 Kor 3,5). Dem natürlichen Wesen der Menschen entsprechen ihre bösen sündigen Gedanken (Mt 9,4; 15,19). Aus den bösen Gedanken gegen unsere Mitmenschen (Ps 41,8; Spr 21,12; Sach 7,10) wachsen böse Taten. Gott ergründet auch die verborgensten Gedanken (Ps 94,11; 139,2).

III) Im engeren Sinn bedeutet d. in der HS bisweilen: etwas beabsichtigen, sich vornehmen (Ps 31,14; Jer 20,9; Mt 3,9 u. ö.).

Denkmal → Denkzettel

Denkzettel. Seit der Gefangenschaft pflegten die Juden beim Gebet zwei Riemen, hebr. *tepilim*, zu tragen, die zwei Kapseln an der Stirn und am Arm halten. Die D. (Mt 23,5) bzw. Kapseln wurden beim Anlegen geküßt und galten als Amulette. Die Kapsel an der Stirn enthält in 4 Fächern je einen Perga-

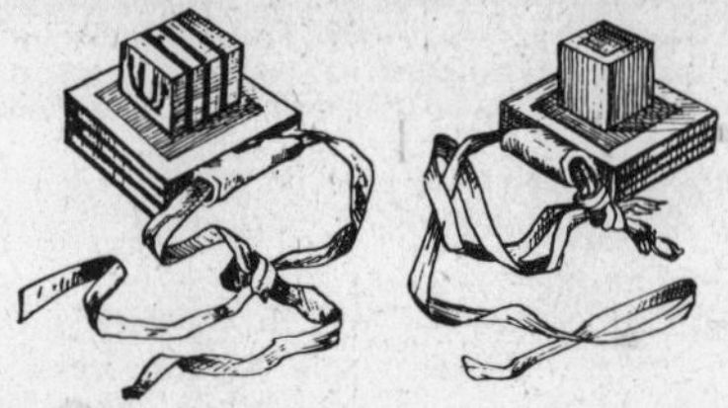

Kapseln für die Denkzettel mit Riemen; links für die Stirn, rechts für den Arm.

mentstreifen, worauf die Gesetzesstellen 2 Mo 13,3—10.11—16; 5 Mo 6,4—9; 11,13—21 stehen. Am linken Arm wurde nur ein Pergamentstreifen mit allen 4 Gesetzesstellen getragen. Ihre Notwendigkeit leiten die Juden von wörtlich verstandenen Stellen wie 2 Mo 13,9.16; 5 Mo 6,8; 11,18 ab. Sie wollen damit ihre Zugehörigkeit zum Gotte Israels kennzeichnen. Vgl. → Haus II, 2. In bildlicher Verwendung kommt D. in Mal 3,16 vor.

Derbe, Stadt im Südosten Lykaoniens in Kleinasien, die Paulus auf seiner ersten (Apg 14,6.20) und zweiten Missionsreise besuchte (Apg 16,1). Ein Ruinenhügel bei Gudelissin südöstl. von Lystra, dem heutigen Kaschin Han, birgt die Reste der alten Stadt D. Vgl. Karte Sp. 86.

Diana, röm. Göttin des Mondes und der Jagd, deren Name Apg 19,24—35 LÜ für die griech. Artemis eingesetzt ist. Die beiden Göttinnen haben wohl manche Züge gemeinsam, im Gegensatz zu D. ist Artemis aber vor allem Fruchtbarkeitsgöttin. Die Artemis der Epheser wurde als Frau mit vielen Brüsten dargestellt. Ihr Bild, das aus dem Himmel gefallen sein soll (V 35), war wohl ein Meteorstein, der vielleicht an eine Frauenfigur erinnerte. Die auswärtigen Verehrer der Göttin nahmen Tempelmodelle aus Silber und Terrakotta (solche sind auch gefunden worden) zur Verehrung und als Glücksbringer mit nach Hause. Vgl. auch Abb. Sp. 10.

Standbild der Diana (Artemis). Die vielen Brüste kennzeichnen sie als Fruchtbarkeitsgöttin.

Münze aus Ephesus mit Darstellung des Standbilds der Diana im Tempel.

Dibla, Ort in Syrien (Hes 6,14). Wahrscheinlich handelt es sich an dieser Stelle um eine Verschreibung für → Ribla, das als Grenzstadt Israels im N gelten konnte.

Diblaim,
Vater der Gomer, der Frau des Hosea (Hos 1,3).

Dibon. 1) Moabitische Stadt, die vor dem Einzug der Kinder Israel zum amoritischen Reiche von Hesbon gehörte (4 Mo 21,30). Der Stamm Gad baute die Stadt wieder auf (4 Mo 32,34), daher hieß sie D.-Gad (4 Mo 33,45), wurde endgültig aber dem Stamm Ruben zugewiesen (Jos 13,17). Später wurde es von Moab zurückerobert (Jes 15,2; V 9 Dimon). Z. Zt. Jeremias war es Festung (Jer 48,18). Hier, im heutigen Diban östl. vom Toten Meer, fand Klein den berühmten →Mesastein, der heute im Louvre in Paris steht. Die Inschrift beginnt mit den Worten: »Ich bin Mesa, der Sohn von Kamos, König von Moab, aus D.« Vgl. Karte Sp. 5.
2) Ort im Süden des Stammes Juda (Neh 11,25), wahrscheinlich eine abgewandelte Form oder Verschreibung von Dimona (Jos 15,22). Vgl. Karte Sp. 986.

Dibri viell. »Geschwätzig« (Noth).
Danit, Vater der Selomith, deren Sohn auf das Gebot des Herrn hin als Gotteslästerer gesteinigt wurde (3 Mo 24,11).

Dichtkunst. Große Teile des AT sind in dichterischen Formen geschrieben. Die modernen Übersetzungen (ZÜ, MÜ) kennzeichnen das vielfach schon durch den Druck in Verszeilen (z. B. Ri 5; Ps; Spr; Pred; Hl), aber auch die Prophetensprüche gehören weithin ihrer Form nach zur Dichtung (vgl. 2 Kö 19, 21–28.32–34 ZÜ).
Die hebr. Dichtung unterscheidet sich von der Prosa durch ihren Rhythmus; End- oder Stabreim (Alliteration) ist jedoch selten. Die Versgliederung entspricht weitgehend dem Satzbau. Von bes. Bedeutung ist der Rhythmus des Klageliedes (der *Khinah)*, der sog. »hinkende Vers«. Hier ist die 2. Zeile kürzer als die erste, hinkt ihr gleichsam nach.
Wichtigstes Stilelement der hebr. Dichtkunst aber ist der inhaltliche Gleichlauf der Glieder *(parallelismus membrorum)*. Dabei entsprechen sich zwei Glieder des Satzes, die 2. Verszeile wiederholt den Inhalt der 1. mit anderen Worten (Ps 121,3b.4; V 6a und b; 114,1–6). Weiter kann damit eine Steigerung (Ps 2,5.10) oder ein Gegensatz verbunden sein (Spr 10–14). Auch Dreigliedrigkeit kommt vor (Ps 5,2.3a).
Kehrreime gliedern manchmal in größere Abschnitte (Ps 42,6 und 12 und 43,5; Ps 108,6.8 und 13. 15 und 19.21 und 28.31; Jes 9,11[12] und 16[17] und 20[21] und 10,4), feste und regelmäßige Strophenbildung kennt das Hebr. jedoch nicht. Dagegen haben wir eine Reihe alphabetischer Lieder (Akrosticha), die die Anfangsbuchstaben jeder Zeile (Ps 111; 112), jedes Verses (Ps 25; 34; 145; Spr 31,10–31; Klgl 1; 2; 4) oder jedes 2. Verses (Ps 9–10; 37) nach der Reihenfolge des hebr. Alphabets anordnen. In Klgl 3 beginnen bei gleicher Reihenfolge je 3, in Ps 119 je 8 Verse mit demselben Buchstaben. Vgl. weiter → Lied, → Lobgesang.

Dieb, Diebstahl. I) Nach dem Gesetz Moses gehört der Diebstahl zu den Sünden, die im Auftrage Gottes bestraft werden sollen (2 Mo 22,2[3]ff). War das gestohlene Gut des anderen unbeschädigt, so sollte der D. es zwiefach zurückerstatten (2 Mo 22,3 [4]). War es aber bereits zu Schaden gekommen oder verkauft, so sollte bei Schafen das Vierfache, bei Rindern, die ja Arbeit leisteten, das Fünffache des Schadens ersetzt werden (2 Mo 21,37ff). Wurde durch Nachlässigkeit und Unachtsamkeit in Verwahrung gegebenes Vieh gestohlen, mußte der Hüter es dem Eigentümer bezahlen (2 Mo 22,11[12]). Konnte der Dieb keinen Schadenersatz leisten, wurde er dem Bestohlenen leibeigen (2 Mo 22,2[3]), durfte jedoch nicht ins Ausland verkauft werden. Menschendiebstahl wurde mit dem Tode geahndet (2 Mo 21,16; 5 Mo 24,7), und auch der nachts einbrechende D. konnte getötet werden (2 Mo 22,1[2]). Wer recht- oder unrechtmäßig in seinen Besitz gelangtes fremdes Eigentum ableugnete, sollte es zurückerstatten und ein Fünftel des Wertes Schadenersatz leisten (3 Mo 5,21[6,2]ff).
II) Im NT werden die atl. Verbote aufgenommen und bestätigt (Mk 10,19; Lk 18,20; Lk 19,8; Röm 13,9; Eph 4,28; 1 Petr 4,15 u. ö.). Doch auch dem Dieb steht der Weg zur Buße und zur Annahme des Evangeliums offen (1 Kor 6,10.11; Eph 4,28; 1 Petr 4,15).

Dienen. Das hebr. (u. griech.) Wort für d. bedeutet: Dienst tun, als Sklave (Knecht) d., unterworfen sein. Vier Arten des Dienstes können unterschieden werden:

I) SKLAVEN-, FRON- UND BEAMTENDIENST. Hierbei handelt es sich um das Verhältnis der Sklaven zu ihrem Herrn (2 Mo 21,2; Lk 17,8; Mt 20,26.27) wie das des unterworfenen Volkes zum fremden Eroberer (Ri 3,8) oder Unterdrücker (1 Mo 15,13; 2 Mo 1, 11). Der Sklave kann dabei eine verantwortliche Vertrauensstellung innehaben (1 Mo 39,14); dasselbe Wort bezeichnet auch Hofbeamte und Kämmerer, ja Verwandte des Königs (1 Kö 10,15; Est 1,10; 2 Chron 22,8). Vgl. weiter → Knecht.
Im NT wird der Sklavendienst als Bild für die Knechtschaft unter der Sünde erwähnt (Joh 8,34 u. a.). In der Befreiung von diesem Sündendienst liegt das Wesen des neuen Bundes, die Erlösung durch Jesus Christus (Hes 36,26.27; Röm 6,6.19; 8, 21; Joh 8,36).
Weiter nennt das NT den Diener in der Synagoge, der u. a. dem Vorlesenden die Schriftrollen zureicht und wieder abnimmt (Lk 4,20). Die Diener der Hohenpriester (Joh 18,3; Apg 5,22) sind die Leviten der Tempelwache. Mt 5,25 ist der Gerichtsdiener gemeint.

II) GOTTES DIENST AN UNS. Er ist die Voraussetzung alles Dienstes für Gott. Jesus »ist nicht gekommen, daß er sich d. lasse, sondern daß er diene und gebe sein Leben . . .« (Mt 20,28). Gott sandte seinen Sohn zum Dienst an den Menschen, und er sendet seine Boten und Engel »zum Dienst an denen, die auf Erden wohnen« (Hebr 1,14).

III) UNSER GOTTESDIENST. Im AT waren die Leviten zum → Gottesdienst ausgesondert (5 Mo 18,5). Der Ernst des Versöhnungsopfers Christi war im blutigen Tieropfer vorgeschattet (Jos 22,27). Man mußte sich zwischen Gottesdienst und Götzendienst entscheiden (Jos 24,14.15.18.31). Die Veräußerlichung, die Zerstreuung, das D. den vielerlei anderen Göttern wurde untersagt (2 Mo 20,5; 23,24.33). Wer sich nicht in dem einen Gott sammelte, der diente damit notwendig den Nichtigkeiten, den Vergänglichkeiten, den Götzen. Schon der Weg über die Grenze des verheißenen Landes hinaus, aus dem Herrschaftsbereich des Herrn in den der Götzen, wird als Dienst an anderen Göttern bezeichnet (1 Sam 26,19; vgl. Ps 37,7).
Im NT steht dem Gottesdienst auch ein Götzendienst gegenüber. Es geht um die Erlösung von den »toten Werken«, von dem »Mammondienst«, d. h. von der Verherrlichung der Materie, des Irdischen und des Menschengeistes: der Dienst soll allein dem »lebendigen und wahren Gott« gelten (1 Thess 1,9; Hebr 9,14). Nur in der Konzentration auf den lebendigen Gott, im Blick auf Jesus Christus, verlieren die Götzen ihre Anziehungskraft (Phil 4,13). Dagegen verliert der Mensch in der Ablehnung der Herrschaft des lebendigen Gottes (Ps 2,3; Lk 19,14) sowohl persönlich, als auch in Wissenschaft, Kultur und Politik seine Mitte und seinen Halt: er wird dann von seinen Götzen beherrscht. »Niemand kann zwei Herren d.« (Matth 6,24),»beschämt werden, die den Bildern d.« (Ps 97,7).
Der Gottesdienst ist ein Teilnehmen an der Wirklichkeit des lebendigen Gottes. Es handelt sich nicht um ein vielgeschäftiges Gott-d. (Lk 10,40), sondern um das Hören auf ihn und das Erleben seiner Gegenwart. Der Gottesdienst ist ein Teilhaben am Dienst der Engel vor Gott (Dan 7,10; Hebr 1,14). Im Gemeindegottesdienst geht es nicht vornehmlich um die Belehrung der Menschen, sondern um die Anbetung und Verherrlichung Gottes. Unser »vernünftiger Gottesdienst« geschieht nach den Worten des Apostels Paulus, indem wir nicht nur unsere Worte und Gedanken Gott weihen, sondern auch unsere Leiber als ein lebendiges, heiliges und Gott wohlgefälliges Opfer darbringen (Röm 12,1).
Paulus und Petrus betrachten sich als Knechte (Sklaven) und Diener Jesu Christi (Röm 1,1; 1 Kor 3,5; 4,1; Eph 3,7; Phil 1,1; Tit 1,1; 2 Petr 1,1). Als »Diener Gottes« wird auch ganz Israel bezeichnet (Lk 1, 54), auch die Propheten (Hes 38,17), die Priester (Jo 1,9) und der König David (Jes 37,35), ja selbst gelegentlich Heiden (Jer 43,10).

IV) DIENER DER MITMENSCHEN. Aller Nächstendienst, ja überhaupt jeder Dienst soll dem Herrn getan werden, soll Gottesdienst sein (Eph 6,6; Kol 3,22. 23). Es geht auch im Nächstendienst um das Stehen vor Gott ohne Seitenblick auf das Publikum und ohne Berücksichtigung des eigenen Ansehens und des Wohlgefallens der Menschen (Gal 1,10).
1) IM AT kommt das Wort Diener außer für persönliches Dienstverhältnis (1 Mo 39,4; 2 Mo 24,13) auch als Redewendung der Höflichkeit oder Untertänigkeit vor (1 Mo 42,11; 44,16). Daneben für die unter I) erwähnten Diener.
2) IM NT ist allem Dienst in Jesus ein Vorbild gegeben: »ich bin unter euch wie ein Diener« (Lk 22, 27). »Des Menschen Sohn ist nicht gekommen, daß er sich d. lasse, sondern daß er diene und gebe sein Leben zum Lösegeld für viele« (Mk 10,45). Das D. ist durch Christi ganzes Leben geadelt, d. h. vor Gottes Augen zu einer besonderen Ehrenstellung erhoben worden: der Mensch darf das Gleiche tun, was Jesu Lebensinhalt war. Christus hat uns ein »Vorbild« gegeben, daß wir ebenso tun (Joh 13,15 –17). Er verheißt Lohn für jeden in seiner Gnade getanen Nächstendienst, als hätte man ihn ihm selber geleistet (Mt 25,40.45). So kann alles, was man Jesus Gutes tun will, an dem Nächsten praktiziert werden. Die Stellung des Menschen im Reiche Gottes richtet sich nach seinem D.: »der Größte soll euer Diener sein, und wer unter euch der erste sein will, der sei euer Knecht« (Mt 20,26.27), »der Vornehmste wie ein Diener« (Lk 22,26). Das ausgeübte Diener-und-Knechtsein für den Nächsten ist demnach der Maßstab für die geistliche Bildung, nicht das Predigen und der Reichtum an Gaben, Erkenntnis oder Wissen. Es ist der Dienst, dessen Wert nur Gott sieht und der vielleicht sonst keine Anerkennung findet (Röm 8,36; 2 Kor 6,3–10). Durch die Liebe soll man einander d. (Gal 5,13) mit den empfangenen Gaben (1 Petr 4,10). R. F. E.

Diener. Ein D. (griech. *diakonos)* ist im griech. Sprachgebrauch jemand, der andere (bei Tisch) bedient. Im NT wird das Wort verschieden gebraucht:

I) IN ALLGEMEINER BEDEUTUNG. Timotheus wird als D. Gottes (1 Thess 3,2) oder Christi (1 Tim 4,6) bezeichnet, Epaphras als D. Christi (Kol 1,7) und Tychikus als D. des Herrn (Kol 4,7).
Ohne Rücksicht auf ihre innere Haltung spricht Paulus im Hinblick auf ihre Stellung in der Schöpfungsordnung auch der heidnischen Obrigkeit und ihren Vertretern zu, D. Gottes zu sein (Röm 13,4.6).

II) IN ÜBERTRAGENER BEDEUTUNG spricht das Neue Testament vom Dienst (griech. *diakonia)* am Wort (Apg 6,4), von uns als D. des Geistes und des neuen Bundes (2 Kor 3,6 EÜ), von Christus als D. der Beschneidung (Israels) (Röm 15,8). Christus ist kein D. der Sünde (Gal 2,17); die D. Satans verstellen sich in D. der Gerechtigkeit (2 Kor 11,14.15).

III) FÜR DEN FREIWILLIGEN DIENST (griech. *diakonia).* Hier geht es nicht wie bei dem amtlichen Dienst um geordnete, von Aposteln eingesetzte D. Gottes, sondern um einen freiwilligen Dienst am Nächsten. Das Haus des Stephanas hat sich freiwillig zum Dienst »an den Heiligen« verordnet (1 Kor 16,15). Phöbe ist im Dienst (*diakonos* = »Diakonisse«) der Gemeinde in Kenchreä (Röm 16,1). Man hat hier auch an die Frau eines D. gedacht (1 Tim 3,11), aber was Paulus 1 Tim 5,9.10 über die Voraussetzungen zum vollzeitlichen Gemeindedienst der Frau sagt, stützt diese Vermutung nicht.

IV) IN DER BEDEUTUNG ALS AMT. Das → Amt der D. wird deutlich von den anderen Ämtern unterschieden (Phil 1,1; 1 Tim 3,1–13). D. werden zwar in ihren Aufgabenbereich durch Handauflegung der Apostel wie bei den andern Ämtern eingesetzt (Apg 6,6), jedoch als einziges Amt nicht durch Weissagung, sondern durch Gemeindewahl berufen (Apg 6,3).
D. sollen »voll heiligen Geistes« sein und ein gutes Zeugnis haben (Apg 6,3), ehrbar sein, nicht doppelzüngig, nicht vielem Wein ergeben, nicht gewinnsüchtig, sie sollen das Geheimnis des Glaubens in reinem Gewissen bewahren (1 Tim 3,8.9). »Ihre Frauen sollen ebenfalls ehrbar sein, nicht verleumderisch, nüchtern und treu in allem« (V 11). D. sollen ihrem eigenen Hause wohl vorstehen können (V 12), und erst nach Prüfung werden sie zum Dienst zugelassen (V 10). Das Diakonenamt ist jeweils an eine bestimmte Gemeinde gebunden, wie das der ersten 7 D. der Urgemeinde. Jede Gemeinde hat mehrere D. Sie sind nicht Bedienstete der Ge-

meinde, sondern Gottes, wenn sie sich auch den von Gott gesetzten anderen Ämtern unterordnen.
Das Amt der D. ist den Gemeinden notwendig zu verschiedenerlei Dienstleistung (Apg 6,2) wie auch zur Seelsorge, d. h. zum Weitertragen des Wortes der Verkündigung an den einzelnen (Apg 8,26–40), um die Apostel zu entlasten, die dieses Amt mit in sich tragen. Vgl. auch → Amt. R. F. E.

Diensthaus heißt Ägypten wegen der Sklavenarbeit, die die Israeliten dort leisten mußten (2 Mo 13, 3.14; 20,2; 5 Mo 5,6; Jos 24,17; Ri 6,8; Jer 34,13; Mi 6,4). Der Ausdruck wird nur in Verbindung mit der Befreiung des Volkes durch den Herrn gebraucht.

Dienstzaum steht 2 Sam 8,1 für den nicht eindeutig erklärten hebr. Ausdruck *mätäg ha-ammah.*
LÜ: »Und David nahm den Dienstzaum von der Philister Hand.« Durch seinen Sieg hat David die von den Philistern unterjochten isrl. Gebiete befreit.
ZÜ: »Und David nahm den Philistern die Zügel der Hauptstadt aus der Hand.« D. h. er unterwarf die Hauptstadt.
Andere sind der Meinung, daß das Wort einen Ort bezeichnet, der allerdings gänzlich unbekannt ist. Auch der Vergleich der Parallelstelle 1 Chron 18,1 bringt hierin keine Klarheit.

Dies und das. Häufig angewandte Beteuerungsformel: Gott tue mir »dies und das«, allerlei Übles, falls die ausgesprochene Behauptung nicht der Wahrheit entspräche. Es handelt sich also um eine bedingte Selbstverfluchung (Rt 1,17; 1 Kö 2,23 u.ö.).

Dikla aram. »Dattelpalme«.
Sohn Joktans und Nachkomme Sems. Seine Nachkommen siedelten sich wahrscheinlich in Südarabien an (1 Mo 10,27; 1 Chron 1,21).

Dilean, hängt mit arab. »hervorragen« zusammen. Ort in den Gründen (Sephela) des Stammgebietes Juda (Jos 15,38), zwischen Migdal-Gad und Mizpe genannt; vermutlich der heutige Tell en-Nadschile, neuhebr. Tel Nagila, etwa 30 km nördl. von Beer-Seba und 33 km westl. von Hebron.

Dill *(Anethum graveolens).*
Gleich anderen duftenden Kräutern wie Fenchel und Kümmel gehört der D. zur Familie der Doldengewächse *(Umbelliferae).* Es ist eine im Kaukasus und in den Ländern am Mittelmeer einheimische Pflanze, die mit zu den ältesten Arznei- und Küchenpflanzen gehört. Die ganze Pflanze ist verwendbar. Ihre Wirkung beruht auf ihrem Gehalt an aetherischen Ölen. – In der Bibel wird der D. in Mt 23,23 als zehntpflichtig erwähnt.

Dimna, unsicher, ob mit arab. »Düngen« zusammenhängend.
Levitenstadt in Sebulon (Jos 21,35); vgl. → Rimmon (2).

Dimon → Dibon (1).

Dimona → Dibon (2)

Dina »Rechtsstreit«.
1) Tochter Jakobs von Lea. Der Heviter Sichem, der Sohn Hemors, verführt sie und möchte sie heiraten. Die Jakobssöhne gehen zunächst darauf ein, dann aber nehmen D. Brüder Simeon und Levi blutige Rache an Sichem und allen Einwohnern seiner Stadt und holen ihre Schwester zurück. Jakob beteiligt sich nicht an dem Überfall und tadelt seine Söhne (1 Mo 34); noch am Ende seines Lebens verurteilt er ihren Zorn (1 Mo 49,5–7). Das eroberte Gebiet schenkt er Joseph (1 Mo 48,22). D. bleibt anscheinend unverheiratet und zieht mit Jakob nach Ägypten (1 Mo 46,15).
2) Die von D. (Es 4,9) waren einer der Stämme, die nach der Fortführung Israels in Samarien angesiedelt wurden. Man hat in ihnen ein armenisches Volk vermutet.

Dinhaba, Stadt des edomitischen Königs Bela (1 Mo 36,32), ihre genaue Lage ist nicht sicher bekannt. Nach Hieronymus Dannaia, das heutige Chirbet ed-Denn, ca. 10 km südl. vom Arnon an der Straße nach Kerak.

Dionysius »Dem Dionysos (oder Bacchus, dem Gott des Weins) gehörig«.
Athener, der durch die Predigt des Paulus auf dem Areopag gläubig wurde (Apg 17,34). Er war Mitglied des höchsten athenischen Gerichtshofes.

Diotrephes »Von Zeus ernährt und erzogen«.
Glied der Gemeinde, an die der Apostel Johannes seinen dritten Brief sandte. D. war herrschsüchtig, lehnte alle apostolischen Weisungen ab und weigerte sich, die Apostel zu empfangen oder Briefe von ihnen anzunehmen (3 Joh 9.10).

Dirne. LÜ für junges, dienendes Mädchen (1 Mo 24, 14.16; Rt 2,5; 1 Kö 1,2; Jer 2,2 u. ö.). Den üblen Nebensinn kennt das Lutherdeutsch außer in Am 2,7 noch nicht. Vgl. dazu → Hure, → Ehebruch, → Unzucht.

Disahab »Goldreicher Ort«,
Ort »jenseits des Jordans« (5 Mo 1,1). Manche vermuten es in Moab, andere setzen es mit den Lustgräbern gleich. Die genaue Lage ist unbekannt.

Disan viell. »Antilope«,
Horiter, Sohn Seirs und Vater von Uz und Aran (1 Mo 36,20.28.30; 1 Chron 1,38.42).

Dison viell. »Antilope«.
Nachkomme Seirs und Fürst der Horiter. Er war der Bruder der Oholibama, der Frau Esaus (1 Mo 36,20–30; 1 Chron 1,38.40.41).

Distel. Die D. wird in der HS fast nur im Plural und mit den → Dornen zusammen genannt. Diese Worte meinen keine bestimmten Pflanzen, sondern sind ein Sammelbegriff für eine Reihe verschiedener, mit stachligen Schutzorganen versehener Pflanzen, die gerade in heißen Klimaten bes. häufig sind. Viele Arten sind als Ackerunkräuter z. B. aus der Ebene Saron bekannt, die im Herbst ein einziges Distelmeer ist. – Die häufigsten Arten sind:
1) Der wilde Saflor *(Carthamus glaucus),* eine Distelart mit dünnem Stengel und schmalen, mit Stacheln besetzten Blättern.
2) Eine Kornblumenart *(Centaurea pallescens),* die zu einer verwandten Gattung gehört. Die Blätter sind weich, aber die Blütenköpfchen sind mit Stacheln umgeben.
3) Die Kugeldistel (*Echinops viscosus),* die mit ihren violetten Blüten überall zu finden ist.
4) Die *Notabasis syriaca,* eine Art mit weißgeaderten Blättern und roten Blüten.
5) Die Mariendistel *(Silybum marianum),* auffallend durch ihre großen, weißgeaderten Blätter. Die Blütenköpfe sind von Stacheln umgeben.
6) Die Artischocke oder Gartendistel (*Cynara Scolymus).* Sie wächst hauptsächlich in den Ebenen, wird gegen 2 m hoch, hat 30–50 cm lange Blätter und purpurrote Blütenköpfe.
Die D. ist mit dem Dorn zusammen eine Gottesstrafe (1 Mo 3,18) und ein Zeichen der Verwahrlosung des Ackers durch Müßiggang (Spr 24,31).
Vgl. → Nessel.

Dodai »Geliebter (des Herrn)«.
Ahohiter, Befehlshaber der 2. Heeresabteilung z. Zt. Davids (1 Chron 27,4). Vielleicht ist er derselbe wie der Ahohiter → Dodo, der Vater eines der Helden Davids (2 Sam 23,9; 1 Chron 11,12).

Dodaniter. Nachkommen Javans (1 Mo 10,4; 1 Chron 1,7). Die samaritanischen Mosebücher, die LXX und der MT in der Chronik lesen Rodaniter. Dabei denkt man an die Bewohner der Insel Rhodos. Aalders will 1 Mo 10,4 Dardaniter lesen. Er denkt an die alte Bevölkerung der kleinasiatischen Küste am Hellespont, in der Umgebung Trojas, die ihre Abstammung auf einen Dardan zurückführte.

Dodava »Geliebter des Herrn«,
Vater des Propheten Elieser aus Maresa in Juda (2 Chron 20,37).

Dodo »Sein Geliebter«.
1) Nachkomme Isaschars, Vater des Phua und Großvater des Richters Thola (Ri 10,1).
2) Sohn Ahohis und Vater des Eleasar, der zu den besonderen Drei unter den Helden Davids gehörte (2 Sam 23,9). Vielleicht derselbe wie → Dodai (1 Chron 27,4).
3) Vater des Elhanan aus Bethlehem, der zu den Helden Davids gehörte (2 Sam 23,24; 1 Chron 11, 26).

Doeg viell. »Scheuend, sorgend, bangend«.
Edomiter, Aufseher der Hirten Sauls. Er befand sich im Heiligtum in Nobe, als David dort auf der Flucht vor Saul vom Priester Ahimelech Brot und Waffe erhielt (1 Sam 21,8[7]). Das berichtet D. später, nachdem David mit seiner Schar ins Land Juda gekommen war (1 Sam 22,9.10), dem König und fügt hinzu, Ahimelech habe den Herrn für David befragt. Saul zieht die Priester aus Nobe zur Verantwortung und läßt sie, als seine Leibwächter sich weigern, von D. niederhauen, der dann auch Nobe vernichtet. Allein Abjathar entkommt zu David (1 Sam 22,6–23; vgl. Ps 52).

Dolmetscher. Übersetzer fremder Sprachen, bes. im mündlichen Verkehr (1 Mo 42,23) Mit »verdolmetscht« wird im NT die Erklärung eines aram. Ausdrucks (Mk 5,41; 15,34; Joh 1,38.41) oder eines Namens (Mt 1,23; Mk 15,22; Joh 1,42; Hebr 7,2) eingeführt.

Donner (hebr. *khol* = eine Stimme [d. i. Stimme d. Herrn]; *raam* = Schall, Lärm; griech. *brontae).*
Geräusch, das durch den Zusammenprall der vom Blitz zerteilten Luftmassen entsteht. Es steigert die Furchtbarkeit eines großen Unwetters (2 Mo 9,23) und ist zugleich eine Offenbarung der Allmacht und Majestät Gottes in seiner Schöpfung (vgl. Hi 28,26; 37,5). Der Herr selbst heiligt das menschliche Gefühl des Erbebens vor diesem Naturereignis zur Anbetung seiner Heiligkeit und Macht, indem er seine großen Taten und Offenbarungen mit der Stimme des D. begleitet, so z. B. die Gesetzgebung auf dem Sinai (2 Mo 19,16). Weiter erscheint der D. als Bestätigung der Rede Samuels an das Volk Israel (1 Sam 12,17), als Zeichen von Gottes gewaltiger Majestät im Himmel (Offb 4,5), als Begleiterscheinung der Endgerichte über diese Erde (Offb 10,3.4.11; 16,18). In Hi 40,9[4]; Ps 29,3–9 wird der D. als Stimme des Herrn beschrieben; und als Vorbote des zerstörenden Sturmes symbolisiert er in der HS die göttliche, rächende Strafe (1 Sam 2,10; 2 Sam 22,14; Ps 77,18). Die Himmelsstimme Joh 12,28 wird von den Umstehenden z. T. als Donner aufgefaßt (V 29).

Donnerskinder → Bnehargem

Dophka viell. ägypt. mafkat »Türkis«.
Lagerstätte des Volkes Israel auf der Wüstenwanderung (4 Mo 33,12.13) zwischen der Wüste Sin und Raphidim. Möglicherweise handelt es sich um das ägypt. Bergbauzentrum Serabit el-Khadim, andere denken an einen Ort im Wadi Maghara nordwestl. vom Serbal. Vgl. Karte Sp. 1548.

Dor »(kreisförmiges) Zeltlager, Kreislauf«.
Kanaanitische Stadt (Jos 11,2; 12,23) im Stammgebiet Manasses (Ri 1,27), im Hügelland am Meer (Jos 11,2, hier Naphoth-Dor). D. ist eine sehr alte Stadt. Um 1190 v. Chr. fiel sie in die Hände eines Seevolkes, der Zakkari. Als kurz nach 1100 v. Chr. der Ägypter Wen-Amon nach D. kam, stand der Fürst Beder an der Spitze dieses Kleinstaates. Die ganze Gegend um D. wurde später eine der Statthalterschaften Salomos (1 Kö 4,11). Münzen aus der Zeit des Pompejus (64 v. Chr.) erinnern noch an die Blüteperiode der Stadt in der hellenistisch-röm. Zeit. D. lag ein wenig nördl. vom Dorfe et-Tantura, ca. 23 km südl. von Haifa. Garstang fand hier im Ruinenhügel Chirbet el Burdsch Kulturreste von der Bronzezeit ab. Vgl. Karte Sp. 1181.

Dorf, hebr. *kapar* (vgl. z. B. Kaphar-Ammonai Jos 18,24), bewohnter Flecken (z. T. Zeltdörfer), durch Steinwall oder Dorngestrüpp zum Schutze gegen die Wüste und ihre wilden Tiere eingefriedet. Die Dörfer hatten meist keine Mauern. D.bildungen setzen eine gewisse Seßhaftigkeit voraus. Dörfer waren sowohl politisch, kulturell, als auch wirtschaftlich, in der Rechtsprechung und in Bezug auf den militärischen Schutz von der → Stadt abhängig. So bezeichnete man die Stadt als Mutter (vgl. 2 Sam 20, 19 Abel Beth-Maacha; griech. *metropolis),* Dörfer und kleine Städte als Töchter (Ps 48,12). In der nachexilischen Zeit wird der Unterschied zwischen Dörfern und Städten geringer, er lag mehr in verwaltungstechnischer Hinsicht (vgl. griech. *kômopolis* Mk 1,38 LÜ Markt). Das griech. *agros,* das LÜ im NT mit D. wiedergibt, bezeichnet den einzelnen Hof. Dörfer sind dagegen mit griech. *kômai* gemeint (LÜ → Markt II).

Dornen. Ebenso wie → Disteln sind D. in der HS ein Sammelbegriff für dornige Pflanzen.
Auf den Äckern Palästinas ist so das gelbblühende Stallkraut *(Ononis natrix),* das dornige Bäckerkraut *(Poterium spinosum)* und in der Nähe Kapernaums der Judendorn *(Zizyphus lotus)* zu finden. Die letzte Art ist wohl die, die Jesus in seinem Gleichnis meinte (Mt 13,7), da der Judendorn nach der Regenzeit sehr hoch aufschießt und oft das Korn erstickt. – Trockenes D.gestrüpp verbrennt knatternd, ohne viel Wärme zu geben. Damit wird Pred 7,6[7] das Lachen der Narren verglichen.
Welcher Art die Zweige waren, aus denen die D.-krone Jesu geflochten wurde (Mt 27,29), ist nicht bekannt. Sicher waren es nicht die Zweige des sog. Christusdorns *(Zizyphus spina Christi).* Diese Pflanze hat wohl lange Zweige und starke D., wächst aber nur in der Küstenebene, den südl. Wüsten und im Jordantal.

Dothan.
Stadt am großen Handels- und Karawanenweg von Damaskus nach Ägypten (1 Mo 37,17.25). Sie lag auf einer Anhöhe inmitten einer Ebene, in der eine starke Truppenabteilung operieren konnte (2 Kö 6, 14). Der Ort heißt heute noch Tell D., 15 km nördl. von Samaria. Vgl. Karte Sp. 372.

Dotter → Ei

Drache. I) Das hebr. *tannin* (LXX *drakôn*) meint ganz ähnlich wie das dt. Wort D. ein gefährliches

Ungeheuer, meist Seeungeheuer (Ps 74,13; Hes 29,3; 32,2). Nahezu gleiche Bedeutung haben auch → Leviathan und Rahab II. *Tannin* kommt auch in 1 Mo 1,21; Hi 7,12; Ps 148,7 vor, wo LÜ es mit Walfisch oder Meeresungeheuer wiedergibt, während Jer 14,6 LÜ ein Übersetzungsfehler vorliegt (*tannim* = Schakale). In 2 Mo 7,9.10.12 LÜ Schlange; 5 Mo 32,33; Ps 91,13 sind wahrscheinlich nur Giftschlangen gemeint.
In den Mythologien, bes. den Schöpfungsmythen aller Völker des Altertums spielt der D. eine große Rolle als Verkörperung einer den Göttern oder dem obersten Gott feindlichen Macht. So kann auch im AT der D. als Bild für das Wüten Pharaos (Hes 32, 2; 29,3) oder Nebukadnezars (Jer 51,34) dienen, ebenso für das einer Macht, die sich gegen den Herrn erhebt und Gottes Volk (Israel) zu vernichten sucht (Jes 27,1; 51,9; gemeint ist Ägypten). Ob auch Ps 74,13 bildlich zu verstehen ist, muß offenbleiben. Feurige D. vgl. → Schlange I, 6.

II) Im NT kommt der D. ausschließlich in der Bildersprache der Offenbarung vor. D. oder die alte Schlange ist hier die Bezeichnung für den Teufel. Der D. als schreckliches Untier symbolisiert den wütenden → Satan. Er übt eine bestimmte Macht auf der Erde aus, wird aber zum Schluß gefesselt in den Feuersee geworfen (Offb 12,3f; 13,2ff; 16,13; 20,2).

Drachenbrunnen. Der Brunnen Rogel südöstl. von Jerusalem (Neh 2,13), wo das Kidrontal und das Tal der Kinder Hinnoms zusammenstoßen. In der Nähe dieses Brunnens lag der Stein Soheleth (1 Kö 1,9), »Schlangenstein«. Vermutlich ist dieser sehr alte Name eine Erinnerung an einen hier geübten vorisrl. Schlangenkult, auf den auch der Name des Brunnens hindeuten könnte. Vgl. Stadtplan Sp. 683/4.

Draußen und drinnen. I) Die ganze HS durchzieht mit großem Ernst ein D. u. d. Obwohl die hebr. Gastfreundschaft weder den geehrten Gast noch den Wanderer, der eine Herberge zur Nacht brauchte, draußen stehen ließ (1 Mo 24,31; Hi 31, 32), gab es im Alltagsleben doch schmerzliche Fälle, in denen jemand draußen, d. h. außerhalb eines »Drinnen«, bleiben mußte. So hatte der Totschläger auf der Flucht vor dem Bluträcher draußen vor dem Tor der Freistadt zu warten, bis über seinen Fall entschieden war (Jos 20,4). Bes. schwere Fälle von Besessenheit und Aussätzige hielten sich draußen außerhalb der Volksgemeinschaft in wüsten Örtern auf (Mk 1,45; 5,2–5); und Petrus befand sich, als er seinen Herrn verleugnete, draußen im Hof des hohenpriesterlichen Palastes, inmitten der Feinde Christi (Mt 26,69). Anderseits mußte der Gläubiger draußen vor dem Haus seines Schuldners warten, bis dieser ihm ein Pfand für seine Schuld herausbrachte (5 Mo 24,10.11).

II) Eine größere Bedeutung hatte das D. u. d. dort, wo es sich um das Heiligtum und das Volk selbst handelte. Draußen vor dem Lager, d. h außerhalb der Wohnungen der Volksgemeinde, wurde mit wenigen Ausnahmen das Sündopfer verbrannt (2 Mo 29,14; 3 Mo 9,11) und das Gericht am Gotteslästerer vollzogen (4 Mo 15,35). Auch Jesus hat draußen vor dem Lager gelitten (Hebr 13,12.13).

III) Das ernsteste Draußen aber kennt das NT, nämlich das ewige Ausgeschlossensein vom Reiche Gottes. Schon auf dieser Erde vollzieht sich die Scheidung zwischen denen, die draußen sind, d. h., die in ihrem alten Wesen den weltlichen Neigungen nachgehen und nicht nach Gott fragen (Mk 4,11; Kol 4,5; 1 Thess 4,12; 1 Tim 3,7), und denen, die durch die Tür Jesus Christus (Joh 10,9) eingegangen sind, sich durch sein Blut von der Sünde reinwaschen ließen und nun das ewige Leben haben und damit »drinnen« sind. Diese Menschen stehen unter einem anderen Gesetz als bisher. Während die draußen einst im Gericht vor Gott zu stehen haben, stehen die Erlösten in der Zucht des Heiligen Geistes und der Gemeinde Jesu (1 Kor 5,12.13; vgl. 1 Thess 5,23; 1 Joh 3,3). – Es gibt jedoch einen Zeitpunkt, nach dem der Übergang von draußen nach drinnen unmöglich wird. Die Tür kann nicht mehr aufgetan werden (Mt 25,10–12), und das Draußen wird zum Ort der Qual, Angst, ewigen Gottesferne und Nacht (Lk 13,25; Offb 14,20; 22,15).

Drei → Zahl

Dreieinigkeit → Gott IV

Dreiling → Maße und Gewichte I, 4b

Dreschen, Dreschwagen → Ackerbau

Drohen (LÜ auch Dräuen; Jes 30,30; Jer 6,11). Ankündigung von Strafe (Apg 4,21.29), Rache (1 Mo 27,42) oder Verfolgung (Apg 9,1). Das D. der Gottlosen braucht der Gerechte nicht zu fürchten, da er unter Gottes Schutz steht (Ps 37,12.13) und vor dem Herrn alles menschliche D. zum Spott wird (Hos 7,16). Gottes D. dagegen ist sehr ernst zu nehmen, denn dahinter steht sein Wille zur Ausführung des angekündigten Gerichts (Ps 7,12–14; 38, 4; 102,11; Jer 10,10; 11,17), wenn auch die Fürbitte es einmal abwenden kann (2 Mo 32,14). Das D. kann auch Aufgabe der Diener Gottes sein (2 Tim 4,2), aber im Leiden gilt für den Christen, nach Jesu Vorbild nicht zu d. (1 Petr 2,23). Mit dem Hinweis auf Gott als Richter untersagt Paulus den Herren das D. ihren Sklaven gegenüber (Eph 6,9).

Dromedar → Kamel

Drommete → Musikinstrumente

Drüse → Krankheiten

Drusilla. Jüngste Tochter des Königs Herodes Agrippa I. (37–44 n. Chr.) und Schwester von Herodes Agrippa II. Ihre Schönheit erregte sogar den Neid ihrer ältesten Schwester Bernice. Eine im Kindesalter in Aussicht genommene Heirat kam nicht zustande, da der Bräutigam sich nicht entschließen konnte, Jude zu werden. Sie heiratete den König Azizus von Edessa in Syrien, der sich dieser Bedingung unterzog. Später verließ sie ihn und heiratete den röm. Statthalter → Felix (Apg 24,24).

Duma »Stille, Schweigen«.
1) Stadt im Hügelland des Stammes Juda (Jos 15, 52), das heutige ed-Dome, etwa 15 km südwestl. von Hebron.
2) Nachkommen Ismaels (1 Mo 25,14; 1 Chron 1, 30), ein arab. Stamm, der im Grenzgebiet zwischen syr. und arab. Wüste lebte. An ihn erinnert die Oase Dumat el-dschendel (das heutige el-Dschof) in NW-Arabien. Vgl. Karte Sp. 979.
3) Nach Jes 21,11 vermutlich eine symbolische Bezeichnung für Edom.

Dumm. Im übertragenen Sinn vom Salz: verdorben, unbrauchbar (Mt 5,13; Mk 9,50; Lk 14,34).

Dünkel = Eigensinn, Überheblichkeit, Einbildung oder Verstocktheit (Hi 15,31; Ps 81,13; Spr 18,11; Jer 23,17).

Dura, Tal in der Landschaft Babel (Dan 3,1), in dem der König Nebukadnezar ein goldenes Bild zur religiösen Verehrung errichten ließ. Außer drei verschiedenen Ortschaften namens Duru – Duru schakarrabi war eine Vorstadt Babylons an der Straße nach Nippur – gab es in Babylonien auch einen Kanal, der D. hieß.

Dürftig → Arm

Dürre. I) Übersetzung verschiedener hebr. Ausdrücke. Da in Palästina verhältnismäßig und gebietsweise wenig Regen fällt, gibt es jedes Jahr eine Zeit der D., eine Trockenzeit.

II) Daneben erscheint die längere, außergewöhnliche D. und das Dürrewerden des Landes, verbunden mit Hungersnot (→ Teuerung) und Krankheiten des Getreides und der Feldfrüchte, als eine Folge des Ungehorsams gegen Gott (5 Mo 28,22; 1 Kö 8,35. 37; Ps 68,7; Hag 1,11; 2,17[18] u. ö.), während der Gottesfürchtige selbst in der D. gesättigt werden soll (Jes 58,11). Im kommenden Friedensreich Jesu Christi aber werden im vorher d. Land Brunnquellen sein, Ströme fließen und alles grünen und blühen (Jes 35,1.6.7; 41,18). Im übertragenen Sinn gilt dies auch für Menschenherzen: das Volk Israel, bis heute noch verblendet, tot in Sünden und einem d. Lande gleichend, das keine Frucht bringt, soll, wenn seine Gerichtszeit beendet ist, durch den Heiligen Geist Gottes wie durch einen Strom neu belebt und fruchtbar werden (Jes 44,3).

III) D. in Bezug auf Tiere (1 Mo 41,19; 3 Mo 22,22) oder Pflanzen (1 Mo 41,23; 4 Mo 6,3; Hiob 13,25; Jes 1,30; 34,4; 56,3; Mt 13,6; Lk 23,31; Offb 14,15) bedeutet soviel wie mager, bzw. trocken, welk sein.

IV) Über die d. Hand → Krankheiten: Verdorrt.

Durst (und Hunger). I) Im Gegensatz zum freiwilligen → Fasten ist Hunger und D. der von außen aufgezwungene Mangel an → Speise und → Trank. Das warme Klima des Vorderen Orients mit seinem regenlosen Sommer, die weiten Steppen- und Wüstengebiete machen D. und Hunger zu einer allgemeinen Erfahrung (2 Sam 17,29), wobei der Wassermangel das Gefährlichere ist. Man kennt auch die Täuschung des Wunschtraums: beim Erwachen sind Hunger und D. ungestillt wieder da (Jes 29,8). Nach überstandener Gefahr dankt man Gott, daß er gesättigt und getränkt hat (Ps 107,5.9). Wie der Herr Hagar und Ismael in der Wüste (1 Mo 21,15–19), Simson nach seinem Philistersieg (Ri 15,18.19) vor dem Verdursten bewahrte, so schafft er auch die Quellen, an denen das Wild seinen D. löscht (Ps 104,11), speist die Hungrigen (Ps 146,7; Lk 1,53) und läßt den Gerechten nicht darben (Spr 10,3).

II) Darum fordert Gott auch immer wieder auf, die Hungrigen zu speisen und die Durstigen zu tränken (Jes 21,14; 58,7.10; Hes 18,7.16; Mt 25,35.37), wobei auch der Feind mit eingeschlossen ist (Spr 25,21; Röm 12,20). Wer das unterläßt, verfällt dem Gericht (Mt 25,42.44; Hi 22,7). Die Ammoniter und Moabiter sind von der Gemeinde des Herrn ausgeschlossen, weil sie Israel auf seinem Weg von Ägypten nicht mit Wasser und Brot entgegengekommen sind (5 Mo 23,4[3]f). Anderseits wird ein Becher kalten Wassers nicht unbelohnt bleiben (Mt 10,42; vgl. Spr 25,25). Hunger und D. gehören auch zu den Entbehrungen des Apostels (1 Kor 4,11; 2 Kor 11, 27). Paulus weiß davon, satt zu sein wie zu hungern (Phil 4,12). Zur Stillung von D. und Hunger ist nach dem Gesetz das Traubenpflücken und Ährenraufen auf fremdem Eigentum erlaubt (5 Mo 23, 25[24]f; Mt 12,1). Man erbarmt sich sogar des quälenden D. des Gekreuzigten (Joh 19,28.29). Umso unmenschlicher ist es, dem Hungrigen die Garben zu nehmen und den, der die Kelter tritt, dursten zu lassen (Hi 24,10.11).

III) Fehlender Regen und Mißernten bringen Hungersnöte (→ Teuerung) über das Land (Lk 15,17). Abraham begab sich deshalb nach Ägypten (1 Mo 12,10), und Jakob fand in den 7 Hungerjahren mit seiner ganzen Familie dort Zuflucht (1 Mo 41–46). In der Urgemeinde veranlaßte die Voraussage einer Hungersnot unter Klaudius die Heidenchristen zur Hilfe für die Gemeinde in Jerusalem (Apg 11,28–30). In Kriegszeiten herrschten Hunger und Schwert (Jes 51,19; Jer 5,12; 14,15), als ihre Folge auch die Pestilenz (Jer 27,8). Einer belagerten Stadt werden Hunger und D. vielfach gefährlicher als die Waffen des Feindes (2 Chron 32,2.4.11; 2 Kö 6,25; 7,12; 25, 3). Sie führen zu unvorstellbaren Zuständen: schließlich essen Frauen ihre eigenen Kinder (5 Mo 28,53–57; 2 Kö 6,28.29; Klgl 2,19.20; 4,4.9.10; 5, 10). Daher werden in den Weissagungen immer wieder Hunger und Durst als Gerichtszeichen genannt (5 Mo 28,48; 32,24; Jes 5,13; 65,13; Hes 5, 12.16.17).

IV) In der Wüste entgingen die Israeliten dem Untergang durch Hunger und D. nur durch die Hilfe Gottes, der ihnen Wachteln, Manna und Wasser aus dem Felsen bescherte (2 Mo 16; 17,1–7; 4 Mo 20,1–13). Es gehörte mit zu den eindringlichsten Erfahrungen der Wüstenwanderung, daß sie in dieser Zeit nicht gedürstet noch gehungert hatten (Neh 9, 15.20; Ps 78,15–28; Jes 48,21). Entsprechend kennzeichnet es die kommende Heilszeit, daß aller Hunger und D. gestillt werden wird (Jes 41,17.18; 49,10 und Offb 7,16; Jes 55,1 und Offb 21,6; 22,17). Doch handelt es sich nicht mehr allein um die Befriedigung leiblicher Bedürfnisse. Das Wasser, das Gott auf das Durstige ausgießen will, ist sein Geist (Jes 44,3). Dies lebendige Wasser vermittelt Jesus, und wer es empfangen hat, wird nicht mehr D. noch Hunger leiden (Joh 4,10–15; 6,35; 7,37–39). Auch das ungestillte Verlangen nach Gerechtigkeit (Mt 5, 6; Lk 6,21), nach Gottes Wort (Am 8,11.13) und nach Gott selber (Ps 42,3; 63,2; 143,6) wird einst gestillt. Wer aber Falsches vom Herrn verkündigt, läßt die Hungrigen aushungern und wehrt den Durstigen das Trinken (Jes 32,6).

E

Ebal.

1) Sohn des Sobal und Nachkomme des Horiters Seir (1 Mo 36,23; 1 Chron 1,40).

2) Sohn Joktans und Nachkomme Sems (1 Chron 1,22), 1 Mo 10,28 Obal genannt.

3) Berg, der nur durch ein enges Tal vom Berg → Garizim getrennt ist (5 Mo 27,12–14). Beide Berge liegen nahe der Stadt Sichem und dem Hain More in Kanaan (1 Mo 12,6). Der E. ist 938 m hoch, ein nackter, unfruchtbarer Fels. Nach dem Durchgang Israels durch den Jordan baute Josua hier einen Altar aus unbehauenen Steinen und opferte darauf Brand- und Dankopfer, und auf große, mit Kalk übertünchte Steine schrieb er das Gesetz vom Sinai. Danach wurde durch sechs Stämme der Segen über Israel vom Garizim ausgerufen, während vom E. der Fluch erklang (Jos 8,30–35). Dies geschah nach den Anweisungen Moses (5 Mo 27). Vgl. Taf. 22a/321; 78b/1217; Karte Sp. 492.

Ebed »Knecht, Sklave«.

1) Vater des Gaal, des Gegners Abimelechs (Ri 9, 26–41).

2) Sohn Jonathans, der mit 50 Männern aus der Familie des Adin unter Esra aus der babyl. Gefangenschaft heimkehrte (Es 8,6).

Ebed-Melech »Sklave des Königs«.
Äthiopischer Kämmerer im Palast des Königs Zedekia. Er rettete den Propheten Jeremia mit dem Einverständnis des Königs aus der Zisterne, in die ihn die Fürsten hatten werfen lassen, und erhielt dafür vom Herrn die Zusage, daß er bei der Eroberung Jerusalems am Leben bleiben werde (Jer 38,7–13; 39,15–18).

Ebenbild. Die HS bezeichnet Jesus Christus an drei Stellen als das E. des unsichtbaren Gottes (2 Kor 4,4; Kol 1,15; Hebr 1,3). Er, der Sohn Gottes, ist der Abglanz der göttlichen Herrlichkeit und Ausdruck des göttlichen Wesens (Hebr 1,3). Dies letzte wehrt der Vorstellung, als liege die Ebenbildlichkeit Jesu im Äußerlichen. Man wird sie allerdings auch nicht auf »Vergegenwärtigung« und »Stellvertretung Gottes« beschränken dürfen. In Jesus, in seiner Menschwerdung, seinem Gehorsam bis zum Kreuz und seiner Erhöhung (Phil 2,7–9) ist in vollkommener Weise sichtbar geworden, was Gott ist: Geist, Licht, Liebe, Leben. »Wer mich sieht, der sieht den Vater« (Joh 14,9). Vgl. → Siegel II, 3.
Jesus Christus wandelte aber nicht nur als das sichtbare E. und Zeugnis Gottes auf Erden (Mt 17,5), er gibt den → Menschen auch die Möglichkeit, das eigene, durch den Sündenfall zerbrochene E. Gottes zurückzugewinnen und in Christus den neuen Menschen anzuziehen (Eph 4,23; Kol 3,10). Dessen Ebenbildlichkeit besteht wesenhaft in der Gerechtigkeit und Heiligkeit und findet endlich in der verklärten Leiblichkeit ihre Vollendung und ihr Ziel (1 Kor 15,49; 2 Kor 3,18; Phil 3,20; 1 Kor 3,2).

Eben-Ezer »Stein der Hilfe«.
1) Lagerort der Israeliten vor dem Kampf mit den Philistern, die bei → Aphek (2) lagerten (1 Sam 4,1); möglicherweise das heutige Der Ballut, 26 km östl. von Jaffa, oder Medschdel Jaba etwas weiter westl. Vgl. Karte Sp. 1076.
2) Stein, den Samuel zwischen Mizpa und Sen als Zeichen des Sieges über die Philister errichtete (1 Sam 7,12). Da wir nicht wissen, wo Sen lag, bleibt auch die Lage von E. unsicher.
Man sucht den Ort entweder am Weg von Mizpa nach Beth-Horon in westl. Richtung oder von Mizpa nach Asna (Jos 15,33).

Ebenholz. Kernholz von verschiedenen Arten der Pflanzengattung *Diospyros*, u. a. von *Diospyros Ebenum*. Es ist hart, schwer, fast schwarz und so dicht in seiner Struktur, daß die Jahresringe nicht erkennbar sind. Es stammt aus Vorder- und Hinterindien und Afrika. In Ägypten war es früh bekannt, so wurden im Grab des Tutanchamon verschiedene Gegenstände aus Ebenholz gefunden. Nach Hes 27, 15 haben die Dedaniten, ein nordarab. Volksstamm, den Phöniziern Ebenholz geliefert.

Eber.
1) Sohn des Salah und Vater Pelegs (1 Mo 10,24), Ahnherr verschiedener semitischer Völker (1 Mo 10, 21.25–30; 1 Chron 1,18–25). In 4 Mo 24,24 werden diese Volksgruppen allgemein mit E. bezeichnet. Ursprünglich wohnte E. jenseits oder östl. des Euphrat, also in Mesopotamien (Jos 24,2). In Lk 3,35 wird E. als Vorfahr Christi genannt.
2) Ältester Sohn des Benjaminiten Elpaal (1 Chron 8,12).
3) Benjaminit, Sohn des Sasak (1 Chron 8,22).
4) Gaditer, Haupt seines Vaterhauses zu Gilead in Basan (1 Chron 5,13).
5) Priester z. Zt. des Hohenpriesters Jojakim, Oberhaupt des Priesterhauses Amok (Neh 12,20).

Ebez, Stadt in Isaschar (Jos 19,20). Viell. das heutige Ain el-Hbus oder el-Abus, zwischen Ulam und Sirin. Die genaue Lage des Ortes ist nicht sicher.

Ebron → Abdon (5)

Ebzan.
Richter Israels aus Bethlehem in Sebulon, der sieben Jahre lang regierte (Ri 12,8–10). Bemerkenswert ist seine große Kinderschar von 30 Söhnen und 30 Töchtern. Er wurde in seinem Heimatort begraben.

Eckstein. Hebr. *äbän pinnah* oder *rosch pinnah;* griech. *akrogôniaios* und *kephalae gônias.*
I, 1) Nach Jes 28,16 sieht man den E. als den Grundstein an, der in den Winkel zweier Mauern gesetzt wird und dem Fundament Halt gibt.
2) In übertragenem Sinn bezeichnet der E. die Führer des isrl. Volkes (Jes 19,13; Sach 10,4). In Jes 28, 16 ist der E. Vorbild des Messias. Ps 118,22 bezeichnet das gedemütigte Israel als den Stein, den die Bauleute verworfen haben.
II) Diese beiden Stellen werden im NT auf Christus gedeutet (Mt 21,42; Mk 12,10; Lk 20,17; Apg 4,11; Eph 2,20; 1 Petr 2,7). Die Meinungen gehen auseinander, ob hier mit E. der Grundstein oder der Abschlußstein eines Kuppelbaues gemeint ist. Im ersten Falle besagten die Bibelstellen, daß Christus von Gott zum Grundstein des neuen Jerusalem gemacht worden ist, obwohl ihn die Menschen verworfen haben. Eph 2,20 legt eine Deutung in diesem Sinn nahe, denn das Wachstum des Tempels setzt den Anfang der Arbeit und nicht dessen Ende voraus. Die akkad. Bezeichnung *aban rescha* = Abschlußstein und apokryphe Erläuterungen zum »Testament Salomos«, die den E. als einen Stein erklären, der oberhalb des Tempeltores angebracht gewesen sei, stützen die 2. Deutung. D. h. dann, Christus wäre nicht nur der, auf dem das neue Jerusalem, das neue Heiligtum, erbaut ist, sondern auch der Schlußstein, in dem sich alles vollendet. Doch bleibt diese Auffassung fraglich, da es, um im Bilde zu bleiben, unmöglich ist, sich an einem Abschlußstein zu stoßen (1 Petr 2,7.8).

Ecktor. Tor im Norden Jerusalems, etwa 400 Ellen (2 Kö 14,13) vom Ephraimtor gelegen (2 Chron 25,23; 26,9; Jer 31,38; Sach 14,10). Wahrscheinlich identisch mit dem alten Tor Nehemias (Neh 3,6; 12, 39). Vgl. → Jerusalem III C.

Edel sind nach 4 Mo 21,18; Jer 22,18; 1 Kor 1,26 Menschen vornehmer Abstammung (vgl. Adel) und entsprechender Gesinnung (Pred 10,17; vgl. Apg 17,11). Der Begriff wird auch auf Pflanzen, Kostbarkeiten und Länder übertragen (1 Mo 49,11; 5 Mo 33,13.14; 1 Kö 10,18; Hes 7,20; 20,6). Edler als irdische Werte (Silber, Gold und Perlen) sind Weisheit und Tugend (vgl. Spr 3,15; 16,16; 31,10).

Edelsteine. In Palästina selbst gibt es keine E.-Vorkommen, dennoch wurden bei den Ausgrabungen viele zu Siegeln und Skarabäen verarbeitete E. und Halbedelsteine gefunden. Die meisten stammen aus den eisenzeitlichen Schichten südpalästinensischer Ortschaften und wurden vermutlich aus Ägypten eingeführt. Außerdem werden in der HS Einfuhrländer wie Hevila (1 Mo 2,12), Arabien (1 Kö 10,2; Hes 27,22), Ophir (1 Kö 10,11) und Syrien (Hes 27,16) genannt.

1) ACHAT hebr. *schebo*, akkad. *schubu*, griech. *achataes)*. Halbedelstein, ein Quarzmineral, nach einem seiner Fundorte, dem Fluß Achates auf Sizilien, benannt. Der Stein kommt in verschiedenen Farben vor und wird wegen allerlei innerer, natürlicher Streifen, Gebilde und Zeichnungen bes. geschätzt. – Der A. wird in 2 Mo 28,19; 39,12 als 2. Stein der 3. Reihe im Brustschild des Hohenpriesters genannt.

2) AMETHYST (hebr. *alämäh*, griech. *amethystos)*. Klarer, purpur oder violett gefärbter Quarz (hebr. *achlamah)*, der aus Edom, Ägypten, Galatien oder Zypern nach Palästina eingeführt wurde. Bes. Exemplare kamen aus Spanien oder Indien. Hauptsächlich wurde der A. als Siegelring gebraucht. Nach griech. Überlieferung schützte er vor Trunkenheit, und die Juden glaubten, daß der Stein dem Träger angenehme Träume vermittele. – Der A. hat als 3. Stein der 3. Reihe im Brustschild des Hohenpriesters seine Bedeutung (2 Mo 28,19; 39,12), ebenso als 12. Grundstein der Mauer des neuen Jerusalem (Offb 21,20).

3) BERILL (griech. *beryllos)*. Edelstein mit verschiedenen Farbvarietäten, vorwiegend grünlich. In Offb 21,20, wo der B. als der 8. Grundstein der Mauer des neuen Jerusalem genannt wird, handelt es sich vermutlich um den farblosen oder fast farblosen B.

4) CHALZEDONIER (griech. *chalkaedôn)*. Quarzart mit dichtem, feinfaserigem Gefüge, nach der Stadt Chalkedon am Bosporus genannt. Ein farbloser oder lichtgrauer Halbedelstein. Er wird als der 3. Grundstein der Mauer des neuen Jerusalem genannt (Offb 21,19).

5) CHRYSOLITH (griech. *chrysolithos* = Goldstein). Gelbgrünes durchsichtiges Silikat, das hauptsächlich in Ägypten und Nubien zu finden ist. Der C. wird als der 7. Grundstein der Mauer des neuen Jerusalem genannt (Offb 21,20) und ist vermutlich auch mit dem → Topas des AT gemeint.

6) CHRYSOPRAS (griech. *chrysoprasis* = goldgrüner Stein). Halbedelstein, Abart des Chalzedoniers. Er ist ein matter, fettigglänzender Stein und wird oft mit dem Chrysolith verwechselt. Der C. ist der 10. Grundstein in der Mauer des neuen Jerusalem (Offb 21,20).

7) DEMANT. Das hebr. *jahalim* bezeichnet einen Edelstein (2 Mo 28,18; 39,11; Hes 28,13), und zwar vermutlich den Diamanten oder Edelopal, den freilich die LXX und Vulgata → Jaspis nennen.
Das hebr. *schamir* dagegen, das in LÜ ebenfalls mit D. übersetzt wird (Jer 17,1; Hes 3,9; Sach 7,12), ist in Jes 5,6; 7,23–25 u. a. als Sammelbegriff für »Dornen« gebraucht. Mit diesem Sinn wäre auch Jer 17,1 verständlicher. Also bleibt die Frage offen, ob mit *schamir* wirklich ein D. gemeint ist.

8) HYAZINT (griech. *hyakinthos)*. Edler harter Stein von braunroter, gelblicher, manchmal auch grünlicher Farbe, zuweilen auch wasserhell. Heute heißt der H. auch Zirkon. Er wird als der 11. Grundstein der Mauer des neuen Jerusalem genannt (Offb 21, 20).

9) JASPIS (griech. *iaspis)*. Bei dem J. des NT handelt es sich wohl nicht um den uns bekannten J. Nach Offb 21,11 muß er ein Stein der reinsten Klarheit und von großem Glanz gewesen sein. Auch nach dem Vergleich in Offb 4,3 liegt es nahe, daß es sich um einen Diamanten oder Edelopal gehandelt hat, da der uns bekannte J. undurchsichtig, von bräunlicher bzw. grüner Farbe ist und zu den geringsten Halbedelsteinen gehört.

10) KRISTALL (griech. *krystallos* = Eis). Farbloser, wasserheller Quarz, der uns bekannte Bergkristall. Er wurde von den Syrern gehandelt (Hes 27,16). Die Zinnen der kommenden Gottesstadt werden aus K. sein (Jes 54,12), doch verglichen mit der Weisheit ist selbst der K. wertlos (Hi 28,18). In Hes 1,22; Offb 4,6 wird das Meer über und vor dem Thron Gottes in seiner Klarheit mit dem K. verglichen.

11) LYNKURER (hebr. *läschäm)*. Vermutlich der Bernstein, der im Altertum sehr geschätzt war, aber sonst nicht in der HS erwähnt wird. Er war der 1. Stein der 3. Reihe im hohenpriesterlichen Brustschild (2 Mo 28,19; 39,12).

12) ONYX (hebr. *schoham*, griech. *onyx* = Fingernagel). Achat mit groben schwarzen und weißen Schichten. Im AT wird er als sehr »köstlich« bezeichnet (Hi 28,16; Hes 28,13). Er wurde im Lande Hevila gefunden (1 Mo 2,12). Zwei dieser Steine, in Gold gefaßt, wurden mit den Namen der 12 Stämme Israels auf den Schulterstücken des Leibrockes des Hohenpriesters getragen (2 Mo 28,9.12), auch der 2. Stein in der 4. Reihe seines Brustschildes war ein O. (2 Mo 28,20). David sammelte diese Steine für den Tempel (1 Chron 29,2).

13) RUBIN (hebr. *nophäk, odäm* u. *kadkod)*. Durchsichtiger, roter Korund, auch Karfunkel *(carbunculus)* genannt. Er war der 1. Stein der 2. Reihe des hohenpriesterlichen Brustschildes (2 Mo 28,18). David sammelte R. für die Ausgestaltung des Tempels (1 Chron 29,2), und einmal werden die Tore Zions von R. sein (Jes 54,12). Der R. in Hes 27,16 ist der → Smaragd.

14) SAPHIR (hebr. *sappir*; griech. *sapphiros)*. Bei diesem Stein handelt es sich wahrscheinlich nicht um unseren S., sondern um den Lapislazuli, einen tiefblauen, undurchsichtigen, oft mit weißen oder metallisch-goldenen Flecken durchsetzten E., der u. a. in Asien gefunden wird. Er war der 2. Stein der 2. Reihe im Brustschild des Hohenpriesters (2 Mo 28, 18) und ist der 2. Grundstein der Mauer des neuen Jerusalem (Offb 21,19). In Klgl 4,7 wird das Ansehen der Fürsten Jerusalems mit dem Glanz des S. verglichen. Er hatte großen Wert (Hi 28,16; vgl. auch Hl 5,14; Jes 54,11). Die 70 Ältesten z. Zt Moses verglichen den Fußschemel Gottes mit einem S. (2 Mo 24,10).

15) SARDER (hebr. *odäm*; griech. *sardios)*. Achat mit braunen, roten oder weißen Schichten. Er ist eine Varietät des Onyx. – Der S. ist der 1. Stein der 1. Reihe im Brustschild des Hohenpriesters (2 Mo 28, 17) und der 5. Stein in der Mauer des neuen Jerusalem (Offb 21,20). Er war beliebt (Hes 28,13) und in seinem Glanz sah Johannes die Herrlichkeit Gottes (Offb 4,3).

16) SARDONYX (griech. *sardonyx*). Achat mit braunen oder roten und weißen Schichten. 5. Grundstein des neuen Jerusalem (Offb 21,20).

17) SMARAGD (hebr. *baräkhät*; griech. *smaragdos)*. Der orient. S. ist der grüne, klare Berill, der in Oberägypten gefunden wird. Er war der 3. Stein der 1. Reihe auf dem Brustschild des Hohenpriesters (2 Mo 28,17; 39,10). Die Syrer importierten diese Steine nach Tyrus (Hes 27,16 LÜ Rubin), wo sie als Ziersteine verwandt wurden (Hes 28,13). Im NT ist ein S. der 4. Grundstein des neuen Jerusalem (Offb 21,19), und Johannes vergleicht den Regenbogen um den Thron Gottes mit diesem E. (Offb 4,3).

18) TOPAS (hebr. *pitheda*; griech. *topazion)*. Farbloses, meist gelb bis rotgelb oder hellblau gefärbtes Eisenaluminiumsilikat. Vermutlich war der atl. T. der → Chrysolith. Er war der 2. Stein der 1. Reihe im hohenpriesterlichen Brustschild (2 Mo 28,17). Er wurde in Abessinien gefunden (Hi 28,19) und war auch in Tyrus bekannt (Hes 28,13). Im neuen Jeru-

salem ist er in der Mauer der 9. Grundstein (Offb 21,20.

19) TÜRKIS (hebr. *tarschisch*). Ein auf der Sinaihalbinsel häufig vorkommender Kallait (kupferhaltiges Aluminiumphosphat). Er ist der weichste aller genannten Steine und von himmelblauer bis grüner Farbe. In Dan 10,6 vergleicht Daniel seine himmlische Erscheinung mit dem Türkis.

Eden. 1) Garten, den der Herr »gegen → Morgen« (= O) gepflanzt hatte (1 Mo 2,8). Neben dem hebr. Wort *edän*, das »Wonne« bedeutet (z. B. Ps 36,9; 2 Sam 1,24; Jer 51,34) hat man für den Namen auch an einen Zush. mit akkad. *edinu* aus sumerisch *edin* = offenes Feld, Steppe gedacht. Diese Bezeichnung wird bes. auf das Westufer des unteren Euphrat angewendet. Das führt auf die breite Talebene, das Schwemmland des Flusses, das südöstl. der heutigen Stadt Hit am Euphrat beginnt. So sucht A. Musil E. an der Grenze von Hügelland und Talebene nicht weit von el-Aswad, wobei er an ein Gebiet denkt, das durch Flußarme bewässert (vgl. 1 Mo 2,10), durch die umgebenden Hügel geschützt war und nach SO offen lag für Winde vom Pers. Golf (vgl.1 Mo 3,8; Kühle des Tags = Seewind). Dabei ist zu berücksichtigen, daß die Küste des Golfs und die Euphratmündung früher noch weiter nach N lag. Über Vermutungen kommen wir aber weder hier noch bei anderen Auffassungen hinaus. Vgl. → Paradies.

2) Reich am oberen Euphrat in der Nähe von Karchemis (2 Kö 19,12; Hes 27,23), assyr. Bit Adini.

3) Sohn Joahs, Levit z. Zt. Hiskias (2 Chron 29,12). Wahrscheinlich ist 2 Chron 31,15 derselbe gemeint.

Eder viell. »Herde«.

1) E. oder der Turm E. (1 Mo 35,19.21; Mi 4,8; »Herdenturm«) bezeichnet eine Örtlichkeit bei Bethlehem. Man sucht sie entweder bei Siar el-ganam oder bei Keniset er-rawat, wo die Tradition auch das Hirtenfeld von Lk 2,8 lokalisiert. Interessant ist die Äußerung des Targum zu 1 Mo 35,21: Und Israel zog aus und richtete seine Hütte auf jenseits des Turmes E., »einem Flecken, von dem aus der Messias am Ende der Tage verkündigt werden wird.«

2) Stadt im S des Stammes Juda (Jos 15,21), vermutlich die Ruinen von el-Adar, 7 km südlich von Gaza. Vgl. Karte Sp. 1304.

3) Levit, Sohn Musis (1 Chron 23,23; 24,30).

Edom »Rot«, urspr. »Kleiner, durch rote Erde gekennzeichneter Bereich«.

1) Spottname → Esaus wegen seiner rötlichen Haarfarbe und des Verkaufs seiner Erstgeburt für ein rotes Linsengericht (1 Mo 25,25.30).

2) E. ist auch der Name für seine Nachkommen und ihr Land. Vom Lande E. spricht 1 Mo 36,16.21.31, vom Gebiet E. 1 Mo 32,4[3], vom Gebirge Esaus Ob 8.9.10.21, von E. schlechthin Am 1,6.

Vgl. → Idumäa, → Edomiter. Vgl. Karte Sp. 984.

3) Das Gebiet E. lag auf dem Gebirge Seir. Die Nordgrenze bildete der Bach Sered (5 Mo 2,13). Die Südgrenzen kann man nicht genau angeben, doch wurden Elath und Ezeon-Geber meist zu E. gerechnet. Der Grenzberg im Gebiete Israels war der Dschebel Halak, das kahle Gebirge (besser der kahle Berg) von Jos 11,17. E. lag zu beiden Seiten des Grabens der Araba, der sich in 12 km Breite vom Toten Meer bis zum Golf von Akaba erstreckt. Hier in der Araba konnten durch Erdbrüche warme Quellen aufsteigen, bedingt durch frühere vulkanische Tätigkeit (vgl. auch → Ana 1). A. Musil hat solche heißen Quellen gefunden. Neben Jagd und Handel waren Viehzucht und Ackerbau die Existenzgrundlage des Volkes, das vor allem in den östl. Landesteilen siedelte (4 Mo 20,17; Hes 25,13; vgl. Karte Sp. 932). Diese Gegend ist auch mit den »Felsenklüften und hohen Gebirgen« (Jer 49,16; Ob 4) gemeint. Schwer zu besiedeln war der W, charakteristisch sind hier die roten, rostfarbenen nubischen Sand- und weißen Kalksteine. Ihre Unfruchtbarkeit erscheint in Isaaks Worten an Esau (1 Mo 27, 39): »Siehe da, du wirst eine Wohnung haben ohne Fettigkeit und ohne Tau des Himmels von oben her.« Weil E. an drei Seiten von Wüsten eingeschlossen war, waren die Edomiter in ihrem Ausbreitungsdrang auf den N angewiesen. Kämpfe mit dem Stamm Juda konnten nicht ausbleiben.

Edomiter, Nachkommen Esaus (1 Mo 36,1–19), der um die Zeit der Rückkehr Jakobs aus Mesopotamien ins Gebiet des Gebirges Seir gezogen war (1 Mo 32, 4[3]; 36,6–8), das seine Söhne den Horitern vollständig entrissen (1 Mo 14,6; 36,20–30; 5 Mo 2,12. 22). Neben den Stammeshäuptlingen der E. finden wir 8 Herrscher aufgezählt (1 Mo 36,31–39), die regierten, ehe ein König in Israel aufkam. Der letzte von ihnen, dessen Tod nicht angegeben wird, mag ein Zeitgenosse Sauls gewesen sein. Die Angaben deuten darauf hin, daß die E. zu dieser Zeit ein Wahlkönigtum hatten; später (1 Kö 11,14) ist von einem Königsgeschlecht die Rede.

Gegen Ende ihrer Wüstenwanderung verweigerte der König von Edom den Israeliten den Durchzug durch sein Land auf der Königsstraße. Da ihnen der Kampf mit den E. verboten war, umgingen sie deren Gebiet (4 Mo 20,14–21; 5 Mo 2,4–6; Ri 11,17). E. dürfen zwar im Gegensatz zu Ammonitern und Moabitern in der dritten Generation in das Bundesvolk des Herrn aufgenommen werden (5 Mo 23,8.9 [7.8]), doch hören wir seit dieser ersten Begegnung von dauernder Feindschaft zwischen den beiden Völkern. Zunächst kommt es für 400 Jahre nicht zum offenen Krieg. Erst Saul schlägt die E. (1 Sam 14, 47); David bringt sie zur völligen Unterwerfung und erfüllt so die Weissagung Bileams (4 Mo 24, 18). Auf die Schlacht im Salztal folgt die Besetzung des ganzen Landes (2 Sam 8,13.14; 1 Chron 18,12. 13). Joab bleibt mit dem Heer 6 Monate dort und vernichtet die männliche Bevölkerung (1 Kö 11,15. 16). Nur der Königssohn Hadad entkommt nach Ägypten. Nach dem Tode Davids und Joabs kehrt er als Gegner Salomos in sein Land zurück (V 14–22. 25), vermag aber Salomos Handelsunternehmungen in der Hafenstadt Ezeon-Geber, Schiffbau (1 Kö 9, 26) und Kupferverhüttung, nicht zu verhindern.

Unter Josaphat, der ebenfalls in Ezeon-Geber Schiffe baut, herrscht ein judäischer Statthalter (1 Kö 22, 48.49), der 2 Kö 3,9 als »König« bezeichnet wird, über die E. Sie beteiligen sich unter diesem Statthalter auch an dem Zug Jorams von Israel und Josaphats gegen König Mesa von Moab (2 Kö 3,4–27). Als dann die Moabiter und Ammoniter zur Vergeltung in Juda einfallen, befinden sich in ihrem Heer auch E., die aber bei dem unter den Verbündeten ausbrechenden Streit als erste zu leiden haben (2 Chron 20,1.10.23). Nachdem die E. unter Josaphats Sohn Joram einen eigenen König eingesetzt und trotz einer Niederlage ihre Unabhängigkeit behauptet hatten (2 Kö 8,20–22; 2 Chron 21,8–10), errang Amazja einen entscheidenden Sieg über sie, er eroberte ihre Hauptstadt Sela, die er in Joktheel (»Von Gott vernichtet«) umbenannte. Daß er jedoch ihre Götzen nach Jerusalem mitführte und verehrte, machte seinen Erfolg wieder zunichte (2 Kö 14,7; 2 Chron 25,11.12.14). Sein Sohn Usia brachte Elath und damit den Zugang zum Golf von

Akaba an Juda zurück (2 Kö 14,22; 2 Chron 26,2). Die Stadt ging jedoch unter Ahas, zu dessen zahlreichen Gegnern auch die E. zählten (2 Chron 28,17), erneut verloren (1 Kö 16,6). Unter den assyr. Königen Thiglath-Pileser III., Sargon II., Sanherib, Asar-Haddon und Asnaphar (Assurbanipal) war Edom wie Juda tributpflichtig. Ein Aufstand im Bündnis mit Asdod wurde 711 v. Chr. niedergeschlagen; auch 701 v. Chr. müssen sich die E. erneut unterwerfen. Z. Zt. Nebukadnezars wird ein König von Edom genannt (Jer 27,3), der anscheinend Bündnisverhandlungen mit Zedekia geführt hat. Als aber Jerusalem erobert ist, fallen die E. mordend und plündernd über die Besiegten her und besetzen den Süden Judas bis Hebron. Dies Verhalten verleiht den Klagen und Gerichtsweissagungen über Edom die besondere Schärfe (Ps 137,7; Klgl 4,21.22; Hes 35,5.15; 36,5; Ob 10–14; Jes 63,1–4; Jer 49,7–22). Während die E. nach Norden vordringen, verlieren sie ihre Stammsitze an die arab. Nabatäer, deren Hauptstadt Petra wohl das alte Sela ist. Die Makkabäer erobern Hebron zurück, zwingen die E. gegen Ende des 2. Jh. v. Chr. zur Annahme der Beschneidung und vereinigen sie so mit dem jüd. Volk. Seitdem wird das gesamte Gebiet der Juden und E. von griech. und röm. Schriftstellern öfter auch als → Idumäa bezeichnet. Mit Antipater, dem Vater Herodes d. Gr., kommt ein idumäisches, d. h. edomitisches Geschlecht zur Herrschaft. Nach der Zerstörung Jerusalems (70 n. Chr.) verschwinden die E. als Volk aus der Geschichte.
Die Angaben über den Götzendienst der E. (2 Chron 25,14.15.20), der Amazja zum Verhängnis wurde, sind durch die Ausgrabung eines Höhenheiligtums in → Petra bestätigt und ergänzt worden. In der Nähe von Bozra hat man Tonfiguren einer Fruchtbarkeitsgöttin gefunden. Aus Personennamen läßt sich der Name des edomitischen Gottes Kos erschließen. Weise und Weisheit der E. werden in Jer 49,7 und Ob 8 erwähnt. Man hat vermutet, daß in den Reden eines der Freunde Hiobs, des Eliphas aus der E.-Stadt Theman (Hi 2,11), edomitisches Gedankengut zu finden ist. Vgl. Taf. 71b/1120; 72/1121.

Edrei.
1) Eine der zwei Residenzstädte König Ogs von Basan (Jos 12,4; 13,12). Hier besiegte Mose den König (4 Mo 21,33; 5 Mo 1,4; 3,1). Die Stadt wurde dem Geschlecht Machir vom Stamm Manasse zugewiesen und heißt heute Dera, ca. 50 km ostsüdöstl. vom See Genezareth. Vgl. Karte Sp. 1299.
Unter dem Ort befinden sich in rund 20 m Tiefe ausgedehnte, weitverzweigte Höhlen, eine ganze unterirdische Stadt mit Straßen, Plätzen, Wohnräumen und Zisternen. Löcher zur Erdoberfläche sorgten für Luftzufuhr.
2) Stadt in Naphthali (Jos 19,37), heute vermutlich Tell Kureibe ca. 6 km südsüdwestl. von Kades.

Egge → Ackerbau

Egla »Jungkuh«,
Nebenfrau Davids, Mutter des Jethream (2 Sam 3, 5; 1 Chron 3,3).

Eglaim »Kälber(quelle?)«.
Grenzstadt Moabs (Jes 15,8). Hieronymus bezeichnet diesen Ort im Onomastikon mit dem Namen Agallim, der vielleicht in Chirbet ed-Dschilime, dicht südöstl. von Kerak, fortlebt. A. Musil denkt jedoch an Chirbet Dschaldschul, 7 km südl. von Kerak.

Eglath, das dritte. Vermutl. eine 3. Stadt neben zwei anderen gleichen Namens (Jes 15,5; Jer 48,34). Die Lage dieser Stadt, wohl in Moab, ist völlig unbekannt.

Eglon, Deutung unsicher.
1) Moabitischer König, der Israel während der Richterzeit 18 Jahre lang unterdrückte. Der Richter Ehud erschlug ihn bei einem Gespräch unter vier Augen in seinem Palast in Jericho (Ri 3,12–29). Durch diese Tat gewann Israel nach einem kurzen Kampf mit den Moabitern seine Freiheit zurück.
2) Stadt in der Sephela (Jos 10,3.5.23; 15,39). Die Gleichsetzung mit Chirbet Adschlan nordöstl. von Gaza, das den alten Namen bewahrt hat, wird von Flinders Petrie bestritten, weil dort keine älteren als byzantinische Kulturreste gefunden wurden. Albright sucht E. in Tell el-Hesi, neuhebr. Tel Hasi, 25 km östl. von Gaza.

Ehe. I, 1) E. meint das nach jeweils geltendem Brauch und Recht zustande gekommene feste Verhältnis von Mann und Frau, das durch körperliche und geistige Gemeinschaft ausgezeichnet und dessen Sinn und Ziel nach dem Schöpfungsbericht die Lebens- und Arbeitsgemeinschaft ist (1 Mo 2,18. 20.23; vgl. auch Spr 5,18f; Mt 19,4–6). Dieser Verbindung von Mann und Frau ist nach 1 Mo 1,27f Auftrag und Verheißung Gottes gegeben, daß sie auch Nachkommen haben soll; man wird beachten müssen, daß es sich dabei nicht einfach um ein Gebot, sondern um einen Segen handelt.
2) Angesichts der sehr verschiedenen Formen ehelicher Gemeinschaft, die sich im AT finden, ist es nicht verwunderlich, daß die hebr. Bibel eigentlich keinen Begriff für E. kennt; vielmehr wird in den geschichtlichen Berichten wie in den Gesetzen jeweils von ihrem praktischen Vollzug, ihrer Schließung, ihrer Gefährdung usw. gesprochen. Sie ist vielleicht am ehesten vergleichbar mit dem → Bund, den Gott mit seinem Volk geschlossen hat (vgl. Mal 2,14).
Die Stiftung der E. schafft die bewahrende Kraft für die Kinder, das Leben in der Familie und überhaupt das geordnete Leben des Volkes. Die oben erwähnte Nähe zum Bund zeigt sich darin, daß in der E.schließung der Mensch wählt und sich bindet, daß also eine menschliche Gemeinschaft entsteht, nicht eine beliebig sich vermischende Masse. 1 Kor 7,2 sieht in der E. zugleich die bewahrende Einbettung und Ordnung des menschlichen Geschlechtstriebes. Kinder, vor allem Söhne (Ps 127, 4f), spielen für die E. eine große Rolle; damit beschenkt zu werden, bedeutet Segen, sie entbehren zu müssen, ist Strafe und Unglück (1 Sam 1,6ff; 1 Mo 30,1).
3) Obgleich 1 Mo 1 und 2 deutliche Hinweise auf die EINEHE, also die Verbindung eines Mannes und einer Frau enthalten, ist es erstaunlich, wie lange Zeit in Israel praktisch die VIELEHE geherrscht hat (im Gegensatz etwa zu Babylonien, das schon um 2100 v. Chr. nur noch die Einehe kannte), und zwar nicht nur bei Lamech (1 Mo 4,23), sondern auch bei den Erzvätern Abraham und Jakob, und über die isrl. Könige hin bis an die Zeit des NT heran. 5 Mo 21,15–17 wird die Verbindung eines Mannes mit mehreren Frauen sogar im Gesetz ausdrücklich erwähnt, obwohl anderseits schon bei den Propheten eine deutliche Stellungnahme gegen die Vielehe vorliegt, die im NT eindeutig zu Gunsten der Einehe entschieden ist.
II) Im AT ist das Eingehen einer E. nahezu eine Selbstverständlichkeit.
1) Eine E. kommt zunächst dadurch zustande, daß der Vater eines Mannes durch Verhandlungen mit

dem Vater eines Mädchens seinem Sohn eine Frau zuführt (1 Mo 34,4; 38,6; Ri 14,2), in seltenen Fällen geht der Vorschlag zur Verehelichung auch vom Brautvater aus. Gelegentlich nimmt der Bräutigam die Werbung auch selbst vor (2 Mo 22,15[16]f), oder der Vater des Bräutigams bzw. dieser selbst entsenden einen Beauftragten (vgl. 1 Mo 24,2ff). Jedenfalls gilt Einverständnis und Segen der Eltern als Voraussetzung für einen guten Verlauf der E. (vgl. das Herzeleid bei einer Wahl gegen den Elternwillen 1 Mo 26,35). Es kommt auch vor, daß Mann und Frau sich bei der Arbeit kennenlernen (2 Mo 2,16ff; Rt 2,7ff) oder daß ein Mann sich eine Frau als (Kriegs-)Beute heimbringt (Ri 5,30; 21, 19ff).

Der Bräutigam oder sein Vater haben dem Vater der Braut einen Brautpreis (LÜ: Morgengabe) zu zahlen, der entweder in Geld besteht oder aber in Tieren, Dienst- oder Kriegsleistungen (vgl. 1 Mo 34,11f; Jos 15,16; Ri 1,12; 1 Sam 17,25; 18,25). Wenn auch 2 Mo 20,17 die Frau praktisch zum Besitz des Mannes gerechnet wird, so kann doch nicht von einer reinen Kauf-E. gesprochen werden, zumal der Brautvater diese Gabe zur Ausstattung seiner Tochter mit verwandte.

Der so abgeschlossene E.vertrag (schriftlich erst im Buch Tobias erwähnt) bedeutet praktisch die VERLOBUNG des Mädchens, das damit unter die Botmäßigkeit des Mannes tritt; er ist nun ihr Herr (hebr. *baal)*, und sie ist ihm zur Treue verpflichtet (5 Mo 22,23–27). In der Regel wird das Mädchen um seine Zustimmung gefragt (vgl. 1 Mo 24,58), wenn sie auch oft den Mann nicht kennt und ihn erst in der E. liebgewinnen kann (1 Mo 24,67). Mit der Verlobung gewinnt der Bräutigam das Recht, die Frau sofort oder nach angemessener Zeit in sein Haus zu holen.

2) Die HOCHZEIT besteht darin, daß der Bräutigam seine Braut zu sich nimmt. Er geht ihr, von seiner Mutter geschmückt und mit einer Krone versehen (Hl 3,11; Jes 61,10), in Begleitung von Freunden und wohl auch Musikanten entgegen (Ri 14,11), während die Braut ihm am Abend des 1. Tages des Festes von Freundinnen geleitet entgegengeführt wird; dem Zuge schließen sich unterwegs andere an (vgl. Mt 25), wobei Fackeln und Lampen der Freude Ausdruck geben, die geradezu sprichwörtlich ist (Ps 45,15f). Die Hochzeitsfestlichkeiten, die sich bis zu 7 Tagen mit Essen, Trinken, Gesängen, Tanzspielen und Rätseln hinziehen (1 Mo 29,27; Ri 14, 12) und zu denen viele Gäste geladen sind (Joh 2,2) sind höchster Ausdruck jubelnder Freude. Die Braut wird dem Bräutigam verschleiert zugeführt (1 Mo 24,65); sie erhält von ihrem Vater eine Mitgift (LÜ Segen, Jos 15,19), die auch in Vieh oder Landbesitz bestehen kann. Zum Zeichen der Besitznahme kann der Mann den Zipfel seines Mantels über die Braut werfen (Rt 3,9). Er übernimmt es nun, für seine Frau zu sorgen und diese zu schützen.

3) Die MEHREHE (Polygamie) entspringt z. T. dem Wunsch nach größerer Kinderzahl (ist praktisch auch ein Zeichen des Reichtums, vgl. 1 Kö 11,1–8; 2 Sam 5,13). Entweder hat ein Mann mehrere gleichberechtigte Frauen nebeneinander, oder neben einer Hauptfrau mehrere Nebenfrauen (LÜ Kebsweiber), die auch Sklavinnen sein können. 1 Mo 16; 21; 29,30; 30,1f;1 Sam 1 lassen aber deutlich erkennen, welche Schwierigkeiten durch Bevorzugung, Rivalität und Streitigkeiten in solchen E. vorkommen, und kennzeichnen sie dadurch als Zeichen minderen Gehorsams und der Abweichung von Gottes ursprünglichem Gebot.

III, 1) Das durchschnittliche HEIRATSALTER in Israel dürfte etwa bei 18 Jahren gelegen haben (vgl. → Jugend IV); nach rabbinischer Auslegung war ein Mädchen mit Vollendung des 12., ein Junge mit dem 13. Lebensjahr heiratsfähig, was auf die wesentlich frühere Pubertät in südlichen Ländern zurückzuführen ist. Ursprünglich traf man die Wahl der Frau aus der eigenen Familie oder Sippe (1 Mo 24; Ri 14, 3). Erbtöchtern war es auch später verboten, außerhalb des eigenen Stammes zu heiraten (4 Mo 36,5 –12), weil der Grundbesitz dem Stamm erhalten bleiben sollte. Im Gesetz wird die E. zwischen Verwandten in auf- und absteigender Linie sowie der ersten Seitenlinie und den zugehörigen Ehegatten verboten (3 Mo 18,7–17; 20,11; 2 Sam 16,21). Auch die E. mit Halb- und Stiefgeschwistern (3 Mo 18,9; vgl. 1 Mo 20,12) sowie die gleichzeitige E. eines Mannes mit zwei Schwestern sind verboten (3 Mo 18,18). Während in früherer Zeit offenbar keine Bedenken dagegen bestanden, daß Israeliten Frauen aus anderen Völkern nahmen (1 Mo 41,45 Joseph; 2 Mo 2,21; 4 Mo 12,1 Mose; vgl. auch Ri 14,1; 2 Sam 11,3), wobei sich diese Frauen selbstverständlich dem isrl.Glauben anschlossen, wird später die E. mit fremdstämmigen und heidnischen Frauen wegen der Gefahr des Abfalls vom Glauben verboten (vgl. 5 Mo 7,1–4; 20,16ff; 21,10ff; Es 9). Das typische und bezeichnende Beispiel dafür ist König Salomo (1 Kö 11,1–11), der durch seine fremdstämmigen Frauen dem Glauben an den einen Gott entfremdet wird.

2) Für die PRIESTER gelten bezüglich der E. Sonderbestimmungen. So darf der → Hohepriester nur eine Frau haben, und zwar eine isrl. Jungfrau (3 Mo 21, 14); kein Priester darf eine Witwe, Entlassene oder Geschändete heiraten.

3) Damit der Name eines Geschlechtes nicht ausstirbt, kennt Israel die SCHWAGEREHE (Leviratsehe). Wenn ein Mann kinderlos stirbt, so ist sein Bruder verpflichtet, die Witwe zu heiraten und ihm »Samen zu erwecken« (5 Mo 25,5–10; 1 Mo 38,8). Der 1. Sohn aus dieser Verbindung trägt den Namen des verstorbenen Bruders und gilt als sein → Erbe. In jedem anderen Fall blieb die E. mit der Schwägerin verboten (3 Mo 18,16; 20,21).

IV) Da die E. auf den Mann hin ausgerichtet ist und für ihn der Unterhalt mehrerer Frauen lange Zeit möglich war, genießt er eine wesentlich größere Freiheit als die Frau. Vgl. → Mann II.

1) Der Mann kann die eigene E. nicht brechen; als EHEBRUCH gilt nur die geschlechtliche Gemeinschaft einer verheirateten oder verlobten Frau mit einem anderen Mann (2 Mo 20,17; 3 Mo 20,20). Wird ein solcher E.bruch aufgedeckt, so trifft beide, den Mann wie die Frau, die Todesstrafe durch Steinigung (5 Mo 22,22ff); war die beteiligte Frau jedoch nicht eine Freie, sondern eine Sklavin, so kommt der Mann mit einem Schuldopfer davon (3 Mo 19, 20–22). Hat ein Mann geschlechtliche Gemeinschaft mit einem weder verheirateten noch verlobten Mädchen, so muß er sie zur Frau nehmen, den Brautpreis bezahlen, auch dann, wenn er verheiratet ist, und hat sich des Rechtes begeben, diese Frau jemals zu entlassen (2 Mo 22,15[16]f; 5 Mo 22,28f). Die Todesstrafe durch Steinigung trifft ein verlobtes Mädchen allerdings nur, wenn sie in der Stadt, wo sie um Hilfe hätte rufen können, verführt worden ist (5 Mo 22,23ff).

Mit diesen strengen Bestimmungen sollte das Ausbrechen aus der E. verhindert werden. Wie stark der E.bruch verbreitet war, zeigen Stellen wie Spr 2,16 –19; 6,24–35; 7,5–27.

2) Dem Vorrecht des Mannes entspricht auch das

EIFEROPFER (Rügeopfer), das ein Mann verlangen kann, wenn er gegen seine Frau den nicht beweisbaren Verdacht hegt, daß diese mit einem anderen Manne E.bruch begangen hat. Der Mann bringt dazu vor dem Priester ein Mehlopfer als Gabe dar, und die Frau muß ein bitteres, verfluchtes Wasser trinken, nachdem ein Zettel mit einem daraufgeschriebenen Fluch in diesem Wasser abgewaschen worden ist. Dieser Fluch soll sie treffen und unfruchtbar machen, falls sie der ehelichen Untreue schuldig ist, im Falle ihrer Unschuld ihr jedoch nicht schaden. Der Mann kann einer solchen Prüfung nicht unterzogen werden (4 Mo 5,11–31).

3) Endlich ist auch die EHESCHEIDUNG ein ausschließliches Vorrecht des Mannes. Er ist nach 5 Mo 24,1 berechtigt, seine Frau zu entlassen, wenn er »etwas Schändliches an ihr gefunden hat« (ZÜ Häßliches). Diese Bestimmung läßt viele Deutungen offen; sie hat wohl ursprünglich nur von unzüchtigem Umgang gegolten, doch waren die Gesetzeslehrer z. Zt. Jesu bereit, schon wegen eines geringfügigen Mißfallens dem Mann das Recht zur Entlassung seiner Frau zuzugestehen. Er mußte ihr dann einen Scheidebrief geben (vgl. Jes 50,1), aufgrund dessen sie in ihr Elternhaus zurückkehrte (3 Mo 22,13) und wieder verheiratet werden konnte. Allerdings durfte sie – wohl um der Willkür zu wehren – der erste Mann nicht wieder zu sich nehmen, auch nicht nach dem Tode des 2. Gatten oder nach einer erneuten Entlassung (5 Mo 24,4). Außer bei der Verführung eines unverheirateten Mädchens verlor der Mann das Recht zur Scheidung auch dann, wenn er nach eingegangener E. seine Frau fälschlich bezichtigte, sie sei nicht mehr → Jungfrau gewesen (5 Mo 22,13–19). Über das Los der → Witwen vgl. dort.

V, 1) Hatten schon die Propheten (vgl. Mal 2,16) nicht nur die leichtfertige Handhabung der E.scheidung, sondern diese überhaupt bekämpft, und hatte schon ihnen (vgl. Hos 2,18[16]ff; Jes 54,5ff) die Einehe als einzige sittlich mögliche Form gegolten, so verwirft der Herr im NT die Scheidung grundsätzlich, indem er erklärt, daß sie nur um der Hartherzigkeit willen zugestanden war (Mt 19,3ff; Mk 10,2–12). Hier ist zum ersten Mal davon die Rede, daß der Mann die eigene E. brechen kann (V 11), und schon das begehrende Ausschauen nach der anderen Frau wird als E.bruch gebrandmarkt (Mt 5, 27f). Jesus hat eindeutig ausgesprochen, daß die Entlassung die Frau zur E.brecherin macht und zum Bruch der E. verführt (V 32). Als einzige Ausnahme gesteht er jedoch zu: »es sei denn um der Hurerei willen« (Mt 19,9; ZÜ Unzucht). Hier verwendet er ein sehr starkes Wort, das mehr als Untreue oder E.bruch meint. Auch der E.brecherin gegenüber kennt Jesus Vergebung und Versöhnung (Joh 8,2–11; vgl. 5 Mo 22,24).

2) Auch für Paulus bedeutet E. Verpflichtung zu unbedingter Treue (1 Kor 7,10ff), E.bruch als festgehaltene Sünde schließt vom Reich Gottes aus (1 Kor 6,9.11; 1 Thess 4,3; Hebr 13,4). Dabei ist allerdings deutlich erkennbar, daß Paulus, wenn er auch die E. nicht ablehnt, sie doch nur bedingt befürwortet (1 Kor 7,7ff), gleichsam wegen der menschlichen Schwachheit, und um die geschlechtlichen Triebe in ihren Grenzen und Bahnen zu halten. Hier taucht denn auch der Verzicht auf die E. um des Gottesreiches willen auf (vgl. 1 Kor 7,32ff), der in bes. Zeiten und Situationen für den Dienst des Herrn freier macht und der schon Lk 18,29f erwähnt worden war. Der Glaubensgehorsam ist der übergeordnete Gesichtspunkt und darf durch die E. nicht beeinträchtigt werden (vgl. Lk 14,20). Vgl. → Leib IV.

Jedoch ist Andersgläubigkeit des E.gatten für den Christen kein Grund zur Scheidung, solange er ihn als Christen duldet (1 Kor 7,13ff); läßt jener sich dagegen scheiden – womit Paulus ganz nüchtern rechnet – dann ist der Christ nicht gebunden (V 15). Allerdings steht ihm die erneute Verheiratung nach einer geschiedenen E. nicht frei, es sei denn die Rückkehr zum E.gatten (V 11). Es wird daran deutlich, daß die Beziehung des Menschen zu Christus ganz gewiß nicht seine E. aufhebt, wohl aber im Rang dieser über- und vorgeordnet ist (vgl. Kol 3, 18f; Eph 5,22ff). Gerade die Epheserstelle hat auch die Unterordnung der Frau unter den Mann beibehalten, soweit die E. betroffen ist, während hinsichtlich des Glaubenslebens das NT die Frau dem Manne gleichstellt (vgl. Gal 3,28). Vgl. → Weib IV.

Für Bischöfe, Diener und Älteste gilt, daß sie nur »eines Weibes Mann« (1 Tim 3,2.12; Tit 1,6) sein sollen; ebenso dürfen Witwen im Gemeindedienst nur »eines Mannes Weib« (1 Tim 5,9) gewesen sein. Beides zusammen läßt sich schwerlich anders als »nur einmal verheiratet« verstehen. Diese Forderung erhebt Paulus angesichts einer Umgebung, in der bei zwar allgemeiner Anerkennung der Einehe doch häufige Scheidung, Ehebruch und Unzucht aller Art (1 Kor 6,9) an der Tagesordnung waren.

VI) Nach dem Vorstehenden ist es verständlich, daß die HS das Bild der E. häufig verwendet, um das Verhältnis Gottes zu seinem Volk zu bezeichnen. In allen diesen Fällen ist die Einehe vorausgesetzt (vgl. Jes 54,5ff; 62,5; Jer 2,2ff; 3; Hos 2,18[16]ff), was wiederum nicht ohne bezeichnende Bedeutung für die menschliche E. sein kann: diese wird ja auch Eph 5,22 als ein Gleichnis (*mystaerion*, Geheimnis) für das Verhältnis Christi zu seiner Gemeinde genommen. Da aber die HS voll ist von der Wahl des einen Volkes und der verbindlichen Festlegung Gottes, so kann dies in Rückwirkung auf die E. auch für den Menschen nur die eine Entscheidung, und diese ganz, bedeuten. So drückt das Bild der E. im Verhältnis Gottes zu seinem Volk – und die Verlobung ist in dieser Hinsicht der E. gleichgestellt (Hos 2,21[19]) – seine Treue, seine Bereitschaft zur Aufrechterhaltung des Bundes auch über menschliche Untreue hinweg aus. Gott wirbt um sein Volk, er sucht es heimzuholen, er ist bereit, das Gebrochene wieder zu heilen. Und ganz dieser Anwendung des Bildes entsprechend wird dann Abfall von Gott, die Anbetung fremder Götter und Götzen als E.bruch bezeichnet (vgl. Jer 2,2; 3,6ff; 5,7ff; 13,26f; Hes 16,15ff; Hos 2,4[2]f u. ö.). Wie im AT, so gilt dies auch im NT, indem von den Ungläubigen, Treulosen und Abfallenden als von einem »ehebrecherischen Geschlecht« gesprochen wird (vgl. Mt 12,39; Mk 8,38; Offb 2,22).

Aber auch der Jubel der Verbindung Gottes mit seinem Volk, wie er namentlich in Offb 19,7; 21,2; 22, 14 für die Endzeit der Gemeinde seinen Ausdruck findet, wird unter der Vorstellung des Verhältnisses von Braut, Bräutigam und Hochzeit dargestellt, weil sich dahinter für Israel der Inbegriff höchster Freude verbirgt. Vgl. auch → Liebe.

Ehern sind Gegenstände aus Kupfer bzw. Bronze (2 Mo 39,39; 1 Sam. 17,6; Jer 52,18 u. ö.). Im übertragenen Sinn bezeichnet das Wort Unnachgiebigkeit (5 Mo 28,23), Festigkeit (Mi 4,13) und Trotz (Jes 48,4). Vgl. → Erz.

Ehernes Meer → Meer, ehernes

Eherne Schlange → Schlange, eherne

Ehi, Sohn Benjamins (1 Mo 46,21). Man hat in ihm dieselbe Person wie Ahiram (4 Mo 26,38) sehen wollen u. E. als Verschreibung erklärt. Vgl. → Aher.

Ehre, ehren. I) Gottes E. ist seine → Herrlichkeit (2 Mo 24,16; 40,34; 1 Kö 8,11; 2 Chron 7,1; Jes 6,3), ist das ewige Licht, in dem er wohnt, das er anhat als ein Kleid, sein eigenstes Wesen, das auch als Feuer- und Lichtglanz erscheint (Lk 2,9).
II, 1) E. ist weiter die dem Menschen wegen des ihm anerschaffenen göttlichen Ebenbildes gebührende Achtung. Weil jeder das, was er hat, nur empfangen hat, kann niemand sich selbst die E. geben. An und für sich auf E. Anspruch erheben kann nur Gott (Hebr 5,4). Gott ist auch in Wahrheit die einzige E. des Menschen, und ohne Gott hat keiner E. (Ps 62,8; Joh 5,44). Die Krone der E. wird zuteil werden am jüngsten Tag denen, die dem Sohn Gottes dienen (Joh 12,26), die den Lauf im Glauben vollendet haben und mit Geduld in guten Werken nach dem ewigen Leben trachteten (Röm 2,7; 1 Petr 5,4).
2) Hier auf Erden ist E. zu geben, dem E. gebührt (Röm 13,7), Vater und Mutter (2 Mo 20,12), den Alten (3 Mo 19,32), den Königen (1 Petr 2,17; 1 Sam 15,30), den Witwen, die rechte Witwen sind (1 Tim 5,3), den Herren (1 Tim 6,1), auch den schlimmen (1 Petr 2,18).
3) Ist es Pflicht, andern ihre E. zu geben, so ist es ebenso Pflicht, die eigene E. nicht zu suchen, außer bei Gott allein (Joh 5,44; 12,43; 7,18; 1 Thess 2,6). Ehrsucht oder Ehrgeiz, das Haschen nach Menschenehre, die doch nur eitel ist, verbietet Gal 5,26; Phil 2,3. Andere ehren, um von ihnen wieder geehrt zu werden, ist dem Sinn Christi zuwider (Joh 5,44) und macht zum Glauben an das Wort vom Kreuz untüchtig. Statt E. bei den Leuten zu suchen, sollen Christen einander mit Ehrerbietung zuvorkommen (Röm 12,10). Das heißt aber nicht, seine eigene E. wegzuwerfen (1 Tim 4,12; 2 Kor 11,23; Apg 13,46; 16,37).

Ehrerbietung, aus innerer Haltung einem anderen öffentlich Achtung und → Ehre erweisen (Röm 12,10). Von Bedeutung bes. beim Gastrecht, vgl. Lk 14,7ff.

Ehud, viell. Kurzform von Abihud oder Ahihud.
1) Benjaminit, Nachkomme Jediaels und Sohn des Bilhan (1 Chron 7,10; 8,6).
2) Zweiter Richter über Israel, Benjaminit, Sohn des Gera, ein Linkshänder. Er erstach den moabitischen König Eglon, der Israel von Jericho aus 18 Jahre unterdrückt hatte. Danach sammelte er Israel und schlug die Moabiter an den Jordanfurten. Nach seinem Tode fiel das Volk wieder vom Herrn ab (Ri 3,12–4,1).

Ei. In der HS wird das E. als Nahrungsmittel genannt (Lk 11,12), das Eiweiß aber, wenn ungesalzen, als widerlich bezeichnet (Hi 6,6).
Unter besonderm Schutz stand der brütende Vogel (5 Mo 22,6). Mit einem Vogel, der auf Eiern sitzt und sie nicht ausbrütet, wird der Mensch verglichen, der unrechtmäßigen Besitz sammelt, aber nicht genießen kann (Jer 17,11).

Eiche. I) LÜ gibt 5 hebr. Worte *(ajil, elah, allah, elon, allon)* mit E. wieder. Davon bezeichnet *allon* als charakteristischer Baum von Basan wahrscheinlich die eigentliche E. (Jes 2,13; Hes 27,6; Sach 11, 2). Jes 6,13 werden *allon* und *elah* nebeneinander erwähnt (LÜ Linde u. E.), ebenso Hos 4,13 (LÜ E. u. Buche). Daher vermutet man in *elah* die Terebinthe. Wieweit die übrigen Worte bestimmte Arten bzw. allgemein große, auffallende Bäume bezeichnen, läßt sich nicht sagen.
Heute wachsen in Palästina folgende E.:
1) Die Kermeseiche *(Quercus coccifera)*, immergrün und stark belaubt. Die kleinen Blätter sind gezackt und die Eicheln klein und hartschalig.
2) Die griech. E. *(Quercus aegilops)*. Eine Art, die hauptsächlich in Galiläa, aber auch im Ostjordanland vorkommt, so daß die »E. von Basan« (Jes 2,13; Hes 27,6) vermutlich dieser Art waren. Die Blätter sind größer als die der Kermeseiche und werden im Frühling erneuert. Die langen Eicheln sind eßbar und finden in der Gerberei Verwendung.
3) Andere, weniger vorkommende Arten sind die Steineiche *(Q. ilex)* auf dem Thabor und die Mooseiche *(Q. cerris)* auf den niedrigeren Berghängen. Allein auf dem Libanon gibt es 8 weitere verschiedene Arten, darunter auch unsere Wintereiche *(Q. sessiliflora)*.
4) Vgl. auch → Terebinthe.
II) In der Bibel werden E. oft erwähnt. Manchmal hatten sie eigene Namen, auch Ortschaften wurden nach ihnen benannt (Ri 9,6.37; 1 Sam 10,3). Unter E. wurden manchmal Tote beerdigt (1 Mo 35,8) und Götzenopfer dargebracht (Hos 4,13). Aus ihrem Holz wurden auch Götzenbilder gefertigt (Jes 44, 14). Die E. ist Bild für menschliche Größe und Stärke, die aber vor Gott ohnmächtig ist (Jes 2,13; Sach 11,2).

Eichgrund oder »Tal der → Terebinthen« (1 Sam 17,2) ist das Tal des Wadi es-Sant, neuhebr. Haela, ein breites, fruchtbares Tal mit Baumwuchs und Äckern. Es beginnt in der Nähe von Libna und ist das einzige offene Tal an der Westgrenze Judas, daher Einfallstor der Philister. Sein oberes Ende wird von der Festung → Beth-Zur gesperrt. Vgl. Taf.22b/311; Karte Sp. 279.

Eid. I) Zwei hebr. Worte bezeichnen im AT das, was in der LÜ mit E. wiedergegeben wird:
1) *Schebuah* = Schwur enthält das hebr. *schäba* = sieben, die heilige → Zahl. Der sachliche Zushg. dieser beiden Worte läßt sich heute nicht mehr eindeutig klären. In jedem Fall ist es ein Hinweis auf die Heiligkeit des E.
2) *Alah* bedeutet hingegen sowohl E. als auch Fluch, Verwünschung. In diesem Sinne steht das Wort 3 Mo 5,1; 4 Mo 5,23 u. ö. Daneben bedeutet es »einen mit einem Schwur geschlossenen Bund« (1 Mo 26,28; 2 Sam 21,7) und den Treueschwur Gott gegenüber, fortan in seinen Geboten zu wandeln (Neh 10,30[29]).
II) Im E. ruft der Schwörende Gott zum Zeugen dessen an, was er aussagt. Das AT kennt verschiedene Formen der E.leistung:
1) Der E., der einen → Bund besiegelte oder einen Vertrag abschloß, konnte vom feierlichen Schlachten und Zerteilen von Tieren begleitet sein (1 Mo 15,10; 21,28–31; Jer 34,19).
2) Das Erheben der rechten oder auch beider Hände war eine weitere E.form (1 Mo 14,22; 5 Mo 32, 40; Dan 12,7; Offb 10,5), weshalb »die Hand erheben« in manchen Fällen »schwören« bedeutet (2 Mo 6,8; 4 Mo 14,30).
3) Gelegentlich wurde auch die Hand unter die Hüfte dessen gelegt, vor dem der E. geschworen wurde (1 Mo 24,2.9; 47,29). Dies könnte
a) mit dem Bund der Beschneidung im Zusammenhang stehen,
b) die Nachkommenschaft, die aus den Lenden hervorgeht, als Rächer eines evtl. Eidbruches mit einbeziehen.
4) Später wurde der E. auch vor dem Altar geleistet (1 Kö 8,31).
III) Zu den äußeren Formen kommen verschiedene E.formeln. »Der Herr sei Richter zwischen dir und

mir« (1 Mo 31,53; vgl. 50); »bei dem Leben« eines Menschen (1 Mo 42,15; 1 Sam 1,26; 17, 55; 2 Sam 11,11; 14,19); »so wahr der Herr lebt« (1 Sam 14,39; 19,6; 2 Sam 15,21; 1 Kö 18,10); »so wahr der Herr und deine Seele lebt« (1 Sam 20,3); bei »dem Himmel«, »der Erde«, »der Sonne« oder »der Stadt Jerusalem« (Mt 5,34.35; 23,16ff). Die Formeln, die den Namen Gottes nicht enthalten, waren wohl aus der Furcht entstanden, seinen Namen zu mißbrauchen.

IV) Die Heiligkeit des Eides war unantastbar und der Meineid, in der HS »falsch Zeugnis reden« bzw. »falsch schwören« genannt, wurden mit der gleichen Strafe belegt, die sonst der durch den Meineid Belastete zu tragen gehabt hätte (2 Mo 20,7.16; 3 Mo 19,12; 5 Mo 19,16–19; Ps 15,4; Jer 5,2; 7,9; Hes 16,59; Hos 10,4; Sach 8,17).

V) Im bürgerlichen und politischen Leben hatte der E. bes. in den Gerichtsverhandlungen seine Bedeutung. Der Gerichtseid hatte stets die Form der Adjuration (Beschwörung) durch den Richter, worauf der Beschworene mit »Amen« zu antworten hatte (vgl. 4.Mo 5,22; 5 Mo 27,15ff; Mt 26,63.64). Der Gerichtseid konnte entweder ein Zeugeneid oder ein Reinigungseid sein.

1) Der Zeugeneid wurde nicht nach, sondern vor dem Verhör verlangt. Der Vereidigte beschwor damit, wirklich alles, was er von der Sache wußte, der Wahrheit entsprechend zu sagen. Verschwieg er dennoch etwas, so galt er als ein dem Fluch Gottes Verfallener: Spr 29,24, wo wörtlich steht: wer mit dem Diebe teilt, haßt seine eigene Seele. Er hört die Beschwörung (des Richters) und sagt es doch nicht an (nämlich die ganze Wahrheit). Wollte er sich aber später von seiner Schuld entlasten, so konnte er dies durch sein Bekenntnis und durch ein Sündopfer tun (3 Mo 5,1.5ff).

2) Der Reinigungseid fand nur dann Anwendung, wenn eine Eigentumsverletzung vorlag, ohne daß der eigentliche Täter ermittelt werden konnte (2 Mo 22,7[8].10[11]; 3 Mo 5,20[6,1]ff; 1 Kö 8,31ff). War der Reinigungseid geleistet, so war dann t die Sache entschieden, nur durch eigenen Widerruf konnte ein etwaiger falscher E. konstatiert werden. Das begangene Unrecht wurde in einem solchen Fall durch Wiedererstattung des Schadens unter Zulegung eines Fünftels und durch ein Schuldopfer gesühnt.

VI) Das 3. Gebot verbietet den leichtfertigen Schwur und den Meineid. Da der E. ein Anruf der Gottheit ist, war den Israeliten das Schwören bei einem Götzen verboten (Jer 5,7; 12,16; Zeph 1,5). Der Israelit war schnell zu einem E. bereit, um seinen Beteuerungen Nachdruck zu verleihen. Darum hat Jesus seinen Jüngern das Schwören verboten (Mt 5,34). In der Gemeinschaft der Heiligen, die im vollen Licht Gottes und in der Wahrheit stehen, ist der E. überflüssig. Der Christ lebt aber zugleich auch in der Welt und ist darin von Sünde und Finsternis umgeben. Der Staat ist vielfach auf eidliche Aussagen angewiesen. Auch Christus selbst schwor vor dem hohen Rat (Mt 26,63), und seine Reden zum Volk, zu den Jüngern und bes. auch zu seinen Feinden waren oft von einem doppelten → Amen - Amen (wahrlich - wahrlich), begleitet (Joh 1,51; 5,19.24.25; 10,1.7; 12,24; 14,12; 21,18). Auch Paulus beteuerte, wenn er seine Briefe an die im Glauben noch schwachen Gemeinden schrieb, seine Aussagen eidlich (Röm 1,9; 2 Kor 1,23; 11,31; Phil 1,8; 1 Thess 2,5.10). Wie dagegen ein leichtfertiger E. eines Jüngers Jesu aussieht, wird wohl am besten durch das Beispiel des Petrus gezeigt (Mt 26, 72.74).

VII) Bei den großen heilsgeschichtlichen Verheißungen des Herrn (1 Mo 22,16; Hebr 6,13.14.17; Ps 89,4.5; 132,11; 110,4; Hebr 7,21) wie bei der Androhung des Gerichts (5 Mo 1,34; 1 Sam 3,14; Ps 95,11; Am 4,2) spricht die HS davon, daß Gott bei sich selber schwört, um die Unverbrüchlichkeit seiner Zusage zu bekräftigen.

Eidam = Schwiegersohn (1 Mo 19,12; Ri 15,6; 1 Sam 18,18 u. ö.).

Eidechse *(Lacertidae).*
In Palästina sind verschiedene Arten von E. bekannt. Sie sind überall zu finden und gehören im AT zu den unreinen und kriechenden Tieren (3 Mo 11,30). In der LÜ werden folgende Arten mit Namen genannt:
1) Mit der EIDECHSE (hebr. *lethaah*) ist vielleicht der Gecko *(Platydactylus muralis)* gemeint, der von Insekten lebt (3 Mo 11,30).
2) Der MOLCH (hebr. *koach*) ist vermutlich der Nilwaran *(Varanus niloticus)*. Er wird bis über 2 m lang, hat gelbe, in Querreihen geordnete Flecken auf dunkeloliv- bis schwarzgrünem Grund und ist im nördl. Afrika häufig anzutreffen (3 Mo 11,30).
3) Die BLINDSCHLEICHE (hebr. *chomäth*) steht für eine andere, bis heute nicht genau identifizierte Echsenart (3 Mo 11,30), vielleicht die Keilschleiche *(Chalcides sepoides)*, eine schlangenähnliche Echse mit sehr kleinen, schwachen Füßen.
4) Mit der KRÖTE (hebr. *sab*) ist wohl der Dornschwanz *(Uromastix spinipes)* gemeint, eine große, pflanzenfressende E. (3 Mo 11,29). Vgl. → Igel, → Maulwurf.

Eifer, eifern, Eiferer (hebr. *khinah*, griech. *zaelos*).
I) Gottes E. bedeutet, daß er seine Ziele mit allem Nachdruck und mit Beharrlichkeit verfolgt (2 Mo 20,5; 34,14; 5 Mo 4,24; 5,9; Jos 24,19; Nah 1,2). Zur Aufrichtung seines Reiches wird er seine Feinde mit E., d. h. vollständig vernichten (Jes 42,13; 59, 17; 63,15; Joh 2,17). Sein E. und Grimm (Hes 36,5. 6) über die Heiden (5 Mo 32,16; 1 Kö 14,22) und die Sünden seines eigenen Volkes verzehrt alles Unreine (Hes 5,13; 16,38.42; 23,25; 38,19; Zeph 1,18; Sach 1,14; 8,2). Gottes E. soll den Menschen zur Läuterung dienen. Die Vollendung seines Reiches geschieht durch seinen E. und seine Allmacht (Jes 9,6[7]), zur Ehre seines Namens (Hes 39,25).

II) Menschlicher E. ist eine leidenschaftliche Erregung, meist sündigen Ursprungs (1 Kor 13,4). Die HS kennt jedoch auch selbstlosen E., Hingabe an das Gute (Gal 4,18) und die Ehre Gottes (Ps 69,10; vgl. dazu Joh 2,17; Ps 119,139).

Eifergeist. Geist der Eifersucht (4 Mo 5,14).

Eiferopfer → Ehe

Eigentum. I) Als Gast und Fremdling sollte der einzelne im Volk Israel das Eigentum, das ihm anvertraut war, nur als vom Herrn geliehen betrachten (3 Mo 25,23). Aus diesem Grunde hatte sich Gott auch als der oberste Eigentümer des Landes und seiner Bewohner bes. Gesetze und Erlasse über die Erträge dieses E. vorbehalten: → Zehnten, → Erstlinge, → Jubeljahr. Vgl. auch → arm, → reich, → Gütergemeinschaft.

II) Der Herr, der Eigentümer der Erde (2 Mo 19,5), der dem Volk Israel das Land Kanaan zum E. gab

Tafel 21
Die Gerade Straße in Damaskus (Apg 9,11). Der runde Bogen am Eingang stammt noch aus röm. Zeit und war damals eine kleinere Pforte neben dem großen Haupttor am Ostende der Straße.

Tafel 21

(5 Mo 32,49), nennt dieses Volk »das Volk des E.« (2 Mo 19,5; vgl. 5 Mo 7,6; Ps 135,4). Der Herr erwählte dieses Volk, weil er es liebt, und darum führte er es treulich trotz Sünde und Versagen (5 Mo 7, 7.8).

III) So kam Christus in sein Eigentum, doch die Seinen (also das Volk Israel) nahmen ihn nicht auf. Nach der Himmelfahrt Jesu wird nun die durch das Blut Jesu Christi erkaufte Gemeinde das »Volk des Eigentums« genannt (Tit 2,14; 1 Petr 2,9; vgl. auch Eph 1,14; 2 Thess 2,14; 1 Petr 2,9).

Eilebeute → Raubebald

Eimer → Maße und Gewichte I,4b

Einbalsamieren → Salben

Einfalt, einfältig. I) Unerfahrenheit, geistige Unselbständigkeit (Ps 116,6; 119,130; Röm 2,20).

II) Eine klare, einlinige (Gegensatz: zwiespältig), saubere Gesinnung, frei von Arglist und Berechnung (Röm 12,8; 2 Kor 8,2; Jak 1,5). Apg 2,47 gibt man einfältig besser mit »schlicht« wieder. Eph 6, 5 ist E. besser mit »Ehrlichkeit« und 2 Kor 1,12 mit »Heiligkeit« zu übersetzen.

Eingeben, Eingebung (griech. *theopneustos* = von Gott eingehaucht). Nach 2 Sam 14,3 kann einem Menschen von einem andern eine Rede oder Botschaft eingegeben werden. Aber auch Gott gibt seinen Boten seine Kunde in ihr Herz (Es 7,27; Neh 2, 12). Gedanklich hieran anschließend sagt 2 Tim 3, 16, daß die ganze HS von Gott eingegeben (wörtl. eingehaucht) sei. Hiermit ist das Wunder der Entstehung der Bibel umschrieben, daß sterbliche Menschen Gottes Wort niederschreiben konnten. Ihre Persönlichkeit wurde dabei keineswegs ausgeschaltet, und ihre Eigenart ist in den einzelnen Schriften zu spüren. Dennoch haben sie für den Glauben nicht als die eigentlichen »Verfasser« zu gelten. Die Anregung zu ihrer Arbeit und auch die Kraft zur Durchführung kam, nach Jesu Verheißung, vom heiligen Geist (Joh 14,26; vgl. auch 2 Petr 1,19–21). Vgl. Heilige → Schrift.

Eingeborener (Sohn). Das griech. Wort *monogenaes* = »einzig in seiner Art« wird im NT auf Christus angewandt in der Bedeutung, daß er als der Gottessohn seine einmalige, ewige Existenz in Gott dem Vater hat und in diesem Sinne keine Brüder kennt (Joh 1,14.18; 3,16.18; 1 Joh 4,9). → Jesus Christus. In Hebr 11,17 bezeichnet E. den einzigen Sohn Abrahams von der Sara.

Eingeweide. I) In den Opfervorschriften werden auch die E. verschiedentlich erwähnt. Beim Brandopfer wird das E. mit dem ganzen Opfertier zusammen verbrannt (2 Mo 29,17), beim Sündopfer dagegen kommt nur das → Fett, das das E. bedeckt und am E. sitzt, mit den Nieren und dem Netz über der Leber auf den Altar, die übrigen E. werden mit dem

Tafel 22

a. *Ebal (links) und Garizim (rechts) mit dem Hügel des alten Sichem links (nördl.) des Dorfes Balata im Mittelgrund. In der Verlängerung der Straße liegt östl. vom Ort die von Bäumen umgebene Kirche über dem Jakobsbrunnen (vgl. Taf. 46/705), vor dem die Straße nach S in Richtung Jerusalem abbiegt. Sichar liegt links außerhalb des Bildes.*

b. *Der Eichgrund, das Einfallstor der Philister nach Juda. In der Mitte des Bildes auf der andern Talseite der Stadthügel von Aseka (Tell Zakarije).*

Rest des Opfertieres aus dem Lager geschafft (3 Mo 4,8–12). Das Passahlamm mußte am Feuer gebraten und ganz, mit Kopf, Schenkeln und E. verzehrt werden (2 Mo 12,9).

II) Die E.krankheit des Königs Joram (2 Chron 21, 15.18.19) läßt sich nicht bestimmen, vgl. → Krankheiten: Ruhr. Zweimal wird das Herausfallen der E. bei Unterleibsverletzungen erwähnt (2 Sam 20,10; Apg 1,18).

III) Während uns heute als Bild für das Innere des Menschen, den Sitz und das Zentrum des Lebens und der Empfindung allein das → Herz geläufig ist, gebraucht die Bibel in diesem Sinn außerdem → Leber, → Nieren und E. (Hi 30,27). Jes 16,11 ist dafür »Herz« gesetzt, Klgl 1,20; 2,11 »es tut mir im Leibe weh«. Ebenso steht im NT für das griech. Wort, das ursprünglich die E. (Apg 1,18) bezeichnet: herzlich (Lk 1,78; Kol 3,12), herzliche Liebe (Phil 2, 1), von Herzensgrund (Phil 1,8) und Herz (Phim 12. 20; 1 Joh 3,17).

Einhorn (hebr. *reem*; griech. *monokerôs)*. Ein wildes und starkes Tier (4 Mo 23,22; Hi 39,9–12; Ps 22,22; 29,6; 92,11; Jes 34,7) mit 2 Hörnern (5 Mo 33,17). Die Übersetzung E. geht auf die LXX zurück; man wußte wohl damals nicht mehr genau, welches Tier mit *reem* gemeint war. Wahrscheinlich haben wir an den heute ausgestorbenen Ur oder Wildstier *(Bos primigenius)* zu denken, der akkad. *rimu* heißt. Eine sehr lebendige Darstellung einer Wildstierjagd vom Wagen aus bietet eine Goldschale aus Ras Schamra (Ugarit; Mitte des 2. Jt. v. Chr.), und auch von Thiglath-Pileser I. (um 1100 v. Chr.) wissen wir, daß er den Wildstier noch in Syrien gejagt hat. Bei den assyr. Darstellungen des Tieres ist im Profil oft nur ein Horn zu erkennen. Vgl. → Jagd.

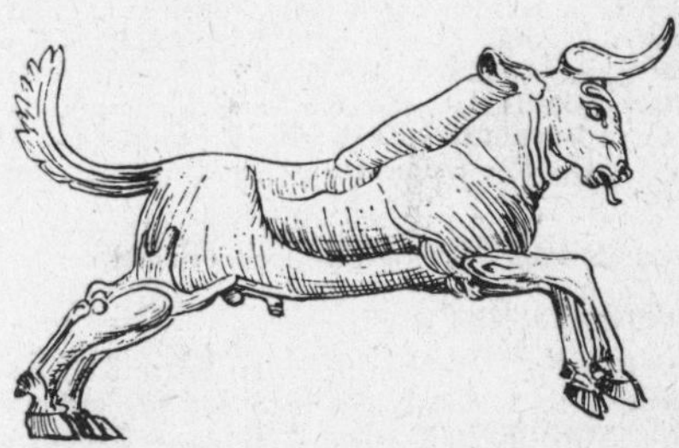

Wildstier (assyr. Darstellung)

Einig, Einigkeit. I) Der »Einige«, Name Gottes (5 Mo 6,4; Hi 23,13; Mt 19,17; Mk 12,29; Röm 3, 30; Jak 2,19; 4,12) und Jesu Christi (Hes 34,23; 37, 24; Jud 4) mit der Bedeutung: »Der Einzige« bzw. »Gott ist einer«.

II) Eph 4,3 ermahnt Paulus die Gemeinde, die Einigkeit im Geist zu halten, d. h. die Einigkeit, die der Heilige Geist schenkt, der im Herzen der Gläubigen wohnt. Dies Einssein der Jünger ist auch das Hauptanliegen im hohenpriesterlichen Gebet Jesu (Joh 17,11.21–23). Solche Einigkeit läßt sich aber nur da bewahren, wo eine klare Trennung ist:

1) der Gläubigen von der Welt (2 Kor 6,17; Jak 4,4);

2) der Gemeinde von den Gläubigen, die in bewußter, offenbarer Sünde leben (Mt 18,15–19; 1 Kor 5,2. 6.7.13) und

3) der Jünger Jesu von denen, die eine falsche Lehre verkündigen (Gal 1,6–9; 2 Joh 9–11 u. a.). Bei

einer Einheit um jeden Preis und ohne diese Scheidung entsteht statt Einigkeit Vermischung, und der Heilige Geist, der ein Geist der Wahrheit ist, zieht sich zurück.

Einkommen, Einkünfte. Während der einfache Israelit für seine Arbeit → Lohn empfing, wurde bei den Leviten, Priestern und Königen von E. (hebr. *tebuah)* gesprochen.

I) Da die → Leviten kein Erbteil im Lande Kanaan erhielten (4 Mo 18,20) und auch keinem Gewerbe nachgehen durften, empfingen sie den Zehnten von den Erzeugnissen des Landes und vom Vieh (4 Mo 18,21–24). Bei den Festmahlzeiten werden sie mit den Armen, Witwen und Waisen zusammen genannt (5 Mo 14,29; 16,11). In der Zeit der Könige und auch nach der Gefangenschaft scheint das Volk diese Verpflichtungen vernachlässigt zu haben, so daß es gemahnt werden mußte (2 Chron 31,4ff; Mal 3,8–10; Neh 10,36[35]ff).

II) Die Einkünfte der Priester bestanden aus den → Erstlingen des Viehs und Feldes (4 Mo 18,8–19) und dem Zehnten der Leviten (V 26–32). Ferner erhielten sie einen Teil der Kriegsbeute (4 Mo 31,25ff) und der Opfer (3 Mo 5,16; 7,8; 2 Kö 12,17[16]).

III) Das Einkommen der Könige setzte sich aus freiwilligen Geschenken (1 Sam 10,27; 1 Kö 10,25), aus dem Ertrag des königlichen Grundbesitzes (1 Sam 8,12; 1 Chron 27,25–31; 2 Chron 26,10) und aus dem Tribut unterworfener Völker (2 Sam 8,2) zusammen. Als → Abgaben forderte → Salomo Naturallieferungen (1 Kö 4,7) und → Frondienste (1 Kö 5,27[13]). Weiter zog er auch aus Handel und Schiffahrt Gewinn (1 Kö 10,28).

Einöde → Wüste

Einpfropfen. Schon im Altertum bes. bei Olivenbäumen geübtes Verfahren, einen wilden Baum durch Aufsetzen guter Zweige zu veredeln, d. h. dessen Früchte güte- und mengenmäßig zu verbessern. Bei Paulus (Röm 11,17–24) verschiebt sich das Bild dahin, daß dem guten Ölbaum (dem Gottesvolk Israel) wilde Reiser (die Heidenchristen) eingepfropft werden.

Einsammlung, Fest der → Laubhüttenfest

Eintrag → Aufzug

Einweihung. Einweihen bedeutet: feierlich in Gebrauch nehmen. Die E. der → Stiftshütte erfolgte durch Bestreichen mit Salböl (2 Mo 30,26–28; 40,9. 10; 3 Mo 8,10.11) und Vollzug der vorgeschriebenen Opfer (2 Mo 40,29). Der Brandopferaltar wurde 7 Tage hindurch geweiht (2 Mo 29,37), dem folgte ein 12tägiges Opfer der Stammesfürsten (4 Mo 7, 10.84). In ähnlicher Weise weihte Salomo seinen Tempel (1 Kö 8,62–66; 2 Chron 7,9), und ebenso geschah die E. des 2. Tempels (Es 6,16). Über das Fest der Tempelweihe → Kirchweihe.
5 Mo 20,5 hören wir von einer E. neugebauter Häuser, und Nehemia weihte die wiederhergestellten Mauern und Tore Jerusalems ein (Neh 12,27–43).

Eisen (hebr. *barzäl).*
I) Bereits 1 Mo 4,22 wird im Zusammenhang mit Thubalkain, dem ersten Schmied, von E. gesprochen, wahrscheinlich Meteoreisen, das in Ägypten schon im 3. Jt. v. Chr. verarbeitet wurde. Z. Zt. Moses war Handwerkszeug wie Beile, Äxte usw. aus E. angefertigt (4 Mo 35,16; 5 Mo 19,5), und z. Zt. Josuas gab es in Kanaan eiserne Gefäße (Jos 6, 19) und eiserne Wagen (Jos 17,16). Später ist von eisernen Waffen die Rede (1 Sam 17,7), auch von Sägen und Ackerbaugeräten (2 Sam 12,31; Am 1,3), Werkzeugen (Hi 19,24; Jer 17,1) und Götzenbildern (Dan 5,4). In der Anfertigung solcher Gegenstände zeichnete sich bes. die tyrische Industrie aus (2 Chron 2,2[3].6[7]). In den Tempel Salomos selbst kam kein eisernes Gerät, sondern nur das wertvollere und schönere → Erz.

II) E. wurde aus Tharsis, Griechenland und vom Schwarzen Meer eingeführt (Jer 15,12; Hes 27,12. 19) und auch im Libanon gefunden. Die Hethiter in Kleinasien waren vermutlich die ersten Eisenschmelzer. Im Libanon wurden steinerne Schmelzöfen gebraucht von etwa 3 m Höhe und 1 m Durchmesser, die mit Holzkohle geheizt und einem Blasebalg angeblasen wurden (Jer 6,29; Hes 22,20). Nach 1 Sam 13,19–22 war das Schmiedehandwerk lange Zeit allein in den Händen der Philister, die diese Kunst vermutlich aus dem Norden mitgebracht hatten.

III) Im übertragenen Sinn ist E. das Bild für Härte und Kraft (5 Mo 28,48; Ps 107,16; Hi 19,24; Jer 17, 1; Jes 48,4; Jer 1,18; Hes 4,3). Ein Gemisch von E. und Ton dagegen bezeichnet Uneinheitlichkeit und Schwäche (Dan 2,33.41–43).

Eitel, Eitelkeit. Eitel, -keit hat in der HS eine andere Bedeutung als im heutigen Sprachgebrauch.

I) Das hebr. Wort *häbäl* = Hauch, ein Nichts, kommt bes. oft im Buch des Predigers vor (Pred 1,2. 14 und 20 weitere Male). Eitelkeit bezeichnet hier das rein kreatürliche Erdenleben und seine vergänglichen Freuden und Schätze. Sie werden zwar auch als Gaben Gottes gesehen, ihre irdische Vergänglichkeit erscheint aber bes. bitter, weil der Prediger noch nicht das Leben aus Gott verkündigt, das auch den Tod überdauert.

II) Das hebr. Wort *awän* = Nichtigkeit, Lüge wird dagegen bes. auf die Götzen (→ Beth-Aven) angewandt, die, stumm und tot, nicht hören können auf das, was ein verblendetes Volk von ihnen erbittet (Jes 41,29; Sach 10,2 u. a.).

III) Das Gehaltlose, Leere wird mit dem hebr. Wort *schaw* zum Ausdruck gebracht (Hiob 15,31; Ps 31,7).

IV) Mit *tohu* = öde und wertlos wird wiederum auf die nutzlose Mühe des Götzendienstes hingewiesen (Jes 41,29; 44,9; 59,4).

V) Das griech. Wort *mataiotaes* (Röm 8,20; Eph 4, 17) entspricht dem hebr. *schaw* und bezieht sich in beiden Fällen auf das Leben und den Zustand der unerlösten Menschheit bzw. Schöpfung im Gegensatz zur Fülle des neuen Lebens aus Gott.

VI) In LÜ steht »e.« weiter ohne Beziehung zu einem bes. biblischen Sprachgebrauch im älteren dt. Wortsinn für »ganz, vollständig, nur« (1 Mo 26,35; 2 Kö 19,35; Ps 45,10; Gal 4,7 u. ö).

Eiterfluß, Eiter → Krankheiten

Eker viell. »Nachkommenschaft«,
Sohn des Judäers Ram (1 Chron 2,27).

Ekron, hängt viell. mit dem akkad. u. ägypt. Wort für »Stadt« zusammen (Köhler).
Philisterstadt (Jos 13,3), in der Baal-Sebub verehrt wurde (2 Kö 1,3). Israel eroberte den Ort nach Josuas Tod (Ri 1,18) und unter Samuel (1 Sam 7,14). Hierher war die Bundeslade gebracht worden (1 Sam 5,10), und bis an die Tore der Stadt verfolgten die Israeliten die Philister nach Goliaths Tod (1 Sam 17,52). Pharao → Sisak erwähnt E. in seiner Siegesinschrift. Z. Zt. Hiskias setzten die Einwohner

ihren König Padi ab und beteiligten sich am Aufstand gegen Sanherib, der E. (assyr. Amkarruna) einnahm. Die Propheten weissagen der Stadt das Gericht (Jer 25,20; Sach 9,5) und die Vernichtung (Zeph 2,4): E. soll ausgewurzelt werden. Das ist eingetroffen. Die Lage des alten E. sucht man heute in Qatra oder in Aqir, neuhebr. Kefar Eqron (6 km südöstl. bzw. 7 km östl. von Jabne). Sicherheit könnte erst eine Grabung an beiden Orten bringen. Vgl. Karte Sp. 618; 1076.

Ela »Großer Baum« (unbestimmt, welche Art).
1) Nachkomme Esaus und edomitischer Fürst (1 Mo 36,41).
2) Sohn Kalebs und Enkel Jephunnes (1 Chron 4, 15).
3) Benjaminit, Sohn des Usi (1 Chron 9,8).
4) Vater des Statthalters Simei in Benjamin z. Zt. Salomos (1 Kö 4,18).
5) König Israels, Sohn und Nachfolger des Königs Baesa. Er regierte 2 Jahre lang in Thirza (886/5–885/4 v. Chr.). Er wurde von seinem General Simri im Hause seines Hofmeisters überfallen und ermordet. Dann rottete Simri das gesamte Haus Baesas aus, wie der Prophet Jehu angekündigt hatte (1 Kö 16,1–4.8–14).
6) Vater des Königs Hosea von Israel (2 Kö 15,30; 17,1).

Elam.
1) Der erstgenannte Sohn Sems (1 Mo 10,22; 1 Chron 1,17), dessen Nachkommen sich im Hochland im NO und O von Babylon ansiedelten.
2) Das Reich E.; es hatte schon eine lange und wechselvolle Geschichte, vielfach in feindlichem Gegensatz zu Babylonien, hinter sich, als König Kedor-Laomor von E., verbündet mit drei Königen kleinerer babyl. Reiche, einen Vorstoß nach Palästina unternahm und von Abraham geschlagen wurde (1 Mo 14,1–16). Die Blütezeit E. in den nächsten Jahrhunderten fand durch Hammurabi von Babylon (um 1700 v. Chr.) ihr Ende, während die Kassiten (um 1500–1170 v. Chr.), deren Herrschaft auf die Dynastie Hammurabis folgte, wieder einem Einfall der Elamiter zum Opfer fielen. Hierbei ist der übermannshohe schwarze Steinblock, auf dem die Gesetze Hammurabis eingemeißelt sind, nach der elamitischen Hauptstadt Susa gebracht worden, wo er 1902 gefunden wurde. Vgl. Karte Sp. 19/20; 917.
Nachdem Babylon um 1130 v. Chr. erneut die Macht E. gebrochen hatte, hören wir erst wieder im 8. und 7. Jh. v. Chr. von den Elamitern. Sie sind jetzt Gegner Assyriens und werden mehrfach geschlagen. Elamitische Truppen befinden sich im assyr. Heer vor Jerusalem (Jes 22,6); in die Verbannung geführte Israeliten sind auch nach E. gekommen (Jes 11,11; Est 2,5.6). Nach der endgültigen Eroberung Susas durch Asnaphar (Assurbanipal) um 640 v. Chr. verpflanzt er Elamiter nach Samarien (Es 4,9.10), die später den Wiederaufbau des Tempels in Jerusalem zu hindern suchen. Beim Untergang Assyriens kommt E. in den Machtbereich der Meder (Jer 25,25) und Perser und hat mit ihnen teil an der Eroberung Babylons 539 v. Chr. (Jes 21, 2.9). Hesekiel erwähnt unter den Erschlagenen der vom babyl. König Nebukadnezar besiegten Völker auch Elamiter (Hes 32,24.25).
Im pers. Reich ist E. Provinz und Susa eine der beiden Hauptstädte (vgl. Dan 8,2). Ein Aufstand wird von Darius Hystaspis niedergeschlagen, wie er in seiner dreisprachigen (pers., elamitisch, babyl.) Felsinschrift von Behistun berichtet. Das Gerichtswort über E. Jer 49,34–39 endet mit einer Verheißung. Unter den Ausländern, die in Jerusalem die Pfingstpredigt des Petrus mitanhören, befinden sich auch Elamiter (Apg 2,9).
3) Levit, Sohn Meselemjas und Torhüter der Bundeslade z. Zt. Davids (1 Chron 26,3).
4) Benjaminit, Sohn Sasaks, in Jerusalem (1 Chron 8,24.25).
5) Israelit, von dessen Nachkommen 1254 mit Serubabel (Es 2,7; Neh 7,12) und weitere 71 mit Esra (Es 8,7) aus Babylon zurückkehrten; zu dieser Familie gehörte wohl auch Sechanja, der Esra unterstützte (Es 10,2), ebenso die 6 Männer (V 26), die sich von ihren heidnischen Frauen trennten.
6) Ein zweiter E., von dessen Nachkommen ebenfalls 1254 mit Serubabel aus der Verbannung heimkehrten (Es 2,31; Neh 7,34); die Übereinstimmung der Zahlen ist auffällig; dieser E. wird aber vom vorigen ausdrücklich als 'der zweite E.' unterschieden.
7) Israelit, der die Verpflichtung auf das Gesetz unter Nehemia unterschrieb (Neh 10,15[14]).
8) Priester, der an der Mauereinweihung in Jerusalem teilnahm (Neh 12,42).

Elamiter → Elam

Elath viell. weibl. Form zu hebr. »Großer, mächtiger Baum« (Köhler).
(5 Mo 2,8; 2 Kö 14,22; 16,6) oder Eloth (Plur.; 1 Kö 9,26; 2 Chron 8,17). E., das Aelana der antiken Schriftsteller, war ein Hafen in der Nähe von Ezeon-Geber am Roten Meer, aus dem die Schiffe nach Ophir ausliefen. Die Stadt lag im Gebiete Edoms und gehörte nur in Zeiten isrl. Machtentfaltung zu Israel. Man hat die Stadt in El Akaba vermutet. Nun hat Nelson Glueck in Tell el Kheleife, eine halbe Stunde nordwestl. von El Akaba das alte → Ezeon-Geber ausgegraben, das 5 Mo 2,8; 2 Chron 8,17; 1 Kö 9,26 mit E. in einem Atemzug genannt wird. Glueck nimmt an, daß E. und Ezeon-Geber verschiedene Namen desselben Ortes sind, andere denken weiterhin an zwei benachbarte, aber getrennte Ortschaften.

El-Beth-El »(Altar des) Gott(es) zu Bethel«,
Stätte, an der Jakob dem Herrn einen Altar baute (1 Mo 35,7).

Eldaa viell. »Gott hat gewünscht«,
Sohn Midians, Enkel Abrahams und Keturas (1 Mo 25,4; 1 Chron 1,33).

Eldad »Gott hat geliebt«.
Einer der 70 Ältesten, die Mose ausgewählt hatte, damit sie die Verantwortung für das Volk mittragen sollten. Als der Geist des Herrn über alle Ältesten kam, fingen auch E. und Medad, die im Lager zurückgeblieben waren, an zu weissagen. Josua nahm Anstoß daran, wohl weil es außerhalb der vorgeschriebenen Ordnung geschah, doch Mose hatte als Antwort nur den Wunsch: Wollte Gott, daß alle im Volk des Herrn weissagten und der Herr seinen Geist auf sie legte! (4 Mo 11,24–29).

Elead »Gott hat Zeugnis abgelegt« oder nach dem Arab. »Gott hat sich wieder zugewandt«(?) (Noth).
Einer der Söhne Ephraims, die auf einem Raubzug, den sie von Ägypten aus unternahmen, von den Einwohnern Gaths erschlagen wurden. Ihr Vater trauerte lange über ihren Verlust (1 Chron 7,20–22).

Eleada »Gott hat geschmückt«,
Nachkomme Ephraims (1 Chron 7,20).

Eleale.
Stadt in Moab, nach 4 Mo 32,37 dem Stamme Ruben zugewiesen, doch später wieder in den Besitz Moabs gekommen (Jes 15,4; 16,9; Jer 48,34) und in Ver-

bindung mit Hesbon erwähnt. E. war nach dem Onomastikon noch im 4. Jh. eine bedeutende Stadt. Ihre Ruinen im heutigen el-Al beschreibt A. Musil (Arabia Petraea I, S. 390). Der Ort liegt etwa 3 km NNO von Hesbon.

Eleasa »Gott hat gemacht«.
1) Sohn des Helez aus dem Stamme Juda (1 Chron 2,39.40).
2) Sohn des Rapha und Nachkomme Sauls und Jonathans (1 Chron 8,37; 9,43).
3) Sohn Saphans, Gesandter König Zedekias (Jer 29,3).
4) Priester, Sohn Pashurs, der sich von seiner heidnischen Frau trennte (Es 10,22).

Eleasar »Gott hat geholfen« (vgl. Lazarus).
1) Dritter Sohn Aarons, Vater des Pinehas (2 Mo 6,23.25). Er wird mit zum Priester geweiht (2 Mo 28,1–3; 3 Mo 8) und übt nach dem Tode der beiden älteren Brüder Nadab und Abihu (3 Mo 10,1–7) mit Ithamar unter Aaron das Priesteramt aus (4 Mo 3,4; 17,4[16,39]; 19,3.4). Er hat die Oberaufsicht über den Dienst der Leviten am Heiligtum (4 Mo 3,32). Unmittelbar vor dem Tode Aarons überträgt Mose das Amt des Hohenpriesters auf E., indem er ihm die Priesterkleidung seines Vaters anlegt (4 Mo 20,25–28). E. steht Mose nun bei der Volkszählung, der Einsetzung Josuas und anderen Gelegenheiten zur Seite (4 Mo 26,1–4.63; 27,2.18–23; 31,12.21; 32,2.28) und führt später mit Josua zusammen die Verteilung des Landes Kanaan durch (4 Mo 34,17; Jos 14,1; 17,4; 19,51; 21,1). Nach seinem Tode begrub man E. in Gibea, der Stadt seines Sohnes Pinehas (Jos 24,33), der nach ihm Hoherpriester wurde (Ri 20,28).
2) Levit aus dem Geschlecht Meraris, der ohne Söhne starb. Seine Töchter wurden von ihren Vettern geheiratet (1 Chron 23,21; 24,28; vgl. 4 Mo 36,6–9).
3) Sohn des Abinadab in Kirjath-Jearim. Er wurde geweiht, die Bundeslade zu hüten, als sie nach ihrer Rückgabe durch die Philister im Haus seines Vaters untergebracht wurde (1 Sam 7,1).
4) Sohn des Ahothiters Dodo (vgl. 1 Chron 27,4), einer von Davids Helden, der zur Gruppe der Drei gehörte (2 Sam 23,9.10; 1 Chron 11,12–14).
5) Priester, Sohn des Pinchas, der mit Esra aus der Verbannung zurückkehrte (Es 8,33). Vielleicht derselbe, der an der Einweihung der Mauern Jerusalems teilnahm (Neh 12,42).
6) Israelit aus dem Geschlecht des Pareos, der eine heidnische Frau genommen hatte (Es 10,25).
7) Vorfahr Josephs (Mt 1,15).

Elemente (griech. *stoicheia* = Grundbestandteile).
I) Mit E. sind die Grundstoffe gemeint, aus denen alle Dinge zusammengesetzt sind und die sich, wie man lange Zeit annahm, nicht weiter auflösen lassen. Auch diese E. werden im Endgericht Gottes über diese Erde in der übergroßen Hitze zerschmelzen (2 Petr 3,10). Vgl. auch → Satzung II.

II) In Hebr 5,12 wird *stoicheia* mit → Buchstabe (II) übersetzt.

Elen. Hebr. *zāmār*, das LÜ mit E. (Elch) wiedergibt, ist ein nicht näher zu bestimmender Wiederkäuer (5 Mo 14,5); vielleicht eine noch vor 30 Jahren in der Araba vorkommende Wildschafart *(Ovis ornata sive orientalis)*. Schon die LXX hat den Namen nicht mehr zu deuten vermocht, sie übersetzt Giraffe.

Elend, elend sein bedeutet zunächst Heimatlosigkeit (1 Mo 41,52; Jes 58,7; Hebr 11,38), Vertreibung (2 Sam 16,12), Bedrückung in der Fremde (2 Mo 3,7; 4,31; 5 Mo 26,7) und Verbannung (Klgl 1,3; Ob 12), dann Leid, Not, Kummer und Sorge überhaupt (Hi 10,15; 30,16; Ps 22,25; 44,25; 119,153; Spr 31,7). Im einzelnen wird Trauer und Fasten (Es 9,5), Unfruchtbarkeit (1 Sam 1,11), Verachtung von seiten des Mannes (1 Mo 29,32), Verachtung überhaupt (2 Sam 16,12), Hungersnot und Armut (Ps 107,41; Jak 5,1) als E. angesehen. Gegen Elende soll Gastfreundschaft (Jes 58,7.10), Gerechtigkeit (Ps 82,3; Spr 22, 22; 31,9) und Barmherzigkeit (Spr 14,21) geübt werden. Gott schickt das E. als Erziehungsleiden (Hebr 12,5f), um die Seinen auserwählt zu machen (Jes 48,10). Im E. sind das Gebet und Gottes Wort ein Trost (Ps 102,1ff; 119,50 u. a.). Röm 7,24.25 wird Christus der Erlöser der Elenden genannt.

Eleph, Dorf in der Nähe von Jerusalem (Jos 18,28), seine Lage ist unbekannt.

Eleusai »Gott ist meine Stärke.«
Krieger, der in Ziklag zu David kam (1 Chron 12,5).

Eleutheropolis, häufiger Bezugspunkt im Onomastikon, das heutige Beth Dschibrin, neuhebr. Beit Guvrin, 22 km nordwestl. Hebron. Vgl. Taf. 97/1536 Deckblatt.

Elfenbein. I) Die Stoßzähne des Elefanten waren bereits im Altertum ein wichtiger Handelsartikel, Elfenbein wurde teils auf dem Landweg von Indien nach Westasien gebracht, teils auf Schiffen der Phönizier und durch Salomo eingeführt (1 Kö 10,22; 2 Chron 9,21). Salomo ließ sich einen Thron von Elfenbein anfertigen, der außerdem mit Gold überzogen wurde (1 Kö 10,18). Ahab ließ ein elfenbeinernes Haus bauen (1 Kö 22,39); nach den Funden war die Einrichtung reich mit Elfenbeineinlagen geschmückt. Das Vorbild des Königs wurde von den reichen Einwohnern Samarias nachgeahmt (Am 3, 15; 6,4); auch Ps 45,9 spricht von elfenbeinernen Palästen. Die Phönizier verwendeten Einlegearbeiten aus Elfenbein auf ihren Schiffen (Hes 27,6).

II) Im übertragenen Sinn wird die Schönheit des menschl. Körpers mit E. verglichen (Hl 5,14; 7,5[4]). Vgl. Abb. Sp. 151/2: Spätbronzezeit rechts unten; Frühe Eisenzeit links; Taf. 19a/288.

Elfenbeinschnitzerei aus Samaria, urspr. mit Gold und blauen Steinen eingelegt. Dargestellt ist der ägypt. Gott Hah.

Elhanan »Gott hat sich gnädig erwiesen, ist gnädig«.
1) Sohn Jairs, ein Bethlehemit, der Lahemi, den Bruder des Goliath von Gath, erschlug (1 Chron 20,5). Nach dieser Stelle erscheint die abweichende Angabe, er habe den Goliath selber erschlagen (2 Sam 21,19), als Textverderbnis und wird entsprechend zu ändern sein.

2) Sohn Dodos von Bethlehem, einer von Davids Helden (2 Sam 23,24; 1 Chron 11,26).

Eli. I) »Hoch«, vielleicht gekürzt für »Gott ist hoch«.
1) Hoherpriester zu Silo, zugleich durch 40 Jahre Richter über Israel (1 Sam 1,9; 4,18). Er stammt aus dem Geschlecht Ithamars, des jüngsten Sohnes Aarons (vgl. 1 Kö 2,27 und 1 Chron 24,3.6), und scheint der erste Hohepriester aus dieser Linie zu sein. Aber wie E. zu dem Priesteramt gekommen ist, das er sich sicher nicht angemaßt hat, oder wer sein unmittelbarer Vorgänger war, wissen wir nicht. Er ist auch der erste Richter aus Priestergeschlecht.
Als sich der altgewordene E. gegen die Eigenmächtigkeiten seiner Söhne nicht mehr durchzusetzen weiß (1 Sam 2,12–17.22–25; 3,13), läßt ihm der Herr das Gericht über sein Haus durch einen Propheten (1 Sam 2,27–36) und noch einmal durch den jungen Samuel ankündigen (1 Sam 3,11–14.18). Der 98jährige, erblindete Mann stürzt rückwärts vom Stuhl und bricht das Genick, als er die Unglücksbotschaft von der Niederlage bei Eben-Ezer, dem Verlust der Bundeslade und dem Tod seiner Söhne empfängt (1 Sam 4,1–18).
Nach E. Tod verliert das Amt des Hohenpriesters an Bedeutung, solange die Bundeslade in den Händen der Philister ist und nachher in Kirjath-Jearim steht; der Prophet und Richter Samuel ist nun auch der religiöse Führer des Volkes. Das Gericht über das Haus E. vollendet sich, als Salomo Abjathar absetzt und Zadok aus der Linie Eleasars an seine Stelle tritt (1 Kö 2,27.35).
2) Vorfahr Christi (Lk 3,23).
II) Hebr. »Mein Gott«. Jesus gebraucht dies Wort, als er am Kreuz ausruft: *Eli, Eli, lama asabthani?* Mein Gott, mein Gott, warum hast du mich verlassen? (Mt 27,46). Mk 15,34 steht im griech. Text die aram. Form des Ausrufs: *Eloi, Eloi, lama sabachthani?* Die Worte bilden den Anfang von Ps 22 (→ Kreuzworte).

Elia. »Mein Gott ist der Herr (= Jahwe)«.
1) Prophet, dessen Beiname »Thisbiter« seine Herkunft aus Thisbe in Gilead bezeichnet (1 Kö 17,1). König Ahab von Israel (874/3–853 v. Chr.) war durch seine Frau → Isebel zum Baalsdienst verleitet worden. Er errichtete einen Tempel und Altar des Baal in Samaria und ein Ascherabild (1 Kö 16,31–33). Die Altäre des Herrn wurden zerstört und seine Propheten ausgerottet (1 Kö 19,10). Der heidnische Götzendienst schien sich in Israel durchzusetzen. Da überbringt E. Ahab die Antwort des Herrn auf die Verehrung der Fruchtbarkeitsgötter: eine jahrelange Dürre steht bevor, die erst auf das Wort des Propheten enden soll (1 Kö 17,1). E. wird gleich darauf wieder in die Verborgenheit zurückgeführt, aus der heraus er unvermittelt vor den König trat. All dessen Bemühungen, ihn zu finden, scheitern (1 Kö 18,10). Im Bach Krith östl. vom Jordan findet E. Wasser, und Raben versorgen ihn mit Brot und Fleisch, bis der Bach versiegt (1 Kö 17,2–7). Nun sendet ihn der Herr weiter nach Zarpath (Sarepta) an der Mittelmeerküste zwischen Tyrus und Sidon zu einer Witwe, deren geringer Vorrat bis zum Ende der Dürre nicht ausgeht und die den Propheten solange unterhält (V 8-16). Als ihr Sohn stirbt, erweckt ihn E. wieder zum Leben (V 17–24). Erst im dritten Jahr der Trockenheit (oder seines Aufenthalts in Zarpath? vgl. Lk 4,25; Jak 5,17) ruft der Herr E. zurück. Damals war die Hungersnot in Samaria so groß geworden, daß der König selber mit seinem Hofmeister das Land durchzog, um Futter für Maultiere und Pferde, d. h. für die Reittiere und Zugtiere der Streitwagen, zu suchen. E. begegnet zuerst dem Hofmeister Obadja und tritt dann Ahab mit der Forderung entgegen, alle Propheten des Baal und der Aschera zu einem öffentlichen Gottesurteil auf dem Karmel zu versammeln. Der König entspricht seinem Begehren. Nachdem die heidnischen Propheten den ganzen Tag über vergeblich nach einer Antwort Baals geschrien haben, richtet E. einen Altar aus 12 Steinen nach der Zahl der isrl. Stämme auf – Gottes Anspruch gilt dem ganzen Volk – und läßt Holzstoß und Opfertier mit Wasser überschütten, bis auch der Graben um den Altar gefüllt ist. Z. Zt. des Abendopfers fällt auf E. Gebet Feuer vom Herrn herab und verzehrt Opfer, Altar und Wasser. Diese Antwort Gottes schließt das Todesurteil über die Baalspropheten ein, das E. zugleich als Vergeltung sofort vollzieht. Dann bittet er um Regen, und vor den aufziehenden Wetterwolken geleitet er Ahabs Wagen wie ein Vorläufer bis nach Jesreel (1 Kö 18).
Als Isebel ihm aber mit dem Tode droht, ist die Kraft des Propheten zu Ende; er flieht über Beer-Seba hinaus in die Wüste. Den Verzweifelten speist ein Engel und sendet ihn auf einem Weg von 40 Tagen und Nächten zum Horeb. Nach Sturm, Erdbeben und Feuer begegnet ihm hier der Herr in einem leisen Wehen. Er erfährt, daß er nicht allein ist; 7000 Israeliten haben Baal nicht angebetet. Mit neuem Auftrag schickt ihn Gott zurück. Er beruft Elisa, der zunächst sein Diener wird, zum Propheten und Nachfolger, der später die E. befohlene Salbung Hasaels zum König von Syrien und Jehus zum König von Israel vollzieht (1 Kö 19). Als E. Ahab nach dem von Isebel angestifteten Justizmord an Naboth mit dem Urteil Gottes über das Königspaar und seine Nachkommen entgegentritt, beugt sich der König und tut Buße, worauf der Herr die Vernichtung seines Geschlechtes bis in die Zeit seines Sohnes Joram hinausschiebt. Im Tod Ahabs und Isebels aber erfüllt sich das Wort E. (1 Kö 21,17–29; 22,38; 2 Kö 9,36.37).
Wie für Ahab, so ist E. auch für dessen Sohn und Schwiegersohn der Prophet des Gerichtes. Er hält die Boten des schwerverletzten Ahasja auf, die den Baal-Sebub zu Ekron um die Genesung des Königs befragen sollen. Nachdem der Befehl, den Propheten sofort zum König zu bringen (also wohl zu verhaften), zwei Offizieren mit ihren Abteilungen das Leben gekostet hat, folgt E. dem dritten auf seine Bitte und bestätigt Ahasja selber, daß er sterben muß (2 Kö 1,2–17). Und Joram von Juda, den Sohn Josaphats und Mann der Athalja, erreicht noch lange nach dem Tode E. eine schriftliche Gerichtsweissagung des Propheten für seinen Götzendienst und den Mord an seinen Brüdern, den er inzwischen begangen hatte (2 Chron 21,4.6.12–15).
Auf dem letzten Weg wird E. von Elisa von Gilgal über Beth-El und Jericho zum Jordan begleitet, der sich vor ihnen teilt, bis aufs andere Ufer. Sie wissen beide, ebenso wie die Prophetenjünger, um E. bevorstehende Entrückung. E. stellt seinem Nachfolger noch eine Bitte frei, und Elisa erbittet sich einen doppelten, d. h. den Anteil des Erstgeborenen, an E. Geist. Dann trennt sie ein feuriger Wagen mit feurigen Pferden und nimmt E. hinweg. Elisa sieht es und weiß seine Bitte erfüllt. Mit E. Mantel, der zu Boden gefallen war, bahnt er sich den Rückweg durch den Fluß. Die Prophetenjünger suchen E. vergeblich (2 Kö 2,1–18).
Das Wirken Elias fällt in den Beginn der Auseinandersetzung zwischen dem Baalskult und dem Dienst des Herrn im Volk Israel; es ist gekennzeich-

net durch das immer wieder überraschende Auftreten des »Mannes Gottes« (1 Kö 17,24) und sein Verschwinden, nachdem sich die Macht des Herrn durch ihn offenbart hat. So soll er auch vor dem großen und furchtbaren → Tag des Herrn noch einmal wiederkommen und als Gerichtsbote zugleich die letzte Gnadenzeit Gottes ankündigen (Mal 3,23[4,5]f). Aus dieser Stelle wächst die E.-Erwartung z. Zt. Jesu, die auch bei der Frage nach Jesu Bedeutung eine Rolle spielt (Mt 16,14; Mk 6,15), sich aber zuerst an Johannes den Täufer heftet, der in seinem Auftreten bis in die äußere Kleidung hinein an E. erinnert (vgl.Mt 3,4; 2 Kö 1,8). Er selber hat zwar abgelehnt, E. zu sein (Joh 1,21), aber die Botschaft des Engels (Lk 1,17) und die Aussagen Jesu (Mt 11,14; 17,10–13) bestätigen, daß Johannes der geweissagte, »zukünftige« E. ist. Das Mißverständnis des Kreuzeswortes Jesu aus Ps 22,2 ergibt sich aus einer anderen Auffassung der Gestalt des E. (Mk 15,34–36). Das NT nimmt auch sonst auf E. und seine Wunder Bezug: auf sein Gebet, auf die Dürre, deren Dauer zweimal auf 3½ Jahre angegeben wird, auf die Witwe zu Sarepta (Lk 4,25.26; Jak 5, 17.18), auf das Feuer vom Himmel (Lk 9,54; vgl. 2 Kö 1,10.12) und auf die Verzweiflung des Propheten (Röm 11,2–4). E. und Mose, der Prophet und der Gesetzgeber, erscheinen Jesus bei seiner Verklärung (Mk 9,4.5). Was in der Offb 11,5.6 von den beiden Zeugen gesagt wird, weist ebenfalls auf E. und Mose hin.
2) Benjaminit, Sohn Jerohams, der in Jerusalem wohnte (1 Chron 8,27).
3) Priester aus dem Geschlecht Harim, der eine heidnische Frau genommen hatte (Es 10,21).
4) Israelit, der seine fremde Frau entließ (Es 10,26).

Eliab »(Mein) Gott ist Vater«.
1) Sohn Helons, der für den Stamm Sebulon verantwortliche Fürst während der Wüstenwanderung (4 Mo 1,9; 2,7; 7,24).
2) Rubenit, Sohn Pallus und Vater von Nemuel, Dathan und Abiram (4 Mo 16,1; 26,8.9).
3) Levit, Vorfahr Samuels (1 Chron 6,12[27]), Vater Jehorams. V 19[34] wird er Eliel und 1 Sam 1,1 Elihu genannt.
4) Ältester Bruder Davids, den Samuel wegen seiner stattlichen Erscheinung anfangs für den Erwählten des Herrn hielt, als er zur Salbung Davids gesandt war (1 Sam 16,6.7). E. tadelte Davids Eifer, als der seine drei ältesten Brüder im Heer Sauls besucht und sich nach Goliath erkundigt (1 Sam 17,13. 28). Man hat E. auch mit dem 1 Chron 27,18 genannten Bruder Davids, Elihu, gleichsetzen wollen. Vgl. → Abihail.
5) Einer der Gaditer, die zu David kommen, als er in der Bergfeste ist (1 Chron 12,8.9).
6) Levit, Torhüter und Sänger bei der Bundeslade z. Zt Davids (1 Chron 15,18.20).

Eliam »(Mein) Gott ist ein Verwandter, Familienangehöriger«, wörtl. »Volk«.
Vater Bath-Sebas, der Frau des Uria (2 Sam 11,3), er wird auch mit Umstellung der Namensbestandteile Ammiel genannt (1 Chron 3,5). Es spricht alles dafür, daß er mit E., dem Sohn Ahitophels von Gilo, einem der Helden Davids, identisch ist (2 Sam 23, 34).

Eliatha »(Mein) Gott bist Du«,
Sohn des Leviten und Musikers Heman z. Zt. Davids (1 Chron 25,4), Leiter der 20. Musikabteilung im Tempeldienst (V 27).

Elidad »Gott hat geliebt, Liebe gezeigt«.
Sohn des Chislon, Fürst und Vertreter des Stammes Benjamin (4 Mo 34,21).

Eliel »(Mein) Gott ist Gott«.
1) Sohn des Thoah und Vater Jerohams, Vorfahr des Leviten und Musikers Heman (1 Chron 6,19 [34]), wohl identisch mit Eliab (3) und Elihu (1).
2) Ein Maheviter, einer der Helden Davids (1 Chron 11,46).
3) Ein anderer der Helden Davids (1 Chron 11,47).
4) Einer der Gaditer, die zu David in die Bergfeste kamen (1 Chron 12,11).
5) Ein Levit und Sohn des Hebron z. Zt. Davids, der bei der Überführung der Bundeslade nach Jerusalem behilflich war (1 Chron 15,9.11).
6) Levit, Aufseher über die Opfergaben und Zehnten z. Zt. Hiskias (2 Chron 31,13).
7) Haupt eines Vaterhauses in Ostmanasse (1 Chron 5,24).
8) Benjaminit, Sohn des Simei, der mit seiner Familie in Jerusalem wohnte (1 Chron 8,20).
9) Ein anderer Benjaminit, Sohn des Sasak, ebenfalls in Jerusalem (1 Chron 8,22).

Elieser »(Mein) Gott ist Hilfe«.
1) E. von Damaskus, lebte als Knecht im Hause Abrahams und war zu seinem Erben ausersehen, wenn Abrahams Ehe kinderlos geblieben wäre (1 Mo 15, 2.3). – Vermutlich ist E. auch der Knecht, der für Isaak eine Frau aus der Verwandtschaft Abrahams wirbt (1 Mo 24,2), beweisen läßt sich das aber nicht.
2) Zweiter Sohn Moses und der Zippora, der in Midian geboren wurde (2 Mo 4,20; 18,4; 1 Chron 23, 15). Zu seinen Nachkommen vgl. 1 Chron 23,17; 26,25.26.
3) Sohn Bechers und Enkel Benjamins (1 Chron 7,8).
4) Sohn Sichris und Führer der Rubeniten z. Zt. Davids (1 Chron 27,16).
5) Priester z. Zt. Davids, der bei der Überführung der Bundeslade Trompete blies (1 Chron 15,24).
6) Sohn des Dodava aus Maresa, ein Prophet z. Zt. Josaphats, dem er den Untergang seiner Flotte prophezeite, weil er sich mit Ahasja von Israel verbündet hatte (2 Chron 20,37).
7) Einer der Boten, die Esra nach Kasphia sandte, um Leviten für den Tempeldienst in Jerusalem anzuwerben (Es 8,16).
8–10) Ein Priester, ein Levit und ein Israelit, die fremde Frauen genommen hatten (Es 10,18.23.31).
11) Vorfahr Christi (Lk 3,29).

Elihoreph.
Sohn des → Sisa, der mit seinem Bruder Ahija Schreiber am Hofe Salomos war (1 Kö 4,3).

Elihu »(Mein) Gott ist er« oder »Er ist (mein) Gott«.
1) Ephraimit, Sohn des Thohu und Ahnherr des Propheten Samuel (1 Sam 1,1). Er wird in 1 Chron 6,19[34] Eliel und in 1 Chron 6,12[27] Eliab genannt.
2) Hauptmann aus Manasse, der zu David nach Ziklag kam (1 Chron 12,20).
3) Davids Bruder, ein Fürst über den Stamm Juda (1 Chron 27,18). Seine Gleichsetzung mit Eliab (4) bleibt unsicher.
4) Torhüter aus der Familie Obed-Edoms z. Zt. Davids (1 Chron 26,7).
5) Freund → Hiobs, Sohn des Baracheel von → Bus aus dem Geschlecht Rams (Hi 32,2). Er ist als Busit wahrscheinlich ein Nachkomme Nahors, des Bruders Abrahams (vgl. 1 Mo 22,21).

Elika, viell. Kurzform von Elikam »(Mein) Gott hat sich erhoben«.
Haroditer, einer der Helden Davids (2 Sam 23,25).

Elim viell. »Große, mächtige Bäume«.
1) Lagerplatz der Israeliten, an dem sie 12 Brunnen und 70 Palmen fanden, an der Westküste der Sinaihalbinsel. Vermutlich die Oase im heutigen Wadi Gharandel (2 Mo 15,27; 4 Mo 33,9). Vgl. Karte Sp. 1548.
2) Born E. (Jes 15,8; ZÜ Beer-Elim) in Moab, viell. identisch mit dem → Beer (LÜ Brunnen; 4 Mo 21,16) des Wüstenzuges, wohl östl. von → Matthana (V 18).

Elimelech »(Mein) Gott ist König«.
Mann aus Bethlehem-Ephratha im Stamme Juda z. Zt. der Richter. Während einer Teuerung wanderte er mit seiner Familie aus nach Moab und starb dort. Er war der Schwiegervater der Ruth (Rt 1,1–3).

Eliphal »(Mein) Gott hat Gericht gehalten«.
Sohn des Ur, einer der Helden Davids (1 Chron 11, 35). In 2 Sam 23,34 steht an gleicher Stelle Eliphelet, Sohn Ahasbais.

Eliphas viell. »Gott siegt«.
1) Sohn des Esau und der Ada, Stammvater einiger edomitischer Volksgruppen (1 Mo 36,4.10.11.16; 1 Chron 1,35.36).
2) Freund → Hiobs aus Theman im Norden Edoms (Hi 2,11). Vielleicht ein Nachkomme von Theman, dem Sohn des E. (1).

Eliphelehu.
Levit, Sänger und Harfenspieler aus dem Geschlecht Meraris z. Zt. Davids. Er war zugleich Torhüter am Tempel (1 Chron 15,15–21).

Eliphelet »(Mein) Gott ist Rettung«.
1) Sohn Davids, der ihm in Jerusalem geboren wurde (2 Sam 5,16; 1 Chron 3,8; 14,7).
2) Anderer Sohn Davids, auch in Jerusalem geboren (1 Chron 3,6), vielleicht richtiger → Elpelet, wie er 1 Chron 14,5 genannt wird.
3) Sohn Ahasbais des Maachathiters (2 Sam 23,34), einer der Helden Davids. Vgl. → Eliphal.
4) Sohn des Esek, Nachkomme Sauls (1 Chron 8, 39).
5) Nachkomme des Adonikam, der mit weiteren 62 Männern unter Esra aus der babyl. Gefangenschaft heimkehrte (Es 8,13).
6) Nachkomme Hasums, der sich von seiner heidnischen Frau trennte (Es 10,33).

Elisa »Gott hat geholfen«.
1) Erstgenannter der Söhne Javans (1 Mo 10,4; 1 Chron 1,7) und seine Nachkommen. Tyrus handelt Purpur von den Inseln oder Gestaden E. ein (Hes 27,7). Danach haben wir das Gebiet im nordöstl. Mittelmeer zu suchen. Die ägypt. Amarnabriefe erwähnen ein Alaschia in der Nähe Ziliziens, das Zypern bezeichnen und mit E. gleichgesetzt werden könnte.
2) Der Prophet Elia erhält am Horeb den Auftrag, E. von Abel-Mehola, den Sohn Saphats, zu seinem Nachfolger zu berufen. Er trifft ihn bei der Feldarbeit und holt ihn vom Pflügen fort, worauf E. ihm als Diener und Jünger folgt (1 Kö 19,16.19–21). Kurz bevor Elia um die Zeit des Todes Ahasjas von Israel und des Regierungsantritts seines Bruders Joram (um 852 v. Chr.) entrückt wird, erbittet sich E. von ihm einen doppelten Anteil seines Geistes, d. h. den Anteil des Erstgeborenen (2 Kö 2,9.10; vgl. 5 Mo 21,17).
E. Wirken, dessen wichtigster Abschnitt in die 12-jährige Herrschaftszeit Jorams (2 Kö 3,1) fällt, ist durch eine große Anzahl von Wundern gekennzeichnet, durch die der Beistand Gottes in den kleinen und großen Schwierigkeiten des Alltags offenbar wird: von der geliehenen Axt, die verloren gegangen ist und zurückgebracht wird (2 Kö 6,1–7), über die Sorge für Speise (2 Kö 4,37–44) und Trank (2 Kö 2,19–22) und manches andere (2 Kö 4,1–7.8–17; 8,1–6) bis hin zur Totenauferweckung (2 Kö 4,18–37; 13,20.21). Das Handeln E. ist stark durch Hilfe und Barmherzigkeit geprägt – im Gegensatz zu Elia, der vor allem Gericht bringt. Er kennt aber auch das manchmal bis zum Ärgernis harte Urteil über die spottenden Kinder (2 Kö 2,23.24), den ungläubigen Adjutanten des Königs (2 Kö 7,2.17–20) und den habsüchtigen Gehasi (2 Kö 5,19–27). Vor dem Hintergrund wohltätiger und strafender Wundertaten, die die Macht des Herrn gegenüber Baal offenbaren, zeichnet sich die große Linie des Einwirkens E. auf die politische Geschichte seines Volkes ab.
Auf dem Feldzug gegen König Mesa von Moab, den Joram am Anfang seiner Regierung unternimmt, rettet E. das Heer aus einer gefährlichen Notlage und verheißt den Sieg (2 Kö 3,9–27) – aber nicht um Jorams willen, von dem der Prophet des Baalsdienstes wegen scharf abrückt, sondern mit Rücksicht auf seinen Verbündeten Josaphat von Juda (V 13.14). Dann verfolgt E. den Kampf zwischen Israel und Syrien, den Joram von seinem Vater Ahab übernommen hat. Er unterrichtet den König über die Bewegungen der syr. Streifscharen und führt die Syrer, die ihn gefangennehmen sollen, selber in Gefangenschaft (2 Kö 6,8–23). In diese Zeit oder auch vor den Beginn der Feindseligkeiten (vgl. 2 Kö 5,7 am Schluß) fällt wohl die Heilung des syr. Oberbefehlshabers Naeman vom Aussatz (2 Kö 5,1–19). Als die Not im belagerten Samaria aufs höchste gestiegen ist, verkündet E. Joram die Rettung für den nächsten Tag, die genau eintrifft (2 Kö 6,24–7,20). Aber der König läßt sich durch all das nicht von seinem Weg abbringen; der Baalsdienst in Israel und der Einfluß der Königsmutter Isebel bleiben bestehen. Nun ist die Zeit reif geworden für die Ausführung des Auftrages, den schon Elia am Horeb empfangen hatte (1 Kö 19,15.16), und E. muß das Gericht Gottes einleiten. Er kündigt Hasael in Damaskus den Tod Benhadads und seine eigene Herrschaft über Syrien an (2 Kö 8,7–15). Als Joram und Hasael schon im Streit miteinander liegen (2 Kö 9, 14), läßt E. Jehu mit dem Befehl zur Ausrottung des Hauses Ahabs zum König über Israel salben (2 Kö 9,1–13).
Über 40 Jahre lang (vgl. 2 Kö 10,36 und 13,1) vollzieht sich dann das Gericht an Israel. Während der ganzen Zeit hören wir nichts mehr von einem öffentlichen Auftreten E. Der Prophet schweigt. Die Macht des Syrerkönigs Hasael nimmt während der Regierung Jehus und seines Sohnes Joahas immer mehr zu, Israel sinkt zur Bedeutungslosigkeit herab (2 Kö 13,3.7). Erst als Joas, der Enkel Jehus, zu ihm kommt, sagt E. ihm auf seinem Sterbebett neuen, dreifachen Sieg über die Syrer an (2 Kö 13,14–19) und leitet so noch kurz vor seinem Tode wieder eine Zeit der Hilfe Gottes für Israel ein.

Elisabeth, griech. Form des hebr. Eliseba, »(Mein) Gott ist Fülle, Vollkommenheit«.
Eine Frau aus dem Geschlecht Aarons (Lk 1,5), die den Namen ihrer Stammutter Eliseba (2 Mo 6,23) trägt. Ihre Ehe mit dem Priester Zacharias aus der Dienstabteilung Abia blieb lange kinderlos, bis Gott ihrem Mann die Geburt eines Sohnes Johannes, des späteren Täufers, verhieß. Sie war verwandt mit Maria, der Mutter Jesu, der der Engel bei

der Verkündigung als Zeichen nennt, daß E. in ihrem Alter noch Mutter geworden sei. Maria bricht nach E. Dorf im judäischen Bergland auf, erkennt bei der Begegnung, noch ehe sie ein Wort hat sagen können, daß der Engel wahr gesprochen hat, und empfängt zugleich von E., der Gott es offenbart, die Bestätigung ihrer eigenen Mutterschaft. Drei Monate bleibt Maria dann bei E., und in der Gemeinschaft mit der älteren Verwandten findet die junge Frau die Geborgenheit, in der sie innerlich fassen und aufnehmen kann, was überwältigend in ihr Leben eingebrochen ist (Lk 1,5–56).

Elisama »(Mein) Gott hat gehört«.
1) Sohn Ammihuds und Führer der Ephraimiten z. Zt. des Wüstenzugs (4 Mo 1,10; 2,18; 7,48.53; 10,22), Vorfahr Josuas (1 Chron 7,26).
2) Vermutlich verschriebene Namensform (1 Chron 3,6) für einen Sohn Davids, der sonst → Elisua heißt (2 Sam 5,15; 1 Chron 14,5).
3) Anderer Sohn Davids (2 Sam 5,16; 1 Chron 3,8; 14,7).
4) Sohn des Jekamja, Nachkomme des Jerahmeel aus dem Stamme Juda (1 Chron 2,41).
5) Israelit aus der Familie Davids, der Großvater des Ismael, des Mörders → Gedaljas (2 Kö 25,25; Jer 41,1).
6) Einer der Priester, die Josaphat in die Städte Judas sandte, um das Volk im Gesetz zu unterrichten (2 Chron 17,8).
7) Kanzler des Königs Jojakim (Jer 36,12.20.21).

Elisaphat »(Mein) Gott hat Recht verschafft«.
Oberster über 100, Sohn des Sichri, der mithalf, Athalja zu stürzen (2 Chron 23,1ff).

Eliseba »(Mein) Gott ist Fülle, Vollkommenheit«.
Tochter des Judäers Amminadab und Schwester Nahessons, des verantwortlichen Führers des Stammes Juda auf der Wüstenwanderung. Sie heiratete Aaron und schenkte ihm die Söhne Nadab, Abihu, Eleasar und Ithamar (2 Mo 6,23; vgl. 4 Mo 1,7).

Elisua »(Mein) Gott ist Hilfe«.
Sohn Davids, der ihm in Jerusalem geboren wurde (2 Sam 5,15; 1 Chron 14,5). 1 Chron 3,6 erscheint der Name in Elisama verschrieben.

Eliud, Vorfahr Josephs (Mt 1,14.15).

Elizaphan »(Mein) Gott hat verborgen, geborgen«.
1) Levit, Nachkomme Usiels und Kahaths (2 Mo 6, 18.22; 3 Mo 10,4), er war der Oberste der Kahathiten während der Wüstenwanderung (4 Mo 3,30). Nachkommen von E. werden bei der Überführung der Bundeslade nach Jerusalem unter David (1 Chron 15,8) und bei der Reinigung des Tempels z. Zt. Hiskias genannt (2 Chron 29,13). In 2 und 3 Mo erscheint der Name in der gekürzten Form Elzaphan.
2) Sohn Parnachs, Fürst des Stammes Sebulon (4 Mo 34,25), einer der Männer, die die Verteilung des Landes Kanaan zu überwachen hatten.

Elizur »(Mein) Gott ist ein Fels«,
Sohn des Sedeur, Stammesfürst der Rubeniten während des Wüstenzuges (4 Mo 1,5; 2,10; 7,30.35; 10, 18).

Eljada »Gott hat gewußt«.
1) Sohn Davids, in Jerusalem geboren (2 Sam 5,16; 1 Chron 3,8). 1 Chron 14,7 wird er → Baeljada genannt.
2) Vater des Reson aus Zoba (1 Kö 11,23).
3) Benjaminit, Offizier des Königs Josaphat (2 Chron 17,17).

Eljahba »Gott möge (schützend) bergen«.
einer der Helden Davids, ein Saalboniter (2 Sam 23, 32; 1 Chron 11,33).

Eljakim, im NT Eliakim »Gott möge aufrichten«.
1) Sohn Hilkias, Hofbeamter des Königs Hiskia. Jesaja weissagt, daß er das Amt des Palastvorstehers Sebna, den der Herr stürzen wird, übernehmen und als Knecht Gottes wie ein Vater für Jerusalem und Juda verwalten soll (Jes 22,15–25). Der V 25 bezieht sich am wahrscheinlichsten noch einmal auf den Sturz Sebnas. Später ist E. tatsächlich Palastvorsteher und Sebna Staatsschreiber geworden, sie nehmen mit dem Kanzler die Aufforderung zur Unterwerfung entgegen, die der Assyrerkönig Sanherib Hiskia überbringen läßt, berichten dem König und auf seinen Befehl auch dem Propheten Jesaja (Jes 36,3.11.22; 37,2; vgl. 2 Kö 18; 19).
2) Sohn König Josias. Pharao Necho machte ihn zum König über Juda und änderte seinen Namen in → Jojakim (2 Kö 23,34; 2 Chron 36,4).
3) Priester, der an der Einweihung der Mauer Jerusalems z. Zt. Nehemias teilnahm (Neh 12,41).
4) Vorfahr Christi, der über Nathan von David abstammte (Lk 3,30.31).
5) Nachkomme Serubabels und Vorfahr Josephs (Mt 1,13).

Eljasaph »(Mein) Gott hat gesammelt« oder »Gott hat hinzugefügt«.
1) Sohn des Deguel, Hauptmann und Fürst des Stammes Gad z. Zt. des Wüstenzuges (4 Mo 1,14; 7,42).
2) Levit, Sohn des Lael, Hauptmann der Gersoniten während der Wüstenwanderung (4 Mo 3,24).

Eljasib »Gott möge zurückbringen«.
1) Priester, der Oberste der elften Dienstabteilung z. Zt. Davids (1 Chron 24,12).
2) Levit und Sänger (Es 10,24) und zwei Israeliten aus dem Geschlecht Satthu (V 27) und Bani (V 36), die heidnische Frauen genommen hatten.
3) Sohn Jojakims, Hoherpriester z. Zt. Nehemias (Neh 12,10.22). Er baute mit den Priestern zusammen das Schaftor in der Nordmauer Jerusalems, sein Haus lag in der Nähe der Ostmauer (Neh 3,1.20.21). E. räumt dem Ammoniter Tobia, mit dem er durch Heirat verwandt ist, eine große Zelle am Tempel ein, was Nehemia wieder rückgängig macht (Neh 13,4.5.7–9). Seine Söhne sind der spätere Hohepriester Jojada (Neh 12,10) und wohl der Es 10,6 genannte Johanan. Sein Enkel heiratete eine Tochter des Horoniters Saneballat (Neh 13,28). Diese Familienverhältnisse des Hohenpriesters machen deutlich, mit welchen Schwierigkeiten Nehemia zu kämpfen hatte.
4) Sohn Eljoenais und Nachkomme Serubabels (1 Chron 3,24).

Eljoenai, gekürzte Form von Elihoenai, »Meine Augen sind auf den Herrn gerichtet« (wörtl. sind bei dem Herrn).
1) Benjaminit, Sohn des Becher (1 Chron 7,8).
2) Nachkomme Simeons (1 Chron 4,36).
3) Sohn des Meselemja, levitischer Torhüter z. Zt. Davids (1 Chron 26,3).
4) Israelit, der mit Esra heimkehrte (Es 8,4).
5) Israelit aus den Söhnen Satthus, der sich von seiner heidnischen Frau trennte (Es 10,27).
6) Priester aus der Nachkommenschaft des Pashur, der seine heidnische Frau entließ (Es 10,22). In Neh 12,41 handelt es sich wohl um den gleichen Mann.
7) Sohn des Nearja aus der Nachkommenschaft Serubabels (1 Chron 3,23).

Elkana »Gott hat geschaffen«.
1) Levit, Nachkomme Korahs aus dem Geschlecht Kahaths. Nach 1 Chron 6,7[22]f sind Assir, E. und Abiasaph, die 2 Mo 6,24 nur nebeneinander aufge-

zählt werden, Vater, Sohn und Enkel. Im gleichen Stammbaum finden wir den Namen E. noch dreimal, wobei die Angaben für uns nicht immer ohne Unsicherheit und Schwierigkeiten sind:
2) Der erste E. erscheint als Sohn Sauls oder Joels und Vater des Amasai und Ahimoth (1 Chron 6,9 [24]f.20[35]f).
3) Der zweite E. wird als Sohn Ahimoths oder Mahaths und Vater des Zophai (EÜ, ZÜ, MÜ) oder Zuph genannt (1 Chron 6,11[26].20[35]).
4) Der dritte E. ist der Sohn Jerohams und Vater des Propheten Samuel (1 Chron 6,12[27]f.18[33]f; 1 Sam 1,1). Er wohnte in Ramathaim-Zophim oder Rama (V 19), seine Frauen waren Hanna und Pennina. Hanna war kinderlos, bis sie sich bei einem der jährlichen Besuche der Familie im Heiligtum in Silo einen Sohn vom Herrn erbat (V 2.3.19.20). Nach der Geburt Samuels schenkte sie ihrem Mann noch drei Söhne und zwei Töchter (1 Sam 2,21) zu seinen Söhnen und Töchtern von Pennina. Ephraimiter wird E. als Levit, der seinen Wohnsitz im Gebiet des Stammes Ephraim hat, genannt (1 Sam 1,1).
5) Levit, ebenfalls ein Nachkomme Korahs, der in Ziklag zu David kam (1 Chron 12,6). Vielleicht ist der 1 Chron 15,23 genannte Torhüter der Bundeslade mit ihm identisch.
6) Oberster Beamter des Königs Ahas von Juda, der bei einem Einfall Pekahs von Israel von dem Ephraimiten Sichri erschlagen wurde (2 Chron 28,7).
7) Levit aus dem Geschlecht Meraris, dessen Enkel Berechja nach der babyl. Gefangenschaft in den Dörfern der Netophathiter wohnte (1 Chron 9,16).

Elkos. Heimat des Propheten Nahum (Nah 1,1). Die Lage des Ortes ist umstritten. Nach einer späten Tradition wäre es Alkus, zwei Tagereisen nördl. von Ninive. Das ist jedoch nicht mit dem Buch Nahum in Übereinstimmung zu bringen. Nach Hieronymus hieß E. zu seiner Zeit Elcesaeus, das man wohl in Galiläa suchen muß. Eine dritte Möglichkeit überliefert Epiphanius, der E. in Beth Dschibrin in Juda zu finden meint. Schließlich weist man darauf hin, daß der Name Kapernaum auf hebr. *Kapar Nahum* = Dorf des Nahum zurückgeht: danach soll E. hier gelegen haben.

Ellasar (1 Mo 14,1.9) wird oft mit Larsa (Karte Sp. 169/70) in Babylonien, den heutigen Ruinenhügeln von Senkereh, gleichgesetzt. Nur findet sich unter den bekannten Königen von Larsa bisher kein Arioch. Dagegen kommt der Name als Arriwuk in Mari vor, aber auch nicht z. Zt. Abrahams. Auch andere Vermutungen, die E. in NW-Mesopotamien suchen, haben noch kein sicheres Ergebnis gebracht.

Elle → Maße und Gewichte I,1

Elmadam, Vorfahr Jesu vor der babyl. Gefangenschaft (Lk 3,28).

Elnaam »Gott ist Wonne«,
Vater von Jeribai und Josawja, zwei der Helden Davids (1 Chron 11,46).

Elnathan »Gott hat gegeben«.
1) Vater Nehustas, der Frau König Jojakims und Mutter Jojachins (2 Kö 24,8). Er wohnte in Jerusalem und ist wohl mit E., dem Sohn Achbors, gleichzusetzen, einem der höchsten Beamten Jojakims (Jer 26,22; 36,12.25).
2) Drei der Männer, einer von ihnen ein Lehrer, die Esra nach Kasphia sandte, um Leviten für den Zug nach Jerusalem zu gewinnen (Es 8,16.17).

Elon I) »Widder (Gewalthaber)«.
1) Hethiter, Vater der Basmath, der zweiten Frau Esaus (1 Mo 26,34), die auch Ada genannt wurde (1 Mo 36,2).
2) Zweiter Sohn des Sebulon (1 Mo 46,14). Von ihm kommen die → Eloniten (4 Mo 26,26).
3) Richter Israels aus dem Stamme Sebulon, der dies Amt zehn Jahre innehatte (Ri 12,11.12).
II) »Großer, mächtiger Baum«.
Ort im Grenzgebiet des Stammes Dan (Jos 19, 43), vermutlich mit → Elon-Beth-Hanan gleichzusetzen (1 Kö 4,9). Die genaue Lage des Ortes ist unsicher.

Elon-Beth-Hanan (LÜ Elon und Beth-Hanan), ist wohl mit Elon (II) (Jos 19,43) identisch. Der Zusatz Beth-Hanan (1 Kö 4,9) soll wohl die Verwechslung mit Ajalon verhindern, da Elon und Ajalon im Hebr. mit denselben Konsonanten geschrieben werden. Heute viell. Chirbet Wadi Alin ca. 4 km nordöstl. von Esthaol. Andere sehen in Beth-Hanan einen 2. Ort, das heutige Beit Anan, 8 km ostnordöstl. von Ajalon.

Eloth → Elath

Elpaal »Gott hat erschaffen« (vgl. Hi 36,3).
Familienhaupt im Stamm Benjamin (1 Chron 8,11. 12.18).

Elpelet eigentlich Elpalet, »Gott ist Rettung«.
Sohn Davids (1 Chron 14,5), auch → Eliphelet (2) genannt (1 Chron 3,6).

El-Pharan »Widder« oder »großer, mächtiger Baum von Pharan«, nach dem Zushg. (1 Mo 14,6) vielleicht ein älterer Name für → Elath am Golf von Akaba. Vgl. Karte Sp. 762.

Elsabad »Gott hat beschenkt«.
1) Gaditer, der zu David in die Bergfeste kam (1 Chron 12,8.12).
2) Levitischer Torhüter z. Zt. Davids (1 Chron 26,7).

Eltern → Erziehen

Eltheke, Levitenstadt (Jos 21,23) im Stammgebiete Dans (Jos 19,44) in Verbindung mit Ekron und Gibbethon genannt. Im Feldzugsbericht Sanheribs von 701 v. Chr. heißt sie assyr. Altaku. Ihre genaue Lage ist nicht mehr mit Sicherheit festzustellen. Während Dalman für El-Murar (4 km südwestl. Ekron) eintritt, vermuten Albright und Noth den Ort in Chirbet el-Muqanna, 36 km westl. von Jerusalem. Vgl. Karte Sp. 618.

Elthekon, Stadt im Gebirge Juda (Jos 15,59), vermutlich Chirbet el-Deir, 9 km westl. von Bethlehem und oberhalb von Ain et-Taqa.

Eltholad,
simeonitischer Ort (Jos 15,30; 19,4), auch Tholad genannt (1 Chron 4,29). Vermutlich ist E. das heutige Chirbet Erqa Sacra (A. Musil, Arabia Petraea II, 2, S. 73) ca. 23 km südsüdöstl. Beer-Seba. Vgl. Karte Sp. 1304.

Elul → Jahr

Elymas, wohl »Der Weise«.
Anderer Name des jüd. Zauberers → Bar-Jesus.

Elzaphan. Eine gekürzte Form (2 Mo 6,22; 3 Mo 10,4) des Namens → Elizaphan.

Emek-Keziz. Stadt des Stammes Benjamin, vermutlich im Jordantal unweit von Jericho (Jos 18,21). Die genaue Lage ist unbekannt.

Emiter. Volk, das von den Moabitern aus seinen Wohnsitzen vertrieben wurde (5 Mo 2,10.11). Die E. waren Riesen wie die → Enakiter. Kedor-Laomor mit seinen Verbündeten schlug sie bei Kirjathaim (1 Mo 14,5).

Emmaus. Die Lage dieses Ortes, 60 Stadien von Jerusalem (Lk 24,13), ist sehr umstritten. Eusebius und Hieronymus bezeichnen im Onomastikon E. als

Heimatstadt des Kleophas (Lk 24,18), die zu ihrer Zeit den Namen Nikopolis trug. 1 Makk 3,40 erwähnt nun ein E. in der Ebene, in der Nähe des Gebirges (vgl. 1 Makk 4,16–21), das dem Bericht zufolge nicht weit von Geser zu suchen ist. Dieser Ort, der später Nikopolis hieß, ist das heutige Amwas. Schwierig ist jedoch, daß dieser Ort von Jerusalem mehr als doppelt so weit entfernt ist, wie Lukas angibt, nämlich 160 Stadien, ca. 29 km Weg. Auch wenn wir berücksichtigen, daß vereinzelte Hss. Lk 24,13 160 Stadien angeben, so bleibt die Schwierigkeit, daß die E.-Jünger, nachdem sie Jesus erkannt hatten, den Weg nach Jerusalem zurückgingen und die Jünger noch versammelt fanden. Ganz ausgeschlossen ist das jedoch nicht. Als die E.-Jünger den Herrn baten, bei ihnen zu bleiben, weil es Abend geworden war (Lk 24,29), war es etwa 19 Uhr. Im Lichte des Vollmondes (das Passahfest traf mit dem 14. Nisan immer auf Vollmond) wären sie dann den Weg nach Jerusalem zurückgegangen und dort einige Zeit nach Mitternacht angekommen. Die Vorstellung der alten Tradition ist damit nicht ganz von der Hand zu weisen. Vgl. Taf. 98/1537.
Im genauen Abstand von 60 Stadien hat man 7 verschiedene Orte in der Umgebung Jerusalems für das alte E. vorgeschlagen. Nur einer davon verdient genauere Beachtung: El-Kubebe, 11,5 km = 60 Stadien nordwestl. von Jerusalem. Hier fand man bei Ausgrabungen eine Kirchenruine aus byzantinischer Zeit. Augenscheinlich galt El-Kubebe damals als heilige Stätte. Die Fundamente eines Wohnhauses innerhalb der Kirche sind als das Haus des Kleophas gedeutet worden. Sicherheit ist aber auch damit nicht gewonnen.

Empörung, sich empören. Unrechtmäßige Erhebung gegen weltliche Gewalt (z. B. seine Knechte gegen König Joas 2 Kö 12,21[20]; Seba gegen David 2 Sam 20,21) oder gegen geistliche Gewalt (z. B. Rotte Korahs gegen Mose 4 Mo 16,2 u. ö), die nicht angemaßt, sondern von Gott verliehen ist; ferner Kampf gegen Gottes Ordnungen (Kinder empören sich gegen Eltern, Mt 10,21; Mk 13,12; ein Volk empört sich gegen das andere, Mt 24,7; Mk 13,8), schließlich Kampf gegen Gott selbst (Ps 2; Apg 4,25) und auch gegen seine Diener (Apg 18,12; 21,31).

En, andere Form von → Ain (Quelle); häufiger Bestandteil von Ortsnamen (z. B. En-Rimmon u. a.).

Enaim »Quellenort«,
Ort im Stamme Juda (1 Mo 38,14), am Wege nach Thimnath gelegen. E. ist wohl mit → Enam von Jos 15,34 identisch, das dort im MT mit dem Artikel Ha-Enam genannt wird. Es lag sehr wahrscheinlich in der Nähe von Ain el-Kezbe. Dieser Name spielt vielleicht noch auf die Lüge *(kazab)* der Thamar an.

Enakiter. Volk von → Riesen, dessen Stammvater Arba als der größte Mann unter diesen nach seinem Sohn Enak genannten E. galt (Jos 14,15; 15,13). Sie wohnten auf dem Gebirge im Westjordanland (Jos 11,21), und was die Kundschafter den Israeliten von ihrer Größe zu berichten wußten, setzte das Volk in Schrecken (4 Mo 13,22[23].28[29].33[34]; 5 Mo 1,28). Vor dem Übergang über den Jordan wird Israel noch einmal der Sieg über die E. verheißen (5 Mo 9,2.3), und Josua vernichtet sie bis auf Reste in Gaza, Gath und Asdod (Jos 10,36–39; 11,21.22). Die drei Söhne Enaks, Ahiman, Sesai und Thalmai, die in Hebron wohnten, vertrieb dabei der Stamm Juda unter Kaleb (Jos 14,12–15; 15,13.14; Ri 1,10). Zu den Resten der E. im Philisterland gehören vermutlich Goliath von Gath (1 Sam 17,4) und die vier Söhne Raphas (2 Sam 21,16–22; 1 Chron 20,4–8). Im Ostjordanland werden die von Moab und Ammon vertriebenen Stämme der Emiter und Samsummiter an Größe und Macht mit den E. verglichen (5 Mo 2,10.11.20.21).

Enam »Quellenort«,
Ort in Juda (Jos 15,34), wohl identisch mit → Enaim (1 Mo 38,14).

Enan. I) Vater des Ahira, des Führers des Stammes Naphthali auf der Wüstenwanderung (4 Mo 1, 15; 2,29).

II) »Quellenort«. Dorf am Ostende der idealen Nordgrenze des verheißenen Landes (4 Mo 34,9). Hes 47,17; 48,1 heißt der Ort Hazar-Enon. Vermutlich das heutige Karietein oder Qaryatein, ein großes Dorf mit einem schönen Brunnen, 130 km von Damaskus auf dem Wege nach Palmyra. Vgl. Karte Sp. 282.

Ende. I) Im Sinne eines INHALTLICHEN ABSCHLUSSES.
1) Sehnsüchtig oder ungeduldig erwarten Menschen das E. der Gottlosen (Ps 7,10), daß des Reißens und Brennens ein E. werde (Ps 80,17), daß das Warten (Hi 23,17) und die Versuchung ein E. nehme (1 Kor 10,13).
2) Ein E. mit Schrecken (Ps 73,19) macht Gottes Zorn. Davon sprechen die zornigen Worte Gottes über die Menschen: Mein Zorn über ihre Untugend wird ein E. haben (Jes 10,25). Ich will mit allen Heiden ein E. machen (Jer 30,11); dein E. ist gekommen, dein Geiz ist aus (Jer 51,13). Ebenso bekennt der Mensch: Da kam auch unser E., unsere Tage sind aus, unser E. ist gekommen (Klgl 4,18).
3) Doch dies E. bedeutet zugleich die Befreiung für alle, die Gott angehören: die wider dich streiten, sollen ein E. haben (Jes 41,12). Dann gehen für Jerusalem seine Dienstbarkeit (Jes 40,2), seine Leiden (Jes 60,20) wie seine Missetat zu Ende (Klgl 4, 22). Bis dahin jedoch sind Hoffnung (Hebr 6,11), Geduld (Jak 1,4) und Glaube (1 Petr 1,9) festzuhalten im Wissen um die Gegenwart des Herrn (Mt 28, 20) und seine Liebe (Joh 13,1). Danach ist das E. das ewige Leben (Röm 6,22), und Gottes Herrschaft hat kein E. mehr (Lk 1,33; Offb 1,8).

II) Im Sinn eines ZEITLICHEN ABSCHLUSSES ist vom E. des Jahres die Rede (5 Mo 11,12). Das E. des Lebens (2 Kor 11,15; Phil 3,19), der Welt (Mt 13,40; 24,3; 1 Kor 10,11), der Tage (Dan 12,13) oder aller Dinge (1 Petr 4,7) wird jedoch nirgends in der Bibel rein zeitlich verstanden.

III) Im Sinn eines RÄUMLICHEN ABSCHLUSSES wird vom E. der Welt (5 Mo 28,49; Ps 2,8; 19,5), der Erde (Mt 12,42), des Meeres (Hi 36,30) und des Himmels (5 Mo 4,32; 30,4; Mt 24,31) gesprochen.

Endor »Quelle von Dor«,
aus den Saulsgeschichten bekannter Ort (1 Sam 28, 7), in Galiläa gelegen (Ps 83,11). Heute Endur, 6 km südl. vom Thabor am Nordabhang des Tell el-Adschul, eines nördl. Ausläufers des Nebi Dahi. Das Kalksteingebirge, auf dem die Stadt liegt, weist zahlreiche Höhlen auf, und es ist durchaus möglich, daß die Totenbeschwörerin von E. in einer dieser Höhlen ihr Gewerbe ausübte. Vgl. Karte Sp. 690.

En-Eglaim »Kälberquelle«,
Ort (Hes 47,10), der nach Hieronymus am »Anfang des Toten Meeres, wo der Jordan einströmt«, gelegen hat. Man könnte an Ain Feschcha oder → Beth-Hogla denken; jedoch gibt das Onomastikon des Hieronymus an, der Ort liege südl. von Gaza. Sicherheit läßt sich dabei nicht gewinnen.

En-Gannim »Gartenquelle«.
1) Stadt in Juda (Jos 15,34) aus der Gruppe der Orte um Adullam, südwestl. von Jerusalem und nordwestl. von Hebron. Nach dem Namensbestandteil En = Brunnen ist der Ort in der Nähe eines Brunnens oder einer Quelle zu suchen. Darum kommt Umm Dschina trotz der Namensgleichheit wohl nicht in Frage, da dort kein Brunnen ist. Besser paßt Ain Fatir 1,5 km nordwestl. von Sanoah (1), das außer dem Brunnen in der Stadt auch noch einen im Tal aufweist.
2) Levitenstadt in Isaschar (Jos 19,21), vielleicht das Ginaea des Josephus, heute wohl Dschenin, 11 km südl. von Jesreel am Hauptweg von Jerusalem nach Nazareth. Vgl. Karte Sp. 846; Taf. 98/1537.

Engedi »Bocksquelle«,
Ort Judas in der Wüste, an den Ufern des Toten Meeres (Jos 15,62; Hes 47,10). Hier verbarg sich David (1 Sam 24,1), hier lagerten sich in den Tagen Josaphats die Moabiter, Ammoniter und Meuniter. Der ältere Name des Ortes ist Hazezon-Thamar (2 Chron 20,1.2). Es war eine Oase, in der die weißen, duftenden Zyperblumen und Wein (Hl 1,14) wuchsen, außerdem Dattelpalmen, die gute Früchte hervorbrachten. Heute noch heißt die Oase Engaddi, neuhebr. Ein Gedi. Vgl. Taf. 97/1536.

Engel. I) Das hebr. *malak* und griech. *angelos* bedeuten beide »Bote, Gesandter«. Beide Worte werden in der HS für den gewöhnlichen menschlichen Boten (1 Mo 32,4[3]; Jak 2,25), den Menschen (Prophet, Priester) als Boten Gottes (Hag 1,13; Mal 2,7; Mt 11,10) und hauptsächlich für den himmlischen Gottesboten gebraucht. Wie die Gläubigen werden auch die E. Söhne oder »Kinder Gottes« (Hi 38,7) genannt. Zu 1 Mo 6,1–4 vgl. → Riesen.

II) Die Wirklichkeit der E. wird durch die ganze HS bezeugt. Die Tatsache, daß sie bereits im 1 Buch Mose häufig genannt werden (1 Mo 16,7; 19,1.15 u. a.) schließt die Annahme eines pers. (späteren) Ursprungs der E.lehre aus. Von den → Cherubim und → Seraphim der Bibel unterscheiden sich die E. dadurch, daß sie dem Menschen als Boten Gottes in Menschengestalt begegnen (1 Mo 18,1–15 und 19,1; Ri 13,1–21). Ein fliegender E. wird nur in Offb 14,6 genannt (in Offb 8,13 steht für E. im Grundtext »Adler«).

III) Wenn die E. in der Hauptsache auch zum Dienst und Schutz des Volkes Gottes erscheinen, so können sie jedoch auch als Vollstrecker des Gerichts auftreten (2 Sam 24,16.17; 1 Chron 21,12). Dennoch ist ihre Hauptbestimmung, den Willen Gottes auf Erden durch Handlungen und Worte den Auserwählten des Herrn kundzutun.
1) Im AT werden sie als die starken Helden (Ps 103,20) gezeigt, die den Gottesfürchtigen auf allen Wegen behüten und gleichsam auf Händen tragen sollen (Ps 91,11.12). Sie können seine Feinde besiegen (2 Mo 14,19; 2 Kö 19,35; Ps 35,5.6), dem Flucher wehren (4 Mo 22,22), vor dem Gericht warnen (1 Mo 19,1.15) und im Traum erscheinen, um Trost und Wegweisung zu geben (1 Mo 28,12; 31,11ff; 32,2[1]ff).
Der E., der Gottes Botschaft überbringt oder in seinem Auftrag handelt, wird häufig der E. des Herrn genannt (1 Mo 16,7; 22,11; 2 Mo 3,2; 4 Mo 22,22 u. ö.), Mal 3,1 der E. des Bundes. Zum E. des Angesichts (Jes 63,9) vgl. 2 Mo 14,19; 33,14.15. Manchmal wird zunächst von einem E. gesprochen, der Redende dann aber als »der Herr« selber bezeichnet (1 Mo 16,7–11 und 13; 2 Mo 3,2.3). Den Propheten erscheint ein Deuteengel, der ihnen Gesichte auslegt und selber Teil des Gesichtes ist (Hes 40,3.4; Dan 10,5.14; Sach 1,9; 2,2[19]; 4,1ff). Von einer Beteiligung der E. an der Gesetzgebung am Sinai hören wir nur Apg 7,53; Gal 3,19; Hebr 2,2. Diese Stellen wollen damit die Überlegenheit der unmittelbaren ntl. Offenbarung in Jesus Christus betonen.
2) Im NT werden E. an entscheidenden Punkten der Heilsgeschichte genannt. Sie kündigten Zacharias, Maria, Joseph und den Hirten die Geburt des Heilandes an (Lk 1; 2), dienten dem Herrn nach seinem Sieg über den Versucher (Mt 4,11), stärkten ihn bei seinem Gebetskampf in Gethsemane (Lk 22,43) und verkündigten seine Auferstehung (Lk 24,4–6) und nach der Himmelfahrt seine Wiederkunft (Apg 1,10. 11). Ferner freuen sich die E. über die Erlösung der Menschen (Lk 15,10; 1 Petr 1,12) und dienen denen, die die Seligkeit ererben sollen (Mt 18,10; Hebr 1,14). Wenn der Gottesfürchtige entschläft, geleiten ihn E. an den Ort der Herrlichkeit (Lk 16,22) und wachen an seinem Grab (Joh 20,12; Jud 9). Ein E. befreite Petrus und die Apostel aus dem Gefängnis (Apg 5,19; 12,7ff), E. leiteten die Apostel auf ihren Reisen (Apg 8,26) und bereiteten Heiden auf die Botschaft von Christus vor (Apg 10,3.7.22). In der Offenbarung erscheinen E. bes. häufig zur Vollstrekkung der Gerichte (vgl.Mt 13,39.49; 24,31) und zur Verherrlichung Gottes.
Eine bes. Verehrung kommt den E. jedoch nicht zu, da dies eine Schmälerung der Ehre Gottes bedeuten würde (Offb 19,10; 22,9), wenn sie auch Geisterwesen sind, ohne Geburt und Tod (Mt 22,30). Paulus warnt vor der scheinbaren Demut solcher Leute, die den E. irgendeine Verehrung als Mittlerwesen zukommen lassen wollen (Kol 2,18). Hebr 1–2 zeigen den gewaltigen Unterschied, ja geradezu Gegensatz zwischen Jesus und den E. auf. Es wird sogar einmal die Zeit kommen, daß die Heiligen, die erlösten Gotteskinder, am Ende der Weltzeit mit Jesus die E. richten werden (1 Kor 6,3).
Die »E. der Gemeinde« (Offb 1,20; 2,1.8.12.18 u. ö.) sind wohl nicht E. im üblichen Sinn, sondern vermutlich die menschlichen Vorsteher bzw. Amtsträger der Gemeinde.

IV) Innerhalb der E.welt sind verschiedene Rangstufen vorhanden, so spricht die HS von den Erzengeln oder Fürsten → Michael (Dan 10,13.21; 12,1; Jud 9; Offb 12,7) und → Gabriel (Dan 8,16; 9,21; Lk 1,19. 26), und die Apokryphen nennen dazu noch Raphael und Uriel. Ebenso deuten Stellen wie Kol 1,16 und 1 Kor 15,24 auf verschiedene Stufen hin.

V) Da auch die E. mit Verstand und Willen entscheiden können zwischen Gut und Böse, konnte es dazu kommen, daß sie z. T. als gefallene E. nicht mehr im Dienste Gottes stehen, sondern zur Gefolgschaft des → Satans gehören (Joh 8,44; Jud 6; 2 Petr 2,4). Ihr Ende aber wird sein im ewigen Feuer, das bereitet ist dem Teufel und seinen E. (Mt 25,41; vgl. Offb 20,10.15).

Engelbrot → Manna

Engelzungen, mit E. reden = in der Sprache der Engel reden (1 Kor 13,1; vgl. 2 Kor 12,4).
Vgl. → Zungenreden.

En-Hadda,
Dorf in Isaschar (Jos 19,21), wohl zu suchen in El-Hadete, 9 km östl. vom Thabor, oder in Chirbet el-Haddad, 3,5 km nordöstl. von Megiddo.

En-Hazor »Quelle von Hazor«,
Stadt in Naphthali (Jos 19,37). Möglicherweise ist E.Chirbet Hasire 4 km westl. von Ain Ibl, nordwestl. von Hazor.

Enkel → Sohn I, 2a

Enon »Quellenort«,
Ort in der Nähe von Salim, wo Johannes taufte (Joh 3,23). Noch z. Zt. des Hieronymus trug der Ort den gleichen Namen und lag nach ihm 8 Meilen (12 km) südl. von Scythopolis (Beth-Sean). Deswegen sucht man E. in unmittelbarer Nähe von Tell er-Ridscha, das nach griech. Tradition Salim war, und zwar in den 5 Quellen von Ed-Der südl. davon. (G. Dalman). Vgl. Taf. 98/1537.

Enos »Menschen, Menschenart«,
erster Sohn Seths und Enkel Adams (1 Mo 5,6–11; Lk 3,38). Zu seiner Zeit fing man an, zu predigen von des Herrn Namen oder den Namen des Herrn anzurufen (1 Mo 4,26). Das deutet bereits auf eine klare Scheidung von Gottesdienst und Götzendienst hin.

En Rimmon »Granatapfelquelle«,
Stadt in Juda (Neh 11,29). Vermutlich Chirbet Umm er-Ramamin, etwa 15 km nördl. von Beer-Seba. Jos 15,32; 19,7; 1 Chron 4,32 werden Ain und Rimmon nebeneinander genannt. Vgl. →Ain (2).

En-Semes »Sonnenquelle«,
Brunnen in der Nähe von Jerusalem (Jos 15,7; 18, 17), auch als Gihon bekannt (1 Kö 1,33), die heutige Marienquelle. Vielfach will man E. jedoch in En el-Hod, östl. vom Ölberg am Weg nach Jericho finden, was aber nach Jos 18,17 nicht möglich ist, da E. hier nördl. vom Brunnen Rogel genannt wird.

Entblößen, Blöße. I) E. heißt der Kleidung (Jes 47,2) oder des Schutzes berauben (Jer 49,10), auch zerstören (Ps 29,9).

II) Das entblößte Haupt ist Zeichen der Trauer (3 Mo 10,6; 21,10) oder Bild der Niederlage (5 Mo 32, 42); es wird gefordert von der Frau, die das bittere verfluchte Wasser trinken soll (4 Mo 5,18; → Ehe IV, 2).

III) Die Kleidung über das gewohnte, standesgemäße Maß ablegen, bedeutet Schande (2 Sam 6,20).

IV) Blöße (hebr. *ärwah;* 1 Mo 9,22; 2 Mo 20,26) bezeichnet die Geschlechtsteile. »Die Blöße aufdecken« wird häufig im Sinn von »schänden« auf unerlaubte geschlechtliche Beziehungen angewendet (3 Mo 18,6–19; 20,11.17–21). Ebenso wird es bildlich vom Götzendienst und dem darauf folgenden Gericht gebraucht (Jes 47,3; Hes 16,36.37; Nah 3,5).

Enthalten, sich. Selbstbeherrschung üben im Blick auf

I) erlaubte Dinge (→ Fasten):
1) um des Dienstes Gottes willen (4 Mo 6,2; 1 Sam 21,5[4]; Sach 7,3). Paulus empfiehlt (1 Kor 9,25) diese Haltung auch für die ntl. Gläubigen, warnt aber 1 Kor 7,9 vor gezwungenem Enthalten.
2) um der Bruderliebe willen (Apg 15,20).

II) unerlaubte Dinge:
1) solche, die Gott gehören (3 Mo 22,2).
2) solche, die alle Welt zwar tut, die aber dem Christen schaden (1 Petr 2,11).

III) persönliche Gefühle (1 Mo 45,1; 1 Kö 10,5; Jes 42,14; 48,9; Hi 4,2).

En-Thappuah »Apfel-« oder »Apfelbaum-Quelle«,
Brunnen an der S-Grenze von Manasse (Jos 17,7), das heutige Ain Tuffah, nördl. von → Thappuah (2) unterhalb des Stadthügels.

Entkleidet werden (2 Kor 5,4) bedeutet das Ablegen einer sterblichen Hülle, das Einreißen eines Zeltes (LÜ Hütte) als eine notwendige Voraussetzung des Empfangs einer unsterblichen Gestalt, einer himmlischen Behausung (V 2). Die himmlische Behausung wird – im Gegensatz zur irdischen – unsichtbar und unvergänglich sein (2 Kor 4,18). Paulus selbst hofft allerdings noch darauf, daß ihm dieses E., der Tod, erspart bleibt, weil er – jedenfalls im 2 Korintherbrief noch – damit rechnet, daß er die Wiederkunft Jesu erleben wird (vgl. 1 Thess 4, 15). Die Glaubenden, die dann leben, werden nicht entkleidet, sondern → überkleidet werden (vgl. → Auferstehung, →Entrückung, →Wiederkunft Jesu).

Entrückung, entrücken (griech. *metathesis).*
I) Eine E. wird uns im AT von Henoch (1 Mo 5,24; Hebr 11,5) und von Elia berichtet (2 Kö 2,11). Beide wurden wegen ihres Glaubens durch den Herrn hinweg- und in den Himmel aufgenommen. Dabei stellte man sich den Himmel als Aufenthalt in dauernder Nähe Gottes vor (vgl. → Paradies), der dem Tode entzogen war. Vgl. → Himmelfahrt, → Entzückt werden.

II) Im NT wird Offb 12,5 von der Entrückung eines Kindes zu Gott gesprochen, womit wohl Jesus Christus gemeint ist, der hier in Gestalt des Kindes auftritt.

III) Von einer E. der gläubigen Gemeinde der Endzeit, dem Herrn Jesus Christus entgegen, spricht die HS öfter (1 Kor 15,23.51.52; 1 Thess 4,16ff), ohne dabei das Wort E. zu gebrauchen (dafür: hinrükken u. a.).
Paulus macht 1 Thess 4,15 darauf aufmerksam, daß es sich bei dem Wissen von der E. um eine Offenbarung des Herrn selbst handelt. Jesus erwähnt den Sachverhalt der E. schon Lk 17,34–36 (vgl. Mt 24, 40–41). Die E. ist eine Frucht der Auferstehung Christi, der der Erstling geworden ist unter vielen Brüdern (1 Kor 15,23; vgl. Röm 8, 29; Kol 1,15ff). Bei seiner → Wiederkunft werden die »Toten in Christus« (1 Thess 4,16) ihm entgegen entrückt (V 17). Gleichzeitig geschieht die E. und Vollendung derer, die noch leben und dem Herrn Jesus angehören (1 Thess 4,15–17; vgl. 1 Kor 15,52; Lk 17,34ff). Die Erlösten werden – jetzt verwandelt, d. h. in neuer Leiblichkeit (1 Kor 15,44.46ff.50ff; 2 Kor 5,2ff) – mit dem Herrn Jesus Christus vereinigt, der siegend seiner Brautgemeinde entgegen geht, und werden dann ewig bei ihm sein (1 Thess 4,17).
Nach 1 Kor 15,23f und wohl auch Offb 20,5 darf man sagen, daß die E. einen bes. Abschnitt in der Heilsgeschichte Gottes darstellt und von dem letzten Gericht, der 2. Auferstehung, zu unterscheiden ist. Die E. ist also ein fester Bestandteil der christlichen Erlösungshoffnung. Wann sie geschieht, in welcher Beziehung sie zum Tausendjährigen Reich von Offb 20,5ff steht und wie sie sich vollziehen wird, ist letztlich ein Geheimnis des Herrn. Uns soll es genügen, danach zu trachten, an dieser ersten Auferstehung teilzuhaben (V. 6).

Entschlafen. Wie in den Religionen, so wird auch in der Bibel vom → Tod oft als einem »Schlaf« gesprochen; nur hier mit mehr Recht, weil der, der hier spricht, »die Schlüssel der Hölle und des Todes« hat (Offb 1,18).
Der Tod Moses (5 Mo 31,16) und Davids (2 Sam 7,12) wird »Schlaf« genannt. Im NT nennt Jesus den Tod des Lazarus einen »Schlaf« (Joh 11,11); ähnlich Paulus in 1 Thess 4,13.
E. ist dann der Übergang zum »Schlaf des Todes« (1 Kö 2,10; Ps 13,4; Apg 7,59; 1 Kor 15,6). Dabei wird zwischen dem Sterben bzw. E. von Gläubigen und Ungläubigen, dem seligen und unseligen Hin-

scheiden im allgemeinen nicht unterschieden (1 Kö 16,6; 22,40; Ps 76,6; 1 Kor 7,39); 1 Kor 15,18 wird dagegen von denen gesprochen, die in Christus e. sind. Vgl. → Schlaf.

Entsündigen → Besprengen, → reinigen, → Sühne, → Vergebung.

Entwenden heißt jemand etwas entziehen (2 Sam 7,15), es wegnehmen und einem andern geben (1 Mo 31,9; 49,10), auch etwas verheimlichen, zurückbehalten (Apg 5,2).

Entwöhnen. Die isrl. Mutter nährte ihr Kind lange Zeit (1 Sam 1,22—24), oft 2 bis 3 Jahre (2 Makk 7, 28). Daher ist die Vorstellung vom Reden der Säuglinge (Ps 8,3; Mt 21,16) nichts Ungewöhnliches. Die Entwöhnung eines Kindes wurde gelegentlich festlich begangen (1 Mo 21,8).

Entzückt werden (griech. *ekstasis).* Ein Zustand des »Außer sich seins« (2 Kor 12,2.3), in dem dem Entzückten göttliche Offenbarungen zuteil werden. Vgl. → Gesicht, → Erscheinung.
Als Empfänger solcher Offenbarungen werden uns die Apostel Petrus (Apg 10,10; 11,5) und Paulus (Apg 22,17; 2 Kor 12,2.4) genannt. Bei diesen Entzückungen, die bei den Aposteln während des Gebetes auftraten, scheint ihr Leib für Wahrnehmungen der Umwelt unempfänglich geworden zu sein, während ihnen innerlich göttliche Offenbarungen zuteil wurden.

Epänetus »Lobenswert«,
Christ in Rom, dem Paulus bes. Grüße sendet, und der ihm bes. lieb war. Er ist der Erste gewesen, der in Achaja zum Glauben kam (Röm 16,5).

Epaphras, Kurzform von Epaphroditus.
Christ, der wohl aus Kolossä stammt (Kol 4,12; vgl. V 9) und in enger Verbindung mit den Gemeinden dort, in Laodizea und Hierapolis steht (V 13). In Kolossä hat er sicher gedient (Kol 1,7); daß er auch der Gründer dieser Gemeinde war, muß wohl Vermutung bleiben. E. ist während der Gefangenschaft des Paulus, der ihn seinen Mitknecht und Diener Christi (Kol 1,7) und seinen Mitgefangenen (Phim 23) nennt, in Rom und hat dem Apostel von den Christen in Kolossä, die er zweimal grüßen läßt (Kol 4,12; Phim 23), berichtet.

Epaphroditus. »Der Aphrodite (Venus) gehörig«. Bote der Gemeinde in Philippi, der Paulus während seiner Gefangenschaft in Rom (oder Ephesus? → Philipperbrief) ihre Unterstützung überbrachte (Phil 4,18). Er ist dort lebensgefährlich erkrankt, was in der Gemeinde bekannt geworden war; Paulus, der ihn seinen Bruder, Mitarbeiter und Mitstreiter nennt, sendet ihn nun mit seinem Dank- und Antwortbrief nach Philippi zurück (Phil 2,25—30).
Man hat verschiedentlich Epaphras und E. als eine Person ansehen wollen, was vom Namen her wohl möglich ist, sonst aber Schwierigkeiten bietet.

Epha viell. »Dunkelheit«.
1) Ältester Sohn Midians (1 Mo 25,4; 1 Chron 1, 33), Stammvater des gleichnamigen Araberstammes südl. von Palästina (Jes 60,6). Als Chajapa in assyr. Inschriften erwähnt. Der Name ist viell. im heutigen Ghewafa östl. vom Golf von Akaba erhalten, ca. 80 km südsüdwestl. von Tubek in Richtung auf Dhaba am Roten Meer.
2) Nebenfrau Kalebs, des Sohnes Hezrons (1 Chron 2,46).
3) Sohn Jahdais, wohl einer anderen Nebenfrau Kalebs (1 Chron 2,47).
4) → Maße und Gewichte I, 4a.

Ephai. Mann aus Netopha. Seine Söhne gehörten zu den Hauptleuten des judäischen Heeres z. Zt. Jeremias (Jer 40,8).

Epher »Gazelle« (die kleinste, am Rücken rötliche Gazellenart).
1) Sohn Midians (1 Mo 25,4; 1 Chron 1,33) und seine Nachkommen.
2) Judäer, Sohn Esras, wohl aus dem Geschlecht Kalebs (1 Chron 4,17).
3) Familienhaupt von Halbmanasse im Ostjordanland (1 Chron 5,23.24).

Ephes-Dammim,
Ort im → Eichgrund (1 Sam 17,1) zwischen Socho (wohl bei Es Suweke) und Aseka (vermutlich Tell Zakarije). Danach wäre E. wahrscheinlich das heutige Dschennabatein. 1 Chron 11,13 heißt der Ort Pas-Dammim.

Epheserbrief.

I) VERFASSER.
Der Schreiber des E. ist der Apostel Paulus (Eph 1,1), den Empfängern kein Unbekannter (Eph 3,2). Genaueres über seine augenblickliche Lage wird Tychikus, vermutlich der Überbringer des Briefes, ihnen mitteilen (Eph 6,21.22).
Der E. weist zahlreiche Übereinstimmungen und Ähnlichkeiten mit dem Kolosserbrief auf, die bis in die Wortwahl hineingehen. Aus diesem Grund hat man Paulus diesen Brief absprechen wollen. Es sei eines Apostels unwürdig, in solche Wiederholungen zu verfallen. Das ist jedoch ein Kurzschluß. Denn wenn beide Briefe etwa zur gleichen Zeit und unter denselben Umständen an Gemeinden in derselben Gegend geschrieben worden sind, dann wird uns nicht verwundern, daß gleiche Gegenstände besprochen werden.

II) ENTSTEHUNGSORT.
Etwa gleichzeitig mit dem E. wird der Kolosser- und Philemonbrief verfaßt sein, vielleicht auch der Philipperbrief. Durch den Vergleich der Briefe miteinander und die Ergänzung ihrer einzelnen Aussagen bekommt man folgende Vorstellung von der Lage des Apostels: Paulus war gefangen, hatte jedoch noch eine gewisse Möglichkeit, das Evangelium zu verkündigen (Eph 6,19); sie war aber begrenzt. Offenbar waren verschiedene Mitarbeiter bei ihm: Timotheus, Epaphras, Aristarchus, Markus, Lukas (Kol 1,4; 4,10.12.14; vgl. Apg 27,2) und, wie schon gesagt, Tychikus. Das alles scheint am besten zur ersten röm. Gefangenschaft des Apostels zu passen, in der man den E. mit Kol und Phim zusammen auch allgemein ansetzt. Anderseits hat man an die Gefangenschaft in Cäsarea gedacht, doch das ist weniger wahrscheinlich.

III) EMPFÄNGER DES BRIEFES.
In den ältesten Hss fehlen Eph 1,1 in der Adresse die Worte »zu Ephesus«. Allgemein vermutet man daher im E. einen Rundbrief, den Tychikus mitgenommen hat, in den verschiedenen Gemeinden vorlesen ließ und mündlich ergänzte (Eph 6,21.22). Eine Bemerkung in Kol 4,16 weist in die gleiche Richtung. Man muß dann annehmen, daß nach der Verlesung des Briefes in den Gemeinden Abschriften gemacht wurden, von denen eine die Zufügung: »zu Ephesus« erhielt.

IV) EINTEILUNG.
Der Brief zerfällt in 2 Hauptteile, einen belehrenden (Eph 1,3—3,21) und einen ermahnenden (Eph 4,1—6,20). Die persönlichen Mitteilungen sind sehr beschränkt. Das hängt offenbar mit dem Charakter des Briefes zusammen und der oben erwähnten Tat-

sache, daß Tychikus das Entsprechende persönlich mitteilen sollte (Eph 6,21f).
A) Absender, Anschrift und Begrüßung: 1,1.2.
B) Belehrender Teil: 1,3–3,21.
1) Dank für Segnungen in Christus, der sich seine Gemeinde erwählt hat und sie herausgerufen durch sein Erlösungswerk: 1,3–14.
2) Darauf folgen Dank und Fürbitte für die Briefempfänger: 1,15–23.
3) Die Herrlichkeit der Gemeinde in Christus: 2, 1–22.
4) Herrlichkeit des Apostelamtes des Paulus, ausmündend in einen großen Hymnus über die wunderbare Erwählung und die Offenbarung des Liebesratschlusses Gottes: 3,1–21.
C) Ermahnung: 4,1–6,20.
1) Ermahnung der Gemeinde zur Einheit in der Liebe bei der Mannigfaltigkeit ihrer Gaben: 4,1–16.
2) Warnung der Gemeinde vor Rückfall ins heidnische Leben: 4,17–24 und Ermahnung, sich als Kinder des Lichtes zu bewähren: 4,25–5,20.
3) Hausgemeinschaft und eheliches Leben sollen Abbild der Gemeinschaft der Gemeinde mit Jesus sein, Knechte und Herren einander lieb haben: 5, 21–6,9.
4) Aufruf zum geistlichen Kampf und Beschreibung seiner Waffen: 6,10–20.
D) Schluß: 6,21–24. Nachricht über die Sendung des Tychikus und Abschiedsgruß.

V) THEOLOGIE DES E.
Die Verwirklichung des göttlichen Heilsplanes mit der Welt durch die Gemeinde Jesu (vgl. → Leib VI) ist das Hauptthema des E. (Eph 1,9f; 3,3ff). Der Gemeindegedanke und das, was die Gemeinde mit dem Auferstandenen verbindet, tritt hier so stark in den Vordergrund, daß in diesem Brief die sonst gewohnte Ausrichtung auf das Kommen Jesu zurücktritt. Christus ist das Haupt der Gemeinde (Eph 1,22; 4,15), diese aber sein Leib (Eph 1,23; 4,12.16; 5,30), der seine Einheit im Dienst der verschiedenen Glieder beweisen soll (Eph 4,11.12.15.16). So wächst und reift der Leib zum »vollkommenen Mannesalter Christi« (Eph 4,13). In diesem Brief offenbart Paulus das Geheimnis und den Zweck des göttlichen Erlösungsplanes, alle Menschen, Heiden und Juden, zu einer Gemeinde zu verbinden (Eph 2,11ff; 3,5ff), zu einem heiligen Tempel des Herrn (Eph 4,21ff). Die Heilstat und Liebe Christi gilt darum hier in bes. Weise der Gemeinde, die er errettet (Eph 5,23) und durch seinen Tod geheiligt hat (Eph 5,25f). Eph 2,14 nimmt das gewaltige Thema des Kolosserbriefes auf, die göttliche Versöhnung der gesamten Menschheit (V 16). Hier wird Glaubensgrund gelegt und die »heilsobjektive« Seite unseres Glaubens dargestellt. Von diesem Erlösungsplan her, der die ganze Welt umfaßt, und innerhalb der Gemeinde, die Gott sich in seiner Liebe erwählt hat, versteht der Apostel seine Berufung. Über dieser gnadenvollen Erwählung (Eph 3,1) bricht Paulus in den großen anbetenden Hymnus aus, der das 3. Kap des E. schließt.

Ephesus. I) Stadt in Lydien an der Westküste Kleinasiens, an der Mündung des Flusses Kaystros gelegen. E. hatte schon eine lange Geschichte hinter sich, als es unter den Römern zur Hauptstadt der Provinz Asia wurde. Es lag am Hauptweg von Rom nach dem Osten. Durch ein Erdbeben in der Zeit des Kaisers Tiberius wurde die Stadt schwer heimgesucht. Später führte die Versandung des Hafens zum Rückgang der Stadt, E. verfiel und ging schließlich unter. Seine Ruinen liegen in der Nähe des Dorfes Ajasoluk (aus griech. *hagios theologos* = heiliger Theologe. Damit ist der Apostel Johannes gemeint, der nach altkirchlicher Tradition als das Haupt der kleinasiatischen Gemeinden gilt und in E. vermutlich seinen Hauptsitz hatte).

II) In ntl. Zeit war E. die bedeutendste Metropole Kleinasiens. Die Stadt atmete den Geist der spätgriech. internationalen Kultur und war mit Jerusalem und Athen eine der drei heiligsten Städte des Altertums. Mit dem Artemisium, dem Heiligtum der Artemis oder → Diana, war E. zum Mittelpunkt östl. Mysterien-Kulte und asiatischer Religionsausübung geworden. Dieser Tempel, der ausgegraben wurde, gehörte zu den sieben Weltwundern. Auch das Fußstück des Standbildes der Göttin fand sich, darunter lagen kostbare Weihegaben als Bauopfer verborgen. Nach ihrem Artemiskult trug die Stadt den Beinamen *neôkoros* = Tempelbewahrerin (Apg 19,35 LÜ Pflegerin), ein Ehrentitel, der durch röm. Senatsbeschluß einer Stadt verliehen wurde, die zu Ehren des Kaisers einen Tempel errichtete und Spiele veranstaltete. Auch die Ruine des Theaters von E. (Apg 19,29 LÜ Schauplatz) ist erhalten. Es bot mit seinen 66 Sitzreihen über 24 000 Menschen Platz.

III) Z. Zt. des Paulus wurde E. durch einen Senat und eine Volksversammlung, die ein Stadtschreiber (Apg 19,35 LÜ Kanzler) leitete, verwaltet. Dieser Staatsbeamte hatte auch die Aufsicht über die Bank der Stadt, die im Tempel untergebracht war.

IV) Paulus besuchte E. zweimal, zuerst von Korinth aus im Frühjahr 52 n. Chr. (Apg 18,18.19) und dann von Herbst 52 bis Sommer 55. Zunächst predigte er drei Monate in der Synagoge. Als er dort aber auf Ablehnung stieß, trennte er sich mit den Jüngern von den Juden und redete nun 2 Jahre lang täglich im Lehrsaal des Tyrannus (Apg 19,8–10). Vermutlich ist P. auch noch ein drittes Mal in E. gewesen (vgl. 1 Tim 1,3). Vgl. Taf. 23a/352 und Karte zu → Offenbarung.

Ephlal »Mit Rissen versehen« (Noth),
Sohn Sabads und Vater des Obed aus dem Stamm Juda (1 Chron 2,37).

Ephod. I) Vater Hanniels, des Fürsten von Manasse (4 Mo 34,23).
II) → Leibrock.

Ephraim wohl »Fruchtland«.
1) Zweiter Sohn Josephs, den ihm Asnath, die Tochter Potipheras, in Ägypten schenkte, bevor die sieben Hungerjahre begannen (1 Mo 41,50.52). Jakob nahm die beiden Söhne Josephs, indem er den jüngeren E. dem älteren Manasse vorordnete, zu seinen eigenen Söhnen an (1 Mo 48,5.8–20). Daher zählt die Nachkommenschaft Josephs als zwei Stämme. An Stelle von Ruben wird ihm damit das Erstgeburtsrecht übertragen (1 Chron 5,1.2). Im Segen Jakobs (1 Mo 49,22–26) und dem des Mose (5 Mo 33,13–17) werden E. und Manasse auch unter dem Segensspruch über Joseph zusammengefaßt.
Bei einem Raubzug, den sie von Ägypten aus nach Gath unternahmen, fielen mehrere Söhne E. (1 Chron 7,20–23).
2) Die Nachkommen des Josephsohnes E. und ihr Gebiet. Der Stamm ist einer der kleinsten. Er sinkt während der Wüstenwanderung von 40 500 (4 Mo 1,33) auf 32 500 wehrfähige Männer, d. h. vom drittletzten auf den vorletzten Platz – wenn auch E. und Manasse zusammen an Zahl Juda noch übertreffen (4 Mo 26,22.34.37). In der Lagerordnung führt E. den Teil des Volkes, der im Westen des heiligen Zeltes lagert, außer ihm noch Manasse und Benjamin. Sie brechen nach den Leviten mit dem Zelt auf (4 Mo 2,18–24; Ps 80,3).

Bei der Verteilung des Landes Kanaan erhielten die Ephraimiter ein Gebiet in der Mitte des Landes vom Jordan bis zum Mittelmeer, im S durch Dan und Benjamin, im N durch Manasse begrenzt (Jos 16,5–8). Dazu kamen noch einige Städte im Land Manasses (Jos 16,9; 17,8.9). Den Leviten wurden im Gebiet E. die Freistadt Sichem und drei andere Orte zugewiesen, von denen Geser aber im Besitz der Kanaaniter blieb (Jos 21,20–22; 16,10). Die Stadt Beth-El dagegen konnten die Ephraimiter, vielleicht mit Hilfe Manasses, erobern (Ri 1,22–25). Als sich beide Stämme bei Josua darüber beklagen daß ihr Gebiet zu klein sei, fordert er sie auf, den Wald auf dem Gebirge zu roden (Jos 17,14–18). Dies Bergland wird, soweit es in das Gebiet E. fällt, auch als Gebirge E. bezeichnet (Ri 2,9; 4,5; 1 Kö 4,8). Da Josua Ephraimiter war (4 Mo 13,8[9].16[17]; Jos 19,50) und das Heiligtum in Silo im Bereich E. aufgerichtet wurde (Jos 18,1), gewann der Stamm trotz seiner geringen Zahl eine Bedeutung, über der er eifersüchtig wachte. Barak schlug Sisera u. a. mit ephraimitischer Hilfe (Ri 5,14). Als aber Gideon sie erst an der Verfolgung der geschlagenen Midianiter beteiligte, mußte er ihren Zorn über diese Zurücksetzung mit klugen Worten besänftigen (Ri 7,24–8,3). Nach Jephthahs Ammonitersieg bekam ihnen die gleiche Entrüstung schlechter, denn die Gileaditer wehrten sich mit den Waffen und brachten E. eine große Niederlage bei (Ri 12,1–6). Hierbei erfahren wir von einem kennzeichnenden Dialektunterschied: die Ephraimiter können kein 'sch' aussprechen, das Losungswort Schiboleth wird in ihrem Munde zu Siboleth (Ri 12,6). Vgl. Taf. 97/1536.

Während der Zeit Sauls und Davids steht E. auf der Seite der übrigen Nordstämme, ohne sich bes. hervorzutun (2 Sam 2,8.9; 1 Chron 12,30). Erst durch den Abfall der 10 Stämme von Salomos Sohn Rehabeam – der sich in Sichem vollzog, das dann Königsstadt wurde (1 Kö 12,1.16.25) – erlangt E. neuen Einfluß. Der erste König des Nordreiches, Jerobeam, und der Prophet Ahia sind Ephraimiter (1 Kö 11,26.29). Zur politischen tritt die religiöse Trennung. Eins der goldenen Stierbilder Jerobeams wird in Beth-El errichtet (1 Kö 12,28.29). Die Vorrangstellung E. im Norden läßt die Propheten den Namen vielfach für das ganze Reich Israel verwenden (Jes 7,5.9; 17,3; Hos 4,17; 9,3.11.16; Sach 9,10). Als die Assyrer 723/2 v. Chr. Samaria erobern, führen sie auch E. in die Gefangenschaft, aus der der Stamm als Ganzes nicht mehr zurückkehrt.

Danach werden die Boten Hiskias, die zur Passahfeier in Jerusalem einladen, vom Rest des Stammes, der noch im Land geblieben ist, verlacht und verspottet (2 Chron 30,1.10). Hiskia dehnt aber seine Vernichtung der Ascherabilder und heidnischen Altäre auch auf E. aus (2 Chron 31,1) – ebenso wie später Josia, der außerdem Gaben zur Ausbesserung des Tempels von Ephraimitern empfängt (2 Chron 34,6.9). Einzelne Ephraimiter haben sich noch bei der Rückkehr aus der babyl. Gefangenschaft zu Juda hinzugefunden (1 Chron 9,3). Die Propheten kündigen die endgültige Wiedervereinigung von E. und Juda an (Jes 11,13; Hes 37,16–19), und Hesekiel teilt dem Stamm in seiner Weissagung seinen Anteil am verheißenen Land zwischen Manasse und Ruben zu (Hes 48,5). In der Offenbarung wird der Name E. jedoch nicht genannt. Dort steht neben Manasse (Offb 7,6) Joseph (V 8).

3) Stadt in der Nähe von Baal-Hazor (2 Sam 13,23), mit Ephron (2 Chron 13,19) und dem benjaminitischen Ophra (Jos 18,23; 1 Sam 13,17) identisch. Dieser Ort ist das heutige Et-Taijibe, 7 km nordöstl. von Beth-El; es gibt allerdings auch andere Vermutungen.
Das Ephrem nahe der Wüste (Joh 11,54) ist vermutlich der gleiche Ort (Et-Taijibe). Unter der Wüste haben wir hier das Jordantal zu verstehen, das man von E. am Ostabfall des Berglandes weit überschaut. Der Ort lag etwas abseits, östl. der Hauptstraße von Jerusalem nach N. Zum arab. Namen vgl. → Beth-Leaphra. Vgl. Taf. 98/1537.

Ephraim, Gebirge. Ältester Name der zentralen Bergketten des Westjordanlandes nördl. des Gebirges Juda (Jos 17,15; Ri 3,27; 1 Sam 1,1; Jer 31,6). In den angegebenen Bibelstellen ist das Gebirge E. gleichbedeutend mit den Bergen von Samaria. Das Gebiet zwischen Rama und Beth-El gehörte zum Gebirge E. (Ri 4,5). Auch Sichem lag in diesem Bergland (1 Kö 12,25).

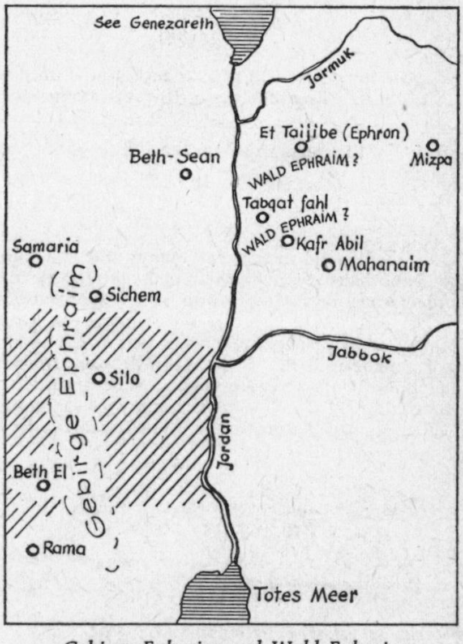

Gebirge Ephraim und Wald Ephraim
(das Stammgebiet Ephraims gestrichelt)

Ephraim, Wald (2 Sam 18,6). Die Lage ist unbekannt. Nach Dalman muß man diesen Wald zwischen Tabqat fahl und Kafr Abil oder auf der Hochfläche von Et-Taijibe (dem Ephron von 1 Makk 5, 46) östl. des Jordan und südl. des Jarmuk suchen. Da das Stammgebiet Ephraims westl. des Jordan lag, hat man zur Begründung des Namens an einen Zushg. mit der Niederlage der Ephraimiten durch Jephthah gedacht (Ri 12,4–6).

Ephraim, Tor → Jerusalem III C

Ephrath → Ephratha

Ephrata wohl »Fruchtland«.
1) Gegend um Bethlehem (Rt 4,11; Mi 5,1). 1 Mo 35,19; 48,7 heißt der Ort selber Ephrath, am Weg dorthin liegt Rahels Grab, südl. von Jerusalem.
Diese Stätte wird auch erwähnt auf dem Wege Sauls von Rama (2) über Rahels Grab und die Eiche Thabor nach Gibea (1 Sam 10,1–5). Man hat deswegen ein zweites E. bei Rama (1) annehmen wollen

und zieht dabei auch Jer 31,15 heran, wonach Rahel in Rama (LÜ auf der Höhe) klagt. Diese Annahme übersieht, daß die beiden Rama (1 u. 2) getrennt werden müssen und daß in 1 Mo 35,19; 48,7 das Grab ausdrücklich bei E. = Bethlehem angesetzt wird.
2) Frau Kalebs und Mutter Hurs (1 Chron 2,19.50; 4,4). An der ersten Stelle heißt sie Ephrath. Vgl. → Kaleb Ephratha.

Ephrather, ephrathisch bezeichnet Einwohner von Bethlehem (Rt 1,2; 1 Sam 17,12). Vgl. Ephratha (1).

Ephrem → Ephraim (3)

Ephron.
1) Hethiter, Sohn Zohars, von dem Abraham die Höhle Machpela als Begräbnisplatz für Sara kauft (1 Mo 23,8ff).
2) Größerer Ort im Norden des Stammes Juda (2 Chron 13,19) in der Nähe Beth-Els, vermutlich die Stadt → Ephraim (3), 20 km (Ll.) nördl. von Jerusalem.
3) Grenzgebirge zwischen Juda und Benjamin, in unmittelbarer Nähe der Stadt Kirjath-Jearim (Jos 15,9).

Epikurer Philosophen → Stoiker Philosophen

Eran. Sohn Suthelahs und Enkel Ephraims (4 Mo 26,36). Seine Nachkommen sind die Eraniter.

Erastus »Geliebt, begehrenswert«,
Christ, der Paulus in Ephesus diente und von ihm mit Timotheus nach Mazedonien vorausgesandt wurde (Apg 19,22). In Korinth sind beide wieder bei dem Apostel und grüßen die Gemeinde in Rom (Röm 16,21.23). Hier erfahren wir, daß E. der oberste Finanzbeamte der Stadt Korinth war. Später scheint er erneut mit Paulus gereist zu sein, zur Zeit der zweiten Gefangenschaft des Apostels in Rom blieb er dann aber in seiner Heimatstadt (2 Tim 4,20).

Inschrift des Erastus (nach einer ansprechenden Vermutung viell. der Gefährte des Paulus), der am Theater in Korinth auf eigene Kosten einen Steinfußboden legen ließ, um als Ädil (dem u. a. die öfftl. Spiele unterstanden) gewählt zu werden

Erbarmung → Barmherzigkeit

Erbauen → Bau, bauen, erbauen

Erbbegräbnis → Grab

Erbe, Erbrecht.
I) IRDISCHES ERBE.
1) Nach dem Erbrecht z. Zt. Abrahams waren nur die Söhne der rechtmäßigen Frau erbberechtigt, nicht die der Nebenfrau (1 Mo 21,10; vgl. später Ri 11,2); diese konnten jedoch einmalige Abfindung erhalten (1 Mo 25,6). Auch Töchter erbten manchmal mit den Söhnen zusammen (Hi 42,15). Waren keine Kinder da, so konnte auch ein Knecht als Erbe eingesetzt werden (1 Mo 15,2.3; vgl. → Erzvater).
2) Nach dem mosaischen Gesetz wurde das Eigentum eines Mannes nach seinem Tode unter die Söhne verteilt, wobei der älteste Sohn doppelt so viel erhielt wie die jüngeren Brüder (5 Mo 21,15–17). Waren keine Söhne vorhanden, erbten die Töchter (4 Mo 27,1–8), diese durften dann jedoch nicht außerhalb des väterlichen Stammes heiraten (4 Mo 36,1–12). Heiratete ein Mann eines anderen Stammes oder Volkes doch eine Erbtochter, so zählten die Kinder aus dieser Verbindung offenbar zur Familie der Mutter (1 Chron 2,34–41; Es 2,61). Das Erbe eines kinderlos Verstorbenen fiel an seinen Bruder; hatte er keinen, an die Brüder seines Vaters; und wenn es auch die nicht gab, an den dann nächsten Verwandten (4 Mo 27,9–11).
3) Blieb jedoch eine Witwe zurück, so hatte der Bruder des Toten die Pflicht, sie zu heiraten. Der 1. Sohn aus dieser Ehe erhielt dann Name und Erbe des Verstorbenen (5 Mo 25,5ff). War kein Bruder vorhanden, so sollte einer der nächsten Verwandten die Ehe mit der Witwe eingehen (Rt 3,12.13). Damit war die Pflicht verbunden, das in der Not verkaufte oder verpfändete Grundstück zu lösen (Rt 4,1 *goel* = Löser, LÜ Erbe). Wenn sich niemand fand, die Witwe zu heiraten, so blieb das Erbe mit allem, was dazu gehörte, ihr Eigentum, und fiel nach dem Tode an ihre nächsten Angehörigen.
4) Den Leviten wurde kein Erbteil gegeben, denn der Herr sprach zu Aaron: »Ich bin dein Teil und dein Erbgut unter den Kindern Israel« (4 Mo 18,20; 5 Mo 10,9; Hes 44,28 u. ö.).
5) Über Enterbungen sind erst im Talmud (→ Mischna) nähere Bestimmungen zu finden.
6) Schriftliche Testamente kamen erst unter der griech. und bes. der röm. Herrschaft auf (Gal 3,15; Hebr 9,17); in fürstlichen Familien wurden sie in Bezug auf die Erbfolge aufgesetzt (Jos. Ant. XIII, 16,1; XVII, 13,2). Der Talmud versuchte dann das stets beschränkte Recht der Testamentserrichtung mit dem altüberlieferten Erbrecht in Übereinstimmung zu bringen.
II) HIMMLISCHES ERBE.
Im übertragenen, geistlichen Sinn wird E. hauptsächlich von Paulus gebraucht, außerdem in 1 Petr 1,4; 3,9; Jak 2,5. Das »Erbteil der Heiligen im Licht« (Kol 1,12) ist das ewige Leben, zu dem die Gläubigen aus allen Nationen durch die Gnade Jesu Christi erwählt und so selbst des Herrn Erbteil und Erbvolk geworden sind (Eph 1,11.18), wie es schon im AT verheißen wurde (Ps 82,8). Dies E. ist unvergänglich, unbefleckt und unverweslich (1 Petr 1,4). Es steht den Christen zu, weil sie Kinder, Söhne Gottes sind, ist aber unverdient und kann nicht mit eigener Kraft erworben werden (Röm 4,14; Gal 3,29; 4,7; Tit 3,7). Doch gehören Mitleiden und Miterben zusammen (Röm 8,17). Treuen Knechten und Mägden wird für ihren Dienst im Reiche Gottes die »Vergeltung des Erbes« zugesichert (Kol 3,24). Das Pfand dafür ist der Heilige Geist, der im Herzen des Wiedergeborenen wohnt und die Gewißheit der Berufung zum himmlischen E. wachhält (Eph 1,14; 2 Kor 1,22).

Erbschichter. Erbteiler, der in Erbstreitigkeiten entscheidet (Lk 12,14).

Erdbeben, Erschütterungen der Erdoberfläche, die sich stoß- oder wellenartig fortpflanzen. Die Ursachen sind tektonische (gebirgsbildende) und vulkanische Vorgänge im Erdinneren. Bis heute sind in

Tafel 23
a. *Die Ruinen des Theaters in Ephesus, das über 24 000 Menschen Platz bot. Von hier führte die 11 m breite, von Säulenhallen begleitete Prachtstraße zum 530 m entfernten Hafen. Rechts der Straße die Ruinen der großen Sporthalle.*
b. *Rundes, aus Rohr geflochtenes Fischerboot am Euphrat.*

Syrien und Palästina E. bekannt. Ein wohl bes. starkes E. war z. Zt. König Usias in Juda (Am 1,1; Sach 14,5). Große Offenbarungen der Heiligkeit und Majestät Gottes waren von E. begleitet: die Gesetzgebung auf dem Sinai (2 Mo 20,18), was auch die Psalmen wiederholt erwähnen (Ps 68,9; 77,19; 114,7); der Tod Christi am Kreuz (Mt 27,52) und seine Auferstehung (Mt 28,2). Häufige E. sind das Vorzeichen des nahenden Endgerichtes über diese Erde (Mt 24, 7; Offb 6,12; 11,13.19; 16,18). Elia erlebte jedoch, daß der Herr sich nicht im E., sondern im stillen, sanften Sausen dem Menschen naht (1 Kö 19,11.12). E. zeigen die Macht des Schöpfers (Jes 29,6) im Gegensatz zur Ohnmacht der toten Götzen (Jer 10,10). Sie gehören mit zum Gericht an Juda (Jes 5,25; 24, 18; 29,6), Babel (Jes 13,13; Jer 50,46) und Ninive (Nah 1,5).
In Apg 4,31 ist die Erschütterung des Versammlungsraumes der Urgemeinde das göttliche Amen auf ihr Gebet, und in Apg 16,26 gebraucht der Herr ein E. zur Befreiung der Apostel Paulus und Silas aus dem Gefängnis zu Philippi.

Erde. I) Die → Welt, in der wir leben, im Gegensatz zu den Himmeln über uns (1 Mo 1,1).

II) Das trockene Land im Gegensatz zum Meer (1 Mo 1,10) bzw. die bewohnbare Welt (1 Mo 1,28; 18, 18). In der Poesie des AT ist von den Grundfesten, Pfeilern oder Säulen die Rede, auf denen der Erdboden ruht (1 Sam 2,8; Hi 9,6; Ps 75,4). Der Psalmist spricht ferner von der bewohnten Erde als auf den Wassern und auf dem Meer gegründet (Ps 24,2; 136,6; vgl. 2 Mo 20,4), auch sonst bezeichnet Gründen oder ihren Grund legen die Erschaffung der Erde durch den Schöpfer (Ps 102,26; 104,5–9; Spr 3, 19; 8,29; Jes 48,13).

III) Der Boden, auf dem die Pflanzen wachsen (1 Mo 27,28).

IV) Die Menschen als Bewohner der E. (Ps 98,9).

Erdharz oder Asphalt ist ein erhärtetes Erdöl, das sich in den meisten Formationen der Erdkruste findet. Chemisch ist es ein schwerer Kohlenwasserstoff, der sich durch die Zersetzung organischer Stoffe pflanzlicher und tierischer Art gebildet hat.
Z. Zt. des AT wie heute war E. ein viel begehrtes und gesuchtes Naturprodukt. Der Hauptfundort war im Altertum der südl. Teil des Toten Meeres, das daher den Namen Asphaltsee (lat. *Lacus Asphaltitis)* trägt. Hier tritt der Asphalt bes. im Wasser zutage. Er steigt in unregelmäßigen Abständen vom Meeresgrund auf und wird in großen Massen ans Ufer getrieben. E.gruben werden 1 Mo 14,10 im Tal Siddim genannt. In ntl. Zeit besaßen die Nabatäer das Monopol für die Lieferung von Asphalt vom Toten Meer nach Ägypten.
Man verwendete den Asphalt zu verschiedenen Zwecken, zum Dichten der Schiffe (vgl. 2 Mo 2,3), Einbalsamieren von Leichen und zur Herstellung wasserdichter Böden. In Babylon diente er auch als Mörtel (1 Mo 11,3).

Erech (assyr. Uruk).
Stadt in Südbabylonien am Euphrat, eine der ältesten Städte des Landes (1 Mo 10,10), heute Warka.

Tafel 24
a. Reitesel. Vgl. Ri 10,4; 12,14.
b. Dreschen im Libanon. Der Dreschschlitten fährt in immer engeren Kreisen um den Getreidehaufen herum. Die Körner bleiben am Boden liegen, außen bildet sich ein ringförmiger Wall aus Stroh. Ringsum liegen Haufen von Spreu und Getreide.

Die Stadt hat neben Kisch, Lagasch und Ur schon in den ältesten Zeiten Babyloniens eine bedeutende Rolle gespielt. Hier soll der Sagenheld Gilgamesch über ganz → Babylonien geherrscht haben.
Die Ausgrabungen legten u. a. den einzigen bisher entdeckten Hochtempel auf einem Tempelturm frei. Bewohner von E. wurden von den Assyrern nach dem Fall Samarias nach Nordisrael umgesiedelt (Es 4,9). Vgl. Karte Sp. 169/170.

Erfüllung, erfüllen → Geist, heiliger; → Gesetz; → Verheißung.

Erheben, erhöhen → Erniedrigen u. erhöhen

Eri »Wachsam«,
Sohn des Gad (1 Mo 46,16). Seine Nachkommen sind die Eriter (4 Mo 26,16).

Eriter → Eri

Erkaufen. I) Im AT wird wiederholt davon gesprochen, daß die Israeliten ausländische Knechte und Mägde als Leibeigene erkauften (1 Mo 17,12.13.27; 2 Mo 12,44). Ebenso wurden tote Gegenstände (1 Mo 50,13; Rt 4,7) und die Juden aus der Gefangenschaft »erkauft« (Neh 5,8).

II) Dieser Doppelsinn (von anderen »frei« und zugleich »für sich« kaufen) bestimmt auch den Gebrauch des Wortes im NT. Hier ist es Christus, der die Sünder mit seinem Blut als teurem Lösegeld aus der Herrschaft des Satans für Gott »erkauft« hat (1 Kor 6,20; 2 Petr 2,1; Offb 5,9; 14,3.4). Ein solcher Mensch ist nun Knecht, Sklave Gottes und darf sich nicht wieder in die Knechtschaft von Menschen begeben (1 Kor 7,23; vgl. Gal 5,1). → Erlösung.

Erkenntnis, erkennen.
I, 1) MENSCHLICHE E.
Gott hat den Menschen die natürliche E.fähigkeit und den E.trieb gegeben. »Gott hat alles vortrefflich eingerichtet zu seiner Zeit. Er hat auch den Trieb, die Welt zu erforschen, in das Herz des Menschen hineingelegt, jedoch so, daß sie das göttliche Walten nicht vom Anfang bis zum Ende durchschauen können« (Pred 3,11). So bedeutet die E. irdischer Dinge noch nicht wahre und vollkommene Erfüllung des Menschen. In Pred 1,13 steht: »und habe es mir angelegen sein lassen, vermittels der Weisheit alles zu erforschen und zu ergründen, was unter dem Himmel geschieht: ein leidiges (oder mühseliges) Geschäft, das Gott den Menschenkindern auferlegt hat, sich damit abzuquälen«, V 18: »denn wo viel Weisheit ist, da ist auch viel Verdruß, und mit der Zunahme der E. wächst auch der Schmerz (oder: die Enttäuschung)«. Rechter E.gegenstand sind vielmehr die Werke und der Wille Gottes (Kol 1,9b) und die Geheimnisse seines Reiches (Mt 13, 11).
2) Die natürliche E.fähigkeit des Menschen ist unvollkommen (1 Kor 13,9). Schon die sichtbare Schöpfung enthält für ihn eine Fülle ungelöster Geheimnisse (Hi 38; 41), und wieviel mehr gilt das vom Erkennen Gottes. Was der Mensch von Gott erkennen kann, sind nur die »Säume seines Waltens«, ist nur ein »leises Flüstern«, das wir von ihm vernehmen, nicht die Donnersprache seiner Macht (Hi 26,14). Doch obgleich der Mensch um die Unzulänglichkeit seiner E. weiß, neigt er doch immer wieder zum Hochmut, ja betet seine E. an. »Die E. macht dünkelhaft, die Liebe dagegen baut auf. Wer sich auf seine E. etwas einbildet, der hat noch nicht so erkannt, wie man erkennen muß. Wer dagegen Gott liebt, der ist von ihm erkannt« (1 Kor 8,1f).

3) Die Gefahr einer als Selbstzweck verstandenen E. wird in der Bewegung der Gnosis (griech. = E.) sichtbar, mit der die Urgemeinden zu kämpfen hatten (vgl. → Antichrist). Gnostiker konnten sich schließlich rühmen, auch »die Tiefen des Satans erkannt« zu haben (Offb 2,24). Im Hinblick auf solche Verirrung betont Paulus, daß vollkommene E. nur da möglich ist, wo man dem Bösen gegenüber Kind, d. h. unschuldig bleibt (1 Kor 14,20).

II) GOTTESERKENNTNIS.
1) Die Erkennbarkeit Gottes durch den Menschen, von der die HS ganz selbstverständlich spricht, beruht allein auf dem Verhältnis von Schöpfer und Geschöpf zwischen beiden, aus dem heraus Gott sich offenbart hat. »Gott wäre nicht der Schöpfer, wenn sich die Möglichkeit seiner E. anderswoher als aus ihm selber und seiner Offenbarung ergeben würde« (Otto Weber). Nur darum kann der Mensch Gott erkennen, und anders wäre eine Sicht der Natur und der Geschichte von Gott her nicht möglich (vgl. die Psalmen und Propheten).

2) Im Garten Eden hat sich Gott den ersten Menschen offenbart, indem er sichtbar und persönlich mit ihnen verkehrte. Das wurde durch die Sünde anders, die die Menschen von Gott getrennt hat. »Eure Verschuldungen scheiden euch und euren Gott voneinander und eure Sünden verhüllen (sein) Angesicht vor euch« (Jes 59,2).
Wenn Gott aber die Menschen nach dem Sündenfall hätte ganz ohne seine Offenbarungen dahingehen lassen, so wäre bald jede reine Gotteserkenntnis von der Erde völlig und restlos verschwunden. Darum hielt Gott die Verbindung mit dem Menschengeschlecht fest, obwohl die Menschen diese Verbindung nicht suchten. So ist auch das natürliche Menschentum, das zwar meint, sich von Gott losgelöst zu haben, von der Offenbarung Gottes umklammert. Denn »Gott läßt seine Sonne aufgehen über Böse und Gute und läßt regnen über Gerechte und Ungerechte« (Mt 5,45), und »der Sohn Gottes trägt mit dem Wort seiner Macht das All« (Hebr 1,3), und zwar fort und fort.

3) Die HS weiß daher von einer NATÜRLICHEN GOTTESERKENNTNIS aus der Schöpfung, der Geschichte und dem Gewissen.

a) Aus der Schöpfung sollten und konnten die Menschen »seine ewige Macht und Göttlichkeit« erkennen (Röm 1,19.20). Sie sind dafür verantwortlich, daß sie von dieser Art der Offenbarung Gottes keine Kenntnis genommen haben.

b) In der Geschichte ist Gott heidnischen Fürsten und Völkern oft nahe getreten, bes. da, wo die Völker mit Israel in weltgeschichtliche Berührung kamen, und es ist äußerst lehrreich zu beobachten, welche Eindrücke solche Begegnungen auf die Heiden gemacht haben, und welche Wirkungen von ihnen ausgegangen sind (vgl. Pharao, Nebukadnezar, Kores und später Pilatus, Felix, Festus). Auch Apg 17,26ff spricht von der Offenbarung Gottes in der Geschichte.

c) Dem äußeren Zeugnis in Schöpfung und Geschichte entspricht das innere Zeugnis des → Gewissens. Dieses Zeugnis darf nicht zu hoch und nicht zu niedrig angeschlagen werden. Es ist der strenge Befehl: »Tue das Gute und meide das Böse!« (Röm 2,14f).

4) DIE ÜBERNATÜRLICHE GOTTESERKENNTNIS.
a) Über diese allgemeine Offenbarung hinaus wählte sich Gott unter den Menschen der Erde ein ganz bestimmtes Volk aus, um sich ihm bes. zu offenbaren. Diese Offenbarungen Gottes an Israel sind niedergelegt im AT: Gott ist in Juda bekannt (Ps 76, 2). In der biblischen Gotteserkenntnis tritt uns nun im Unterschied zu allen heidnischen Göttervorstellungen grundsätzlich ein Zweifaches entgegen: Gott wird 1. als Persönlichkeit und 2. als Herr der Geschichte seines Volkes erkannt.
b) Im NT bekundet sich dann endgültig und abschließend Gottes Offenbarung in der Person Jesu Christi, durch den jetzt die Menschen zur vollen Gotteserkenntnis, die auf der Vergebung beruht (Jer 31,34), kommen können. Jesus konnte sagen: »Wer mich sieht, der sieht den Vater« (Joh 14,9). Was man an Jesus sah, was man von ihm hörte, die Werke, die er tat, all das führte zur E. Gottes.
5) DIE ERKENNTNIS CHRISTI ist die E. seines Wesens (wahrer Gott und wahrer Mensch) und seines Wirkens, kurz die E. seiner Herrlichkeit (2 Kor 4,6). Der Urheber der E. Christi ist Gott selbst (Mt 16,17), sie wird über die Schrift (Joh 5,39) und die Predigt (2 Kor 4,4.6) durch das Wirken des Heiligen Geistes vermittelt (Eph 1,17.18). Das Wachsen in der E. Christi (2 Petr 3,18), die zugleich Christusgemeinschaft ist (Joh 10,14), führt zur Reife »im Maße des vollkommenen Alters Christi« (Eph 4,13). In Christus liegen alle Schätze der Weisheit und der E. verborgen (Kol 2,3). Die E. Gottes und Christi (vgl. Joh 14,7) schenkt Gnade und Friede (2 Petr 1,2), ja ist das ewige Leben (Joh 17,3). Darum sagt Paulus: »Ich halte alles für Schaden (Verlust) angesichts der alles übertreffenden E. Christi Jesu, meines Herrn« (Phil 3,8).
6) Wenn die Gotteserkenntnis aber ewiges Leben bedeutet (Joh 17,3), so muß sie wirkende E. sein, E. nicht nur seines Wesens, sondern auch seines Willens (Jer 22,16; Apg 22,14; 1 Kor 14,37). Das führt einerseits zur Selbst- und Sündenerkenntnis des Menschen (Hi 42,2–6), was bes. die Aufgabe des im Gesetz erkennbaren Gotteswillens war (Röm 3,20; 7,7), anderseits zum tätigen Gehorsam, aus dem wieder neue E. wächst (Kol 1,9–11). Böse Werke und Sünden machen dagegen offenbar, daß die rechte Gotteserkenntnis fehlt (Tit 1,16; 1 Joh 3,6). Davor schützt auch alle Schriftgelehrsamkeit nicht, sie kann sogar zum Mittel werden, andern den Schlüssel der E. wegzunehmen (Lk 11,52). Als bes. Geschenk Gottes wird die E. auch unter den → Gaben des Geistes genannt (1 Kor 12,8), und an seinem Geist erkennen wir, daß Christus in uns bleibt (1 Joh 3,24).

III) Wie stark E. im biblischen Sinn stets auf die ganze Person des Erkannten gerichtet ist, zeigt auch der Wortgebrauch, nach dem die letzte leibliche Gemeinschaft in der Ehe als ein »Erkennen« bezeichnet wird (1 Mo 4,1; 1 Sam 1,19; 1 Kö 1,4; Mt 1,25).

Erker = Eckpfeiler (Ps 144,12).

Erlassen. I) Zum »E.« der Schuld, d. h. Verlängerung der Zahlungsfrist → Sabbatjahr. – Einen völligen Schulderlaß für arme Israeliten veranlaßte dagegen Nehemia während der Zeit des Wiederaufbaus der Mauer Jerusalems (Neh 5,9–12).

II) In bezug auf die Schuld der Sünde gibt der Herr Jesus seinen Jüngern die Vollmacht zum E. derselben (Joh 20,23). Dieser Auftrag ist eine Erneuerung der Berufung von Mt 16,19; 18,18 und bezieht sich nicht auf einen einzelnen Jünger, z. B. Petrus, sondern auf die Jünger als Gemeinde Jesu Christi (vgl. dazu Mt 18,15–19). Ihr Beschluß im Namen Jesu soll auch im Himmel anerkannt werden.
Daß sich die Bereitschaft Gottes zum völligen Erlaß der Schuld des Menschen nicht nach deren Größe

richtet, zeigt Jesus in seinem Gleichnis vom Schalksknecht (Mt 18,27.32). Er erwartet aber von dem, der Vergebung empfing, daß er nun seinerseits bereit ist, seinem Nächsten die Schuld zu e. (vgl. Mt 6,12). Dabei sollte dies so gründlich geschehen, wie Gott es tut (Mi 7,18.19), e. = vergessen, als sei sie nie gewesen. Vgl. → Vergeben.

Erlaßjahr. Andere Bezeichnung für das → Sabbatjahr (5 Mo 15,1).

Erleuchtung, erleuchten. I) Gott ist als das → Licht die Quelle aller E. (Ps 118,27; 18,29). Vor der Ausstrahlung des göttlichen Lichtes muß die Finsternis weichen.

II) Daß der Mensch den Willen Gottes nicht aus sich erkennen kann, sondern Gott ihn belehren muß, ist im AT allgemeine Überzeugung. Daher die häufigen Bitten um klare E.: »Gott lasse sein Angesicht über uns leuchten, daß wir auf Erden deinen Weg erkennen, dein Heil bei allen Völkern« (Ps 67, 2f). »Laß Dein Angesicht leuchten über deinem Knecht und lehre mich deine Satzung« (Ps 119,135). »Die Gebote des Herrn erleuchten die Augen« (Ps 19,9). Für Jesaja geschieht diese Ausstrahlung des göttlichen Lichtes durch den Messias (Jes 9,1[2]; 59,9; 42,6; vgl. Lk 1,79; 2,32).

III) Im NT hat Jesus Christus, der erschienene Messias, als das Licht der Welt (Joh 8,12) die voraussagenden Erkenntnisse der Propheten des AT herrlich und wunderbar erfüllt. Das Licht, das Gott in Christus in die finstere Nacht sandte (Joh 1,5), leuchtete zunächst in Israel, ist aber für die ganze Welt bestimmt. Im Evangelium wird es weitergetragen (2 Kor 4,3–6). Zuerst sind es die Apostel, in deren Herzen durch den Heiligen Geist ein heller Schein entsteht. Dadurch werden sie ausgerüstet, Werkzeuge zu sein, durch die die E. von der Erkenntnis der Klarheit Gottes im Angesicht Jesu Christi entsteht (vgl. Eph 3,9).

IV) Die erleuchtende Kraft des Evangeliums scheint hinein in das Dunkel der Sünde und der Lüge, macht sie offenbar (Eph 5,13) und gibt Licht über den einzigen Weg der Rettung (V 14). Der Mensch hat sich diesem Ruf gegenüber zu entscheiden (Joh 3,19–21). Nimmt er den Ruf an, so beginnt die Bekehrung von der Finsternis zum Licht. Dieser Bekehrung geht eine E. voraus, aber es folgt ihr auch eine E. nach, da der Geist Gottes denen, die sich für das Licht entschieden haben, das Auge immer mehr erleuchtet (Joh 16,13). Sie bekommen immer geübtere Sinne, Böses und Gutes zu unterscheiden und das Gute, das Göttliche zu erwählen (Hebr 5,14). In diesem Sinn gehört die E. zur → Heiligung, die ohne sie nicht möglich ist. Daher erbittet Paulus den Gemeinden »erleuchtete Augen eures Verständnisses« (Eph 1,18).

Erlösung, erlösen.

I) IM AT.
Israel hat seine erste große E. erlebt, als es der Herr aus der Macht Pharaos in Ägypten befreite. Das ist als Überschrift über die 10 Gebote gesetzt: »Ich bin der Herr dein Gott, der ich dich aus Ägyptenland, aus dem Diensthaus geführt habe« (2 Mo 20,2).
Diese große Befreiung war für das Volk eine dauernde Erinnerung, und darin war die geistliche Erlösung vorgebildet, die Gott durch Jesus bereitet hat. Daß Israel sich noch nach einer größeren E. sehnte, drückt es in seinem Sehnsuchtsruf nach dem Erlöser aus: »Ach, daß die Hilfe aus Zion über Israel käme und der Herr sein gefangen Volk erlösete!« (Ps 14,7).

II) IM NT.
Durch die Trennung von Gott ist der Mensch im Streben nach unbedingter Freiheit in die schwerste Gefangenschaft, in die Gewalt der → Sünde, des Teufels und des Todes geraten und hat den ganzen Kosmos mitgezogen. Sollte Welt und Menschheit aus dieser Sklaverei der satanischen Mächte, diesem Fluch und Bann befreit und dem Ziel ihrer Bestimmung entgegengeführt werden, dann waren außerordentliche, göttliche, schöpferische Mächte nötig, sie zu erlösen. Um diese E. zu vollbringen, ist Jesus Christus in die Welt gekommen (Hebr 2,14.15). Gott hat, so jubelt der Lobgesang des Zacharias, die E. gebracht und Jesus gesandt, »daß wir, erlöst aus der Hand unserer Feinde, ihm dienten ohne Furcht unser Leben lang« (Lk 1,71.74). Durch sein Leiden und seinen Kreuzestod hat Jesus Christus eine ewige E. erworben (Hebr 9,12). In ihm haben wir die E. durch sein Blut (Eph 1,7) und die Vergebung unserer Sünden. »Denn Jesus Christus ist gekommen, daß er diene und gebe sein Leben zu einer E. für viele« (Mt 20,28; 1 Tim 2,6). Christus erlöst nicht nur von der Sünde, sondern auch vom Fluch des Gesetzes (Gal 3,13; 4,5), vom Zorn Gottes (1 Thess 1,10), und vom Tode (Röm 7,24f; Hebr 2,15). Diese E. bezieht sich aber nicht nur auf den Einzelnen (2 Tim 4,18), sondern auf die ganze Gemeinde, das ganze Volk Gottes (Lk 1,68). Gott hat durch Jesus Christus den ganzen Kosmos mit sich selbst versöhnt (Kol 1,20; Eph 1,10).

III) Dies Evangelium von der E. ist das Herzstück des christlichen Glaubens. So sehr auch bei allen heidnischen Völkern eine Sehnsucht nach der E. zu verspüren und auch eine gewisse Erwartung eines Erlösers lebendig ist, der Hilfe in die Existenznot des Menschen bringen wird, wahre E. ist nach biblischem Zeugnis allein in Jesus Christus (1 Kor 1,30).

IV) Die in Christus geschehene E. durchläuft nun aber einen Prozeß. Im Sterben und Auferstehen Jesu Christi liegt die vollkommene Versühnung aller unserer Sünden. Die E. ist geschehen, der Sieg ist erfochten. Doch die Kräfte der Auferstehung erlangt der Gläubige nicht auf einmal und die Lösung von der Macht der Sünde erstreckt sich über sein ganzes Leben. Diesen Prozeß der Reinigung und Lösung von Sünden nennt man → Heiligung.
Doch erst mit der Auferstehung von den Toten und dem Eingang in das neue Reich wird die E. der Menschen vollkommen sein. Diese endgültige E. erwartet mit den Kindern Gottes die ganze Schöpfung (Röm 8,21ff), die am jüngsten Tage zur vollkommenen Herrlichkeit erblühen wird. Die Gläubigen, versiegelt auf den Tag der E. (Eph 4,30), werden auf einer neuen Erde wohnen, die erfüllt ist von der Erkenntnis des Herrn (Jes 11,9; Hab 2,14).

Ermahnung, ermahnen. Das Wort E., das bei LÜ nur im NT vorkommt, gibt das sowohl im griech. AT (LXX) wie im NT häufig vorkommende griech. *parakalein* wieder, das jedoch vielfach auch mit bitten, trösten u. ä. übersetzt wird.
Im NT wird es in dreifachem Sinn verwendet.

I) Herbeirufen, einladen, zureden, bitten. Paulus ruft die Vornehmsten der Juden zu sich (Apg 28, 20). Lydia lädt Paulus ein, in ihrem Hause zu bleiben (Apg 16,15). Freunde des Paulus reden ihm zu, sich nicht in Gefahr zu begeben (Apg 19,31). Die Menschen bitten Jesus, ihre Kranken zu heilen (Mk 6,56; 7,32; 8,22).

II) Zu etwas aufrufen, ermahnen, (freundlich) zurechtweisen (2 Kor 5,20; Phil 4,2; 1 Tim 5,1).
Das Wort steht hier im geistlichen Sinne, insbes. enthält es die Aufforderung zum rechten, heiligen Wandel (Apg 15,32; Eph 4,1). In diesem Zushg. trägt es nicht nur allgemein seelsorgerlichen Charakter, sondern die E. wird zu einem Element der Einzelseelsorge überhaupt (vgl. 1 Thess 2,11; 5,11 u. ö.). In der Hauptsache ermahnen die Jünger Jesu ihre Brüder und Schwestern zu ganzer Hingabe an Gott (Röm 12,1), zum Gebet (Röm 15,30), zur Wachsamkeit (Röm 16,17), zur Zucht (Tit 2,6). Lehre und E. (1 Tim 6,2) sind zwei Hauptelemente evangelischer Predigt, wovon das Lehren in erster Linie auf Erkenntnis und Glauben, das Ermahnen auf Willen und Tat, d. h. den praktischen Lebenswandel, gerichtet ist. Wo die Förderung der Erkenntnis die Förderung der praktischen Bewährung mit einschließt, da umgreift »das Ermahnen« die ganze Predigt; Predigt und Wortverkündigung werden bisweilen mit dem Wort Ermahnen wiedergegeben (Apg 20,2 u. ö.). Diese E. hat die Praktizierung des Evangeliums zum Ziel, das sich ja nie auf reine Wissensvermittlung beschränkt. Paulus geht darum noch weiter und fordert seine Mitbrüder auf, bes. die, denen das Wort vertraut ist, den willigen Zuhörer zu ermahnen, den Unwilligen zu strafen (2 Tim 4,2; Tit 1,9). Diese Verbindung von E. und Zuchtübung in der Seelsorge wird bereits in der Predigt Jesu deutlich (Mt 18,15ff; vgl. auch Gal 6,1).
Das Ermahnen ist hauptsächlich Pflicht der Lehrer und wurde von den Aposteln reichlich geübt (Röm 12,1; 1 Thess 4,10; 5,14; 1 Petr 2,11), ihren Schülern aufgetragen (1 Tim 4,13; 6,2; 2 Tim 4,2; Tit 1,9; 2,6.15), aber auch den Christen untereinander befohlen (1 Thess 5,11). Es ist ein gefährliches Zeichen, wenn in einer Gemeinde diese gegenseitige Förderung in der Heiligung aufgehört hat.

III) Ermutigen, trösten, ermuntern (Mt 5,4; Apg 20,12; 2 Kor 7,6; 1 Thess 3,2; 4,18 u. ö.).
Hier hat das Wort seinen tiefsten und schönsten Sinn. Es wird zum Träger göttlichen Erbarmens über menschliches Versagen und menschliche Mutlosigkeit (2 Kor 1,4).

IV) Im Grundtext ist von *parakalein* das Hauptwort *paraklaetos* (Tröster, Beistand) abgeleitet, eine Bezeichnung des Heiligen → Geistes (Joh 14,26; 15,26; 16,7).

Erneuerung, erneuern, neu. I) E. ist Ziel des göttlichen Heilshandelns (Offb 21,5). Die ganze Kreatur ist nach dem Sündenfall erneuerungsbedürftig, denn nicht nur die Menschheit ist dahingegeben unter die Verderbensmächte von Satan, Sünde und Tod, sondern auch die übrige Kreatur ist der »Nichtigkeit«, d. h. der Vergänglichkeit und Sinnlosigkeit unterworfen (Röm 8,19ff).

II) Diese Neuschöpfung hat Gott in Jesus Christus beschlossen. Jesus selbst, der Bringer und Mittler der rettenden, göttlichen Königsherrschaft, ist der neue Mensch, Haupt und Anfang der neuen Schöpfungsreihe (Röm 5,12ff; 1 Kor 15,21ff). Er selbst bringt und verkörpert den »neuen Bund« (Lk 22,20). Wer in Christus ist, der ist im Glauben eine »neue Kreatur« (2 Kor 5,17), er lebt nach dem »neuen Gebot« (Joh 13,34) und wird je länger je mehr umgewandelt »in seinem innersten Wesen« (Eph 4,23), daß Christus in ihm »Gestalt gewinnt« (Gal 4,19) und er verwandelt wird in Jesu Bild von einer Klarheit zur anderen (2 Kor 3,18).

III) Diese Erneuerung wird uns zuteil durch die Kraft des Heiligen Geistes. Wer im Glauben dem Willen und Wirken Gottes gehorsam wird, wird wiedergeboren zu einem neuen Leben. Er hält sich dafür, daß sein »alter Mensch« mit Christus gekreuzigt ist (Röm 6,6) und zieht den »neuen Menschen« an, »der nach Gott geschaffen ist« (Eph 4,24). So ist die Erneuerung zugleich gnädige Gabe (1 Petr 1, 3) und heilige Aufgabe (Röm 13,14; Kol 3,10) für den wahren Christen.

IV) In solches Neuwerden wird auch unser Leib hineingezogen. In dem neuen Leben in Christus haben wir jetzt schon die »Erstlingsgabe des Geistes«, und strecken uns doch, solange wir noch im Fleisch leben, sehnsüchtig aus nach der »Erlösung des Leibes« (Röm 8,23) und der Vollendung bei der Wiederkunft unseres Herrn. Dann erst wird offenbar und sichtbar, was wir sein werden, dann werden wir Jesus gleich sein in verklärter Leiblichkeit und werden ihn sehen wie er ist (1 Joh 3,1–2).

V) In der Vollendung wird sich verwirklichen, was verheißen ist. Der neue Himmel und die neue Erde (Offb. 21,1), das neue Jerusalem (Offb 21,2), der neue Name der Erlösten (Offb 2,17) und das neue Anbetungslied des Volkes Gottes (Offb 5,9; 14,3) werden den Glanz der ewigen göttlichen Herrlichkeit widerspiegeln.

Erniedrigen und erhöhen. I) Der Herr allein ist hoch und erhaben, er wohnt im Heiligtum und in der Höhe (Jes 57,15). Das entspricht der isrl. Vorstellung von der Welt (Ps 14,2; 33,13.14; 104,3), ist jedoch keine nur äußerliche Feststellung, sondern entspricht dem Verhältnis des Menschen und der Schöpfung zu ihrem Schöpfer.

II) Der Mensch, dem die Demut vor seinem Herrn gebührte (Mt 18,4; 23,12 u. ö.), die Erniedrigung vor dem König der Welt (vgl. Phil 2,9ff), erhob sich wider den Herrn (vgl. Dan 5,23) und wider seinen Bruder (1 Mo 4,8). Der Mensch will selbst König sein. Darum stößt ihn Gott von der angemaßten Höhe (Jes 2,11ff), erniedrigt den Hohen mit seinen Augen (2 Sam 22,28), der durch seine eigene Sünde bereits bis zur Hölle erniedrigt ist (Jes 57,9).

III) Jesus Christus, der Sohn des lebendigen Gottes, hat dieses Gericht Gottes über den Menschen auf sich genommen und sich von den Höhen seiner Herrschaft zur Erde erniedrigt (Phil 2,8; Hebr 2,9), er ist gehorsam geworden und für die Menschen den Weg der Erniedrigung und der Verdammnis bis ins Totenreich, in die → Hölle gegangen (1 Petr 3,19; 4,6; vgl. Eph 4,8.9). Darum hat ihn sein himmlischer Vater erhöht über alle Götter (Ps 97,9), alle Menschen (Apg 5,18) und die gesamte Kreatur (Phil 2,9), ein Geschehen, das bereits im erhöhten Kreuz angedeutet war (Joh 3,14; 12,34). Diesen Weg zur Erhöhung führt Gott diejenigen (Jak 4,10), die an sich das Gericht der Selbsterniedrigung und Demütigung vollziehen (Hes 21,31[26]; Mt 23,12).

IV) Alle falschen Propheten (Mt 24,11) und falschen Christi (Mk 13,22), die sich gegen den Herrn erhoben haben, werden am letzten Tag (→ Gericht), an dem der erhöhte Herr wiederkommen wird, sich beugen. Dann werden alle Höhen erniedrigt und die Täler zu einem gangbaren Wege unseres Gottes geebnet (Jes 40,4). Dann werden sich alle Hohen endgültig beugen müssen (vgl. Jes 10,33), die hohen Städte (Jes 26,5), die hohen Bäume (Hes 17, 24), ja die gesamte Kreatur, die sich gegen Gott erhebt, wird erniedrigt werden (Jes 2,11–17). Das

Niedrige aber wird der gerechte Richter erheben (1 Sam 2,7; Ps 75,8), damit das, was nichts ist, etwas sei (1 Kor 1,28), durch ihn und zu seinem Ruhm.

Ernte. Die äußeren Angaben über E. und E.zeiten in der Landwirtschaft finden sich unter → Ackerbau und → Jahr.

I) Gott behütet die E. treulich und jährlich (Jer 5, 24), wie er nach der Sintflut verheißen hat (1 Mo 8, 22). Sein Segen gibt das rechte Wetter, Früh- und Spätregen zu guter und reicher E. (3 Mo 26,3–5; 5 Mo 11,13–15; Ps 65,10–14). Mitten unter den Verheerungen des Assyrereinfalls verheißt er Hiskia neues Säen und Ernten im 3. Jahr (Jes 37,30). Der E.segen des Herrn gilt allen und schließt niemand aus. Darum ist das völlige Abernten und die Nachlese verboten zugunsten der Armen, der Fremdlinge, der Witwen und Waisen (3 Mo 19,9.10; 5 Mo 24,19–23). Und Gott hört die Klage der E.arbeiter, denen ihr Lohn vorenthalten wird (Jak 5,4). E.freude und E. werden zum Bild der künftigen Heilszeit (Jes 9,2[3]; Hos 6,11; Am 9,13).

II) Anderseits trifft das Gericht Gottes auch die E. (2 Mo 9,25.31.32; Jo 1,11; Jer 12,13). Wer unter seinem Fluch steht, sät und erntet doch nicht (Mi 6, 15); seine E. verzehren andere (Jer 5,17). Weiter erscheint das Gericht selber im Bild der zerstörten E. (Jes 16,9.10; Jer 48,32.33), als E. (Jer 51,33; Jo 4,13 [18]; Offb 14,15–20) und Nachlese (Jer 6,9; 8,13). Im NT tritt das Einsammeln der Frucht in der E. des Endgerichts stärker hervor (Mt 3,12; 13,30.39; Mk 4,29). Jesus sieht sein und seiner Jünger Wirken als Arbeit in der E. Gottes, der es an Helfern fehlt, sie einzubringen (Mt 9,37.38; Joh 4,35–38).

III) Saat u. E. sind ein Grundgesetz auch des geistlichen Wirkens. Daraus ergibt sich die ernste Frage nach der Frucht (Jes 5,1–7; Lk 13,6). Was der Mensch sät, wird er ernten im Guten oder im Bösen (Hos 10,12.13; Hi 4,8; Spr 22,8): vom Fleisch kommt Verderben, vom Geist ewiges Leben (Gal 6,7–9). Auch im Maß, kärglich oder reichlich, entsprechen sich Säen und Ernten (2 Kor 9,6). Und wer Geistliches sät (1 Kor 9,11), erhält zugleich, was er braucht. Alles Säen jedoch ist mit Sterben verbunden; erst dadurch kann es Frucht bringen (Joh 12, 24). Die mit Tränen säen, werden mit Freuden ihre Garben einbringen (Ps 126,5.6). All das schwingt mit, wenn Paulus 1 Kor 15,20 Christus den Erstling nennt unter denen, die da schlafen. Denn der Auferstehungstag (vgl. Mt 28,1) ist der gleiche Tag nach dem Sabbat, dem 1. Tag der ungesäuerten Brote, an dem jährlich die Erstlingsgarbe der Gerstenernte dargebracht wurde (3 Mo 23,10.11). Nach diesem Opfer war der Genuß der neuen E. frei (V 14).

IV) Im Gleichnis wird auch das E.wetter verwendet (Spr 25,13; 26,1).

Erquickung, erquicken gibt in LÜ vorwiegend das hebr. *chajah* = »wieder lebendig machen« wie das griech. *anapauô* = »ausruhen lassen, Ruhe geben« wieder. Das dt. Wort (vgl. althochdt. *quec* = lebendig) bedeutet wie das hebr. wörtlich »neu beleben«, d. h. dem Menschen Kraft und neues Wohlgefühl geben, körperlich oder geistlich.

I) Körperlich erquickt der Trank den Durstigen (Ri 15,19), die Ruhe den Müden (2 Mo 23,12), Genesung den Kranken (Ps 41,4).

II) Geistliche E. gibt Gott denen, die sich ihm zuwenden, nicht nur durch seine Gerechtigkeit (Ps 119, 40), sein Wort (V 50), seine Gnade (V 88), sondern auch durch seine Befehle (V 93). Er erquickt die müde Seele, die Seele im Staube (Jer 31,25; Ps 119,25), in der Angst (Ps 138,7), den Geist der Gedemütigten (Jes 57,15).
Verbunden im Geiste Jesu, der die Mühseligen und Beladenen erquickt (Mt 11,28), erquicken sich die Glieder der Gemeinde untereinander (Röm 15,32; 1 Kor 16,18 u. a.).

III) Die Zeit der E., also ein dauernder Zustand der E., kommt für die Gläubigen mit der Wiederkunft des Herrn (Apg 3,20).

Erscheinung. I) Im allgemeinen bezeichnet dieser Ausdruck ein Geschehen, das von außen in sinnhaft wahrnehmbarer Form an den Menschen herantritt. Doch können damit gelegentlich auch Vorgänge angedeutet sein, die nur als → Träume oder → Gesichte dem Geistesauge wahrnehmbar sind (1 Kö 3,5; Dan 8,1; Apg. 16,9). An bes. Wendepunkten des Reiches Gottes hat der Herr durch E. die himmlische Welt den Seinen zur Stärkung des Glaubens nahegebracht (1 Mo 18,1; Ri 6,12; 13,3; Mt 17,3). Zu diesen E. gehören auch die sog. Gotteserscheinungen in Gestalt sinnhaft wahrnehmbarer Engel (1 Mo 18; 1 Mo 32,2[1]f; 4 Mo 22,32; Jos 5,13; Mt 28,2; Mk 1,13; 16,5; Lk 1,11; 22,43; Apg 12,7–11 u. ö.) oder Naturerscheinungen (2 Mo 19,16; 20,18; 24,17 u. ö.). Die Herrlichkeit des Herrn tat sich Israel auch in Wolken und Feuererscheinungen kund (2 Mo 16, 10; 3 Mo 9,4 u. ö.).

II) Die Verheißungen des AT von der E. des Herrn (Ps 94,1; 102,17; Jes 60,2; Sach 9,14; Mal 3,2; Lk 1,79) sind teilweise in Jesus erfüllt oder warten noch auf den großen Tag Jesu Christi. Nachdem der Sohn Gottes durch seine Menschwerdung hier in dieser Welt sichtbar geworden ist (2 Tim 1,10; 1 Joh 1,2; 3,8; Hebr 9,26) und nachdem sich der Auferstandene nicht allein den Engeln, sondern auch seinen Aposteln leibhaftig gezeigt hat (1 Tim 3,16; Apg 13,31; 9,17; 26,16.19), wird er am Ende der Tage in seiner göttlichen Herrlichkeit sichtbar erscheinen (Mt 24,30; 2 Thess 1,10; 1 Petr 5,4; Hebr 9,28). Dies Erscheinen bei seiner Wiederkunft wird dem Gläubigen zur Rettung, dem Ungläubigen aber zum Verderben werden (2 Thess 2,8; 1 Tim 6,14; 2 Tim 4,1; Tit 2,13). Vgl. → Wiederkunft Jesu.

Erstgeburt, Erstlinge.

I) DER BIBLISCHE BEGRIFF.
In der Bibel liegen ausgeprägte Anschauungen über die Bedeutung der Erstgeborenen bei Menschen und Vieh und der Erstlinge bei den Früchten aus Feld, Weinberg und Garten vor. Diese Anschauungen fanden ihren Niederschlag in einer Reihe von Vorschriften, die das E.- bzw. Erstlingsopfer betreffen. Das griech. *aparchae* = Erstling, Erstlingsopfer weist auf den auch in der heidnischen Welt bekannten Brauch hin, von neuem Besitz stets das Schönste und Beste der Gottheit zu opfern. Das Erste ist immer das Angeld des Ganzen. Durch die Darbringung des Ersten wird das Ganze geweiht. Wenn Israel seine Erstlingsgaben opferte, erkannte es an, daß alles dem Herrn gehört. Erst nach der Darbringung der Erstlingsopfer durften die Israeliten von den neuen Erträgen des Landes genießen (3 Mo 23, 14).

II) DIE DURCHFÜHRUNG DER ERSTLINGSVORSCHRIFTEN IM AT.

1) BEIM MENSCHEN.
Entscheidend bei der Zuteilung des E.rechtes ist, wer der Erstgeborene des Mannes (und nicht etwa der bevorzugten Frau) ist (5 Mo 21,15–17). Bei der

E. des Viehs gilt selbstverständlich nur die E. des Muttertieres. Daß die erstgeborenen Kinder als Opfer verbrannt wurden, war in Israel als »heidnischer Greuel« bekannt und strengstens verboten (2 Kö 3,27; 16,3; 21,6 u. ö.). Es konnte sich also bei der E. vom Menschen nur um eine symbolische Darbringung handeln. Von aller E. sowohl beim Menschen als auch beim Vieh gilt, daß sie dem Herrn heilig ist. Von Rechts wegen sind alle Erstgeborenen in Israel für den Herrn auszusondern und zu seinem Dienst zu weihen. Hier treten nun gewisse Lösevorschriften in Kraft. Jede E. vom Menschen ist loszukaufen (2 Mo 13,13).

Außerdem tritt der Stamm Levi an die Stelle derer, die sonst als Erstgeborene dem Herrn hätten unmittelbar dienen müssen. Die Leviten werden gewissermaßen als Ersatz oder stellvertretend für alle Erstgeborenen in Israel für den Herrn ausgesondert (4 Mo 3,11–13; 8,14–19). Bei der Musterung der Leviten (4 Mo 3,40ff) erhält Mose von Gott den Auftrag, alle E., einen Monat alt und darüber, zu zählen. Die hierbei gewonnene Zahl der Erstgeborenen liegt um 273 über der Zahl der Leviten. Für diese 273 »Überzähligen« ist ein Lösegeld von je 5 Silberlingen zu erheben. Das Lösegeld und der stellvertretende Dienst der Leviten lösten die Hingabe und den Dienst ab, den die Erstgeborenen dem Herrn selber schuldeten.

2) BEIM VIEH.

Wie bereits Abel von den Erstlingen seiner Herde und von ihrem Fett geopfert hatte (1 Mo 4,4), waren in Israel alle E. der → reinen Tiere dem Herrn darzubringen (2 Mo 22,29[30]; 3 Mo 22,27; 4 Mo 18,17). Diese Opfer durften nur an der erwählten Stätte vollzogen werden. Ebenso durften die Opfertiere niemals in den Wohnorten verzehrt werden, sondern ebenfalls nur an der heiligen Stätte. Keines dieser Erstlingstiere durfte zur Arbeit herangezogen oder geschoren werden (5 Mo 12,6.17; 15,19–23). Hierbei handelt es sich ausdrücklich nur um fehlerfreie Tiere. Sobald ihnen irgendein Makel anhaftete, mußten sie am Herkunftsort gegessen werden (ebd.) Die Opferung aller E. unter dem Vieh scheint aber nicht das einzige gewesen zu sein. Entsprechend der Regelung beim Menschen soll auch der Leviten Vieh zur Auslösung aller E. des Viehs genommen werden. So jedenfalls wurde es Mose vom Herrn aufgetragen (4 Mo 3,41.45). Unreine Tiere konnten auf keinen Fall geopfert werden, sie waren auszulösen (4 Mo 18,15). Es war der Schätzungswert zu zahlen, dem noch ein Fünftel des Betrages hinzuzufügen war (3 Mo 27,27). Vgl. auch → Esel II.

3) BEI DEN ERTRÄGEN DES FELDES.

»Ehre den Herrn mit den Erstlingen deines gesamten Feldertrages« (Spr 3,9) war für Israel eine unbedingte Verpflichtung. Das Beste und Vorzüglichste von den Erstlingen von Öl, Most, Getreide, von allen Baumfrüchten und vom Honig war in das Haus des Herrn zu bringen (2 Mo 23,19; 4 Mo 18, 12; 5 Mo 18,4 auch Erstlinge von der Schur der Schafe; Neh 10,36; 2 Chron 31,5). Aber auch die Erstlinge von den bereits verarbeiteten Feldfrüchten waren dem Herrn zum Opfer darzubringen. So wurden Erstlingsbrote geweiht (3 Mo 23,20). Von den Erstlingen des Schrotmehls brachte man dem Herrn ein Opfer in Gestalt eines Kuchens (4 Mo 15,20). Alle diese Erstlinge gehörten den Priestern. Wer unter ihnen rein war, durfte davon essen (Hes 44,30; 4 Mo 18,11). Wenn die Erstlingsfrüchte ins Heiligtum gebracht wurden, nahm der Priester den Korb mit den Gaben und setzte ihn vor dem Altar nieder. Dabei legte der Darbringende ein dankbares Bekenntnis ab zu den wunderbaren Führungen seines Volkes (5 Mo 26,1–11).

Eine bes. Vorschrift bestand für die Früchte neugepflanzter Bäume (3 Mo 19,23–25). Sie sollten 3 Jahre lang als »Vorhaut« (vgl. → Beschneidung IV) angesehen und nicht gegessen werden, die Bäume galten solange als unbeschnitten und unrein. Im 4. Jahre waren alle Früchte heilig, ein Preisopfer für den Herrn, wurden also festlich ins Heiligtum gebracht und kamen den Priestern zugute. Erst im 5. Jahr durften die Israeliten selber davon essen, und dann sollten sie ihnen auch weiterhin Ertrag bringen.

III) DIE BES. BEDEUTUNG DER ERSTGEBORENEN SÖHNE IN ISRAEL.

Daß dem Erstgeburtsrecht in Israel eine hohe Bedeutung zukommt, geht vor allem aus der Jakobsgeschichte hervor (1 Mo 27). Obwohl Esau der Erstgeborene war, war doch Jakob nach Gottes Wahl der eigentliche Inhaber des E.rechtes und aller damit verbundenen Verheißungen (Röm 9,10–13). Diese Erwählung Jakobs war nicht unbegründet. Esau hatte sich nämlich selbst unwürdig gezeigt, indem er seine E. verachtete (1 Mo 25,29–34). Anderseits ist auch Jakob nicht ohne Schuld, da er eigenmächtig unter Zuhilfenahme von Lug und Betrug den E.segen zu erlangen suchte. Das hat er dann auch schwer büßen müssen. Trotz allem gilt aber Jakob-Israel als Gottes »erstgeborener Sohn« (2 Mo 4,22). Er steht stellvertretend für das ganze Volk. In ihm ist Israel als Volk Gott geweiht. Auch hier gilt, daß das Erste immer Angeld des Ganzen ist. Weil Pharao sich weigerte, Gottes Erstgeborene ziehen zu lassen, wurde er mit Tötung seines erstgeborenen Sohnes bestraft. An den Leviten, die ja stellvertretend für alle E. ausgesondert werden, wird vor allem deutlich, welche Bedeutung den erstgeborenen Söhnen in Israel eignet. Als unverbrüchliches Eigentum des Herrn sind sie ihm heilig und beauftragt. dem Herrn priesterlich zu dienen. Die hohe Sonderstellung der Erstgeborenen kommt außerdem auch in der Bestimmung zum Ausdruck, daß der Erstgeborene als Erstling der Manneskraft doppelten Anteil am väterlichen Erbe erhält (5 Mo 21,17).

IV) CHRISTUS, ISRAEL UND DIE GEMEINDE ALS »ERSTGEBORENE«.

Es ist wohl nicht zu übersehen, daß die betonte Verbindung des E.titels mit Christus, mit Israel als Volk, und mit der Gemeinde Christi in der HS ein besonderes, oft wenig beachtetes Licht auf Jesus, das jüd. Volk und die Gemeinde wirft. Wenn Christus als »der Erstgeborene« schlechthin (Hebr 1,6) oder als der »Erstgeborene aller Kreatur« (Kol 1,15) oder »Erstgeborene unter vielen Brüdern« (Röm 8,29) bezeichnet wird, dann soll er in diesen Redewendungen in seiner ganzen priesterlichen Hingabe und Verantwortung geehrt werden. In ihm ist das Ganze Gott geweiht. So lesen wir auch ganz neu, wenn das NT Jesus den »Erstgeborenen aus den Toten« (Kol 1,18; Offb 1,5) oder den »Erstling der Entschlafenen« (1 Kor 15,20.23) nennt. Hier wird es nun ganz klar, daß »das Erste Angeld des Ganzen« ist! Auch Israels Bezeichnung als Gottes erstgeborener Sohn (2 Mo 4,22) läßt uns an den priesterlichen Auftrag des jüd. Volkes auf Erden denken (vgl. 2 Mo 19,5–6). So hat es auch seine Bedeutung, wenn Paulus Epänetus einen »Erstling auf Christus hin aus Achaja« nennt (Röm 16,5). Den gleichen Ehrentitel trägt das Haus des Stephanas (1 Kor 16,15). Diese Erstlinge berechtigen zu der Hoffnung, daß sie noch viele in Achaja nachziehen werden; denn sie haben sich selbst als echte Erstgeborene »den Heiligen zum Dienst verordnet«. So gelangen wir, die wir »die Erstlingsgabe des Geistes« haben, zu der »Gemeinde der Erstgeborenen«, damit wir gewissermaßen die »Erstlingsfrucht unter seinen Geschöpfen« wären (Röm 8,23; Hebr 12,23; Jak 1,18). Jene 144 000 auf Zion sind aus den Menschen erkauft worden als eine »Erstlingsgabe für Gott und das Lamm« (Offb 14,4). Diese Beispiele genügen, um zu zeigen, daß auch die Gemeinde Jesu Christi in der Schöpfung E.rechte und E.pflichten innehat und daß diese Erstlinge in der Gemeinschaft mit Christus, dem großen Erstgeborenen, etwas unendlich Verheißungsvolles für die ganze Welt darstellen.

Wenn Paulus Christus 1 Kor 15,20.23 mit Bezug auf seine Auferstehung den »Erstling« nennt, dann spielt auch das mit, daß der Auferstehungstag (vgl. Mt 28,1) derselbe Tag nach dem Sabbat, dem 1. Tag der ungesäuerten Brote, war, an dem die »Erstlingsgarbe« dargebracht wurde (3 Mo 23,10.11)

Ersticktes → Aas, → Apostelkonzil

Erstling → Erstgeburt

Erwählung, erwählen.

I) DER BIBLISCHE BEGRIFF.

Wenn wir von den Bibelstellen absehen, in denen Erwählen als menschliches Tun hingestellt wird (z. B. 2 Mo 18,25; Jes 7,15), bleiben die Stellen übrig, die von einer E. als Tun Gottes reden. Beim Überblick über den gesamten biblischen Befund zu dieser Sache schälen sich sofort einige wichtige Grundtatsachen heraus:

1) Die E. erfolgt vor aller Zeit (vgl. Jer 1,5; Eph 1, 4; 2 Thess 2,13).

2) Die E. schließt stets den Dienst ein. Die Bibel kennt nur eine E., die mit dem Auftrag verbunden ist, eine bestimmte Aufgabe auszuführen. Schon Menschen erwählen und berufen zur Mitarbeit (2 Mo 17,9; 4 Mo 11,28). Der Herr erwählt und bestimmt, wer ihm dienen soll. Die Rotte Korahs zerschellt an ihrer Anmaßung (4 Mo 16,5). So erwählt Gott u. a. Salomo, daß er dem Herrn ein Haus baue zum Heiligtum (1 Chron 28,10). Gott erwählt den Stamm Levi zum priesterlichen Dienst (5 Mo 18,5). Jesus erwählt seine Zwölf zum Apostelamt (Lk 6, 13; Apg 1,2). Er beruft und setzt sie, daß sie bleibende Frucht bringen (Joh 15,16). Paulus ist dem Herrn ein auserwähltes Rüstzeug zu weltweitem missionarischem Dienst (Apg 9,15).

3) Wenn Gott Menschen erwählt, läßt er sich nicht von natürlichen Vorzügen oder menschlichen Verdiensten leiten. Er sieht immer auf das Geringe. Israel ist das kleinste und zudem ein halsstarriges Volk (5 Mo 7,7; 9,6). Mose wird berufen, obgleich er nicht beredt war (2 Mo 4,10ff), Jeremia, obgleich er scheinbar noch zu jung war (Jer 1,6ff). Das gilt auch für die E. der Gemeinde und ihrer Glieder. Nach 1 Kor 1,26ff erwählt Gott auch hier das Geringe, um allen Menschenruhm zunichte zu machen, daß nur er gerühmt werde (1 Kor 1,31).

4) Gott hält an seiner E. fest; selbst das zum Feind Christi gewordene Israel bleibt gemäß seiner E. in Gottes Liebe (Röm 11,28). Aber diese Treue Gottes gibt dem Menschen keinen Freibrief; er bleibt von Gottes Gnade abhängig. Umso mehr ist es nötig, daß die Gläubigen ihre E. festmachen (2 Petr 1,10). Denn die HS zeigt uns, daß der Mensch sich in Auflehnung und Eigen-Sinn von Gott losreißen kann; in seiner → Verwerfung nimmt Gott den vollzogenen Abfall des Menschen ernst. Dabei ist bezeichnend, daß Saul (1 Sam 31,4) und Judas (Mt 27,5) im Selbstmord enden: nicht Gott, sondern der Mensch selber zerschneidet den Faden.

II) DIE GROSSEN ERWÄHLTEN IN GOTTES PLAN.

Indem wir diese wichtigen Grundtatsachen im Auge behalten, zeichnen sich uns im biblischen Gesamtzeugnis die großen Erwählten (Erwählungsträger) in Gottes Plan ab.

1) DER MENSCH. In der Reihe der Erwählten nach Gottes Ratschluß ist zunächst der Mensch selbst zu nennen. Die Erschaffung des Menschen (1 Mo 1,26ff) erfolgt auf Grund einer ewigen göttlichen Planung und E. Gott erwählte den Menschen aus allen Kreaturen und berief ihn zu höchsten Würden und Ehren. Der »zum Bilde Gottes« erschaffene Mensch steht in einer einzigartigen Hoheitsstellung unter allen anderen Geschöpfen Gottes da (Ps 8,4–7). »Du hast ihm ein Weniges mangeln lassen, daß er nicht Gott sei« (V 6), d. h. »Du hast ihn zu einem nahezu göttlichen Wesen gemacht«. Der Mensch ist erwählt und berufen, als Herr über alles Geschaffene zu herrschen. Da nun aber einerseits der Mensch durch seinen Abfall von Gott (1 Mo 3) diese seine göttliche Würde eingebüßt hat (Röm 3,23), anderseits jedoch Gott seine Absicht mit dem Menschen nicht aufgeben will, zieht er die Linie seiner E. weiter.

2) CHRISTUS. Der Sohn Gottes, der von Anfang an bei dem Vater war und an seiner Herrlichkeit Anteil hatte (Joh 17,5), ist als der Auserwählte Gottes (Lk 23,35) vom Vater von Ewigkeit her erwählt und vorherbestimmt für das weltumspannende Werk, Gott und Mensch zu versöhnen und den Menschen dadurch in seinen früheren Stand wiedereinzusetzen (2 Kor 5,17ff). Dieses Werk gipfelt in der Selbstdarbringung des Sohnes am Kreuz. Hier tut Gott seine alle Menschen umfassende Liebe kund. Alle, die an den Sohn glauben, werden nicht verloren gehen, sondern ewiges Leben haben (Joh 3,16). Dieses Rettungsangebot ist uneingeschränkt. So führt Gott in Christus seine Gedanken mit den Menschen zur Vollendung (Ps 8,4–7; Hebr. 2,6–10). Der Sohn Gottes handelt stellvertretend für die ganze Menschheit. Für sie geht darum der Weg zum Vater, der sie zu ihrer göttlichen Bestimmung zurückführt, nur durch den Sohn (Joh 14,6). In dessen unwandelbarer E. zum Heiland der Welt ruht alles Heil. Um dieses Rettungswerk in seinem Sohne hinauszuführen, erwählt Gott der Vater ein Volk und aus allen Völkern eine mit dem Sohn bes. verbundene Schar, die Gemeinde.

a) ISRAEL. Das Erlösungswerk Jesu Christi wurde vorbereitet durch die E. Israels zum Eigentumsvolk Gottes (Joh 4,22; Gal 3,24). »Du bist ein heiliges Volk dem Herrn, deinem Gott; und der Herr hat dich erwählt, daß du sein Eigentum seist, aus allen Völkern, die auf Erden sind« (5 Mo 14,2). Die Heiligkeit Israels beruht nicht in sittlichen Eigenschaften, sondern allein in seiner E. »Wen der Herr erwählt, der ist heilig« (4 Mo 16,7). Israel zu einem »Königreich von Priestern« und zu einem »heiligen Volk« zu machen, damit auf Erden Gottes Wille und Ordnung kund wird, ist das heilsgeschichtliche Ziel der E. Israels (2 Mo 19,5f). Gott erwählte Israel als Träger seiner Offenbarung unter den Völkern. So mußte auch Christus im Schoße dieses Volkes geboren werden. Die E. Israels begann mit der E. Abrahams (1 Mo 12; Neh 9,7). Daß Israel zum Dienst erwählt ist, zeigt sich auch darin, daß Gott einzelne zu Priestern, Richtern, Propheten und auch Königen (5 Mo 17,15; 1 Sam 10,24) erwählt, um das Volk zu führen und zurechtzuweisen. Gott erwählt auch die Stadt, da er thronen (1 Kö 11,13), das Haus, da er angebetet werden will (5 Mo 12,5; 2 Chron 7,12.16).

So konnte jeder fromme Israelit mit Freuden das Vorrecht preisen, das auch ihm die E. Israels verlieh (Ps 65,5).

b) DIE GEMEINDE. Während die Israel gegebenen Verheißungen noch auf ihre letzte Erfüllung warten (Röm 11), wird in der Zwischenzeit die Gemeinde Jesu Christi aus den Nationen herausgerufen und gesammelt. Sie ist eine heilige Bruderschaft, die Gott nach seinem Vorsatz berufen hat. Er hat sie vorher ersehen und im voraus bestimmt, daß sie dem Bilde seines Sohnes gleichgestaltet werde. In der lat. Übersetzung (Vulgata) steht hier das Wort »prädestiniert« (Röm 8,28f). Hiernach ist also die Prädestination ein vorlaufendes Handeln Gottes, durch das er bestimmte Menschen dieser Bruderschaft schon vor ihrer Geburt zuordnet, damit sie einst Christus gleichgestaltet werden und zu seiner Herrlichkeit gelangen (Joh 17,24; Gal 1,15f). Daß Gott durch diese vorerwählte Schar, durch ihren heiligen Wandel und ihren Priesterdienst auf Erden verherrlicht werde, ist Gottes ausdrücklicher Wille (Eph 1,4–6; 2 Thess 2,13; 1 Petr 2,9). Die Gemeinde ist als der Leib Christi (1 Kor 12,27 u. ö.) sein Organ, durch das er in diese unerlöste Welt hineinwirkt. Nur Erwählte, die dem Herrn bekannt sind (2 Tim 2,19), bilden seinen Leib. Für ihren Auftrag und ihr Leben rüstet der Herr sie mit seinen Gaben aus (vgl. die Waffenrüstung Eph 6,10–18 und → Gaben des Geistes); ihr Weg führt sie durch Schmach und Leid, aber Gott trägt sie mit seiner Kraft hindurch (Röm 8,35–39; 2 Kor 4,7–11). »Niemand kann sie aus meines Vaters Hand reißen« (Joh 10,29).

III) DIE LEHRE VON DER DOPPELTEN PRÄDESTINATION. Es bleibt noch die Frage zu klären, wie wir über die augustinisch-calvinische Lehre von der doppelten Prädestination aller Menschen zur ewigen Seligkeit oder zur ewigen Verdammnis zu urteilen haben. Während wir in der Schrift einen festen Zusammenhang zwischen E. und Errettung feststellen können, scheint es kein Wort zu geben, das E. und Verdammnis miteinander in Verbindung brächte. Einige fragliche Stellen in Röm 9 können keineswegs mit einer E. zur Verdammnis in Beziehung gebracht werden. In V 11–13 ist nur von einer E. aus freier Gnade zu einem bestimmten verheißungsvollen Auftrag die Rede (Jakob). Von Esau heißt es nur, daß er im Blick auf Verheißung und Auftrag von Gott »gehaßt«, d. h. zurückgestellt sei. Auch die Verhärtung des Pharao (V 17f) geschieht keinesfalls vor dessen Geburt. Er wird nur in seinem heidnischen Sinn von Gott verhärtet, damit Gott auch an ihm seine Macht erzeige. Auch die »Gefäße des Zornes, zugerichtet zum Verderben« (so wörtl. V 22) sind wie in Jes 13,5 Menschen, die Gerichtsaufträge auszuführen haben. Eine ewige E. zur Verdammnis kann man auch hier schwerlich entnehmen. »Zurichten« heißt noch nicht »vorherbestimmen«. Die calvinische Lehre muß also von der Schrift her überprüft werden. Es bleiben natürlich, was die Lehre von der E. betrifft, viele offene Fragen. Auch hier gilt: Unser Wissen ist Stückwerk (1Kor 13,9). Wir halten aber fest an dem unumschränkten Heilswillen Gottes, »welcher will, daß allen Menschen geholfen werde und sie zur Erkenntnis der Wahrheit kommen« (1 Tim 2,4). Vgl. → Freiheit.

Erwecken.

I) DER BEGRIFF.
Wenn wir seit dem Pietismus in einem ganz bestimmten Sinne von Erweckung sprechen und damit ein besonderes vorbereitendes Stadium der Bekehrung und Wiedergeburt meinen, so werden wir vergeblich in der Bibel nach einer gleichen Verwendung dieses Wortes suchen, wiewohl sie natürlich um die Sache weiß. Das Hauptwort Erweckung fehlt in der HS völlig, und das Tätigkeitswort e. wird in einem andern Sinne gebraucht. In diesem Zusammenhange noch zwei Hinweise: Geht es um die »Erweckung« im heutigen Sinne, so gibt darüber der Art. → »wachen, aufwachen« Auskunft. Über Totenerweckung → »Auferstehung«.

II) DER BIBLISCHE BEFUND.
1) Das hebr. Wort, das LÜ mit e. übersetzt, lautet *khum*, bzw. *hekhim* und bedeutet aufstehen, auftreten, bzw. auftreten lassen, erwecken. In dieser Bedeutung finden wir im AT das Wort e. sehr häufig. Es handelt sich dabei ausschließlich um ein Tun Gottes. Gott erweckt, d. h. läßt auftreten einzelne Personen: einen Propheten (5 Mo 18,15), einen Richter (Ri 2,18), Retter (Ri 3,9.15), einen treuen Priester (1 Sam 2,35), einen König (1 Kö 14,14), sogar einen Widersacher (1 Kö 11,14.23), den Kores (Kyros) als sein Werkzeug (Jes 45,13), einen einigen Hirten (Hes 34,23) u.a.m. Gott erweckt auch Nachkommenschaft (2 Sam 7,12), kann sogar dem Abraham aus »diesen Steinen« Kinder e. (Mt 3,9). Wenn der Herr den Geist von Menschen erweckt, dann bewegt er sie zu bestimmtem Handeln (Es 1,1.5 1 Chron 5,26 u. ö.). Wenn er sein Wort erweckt, so läßt er eintreten, was er geredet hat (1 Kö 2,4; Jer 29,10). Gott erweckt auch ganze Völker und setzt sie zu kriegerischen Handlungen in Bewegung (Jes 13,17; Jer 50, 9). Das AT vergißt auch nicht, zu erwähnen, daß Gott nicht ruht, Unglück und Gericht zu e. (1 Sam 3,12; 2 Sam 12,11; Jer 25,32). Umgekehrt beten gläubige Fromme zum Herrn, er möge sich selbst e. und dem bedrängten Beter zur Hilfe kommen (Ps 35,23; 44,24). Er möge seine Gewalt e., seine Kraft aufbieten, um Israel wiederherzustellen (Ps 80,3).
2) Im NT sind es zwei griech. Wörter, die mit e. wiedergegeben werden: *diegeirô* und *anazôpyreô*. Sie bedeuten »aufwecken« und »wieder zum Leben anfeuern«. Im Blick auf seinen nahe bevorstehenden Tod hält es Petrus für recht, seine Leser zu e., wach zu rütteln, daß sie nach seinem Tode seine mahnenden Worte beherzigen können. Vor allen Dingen wendet sich der Apostel an ihre »lautere Gesinnung«, die es zu e. gilt (2 Petr 1,13; 3,1). Auch hier handelt es sich um keine E. im modernen Sinne, sondern nur darum, daß gläubige Christen nicht einschlafen. Bezeichnend ist ferner die Stelle 2 Tim 1,6, in der Paulus Timotheus erinnert, die Gnadengabe *(charisma)* Gottes zu e., aufzufrischen (»zu neuem Leben anzufeuern«), die in ihm schlummere durch die Auflegung seiner Hände. Offenbar hat der Apostelschüler seine Geistesgabe nicht gebührend gepflegt und geübt. Darum der berechtigte Appell, diese Gabe neu zu beleben.

Erz (hebr. *nechoschät;* griech. *chalkos)*
und ehern bezeichnen in der LÜ Kupfer (5 Mo 8,9; Hi 28,2), dessen Kenntnis schon im 4. Jt. v. Chr. nachzuweisen ist (vgl. 1 Mo 4,22), bzw. Bronze, die Legierung von Kupfer und Zinn. In der Stiftshütte waren die Füße, Nägel und Ringe der Säulen im Vorhof (2 Mo 27), das Handfaß (2 Mo 30,18), der Überzug des Brandopferaltars und sein Gerät (2 Mo 27,3.4) aus E. gemacht, im Tempel Salomos das Eherne Meer, Säulen, Gestühl, Kessel und anderes Gerät, das von dem Erzgießer Hiram angefertigt wurde (1 Kö 7,13–47; 2 Chron 4). Ferner diente das E. für Waffen, → Bogen (?), Helm, Beinharnisch und Schild (1 Sam 17,5.38), Fesseln (Ri 16,21), Götzenbilder (Dan 5,4.23), Geld (Mt 10,9) und Musikin-

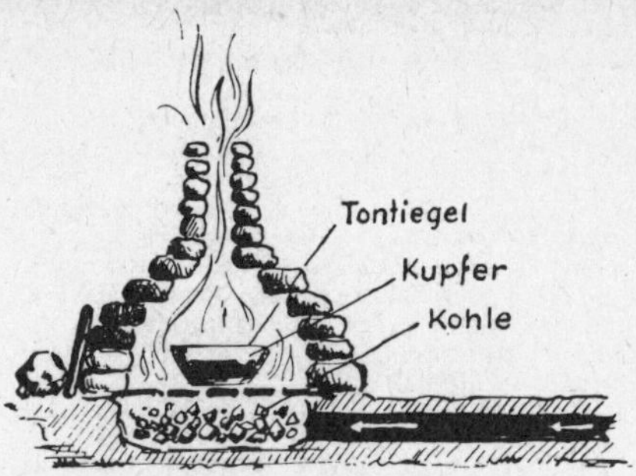

Kupferschmelzofen der Richterzeit

strumente (1 Kor 13,1). Vom Handel mit E.geräten spricht Hes 27,13.
Außer der Bronze waren im Altertum auch andere Legierungen (hebr. *chaschmal)* des Kupfers bekannt. Das ntl. Messing (griech. *chalkolibanon)* in Offb 1, 15; 2,18 entspricht wohl dem »hellen, glatten E.« in Dan 10,6, einer Mischung, die die Schönheit, den Glanz und die Härte des Goldes übertraf. Vielleicht handelt es sich dabei um das sog. korinthische E. aus Kupfer, Gold und Silber, von dem Josephus berichtet, daß es vornehme Juden in ihrem Besitz hatten. Auch die »ehernen, köstlichen Gefäße, lauter wie Gold« in Es 8,27 waren wohl aus diesem Metall. Die bekanntesten Kupfergruben waren auf Zypern, aber auch auf der Sinaihalbinsel, im Ostjordanland und in der Araba wurde Kupfer gefunden und z. Zt. Salomos in → Ezeon-Geber verhüttet (vgl. → Bergbau).

Erzengel → Engel IV

Erziehung, erziehen. Das hebr. *jasar* umfaßt neben der Bedeutung »erziehen« auch die von »züchtigen« und »lehren« (wo LÜ so übersetzt, stehen aber meist andere hebr. Worte). *Jasar* bezeichnet ein Handeln von Person zu Person: Gottes am Menschen oder des Menschen an seinesgleichen. Das griech. *paideuo* bedeutet (ein Kind) erziehen, anleiten, zurechtweisen, züchtigen.

I) ERZIEHUNG GOTTES.
Das erste Anliegen der HS ist nicht E. zur Bildung, sondern Rettung und Erlösung des Menschen. Dazu erzieht Gott, indem er als Schöpfer und Herr Menschen und Ereignisse in väterlicher Absicht so lenkt, daß wir uns unter seine Hand beugen, ihn ehren und ihm dienen. Das gilt für den einzelnen, für die Gemeinde, für das Volk Gottes überhaupt.
1) Das MOTIV der E. Gottes ist seine Liebe und sein Erbarmen, auch wenn er zürnt (Jer 31,3; Hos 11,1ff; Jes 54,5ff; Klgl 3,31ff), zusammengefaßt im Bild der Vaterschaft Gottes (Jes 63,16; Eph 3,14f), die uns verbürgt ist durch Jesus Christus (Joh 20,17; Gal 4,6). Gott handelt mit uns wie mit Söhnen. Wen er liebt, den züchtigt er (Hebr 12,6–7). Aber er tröstet auch wie eine Mutter (Jes 66,13; 49,15; Ps 103,13).
2) ZIEL der göttlichen E. ist:
a) Die Umkehr zu Gott: »Ich überführe und züchtige, so viele ich liebe. Sei nun eifrig und tue Buße!« (Offb 3,19 EÜ; Ps 32,4f; Klgl 3,40ff; vgl. 1 Kor 11,32).
b) Bewährung (1 Petr 4,12) und Festigung (vgl. Abraham und Hiob). Jede göttliche Züchtigung verleiht denen, die darin geübt sind, Früchte der Gerechtigkeit (Hebr 12,11; Röm 5,3–4).
c) Die Heiligung in völliger Abhängigkeit von Gott in allen Lebenslagen (2 Kor 1,8–10). Auf diese Weise sollen wir in das Bild Jesu verwandelt und ihm gleichgestaltet werden (2 Kor 3,18; Röm 8,29), damit sein Leben durch uns offenbar wird (2 Kor 4,11). Der → Mensch ist Ebenbild Gottes, indem Christus durch das Wirken des Heiligen Geistes in ihm Gestalt gewinnt (Gal 2,20; 4,19).
3) Die MITTEL und Wege zu diesem Ziel sind so vielfältig wie das menschliche Leben und Gottes Führungen (2 Kor 6,9; 11,23ff). Da Gott uns »in Christus« erzieht, tragen seine Wege das Zeichen des Kreuzes (2 Kor 4,10). Selbst Christus »lernte Gehorsam, an dem, was er litt« (Hebr 5,8). Dabei dürfen wir wissen, daß Gottes Fürsorge unser ganzes Leben, jeden Tag und jedes Werk umfaßt (Ps 139,16; Eph 2,10), daß er alles prüft, was uns begegnet (1 Kor 10,13), daß er weiß, was wir bedürfen (Mt 6,32), ja, daß »alle Dinge zu unserem Guten mitwirken« und »nichts uns von der Liebe Gottes in Christus scheiden kann« (Röm 8,28.35ff). Und Gottes Treue gibt die Zuversicht, »daß er das Werk, das er angefangen hat, auch vollenden wird« (Phil 1,6).

II) MENSCHLICHE ERZIEHUNG.
1) Die GRUNDLAGE der biblischen Aussagen über die elterliche E. bildet Eph 6,4: Ihr Väter, erzieht eure Kinder »in der Zucht und Vermahnung des Herrn« (vgl. 5 Mo 6,6f). Der Herr selbst ist Subjekt der E. In Luthers Auslegung heißt es dazu, beides soll »nach der Art Gottes« geschehen, »damit die Kinder sich durch die Eltern von Gott erzogen und gezüchtigt wissen«. Gottes Zürnen und Erbarmen finden ihre Entsprechung in der erzieherischen Liebe, die, immer um das Heil und Wohl des Kindes besorgt, auch strafen muß (Spr 13,24; 29,15). So wird der Erzieher zum Mitarbeiter Gottes, und sein Erziehen ist Ausdruck seiner eigenen E. durch den Geist Gottes (Tit 2,12; Hebr 12,7). Eltern und Erzieher gefährden demnach die ihnen anvertrauten Kinder, wenn sie selbst sich Gott entziehen und nicht von seiner Liebe regiert sind (Spr 19,18f; Kol 3,21).
2) Der AUFTRAG der E. besteht darin, den jungen Menschen zu befähigen, die ihm von Gott gestellte Aufgabe seines Lebens nach seinen besonderen Gaben zu erfüllen: nicht sich selbst zu leben, sondern Gott in seinen Mitmenschen zu dienen (2 Kor 5,15; Joh 13,15). Die Eltern verantworten die E. ihrer Kinder vor Gott, der sie ihnen anvertraut hat (Ps 127,3; Spr 1,8; 17,6). Er selbst wacht über ihnen (Mt 18,6.10) und zieht die Eltern zur Rechenschaft (1 Sam 3,12–14). Die → Schule (Synagoge) und Gemeinde ergänzen und erweitern die elterliche Erziehung. Dabei kommt es darauf an, in Pflege, Unterricht und charakterlicher E. immer wieder auf die körperlichen, seelischen und geistigen Voraussetzungen und Eigentümlichkeiten des Kindes einzugehen (Spr 22,6 EÜ).
3) PFLICHTEN DER KINDER.
Immer wieder verknüpft die Schrift das 1. und 4. Gebot bes. eng. Die Ehrung der Eltern wird ganz eng mit der Ehrung Gottes verbunden (Mal 1,6). Die rechte Gottesfurcht der Kinder äußert sich darin, daß die Eltern geachtet und geehrt werden (3 Mo 19,2ff). »Ihr Kinder, gehorcht euren Eltern in allem, denn dies ist wohlgefällig im Herrn« (Kol 3,20; Eph 6,1ff). Doch da Luther wohl recht hat, wenn er sagt, »daß die Kinder der Eltern vergessen, wie wir alle Gott vergessen«, so sollten alle Erzieher Gehorsam nur fordern in der Bereitschaft, den Kindern zu vergeben und sie zu tragen, wie Christus uns vergibt und uns trägt. Vgl. → Kind.

Erzkämmerer (2 Kö 18,17) oder oberster → Kämmerer (Jer 39,3.13) geben den assyr. und babyl. Titel Rabsaris (Dan 1,3 *Rab hassarisim)* wieder. Wörtlich bedeutet er »Oberster der Eunuchen« oder im weiteren Sinne »Oberster der Hofleute«. Es handelt sich jedoch nicht um ein reines Hofamt, das man etwa mit »Hofmarschall« wiedergeben könnte, denn der Rabsaris kann ebenso ein militärisches Kommando übernehmen.

Erzschenke steht 2 Kö 18,17; Jes 36,2 u. ö. für den Titel Rabsake eines hohen assyr. Würdenträgers. Man kann das Wort als »Obermundschenk« oder als »Oberbefehlshaber« auffassen, was der überlieferten Funktion besser entspricht. Wie der Rabsake unter Sanherib die assyr. Truppenabteilung vor Jerusalem führte, so wurde unter Thiglath-Pileser III. ein Rabsake mit einem Heer gegen Tyrus gesandt (730 v. Chr.).

Erzvater. Im NT wird David von Petrus der E. genannt (Apg 2,29). Stephanus nennt die 12 Söhne Jakobs die 12 Erzväter (Apg 7,8.9). Auch Abraham heißt Hebr 7,4 der E. oder Patriarch. Dies griech. Wort bedeutet: der vornehmste oder älteste Vater. Im Zusammenhang mit dem Volk Israel sind vor allem → Abraham, → Isaak und → Jakob mit den Erzvätern gemeint. Die Ausgrabungen, etwa von Ras Schamra und Mari, haben neues Licht auf die Zeit der Erzväter geworfen. Die in → Ras Schamra gefundenen Texte geben uns u. a. ein Bild von dem Heidentum jener Jahrhunderte. Nach den Ausgrabungen in → Mari schenkt man allgemein der biblischen Angabe, daß die Vorfahren der Israeliten aus der Gegend von Haran nach Palästina gekommen seien, mehr Glauben (1 Mo 11,31.32; 12,4).

Wichtige Ausgrabungsstätten, deren Funde die Erzväterzeit lebendig machen

Auch auf Tontafeln, die in der nordmesopotamischen Stadt Nuzi ausgegraben wurden, finden sich Parallelen zu Einzelheiten aus den Lebensberichten der Erzväter. Vermächtnisse, die ein Vater auf dem Sterbebett mit seinem Segen traf, galten dort in jeder Beziehung als rechtsverbindlich (vgl. 1 Mo 27, 37). Dann hören wir, daß ein Mann sein Erbrecht für 3 Schafe verkaufte (vgl. 1 Mo 25,29–34). Die Hausgötzen, die zugleich das Anrecht auf das Familienerbe sicherten, sollten nur an den wirklichen Sohn, nicht an den Schwieger- oder Adoptivsohn weitergegeben werden (vgl. 1 Mo 31,19). Um in kinderlosen Ehen einen Erben zu erlangen, nahm man Sklavinnen zu Nebenfrauen (vgl. 1 Mo 16,2; 30,3.9) oder adoptierte einen anderen, der dann das Erbe antrat (vgl. 1 Mo 15,2).
In der Geschichte der Offenbarung ist die Zeit der Erzväter von großer Bedeutung. Der Herr offenbarte sich ihnen durch seine Erscheinung, durch Träume und Gesichte. An das Volk, das aus ihren Nachkommen entstehen sollte, wurde die Verheißung des Segens und des kommenden Retters geknüpft. Zu den Daten der Erzväterzeit vergleiche die Artikel → Abraham, → Isaak, → Jakob, → Zeitrechnung IV, 4 und die Chronologie der Erzväterzeit Sp. 1571. Allgemein kann man den Zeitabschnitt der Erzvätergeschichte zwischen 2200 und 1650 v. Chr. ansetzen (vgl. → Zeittafel).

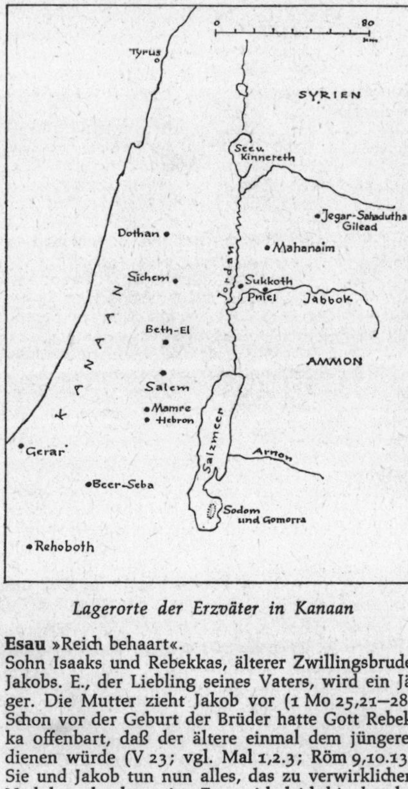

Lagerorte der Erzväter in Kanaan

Esau »Reich behaart«.
Sohn Isaaks und Rebekkas, älterer Zwillingsbruder Jakobs. E., der Liebling seines Vaters, wird ein Jäger. Die Mutter zieht Jakob vor (1 Mo 25,21–28). Schon vor der Geburt der Brüder hatte Gott Rebekka offenbart, daß der ältere einmal dem jüngeren dienen würde (V 23; vgl. Mal 1,2.3; Röm 9,10.13). Sie und Jakob tun nun alles, das zu verwirklichen. Nachdem der hungrige Esau sich leichthin hat bereden lassen, sein Erstgeburtsrecht für ein Linsengericht zu verkaufen (1 Mo 25,29–34), – »das Rote da«, was ihm seinen Beinamen Edom einträgt –, muß er hinnehmen, daß Jakob ihn auch um den Segen Isaaks betrügt, ohne daß er nach zu später Einsicht noch etwas daran zu ändern vermag (1 Mo 27, 1–40; Hebr 12,16.17). Auf E. Rachedrohung sendet Rebekka Jakob zu seiner Sicherheit nach Haran. Zugleich soll er sich dort eine Frau aus ihrer Verwandtschaft holen. Dem Ausziehenden gibt Isaak ausdrücklich den Segen Abrahams mit und besiegelt damit E. Ausschluß von der Verheißung (1 Mo 27,41–28,5). Schon vorher hatte E. durch seine beiden heidnischen Frauen den Eltern schweren Kummer bereitet. Nun versucht er das durch die Heirat mit einer Tochter Ismaels gutzumachen (1 Mo 26,

34.35; 27,46; 28,6–9; vgl. 36,2.3). Die Namen der drei Frauen E. werden so verschieden angegeben, daß es noch nicht gelungen ist, die Schwierigkeiten befriedigend zu lösen: → Ada (2), Basmath (1), Judith, Mahalath (1), Oholibama.
Als Jakob nach 20 Jahren (1 Mo 31,38) aus Haran zurückkehrt, zieht ihm E. mit 400 Mann entgegen. Das erweckt in Jakob die schlimmsten Befürchtungen. Nachdem er große Geschenke vorausgesandt hat, um E. zu besänftigen, begegnet er ihm am Morgen, hilflos und hinkend vom nächtlichen Kampf mit dem Engel; er findet einen Bruder, der ihm vergeben hat (Kap 32; 33). Die Aussöhnung hat Bestand, und nach dem Tode Isaaks begraben beide ihren Vater (1 Mo 35,29).
E. wohnte schon vor Jakobs Rückkehr in Seir (1 Mo 32,4[3]) und siedelte dann ganz dorthin über (1 Mo 36,6–8). Daher heißt das Gebirge Seir auch Gebirge E. (Ob 9.19.21). Dies Land war E. von Gott gegeben (5 Mo 2,4.5.12.22). Hier erwuchs aus seinen Nachkommen das Volk der → Edomiter (1 Mo 36).

Esbaal »Mann (= Gefolgsmann) Baals« oder »des Herrn«.
Ursprüngliche Namensform für → Is-Boseth, den Sohn König Sauls (1 Chron 8,33; 9,39).

Esban, Sohn des Horiters Dison (1 Mo 36,26; 1 Chron 1, 41).

Esean, Dorf auf dem Gebirge Juda (Jos 15,52), viell. Chirbet Sama, etwa 15 km südwestl. Hebron.

Esek »Zank, Streit«,
Brunnen, den Isaaks Hirten gegraben hatten (1 Mo 26,20), seine genaue Lage ist unbekannt.

Esel (hebr. *chamor*, die Eselin *aton;* griech. *onos;* lat. *Equus asinus).*
I) Schon früh wurde der E. als Haustier gehalten. So besaßen Abraham (1 Mo 12,16; 22,3) und Jakob (1 Mo 30,43) E. Er wurde als Reittier (2 Mo 4, 20; Jos 15,18; 1 Sam 25,20), Lastträger (1 Mo 42, 26; 1 Sam 25,18; vgl. 1 Mo 49,14) und Zugtier (5 Mo 22,10; Jes 30,6) verwendet, das nicht mit einem Ochsen zusammen eingespannt werden durfte. Als Reittier der Krieger (1 Sam 16,20) und Männer, die im Volk eine Führerstellung einnehmen (Ri 5,10; 10,4; 12,14; vgl. 1 Mo 49,11; Sach 9,9) hatte der E. seine bes. Bedeutung. Daß der König die jungen Krieger mit ihren Reittieren für seine Unternehmungen, etwa Salomos Bauten, einziehen kann (1 Sam 8,16), wird als schwere Belastung empfunden.
II) Der E. gehört zu den unreinen Tieren und wird nur in Notzeiten gegessen, während der Belagerung Samarias (2 Kö 6,25) kostete ein Eselskopf die ungeheuer hohe Summe von 80 Sekeln Silber (vgl. → Geld). Während aber die Erstgeburt anderer unreiner Tiere mit Geld gelöst oder verkauft wurde (4 Mo 18,15.16; 3 Mo 27,27), konnte die des E. nur durch ein Schaf, ein anderes Leben, gelöst werden, andernfalls wurde ihr das Genick gebrochen (2 Mo 13,13; 34,20; vgl. dazu auch 5 Mo 21,4.6; Jes 66,3).
III) Ein E.opfer beim Vertragsschluß kennen wir unter den Amoritern der Marizeit (→ Baal-Berith).
IV) Bei seinem Einzug in Jerusalem benutzte Jesus eine Eselin mit ihrem Füllen (Mt 21,5), erfüllte so die Prophetie von Sach 9,9 und gab sich damit zugleich als König des Friedensreiches zu erkennen, im Gegensatz zu den irdischen Vorstellungen und Erwartungen der Jünger und des Volkes (Lk 24,21; Apg 1,6). Vgl. H. J. Stoebe, VT 4 (1954), S. 177–184. Vgl. Taf. 24a/353.
V) Neben dem Hausesel werden in der HS noch zwei Wildeselarten erwähnt:
1) Hebr. *pärä* (= Springer; Hi 24,5; 39,5; Ps 104, 11; Jes 32,14; Jer 14,6; LÜ oft Wild). Man vermutet in ihm den Onager (*Asinus onager),* einen sehr schnellen, scheuen Wildesel, der vereinzelt noch heute in der Sahara und in Arabien anzutreffen ist.
2) Hebr. *arod,* nur Hi 39,5 (LÜ der Flüchtige) und Dan 5,21 (LÜ Wild) genannt. In ihm vermutet man den syr. Wildesel (*Asinus hemippus),* der in den armenischen Bergen, in Mesopotamien, Syrien und Nordpalästina vorkommt.
Gelegentlich hat man die hebr. Namen auch anders, z. T. umgekehrt, gedeutet.

Eser »Helfer, Beistand«.
1) Vater des Husa, ein Judäer (1 Chron 4,4).
2) Sohn Ephraims, der mit seinen Brüdern von den Männern aus Gath getötet wurde, weil sie deren Vieh rauben wollten (1 Chron 7,21).
3) Gaditer, der zu David in die Bergfeste kam (1 Chron 12,9).
4) Israelit, Sohn des Jesua und Oberster von Mizpa. Er half bei der Ausbesserung der Mauer Jerusalems (Neh 3,19).
5) Priester, der bei der Einweihung der Mauer Jerusalems die Trompete blies (Neh 12,42).

Eskol »Traube«.
1) Amoriter aus der Gegend von Hebron, Bundesgenosse Abrahams. (1 Mo 14,13.24).
2) Von den Kundschaftern, die Mose nach Kanaan schickte, heißt es: »Sie kamen nach Hebron ... und sie kamen bis an den Bach E.« (4 Mo 13,22[23]f). Daher sucht man das Bachtal in der Nähe von Hebron, obwohl 4 Mo 32,9; 5 Mo 1,24 Hebron nicht erwähnen. Bei Hebron kommen verschiedene Orte in Frage. Der Brunnen Ain Qaschqala oder Ain Eschkala ca. 5 km nordwestl. der Stadt erinnert an den alten Namen. Außerdem hat man E. auch im Wadi el Chalil südwestl. von Hebron vermutet.

Esli viell. Kurzform von Asalia »Der Herr hat sich edel erwiesen« (Noth).
Vorfahr Jesu nach der babyl. Gefangenschaft (Lk 3,25).

Esra, Kurzform »(Gott ist) Hilfe«.
1) Judäer (1 Chron 4,17).
2) Priester, der mit Serubabel aus der Verbannung zurückkehrte (Neh 12,1). Sein Geschlecht wird V 13 z. Zt. des Hohenpriesters Jojakim genannt. Der V 33 bei der Mauereinweihung erwähnte E. ist vielleicht sein Nachkomme.
3) Priester, der über Zadok von Eleasar, dem Sohn Aarons, abstammte (Es 7,1–5). Er war ein Schriftgelehrter, erfahren in dem Gesetz Moses (V 6). Die Übersetzung »Schriftgelehrter« in diesem Vers ist besser als »Schreiber«, wonach E. ein Beamter des persischen Königs gewesen wäre. Als Schriftgelehrter war seine Aufgabe das Gesetzesstudium, das ihm eine umfassende Kenntnis des mosaischen Rechts vermittelte.
E. zog aus Babylon mit einer Anzahl Israeliten und Priestern, Leviten, Sängern, Torhütern und Tempelknechten nach Jerusalem, und zwar im 7. Jahr des Königs Arthahsastha (Artaxerxes I. Longimanus, 465–423 v. Chr.). Er wurde vom Perserkönig und seinen 7 Räten (Ministern) abgesandt, um die Zustände in Juda und Jerusalem nach dem Gesetz Gottes, das in seinem Besitz war, zu überprüfen (V 14). Es war dem König wichtig, die Juden für Persien zu gewinnen, besonders in Hinsicht auf Ägypten, das zwar von den Persern erobert, aber unzuverlässig war. Deshalb wurden E. Silber und

Gold mitgegeben; der König und seine Räte hatten es freiwillig dem Gott Israels geschenkt. Außerdem durfte er neben den Gaben des Volkes und der Priester in der ganzen Landschaft Babel Silber und Gold sammeln. Dies Geld sollte u. a. zum Einkauf von Stieren, Widdern, Lämmern sowie den zugehörigen Speis- und Trankopfern dienen (V 15–17). E. führte auch Gefäße, Weihgeschenke für den Tempel, mit (V 18; vgl. Es 8,25). Was weiter zum Tempeldienst nötig war, durfte er aus den königlichen Einkünften anfordern. Die königlichen Finanzbeamten im Gebiet jenseits des (Euphrat-)Stromes – d. h. in dem Teil des Perserreiches, der Syrien und Palästina bis nach Ägypten und Zypern umfaßte und zu dem auch Judäa gehörte – erhielten Anweisung, alle Wünsche E. bis zu einer festgesetzten Höchstgrenze pünktlich zu erfüllen (Es 7,21–23). Dazu wurden alle Priester, Leviten, Sänger, Torhüter, Tempelknechte und Diener am Tempel von sämtlichen Abgaben freigestellt (V 24). E. erhielt Vollmacht, Richter und Rechtspfleger einzusetzen über alle Juden im Gebiet jenseits des Stromes, wobei wir in erster Linie an Judäa selbst zu denken haben (V 25). Nach Empfang dieses Auftrages traf E. die Vorbereitungen für den Zug und versammelte die Familienhäupter Israels, die mitziehen sollten (V 28). Am Fluß Ahava stellte er eine Gruppe von mehr als 1700 Männern zusammen (Es 8,1–15). Als sich fand, daß Leviten nicht dabei waren, ließ E. diese und Tempelknechte aus Kasphia holen (V 16–20). Danach rief Esra ein Fasten aus, um eine glückliche Reise von Gott zu erbitten; denn er hatte sich geschämt, von dem König Geleittruppen anzufordern (V 21–23). Man brach am 12. Tage des 1. Monat im 7. Jahr des Königs Artaxerxes (458 v. Chr.) auf. Sicher erreichten sie Jerusalem und verstärkten dort die Juden, die bereits vor 80 Jahren (538 v. Chr.) aus der Gefangenschaft zurückgekehrt waren (V 24–36). Rund 4 Monate nach seiner Ankunft (vgl. Es 7,9 u. 10,9) traf E., nachdem ihn die Obersten des Volkes darauf aufmerksam gemacht hatten, Maßregeln gegen die Mischehen, die viele der Juden geschlossen hatten (vgl. Es 9,1–10,44). Er veranlaßte diejenigen, die sich dieser Übertretung der Gebote Gottes schuldig gemacht hatten, ihre heidnischen Frauen mit den von ihnen geborenen Kindern fortzuschicken. Z. Zt. Nehemias hören wir noch einmal von E. Während dieser im 7. Jahr des Artaxerxes nach Jerusalem gekommen war, traf Nehemia 13 Jahre später ein. E. nahm unter ihm an der Einweihung der Mauern Jerusalems teil (Neh 12,36) und verlas im 7. Monat das Gesetz von einer hölzernen Plattform aus, die man dafür errichtet hatte (Neh 8,4).

Nach jüd. Überlieferung hat E. das mosaische Gesetz, das beim Untergang Jerusalems 586 v. Chr. verbrannt sein soll, neu geschrieben.

Esra, Buch. I) Das BUCH E. ist in seiner Gesamtheit wohl nicht von Esra selbst verfaßt. Einige Teile jedoch, in denen der Verfässer in der Ich-Form spricht, sind zweifellos von ihm (Es 7,27–9,15). Auf ihn gehen auch noch andere authentische Stükke, wie das Edikt des Artaxerxes (Es 7,11–26) und das Schreiben des Darius in Kap 6 zurück. Zu seiner Person → Esra (3). Vgl. → Nehemia I, 2.

II) Die geschichtliche GLAUBWÜRDIGKEIT des Buches E. ist bisweilen in Zweifel gezogen worden. Dieser Zweifel ist jedoch durch die Entdeckung der Papyrusrollen von Elephantine in Ägypten aus dem 5. Jh. v. Chr. gegenstandslos geworden. Diese aram. Papyri stimmen nicht nur, was ihren Inhalt und ihren amtlichen Sprachgebrauch betrifft, aufs engste mit den Urkunden des Buches E. überein, sondern schildern auch die aus den Büchern E. und Nehemia bekannten feindlichen Verhältnisse zwischen den Juden in Jerusalem und ihren Gegnern.

III, 1) SPRACHE UND STIL.
Der Es 4,7ff angeführte Brief der pers. Beamten an Arthahsastha war »syr.«, d. h. aram. geschrieben. Das macht verständlich, warum der ganze Abschnitt Es 4,7–6,18 in aram. Sprache, der Kanzleisprache der pers. Könige, verfaßt ist. Das gleiche gilt für Es 7,12–26. Die mitgeteilten Briefe nennen genau Verfasser und Empfänger und sind im damaligen Amtsstil gehalten. Vgl. → Aramäisch.

2) KANONISCHE ORDNUNG UND BEZEICHNUNG.
Die meisten Bibelausleger sind der Meinung, daß E. und Nehemia ursprünglich mit den Büchern der Chronik ein Ganzes bildeten. Jedenfalls aber sind Esra und Nehemia im hebr. AT ein Buch. Noch in der LXX stehen sie gemeinsam unter dem Titel E., die Vulgata nennt E. = 1. Esdras, Neh. = 2. Esdras. Erst später wurden beide Bücher getrennt.

3) INHALT.
Der Inhalt des Buches E. ist die Entstehungsgeschichte der jüd. Gemeinde in Jerusalem nach dem Exil mit dem Bericht vom Wiederaufbau des Tempels unter → Serubabel. Der letzte Teil des Buches beschreibt die Sendung Esras und die Reinigung der Gemeinde.

4) EINTEILUNG.
Es 1–2: Entsendung der Israeliten durch Kores (Kyrus); Listen der zurückkehrenden Leviten, Sänger und anderer.
Es 3–4: Feier des Laubhüttenfestes und Beginn des Wiederaufbaues des Tempels. Schwierigkeiten und Behinderung durch die Samariter und einen Bericht pers. Beamter an den König.
Es 5–6: Wiederaufnahme des Tempelbaus unter Darius I, Vollendung und Einweihung.
Es 7–8: Erneute Rückwanderung gefangener Juden aus Persien unter Artaxerxes I. Longimanus (Arthahsastha) und Listen der Heimkehrer.
Es 9–10: Esras Bußgebet und Reinigung der Gemeinde.

IV) THEOLOGIE DES ESRABUCHES.
Das Buch E. ist (zusammen mit Nehemia) in dreifacher Hinsicht für das Verständnis der Propheten wichtig:
1) zeigt es die Erfüllung der prophetischen Weissagungen von der Rückkehr aus der Gefangenschaft.
2) bestätigt es die Aussagen der Propheten Haggai, Sacharja und Maleachi über den traurigen Zustand des Volkes.
3) macht es deutlich, daß man von dem, was bei der Rückkehr geschah, die Weissagung über die Herrlichkeit Israels in der Endzeit unterscheiden muß.

Das Buch E. beschreibt die Geschichte einer Reformation und eines rechten biblischen Reformators. Es gibt keine echte Reformation ohne die rechte Stellung des göttlichen Wortes und die Predigt des göttlichen Zeugnisses. So wurde von Esra im Gottesdienst die Lesung aus den Heiligen Schriften mit Wort- und Sacherklärungen eingeführt. Das Gesetzbuch war vor ihm längere Zeit ganz vergessen worden (2 Kö 22,8). Erstmalig wird jetzt auch eine Kanzel erwähnt (vgl. Neh 8,4). Rechte Reformation gründet sich auf das Wort Gottes und kennt als Waffe nur das Gebet (Es 9,5ff). Solche Reformation bleibt dann nicht in äußeren Veränderungen stekken, sondern hat eine Reinigung und Säuberung der Gemeinde, eine Abkehr von Sünde zur Folge (Es 10,2ff). Vgl. aber → Nehemia III.

Esrahiter, veränderte Form für Serahiter, die Nachkommen des Serah (4 Mo 26,13). Vgl. → Ethan (1) und → Heman.

Esri, Kurzform »(Der Herr ist) Hilfe«.
Sohn des Chelub, Aufseher über die Feldarbeiter der königlichen Ländereien z. Zt. Davids (1 Chron 27,26).

Essen. I) E. bezeichnet gleicherweise die Nahrungsaufnahme des Menschen (1 Mo 2,9) wie der Tiere (1 Mo 1,30). Gott ist Geber aller → Speise (Ps 136,25). An der Stellung zu ihm entscheidet sich, ob der Mensch sein Brot unter Kummer und Sorgen (1 Mo 3,19; Ps 127,2) oder im Segen ißt (Spr 13,25; Mt 6,31–33). Auch das E. steht unter Gottes Ordnung. Adam war verboten, vom Baum der Erkenntnis zu e. (1 Mo 2,17; 3,6). Der Herr untersagte auch den Genuß des Blutes (1 Mo 9,4; 3 Mo 17,10–14) und des Fettes der Opfertiere (3 Mo 7,23–27). Während der Passahzeit durfte kein gesäuertes Brot verzehrt werden (2 Mo 12,15). Das Gesetz zählt die reinen Tiere, die gegessen werden durften, und die unreinen, deren Genuß nicht erlaubt war, auf (3 Mo 11; → Rein und unrein). Im NT wird das Verbot, Blut und Ersticktes zu essen, um der Tischgemeinschaft zwischen Juden- und Heidenchristen willen aufrecht erhalten (Apg 15,29). Paulus kennt sonst keine Bindung an Vorschriften in Bezug auf das E., erwartet aber die Rücksicht auf das Gewissen der Schwachen (Röm 14; 1 Kor 10,25–31; 1 Tim 4,1–5; vgl. Hebr 13,9). E. ist zwar wichtig, aber nicht das Wichtigste im Leben. Man stellt es um anderer Dinge willen zeitweise zurück (1 Mo 24,33), bes. in der Gemeinschaft mit dem Herrn (2 Mo 34,28; Mt 11,18; Apg 9,9; → Fasten). Zum unfreiwilligen Nahrungsentzug vgl. → Durst und Hunger.

II) Das gemeinsame E. bedeutet für den Gast Aufnahme in die Haus- und Familiengemeinschaft. Daher stoßen sich die Pharisäer daran, daß Jesus mit Zöllnern und Sündern ißt (Mt 9,11). Könige lassen an ihrem Tisch e., wem sie bes. Ehre erweisen wollen (2 Sam 9,7; 1 Kö 2,7; 2 Kö 25,29). Um so verwerflicher ist der Verrat an dem, dessen Brot man gegessen hat (Ob 7; Ps 41,10; Joh 13,18; Mk 14,18).

III) Ausdruck enger Gemeinschaft ist die religiöse oder Opfermahlzeit (→ Opfer), bei den Juden wie beim heidnischen Götzendienst (4 Mo 25,2; 2 Mo 32,6). Die Ältesten Israels aßen und tranken vor dem Herrn (2 Mo 24,11), ebenso soll das Volk vor dem Herrn essen und fröhlich sein (5 Mo 12,7). Die Übung setzt sich fort im letzten Mahl Jesu mit seinen Jüngern (Mt 26,26–28), ihrem E. und Trinken mit dem Auferstandenen (Joh 21,12.13; Apg 10,41) und dem → Abendmahl der Gemeinde (1 Kor 10,14–21; 11,20–34). Sie deutet hin auf das himmlische Mahl in der Vollendung (Lk 14,15; 22,30).

IV) Im übertragenen Sinn bedeutet e. die Früchte seines Wesens (Spr 1,31) oder seiner Werke genießen (Jes 3,10), die Folgen des eigenen Handelns im Bösen oder Guten erfahren (vgl. Ps 141,4). Weiter wird e. vom Empfangen geistlicher Gaben und des Lebens aus Gott gebraucht (Jes 55,1–3; 1 Kor 10,3; Offb 2,7.17). Jesus spricht vom E. seines Fleisches und Trinken seines Blutes (Joh 6,54–56) und sagt: wer mich ißt (aufnimmt), wird leben (V 57). Hesekiel und Johannes erkennen im Gesicht das Wort, das sie verkündigen sollen, durch das E. einer Schriftrolle (Hes 3,1–3; Offb 10,9.10).

V) Oft wird die Verbindung »E. und → Trinken« gebraucht. Sie bezeichnet zunächst die gewöhnliche Nahrungsaufnahme (Rt 3,3; 2 Chron 28,15; Mt 11,19), das Leben miteinander (Lk 13,26) und die Zufriedenheit im täglichen Auskommen (Pred 2,24; 3,13). Sie bedeutet aber auch ein sorgenloses Dasein (1 Mo 39,6) und ferner eine falsche Sicherheit (Lk 12,19; 17,27.28) oder ein völliges Versinken im Genuß der äußeren Annehmlichkeiten (Jes 22,13; 1 Kor 15,32). Röm 14,17 wendet sich Paulus gegen eine falsche Bewertung von E. und Trinken für das geistliche Leben.
Vgl. weiter → Mahlzeit, → satt, → Trank.

Essig. Aus alkoholhaltigen Flüssigkeiten durch E.gärung oder aus E.säure durch Verdünnung mit Wasser hergestellt. Der in der HS genannte E. ist eigentlich ein saurer Wein, der als Getränk nicht genießbar (Ps 69,22) und bes. unangenehm für die Zähne war (Spr 10,26). Dem Nasiräer war er in jeder Form verboten (4 Mo 6,3). Mit Öl vermengt wurde E. bei Wassermangel als durststillendes Getränk genommen (Rt 2,14), und die röm. Soldaten tranken mit Wasser verdünnten E., von dem sie auch Jesus zu trinken gaben (Mk 15,36). Den zuerst angebotenen E. (Mt 27,34) lehnte Jesus wegen der Beimischung eines Narkotikums ab.

Esthaol, Ort 20 km westl. Jerusalem und 2 km nordöstl. Zora, das heutige Eschwa, neuhebr. Eshtaol. Jos 19,41 wird E. zu Dan, Jos 15,33 zu Juda gerechnet, war also wohl Grenzstadt.
Zwischen Zora und E. fing der Geist des Herrn an, Simson zu treiben (Ri 13,25), hier liegt auch Simsons Grab (Ri 16,31). Von Zora und E. ging ebenfalls die Eroberung von Lais durch die Daniten aus (Ri 18,2.11). Vgl. Karte Sp. 1076.

Esthemo, Ort in Juda (Jos 15,50); 1 Sam 30,28; Jos 21,14; 1 Chron 6,42 [57] Esthemoa (»Ort, wo man das Orakel hört«) genannt. Nach dem Onomastikon ein jüd. Dorf in Daroma, dem Gebiet um Eleutheropolis. Heute das Dorf Es-Schemua 6 km von Jatta und 14 km südl. von Hebron. Hier fand man Reste einer alten Synagoge. Vgl. Karte Sp. 1304.

Esther. Pers. Name (vermutl. »Jungfrau« oder »Stern«).
Die verwaiste Tochter eines Juden der Diaspora (Est 2,6), mit hebr. Namen Hadassa, die ihr Onkel Mardochai als Tochter adoptiert hatte (V 7). Als der pers. König Ahasveros (Xerxes I. 485–465 v. Chr.) seine Gemahlin Vasthi verstieß (Est 1,12ff), wurden ihm viele junge Mädchen an ihrer Stelle zur Wahl angeboten (Est 2,2.8). E. erwirbt die Gunst des Königs (Est 2,17ff) und weiß durch Klugheit und Umsicht einen Anschlag des Großwesirs Haman zu vereiteln, der als allmächtiger Günstling des Königs die Juden in Persien ausrotten wollte (Est 3,6). Zur Erinnerung an ihre Rettung durch E. (Est 7,1ff; 8,5ff) feierten die Juden das Purimfest (von *pur* »Los«; Est 9,24.26; 8,16.17; 9,17ff). Der Anlaß zu diesem Fest ist im Buche E. berichtet, das nach der Königin E. seinen Namen erhielt.

Esther, Buch. I) VERFASSER, ZEIT, KANONFRAGEN.
1) Der Verfasser nud seine Lebenszeit ist nicht genau festzustellen, vermutlich hat er aber aus dem Bericht geschöpft, den Mardochai (Est 9,20) geschrieben hat (vgl. V 32). Manche Ausleger halten allerdings Est 9,20–32 für einen späteren Nachtrag.
2) Das Buch E. muß bald nach den berichteten Ereignissen verfaßt sein. Das Purimfest bestand damals schon (Est 9,23). König Ahasveros (Est 1,1) wird aber als ein Herrscher der Vergangenheit eingeführt. Die Beschreibung des pers. Reiches, seiner Sitten und Zustände lassen jedoch annehmen, daß

die Abfassung noch vor dem Untergang des Perserreiches durch Alexander d. Gr. (um 330 v. Chr.) liegt.

3) Das Buch E. steht im hebr. AT unter den Schriften als die letzte der Festrollen (→ Testament, Altes und Neues II,1c). Seine Stellung im jüd. Kanon wurde bis ins 3. Jh. n. Chr. gelegentlich angefochten, doch von da an erfreute es sich großen Ansehens und allgemeiner Beliebtheit (vgl. auch → Handschriften vom Toten Meer I). Im NT wird es nicht zitiert, und auch kaum einer der Kirchenväter beruft sich auf das Buch oder führt es als kanonisch an. Luther äußerte sich ebenfalls kritisch.
Der Grund hierfür liegt in dem äußerlich zunächst recht profanen Charakter des Buches. Man hat dem schon im Judentum durch einige Zusätze abzuhelfen versucht, die das religiöse Moment stärker berücksichtigen (vgl. → Apokryphen I,3b).

II) LITERARISCHER CHARAKTER.

Das Buch E. ist ein literarisches Werk von großer Geschlossenheit und klarem Aufbau. Es enthält den Bericht der Ereignisse, die zur Entstehung des → Purimfestes führten.
Eine Fülle von konkreten Einzelheiten zeugten von einer genauen Kenntnis nicht nur der geschilderten Vorgänge, sondern auch der damaligen Zeit- und Lebensumstände. Die Beschreibung des pers. Hoflebens stimmt durchaus mit den pers. Institutionen und Gewohnheiten überein. Der Luxus am Hof und der königliche Wein (Est 1,7) sind historisch verbürgt. Auch hat die oft wiederkehrende Zahl 7 in Persien stets eine bes. Rolle gespielt. Ausgrabungen des pers. Königspalastes in Susa bestätigen bis ins Kleinste die Beschreibung im E.buch. Die griech. Geschichtsschreiber bestätigen die Bräuche von Est 2, 14ff, ebenso die Organisation der pers. Post durch Kuriere. Die außerbiblischen Zeugnisse entsprechen weiter dem Charakterbild, das wir hier von Xerxes erhalten: eigensinnig und leicht beeinflußt durch Frauen und Günstlinge. Der pers. König konnte seine Gemahlin nicht nur aus den 7 Familien höchsten Standes wählen – wie man früher annahm –, sondern auch Königinnen niederen, dritten Ranges, die dann zu Königinnen zweiten Ranges erhoben wurden und damit die entsprechenden Würden erhielten. Trotz einiger offen bleibender Fragen (z. B. die sprachliche Herkunft von *purim*) macht also das E.-buch den Eindruck großer historischer Zuverlässigkeit (vgl. dazu auch Heilige → Schrift IV C 2).
Auffällig ist jedoch zunächst das Fehlen des Gottesnamens, selbst an Stellen, wo man ihn erwarten könnte (Est 4,14). Doch ist das Buch E. sicherlich mißverstanden, wenn man meint, es wolle die erfahrene Rettung rein menschlich erklären. Hier macht sich vielmehr die spätjüd. Scheu bemerkbar, den heiligen Namen Gottes zu gebrauchen. Auch wenn der Gottesname nicht genannt wird, das ganze Buch spricht von göttlichen Führungen durch die Geschichte (Est 2,2–8 u. 4,13f: 2,21–23 u. 6,1ff).

III) EINTEILUNG.

1. Ein Weg der Vorsehung (1,1–2,23).
   a. Verstoßung der Vasthi (1,1–22).
   b. Esther wird Königin (2,1–20).
   c. Entdeckung des Mordanschlags gegen Ahasveros (2,21–23).
2. Hamans Erlaß zur Vernichtung der Juden (3,1–15).
3. Die Errettung (4,1–7,10).
   a. Esthers Weg zum König (4,1–5,8).
   b. Hamans Siegesgewißheit (5,9–14).
   c. Mardochais Erhebung (6,1–14).
   d. Hamans Fall (7,1–10).
4. Das Gericht (8,1–9,32).
   a. Der zweite Erlaß (8,1–17).
   b. Vollzug des Gerichts (9,1–16).
   c. Einsetzung des Purimfestes (9,17–32).
5. Größe und Macht Mardochais (10,1–3).

IV) BOTSCHAFT.

Die Geschichte des Buches E. fällt in die Regierungszeit des Xerxes (486–465 v. Chr.) nach der ersten jüd. Rückkehrergruppe unter Serubabel (538 v. Chr.) und vor der zweiten unter Esra (458 v. Chr.). Während die kleine Gruppe der Heimkehrer nach der Fertigstellung des Tempels (515 v. Chr.) doch nicht den erhofften Frieden erlangt und immer mehr überfremdet zu werden droht (vgl. Es u. Neh), werden die Diasporajuden in der Person Mardochais (Est 3, 5.6), der einem Menschen verweigert, was Gott allein zukommt (V 2), zu einem Ärgernis, durch das die Existenz des gesamten Volkes, auch in Palästina (vgl. V 13: alle Länder des Königs), bedroht wird. Nur weil die Juden auf Grund ihrer Erwählung durch Gott nach anderen Ordnungen leben als die übrigen Völker (Est 3,8), sollen sie vernichtet werden. Nicht einmal Esther als Königin kann sich davor schützen (Est 4,13.14). Mit diesem Versuch Hamans zur »Endlösung der Judenfrage« steht grundsätzlich die Verheißung des Wortes Gottes auf dem Spiel.
Aber Gott hält zu seinem Volk, wenn es sich in ganzem Ernst zu ihm wendet (V 16). Esther wagt ihr Leben für ihr Volk und gewinnt es (Est 5,1.2). Und dann bewegt der Herr – unsichtbar und ungenannt, aber doch deutlich spürbar in der Verhaltenheit des Berichtes – den König dazu, Mardochai zu ehren (Est 6,1ff), noch ehe Esther die entscheidende Bitte tut, die den Fall Hamans besiegelt (Est 7,3–6).
Auf die Rettung der Juden folgt dann das Gericht an ihren Feinden, die sich durch ihre Vorbereitungen zur Ausrottung des Gottesvolkes schuldig gemacht haben. Sie trifft der Tod, den sie den Juden hatten bereiten wollen (vgl. → Recht IV); auf die Plünderung aber, die in Hamans Plan eine wichtige Rolle gespielt hatte (Est 3,9), verzichteten die Juden bewußt (Est 9,10.16), obgleich sie ihnen frei stand (Est 8,11). Auch in dieser Mäßigung wird ein Unterschied zwischen dem Gottesvolk und seinen Feinden aller Zeiten (vgl. Jes 10,5–16) offenbar.
Das Buch E. ist ein Lobpreis der umfassenden Vorsehung und der vergeltenden Gerechtigkeit Gottes, dessen Liebe sein Volk auch in der Zerstreuung unter den Völkern zu bewahren und zu retten weiß.

Esthon. Sohn des Judäers Mehir (1 Chron 4, 11.12).

Etam »Raubvögelort«.
1) Von Rehabeam befestigte Stadt in Juda (2 Chron 11,6; 1 Chron 4,3), heute Chirbet el-Choch in der Nähe von Ain Atan am Fuße eines Ruinenhügels, 3 km südwestl. von Betlehem. Vgl. → Jerusalem II C u. Karte Sp. 1129.
2) Stadt im Stamm Simeon (1 Chron 4,32), heute Tell Eitun bei Tell Beit Mirsim (Debir). Vgl. Karte Sp. 1304.
3) Felsen, in dessen Höhle sich Simson aufhielt (Ri 15,8.11). Möglicherweise die senkrechte Felswand Arak Ismain mit einer größeren Höhle in der Nähe der Bahnstation Der Aban östl. von Beth-Semes im Tal des Wadi es-Sarar. Sie liegt gegenüber von Chirbet es-Sijagh, in dem wir vielleicht → Ramath-Lehi (Ri 15,17) sehen dürfen.

Etham, die ägypt. Grenzfestung *Khtm,* Knotenpunkt und Schlüssel aller Wege zur Mitte u. zum Süden der Sinaihalbinsel, vermutlich am Nordende der Bitterseen am heutigen Suezkanal gelegen (2 Mo 13, 20; 4 Mo 33,6). Der Name bezeichnet auch die Wüste östl. des Ortes (4 Mo 33,8). Vgl. Karte Sp. 1548.

Ethan »Beständig, langlebig«.
1) Berühmter Weiser, E. der Esrahit, der 1 Kö 5,11 [4,31] mit drei andern genannt wird, deren Weisheit von der Salomos noch übertroffen wurde. E. ist als der Verfasser eines Psalms (Ps 89,1) bekannt. Nach 1 Chron 2,6 stammt er von dem Judäer Serah ab.
2) Levit, Sohn Simmas und Vater Adajas, Vorfahr Asaphs (1 Chron 6,5[20].26[41]ff).
3) Levit aus dem Geschlecht der Merariter, Sohn Kusis (1 Chron 6,29[44]) oder Kusajas (1 Chron 15, 17), ein Sänger und Zimbelspieler (V 19). Mit Asaph und Heman leitete er die Sänger z. Zt. Davids, sein Name scheint dann in → Jedithun geändert worden zu sein (vgl. 1 Chron 15,17.19 mit 16, 37.41; 25,1). Heman und er versahen danach den Dienst am Zelt und Altar in Gibeon, während Asaphs Abteilung bei der Bundeslade in Jerusalem blieb.

Ethanim → Jahr

Ethbaal »Mit Baal«, d. h. in Gemeinschaft (viell. Gefolgsmann) von Baal.
König von Tyrus und Sidon, Vater der Isebel, der Frau Ahabs (1 Kö 16,31). Nach Josephus (Ant. VIII, 13,1 u. 2) war E. ein Priester der → Asthoreth, ehe er seinen Bruder, König Pheles, ermordete und den Thron bestieg.

Ether, hängt wohl mit hebr. »durch Opfer erbitten, beten« zusammen.
1) Dorf in Juda (Jos 15,42), heute Chirbet el Ater 3 km nordwestl. von Beth Dschibrin (Eleutheropolis), neuhebr. Tel Eter.
2) Stadt in Simeon (Jos 19,7), nach der Medebakarte wohl das heutige el-Hatira, 10 km südwestl. von Beer-Seba (vgl. Karte Sp. 1304).

Eth-Kazin, Grenzort Sebulons (Jos 19,13), nach Abel in Kafr Kenna 7 km nordöstl. von Nazareth zu suchen, das die röm.-kath. Tradition für das Kana der Hochzeit von Joh 2,1 hält.

Ethnan »Gabe, Buhlerlohn«.
Judäer, Sohn Ashurs und der Helea (1 Chron 4,7).

Eubulus »Der klug Ratende«,
Christ in Rom, der durch Paulus an Timotheus Grüße übermitteln ließ (2 Tim 4,21).

Eule. In der HS werden Eule, Nachteule, Käuzlein und Uhu erwähnt. Davon ist das Käuzlein (hebr. *kos;* 3 Mo 11,17; 5 Mo 14,16; Ps 102,7) wohl mit Sicherheit der Steinkauz *(Athene noctua saharae).* Die Deutungen der übrigen Worte sind unsicher. In dem hebr. *oach* (Jes 13,21 LÜ Eule) hat man die Adlereule *(Bubo bubo aharonii),* die unserem Uhu ähnelt, vermutet; in dem hebr. *janschup* (3 Mo 11, 17; 5 Mo 14,16 LÜ Uhu; Jes 34,11 LÜ Nachteule) die Waldohreule *(Asio otus).* Andere setzen hier aber auch den Bienenfresser *(Merops apiaster),* wieder andere die schon erwähnte Adlereule ein. Das hebr. *tachmas* (3 Mo 11,16; 5 Mo 14,15 LÜ Nachteule) wird als Ziegenmelker *(Caprimulgus europaeus)* gedeutet. Auch hier werden daneben verschiedene Eulenarten vermutet. Alle diese Eulen galten in Israel als unrein (3 Mo 11,16.17; 5 Mo 14,15.16). In Jes 34,11 ist die Behausung der E. Bild für die Verwüstung Edoms. Vgl. → Fledermaus.

Eunike »Die Siegreiche«,
Mutter des Timotheus, eine fromme Jüdin und Frau eines Griechen aus Lystra (Apg 16,1; 2 Tim 1,5).

Euphrat. 1) Der E. (assyr. Purattu; hebr. Perat; altpers. Ufrata; griech. Euphrates) ist der größte Fluß Vorderasiens, 2270 km lang. Er entspringt im Hochland von Armenien, durchbricht die Taurus-Kette, durchfließt in nordwestl.-südöstl. Richtung die Ebene Mesopotamiens und ergießt sich, mit dem Tigris, dem Strom Assyriens, vereinigt, in den Pers. Golf. In der Bibel ist er einer der vier Paradies-Flüsse (1 Mo 2,14). Bisweilen wird der E. das große Wasser genannt (1 Mo 15,18; 5 Mo 1,7), manchmal heißt er »Strom« schlechthin (1 Mo 31,21). Verschiedentlich erscheint der E. als Idealgrenze Israels (5 Mo 1,7; Jos 1,4; Jes 27,12; Mi 7,12; Sach 9, 10). Mit »jenseits des Stromes« ist Jos 24,2 das Zweistromland, Mesopotamien, gemeint. Im Perserreich bezeichnet »diesseits« (Es 4,10.11; 5,6) bzw. »jenseits des Wassers« (Es 4,17.20; 6,6.13; Neh 2,7. 9) je nach dem Standort des Schreibenden die Provinzen westl. des E. Am E. liegen eine Reihe großer berühmter Städte: Ur, Erech, Nippur, Babylon, Mari, Dura-Europos, Tiphsah, Pethor, Karchemis. Breite und Tiefe des E. sind sehr unterschiedlich. Im Altertum wurde das E.-Wasser zur Bewässerung des Landes durch künstlich gegrabene Kanäle abgeleitet. Dies sind wohl die Wasser zu Babel, von denen Ps 137,1 spricht. Einer dieser Kanäle war der Chebar (Hes 1,1). Vgl. Taf. 23b/352.
2) Jer 13,4–7 ist vermutlich der Wadi Fara nordöstl. von Jerusalem gemeint.

Eutychus »Glücklich«,
junger Mann, der während der Predigt des Paulus in Troas einschlief und aus einer Fensternische drei Stockwerk tief hinabstürzte. Paulus erweckte ihn wieder zum Leben (Apg 20,9.10).

Eva, hängt wohl mit »ins Leben rufen« zusammen.
Name, den der erste Mensch seiner Frau gab, weil sie die Mutter aller Lebenden ist (1 Mo 3,20). Der Name lautet hebr. *chawwa,* die LXX hat 1 Mo 4,1 *Eua,* woraus die uns geläufige Form des Namens entstanden ist. 1 Mo 3,20 übersetzt die LXX *zoe* = Leben. Gott bildete E. aus einer Rippe Adams, nachdem er ihn in einen tiefen Schlaf hatte fallen lassen (1 Mo 2,21.22). Sie war eine Gehilfin, die zu ihm paßte (V 18). Sie ließ sich von der Schlange dazu verführen, vom Baum der Erkenntnis des Guten und Bösen zu essen, und dann verleitete sie ihrerseits ihren Mann zum Essen der Frucht (1 Mo 3,1 –7). Gottes Urteilsspruch legte ihr viele Schmerzen in der Schwangerschaft auf, und doch würde sie nach ihrem Mann verlangen, der nun ihr Herr sein sollte (V 16.17). E. wurde mit Adam aus dem Paradies vertrieben, nahm aber als Verheißung mit, was V 15 zur Schlange gesagt war. E. wurde die Mutter von Kain, Abel, Seth und anderen Söhnen und Töchtern, deren Namen nicht genannt werden (1 Mo 4,1.2.25; 5,1–5). Vgl. ferner 2 Kor 11,3; 1 Tim 2,13.14; → Weib I.

Evangelien.

I) EVANGELIUM UND EVANGELIEN.
E. werden die 4 ersten Schriften des NT genannt, die von dem Werk und der Person Jesu Christi berichten. Sie stellen eine besondere Literaturgattung dar, die allein auf das NT beschränkt ist, und haben ihren Namen von dem → Evangelium, das ihren In-

halt bildet. Sie sind also eine schriftliche Weitergabe des Evangeliums, der Heilsbotschaft von Jesus Christus (so ausdrücklich Lk 1,1–4).
Von den andern Schriften des NT unterscheiden sich die E. dadurch, daß sie berichten von dem Wirken Jesu in Wort und Tat, von seiner Passion und Auferstehung, der Grundlage der Erlösung und dem Fundament des Glaubens (dem Heilsgeschehen), während die Briefe mehr von der sich daraus ergebenden Heilswirklichkeit reden.
Die 4 E. gelten von jeher grundsätzlich als eine Einheit, als die vierfache Darstellung des einen Evangeliums. Das zeigen auch die Überschriften, die wörtl. besagen: Das Evangelium nach der Darstellung (griech. *kata*) des Matthäus, Markus, Lukas und Johannes. Eine auch äußere Einheit hat schon um 170 Tatian angestrebt, als er die 4 E. zu einer E.-Harmonie vereinigte, um so die Ereignisse im Leben Jesu, wie sie die E. berichten, in eine chronologische Folge zu bringen (vgl. auch die E.-Harmonie im Anhang).

II) ENTSTEHUNG UND KANONISIERUNG.
1) Die kritische Theologie geht bei der Frage nach der Entstehung der E. vor allem von der großen Ähnlichkeit aus, die in den ersten 3 E. bis in den Wortlaut hineinreicht. Diese drei Schriften werden

Das älteste Hs.fragment des NT, es enthält Teile der Verse Joh 8,31–33.37.38. Ägypten, um 125 n. Chr.
Vgl. auch Taf. 38/577.

daher als synoptische E. (griech. *synopsis* = Zusammenschau) bezeichnet. Daneben steht das anders geartete → Johannesev. Weithin wird angenommen, Mk oder Teile von Mk seien das »Urevangelium«, das dann jeweils aus anderen Quellen, etwa aus einer Sammlung von Reden Jesu, erweitert worden sei. Lk 1,1–4 wird als Bestätigung dafür herangezogen. Einige sehen auch in Mt das älteste der synoptischen E. Da aber außer in Lk 1, 1–4 (vgl. noch Joh 20,30f; 21,24f) nirgends ein Hinweis auf die Entstehung der E. gegeben wird, müssen alle diese Deutungsversuche hypothetisch bleiben.
2) Jedes Evangelium hat seinen Ursprung im Reden und Handeln Jesu vor den Menschen und dem Bericht davon, wie er im Kreise der Jünger weitergegeben wurde. Auf diesen Stoff der E. stützt und bezieht sich die urchristliche Verkündigung, wobei die Predigt ihn jedoch nicht zu wiederholen oder auch nur wörtl. zu zitieren braucht. Vgl. dazu etwa, wie der → Jakobusbrief (III) immer wieder auf die Bergpredigt und andere Jesusworte Bezug nimmt. Je mehr die Bedeutung der mündlichen Überlieferung des E.stoffes durch die Apostel erkannt wird (→ Matthäusev. I, 2; Heilige → Schrift II CD), desto einsichtiger ist es auch, daß die synoptischen E. oft bis in Einzelheiten übereinstimmen, ohne doch literarisch voneinander abhängig zu sein.
Zu dieser Überlieferung des E.stoffes gibt uns Papias weitere Nachrichten. Nach ihm hat → Markus als Mitarbeiter des Petrus (→ Markusev.) nach dessen Lehrvorträgen sein Evangelium aus dem Gedächtnis mit größter Sorgfalt niedergeschrieben. Außerdem erwähnt Papias eine von Matthäus zusammengetragene Sammlung von Reden Jesu. Ob es sich hierbei um das Mt.ev. oder nur einen Teil davon handelt, ist jedoch nicht mehr mit Sicherheit zu entscheiden.
Wir können also sagen, daß in den 3 ersten E. die zunächst mündlich weitergegebene Überlieferung vom Leben, Sterben und Auferstehen Jesu als Grundlage der Missions- und Lehrpredigt der Apostel ihre schriftliche Aufzeichnung gefunden hat. Das → Joh.ev. (III, 2) kommt aus derselben Überlieferung, erhält sein besonderes Gepräge aber dadurch, daß es sich ausschließlich an die Gemeinde wendet.
3) Neben diesen 4 Ev. sind noch eine Reihe anderer, apokrypher E. entstanden, die zum größten Teil Apostelnamen tragen (→ Apokryphen II). Trotzdem sind sie nicht ins NT aufgenommen worden wie die kanonischen E., die von Anfang an die Autorität der apostolischen Überlieferung besaßen. Offensichtlich sind die apokryphen E. Versuche, unter dem Namen der Apostel die Botschaft von Jesus Christus legendär auszuschmücken und anzufüllen, bes. da, wo die echten E. keine oder nur wenige Berichte bieten, wie etwa in der Jugendzeit Jesu. Die apokryphen E. haben ihren Ursprung in der wißbegierigen Neugier, sehen aber nicht mehr die → Offenbarung Gottes in Jesus Christus.

III) BOTSCHAFT DER EVANGELIEN.
Lk 1,1–4; Joh 20,30f; 21,24f zeigen deutlich, daß die E. keine Biographien Jesu sein wollen, also die Person Jesu nicht von einem neutralen Standpunkt her deuten. Ihre Verfasser sind vielmehr Menschen, die vom Evangelium getroffen und überführt sind und deshalb an Jesus Christus glauben (vgl. 1 Joh 1,1–3). Man kann darum die E. auch nicht anders lesen, als daß man in ihnen das Zeugnis derer sieht, die geglaubt haben.
Die E. schweigen über lange Zeitabschnitte im Leben Jesu. Im Grunde sind sie nur Passionsberichte mit ausführlicher Einleitung, denn die Berichte vom Leiden, Sterben und Auferstehen Jesu nehmen in allen E. den größten Raum ein. Daran wird deutlich, daß die Heilstat Jesu die entscheidende Mitte der Berichte ist.
Wenn Papias berichtet, Markus habe sich in seiner Aufzeichnung nicht an die chronologische Reihenfolge gehalten, so wird dadurch nur noch mehr unterstrichen, wie sehr die E. Verkündigung sind. Sie wollen zum Glauben helfen und im Glauben stärken, indem sie Jesus als den von Gott in die Welt gesandten Christus verkündigen und auf das Heil weisen, das in ihm für alle, die an ihn glauben, angebrochen ist.

Evangelist. I) Im AT kommt das Wort E. nur in Ps 68,12 LÜ vor. Der Grundtext meint hier »Siegesbotinnen«; der Sinn der Stelle ist dunkel.
II) In der Aufzählung der Gemeindedienste (Eph 4,11; → Amt) erscheinen die E. nach den Aposteln und Propheten. Zu dieser Gruppe gehörte

Tafel 25
a. Fischer am See Genezareth.
b. Die Ruinen des Istartors in Babylon.

Tafel 25

z. B. Philippus, einer der sieben ersten Diakonen (Apg 6; 21,8; → Diener). Auch Timotheus war das Werk eines E. aufgetragen (2 Tim 4,5). Nach 2 Kor 8,16f; Tit 1,5 tat vermutlich auch Titus diesen Dienst.

Die E. waren von Gemeinden ausgesandt, aber nicht in der Gemeindearbeit an eine örtliche Gemeinde gebunden. Sie hatten eine mehr allgemeine Aufgabe. So reisten sie, heute hierhin, morgen dahin, und verkündigten, geleitet durch den Heiligen Geist (Apg 8,26.30.39.40), das Evangelium. Sie werden als Mitarbeiter der Apostel bezeichnet (1 Thess 3,2). In manchen Fällen war es jedoch erwünscht, ja selbst notwendig, daß sie länger am Aufbau einer Gemeinde arbeiteten.

So ließ Paulus Titus in Kreta zurück, um die Gemeinden zu ordnen (Tit 1,5), und auch Timotheus arbeitete auf Anweisung des Paulus eine gewisse Zeit in Thessalonich (1 Thess 3,2). Die E. unterstanden also den Aposteln. Dementsprechend kümmerten sich die Apostel Petrus und Johannes um die Arbeit des Philippus in Samarien, nachdem die Gemeinde in Jerusalem unterrichtet worden war (Apg 8).

III) Mit dem Abscheiden der Apostel verschwindet vorübergehend in den Gemeinden auch der Name E. Erst in jüngerer Zeit bezeichnet man Erweckungsprediger wieder als E., obwohl ihre erweckliche Tätigkeit auch ohne solche Bezeichnung Spuren in der Kirchengeschichte aller Jahrhunderte hinterlassen hat.

IV) Der Name E. wurde vom 3. Jh. ab zur Bezeichnung der Schreiber der vier Evangelien des NT verwandt.

Evangelium.

I) SPRACHLICHER BEFUND.

1) E. kommt in der HS nur im NT vor. Das Wort ist griech. Herkunft *(euangelion)* und bedeutet im profanen Sprachgebrauch sowohl »gute Botschaft« wie »Botenlohn«, weiter wird es zum Fachausdruck für »Siegesbotschaft«.

Es gehört aber auch zum religiösen Wortschatz und ist hier bes. wichtig im Kaiserkult (vgl. → Augustus; → Rom I). Der Kaiser gilt als göttlicher Mensch. Darum ist die Nachricht von seiner Geburt E., besteigt er den Thron, so ist auch das E., weil man von ihm Heil und Frieden erwartet. Und auch die Regierungserlasse werden darum zum E.

2) Wenn das Wort E. im AT nicht vorkommt, so hat das Hebr. doch ein inhaltlich verwandtes Wort: *basar* = eine Freudenbotschaft verkünden (Jer 20, 15), Siegesbotschaft überbringen (2 Sam 4,10; 18, 26) und auch →predigen (Ps 40,10).

Für das Verständnis des ntl. E.-Begriffs ist bes. der Gebrauch von *mbasar* = Freudenbote im 2. Teil des Jes.-Buches wichtig. Hier wird die große Erwartung laut, die sich an den Sieg des Herrn, seine Herrschaft und den Anbruch der Heilszeit knüpft. Die Botschaft lautet: Der Herr ist König (Jes 52,7; vgl. Jes 41,27; 40,9; 60,6; Nah 2,1; Ps 96,2.3.10). Sie ist mehr als eine Mitteilung, sie ist Proklamation. Hinter der Botschaft steht Macht, wie hinter jedem Wort Gottes. Damit werden wir zum NT gewiesen.

3) Der Gebrauch des Wortes E. in den einzelnen Büchern des NT ist sehr unterschiedlich, am weitaus häufigsten finden wir es bei Paulus. Lukas benutzt an seiner Stelle das Zeitwort *euangelizein*

Tafel 26
Feigenbaum und Zweig mit Blättern und Früchten.

bzw. *euangelizesthai* = die gute Botschaft verkündigen, das aber auch sonst im NT neben dem Hauptwort gebraucht wird. Auffällig ist, daß die Schriften des Johannes Hauptwort wie Zeitwort vermeiden.

II) INHALT UND BEDEUTUNG.

1) Das Wort E. kommt in der Predigt Jesu nicht sehr oft vor, wo er es aber gebraucht, umfaßt es die ganze Fülle seiner Verkündigung in Tat und Wort (Mt 24,14; 26,13; Mk 1,15; 8,35; 16,15). Ebenso fassen Matthäus (Mt 4,23; 9,35) und Markus (Mk 1,14) das gesamte Wirken Jesu in der Aussage zusammen: »er verkündigte das E.«. Hier liegt der Berührungspunkt mit den Worten des Jesaja. Jesus selber ist der Herold, der die in ihm hereingebrochene Königsherrschaft Gottes (→ Reich Gottes) proklamiert (Mk 1,15). Er ist der im AT verheißene Freudenbote, der jetzt gekommen ist. Seine Botschaft ist das E.

Da aber Jesus sich selbst bringt (vgl. die »Ich-bin«-Worte; → Namen Jesu Christi IA), wird zugleich auch die Botschaft von Jesus E. (Apg 5,42; 8,35; 15, 7; 17,18; 1 Petr 4,17; → Evangelien I). Denn Gottes Herrschaft ist an sein Kommen und Tun gebunden, er bringt sie in seiner Person, und seine Wundertaten sind sowohl ihre Auswirkungen wie Hinweise auf ihren Anbruch (Mt 11,2–6). So ist das E. nicht nur eine Botschaft, sondern ein Handeln Gottes an den Menschen durch und in Jesus.

2) Paulus gebraucht das Wort E. häufig ohne nähere Bestimmung. Es ist also für ihn wie für seine Leser ein fester Begriff, der ohne weitere Erklärung verständlich ist. Dennoch ist sein Gebrauch des Wortes mehrschichtig.

a) An das AT anschließend kann Paulus zunächst die Tätigkeit der Verkündigung meinen (2 Kor 8, 18; Phil 4,15); in 1 Kor 9,14 bezeichnet E. erst den Inhalt, dann das Verkündigen.

b) Wo Paulus den Inhalt des E. angibt, spricht er – anders als die Evangelien – nicht von der Königsherrschaft Gottes. Zwar kennt auch er diesen Begriff (Röm 14,17; 1 Kor 4,20; 6,9; Kol 4,11; 1 Thess 2,12; 2 Thess 1,5), verwendet ihn aber in diesem Zushg. nicht, sondern umschreibt den Inhalt des E. anders. Dabei bietet er nirgends eine lückenlose Aufzählung, aber die wesentlichen Punkte werden genannt: Jesus ist Gottes Sohn von Ewigkeit her und als Mensch Nachkomme Davids; er ist gestorben, begraben, auferstanden (Röm 1,3f; 1 Kor 15,1 –8; 2 Tim 2,8); er ist als der von Gott Erhöhte der Herr (Phil 2,9–11) und Richter (Röm 2,16).

Der Inhalt des paulinischen E. ist also identisch mit dem, was die Evangelien gemäß ihres Namens verkünden wollen: Jesus als den Christus Gottes und sein Tun als Heilshandeln Gottes für die und an den Menschen (Mk 16,15f; Röm 1,16).

c) Auch für Paulus ist das E. mehr als nur Mitteilung und Proklamation, es ist Kraft Gottes, die in der Verkündigung zum Heil der Menschen frei wird (Röm 1,16; 1 Thess 1,5). Im E. offenbart sich die → Gerechtigkeit Gottes (Röm 1,17), die mit dem Sünder ins Gericht geht, ihn aber im Glauben zugleich gerecht spricht (→ Römerbrief). Damit wirkt das E. in das Leben des Menschen hinein und bringt die Begegnung mit dem erhöhten Christus zum Heil oder zum Unheil, je nachdem es im Glauben angenommen wird oder nicht (1 Kor 1,18ff, wo das E. als Wort vom Kreuz umschrieben wird, vgl. V 17). Darum redet Paulus vom E. Gottes (Röm 1,1; 2 Kor 11,7) oder Christi (Röm 15,19; 1 Kor 9,12), wobei Christus zugleich Herr und Inhalt der Verkündigung ist.

d) Weiter spricht Paulus häufig von »meinem« bzw.

»unserm E.« (2 Kor 4,3; 1 Thess 1,5; Röm 2,16; 2 Tim 2,8). Damit ist jedoch kein besonderes E. gemeint, denn seine Botschaft stimmt mit der der übrigen Apostel überein (1 Kor 15,1–5; Gal 2,6–9). Doch betont er damit, daß dies E. auch ihm als Apostel anvertraut ist, und zwar mit dem besonderen Auftrag, es den Heiden zu bringen (Apg 20,24; Röm 15,20; 1 Kor 4,15). Aber es bleibt das eine E. von Jesus Christus, das überall gilt.

3) Auffällig erscheint zunächst Offb 14,6f, wo ein Engel ein »ewiges E.« ausruft. Aber dieser Ruf, Gott zu fürchten und ihn als den Schöpfer anzubeten, ehe sein Gericht hereinbricht, entspricht durchaus dem Inhalt des E. im übrigen NT (vgl. Mk 1,15; Apg 14, 15; 1 Thess 1,9). Ewig ist dies E. seinem Wesen nach, weil es noch einmal den einen, unvergänglichen und unabänderlichen Ratschluß Gottes verkündet.

Evi »Begierig«,
Midianiterkönig, Vasall des Königs Sihon, von Israel besiegt und getötet (4 Mo 31,8; Jos 13,21).

Evil-Merodach, Entstellung von babyl. Awel-Marduk »Mann, Verehrer des (Gottes) Marduk«, hebr. etwa »Verfluchter Tor«.
Sohn und Nachfolger König Nebukadnezars von Babylon, der von 562–560 v. Chr. regierte. Durch eine Verschwörung, die sein Schwager Nergal-Sarezer, der nach ihm den Thron bestieg, leitete, wurde er gestürzt und getötet. In der Bibel wird von ihm nur berichtet, daß er in seinem ersten Regierungsjahr den König → Jojachin von Juda nach 37jähriger Kerkerhaft begnadigte (2 Kö 25,27–30; Jer 52, 31–34).

Evodia »Die einen guten Weg geht«,
Frau in der Gemeinde zu Philippi, die sich mit einer anderen Frau, Syntyche, entzweit hatte. Beide hatten mit Paulus »für das Evangelium gekämpft« (Phil 4,2.3).

Ewigkeit, ewig. Im griech. Text (LXX und NT) steht für E. *aiôn* und für ewig *aiônios.* Hauptwort wie Eigenschaftswort schillern in mancherlei Bedeutungen, die z. T. auch schon den hebr. Ausdrükken im AT innewohnen. Erst der Textzusammenhang läßt erkennen, ob im Vollsinn des Wortes »E.«, d. h. Endlosigkeit steht, oder nur »lange Zeit«, »Weltzeit«, »Welt« gemeint sind.

I) »LANGE ZEIT« – »ANFANGSLOSE UND ENDLOSE DAUER«.

A) Im NT.

1) In mancherlei Redewendungen wird eine unbegrenzte Vergangenheit und unbegrenzte Zukunft zum Ausdruck gebracht: »seit uralter Zeit« – »von E. her« (Lk 1,70; Joh 9,32; 1 Kor 2,7; 2 Tim 1,9; Tit 1,2); ferner Jud 25; Joh 4,14 u. ö. »für immer«, »in E.«.

2) In der gehobenen Sprache der Anbetung und Lobpreisung bedient man sich in der HS gerne der Mehrzahl »in die Ewigkeiten« – »in alle Ewigkeiten« (Mt 6,13; Lk 1,33; Rö 9,5; 11,36; 2 Kor 11,31; Hebr 13,8). Durch solchen Gebrauch der Mehrzahl wird nur eine Steigerung des schon in der Einzahl vorhandenen Begriffes der E. zum Ausdruck gebracht.

3) Doch setzt solche pluralische Redeweise bereits voraus, daß man von einer Mehrzahl von »Zeiträumen«, »Zeitaltern«, »Weltzeiten« weiß. So dringt hier die Bedeutung des langen, aber nicht grenzenlosen Zeitraumes in den E.begriff ein. Ja, wir finden im NT Stellen, in denen »Zeit« und »E.« unmittelbar zu einer Einheit verschmelzen: Röm 16, 25; 2 Tim 1,9; Tit 1,2 »Ewige Zeiten«, was eigentlich ein Widerspruch in sich selbst ist und nur durch die Vorstellung »ungeheuer langer, aber nicht unbegrenzter Zeiträume« sinnvoll wird.

4) Für die paulinischen Schriften, Hebr, Petr und Offb sind Verdoppelungen des Ewigkeitsbegriffes bezeichnend: »in die Ewigkeiten der Ewigkeiten«: z. B. Hebr 13,21; 1 Petr 4,11; 5,11; Eph 3,21 u.v.a.

B) Im AT.

Die oben genannten E.begriffe und Redeformen wurzeln bereits im Sprachgebrauch der LXX, die eine unübersehbare Fülle von E.ausdrücken bietet und darin wiederum auf den hebr. Urtext zurückgeht. Jes 45,17 finden wir schon den pluralischen E.begriff; und im Sinne eines langen, aber nicht grenzenlosen Zeitraumes haben wir auch die »höfische Formel« zu verstehen: »Der König lebe ewiglich«: Neh 2,3; Dan 2,4; 3,9 u.a.

II) DIE EWIGKEIT GOTTES.

A) Die volle Bedeutung »E.« gewinnt der biblische Begriff *aiôn, aiônios,* wenn er mit Gott in Verbindung gebracht wird. Wenn z. B. in 1 Mo 21,33; Jes 40,28; Röm 16,26 Gott der »Ewige« genannt wird, dann ist nicht nur die anfangs- und endlose Dauer, sondern Gottes unendliche Lebens- und Daseinsfülle gemeint. Vgl. auch 2 Mo 3,14: »Ich bin, der ich bin« und Jes 44,6: »Ich bin der Erste, und ich bin der Letzte, und außer mir ist kein Gott.« Als Schöpfer und Weltvollender ist Gott der Ewige (1 Mo 1; 1 Kor 15,28; Offb 21,5). Er ist von E. zu E. (Ps 90,2). Ehe die Welt geschaffen wurde, ist er (Ps 90,2). Wenn der jetzige Himmel und die jetzige Erde vergangen sein werden, wird Gott und sein Wort bestehen (Jes 40,8; Ps 119,89; Mt 5,18; Lk 21,33; 1 Petr 1,25). Das alles gilt auch auf Christus bezogen; vgl. Hebr 1,10 und alle »Ich bin«-Stellen in den johanneischen Schriften. So stehen die unendliche E. Gottes und die durch Schöpfung und Ende begrenzte Welt einander gegenüber. Da Gott der ewige König und der Unvergängliche ist (1 Tim 1,17), so sind auch im Vollsinn des Wortes »ewig«: sein Name (Ps 135,13), seine Ehre (Ps 104,31), seine Gerechtigkeit (Ps 119,142 u. 2 Kor 9, 9), seine Güte (Ps 100,5), seine Gnade (Jes 54,8), sein Bund (Jes 55,3).

B) Gott schließt mit sterblichen und wankelmütigen Menschen einen ewigen Bund (1 Mo 9,16; 17,7. 13.19). Er offenbart eine ewige Erlösung (Jes 45,17; Hebr 9,12) durch Christus, den ewigen Priester (Hebr 7,17). – Ja, Gott gibt sogar denen, die durch Christus an ihn glauben und seinen Willen tun, Anteil an seiner E. (Joh 5,24; 6,51; 1 Joh 2,17). Das »ewige Leben«, das Christus den Seinen verleiht, ist in erster Linie Anteil an Gottes und Christi Lebensfülle, Existenz, Herrlichkeit, Kraft, Vollkommenheit, unendlich erhaben über alle Störungen dieses durch Raum, Zeit, Sünde begrenzten Erdenlebens. – Für solche unaussprechliche Wohltat und Gnade gebührt Gott auch Dank und Preis in E. (Ps 41,14; 113,2; 115,18; Röm 11,36; 16,27; Gal 1,5; Eph 3,21 u. v. a.).

III) Der »GEGENWÄRTIGE« und der »ZUKÜNFTIGE ÄON«.

A) Der Begriff *aiôn* = Äon kann sowohl im biblischen Bereich des AT und NT, als auch im profanen Sprachgebrauch der Griechen und Hellenisten die Bedeutung von »Weltzeit« – »Weltlauf« – »Welt« (vgl. → Welt, *kosmos*) annehmen. Ferner legt der pluralische Gebrauch von *aiôn* = Äon in manchen Redewendungen den Gedanken nahe, daß der Weltlauf in eine Reihe von kleineren Äonen zerfällt (vgl. I, A,3). Dadurch kann die Vorstellung auftauchen, daß der Äon (= die Welt und Weltzeit) nicht etwas Einmaliges, Unwiederholbares ist, sondern sich im unendlichen Strom der Zeit ständig wiederholt. Dann wäre Schöpfung und Ende nicht als unbedingter Anfang und unbedingtes Ende anzusehen. Die E. setzte sich dann zusammen aus einer unendlichen Reihe von kleineren »Ewigkeiten«, kleineren »Äonen«. – Das war in der Tat die Meinung der altorientalischen Astrologie und der hellenistischen Gnosis mit der Lehre von der ewigen Wiederkehr aller Dinge. – Wir müssen uns aber aufs strengste davor hüten, solche Gedankengänge in die Bibel hineinzulesen. Die Zeit-Ewigkeitslehre der HS widerspricht radikal der heidnisch-gnostischen Lehre von der ewigen Wiederkehr. Weltschöpfung und Weltende bedeuten in der Bibel einen absoluten Anfang und ein absolutes Ende.

B) Aber unüberhörbar deutlich ist im NT das Zeugnis von den beiden Äonen, dem »gegenwärtigen« und dem »zukünftigen Äon«. Der »gegenwärtige Äon« ist die durch Schöpfung und Weltende begrenzte Welt des Raumes, der Zeit, der Sünde und des Todes. Er wird im NT genannt: »der Äon« – »dieser Äon« – »der jetzige Äon« – »der gegenwärtige Äon« – »der gegenwärtige böse Äon«. Der zukünftige Äon ist »der kommende, der bevorstehende Äon« – »die neue Weltzeit« – »das Reich Gottes« – »die Vollendung der Welt« – »der neue Himmel und die neue Erde«; d. h. lauter Bilder für ein letztlich unaussprechliches Leben, das mit diesem Erdendasein nicht mehr zu vergleichen ist (Mt 12,32; 13,22. 39f. 49; 24,3; 28,20; Mk 4,19; 10,30; Lk 18,30; 16,8; 20,34.35; Röm 12,2; 1 Kor 1,20; 2,6.8; 3,18; 2 Kor 4,4; Gal 1,4; Eph 1,21; 2,2.7; 1 Tim 6,17; 2 Tim 4,10; Tit 2,12; Hebr 6,5; 9,26). Am »zukünftigen Äon« nehmen teil »die Söhne des Lichtes« (Lk 16,8). Sie sind gewürdigt, an »jenem Äon« teilzuhaben und »an der Auferstehung« (vgl. II, B), d. h. sie haben Anteil am Leben Gottes und Christi als Gläubige.

C) Eine wichtige Aussage der ntl. Verkündigung liegt sodann darin, daß der »kommende Äon« nicht nur in der Zukunft, nicht erst bei der durch Christi Wiederkunft herbeigeführten Weltvollendung anbricht. Die Gläubigen sind schon jetzt vom »gegenwärtigen bösen Äon« erlöst (Gal 1,4) und haben schon jetzt die Kräfte des »zukünftigen Äon« geschmeckt (Hebr 6,5). Mit der Auferstehung Christi, insofern sie der Anfang der allgemeinen Auferstehung ist (1 Kor 15,20.23), hat der »neue Äon« bereits begonnen, wenn auch verborgen vor den Augen der Menschen. Die Geistmitteilung an die Gläubigen zeitigt »Geistesfrüchte« (Gal 5,22) und »Geistesgaben« (1 Kor 12 u. 14; Röm 12; Eph 4) und nimmt dadurch schon jetzt anbruchsweise das ewige Leben der vollendeten Gotteswelt vorweg.

IV) EWIGE SELIGKEIT der Gläubigen – EWIGE VERDAMMNIS der Ungläubigen → Seligkeit, → Himmel, → Verdammnis, → Hölle. v. Eicken.

Exil → Gefangenschaft

Ezbon.
1) Sohn Gads (1 Mo 46,16), auch Osni genannt (4 Mo 26,16).
2) Sohn Belas aus dem Stamme Benjamin (1 Chron 7,7).

Ezem, Stadt in Simeon (Jos 15,29; 1 Chron 4,29). Man hat sie mit Chirbet Umm el-Azam, neuhebr. Borot Etsem (40 km westl. vom Südende des Toten Meeres), identifiziert. Vgl. Karte Sp. 1304; 1311.

Ezeon-Geber (Ezeon = Ghadagebüsch, *Arthrochemum fruticosum;* Geber = junger, kräftiger Mann). Hafenstadt am Golf von Akaba (Schilfmeer; 1 Kö 9,26; 22,49). Diesen Ort hat Nelson Glueck in der Ruine Tell el-Kheleife ausgegraben und fand dabei umfangreiche Kupferverhüttungsanlagen. Auch in anderen Ruinen in der Nähe sind Anzeichen für Kupferindustrie gefunden worden (vgl. → Bergbau). Die Schmelzöfen von Tell el-Kheleife stammen in ihrer ersten Anlage aus dem 11. Jh. v. Chr. und sind vermutlich in der Zeit → Salomos wiederaufgebaut worden. E. ist also nicht nur Hafen gewesen, sondern zugleich ein Industriezentrum, in dem das Erz der Kupfergruben (in der Araba und auf der Sinaihalbinsel) verarbeitet wurde. Vgl. Karte Sp. 932; 1181.

Ezer, hängt viell. mit hebr. »anhäufen« zusammen.
Fürst der Horiter und Sohn des Seir im Lande Edom (1 Mo 36,20.27.30; 1 Chron 1,38.42).

F

Fabel, erdichtete Erzählung, in der die Tier- oder Pflanzenwelt menschlich redet und handelt. Sie hat den Zweck, eine Lehre zu vermitteln (Ri 9,8ff; 2 Kö 14,9).
Im Sinne von »warnendes Beispiel« steht F. 1 Kö 9,7; 2 Chron 7,20; Jer 24,9.
In der Bedeutung »Erdichtetes, Unwahres« wird F. gebraucht: 1 Tim 1,4; 4,7; Tit 1,14; 2 Petr 1,16.

Fackel. (Hebr. *lappid,* griech. *lampas).* Mehrere mit Lappen zusammengebundene Holzstücke, die mit Fett oder Pech getränkt waren und als Leuchte im Freien verwendet wurden (Joh 18,3). Im Kriege, insbes. bei Belagerungen dienten sie auch dazu, Lager oder Stadt der Feinde in Brand zu setzen (vgl. Ri 15,4f; LÜ Brand).
Die Helden Gideons verbargen die brennenden F. in irdenen Krügen, um sich durch ihren Schein dem Feind nicht zu verraten (Ri 7,16.20).
Im übertragenen Sinn sind F. ein Bild für große Not und Zerstörung (Sach 12,6), für die feurigen Augen des Menschensohnes (Dan 10,6) und für Israels Heil (Jes 62,1). Die 7 brennenden F. vor dem Thron Gottes sind die 7 Geister Gottes (Offb 4,5). Die 2 → Zeugen in Offb 11,4 werden auch F. genannt.

Fähnlein → Panier

Fähre, Fährgeld → Schiff

Falle, Fallstrick. Geräte zum Tier- (Ps 69,23; 140,6; 141,9) oder Vogelfang (Jer 5,26), oft mit dem → Strick oder Fallstrick (Lk 21,35), der Schlinge, zusammen genannt. Nur in bildlicher Verwendung.

Falte = Haarlocke (Hl 7,6[5]).

Falten. I) Die »gefaltete Borte« (2 Mo 28,32; 39,23) am Purpurrock des → Hohenpriesters bezeichnet einen festen Saum um die Halsöffnung.
II) Die gegen Israel gefalteten Hände Edoms und Moabs sind Gebärde der Unterwerfung (Jes 11,14 LÜ). Diese Übersetzung gibt den Sinn des hebr. Textes frei wieder (vgl. EÜ, ZÜ).

Farben. I) Die archäologische Erforschung der Kultur der alten Weltreiche in der Nil- und der Euphrat-Tigris-Ebene hat gezeigt, daß man damals schon sehr entwickelte Färbetechniken kannte. Es verwundert daher nicht, daß in der Bibel eine ganze Menge Angaben über F. gemacht werden, die jedoch nicht immer einheitlich sind. Naturgemäß finden wir mehr einfache, allgemeinere Ausdrücke, die vor allem den Unterschied zwischen hell und dunkel bezeichnen, als genaue Unterscheidungen einzelner Farbtöne. In Babylonien verwendete man verschiedene Arten von Ton und eine besondere Brenntechnik, um farbige Steine herzustellen; in Ägypten dienten verschiedene Metalle und Erden zur F.bereitung. → Handwerk.

II) Blauer und roter → Purpur (2 Mo 25,4; Hes 27, 7) wurde im Altertum aus einer Schnecke *(Murex trunculus)*, die an den Küsten des Mittelmeers lebt, bereitet; der → Scharlach (2 Mo 25,4; Jes 1,18) aus einem Insekt. Jer 22,14 und Hes 23,14 ist von einem leuchtenden Rot die Rede, viell. = Mennige; 3 Mo 13,19.24.43 von rötlicher Farbe und V 49 von grünlicher. Unser Begriff bunt wird im Hebr. als gesprenkelt, gefleckt, gestreift und scheckig umschrieben (1 Mo 30,32; 31,8; Hes 16,16; 17,3). Ferner wird gesprochen von weiß (1 Mo 49,12; Jes 1,18), schwarz, das auch gebräunt bezeichnen kann (Hl 1, 5.6), grün (2 Kö 19,26) und goldblond (3 Mo 13,30. 32).

III) Häufig besitzen die F. sinnbildliche Bedeutung: Weiß ist die Farbe der Reinheit und des Sieges (Mk 16,5; Offb. 3,4), Schwarz die des Todes, der Trauer (Jer 4,28 EÜ, ZÜ; Sach 6,2) und des Hungers (Klgl 4,8; 5,10; Offb 6,5). Rot bezeichnet Krieg und Blutvergießen (Offb. 6,4); Purpur (königliche) Würde (Est 8,15; Lk 16,19).

IV) Für das heilige Zelt und die Priesterkleidung waren die 4 F. Weiß, Blau, Purpur und Scharlach vorgeschrieben (2 Mo 26,1; 28,5).

Färber → Farben, → Handwerk

Farren. Junger Stier, vornehmstes und häufigstes Opfertier im AT (2 Mo 24,5; Hes 43,19 u. a.). In bes. hoher Zahl wurden F. bei der Krönung Salomos (1 Chron 29,21) und bei der Nachfeier des Passah z. Zt. Hiskias (2 Chron 30,24) geopfert. In Ps 69,32; Jes 1,11 werden diese wertvollen Opfer, wenn sie ohne Buße dargebracht werden, verworfen.
Im übertragenen Sinn sind F. ein Bild
1) für das geistliche, Gott angenehme Opfer des Dankes (Hos 14,3; vgl. Ps 50,9.14; Hebr 13,15),
2) für die mächtigen, drohenden Feinde Davids (Ps 22,13).

Faß steht nach älterem Sprachgebrauch Jer 48,11.12 für »Gefäß« (vgl. ZÜ). Gemeint ist wohl ein Tongefäß.

Fassen wird im AT und NT in vielfacher Bedeutung gebraucht:
I) Ergreifen, in die Hand nehmen (1 Mo 22,10; 2 Sam 1,11; 20,9; Hes 21,16[11] u. ö.), auch umklammern (1 Kö 1,50; 2,28).
II) Umfassen, enthalten (1 Kö 8,27; 2 Chron 4,5), umgreifen (Jes 40,12), festhalten (Spr 27,16; 30,4). Spr. 4,13 wörtl.: Halte fest an der Lehre.
III) In ein Gefäß füllen (Ps 56,9).
IV) Annehmen, aufnehmen (2 Kor 7,2).
V) Geistig aufnehmen, geistlich verstehen (Mt 15, 10; 19,11.12; Lk 9,44). Gottes Wort soll »zu Herzen gefaßt« werden (5 Mo 11,18; Hi 22,22; Hes 3, 10).
VI) »Fasset eure Seelen mit Geduld« (Lk 21,19) heißt wörtl.: Gewinnt durch Ausharren euer Leben.
VII) »Ich habe dich bei deiner Hand gefaßt« (Jes 42, 6) ist Bild der göttlichen Führung.

Fasten. I) Der freiwillige Verzicht auf Nahrung bzw. die Zeit, in der dieses durchgeführt wird; hebr. *sum* »zusammenschnüren« (der Eingeweide), griech. *naesteuo*.

II, 1) Im AT wird sehr oft von dem F. einzelner wie des ganzen Volkes Israel gesprochen, doch wird das hebr. *sum* in den 5 Büchern Mose nicht gebraucht. Am großen Versöhnungstag sollte sich das Volk »kasteien« (3 Mo 16,29–31; 23,27; vgl. Apg 27,9), was gewiß Enthaltsamkeit in Fragen der Speiseaufnahme einschloß. Solches Kasteien konnte auch Gegenstand von Gelübden sein (4 Mo 30,14). Etwas Besonderes war es, wenn Mose 40 Tage und Nächte auf dem Berg in der Gegenwart des Herrn weder aß noch trank (2 Mo 34,28), ebenso die 40 Tage, die Elia nach der Himmelsspeise fastete (1 Kö 19,8).

2a) An einer Reihe von Stellen heißt es ausdrücklich, daß man weder aß noch trank (Jon 3,5–8; Apg 23, 12); so wurde es wohl auch bei einzelnen Fasttagen meist gehalten (Ri 20,26; 1 Sam 7,6; Jer 36,6). Bei Esther und den Juden (Est 4,16) und bei Paulus (Apg 9,9) wird dazu die Zeit von drei Tagen angegeben. Ein längerer Zeitraum für diese strengste Art des F. kommt in der HS nicht vor.

b) Sonst wird nur die Enthaltung von fester Speise betont, das Trinken von Wasser war mithin für längere Fastenzeiten erlaubt und auch notwendig. David aß 7 Tage nichts (2 Sam 12,16–21); bei Jesus heißt es ebenfalls nur, daß er 40 Tage nichts aß und ihn dann hungerte (Mt 4,2; Lk 4,2).

c) Daniel lebte 3 Wochen von ganz einfacher und schmaler Kost (Dan 10,3), das wird V 12 ein Kasteien genannt. Ähnlich haben wir uns wohl auch das F. der Hanna (Lk 2,37) vorzustellen, die dem Herrn Tag und Nacht mit Beten und Fasten diente. Weiter hören wir von einem F. von 4 (Apg 10,30) oder 7 Tagen (1 Sam 31,13), ohne daß über die Art des F. etwas gesagt wird.

3) Die innere Haltung des F. wurde oft durch äußere Zeichen sichtbar gemacht, indem Sackkleider getragen, die täglichen Waschungen unterlassen und Asche auf das Haupt gestreut wurde (1 Kö 21,27; Neh 9,1; vgl. Hiob 2,12.13).

4) Es wurde aus verschiedenen Ursachen gefastet:
a) Beim Tode nahestehender Personen (1 Sam 31, 13; 2 Sam 1,12).
b) Vor großen Entscheidungen, deren Ausgang von Gott allein abhängig war (2 Sam 12,16.21–23; Est 4,3.16 u. ö.).
c) In Zeiten echter Buße und Demütigung vor Gott (1 Sam 7,6; 1 Kö 21,27; Es 10,6; Neh 9,1; Jon 3,7.8). oder zum Zwecke einer intensiven, ungestörten Gemeinschaft mit Gott (2 Mo 34,28; 5 Mo 9,9.18) bzw. um in besonderen Gebetszeiten nicht abgelenkt zu werden und durch das F. vor Gott die Dringlichkeit der dargebrachten Bitten zu unterstreichen (Dan 10, 3.12).

5) Jesaja spottet über das nutzlose F. der Götzenmacher (Jes 44,12).

III, 1) Nach der Gefangenschaft wurde das F. der Juden bald stark veräußerlicht und verlor dadurch viel von seiner Bedeutung. In Babel selbst wurden von den Israeliten jährlich 4 Fasttage gehalten, und zwar der 9. Tag des 4. Monats, an dem Jerusalem von den Chaldäern eingenommen wurde (Jer 52, 6ff); der 10. Tag des 5. Monats, an dem die Stadt und der Tempel verwüstet wurden (Jer 52,12ff); ein Tag im 7. Monat zum Gedenken an den Tod Gedaljas (Jer 41,1ff) und der 10. Tag des 10. Monats, als die Belagerung Jerusalems einsetzte (Jer 52,4). Nach der Rückkehr wurde dies F. zunächst weiter gehalten (Sach 7, 3.5), in prophetischer Vorausschau wird aber von einer Zeit gesprochen, in der das Volk Gottes die Fasttage in Festtage verkehren wird (Sach 8,19). Vergeblich mühten sich die Propheten, den zunehmenden Charakter einer verdienstlichen Werkgerechtigkeit des F. zu bekämpfen (Jes 58,5ff; Sach 7,5ff).

2) Solche Art des F. hielten vornehmlich auch die Pharisäer in ntl. Zeit. Sie zeigten dabei ein nach außen bes. scheinheiliges Wesen (Mt 6,16) und fasteten meist zweimal in der Woche, also sehr oft (Lk 18,12; vgl. Mt 9,14), und zwar am Donnerstag, da Mose an diesem Tag den Sinai erstieg und am Montag, an dem er den Berg wieder herabkam.

IV, 1) Jesus selbst fastete 40 Tage und Nächte, um sich so in der Stille vor Gott auf seinen Dienst vorzubereiten (Mt 4,2). Strikt lehnt er jedoch das F. der Heuchler ab (Mt 6,16–18), gibt aber zugleich die Anweisung für das rechte F., nämlich das F. »im Verborgenen mit gewaschenem Angesicht und gesalbtem Haupt«. Die Frage der Johannesjünger, warum sie und die Pharisäer so oft f. und die Jesusjünger nicht, beantwortet der Herr mit dem Bild des Bräutigams und der Hochzeitsleute, die, solange sie zusammen sind, keinen Grund zur Enthaltsamkeit haben. Wenig später aber muß er seinen Jüngern, die in ihrer Ohnmacht dem mondsüchtigen Knaben nicht helfen konnten, sagen: »Diese Art fährt nicht aus denn durch Beten und F.« (Mk 9,29).

2) Nach Pfingsten wird auch von den Aposteln berichtet, daß sie gefastet haben. So fastete Paulus nach seiner Bekehrung (Apg 9,9) und auch später (2 Kor 6,5). Die Gemeinde in Antiochien fastete vor und bei der Aussendung von Paulus und Barnabas in den Missionsdienst (Apg 13,2.3), wie diese wiederum bei der Einsetzung der Ältesten in den Gemeinden (Apg 14,23).

3) Obwohl das NT so eine volle Freiheit vom F., aber auch zum F. schenkt, sah man im Laufe der Jahrhunderte das F. erneut mehr und mehr als verdienstvolles Werk an, in der röm. Kirche wurde es für bestimmte Zeiten und Tage des Jahres zum Gesetz. Die Reformation brachte auch hierin eine große Wende, führte aber nicht zum biblischen F. zurück, sondern ließ es bald ganz in Vergessenheit geraten.

Faul, Faulheit. I) Die Faulheit des Menschen im Sinne von Trägheit, Müßiggang. An fleißigen Tieren sollte sich ein f. Mensch ein Beispiel nehmen (Spr 6,6–8). Ein F. ist für andere Menschen eine Last (Spr 10,26). Während er sich durch dumme Ausreden zu rechtfertigen sucht (Spr 22,13), straft er sich selbst, indem er die eigene Armut und den Spott der anderen heraufbeschwört (Spr 6,9–11; 10,4; 12,24; 13,4; 14,23; 18,9; 19,15; 20,4; 24,30–34). Ein unbarmherziges Gericht ergeht über den, der nur für sich lebte und nicht mit den ihm anvertrauten Gaben gearbeitet hat (Mt 25,26ff), denn Trägheit ist eine Folge der Sünde (Hebr 12,1).

II) In bezug auf Pflanzen und Tiere heißt f. »verdorben, morsch, ungenießbar«. Mit dem f. Baum, der auch nur f., ungenießbare Früchte hervorbringen kann (Mt 7,17ff; 12,33), vergleicht Jesus den Menschen, der nicht von Grund auf von Gott erneuert wurde. Solche Menschen werden einst wie f. Fische weggeworfen werden (Mt 13,48). Doch auch der Gläubige kann der Fäulnis wiederum Raum geben, wenn er f. Geschwätz, unnütze, schlechte Reden führt (Eph 4,29), die das Wirken des Geistes hindern (V 30).

Feder → Schrift

Fegopfer (1 Kor 4,13 LÜ) = Schmutz, Unrat; nach hellenistischem Gebrauch aber auch »(verachtetes) Sühnopfer«.

Fehl, Fehler, fehlen. I) Opfertiere durften keinen körperlichen Fehler haben oder sonstwie beschädigt sein (3 Mo 22,17ff; 5 Mo 15,21). Ähnliches galt für die opfernden Priester selbst (vgl. → Krankheit: Fehl).

II) F. im Sinn von Fehltritt in geistlicher bzw. sittlicher Hinsicht ist etwas, was »an der Vollkommenheit fehlt«, d. h. → Sünde. Diese Fehler können den Menschen unbewußt unterlaufen (Ps 19,13), bedürfen aber dennoch der Vergebung, ebenso der Fehler, von dem der Gläubige »übereilt« wird (Gal 6,1). Hier setzt die seelsorgerliche Liebe der Jünger Jesu ein, die dem Gefallenen zurechthilft und auch vergibt (Mt 6,14; 18,35; Gal 6,1), denn nur dem, der vergeben hat, wird von Gott vergeben werden (Mt 6,15). Christus aber, der sich selbst als das fehlerlose Lamm Gott opferte (Hebr 9,14), ist mächtig, die Seinen zu bewahren vor jedem F. und wird einst diejenigen, die sich von ihm bekleiden ließen mit seiner Gerechtigkeit, unsträflich, d. h. fehlerlos vor das Angesicht Gottes stellen (Jud 24).

Feierjahr → Sabbatjahr

Feierkleid → Kleid, Kleidung

Feiertag → Sabbat

Feigenbaum. Der F. *(Ficus carica)* gehört zur Pflanzenfamilie der *Moraceen* und ist im ganzen Gebiet des Mittelmeers heimisch. Sein Heimatland ist Vorderasien; in Syrien und Palästina, wo sein Anbau sehr alt ist (4 Mo 13,23[24]), gedeiht er vortrefflich. Der Baum wird ca. 6–9 m hoch, hat einen krummen Stamm mit glänzender Rinde, und das Geäst dehnt sich nach allen Richtungen aus. Die großen, fünflappigen Blätter fallen zu Beginn des Winters ab, und während des größten Teiles der Regenzeit ist der Baum kahl, bis er zu Anfang April wieder neu ausschlägt und damit den Sommer ankündigt (Mt 24,32).

Die Fruchtbildung ist eigenartig. Die sehr kleinen Blüten sitzen innen an der Wand eines urnenförmigen Blütenbodens, der z. Zt. der Reife dick und fleischig wird und die »Feige« bildet. Die Steinchen in der Feige sind die eigentlichen Früchte, das Eßbare ist der fleischig gewordene Blütenstand.

In Palästina trägt der F. dreimal jährlich Früchte. Die 1. Ernte aus Blütenanlagen des Vorjahres ist bereits im Frühling. Wenn im April die Endknospen der Zweige die neuen Jahrestriebe formen und dort die ersten Blätter sprießen, sitzen unter diesen Trieben kleine junge Feigen, die sog. Vorfeigen *(paggim)*. Sie zeigen an, daß der Winter vorbei ist (Hl 2,13). Sie sind nicht saftig, werden aber trotzdem gegessen, da es zu dieser Zeit keine anderen Früchte gibt. Wo sie fehlen, ist der Baum unfruchtbar; darum verfluchte Jesus den F., dessen Blätterkleid Fruchtbarkeit nur vortäuschte (Mt 21,18ff; Mk 11,12ff).

Ungefähr an der gleichen Stelle, wo die Vorfeige gewachsen ist, entwickelt sich dann im Vorsommer die Frühfeige *(bikkurah*; Hos 9,10). Etwa Ende Mai/Anfang Juni sind sie reif und werden um ihrer besonderen Saftigkeit willen gern gegessen (Jes 28,4), sind aber nicht haltbar.

Die Triebe, die sich im frühen Vorjahr zu entwikkeln begannen, sind inzwischen ausgewachsen und tragen nun die sog. späten Feigen *(teenah)*. Diese Früchte sind die besten und werden im August geerntet. Sie werden teils frisch gegessen, teils ge-

trocknet und zu »Klumpen« oder »Kuchen« zusammengepreßt (1 Sam 25,18; 1 Chron 12,40).
Das Holz des F. ist schwammig und kann nur als Brennholz verwandt werden. Die Nützlichkeit dieses Baumes besteht also nur in »seiner Süßigkeit und guten Frucht« (Ri 9,11), während ein fruchtloser Baum »unnütz ist« (Lk 13,7).
Der Feige wird von altersher heilende Kraft zugeschrieben, bes. bringt ein Feigenpflaster Geschwüre zum Reifen (Jes 38,21). Der F. wird als Obstbaum oft mit dem Weinstock und Ölbaum zusammen aufgezählt. Man pflanzte F. auch in den Weingärten (Lk 13,6), so daß der Weinstock sich um den F. rankte. Das »Wohnen unter dem Weinstock und F.« ist Bild des Lebens in gesichertem Frieden (1 Kö 5,5[4,25]; 2 Kö 18,31; Mi 4,4; Sach 3,10). Der F. gehört zu den 7 Segnungen, die den Reichtum des verheißenen Landes darstellen (5 Mo 8,8). Daß er 5 Mo 6,11; Jos 24,13 nicht erwähnt wird, liegt daran, daß er gewöhnlich nicht bes. gezogen wird, sondern überall wächst. Die Ebene um das Meer Genezareth herum, vor allem aber die Umgebung von Tiberias, war wegen ihrer F.anpflanzungen berühmt. Vgl. Taf. 26/385.

Feigwarzen → Krankheiten

Feind, Feindschaft. I, 1) Die Feindschaft auf der Erde hat ihren Ursprung im Sündenfall (1 Mo 3,15) und gehört zu den Werken des → Fleisches (Gal 5, 20). Wenn die HS von F. und Feindschaft redet, meint sie in erster Linie Feindschaft gegen Gott (Röm 8,7; Jak 4,4; Apg 13,10; Phil 3,18; Mt 13,25. 39), der auf menschlicher Ebene der Haß gegen das Gottesvolk (Est 3,8; Hes 35,5) und die Gläubigen entspricht (Mt 10,22.36; Joh 15,18–20; 16,2). Seit Kain und Abel (1 Mo 4) tötet der Gottlose den Gerechten um seiner Gerechtigkeit willen (1 Joh 3,12; Joh 8,37–44; Weish 2,10–20). Diese menschliche Feindschaft läßt nun aber den gerechten Gott zum F. der F. seines Volkes werden (2 Mo 23,22) und derer, die sich von ihm abgewendet haben (1 Sam 28,16). Von daher ist die unversöhnliche Feindschaft Israels gegen die Kanaaniter zu verstehen (5 Mo 7), an denen es das Gericht des Herrn vollziehen soll (1 Mo 15,16), und ebenso der Feindeshaß in den Psalmen (Ps 139,19–22). Hier geht der → Haß auf das Böse in den Haß auf den über, der es tut. Anderseits fordert aber schon das AT neben der Nächstenliebe (3 Mo 19,18) die Barmherzigkeit gegen den persönlichen F. (2 Mo 23,4.5; Spr 25,21; 24,17; vgl. Hi 31,29).
2) Eine besondere Rolle wird den F. Israels dadurch zuteil, daß der Herr sie gebraucht, um das Gericht an seinem treulosen Volk zu vollziehen (Ri 2,14.15; Jer 21,7). Wenn sie dabei auch im Auftrag und als Werkzeuge Gottes handeln, so machen sie sich doch durch ihren Hochmut selber schuldig (2 Kö 19,25–28; Jes 10,5–16), und dann erfüllt sich an ihnen die Verheißung des Herrn, die er Abraham gegeben hat: »ich will verfluchen, die dich verfluchen« (1 Mo 12,3), das Urteil über jeden Antisemitismus.
II) Jesus Christus ist für uns am Kreuz gestorben, als wir noch F. waren (Röm 5,10; Kol 1,21). Damit ist die Feindesliebe sichtbare Wirklichkeit geworden (Lk 23,34) und kann nun »in Christus« von Menschen erwartet und gelebt werden (Mt 5,44; Lk 6,27.28; Röm 12,14.20.21; vgl. Lk 1,74.75). Auch die grundsätzliche Feindschaft zwischen Juden und Heiden, dem Gottesvolk und den Völkern, ist nun in der Gemeinde abgetan (Eph 2,14–16). Feindesliebe bedeutet jedoch kein weichliches Umgehen der Wahrheit; Jesus trennt eindeutig zwischen Freund und F. (Schafen und Wölfen Mt 10,16), nennt seikündigt ihnen das Gericht an (Mt 23,13–33), um ne F. mit den Namen, die ihnen zukommen, und sie zur Umkehr zu rufen (Mt 9,13; 18,11).
III) Am Ende der Zeit aber, wenn Gott Christus alle F. unter die Füße gelegt hat (Ps 110,1; 1 Kor 15,25) und als letzter F. der Tod aufgehoben ist (V 26), wird alle Feindschaft auch zwischen Mensch und Tier und unter den Tieren aufhören (Jes 11,6–8). Darauf wartet die gesamte Schöpfung (Röm 8, 19–22).

Feld. I) Im Gegensatz zu Gebirge, Wald und Wüste bebautes oder anbaufähiges Land (1 Mo 2,5; 3, 18; 2 Mo 23,19; 3 Mo 23,22 u. ö.). Ein zur Ernte »weißes F.« ist ein Bild für heilsbegierige, dem Evangelium aufgeschlossene Herzen (Joh 4,35). Der Ausdruck, der Libanon solle ein F., das F. ein Wald werden, ist Bild für die gänzliche Umwandlung des Volkes Israel (Jes 29,17; 32,15).
II) Im Gegensatz zu Städten, Dörfern und menschlichen Wohnungen: das freie F. (1 Mo 4,8; 3 Mo 17, 5; Mt 24,18; Lk 17,7 u. ö.). In übertragener Bedeutung: aufs F. werfen (Hes 16,5; 32,4) = hilflos liegen lassen.
III) Schlachtfeld (1 Sam 4,2). Daher die Wendung: zu F. ziehen (Jer 51,30) = Krieg führen; das F. behalten = als Sieger auf dem Schlachtfeld bleiben (Eph 6,13).

Feld Aven »Tal der Schlechtigkeit« (d. h. der Götzen), vermutlich eine Talgegend in Zölesyrien (Am 1,5), die diesen Namen wohl wegen ihrer Götzentempel bekommen hat. Man hat auch an eine andere Bezeichnung der Tempelstadt Baalbek gedacht.
Vgl. Taf. 33/512; Karte Sp. 1359/60.

Feldgeist, Feldteufel. Das hebr. Wort *sair* »haarig, zottig«, das LÜ mit Feldgeist und Feldteufel übersetzt, bezieht sich auf dämonische Wesen, die in den Ruinen Babels (Jes 13,21) und in den Überresten der Städte Edoms (Jes 34,14) hausen. In 3 Mo 17,7; 2 Chron 11,15 sind sie Gegenstand abgöttischer Verehrung der Israeliten, und die im freien Feld geschlachteten Tiere gelten als ihnen dargebrachte Opfer. Entweder handelt es sich in all diesen Stellen um Götzen, die die Gestalt eines Bokkes hatten, oder, was wahrscheinlicher ist, um dämonische Wesen. Das letzte wird nahegelegt durch Offb 18,2, wo Jes 13,21 zitiert und nach der LXX »Dämonen« (LÜ Teufel) für F. gesetzt wird.

Feldgeschrei soll im Kampf die eigenen Krieger ermutigen und dem Gegner Furcht einflößen (Jos 6, 5.10.16.20; vgl. 2 Mo 32,17.18). Außerdem dient es als Erkennungszeichen für Freund und Feind (vgl. 1 Kö 22,32.33; 2 Chron 18,31.32). Auch Christus wird mit einem F. wiederkommen (1 Thess 4,16), hier ist ein Befehl oder Kommandoruf gemeint.

Feldhauptmann → Hauptmann

Feldteufel → Feldgeist

Feld Wegs → Maße und Gewichte I, 2.

Felix »Der Glückliche«.
Markus Antonius F. war ein früherer Sklave, ein Freigelassener des Kaisers Claudius (41–54 n. Chr.). Er wurde Statthalter in Judäa. Aber weder die Zeit seines Amtsantritts noch das Verhältnis zu seinem Vorgänger Ventidius Cumanus ist geklärt. Nachdem F. schon einige Zeit in Samarien einen Teil der Provinz verwaltet hatte, also gleichzeitig mit Cumanus im Amt war, ist er nach dessen Absetzung im Jahre 52 durch Quadratus, den Statthalter von Syrien, auf Befehl des Kaisers zum Prokurator einge-

setzt worden. Dabei wird der Einfluß seines Bruders Pallas am Hof in Rom eine wichtige Rolle gespielt haben. Die röm. Geschichtsschreiber schildern seinen Charakter in düsteren Farben, F. habe als Statthalter die Macht eines Königs mit der Einstellung eines Sklaven ausgeübt: voller Willkür und Grausamkeit.
F. ließ den Hohenpriester Jonathan, der ihm unbequem geworden war, mit Hilfe eines von dessen Freunden durch Zeloten umbringen, während er sonst diese jüd. Widerstandskämpfer rücksichtslos verfolgte. Als ein Ägypter, der sich als Prophet ausgab, eine Schar Anhänger in der Erwartung auf den Ölberg führte, die Mauern Jerusalems einstürzen zu sehen, griff F. die Menge mit seinen Truppen an, tötete viele und machte eine große Anzahl Gefangene. Der Oberst Lysias, der Paulus bei dem Tumult im Tempel gefangennahm, hatte ihn zuerst für diesen Ägypter gehalten (Apg 21,38). Er sandte den Apostel unter starker Bedeckung mit einem Begleitschreiben zu F. nach Cäsarea, der einen ersten Termin bei Ankunft der Ankläger festsetzte (Apg 23,23–35). Der Hohepriester Ananias erscheint fünf Tage später mit einigen Ältesten und dem Anwalt Tertullus als Wortführer, der die Verdienste des F. um den Frieden und das Wohlergehen des jüd. Volkes schmeichelnd hervorhebt, Paulus aber als Aufrührer und Unruhestifter hinstellt. Doch F. erlaubt Paulus, sich zu verteidigen, und zieht die ganze Sache hinaus, da er die Christen kennt. Die Ankläger müssen unverrichteter Sache umkehren (Apg 24,1–22). F. verfügt Hafterleichterungen für Paulus und läßt ihn öfter zu sich kommen, in der Hoffnung auf Bestechungsgelder für seine Freilassung. Einmal hört er ihn auch mit seiner zweiten Frau Drusilla zusammen, bricht aber erschrocken ab, als der Apostel von Gerechtigkeit, Enthaltsamkeit und dem kommenden Gericht spricht (Apg 24,23–26). F. hatte nämlich Drusilla, in die er verliebt war, durch einen Mittelsmann dazu bewegen lassen, ihren Mann, König Azizus von Edessa, zu verlassen und ihn zu heiraten. Beider Sohn Agrippa kam beim Ausbruch des Vesuvs im Jahre 79 in Pompeji ums Leben.
Während der Gefangenschaft des Paulus kam es in den Straßen Cäsareas zu Zusammenstößen zwischen Juden und Syrern, und die Gesamtverhältnisse in Judäa entwickelten sich so, daß F. nach seiner Abberufung (im Jahre 60, manches spricht schon für 56) in Rom mit schweren Anklagen zu rechnen hatte. Es gelang ihm jedoch, einer Bestrafung zu entgehen. Paulus ließ er gefangen zurück, um den Juden einen Gefallen zu erweisen. Sein Nachfolger wurde Porcius Festus (Apg 24,27).

Fell. I) Nach dem Sündenfall waren F. die von Gott bestimmten Kleidungsstücke der Menschen (1 Mo 3,21), später werden sie nur noch selten verwendet (2 Kö 1,8; → Kleid). Jakob verbirgt seine glatte Haut durch ein F. (1 Mo 27,16). Gideon benutzt ein F., um Gott um ein Zeichen zu bitten (Ri 6,37–40).

II) Das F. des Opfertieres vom Sündopfer mußte mit dem Fleisch und Mist vor dem Lager verbrannt werden (2 Mo 29,14; 3 Mo 4,11; 8,17; 9,11), während es vom Brand- und Dankopfer dem Priester gehörte (3 Mo 7,8).

III) In Jes 40,22 wird das Himmelszelt mit einem dünnen F. (wörtlich: Flortuch) verglichen. Ein »F. auf dem Auge« (3 Mo 21,20) bedeutete eine Augenkrankheit (wörtlich: wer einen weißen Fleck auf dem Schwarzen des Auges hat). Vgl. → Krankheiten.

Fels. In der HS ist der F. das Bild der Härte (Hes 3,9), der Stärke (Ps 31,3), des Schutzes und der Sicherheit (Ps 40,3). Wegen der Unveränderlichkeit des F.gesteines bezeichnet die Bibel oftmals Gott als einen F. (Ps 18,3; 5 Mo 32,4; Jes 26,4).

Fels der Ebene (Jer 21,13) ist vielleicht der tafelartige »heilige Felsen« auf dem Tempelplatz in Jerusalem, über dem man den Felsendom gebaut hat. Er hat eine unregelmäßige Oberfläche, ist 17,39 m lang, 13,18 m breit und 1,77 m hoch.

Fenster. I) → Haus.
II) Die HS spricht 1 Mo 7,11; 8,2; 2 Kö 7,2.19; Jes 24,18; Mal 3,10 im übertragenen Sinn von F. des Himmels, durch die der Herr die Wasser der großen Flut hat herabregnen lassen und aus denen die Segensfülle strömt, wenn Menschen dem Herrn den Zehnten von ihrem Besitz geben.

III) Der Prediger vergleicht die Augen des Menschen mit Fenstern (Pred 12,3).

Ferse steht im Zusammenhang mit dem Schlangenbiß (1 Mo 3,15; 49,17) und auch sonst (Hi 18,9; Ps 56,7; Jes 26,6) für → Fuß oder Bein.
Jakob hielt bei seiner Geburt die F. seines Bruders Esau fest und erhielt darum seinen Namen, der »F.-halter« bedeutet (1 Mo 25,26). Darin kommt bereits die Rivalität der Brüder zum Ausdruck.

Fessel → Kette; vgl. auch → Kluft.

Feste. 1) Firmament → Himmel.
2) Zu militärischen Zwecken befestigter Ort → Festung.
3) Feiertage → Jahr und die einzelnen Artikel.

Festen = festsetzen, gründen, schaffen (Spr 8,28).

Feste Städte → Stadt, → Festung, → Krieg

Festung, Feste. I, 1) Schon im 3. Jt. v. Chr. hat man in Palästina begonnen, die Wohnsiedlungen zum Schutz gegen Überfälle zu befestigen. Namentlich für Ai und Megiddo, aber auch an vielen anderen Stellen, sind solche frühbronzezeitlichen Mauern nachweisbar. Da die Städte meist auf einem Hügel lagen, zieht sich dann die Mauer am Rande des Hügels entlang. Sie ist oftmals an ihrem Fundament bis zu 10 m stark und erreicht oder überschreitet gelegentlich die gleiche Höhe. Von diesen

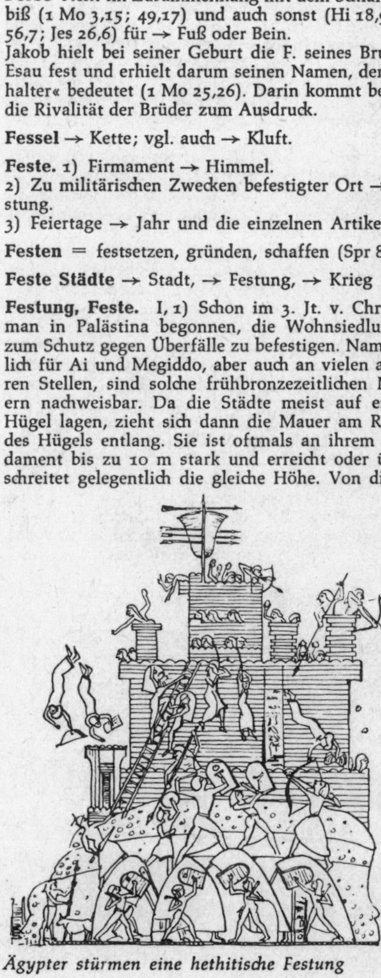

Ägypter stürmen eine hethitische Festung

Eroberung von Askalon durch Pharao Ramses II.

Befestigungsmauern sind Stadtflächen von in der Bronzezeit 2–10 ha, in der Eisenzeit bis zu 30 ha umschlossen. Waren anfangs nur vereinzelte Städte befestigt, so ist die Stadtbefestigung z. Zt. der Landnahme Israels (13. Jh. v. Chr.) wohl die Regel. Solche festen Plätze werden damit gleichzeitig zum Stützpunkt und auch zum Zufluchtsort für die in der Umgebung verstreut Wohnenden. Entstanden F. zunächst wohl durch Befestigung von Wohnsiedlungen, so sind sie später auch ausgesprochen als Verteidigungs- oder Vorratsplätze und zum Schutze von Handelswegen begründet worden, mit denen sich dann natürlich eine Wohnsiedlung verband.

2) Das gewaltige Mauerwerk der Städte auf ihren Hügeln mußte den isrl. Spähern in der Tat den Eindruck uneinnehmbarer Plätze machen (4 Mo 13,28 [29]; 5 Mo 1,28). Die Landnahme Israels ist denn auch im Grunde die Geschichte der systematischen Eroberung solcher befestigten Plätze wie Jericho, Ai, Lachis usw. Den Bericht des judäischen Feldzuges in Jos 10 haben die Ausgrabungen im wesentlichen bestätigt.

3) Verhältnismäßig bald, spätestens unter Saul (→ Gibea Sauls), hat Israel selbst dann ebenfalls seine Städte befestigt. Megiddo mit seinem Palast, seinen gewaltigen Stallungen, Regierungsgebäuden und Verteidigungsanlagen (1 Kö 9,15–19) ist wohl das klassische Beispiel der militärischen Anlagen Salomos, mit denen er sein Reich schützte und sicherte (Abb. Sp. 1332). die Spaltung des Reiches unter seinen Nachfolgern findet ihren Ausdruck in einer Kette von Grenzbefestigungen im Norden Judas (Rama, Gibea in Benjamin und → Mizpa).

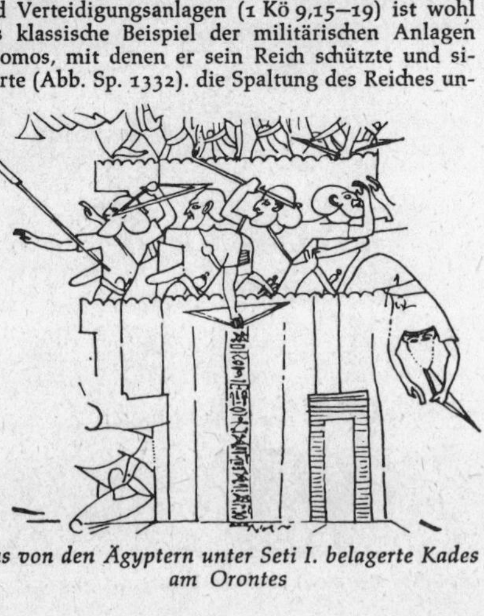

Das von den Ägyptern unter Seti I. belagerte Kades am Orontes

II, 1) Die Befestigungen des 3. Jt., etwa in Ai und Megiddo, bestanden aus zwei senkrecht aufgebauten Schalenwänden aus mittelgroßen Natursteinen, jeweils von 1–2 m Stärke, deren Zwischenraum mit Geröll und Erde ausgefüllt wurde. Die Gesamtstärke beträgt bis zu 10 m; Festigkeit wurde also durch Masse erreicht.

In der Mittelbronzezeit finden wir häufig auf einer Grundmauer aus Naturstein, die zum Schutz gegen Untergrabungsarbeiten oft mehrere Meter in den Boden gesenkt war (Jericho), eine Festungs-Mauer aus gebrannten Ziegeln. Teilweise ist der Mauer noch ein mehrere Meter tiefer Graben vorgelagert.

2) In der Zeit Salomos wird das Zyklopenmauerwerk allmählich durch behauene Quader mit regelrechten Fugen und teilweise einem Mauerverband von Läufern und Bindern abgelöst, wodurch eine größere Festigkeit entsteht. Es gibt aus der Königszeit Mauern, die so sauber verarbeitet sind, daß man zwischen die Fugen kaum eine Messerklinge einzuschieben vermag. Gelegentlich wird vor dem eigentlichen Mauerwall noch eine Vormauer errichtet. Die Mauer hat häufig eine Brustwehr, hinter der die Verteidiger stehen können, und ist oben oft so breit, daß sie mit Fahrzeugen befahren werden konnte.

3) Zur Verstärkung zunächst der Ecken, in der Zeit der isrl. Könige aber auch des gesamten Mauerverlaufes errichtete man dann → Türme, von deren Vorsprüngen aus bessere Verteidigung möglich war. Während die frühen F. nur ein → Tor hatten, weisen spätere Anlagen neben einem für Wagendurchfahrt eingerichteten Haupttor auch noch ein oder mehrere kleinere Nebentore auf. Sie waren häufig zwischen zwei schuppenförmig übereinandergreifenden Mauerstücken eingebaut, so daß der Angreifer parallel zur Mauer vordringen mußte. Im Tor entsteht durch zwei oder drei paarweise Mauervorsprünge Aufenthaltsraum und Platz für die Verteidiger.

4) David hat bei den gegen die Philister gerichteten Befestigungen von Beth-Semes und Debir eine Kasemattenbauweise angewandt, bei der eine etwa 1,50 m starke Außenmauer und eine etwa 1,05 m starke Innenmauer, die 1,50–2,10 m Abstand hatten, durch Quermauern verbunden waren, wobei die Zwischenräume mit Bruchsteinen ausgefüllt wurden. Diese Bauweise kam dann aber bei den Quader- (Megiddo) bzw. Lehmziegelmauern (in Lachis fast 6 m stark) in Fortfall. Manchmal hat man die Mauern zum Schutz gegen das Ersteigen mit einer glatten Lehmschicht überzogen. Vgl. Abb. Sp. 1187/8 u. auch → Kornhaus, Kornstadt.

5) Im Zentrum bzw. an einer erhöhten Eckstelle der F. finden wir häufig eine Zitadelle (→ Burg, → Turm), die verstärkte Hauptbefestigungsanlage, die oft auch nach dem Fall der Stadtmauer weiteren Widerstand leisten konnte (Ri 9,45ff). Im Gibea Sauls hat dieses Gebäude bei über 2 m starken Mauern mindestens die Ausmaße von 51 mal 35 m gehabt. David und Salomo bauten ihr Millo (2 Sam 5,9; 1 Kö 9,15.24; 11,27) außerhalb Jerusalems auf dem Zionhügel. Diese Zitadelle, im Gegensatz zum → Palast hauptsächlich Verteidigungszwecken dienend, erscheint in den Eroberungsberichten ausländischer Könige als typisch für syr.-palästinensische Befestigungen.

6) Wesentlich für die Verteidigungsfähigkeit einer F. waren natürlich ihre Versorgung mit Vorräten

und namentlich mit Wasser, die man durch → Zisternen und unterirdische Leitungen erreichte. Vgl. auch → Stadt; → Siloah.
7) Natürlich hat auch die hellenistische und röm. Periode in Palästina mächtige F. errichtet, etwa die Bergfeste Machärus östl. des Toten Meeres, in der Johannes der Täufer gefangen war.

III) Beim KAMPF GEGEN F. warf man in der Regel zunächst rings um die Mauer einen Wall auf, von dem aus man Dämme gegen die Mauer vortrieb. Dadurch kam man in die Höhe der Mauer und versuchte diese dann mit Belagerungsmaschinen (→ Sturmbock, Widder) zu brechen und mit Mannschaften zu erstürmen. Auch Wurfmaschinen, die Steine schleudern, waren bekannt (2 Chron 26,15). Man versuchte, die Mauer mit Leitern zu ersteigen oder die hölzernen Tore in Brand zu stecken (2 Sam 17,13; Jer 51,58). Pfeile und Steine, heißes Wasser oder Öl waren die Verteidigungswaffen, mit denen die Besatzung die anstürmenden Belagerer abzuwehren suchte, während man auch durch Ausfälle aus der F. ihnen Einbuße zu tun trachtete. Dem Angriff auf eine F. ging eine Übergabeaufforderung (5 Mo 20,10f) voran, deren Befolgung Verschonung des Lebens bedeutete. Eroberte F. wurden geschleift, die Städte meist durch Brand vernichtet und sämtliche Männer getötet. Ausgrabungen etwa in Beth-El mit starken bis zu 90 cm hohen Ascheschichten aus der Zeit der isrl. Landnahme bestätigen dies.

IV) Von diesen Voraussetzungen her ist es verständlich, daß auch Gott in der HS, wenn von seiner Unangreifbarkeit und Festigkeit gesprochen wird, als eine F. bezeichnet werden kann (Ps 150,1), diese Eigenschaft verleiht ihm seine Gerechtigkeit (Ps 89,15). Gott als F. ist damit zugleich auch Stätte der Zuflucht für sein Volk gegenüber allen Feinden und Anfechtungen (Spr 14,26; Nah 1,7; Jo 4, 16[3,21]). Vgl. Taf. 25b/384; 52/801; 65/1024.

Festus »Festlich, feierlich«.
Porcius F. wurde im Jahre 60 (vielleicht aber auch schon 56) von Kaiser Nero zum Nachfolger des Prokurators Felix in Judäa bestimmt und starb dort 61/62 im Amt. Unter seiner Regierung herrschte die gleiche politische Unruhe wie unter Felix, wenn auch seine persönliche Amtsführung vorteilhaft von seinem Vorgänger abstach. Auch F. sah sich zu blutigem Vorgehen gegen die jüd. Widerstandskämpfer gezwungen.
Unmittelbar nach seinem Amtsantritt nimmt F. den von Felix unentschieden gelassenen Prozeß gegen Paulus wieder auf. Die erste Verhandlung verläuft ergebnislos; die Ankläger können keine Beweise vorbringen. Da schlägt F. den Juden zu Gefallen eine Verlegung des Prozesses nach Jerusalem vor, wogegen Paulus nur die Berufung an den Kaiser bleibt (Apg 25,1–12).
Kurz darauf machen Herodes Agrippa II. und Bernice ihren offiziellen Antrittsbesuch bei F., der ihnen die Sache des Paulus vorlegt, weil er nicht recht weiß, wie er das Begleitschreiben an den Kaiser abfassen soll. Der Apostel erhält noch einmal Gelegenheit, sich zu rechtfertigen, und hat in Agrippa einen sachkundigen Zuhörer, während F. seine Rede nur als verstiegen auffassen kann. Beide kommen jedoch überein, daß Paulus unschuldig ist. Seine Berufung an den Kaiser kann aber nicht rückgängig gemacht werden, darum sendet F. ihn nach Rom ab (Apg 25,13–27,1).

Fett. Wie das Blut durfte auch das Eingeweidefett eines Tieres und der Fettschwanz der Schafe von den Israeliten nicht gegessen werden (3 Mo 3, 16.17; 7,23ff). Das F. reiner Tiere wurde als → Opfer vor Gott verbrannt (2 Mo 29,13.22; 3 Mo 3,3ff; 4,8ff), von unreinen Tieren durfte es nur äußerlich verwendet werden. Schon Abel opferte das Fett der Erstlinge seiner Herde (1 Mo 4,4). Später ist in den Bestimmungen über das Schlachten von Tieren nur noch vom Verbot des Blutes, nicht mehr vom F. die Rede (5 Mo 12,15.16.20–24). Vgl. → Speisegesetze.

Feuer, feurig. I) Das F. ist eine Grundvoraussetzung aller menschlichen Kultur. Im Gegensatz zu heidnischen Mythologien schweigt die HS aber über den Ursprung der Kenntnis des F., sie berichtet nur von seiner Anwendung.

II) DAS F. IM HAUS.
F. entzündeten die Israeliten, jedenfalls in der späteren Zeit, durch Schlagen von Stahl gegen einen Stein (2 Makk 10,3). Die älteste Methode aber ist die des Reibens zweier Holzstücke gegeneinander. Neben der Verwendung für Kochzwecke war das F. auch Wärmespender (Jer 36,22; Joh 18,18).
III) GESETZE, DAS F. BETREFFEND.
Das mosaische Gesetz verbot das Anzünden eines F. am Sabbat (2 Mo 35,3). Vermutlich war damit aber nicht der Gebrauch des schon brennenden Feuers zur Erwärmung verboten. Durch die Trockenheit des Landes während der heißen Jahreszeit konnte ein F. sehr gefährlich werden (vgl. Ri 9,15), und das Gesetz bestimmte, daß der, der leichtsinnig ein F. entzündete, den Schaden zu ersetzen hatte (2 Mo 22,5[6]; vgl. Ri 15,4.5; 2 Sam 14,30).

IV) DER KULTISCHE GEBRAUCH DES F.
Brand- und Räucheropfer wurden ganz verbrannt; sie beginnen mit dem Opfer Noahs (1 Mo 8,20) und werden fortgesetzt bis zu dem ständig brennenden F. auf dem Altar im Heiligtum. Dieses F. war von Gott selbst entzündet worden (3 Mo 6,2[9].6[13]; 9, 24), gleich wie das F. des Herrn, das das Opfer Davids und Salomos verzehrte (1 Chron 21,26; 2 Chron 7,1). Verlosch das F. auf dem Altar aus irgendeinem Grunde, so durfte es nach dem Talmud nur durch Reibung von Holz neu entzündet werden (vgl. aber 2 Makk 10,3). Alles andere galt als »fremdes« F., für dessen Gebrauch Nadab und Abihu von Gott mit dem Tode bestraft wurden (3 Mo 10,1.2; 4 Mo 3,4; 26,61). Kriegsbeute von heidnischen Feinden mußte, soweit die Gegenstände dadurch nicht zerstört wurden, durch F. gereinigt und mit Sprengwasser entsündigt werden (4 Mo 31,21–23). Das als Sündopfer geschlachtete Tier wurde stets außerhalb des Lagers verbrannt (3 Mo 4,12. 21; 6,23[30]; 16,27; Hebr 13,11). Der Nasiräer hatte an dem Tage, an dem sein Gelübde beendet war, sein Haupthaar abzuscheren und in das Feuer des Dankopfers zu werfen (4 Mo 6, 18).

V) STRAFE.
Als bes. Verschärfung wurde bei bestimmten Verfehlungen nach dem Vollzug der Todesstrafe der Leichnam des Sünders verbrannt (3 Mo 20,14; 21, 9; Jos 7,25; 2 Kö 23,16). → Strafe; → Begräbnis.
VI) IM ÜBERTRAGENEN SINN ist F. ein Zeichen für die Gegenwart des Herrn und ein Werkzeug seiner Macht, zur Hilfe wie zum Gericht (2 Mo 13,21.22; 14,24; 4 Mo 11,1.3 usw.). Der Herr erschien im feurigen Busch und im F. auf dem Berge Sinai (2 Mo 3,2; 19,18). Von F. umgeben offenbarte sich Gott dem Jesaja, Hesekiel und Johannes (Jes 6,4; Hes 1,4; Offb 1,14), und F. wird das 2. Kommen des Herrn begleiten (2 Thess 1,8). Der Herr führte sein Volk mit einer Feuersäule durch die Wüste (2 Mo 13,21). – Gott wird mit einem F. verglichen,

nicht nur wegen seiner Herrlichkeit und Lichtgestalt, sondern auch mit Bezug auf seinen Zorn gegen die Sünde, der den Sünder verzehrt wie das F. die Stoppeln (5 Mo 32,22; Jes 10,17; Hes 21,36[31]; Hebr 12,29).
F. ist weiter Bild für Israel, das seine Feinde überwindet (Ob 18), das Wort Gottes (Jer 5,14; 23,29), den Hl. Geist (Jes 4,4; Apg 2,3), den Eifer der Heiligen (Ps 39,4) und die Engel (Ps 104,4; Hebr 1,7), die böse Lust (Spr 6,27.28), die Gottlosigkeit (Jes 9,17[18]), die Zunge (Spr 16,27; Jak 3,6), die Hoffnung der Heuchler (Jes 50,11), die Ausbreitung der Gottesherrschaft (Lk 12,49) und für die Gerichte des Herrn (Jer 48,45; Klgl 1,13; Hes 39,6), aber auch für die damit verbundene Reinigung (Jes 4,4; Mal 3,2).

Feuerglanz. Wie die Feuersäule das Volk Israel des Nachts durch die Wüste geleitete (2 Mo 13,21), so wird der Herr auch einmal über dem neuen Zion wie ein F. segnend, bewahrend und erleuchtend wachen (Jes 4,5; vgl. Offb 21,23).

Feuersäule → Wolkensäule

Fieber → Krankheiten

Finger → Maße und Gewichte I, 1

Finsternis. I, 1) Im rein natürlichen Sinne ist auch die F. das Werk Gottes. Der regelmäßige Wechsel von Tag und Nacht (1 Mo 1,2ff; Hi 26,10; Ps 104, 20) ist seine Schöpfung. Nirgends begegnet uns eine Spur abergläubischer Furcht vor der F. Weil die F. zur irdischen Schöpfung gehört, ist sie ebenso etwas Gutes wie das Tageslicht (1 Mo 1,31). So lang die Erde steht, soll nicht aufhören Tag und Nacht, das geordnete Licht und die geordnete F. (1 Mo 8,22). Wie aber diese Erde nicht ewig stehen, sondern nach Vollendung der Zeit einer zweiten Erde und einem zweiten Himmel Platz machen soll (Offb 21,1), so soll auch der irdische Tag und die irdische Nacht, die ja dem müden Geschöpf die wohltätige Ruhe schenkt, aufhören (V 25) und zwar samt der irdischen Sonne und dem irdischen Monde. Die Herrlichkeit des Herrn und das Lamm sollen die neue verklärte Erde erleuchten (Offb 22,5).
2) Anderseits ist die Nacht allerdings sehr oft ein Bild des Schreckens und des Unheils (Hi 3,4ff; 20,26; Ps 35,6; 107,10; 112,4; Jes 5,30; 8,22; 58, 10; Jer 13,16; Klgl 3,2; Mi 7,8), und Gott selbst kann zum Zwecke des Gerichts Licht in F., Heil in Unheil verwandeln (Jes 42,16; 45,7).
II, 1) Im übertragenen Sinn bedeutet F. in der HS den Gegensatz zu Gott, der als der Heilige und Vollkommene das lautere Licht und die einzige Lichtquelle ist (1 Joh 1,5). F. ist daher Symbol der mangelnden Gotteserkenntnis, Bild für den Zustand der Heidenwelt, den Unglauben (Jes 9,1[2]; 60,2; Lk 1,79). Die Bekehrung zum lebendigen Glauben ist darum ein Aufleuchten des göttlichen Lichtes (2 Kor 4,6), ein Übergang aus der F. in das Licht des Herrn (Eph 5,8), eine Berufung aus der F. zum Licht (1 Petr 2,9). Wer Christus, dem Licht der Welt nachfolgt, wandelt nicht in der F. (Joh 8,12); wer an Ihn glaubt, bleibt nicht in ihr (Joh 12,46).
2) Die F. ist die Sphäre der Sünde, der Gottesferne (Jes 5,20; Mt 6,23; Lk 11,35; Joh 1,5; 3,10; Röm 2, 19; 2 Kor 6,14; Eph 5,8; 1 Thess 5,4; 1 Joh 1,6; 2, 8). Darum sind die Sünden »Werke der F.« (Röm 13,12; Eph 6,12). In diesem Bereich ist Satan Herrscher, die bösen Geister sind die Mächte der F. (Apg 26,18; Lk 22,53; Kol 1,13; Eph 6,12). Der Christ als Kind des Lichtes gehört aber nicht der F. an (1 Thess 5,4f).
3) Das Bestreben des Satans ist es, den Menschen in diesen Bereich der F. hineinzuziehen und dort festzuhalten. Er sucht ihn zu verblenden, indem er ihm Gott nicht als das reine selbstlose Licht der Liebe, sondern als ein auch von Selbstsucht getrübtes Wesen darstellt (1 Mo 3,5). Sind menschliches Gewissen und Erkennen erst dadurch verdunkelt, dann wird auch der ganze Leib finster, d. h. der ganze Mensch nach Geist, Seele und Leib (Mt 6,23).
4) Weiter ist F. (Mt 8,12; 22,13; 25,30) als Ort der Verdammnis und Qual eine vom Reich des Lichtes geschiedene, jenseits alles Lichtes in Nacht und Grauen gehüllte Behausung, »äußerste F.«.
5) Das Wunder der F. während der Kreuzigung (Mt 27,45; Mk 15,33; Lk 23,44) – eine Sonnenfinsternis ist z. Zt. des Vollmonds unmöglich – weist darauf hin, daß Jesus am Kreuz in letzter Verlassenheit das Gericht über die Sünde der Welt durchlitten hat.
6) Zur ägypt. F. → Plagen, ägypt.

Fisch, fischen. I) Die Bezeichnung F. umfaßt in der HS alle Wasserbewohner. Im Schöpfungsbericht (1 Mo 1,21) werden sie unterschieden in »große Walfische« und »allerlei Getier, das da lebt und webt«. Unter diese Begriffe fallen im Wasser lebende Säugetiere (Seekuh, Delphin, Fischotter), Reptilien (Schildkröten, Seeschlangen, Krokodile), alle Süß- und Salzwasserfische und die im Wasser lebenden niederen Tiere (Krebse, Schnecken, Muscheln). 1 Mo 1,28 werden sie alle als »Fische im Meer« zusammengefaßt. Was Flossen und Schuppen hat, also die eigentlichen F., durfte von den Israeliten gegessen werden, alle anderen Wassertiere galten als unrein (3 Mo 11,9–12).
II) Seefische aus dem Mittelmeer haben wir wohl in den F. zu sehen, die die Tyrer in Jerusalem verkauften (Neh 13,16). Mehr wird berichtet über den F.reichtum der Seen im Lande selbst. Bei Jerusalem und durch das ganze Land verbreitet lagen F.teiche, aber die eigentlichen F.gebiete waren der See Genezareth und der Jordan mit seinen Nebenflüssen, bes. dem Jabbok. Ein gutes Brutgebiet für F. war der Hulesee und der südl. davon gelegene Hulemorast, denen der See Genezareth über den Jordan seinen Reichtum an F. verdankt.
Hauptsächlich kommen hier F. aus der Familie der *Chromidae* mit ihrer kammförmigen Rückenflosse vor. Hierzu gehören die feinsten Tafelfische, und manche Fischer beschränken sich nur auf den Fang dieser F.
Die Karpfenfamilie *(Cyprinidae)* ist vertreten durch die Barben *(Barbus spec.)*, die 40–50 cm lang wer-

Fischfang mit der Angel nach einer ägypt. Darstellung

den können. Eine eigenartige Abart dieser Familie ist der *Alburnus sellah*, ein 12 cm langer F. mit silberweißen Schuppen, der einer Sardine ähnlich sieht und von Dezember bis April in zahlreichen Schwärmen an den Ufern erscheint. Auch von den Welsen *(Siluridae)*, Raubfischen mit zahlreichen Fühlerfäden am Maul, kommt ein großer Vertreter im See Tiberias vor: der *Clarias macracanthus*, der bis zu 1½ m lang und 45 kg schwer werden kann. Da er keine normalen Schuppen hat, war er den Juden unrein. – Der Aal (*Anguillula vulgaris)* wird an der Küste und in den Küstenflüssen angetroffen, doch nicht im See Genezareth und im Jordan. Auch er galt als unrein.
Die Fische, die durch den Jordan weiter ins Tote Meer gelangen, sterben durch dessen starken Salzgehalt und werden zur Beute der zahlreichen Raubvögel.

III) Israel kannte den Speisefisch bereits in Ägypten (4 Mo 11,5). In Palästina kamen neben der Einfuhr aus Tyrus (Neh 13,16) die meisten F. vom See Genezareth. Der F.fang war hier ein schwerer, gefährlicher Beruf, da auf dem See oft plötzliche Stürme auftraten. Vornehmlich wurde mit Netzen gefischt. Es gab verschiedene Netzarten, die z. T. heute noch verwendet werden. Man unterscheidet:
1) Das *diktyon* (Mt 4,20; Mk 1,18; Lk 5,4–6), ein kombiniertes Netz, das aus 3 Netzwänden (darum »Netze« in der Mehrzahl!) von 15 m Länge besteht, die mit 2 langen Seilen aneinander befestigt sind. Die vorderen Netze haben Maschen von ca. 12 cm Weite, das dahinterliegende solche von ca. 2,5 cm. Die Fischer treiben die F. durch Ruderschläge in diese Netzanlage, die durch Schwimmer (Holzstücke) oben gehalten, durch Blei unten beschwert, senkrecht im Wasser steht. Die aufgestörten F. passieren die weiten Maschen und verfangen sich in dem engen Netz.
2) Das *amphiblaestron* (Mt 4,18; Mk 1,16), ein rundes Wurfnetz, von 3–5 m Durchmesser, am Rand mit Steinen beschwert, das meist vom Ufer her im Schwung flach aufs Wasser geworfen wird, wo es schnell auf den Grund sinkt, und dann zusammen- und herausgezogen werden kann.

Fischstechen im Papyrussumpf. Ägypt. Darstellung

3) Die *sagaenae* (Mt 13,47f), ein großes Schleppnetz, das bis zu 250 m lang und in der Mitte 5 m, an den Enden 3,75 m breit ist. Es wird von zwei Booten gezogen. Nach dem Fang zieht man es entweder in die Boote hinein oder auf den Strand.
4) Neben den Netzen war z. Zt. des NT auch die Angel bekannt (Mt 17,27). Dazu hielt der Fischer eine Schnur (ca. 10–15 m lang) ohne Angelrute frei in der Hand, indem er dabei im Boot oder auf ei-

Fischen mit dem Schleppnetz. An der oberen Netzleine Schwimmer, an der unteren Senker. Die Maschen sind nicht gezeichnet. Ägypt. Darstellung

nem Uferfelsen stand. Der Angelhaken wurde mit einem Köder aus Würmern, Heuschrecken usw. versehen.

IV) Im übertragenen Sinn werden die Ägypter mit F. verglichen, die mit ihrem König, dem Krokodil, an dessen Schuppen sie sich hängen, aus dem Nil geworfen und dem Verderben preisgegeben werden (Hes 29,3–5). – Der unvermutet gefangene F. ist das Bild sorgloser Menschen, die von der bösen Zeit überfallen werden (Pred 9,12 LÜ → Hamen; vgl. Hab 1,15).
Mit F. werden schließlich die Menschen verglichen, die aus dem Meer der Völker und Nationen heraus für den Herrn und sein Reich gewonnen werden sollen (Mt 4,19; vgl. Jer 6,16; Hes 47,10). Vgl. Taf. 25a/384.

Fischaar. Dieser Vogel, hebr. *oznijah*, wird nur in der Liste der unreinen Tiere genannt (3 Mo 11,13; 5 Mo 14,12). Da keine Einzelheiten angegeben werden, ist die Übersetzung schwierig. Nach dem Talmud, ebenso nach der LXX, handelt es sich dabei wahrscheinlich um den Seeadler. Fraglich bleibt jedoch, ob der eigentliche Seeadler (*Haliaetus albicilla)* oder der kleine See- oder Fischadler *(Pandion Haliaetus)* gemeint ist. Andere deuten das Wort als den Schwarzen Geier *(Aegypius monachus)*.

Fischtor → Jerusalem III C

Fittich → Flügel

Flachs *(Linum usitatissimum;* hebr. *peschät)*. Einjährige Pflanze mit vereinzelten Blättern am ziemlich langen Stengel und kleinen blauen oder weißen Blüten. Aus den Bastfasern wird nach entsprechender Bearbeitung das Leinen gewonnen, aus dem Samen (Leinsamen) das Leinöl.
Palästina ist reich an wilden F.arten, die als Frühjahrsblumen auf brachliegenden Äckern wachsen. Als alte Kulturpflanze wurde F. bes. in Ägypten angebaut (2 Mo 9,31; Jes 19,9) und von dort nach Tyrus (Hes 27,7) und Palästina (Spr 7,16) ausgeführt. In Palästina wurde F. wohl nur vereinzelt angebaut. Ein biblischer Beleg findet sich nur für Jericho (Jos 2,6). Außerbiblisch werden Geser und Beth-Sean als Anbaugebiete genannt. Nachdem der F. gesponnen war, wurde er von den Hausfrauen zu Leinwand verarbeitet (Spr 31,13.24). Für die Priesterkleidung war Leinen vorgeschrieben (2 Mo 28; 39; 3 Mo 6,3[10]; 16,4.23; Hes 44,17.18). Aus dem aus Ägypten mitgenommenen Leinen wurden die Teppiche, Vorhänge und Tücher für die Stiftshütte angefertigt (2 Mo 26,1.31.36). Als Besonderheit wird dabei die »gezwirnte« Leinwand genannt; hier waren verschiedene feine Fasern zu einem Faden gedreht, eine Kunst, die die Ägypter ausnehmend gut verstanden. Auch im privaten Leben waren leinene Ober- und Unterkleider sehr geschätzt (Ri 14,12; 2 Sam 6,14; Lk 16,19 u. a.). Leinen wurde gebraucht, um die Toten einzuwickeln (Mt 27,59 u. ö.), aus

Flachsfäden wurden Seile gemacht, die leicht brennbar waren (Ri 15,14; 16,9), und auch die Dochte in den Öllampen waren aus diesem Material (Werg: Jes 1,31). Vgl. → Handwerk II.

Fladdernholz → Zypresse

Fladen → Brot, → Kuchen

Flattergeister = Unbeständige, Zweifler (Ps 119, 113).

Flechte → Krankheiten

Flecken → Markt II

Fledermaus. Das hebr. *tinschämät* (3 Mo 11,18; 5 Mo 14,16), das LÜ mit F. übersetzt, bezeichnet hier wahrscheinlich eine Eule, vielleicht die Schleiereule *(Tyto alba)*. Die wirkliche F. ist wahrscheinlich mit hebr. *athallep* gemeint (3 Mo 11,19; 5 Mo 14,18 LÜ Schwalbe; Jes 2,20 LÜ F.). Beide Tiere waren unrein. Vgl. auch → Kuckuck.
Heute sind in Palästina etwa 15 F.-arten bekannt; die häufigste ist die Große Hufeisennase *(Rhinolophus ferrum equineum)*.

Flehen → Beten

Fleisch, fleischlich, fleischern. I, 1) F. meint zunächst die leibliche Beschaffenheit des Menschen und der andern Geschöpfe, den Stoff, aus dem sie gestaltet sind (1 Kor 15,39; Hi 10,11). Die völlige Gleichordnung des auf diese Erde herabgekommenen Gottessohnes mit seinen Menschenbrüdern bezeugt die Bibel mit dem Satz: Das Wort ward Fleisch (Joh 1,14; vgl. 1 Tim 3,16; 1 Joh 4,2; Kol 1, 22; 1 Petr 3,18). Vgl. → Leib.
2) Das geschöpfliche Einswerden der Menschen, wie es zum Wesen der Ehe gehört (die allerdings auch eine geistige Gemeinschaft begründet) heißt »ein F. sein« (1 Mo 2,24; Mt 19,5.6; Eph 5,31).
3) Wo zwischen Menschen bes. verwandtschaftliche Beziehungen vorliegen, werden sie als »unser F. und Blut« anerkannt (1 Mo 37,27; 29,14). Auch die noch weiterreichende Zusammengehörigkeit der Glieder eines Volkes kann Fleisch genannt werden: »Ich habe gewünscht, verbannt zu sein für meine Brüder, die meine Gefreundeten sind nach dem Fleisch« (Röm 9,3). Jesus nach seiner menschlichen Natur steht auch in solchem Zusammenhang (Röm 1,3). In Stellen wie Jes 40,5; 1 Mo 6,12 wird die Menschheit, ja die gesamte Kreatur F. genannt.

II) Der Mensch ist F., ist Geschöpf, als solcher steht er dem Schöpfer gegenüber, und sein Leben ist in enge Grenzen gebannt. Damit kommt ein neuer Ton in den biblischen Gebrauch des Wortes hinein. Der Mensch wird an sein F.-Sein, d. h. an seine Vergänglichkeit gemahnt. Daß er F. ist, weist ihn als den Ohnmächtigen aus, der gegen die Allmacht Gottes nicht aufkommt. Darum ist es Torheit, sich auf F. zu verlassen. Halt und Hilfe kommt nur aus dem Trauen auf den lebendigen Gott (Ps 56,5; 78, 39; Jer 17,5; Jes 40,6f; 1 Petr 1,24). Eine besondere Heraushebung verdient das Prophetenwort: »Ägypten ist Mensch und nicht Gott, und ihre Rosse sind F. und nicht Geist« (Jes 31,3). Damit ist die damalige Bündnispolitik des Reiches Juda, das sich in enger Anlehnung an eine Weltmacht zu sichern versuchte, als Torheit, Mißgriff und Beleidigung Gottes, der seines Volkes wahrer Schutz sein will, entlarvt. Hier ist auch die Gemeinde Jesu eindeutig gewarnt, bei den Gewalten dieser vergehenden Welt ihre Stütze und Zuflucht zu suchen. Gott hat mehr als fleischliche Augen (Hi 10,4).

III, 1) Wenn es in 1 Mo 6,12 heißt, daß »alles F. seinen Weg verderbt hatte auf Erden«, dann klingt hier schon die dritte und tiefste Bedeutung an, die F. in der biblischen Botschaft hat. Es ist nicht nur der ohnmächtige, der vergängliche, es ist vor allem der bewußt Gott widerstrebende Mensch. Der Mensch, der nicht Gott, seinen Schöpfer und Herrn, sondern sich selbst in den Mittelpunkt seines Lebens, Denkens und Wollens rückt, der nicht auf Gottes Ehre, sondern auf den eigenen Ruhm aus ist. »Sich nicht vom Geist Gottes strafen lassen« gehört nach 1 Mo 6,3 zur Art des F. Im NT ist dieses Verständnis noch wesentlich vertieft. Im F. wohnt nichts Gutes (Röm 7,18), es ist dem Gesetz Gottes nicht untertan (Röm 8,7). Es gibt eine fleischliche Gesinnung, die den Menschen unter die Sünde verkauft (Röm 7,14), ihn in die Feindschaft wider Gott treibt (Röm 8,7) und ihn um das Wohlgefallen Gottes bringt (V 8). Das F. verführt zum Selbstruhm (Phil 3,3.4). Wenn sich der fromme Israelit seiner Abstammung und seiner Beschneidung rühmt und sich gegen die Gnade verschließt, dann hat er Gottes Gabe fleischlich verzerrt. Fleisch ist also nicht nur die massive sündige Befleckung des Menschen, sondern auch seine Religiosität, Frömmigkeit, Tugend, sofern er sich damit gegen den Zugriff Christi wehrt: »Was vom F. geboren wird, das ist F.« (Joh 3,6). Das Ende des F. kann nur Verderben sein (Röm 8,6.13; Gal 6,8; 1 Kor 15,50). So verfeinert sich das F. gebärden kann, so hemmungslos kann es sich auch in den Werken des F. austoben (Gal 5,19). Immer ist es der Widersacher des Geistes (Mt 26,41; Joh 6,63; Gal 5,17).
2) Gottes Gnade hat den Weg heraus aus dem fleischlichen Verderben gewiesen. Zu den Römern kann Paulus sagen: »Ihr seid nicht fleischlich« (Röm 8,9). Keine Gesetzesanstrengung kann den Menschen aus der fleischlichen Ichverkümmerung, aus dem Selbstleben erlösen, aber Gottes Tat in Christus bricht die Fessel (Röm 8,3). Nun bietet sich dem Jünger Jesu die neue Möglichkeit, durch den Geist des Fleisches Geschäfte zu töten (Röm 8,13; Gal 5,16).

IV) »Fleischlich« wird stets im Sinn von »widergöttlich« gebraucht, darum steht im Gegensatz dazu zweimal »fleischern« (Hes 11,19; 2 Kor 3,3). Steinern, hart, abweisend gegen Gottes Willen ist das natürliche Herz. Kommt aber der Geist Gottes und die Gnade Christi hinein, dann wird es offen und empfänglich und läßt sich nach Gottes Willen und zu Gottes Ehre leiten.

Fleischeslust. Wenn die Bibel die gottwidrige Art des → Fleisches beschreibt, dann hebt sie auch hervor, daß das Fleisch zur Lust drängt, sich in der Lust äußert. Zum Lauf dieser Welt gehört der Wandel in den Lüsten des Fleisches (Eph 2,3), das sich damit gegen den Geist wendet (Gal 5,17). Die Fremdlinge und Pilger Gottes aber enthalten sich von den fleischlichen Lüsten (1 Petr 2,11). Des Fleisches Lust und der Augen Lust und hoffärtiges Leben: so kann man das Wesen dieser vergehenden Welt zusammenfassen (1 Joh 2,16). Diese fleischliche Lust ist nicht schlechthin gleichzusetzen mit der niederen Sinnlichkeit und der triebhaften Gier, so sehr sie sich immer wieder besonders frech und schändlich darin äußert (2 Petr 2,18). Lust ist ein Begehren, Habenwollen, Genießen in jeder Hinsicht. Sie kann sich edlen, feinen Dingen zukehren, sie kann billig und primitiv sein. Immer aber hält sie den Menschen bei sich selber fest und sucht ihm die Erfüllung seines Lebens im ichhaften Ansichreißen vorzugaukeln. Das beste Beispiel der Bibel zum Verständnis der Lust des Fleisches und der Augen ist das vom Versucher erweckte Begehren der ersten

Menschen, wie Gott zu werden (1 Mo 3). Höchste Daseinserfüllung – aber nicht auf dem von Gott geordneten Weg des Gehorsams und der sittlichen Ausreifung –, das will die Lust. Sie vergiftet das Herz, sie betört das Auge, sie treibt die Hand zur frevelnden Tat. Das Wesen des geistlichen Menschen aber ist nicht das Habenwollen in Lust, sondern das dienende Sichschenken in Liebe.

Fliegen → Insekten

Flitter. Das hebr. Wort bedeutet Jes 3,20 Kopfbund; an anderer Stelle hat Luther dafür → Haube gebraucht.

Floh *(Pulex irritans)*, Insekt, das parasitisch auf Menschen und Tieren lebt. In Palästina gibt es bes. in den sandigen und trockenen Gegenden viele F. Tiberias litt sehr unter dieser Plage, nach dem Volksmund wohnte dort »der König der Flöhe«. David nannte sich Saul gegenüber, der ihn verfolgte, einen F. (1 Sam 24,15; 26,20).

Flöte → Musikinstrumente

Fluch, fluchen. I) Der F. Gottes ist eine Entziehung des Segens. So verfluchte Gott die Schlange, die Eva verführt hatte (1 Mo 3,14), und Kain, der seinen Bruder ermordete (1 Mo 4,11). Er verhieß dem Abraham, die Menschen zu verfluchen, die ihn verfluchen würden (1 Mo 12,3). Flüche, von Männern Gottes gegen Menschen ausgesprochen (1 Mo 9,25; 49,7; 5 Mo 27,15; Jos 6,26), sind nicht Ausdruck der Rache, Leidenschaft und Ungeduld, sondern Weissagungen des Unsegens und der Strafe Gottes.

II) Das mosaische Gesetz verbietet bei Todesstrafe das Verfluchen der Eltern (2 Mo 21,17), der Obrigkeit (2 Mo 22,27[28]) und des Tauben (3 Mo 19,14). Auch die Gotteslästerung galt als Kapitalverbrechen (3 Mo 24,10ff).

III) Ein unverdienter F. wird von Gott nicht erhört (vgl. 2 Sam 16,12; Spr 26,2; Neh 13,2 u. a.). Dagegen werden die Folgen des elterlichen F. mit Recht gefürchtet (1 Mo 9,25; 27,12ff). F. bedeutet ferner den, der verflucht ist (2 Kö 22,19), wie den, den man beim F. als Beispiel nennt (Jer 29,22). Christus wurde ein F. für uns (Gal 3,13), und die Apostel waren ein F. (richtiger: Kehricht) für die Welt (1 Kor 4,13).

IV) Aus dem Munde eines Christen soll kein F., keine Verwünschung oder Selbstverwünschung kommen (Mt 5,36.44; Röm 12,14; Gal 6,7; Jak 3, 10).

Flügel. I) F. oder Fittiche des Vogels (Hi 39,26; 1 Mo 7,14; Pred 10,20), oft im übertragenen Sinn als Bild des Schutzes (5 Mo 32,11; Jes 31,5; Mt 23,37), der Schwungkraft (Jes 40,31) und als Mittel der Flucht (Ps 55,7; 139,9; Offb 12,14) genannt. Beim Brandopfer von Tauben war vorgeschrieben, ihre F. zu spalten, d. h. einzureißen.

II) F. der Engel Gottes. Die Propheten sahen in ihren Visionen die Cherubim mit 4 F. (Hes 1,6ff; 10, 16ff), die Seraphim mit 6 F. (Jes 6,2). Die Cherubim des Gnadenstuhls wurden auf Gottes Geheiß mit F. geschaffen (2 Mo 25,17–20; 37,9; 1 Kö 8,7; 2 Chron 3,11–13), und zwar mit der Bedeutung des Bedeckens und Schützens.
Bei der Erscheinung von Engeln auf Erden ist jedoch nie von Flügeln die Rede.

III) In Dan 9,27 heißt es entweder »über den Flügel (= Beschirmer) der Greuel wird Verwüstung kommen« oder »neben den Flügeln (nämlich der Cherubim) werden Greuel der Verwüstung stehen«. Dies letzte entspricht wohl am ehesten dem Zusammenhang, wenn dabei an das Allerheiligste des Tempels, das unter Antiochus Ephiphanes verwüstet wurde, gedacht wird.

IV) In dichterischer Sprache werden auch dem Winde F. oder Fittiche verliehen (Hos 4,19; 2 Sam 22, 11; Ps 18,11; 104,3).

Fluß → Krankheiten

Fluß Ägyptens → Nil

Fortunatus »Vom Glück begünstigt«,
Christ aus Korinth, der mit Stephanas und Achaikus zu Paulus nach Ephesus gesandt wurde, um die Verbindung zwischen der Gemeinde und dem Apostel aufrechtzuerhalten (1 Kor 16,17.18).

Frau → Weib, → Ehe

Freiheit, frei.
I) DER BEGRIFF F. IM AUSSERBIBLISCHEN BEREICH.
Was F. ist, wird am Gegensatz bes. deutlich: der Knecht kann nicht über sich verfügen, weder über seine Zeit, noch über sein Tun, ebensowenig der Gefangene oder gar der Sklave: es wird über sie verfügt. F. heißt also: nicht Sklave, nicht unterworfen, nicht gebunden sein. In vielen Völkern hat es den Unterschied zwischen Freien und Sklaven, Unabhängigen und Abhängigen gegeben. Hier war F. eine bes. Auszeichnung, die man entweder durch Geburt oder Verdienste (z. B. bei den Römern) erwerben konnte.
In den hochstehenden Staatsformen der griech. und röm. Kultur gehörte die F. zum unantastbaren Recht jedes Bürgers und unterschied ihn von niederen Schichten und unterjochten Völkern.
Manche philosophischen Richtungen, wie die Stoiker und Kyniker, haben die Bedeutung der F. bes. hervorgehoben. Frei zu sein von allen Bindungen, auch von der Todesfurcht, galt als höchstes Ziel. Freilich erreichten nur wenige – wie Diogenes oder Sokrates – dies Ziel einer unerschütterlichen Ruhe und Ausgeglichenheit, d. h. der F., die sie sich in ihrer Philosophie erträumten.

II) DIE BIBLISCHE SICHT.
1) DIE ÄUSSERE F.
a) Israel hat nur selten den Idealzustand erlebt, frei sein Schicksal in die eigene Hand nehmen zu dürfen. Meistens war es feindlichen Herrschern unterworfen. In diesen Zeiten der Unterdrückung sehnte es sich nach der F. (Ps 14,7), vor allem in der Verbannung in Babylon (Ps 126,1; 137,1ff).
Das Volk des alten Bundes sah in der F. eine gute und große Gabe Gottes, um die man den Geber aller Gaben bitten dürfe und solle. Die Stellung der Israeliten zu den Knechten und Fremdlingen zeugt von ihrer Hochschätzung der F.: hebr. Sklaven sollten nicht lebenslang unfrei bleiben (Jer 34,9; vgl. → Knecht). Wenn Gott einem Menschen oder einem Volk die F. nimmt, so ist das Strafe und Gericht (5 Mo 28,58ff).
b) Das NT übernimmt zunächst diesen F.-Begriff. Jesus verurteilt die Sehnsucht nach F. nicht; nur lehnt er die revolutionäre Methode zur Erringung der F. ab. Nicht das ausgeprägte Bewußtsein der F. (Joh 8,33), das die Römer als Sklavenhalter betrachtet, lehnt Jesus ab, sondern die Überbewertung des Gutes der irdischen F. auf Kosten der echten F., die er bringt (Joh 8,31f).
Wenn auch im Grundansatz der Botschaft des NT die Voraussetzungen für eine Staatsform gegeben sind, in der jeder in F. leben darf, ohne sklavische Abhängigkeit des einen vom andern – auf Grund

des gemeinsamen Ebenbildes Gottes, das jeder besitzt –, so hat das NT selbst doch noch sehr nüchtern mit der Tatsache des Nebeneinander von Sklaven und Freien gerechnet (Phim). Die Frage nach einer rechten Staatsform, die dem Menschenbild der Bibel am besten entspricht, ist im NT sekundär. Primär geht es um das geordnete Verhältnis zwischen Gott und Mensch und umgekehrt, d. h. um die F. von Schuld, um die Erlösung. Dies schließt nicht aus, daß man auch im Bereich des Sekundären oder »Vorletzten« (Bonhoeffer) sich ernsthaft um rechte soziale Zuordnungen bemüht.

2) DIE F. GOTTES.
F. ist auch eine Eigenschaft Gottes. Niemand kann über Gott verfügen. Er ist der, der völlig unabhängig seine Entscheidungen getroffen hat und trifft (Eph 1,11). In seinem schöpferischen und erlösenden Handeln ist Gott ungebunden. Hinter die F. seines Willens und seiner Entschlüsse dürfen wir nicht zurückfragen. Vgl. → Heiligkeit.

3) DIE F. DER ENTSCHEIDUNG.
Gott hat den Menschen mit einem freien Willen ausgestattet, als er ihn nach seinem Bilde schuf (1 Mo 1,27). Durch den Sündenfall (1 Mo 3,1ff) ist hier aber eine grundlegende Änderung eingetreten: der Mensch, der durch das Überschreiten der ihm von Gott gesetzten Grenze (1 Mo 2,16f) nicht in die erträumte F. (1 Mo 3,5), sondern in die schlimmste Unfreiheit hineinkam, hat jetzt allenfalls noch in den Dingen des äußeren Lebens die Möglichkeit einer bedingt freien Entscheidung. Dieser Bereich, der von der Vernunft abgesteckt wird, ist sehr groß. Man kann es hier sogar zu einer beachtlichen »vernünftigen« bürgerlichen Anständigkeit und äußeren Gerechtigkeit bringen (vgl. die Philosophie der Antike). Die Möglichkeit aber, sich aus eigener Kraft zu bekehren, sein Herz und sein Wesen zu ändern, hat der Mensch nicht, weil ihm von Natur die Einsicht in Gottes Handeln und Wollen fehlt (1 Kor 2,14; 1 Mo 6,5; 8,21; Joh 3,6; Eph 4,18; 5, 8) und weil er von Natur aus unter dem Fürsten der Finsternis und damit unter dem Gericht Gottes steht (Eph 2,2f). Nur der dreieinige Gott selbst kann das Herz verwandeln, neues Leben aus dem Tode (der »natürliche« Mensch muß sterben, Röm 6,4; Eph 2,5) schaffen: der Vater (Joh 6,44.65), der Sohn (Joh 8,36) und der Heilige Geist (Joh 6,63). Erst durch Gottes persönlichen Anruf erhält der Mensch die F. zurück, sich Gott im antwortenden Gehorsam wieder zuzuwenden (Joh 1,11.12). Hier gilt es, sich dem Ruf Gottes, der das Wollen und Vollbringen wirkt, nicht zu verschließen (Phil 2,12.13). Von hierher sind auch alle andern Stellen der Bibel zu verstehen, die sich fordernd an den Willen des Menschen richten (2 Mo 20,2ff; Jos 24,14; Hes 18,31; Apg 2, 40; 2 Kor 5,20) und vielfach in einer paradoxen Spannung zur Unfreiheit des Menschen gesehen werden.
Die F., sich gegen Gott zu entscheiden, sich dem Worte Gottes zu verschließen, sich auf die Seite des Fürsten der Finsternis zu stellen und damit die Verdammnis zu wählen – diese F. zum Nein hat der Mensch immer (Mt 23,37). Darum ist Gott im Recht, wenn er solche Menschen straft und zur Verantwortung für ihre falsche Entscheidung zieht (vgl. auch → Erwählung III).

4) DIE F. VON DER GEFANGENSCHAFT DER SÜNDE.
→ Sünde ist Gefangenschaft (Joh 8,34). Weil alle Menschen gesündigt haben, sind alle Gefangene des Satans. Die Tragik besteht darin, daß sich die meisten Menschen darüber gar nicht im klaren sind, daß sie von F. träumen und sich frei wähnen, während sie in Wirklichkeit unheilbar krank und dem Tode geweiht sind. Der Traum der selbsterwählten F. endet immer im Abgrund, im Verderben, in der Einsamkeit der Fremde (Lk 15,14–17). Wer, wie der verlorene Sohn, rechtzeitig aus dem Traum aufwacht und sich zum einzigen Arzt und Helfer, den es hier gibt, aufmacht, wer die Stufen des verlorenen Sohnes geht, von der Erkenntnis über den Entschluß (V 18), die Reue (V 21b), das Bekenntnis (V 21a), der kommt ins Vaterhaus, d. h. durch den Glauben zur F. und Freude (V 24b). Das ist der Weg in die F., der Weg zu dem, der frei macht (Joh 8,36). Jesus ist Sieger über Sünde, Tod und Teufel (Kol 2,15; Hebr 4,15) und hat alle, die ihm nachfolgen, »zur F. berufen« (Gal 5,13), in der es nun auch zu bestehen gilt (V 1). Die so Befreiten sind nun Knechte Gottes geworden (Röm 6, 18). Dieser neue Stand weist allen vorherigen Bindungen einen anderen Platz zu (Gal 3,28). Freilich wird es die letzte F. erst nach dem Tode geben, wenn sich der Mensch nicht mehr im Magnetfeld des Fürsten der Finsternis (Joh 14,30) befindet.

5) DIE F. VOM GESETZ.
Christus befreit die Menschen nicht nur von der Sünde gegen das Gesetz, sondern vom Gesetz selber. Wer »in Christus« ist (Röm 8,1), steht nicht mehr unter dem Gesetz der Vergeltung, sondern der Vergebung (Röm 10,4). Das Gesetz hat also an den echten Jünger Jesu keinen Anspruch mehr (Gal 2,19). Aus Knechten des Gesetzes sind nun freie Kinder Gottes geworden (Gal 4,6f), die sich nicht wieder in ein »knechtisches Joch fangen« lassen dürfen. Wenn sie das nämlich tun, fallen sie unter die Zuchtrute des Gesetzes (Gal 3,24) zurück und erniedrigen Jesus zu einem zweiten Mose, der an der Stelle des alten ein neues Gesetz aufgerichtet hätte (Gal 5,1). F. vom Gesetz bedeutet aber nicht, daß Gott den Befreiten nun nichts mehr zu gebieten hätte. Das Gebot Gottes bleibt bestehen. Es ist ja auch nicht erst nach dem Sündenfall fordend vor die Menschen getreten, sondern schon vorher (1 Mo 1,28; 2,16f).

6) DIE F. VON DER GEFANGENSCHAFT DES TODES.
Auch Christen müssen sterben, aber sie können getrost sterben: weil sie einen Herrn haben, der die Ketten des Todes zerbrochen und die Tür ins Leben aufgestoßen hat (1 Kor 15,55; 2 Tim 1,10; Hebr 2,14). Diese F. ist aber ebensowenig wie die F. von der Sünde unangefochtener Besitz, solange wir sterbliche Menschen sind. Sie will immer neu erglaubt und erkämpft sein, allen Versuchungen zum Trotz. Einmal aber, in der Ewigkeit, wird die F., gegenüber der alle irdischen F. Schatten sind (Kol 2,17), vollkommen sein. An dieser F. wird die ganze Kreatur teilnehmen (Röm 8,21).

Freijahr → Halljahr

Freistadt. I, 1) Der Herr gebot Israel, nach der Einnahme des Landes Kanaan 6 Freistädte auszusondern. Hier sollte der Israelit, der einen Menschen ohne Vorsatz getötet hatte, Hilfe und Zuflucht vor dem → Bluträcher finden (2 Mo 21,13; 4 Mo 35,9–14). Mose bestimmte 3 Städte im Ostjordanland: → Bezer im Stamm Ruben, → Ramoth in Gilead im Stamm Gad, → Golan in Basan im Stamm Manasse (5 Mo 4,41–43), Josua 3 weitere Städte im Westjordanland: → Kedes in Naphthali, → Sichem in Ephraim, → Kirjath Arba (Hebron) in Juda (Jos 20, 7.8).
2) Die F. waren gleichmäßig über das ganze Land verteilt, und der Totschläger konnte jetzt jeweils zur nächstliegenden flüchten. Die Wege dorthin mußten gut instandgehalten werden (5 Mo 19,3 nach dem Grundtext), denn erst nach Überschrei-

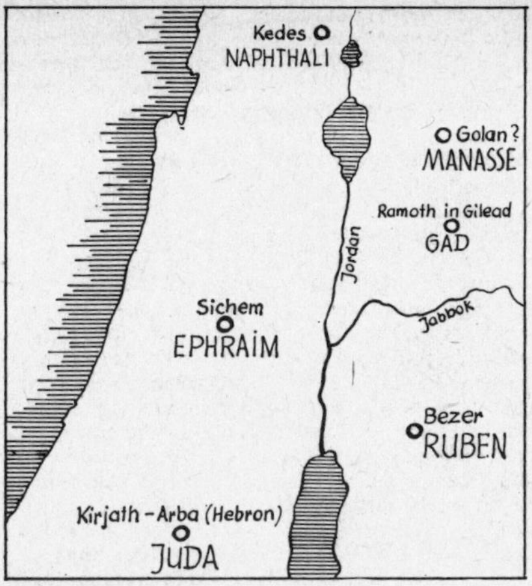

Die 6 isrl. Freistädte

tung der Stadtgrenze war der Totschläger vor dem Bluträcher geschützt. Wurde der Flüchtling in der F. als vorsätzlicher Mörder erkannt, war ihm die Todesstrafe gewiß, und er wurde dem Bluträcher übergeben.

War er dagegen durch einen Unfall oder durch Selbstverteidigung am Tode eines anderen schuldig geworden, konnte er in der F. frei und geschützt leben. Nach dem Tode des Hohenpriesters durfte er dann auch in seine Heimat und zu seiner Familie zurückkehren unter dem vollen Schutz der Ältesten und der Volksgemeinde (4 Mo 35; 5 Mo 19; Jos 20).

3) Die F. waren zugleich Levitenstädte, Hebron Priesterstadt; es waren also überall Männer vorhanden, die im Gesetz und den Rechtsfragen Bescheid wußten und für schwierige Entscheidungen zuständig waren.

II) F. (Kolonie; Apg 16,12) bezeichnet eine röm. Siedlung, und zwar von ausgedienten Soldaten, im eroberten Gebiet oder in der Provinz. Die Veteranen empfingen mit Haus und Land eine Art Pension und erhielten, soweit sie es nicht schon besaßen, das röm. Bürgerrecht. Als Kolonisten unterstanden sie röm. Verwaltung und dienten der Stärkung der Macht Roms vor allem entlang der Militärstraßen. Philippi war solch eine Kolonie.

Fremdling. I, 1) In der isrl. Gesellschaft gab es Einheimische (2 Mo 12,19; 3 Mo 16,29; 4 Mo 9,14) und Fremdlinge, die mitten unter Israel wohnten und sich unter den Schutz eines der isrl. Stammeshäupter gestellt hatten. Für die Verpflichtung, sich an die Sitten des Gottesvolkes zu halten, genossen sie bestimmte Rechte. Man nannte sie F. und Beisassen (4 Mo 35,15) und durfte sie weder schinden noch unterdrücken (2 Mo 22,20[21]). Weil Gott auch den F. lieb hat, soll der Israelit, der selber F. in Ägypten gewesen ist, ihn ebenfalls lieben (5 Mo 10,18.19). Wiederholt wird im Gesetz auf die Pflicht hingewiesen, gegen den F. barmherzig zu sein (5 Mo 14,29; 16,11.14; 26,11). Und die Propheten dringen darauf, daß die Bestimmungen des Gesetzes über die Fremdlinge eingehalten werden (Jer 7,6; 22,3; Hes 22,7; Sach 7,10; Mal 3,5). Streng verboten ist, das Recht des F. zu beugen (5 Mo 24, 17; 27,19). Wenn der F. auch nicht zu dem heiligen Volk gehört (5 Mo 14,21), so sichert ihm das Gesetz doch grundsätzlich gleiches Recht mit den Israeliten zu (3 Mo 24,22). Allerdings steht er in einigen Dingen hinter den Gliedern des Gottesvolkes zurück. Mußten die Israeliten, die sich aus Armut als Sklaven verkauft hatten, im Halljahr freigelassen werden, so galt das für den F. nicht (3 Mo 25, 45.46). Wenn sich der Israelit aus Not einem F. als Sklave hatte verdingen müssen, so konnte seine Familie ihn jederzeit zurückkaufen (V 47–49). Es wurde auch bestimmt, daß er nicht hart behandelt werden durfte (V 53). Die Ehe eines Israeliten mit der Tochter eines F. war verboten, kam jedoch vor (5 Mo 21,10ff; Ri 14,1ff; Es 9,1.2; 10,2).

2) In der Vorschrift über das Bewahren und Verlesen des Gesetzes werden die F. unter denen genannt, die das Gesetz hören sollen (5 Mo 31,12). Sogar in dem Bund Gottes mit seinem Volk sind die F. eingeschlossen (5 Mo 29,9[10]–12[13]), und sie können sich durch die Beschneidung in die Gemeinde Israels aufnehmen lassen (2 Mo 12,48). Auch in den Zehnten des 3. Jahres, von dem der Levit, die Waise und die Witwe ihren Anteil bekamen (5 Mo 26, 12), wurden sie einbezogen. Außerdem durften sie an dem Freudenmahl des Pfingst- und Laubhüttenfestes (5 Mo 16,11) teilnehmen. Verboten waren ihnen der Götzendienst (3 Mo 20,2), Blutschande und Unzucht (3 Mo 18,26), der Genuß von Blut (3 Mo 17,10), die Arbeit am Sabbat (2 Mo 20,10; 23,12) und das Essen von gesäuertem Brot während der Zeit des Passahfestes (2 Mo 12,19). Auch sollen sie am großen Versöhnungstag fasten (3 Mo 16,29), für alle Übertretungen wie die übrigen Israeliten Versöhnung suchen und den Namen des Herrn heilig halten (3 Mo 24,16; 4 Mo 15,26.29). Den F. ist es erlaubt, dem Herrn Opfer darzubringen (V 14; 3 Mo 17,8).

Die Freistädte standen ihnen offen, wenn sie vor dem Bluträcher flohen (4 Mo 35,15). Solange sie unbeschnitten waren, durften sie am Passahfest nicht teilnehmen; aber die Beschneidung sicherte ihnen auch auf dem Gebiet des Gottesdienstes die rechtliche Gleichstellung mit jedem Israeliten zu. (J. Th. de Visser, Hebr. Archeologie.)

II) In übertragener Bedeutung wird das Wort F. im NT für den Erdenwandel der Gläubigen gebraucht (1 Petr 1,1; 2,11; Hebr 11,13). Weil sie Bürger im Himmel sind und dort ihre eigentliche Heimat haben (Phil 3,20; → Wohnung III), können sie nicht nach den Gesetzen ihrer Umwelt leben und werden von dieser gemieden oder gar angefeindet. Anderseits ist die F.schaft der Heiden unter dem Volk Gottes im Glauben an Jesus Christus aufgehoben (Eph 2,19).

Freude. Traurigkeit ist als Erziehungsmittel der Gnade etwas Vorübergehendes. F. ist dagegen ein Lebenselement dieser und der zukünftigen Welt. Alle wahre F. ist ein Anteilnehmen an der unendlichen himmlischen F. So war schon im AT jeder Gottesdienst mit großer F. verbunden (5 Mo 12,7. 12.18; 16,11ff; 2 Chron 29,30; 30,21), wenn es kein Bußgottesdienst war, und auch das ntl. Abendmahl war urspr. ein Freudenfest, ein Teilnehmen an der F. Jesu. Um beständige F. zu erlangen, soviel man nur fassen kann, muß man aus der Quelle aller F. schöpfen (Jes 12,3; 35,10), aus Gott (Ps 43,4), denn vor ihm ist F. die Fülle (Ps 16,11; 21,7). Wer Gott nicht wirklich kennt, ahnt nicht, welche F. er entbehrt. Jesus ist erschienen, um uns mit Gott bekanntzumachen, damit seine eigene F. in uns bleibe und unsere F. vollkommen werde (Joh 15,11; 16,24; vgl. 1 Joh 1,4; 2 Joh 12), auf daß wir seine eigene F. vollkommen in uns haben (Joh 17,13). Auch die

Apostel wollten nichts anderes, als Gehilfen unserer F. sein (2 Kor 1,24). Die F. ist eine Frucht des Heiligen Geistes, die in der Folge gleich nach der Liebe kommt (Gal 5,22), also eine hervorragende Stellung einnimmt. Sie wird den Jüngern vom Himmel gegeben (Apg 13,52; Lk 24,52). Unserer Liebe zu Gott entspricht auch die große F. über sein Wort (Jer 15, 16; Ps 119,162).

Die F. am Herrn ist unsere Stärke (Neh 8,10) und nur sie macht uns unabhängig von den F. der Erde. Nur wenn wir vor Gott stehen, verliert die Erde ihre Anziehungskraft: Es wird uns eine F., an den Leiden Christi teilzunehmen (1 Petr 4,13; Phil 3,10; Kol 1,24; Lk 6,22.23). Der Geist Gottes wirkt, daß wir uns freuen, wenn wir »in einer Fülle von Anfechtungen hin- und hergeworfen« werden (Jak 1, 2), da uns Erziehung nottut. R. F. E.

Freudenöl, bildhafter Ausdruck für Freude (Ps 45, 8; Jes 61,3). Das Salben mit Öl gehörte zur Körperpflege, es erzeugte Wohlbehagen. Bei festlichen Anlässen war das Öl mit besonderen Duftstoffen versetzt. Vgl. → Salbe.

Freudigkeit. I) Das Griech. macht wie das Dt. einen Unterschied zwischen Freude *(chara)* und F. *(parraesia)*. Freude ist der weitere Begriff, F. meint eine ihrer Wirkungen, den Freimut, die Kühnheit. Freude und F. gehören sachlich eng zusammen, sprachlich sind sie auch im Dt. getrennt (bei Luther heißt es noch freidig, Freidigkeit; die lautliche Angleichung an Freude ist später).

II) *Parraesia* (wörtl.: alles reden dürfen) ist im Griech. zunächst ein politischer Begriff. Nach Aristoteles soll jeder freie Bürger alle Kriecherei und Unterwürfigkeit ablehnen und sich in der *parraesia üben.*

III) In der LXX kommt *parraesia* nicht oft vor. 3 Mo 26,13 übersetzt es »aufgerichtet« (LÜ), »erhobenen Hauptes«. Hi 27,10 wird von F. Gott gegenüber gesprochen, d. h. von der Haltung eines Mannes, der sich nicht schuldig weiß, sondern freimütig vor Gott hintritt. Ps 94,1 steht für »erscheine« *parraesiazomai:* Gott selbst erscheint dem Gottlosen in einer schrecklichen Freimütigkeit und Kühnheit.

IV) Im NT.

1) Das Wirken Jesu wird oft, bes. bei Joh., mit dem Begriff der F. in Verbindung gebracht. Jesus spricht in der Öffentlichkeit frei und unverhüllt (Joh 7,26; 18,20). Für sein Verhalten zu seinen Gegnern ist die F. geradezu charakteristisch. Freilich hebt diese F. das Geheimnis nicht auf, das über der Person Jesu lag und nur von glaubenden Jüngern geahnt werden konnte. Das freimütige Auftreten Jesu und seine Verborgenheit und Verhüllung stehen in einer Spannung zueinander, die nicht aufgelöst werden darf (vgl. Mk 5,43; 8,30—32 u. ö.).

2) Der F. des Meisters entspricht die seiner Jünger. In der Gewißheit des Heils (Apg 4,12) hat die den Feinden und dem Tod trotzende F. ihren Ursprung (V 13). Diese Haltung gilt es, gerade auch in Not und Leid zu bewähren: Werft eure F. nicht weg! (Hebr 10,35 wörtlich).

3) Die vollmächtige Verkündigung soll in F. geschehen. Das ist des Paulus Gebetswunsch (Eph 6, 19). Freimütiges Zeugnis steht unter einem göttlichen Muß (1 Kor 9,16; Apg 4,20). Wer Jünger ist, muß Zeuge sein, und Zeugnis heißt freimütiges Bekenntnis. Das Verkündigen kann wohl auch nur aus Gehorsam geschehen; wenn ihm aber die F. fehlt, so fehlt ihm etwas Wesentliches. So schließt die Apg. nicht von ungefähr: Paulus lehrte von dem Herrn Jesus in aller F. unverboten (Apg 28, 31).

4) An einigen Stellen wird von einer zukünftigen F. gesprochen, von einem freien Mut, der keine Furcht vor Gott, dem Richter, kennt, weil er weiß: wer auf der Seite Jesu steht, von dem ihn nichts trennen kann (Röm 8,31ff), darf selbst am Jüngsten Tage getrosten Mutes darauf warten, daß ihm, dem begnadigten Sünder, Gott den Siegeskranz der Ehren aufsetzen wird (1 Joh 3,21; 4,17; 5,14).

Freund, Freundschaft. I, 1) Bezeichnung enger zwischenmenschlicher Beziehung, besonders von Männern (1 Mo 38,12; 5 Mo 13,7[6]; 1 Sam 30,26; 2 Sam 13,3 u. ö.). Echte F. und Freundschaften erweisen sich in der Not (vgl. 1 Sam 20,19.20; 23, 16ff; Sir 6,7.8), und das Trauerlied Davids um seinen gefallenen F. Jonathan gehört zum Ergreifendsten und Innigsten, was über echte Freundesbeziehung ausgesagt worden ist (2 Sam 1,19ff). Solche Art Freundschaften nennt die HS öfter (2 Sam 15, 37; Dan 3). Freundschaften können inniger sein als verwandtschaftliche Beziehungen (vgl. Spr 17,17; 27,9). Sie nehmen an Stärke zu und erhalten da ihre Weihe, wo sie auf den lebendigen Gott gegründet sind und der Herr das Fundament der Freundschaft ist (Sir 6,16f; vgl. Philippus und Nathanael, Joh 1,45ff; Paulus und Philemon, Phim 1 u. ö.). Aber auch gemeinsame Auflehnung gegen den Christus Gottes können ein Band schlechter, verderbenbringender Freundschaften knüpfen (Lk 23,12).

Die Treue verbürgt bleibende Freundschaft (Sir 27,18); Vertrauensbruch und Verrat (Ps 41,10; Jer 9,4f; Mt 26,50) sind ihre Totengräber.

2) Die HS gibt einigen Menschen (bes. Abraham; 2 Mo 33,11; Jak 2,23) den Namen F. Gottes (Ps 127, 2). Diese Freundschaft schließt die Freundschaft mit der Welt aus (Jak 4,4). Gottes Freundschaft zu den Menschen beruht auf dem Freundesdienst Jesu, der sein Leben für seine F. läßt (Joh 15,13ff). Die Freundschaft Gottes erfordert auf Seite der Menschen Vertrauen, Glauben. »Abraham glaubte dem Herrn« (1 Mo 15,6), und darum konnte er ein F. Gottes sein.

II) Im Hohenlied (Hl 1,13; 2,3.8.10 u. ö.) ist »mein F.« Ausdruck der bräutlichen Liebe zum Bräutigam.

III) F. ist in der HS auch oft Ausdruck für verwandtschaftliche Beziehungen (1 Mo 12,1; 43,7; Lk 1,61). Vgl. → Gefreunde.

IV) Bes. im Matthäusev. erscheint der Ausdruck F. öfter als Anrede (Mt 20,13; 22,12; 26,50).

Freund des Königs. Hoher Hofbeamter, Vertrauter und Ratgeber des Königs. Der Freund des Philisterkönigs Abimelech von Gerar z. Zt. Isaaks wird als Zeuge bei einem Vertragsabschluß genannt (1 Mo 26,26). Dann hören wir von dem Freund des Königs unter David (2 Sam 15,37; 16,16; 1 Chron 27,33) und Salomo (1 Kö 4,5); und Davids Neffe Jonadab steht im gleichen Verhältnis zum Thronfolger Amnon (2 Sam 13,3). Auch die beiden Stellen 2 Sam 3,8; 1 Kö 16,11, in denen im hebr. Text Freund im Singular steht, scheinen hierher zu gehören und das Hofamt auch für Saul und das isrl. Nordreich zu bezeugen. Vergleichbar ist vielleicht auch das Verhältnis von Juda zu seinem Freund Hira von Adullam (1 Mo 38,12.20).

Freund des Kaisers → Kaiser II.

Tafel 27
a. Blick vom Thabor auf das galiläische Hügelland.
b. See Genezareth von Tiberias aus.

Tafel 27

Freundrecht (Jer 32,7), ein Gesetz, nach dem die nächsten Verwandten eines Verarmten dessen verkauftes Gut einzulösen berechtigt waren (vgl. 3 Mo 25,25), damit das Familieneigentum erhalten blieb. → Erbe, → Ehe (Leviratsehe).

Frevel, freveln. Übersetzung verschiedener hebr. und griech. Worte, die auch als »mutwilliges Sündigen, Frechheit, Boshaftigkeit, Übertretung« wiedergegeben werden können (1 Mo 6,11; 2 Sam 6,7; Jes 1,13; Am 1,3.6.9.11.13; Offb 18,5 u. ö.). Eine Ausnahme bildet 4 Mo 15,30, wo das, was in LÜ mit F. übersetzt ist, eigentlich »mit erhobener Hand« heißt, also eine Versündigung in bewußter Empörung wider Gott und sein Gesetz darstellt. Für eine solche Herausforderung Gottes war im AT keine Versöhnung durch Opfer möglich. → Opfer (Sündopfer).

Friede. I) FRIEDE IM AT.

1) Das hebr. *schalom* ist ein gefüllter Begriff. Die Übersetzer der LXX haben ihn mit mehr als 25 verschiedenen Worten wiederzugeben versucht. Zunächst heißt der Stamm des hebr. Wortes »vollkommen, unversehrt sein« oder »vollkommen, unversehrt leben«. Im atl. Sinn heißt *schalom* »Wohlbefinden, äußeres und geistliches Gedeihen« (2 Mo 18,23; 1 Kö 5,5[4,25]).
Schalom ist auch ein Begriff der Beziehung; er bezeichnet das gute Verhältnis zwischen verschiedenen Personen (z. B. 1 Kö 5,26[12]).

2) F. als Wohlstand wie als gutes Verhältnis zwischen den Menschen kann der einzelne von sich aus nicht schaffen. F. ist keine immanente Möglichkeit des Menschen, sondern vielmehr Gabe, Geschenk aus dem Transzendenten (Ps 29,11; Jes 26,12; 45,7; 48,18). F. als Gabe Gottes wünscht man dem Freund, überhaupt jedem, mit dem man es gut meint (Ps 125,5; 128,6). Im Gottesdienst bittet der Priester im Segen um dieses Geschenk für alle Versammelten (4 Mo 6,24–26). Die Gottlosen bekommen diese Gabe nicht (Jes 48,22; 57,21).

3) Bes. wichtig ist das F.-Verhältnis Gottes den Menschen gegenüber. Der ursprüngliche F. ist durch die Sünde der Menschen zerstört. Immer wieder will Gott durch seine Vergebung das ursprüngliche Verhältnis herstellen. Gott will Vergebung und darum F. Vergebung und F. entsprechen einander (Ps 119, 165).

4) Obwohl es im AT verschiedene Vorausdarstellungen des Heils gibt, bleiben Heil und F. doch noch Stückwerk. Das AT wartet auf das volle Heil und darum auf den vollen F. (Jes 9,5[6]; 52,7; 53,5; 54, 10; 66,12; Mi 5,4). Dieser zukünftige F. wird nicht nur Israel oder die Menschheit angehen, sondern den ganzen Kosmos, die Tier- und Pflanzenwelt mit eingeschlossen (Jes 11,6–9; 35,9; 55,12).

II) FRIEDE IM NT.

1) *Eiraenae* hat sich als meistgebrauchte Übersetzung des hebr. *schalom* durchgesetzt. In ihm liegt vor allem das Moment der Ruhe; im Hebr. war es vor allem das des Wohlbefindens.

2) Was im AT Verheißung war, ist jetzt in Erfüllung gegangen; was dort Stückwerk war, ist jetzt vollkommen da (Lk 2,14). Die Feindschaft zwischen Gott und Mensch ist durch den F.bringer (Eph 2,14) beendet. Dieser F.schluß ist unabhängig davon, ob die Menschen ihn zur Kenntnis nehmen, dafür danken und danach leben oder nicht. Freilich wird er nur für die Wirklichkeit werden, die das Rechtfertigungsurteil Gottes auf sich beziehen. Wer sich als gerechtfertigter Sünder weiß, lebt in diesem F. (Röm 5,1), ist geborgen in der Nähe Gottes, selbst wenn um ihn herum der schlimmste Unfriede herrschen sollte (Joh 16,33). In Jesus ist das erfüllt, was ursprünglich der Gott des F. (Röm 15,33), der mit sich in Harmonie ist und mit der Welt in Harmonie sein will (Hes 18,23; 1 Tim 2,4), mit der Welt im Sinn hatte: der Zustand der geordneten Verhältnisse zwischen Gott und Mensch, und Mensch und Mensch ist wieder hergestellt.

3) *Eiraenae* als heiler Zustand ist ebenso etwas »Äußerliches«, im Zusammenleben der Menschen sich Verwirklichendes, wie auch etwas »Innerliches«; er bedeutet das Heil-sein des menschlichen Herzens (Joh 14,27; Röm 5,1). Er ist sowohl innerer »Seelenfriede« als auch F. unter den Menschen und F. zwischen Gott und Mensch. Dieser F. ist eine Wirklichkeit, auch wenn der sündige Mensch ihn leugnet. »F. auf Erden« (Lk 2,14) ist nie ein politisches Programm, sondern eine Wirklichkeit, die in den Herzen und in der Umgebung derer beginnt, die mit Gott rechnen und an ihn glauben.

4) Viel tiefer als das Verständnis des Griechentums, wo F. nur glückliches Zusammensein der Menschen und Wohlstand bedeutete, und als das des Römertums, wo F. ein Rechtsverhältnis zwischen zwei Parteien war (Pax hängt mit Pakt zusammen), ist das ntl. Verständnis des F., der nicht – wie bei diesen – vor dem Unfrieden liegt, sondern ihn schon hinter sich hat (Stählin). Das NT rechnet realistisch mit dem Bruch zwischen Gott und Mensch, aber ebenso realistisch auch mit der Heilung dieses Bruches (→ Versöhnung, → Vergebung). Jesus, der F.fürst (Jes 9,5[6]), bringt überall, wohin er kommt, den F. mit (Joh 20, 19; Eph 2,14), und seine Jünger folgen dem Beispiel ihres Meisters nach. Sie sind »F.stifter« (Mt 5,9; Hebr 12,14) und Herolde der frohen Botschaft vom großen F.schluß Gottes mit den Menschen (Mt 10,13; Röm 12,18).
Freilich sperren sich viele Menschen dieser Botschaft. Sie wollen oder können gar nicht mit Gott ins reine kommen, weil sie an dem, was den Krieg zwischen ihnen und Gott verursacht hat, festhalten: an der Sünde. Dieser Sünde hat Jesus allerdings den Kampf angesagt. Ihr bringt er nicht den F., sondern das Schwert. Wer es mit der Sünde hält, scheidet sich von den F.boten und dem F.könig und wählt den Krieg (Mt 10,34ff).
Der F., den Jesus bringt, wird in dieser Welt der Unordnung als fremdes, ja störendes Element empfunden (Joh 14,27). Menschliche »Friedensbewegungen« nehmen häufig gerade an dem F. Jesu Anstoß.

5) Wie das Reich Gottes eine gegenwärtige und zukünftige Größe ist, so ist auch der F. Gottes schon jetzt gegenwärtig, im Glauben und in der Gewißheit wirklich; aber offenkundig und ungestört wird er erst in der neuen Welt Gottes sein, die eine Welt des F. ist (Jes 35,10; 51,11; 55,12; 65,17ff; 2 Petr 3,13; Offb 7,16f; 21; 22).

Fromm, Frömmigkeit. Ein Ausdruck, vornehmlich des AT, mit dem in LÜ verschiedene hebr. Adjektive für Eigenschaften Gottes und der Menschen übertragen werden.

I) Von Gott ausgesagt, meint f. dessen Gerechtigkeit, Vollkommenheit und Treue (5 Mo 32,4; Ps 18,26). Der Herr geht den durch seine Propheten verheißenen Weg (Ps 25,8) zu Ende und schenkt vielen seine Gerechtigkeit durch seinen Sohn (Jes

Tafel 28
a. Hafen von Gebal (Byblos).
b. Auf dem Ausgrabungsfeld von Byblos liegen die Reste der verschiedenen Jahrhunderte dicht beieinander: alte phön. Sarkophage und hellenistische Säulen.

53,10ff). Der stellvertretende Tod Christi verschafft dem F. die Rechtfertigung und das Wohlgefallen Gottes (Spr 11,20).

II) Von dem Menschen ausgesagt, bedeutet f.:
1) Gut, angenehm, der Forderung Gottes entsprechend (1 Mo 4,7; Mt 25,21).
2) Gerecht, heilig, göttlicher Eigenschaft entsprechend (Hes 33,12; Lk 18,9).
3) Vollendet, vollkommen, unsträflich (1 Mo 17,1; Ps 37,18 u. ö.).
4) Recht, redlich, zuverlässig (Ps 32,11; 33,1 u. ö.).
5) Treu, fest, standhaft (Jes 1,21.26).

Frommen, Buch des → Buch

Frommen = nützen, Vorteil bringen (Spr 31,18; 1 Kor 6,12).

Frondienst bedeutet Herrendienst (Fron- ist ein erstarrter Genitiv des althochdt. *fro* = Herr).
Als Samuel den Israeliten die Rechte des Königs, den sie haben wollten, bekannt gab, nannte er neben den Beamten und Soldaten im Königsdienst u. den Abgaben auch die F., die der Herrscher von seinen Untertanen fordern werde (1 Sam 8,10–17). Kanaanäische Texte zeigen, daß die entsprechenden Königsrechte damals in den Stadtkönigtümern der Kanaaniter überall Geltung besaßen. Samuel spricht einmal davon, daß die Söhne der Israeliten auf dem Grundbesitz des Königs als Ackerleute und Schnitter arbeiten müssen (V 12). Das wird nicht allzu viele betroffen haben und nicht als besonders drückend empfunden worden sein, weil wir nichts darüber hören. Schwerwiegender war die Ankündigung, daß der König außer Knechten und Mägden auch die vornehmen Jünglinge (die Textänderung in ZÜ und MÜ ist ungerechtfertigt) mit ihren Reittieren, den Eseln, für seine Anliegen einsetzen werde (V 16). Diese Last bekam das Volk zu spüren beim Befestigungs- und Palastbau Davids (2 Sam 5,9.11) und bei den großen Unternehmungen Salomos (Errichtung des Tempels und des Königspalastes, der Befestigungen, Vorrats- und Wagenstädte). Obwohl Salomo hier die Arbeitskräfte der im Lande verbliebenen Kanaaniter einsetzte (1 Kö 9,15.17–21), die er für dauernd zu Zwangsarbeitern und Unteraufsehern machte (2 Chron 2,16[17]f; 8,4–8), reichte das nicht aus; er mußte auch auf Israeliten zurückgreifen (1 Kö 5,27[13]f). Diese isrl. Fronarbeiter wurden vorübergehend und mit monatlicher Ablösung herangezogen. Einer der so ausgehobenen Israeliten war augenscheinlich Jerobeam, der Sohn Nebats, der als freier Krieger jetzt zu Bauarbeiten gezwungen war (1 Kö 11,27.28). Als Salomo beim Bau des Millo sah, daß er tüchtig war, übertrug er Jerobeam die Aufsicht über alle Frondienste des Hauses Joseph, d. h. seines eigenen Stammes.
Wahrscheinlich ruhte die Last der Fronarbeiten stärker auf den 10 Stämmen Israels, die sie jedenfalls besonders drückend empfanden. Juda blieb wohl mehr oder weniger verschont, wie es auch von der Neuordnung der Reichsverwaltung (1 Kö 4,7–19) nicht betroffen wurde. Nach Salomos Tod forderten die 10 Stämme unter Jerobeam, der als Aufsichtführender in scharfen Gegensatz zum König geraten war, die Erleichterung der Frondienste (1 Kö 12, 3.4). Als Rehabeam das ablehnte, brach die offene Empörung aus. Der aufgespeicherte Haß entlud sich in der Steinigung Adonirams, des Oberaufsehers über die isrl. Fronarbeiter, den Rehabeam törichterweise als Unterhändler geschickt hatte (V 16–18).

Frosch (hebr. *separdeah;* griech. *batrachos).*
Frösche werden in der HS zuerst als 2. Plage in Ägypten genannt (2 Mo 8,1[5]–10[14]; Ps 78,45; 105,30). Hier ist viell. der im Nil lebende eßbare Seefrosch *(Rana ridibunda)* gemeint, der etwa 15 cm groß wird. Von den Ägyptern wurde er wie der Nil selbst als heilig verehrt. Ein Gott und eine Göttin werden mit einem Froschkopf abgebildet. Auch in Palästina kommen F. überall vor, treten aber nur in der Regenzeit auf.
In Offb 16,13 sind F. das Bild für die unreinen Geister, die aus dem Mund des Drachen, des Tieres und des falschen Propheten gehen.

Frucht. I) Die höchste Entwicklungsstufe aller organischen Lebewesen ist die F., die allein die Fähigkeit der Erzeugung neuen Lebens der gleichen Art in sich trägt. In der HS ist F. ein Werk der Allmacht (1 Mo 1,11) wie auch der Gnade und Güte Gottes (5 Mo 7,13; 28,4; Ps 127,3), während Unfruchtbarkeit als eine Strafe des Herrn angesehen wird (1 Mo 30,2; 1 Sam 1ff u. a.). – Christus wird eine herrliche F. der Erde (Jes 4,1), der Lenden Davids (Apg 2,30) und des Leibes der Maria (Lk 1,42) genannt.
II) Im übertragenen Sinn bedeutet F.:
1) die guten und bösen Auswirkungen der Gesinnung und der Handlungen des Menschen (Jer 17,10; 21,14; 32,19; Mt 7,16; 12,33).
2) Ferner die Belohnung für treue Arbeit (2 Tim 2, 6), die Wirkung der Reden eines Frommen (Spr 12, 14; 13,2; 18,20), der fleißigen Hände einer Hausfrau (Spr 31,16.31) und der Werke des Gerechten (Jes 3,10).
III) Im besonderen werden mit F. die heilsamen Wirkungen und Folgen des Todes Christi (Joh 12, 24), der Gemeinschaft mit Christus (Joh 15,4), des göttlichen Wortes (Mt 13,8; Röm 1,13), der göttlichen Weisheit (Spr 8,19), der Erlösung von der Macht der Sünde (Röm 6,22), der Buße (Mt 3,8), der Gerechtigkeit (Jes 32,17) und eines für Gottes Gnade dankerfüllten Herzens und Mundes (Hebr 13,15) bezeichnet. Die F. des Heiligen Geistes wird Gal 5, 22; Eph 5,9 genannt.

Frühlinge, die im Frühjahr geworfenen Lämmer, waren die stärkeren und darum bevorzugten Tiere (1 Mo 30,41.42). Vgl. → Spätlinge.

Frühregen → Regen

Fuchs. Hundeartiges Raubtier (hebr. *schual,* griech. *alôpaex)* das in Palästina in mehreren Arten vorkommt. Die größte Art ist dort der gelb-braune F. *(Vulpes flavescens),* doch kommt am häufigsten der palästinensische F. *(Vulpes palaestina)* vor. Seine Nahrung besteht aus Früchten, Insekten, Vögeln u. Mäusen. Wo in LÜ F. steht, kann es sich auch um den → Schakal handeln, so z. B. Ri 15,4; Neh 3,35 [4,3]; Ps 63,11; Klgl 5,18; Hes 13,4; da das hebr. Wort *schual* wahrscheinlich beide Bedeutungen hat.

Fülle → Reich, Reichtum

Füllen, die Hände. Seine Hände dem Herrn füllen bedeutet 1 Chron 29,5 freiwillige Gaben zum Tempelbau darbringen. Im übrigen bezieht sich der Ausdruck auf das Füllopfer der Priesterweihe.

Füllen, Jungtier des Esels (1 Mo 49,11; Sach 9,9; Mt 21,2) und des Kamels (1 Mo 32,16[15]).

Füllopfer → Priester

Fündlein = eigene, menschliche Klugheit (Spr 23, 4).

Fürbitte → Beten

Furcht, fürchten. I) ALLGEMEIN.
F. bezeichnet die bangende Haltung des Menschen vor wirklicher oder gedachter, immer aber bekannter Gefahr. Da das Leben und die Güter des Lebens ständig in Gefahr, weil von den verschiedensten Mächten bedroht, sind, haben die Menschen ständig Grund, sich zu fürchten. Die Furcht ist ein Urphä-

nomen menschlicher Existenz. Die F. des Kindes vor dem »schwarzen Mann« ist qualitativ nicht verschieden von der F. der Erwachsenen. In der F. kommen sich primitive und hochzivilisierte Menschen sehr nahe.

II) DIE F. IN DER BIBEL.

1) Die HS weiß von Angst ebenso wie von F. Sie zeichnet ja keine »Übermenschen«, sondern schwache, angefochtene Menschen wie wir (vgl. Ps 34,5; Mt 14,26; 28,4; Joh 7,13; Apg 2,43; 1 Kor 2,3). Nüchtern und realistisch spricht die Bibel davon, daß jeder Mensch Grund hat, sich zu fürchten vor den unheimlichen dunklen Mächten, die mit ihm und um ihn sind (Eph 6,12), vor Sünde, Tod und Teufel.

2) Nur der, der stärker ist als alle diese Mächte, kann von dieser Furcht wahrhaft befreien: Jesus. Das wird bezeugt durch sein mehrfaches »Fürchte dich nicht!« (z. B. Mk 5,36). Auch von der Menschenfurcht, die ja bes. groß ist, befreit Jesus (Joh 16,33; Hebr 2,15).

3) »Gottesfürchtige« sind im NT »Fromme« oder solche, die sich vom jüd. Gottesdienst angezogen fühlten, ihn besuchten, aber sich nicht wie die → Judengenossen dem Gottesvolk ganz anschlossen.

III) GOTTESFURCHT UND GOTTESLIEBE.

1) So sehr die Bibel von der → Freiheit von der F. redet, weil Christus der Befreier ist, so sehr betont sie die einzig richtige F.: die F. vor Gott. F. und Ehrfurcht fließen hier ineinander: wer Gott fürchtet, achtet ihn in Ehrfurcht; und umgekehrt: wer Ehrfurcht vor Gott hat, fürchtet ihn auch, weil er um seine Heiligkeit weiß.

F. ist für den atl. Frommen die Grundhaltung, die er Gott gegenüber einzunehmen hat.

Jirah ist F. vor Gott und Ehrfurcht. Sie ist aber auch wahre Klugheit und der erste Schritt auf dem rechten Weg, der zum Ziele führt (Hiob 28,28; Ps 111,10; Spr 1,7; 9,10).

Das NT bestätigt zunächst diese Haltung (1 Petr 2, 17). Dem *jirah* des AT entspricht das ntl. Zeitwort *phobein* (Mt 10,28; Lk 1,50; 18,2; 23,40; Apg 10,2; 13,16; Kol 3,22; Offb 11,18; 14,7; 15,4; 19,5).

2) Wenn dem modernen Menschen weithin die Gottesfurcht fehlt, so ist das ein deutliches Zeichen dafür, daß er glaubt, nur in dieser Welt zu leben, wo ihm kein Raum mehr für das transzendente Gegenüber Gott bleibt. Diese Haltung ist aber eine schlimme Täuschung: die Diesseitigkeit wird in dem Augenblick schwankend, in dem sie das Gegenüber Gottes verliert; denn nur in diesem Gegenüber hat sie ihren Bestand (Kol 1,17; Hebr 1,3). Weil der moderne Mensch sich vor Gott nicht mehr fürchtet und keine anderen Wirklichkeiten als die des Diesseits anerkennt, fällt er einer viel schrecklicheren Furcht anheim: der Angst vor dem Nichts. Er muß wieder lernen, die biblische Wahrheit zu erfassen: daß Gott zu fürchten ist (5 Mo 10,12.20; Mt 10,28; Röm 11,20.21). Aber die F. vor Gott ist nicht das Letzte, sondern die Liebe zu Gott, die auf die Liebe Gottes zu uns antwortet. Dieser Gedanke der Gottesliebe überwiegt im NT (im Unterschied zum AT) den Gedanken der Gottesfurcht, wenn auch hier der Schrecken vor dem unbegreiflichen unfaßbaren Gott nicht fehlt (Hebr 12,29; vgl. auch Mk 9, 44.48).

3) Im NT sollen die Gebote nicht aus (knechtischer) F., sondern freiwillig, aus Liebe, kindlicher Ehrfurcht gehalten werden (Joh 14,15). Wer der Liebe Gottes mit seinem Gehorsam antwortet, handelt nach dem neuen Gesetz der Freiheit der Kinder Gottes (Röm 8,21).

Je stärker die Liebe zu Gott wird, desto schwächer wird die falsche, knechtische Furcht. Solche F. ist nicht in der Liebe (1 Joh 4,18). Meisterhaft hat Luther in der Auslegung zum ersten Artikel die F. vor Gott (entsprechend dem »Ich bin der Herr«) mit der Liebe zu Gott (»dein Gott«) verknüpft: »Wir sollen Gott über alle Dinge fürchten, lieben und vertrauen.«

Fürsprecher. Eine andere Übersetzung des griech. Wortes *paraklaetos* = Beistand, Anwalt, der die Sache eines Beklagten oder Klägers vor Gericht führt, für ihn eintritt und für ihn spricht (in Joh 14,16 mit »Tröster« übersetzt). Nach 1 Joh 2,1 nimmt Christus diese Stellung für uns bei seinem himmlischen Vater ein. Vgl. → Mittler.

Fürst. I, 1) Als F. werden die Herrscher und obersten Führer eines Volkes, aber auch andere vornehme und leitende Männer in verschiedenen Stellungen bezeichnet (1 Mo 23,6; 1 Sam 2,8; Hi 34,18.19; Ps 76,13; Mt 10,18; 20,25). Die genaue Bedeutung ergibt sich häufig erst aus dem Zusammenhang.

2) Aus den F., d. h. den Vornehmen der einzelnen Geschlechter des isrl. Volkes (4 Mo 25,14; 1 Chron 4,38; 5,6; Ps 68,28) wurden die Stammesfürsten, die verantwortlichen Führer während der Wüstenwanderung, gewählt. Das sind die 12 Fürsten Israels, die F. der Gemeinde (4 Mo 1,16.44; 31,13). Auch der Hohepriester und Priester in bes. Stellung werden als F. oder »F. im Hause Gottes« bezeichnet (1 Chron 9,20; 12,27; 2 Chron 31,13; 35,8; Neh 11,11). Wenn der König des Gottesvolkes F. (1 Sam 13,14; 1 Kö 14,7; Hes 45,7) oder auch → Herzog genannt wird, besagt das, daß der eigentliche König Israels der Herr selber ist. Gelegentlich heißen fremde Könige F. (Hes 28,2), dann die Stammeshäuptlinge der Araber (1 Mo 25,16; Hes 27,21), Moabiter (4 Mo 22,14), Horiter (1 Mo 36,30), Edomiter (V 43). Die Fürsten der Philister (1 Sam 29,2) sind die Beherrscher der 5 Städte Gaza, Asdod, Askalon, Gath und Ekron (Jos 13,3).

3) Ferner ist F. vielfach die Benennung hoher Beamter und Offiziere. Das gilt für ägypt. Würdenträger (1 Mo 12,15; 45,8; Jes 19,13), für die isrl. Hofleute unter Salomo (1 Kö 4,2) bzw. Jojakim (Jer 36,12), für pers. Verwaltungsleiter und Minister (Dan 6,3[2]; Est 1,14). Ebenso werden die Befehlshaber des assyr. (2 Chron 33,11) und babyl. Heeres (Jer 39,3) F. genannt. Die Abstammung aus fürstlichem Geschlecht kommt oft hinzu, ist aber nicht Bedingung. Für den isrl. Offiziersrang → »Hauptmann über 1000« steht auch »F. über 1000« (1 Sam 18,13).

II) Im Bereich geistlicher Vollmacht wird der Begriff F. in der Messiasverheißung (Dan 9,25) und in der Verkündigung des Petrus für Jesus, den »F. des Lebens« (Apg 3,15; 5,31), gebraucht. Von Engelfürsten hören wir Jos 5,14; Dan 10,13.21. Anderseits ist der Teufel der »F. dieser Welt«, der zugleich in der Luft herrscht (Joh 12,31; 14,30; 16,11; Eph 2,2). Auch dämonische Engelmächte gelten als F. (Eph 6,12).

Furt, seichte Flußstellen, die mangels Brücken zum Übergang benutzt wurden (1 Mo 32,23[22] Jabbok-F.; Jes 16,2 Arnon-F.). Ihre Besetzung war für den Verlauf eines Krieges oft von entscheidender Bedeutung (Ri 3,28; 12,5f Jordan-F.). Vgl. Karte Sp. 722.

Fuß. I) Wie die Hand wird auch der F. in vielfältigen Bedeutungen und Bildern verwendet. In den Vergleich des Lebens mit einem Weg gehört, daß der F. gleitet (Ps 121,3), strauchelt (Ps 73,2), an-

stößt (Ps 91,12), auf dem Fels (Ps 40,3) oder auf weitem Raum steht (Ps 31,9), daß man ihm Strikke legt (Jer 18,22) oder Netze stellt (Klgl 1,13), ihn in den Stock legt (Hi 13,27).
II) F.bekleidung (→ Schuh) tragen besonders die Vornehmen. Wie das Anlegen der Schuhe das erneute Einsetzen in die Sohnesrechte kundtut (Lk 15, 22), so bezeichnet das Ablegen und Barfußgehen Elend und Gefangenschaft (Jes 20,2–4), jedoch auch Demut und Anbetung in der Gegenwart Gottes (2 Mo 3,5; Jos 5,15).
III) Da man gewöhnlich offene Sandalen trägt, ist das Waschen der F. eine Notwendigkeit und zugleich eine Ehrung, die man dem Gast erweist (1 Mo 18,4; Ri 19,21; 1 Sam 25,41; Hl 5,3; Joh 13,4–14; 1 Tim 5,10). Manchmal werden die F. zudem gesalbt (Lk 7,46; Joh 12,3). Zum Zeichen der Trauer unterläßt man das F.waschen (2 Sam 19,25[24]). Das Eintauchen oder Waschen der F. in Öl oder Fett bedeutet Überfluß haben (5 Mo 33,24; Hi 29,6).
IV) Zur Bekräftigung des Sieges setzt man dem Unterworfenen den F. auf den Hals (Jos 10,24), macht ihn zum Schemel seiner F. (Ps 110,1) – beides finden wir auf assyr. und ägypt. Darstellungen – oder zertritt ihn gar unter den F. (Klgl 3,34; Röm 16,20; vgl. Jes 51,23). Dem, der herrscht, ist alles unter die F. getan (Ps 8,7; 1 Kor 15,27). Mit F. treten heißt höchste Verachtung zeigen (Joh 13,18; Hebr 10,29).
V) Jemand zu F. fallen bedeutet Ergebung (1 Mo 27,29; Jes 60,14; Apg 16,29; Offb 3,9), Bitte (1 Sam 25,24; Mk 5,22; 7,25) und Verehrung (Apg 10,25; Offb 19,10; 22,8). Anflehen und Anbetung werden durch das Umfassen der F. (2 Kö 4,27; Mt 28,9), Unterwerfung durch das Küssen der F. (→ Kuß) – das aber auch bes. Dankbarkeit und Hingabe darstellen kann (Lk 7,38.45) – zum Ausdruck gebracht. Was man dem andern zu F. legt, übergibt man ganz seiner Gewalt und Verfügung (Mt 15,30; Apg 4,35; 5,2). Zu F. sitzen bezeichnet das Verhältnis des Schülers zum Lehrer (5 Mo 33,3; Lk 10,39; Apg 22, 3; vgl. auch Lk 8,35); der Gesetzeslehrer saß erhöht, während die Schüler vor ihm auf dem Boden Platz nahmen. Jak 2,3 hat die Anweisung eines untergeordneten Platzes im Auge.

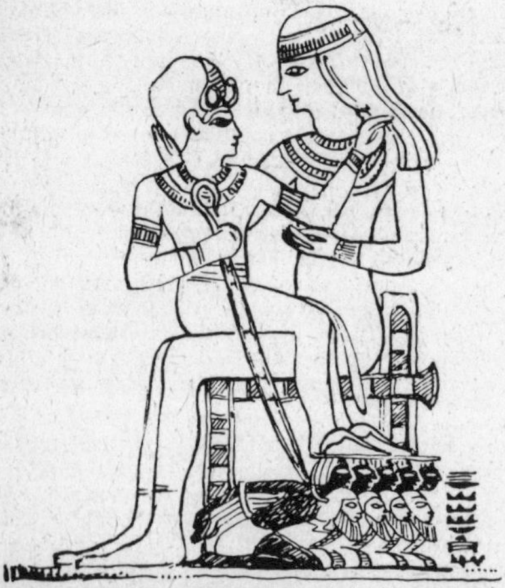

Der spätere Pharao Amenophis II. auf dem Schoß seiner Amme. Er ist bereits im voraus als der mächtige König dargestellt, dessen Fußschemel besiegte Feinde bilden (vgl. Ps 110,1).

VI) An Gebärden der F. wird das Scharren aus Freude (Hes 25,6), das Stampfen aus Zorn (Hes 6, 11) und die stille Verständigung (Spr 6,13) erwähnt. Wer den Staub von den F. schüttelt, lehnt jede weitere Gemeinschaft mit solchen ab, die durch ihr Verhalten unter dem Fluch stehen (Mt 10,14; Apg 13,51). Der Ausdruck lautet wörtlich: den Staub der F. abschütteln, d. h. den Staub, den die F. beim Gehen aufgewirbelt haben und der sich an die Gewänder gesetzt hat (vgl. Lk 10,11; Apg 18,6).
VII) Schließlich wird das Wort Füße als verhüllende Ausdrucksweise gebraucht. Die F. bedecken heißt seine Notdurft verrichten (1 Sam 24,4; im Hebr. auch Ri 3,24). Mit dem Berühren der F. (2 Mo 4,25) und den Haaren an den F. (Jes 7,20) sind die Geschlechtsteile gemeint. Auch Jes 6,2 ist bei den F. offenbar an die Hüftgegend gedacht (vgl. hinsichtlich des gebotenen Verhaltens in der Gegenwart des Herrn 2 Mo 20,26; 1 Kö 19,13).

Fußkette → Geschmeide

Fußschemel. I) Im eigentlichen Sinn (2 Chron 9, 18).
II) Bild für die Bundeslade, um Gottes Gegenwart und Offenbarung an diesem Ort auszudrücken (1 Chron 28,2).
III) Wenn die Erde Gottes F. genannt wird, soll dieser Vergleich die völlige Abhängigkeit des Erschaffenen und die alles erfüllende Majestät Gottes gegenüberstellen (Mt 5,35; Apg 7,49).
IV) Auf ägypt. Darstellungen sehen wir, daß der Pharao zum Zeichen des Sieges tatsächlich gefangene Feinde als F. benutzte. Anderseits ließ er ihr Bild auf seinem F. anbringen. Auf solchen Brauch bezieht sich Ps 110,1.

Fußtapfen. Die sichtbare Spur, die Mensch oder Tier beim Gehen hinterläßt (Hi 13,27; Hl 1,8).
Als Bild für Weg, Ziel und innere Ausrichtung gebraucht (Ps 89,52; Röm 4,12; 2 Kor 12,18; 1 Petr 2,21); Hi 38,16 dichterisch für den Meeresgrund.

Fußwaschung. I) Zur F. im täglichen Leben → Fuß. Hierher gehört auch 1 Tim 5,10. Vgl. → Baden.
II) Die Priester im AT mußten, bevor sie in das Heiligtum eintraten, im → Handfaß Hände und Füße waschen (2 Mo 30,18ff; 40,31.32), ein mahnendes Sinnbild der notwendigen Reinigung von aller Sünde vor jedem Dienst.
III) Die F., die Jesus nach dem letzen Abendmahl an seinen Jüngern vornahm (Joh 13,3ff), folgte auf den Rangstreit der Jünger (Lk 22,24–27). Jesus gab ihnen damit ein sichtbares Zeugnis seiner Liebe und den deutlichen Hinweis, daß in seiner Nachfolge nur das Dienen den Platz des Einzelnen bestimmt. Die Antwort des Herrn auf die Weigerung des Petrus und sein folgendes Verlangen, ganz von Jesus gewaschen zu werden (Joh 13,8–10), weist auf die sinnbildliche Bedeutung der F. hin. Wie im AT die Priester sich einmal vor der Einsetzung in ihr Amt ganz zu baden (2 Mo 29,4; 3 Mo 8,6), vor den täglichen Verrichtungen im Heiligtum aber nur die Hände und Füße zu waschen hatten (2 Mo 40,32), so bedarf der Christ, wenn er einmal durch das Bad der Wiedergeburt gegangen ist (Joh 3,5; Tit 3,5; Hebr 10,10) künftig nur noch der Reinigung von den täglichen Befleckungen durch die Welt von außen und die Sünde von innen (2 Petr 1,9b; 1 Joh 1, 7–10; 3,3–5). Christus kann keine Gemeinschaft mit dem sündenbefleckten Menschen haben, doch kann und will er ihn reinigen. Dies legt nahe, auch die Aufforderung an die Jünger, zu tun, wie er ihnen getan habe (Joh 13,14–15), auf den seelsorgerlichen Dienst zu beziehen.

Gaal viell. arab. »Mistkäfer« oder »Bewässerte Palme«.
Er wiegelte die Sichemiten gegen → Abimelech (2) auf, wurde aber von ihnen vertrieben (Ri 9,26–41).

Gaas, hängt wohl mit hebr. »schwanken (der Erde)« zusammen.
Berg südl. von Thimnath-Serah (Jos 24,30), dem heutigen Chirbet Tibne, im Hügellande zwischen den Bächen Wadi Ain el-Dibe und Wadi Ain es-Serka gelegen, ca. 30 km (Ll.) südwestl. von Sichem.

Gabbai,
Benjaminit, der nach der babyl. Gefangenschaft in Jerusalem wohnte (Neh 11,8).

Gabbatha, Steinpflaster (griech. *lithostrôtos,* LÜ Hochpflaster) unmittelbar am Richthaus des Pilatus in Jerusalem (Joh 19,9.13). Der Name kann von hebr. *gabbachat* »Stirnglatze« oder aram. *gabbetha* »Erhöhung, Höhe« abgeleitet sein.
Die Lokalisierung von G. richtet sich nach der des → Richthauses, die aber umstritten ist. Man sucht es entweder in der röm. Burg Antonia am Tempelplatz oder im Palast des Herodes im W Jerusalems.

Gabe. Die G. Gottes ist das ewige Leben durch Jesus Christus (Joh 4,10; Röm 6,23). Christus hat den Menschen G. gegeben (Eph 4,8). Er öffnete ihnen nicht nur den Weg zu Gott und machte es ihnen so möglich, vor dem gerechten und heiligen Gott zu stehen, sondern er gab ihnen auch die G. des Heiligen Geistes (Joh 14,16; 16,7; Apg 2,38) und damit alle Früchte desselben: Buße (Apg 5,31), Glauben (Eph 2,8), Liebe (Röm 5,5), Freude, Frieden, Geduld, Sanftmut, Gütigkeit, Freundlichkeit, Keuschheit (Gal 5,22). Alle Gläubigen empfangen geistliche G. von Gott, der sie verteilt, wie er will, für die verschiedenen Aufgaben im Reiche Gottes (Röm 12,6; 1 Kor 7,7; 12,4.9; Eph 4,7–16). → Gaben des Geistes. Zu Mt 5,23.24; 8,4 vgl. → Opfer.

Gaben des Geistes. I) Im AT wirkt der Geist Gottes in bestimmten Menschen von Zeit zu Zeit und erfüllt sie zu Wunderwirkungen, prophetischer Rede oder zu → Krankenheilung. Nicht nur → Propheten, sondern auch andere Menschen haben gelegentlich Visionen, Träume oder Erscheinungen, z. B. 2 Kö 6,17. Eine allgemeine Ausgießung des Geistes auf das ganze Volk Gottes ist erst für den neuen Bund vorausgesagt (Jo 3,1.2; vgl. Mk 16,17).

II) Im NT unterscheidet man gewöhnlich nach 1 Kor 12,8–10 neun G. d. G.: 1. Weisheit, 2. Erkenntnis, 3. Glauben, 4. Krankenheilung, 5. Wundertaten (Krafttaten), 6. Prophetie, 7. Geisterunterscheidung, 8. Zungenrede und 9. Auslegung der Zungen.

A) WESEN. Die G. d. G. sind der ganzen Gemeinde Jesu gegeben (1 Kor 12,7.11). Es handelt sich in jedem Fall um bes. Wirkungen des Geistes Gottes. Sie sind ihrem Wesen nach eine Dienstausrüstung (1 Kor 12,5) für den geistlichen Kampf und den Bau der Gemeinde (1 Petr 4,10).

B) GABENTRÄGER. Gottes Geist ergreift von Schwachen und Zerschlagenen Besitz (Ps 51,12ff; vgl. 2 Kor 12,9), um die Herrlichkeit seiner Gotteskraft an ihnen zu erweisen. Doch sind im Unterschied zu den Früchten des Geistes (Gal 5,22; Eph 5,9) G. d. G. nicht schon für sich ein Maßstab für die innere Reife eines Christen. Das zeigen die ernsten Ermahnungen, die Paulus an die Korinther richten muß (vgl. 1 und 2 Kor). Der Geist teilt jedem eine besondere Gabe zu, wie er will (1 Kor 12,11 MÜ; vgl. Eph 4,7), und jeder Gabe ist in der Gemeinde zu deren Nutzen ihr besonderer Platz angewiesen (Röm 12, 3ff; 1 Kor 12; 14). Gemeindeglieder mit Gaben sind daher der Pflege (1 Kor 14,12.39f), Prüfung und Zucht (1 Kor 14,5; 1 Joh 4,1) der von Gott berufenen Vorsteher der Gemeinde empfohlen (1 Kor 14, 30f). Sie sollen sich demütig ein- und unterordnen. Die Gaben sind »dem Glauben gemäß« auszuüben (Röm 12,7), d. h. wohl in der Demut und dem Glaubensstand des Gabenträgers wie der Gemeinde angemessen.

C) EMPFANG DER GABEN. Die G. d. G. werden vom Heiligen Geist einem jeden zugeteilt, wie er will (1 Kor 12,11). Der Mensch hat nicht die Auswahl, und bekommt bestimmte Gaben, nicht alle (1 Kor 12,4. 30), wenn man auch um die größten (1 Kor 14,1.5) oder im Augenblick wichtigen (1 Kor 14,13) beten soll. Dieser Weg des Gebets um geistliche Gaben ist allen Christen geboten (1 Kor 14,1; vgl. Lk 11,13; Apg 1,4.14).
Die Gaben werden im NT in den meisten Fällen zusammen mit dem Geist gegeben, sehr oft durch Handauflegung der Apostel (Apg 8,14–19; 19,6; 2 Tim 1,6), gelegentlich auch durch Weissagung unter Handauflegung der Ältesten (1 Tim 4,14). Die Apostel selbst empfingen Gaben bei der Ausgießung des Heiligen Geistes auf das ihnen gebotene Warten und Gebet hin (Apg 1,4.14; 2,1–4). Unter den Gaben war das Zungenreden und Weissagen am augenfälligsten und wird daher als Folge und Zeichen der Geistesausgießung miterwähnt (Apg 2,4; 10,45f; 19,6). Da die Jünger auch vor Pfingsten Gaben hatten (Mt 10,1) und Geisteserfüllung erfuhren (Joh 20,22), ist es falsch, den Geistesbesitz nach dem Besitz einer bestimmten Gabe (etwa Zungenrede) zu beurteilen – zumal auch nicht jeder alle Gaben hat (s. o.) – oder sich gar etwas darauf einzubilden (Lk 10,20). Das Erfülltsein mit dem Heiligen Geist erweist sich an den Geistesfrüchten (Gal 5,22) in der Demut und Geduld, in dem »Beharren bis ans Ende« (Hebr 3,6.14; 6,11), in der praktischen Liebe zum Leiden und zum Kreuz (Phil 3,10.18), auch im Ertragen des Unbeachtet- oder gar Verachtet-Seins von den Brüdern (2 Tim 1,15; 4,16; 3 Joh 9.10).

D) DIE EINZELNEN GABEN (1 Kor 12,8–10):

1) WEISHEIT.
Jesus selbst hat seinen Jüngern verheißen, daß er ihnen Mund und Weisheit geben will, welcher alle ihre Widersacher nicht widersprechen noch widerstehen können (Lk 21,12–15), sie sollten sich vorher nicht zurechtlegen, was sie im Verhör antworten wollten (V 14), oder auch in der Verantwortung vor Gegnern (Apg 6,9–10; Lk 13,17; 14,6; 20,2–8.26.40). Weisheit des Geistes ist von Mutterwitz und intellektuellem Erkenntniserwerb zu unterscheiden (1 Kor 1,18ff).

2) ERKENNTNIS,
Eingebung des Heiligen Geistes, zu unterscheiden von der Arbeit des Verstandes. Paulus selbst hatte diese Gabe (2 Kor 11,6; 1 Kor 3,10). Die anerworbene Schrifterkenntnis kann auf dem natürlichen Gebiet liegen und führt als solche viel leichter als das Gottgewirkte zu Überheblichkeit und Stolz (1 Kor 4,20; 8,1). Auch Paulus geht es nicht so sehr um die Lehrerkenntnis, als vielmehr um innere Einsichten.

Er sucht nach seiner Bekehrung nicht seine Erkenntnis im Zusammensein mit den 12 Aposteln zu erwerben oder mit ihnen gegenseitig abzustimmen, sondern war drei Jahre in der Stille mit Gott (Gal 1,16–19). Er erwartet die Einmütigkeit in der Erkenntnis (Phil 4,2) nicht vom gemeinsamen Studium oder Lehre, sondern von Gott (Phil 3,15). Es geht im Grunde um die immer weiterschreitende Erkenntnis Christi, durch die uns alle Kräfte und Gnadengüter seines Lebens zuteil werden (Phil 3,10; 2 Kor 3,18; 2 Petr 1,2.3; 3,18). Die Gabe der Erkenntnis ist stückweise (1 Kor 13,9.12), weshalb jedes Streiten um Erkenntnis sinnlos ist (Phil 3,15). Wenn das Vollkommene kommt, wird auch die Erkenntnis abgetan (1 Kor 13,10). Wenn man auch alle Erkenntnis hätte und überall Bescheid wüßte, würde sie aber nicht in der Liebe ausleben, so wäre man ein Nichts (1 Kor 13,2). Vgl. auch → Erkenntnis.

3) GLAUBE.
Innerhalb des allen Christen gegebenen Glaubens an das Heil in Christus gibt es als besondere Dienstausrüstung die Gabe des Glaubens (1 Kor 12,9). Dieser Glaube kann »Berge versetzen« (Mt 17,19ff; 1 Kor 13,2) und andere Wunder herbeiführen (Lk 17,19; vgl. Ps 18,30), ja sogar Tote auferwecken (Apg 9,40). Auch ohne die bes. Gabe der Heilung kann er Kranke heilen (Apg 3,16; Jak 5,15; vgl. 1, 6). In hoffnungslosen Situationen wirkt er Zuversicht (Apg 27,20–25). Er macht das Tun Gottes in der Welt sichtbar (Joh 5,19f; 14,12.13; Mt 21,22; Mk 11,23.24; vgl. Mt 8,13; 9,2.22.29 u. a.).

4) HEILUNG. Neben der Heilung durch Gebet, Glaube und Fasten (Mt 17,21; vgl. oben 3) teilt der Heilige Geist manchem, u. a. Evangelisten, eine »Gabe der Heilung« zu: → Krankenheilung.

5) KRAFTTATEN. Zu dieser Gabe gehört, den Geistern und Dämonen vollmächtig gebieten (Mk 16,17, Apg 8,6.7), auch Wunderzeichen vollbringen zu können (Mk 16,18; Apg 5,12; 8,13; 2 Kor 12,12; Gal 3,5).

6) PROPHETIE. Zur Gabe der prophetischen Rede und den übrigen prophetischen Erscheinungen vgl. → Prophetie und → Weissagung.

7) UNTERSCHEIDUNG DER GEISTER ist notwendig, weil auch der Teufel Wunder tut und Gaben verleiht (Mt 24,24) und in Gestalt eines Engels des Lichts auftreten kann (2 Kor 11,14). Diese geistliche Schau ist von einem durch Bibelstudium gut entwickelten »Tastsinn« zu unterscheiden. Gerade die gelehrten Schriftforscher seiner Zeit haben Jesus nicht erkannt und ohne die Gabe der Geisterunterscheidung haben sie den Heiligen Geist gelästert, indem sie etwas vom Geist Gottes Gewirktes dem Teufel zuschrieben (Mk 3,22–30). Die Gabe der Unterscheidung der Geister gewinnt gerade in der Endzeit durch die Warnung Jesu vor falschen Propheten und falschen Christi (Mt 24,24) Bedeutung. Kriterien für die Prüfung der Geister sind nach dem NT das Bekenntnis, daß Jesus Christus ins Fleisch gekommen ist (1 Joh 2,22; 4,1–3), und das Bekenntnis zu Jesus als dem Herrn (1 Kor 12,3). Alles weitere Prüfen, etwa der einzelnen Weissagung, geschieht in der Gemeinde wohl vor allem durch die anderen Gabenträger (1 Kor 14,29) und durch die von Gott gesetzten Vorsteher der Gemeinden in der Bindung an die HS.

8) ZUNGEN. Über das → Zungenreden siehe den bes. Art.

9) AUSLEGUNG DER ZUNGEN. Wenn die Zungenrede nicht wie in Apg 2,4–6 in den betreffenden Missionssprachen gegeben wird, so ist, wenn in der Gemeinde mit Zungen geredet wird, eine Auslegung nötig (1 Kor 14,5.13.27). Bei den fremden »Menschen- und Engelsprachen« (1 Kor 13,1) versteht weder der Redende noch der Ausleger das Gesagte (1 Kor 14,7–11.14–17). Die Auslegung wird wie die Zungenrede selbst direkt durch den Geist gegeben (1 Kor 12,10; 14,26). Die Auslegung der Zungen geschieht selbständig (1 Kor 14,26) und zur Erbauung der Gemeinde (1 Kor 14,5).

III) Durch die geistlichen Ämter und die G. d. G. wirkt Gottes Geist selbst in der Gemeinde (1 Kor 12,4ff), um »Christus zu verherrlichen« (2 Kor 12, 17f). Das bedeutet, menschliche Sicherheiten aufzugeben und sich ganz der Macht Christi anzuvertrauen (Mt 28,18). Alles andere, ja selbst Gaben und Opfer (1 Kor 13,3) sind nichts, wenn sie nicht in der Liebe Gottes ausgeübt werden (1 Kor 13). Wenn die Gaben auch erst durch die Liebe vollendet werden, sind sie dennoch schon jetzt zur Auferbauung der Gemeinde nötig (1 Kor 12,7): »Strebet nach der Liebe, fleißiget euch der geistlichen Gaben« (1 Kor 14, 1.12.31.39; Eph 4,3; 1 Thess 5,19.20). R. F. E.

Gabriel »Gott hat sich stark gezeigt« (Noth).
Engel, neben Michael der einzige, den die Bibel mit Namen nennt. Er erklärt Daniel ein Gesicht (Dan 8, 16–27) und überbringt ihm als Antwort auf sein Bußgebet für das Volk die Weissagung von den 70 Wochen (Dan 9,21–27). Dann erscheint er Zacharias im Tempel zu Jerusalem und kündigt ihm die Geburt seines Sohnes Johannes an (Lk 1,11–22), wobei er sich »G., der vor Gott steht« (V 19; vgl. Mt 18,10) nennt. Ein halbes Jahr später bringt er Maria in Nazareth die Botschaft, daß Gott sie zur Mutter seines Sohnes erwählt hat (Lk 1,26–28). Er weist sie zu ihrer Verwandten Elisabeth, die der Verheißung entsprechend bereits Mutter und damit zum Zeichen für die Wahrheit der Engelsbotschaft geworden ist (V 36).

Gad »Glück, günstige Fügung«.
1) Siebenter Sohn Jakobs, erster von Leas Sklavin Silpa und älterer Bruder Assers (1 Mo 30,10–13). Als er mit Jakob nach Ägypten zog, hatte er sieben Söhne (1 Mo 46,16). Der Segen Jakobs kennzeichnet ihn als Krieger (1 Mo 49,19; vgl. 5 Mo 33,20. 21).
2) Die Nachkommen des Jakobssohnes, der Stamm G. und sein Gebiet. Zwischen den beiden Volkszählungen nahmen seine wehrfähigen Männer von 45650 auf 40500 ab; G. rückt vom 8. auf den 10. Platz unter den Stämmen (4 Mo 1,25; 26,18). Während der Wüstenwanderung lagert G. mit Simeon unter der Führung Rubens südl. vom heiligen Zelt, sie brechen beim Abmarsch an zweiter Stelle auf (4 Mo 2,10–16).
G. erhielt noch zu Moses Lebzeiten sein Gebiet östl. vom Jordan zwischen dem Fluß und den Ammonitern zugeteilt. im S von Ruben, im N von Halbmanasse begrenzt (4 Mo 32,1–5; 5 Mo 3,12.16.17; Jos 13,24–28). Zu Levitenstädten wurden in G. Mahanaim, Hesbon, Jaser und die Freistadt Ramoth in Gilead bestimmt (Jos 21,38.39). Für die Ansiedlung im ostjordanischen Weideland verpflichtete sich G. ebenso wie Ruben und Halbmanasse zur Waffenhilfe für die übrigen Stämme bei der Eroberung Kanaans (4 Mo 32,16–33; Jos 4,12). Nach Beendigung der Kämpfe entließ sie Josua in ihre Heimat (Jos 22, 1–6). Ein Altar, den die drei Stämme am Jordan zum Zeichen ihrer Zugehörigkeit zum Bundesvolk des Herrn errichteten, fand erst nach anfänglichem Mißverständnis Billigung durch die übrigen Stämme (Jos 22,10–34). Vgl. Taf. 97/1536.

Im Lauf seiner Geschichte wurde G. immer wieder in kriegerische Auseinandersetzungen verwickelt, wobei häufig die Grenzlage seines Gebietes mitwirkte. Seine Beteiligung an den Ammoniterkämpfen Jephthahs ist wahrscheinlich, wenn sie auch nicht erwähnt wird (Ri 11). Unter Saul hören wir von einem großen Sieg über ismaelitische Stämme (1 Chron 5,10.18–22). Während der Flucht Davids vor Saul befinden sich eine Reihe von Gaditern unter seinen Gefährten (1 Chron 12,8–15). In Mahanaim richtet Abner Is-Boseths Königtum auf (2 Sam 2,8.9); später findet David dort Zuflucht vor Absalom (2 Sam 17,24.27–29). Ramoth in Gilead spielt in den Grenzkämpfen gegen Syrien unter Ahab und Joram eine wichtige Rolle (1 Kö 22,29; 2 Kö 8,28). Hier wird auch Jehu gesalbt (2 Kö 9,1–6). Dann verheert Hasael das gesamte Ostjordanland (2 Kö 10,32.33). Im 8. Jh. werden uns eine Reihe von gaditischen Geschlechtern genannt (1 Chron 5,11–17). Bald darauf führte der Assyrerkönig Thiglath-Pileser III. den Stamm in die Gefangenschaft (2 Kö 15, 29; 1 Chron 5,26), aus der er nicht mehr zurückkehrt, und die Ammoniter nehmen sein Gebiet ein (Jer 49,1). In der Weissagung des Hesekiel erhält G. seinen Anteil am verheißenen Land als letzter Stamm ganz im Süden (Hes 48,27), und unter den 144000 Versiegelten der 12 Stämme sind 12000 aus G. (Offb 7,5).

3) Prophet und Seher Davids, der ihn während seiner Fluchtzeit aus der Höhle Adullam ins Land Juda sendet (1 Sam 22,5), ihm später das Gericht für seine Volkszählung ankündigt und ihn mit der Errichtung des Altars beauftragt, an dessen Stelle Salomo den Tempel baut (2 Sam 24,11–19; 1 Chron 21,9–19). G. wirkte bei der Neuordnung des Dienstes der levitischen Sänger mit (2 Chron 29,25). Nach der Tradition stammte G. aus → Halhul bei Hebron.

4) Heidnischer Glücksgott, der in Jes 65,11 neben der Schicksalsgöttin Meni genannt wird und auch in Orts- und Eigennamen erscheint: Baal-Gad am Hermon (Jos 13,5) und Migdal-Gad in Juda (Jos 15,37) – vgl. weiter Gaddi, Gaddiel, Asgad.

Gadarener, Bewohner der Stadt Gadara (Mk 5,1; Lk 8,26.37), etwa 10 km südöstl. des Sees Genezareth. Nach diesen Stellen erstreckte sich das Gebiet der Stadt bis ans Seeufer.
Die Ortsangabe ist aber nicht völlig sicher. An den genannten Stellen und Mt 8,28 gehen in den Lesarten der Hss. die Namen G., Gergesener und Gerasener durcheinander. RÜ hat Mt 8,28 G. statt Gergesener (LÜ) aufgenommen, entscheidet sich Mk 5,1; Lk 8,26.37 aber für Gerasener. Bei der Stadt Gergesa bzw. Gerasa denkt man an das heutige Kersa am Ostufer des Sees Genezareth, gegenüber von Magdala.

Gaddi, abgeleitet von Gad,
Sohn des Susi aus dem Stamm Manasse. Einer der Kundschafter, die Mose nach Kanaan aussandte (4 Mo 13,11[12]).

Gaddiel »Glück ist Gott«,
Sohn Sodis aus dem Stamm Sebulon. Einer der Kundschafter, die Mose nach Kanaan aussandte (4 Mo 13,10[11]).

Gaderiter, Beiname des Baal-Hanan, eines der Vermögensverwalter Davids (1 Chron 27,28), wohl eine Herkunftsbezeichnung (vgl. → Geder, → Gedor, → Gedera).

Gadi »Der Gaditer«,
Vater des isrl. Königs Menahem (2 Kö 15,14.17).

Gaditer, Angehörige des Stammes → Gad (5 Mo 3,12 u. ö.).

Gaetham,
Sohn des Eliphas, Nachkomme Esaus und Fürst im Lande Edom (1 Mo 36,11.16; 1 Chron 1,36).

Gaham viell. nach dem Arab. »Heller Brand«,
Sohn des Nahor und seiner Nebenfrau Rehuma (1 Mo 22,24).

Gahar viell. arab. »(Der im) regenarmen Jahr (Geborene)«.
einer der Tempelknechte, dessen Nachkommen mit Serubabel aus der babyl. Gefangenschaft heimkehrten (Es 2,47; Neh 7,49).

Gajus. 1) Mazedonischer Christ und Reisegefährte des Paulus, der beim Aufruhr der Silberschmiede in Ephesus von der wütenden Menge ergriffen wird, aber ohne Schaden davongekommen zu sein scheint (Apg 19,29).

2) Reisebegleiter des Paulus, der mit ihm auf dem Weg von Mazedonien nach Asien war (Apg 20, 4). Eine vereinzelt überlieferte alte Lesart läßt ihn nicht aus Derbe in Kleinasien, sondern aus Doberus in Ostmazedonien stammen, wonach er mit dem vorigen gleichzusetzen wäre. Daß beide in Verbindung mit dem Mazedonier Aristarchus genannt werden, spricht dafür.

3) Christ in Korinth, den Paulus getauft hatte (1 Kor 1,14). Er nahm den Apostel bei sich auf; auch die Gemeinde versammelte sich in seinem Hause (Röm 16,23). Neuerdings wurde die ansprechende Vermutung geäußert, daß er mit dem Apg 18,7 genannten Gastgeber des Paulus identisch sei, sein vollständiger Name demnach G. Titius Justus (ZÜ, RÜ) gelautet habe.

4) Der Empfänger des 3. Joh.briefes (V 1). Er hat durchreisende Brüder gastfreundlich aufgenommen (V 5.6) und ist vielleicht durch Johannes gläubig geworden (V 4).

Galal »Schildkröte« (Noth).
1) Levit aus dem Geschlecht Meraris nach dem Exil (1 Chron 9,15).
2) Anderer Merariter, Sohn des Jeduthun und Vater des Semaja (1 Chron 9,16).

Galaterbrief. I) VERFASSER UND EMPFÄNGER.
Als Verfasser des G. ist Paulus Gal 1,1; 5,2 genannt. Über den Inhalt mag er mit den »Brüdern, die bei ihm sind« (Gal 1,2) gesprochen haben. Besteht demnach über die Verfasserschaft kein Zweifel, so doch in bezug auf die Empfänger. Man ist sich bisher noch nicht darüber einig, ob die Empfänger in Nord- oder Südgalatien zu suchen sind. Die röm. Provinz → Galatien umfaßte nämlich auch südlicher gelegene Landstriche: → Phrygien, → Pisidien und → Lykaonien. In Lykaonien lagen die 3 von der 1. Missionsreise des Paulus bekannten Städte Ikonion, Lystra und Derbe. Aller Wahrscheinlichkeit nach waren nun die Empfänger dieses Briefes Bewohner von Südgalatien. Folgende Gründe lassen sich dafür anführen:
1) Paulus gebraucht zur Bezeichnung der Gemeinden meist die offiziellen röm. Provinznamen (vgl. auch Röm 15,26; 1 Kor 16,15). Das schließt also die Möglichkeit, daß die Empfänger des Briefes die südgalatischen Gemeinden waren, ein.
2) Uns ist nichts darüber bekannt, daß Paulus auch in Nordgalatien gepredigt habe, vielmehr scheint er gerade daran gehindert worden zu sein (vgl. Apg 16,6).
3) Die Erwähnung des Barnabas läßt erkennen, daß dieser Mitarbeiter in den Gemeinden bekannt

war (Gal 2,1.9.13). Barnabas war aber nur auf der 1. Missionsreise in der Begleitung des Paulus (Apg 13,14).

II) ABFASSUNGSZEIT.
Je nach Annahme, ob die Empfänger des Briefes in Nord- oder in Südgalatien zu suchen sind, ändert sich die Datierung des Briefes. War der Brief an die Gemeinden Südgalatiens gerichtet, dann kann er ziemlich früh angesetzt werden, denn Paulus hatte hier ja während seiner 1. Missionsreise gearbeitet. Andere setzen den Brief zu einer späteren Zeit an, etwa während der Arbeit des Paulus in Ephesus. Die Ansetzung des Briefes schwankt so zwischen 48 und 54 n. Chr. Vgl. → Apostelkonzil VI.

III) STIL UND FORM DES BRIEFES.
Der G. ist der schärfste Kampfbrief des Apostels Paulus. Er ist streitbarer als selbst der 2. Korintherbrief. Gleich zu Anfang (Gal 1,1) betont Paulus seine Autorität, die sich nicht auf Menschen, sondern auf den auferstandenen und erhöhten Christus gründet. Diese Autorität ist aber nicht unabhängig von den Brüdern (V 2).
Im Eingang unterbleiben die sonst üblichen Danksagungen und am Schluß die Grüße an die Gemeindemitglieder (Gal 1,1ff; 6,16ff). Der ganze Brief ist eine Apologie des Evangeliums Jesu Christi. Er setzt mit den Worten ein: »Ich wundere mich über euch« (Gal 1,6) und schließt: »Hinfort mache mir niemand weiter Mühe« (Gal 6,17a).

IV) VERANLASSUNG DES BRIEFES UND SEIN THEOL. INHALT.
Anlaß des Briefes war die alarmierende Nachricht von den Irrlehrern in den galatischen Gemeinden. Diese forderten die Beschneidung der Galater und die Beachtung von Vorschriften aus dem Zeremonialgesetz (Einhaltung bestimmter Feste Gal 4,10; Speiseverbote Gal 2,12.14). Damit bricht der Gegensatz auf zwischen der Gesetzesgerechtigkeit auf Grund der gehaltenen Gebote und der Glaubensgerechtigkeit aus Gnade. Die Irrlehrer wollten das Entweder-Oder des Paulus nicht annehmen und suchten eine Verbindung, einen Kompromiß zwischen dem mosaischen (Zeremonial-) Gesetz und der freien Gnade Jesu Christi. Der ganze Brief ist ein großes Bekenntnis der vollkommenen Erlösung und Gerechtigkeit des Sünders durch den Glauben an den Herrn Jesus Christus. Davon sind alle anderen Gedanken – Autorität und Berufung des Apostels, Bedeutung des Gesetzes – abhängig. Auch der Römerbrief hat die Rechtfertigung des Sünders aus Glauben zum Hauptgedanken. Doch dort richtet sich die Gedankenführung grundsätzlich gegen die Ungerechtigkeit des Heidentums wie die Selbstgerechtigkeit der Juden. Hier im G. handelt es sich um einen neuen Einbruch des jüd. Strebens in christliche Gemeinden, durch eigenes Tun ein Fundament der Erlösung zu legen. Der G. ist eine scharfe Auseinandersetzung mit der Behauptung, daß die Gewißheit des Heils sich auf etwas anderes gründen könne, als allein auf das vollbrachte Werk Jesu am Kreuz von Golgatha. Hier tun sich die Tiefen des rechten Evangeliumsverständnisses des Paulus auf. Für ihn ist auch das Judentum ein Bestandteil der alten Welt. Alles Weltliche aber ist durch das Kreuz Jesu in seiner Nichtigkeit entlarvt (Gal 6,14ff). Abfall zum Judaismus bedeutet für Paulus Rückkehr zum Dienst der Welt (Gal 4,8ff). Das Gesetz hat für Juden und Heiden nur Zwischenbedeutung, ist nur Zuchtmeister, Erzieher auf Christus hin (Gal 3,1ff). Der allein erlöst den Menschen und macht ihn zu einer neuen Kreatur (Gal 6,15), zum Israel Gottes (V 16). Doch Paulus geht noch einen Schritt weiter. Er zeigt, daß Christus nicht nur Stellung gegen das Gesetz bezogen hat, sondern daß er zugleich die Erfüllung des atl. Gesetzes ist. Wo sein Geist herrscht, da wird auch das Gesetz erfüllt. Das Wesen des neuen Menschen ist der Geist, ihm entsprechend soll der Christ wandeln (Gal 5,25).
Offenbar hat dieser Brief des Paulus an die Galater genügt. In seinen späteren Briefen werden keine weiteren Differenzen mit den Galatern erwähnt, im Gegenteil, wir sehen aus 1 Kor 16,1, daß die galatischen Gemeinden wieder volle Gemeinschaft mit dem Apostel und seinem Werk haben.

V) EINTEILUNG.
Der Brief gliedert sich, abgesehen von einer kurzen Einleitung (Gal 1,1–5) u. einem ebensolchen Schluß (Gal 6,18), in 3 Teile.
1) Gal 1,6–2,21: apologetischer Teil, in dem der Apostel über seine Berufung durch den Herrn und seine Verkündigung des Evangeliums spricht.
2) Gal 3,1–5,12: dogmatischer Teil, in dem Paulus die Gemeindeglieder an den Weg zur Erlösung erinnert, nicht aus dem Gesetz, sondern aus Glauben. Daher beleuchtet er den unbegreiflichen Abfall der Galater, die sich von den Irrlehrern haben beeinflussen lassen.
3a) Gal 5,13–6,10: Ermahnungen und Warnungen, verbunden mit dem Aufruf, Früchte des Geistes zu zeitigen.
b) Gal 6,11–17: Unterstreichung des oben (2) Gesagten, unter Hinweis auf das Leiden des Herrn und die Bedeutung seines Kreuzes.

Galatien. I) Hochebene in Kleinasien zu beiden Seiten des Halys-Flusses mit keltischer Bevölkerung, den Galatern, die sich hier in der Mitte des 3. Jh. v. Chr. angesiedelt hatten. Die bedeutendsten Städte des Gebietes sind Pessimus im W, Ankyra (jetzt Ankara) im Innern und Tavium im O.
II) Die röm. Provinz G. (seit 25 v. Chr.) umfaßte außer dem eigentlichen G. noch Lykaonien, Pisidien und den O Phrygiens. Hier missionierte Paulus auf seiner 1. und 2. Reise (Apg 13,14; 14,24; 16,1–5). Vgl. Karte Sp. 1151/2.
III) Einige Hss. nennen 2 Tim 4,10 statt G. als Reiseziel des Kreszens Gallien, also Südfrankreich.

Galban. Das hebr. Wort *chälbanah,* nur in 2 Mo 30,34 als Bestandteil des Räuchwerks genannt, bezeichnet den zu einem gummiartigen Harz eingetrockneten Milchsaft, der durch Einschnitte in die Wurzel verschiedener *Ferula*arten (die zur Familie der Doldengewächse, *Umbelliferae,* gehören) gewonnen wird. Diese etwa 2 m hohen, aber krautartigen Pflanzen kommen bes. in Syrien, Persien und Afghanistan vor. Der Duft beim Verbrennen ist scharf, jedoch nicht unangenehm. Im Altertum fand das G. ferner als Würze für Speisen und als Arzneimittel Verwendung.

Galeere »Ruderkriegsschiff«,
setzt die LÜ Jes 33,21 für stolzes (ZÜ, MÜ) oder mächtiges (EÜ) Schiff.

Galgen → Gehenkter, → Baum, → Kreuz

Galiläa. I) Der Name G. wird meist aus dem hebr. Wort *galil* »Landstrich« oder »Kreis« abgeleitet.
II) G. war das Gebiet um die Freistadt Kedes (Jos 20,7; 21,32) und wurde ursprünglich den Stämmen Isaschar, Naphthali, Sebulon und Asser zugewiesen. Später siedelte sich auch der Stamm Dan hier an (Ri 18). Das Gebiet wurde nur stückweise und langsam von den Israeliten in Besitz genommen (Ri 1, 30; 4,2). Als Thiglath-Pileser III. die Israeliten in die Gefangenschaft weggeführt hatte, vermischte

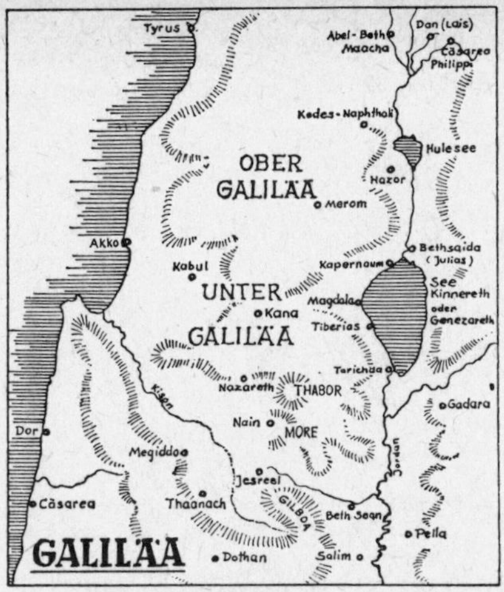

sich die zurückgebliebene Bevölkerung mit umgesiedelten Heiden (2 Kö 15,29; 17,24). Zu den alten Bewohnern und den Umsiedlern aus der Zeit des Exils kamen später noch aram., arab., phön. und griech. Einwanderer. Dadurch geriet G. bei den reinen Juden in Verachtung (Joh 1,46; 7,52), schon Jes 8,23[9,1] heißt es das G. der Heiden. Die charakteristische Aussprache des Aram. bei den Galiläern fiel überall auf (Mt 26,73; Mk 14,70). Die Bevölkerung galt als tapfer und leicht zum Aufstand zu bewegen. Seine bes. biblische Bedeutung erhält G. dadurch, daß sich hier ein großer Teil des öffentlichen Wirkens Jesu abspielte (Mt 4,23); damals gehörte es zum Reich des → Herodes Antipas. Vgl. Taf. 27a/416; 83/1312; 85a/1344. Vgl. auch → Ölberg.

Galiläisches Meer → Genezareth II

Galle. Die G. im eigentlichen Sinn wird nur Hi 16, 13 genannt. Ihr Ausschütten auf die Erde bedeutet eine tödliche Verletzung. Der bittere Geschmack der G.flüssigkeit gibt die Grundlage für die bildliche Verwendung des Wortes (Ps 69,22; Klgl 3,5; Apg 8,23), wobei es öfter in der Verbindung G. und → Wermut steht (Jer 9,14[15]; Klgl 3,19; Am 6,12). Die Grenze zwischen bitterem Trank und Gift ist dabei nicht immer deutlich; 5 Mo 29,17[18]; 32,32 meint augenscheinlich Pflanzengift, V 33 und Hi 20,14 Schlangengift.
Der Betäubungstrank, der Jesus vor der Kreuzigung gereicht wurde, wird Mk 15,23 als Wein mit Myrrhe, Mt 27,34 als Essig (andere Lesart: Wein) mit G. vermischt angegeben. G. bezeichnet hier allgemein die Bitterkeit des Trankes, Myrrhe genauer die Art der Beimischung. Bei den verschiedenen Lesarten des Mt.-Verses hat offenbar der Wortlaut von Ps 69,22 eine Rolle gespielt.

Gallim.
1) Wohl der bedeutendste Ort auf dem Weg von Jerusalem nach Geba (Jes 10,30; 1 Sam 25,44). Vermutlich das heutige Chirbet Kakul, dessen Lage mit der Reihenfolge von Jes 10,30 übereinstimmt. Reste der Stadtmauer und Scherben belegen hier eine Siedlung aus isrl. Zeit (ca. 5 km nordnordöstl. von Jerusalem). Vgl. Karte Sp. 686.
2) Ort in Juda (Jos 15,59a LXX), vermutlich das heutige Beit Dschala, 2 km nordwestl. von Bethlehem.

Gallion, Bruder des röm. Staatsmannes und Philosophen Seneca, des Erziehers Kaiser Neros. Ursprünglich hieß er Lucius Annaeus Novatus und erhielt den Namen G. erst bei der Adoption durch L. Junius Gallio, einen Freund seines Vaters. Er schlug die politische Laufbahn ein und verwaltete während des ersten Aufenthalts des Paulus in Korinth als Prokonsul die Provinz Achaja. Als die Juden den Apostel vor seinem Gericht verklagen wollten, erklärte er sich in Religionsangelegenheiten für nicht zuständig und kümmerte sich auch nicht darum, daß die Menge daraufhin den Synagogenvorsteher Sosthenes in seiner Gegenwart verprügelte (Apg 18,12–17). Nero zwang G., ebenso wie seinen Bruder Seneca, zum Selbstmord. Die Datierung einer in Delphi gefundenen Inschrift mit G. Namen und Titel erlaubt uns, den Aufenthalt des Paulus in Korinth um 51/52 anzusetzen und damit einen Festpunkt für die Lebensdaten des Apostels zu gewinnen.

Inschrift aus Delphi, in der Gallion als Freund des Kaisers Klaudius und Prokonsul von Achaja genannt wird

Gamaliel »Gott hat Gutes getan«,
Pharisäer, Schriftgelehrter und Mitglied des Hohen Rates z. Zt. Jesu. G. stand an der Spitze der gemässigten theologischen Richtung unter den Pharisäern, die sein Großvater Hillel begründet hatte. Seine überragende Gelehrsamkeit und lautere Persönlichkeit verschafften ihm allgemein die höchste Achtung; in seiner ganzen Haltung war er unpolitisch und zum Ausgleich geneigt. Das ist deutlich erkennbar, als er im Hohen Rat aus Erfahrung, Vorsicht und Mäßigung von jedem scharfen Vorgehen gegen die verhafteten Apostel abrät (Apg 5,34–40). Innere Zustimmung zur Sache der Christen wird man jedoch darin nicht erblicken dürfen. Einer der Schüler G. war Saul von Tarsus (Apg 22,3). G. starb um 50 n. Chr. Man unterscheidet ihn als G. I. von seinem gleichnamigen Enkel G. II., der um 90–110 als Rabbi ebenfalls in hohem Ansehen stand.

Gamliel »Gott hat Gutes getan«,
Sohn des Pedazur, Führer des Stammes Manasse auf dem Wüstenzug (4 Mo 1,10; 2,20; 7,54.59).

Gamul »Gutes erwiesen«,
Leiter der 22. Priesterabteilung z. Zt. Davids (1 Chron 24,17).

Gang. I) Erzablagerungen im Gestein (Hi 28,1).
II) Häufig bedeutet G. Schritt (2 Sam 6,13; Hi 14, 16; 31,7; Ps 17,5; 57,7; Spr 4,12) oder Weg (Hi 18, 10; Spr 2,18; 5,21; Jes 47,15).
III) Der natürliche G. ist der Abort (Mt 15,17; Mk 7,19). Vgl. heimliche → Gemächer.
IV) → Tempel III, 1.

Garbe → Ackerbau

Gareb.
1) Jethriter, d. h. Nachkomme Jethros, ein Held Davids (2 Sam 23,38; 1 Chron 11,40).
2) Hügel bei Jerusalem (Jer 31,39), viell. nördl. vom Tempelberg. Dann lag auf dem G. in ntl. Zeit die Vorstadt Bezetha. Vgl. → Goath.

Garizim, Berg unmittelbar südl. von Sichem, heute Dschebel et-Tor (868 m hoch). Auf diesem Berg gegenüber dem → Ebal sprachen die 6 Stämme Simeon, Levi, Juda, Isaschar, Joseph und Benjamin den Segen aus (5 Mo 11,29; 27,12; Jos 8,33). An der Nordseite des Berges liegt ein hervorspringendes Felsenplateau, auf dem Jotham seine Fabel erzählt haben könnte (Ri 9,7). Auf dem G. stand das Hauptheiligtum der Samariter, bis der Tempel von Johannes Hyrkan (→ Makkabäer) um 128 v. Chr. zerstört wurde. Die Samariter beteten aber weiterhin auf dem Berg an (Joh 4,20). Vgl. Taf. 22a/321, Karte Sp. 492.

Garmiter, viell. abgeleitet von Gerem »Knochen«. Beiname eines Judäers, der als Vater von → Kegila bezeichnet wird (1 Chron 4,19).

Garn = Fischnetz (Hes 32,3; Hab 1,15.16; vgl. → Fisch III). In Jes 19,9 ist nicht gesponnenes G., sondern gehechelter Flachs gemeint (vgl. EÜ).

Garten. I, 1) Der G. ist zunächst, wie aus 1 Mo 2, 8ff (der G. Eden) deutlich wird, einfach ein abgetrenntes und eingehegtes Stück Land mit besonders günstigen Lebensbedingungen für Flora und Fauna (vgl. 1 Mo 2,10; 4 Mo 24,6; Jes 58,11). Die G. dienten den Menschen sowohl durch den Schatten ihrer Bäume, als auch durch ihre Früchte (1 Mo 2, 16; Jer 29,5; Am 4,9; Lk 13,19). Der Bau, die Pflege des G. war der Schöpfungsauftrag Gottes für die ersten Menschen. Damit wird der G. zum Inbegriff der Schöpfungsordnung und Kultur schlechthin, im Gegensatz zu dem »Tohuwabohu« der Wüste. Die Schlange, Inbegriff der Sünde, die auch vor dem G. Eden nicht haltmacht (1 Mo 3,1ff), wird im G. Gethsemane (LÜ Hof) vom Sohne Gottes besiegt (Mt 26,36ff par.).
2) Die G. in der Bibel sind oft ausgesprochene Baumgärten (2 Kö 25,4; Est 1,5; Hl 4,15f; Joh 18,1; 19,41 u. ö.); Gemüsegärten (LÜ Kohlgarten) werden bes. hervorgehoben (5 Mo 11,10; 1 Kö 21,2).
3) Der eingefriedete stille G. mit den schattenspendenden Bäumen wird auch zu Gastmählern (Est 1,5) u. zu Begräbnissen (2 Kö 21,18; Joh 19,41) verwendet. Die Anlagen der G. an Quellen und Brunnen u. ihre Abgeschiedenheit machte sie auch als Badeplätze begehrt (vgl. in den Apokryphen Susanna 15). In die Stille des G. zog sich Jesus zu seinem letzten großen Gebet zurück (Joh 18,1). G. waren aber auch immer wieder, bes. in atl. Zeit, ein beliebter Ort des Götzendienstes in Israel (Jes 1,29; 65,3; 66,17).
II) G. sind wegen ihres Wasserreichtums und ihrer üppigen Vegetation oft zum Symbol der Fruchtbarkeit geworden, so bezeichnet 1 Mo 13,10 Sodom und Gomorra als einen G. Gottes; und Jes 58,11; Jer 31,12 beschreiben mit diesem Wort Menschen, die Gott bes. beschenkt hat. Hes 31,8 werden die Völker mit Bäumen und die Erde überhaupt mit einem G. Gottes verglichen.

Gases »Zur Zeit der Schur geboren«.
1) Sohn Kalebs, des Sohnes Hezrons, und seiner Nebenfrau Epha (1 Chron 2,46).
2) Enkel Kalebs und Sohn Harans (1 Chron 2,46).

Gassam »Heuschrecke« oder »Raupe«,
Vorfahr einer Gruppe der Tempelknechte, die mit Serubabel aus der babyl. Gefangenschaft heimkehrten (Es 2,48; Neh 7,51).

Gasse. I) Enge Straße oder Straße überhaupt innerhalb der Ortschaft (Pred 12,4.5; Lk 10,10). »Breite G.« ist der freie Platz vor dem Tor (2 Chron 32, 6; Neh 8,1). Oft ist überhaupt der freie Raum außerhalb des Hauses gemeint (1 Mo 19,2; Hes 7,19).
II) Auf der G. = öffentlich (Ps 31,12; Spr 1,20; Mt 12,19; Lk 13,26 u. ö.). Den Rücken wie eine Gasse machen (Jes 51,23; vgl. auch Ps 129,3) heißt schutzlos dem Unterdrücker preisgegeben sein.

Gassenstadt, Übersetzung des Ortsnamens Kirjath-Chuzoth (4 Mo 22,39). Viell. = → Kirjathaim oder → Karioth.

Gast. I) Im Orient herrscht seit den ältesten Zeiten große Gastfreiheit. Auch das AT gibt kennzeichnende Beispiele von gastfreundlicher Aufnahme des Fremden oder reisenden Israeliten (1 Mo 18; 19; 24,17f; 2 Mo 22; Ri 3,15; 19,20.21; 2 Kö 4,10; Hi 31,32).
Der Fremde, der sonst nahezu rechtlos und vogelfrei war, wurde als G. in den Schutz der Familie und des Stammes aufgenommen. Der Herr selber erscheint Ps 23,5.6 als Gastgeber und Vorbild für menschliche Gastlichkeit.
II) Der G. wurde im Hause, das bisweilen ein bes. Gästezimmer hatte, von Sklaven empfangen (Spr 9,3; Mt 22,3f). Der Gastherr begrüßte den Fremden, küßte ihm die Hand (Tob 9,8) und veranlaßte, daß ihm die Füße gewaschen wurden und das Haupt gesalbt (Am 6,6; Lk 7,36ff). Dem Reisenden gebührte der Ehrenplatz bei Tisch, und ihm wurden gewöhnlich die besten Stücke und mehrere Portionen vorgelegt (1 Mo 43,32). Vorher besprengte man ihn mit Rosenwasser oder anderen wohlriechenden Flüssigkeiten oder beräucherte ihn mit Aloe-Holz (Ps 45,9; Spr 27,9). Bisweilen blieb der Gastherr, während seine Gäste aßen, vor ihnen stehen, um selbst nach dem Rechten zu sehen und ihren Bedürfnissen Rechnung zu tragen (1 Mo 18,8). Vgl. Mahlzeit II.
III) Während des Zusammenseins galt es, auf rechte Formen zu achten. Das Gespräch zwischen Abraham und Ephron (1 Mo 23) zeigt, welche Höflichkeitsformen im Umgang mit anderen geboten waren. Der Anstand verbot es, etwas zu sagen, das den anderen verletzte, oder etwa närrisch zu lachen (Pred 7,6[7]; Sir 21,29), und forderte ruhiges und vernünftiges Gespräch (Spr 29,20). Die Jüngeren hatten zu schweigen, wenn die Älteren das Wort nahmen. Wenn die Älteren zur Tür hereinkamen, standen die Jüngeren ehrerbietig auf (Hi 29,8ff; 3 Mo 19,32). Eine Bitte wurde durch die Formel: »Habe ich Gnade gefunden vor Deinen Augen?« (1 Sam 27,5) eingeleitet, den Dank äußerte man durch oft wiederholte Segnungen und gute Wünsche (1 Sam 25,28f).

Gath »Weinkelter«,
eine der 5 Philisterstädte (Jos 13,3), in der auch ein Rest der → Enakiter lebte (Jos 11,22; 1 Sam 17,4; 2 Sam 21,19–22; 1 Chron 20,5–8). Auf einem Raubzug nach G. waren die Söhne Ephraims gefallen (1 Chron 7,21). Hierher brachten die Philister vorübergehend die eroberte Bundeslade (1 Sam 5,8). G. war augenscheinlich die östlichste Stadt der Philister an der Grenze gegen Israel (vgl. 1 Sam 17,52). König → Achis von G. nahm David auf und gab ihm Ziklag (1 Sam 27,2–11). Später eroberte David G. (1 Chron 18,1), auch von den Benjaminitern wird

berichtet, daß sie die Bewohner der Stadt verjagten (1 Chron 8,13). Rehabeam baute G. als Grenzfestung aus (1 Chron 11,8). Hasael von Damaskus eroberte die Stadt (2 Kö 12,18[17]), und Usia schleifte ihre Mauern (2 Chron 26,6), demnach hatte sie wieder den Philistern gehört. Amos, der G. nicht mehr unter den Philisterstädten aufzählt (Am 1,6.7; ebenso später Jer 25,20; Zeph 2,4; Sach 9,5.6), spricht von seiner Zerstörung (Am 6,2). 711 v. Chr. wurde G. von Sargon II. erobert, dann verschwindet der Ort aus der Geschichte. Seine Lage hat man in verschiedenen Ruinenhügeln gesucht (Tell es-Safije, Tell Zakarije, Beth Dschibrin), am wahrscheinlichsten ist Tell Arak el-Menschije, neuhebr. Tel Gat, 10 km von Bet Dschibrin (Eleutheropolis) am Weg nach Gaza.

Gath-Hepher »Wasserloch-Kelter«,
Geburtsort Jonas (2 Kö 14,25) im Stamme Sebulon (Jos 19,13). Nach Hieronymus war G.-H. ein unbedeutendes Dorf, zwei röm. Meilen von Sepphoris auf dem Weg nach Tiberias, wo man das Grab des Jona zeigte. Das weist auf el-Mesched, ca. 7 km nordöstl. von Nazareth; im unmittelbar südl. davon gelegenen Chirbet ez-Zurra verehrt man noch heute das Grab des Nebi Junus (des Propheten Jona). Auch der alte Palästina-Kenner Isaak Chels berichtet, daß zu seiner Zeit G.-H. den Namen Meschad trug.

Gathiter, Beiname von Philistern (2 Sam 15,18.19; 18,2) und Riesen (2 Sam 21,19.20) aus der Stadt → Gath. Zu 2 Sam 6,10.11; 1 Chron 13,13 vgl. → Obed-Edom.

Gath-Rimmon, »Granatapfel-Kelter«.
1) Ort in Dan (Jos 19,45), eine Levitenstadt (1 Chron 6,54[69]), vermutlich Tell Abu Zeitun am Nahr el-Audscha 2,8 km ostnordöstl. von Tell Dscherise.
2) Levitenstadt in Manasse (Jos 21,25), in den Amarnabriefen Gitirimunima genannt, heute Rummané 1,5 km nordwestl. von Thaanach. Vgl. für beide Orte Karte Sp. 846.

Gaza,
bedeutendste Stadt der Philister, 4 km östl. der Mittelmeerküste, 80 km von Jerusalem, 66 km südwestl. von Jaffa. G. war die südlichste der fünf Philisterstädte, dicht an der Grenze der Eroberungen Josuas (Jos 10,41). Es wurde dem Stamm Juda zugewiesen (Jos 15,47) und erobert (Ri 1,18). Später ist es wieder in die Hände der Philister gekommen, denn Simson wurde hier gefangengesetzt (Ri 16,21). Z. Zt. Hiskias wurden die Philister bis nach Gaza zurückgeschlagen (2 Kö 18,8). Ihre Lage an der Küste, am Hauptkarawanenweg nach Ägypten, ließ die Stadt auch für die Ägypter wichtig werden (Jer 47,1.5). Die Propheten kündigten ihr das Gericht an (Am 1,6; Zeph 2,4; Sach 9,5).
Kambyses eroberte G. 529 v. Chr. und Alexander d. Gr. 332 v. Chr. Später, in der hellenistischen Zeit, war G. eine blühende Stadt. Die Makkabäer eroberten sie zweimal; danach lag sie wüst. Pompejus trennte den Ort von Judäa ab; die Stadt wurde dann wahrscheinlich an anderer Stelle, nahe am Hafen, wieder aufgebaut. Der Weg nach Ägypten führte jedoch weiter an der alten Stadtruine vorbei. Auch Apg 8,26 scheint darauf hinzuweisen: »Die Straße, die von Jerusalem geht hinab nach G., das da wüst ist« (RÜ). Flinders Petrie sucht das alte G. in dem Ruinenhügel Tell Addschul, 7 km südl. der modernen Stadt. Trotz seiner Grabung bleibt aber unsicher, ob er damit recht hat. Vgl. Taf. 99/1568; Karte Sp. 1076; Abb. Sp. 174; 1322 unten.

Gazelle → Antilope

Geba »Hügel«.
1) Ort in Benjamin, eine Priesterstadt (Jos 18,24; 21,17). Die weibl. Form dieses Ortsnamens lautet Gibea. Nach Jes 10,29 lag G. nördl. von Jerusalem und ist vom → Gibea Sauls zu unterscheiden, wahrscheinlich aber identisch mit dem Gibea-Benjamin von 1 Sam 13,2.15.16. Der Ort ist vermutlich das heutige Dscheba, 9 km nordöstl. von Jerusalem und 3 km östl. von Rama. Vgl. Karte Sp. 686.
G. war ein Grenzposten des Reiches Juda, den Asa zur Festung ausbaute (1 Kö 15,22 Geba-Benjamin). Unter Josia bezeichnen G. und Beer-Seba die Nordsüdausdehnung des Reiches (2 Kö 23,8). In der Nähe von Dscheba liegt die Sahel Dscheba, die Gegend, die vielleicht das Feld bei Gibea (Ri 20,31) bzw. G. (Neh 12,29; Sach 14,10) sein könnte. G. gegenüber lag der Felsen Sene (1 Sam 14,4.5), vielleicht bei Chirbet el-Alalijat.
2) Ein weiteres G. nennt Thutmose III. in seiner Ortsliste. Wahrscheinlich das Gabaa des Josephus, heute Dschebate, neuhebr. Gevat, 10 km östl. von Jokneam (Karte Sp. 1067).

Gebal viell. »Bergen«,
phön. Stadt an der Mittelmeerküste zwischen Beirut und Tripoli (Hes 27,9). Die Ausgrabungen wiesen lebhafte Handelsbeziehungen mit Ägypten schon z. Zt. des Alten Reiches nach. Die Ägypter bezogen von hier Schiffbauholz und Kupfer, sie lieferten Papyrusrohr, das in G. verarbeitet wurde. Darauf spielt der griech. Name der Stadt an: Byblos »Buch«. Unter den Amarnabriefen befinden sich mehr als 50 von Rib-Addi, dem König von G. Berühmt ist die Fahrt des Ägypters Wen-Amon nach Byblos (kurz nach 1100 v. Chr.). Aus der Zeit vor oder um 1000 v. Chr. stammt der Sarkophag des Königs Ahiram mit seiner Inschrift in phön. Buchstaben (→ Alphabet). In der HS erscheint G. in Verbindung mit Tyrus (Hes 27,9). Vgl. Taf. 28/417; 34b/513; Karte Sp. 1359/60.

Sarkophag des Königs Ahiram von Byblos (Gebal), um 1000 v. Chr. (vgl. Abb. Sp. 773)

Gebaliter. 1) Einwohner der Stadt → Gebal (Jos 13,5; 1 Kö 5,32[18]).
2) Stamm im NO Edoms (Ps 83,8).

Gebärde. I) Ausdruck und Bewegung des Gesichts bzw. des ganzen Körpers. Die G. verrät Zorn (1 Mo 4,5.6), Schmerz (Hi 9,27), Stolz (Ps 101,5); 1 Sam 21,14[13] soll sie Wahnsinn vortäuschen.
II) Allgemeine äußere Erscheinung und Haltung (Lk 17,20; Phil 2,7).

Gebäude → Haus, → Palast

Gebein, im eigentlichen Sinn Knochen (Hi 40,18[13]), auch Skelett oder Leichnam (1 Mo 50,25; 2 Kö 13,21). Im weiteren Sinn steht G. auch für die ganze Person (Ps 34,21; Spr 3,8; Hi 7,15), ja sogar übertragen für das Gemüt des Menschen (Hi 4,14; Ps 6,3; 51,10).

Gebenedeit »Gesegnet« (lat. *benedictio* »Segen, Lobpreis«)
wird Maria, die Mutter Jesu (Lk 1,28.42), um ihres Kindes, des Gottessohnes, willen genannt. Er war

der verheißene Same, durch den alle Geschlechter der Erde gesegnet werden sollten (vgl. 1 Mo 12,3).

Geber »(Junger, kräftiger) Mann«,
Sohn Uris, Salomos Statthalter in Süd-Gilead (1 Kö 4,19), vielleicht der Vater des Amtmannes über Nord-Gilead und Argob (V 13).

Gebet → Beten

Gebet des Herrn → Unser Vater

Gebim »Wassergrube, Tümpel«,
Dorf nördl. Jerusalem (Jes 10,31). Dalman hat es mit Schafat, etwa 3 km nördl. der Hauptstadt, gleichgesetzt. Vgl. Karte Sp. 686; Taf. 49/768.

Gebirge Ephraim → Ephraim, Gebirge

Gebirge Juda → Juda, Gebirge

Gebot → Gesetz

Gebote, Zehn. I) Die Z.G. stehen 2 Mo 20,1–17; 5 Mo 5,6–18[21]. Sie heißen im AT »die Worte des Bundes« (2 Mo 34,28) oder »die 10 Worte« (2 Mo 34,28; 5 Mo 4,13; 10,4) und entsprechend in griech. Übersetzung dieses Ausdrucks Dekalog (griech. *deka* »10« + *logos* »Wort«).
Im NT werden sie »Gebote« (griech. *entolai*) genannt (Mt 19,17; Röm 13,9).
Der Dekalog ist der erste Teil der umfassenden mosaischen Gesetzgebung, die Urkunde des Bundesschlusses am Sinai, das isrl. Grundgesetz, das Gott selber auf zwei steinerne Tafeln geschrieben hat (2 Mo 24,12; 31,18; 32,16; 5 Mo 4,13; 10,4). → Gesetz.
In dieser Form überbrachte Mose die Z.G. dem Volk, das ihre Verkündigung miterlebt hatte, das Reden Gottes jedoch nicht ertragen konnte (2 Mo 19–20). Über die Größe der auf beiden Seiten beschriebenen Tafeln (2 Mo 32,15) ist nichts gesagt, aus Funden wissen wir aber, daß 2 Täfelchen von noch nicht 10 cm Höhe für die Aufnahme des Textes schon genügt hätten.
II) Die einzelnen Gebote sind in der HS nicht gezählt, aus dem Text ergibt sich aber ungezwungen folgende Einteilung:
Einleitung: Ich bin der Herr, dein Gott ... (2 Mo 20,2).

1) Du sollst keine anderen Götter neben mir haben (V 3).
2) Du sollst dir kein Bildnis machen ... (V 4–6).
3) Du sollst den Namen des Herrn nicht mißbrauchen ... (V 7).
4) Gedenke des Sabbattages ... (V 8–11).
5) Du sollst deinen Vater und deine Mutter ehren ... (V 12).
6) Du sollst nicht töten (V 13).
7) Du sollst nicht ehebrechen (V 14).
8) Du sollst nicht stehlen (V 15).
9) Du sollst kein falsch Zeugnis reden ... (V 16).
10) Laß dich nicht gelüsten deines Nächsten Hauses ... (V 17).

In der Kirchengeschichte gibt es jedoch über die Zählung wie über die Aufteilung der Z.G. auf die 2 Tafeln verschiedene Auffassungen. Philo, Josephus, die Kirche der ersten Jahrhunderte und bis heute die griech.-orthodoxe und die reformierte haben die angegebene Ordnung beibehalten. Der Talmud zählt die Einleitung als 1. Gebot und faßt 2 Mo 20,3–6 als 2. Gebot zusammen. Augustin hat dann V 2–6 zusammengezogen, mußte nun aber das letzte Gebot in ein 9. und 10. aufteilen, um die Zehnzahl zu bewahren. Hierin sind ihm die röm.-kath. und die luth. Kirche gefolgt. Diese Einteilung hatte jedoch zur Folge, daß der Unterschied zwischen Götzenverehrung und → Bilderdienst verwischt wurde. Man nahm das Bilderverbot nicht mehr ernst und ließ es im Katechismus schließlich ganz fort. Philo, Josephus, der Talmud, Irenäus u. a. waren der Ansicht, daß sich die Gebote je 5 und 5 auf die Tafeln verteilten, später legte man die Grenze hinter das 4. Gebot. Der verschiedenen Zählung entsprechend enthielten die Tafeln demnach für Augustin 3 und 7, für Calvin 4 und 6 Gebote.

III) Die beiden Fassungen der Z.G. stimmen im ganzen überein, geben jedoch eine verschiedene Begründung des Sabbatgebots. 2 Mo 20,11 wird es von der Schöpfung, 5 Mo 5,15 von der Erlösung Israels aus Ägypten her begründet. Im Zusammenhang seiner Abschiedsreden wies Mose damit auf das dem Volk näherliegende Ereignis hin. Außerdem steht beim Verbot des Begehrens 2 Mo 20,17 das Haus als Oberbegriff für Familie und Besitz voran, 5 Mo 5,18[21] ist die Frau zuerst genannt. Auf den Tafeln standen jedoch nur die Worte von 2 Mo 20.

IV) Daß die Gesetzgebung am Sinai äußerlich nichts völlig Neues war, zeigen altorientalische Gesetzessammlungen, die z. T. noch beträchtlich älter sind. Die berühmteste Sammlung ist die Hammurabis von → Babylon (um 1700 v. Chr.), der älteres Recht umarbeitet. Hier finden sich Übereinstimmungen mit Vorschriften des übrigen atl. Gesetzes, doch nicht mit dem Dekalog. Einzelne Ähnlichkeiten mit den Z.G. haben wir dagegen in den Unschuldsbeteuerungen des Verstorbenen im ägypt. Totenbuch und in einem assyr. Text, der nach den Vergehen eines Kranken fragt, um dann magisch besser auf die Gottheit einwirken zu können.

V) In den Z.G. handelt es sich im Gegensatz zu außerisrl. Gesetzen, die die Regelung öffentlicher Zustände erstreben, jedoch darum, daß der Herr, der »eine Gott« (2 Mo 20,3; 5 Mo 6,4), auf dieser Erde durch seinen offenbarten Willen in das Leben seines Volkes richtungweisend und falsche Wege abschneidend eingreift. Das klare und unmittelbare: »Du sollst« oder: »Du sollst nicht« mit seinem bedingungslosen Anspruch unterscheidet die Z.G. von allem außerbiblischen »kasuistischen« Recht, das von dem bedingten Fall ausgeht: wenn jemand dies oder das tut bzw. nicht tut. Hier liegt der Ausgangspunkt in der Offenbarung und dem Erlösungshandeln Gottes zur Befreiung Israels aus Ägypten, worauf in der Präambel (2 Mo 20,2) zu diesem isrl. Grundgesetz ausdrücklich hingewiesen wird. Solch klaren heilsgeschichtlichen Bezug macht schon die Fülle verschiedener Göttermächte im heidnischen Raum unmöglich. Das Volk des Herrn aber soll in ganzer Hingabe des Herzens an ihn und den Nächsten nach Gottes Ordnung leben: Ihr sollt heilig sein; denn ich bin heilig, der Herr, euer Gott (3 Mo 19,2).

VI) Im NT führen Jesus und die Apostel die Gebote wiederholt an (Mt 19,18.19; Mk 10,19; Lk 18,20; Röm 13,9; Jak 2,11). Dabei werden sie mit Betonung der inneren Haltung vor der äußeren Erfüllung zusammengefaßt in die zwei Forderungen der Gottes- und Nächstenliebe (Mt 22,36–40; Röm 13,9).

Gebräme. Das dt. Wort bezeichnet den Randbesatz eines Kleides. Im Hebr. sind hier aber Schrittkettchen gemeint (Jes 3,20). Vgl. → Geschmeide II, 2.

Gebrechen. I) Krankheit oder Unzulänglichkeit des Körpers. G. machte den Priester unfähig zum Dienst (gebrechlich 3 Mo 21,19), ein Tier untauglich zum Opfer (3 Mo 22,21.22; → Krankheit: Fehl). Gott heilt sowohl körperliche wie geistliche G. (Ps 103,3). Gebrechlichkeit bezeichnet Röm 15,1 Mangel an geistl. Ausrüstung und Kraft.

II) Fehlen, nicht oder nicht in genügender Menge vorhanden sein (1 Mo 47,15; Joh 2,3).

Geburt. I, 1) Über die der Geburt vorausgehenden inneren leiblichen Vorgänge besaßen die Israeliten die nur beschränkten Kenntnisse ihrer Zeit. Die Vorstellung, die man sich von der Empfängnis machte, drückt Hi 10,10 so aus: Hast du mich nicht wie Milch hingegossen und wie Käse gerinnen lassen? Man sah in der Frau nur ein Gefäß (vgl. 1 Thess 4,4) für den Samen des Mannes, aus dem allein sich in ihr das Kind entwickle. Auch daher achtete man auf die Treue der Frau, ohne den Mann der gleichen Verpflichtung ihr gegenüber zu unterwerfen (vgl. → Ehe IV, 1). Die Pflege der Vielehe erklärt sich z. T. aus der Auffassung, daß das Kind sein Erbgut nur vom Vater erhalte. Bekannt war, daß normalerweise die Monatsblutung der Frau die Voraussetzung zur Empfängnis bildet (1 Mo 18,11). Hos 1,8 weist darauf hin, daß die Stillzeit eine neue Empfängnis häufig erschwert. Über das Wachsen des Kindes im Mutterleib wußte man nur wenig. In jeder Hinsicht war es ein Geheimnis (Pred 11,5), ein wunderbares Wirken Gottes im Verborgenen (Hi 10,8–11; 31,15; Ps 139,13; Jer 1,5). Auf die Dauer der Schwangerschaft von 9 Monaten wird Lk 1,36.56.57 Bezug genommen; hier ist auch von Kindsbewegungen die Rede (V 41.44).

2) Bei der G. leisteten Verwandte u. Nachbarinnen (Rt 4,14.16.17; 1 Sam 4,20) oder Hebammen (→ Wehmutter) der Mutter Hilfe. Manchmal sitzt sie dabei auf einem »Stuhl« (2 Mo 1,16); nach dem hebr. Wort handelt es sich wohl um Stützsteine, auf denen die Frau hockt oder kauert. Während der Wehen legte die Gebärende offenbar die Hände auf die Hüften (Jer 30,6). Die G. kann sich verzögern (Jes 37,3; Hos 13,13) oder so schwer sein, daß die Mutter dabei stirbt (1 Mo 35,16–19; 1 Sam 4,19. 20). Auch Fehlgeburt (Hi 3,16; Pred 6,3; Ps 58,9; 2 Mo 21,22), Absterben der Frucht im Mutterleib und Totgeburt (Jer 20,17; 4 Mo 12,12) werden genannt. Häufig gebraucht man die Wehen und Schmerzen während der G., die seit dem Sündenfall damit verbunden sind (1 Mo 3,16), als bildlichen Vergleich (Jes 21,3; 26,17; Jer 49,24; Gal 4,19). Einmal wird das rettende Eingreifen des Herrn mit einer G. ohne Wehen gleichgesetzt (Jes 66,7.8). Nach der glücklichen G. vergißt die Mutter ihre Nöte über der Freude an ihrem Kind (Joh 16,21), und dem Vater wird die gute Botschaft gebracht (Jer 20, 15). Dem Neugeborenen schneidet man die Nabelschnur ab; dann wird es gebadet, mit Salz abgerieben und in → Windeln gewickelt (Hes 16,4). 5 Mo 28,56.57 findet in einer furchtbaren Gerichtsdrohung auch die Nachgeburt Erwähnung.

3) Bald nach der G. bestimmen Vater oder Mutter den Namen des Kindes; dann und wann geben ihn auch die Nachbarinnen (Rt 4,17). Bei den Jungen ist in ntl. Zeit die Feier der Namengebung mit der Beschneidung am 8. Tage verbunden (Lk 1,59; 2,21). Nach der G. eines Jungen gilt die Mutter 7 Tage, bei einem Mädchen 2 Wochen als unrein (wie während ihrer Monatsblutung). Danach muß sie noch 33 bzw. 66, im ganzen 40 bzw. 80 Tage im Hause bleiben und anschließend ein Reinigungsopfer im Heiligtum darbringen (3 Mo 12). Vgl. auch → Kind, → Wiedergeburt, → Zeugen, → Erstgeburt.

II) Wo Paulus von sich als einer »unzeitigen G.« (1 Kor 15,8) spricht, gebraucht er das griech. *ektrôma* = (nicht lebensfähige) Fehlgeburt, das auch die LXX Hi 3,16; Pred 6,3 (LÜ ebenfalls: unzeitige G.) verwendet.

Geburtstag → Jahrestag

Gedächtnis, gedenken. I) Im AT.

1) Von alters her gab es in Israel Tage, an denen der großen Taten Gottes, durch die er sein Volk erlöst hatte, gedacht werden sollte. Das Passahfest war ein Fest des Herrn, ein Gedenktag (2 Mo 12, 14) an die Befreiung aus der Knechtschaft Ägyptens und das gnädige Vorübergehen des Engels des Verderbens an ihren Häusern. Das G. dieser großen Erlösungstat Gottes sollte das Volk in jedem Jahr neu zu bleibender Treue und Gehorsam dem Herrn gegenüber anspornen.

2) Das »Gedächtnisopfer« war eine Handvoll des Speisopfers, das der Priester nehmen und auf dem Altar zum G. anzünden sollte (4 Mo 5,26). Der Rauch des verbrannten Opfers sollte den, der es gebracht hatte, bei Gott in gnädige Erinnerung bringen.

3) Bisweilen wurden in Israel zur Erinnerung an einen Bund zwischen zwei Parteien oder als Versprechen gegenseitiger Treue Gedenksteine aufgerichtet. Das Volk sollte bei seinem Durchzug durch den Jordan 12 Steine als ewige Erinnerung aufrichten (Jos 4,7). Absalom errichtete noch zu seinen Lebzeiten eine Steinsäule im Königstal, weil er keinen Sohn hatte. Damit wollte er seinen Namen den Menschen im Gedächtnis halten (2 Sam 18,18).

4) Immer wieder hat Gott in seinen Offenbarungen und durch die Sprüche, die Verheißungen und Trostworte der Propheten daran erinnert, wie er an seinen Bund gedachte. Umgekehrt ließ er dem Volk einschärfen, doch des Weges zu gedenken, auf dem der Herr sie in das verheißene Land geleitet hatte (5 Mo 8,2.18). Die Propheten werden nicht müde, das Volk an den Sabbat zu erinnern (2 Mo 20,8) und daran, die Gebote Gottes im G. zu halten (4 Mo 15,39). Seine Gebote sollten im Herz und in der Seele verankert sein; daß sie auf die Hand gebunden und ein → Denkmal vor den Augen sein sollten (5 Mo 6,8; 11,18), war ursprünglich wohl bildlich gemeint.

5) Die Dichter der Psalmen bitten den Herrn, ihrer Sünde nicht zu gedenken (Ps 25,7) und sich der Schmach zu erinnern, die ihm täglich durch die Toren widerfahre (Ps 74,22). Sie versprachen ihrerseits, die großen Taten Gottes im Gedächtnis zu behalten (Ps 77,12).

II) Eine ähnliche Wechselbeziehung gibt es auch im NT. Paulus ermahnt die Christen, fest am Evangelium zu bleiben und sich ständig in Erinnerung zu halten, daß Jesus Christus von den Toten auferweckt wurde (2 Tim 2,8). Er seinerseits gedenkt der Gemeinden in seinen Gebeten (Eph 1,16; Phil 1,3; 1 Thess 1,2). Er bringt ihnen in Erinnerung, wie er mit den andern Aposteln übereingekommen sei, die Armen zu unterstützen und ihrer mit der Tat zu gedenken (Gal 2,10). Schließlich bittet Paulus die Gemeinden, seiner in der Gefangenschaft zu gedenken (Kol 4,18). Vgl. → Stiften.

Gedalja »Der Herr hat sich groß erwiesen«.

1) Sohn des Leviten Jedithun, Leiter der 2. Sängerabteilung z. Zt. Davids (1 Chron 25,3.9).

2) Vorfahr des Propheten Zephanja (Zeph 1,1).

3) Sohn Pashurs, einer der judäischen Fürsten, die Jeremia in die Zisterne werfen ließen (Jer 38,1.4.6).

4) Sohn Ahikams, eines Hofbeamten König Josias, und Enkel Saphans. Nach der Eroberung Jerusalems und Wegführung des Volkes 586 v. Chr. setzte Nebukadnezar G. als Statthalter über Juda ein. Er residierte zu Mizpa, nahm wie schon sein Vater den Propheten Jeremia unter seinen Schutz und sammelte die zerstreuten Juden um sich. Auf Betreiben des

Siegel des »Gedalja, der über dem Haus ist« (vgl. → Hofmeister), gefunden in Lachis

Ammoniterkönigs Baalis erschlug ihn Ismael, der Sohn Nethanjas aus der judäischen Königsfamilie, nach etwa zweimonatiger Herrschaft. Aus Furcht vor der Vergeltung Nebukadnezars zog der Rest des Volkes unter Johanan, dem Sohn Kareahs, gegen den Rat Jeremias nach Ägypten (2 Kö 25,22–26; Jer 39,14; 40; 41). In Lachis wurde ein Siegelabdruck eines hohen Hofbeamten G. gefunden, in dem wir möglicherweise den Sohn Ahikams sehen dürfen.
5) Priester aus der Familie des Hohenpriesters Jesua, der eine heidnische Frau genommen hatte (Es 10,18).

Geder »Steinwall, Mauer«,
Kanaanitische Königsstadt (Jos 12,13) im Negev (Mittagsland). Das Onomastikon will G. mit dem Turm Eder (1 Mo 35,21) gleichsetzen, doch liegt dieser Ort dafür zu weit nördl.

Gedera »Steinpferch (für Kleinvieh)«.
1) Stadt in Juda (Jos 15,36), vermutlich Dschediré in der Nähe von Latrun, ca. 6 km südöstl. von Geser.
2) 1 Chron 12,4 spricht von einem Benjaminiten Josabad aus G. Dieses G. in Benjamin ist viell. das heutige Chirbet el-Dschudeira, 17 km nordwestl. von Jerusalem.

Gederathiter → Gedera (2)

Gederoth, Mehrzahl von Gedera.
Stadt in der Ebene Judas (Jos 15,41; 2 Chron 28,18), vermutlich das heutige Qatra, 6 km südöstl. von Jabne. Vgl. aber → Ekron.

Gederothaim »Zwei Umzäunungen (Steinpferche)«.
steht Jos 15,36 als 15. Name, während nur 14 Städte mit ihren Dörfern aufgezählt sein sollen. Vielleicht bezeichnet G. daher die Gehöfte oder Viehhürden im Gebiet des unmittelbar vorher genannten → Gedera (1). So übersetzt auch die LXX.

Gedinge = Mietwohnung (Apg 28,30). Als Gefangener in Rom lebte Paulus nicht in einem Staatsgefängnis, sondern durfte sich eine Wohnung mieten, in der er Besuche empfangen konnte. Er hatte einen Soldaten zur Bewachung bei sich, war vielleicht auch an ihn gefesselt. Vgl. → Gefängnis.

Gedolim.
Vater des Sabdiel, eines Einwohners von Jerusalem nach dem Exil (Neh 11,14).
Vielleicht handelt es sich aber nicht um einen Eigennamen, dann ist zu übersetzen: »Sabdiel, der Sohn eines großen Mannes«.

Gedor arab. »Pockennarbig« (Köhler), »mit Bläschen, Blattern bedeckt« (Noth).
1) Benjaminit (1 Chron 8,31; 9,37).
2) Ort in Benjamin (1 Chron 12,7), das heutige Chirbet Dschedur, ca. 9 km nordnordwestl. von Jerusalem.
3) Ort in Juda (Jos 15,58), heute Dschedur 12 km nördl. von Hebron. Es ist wohl auch 1 Chron 4,4.18 gemeint, wo Pnuel bzw. Jered als (Stamm-)Väter von G. bezeichnet werden.
4) Ort im Negev (1 Chron 4,39), seine Lage ist unbekannt. Vielleicht mit → Geder identisch.

Geduld, geduldig. I) G. hat im Grundtext der HS mehrfache Bedeutung: es bezeichnet die Groß- und Langmut Gottes *(makrothymia)*, sein An-sich-halten *(anochae)*, und das Ertragen der Schwierigkeiten, das »Darunterbleiben« *(hypomonae)* und Ausharren der Menschen.
II, 1) Zunächst drückt G. ein Verhältnis Gottes zum Menschen aus. Der Herr hält an sich mit seinem Zorn (Röm 2,4), und schon das AT weiß, daß Gott »langsam zum Zorn« ist. Diese Langmut Gottes (2 Mo 34,6; 4 Mo 14,18a; Neh 9,17c; Ps 103,8; 145,8; Jo 2,13; Nah 1,3 u. ö.) wird in ihrer ganzen Tiefe erst im NT erfaßt (Röm 2,4ff; 2 Petr 3,9ff). Gott hält mit seinem Zorn ein (Mt 18,25ff). Er trägt die Gefäße seines Zornes (Röm 9,22), bis seine Zeit da ist und er im Kommen seines Sohnes dem Sünder die → Gerechtigkeit erwirbt (Röm 3,25).
2) Die G. Gottes gipfelt im Kommen Jesu (1 Tim 1,16). Die Ursache seiner G. ist sein Retterwille für alle Menschen (1 Tim 2,4; 2 Petr 3,9). Sie kennt jedoch auch eine Grenze, den Tag des Gerichtes Jesu (Röm 2,5; 2 Petr 3,9 u. 10). Die Zeit bis zum Einbruch des Zornes Gottes über die Menschen (Eph 5, 6; Offb 6,16.17) ist darum nicht ein »Verzug der Verheißung« (2 Petr 3,9 u. 15), sondern Gnadenzeit. Gottes Gerechtigkeit, allen Menschen angeboten – sogar denen, die vor Jesu Kommen lebten (1 Petr 3,20) – und doch nicht angenommen, fordert endlich den Tag des Gerichtes Gottes herauf (Röm 2,5; Kol 3,6; 2 Petr 3,10), an dem seine G. zu Ende ist.
III) Die Gläubigen werden im NT zur G., zum Ausharren, zum Erdulden aufgefordert; zu Langmut und G. (Kol 1,11), zu Sanftmut und G. (Kol 3,12). Die Gemeinde Christi hat auf Erden gleich ihrem Herrn (Mt 10,24 u. 25) unter Verfolgungen und Widerständen zu leiden. Diesem Sachverhalt entspricht die ntl. Verbindung von G. mit Trübsal (Röm 5,3; Jak 1,2–4), Leiden (2 Kor 1,6), Nöten und Ängsten (2 Kor 6,4) und Verfolgung (2 Thess 1,4) als göttliche Notwendigkeit zur Vollendung seiner Gemeinde (2 Thess 1,5; Phil 1,28) zum Zeugnis Christi in dieser Welt (2 Kor 6,4; Phil 1,29). Ermahnt, in G. festzubleiben (1 Tim 6,11; 2 Tim 3, 10; Jak 1,4), schaut die Gemeinde auf den, der selbst unter allen Ängsten und Leiden und Verfolgungen, unter dem Kreuz, ausharrte, den Gott aller G. (Röm 15,5). Diese G. ist nicht ein willenloses Über-sich-Ergehenlassen, sondern das unter Gottes Willen gebeugte Festhalten und das tätige Erwarten des Sieges Gottes, der weit überwindet und seinen Kindern an diesem Siege teilgibt (Röm 8,37). Diese G. ist eine Frucht des Glaubens (Jak 1, 3). G. und Darunterbleiben sind eine Gabe des Herrn, die uns sein Wort vermittelt (Röm 15,4; Offb 3,10). Durch die G. wachsen des Christen Freude, Hoffnung und Erfahrung (Röm 5,4; 15,4; Kol 1,11). Der Treue und der G. ist schließlich die vollkommene Erlösung, die Krone des Lebens, verheißen (Lk 21,19; Hebr 10,36.37; Offb 2,10).
IV) Das Zeitwort *hypomenô* wird Mt 10,22; 24,13 LÜ mit »beharren« wiedergegeben. Damit ist hier der Gedanke des erduldeten Leidens verbunden. Da-

gegen drückt »beharren« Lk 22,28; Röm 6,1; 1 Tim 4,16; Jak 1,25 (im Griech. andere Ableitungen von *menô* »bleiben«) mehr den Gedanken der Stetigkeit und Treue aus.

Gefallen → Wohlgefallen

Gefangene. Nach der Eroberung einer Stadt wurden die Überlebenden, manchmal nur die Frauen und Kinder (5 Mo 20,13.14), als G. zu Sklaven gemacht (2 Kö 5,2; 5 Mo 21,10). Gelegentlich tötete man alle oder einige G. (2 Chron 25,12; 2 Kö 25,7.21). Die G. wurden nackt (d. h. im Untergewand) und barfuß fortgeführt (Jes 20,4), die Männer mit Hand- und Fußfesseln gebunden (Nah 3,10). Die Frauen waren schutzlos der Willkür der Soldaten ausgesetzt, die ihnen ihre »Säume aufdeckten und ihre Blöße zeigten« (Nah 3,5). Vornehme und wichtige G. wurden geblendet (2 Kö 25,7), die Assyrer zogen ihnen vielfach einen Ring durch die Nase oder Lippen (Jes 37,29). Am härtesten wurden g. Rebellen bestraft, denen man Hände und Füße, Nasen und Ohren abschnitt (Hes 23,25) oder die Zunge ausriß. Anderen wurde die Haut abgezogen oder sie wurden gepfählt, d. h. mit dem Leib auf einen spitzen Pfahl gesteckt.
Vgl. weiter → Gefangenschaft; Abb. Sp. 120; 776; 815/6; 1311 unten; 1425/6 und → Knecht.

Gefangenschaft, die Verbannung oder Umsiedlung eines ganzen Volkes oder Volksteils.

I) Als eine Vorform oder richtiger als die Urgestalt der G. = Verbannung kann man die Ausweisung der ersten Menschen aus dem Garten Eden (1 Mo 3, 23.24) ansehen. Sie leitet den Verlust aller Freiheit in Auswirkung ihres Ungehorsams gegen Gott ein und ist ein Mahnmal, daß Abfall von Gott zu jeder Zeit innere und äußere Versklavung bedeutet.

II) Auch der Aufenthalt Israels in Ägypten während der Zeit der Unterdrückung und Sklavenarbeit des Volkes entsprach einer G. (2 Mo 1,11–14). Auf ihr Schreien zu Gott sah der Herr das Elend der Israeliten an, sandte ihnen Mose als Retter und führte sie durch ihn aus dem Diensthause Ägypten (2 Mo 3,7–10; 20,2; → Auszug).

III, 1) In der folgenden Zeit der Wüstenwanderung wurde Israel vom Herrn für den Fall des Ungehorsams gegen seine Gebote mit erneuter Vertreibung und Zerstreuung unter die Völker bedroht (3 Mo 26, 33–39; 5 Mo 4,25–28; 28,36.37.64–68). Nur wenn das Volk von seinen Sünden lassen und Gott suchen würde, sollte es zurückgeführt werden (3 Mo 26,40–45; 5 Mo 4,29–31; 30,1–10). Nach der Eroberung des verheißenen Landes sind die Israeliten tatsächlich so oft und so lange ungehorsam gewesen, daß schließlich sowohl Israel (das Reich der 10 Stämme) als auch Juda in die Verbannung geführt wurden. Vergeblich hatten die Propheten Amos und Hosea, Jesaja und Micha, Zephanja und Jeremia immer wieder zur Bekehrung ermahnt und gerufen und das drohende Gericht vorhergesagt.

2) Dies Gericht haben am Nordreich die Assyrer, an Juda die Chaldäer (Babylonier) vollzogen. Die Assyrer begannen unter Thiglath-Pileser III. (745-727 v. Chr.) systematisch die Umsiedlung ganzer Völkerschaften. Auf seinen Feldzügen 733 und 732 v. Chr. trieb der Herrscher die Bewohner von Naphthali im Norden des Westjordanlandes und die Stämme im Ostjordanland, nämlich Ruben, Gad und Halbmanasse, aus und verwies sie nach Halah, Hara und an den Habor, den Fluß Gosans (2 Kö 15,29; 1 Chron 5,6.26). Jes 8,23[9,1] bezieht sich auf diese Vorgänge. Nach der Eroberung Samarias durch Salmanasser (727-722 v. Chr.) führte sein Nachfolger Sargon II. (721-705 v. Chr.) die Aussiedlung zu Ende, indem er den größten Teil der restlichen Bewohner des Nordreichs in die gleichen Gegenden und in die Orte Mediens deportierte (2 Kö 17,6; 18, 11). Sowohl Thiglath-Pileser wie Sargon halten diese Deportationen in ihren Annalen fest, wobei Sargon die Zahl von 27 290 weggeführten Einwohnern Samarias angibt. Anstelle der Israeliten zog der Assyrerkönig Leute aus Babel, Kutha, Avva, Hamath u. Sepharvaim in die leer gewordenen Städte Samariens (2 Kö 17,24). Unter Asnaphar (Assurbanipal) kam um 640 v. Chr. ein neuer Schub Umsiedler aus Elam, Persien und Babylonien ins Land (Es 4,9.10). 2 Chron 30,1.10.11 zeigt, daß noch einige Israeliten im Gebiet des Nordreiches zurückgeblieben waren. Aus ihrer Vermischung mit den neuen Kolonisten entstanden die → Samariter (2 Kö 17,24–41). Was aus den fortgeführten Israeliten wurde, ist unbekannt. Nur einzelne haben die Verbindung mit ihrem Volk bewahrt; sie werden im NT erwähnt (Lk 2,36; Apg 2,9).

3) Juda, die Bevölkerung des Südreiches, wurde durch Nebukadnezar II. (605–562 v. Chr.) in die babylonische Gefangenschaft abgeführt. Dies Ereignis war für die Geschichte des jüd. Volkes so be-

Wegführung der Bewohner der Stadt Astartu (wohl → Astharoth 2) z. Zt. Thiglath-Pilesers III.

deutsam, daß allg. von der vor- bzw. nachexilischen Zeit gesprochen wird. Diesem Exil ging noch eine andere, assyr. Deportation voraus, als Sanherib auf seinem Feldzug gegen Hiskia 701 v. Chr. aus den größeren und kleinen Orten Judas nach seinen eigenen Angaben 200 150 (?) Menschen verschleppen ließ. Außerdem floh nach der Ermordung Gedaljas 586 v. Chr. ein nicht unbeträchtlicher Rest des Volkes nach Ägypten, wohin sie Jeremia und Baruch mitnahmen (Jer 41,11–44,30).

Die Wegführung nach Babylon ging in mehreren Etappen vor sich. Einige vornehme Juden, darunter Daniel, wurden schon 605 v. Chr. nach dem babyl. Sieg bei Karchemis fortgeführt (Dan 1,1–4).
Dann nahm Nebukadnezar König Jojachin in Jerusalem mit seiner Mutter, seinen Frauen, seinen Beamten und Hofleuten gefangen, dazu 10 000 Offiziere und wehrfähige Männer und alle Handwerker. Bei der Einnahme der Stadt fiel ihm auch der Tempel- und Königsschatz zur Beute. Nur das geringe Volk blieb zurück (2 Kö 24,12–16).
Jojachin wurde nach babyl. Berichten (D. J. Wiseman, Chronicles of Chaldaean Kings. London 1956) am 16. 3. 597 v. Chr. gefangen genommen; sein Abtransport fand aber erst nach dem Jahreswechsel im April statt (2 Chron 36,10; Hes 40,1). Daher rühren vermutlich die abweichenden Daten des 8. (2 Kö 24,12) und des 7. Jahres Nebukadnezars (Jer 52,28). Ob die Jer 52,28 genannten 3023 Juden noch eine weitere Gruppe von Deportierten oder nur einen Teil der anderen bildeten, läßt sich schwer sagen.
Als Nebusaradan nach der Eroberung von 586 v. Chr. Jerusalem gründlich zerstört hatte, führte er die Überlebenden in der Stadt, die Überläufer, Handwerker und auch das arme Volk fort und ließ nur einige wenige Bewohner auf dem Lande zurück (2 Kö 25,11.12; 2 Chron 36,20; Jer 39,9.10; 52,15). Die Zahl von 832 Menschen in Jer 52,29 bezieht sich wohl auf eine 1. Deportierung vor dem Fall Jerusalems. Indessen war nicht das ganze Land menschenleer und verwüstet. Orte wie Mizpa (Jer 40,6) scheinen sich beim Anrücken der Babylonier kampflos ergeben zu haben, so daß sie verschont wurden. Außerdem standen noch Teile des judäischen Heeres im Felde (V 7), die nach Ägypten auswichen (Jer 43,4–7). 582/1 v. Chr. führte Nebusaradan noch einmal 745 Juden nach Babylon (Jer 52,30). Die angegebene Summe von 4 600 Menschen kann jedoch nicht als Gesamtzahl aller Deportierten betrachtet werden (schon nicht im Hinblick auf die Zahl der späteren Rückkehrer, die nur einen Teil der Verbannten ausmachten).

IV) Als Babylon von den Persern erobert worden war, gab Kores (Kyrus) 538 v. Chr. den in der Gefangenschaft lebenden Juden die Erlaubnis, in ihre Heimat zurückzukehren (2 Chron 36,22.23; Es 1,1–4). Davon haben zunächst nur 42 360 Glieder der jüdischen Gemeinde mit 7 337 Sklaven und Sklavinnen sowie 200 Sänger und Sängerinnen Gebrauch gemacht (Es 2,64.65). Manche blieben lieber in dem Lande, in das sie ausgesiedelt worden waren (vgl. Esther; Sach 6,10; Apg 2,9; vgl. → Zerstreuung).
Die babyl. G. hat nicht 70 Jahre gedauert, wie man oft annimmt, sondern war kürzer. Die Aussagen Jer 25,11.12; 29,10 beziehen sich nicht auf die Dauer der Verbannung; sie begrenzen die Herrschaft des neubabylonischen Reiches auf 70 Jahre, was dem Zeitraum von 605–539 v. Chr. genau genug entspricht. In 2 Chron 36,21 werden diese 70 Jahre wahrscheinlich auf die Zeit von der Zerstörung des Tempels 586 v. Chr. bis zu seiner Neueinweihung 515 v. Chr. bezogen.

V) Die babyl. G. ist durch das Auftreten von Männern wie Hesekiel und Daniel (auch Jeremia kann in diesem Zusammenhang genannt werden) von großer innerer Bedeutung gewesen. Nachdem der Tempel zerstört war, pflegte man um so mehr die Kenntnis des Gesetzes und die Ordnung des Sabbats. Die Beschneidung gewann größere Bedeutung als äußeres Zeichen der Zugehörigkeit zum Gottesvolk. Der Kern Israels verlernte in der Unterdrükkung endgültig den Götzendienst und erkannte das wahre Band der Gemeinschaft in dem, was die Gemeinde geistlich zusammenhielt. Dadurch trat weithin eine Verinnerlichung der Anschauungen und der Gesinnung ein. Das Glaubensleben vertiefte sich, es nahm zu an Kraft und Ausdehnung. Im übrigen wurde nach der anfänglichen Härte (Ps 137) die Behandlung der Verbannten zunehmend gemildert (Jer 29,5–7). Evil-Merodach ließ Jojachin aus dem Gefängnis holen und zog ihn an seine Tafel (2 Kö 25,27–30); Daniel (Dan 2,48; 6,3[2]) und Nehemia (Neh 1,11) konnten in hohe und höchste Ämter aufsteigen. Die Juden wurden mit dem babyl. Wirtschaftsleben vertraut und kamen vielfach zu Wohlstand (vgl. Es 2,69) und sogar zu Ansehen. Für den Willen zur Heimkehr war das jedoch nicht immer günstig. Vgl. Taf. 30/449 u. → Gefangene.

Gefängnis. I, 1) Die G.strafe war in Ägypten (1 Mo 39,20; 40,3; 42,16–19; 2 Mo 12,29), bei den Philistern (Ri 16,21), in Assyrien (2 Kö 17,4), Babylonien (Jer 52,11.31) und Persien (Es 7,26) üblich. In Israel hören wir erst in der Königszeit von G. (2 Chron 16,10; 18,26; Jes 42,7; Pred 4,14). Z. Zt. Jeremias war ein G. im Tor Benjamin (Jer 20,2), später wurde der Prophet im Haus des Schreibers Jonathan eingekerkert (Jer 37,15.16). Er lag dann im Vorhof des G. (V 21; 38,13) und wurde schließlich in die dort befindliche Zisterne geworfen (V 6).
2) Das NT berichtet von einem öffentlichen G. in Jerusalem (Lk 23,19; Apg 5,18; 12,4) und in Philippi (Apg 16,23). Die Gefangenen wurden mit Ketten gefesselt (Apg 12,6; 16,26; vgl. 1 Mo 42,19; Ri 16,21) oder in den → Stock gesetzt (Apg 16,24; vgl. Jer 20,2). Wachen befanden sich vor der Tür (Apg 5,23; 12,6), bei wichtigen Gefangenen auch noch in der Zelle (ebd.). Der G.aufseher wird Kerkermeister (Apg 16,23) oder Stockmeister (Lk 12,58) genannt (1 Mo 39,21 Amtmann). Johannes der Täufer war in der Bergfestung Machärus eingekerkert (Mk 6,17; Joh 3,24). Hier (Mt 11,2.4) wie auch sonst (Mt 25,36; Apg 23,16; Hebr 10,34) waren jedoch Besuche im G. möglich.

II, 1) G. steht vielfach im übertragenen Sinn für → Gefangenschaft (5 Mo 30,3; 1 Kö 8,47; Jer 29,14; 30,10 u. ö.), Hi 42,10 auch für Not, Bedrängnis.
2) G. ist weiter Bild für dämonische, den Menschen feindliche Mächte. Dies G. hat Christus gefangen geführt (Eph 4,8; Ps 68,19), indem er in seiner Auferstehung und Erhöhung über die Geistermächte (Eph 6,12) triumphierte (Kol 2,15) und auch den Geistern im G. (1 Petr 3,19), den Ungläubigen z. Zt. Noahs, die frohe Botschaft verkündigte.
Der → Abgrund, in den der Satan für 1000 Jahre geworfen wird (Offb 20,2.3), heißt ebenfalls G. (V 7).

Tafel 29
a. Der Ölberg mit Gethsemane. Vgl. Karte Sp. 1014 u. Taf. 49/768.
b. Alter Ölbaum im Garten Gethsemane.

Die babyl. Chronik berichtet zum Jahre 598/7 v. Chr.:

Im 7. Jahr (Nebukadnezars) im Monat Chislev (Nov./Dez.) musterte der babyl. König seine Truppen, und nachdem er in das Land Hatti (Syrien-Palästina) gezogen war, belagerte er die Stadt Judas. Am 2. Tage des Monats Adar (16. 3.) eroberte er die Stadt und nahm den König (Jojachin) gefangen. Er setzte in ihr einen König (Zedekia) nach seinem Herzen ein, und nachdem er reichen Tribut empfangen hatte, sandte er (sie) fort nach Babylon

Babyl. Tontafeln verzeichnen:

10 (Sila Öl) für . . . Jaukin (Jojachin), König von Juda
2 ½ Sila für . . . Söhne des Königs von Juda
4 Sila für 8 Männer von Juda

1 ½ Sila (Öl) für 3 Zimmerleute aus Arvad, je ½ Sila
11 ½ Sila für 8 dito aus Byblos, je ½ Sila
3 ½ Sila für 7 dito, Griechen, je ½ Sila
½ Sila für den Zimmermann Nabu-etir
10 (Sila) für Jakukinu (Jojachin), den Sohn des Königs von Juda
2 ½ Sila für die 5 Söhne des Königs von Juda zu Händen des Qanama . . .

Gefäß. I) Über das G. im eigentlichen Sinn vgl. die Art. → Becher, → Kanne, → Krug, → Pfanne, → Schale, → Schüssel, → Topf, → Töpfer.

II) Die silbernen und goldenen »G.«, die sich die Israeliten bei ihrem Auszug von den Ägyptern geben ließen, waren eigentlich Schmuckgegenstände (2 Mo 11,2; vgl. 1 Mo 24,53, wo LÜ dasselbe hebr. Wort mit »Kleinod« übersetzt).

III) Das »G. vom Himmel«, das Petrus sieht (Apg 10,11) war das an allen vier Enden zusammengeknüpfte Tuch.

IV) Im übertragenen Sinn werden in der HS auch Menschen G. genannt (Röm 9,22ff; 2 Tim 2,20f), wobei der Apostel an den Töpfer denkt, der die verschiedenen G. für die verschiedensten Zwecke anfertigte. Die »G. des Zorns« sind dabei die Menschen des Unglaubens und die »G. der Barmherzigkeit« die durch Jesu Blut Erlösten. In 2 Kor 4,7 nennt Paulus den Leib des Menschen ein G., das den kostbaren Schatz des Evangeliums und damit den Heiligen Geist beherbergt. 1 Thess 4,4 ist ebenfalls der Leib oder auch die Ehefrau gemeint (vgl. 1 Petr 3,7; LÜ Werkzeug).

Gefilde (5 Mo 1,7; Jos 11,16; 12,8), auch Gründe (Jos 9,1; Jer 32,44; 33,13) und Aue (1 Chron 27,28; 2 Chron 26,10; 28,18) bezeichnen die Gegend im Westjordanland, die hebr. Sephela genannt wird (beachte aber, daß G. in LÜ häufig auch für den Jordangraben steht, → Blachfeld).

Prüft man, welche Städte in dem G. liegen, dann erstreckt sich die Sephela zwischen dem Mittelmeer und dem Westrand der mittleren Bergketten Palästinas. Sie umschließt also zwei Landschaften, erstens das Gebiet hinter dem Dünengürtel (die eigentliche Ebene) und zweitens das Hügelland östl. davon. Ihre Südgrenze war der Wadi el-Arisch, der Bach Ägyptens (4 Mo 34,5) oder der Bach der Wüste (Am 6,14). Als Nordgrenze nimmt man den Wadi Schelal, einen Bach östl. von Joppe, an. Weiter nördl. liegt dann die Ebene Saron. Der Boden der Sephela setzt sich aus Sand und Lehm zusammen. Das Grundwasser kann leicht angebohrt werden, und durch Bewässerung lassen sich fruchtbare Äkker, Weingärten und Plantagen anlegen. 1 Chron 27,28.29 spricht von Ölgärten, Maulbeerbäumen und Rinderzucht.

Sowohl das Küstengebiet als auch das Hügelland haben in der Geschichte große Bedeutung gehabt. Durch die Küstenebene zog sich eine große Heerstraße. Sie führte durch das Land der Philister (2 Mo 13,17) und hieß »der Weg am Meer«. Hier zogen die Heere und Karawanen von Ägypten nach Syrien, vom Euphrat zum Nil. Das Hügelland ist das Gebiet der Kriege zwischen Israel und den Philistern. Im Tal Ajalon wurden die Philister von Geba bis Geser geschlagen (2 Sam 5,25), zwischen Zora und Esthaol trieb der Geist des Herrn Simson zum Kampf gegen die Philister (Ri 13,25), und durch den Zweikampf zwischen Goliath und David (1 Sam 17,2) wurde der → Eichgrund berühmt.

Dies Hügelland bildete das umstrittene Grenzgebiet zwischen Israel und den Philistern, denn die Küstenebene vermochten die Israeliten im großen und ganzen nicht einzunehmen.

Tafel 30

a. *Tontafel der babyl. Chronik von 605–594 v.Chr. Sie berichtet u. a. von der Schlacht bei Karchemis und der Thronbesteigung Nebukadnezars 605 v. Chr. und der Eroberung Jerusalems 597 v. Chr. (vgl. 2 Kö 24,10–17). Britisches Museum, London.*

b. *Tontafel mit dem Verzeichnis von Lebensmittellieferungen an Gefangene und Handwerker in Babylon. U. a. werden König Jojachin und seine 5 Söhne genannt. Museum Berlin.*

Gefreunde, Gefreundete = Verwandte bzw. Volks- oder Stammesgenossen (Lk 1,36; Joh 18,26; Röm 9,3; 16,7.11).

Gehasi viell. »Glotzäugig«,

Diener des Propheten Elisa, der äußerlich im gleichen Verhältnis zu ihm steht, wie Elisa anfänglich Elia gegenüber (vgl. 1 Kö 19,21; 2 Kö 3,11). G. hat Elisa zwar den Wunsch der Sunamitin nach einem Sohn mitgeteilt (2 Kö 4,12.14), will später aber die Bittende zurückweisen (V 27). Auch im Auftrag Elisas vermag er nicht zu helfen (V 29–31). Er kann nur den Tod des Kindes feststellen, das erst der Prophet selber ins Leben zurückruft (V 35.36).

Bei der Heilung des syr. Feldherrn Naeman lehnt Elisa jedes Geschenk ab; G. jedoch verschafft sich durch eine Lüge einen Teil der angebotenen Güter, streitet indessen dem Propheten gegenüber alles ab. Dieser verkündet darauf, daß als Gericht der Aussatz Naemans über ihn kommen wird (2 Kö 5,20–27). Als der König später G. nach den Taten Elisas befragt – (sein Aussatz braucht ein Gespräch unter freiem Himmel nicht auszuschließen) – kann er der Sunamitin noch einmal einen Dienst erweisen (2 Kö 8,3–6). G. bleibt aber ein Mensch, der auch in der Gemeinschaft mit Elisa kein Verständnis für das Handeln Gottes gewinnt.

Geheimnis. I) Das göttl. G. ist etwas, das unserem Verstand verborgen ist u. allein durch göttliche Offenbarung enthüllt werden kann. Die Enthüllung solcher G. geschieht entweder unmittelbar durch Gott oder durch einen mit seinem Geist erfüllten Menschen (1 Mo 41,38.39). Auch Daniel wird so gerufen, den Traum Nebukadnezars zu deuten und zu erklären. Die Weisen von Babel haben das G. des Traumes nicht deuten können, »aber es ist ein Gott im Himmel, der kann verborgene Dinge offenbaren« (Dan 2,28).

II) In den Ev. wird in bezug auf die Gleichnisse vom G. gesprochen. Die Jünger fragten, warum Jesus in Gleichnissen zum Volke sprach. Darauf antwortete ihr Herr: »Euch ist es gegeben, das G. des Himmelreichs zu verstehen« (Mt 13,11; Mk 4,11; Lk 8,10). Die Jünger Jesu erwarteten und sahen die Ankunft des Königreiches Gottes und der Person Jesu Christi. Diese Sicht, die ihnen durch göttliche Offenbarung geschenkt worden war, war die Vorbedingung zum Verständnis der Gleichnisse.

III, 1) Paulus sah das zentrale G. des NT im Erlösungswerk Christi und dem Lauf der göttlichen Botschaft. Das Kommen Jesu in diese Welt, sein Leiden, Sterben und seine Erhöhung bilden die Mitte der Predigt des Apostels. Dies göttliche G. faßt er zusammen: »Gott ist offenbart im Fleisch, gerechtfertigt im Geist, erschienen den Engeln, gepredigt den Heiden, geglaubt von der Welt, aufgenommen in die Herrlichkeit« (1 Tim 3,16), und er ermahnt die Gemeinden, dies G. des Glaubens in einem reinen Gewissen zu bewahren (V 9).

2) Weiter sind Paulus die Aufnahme der Heiden in den Gnadenbund (Röm 16,25; Eph 3,6; Kol 1,27) und die teilweise Verstockung Israels (Röm 11,25) G., die er nicht ausschöpfen kann.

3) Viele Dinge bleiben auch der Gemeinde noch unbekannt. Darum ist es Aufgabe der Propheten, die G. (1 Kor 13,2), die der Herr seinen Geheiligten erschließt (1 Kor 2,10; vgl. 1 Mo 18,17) der Gemeinde kundzutun.

4) Ein bes. G. teilt Paulus den Korinthern bezüglich der »letzten Dinge« und der Entrückung mit

(1 Kor 15,51). Wenn sich dies G. erfüllt, wird auch das G. der Gesetzlosigkeit seine Wirkung entfalten (2 Thess 2,7f) und offenbar werden: der Antichrist, der Mensch der Sünde, wird auf der Bühne der Weltgeschichte erscheinen und von Gott vernichtet werden (V 8). In Verbindung mit der Endgeschichte, über der bis jetzt noch ein geheimnisvoller Schleier liegt, beschreibt Johannes der Gemeinde das G. des Weibes und des Tieres (Offb 17,7ff). Das Urteil über die Hure versteht man nur auf dem Hintergrund des G., das zwischen Christus und der Gemeinde besteht (Eph 5,32). Auch das G. der 7 Sterne in der rechten Hand Jesu (Offb 1,20) bezieht sich auf die Gemeinde.

Gehenkter. Das Aufhängen (4 Mo 25,4; 2 Sam 21, 6.9.13) bildet im AT eine Strafverschärfung nach vollzogener Hinrichtung. Das gilt wohl auch für 1 Mo 40,19, wo LÜ Galgen übersetzt. Est 7,9.10 wäre noch an das Pfählen zu denken, das bei den Assyrern üblich war, aber dagegen spricht die Höhe des bereits aufgerichteten Pfahles. Der G. galt als von Gott verflucht (vgl. Gal 3,13), und sein Leichnam durfte nicht über Nacht hängen bleiben, damit das Land nicht verunreinigt wurde (5 Mo 21,22.23; Jos 8,29; 10,26.27). Auf dieser Vorschrift beruht die Bitte der Juden, die Gekreuzigten abzunehmen (Joh 19,31). Vgl. → Kreuz.

Gehorsam, gehorchen. I) Das hebr. *schamah* heißt »hören« und (wie das griech. *hypakouein*) »hören auf jemand, gehorchen« (1 Mo 3,17; 16,2; Eph 6,1; Kol 3,20).

II) Wie der G. grundlegend ist für das Verhältnis der Kinder zu den Eltern (Spr 1,8; 30,17) und der Sklaven zu ihren menschlichen Herren (Eph 6,5; Kol 3,22), so ist er es auch für das Verhältnis des Menschen zu Gott (5 Mo 11,26–28). Auf dem G. ruht die Verheißung (1 Mo 22,18; Phil 2,8.9).
Das NT spricht vom G. gegenüber der Wahrheit (Röm 2,8; Gal 3,1; 5,7), hier steht griech. *peithomai* »sich innerlich überzeugen lassen«; weiter vom G. dem Evangelium (Röm 10,16) bzw. Evangelium Jesu Christi (2 Thess 1,8) gegenüber; schließlich vom G. Christi (2 Kor 10,5) und dem G. des Glaubens (Apg 6,7; Röm 1,5). Glaube und G. gehören also eng zusammen. Der Mensch hört das Evangelium von Jesus Christus, und er hört auf dieses Evangelium, indem er es in gehorsamem Glauben für sich annimmt. Das aber schlägt aus zu seinem Heil, denn Christus ist »allen, die ihm gehorsam sind, eine Ursache zur ewigen Seligkeit geworden« (Hebr 5,9). Darum hat der Apostel die Aufgabe, »die Heiden zum G. zu bringen durch Wort und Werk« (Röm 15,18).

III) Aber auch das neue Leben derer, die zum G. des Glaubens gekommen sind, vollzieht sich weiter im Gehorchen. Sie sind »erwählt zum G.« (1 Petr 1,2), folgen darin ihrem Herrn nach, der auch »gehorsam ward bis zum Tode, ja zum Tode am Kreuz« (Phil 2,8), und »wiewohl er Gottes Sohn war, an dem, was er litt, G. gelernt hat« (Hebr 5,8).
Dieser neue G. muß sich auch bewähren denen gegenüber, die der Herr zur Leitung der Gemeinde eingesetzt hat. Titus denkt mit Freuden an den G., mit dem die Korinther ihn aufgenommen haben (2 Kor 7,15). Paulus vertraut dem G. des Philemon (Phim 21), daß er seine Bitte erfüllen wird. Er kann den Philippern das Zeugnis ausstellen, daß sie jederzeit, in seiner Gegenwart und Abwesenheit, gehorsam gewesen sind (Phil 2,12). Und im Hebräerbrief heißt es grundsätzlich: »Gehorchet euren Lehrern und folget ihnen; denn sie wachen über eure Seelen, als die da Rechenschaft dafür geben sollen, auf daß sie das mit Freuden tun und nicht mit Seufzen; denn das ist euch nicht gut« (Hebr 13,17).

IV) Zu diesem G. gehört auch der G. gegenüber der weltlichen → Obrigkeit (Tit 3,1), der allerdings dadurch eingeschränkt wird, daß man Gott mehr gehorchen muß als den Menschen (Apg 4,19; 5,29), auch wenn dieser Weg ins Leiden führt.

Geier. Die Anzahl der in Palästina vorkommenden G. ist größer als die der Adler. Das Kennzeichen des G. ist der kahle Kopf und nackte Hals, das enorme Sehvermögen, die großen Flügel und wenig entwickelten Klauen. Von allen Vögeln erreicht der G. die größte Flughöhe.
Ein allgemeiner Standvogel ist in Palästina der Gänsegeier *(Gyps fulvus)*, weniger bekannt der im Jordantal vorkommende Mönchs- oder Kuttengeier *(Aegypius monachus)*. Am häufigsten ist die kleinste der palästinensischen G.arten, der Aasgeier *(Neophron percnopterus)*.
Wo LÜ G. hat (3 Mo 11,14; 5 Mo 14,13; Hi 28,7), scheinen jedoch kleinere Raubvögel gemeint zu sein (→ Weih). Dagegen bezeichnet das hebr. *näschär* (LÜ → Adler) häufig den eigentlichen G.; sicher in Mi 1,16 (kahler Kopf) und Hi 39,27–30; Hab 1,8 (Aas; vgl. Mt 24,28). Das hebr. *racham* (3 Mo 11, 19; 5 Mo 14, 17 LÜ Storch) bezeichnet den Aasgeier. Vgl. auch → Habicht I. Alle diese Arten waren den Israeliten unrein (3 Mo 11,13ff).

Geige → Musikinstrumente

Geil. »G. werden« bezeichnet Röm 13,14 die Begierden des Leibes, ohne hier auf das Geschlechtliche beschränkt zu sein; 1 Tim 5,11 ist das Verlangen nach der Ehe gemeint, das dem früheren Entschluß, Witwe zu bleiben, widerspricht.
G.heit heißt Jer 13,27 zügelloses geschlechtliches Begehren, das hier mit Ehebrecherei und Hurerei zusammen als Bild für den Götzendienst gebraucht wird.

Geilen = Begehren, inständige Bitte, Forderung (Lk 11,8).

Geißel. I) Das Auspeitschen mit G. oder Ruten (LÜ geißeln, stäupen) war bei den Römern beim Verhör (Apg 22,24), als Strafe für sich (Apg 16,22; 2 Kor 11,25) und vor der Kreuzigung üblich (Mt 27, 26; Joh 19,1). Ein röm. Bürger (→ Römer) war jedoch davor geschützt.
Die röm. Geißel bestand aus ledernen Riemen, die an einem Stock befestigt waren. In die Riemen waren häufig Knochen- oder Bleistückchen eingeflochten. Die Strafe wurde noch durch die gebückte Hal-

Röm. Geißeln, mit Bleikugeln und Knochenstückchen versehen.

tung des Bestraften verschärft, der den Oberkörper bis zum Gürtel frei machen mußte.

II) Bei den Juden wurde die Strafe in der Synagoge vollzogen (Mt 10,17; 23,34; Apg 5,40; 22,19). Die Anzahl der Schläge durfte nach jüd. Recht 40 nicht überschreiten (5 Mo 25,3). Aus Angst, sich doch verzählen zu können, gaben die Juden nur vierzig Schläge weniger einen (2 Kor 11,24); vielleicht sind auch nur 13 Schläge mit der dreiriemigen G. damit gemeint ($3 \times 13 = 39$). Vgl. → Strafe.

Geist, heiliger Geist. I) Das hebr. *ruach*, wie auch das griech. *pneuma* bedeuten zunächst Hauch oder Wind, sodann übertragen G. Im NT wird *pneuma* in fünffacher Weise verwandt:

A) In der Grundbedeutung »Wind« gebraucht es Jesus im Nikodemusgespräch: »Der Wind bläst, wo er will . . .« (Joh 3,8). Vgl. Hebr. 1,7.

B) In der Bedeutung »Menschengeist« steht es an zahlreichen Stellen. »Der G. ist willig . . .« (Mt 26, 41). Von der Tochter des Jairus heißt es: »Ihr G. kam wieder« (Lk 8,55). Der G. des Paulus ergrimmte in Athen (Apg 17,16). Der G. Gottes »gibt Zeugnis unserem G., daß wir Gottes Kinder sind« (Röm 8,16). Unser G. muß unsträflich bewahrt werden (1 Thess 5,23) und viele andere Stellen.

C) Die Mehrzahl *pneumata* wird in der Bedeutung »abgeschiedene G.« gebraucht (Hebr 12,23; 1 Petr 3,19).

D) Auch von unguten G. ist die Rede. Es gibt böse G. (Mt 8,16; Apg 19,12), meist als »unreine G.« bezeichnet (Mt 10,1; Apg 5,16 u. ö.), ferner Wahrsagegeister (Apg 16,16), es gibt auch einen »G. der Schwachheit« (Lk 13,11), einen »G. der Verstokkung«, »Taumelgeist« (Röm 11,8) usw.

E) Die häufigste Verwendung des Wortes *pneuma* erfolgt in der Verbindung »Heiliger G.«.

II) DER HEILIGE G. nach dem Zeugnis der Bibel:

A) GOTTES SCHÖPFERISCHER G.
Er ruft alles Seiende ins Dasein und erhält es. Ehe aus dem anfänglichen Chaos ein Kosmos wurde, »schwebte der G. Gottes auf dem Wasser« (1 Mo 1, 2). In ihm war die schöpferische Urkraft, die alles schuf. Der göttliche G. ist der Odem Gottes, der Leben schafft (Ps 104,29f; Hi 27,3; 33,4). Dieser »G. des Lebens« macht die verstreuten Gebeine Israels (Hes 37,1–14) und die zwei getöteten Zeugen (Offb 11,11) wieder lebendig. Er gleicht jenem »Wort« *(logos)*, das im Anfang bei Gott war und durch das alle Dinge gemacht sind; denn in ihm war das Leben (Joh 1,1ff). Dieses schöpferische Wort ist Christus selbst (1 Kor 15,45; vgl. → Jesus Christus). Die Gleichheit Christi mit dem G. hat einmal Paulus in die Worte gefaßt: »Der Herr ist der G.« (2 Kor 3,17). Vgl. → Gott IV C.

B) DIE IM LEBEN SICH AUSWIRKENDE GOTTESKRAFT.
Der Heilige G. ist die im menschlichen Leben sich auswirkende Gotteskraft. Das ist bereits im AT bekannt. Der G. Gottes ist es, der die Menschen verständig macht (Hi 32,8). »Du gabst ihnen deinen guten G., sie zu unterweisen« (Neh 9,20). »Mein G. soll unter euch bleiben. Fürchtet euch nicht!« (Hag 2,5). Der Leitung dieses G. darf man sich anvertrauen (Ps 143,10). Er vollbringt mächtige Taten und stellt menschliches Bemühen in den Schatten (Sach 4,6). Er rüstet berufene Menschen mit außerordentlichen Gaben und Kräften aus, z. B. den Künstler (2 Mo 31,3; 35,31), den Richter (Ri 3,10; 6,34 u. ö.), den Propheten (Jes 59,21), den gesalbten König Israels (1 Sam 10,6.10; 16,13f). Oft bewirkt dieser G., wenn er über einzelne Menschen oder Gruppen kommt, daß sie weissagen (1 Sam 19,20.23). Die 70 Ältesten erhalten Anteil an dem G., der auf Mose ruht (4 Mo 11,17). Auf Elisa kommt der G. des Elia (2 Kö 2,15). Vor allem ruht der G. des Herrn auf dem Messias (Jes 11,1f; 42,1). In der Taufe am Jordan kommt der G. Gottes auf Jesus herab (Mt 3,16). In der Kraft dieses G. ist Jesus umhergezogen und hat Zeichen und Wunder getan (Apg 10,38). Seine Jünger hauchte er nach seiner Auferstehung an: »Nehmet hin den heiligen G.« (Joh 20,22).
Wenn es von den Erdentagen Jesu heißt: »Der heilige Geist war noch nicht da, denn Jesus war noch nicht verklärt« (Joh 7,39), so bezieht sich das auf die noch ausstehende Ausgießung des G. zu Pfingsten. Denn diese Ausgießung hatte zur Voraussetzung, daß Jesus nach seinem Opfertode zur Rechten Gottes erhöht wurde. Darum konnte Jesus sagen: »Es ist euch gut, daß ich hingehe. Denn so ich nicht hingehe, so kommt der Tröster nicht zu euch; so ich aber gehe, will ich ihn zu euch senden« (Joh 16,7).

C) DAS WOHNEN CHRISTI IN DEN GLÄUBIGEN.

1) In seinen Abschiedsreden (Joh 14–16) hat Jesus seinen Jüngern das Kommen eines Anwalts, Fürsprechers oder Beistandes (LÜ Tröster) verheißen (Joh 14,16; 15,26; 16,7). Nach seinem Hingang will er ihnen diesen senden. Jesu Wort: »Ich will euch nicht als Waisen zurücklassen; ich komme zu euch« (Joh 14,18) zeigt uns mit aller Klarheit, daß in diesem zu erwartenden Beistand Jesus selbst zu seinen Jüngern kommen wird, um in ihnen Wohnung zu machen. Die Christenheit kennt also keinen anderen »Stellvertreter Christi auf Erden« als den Heiligen G., in dem Christus zu den Gläubigen kommt. Die Welt hingegen kann ihn nicht empfangen; denn »sie sieht ihn nicht und kennt ihn nicht« (Joh 14,17): sie hat keinen Blick für Jesus und seine Sendung. Darum kann sie an seiner Gabe keinen Anteil erhalten. Von jeher hat sie dem G. Gottes widerstrebt. »Sie wollen sich von meinem G. nicht mehr strafen lassen; denn sie sind Fleisch« (1 Mo 6, 3; vgl. Jes 63,10). Durch Jesu Versöhnungstat auf Golgatha wurde dem Heiligen G. der Weg gebahnt in die Herzen der Menschen, die diese Versöhnungstat annahmen und an Jesus glaubten. So waren die Jünger Jesu die ersten Empfänger der Gabe des Heiligen G. Sie wurden beauftragt, in Jerusalem zu bleiben und dort zu warten, »bis daß ihr angetan werdet mit Kraft aus der Höhe« (Lk 24,49; Apg 1,4).

2) Die AUSGIESSUNG des Heiligen G. (Apg 2) geschah mit machtvollen Zeichen, einem Getöse wie eines Sturmes und »Zungen wie von Feuer«, die sich in Flämmchen verteilten und auf die Jünger niederließen. Sie stellten offenbar die alles bewegende und mit sich fortreißende Gewalt, sowie die läuternde u. reinigende Kraft des Heiligen G. dar. Unter diesen begleitenden Umständen wurden die Jünger mit dem Heiligen G. erfüllt. Der erhöhte Christus hatte vom Himmel her von ihnen Besitz genommen. Das zeigt sich auch sofort in der Vollmacht, mit der Petrus predigt, und hat seine Auswirkung darin, daß Gemeinde entsteht und in lebendiger Gemeinschaft beieinander bleibt (Apg 2,37–47; 4,32–5,11).

3) Welche WIRKUNGEN hat die Ausgießung des Heiligen G.?
a) Wenn Christus durch den G. in den Gläubigen Wohnung nimmt, so wird zunächst er selbst in ihnen »verklärt« (Joh 16,14). Was der Herr »für uns« auf Golgatha getan hat, wird dann in ein helles Licht gestellt und noch mehr! Jenes »ihr in mir und ich in euch« (Joh 14,20) wird zur konkreten Erfah-

rung. Der Gläubige wird in einen neuen Lebensraum versetzt, in dem er fortan zu leben hat: in Christus! Im Inneren des Menschen hat ein Herrschaftswechsel stattgefunden: Nicht mehr das Ich oder die Sünde, sondern Christus in uns (Gal 2,20)! Sein »G. der Wahrheit« leitet uns in alle Wahrheit und verkündigt das Zukünftige (Joh 16,13). Er ist der wahre Lehrer und stellt in rechter Weise die Worte Jesu ins Gedächtnis (Joh 14,26). Er legt über Jesus und sein Erlösungswerk Zeugnis ab (Joh 15,26). Der Gläubige erfährt so eine völlige Wiedergeburt, jenen Zustand, den Jesus als unerläßlich für den Eintritt ins Gottesreich hingestellt hat (Joh 3,3.5). Er ist nun eine »neue Kreatur«, »das Alte ist vergangen, siehe, es ist alles neu geworden!« (2 Kor 5,17). Jetzt kann sich der Gläubige erst recht seiner Gotteskindschaft und der damit verbundenen Freiheit der Kinder Gottes erfreuen; denn »welche der G. Gottes treibt, die sind Gottes Kinder« (Röm 8, 14). Ja, es gibt einen »G. der Kindschaft«, in dem man »Abba, lieber Vater!« rufen lernt (Röm 8,15).

b) Wenn Christus durch den Heiligen G. in den Gläubigen Wohnung nimmt, werden sie ferner in irgendeiner Weise zum Dienst für den Herrn berufen und entsprechend ausgerüstet. So erging es den Jüngern zu Pfingsten. Sie empfingen Vollmacht und Freudigkeit, den Herrn vor den Menschen zu bezeugen. »Sie fingen an, zu predigen mit anderen Zungen, nach dem der G. ihnen gab auszusprechen« (Apg 2,4). Von Anfang an teilt der Heilige G. bestimmte Geistes- oder Gnadengaben den Gläubigen zu, die sie in den Stand setzen, in vollmächtiger Weise ihren Auftrag zu erfüllen. In den ersten christlichen Gemeinden waren es mancherlei Geistesgaben, die aber später in der Christenheit wieder zurücktraten, ohne ganz zu verschwinden. Über diese → Gaben und ihren rechten Gebrauch vgl. hauptsächlich 1 Kor 12 und 14. Sie dienen zur Verherrlichung des Herrn und zur Auferbauung der Gemeinde. Im einzelnen waren es Gaben der Erkenntnis, des vollmächtigen Zeugnisses, der Krankenheilung, der Weissagung, der Geisterprüfung usw. (1 Kor 12,8–10). Diese Gaben gehören immer der Gemeinde; der einzelne bekommt nur seinen Teil nach dem Willen Gottes, entsprechend seinem Auftrage (1 Kor 12,11; Eph 4,7).

In aller Mannigfaltigkeit aber ist es stets der eine G. (1 Kor 12,4). Auch wenn in Offb 1,4; 3,1; 5,6 von den 7 G. Gottes vor seinem Thron gesprochen wird, so meint dieses Bild nur die Vollkommenheit (vgl. → Zahl II,7) des G. in der Mannigfaltigkeit seiner Wirkungen.

c) Wenn Christus durch den G. in den Gläubigen Wohnung nimmt, so stehen sie hinfort unter dem neuen Gesetz des G., das sie von dem alten »Gesetz der Sünde und des Todes« frei macht in dem geistgewirkten »Leben in Christus Jesus« (Röm 8,2). Nun lebt man nicht mehr »nach dem Fleisch«, nach der alten Wesensart des unerlösten Menschen, sondern »nach dem G.« (Röm 8,4). So kann Paulus den Galatern zurufen: »Wandelt im G., so werdet ihr die Lüste des Fleisches nicht vollbringen« (Gal 5,16). Wer sich vom G. regieren läßt, steht unter keinem anderen Gesetz mehr, er ist königlich frei (Gal 5,18; 2 Kor 3,17). Der Heilige G. will im Gläubigen die Oberherrschaft behalten, er ermahnt (Jak 4,5; Offb 3,6.13.22), deckt verborgene Schuld auf (Apg 5,1–11; 1 Kor 14,24.25) und wirkt auch das rechte Beten »mit unaussprechlichem Seufzen« (Röm 8,26). Seine Wirkungen sind Liebe, Freude, Friede, Geduld, Freundlichkeit, Gütigkeit, Glaube, Sanftmut, Keuschheit (Gal 5,22; vgl. Eph 5,9), unter denen die Liebe die größte ist (1 Kor 13). Der Gläubige ist mit dem Heiligen G. »versiegelt« (vgl. → Siegel II,3), ist seines Heils in Christus gewiß und wartet in froher Hoffnung auf die kommende volle Erlösung (2 Kor 1,21f; Eph 1,13f; Röm 15,13).

4) Der Heilige G. ist Gottes freie Gabe und kann nur auf dem Gnadenwege erlangt werden (Apg 8, 17–20). Bußfertige und gläubige Hinkehr zu Jesus ist Vorbedingung des Geistempfangs (Apg 2,38). Die an dieser Stelle noch miterwähnte Taufe (»... und lasse sich ein jeglicher taufen ...«) bringt die Hinkehr zu Jesus zum Ausdruck. Die Gläubigen aber werden ermahnt, nach der Fülle des G. zu streben (Eph 5,18) und sein Wirken nicht zu dämpfen (1 Thess 5,19). Auch hier gilt Jesu Wort: »Wer da hat, dem wird gegeben, daß er die Fülle habe; wer aber nicht hat, von dem wird auch genommen, was er hat« (Mt 13,12). Vgl. auch → Lästern III,4; Heilige → Schrift IV.

Geist, unsauberer → Besessenheit

Geistesgaben → Gaben des Geistes

Geiz, geizig. Das Verlangen nach dem, was man nicht hat, beginnt mit der Unzufriedenheit mit dem, was man hat. Dies selbstsüchtige Begehren ist Sünde, denn Unzufriedenheit beeinträchtigt nicht nur die Bruder- und Nächstenliebe, sondern ist auch eine Beleidigung des himmlischen Vaters, der für alle sorgt und jedem das gibt, was er zur Erhaltung des Lebens braucht (Mt 6,19–34). Ganz scharf sagt die Bibel, daß der Geizige ein Mensch ist, der dem Herrn abgesagt hat (Ps 10,3), ja, daß der G. die Wurzel alles Übels sei (1 Tim 6,10). Weil G. Abgötterei ist (Kol 3,5), indem der Mensch Geld und Gut zu seinem Gott macht, soll der Christ sich davor hüten (Lk 12,15; Hebr. 13,5).

Als wirksame Waffe gegen die Versuchung des G. gibt die Schrift dem Gläubigen das erste und letzte Gebot, die 4. Bitte des Vaterunsers (Mt 6,11) und die Verheißungen in Mt 6,33 und Hebr 13,5.6. Wer diese Weisungen beachtet, gelangt zur Unabhängigkeit und rechten Freiheit den Menschen und dem Geld gegenüber und hat die Gottseligkeit, die zu allen Dingen nütze ist (1 Tim 6,6–8).

Gelbsucht. Getreidekrankheit, die das Vergilben, Welken des Korns verursacht (5 Mo 28,22). Dasselbe Wort ist sonst mit → Brand (1 Kö 8,37; 2 Chron 6,28) oder Brandkorn (Am 4,9; Hag 2,17[18]) wiedergegeben.

Geld. I, 1) Erst nach der babyl. Gefangenschaft hatte man in Israel gemünztes Geld. Vorher wurde das Geld gewogen (1 Mo 23,16; 2 Mo 22,16[17]; 1 Kö 20,39; Hi 28,15; Jes 46,6; Jer 32,9.10; Sach 11, 12). Man hatte zwar Gold und Silber in Stücken von bestimmter Größe; aber auch diese Stücke mußten beim Bezahlen noch gewogen werden. Dazu trug man eine Waage mit Steingewichten im Gürtel bei sich. Die Gewichte waren 1 Talent (Zentner) = 60 Minen (Pfund) zu je 50 Sekel (Lot); →Maße und Gewichte II.

2) Das übliche Zahlungsmittel war Silber. Daher kann das Wort für Silber auch »Geld« bedeuten. Das Wertverhältnis von Gold zu Silber betrug $13^1/_3$:1. Um die Umrechnung zu vereinfachen, verringerte man das Gewicht des Silbersekels soweit, daß er nur noch $^1/_{15}$ des Goldsekels wert war. Der Goldsekel (2 Kö 5,5 Goldgulden; 1 Chron 21,25 Lot Gold) wog also etwas schwerer als der Silbersekel (1 Mo 23,15.16 Lot Silber, sonst stets SILBERLING). Das übertrug sich entsprechend auf das Verhältnis von Gold- zu Silbermine und von Gold- zu Silbertalent. Ein anderes Münzgewicht (Kesita, LÜ GROSCHEN) wird 1 Mo 33,19; Hi 42,11 erwähnt.

Abwiegen von ringförmigen Geldstücken in Ägypten. Das ägypt. Gewicht in Form eines Rinderkopfes findet im Hebr. eine auffällige Entsprechung darin, daß Aleph, der Name des ersten Buchstabens (vgl. Abb. Sp. 55/6), sowohl »Rind« wie »1000« bedeuten kann.

II) Die älteste in der Bibel genannte Münze ist der GOLDGULDEN (Es 2,69; Neh 7,70–72), eine pers. Goldmünze (Darike), die 8,36 g schwer war. 1 Chron 29, 7; Es 8,27 ist damit die entsprechende Werteinheit, (=20 Drachmen), nicht das geprägte Goldstück gemeint. Nach Münzprägungen der pers. Provinz Judäa (Taf. 59b, 2/928) stammen die ersten jüd. Münzen aus der Zeit des Makkabäers Johannes Hyrkan (135–105 v. Chr.). Es sind Bronzemünzen mit der Inschrift: »Johanan, der Hohepriester, und der Rat *(chäbär)* der Juden« (Abb. Sp. 153/4: Hellenistische Zeit).
Von Herodes d. Gr. und seinen Nachfolgern kennen wir nur Kupfermünzen, da die Römer in den Provinzen keine andere Münzprägung erlaubten. Die herodianischen Münzen tragen aber nur griech., keine hebr. Aufschriften.
III, 1) Z. Zt. des NT waren in Palästina die röm. und griech. Münzen in Umlauf. Es werden drei Kupfermünzen genannt. Die kleinste ist das griech. LEPTON=SCHERFLEIN (Mk 12,42) oder Heller (Lk 12, 59). 2 Lepta ergeben 1 röm. QUADRANS=HELLER (Mt 5,26; Mk 12,42), von dem 4 auf das ASSARION=PFENNIG (Mt 10,29; Lk 12,6) – die griech. Entsprechung des röm. As – gehen. Die häufigste Silbermünze war der röm. DENAR (Mt 18,28; Mk 6,37; Lk 7,41 u. ö.) von 16 Assaria. Die griech. DRACHME (Lk 15,8) steht ihm gleich. Bei den Apg 19,19 genannten Silberstücken handelt es sich um diese Münze, die an allen Stellen mit GROSCHEN wiedergegeben wird. Mt 22,19 wird der Denar als »ZINSMÜNZE« bezeichnet, weil die jährlich erhobene röm. Kopfsteuer 1 Denar betrug.
2) Bei dem Mt 17,24 genannten ZINSGROSCHEN dagegen handelt es sich um die DIDRACHME, den Jahresbetrag der jüd. Tempelsteuer, die auf die Verpflichtung von Neh 10,33[32] zurückging, in ihrer Höhe aber an die Abgabe von 2 Mo 30,13; 38,26 angeglichen worden war. Diese Doppeldrachme (=2 Denare) galt demnach so viel wie der hebr. halbe Sekel. Die Münze selber war in späterer Zeit nicht mehr im Umlauf. Dafür hatte man neben dem Denar den STATER (Mt 17,27) oder die Tetradrachme, ein Vierdrachmenstück, das gleich einem Sekel war. Auch bei den SILBERLINGEN (Mt 26,15), die Judas für seinen Verrat erhielt, hat es sich vermutlich um Münzen im Werte des Sekels (vgl. Sach 11,12) bzw. der Tetradrachme gehandelt.

3) An größeren Geldeinheiten begegnet uns die griech. Mine = Pfund (Lk 19,13) zu 100 Drachmen und das griech. Talent=Zentner (Mt 25,15) oder Pfund (Mt 18,24) von 60 Minen = 6000 Drachmen.
IV) Die genaue Wertbestimmung all dieser Münzgewichte und Münzen nach heutiger Währung ist unsicher, da wir über die einstige Kaufkraft nicht unterrichtet sind. Und die wenigen Preisangaben, die überliefert wurden, stellen durchaus nicht immer normale Preise dar (vgl. 3 Mo 5,16; 1 Kö 10,29; 2 Kö 6,25; 7,1). Das NT gibt uns jedoch einen brauchbareren Ansatzpunkt. Nach Mt 20,2 erhalten die Arbeiter im Weinberg 1 Denar Tagelohn. Wenn Offb 6,6 dieser Tagesverdienst für 1 *choinix* (1,1 l) Weizen (Tagesration eines Mannes) gefordert wird, so läßt sich das Ausmaß der Teuerung abschätzen. Von daher wird deutlich, daß die übliche Umrechnung auf Grund des Edelmetallgehalts (1 Denar = 70–80 Pfennig) keine Vorstellung davon vermittelt, welchen Wert 1 Denar damals im täglichen Leben hatte. Wenn wir die ntl. Angaben in unsere Lebens- und Lohnverhältnisse (1959) zu übertragen versuchen, müssen wir vom Tagelohn ausgehen. Dann ist 1 Denar=1 Tagelohn=10 DM (d. h. 1,50 DM Stundenlohn) schwerlich zu hoch angesetzt. Die Salbe, mit der Maria von Bethanien Jesus salbte (Mk 14,5), kostete nach diesem Umrechnungsverhältnis 300 Denare=300 Tagelöhne (d. h. ein Jahresverdienst) =3000 DM. Die entsprechenden Werte für Lepton, Quadrans und Assarion betragen dann rund 0,08; 0,16 bzw. 0,63 DM, die für Stater, Mine und Talent etwa 40,–; 1000,– bzw. 60000,– DM.
Vgl. Taf. 59/928 und Abb. Sp. 278; 293.

Geliloth »Kreis, Bezirk«.
1) Ort an der Grenze Benjamins und Judas (Jos 18, 17). Man hat eine andere Namensform für Gilgal (5) darin sehen wollen (vgl. Jos 15,7).
2) Den gleichen Namen hat ZÜ auch in Jos 22,10.11 nach der LXX (Galiloth) für die Bezirke (EÜ), Kreise (LÜ) oder Steinkreise (MÜ) am Jordan. Vgl. dazu die 12 aufgerichteten Steine in → Gilgal (1) (Jos 4, 19ff).

Gelindigkeit = Milde, Freundlichkeit (Apg 24,4).

Gelübde, geloben. I, 1a) Die ersten im AT genannten G. sind Weihegelübde (hebr. *nädär* 1 Mo 28,20ff; Ri 11,30ff; 1 Sam 1,11 u. ö). Hierbei unterstrich der Beter die Aufrichtigkeit seiner Bitte durch das Versprechen, als Dank für die Erfüllung sich selber oder wertvollen Besitz dem Herrn hinzugeben.
b) *Nädär* bezeichnet außerdem das G. der → Nasiräer (4 Mo 6,2ff), das auch zweimal im NT erwähnt wird (Apg 18,18; 21,24).
2) Beim sog. Entsagungsgelübde bzw. der Ablobung (hebr. *issar*, abgeleitet von binden, fesseln, d. h. sich eine Fessel anlegen) legte sich der Gelobende für eine von ihm selbst bestimmte Zeit auf irgendeinem Gebiete Enthaltsamkeit auf, um auf diese Art dem Herrn, frei von jeglicher körperlichen Ablenkung, besser dienen zu können (4 Mo 30,3–6. 11–15). Vgl. → Fasten.
II) Jedes G. wurde absolut freiwillig gegeben, und nirgends wird in der HS dazu aufgefordert oder ermuntert. Ernstlich wird aber davor gewarnt, einmal geleistete G. nicht zu erfüllen (5 Mo 23,22–24 [21–23]; Ps 50,14; Pred 5,3–5; Nah 2,1). Um den Menschen vor Not und Versündigung zu bewahren, wird außerdem gewarnt, voreilig ein G. zu geben (Spr 11,15; vgl. auch → Jephthah). Kinder benötigten zur Erfüllung des G. die Zustimmung der Eltern bzw. die Ehefrau die des Mannes. Wurde die-

se versagt, so galt das G. vor dem Herrn als nicht gegeben (4 Mo 30,3ff).

III) Für die Erfüllung der G. bestanden weitere Gesetzesvorschriften.

1) Die Erstgeburt, sei es Mensch oder Vieh, konnte dem Herrn nicht geweiht werden, da sie bereits Eigentum Gottes war (3 Mo 27,26.28).

2) Es bestand die Möglichkeit, einmal dem Herrn gelobte Menschen, Tiere, Häuser und Ländereien wieder zu »lösen«, d. h. durch eine bestimmte an das Heiligtum gegebene Geldsumme wieder loszukaufen (3 Mo 27).

3) Das durch ein G. geweihte Vieh mußte absolut fehlerlos sein (Mal 1,14) und durfte nicht mit einem anderen vertauscht werden (3 Mo 27,10). Geschah dennoch aus Versehen eine Verwechslung, so wurden beide Tiere geopfert.

4) Die Beschaffenheit des G.opfers ist in 4 Mo 15, 1–16 festgelegt (→ Opfer).

IV) Der Verfall des religiösen Lebens im späteren Judentum wirkte sich auch auf des G.wesen aus. Ganz bes. trat dies z. Zt. Jesu dadurch in Erscheinung, daß das G. zur Umgehung des Gebotes mißbraucht wurde (Mt 15,5ff; Mk 7,9ff); → Korban.

V) Es ist bezeichnend, daß außer in Apg 18,18; 21,24 im NT nichts vom G. und dem Geloben im atl. Sinn zu finden ist. Der erlöste Christ, der das neue Leben aus Gott empfing, weiß, daß er nun mit Leben und Besitz seinem Herrn gehört und darum, wie bei der Erstgeburt des AT, das dem Herrn bereits Gehörende nicht noch einmal geloben kann (vgl. 1 Kor 6,19; 2 Kor 5,15; Tit 2,14; 1 Petr 2,9 u. ö).

Gemächer, heimliche. 5 Mo 23,13[12]f ist vorgeschrieben, daß die Israeliten ihre Notdurft außerhalb des Lagers verrichten und mit einer Schaufel zuscharren sollten. Ein verhüllender Ausdruck für das Verrichten der Notdurft ist: seine Füße bedecken (1 Sam 24,4; im Hebr. auch Ri 3,24). 2 Kö 10,27 hören wir von heimlichen Gemächern, die aus den Steinen des Baalstempels errichtet wurden, und Ri 3,24 wird ein Abtritt am Obergemach des Königshauses Eglons erwähnt.

Solche Toiletten hat man auch bei den Ausgrabungen gefunden. Das älteste Beispiel ist ein Abtritt aus der akkadischen Periode in Tell Asmar, der den westl. Typus mit hohem Sitz zeigt, während die östl. Anlagen ebenerdig sind. Die Toiletten in Tell Asmar sind aus Ziegelsteinen gebaut und durch Abzugsrohre mit einem gewölbten Kanal verbunden, der unter dem Boden hindurchläuft. In Arslan Tasch fand man einen ebenerdig eingerichteten Abtritt in der Ecke einer Badestube; und der in Tell el-Fara ausgegrabene Palast des Stadtkönigs besitzt einen kleinen Raum, von dem aus ein überdeckter Abzugskanal nach draußen führt. Vgl. auch → Baden.

Gemächte = »Gemachtes« (Wesen oder Ding), Machwerk.

Der Ausdruck enthält die Begriffe der Abhängigkeit und relativen Wertlosigkeit (Ps 103,14; Jes 29,16).

Gemalli, Kurzform »Er (der Herr) hat Gutes getan«, Vater des Kundschafters Ammiel aus dem Stamme Dan (4 Mo 13,12[13]).

Gemarja »Der Herr hat (es) vollführt«.

1) Sohn des Hilkia, Gesandter Zedekias an Nebukadnezar. Jeremia gab ihm und Eleasa einen Brief an die gefangenen Juden in Babylon mit (Jer 29,3).

2) Fürst, Sohn des Kanzlers Saphan und Bruder Ahikams. Er besaß einen eigenen Raum im oberen Vorhof des Tempels (Jer 36,10.12.25).

Gemein (hebr. *chol*, griech. meist *koinos)*, kommt in verschiedenen Bedeutungen vor. Im umfassendsten Sinne: allgemein, gemeinsam, für alle zugänglich (Mt 28,15; Apg 2,44; 5,18). Auf die soziale Stellung bezogen: niedrigen Standes (Ps 49,3; Jer 26,23). Auf gottesdienstliche Dinge bezogen bedeutet g. im AT: nicht geheiligt, profan. Gewöhnliches Brot wird g. genannt im Gegensatz zu den Gott geheiligten Schaubroten (1 Sam 21,5[4]). Im NT dagegen bedeutet g. in diesem Zushg. unrein (Apg 10,14.28). Dieser Wandel in der Bedeutung hängt wohl mit der Verschärfung und gleichzeitigen Veräußerlichung der Gesetzesvorschriften durch die Pharisäer zusammen (Mk 7,2). Apg. 10,9ff wird Petrus gezeigt, daß Dinge und Menschen, die bisher als g. und unrein galten, jetzt von Gott gereinigt worden sind. Noch tiefer führt die Aussage Jesu, daß in Wirklichkeit das sündige menschliche Herz g. oder unrein macht (Mk 7,14ff).

Gemeinde. I, 1) Im AT gibt es für G. zwei Worte. *Edah* bezeichnet das isrl. Volk in seiner Gesamtheit als politische Gemeinschaft, d. h. Männer, Frauen und Kinder. *Khahal* meint das Volk Israel in seiner Beziehung zu Gott, d. h. die G. im kultischen Sinn. In der Wirklichkeit des jüd. Lebens gingen beide Kreise ineinander über, in ihrem Ursprung decken sie sich. Dennoch muß man sich ihrer eigenen Artung bewußt bleiben. Von den Übersetzungen hat nur EÜ die konsequente Unterscheidung von nationaler »G.« und gläubiger »Versammlung« bewahrt (vgl. 2 Mo 12,6 EÜ).

2) Die atl. G. besteht aus den Nachkommen Abrahams, dem Bundesvolk, das Gott sich unter den Völkern erwählt hat. Mittelpunkt ihres Gottesdienstes ist das heilige Zelt (→ Stiftshütte), seit Salomo der → Tempel. Das Bundeszeichen der → Beschneidung bezeugt die Zugehörigkeit zu Israel. Wer in die Gemeinschaft des Gottesvolkes aufgenommen werden will, muß sich – wenn nicht andere Bestimmungen seine Aufnahme verbieten (5 Mo 23, 1[22,30]ff) – der Beschneidung unterziehen (2 Mo 12,48). Vgl. → Bürgerrecht.

II, 1) Das griech. *ekklaesia* bedeutet außerhalb des NT die Versammlung der stimmberechtigten Bürger einer G. In der LXX steht das Wort häufig für die atl. G. im Sinne des Gottesvolkes *(khahal)*.

2) Das NT versteht darunter zunächst die Gesamtheit (Apg 2,47; 1 Kor 15,9; Kol 1,18.24) derer, die Jesus als den Christus – den Gottes- und Menschensohn – und damit als ihren Erlöser und Herrn anerkennen und bekennen (Mt 16,16ff; 1 Kor 1,2), die G. der »Heiligen, an Christus Jesus Gläubigen« (Eph 1,1). Diese treffen sich regelmäßig oder nach Gelegenheit zum gemeinsamen Gottesdienst und halten auch im Alltag Gemeinschaft miteinander (Apg 2,44–47). Zur Aufnahme in die G. gehört die → Taufe (Apg 2,41).

3) Zunächst bleibt die urchristliche G. in Jerusalem noch eng mit der jüd. verbunden. Doch nach der Steinigung des Stephanus trennen sich beide, und es entstehen auch außerhalb Jerusalems Gruppen von Jüngern, die als selbständige G. angesehen und benannt werden (Apg 15,41; Röm 16,4.5). Daneben ist G. die Bezeichnung aller Gläubigen in größeren Gebieten (Apg 9,31 RÜ) und überhaupt. Die Gesamt- wie die Einzel-G. gelten als Leib Christi; die einzelnen Gläubigen sind die Glieder dieses Leibes, sein Haupt ist Christus (1 Kor 12,12; Eph 1,22.23).

4) G. erwächst durch den Dienst der Apostel und Evangelisten (1 Kor 12,28; Eph 4,11; 2 Tim 4,5). Sie wird geleitet durch → Älteste (Apg 14,23), wobei von Vorstehern (→ Bischöfen), → Hirten und →

Lehrern die Rede ist (Apg 20,17.28; 1 Tim 5,17). Ihnen stehen → Diener (RÜ Diakonen) zur Seite (Phil 1,1; 1 Tim 3,8). Auch eine Frau lernen wir als Dienerin der G. kennen (Röm 16,1). Witwen können eine bes. Stellung im G.-Dienst einnehmen (1 Tim 5,9.10). Männer und Frauen mit der Geistesgabe der → Weissagung wirken als Propheten (Apg 11,27; 21,9.10; 1 Kor 11,4.5). Andere → Gaben des Geistes zum Nutzen der G. sind die Kraft zu heilen, Wunder zu tun, in Zungen (d. h. in fremden Sprachen) zu reden und solche Rede auszulegen (1 Kor 12,7–10). Vgl. auch → Amt.

5) In ihrem → Gottesdienst schließt sich die Ur-G. vielfach an die Synagoge an. Zur Schriftlesung aus dem AT tritt die Verlesung der Apostelbriefe (Kol 4,16; 1 Thess 5,27). Wir hören von Predigt (Apg 20,7), Gebet (Apg 4,23ff; 1 Kor 14,15) und Fasten (Apg 13,2.3), Gesang (Eph 5,19; Kol 3,16; vgl. die Liedverse Eph 5,14 und 1 Tim 3,16), Handauflegung (Apg 6,6; 1 Tim 4,14), Weissagung und Zungenreden (1 Kor 14), Abendmahlsfeier (1 Kor 11,20–34), Taufe und Sammlungen (1 Kor 16,1.2).

6) Die Sammlungen der paulinischen G. für die G. in Jerusalem (1 Kor 16,3) zeigen, daß die Urchristenheit bei aller Selbständigkeit der Einzel-G. stets das Bewußtsein ihrer Einheit (Joh 17,21) bewahrt hat. Aus diesem Bewußtsein heraus werden selbst scharfe Gegensätze wie der zwischen Juden- und Heidenchristen überwunden. Vgl. → Apostelkonzil.

Gemeinschaft. I) SPRACHLICHE SINNDEUTUNG.

1) G. (griech. *koinônia)* ist enge Verbindung, innige Beziehung; gegenseitiges Anteilhaben und Anteilgeben, wobei die gewährende oder auch die empfangende Seite mehr hervortreten kann.

2) Im Profangriech. bezeichnet G. verschiedentlich den gemeinsamen Anteil an einer Sache (z. B. gemeinsamen Unternehmungen, Rechtsverhältnissen) oder Person (Ehe, Freundschaft).

3) Im AT steht G. allein für das Verhältnis von Mensch zu Mensch (Ps 26,4 nur LÜ; 50,18), nicht aber des Menschen zu Gott. Hier tritt sachlich der Begriff des → Bundes ein.

4) Das NT hingegen bringt G. in vielfältige und bewußte Beziehung zu Gott: 1 Joh 1,3 spricht von der G. mit dem Vater; 1 Kor 1,9 von der Berufung zur G. seines Sohnes; 1 Kor 10,16ff von der G. des Blutes und Leibes Christi sowie des Altars; in Phil 3,10 ist die Rede von der G. seiner Leiden; 2 Kor 13,13 u. Phil 2,1 erwähnen die G. des Heiligen Geistes.

II) BIBLISCHE BELEUCHTUNG.

1) Grundlage der G., von der das NT spricht, ist der Mensch »in Christus« oder »Christus in uns« (2 Kor 5,17; Gal 2,20) als neue Seinsbegründung, also eine wirkliche Neuschöpfung (LÜ neue Kreatur), die in Christus Jesus gilt (Gal 6,15).

2) Die Begründung dieser G. ist reine Gottestat; sie ist im → Glauben gegebene dauernde Seins- und Lebensgemeinschaft in Gott, die sich im Gehorsam des Menschen verwirklicht.

3) Als Ausdruck christlicher G. begegnen wir dem bei Paulus geläufigen Bilde der Gläubigen als Glieder am → Leibe Christi (1 Kor 12,12ff), verwirklicht und erlebt im → Abendmahl (1 Kor 10,16ff).

4) Christusgemeinschaft wird sichtbar in der G. der Christen untereinander. Als → Heilige sind die Christen Glieder der im Opfer Christi begründeten Gemeinde (Hebr 10,14). Sie leben noch in Raum und Zeit dieser → Welt (gr. *aiôn)*, obgleich in ihnen der neue Aion schon begonnen hat (Joh 17,15.16). Das bedeutet die ständige Bedrohung ihrer G. durch die Sünde, der nur durch den Wandel im Licht mit → Bekenntnis und Reinigung durch das → Blut Jesu begegnet werden kann (1 Joh 1,6–9).

Gemse. Die in der LÜ genannte G. (hebr. *jael)* ist der Steinbock *(Capra nubiana)*, eine Wildziegenart, die in den palästinensischen Bergen, bes. in den Felsen von Engedi, beheimatet ist (Hi 39,1; Ps 104, 18; 1 Sam 24,3). Sie hat eine hellere Farbe als die europäische Art *Capra ibex*, und ihre Hörner sind schlanker. Vgl. → Steinbock.

5 Mo 14,5 übersetzt LÜ mit G. auch hebr. *dischon* → Antilope (2), und 1 Kö 5,3[4,23] hebr. *jachmur* → Hirsch.

Gemüt. Im Hebr. steht für diesen Lutherausdruck → Seele oder → Geist (vgl. 2 Sam 17,8; Ps 34,19; Spr 16,19; Pred 7,9[10]); im NT das griech. Wort *nous* (→ Sinn) oder *dianoia* (→ Vernunft), so Mt 22,37; Mk 12,30; Röm 7,23.25; Eph 4,23. In beiden Fällen beschränkt sich der Inhalt des Wortes nicht auf das menschliche Gefühlsleben und dessen Beeindruckbarkeit. G. ist nach biblischem Begriff Ursprung der Willensäußerung in der Tat (vgl. Röm 7,25). Da die göttliche Gerechtigkeit durch eigene Tat niemals erworben werden kann, bedarf es der göttlichen Erneuerung des G., einer Wiedergeburt (Eph 4,23; vgl. Röm 12,1). So ist das G. Sitz des neuen geistlichen Lebens eines wiedergeborenen Menschen.

Genezareth. I) DAS LAND G. ist eine Ebene an der Nordwestseite des Sees G. Flavius Josephus beschreibt dieses Gebiet als einen sehr fruchtbaren, gut bewässerten Landstrich, wo Feigen, Nußbäume und Palmen reichlich Frucht tragen.

II) DER SEE G. wird im AT Kinnereth »Harfe« (4 Mo 34,11), im NT Galiläisches Meer (Mt 4,18) oder Meer bei Tiberias (Joh 21,1) genannt. Die Araber nennen ihn ebenfalls Bahr Tabarije (See von Tiberias).

Die Länge des Sees beträgt 21 km, die größte Breite 12 km und seine Oberfläche 170 qkm. Seine größte Tiefe schwankt zwischen 42 und 48 m, während sein Spiegel 212 m unter dem des Mittelmeeres liegt.

Das Seebecken ist Teil des großen Grabens, einer abgesunkenen Erdscholle, zwischen den Horsten des Westjordanlandes und Basans. An den Rändern der Senke treten durch Erdrisse und unterirdische Spalten vulkanische Gesteine (Basalt) an die Erdoberfläche. Die warmen Quellen von Tiberias sind ebenfalls vulkanischen Ursprungs; sie wurden wegen ihrer heilenden Wirkung bereits zur Römerzeit häufig besucht.

Durch die tiefe Lage des Landes ist es hier im Sommer außerordentlich warm, und die Temperaturschwankungen zwischen Tag und Nacht sind sehr gering. Daraus erklärt sich die Selbstverständlichkeit einer Übernachtung im Freien, vgl. Mk 8,2: »sie haben nun drei Tage bei mir beharrt«.

Gefährlich sind die auf dem See Genezareth plötzlich aufkommenden Stürme. Sie können zu jeder Jahreszeit unerwartet losbrechen (Mk 4,37). Die aufgepeitschten Wellen werden hier besonders hoch, da die engen Küsten kein Ausrollen der See gestatten. Für die Fischerei ist der See seit dem Altertum von großer Bedeutung gewesen.

Z. Zt. Jesu waren die Ufer des Sees G. dichter besiedelt als heute. In der Nähe der schützenden Hügel lagen ummauerte Städte und kleinere Siedlungen. Damals drängten ihn hier die Scharen (Mk 5, 24) aus den Ortschaften am See. Am NW-Ufer lag Kapernaum, »seine (Jesu) Stadt« (Mt 9,1).

Vgl. Taf 27b/416; 61/960; 62a/961; 85a/1344.

Genick → Hals

Genubath hängt wohl mit hebr. »stehlen, forttragen« zusammen.
Sohn des Edomiters Hadad und seiner ägypt. Frau, der Schwester der Königin Thachpenes (1 Kö 11,20). Er wurde im Palast des Pharao erzogen und wie die Königssöhne gehalten.

Ger »Wachsam«.
1) Sohn Judas und der Kanaaniterin Sua. Wegen seiner Gottlosigkeit starb er früh (1 Mo 38,3.6.7; 46,12; 1 Chron 2,3).
2) Sohn des Sela und Enkel Judas (1 Chron 4,21).

Gera. I) Mit hebr. *ger* »Schutzbürger« zusammenhängend.
1) Sohn Belas und Enkel Benjamins (1 Mo 46,21; 1 Chron 8,3).
2) Sohn des Benjaminiten Ehud; er zog von Geba nach Manahath (1 Chron 8,7).
3) Vater Ehuds, des Benjaminiten und 2. Richters über das Volk Israel (Ri 3,15).
4) Benjaminit, Vater des Simei (2 Sam 16,5).
Möglicherweise ist mit 3 und 4 der Stammvater desselben Geschlechtes gemeint, der dann vielleicht mit dem Enkel Benjamins identisch sein könnte.

II) → Maße und Gewichte II.

Gerar »Aufenthalt«,
Stadt an der S-Grenze Palästinas in der Nähe von Gaza (1 Mo 10,19). Z. Zt. Isaaks war G. eine Philisterstadt (1 Mo 26,1), offenbar durch eine frühe örtliche Einwanderung dieses Volkes. Dem Namen nach vermutete man die Stadt bei Umm Dscherar. Hier fand man bei Ausgrabungen aber ausschließlich Kulturreste aus der Römerzeit. Das schließt jedoch nicht aus, daß das alte G. doch in der Nähe der späteren Ortslage im Tal zu suchen ist, und Flinders Petrie vermutete es in dem Ruinenhügel Tell Dschemme (13 km südl. von Gaza). Bei seinen Ausgrabungen fand er dort Fundamente von Getreidespeichern, die auf lebhaften Kornhandel hinweisen, was zu den Berichten in 1 Mo 20; 26 paßt. Auffällig ist, daß der Palast des Stadtfürsten sich im NW des Ortes befindet, wo auch die einzige Möglichkeit bestand, auf einer Ebene ein Zeltlager aufzuschlagen. Das würde erklären, daß Abimelech Isaak und Rebekka beobachten konnte (1 Mo 26,8). Es ist jedoch noch nicht völlig sicher, ob Tell Dschemme wirklich das alte G. ist. Vgl. Karte Sp. 1304.

Geräte, Gebrauchsgegenstände im weitesten Sinn des Wortes (1 Mo 27,3; 2 Kö 7,15), im besonderen Gegenstände für den Dienst am Heiligtum (2 Mo 35,13; 1 Kö 7,48).
Vgl. → Waffen und Geräte.

Gerber. Das Gewerbe des G., der Tierhäute zu Leder verarbeitet, galt den Juden z. Zt. des NT als unrein, da es auch mit Häuten unreiner Tiere in Berührung brachte. G. wohnten daher außerhalb der Städte und ihrer Arbeit wegen oft in der Nähe des Wassers. Der G., bei dem Petrus in Joppe wohnte (Apg 9,43; 10,5.6), war vermutlich ein Glied der Gemeinde.

Gerechtigkeit. I) GERECHTIGKEIT IM AT.
A) DIE G. GOTTES.
1) G. ist – und das ist vor allem festzustellen – ein Verhältnisbegriff, keine abstrakte Norm einer Sittlichkeit. G. bezeichnet das Handeln einer Person, die sich an ein zu einer andern Person oder Personengruppe bestehendes Verhältnis und seine Vereinbarungen gebunden weiß und sich demgemäß verhält. Von G. Gottes wird darum vor allem im Blick auf sein Verhältnis zu Israel, seinen → Bund mit Israel, gesprochen.
Indem Israel Gott G. zuspricht (Ps 71,19.24; 22,32; 36,7; 89,15 u. ö.), erkennt es vorbehaltlos an, daß Gott seinen Verheißungen gegenüber Israel stets gerecht geworden ist. Darum ist er ein »gerechter Gott« (2 Chron 12,6; Es 9,15 u. ö.), ein »treuer Gott« (5 Mo 32,4; vgl. → Glaube).
2) In dreifacher Hinsicht verwirklicht sich die G. Gottes. Gott ist als gerechter Gott erstens der, der das Recht für den Menschen setzt. Dieses Recht ist die Grundlage für das Bundesverhältnis, das → Gesetz, das für Israel verpflichtend ist.
Gottes G. vollzieht sich zweitens in seinem Eingreifen in die innere Geschichte seines Volkes. Dieses Eingreifen geschieht einmal, um seine Verheißungen zu erfüllen und sein Heil zu schaffen (Jes 41, 10). In dieser Hinsicht wurde Gott dem atl. Frommen zum Fels und Bürgen seines Heils (Ps 71,2.15. 16.19.24). Zum andern, um dem Gottlosen zu wehren und durch Gericht den Sünder zur Umkehr zu bewegen (Ps 96,13; Jes 59,17; Hi 34,10–12). Gottes G. erweist sich drittens in seinem Eingreifen in die äußere Geschichte seines Volkes. Auf die Hilfe Gottes gegen die Feinde von außen war Israel ständig angewiesen. Auf sie setzten die Frommen ihre Hoffnung z. Zt. der Not, durch sie gelangte Israel auch in verzweifeltsten Lagen zum Sieg (vgl. 2 Kö 6,8ff). Die Prophetie des Jesaja ist voll vertrauender Hoffnung auf die Gerechtigkeit Gottes, die das Heil der Frommen auch aus dunkler Nacht wieder hervorbringen wird (Jes 51,5ff; 56,1).
3) Darum kann Gottes G. auch seine Treue, Zuverlässigkeit, Wahrheit, Rechtschaffenheit, Gnade, Liebe genannt werden. Auch diese Begriffe umschließen das Bundesverhältnis Gottes zu seinem Volk und drücken alle das eine aus: Gottes Handeln ist ständig und zuverlässig auf das Heil seines »Bundesgenossen« gerichtet und führt dieses aus in Gericht oder Gnade, in Liebe oder Zorn, in Heilen oder Zerschlagen. Seine G. ist demnach sein Strafen oder sein Lieben, sein Heilen oder sein Zerstören.
B) DIE G. DES MENSCHEN.
Dementsprechend ist die G. des Menschen sein Handeln unter dem Gesichtspunkt des Urteils Gottes (5 Mo 6,25; 24,13), sein rechtes Handeln für und mit Gott. In der Erfüllung des Willens (Gesetzes) Gottes bekundet er seine G. Natürlich schwingt dabei ein »Rechthaben« aufgrund des Richterspruches Gottes mit; wie wenig sich aber die G. mit dem rein juristischen Rechtschaffensein deckt, ergibt sich aus dem eigentümlichen Widerspruch, daß auf der einen Seite gesagt werden kann, daß kein Mensch vor Gott gerecht ist und sein kann (Ps 14, 1.3; 143,2; Pred 7,20[21]), während auf der andern Seite dennoch diejenigen als gerecht bezeichnet werden, welche sich zu Gott halten (Ps 37,30f). Wie wenig dabei an einen statischen, rein juristischen G.-begriff gedacht ist, zeigt die Tatsache, daß Hiob, obwohl er seine Sünde kennt und nicht leugnet (Hi 9, 2; 14,4), dennoch von Gott die Anerkennung seiner G. vor ihm erwartet (Hi 13,18; 16,20f; 17,8f) und auch erhält (Hi 42,7). Die G. des Gerechten ist eben keine sittliche Fehllosigkeit, sondern sein Verhältnis zu Gott, seine Gottesfurcht und Hoffnung auf Gott (Ps 33,5; 36,11f; 103,17; 112,1ff u. ö.). Die G. des Frommen ist sein Gehorchen-Wollen; da aber die Sünde immer wieder das Vollbringen hindert, kann die G. nur wiederhergestellt werden durch → Vergebung. Indem er seine Schuld bekennt, Buße tut, begibt sich der Mensch wieder auf den Weg der G. (Ps 51,5–14). Er erkennt das helfende, erziehende Richten Gottes als gerecht an, und so bleibt trotz

der Sünde des Gerechten Gottes G. seine Zuflucht (Ps 103,6; 125,3; 129,4). Vgl. → Rechtfertigung.

C) G. UND SELBSTERKENNTNIS.

Bei dieser Erkenntnis ist auffallend die eigene Selbsteinschätzung der Frommen, wie sie an manchen Stellen des AT zum Ausdruck kommt (Ps 18,21.24; Hi 27,6). »Richte mich, Herr, nach meiner G. und nach meiner Lauterkeit, die bei mir ist« (Ps 7,9). Tiefer Wunsch nach völligem Gehorsam vor Gott (vgl. Ps 139,23) und die Auffassung, Gottes Gesetz nach bestem Wissen erfüllt zu haben, haben dieses Bewußtsein der eigenen G. gebildet. Doch treten einige Propheten solcher Überschätzung eigener G. entgegen. Sie erkennen die Unvollkommenheit alles menschlichen Bemühens und die Mangelhaftigkeit aller menschlichen G. (Jes 64,5[6]; Dan 9,18) und wissen darum, daß allein »im Herrn aller Same Israels gerecht wird« (Jes 45,24f).

D) G. ALS HEILSGUT.

Je deutlicher den Propheten, bes. Jesaja, die Unvollkommenheit aller menschlichen G. und die Sünde Israels vor Augen stand (Jes 43,26; 48,1; 53,11; 57, 12; 58,2; 59,4 u. ö.), um so mehr verstanden sie den Bund Gottes mit seinem Volk als Gnadengabe Gottes und den Bestand dieses Bundes als Frucht seiner G. An diese seine G. heftet sich nun die Hoffnung (Jes 45,8.23ff). Weil der ins Recht gesetzt werden muß, für den Gott eintritt, darum erhofft man von der G. Gottes die Erlösung aus aller Bedrängnis und Not und die Wiederherstellung der G. Israels (Jes 40,1ff; 51,17ff, 54,7ff. 15ff; 60,17f; 61,1ff). Damit ist die G. Gottes zu einem Heilsbegriff geworden, zur Grundlage des späteren paulinischen Verständnisses von der G. des Menschen vor Gott.

II) GERECHTIGKEIT IM NT.

A) G. IN DEN AUSSERPAULINISCHEN SCHRIFTEN.

Das Wort G. kommt in allen außerpaulinischen Schriften des NT insgesamt 34mal vor (55mal in den Paulusbriefen). Die damit verbundenen Vorstellungen schließen sich eng an das AT an. G. ist auch hier das mit Gottes Willen übereinstimmende, heilige, Gott wohlgefällige Verhalten, das im Urteil Gottes rechte Leben in der Liebe (1 Joh 3,7; Offb 22, 11). Wer um solchen Lebens willen leidet – wie schon von jeher Propheten und Gerechte Zielscheibe des Unglaubens waren – ist selig (Mt 5,10; 1 Petr 3,14), weil das Leid die friedsame Frucht der G. denen schafft, die dadurch geübt sind (Hebr 12,11). Wer zuerst die G. des Reiches Gottes sucht und nicht die Sorge um Leib und Leben Hauptlebensfrage sein läßt, dem wird solches alles zufallen (Mt 6,33). Die Kraft, aus der heraus der Fromme seine G. übt, ist seine Gottverbundenheit; nur einmal wird die Verbindung zwischen dem Sühntod Jesu und unserm Glaubensleben ausdrücklich genannt: »Welcher selber unsere Sünden an seinem Leib an das Holz getragen hat, auf daß wir – den Sünden abgestorben – der G. leben« (1 Petr 2,24).

Dem, der nach der G. Gottes hungert und dürstet, wird verheißen, daß er satt werden wird (Mt 5,6); dem um seiner G. willen Verfolgten wird der Trost zugesprochen, daß im neuen Himmel und auf der neuen Erde G. wohnen wird (2 Petr 3,13); der Welt wird im Blick auf den Tag des Gerichtes, an dem Gott den Erdkreis richten wird, verkündet, daß dies in G. geschehen wird (Apg 17,31).

B) G. BEI PAULUS.

1) Die G. aus dem Glauben.

Wenn sich der Begriff der G. aber von der inneren Lebensverbindung mit Gott gelöst hat, so verleitet die Beziehung der G. zum Richtspruch Gottes leicht dazu, doch in juristischen Kategorien zu messen und an Hand von Gesetz und Gehorsam zu bestimmen, welches Maß an G. ein Mensch erreicht habe. Zum andern verführt die Vorstellung von der eigenen G. des Menschen, die ja immer nur eine relative G. sein kann, dazu, die G. Gottes nicht ernst zu nehmen. Sie muß zwangsläufig eine G. mit einem zugedrückten Auge werden.

Das hat Paulus, der Pharisäer, der in der Erfüllung der Gesetzesvorschriften untadelig erfunden war (Phil 3,4ff) und der die G. vor Gott als seinen angemessenen Lohn empfand, ehe ihm Jesus vor Damaskus erschien (Apg 9,1ff), klar erkannt. Seitdem wußte er: vor Gott ist kein Fleisch gerecht (Röm 8,8), noch kann menschliche G. vor ihm bestehen, G. hat nur der neue Mensch in Christus (Eph 4, 24). Das Gesetz und seine Erfüllung kann niemanden rechtfertigen. Es ist ja gerade wegen der Sünde des Menschen eingeführt (Gal 3,19) und schafft erst die Erkenntnis der Sünde (Röm 3,20). So viele also aus Gesetzeswerken sind, die sind unter dem Fluch, nicht unter der G. Gottes (Gal 3,10). »Christus ist uns gemacht zur G.« (1 Kor 1,30), »ihn, der keine Sünde kannte, hat Gott für uns zur Sünde gemacht, damit wir durch ihn Gottes G. würden« (2 Kor 5,21), d. h. die G. erhielten, die vor Gott gilt. G. ist Gabe Gottes in Christus (Röm 5,17), nicht Verdienst aufgrund eigener Gesetzeserfüllung. Weil Christus unsere Sünde auf sich nahm, unsere Sünde wurde, sind wir vor Gott gerecht – obwohl noch im Fleisch und damit im Bereich der Sündhaftigkeit.

Diese G. wird real im → Glauben, so wie das Heilswerk Jesu überhaupt glaubend angeeignet werden muß. Darum kann Paulus diese G. des Menschen vor Gott auch die G. aus Glauben, die Glaubensgerechtigkeit nennen (Röm 4,9.11.13; 9,30; 10,4.6; Gal 5,5 u. ö.). In ihr ist der Mensch gerecht vor Gott, aus lauter Gnade Gottes, um Christi willen.

2) Die neue G. und die Sittlichkeit.

Es ist Paulus schon zu seinen Lebzeiten der Vorwurf gemacht worden, daß seiner Lehre von der G. des Menschen der sittliche Impuls fehle: »etliche behaupten, wir sagten: laßt uns das Böse ruhig tun, damit das Gute dabei herauskomme – deren Gericht ist gerecht« (Röm 3,8; vgl. 6,1). Denn ihr Vorwurf besteht zu Unrecht. Für Paulus entsteht der sittliche Impuls nicht durch den Anstoß, den ein Gesetz hervorruft. Er liegt vielmehr im Glauben selber begründet. Wenn wir im Glauben mit Christus gestorben sind, wie sollten wir dann noch in der Sünde leben können! (Röm 6,2). An Christus glauben, in Christus sein, seinen Geist wirken lassen, das umschließt zugleich: nichts anderes mehr wollen, als dem Herrn zu gefallen (2 Kor 5,9.10).

Ist der Glaube schwach, das Wollen zum Gehorsam vor Gott gering, dann kann Paulus ganz konkret dazu aufrufen, und zwar in gewohnter Form atl. Ermahnung zur G. (Röm 6,13.16.18–20; 9,30; 2 Kor 9,10; Eph 4,24 u. ö.). Der Unterschied zum AT besteht aber darin, daß Paulus nicht im Blick auf die Bundestreue Gottes zur gleichen treuen G. des Menschen aufruft, sondern im Blick auf die G. Gottes in Christus, die dem Glaubenden zuerst geschenkt wird, mahnt, diese G. Gottes im menschlichen Bereich sich auswirken zu lassen – aus Dankbarkeit, nicht, um wiederum eine G. zu erlangen, deren man sich vor Gott rühmen könnte.

Gergesener → Gadarener

Gericht. I) BEGRIFF.

A) Im AT ist das Richten ein hervorragender Wesenszug Gottes. Richten heißt vornehmlich »das Recht herstellen oder wiederherstellen«. So können die Gerechten erwarten, daß ihnen von Gottes

G. Gerechtigkeit widerfährt (Ps 58,12; Jer 17,10). Der richtende Gott wird zum Beschützer und Anwalt der Bedrängten, der Witwen und Waisen (2 Mo 22,21–23[22–24]; 23,7; Ps 26,1; 68,6; 119,52). Wehe aber denen, die Unrecht tun! Über sie wird das ganze G. Gottes in seiner Schärfe ergehen (Jer 28, 16f; 3 Mo 26,14ff; 5 Mo 28,15ff).

B) Im NT bedeutet das griech. Wort *krisis* zunächst Scheidung, dann Entscheidung, Gerichtsentscheidung, G. Es entspricht dem Wesen Gottes, das nur Licht ist, in dem keine Finsternis ist (1 Joh 1,5; Jak 1,17), Licht und Finsternis voneinander zu scheiden (vgl. 1 Mo 1,4). In ihm hat auch keine Sünde Raum, die ja ein Stück Finsternis ist. Darum drängt Gott dahin, die verborgene Sünde und Schande aufzudecken und zur Schau zu stellen, während es umgekehrt der Wesensart des Sünders entspricht, die geheimen Werke der Finsternis verborgen zu halten (Joh 3,19.20). »Alles, was offenbar wird, das ist Licht« (Eph 5,11–13). Wenn Gott richtet, soll nach seinem Willen irgend etwas Verborgenes ans Licht.

II) VERHÄLTNIS DES GERICHTES ZUR LIEBE GOTTES.

A) Über allem steht sein Wille zu retten. »Gott hat seinen Sohn nicht gesandt in die Welt, daß er die Welt richte, sondern daß die Welt durch ihn gerettet werde« (Joh 3,17). Darum kann Jesus von sich sagen: »Ich richte niemand« (Joh 8,15). Sein Ziel ist die Rettung der Menschen und nicht ihre Vernichtung (Lk 9,56; Joh 12,47). Dieser Retterwille Gottes ist in der ganzen HS bezeugt (Hes 33,11; Lk 5,32; 19, 10; 1 Tim 1,15; 2,4). Retten und Richten sind nun aber keineswegs zwei einander ausschließende Verhaltensweisen Gottes. Im Gegenteil! Um sein Rettungswerk durchzuführen, das er sich vorgenommen hat, muß er richten. Ohne Richten gibt es kein Heil.

B) Wenn Gott retten will, muß er scheiden. Es kann niemand an Gottes ewigem Heil Anteil bekommen, an dem nicht zuvor die Scheidung zwischen Licht und Finsternis, Gutem und Bösem durchgeführt worden wäre. So ist Christus den Menschen zur Scheidung und Entscheidung gesetzt, den einen zum »Aufstehen«, den andern zum »Fall« (Lk 2,34). An ihm scheiden sich die Geister. Obgleich Christus zur Rettung in die Welt gekommen ist, ist in der Tat sein Kommen zum G. geworden; denn »die Menschen liebten die Finsternis mehr als das Licht« (Joh 3,19). Im Sterben Jesu ergeht das G. über die Welt. Die da meinten, Jesus zu richten, wurden die Gerichteten (Joh 12,31). So hat Jesu Kommen auf Erden eine doppelte Wirkung auf die Menschen:

1) Die an ihn glauben, d. h. die seinem G. sich beugen, werden nicht gerichtet. Wer ihn aufnimmt, hat bereits das G. über alle Sünde an sich selbst vollziehen lassen und braucht nicht mehr gerichtet zu werden (Joh 3,18; 5,24). Wer zu Jesus gehört, steht ganz auf der Seite des Lebens und hat mit dem Tode und allem Todeswesen nichts mehr zu tun. Das schließt aber nicht aus, daß auch die Gläubigen vor dem Richterstuhl Christi versammelt werden (Röm 14,10; 2 Kor 5,10; 2 Tim 4,8). Auch bei ihnen muß offenbar werden, was in ihnen verborgen ist. Das wird die herrliche Rechtfertigung der verkannten Gläubigen vor der Welt sein (1 Kor 4,5; Kol 3,4); denn es wird vor allem ihr verborgenes Leben mit dem Herrn offenbar werden, aber auch ihre Verfehlungen, Unterlassungen, ihre falschen menschlichen Werke (1 Kor 3,12–15).

2) Die Ungläubigen jedoch sind bereits gerichtet, weil sie sich gegen Jesus verschließen (Joh 3,18). So löst sich der scheinbare Widerspruch, daß Jesus beides sagen kann: Er sei nicht zum G. in die Welt gekommen und er sei doch zum G. auf diese Welt gekommen (vgl. Joh 3,17 mit 9,39). Er will retten und er wird zum Richter! So hat auch Gott ihn, den er zum Retter gesandt hat, zum Richter aller Menschen bestellt (Joh 5,22.27.30). Welche Triumphe feiert hier die Liebe Gottes, daß er den der Welt zum Richter bestellt hat, der sein Leben für sie gegeben hat! Dieses G. ist seit der Erscheinung Christi auf Erden in vollem Zuge.

III) BESONDERE GERICHTSZEITEN UND DAS JÜNGSTE GERICHT.

A) Nun zeigt uns die HS, daß es, angefangen von der Sintflut (1 Mo 6–8) bis zu den Posaunen- und Zornschalengerichten Offb 8–11; 16, immer ganz bestimmte Gerichtszeiten gegeben hat, in denen Gott auf Erden richtet. Auch sein Richten hat seine Zeit (Pred 3,1ff). Das wohl folgenschwerste G. hat Israel selbst getroffen, die Juden haben es bei der Kreuzigung Jesu über sich heraufbeschworen (Mt 27,25). Hier wurde versäumte Entscheidung für Jesus zur Scheidung von ihm. Der Leidensweg dieses Volkes seit der Zerstörung Jerusalems ist ein beredtes Zeugnis davon. Alle diese Gerichtszeiten sind nun nichts weiter als Vorboten und Vorbereitung des Jüngsten G., der letzten großen Scheidung und Entscheidung.

B) Daß Jesus Christus von Gott gesetzt ist, an einem bestimmten Gerichtstage den ganzen Erdkreis zu richten, ist fester Bestandteil der apostolischen Verkündigung (Apg 10,42; 17,31). Hierüber finden wir im NT zwei ausführliche Berichte.

1) DER BERICHT VOM VÖLKERGERICHT (Mt 25,31–46). Es handelt sich hier um das G., das Jesus bei seiner → Wiederkunft abhalten wird, wenn er sein → Reich aufrichten wird. Gerichtet werden dann »alle Völker«. Es geht einzig darum, wer würdig befunden wird, das Reich zu »ererben« (V 34). Merkwürdig, nach welchem Maßstab hierbei gerichtet wird! Bei dieser Entscheidung handelt es sich um die Frage, wie die Menschen sich zu denen in ihrem Leben gestellt haben, die Jesus als seine geringsten Brüder bezeichnet. So wird mancher in diesem Völkergericht, ohne es zu ahnen, freigesprochen werden, weil er Jesus in seinen »geringsten Brüdern« gedient hat, und zur Teilnahme am Königreich Christi gelangen. Andere dagegen bleiben erstaunt draußen. Dieses G., das offenbar von dem allerletzten allgemeinen Totengericht, dem Jüngsten G., unterschieden werden muß, gibt eine Antwort auf die Frage: Wird es über die erlösten Gläubigen hinaus, die zur Herrlichkeit eingegangen sind, noch einen Kreis von Menschen geben, die an der Herrlichkeit der Königsherrschaft Christi mit den Gläubigen teilnehmen dürfen? Ja, das Volk des Herrn ist noch etwas größer, als es zunächst den Anschein hat.

2) DAS ALLGEMEINE TOTENGERICHT (Offb 20,11–15) Hier nun geht es um die allerletzte Abrechnung mit der übrigen Menschheit, die das Totenreich mit seinen vielen Örtern bevölkert und zum Tage des letzten G. aufgespart ist. Dieses G. ist der Auftakt zu einer völligen Umwandlung und Umschmelzung des ganzen Kosmos (→ Auferstehung). Ein neuer Himmel und eine neue Erde erstehen (Offb 21). Christus, der Weltenrichter, vor dessen Angesicht die alte Erde und der alte Himmel fliehen (Offb 20,11), vollzieht diese letzte Abrechnung. Zu den Beisitzern dieses G. gehören auch die Heiligen, die nun mit dem Herrn vereinigt sind (1 Kor 6,2–3; Offb 3,21). Gerichtet wird nach den Werken. Diese sind ja der Ausdruck des wahren inneren Wesens der Menschen. In den Gerichtsakten Gottes, den »Büchern«, ist alles festgehalten, was ein Mensch einst gedacht,

gesagt und getan hat. Alles wird offenbar. Nur eine Möglichkeit gibt es, diesem G. zu entrinnen und freigesprochen zu werden: Der Name muß in dem »anderen Buch«, dem »Buch des Lebens«, stehen. Lautet jedoch das Gerichtsurteil auf »schuldig«, so bedeutet das ewige → Verdammnis (Mt 25,41; Offb 20,14f). Daß es auch eine Zurechtbringung noch im Totenreich geben kann, darauf mag der Bericht von der »Höllenfahrt« Christi hindeuten, der den »Geistern im Gefängnis« gepredigt hat, damit sie »im Geist Gott leben« (1 Petr 3,19; 4,6). Daraus leite man aber keinen Freibrief ab, das → Heute und Jetzt des Bußrufs und des Anspruches Christi für sich persönlich in die Zeit nach dem Tode verlegen zu können. Alles in allem steht es sehr ernst um das, was die Bibel über das G. zu sagen hat. Es genügt, um mit ganzer Hingabe Christus und sein Heil zu suchen. Vgl. weiter → Recht, → Rechten, → Rechtfertigung, → Richten, → Richthaus, → Richtstuhl.

Gerichtsplatz → Areopag

Gersom. Der Name wird 2 Mo 2,20; 18,1 erklärt aus *ger* »Fremder« und *sam(?)* »dort«, weil Mose Gast geworden war im fremden Land der Midianiter. Noth übersetzt (nach dem Arab.) »Schelle, Klingel« als Ausdruck der Freude über die Geburt des Kindes.
1) Erstgeborener des Mose und der Zippora, in Midian geboren (2 Mo 2,22; 18,3). In 1 Chron 23,14–16 wird er mit seinem Bruder unter den Leviten aufgeführt. Zu Ri 18,30 vgl. → Jonathan (2).
2) Nachkomme des Priesters Pinehas, der mit Esra aus der babyl. Gefangenschaft heimkehrte (Es 8,2).

Gerson, zur Bedeutung vgl. Gersom.
Sohn Levis und Vater des Libni und Simei (1 Mo 46,11; 2 Mo 6,16.17; 4 Mo 3,17.18). Die Nachkommen G., die Gersoniter, bildeten eine der drei großen Hauptgruppen des Stammes Levi. Während des Wüstenzuges lagerten sie westl. der Stiftshütte und sorgten für die Decken, Teppiche und Vorhänge des Heiligtums unter der Aufsicht Ithamars, des Sohnes Aarons (4 Mo 21–28). Zwei Wagen und vier Rinder standen ihnen für den Transport dieser Sachen zur Verfügung (4 Mo 7,7). Nach den beiden Söhnen G. gliederten sich die Gersoniter in zwei weitere Gruppen, nämlich die Libniter und die Simeiter (4 Mo 3,21; 1 Chron 6,1[16]f). Durch Josua erhielten sie bei der Verteilung des Landes Kanaan 13 Städte zugewiesen, davon lagen 2 jenseits des Jordan in Manasse, 4 in Isaschar, 4 in Asser und 3 in Naphthali (Jos 21,27–33). Die Geschlechter der Gersoniter unter David werden 1 Chron 23,7–11 genannt.

Gerste *(Hordeum sativum;* hebr. *seorah;* griech. *krithae).*
In Palästina werden noch heute verschiedene Arten G. angebaut. G. wurde im November gesät und in der 1. Aprilhälfte z. Zt. des Passahfestes geerntet, in Ägypten bereits im März. Die 7. Plage, der Hagel, vernichtete dort die Ähren der G. (2 Mo 9,31). G. war statt des teureren Weizens das Brotgetreide des einfachen Volkes (Ri 7,13; Rt 3,15; 2 Kö 4,42; Hes 4,9; Joh 6,9.13) und wurde, mit gehacktem Stroh vermischt, auch an die Pferde verfüttert (1 Kö 5,8[4,28]). Im röm. Heer war G.brot die Nahrung der Sträflinge. – Mit 5 G.broten und 2 Fischen sättigte Jesus 5000 Männer, dazu die Frauen und Kinder, die hinaus in die Wüste gekommen waren, um ihn zu hören (Joh 6,9; Mt 14,21).

Geruch. I) »Ein süßer G. dem Herrn« ist im AT eine oft wiederholte Redewendung in bezug auf Opfer, die Gott dargebracht werden (1 Mo 8,21; 2 Mo 29,18.25.41; 3 Mo 1,9.13.17 u. ö.), und bedeutet: etwas, an dem der Herr sein Wohlgefallen hat.
II, 1) Im Hinblick auf Menschen heißt G. Ruf, Ansehen (2 Mo 5,21). Vgl. das verwandte Bild im Dt.: jemanden nicht riechen können.
2) Im Zushg. eines anderen Bildes (2 Kor 2,14–16), bezeichnet G. die Wirkung, die von einem Menschen ausgeht. Der Anfang von V 14 heißt wörtlich: »Gott aber sei Dank, der uns alle Zeit im Triumphzug umherführt in Christus ...« Der Triumphzug siegreicher Feldherren wurde bei den Römern stets von Gefangenen, die Weihrauchgefäße trugen, begleitet. Mit diesem Bild will Paulus sagen, daß der Gläubige als ein Besiegter Jesu Christi in der Nachfolge seines Herrn durch sein Zeugnis und seinen Wandel das Evangelium wie einen Wohlgeruch verbreitet. Von der Entscheidung der Hörer hängt es jedoch ab, ob die Botschaft Leben bewirkt oder zum Tode gereicht.

Gerücht. Die Nachricht (1 Kö 2,28; Jes 37,9), auch die falsche (2 Sam 13,30). Weiter der gute Ruf, das Ansehen eines Menschen (1 Kö 10,1.7; Est 9,4; Mt 4,24; Apg 6,3; 10,22). In diesem Sinne auch auf die Kunde von Gott angewendet (Jos 9,9; 1 Kö 10,1). Böses G. ist schlechter Ruf (Spr 25,10) und üble Nachrede (2 Kor 6,8).

Gesalbter (hebr. *maschiach;* griech. *christos).*
I, 1) Ein durch Salbung zu einem besonderen göttlichen Auftrag Berufener und Geweihter. Mit der Salbung ist die Begabung mit dem Heiligen Geist verbunden (vgl. 1 Sam 10,1ff), der den Menschen ändert und zum göttlichen Auftrage geschickt macht. Vgl. → Salbe, salben.
2) Bei den → Königen Israels war die Bezeichnung »der Gesalbte des Herrn« (1 Sam 2,10; 12,3; 24,7; 26,9.11.16; Ps 20,7 u. ö.) nicht nur eine ehrende Anrede, sondern ist wohl später zum Titel geworden.
II) Als Eigenname ist G. die Bezeichnung des verheißenen → Messias (vgl. Ps 2,2), der Israel in → Jesus Christus gesandt wurde (Joh 1,41). Er ist König, Priester und Prophet in einem und von Gott mit dem Heiligen Geist gesalbt (Apg 4,26; 10,38).
III) Dem Herrn geweihte Männer, z. B. die Erzväter und der König Kores (Kyrus), der zeitweilig Gottes Auftrag ausführte, erhalten Ps 105,15 und Jes 45,1 den Ehrennamen G. Vielleicht ist diese Bezeichnung hier schon zum Titel geworden.

Gesan, dritter Sohn Jahdais aus dem Stamme Juda (1 Chron 2,47).

Gesandter. I) Die Worte senden, G., Bote, Botschafter, Botschaft werden in der HS für alle Arten der persönlichen, geschäftlichen und dienstlichen bzw. amtlichen Mitteilung gebraucht, von der einfachen Ansage über die allg. Nachrichtenübermittlung bis hin zur diplomatischen oder prophetischen Botschaft besonderen Inhalts.
II) Vielfach hat der Bote lediglich eine Kunde zu überbringen (Jes 14,32; Ri 9,31; Hi 1,14); das gilt auch für die militärische Meldung (2 Sam 12,27; 18,19–32; Jer 51,31). Wo er mit einer Frage abgeschickt wird, nimmt er die Antwort mit zurück (2 Kö 1,2; Lk 7,18–24). Die Verwendung eines Boten wirkt jedoch verletzend, wo ein persönlicher Empfang erwartet werden kann (2 Kö 5,10). Bei politischen Verhandlungen gehen die Boten und Abgesandten hin und her (2 Sam 3,12–15; 1 Kö 20,2.5.9; Neh 6,1–8). Dabei wird gelegentlich ein Brief überbracht, dessen Inhalt zugleich mündlich übermittelt wird

(2 Kö 19,9.14; Neh 6,5). Zur Einberufung des Volksheeres (Ri 6,35; 7,24; 1 Sam 11,7) und zum Überbringen der Kriegserklärung (2 Kö 14,8) werden Boten oder Botschafter verwandt. Im Perserreich verbreiten reitende Kuriere die königl. Erlasse (Est 8,10.14). Gelegentlich haben G. bestimmte Anweisungen auszuführen, militärische (Jos 6,25) oder polizeiliche Aufgaben können ihnen übertragen werden (1 Sam 19,11). Dabei haben sie unter Umständen weitgehende Vollmacht für bindende Abmachungen (Jos 2). Bes. vornehme G. – Fürsten und Älteste – werden gern gewählt, wenn man eine angesehene Persönlichkeit um einen Dienst bitten läßt (4 Mo 22,5.7.8.15; Lk 7,3.4.10).
Häufig werden politische und diplomatische Gesandtschaften erwähnt, die um Hilfe ersuchen (1 Sam 11,3.4.9), Verhandlungen führen (4 Mo 20,14ff; 21,21; Ri 11,12.14.17; 2 Chron 35,21) und Verträge abschließen (Jos 9,3–15). Sie überbringen offizielle Glückwunsch- oder Beileidsbotschaften (2 Sam 10, 1–5; 8,10; 2 Chron 32,31) und spielen eine große Rolle in der Bündnispolitik der jüd. Reiche (2 Kö 16, 7; 17,4; Jes 30,4; Hes 17,15).
III) Für die G. der urchristlichen Gemeinden (2 Kor 8,23; Phil 2,25) dürfen wir über die Erfüllung bestimmter Aufträge hinaus ein selbständiges Handeln annehmen, das auf Gewissen und Vertrauen gegründet ist. Botschafter sein an Christi Statt (2 Kor 5,20) heißt die Grundbitte weitertragen: »Laßt euch versöhnen mit Gott!« Das setzt im einzelnen die Bindung und Freiheit, die Freude und Kraft voraus, die der unmittelbare Auftrag des Herrn verleiht. Vgl. weiter → Apostel, → Evangelium, → Läufer, → Prophet, → Senden.

Gesang → Lied, → Lobgesang

Geschäft. I) G. wird in der HS sowohl für die gewöhnliche Berufsarbeit (1 Mo 39,11), für die Feldarbeit (Spr 24,27), für den Dienst des Hohenpriesters im Allerheiligsten (1 Chron 6,34[49]), für die Vermittlung der Engel (Apg 7,53) wie auch für das Handeln Gottes (Ps 92,5; Jes 5,12) gebraucht.
II) Mit den G. des Fleisches, eigentlich des Leibes *(sôma)*, sind in Röm 8,13 die Sünden gemeint, die vom Körper ausgehen und bestimmt werden. Sie belasten den ganzen Menschen und sollen im Leben des Gläubigen durch den innewohnenden Heiligen Geist getötet, d. h. überwunden werden.

Geschenk. G. sind freiwillige, allerdings oft auch von der Sitte geforderte Gaben.
G. gab der Vater den nicht erbberechtigten Söhnen (1 Mo 25,6) und den Töchtern als Mitgift bei deren Hochzeit (Ri 1,15). Auch der Bräutigam gab dem Brautvater (1 Mo 34,12) und die geladenen Hochzeitsgäste dem Brautpaar (Ps 45,13) G. Sie sind Zeichen des guten Willens zwischen Freunden und Nachbarn (Est 9,22) und sichern das Wohlwollen großer Herren (Spr 18,16). Richter durften jedoch wegen der Bestechungsgefahr keine G. annehmen (2 Mo 23,8; 5 Mo 16,19). Monarchen gaben ihren Untergebenen G. als Anerkennung für ihren Dienst (Dan 2,48) oder als Zeichen des Wohlwollens bei öffentlichen Freudenfesten (Est 2,18). Sie wurden aber auch von Vasallen als Tribut dargebracht (2 Sam 8,2.6; 2 Chron 26,8; Ps 45,13; 72,10; Mt 2,11). Vgl. → Zins.

Geschlecht. I) Der Begriff und die Institution des G. spielte in Israel zu allen Zeiten eine große Rolle, da die politische und gesellschaftliche Struktur des Volkes auf der Gliederung in Stämme, Geschlechter und Familien (= Häuser) beruhte. Das gilt in besonderem Maße von der eigentlichen Stammesgeschichte Israels, aber auch von der Zeit des Königtums, der Zeit nach dem Exil und mit Einschränkung von der des NT. Ein G. war die Zusammenfassung mehrerer verwandter Familien, eine Gruppe verwandter G. konstituierte den Stamm und Stämme das Volk. Das öffentliche wie das private Leben empfingen von daher ihre entscheidende Prägung.

II) Das biblische Hebr. kennt vor allem sechs Ausdrücke, die vorwiegend oder teilweise das meinen, was wir mit G. oder ähnlich bezeichnen würden. Ihnen liegen folgende Bedeutungen zugrunde, die die Übersetzer im Dt. sehr verschieden wiedergeben: Tausendschaft (z. B. Ri 6,15 EÜ; LÜ Freundschaft); Haus, Vaterhaus (z. B. 1 Kö 15,27); Sippe (z. B. 5 Mo 29,17[18]); Same, Nachkommenschaft (z. B. 1 Mo 3,15); Menschenalter, Generation (z. B. 1 Mo 15,16); Zeugung (z. B. 4 Mo 1,20). Die hebr. Worte haben sich gegenseitig beeinflußt, so daß der Begriff des G. fließend ist.

III) Die wesentlichen Begriffsschattierungen:
1) Eine bestimmte Abteilung des Volkes: G. als nächste Unterabteilung des Stammes (z. B. 1 Sam 10,21); G. als Zusammenfassung mehrerer Familien (z. B. 1 Mo 24,38); etwa gleichbedeutend mit Stamm (z. B. Ri 13,2).
2) Generation im Sinne der Zusammenfassung von Zeitgenossen (z. B. 1 Mo 15,16; Pred 1,4). Die Wendung »von Generation zu Generation« bezeichnet die Zusammenfassung mehrerer Zeitgenossenschaften und deckt sich weithin mit dem Begriff der unbegrenzten Zeit (immer, unaufhörlich, ohne Unterbrechung; z. B. 2 Mo 3,15 EÜ, MÜ, ZÜ).
3) Die Nachkommen eines gemeinsamen Vorfahren (z. B. 1 Mo 15,18 LÜ Same). Häufig ist »zukünftiges G.« (z. B. 5 Mo 29,21[22] EÜ, ZÜ), weniger häufig »voriges G.« (z. B. Hi 8,8).
4) Gleichbedeutend mit Volk (z. B. 3 Mo 25,47 EÜ, ZÜ).
5) Menschen gleicher Abkunft und zugleich gleichen Wohngebietes (z. B. 3 Mo 25,10).
6) Menschen gleicher Abkunft und zugleich gleichen Standes oder gleicher Zunft (z. B. 1 Chron 2,55 EÜ, MÜ, ZÜ; Apg 4,6; 1 Kö 11,14; übertragen auf Christus: Offb 22,16).
7) Menschen gleicher Beschaffenheit oder Artung: von den Bösen (z. B. Jer 7,29) und von den Frommen (z. B. Ps 112,2).
8) Im Sinne von Erschaffung und Geschöpflichkeit (1 Mo 2,4 EÜ Anm.; Apg 17,28f).
IV) Zur Geschlechtlichkeit des Menschen vgl. → Leib IV.

Geschlechtsregister. I, 1) LISTE VON NAMEN, die, zeitlich und nach Familien, Geschlechtern und Stämmen geordnet, nacheinander aufgeführt werden. Das Interesse an G. ist bei fast allen alten Kulturvölkern nachweisbar, bes. im Vorderen Orient, und fand seinen Niederschlag in einer breiten genealogischen Literatur. Die alte Geschichtsschreibung war vornehmlich an Familien- und Stammesgeschichte interessiert.
2) In der Bibel begegnen uns G. vor allem in den Büchern 1 Mo; 4 Mo; Rt; 1 Chron; Es; Neh; Mt und Lk. Die meisten G. stammen aus der Zeit vor dem Königtum, doch spielen sie auch weiterhin eine große Rolle, z B. in nachexilischer Zeit (Es; Neh).
3) Im Vordergrund stehen die eigentlichen Geschlechterlisten (z. B. 1 Mo 5; 11; 25; 36; 2 Mo 6; Rt 4; 1 Chron 1–9; Es 7). Häufig sind Volkszählungen auf familiengeschichtlicher Grundlage (z. B. 1 Mo 46; 2 Mo 1; 4 Mo 1; 2; 26; Es 2; 8; Neh 7; 11).

Eine Sonderstellung nimmt die genealogisch aufgebaute → »Völkertafel« ein (1 Mo 10). Auch Listen von Priestern, Leviten und anderen Tempelbediensteten berücksichtigen das familiengeschichtliche Moment (z. B. 4 Mo 3; Es 10; Neh 12). Selbständige Königslisten haben wir nicht; sie sind Bestandteil der Familienregister oder decken sich damit (vgl. 1 Chron 3; Rt 4). Außer den angeführten gibt es besonders in 1 Mo eine Fülle kurzer familiengeschichtlicher Notizen.

4) 1 Tim 1,4; Tit 3,9 sind mit G. wahrscheinlich jüd.- oder heidnisch-gnostische Spekulationen gemeint.

5) Literarisch gesehen gibt es zwei Grundformen: vorwärtsführende (z. B. Rt 4) und (häufiger) zurückführende Listen (z. B. Es 7). Vergleiche zeigen, daß sie nicht immer lückenlos sind (z. B. Mt 1). Symmetrie spielt eine große Rolle: je 10 Glieder von Adam bis Noah und von Sem bis Abraham (1 Mo 5; 11); je 70 Söhne Jakobs und Benjamins (1 Mo 46; 1 Chron 2; 8); 3mal 14 Glieder von Abraham bis Christus (Mt 1). Die Annahme, daß es sich hier um Zahlensymbolik handelt, ist wahrscheinlicher als die Erklärung, daß die Symmetrie der besseren Einprägsamkeit diente. Die bibl. G. unterscheiden sich auch dadurch von modernen Stammbäumen, daß Begriffe wie Vater, Sohn, zeugen und gebären zuweilen im erbrechtlichen Sinne und nicht im Sinne natürlicher Abkunft zu verstehen sind (vgl. 5 Mo 25,5f). Vergleiche von Neh 12,22 mit 23 und Es 5,1 mit Sach 1,1 zeigen, daß »Sohn« hier Enkel bedeutet.

6) Die bibl. G. haben nicht nur familiengeschichtliche Bedeutung, sondern tragen häufig eine deutliche heilsgeschichtliche Note. Immer wieder treten bestimmte Personen bes. hervor und leiten einen neuen Heilsabschnitt ein (z. B. Noah, Abraham, Jakob-Israel, David, Serubabel). Nächste Blutsverwandte scheiden aus der Heilslinie aus und treten in die Allgemeinheit der Völkerwelt zurück (z. B. Kain, Lot, Esau). Die Ersteren sind erwählt, und auf ihnen ruht die Verheißung. Zur natürlichen Abstammung tritt die Erwählung hinzu. Zuweilen greift Gott sogar auf Menschen außerhalb Israels zurück, um die Verheißung zu realisieren, die Abraham und seinen direkten Nachkommen gegeben ist (z. B. Asnath, 1 Mo 46,20; Ruth, Rt 4,21).
Die Konsequenz der G. liegt nicht so sehr in der schlüssigen und blutsgebundenen Ahnenkette, sondern vielmehr in Gottes Heilswillen, der sich zu allen Zeiten unserer Logik entzieht.

II) Bes. Beachtung verdient der hebr. Ausdruck *toledot* (von der Wurzel »gebären, zeugen«), der in 1 Mo 11mal erscheint und von MÜ wiedergegeben wird mit: Entstehungsgeschichte (1 Mo 2,4a), Geschlechtstafel (5,1a), Geschichte (6,9a; 37,2a), Stammbaum (10,1a; 11,10a; 11,27a; 25,12a; 25, 19a), Nachkommen (36,1; 36,9a). *Toledot* bedeutet soviel wie Geschichte oder spezieller: Familiengeschichte, und zwar rückblickend auf den Ursprung. P. J. Wiseman (Die Entstehung der Genesis S. 49ff) weist darauf hin, daß es sich bei den *Toledot*-Sätzen »dies ist das Geschlecht von ...« (u. ä. LÜ) nicht um einleitende Formeln zu G. und sonstigen Familienberichten handele, sondern um Schlußsätze, die sich auf das Voraufgehende beziehen (bes. deutlich 1 Mo 2,4a). Hierin werde abgesehen von 1 Mo 2,4a der jeweilige Verfasser oder Eigentümer des voraufgehenden Berichtes ausgewiesen. Das entspräche auch einem auf altbabyl. Tontafeln nachweisbaren literarischen Brauch. Wiseman kommt zu dem Schluß, daß sich der Abschnitt 1 Mo 1,1–37,2a ursprünglich auf 11 Tontäfelchen, bzw. Tontafelsammlungen verteilt haben müsse, die jeweils mit einer *toledot*-Formel schlossen und in 10 Fällen Hinweise geben auf den Verfasser oder Besitzer. Hat er recht, dann ergeben sich daraus bedeutungsvolle Folgerungen für die Frage nach dem Alter, den Verfassern und dem literarischen Aufbau des 1. Buches Mose.

III, 1) Zweimal wird uns der STAMMBAUM JESU Christi überliefert: Mt 1,1–17; Lk 3,23–38. Mt bietet ihn in der absteigenden Form von Abraham bis Christus, Lukas in der aufsteigenden von Jesus über Adam bis Gott. Matthäus stellt »Christus« als den Davidssohn und legitimen Träger der Abrahamsverheißung heraus, also als den verheißenen Messias (Mt 1,1). Lukas sieht »Jesus« im Zusammenhang der Menschheitslinie und führt sie bis auf Gott zurück (Lk 3,38). Er läßt aber keinen Zweifel daran, daß die Linie Jesus-Gott keine ungebrochen natürliche ist: »Jesus ..., wie man annahm, ein Sohn des Joseph« (Lk 3,23 ZÜ). Jesus ist der zweite Adam, aber er steht in anderer Beziehung zu Gott als der erste. Damit rührt Lukas an das Geheimnis der Herkunft Jesu als des Sohnes Gottes, der gleichwohl allen Menschen verbunden ist.

2) Beide Listen scheinen lückenhaft zu sein (z. B. übergeht Matthäus Ahasja, Joas u. Amazja) und fügen sich in ein zahlensymbolisches Ordnungsprinzip ein, das bei Mt 1,17 ausdrücklich genannt wird und bei Lukas noch erkennbar ist (3×7 Glieder von Gott bis Tharah, je 2×7 Glieder von Abraham bis David und von Nathan bis Sealthiel, 3×7 Glieder von Serubabel bis Jesus, nach griech. Hss.). Der Abschnitt von Gott bis Tharah findet sich nur bei Lukas. In der Gruppe von Abraham bis David besteht weitgehende Übereinstimmung zwischen Matthäus und Lukas, nur in Lk 3,33 bieten die Hss. stärkere Abweichungen. In der Gruppe von David bis Jechonja besteht keine Übereinstimmung. Matthäus führt seine Liste über Salomo auf Jechonja, Lukas über Nathan (einen anderen Sohn Davids) auf Neri. In der Gruppe von Sealthiel bis Jesus Christus begegnen sich die Listen nur in den beiden ersten und in den letzten beiden Gliedern: Sealthiel und Serubabel, Joseph und Jesus. Wesentliche Unterschiede bestehen hier auch darin, daß Sealthiel nach Matthäus ein Sohn Jechonjas ist, nach Lukas aber ein Sohn Neris; und daß Matthäus Joseph als einen Sohn Jakobs bezeichnet, während er bei Lukas Elis Sohn ist. Matthäus führt 42 Glieder von Abraham bis Christus auf, wobei zwei Söhne Judas mitgezählt sind (Mt 1,3). Lukas nennt für die gleiche Periode 56 Namen und für die Zeit von Adam bis Jesus 77 (nach anderen Hss. 76, bzw. 72).

3) Beim Vergleich beider Listen ergeben sich zwei Hauptprobleme, abgesehen von der unterschiedlichen Gliederzahl und der Frage nach dem Verhältnis Arni-Ram-Admin:

a) Warum heißt Sealthiel einmal der Sohn Jechonjas (Matthäus) und einmal der Sohn Neris (Lukas), womit Matthäus den Stammbaum Jesu über Salomo auf David zurückführt, Lukas dagegen über Nathan?
Die nächstliegende Vermutung ist, daß Neri die von Jechonjas Kindern einzig überlebende und damit Erbtochter geheiratet habe und daß Sealthiel ihr Sohn sei. Dann würde Matthäus die legale Linie über Jechonja-Salomo zu David verfolgen, Lukas über Neri-Nathan die natürliche Abkunft. Über die damit jedoch verbundenen Probleme vgl. → Sealthiel.

b) Warum ist der Vater Josephs nach Matthäus Jakob, nach Lukas aber Eli?

Matthäus	Lukas	Jonam
Abraham	Gott	Joseph
Isaak	Adam	
Jakob	Seth	Juda
Juda (—Thamar)	Enos	Simeon
Perez u. Serah	Kenan, RÜ Kainam	Levi
Hezron	Mahalaleel	Matthat
Ram	Jared, RÜ Jaret	Jorem, RÜ Jorim
Amminadab		Elieser
Nahesson	Henoch	Jesus
Salma (—Rahab)	Methusalah	
Boas (—Ruth)	Lamech	Her, RÜ Er
Obed	Noah	Elmadam
Jesse	Sem	Kosam
	Arphachsad	Addi
David (—Frau Urias)	Kenan, RÜ Kainam	Melchi
Salomo		Neri
Rehabeam		Sealthiel
Abia	Salah	
Asa	Eber	Serubabel
Josaphat	Peleg, RÜ Phalek	Resa
Joram	Regu, RÜ Ragu	Johanan
[Ahasja]	Serug, RÜ Sarug	Juda, RÜ Joda
[Joas]	Nahor	Josech
[Amazja]	Tharah	Simei
Usia		Mattathias
Jotham	Abraham	
Ahas	Isaak	Maath
Hiskia	Jakob	Nangai, RÜ Naggai
Manasse	Juda	Esli
Amon	Perez	Nahum
Josia	Hezron	Amos
	Ram, RÜ Arni	Mattathias
Jechonja	Admin	Joseph
Sealthiel	Amminadab	
Serubabel	Nahesson	Janna, RÜ Jannai
Abiud	Salma	Melchi
Eliakim	Boas	Levi
Asor	Obed	Matthat
Zadok	Jesse	Eli
Achim	David	Joseph
Eliud		JESUS
Eleasar	Nathan	
Matthan	Mattathan, RÜ Mattatha	
Jakob	Menam, RÜ Menna	
Joseph	Melea	
JESUS	Eliakim	

Die Stammbäume Jesu nach Matthäus und Lukas

c) Die älteste uns bekannte Auffassung bietet Julius Africanus (220 n. Chr.): Josephs Großväter heirateten nacheinander dieselbe Frau, die aus beiden Ehen je einen Sohn hatte, die Stiefbrüder Eli (Lukas) und Jakob (Matthäus). Eli starb kinderlos, und Jakob ging mit der Witwe Elis die Leviratsehe ein (vgl. 5 Mo 25,5f), aus der Joseph hervorging. Joseph war demnach der leibliche Sohn Jakobs (Matthäus) und über Matthan-Salomo ein direkter Abkomme Davids. Nach der Leviratsbestimmung (5 Mo 25,6) galt er jedoch zugleich als »Sohn« Elis (Lukas), seines Onkels, dessen Linie über Matthat-Nathan auf David zurückging.
Seit der Reformation hat eine andere Auffassung weite Verbreitung gefunden. Danach verfolgt Matthäus die väterliche und erbrechtliche Linie über Joseph, Lukas die natürliche Abkunft über Maria. Lukas nennt jedoch Joseph als (Schwieger-)»Sohn« Elis im rechtlichen Sinne, da eine Frau im Stammbaum nicht als tragendes Glied angeführt werden kann.

Geschmeide. I) G. oder Schmuck spielt wie im gesamten Orient bis auf den heutigen Tag, so auch in Israel und der ganzen Welt der Bibel eine sehr große Rolle. Jes 3,16–24 finden wir eine Art Gesamtübersicht der verschiedenen Schmuckstücke, die in Israel hauptsächlich von den Frauen, aber auch von Männern und Kindern getragen wurden. Das AT wendet sich nicht grundsätzlich gegen den Schmuck, jedenfalls nicht, solange damit kein übermäßiger Prunk getrieben wird. Besonders bei Festen (1 Chron 16,29; Ps 29,2; 110,3) schmückt sich das Volk, aber auch im Alltag wird G. getragen. In Zeiten der Trauer legte man das G. ab (2 Mo 33,4ff). G. gab es für nahezu alle Glieder des Körpers: Stirn, Ohren, Nase, Wange, Hals, Arm, Finger, Knöchel und Füße trugen Schmuckstücke.

II) Im einzelnen sind zu nennen:

1) ARMRINGE bzw. -SPANGEN wurden einzeln oder in mehreren Stücken an einem oder beiden Unterarmen, später auch am Oberarm hauptsächlich von Frauen getragen (1 Mo 24,22; Hes 16,11). Es handelt sich dabei um ringförmig zusammengelegte Metalldrähte aus Gold, Silber, später auch Bronze und Eisen, deren Enden meist übereinander liegen. Ein besonderer Verschluß ist selten. Soweit Männer Armringe tragen, dürfte es sich um Rangzeichen gehandelt haben (2 Sam 1,10).

Armringe

2) FUSSPANGEN bzw. -RINGE hatten ähnliche Form wie die Armringe, waren nur größer und kommen Jes 3,18 als Frauenschmuck vor. Nach V 20 waren sie gelegentlich mit Schrittkettchen verbunden, die vornehme Damen zu trippelnden, kurzen Schritten nötigten.

3) OHRRINGE aus einem Stück oder mit bis zu 4 cm großen Anhängern haben sich von Syrien aus verbreitet und wurden von Frauen und Kindern (2 Mo 32,2; Jes 3,19), aber auch wohl von Männern getragen, sicher bei den Midianitern (Ri 8,26; 4 Mo 31, 50). Sie sind meist aus Gold hergestellt, glatt oder verziert und werden manchmal ans Ohrläppchen geklemmt, sonst mit einem Faden oder Stift im Ohr befestigt.

4) NASENRINGE, hebr. wie die Ohrringe *näzäm* genannt und von gleicher Form wie diese, wurden an einem der Nasenflügel oder sogar an der Nasenscheidewand befestigt. Sie finden sich hauptsächlich bei Frauen (1 Mo 24,22.47 LÜ »Reif«; Jes 3,21; Spr 11,22 LÜ Haarband).

5) SIEGELRINGE, wie sie 1 Kö 21,8; Hag 2,23; 1 Mo 38,18 und Hl 8,6 erwähnt werden, trugen das persönliche → Siegel, zu dem man einen Stein aus Quarz, aber auch aus Edelsteinen wie Onyx (2 Mo 28,9) oder Smaragd (Sir 32,8 ZÜ) benutzte. Diese Siegel wurden an einer Schnur um den Hals oder als Ring am Finger (1 Mo 41,42; Jer 22,24) getragen.

6) HALSKETTEN aus Perlen (Hl 1,10 LÜ Schnüre), Metallkugeln (2 Mo 35,22 LÜ Spangen) auch aus Glasperlen, bunten Edelsteinen, Muscheln und später Gold wurden hauptsächlich von Frauen getragen (Hes 16,13; Hl 4,9). Sie fielen bis zur Brust oder zum Gürtel herab. Manchmal sind auch künstlerisch gefertigte Anhänger auf Schnüre gereiht, besonders die sog. »Möndchen« (Jes 3,18 LÜ Spangen). Bei den Anhängern handelt es sich häufig um ein oder mehrere Amulette (s. u.). Soweit Männer Halsketten tragen, scheint es sich um eine Art Ordensauszeichnung zu handeln (1 Mo 41,42; Dan 5,7).

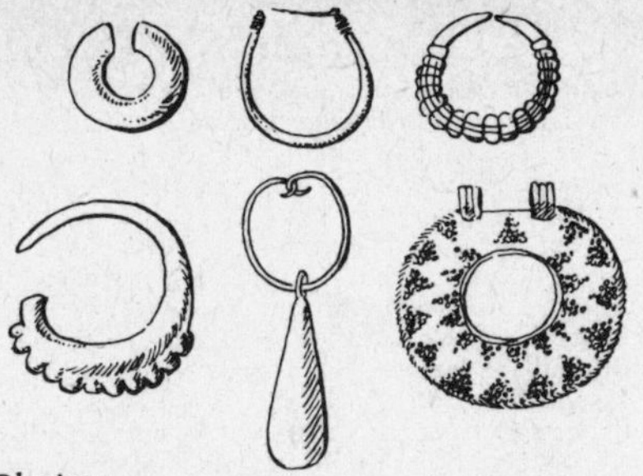

Ohrringe

7) AMULETTE, ca. 1–4 cm groß, aus Fayence oder Halbedelstein, werden an Halsketten oder Schnüren getragen. Nicht nur bei den Midianitern (Ri 8, 26), auch bei Jerusalemer Frauen (Jes 3,20) kommen sie vor. Sie stammen urspr. wohl aus Ägypten, und galten wegen ihrer Darstellung heiliger Tiere und der unverständlichen Hieroglyphen als schutzbringend. Typisch für Israel selbst sind die Amulette aus keulenförmigen durchbohrten Knochen. Vgl. auch Abb. Sp. 10 u. 11.

Nasenringe

8) Von WANGENKETTCHEN hören wir nur Hl 1,10.
9) Der STIRNREIF, das Diadem, ein ca. 20–30 cm langer Streifen verzierten oder unverzierten Edelmetalls, eine Weiterentwicklung der gewebten bzw. gedrehten Woll-Stirnbänder, ist in erster Linie ein Zeichen der Königsherrschaft (2 Sam 1,10; 2 Kö 11, 12), findet sich in Persien auch bei hohen Beamten (Est 8,15) und gehört zum Schmuck der Braut und des Bräutigams (Hes 16,12; Hl 3,11; Ps 21,4).
10) Schließlich sind hier noch die FIBELN zu nennen, künstlerisch gefertigte Broschen zum Verschluß des Gewandes, die die Aufgabe der einfachen Gewandnadel übernehmen. Sie sind von Zypern her nach Palästina gekommen und bestehen aus einer einoder zweiteiligen gebogenen bzw. geknickten Nadel aus Bronzedraht; wenn der Bügel verziert ist, erfolgt der Verschluß gewöhnlich durch eine bes. Nadel. Die übliche Länge war etwa 6 bis 7 cm.

III, 1) Weil das G. nicht nur Anhängsel ist, sondern wesentlich zur Person gehört, dient es häufig auch als Bild im übertragenen Sinn. So kann die Schöpfung als Schmuck Gottes bezeichnet werden (Ps 93, 1; 104,1), und das Festhalten des Trägers am

Siegelring und ägypt. Siegel in Skarabäusform

Goldener Halsschmuck der Spätbronzezeit aus Sichem

Schmuck drückt die Treue des Volkes zu Gott (Jer 2,32), Gottes zu seinem Volk (Jes 61,10) aus.
2) Wie im AT der Tempel als das Haus Gottes »geschmückt« wird (1 Kö 6; Ps 118,27), so wird Offb 21,2 das neue Israel, die Gemeinde mit einer »geschmückten Braut« verglichen. Überhaupt gilt Schmuck als Ausdruck der Freude, bes. in der Gemeinschaft mit Gott (Jes 61,3; Hes 24,17).

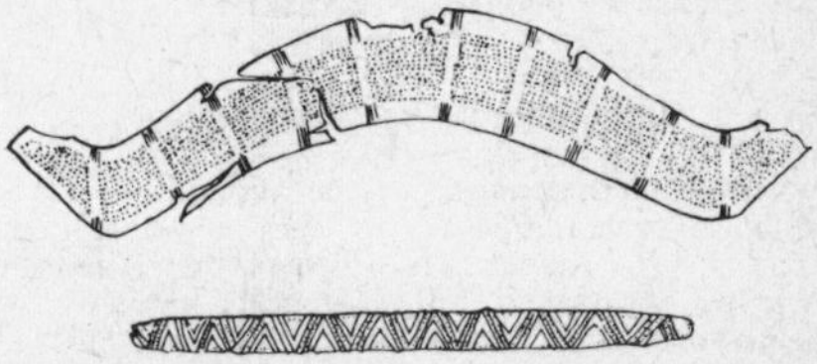

Goldene Stirnreife

3) Schon im AT jedoch ist eine Wendung in der Bewertung des G. bemerkbar. Spr 1,9; 31,25f z. B. weisen deutlich darauf hin, daß Gehorsam, Fleiß und Weisheit der eigentliche Schmuck sind. Spr 20,29 wird graues Haar als Schmuck der Alten bezeichnet, also sehr im Gegensatz zu kosmetischen Künsten, die das Alter vertuschen wollen. Erst recht im NT ist von Schmuck nur im Sinne der inneren Zierde, der Lebenshaltung vor Gott, die Rede. Hier wird sogar ausdrücklich der übertriebene äußere Zierat und das Behängen mit G. abgelehnt, wohl wegen der verführerischen Macht, mit der es einseitig die Gestalt des Leibes und seiner Glieder hervorhebt und den Blick des Menschen vom echten inneren Wesen fortlenkt (1 Tim 2,9; 1 Petr 3,3f).

Geschmeiß. Es ist nicht sicher zu entscheiden, ob G. (Joel 1,4; 2,25) eine Insektenart oder eine Entwicklungsform der → Heuschrecke bezeichnet.

Geschöpf → Kreatur, → Schöpfung, → Seele

Geschrei. Im übertragenen Sinn bezeichnet G. intensives Bitten und inbrünstiges Flehen (Ps 88,3; Hebr 5,7; vgl. dazu Ps 17,1; 18,7).
Mt 24,6 bedeutet G. Nachricht, 1 Mo 18,20; 37,2; 4 Mo 13,32 Gerücht, schlechter Ruf.

Geschütz → Festung

Gesem »Regenguß« (d. h. zur Regenzeit geboren). Araber und Gegner Nehemias (Neh 2,19; 6,1), König von → Kedar. Vermutlich war er pers. Statthalter von Idumäa (vgl. Karte Sp. 986).

Geser »Abschnitte, Stücke«,
kanaanitische Königsstadt (Jos 12,12), deren König von Josua (Jos 10,33) besiegt wurde. Die Israeliten vertrieben jedoch die Kanaaniter, die dort wohnten, nicht (Jos 16,3.10; Ri 1,19). Da David die Philister von Geba bis G. schlug (2 Sam 5,25), wird G. da-

mals den Philistern gehört haben. Später eroberte der Pharao G., von ihm erhielt Salomo die Stadt als Brautschatz, als er eine ägypt. Prinzessin heiratete (1 Kö 9,16). Jos 21,21; 1 Chron 6,52[67] wird sie als Levitenstadt genannt. Im 8. Jh. v. Chr. fiel G. in die Hände Tiglath-Pilesers III., der die Einnahme der Stadt in einem Relief in Kalah darstellen ließ. Judas Makkabäus eroberte G. ebenfalls, sein Nachfolger Simon erneuerte die Mauern (1 Makk 14,7; 2 Makk 10,32). Vgl. Karte Sp. 1129; 1311.
Die Lage der Stadt bezeugen im Hügel Tell Dscheser, neuhebr. Tel Gezer (18 km östl. von Jabne), ausgegrabene Grenzsteine mit der Inschrift: »Grenze von G.« Die ältesten Bewohner des Ortes lebten in Höhlen, in deren Wände sie Zeichnungen geritzt hatten. Sie übten die Leichenverbrennung, waren also keine Semiten. Bronzezeitliche Kulturreste zeigen ägypt. Einfluß. Aus der Zeit der Philister und Kanaaniter stammen aufgerichtete Steine (Masseben), die ein Heiligtum bezeichnen. Wichtig ist auch der Wassertunnel. Aus israel. Zeit stammt der Kalender von G. (→ Jahr III) mit Angaben über Saat- und Erntezeiten. Vgl. Abb. Sp. 11; 134; 1317; → Höhen V.

Gesetz, Gesetzgeber, Gesetzgebung.
I) GESETZ.
A) Im allgemeinen ist G. eine verbindliche Ordnung, die die Gemeinschaft dem einzelnen, ein Herr seinem Knecht, ein Übergeordneter seinem Untergebenen setzt. Der Gesetzgeber verleiht seinem Willen Ausdruck im Gesetz, das beide Partner zu einer Lebensordnung verbindet, wobei ihr Verhältnis zueinander unterschiedlicher Art sein kann: König-Untertan (1 Mo 47,26; Es 7,26; Est 1,19; 2,8; 3,8), Eltern-Kinder (Spr 6,20), Gott-Mensch (Neh 9,29; Jes 1,10).
B) Im bes. ist das G. eine »Lebensordnung« buchstäblichen Sinnes, in der Gott sich mit einem erwählten Menschen (Adam, 1 Mo 2,16.17; 3,15–19; Noah, 1 Mo 9,1–7) stellvertretend für die anderen oder mit dem erwählten Volke Israel stellvertretend für alle Völker in engste Lebensgemeinschaft setzt.
1) In der Gesetzgebung am Sinai (2 Mo 20–31) wird der schon vorher vom Menschen verborgen gewußte (Röm 1,19) und in den nationalen Gesetzen in unterschiedlicher Klarheit formulierte Gotteswille offenbart und zusammengefaßt ins helle Licht gestellt. Wir haben es also nicht mit dem Ergebnis einer Entwicklung von primitiven Urformen zu hohen sittlichen Forderungen zu tun, sondern mit dem einmaligen Durchbruch der Offenbarung des G., dem dann Entfaltung, Überfremdung oder Niedergang folgen. Als Entfaltung und Wiederholung des G. sind die Heiligkeitsgesetze (3 Mo 17–26) und das Deuteronomium (5 Mo 12–26), als Niedergang und Überfremdung bzw. Auflösung die → »Aufsätze« des Rabbinentums (Mt 15,2; Mk 7,5ff) zu verstehen. Im Rabbinentum ist das G. zu einer selbständigen, zeitlosen allgemeingültigen Regel geworden: »Gott hat sich nur in der Torah (dem G.) offenbart«. Nicht mehr die Geschichte Gottes mit seinem Volk ist Glaubensgrundlage, sondern das G. Durch dessen Erfüllung will sich der Mensch vor Gott die Gerechtigkeit und Anteil an der zukünftigen Welt erwerben.
2) Das Vokabular des Begriffs G. im AT umfaßt folgende Worte: *miswah* = Befehl; *torah* = Gesetz; *dabar* = Gebot, Wort; *orach* = Pfad; *mischpath* = Rechtsnorm; *chukhkhah* = Satzung; *pikhkhudim* = Verordnungen; *däräk* = Weg; *imrah* = Wort; *edot* = Zeugnis. Alle diese Worte werden im Ps 119 verwendet.

II, A) Der GESETZGEBER des Bundes vom Sinai ist der eine Gott, der damit aus dem Dunkel verborgener persönlicher Offenbarung und seiner Gerichte z. Zt. Noahs heraustritt und seine Königsherrschaft über die ganze Welt proklamiert (2 Mo 19,16ff). Er enthüllt dieser Welt seinen Willen und seiner Gemeinde seinen Heilsplan (vgl. Jes 45,19). Das ist derselbe Gott, der sich Israel zum Bundesvolk erwählt, es aus der Knechtschaft Ägyptens erlöst hat (2 Mo 20,2; vgl. 12,1ff) und sich ihm als König und Herr zueignet: »Dein Gott« (2 Mo 20,2). Auf dieser Glaubensgrundlage legt der Bundesgott seinem Bundesvolk sein Gesetz vor (2 Mo 20,1; 3 Mo 19,1ff; 5 Mo 6,1ff; Jer 2,8; Ps 147,19) und schenkt ihm seine Lebens- und Heilsordnung. Die Eigenart dieses G. gegenüber anderen Gesetzessammlungen des Vorderen Orients besteht darin, daß es vom Herrn, dem »einen« Gott seinem erwählten Volke gegeben ist. Die Mitte dieser Gesetzgebung sind nicht die Menschen, sie rücken an die Peripherie. Im Mittelpunkt steht der Herr »dein Gott« (2 Mo 20,2). Sein Totalanspruch im G. umfaßt alle Gebiete des Lebens seines Volkes, des Rechtes, der Sitte und des Kultus und bewahrt damit die Sittlichkeit Israels vor der Verflachung in Tugendlehre und Moral, seinen Gottesdienst vor dem Absinken in Magie und Ritus und sein Recht vor der Säkularisierung und Relativierung. Vgl. → Bund.

B) → Mose ist der STELLVERTRETER der Gemeinde vor Gott. Er ist es, der mit Gott anstelle der und für die Gemeinde spricht (2 Mo 19,6.23; 20,18ff) und die Befehle Gottes seinem Bundesvolk überbringt (2 Mo 19,3ff.6.15). Mose wagt sich auf die Bitte des Volkes in das Dunkel (2 Mo 20,19), er übernimmt das Mittleramt. Als Herold Gottes ist er zugleich Mittler und im Sinn der schriftlichen Aufzeichnung (abgesehen von den Zehn → Geboten; 2 Mo 24,12; 31,18) auch Verfasser des Gesetzes (2 Mo 24,3f.7ff. 12; 3 Mo 26,46; 27,34). Eine ganze Reihe von Stellen sprechen davon, daß Mose selbst die Texte schriftlich niedergelegt hat (2 Mo 17,14; 24,4; 3 Mo 26,46; 5 Mo 28,58; 31,9). Nicht nur die moderne Archäologie bestätigt die Möglichkeit dieser Verfasserschaft Moses, auch die Resultate »der vergleichenden Religionsforschung widerlegen weitgehend die Zweifel an dem mosaischen Ursprung der Zehn Gebote, soweit diese Zweifel aus der Religionsgeschichte geschöpft waren« (H. Frey, Das Buch der Verbindungen Gottes mit seiner Gemeinde S. 65).

III) Die GESETZGEBUNG geschah auf dem → Sinai. Daß dieser Berg außerhalb Israels liegt, bestätigt, daß die völkische Existenz Israels nicht in einem Lande, in der Sammlung um einen heiligen Berg begründet ist, sondern in der freien Erwählung Gottes (2 Mo 3,16ff). Die Gesetzgebung und der Bundesschluß am Sinai ist begleitet von Erscheinungen. Der Herr kommt in der Wolke zu seinem Volk (2 Mo 19,9). Außer dem Pfingstgeschehen ist diese Berufungsgeschichte die einzige, bei der sich das Berufungserlebnis von einer Person auf die Gemeinde ausdehnt (vgl. Frey a.a.O. S. 18). Sturm und Feuer beglaubigen hier wie Apg 2 die Offenbarung Gottes. Donner, Blitz, Gewölk und Posaunen (2 Mo 19, 16) sind nicht Häufungen gewaltiger Naturerscheinungen oder Vulkanausbrüche, sondern Akte ei-

Tafel 31
a. *Gibeon mit Nebi Samwil (links), der Höhe von Gibeon (1 Kö 3,4).*
b. *Gibea Sauls, die Residenz des ersten Königs von Israel.*

ner stufenweisen Gotteserscheinung. In den Donner kleidet sich Gottes Stimme (Ps 18,8ff; 77,18.19; 68,34), in feurige Gewitterwolken Gottes Wagen (Hes 1,4ff). Der Rauch ist der Thronhimmel, der die Gegenwart Gottes verhüllt (2 Mo 40,34.35; 4 Mo 9, 15; 2 Chron 5,13.14; Jes 6,4 u. ö.). In Donner, Blitz und Gewölk fährt die Gegenwart Gottes auf den Sinai herab, und dazwischen tönen Posaunen, die dem Volke Israel die Königsherrschaft Gottes auf Erden ankündigen sollen (vgl. dazu 1 Kö 1,39.40 und Mt 24,31; 1 Kor 15,52; 1 Thess 4,16; Offb 8, 2). Aber es soll sich kein Unberufener hinzutun, »Abstand« ist ein Wort, das sich oft bei der Gesetzgebung am Sinai wiederholt (vgl. 2 Mo 19,20–25 u. ö.). Berufen, mittelnd für andere, wagt sich Mose für Israel in die Gegenwart Gottes, als Vertreter der Stämme des Volkes treten die Ältesten schließlich herzu (2 Mo 24,9ff) und als Knecht für alle Völker stellt sich Israel der Gegenwart und Nähe des Heiligen (Jes 42,1ff; 49,6). Die Tür aber vom verborgenen Gott zum offenbaren Gott, von denen die fern stehen (2 Mo 19,12.21; 20,18.21), nun aber nahe geworden sind (2 Mo 24,9–11), war das Bundesblut (2 Mo 24,6ff; vgl. Eph 2,13ff), mit dem Mose den Altar und das Volk bei Inkrafttreten des Bundes besprengt hatte. Es verkündigt die Verbindung zwischen beiden, Besiegelung der Aufnahme in die Familie Gottes und deren Weihe zu einem reinen königlichen Priestertum (2 Mo 29,1–26; 3 Mo 14,15ff). Diese Bundeshandlung (2 Mo 24,6–8) ist das Herzstück atl. Heilsgeschichte. Mose »nahm« (vgl. Mk 14,22.23), sprengte und versöhnte die Gemeinde mit dem heiligen Gott. Dazu verlas er die Bundesurkunde (2 Mo 24,7) und »verkündete« (vgl. 1 Kor 11,26) den Willen Gottes, worauf die Gemeinde Amen sagte, d. h. sich zum Gehorsam entschied. »Kein magischer Zauber oder Ritus, der aus sich selbst wirkt, Gott schafft eine personhafte, sittlich-geistige Bindung zwischen sich und ihr« (Frey a.a. O. S. 138). Auch als das Blut des neuen Bundes vergossen wurde, hat Gott seiner Gemeinde solche Entscheidung zuerkannt. Sie wählte Barrabas vor dem Gesalbten (Joh 18,40): sein Blut komme über uns (Mt 27,25).

IV) Der INHALT des G. beschließt zwei »Grundgesetze« in sich, den Dekalog (Zehn → Gebote; 2 Mo 20,1–17) und das → Bundesbuch (2 Mo 20,22–23,19). Dieses G. findet seine Entfaltung in den Heiligkeitsgesetzen (3 Mo 17–26) und im Deuteronomium (5 Mo 12–26).

A) Dem G. geht nicht allein zeitlich die Erlösung des Volkes Israel aus Ägypten voraus (2 Mo 12,1ff), sondern sachlich auch das Evangelium, die Zueignung Gottes in den beiden Worten am Anfang des Dekalogs: »Dein Gott« (2 Mo 20,2), die alle Heilsgewißheit begründen. Der alleinige Besitzanspruch Gottes auf sein Volk, der sein Eigentum keinem anderen neben ihm läßt, liegt in diesem besitzanzeigenden Fürwort: »Dein«. Gott verbindet sein Hervortreten, seinen Namen mit der geschichtlichen Erlösung der Gemeinde: »Der dich aus Ägyptenland, aus dem Diensthause, geführt hat«. Gott selbst stellt das Gesetz aufs Evangelium. Die Sittlichkeit Israels ist eine Ethik von Erlösten. Das mosaische Gesetz hat zur Voraussetzung den Glauben an die Erwählungsgnade und Liebe Gottes (2 Mo 19,4 und 20,2). Durch das G. wurde das Volk Israel aus den übrigen Völkern für Gott ausgesondert und erhoben (5 Mo 4,6–8).

B) Die ZEHN → GEBOTE sind die Königsproklamation über Israel schlechthin. Hier wird der Grund gelegt, werden die »Grundsätze« zitiert, die in ihrer Kürze, Prägnanz und Richtung ein einzigartiges Zeugnis der Offenbarung Gottes sind. Weil Gott das Recht erläßt, gewinnt das G. eine ganz neue Weite, Tiefe und Kraft. Es greift hinaus in Gebiete, die außerhalb orient. Königsgesetze liegen, und hinein in Tiefen, vor denen jedes menschliche Recht haltmachen muß. Es umfaßt bürgerliches Recht und ethische Unterweisung und verbindet sie – unter sich wohl unterschieden – zu einer Einheit im fordernden Willen Gottes.

C) Das G. umgreift 3 Sphären, die das BUNDESBUCH (2 Mo 20,22–23,19) ausmachen, die geordnete Verfassung für den Alltag des Bundesvolkes: 1. die sichtbare, relative bürgerliche Ordnung, die *mischpathim*, 2. die unsichtbar-sichtbare, absolute Ordnung, die *debarim*, 3. die sichtbare, geistliche, das zukünftige Reich vorbildende gemeindliche Ordnung, die *chukhkhim*.

1) Die *mischpathim* oder »Rechte« (2 Mo 21,2–22, 19[20]) sind Weisungen zur Errichtung und zum Schutz der bürgerlichen Ordnungen und betreffen:

a) Sozialrecht: Schutz der Freiheit (2 Mo 21,2–11),
b) Kriminalrecht: Schutz des Lebens (V 12–32),
c) Zivilrecht: Schutz des Eigentums (2 Mo 21,33–22,14[15]),
d) Ṣakralrecht: Schutz des Heiligen (V 17–19[18–20]).

Die *mischpathim* gestalten Israel zu einer heiligen, Gott geweihten Bürgerschaft. Sie stellen Verletzungen der Ordnung fest und ahnden Unordnung und Sünde. Die *mischpathim* durchdringen aber auch die hinfälligen, vorübergehenden Ordnungen dieser Welt. Gott hat nicht unvermittelt, als er sich eine Gemeinde auf einem Stückchen Erde auswählte, die ungerechte Ordnung dieses Zeitlaufes aufgehoben und sie in den Himmel versetzt. Er hat seine ewige Ordnung in die zu jener Zeit, in jenem Raum herrschende irdische Ordnung hineingestellt, als zwei Welten, deren eine die andere durchdringen soll. Das ist kein Kompromiß, sondern liegt in der Linie der Weltpolitik Gottes (vgl. »vom Weibe geboren und unter das G. getan, daß er die, die unter dem G. waren, erlöste« Gal 4,4; vgl. weiter Frey a.a.O. S. 78/79). Gott läßt die ungerechte Ordnung dieser Welt nicht nur als äußere Schale zu, die schließlich einem geistlichen Kern Platz zu machen hat, sondern gebietet die Einhaltung dieser äußeren Ordnungen mit göttlicher Autorität. Dabei setzt er ihnen jedoch dreierlei Einschränkungen: Gott läßt seiner Gemeinde einen Raum inmitten der Ungleichheit und Ungerechtigkeit dieser Welt, sein Liebes-Gebot zu erfüllen. Indem er zum andern die G. und Rechte dieser Welt aufnimmt und ihnen Autorität verleiht, rückt er den Menschen an den Rand, sich selbst jedoch in die Mitte. Und schließlich unterstellt Gott seine Gemeinde zwar der harten Ordnung dieser Welt, aber er liefert sie ihr nicht aus. Den mißhandelten Sklaven befreit er und in letzter Instanz greift er in den Rechtsgang ein. Er mildert den Strafvollzug und stiftet dem unvorsätzlich zum Mörder Gewordenen Asylschutz, ohne das G. der blutigen Vergeltung jedoch aufzuheben.

2) Die 2. Sphäre des atl. G. sind die *debarim* oder »Worte«, eine Unterweisung für die Herstellung ei-

Tafel 32

a. *In der Nische der Westmauer eines kanaanitischen Tempels in Hazor fand sich eine Reihe aufgerichteter Steine und eine Sitzfigur des Gottes Baal. Daneben eine Opferschale.*

b. *Der Baalstempel des hellenistischen Palmyra mit Vorhof und Umfassungsmauer. Im Hintergrund Torbogen mit Säulenstraße, links davon der Marktplatz.*

ner unsichtbaren, absoluten Ordnung des Volkes Gottes (2 Mo 22,20[21]–23,9). Hierbei greift der Herr zunächst in das private Zusammenleben ein (2 Mo 22,20[21]–26[27]).

a) Das vierfache Barmherzigkeitsgebot ergeht, die Ethik der erlösten Fremdlinge.

b) Gott erhebt seinen Anspruch auf Anerkennung seiner Majestät im ganzen Leben (V 27[28]–30[31]) durch das siebenfache Heiligkeitsgebot und

c) schließlich greift Gott in die Ausrichtung des öffentlichen Lebens ein (2 Mo 23,1–9) durch das zwölffache Gerechtigkeitsgebot.

Neben die sichtbare, unzulängliche, vergängliche Ordnung hat Gott eine zweite unsichtbare, doch zugleich in die Sichtbarkeit drängende Ordnung gesetzt. Mit ihr schafft er in dieser Welt einen Raum, in dem Barmherzigkeit, Heiligkeit und Gerechtigkeit als Lebensgesetze bestimmend sind. Sie enthalten die Forderungen Gottes an das Gewissen, die in Gottesdienst und Unterweisung verkündigt werden und in einen Bereich hineingreifen, in dem das bürgerliche Recht nicht mehr zuständig ist. Das vierfache Barmherzigkeitsgebot ist der Raum, in dem aus der Erfahrung der Barmherzigkeit das Verstehen der Entrechteten erwächst, aus dem aber die Unbarmherzigkeit gegen den Rechtlosen unbarmherzig ausschließt. Das siebenfache Heiligkeitsgebot enthält z. T. scheinbar äußerliche Gebote, in Wirklichkeit aber die Forderung tiefer innerlicher Beugung der eigenen Selbstherrlichkeit unter die Majestät Gottes. Die Ordnung des zwölffachen Gerechtigkeitsgebotes schließlich ist die persönliche Wirkung der Herrlichkeit Gottes, die auf die Gemeinde ausgestrahlt, in die Welt reflektiert wird. Diese Ordnung wird also nur dort sein, wo die Gegenwart Gottes durch sein Wort wirkt. Sie durchdringt die Ordnungen dieser Welt und wandelt sie von innen her.

3) Die 3. Sphäre des atl. G. sind die *chukhkhim* oder Satzungen, die Bestimmungen für eine sichtbare gemeindliche und zugleich endzeitliche Ordnung (2 Mo 23,10–19). Sie gliedern sich in:

a) Sabbatjahr und Sabbat (2 Mo 23,10–13), die Heilsordnung der wiederhergestellten Schöpfung,

b) das Kirchenjahrsgebot (V 14–17), die Heilsordnung der von Gott beschlagnahmten Zeit,

c) das Anbetungs- und Opfergebot (V 18–19), die Heilsordnung des Verkehrs der Gemeinde mit ihrem Gott,

und umhüllen das Leben der Gemeinde mit einem Gewebe von zeitlichen, sozialen und kultischen Ordnungen der Woche, des Kirchenjahres und der Jahrwoche. Dreierlei Stiftungen Gottes sind seiner Gemeinde damit gegeben. Einmal die zeichenhafte Vorausnahme seiner zukünftigen Heilsordnung; anderseits die Beschlagnahme der Zeit für die Königsherrschaft Gottes in den Jahresfesten, die an sein Heilshandeln erinnern; schließlich die sichtbaren Zeichen seiner Gemeinschaft, die seine unsichtbare Verbindung mit der Gemeinde offenbar machen in Anbetungs- und Opfergesetz. So hat Gott durch die Satzungen seine Gegenwart in der Gemeinde und ihren vertrauten Umgang mit ihm geregelt. Diese Satzungen verbürgen dem Volk unter dem Joch der ungerechten Ordnungen dieser Zeit und dem Wissen um Gottes totalen Anspruch seine gnädige Gegenwart.

D) Der Begriff des G. ist aber nun nicht eine starre Größe, sondern ist gemäß der unterschiedlichen, immer klarer werdenden Selbstoffenbarungen Gottes ein heilsgeschichtlich Werdendes. Nur so verstehen wir, daß der Gläubige des NT nicht gesetzlos ist, sondern im G. Christi lebt (Gal 6,2), wenn auch das neue G. das große Gebot der Liebe ist (Joh 13,34; 15,12). Der gläubige Christ steht im G. *(ennomos)* Christi (1 Kor 9,21). Nun besteht aber ein Unterschied zwischen »unter dem G.« sein (Gal 4, 21) und »im G.« Christi stehen. Das heilsgeschichtlich Werdende erfährt in Christus sein Ziel. Christus ist das Ende, der Endpunkt des G. »Ich bin nicht gekommen, das G. und die Propheten aufzulösen, sondern zu erfüllen«, sagt Jesus (Mt 5,17.18). Paulus wehrt sich Röm 3,31 dagegen, daß durch den Glauben das G. aufgehoben sei. Wir richten es auf, sagt er, meint allerdings an diesem Punkt das Glaubensgesetz, die göttliche Norm überhaupt. Das sinaitische G. mit seiner bundesmäßigen Verpflichtung hat für die Gemeinde Jesu keine verbindliche Gültigkeit mehr. Der Glaube an das Evangelium ist die Vollendung des atl. G. Über das Verhältnis von G. und Evangelium s. unten VI.

V) GEBRAUCH UND PFLEGE DES G.

Das G. zeigt vielfältige Formen: kurzgefaßte, katechismusartige Stücke, Rituale, Rechtsbücher und Bekenntnisse, aus denen wir ihre verschiedene Verwendung ablesen können. Den jeweiligen Lebensbereichen entsprechend war das G. den Richtern, Ältesten und Priestern anvertraut (vgl. 5 Mo 17,8–11). Man zitierte es beim Rechtsprechen im Tor (Rt 4, 1–12). Es hatte als Bekenntnis und in den Liturgien der großen Feste seinen Platz im Gottesdienst, gesprochen vom Priester (5 Mo 27,1.10). Die Familienväter rezitierten als Hauspriester in der Passahnacht das Glaubensbekenntnis ihrer Erlösung (2 Mo 13,14). Die Eltern hatten die Kinder im G. zu unterrichten (2 Mo 13,8–10; 5 Mo 6,6–9; 11,18–20), wie die Priester das Volk (3 Mo 10,11; 5 Mo 33,10). In dem Gebet *(schma)*, das jeder Gläubige morgens und abends zu sprechen hatte, waren Abschnitte des G. enthalten (5 Mo 6,4ff und 4 Mo 15,37ff). Auch im politischen Raum halten die Propheten dem Volk und seinen Führern die Zehn Gebote als Spiegel vor (vgl. Hos 4,1–6.12.13.18.19; 5,1–7). Weiter ist das G. Gegenstand der gläubigen Versenkung des atl. Frommen (vgl. 5 Mo 6,6; 11,18; Jer 31,33; Jes 51,7; Spr 3,3; 7,3; Ps 19,9; 119,11). Es tröstete ihn (V 50), war ihm Licht und Wegweisung (V 105), Freude und Friede (V 162.165).

VI) DIE BEDEUTUNG DES G. und sein Verhältnis zum G. des Glaubens (G. und Evangelium).

A, 1) Die Auseinandersetzung Jesu mit den Vertretern der atl. G.frömmigkeit scheint auf den ersten Blick eine seit Marcion in der Kirchengeschichte immer wieder vertretene Meinung zu bestätigen, daß mit der Errichtung des neuen Bundes der alte Bund abgelöst und ausgeschaltet, daß an die Stelle des zürnenden Gottes der liebende getreten sei. Die Auflösung des »du sollst« zum »du darfst« ließ jedoch immer wieder die Furcht Gottes schwinden, und damit ging auch die Achtung vor dem Recht und Gottes vergeltender Gerechtigkeit häufig verloren.

2) Dadurch erkannte man, daß die im G. ausgesprochene Forderung Gottes durchaus nicht die abgetane Sache war, zu der man sie degradiert hatte. Die Verkündigung des totalen Anspruchs des heiligen und unentrinnbaren Gottes auf unser Leben (vgl. Apg 17,27.30ff; Röm 2,1 u. ö.) mußte wieder aufgenommen werden. Das G. konnte nicht einfach vom Evangelium abgelöst werden, beides gehörte zusammen. Jesus selber, der Bringer des Evangeliums, ward »unter das G. getan« (Gal 4,4). Er forderte in der Bergpredigt die Erfüllung des atl. G. (Mt 5,17–20). In der großen Versuchung (Mt 4) hielt er sich an das »du sollst« Gottes. Sein ganzes Leben bis zum Kreuz auf Golgatha war Verkörperung des Totalitätsanspruches Gottes an diese Welt und uns.

3) Die Schwierigkeit lag im Verhältnis des G. zum Evangelium. Bei der Bestimmung dieses Verhältnisses wechselte nicht nur die Betonung (vgl. schon die Paulusverkündigung mit der des Jakobus), sondern es standen sich grundsätzliche Auffassungen gegenüber: Während die einen das Gesetz auch als einen Heilsweg verstanden, sagten andere, es gebe nur eine Tür zu Gott, die Gnade (vgl. Röm 2,21ff). Dritte meinten, daß ein Zusammenwirken von G. und Evangelium, von Werk und Gnade der Weg zur Rechtfertigung sei.

B, 1) Obwohl die HS das G. einen Zuchtmeister zum Evangelium (Gal 3,24), Versucher und Richter (2 Mo 15,25; Röm 7,7) nennt, kann man das Verhältnis des G. zum Evangelium nicht einfach als entgegengesetztes, negatives bestimmen (vgl. Mt 5,17; Röm 3,31). Die HS bezeugt, daß mit der Offenbarung am Sinai etwas Einmaliges in die Heilsgeschichte eingetreten ist (Gal 3,17). Mit der Gabe des G. erhielten Welt und Geschichte einen Mittelpunkt, um den sich in konzentrischen Kreisen alle Gebiete des öffentlichen, privaten, weltlichen und geistlichen Lebens drehen.

2) Die HS kennzeichnet jedoch ebenso das mit dem NT Gegebene (z. B. Joh 13,34) als einen alles wendenden Einschnitt (Jes 42,6.9; 49,6ff; 54,9.10; Jer 31,31ff; Hes 34,11ff; 36,26f). Über die Andersartigkeit des NT lassen weder Paulus in seinem Ringen gegen das G. (Röm 10,4; Gal 3,10) noch der Hebräerbrief in seinem Bewußtsein um die Besonderheit Jesu allen atl. Mittlern gegenüber (Hebr 1,2ff; 3,3ff; 7,11ff; 12,18ff) im Unklaren. Die große Wandlung zwischen Altem und Neuem besteht darin, daß Gott selbst eingegriffen, alle Zwischeninstanzen zwischen sich und dem Menschen ausgeschaltet hat (Röm 5,20) und ihn unter seine persönliche Leitung stellt (vgl. Hes 34,11ff; Sach 10,3). Das, was in Israel angelegt war, ist nun wesenhaft, unmittelbar da durch Jesus Christus, den Sohn des fordernden Gottes. In ihm zeigt Gott den Menschen sein liebendes Herz. Er hat sich vom Richterthron für uns auf die Sünderbank gesetzt und unsere Schuld vor dem Gesetz am Kreuz getragen. Dann hat er das von außen auf uns zukommende G. in uns hineinversenkt (Jer 31,33) und lebt in den Erlösten als der »Christus in uns« (Kol 1,27). Damit ist auch die Stellung des Christen zum G. grundsätzlich verändert. Das G. ist Mensch und Liebe geworden, es ist »in Jesus Christus« erfüllt. Seine Gemeinde darf nun im G. Christi (1 Kor 9,21), in Niedrigkeit, Demut und Dienst leben, und Jesus erfüllt und verwirklicht sein G. durch den Glauben in ihr (Röm 8,4). Statt zu befehlen und zu drohen, wird sie jedoch anbieten, zeugen, bitten (Joh 12,26; 13,15.16; 1 Kor 4,12.13; 2 Kor 5,20; Offb 14,4). Die Diener dieses Bundes kommen einer gerichtsreifen Welt mit dem Angebot der Versöhnung entgegen und predigen nicht mehr menschliche Moral. Anstelle des G. legen sie den Belasteten das sanfte Joch Christi auf (Mt 11,30). Sanftmütig und demütig verkündigen sie die Freiheit (Joh 8,36), zu der ihr Herr sie berufen hat und das neue G. des Geistes (Röm 3,27; 8,2) und seiner Freiheit (Gal 6,2; Jak 1,25; 2,12).

3) Nur in Verbindung mit diesem G. des neuen Bundes sind die Aussagen von der Besonderheit des G. des alten Bundes und seiner Gültigkeit bis heute zu sehen und zu verkündigen. Vom G. sollten Christen nur sprechen, wenn sie zugleich die Tür zeigen, die aus dem Gefängnis der Sünde in die Gemeinschaft mit dem gnädigen Gott führt.

C) Erst jetzt und von hier aus können wir von einer MEHRFACHEN BEDEUTUNG DES GESETZES sprechen:

1) Das G. ist die Norm allen Rechtes, aller völkischen Ordnung, die die zerfallende Welt zusammenhält. Jedes bürgerliche G. hat an den Zehn Geboten einen letzten Maßstab.

2) Das G. ist Vorbereitung des Evangeliums, Richter der Sünder (1 Tim 1,8–10) und Zuchtmeister auf Christus hin (Gal 3,24).

3) Das G. bleibt auch für den Jünger Jesu immer wieder Spiegel, Hilfe, Wegweisung und Warnung vor falscher Freiheit (vgl. Röm 6,1; 1 Kor 3,21–23; 1 Petr 2,16).

4) Als Heilsweg kann das G. jedoch nicht gelten, und die Gemeinde Jesu muß in aller Leidenschaftlichkeit darüber wachen, daß es nicht als solcher in der Gemeinde verkündet wird. Denn das G. des alten Bundes tötet, erst das des Geistes macht lebendig (2 Kor 3,7.8).

Gesicht (Vision). I) Im AT.

1) G. bezeichnet eine besondere Schau, durch die der Herr Gottesmännern (1 Mo 15,1; 46,2) und vor allem Propheten (Hes 1,1; Am 7,1), aber auch anderen Menschen (Jo 3,1; Dan 4,2) seinen Willen und seine Geheimnisse offenbart (vgl. Am 3,7). Solche G. sind zwar im allgemeinen von → Träumen, → Erscheinungen, → Verklärungen, → Entzückungen zu unterscheiden; die einzelnen Formen der Offenbarung gehen aber auch ineinander über (vgl. Apg 10,10.17; 22,17; Dan 4,6; 7,1). Vgl. →Prophetie.

G. kann aber auch für eine reine Wortoffenbarung gebraucht werden, bei der nichts von einem Bild berichtet wird (1 Mo 15,1; 1 Sam 3,15; vgl. → sehen).

2) Sprachlich handelt es sich um die beiden hebr. Verben *raah* und *chazah* »sehen, schauen« und ihre Ableitungen. Beide Worte bezeichnen sowohl das »Sehen« eines äußeren Gegenstandes wie das Wahrnehmen eines inneren Bildes. Dadurch ist die Objektivität des G. als einer von Gott offenbarten Wirklichkeit gewährleistet und die Vorstellung einer krankhaften Phantasie oder Halluzination abgewehrt. Das AT bezeugt mehrfach Gott als den Ursprung der G. (»Der Herr zeigte mir ein G.«; Am 7,1; Jer 1,11ff u. ö.) und ist an der Unterscheidung zwischen innerem Sehen und äußerer Wahrnehmung der G. völlig uninteressiert. Die Frage nach ihrer Objektivität und Echtheit wird auf geistlicher Ebene beantwortet. Am Eintreffen der durch das G. übermittelten Weissagung entscheidet sich seine Echtheit und die Autorität des Propheten (vgl. Jer 23,17ff; Hes 13,3ff).

3) Mit wenigen Ausnahmen (z. B. 4 Mo 24,4) waren alle Propheten, die wirkliche G. empfingen, Männer Gottes, die ihr ganzes Leben in den Dienst des Herrn gestellt hatten. Die Visionen wurden von ihnen sofort und klar als von Gott gegebene Botschaften oder Aufträge erkannt (Jes 6,1–13; Jer 1,11ff; Hes 8; 37,1–14; Dan 7). Die »Fleischwerdung« göttlicher Offenbarung zeigt sich auch darin, daß die G. in unmittelbarer Beziehung zur Umwelt des Propheten stehen. Im Bilde eines siedenden Kessels (Jer 1,13) und eines Korbs mit reifem Obst (Am 8,1) erscheint das Gericht über Juda und Israel. Petrus hatte Hunger (Apg 10,10ff), als er das G. des Tuches vom Himmel mit den unreinen Tieren sah und den Befehl erhielt: »Steh auf und iß!« Auch bei den atl. Visionen tritt zum Sehen (Am 7,1ff; Jer 1,11ff; Jes 6,1ff) häufig das Hören (Audition; Jes 6,3.9; 40,3; Jer 1,5.7 u. ö.), gelegentlich sogar Geschmack (Hes 3,3) und Tastsinn (Jes 6,6; Jer 1,9) hinzu. In den G. treten den Sehern nicht nur leblose Gegenstände entgegen, sondern auch Tiere (Dan 7,2ff), Engel (Offb 15,1 u. a.), bisweilen sogar Gott selbst (Hes 1,22ff; 10,1ff; Jes 6,1ff u. ö.).

II) Im NT.
Im NT schenkt Gott durch ein G. (griech. *horama)* Antwort (Apg 10,3), gibt den Aposteln Auftrag (Apg 10,11–16; 22,17; 16,9) und Ermutigung (Apg 18,9) für ihren Missionsdienst und zeigt Johannes in den G. der Offenbarung das Geschehen der Endzeit.
Die Vision des Stephanus (Apg 7,55ff) bestätigt die atl. Erscheinung (vgl. 1 Mo 48; 49; 5 Mo 33,1ff) und geistliche Erfahrung der christl. Gemeinde, daß Sterbende in bes. Maße die Gabe visionären Sehens besitzen.
Vgl. auch → Angesicht.

Gespenst. I) Spr 23,7 (LÜ »wie ein G. ist er inwendig«) übersetzt man richtiger: »denn während er dich äußerlich nötigt, zuzugreifen, rechnet er innerlich schon die Bewirtungskosten zusammen.«
II) Als Jesus auf dem Wasser wandelte, hielten ihn die Jünger für ein G. (Mt 14,26; Mk 6,49).

Gessur
1) Land nordöstl. vom See Genezareth, das heutige Dscholan. Von hier stammte die Mutter Absaloms (2 Sam 3,3). Die Einwohner heißen Gessuriter (5 Mo 3,14; Jos 12,5; 13,11.13). Vgl. Karte Sp. 1299.
2) Ein anderes Gebiet im S Palästinas (Jos 13,2), dessen Einwohner ebenfalls Gessuriter (1 Sam 27,8) genannt wurden.

Gessuriter → Gessur

Gestirn → Stern

Gestühle. Gestelle aus Metall, die kupferne Bekken trugen, in denen das Opferfleisch gewaschen wurde (1 Kö 7,27ff; → Handfaß I, 3).

Gether, Sohn Arams und Enkel Sems (1 Mo 10,23; 1 Chron 1,17).

Gethsemane. »Ölkelter«,
Garten am Fuß des Ölbergs (Joh 18,1), benannt nach einer Ölpresse, die man sich wohl in einer Höhle im oder beim Garten denken muß, da solche Höhlen wegen ihrer Kühle die Voraussetzung zu guter Ölgewinnung boten.
In der Nähe des Ausgangspunktes der drei Wege, die über den Ölberg führen, zeigt man bis heute noch eine 17 m lange und 9 m breite Höhle, wo die Ölpresse gestanden haben könnte, als den Ort, wo Jesus im Gebetskampf lag (Lk 22,44) und in dessen unmittelbarer Nähe dann auch die Gefangennahme zu denken wäre. Dieser Platz liegt dicht am Weg nach Bethanien, den Jesus häufig entlanggezogen war, und es ist gut möglich, daß er hier mit den Jüngern Rast machte, wenn er mit ihnen allein sein wollte (Joh 18,2), woher Judas dann den Platz kannte. Zur Übernachtung war eine solche Höhle ebenfalls geeignet. Auch das »Hinausgehen« Jesu (Joh 18, 4) paßt zu diesem Ort.
Verschiedene Überlieferungen haben auch andere Stellen in der Nähe als Ort des Gebetskampfes Jesu bezeichnet. Vgl. Taf. 29/448; 49/768; Stadtplan Sp. 684 u. Karte Sp. 1014.

Getränk, starkes → Trank

Getreide → Ackerbau

Getünchte Wand → Kalk

Gewächs. I) Feldfrüchte (3 Mo 26,4; Ps 67,7 u. ö.); Ranken und Trauben des Weinstocks (Ps 80, 12; Hab 3,17; Mt 26,29). Im übertragenen Sinn 2 Kor 9,10.
II) Gerechtes G. ist Bild für den → Messias (Jer. 23, 5; 33,15). Vgl. → Zemach.

Gewand → Kleid

Gewappneter, schwerbewaffneter Krieger (vgl. Spr 6,11; 24,34). Bild für den Satan, der Menschen besiegt und sie gefangenhält, bis ein Stärkerer ihm die Beute abnimmt (Lk 11,21).

Gewerbe = Gewinn (Jes 45,14); Beruf (Jon 1,8; Apg 19,25); Mittel zum Gewinn (1 Tim 6,5).
Vgl. auch → Handwerk.

Gewicht → Maße u. Gewichte

Gewissen. I) Das G. ist ein dem Menschen von Gott gegebener Mitwisser *(syneidaesis*=G., Mitwissen), der normalerweise unabhängig vom Willen des Menschen seine Gedanken und Werke beurteilt und ihm erkennbar macht, wenn er von der vorgesetzten Ordnung abweicht. Da sich das G. nur beim Verstoß gegen die Ordnung regt, wird es erst nach dem Sündenfall tätig (1 Mo 3).
II) Das G. regt sich schon beim Entschluß zur Sünde. Pilatus wurde von seinem G. gemahnt, als er Jesus auf Drängen der Juden zur Kreuzigung übergeben sollte (Mt 27,24).
Das G. schlägt im Augenblick der unrechten Tat. Es schlug David, als er Saul den Zipfel seines Mantels abgeschnitten hatte (1 Sam 24,6).
Das G. straft schließlich die geschehene Untat. Manche Sünden hinterlassen für ein ganzes Leben ein Malzeichen im G. des Menschen (1 Tim 4,2). Das anklagende G. kann die Menschen zur Ein- und Umkehr bewegen (2 Sam 24,10), kann jedoch auch, wie bei Kain, zur Verzweiflung führen: »Meine Sünde ist größer, denn daß sie mir vergeben werden könnte« (1 Mo 4,13).
III) Hat der Mensch Unrecht getan, dann verklagt und »beißt« ihn sein G. (Hi 27,6), es macht ihm Vorwürfe (1 Sam 25,31 ZÜ), verfolgt ihn und ist eine ständige Mahnung (1 Tim 4,2), bis Gott der Herr den Menschen reinigt (Hebr 9,14; 10,22) und ihm ein unverletztes G. schenkt (Apg 24,16). Keine eigene Tat kann ein anklagendes G. zur Ruhe bringen, weder die eigenen Werke noch eigener Gottesdienst (Hebr 9,9.14). Allein das Blut Jesu reinigt das Herz vom bösen G. (Hebr 10,22; 9,14). Nur der Herr schenkt ein reines unbeflecktes G. (das AT sagt dafür: → Herz). Das G. kann anfangs noch schwach sein (1 Kor 8,12), aber der »Bund eines guten G. mit Gott« (1 Petr 3,21) verbürgt seine Erstarkung, so daß es sich nicht mehr verwirren läßt (vgl. Röm 14,1; Kol 2,16; 1 Tim 4,1–5).
Das G. ist auch dem gefallenen Menschen nicht verlorengegangen. Davon zeugt das Sündenbewußtsein des jüd. Volkes (Jer 17,1; Joh 8,9) wie das der Heiden (vgl. Röm 2,15). Ein G. kann jedoch auch dauernd übertönt werden, bis es zuletzt schweigt.
Da das menschliche G. an falschen Maßstäben orientiert sein kann, genügt zur Gotteskindschaft nicht das »gute G.«. Das G., das Herz kann täuschen. Der Herr muß unser Herz erforschen (Jer 17, 9). Dann aber dürfen sich die Gläubigen auf die Verheißung Gottes und seine Vergebung und Versöhnung stützen (1 Joh 3,20), selbst wenn Herz und G. sie verklagen. Im allgemeinen jedoch bezeugt der Heilige Geist dem G. des einzelnen (Röm 9,1) deutlich, ob er in den Wegen Gottes wandelt oder nicht. Die innere Freudigkeit (1 Joh 3,21) ist Ausdruck eines guten, von Gott bestätigten G.
IV) Das AT kennt kein besonderes Wort für den Ausdruck G. Es setzt dafür einfach »Herz« (auch Jos 14,7; Hi 27,6; gegen LÜ). Dementsprechend kann 1 Tim 1,5 in Anlehnung an den atl. Wortgebrauch von einer Liebe reines Herzens und guten G. sprechen. Tit 1,15 deutet der Zushg. von »Sinn und G.« wohl den gleichen Sachverhalt an.

Gewürm. I) Hebr. *rāmäs* und *schäräs* (wörtlich sich Regendes, Wimmelndes), die LÜ häufig mit G. übersetzt, sind Sammelbezeichnungen für alle kriechenden Tiere, auf dem Land (1 Mo 1,24f), wie im Wasser (Ps 104,25) und in der Luft (3 Mo 11,20; LÜ was sich regt und Flügel hat, eigentlich: fliegendes G.), fußlose wie vier- und mehrfüßige (3 Mo 11, 41f). Alle sind unrein (3 Mo 11,20.29f.41f). Außer den Säugetieren, Fischen und Vögeln dürften mit Ausnahme der Heuschrecke (V 21f) fast alle anderen Tiere zum G. gehört haben, dazu noch kleinere Säugetiere, z. B. die Maus (3 Mo 11,29f).

II) G. im eigentlichen Sinne (LÜ Wurm oder Made) heißt im Hebr. *toleah* oder *rimmah*. Sie werden im Zushg. mit verfaulenden Speisen (2 Mo 16,20.24), Geschwüren (Hi 7,5) und Leichenverwesung (Hi 17, 14; 21,26; 24,20; Jes 14,11) genannt, wahrscheinlich gehören jedoch auch Schnecken und Raupen dazu (vgl. 5 Mo 28,39; Jon 4,7). In ihrer Niedrigkeit und Schwäche werden sie als Bild des Menschen gebraucht (Hi 25,6; Ps 22,7; Jes 41,14).

Gezwirnt → Flachs

Giah »Sprudel« (Quelle)
auf dem Wege zur Wüste Gibeon (2 Sam 2,24) ist nach der Namensbedeutung und der Gegend, von der hier die Rede ist, das heutige El Fauwar, »Quellwasser«, 11 km westl. von Jericho. Vgl. Karte Sp. 645.

Gibbar, Ortsname (Es 2,20), wohl für → Gibeon (Neh 7,25) verschrieben.

Gibbethon »Gewölbter Ort« (Noth),
Levitenstadt in Dan (Jos 19,44), nicht weit von Baalath. Z. Zt. Nadabs war sie im Besitz der Philister (1 Kö 15,27). Eusebius und Hieronymus geben die Ortslage 16 Meilen von Cäsarea entfernt an. Das ist wohl zu weit nördl., denn Jos 19,44f wird Jehud (9 km nördl. von Lydda) neben G. genannt. Darum hat man es in Kibbije zwischen Beth Nabala und Abud vermutet, in der Nähe von Jehud.
Eine andere, wahrscheinlichere Auffassung sucht G. nach 1 Kö 15,27; 16,15 als Grenzstadt zwischen Geser und Ekron im heutigen Tell el Melat, ca. 5 km westl. von Geser. Auch nach dem Talmud lag G. südl. von Antipatris im Bezirk von Beth-Semes. Vgl. Karte Sp. 1076.

Gibea »Hügel«.
1) G.-Benjamin (1 Sam 13,2.15.16; 14,2.16) → Geba (1).
2) G.-Benjamin (Ri 19,12–16; 20,4ff) → Gibea Sauls.
3) Stadt in Juda (Jos 15,57; 1 Chron 2,49), vielleicht das heutige ed-Dscheba westl. von Beth Jakarja und 17 km nördl. von Hebron.
4) Stadt auf dem Gebirge Ephraim, das G. des Pinehas (Jos 24,33). Ihre Lage ist nicht sicher bekannt. Viell. Dschibija, 14 km westsüdwestl. von Silo.

Gibea Sauls, Ort in Benjamin (Gibeath Jos 18,28), die Heimat → Sauls (1 Sam 10,26; 11,4; 15,34), nach Jes 10,29 nördl. von Jerusalem gelegen. Die Vermutung, G. sei im Hügel Tell el-Ful, ca. 5 km von Jerusalem zu suchen, ist durch die Ausgrabungen Albrights bestätigt worden. Um 1200 v. Chr. war hier eine wahrscheinlich benjaminitische Ansiedlung, die noch kein Jh. bestanden hatte, als sie schon wieder zerstört wurde, wohl im Feldzug Israels gegen die Benjaminiten von Ri 19–20 (vgl. Hos 9,9; 10,9). Nach dieser Zeit ist dort ein befestigter Platz

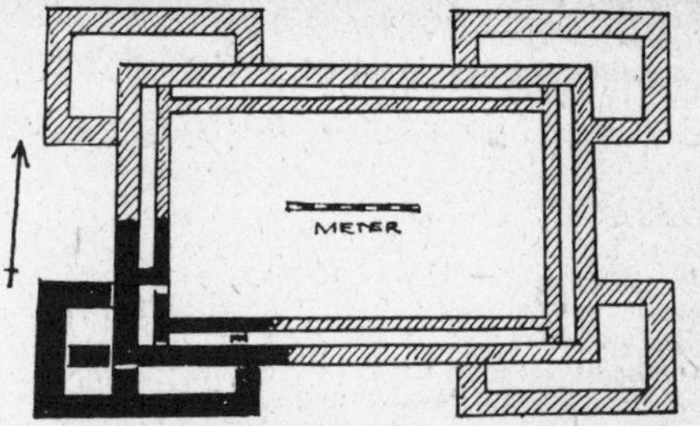

Grundriß der Burg Sauls. Der schwarzgezeichnete Teil ist ausgegraben, das übrige ergänzt

entstanden, Sauls Residenz (vgl. 1 Sam 22,6; 23,19). Der Grabungsbefund zeigt, daß die Burg bald darauf geplündert worden ist, vermutlich nach dem Tod des Königs (1 Sam 31). Sie wurde später wieder aufgebaut.
7 Nachkommen Sauls wurden in G. zur Sühne für seine alte Blutschuld von den Gibeonitern hingerichtet (2 Sam 21,6). Vgl. Taf. 31b/480.

Gibeath »Hügel« (Jos 18,28) = → Gibea Sauls.

Gibeath-Elohim »Hügel Gottes« (LÜ, EÜ).
Ort, an dem eine → Schildwacht der Philister war (1 Sam 10,5; vgl. 13,3), nach 1 Sam 10,11.14 offenbar Sauls Heimatort, das → Gibea Sauls (Tell el-Ful). Man hat den Ort aber auch in dem 9 km weiter nördl. gelegenen Ramallah (Taf. 97/1536 Deckblatt) vermutet, dessen Name die gleiche Bedeutung hat.

Gibeathiter. Beiname, der die Herkunft aus → Gibea (1) oder → Gibea Sauls in Benjamin bezeichnet (1 Chron 12,3).

Gibeon »Hügel-Ort« (Noth),
große (Jos 10,2) Stadt der → Gibeoniter (Jos 9,3. 17). Sie gehörte zum Gebiet Benjamins (Jos 18, 25) und war den Priestern zugeteilt (Jos 21,17). Die Lage ist schwierig zu bestimmen. Im allgemeinen vermutet man den Ort im heutigen Dörfchen Ed-Dschib, ungefähr 1½ Std. nördl. von Jerusalem. Der Teich zu G. (2 Sam 2,13) wäre dann die östl. vom Ort gelegene Quelle und Teichanlage. Nordöstl. vom Dorf liegt ein Stein von 3,8 m Länge, 1,12 m Breite und 1,2 m Höhe, vielleicht der große Stein, an dem Joab Amasa ermordete (2 Sam 20,8). Die Höhe von G. hätten wir dann im Nebi Samwil zu sehen, der mit 895 m (112 m höher als Ed-Dschib mit 773 m) die Gegend bis zum 8 km entfernten Jerusalem beherrscht. Hier war die »vornehmste Höhe« (1 Kö 3,4), wo vorübergehend die Stiftshütte stand (2 Chron 1,3) und wo Salomo seinen Traum hatte (1 Kö 3,5–15). Vgl. Taf. 31a/480; Karte Sp. 645. Vgl. → David VIII.

Gibeoniter. Die hevitische Bevölkerung der Städte Gibeon, Beeroth (1), Kaphira und Kirjath-Jearim (Jos 9,17). Durch eine List gelang es den G., mit den Israeliten unter Josua einen Vertrag zu schließen (V 3–15). Dadurch konnten sie unter Israel wohnen bleiben, mußten aber die Holzhauer und Wasserträger für das isrl. Heiligtum stellen (V 16–27). Josua rettete sie vor der Vernichtung durch die Amoriter (Jos 10,1–10). Saul versuchte sie auszurotten, als Sühne dafür forderten sie von David die Auslieferung von 7 Nachkommen Sauls, die sie dann hinrichteten (2 Sam 21,1–14).
In 1 Chron 12,4 bezeichnet G. einen Benjaminiten aus Gibeon.

Gichtbrüchig → Krankheiten

Giddalthi »Ich habe groß gebracht, ich brachte davon« (Köhler),
Leiter der 22. Musikabteilung des Tempeldienstes (1 Chron 25,4.29).

Giddel »Er (Gott) hat groß gebracht, wachsen lassen«.
1) Tempelknecht, dessen Nachkommen mit Serubabel aus der babyl. Gefangenschaft heimkehrten (Es 2,47; Neh 7,49).
2) Knecht Salomos, dessen Nachkommen ebenfalls mit Serubabel heimkehrten (Es 2,56; Neh 7,58).

Gideom hängt mit hebr. »abhauen, in Stücke brechen« zusammen.
Ort in der Nähe des Felsens Rimmon (Ri 20,45), etwa 5 km östl. von Beth-El; genaue Lage jedoch unbekannt. Hierhin flohen die Benjaminiten, als sie von Israel geschlagen waren.

Gideon, nach dem Arab. »Mit verletzter Hand«.
Sohn des Abiesriters Joas aus dem Stamm Manasse, der in → Ophra (2) wohnte (Ri 6,11). G. wurde zum Richter berufen in einer Zeit, in der der Herr die Israeliten wegen ihres Ungehorsams 7 Jahre lang den Midianitern preisgegeben hatte. Sie fielen mit Amalek und den Stämmen des Ostens jedesmal ein, wenn Israel gesät hatte, verwüsteten die Felder bis in die Gegend von Gaza und ließen weder Lebensmittel noch Vieh im Lande übrig (V 1–6).
Am wahrscheinlichsten wird man für G. die Zeit etwa um 1200 v. Chr. annehmen können.
Aus Furcht vor den Midianitern richteten sich die Israeliten Schlupfwinkel in den Bergen, Höhlen und Burgen ein (V 2). Dann riefen sie zum Herrn. Er sandte ihnen einen Propheten, der ihnen ihren Abfall vorhielt (V 7–10). Zugleich erschien der Engel des Herrn dem G., als dieser in der Kelter Weizen ausdrosch, um ihn vor den Midianitern in Sicherheit zu bringen (V 11). Der Engel gibt ihm den Auftrag, Israel aus der Gewalt der Midianiter zu befreien (V 14). Als der Bote des Herrn auf wunderbare Weise vor seinen Augen verschwunden ist und Gott ihm Frieden zugesprochen hat, baut G. einen Altar und nennt ihn: »Der Herr ist Friede« (V 24). Noch in der gleichen Nacht bricht G. auf Befehl des Herrn den Baalsaltar ab und haut das Ascherabild, das daneben stand, um. Den Männern der Stadt, die darauf G. Auslieferung und Hinrichtung fordern, antwortet Joas: wenn Baal wirklich ein Gott sei, könne er für sich selber streiten. Daher nannte man G. Jerubbaal »Baal soll streiten« oder »Streiter gegen Baal« (V 32). 2 Sam 11,21 steht dafür Jerubbeseth = Jerubboseth; Baal ist hier durch *boseth* = Schande ersetzt (vgl. → Is-Boseth, → Mephiboseth).
G. ruft gegen die Midianiter, Amalekiter und die Stämme aus dem Osten, die sich in der Ebene Jesreel gelagert hatten, Manasse, Asser, Sebulon und Naphthali zusammen (V 33–35). Er erbittet und erhält vom Herrn das Zeichen des Taus auf Fell und Tenne (V 36–40). Mit 300 Mann, die er nach Gottes Anweisung durch eine bes. Prüfung aus 22 000 auszuwählen hat, schlägt er die Feinde in die Flucht. Die Ephraimiten schneiden auf G. Aufforderung den Fliehenden den Übergang über den Jordan ab und nehmen zwei midianitische Fürsten, Oreb und Seeb, gefangen, die hingerichtet werden (Ri 7). G. geht mit seinen 300 Mann über den Fluß und setzt die Verfolgung fort. Die Einwohner von Sukkoth und Pnuel verweigern ihm die erbetene Verpflegung (Ri 8,4–9). G. überfällt das Lager der Midianiterkönige Sebah und Zalmuna bei Karkor, zersprengt das Heer und nimmt die Könige gefangen (V 10–12). Auf dem Rückweg straft er Sukkoth und Pnuel (V 13–17). Da sich herausstellt, daß Sebah und Zalmuna G. Brüder zu Thabor erschlagen haben, bringt er beide nach dem Gesetz der Blutrache um (V 18–21).
Nach dem Sieg bieten die Israeliten G. die Königsherrschaft an. Aber er weiß, daß der Herr Israels König ist, und lehnt ab. Er erbittet sich aber die Stirnbänder aus der Beute, die zusammen ein Gewicht von 1700 Goldsekeln (rund 20 kg) hatten. Daraus läßt G. ein Ephod (→ Leibrock) anfertigen, das er in Ophra aufstellte. Ganz Israel wurde dadurch später zum Götzendienst verleitet. Das Ephod gereichte G. und seinem Haus zum Fall (V 22–27).
G. brachte durch sein kraftvolles Auftreten als Richter und Feldherr den Midianitern eine vernichtende Niederlage bei, die Israel 40 Jahre lang Ruhe verschaffte. Doch die Sünde (in bezug auf das Ephod), der er bei all seinen edlen Charakterzügen nicht entging, führte zum Untergang seines Hauses (→ Abimelech) und der 70 Söhne, die er von seinen zahlreichen Frauen hatte (V 30). Israel zeigte sich nach G. Tod undankbar (V 32–35) und fiel erneut zum Baalsdienst ab. Aber die Erinnerung an seine Erfolge lebte fort (Ps 83,10.12; Jes 9,3[4]; 10,26). Hebr 11,32 wird auch G. zu den großen Glaubensmännern des AT gerechnet. Unter den Richtern ist er eine der edelsten Gestalten; doch seine Siege waren Siege des Herrn. G. wurde in seinem Wohnort Ophra begraben.

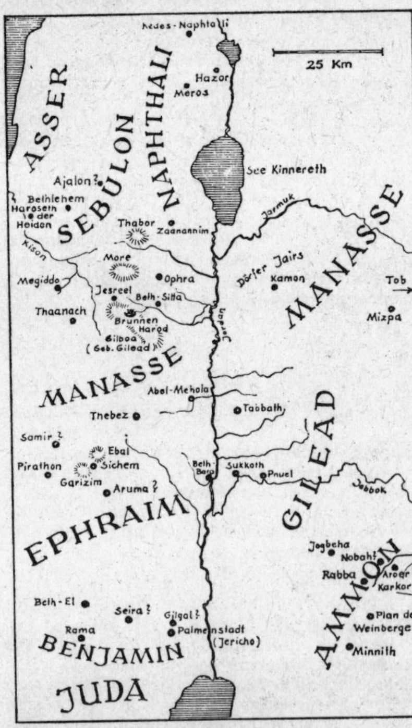

Orte der Richterzeit von Ehud bis Jephthah

Gideoni, Bedeutung wie Gideon.
Vater Abidans, des Fürsten über Benjamin z. Zt. der

Wüstenwanderung (4 Mo 1,11; 2,22; 7,60.65; 10, 24).

Gießen → ausgießen; → Trankopfer; → Salbe, salben; → Eisen; → Erz.

Gift. I, 1) Das hebr. Wort *chemah* hat neben der Bedeutung G. (5 Mo 32,24; Hi 6,4) häufig die von Glut oder Zorn. LÜ übersetzt es deshalb auch in Ps 58,5 mit Wüten.
2) Hebr. *rosch* (LÜ meist Galle) bezeichnet urspr. eine bittere Giftpflanze (5 Mo 29,17[18]; Ps 69,22; Jer 23,15; Hos 10,4), wird jedoch auch für Schlangengift gebraucht (5 Mo 32,33). Vgl. → Galle.
3) Giftige Luft (5 Mo 28,22) wurde der schweflige, heiße Ostwind genannt, der die Ähren versengte (1 Mo 41,6; 2 Kö 19,26; Ps 103,15.16). Giftige Worte (Ps 64,4) sind bittere Worte, bzw. Worte des Hasses (Ps 109,3).
II) G. wurde zum Vergiften der Pfeile (Hi 6,4; Ps 7,14; Eph 6,16) oder als G.getränk (Mk 16,18) verwandt.
III) Die menschliche Zunge ist »ein unruhiges Übel voll tödlichen G.« (Jak 3,8; vgl. Röm 1,29; 3,13).

Gihon, »Hervorbruch, Sprudel« (Quelle).
1) Einer der Paradiesflüsse (1 Mo 2,13). Vielleicht ein Arm des Euphrat, nach Delitzsch der Schatt en-Nil.
2) Quelle im Kidrontal östl. von Jerusalem, die heutige Marienquelle, Ain Marjam, die niemals austrocknet (1 Kö 1,33). Hiskia hat einen 512 m langen Tunnel durch den Felsen zum Teich → Siloah schlagen lassen (2 Kö 20,20), der 10 m Gefälle aufweist (G. 646 m, Siloah 636 m ü. M.). Darum spricht 2 Chron 32,30 von der »oberen« Wasserquelle in G.

Gilalai wohl »Schildkröte«.
Levit und Musiker bei der Einweihung der Mauer Jerusalems (Neh 12,36).

Gilboa wahrscheinlich »Hügelland«.
Berg (518 m hoch) und Gebirge südöstl. von Jesreel (1 Sam 28,4; 2 Sam 1,21; 21,12). Der Berg G. ist der heutige Dschebel Fukua. Die Entfernung von Ziklag beträgt 140 km, die von Gibea Sauls 80 km. Auf dem Gebirge G. fiel Saul mit 3 seiner Söhne im Kampf gegen die Philister (1 Sam 31).
Vgl. Taf. 48b/737 u. Abb. Sp. 492.

Gilead viell. »Rauhe Oberfläche«.
1) Sohn Machirs, Enkel Manasses (4 Mo 26,29.30; 27,1; 36,1; Jos 17,1–3).
2) Vater des Richters Jephthah (Ri 11,1.2), Nachkomme von G. (1).
3) Ein Gaditer (1 Chron 5,14).
4) Gebirge westl. des Jordan in der Nähe der Ebene Jesreel (Ri 7,3). Man hat es mit → Gilboa gleichsetzen wollen. Vgl. Karte Sp. 492. Viell. ist der Text an dieser Stelle aber auch verderbt.
5) Berg östl. vom Jordan (1 Mo 31,21.23.25.47.48; Hl 4,1). Vgl. → Jegar-Sahadutha; → Mizpa (5).
6) Hos 6,8 (vgl. 12,12) wird G. als eine Stadt voll Abgötterei erwähnt, es handelt sich aber wohl um ein Bild für die Landschaft G. (7).
7) Landschaft östlich des Jordan (5 Mo 3,10), deren Grenzen uns nicht genau bekannt sind. 5 Mo 34,1 ist das gesamte Ostjordanland gemeint, Jos 22,9 das von Israel eroberte Gebiet nördl. vom Arnon (2 Kö 10,33). G. wird durch den Jabbok in einen südl. und einen nördl. Teil geschieden (5 Mo 3,12ff; Jos 12,2–5). Nach dem Sieg über Og von Basan (4 Mo 21,32–35) fiel Süd-G. den Stämmen Gad und Ruben zu, der N dem Stamm Manasse (5 Mo 3,12. 16.17). Später kämpfte Israel mit den Syrern wiederholt um Ramoth in G., und Hasael von Damaskus verheerte das Gebiet, »er drosch G. mit eisernen Zacken« (Am 1,3; 2 Kö 10,32.33).
Das Hochland von G. ist im Gegensatz zum Westjordanland sehr fruchtbar. Hier liegen ausgedehnte Weidegebiete (4 Mo 32,1; Hl 4,1) und – vor allem im N – Wälder, u. a. auch der Wald → Ephraim, wo Absalom geschlagen wurde (2 Sam 18,6). G. lieferte auch Parfüms und Medikamente (1 Mo 37,25), worauf Jer 8,22 anspielt: Ist denn keine Salbe in G.? Vgl. Karte Sp. 492.

Gilgal »Der Kreis« (Steinkreis).
1) Erster Lagerplatz der Israeliten in Kanaan, östl. von Jericho (Jos 4,19), also zwischen der Stadt und dem Jordan (Jos 5,10; 9,6; 10,6; 14,6; Ri 2,1; 3,19; 2 Sam 19,16[15]; Mi 6,5). Man hat den Ort im Hügel en-Netele, 5 km südöstl. von Jericho, gesucht, wo sich auch der alte Name als Tell Dscheldschul erhalten haben soll. Dalman schlägt En-el-Garabe vor, 4 km vom Jordan und ebensoweit von Jericho entfernt. Schließlich hat man G. auch in Chirbet el-Mefdschir, 2 km nordöstl. von Jericho, lokalisiert. Ob derselbe Ort auch 1 Sam 11,14.15 und mit Beth-Gilgal (Neh 12,29) gemeint ist, ist gelegentlich angezweifelt worden. Vgl. Karte Sp. 730.
2) Das G. von 2 Kö 2,1; 4,38 sucht man im heutigen Dschildschilja auf dem Gebirge Ephraim, 7 km südwestl. von Silo, das vielleicht auch 1 Sam 7,16 gemeint sein könnte. Auf G. (1) oder (2) werden Hos 4,15; 9,15; 12,12; Am 4,4 bezogen.
3) Ein G. in der Nähe von Sichem hat Sellin nach 5 Mo 11,30 in Chirbet Dschuledschil (4 km südöstl. von Sichem) vermutet. Daneben steht eine andere Auffassung, die alle diese Stellen auf G. (1) bezieht.
4) Sicher von G. (1) zu unterscheiden ist der Ort Jos 12,23. Hier handelt es sich um das heutige Dschildschulije, neuhebr. Gilgal, in der Saronebene, 6 km nördl. von Ras el-Ain (Antipatris).
5) Auch das G. von Jos 15,7 ist nach seiner Lage in der Nähe der Steige Adummim wohl nicht mit G. (1) identisch. Man vermutet es bei Chan es-Sahl (auch Chan el-Ahmar), 9 km ostnordöstl. von Jerusalem.

Gilo. Vaterstadt Ahitophels (2 Sam 15,12) auf dem Gebirge Juda (Jos 15,51), das heutige Chirbet Dschala, westl. von Bet Ummar und 11 km nördl. von Hebron.

Giloniter, Beiname → Ahitophels (2 Sam 15,12; 23,34), der seine Herkunft aus → Gilo bezeichnet.

Gimso.
Grenzstadt zwischen Juda und den Philistern (2 Chron 28,18). Heute das Dorf Dschimsu, neuhebr. Gimzu, 7 km östl. von er-Ramle und südöstl. von Lydda.

Ginath, Vater Thibnis, des Gegenkönigs Omris (1 Kö 16,21.22).

Ginsterwurzel → Wacholder

Ginthoi. Priester, der mit Serubabel aus der babyl. Gefangenschaft heimkehrte (Neh 12,4). Vielleicht ist er mit Ginthon (V 16) identisch.

Ginthon.
1) Priestergeschlecht z. Zt. des Hohenpriesters Jojakim (Neh 12,16). Vielleicht ist G. mit Ginthoi (V 4) identisch.
2) Priester, der z. Zt. Nehemias die Verpflichtung auf das Gesetz unterschrieb (Neh 10,7[6]).

Girgasiter, Volk, das nur in der Aufzählung der kanaanäischen Stämme vorkommt, die der Herr vor

Israel vertrieb (1 Mo 10,16; 15,21; 5 Mo 7,1; Jos 3, 10; 24,11; Neh 9,8). Über ihren genauen Wohnsitz wissen wir nichts.

Girsiter, Stamm im S von Philistäa, der 1 Sam 27, 8 im Zushg. mit den Gessuritern und Amalekitern genannt wird.

Gisoniter, Beiname Hasems, dessen Söhne zu den Helden Davids gehörten (1 Chron 11,34). Man hat eine Verschreibung aus Gimsoniter »Mann aus → Gimso« vermutet.

Gispa, Aufseher über die Tempelknechte z. Zt. Nehemias (Neh 11,21).

Gitter. I) Den Brandopferaltar der Stiftshütte umgab von unten her ein netzartiges G. bis zur halben Höhe des Altars (2 Mo 27,4.5; 38,4). An seinen 4 Enden waren 4 Ringe angebracht, durch die Tragstangen gesteckt wurden (2 Mo 38,5). Vgl. → Altar.

II) Das G., durch das Ahasja fiel (2 Kö 1,2), ist das Geländer um das Dach oder das G. vor einem Fenster im Obergemach seines Hauses. Solche G. waren bes. vor den Fenstern angebracht, die an der Außenseite des Hauses lagen und Sicht auf die Straße gewährten (Ri 5,28; Spr 7,6; Hl 2,9). Vgl. → Haus.

III) Das »Gitterwerk« der zwei ehernen Säulen vor dem Tempel Salomos sind aus Ketten (2 Chron 3,16) geflochtene Netze, die um die »Knäufe« der Säule gelegt und mit Granatäpfeln verziert waren (1 Kö 7,17.18; 2 Kö 25,17; 2 Chron 4,13; Jer 52,22).

Gitthaim »Kelter«.
Ort in Benjamin (2 Sam 4,3; Neh 11,33). Seine genaue Lage ist nicht bekannt. Das Onomastikon nennt ihn zwischen Antipatris und Jamnia; auf der → Medeba-Karte liegt er zwischen Beth-Dagon und Lydda. In den Amarnabriefen wird die Stadt als Gamteti erwähnt, danach wäre sie in Ras Abu Hamid, 3 km südsüdöstl. von er-Ramle, zu suchen.

Gittith. Die Bedeutung der Angabe »auf der G.« (Ps 8,1; 81,1; 84,1 LÜ) ist nicht geklärt. Vielleicht ist es eine Melodieanweisung: Nach der Weise aus Gath(?) oder »Kelterlied«. Man hat auch ein Instrument darunter vermutet.

Glas. I) Spr 23,31 steht G. für → Becher.

II) G. als Stoff in unserem Sinne ist Offb 21,18.21 gemeint (griech. *hyalos*).

III) Alabaster (griech. *alabastron*, LÜ G.), ein weißer, feinkörniger Gips *(Calciumsulfat)*, der sich leicht bearbeiten und gut polieren läßt. Er wurde gern zu Gefäßen verarbeitet, u. a. zu henkellosen Salbengefäßen (Mt 26,7; Mk 14,3; Lk 7,37), deren Hals gegen Verdunsten des Inhalts mit Wachs oder Ton verschlossen war und zum Gebrauch abgebrochen wurde.

Glaube. I) GLAUBE – GLAUBEN IM AT.

1) G. ALS ANTWORT.
Der G. im AT ist unlöslich geknüpft an das Bundesverhältnis Gottes zum Menschen. Wo von G. gesprochen, wo G. erwartet oder gefordert wird, geht immer ein Handeln Gottes voraus. G. besteht nicht in einem Tun des Menschen, durch das Gott sich finden ließe, G. ist Antwort auf einen klaren Ruf, der das Herz getroffen hat. Der G. des Menschen ist die bejahende Antwort, sein Nicht-Hören-Wollen ist Unglaube.
Unvermittelt, aber völlig klar, ergeht von Gott an Abram der Ruf: »Gehe aus deinem Lande und aus deiner Verwandtschaft und aus deines Vaters Hause in ein Land, das ich dir zeigen werde« (1 Mo 12, 1). Und Abram zog aus (V 4). Danach ergeht noch einmal das Wort des Herrn an Abram, den fast hundertjährigen, kinderlosen Mann: »Siehe gen Himmel und zähle die Sterne; kannst du sie zählen? Also soll dein Same werden« (1 Mo 15,5). Und »Abram glaubte dem Herrn, und das rechnete er ihm zur Gerechtigkeit« (V 6).

2) G. UND ERKENNTNIS GOTTES.
Die bejahende Antwort des Menschen auf den Anspruch Gottes ist aber nur eine Seite des G. Hinzu kommt die Seite des Vertrauens. Abram ging, weil er glaubte. Was heißt das?
Die Grundbedeutung des hebr. *aman* (vgl. → Amen) mit seinen Ableitungen *ämät* und *ämunah*, das wir mit »glauben« übersetzen, ist »das Wesentliche darstellen, zum Wesen vorstoßen«, wobei als Grundtenor mitschwingt: das Feste, Wahre, Zuverlässige, Treue dieser Sache oder Person erkennen und hervorheben. Wird von Gott gesagt, daß er G. *(ämät)* hält (Ps 146,6), muß man wiedergeben: Gott ist treu, wahr, zuverlässig, fest, stetig, mit der Bedeutung: er handelt so seinem Wesen gemäß, daß er sich in seinem Tun nie verleugnet. »Seine Gebote sind G.« *(ämät)* heißt: sie sind gerecht und zuverlässig (Ps 111,7). G., glauben ist das Verhältnis, das in seiner Zuverlässigkeit nie trügt.
»Abram glaubte Gott« heißt demnach einmal: er erkennt Gott als den absolut Wahrhaftigen, Gerechten, Treuen, Zuverlässigen, Gnädigen an. Vor aller Erfahrbarkeit der Treue und Zuverlässigkeit Gottes Ja zu sagen zu seinem Ruf, dem so unverständlichen, unergründlichen, ja mitunter sogar unvernünftigen Ruf in die Nachfolge, sein Leben Gott anzuvertrauen, es in die unsichtbaren Hände fremden Wollens preiszugeben – das ist G., G., der sich allein verlassen kann auf das Wort Gottes: Ich will ... machen. Ein G. jedoch, der das Wesen Gottes auf dem Glaubensweg zu schauen beginnt.
»Abram glaubte Gott« heißt aber auch weiter: er entschloß sich nun seinerseits, in der Zuverlässigkeit Gottes zuverlässig, in der Festigkeit Gottes fest, in der Treue Gottes treu, in der Wahrheit Gottes wahr zu werden. Abram wurde ein Glaubender, d. h. auch: ein Treuer, ein Zuverlässiger, ein Wahrer. Das ist die dritte Seite des G.:

3) G. ALS SITTLICHER ANTRIEB.
Gott im G. anerkennen heißt, Gott als Gott völlig ernst nehmen, die gesamten menschlichen Lebensäußerungen in das Gottesverhältnis miteinbeziehen. G. ist nie ein passives Anerkennen einer objektiven Größe, sondern neben der Erkenntnis Gottes eine Lebensführung, die von »ganzem Herzen, von ganzer Seele« (5 Mo 6,5), »ungeteilt« (1 Kö 8, 61; LÜ etwas blaß: rechtschaffen), »völlig dem Herrn nach« (4 Mo 32,12 EÜ) geschieht, eine Gottesbeziehung, die den ganzen Menschen in seinem äußeren und inneren Verhalten umfaßt. Wo G. den sittlichen Ernst vermissen läßt, wird er zum Unglauben, zum geheuchelten G. Gottes Wort hören, Gottes Wunder erleben oder erlebt haben, aber nicht »glauben«, das ist Sünde, Abfall, Götzendienst, Hurerei von dem Herrn weg (Hos 1,2). Das ist die Schuld der Wüstengemeinde, deren Ende das Gericht Gottes war (Hebr 3,16–19; 4,2). Das ist die Sünde, in die Israel immer wieder verfiel.

4) G. UND WORT GOTTES.
Gott ruft nicht nur einmal, sondern immer wieder und bleibt mit dem Glaubenden im Gespräch. Dies Gespräch ist für den G. lebensnotwendig. Der glaubende Mensch lebt nicht vom Brot allein, sondern von einem jeden Wort, das aus dem Munde Gottes geht (5 Mo 8,3; Mt 4,4). Das Wort Gottes gibt dem G. sein Leben und seinen Bestand. In leidenschaftlichen Worten wird darum jeder treue Israelit aufgefordert, das Wort Gottes zu hören, zu behalten, in Herz und Leben zu fassen und zu seinem täglichen

Begleiter zu machen (5 Mo 11,18–21). Vielfach klingt das Lob der Frommen über die Gabe des Wortes Gottes (Ps 56,5; 119,140.162 u. ö.).

5) G. ALS EINZIG MÖGLICHE EXISTENZWEISE.

Eine Vertiefung erfährt das G.verständnis im AT in der Verkündigung Jesajas. Seit dieser den Herrn im Tempel gesehen hat (Jes 6,1ff), ist er von der Macht und Heiligkeit Gottes so überwunden, daß es für ihn nur noch den G. oder das Verderben gibt. Gott begegnen heißt ins Gericht geraten, weil im Angesicht Gottes alle Sünde offenbar wird und ihr Urteil findet. G. allein kann vor ihm bestehen. Darum ist Unglaube für Jesaja keine Existenzmöglichkeit. Solches Leben ist schon tot, obgleich es noch lebt, denn der Richtspruch Gottes ist bereits gefällt. »Glaubt ihr nicht, so bleibt ihr nicht« (Jes 7,9). Der G. jedoch ist der rettende Weg aus diesem verurteilten Leben. »Wer glaubt, wird nicht zuschanden« (Jes 28,16 ZÜ).

6) G. UND HOFFNUNG.

In dem Leben des atl. Frommen ist mit dem G. stets die Hoffnung verknüpft gewesen. Wenn Abraham dem Herrn »glaubte«, daß er auf sein Wort hin Samen haben werde wie die Zahl der Sterne am Himmel, so war das eine G.hoffnung. Hoffnung ist neben dem Vertrauen auf Gott ein Vertrauen auf die durch Gott gesicherte Zukunft. Dieser G. an die durch Gott gesicherte Zukunft mußte sich neu besinnen, als zuerst Israel, das Nordreich, unter das Gericht Gottes geriet und seine Zukunft verlor, dann auch Juda unter die Gerichtsbotschaft kam. Verlor nicht der Glaubende mit der Katastrophe auch seine Zukunft?

Wieder war es Jesaja, der eine tiefere G.hoffnung verkündete. Gerade da, wo der Herr sein Angesicht zu verbergen beginnt, beginnt der Prophet mit dem glaubenden »Dennoch« seines Hoffens. »Ich hoffe auf den Herrn, der sein Antlitz verbirgt vor dem Hause Jakob; ich harre dennoch sein« (Jes 8,17). Über Gottes Zorn hinaus besteht sein G. weiter, der nun nicht mehr sicher in die Zukunft blickt, der aber dennoch und trotzdem hofft. Alle Spannung und Furcht des menschlichen Herzens tröstet er mit den glaubensvollen Worten: »die aber auf den Herrn harren, gewinnen neue Kraft, daß sie auffahren mit Flügeln wie Adler, daß sie laufen und nicht matt werden, daß sie gehen und nicht müde werden« (Jes 40,31).

Gottes Dasein für die Zukunft und in der Zukunft versteht Jesaja zugleich ganz neu als endzeitliche Hilfe. Dem G. blüht kein sicheres Dasein kommender Jahre – aber der G. darf hoffen auf das Ende, das herrlich sein wird. Dann wird alle Not ein Ende haben. »An jenem Tage wirst du sagen: Ich preise dich, Herr, denn du warst gegen mich erzürnt; dein Zorn hat sich gewendet, und du hast mich getröstet. Siehe, Gott ist mein Heil. Ich vertraue und fürchte mich nicht« (Jes 12,1.2). Auf diese Zeit darf der Glaubende hoffen und sich schon hier und jetzt freuen (Jes 25,9; 26,8; Jer 29,10; 31,16f; Mi 7,7).

Diese neue Sicht der Zukunft bedeutet keine Flucht ins Unwirkliche. Diese Hoffnung ist G., d. h. ein fester Halt, der sich auch in der Not gegenwärtiger Schwierigkeiten als ein Anker erweist, der Grund hat und hält. Der Trost, den Jesaja den Gefangenen im Exil zuspricht, ist kein billiger Trost, sondern frohe Botschaft, die sich auf die Treue Gottes gründet (Jes 40,27–31).

II) GLAUBE – GLAUBEN IM NT.

1) DIE SYNOPTIKER (MT, MK, LK).

a) G. ist bei den Synoptikern wie im AT das absolute Vertrauen, das sich selbst da nicht von Gott abbewegen läßt, wo der Zweifel das Herz anficht: »Ich glaube, hilf meinem Unglauben« (Mk 9,24). Solcher G. flieht zu Gott im Gebet (Lk 18,1ff), und seinem Bitten ist keine Grenze gesetzt: »Alles, was ihr bittet im Gebet, so ihr glaubet, werdet ihr empfangen« (Mt 21,22; Mk 11,24). Solcher G. ehrt Gott, und er belohnt ihn (Mt 8,10; Lk 7,9; Mk 2,5; Mt 9,2.22; 15,28; Mk 5,34). Solch G. kann Berge versetzen (Mt 17,20; 21,21; Mk 11,22), ist aber auch Zielscheibe des Satans, um die Gemeinde zu zerstören (Lk 22, 32). Unglaube dagegen ist ängstliches Blicken auf die Kreatur (Mk 4,40; Lk 8,25; Mt 8,26; 14,31), Zweifeln an der Vollmacht Gottes (Mk 11,22), eigenes Sichsorgen um Leib und Leben (Mt 6,30).

b) Auch in der Stellung zum Wort Gottes folgen die Synoptiker dem AT. Wo Gott spricht, kann nur der Gehorsam folgen (vgl. Lk 1,45), wenn Glaube nicht zum Unglauben werden will. Jesus wendet sich ohne Scheu an die »Geistlichen« Israels: »Warum habt ihr ihm (Johannes dem Täufer, d. h. seiner Botschaft) denn nicht geglaubt?« (Mk 11,31). Und seine Jünger muß er schelten: »O ihr Toren und träges Herzens, zu glauben alledem, was die Propheten geredet haben« (Lk 24,25). Der Unglaube vergißt Gottes Wort, versteht es nicht (Lk 8,11ff), oder er traut ihm nicht (Lk 1,20; 22,67). Solcher Haltung gilt der Ruf: »Tut Buße und glaubt an das Evangelium« (Mk 1,15).

2) JOHANNES.

a) Bei Johannes kommt bes. stark das Neue des ntl. G. zum Ausdruck. Als Objekt des G. wird nicht mehr primär Gott genannt. Jetzt heißt es: an Jesus und seinen Namen glauben (Joh 2,11.23), glauben, daß Jesus der Christus ist (Joh 4,42; 6,69), dem Wort Jesu und der Schrift glauben (Joh 2,22; 4,41). Damit ist keineswegs eine G.verschiebung von Gott auf Jesus eingetreten. Die neue G.forderung ist heilsgeschichtlich begründet: mit Christus beginnt ein neues Handeln Gottes mit dem Menschen. Ein Handeln Gottes jedoch, das nicht wie im AT durch seine Eindeutigkeit klar erkannt werden kann und den Menschen zum G. in Treue und Gehorsam nötigt, sondern ein Heilshandeln Gottes, das erst im Wort der Verkündigung seine Deutung erfährt. Dies Heil gewinnt der Mensch, indem er dem Wort der Verkündigung glaubt und daraufhin Jesus als seinen Erlöser glaubend annimmt. Das heißt weiter, Gott glauben, daß die Geschichte Jesu Gottes eigenes heilsgeschichtliches Handeln war, dem der Mensch vertrauen darf, wie er Gott und seinem Tun stets vertrauen konnte.

Jesus selber hat die Bedeutung seines Lebens und Leidens aus dem AT abgeleitet (Lk 24,26f). Er erwartete von seinen Hörern, daß auch sie aus dem AT die Bedeutung seines Lebens erkennen und der Schrift und ihm glauben würden (Joh 5,46f).

»An Jesus glauben«, »an die Schriften« oder »an sein Wort glauben« besagt dasselbe. Der Sinn ist, dem Wort der Verkündigung – und zwar der des AT sowohl wie der Jesu – zu glauben, und Jesus als den Heiland der Welt im G. anzuerkennen. Weil die Bedeutung Jesu nur im Wort und durch das Wort erkannt werden kann, darum kann Johannes sogar von Jesus als dem Wort reden, ihn mit dem Wort identifizieren und dem Wort den Heilscharakter zuschreiben (Joh 1,1ff). Der G. an das Wort ist also identisch mit dem G. an Jesus. Der G. an Jesus ist identisch mit dem G. an Gott (Joh 14,11) und dem Ja zu seiner Heilsgeschichte.

b) Wer im G. das von Jesus erwirkte Heil für sich persönlich annimmt, wer Gott glaubt, daß er in Jesus selber das Lösegeld bereitet hat, um den Menschen aus dem Gericht zu retten, der »kommt nicht mehr ins Gericht« (Joh 3,18), sondern ist vom Tode zum Leben hinübergeschritten (Joh 5,24), der hat schon jetzt das ewige Leben (Joh 3,36; 6,47; 20,31). G. ist bei Johannes nicht – wie noch bei Jesaja – das starke Hoffen auf das zukünftige Heil, dem aber das »Wie« der Rettung undurchsichtig bleibt. Nach Johannes hat der Glaubende das Heil, weil er Jesus, den Heiland, aufgenommen hat (Joh 1,12). Der Glaubende darf sagen: er wird mich auferwekken am jüngsten Tage (Joh 6,40), weil das Gericht am Glaubenden bereits vollzogen ist. »Ich bin als Licht in die Welt gekommen, auf daß jeder, der an mich glaubt, nicht in der Finsternis bleibe« (Joh 12, 46). Der Nicht-Glaubende ist schon gerichtet (Joh 3,18), weil er der rettenden Botschaft vom Heil im Blute Christi nicht glaubt. »Ich habe euch gesagt, daß ihr sterben werdet in euren Sünden; denn so ihr nicht glaubet, daß ich es sei, so werdet ihr sterben in euren Sünden« (Joh 8,24).

c) G. ALS GEHORSAM gegen Gottes Wort ist bei Johannes zuerst ständiges Bleiben bei der durch Christus verkündigten Wahrheit: »So ihr bleiben werdet an meiner Rede, so seid ihr meine rechten Jünger« (Joh 8,31).
Zum andern umschließt der G.gehorsam die Abkehr von der Sünde. Ehre voneinander zu nehmen, statt sie allein von Gott zu suchen, hindert den G. (Joh 5,44). Sich von dem Weinstock Jesus zu entfernen und aus andern Quellen zu leben, zieht wieder das Gericht Gottes auf sich (Joh 15,1ff). Die Haltung des Glaubenden ist die des Dienens (Joh 13,1ff), Liebe ist Jüngerprinzip (V 35; vgl. 1 Joh).

d) So wie Johannes bemüht ist, Christi Leben und Tun als Gottes Handeln deutlich zu machen – Jesus hat nach Johannes oft wiederholt, daß er nur tut und tun kann, was er den Vater hat sagen hören, oder was ihm von diesem gewiesen wurde (Joh 5, 19f.30; 8,26.38.40) – so stellt er auch den G. des Menschen als Gottes Wirken dar (Joh 6,37.44.65). Damit schmälert er nicht die Verantwortung des Menschen im Blick auf sein Glauben- oder Nicht-Glaubenwollen – der Mensch ist und bleibt der, der in voller Verantwortung dem Ruf Gottes Antwort schuldet – aber er unterstreicht, daß der G. nicht eigenmächtiger Entscheid und damit menschliches Werk ist, sondern immer nur Antwort an Gott auf seinen Ruf und seine Einladung. Der G. ist für den Menschen nicht verfügbar. Es kann kein Mensch glauben, wann er will. Wo kein Ruf ist, kann keine Antwort sein. Es kann der Mensch auch nicht glauben, soviel er will. Weil Gott ruft, kann die Antwort nur darin bestehen, diesem Gott ganz zu glauben. In diesem Sinn ist G. immer zuerst Gottes Werk.

3) APOSTELGESCHICHTE.
Während Jesus sich selber überwiegend die Bezeichnung »Menschensohn« zulegte und von den Juden seine Anerkennung als der verheißene Messias forderte, nannte die Gemeinde, bes. unter heidenchristlichem Einfluß, den Auferstandenen den »Herrn«, der ein absolutes Recht auf und einen totalen Machtanspruch an die Welt hat. Der Grund dafür liegt nach der Apg in der Auferstehung Jesu. Durch diese hat Gott ihn zu einem »Fürsten und Heiland« (Apg 5,31), zu einem »Herrn und Christus gemacht« (Apg 2,36), demgegenüber der Mensch nur eine einzige Haltung einnehmen kann: ihm zu glauben, d. h. sich ihm restlos anzuvertrauen, und zwar im Blick auf sein jetziges Leben wie auch im Blick auf das Leben danach. Der G. weiß, daß Christus »um unsertwillen« das Werk der Erlösung getan hat. Im Unglauben an diesem Werk vorbeizugehen, es zu verleugnen oder zu mißachten, heißt, ins Verderben gehen. Mit nicht zu dämpfendem Einsatz verkündet die ntl. Gemeinde der Welt die einzige Lebensmöglichkeit: G. an den Herrn Jesus Christus (Apg 5,14; 8,37; 11,17; 13,39; 16,31). An ihn glauben heißt, Vergebung der Sünden empfangen (Apg 10,43; 13,39), das Heil finden (Apg 15,11; 16, 31), den allein seligmachenden Namen besitzen (Apg 4,12), sein Leben reinigen (Apg 15,9; 19,18). Im G. zu bleiben (Apg 14,22), seinen G. zu festigen (Apg 16,5) oder voll G. (Apg 6,5; 11,24) zu werden, ist die Aufgabe jedes Christen.

4) PAULUS.
a) Die Missionssituation des Paulus erfordert, daß er in den Briefen an die verschiedensten Gemeinden auf die grundlegenden Fragen des G. eingehen muß. G. ist bei ihm G. an ..., bei der Nennung des Gegenstandes kann er variieren. Er spricht vom G. an Gott (Röm 4,24), an die Verkündigung (Röm 10, 16), an Jesus Christus (Gal 3,26) und meint doch immer das gleiche: den G., der Gott, das Kreuz Christi und die Verkündigung des Evangeliums ernst nimmt und zum eigenen Heil anerkennt. Der Akzent liegt dabei bald mehr auf dieser, bald mehr auf jener Seite. Paulus kann auch vom G. sprechen, ohne seinen Gegenstand zu nennen: »Das Evangelium ist eine Kraft Gottes zum Heil jedem Glaubenden« (Röm 1,16 EÜ). Stets aber meint er den G., der der Verkündigung von Gottes Handeln in Christus vertraut.

b) G. UND GEHORSAM.
G. beschränkt sich nicht auf die gläubige Annahme dessen, was in der Vergangenheit geschah, er nimmt auch nicht bloß das Heilswerk für sich in Anspruch – G. umschließt die Anerkennung des Herr-Seins Christi für das praktische Leben. Das bedeutet ein neues Selbstverständnis des Menschen. Der Glaubende steht jetzt unter der Gnade; vorher war er »tot« in Sünden und Übertretungen (Eph 2,1). Der Glaubende stellt jetzt seine Glieder als Waffen der Gerechtigkeit dar; vorher waren sie Waffen der Ungerechtigkeit (Röm 6,13). Der Glaubende lebt sein ganzes Leben in der Abhängigkeit vom Herrn: »alles was ihr tut, in Wort oder Werk, alles tut im Namen des Herrn Jesus, indem ihr Gott, dem Vater, durch ihn Dank sagt« (Kol 3,17); vorher lebte er sich selber.
Dieser Gehorsam gegen den Herrn unterliegt der Gefahr des Fallens (1 Kor 10,12). »G. haben« (Röm 14,22; Phim 5), »im G. sein« (2 Kor 13,5), »im G. stehen« (1 Kor 16,13; 2 Kor 1,24), »im Herrn stehen« (1 Thess 3,8), »in der Gnade stehen« (Röm 5,2), »im Evangelium stehen« (1 Kor 15,1) bedeutet die große Verpflichtung des G., sich ständig der Anfechtung und des Zweifels zu erwehren. Weil der Mensch »durch den G. seinen Stand gewonnen hat« (Röm 11,20), kann dieser Stand auch nur im G. bewahrt werden. Gläubig-werden und gläubig-sein leben darum aus der immer neu ergriffenen und bewahrten G.treue (Röm 1,5; 16,26). In dieser Hinsicht weiß Paulus etwas vom Werden und Wachsen des G. (2 Kor 10,15; 2 Thess 1,3), von schwachem G. (Röm 14,1; 4,19) und festem G. (Kol 1,23; 2,5.7; 1 Thess 3,8). Das Ziel aber der Verheißung für jeden Glaubenden ist: »Liebe aus reinem Herzen, gutem Gewissen und ungeheucheltem G.« (1 Tim 1,5).

c) G. UND AUFERSTEHUNG JESU.
Die Auferstehung Jesu von den Toten hat aller Welt bezeugt, daß er Gottes Sohn ist (Röm 1,4), daß er dem Tode die Macht genommen hat (1 Kor 15,55), daß er Herr aller Mächte im Himmel, auf der Erde und unter der Erde ist (Phil 2,10f). Sie wird dem Glaubenden daher zur Zusicherung, daß auch er

nicht im Tode bleiben wird (1 Thess 4,14). Wer mit Jesu Tod einsgemacht ist, wird auch mit seiner Auferstehung einsgemacht werden (Röm 6,5.8; 1 Kor 15,12ff; 2 Kor 4,14). Ein Leugnen der Auferstehung Jesu ist darum gleichbedeutend mit dem Verlust der Hoffnung auf das zukünftige Heil. »Wenn wir allein in diesem Leben auf Christus hoffen, sind wir die elendesten unter allen Menschen« (1 Kor 15,19). Weiter schließt der G. an die Auferstehung ein, daß Christi Auferstehungskräfte schon jetzt im Leben des Glaubenden wirksam sein können, weil Christus in uns wohnt (Kol 1,27). Im Kampf gegen die Sünde und die Mächte der Finsternis stehen wir nicht allein oder in eigener Kraft, sondern haben die Macht des erhöhten Herrn zur Verfügung (Eph 1,18–23). Auf diesem Hintergrund erhebt Paulus die Forderung des G.gehorsams. Weil der Glaubende in der Kraft der Auferstehung Jesu lebt, kann er die Versuchung bestehen.

d) G. UND GERECHTIGKEIT.
Das Tiefste über den G. hat Paulus in der Auseinandersetzung mit gesetzlichen Bestrebungen in seinen Gemeinden gesagt. Judenchristliche Glieder versuchten, in heidenchristlichen Gemeinden die Meinung durchzusetzen, als sei zum Heil außer dem Glauben, der durch die Liebe tätig ist (Gal 5,6) und damit den Gehorsam gegen Gottes Willen erfüllt (vgl. Röm 1,5; 15,18), auch eine gewisse äußerliche Gesetzeserfüllung notwendig.
Gegen solche Auffassung geht Paulus im Römer- und Galaterbrief scharf vor und entwickelt seine Gedanken vom Begriff der Gerechtigkeit aus. Das Heil oder die Gerechtigkeit vor Gott erlangt kein Mensch durch Erfüllung der Gesetzeswerke (Röm 3,9ff.20; 4,15; Gal 2,21; 3,2.10.19.24), sondern allein durch den G. (Röm 3,28), der aus der Verkündigung, dem Worte Gottes kommt (Röm 10,17), und der vertraut, daß der Sohn Gottes »um unserer Übertretungen dahingegeben und um unserer Rechtfertigung willen auferweckt wurde« (Röm 4,25), auf daß wir »Frieden haben mit Gott durch unseren Herrn Jesus Christus« (Röm 5,1). Indem Paulus den G. von der Gerechtigkeit und der Rechtfertigung her versteht, bringt er ihn in unmittelbare Beziehung zum Gericht Gottes. G. ist nicht nur Vertrauen auf Gott und sein Heilswerk für das Diesseits, G. ist auch ganz konkret das vertrauende Wissen: ich werde im Endgericht bestehen. Die Bedeutung dieses Gedankens kann man ermessen, wenn man bedenkt, daß die offizielle spätjüd. Theologie – der Paulus ja selber entstammte – die Lehre vertrat: im Endgericht gibt es kein Lösegeld. Paulus sagt und lehrt im Blick auf Christus: es gibt im Endgericht für den Glaubenden Heil, weil Christus sich für ihn verwendet (Röm 8,34). Darum hat er bezeugt und für sich in Anspruch genommen (2 Tim 4,7f), daß der Glaubende sich auf das Ende freuen darf. Auch Johannes hat diese G.zuversicht bes. betont (s.o. II,2b).

5) DER HEBRÄERBRIEF.
Die Aussagen des Hebr. über den G. werden durch die besondere Situation der angesprochenen Gemeinde geprägt. Neue Verfolgungen stehen bevor, aber die Widerstandskraft hat nachgelassen. Darum zeigt der Verfasser vier große Hilfen für den G. in Zeiten der Anfechtung auf:

a) Die Verheißung Gottes. Wir haben eine gute Botschaft gehört (Hebr 4,2). Wo Gott die Zusicherung gegeben hat, daß er für den Glaubenden das Heil bereitet habe, da kann das Ziel nicht mehr verloren gehen.

b) Die Kraft des G. Wenn wir glauben, gehen wir in die Ruhe Gottes ein (Hebr 4,3). Hier heißt es, fest zu bleiben (Hebr 10,38) und mit solchen, die das Ziel schon erreicht haben, zu wetteifern. »Wir sind nicht von denen, die sich zum Verderben zurückziehen, sondern gehören zu denen, die da glauben und ihr Leben retten« (V 39). Seid also »Nachahmer derer, die durch G. und Ausharren die Verheißungen ererben« (Hebr 6,12).

c) Die Vorbilder der G.helden atl. Zeit, an denen gezeigt wird, wie G.treue stets den Sieg erringt (Hebr 11).

d) Das Aufschauen zu Jesus, dem »Anfänger und Vollender des G.« (Hebr 12,2). Hier liegt der Kern der Ermahnung. Abgesehen von aller G.treue oder G.schwäche, über alle Verheißungen oder Vorbilder hinaus schenkt und verbürgt Jesus den Sieg, wenn der Glaube ihn erfaßt und hält und wiederum von ihm, dem Herrn des G., gehalten wird. »Jesus Christus ist derselbe gestern, heute und in Ewigkeit« (Hebr 13,8).
Die Botschaft des Hebr greift mit besonderem Ernst helfend hinein in die Alltagswirklichkeit der Gemeinde, in der sich der G. bewähren soll.

6) DER JAKOBUSBRIEF.
Die Aussagen des Jakobus über den G. hat man vielfach als Widerspruch gegen Paulus aufgefaßt, ohne zu bedenken, daß doch die Sache, das Leben im G., beiden die gleiche und gemeinsame Alltagswirklichkeit war (Gal 1,19; 2,9; Apg 15; 21,18). Die Werke, durch die der G. erst vollkommen wird und ohne die er tot ist (Jak 2,22.26), sind die gleichen Werke, zu denen wir in Christus geschaffen sind, damit wir darin wandeln sollen (Eph 2,10). Wer dem Nächsten die notwendige Hilfe versagt (Jak 2,15.16), hat auch im Urteil des Paulus den G. verleugnet (1 Tim 5,8). In Christus gilt nur der G., der durch die Liebe tätig ist (Gal 5,6; vgl. Jak 2,13), und dieser G. kennt kein Ansehen der Person (V 1–4; vgl. Röm 2,11; Gal 3,28). Jakobus wendet sich mit voller Berechtigung gegen die Meinung, G. könne den Gehorsam ersetzen (Jak 2,14–26). Daß sich die Vertreter dieser Meinung dabei auf die falsch verstandene Verkündigung des Paulus beriefen (vgl. Röm 4), ist möglich, aber nicht sicher; in der entschiedenen Abwehr solchen Mißverständnisses ist sich der Apostel mit Jakobus einig (Röm 6,1.2).

Gleichnis. I) Bereits im AT erscheint das G. als bekannte und gern gebrauchte Redeform, vgl. den Fluch Jothams (Ri 9,7ff), die Erzählung der Frau von Thekoa (2 Sam 14,6ff) und das G. Nathans (2 Sam 12,1ff). Im NT nimmt Jesus diese Überlieferung auf, so daß die G.rede zu einem kennzeichnenden Zug seiner Verkündigung wird (Mt 13; Lk 12,13ff; 15,1ff; 16,19ff).

II) In der bildhaften Sprache des G. vertreten Dinge und Verhältnisse des täglichen Lebens geistige und geistliche Wirklichkeiten und Vorgänge. Bes. häufig geht es dabei um das Reich Gottes (Mt 13,24.31.33.44.45.47; 18,23; 20,1; 22,2). Der Bezugs- oder Vergleichspunkt (das *tertium comparationis*) zwischen der Bildrede und dem geistlichen Sachverhalt liegt dabei häufig nicht in einem einzelnen Ding oder einer Person der Schilderung, sondern im Gesamtvorgang. Die Einleitungsformel: »Das Himmelreich ist gleich ...« wäre daher besser wiederzugeben: »Mit dem Himmelreich verhält es sich wie mit ...«

III) Bisweilen beschränkt sich das G. jedoch nicht auf einen Hauptgedanken, den die übrigen Züge nur ausschmücken, sondern hat mehrere Vergleichspunkte. Dann wird der Übergang zur Allegorie fließend, bei der sich sämtliche Einzelzüge in die Deutung einordnen. Das wird etwa am G. vom vierfachen Ackerfeld deutlich (Mt 13,3–8.38–43).

Noch klarere Allegorien kommen im Johannesev. vor: der gute Hirte (Joh 10) und Jesus, der wahre Weinstock (Joh 15). Hier hat jeder einzelne Zug der Bilder seine geistliche Bedeutung.

IV) Anderseits sind kurze G. oft schwer vom Spruch oder Sprichwort zu trennen (Lk 4,23; 6,39; Mt 15,14.15), auch daher schwanken die Angaben der genauen Zahl der G.

V) Sinn und Zweck der G. Jesu war, den geistlichen Sinn, seine Botschaft und seinen Anspruch, zugleich zu offenbaren und zu verhüllen (Mt 13,10ff;Lk 8, 10). Während die Ungläubigen die Bedeutung des G. verfehlen und ihnen das Geheimnis des Gottesreiches verschlossen bleibt, ja sie an der Redeweise Jesu Anstoß nehmen, öffnet es Jesu Nachfolgern Augen und Ohren, daß sie die Herrlichkeit Gottes erkennen. Vgl. → Rätsel.

Gleisnerei = Heuchelei (1 Tim 4,2).

Gleißen = glänzen, offenbar sein (Jer 2,22).

Glied bezeichnet in bezug auf die Nachkommenschaft eines Menschen (2 Mo 20,5; 5 Mo 7,9) und in Geschlechtsregistern (Mt 1,17) die Generation. Vgl. weiter → Leib.

Gnade. I, 1) Im Hebr. gibt es vor allem zwei Wörter, die wir mit G. übersetzen. Das eine *(chen)* bedeutet »Huld, Gunst« (1 Mo 19,19; 39,21; 47,29), das andere *(chäsäd)* bezeichnet eine einem Treueverhältnis entsprechende (hilfreiche) Tat (1 Mo 24, 12; 40,14; 1 Sam 20,8.14f LÜ Barmherzigkeit), einen Liebeserweis. Ein ähnlich gebrauchtes drittes Wort *(rachamim)* bezeichnet mehr das »Erbarmen« (Ps 51,3; 25,6; 40,12; 69,17; Jes 63,7). Das entsprechende griech. *charis* bedeutet etwas, das Freude bereitet, nicht nur eine Gesinnung, sondern eine entsprechende Tat. Es kann auch stehen für »anmutig« (Lk 4,22; Kol 4,6; LÜ holdselig, lieblich), für »Fürsorge« (Apg 14,26; 15,40), für »Gunst« (Apg 2,47; 7,46; Lk 2,52), für »Liebesgabe« und »Liebeswerk« (1 Kor 26,3; 2 Kor 8,6; LÜ Wohltat), auch für »Dank« (2 Kor 8,16; Lk 17,9) und für »Vergeltung, Lohn« (Lk 6,32–34; LÜ Dank).

2) Das dt. Wort G. hat urspr. die Bedeutung »Herablassung, Herabneigen« (vgl. mittelhochdt. *diu sunne gie ze gnâden*, die Sonne ging unter). Die Wiedergabe des biblischen Begriffs durch das dt. G. geht wahrscheinlich auf die irischen Missionare zurück und hat sich gegen andere Übersetzungsversuche der gotischen (*anst* = Gunst) und fränkischen Mission (*geba* = Gabe bzw. *huldi* = Huld) durchgesetzt.

II) Gott erweist seine G.hilfe aus barmherziger → Liebe (2 Mo 33,19; Ps 103,8–13; Jes 55,3) ohne jedes Verdienst oder Anrecht des Menschen (Röm 3, 24; 11,6; Eph 2,8.9; vgl. 5 Mo 7,7.8; Jer 31,8). Er ist reich an G. (2 Mo 34,6; Ps 86,15; Jo 2,13). Seine G. ist wie ein Tau und Regen (Spr 16,15; 19,12) und ist für unser Glück und Heil und auch im Alltag nötig, z. B. für eine Reise (1 Mo 24,21.40.42.56). Auch vom Menschen wird G., d. h. ein dem Treueverhältnis zu Gott entsprechendes Verhalten gefordert (Hos 12,7; Mi 6,8; LÜ Barmherzigkeit, Liebe).

Die G. Gottes ist eine Macht: sie wird mit unseren Gebundenheiten fertig und überwindet uns (Ps 117, 2 wörtlich), sie hält uns (Ps 94,18). In Christus hat man die G.gabe Gottes: das ewigkeitsgemäße Leben (Röm 6,23). »Aus seiner Fülle haben wir genommen G. um G.« (Joh 1,14.16.17). Die Rechtfertigung aus G. (Röm 3,24; 4,4.16; 11,6) meint nicht nur eine Begnadigung, sondern ein durch die Macht der G. Gottes verwandeltes, gerechtes Leben (Röm 5,17.21; 2 Kor 12,9; vgl. 1 Petr 2,19). Paulus redet vom »Evangelium der G. Gottes« (Apg 20,24). Den Kindern des neuen Bundes ist im Gegensatz zum alten Bund auch die Kraft zu einem Leben in Gott gegeben: »denn es ist erschienen die heilsame G. Gottes allen Menschen, indem sie (nicht wir) uns in die Zucht nimmt (erzieht), damit wir verleugnen das ungöttliche Wesen und die weltlichen Lüste und züchtig, gerecht und gottselig leben in dieser Welt« (Tit 2,11.12).

An jedem Tag, zu allem, was der Christ nach Gottes Willen unternimmt, hat er den Überfluß der G. (Röm 5,17), unversehrt und siegreich daraus hervorzugehen: er überwindet weit (Röm 8,37), denn Gott gibt reichlich G. (Jak 4,6).

Nun kommt es aber darauf an, in ihr zu bleiben und zu wandeln (2 Kor 1,12; vgl. Joh 15,1–8), die G. auszunutzen und das ausreichend zugeteilte Maß von G. nicht zu verlassen, denn: »die da halten an den eitlen Nichtigkeiten, verlassen ihre G.« (Jo 2,9). Von sich selbst bezeugt Paulus: »ich werfe die G. Gottes nicht weg« (Gal 2,21; vgl. 1 Kor 15,10), und der Hebräerbrief warnt: »daß nicht jemand die G. Gottes versäume« (Hebr 12,15). Daher auch die Aufmunterung, in der G. zu bleiben und zu wachsen (Apg 13,43; 2 Petr 3,18) und die vielen nicht nur traditionellen, sondern ernst gemeinten Wünsche und Gebete, daß den Gemeinden G. werde (Apg 20, 32; Röm 1,7; 16,20.24; 1 Kor 1,3; 16,23 u. ö.). Die G. findet dort Raum, sich zu erweisen, wo man nicht mehr auf eigene Hilfe vertraut (Gal 2,16.20.21): »dem Demütigen gibt er G.« (1 Petr 5,5; Jak 4,6). Der Christ soll seine Hoffnung ganz auf die G. setzen (1 Petr 1,13); sie ist die einzige Macht, die wirksam helfen kann: »Meine G. reicht aus für dich, denn meine Kraft kommt in der Schwachheit zur Vollendung« (2 Kor 12,9). R. F. E.

Gnadenstuhl. I) Hebr. *kapporät* = wörtl. »Deckplatte« (LXX *hilastaerion*, ebenso Röm 3,25) war der »Sühnedeckel« der → Bundeslade, auf dem 2 Cherubim einander gegenüberstanden. In dem Wort »Deckplatte« steckt der Begriff »zudecken«, »sühnen« (3 Mo 17,11), »mit sühnendem Opferblut bestreichen« (3 Mo 16,14). Die beiden Cherubim deuten die Nähe des lebendigen Gottes an. Hier versöhnte der Hohepriester das Volk Israel mit Gott und erwirkte die Begnadigung der Sünder (darum »Gnadenthron«).

II) Im NT ist Christus von Gott zum G. oder »Sühnemittel« gemacht (Röm 3,25). Hebr. 4,16 steht G. für griech. *thronos taes charitos* = königlicher Richtstuhl der Gnade. Vgl. → Opfer, → Versöhnung.

Gnosis vgl. → Antichristus I; → Stoiker Philosophen; → Erkenntnis I, 3.

Goath, Hügel in der Nähe von Jerusalem (Jer 31, 39), dem Gareb gegenüber. Wenn man davon ausgeht, daß in V 38–40 die Grenzen des zukünftigen Jerusalem von N über W und S zum O beschrieben werden, dann muß man Gareb und G. im NW bzw. W der Stadt suchen. Wird jedoch in V 39 von einer Erweiterung Jerusalems nach N gesprochen, dann liegen beide Hügel nördl. der Stadt.

Gob, Ort unbekannter Lage (2 Sam 21,18); in der Parallelstelle steht dafür Geser (1 Chron 20,4).

Gog viell. »Kostbarer, goldener Gegenstand« (Noth).
1) Rubenit, Sohn Semajas u. Vater Simeis (1 Chron 5,4).
2) Großfürst von Mesech und Thubal oder Fürst von Ros, Mesech und Thubal (EÜ, ZÜ, MÜ), der nach der Weissagung Hesekiels in der Endzeit an der Spitze eines großen Heeres von Norden her in

Palästina einrücken, das aus der Zerstreuung zurückgekehrte Israel überfallen und dabei seinen Untergang finden wird (Kap 38; 39). G. erscheint als Verkörperung der heidnischen, widergöttlichen Weltmacht. In diesem Sinn kehren Name und Weissagung in Offb 20,8 wieder. Man hat versucht, historische Anknüpfungspunkte für die Gestalt des G. zu finden. Aber weder die vermutete Beziehung des Namens zum König Gyges (in den Keilinschriften Gugu) von Lydien noch ein lautlich entsprechendes Wort in den Amarnabriefen, das die »Bewohner des Nordens« bezeichnet, kann viel zur Aufhellung eines noch in der Zukunft liegenden Ereignisses beitragen. Die Hes 38,17 genannten früheren Prophetensprüche scheinen sich auf keinen in der HS erhaltenen prophetischen Text zu beziehen.

Gogs Haufental »Tal der Menge Gogs«, Begräbnisort der Gefallenen nach der Niederlage Gogs (Hes 39,11), östl. des Toten Meeres.

Gojim »Völker«.
1) Vgl. → Thideal.
2) In Jos 12,23 wird ein Kanaaniterkönig von G. (LÜ, MÜ der Heiden) zu → Gilgal (4) oder viell. auch von G. in Galiläa (ZÜ) genannt. Vgl. hierzu auch das → Haroseth der Heiden (Haroseth-Gojim).

Golan, hängt mit arab. »im Kreis gehen« zusammen.
Frei- und Levitenstadt in Basan, im Stammgebiet Ostmanasses (5 Mo 4,43; Jos 20,8; 21,27; 1 Chron 6,56[71]). Die Stadt gab der späteren Landschaft Gaulanitis den Namen. Ihre Lage ist nicht sicher bekannt, man hat sie öfter im heutigen Sahem ed-Dscholan etwa 28 km östl. vom See Genezareth vermutet.

Gold. I) Edelmetall, das in atl. Zeit aus Hevila (1 Mo 2,11), Saba (1 Kö 10,2; Ps 72,15) und Ophir (1 Kö 9,28) nach Palästina eingeführt wurde. Das Hebr. hat dafür außer der häufigsten Bezeichnung *zahab* noch *segor* (Hi 28,15), *kätäm* (Hi 28,16.19; Ps 45,10 u. a.), *charus* (Sach 9,3 u. a.) und *paz* (Ps 21,4 u. a.). Die genauen Unterschiede zwischen den einzelnen Ausdrücken sind uns unbekannt.

II) Früh wurde G. zu Schmuck verarbeitet (1 Mo 24, 22). Zur Stiftshütte und ihrem Gerät (2 Mo 25), der hohenpriesterlichen Amtstracht (2 Mo 28), bes. aber auch im salomonischen Tempel (1 Chron 22,14; 2 Chron 3,4–9; 4,7ff.19–22) wurde viel G. verwendet; Salomo muß über einen sehr großen G.reichtum verfügt haben (1 Kö 10,14–29). Die goldenen Geräte des Tempels waren ein willkommener Raub Nebukadnezars (2 Kö 25,15; Dan 5,2ff), wurden aber von Kores den Juden zurückgegeben (Es 1,7–11; 5,14).

III) Das G. wird in der HS oft zum bildlichen Vergleich mit geistlichen Gütern herangezogen. Der Wert auch des feinsten G. ist gering, verglichen mit göttlicher Weisheit (Spr 3,14; 8,10.19), dem Gesetz des Herrn (Ps 119,72.127), einem vernünftig redenden Mund (Spr 20,15), der Gunst der Menschen (Spr 22,1), dem Glauben der Christen (1 Petr 1,7) und dem Erlösungsblut Christi (1 Petr 1,18). In 1 Kor 3,12 wird G. unter den Edelmetallen genannt, die einst der Feuerprobe des Gerichtes standhalten werden. Als G.schmied wird der Herr einmal selbst im Gericht das G. schmelzen und reinigen (Mal 3,2.3), damit der Glaube rechtschaffener erfunden werde als das vergängliche G. (1 Petr 1,7; Offb 3,18). Jak 5,3 wird zur Bezeichnung der Wertlosigkeit irdischen Reichtums sogar vom Rost des G. gesprochen. Im neuen Jerusalem aber gibt es G., das durchsichtig ist wie Glas (Offb 21,18.21).

Goldenes Kalb → Kalb, goldenes

Goldgulden → Geld

Golgatha. I) Nach der Erklärung der Evangelisten (Mt 27,33; Mk 15,22; Lk 23,33; Joh 19,17) ist G. von aram. *gulgulta* »Schädel« abgeleitet. Origines führte den Namen auf den angeblich dort begrabenen Schädel Adams zurück, Hieronymus auf die Schädel der Verurteilten.

II) Das NT berichtet von der Kreuzigung Jesu außerhalb der Stadt (Mt 28,11; Hebr 13,12), aber in Stadtnähe (Joh 19,20). Das stimmt mit dem röm. Brauch und dem jüd. Gesetz überein (3 Mo 24,14. 23; 4 Mo 15,35; 5 Mo 17,5). G. war ein Ort, an dem viele vorbeigingen (Mt 27,39; Mk 15,29), also an einem Weg und wohl nahe bei einem Stadttore. Daß an der Stätte der Kreuzigung ein Garten lag (Joh 19,41), weist auf die Nordseite Jerusalems. Weder im Hinnomtal im S mit seinem Abfall und Unrat noch an den steilen Hängen im O und W ist ein Garten so nah an der Mauer wahrscheinlich. Das spricht dafür, daß G. tatsächlich an der Stelle zu finden ist, wo die alte Tradition Kreuzigung und Grab Jesu angesetzt hat, der Grabeskirche (Taf. 36/545). Schon Kaiser Konstantin ließ 336 hier eine Basilika bauen, die dann mehrfach zerstört und wiederaufgebaut worden ist. Dieser Platz, der heute innerhalb der Stadtmauern liegt, lag z. Zt. Jesu außerhalb, und zwar nördl. der Nordwestecke der damaligen Stadt. Vgl. den Stadtplan zu → Jerusalem. Vgl. weiter → Kreuz; → Versöhnung.

Goliath.
1) G. von Gath, der riesige, schwerbewaffnete Vorkämpfer der Philister, den David mit der Hirtenschleuder besiegte (1 Sam 17). Er gehört vermutlich zu den Resten der Enakiter, die sich u. a. nach Gath gerettet hatten (Jos 11,22).
2) Noch ein zweiter Riese, den Elhanan erschlug, trägt 2 Sam 21,19 den Namen G. Vermutlich liegt hier jedoch eine Textverderbnis vor, so daß nach 1 Chron 20,5 auch hier zu lesen ist: den Bruder des G.

Gomer wohl »Vollendung«.
1) Sohn Japhets und seine Nachkommen (1 Mo 10, 2.3; 1 Chron 1,5.6; Hes 38,6). Man vermutet in diesem Volk, das im N von Palästina wohnt, die Kimmerier, die von der Nordküste des Schwarzen Meeres über den Kaukasus nach Kleinasien vordrangen und sich in Kappadozien ansiedelten. Nachdem sie von dem Assyrerkönig Asar-Haddon besiegt waren, wandten sie sich nach Westen und vernichteten das Reich des Königs Gyges von Lydien.
2) Tochter Diblaims, die der Prophet → Hosea auf Geheiß des Herrn zur Frau nahm (Hos 1,3).
3) → Maße und Gewichte I, 4a.

Gomorra, hängt viell. mit arab. »tief, reichlich sein« oder »Feindschaft hegen« zusammen,
eine der fünf Städte im Tal Siddim (1 Mo 14,2.3), die mit Sodom, Adama und Zeboim wegen der Sünden ihrer Bewohner vernichtet wurde (1 Mo 19; 5 Mo 29,22[23]). Später wurde ihr Gebiet vom Toten Meer bedeckt (1 Mo 14,3). Man sucht die Lage dieser Städte heute im Südteil des Salzmeers, Dalman bei Ghor-en-Numera am Südostufer, Albright an der Mündung des Seil el-Esal, südl. der Halbinsel Lisan. Vgl. Karte Sp. 372.

Gosan, Landschaft in Mesopotamien (2 Kö 19,12; Jes 37,12) am Habor, dem Fluß Gosans (2 Kö 17,6; 18,11). Hier siedelten Thiglath-Pileser III. (1 Chron 5,26) und Sargon isrl. Gefangene an. In Tell Halaf (assyr. Guzana) am Habor konnte durch Ausgrabungsfunde nachgewiesen werden, daß dort jüd.

Verbannte gewohnt hatten. Vgl. Karte Sp. 1359/60; Abb. Sp. 1490.

Gosen. 1) Die altägypt. Provinz Kesem, der Wadi Tumilat zwischen dem heutigen Suezkanal und dem Nil (1 Mo 45,10). G. wurde den Nachkommen Jakobs als Weidegebiet überlassen (1 Mo 46,28.34; 47, 1) und in das Gericht Gottes, die ägypt. → Plagen, nur z. T. einbezogen (Ausnahmen: 2 Mo 8,18[22]; 9,4.26; 10,23;12,23).

2) Stadt in Juda (Jos 15,51), deren Name auch auf die Landschaft überging (Jos 10,41; 11,16), vermutlich das Hügelland im SW Palästinas. Den Ort haben wir viell. im heutigen Daharije, 18 km südwestl. von Hebron, zu suchen.

Gott. Es ist das Besondere der biblischen Botschaft im Unterschied zu allem menschlichen Denken, daß sie auf die Frage nach G. nicht nur sagt, wie G. ist, sondern vor allem was er tut, getan hat und tun wird. Je nach der Art und Weise, in der G. tätig ist, erscheint er dabei als der schaffende Herrscher, als der rufende Gebieter oder als der leidende Erlöser.

I) Als DER SCHAFFENDE HERRSCHER erscheint G. vor allem im Blick auf Himmel und Erde als seine Welt.

A) G. schuf »Himmel und Erde« (1 Mo 1,1) »und was darin ist« (Offb 10,6), »den Menschen« als »einen Mann und ein Weib« (1 Mo 1,27). Er hat »die Welt« gemacht (Apg 17,24), »Menschen und Vieh« (Jer 27,5) und »alles« bereitet (Hebr 3,4). Um sie zu erhalten (vgl. Ps 89,38), segnete er die Tiere (1 Mo 1,22) und die Menschen (V 28), insbesondere dann die, die seinem Heilsplan dienen sollen: Noah (1 Mo 9,1), Abraham (1 Mo 12,2), Isaak (1 Mo 25,11), Jakob (1 Mo 35,9ff); d. h. er mehrte sie (5 Mo 1,10) und ließ sie wachsen (1 Mo 26,22). Dazu gab er ihnen Nahrung (1 Mo 1,29f; 9,3), Kleidung (5 Mo 10, 18; vgl. Mt 6,25ff), Kinder (1 Mo 33,5; Ps 68,7; 127, 3), Land (5 Mo 26,9), Güter (Pred 5,18) und Glück (1 Mo 39,3.23).

B) In solchem Tun erweist sich der »G. des Himmels und der Erde« (1 Mo 24,3.7; Es 5,11) als der »Allmächtige« (1 Mo 28,3; 48,3; Hi 33,4; Offb 11, 17): »er kann schaffen, was er will« (Ps 115,3), »kein Ding« ist bei ihm »unmöglich« (Jer 32,17; Lk 1,37) – ja, »er kann auch wohl von den Toten erwecken« (Hebr 11,19), ist er doch »nicht ein G. der Toten, sondern der Lebendigen« (Mt 22,32). Im Unterschied zu den »Göttern«, »die Himmel und Erde nicht gemacht haben« (Jer 10,11), ist er »der lebendige G.« (5 Mo 5,23[26]; 2 Kö 19,4; Ps 42,3; Apg 14,15; 1 Tim 6,17; 1 Thess 1,9), »der ewiglich bleibt« (Dan 6,27[26]; vgl. 1 Mo 21,33; Jes 40,28; Röm 16,26), und insofern »allein wahrer G.« (Joh 17,3; 1 Thess 1,9; vgl. 1 Joh 5,20), »groß«, »mächtig« und »schrecklich«, »ein G. aller Götter und Herr über alle Herren« (5 Mo 10,17; vgl. Ps 86,10; 95,3; 96,4), »der Allerhöchste« (Ps 47,3; Jes 14,14; Apg 7,48). Auch »das ganze Heer des Himmels« (5 Mo 4,19), von den Heiden als Gestirngottheiten angebetet (Zeph 1,5; 2 Kö 23,5), ist ihm untertan in Anbetung und Lobpreis (Neh 9,6; Lk 2,13), hat er sie doch geschaffen (Jes 40,26; Ps 33,6; 1 Mo 2,1): »Herr der Heerscharen (ZÜ; »Herr Zebaoth« LÜ) ist sein Name« (Jer 31,35; vgl. Ps 89,6–9), »Herrscher über alle Welt« (Jos 3,11).

C) Dieser allmächtige G. kann nicht nur »alles, was er will«: er tut auch »alles« (Jes 44,24ff; vgl. Hi 37, 5; Jes 22,11), was ihm »gefällt« und was er »denkt« (Jes 46,10f); wenn auch unerkannt (Hi 37,5ff; Jes 22,11; Pred 3,11; 11,5), so doch unaufhaltsam: »Ich wirke; wer will's abwenden?« (Jes 43,13). Wie in der erschaffenen Welt, so gilt es auch bei der »neuen Kreatur« (2 Kor 5,17): »es sind mancherlei Kräfte; aber es ist ein G., der da wirket alles in allen« (1 Kor 12,6), nämlich »in euch, die ihr glaubet« (1 Thess 2,13; Eph 1,19; 3,20). »Gott ist's, der in euch wirket beides, das Wollen und das Vollbringen, nach seinem Wohlgefallen« (Phil 2,13; vgl. Apg 19, 11; Kol 1,29); »wir sind sein Werk, geschaffen in Christo Jesu zu guten Werken ...« (Eph 2,10); »denn ohne mich könnt ihr nichts tun« (Joh 15,5).

II) Als DER RUFENDE GEBIETER erscheint G. vor allem im Blick auf den Menschen als seinen Partner.

A) Wenn vereinzelt auch der Schöpferruf G. als ein »Gebieten« bezeichnet wird (Ps 33,9; 148,5), so meint dieses Wort doch in der Regel eine Willensäußerung G. dem Menschen gegenüber; erstmalig und grundlegend in 1 Mo 2,16: »Und G. der Herr gebot dem Menschen ...« (vgl. V.17). Ähnlich bei allen entscheidenden Offenbarungen seines Willens: in 2 Mo 19,7 werden die 10 Gebote angekündigt als die »Worte«, »die der Herr geboten hatte«; vgl. 2 Mo 34,11; 5 Mo 4,5; Mt 15,4. Ferner in Jer 26,2: »... die ich dir befohlen habe«, vgl. Jer 43,1; Ps 119, 15; Apg 10,33. In der Form »heißen« begegnet G. Gebieten etwa in 1 Mo 20,13 oder in 2 Sam 16,11: »der Herr hat's ihn geheißen« (vgl. 2 Kö 18,25); »daß du tust alles, was ich dich heiße« (2 Chron 7,17; vgl. Jer 1,7). Und schließlich in der Form »fordern«: »Es ist dir gesagt, Mensch, was gut ist, und was der Herr von dir fordert ...« (Mi 6,8; vgl. 5 Mo 10,12f).

B) Auf die Frage, in welcher Weise denn G. den Menschen seinen Willen kundgetan habe, gibt die Bibel mehrere Antworten:

1) Im AT. Neben der Wendung »G. kam (und sprach)« (4 Mo 22,9) mit den Zusätzen »des Nachts« (V 20) und »im Traum« (1 Mo 20,3; 31,24) gibt es die häufigere »G. erschien (und sprach)« (1 Mo 12, 7; 17,1; 26,2; 35,9; 48,3 u. ö.), ebenfalls mit den Zusätzen »in der Nacht« (1 Mo 26,24; 2 Chron 1,7) und »im Traum« (1 Kö 3,5). Statt »G. kam« steht öfters »das Wort des Herrn kam (und sprach)« (2 Sam 7,4; 24,11; 1 Kö 16,1; 17,2; 19,9 u. ö.), besonders häufig dann in der Form: »das Wort des Herrn geschah ...«, und zwar, abgesehen von 1 Kö 6,11, ausschließlich bei der Beauftragung von Propheten, vgl. Jer 1,2; Hes 1,3; Hos 1,1; Jo 1,1; Jon 1,1; Mi 1, 1; Zeph 1,1; Hag 1,1; Sach 1,1 u. ö.

2) Im NT. Auf diesem Hintergrund hören wir in Hebr 1,1f: »Nachdem vorzeiten G. manchmal und mancherleiweise geredet hat zu den Vätern durch die Propheten, hat er am letzten in diesen Tagen zu uns geredet durch den Sohn ...« Dem entspricht im Joh-Ev. »G. war das Wort ...« »Und das Wort ward Fleisch und wohnte unter uns ...« (Joh 1,1.14; vgl. 12,49f).

C) Sobald G. den Menschen auf eine dieser Weisen seinen Willen kundtut, zeigt er ihnen damit zugleich, daß sie nun in einem eigentümlichen Verhältnis zu ihm stehen: »Siehe, ich richte mit euch einen → Bund auf ...« (1 Mo 9,9; vgl. 6,18). Was das bedeutet, sagt ausführlich die Erzählung von G. Bund mit Abraham, 1 Mo 17,1–14: »... also daß ich dein G. sei« (V 7), und »So halte nun meinen Bund ...« (V 9). Entsprechend heißt es beim Bund auf dem Sinai nach der Einleitung in 2 Mo 19,5 (»Werdet ihr nun meiner Stimme gehorchen und meinen Bund halten, so sollt ihr mein Eigentum sein«): »Ich bin der Herr, dein G.«, und »Du sollst ...« (2 Mo 20,2ff). Dieses von G. gewährte Partnerschaftsverhältnis kehrt in der Bibel überall wieder, wo von dem Bund G. die Rede ist, so z. B. in Hes 36,26ff: sie sollen »wandeln in meinen Geboten und meine Rechte halten und danach tun« (V 27), und »ich will unter ihnen wohnen und will ihr G. sein, und sie sollen mein Volk sein« (V 28). Auch bei dem »neuen Bund« (Jer 31,31ff) wird es so sein, nur daß G. ihn hier in einmalig-endgültiger Weise bestätigt durch den Tod seines Sohnes (»Immanuel« = »G. mit uns«, vgl. Mt 1,23): »Dieser Kelch ist der neue Bund in meinem Blute, das für euch vergossen wird« (Lk 22,20 ZÜ). Auch hier entspricht der göttlichen Zusage das Gebot an den Menschen: »Gehet hin ... und lehret sie halten alles, was ich euch befohlen habe. Und siehe, ich bin bei euch alle Tage ...« (Mt 28,19ff).

III) Als DER LEIDENDE ERLÖSER erscheint G. vor allem im Blick auf den Menschen als Sünder.

A) Was bei Adam und bei Kain noch nicht deutlich gesagt war, das bekundet die Bibel seit der Sintflutgeschichte immer wieder: G. leidet an dem Ungehorsam seiner Menschen. Was unseren Ohren fast anstößig klingt, weil es unsere Vorstellungen von G. weit überbietet – seit 1 Mo 6,6 hört die Kunde davon nicht mehr auf: »es bekümmerte ihn in seinem Herzen.« Denn »G. schaut vom Himmel« (Ps 53,3), er »sah, daß der Menschen Bosheit groß war auf Erden« (1 Mo 6,5), er »ist ein G., der es merkt« (1 Sam 2,3) und »weiß« (Ps 69,6). Er klagt: »du hast mich belästigt mit deinen Sünden, mir Mühe gemacht mit all deiner Verschuldung« (Jes 43,24 ZÜ). Und nachdem das Wort »Fleisch« geworden war (s. o. unter II B), heißt es »Meine Seele ist betrübt bis an den Tod« (Mt 26,38) und: »Es ward aber sein Schweiß wie Blutstropfen« (Lk 22,44).

B) Aber wenn G. auch leidet an der Sünde der Menschen: er »läßt niemand ungestraft, sondern sucht heim die Missetat der Väter ...« (4 Mo 14,18), denn er ist »ein eifriger (ZÜ »eifersüchtiger«) G.« (2 Mo 20,5; vgl. Nah 1,2), ja »ein verzehrendes Feuer« (5 Mo 4,24; Hebr 12,29), dessen »Grimm entbrannt ist« über den Ungehorsam der »Väter« (2 Chron 34,21). »Er ist ein heiliger G.« (Jos 24,19; vgl. Jes 6,3; Offb 4,8), in dessen Gegenwart Jesaja rufen muß: »Weh mir, ich vergehe ...« (Jes 6,5). Aber seltsam: was schon Jesaja erfährt (Jes 6,7), was Hiob als unbegreifliches Geschehen zuteil wird (vgl. Hi 9,13 mit 42,10ff), was Ps 103 besingt mit den Worten: »Er handelt nicht mit uns nach unsern Sünden und vergilt uns nicht nach unsrer Missetat« (V 9f), und was Jes 53,5 ankündigt mit der Verheißung: » ... Die Strafe liegt auf ihm, auf daß wir Frieden hätten« – das erfüllt sich endlich in dem, der »für uns zur Sünde gemacht« (2 Kor 5,21) und »getötet« wurde (1 Petr 3,18): das »Kind«, an dem G. »der Väter Missetat« endgültig heimsuchte (vgl. 2 Mo 20,5), ist sein eigener Sohn, den er »nicht hat verschont«, sondern für uns alle »in den Tod gegeben« (Röm 8,32 MÜ).

C) Dies hat G. getan, »daß wir die Kindschaft empfingen« (Gal 4,5): »Seht, welch eine Liebe hat uns der Vater erzeigt, daß wir G. Kinder sollen heißen!« (1 Joh 3,1); » ... ihr habt einen kindlichen Geist empfangen, durch welchen wir rufen: Abba, lieber Vater!« (Röm 8,15). Denn das war G. Wille schon im AT: »Du wirst alsdann mich nennen lieber Vater ...« (Jer 3,19); » ... denn ich bin Israels Vater ...« (Jer 31,9; 5 Mo 32,6; Mal 2,10; vgl. 2 Kor 6,17f). Wenn es auch gilt: » ...welchen der Herr liebt, den straft er«, so hat er »doch Wohlgefallen an ihm wie ein Vater am Sohn« (Spr 3,12; vgl. Hebr 12,6), und »wie sich ein Vater über Kinder erbarmt, so erbarmt sich der Herr über die, so ihn fürchten« (Ps 103,13). Denn: »Barmherzig und gnädig ist der Herr, geduldig und von großer Güte« (Ps 103,8; vgl. 2 Mo 34,6). Und seitdem der gekommen ist, von dem es heißt: »er wird Israel erlösen aus allen seinen Sünden« (Ps 130,8; vgl. Mt 1, 21 und Joh 8,36), ist es vollends unumstößlich geworden: »Du aber, Herr, bist unser Vater und unser Erlöser; von alters her ist das dein Name« (Jes 63,16). Vgl. → Namen Gottes.

IV) DIE DREIEINIGKEIT.

A) Obgleich im AT (5 Mo 6,4) wie im NT (vgl. 1 Kor 8,4ff) auf das strengste daran festgehalten wird, daß nur ein Gott ist und anzubeten ist, so wird doch von ihm in dreifacher Weise geredet, nämlich vom Vater, vom Sohn und vom Geist, am deutlichsten und ausdrücklichsten im Taufbefehl Mt 28,19. Vergleicht man Stellen wie Röm 14,17.18; 15,16.30; 1 Kor 12,4–6; 2 Kor 1,21.22; 13,13; Eph 1,17; 2,19–22; 3,5–7.14–17; Tit 3,4–6; 1 Petr 1,2; Hebr 9,14; Jud 20.21, so wird deutlich, daß hier überall in einem Dreiklang von Tun und Wesen Gottes gesprochen wird. Dabei handelt es sich – wir gingen von der Einheit Gottes aus! – sicher nicht um verschiedene Götter, auch nicht um drei Erscheinungsformen eines vierten dahinter verborgenen göttlichen Wesens, sondern in diesen verschiedenen Seinsweisen ist und wirkt jeweils der eine Gott ganz und ungeteilt. Es geht also in der Lehre von der Dreieinigkeit, die sich in der Kirche aus der nachdenkenden Auslegung der Aussagen der ganzen HS ergeben hat, um ein Bekenntnis des Glaubens mit den bruchstückhaften und im Grunde immer unzureichenden Mitteln menschlichen Denkens und Ausdrucks. Wir bleiben hier immer vor einem letzten, dem menschlichen Verstande nicht faßbaren Geheimnis, das kein Auge gesehen und kein Ohr gehört hat und in keines Menschen Herz je gekommen ist (1 Kor 2,9). Weil dieses Bekenntnis, sobald es in Worte gekleidet werden soll, sich der Ausdrucksmittel menschlicher Sprache bedienen muß, hinter denen immer schon bestimmte Vorstellungen stehen, wird es verständlich, daß gerade an diesem Punkte christlicher Lehre die Auslegungen beträchtliche Unterschiede aufweisen. Dies um so mehr, als sich in der Bibel kein einzelner Satz findet, in dem gleichzeitig von der vollen Gottheit des Vaters, des Sohnes und des Heiligen Geistes die Rede ist, sondern diese Aussage sich nur aus der Zusammenschau des ganzen biblischen Zeugnisses und damit also verschiedener Schriftstellen ergibt. Vgl. → Bekenntnis III.

B) Wenn also 2 Kor 5,19 der Apostel schreibt »Gott war in Christus«, so bezieht sich das auf die volle Gottheit Christi, des Sohnes, in dem »alle Fülle der Gottheit leibhaft wohnt« (Kol 2,9). Er war »in göttlicher Gestalt« (Phil 2,6); in ihm versöhnt (2 Kor 5,19) und in ihm richtet (V 10) Gott alle Menschen. Er ist »Gott über alles, gelobet in Ewigkeit« (Röm 9,5). Er war (als das Wort) schon im Anfang bei Gott, ja »Gott war das Wort« (Joh 1,1) und durch dieses ewige Wort »sind alle Dinge gemacht« (V 3; Kol 1,16; Hebr 1,2) und werden durch dasselbe getragen (V 3). Wer Christus »sieht, der sieht den Vater« (Joh 14,9), ja es gibt für den Menschen keine andere Erkenntnis Gottes des Vaters als in Christus (V 6), er ist eins mit dem Vater und der Vater mit ihm (V 11), darum erfährt er auch die göttliche Anbetung (Offb 5,8–14). Auf ihn richtet sich der Glaube an Gott (Joh 14,1), darum kann Thomas bekennen »Mein Herr und mein Gott« (Joh 20,28). Vgl. → Jesus Christus.

C) Wie die HS von der Gottheit des Sohnes spricht, so auch von der Gottheit des Geistes: Gott ist Geist (Joh 4,24), nicht erst im NT, sondern auch im AT, wo es bereits 1 Mo 1,2 heißt »und der Geist Gottes schwebte auf dem Wasser«. Wenn davon die Rede ist, daß Gottes Geist einen Menschen ergreift, über ihn gerät (vgl. 1 Sam 10,10; 16,13, aber auch Jes 59,21; Hes 11,5), so nimmt Gott selbst von ihm Besitz, handelt Gott selbst an ihm. Wie Vater und Sohn zusammen genannt werden, so auch der Herr und sein Geist (Jes 48,16), ja »der Herr ist der Geist« (2 Kor 3,17). Wenn Gottes Geist in Menschen wohnt, so sind sie Gottestempel, Gott wohnt also selbst in ihnen (1 Kor 3,16f; 6,19). Wer den Heiligen Geist betrübt (Eph 4,30) oder belügt, hat Gott selbst betrogen (vgl. Ananias, Apg 5,3f). Der Geist ist die Seins- und Wirkungsweise Gottes in der Gemeinde (1 Kor 12,11), er allein erschließt die Erkenntnis des Vaters und des Sohnes (V 3), er wird zugleich Gottes Geist und Christi Geist genannt (Röm 8,9). Er brachte als der Geist Christi nicht erst die Apostel, sondern schon die Propheten zum Reden (1 Petr 1,11). Es kann heißen, daß ihn der Vater auf Bitten Christi sendet (Joh 14,16.26), es kann aber auch heißen, daß Christus ihn vom Vater her sendet (Joh 15,26); er ist die Wirkungsweise Gottes bei der Wiedergeburt (Joh 3,5; Jo 3,1), durch ihn ist die Liebe Gottes in Menschenherzen ausgegossen (Röm 5,5), durch ihn regiert Gott (Gal 5,18), er ist die Antriebs- und Lebenskraft der Kinder Gottes (Röm 8,14).

D) Die Lehre von der Dreieinigkeit versucht auszudrücken, daß sich in diesen drei verschiedenen Seinsweisen oder Personen der eine gleiche Gott offenbart, daß in jeder Person immer die beiden anderen mitbetroffen und mitbezogen sind und daß dennoch die Seinsweisen voneinander unterschieden und in ein Verhältnis (der Sohn zum Vater und zum Geist, der Vater zum Sohn und zum Geist, der Geist zum Vater und zum Sohne) gesetzt sind. Von den Stimmen und Gegenstimmen der Theologen abgesehen, die diese Wahrheit jeweils in ihre Zeit hinein auszulegen suchten, finden wir das entscheidende Zeugnis der Kirche darüber in dem Glaubensbekenntnis von Nizäa.

Gottesdienst.

I) WESEN DES GOTTESDIENSTES.

Sinn und Ziel allen G. ist die Gemeinschaft Gottes mit seinem Volk, des Herrn mit seiner Gemeinde, die im G. erneuert und bewahrt werden soll, so daß der Wille Gottes auf der Erde durch Menschen geschehen kann (Mt 6,9.10) zum Lob seiner Herrlichkeit (Eph 1,12). Darum bezeichnet Paulus es als den »vernünftigen und wortgemäßen G.« *(logikaen latreian,* Röm 12,1) der Christen, Gott ihre Leiber, d. h. ihr ganzes Wesen, als lebendiges und heiliges Opfer hinzugeben. Das bedeutet Dank für Gottes Heilshandeln und Bitte um sein weiteres Wirken am Menschen, wie z. B. Jesus den widerstrebenden Petrus bei der Fußwaschung reinigt (Joh 13,6–10; vgl. → Dienen III). Von diesem Kern her müssen auch alle äußeren G.formen verstanden werden, und ebenso die Kritik an ihnen, wenn sie leer geworden sind. »Gehorsam ist besser als Opfer« (1 Sam 15,22), denn der Herr hat seinem Volk keine äußerlichen Opfervorschriften gegeben, sondern geboten: Gehorchet meinem Wort, so will ich euer Gott sein, und ihr sollt mein Volk sein (Jer 7,22.23).

Im Grunde genommen kann man deshalb garnicht vom G. als einem Gott zu leistenden Dienst sprechen, weil er, der selber allen Leben und Odem gibt, nichts und niemandes bedarf noch von Menschenhänden bedient wird (Apg 17,25).

II) GOTTESDIENST VOR MOSE.

In den Ur- und → Erzväterberichten sind uns Erstlingsopfer (1 Mo 4,4), Dankopfer (1 Mo 8,20) und Trankopfer (1 Mo 35,14) bezeugt. Dazu kommt die Anrufung des Namens des Herrn (1 Mo 4,26; 12,8) und die Abgabe des Zehnten (1 Mo 14,20; 28,22). Den Widerspruch zwischen gottesdienstlichem Tun und innerer Haltung finden wir bei Kain (1 Mo 4,3.5–7), ihre völlige Übereinstimmung bei Abraham (1 Mo 22,1–18).

III) GOTTESDIENST ISRAELS UNTER DEM GESETZ.

1) Der am Sinai vom Herrn selbst eingesetzte und angeordnete G. des AT umfaßte vom einzelnen Tag (4 Mo 28,3–8) über den → Sabbat (V 9.10), die Neumonde (V 11–15), die großen Jahresfeste (4 Mo 28,16–29,39) bis hin zum → Sabbat- (3 Mo 25,1–7) und → Halljahr (V 8–19) das ganze Leben der Israeliten. Sein Mittelpunkt war das Heiligtum, die → Stiftshütte und der → Tempel, mit der → Bundeslade. Hier dienten die → Priester und → Leviten; aber vor allem an den Festen war die ganze → Gemeinde (I) Israels am G. beteiligt (5 Mo 16, 16; vgl. 1 Sam 1,3–5; Lk 2,41.42).

2) Dieser G. nahm seinen Anfang mit der GESETZESVERKÜNDIGUNG durch Mose (2 Mo 24,7.8; 25,1.2 u. ö.), die jedoch keinen ständigen Teil des G. bildete. Sie wurde zwar von Mose am Ende seines Lebens (5 Mo 1,3), von Josua (Jos 24,25), z. Zt. Josaphats (2 Chron 17,7–9) und Josias (2 Kö 23,2) und von Esra (Neh 8,1–8) wiederholt, doch nur an entscheidenden Abschnitten der Geschichte Israels, außerdem war sie für das Laubhüttenfest des Sabbatjahres vorgeschrieben (5 Mo 31,9ff). Regelmäßige Ansprachen kannte der atl. G. nicht, dafür konnte aber die öffentliche Verkündigung der Propheten (Jer 2,1.2; 7,1.2) oder auch das Verlesen von Prophetensprüchen im Tempel eintreten (Jer 36,1–10).

3) Im Mittelpunkt des G. stand das → OPFER, als Räucheropfer (2 Mo 30,7.8), Brand-, Speis- und Trankopfer, Dank- und Sündopfer vorgeschrieben für jeden Tag und alle Feste (4 Mo 28–29). Nach Abschluß der Opferhandlung, die an hohen Festen vom Schall der Posaunen begleitet war (4 Mo 10, 10), folgte der Segen (3 Mo 9,22.23; 4 Mo 6,22–27). Weitere Opfer brachten der König (1 Kö 3,4), das Volk (2 Chron 15,11) und der einzelne (3 Mo 1–5) freiwillig oder aus besonderem Anlaß dar. Mit Ausnahme von Brandopfer (5 Mo 12,27) und Sündopfer (3 Mo 4,11.12) gehörte stets die OPFERMAHLZEIT dazu, die die Opfernden hielten (1 Sam 9,13.19.22–24). Daß sie die Heilsgemeinschaft der Essenden darstellt, wird am deutlichsten beim → Passah (2 Mo 12,3–13). Ebenso sollten die Israeliten Dankopfer, Gelübde bzw. freiwillige Opfer (3 Mo 7,15–18; 5 Mo 12,5–7.11f.27), Zehnten (5 Mo 14,22–27) und Erstgeburt (5 Mo 15,19.20) vor dem Herrn essen und fröhlich sein.

4) Diese Freude des G. kommt besonders zum Ausdruck im → TANZ (Ps 87,7; 149,3; 150,4) und im GESANG der Leviten, der von Blas-, Schlag- und Saiteninstrumenten begleitet wurde (Ps 81,3.4; 1 Chron 16,42; 2 Chron 5,12.13). Ständiges Lob- und Danklied war das »Danket dem Herrn«, das David eingeführt hatte (1 Chron 16,7–36; 2 Chron 20,21; vgl. Neh 11,17). In der Sammlung der → Psalmen finden sich häufig Anweisungen für den Vortrag im

Tafel 33
Reste des Jupitertempels im hellenistischen Tempelbezirk von Baalbek (zwischen Libanon und Antilibanon). Das Bruchstück am Boden, das aus dem Gebälk des Tempels stammt (ein entsprechendes Stück fehlt in der Lücke über den mittleren Säulen), gibt einen Eindruck von der Pracht und Mächtigkeit der ursprünglichen Anlage.

Tafel 33

Tempel (vgl. Ps 4,1; 9,1; 22,1; 39,1; 53,1; → Chor III), aber auch z. B. zu Hab 3 (V 19b). Die levitischen Sänger und Musiker waren → Propheten (1 Chron 25,1; vgl. 2 Chron 20,14); das bezieht sich einmal auf die Psalmen, die sie gedichtet haben (Ps 46,1; 50,1; 88,1 u. ö), hat aber ebenso seine Bedeutung für ihren täglichen Dienst im Tempel.

5) Abgesehen von den Lobgesängen der Leviten gab es ein GEBET (→ Beten) im G. nur zu besonderen Anlässen, wie Salomos Gebet bei der Tempeleinweihung (1 Kö 8,22–53) oder die Gebete Josaphats (2 Chron 20,5–12) und Hiskias (2 Chron 30, 18–20). Auch das → FASTEN war für den G. nur am Versöhnungstag vorgeschrieben (3 Mo 23,27), später kamen in der babyl. Gefangenschaft die Gedenktage an die Zerstörung Jerusalems hinzu (Sach 7,3–5; 8,19).

6) Die Herrlichkeit des Heiligtums und der G. des Herrn (Ps 26,6–8; 65,5; 84,2–5.11; 27,4 statt »schöne G.« wörtlich »Lieblichkeit« oder »Freundlichkeit«), die Freude an der Versammlung des Volkes vor seinem Gott (Ps 122,1–4) wird in den Psalmen immer wieder gerühmt. »Es stehet herrlich und prächtig vor ihm und gehet gewaltig und fröhlich zu in seinem Heiligtum« (Ps 96,6; 1 Chron 16,27). Dem entspricht die Sehnsucht und Erinnerung dessen, der fern vom Heiligtum ist (Ps 42,5; 43,4; 63, 3) und die Klage um die Zerstörung des Tempels (Ps 74,3–7).

IV) SYNAGOGENGOTTESDIENST.

In ihren Anfängen vermutlich in die Zeit der babyl. Gefangenschaft zurückgehend, bildete sich im Spätjudentum eine andere Form des G. aus, die der Synagoge (→ Schule). Während der Tempeldienst sich in zunehmender Pracht und Fülle entfaltete (vgl. Sir 50,1–23), kam in der Synagoge das zur Geltung, was man dort vermißte: Schriftlesung und Auslegung (vgl. Lk 4,15–27) und das gesprochene Gebet, an denen sich jeder Israelit beteiligen konnte; nur der Segen blieb Priestern oder Leviten vorbehalten. Mit der Zerstörung des Tempels 70 n. Chr. trat die Synagoge an dessen Stelle als Mittelpunkt des jüd. G.

V) GOTTESDIENST DES NT.

1) Als Jude nahm JESUS am G. seines Volkes im Tempel (Lk 2,41ff; Joh 5,1) und in der Synagoge (Mk 1,21.22; Joh 18,20) teil und lehrte das Volk auch außerhalb (Mk 7,14–16). Rückhaltlos und ohne Gleichnis hat er aber nur seine Jünger gelehrt (Mk 4,34; 7,17–23; Mt 16,21; 17,22f; 20,17–19; Joh 14–16). Das unechte Gebet in der Öffentlichkeit hat er scharf abgelehnt (Mt 6,5) und den Heuchler in die Einsamkeit vor Gott verwiesen (V 6); im Jüngerkreis hat er selber frei gebetet (Mt 11,25.26; Joh 17). Jesus hat sich der → Taufe unterzogen (Mt 3,13–17) und sie für seine Gemeinde eingesetzt (Mt 28,18–20); er hat mit den Jüngern das → Abendmahl gefeiert und seine Wiederholung in der Gemeinde angeordnet (1 Kor 11,23–26). In all dem knüpft er am Alten an, es wird aber vom Neuen durchdrungen und von innen her umgestaltet.

2) Ein entsprechender Übergang zeigt sich auch in der URGEMEINDE in Jerusalem. Lehrend und betend waren die Christen täglich im Tempel (Apg 2,46; 3,1; 5,42) in der Halle Salomos (V 12), wobei aber niemand anders teilzunehmen wagte (V 13); nur ausnahmsweise beteiligten sie sich noch einmal am Opferdienst (Apg 21,26; 24,17.18). Auf der anderen Seite lebten sie auch im Alltag in enger Gemeinschaft miteinander (Apg 2,44; 6,1.2), hielten in den Häusern das → Abendmahl wohl als Abschluß der Hauptmahlzeit (Apg 2,42.46) und beteten gemeinsam (Apg 4,31; 12,12). Die → Taufe wurde innerhalb der Gemeinde (Apg 2,41), aber auch im Beisein nur einiger Christen (Apg 10,45.48) oder von einzelnen Evangelisten bzw. Aposteln allein vollzogen (Apg 8,36–38; 16,33). Neben den täglichen Versammlungen (vgl. auch Apg 17,11; 19, 9) wird später der 1. Wochentag, der Tag der Auferstehung (Mk 16,9), als Tag des Abendmahls, der Predigt (Apg 20,7.11) und der Sammlungen (1 Kor 16,2) erwähnt.

3) Über allem NTL. GOTTESDIENST steht das Wort Jesu, daß der Vater im → Geist und in der → Wahrheit angebetet werden will (Joh 4,23.24). Der G. der Gemeinde wird vom Herrn selber durch seinen Geist geleitet, und wo der Geist des Herrn ist, da ist Freiheit (2 Kor 3,17). Das schließt äußere oder ungefüllte Formen aus; es bedeutet aber keinesfalls, daß unkontrolliertes Gefühl oder gar ekstatische Unordnung herrschte (1 Kor 14,33). Der G. soll nüchtern und im Frieden verlaufen, denn die Geister der → Propheten sind den Propheten untertan (V 32). Paulus betont bei allem Reichtum von Psalmen, Lehre, → Zungenrede und Auslegung, → Weissagung das geordnete Nacheinander (V 27.31). Ja, wenn während einer Weissagung der Herr einem andern eine neue Offenbarung gibt, so soll der erste aufhören und den andern reden lassen (V 30).

Beim Gebet, zu dem auch → Fasten und → Handauflegung hinzutreten können (Apg 13,2.3), unterscheidet Paulus ein Beten im Sinn (d. h. in verständlichen Worten) und ein Beten im Geist (Zungenrede; 1 Kor 14,14.15). Den gleichen Unterschied macht er beim Singen (griech. *psallô*; V 15); danach hat es neben den Psalmen (*psalmoi*) und → Lobgesängen (*hymnoi*; Beispiele sind Eph 5,14; 1 Tim 3, 16 erhalten) ein dem Zungenreden entsprechendes Singen gegeben, das wahrscheinlich mit den »geistlichen Liedern« (*ôdai pneumatikai*) gemeint ist (Eph 5,19; Kol 3,16).

Die → Lehre und → Ermahnung, die den Mittelpunkt des G. bildet, geht aus von der Schrift (Apg 17,2; 18,28; Röm 15,4; 2 Tim 3,16) und den Worten Jesu (1 Tim 6,3); zur Schriftlesung (1 Tim 4,13) tritt die Lesung der Gemeinde- (Apg 15,30.31) und Apostelbriefe (Kol 4,16; 1 Thess 5,27). Während Paulus der Frau das öffentliche Lehren in der Gemeinde untersagt (1 Tim 2,12; vgl. aber Tit 2,3–5), ist das beim Beten und Weissagen augenscheinlich nicht der Fall (1 Kor 11,5). Das Schweigegebot 1 Kor 14,34.35 scheint sich darüber hinaus auf ein Mitredenwollen oder Dazwischenfragen der Frauen in der Gemeindeversammlung zu beziehen.

VI) GOTTESDIENST IM HIMMEL

Aller G. auf der Erde aber ist ein Abbild des G. im → Himmel. Der atl. Opferdienst war ein »Schatten des Himmlischen« (Hebr 8,5), Christus ist zur Erlösung durch sein eigenes Blut in den Himmel selbst eingegangen (Hebr 9,11.12.24). Die Engel sind dienstbare, wörtl. »liturgische« Geister (Hebr 1,14), die Seraphim loben Gott (Jes 6,2–4), und in den Gesichten der Offenbarung schaut Johannes das Lob und die Anbetung Gottes im Himmel (Offb 4,8–11; 5,8–14; 7,9–12; 11,15–19; 14,1–3; 15,2–4).

Gottesfurcht → Furcht

Gotteskasten (griech. *gazophylakeion;* Mt 27,6 *korbanas)* bezeichnet

Tafel 34

a. Röm. Gräber in Kleinasien, bei Demre-Antalya in der Nähe des alten Perge.

b. Vorgeschichtliches Hockergrab aus dem Gräberfeld von Byblos (Gebal).

1) die schon Es 8,28f; Neh 10,38ff; 13,4–9 erwähnten Kammern am Tempel, in denen der Tempelschatz aufbewahrt wurde und die sich beim herodianischen Tempel wohl an den Seiten des inneren Vorhofes befanden, vielleicht auch den Tempelschatz selbst (2 Makk 3,6ff; Mt 27,6);
2) eine Reihe von 13 Gefäßen, die nach Josephus im Vorhof der Frauen des herodianischen Tempels aufgestellt waren und in die die Tempelsteuer, aber auch freiwillige Abgaben in Form von Geld und Naturalien für gottesdienstliche Zwecke eingelegt wurden. Dreimal im Jahr wurden nach dem Talmud diese Opferstöcke in die Kammern ausgeleert, in denen der Tempelschatz aufbewahrt wurde. In der Nähe des G. lehrte Jesus (Mk 12,41.43; Lk 21,1; Joh 8,20). Vgl. → Lade II.

Gotteslästerung → Lästerung

Gottesmensch. Paulus redet Timotheus 1 Tim 6, 11 als G. an, als einen Menschen, dessen Leben Gott gehört (vgl. 2 Tim 3,17).

Gottesnamen → Namen Gottes

Göttlich. An fast allen Stellen seines Vorkommens bedeutet g. so viel wie → »Gott zugehörig« bzw. einfach »Gottes ...«; z. B. 4 Mo 24,4 »Gottes Rede«, oder Röm 3,25 »Gottes Geduld«.
Von dieser Regel weichen lediglich folgende Stellen ab: 1 Mo 5,22.24; 6,9 heißt es wörtlich »er wandelte mit Gott« (vgl. ZÜ); dementsprechend meint der Ausdruck in 2 Petr 1,3 den »Wandel mit Gott« oder die »Frömmigkeit«; und 1 Tim 5,4 heißt soviel wie »in ihren eigenen Häusern die Frömmigkeit bewähren«. Von Mt 16,23 her (»was nach Gottes Willen ist«) fällt dann schließlich noch Licht auf die beiden letzten Stellen 2 Kor 7,9.10, wo eine »Betrübnis« oder »Traurigkeit« gemeint ist, die als Reue über eingesehene Schuld »nach Gottes Willen« ist.

Gottlos. Im AT (hebr. u. a. *rascha*, im ntl. Griech. mit *asebaes* wiedergegeben) vorwiegend bei Hi, im Psalter und in den Sprüchen vorkommend, wird g. fast immer als Hauptwort gebraucht: der G., die G. Was g. sein bedeutet (als Gegensatz zu → gerecht oder → fromm sein), das zeigt sich (I) in dem Verhalten des G. gegenüber Gott und (II) in dem Verhalten Gottes gegenüber dem G.
I) Das Verhalten des G. gegenüber Gott, das sich immer auch in einem entsprechenden Verhalten gegenüber dem Mitmenschen - ja sogar gegenüber dem Vieh (vgl. Spr 12,10) – äußert, zeigt die Gottlosigkeit entweder (1) unverhüllt oder (2) unter dem Deckmantel der Frömmigkeit:
1) Weil die G. »Gottes vergessen« (Ps 50,22), ja Gott »für nichts« halten (Ps 10,4), werden sie zu »Spöttern« (Ps 1,1), »die nach ihren eigenen Lüsten des g. Wesens wandeln« (Jud 18). Es ist »keine Gottesfurcht bei ihnen« (Ps 36,2), sie verlassen sein Gesetz (Ps 119,53), denn sie hassen Zucht (Ps 50,17). »Das Herz der G. ist unbarmherzig« (Spr 12,10), sie drohen den Elenden und Armen (Ps 37,14): »Der G. lauert auf den Gerechten und gedenkt ihn zu töten« (V 32).
2) »Siehe, ihr fastet ... und schlaget (eure Arbeiter) mit g. Faust« (Jes 58,4). Obwohl »in Sünden«, opfern die G. (Spr 21,27). Ja, sie scheuen sich nicht, seine Rechte zu verkündigen und seinen Bund in den Mund zu nehmen (Ps 50,16). Aber bei alledem haben sie »keinen Frieden« (Jes 48,22; 57,21): »Nahe bist du in ihrem Munde, aber ferne von ihrem Herzen« (Jer 12,2). Mit den Worten des NT: »Die sind G., mißbrauchen die Gnade unseres Gottes für ihre Lüste und verleugnen Gott und unsern Herrn Jesus Christus« (Jud 4).
II) Das Verhalten Gottes gegenüber dem G. wird in der Bibel vierfach beschrieben:
1) Nach menschlicher Anschauung bringt Gott »beide um, den Frommen und den G.« (Hi 9,22). Die enttäuschende Beobachtung, daß beiden »dasselbe begegnet« (Pred 9,2) und daß hier auf Erden kein gerechtes Gericht sichtbar wird, führt zu der Einsicht (Pred 3,17): »Gott muß (ZÜ wird) richten den Gerechten und den G.« – nämlich im Sinne von Mt 25,31ff.
2) Nach der Androhung des Zornes Gottes wird der G. getötet werden: »Mit dem Odem seiner Lippen« (Jes 11,4), »dem Schwert übergeben« (Jer 25, 31). Gott hat »Sodom und Gomorra zu Asche gemacht« und »damit ein Beispiel gesetzt den G., die hernach kommen würden« (2 Petr 2,6): »Gottes Zorn vom Himmel wird offenbar über alles g. Wesen und Ungerechtigkeit der Menschen« (Röm 1,18). So »bleiben die G. nicht im Gericht« (Ps 1,5).
3) Nach der Verheißung der Gnade Gottes »wird er sich sein erbarmen«, wenn der G. »sich bekehrt« (Jes 55,7): »Ich habe kein Gefallen am Tode des G., sondern daß sich der G. bekehre von seinem Wesen und lebe« (Hes 33,11). Mit dieser Bekehrung wird von dem G. nicht weniger verlangt, als daß er »alle Satzungen« Gottes hält (Hes 18,21 ZÜ): »er soll leben um der Gerechtigkeit willen, die er tut« (Hes 18,22).
4) Nach der Erfüllung seiner Androhung und Verheißung in Christus, der »für uns G. gestorben« ist (Röm 5,6), werden wir »durch ihn bewahrt werden vor dem Zorn, nachdem wir durch sein Blut gerecht geworden sind« (Röm 5,9): »Dem aber, der nicht mit Werken umgeht, glaubt aber an den, der die G. gerecht gemacht, dem wird sein Glaube gerechnet zur Gerechtigkeit« (Röm 4,5).

Gottselig. Im Anschluß an 2 Petr 1,3 (vgl. unter → Göttlich) lassen sich sämtliche Stellen, wo das Wort g. vorkommt, im Sinne von »fromm« (und das heißt »an Gott gläubig«, »gottesfürchtig«) wiedergeben, wobei durchaus das mitschwingt, was Luther mit »-selig« anklingen läßt (vgl. glück-selig). In 1 Tim 3,16 übersetzt ZÜ zutreffender: »das Geheimnis der Frömmigkeit«.

Götze, Götzendienst. I, 1) Wie Abgötter (Hes 30, 13; Hos 9,10; 1 Thess 1,9), fremde (5 Mo 31,16; 1 Sam 7,3; 1 Kö 11,4) oder andere Götter (2 Mo 20,3; Jos 24,2; Ri 2,17), auch Götter der Heiden (2 Kö 18, 33) oder einzelner Völker (Ri 10,6) und Greuel (1 Kö 11,5.7; Hes 20,7) bezeichnet auch G. HEIDNISCHE GOTTHEITEN (3 Mo 19,4; 1 Kö 21,26; Sach 10,2) und deren Bilder (2 Mo 23,24; 5 Mo 27,15; 2 Kö 23,24; Jes 2,8; Hes 22,3.4; Nah 1,14). Vgl. → Hausgötzen, → Feldteufel und die verschiedenen Eigennamen der Heidengötter, bes. → Baal.
2) Beim Götzendienst treten an die Stelle des unsichtbaren Gottes sichtbare Darstellungen in Menschen- und Tiergestalt (Röm 1,23; 5 Mo 4,16–18), denen die Verehrung dargebracht wird, die in Wahrheit dem Herrn zukommt. Aber Gott will seinen Ruhm nicht den G. geben (Jes 42,8), er verbietet im Gesetz unter Todesstrafe jeden Götzendienst und befiehlt die Ausrottung aller Abgötterei in Kanaan (2 Mo 20,3–5; 23,13.24.32.33; 5 Mo 12,1–3.29–31; 13). Trotzdem ist Israel immer wieder zu den G. abgefallen und hat sich damit das Gericht Gottes zugezogen (2 Kö 17,7–23). Die ganze Perversität dieses Verhaltens dem Herrn gegenüber kennzeichnen die Propheten, indem sie allen

Steinerne Götzenfiguren aus Syrien (2,85 bzw. 3,75 m hoch)

Götzendienst unter Anspielung auf verbreitete Kultgebräuche → Ehebruch, → Unzucht und → Hurerei nennen.
Auch im NT wird diese Sünde unter denen genannt, die vom Reich Gottes ausschließen (1 Kor 6,9.10; 10,14; Offb 21,8; 22,15). Dabei werden wir darunter aber mehr zu verstehen haben als die Verehrung heidnischer Götter; denn Eph 5,5; Kol 3,5 wird der Geiz als Götzendienst und Abgötterei bezeichnet, wie schon 1 Sam 15,23 der Ungehorsam, also Sünden, die das eigene Ich an die Stelle Gottes setzen (vgl. Mt 6,24).
3a) In der HS wird die Nichtigkeit und Machtlosigkeit der Bilder, der toten (Ps 106,28), unnützen (Jer 2,5), stummen G. (Hab 2,18; 1 Kor 12,2) verspottet (Jes 41,29; 44,9–20; Jer 10,14; Ps 115,4–7). Sie können weder helfen noch Schaden tun (Jer 2,28; 10,5; vgl. Bar 6). Aller Heiden Götter sind G., der Herr aber hat den Himmel gemacht (1 Chron 16, 26; Ps 96,5).
b) Doch wird damit die Wirklichkeit der dämonischen Mächte nicht aufgehoben, die hinter den Bildern steht. Diese Mächte können zwar Gott nicht bedrohen: der Herr ist hoch erhöht, Gott und König über alle Götter (Ps 97,9; 5 Mo 10,17; Ps 95,3), die von Natur nicht Götter sind (Gal 4,8; 2 Chron 13,9). Sie können aber für den Menschen zur Bedrohung werden, auch wenn er ihnen nicht bewußt dient: Paulus, der das Götzenbild für nichts ansieht (1 Kor 8,4), weiß, daß die → Götzenopfer den Dämonen (LÜ Teufeln) dargebracht werden und darum kein Christ an heidnischen Opfermahlzeiten teilnehmen kann (1 Kor 10,19–22).
II, 1) Als Material der GÖTZENBILDER wird Holz (Jes 40,20; 44,13) und Stein (2 Kö 19,18; Jer 2,27), Gold, Silber, Erz und Eisen (2 Mo 20,23; Jes 44,12; Dan 5,4; Offb 9,20) genannt. Neben den gegossenen Bildern (2 Mo 34,17; Jes 42,17) ist von übersilberten G. und Bildern mit goldenen Kleidern (Jes 30,22), auch von Holz mit Gold und Silber beschlagen (Jer 10,3–5) die Rede. Auch Gußbilder konnten vergoldet und mit silbernen Ketten versehen werden (Jes 40,19). Hesekiel berichtet auch von Darstellungen an den Wänden (Hes 8,10), vermutlich Malereien. Nach Jes 44,12 fasteten die Götzenmacher bei der Herstellung der Figuren. Vgl. weiter → Bilderdienst und → Kalb, goldenes. Weitere Abb. Sp. 10; 11; 71; 134; 150; 163; 198; 292; 293; 328.
2) Die Ausgrabungen in Palästina haben diese Angaben weithin ergänzt und lebendig gemacht. In Hazor fand man die steinerne Sitzfigur eines G. in der Nische seines Tempels (Taf. 32a/481). Weiter kennt man Kleinbronzen sitzender oder schreitender Götter. (Abb. Sp. 151: Spätbronzezeit). Bei den Steinreliefs männlicher und weiblicher Gottheiten handelt es sich um Weihbilder. Gußformen für bronzene und silberne Figürchen von meist nackten Göttinnen (Abb. Sp. 152: Mittlere Bronzezeit) bezeugen ihre Herstellung in den Tempeln. Auch aus Ton und Stein kennen wir sie. Auf solche kleinen Bilder nehmen wohl 1 Mo 35,2; Jos 24,23 Bezug. Manchmal vertreten andeutende Darstellungen und Kultsymbole die Stelle der ausgeführten Bilder. Dazu gehören auch die Masseben (LÜ Säule), Ascheren (→ Hain) und → Malsteine.

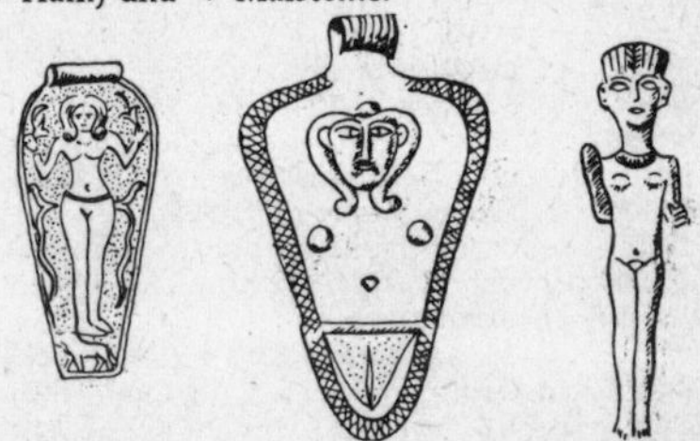

2 Goldanhänger und 1 Bronzefigur, Darstellungen kanaanitischer Fruchtbarkeitsgöttinnen

III) Als ORTE der Fruchtbarkeitskulte werden Berge (Hos 4,13; Jer 3,6; Jes 57,5), Hügel und grüne Bäume (2 Kö 16,4; 17,10), Eichen (Terebinthen) und Gärten (Hes 6,13; Jes 1,29), Bäche und Felsklippen genannt (Jes 57,5.6). Dazu kommen die Tempel (1 Sam 5,2; 31,10) und → Höhen. Kanaanitische und syr. Tempel, die bei Ausgrabungen gefunden wurden, zeigen einen ähnlichen Bauplan wie der → Tempel in Jerusalem. Die Tempelbauten der hellenistischen Zeit entsprechen den griech. (Taf. 11/160) und röm. Bes. eindrucksvolle Ruinen solcher Bauten finden sich noch heute in Baalbek (Taf. 33/512) und Palmyra (Taf. 32b/481).
IV, 1) An FORMEN des Götzendienstes werden zunächst die auch im isrl. Gottesdienst üblichen Brandopfer (2 Kö 17,32; 2 Chron 28,4; Hos 12,12), Trank- und Speisopfer (Jes 57,6; Hes 16,19), Räucheropfer (2 Kö 16,4; 17,11; 23,5; Hes 6,13) und Opfermahlzeiten (Hes 18,6) erwähnt. Sie sind bei den Ausgrabungen durch Tierknochen, öligen Überzug der Steine, Votivgefäße (öfter aus 7 kleineren Gefäßen zusammengesetzt) und Räuchergefäße nachgewiesen. Auf eine bes. Form des Opfers bezieht sich das Verbot, ein Böcklein in der Milch seiner Mutter zu kochen (2 Mo 23,19).
2) Dazu kommen die in Israel streng verbotenen Menschenopfer (2 Kö 16,3; 17,17; Ps 106,36–39; Jes 57,5; Jer 7,31; Hes 16,20.21; → Moloch) und die kultische Prostitution (2 Kö 23,7; Hos 4,14; Mi 1,7; → Hundegeld, → Hurerei I, 2).
3) Weitere Zeugen für den Götzendienst aus den Ausgrabungen sind tönerne Masken, eine bronzene Kultstandarte und Gefäße mit Schlangendarstellun-

Phön. Silberschale mit 2 Opferszenen, Kultmusikern und einer mythologischen Darstellung. Dazwischen männliche (→ Baal) und weibliche (→ Asthoreth) Gottheiten

gen (vgl. → Drachenbrunnen; Abb. Sp. 152: Frühe Eisenzeit), die verschiedensten Weihgaben: Perlen, Schmuck, Amulette, Tonfiguren von Tauben und Affen, Votivgefäße in Miniaturgröße. All das wurde innerhalb der Tempelbezirke gefunden.
V) Neben den Fruchtbarkeitskulten wird der GESTIRNDIENST genannt, die Verehrung von Sonne, Mond, Planeten und allem Heer am Himmel (2 Kö 23,5; 17,16; 21,3; 5 Mo 4,19). Diese Abgötterei geschah auf den Dächern (Zeph 1,5), wo auch die zugehörigen Altäre errichtet wurden (2 Kö 23,12). Weiter hören wir von Geräten für das Heer des Himmels (V 4) und Rossen und Wagen der Sonne (V 11). Auch die Verehrung der → Himmelskönigin, wohl der Venus, gehört hierher (Jer 44,17–19).

Götzenopfer. Das G. spielte in ntl. Zeit eine bes. Rolle für die heidenchristlichen Gemeinden, weil das auf dem Markt (1 Kor 10,25) angebotene Fleisch zum größten Teil von rituell geschlachteten Tieren stammte, d. h. heidnischen Göttern geopfert war. Grundsätzlich sah Paulus darin kein Hindernis, mit gutem Gewissen und ohne Schaden Fleisch zu essen, ohne zu fragen, woher es komme (V 25.27). Anders war es jedoch, wenn der Gastgeber darauf hinwies, sein Gast habe G.fleisch vor sich (V 28) oder ein → schwacher Bruder Anstoß nehmen konnte (1 Kor 8; Röm 14,15). Ebenso wurde den Heidenchristen um der Tischgemeinschaft mit den Judenchristen willen die Enthaltung vom G. auferlegt (Apg 15,29; 21,15; vgl. → Apostelkonzil). Für eine Teilnahme an heidnischen Opfermahlzeiten aber galt bedingungslos: ihr könnt nicht Gemeinschaft mit den Dämonen haben (1 Kor 10,19–22).

Götzenpfaffen → Höhen IV, 2

Grab. I) Im allgemeinen lagen die Gräber im Vorderen Orient außerhalb der Ortschaft, in einer Höhle (1 Mo 23), unter Bäumen (1 Mo 35,8; 1 Sam 31, 13) oder auf dem Feld (Jos 24,30.32). Wir wissen aber auch von Bestattungen unter Wohnhäusern (1 Sam 25,1).
Gewöhnlich ließ man sich im Familiengrab bestatten (Ri 16,31; 2 Sam 2,32; 21,14; 1 Kö 13,22). Auf diese Weise »zu seinen Vätern gesammelt« (2 Chron 34,28) zu werden, war der Wunsch eines jeden Israeliten (1 Mo 47,30), und es ist eine schwere Strafe, nicht dorthin zu kommen (1 Kö 13,22). Die Zusammengehörigkeit der Großfamilie auch über den Tod hinaus findet hier ihren bezeichnenden Ausdruck. Diese Familiengräber konnten sich aber nur Wohlhabende leisten; arme und einfache Leute werden in Großgräbern, für die Jerusalemer Umgebung im Kidrontal, beigesetzt (2 Kö 23,6; Jer 26,23). Später knüpft sich daran die Hoffnung, daß hier die Auferstehung beginnen werde; seitdem warf man auch nicht mehr, wie vorher häufig, die Knochenreste nach dem Verwesen des Fleisches zusammen (vgl. dazu Hes 36).
Königsgräber wurden bes. und wohl regelmäßig innerhalb der Hauptstadt angelegt. Das wird von den Königen Judas ausdrücklich berichtet (1 Kö 2,10; 11,43 u. ö.), von den Königen Israels ebenfalls angedeutet (1 Kö 16,6.28; 22,37; 2 Kö 10,35 u. ö.). Vgl. auch die Königssarkophage von Byblos (→ Gebal), die ebenfalls in der Stadt gefunden wurden.
II) Bei den Ausgrabungen in Palästina hat man zwar viele Gräber, jedoch nirgends Spuren von Leichenverbrennung gefunden. Im AT wird Verbrennung als Todesstrafe (1 Mo 38,24; 3 Mo 20,14) oder deren Verschärfung (Jos 7,25) genannt; die Verbrennung der Leichen Sauls und seiner Söhne war eine Ausnahme und unterscheidet sich von der eigentlichen Leichenverbrennung dadurch, daß die Gebeine zur Bestattung erhalten blieben (1 Sam 31,12). Die »Räucherbrände« von Jer 34,5; 2 Chron 16,14; 21,19 haben nichts mit Leichenverbrennung zu tun. In Israel gab man den Menschen nach seinem Tode der Erde zurück, aus der ihn Gott geschaffen hatte.
III) DIE WICHTIGSTEN GRABFORMEN.
1) Die älteste Form war das HÖHLENGRAB. Es bestand aus einer oder mehreren Höhlen, natürlich oder nachträglich bearbeitet, und war schräg von oben her zugänglich. Ein bekanntes Beispiel bietet die Königsgruft von Geser.
2) Beim daraus entwickelten SCHACHTGRAB wird der Eingang senkrecht bis auf die Höhe der Grabkammer hinabgeführt, Schacht und Kammer sind häufig durch einen Grabstein oder Geröll getrennt.
3) Künstlich ausgehauene Grabhöhlen, oft mit Treppen als Eingang, bezeichnet man als KAMMERGEWÖLBEGRAB.
4) Zu Beginn der Eisenzeit setzte sich das DIWAN- oder BANKGRAB durch, in dem die Leiche auf einem bankartig erhöhten Teil der Grabkammer ruht.
5) Gelegentlich hat man auch KRUGGRÄBER gefunden, Bestattungen in Tonkrügen, die sich aber fast ausschließlich auf Kinder beschränken. Da hier alle Spuren einer gewaltsamen Tötung fehlen, hält man diese Funde heute nicht mehr für Kinderopfer.
6) In ntl. Zeit zeigen die Gräber vor der eigentlichen Kammer meist einen Vorraum. Beim STOLLEN- oder SCHIEBEGRAB liegen die Toten in schmalen Stollen, die waagerecht in den Felsen vorgetrieben wurden und zum Hauptraum hin offen waren. In Geser haben sie eine Größe von 0,5×0,5×1,75 m. Wahrscheinlich hat man nach einiger Zeit die Stollen im Hauptraum wieder freigemacht und die übriggebliebenen Knochen in Kästen (Ossuarien; vgl. Abb.

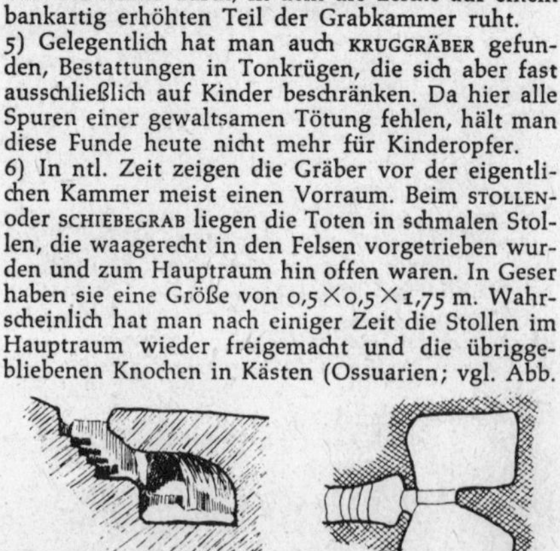

Durchschnitt und Grundriß eines doppelten Kammergewölbegrabes

Sp. 153/4: Röm. Zeit oben rechts) in kleineren Stollen in den hinteren Räumen der gleichen Grabanlage beigesetzt.
7) Bes. beliebt waren in röm. Zeit das BANK- und das TROGGRAB. Der durch einen Rollstein (vgl. Mt 27,60) verschlossene Hauptraum wies an drei Seiten Nischen auf, in denen sich Bänke (vgl. Joh 20, 5–7) oder eine Art offener Sarkophage befanden. Um die Öffnung des Grabes zu erschweren, wurde die Rinne, in der der Rollstein lief, vielfach mit leichter Schrägung angelegt.
8) In späterer Zeit setzt sich immer mehr die Sitte durch, die Gräber zu beschriften. Verschlußplatten aus hellenistischen Stollengräbern zeigen den Namen des Verstorbenen und die Warnung: »Öffne nicht!« Die gleiche Warnung kennen wir auch vom Ossuar König → Usias und dem Felsengrab des → Sebna. Vgl. Taf. 34/513; 35/544.

Grab Jesu. Jesus wurde in dem noch unbenutzten Grab beigesetzt, das sich Joseph von Arimathia in seinem Garten in unmittelbarer Nähe von → Golgatha hatte aushauen lassen (Mt 27,60; Joh 19,41). Es besaß einen niedrigen Eingang (Joh 20,5; wörtlich: »sich seitwärts hineinbückend sieht er«), der mit einem Rollstein verschlossen wurde (Mk 15,46; 16,3.4). Weiter handelt es sich augenscheinlich um ein Bankgrab, dessen Bank vom Eingang aus auf der rechten Seite lag: die Engel sitzen rechter Hand an der Stelle, wo der Leichnam gelegen hatte (Mk 16,5.6; Joh 20,12), und der Blick dahin ist nicht etwa behindert (Joh 20,5), wie es bei einem Troggrab der Fall gewesen wäre. Vgl. Taf. 36/545.

Gräber der Könige. Die Königsbücher teilen nur mit, daß die Könige Judas in der Davidsstadt begraben wurden (→ Grab), doch die Chronik enthält nähere Angaben. Danach wurden Joram, Joas und Ahas ihrer Gottlosigkeit wegen nicht in den eigentlichen Königsgräbern beigesetzt (2 Chron 21,20; 24, 25; 28,27), den Platz des zweiten hatte anscheinend auch bereits Jojada eingenommen (2 Chron 24,16). Weiterhin wurde → Usia als Aussätziger nur im Feld bei den Königsgräbern bestattet (2 Chron 26, 23) und in ntl. Zeit umgebettet. Z. Zt. Hiskias scheint kein Platz mehr in den Grabkammern gewesen zu sein, denn man begrub ihn am Aufgang »zu den Gräbern der Kinder Davids« (2 Chron 32,33). Auch die folgenden Könige Manasse und Amon fanden an anderer Stelle ihre Ruhestätte, und zwar im Garten innerhalb des Palastes (2 Kö 21,18.26; 2 Chron 33,20). Hier scheint auch Josia begraben zu sein (2 Chron 35,24), der letzte König Judas, der im Frieden ins Grab kam (2 Kö 22,20). Der Ort der Königsgräber innerhalb der Davidsstadt auf dem Südosthügel Jerusalems war noch z. Zt. Nehemias (Neh 3,16) und der Apostel bekannt (Apg 2,29). Johannes Hyrkan und Herodes sollen dort große Schätze entwendet haben. Heute kennen wir die Stelle nicht mehr.

Granatapfel *(Punica Granatum).*
Frucht des strauchähnlichen Granatbaumes, der am ganzen Mittelmeer bis nach Persien verbreitet ist (4 Mo 13,23[24]; 5 Mo 8,8; 1 Sam 14,2). Seine duftenden Blüten sind dunkelrot (Hl 6,11[10]; 7,13 [12]), die scharlachrote Frucht hat eine lederartige Schale und ist mit einem saftigen, säuerlichen Mus und zahlreichen violetten Kernen gefüllt. Die Israeliten auf der Wüstenwanderung vermißten den erfrischenden G. sehr (4 Mo 20,5); der Mangel an G. wird Jo 1,12 als Strafe Gottes angesehen.
In der Kunst war der G. beliebtes Motiv. Wir finden ihn in den Knäufen der Tempelsäulen (1 Kö 7, 18.20; 2 Kö 25,17; Jer 52,22) und am Saum des hohenpriesterlichen Leibrocks (2 Mo 28,33ff). Sein hebr. Name *rimmon* ist wohl wegen der Beliebtheit der Frucht in vielen Ortsnamen enthalten, z. B. Rimmon (Jos 15,32), Gath-Rimmon (Jos 19,45), Hadad-Rimmon (Sach 12,11).

Granatapfel

Gras. Das hebr. und das griech. Wort, die LÜ mit G. wiedergibt, bezeichnen meist allgemein das Grün des Feldes und werden deshalb auch mit Kraut u. ä. übersetzt. 1 Mo 1,11 wird das Pflanzenreich in die 3 Hauptgruppen: G., Kraut und Bäume aufgeteilt. Das grüne G. wie das Heu sind als Viehfutter unentbehrlich (5 Mo 11,15; 1 Kö 18,5; Ps 104,14; 147,8ff). Das G. braucht nur wenig Erde und wächst deswegen auch manchmal auf den → Dächern (2 Kö 19,26; Jes 37,27; Ps 129,6). Vor dem heißen Ostwind am Beginn des Sommers aber verdorrt alles Grün über Nacht. Durch dies Verdorren wird das G. zum Bild für das Gericht Gottes (Jes 42,15) und für die Kürze und Vergänglichkeit des menschlichen Lebens (Ps

Ausgehauenes Felsengrab (Bankgrab) mit Vorraum und Rollstein aus ntl. Zeit. Ähnlich, viell. ohne Vorraum, haben wir uns das Grab Jesu vorzustellen

103,15.16; Jes 40,6–8; Mt 6,30), der Gottlosen (Ps 37,2) und des irdischen Reichtums (Jak 1,10f). Vgl. → Grün; → Kraut.

Grau → Alter

Grenze. I, 1) Nach der HS ist es Gott, der sowohl die Naturgrenzen zwischen Licht und Finsternis (Hi 38,19.20), Wasser und Land (Ps 104,9) wie auch die Landesgrenzen (Ps 74,17; Apg 17,26) setzt. Dabei galt schon im Anfang der Zeiten seine bes. Fürsorge dem Volke Israel (5 Mo 32,8). Der Herr legte die Grenzen des verheißenen Landes fest (2 Mo 23,31; 4 Mo 34,2ff; 5 Mo 11,24; Jos 1,4 u. a.), die deshalb auch »heilige G.« genannt werden (Ps 78,54). Gott versprach, diese G. noch zu »weitern« (2 Mo 34,24; 5 Mo 12,20), was sich z. Zt. Salomos erfüllte (1 Kö 5,1 [4,21]; 8,65).
2) Aus diesen Gründen stand die G.verletzung durch Versetzen der Grenzsteine und Landmarkierungen unter einem bes. schweren Fluch (5 Mo 19,14; 27,17; vgl. Hi 24,2; Hos 5,10).
II) Manchmal bezeichnet G. auch das ganze Gebiet eines Volkes (Mal 1,4.5) oder eines Ortes (Mt 2,16).

Greuel sind Handlungen oder Dinge, die aus geistlicher und sittlicher Ablehnung heraus verabscheut werden.
So ist für Gott aller Götzendienst (5 Mo 18,9.12) Jer 44,4) und jeder Götze (1 Kö 11,5.7) ein G., alle Untreue und Irrlehre (Spr 3,32; Tit 1,16); weiter Opfer und Gebet der Gottlosen, die das Gesetz mißachten (Spr 15,8; 28,9; Jes 1,13), auch Selbstgerechtigkeit und Stolz, die Gott nicht brauchen (Ps 14,1; Spr 16,5; Lk 16,15), Betrug des Nächsten (Spr 11,1; 20,10.23) und ungerechtes Gericht (Spr 17,15).
Für Menschen, die nach Gottes Gesetzen leben wollen, ist alles das ein G., was seinen Geboten widerspricht (3 Mo 7,18; 18,22.23; Spr 29,27). Dagegen ist den Toren ein G., das Böse zu meiden, und für den Abtrünnigen der, der heilsam lehrt (Spr 13,19; Am 5,10). Der G. der Verwüstung meint zunächst ein heidnisches Götzenbild im Tempel z. Zt. des Antiochus Epiphanes (Dan 9,27; 11,31; 12,11), dann auch ein entsprechendes endzeitliches Geschehen (Mt 24,15; Mk 13,14). Auch unreine Tiere werden als G. bezeichnet (5 Mo 14,3; Jes 66,17).

Griechen. Als G. oder Hellenisten werden im NT auch Juden bezeichnet, die griech. sprachen, weil sie in der Zerstreuung lebten oder gelebt hatten (Apg 6,1; 9,29). Unter Hellenismus versteht man die Entwicklung, durch die sich seit den Eroberungen Alexanders d. Gr. griech. Sprache und Kultur unter den nichtgriech. Völkern des Altertums verbreiteten. Vgl. → Stoiker Philosophen; → Septuaginta; → Testament, Altes und Neues II,5b; III,2.

Griechenland. 1) Sach 9,13 übersetzt G. → Javan = Ionien. Mit dem Fürsten von G. (Dan 8,21; 10, 20) ist Alexander d. Gr. gemeint.
2) Im NT bezeichnet G. (Apg 20,2) die röm. Provinz → Achaja.

Griffel. Zum Beschreiben der Tontafeln und später der Schreibtafeln mit Wachsüberzug benutzte man G. aus verschiedenem Material, ebenso zum Zeichnen (2 Mo 32,4). Auf eine Tafel mit Menschengriffel schreiben (Jes 8,1) bezeichnet übliche, allgemein verständliche Schrift. Ps 45,2 spielt auf die Gewandtheit des geübten Schreibers an; in Hi 19,24; Jer 17,1 scheint ein Eingravieren der Schrift mit eisernem G. gemeint zu sein (vgl. auch → Edelstein: Demant). Vgl. → Schrift, Schreiber, schreiben.

Grind → Krankheiten

Groschen. Zum Gleichnis vom verlorenen G. (Lk 15,8) muß gesagt werden, daß dieses Geldstück wohl zu den 10 oder 20 G. gehörte, die die orient. Frau als Brautschatz hütete. War der Brautschatz nicht vollständig, konnte sie nicht heiraten. Oft trug sie ihren Brautschatz an einer goldenen Kette um den Hals. Weiter → Geld.

Grube. Vertiefung in der Erde (2 Sam 18,17; 1 Kö 18,32), insbes. Fallgrube (Ps 7,16; 57,7), → Brunnen oder → Zisterne (1 Mo 37,20; 2 Mo 21,33; Jer 38,6; Mt 12,11), auch Höhle (1 Sam 13,6) oder Fuchsbau (Mt 8,20); weiter das → Grab (1 Mo 37,35; 42,38; Hes 31,14) und übertragen die Unter- und Totenwelt (Jes 14,15).

Grummet bezeichnet Am 7,1 das Gras, das nach dem ersten Schnitt nachwächst (EÜ Spätgraswuchs).

Grün, grünen. Das frische, saftige G., das im Morgenland schnell aufschießt, aber auch schnell der sengenden Hitze erliegt (vgl. → Gras), ist ein Bild für Gesundheit und Jugendfrische (Hi 33,25). In diesem Sinn grünen bes. die Gerechten (Ps 92,13.14), die Hütten der Frommen (Spr 14,11), das Volk Israel, wenn die Zeit des Gerichtes vorüber ist (Jes 27, 6), anderseits aber auch der Übermut des Stolzen (Hes 7,10). Das grüne Holz (Lk 23,31; vgl. Ps 1,3; Jer 17,7.8) ist der Gerechte, hier Jesus, der das Gericht für die Sünde der Menschen erduldet, dürres Holz das jüd. Volk, das ihn verworfen hat, und nun einem noch furchtbareren Gericht entgegengeht (vgl. 1 Petr 4,18).

Grund. I, 1) Tal, → Gefilde.
2) Fundament, z. B. eines → Hauses (1 Kö 5,31[17]; 6,37; Es 3,6 u. ö.; vgl. Lk 6,48.49).
3) Der »G. der Welt« wurde von Gott dem Schöpfer gelegt (Hi 38,4ff; Spr 8,29; Eph 1,4; 1 Petr 1,20) und wird auch »Grundfeste« genannt (Ps 82,5; Jes 24,18). Weiter ist vom G. des Festlandes und der Berge (Ps 18,16; Jon 2,7) die Rede.
II, 1) Im übertragenen Sinn ist der G. des Meeres ein Bild für das Verborgene (Hi 38,16; Am 9,3).
2) Der G. des Herzens ist das Tiefste des menschlichen Seins; die Gedanken und Regungen, die im Unterbewußtsein schlummern und uns selbst darum nicht bekannt sind (Ps 36,2; 44,22).
3) Im NT wird von dem G. der Apostel und Propheten gesprochen (Eph 2,20), die das Fundament der Gemeinde bilden, wobei Christus der → Eckstein ist, der alles zusammenhält.
4) Der feste G. Gottes (2 Tim 2,19) ist ebenso alles, worauf der Glaube bauen kann, was wiederum seine Zusammenfassung in Christus findet. Er allein ist der G. der Lehre, die im ganzen NT verkündet wird (Lk 1,4; 1 Petr 3,15). Dabei kommt es jedoch sehr darauf an, wie der einzelne auf diesem G. baut (1 Kor 3,10ff). Ein Leben, das die Früchte des Geistes in sich zur vollen Reife kommen läßt, legt damit einen guten G. für das Zukünftige (1 Tim 6,17–19).
5) Paulus spricht in Röm 15,20 von einem »fremden G.«, meint damit aber nicht eine andere Glaubensrichtung, sondern den Anfang einer nicht von ihm selbst begonnenen Arbeit für den Herrn.

Gründe → Gefilde

Grundstein → Eckstein

Grundtor, vermutlich ein Seitentor des Königspalastes in Jerusalem (2 Chron 23,5), vielleicht das Tor Sur (2 Kö 11,6).

Gruß, grüssen. I) Der G. war in Israel ein Segenswunsch, verbunden mit der Frage nach dem Befinden und dem Wohlergehen des andern. Man grüßte sich bei Besuchen, Begegnungen unterwegs, bei Ankunft (1 Mo 43,27; 1 Sam 25,6) und Abschied (→ Segen; 1 Mo 47,10). Der G. des Königs beendete die Audienz (2 Sam 13,25). Der G. konnte auch durch andere überbracht werden (2 Sam 8,10) und war bisweilen mit Geschenken verbunden. Da die Begrüßung in Wort und Gebärde im Orient stets umständlich war, grüßte man bei Trauer und Eile nicht (vgl. 2 Kö 4,29; Lk 10,4). Eine häufig vorkommende Grußformel war: »Friede sei mit dir« (1 Sam 20,42) oder »mit euch« (Lk 24,36). Boas grüßte die Schnitter: »Der Herr sei mit euch« (Rt 2,4), und Joseph grüßte Benjamin mit dem Wort: »Gott sei dir gnädig, mein Sohn!« (1 Mo 43,29). Ein anderer Segenswunsch war: »Glück zu! Friede sei mit dir und deinem Hause und mit allem, was du hast!« (1 Sam 25,6). In ntl. Zeit lautete der G. gewöhnlich: »Gegrüsset seist du« (Mt 26,49; Lk 1,28). Der Hofgruß in Babylon und Persien hieß: »Der König lebe ewiglich!« (Dan 2,4; Neh 2,3). In ähnlicher Form grüßt Bath-Seba König David: »Glück meinem Herrn, König David, ewiglich!« (1 Kö 1,31). Beim Abschied sagte man: »Gehe hin mit Frieden!« (1 Sam 1,17).

II) Das begleitende BEGRÜSSUNGSZEREMONIELL war je nach Würde und Ansehen des Begrüßten verschieden. Man beugte sich zur Erde und fiel sogar auf sein Angesicht (1 Mo 18,2; 2 Sam 9,6) oder stieg vom Reittier bzw. vom Wagen (1 Sam 25,23; 2 Kö 5,21). Das Beugen der Knie (2 Kö 1,13; Mt 27,29) war wie das Niederfallen Zeichen der Huldigung und Unterwürfigkeit. Zur Begrüßung faßte man auch die Hand des anderen oder seinen Bart mit der Rechten und küßte ihn (2 Sam 20,9), oder man umarmte sich (1 Mo 29,13; 33,4) und gab sich den Begrüßungskuß (Lk 7,45; Mt 26,48). Vgl. → Kuß.
III) Den BRIEFGRUSS kennen wir schon aus sehr früher Zeit, oft übertrieben formelhaft. So beginnt der Brief eines Ägypters an den Pharao: »An den König, meinen Herrn, meinen Gott, meine Sonne. So spricht Japahi, euer Diener, der Staub eurer Füße: Ich werfe mich siebenmal sieben zu Füßen meines Königs, meines Herrn, meines Gottes und meiner Sonne.«
Kürzer und sachlicher ist der Briefgruß der röm. Zeit (Apg 23,26). Auch am Briefschluß steht oft eine Grußformel (Apg 15,29).
Der übliche Briefgruß bei Paulus lautet zu Anfang: »Gnade sei mit euch und Friede von Gott« (Röm 1,7; 1 Kor 1,3; 2 Kor 1,2; Gal 1,3 u. ö.), während er und andere Apostel ihre Briefe gern mit den Worten schließen: »Die Gnade unseres Herrn Jesu Christi sei mit euch allen!« (Röm 16,24; 1 Kor 16, 23; 2 Kor 13,13; Gal 6,18; Hebr 13,25; Offb 22,21).

Wie hier der Pharao vor der Göttin Isis, so warf man sich zum Gruß auch vor dem König nieder (vgl. → Beten III, 1a)

IV) Der G. Jesu und der Jünger bedeutet jedoch mehr als nur einen Segenswunsch. Hier ist der G. vollmächtiger → Segen geworden (vgl. Mt 10,13; Joh 14,27; 20,19–21).

Grütze. Grob gemahlene oder zerstoßene Getreidekörner (hebr. *ripot*; 2 Sam 17,19; Spr. 27,22). Manche geben das Wort an der ersten Stelle auch mit »Sandkörner« wieder. In 2 Sam 17,28 steht im Hebr. zweimal *khali* (unzerkleinertes, geröstetes Getreide), das LÜ einmal mit G., einmal (wie auch 1 Sam 17, 17 u. ö.) mit »geröstete Körner« wiedergibt.

Gudegoda,
Station der Wüstenwanderung, der gleiche Ort wie → Horgidgad (vgl. 5 Mo 10,6.7 mit 4 Mo 33,31–33).

Guel »Von Gott erlöst(?)« (Noth),
Sohn Machis, der Gaditer unter den Kundschaftern, die Mose nach Kanaan sandte (4 Mo 13,15[16]).

Guni nach dem Arab. »Vogel (unbekannter Art)« (Noth).
1) Sohn Naphthalis (1 Mo 46,24; 1 Chron 7,13). Von ihm stammen die Guniter (4 Mo 26,48).
2) Gaditer, Vater des Abdiel (1 Chron 5,15).

Gur viell. »Das (noch saugende) Junge«,
Anhöhe – vielleicht war dort ein Absteigeplatz – in der Nähe von Jibleam (2 Kö 9,27). Die genaue Lage des Ortes ist unbekannt. Man hat ihn in Gurra oder auch in Chirbet Kara vermutet.

Gur-Baal,
Wohnort oder -gebiet von Arabern, die in Juda einfielen und von Usia besiegt wurden (2 Chron 26,7). Vielleicht mit Jagur (Jos 15,21) östl. von Beer-Seba oder dem Gebiet von El-Dschwar südl. von Tell Dschemme (→ Gerar) identisch.

Gurke → Kürbis

Gurt, Gürtel → Kleid, Kleidung

Gut, Güte. I) Gott allein ist g. Jesus hat das in seiner Antwort an den reichen Jüngling (Mt 19,17) klar herausgestellt und damit eine Reihe von atl. Aussagen gleichen Inhalts unterstrichen (1 Chron 16,34 LÜ freundlich; 2 Chron 5,13 LÜ gütig). G. ist keine menschliche Kategorie, unserem Urteil unterworfen; Gottes Wille ist der einzige Maßstab dafür. Ja, das selbständige Wissenwollen um G. und Böse (1 Mo 3,5.6) bedeutet den Abfall von Gott. Weil Gott g. ist, wird er auch einmal im Gericht nach guten Werken fragen (2 Kor 5,10). Was er unter g. versteht, ist Mi 6,8 und Lk 10,42 (das gute Teil = das Hören auf den Herrn) gesagt.

II) Wir Menschen sind von Gott abgefallen und nach dem Urteil der Bibel böse. »Da ist keiner, der Gutes tue, auch nicht einer« (Ps 14,3; Röm 3,12; vgl. Pred 7,20[21]). Es bestehen unter der gefallenen Menschheit freilich noch Unterschiede im ethischen Verhalten (Mt 5,45), aber das grundsätzliche Urteil von Ps 14,3 bleibt bestehen. Dieser Mangel an wirklicher Güte wird in der letzten Phase der Endzeit besonders auffallend sein (2 Tim 3,3).

III) Wenn man aus diesem Zustand herauskommen und in Gottes Augen g. werden will, dann nützt keine eigene Anstrengung oder Askese. Unser Fleisch kann das G. niemals vollbringen (Röm 7, 18). Hier hilft nur eine → Wiedergeburt aus Gottes Geist, denn die Güte ist seine Frucht (Gal 5,22). Gottes Güte, die sich in der Hingabe seines Sohnes für seine Freunde zeigt, leitet zur Buße (Röm 2,4) und schafft eine Erneuerung des Menschen. In der Gemeinde Jesu, in der Gottes Geist wirkt, kommt es zu g. Werken (Eph 2,10; Kol 1,10). Weil diese aber nicht eine eigene Leistung der Christen, sondern eben Wirkung des Geistes Gottes sind, kann man dafür nicht sie, sondern nur ihren himmlischen Vater preisen (Mt 5,16).

IV) Die Güte, die der Geist Gottes als Frucht in den Christen bewirkt, bedeutet jedoch in diesem Leben keinen Zustand der Sündlosigkeit und Vollkommenheit. Geist und Fleisch sind noch widereinander (Gal 5,17). Aber Jünger Jesu haben in ihrem Kampf die Verheißung: »Der in euch angefangen hat das g. Werk, der wird es auch vollführen bis an den Tag Jesu Christi« (Phil 1,6).

Gütergemeinschaft. I) Die G. im NT (Apg 2,42–47; 4,32–37) unterscheidet sich grundsätzlich von aller politischen und religiösen G. Hier werden keine Güter enteignet, um von der Gemeinschaft bewirtschaftet zu werden, sondern sie werden der Gemeinschaft zu Gebrauch und Verbrauch angeboten (Apg 4,34f). Die G. ist keine Ordnung der Gemeinde, der sich jeder durch seinen Beitritt automatisch unterstellt. Wir finden sie nur in der Gemeinde zu Jerusalem, und auch dort ist niemand gezwungen, seine Güter aufzugeben (Apg 5,4).

II) Den äußeren Anlaß zur G. bildete wahrscheinlich die Not der Gemeindeglieder, die durch ihre Bekehrung ihre Arbeit oder den Rückhalt in ihren Familien verloren hatten und als Christen von aller jüd. Wohltätigkeit ausgeschlossen waren. In ihrem Wesen war die G. Ausdruck der dankbaren, rückhaltlosen Hingabe der ersten Christen an den Herrn und an die Gemeinde, seinen Leib. Von dieser Hingabe wird nichts ausgenommen (privat ist abgeleitet von *privare* = rauben). Als weiterer Beweggrund ist das Vorbild der Apostel denkbar, die mit dem Herrn in solcher Gemeinschaft gelebt hatten; manchen kann auch das Gebot der Hilfe für die Armen (5 Mo 15,4–8) oder die Erkenntnis des Besitzes als Gefahrenquelle (Mt 6,19–21; 19,23) zum Anlaß geworden sein.

III) Trotz der G. aber hatte die Jerusalemer Gemeinde auch Hilfe von außen nötig. Z. Zt. einer Hungersnot sandte Antiochien Unterstützung (Apg 11,27–30), später sammelte Paulus in den heidenchristlichen Gemeinden Gaben für die Muttergemeinde in Jerusalem (Röm 15,26; 1 Kor 16,1; 2 Kor 8,4; 9,1).
Vgl. auch → Arm, Arme, Armenversorgung.

Gutfurt, griech. *Kaloi limenes* »Schöne Buchten« oder »Häfen«.
Ankerplatz an der Südküste Kretas (Apg 27,8) in der Nähe der Stadt Lasäa. Vgl. Karte Sp. 1049/50.

H

Haar. I) Während in Ägypten das Rasieren von → Bart und H. üblich war (1 Mo 41,14), trugen in Israel Männer (Hes 8,3) und Frauen (vgl. 1 Kor 11,5.6.15) langes H., ebenso wie die Assyrer und Babylonier. Der Gott Geweihte ließ sein H. für die Dauer seines Gelübdes (4 Mo 6,5) oder überhaupt (Ri 13,5) völlig frei wachsen. Im übrigen wurde es bei den isrl. Männern von Zeit zu Zeit geschnitten (2 Sam 14,26), und zwar mit dem Schermesser (Hes 5,1). Verboten waren jedoch bestimmte Arten des H.-schnitts, die mit heidnischen Kultgebräuchen zusammenhingen (3 Mo 19,27; 21,5; 5 Mo 14,1) oder für fremde Völker kennzeichnend waren. So heißen die Araber öfter die, »die das H. rundherum abschneiden« (Jer 9,25[26]; 25,23; 49,32).

II) Das völlige Abschneiden des H. gehörte zur Weihe der Leviten (4 Mo 8,7), zur Reinigung des Aussätzigen (3 Mo 14,8.9) und zur Beendigung des Nasiräergelübdes (4 Mo 6,18; Apg 18,18; 21,24). Auch die Kriegsgefangene, die ein Israelit heiraten wollte, sollte ihr H. abscheren (5 Mo 21,12). Sonst galt Kahlköpfigkeit als Schande (2 Kö 2,23). Vgl. weiter → Kahl, → Klage.

III) Zur H.pflege verwendeten Männer und Frauen Öl (→ Salbe; Ps 23,5; Mt 6,17). Rasiermesser und Kämme kennen wir aus Grabungsfunden, ebenso Metallspiegel (2 Mo 38,8; Hi 37,18). Als schön galt schwarzes, lockiges H. (Hl 5,11). Von Locken ist bei Männern (Ri 16,13.19) und Frauen die Rede (Hl 7,6 [5] LÜ Falten). Jes 3,24 sind wohl künstliche Locken gemeint; Lockenwickler, die vermutlich aus

Kanaanitische Haartrachten

Ägypten stammen, fanden sich in Gaza und Geser. Nach ägypt. Darstellungen faßten die isrl. Frauen ihr lang herabfallendes H. mit einem Band zusammen. Wo in LÜ Haarband steht (Spr 11,22; Jes 3,21; Hes 16,12) sind jedoch Ringe gemeint (→ Geschmeide). 1 Tim 2,9; 1 Petr 3,3 richten sich wohl gegen die Übernahme von modischen Haartrachten vornehmer Römerinnen. In der Öffentlichkeit ging die Frau mit bedecktem und verschleiertem → Haupt; mit entblößtem Haupt steht die des Ehebruchs verdächtige Frau vor dem Priester (4 Mo 5,18). Geschorenes H. (1 Kor 11,6) gilt auch als Zeichen der Ehebrecherin. Vgl. → Weib IV B 2 b.

IV) Im übertragenen Sinn bedeutet es völlige Bewahrung, wenn kein H. eines Menschen auf die Erde fallen soll (1 Sam 14,45; 2 Sam 14,11; 1 Kö 1,52; Lk 21,18; Apg 27,34), ebenso, wenn es heißt, daß Gott alle H. der Seinen gezählt hat (Mt 10,30; Lk 12,7). Vgl. auch Taf. 4a/33; 6/65; Abb. Sp. 36; 37; 71; 132; 163; 171; 238; 277; 399; 423.

Haarband → Haar

Habaja »Der Herr hat verborgen« (d. h. geborgen), Priester, dessen Nachkommen unter Serubabel aus Babylon heimkehrten, jedoch ihre Abstammung nicht nachweisen konnten und darum vom Priesteramt ausgeschlossen wurden (Es 2,61–63; Neh 7,63).

Habakuk, Buch. I) VERFASSER.
H. (»Umarmer, Umklammerer«) war ein Prophet aus Juda; sein Psalm (Hab 3) und die Anweisung zu dessen Vortrag (im Tempel? V 19) könnten darauf hindeuten, daß er ein levitischer Sänger war. Seine Sprache ist von bes. dichterischer Kraft und Vollendung.

II) ZEIT.
H. lebte wahrscheinlich z. Zt. der Könige Josia und Jojakim, war also Zeitgenosse des Propheten Jeremia. Zu seiner Zeit war der Tempel noch vorhanden (Hab 2,20).
Hab 1,6 weist auf die wachsende Macht der Chaldäer am Ende des 7. Jh. v. Chr. hin; und das ganze Buch gibt den Eindruck, daß H. ihr Auftreten in Palästina noch miterlebte. Aus einem apokryphen Zu-

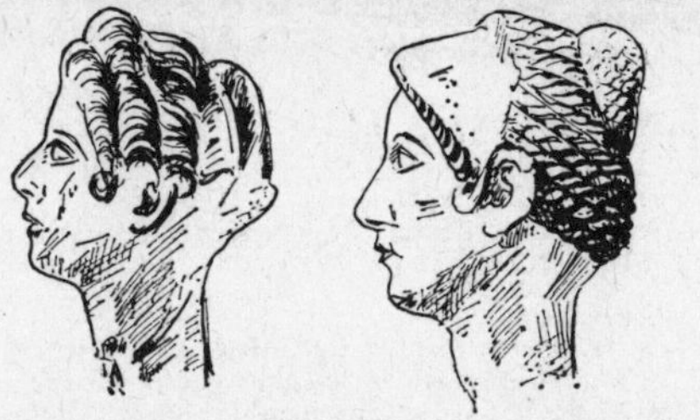

Röm. Haartrachten. Solche Modefrisuren lehnen die Apostel für die Frauen in der Gemeinde ab (1 Tim 2,9; 1 Petr 3,3). Vgl. → Zopf.

satz der LXX zu Dan 6 (Vom Drachen zu Babel) geht ferner hervor, daß H. nach jüd. Überlieferung ein Zeitgenosse Daniels war.

III) INHALT.
Das Buch H. trägt den Namen seines Verfassers (Hab 1,1) und ist das 8. in der Reihe der sog. kleinen Propheten. Sein Hintergrund ist die furchtbare moralische Not in Juda (Hab 1,3–4) und der drohende Einfall der Chaldäer (V 6.7.17). Wie von einer hohen Warte herunter sieht der Prophet auf das im Unrecht versinkende Volk und auf das Weltgeschehen umher. Sein Herz ist voller Fragen zu Gott: »Warum« und »Wie lange noch« (Hab 1,2.3.13). Indem er sich so zu seinem Gott hinwendet, wird ihm die Antwort gegeben, die Paulus später als Leitwort für seinen Römerbrief erwählt: »Der Gerechte aber wird seines Glaubens leben« (Hab 2,4; Röm 1,17). Nachdem ihm der Herr eine weitere Zukunftsschau gegeben hat (Hab 2), tritt H. im Gebet für die Unschuldigen ein in einem Psalm, der zugleich Anbetung Gottes, Zuversicht und Freude enthält (Hab 3).

IV) EINTEILUNG.
1) Erstes Zwiegespräch mit Gott: Warum wird das gottlose Juda nicht bestraft? (Hab 1,3.4) – Das Gericht kommt! (V 5–11).
2) Zweites Zwiegespräch: Warum verschlingt der Gottlose den, der besser ist als er? (V 12–17) – Warte und glaube! (Hab 2,3.4). Wehe den Ungerechten! (V 5–19) Sei still! (V 20).
3) Der Triumph des Glaubens: Dankgebet und Lobgesang (Hab 3,1–17). Ich will mich freuen in meinem Gott (V 18), der Herr ist meine Kraft (V 19).

V) THEOLOGIE.
Die größte Bedeutung des Buches H. liegt in der Verkündigung der Glaubensgerechtigkeit. Hab 2,4 wird im NT in Röm 1,17; Gal 3,11; Hebr 10,38 angeführt. Daneben Hab 1,5 in Apg 13,41: die entsprechende Warnung für die, die das Gnadenangebot Gottes ablehnen.

Habazinja, mit akkad. »üppig, reich« zusammenhängend? Vorfahr des Rechabiters Jaasanja z. Zt. Jeremias (Jer 35,3).

Habberim, Landschaftsname (2 Sam 20,14), wahrscheinlich ist dafür aber mit ZÜ zu lesen: alle Bichriter (Geschlecht im Stamme Benjamin; vgl. → Bichri).

Haben. Etwas an oder wider jemand h. (Joh 14,30; Offb 2,4) bedeutet: einen Grund zur Anklage gegen ihn besitzen.

Habicht. I) Der in 3 Mo 11,13; 5 Mo 14,12 genannte H. ist wohl der Lämmergeier (*Gypsaetus barbatus*). Dieser majestätische Vogel hat eine Spannweite von ca. 2,50 m und kommt heute noch gelegentlich in den felsigen Gebirgen am Toten Meer und am Sinai vor. Flügel und Rücken sind dunkel, Füße, Brust, Hals und Kopf viel heller. Er nährt sich von lebenden kleinen Tieren, insbes. Schildkröten, die er hoch hinauf in die Luft mitnimmt und sie dann auf den Felsen zersplittern läßt. Von dieser Art, die Beute zu töten, rührt vermutlich sein hebr. Name *päräs* her: »der die Gebeine bricht«. Den Israeliten galt dieser Vogel als unreines Tier.
II) Zu Hi 39,26 vgl. → Sperber.

Habor, assyr. Chabar, heute arab. Chabur, Nebenfluß des Euphrat in der Landschaft → Gosan (2 Kö 17,6). Hier wurden gefangene Israeliten angesiedelt. Vgl. Karte Sp. 131/2.

Hachalja, Vater Nehemias (Neh 1,1).

Hachila, ein Hügel in oder an den Grenzen der Wüste Siph (1 Sam 23,19; 26,3); genaue Lage unbekannt.

Hachiroth → Pihachiroth

Hachmoni,
Vater Jasobeams, des Führers der Helden Davids (2 Sam 23,8; 1 Chron 11,11), und des Jehiel, der die Königssöhne betreute (1 Chron 27,32).

Hacke → Waffen und Geräte

Hadad.
I,1) Westsemitischer Donnergott, oft als Bestandteil von Personennamen (Benhadad, Hadadeser). Die Assyrer setzten ihn mit ihrem Gott Rimmon, d. h. »Donnerer« (vgl. 2 Kö 5,18) gleich. Das heilige Tier des H. war der Stier, sein Zeichen das Beil.
2) Edomitischer König, Sohn Bedads (1 Mo 36,36; 1 Chron 1,46).
3) Anderer König Edoms (1 Chron 1,50); er heißt auch Hadar (1 Mo 36,39). Vermutlich handelt es sich dabei um eine Verwechslung der hebr. Buchstaben d und r.
4) Edomitischer Königssohn und Gegner Salomos. Er hatte vor Joab in Ägypten Schutz gesucht (1 Kö 11,14–25).
II) Sohn Ismaels (1 Chron 1,30). Auch er heißt 1 Mo 25,15 Hadar.

Hadadeser »(Der Gott) Hadad ist Hilfe«.
Sohn Rehobs, syr. König von Zoba, dem Gebiet nördl. von Damaskus. H. und die Syrer von Damaskus unterliegen David, der wertvolle Beute gewinnt. Die dabei genannten goldenen Schilde waren wohl Rangabzeichen der Offiziere H. Sein Gegner, der König von Hamath, beglückwünscht David (2 Sam 8,3–10; 1 Chron 18,3–10). Als Verbündeter der Ammoniter wird H. noch einmal und dann endgültig bei Helam geschlagen. Die syr. Fürsten unterwerfen sich David (2 Sam 10,6–19; 1 Chron 19,6–19). Reson, der später ein Reich in Damaskus gründete, verließ H. während dieser Kämpfe (1 Kö 11,23).

Hadad-Rimmon. Nach dem Zushg. in Sach 12,11 ein Ortsname, der aus zwei Götternamen zusammengesetzt ist, die beide den syr. Donnergott (→ Hadad I, 1) bezeichnen.
Man sucht den Ort in Rummane bei Thaanach oder in El-Ledschun nördl. davon. Hieronymus nennt Adadremmon eine »Stadt in der Nähe von Jesreel, jetzt Maximianopolis in der Ebene von Megiddo.« Nach der ältesten Reisebeschreibung Palästinas vom Pilger von Bordeaux liegt Maximianopolis 17 Meilen (27 km) von Cäsarea und 10 Meilen (15 km) von Jesreel entfernt, was der Lage von El-Ledschun entspricht.

Bei der Sach 12,11 genannten Totenklage hat man an die Klage über den bei Megiddo im Kampf gegen Pharao Necho gefallenen König Josia gedacht (2 Chron 35,24.25). Die Lage von El-Ledschun am Ausgang einer Paßstraße über das Gebirge würde gut dazu passen.

Hadar → Hadad I, 3 und II

Hadasa »Neu(stadt)«,
judäischer Ort in der Sephela (Jos 15,37). Vielleicht das heutige Hatta 17 km östl. von Askalon, wahrscheinlicher aber Chirbet el-Dschudeide, 4,5 km südwestl. von Gath (Araq el-Menschije).

Hadassa »Myrte«,
jüd. Name der Königin → Esther (Est 2,7).

Hader, hadern. I) Streit, Unfrieden und Feindschaft der Menschen untereinander (Spr 6,14; 13,10; 1 Kor 6,6; vgl. → Richten).

II) Auflehnung des Menschen gegen Gott (Jes 45,9; 1 Sam 2,10).

III) Zorn Gottes dem widerstrebenden Menschen gegenüber (Hi 10,2; Ps 35,1).

Haderwasser (hebr. *Meribah).*
1) Quelle in der Nähe von Kades, in der Wüste Zin (4 Mo 27,14). Dort haderte Israel mit Mose, weil kein Wasser vorhanden war (4 Mo 20,1ff). Der Ungehorsam des Mose und Aaron bei dieser Gelegenheit kostete sie das Betreten des verheißenen Landes (5 Mo 32,51; Ps 106,32). Das H. lag an der Südgrenze Kanaans (Hes 47,19; 48,28).
2) Ein anderer Ort in der Nähe von → Raphidim trägt nach einem ähnlichen Ereignis ebenfalls den Namen (→ Massa und) Meriba (2 Mo 17,7).

Hadid hängt mit hebr. »scharf, angriffslustig sein« zusammen.
Stadt in der Nähe von Lod und Ono (Es 2,33; Neh 11,34). Nach dem Onomastikon lag Aditha (= H.) 6 km ostnordöstl. von Lydda auf einem steil ansteigenden Hügel, auf dem heute das Dorf El-Hadite liegt. Dieser Ort bestand schon z. Zt. der Pharaonen Thutmose III. und Sisak (1 Kö 11,40) oder Scheschonk, die ihn in ihren Siegeslisten nennen. Vgl. Karte Sp. 1067; 986.

Hadlai viell. mit arab. »fett« oder »stämmig sein« zusammenhängend.
Vater des Ephraimiten Amasa z. Zt. Pekahs (2 Chron 28,12).

Hadoram »Hadad ist erhaben«.
1) Nachkomme Joktans, Stammvater eines arab. Volkes (1 Mo 10,27; 1 Chron 1,21).
2) Sohn des Königs Thou oder Thoi von Hamath. Er überbringt David die Glückwünsche seines Vaters zum Sieg über Hadadeser von Zoba (1 Chron 18,9.10). 2 Sam 8,10 heißt er → Joram.
3) → Adoniram.

Hadrach, Land, das Sach 9,1.2 in Verbindung mit Hamath und Damaskus genannt wird. Als Ortsname kommt H. in der Siegesinschrift König Zakirs von Hamath vor, der in dieser Stadt von Benhadad von Damaskus, dem Sohn Hasaels, und 10 Verbündeten belagert worden war. »Da erhob ich meine Hände zu Beelschemin (dem Herrn des Himmels), und er antwortete mir und sprach zu mir durch Seher: Fürchte dich nicht, denn ich habe dich zum König gemacht und bin mit dir und werde dich erretten von all diesen Königen, die eine Verschanzung gegen dich aufgeworfen haben.« Auch assyr. Texte erwähnen den Ort als Hatarikka, das wohl in der Nähe von Hamath am Orontes (nach anderen Vermutungen nördl. von H.) lag. Vgl. Karte Sp. 1359/60.

Hagab »Heuschrecke«,
1) Tempelknecht, dessen Nachkommen unter Serubabel aus der babyl. Gefangenschaft heimkehrten (Es 2,46).
2) → Heuschrecke IV.

Hagaba »Heuschrecke«,
Tempelknecht, dessen Nachkommen unter Serubabel heimkehrten (Es 2,45; Neh 7,48).

Hagar.
Ägypt. Sklavin Saras, vielleicht eine von denen, die der Pharao Abraham geschenkt hatte (1 Mo 12,16). Sara gab sie ihrem Mann nach damaliger Sitte zur Nebenfrau, um die Verheißung eines Sohnes und Erben zur Erfüllung zu bringen. Als H. ein Kind erwartet, sieht sie auf ihre kinderlose Herrin herab und flieht, als Sara sie hart behandelt, in Richtung auf ihre Heimat. Doch Gott sendet sie durch einen Engel mit der Zusage zurück, daß sie einen Sohn und durch ihn eine große Nachkommenschaft bekommen werde. Ismael, den sie Abraham schenkt (1 Mo 16), ist aber nicht Erbe der Verheißung (1 Mo 17,19); das wird Saras Sohn, der jüngere Isaak (1 Mo 21,2). Als Isaak entwöhnt wird, fordert Sara die Entfernung der Sklavin H. und ihres Sohnes. Abraham hört erst darauf, als Gott Saras Wunsch bestätigt. Auf dem Weg nach Süden geraten H. und Ismael in Gefahr zu verdursten, doch der Herr zeigt H. Wasser. Sie ziehen dann nicht nach Ägypten, das ursprünglich H. Ziel gewesen zu sein scheint, sondern leben in der Wüste Pharan. H. nimmt Ismael aber eine ägyptische Frau (1 Mo 21,8–21).
Gal 4,22–31 bezieht Paulus das Verhältnis der beiden Mütter H. und Sara auf das Verhältnis der Gemeinde Jesu zum jüd. Volk.

Hagariter. Viehzüchtende Nomaden im Osten Kanaans (Ps 83,7); z. Zt. Sauls wurden sie von den Israeliten besiegt, die sehr große Beute an Gefangenen und Vieh machten (1 Chron 5,10.18–22). Ein H. hatte die Aufsicht über Davids Schafherden (1 Chron 27,31).

Hagel (hebr. *barad;* griech. *chalaza)* entsteht bei der plötzlichen Abkühlung mit Wasserdampf gesättigter Luftschichten. Wie alle Naturgewalten wird auch der H. in Ps 148,8 zum Lobpreis und zur Verherrlichung seines Schöpfers aufgerufen.
In der HS erscheint der H. häufig als Strafgericht Gottes (Jes 30,30): über Pharao (2 Mo 9,18.22; Ps 105,32), die Amoriter (Jos 10,11), Davids Feinde (Ps 18,13ff), Israel (Hag 2,17[18]) und zuletzt in den Endgerichten Gottes über diese Erde (Offb 8,7; 16,21). Salmanasser V. (Jes 28,2.17) und Nebukadnezar (Hes 13,11.13) werden wegen ihrer verheerenden Macht mit Hagelstürmen verglichen.

Haggai, Buch. I) VERFASSER.
H. (»Mein Fest« oder »Der Festliche«) ist einer der 3 nachexilischen Propheten. Über den Ort bzw. das Jahr seiner Geburt ist nichts bekannt. Er begann mit seinen Weissagungen im 2. Jahr des Darius Hystaspis (520 v. Chr.; Hag 1,1). Mit Sacharja zusammen drang er auf die Wiederaufnahme der Arbeit am Tempel, die nach der Rückkehr aus Babylon begonnen worden und nun bereits jahrelang unterbrochen war (Es 5,1; 6,14). Durch den Aufruf des Propheten wurde das Werk mit neuem Eifer fortgesetzt, so daß der Tempel dann 515 v. Chr. vollendet und eingeweiht werden konnte.

II) INHALT.
Das Buch H. besteht aus 4 Reden:
1) Aufruf Gottes, die Arbeit am Tempel wieder aufzunehmen, und Gehorsam Serubabels und des Volkes (1,1–15[2,1]).

2) Weissagung auf die Herrlichkeit des künftigen Tempels (2,1[2]–9[10]).
3) Verheißung, daß nach der langen Gerichtszeit jetzt wieder Gottes Segen auf dem Volke ruhen wird (2,10[11]–19[20]).
4) Prophetie vom kommenden Gericht für die übrige Völkerwelt und von der Ehrung Serubabels (2, 20[21]–23[24]).

III) BOTSCHAFT.
Die Botschaft H., die er in einem knappen, ganz auf die Sache gerichteten Stil vorträgt, heißt: »Zuerst der Herr«. Solange Israel nicht von ganzem Herzen den Willen Gottes tut, bleibt es nur »dies Volk« (Hag 1,2; 2,14[15]). Erst dem tätigen Gehorsam gilt die Verheißung: »Ich bin mit euch« (V 4[5]). Mangelndes Interesse für die dem Volk aufgetragene Arbeit am Tempel Gottes ist Ursache und Kennzeichen einer segenslosen Zeit. Opfermutige Arbeit für Gott und seine Gemeinde, den geistlichen Tempel (Eph 2,19ff), empfängt dagegen äußeren und geistlichen Segen, vor allem in schwerer Zeit (Mt 6,33).

Haggi »Am Festtag geboren«,
Sohn Gads (1 Mo 46,16). Von ihm stammen die Haggiter ab (4 Mo 26,15).

Haggia »Fest des Herrn«,
Levit und Nachkomme Meraris (1 Chron 6,15 [30]).

Haggith »Am Festtag geboren«,
Nebenfrau Davids, Mutter Adonias (2 Sam 3,4; 1 Kö 1,5).

Hagri, Vater → Mibehars, eines der Helden Davids (1 Chron 11,38).

Häher → Reiher

Hahn (griech. *alektôr)*.
Hühner wurden wahrscheinlich erst etwa im 5. Jh. v. Chr. aus Indien über Persien und Mesopotamien nach Palästina eingeführt. Das erklärt, warum sie im AT nicht erwähnt werden (vgl. aber → Pfau). Bei dem gemästeten Federvieh (1 Kö 5,3[4,23]) handelt es sich vielleicht um Enten und Gänse, sicher nicht um Hühner. Im NT vergleicht Jesus seine liebende Sorge für sein Volk mit der Liebe einer Henne (griech. *ornis)* zu ihren Küken (Mt 23,37). Der Hahnenschrei diente z. Zt. Jesu, als die Nacht nach röm. Brauch in 4 → Nachtwachen eingeteilt war, als Anfangszeichen der 3. Nachtwache (Mk 13,35). Petrus erinnerte der Hahnenschrei an die Worte Jesu, mit denen er ihm die Verleugnung vorhergesagt hatte (Mt 26,34.74; Joh 13,38; 18,27).

Hain bezeichnet 1 Mo 12,6; 13,18 eine Gruppe von Terebinthen. Solche Baumgruppen dienten schon den Kanaanitern als Kult- und Opferstätten, und auch der → Götzendienst in Israel spielte sich hier ab (vgl. 2 Kö 16,4; 17,10; Jer 2,20; 17,2; Hes 6,13). Wo in LÜ jedoch von der Zerstörung der H. die Rede ist, sind nicht die Bäume, sondern spez. die → Ascherapfähle gemeint (2 Mo 34,13; 5 Mo 7,5; 12,3; 16,21).

Hakain viell. »Der Spieß«,
Stadt im Stamme Juda (Jos 15,57), vielleicht Chirbet Jakin, 5 km südöstl. von Hebron. Vgl. aber → Sanoah (2).

Hakeldama »Blutacker«,
auch »Töpfersacker« genannt, ist das Grundstück, das die Hohenpriester für die 30 Silberlinge erwarben, für die Judas den Herrn verraten hatte (Mt 27, 3–10; Apg 1,19). H. liegt wahrscheinlich am Süd-

Die älteste Darstellung eines Hahns aus Palästina auf dem Siegel → Jaasanjas (2), Anfang 6. Jh. v. Chr.

hang des Tales Hinnom, südöstl. der Stadt Jerusalem und wurde von den Hohenpriestern zum Begräbnisplatz der Pilger, d. h. ausländischer Juden, die nach Jerusalem kamen und dort starben, bestimmt. Vgl Stadtplan Sp. 684.

Haken → Stiftshütte

Hakkatan »Der Kleine« oder »Der Jüngere«,
Vater Johanans aus der Nachkommenschaft Asgads (Es 8,12).

Hakkoz »Dornstrauch«.
1) Oberster der 7. Priesterabteilung z. Zt. Davids (1 Chron 24,10). Glieder seines Geschlechtes kehrten mit Serubabel aus der babyl. Gefangenschaft heim, konnten aber ihre Abstammung nicht nachweisen (Es 2,61.62; Neh 7,63.64). Nach Neh 3,4.21 scheint dieser Nachweis wenigstens einzelnen doch geglückt zu sein.
2) Nachkomme Judas (1 Chron 4,8). An dieser Stelle fehlt der hebr. Artikel *ha,* darum nur Koz.

Hakupha nach dem Arab. »Gekrümmt«,
Tempelknecht, dessen Nachkommen mit Serubabel aus der babyl. Gefangenschaft heimkehrten (Es 2, 51; Neh 7,53).

Halah, die assyr. Landschaft Chalachcha, wahrscheinlich in der Nähe von Haran in Mesopotamien; Verbannungsort von Israeliten aus dem Ostjordanland (1 Chron 5,26) und dem Nordreich (2 Kö 17,6; 18,11).

Halhul.
Ort in Juda (Jos 15,58), nach Hieronymus in der Nähe von → Hebron. Heute gibt es ein H. 7 km nördl. dieser Stadt. Noch im 13.–16. Jh. war H. ein jüd. Dorf, in dem man das Grab des Propheten → Gad (3) verehrte. Möglicherweise handelt es sich demnach um den Heimatort des Propheten (vgl. 1 Sam 22,1 und 5). Vgl. Karte Sp. 574.

Hali viell. nach dem Arab. »Frauenschmuck«.
Stadt im Stammgebiet Assers (Jos 19,25), vermutlich der heutige Tell el-Aly, ca. 1 km südl. von El-Haritije.

Halle → Haus; → Bethesda

Halle Salomos. Säulengang längs der Ostseite des Vorhofes der Heiden im → Tempelbezirk des Herodes zu Jerusalem (Joh 10,23; Apg 3,11; 5,12). Warum die H. nach Salomo benannt wurde, ist unbekannt.

Halleluja »Preist den Herrn«.
Formel der Anbetung und Danksagung im isrl. Gottesdienst, die wie das → Amen unübersetzt in alle anderen Sprachen übernommen wurde. Das H. er-

scheint am Anfang und Ende verschiedener Psalmen (Ps 106; 135), davon bilden die sog. Hallel-Psalmen 113–118, die u. a. am Passahfest gesungen wurden, (vgl. Mt 26,30) eine bes. Einheit.
Im NT steht das H. nur Offb 19,1.3.4.6 im Triumph- und Lobgesang nach dem Fall der großen Hure Babel.

Halljahr. I) Das H. (hebr. *schenat hajjobel* = Jahr [des Freudenschalles] der Hörner) gehörte zu den Lebensordnungen, die der Herr seinem Volk Israel gegeben hatte (3 Mo 25,8–16.23–55; 27,16ff; 4 Mo 36,4). Der Name H. (LÜ) steht im Zushg. mit der Art seiner Ankündigung durch den Hall der Widderhörner *(jobel)*. Die andere Bezeichnung Jubeljahr (Vulgata: *annus jubilei* oder *jubileus)* schließt sich lautlich enger ans Hebr. an, gibt den sachlichen Zushg. aber nicht so gut wieder.
Ein anderer Name dafür war Freijahr (hebr. *[schenat had] deror* = [Jahr der] Freilassung; 3 Mo 25, 10; Hes 46,17), der Jer 34,8ff aber offenbar ein bes. ausgerufenes Jahr der Freilassung hebr. Sklaven bezeichnet. Erlaßjahr dagegen ist eine andere Bezeichnung des → Sabbatjahrs (5 Mo 15,1ff u. ö.).

II) Nach dem Ablauf von jeweils 7 Sabbatjahren, also nach 49 Jahren, wurde der Anbruch des 50., des H., am großen → Versöhnungstag, nachdem die Versöhnung des Volkes im Heiligtum geschehen war, durch die Jobelhörner (weitschallende Widderhörner) verkündet. Der Versöhnungstag war der 10. Tag des 7. Monats, das H. dauerte also von einem Herbst bis zum anderen. Vgl. Taf. 80/1249.
Das erste H. sollte nach der Vorschrift stattfinden, wenn Israel das verheißene Land eingenommen und 49 Jahre lang bearbeitet hatte (3 Mo 25,8). Die einzige rituelle Verfügung für das H. ist das Posaunen am Beginn, das dem Bundesvolk die gnädige Gegenwart seines Gottes ankündigt (V 9).

III, 1) Für die weitere Durchführung des H., das sich von anderen Jahresabläufen völlig unterschied, bestanden jedoch einschneidende Vorschriften im Gesetz. Zunächst war wie im Sabbatjahr eine völlige Ruhe für das Ackerland geboten. Es durfte nicht gesät und nur gegessen werden, was wild auf den Feldern wuchs (3 Mo 25,11.12). Das war für Israel eine starke Glaubensprobe, da ja auch das Jahr vorher als Sabbatjahr dem gleichen Gebot unterworfen war. Doch die Verheißung für das Sabbatjahr (3 Mo 25,20–22), daß der Herr vorher die notwendige reiche Ernte schenken wolle, galt ebenso auch dem H. Dem Volk wurde durch diese Bestimmung seine Abhängigkeit von Gott greifbar vor Augen gestellt.
2) Nach dem mosaischen Gesetz war eine gerechte Verteilung des Landes durch das Los vorgesehen worden, und der Grundbesitz sollte für seine Eigentümer absolut unveräußerlich sein. Wenn jedoch durch Armut oder sonstige Not jemand sein Eigentum hatte verkaufen müssen oder andere Störungen in den von Gott gewollten Eigentumsverhältnissen der Stämme, Geschlechter und Familien eingetreten waren, so sollte im H. der alte Zustand wieder hergestellt werden (3 Mo 25,24–28.32–34). Das galt auch für das Land, das dem Herrn geheiligt wurde (3 Mo 27,16–24), allerdings mit einer Ausnahme (V 20f). Ausgenommen waren ferner die Häuser, die sich in ummauerten Städten befanden und bereits nach einem Jahr in den endgültigen Besitz des neuen Eigentümers übergegangen waren (3 Mo 25,29. 30). Sonst gab es in Israel keinen endgültigen Landverkauf, sondern alle Veränderungen im gottgewollten Zustand sollten vorläufig bleiben. Nach 4 Mo 36, 4 war außerdem mit dem H. für die isrl. Erbtöchter, die in einen anderen Stamm geheiratet hatten, das endgültige Besitzrecht des neuen Stammes über ihr Erbgut verbunden.
3) Durch die Erlösung aus Ägypten waren die Israeliten Gottes erkaufte Knechte und sollten nicht Sklaven der Menschen sein. Darum durfte jemand, der sich aus Not einem anderen Israeliten als → Knecht verkaufte, im Gegensatz zu heidnischen Sklaven nur als Tagelöhner oder Gast behandelt werden und war mit dem Beginn des H. wieder frei (3 Mo 25,39–55), auch wenn seine 7 Dienstjahre noch nicht vergangen waren (vgl. 2 Mo 21,2; 5 Mo 15,12).

IV) Jedem Israeliten, der Besitz und Freiheit verloren hatte, sicherte der Herr auf diese Weise die Möglichkeit, sein Leben unter gleichen Bedingungen noch einmal anzufangen.

V) In den Geschichtsbüchern des AT wird das Halten des H. weder vor noch nach der babyl. Gefangenschaft ausdrücklich erwähnt, abgesehen von der Folgerung, die 4 Mo 36,4 aus seinen Vorschriften gezogen wird. Einen weiteren Hinweis hat man noch in den verhältnismäßig geringen Kaufpreis in Jer 32,9 (vgl. etwa 3 Mo 27,16) gesehen, der sich aus den Vorschriften von 3 Mo 25,14–16 erklären könnte.
Außerbiblisch sind uns bei Josephus zwar die Sabbatjahre 164/3, 38/7 v. Chr., 68/9 n. Chr. belegt, zum H. weiß die jüd. Überlieferung jedoch nur zu sagen, daß es mit der Eroberung des Ostjordanlandes durch die Assyrer außer Kraft gesetzt worden sei, denn zu seiner Durchführung hätte das gesamte Israel nach Stämmen geordnet in Palästina leben müssen.
Das H. ist die umfassendste Ausweitung des Sabbatgedankens. Die Ordnung des 7. Tages, auf das Jahr übertragen, führt zum Sabbatjahr und eine »Woche« von Sabbatjahren zur weiteren und letzten Steigerung, dem H.
Durch die Bestimmungen des H. soll Israel in besonders eindringlicher Weise an seinen Bund mit Gott erinnert werden und damit an seine Verpflichtung, das Ziel des Bundes, den gottgewollten Zustand stets von neuem herbeizuführen und zu erhalten.
Schließlich deutet das H. voraus auf das »gnädige Jahr des Herrn« (Jes 61,2), das, wie Jesus selbst bezeugt, mit seinem Kommen und seiner Erlösung, die nun der ganzen Menschheit angeboten wird, begonnen hat (Lk 4,18.19.21).

Halohes, »Flüsterer, Beschwörer«,
Vater Sallums (Neh 3,12). Er unterzeichnete die Verpflichtung auf das Gesetz unter Nehemia (Neh 10, 25[24]).

Hals. I) Das Brechen des H. oder Genicks war vorgeschrieben bei der nicht gelösten Erstgeburt des Esels (2 Mo 13,13; 34,20) und der Tötung der jungen Kuh, die beim Auffinden eines von einem Unbekannten Erschlagenen vollzogen werden mußte (5 Mo 21,4.6). Auch bei dem nur als Vergleich angeführten Opfer eines Hundes (Jes 66,3) wird diese Art der Tötung genannt.

II) Dem besiegten Feind den → Fuß auf den H. setzen ist Zeichen seiner vollständigen Überwindung (Jos 10,24; vgl. auch Jes 11,14; 1 Mo 49,8).

III) Sinnbild der Dienstbarkeit ist das → Joch, das auf den H. gelegt (5 Mo 28,48; Apg 15,10) oder an den H. gehängt wird (Jer 27,2; 28,14). Vgl. auch Neh 3,5.

IV) Den H. dargeben (Röm 16,4) bedeutet das Leben einsetzen.

V) 1 Kö 7,31.35 wird ein Stück vom Oberteil der

Gestelle für die Kessel im salomonischen Tempel als H. bezeichnet. Vgl. → Handfaß.

Halsstarrig = ungehorsam, unbeugsam, eigensinnig. Es ist das Bild vom Zugtier, das den Hals nicht beugt, um sich anschirren zu lassen. Hauptsächlich vom Volke Israel gebraucht, das der Lenkung Gottes hartnäckig widerstrebt, sich seiner Führung eigenwillig entzieht (2 Mo 32,9; Jer 7,26; Apg 7,51).

Halten. I) Gott hält, bewahrt den Menschen, der sein Vertrauen auf ihn setzt (Ps 73,23), auch während der Nacht (Ps 3,6).

II, 1) Der Mensch soll Gottes Wege, Gebote, Gesetze, sein Wort h. (1 Mo 18,19; 26,5; Joh 8,51; 15,20), d. h. beachten und befolgen. Auf Tage h. heißt, gewissen Tagen (dem → Sabbat oder anderen Festtagen) besondere Bedeutung beimessen und sein Handeln in bestimmter Weise von ihnen abhängig machen (Röm 14,5.6).
2) Die Augen des Menschen können gehalten, d. h. in ihrer Aufnahmefähigkeit beschränkt sein, daß sie insbes. göttliche Dinge nicht erkennen (Lk 24,16).

Ham »Heiß«.
1) Jüngster (1 Mo 9,24) der drei Söhne Noahs, die geboren wurden, nachdem ihr Vater 500 Jahre alt war (1 Mo 5,32; 6,10). Sie waren vor der Flut verheiratet (1 Mo 7,7.13; vgl. 1 Petr 3,20), hatten aber erst nachher Kinder (1 Mo 10,1). H. Spott über seinen betrunkenen Vater trägt ihm Noahs Fluch ein, der bes. seinen Sohn Kanaan trifft (1 Mo 9,20–27). Die Nachkommen H. sind 1 Mo 10,6–20; 1 Chron 1, 8–16 aufgezählt; von seinen Söhnen Chus, Mizraim und Kanaan werden die Bewohner Babyloniens, Äthiopiens und Südarabiens; Ägyptens; Palästinas und Syriens abgeleitet; von Put ein afrikanisches Volk. In den Psalmen bezeichnen die Zelte (Ps 78, 51) oder das Land H. (Ps 105,23.27; 106,22) Ägypten; und mit den Hamiten in dem nicht genau bestimmbaren Gedor (1 Chron 4,40) sind wohl Kanaaniter gemeint. Vgl. → Völkertafel.
2) Ort im Ostjordanland, viell. das heutige Ham nördl. des Jabbok und 6 km südwestl. von Irbid in Adschlun. Hier wohnten die Susiter (1 Mo 14,5). Vgl. Karte Sp. 762.

Haman. Sohn Hammedathas, Günstling und höchster Regierungsbeamter des Perserkönigs Ahasveros (Est 3,1) und unversöhnlicher Feind der Juden. Mardochai und der Königin Esther gelingt es, ihn zu stürzen und seinen Vernichtungsplan zu vereiteln; er selber und seine Söhne finden den Tod (Est 7,10; 9,7–10). Vgl. → Agagiter; → Agag.

Hamath.
Stadt und Stadtstaat am Orontes (4 Mo 13,21[22]), das heutige Hama, 200 km nördl. von Damaskus. Der Ort wird als »große Stadt« bezeichnet (Am 6,2). Sein Name wird häufig in Verbindung mit der Nordgrenze des verheißenen Landes genannt (1 Kö 8,65 Am 6,14). Vgl. Karte Sp. 1359/60.
David unterhielt mit dem hethitischen König von H. freundschaftliche Beziehungen (2 Sam 8,9), und Salomo baute Kornstädte im Gebiet von H. (2 Chron 8,4). Bei Karkar (853 v. Chr.) kämpfte Irhuleni von H. mit Ahab und Benhadad gegen die Assyrer; um 800 herrschte Zakir von H. (→ Benhadad 3; → Hadrach). Jerobeam II. brachte Teile des salomonischen Reiches, Damaskus und H., an Israel zurück (2 Kö 14,25.28). Später wurde die Stadt von den Assyrern erobert (2 Kö 18,34; 19,13; Jes 10,9), die ihre Bewohner teilweise nach Samarien umsiedelten. Diese Kolonisten brachten ihre Gottheit Asima mit (2 Kö 17,24.36). Umgekehrt wurden Israeliten nach H. verpflanzt (Jes 11,11). Als Stadt im Gebiet von H. wird Ribla genannt (2 Kö 25,21).

Hamathiter, die Bewohner von → Hamath (1 Mo 10,18).

Hamath-Zoba, kleineres aram. Reich in Zölesyrien, das Salomo eroberte (2 Chron 8,3), nachdem David bereits Hadadeser von Zoba in Hamath besiegt hatte (1 Chron 18,3). Nach V 9 und 2 Sam 8,3.9 ist H.-Z. nicht mit Hamath gleichzusetzen.

Hamen (= Fangnetz, Angelhaken) gibt Hi 40,25 [20]; Hab 1,15 das hebr. *chakkah* (Angelhaken), Pred 9,12 das hebr. *mesodah* (Netz) wieder.

Hammath »Heiße Quelle«,
Ort in Naphthali (Jos 19,35), heute Hammam-Tabarije, neuhebr. Hammei Teverya, am Westufer des Sees Genezareth südl. von Tiberias. Die noch heute vorhandenen warmen Quellen von H. werden öfter im Talmud erwähnt. Vgl. → Hammon (2) und → Hammoth-Dor.

Hammedatha pers. »Der vom Mond Gegebene«, Agagiter, Vater des Haman (Est 3,1.10).

Hammer. I) Die HS nennt den H. der Steinmetzen und der Schmiede (1 Kö 6,7; Jes 44,12), den Hammer, mit dem die Nomaden die Zeltpflöcke in die Erde schlugen (Ri 4,21) und den des Goldschmiedes (Jes 41,7). Bei Ausgrabungen in Geser fand man Hämmer aus Stein und aus Bronze (vgl. → Waffen und Geräte).

II) Im übertragenen Sinn ist Babel ein Streithammer in der Hand Gottes (Jer 51,20; 50,23), auch ein falscher Zeuge wird ein Streithammer genannt (Spr 25,18 wörtl., LÜ Spieß). Das Wort Gottes heißt wegen seiner zermalmenden Kraft ein H., der Felsen zerschlägt (Jer 23,29; vgl. Hebr 4,12).

Hammon »Heiße Quelle«.
1) Küsten- und Grenzstadt in Asser (Jos 19,28), vermutlich Umm el-Awamid, 15 km südl. von Tyrus, nördl. des weißen Vorgebirges von Nakura in der Nähe des Wadi el-Hamul. Hier fand man einen der »Milk-Astart, der Gottheit von H.«, geweihten Stein.
2) Levitenstadt in Naphthali (1 Chron 6,61[76]), nach Jos 21,32 = → Hammoth-Dor.

Hammoth-Dor,
Levitenstadt in Naphthali (Jos 21,32). Dieses H. ist vermutlich das → Hammath von Jos 19,35.

Hammuel, Simeonit, Sohn Mismas und Vater Sakkurs (1 Chron 4,26).

Hamona, weibl. Form von hebr. »Menge«.
Name einer Stadt (Hes 39,16) östl. vom Toten Meer. Vgl. → Gogs Haufental. Da die Stelle nicht ganz klar ist, hat man Hes 39,16a mit geringen Änderungen des Grundtextes auch anders übersetzt, z. B.: »Und so sollen sie da seinen ganzen Heerhaufen begraben«; oder: »und seine Prahlerei hat ein Ende gefunden.«

Hamram → Hemdan

Hamul »Verschont, vor Unglück bewahrt«,
Enkel Judas (1 Mo 46,12; 1 Chron 2,5).

Hamuliter, Nachkommen des → Hamul, Sohn des Perez (4 Mo 26,21).

Hamutal,
Frau König Josias von Juda, Tochter Jeremias von Libna und Mutter der Könige Joahas und Zedekia (2 Kö 23,31; 24,18; Jer 52,1).

Hanameel »Gott ist gnädig gewesen« (d. h. ist gnädig)«.
Sohn Sallums und Vetter des Propheten Jeremia (Jer 32,7).

Hanan, Kurzform von Hananja.
1) Sohn Maachas, einer der Helden Davids (1 Chron 11,43).
2) Benjaminit, Sohn Sasaks (1 Chron 8,23).
3) Benjaminit aus der Nachkommenschaft Sauls und Jonathans (1 Chron 8,38; 9,44).
4) Sohn Jigdaljas. Seine Söhne besaßen z. Zt. Jeremias eine Kammer am Tempel (Jer 35,4).
5) Stammvater einer Familie der Tempelknechte, die mit Serubabel aus der Verbannung zurückkehrte (Es 2,46; Neh 7,49).
6) Levit z. Zt. Nehemias (Neh 8,7; 10,11[10]), vielleicht derselbe wie der Sohn Sakkurs (Neh 13,13).
7) Zwei Familienhäupter, die unter Nehemia die Verpflichtung auf das Gesetz unterzeichneten (Neh 10,23[22].27[26]).

Hananeel »Gott ist gnädig gewesen (d. h. ist gnädig)«,
einer der Türme (Jer 31,38; Sach 14,10) an der Nordseite → Jerusalems (III C), zwischen dem Fischtor und dem Schaftor (Neh 3,1), vermutlich in unmittelbarer Nähe oder an Stelle der späteren Burg Antonia.

Hanani, Kurzform von Hananja.
1) Levit und Leiter der 18. Musikabteilung des Tempels z. Zt. Davids (1 Chron 25,4.25).
2) Seher und Vater des Propheten Jehu. Asa warf ihn ins Gefängnis, weil H. sein Bündnis mit dem heidnischen König Benhadad von Syrien tadelte (1 Kö 16,1; 2 Chron 16,7—10).
3) Bruder Nehemias, der ihm zuerst von der Not der Juden im zerstörten Jerusalem berichtete (Neh 1,2ff). Zusammen mit Hananja, dem Burgvogt, hatte er später die oberste Befehlsgewalt in Jerusalem (Neh 7,2).
4) Priester aus dem Geschlecht Immers, der eine heidnische Frau genommen hatte (Es 10,20).
5) Levit z. Zt. Nehemias (Neh 12,36).

Hananja »Der Herr ist gnädig gewesen (d. h. ist gnädig)«.
1) Benjaminit, Sohn Sasaks (1 Chron 8,24).
2) Levit, Leiter der 16. Dienstabteilung der Sänger z. Zt. Davids (1 Chron 25,4.23).
3) Heerführer König Usias (2 Chron 26,11).
4) Vater des Zedekia, eines der obersten Beamten König Jojakims (Jer 36,12).
5) Sohn Assurs, falscher Prophet aus Gibeon, der das Joch, das Jeremia auf Befehl des Herrn trug (Jer 27,2), zerbrach. Der Herr läßt ihm für diese Lügenbotschaft durch Jeremia seinen bevorstehenden Tod ankündigen. H. stirbt zwei Monate später (Jer 28).
6) Vorfahr des Wachoffiziers Jeria z. Zt. Jeremias (Jer 37,13—15).
7) Hebr. Name des → Sadrach (Dan 1,6.7).
8) Sohn Serubabels, Vater von Pelatja und Jesaja (1 Chron 3,19.21).
9) Israelit aus der Familie Bebai, der eine heidnische Frau genommen hatte (Es 10,28).
10) Salbenbereiter, der bei der Ausbesserung der Mauer Jerusalems mitarbeitete (Neh 3,8).
11) Israelit, der für sein Geschlecht die Verpflichtung auf das Gesetz z. Zt. Nehemias unterschrieb (Neh 10,24[23]).
12) Burghauptmann, der mit Nehemias Bruder Hanani zusammen den Oberbefehl über Jerusalem innehatte (Neh 7,2).
13) Priester, Haupt des Geschlechtes Jeremia z. Zt. des Hohenpriesters Jojakim (Neh 12,12.41).

Hand. I) Die H. ist das Glied des Menschen, das an all seinem Wirken und Tun am stärksten beteiligt ist. In bildlicher, ausdrucksvoller Rede kann H. daher für die ganze Person stehen, von meiner H. fordern ist von mir fordern (1 Mo 31,39; 43,9). Die H. ist wie der Mensch rein (Hi 17,9), unschuldig (1 Mo 20,5) oder voll Unrecht, Blut oder Frevel (Ps 7, 4; Jes 1,15; Hi 16,17). Wer keine Bestechung annimmt, in dessen H. wird nichts gefunden (1 Sam 12,5). Was der Mensch tut oder schafft, ist das Werk seiner Hände (5 Mo 2,7; Ps 90,17), er nährt sich von seiner Hände Arbeit (Ps 128,2), und wenn Gott durch Unwetter zur Untätigkeit zwingt, hält er aller Menschen H. verschlossen (Hi 37,7). Ebenso heißt die Schöpfung Gottes seiner Hände Werk (Ps 8,7), die den Menschen gemacht und bereitet haben (Hi 10,3.8). Darum steht des Menschen Zeit in Gottes Händen (Ps 31,16), in die der Beter seinen Geist befiehlt (V 6). Aus des Herren H. kann niemand die reißen, die er hält (Joh 10,28.29) und die seine Engel auf Händen tragen (Ps 91,12). Mit mächtiger H. hat der Herr sein Volk aus der Knechtschaft geführt (2 Mo 13,3) und seine H. in Ägypten bewiesen (2 Mo 7,4). Er rettet aus den Händen des Feindes (1 Mo 32,12[11]), doch schrecklich ist es, zum Gericht in seine H. zu fallen (Hebr 10,31), obwohl immer noch besser als in die Hände der Menschen (2 Sam 24,14). Gott gibt preis, indem er die H. abzieht, abtut (4 Mo 14,34; 5 Mo 31,6), strafend kehrt er sie wider (Jes 1,25; Am 1,8) und wendet sie über Menschen und Völker (Ps 81,15; Hes 38,12). Doch auch helfend kehrt er sie zu den Geringen (Sach 13, 7). Offenbarend und machtvoll kommt im Geist die H. des Herrn über den Propheten (1 Kö 18,46; 2 Kö 3,15), aber ebenso als Strafe über den falschen Propheten und Wahrsager (Hes 13,9; Apg 13,11), während die Götzen der Spott trifft, daß sie Hände haben und nicht greifen können (Ps 115,7).

II) Häufig dient bes. die rechte H. als Bild der Kraft, Stärke und Herrschaft. Gott hält bei der rechten H. (Ps 73,23) und stärkt sie (Jes 41,13), seine Rechte tut Wunder und zerschlägt die Feinde (2 Mo 15,6; Ps 17,7). Zur Rechten des Menschen steht der Herr, um ihm zu helfen (Ps 16,8; 109,31; 110,5), während im Gericht dort der Platz des anklagenden Satans ist (Ps 109,6; Sach 3,1). An der rechten H. trägt man das Zeichen dessen, dem man angehört (Offb 13,16), auch zu ständiger Erinnerung wird von Zeichen in der H. gesprochen (2 Mo 13,9; Jes 49,16). Rechts ist der Ehrenplatz (1 Kö 2,19), der Auferstandene sitzt zur rechten H. der Kraft (Mk 14,62; 16,19; vgl. Apg 7,55), des Vaters, der ihm alles in seine H. gegeben hat (Joh 3,35). Zur Rechten und Linken des Herrschers sitzen seine höchsten Würdenträger, von daher ist die Bitte der Jünger Mk 10,37 zu verstehen.

III) Unter den Himmelsrichtungen gilt der Osten als vorne, daher bedeutet zur rechten oder linken H. an einer Reihe von Stellen: südl. oder nördl. gelegen (Hes 16,46; 1 Mo 14,15; 1 Sam 23,19.24; 2 Sam 24,5; 2 Kö 23,13; Neh 12,31).

IV, 1) Man ergreift bei der H., um zu führen (1 Mo 19,16), der Blinde streckt seine Hand nach einem Führer aus (Joh 21,18). Auch bei Gott ist die ausgestreckte H. einmal Bitte und Erbarmen (Jes 65,2), sonst bedeutet sie Gericht und Drohung (2 Sam 24, 16; Hi 1,11; Jes 10,4), beim Menschen auch den Griff nach dem Verbotenen (1 Mo 3,22; Ps 125,3). Die zugehaltene oder offene H. ist Bild des Versagens und Schenkens (5 Mo 15,7.8), wobei der Mensch seine linke H. nicht wissen lassen soll, was die rechte tut (Mt 6,3). Die Seele oder das Leben in seine Hände legen und in seinen Händen tragen, bedeutet den letzten und ganzen Einsatz der eigenen Person (Ri 12,3; 1 Sam 19,5; Hi 13,14; Ps 119,109). Sklaven

achten auf die Hände ihrer Herren, um jeden kleinen Wink aufzunehmen (Ps 123,2), jemand Wasser auf die Hände gießen heißt, sein persönlicher Diener sein (2 Kö 3,11). Der Ritter, auf dessen H. sich der König lehnt, ist sein Adjutant (2 Kö 5,18; 7,2.17).
2) Der Handschlag ist Beteuerung (2 Kö 10,15) und → Bürgschaft. Vgl. auch Eid II, 2 u. 3. Als Unschuldbeteuerung gilt das öffentliche Händewaschen (5 Mo 21,6.7; Hi 9,30; Ps 26,6; 73,13; Mt 27, 24). Mit besonderer Sorgfalt wuschen sich die Pharisäer vor dem Essen die Hände (Mt 15,2; Mk 7,2–4; manchmal V 3 heißt wiederholt). Wen der Unreine mit den Händen berührte, ehe er sie gewaschen hatte, der wurde selber unrein (3 Mo 15,11).
3) Verschiedene Bedeutung hatte die Gebärde des Zusammenschlagens der Hände. Sie konnte Freude und Jubel (2 Kö 11,12; Ps 47,2; Jes 55,12; Hes 21, 22[17]), Spott (Hi 27,23; Klgl 2,15) oder Zorn und Trauer ausdrücken (4 Mo 24,10; Hes 21,19[14]). In der Trauer schlug man die Hände über dem Kopf zusammen (Jer 2,37) oder legte sie aufs Haupt (2 Sam 13,19). Die H. auf den Mund legen drückte Scham aus (Mi 7,16; Hi 21,5; Spr 30,32). Vgl. weiter → Beten III,1d; → Handauflegung; die Hände → füllen; → Kuß.

Handauflegung. I) Im AT sind alle symbolischen Handlungen nicht nur bildhafte Darstellung eines von ihnen unabhängigen Geschehens, sondern sie haben selbst Vollzugsgewalt und sind wesenhaft mit den entsprechenden geistlichen Ereignissen, die sie begleiten, verbunden. Bei der H. geht es um eine reale Übertragung: von geistlicher Macht, Amtsgewalt und göttlicher Kraft (4 Mo 27,18ff; 5 Mo 34,9; 2 Kö 13,16), von Segen (1 Mo 48,17f; vgl. Mt 19,13), von Verantwortlichkeit (3 Mo 24,14) oder auch von Schuld (2 Mo 29,14.15; 3 Mo 16; 4 Mo 8,12).

II) Im NT gehört die H. zu den Grundlagen des Christenlebens (Hebr. 6,2). Durch mit Gebet verbundene H. wird Segen übertragen (Mt 19,13.15). Jesus heilt durch H. Kranke (Mk 5,23; 6,5; 7,32; 8,23.25; 10,16; Mt 9,18; Lk 4,40; 13,13), ebenso Paulus (Apg 28,8). Mit der apostolischen H. war wohl in der Regel die Gabe des Heiligen Geistes verbunden (Apg 8,14–19). Die H. der Apostel übertrug nach Apg 6,6; 13,3 auch Amtsgewalt und vermittelt (wie auch die mehrerer Ältesten gemeinsam) geistliche Gaben (1 Tim 4,14; 2 Tim 1,6). Vgl. → Apostelgeschichte III. Daß es sich bei der H. nicht nur um eine äußere Zeremonie handelt, macht die Warnung des Paulus an Timotheus verständlich, die Hände nicht vorschnell aufzulegen, um sich nicht fremder Sünde teilhaftig zu machen (1 Tim 5,22). Man hat in 1 Tim 5,22 auch eine Warnung gesehen, jemand zu schnell in ein → Amt einzusetzen. Darüberhinaus macht der Text deutlich, daß durch die H. eine Verbindung hergestellt wird, die für den Ausübenden auch Rückwirkungen zur Folge haben kann. R.F.E.

Handbreit → Maße und Gewichte (I, 1)

Handel. I, 1) Israel war ein Nomaden- und Bauernvolk. Der Händlerberuf wurde in Israel vor allem von den Fremdlingen ausgeübt, die kein Erbteil im Land erwerben konnten. Im Hebr. ist der Händler »einer, der herumzieht« (*socher;* 1 Mo 37,28; 2 Chron 9,14 u. ö.). Verschiedentlich wird der Kaufmann mit dem Namen *kenaani* »Kanaanäer« bezeichnet (Hi 40,30[25]; Spr 31,24; Jes 23,8). Schon 1 Mo 37,25ff hören wir von arab. Kaufleuten, die von Gilead Würze, Balsam und Myrrhe nach Ägypten zum Verkauf brachten. Diesen Händlern verkauften die Söhne Jakobs ihren Bruder Joseph als Sklaven. In der Beute aus Jericho befanden sich babyl. Kleidungsstücke (Jos 7,21), und wenn die Häuser der Kanaanäer »alles Gutes voll« waren (5 Mo 6,11; vgl. Jos 22,8), dann haben wir hier u. a. auch an Importwaren zu denken.
2) Im internationalen H. spielten die Phönizier die beherrschende Rolle. Als Salomo neue Handelswege eröffnen wollte, gelang ihm das nur mit Hilfe dieses Volkes (1 Kö 9,26–28). Joel klagt darüber, daß sie viel Gold und Silber aus Israel wegschleppten und mit jüd. Gefangenen Sklavenhandel trieben (Jo 4,5[3,10]f; Am 1,9). Reichtum und Macht der phön. Hafenstadt Tyrus werden Hes 27 eindrücklich beschrieben. Auch der umfangreiche H. der Araber (Hi 6,19; Jes 21,13; 60,6) blieb weit hinter Tyrus und Sidon zurück. Phönizier und Philister hatten die Seehäfen und die Küstenebene inne, durch die die Karawanenwege führten, dadurch war Israel die unmittelbare Beteiligung am Außenhandel verschlossen.
3) Unter Salomo begann jedoch der internationale H. auch in Israel aufzublühen. Salomo setzt sich in den Besitz der großen Handelswege von Ägypten nach Babylon und von der Küste nach Damaskus, was ihm bedeutende Einkünfte verschaffte (1 Kö 10, 15). Außerdem hatte er den Zwischenhandel mit Pferden und Streitwagen in der Hand (V 28.29). Im S begann er vom Hafen Ezeon-Geber aus den H. mit Ophir (1 Kö 9,26–28). All das bedeutet jedoch nur eine kurze Blütezeit des Außenhandels, der nach Salomos Tod wieder zurückging.
4) Einen nach Art und Umfang beschränkten Binnenhandel jedoch trieben die Israeliten zu allen Zeiten. Der Ort, an dem man miteinander handelseinig wurde, war »im Tor« (2 Kö 7,1; Neh 13,15ff;

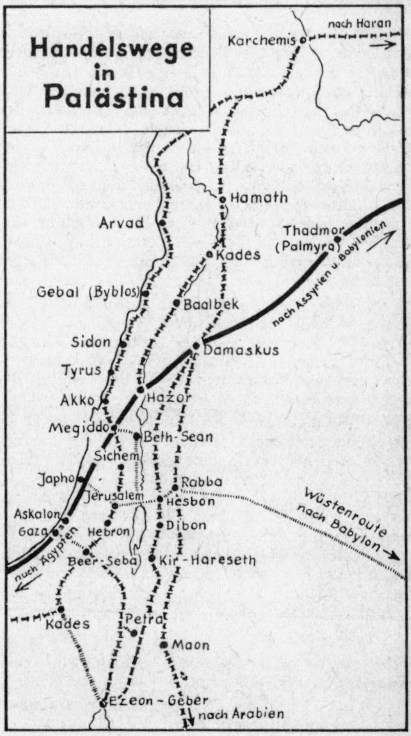

vgl. → Kauf; → Recht). Während man in früherer Zeit wohl meist Tauschhandel trieb, nahm der Geldhandel (Am 8,5.6) wohl z. Zt. Salomos größeren Umfang an; Münzen kennen wir erst aus der Perserzeit. Am 8,5.6 ist von Getreidehandel, Spr 7,19.20 von einer Handelsreise die Rede.

II) Während der babyl. Gefangenschaft wurde der H. für viele Juden eine Quelle des Reichtums. In der nordbabyl. Stadt Nippur grub man die Geschäftsunterlagen eines großen Handelshauses aus der Zeit der ersten pers. Könige aus. Die Namen zeigen, daß die Leiter des Unternehmens jüd. Abstammung waren. In der Makkabäerzeit und unter Herodes versuchte man, durch Hafenbauten in Joppe und Cäsarea den Seehandel wieder aufzunehmen. In der Zerstreuung und bes. nach der Zerstörung Jerusalems gingen die Juden in großer Zahl zum H. über. So wurde aus dem Volk der Bauern und Viehzüchter vorwiegend ein Handelsvolk.

III) Das NT warnt die Händler, denen der Gewinn Lebensziel und -inhalt ist (Jak 4,13), und das große Babylon wird als Handelsstadt gezeichnet (Offb 18; bes. V 12.13.16). 2 Kor 2,17 spricht Paulus vom »Verschachern« (LÜ verfälschen) des Gotteswortes, viele vertreiben es um des eigenen Vorteils willen. Auf seinen Reisen hat Paulus vielfach die Seehandelsrouten des röm. Weltreichs benutzt (Apg 13,4.13; 18,18; 21,1–3.7; 27; 28,11–13).

Handfaß. I, 1) Unter den Geräten der Stiftshütte, die Mose nach dem Auftrag des Herrn anfertigen ließ, befand sich auch ein H. aus → Erz. Dieses eherne Becken wurde mit Wasser gefüllt, und Aaron und seine Söhne mußten sich darin Hände und Füße waschen, ehe sie zum Dienst ins Zelt oder an den Altar traten (2 Mo 30,17–21).

2) Wie dies Becken aussah, wissen wir nicht genau. Das hebr. Wort bezeichnet einen runden Gegenstand, 1 Sam 2,14 wird es mit »Tiegel« (LÜ) oder »Topf« (ZÜ), 2 Chron 6,13 mit »Kanzel« (LÜ), oder »Gestell« (EÜ) übersetzt. Auffallend ist, daß das Fußstück des H. vor dem heiligen Zelt stets besonders genannt wird (2 Mo 30,17ff; 31,9; 35,16; 39,39; 40,11; 3 Mo 8,11). Daraus kann man schließen, daß das Becken vom Fußstück abgehoben werden konnte. Bezaleel arbeitete Becken und Fuß aus dem Metall der Spiegel, die den Frauen gehört hatten, die vor dem Eingang des Zeltes dienten (2 Mo 38,8). Maßangaben über die Größe des H. erhalten wir nicht.

3) Im Tempel Salomos traten an die Stelle des H. das eherne → Meer und 10 kleinere Waschbecken (1 Kö 7,27–39). Auch hier wurden Becken und Gestelle getrennt gefertigt. »Hals« und »Achseln« bezeichnen dabei die Öffnung und die Stützen, worauf die Becken im Gestell ruhten.

II) Die Reinigungsvorschriften für die Priester in Verbindung mit dem H. zeigen, daß der Herr bei ihnen keine Unreinheit duldete, keinen Staub an Händen und Füßen, der an die Sünde erinnerte (vgl. Jes 52,11; Joh 13,1–10). Auch nachdem Christus die Reinigung unserer Sünden vollbracht hat (Hebr 1,3), bleibt doch die Forderung nach ständiger Reinigung der Gläubigen als Priester weiter bestehen (1 Joh 3,3; 2 Petr 1,8.9), weil Gott rein und heilig ist. Das Spätjudentum dagegen hat 2 Mo 30,17–28 zur Grundlage seiner vielen äußeren Waschriten gemacht (vgl. Mk 7,3ff).

Handschrift. I) → Buch; → Schrift, Schreiber, schreiben; Heilige → Schrift.

II) Im bes. bezeichnet H. (griech. *cheirographon*) den eigenhändig ausgestellten Schuldschein.

Kesselwagen aus Zypern (2 Jt. v. Chr.). Ähnlich haben wir uns die Gestelle und Becken im Tempel Salomos vorzustellen

Diesen Begriff wendet Paulus Kol 2,14 auf das mosaische Gesetz an, das den Sünder wie ein Schuldschein verklagt, aber von Christus durch seinen Tod am Kreuz ungültig gemacht worden ist.

Handschriften vom Toten Meer. I) In den Jahren 1947–1956 hat man im Bergland von Judäa in unmittelbarer Nähe des Toten Meeres völlig überraschend eine große Anzahl von Hss. und Hss.-Fragmenten entdeckt, die man als die H. v. T. M. zusammenfaßt. Den ersten Zufallsfunden in einer Höhle des Wadi Qumran folgte eine systematische Suche. Heute besitzen wir eine Sammlung von über 400 Texten, darunter 100 biblischen. Außer Esther sind alle Bücher des AT vertreten, am bekanntesten ist die vollständige Jesajarolle geworden. Die Hss. und Fragmente stammen aus der Zeit von etwa 200 v. Chr. bis 68 n. Chr. (für Qumran) bzw. bis 132–135 n. Chr. (für die Funde am Wadi Murabbaat).

Die außerbiblischen Texte bieten das Schrifttum einer jüd. Sekte, ihre sehr strenge Ordensregel, Psalmdichtungen, ein Werk über den Krieg der Kinder des Lichts mit den Kindern der Finsternis, Kommentare zu Nahum und Habakuk und eine aram. apokryphe Nacherzählung des 1. Buches Mose.
Das gesamte Material ist weitgehend in Jerusalem zusammengetragen, teils im israelischen, teils im jordanischen Stadtgebiet, und wird laufend von einer internationalen Gruppe von Gelehrten bearbeitet. Die Zeit der ersten, oft ungenügend begründeten Vermutungen ist vorbei, gesicherte Ergebnisse beginnen sich in großen Linien abzuzeichnen.

II, 1) In der Nähe der Höhle, in der die ersten Funde gemacht wurden, entdeckte man in Chirbet Qumran die Reste einer Ansiedlung und eines Friedhofs. Es zeigte sich bald, daß die Bewohner der Siedlung auch die Eigentümer der verborgenen Hss. sein mußten. Die Gemeinde von Qumran, die bis zur röm. Invasion 68 n. Chr. bestanden hat, wird meist mit der

Tafel 35
a. *Nische eines Bankgrabes aus röm. Zeit. Der Leichnam Jesu wurde sehr wahrscheinlich in einer solchen Nische niedergelegt (Mk 15, 46. 37).*
b. *Eingang eines Felsengrabes mit Rollstein. Vgl. Mk 16, 4: Und sie sahen dahin und wurden gewahr, daß der Stein abgewälzt war.*

Tafel 36

aus antiken Quellen (Philo, Josephus, Plinius) bekannten jüd. Sekte der Essener gleichgesetzt.
2) Die Essener werden erstmalig unter dem Makkabäer Jonathan (160–143 v. Chr.) genannt. Sie bildeten eine asketische Gruppe, die streng nach dem Gesetz lebte. Sie wohnten zusammen in Kolonien, ernährten sich durch Handarbeit und Ackerbau und lehnten den Kriegsdienst ab. Sie hielten gemeinsame Mahlzeiten, nahmen es mit den Reinigungsriten sehr genau und badeten dazu gern in fließendem Wasser. Der Aufnahme in die Gemeinschaft ging eine lange Probezeit voran, und nur die Eingeweihten wurden mit ihren Geheimlehren bekannt gemacht.
3) Ähnliche Züge zeigen sich auch in Lehre und Leben der Leute von Qumran, wenn auch die Untersuchungen darüber noch nicht abgeschlossen sind. Wir haben es hier mit einer Gruppe zu tun, die sich überaus streng an das Gesetz hielt und davon durchdrungen war, daß das Gesetz überhaupt nur in einer Gemeinschaft Gleichgesinnter erfüllt werden könne. Außerhalb werde ihm widerstanden und es selbst von denen übertreten, die es lehrten und sich mit der Auslegung der Worte Gottes befaßten. Überzeugt davon, daß die Herrschaft Gottes nur noch so zu ihrem Recht kommen könne, hatten sie sich in bewußter Preisgabe aller Bequemlichkeit in die Gegend des Toten Meeres zurückgezogen, um hier gemeinsam nach dem Willen Gottes im Gesetz zu leben.
4) Der Gründer und Leiter dieser Gemeinschaft, die sich selbst als die Heilsgemeinde der Endzeit betrachtete, wird in ihren Schriften als »Lehrer der Gerechtigkeit« bezeichnet, bisweilen auch als der »Priester, in dessen Herz Gott Weisheit legte und alle Worte seiner Knechte der Propheten, durch den Gott alle Dinge offenbarte, die da kommen sollten über sein Volk und die Gemeinde«. Diese neue Offenbarung ging über das AT hinaus. Was den Propheten noch verborgen gewesen sei, habe Gott diesem Lehrer erschlossen, »dem er alle Geheimnisse der prophetischen Worte enthüllt« habe. Gerechte sind nun die, die dem Wort des Lehrers folgen, die Gottlosen weigern sich, das zu tun.
5) Als Gegner des Lehrers der Gerechtigkeit erscheint in den Texten der »Frevelspriester«, und die Angaben über ihn scheinen am besten auf den Makkabäer Jonathan (153 v. Chr. Hoherpriester) zu passen. Dann wäre auch der Gründer der Gemeinschaft von Qumran um 150 v. Chr. anzusetzen. Man hat vielfach behauptet, er habe für seine Nachfolger die Rolle eines Messias gespielt, aber auch aus den lange nach seinem Tod verfaßten Kommentaren zu Nahum und Habakuk (2. Hälfte 1. Jh. v. Chr.) läßt sich kein Beleg dafür erbringen.

III) Großes Aufsehen hat von Anfang an die These hervorgerufen, von Qumran aus ließen sich Einflüsse auf Johannes den Täufer, Jesus und die Urgemeinde nachweisen. Bei näherer Prüfung hat sich jedoch gezeigt, daß hier tiefgreifende Unterschiede bestehen, bes. in der Stellung zum Gesetz, aber auch in der Form der Gemeinschaft. Anderseits aber werden in den Psalmen (Hodajot) aus Qumran durchaus ntl. Wahrheiten ausgesprochen: die radikale Sündenverderbtheit des Menschen und die Vergeblichkeit guter Werke, die von Gott geschenkte Gerechtigkeit, Vergebung und Reinigung durch den Heiligen Geist; ja man weiß sogar um das Beten im Geist als Voraussetzung der Erhörung (Theol. Zs. 13 [1957] S. 12ff). Eine Verbindung mit den jüd. Kreisen, die auf den Heiland Gottes warteten (Lk 1; 2,27–38), erscheint daher nicht ausgeschlossen. Trotzdem ist eine grundlegende Änderung unserer Einsichten in die Entstehung der Urgemeinde und des NT durch die H.v.T.M. nicht zu erwarten.
Vgl. Taf. 37/576; 39/608; 40/609. Vgl. Abb. Sp. 153, Röm. Zeit oben links: Hs.fragment und Tongefäß, in dem Hss. aufbewahrt wurden.

Tafel 36
Die Grabeskirche in Jerusalem, nach der Tradition über Golgatha und dem Grab Jesu erbaut. Der flache Vorbau gehört zu einem Kloster, die dahinter aufragende Apsis bildet den Ostchor der griech.-orthodoxen Kathedrale. Der früheste Bau wurde hier im Jahre 336 von Kaiser Konstantin d. Gr. errichtet.

Handwerk. I) Obgleich uns 1 Mo 4,22 Thubalkain als Vater der Erz- und Eisenschmiede genannt wird, haben wir doch mit einer handwerklichen Spezialisierung innerhalb des Volkes Israel wohl erst nach seiner Ägyptenzeit zu rechnen. Dies ist verständlich, wenn man bedenkt, daß zur Ausbildung des H. Bodenständigkeit gehört, wir es also in Zeiten der Wanderschaft und der Viehzucht nur in Andeutungen finden können. In der Umwelt Israels, vor allem in Ägypten und Babylonien, haben die Ausgrabungen Produkte handwerklicher Arbeit, und zwar in einer erstaunlichen Vollendung, schon aus dem 4. und 3. Jt. v. Chr. nachgewiesen. Zug um Zug hat Israel diese Fertigkeiten also wohl von seinen Nachbarn übernommen, dann allerdings offensichtlich auch selbst hervorragende Leistungen vollbracht. Es hat den Anschein, daß die schwere körperliche Arbeit auch hier und jedenfalls noch bis zu Salomos Zeiten vorwiegend Sklaven zugemutet wurde, mehr und mehr jedoch auch zur selbstverständlichen Betätigung des freien Mannes gehörte. Wir wissen, daß alle berühmten Rabbiner und Schriftgelehrten wie z. B. im NT auch der Apostel Paulus einem H. nachgingen; das ist bemerkenswert im Gegensatz etwa zu den Griechen, bei denen die Handarbeit als des freien Mannes unwürdig betrachtet wurde. Eine Menge von Anzeichen deuten im übrigen darauf hin, daß sich ein H. in der Familie forterbte, daß ganze Sippen der gleichen Tätigkeit nachgingen und daß offenbar Zusammenschlüsse nach Art der Zünfte oder Innungen auch damals schon bestanden haben (vgl. 1 Chron 4,21ff; Neh 3,8; Jer 37,21).

II) TEXTILHANDWERKER. Die Sorge um die Bekleidung des Menschen hat diesen Zweig handwerklicher Tätigkeit wohl als ersten sich selbständig ausbilden lassen. Wenngleich das Spinnen und Weben noch sehr lange zu den häuslichen Tätigkeiten und Tugenden vornehmlich der Frauen gehörte (Spr 31, 13.19.21.22), läßt sich hier doch schon früh eine Spezialisierung erkennen. Jedenfalls hat es in der isrl. Königszeit schon ausgesprochene Zentren der Textilindustrie gegeben, wie z. B. in Debir, wo man bei Ausgrabungen auf die Reste zahlreicher Webereien und Färbereien gestoßen ist.

SPINNEREI. Vornehmlich wurde Wolle gesponnen, die man unter dem linken Arm hielt, während die rechte Hand daraus zupfte und mit Daumen und Zeigefinger den Faden zwirbelte, der dann in eine Spindel (Spr 31,19) gesteckt wurde, einen dünnen Holzstab von ca. 30 cm Länge, an dessen oberem Ende ein Wirtel aus Stein, Ton oder Knochen befestigt war, um die Fliehkraft zu vergrößern. Indem man die Spindel in Drehung versetzte und fallen ließ, wurde der Faden gedreht und dann auf dem Schaft aufgewickelt. Die Ägypter verstanden daraus feinere Fäden zu formen als die Israeliten; man hat Anhaltspunkte dafür, daß sie aus einem Pfund Wolle Fäden bis zu 90 km Länge zu spinnen verstanden.

Frauen beim Spinnen mit der Spindel, am Hängewebstuhl und beim Spulen, Zusammendrehen verschiedener Fäden (ägypt. Darstellung)

WEBEN. Das so gewonnene Garn wurde dann in einem parallel zum Boden aufgebauten, später auch senkrecht stehenden und in größeren Webereien an der Decke befestigten Webstuhl zu Tuchen verarbeitet (2 Mo 35,35; Jes 38,12). Vgl. hierzu → Weber.

LEINEWEBER (1 Chron 4,21). Leinen wurde aus weiterverarbeitetem → Flachs hergestellt, der auch in Palästina angebaut worden ist. Die abgeernteten Stengel wurden zunächst ähnlich wie beim Dreschen geklopft, um den Samen davon zu trennen, dann in der Sonne getrocknet (vgl. Jos 2,6), eine Woche ins Wasser gelegt, um die inneren Fasern von dem holzigen Stengel zu trennen, dann wiederum getrocknet, durch nochmaliges Klopfen gespalten und gelöst, sortiert, ausgekämmt und die so gewonnenen Flachsfäden wie die Wolle gesponnen. Daraus hat man in Israel grobes Leinen gearbeitet, während feinere Tuche auch später vornehmlich aus Ägypten importiert wurden.

TEPPICHMACHER (LÜ) oder Zelttuchweber waren eine Untergruppe der Weber. Sie verarbeiteten für die zum Zeltbau benötigten Tücher hauptsächlich Ziegenhaar und nähten diese dann auch entsprechend zusammen. Der Stoff war filzartig. Diesem Beruf ging bekanntlich Paulus nach (Apg 18,3).

WALKMÜLLER (Jes 7,3; 36,2) und WÄSCHER (Mal 3,2), deren Gewerbe am ehesten dem der Färber (s. u.) verwandt ist, hatten die Aufgabe, einmal durch Treten in großen Bottichen unter Zusatz lösender Substanzen Tuche und Gewänder zu reinigen, vor allem aber die geschorene Wolle von Fett und Schmutz zu befreien und zu leuchtendem Weiß zu bringen. Vgl. im übrigen → Walkmüller.

FÄRBER (Mk 9,3; das griech. Wort bezeichnet hier den Walkmüller, der wohl häufig zugleich Färber war), benutzten zu ihrer Arbeit Bottiche und Kübel, meist aus Felsgestein, die in Durchmesser und Höhe je etwa 1 m maßen. Die Bottiche zeigen an der Oberkante nur eine verhältnismäßig kleine Öffnung von etwa 15 cm Durchmesser, um die eine Rinne mit Abfluß nach innen liegt, damit von dem kostbaren Farbgut nichts verlorenging. Die kleine Öffnung weist darauf hin, daß das Garn offenbar vor der Verarbeitung gefärbt wurde. Bei Ausgrabungen hat man in der Nähe solcher Bottiche Reste von gelöschtem Kalk und Pottasche gefunden. Die Farbskala ist nicht sehr reichhaltig gewesen, am meisten genannt werden → Scharlach und → Purpur. Später ist Thyatira in Kleinasien Zentrum der Purpurfärberei (Apg 16,14). Auch Pflanzenfarbstoffe zum Erreichen gelber oder roter Farbe müssen bekannt gewesen sein.
Endlich sind in diesem Zusammenhang die GERBER, also die lederverarbeitenden Handwerker, zu nennen, die etwa Apg 9,43 erwähnt werden; auch 2 Mo 25,5, wo von gefärbten Widder- und Seekuhfellen (LÜ: Dachsfell) die Rede ist, deutet darauf hin. Vgl. im übrigen → Gerber, → Leder.

III) BAUHANDWERKER. Ein eigenständiges Bauhandwerk ist in Palästina jedenfalls für Israel erst sehr spät, frühestens in der Zeit Salomos aufgekommen. Er ließ phön. Handwerker zum Bau seines Tempels und seiner Paläste kommen (1 Kö 5,32[18]), von denen wohl die Israeliten dann selbst das Bauen gelernt haben. Zu den Einzelheiten der Bautechnik, in der die schwer zu bearbeitenden Steine eine seltene Kostbarkeit darstellen, so daß jedenfalls für die oberen Teile der Häuser Lehmziegel und Holz Verwendung finden, vgl. → Haus, → Stadt, → Festung. Vgl. Taf. 41a/640.
Im einzelnen sind hier zu erwähnen ZIEGELARBEITER, deren Tätigkeit wohl die Masse des isrl. Volkes in der ägypt. Knechtschaft (2 Mo 5,7.10ff) ausüben mußte, deren Gewerbe aber auch schon viel früher in Mesopotamien bekannt war, wie die Geschichte vom Turmbau zu Babel zeigt (1 Mo 11,3). Jes 9,9 [10] ist von Ziegelmauern die Rede; 2 Sam 12,31 (vgl. → Ammoniter) zeigt, daß David Ziegel von Sklaven herstellen ließ. Über die Technik läßt sich aus dem AT wenig entnehmen, sie dürfte aber mit der uns bekannten ägypt. übereinstimmen. Lehm wurde zur Verstärkung mit Stroh, manchmal auch mit Tonscherben und kleinen Steinen vermischt, unter Zugabe von Wasser geknetet und dann wurden auf dem flachen Boden, den man vorher zur Vermeidung des Festklebens wohl meist mit Stroh bestreute, mit Hilfe einer tragbaren Holzform Stück für Stück die Ziegel gepreßt, die 2–3 Tage an der Luft trockneten. Danach wurden sie zum weiteren Trocknen an der Sonne noch 2–3 Wochen gestapelt, ehe man sie zum Bau verwandte. Häufig tragen sie Stempel mit Königsnamen, die Bezeichnung des Bestimmungsgebäudes oder die Eindrücke von Fingerkuppen, wodurch man gleichzeitig eine bessere Mörtelbindung erreichte. Die → Ziegel sind mit einer Größe bis zu 50×25×10 cm wesentlich größer als unsere heutigen. Vgl. Taf. 9b/128; Abb. Sp. 981.

MAURER (2 Kö 12,13[12]; 22,6) verarbeiteten sie zu Häusern, wobei man bereits Mauerverbände und die wirtschaftliche Füllung von Hohlräumen durch Erde

In Debir ausgegrabener Färberbottich in Ansicht und Schnitt

und Schutt, nicht jedoch die Technik des Bogens kannte. Vgl. im einzelnen → Maurer.

STEINMETZEN (2 Kö 12,13[12]) bearbeiteten schon im Steinbruch unmittelbar nach dem Brechen den dann noch verhältnismäßig weichen Kalkstein zu großen Quadern, und zwar in erstaunlicher Genauigkeit, wobei man häufig die Steine längs der Fugen glatt abarbeitete (sog. Randschlag), während man in der Mitte eine weniger glatt bearbeitete Erhebung (Bosse) stehen ließ. Der Bau wurde mit Setzwaage, Richtschnur und Lot (2 Kö 21,13; Jes 34,11; Am 7,7) aufgeführt; zur genauen Kennzeichnung der zu behauenden Linie verwandte man Rötel, von dem noch Spuren in den Ausgrabungen gefunden wurden. Beim großen Tor in Megiddo sind die Blöcke so fugendicht behauen, daß man nicht eine Messerklinge dazwischen zu schieben vermag.

Hes 13,10f erwähnt die Tätigkeit der TÜNCHER, ohne daß wir sagen können, ob es sich dabei um einen bes. Beruf gehandelt hat. Das Tünchen mit einer Masse aus Lehm und Kalk diente offenbar dazu, um Risse in der Mauer zu verdecken. In ntl. Zeit tünchte man Gräber, um sie kenntlich zu machen, damit sich niemand versehentlich verunreinigte (vgl. 4 Mo 19,16; Mt 23,27). Die Holzverarbeitung sowohl für den Bau als auch für die Geräte liegt in der Hand der → ZIMMERLEUTE (2 Sam 5,11; Es 3,7; Mt 13,55). Ob die HOLZFÄLLER (1 Kö 5,20[6]) ebenfalls eine bes. Gruppe bilden, ist nicht zu erkennen. Hingegen wird die Tätigkeit von HOLZSCHNITZERN einmal im Zushg. mit der Ausstattung der Stiftshütte (2 Mo 31,5), bei den Propheten aber namentlich im Zushg. mit der Herstellung von Götzenbildern (Jes 44,13) erwähnt. Vielleicht hat es sich hier aber nur um eine Nebentätigkeit des Zimmermanns, der ja zugleich auch Schreiner ist, gehandelt.

Ob es besondere TIEFBAUARBEITER gegeben hat, wissen wir nicht genau. Sicher ist nur, daß z. B. unter Hiskia in Jerusalem ein unterirdischer Tunnel von 550 m Länge und bis zu 1,80 m Höhe angelegt worden ist, in dem man heute noch die Spuren der Pikkelhacken erkennen kann. Ähnliche Anlagen fanden sich auch in Megiddo. Vgl. Taf. 82/1281.

IV) NAHRUNGSMITTELHANDWERK. Hier werden in der HS als bes. Gruppe nur die BÄCKER (Hos 7,4; Jer 37,21) erwähnt. Vgl. hierzu → Brot. In dem Maße, wie das Backen außer im Privathause auch gewerblich stattfand, müssen wohl auch MÜLLER ein Gewerbe betrieben haben, während sonst das Mahlen zu den Aufgaben der Hausfrau gehörte. Vgl. hierzu → Mühle, mahlen.

V) METALLARBEITER. Die Kunst der Metallverarbeitung, die man wohl in Ägypten kennengelernt hatte,

Ägypt. Steinmetzen mit Meißel und Meßschnur beim Behauen eines Quaders

Holzbearbeitung: Sägen und Bohren. Das zu sägende Holz ist an einem in die Erde gerammten Pfahl festgebunden (ägypt. Darstellung)

scheint nach Ri 5,8 in Israel zunächst nicht weiter gepflegt worden zu sein. 1 Sam 13,19–21 zeigt, daß die Philister in Kanaan ein Monopol in der Eisenverarbeitung hatten, welches erst durch den Sieg Sauls gebrochen wurde. Erst von diesem Zeitpunkt ab sind die metallverarbeitenden Gewerbe auch in Israel zu Hause. Eisenerze fanden sich im zunächst edomitischen Wadi el-Araba, in dem König Salomo nach der Eroberung dieses Gebietes mit dem Mittelpunkt in → Ezeon-Geber, dem Hafen am Roten Meer, das damals größte Industriezentrum des nahen Ostens aufbaute. Aus Hi 28,1–11 haben wir gewisse Anhaltspunkte für den Erzbergbau; das geförderte Erz wurde unter Hilfe des ständig wehenden Nordwindes vermutlich mit Holzkohle aus den nahen Wäldern in großen Schmelzöfen verhüttet. Eisen wurde weiter verarbeitet, Kupfer in Barren gegossen. Auf dieses Gebiet muß sich wohl auch die Bemerkung von 5 Mo 8,9 beziehen. Zinn, das man zur Herstellung von Bronze brauchte, findet sich in Palästina nicht und ist also wohl eingeführt worden. Vgl. auch →Blei, → Eisen, → Erz, → Gold, → Silber, → Zinn.

Sieht man von den BRONZEGIESSERN ab, die nur 1 Kö 7,46 im Zusammenhang mit dem Tempelbau erwähnt werden und die als Formen Lehmgruben verwendeten, und schließt man die allgemeine Bezeichnung hebr. *charasch* (2 Kö 24,14; Jer 24,1; LÜ Zimmerleute; ZÜ Werkmeister) aus, mit der vielleicht Schlosser gemeint sein können, aber auch ganz allgemein Handwerker an Holz, Metall oder Stein bezeichnet werden, dann gibt es unter den metallverarbeitenden Gewerben hauptsächlich den SCHMIED, und zwar den Eisen-, den Kupfer- und den Gold- und Silberschmied.

EISENSCHMIEDE, deren Werkzeug Hammer, Amboß, Zange und Meißel sind (Jes 41,7) und die auch den Blasebalg (Jer 6,29) kennen, haben das verhüttete Eisen zu den verschiedensten Arten von Waffen, Werkzeugen und Geräten für Haus- und Landwirtschaft verarbeitet. Hes 22,18–22 ist im Bild vom Schmelzen des Erzes, also von der Gewinnung des reinen Metalls die Rede. Das Material wird gehämmert und geformt, auch geglättet. Vgl. im übrigen → Waffen und Geräte.

KUPFERSCHMIEDE (1 Kö 7,14; LÜ Meister im Erz; ZÜ Erzschmied) haben auf ähnliche Weise Kupfer verarbeitet. Man verstand es zu gießen, auch zu Blech zu schlagen, ja sogar zu polieren und hat daraus kunstvolle Gegenstände, auch Gefäße gefertigt.

GOLD- UND SILBERSCHMIEDE, deren Kunst in Ägypten schon früh bekannt ist und in Babylonien schon im 4.–3. Jt. v. Chr. zu erstaunlicher Höhe entwickelt war, verfertigten vornehmlich Schmuck und kostbare Gebrauchsgüter für Hof und Heiligtum, später auch für wohlhabende Familien. Sie werden Neh 3, 8.32 als Zunft erwähnt, aber beispielsweise auch Ri 17,4; Jes 40,19 genannt. Von der Läuterung des Metalls im Schmelzofen ist Jes 1,25; Hes 22,17ff die Rede, wobei die Schlacken (LÜ Schaum) ausgeschieden wurden. Jes 40,19; 41,7 zeigen, daß ihre Kunst in großem Maße auch zur Herstellung von Götzenbildern Verwendung fand. Sie verstanden sich auch bereits auf das Löten und Schweißen. Die Ausgrabungen haben erstaunliche Feinheiten der Goldblechverarbeitung nachgewiesen. Vgl. hierzu → Geschmeide. Vgl. Taf. 76/1185; 88/1377.

VI) Übrige Handwerker. Auf die neben der Textilverarbeitung wohl älteste Kunst der TÖPFEREI braucht hier nicht näher eingegangen zu werden; vgl. dazu → Töpfer. Als Berufsgruppe sind weiter zu nennen die → SALBENBEREITER, in deren Aufgabenbereich die Herstellung von Salben, Salböl, Parfüms, Räucherwerk und Spezereien nach bestimmten Regeln fiel. Sie dienten damit nicht nur dem Hof und dem Tempel, sondern brachten ihre Erzeugnisse auch in den Handel. Wenngleich uns deutliche Hinweise dafür fehlen, so darf doch damit gerechnet werden, daß auch SCHUHMACHER und SCHNEIDER in einzelnen Fällen ihr Handwerk als Beruf ausübten.

VII) KUNSTHANDWERK. Mit dem H. steht naturgemäß die Kunst im engen Zusammenhang. War sie auch wie die Ausgrabungen bewiesen, schon im 4. und 3. Jt. v. Chr. in den umgrenzenden Ländern des Vorderen Orients, vor allem in Babylonien und Ägypten zu hoher Vollendung gekommen, wo prachtvolle Bauwerke, Bildnisse und künstlerisch bearbeitete Gebrauchsgegenstände nachgewiesen wurden, so kann davon in Israel nicht im gleichen Maße die Rede sein. Das hat seine Ursache wohl darin, daß Israel vielleicht mit Ausnahme der salomonischen Zeit, die dann auch einen hohen Grad der Vollendung vor allem in der Baukunst aufweist, als Volk wesentlich ärmer gewesen ist als seine Nachbarn. Dazu kommt, daß erfahrungsgemäß die Entfaltung einer Kunst immer von finanzkräftigen Höfen oder einzelnen Gönnern abhängig ist, deren es in Israel auf Grund seines Bodenrechtes immer nur wenige gegeben hat. Eine weitere Ursache ist darin zu sehen, daß das göttliche Recht dem Volk des Herrn den Bilderdienst verbot. Die größte Kunstentfaltung der Nachbarländer hängt aber, abgesehen von den Höfen, gerade mit dem Tempel und der Götterverehrung zusammen, in deren Ausgestaltung der Künstler seine Fähigkeiten entfaltete. Es ist denn auch bezeichnend, daß wir im AT Hinweise auf künstlerische Betätigungen der Handwerker z. B. Jes 40,18ff; 41,6f im Zushg. mit dem Aufkommen des → Götzendienstes finden. Vgl. Taf. 19a/288. Bedeutet das Bilderverbot demnach einen weitgehenden Verzicht etwa auf die Gestaltung von Statuen und ähnlichem, so läßt sich doch nicht bestreiten, daß nun gerade in der Ausgestaltung des zentralen Heiligtums, also der → Stiftshütte und des → Tempels alle verfügbaren Kräfte und Möglichkeiten eingesetzt worden sind, um diese so schön und auch prunkvoll zu gestalten wie nur möglich. Das gilt

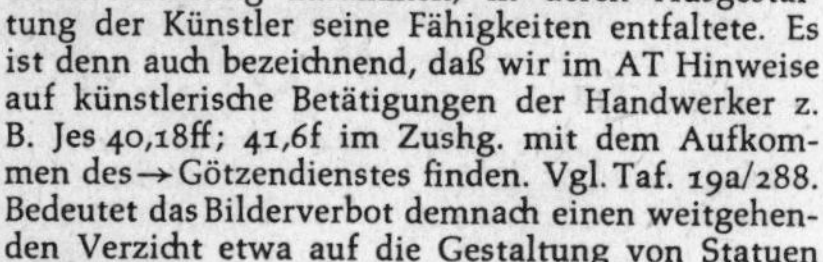

Brennöfen für Tongefäße (ägypt. Darstellung)

Ägypt. Töpfer an der Drehscheibe. Grabbeigabe des 3. Jt. v. Chr.

für die gegossenen Säulen (1 Kö 7,21) vor dem Eingang des Tempels wie für die kunstvoll mit Goldblech eingelegten Schnitzereien an den Tempelwänden, -türen und -pfosten (1 Kö 6,35), die Palmen, Blumenwerk und Cherubim zeigten, und für die Cherubim im Allerheiligsten selbst; das gilt aber auch für die farbenprächtigen Gewebe und Vorhänge, einschließlich ihrer Stickerei (2 Mo 26,1ff), es gilt auch für die Kleidung des → Hohenpriesters. Im 9. und 8. Jh. v. Chr. hat man es in der → Elfenbeinschnitzerei zu sehr schönen Stücken gebracht die vorzugsweise als Platten in Holzmöbel eingelegt worden sind und stilisierte Tiere und Pflanzen, zum Teil auch wie bei der Holzschnitzerei eingelegte Goldfolie und Edelsteine zeigen. Dabei scheint es sich allerdings größtenteils um Import aus den Nachbarländern zu handeln. Wenn die Funde auch bewiesen haben, daß die isrl. Goldschmiede eine beträchtliche Auswahl an Schmuckstücken (→ Geschmeide) hergestellt haben, so wird doch auch darin nicht der Vollendungsgrad etwa der ägypt. oder griech. Kunst erreicht. Hingegen stand die Keramik (→ Töpfer) von frühester Zeit an in so hoher Blüte, daß sie die der Nachbarländer auch bei den Gebrauchsgegenständen in Form wie Verzierung häufig übertroffen hat. Hier jedenfalls stehen wir auf dem Gebiet, auf dem sich bei Krügen, Vasen, Leuchtern usw. die handwerkliche Kunst am reichsten entfaltet hat. Das bestätigt noch einmal, daß Kunst in Israel im wesentlichen ihren Niederschlag im Gebrauchshandwerk gefunden hat, vor allem im Ornament, während wir große Zeugnisse rein darstellender Kunst nicht finden. Vgl. Abb. Sp. 149–154.

Hanes, Stadt Ägyptens (Jes 30,4), neben Zoan genannt. Vielleicht der in griech.-röm. Zeit als Herakleopolis Magna bekannte Ort, etwa 90 km südl. von Memphis am Westufer des Nils gelegen, das heutige Ihnasije el-Medine, ägypt. *hnn-nsw*. Vgl. Karte Sp. 35.

Hanna »Anmut«.

1) Frau des Leviten Elkana, die schwer an ihrer Kinderlosigkeit u. den Kränkungen durch seine zweite Frau litt. Bei einem Besuch der Familie im Heiligtum erbat sie sich vom Herrn einen Sohn, Samuel, den sie dem Dienst Gottes weihte (1 Sam 1). Das Lied der H. ist ihr Dank an den Herrn (1 Sam 2,1–10). Eli segnete H. und Elkana, und sie schenkte ihrem Mann noch 3 Söhne und 2 Töchter (V 18-21).
2) Tochter Phanuels aus dem Stamm Asser, Pro-

phetin im Tempel in Jerusalem. Als 84jährige kommt sie hinzu, als die Eltern Jesu das Kind in den Tempel bringen und lobt Gott, daß er den Erlöser gesandt hat (Lk 2,36–38).

Hannas, griech. Kurzform des hebr. Hananja, »Der Herr ist gnädig«.
Hoherpriester, der 6 n. Chr. von dem syr. Statthalter Cyrenius eingesetzt und 15 n. Chr. von Valerius Gratus, dem Prokurator Judäas, abgesetzt wurde. H. war das Haupt der damals mächtigsten Hohenpriesterfamilie und behielt Ansehen und Einfluß weit über seine offizielle Amtszeit hinaus. Fünf seiner Söhne bekleideten vor und nach seinem Schwiegersohn Kaiphas das Hohepriesteramt. Lk 3,2 wird H. z. Zt. des Auftretens Johannes des Täufers neben Kaiphas als Hoherpriester genannt; Jesus wird nach seiner Gefangennahme zuerst zu H. geführt, der ihn dann zu Kaiphas weiterschickt (Joh 18,13.24), und noch beim Verhör des Petrus und Johannes steht sein Name an erster Stelle (Apg 4,6).

Hannathon.
Stadt in Sebulon (Jos 19,14). In den Amarnabriefen heißt sie Hinatuna. Nach Alt vermutet man den Ort jetzt im Tell el-Bedewije, neuhebr. Tel Hannaton, an der Westseite der Ebene El-Battuf, 17 km nordwestl. vom Thabor. An dieser Stelle fand man Reste einer Siedlung aus der Bronzezeit. Die Ortslage westl. von Rimmon widerspricht den Angaben in Jos 19,14 nicht (vgl. MÜ, ZÜ).

Hanniel »Gott ist gnädig gewesen (d. h. ist gnädig)«.
1) Sohn des Ephod, Fürst des Stammes Manasse. Er war als Vertreter seines Stammes mit verantwortlich für die Aufteilung des Landes Kanaan (4 Mo 34,23).
2) Sohn Ullas aus dem Stamm Asser (1 Chron 7,39).

Hanoch, Sohn Midians, Enkel Abrahams und der Ketura (1 Chron 1,33). In 1 Mo 25,4 wird er Henoch genannt.

Hanon → Hanun (1)

Hantierung = Handel, Geschäft (Hes 28,5.16; Mt 22,5). Unehrliche H. treiben (1 Tim 3,3.8; Tit 1,7) bedeutet: habgierig oder gewinnsüchtig sein.

Hanun, zu hebr. »sich erbarmen« gehörig?
1) Sohn und Nachfolger des Ammoniterkönigs Nahas. Er läßt die Gesandten, die David beim Thronwechsel im Gedenken an seine alte Freundschaft mit dem verstorbenen Herrscher nach Rabba sendet, festnehmen, ihnen den Bart halb abrasieren und die Kleidung bis zum Gürtel wegschneiden. Mit dieser schweren Beschimpfung brach er den Krieg vom Zaun, der trotz seines Bündnisses mit den Syrern in zwei Feldzügen zur völligen Niederlage, Eroberung der Hauptstadt und Unterwerfung der Ammoniter führte (2 Sam 10,1–14; 12,26–31; Hanon 1 Chron 19,1–20,3).
2) Israelit, der unter Nehemia beim Mauerbau mithalf (Neh 3,13).
3) Sohn Zalaphs, der ebenfalls am Mauerbau unter Nehemia beteiligt war (Neh 3,30).

Hapharaim viell. mit hebr. »Wasserloch« zusammenhängend.
Ort in Isaschar (Jos 19,19). Das Onomastikon nennt Aphraia 6 Meilen nordwestl. von Legio; das entspricht dem heutigen Chirbet el-Farrije, 9 km nordwestl. von Ledschun bei Megiddo. Anderseits identifiziert man den Ort mit et-Taijibe 13 km nordwestl. von Beth-Sean (vgl. dazu → Beth-Leaphra), wo man auch → Ophra (2) sucht. Nach der Ortsliste Pharao → Sisaks hätte der Ort aber eher südl. oder südwestl. von Beth-Sean gelegen.

Hapizzez mit hebr. »zerschlagen, zerschmettern« zusammenhängend.
Priester und Leiter der 18. Priesterabteilung z. Zt. Davids (1 Chron 24,15).

Happara »Die Kuh«,
Ort in Benjamin (Jos 18,23), das heutige Tell Fara ca. 10 km nordöstl. von Jerusalem.

Hara,
Stadt oder Gebiet, wohin die Assyrer einen Teil der gefangenen Israeliten deportierten (1 Chron 5,26). Dieser Name fehlt in der LXX, ebenso in den Parallelstellen (2 Kö 17,6; 18,11), so daß man ein Verschreiben für »Städte der Meder« vermutet hat. Stimmt diese Annahme nicht, so könnte man H. vielleicht mit Ara gleichsetzen, das Thiglath-Pileser III. unter den 19 Gebieten Hamaths nennt.

Harabba »Die Große« (weibl. Form von hebr. »zahlreich, viel«).
Stadt im N des Stammes Juda, in der Nähe von Kirjath-Jearim (Jos 15,60). Die genaue Lage des Ortes ist unbekannt. Viell. wird er als Rubute in den Amarnabriefen, bei Thutmose III. und bei Sisak genannt.

Harada »Beben, Angst, Menschenfurcht«,
Station auf der Wüstenwanderung Israels (4 Mo 33,24.25), genaue Lage unbekannt.

Haran.
I,1) Sohn Tharahs und Bruder Abrahams (1 Mo 11, 26–29).
2) Levit aus dem Geschlecht der Gersoniter (1 Chron 23,9).
II) Akkad. »Straße«.
1) Wichtige Handelsstadt in Nordwestmesopotamien am Balich, einem linken Nebenfluß des Euphrat, ca. 450 km nordnordöstl. von Damaskus. Hier trennen sich die Karawanenwege von Babylon nach Kleinasien und nach Syrien und Ägypten. In assyr. Inschriften heißt der Ort Ir Harrani, als Stadtgottheit wird hier der Mondgott Sin genannt, »der Herr des Himmels, dessen Sichel unter den Göttern scheint«.
In H. machte Tharah auf dem Weg von Ur nach Kanaan halt (1 Mo 11,31; Apg 7,2.4), und Abrahams Verwandte blieben in der Gegend wohnen (1 Mo 27, 43; 28,10; 29,4). In den Maribriefen ist nicht nur die Stadt Nahors (1 Mo 24,10) in der Nähe von H. belegt, sondern auch Orte, deren Namen denen von Serug und Tharah entsprechen (1 Mo 11,22.24). H. ist später von den Assyrern erobert worden (2 Kö 19,12), blieb aber noch lange ein bedeutender Handelsplatz (Hes 27,23). Die Römer nannten es Carrhae. Heute ist es ein kleines Dorf, Charran, südöstl. von Urfa (Edessa). Vgl. Karte Sp. 19/20.
2) Sohn Kalebs, des Sohnes Hezrons (1 Chron 2, 46).

Harariter,
Bewohner eines unbekannten Ortes oder Gebietes, möglicherweise im Gebirge Juda oder Ephraim. Drei der Helden Davids führten diesen Beinamen (2 Sam 23,11.33; 1 Chron 11,34.35).

Harbona pers. »Der Kahle« oder »Eseltreiber«,
Kämmerer des Perserkönigs Ahasveros (Est 1,10; 7, 9). → Abagtha.

Harel, Teil des Brandopferaltars im neuen Tempel (Hes 43,15); vgl. → Ariel.

Hareph hängt mit hebr. »überwintern« zusammen. Sohn Kalebs aus dem Stamm Juda, Gründer des Ortes Bethgader (1 Chron 2,51).

Harfe → Musikinstrumente

Hargol → Heuschrecke IV

Harhaja »Der Herr zürnt«,
Vater des Goldschmieds Usiel (Neh 3,8).

Harhas, Vorfahr Sallums, des Mannes der Prophetin Hulda (2 Kö 22,14). In 2 Chron 34,22 wird er Hasra (hängt mit hebr. »Mangel haben« zusammen) genannt.

Harhur »Fieberhitze« (geboren in einem Fieberanfall der Mutter?).
Tempelknecht, dessen Nachkommen mit Serubabel aus der babyl. Gefangenschaft heimkehrten (Es 2,51; Neh 7,53).

Harim »(Gott) geweiht« (Noth) oder »Mit gespaltener Nase« (Köhler).

1) Priester und Leiter der 3. Priesterabteilung z. Zt. Davids (1 Chron 24,8). Vermutlich waren es seine Nachkommen, die mit Serubabel aus der babyl. Gefangenschaft heimkehrten (Es 2,39; Neh 7,42). Aus dieser Priesterfamilie (Neh 12,15) hatten mehrere Glieder heidnische Frauen genommen (Es 10,21). Ein Vertreter des Geschlechtes unterzeichnete z. Zt. Nehemias die Verpflichtung auf das Gesetz (Neh 10,6[5]).
2) Israelit, dessen Nachkommen ebenfalls mit Serubabel heimkehrten (Es 2,32; 10,31; Neh 3,11; 7, 35).

Hariph viell. »scharf, frisch« (als geistige Eigenschaft; Noth).
Israelit, dessen Nachkommen mit Serubabel aus Babylon heimkehrten (Neh 7,24). Vielleicht ist er der gleiche wie Jorah (Es 2,18). Er oder ein Vertreter seiner Familie unterzeichnete auch die Verpflichtung auf das Gesetz unter Nehemia (Neh 10,20[19]).

Harmagedon, hebr. »Berg oder Gebirge von Megiddo«,
bezeichnet Offb 16,16 den Ort, an dem sich zum großen Tag Gottes (V 14) die Könige der Erde zum Kampf versammeln werden. Die vergleichbare Weissagung Hes 38,8.21; 39,2.4 spricht von den Bergen Israels. In der Vergangenheit besiegten die Israeliten an den Wassern Megiddos Sisera (Ri 5,19); und im Felde Megiddos erlitt Josia seine Niederlage gegen Pharao Necho (2 Kö 23,29; Sach 12,11). Vgl. → Jesreel (1).

Harmon, vermutlich = Hermon; andere halten H. für Harmona = Armenien. Der → Hermon lag am Wege, auf dem die Einwohner Samarias nach Assyrien weggeführt wurden (Am 4,3).

Harnepher ägypt. »Horus ist gnädig«? (Köhler). Sohn des Zophah aus dem Stamme Asser (1 Chron 7,36).

Harnisch → Waffen und Geräte

Harod, hängt mit hebr. »erbeben« zusammen.
1) Zwei Helden Davids werden als Haroditer bezeichnet (2 Sam 23,25), ihren Heimatort H. sucht man in Chirbet Khareidan, das am Kidron 6 km südöstl. von Jerusalem auf dem Weg nach Mar Saba liegt.
2) Der Brunnen H., an dem Gideon lagerte (Ri 7,1), ist wahrscheinlich die Quelle Ain Dschalud nördl. von Gilboa und östl. von Jesreel.

Haroditer → Harod (1)

Haroe »Der Seher«,
Judäer, Sohn Sobals (1 Chron 2,52).

Harophiter, Beiname des Benjaminiten Sephatja, der zu David nach Ziklag kam (1 Chron 12,5).

Haroriter, wahrscheinlich Verschreibung für Haroditer (1 Chron 11,27); → Harod (1).

Haroseth der Heiden »Wald« oder »Schnitzwerk der Heiden«,
den Sitz Siseras (Ri 4,2.13.16), hat man dem Namen nach zunächst in El-Haritije (neuhebr. Shaar Haamaqim) am Nordufer des Kison vermutet, 15 km südöstl. von Haifa. Der Ort selber kommt jedoch nicht in Frage, da er ohne ältere Kulturreste auf dem gewachsenen Fels liegt. Garstang sucht H. nun im benachbarten Ruinenhügel Tell Harbadsch, der Funde der späten Bronzezeit bis zur Eisenzeit II gezeigt hat. In der Richterzeit lag hier eine ummauerte Festung. Vgl. → Helkath.
Abel und Alt aber denken an den Tell el-Amr, ca. 2 km nordwestl. von El-Haritije am linken Kisonufer, der erst seit der frühen Eisenzeit besiedelt war. Das würde zu den ägypt. Listen palästinensischer Städte stimmen, die für die Bronzezeit keinen Namen H. kennen. Vgl. Karte Sp. 492.

Harren. I, 1) H. ist in der HS hauptsächlich H. auf den Herrn, auf Gott in heilsgeschichtlichem Sinne (Ps 37,9; Hab 2,3 u. ö.). Es hat die Bedeutung des geduldig Ausschau-Haltens auf die endliche Hilfe Gottes (Ps 40,2; 42,6; Spr 20,22). H. ist so ein bes. Zeichen des Glaubens. Der harrende Mensch weiß um die Wirklichkeit Gottes (Jes 25,9).
2) Auf den Herrn zu h. ist letztlich eine Gabe Gottes selbst, die er seinen Kindern schenkt. H. zu können, ist nicht das Ergebnis menschlicher Willensschulung nach Art der Stoiker mit dem Ziel der *tranquillitas animi*, der unbedingten, unerschütterlichen Seelenruhe.
Es ist allein Wirkung und Frucht des Heiligen Geistes (Gal 5,22). Der auf Gott harrende Mensch weiß: Gott ist gegenwärtig (Ps 33,18 EÜ), er ist kein ferner Gott. Man darf sich ihm allezeit betend nahen. Keiner wird zuschanden, der seiner harrt (Ps 25,3). H. ist das Warten darauf, daß Gott in allem Geschehen sich als der Handelnde erweist. H. ist nicht Passivität, sondern Entfaltung ungeahnter Glaubenskräfte: Die auf den Herrn h., haben die Verheißung ständiger Kraftzufuhr aus der Welt Gottes (Jes 40, 31).
II) Nicht nur der Mensch, sondern auch Gott selber ist ein Harrender. Er harrt auf den Menschen, daß der sich von seiner Güte und Barmherzigkeit bewegen lasse, ihm sein Herz zu schenken und in Gehorsam seinen heiligen Willen zu tun (1 Petr 3,20).
Dieses göttliche H. wird sichtbar vor aller Welt in den Zeichen von Krippe und Kreuz, in der Hingabe seines eingeborenen Sohnes. Das H. Gottes offenbart Gottes Liebe. Im Gleichnis vom verlorenen Sohn hat Jesus selbst das göttliche H. in einer nicht mehr zu übertreffenden Weise dargestellt (Lk 15,11ff). Vgl. → Geduld.

Harsa »Stumm«, viell. auch »schweigsam«.
Tempelknecht, dessen Nachkommen mit Serubabel aus der babyl. Gefangenschaft heimkehrten (Es 2, 52; Neh 7,54).

Hart, Härtigkeit. I) Gegenteil von weich (5 Mo 8, 15; Jos 9,5; Dan 2,40); Apg 27,29 »felsig«.
II) Übertragen: »schwer« (2 Mo 6,9; 1 Kö 12,4; 2 Kö 2,10; Hi 30,25; Spr 20,30; Jes 21,2; 28,22; 29,10; Mal 3,14; Lk 4,38).

III) Als Adverb verstärkt es die Aussage des Verbs: »sehr, fest, eindringlich, heftig« (1 Mo 19,9; 20,18; Ri 2,15; Ps 65,4; 119,138; Jer 8,5; Mt 27,13; Mk 3, 12; 5,43; 15,3; Apg 23,14; Phil 1,23).

IV) In Verbindung mit reden bedeutet es »unfreundlich, feindselig«, auf den Inhalt der Rede bezogen »schwer zu ertragen« (1 Mo 42,7; 1 Kö 12,13; 14,6; Spr 15,1; Mal 3,13; Joh 6,60; Jud 15).

V) In der Beziehung des Menschen zu Gott und göttlichen Geboten bedeutet h. »hartnäckig, von Gott abgewandt, unzugänglich, ungläubig« (5 Mo 9, 27; Jes 6,10; 48,4; Jer 5,3; 6,27; Hes 2,4; 3,7; Mk 16,14).

VI) In Beziehung zu den Mitmenschen bedeutet es »unbarmherzig« (2 Mo 7,14; Jes 19,4; Hes 34,4; Mt 19,8; Mk 10,5).

VII) Gottes Tun wird als h, bezeichnet, wenn er strafende Gerechtigkeit ausübt (1 Sam 5,7; Ps 60,5). Er scheint dem Menschen in Not unbarmherzig, wenn seine Weisheit die Hilfe zurückhält, den Bitten nicht sofort Gehör schenkt (Jes 63,15; 64,11 [12]).

Harum, Vater des Judäers Aharhel (1 Chron 4,8).

Harumaph »Spaltnasig«,
Vater des Jedaja (Neh 3,10).

Haruz »Gold« oder »Graben« oder »Mit einem Einschnitt versehen« (Hasenscharte?) oder »Dreschwagen« oder »Fleißig«,
Vater der Frau König Manasses und Mutter Amons (2 Kö 21,19).

Hasabja »Der Herr hat angerechnet« (d. h. das Wohlverhalten des Menschen).
1) Levit aus dem Geschlecht Meraris, Vorfahr Jeduthuns oder Ethans (1 Chron 6,30[45]).
2) Vater Asrikams, ein anderer Merariter (1 Chron 9,14).
3) Sohn Jedithuns, Leiter der 12. levitischen Sängerabteilung (1 Chron 25,3.19).
4) Levitischer Amtmann über das Westjordanland z. Zt. Davids (1 Chron 26,30).
5) Sohn des Kemuel, Fürst des Stammes Levi z. Zt. Davids (1 Chron 27,17).
6) Oberster der Leviten z. Zt. Josias (2 Chron 35,9).
7) Einer der Leviten, die Esra nach Jerusalem begleiteten (Es 8,19.24). Er ist wohl auch bei der Unterzeichnung des Bundes (Neh 10,12[11]) und unter den Obersten der Tempelsänger genannt (Neh 12,24).
8) Oberster über den halben Bezirk → Kegila z. Zt. Nehemias (Neh 3,17).
9) Levit, Nachkomme Asaphs (Neh 11,22).
10) Haupt der Priesterfamilie Hilkia z. Zt. des Hohenpriesters Jojakim (Neh 12,21).

Hasabna, wohl Kurzform von Hasabneja,
Israelit, der mit Nehemia den Bund unterschrieb (Neh 10,26[25]).

Hasabneja »Der Herr hat mir angerechnet«? (Noth).
1) Vater des Hattus (Neh 3,10).
2) Levit z. Zt. Nehemias (Neh 9,5).

Hasadja »Der Herr hat Treue gehalten«,
Sohn Serubabels (1 Chron 3,20).

Hasael »Gott hat gesehen«.
Hofbeamter Benhadads von Syrien, dem Elisa zusagt, daß er König von Syrien werden und Israel besiegen wird. Daraufhin ermordet er Benhadad und wird sein Nachfolger (um 841 v. Chr.; 2 Kö 8, 7–15). Unmittelbar nach den ersten Kämpfen H. mit Joram von Israel und Ahasja von Juda um Ramoth in Gilead erschlägt Jehu beide Könige und besteigt den isrl. Thron (2 Kö 8,28.29; 9,14.24.27). Kurz darauf erfolgt der Einfall des Assyrerkönigs Salmanasser III., bei dem sich Jehu kampflos unterwirft und Tribut zahlt, statt H. beizustehen, der den Assyrern Widerstand leistet. Der Syrerkönig kann sich mit Mühe behaupten und hat drei Jahre später noch einen assyrischen Einfall abzuwehren. Die Feindschaft H. gegen Israel aber mag neue Nahrung erhalten haben durch das Gefühl, von Jehu im Stich gelassen worden zu sein. Zu Jehus Zeit wird das gesamte Ostjordanland bis hinunter zum Arnon von den Syrern verheert (2 Kö 10,32.33; Am 1,3), sein Sohn Joahas behält außer dem Volksaufgebot nur 50 Reiter und 10 Streitwagen übrig (2 Kö 13,7). H. hat die Macht Israels so völlig vernichtet, daß er auf dem Weg zur Eroberung von Gath freien Durchzug durch das isrl. Gebiet gehabt zu haben scheint. Er wendet sich dann gegen Jerusalem, und Joas von Juda muß seinen Abzug mit den Weihgaben und dem Tempelschatz erkaufen (2 Kö 12,18[17]f; 2 Chron 24,23–25). Dieser Höhepunkt der Macht H. liegt aber schon gegen Ende seiner Regierungszeit. Wohl noch vor seinem Tode schließt der Assyrerkönig Adadnirari III. Damaskus ein und macht es tributpflichtig. Das Wort Elisas hat H. zur Herrschaft gebracht, und über 40 Jahre lang vollzieht der Syrerkönig das Gericht des Herrn an Israel und Juda (2 Kö 13,3; 2

Elfenbeinschnitzerei aus Arslan Tasch, die wahrscheinlich Hasael von Damaskus darstellt

Chron 24,24). Dann wendet sich Gott seinem Volk wieder zu (2 Kö 13,4.5.23), Elisa weissagt Joas von Israel dreifachen Sieg über die Syrer (V 19), und unter H. Nachfolger Benhadad setzt der Niedergang Syriens ein (V 24.25).

Hasaja »Der Herr hat gesehen«,
Mann aus Juda aus der Nachkommenschaft Selas (Neh 11,5).

Hasar-Susim → Hazar-Susa

Hasbaddana, Israelit z. Zt. Nehemias (Neh 8,4).

Hase (hebr. *arnäbät).*
I) Der 3 Mo 11,6; 5 Mo 14,7 genannte H. ist ein unreines Tier, da er »wohl wiederkäut, aber nicht die Klauen spaltet«. Von Wiederkäuen im üblichen Sinne kann beim H. allerdings keine Rede sein. Die Angabe bezieht sich wohl auf die für den H. charakteristischen Kaubewegungen, die den gleichen Eindruck machen wie echtes Wiederkäuen.
II) In Palästina gibt es verschiedene H.arten. In den Ländern am Mittelmeer lebt der syr. H. *(Lepus syriacus),* der wenig kleiner als der europäische H. *(L. europaeus)* ist, etwas kürzere Ohren und einen breiteren Kopf hat. Im Negev und im Jordantal gibt es hauptsächlich den wesentlich kleineren ägypt. H. *(L. ägypticus)* mit dem sandfarbigen Rücken.

Hasel → Mandelbaum

Hasem, Gisonit, dessen Söhne unter den Helden Davids genannt werden (1 Chron 11,34). 2 Sam 23, 32 lautet der Name Jasen (»Schläfrig«?).

Hasiel, Kurzform »Gott möge ansehen« (Das Elend, um zu helfen).
Levit, Nachkomme Gersons, Sohn Simeis (1 Chron 23,9).

Hasmona,
Station auf dem Wüstenzug Israels (4 Mo 33,29.30). Eusebius nennt es Asemonas oder Asemon in der Nähe von Kades. Trumbull meint H. in den Ruinen nahe bei Ain Kseime gefunden zu haben, 14 km nordwestl. von Kades. Vgl. → Azmon.

Hasnua wahrscheinlich »Der Gehaßte«.
1) Benjaminit, Vater Hodavjas, dessen Nachkommen nach der Gefangenschaft in Jerusalem wohnten (1 Chron 9,7).
2) Vater des Stadtamtmanns Juda (Neh 11,9).

Haso,
Sohn Nahors und Milkas (1 Mo 22,22). Seine Nachkommen lebten vermutlich in Hazu, das in den Inschriften des assyr. Königs Asar-Haddon erwähnt wird und in der Gegend des Hauran liegt.

Hasra → Harhas

Haß, hassen, (Gegensatz zur → Liebe) ist Ablehnung, die sich steigert bis zur Vernichtung des Gehaßten. Darum ist in jeder Regung des Menschenhasses wurzelhaft schon der Totschlag eingeschlossen (1 Joh 3,15). H. ist nicht an sich gut oder böse, sondern wird es erst durch seine Motive und seinen Gegenstand. Triebhafter H. gegen Gott (Ps 81,16), Gottes Ordnung (Spr 6,16—19) und den Gerechten (Ps 34,22) ist böse. Bewußter H., wenn er sich richtet gegen gottloses Wesen (Ps 45,8) und Götzendiener (Ps 31,7), ist gut; und er wird mit ganzem Ernst gefordert als Ablehnung des Eigenlebens auf dieser Welt (Joh 12,25), aller menschlichen Bindungen, wenn sie dem Willen des Herrn entgegenstehen (Lk 14,26; vgl. Mt 10,37), und alles dessen, was von der Sünde befleckt ist (Jud 23). Im AT wird dazu aufgefordert, den H. der anderen durch das eigene Verhalten zu überwinden (2 Mo 23,5), und es ist verboten, den Bruder zu hassen (3 Mo 19,17). Das NT verbietet dann auch den H. gegen den Feind (Mt 5, 43.44), denn alle Menschen sind Gegenstand der werbenden Liebe Gottes und der Seinen (1 Tim 2,4).

Hassub »Angerechnet«.
1) Sohn Pahath-Moabs. Er half bei dem Wiederaufbau der Mauer Jerusalems (Neh 3,11).
2) Israelit, der ebenfalls beim Mauerbau half (Neh 3,23). Er oder H. (1) unterzeichnete den Bund (Neh 10,24[23]).
3) Levit aus dem Geschlecht Meraris, Vater Semajas (1 Chron 9,14; Neh 11,15).

Hasuba »Angerechnet«,
Sohn Serubabels (1 Chron 3,20).

Hasum »Mit breiter Nase« (Noth),
Israelit, dessen Nachkommen mit Serubabel aus Babylon heimkehrten (Es 2,19; Neh 7,22). Der Vertreter dieser Familie stand wahrscheinlich neben Esra, als er das Gesetz vorlas (Neh 8,4), und unterzeichnete dann den Bund (Neh 10,19[18]).

Hasupha »Schnell« (Noth),
Tempelknecht, dessen Nachkommen mit Serubabel aus der babyl. Gefangenschaft heimkehrten (Es 2, 43; Neh 7,46).

Hathach, Kämmerer des Königs Ahasveros, der der Königin Esther zur Verfügung stand (Est 4,5.6.9.10).

Hathath viell. »Schrecken, Verwirrung« (Köhler), »Schwäche« (Noth).
Sohn Othniels (1 Chron 4,13).

Hatipha »Geraubt«,
Tempelknecht, dessen Nachkommen mit Serubabel aus der babyl. Gefangenschaft heimkehrten (Es 2, 54; Neh 7,56).

Hatita,
Levit und Torhüter, dessen Nachkommen mit Serubabel aus der babyl. Gefangenschaft heimkehrten (Es 2,42; Neh 7,45).

Hattil viell. »Geschwätzig«,
einer der Knechte Salomos, dessen Nachkommen mit Serubabel aus der babyl. Gefangenschaft heimkehrten (Es 2,57; Neh 7,59).

Hattus
1) Priester, der mit Serubabel aus Babylon heimkehrte (Neh 12,2).
2) Nachkomme Davids, der mit Esra aus Babylon zurückkehrte (Es 8,2).
3) Sohn Hasabnejas, der einen Teil der Mauer Jerusalems aufbaute (Neh 3,10).
4) Priester, der die Verpflichtung auf das Gesetz unterzeichnete (Neh 10,5[4]).
5) Nachkomme Serubabels (1 Chron 3,22).

Haube, turbanähnliche Kopfbedeckung der Priester (2 Mo 28,40 u. ö.); Jes 3,19 sind Schleier gemeint.

Haue → Waffen und Geräte

Haufental → Gogs Haufental

Haupt. I) Das H., der beherrschende und bestimmende Körperteil des Menschen, wird vielfach im eigentlichen wie übertragenen Sinne genannt.
1) Zahlreich sind die Trauergebärden, bei denen das H. beteiligt ist. Man hängt es zur Erde, streut → Staub (Klgl 2,10; Offb 18,19), → Asche (2 Sam 13, 19) oder Erde darauf (Hi 2,12; Neh 9,1). Es wird → entblößt (3 Mo 10,6), → kahl geschoren (Hes 7,18; Jer 48,37) oder auch → verhüllt (Jer 14,4; 2 Sam 15, 30). Dabei wird die Hand aufs H. gelegt (2 Sam 13, 19), die Hände werden darüber zusammengeschlagen (Jer 2,37).

2) Mit bloßem H. muß ebenfalls der Aussätzige gehen (3 Mo 13,45), während die Frau ihr H. in der Öffentlichkeit nicht nur bedeckt, sondern auch verschleiert (1 Mo 24,65; Hl 5,7; Jer 2,32; 1 Kor 11,5). Die Gebetssitte, von der Paulus hier redet (V 4), widerspricht der jüd., nach der der Mann noch heute mit bedecktem H. betet.
3) Das erhobene H. bedeutet Zuversicht und Freude (Hi 10,15); Ps 110,7; Lk 21,28), eines andern H. erheben heißt ihn erhöhen und ehren (2 Kö 25,27), während das Schütteln des H. Spott und Verachtung ausdrückt (Jes 37,22; Mk 15,29).

II) Das Bild von H. und Schwanz (5 Mo 28,13.44; Jes 9,13[14]f; 19,15) meint die Vornehmen und die geringen Leute eines Volkes, auch Herren und Unterworfene. Dem Feinde Gutes tun, ist feurige Kohlen auf sein H. sammeln (Spr 25,22; Röm 12,20), ein Ausdruck, der in den allgemeinen Sprachgebrauch übergegangen ist.

III) H. bezeichnet weiter die verantwortlichen Männer in führenden und leitenden Stellungen: Häupter der Stämme (5 Mo 1,13.15), der Vaterhäuser (2 Mo 6,14), des Volkes (5 Mo 33,5), Häupter im Heer (1 Chron 12,14) und über die Tausende Israels (Jos 22, 21), Häupter im Hause Jakob (Mi 3,1) und in der Landschaft (Neh 11,3). Jephtah wird H. und Oberster genannt (Ri 11,11), allgemeiner spricht man von Fürsten und Häuptern (Jer 13,21), einem H. unter den Heiden (Ps 18,44).

IV) In ähnlicher Weise wird H. dann gebraucht, um die Beziehungen und Abhängigkeiten innerhalb fester Ordnungen auszudrücken. Im AT wird einmal Rezin das H. von Damaskus und Damaskus das H. Syriens genannt (Jes 7,8), im gleichen Verhältnis stehen Remalja, Samaria und Ephraim zueinander (V 9): König, Hauptstadt und Land. Im NT ist Christus als Sieger und Herrscher H. aller Fürstentümer und Obrigkeiten (Engelmächte; Kol 2,10), als Erlöser H. der Gemeinde, seines → Leibes (Eph 1,22; 4, 15.16; Kol 1,18). In eine entsprechende Ordnung sind aber auch die einzelnen wieder hineingestellt. In der Gemeinde und Ehe ist der Mann das H. der Frau (Eph 5,23.24), Christus das H. des Mannes und Gott das H. Christi (1 Kor 11,3). Vgl. → Mann, → Weib.

Hauptleute → Hauptmann

Hauptmann. I, 1) H. bezeichnet zunächst ganz allgemein einen Führer oder Oberbefehlshaber (4 Mo 14,4; Ri 11,6; Hes 38,7; 1 Petr 2,14) und wird so auch bildlich verwendet (Spr 6,7). 4 Mo 1,4.5; 2,3.5; 4,34 wird es von den Stammesfürsten gebraucht, während sonst in bezug auf die Gliederung der Stämme und Geschlechter von Häuptern (→ Haupt) oder → Obersten die Rede ist (2 Mo 6,14; 18,25; 5 Mo 1,15; 5,20[23]).
2) Meist sind mit Hauptleuten die militärischen Führer (5 Mo 20,9; 1 Sam 17,18; 1 Chron 27,3; Jes 22,3), vor allem die höheren Offiziere in Israel (2 Kö 9,5; 25,23; Mk 6,21), Ägypten (2 Mo 15,4), Assyrien (2 Kö 18,24; Jes 36,9), Babylon (Jer 51,57) und Persien (Neh 2,9), darunter die Befehlshaber der Leibwache (1 Mo 37,36; 40,3.4; 2 Kö 25,8) gemeint. Der Feldherr oder Oberbefehlshaber war bei Philistern (1 Mo 21,22), Kanaanitern (Ri 4,2), Syrern (2 Sam 10,16; 2 Kö 5,1) und Israeliten (1 Sam 14,50; 2 Sam 19,14[13]; 24,2; 1 Kö 4,4; 16,16; 2 Kö 4,13) der »Feldhauptmann«. In Israel befehligte er das Volksaufgebot, zu dessen Einberufung ihm ein besonderer Schreiber zur Seite stand (2 Kö 25,19). Die Führer einzelner Heeresabteilungen heißen Hauptleute (2 Sam 18,5), ohne daß damit ein bestimmter Rang angedeutet ist. Dann folgen die isrl. Offiziersränge der Hauptleute über 1000, 100 und 50 (4 Mo 31,14; 1 Sam 8,12; 2 Sam 18,1; 2 Kö 1,9; Jes 3,3).
3) Der H. und die Hauptleute des Tempels (Lk 22,4. 52; Apg 4,1; 5,24.26) sind der Befehlshaber und die Unterführer der levitischen Tempelwache in Jerusalem (→ Leviten). Vgl. → Ritter.

II) Im NT bezeichnet H. verschiedene röm. Offiziere und Zivilbeamte.
1) Der Centurio (Mt 8,5; 27,54; Mk 15,39.44; Apg 10,1; 21,32) war der Führer einer Hundertschaft (Centurie), von denen 6 eine röm. Kohorte (→ Schar) bildeten. Dieser Rang gehörte noch zu den Unteroffizieren und bot im allgemeinen keine weiteren Aufstiegsmöglichkeiten. Er wird genauer als Unterhauptmann (Apg 24,23; 27,1; 28,16) von dem obersten (Apg 23,10) oder Oberhauptmann (Apg 22,26–29; 23,17–19) unterschieden. Dieser, der Tribunus militum (Apg 22,24; 24,7.22) oder mit griech. Rangbezeichnung Chiliarch (= Befehlshaber über 1000), führte eine Kohorte, den 10. Teil der röm. → Legion. Ein Oberhauptmann war Kommandant der röm. Garnison in Jerusalem (Joh 18,12; Apg 21, 31). Der oberste Hauptmann Apg 28,16 dagegen trägt eine andere Rangbezeichnung, er ist der Befehlshaber des Lagers, hier der Prätorianerkohorte der kaiserlichen Leibwache in Rom.
2) Die Hauptleute Apg 16,20.35 sind Prätoren, die beiden obersten Beamten, die an der Spitze einer röm. Provinzstadt (hier Philippi) standen und jedes Jahr neu gewählt wurden. Vgl. weiter → Oberste, → Fürst.

Hauran.
Das H.-Gebirge (Hes 47,16.18) oder der Dschebel ed-Drus liegt am Rande der Wüste im Ostjordanland, in Basan (Ps 68,16), rund 100 km östl. vom Südende des Sees Genezareth. Es ist ein erloschenes Vulkangebiet und erhebt sich zu einer Höhe von über 1800 m. In röm. Zeit hieß die Landschaft Auranitis und umfaßte vor allem die Ebene westl. und nordwestl. des Gebirges, ein Gebiet von sehr großer Fruchtbarkeit. Vgl. Karte Sp. 591; 1179.

Röm. Centurio mit Orden und Ehrenzeichen und dem Rebstock, den jeder Centurio als Zeichen seines Ranges trug

Haus, Hausbau. I, 1) Das feste Haus ist das Zeichen der Seßhaftigkeit. Auf dem Wüstenzug und teilweise auch später wohnte das Volk Israel in → Zelten (4 Mo 16,26; Ri 4,17; Jer 35,7; LÜ Hütten); Höhlen (Ri 6,2; 15,8; 1 Sam 13,6) dienten als Notunterkünfte.

2) Für eine genaue Vorstellung der isrl. Häuser sind wir vor allem auf die Ausgrabungen angewiesen. Die Ausgangsform der Entwicklung bildet im 2. Jt. v. Chr. das rechteckige H. mit dem Eingang von der Breitseite. Das H. besteht ursprünglich nur aus einem Raum. Kommen weitere Räume hinzu, so werden sie um einen Innenhof herum angeordnet, der auch Backofen und Zisterne enthält (2 Sam 17, 18). Da sich selbst in der Regenzeit das Leben der isrl. Familie meist im Freien abspielte, benutzte man das H. nur zum Schlafen. Der einzige Raum war in einen tiefer gelegenen Teil für das Vieh und einen höhergelegenen für die Menschen abgeteilt; auf der Grenze neben den Stufen befanden sich oft die steinernen Krippen, die Ochse und Esel gut kennen (Jes 1,3). Das Fundament bestand aus Feldsteinen; da der Eingang bei Ausgrabungen häufig nicht mehr festzustellen ist, muß die Schwelle verhältnismäßig hoch gewesen sein. Auf dem Steinsockel wurde eine Mauer aus ungebrannten Lehmziegeln errichtet, in der man Löcher für Türen und Fenster aussparte. Auf dem flachen Dach, das mit einem Geländer versehen (5 Mo 22,8) und durch eine Innen- oder Außentreppe (2 Chron 9,11), auch wohl eine Wendeltreppe (1 Kö 6,8) zugänglich war, befand sich oft ein Obergemach (1 Kö 17,19; Dan 6,11[10]; Apg 1, 13 LÜ Söller; Ri 3,23 LÜ Sommerlaube; 2 Kö 4,10 Kammer). Der Grundriß eines Herrenhauses der Spätbronzezeit deutet mit seinen ungewöhnlich starken Ziegelmauern auch auf ein vollständiges Obergeschoß hin, das man in Israel im allgemeinen nicht kannte. Auch von Kellerräumen ist wenig bekannt. Über Baderäume und Toilettenanlagen vgl. → Baden; → Gemächer, heimliche.

3) Als David und Salomo fremde Baumeister für ihre Großbauten heranzogen (2 Sam 5,11; 1 Kö 5,32 [18]), wirkte sich das in einer allgemein sorgfältigeren Bauweise auch bei den gewöhnlichen Häusern aus, der Bauplan veränderte sich jedoch nicht. Syr.-phön. Einflüsse fand man in einem H. in Jericho aus dem 8. Jh. v. Chr. Hier waren die Wände durch Pfeiler aufgelockert. Abweichungen vom üblichen Grundriß sind etwa für Lager- und Vorratshäuser gegeben, wie man sie in Samaria ausgegraben hat. In Sichem, Tell en-Nasbe (Mizpa) und Tell Dschemme (Gerar) fand man Häuser aus 3 Langräumen nebeneinander, denen in voller Breite ein Querraum vorgelagert war.

4) In der pers.-griech. Zeit hat sich im Verhältnis zur Eisenzeit wenig geändert. Die H.formen bleiben im allgemeinen die gleichen, nur werden jetzt vor allem kleine Häuser gebaut.
Auch in hellenistisch-röm. Zeit bleibt die Grundform des H. bestehen. Nur in einzelnen Baugliedern und Zutaten zeigt sich das Neue, in den Säulen, der Stuckverkleidung der Wände, in den Malereien und dem Fußbodenmosaik. Auch gewölbte Dächer kamen in röm. Zeit auf.

II, 1) Neben den Lehmziegeln verwendete man für größere Gebäude Quadersteine (Jes 9,9[10] LÜ Werkstücke; 1 Kö 7,9), beim Tempelbau wird auch Marmor als Material genannt (1 Chron 29,2). Gelegentlich fügte man auch Balkenlagen in die Mauer ein (1 Kö 7,12). Kostbare Holzarten wie Zedern, Zypressen, Oliven- und Sandelholz waren jedoch für den gewöhnlichen H.bau unerschwinglich, hier verwendete man das Holz des Maulbeerfeigenbaumes (1 Kö 10,27; Jes 9,9[10]). Es diente vor allem für die Balkenlage des flachen, zum Regenabfluß leicht geneigten Daches. Ungleichmäßigkeiten der Stämme wurden durch Reisig ausgeglichen. Darüber kam eine Lehmschicht, die wohl häufig neu geglättet werden mußte, um Risse zu vermeiden, in denen sich dann Gras ansiedelte (2 Kö 19,26).
Wie das Dach bestand der Fußboden ebenfalls aus gestampftem Lehm, später kamen auch Stein- oder Mosaikfußböden vor. → Kalk diente als Mörtel u. als Tünche, mit Gips (Jes 33,12 LÜ Kalk) verputzte, »bewarf« man die Mauern (3 Mo 14,42).

2) Die hölzernen, meist niedrigen Türen (Spr 17,19) wurden nachts durch Holzschlösser mit einem Holzschlüssel versperrt, man kannte aber auch eiserne Riegel (Ps 107,16). Die H.tür wurde auf Klopfen geöffnet. Das griech. Wort *krouô* deutet an, daß man mit einem Gegenstand, vermutlich mit einem eisernen Ring, dagegen geschlagen hat (Lk 12,36; Apg 12,13). Die Türangel bestand aus 2 Zapfen, der untere drehte sich im Loch eines Angelsteines, der obere wurde durch ein »Angelband« gehalten. Zweiflüglige und metallbeschlagene Türen fanden sich im Tempel und in Palästen. – An den Rahmen der Eingangstür wurde das Blut des Passahlammes gestrichen (2 Mo 12,7), hier brachte man auch nach der Vorschrift 5 Mo 6,9 Kapseln mit Pergamentstreifen an, auf denen die Verse 5 Mo 6,4–9; 11,13–21 standen (vgl. → Denkzettel).

3) Fenster gab es in den ärmeren Häusern wohl vielfach nicht (vgl. Lk 15,8). Obgleich man in der Bronze- und Eisenzeit Fenster von etwa 50×50 cm kannte, sind Fensterrahmen bei den Ausgrabungen nicht gefunden worden. Vergitterte Fenster sind verschiedentlich bezeugt (Ri 5,28; Hl 2,9; Spr 7,6), sie galten in Palästina als Haremsfenster. Das offene Fenster konnte durch Holzbretter oder Laden verschlossen werden (2 Kö 13,17). Da die Fenster Dieben das Einsteigen ermöglichten (Jo 2,9; vgl. Jer 9, 20[21]), waren sie häufig sehr hoch angebracht (1 Sam 19,12). Das gleiche gilt für Häuser an oder auf der Stadtmauer, durch deren Fenster gelegentlich Flüchtlinge mit Seilen heruntergelassen wurden (Jos 2,15; 2 Kor 11,33).
Eine bes. Art Fenster vermutet man in 2 Kö 9,30; Jer 22,14. Nach ägypt. Darstellungen handelt es sich wohl um balkonartige Vorbauten, von denen aus sich der König dem Volk zeigte.

III) Die Innenaustattung des H. war einfach, da sich der größte Teil des Lebens im Freien abspielte. Das H. diente vor allem zum Schlafen und als Aufbewahrungsort für Kleidung an Haken und in Holzkisten und für Nahrungsmittel in Krügen. Zum Liegen und Sitzen hatte man in den ärmeren Häusern Matten, die man auf dem Boden ausbreitete. Bei Ausgrabungen wurden auch Holz- und Steinbänke an den Wänden gefunden. 2 Kö 4,10 wird als Einrichtung Bett, Tisch, Stuhl und Leuchter aufgezählt. In der Küche oder Herdecke waren neben Herd, Backofen und Handmühle Öl-, Mehl- und Wasserkrüge (1 Kö 17,12; Joh 2,6), Gefäße und Geräte zum Kochen, Essen und Trinken.
Je reicher das H., umso zahlreicher und kostbarer waren Möbel und Geräte, bis zur Ausstattung etwa der → Betten mit ägypt. Teppichen (Spr 7,16) und → Elfenbeinschnitzereien (Am 6,4; vgl. 1 Kö 22,39).

IV, 1) Im Gesetz ist vom »Aussatz« auch der Häuser die Rede (3 Mo 14,33–53). Wir werden dabei an Schwamm oder Schimmel zu denken haben. Wenn sich die Flecken weiter ausbreiteten, versuchte man sie zunächst durch Erneuerung des Putzes und der

befallenen Steine zu beseitigen. Kamen sie erneut durch, so galt das H. als aussätzig und mußte abgebrochen werden. Der Schutt wurde vor die Stadt geworfen.
2) Weiter bestanden bes. Vorschriften beim Verkauf von Häusern. Das H. auf dem Land gehörte zum Erbgut und kehrte nach der Veräußerung spätestens im → Halljahr in den Besitz des ursprünglichen Eigentümers zurück (3 Mo 25,31). Das H. in der Stadt konnte jedoch nur innerhalb eines Jahres gelöst werden, sonst behielt es der Käufer für immer (V 29.30). Hier konnten auch → Fremdlinge bleibendes Eigentum erwerben. Ausgenommen davon waren jedoch die Häuser in den Levitenstädten, die ebenfalls als Erbgut galten (V 32.33).
V, 1) Im übertragenen Sinn bezeichnet H. das Hauswesen, die Familie und Sippe (1 Mo 7,1; 1 Sam 3,14 u. ö.) die H.gemeinde (Apg 11,14; 16,15; 2 Tim 1,16; 4,19), der der Vater als »Hauspriester« vorsteht.
2) H. kann im AT als Diensthaus (2 Mo 13,3) auch das ganze Land Ägypten bezeichnen.
3a) H. Gottes im umfassendsten Sinn ist sein Volk (4 Mo 12,7; Hebr 3,5) und die christl. Gemeinde (1 Tim 3,15; 1 Petr 4,17; Hebr 3,3–6 u. ö.), die auch Tempel Gottes genannt wird (1 Kor 3,16; 6,19; 1 Petr 2,5). Ihre Lehrer sind die Haushalter (1 Kor 4,1).
b) Im engeren Sinn ist mit H. Gottes das irdische Heiligtum gemeint (1 Mo 28,17.19; Ps 84,11; Mt 23,38; Mk 2,26), das Jesus auch H. seines Vaters (Joh 2,16) und Bethaus (Mt 21,13; Mk 11,17) nennt.
c) Das H. des Vaters kann aber auch der Himmel sein (Joh 14,2), und das H. im Himmel (2 Kor 5,1) bezeichnet den Auferstehungsleib. Vgl. → Bau, bauen, erbauen.
VI) Eigenname war das »H. der Helden« in Jerusalem (Neh 3,16; vgl. 2 Sam 23,8ff), die Hauptwache in der Nähe der königlichen Burg.
Vgl. Taf. 41/640; 42a/641; → Palast; → Festung.

Hausehre = Hausfrau (Ps 68,13 LÜ), wörtlich Hausbewohnerin.

Hausfrau → Ehe, → Weib

Hausfürst, Oberaufseher des königlichen Palastes (2 Chron 28,7).

Hausgenossen. I) Alle Personen, die im gleichen Haus beisammen wohnen. Daß der Ausdruck auf die Ägypter angewendet wird (2 Mo 3,22), zeigt, daß die Israeliten in Gosen nicht völlig abgesondert wohnten.
II, 1) Hi 19,15 wird dagegen zwischen dem Gesinde und den H., d. h. wohl den Familienangehörigen, unterschieden. Ebenso werden wir unter den H. Pashurs seine Familie zu verstehen haben (Jer 20,6), auch Jesus gebraucht den Ausdruck im gleichen Sinn (Mt 10,36; vgl. Mi 7,6). 1 Tim 5,8 wird dem Christen geboten, seine H., Verwandten, nicht zu vernachlässigen, da er damit zugleich seinen Glauben verleugnen würde.
2) Mt 10,25 nennt der Herr die Jünger seine H., und Eph 2,19 bezeichnet Paulus die Gläubigen als H., Familienangehörige Gottes.

Hausgesinde = Hausgenossen im Sinn der Familie (Mi 7,6; 1 Kor 1,16).

Hausgötzen. I) Das hebr. Wort *teraphim* gibt keine endgültige Klarheit darüber, was wir uns unter H. vorzustellen haben. Auch die Ausgrabungen haben bisher wenig helfen können. Die sprachliche Ableitung ist umstritten. Nach einem arab. Wort könnte man deuten »die Wohlfahrt und Überfluß schenken«, andere denken an einen Spottnamen »Schändlichkeit«. Auch ein arab. Wort für »Maske« ist herangezogen worden.
II) Deutlich ist jedoch soviel, daß die H. Figuren oder Bilder mit menschlichen Formen und Zügen waren. Daß Rahel die H. ihres Vaters Laban stahl (1 Mo 31,19.34.35), wird im Licht der Tontafeln von Nuzi bei Kirkuk (15. Jh. v. Chr.) besser verständlich. Der Besitz der H. sicherte danach die führende Stellung in der Familie und den Erbanspruch. Das galt auch für den Schwiegersohn, bedeutete in diesem Fall aber einen schweren Verstoß Rahels gegen das Recht der Söhne Labans (1 Mo 31,1). Der H. des Micha, in einer Art Hauskapelle aufbewahrt, wurde zu Orakelzwecken gebraucht (Ri 17,5; 18,4–6). Auch Nebukadnezar befragte seine H. um Wegweisung für die Marschroute seines Heeres (Hes 21,26[21] LÜ Abgott). Selbst im Hause Davids befand sich ein H., der zweifellos seiner Frau Michal gehörte (1 Sam 19,13 LÜ Götzenbild). 1 Sam 15,23 steht das Wort im übertragenen Sinne (LÜ Götzendienst): Saul hatte sein eigenes, widerstrebendes Ich zum H. gemacht. Dann nennt Hosea die H. noch einmal (Hos 3,4 LÜ Heiligtum).
König Josia ließ während seiner Reform auch alle H. (2 Kö 23,24 LÜ Bilder) vernichten, dennoch ist noch in der nachexilischen Zeit wieder von ihnen die Rede (Sach 10,2 LÜ Götzen).

Haushalter. Leiter oder Oberaufseher über den Haushalt eines anderen. So hatte z. B. Joseph einen H. (1 Mo 43,19; 44,1.4). Da dieses Amt ein großes Vertrauen in den mit diesem Dienste Betrauten voraussetzt, vergleicht Paulus Apostel und → Bischof mit einem H. Gottes (1 Kor 4,1.2; Tit 1,7), doch auch jeder Gläubige ist durch die ihm von Gott anvertrauten Gaben ein H. der Gnade Gottes (1 Petr 4,10). In seinem Gleichnis vom ungerechten H. mahnt Jesus seine Jünger, in ihrem Verhältnis zum Mammon bzw. Geld eine heilige Klugheit walten zu lassen (Lk 16,1ff).

Hausrat bezeichnet den gesamten Besitz, auch den des wandernden Zeltbewohners (1 Mo 31,37; 45,20; Mt 12,29; Lk 17,31). Vgl. weiter → Haus III.

Havvoth-Jair, die Dörfer (LÜ, EÜ) oder Zeltdörfer (ZÜ, MÜ) Jairs in Gilead (4 Mo 32,41; 5 Mo 3, 14; Jos 13,30; 1 Kö 4,13; 1 Chron 2,23); vgl. → Jair I,1 u. 2. Vgl. Karte Sp. 492.

Hazar-Enon → Enan II

Hazar-Gadda »Hürde (Siedlung) von Gadda«, von Beer-Seba. Vgl. Karte Sp. 1304.
Stadt in Juda, im Negev gelegen (Jos 15,27); vermutlich Chirbet Gazza, südwestl. von Ras ez-Zuweira (neuhebr. Rosh Zohar) und rund 35 km östl. von Beer-Seba. Vgl. Karte Sp. 1304.

Hazarmaveth »Hürde (Siedlung) des Todes«, Sohn Joktans (1 Mo 10,26; 1 Chron 1,20). Seine Nachkommen siedelten sich in Südarabien in der Landschaft Hadramaut an, deren Name H. entspricht Vgl. Karte Sp. 1477/8.

Hazar-Sual »Fuchshürde (-Siedlung)«,
Ort in Juda (Jos 15,28; Neh 11,27), der Simeon zugeteilt wurde (Jos 19,3; 1 Chron 4,28). Man sucht ihn in el-Watan, ca. 3 km südwestl. von Beer-Seba. Vgl. Karte Sp. 1304.

Hazar-Susa »Stutenhürde (-Siedlung)«,
Ort in Simeon (Jos 19,5), auch Hasar-Susim genannt (1 Chron 4,31). Vermutlich Sbalat Abu Susein ca. 3 km östl. von Tell el-Fara (Saruhen) und nicht Susije bei Esthemo, das zu weit nach N liegt.

Hazar-Thichon »Die mittlere Hürde« (Siedlung), Ort im N Palästinas an der Grenze des Hauran (Hes 47,16); wohl mit Hazar-Enon (V 17) gleichzusetzen. Vgl. Karte Sp. 282.

Hazeroth »Hürden«,
Station auf dem Wüstenzug Israels (4 Mo 11,35; 12,16[13,1]; 33,17.18). Man vermutet den Ort im Brunnengebiet von Ain Hudra, rund 60 km nordöstl. des Sinai, nicht weit von Rueis el-Ebeirig, wo man die → Lustgräber sucht.

Hazezon-Thamar »Ort des Palmenschneidens«.
Ein anderer Name für → Engedi (2 Chron 20,2). Die Namensbedeutung weist auf die künstliche Befruchtung der Palmen hin, wobei man die männlichen Blüten abschnitt und den Blütenstaub auf die weiblichen Blüten brachte (→ Dattelpalme).
Beim H. von 1 Mo 14,7 könnte man auch an das Thamar von Hes 47,19 südwestl. des Toten Meeres denken.

Hazlelponi »Gib Schatten (d. h. Schutz), der du dich mir zuwendest«,
Judäerin (1 Chron 4,3).

Hazobeba, Sohn des Judäers Koz (1 Chron 4,8).

Hazor »Hürde« (Siedlung).
1) H. in Benjamin (Neh 11,33), vermutlich Chirbet Hazzur zwischen Beth Hanina und Nebi Samwil, rund 5 km nordnordwestl. von Jerusalem. Vgl. Karte Sp. 986.
2) H. in Juda, auch → Karioth-Hezron genannt (Jos 15,25).
3) Ein anderes H. in Juda (Jos 15,23). Abel will die Namen Hazor-Ithnan zusammenziehen (vgl. die LXX) und meint den Ort in El Dschebarije am Wadi Etnan wiedergefunden zu haben, rund 30 km nordöstl. von Kades-Barnea. Vgl. Karte Sp. 1304.
4) Die wichtigste Stadt dieses Namens liegt im N Palästinas auf dem Hügel (vgl. Jos 11,13) Tell el-Qeda südl. von Kedes (2 Kö 15,29). Sie wird bereits in den ägypt. Fluchtexten des 19. Jh. v. Chr., in den Mari- und den Amarnabriefen genannt. H. war die Hauptstadt der Kanaaniterreiche im N des Landes (Jos 11,10), sein König führte die Koalition, die von Josua am Wasser Merom besiegt wurde (V 1.7.8). Die Stadt wurde anschließend verbrannt (V 11), bildete jedoch in der Richterzeit noch einmal einen gefährlichen Gegner der Israeliten (Ri 4,2.24).
Ausgrabungen der letzten Jahre haben die Anlage der Kanaaniterstadt aufgedeckt. Im Südteil einer Stadt von rund 1300×700 m Ausdehnung, die schätzungsweise 40000 Einwohner fassen konnte und durch Wälle aus gestampfter Erde geschützt war, lag die Burg mit dem Königspalast. In der Stadt wurden 2 Tempel gefunden, dabei 2 Götterbilder, Tonmasken, eine Kultstandarte u. a. Kultgegenstände. Eine Scherbe des 13. Jh. v. Chr. trug 2 Buchstaben in sinaitischer Schrift (→ Alphabet).
Unter Salomo wurde H. erneut zur Festung ausgebaut (1 Kö 9,15) und bildete dann einen wichtigen Vorposten gegen die wachsende Macht des Reichs von Damaskus (1 Kö 11,23–25). Die außerordentlich starke Zitadelle aus der Zeit Ahabs wurde von Jerobeam II. noch verstärkt, beim Angriff der Assyrer unter Thiglath-Pileser III. aber an der Ostseite bis auf die Fundamente zerstört (733 oder 732 v. Chr.). Häuser aus der Zeit Jerobeams II. zeigen Spuren einer Zerstörung durch Erdbeben (vgl. Am 1,1). Weitere Siedlungsreste führen bis in die hellenistische Zeit. Vgl. Karte Sp. 492; 542.
5) Gebiet in der Wüste im O Palästinas (Jer 49,28–33). Vielleicht deutet der Name auf feste arab. Siedlungen. Nebukadnezars Feldzug gegen die Araber fand 599/8 v. Chr. statt.

Hazor-Hadatta »Das neue Hazor«,
Ort in Juda (Jos 15,25). Die Verbindung mit Karioth-Hezron weist in ein Gebiet nicht weit vom Toten Meer. Abel sucht H. in El-Hudeira, ca. 10 km südöstl. von Maon. Vgl. Karte Sp. 1304.

Hebe, Hebopfer, Hebeschulter. I) Die H. oder das Hebopfer (hebr. *terumah)* ist eine heilige → Abgabe, die als Teil von einem Ganzen »abgehoben« wurde und dem Herrn, dem Heiligtum oder den Priestern zukam. Die rabbinische Auffassung, daß mit der Darbringung der H. allgemein eine Zeremonie, ähnlich dem → Weben, verbunden war, kann aus der HS nicht belegt werden.

II) Das AT kennt folgende H.:
1) Die freiwillige Beisteuer zum Bau und zur Instandhaltung des Heiligtums bei der ersten Einrichtung des Gottesdienstes (2 Mo 25,2ff; 35,5ff; 36,3ff), zum Bau und zur Reparatur des salomonischen Tempels (1 Chron 29,2ff; 2 Kö 12,5[4]; 22,4ff), zum Opferdienst (2 Chron 30,24) und zum Bau des 2. Tempels (Es 8,25).
2) Die gesetzlich vorgeschriebene Kopfsteuer, für die jeder über 20 Jahre alte Israelit als H. jährlich einen halben Silberling für das Heiligtum zu geben hatte (2 Mo 30,13ff; Mt 17,24).
3) Die H. vom Opfer. Beim Sündopfer wurde das Fett, die Nieren usw. abgehoben und auf dem Brandopferaltar angezündet (3 Mo 4,8ff), beim Speisopfer ein Teil mit dem ganzen Weihrauch als H. verbrannt (3 Mo 2,9; 6,8[15]; Hes 45,13). Die H. beim Dank- bzw. Friedensopfer bestand aus einem der vier Kuchen (3 Mo 7,14).
4) Die Kuchenhebe bestand aus Teig, der, von dem Ganzen des Teiges abgesondert, dem Priester zu übergeben war (4 Mo 15,19.21; vgl. Neh 10,38[37]). Die jüd. Überlieferung bestimmt den Mindestumfang dieser H. mit 1/24 der gesamten Teigmasse, sie wurde seit der Zerstörung des Tempels verbrannt.
5) Die Zehntenhebe der Leviten war der Zehnte von allem, was sie vom Volk als dessen Zehnten empfingen. Sie gaben diese Zehntenhebe (den Zehnten vom Zehnten) als Hebopfer an die Priester weiter (4 Mo 18,26f; Neh 10,39[38]).
6) Die Priesterhebe war die Abgabe vom Ertrag der Öl-, Wein- und Getreideernte einschließlich der Schafschur an die Priester (4 Mo 18,11–13; 5 Mo 18,3.4; Neh 13,5). Wo Zehnten und H. nebeneinander genannt werden, ist diese H. gemeint (2 Chron 31,12; Neh 10,38–40[37–39]; Mal 3,8), an deren Genuß die ganze Familie des Priesters teilhatte (3 Mo 22,1–16). Zur Sammlung und Aufbewahrung dieser H. dienten besondere Tempelzellen (2 Chron 31,11; Neh 12,44; Mal 3,10 LÜ Kornhaus), die von bes. eingesetzten Aufsehern verwaltet wurden.

III) Bei der Priesterweihe (2 Mo 29; 3 Mo 8) kam die sog. Hebeschulter des Einsetzungswidders auf den Altar, während die Webebrust der Weihe Aarons dem als Priester amtierenden Mose zufiel. Bei allen ferneren Priesterweihen wie beim Dankopfer erhielt der die Handlung vollziehende Priester beide Stücke (3 Mo 10,14f; 7,34; vgl. 4 Mo 6,20). Das hebr. *schokh*, das LÜ im Anschluß an die LXX mit Hebeschulter übersetzt, meint die rechte Hinterkeule des Opfertieres (3 Mo 7,32–34), der (Vorder-)Bug heißt hebr. *zeroa* (4 Mo 6,19; 5 Mo 18,3).

Heber »Verbindung, Gemeinschaft«.
1) Sohn Berias, Enkel Assers (1 Mo 46,17; 4 Mo 26, 45). Seine Nachkommen sind die Hebriter.

2) Keniter, Nachkomme Hobabs, Mann der Jael (Ri 4,11–24).
3) Judäer, Stammvater der Bewohner von Socho (1 Chron 4,18).
4) Benjaminit, Sohn Elpaals (1 Chron 8,17).

Hebeschulter → Hebe III

Hebopfer → Hebe; → Opfer

Hebräer. I) 1 Mo 10,21 wird Noahs Sohn Sem als Vater aller Söhne des in der dritten Generation nach ihm aufgeführten Eber (Heber) bezeichnet. Nach den Stammbäumen (1 Mo 11,10–26; 1 Chron 1,24–27) umfassen diese Söhne Ebers alle Nachkommen des Joktan und Peleg, von dem Abraham abstammt, der als erster in der Schrift H. genannt wird (1 Mo 14, 13 EÜ, ZÜ, MÜ). So wenig man davon absehen darf, daß der »H.« Abraham einer der »Söhne Ebers« ist, so bietet sich an dieser Stelle doch eine zweite Deutung des Wortes an, die schon in der LXX zum Ausdruck kommt, und nach der Luther »Ausländer« übersetzt. Denn H. kann sprachlich auch den bezeichnen, der »überschritten hat«, der »von jenseits (des Euphrat) kommt«, was für Abraham ebenfalls zutrifft (vgl. Jos 24,2.3). Nach Abraham werden Joseph und seine Brüder in Ägypten als H. bezeichnet (1 Mo 39,14.17; 41,12; 43,32), und Joseph nennt seine Heimat das Land der H. (1 Mo 40,15). Das Wort unterscheidet die Jakobssöhne als Angehörige einer fremden Volksgruppe von den Einheimischen, ohne daß wir genau erkennen könnten, wie umfassend der Begriff H. in dieser Zeit gewesen ist.

II) In der Folge aber verengt sich der Wortgebrauch. H. sind von nun an ausschließlich die Israeliten, und zwar stets im Gegensatz zu bzw. im Munde von Völkern und Menschen nichtisrl. Abstammung. Das sind zunächst wieder die Ägypter (2 Mo 1,15.16.19; 2,6.7.11.13), wobei Mose vor dem Pharao betont von dem »Herrn, dem Gott der H.«, spricht (2 Mo 3, 18; 5,3 u. ö.); dann z. Zt. Sauls die Philister (1 Sam 4,6.9; 14,11; 29,3 u. ö.) und bei Jona die ausländische Schiffsbesatzung (Jon 1,9). Ebenso will Paulus, wo er sich einen H. nennt (2 Kor 11,22; Phil 3,5), seine rein jüd. Abkunft unterstreichen in einer Zeit, in der nach Verbannung und Zerstreuung und der Aufnahme der Idumäer in den jüd. Volksverband solche Abstammung häufig weder nachzuweisen noch vorhanden war.

III) Dann wird das Wort H. dort gebraucht, wo es sich um die Freilassung jüd. Sklaven nach bestimmter Dienstzeit oder unter besonderen Umständen handelt (2 Mo 21,2; 5 Mo 15,12; Jer 34,9.14). Wie der Israelit überhaupt unter den Völkern, so wird hier der isrl. Sklave unter den fremdstämmigen Knechten durch seine Beziehung zum »Gott der H.« (vgl. 5 Mo 15,15), die er mit seinem Herrn teilt, herausgehoben.

IV) Bisher noch nicht befriedigend gelöst ist die Frage nach dem Zusammenhang der Habiru, die in den verschiedensten akkad. Keilschrifttexten und als Apiru auch in Ägypten vorkommen, mit den biblischen H. Als Habiru werden Fremde, ausländische Soldtruppen, Räuber, auch versklavte und abhängige Bevölkerungsteile benannt, so daß das Wort eher die soziale Stellung als die Volkszugehörigkeit bezeichnet. Rückschlüsse, die man von da auf die ursprüngliche Bedeutung von H. in der Bibel gezogen hat, bleiben fraglich, zumal die sprachliche Gleichsetzung von Habiru und H. nicht gesichert ist.
Eine Mitteilung in den Amarnabriefen (15. Jh. v. Chr.) läßt dagegen die Identifizierung wenigstens der dort genannten Habiru mit den Israeliten ansprechend erscheinen. Hier werden nämlich aus Jerusalem zu der Zeit, in die nach der Frühdatierung des Auszugs die Eroberung Kanaans durch Josua fällt, dringende Bitten um Hilfe gegen Einfälle der Habiru an den Pharao Amenophis IV. gerichtet. Ein abschließendes Urteil ist aber noch nicht möglich.

Hebräerbrief. I) VERFASSER.
Der Name des Verfassers wird uns nicht genannt und ist von Anfang an umstritten gewesen. Die wichtigsten alten Hss. stellen den Brief unter die Briefe des Paulus, den die Kirche des Ostens auch als Verfasser ansah. In der Kirche des Westens wurde statt dessen Barnabas genannt. Luther vermutete Apollos.
Wir bleiben also darauf angewiesen, was der H. selbst uns über den Verfasser angibt: Er hat das Evangelium von Ohrenzeugen unter Wundertaten und Ausgießung des Geistes empfangen (Hebr 2,3. 4). Er ist somit kein Apostel, aber in der ersten Zeit zum Glauben gekommen. Er hat unter der Gemeinde gelebt, der er schreibt, und will dorthin zurückkehren (Hebr 13,19.23). Er spricht zu seinen Lesern mit der Autorität des Lehrers (Hebr 5,11–6,8; 10,26–31; 12,14–17). Nach seiner Bekanntschaft mit dem AT und der Tradition ist er Jude, der aber nach dem gepflegten Stile des Briefes hellenistisch geschult ist. Geschrieben ist der Brief in Italien (Hebr 13,24).

II) EMPFÄNGER. Der Brief enthält nur in der Überschrift den allgemeinen Hinweis »An die Hebräer«. Die umfangreiche Heranziehung des AT setzt Kenner dieses Buches voraus. Beides läßt an eine judenchristliche Gemeinde denken, doch bleibt fraglich, wo man sie zu suchen hat. Nur über die Situation der Gemeinde erhalten wir aus dem Brief einige Andeutungen. Vorbildliche Lehrer (Hebr 13,7) haben einen guten Grund der Lehre gelegt (Hebr 6,1). In einer Verfolgung, die zu Gefangensetzungen und Vermögensverlust führte, haben die Gemeindeglieder ihren Glauben bewiesen und treu zueinander gestanden (Hebr 10,32–34). Rege war und ist noch die Liebestätigkeit an den Heiligen (Hebr 6,10). Und doch ist der Fortbestand der Gemeinde gefährdet. Man ist in der Kenntnis der Schrift und im geistlichen Leben nicht gewachsen (Hebr 5,11–14). Eine neue Verfolgung wird augenscheinlich nicht so standhaft ertragen wie die erste (vgl. Hebr 10,35ff; 13,3.13). Das Streben nach Heiligung hat nachgelassen (Hebr 12,12–17), und einige verlassen die Versammlung schon wieder (Hebr 10,25). Wenn die Gemeinde nicht wieder gesundet, werden viele von der umsichgreifenden Verunreinigung erfaßt werden (Hebr 12,15).

III) ZEIT DER ABFASSUNG.
Das früheste äußere Zeugnis ist die Benutzung des H. durch Clemens von Rom (96 n. Chr.). Der Brief selber setzt augenscheinlich das Bestehen des Tempeldienstes voraus, er wird daher wohl vor dem jüd. Krieg und der Zerstörung Jerusalems 70 n. Chr. geschrieben sein. Da die ersten Lehrer der Gemeinde, die Augen- und Ohrenzeugen des Herrn waren (Hebr 2,3), schon gestorben sind (Hebr 13,7), werden wir etwa an den Anfang oder die Mitte der 60er Jahre zu denken haben (62 n. Chr. Tod des Jakobus, 64 n. Chr. erste Christenverfolgung in Rom).

IV) ANLIEGEN. Der Verfasser des H. zeichnet in bes. Weise Person und Werk Christi als des Hohenpriesters des neuen Bundes. Damit will er jüd. Christen vor dem Rückfall in die sichtbaren kultischen Formen des AT bewahren. Sein eigentliches Anliegen ist die Ermahnung zur Entschiedenheit und Treue. Jedem Vergleich folgt eine Mahnung und Warnung, die zeigt, daß man von jeder Stufe abstürzen kann; und je höher man gestiegen ist, um so folgenschwerer der Sturz. Positiv gewendet: Wachsen in der Erkenntnis fordert Wachsen in Treue und Heiligung, Wachsen in der Heiligung wird zu vertiefter Erkenntnis führen.

V) EINTEILUNG.

A. Die Herrlichkeit Christi (1,1–7,28).
1. Überlegenheit über die Propheten (1,1–3).
2. Überlegenheit über die Engel (1,4–2,18).
 a. Beweis aus der Schrift (1,4–14).
 b. Ermahnung (2,1–4).
 c. Notwendigkeit zeitweiser Niedrigkeit Jesu (2,5–18).
3. Überlegenheit über Mose (3,1–4,13).
 a. Vergleich (3,1–6).
 b. Ermahnung (3,7–4,13).
4. Überlegenheit über Aaron (4,14–6,20).
 a. Vergleich (4,14–5,10).
 b. Ermahnung (5,11–6,20).
5. Überlegenheit über Melchisedek (7,1–28).
 a. Melchisedek über Abraham (V 1–4).
 b. Melchisedek über den Aaroniten (V 5–10).
 c. Christus über allen (V 10–28).

B. Heilsordnung unter dem neuen Priestertum (8,1–13,22).
1. Notwendigkeit der Neuordnung (8,1–9,10).
 a. Dienst in der wahrhaftigen Hütte Gottes (8,1–5).
 b. Das neue Volk Gottes (V 6–13).
 c. Vorläufigkeit des atl. Kultus (9,1–10).
2. Die Heilsgüter des Neuen Bundes (9,11–10,39).
 a. Die Gaben in Christus (9,11–10,18).
 Wirkungen des Blutes Christi (9,11–28): Ewige Erlösung, Reinigung zum Dienst, Festigung des Bundes, Wegnahme der Sünden durch den Eingang ins himmlische Heiligtum.
 Wirkung des Opfers des Leibes Christi (10,1–18): Gehorsam und Heiligung.
 b. Ermahnung und Warnung der Gläubigen (V 19–39).
3. Das Leben im Glauben (11,1–13,21).
 a. Das Wesen des Glaubens (11,1–6).
 b. Glaubenszeugen des AT (V 7–40).
 c. Glaubensleben im NT (12,1–13,21):
 Leben nach dem Vorbild Christi (12,1–3),
 Leben in der Erziehung Gottes (V 4–11),
 Leben in der Heiligung (V 12–17),
 Leben aus dem recht angenommenen Wort (V 18–29),
 Einzelanweisungen (13,1–21).

C. Schluß: Grüße und Segen (V 22–25).

VI) THEOLOGIE.

Der H. zeigt den Vorrang des neuen Bundes dem alten gegenüber. Das NT bringt die urbildliche und vollendete Offenbarung Gottes in Christus (Hebr 1,1–3), die das AT vorbildet und vorbereitet, wobei es zugleich über sich hinaus auf ein kommendes Besseres hinweist (Hebr 8,7–13; vgl. Jer 31,31ff).
Christus, der Erbe der Schöpfung (Hebr 1,2), das Ebenbild Gottes und der Abglanz seiner Herrlichkeit (V 3), hat sich für kurze Zeit erniedrigt, um als wahrer Hohenpriester nach der Ordnung Melchisedeks (Hebr 5,10; 7,15–17) – ohne Vorgänger und Nachfolger (7,3) – sich selbst in Heiligkeit (7,26), Barmherzigkeit (Hebr 4,15) und Gehorsam (Hebr 10,7) als Opfer darzubringen. Was alle Opfer des atl. Gottesdienstes nicht vermochten (V 1–4), hat Christus durch sein Blut (Hebr 9,12) und das Opfer seines Leibes (Hebr 10,10) vollbracht: eine ewige Erlösung (Hebr 9,12), Aufhebung der Sünde (V 26), Reinigung der Gewissen zum rechten Dienst Gottes (V 14). Dem ständig wiederholten atl. Opfer steht das eine Opfer Christi gegenüber, mit dem er die in Ewigkeit vollendet, die geheiligt werden (Hebr 10,10.14). An die Stelle des irdischen Heiligtums in Stiftshütte und Tempel ist nun das himmlische getreten (Hebr 8,2), und den Zugang dazu hat Christus durch sein Blut den Glaubenden geöffnet (Hebr 10,19–23).
Mit dem neuen Priestertum ist aber auch ein neues Gesetz gültig geworden (Hebr 7,12), das des Glaubens, der im Vertrauen auf das Unsichtbare, Bleibende (Hebr 11,1) das sichtbare Vergängliche überwindet (V 4-38). Zu diesem Glauben wird die Gemeinde aufgerufen (Hebr 10,35–39), denn bei aller überwältigenden Herrlichkeit des neuen Bundes besteht auch für den Geretteten noch die Gefahr des Rückfalls, selbst in mutwillige Sünde, die ihn von einer Wiederannahme des Heils auszuschließen vermag (Hebr 6,4–6; 10,26.27). Darum wird die Gemeinde in dieser Hinsicht mit Israel auf dem Wüstenzuge verglichen (Hebr 3,7–19). Die Glieder der Gemeinde sind füreinander verantwortlich, denn wer zurückbleibt, wird zur bitteren Wurzel des Unfriedens und Ursache der Verunreinigung vieler Glieder (Hebr 12,15.16; vgl. 3,12.13; 4,1.11).

Hebräisch. Umgangs- und Schriftsprache des isrl. Volkes; in ihr ist mit Ausnahme weniger Abschnitte das AT geschrieben. Sie wird dort aber nie mit diesem Wort bezeichnet, sondern »jüd.« genannt (2 Kö 18,26.28; Jes 36,11.13; 2 Chron 32,18) und heißt Jes 19,18 »Sprache Kanaans«.
Von den semitischen Sprachen, die in engstem Zusammenhang mit dem H. stehen, sind uns heute das Ugaritische der Texte von Ras Schamra an der nordsyr. Küste, das Phönizische, Reste des Kanaanäischen und das Moabitische der Mesa-Inschrift bekannt. Sie bilden zusammen eine Gruppe des Nordwestsemitischen, zu dem weiterhin das Aram. gehört. Vgl. Taf. 67a/1056.
Zur Entstehung des H. vermutet man, daß es Abraham entweder schon in Kanaan angetroffen und übernommen habe, oder daß es aus der Verschmelzung seines aram. Dialektes mit dem Kanaanäischen erwachsen sei. Jedenfalls dürfen wir es als die Sprache Jakobs und seiner Familie bei ihrer Übersiedlung nach Ägypten betrachten. Vgl. auch 1 Mo 31,47, wo Laban den Steinhaufen aram. benennt, dem Jakob den entsprechenden h. Namen gibt.
Eine Verwendung des H. auch in der Schrift ist von Anfang an wahrscheinlich. Das aus dem Phön. entwickelte Alphabet besteht aus 22 Konsonantenzeichen; die in unsern heutigen Texten vorhandenen Vokalpunkte sind erst von jüd. Gelehrten, den Masoreten, zwischen 600 und 800 n. Chr. der überlieferten Lesung entsprechend hinzugesetzt worden. Neben dem AT besitzen wir noch eine Reihe anderer Schriftdenkmäler: die umfangreichsten und wichtigsten sind der Kalender von Geser um 900 v. Chr., die Ostraka (beschriebene Tonscherben) von Samaria aus dem 8. Jh. v. Chr., die Inschrift im Siloahtunnel aus der Zeit Hiskias (um 700 v. Chr.), die Lachis-Briefe aus den letzten Jahren vor der Zerstörung Jerusalems (586 v. Chr.) und die → Handschriften vom Toten Meer. Vgl. Taf. 82/1281; 12b/161; 37/576.
Wenn das H. als Schriftsprache auch bis in diese Zeit als einheitlich erscheint, so ist doch in der le-

bendigen Entwicklung der Umgangssprache mit manchen Dialektunterschieden zwischen den einzelnen Stämmen zu rechnen. Ein Beispiel dafür ist uns in Ri 12,6 (Schiboleth: Siboleth) erhalten. Während und nach der babyl. Gefangenschaft unterliegt das H. immer stärker dem Einfluß des Aram. Dies entwickelte sich allmählich zur internationalen Verkehrssprache (wie es im 2. Jahrtausend das Akkadische gewesen war). Im AT sind neben einzelnen Worten an andern Stellen vor allem Teile der Bücher Daniel und Esra aram. geschrieben. Das H. lebte später nur noch als gottesdienstliche und Gelehrtensprache weiter.
Z. Zt. Jesu u. der Apostel war das → Aram. die tägliche Umgangssprache in Palästina. Sie ist auch immer gemeint, wo im NT von H., h. Sprache oder h. Namen die Rede ist (Lk 23,38; Joh 5,2; 19,13.17.20; Apg 21,40; 22,2; 26,14; Offb 9,11; 16,16). Wo Reden wörtlich wiedergegeben sind – wie Mk 5,41; 7, 34; Joh 20,16 – handelt es sich stets um aram. Worte. Und die »Hebräer« in Apg 6,1 sind die aram. redenden im Gegensatz zu den griech. sprechenden Judenchristen.
Seit der Jh.wende ist mit der Bewegung des Zionismus aus dem alten H. wieder eine moderne Umgangs- und Schriftsprache geworden, die heute die offizielle Landes- und Amtssprache des Staates Israel darstellt.

Hebriter → Heber (1)

Hebron »Bündnis (-Ort)«.
1) Stadt in Juda mit dem Doppelnamen »Kirjath-Arba, das H. heißt« (1 Mo 23,2; 35,27; Jos 20,7). H. wurde 7 Jahre vor Zoan in Ägypten erbaut (4 Mo 13,22[23]). Über das Alter Zoans unterrichtet uns eine ägypt. Inschrift von rund 1290 v. Chr., datiert 400 Jahre nach der Gründung Zoans. Demnach wäre H. um 1700 v. Chr. gegründet. Kirjath-Arba wird uns aber bereits in den Abrahamsgeschichten genannt (1 Mo 23,2), also Jahrhunderte früher. Man sucht deshalb das alte Kirjath-Arba in dem Hügel Er-Rumede auf der Südwestseite des Tales des Wadi el Chalil, während H. auf der Nordostseite liegt. Hier lag auch die Höhle Machpela (1 Mo 23; LÜ zwiefache Höhle), die Abraham von dem Hethiter Ephron kaufte. Um diese Höhle, in der nach Abraham (1 Mo 25,9.10) auch Isaak, Rebekka, Lea und Jakob begraben wurden (1 Mo 49,29–32; 50,13), bildete sich dann der neue Ort H. Der Hain → Mamre, wo Abraham wohnte (1 Mo 13,18), liegt etwa 3000 m nördl. von H.
Bis nach H. drangen die isrl. Kundschafter vor (4 Mo 13,22[23]). Bei der Eroberung Kanaans wurde der Ort als Königsstadt eingenommen und verbrannt (Jos 10,36.37; 12,10). Danach erhielt Kaleb das Gebiet von H. zum Erbteil (Jos 14,12–14), die Stadt selber jedoch war eine der 6 Freistädte (Jos 20,7), eine Priesterstadt (Jos 21,11). Hier war David 7 Jahre und 6 Monate König über Juda (2 Sam 2,1.11), im Tor von H. wurde Abner getötet (2 Sam 3,27), und hier liegt auch das Haupt Is-Boseths begraben (2 Sam 4,12). Die Stämme Israels salbten David in H. zum König (2 Sam 5,3), es war der Geburtsort Absaloms (2 Sam 3,3.5) und der Ausgangspunkt seines Aufstandes (2 Sam 15,10). Rehabeam verstärkte die Stadtbefestigung (2 Chron 11,10). Nach der Rückkehr der Israeliten aus der Gefangenschaft wurde Kirjath-Arba wieder besiedelt (Neh 11, 25). Die Edomiter, die ihr Gebiet während der Zeit des Exils bis an H. vorbei ausgedehnt hatten, wurden von Judas Makkabäus wieder vertrieben (1 Makk 5,65). In den jüd. Kriegen zerstörten die Römer die Stadt.

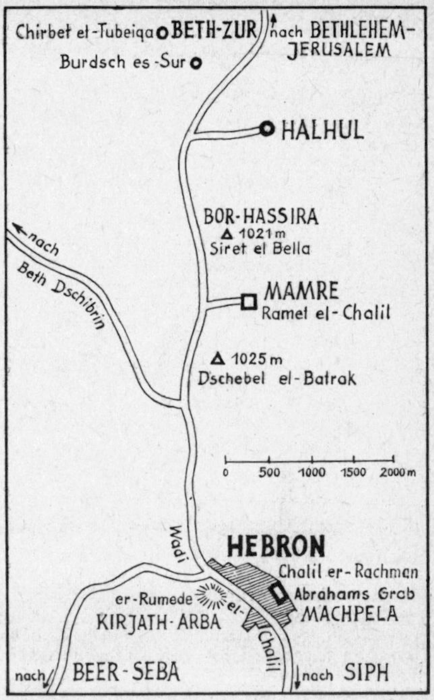

Hebron und Umgebung

Heute ist H. eine bedeutende Stadt Jordaniens, die von den Arabern zur Erinnerung an Abraham El Chalil er-Rachman = »Freund des Barmherzigen« (vgl. Jak 2,23) oder kurz El Chalil genannt wird. Sie ist mit 927 m ü. M. die höchste Stadt westl. des Jordan und liegt in einem fruchtbaren Gebiet, das Wein, Oliven, Mandeln, Feigen und Aprikosen hervorbringt. Den Teich von H. (2 Sam 4,12) haben wir wohl im heutigen Birket es-Sultan zu sehen, 40 m im Umfang und mit gehauenen Steinen eingefaßt. Vgl. Taf. 43a/672; 44a/673.
2) Levit, Sohn Kahaths (2 Mo 6,18). Seine Nachkommen sind die Hebroniter (4 Mo 3,27; 1 Chron 26,30.31).
3) Judäer (1 Chron 2,42.43).

Hecke, Gestrüpp und wilde Sträucher aller Art. H. von → Dornen und → Disteln wachsen auf verwüstetem, unbebautem Land und sind Zeichen des Krieges und der Vernichtung (Jes 7,23; Jes 32,13). Mi 7, 4 ist die H. ein Bild der Wertlosigkeit.

Heer. I) Das isrl. H. stellte ein Volksaufgebot dar, in dem jeder Mann von 20 Jahren und darüber (nach Josephus bis zu 50 Jahren) wehrpflichtig war (4 Mo 1,2.3; 26,2). Priester und Leviten unterlagen dem Wehrdienst nicht und werden bei der Zählung der wehrpflichtigen Männer ausgelassen (4 Mo 1,47–50). Sie trugen aber Waffen, wenn es die Gelegenheit erforderte (1 Chron 12,23.26–28; 2 Chron 23, 7), und noch in ntl. Zeit bildeten die → Leviten die bewaffnete Tempelwache (vgl. auch → Benaja 1). Vorübergehend zurückgestellt wurde, wer im betreffenden Jahr ein Haus gebaut, einen Weinberg gepflanzt oder eine Frau genommen hatte. Gleiches galt auch von den Furchtsamen (5 Mo 20,5–8).

Streitwagen der Ägypter, Hethiter und Assyrer (links u. Mitte ägypt., rechts assyr. Darstellung)

Ägypt. und kanaanitische Fußtruppen (ägypt. Darstellungen)

II) Das Volksaufgebot, in dem sich jeder selber zu verpflegen hatte (Ri 20,10; 1 Sam 17,17), wurde beim Einfall des Feindes durch Posaunensignale und Boten, die gelegentlich bes. Zeichen mitführten, zusammengerufen (Ri 6,34.35; 19,29; 1 Sam 11,7). Die angegebenen Heeresstärken zeigen, daß es meist den größeren Teil der wehrfähigen Männer umfaßte (V 8; 1 Sam 15,4; 1 Chron 5,18). Für begrenzte Unternehmungen wurden kleinere Einheiten ausgewählt, öfter aus allen Stämmen zusammengestellt (4 Mo 31,4; Jos 7,3.4; Ri 20,10).

III) Das H. bestand bis in die Königszeit hinein ausschließlich aus Fußtruppen (2 Mo 12,37; 4 Mo 11,21; 1 Sam 4,10; 15,4), und zwar aus den Schwerbewaffneten mit Schild und Speer (1 Chron 12,8.24.34; 2 Chron 14,7[8]; 25,5) und den leichtbewaffneten Bogenschützen und Schleuderern (1 Chron 8,40; 12,2; 2 Chron 17,17). Die Aufteilung in Tausendschaften, Hundertschaften (2 Mo 18,25; 4 Mo 31,14.48; 2 Sam 18,1; 2 Chron 25,5) und kleinere Einheiten von 50 (1 Sam 8,12; 2 Kö 1,9) und vielleicht 10 Mann (die militärisch nicht mehr genannt werden) beruhte auf der Stammesgliederung in Vaterhäuser und Familien. Heeres- und Stammesgliederung werden weitgehend zusammengefallen sein, so daß die Iststärke einer Tausendschaft ständig wechselte und wahrscheinlich vielfach geringer war, als die Bezeichnung andeutet (vgl. → Stamm).

IV) Alle diese Einheiten hatten ihre Offiziere, d. h. Hauptleute über 1000, 100 und 50 (1 Sam 18,13; 2 Sam 18,1; 2 Kö 1,9; 11,4). Der Oberbefehlshaber des Heeres war der Feldhauptmann (1 Sam 14,50; 2 Sam 20,23; 1 Kö 2,35; 4,4), dem für die Einberufung ein besonderer Schreiber beigegeben war (2 Kö 25,19; vgl. 2 Chron 26,11). Unter David wurde das Volksaufgebot neu organisiert und in 12 Heeresabteilungen von je 24000 Mann gegliedert, deren jede jährlich einen Monat lang zum Dienst eingezogen war (1 Chron 27,1–15). Damit hatte der König eine Art stehendes H. zur Verfügung.

V) Die ersten Anfänge des stehenden H. zeigen sich bereits unter Saul, der 3000 Mann aus ganz Israel zurückhielt, um gegen die Philister gerüstet zu sein (1 Sam 13,2; vgl. 24,3). Seit seiner Fluchtzeit besaß David die Kerntruppe seiner Helden, von denen eine Anzahl später in hohen Kommandostellen erscheint (2 Sam 20,23; 10,10; 1 Chron 27,2.5.7.9–14). Dazu kamen die Leibwache der Krether und Plether und die 600 Söldner des Itthai von Gath (2 Sam 15,18). Salomo führte die Streitwagen im isrl. H. ein, die er in den Wagenstädten Hazor, Megiddo, Geser und in Jerusalem stationierte. Die Angabe, daß ihm für seine 1400 Wagen 4000 Gespanne und 12000 Mann zur Verfügung standen (2 Chron 1,14; 9,25), zeigt, daß auch der isrl. Streitwagen wie der hethitische und assyr. mit 3 Mann, dem Lenker, dem Kämpfer und dem Schildträger, besetzt war, während der ägypt. nur 2 Mann Besatzung hatte.

VI) Auch die späteren Könige Judas widmeten sich immer wieder dem Aufbau und der Ausrüstung des Heeres, wie Rehabeam (2 Chron 11,5–12), Asa (2 Chron 14,6[7]f), Josaphat (2 Chron 17,12–19) und Usia (2 Chron 26,11–15), der neue Waffen einführte. Vgl. weiter → Krieg, → Festung, → Hauptmann, → Panier, → Legion, → Schar, → Waffen und Geräte. Vgl. Taf. 6/65; 65/1024; 88/1377; 92b/1441 und Abb. Sp. 40; 238; 239; 607; 631; 750; 839; 848; 934; 1055; 1063; 1075/6; 1223; 1332; 1395; 1425/6.

Heerscharen, Herr der → Namen Gottes

Hefe. Die unreinen und bitteren Stoffe einschließlich der Hefepilze, die sich bei der Gärung von Flüssigkeiten (z. B. Wein) ausscheiden und zu Boden

Tafel 37

a. *Die Jesajarolle (IQJs^a), gefunden in Höhle I von Qumran am Toten Meer. Geschrieben um 120 v. Chr., die älteste Handschrift eines vollständigen Buches des AT.*

b. *Verschiedene Handschriften und Fragmente von Qumran: Habakukkommentar, Ordensregel und Fragmente des apokryphen Lamechbuches in aramäischer Sprache.*

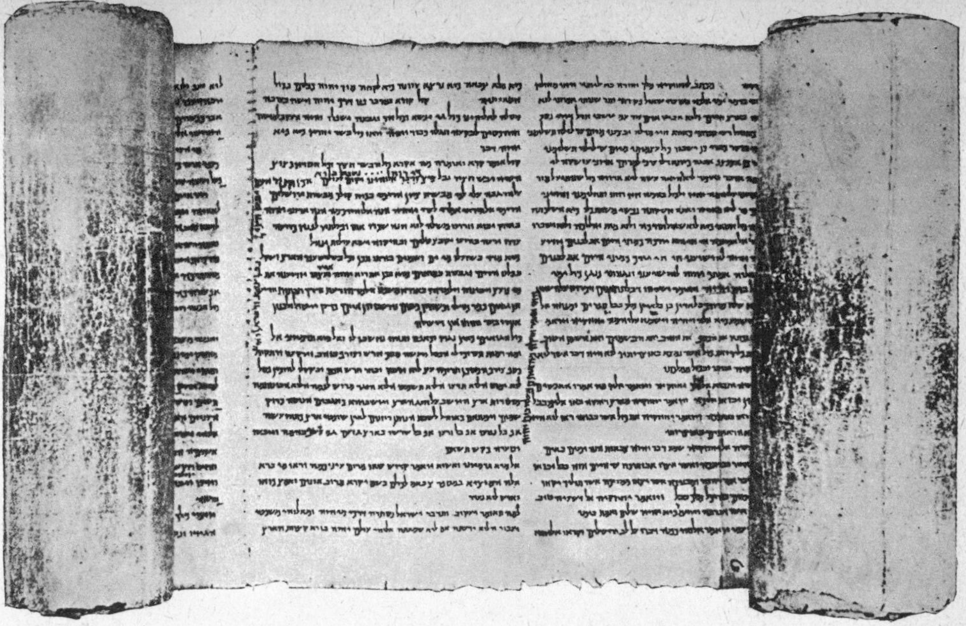

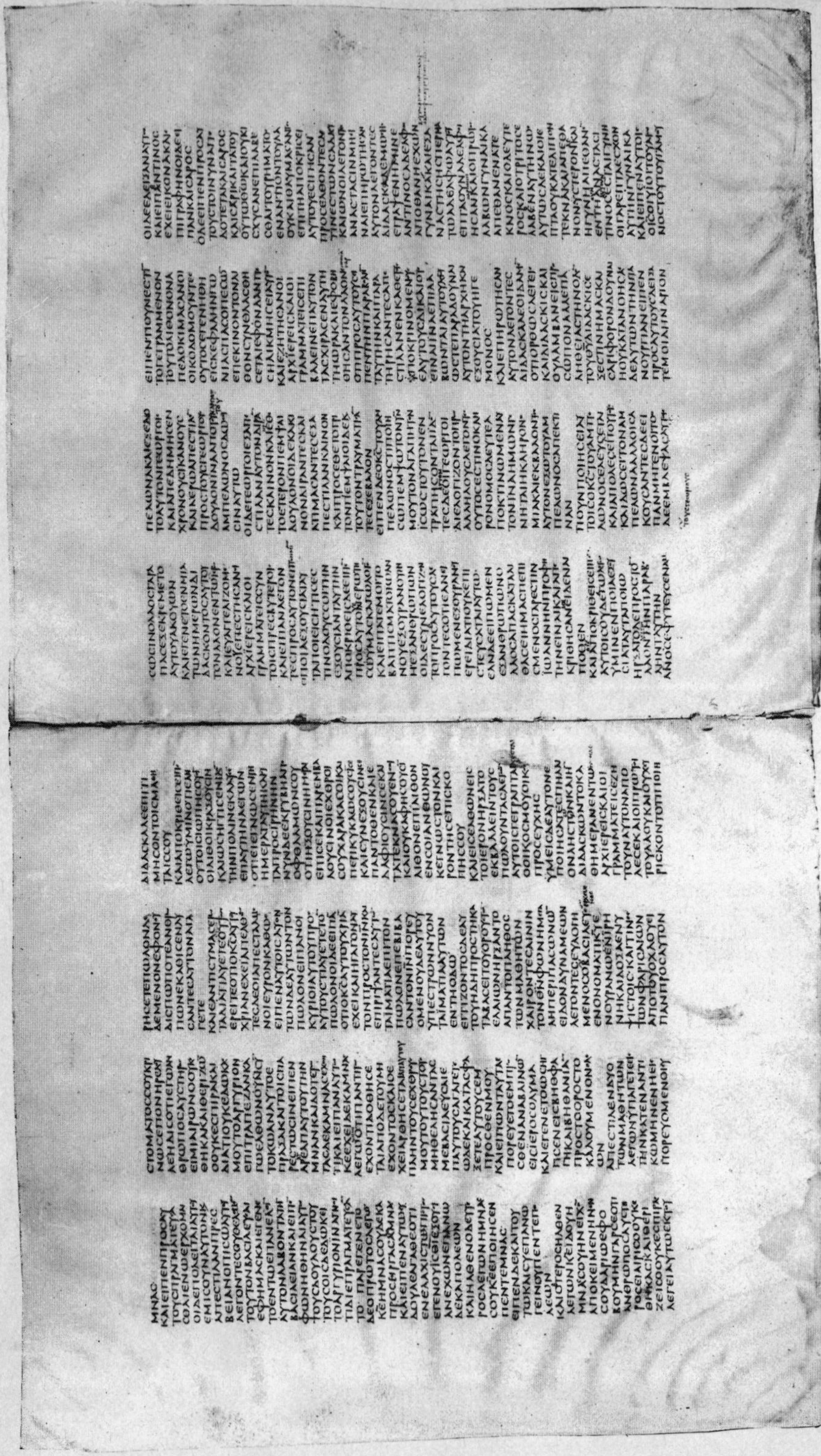

sinken. Im Hebr. stets in der Mehrzahl gebraucht. Wenn die Gerichte Gottes mit einem eingeschenkten Becher oder Kelch verglichen werden, dann heißt »bis zur H. austrinken«: diese Gerichte bis in die letzte Bitterkeit und in ganzer Ausdehnung erfahren müssen (Jes 51,17.22; Ps 75,9). Bei dem Freudenmahl der Völker auf Zion wird jedoch ein Wein ohne H. gereicht werden (Jes 25,6), d. h. es wird eine durch Leid ungetrübte Freude herrschen. »Auf seinen H.« liegt der nach der Gärung nicht abgezogene Wein (Jer 48,11; Zeph 1,12), im übertragenen Sinn das durch kein Gericht beunruhigte, aber auch nicht gereinigte Volk.

Heft. Handgriff des Schwertes (Ri 3,22).

Heftel (Jes 3,18) = Stirnband, Stirnreif (EÜ, ZÜ).

Hegai »Schöne Kühe besitzend«,
Kämmerer des Königs Ahasveros, Aufseher des Frauenhauses, der auch Esther zu betreuen hatte (Est 2,3.8.15).

Heide. I) Hebr. *choräsch* ist 1 Sam 23,15ff wohl der Name einer Örtlichkeit in der Wüste Siph (vgl. MÜ, ZÜ, EÜ Anm.). Viell. hat sich der Name im heutigen Chirbet Churesa, ca. 2,5 km südl. von Siph (1), erhalten.

II) Die Bedeutung in Jer 17,6; 48,6 ist nicht sicher, wahrscheinlich »dürrer, fruchtloser Strauch«.

Heiden (Hebr. *gojim*, griech. *ethnae).*
I) Beide Worte bezeichnen allgemein Nationen oder Völker, haben in der HS aber auch die bes. Bedeutung von Menschen, die Götzendienst treiben (2 Kö 16,3; Hes 23,30), Unreinheit verkörpern (Es 6,21) und Feinde des wahren Gottes und seines Volkes sind (Ps 79,1.6.10; Jer 10,25; Klgl 1,3.10; Hes 34,28. 29; 36,6.7.15). Das deutsche Wort H. bedeutet urspr. wohl »Bewohner der Heide«, da das Christentum auf dem Lande wesentlich später und schwerer Eingang fand als in den Städten.

II) Mit der Berufung Abrahams setzt Gott einen deutlichen Unterschied zwischen seinem auserwählten Volk und den Völkern der H. (1 Mo 12,1–3). Israel ist das Volk seiner Offenbarung und Gegenwart (4 Mo 14,14), das sich seiner Besonderheit gegenüber den H. stets bewußt bleiben soll (3 Mo 18, 24–28; 20,23; 4 Mo 23,9; Jer 51,20; Hes 5,7.11; 20, 32; vgl. Mt 6,7.32), das aber für alle Völker zum Segen werden wird, wenn aus ihm der Messias kommt, dem am Ende der Zeiten auch alle Heiden dienen werden (Ps 72,11; Jes 2,2–4; 25,6–8; Sach 14,16–19).

III) Anderseits kennt das AT auch schon vorher die Offenheit einzelner H. für Gott und sein Wirken an ihnen und durch sie, z. B. bei Jethro, dem Ratgeber und Schwiegervater Moses (2 Mo 18), bei Ruth, die wie Rahab in die Ahnenreihe Jesu aufgenommen ist (Mt 1,5), der Witwe von Zarpath (1 Kö 17), Naeman, der durch Elisa geheilt und bekehrt wurde (2 Kö 5), den Niniviten, die sich auf die Predigt des Jona hin bekehrten (Jon 3,5ff), Kores, dem Gesalbten des Herrn (Jes 45,1), und anderen. Das AT berichtet nicht nur von der Verstockung Pharaos, dem Wüten Sanheribs und dem Trotz Nebukadnezars, sondern bereitet auch auf das Pfingstfest, auf die Ausgießung des heiligen Geistes über alles Fleisch, vor (Jo 3; Apg 2).

IV) Im NT wird jedoch anfänglich die Kluft zwischen Juden und H. noch nicht überbrückt. Jesus weiß sich zunächst nur zum Volk Israel gesandt (Mt 15,24) und verbietet auch seinen Jüngern, zu den H. zu gehen (Mt 10,5). Nur einzelne H. erkennen den Herrn im Glauben (Mt 8,10) und durchbrechen die Grenze (Mt 15,21–28). Nach der Auferstehung wird das anders. Der Herr, dem alle Macht im Himmel und auf Erden gegeben ist, sendet seine Jünger nun bis ans Ende der Welt (Mt 28,18; Eph 2,11–22). Petrus bekommt in einer göttlichen Offenbarung den Auftrag, zu dem heidn. Hauptmann Cornelius nach Cäsarea zu gehen. Während seiner Verkündigung empfangen die H. den heiligen Geist, wie ihn vorher die Judenchristen empfangen hatten (Apg 10–11). Von da an wächst die heidenchristliche Gemeinde, vor allem durch die Arbeit des Heidenapostels Paulus (Apg 9,15; 22,21; 26,17.18; Gal 2,7), wenn auch die Einheit von Juden- und H.christen nicht ohne Schwierigkeiten bewahrt werden kann (→ Apostelkonzil). Als die »eingepfropften wilden Öltriebe« bringen die H. nun gute Frucht, bis einst ihre Vollzahl in die Gemeinde Gottes eingegangen sein wird, die geistliche Blindheit von Israel weicht und dieses Volk endlich zur Erkenntnis seines Messias kommt (Röm 11,16–27; 2 Kor 3,14–16). Dann wird eine Herde und ein Hirte sein (Joh 10,16).

Heil. I) Der dunkle Hintergrund für das H. Gottes ist die Heillosigkeit der Welt. Durch Ungehorsam und Abfall geriet die Menschheit in Unheil und Tod (1 Kor 15,22a; Röm 5,12.16.19a). In das Gericht über die gefallene Menschheit wurde die ganze Kreatur hineingezogen und in »Nichtigkeit« (Röm 8, 20 MÜ), d. h. Sinnlosigkeit und Vergänglichkeit dahingegeben. »H. und Rettung« bedeutet also im umfassendsten Sinn Aufhebung dieses Unheils und die Wiederherstellung des ursprünglichen Zustandes (Apg 4,28; Eph 1,4.11f).

II) So wird im AT alle Hilfe Gottes als H. angesehen (2 Mo 14,13; Ri 15,18; Ps 18,3.36; Ps 118,14; Jes 60,18); aber immer deutlicher konzentriert sich dieser Begriff auf die grundlegende, die gefallene Welt errettende Hilfe Gottes (Ps 98,2.3), die in dem Messias verheißen ist (1 Mo 3,15) und sehnsüchtig erwartet wird (1 Mo 49,18; Ps 119,123.166). Auch die Heiden sollen an dieser umfassenden Wendung durch Gottes Fügung teilhaben (Ps 72,11.17), und so wird das H. Gottes bis an die Enden der Erde offenbar werden (Jes 49,6).

III) Im NT beziehen sich alle Aussagen über das H. bzw. die Seligkeit auf das Werk Jesu Christi und die in seiner Person und seinem Wirken angebrochene und in seiner Wiederkunft zur Vollendung kommende Königsherrschaft Gottes (Lk 1,69; Apg 4,12; 16,17; Eph 1,13; Phil 1,19; 1 Petr 1,5). H. und Seligkeit sind im NT gleichbedeutende Begriffe, wobei sich in der LÜ »Seligkeit« mehr auf die »Rettung« des einzelnen in Vergebung, Rechtfertigung und Bewahrung vor dem ewigen Gericht erstreckt, während das Wort H. mehr für die neue Wirklichkeit, die durch die Heilstat des Heilandes herbeigeführt wird, angewandt wird.

1) Mit dem Ausdruck H. wird darum das geschehene Werk Jesu Christi bezeichnet. In Wort und Werk Christi, insbes. in Tod und Auferstehung, sind die atl. Gottesverheißungen Ja und Amen geworden (2 Kor 1,20): Satan ist entmächtigt (Joh 12,31; 16,11), die Sünde ist vergeben (Eph 1,7), die Gottesferne

Tafel 38
Der Codex Sinaiticus (4. Jh. n. Chr.), eine der wichtigsten Bibelhandschriften und eine der ältesten des NT. Das Manuskript wurde von Tischendorf 1844 und 1859 im Katharinenkloster am Sinai aufgefunden und umfaßt einen großen Teil des AT (LXX) und das vollständige NT. Die aufgeschlagene Doppelseite enthält Lk 19,13–20,34. Britisches Museum, London.

hat ein Ende (Eph 2,13) und das Gericht des Dahingegebenseins an die Mächte des Verderbens ist aufgehoben (Röm 1,24; 6,14; 8,2; Joh 8,36). Jesus Christus hat die verheißene neue Zeit, die Heilszeit, heraufgeführt (Gal 4,4f). Die entscheidende Schicksalswende, der neue Aeon, in dem Gott selbst als Retter und König alles neu macht, ist angebrochen (Röm 3,21ff). Der grundlegende Herrschaftswechsel, durch den wir »errettet sind von der Obrigkeit der Finsternis und versetzt in das Reich des Sohnes« (Kol 1,13), ist ein für allemal geschehen. Jesus Christus hat durch sein Leben, Leiden, Sterben und Auferstehen den Heilswillen Gottes vollbracht (Joh 19, 30; Phil 2,8) und einer heillosen Welt das H., die Rettung erworben (Gal 1,4; 1 Thess 5,9; Röm 1,16; Eph 2,5).

2) Mit dem Ausdruck H. wird aber auch das fort und fort geschehende Werk Jesu Christi gekennzeichnet, das die Zeit zwischen Erhöhung und Wiederkunft Jesu bestimmt und zu einem »Tage des H.« (2 Kor 6,2) prägt. Der auferstandene und gegenwärtige Herr (Joh 15,16; Eph 4,4–6) schützt und erhält (Joh 10,27ff) durch sein Wort und seinen Geist seine Gemeinde aus allen Völkern (Mt 28,18ff) zum ewigen Leben (1 Petr 1,5). Er läßt durch seine Boten das Evangelium in aller Welt verkündigen (Röm 10,17f). Er richtet in der Welt durch wunderbare Taten, Bewahrungen und Führungen, durch Heilungen und Befreiungen, aber auch durch Strafen und Gerichte Zeichen seiner göttlichen Königsherrschaft auf. Er bereitet so die Welt zu auf den Tag seiner Wiederkunft. Jesus Christus ist durch Wort und Geist beständig am Werk und hat dabei immer das ewige H. und die Errettung der Menschen aus Tod und Verdammnis im Auge.

3) Mit dem Ausdruck H. wird endlich die Vollendung der angebrochenen Königsherrschaft Gottes geschildert (Offb 7,10; 12,10; 19,1). Die in Jesus geschenkte neue Wirklichkeit ist im Anbruch gegenwärtig, in der Vollendung aber zukünftig (Röm 13,11). Das ewige H., das Jesus uns erworben hat und das in ihm da ist, dürfen wir jetzt im Glauben erfahren, wir werden es aber einst im Schauen zu eigen bekommen (1 Joh 3,2). Wir warten auf die endgültige Errettung aus dem Gericht, weil unsere Namen geschrieben stehen im Buch des Lebens (Offb 20,12). Wir warten auf die Erlösung des Leibes (Röm 8,23), auf den verklärten Leib (1 Joh 3,2), auf das Schauen Jesu von Angesicht zu Angesicht (1 Joh 3,2), auf den endlichen, letzten Sieg Jesu über alle seine Feinde (Offb 21), auf die ewige Herrlichkeit ohne Tränen, Schmerz und Tod (V 4). Das wird das vollendete H. Gottes sein, wenn alle Feinde überwunden (Offb 20,10.14) sind und alle Ehre Gott allein gegeben wird (Offb 19,6ff), dem Reich, Macht und Herrlichkeit gehören in Ewigkeit.

Heiland »Retter«
bezeichnet den Herrn in seinem Heilshandeln für sein Volk (1 Chron 16,35; Ps 85,5; Jes 43,3; 49,26) und für den einzelnen (Ps 17,7; 51,16); ebenso aber die Männer, die Gott gesandt hat, Israel von Fremdherrschaft zu befreien (Ri 3,9.15; 2 Kö 13,5; Neh 9, 27).
Im NT heißt Christus in bes. Weise der H. seines Volkes (Lk 2,11; Apg 5,31; vgl. Mt 1,21), seines Leibes, der Gemeinde (Eph 5,23), und der Welt (Joh 4,42; 1 Joh 4,14). Daneben wird in den Briefen auch Gott weiterhin H. genannt (1 Tim 1,1; 4,10; Tit 1,3; 2,10; Jud 25). Vgl. auch → Augustus.

Heilen. I) Über die rein medizinische Bedeutung (3 Mo 13,37; Jos 5,8; 2 Chron 21,18; Lk 8,43; → Arzt) hinaus werden die Worte h. und Heilwerden vielfach gebraucht, um eine Wiederherstellung der Lebensordnungen Gottes zu bezeichnen. Zunächst bezieht sich das auf die Heilung des Leibes: Gott befreit Abimelechs Frauen von ihrer Unfruchtbarkeit (1 Mo 20,17) und Mirjam vom Aussatz (4 Mo 12,13), er heilt alle unsere Gebrechen (Ps 103,3); Jesus hilft Kranken (Mt 14,14), Lahmen, Blinden, Stummen, Krüppeln (Mt 15,30) und Besessenen (Mt 12,22; vgl. → Krankenheilung).

II) In übertragenem Sinn wird Schlagen und H. ein häufiges Bild für das Handeln des Herrn in Gericht und Gnade (5 Mo 32,39; Hi 5,18; Hos 6,1). Er schlägt so, daß niemand h. kann (Jer 14,19; 15,18), aber er macht auch wieder gesund und heilt die Wunden (Jer 30,17) und die zerbrochenen Herzen (Ps 147,3; Lk 4,18; vgl. dagegen Hes 34,4; Sach 11, 16). Der Herr heilt Ungehorsam und Abfall (Jer 3, 22; Hos 14,5), wenn die Menschen und Völker zu ihm umkehren (Jes 19,22). H. drückt dabei die Sündenvergebung und ihre Folgen aus (Ps 41,5; 103,3; Jes 53,5; 1 Petr 2,24; 2 Chron 7,14; vgl. 30,20). Wo aber ständig neuer Ungehorsam den Zorn des Herrn wachsen läßt, ist kein H., keine Vergebung noch Schonung mehr (2 Chron 36,16).

III) Mit der tödlichen Wunde des Tieres, die wieder heil wurde (Offb 13,3.12), ist eine Wiederherstellung seiner eigenen gegen Gott gerichteten Macht gemeint.

Heilige Schrift → Schrift, Heilige

Heiligkeit, heilig. I) SPRACHLICHE DEUTUNG.
Heilig (hebr. *khadosch*, griech. *hagios*) bezeichnet etwas vom Gewöhnlichen Getrenntes oder Ausgeschiedenes; geweiht, unverletzlich; abgegrenzt vom Kreaturhaften bei deutlichem Wesensunterschied. Ferner bezeichnet es den Besitz einer das Irdische überragenden Macht, die aber durch bestimmte Verbindung mit dem H.träger auch von Menschen erlangt werden und Dingen innewohnen kann. Daraus ergibt sich eine Erweiterung des Wortsinns und die Gleichsetzung von H. mit Reinheit und Makellosigkeit vor Gott im Gegensatz zur Sündhaftigkeit.

II) BIBLISCHE SINNDEUTUNG.
1) Der BEGRIFF der H. ist in der HS ausschließlich auf Gott bezogen und in seinem Wesen von Gott her bestimmt. H. bezeichnet die in sich ruhende, nicht abgeleitete Existenzweise Gottes und drückt sein Anderssein den Geschöpfen und dem Geschaffenen gegenüber aus (2 Mo 15,11: »wer ist ihm gleich, der so mächtig, heilig, schrecklich, löblich und wundertätig sei?«). Gottes Andersartigkeit zeigt sich als unverletzliche, unnahbare, drohende und schreckliche → Majestät, aber auch als anziehende, beglückende, gütige und segnende Macht, als → Gericht und als → Gnade, als → Gerechtigkeit und als → Liebe.

2) Die BEGRÜNDUNG der H. in der Schöpfung geschieht durch Gott, der heilig ist (Jes 6,3) und der heilig macht (Hes 37,28). Eine Person, Sache oder Zeit wird erst dann heilig, wenn Gott sie zu eigen nimmt und sie dadurch heiligt. Nicht der Mensch schafft die H., sondern alle H. geht von Gott aus; weil er heilig ist, sollen auch wir heilig sein (3 Mo 11,44.45; 19,2).

3) Alles, was außer Gott, dem Urquell und Urheber aller H., als heilig bezeichnet wird, ist es nur in Verbindung mit ihm.

a) So ist das Volk → ISRAEL besonderes Eigentum Gottes und soll darum ein »priesterliches Königreich und ein heiliges Volk« sein (2 Mo 19,6).

b) Die → PRIESTER sind durch Sonderwahl u. Weihe heilig (3 Mo 21,1–9), insbes. der → Hohepriester, auf dessen goldenem Stirnblatt geschrieben steht: »Heilig dem Herrn« (2 Mo 28,36).

c) Die STÄTTEN der Gottesoffenbarung sind heilig, weil von Gott in Besitz genommen, so das »heilige Land« um den brennenden Busch (2 Mo 3,5). → Jerusalem ist als Gottes Wohnsitz heilige Stadt (Jes 48,2; 52,1).

d) Gottgeweihte ZEITEN sind heilig, so der → Sabbat (2 Mo 35,2), die Feste des Herrn und die Festversammlungen (3 Mo 23,4ff).

e) DINGE und GEGENSTÄNDE sind heilig, wenn sie im Dienste des heiligen Gottes stehen, so die Lade (2 Chron 35,3; vgl. 2 Sam 6,6f) und überhaupt die heiligen Geräte (4 Mo 31,6), Opfer (Hes 42,13), Brote (1 Sam 21,5[4]), Wasser (4 Mo 5,17), Zehnten (3 Mo 27,32), Priesterschmuck (1 Chron 16,29) und -gewänder (2 Mo 28,2).

f) Zum heiligen Weg (Jes 35,8) vgl. → Weg II,3.

4 a) In bezug auf GOTT den Vater nimmt das NT die Aussage des AT (Jes 6,3) auf: Heilig, heilig, heilig ist Gott der Herr, der Allmächtige (Offb 4,8). Jesus selbst betet zu seinem »heiligen Vater« (Joh 17,11), mit dem er sich in Einheit verbunden weiß. »Heilig« steht dann als Ausdruck des übernatürlichen Ursprungs Jesu. Der »heilige Geist« Gottes ist über Maria gekommen, darum wird das von ihr geborene »Heilige« Sohn Gottes genannt (Lk 1,35; Mt 1,18). Dieses Wesen Jesu wird ebenfalls deutlich, wenn die Dämonen ihn abwehrend den »Heiligen Gottes« nennen (Mk 1,24).

b) Heilig werden die → ENGEL genannt, die Begleiter des in Herrlichkeit kommenden → Menschensohnes (Mt 25,31); ferner PROPHETEN, weil Gott durch ihren Mund geredet hat (Lk 1,70); die APOSTEL und Propheten, denen die Geheimnisse Christi offenbart sind durch den Geist (Eph 3,5). Johannes der Täufer wird als »frommer und heiliger Mann« bezeichnet (Mk 6,20).

c) Die H. ist eigen dem Gottesvolk des NT, der → GEMEINDE Jesu (Röm 11,16). Die Anrede »berufene Heilige« in den Adressen der Paulusbriefe (Röm 1, 7; 1 Kor 1,2) gilt den Christen als denen, die »in Christus« (Röm 8,1), Glieder an seinem Leibe sind.

5) Im NT steht die Teilnahme des → Menschen an der H. als Wesenseigenschaft Gottes im Mittelpunkt (Eph 4,24), heilige Gegenstände kommen im Gegensatz zum AT nicht mehr vor. Nur heilige Stätte (Apg 6,13) und heilige Stadt (Mt 27,53) werden gelegentlich gebraucht, jedoch im atl. Sinne. Im Geiste der H., dem schöpferischen Lebensprinzip innerhalb des Gottesvolkes, erweist sich Jesus als Gottessohn, als Messias und → Herr seiner Gemeinde (Röm 1,4), die jetzt der heilige Tempel Gottes ist (1 Kor 3,17).

Heiligung, heiligen. I) In der LXX ist griech. *hagiazo* = »heiligen« fast durchweg die Wiedergabe des hebr. *khadasch* = »heiligen, weihen« und hat zunächst einen rein kultisch-gottesdienstlichen Sinn (2 Mo 29,21 u. a.). Das Heiligen kann erfolgen durch kultische Handlungen (2 Mo 19,10.14; Jos 7,13 u. a.), aber auch durch Feiern (2 Mo 20,8; 5 Mo 5,12). Der Heiligende ist stets der heilige Gott, auch wenn Priester als Vermittler eingeschaltet werden. Durch die H. werden Dinge und Menschen in den Dienst Gottes gestellt. Indem sich aber Gott zu Menschen herabneigt und sie seiner heiligen Gegenwart und Gemeinschaft würdigt, will er sie auch an seinem heiligen Wesen teilnehmen lassen (3 Mo 19,2): »Ihr sollt heilig sein; denn ich bin heilig!« wird das Motto der ganzen biblischen Heilsgeschichte. Das erwählte Volk soll sich nicht nur der kultischen, sondern auch der sittlichen Reinheit befleißigen. Um dieses Ziel kämpfen im Auftrag des Herrn die Propheten, vor allem Hosea, Amos, Jesaja, Jeremia (Hos 6,6; Jes 1,11–17; vgl. 1 Sam 15,22). Praktisch blieb man aber im AT vorwiegend in der äußerlichen H. stecken (Hebr 9,10), die zwar ein Erziehungsmittel zur Herzensheiligung werden sollte, aber »nach dem Gewissen nicht vollkommen machen konnte« (Hebr 9,9). Das war auch nicht möglich, weil »der Weg des Heiligen noch nicht offenbart war« (Hebr 9,8).

II) Erst im NT haben wir diesen »neuen, lebendigen Weg, der ins Allerheiligste führt« (Hebr 9,11–14). Jesus Christus hat sich durch sein Leiden und Sterben, durch seinen Gehorsam bis zum Tode am Kreuz »selbst für uns geheiligt«; nun erst können auch »wir in der Wahrheit geheiligt werden« (Joh 17,19). So ist »Christus uns von Gott gemacht worden zur H.« (1 Kor 1,30). In der ntl. H. ist ein Doppeltes klar zu unterscheiden:

1) die H. ist ganz und gar GOTTES WERK: Sie ist die Gabe Gottes an alle, die sich durch den rechtfertigenden → Glauben dem → Evangelium erschließen. Gott wirkt im Gerechtfertigten nicht nur die → Vergebung der Sünden um Christi willen, sondern eignet ihm auch Christi Heiligkeit zu (1 Kor 6,11; Eph 4,24; 5,25ff). Dadurch wird der Gläubige von innen her erneuert, wiedergeboren (Joh 3,1–16; 1 Petr 1,3–5) durch den »Geist der H.« (Röm 1,4; 15,16; 1 Petr 1,2).

2) Die H. erfordert DES GLÄUBIGEN ganzen EINSATZ: Wer in der Rechtfertigung die überwältigende Gnade Gottes zur Errettung von der ewigen Verdammnis erfahren hat, der hat kein Recht mehr, über sich selbst zu verfügen (2 Kor 5,14–17), an den hat die Welt keinen Anspruch mehr (Gal 6,14). Er ist vielmehr seinem Gott verschrieben und verpflichtet. Er ist nach göttlichem Recht »heilig dem Herrn« und soll dies nie vergessen (Röm 1,7; 1 Kor 1,2; Eph 1,4; Kol 3,12; Offb 20,6). Die »in Christus Geheiligten« haben ihre Leiber Gott darzustellen als ein heiliges Opfer (Röm 12,1); sie sollen dem Heiligen Geist im ganzen Leben Raum geben und gehorchen: »Jaget nach der H., ohne welche wird niemand den Herrn sehen!« (Hebr 12,14). Bes. die Schlußkapitel der Apostelbriefe sind voller Ermahnungen zu einem Leben in der praktischen H. (Röm 12,1–21; 13, 1–14; 1 Kor 16,13–14; 2 Kor 13,5; Gal 5; 6). Den zahlreichen statischen Aussagen vom »Stand der Heiligen in Christus« stehen die vielen dynamischen Mahnworte gegenüber, die zu einer immer neuen und vertieften Hingabe an Gott und Lossagung von der Welt aufrufen (Röm 6,19; 1 Joh 2,15–17 u. ö.). Es gilt, einen »heiligen Wandel zu führen in der Furcht Gottes« (1 Petr 1,15–17; 2 Kor 7,1). Das Ineinander von Gottes alleinwirkender H.gnade und dem vom Gläubigen geforderten ganzen Einsatz für seine Errettung sehen wir einzigartig ausgesprochen in Phil 2,12.13. Vgl. → Kampf.

III) Die MITTEL der ntl. H. Dem durch den Glauben Gerechtfertigten und Geheiligten werden zum »Fortfahren in der H.« Mittel angeboten, die in Treue wahrzunehmen sind: Gebet, Brotbrechen, Gemeinschaft der Heiligen (→ Bekenntnis I, → Ermahnung) und vor allem das Wort Gottes (Apg 2,42).

IV) Das ZIEL der H. ist die Vollendung und Verklärung der Gläubigen in das Bild des Christus (Röm 8,28; 8,17; 1 Kor 15,35ff; Phil 3,21; 1 Joh 3,2), die Vollkommenheit in ihm (Kol 1,28; 2,10), wie sie der Herr selbst von seinen Jüngern gefordert und ihnen verheißen hat (Mt 5,48). Das Anziehen dieser Vollkommenheit, des neuen Menschen (Eph 4,24), ist unsere tägliche Aufgabe: »allezeit fröhlich – allezeit für alles dankbar – völlig in der Liebe« (1 Kor 14, 20; Phil 3,15; 1 Petr 2,9–10; Hebr 5,14). v. Eicken.

Heiligtum → Stiftshütte; → Tempel

Heillos → Belial

Heilsam. I) LÜ übersetzt im AT mit h. verschiedene hebr. Worte, deren Bedeutung wörtlich etwa mit »gut« (Ps 119,66), »wohlgefällig« (Spr 10,32), »Heilung, Beruhigung« (Spr 12,18; 13,17; 15,4) und »aufrichtig, wahr« (Am 5,10) wiederzugeben ist. H. steht hier meist im Zushg. mit menschlicher Rede.

II) Im NT ist Tit 2,11 von der »h. (= rettenden) Gnade Gottes« die Rede (griech. *sotaerios).* Sonst hat h. stets die Bedeutung »gesund« (1 Tim 1,10; 6,3 u. ö.; griech. *hygiainôn),* und zwar mit Bezug auf die Lehre.

Heimliche Gemächer → Gemächer, heimliche

Heimlichkeit, heimlich. Heimlich und verborgen handelt, wer das Licht scheut, weil er seine böse Absicht (Mt 2,7) oder sein schändliches Tun (Eph 5,12; 2 Kor 4,2) verbergen will oder sich vor anderen fürchtet (Joh 19,38). H. ist das Merkmal des Wandels in der Finsternis und das Geständnis, daß man sich seines Unrechts bewußt ist (Joh 3,20.21). Nach der Schrift sind heimlich zu halten nur die Geheimnisse des Mitmenschen (Spr 25,9), das Almosen (Mt 6,1–4) und das persönliche Gespräch mit Gott im Gebet (Mt 6,5.6). Bei den beiden letzten ist das Vergelten durch Offenbarmachen Gottes Sache (Mt 6,4). Zu Gottes H. (Mt 13,35) und heimlicher Weisheit (1 Kor 2,7) vgl. → Geheimnis.

Heimsuchen. I) In der HS ist H. – bis auf Spr 19, 23 (vom Übel) – ein Tun Gottes. Gott sucht heim; d. h. er besucht die Menschen, er stellt mit ihnen Verbindungen her, er kümmert sich um sie. Es ist die Tätigkeit des Arztes, der sich heilend um jemand bemüht. Dieses H. hat immer das Heil des Heimgesuchten zum Ziel, auch oder gerade wenn es ein richtendes und strafendes H. ist. So unterscheiden wir zweierlei Arten des göttlichen H.: ein gnädiges und ein richtendes H. Beide aber gehören untrennbar zusammen. Unübertreffbar ist das Wort »heimsuchen«! Gott sucht einen Menschen, um ihn »heim«zuführen. Ein Mensch ohne Heimsuchung Gottes wäre in der Tat ein von Gott Verlassener.

II) Gnädiges Heimsuchen.
Wenn die Stunde Gottes herbeigekommen ist, seine Verheißungen zu erfüllen, dann sucht er die auf ihn wartenden Menschen heim: Abrahams Frau Sara (1 Mo 21,1), Hanna, die Mutter Samuels (1 Sam 2,21), Israel in Ägypten (1 Mo 50,24; 2 Mo 3, 16). So erlebt Israel in den Tagen Jesu die Zeit seiner gnädigen Heimsuchung (Lk 1,68; 7,16). Es gereicht Israel zum Verderben, daß es diese Zeit nicht erkannte (Lk 19,44). Schon die Psalmisten beteten, Gott möge sein Volk, den »Weinstock Gottes«, h., um es zu erhalten (Ps 80,15f). Aber auch die Heiden sucht Gott heim, indem er durch die Predigt des Evangeliums sich aus ihnen ein Volk zubereitet, das ihm dient (Apg 15,14). Alles in allem erfahren die Menschen Gottes H. in den geistlichen und leiblichen Wohltaten, die er ihnen erweist (Ps 65; bes. V 10).

III) Richtendes Heimsuchen.
Schon das AT bezeugt Gottes Langmut und Erbarmen, aber er sucht auch die Sünde heim, »der Väter Missetat an den Kindern bis in das dritte und vierte Glied, die mich hassen« (2 Mo 20,5; 4 Mo 14,18). Die Übertreter wird Gott mit Schrecken, Krankheit, Krieg und Flucht h. (3 Mo 26,16). Zahlreich sind im AT die Worte, die von solchem strafenden H. Gottes reden (vgl. Hi 7,18; Ps 59,6; Jes 13,11; 24,21; Jer 6, 6). Auch für dieses H. hat Gott seine bestimmten Zeiten (2 Mo 32,34; Jer 46,21). Ja, es gibt einen »Tag« (Jes 10,3) und ein »Jahr« der Heimsuchung (Jer 23,12). Im übrigen → Gericht.

Helam,
Ort jenseits des Jordan (2 Sam 10,17). Die genaue Lage ist unsicher. Man hat an verschiedene Orte gedacht: Aleppo (Halman), das aber zu weit nördl. liegt, Alamatha am Euphrat (nach Ptolemäus) und Alema (1 Makk 5,26), d. i. Alma, 20 km nordöstl. von Edrei. Außerdem liegt am Jabbok eine Ruine Elamun, die H. sein könnte.

Helba → Ahelab

Helbon »Fetter, fruchtbarer Ort«,
durch ihren Wein und Honig (den auch der griech. Geograph Strabo erwähnt) berühmte Stadt (Hes 27, 18). Wohl das heutige Khalban, ein Dorf in einem Tal des Antilibanons, 15 km nördl. von Damaskus.

Heldai »Maulwurf« (Noth).
1) Netophathiter, Führer der 12. Heeresabteilung z. Zt. Davids (1 Chron 27,15). Vgl. → Heled.
2) Einer der z. Zt. Sacharjas noch in der Verbannung lebenden Juden (Sach 6,10). In V 14 wird er Helem genannt.

Helea »Rost«,
eine der beiden Frauen Ashurs, des »Vaters Thekoas« (1 Chron 4,5.7).

Heleb »Fettigkeit«,
Sohn Baanas, des Netophathiters, Held Davids (2 Sam 23,29). 1 Chron 11,30 wird er → Heled genannt.

Heled »Maulwurf«,
Sohn Baanas (1 Chron 11,30). Identisch mit → Heleb, wohl auch mit → Heldai (1).

Helek wohl Kurzform »Anteil, Besitz (ist der Herr)«,
Sohn Gileads. Seine Nachkommen sind die Helekiter (4 Mo 26,30; Jos 17,2).

Helem viell. »Maulwurf«.
1) Asserit, Bruder Semers (1 Chron 7,35). Vielleicht identisch mit Hotham in V 32.
2) → Heldai (2).

Heleph viell. »Schilf« (schneidend) oder »Schermesser«.
Ort im Stamm Naphthali (Jos 19,33), möglicherweise Beitlif im galiläischen Bergland, rund 18 km westl. von Kedes.

Helez, Kurzform »(Gott hat) herausgerissen, gerettet«.
1) Peloniter, Führer der 7. Heeresabteilung Davids (1 Chron 27,10).
2) Sohn Asarjas, Vater Eleasas aus dem Stamme Juda (1 Chron 2,39).

Helkai Kurzform von Hilkia, wie Helek.
Priester z. Zt. des Hohenpriesters Jojakim (Neh 12, 15).

Helkath »Feldstück, Feld«,
Levitenstadt in Asser (Jos 19,25; 21,31). Nach Alt am Unterlauf des Kisons zu suchen, er denkt an den Tell Harbadsch. Englische Ausgräber sehen in diesem Ruinenhügel jedoch das → Haroseth der Heiden. Vgl. Karte Sp. 846.

Helkath-Hazzurim. Örtlichkeit beim Teich von Gibeon (2 Sam 2,16). Der Name wird als »Feld der Felsen, Kiesel« oder nach der Änderung Köhlers »Feld, wo einer den anderen in die Seite stach« übersetzt.

Hellenisten → Griechen

Heller → Geld

Helm → Waffen und Geräte

Helon »Stark«,
Vater des → Eliab (1) (4 Mo 1,9 u. ö.).

Hemam → Homam

Heman »Glückskind«? (Noth).
1) Horiter, Sohn Lotans (1 Mo 36,22).
2) Berühmter Weiser, der 1 Kö 5,11[4,31] mit drei andern genannt wird, deren Weisheit von der Salomos noch übertroffen wurde. H., Chalkol und Darda (Dara) heißen Söhne Mahols; vielleicht umfaßt diese Bezeichnung auch noch den vor ihnen genannten Esrahiter Ethan. Nach 1 Chron 2,6 sind alle vier Söhne, d. h. hier wohl Nachkommen, des Judäers Serah. Ps 88,1 nennt H. den Esrahiter als Verfasser.
3) Sohn Joels und Enkel des Propheten Samuel, ein levitischer Sänger und Zimbelspieler (1 Chron 6,18 [33]; 15,19). Mit Asaph und Ethan (Jedithun) leitete er die Sänger z. Zt. Davids (V 17; vgl. 2 Chron 35,15), wobei seine Abteilung mit der Jedithuns den Dienst am Zelt und Altar in Gibeon versah (1 Chron 16,39.41), und nahm noch an der Tempeleinweihung unter Salomo teil (2 Chron 5,12). Er wird Seher des Königs genannt (1 Chron 25,5), und alle seine 14 Söhne – er hatte noch drei Töchter – standen wie er in dem Dienst, den Herrn mit Gesang und Musik im Tempel zu loben (V 4.5).

Hemd → Kleid

Hemdan, hängt mit hebr. »begehrenswert finden« zusammen.
Horiter, Sohn Disons (1 Mo 36,26). 1 Chron 1,41 durch Verwechslung der beiden Buchstaben d und r Hamran genannt.

Hemor »Esel«.
Hevitischer Fürst von Sichem. Er unterhandelte mit Jakob und seinen Söhnen, nachdem sein Sohn Sichem Jakobs Tochter Dina verführt hatte, und fiel dann mit allen Einwohnern der Stadt der Rache Simeons und Levis zum Opfer (1 Mo 34). Als Stammvater der Sichemiten wird er noch Jos 24,32; Ri 9, 28 und Apg 7,16 erwähnt.

Hena.
Von den Assyrern eroberte Stadt (2 Kö 18,34; 19, 13; Jes 37,13). Die LXX hat Aina, Ainag, die Vulgata Ana, die assyr. Annalen haben Anat. Vielleicht das heutige Anat oder Ana am rechten Euphratufer (Karte Sp. 131/2); man hat den Ort aber auch am pers. Golf gesucht.

Henadad »Mitleid des Hadad«.
1) Levit, dessen Nachkommen mit Serubabel aus der Verbannung heimgekehrt waren (Es 3,9).
2) Vater Bavvais, des Obersten des halben Bezirks von Kegila (Neh 3,18).

Henken → Gehenkter

Henne → Hahn

Henoch.
1) Sohn Kains, nach dessen Namen Kain die Stadt, die er erbaut hatte, H. nannte (1 Mo 4,17.18).
2) Sohn Jareds aus dem Geschlecht Seths und Vater Methusalahs. H. führte ein Leben mit Gott und wurde vom Herrn entrückt (1 Mo 5,18.21–24), damit er, der Gott wohlgefallen hatte, den Tod nicht sehen sollte (Hebr 11,5). Lk 3,37 wird H. im Stammbaum Christi genannt, und Jud 14f wird eine Weissagung von ihm angeführt, die sich auch im apokryphen Henochbuch 1,9 findet.
3) → Hanoch.
4) Ältester Sohn Rubens (1 Mo 46,9; 2 Mo 6,14; 1 Chron 5,3). Seine Nachkommen bilden das Geschlecht der Henochiter (4 Mo 26,5).

Henochiter → Henoch (4)

Hepher I) Viell. mit arab. »Hilfe bringen« zusammenhängend.
1) Sohn des Gilead aus dem Stamm Manasse; seine Nachkommen wurden Hepheriter genannt (4 Mo 26, 32; 27,1).
2) Sohn Ashurs, des Vaters von Thekoa aus dem Stamme Juda (1 Chron 4,6).
3) Ein Macherathiter, Held Davids (1 Chron 11,36).
II) »Wasserloch«. Kanaanitische Königsstadt (Jos 12,17); sie gehörte zum 3. Verwaltungsbezirk Salomos (1 Kö 4,10). Man sucht den Ort in Ibsar am Wadi el-Hawarit in der Saronebene oder in Tulkarm südl. von Socho (3). Vgl. Karte Sp. 1181.

Hepheriter → Hepher (1)

Hephzibah »Mein Gefallen ist an ihr«,
Mutter König Manasses (2 Kö 21,1).

Her »Wachsam«,
Vater Elmadams, Vorfahr Christi (Lk 3,28).

Herberge. I) Übernachtungsstätte für Reisende, die aber durch die orient. Gastfreundschaft häufig entbehrlich war (2 Mo 2,20; Ri 19,15–21; 2 Kö 4,8; Apg 28,7; Hebr 13,2). Die öffentliche H. (vgl. Jer 41,17) war eine Art Schutzraum für Mensch und Tier. Ähnlich einer modernen Karawanserei bestand sie aus einem großen, quadratischen Raum mit einem Brunnen in der Mitte und Räumen für die Reisenden, Kammern für das Gepäck und Ställen für das Vieh ringsherum. Die Gasträume waren ohne jegliches Mobiliar. Der Reisende breitete seinen Teppich auf dem Fußboden aus; sonst diente sein Mantel als Lager und Decke zugleich. Manchmal war ein Aufseher dort, von dem man Nahrung kaufen konnte (Lk 10,34.35).
II) Lk 2,7 bezeichnet das griech. Wort ganz allgemein die Unterkunft, d. h. hier vermutlich das Haus der Verwandten Josephs.

Herd. Feuerstätte des Hauses (Jes 30,14; 30,33 LÜ Grube; Hes 24,9 LÜ großes Feuer). Es handelt sich dabei um eine runde Vertiefung im Boden, meist wohl in einer Ecke des Hauses. Das Loch bzw. die Grube war meist von einer Steinreihe umgeben, auf die man den Kochtopf stellen konnte. Gebraten wird über dem offenen Feuer. Der H. spielt für das isrl. Leben bei weitem nicht die Rolle wie für das europäische. Hes 43,15 (LÜ Gottesherd) meint H. wohl den Altar in Jerusalem, auf dem ständig das Opferfeuer brennt. Jes 31,9 (ZÜ Ofen) ist mehr an das verzehrende Feuer des göttlichen Zornes gedacht.

Herde. I) → Viehzucht IV.
II) Übertragen für das Gottesvolk (Hes 34,2.8.10) und die Gemeinde Jesu gebraucht (Lk 12,32; Joh 10, 16). Vgl. → Hirte.

Heres »Sonne«.
1) Für »Gebirge H.« (Ri 1,35 LÜ) ist besser Har Heres = »Sonnenberg« zu lesen. Diese Stadt ist vermutlich mit Ir-Semes (Jos 19,41), auch → Beth-Semes (Jos 15,10) genannt, identisch. Vielleicht haben wir H. aber auch im heutigen Hirsa, 2,5 km südöstl. von Jalo (Ajalon), zu suchen. Vgl. Karte Sp. 1144.
2) Anhöhe (EÜ, MÜ) oder Paß (ZÜ), aus dessen Richtung Gideon nach seinem Sieg über die Midianiter zurückkehrte (Ri 8,13; LÜ ehe die Sonne aufgegangen war). Musil sucht den Ort am Darb el-Mneqqa, dem Weg von Damaskus über Edrei und weiter durch den Wadi Sirhan (vgl. Ri 8,11).

Hereth, Wald im Stamm Juda. Hier suchte David vor Saul Zuflucht (1 Sam 22,5). Vielleicht Kharas östl. von Kegila, wo ein Landstrich mit Sträuchern bewachsen ist. Vgl.Karte Sp. 279.

Herlinge (eigentlich Herblinge).
Die sauren, ungenießbaren Trauben des wilden oder die nicht mehr zur Reife gelangten des kultivierten Weinstocks. Als Bild bezeichnen sie die Sünden des Gottesvolkes, seinen Undank für alle Treue und Fürsorge des Herrn (Jes 5,2). Weiter wird Jer 31,29; Hes 18,2 die Folge des Genusses solcher Trauben mit den Folgen der Sünde, dem Gericht, verglichen.

Hermas (griech. Göttername).
Christ in Rom, von Paulus gegrüßt (Röm 16,14).

Hermes. 1) Griech. Gott, dem röm. → Merkurius (Apg 14,12 LÜ) entsprechend.
2) Christ in Rom, den Paulus grüßen läßt (Röm 16, 14).

Hermogenes »Von Hermes abstammend«.
Christ, der Paulus verließ (2 Tim 1,15).

Hermon »Bann(-Berg), durch → Bann geweihter (Berg)«,
heute Dschebel et-Teldsch, »Berg des Schnees«, oder Dschebel esch-Schech, »Berg des Greises«. Die Sidonier nannten dieses Gebirge Sirjon, die Amoriter Senir (5 Mo 3,9).
Das H.-Gebirge ist der mächtige Abschluß des Antilibanon im S. Drei Gipfel (der höchste 2759 m) überragen die Kammlinie. Deswegen spricht Ps 42,7 von Hermonim, den H.-Bergen. Früher war das Gebirge reich an Raubtieren (Hl 4,8). Als einer der charakteristischen Berge Palästinas wird der H. Ps 89,13 genannt. Vgl. Taf. 45a/704; Karte Sp. 1299.

Herodes der Große (griech. »Heldensproß«).
I) Zweiter Sohn des Idumäers (Edomiters) Antipater, den Cäsar 47 v. Chr. zum Prokurator Judäas eingesetzt hatte, und seiner arabischen Frau Kypros; er war nur der Religionsübung nach Jude. In seiner Vorliebe für griech. Kultur, in seinen Bauten und der Prachtentfaltung war er ganz Hellenist. Er besaß Mut, Gewandtheit und Stärke, war ein geschickter Diplomat und Redner, aber in Ehrgeiz und Herrschsucht bedenkenlos in der Wahl seiner Mittel. Hunderte von Menschen, darunter seine engsten Familienangehörigen, fielen seinen Zielen und seinem zuletzt krankhaften Mißtrauen zum Opfer.

II) Antipater hatte seine Söhne noch zu Lebzeiten an der Herrschaft beteiligt, den älteren Phasael in Jerusalem und H. in Galiläa. Durch sein rücksichtsloses Vorgehen gegen Räuber an der syr. Grenze, bei denen es sich wahrscheinlich um Reste gegen Rom aufständischer Juden handelte, erwarb sich der 25jährige H. die Dankbarkeit des röm. Statthalters in Syrien; von Anfang an bestimmte die unbedingte Gefolgschaft gegenüber Rom (und zwar in der Person des jeweiligen Herrschers) sein Leben. Vom Hohen Rat in Jerusalem dagegen wurde die Hinrichtung der Räuber als Eingriff in dessen Gerichtshoheit angesehen; durch sein entschlossenes Auftreten jedoch blieb der als Angeklagter vorgeladene H. unbehelligt.

III) Nach der Ermordung ihres Vaters (43 v. Chr.) bestätigte Markus Antonius, dem die Osthälfte des röm. Reiches unterstand, die Söhne Antipaters, die er zu Tetrarchen (→ Vierfürst) erhob, in der Regierung Palästinas. Bei den folgenden Kämpfen mit Antigonus, dem letzten Makkabäer, und den mit ihm verbündeten Parthern geriet Phasael in Gefangenschaft und beging Selbstmord. H. mußte fliehen.

Reich Herodes d. Gr. (37–4 v. Chr.)

Mit röm. Unterstützung kehrte er zurück, nachdem der Senat ihn auf Fürsprache des Antonius zum König von Judäa ernannt hatte. Nach dreijährigem Kampf wird Jerusalem erobert, und H. kann seine Herrschaft antreten (37 v. Chr.). Als 31 v. Chr. Antonius in der Seeschlacht bei Aktium von Oktavian, dem späteren Kaiser Augustus, geschlagen wird, meistert H. diese Krise, indem er sich persönlich zum Sieger nach Rhodus begibt, wo er mit einer freimütigen Rede das Vertrauen des neuen Herrschers gewinnt, der das Reich des H. bei dieser Gelegenheit und auch später beträchtlich erweitert. Nur einmal, als H. selbständig Krieg mit den Arabern angefangen hatte, fiel er bei Augustus in empfindliche Ungnade, wenn auch nur vorübergehend.

IV) Kein Wunder, daß ein großer Teil der ausgedehnten Bautätigkeit des H. der öffentlichen Ehrung und dem Kult des Kaisers gewidmet ist. Das prachtvoll aufgebaute Samaria wird mit einem Augustustempel geschmückt und nach der griech. Form des Kaisertitels (Sebastos) in Sebaste umbenannt. Die in 12 Jahren neuerrichtete Hafenstadt am Mittelmeer erhält den Namen Cäsarea. Auch hier steht ein Augustustempel. Große Schenkungen zur Errichtung prunkvoller öffentlicher Gebäude gehen an ausländische Städte, nach Gelegenheit ebenfalls mit Kaiserehrungen verbunden; aber die glanzvollsten Bauten hat doch die Hauptstadt des H. Er verstärkt die Burg am Tempelplatz, die ihren Namen Antonia noch nach Antonius erhielt, und errichtet seinen befestigten Palast mit Gartenanlage, dessen drei mächtige Türme sogar die Zerstörung von 70 n. Chr. überstehen, in der NW-Ecke der Stadt (vgl. Apg 23, 35). Im N gibt er Jerusalem eine neue Vorstadt, deren Theater- und Zirkusbauten mit ihren alle vier Jahre abgehaltenen Festspielen zu Ehren des Kaisers aber einen schweren Anstoß für die strengen Juden bildeten. Dann jedoch beginnt H. im Jahre 20 v. Chr. nach umfassenden Vorbereitungen den Umbau und Ausbau des Tempels mit unerhörter Pracht. Das eigentliche Tempelgebäude war nach 1½ Jahren fertiggestellt; die Höfe und Säulenhallen erforderten weitere 8 Jahre. Aber immer noch wurde hier und da im Tempelbereich weitergebaut, so daß die Juden (Joh 2,20) mit Recht sagen konnten, der Tempel sei

Die Familie Herodes d. Gr.

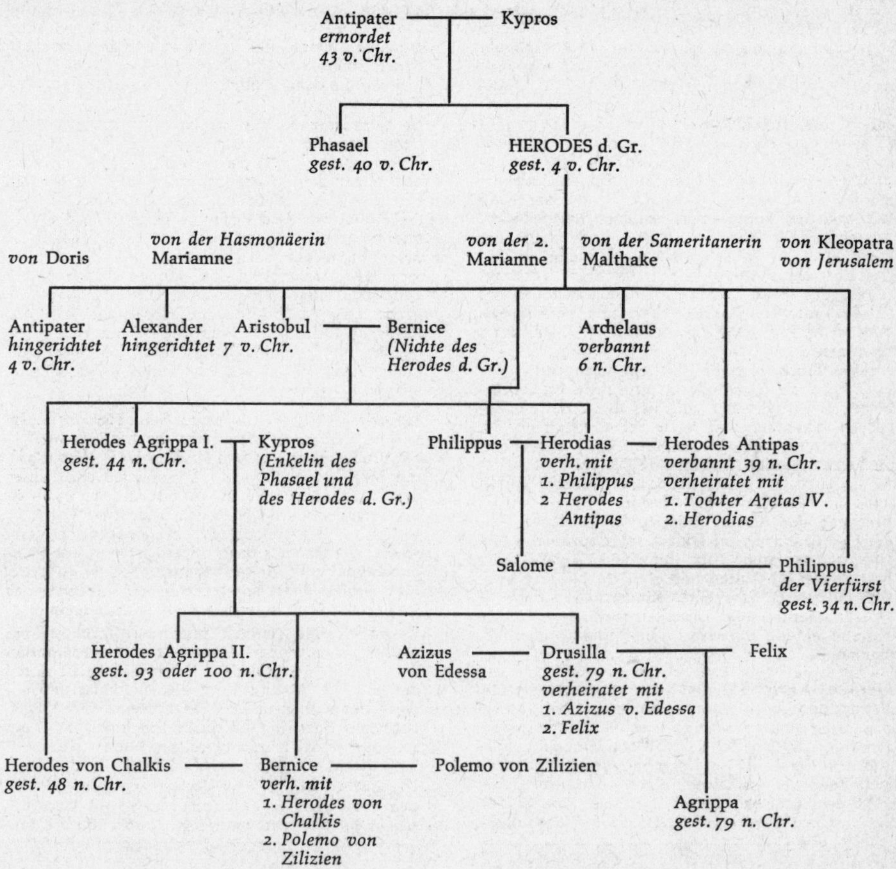

in 46 Jahren erbaut worden. Endgültig wurden die Arbeiten erst wenige Jahre vor der Zerstörung abgeschlossen. Vgl. Taf. 84a/1313.

V) Kaum hatte H. die Herrschaft übernommen, so begann er, seine Gegner und möglichen Rivalen zu beseitigen. 45 Anhänger des Antigonus waren die ersten, und nach anfänglicher Zusammenarbeit und Rücksichtnahme folgten ihnen im Lauf der Jahre alle noch lebenden Makkabäer, auch seine leidenschaftlich geliebte Frau Mariamne und schließlich, schon im Kampf um die Nachfolge, ihre Söhne Alexander und Aristobul. Die Intrigen und Verleumdungen in der eigenen zahlreichen Familie – H. hatte nach und nach 10 Frauen genommen – gaben dem stets wachen Mißtrauen des Königs immer neue Nahrung. In seinen letzten Regierungsjahren, in denen er auch jüd. Empfinden bewußt verletzte, etwa mit der Aufrichtung eines Adlerbildes am Tempel, floß bes. viel Blut. Noch fünf Tage vor seinem Tode ließ er seinen ältesten Sohn Antipater hinrichten.

In diese Zeit fällt die Geburt Jesu (vgl. Lk 1,5; → Zeitrechnung V,1) und der Kindermord in Bethlehem (Mt 2,16–18).

VI) Nach 34 Regierungsjahren starb der 70jährige (4 v. Chr.). Seine Söhne Archelaus, Herodes Antipas und ihr Halbbruder Philippus sollten sich nach dem Testament des H. in die Herrschaft teilen, und der Kaiser gab zu seinen Anordnungen im wesentlichen sein Einverständnis.

Sein Beiname der Große, den die Historiker H. nach seinem Tode gaben, knüpft an seine geschickte Politik und die Prachtentfaltung in Bauten und Hofhaltung an. Er unterscheidet ihn von seinen Nachfolgern; ein Werturteil ist damit nicht abgegeben.

Herodes Agrippa I. Sohn des Aristobul und Enkel Herodes des Großen und der Makkabäerin Mariamne; seine Geschwister sind König Herodes von Chalkis und Herodias. Im NT wird er »König Herodes« genannt (Apg 12). H.A. wurde in Rom mit Drusus, dem Sohn des Tiberius, erzogen und kehrte nach dessen Tod (23 n. Chr.) mittellos nach Palästina zurück. Herodes Antipas half ihm; aber zuletzt kam es zum Zerwürfnis zwischen ihnen. Im Jahre 36 wieder in Rom, schloß H.A. Freundschaft mit Gajus, dem Sohn des Germanikus und späteren Kaiser Ca-

ligula, der ihn nach seiner Thronbesteigung (37 n. Chr.) zum König über das Gebiet seines Onkels, des Vierfürsten Philippus (gest. 34 n. Chr.), und des Lysanias machte. Nachdem Herodes Antipas aufgrund von Anschuldigungen, für die H.A. dem Caligula die Unterlagen verschafft hatte, 39 n. Chr. verbannt worden war, übernahm er auch dessen Reich, Galiläa und das Ostjordanland. Bei einem neuen Aufenthalt in Rom gelingt es H.A., den Kaiser von dem Vorhaben, sein Standbild zur Anbetung im Tempel in Jerusalem aufstellen zu lassen, abzubringen (40 n. Chr.). Im folgenden Januar wird Caligula ermordet; H.A. vermittelt zwischen dem Senat und dem von den Truppen ausgerufenen neuen Kaiser Klaudius, dem Sohn des Drusus, und erhält zum Dank für seine Dienste Judäa und Samarien. Das Amt des röm. Statthalters fällt fort. H.A. vereinigt wieder das Reich seines Großvaters Herodes des Großen unter seiner Herrschaft und versteht es, durch seine Regierung die Gunst des jüd. Volkes zu gewinnen.
Auf der Linie dieser Politik liegt auch sein Vorgehen gegen die Gemeinde in Jerusalem. Er ließ Jakobus, den Bruder des Johannes und Sohn des Zebedäus, hinrichten und setzte Petrus gefangen, der aber durch einen Engel des Herrn aus dem Gefängnis befreit wurde (Apg 12,1–18). Kurze Zeit später nimmt H.A. in Cäsarea die schmeichlerische Huldigung der Menge, die ihn – beeindruckt von seinem Auftreten und dem raffinierten Glanz seiner Kleidung – für einen Gott erklärt, widerspruchslos hin. Unmittelbar darauf trifft ihn eine tödliche Krankheit als Gericht Gottes, und er stirbt 54jährig 44 n. Chr. (V 19–23). Von seinen Kindern werden im NT H.A. II., Bernice und Drusilla erwähnt; außerdem hatte er einen Sohn Drusus und eine Tochter Mariamne.

Herodes Agrippa II. Sohn H.A. I. und Bruder der Bernice und Drusilla. Im NT heißt er »König Agrippa«. Er ist um 27 n. Chr. geboren und wurde in Rom erzogen. Als sein Vater stirbt, erscheint der 17jährige dem Kaiser als Nachfolger zu jung, und die Provinz Judäa erhält wieder einen röm. Prokurator. Nach dem Tode seines Onkels Herodes von Chalkis (48 n. Chr.) übernimmt H.A. zunächst dessen Königreich; außerdem wird ihm die Aufsicht über den Tempel in Jerusalem mit dem Recht, den Hohenpriester ein- und abzusetzen, übertragen. Im Jahre 53 n. Chr. vertauscht er sein Herrschaftsgebiet gegen die früheren Gebiete des Philippus und des Lysanias und residiert nun in Cäsarea Philippi. Nero erweitert sein Reich um einige Städte in Galiläa und Peräa.
Im Gegensatz zu seinem Vater ist H.A. II. unbeliebt; sein Zusammenleben mit seiner Schwester Bernice erregt allgemeinen Anstoß. Als er mit Bernice seinen Antrittsbesuch bei dem röm. Statthalter Festus in Cäsarea macht, legt dieser ihm den Fall des Paulus vor, und sie hören gemeinsam die Verteidigungsrede des Apostels (Apg 25,13–26,32). Beim Beginn des jüd. Aufstandes versucht H.A. zu vermitteln; er möchte den offenen Ausbruch der Feindseligkeiten verhindern. Als das fehlschlägt, ergreift er die Partei Roms und kämpft auf seiten der Römer. Nach der Zerstörung Jerusalems 70 n. Chr. begleitet er Titus mit Bernice nach Rom, wo er im hohen Alter stirbt. Das Jahr seines Todes ist umstritten (93 oder 100).

Herodes Antipas. I) Zweiter Sohn Herodes d. Gr. von der Samariterin Malthake, der mit seinem älteren Bruder Archelaus und Halbbruder Philippus wie mit Manahen, dem späteren Propheten und Lehrer der Christengemeinde in Antiochien (Apg 13,1), in Rom erzogen wurde. Nach dem Tode ihres Vaters (4 v. Chr.) teilten sich die drei Brüder in seine Herrschaft, wie Herodes es in seinem letzten Testament angeordnet und Kaiser Augustus bestätigt hatte. H.A. erhielt dabei als Tetrarch (→ Vierfürst) das Gebiet von Galiläa und Peräa im Ostjordanland.
II) Er befestigte den galiläischen Ort Sepphoris und machte ihn zu seiner Hauptstadt. Der wiederaufgebauten Grenzfestung Beth-Haran gab er zu Ehren der Frau des Augustus den Namen Livias und änderte ihn nach dem Tod des Kaisers, dem Namen der neuen Kaiserin entsprechend, in Julias um. Dann gründete er das nach Tiberius benannte Tiberias am See Genezareth ganz als hellenistische Stadt.
III) Im NT wird er nur Herodes genannt, mit seinem Titel Vierfürst (Mt 14,1; Lk 3,1) oder auch König (d. h. Herrscher) nach dem damals üblichen um-

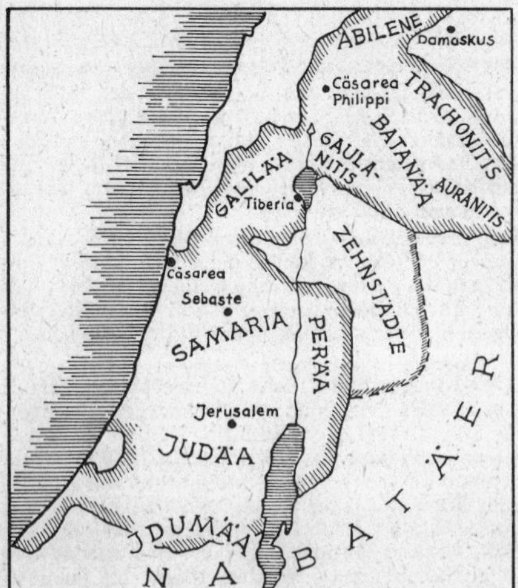

Reich Herodes Agrippa I. (41–44 n. Chr.)

Palästina 53—66 n. Chr.

fassenderen Gebrauch des Wortes (Mt 14,9; Mk 6, 14.22–27).

IV) Bei einem Aufenthalt im Hause seines Halbbruders Philippus (nicht zu verwechseln mit dem Vierfürsten Philippus, der gleichzeitig mit ihm zur Herrschaft kam) verliebte sich H.A. leidenschaftlich in seine Schwägerin und Nichte → Herodias, die ihren Mann um seinetwillen verließ. Um sie heiraten zu können, verstieß er seine erste Frau, die Tochter des arabischen Königs Aretas IV. in Petra. Dieser doppelte Ehebruch erregte allgemeinen Anstoß. Der beleidigte Schwiegervater Aretas brachte H.A. in einem Grenzkrieg eine schwere Niederlage bei, und Johannes der Täufer hielt ihm seinen schweren Gesetzesverstoß (3 Mo 18,16; 20,21) öffentlich vor. Daraufhin ließ H.A. ihn verhaften und in die Bergfestung Machärus östl. vom Toten Meer bringen, wagte aber nicht, den Propheten weiter anzutasten; er fürchtete ihn und hörte ihn zugleich gern (Lk 3, 19.20; Mk 6,17–20). Herodias benutzt jedoch die günstige Gelegenheit eines Gelages, in dessen Hochstimmung ein Tanz ihrer Tochter Salome aus erster Ehe H.A. zu einem übereilten Versprechen hinreißt, und fordert den Kopf des Täufers, den sie auch erhält (V 21–28). H.A. aber hat bei der Einlösung seines Versprechens kein ruhiges Gewissen behalten. Als ihm zu Beginn des Wirkens Jesu von dessen Taten berichtet wird, meint er erschrocken, Johannes der Täufer sei auferstanden (Mt 14,1.2; Mk 6,14–16).

V) Jesus wird von einigen Pharisäern vor H.A. gewarnt und nennt ihn in seiner abweisenden Antwort einen »Fuchs« (Lk 13,31.32). Seine Warnung vor dem Sauerteig des Herodes zielt wohl auf den niederziehenden Einfluß des Unglaubens und der Sittenlosigkeit des Hofes. Aber erst als sich H.A. während des Prozesses Jesu zum Passahfest in Jerusalem aufhält, begegnen sich beide persönlich. Pilatus sendet Jesus, als er von seiner galiläischen Herkunft erfährt, zu seinem Landesherrn. H.A. hätte ihn schon immer gern gesehen (Lk 9,9; 23,8) und hofft auf ein Wunder; als der Gefangene aber enttäuschend unzugänglich bleibt, weiß er ihn nur zu verhöhnen – die politischen Anklagen der Hohenpriester scheint er ebensowenig ernstzunehmen wie Pilatus – und im Spottkleid zurückzuschicken. Damit ist dem Prokurator zwar die Verantwortung für den Urteilsspruch nicht abgenommen, aber seine korrekte Geste, Jesus zunächst einmal der zuständigen Obrigkeit vorzuführen, wird belohnt: von nun an sind alle alten Spannungen zwischen Pilatus und H.A. vergessen (V 9–12.15). Dafür ist der Vierfürst am Tode Jesu mitschuldig geworden (Apg 4, 27).

VI) Kaiser Caligula hatte kurz nach seiner Thronbesteigung im Jahre 37 n. Chr. Herodes Agrippa I., dem Bruder der Herodias, den Königstitel verliehen, und das ließ ihrem Ehrgeiz keine Ruhe. Wieder treibt sie ihren Mann an, der bei aller Verschlagenheit einen Zug zur Unentschlossenheit besitzt. Als H.A. nun 39 n. Chr. nach Rom reist, um vom Kaiser die Königswürde auch für sich zu erlangen, trifft er dort auf schwere Anklagen, darunter die eines heimlichen Einverständnisses mit den Parthern. Die Unterlagen dafür hatte sein Neffe und Schwager Agrippa dem Caligula verschafft. H.A. wurde daraufhin nach Südfrankreich verbannt, wo er starb. Sein Reich wurde mit dem Herrschaftsgebiet des Agrippa vereinigt.

Herodes' Diener oder die Herodianer erscheinen nur an drei Stellen des NT (Mt 22,16; Mk 12,13; 3, 6) und sind dort mit den Pharisäern in der Gegnerschaft gegen Jesus verbunden, ohne daß wir Näheres über ihre Motive oder Ziele erfahren. Rein sprachlich könnte der griech. Ausdruck Hofbeamte des Herodes bezeichnen; die sind aber schwerlich als Bundesgenossen der Pharisäer denkbar. Eher haben wir es hier mit einer politischen Gruppe zu tun, der Partei der Römerfreunde unter den vornehmen Juden; von daher erklärt sich am einfachsten ihre Beteiligung, als man Jesus nach der Rechtmäßigkeit der röm. Steuern fragt.

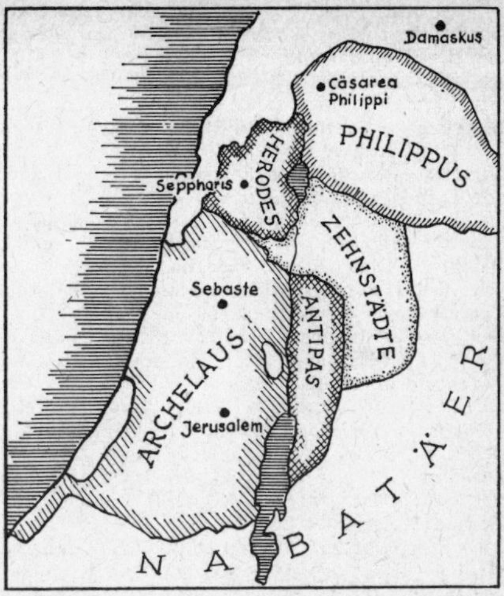

Reichsteilung nach dem Tode Herodes d. Gr. (4 v. Chr.)

Herodias. Tochter des Aristobul, Enkelin Herodes d. Gr. und Schwester Herodes Agrippas I. In erster Ehe war sie mit ihrem Onkel Herodes Philippus, dem Sohn Herodes d. Gr. von der zweiten Mariamne (nicht mit dem Vierfürsten Philippus zu verwechseln), verheiratet, dem sie eine Tochter Salome gebar. Die Ehe mit einem Privatmann konnte ihrem Ehrgeiz aber nicht genügen; sie verließ ihn und heiratete Herodes Antipas. Johannes der Täufer, der diesen Ehebruch öffentlich verurteilte, fiel ihren Intrigen zum Opfer (Mk 6,17–28). Einen weiteren Erfolg für sie bedeutete die Heirat Salomes mit dem Vierfürsten Philippus. Als die Verleihung des Königstitels an ihren Bruder Agrippa ihren Ehrgeiz erneut aufstachelte, führten ihre Pläne zum Sturz des Herodes Antipas. Wenn H. ihre Ziele auch mit Skrupellosigkeit verfolgt hatte, so verließ sie ihren Mann im Unglück doch nicht. Obwohl Kaiser Caligula ihr als der Schwester des Anklägers Agrippa das Privatvermögen und die Freiheit gelassen hatte, begleitete sie Herodes Antipas freiwillig in die Verbannung.

Herodion »Heldenhaft«,
Verwandter oder Stammesgenosse des Paulus in Rom, den der Apostel grüßt (Röm 16,11).

Herr. Übersetzung verschiedener hebr. und griech. Wörter.

1) Wo in LÜ HErr geschrieben wird (1 Mo 2,4.9.16; 3 Mo 16,1.8; Jer 33,1.2.4 u.ö.), steht im hebr. Grundtext stets *JHWH* = Jahwe (→ Namen Gottes). Dieser Name wird ausschließlich für Gott selbst gebraucht und kommt im AT über 6000mal vor.

2) Das hebr. Wort *adon* = H. als Eigentümer und Befehlshaber ist ein Titel, der nicht nur auf Gott als den Herrn und Eigentümer der Erde (Jos 3,11.13; Mi 4,13; Sach 4,14; 6,5 LÜ Herrscher) und des Volkes Israel (Ps 114,7) angewandt wird, sondern auch auf Menschen, z. B. einen König (Jer 22,18; 34,5; 1 Kö 22,17; 2 Chron 18,16), einen Sklavenhalter (1 Mo 24,14.18; 39,1.7), einen Ehemann (1 Mo 18,12; Ri 19,26; Ps 45,12; Am 4,1) u. a.
3) Im Gegensatz dazu wird das hebr. *adonaj* = »mein H.« nur von Gott gebraucht, in der Anrede (2 Mo 4,10.13; Jos 7,8 u. a.) wie im Bericht (1 Kö 22, 6 LÜ der H. u. a.). In Fällen wie Hes 13,9 scheint die Endung »mein« bedeutungslos zu sein. — Die Juden lasen in abergläubischer Ehrfurcht stets *adonaj*, wo *JHWH* geschrieben steht, um sich nicht an dem Gottesnamen zu versündigen.
4a) Das griech. *kyrios* = H. bezeichnet wie *adon* zunächst allg. den Besitzer oder Gebieter. So gibt es den H. des Weinbergs (Mt 20,8; Mk 12,9; Lk 20,15), der Ernte (Mt 9,38; Lk 10,2), des Hauses (Mk 13, 35), des Sabbats (Mt 12,8; Mk 2,28). Weiter ist *kyrios* die Anrede des Dieners für seinen H. (Mt 13, 27; Lk 13,8; 14,22), überhaupt für einen Höhergestellten (Mt 8,2.6.8; 15,27; Lk 5,12 u. a.), und die des Jüngers für den Meister (Mt 8,25; 16,22; Lk 9, 54; Joh 11,12 u. a.).
Darüber hinaus kennt das griech. Heidentum *kyrios* auch als Götterbezeichnung, und ebenso als Titel des Kaisers, dem man göttliche Verehrung erwies (Apg 25,26).
b) Mit dem Artikel (*ho kyrios;* Mt 5,33 LÜ Gott; Mk 5,19; Apg 7,33; 2 Tim 1,16.18 u. a.) wie auch ohne Artikel (Mt 1,22; 21,9; 27,10; Mk 13,20; Hebr 7,21 u. a.) ist »H.« Titel bzw. Name Gottes. Das geht auf den Gebrauch der LXX zurück, die *adonaj* bzw. *JHWH* durch *kyrios* wiedergibt.
c) Nach seiner Auferstehung wird Jesus ein H. über alle und alles (Apg 10,36) genannt, über Lebendige und Tote (Röm 14,8.9), vor dem sich einmal aller Knie beugen werden und aller Zungen bekennen müssen, daß er der H. sei, zur Ehre Gottes des Vaters (Phil 2,10.11). Als erster spricht Thomas dieses Bekenntnis, das Bekenntnis der Gemeinde, aus (Joh 20,28).

Herrenzepter. Zepter eines Herrschers. Nur bei ganz außergewöhnlich hohem, geradem Wuchs konnte das Holz des Weinstocks für solch einen langen Stab Verwendung finden (Hes 19,11). Vgl. → Zepter und Abb. Sp. 277.

Herrin → Königin

Herrlichkeit, herrlich (hebr. *kabod*, griech. *doxa;* LÜ oft Ehre)
ist einer der zentralsten Begriffe in der Bibel. Er bezeichnet vor allem im Blick auf Gott dessen Hoheit, Majestät und den überirdischen Lichtglanz, der von seiner Nähe ausgeht (Ps 150,2; 2 Mo 24,16f). Diese H. ist zugleich Wesensmerkmal des Reiches Gottes und der ewigen, unvergänglichen Gotteswelt im Unterschied zu unserer irdischen, verweslichen und vergänglichen Welt. Wo Gott selber erscheint und sich offenbart, da wird auch seine H. offenbar, selbst wenn wir sie im vollen Umfang nicht schauen oder ertragen können. H. ist »der alles Dunkel überstrahlende Lichtglanz, die alle Erdengrößen überragende Majestät und die alle Finsternismächte niederwerfende Siegesgewalt« (Ralf Luther).
I) Die H. der Schöpfung: Nur im abgeleiteten Sinne spricht die Schrift von einer H. des Geschaffenen. Jesus weist auf die Lilien hin und sagt, »daß auch Salomo in aller seiner H. nicht bekleidet gewesen ist wie derselben eins« (Mt 6,28); Satan zeigt dem Herrn »alle Reiche der Welt und ihre H.« (Mt 4,8). Der Mensch hat als Ebenbild Gottes auch teil an der H., von der Ps 8,6 spricht: »Du hast ihn wenig niedriger gemacht denn Gott, und mit Ehre und Schmuck hast du ihn gekrönt«. Von Hiob heißt es: »er war herrlicher denn alle, die gegen Morgen wohnten« (Hi 1,3). Auch Gebäude (Hag 2,9[10]) und Himmelskörper (1 Kor 15,40ff) werden als »herrlich« bezeichnet. Aber all diese H. der Schöpfung ist seit dem Sündenfall durch die Vergänglichkeit im Kern zerstört. Im Anschluß an atl. Stellen bezeugt Petrus (1 Petr 1,24): »alles Fleisch ist wie Gras und alle H. der Menschen wie des Grases Blume«.
II) Die ewige H. Gottes: Demgegenüber bezeugt die HS Gottes unvergängliche H., die Zusammenfassung seiner Souveränität, Macht und Vollkommenheit. Von ihm, dem »Vater der H.« (Eph 1,17), geht alle H. aus. Bei der Gesetzgebung (2 Mo 19,16ff), der Einweihung der Stiftshütte (2 Mo 40,34) und des Tempels (1 Kö 8,10f) erlebt die Gemeinde Wirkungen seiner H. Die H. selber jedoch darf der sterbliche Mensch nicht sehen. Gottes H. zieht an Mose vorüber, und er hört den göttlichen Namen ausrufen (2 Mo 33; 34). Auch an den Werken der Schöpfung (Röm 1,20) und in allen Landen offenbart Gott seine H. (Ps 8,2; 104; 19,1ff). Und für die Zeit der Vollendung gilt Gottes Schwur: »So wahr als ich lebe, so soll alle Welt der H. des Herrn voll werden« (4 Mo 14,21).
III) Gottes H. in Jesus Christus: In der Geburt Jesu, seiner Botschaft, seinen Wundern, seiner Verklärung, Kreuzigung, Auferstehung und Himmelfahrt offenbart sich der »Glanz der göttlichen H.« (Hebr 1,3). Johannes bezeugt es als zusammenfassenden Eindruck seiner Begegnung mit Jesus: »Wir sahen seine H., eine H. als des eingebornen Sohnes vom Vater, voller Gnade und Wahrheit« (Joh 1,14). Bei der Auferweckung des Lazarus wird bes. betont: »Habe ich dir nicht gesagt, so du glauben würdest, du solltest die H. Gottes sehen« (Joh 11,40). Sowohl von Paulus (1 Kor 2,8) wie von Jakobus (Jak 2,1) wird Jesus als »Herr der H.« bezeichnet, der also die H. besitzt und souverän über sie verfügt. — Bei Jesu Wiederkunft wird das unverhüllt offenbar werden: »Es wird geschehen, daß des Menschen Sohn komme in der H. des Vaters mit seinen Engeln« (Mt 16,27).
IV) Die H. der Erlösten: Wenn die Menschen durch den Glauben an Jesus erlöst sind, haben sie die Gotteskindschaft und es gilt von ihnen Jesu Wort: »Ich habe ihnen gegeben die H., die du mir gegeben hast« (Joh 17,22). Durch die Lebensgemeinschaft mit Jesus Christus (in Tod und Auferstehung!) haben die Erlösten Anteil an seiner H.: »Gott hat uns samt Christo auferweckt und samt ihm in das himmlische Wesen gesetzt in Christo Jesu« (Eph 2,6). Die Vollendung der Erlösten aber steht noch aus: »Wenn aber Christus, euer Leben, sich offenbaren wird, werdet ihr auch offenbar werden mit ihm in der H.« (Kol 3,3f). Vgl. auch → Ehre.

Herrschaft. Neben dem weitaus häufigeren Ausdruck → »Reich« und »Reich Gottes« begegnet uns in der HS einigemal das Wort H.
I) Im AT gewinnt man den Eindruck, daß H. völlig im gleichen Sinn wie Reich gebraucht wird. »Deine H. (hebr. *malkut* = »Königtum«, dem griech. *basileia* = Königsherrschaft entsprechend) währet für und für« (Ps 145,13). Wenn es in der messianischen Weissagung heißt, daß die H. »auf seiner Schulter« (nämlich des Friedefürsten) ist (Jes 9,5f[6]), so ist es jene H. oder jenes Reich, das Christus einst am Ende

in die Hände Gottes des Vaters zurücklegen wird (1 Kor 15,24). Vgl. noch Ps 103,22; Dan 6,27[26]; Sach 9,10.

II) Im NT wird H. (griech. *kyriotaes)* in strenger Abgrenzung gegen den Begriff »Reich« (griech. *basileia)* fast ausschließlich von den Engelmächten gebraucht. Wenn Paulus von der Gesamtheit aller durch Christi Vermittlung geschaffenen Dinge spricht, von dem Sichtbaren und dem Unsichtbaren, so gehören auch die himmlischen Mächte mit in dieses Bild von der Gesamtschöpfung hinein. Die vier Ausdrücke »Throne, Herrschaften, Fürstentümer, Obrigkeiten« (Kol 1,16) umfassen die Wirklichkeit aller Engelmächte. In seiner Auferstehung und Himmelfahrt hat Christus sich zum Herrscher aufgeschwungen über alle H. im Himmel (Eph 1,21). Wenn er am Ende des gegenwärtigen Zeitalters selber seine Königsherrschaft dem Vater überantworten wird, wird er alle diese H. aufheben (1 Kor 15, 24). Paulus denkt gewiß hier vor allem an die Finsternismächte.
Nur an zwei Stellen im NT liegt ein anderer Sprachgebrauch vor. Freche Menschen »verachten die H.« (2 Petr 2,10; Jud 8), d. h. sie verachten Gott und den Herrn Jesus Christus. Es sind die Autoritätsverächter. Wie jene Finsternismächte wird auch diese Menschen das volle Gericht treffen.

Herwiederbringen. Apg 3,21 spricht Petrus davon, daß der Himmel Christus aufnehmen muß, bis zur Zeit der Wiederherstellung oder besser vollen Verwirklichung und Erfüllung »alles dessen, was Gott durch den Mund seiner Propheten geredet hat«. Es handelt sich also um die Erfüllung aller Weissagungen und Verheißungen Gottes, nicht um »Wiederbringung aller (Dinge)« oder Allversöhnung (vgl. auch V 23). Vgl. → Seligkeit, → Himmel, → Verdammnis, → Hölle.

Herz bedeutet urspr. den Kern einer Sache, ihren Mittelpunkt, das Wesentlichste und Wichtigste daran überhaupt, den vornehmsten Teil, durch den das Ganze repräsentiert werden kann. In dieser Bedeutung wird das Wort auch im AT weit überwiegend und im NT fast ausschließlich gebraucht. Auch wir sprechen ja z. B. vom Herzen eines Landes (vgl. unten V).

I) IM KÖRPERLICHEN SINN kennt natürlich auch die Bibel das H. als zentrales Organ des Blutkreislaufes, von dessen regelmäßigem Schlag das Leben abhängt (vgl. Pred 12,6, was sich wohl sicher auf das H. bezieht). Das H. ist Träger des Lebens, repräsentativ für die Organe des Körpers überhaupt (vgl. Ps 22, 15 das kranke H.); der Stich ins H. (2 Sam 18,14), setzt dem Leben ein Ende.
Man weiß auch von der Beeinflussung des Herzens durch seelisches Erleben, von seinem schnelleren Schlag bei Lüge, Angst, Ungehorsam, Furcht und großer Freude (z. B. 1 Sam 24,6; 2 Sam 24,10; Jes 7,2).

II) Hauptsächlich aber bezeichnet H. das Wesen, den Kern der menschlichen Person, DAS SEELISCH-GEISTIGE ZENTRUM ihres gesamten Lebens. So ist das H. die Stätte der Empfindungen von der Niedergeschlagenheit (Ps 34,19) über die Traurigkeit (Joh 16,6), den Schrecken (Joh 14,1), die Trübsal und Angst (2 Kor 2,4) bis zur Freude (Joh 16,22). Hier will und plant der Mensch (Spr 16,9; Apg 5,4; 7,23 wörtl., LÜ gedachte er), hier hat Entschlossenheit ihre Wurzel (Neh 3,38[4,6]). Im H. haben andere Menschen ihren Platz (2 Kor 7,3); hier haben Treue (1 Sam 18,1; 2 Sam 15,6) wie Haß (3 Mo 19,17) ihren Sitz; hier fällt die Entscheidung über Gehorsam oder Ungehorsam (Apg 7,39). Weisheit und Torheit wohnen im H. (1 Kö 3,12; Ps 14,1; Spr 22,15), wie auch Wunsch und Hoffnung (Ps 37,4), Vorstellung und Wissen (1 Kor 2,9). Aus dem Überfluß des Herzens redet der Mund (Mt 12,34 wörtl.). Im H. ist aber zugleich die Stätte des Urteilsvermögens (1 Kor 7,37); hier wird der Mensch im eigentlichen Sinn getroffen (Apg 2,37), ja das H. kann gleichbedeutend sein mit dem Gewissen (1 Joh 3,19). So liegt im H. die tiefste Wurzel alles menschlichen Handelns: der Zustand des H. prägt den Menschen in Erscheinung und Tun (vgl. Spr 15,13; Mk 2,6.8), zur bösen (Apg 8, 21f) wie zur guten Seite (1 Tim 1,5). Darum kann es das reine, gute (Ps 51,12; Lk 8,15) und das böse, ungläubige H. (Lk 6,45; Hebr 3,12) geben.
H. steht für die ganze Person (Ps 27,8); es bezeichnet den eigentlichen, wesentlichen Menschen (Spr 4, 23), »den verborgenen Menschen des H.« (1 Petr 3, 4). Daß der Mensch etwas von H. tut, mit dem H. dabei ist, stellt den Gegensatz zum bloß äußeren Tun dar (Jer 29,13; Jo 2,13; 1 Sam 16,7; Hos 7,14; Mt 18,35; 2 Kor 5,12). Wie sehr das Herz das Wesen der Person bezeichnet, zeigt auch eine Stelle wie 2 Kor 3,2f, wo das Lebenswerk des Menschen auf das H. geschrieben ist. Vgl. → Mensch.

III, 1) Bezeichnet H. das Zentrum der menschlichen Person, so fallen an dieser Stelle auch die GEISTLICHEN ENTSCHEIDUNGEN über sein Verhältnis zu seinem Gott, über Glauben oder Ungehorsam. Darum wird das H. Mk 12,30.31; Lk 10,27 zuerst aufgerufen, den Herrn zu lieben, ehe der Anspruch an Geist (LÜ Gemüt), Seele und Leib (LÜ Kräfte) ergeht. Es ist ein Viertes im Menschen, mit dem er zu Gott in Beziehung tritt und woran sich Erlösung oder Verlorenwerden entscheidet. Das H. kann verhärtet, verstockt werden (2 Mo 4,21; Mk 6,52; 8,17; Hebr 3,8), es kann zum Unverständnis abgedeckt (2 Kor 3,15) oder verfinstert sein (Röm 1,21). Die HS läßt keinen Zweifel darüber, daß der natürliche Mensch in seinem H. verdorben, abgefallen, selbstsüchtig ist (Jes 29,13; Jer 5,23; 7,24). Die Sünde lauert vor dem H., ja der Satan kann es erfüllen (vgl. Apg 5,3; 2 Petr 2,14), Götzendienst, falscher Glaube kann darin wohnen.

2) Weil so viel auf das H. des Menschen ankommt, geht es im Glauben, in der Buße, in der Anbetung immer zunächst um das H. des Menschen. Gott allein kann hier die entscheidende Wendung, das reine H. (Ps 51,12), schaffen. Er muß das H. auftun (Apg 16,14), wenn Glaube entstehen soll; er muß ein gehorsames, geheiligtes H. (1 Kö 3,9; vgl. aber Jak 4,8) geben. Halten wir uns vor Augen, daß im H. der Ausgangspunkt allen menschlichen Tuns liegt, so begreifen wir, warum Gott sein Gebot in unser H. schreiben (Jer 31,33; Hebr. 8,10), uns ein neues, fleischernes H. geben (Hes 36,26) will, damit nämlich all unser Denken, Wollen und Tun von Gottes Namen und Willen bestimmt wird (Ps 86, 11).

3) Gott erfüllt in seiner Gemeinde diese atl. Verheißung, indem er seine Liebe (Röm 5,5), seinen Geist (2 Kor 1,22; Gal 4,6) ins H. gibt, indem nun Christus darin wohnen soll (Eph 3,17), indem er das H. erleuchtet (2 Kor 4,6) und es bewacht (Phil 4,7). Er sorgt dafür, daß das H. im Glauben fest wird durch seine Gnade (1 Thess 3,13; Jak 5,8; Hebr 13, 9). So wird das Christus gehörende H. zu einem Organ und zum Zentrum der Gottesfurcht, der Gottesverehrung und des Gotteslobes (Eph 5,19; Kol 3,16; 1 Petr 3,15). Weil es um den ganzen Menschen geht, geht es vor Gott auch immer um das ganze H. (5 Mo 6,5; 30,10; Jer 29,13; Mt 22,37), um das ungeteilte, einfältige H. (Eph 6,5). Was das heißt, wird

deutlich am Vergleich zwischen David und Salomo (1 Kö 11,4.9.10). Davids H. war trotz seiner Sünde (2 Sam 11) im Grunde bei dem Herrn; Salomo aber hatte sein H. im ganzen dem Herrn entzogen, als seine Frauen es fremden Göttern zuneigten. Der Götzendienst entscheidet den Abfall (vgl. Röm 1, 23).

4) Das menschliche H. liegt vor Gott allezeit offen da, Gott richtet und prüft es (1 Thess 2,4), er offenbart seine geheimsten Gedanken (1 Chron 29,17; Ps 7,10; 139,23). Sein Wort richtet die Gedanken und Sinne des H. (Hebr 4,12), und er wird den heimlichen Ratschluß der H. offenbaren im kommenden Gericht (1 Kor 4,5). Durch seinen Geist aber kann das Verborgene des H. schon jetzt in der Gemeinde offenbar werden (1 Kor 14,25; Apg 5,3.4).

IV) An einer Reihe von Stellen wird wie vom menschlichen H. auch von GOTTES HERZ gesprochen. Er hat sich einen Mann oder Hirten nach seinem H. erwählt (1 Sam 13,14; Apg 13,22; Jer 3,15). Seines H. Gedanken bleiben für und für (Ps 33,11). Die Sünde der Menschen bekümmert ihn in seinem H. (1 Mo 6,6); aber wo der Herr richten muß, plagt und betrübt er die Menschen doch nicht von H. (Klgl 3,33). Und wenn das Gericht unausweichlich scheint, kann Gottes H. doch andern Sinnes sein, ihm bricht dann das H. gegen sein treuloses Volk, daß er sich seiner erbarmt (Hos 11,8; Jer 31,20).

V) Übertragen steht H. auch für die Mitte des Himmels (5 Mo 4,11), der Erde (Mt 12,40) oder des Meeres (2 Mo 15,8; Ps 46,3; Spr 23,34; 30,19; Hes 27,4.25–27; 28,8; Jon 2,4). Von den Übersetzungen hat nur EÜ diese Ausdrucksweise bewahrt.

Herzog heißt David (1 Sam 25,30; 2 Sam 5,2) als Fürst (vgl. 1 Sam 13,14) und König des Gottesvolkes. Mt 2,6 wird Christus als der Messias H. (= Herrscher) und Hebr 2,10 als Erlöser H. ihrer Seligkeit (= Urheber ihres Heils) genannt.

Hesbon,
Hauptstadt des Reiches Sihons zwischen dem Arnon und dem Jabbok, von den Israeliten erobert (4 Mo 21,25) und durch Ruben wieder aufgebaut (4 Mo 32, 37). Die Stadt lag im Grenzgebiet zwischen Gad und Ruben (Jos 13,17.26). Von den Teichen H., die mit den Augen der Braut verglichen wurden (Hl 7,5[4]), gibt es nur noch einen.
In späterer Zeit gehörte die Stadt den Moabitern. In diesem Zushg. kommt sie in den Unheilsweissagungen über Moab vor (Jes 15,4; Jer 48,2.34.35). Ihr heutiger Name ist Hesban (25 km östl. der Jordanmündung). Vgl. Karte Sp. 5; 914; 1299.

Hesed, Kurzform »(Gott hat) Treue, Verbundenheit (erwiesen)«.
Vater eines Amtmannes Salomos (1 Kö 4,10).

Hesekiel, Buch. I) H. ist der Name des dritten der sog. großen Propheten, wobei sich Luther der griech. Namensform der LXX angleicht, während die Form Ezechiel auf die Vulgata zurückgeht. Der hebr. Name lautet *Jechäzkhel* = »Gott möge stärken, kräftigen«.

II, 1) Als Sohn des Priesters Busi war H. Priester und Prophet zugleich (Hes 1,1–3). Mit König Jojachin war er 597 v. Chr. (2 Kö 24,14ff) in die babyl. Gefangenschaft geführt worden und wurde 5 Jahre später vom Herrn zum Propheten berufen. Damals war Zedekia noch König von Juda, und Jeremia weissagte unter seinen Landsleuten in der Heimat. Hes 29,17 gibt die späteste der zahlreichen Zeitangaben: das 27. Jahr der Gefangenschaft (571 v. Chr.). Hes 33,21; 40,1 legen die Zerstörung Jerusalems auf 586 v. Chr. fest.

2) H. war verheiratet (Hes 24,16.18) und besaß ein eigenes Haus (Hes 8,1; vgl. Jer 29,4–6), wohl in Thel-Abib (Hes 3,15). Er lebte unter den Verbannten am Fluß Chebar (Hes 1,1), vermutlich dem heutigen Schatt en-Nil, einem schiffbaren Kanal in der Nähe Babylons, der in den Euphrat mündet. H. war unter den Verbannten als Prophet anerkannt; er verkündigte ihnen Gottes Botschaft, und die Ältesten fragten den Herrn durch ihn (Hes 8,1; 11,25; 14,1; 20,1). All das zeugt für Ruhe und Ordnung, bei denen es den Verbannten nicht schlecht ging.

III) H. ist der erste Prophet, der außerhalb des heiligen Landes berufen wird und wirkt. Das erschien noch dem späten Judentum so außerordentlich, daß aus diesem Grund die Aufnahme des Buches in den atl. Kanon zeitweise umstritten war. Durch H. Reden und Zeichen jedoch blieben die Verbannten eng mit dem Schicksal des Volkes und Reiches Juda verbunden. Durch ihn erfahren sie von den Zuständen in Jerusalem (Hes 8) und dem drohenden Gericht (Hes 4–7); entscheidende Ereignisse werden ihm vom Herrn am gleichen Tag offenbart, an dem sie in der fernen Heimat eintreten (Hes 24,1.2).

IV) Das WIRKEN des H. zeigt deutlich zwei Abschnitte, die durch den Fall Jerusalems 586 v. Chr. geschieden werden (vgl. Hes 33,21f). Im ersten Abschnitt verkündigt er fast ausschließlich → Buße und Gericht, nach der Katastrophe aber wird H. zum Tröster und Prediger des Heils, ja zum Wortführer der Erneuerung für die kommende Zeit.

A) Einleitung und Berufung (Hes 1,1–3,27).
B) Ankündigung des Untergangs von Jerusalem (Hes 4,1–24,27).
C) Weissagungen gegen die Nachbarvölker (Hes 25, 1–32,32).
D) Trostreden nach Jerusalems Fall: Neuer Bund, Auferstehung des Volkes, Untergang der Feinde (Hes 33,1–39,29).
E) Neue Ordnung für Tempel und Volk (Hes 40,1–48,35).

A) Wie alle → Propheten ist auch H. ganz von seiner Berufung her zu verstehen. Darum steht dieser Bericht am Anfang des Buches (Hes 1–3). Gott begegnet dem Propheten in unvorstellbarer Majestät und Herrlichkeit.

1) Wir haben hier die ausführlichste Berufungsgeschichte des AT. Handelt es sich bei der Berufung Jeremias (Jer 1,4ff) um eine reine Wortoffenbarung, bei der des Jesaja (Jes 6) um eine Schau- und Wortoffenbarung, wobei Schau und Wort jeweils aufeinander bezogen und gleichwertig sind, so steht bei H. vor allem die Schau der Gottesoffenbarung im Vordergrund, bis hin zur eigentlichen Berufung, bei der H. durch das Essen der Buchrolle (Hes 3,1ff) in die geschaute Offenbarung hineingenommen wird (eine ähnliche Fülle an Bildoffenbarungen findet sich nur noch in Sach 1–6).
Die ganze Zeit seines Wirkens hindurch bleibt es für H. charakteristisch, daß er Gottes Wort vor allem in Schauungen empfängt und seine Botschaft durch Gleichnisreden und Handlungen weitergibt.

2) H. erfährt die Offenbarung der Herrlichkeit Gottes außerhalb des verheißenen Landes in der Gefangenschaft. Das ist für Israel neu und anstößig (vgl. oben III), denn Gott schien sich doch durch seine Verheißung an den einen Offenbarungsort in Jerusalem gebunden zu haben (5 Mo 12,4ff; 1 Kö 8, 28ff; vgl. Jer 7,4). Die Abweichung davon wird umso auffallender im Hinblick auf den Offenbarungsempfänger, der als Priester so stark wie kaum ein anderer in den kultischen Ordnungen seines Volkes lebt. Aber das macht die neue Botschaft deutlich, die H. zu verkündigen hat: es gehört zum Gericht über

sein Volk, daß der Herr sich ihren »frommen« Ansprüchen und Forderungen entzieht.

3) H. wird zum Wächter über das Volk berufen (Hes 3,17ff), und zwar zu einem Wächter, der für die Übermittlung der Gottesbotschaft an jeden einzelnen Israeliten persönlich zur Rechenschaft gezogen wird. Das Aufdecken der Sünde, das er mit allen Propheten gemeinsam hat, wird damit in seiner seelsorgerlichen Bedeutung und Verantwortung bes. unterstrichen. Daß H. beim Eintritt der Katastrophe und zu Beginn seiner Trostreden (Hes 33,7ff) noch einmal an seine Berufung erinnert wird, bestätigt die Gewichtigkeit seines Wächteramtes und zeigt zugleich die Einheit seiner Verkündigung in Gericht und Gnade. Daran wird das Wesen des göttlichen Handelns mit Israel sichtbar, das auch im Gericht gnädiges Tun ist und zur Erneuerung des Volkes führen will.

B) Der zweite Hauptteil (Hes 4,1–24,27) enthält ausschließlich Gerichtsreden. In Bildern, Gleichnisreden und -handlungen wird der Untergang Jerusalems angekündigt.

1) Das Gericht über Juda hat der Prophet durch 4 Gleichnishandlungen vor Augen zu führen:

a) auf eine Tontafel (LÜ Ziegel) zeichnet H. ein Bild des belagerten Jerusalem (Hes 4,1–3).

b) Dann aber wird der Prophet in das Gericht mit hineingenommen durch sein zeichenhaftes Liegen (V 4–8), das ihm der Herr auferlegt. Damit ist H. ein Ankläger und Offenbarer der Schuld Israels und Judas, der zugleich an dieser Schuld selber mitträgt.

c) Das Bild wird erweitert durch die Darstellung der Belagerungsspeise (höchstens 320 g Brot und 11/18 l Wasser täglich), mit der die Not Jerusalems in ihrem ganzen Ausmaß vorausgesagt wird (V 9–17).

d) Das Abschneiden der Haare auf Gottes Anordnung ist Zeichen der Trauer. Hier wird es außerdem zum Zeichen des Gerichts, in dem Gottes Zorn sein Volk zerstreut (Hes 5,1–4). V 3 weist aber schon darauf hin, daß Gottes Gericht nicht das Letzte ist (→ Rest).

2) In Hes 6–7 klingt mit der Gerichtsdrohung zum erstenmal das Wort auf, das sich dann als Thema durch das ganze Buch zieht. Gott will das Gericht unausweichlich bis zu Ende durchführen: »Daß sie erfahren sollen, daß ich der Herr sei!« (Hes 6,7.13. 14; 7,4.9.27). Zu dieser Erkenntnis sollen auch die Geretteten kommen (Hes 6,10); Gottes ganzes Tun läuft darauf hinaus.

3) Hes 8–11 offenbart in einer großen Schau den sündigen Gottesdienst in Jerusalem und Gottes Gericht darüber.

H. sieht die Greuel im Tempel, ein Götzenbild am Haupteingang zum Brandopferaltar (Hes 8,3ff), Bilder von Tieren und Würmern in den Kammern des Tempels (V 7ff), über den → Thammus weinende Frauen am Tempeleingang (V 14) und Männer – wahrscheinlich Priester – die vor dem Tempel die Sonne anbeten (V 16ff). Da aber Israel aus der Begegnung mit seinem Gott im → Gottesdienst lebt, zeigt solch völlig verdorbener Gottesdienst, daß das Volk im Zentrum seines Lebens todkrank ist und nur noch Gottes Gericht zu erwarten hat. Und doch gibt es für einige wenige noch eine Bewahrung im Gericht (Hes 9), eine erste Hoffnung auf einen kommenden Neuanfang.

Doch zunächst schließt die Schau folgerichtig mit dem Auszug der Herrlichkeit des Herrn aus dem geschändeten Tempel. Gott verläßt seinen erwählten Ort und sein Volk um der Sünde willen (Hes 10; 11).

4) Nachdem Gott Tempel und Stadt verlassen hat, ist das Gericht unabwendbar. Handlungen (Hes 12,

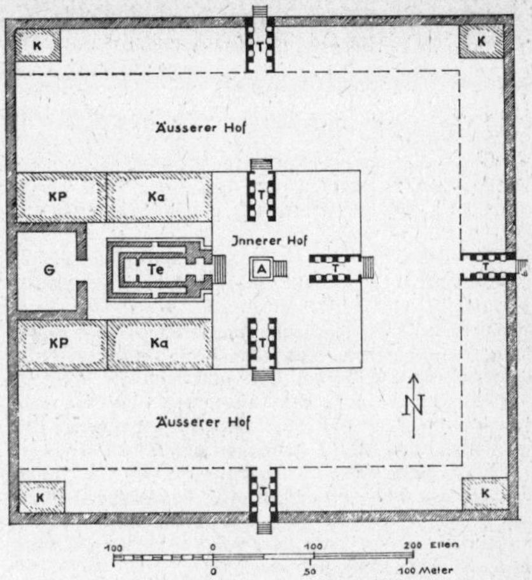

Plan des neuen Tempels nach dem Gesicht Hesekiels (Hes 40–48). A = Altar; Te = Tempel; Ka = Kammern; KP = Küchen der Priester; G = Gebäude von Hes 41,12; K = Küchen; T = Tore

1–16; vgl. 2 Kö 25,4–7; Hes 24) und Gleichnisreden (Hes 15; 17; 19) sagen bis in die Einzelheiten den Untergang von König und Volk voraus, von denen jeder für seine eigenen Sünden zur Rechenschaft gezogen wird (Hes 18). Im Bild von Ehe und Hurerei halten die härtesten Kapitel (Hes 16; 23) Israel noch einmal die Liebe Gottes vor Augen, die das Volk in furchtbarster Weise mit Füßen getreten hat. Dabei stellt Ohola = »Ihr Zelt« das Nordreich mit seinem selbstgewählten Heiligtum dar, Oholiba = »Mein Zelt« Juda mit Jerusalem und dem Tempel. Ein besonderes Drohwort trifft die falschen Propheten (Hes 13); auch den Ältesten der Verbannten verweigert Gott wegen ihres Götzendienstes die Antwort (Hes 14).

5) Mitten in der Hoffnungslosigkeit der Gerichtsreden stehen zwei Verheißungen, die den kommenden Retter, der nicht nur Israel, sondern auch den Heiden das Heil bringt (Hes 17,23), als »zartes Reis« (V 22; vgl. Jes 11,1; 53,2) und Erben der Krone (Hes 21,32[27]) bezeichnen.

6) Am Tag, an dem sich der Kreis der Belagerung um Jerusalem schließt, redet H. noch einmal mit einer Gleichnishandlung zum Volk (Hes 24,1–14). Am Abend aber nimmt der Herr ihm seine Frau und läßt ihn in klagloser Trauer verstummen, bis ihm ein Flüchtling die Nachricht vom Fall Jerusalems bringen wird (V 15–27). Das angedrohte Gericht ist hereingebrochen, und der Herr hat nun seinem Volk, das in der Verbannung tatenlos zusehen muß, nichts mehr zu sagen.

C) Der dritte Hauptteil handelt von Israels Nachbarn (Hes 25–32). Gott verwehrt ihnen, über den Fall Jerusalems zu frohlocken. Denn dieses Gericht geht ausschließlich ihn und sein Volk an. Zugleich aber ist der Herr auch ein Gott der Heiden, richtet über ihr Tun und lenkt ihr Leben. Mögen die Völkersprüche scheinbar den Rahmen des Buches sprengen, so leuchtet doch gerade in der Begründung des Gerichts über die Völker das Geheimnis der Erwählung Israels auf.

D) Der vierte Hauptteil (Hes 33–39) zeigt endgültig, daß Gottes Gericht Läuterungsgericht ist, in seiner Absicht also Heilshandeln des Herrn an seinem Volk. Hinter dem Gericht steht der Wille zur Erneuerung Israels.

1) In drei großen Bildern wird von Gottes Neuanfang gesprochen, zu dem das Gericht den Weg freigemacht hat.

a) Gott will seinem Volk einen guten Hirten erwecken, der es sammeln und Israel und Juda vereinigen soll (Hes 34; 37,16–24; vgl. Joh 10; Hebr 13, 20).

b) Das Land mit seinen Städten und Feldern soll neu bewohnt und bebaut werden und wieder Frucht bringen (Hes 36).

c) Schließlich will Gott die steinernen Herzen durch fleischerne ersetzen (Hes 36,26f), als Schöpfer wirkt er ganz Neues an Israel. Dies schöpferische Wirken, das zwar bei einem Rest anknüpft, aber dennoch Neuschöpfung ist, wird bes. deutlich im Gesicht von der Erweckung der Totengebeine (Hes 37,1–14).

2) Doch auch diese Erneuerung wird noch durch Feinde bedroht sein (Hes 38; 39). Die widergöttliche Macht lehnt sich auf gegen das erneuerte Gottesvolk. Aber dieses Volk wird jetzt bestehen können, weil Gott ihm den Sieg schenkt.

E) Der fünfte Hauptteil (Hes 40–48) ist mehr als ein Anhang. Hier wird noch einmal das Besondere der Botschaft des H. deutlich. Gottes Volk kann nur mit Gott leben, nicht ohne oder gegen ihn. Darum muß vor allem der Ort der Begegnung mit dem Herrn, Tempel und Gottesdienst, und weiter auch das Leben und die Ordnung im Land ganz neu von Gott bestimmt werden. Unter dieser neuen Gottesordnung geschieht es, daß Gott heimkehrt zu seinem Volk (Hes 43,2ff). Damit ist Gottes Neuschöpfung zum Ziel gekommen, die Hauptstadt des neuen Landes heißt *Jahwäh schammah* = »Hier ist der Herr«.

V,1) Es ist der Kern der BOTSCHAFT des H., daß ohne Gemeinschaft mit Gott und seine Gegenwart kein Leben möglich ist. Gott sucht darum sein Volk, das er liebt, in Gericht und Gnade.

H. spricht vielfach nicht von Gott selber, sondern von der Herrlichkeit (hebr. *schekhina*) des Herrn, hinter der sich Gott verbirgt. Damit wird gleichzeitig Abstand und Nähe Gottes zum Menschen ausgesagt, Offenbarung und Verhüllung. Die Gegenwart der Herrlichkeit ist Israels Adel. Unter dieser Gegenwart erfüllt es seinen Beruf, die Erkenntnis Gottes weiterzugeben.

Aber auch wenn die Herrlichkeit Gottes sein Volk im Gericht verlassen hat, so geschieht das ebenfalls mit dem einen Ziel: »Sie sollen erfahren, daß ich der Herr sei!« – Israel wie die Heiden (Hes 39,21–24). Von der heiligen Majestät des frei richtenden und begnadigenden Gottes geht die Botschaft des H. aus und allein zu ihm soll sie zurückführen.

Gemeinschaft mit Gottes Herrlichkeit gibt es nur im rechten Gottesdienst. Darum wiegen gottesdienstliche Verfehlungen so schwer und ist eine Erneuerung abgesehen vom Gottesdienst nicht möglich. Wie bei der Neuordnung des Landes Hes 40–48 der Tempel im Zentrum des Landes liegt, so ist auch der gereinigte Gottesdienst die Mitte des Lebens. Voraussetzung dieser neuen Ordnungen aber bleibt die innere Erneuerung (Hes 36,26f).

2) H. hat als Verbannter alle Ereignisse fern von Jerusalem miterlebt. Gott nimmt ihn dennoch ganz in das Gerichtsgeschehen an Jerusalem hinein. Darin hat die lebendige Bildhaftigkeit seiner Botschaft ihren Ursprung.

Als Prophet ist und bleibt er Glied seines Volkes. Er trägt mit (Hes 3,26), leidet mit (Hes 4,4ff) und steht ganz im Dienst Gottes ohne persönlichen Spielraum (Hes 24,16–18). Damit wird an H. offenbar, was Gott von Israel erwartet und mit ihm will. So wie Israel durch H. und seinen Dienst neu zur Erkenntnis Gottes und zur Erneuerung seines Lebens kommen soll, so sollen durch Israel auch die, die Gott noch nicht erkannt haben, ihn nun in seiner Herrlichkeit erkennen und anbeten.

3) Das Spätjudentum hat in seinen Gedankengängen vielfach bei H. angeknüpft. Dabei ist H. aber so einseitig aufgefaßt worden, daß ein echter Zushg. mit ihm nicht mehr besteht. Auch der Neubeginn nach dem Exil kann nicht einfach mit einer Erfüllung der Verheißungen des H. gleichgesetzt werden; denn gerade ein Einzug der Herrlichkeit Gottes in den Tempel (Hes 43,2–9) fand nicht statt (vgl. Es 6,16–18).

4) Damit stellt sich die Frage nach der Auslegung in der Gemeinde Jesu. H. wird im NT überwiegend in der Offb zitiert. Damit wird deutlich, daß das NT in dem Heilshandeln Gottes, von dem H. berichtet, ein Geschehen der letzten Zeit und der → Vollendung sieht. Doch weisen 2 Kor 3,3; 6,16; 1 Thess 4,8, die sich auf Hes 36,26; 37,27; 36,27 u. 37,14 beziehen, auch auf die ntl. Gemeinde, wo durch die Erneuerung der Herzen und die Gabe des Geistes

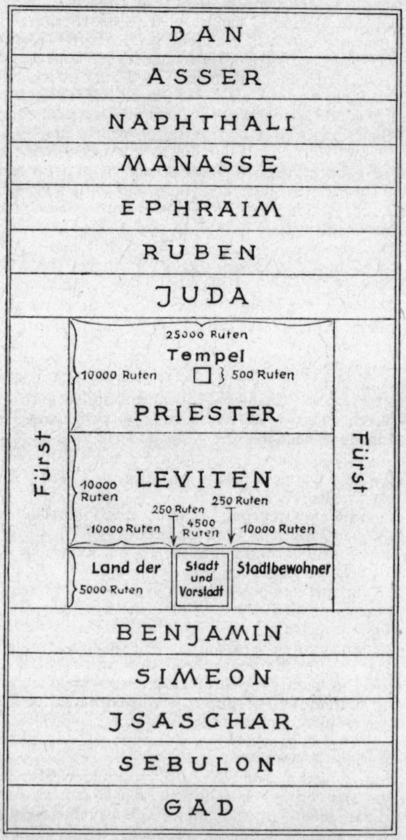

Schema der Verteilung des verheißenen Landes nach Hes 48 (nur die eingetragenen Maße sind im Text angegeben)

Menschen erneuert werden, die so als Anfang der Neuschöpfung Gottes gelten müssen.
Es ist darum keine Frage, daß H. in seiner reichen Bildersprache verborgen auf Jesus Christus weist (vgl. Hes 34,16 u. Lk 19,10), und damit auf die Gemeinde aus Juden und Heiden, die das neue Gottesvolk ist, in dessen Mitte Jesus Christus als Gottes endgültige Offenbarung gegenwärtig ist und Gott »in Geist und Wahrheit« (Joh 4,24) angebetet wird. Dann ist die Mitte des Gottesvolkes da, wo Menschen bekennen: »Wir sahen seine Herrlichkeit« (Joh 1,14).

Hesir »Wildschwein«.

1) Leiter der 17. Priesterabteilung z. Zt. Davids (1 Chron 24,15).

2) Israelit, der mit Nehemia den Bund unterzeichnete (Neh 10,21[20]).

Hesjon, Vater Tabrimmons, Großvater des syr. Königs Benhadad (1 Kö 15,18).

Hesmon,
Ort im Stammgebiet Judas (Jos 15,27) zwischen → Hazar-Gadda und → Beth-Pelet, in der Nähe von Beer-Seba. Die genaue Lage ist unbekannt.

Heth → Hethiter

Hethiter. I) 1 Mo 10,15 wird Heth als Sohn Kanaans und Enkel Hams genannt. Das Volk der H. erscheint dann vielfach unter den Einwohnern des Landes Kanaan (1 Mo 23; 25,9; 2 Mo 3,8; 4 Mo 13, 29[30]; Jos 3,10; 9,1). Jos 1,4 wird »das ganze Land der H.« erwähnt. Aus 1 Sam 26,6 ergibt sich, daß sich z. Zt. der Flucht Davids vor Saul ein H. Ahimelech unter seinen Leuten befand. Bekannt ist der H. Uria, der Mann der Bath-Seba (2 Sam 11). Von den Königen der H. ist 1 Kö 10,29; 2 Kö 7,6 die Rede. 1 Kö 11,1 hören wir von hethitischen Frauen im Harem Salomos.
Die H. werden auch von Assyrern und Babyloniern erwähnt. Im Akkad. heißen sie Hatti, im Hebr. Hittim. Vor allem seit den Ausgrabungen Hugo Wincklers 1906/07 in Boghazköi, 150 km östl. von Ankara, wissen wir sehr viel mehr über die H. Es handelt sich hier um das alte Hattusas, die Hauptstadt des kleinasiatischen H.-Reiches, wo man u. a. ein Archiv mit über 16000 Tontafeln gefunden hat. Wir müssen allerdings zugeben, daß unsere Kenntnis über die H. trotz dieser Funde noch mit ungelösten Schwierigkeiten belastet ist. Da bleibt die Frage nach dem Verhältnis der H., die im AT als Einwohner Kanaans erscheinen, zu den H. in Kleinasien. Am wahrscheinlichsten ist wohl die Annahme, daß auch die kanaanitischen H. zu der kleinasiatischen Völkergruppe gehörten, die man allg. als H. bezeichnet. Wir stehen nämlich vor der merkwürdigen Tatsache, daß die H. weder in Sprache noch Herkunft eine erkennbare Einheit bildeten. Man kann von einer in Kleinasien heimischen Bevölkerung unbekannter Rasse eine Gruppe indogermanischer Eroberer unterscheiden, zu denen die Luwier und Nesiten gehören, die im mittleren und neuhethitischen Reich die herrschende Schicht bildeten.

II) Von den verschiedenen SPRACHEN, die man auf den Tontafeln in Boghazköi gefunden hat, bezeichnet Hethitisch die Sprache dieser Herrenschicht, eine Mischsprache von indogermanischem Ursprung mit kleinasiatischen Bestandteilen. Die Keilschrift, mit der dies Hethitische geschrieben ist, kann man auch nesitisch nennen. Ihre Entzifferung ist gelungen, während man die ebenfalls entdeckten hethitischen Hieroglyphen noch nicht lesen kann.

Hethiterköpfe (ägypt. Darstellung)

III, 1) Von einer vorgeschichtlichen Zeit, die in der GESCHICHTE der H. vor 3000 v. Chr. liegt, unterscheidet man einen Abschnitt, in dem örtliche Königreiche bestanden. Während dieser Zeit, aus der auch die sog. kappadozischen Tontafeln (um 2000 v. Chr.) stammen, von denen etwa 3000 ausgegraben worden sind, hatten assyr. Händler in verschiedenen Orten Kleinasiens ihre Niederlassungen. Die assyr. Ansiedler hielten die Verbindung mit dem Mutterland aufrecht und standen unter seinem Schutz. Der Einbruch der genannten Nesiten machte diesem Zustand ein Ende, und die Assyrer kehrten in ihre Heimat zurück. Es entstand das mittlere Reich der H., deren wichtigster Erfolg in dieser Periode darin bestand, daß sie unter König Mursilis der amoritischen Dynastie in Babylon ein Ende bereiteten (→ Babylonien). Das wird um 1600 v. Chr. gewesen sein. Aus der nächsten Zeit besitzen wir keine Nachrichten, was man auf eine Unterwerfung Kleinasiens durch andere Völker, z. B. die Horiter, zurückgeführt hat.
2) Nach dieser Unterbrechung erlebt die Macht der H. ihre größte Blütezeit im Neuhethitischen Reich zwischen 1500 und 1200 v. Chr. Jetzt kam es auch zum Kampf mit den Ägyptern. Bekannt ist die Schlacht zwischen den Ägyptern unter Ramses II. u. den H. unter Muwatallis bei Kades am Orontes 1296 v. Chr., in der Ramses beinahe geschlagen wurde und nur mit Mühe das Schlachtfeld behaupten konnte (→ Ägypten). Es kam dann zu dem »Ewigen Vertrag« zwischen Ägypten und den H. (um 1280 v. Chr.). Um 1200 v. Chr. wurde die hethitische Hauptstadt Hattusas zerstört, wahrscheinlich von den Seevölkern, die Ramses III. in → Ägypten nur mit großer Mühe abzuwehren vermochte. 1200 bis 717 v. Chr. blieben noch verschiedene hethitische Staaten in Nordsyrien bestehen. Einer der be-

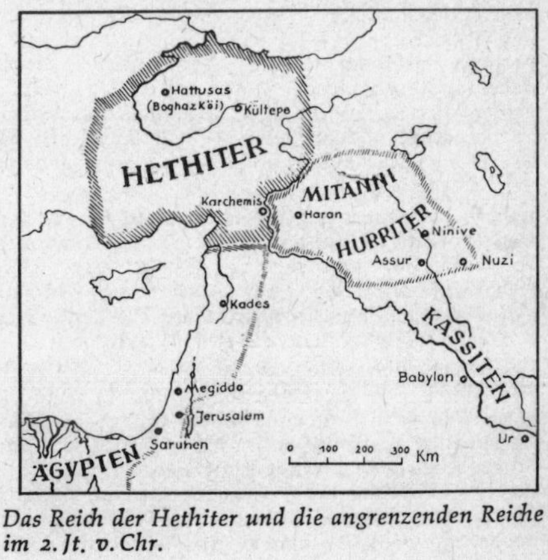

Das Reich der Hethiter und die angrenzenden Reiche im 2. Jt. v. Chr.

Hethitische Krieger mit Schwert, Speer, Schild und Streitaxt (hethitische Darstellungen)

kanntesten war das Reich von Karchemis am Euphrat, das 717 v. Chr. von den Assyrern erobert wurde.
IV) Was ihre RELIGION betrifft, so fällt auf, daß die H. Hunderte von Göttern verehrten. Sie sprechen selbst von 1000 Göttern. Eine der wichtigsten Göttinnen ist die Sonnengöttin der Stadt Arinna. Von den Göttern steht der Blitz- und Donnergott Teschup an erster Stelle. Außerdem gab es unter den H. viele magische Gebräuche, Beschwörungen und Zaubereien. Bes. zu erwähnen sind noch die in Boghazköi gefundenen Gesetzestexte, die Vergleichspunkte zum mosaischen Gesetz bieten (vgl. auch → Abraham VI). Vgl. Abb. Sp. 1291.

Hethlon, Grenzort im NW des Heiligen Landes, in Syrien gelegen und in Verbindung mit → Damaskus, → Hamath und → Berotha genannt (Hes 47, 15; 48,1). Die genaue Lage des Ortes ist nicht zu bestimmen; man hat u. a. an Heitela ca. 32 km nordöstl. von Tripoli gedacht.

Heu → Gras

Heuchelei, heucheln, Heuchler. I) H. ist eine Haltung, bei der Handlungen, Gebärden und Worte des Menschen nicht seinem Inneren entsprechen. Sie kann sich in einzelnen zweckbedingten, durchaus bewußten Akten äußern, aber auch zu einem Zustand werden, dessen fortgesetzte Äußerungen fast unbewußt geworden sind.
LÜ gibt mit H. mehrere in ihrer Bedeutung leicht unterschiedene hebr. Wörter wieder, die glatte Reden (Ps 5,10; 12,3.4), Lügen (Ps 78,36; Jes 28,15) u. gottlose Gesinnung (Hi 8,13; Spr 11,9) bezeichnen; dabei ist die Absicht der Täuschung nicht unbedingt eingeschlossen. Das griech. Wort *hypokritaes* bedeutet zunächst »Schauspieler«, einen Menschen also, der eine Maske trägt und die Rolle einer anderen Person spielt.

II) Wer Menschen gegenüber heuchelt, täuscht Gefühle vor, die er nicht empfindet, um sich Vorteile zu verschaffen oder seinem Nächsten zu schaden (Spr 28,23; 29,5; Mt 22,18). Auch Petrus heuchelt, als er sich aus Menschenfurcht auf die Seite einer Autorität (Gesetz) stellt, die er in Wirklichkeit nicht mehr anerkennt (Gal 2,13).

III) Als H. Gott gegenüber bezeichnet Ps 78,36 die Hinwendung zu Gott ohne innere Umkehr. – Häufig wird der Ausdruck H. im NT auf Pharisäer und Schriftgelehrte angewandt. Bei vielen von ihnen war der ursprüngliche Eifer, Gott zu dienen, verflacht und veräußerlicht. Mit einer leergewordenen Form der Frömmigkeit täuschten sie andere und sich selbst (Mt 6,2.5.16). Ja, sie erfüllten diese Form mit einem ihr fremden, gegen Gott gerichteten Geist (Mt 23,13).
Das ist die Gefahr aller zur Gewohnheit gewordenen Frömmigkeit, in der die Unterscheidung von Echt und Unecht verlorengegangen ist. Man begnügt sich dann mit der äußeren Form und verfällt dadurch dem Gericht Gottes (Mt 15,7.8; 16,3; Lk 12,1).

Heuschrecke. I) Die Heuschrecken, in der HS unter 10 verschiedenen Namen erwähnt, sind Insekten, die zur Ordnung der Geradflügler gehören. Die Familie der Feldheuschrecken *(Acridiidae)* umfaßt rund 90 Arten, darunter die größten Verwüster der Felder im Orient: die Wanderheuschrecken *(Migratoria)*, bes. die afrikanische oder ägypt. Wanderheuschrecke *(Schistocerca gregaria)*.

II) Diese Art hat kurze Fühler, schmale, harte Vorderflügel und große Hinterflügel, die in der Ruhestellung fächerförmig unter den Vorderflügeln gefaltet werden. Ausgewachsene Tiere sind 5-7 cm lang. Die Eier werden in Eikapseln, d. h. mehrere Eier von einer gemeinsamen Umhüllung umgeben, in den feuchten Boden gelegt. Daraus schlüpfen ungeflügelte Larven, nicht größer als eine Fliege. Durch ihre schwarze Farbe nehmen sie die Sonnenwärme gut auf (→ Raupe). Nach der 1. Häutung werden sie grün-gelb und beginnen ernstlich Schaden anzurichten. Nach einer 2. Häutung zeigen sie deutlich Flügelansätze und fressen Tag und Nacht. Die 4. Häutung bringt das ausgewachsene Tier mit einem fleischfarbenen Körper hervor, der dem rötlichen Ackerboden der Weinberge und Felder angepaßt ist. Dort »sonnen« sie sich am Morgen, um sich dann gegen Mittag zum Hochzeitsflug in die Luft zu erheben, wo ihre Scharen die Sonne verdunkeln (Jo 2, 2.10). Wegen der Ähnlichkeit ihres Kopfes mit dem eines Pferdes (V 4) und wegen des Geräusches, das sie beim Fliegen verursachen, werden sie mit Scharen von rasselnden Streitwagen verglichen (V 5; Offb 9) Vom Winde getrieben (2 Mo 10,13) nahen sie in Schwärmen von mehreren Quadratkilometern Ausdehnung und bedecken, wo sie sich niederlassen, den ganzen Boden (vgl. dazu 2 Mo 10,5). In ihrer großen Gefräßigkeit vernichten sie in kürzester Zeit die gesamte Vegetation.

III) Als Strafe Gottes bilden H. die 8. Plage in Ägypten (2 Mo 10,1–20; Ps 78,46) und erscheinen ebenso in den Gesichten der Offenbarung (Offb 9,7–10) und anderen Gerichtsweissagungen (5 Mo 28, 38; Jo 2,2–10).

IV) Als reine Tiere wurden H. gegessen (3 Mo 11, 22). Man kochte sie in Salzwasser oder trocknete, mahlte und mischte sie mit Brotgetreide. Zu diesem Brot aß man Honig (Mt 3,4). Arbe, Solam, Hargol und Hagab waren Unterarten, von denen jedoch nichts Näheres bekannt ist (3 Mo 11,22).

Heute. I) WORT UND BEGRIFF.
Sowohl im Hebr. wie auch im Griech. bedeutet das entsprechende Wort »an diesem Tage« (übrigens auch im lat. *ho-die* und althochdt. *hiu-tac* = h.). Gemeint ist der gegenwärtig ablaufende Tag. So ordnet Mose an: »Esset das h., denn es ist h. der Sabbat des Herrn . . .« (2 Mo 16,25; vgl. weiter 2 Mo 13,14; Jak 4,13 u. ö.). Natürlich kann h. auch im

Tafel 39
Blick vom Klosterplateau Qumran nach Süden aufs Tote Meer. Vorn rechts einer der Steilfelsen, in deren Höhlen wichtige Handschriften gefunden wurden.

Tafel 39

Tafel 40

Diener tragen getrocknete Heuschrecken als bes. Leckerbissen zur Tafel des Assyrerkönigs (Darstellung aus dem Palast Sanheribs in → Ninive)

weiteren Sinn »zu dieser Zeit« bedeuten (z. B. Mt 11,23).

II) DAS EWIGE IM HEUTE.
Der der Vergangenheit nachtrauernde oder von ihr beschwerte, Zukunftsträumereien hingegebene oder sich vor dem Kommenden fürchtende Mensch verliert sein H. Der gegenwärtige Augenblick bleibt unerfüllt. Wenn aber das Ewige in das Zeitliche hineinragt, gewinnt der Mensch sein H. zurück. In dem H. der Engelbotschaft (Lk 2,11) steht die Zeit still, ragt die Ewigkeit in die Zeit hinein. Die Hirten auf Bethlehems Felde erleben ein H., das nicht mehr vergeht. Ähnlich erging es den Zeugen der Predigt Jesu in Nazareth, als er sagte: »H. ist diese Schrift erfüllt vor euren Ohren« (Lk 4,21). Dieses H. eröffnet die »angenehme Zeit«, den »Tag des Heils« (2 Kor 6,2). Dieses H. ist heute! Solch ein H. erfuhren Zachäus (Lk 19,9) und der Schächer am Kreuz (Lk 23,43). Der zerrinnende 24-Stundentag ist der Ewigkeit gewichen. Schon lange bevor durch den Fall des Menschen die Zeit zur Nichtigkeit wurde, hatte Gott den Einbruch der Ewigkeit in die Zeit geplant. »Du bist mein Sohn, h. habe ich dich gezeugt« (Ps 2,7 u. ö). Auch schon im AT gewinnt die flüchtige Zeit durch Gottes Kundgebungen Ewigkeitsgehalt (2 Mo 14,13; 5 Mo 9,1; 11,26; Jos 22,31; 1 Sam 11,13). Dem vergänglichen H. der unerlösten Welt setzt Gott also sein bleibendes H. entgegen, das bleibende H. eines langandauernden Heilstages (Jes 49,8.9).

III) DER ENTSCHEIDUNGSCHARAKTER UNSERES HEUTE.
Das flüchtige H. unserer verrinnenden Lebenszeit u. das bleibende H. eines langen Heilstages rufen uns h. (!) in die Entscheidung: »H., so ihr seine Stimme höret, so verstocket euer Herz nicht« (Ps 95,7–8 u. ö). Erschwerend fällt ins Gewicht, daß diese Gnadenzeit einmal zu Ende geht. Darum ist Wachsamkeit und gegenseitige Ermahnung geboten, »solange es h. heißt« (Hebr 3,13).

Tafel 40
Blick vom Plateau der Klosterruine von Qumran nach Westen auf das Küstengebirge des Toten Meeres. Im Vordergrund die Steilfelsen mit der Höhle IV, in der bes. zahlreiche und wichtige Handschriftenfragmente gefunden wurden, darunter die Bruchstücke der Samuelbücher.

Hevila wohl mit hebr. »Sand« zusammenhängend. Ein oder mehrere Gebiete auf der arabischen Halbinsel. Die genaue Lage ist nicht bekannt (1 Mo 2, 11f; 25,18; 1 Sam 15,7). Als Stammvater der Bewohner von H. wird sowohl Chus (1 Mo 10,7) wie auch Joktan (V 29) genannt, viell. ist damit eine semitisch-hamitische Mischbevölkerung gemeint.

Heviter. Einer der kanaanitischen Stämme, die vor Israel in Palästina lebten (1 Mo 10,17; 2 Mo 3,17; 5 Mo 7,1). Z. Zt. Jakobs treffen wir H. in Sichem (1 Mo 33,18; 34,2), wo sie noch nach der Zeit Gideons Einfluß besitzen (Ri 9,28). Weiter waren Gibeon, Kaphira, Beeroth und Kirjath-Jearim hevitische Städte, deren Bewohner einen Friedensvertrag mit Josua erlisteten und dann zu Holzhauern und Wasserträgern gemacht wurden (Jos 9,3–27; 11,19). Ihr Hauptsiedlungsgebiet scheint aber am Libanon, vom Hermon bis Hamath, gelegen zu haben (Jos 11,3; Ri 3,3). Hier im Norden hatten sie noch z. Zt. Davids eigene Städte (2 Sam 24,7). Salomo machte die Reste der H. mit den übrigen Kanaanitern zu Zwangsarbeitern (1 Kö 9,20.21).
Aus Jos 9,11 ergibt sich, daß die politischen Entscheidungen in Gibeon von Ältesten getroffen wurden. Auch Hemor bemüht sich um die Zustimmung der Einwohner Sichems (1 Mo 34,20–24); seine Macht ist also nicht unumschränkt.
Man erhält im ganzen den Eindruck, daß die H. mehr auf Verhandlungen als auf Kampf vertrauen. In Sichem erfahren wir den Namen des hevitischen Stadtgottes Baal Berith = Baal des Bundes (Ri 9,4). 1 Mo 36,20.29 wird der in V 2 H. genannte Zibeon als Horiter bezeichnet; ebenso liest die LXX zweimal für H. (1 Mo 34,2; Jos 9,7) Horiter. Das kann ein Schreibfehler sein; könnte aber auch auf eine Zugehörigkeit der H. zu dem mächtigen Volk der → Horiter hinweisen.

Hezrai »Schlanker«,
Karmeliter, Held Davids (2 Sam 23,35). In 1 Chron 11,37 wird er Hezro genannt.

Hezro → Hezrai

Hezron I) »Schlanker«.
1) Dritter Sohn Rubens (1 Mo 46,9; 4 Mo 26,6); seine Nachkommen bilden das Geschlecht der Hezroniter.
2) Sohn des Perez und Enkel Judas (1 Mo 46,12). Seine Nachkommen, die das judäische Geschlecht der Hezroniter bilden (4 Mo 26,21), werden 1 Chron 2, 9–3, 24; 4,3–7 aufgezählt. Auch David und das judäische Königsgeschlecht gehören dazu.
II) »Hürde«.
Ort an der Südgrenze Judas, westl. von Kades-Barnea (Jos 15,3). Die genaue Lage ist nicht bekannt.

Hezroniter → Hezron (1) und (2)

Hiddai,
Israelit von → Nahale-Gaas, einer der Helden Davids (2 Sam 23,30). In 1 Chron 11,32 wird er Hurai genannt.

Hiddekel,
der Tigris, einer der beiden Hauptströme Mesopotamiens (1 Mo 2,14; Dan 10,4). Der Fluß heißt assyr. Idiklat, pers. Tigra. Bekannte Städte an seinen

Ufern sind → Ninive, Rehoboth-Ir, Kalah und Assur.

Hiel, Kurzform »(Mein) Bruder ist Gott«.
Mann aus Beth-El, der das zerstörte Jericho zur Zeit Ahabs wieder aufbaute. Die Grundlegung kostete ihn das Leben seines Erstgeborenen Abiram, und als er die Torflügel einsetzte, starb sein jüngster Sohn Segub. Das geschah in der Erfüllung des Wortes, das der Herr durch Josua gesprochen hatte (1 Kö 16, 34; Jos 6,26).

Hierapolis »Priesterstadt«,
Stadt in Kleinasien, heute Pambuk kalessi. Hier wirkte Epaphras im Dienst des Evangeliums (Kol 4, 12.13). Der Ort ist berühmt durch seine heißen Quellen, die in Kaskaden über bizarre Terrassen merkwürdiger Tropfsteinbildungen stürzen, vgl. Taf. 44b/673. Er liegt in der Nähe von Laodizea.

Hieser → Abieser

Hilen, Priesterstadt in Juda (1 Chron 6,43[58]), sie heißt sonst → Holon (1).

Hilkia »Anteil, Besitz ist der Herr«.
1) Levit aus dem Geschlecht Meraris (1 Chron 6,30 [45]).
2) Sohn Hosas, ein anderer Merariter z. Zt. Davids (1 Chron 26,11).
3) Vater Eljakims, des Palastvorstehers z. Zt. König Hiskias (Jes 22,20; 36,3).
4) Priester aus Anathoth, der Vater des Propheten Jeremia (Jer 1,1).
5) Vater des Gemarja, eines Zeitgenossen Jeremias (Jer 29,3).
6) Sohn Sallums (1 Chron 5,39[6,13]; Es 7,1.2), Hoherpriester z. Zt. König Josias. Er fand das Gesetzbuch, das Buch des Bundes, im Tempel und stand dem König bei der Durchführung seiner Reform bei (2 Kö 22,3–23,25; 2 Chron 34,8–35,19).
7) Priester und Haupt eines Priestergeschlechtes, der mit Serubabel aus der Gefangenschaft zurückkehrte (Neh 12,7.21).
8) Einer von denen, die bei Esra standen, als er das Gesetz vorlas (Neh 8,4).

Hillel »Er hat gelobt«,
Vater des Richters Abdon (Ri 12,13).

Himmel. In der HS bedeuten das hebr. *schamajim* und das griech. *ouranos* sowohl den sichtbaren wie auch die unsichtbaren H.

I) Der H. oder das Firmament (LÜ Feste) bezeichnet mit der Erde zusammen die Gesamtheit der sichtbaren, von Gott ERSCHAFFENEN WELT (1 Mo 1,1; Ps 73, 25; 121,2). Er wird im AT als eine große, über die Erde ausgespannte Zeltdecke gesehen (Ps 104,2; Jes 40,22 u. a.), die einmal am großen Gerichtstag zusammengerollt werden wird (Jes 34,4; Offb 6,14). Daneben besteht die andere Vorstellung, nach der der H. als ein dem Kristall (Hes 1,22), Saphir (2 Mo 24,10) oder auch Metallspiegel (Hi 37,18) ähnliches Gewölbe erscheint, das von den höchsten Bergen wie von Säulen getragen wird (Hi 26,11). Dieses Gewölbe hat Türen (1 Mo 28,17; Ps 78,23) und Fenster (1 Mo 7,11; 8,2; 2 Kö 7,2.19; Jes 24,18), durch die Gott Regengüsse, Schnee, Hagel und Blitze (Hi 38,25), aber auch den Segen herabsendet (Mal 3,10). Aus diesen Vorratskammern kam auch der Mannaregen auf die Erde herab (Ps 78,23.24). Am H. ziehen Sonne und Gestirne ihre Bahn (1 Mo 15,5; Jos 10,13; Hi 9,9 u. a.). Zum H. gehört der Luftraum, in dem sich die Vögel bewegen (1 Mo 1,26; Mt 6,26 u. a.). Wie die Erde wird jedoch auch der H. vergehen (Ps 102,26.27; Jes 51,6; Mt 24,35) und einer neuen Schöpfung Platz machen (Jes 65,17; 2 Petr 3, 10.13).

II,1) Den H. als WOHNORT GOTTES (Ps 2,4; 14,2; 115, 3; Jes 63,15; Mt 6,9) sieht die HS im engen Zushg. mit dem Himmelsgewölbe (Ps 103,19; Am 9,6) und nennt so das Firmament den Thron des Herrn und die Erde seinen Fußschemel (Jes 66,1; Mt 5,34; 23, 22; Apg 7,49). Doch sprengt die Allgegenwart Gottes die räumlichen Vorstellungen (1 Kö 8,27; Ps 139, 7ff), wenn auch der sichtbare H. als Bild des unsichtbaren (Kol 1,16) aus menschlichem Denken und Reden wohl nicht zu lösen ist. Auch die Berichte von der Erscheinung der Engel (1 Mo 18,2; Jos 5,13) und des Auferstandenen (Joh 20,19.26) vermitteln den Eindruck, daß der H. Gottes unmittelbar in unsere Wirklichkeit hineinreicht. Vgl. die Wolke, die bei der Verklärung und der → Himmelfahrt den Übergang zwischen H. und Erde verhüllt (Mt 17,5; Apg 1,9).
Aus dem allen wird deutlich, daß H. hier seinem Wesen nach etwas anderes ist als der sichtbare Wolkenhimmel, daß es sich hier um die unsichtbare Welt Gottes gegenüber der sichtbaren des Menschen handelt, vgl. E. Lerle, Das Raumverständnis im NT, 1955.
2) Die Wohnung Gottes ist zugleich die ewige Heimat Christi. Er ist aus dem H. herabgekommen (Joh 3,13.31) und nach der Auferstehung dorthin zurückgekehrt (Mk 16,19; Lk 24,51; Apg 1,9.10). Er sitzt nun zur Rechten Gottes (Mk 16,19; Hebr 1,3) und wird von dort einst wiederkommen (Mt 24,30; Apg 1,11; 1 Thess 4,16; Offb 1,7).
3) Der H. ist auch der Aufenthaltsort der Engel (Mt 18,10; Lk 15,10; Offb 7,11; 15,5ff u. a.), während der Satan aus dem H. Gottes gestürzt ist (Lk 10,18; Offb 12,7–9).
4) Schließlich wird der H. einmal die Wohnung der Erlösten sein (Joh 14,2.4; 17,24; 1 Thess 4,17; Offb 7, 9–17), deren Namen im H. aufgeschrieben sind (Lk 10,20; Hebr 12,23.) Diese Stätte, an der ihr Bürgerrecht (Phil 3,20), ihr Schatz (Mt 6,20), ihr Lohn (Mt 5,12) und ihr Erbe ist (1 Petr 1,4), nennt die HS einen Ort »der Herrlichkeit« (Hebr 2,10), in dem alles in einer für das menschliche Denken nicht faßbaren Vollendung und Schönheit sein wird (Offb 21,1–22, 7). Das Leben (1 Tim 4,8), der Dienst (Offb 22,3), die Anbetung (Offb 5,9–14; 11,15–18; 12,10.11 u. a.) und die Herrlichkeit (2 Kor 4,17) werden dort niemals enden.

III) Schon z. Zt. des AT kannte die jüd. Vorstellung eine Mehrheit der HIMMELSRÄUME (*schamajim* ist Mehrzahl), die im späteren Judentum auf 7 Himmel festgelegt wurde. Der HS ist diese Zahl unbekannt, nur Paulus spricht von einem dritten H. (2 Kor 12,2–4). Der Hebräerbrief verbindet mit der Erhöhung Christi zur Rechten der Majestät (Hebr 8,1) die andere Aussage, daß er als Hoherpriester durch die H. geschritten ist (Hebr 4,14 wörtl.) bis in den eigentlichen H., wo er vor Gottes Angesicht für uns erscheint (Hebr 9,24).

IV) Mehrfach steht im NT statt der Gottesbezeichnung »der Gott des H.« bzw. »der Gott vom H.« (d. h. der sich vom H. kundgebende Gott), nur »der H.« (Mt 21,25; Mk 11,30; Lk 15,18).

Himmelfahrt. I, 1) Das AT weiß bereits von einer H. des Henoch (1 Mo 5,24) und der des Elia in einem feurigen Wagen (2 Kö 2,11). Gott hat diese beiden Zeugen der Gemeinde des AT unmittelbar zu sich aufgenommen.
2) Bei der H. Jesu dagegen geht es um den Lohn seiner Mittlerschaft und die Vollendung seines Sieges. Ihn, der sich selbst erniedrigt hat und gehorsam

geworden ist bis zum Tode am Kreuz, hat Gott erhöht und ihm einen Namen gegeben, der über alle Namen ist (Phil 2,8.9; Eph 1,21.22). Dem aktiven Gehorsam Jesu, seiner bewußten Erniedrigung und dem Empfang des Lohnes seiner Arbeit entspricht die aktive Verbalform in Hebr 1,3: »Er hat sich gesetzt zu der Rechten der Majestät in der Höhe.« Die H. ist ebenso ein Werk des Vaters (Apg 1,9) wie eine Tat des Sohnes (Lk 24,51).

II, 1) 40 Tage nach seiner Auferstehung ist Jesus Christus zum Himmel gefahren. Matthäus und Johannes erwähnen diese Tatsache nicht, Markus nur kurz; Lukas berichtet zweimal davon: am Schluß des Ev. und am Anfang der Apostelgeschichte. Vor der H. versammelte Jesus seine Jünger auf dem Ölberg, gab ihnen den Auftrag, bis ans Ende der Erde seine Zeugen zu sein, und wurde durch eine Wolke vor ihren Augen fortgenommen. Zwei Engel verhießen ihnen seine Wiederkunft, und voller Freude kehrten die Jünger nach Jerusalem zurück. Dort blieben sie im Lobe Gottes einmütig zusammen und warteten auf die Kraft aus der Höhe (Lk 24,50–53; Apg 1,4–12). Die H. bildet so den äußeren Abschluß des unmittelbaren Wirkens Jesu auf der Erde.
2) Außerhalb der eigentlichen Berichte wird die H. im NT an vielen Stellen erwähnt und vorausgesetzt. Jesus selbst sagte sie voraus (Mt 26,64). Er spielt in seinen Gesprächen mit den Jüngern wiederholt darauf an (Joh 6,62; 13,3.33; 14,28). Petrus erwähnt sie unmittelbar nach der Ausgießung des Hl. Geistes (Apg 2,33.34; 3,21; 5,31). Stephanus sah den Himmel offenstehen und den Sohn des Menschen zur Rechten Gottes (Apg 7,55). Auch Paulus hat in seinen Briefen über die H. Jesu gesprochen (Eph 4, 8–10; 1 Thess 1,10; 1 Tim 3,16). Das Zeugnis über die H. geht durch das gesamte NT über den Hebräerbrief (Hebr 2,9; 4,14; 6,19 u. 20) bis in das letzte Buch der Bibel (Offb 1,13; 5,6; 14,14; 19,11–26). Die H. Jesu hat ihren eigenen Platz in seinem Leben, im Glauben der Gemeinde und in der Verkündigung der Apostel; sie ist deutlich von der Auferstehung unterschieden.

Himmelreich → Reich Gottes

Himmelsbrot → Manna

Himmelskönigin (Jer 7,18) ist die babyl. Göttin Istar (→ Asthoreth).

Himmlisch bedeutet: zum Himmel gehörig, vom Himmel stammend, im Himmel wohnend. Es kommt häufig vor in dem Ausdruck »mein (euer) h. Vater« (Mt 6,14.26.32; 15,13; 18,35).

Himmlisches Bild → Diana

Hin → Maße und Gewichte I, 4b

Hinde → Hirsch

Hinken. Das H. der Baalspriester (1 Kö 18,26) ist entweder ein Zeichen der Ermattung oder eine bes. Art ihres kultischen Tanzes bzw. ein Spottwort dafür. Im übertragenen Sinn ist H. ein Bild der Halbheit, des Schwankens zwischen Gott und den Götzen (V 21).

Hinnom. Das Tal des Sohnes (Jos 15,8; 18,16) oder der Kinder Hinnom (2 Kö 23,10; 2 Chron 28, 3), auch Tal Ben-Hinnom (Jer 7,32), ist das Tal südl. von Jerusalem, heute er-Rababi. Hier lag das → Thophet, der Ort, an dem dem Moloch Kinder verbrannt wurden (V 31). Nach dem Gericht Gottes über Jerusalem soll es Würgetal heißen, weil kein anderer Platz mehr sein wird, die Toten zu begraben (Jer 19,6.11). In Jes 30,33, wo von einem Thophet (LÜ Grube) und einem Scheiterhaufen, den Gott anzünden wird, die Rede ist, setzt der Targum das Tal H. *(ge-hinnom)* ein, von dem der Talmud berichtet, daß dort der Eingang zur Hölle sei, wo zwischen zwei Palmen Rauch aufsteige. Aus diesen Vorstellungen heraus wird der Name des Tales im ntl. Griech. zur Bezeichnung der → Hölle *(gehenna)*. Vgl. den Stadtplan zu → Jerusalem, Sp. 683/4.

Hinterhalt → Krieg

Hiob, Buch. I, 1) Das Buch H. ist nach INHALT und Form ein Meisterwerk hebr. Dichtung, es steht den Weisheitsbüchern (Spr; Pred) nahe. Prolog und Epilog (Hi 1–2; 42) weisen jedoch darauf hin, daß hier ein tatsächliches Ereignis berichtet wird; außerdem erwähnt Hes 14,14.20 (vgl. Jak 5,11) H. als historische Person. Die Landschaftsnamen Uz, Bus und Suah (Hi 1,1; 32,2; 8,1) führen in die Siedlungsgebiete der Nachkommen von 2 Söhnen Nahors (1 Mo 22,21) und einem Sohn Abrahams von der Ketura (1 Mo 25,2) in Nordwestarabien (vgl. auch → Saba und → Theman Hi 1,15; 4,1). Die äußeren Lebensumstände H., sein Alter (Hi 42,16) und sein Opferdienst (Hi 1,5; 42,8) erinnern an die Erzväterberichte und legen nahe, ihn ins 2. Jt. v. Chr. zu setzen. Das wäre für die Chaldäer (Hi 1,17) die Zeit, ehe sich dieser aram. Stamm im Gebiet am Pers Golf festsetzte (um 1000 v. Chr.). Der Name H kommt in den ägypt. Fluchtexten des 19. Jh. v. Chr. für einen Fürsten in der Gegend von Damaskus vor, in den Amarnabriefen für einen Fürsten von Pella.
2) Der VERFASSER und die Abfassungszeit des Buches H. lassen sich nicht feststellen. Die verschiedenen Vermutungen reichen von der Zeit vor Mose bis in die nach dem Exil. Wegen der Verwandtschaft mit der Weisheitsliteratur, der dichterischen Vollendung und der Tiefe des theologischen Problems hat man an die Blütezeit der hebr. Dichtung unter David und Salomo gedacht.

II) Das Buch GLIEDERT sich in 3 Teile:
1) Die Einleitung (Hi 1–2) erzählt H. Frömmigkeit und Glück, die Wette im Himmel zwischen dem Herrn und Satan, H. Unglück; die zweite Wette, H. Krankheit und die Ankunft der Freunde bei H.
2) Hi 3, 1–42,6 umfaßt den Hauptteil des Buches: die Reden H., seiner Freunde und des Herrn.
3) Der Schluß (Hi 42,7–17) berichtet von Gottes Urteil über H. und seine Freunde, von H. Fürbitte und von seinem neuen Wohlstand.
Anfang und Schluß sind in Prosa geschrieben, die Reden in Versen.

III,1) In drei großen Redegängen (Hi 3–11; 12–20; 21–26) ringt H. mit seinen Freunden darum, den Sinn seines Leidens zu verstehen. Die Freunde versuchen, das Problem mit ihrem Wissen von Gott zu lösen: der Herr belohnt den Gerechten und straft den Sünder (Hi 4,7–9) – also muß H. Unglück eine Strafe für verborgene Schuld sein. Diesen Vorwurf erheben sie immer offener (Hi 11,13–15; 22,4.5), wenn sie auch schließlich vor H. Schlußrede (Hi 27–31) verstummen müssen, da er sich ihrer Folgerung nicht beugt und an seiner Gerechtigkeit festhält (Hi 27,5.6; 32,1).
2) An ihrer Stelle wüßte er auch zu reden (Hi 16, 4–6); aber er braucht keine frommen Worte (Hi 12, 2.3; 16,1–3; 19,1–3), sondern wirkliche Antwort, und um die schreit er zu Gott (Hi 13,23–25; 23,3–5). H. erkennt wie die andern (Hi 12,2.3) die Sündhaftigkeit aller Menschen an (Hi 9,2.3; 13,23.26); allein seine Gottesfurcht will er sich nicht nehmen lassen. Seine verzweifelten Anklagen und hoff-

nungslosen Aufschreie (Hi 16, 11–14; 19,6.7; 27,2; 30,21–23) richten sich immer wieder an den Herrn; davon läßt er nicht ab (Hi 31,35). In der tiefsten Ausweglosigkeit des Schmerzes hält H. an der Gewißheit fest, daß Gott ihn doch erlösen wird (Hi 16, 19; 17,3; 19,25–27), selbst wenn er sein Handeln nicht versteht und nur als Unrecht empfinden kann.

3) Als die drei Freunde schweigen, beginnt Elihu zu sprechen, enttäuscht darüber, daß sie als die Älteren keine Antwort wissen (Hi 32). Er sagt: Gott redet auf viele Weisen; im Leiden will er den Menschen zur Sündenerkenntnis führen, um sich seiner dann zu erbarmen (Hi 33,14–30; 36,5–15). Vor seiner Gerechtigkeit verstummt alles menschliche Fragen (Hi 34); seiner Majestät, die sich in der Schöpfung offenbart, muß der Mensch sich beugen (Hi 37). Diese Worte bereiten nach dem unversöhnlichen Gegensatz in den vorhergehenden Reden die Lösung vor.

4) Unmittelbar darauf ruft der Herr selber H. an und stellt ihm seine Schöpfermacht vor Augen (Hi 38–41). Dieser Offenbarung der Herrlichkeit Gottes unterwirft sich H.: er ist leichtfertig gewesen (Hi 40,4[39,34]) und durch seine unweisen Worte schuldig geworden (Hi 42,3.6).
Nun fällt der Herr das abschließende Urteil: H. hat recht, seine Freunde aber haben unrecht von Gott geredet (V 7), und nur auf H. Fürbitte wird ihnen vergeben (V 8.9). Danach erhält H. das Doppelte an Reichtum zurück, und für die umgekommenen Kinder werden ihm neue geboren (V 10–17). Man hat den Bericht von der Wiederherstellung seines Wohlstands und seiner Familie gelegentlich als störend und als Rückfall in die Haltung eines mechanischen Lohndenkens empfunden, wie es H. Freunde vertreten; doch sollte das Wort Jesu vom Lohn der Jünger (Mt 19,29) vor solcher Betrachtung warnen.

IV, 1) Die THEOLOGISCHE FRAGE des Buches H. lautet: Wie kann Gott zulassen, daß ein Gerechter leidet? Sie erhält keine Antwort, wie wir sie erwarten und oft suchen. Wohl können wir einen Sinn darin erkennen, daß Leiden zur Läuterung und Erziehung (5 Mo 18,16; Spr 3,11.12; Hebr 12,4–11), zur Prüfung und Bewährung dienen (1 Petr 1,6.7). Doch das sind für den, der wie H. leidet, nur vorletzte Lösungen. Die wirkliche Antwort kann nur erfahren werden, denn wir können Gott nicht auf der Ebene unserer Gerechtigkeit begegnen, sondern nur mit dem Herzen: »Aber nun hat mein Auge dich gesehen« (Hi 42,5). Das genügt – auch heute noch.

2) Darüber hinaus nennt uns das Buch H. aber noch einen Grund für H. Leiden, den er selber nicht erfährt. Die Ursache seines Unglücks liegt nicht bei Gott, sondern beim Satan, der seine Gerechtigkeit und seinen Gehorsam (Hi 1,8; 2,3) zerstören und ihn von Gott trennen will (Hi 1,11; 2,5). Das Geheimnis der Bewährung H. ist, daß er sich weder durch Leiden (vgl. Phil 2,8) noch durch Worte und Urteile anderer (vgl. Mt 4,3–7; 16,22.23; 26,51–54) von Gott abwenden läßt. Daher hat die Gemeinde in H. stets eine lebendige Weissagung auf den Weg und Sieg Jesu (Phil 2,5–11; Hebr 12,2) gesehen, dessen Kreuz und Auferstehung die Frage nach dem Leiden des Gerechten im tiefsten beantwortet (Mt 16,24.25). Aus dieser Erkenntnis erklärt sich die gottesdienstliche Lesung des Buches H. während der Passionswoche im 2. Jh. Das Verhältnis von Vorbild und Erfüllung hebt jedoch den Unterschied nicht auf, daß Christus seinen Weg in Liebe und Gehorsam bewußt um unsertwillen gegangen ist, während H. um der eigenen Not und Erlösung willen am Herrn festhielt.

Hippe = Winzermesser (Jes 18,5; Offb 14,17.18).

Hira, kanaanitischer Freund Judas aus Adullam (1 Mo 38,1.12).

Hiram, Kurzform von Ahiram, »(Mein) Bruder ist erhaben«.
In 2 Chron lautet der Name Huram.
1) König von Tyrus (→ Phönizier), zum Unterschied von einem späteren tyrischen König H. z. Zt. des Kores (Kyrus) als H. I. bezeichnet. Er kommt in der Bibel als Freund Davids und seines Sohnes Salomo vor. David stellte er vor Salomos Geburt (vgl. 2 Sam 7,1.12) zum Palastbau Zedernholz, Zimmerleute und Steinmetzen zur Verfügung (2 Sam 5,11). Beim Tempelbau leistete er Salomo Hilfe (1 Kö 5,15 [1]) und war nach 1 Kö 9,10.11 noch 24 Jahre nach dessen Regierungsantritt am Leben. Das widerspricht den Angaben bei Josephus, der für H. nur 34 Regierungsjahre nennt und ihn 19jährig auf den Thron kommen läßt, was wieder eine längere Mitregentschaft mit seinem Vater Abibaal ausschließt. Wahrscheinlich sind die Zahlen, die Josephus von Dios und Menander übernommen hat, unzutreffend.
H. lieferte Salomo Zedern- und Zypressenholz zum Tempelbau gegen jährlich 20000 Kor (44000 hl) Weizen und 20 Kor (44 hl) Öl von gestoßenen Oliven (1 Kö 5,24[10]f; 2 Chron 2). Außerdem hatte H. Salomo 120 Talente (rund 4000–4400 kg) Gold gesandt. Nach Beendigung der Bauarbeiten überließ Salomo H. wohl als Gegenleistung für dies Gold 20 Städte in Galiläa. Als H. sie besichtigte, gefielen sie ihm jedoch nicht. Man nannte das Gebiet dann Land Kabul, die genaue Bedeutung dieses Namens ist nicht sicher (1 Kö 9,10–14). H. half Salomo auch bei der Ausrüstung eines Flottenunternehmens nach Ophir (V 26–28; 2 Chron 8,17.18). Man hat vermutet, daß Salomo später seine Schulden bei H. abzahlte und die als Pfand gegebenen Städte wieder auslöste. 2 Chron 8,2 scheint darauf hinzuweisen. H., der Tyrus erweiterte und mit Bauten schmückte, stand in einem guten Verhältnis zu Israel. Im Bündnis mit ihm nahm er zwar auch seinen eigenen Vorteil wahr, aber half David und Salomo redlich.
2) Der Sohn einer Witwe aus dem Stamm Naphthali. Sein Vater war ein Tyrer (1 Kö 7,13.14); 2 Chron 2,13[14] wird seine Mutter eine Frau aus den Töchtern Dans genannt. Viell. stammte sie aus der Stadt Dan, nahe dem Stammesgebiet Naphthalis, und war in erster Ehe mit einem Mann aus Naphthali und in zweiter Ehe mit einem Tyrer verheiratet. H. entstammte dieser zweiten Ehe und wohnte in Tyrus; er führte die Bronzearbeiten beim Tempelbau Salomos aus (1 Kö 7,13–17; 2 Chron 4, 11–16).

Hirsch. Hirsche (hebr. *ajjal*, wohl eine allg. Bezeichnung für verschiedene H.arten) waren in Palästina überall bekannt (1 Mo 49,21; 2 Sam 22,34). Auch das weibliche Tier, die Hinde, wird genannt (Hi 39,1–4; Spr 5,19; Hl 3,5). Daneben bezeichnet hebr. *jachmur* (5 Mo 14,5 LÜ Büffel; 1 Kö 5,3[4,23] LÜ Gemse) wahrscheinlich den Damhirsch, viell. aber auch das Reh. Vgl. auch → Auerochs.
Heute sind die H. in Palästina fast ausgestorben, der Edelhirsch *(Cervus elaphus)* schon seit einigen Jahrhunderten, er ist nur durch Knochenfunde nachweisbar. Das Reh *(Cervus capreolus)* war noch gegen Ende des vorigen Jh. auf dem Karmel und in Obergaliläa ziemlich allgemein verbreitet. Zur selben Zeit war der Damhirsch *(Cervus dama mesopotamicus)* auf dem Thabor und am See Genezareth zu finden. Er ist westl. des Jordan jetzt völlig ausge-

rottet. Die Jagdgesetze kamen für alle diese Tiere zu spät.

Hirse *(Panicum miliaceum;* hebr. *dochan).*
Getreideart, die in West- und Südasien, Nordafrika und im südl. Europa häufig angebaut wird. Die Körner dienen zur menschlichen Nahrung und als Geflügelfutter, die Halme als Viehfutter. Das Brot, das Hesekiel als Zeichen für die kommende schwere Zeit Israels backen sollte, bestand z. T. aus H. (Hes 4,9).

Hirte. I) vgl. → Viehzucht IV.
II, 1) Das Bild vom H. spielt sowohl im AT als auch im NT eine große Rolle. Der Beruf galt als durchaus ehrenhaft; das geht schon daraus hervor, daß David von der Herde weg zum König (2 Sam 7,8) und Amos zum Propheten (Am 1,1; 7,14) berufen wird.
2) Jes 44,28; Mi 5,4; Jer 3,15 werden die Fürsten des Volkes mit H. verglichen. Dabei wird zwischen guten (Hes 34,11–16; Jes 40,11) und schlechten (Jes 56,11; Hes 34,2ff; Sach 11,17) unterschieden, je nachdem ihr Blick auf sich selbst oder auf die Tiere der Herde, d. h., auf das Volk gerichtet ist.
3) Auch Gott selbst spricht von sich im Bilde des H.: Ps 23; Ps 80,2; Jes 40,11; Jer 31,10; er will sich um sein Volk kümmern, das Verlorene sammeln, das Kranke verbinden, den Seinen geben, was sie brauchen. So hat auch Jesus sein Amt und seinen Dienst im Gleichnis vom guten H. dargestellt (Joh 10; vgl. 1 Petr 2,25; Hebr 13,20), im ausdrücklichen Gegensatz zum »Mietling«, der die Herde im Stich läßt, sobald er selbst bedroht ist.
4) Schließlich wird das Bild auch gebraucht für die Jünger und die Träger bes. Dienste in der Gemeinde: Petrus soll die Schafe weiden (Joh 21,15ff); und die Leiter der Gemeinde werden Eph 4,11; Apg 20, 28 als H. bezeichnet, wie im AT schon Jer 3,15; 23, 2. Der H. lebt in Treue und Fürsorge ganz für die Menschen, die ihm anvertraut sind. Vgl. auch → Lehrer.

Hirtenhaus (hebr. Beth-Eked).
Ort an der Straße zwischen Jesreel und Samaria, wo Jehu 42 Männer der judäischen Königsfamilie umbringen ließ (2 Kö 10,12–14). Man sucht den Ort im heutigen Beit Kad, 26 km nordöstl. von Samaria.

Hirtentasche → Bündlein (2)

Hiski, Kurzform von Hiskia,
Benjaminit, Sohn des Elpaal (1 Chron 8,17).

Hiskia »Der Herr ist Stärke«.
Die hebr. Form wechselt zwischen Hiskija, Hiskijahu, Jehiskija und Jehiskijahu.
1) Der König von Juda, Sohn des Ahas (2 Kö 18–20; 2 Chron 29–32; Jes 36–39), der von 716/5–687 /6 regierte. In seine Herrschaftszeit fällt der durch assyr. Quellen auf 701 v. Chr. festgelegte Zug Sanheribs in seinem 14. Regierungsjahr (2 Kö 18,13; Jes 36,1). Kurz vorher muß H. Krankheit und Genesung mit der Zusage von weiteren 15 Lebensjahren (Jes 38,1.5.6) angesetzt werden, ebenso die Gesandtschaft Merodach-Baladans (Jes 39,1). Zusammen ergeben sich für H. 29 Regierungsjahre (2 Kö 18,2; Schwierigkeiten bereiten dabei V 1.9.10, die Regierungsjahre H. mit Regierungsjahren Hoseas von Israel gleichsetzen; zum Lösungsversuch von E. R. Thiele im Rahmen der gesamten Königschronologie vgl. die im Art. → Zeitrechnung angegebene Literatur und P. van der Meer, The Ancient Chronology of Western Asia und Egypt, Leiden 1947).
H. erhält in der HS die Anerkennung, er habe getan, was dem Herrn wohlgefiel, wie sein Vater David. Er begann seine Herrschaft mit einer Reinigung des Tempels, Wiederherstellung des Gottesdienstes und einer Passahfeier, zu der er auch die Reste der von den Assyrern in die Verbannung geführten 10 Stämme einlud. Er ordnete den Dienst der Priester und Leviten neu, brach alle heidnischen Altäre, Ascherabilder, Sonnensäulen und Höhenheiligtümer ab und zerstörte sogar die eherne Schlange des Mose, die die Israeliten als Götzenbild verehrt hatten (2 Chron 29–31; 2 Kö 18,3–6).
Auch seine Haltung während des Einfalls → Sanheribs zeugt von Gottvertrauen. Allerdings hatte er sich in seiner Außenpolitik nicht an den Rat Jesajas gehalten, der vor dem Anschluß an Ägypten und dem Abfall von Assyrien gewarnt hatte. Zum offenen Abfall von Assyrien kam H. nach dem Tod Sargons (705 v. Chr.). Aus dem Bericht, den Sanherib auf einem sechsseitigen Tonprisma über seinen Feldzug nach Westen gibt, erfahren wir, daß die Einwohner der Philisterstadt Ekron ihren König Padi, der jeden Widerstand gegen Assyrien ablehnte, gefangengenommen und an H. ausgeliefert hatten. Das zeigt, daß H. eine führende Rolle in dem Aufstand gegen Sanherib gespielt hat (vgl. auch seinen Philisterkrieg 2 Kö 18,8). Nachdem Sanherib mit Merodach-Baladan, dessen Gesandtschaft an H. in diese Zeit fallen muß, in Babylon abgerechnet hatte, zog er in Eilmärschen nach Palästina. Die phön. Städte wurden besiegt oder unterwarfen sich, ebenso Ammon, Moab und Edom. Japho, Beth-Dagon, Bne-Barak und Askalon wurden erobert; Lachis fiel (Taf. 65/1024), ebenso Libna, Eltheke und Thimna. Ein ägypt. Heer wurde bei Eltheke geschlagen. Sanherib brandschatzte und plünderte das offene Land Judas und berichtet darüber: »Und H. von Juda, der sich meinem Joch nicht unterworfen hatte, 46 von seinen starken ummauerten Städten und kleine Städte in ihrer Umgebung ohne Zahl belagerte und eroberte ich durch das Anlegen von Dämmen und Anrücken von Belagerungsmaschinen, durch den Angriff der Gardeinfan-

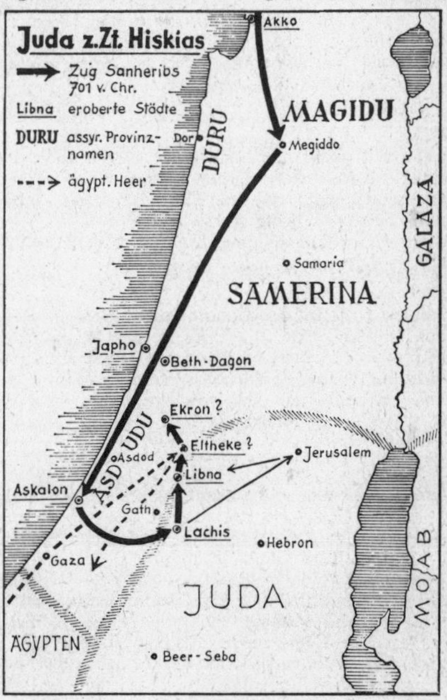

terie, Breschen, Minen (?) und Sturmleitern (?). 200150 (?) Menschen, klein und groß, Männer und Frauen, Pferde, Maultiere, Esel, Kamele, Rinder und Kleinvieh ohne Zahl führte ich fort und zählte sie als Beute« (vgl. Jes 22,1–14; 1,4–9). Sanherib fährt fort: »Ihn selber schloß ich wie einen Vogel im Käfig in seiner Hauptstadt ein.« Dann berichtet er, daß er Erddämme gegen ihn aufwarf und die eroberten Städte von seinem Land abtrennte, indem er sie der Herrschaft der Philisterkönige von Asdod, Ekron u. Gaza unterstellte. Die Furcht vor seiner Macht warf, nach Sanherib, H. zu Boden. Seine arabischen Hilfstruppen (?) fielen von ihm ab. Es folgt die Mitteilung, daß H. durch einen Gesandten seine Unterwerfung anzeigte, dann wird der Tribut, den er leistete, ausführlich aufgezählt. Damit schließt der Assyrerkönig seinen Heeresbericht über diesen Feldzug, während die Bibel noch die wunderbare Errettung durch den Engel des Herrn erzählt, der in einer Nacht im assyr. Lager 185000 Mann erschlug (Jes 37,36; 2 Kö 19,35).

Im Zusammenhang mit dem assyr. Einfall und der Wasserversorgung der belagerten Stadt (vgl. 2 Chron 32,2–4) steht auch der Bau des Siloah-Tunnels unter H. (V 30; 2 Kö 20,20). Die 1880 im Tunnel gefundene Siloahinschrift enthält den Bericht vom Bau des über 500 m langen Stollens (→ Siloah). Aus Spr 25,1 ergibt sich, daß H. Männer beauftragt hatte, Sprüche Salomos zu sammeln.

H. Nachfolger wurde sein Sohn Manasse.

2) Vorfahr des Propheten Zephanja, den man wohl mit dem König H. gleichsetzen darf (Zeph 1,1).

3) Israelit, dessen Nachkommen mit Serubabel aus Babylon zurückkehrten (Es 2,16; Neh 7,21). Der H., der die Verpflichtung auf das Gesetz unter Nehemia unterzeichnete, gehörte wohl zu dieser Familie (Neh 10,18[17]).

4) Sohn Nearjas, Nachkomme Serubabels und Glied der judäischen Königsfamilie (1 Chron 3,23).

Historie (hebr. *midrasch)* bezeichnet 2 Chron 13, 22; 24,27 Kommentare, Betrachtungen zum Geschichtsbericht. Est 6,1 sind Denkwürdigkeiten, wichtige Ereignisse gemeint, die in den amtlichen Annalen (Jahrbüchern) aufgezeichnet wurden (vgl. → Chronik).

Hoba,
Ort zur Linken (d. h. im N) von Damaskus (1 Mo 14,15). Wetzstein fand rund 80 km nördl. von Damaskus einen Ort mit einem Brunnen, der noch heute H. heißt. Auch die Amarnabriefe erwähnen eine Gegend Ube, bei der man an H. denken könnte.

Hobab hängt wohl mit hebr. »listig sein« oder mit »lieben« zusammen.
Sohn Jethros, Bruder Zipporas und Schwager Moses aus Midian (4 Mo 10,29). Z. Zt. des Wüstenzuges begleitete er auf Moses Bitte hin Israel als Führer durch die Wüste. In Kanaan siedelte H. sich mit seiner Familie in Juda südl. von Arad an; seine Nachkommen, die → Keniter, blieben dort bis in die Zeit Sauls und Davids (Ri 1,16; 4,11; 1 Sam 15,6; 27,10; 30,29).

Hoch, erhaben. »Sein Name ist allein h.« (Ps 148, 13), bezeugt die HS und bringt damit zum Ausdruck, daß die Bezeichnung h. im letzten Sinn nur dem allmächtigen und erhabenen Gott allein zukommt. »Der Herr ist erhaben, denn er wohnt in der Höhe« (Jes 33,5). Jesaja ruft weiter aus: »Verkündigt, wie sein Name so h. ist!« (Jes 12,4). Ebenso bekennt die Gemeinde im Psalter: »Der Herr ist groß und h. zu loben« (Ps 96,4). Gegenüber aller Überheblichkeit und allem Hochmut der Menschen und Völker in dieser Zeit soll am Ende der Tage offenbar werden: »Der Herr wird allein h. sein zu der Zeit« (Jes 2,11) und »Der Tag des Herrn wird gehen über alles Erhabene« (V12). Der hochmütige Mensch maßt sich ein Wesen an, daß nur Gott selber zukommt, und scheitert an diesem Größenwahn. Wer aber den hohen Namen Gottes achtet und in seinen menschlichen Schranken bleibt, indem er Gott die ihm gebührende Ehrfurcht entgegenbringt, der steht und lebt unter den gütigen Augen des Gottes, »der sich so h. gesetzt hat und auf das Niedrige sieht« (Ps 113,5; vgl. 138,6; 102,20.21). Vgl. auch → Heiligkeit.

Hochmut, Hoffart. Beide Wörter (im Dt. ursprünglich positiv verstanden) haben in der HS immer eine widergöttliche Bedeutung. Wer mit den Kirchenvätern die gewaltigen Aussagen bei Jesaja und Hesekiel auch auf → Satan, den abgefallenen Engelsfürsten, bezieht, den »Vater der Lüge«, der nach des Herrn eigenem Wort »nicht in der Wahrheit bestanden ist« (Joh 8,44), der hat die tiefste und klarste Darstellung dieser Sünde in Jes 14,13.14 und Hes 28,16.17. Alles »Sein-Wollen wie Gott« (1 Mo 3,5), der »Griff nach den Sternen«, ist nach dem Griech. *(hyperaephania* Mk 7,22) wörtl. ein »Über-Scheinen«, eine Lüge. Dieses Mehr-scheinen-wollen, als wesenhaft vorhanden ist, dieses Scheinmanöver ist Satans Ursünde. Hes 28,16.17 zeigt unmißverständlich, woran dieser Urfall offenbar geworden ist: ... »bis man an dir die Verdrehung erfand: durch deinen vielen Handel füllte sich's dir inmitten von Unbill, und du hast gesündigt. Da gab ich dich preis von dem Gottesberge hinweg, dich tilgte der schirmende Cherub aus der Mitte der Feuersteine. Dein Herz war hochfahrend worden um deine Schönheit, du hattest deine Weisheit verderbt wegen deines Scheins ...« (Martin Buber).
Das gilt ebenso für allen menschlichen Hochmut (Jak 4,16), den wir häufig so gern als »hohen Mut« werten möchten. Die Bibel jedoch stellt die Hoffart neben die Gotteslästerung (Mk 7,22; 2 Tim 3,2), den Hoffärtigen neben den Gottesverächter und Frevler (Röm 1,30). »Ein stolzes Herz ist dem Herrn ein Greuel« (Spr 16,5). Und »Gott widersteht dem Hoffärtigen, aber dem Demütigen gibt er Gnade« (1 Petr 5,5; Spr 29,23).

Hochpflaster → Gabbatha

Hochzeit → Ehe

Hod »Hoheit« (Gewicht, Bedeutung).
Asserit, Sohn Zophas (1 Chron 7,37).

Hodavja »Preiset den Herrn«.
1) Sohn Eljoenais, Nachkomme Serubabels (1 Chron 3,24).
2) Fürst des Stammes Ostmanasse (1 Chron 5,24).
3) Benjaminit, Sohn Hasnuas (1 Chron 9,7).
4) Levit, dessen Nachkommen mit Serubabel aus Babylon heimkehrten (Es 2,40; Neh 7,43). Vermutlich ist er identisch mit Juda in Es 3,9.

Hodes »Neumond«.
Frau des Benjaminiten Saharaim (1 Chron 8,9).

Hodia »Der Herr ist Hoheit«,
zwei Leviten (Neh 8,7; 9,5; 10,11[10].14[13] und ein Israelit (V 19[20]) z. Zt. Nehemias.

Hodija »Der Herr ist meine Hoheit«,
Judäer (1 Chron 4,19).

Hodsi »Niederland H.« übersetzt LÜ 2 Sam 24,6 an einer nicht ganz klaren Textstelle. Möglicherweise ist Syrien oder Kades gemeint.

Hof → Haus, → Tempel

Hoffart, hoffärtig → Hochmut

Hoffen, Hoffnung. I) Es gehört zum Wesen des Menschen, daß er hofft. Der junge Mensch spannt weit die Flügel seiner Hoffnung; aber auch der altgewordene und schwache Mensch hegt noch seine stillen Hoffnungen. Hoffnung ist ein Zeichen der Unvollkommenheit des menschlichen Lebens. Wo nichts mehr zu hoffen ist, da ist der Tod oder aber die Vollendung. H. tröstet, H. bannt die Furcht.

II, 1) Im AT und im NT ist die Hoffnung und das H. des Menschen vor allem überweltlich, auf Gott gerichtet, also heilsgeschichtlich zu verstehen. Wenn das H. auf das schon Vorhandene, Sichtbare gerichtet wäre, wäre es keine Hoffnung mehr (Röm 8,24f). Es kennzeichnet den Christen, daß er ein hoffender Mensch geworden ist (1 Petr 1,3; 1 Thess 4,13), der zugleich alle säkularen Hoffnungen, also das H. auf sichtbare, vergängliche Güter, verwirft um dieser lebendigen Hoffnung willen, die ihm in Christus geworden ist.

2) Ein hoffender ist zugleich immer ein glaubender Mensch (Hebr 11,1). Sein Blick ist auf die Vollendung des Heilsplanes Gottes gerichtet (Tit 1,2; 2,13; 3,7). Er glaubt, daß Gott in allem Geschehen recht behält, und weiß, daß Gottes Wege heilig und unantastbar sind, in der Geschichte seines Volkes wie im Ablauf der Völkergeschichte und in den Geschicken des einzelnen Menschenlebens. Diese Glaubenshoffnung wird auch dann nicht zuschanden, wenn es so aussieht, als sei alles Geschehen dem blinden Zufall überlassen. Sie kann auf die Erfüllung warten (Tit 2,13) und weiß, daß Gott das letzte Wort behält und die letzte Tat tut. Gott wird dann sein alles in allem (1 Kor 15,28).

3) Dies H. ist aber keine vage Vorstellung, sondern hat Gott selbst zum Inhalt, seine Verheißungen, die in Jesus Christus erfüllt sind oder sich noch erfüllen (Wiederkunft Jesu, Gericht, ewiges Leben; Röm 5,2; Kol 1,5.23.27; Tit 3,7). Die Hoffnung des Christen fußt auf den Heilsgütern Gottes, die er in Jesus Christus empfängt: Vergebung der Sündenschuld, Empfang des Heiligen Geistes, durch dessen Kraft er mit Lebenskräften der zukünftigen Welt schon jetzt und hier ausgerüstet wird (Gal 5,5; 1 Joh 3,3). Solche Hoffnung ruht auf dem Wissen um die Heilstaten Gottes in Jesus Christus. Gott versöhnte und erlöste die Welt aus ihrer Sündenschuld durch Jesus Christus und gab ihr damit eine lebendige Hoffnung (1 Petr 1,3–5). Die Überwindung des Todes in der Auferstehung Jesu Christi ist das bleibend aufgerichtete Zeichen aller Hoffnungen.

Alles H. des Christen ist schließlich das Warten auf die Wiederkunft Jesu Christi, die die völlige Vereinigung seiner Gemeinde mit ihm als ihrem Herrn und Haupt bringt. Der Christ weiß etwas vom Ziel, von der Herrlichkeit bei Christus, auf die sein Leben ausgerichtet ist (Phil 3,12). Diese Herrlichkeitshoffnung ist die große Kraft seines Lebens zu unermüdlichem Dienst für seinen Herrn Jesus Christus, der selbst Grund, Mitte und Ziel alles H. ist. Er hat uns durch sein Leiden und Sterben mit Gott versöhnt und uns die Hoffnung des ewigen Lebens erkauft (1 Kor 6,20). Er allein ist die bleibende Hoffnung für den Glaubenden im Kreuz, in der Anfechtung und im Tode (1 Thess 1,3). Solche Hoffnung ist zugleich Frucht des Heiligen Geistes und Antrieb zur Heiligung (1 Joh 3,3).

Hofmeister. Der hebr. Titel lautet wörtl. »Der über dem Haus«. Er bezeichnet den obersten Verwalter, den Haushalter Josephs (1 Mo 44,1) und das Hofamt des Palastvorstehers oder H. (1 Kö 4,6; 16,9 LÜ Vogt; 18,3; 2 Kö 18,18; Jes 22,15; 36,3). Über seinen Aufgabenkreis sind wir nicht genauer unterrichtet. Der H. war vermutlich für die Versorgung der Hofhaltung zuständig, hatte wie der entsprechende assyr. Beamte die Verantwortung für das Hofzeremoniell und vermittelte den Zutritt zum König. Auf die Bedeutung seiner Stellung weist Jes 22,21.22 und die Angabe, daß Jotham während seiner Regentschaft die Pflichten des Palastvorstehers und des obersten Richters erfüllte (2 Kö 15,5). Auf einem Siegelabdruck aus Lachis trägt ein Gedalja, wahrscheinlich der Sohn Ahikams (2 Kö 25,22), diesen Titel. Vgl. → Kanzler, → Schreiber.

Hogla »Rebhuhn«,
Tochter des Gileaditers → Zelophehad (4 Mo 26,33; 27,1; 36,11; Jos 17,3).

Hoham, König von Hebron, der von Josua besiegt und getötet wurde (Jos 10,3.23–27).

Höhen (hebr. *bamot*, Sing. *bamah*).
I) Heidnische Heiligtümer der Kanaaniter (4 Mo 33, 52) und Moabiter (4 Mo 21,28; 22,41; Jer 48,35). Obwohl den Israeliten die Zerstörung dieser H. befohlen war und sie nur an »dem Ort, den der Herr erwählen wird« (5 Mo 12,2–7.11–14.17f.26f.30f) opfern sollten, hören wir doch vor allem in der Zeit zwischen der Zerstörung des Heiligtums in Silo (Jer 7,12.14; Ps 78,60; vgl. 1 Sam 4) und Salomos Tempelbau von einem Höhendienst, der nicht verurteilt wird: Samuel hielt Opfer und Opfermahlzeit auf der Höhe (1 Sam 9,12–14.19.25); ebenso opferte das Volk auf den H. dem Herrn (1 Kö 3,2). David und Salomo ließen die täglichen und besondere Opfer auf der vornehmsten Höhe bei Gibeon (vgl. Taf. 31a/480) darbringen (1 Chron 16,39.40; 1 Kö 3,4), wo damals die → Stiftshütte mit dem Brandopferaltar stand (1 Chron 21,29). Daneben aber waren die H. auch im Gottesvolk bis zum Exil immer wieder Stätten des → Götzendienstes (2 Kö 21,2.3) und – oft zugleich – der ungeordneten, eigenmächtigen Verehrung des Herrn (2 Chron 33,17; → Bilderdienst). Bes. im Nordreich gingen Bilder- und Götzendienst auf den H. vielfach ineinander über (2 Kö 23, 15).

II) In Israel richtete Jerobeam I. (1 Kö 12,26–32) aus politischen Motiven H. zur Verehrung des Herrn ein, die bis zur Eroberung durch die Assyrer bestehen blieben. In Juda begann der Bau von H. für fremde Götter durch Salomo (1 Kö 11,7) und unter Rehabeam (1 Kö 14,23). Ihre Zerstörung durch Asa (2 Chron 14,4[5]), Josaphat (2 Chron 17,6) und Hiskia (2 Kö 18,4.22) blieb ohne dauernden Erfolg, denn Joram (2 Chron 21,11), Ahas (2 Chron 28,25) und Manasse (2 Kö 21,3) errichteten sie neu. Auch die Reform Josias (2 Kö 23,4–20), die das Gebiet des alten Nordreichs ebenfalls mit einbezog, konnte den Götzendienst nicht ausrotten (Hes 6,3.4).

III) Die H. lagen auf Bergen und Feldern (Jer 17,3), im Hinnomtal (Jer 32,35) und am → Berg des Verderbens bei Jerusalem (2 Kö 23,13), in den Städten Judas (V 5), Samarias (V 19) und Israels (2 Kö 17, 9), an den Toren (2 Kö 23,8) und auf den Straßen (Hes 16,24 EÜ; LÜ Altäre).

IV, 1) Auf den H. standen Altäre (Hos 10,8; 2 Chron 14,2[3]) und Räucheraltäre (V 4[5] LÜ Sonnensäulen; 2 Kö 16,4), dabei Masseben (LÜ Säulen) und Ascherapfähle (2 Kö 23,14). Bei Jerusalem werden H. genannt, auf denen Kinder verbrannt wurden (Jer 19,5; 32,35).

2) Mehrfach ist auch von Häusern der H. die Rede (1 Kö 12,31; 13,32; 2 Kö 23,19). Nach 2 Kö 17,29.32 haben wir Tempel darunter zu verstehen, da in ihnen Götterbilder aufgestellt und Opfer dargebracht

wurden; Wohnungen für die Priester (1 Kö 13,33) oder Götzenpfaffen (2 Kö 23,5) und Räume für die Opfermahlzeiten (vgl. 1 Sam 9,19.22) werden dazugehört haben. Die Hes 16,24.25 in Verbindung mit H. genannten Götzenkapellen scheinen dagegen der kultischen Prostitution gedient zu haben (vgl. → Hurerei).

V) Bei Ausgrabungen sind verschiedene H. aufgedeckt worden, die die schriftlichen Nachrichten bestätigt und ergänzt haben. In Geser standen auf einem freien Platz mitten in der Stadt 8 Masseben, aufgerichtete Steine von 1,5–3 m Höhe, in einer Reihe von N nach S; von 2 weiteren waren noch die Sockel vorhanden. Ein Altar war nicht sicher nachzuweisen, auch kein Ascherapfahl. Ein ausgehöhlter Stein war vielleicht ein Wasserbehälter (vgl. → Handfaß; ehernes → Meer). Außerdem fand sich eine Abfallgrube. Eine zweite, kleinere H. hatte 5 Masseben.

In Naharijah (an der Küste zwischen Tyrus und Akko) lag die H. unmittelbar neben einem Tempel (dem Haus der H.?). Sie bestand aus einem erhöhten Steinpflaster, auf das Stufen hinaufführten. Eine entsprechende Anlage scheint in Megiddo bestanden zu haben. Am öligen Überzug der Steine in Naharijah ließen sich Trankopfer und an Knochenfunden Tieropfer nachweisen. Besondere Opfergefäße, aus 7 kleineren Gefäßen zusammengesetzt, wurden hier, in Megiddo und Byblos gefunden, außerdem verschiedenste Votivgefäße in Miniaturgröße.

Eine H. auf einem Berggipfel wurde bei → Petra ausgegraben. Die Anlage ist in den Fels gehauen. Neben einem großen Hof mit einer erhöhten Plattform, der über 2 Treppen zugänglich ist, befinden sich 2 Altäre. Weiter sind Abflußrinnen, eine Zisterne mit Überlauf und 2 Masseben am Zugang vorhanden.

Hoherpriester. I) Der erste H. Israels war → Aaron. Das Amt ging in der Regel auf den ältesten Sohn des jeweiligen H. über. Eleasar wurde sein Nachfolger. Ihm folgte Pinehas (4 Mo 20,26; 5 Mo 10,6; Ri 20,28). Vor oder mit → Eli ging das H.amt auf unbekannte Weise auf das Geschlecht Ithamars, des jüngsten Sohnes Aarons, über (1 Sam 1,9; 1 Chron 24,1–6). Z. Zt. Davids bekleideten es → Abjathar und → Zadok gemeinsam. Bei der Verbannung Abjathars nach Anathoth durch Salomo kehrte es jedoch mit Zadok ganz in die Linie Eleasars zurück (1 Kö 2,26.27.35).

II) Der H. wird genannt »der Priester« (2 Mo 29, 30), »der Priester, der gesalbt ist« (3 Mo 4,3.5.16) oder »der H. unter seinen Brüdern, auf dessen Haupt das Salböl gegossen und dessen Hand gefüllt ist, auf daß er mit den Kleidern angezogen würde« (3 Mo 21,10). Die heiligen Kleider, die Mose für Aaron anfertigen ließ, werden 2 Mo 28,2–39 beschrieben. Sie bestanden aus dem → Amtschild, dem → Leibrock oder Ephod, dem Purpurrock oder Obergewand, dem leinenen Untergewand (engen Rock) mit Würfelmuster, dem Turban oder Kopfbund (Hut) und dem Gürtel, der nach der Überlieferung von großer Länge war. Es scheint, daß das Ephod vor allem zur Befestigung und zum Tragen des Amtschildes diente. Das Obergewand war ein ärmelloses Kleidungsstück, das wohl bis zu den Füßen reichte. An seinem Saum hingen abwechselnd Granatäpfel und goldene Schellen oder Glöckchen. Darunter trug der H. das Unterkleid mit Ärmeln, das ebenfalls bis zu den Füßen herabfiel. Der Purpurrock wurde also über dem Untergewand, aber unter dem Ephod getragen und bestand ganz aus blauem Purpur. Er wurde über den Kopf angezogen, die Halsöffnung sollte mit einer gewebten Borte eingefaßt sein, wie die Halsöffnung eines Panzers (V 32). 2 Mo 39,22 zeigt, daß das Obergewand gewebt war. Die Granatäpfel am Saum waren kleine Kugeln aus verschiedenfarbigem Purpur, die goldenen Schellen vermutlich offen. Die Granatäpfel hatten die Bestimmung, den H. auf die Gebote aufmerksam zu machen (vgl. 4 Mo 15,38–41), die auch er halten mußte. Nach 2 Mo 28,35 (vgl. V 43) sollte der Klang der Glöckchen offenbar daran erinnern, daß der H. nur dann ohne Lebensgefahr sich dem Herrn nahen konnte, wenn er vollständig nach dessen Vorschrift gekleidet war, d. h. nur in Erfüllung seines Amtes, nicht als Einzelperson. Die Auffassung, daß das Geläut der Goldglöckchen die bösen Geister vertreiben sollte, findet in der Bibel keine Stütze. Der Purpurrock hatte die Bedeutung, sowohl den Träger als den Herrn auf die Herrlichkeit, Hoheit und Heiligkeit des H.amtes hinzuweisen.

Am Turban trug der H., befestigt mit einer Schnur aus blauem Purpur, eine Platte aus Feingold, auf der wie auf einem Siegel eingeschnitten war: »Heilig dem Herrn.« Sie mußte ständig die Stirn Aarons wie die aller späteren H. bedecken (2 Mo 28,36–38). Das goldene Stirnblatt sollte ein Ersatz für die mangelnde Vollkommenheit der heiligen Gaben des Volkes sein. Vor allem aber wird der Träger, der H., damit als ein geweihtes Eigentum des Herrn gekennzeichnet.

Der Turban (LÜ Hut) des H. ist wahrscheinlich eine gewickelte Kopfbedeckung gewesen und wird sprachlich von der → Haube der übrigen Priester unterschieden.

Am großen Versöhnungstag war der H. ausnahmsweise nur mit einem leinenen Rock (Untergewand), leinenen Beinkleidern, Leinengürtel und Leinenkopfbund angezogen (3 Mo 16,4).

III) Der Würde seines Amtes entsprechend und weil aus seinen Nachkommen der folgende H. her-

Hoherpriester in Amtstracht mit Räucherpfanne und Schale

vorging, stand der H. unter bes. strengen Forderungen kultischer Reinheit (3 Mo 21,10—15). Selbst beim Tode von Vater und Mutter durfte er sich an ihnen nicht wie die übrigen Priester kultisch verunreinigen. Auch die üblichen Trauergebräuche, wie das Entblößen des Hauptes und Zerreißen der Kleider, die anderen Priestern normalerweise erlaubt waren (3 Mo 10,6 bildet eine Ausnahme), waren ihm verboten. Während der Zeit der Unreinheit, die durch einen Toten eintrat, durfte er das Heiligtum nicht verlassen. Der H. durfte weder eine Witwe noch eine Verstoßene heiraten, sondern nur eine isrl. Jungfrau, während anderen Priestern die Heirat einer Witwe erlaubt war.

IV) Der H. hatte die Aufsicht über alles, was Tempel, Gottesdienst und Priesterschaft betraf. Er hatte das Sühnopfer für seine eigenen Sünden (3 Mo 4,3—12) wie für die des Volkes darzubringen (V 13—21) und die vorgeschriebenen Opferhandlungen am → Versöhnungstag zu vollziehen (Kap 16). Außerdem gehörte zu seinen Aufgaben, bei wichtigen Gelegenheiten durch die Urim und Thummim (→ Licht und Recht) den Willen des Herrn zu erfragen (3 Mo 8,8). Er konnte sämtliche Priesterfunktionen ausüben und brachte später die Opfer der Sabbate, Neumondstage und hohen Feste dar. Nach der babyl. Gefangenschaft, während der das Hohepriesteramt ruhte (586—538 v. Chr.), kam der H., da es keinen König gab, zu immer größerem Ansehen und wachsender Macht. Die Hasmonäer, die makkabäischen Priesterkönige, vereinigten dann das Amt des Königs mit dem des H. in einer Person, solange Juda unter ihnen unabhängig war. Z. Zt. Jesu war der H. der Vorsitzende des Hohen Rates und, abgesehen von der röm. Besatzungsmacht, auch politisch der oberste Führer des Volkes. Zur Reihenfolge der in der Bibel genannten H. vgl. die Zeittafel. Zu den »Hohenpriestern« im NT vgl. Hoher → Rat II.

V) Nach Hebr 5,5 gilt Christus als der rechte H. der Gemeinde Gottes, der nicht wie die atl. H. jedes Jahr neu, sondern ein für allemal unsere Sünden getragen und die Versöhnung erlangt hat (Hebr 9,25—28; Jes 53,11; Joh 1,29; 1 Petr 2,24), indem er statt ins irdische Heiligtum in den Himmel selbst eingegangen ist (Hebr 9,24). Vgl. → Opfer, → Versöhnung.

Hoher Rat → Rat, Hoher

Hoheslied. I) Das H. oder nach dem hebr. Grundtext »das Lied der Lieder« (= das schönste Lied) trägt innerhalb der atl. Schriften ein besonderes Gepräge. In unseren Bibeln steht es zusammen mit den Sprüchen und dem Prediger, weil ebenso wie bei diesen Büchern in der Überschrift der Name des Königs Salomo genannt wird. In der hebr. Bibel findet sich das H. im dritten Teil, den »Schriften«. Es ist die erste der fünf Festrollen (Megilloth) und wurde bei dem ersten Hauptfest Israels, dem Passahfest, verlesen.

II) INHALT. Schon die Überschrift sagt, daß dieses Büchlein Lieder, und zwar ganz bes. schöne Lieder enthält. Es bildet eine Sammlung von 25 bis 30 Gesängen. Alle sind Liebeslieder, die die eheliche Gemeinschaft in schöner, aber auch sehr realistischer Weise in ländlichen und städtischen Verhältnissen besingen. Die Einehe ist in allen Liedern Voraussetzung. Immer von neuem wird die Sehnsucht von Mann und Frau zueinander, die Freude und das Entzücken aneinander und die Bereitschaft füreinander gepriesen. Was die beiden miteinander verbindet, das Verlangen des einen zum anderen weckt, den Schmerz fühlen läßt, wenn Hindernisse in den Weg treten, und den Jubel auslöst, wenn sie beieinander sind, ist allein die Liebe, von der es heißt, daß sie eine Flamme des Herrn und stark wie der Tod sei (Hl 8,7).

III) ENTSTEHUNGSZEIT. In der Überschrift wird Salomo genannt. Ob der König als Verfasser gelten soll oder ob ihm die Lieder gewidmet sind, läßt sich aus dem Wortlaut des Grundtextes nicht entnehmen. Ebenso bleibt es fraglich, ob die in Hl 7,1[6,12] genannte Sulamith mit → Abisag von Sunem (1 Kö 1—2) identisch ist.

In den Liedern finden sich aram. Wörter, ja sogar ein pers. (*pardes* = Lustgarten Hl 4,13) und ein griech. Lehnwort (*appirjon* = Sänfte Hl 3,9). Das braucht aber keineswegs gegen eine frühe Entstehung oder die mögliche Verfasserschaft Salomos zu sprechen. Was das Aram. angeht, besaß Israel z. Zt. Salomos weitreichende internationale Beziehungen, außerdem könnte die endgültige schriftliche Festlegung der Lieder in verhältnismäßig späte Zeit fallen.

IV) VERSTÄNDNIS. Wie ist das H. in dem Gesamtzusammenhang der biblischen Schriften zu verstehen? Zunächst ist festzustellen, daß entscheidende biblische Worte, wie Sünde, Gnade, Vergebung, Gerechtigkeit, Barmherzigkeit, die den Inhalt anderer Bücher, wie z. B. der viel größeren Liedersammlung der Psalmen, bestimmen, im H. nicht vorkommen. Der Name Gottes erscheint nur einmal nebenbei (Hl 8,7) in einem Vergleich.

Man hat daher das H. allegorisch verstehen wollen, wobei die in den Liedern besungenen Ereignisse nicht der Wirklichkeit entsprechen sollen, sondern nur Bilder oder Gleichnisse darstellen, mit denen etwas anderes gemeint ist. Nach diesem Verständnis ist es schon in Israel und dann später in der christlichen Kirche, bes. im Mittelalter, aber auch im Frühpietismus ausgelegt worden. Dabei blieb man vor unnatürlichen und ungeistlichen Verkrampfungen nicht bewahrt.

Wir müssen daran festhalten, daß das H. das natürliche eheliche Verhältnis von Mann und Frau zum Inhalt hat. Man wird es nur dann richtig verstehen können, wenn man von 1 Mo 2,18—25 ausgeht. An dieser Stelle wird berichtet, wie Gott das Alleinsein des Menschen nicht für gut hält. Er muß eine Hilfe haben, die ihm ein Gegenüber ist, die zu ihm paßt. Dann schafft Gott für den Mann die zu ihm passende Frau und führt sie ihm zu, worauf der Mensch in Freude und Dank ausruft: »Dies ist endlich Gebein von meinem Gebein und Fleisch von meinem Fleisch.« So gehören Mann und Frau unauflöslich zusammen und sind ein Fleisch, weil Gott es gewollt hat, daß sie als Mann und Frau sich erkennen und lieben sollen.

Für dieses von Gott geschaffene Verhältnis von Mann und Frau, wie es 1 Mo 2,18—25 und im H. dargestellt wird, gibt es ein Urbild, nämlich das Verhältnis Gottes zu seinem Volk Israel. Die HS nennt dieses Verhältnis »Bund«, den Gott allein geschlossen hat und der der beherrschende Mittelpunkt der Geschichte des Volkes Israels ist. Ohne diesen Bund wäre Israel ein Volk wie alle anderen Völker auch; daß es aber von Gott erwählt und berufen ist, gibt ihm seine einzigartige Würde und Geschichte. Der Bund von Mann und Frau, wie er im H. besungen wird, ist das Abbild des Bundes Gottes mit seinem Volk. In diesen Liedern strahlt die Treue und Liebe Gottes zurück, mit der er Israel stets begegnet ist. Man darf daher den Inhalt des H. weder einseitig vergeistigen und allein als Gleichnis sehen, noch

lediglich eine Verherrlichung der irdischen Liebe darin erblicken.
Da der Bund Gottes mit Israel seine Vollendung in dem Bund Christi mit der Gemeinde findet, kann man noch einen Schritt weitergehen, wie es Paulus Eph 5,23–32 auch tut, indem er die geheimnisvolle Entsprechung zwischen der menschlichen Ehe und dem Verhältnis des Herrn zu seiner Gemeinde betont. Damit ist dann der Auslegung und dem Verständnis des H. die Richtung auf die Endzeit und die Vollendung gegeben.

Höhle. Die Gebirge Palästinas bestehen großenteils aus Kalkstein. Dies Gestein löst sich in kohlensäurehaltigem Wasser auf, wodurch Grotten, unterirdische Grüfte oder H. entstehen. H. werden in der HS häufig erwähnt. Sie lagen in den Bergen verborgen (Ri 6,2) und dienten den Tieren zur Wohnung (Hi 37,8; Ps 104,22), wurden aber auch von den Menschen als Unterkünfte benutzt (1 Mo 19,30), etwa von Flüchtlingen, die sich aus irgend einem Grund zu verbergen wünschten (2 Sam 17,9; Hi 30,6; Hebr 11,38); vgl. → Adullam. Die H. Machpela (1 Mo 23, 9; LÜ zwiefache H.) barg das Familiengrab Abrahams und seiner Nachkommen (→ Hebron).

Hohn → Spott

Hölle. I) Mit H. (verwandt mit hehlen = »verbergen«) übersetzt LÜ im AT hebr. *scheol* (z. T. auch mit Grube 1 Kö 2,6; Grab Hi 26,6; Tod Hi 24,19) und im NT griech. *hadaes* und *gehenna*. Diese Worte – und einige andere Ausdrücke (z. B. → Abaddon) – bezeichnen in der HS zwei verschiedene Dinge: das Totenreich bis zum Jüngsten → Gericht und den Strafort danach (vgl. Offb 20,13.14).

II, 1) *Scheol* und *hadaes* meinen nicht den endgültigen Strafort, der Offb 20,14.15 »feuriger Pfuhl« heißt, sondern das Totenreich, die Unterwelt. Tod und H. sind einander entsprechende Begriffe (Jes 38, 18; Hos 13,14; Offb 1,18; 6,8; 20,13.14). Dabei wird in den Aussagen der HS das Totenreich als ein Raum in den Tiefen der Erde dargestellt (Hi 7,9; 33, 24; Ps 63,10; Jes 14,15; Hes 32,18). So fährt die Rotte Korah hinunter in die Unterwelt (4 Mo 16, 30.33), und Samuel sagt, er sei heraufgebracht worden (1 Sam 28,15). Ebenso redet das NT davon, daß Christus in die untersten Örter der Erde hinabgefahren sei (Eph 4,9), daß er den Geistern im Gefängnis, den Toten gepredigt habe (1 Petr 3,19; 4,6).
Manchmal scheint *scheol* nur das → Grab zu bezeichnen (1 Mo 37,35; 42,38; 1 Kö 2,6 LÜ Grube; Hi 17,13–16 LÜ bei den Toten); aber es besteht keine eindeutige Grenze zum weiteren Begriff des Totenreiches. Dort gibt es weder Werk, Kunst, Vernunft noch Weisheit (Pred 9,10), die Toten schweigen (Ps 31,18) und werden Gott nicht loben (Ps 6,6; 115,17; Jes 38,18). Die *scheol* ist ein Ort des Dunkels, der Verhüllung, des Halblebens; das Bewußtsein ist anscheinend nicht aufgehoben (Jes 14,9.10). Im Totenreich finden sich Gottlose (4 Mo 16,33; Hi 24,19; Ps 9,18; 49,15) ebenso wie die Gerechten (Jes 38,10; 57,2), die aber auf Gottes Hilfe und ein neues Leben warten (1 Sam 2,6; Ps 16,10; 49,16; vgl. Dan 12,13; → Auferstehung II AB). Denn auch die *scheol* ist offen für Gott (Hi 26,6; Spr 15,11; Am 9,2), auch dort ist er gegenwärtig (Ps 139,8).
Nur Lk 16,22–26 spricht ausdrücklich von zwei verschiedenen Räumen im Totenreich, unüberbrückbar getrennt, wenn man auch vom einen in den andern hinübersehen und -sprechen kann, von der Qual der Gottlosen und dem Trost für die Gerechten.
2) Der Sieg der Auferstehung Jesu (Apg 2,27.31) erstreckt sich auch bis in die Unterwelt hinein: Christus ist Herr über Tote und Lebendige (Röm 14,9) und hat die Schlüssel des Todes und des Totenreiches (Offb 1,18). Er hat den Geistern im Gefängnis, den Toten, das Evangelium verkündigt (1 Petr 3,19; 4,6) und sagt dem Schächer zu: »Heute wirst du mit mir im → Paradiese sein« (Lk 23,43). Die Pforten des Totenreiches werden seine Gemeinde nicht überwältigen können (Mt 16,18), und wer im Glauben abscheidet, wird bei Christus sein (Phil 1,23): der Tod ist verschlungen in den Sieg (1 Kor 15,55.57). Am Ende der Tage aber wird in der allgemeinen → Auferstehung das Totenreich ganz geleert werden (Offb 20,13). Dann kommen die Ungerechten an den Ort ihrer endgültigen Bestimmung, in den »feurigen Pfuhl« (V 15; 21,8).

III) Von dieser Feuerhölle, griech. *gehenna* (der Name ist abgeleitet vom Tal der Kinder → Hinnom), spricht Jesus verschiedentlich als dem Strafort der Verdammten (Mt 5,22.29.30; 10,28; 23,15–33; auch als Finsternis bezeichnet: Mt 8,12; 22,13; 25,30). Es ist der Feuerofen, wo Heulen und Zähneklappen sein wird (Mt 13,42.50), das ewige Feuer (Mt 3,12; 18,8), wo ihr Wurm nicht stirbt und ihr Feuer nicht verlöscht (Mk 9,43.44; vgl. Jes 66,24), die ewige Pein (Mt 25,46). Dies Feuer ist auch dem → Teufel und seinen Engeln zur Strafe bestimmt (V 41; vgl. Offb 19,20; 20,10). Als das Reich, in dem der Satan herrscht, erscheint die H. in der HS jedoch nirgends (vgl. Eph 2,2; 6,12).
Ohne alle diese Aussagen zu entstellen, wird man nicht wagen dürfen, auch nur mit Wahrscheinlichkeit eine zeitliche Begrenzung der H.strafen zu behaupten. Alle Stellen sprechen in einem furchtbaren Ernst, der die Gnade Gottes umso heller leuchten läßt, von einem abschließenden, endgültigen, bedingungslosen Urteil, von ewiger Schmach und Schande (Dan 12,2).

Holon.
1) Priesterstadt im Gebirge Judas (Jos 15,51;21,15), vermutlich Chirbet Alin, 2,5 km ostnordöstl. von Adullam. Vgl. → Hilen. Vgl. Karte Sp. 846.
2) Stadt in Moab (Jer 48,21), wohl das heutige, 3 km nördl. von Medeba gelegene Kfer Abu Khinan.

Holz → Akazie, → Eiche, → Zeder, → Zypresse

Holz, wohlriechendes → Sandelholz

Holzfürst. Pers. Beamter, der die königlichen Forsten in Palästina verwaltete. König Arthahsastha wies den H. oder Forstmeister Asaph an, Nehemia das benötigte Bauholz zu liefern (Neh 2,8).

Holzhauer → Tempelknechte

Homam, Sohn Lotans, Enkel des Horiters Seir (1 Chron 1,39). In 1 Mo 36,22 wird er Hemam genannt.

Homer → Maße und Gewichte I, 4b

Honig. I) Das hebr. Wort *debasch* ist in vielen Fällen aus dem Textzushg. heraus als Bienenhonig erkennbar (Ri 14,18; 1 Sam 14,25; Ps 69,11; Mt 3,4; Mk 1,6), und es ist anzunehmen, daß die HS auch an den übrigen Stellen den Bienenhonig meint, wahrscheinlich noch nicht den Fruchthonig (s. u. III).

II) Der H. war in Palästina wichtig, weil er anstelle des noch unbekannten Zuckers gebraucht wurde. Man aß ihn ausgepreßt (1 Kö 14,3), manchmal auch mit den Waben (Ri 14,9; Hl 5,1; Lk 24,42). Da die → Bienen vielfach in Baumhöhlen oder Felsspalten (vgl. 5 Mo 32,13; Ps 81,17) bauen, kann der H. gelegentlich auf den Boden ausfließen (1 Sam 14,26ff).

Öfter ist die Rede vom H.seim (Ps 19,11; Spr 5,3; 24,13; 27,7; Hl 4,11). Es besteht die Möglichkeit, daß es sich dabei um Wabenhonig, flüssigen H. oder wenn mit H. zusammengenannt, um den edelsten H. handelt.

III) In späterer Zeit war in Palästina auch der sog. Fruchthonig bekannt, u. a. der Traubenhonig, ganz hart eingedickter Traubensaft. Er war lange Zeit wichtiger Exportartikel, so wurden vor rund 200 Jahren jährlich noch 300 Kamellasten dieses H. nach Ägypten ausgeführt. Auch aus Datteln und den Früchten des Johannisbrotbaums wurde solcher H. gewonnen.

IV) Mit H. werden die Süße des Gotteswortes (Ps 119,103; Hes 3,1–3; Offb 10,9), die Weisheit (Spr 24,13ff), aber auch die Lippen der Hure (Spr 5,3) verglichen.

V) Beim → Opfer war H. als Speisopfer nicht erlaubt, er durfte aber unter den Erstlingsgaben dargebracht werden (3 Mo 2,11.12).

Hophni ägypt. »Junger Frosch (Kaulquappe)«.
H. und Pinehas, die Söhne Elis, übernahmen schon zu Lebzeiten ihres Vaters den Priesterdienst in Silo (1 Sam 1,3) und nutzten ihn rücksichtslos zu ihrem Vorteil aus, ohne sich um die Ermahnungen des alternden Eli zu kümmern (1 Sam 2,12–17.22–25). Um ihrer Sünde willen sprach der Herr das Urteil über das Haus Elis (V 27–36; 1 Sam 3,11–18). Als die Israeliten nach einer Niederlage gegen die Philister die Bundeslade ins Lager holten, begleiteten sie H. und Pinehas; beide fielen, als die Philister siegten und die Lade erbeuteten (1 Sam 4,1–11).

Hophra. Ägypt. Pharao (588–569/8 v. Chr.) z. Zt. Jeremias. Er begann den Kampf gegen Nebukadnezar von neuem, der seit der wohl unentschiedenen Schlacht zwischen Pharao → Necho und Nebukadnezar 601 v. Chr. geruht hatte, und unterstützte den Aufstand Judas gegen Babylon. Es gelang ihm aber nicht, Jerusalem zu retten (Jer 37,5–11). Die Regierungszeit H. wirkte sich für Ägypten günstig aus; der Pharao fand dann aber seinen Tod in innerpolitischen Kämpfen mit seinem Nachfolger Amasis. Jeremia, der mit den jüd. Flüchtlingen während H. Herrschaft nach Ägypten gekommen war, hatte seinen Untergang vorhergesagt (Jer 44,30).

Hor »Berg«
1) Der Berg H., der Sterbeort Aarons (4 Mo 20,22–28), ist nach der arab. Tradition der Dschebel en-Nebi Harun, 1336 m hoch, in der Nähe des alten Petra in Edom. Vom Zushg. des → Wüstenzuges her sucht man ihn jedoch besser im Massiv des Dschebel el Madera, neuhebr. Hor Hahar, südwestl. vom Toten Meer. Vgl. Karte Sp. 1548.
2) Grenzberg im N des verheißenen Landes (4 Mo 34,7.8), vielleicht der Dschebel Akkar, eine Bergkette des Libanon ca. 30 km nordöstl. von Tripoli.

Horam. König zu Geser, der als Verbündeter der Stadt Lachis von Josua besiegt wurde (Jos 10,33).

Horeb viell. »Trockenheit, Verwüstung«.
Der Berg Gottes (2 Mo 3,1; 5 Mo 1,6; 4,10; 1 Kö 8,9; 19,8; Ps 106,19). Nach diesen Stellen scheint H. nur ein anderer Name für den Berg → Sinai zu sein. Nun wird aber 2 Mo 17,6 ebenfalls vom H. gesprochen, und zwar bevor die Israeliten über Raphidim (V 8) zum Sinai kommen (2 Mo 19,1.2). Doch ist weder hier noch sonst vom H. als einem einzelnen Gipfel die Rede; der »Fels am H.« (2 Mo 17,6) läßt sich auch als Fels »im (Gebiet) H.« auffassen. Man hat danach vermutet, daß H. die ganze Gebirgsgegend bezeichnet, deren Hauptgipfel der Sinai ist. Das scheint die einfachste Lösung der Schwierigkeit zu sein, zumal das Hebr. für »Berg« und »Gebirge« nur ein einziges Wort hat.

Horem, feste Stadt unbekannter Lage in Naphthali (Jos 19,38).

Hören. I) Da Gott sich durch sein Wort offenbart, ist H. das, was vom Menschen (Ps 50,7), ja von der ganzen Schöpfung zuerst gefordert wird: »Höret, ihr Himmel! und Erde, nimm zu Ohren! denn der Herr redet« (Jes 1,2; vgl. 5 Mo 32,1). Jesus, von dem der Vater bezeugt: »Dies ist mein lieber Sohn, den sollt ihr h.!« (Mt 17,5), ruft immer wieder: »Wer Ohren hat zu h., der höre« (Mt 11,15; 13,9.43; Offb 2,7). Und von seinen Jüngern heißt es: »Wer euch hört, der hört mich« (Lk 10,16).

II) Aber das Hinhören allein ist nicht genug; es muß zum Gehorchen führen: »Der Herr weckt mir das Ohr, daß ich höre wie ein Jünger, und ich bin nicht ungehorsam« (Jes 50,4.5). Es wird geboten, zu h., zu behalten und zu tun (5 Mo 6,3). Denn nicht die das Gesetz h., sind gerecht, sondern die es tun (Röm 2,13). Wer Jesu Wort hört und glaubt, hat das ewige Leben (Joh 5,24), und wer vom Vater hört, kommt zu ihm (Joh 6,45). Wir sollen nicht nur Hörer, sondern Täter des Wortes sein (Jak 1,22–25).

III, 1) Wer aber gesündigt hat, fürchtet sich vor der Stimme Gottes und versteckt sich, wenn er sie hört (1 Mo 3,8.10). Gottes Wort geht ihm durchs Herz (Apg 2,37; 5,33), und er empfindet es als harte Rede: »Wer kann sie h?« (Joh 6,60). Weigern sich die Menschen zu h. (Neh 9,17), muß sie der Herr das böse Volk nennen (Jer 13,10). Mit den Ohren h. sie nicht, denn sie verstehen es nicht (Mt 13,13); darin zeigt sich, daß sie nicht von Gott sind (Joh 8,47). Darum ergeht die Warnung: »Wenn ihr heute seine Stimme hört, so verstockt eure Herzen nicht« (Hebr 3,7).
2) Die rechte Antwort darauf ist: »Rede, Herr, denn dein Knecht hört« (1 Sam 3,9.10). »Meine Schafe hören meine Stimme«, sagt Jesus (Joh 10,27). Das ist die Voraussetzung jedes geistlichen Denkens, Redens und Handelns. Jesus »richtet, wie er hört« (Joh 5,30), und auch der Geist wird nur reden, was er hört (Joh 16,13). Manchmal wird einem Menschen gegeben, mehr zu h., als er fassen kann; so hat Paulus unaussprechliche Worte gehört (2 Kor 12,4). Die tiefsten Geheimnisse der Liebe Gottes aber hat kein Ohr gehört (1 Kor 2,9).

IV) Der Mensch bleibt jedoch nicht einseitig der Empfangende. Der Herr hört auch ihn (1 Mo 29,33), während die Götzenbilder zwar Ohren haben, aber nicht h. (Ps 115,6; 135,17; Dan 5,23; Offb 9,20). Gott hört das Schreien des bedrängten Volkes (2 Mo 3,7), sein Weinen und Seufzen (Ps 6,9; 102,21), sein Murren (2 Mo 16,7; 4 Mo 12,2), aber auch sein Lob, seine Anbetung (1 Kö 8,28; 9,3). »Der das Ohr gepflanzt hat, sollte der nicht h.?« (Ps 94,9). Wenn aber das Volk seinen Bund gebrochen hat und andern Göttern dient, will es der Herr nicht mehr h., wenn es schreit (Jer 11,10.11; Hes 8,18). Wer indessen seinen Willen tut, den hört er (Joh 9,31).

Hores → Heide I

Horgidgad,
Station der Wüstenwanderung (4 Mo 33,33), der gleiche Ort wie Gudegoda (5 Mo 10,7). Der Name scheint im heutigen Wadi Khadakhid, einem Seitenarm des Wadi Dscherafi im Osten der Sinaihalbinsel, erhalten zu sein. Vgl. Karte Sp. 1548.

Hori, viell. akkad. »Kind«.
1) Sohn Lotans, Enkel des Horiters Seir (1 Mo 36, 22; 1 Chron 1,39).
2) Vater des Kundschafters Saphat (4 Mo 13,5[6]).

Horiter werden 1 Mo 14,6; 36,20.21.29.30; 5 Mo 2, 12.22 als Bewohner Kanaans genannt. Sie wohnten hiernach auf dem Gebirge Seir und wurden dort von den Nachkommen Esaus, den Edomitern, vertrieben. Im Hebr. lautet ihr Name Hori, was man früher als »Höhlenbewohner« deutete oder mit Haru, dem ägypt. Namen für die Bewohner Syriens und Palästinas, gleichsetzen wollte. Auch an die Harri, die auf den Inschriften von Boghazköi (→ Hethiter) vorkommen, hat man gedacht. In letzter Zeit jedoch identifiziert man die H. meist mit den Hurritern. Diese stammen wahrscheinlich aus einer Gegend südl. des Kaukasus und fielen um 2400 v. Chr. in Nordmesopotamien ein, vor allem in das Gebiet östl. vom Tigris. Teilweise gingen sie in den Assyrern auf, deren Aktivität und kriegerisches Wesen man gelegentlich auf das hurritische Element zurückführt. Schriftdenkmäler der hurritischen Sprache sind bei den Ausgrabungen von Tell el-Amarna, Boghazköi, Ras Schamra und Mari entdeckt und entziffert worden. Die für die Bibel wichtigsten hurritischen Quellen aber bilden die Tontafeln aus der nordmesopotamischen Stadt Nuzi. Sie stammen aus dem 15. Jh. v. Chr. – als Nuzi zum Reich Mitanni gehörte – und werfen neues Licht auf viele Einzelheiten in den Lebensberichten der → Erzväter.
Dem Reich Mitanni, das am Oberlauf des Euphrat lag und stark hurritischen Charakter hatte, gelang es, etwa zwischen 1450–1350 v. Chr., Assyrien zu

Hurritische Krieger (hethitische Darstellung)

unterwerfen. Mitanni führte auch Krieg mit Ägypten, suchte hier aber später Unterstützung u. Freundschaft, als es von den Hethitern und Assyrern gemeinsam bedrängt wurde. Diese beiden Mächte führten auch den Fall des Reiches Mitanni herbei, endgültig unter Salmanasser I. von Assyrien (um 1280–1250 v. Chr.). Vgl. Karte Sp. 606.

Horma, hängt mit hebr. »mit dem Bann belegen« zusammen.
Ort im Süden Judas (4 Mo 14,45; 21,3; Jos 15,30; 1 Sam 30,30), das alte Zephath (Ri 1,17) und möglicherweise das heutige Chirbet el-Meschasch südöstl. von Beer-Seba. Da in Jos 12,14; Ri 1,16.17 H. und → Arad nebeneinander erwähnt sind, scheint die »Stätte« (4 Mo 21,3), die Israel H. nannte, nicht mit Arad identisch zu sein. Vielleicht wurde der Name H. hier dem ganzen Gebiet von Arad. oder dem Ort der Entscheidungsschlacht beigelegt. Vgl. Karte Sp. 1304.

Horn (hebr. *khärän* = urspr. Spitze; griech. *keras*).
I, 1) Hörner von Widdern, Böcken oder anderen Tieren (1 Mo 22,13; 5 Mo 33,17; Hes 34,21 u. a.). Da für diese Tiere das H. sowohl Waffe wie Zierde ist, wird es oft zum Symbol der Stärke und Macht (2 Chron 18,10; Mi 4,13), die gegen Gott gerichtet (Jer 48,25; Am 6,13) wie von ihm verliehen sein kann (1 Sam 2,1; Ps 89,18.25; 132,17; Hes 29,21).
2) In der atl. und ntl. Prophetie erscheinen daher H. oft als Sinnbilder für die dem Reich Gottes feindlichen Weltmächte und ihre Stärke (vgl. Dan 7,7ff; 8,3ff; Offb 13,1ff; 17,3). Aber auch das Lamm Gottes trägt 7 H. als Zeichen seiner unumschränkten Macht (Offb 5,6).
II) Die Vorsprünge an den vier Ecken des Brandopferaltars (2 Mo 27,2; 38,2) und des Räucheraltars (2 Mo 30,2ff; 37,25; vgl. → Altar). Wenn Gott (2 Sam 22,3) und Christus (Lk 1,69) H. des Heils genannt werden, mag auch der Gedanke mitschwingen, daß die H. des Altars mit Opferblut bestrichen wurden (3 Mo 4,25.30.34; 8,15; 16,18) und dem Totschläger, der sie ergriff (1 Kö 1,50ff), Schutz gewährten.
III) Ob mit den Ölhörnern (1 Sam 16,1.13; 1 Kö 1, 39) Tier-, etwa Rinderhörner, oder Metallgefäße ähnlicher Form gemeint sind, ist nicht sicher.
IV) Vgl. → Musikinstrumente.

Hornisse *(Vespa orientalis).*
Große Wespenart, deren Nester sich in Palästina meist in den Höhlen und Spalten des Bodens befinden. H. sind nützlich, da sie große Mengen von Insekten vertilgen, richten daneben aber auch viel Schaden an durch das Annagen reifer Früchte. Die H. sind bösartiger und angriffslustiger als die Wespen. Ihr Stich ist außerordentlich schmerzhaft, mehrere gleichzeitig erhaltene Stiche können tödlich wirken. Diese Tiere sind wohl mit dem hebr. *sirah* (2 Mo 23,28; 5 Mo 7,20; Jos 24,12) gemeint, denn wenn sie in Mengen kommen, sind sie durchaus zu fürchten und fähig, Menschen in die Flucht zu schlagen. Neuerdings hat man *sirah* jedoch auch mit »Entmutigung« übersetzen wollen.

Horonaim »Loch, Höhle«,
Ort in Moab (Jes 15,5; Jer 48,5). Nach Musil (Arabia Petraea I, S. 75) das heutige El-Arak, 12 km südsüdwestl. von Kir Hareseth. Dort entspringt der Bach en-Numera, dessen Name an die Wasser von Nimrin erinnert (Jes 15,6; Jer 48,34). Vgl. Karte Sp. 914.

Horoniter. Beiname → Saneballats (Neh 2,10.19), der ihn als Mann aus Beth-Horon oder Horonaim bezeichnet. Im letzten Fall wäre er ein Moabiter gewesen, für das erste spricht die Nachricht des Josephus, der ihn als Samariter bezeichnet.

Hort (eigentlich »Verborgenes, Schatz«) gibt in LÜ das hebr. *sur* »Fels« als → Name Gottes wieder. Diese Bezeichnung weist auf den Herrn als den, der allein Hilfe geben (1 Sam 2,2), dem man völlig vertrauen kann (2 Sam 22,3) und der allein fest und unbeweglich steht (Ps 18,3; 71,3; 89,27; Jes 44,8).

Hosa.
1) Levitischer Torhüter aus dem Geschlecht Meraris z. Zt. Davids (1 Chron 16,38; 26,10.11.16).
2) Ort an der Nordgrenze Assers in der Nähe von Tyrus (Jos 19,29), nach Dalman das heutige Er-Ruschedije, 4 km südl. von Tyrus.

Hosaja »Der Herr hat geholfen«.
1) Vater Jesanjas und Asarjas z. Zt. Jeremias (Jer 42,1; 43,2).

2) Fürst aus Juda, der dem Dankchor in der Einweihungsprozession auf der Mauer Jerusalems folgte (Neh 12,32).

Hosama, Kurzform »(Der Herr) hat gehört (erhört)«.
Sohn König Jechonjas, in der Gefangenschaft geboren (1 Chron 3,18).

Hosea, Kurzform »(Der Herr) ist Hilfe, Rettung«.
1) Sohn Nuns, den Mose → Josua nannte (4 Mo 13, 8[9].16[17]).
2) Sohn Asasjas, Fürst des Stammes Ephraim unter David (1 Chron 27,20).
3) Sohn Beeris, der Prophet (→ Hosea, Buch).
4) Der Sohn Elas, der letzte König des isrl. Nordreiches (2 Kö 15,30; 17,1–6; 18,9–12). Er regierte 732/1–723/2 v. Chr. und kam auf dem Weg einer Verschwörung gegen Pekah, den Sohn Remaljas, den er tötete, auf den Thron. König Thiglath-Pileser III. von Assyrien berichtet darüber: »Pakahah, ihren König, brachten sie zu Fall; Ausi setzte ich über sie ein.« Die Erhebung H. fand also die Zustimmung des Assyrerkönigs. Das von den Assyrern eroberte Gebiet in Galiläa (vgl. → Pekah) und im Ostjordanland (1 Chron 5,26) aber blieb verloren, Israel war nun auf Samaria und Ephraim beschränkt. Zwar tat auch H., was dem Herrn mißfiel, jedoch nicht so wie seine Vorgänger (2 Kö 17,2). Vielleicht hörte er auf die Propheten, etwa seinen Namensvetter H.; aber das können wir nur vermuten. Nach V 3 rückte Salmanasser V. gegen ihn heran, worauf sich H. unterwarf und Tribut zahlte. H. wird beim Thronwechsel in Assyrien nach dem Tod Thiglath-Pilesers (727 v. Chr.) einen Versuch gemacht haben, durch die Verweigerung weiterer Tributzahlung seine Unabhängigkeit zurückzugewinnen. Als Salmanasser aber König Luli von Tyrus und Sidon angriff, der am tatkräftigsten Widerstand leistete, ergab sich auch H. Bald darauf suchte er von neuem seine Lage durch Verhandlungen mit Ägypten zu verbessern und unterließ zugleich die jährliche Tributleistung an Assyrien. Das führte zu seiner Gefangennahme durch Salmanasser und zum Fall Samarias nach dreijähriger Belagerung. Israel wanderte in die Verbannung (V 4–6). Von H. weiterem Schicksal hören wir nichts mehr. Die Eroberung Samarias fiel in das 9. Regierungsjahr H. (723/2 v. Chr.) und erfolgte demnach mindestens ein Dreivierteljahr vor dem Tode Salmanassers. Zwar rühmt sich dessen Nachfolger Sargon später dieses Sieges; aber das ist unwahrscheinlich und wenig beweiskräftig, zumal die Bibel Sargon in diesem Zusammenhang nicht erwähnt.
5) Israelit, der unter Nehemia die Verpflichtung auf das Gesetz unterzeichnete (Neh 10,24[23]).

Hosea, Buch. I) Im Buch H. sind uns die Prophetensprüche H., des Sohnes Beeris, bewahrt. Er ist ein Einwohner des Nordreiches; zu welchem der 10 Stämme er gehört, wissen wir nicht. Nach Hos 1,1 wirkte er in der Regierungszeit Jerobeams II. von Israel und der judäischen Könige Usia, Jotham, Ahas und Hiskia. Er tritt später auf als Amos und etwa gleichzeitig mit Jesaja und Micha in Jerusalem; sein Wirken erstreckt sich von der letzten Zeit der Herrschaft Jerobeams bis über den Untergang des Nordreiches hinaus.

II) Diese Jahre waren eine Zeit grenzenloser Verwirrung. Nach dem Tode Jerobeams II. wurde sein Sohn Sacharja, der nur 6 Monate regiert hatte, von dem Manassiten Sallum, der gegen die Vorherrschaft Ephraims auftrat, ermordet. Einen Monat später erschlug Menahem Sallum. Das war die ephraimitische Antwort auf den manassitischen Staatsstreich. Menahem mußte sich den Assyrern unterwerfen und zahlte Thiglath-Pileser III. schweren Tribut. Sein Sohn Pekahja wurde nach 2 Jahren von Pekah, dem Führer der manassitischen Partei, ermordet. Pekah stand auf der Seite von Damaskus gegen Assyrien; seine Politik erlitt vollständigen Schiffbruch. Nach 7 Jahren bildete Hosea (4), der Sohn Elas, eine Verschwörung gegen Pekah, erschlug ihn und wurde nun der letzte isrl. König. Ein gegen Assyrien gerichtetes Bündnis führte zu seiner Gefangennahme durch den Assyrerkönig. Nach dreijähriger Belagerung fiel Samaria, und Israel wurde in die Gefangenschaft geführt.

III) Diese Ereignisse bilden den historischen Hintergrund des Buches H. Bald hielt es Israel mit Ägypten, bald mit Assyrien; dann suchte es wieder bei Damaskus Hilfe gegen Assur. Trotz allen Zwiespalts zwischen Juda und Israel, Jerusalem und Samaria hatten sie eins gemeinsam: beide brachen dem Herrn immer wieder die Treue und erwarteten mehr von Assyrien oder Ägypten als von Gott. Als Israelit empfindet H. das bes. schmerzlich im Bereich der 10 Stämme. Überall erblickt er Treulosigkeit, vor allem beim Gottesdienst (das goldene Stierbild; Hos 8,5.6), beim Einsetzen der Könige (V 4) und in der Außenpolitik (die Bündnisse mit fremden Reichen; Hos 5,13). Es gibt kaum einen Propheten, der uns so vor Gottes Zorn erschrecken läßt wie H. (vgl. z. B. Hos 5,14; 13,7.8), daneben aber auch die lokkende Liebe des Herrn zeigt (Hos 2,16[14].21[19] und Hos 14).

IV) Das Buch H. gliedert sich in 2 Abschnitte:
1) In Hos 1–3 soll das vom Herrn gebotene, zeichenhafte Handeln des Propheten offenbar machen, daß Israel sich mit der Übernahme kanaanäischer Fruchtbarkeitskulte treulos vom Herrn abgewendet hat. Wie eine ehebrecherische Frau ihren Mann verläßt, so läuft Israel vom Herrn weg der Hurerei nach (Hos 1,2), verachtet Gottes Liebe und hat seinen Bund gebrochen und aufgehoben (V 9).
Der Prophet erhält den Auftrag, eine »Hure« zu heiraten (V 2). Darunter haben wir wahrscheinlich ein heiratsfähiges isrl. Mädchen zu verstehen, das sich nach dem in Israel üblich gewordenen heidnischen Brauch im Heiligtum einem Priester oder Fremden hingegeben hatte (Hos 4,13.15; vgl. → Hure I,2), um durch dieses Opfer ihrer Jungfrauschaft von Baal Fruchtbarkeit in der Ehe zu erlangen (daher werden auch die Kinder »Hurenkinder« genannt). Vermutlich waren solche Mädchen an bestimmten Zeichen (Schmuck o. ä.), die man auch wieder entfernen konnte (vgl. Hos 2,4[2]b), kenntlich. H. sollte also keine bes. lasterhafte Frau, sondern eine Durchschnittsisraelitin heiraten, die das zeitgenössische, vom Herrn abgefallene Israel vertrat (H. W. Wolff).

Er nimmt nun Gomer, die Tochter Diblaims, zur Frau, und aus dieser Ehe gehen zwei Söhne und eine Tochter hervor, deren sinnbildliche Namen Gott H. vorschreibt. Der älteste Sohn erhält im Zusammenhang mit der Blutschuld von Jehus Haus den Namen Jesreel (V 4). Dann wird eine Tochter geboren und Lo-Ruhama = Nichtbegnadigte genannt: »Denn«, sagt der Herr, »ich will mich über das Haus Israel nicht erbarmen« (V 6). Den zweiten Sohn muß H. Lo-Ammi = Nicht-mein-Volk heißen (V 9). Hos 2 umfaßt die Klage des Herrn über die Untreue seines Volkes. Nach der Gerichtsdrohung jedoch endet sie mit einer Gnadenverheißung. Hos 3,1 empfängt der Prophet die Weisung: »Geh noch einmal hin und liebe eine Frau, die einen andern liebt und die Ehe bricht, wie der Herr die Kinder Israels liebt, obwohl sie sich andern Göttern zuwenden.« Auch hier könnte Gomer gemeint sein. Sie war H. fortgelaufen und wurde von ihm aus der Sklaverei freigekauft, muß nun aber zur Strafe völlig zurückgezogen leben (V 2.3). So werden die Israeliten lange Zeit ohne König und Fürsten, ohne Opfer und Malstein, ohne Ephod und Teraphim (Zeichen ihres Götzendienstes) sein, bis sie am Ende zum Herrn umkehren (V 4.5). Denn nach der Gefangenschaft, in ferner Zukunft, wird es doch noch Heil für Israel geben.

2) Der zweite Teil des Buches (Hos 4–14) enthält die Prophetensprüche H. aus verschiedenen Zeiten seines Wirkens, in denen er Israel und den Führern des Volkes wegen ihres Götzendienstes und der politischen und sozialen Mißstände das Gericht ankündigt. Am Schluß steht jedoch wieder die Heilsweissagung, die Verkündigung der grenzenlosen Barmherzigkeit Gottes (Hos 11,8.9; 14,2–10).

V) Aus der engen Verknüpfung des eigenen Lebens mit seiner Verkündigung ergibt sich der lebhafte, manchmal leidenschaftlich erregte, gedrängte Stil H. in seinen Reden. Er ist nicht immer leicht zu verstehen; daneben bereitet auch bes. in Hos 4–14 die schlechte Überlieferung des hebr. Textes der Auslegung oft große Schwierigkeiten.

Hosianna. Griech. Form des hebr.: »Hilf doch (Herr)«, entlehnt aus Ps 118,25. Bei dem Einzug Jesu in Jerusalem war H. der Willkommensgruß der Volksmenge, die in ihm den messianischen Helfer erwartete (Mt 21,9.15; Mk 11,9; Joh 12,13). Der Zusatz »in der Höhe« (Mk 11,10) zeigt, daß sich die Bitte des Zurufs an Gott richtet.

Hotham »Siegel«.
1) Asserit, Sohn Hebers, Enkel Berias (1 Chron 7, 32).
2) Aroerit, dessen zwei Söhne unter den Helden Davids genannt werden (1 Chron 11,44).

Hothir »Er (Gott) hat übriggelassen« oder »den Vorrang gehabt«.
Sohn des Sangmeisters Heman z. Zt. Davids (1 Chron 25,4).

Hufe → Maße und Gewichte I, 3

Hüfte. Zu 1 Mo 24,2 → Eid II, 3. Vgl. auch → Lenden.

Huhn → Hahn

Hukkok viell. »Feldstück, Feld«,
Ort in Naphthali (Jos 19,34), vermutlich Jakuk in der Nähe vom Dschebel Chabakbuk, nordwestl. von Kinneret (neuhebr. Huqoq). Vgl. Taf. 97/1536.

Hukok »Feldstück, Feld«,
Levitenstadt in Asser (1 Chron 6,60[75]), Jos 21,31 steht → Helkath dafür.

Hul,
Sohn Arams (1 Mo 10,23; 1 Chron 1,17). Als Wohnort seiner Nachkommen wird die Gegend am Hulesee vermutet oder Hulia, das Assurnasirpal in Verbindung mit dem Berg Masius an der Grenze Armeniens erwähnt.

Hulda »Maulwurf« (Noth).
Prophetin, die z. Zt. König Josias in Jerusalem lebte. Sie war die Frau des Kleiderverwalters (des Königs? oder des Tempels?) Sallum. Nachdem man dem König das im Tempel gefundene Gesetzbuch vorgelesen hatte, sandte er den Hohenpriester Hilkia, Ahikam, Achbor, Saphan und Asaja als Abordnung zu H., damit sie den Herrn für ihn befrage. Die Prophetin verkündigte das Urteil des Herrn über Jerusalem, zugleich aber, daß Josia den Untergang der Stadt nicht mehr erleben sollte (2 Kö 22, 12–20; 2 Chron 34,20–28).

Hülle (Jes 25,7) → Decke IV.

Humta, Stadt in Juda (Jos 15,54), zusammen mit → Apheka und → Kirjath-Arba genannt; die genaue Lage des Ortes ist unbekannt.

Hund *(Canis ferus syn. putiatini).*
I, 1) Die in Palästina vorkommenden Pariahunde (hebr. *käläb;* griech. *kyôn)* haben keinen Herrn, sondern leben in halbwilden Rudeln von dem, was sie finden oder was ihnen vorgeworfen wird (2 Mo 22,30[31]). Sie haben eine spitze Schnauze, aufrechtstehende Ohren und ein langhaariges, rötliches Fell. Abends ziehen sie auf Raub aus (Ps 59,7.15) und räumen mit allem auf, was irgend genießbar ist, bilden also eine Art Gesundheitspolizei. Wenn diese Aasfresser (1 Kö 14,11; 16,4; 2 Kö 9,36) dem Lazarus die Schwären lecken, so kennzeichnet ihn das als einen halb Toten (Lk 16,21).

2) Neben den Pariahunden hat es jedoch schon früh auch Haus- und Jagdhunde gegeben (vgl. Jes 56,10; Mt 15,26).

3) Wo LÜ »wilde H.« übersetzt (Jes 13,22; 34,14; Jer 50,39), steht das hebr. *ijjim,* das viell. Schakale bezeichnet. Man hat aber in diesem Wort auch eine Bezeichnung für Dämonen vermutet. Vgl. → Feldgeist, → Wüstentiere.

II) Für Israel waren H. ein Bild der Unreinheit, des Verächtlichen. »H.« war ein Schimpfwort (1 Sam 24, 15; 2 Sam 9,8; 16,9) und wurde auch zur Selbstdemütigung gebraucht (1 Sam 17,43; 2 Kö 8,13; Pred 9,4).
Ein unbußfertig dargebrachtes Schafopfer gilt vor Gott gleich einem Hundeopfer (Jes 66,3). Für Hurerei und Unzucht gibt der H. Bild und Gleichnis ab (Offb 22,15; 5 Mo 23,19[18]; → Hundegeld). Auch fleischlich gesinnte Menschen und Irrlehrer (Phil 3, 2; 2 Petr 2,22; vgl. Spr 26,11) werden H. genannt.
Wenn aber Jesus der kanaanäischen Frau gegenüber Heiden mit H. vergleicht, so will diese Härte sie nicht verächtlich machen; der Herr vergleicht hier lediglich die Rechte des Kindes mit denen des Haustieres (Mt 15,26).

Hundegeld. Lohn der männlichen Kult- und Tempelprostituierten (hebr. *khadesch),* die auch »Hunde« genannt wurden. Es waren Knaben und Jünglinge, die sich zu Ehren der Götzen andern Männern preisgaben (vgl. 1 Mo 12,5; Röm 1,27), was bes. in den Astarteheiligtümern (→ Asthoreth) der Kanaaniter üblich war. Den dadurch gewonnenen Lohn in das Haus des Herrn zu bringen war verboten (5 Mo 23,19[18]). Vgl. → Hure; → Weichling.

Hunger, Hungersnot → Durst und Hunger, → Teuerung

Hupham,
Sohn oder Nachkomme Benjamins. Seine Nachkommen wurden Huphamiter genannt (4 Mo 26,39). Nach 1 Mo 46,21 könnte H. mit Huppim identisch sein; dieser wird aber in 1 Chron 7,12.15 ein Sohn Irs genannt.

Huppa »Schutzdach, Brautgemach«,
Führer der 13. Priesterabteilung z. Zt. Davids (1 Chron 24,13).

Huppim → Hupham

Hur, viell. akkad. »Kind«.
1) Judäer (2 Mo 31,2; 1 Chron 2,19.20), Vater Uris und Großvater → Bezaleels. Von H. übrigen drei Söhnen stammen die Einwohner von Kirjath-Jearim, Bethlehem und Bethgader ab (V 50.51).
2) Mit dem Vorigen wahrscheinlich nicht gleichzusetzen ist der H., der 2 Mo 17,10–12; 24,14 genannt wird. Nach später jüd. Überlieferung (Josephus) soll er der Mann der Mirjam gewesen sein. H. stützt gemeinsam mit Aaron die Hände des betenden Mose während der Schlacht gegen Amalek. Dann setzt Mose ihn und Aaron während seiner Abwesenheit auf dem Berg Sinai als Stellvertreter und oberste Richter ein.
3) Einer der von den Israeliten erschlagenen Midianiterkönige (4 Mo 31,8), die von dem Amoriterkönig Sihon abhängig waren (Jos 13,21).
4) Vater von Salomos Statthalter auf dem Gebirge Ephraim (1 Kö 4,8).
5) Vater Rephajas, des Obersten über den halben Bezirk von Jerusalem z. Zt. Nehemias (Neh 3,9).

Hurai → Hiddai

Huram. Namensform der 2 Chron für → Hiram (1) und (2).

Hürde → Viehzucht IV

Hure, Hurer, Hurerei. I, 1) Die Prostitution war in Israel nicht unbekannt; von Dirnen wird öfter berichtet (Jos 2,1; Ri 16,1; 1 Kö 3,16; Spr 23,27). Bei den Ausgrabungen Samarias fand man auch den Teich, in dem die Huren badeten und der Wagen des Königs Ahab gewaschen wurde (1 Kö 22,38 EÜ, ZÜ).
2) Vielfach handelt es sich auch in Israel um kultische Prostitution (4 Mo 25,1.2; Jer 3,2; Hos 4,14; vgl. 1 Mo 38,15), die vor allem bei den kanaanitischen Fruchtbarkeitskulten geübt wurde, ebenso in Phönizien, Syrien und Babylon. Im Dienst eines Heiligtums der weiblichen (Astarte, → Asthoreth, → Aschera, Anat, Baalat, Istar) oder männlichen Fruchtbarkeitsgottheiten (→ Baal, Adonis oder → Thammus) gaben sich dabei nicht nur Mädchen, sondern auch Männer (5 Mo 23,18[17]; 1 Kö 14,24; 15,12; 22,47) den Besuchern des Tempels preis (vgl. → Höhe). Antike Schriftsteller berichten, jedes Mädchen sei vor der Hochzeit (vgl. Hos 4,13; 3 Mo 19,29) oder jede Frau einmal in ihrem Leben verpflichtet gewesen, sich im Tempel einem Priester oder Fremden hinzugeben (vgl. Bar 6,43f). Aus Babylon wissen wir, daß manche Eltern ihre Töchter dem Dienst der Gottheit weihten (vgl. 3 Mo 19,29).
3) Die Verbreitung dieser kultischen Prostitution, die im Gesetz bei Todesstrafe verboten war (3 Mo 19,29; 21,7.9.14; 5 Mo 23,18[17]f; vgl. 4 Mo 25,5–8; 5 Mo 13,7[6]ff), macht verständlich, daß die Propheten jeden Götzendienst als Hurerei bezeichnen und in ganzer Schärfe und Schroffheit auch als solche schildern (Jer 2,24f; 3,1–3.6.9; Hes 16,15–34; 23,1–21).

II) Das NT verbietet alle Hurerei (1 Kor 6,9.13–20; Eph 5,3.5; 1 Thess 4,3; Hebr 13,4; vgl. auch → Apostelkonzil IV). Jesus nennt Mt 19,9 Hurerei (ein stärkerer Ausdruck als Untreue oder Ehebruch) als einzigen Scheidungsgrund. Doch auch Huren und Hurern steht der Weg zur Vergebung offen (Mt 21,31.32; 1 Kor 6,11). Vgl. → Korinth.
Als Bild des Götzendienstes werden »Hure« und »Hurerei« vor allem in Offb 2,20.21; 14,8; 17,1–19,2 verwendet.

Hurenkind → Bastard

Huri viell. akkad. »Kind«,
Gaditer, Sohn Jaroahs, Vater Abihails (1 Chron 5,14).

Husa viell. »Fanggrube«,
vermutlich ein Ort in Juda, dessen Einwohner von Eser abstammen (1 Chron 4,4); viell. das heutige Hosan 6 km westl. von Bethlehem. Aus H. stammen die Husathiter (2 Sam 21,18; 23,27).

Husai,
ein Arachiter (vgl. Jos 16,2), der → Freund des Königs David (2 Sam 15,37; 1 Chron 27,33) und Vater Baanas, eines der Statthalter Salomos (1 Kö 4,16). H. spielt als Davids Vertrauter eine entscheidende Rolle während Absaloms Aufstand, indem er scheinbar zu den Empörern übergeht, den Rat Ahitophels zunichte macht und David durch die Priestersöhne warnen läßt (2 Sam 15,32–37; 16,16–19; 17,5–23).

Husam, Edomiterkönig aus dem Land der Themaniter (1 Mo 36,34.35; 1 Chron 1,45.46).

Husathiter → Husa

Husim.
1) Sohn Dans (1 Mo 46,23). In 4 Mo 26,42 wird er Suham genannt.
2) Nachkomme Benjamins (1 Chron 7,12).
3) Frau des Benjaminiten Saharaim, Mutter Abitobs und Elpaals (1 Chron 8,8.11).

Hut → Hoherpriester, → Kleid, Kleidung, → Überwurf.

Hüter. Der H. bewahrt und bewacht im weitesten Sinn. Das Wort bezeichnet zunächst den → Hirten, insbes. den Schafhirten (1 Sam 17,20; das gleiche Wort wird 1 Mo 4,9 gebraucht), auch in übertragener Bedeutung: den Herrn als den H. Israels (Ps 121,4). Im Hohenlied werden Hüterin und H. der Weinberge genannt (Hl 1,6; 8,11.12). Die Leviten, die das Heiligtum zu bewachen hatten, heißen H. an der Schwelle (2 Kö 23,4; 1 Chron 9,22.23), H. des Tores (Neh 3,29), → Tor- und Türhüter (1 Chron 26,1–12; 2 Kö 22,4; 25,18) oder Pförtner (1 Chron 9,17.18). Ob der H. der Kleider (2 Kö 22,14) das Amt eines Kleiderverwalters im Tempel oder im Königspalast innehatte, ist unbekannt. Hofbeamte waren die persischen Haremsaufseher, die H. der Frauen und der Nebenfrauen (Est 2,8.14.15). Ein Vorgesetzter schlechthin ist Pred 5,7 gemeint. Das Wort wird auch im militärischen Bereich verwendet. Der H. des Hauptes (1 Sam 28,2) ist der Befehlshaber der Leibwache. Weiter heißen H. die Troßwächter (1 Sam 17,22), die Wächter auf der Stadtmauer (Hl 5,7; Jes 21,11; vgl. Jer 31,6) und andere Wachtposten (Mt 27,65.66; 28,4; Apg 5,23; 12,6.19). Unter den H. im Hause, die im Alter anfangen zu zittern (Pred 12,3), werden die Hände verstanden.

Hütte → Haus, → Zelt, → Stiftshütte

Hyazinth → Edelstein

Hymenäus (Name des griech. Gottes der Ehe),
Christ zu Ephesus, der zum Irrlehrer geworden war. Er behauptete, die Auferstehung von den Toten sei bereits geschehen. Paulus übte an ihm in apostolischer Vollmacht Gemeindezucht (1 Tim 1,20; 2 Tim 2,17.18; vgl. auch 1 Kor 5,5).

Ibri »Hebräer«,
Levit, Sohn Jaesias (1 Chron 24,27).

Iddo. I) Oberster zu Kasphia z. Zt. Esras (Es 8, 17–20). Als den Vorsteher einer Kolonie von Leviten und Tempelknechten bat ihn Esra um Diener für den Tempeldienst in Jerusalem.

II) »Liebling«? (Köhler) oder wohl Kurzform »Er (Gott) hat gewußt« oder »hat sich gekümmert (um), hat sich (jemandes) angenommen« (Noth).
Sohn Sacharjas, Stammesfürst über Ost-Manasse z. Zt. Davids (1 Chron 27,21).

III) Kurzformen von → Adaja.
1) Levit, Nachkomme Gersons (1 Chron 6,6[21]), auch Adaja (V 26[41]) genannt.
2) Vater Ahinadabs, eines Statthalters Salomos (1 Kö 4,14).
3) Prophet, der die Taten des Königs Rehabeam berichtete (2 Chron 12,15) und eine → Historie über König Abia schrieb (2 Chron 13,22). Wohl mit Jeddi (»Er möge schmücken«) in 2 Chron 9,29 gleichzusetzen.
4) Großvater des Propheten Sacharja (Sach 1,1.7; Es 5,1; 6,14), wohl identisch mit dem Priester I., der mit Serubabel aus der babyl. Gefangenschaft heimkehrte. Unter dem Hohenpriester Jojakim wird Sacharja als Familienhaupt des Hauses I. genannt (Neh 12,4.16).

Idumäa. Der in hellenistischer Zeit gebildete griech. Name für das Gebiet der →Edomiter, die nach der Zerstörung Jerusalems 586 v. Chr. nach N vorgedrungen waren und ihre Stammsitze an die Nabatäer verloren hatten. I., das sich bis nach Beth-Zur (27 km südsüdwestl. von Jerusalem) erstreckte und Hebron, Adora und Maresa – also Südpalästina – umfaßte, gehörte zum Reich Herodes d. Gr., der selber idumäischer Abkunft war. Z. Zt. Jesu haben wir unter I. (Mk 3,8) die südl. Sephela (→ Gefilde) und den → Negev (Südland) zu verstehen.
Vgl. Karten Sp. 588, 591/2.

Igel. LÜ übersetzt mit I. zwei verschiedene hebr. Worte. Das hebr. *anakha* (3 Mo 11,30) bezeichnet wahrscheinlich nicht den I., sondern eine Echsenart, viell. einen in Palästina sehr häufigen Gecko: *Hemidactylus turcicus.* Jes 14,23; 34,11; Zeph 2,14 steht das hebr. *khippod* (von der Wurzel *khpd* = zusammenrollen), das meist als I. gedeutet wird. Andere übersetzen dies Wort mit → Rohrdommel.
Zwei Igelarten sind in Palästina sehr verbreitet: ein langohriger I. *(Erinaceus auritus)* mit verhältnismäßig kurzen Stacheln, der u. a. in der Küstenebene und im Negev heimisch ist, und der palästinensische Igel *(Erinaceus sacer)* in den Hügel- und Berggebieten.

Ije-Abarim → Ijim

Ijim »Steinhaufen«.
1) Grenzstadt im S Judas, zwischen Baala und Ezem genannt (Jos 15,29), vermutlich Der el-Ghawi, ca. 20 km nordöstl. von Beer-Seba. Vgl. Karte Sp. 1304.
2) I. (4 Mo 33,45) = Ije-Abarim (V 44 und 4 Mo 21,11), Station des Wüstenzuges. Wörtlich »die Hügel von Abarim«. Vielleicht das heutige Mahai, südöstl. vom Toten Meer. Vgl. Karte Sp. 1548.

Ijjar → Jahr

Ijon, viell. »Ruine«,
Stadt und Ebene nördl. der Jordanquellen (1 Kö 15, 20; 2 Kö 15,29). Sie wurde von Benhadad von Syrien und später von Thiglath-Pileser III. erobert. Da 1 Kö 15,20 die Ortschaften von N nach S angibt, muß man I. nördl. von Abel-Beth-Maacha in der Ebene Merdsch Ajjun suchen, die den Namen noch erhalten hat. Man vermutet I. im heutigen Tell ed-Dibbin am Weg von Sidon nach Damaskus, 14 km nördl. von Dan. Vgl. Taf. 97/1536; Karte Sp. 1067.

Ikabod, nach 1 Sam 4,21 aus »nicht« und »Ehre« = »Unehre« zu erklären.
Sohn des Pinchas und Enkel Elis. Ehe er geboren wurde, erhielt seine Mutter die Nachricht vom Tode ihres Mannes und Schwiegervaters und vom Verlust der Bundeslade an die Philister. Darum gab sie sterbend ihrem Kind diesen Namen (1 Sam 4,19–22; 14,3).

Ikkes »Verdreht, falsch«,
Thekoiter, Vater Iras, eines der Helden Davids (2 Sam 23,26; 1 Chron 11,28).

Ikonion. Hauptstadt der kleinasiatischen Landschaft Lykaonien, die Paulus auf seiner ersten und zweiten Missionsreise besuchte (Apg 13,51; 14,1–6. 21; 16,2). Nachdem Kaiser Klaudius dort röm. Veteranen angesiedelt hatte, hieß der Ort auch Claudikonium. Die Einwohner waren hellenisierte Galater, röm. Beamte und Veteranen, und Juden. I., das heutige Konja, in einer fruchtbaren Senke der sonst trockenen lykaonischen Hochebene gelegen, war schon damals ein wichtiger Handelsplatz mit bedeutender Wollweberei. Vgl. Karte Sp. 86.

Ilai, Ahohiter, Held Davids (1 Chron 11,29); in 2 Sam 23,28 Zalmon genannt.

Illyrien, Landschaft im Nordwesten der Balkanhalbinsel. Sie umfaßte die röm. Provinzen Pannonien und → Dalmatien und wurde im N von der Donau, im S von Mazedonien begrenzt, das man vielleicht teilweise noch zu I. rechnete. Bis hierher hat Paulus auf der 3. Missionsreise von Mazedonien aus das Evangelium verkündigt (Röm 15,19). Vgl. Karte Sp. 1151/2.

Immanuel → Namen Jesu Christi

Immer »Lamm«.
1) Leiter der 16. Priesterabteilung z. Zt. Davids (1 Chron 24,14).
2) Stammvater eines Priestergeschlechts (1 Chron 9, 12; Neh 11,13; vielleicht auch 3,29; Jer 20,1). Seine Nachkommen kehrten mit Serubabel aus dem Exil zurück (Es 2,37; Neh 11,13); zwei von ihnen hatten heidnische Frauen genommen (Es 10,18.20).
3) Stadt in Babylonien, aus der verbannte Juden heimkehrten (Es 2,59; Neh 7,61). Ihre Lage ist unbekannt.

Imri, Kurzform »Der Herr hat gesprochen«.
1) Vorfahr des Judäers Uthai (1 Chron 9,4).
2) Vater Sakkurs (Neh 3,2).

Indien. In der HS das Gebiet am Unterlauf des Indus, das von Darius I. erobert und dem pers. Reich

Tafel 41
a. Hausbau im heutigen Palästina.
b. Schafhirten mit ihren Herden.

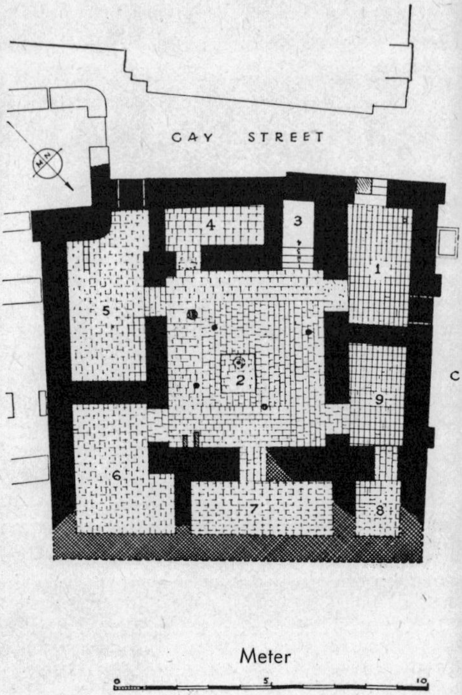
GAY STREET
1
2
3
4
5
6
7
8
9
Meter
0
5
10

einverleibt wurde. Est 1,1; 8,9 wird es als Ostgrenze des Reiches unter Xerxes genannt.

Insekten sind im ganzen Vorderen Orient eine ständige Plage für Mensch und Tier. Äthiopien wird geradezu als »Land des Flügelgeschwirrs« (Jer 18,1 wörtl.; vgl. EÜ, ZÜ) bezeichnet, wohl im Hinblick auf seine Insektenschwärme. In Ägypten bilden die zahlreichen Teiche, die durch die Nilüberschwemmung entstehen, ideale Brutstätten für Stechmücken *(Culex)* und Malariamücken *(Anopheles)*. Diese I. kommen in Palästina vor allem in der Küstenebene, der Ebene Jesreel, um den See Genezareth u. den Hulemorast vor. Häufig sind dort auch die Kriebelmükken *(Simuliidae)*, die oft in großen Schwärmen auftreten.
Von den vielen Fliegenarten sind neben der Stubenfliege *(Musca)* bes. der Wadenstecher *(Stomoxys calcitrans)* und die Tsetse- oder Schlafkrankheitsfliegen *(Glossininae)* zu nennen, die gefährliche Krankheitsüberträger sind.
Obwohl all diese I. auch in Palästina stark verbreitet sind, werden sie in der HS nur selten erwähnt. Hebr. *kinnim* (LÜ Stechmücken, 2 Mo 8,12[16]) und griech. *kônôps* (LÜ Mücke, Mt 23,24) sind Sammelbegriffe für Mücken aller Art. *Kinnim*, ebenso hebr. *arob* (LÜ Ungeziefer, 2 Mo 8,17[21]; Ps 78,45; 105, 31) werden nur in Verbindung mit den ägypt. → Plagen erwähnt. Hebr. *zebub* (LÜ Fliege, Pred 10,1; Jes 7,18) ist eine Sammelbezeichnung für Fliegen.

Insel (hebr. *ij*, Plur. *ijjim)*.
Das hebr. Wort bedeutet urspr. »Küste«, sowohl die einer I. wie die des Festlandes (Jes 24,15; 40,15; 66, 19). Neben der I. Kaphthor (Kreta; Jer 47,4) werden daher auch die Küstenländer des Mittelmeers als I. bezeichnet.
Im NT werden als I. (griech. *naesos)* Zypern (Apg 13,4.6), Kreta (Apg 27,7.12; Tit 1,5), Klauda (Apg 27,16), Melite (Malta; Apg 28,1) und Patmos (Offb 1,9 genannt.

Ir »Eselhengst«,
Benjaminit, Nachkomme Belas (1 Chron 7,12). In V 7 wird er Iri genannt.

Ira viell. »Eselhengst«.
1) Jairiter, → Priester (III) Davids (2 Sam 20,26).
2) Thekoiter, Sohn des Ikkes, Held Davids (2 Sam 23,26; 1 Chron 11,28).
3) Jethriter, Held Davids (2 Sam 23,38; 1 Chron 11, 40).

Irad hängt mit arab. »singen, pfeifen (von einem Vogel)« zusammen.
Nachkomme Kains, Sohn Henochs (1 Mo 4,18).

Iram wohl »Eselhengst«,
edomitischer Fürst, Nachkomme Esaus (1 Mo 36,43; 1 Chron 1,54).

Irden = aus Erde bzw. Ton. Beim Reinigungs-, Eifer- und Sündopfer waren i. Gefäße vorgeschrieben, die z. T. nach Gebrauch zerbrochen werden mußten (3 Mo 14,5; 4 Mo 5,17; 3 Mo 6,21[28]). Nach Jer 32, 14 dienten i. Gefäße auch zur Aufbewahrung von Schriftstücken, um sie vor Witterungseinflüssen zu bewahren. Die → Handschriftenfunde vom Toten Meer haben diese Aufbewahrungsart bestätigt.
In übertragener Bedeutung steht »i. Gefäße« für »gewöhnliche, leicht zerstörbare Dinge« (Klgl 4,2; 2 Kor 4,7).

Tafel 42
Mauerreste, Grundriß und Rekonstruktion des Hauses Gay-Street Nr. 3 in Ur, der Heimat Abrahams (der Ausgräber Sir Leonard Woolley hat die Straßen mit Straßennamen der Londoner Altstadt bezeichnet). Die Räume sind um den Innenhof (2) herum angeordnet, die Treppe (3) führt zum oberen Stockwerk mit den Privaträumen der Familie. Außer dem Gästeraum mit getünchten Wänden (7) liegen im Erdgeschoß die Wirtschaftsräume, Küche (5) und Toilette (4). Im Vorraum (1) befindet sich neben der Tür ein Abfluß, dabei stand ein Wasserkrug zum Füßewaschen.

Irdisch, der Gegensatz zu himmlisch, bedeutet »von dieser Erde stammend, dieser Erde im Wesen zugehörig«. In ähnlicher Bedeutung werden die Gegensatzpaare: natürlich (→ fleischlich) – geistlich; verweslich – unverweslich; Adam – Christus (1 Kor 15,40ff) gebraucht.
Da alles I. unter dem Gesetz der Sünde steht (1 Kor 15,47f; Röm 5,12ff; 7,14.23), ist i. Gesinnung stets gegen Gott gerichtet (Phil 3,18f; Jak 3,15).

Ir-Heres, Stadt Ägyptens (Jes 19,18). Die Lesarten im hebr. Text lassen entweder auf das ägypt. Heliopolis (»Sonnenstadt«) = On oder eine unbekannte »Stadt der Zerstörung« schließen. Die LXX liest an dieser Stelle »Stadt der Gerechtigkeit«. Vgl. Karte Sp. 35.

Iri → Ir

Irrgeist ist wörtl. »ein Mann, der dem Winde nachgeht« (Mi 2,11), unbeständig, wankelmütig und ziellos, das Gegenteil des rechten Propheten. Eph 4, 14 wird ein entsprechendes Bild auf den geistlich unreifen Christen angewandt.

Irrsal = Irrtum, was von Gott weg in die Irre leitet (Jes 32,6).

Ir-Semes → Beth-Semes

Iru,
Sohn Kalebs, des Sohnes Jephunnes (1 Chron 4,15).

Isaak (hebr. *Jischakh*) »Er wird lachen«.
I) Gott gibt 1 Mo 17,19 dem Sohn, den er Abraham und Sara verheißen hat, noch vor seiner Geburt diesen Namen, weil Abraham bei der Verheißung gelacht hatte (V 17). Später wird noch von einem ungläubigen Lachen Saras berichtet, ohne daß hier der Name I. erwähnt wird (1 Mo 18,12–15). Als I. dann geboren ist, sagt Sara: »Gott hat mir ein Lachen bereitet; jeder, der es hört, wird meinetwegen lachen« (1 Mo 21,6). Der Name wird also mit dem Unglaublichen und Wunderbaren der Geburt I. in Verbindung gebracht: Abraham war 100 Jahre alt und Sara 90, als er geboren wurde (1 Mo 17,17; 21,5).
II) I. wurde wohl in der Gegend von Gerar oder von Beer-Seba geboren (vgl. 1 Mo 20,1; 21,14.31), nach der Chronologie der Erzväterzeit um 2065 bzw. 1890 v. Chr. (→ Zeitrechnung IV, 4). Am 8. Tag nach der Geburt beschnitt ihn Abraham (V 4). Der Tag, an dem I. entwöhnt wurde, wohl mit 2 oder 3 Jahren, wurde mit einem Festmahl gefeiert (V 8). Als Sara dabei sah, daß Ismael, der damals etwa 15 –16 Jahre alt war, spottete, was in diesem Zusammenhang zweifellos bedeutet, daß er I. verspottete (V 9), wußte sie Abraham – nachdem Gott ihm offenbart hatte, er solle auf sie hören – zu bewegen, Hagar und ihren Sohn fortzuschicken (V 11–14; vgl. Gal 4,21–31).
III) Wir wissen nicht, wie alt I. war, als Gott Abraham versuchte und von ihm forderte, seinen Sohn als Brandopfer darzubringen. Jedenfalls zeigt I. kindlichen Gehorsam und kindliches Vertrauen (1 Mo 22,1–19). Als I. 40 Jahre alt war, heiratete er Rebekka, die Abrahams Knecht als Frau für ihn aus Mesopotamien geholt hatte. Sie war die Tochter Bethuels, des Sohns von Nahor und Milka, und die

Schwester Labans (1 Mo 24; 25,20). Sara war damals schon tot (1 Mo 23; 24,67). Bei seiner ersten Begegnung mit Rebekka war I. gegen Abend aufs Feld hinausgegangen, um nachzusinnen oder zu beten (LÜ; V 63). I. macht den Eindruck eines stillen Mannes, weniger aktiv als Abraham oder Jakob. 20 Jahre lang blieb die Ehe kinderlos. Dann werden dem 60jährigen I. die Zwillinge Esau und Jakob geboren (1 Mo 25,25.26). Zu der Zeit lebte Abraham noch, 160jährig. Er starb mit 175 Jahren, und seine Söhne I. und Ismael begruben ihn in der Höhle Machpela (V 7–10).

IV) Nach seinem Tode segnete Gott I., der damals bei dem Brunnen Lahai-Roi wohnte (V 11). Später wird über I. Aufenthalt bei dem Philisterkönig Abimelech in Gerar berichtet, wo er – wie früher Abraham – seine Frau als seine Schwester ausgab. Abimelech entdeckte den Betrug, als er sah, wie I. Rebekka liebkoste (1 Mo 26,8). Diese Ereignisse werden noch vor die Geburt von Esau und Jakob fallen; denn wir hören im gleichen Zusammenhang (V 1-6) von einer Erscheinung des Herrn, der I. eine zahlreiche Nachkommenschaft verheißt. Danach wohl wird I. für seine Frau gebeten haben, und der Herr ließ Rebekka Mutter werden (1 Mo 25,21).
Schon in Gerar wurde I. außergewöhnlich gesegnet, so daß er sehr reich wurde (1 Mo 26,12–22). Bei dem folgenden Streit um die Brunnen ging er den Philistern zweimal aus dem Wege und zog über Rehoboth (»Freier Raum«) nach Beer-Seba. Dort empfing er eine Offenbarung Gottes, baute einen Altar und rief den Namen des Herrn an (V 23–25). In Beer-Seba kam Abimelech mit seinem Freund Ahussath (→ Freund des Königs) und seinem Heerführer Phichol zu I., und sie schlossen ein Bündnis miteinander (V 26–31). Am selben Tag brachten I. Knechte die Nachricht, daß sie einen neuen Brunnen gegraben hätten, den er Seba (= »sieben«) nannte. Daher heißt der Ort Beer-Seba (V 32.33).

V) Als Greis erblindete Isaak. Darum konnte er von Rebekka und Jakob getäuscht werden, so daß Jakob den Erstgeburtssegen erhielt, der dann auch gültig blieb (1 Mo 27). Damals muß I. 137 Jahre alt gewesen sein: vgl. 1 Mo 30,25; 29,20.27; dazu 41,46; 45, 6 mit 47,9. Daraus ergibt sich, daß Jakob bei der Geburt Josephs im 14. Jahr seines Aufenthalts bei Laban 91 Jahre alt war, bei seiner Flucht nach Mesopotamien also 77 und I. entsprechend 137 Jahre (vgl. 1 Mo 25,26). Bemerkenswert ist, daß er trotz dieses hohen Alters noch weitere 43 Jahre lebte. 13 Jahre nach Jakobs Rückkehr aus Mesopotamien starb I. 180jährig; seine Söhne Esau und Jakob begruben ihn gemeinsam (1 Mo 35,27–29). Vgl. auch Hebr 11,9.20. Vgl. → Erzvater.

Isai. Sohn Obeds u. Enkel von Boas u. Ruth (Rt 4, 18–22). I. hatte 8 Söhne, deren jüngster David war (1 Sam 16,1–13; 17,12.14). 1 Chron 2,13–15 werden nur 7 von ihnen genannt (vgl. → Eliab [4] und → Elihu [3]). Ihre Schwestern Zeruja und Abigail (V 16) waren nach 2 Sam 17,25 Töchter eines anderen Vaters. Während der Verfolgung Davids durch Saul kamen seine Eltern zu ihm in die Höhle Adullam. Von dort aus brachte er sie beim König von Moab in Sicherheit (1 Sam 22,1–4).
Im Munde Sauls (1 Sam 20,27.30.31; 22,7.8.13) und Nabals (1 Sam 25,10) erhält die Bezeichnung »der Sohn I.« für David einen verächtlichen Klang, woraus man wohl entnehmen kann, daß I. und seine Familie außerhalb Bethlehems nicht weiter bekannt oder angesehen waren (vgl. auch 2 Sam 20,1; 1 Kö 12,16). Zur Übersicht über I. Nachkommen → David.

Isaschar viell. »Mietling«.
1) Neunter Sohn Jakobs, sein fünfter von Lea (1 Mo 30,14–18; 35,23). Vier Söhne zogen mit I. nach Ägypten (1 Mo 46,13). Im Jakobssegen wird er gezeichnet als ein knochiger Esel, der zwischen den Hürden lagert. Als er sieht, daß die Ruhe schön und das Land lieblich ist, beugt er seine Schultern zum Tragen und wird ein dienender Knecht (1 Mo 49, 15; im Segen des Mose wird Isaschar mit Sebulon zusammen genannt 5 Mo 33,18.19). Das kennzeichnet I. Nachkommen als einen Stamm, der Lasten auf sich nimmt, lebhaften Handel treibt und die Ruhe und den im Handel erworbenen Reichtum liebt.
2) Der Stamm I. und sein Gebiet. Zwischen den beiden Volkszählungen steigt die Zahl seiner wehrfähigen Männer von 54400 auf 64300; er rückt vom 5. auf den 3. Platz unter den Stämmen vor (4 Mo 1, 29; 26,25). Zur Zeit Davids zählt er 87000 Männer (1 Chron 7,5). Während der Wüstenwanderung lagert I. mit Sebulon unter der Führung Judas östl. vom heiligen Zelt; sie brechen beim Abmarsch als erste auf (4 Mo 2,3–9).
Das I. zugeteilte Gebiet in Kanaan wird Jos 19,17–23 beschrieben. Im O bilden der See Genezareth und der Jordan die Grenze, im S und W das Land Manasse, im N Sebulon und Naphthali. Das Gebiet I. umfaßt einen großen Teil der Ebene Jesreel und den Berg Thabor. Von seinen Städten sind vor allem Jesreel und Sunem bekannt. Eine Reihe anderer Orte in I. gehörte zum Stamm Manasse (Jos 17,11). Weiter besaßen die Leviten, und zwar das Geschlecht Gersons, 4 Städte im Gebiet I. (Jos 21,6.28. 29). Vgl. Taf. 97/1536.
Im Kampf gegen Jabin und Sisera stand der Stamm Debora und Barak bei (Ri 5,15). Der Richter Thola (Ri 10,1f) kam aus I., ebenfalls später König Baesa von Israel (1 Kö 15,27). Männer aus I. machten mit den anderen Israeliten David in Hebron zum König (1 Chron 12,32), und nach dem Untergang des Nordreiches beteiligten sie sich an der Passahfeier Hiskias (2 Chron 30,18).
In der Weissagung Hesekiels erhält I. seinen Anteil am verheißenen Land zwischen Simeon und Sebulon zugewiesen (Hes 48,25.26). Unter den 144000 Versiegelten aus den 12 Stämmen werden auch 12000 aus I. aufgeführt (Offb 7,7).
3) Der siebente Sohn Obed-Edoms, ein levitischer Torhüter z. Zt. Davids (1 Chron 26,5).

Is-Boseth »Mann der Schande«.
Der einzige von Sauls Söhnen, der nach dem Tode seines Vaters und seiner drei Brüder in der Philisterschlacht noch lebte. Er hieß urspr. Esbaal, »Mann des Herrn (oder Baals)« (1 Chron 8,33; 9,39). Wir wissen nicht, wann die Namensänderung stattgefunden hat; neben einem Mißverständnis des urspr. Namens zu einer Zeit, in der Baal nur noch die heidnische Gottheit bezeichnete, mag auch das unrühmliche Ende seiner Herrschaft dabei mitgespielt haben. Während nach dem Sieg der Philister David in Hebron, wohl mit ihrem Einverständnis, zur Macht gelangte, setzte Abner, Sauls Vetter und Heerführer, I. in Mahanaim außerhalb ihres Machtbereichs zum König ein (2 Sam 2,8–10). Zunächst gehörte wohl nur das Gebiet östl. vom Jordan zu seiner Herrschaft, bis Abner auch die Stämme im Westjordanland nach und nach hinzufügte, was die Philister anscheinend stillschweigend geduldet haben. Vielleicht bewahrt V 9 noch ungefähr den Gang der Entwicklung, die sich über Jahre erstreckte; von ihrem Abschluß an werden die beiden Jahre Herr-

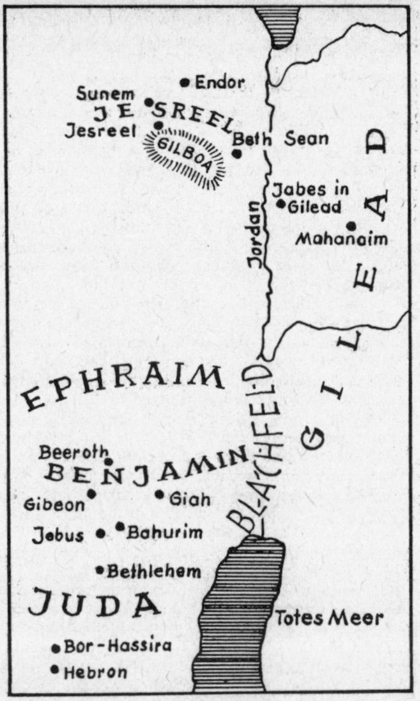

Orte zur Geschichte Judas und Israels vom Tode Sauls bis zum Tode Is-Boseths (1 Sam 28 – 2 Sam 4)

schaftszeit des I. in Mahanaim rechnen, die $7^1/_2$ Jahren Davids in Hebron gegenüberstehen (V 11). Dabei war es I. nicht möglich, neben seinem Onkel selbständige Bedeutung zu erlangen. Sein Protest gegen das Verhältnis Abners mit Sauls Nebenfrau Rizpa erreichte nur, daß Abner verärgert die Partei wechselte (2 Sam 3,7–12). Davids Antwort verdeutlicht, wie machtlos das Nordreich schon geworden war. Die Bedingung, die er Abner vor Aufnahme der Unterhandlungen stellte, nämlich die Rückgabe seiner Frau Michal, richtete er zugleich als offene Forderung an I., der ihr widerstandslos gehorcht (V 13–16). Unmittelbar darauf fällt Abner der Rache Joabs zum Opfer (V 27). Es ist nicht ausgeschlossen, daß die Straflosigkeit des Mörders zwei benjaminitische Streifscharführer dazu ermutigt hat, I. in seinem Hause zu überfallen und zu töten. Sie bringen seinen Kopf nach Hebron zu David, der die beiden hinrichten und das Haupt I. in Abners Grab beisetzen läßt (1 Sam 4).

Ischariot → Judas (2)

Isebel, volksetymologisch als Zusammensetzung aus »nicht« und einem Wort, das mit hebr. »ertragen« zusammenhängt, zu erklären; vgl. Ikabod.
1) Die Tochter Ethbaals, des Königs von Sidon, der nach Josephus ein früherer Priester der → Asthoreth war. Sie heiratete König Ahab von Israel. I. war eine Frau von großer Tatkraft und übte durch ihre Feindschaft gegen den Herrn und ihre Grausamkeit unheilvollen Einfluß auf ihren Mann und das Volk aus. Sie förderte den Baalsdienst in Israel, und Ahab errichtete auf ihr Betreiben dem Baal einen Tempel in Samaria (1 Kö 16,31.32). Die Propheten des Herrn trachtete sie auszurotten (1 Kö 18,4.13), während sie für den Unterhalt von 450 Baalspropheten und 400 Propheten der Aschera in Israel sorgte (V 19). Als Ahab I. berichtete, daß Elia die heidnischen Propheten auf dem Karmel getötet hatte, sandte sie einen Boten zu Elia und ließ ihm sagen: Die Götter mögen mir dies und das antun, wenn ich nicht morgen um diese Zeit dein Leben dem Leben eines von ihnen gleich mache! (1 Kö 19,1.2). Diese Drohung trieb Elia zur Flucht. Als Ahab später den Weinberg Naboths, den er haben wollte, nicht bekommen konnte, wußte I. Naboth durch eine teuflische List aus dem Wege zu räumen und den König in den Besitz des Grundstücks zu setzen. Darauf kündigt der Herr durch Elia das Gericht über Ahab und sein Haus an und sagt von I.: »Die Hunde werden I. fressen an der Mauer Jesreels« (1 Kö 21,1–24). Dann folgt die Bemerkung (V 25): »Niemand hat sich je so völlig verkauft, zu tun, was in den Augen des Herrn böse ist, wie Ahab, den seine Frau I. dazu angetrieben hat.«
Als Jehu durch einen von Elisa gesandten Prophetenjünger den Auftrag erhält, das Haus Ahabs zu vernichten, wird das als Rache bezeichnet für das Blut der Propheten und aller Knechte des Herrn, das I. vergossen hat (2 Kö 9,7). Die Szene in Jesreel, in der I. Tod geschildert wird, ist von grausiger Eindringlichkeit. Es erfüllte sich, was der Herr durch Elia gesprochen hatte: »Auf dem Acker Jesreels sollen die Hunde I. Fleisch fressen, und I. Leichnam soll auf dem Acker Jesreels sein wie Mist auf dem Felde, so daß man nicht sagen kann: Das ist I.« (V 30–37). Bei ihrem Tod mag I. etwa 60 Jahre alt gewesen sein.
2) Eine andere I. wird Offb 2,20 genannt. Manche sehen in ihr die Frau des Engels oder Vorstehers der Gemeinde in Thyatira. Allgemein nimmt man an, daß es sich um eine gottlose Frau handelt, die mit dem Namen der Königin Ahabs bezeichnet wird, um ihr Wesen deutlich zu machen. Sie gab sich als Prophetin aus, verleitete aber zur Hurerei und zum Essen von Götzenopfern.

Is-Hail. Kein eigentlicher Personenname. Die Worte bedeuten vielmehr »ein tapferer Mann«, also: »Und Benaja, der Sohn Jojadas, ein tapferer Mann« (2 Sam 23,20).

Ishod »Mann voll Lebenskraft«,
Manassit, Sohn der Molecheth (1 Chron 7,18).

Ismael »Gott wird hören«.
1) Sohn Abrahams und Hagars, der ägypt. Sklavin, die Sarai ihrem Mann zur Nebenfrau gegeben hatte. Als der Engel des Herrn der geflohenen Hagar (1 Mo 16,6) zurückzukehren befiehlt, sagt er ihr vorher, daß sie einen Sohn haben wird, den sie I. nennen soll, denn der Herr hat ihr Elend gehört. I. wird ein Mensch wie ein Wildesel sein (MÜ, ZÜ), seine Hand gegen alle und aller Hand gegen ihn; und allen seinen Brüdern wird er vor dem Gesicht (d. h. zugleich: östl. von ihnen) wohnen (V 11.12). Hagar kehrte zurück und gebar einen Sohn, den Abraham, der jetzt 86 Jahre alt war, I. nannte (V 15.16). Mit 13 Jahren wurde er beschnitten (1 Mo 17,25). Als der dann geborene → Isaak entwöhnt wurde, spottete I. über ihn. Dieser Spott führte zu Hagars und I. Vertreibung, die Sara gefordert und der der Herr zugestimmt hatte (1 Mo 21,8–19). In der Wüste von Beer-Seba verirrt, erwartete Hagar den Tod ihres Sohnes; aber der Engel Gottes wies sie zu einem Brunnen. Als I. aufgewachsen war, wohnte er in der Wüste Pharan und wurde ein Bogenschütze. Seine Mutter nahm ihm eine Frau aus

ihrer Heimat Ägypten (V 20,21). I. und Isaak begruben gemeinsam ihren Vater Abraham (1 Mo 25,9). Die Söhne I. werden V 12–18 aufgezählt; außerdem hatte er ein Tochter, die Esau heiratete (1 Mo 28,9; 36,3). I. starb im Alter von 137 Jahren (1 Mo 25,17). Vgl. auch → Araber.
2) Sohn Azels und Nachkomme Jonathans (1 Chron 8,38; 9,44).
3) Vater des Judäers Sebadja, der z. Zt. Josaphats oberster zivilrechtlicher Richter war (2 Chron 19,11).
4) Sohn Johanans, am Sturz Athaljas beteiligt (2 Chron 23,1).
5) Sohn Nethanjas, des Sohnes Elisamas, ein Mann aus der judäischen Königsfamilie. Er ermordete → Gedalja, den Nebukadnezar nach der Einnahme Jerusalems zum Statthalter eingesetzt hatte (2 Kö 25, 22–26; Jer 40, 7–41,18). Zu diesem Mord hatte ihn der Ammoniterkönig Baalis angestiftet (Jer 40,14). Gleichzeitig erschlug I. die Juden, die bei Gedalja in Mizpa waren, und die dortige chaldäische Truppe (Jer 41,3). Am folgenden Tag kamen 80 Männer aus Sichem, Silo und Samaria vorbei, die auf dem Weg nach Jerusalem waren; von ihnen ließ er nur 10 am Leben (V 4–9). Danach zog er mit dem Rest des in Mizpa übriggebliebenen Volkes ab, um zu den Ammonitern auszuweichen. Aber Johanan, der Sohn Kareahs, und die Hauptleute, die ihn begleiteten, verfolgten ihn mit ihren Leuten, holten ihn am Teich bei Gibeon ein und befreiten das weggeführte Volk. I. aber entkam mit acht Männern und brachte sich bei den Ammonitern in Sicherheit (V 10–15).
6) Ein Priester aus dem Geschlecht Pashur, der eine heidnische Frau genommen hatte (Es 10,22).

Ismaeliter → Ismael (1), → Arabien, Araber

Ismeel wohl »Gott möge (sicher, fest) hinstellen«, Fürst aus dem Stamm Simeon (1 Chron 4,36).

Isop. Der eigentliche I. *(Hyssopus officinalis)* kommt in Palästina nicht vor, daher vermutet man im biblischen I. eine Majoranart, das *Origanum Maru.* Es gehört zur Familie der Lippenblütler *(Labiatae)* und gedeiht überall in Ägypten und Palästina, auch als Mauergewächs (1 Kö 5,13[4,33]). Seine krautigen Stengel werden etwa 1 m lang und sind oben büschelig verzweigt, so daß ein Schwamm dazwischen befestigt werden könnte (Joh 19,29). Diese Verzweigung mit den vielen kleinen Blättchen macht den I. als Sprengwedel (3 Mo 14,4–7; 4 Mo 19,18) und Streichquaste für das Blut des Passahlammes (2 Mo 12,22) verwendbar.
Man setzt den biblischen I. aber auch mit der Mohrenhirse oder Durra *(Sorghum vulgare)* gleich, die fast doppelt so hoch wird wie *Origanum Maru* und auch sonst zu den biblischen Angaben paßt.

Israel. I) Im Hebr. lautet der Name Jisrael. In 1 Mo 32,29[28] (vgl. Hos 12,4) wird er etwa als »Gotteskampf« gedeutet. Sprachlich ist er viell. zu übersetzen »Gott wird kämpfen, streiten« oder »Gott kämpft«. Der Herr gab diesen Namen dem Erzvater Jakob nach seinem Kampf mit dem Engel in Pniel (1 Mo 32,25[24]ff). Jakobs Söhne werden schon bald die Söhne I. genannt (1 Mo 46,8; 2 Mo 1,1). In den Mosebüchern und später bis zur Reichsteilung bezeichnen die Ausdrücke »Kinder I.« (5 Mo 4,44) »Haus I.« (2 Mo 16,31) oder einfach »I.« (2 Mo 9,7) das ganze von Jakob abstammende Volk. Auch später werden sie gelegentlich noch in diesem Sinne verwendet.
II) Nach der Teilung des Reiches unter Rehabeam und Jerobeam I. ist mit Israel im allg. das Nordreich im Gegensatz zu Juda gemeint. An einer Reihe von Stellen, bes. in den Propheten, muß man dagegen genau zusehen, welchen Sinn »I.« hier hat. Denn auch nach der Trennung kann es sich auf alle 12 Stämme beziehen, anderseits aber bereits vorher den Gegensatz zu Juda ausdrücken, z. B. 2 Sam 2,9. Nach dem Fall Samarias und der Wegführung der 10 Stämme wird der Name I. auf Juda angewendet (Jes 41,14; Jer 10,1); später denkt man dabei an die Rückkehrer aus der babyl. Gefangenschaft (Es 9,1; 10,5; Neh 9,1.2; 11,3). In diesem Sinn wird »I.« dann allmählich durch → »Juden« ersetzt (vgl. das NT), so daß das Wort »I.« nun zur Unterscheidung der geistlichen Nachkommen Abrahams vom natürlichen Volk der Juden gebraucht werden kann (Röm 9,6).
III) I. hatte die Bestimmung, den Völkern den verheißenen Messias, Christus, zu schenken. Darauf wird schon bei der Berufung Abrahams Bezug genommen (1 Mo 12,3). Am Sinai erneuert Gott den Bund, den er mit den Vätern geschlossen hatte. Dabei ist 2 Mo 19,5.6 von großer Wichtigkeit. Gott selber war Israels König. Er gab ihm sein Gesetz, ordnete den Gottesdienst, sprach durch den Mund der Propheten und sandte in der Fülle der Zeit seinen eigenen Sohn, der nach dem Leibe Israelit war. Daß I. als Nation und religiöse Gemeinschaft Christus verworfen, ihn als Volksfeind und Gotteslästerer behandelt hat, ist ihm in einer Weise zum Gericht geworden, die bis in die Gegenwart fortwirkt und weiter andauert.
IV) Was den Bereich von Gotteserkenntnis und Glauben angeht, hat kein Volk größere Bedeutung gewonnen als dies Volk der bes. Offenbarung Gottes. Dabei hat es seine semitische Eigenart keineswegs verleugnet. In Kultur und Kunst wurde es von anderen Völkern übertroffen. Die Phönizier waren größere Baumeister, die Römer bessere Organisatoren, die Griechen haben in ihrer gesamten Kultur höhere Leistungen hervorgebracht. Die Sendung I. liegt darin, daß es in einer ihm eigentümlichen Art das Volk des göttlichen Wortes gewesen ist.
V) Zu den Einzelheiten der Geschichte I. vgl. die Art. über die einzelnen Könige, Propheten usw., → Krieg und die → Zeittafel. Hier seien nur noch einmal die Hauptabschnitte seiner Geschichte kurz zusammengefaßt:
1) Die Zeit von der Entstehung des Volkes I. bis zum → Auszug aus Ägypten. Sie umfaßt die Sklaverei durch die Pharaonen, die Berufung Moses, die Plagen und den Zug durch das Schilfmeer.
2) Vom ägypt. Auszug bis zur Eroberung Kanaans. Hierunter fallen der Bundesschluß am Sinai, die 40 Jahre → Wüstenwanderung, die Einnahme des Ostjordanlandes unter Mose und des Westjordanlandes unter Josua sowie die Landverteilung an die 12 Stämme.
3) Die → Richterzeit von Othniel bis Samuel. Die Stämme haben nur losen Zusammenhalt; sie verfallen häufig dem Götzendienst. Dazu werden sie von den Kanaanitern verleitet, die sie trotz des Befehls des Herrn nicht völlig vertrieben hatten. Vom Gericht fremder Oberherrschaft befreit Gott immer wieder durch die Richter.
4) Das ungeteilte Königreich unter Saul, David und Salomo. Das Verlangen nach einem König bedeutete zwar die Verwerfung Gottes als höchsten Herrschers; doch sollte Samuel dem Begehren des Volkes nachgeben. Saul wurde seiner Verantwortung vor dem Herrn nicht gerecht; David aber war ein Mann nach Gottes Herzen und empfing die Verheißung, aus seinen Nachkommen solle der Messias geboren werden.
Unter David und Salomo erlebte I. seine äußere Blü-

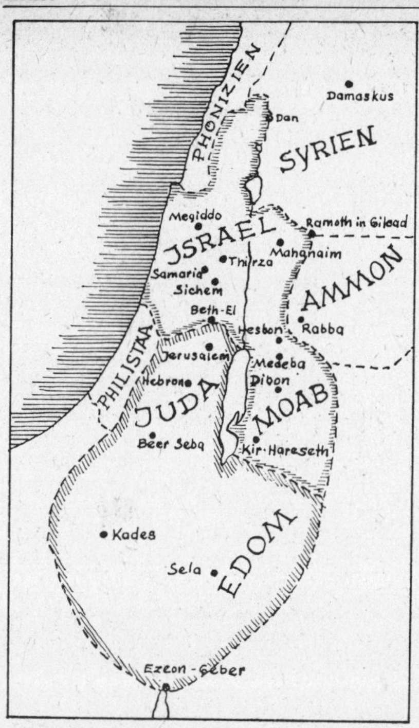

Die geteilten Königreiche Juda und Israel im 9. Jh. v. Chr.

tezeit; im Gegensatz zwischen Juda und Ephraim zeigte sich aber bereits der Keim des kommenden Niedergangs. Die Wahl Jerusalems als politischer und geistlicher Hauptstadt wurde von größter Bedeutung bis in ferne Zukunft.

5) Die beiden Reiche I. und Juda nach der Reichsteilung. Das größere Nordreich der 10 Stämme erwies sich auf die Dauer als das schwächere; denn es hatte die Verbindung zum Tempeldienst verloren. Als Ersatz dafür begann Jerobeam die Verehrung der Stierbilder in Beth-El und Dan. Mehrere Königsgeschlechter lösten einander ab, vielfach im Aufruhr und durch Ermordung der Vorgänger. Der Götzendienst herrschte vor allem seit Ahab. Die wechselnde Hoffnung auf Assyrien, Ägypten oder Damaskus führte zu schweren politischen Fehlern. Der größte Glanz unter Jerobeam II. lag auffällig kurz vor dem Untergang, der Fortführung nach Assyrien (723/2 v. Chr.). 2 Kö 17,7–23 faßt alle Gründe dieses Abstiegs zusammen. Dagegen besaß Juda den Vorteil des geistlichen Mittelpunkts im Jerusalemer Tempel und in der Beständigkeit des Davidischen Königshauses, in dem neben gottlosen auch gottesfürchtige Herrscher regierten. Juda wurde um Davids willen verschont, d. h. der ihm und seinem Geschlecht gegebenen Verheißung wegen. Aber auf die Dauer konnte das Gericht nicht ausbleiben, bes. als nach dem Untergang des Nordreiches die Gottlosigkeit immer stärker zunahm. Juda war an der Vernichtung Israels auch nicht ganz unbeteiligt (vgl. → Asa, → Ahas). In beiden Reichen hatten die Propheten vergeblich zur Umkehr gerufen.

6) Das Reich Juda 723/2–586 v. Chr. Auch Könige wie Hiskia und Josia konnten mit ihren Reformen den religiös-sittlichen Niedergang, der dem politischen voraufging, nicht aufhalten. Namen wie Manasse, Amon, Jojakim und Zedekia sprechen für sich. Bes. Manasses Götzendienst führte die Katastrophe herauf, die in der Zerstörung Jerusalems, der Stadt und des Tempels, durch Nebukadnezar endete. Die Propheten des Herrn hatten mit ihrer Gerichtsdrohung den falschen Propheten gegenüber recht behalten.

7) Die babyl. Gefangenschaft, aus der nur ein Teil des Volkes nach Judäa und Jerusalem zurückkehrte.

8) Die Zeit von der Rückkehr aus der Verbannung bis zur Zerstörung Jerusalems durch die Römer (538 v. Chr.–70 n. Chr.). Die Perserherrschaft zu Beginn wurde durch die Alexanders d. Gr. abgelöst. Nach seinem Tode war Palästina ein Spielball zwischen den syr. Seleukiden und den ägypt. Ptolemäern. Im jüd. Aufstand gegen den Syrer Antiochus IV. Epiphanes entsteht das Reich der → Makkabäer und Hasmonäer, dessen Selbständigkeit Pompejus 63 v. Chr. beendet. Damit beginnt die röm. Herrschaft. In dieser Zeit tritt Jesus auf. Das Volk jedoch, das sich im Exil zwar vom Götzendienst gereinigt hatte, dafür aber einer starren Gesetzesfrömmigkeit verfallen war, lehnte ihn als den Christus Gottes ab. Zwei Aufstände gegen die Römerherrschaft führten dann zur völligen Vernichtung der jüd. Eigenstaatlichkeit. Vgl. → Juden.

VI) Für viele Theologen ist mit der Verwerfung Christi durch I. und der Vernichtung des jüd. Staats 70 n. Chr. das Kapitel I. ein für allemal abgeschlossen. Was ist von der Bibel her dazu zu sagen? Diese Frage ist auch im Blick auf das Wiedererstehen eines isrl. Staates in der Gegenwart wichtig.

Eine grundlegende, sehr beachtliche Stelle ist zunächst Lk 21,24: Die Nationen empfangen Vollmacht, Jerusalem zu zertreten, bis die ihnen gesetzten Zeiten erfüllt sind. Hier ist also deutlich bezeugt, daß das gegenwärtig noch währende Zeitalter der Unterdrückung I. ein Ende findet. Ganz in demselben Sinn schreibt Paulus. In Röm 11 spricht er von der unwandelbaren → Erwählung I.: »Gottes Gaben und Berufung können ihn nicht gereuen« (Röm 11,29). I. hat noch eine zukünftige Bestimmung. Zur Demütigung der Christen aus den Heiden verrät Paulus ein Geheimnis: »Verhärtung ist I. zum Teil widerfahren, so lange, bis die Fülle der Heiden eingegangen sei und so ganz I. gerettet werde« (Röm 11,25f). I. zukünftiger Weg in der Völkerwelt hängt mit seiner Bekehrung zu Christus als Volksganzes zusammen. Vgl. dazu auch → Reich.

Is-Tob »Mann aus Tob«,
Fürst des Landes Tob östl. des Jordan (2 Sam 10,6). EÜ und ZÜ übersetzen »Männer von Tob.«

Iswi etwa »Mit verletzter Hand«,
Sohn Sauls (1 Sam 14,49). Er starb wohl jung, da sein Name weder 1 Sam 31,2 noch 1 Chron 8,33; 9, 39 genannt wird.

Italien. I) Der Name I. bezeichnete anfangs (im 5. Jh. v. Chr.) nur den südlichsten Teil der Apenninenhalbinsel (Bruttium, heute Kalabrien) und kommt erst seit dem 2. Jh. v. Chr. im heutigen Sinn vor. Vgl. Karte Sp. 1151/2.

II) Im röm. Heer hatte man die Soldaten, die das röm. Bürgerrecht besaßen oder wenigstens in I. geboren waren, in eigenen Abteilungen vereinigt. Sie waren als Landeskinder, die sich freiwillig zum Kriegsdienst gemeldet hatten, bes. zuverlässig. Z. Zt. des Paulus lag in Cäsarea eine Garnison von 3000 Mann aus 500 Reitern und 5 Kohorten Infanterie.

Eine dieser Kohorten bestand aus röm. Bürgern, die sog. italische → Schar (Apg 10,1). Der Name bedeutet jedoch nicht, daß damals noch alle Soldaten der Abteilung aus Italien stammten. Solche Namen wurden auch beibehalten, wenn sich die Zusammensetzung der Truppe später änderte.

III) Aquila und Priska hatten I. verlassen, als Klaudius alle Juden aus Rom ausgewiesen hatte (Apg 18, 2), kehrten aber später wieder dorthin zurück (Röm 16,3–5). Paulus wurde auf Grund seiner Berufung an den Kaiser nach I. gesandt (Apg 27,1) und fuhr von Myra aus mit einem alexandrinischen Getreideschiff, das nach I. bestimmt war (V 6). Sein Reiseweg vom Hafen Puteoli bis Rom wird Apg 28,13–16 beschrieben.

Wenn Hebr 13,24 gesagt wird: es grüßen euch die Brüder aus I., so sind wohl Christen italischer Herkunft gemeint, die dem Briefschreiber bekannt waren, sich zu dieser Zeit aber nicht in I. aufgehalten haben müssen.

Ithamar.
Jüngster Sohn Aarons (2 Mo 6,23; 1 Chron 24,1). Er wurde mit Aaron, Nadab, Elihu und Eleasar als Priester eingesetzt und geweiht (2 Mo 28,1; 3 Mo 8,13). Unter seiner Leitung berechneten die Leviten, wieviel Gold, Silber und Bronze zur Herstellung des heiligen Zeltes verwendet wurde (2 Mo 38, 21). Dann hatte er die Aufsicht über den Dienst der Gersoniter und Merariter, denen die Sorge für das heilige Zelt und seine einzelnen Teile übertragen war (4 Mo 4,21–33). Zu seinen Nachkommen vgl. 1 Chron 24,3–6. Ein Priester seines Geschlechts wird noch nach der babyl. Gefangenschaft genannt (Es 8, 2). Das Amt des Hohenpriesters befand sich seit → Eli aus unbekannten Gründen für einige Zeit in den Händen der Nachkommen I. Durch die Absetzung → Abjathars jedoch kehrte es mit Zadok wieder an das Geschlecht Eleasars zurück.

Ithiel viell. »Gott ist mit mir«,
Benjaminit, Vorfahr Sallus (Neh 11,7).

Ithnan, hängt viell. mit arab. »unablässig fließen« zusammen.
Stadt im Negev (Jos 15,23) in der Gegend von Kedes (3), Hazor (3) und Siph (2). Viell. das heutige el-Dschebarije in unmittelbarer Nähe des Wadi Umm Etnan, rund 30 km nordöstl. von Kades-Barnea. Vgl. auch → Hazor (3). Vgl. Karte Sp. 1304.

Itthai viell. Kurzform »Gott (oder der Herr) ist mit mir«.
1) Sohn Ribais aus Gibea in Benjamin, ein Held Davids (2 Sam 23,29). In 1 Chron 11,31 Ithai genannt.
2) Gathiter, der mit 600 Philistern im Dienst Davids stand und beim Aufstand Absaloms zum König hielt (2 Sam 15,18–22; 18,2.5).

Ituräa. Der Name I. wird mit Jetur, dem Sohn Ismaels (1 Mo 25,15), in Verbindung gebracht. 1 Chron 5,19 sind mit Jetur dessen Nachkommen gemeint, nach denen dann die Landschaft in griech. Zeit ihren Namen erhielt (Lk 3,1). Strabo beschreibt die Ituräer als wilde Räuberstämme im Antilibanon. Die Hauptstadt ihres Gebietes war Chalkis in der Bekaa. Vor der Zeit Herodes d. Gr. bildeten sie das Reich der Ituräer (nördl. von Palästina), das auch die Landschaften Trachonitis, Batanäa und Auranitis umfaßte, die später zur Herrschaft des Vierfürsten → Philippus gehörten. Augustus hatte sie 24 v. Chr. dem von Rom unterworfenen Ituräerkönig, der sein Mißfallen erregt hatte, fortgenommen und Herodes geschenkt. Als dessen Reich geteilt wurde, fielen sie Philippus zu. Darauf nimmt Lukas Bezug, wenn er sagt, daß Philippus in I., »und zwar« (wie wir hier übersetzen müssen) in der Landschaft Trachonitis, Vierfürst war, d. h. in den früher vom eigentlichen I. abgetrennten Landesteilen. Der Evangelist zeigt damit, daß er über die geschichtlichen Verhältnisse gut unterrichtet ist.

Iwa, Iwwa → Avva

J

Jaakan.
Sohn Ezers und Enkel Seirs (1 Chron 1,42; vgl. → Akan). Nach seinen Nachkommen heißt der Ort auf der Sinaihalbinsel, den die Israeliten auf dem Wüstenzug zweimal berührten, → Bne-Jaakan (4 Mo 33,31.32; 5 Mo 10,6).

Jaala »Steinbockweibchen«.
einer der Knechte Salomos; seine Nachkommen kehrten mit Serubabel aus Babylon heim (Es 2,56; Neh 7,58).

Jaasanja »Der Herr möge das Ohr neigen«.
1) Sohn Jeremias (5), Führer der Rechabiter (Jer 35,3).
2) Sohn des Maachathiters Josaja (2 Kö 25,23). Er heißt Jer 40,8; 42,1 Jesanja und ist wohl mit dem Jer 43,2 genannten Asarja, dem Sohn Josajas, gleichzusetzen. In Mizpa (Tell en-Nasbeh) wurde ein Siegel mit dem Namen J. gefunden, das wir wohl diesem Offizier Zedekias zuschreiben dürfen (→ Hahn).
3) Sohn Saphans, einer der Ältesten Judas, die im Tempel Götzendienst trieben (Hes 8,11).
4) Sohn Assurs, Fürst Judas, den Hesekiel im Gesicht am Osttor des Tempels erblickt (Hes 11,1).

Jabal »Wassergraben« oder »Platzregen«; Köhler verweist auf Obil.
Sohn Lamechs, Bruder Jubals (1 Mo 4,20); seine Nachkommen waren Nomaden.

Jabbok, linker Nebenfluß des Jordan, die Araber nennen ihn nach der Farbe des Wassers Nahr ez-Zerka, den »blauen Fluß«. Im Oberlauf fließt der J. von S nach N und bildete dort die Westgrenze der → Ammoniter gegen das → Amoriter-Reich Sihons (5 Mo 2,37; Jos 12,2; Ri 11,13.22) und später den Stamm Gad. Hier am Oberlauf lag auch Rabba, die Hauptstadt der Ammoniter (Vgl. Karte Sp. 5). Im Unterlauf fließt der J. in ost-westl. Richtung durch → Gilead. Hier überschritt ihn Jakob bei seiner Rückkehr aus Mesopotamien (1 Mo 32,23[22]f).

Jabes viell. »Vertrocknet, dürr«,
Ort in Gilead. Die Israeliten raubten die jungen Mädchen von J. als Frauen für die Benjaminiten (Ri 21,6–14). Als die Stadt später von den Ammonitern belagert wurde, eilte Saul ihr zu Hilfe und entsetzte sie (1 Sam 11,1–11). Dafür holten die Einwohner der Stadt die Leichen Sauls und seiner Söhne von der Mauer von Beth-Sean und bestatteten sie (1 Sam 31,12f). Nach Nelson Glueck ist J. in dem Doppelhügel Tell el Meqbereh und Tell Abu Kharaz zu suchen (14 km südöstl. von Beth-Sean) am Wadi el Jabis, der viell. den alten Namen bewahrt hat. Vgl. Karte Sp. 722.

Jabez, Ort in Juda (1 Chron 2,55), seine Lage ist unbekannt.

Jabin viell. »Er (Gott) möge Einsicht haben«.
1) Kanaaniter, König von Hazor, der im Bündnis mit anderen Königen am Wasser Merom gegen Josua kämpfte und geschlagen wurde. Hazor wurde verbrannt und J. erschlagen (Jos 11,1–5).
2) Späterer Kanaaniterkönig in Hazor, der Israel hart unterdrückte; wohl ein Nachkomme des vorigen. Sein Feldherr Sisera wurde durch Debora und Barak besiegt und von Jael getötet. Danach unterlag J. selbst den Israeliten (Ri 4; 5; Ps 83,10).

Jabne → Jabneel

Jabneel viell. »Bau Gottes«.
1) Ort in Nordjuda (Jos 15,11), auch Jabne (2 Chron 26,6) und in hellenistischer Zeit Jamnia genannt. Usia eroberte die Stadt, die in den Besitz der Philister gelangt war, zurück. Nach dem Onomastikon lag es zwischen Diospolis (= Lydda) und Asdod. Heute heißt der Ort Jebna (neuhebr. Yavne) und ist ein größeres Dorf, etwa 20 km südl. von Jaffa.
2) Ort an der Grenze Naphthalis (Jos 19,33), wahrscheinlich Kafr Jemma (neuhebr. Yavneel), ein Ruinenhügel 11 km südsüdwestl. von Tiberias, der Kulturreste aus der Eisenzeit aufweist und später in röm.-byzantinischer und arab. Zeit bewohnt war. Vgl. Taf. 97/1536 für beide Orte.

Jachin »Er (Gott) möge festmachen, Festigkeit verleihen, sicher hinstellen«.
1) Sohn Simeons (1 Mo 46,10; 2 Mo 6,15); seine Nachkommen bilden das Geschlecht der Jachiniter (4 Mo 26,12). 1 Chron 4,24 heißt er Jarib; vielleicht handelt es sich dabei um eine Verschreibung.
2) Leiter der 21. Priesterabteilung z. Zt. Davids (1 Chron 24,17).
3) Priester, der nach der Rückkehr aus der Verbannung in Jerusalem wohnte (1 Chron 9,10; Neh 11,10).
4) J. und Boas sind die Namen der beiden 9,45 m hohen Bronzesäulen, die Salomo rechts und links vom Eingang seines Tempels errichten ließ (1 Kö 7, 15–22.41.42; 2 Chron 3,15–17). Bei der Zerstörung des Tempels durch Nebusaradan wurden sie zerschlagen und ihr Metall nach Babylon gebracht (2 Kö 25,13–17). Die Namen erklären sich wahrscheinlich als Abkürzung von Inschriften. Auf der rechten Säule J. mag gestanden haben: »Der Herr BEFESTIGT deinen Thron für ewig« und auf der linken, Boas: »Im Herrn liegt die STÄRKE des Königs.«
Man hat diese beiden Säulen mit den steinernen Obelisken ägypt. oder tyrischer Tempel verglichen; flankierende Säulen am Tempeleingang haben sich auch in Syrien, Phönizien und auf Zypern gefunden. Später kommen sie in Assyrien und in den phönizischen Kolonien im westl. Mittelmeer vor. Im Unterschied dazu sind die Säulen des salomonischen Tempels aber aus Metall, und ihre kugel- oder krugförmigen Knäufe (1 Kö 7,41) werden mit dem gleichen Wort bezeichnet, das Sach 4,2.3 für das Ölgefäß (Schale) des Leuchters steht. Sie lassen sich demnach als riesige Leuchter oder Feueraltäre auffassen (eine Ansicht, die Albright neuerdings durch archäologische Parallelen gestützt hat; er weist vor allem auf Malereien in den Gräbern von Maresa in Südpalästina hin, wo rechts und links vom Eingang auch Feuer- oder Räucherpfannen dargestellt sind).

Jachiniter → Jachin (1)

Jada »Er (Gott) hat gewußt, hat sich gekümmert (um), hat sich (jemandes) angenommen«.
Judäer, Sohn Onams (1 Chron 2,28.32).

Jaddai, Bedeutung wie Jada.
Israelit, der sich von seiner heidnischen Frau trennte (Es 10,43).

Jaddua, Kurzform »(Von Gott) gekannt«.
1) Israelit, der den Bund z. Zt. Nehemias unterzeichnete (Neh 10,22[21]).
2) Sohn Jonathans, der letzte im AT erwähnte Hohepriester (Neh 12,11.22). Nach den Angaben des Josephus war er z. Zt. Alexanders d. Gr. im Amt.

Jadon viell. nach dem Arab. »Mager, mit zartem Körper«.
Mann aus Meronoth, der beim Wiederaufbau der Mauer Jerusalems half (Neh 3,7).

Jaebez, nach Köhler Ozeb zu lesen, »Gottesbild« oder »Beschwerde, Mühsal«.
Judäer, dem seine Mutter diesen Namen gab, weil sie ihn mit Kummer geboren hatte. Er war »herrlicher« als seine Brüder. Auf ein kindliches Gebet hin erfährt er eine besondere Erhörung von Gott (1 Chron 4,9.10).

Jaekan »Betrübender«,
Gaditer aus dem Land Basan (1 Chron 5,13).

Jaekoba, andere Form von → Jakob,
simeonitischer Fürst z. Zt. Hiskias (1 Chron 4,36).

Jael »Steinbock«,
Frau des Keniters Heber. Mit einem Zeltpflock und Hammer tötete sie Sisera, der auf seiner Flucht vor Barak in ihr Zelt gekommen und in tiefen Schlaf gefallen war. Debora hatte diese Tat vorhergesagt u. rühmt sie in ihrem Lied (Ri 4,9.11.17–22; 5,6.24–27).

Jaelam hängt mit hebr. »mannbar« zusammen.
Sohn Esaus und Oholibamas (1 Mo 36,5.14; 1 Chron 1,35).

Jaenai »Er (Gott) wird antworten (erhören)«.
Gaditer in Basan (1 Chron 5,12).

Jaera, viell. Jaeda zu lesen: Kurzform »Er möge schmücken«.
Nachkomme Sauls (1 Chron 9,42).

Jaere-Orgim → Jair II

Jaeresja »Der Herr möge pflanzen«,
Benjaminit in Jerusalem (1 Chron 8,27).

Jaesai »Er (Gott) möge handeln«,
Israelit, der sich von seiner heidnischen Frau trennte (Es 10,37).

Jaesia viell. nach dem Arab. »Gott möge ernähren«.
Sohn des Leviten Merari, Vater Sohams, Sakkurs und Ibris (1 Chron 24,26.27). Weder er noch seine Nachkommen werden sonst irgendwo erwähnt (vgl. 2 Mo 6,19; 1 Chron 23,21–23).

Jaesiel »Gott möge handeln«,
Sohn Abners, Fürst des Stammes Benjamin z. Zt. Davids (1 Chron 27,21). Manche identifizieren ihn mit Jaesiel aus Mezobaja, einem Helden Davids (1 Chron 11,47).

Assyr. Jäger

Jagd. Die J. war für Israel eine Notwendigkeit, weil man sich der Bedrohung durch Bär, Löwe, Wolf und Wildstier, auch der durch Füchse und Schakale angerichteten Schäden erwehren mußte (vgl. Ri 14,5; 1 Sam 17,34–36). Jäger aus Leidenschaft erscheinen meist auf der Gegenseite des Gottesvolkes (vgl. → Nimrod und → Esau; zum Gegensatz vgl. → Hirte). 5 Mo 14,5 erwähnt als J.tiere weiter Hirsch, Gazelle, Damhirsch, Steinbock, Gemse und 2 Antilopenarten; sie sind zum Genuß freigegeben; doch muß ihr Blut auf die Erde gegossen und bedeckt werden, »denn das Blut ist die Seele« (5 Mo 12,22–24).

Wildstierjagd vom Wagen aus. Goldschale aus Ugarit (Ras Schamra)

Zur J. hob man Fallgruben aus (Ps 7,16; 9,16), in die das Wild stürzte. Der Jäger (Ps 91,3; Jer 16,16) stellte Netze (Ps 57,7; Hes 19,8), Fallen und Schlingen (LÜ Strick, Fallstrick; Ps 69,23; 140,6; 141,9; Lk 21,35). Falle und Strick gehören auch zum Gerät des Vogelstellers oder Voglers (Ps 124,7; Jer 5, 26). Der Hirt benutzt vor allem die Schleuder (vgl. 1 Sam 17,40; Hi 41,20[19]), während man im übrigen Bogen, Speer, Wurfholz und gelegentlich auch das Schwert verwendet (Hi 41,18[17]ff; vgl. Abb. Sp. 861; 862).
Die J. mit dem Bogen vom Wagen aus steht im Orient vor allem dem König zu (vgl. Abb. Sp. 1055 unten), kommt aber in Palästina wegen des Landschaftscharakters nur wenig in Frage. Seit der pers. Zeit jagt man auch vom Pferde. Die Nachbarvölker Israels fingen auch Bären und Löwen ein und richteten sie ab (vgl. Hes 19,2–4.8.9).

Jagur, Ort im S Judas (Jos 15,21), viell. Tell Dschur ca. 10 km östl. von Beer-Seba. Vgl. Karte Sp. 1304.

Jahasiel »Gott möge ansehen« (das Elend, um zu helfen).
1) Benjaminit, der zu David nach Ziklag kam (1 Chron 12,4).
2) Priester z. Zt. Davids (1 Chron 16,6).
3) Levit, Sohn Hebrons (1 Chron 23,19; 24,23).
4) Sohn Sacharjas, Levit aus der Nachkommenschaft Asaphs, der Josaphat den Sieg über Moab und Ammon ankündigte (2 Chron 20,14ff).
5) Vater Sechanjas, eines Heimkehrers aus Babylon (Es 8,5).

Jahath.
1) Judäer, Sohn Reajas (1 Chron 4,2).
2) Levit, Sohn Libnis, Nachkomme Gersons (1 Chron 6,5[20].28[43]).
3) Ein anderer Gersoniter, Sohn Simeis (1 Chron 23,10.11).
4) Levit, Sohn Selomoths, ein Jizhariter (1 Chron 24,22).
5) Levit, Aufseher der Handwerker, die z. Zt. Josias am Tempel arbeiteten (2 Chron 34,12).

Jahdai, Bedeutung wie Jada.
Nebenfrau Kalebs (1 Chron 2,47).

Jahdiel »Gott möge sich freuen«.
Familienhaupt in Ostmanasse (1 Chron 5,24).

Jahdo Kurzform »Er (Gott) möge sich über ihn freuen«.
Gaditer, Sohn des Bus (1 Chron 5,14).

Jahemai viell. »Er möge schützen«.
Fürst von Isaschar aus der Nachkommenschaft Tholas (1 Chron 7,2).

Jahleel viell. »Gott möge sich freundlich zeigen«.
Sohn Sebulons; seine Nachkommen heißen Jahleeliter (1 Mo 46,14; 4 Mo 26,26).

Jahr. I) Die Israeliten hatten offenbar ein MONDJAHR von 12 Monaten zu 29 bzw. 30 Tagen mit insgesamt 354 Tagen, was für Völker ohne festen Wohnsitz das Nächstliegende ist. Man kann darauf hinweisen, daß das hebr. Wort für Monat *(chodäsch)* verwandt ist mit dem Stamm *chdsch* = neu sein (vom neuen Licht, dem neuen Mond). Außerdem wird im AT wiederholt das Neumondfest genannt (1 Sam 20,5; Jes 1,13.14; Hos 2,13[11]; Am 8,5). Anderseits mußte Israel, vor allem nachdem sich das Volk in Kanaan angesiedelt hatte, für den Ackerbau und die damit zusammenhängenden Jahresfeste nach dem SONNENJAHR rechnen. Daß das geschah, ergibt sich aus Stellen wie 3 Mo 23,11.39.40; Neh 8,14–16. Daraus

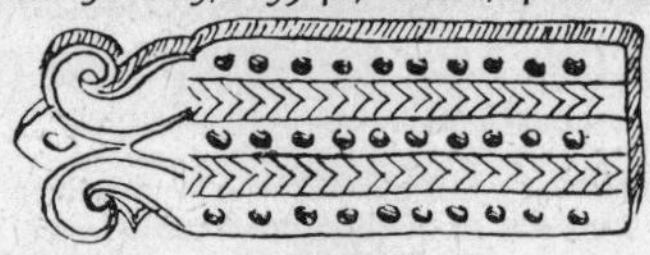

Steckkalender aus Saruhen für einen Monat von 30 Tagen. Wahrscheinlich bezeichnete ein Pflock, der täglich ein Loch weitergesteckt wurde, das Tagesdatum

folgte die Notwendigkeit, alle 2 oder 3 Jahre dem Stand der Ernte entsprechend das Mondjahr von 354 Tagen mit dem Sonnenjahr von 365 Tagen in Übereinstimmung zu bringen. Man mußte also dafür sorgen, daß das Passahfest am 15. des 1. Monats im Festkalender nicht vor die Ernte fiel (3 Mo 23,10.15.16). Andernfalls war ein Schaltmonat einzufügen. Die Praxis dieses eingeschobenen 13. Monats, des Ve-Adar = 2. Adar, ist uns aber erst aus der Zeit nach der babyl. Gefangenschaft bekannt; die Bibel berichtet nichts darüber.

II, 1) Vor der Verbannung wurden die MONATE gewöhnlich gezählt (2 Mo 16,1; 4 Mo 33,38; 1 Chron 27,2–15; 1 Kö 12,32; 2 Chron 15,10; 2 Kö 25,1.3.8. 25), und zwar stets nach der Reihenfolge des Festjahres (vgl. 2 Mo 12,2). Wir finden aber auch von der Jahreszeit abgeleitete Benennungen: Abib, Siv, Ethanim und Bul (s. u.), alte Namen, die schon in Kanaan in Gebrauch waren. Die übrigen Namen sind von den Babyloniern entlehnt und nach der Gefangenschaft von den Juden übernommen worden. Der Jahresbeginn mit Abib oder Nisan (2 Mo 12,2) galt außer für den Festkalender (vgl. die Reihenfolge der Feste in 3 Mo 23,4–44; 4 Mo 28,16–29,39) auch für das Regierungsjahr in Israel. Das bürgerliche oder Wirtschaftsjahr dagegen scheint nicht im Frühjahr, sondern im Herbst mit dem Monat Tischri begonnen zu haben (2 Mo 23,16; 34,22; 3 Mo 25,4.9.10); es befand sich damit in Übereinstimmung mit dem

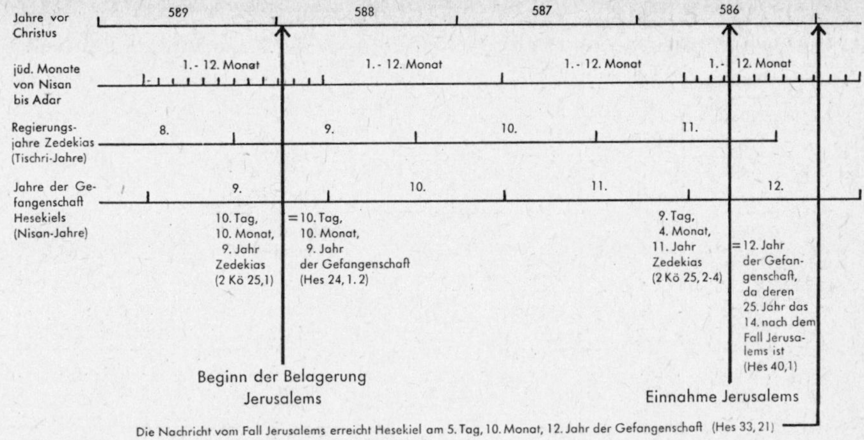

Übersicht zur jüd. Datierungsweise an Hand der Daten der Belagerung und Eroberung Jerusalems (vgl. → Jahr II, 2b und 3)

Regierungsjahr der Könige Judas (vgl. dazu die Arbeiten von R. E. Thiele; → Zeitrechnung IV, 1).
2) Der Herbstbeginn des judäischen Regierungsjahres ergibt sich u. a. aus folgenden Stellen:
a) In seinem 18. Regierungsjahr gab Josia den Auftrag zur Ausbesserung des Tempels (2 Kö 22,3). Dem folgten die Entdeckung des Gesetzbuches (V 8ff), seine Verlesung und der Bundesschluß (2 Kö 23, 1–3), die Reinigung des Tempels und Zerstörung der Höhen von Jerusalem (V 4–14), in Beth-El und den Städten Samarias (V 15–20), worauf wiederum im 18. Jahr Josias Passah gehalten wurde (V 21–23). Alle diese Ereignisse lassen sich schwerlich in die kurze Spanne vom 1.–14. Nisan zusammendrängen, weisen damit also auf den Beginn des Regierungsjahres im Herbst.
b) Die Angaben Hesekiels, der die Jahre der Gefangenschaft von der Fortführung → Jojachins 597 v. Chr. an rechnet, legen die Eroberung Jerusalems auf 586 v. Chr. fest. Denn das 25. Jahr der Gefangenschaft ist das 14. nach dem Fall Jerusalems, der damit ins 12. Jahr der Gefangenschaft fällt (Hes 40, 1; vgl. 33,21 und Abb.) Dies Jahr der Eroberung ist nach 2 Kö 25,2 das 11. Zedekias. Da Zedekia nach der babyl. Chronik am 2. Adar 597 v. Chr. zur Regierung kam (vgl. Taf 30a/449), fällt der Tag der Einnahme im 4. Monat (2 Kö 25,3.4) nur bei einem Tischri-Jahr in sein 11., bei einem Nisan-Jahr dagegen in sein 12. Regierungsjahr (dabei ist zu beachten, daß der Zeitraum von der Thronbesteigung bis zum Anfang des ersten vollen Regierungsjahres nicht gezählt wird!). Die bibl. Angaben über den Zeitpunkt der Eroberung Jerusalems lassen sich also nur bei einem Herbstbeginn der Regierungsjahre Zedekias vereinigen.
3) Weiter ist mit dem Beginn des Regierungsjahres im Herbst die Schwierigkeit (für uns) verbunden, daß die Monatszählung trotzdem stets dem Jahr von Frühjahr zu Frühjahr folgt. Vgl. die Abb., die das Verhältnis und die Überschneidung der Monats- und der verschiedenen Jahreszählungen darstellt. Oben steht unsere Jahreszählung nach Jahren v. Chr., darunter folgen die jüd. Monatszählung (ab Nisan), weiter die Regierungsjahre Zedekias (ab Tischri) und schließlich die Jahre der Gefangenschaft Hesekiels (ab Nisan). Mit den Pfeilen sind die Daten, die sich auf die Belagerung und Eroberung Jerusalems beziehen, eingetragen.
4) Den frühesten Beleg für den Herbstbeginn der Regierungsjahre finden wir in den Angaben über → Salomos Tempelbau, der vom Siv (2. Monat) seines 4. bis zum Bul (8. Monat) seines 11. Jahres = 7 Jahre dauerte (1 Kö 6,1.37.38). Das bedeutet beim Tischri-Jahr: 5 Monate des 4. Jahres + 6 volle Jahre + 2 Monate des 11. Regierungsjahres = 6 Kalenderjahre + 7 Monate, die zusammen als 7 Jahre gelten, da jedes angefangene Jahr voll gezählt wird. Bei einem Nisan-Jahr dagegen ergäbe sich: 11 Monate des 4. Jahres + 6 volle Jahre + 8 Monate des 11. Jahres = 7 Jahre + 7 Monate, d. h. aber 8 Jahre. Die Angabe des Textes setzt also schon für Salomo das Tischri-Jahr als Regierungsjahr voraus.
III) Die Arbeiten des ERNTEJAHRES beschreibt der Kalender von Geser (um 900 v. Chr.) – im Herbst beginnend – folgendermaßen: 2 Monate (Oliven-) Ernte, 2 Monate Getreideaussaat, 2 Monate Pflanzen, 1 Monat Flachsernte, 1 Monat Gerstenernte, 1 Monat (Weizen-)Ernte und (Pfingst-)Fest, 2 Monate Rebenschneiteln (= Beschneiden), 1 Monat Sommerfrüchte. Vgl. weiter die Angaben zu den einzelnen Monaten und die Übersicht.
IV) DIE MONATE DES ISRL. JAHRES.
1) ABIB oder NISAN hat 30 Tage, ungefähr von Mitte März bis Mitte April. Diesen Monat bestimmte der Herr für Israel als den 1. Monat des Jahres zur Erinnerung an den Auszug aus Ägypten (2 Mo 12, 1.2; 13,4). Nach der Gefangenschaft wurde der Name Abib (Ährenmonat) durch Nisan (Neh 2,1; Est 3,7) ersetzt.
Am ersten Tag dieses wie jedes Monats war das Neumondfest (→ Mond).
Am 14. Nisan wurde abends das → Passah (2 Mo 12,18.19; 13,3–10) gefeiert, zu Beginn des Festes der ungesäuerten Brote vom 15.–21. (3 Mo 23,6).
Am 16. brachte man die Erstlinge (→ Erstgeburt II, 3) der Ernte dar (3 Mo 23,10–14).
Spät- oder Frühjahrsregen (vgl. → Regen). Der Jordan führt Hochwasser (Jos 3,15; 1 Chron 12,15). Beginn der Ernte. Flachsernte in Jericho (Jos 2,6). Gerstenernte in der Ebene am Mittelmeer und im Jordantal, wo auch der Weizen reift. Die trockene Jahreszeit beginnt.

Das israelitische Jahr

	Monatsnamen vor und nach der Verbannung		heutige Monate	Feste	Landwirtschaft	Wetter
1.	Abib	Nisan	März/ April	1. Neumond 14. Passah 15.–21. Fest der ungesäuerten Brote 16. Erntebeginn	Gerstenernte	Spätregen
2.	Siv	Ijjar	April/ Mai	14. kleines Passah	Gerstenernte Weizenernte	Sommerbeginn sehr selten noch Regenfälle
3.		Sivan	Mai/ Juni	6. Pfingstfest	Weizenernte Frühfeigen	kein Regen bis Oktober
4.		Tammuz	Juni/ Juli	9. Fasten wegen der Eroberung Jerusalems durch Nebukadnezar	Rebenschneiteln, Beginn der Weinlese	Sommerhitze
5.		Ab	Juli/ Aug.	7. Fasten wegen der Zerstörung des Tempels durch Nebusaradan	Rebenschneiteln Weinlese Feigenernte	Sommerhitze
6.		Elul	Aug./ Sept.		Weinlese Dattel-, Mandel- und Olivenernte	Sommerhitze
7.	Ethanim	Tischri	Sept./ Okt.	1. Drommetentag 3. Fasten wegen der Ermordung Gedaljas 10. Versöhnungstag 15.–21. Laubhüttenfest 22. heilige Versammlung	Oliven- und Dattelernte Pflügen, Säen und Pflanzen beginnt	Frühregen, Beginn der Regenzeit
8.	Bul	Marcheschwan	Okt./ Nov.		Gersten- und Weizenaussaat Winterfeigen	Regen
9.		Chislev	Nov./ Dez.	25. Tempelweihe	Winterfeigen Gras	Winteranfang Regen und Schnee
10.		Tebeth	Dez./ Jan.	10. Fasten wegen des Beginns der Belagerung Jerusalems durch Nebukadnezar		kältester Monat Hagel und Schnee
11.		Sebat	Jan./ Febr.		Mandel- und Pfirsichblüte	wärmer
12.		Adar	Febr./ März	14., 15. Purimfest	Orangen- und Zitronenernte	Gewitter und Hagel Beginn des Spätregens
13.		Ve-Adar	im Schaltjahr			

2) SIV oder IJJAR hat 29 Tage, etwa ab Mitte April bis Mitte Mai. Der »Blütenmonat« (1 Kö 6,1.37).
Am 14. wurde das zweite oder kleine Passah für solche gefeiert, die am eigentlichen Passah nicht hatten teilnehmen können (4 Mo 9,10–12).
Überall Gerstenernte (Rt 1,22). Auch der Weizen beginnt überall zu reifen und wird geerntet (Rt 2,23). Selten noch Regenfälle.
3) SIVAN hat 30 Tage, ungefähr von Mitte Mai bis Mitte Juni (Est 8,9).
Am 6. wurde das → Pfingstfest (3 Mo 23,15–21), Wochenfest (5 Mo 16,9.10) oder Erntefest (2 Mo 23, 16.19) begangen.
Weizenernte. Apfelernte an der Küste. Frühfeigen. Oleanderblüte. Beginn des Sommers. Kein Regen bis Oktober, Wind hauptsächlich aus NW.
4) TAMMUZ hat 29 Tage, etwa ab Mitte Juni bis Mitte Juli (Sach 8,19).
Am 9. Fasten wegen der Eroberung Jerusalems durch Nebukadnezar (2 Kö 25,3.4; Sach 8,19).
Weizenernte auch in den höchstgelegenen Gebieten. Die ersten Trauben reifen. Sommerhitze.

5) AB hat 30 Tage, ungefähr von Mitte Juli bis Mitte August (Es 7,9).
Am 7. Fasten wegen der Zerstörung des Tempels durch Nebusaradan (2 Kö 25,8.9; Sach 7,3.5; 8,19).
Weintrauben, Feigen und Walnüsse werden geerntet; Sommerhitze.
6) ELUL hat 29 Tage, etwa ab Mitte August bis Mitte September (Neh 6,15).
Spätsommerweinlese, Granatäpfel, Mandeln, Datteln und Oliven werden geerntet. Noch Sommerhitze.
7) ETHANIM (vielleicht der Monat der »ständig fließenden« Bäche) oder TISCHRI war der heilige Festmonat; er hat 30 Tage, ungefähr von Mitte September bis Mitte Oktober (1 Kö 8,2).
Der 1. wurde als Neumondsabbat oder Drommetentag (4 Mo 29,1; 3 Mo 23,24.25) gefeiert und ist erst im Spätjudentum zum Neujahrstag (*rosch haschanah)* geworden (die Überschrift »Neujahr« zu 3 Mo 23,23–25 in LÜ beruht auf der Kenntnis dieser späteren Entwicklung, hat aber keinen Anhalt im Text).
Am 3. Fasten wegen der Ermordung Gedaljas (2 Kö 25,25; Sach 7,5; 8,19).
Am 10. war der große → Versöhnungstag *(jom hakkippurim;* 3 Mo 16; 23,26–32).
15.–21. → Laubhüttenfest, das fröhlichste und volkstümlichste Fest Israels. Es gilt dem Dank für den Herbstsegen und dem Andenken an die Zeit der Wüstenwanderung (3 Mo 23,34). Deshalb leben die Israeliten während dieser Tage in → Zelten. Die Erstlinge von Wein und Öl werden dargebracht (2 Mo 23,16; 5 Mo 16,13).
Am 22. ist der »große Tag«, die heilige Versammlung (3 Mo 23,36; 4 Mo 29,35; Neh 8,18; Joh 7,37).
Oliven- und Dattelernte. Beginn der Regenzeit, Frühregen. Pflügen und Säen bzw. Pflanzen beginnt (vgl. Spr 20,4; Pred 11,4).
8) BUL oder MARCHESCHWAN hat 29 oder 30 Tage, etwa ab Mitte Oktober bis Mitte November. Der »Gewächsmonat« oder vielleicht »Regenmonat« (1 Kö 6,38).
Gersten- und Weizenaussaat. Olivenernte in Nordgaliläa. Winterfeigen. Häufiger Regen.
9) CHISLEV hat 29 oder 30 Tage, ungefähr von Mitte November bis Mitte Dezember (Sach 7,1; Neh 1,1).
Vom 25. ab wurde das Fest der Tempelweihe (→ Kirchweihe) acht Tage lang gefeiert (Joh 10,22).
Winteranfang. Regen und Schnee auf den Bergen. Winterfeigen an blätterlosen Bäumen. Das Gras wächst.
10) TEBETH hat 29 Tage, etwa von Mitte Dezember bis Mitte Januar (Est 2,16).
Am 10. Fasten wegen des Beginns der Belagerung Jerusalems durch Nebukadnezar (2 Kö 25,1; Sach 8, 19).
Der kälteste Monat des Jahres mit Hagel und Schnee (Jos 10,11). Die Orangen reifen. Die Täler sind übersät mit Anemonen und Mohn.
11) SEBAT hat 30 Tage, ungefähr ab Mitte Januar bis Mitte Februar (Sach 1,7).
Mandel- und Pfirsichbäume blühen. Es wird wärmer.
12) ADAR hat 29 oder 30 Tage, etwa von Mitte Februar bis Mitte März (Es 6,15; Est 3,7).
Am 14. und 15. wurde das → Purimfest begangen (Purim = Lose; Est 9,20–28) zur Erinnerung an die Befreiung der Juden, die uns in Est berichtet wird.
Häufige Gewitter und Hagel. Beginn des Spätregens, von dem es abhängt, ob die Ernte gut oder schlecht ausfallen wird. Orangen- und Zitronenernte.
13) VE-ADAR, der zweite Adar, wird beim Schaltjahr eingeschoben.

Jahrestag = Geburtstag.
Die Nachricht von der Geburt eines Kindes, bes. eines Sohnes, war eine frohe Botschaft (Jer 20,15) und wohl oft von einem Fest begleitet. Sowohl von den Ägyptern wie von den Persern sind uns auch jährlich wiederholte Geburtstagsfeiern bekannt (1 Mo 40,20; Herodot 1,133). In der hellenistischen Zeit wurden dann die Königs-, in der röm. Kaiserzeit auch die Kaisergeburtstage häufig zu allgemeinen Festen (vgl. Mt 14,6; Mk 6,21).

Jährig. Einjährige, eben ausgewachsene und daher bes. wertvolle Tiere waren für manche Opfer vorgeschrieben, z. B. für das Sabbatopfer (4 Mo 28,9), das Neumondopfer (4 Mo 28,11), das Opfer am Passahfest (2 Mo 12,5), das Opfer am Laubhüttenfest (4 Mo 29,13 u. ö.), das Sündopfer (4 Mo 15,27), das Reinigungsopfer (3 Mo 14,10).

Jahseja »Der Herr möge (an)sehen« (das Elend, um zu helfen).
Sohn Tikwas, Israelit z. Zt. Esras (Es 10,15).

Jahsera viell. »Vorsichtig« oder mit »schlau sein« zusammenhängend (Noth), oder wie Ahasja (Köhler).
Priester, Sohn Mesullams (1 Chron 9,12).

Jahwe → Namen Gottes

Jahza,
moabitische Stadt auf der Hochfläche des Ostjordanlandes (4 Mo 21,23; 5 Mo 2,32; Ri 11,20). J. gehörte zum Gebiet Rubens (Jos 13,18), wurde später aber wieder von den Moabitern erobert (Jes 15,4). Nach dem Onomastikon lag der Ort zwischen Dibon und Medeba, A. Musil vermutet ihn in Umm el-Walid, 12 km südöstl. Medeba, Abel dagegen im Ruinenhügel Dschalul 5 km östl. der Stadt. Vgl. Karte Sp. 914.

Jahzeel »Gott möge (zu)teilen«.
Sohn Naphthalis. Seine Nachkommen sind die Jahzeeliter (1 Mo 46,24; 4 Mo 26,48). In 1 Chron 7,13 wird er Jahziel genannt.

Jahziel → Jahzeel

Jaiel, Sohn des Aroeriters Hotham, einer der Helden Davids (1 Chron 11,44).

Jair. I) viell. »Er (d. h. Gott) möge aufwachen«.
1) Sohn Segubs und Enkel Hezrons aus dem Stamm Juda (1 Chron 2,21–23). Er wurde zum Stamm Manasse gerechnet (4 Mo 32,39ff; 5 Mo 3,14; Jos 13, 30; 1 Kö 4,13).
2) Gileaditer, der Israel 22 Jahre richtete. Jeder seiner 30 Söhne hatte einen Reitesel. Sie besaßen 30 Niederlassungen in Gilead, die man die Dörfer J. nannte. J. wurde in Kamon begraben (Ri 10,3–5). Viell. war er ein Nachkomme von J. (1).
3) Der Vater Mardochais, ein Benjaminit (Est 2,5).
II) »Wald(bewohner)«.
Vater Elhanans (1 Chron 20,5). 2 Sam 21,19 heißt dieser Bethlehemit Jaere-Orgim »Wald der Weber«.

Jairiter. Beiname, der die Abstammung von einem Jair (II) bezeichnet (2 Sam 20,26). Viell. ist Ira der J. ein Verwandter oder Bruder von Elhanan (1), dem Sohn Jairs (II).

Jairus, griech. Form von Jair,
Synagogenvorsteher, dessen gestorbene Tochter Jesus auferweckte (Mt 9,18; Mk 5,22; Lk 8,41).

Jake viell. arab. »Vorsichtig«.
Vater → Agurs (Spr 30,1).

Jakim »Er (Gott) möge aufrichten«.
1) Leiter der 12. Priesterabteilung z. Zt. Davids (1 Chron 24,12).
2) Sohn Simeis, Benjaminit, in Jerusalem (1 Chron 8,19).

Jakmeam »Verwandter, Familienangehöriger (wörtl. Volk) möge aufstehen (um zu helfen)«. Sohn des Leviten Hebron (1 Chron 23,19; 24,23).

Jakob. I) Der hebr. Name Jaakhob hängt mit dem Wortstamm *'khb* zusammen, von dem sowohl *akheb* = Ferse wie das Zeitwort *akhab* = betrügen, hintergehen abgeleitet sind. Deshalb wird er gedeutet »Er hält die Ferse fest« und »Er betrügt« (vgl. 1 Mo 25,26; 27,36; Hos 12,4). Noth deutet ihn auf Grund des Südarab. als Kurzform von Jaakhob-El, »Gott möge schützen«. Dieser Name kommt vor als Ortsname in der Liste der von Thutmose III. in Palästina eroberten Städte (15. Jh. v. Chr.), ebenso in der Ortsliste von Ramses II. und auf verschiedenen Skarabäen (geschnittenen Steinen) aus der Hyksoszeit; außerdem hat man ihn auf Keilschrifttafeln des 18. Jh. v. Chr. angetroffen.

II) Nach der Chronologie der Erzväterzeit kann die Geburt J. um 2005 bzw. 1830 v. Chr. angesetzt werden, seine Ankunft in Ägypten um 1875 bzw. 1700 v. Chr. und sein Tod mit 147 Jahren um 1858 bzw. 1683 v. Chr. Vgl. weiter → Isaak; → Zeitrechnung IV, 4.

III) J. war der Sohn Isaaks und Rebekkas, der jüngere Zwillingsbruder Esaus. Bereits vor seiner Geburt hatte der Herr seiner Mutter verkündet, daß der Ältere dem Jüngeren dienen solle (1 Mo 25,23; vgl. Mal 1,2.3; Röm 9,10–13). Bei all seiner Schlauheit und Täuschung, über die uns die Bibel nüchtern berichtet, darf man nicht vergessen, daß J. das große Verlangen nach der Verheißung Gottes, dem Segen des Erstgeborenen in sich trug.
Irrtum und Sünde liegen darin, daß er sein Ziel durch Geschicklichkeit, Verstellung und menschliche Berechnung zu erreichen trachtet. J. Leben bedeutet die Läuterung eines Mannes, der alles selbst tun und an sich reißen will, zu einem Menschen, der auf seinem Sterbelager ausruft: »Herr, ich warte auf dein Heil« (1 Mo 49,18). Sein Ringen mit Gott bei Pniel ist der entscheidende Wendepunkt. Dort wird sein Name J. in → Israel (Gottesstreiter) verwandelt (1 Mo 32,22[21]–32[31]). Als Stammvater des Volkes Israel gibt J. beide Seiten seines Wesens an seine Nachkommen weiter: David, dessen Herz Gott gehörte, fiel ganz tief (Uria), und das jüd. Volk zeigt vielfach die gleiche Gewandtheit und List. Und doch wird in Ps 24 auf die Frage von V 3 geantwortet: »Dies ist das Geschlecht derer, die dein Angesicht suchen – J.« (V 6 EÜ). Darum zählt auch J. trotz seiner schweren Verschuldung zu den Glaubenshelden (Hebr 11,9.21).

IV, 1) Bei seiner Geburt hielt Jakob Esaus Ferse fest (1 Mo 25,26). Als er aufwuchs, zeigte er sich als häuslicher Mann, der in Zelten wohnte (V 27), wußte Esau aber mit List zu bewegen, ihm sein Erstgeburtsrecht für ein Linsengericht zu verkaufen (V 29–34). Seine Mutter Rebekka half ihrem Liebling (V 28), Isaak zu hintergehen, so daß auch der Segen des Erstgeborenen ihm zufiel (1 Mo 27,1–40). Auf Rebekkas Rat flieht J. vor Esaus Rache zu seinem Onkel Laban nach Haran (1 Mo 27,41–28,5). Auf dem Weg von Beer-Seba nach Haran übernachtet er in Beth-El. Dort verheißt der Herr ihm im Traum das Land Kanaan und verspricht, ihn zu geleiten und zurückzubringen. J. richtet den Stein, auf dem er gelegen hat, auf, gießt Öl darüber und nennt den Ort Beth-El (V 10–19). Dann gelobt er in der Art des natürlichen Menschen: der Herr soll sein Gott sein, wenn er ihm Speise und Kleidung unterwegs und sichere Rückkehr gibt (V 20–22).

2) Bei Laban wird J. selbst das Opfer einer Täuschung: dieser gibt ihm zunächst nur seine Tochter Lea. Um Rahel muß er weiter dienen. 11 Söhne und eine Tochter werden ihm geboren, und er wird reich an Vieh. Vor dem Neid Labans und seiner Söhne flieht er heimlich. Gott warnt den verfolgenden Laban im Traum, J. unfreundlich zu begegnen; an der Grenze von Syrien u. Gilead schließen J. u. Laban einen Vertrag miteinander (Kap 29–31). Im Ostjordanland überfällt J. die Furcht vor Esau, obgleich ihm die Engel Gottes begegnet waren (1 Mo 32,2[1]). Als er bei der Rückkehr seiner Boten hört, daß Esau ihm mit 400 Mann entgegenzieht, teilt er aus Angst Gesinde und Vieh in zwei Scharen, damit wenigstens eine gerettet wird. Dann betet er zum Herrn und sendet am folgenden Tag Esau ein Geschenk entgegen (V 7[6]–21[20]). In der Nacht ringt J., der allein zurückgeblieben ist, mit einem Mann, der ihm schließlich die Hüfte verrenkt. Da läßt J. ihn nicht mehr los, bis er ihn segnet. J. hat mit Gott und mit Menschen gekämpft und gesiegt; darum erhält er den Namen → Israel. Er nennt den Ort Pniel = Angesicht Gottes. Hinkend geht er am Morgen Esau entgegen (V 22[21]ff; Hos 12,5), und ihre Begegnung verläuft gegen alle Befürchtungen versöhnlich.

3) Trotzdem zieht J. nicht, wie er zugesagt hatte, nach Seir, sondern lagert bei Sichem (1 Mo 33). Kap 34 berichtet, wie Dina vom Sohn des Stadtfürsten entehrt wird und Simeon und Levi die Einwohner der Stadt erschlagen. Nun macht sich J. nach dem Befehl Gottes nach Beth-El auf. Die Götzenbilder u. Ohrringe seiner Familie und seiner Leute läßt er unter einer Terebinthe bei Sichem vergraben. In Beth-El angekommen, errichtet er einen Altar (1 Mo 35,1–7). Gott erscheint ihm noch einmal, bestätigt seinen neuen Namen Israel und die Verheißung des Landes (V 9–12). J. richtet einen Gedenkstein auf an der Stelle, wo Gott mit ihm gesprochen hatte, gießt Trankopfer und Öl darauf und erneuert die frühere Namengebung (V 13–15).

4) Nachdem J. von Beth-El aufgebrochen ist, stirbt Rahel bei der Geburt Benjamins und wird am Weg nach Ephrath, d. h. Bethlehem, begraben (V 16–20). Welch tiefen Eindruck der Tod der geliebten Frau auf J. gemacht hat, zeigt sich, als er kurz vor seinem Tode in Ägypten noch einmal daran erinnert (1 Mo 48,7). Nach 1 Mo 37,10 scheint die Zeit der Träume Josephs noch vor Rahels Tod zu fallen. Als → Joseph von seinen Brüdern nach Ägypten verkauft wurde, wird sie aber kaum noch am Leben gewesen sein. Nicht zu leugnen ist, daß J. selber, indem er Joseph seinen Brüdern vorzog, mit zu dem Leid beigetragen hat, das ihn all die Jahre über traf, die er Joseph für tot hielt. Jakob, der seinerzeit seinen Vater getäuscht hatte, wurde nun von den eigenen

Jakobs Kinder

von Lea:	Ruben
	Simeon
	Levi
	Juda
von Bilha, der Sklavin Rahels:	Dan
	Naphthali
von Silpa, der Sklavin Leas:	Gad
	Asser
von Lea:	Isaschar
	Sebulon
	Dina
von Rahel:	Joseph
	Benjamin

(für die Enkel und Urenkel vgl. 1 Mo 46,8-27)

Söhnen belogen. Aber hinter allem vollendet sich Gottes Plan: J. soll mit seiner Familie nach Ägypten ziehen und Israel in Gosen zu einem Volk werden, bewahrt vor den Sünden Kanaans (1 Mo 34; 35,22; 38).

5) Bei seiner Ankunft in Ägypten war J. 130 Jahre alt (1 Mo 47,1–12). Im Alter von 147 Jahren starb er dort, nachdem er Josephs Söhne gesegnet und seinen eigenen 12 Söhnen vorhergesagt hatte, was ihnen in Zukunft begegnen werde. Dabei zeigt er auch, daß er nicht mehr nach eigenem Gutdünken handelt, wie bei der Bevorzugung Josephs (J. ist Israel geworden; der neue Mensch Gottes hat über den alten gesiegt): er macht Juda zum Erben der Verheißung (Kap 48; 49). Vor seinem Tod äußert er den Wunsch, in dem Erbbegräbnis, wo schon Abraham, Sara, Isaak, Rebekka und Lea ruhen, beigesetzt zu werden (1 Mo 49,29–32).

Joseph ließ den Leichnam seines Vaters einbalsamieren, und die Ägypter beweinten ihn 70 Tage (1 Mo 50,1–3), dann wurde er seinem Wunsch gemäß in Kanaan bestattet (V 4–14).

V) Die Gläubigen aller Jahrhunderte haben in J. einen der Großen im Reiche Gottes gesehen, einen erlösten Sünder, den Stammvater des Volkes, das der Welt das Buch der Offenbarungen des Gottes Abrahams, Isaaks und J. gebracht hat.

Jakobsbrunnen, 23 m tiefer Brunnen in der Nähe Sichems (Joh 4,6), den – nach der Überlieferung der Samariter – Jakob gegraben hatte (V 12) und der von einer Quelle gespeist wird (vgl. V 11). Der Ort heißt heute Bir Jakub und liegt an dem Weg, auf dem schon die Erzväter durch Palästina gezogen waren, eine halbe Stunde südöstl. von Sichem (vgl. 1 Mo 33,18; Jos 24,32) an der Nordwestseite des Berges Garizim. Das Joh 4,5 erwähnte Sichar ist wohl das heutige Dorf Askar, 10 Minuten vom Brunnen entfernt. Vgl. Taf. 22a/321; 46a/705; 98/1537.

Jakobus. 1) Sohn des Zebedäus und Bruder des Johannes. J. gehörte zu den zuerst berufenen Jüngern (Mt 4,21) und mit Petrus und Johannes zu den dreien, die im Jüngerkreis eine besondere Stellung einnahmen (Mt 17,1; 26,37; Lk 8,51). Darum erscheint es merkwürdig, daß wir von dem Wirken des J. so gut wie nichts erfahren. Er war Fischer wie sein Vater und arbeitete mit Petrus und Andreas zusammen (Lk 5,10; Mt 4,21). Seine Mutter hieß wahrscheinlich Salome und war wohl die Schwester Marias, der Mutter Jesu, so daß J. ein Vetter Jesu war (vgl. Mt 27,56 mit Mk 15,40; 16,1 und Joh 19, 25). In den Apostellisten finden wir J. stets neben Johannes; dort und auch sonst steht J. meist voran, vielleicht als der ältere der beiden Brüder (Mt 10,2; Mk 3,17; Lk 6,14; in Apg 1,13 gibt es abweichende Lesarten). Jesus gab den Zebedäussöhnen den Beinamen Bnehargem, Söhne des Donners (Mk 3,17), wohl um ihres Eifers willen. Er tadelte ihr vorschnelles Urteil über die Samariter (Lk 9,54.55) und ihr Streben nach eigener Ehre (Mk 10,35–40; Mt 20, 20 bittet die Mutter für ihre Söhne). Nach der Auferstehung ist J. bei den anderen Aposteln in Jerusalem (Apg 1,13). 44 n. Chr. hat ihn Herodes hinrichten lassen (Apg 12,1.2); er ist wohl der zweite Blutzeuge gewesen.

2) Sohn des Alphäus, ebenfalls Jünger Jesu, aber ausdrücklich vom vorigen unterschieden. Er steht in allen Apostellisten an einer der letzten Stellen. Von ihm wissen wir nicht viel mehr als den Namen. Möglicherweise ist er Mt 27,56; Mk 15,40; 16,1; Lk 24,10 gemeint. Dann wäre er der Kleine genannt worden, wegen seiner Gestalt oder zur Unterscheidung von dem Zebedäussohn J., und seine Mutter Maria hätte zu den Frauen gehört, die Jesus nachfolgten. Vgl. → Kleophas.

3) Der Bruder des Herrn, der Mt 13,55; Mk 6,3; Gal 1,19 genannt wird, ein Sohn Josephs und Marias (vgl. → Brüder des Herrn). Die Tatsache, daß die Brüder Jesu anfangs nicht an ihn glauben (Joh 7,5), sich später aber doch bei den Aposteln befinden (Apg 1,14), macht es wahrscheinlich, daß die Erscheinung des Auferstandenen vor J. (1 Kor 15,7) sich auf den Herrenbruder bezieht.

J. spielte eine wichtige Rolle in der Leitung der Gemeinde in Jerusalem (Gal 2,9.12). Petrus nennt ihn als den, dem zuerst von seiner Befreiung berichtet werden soll (Apg 12,17). Auf dem → Apostelkonzil kommt von J. der Vorschlag, der zum Beschluß erhoben wird (Apg 15,13). Paulus sucht ihn auf, als er nach der dritten Missionsreise nach Jerusalem kommt (Apg 21,18), und hatte auch schon früher, bald nach seiner Bekehrung, mit ihm gesprochen (Gal 1,19). Von ihm stammt auch der → Jakobusbrief. Nach Eusebius trug J. den Beinamen »der Gerechte« und wurde, wie auch Josephus mitteilt, 62 n. Chr. von den Juden gesteinigt.

Heute sieht man vielfach J. als Leiter der judenchristlichen Gemeinde in Jerusalem in scharfem Gegensatz zum Heidenapostel Paulus. Dabei wird jedoch vergessen, daß das Leben im → Glauben für beide eine gemeinsame Wirklichkeit bildet, so verschieden sie auf den ersten Blick auch darüber sprechen mögen. Wo sie persönlich miteinander zu tun hatten (Gal 1,19; 2,9; Apg 15; 21,18–26), wurden sie sich stets in der Sache einig.

4) Vater des Apostels Judas (3), von dem wir weiter nichts wissen (Lk 6,16; Apg 1,13).

Jakobusbrief. I) Als Verfasser des J. nennt sich »Jakobus, ein Knecht Gottes und des Herrn Jesu Christi« (Jak 1,1). Da er sich nicht als Apostel bezeichnet, liegt es nahe, an → Jakobus (3), den Bruder des Herrn, zu denken, der auch der Überlieferung nach als Verfasser gilt. Der Brief widerspricht dazu in keiner Weise dem, was wir sonst von Jakobus wissen.

Anderseits scheiden die beiden Apostel gleichen Namens dadurch aus, daß der Zebedäussohn bereits 44 n. Chr. hingerichtet wurde (Apg 12,2) und vom Sohn des Alphäus nichts bekannt ist, was auf ihn weisen könnte.

II) Der Brief richtet sich an Christen (Jak 2,1.5.7) jüd. Abstammung in der → Zerstreuung (Jak 1,1; LÜ: die da sind hin und her). Sie leben offenbar meist auf dem Land (Jak 5,4.7) in der Nähe Palästinas (V 7: Früh- und Spätregen); einige von ihnen sind wohl Handwerker oder Kaufleute (Jak 4, 13). Nicht völlig klar wird die Rolle, die die »Reichen« unter ihnen spielen. Einerseits erscheinen sie als Gemeindeglieder (Jak 1,10; 2,2), anderseits werden sie aber im Gegensatz zu den Christen gesehen (Jak 2,6.7; 5,1–6). Man hat deshalb, und auch weil die Versammlung als *synagôgae* (Jak 2,2) bezeichnet wird, vermutet, daß sich diese Judenchristen noch nicht von der jüd. Gemeinde und deren Gottesdiensten getrennt hätten. Es ist jedoch bereits von Lehrern (Jak 3,1) u. Ältesten der Gemeinde (*ekklaesia;* Jak 5,14) unter ihnen die Rede. Nach diesen für uns z. T. nicht mehr ganz einsichtigen Umständen hat man den J. in die Anfangszeit der Urgemeinde gesetzt. Er wird öfter als älteste Schrift des NT betrachtet und könnte noch vor dem → Apostelkonzil geschrieben sein, da jeder Hinweis auf Heidenchristen und die mit ihnen auftauchende Frage nach der Verbindlichkeit des Gesetzes für den Christen fehlt. Möglicherweise lebten die angeredeten Judenchristen in Syrien in der Umgebung Antiochias (vgl. Apg 11,19).

III) In seiner Art der Darstellung, insbes. in der Fülle der Bilder aus der Natur (mehr als in allen Paulusbriefen), erinnert der J. stark an die Verkündigung Jesu, wie sie die drei ersten Ev. bewahrt haben. Darüber hinaus spielt er immer wieder auf einzelne Jesusworte an, vor allem aus der Bergpredigt, bringt jedoch keine wörtlichen Zitate. Augenscheinlich ist also die genaue Kenntnis dieser Worte bei Jakobus wie bei seinen Lesern vorauszusetzen, eine Tatsache, die bei dem frühen Ansatz des Briefes von ganz besonderer Wichtigkeit für die Frage der Ev.-Überlieferung überhaupt ist. Vgl. dazu im einzelnen Jak 1,4 mit Mt 5,48; Jak 1,5.6.17 mit Mt 7,7–11; 21,21.22; Jak 1,22 mit Mt 7,21–27; Jak 2,5 mit Lk 6,20; Jak 2,8 mit Mk 12,31; Jak 2,13 mit Mt 5,7; Jak 3,12 mit Mt 7,16; Jak 3,18 mit Mt 5,9; Jak 4,4 mit Mt 6,24; Jak 4,11.12b mit Mt 7,1; Jak 4,12a mit Mt 10,28; Jak 4,13.14 mit Lk 12,16–20; Jak 4,17 mit Lk 12,47; Jak 5,1 mit Lk 6,24; Jak 5,2.3 mit Mt 6, 19; Jak 5,12 mit Mt 5,34–37.

IV) Der J. wendet sich demnach an Christen, die in der Lehre Bescheid wissen (vgl. Jak 3,1), aber nun praktische Hilfe zur Bewährung im Alltag brauchen, damit nicht Eigensucht und einseitige Erkenntnis, sondern der Glaube ihr Leben bestimmen und formen kann. Jakobus beginnt mit dem Sinn und Ursprung der Versuchung (Jak 1,2–18) und ergänzt das durch den Aufruf zum Tun des Wortes (V 19–27), das mit dem Ansehen der Person unvereinbar ist (Jak 2,1–13). Wo der Glaube nicht in den Werken sichtbar wird, ist er tot; niemand kann sich auf seinen bloßen Kopfglauben berufen (V 14–26). In der Gemeinschaft untereinander sollen die Weisheit von oben und die Demut herrschen, kein zügelloses Geschwätz, eigensüchtiger Streit, Verleumdung und gegenseitiges Richten (Jak 3,1–4,12). Auch im Beruf und Erwerbsleben ist Gottes Wille entscheidend und nicht das Streben nach Gewinn, das den anderen übervorteilt (Jak 4,13–5,6). Zum Schluß ermahnt Jakobus zur Geduld im Leiden (V 7–11), zur Wahrhaftigkeit, die keines Eides bedarf (V 12), erinnert an die Macht des Gebets (V 13–18) und ermuntert, dem Bruder, der von der Wahrheit abgeirrt ist, zu helfen (V 19.20).

V) Wer im J. grundsätzliche Lehraussagen sucht, wird ihn nur zu leicht mißverstehen, wie es auch Luther ergangen ist, der von einer »strohernen Epistel« sprach (vgl. auch → Glaube II,6). Den Zugang eröffnet dagegen eigene Not und eigene Erfahrung im Alltag des Glaubens. Hier tritt die Bedeutung der nüchternen und praktischen Art des Jakobus zutage, der die Schwierigkeiten und Gefahren des geistlichen Lebens tief und klar durchschaut und mit seiner helfenden Ermahnung jedesmal zum Kern der Sache vordringt.

Jalon, Sohn des Judäers Esra (1 Chron 4,17).

Jambres → Jannes

Jamin »Glück«.
1) Sohn Simeons. Seine Nachkommen sind die Jaminiter (1 Mo 46,10; 2 Mo 6,15; 4 Mo 26,12).
2) Nachkomme des Judäers Jerahmeel (1 Chron 2, 27).
3) Levit z. Zt. Nehemias (Neh 8,7).

Jamlech viell. »Er (Gott) möge als König einsetzen«.
simeonitischer Fürst (1 Chron 4,34).

Jammertal. Das hebr. *emäkh habbaka* (Ps 84,7) kann sowohl »Tal des Weinens« wie »Tal des Bakastrauchs« bedeuten. Im ersten Fall enthielte diese Psalmstelle lediglich ein Bild, im zweiten könnte ein bestimmtes Tal auf dem Weg nach Jerusalem gemeint sein.

Janna »Der Herr erhört«,
Sohn Melchis, Vorfahr Jesu (Lk 3,24).

Jannes und Jambres, ägypt. Zauberer, die Mose widerstanden, dann aber unterlagen (2 Tim 3,8). Im AT (2 Mo 7,11.22; 8,3[7].14[18]f) werden weder Namen noch Anzahl der Zauberer genannt. Sie finden sich aber in einem jüd. → Targum zu 2 Mo 7, 11. Jambres ist vermutlich die griech. Form von Jamre »Der Widersetzliche«; Jannes, wohl eine Kurzform von Johanan, erinnert an das talmudhebr. *janah* »unterdrücken«.

Janoah »Ruhe«,
Stadt in der Nähe von Abel-Beth-Maacha und Kedes (2 Kö 15,29), von Thiglath-Pileser III. erobert. Ob das 10 km östl. von Tyrus gelegene heutige Januh derselbe Ort ist, bleibt fraglich.

Janoha »Ruhe«,
Grenzort zwischen Ephraim und Manasse (Jos 16,6. 7); heute Chirbet Janun, 10 km südöstl. von Sichem. Vgl. Taf. 97/1536.

Janum, viell. »Er möge schlummern«,
Ort im Stamm Juda (Jos 15,53), zwischen Esean und Beth-Thappuah genannt, vermutlich das heutige Beni Naim 6 km östl. von Hebron.

Japhet »Er möge weiten Raum schaffen«.
Zweiter (oder ältester; 1 Mo 10,21 kann verschieden aufgefaßt werden) Sohn Noahs (1 Mo 5,32; 6,10; 7, 13; 9,18; 10,1–5; 1 Chron 1,4–6). Weil J. sich mit Sem ehrerbietig gegen seinen Vater betrug, als dieser sich im Rausch entblößt hatte (1 Mo 9,22.23), segnete Noah ihn: »Gott breite J. aus und lasse ihn wohnen in den Zelten Sems, und Kanaan sei sein Knecht« (V 27). Das soll J. nicht die Herrschaft über Sem, wohl aber die Teilnahme an seinem Segen der Verheißung (1 Mo 3,15; 12,3) zusprechen. Als Söhne J. werden Gomer, Magog, Madai, Javan, Thubal, Mesech und Thiras genannt (1 Mo 10,2). Auch V 3–5 weisen für das Gebiet der Japhetiten in die Umgebung des Kaspischen und Schwarzen Meeres, nach Kleinasien und auf die Länder und Inseln im Nordteil des Mittelmeers hin. Es handelt sich dabei im allgemeinen um indogermanische Völker. Vgl. auch → Gomer, → Magog usw.

Japhia »Er (Gott) möge erglänzen« (als Zeichen seiner Gnade).
1) Kanaaniterkönig von Lachis (Jes 10,3).
2) Sohn Davids (2 Sam 5,15).
3) Ort in Sebulon (Jos 19,12), das heutige Jafa (neuhebr. Yafia), 2 km südwestl. von Nazareth. Vgl. Taf. 97/1536.

Japhlet »Er (Gott) möge retten«.
1) Asserit, Sohn Hebers (1 Chron 7,32.33).
2) Jos 16,3 werden Japhletiter erwähnt, die an der Grenze von Ephraim und Dan in der Nähe von Beth-Horon wohnten. Ob sie Nachkommen von J. (1) sind, ist nicht zu entscheiden.

Japhletiter → Japhlet

Japho hängt wohl mit hebr. »schön werden, schmükken, sich schön machen« zusammen.
Seestadt an der Grenze des Stammgebietes von Dan (Jos 19,46; vgl. Ri 5,17). In den Amarnabriefen heißt der Ort Ja-pu oder Ja-a-pu, bei den Assyrern Ja-ap-puu, in ntl. Zeit Joppe (Apg 9,36.43) und heute Jaffa (Tel Aviv-Yafo). Die Stadt hat aber keinen Hafen; die Schiffe ankern vor der Küste, und kleinere Boote vermitteln den Verkehr mit dem Land.

Bauholz vom Libanon für den Palast Sargons II. in Khorsabad wird auf dem Wasserweg transportiert

Das Bauholz für den 1. und 2. Tempel wurde vom Libanon auf dem Seewege über J. nach Jerusalem gebracht (2 Chron 2,15[16]; Es 3,7). Von J. aus floh Jona vor dem Auftrag des Herrn (Jon 1,3), und hier hatte Petrus das Gesicht von dem Tuch mit den reinen und unreinen Tieren (Apg 10,8ff).

Jarah »Mond, Monat«.
Nachkomme Sems, Sohn Joktans (1 Mo 10,26; 1 Chron 1,20).

Jareb. Als »König Jareb« bezeichnet Hosea den Assyrerkönig (Hos 5,13; 10,6). Manche sehen in dem hebr. Ausdruck die Übersetzung des akkad. Titels »Großkönig«.

Jared wohl nach dem Arab. »Rose«.
Sohn Mahaleels, Vater Henochs und Vorfahr Christi (1 Mo 5,15–20; 1 Chron 1,2; Lk 3,37).

Jarha, ägypt. Knecht des Judäers Sesan. Er erhielt Sesans Tochter zur Frau und wurde sein Erbe (1 Chron 2,34.35).

Jarib »Er (Gott) möge streiten, den Prozeß führen«.
1) Sohn Simeons (1 Chron 4,24), → Jachin (1).
2) Oberster, den Esra nach Kasphia sandte (Es 8, 16).
3) Priester, der sich von seiner heidnischen Frau trennte (Es 10,18).

Jarmuth.
1) Amoritische Königsstadt (Jos 10,3.5.23; 12,11), später zu Juda gehörig (Jos 15,35; Neh 11,29), das heutige Chirbet Jarmuq (neuhebr. Tel Yarmut) am Wadi es-Sant, ostnordöstl. von Aseka. Vgl. Karte Sp. 730.
2) Levitenstadt im Stamme Isaschar (Jos 21,29). 1 Chron 6,58 [73] steht dafür → Ramoth (2); vgl. auch → Remeth. Vgl. Karte Sp. 846.

Jaroah »Weich, zart«.
Gaditer in Basan (1 Chron 5,14).

Jasen → Hasem

Jaser.
Amoriterstadt im Ostjordanland (4 Mo 21,32), dem Stamm Gad zugeteilt (4 Mo 32,1.3.35; Jos 13,25) und dann den Leviten übergeben (Jos 21,39; 1 Chron 6,66[81]). Später hatten sie die Moabiter erobert (Jes 16,8; Jer 48,32). Man sucht den Ort an verschiedenen Stellen westl. und nordwestl. von Amman (Rabba). Vgl. Karte Sp. 846.

Jasis, Hagariter, Aufseher über die Schafherden Davids (1 Chron 27,31).

Jasobeam.
1) Sohn Hachmonis, Oberster der Helden Davids (2 Sam 23,8; 1 Chron 11,11).
2) Benjaminit, der zu David nach Ziklag kam (1 Chron 12,6), vgl. → Korah (4),
3) Sohn Sabdiels, Führer der 1. Heeresabteilung unter David (1 Chron 27,2.3). Man hat ihn öfter mit J. (1) gleichgesetzt, muß dann aber dessen Beinamen Hachmoniter auf den Stammvater der Familie (vgl. V 32) beziehen.

Jason »Der Heilende«.
1) Christ in Thessalonich, der Paulus und Silas in sein Haus aufnahm und darum von den Juden vor die Obersten der Stadt geschleppt wurde (Apg 17, 5–9).
2) Christ in Korinth, Verwandter des Paulus (Röm 16,21; ebenso möglich die Übersetzung: Landsmann, Volksgenosse).

Jaspis → Edelstein

Jassib → Thappuah (2)

Jasub »Er möge umkehren«.
Sohn Isaschars; seine Nachkommen werden Jasubiter genannt (4 Mo 26,24; 1 Chron 7,1). 1 Mo 46,13 heißt er Job; vermutlich ist das *s* beim Abschreiben ausgefallen.

Jasubiter → Jasub

Jathniel »Gott hat geschenkt«,
korahitischer Torhüter, Sohn Meselemjas (1 Chron 26,2).

Jatthir,
Priesterstadt im Gebirge Judas (Jos 15,48; 21,14). Hierhin sandte David einen Teil seiner Beute (1 Sam 30,27). Wahrscheinlich das heutige Chirbet Attir (neuhebr. Hurva Yattir), südl. von Ed-Daharije und 25 km nordöstl. von Beer-Seba. Vgl. Karte Sp. 846.

Jauchzen bezeichnet den Freudenruf (Est 8,15; Hi 3,7) und den Kriegs- und Siegesschrei im Kampf (2 Mo 32,17; Ri 15,14; 1 Sam 4,5.6; Hi 39,25; Ps 41,12; 108,10; Jes 14,7), auch den Ruf, mit dem der neugewählte König vom Volk begrüßt wird (1 Sam 10,24). Vor allem aber ist J. der laute Jubel über das Heilshandeln Gottes (Jes 12,6; 35,10; 54,1; Zeph 3, 14), die Freude seiner Engel (Hi 38,7), seines Volkes (5 Mo 32,43) und seiner Knechte (Jes 65,14). »Das Volk, das j. kann« (Ps 89,16), ist geradezu eine Bezeichnung des Gottesvolkes. Dieses J. gilt bes. dem Kommen des Herrn als des Königs und gerechten Richters (Sach 9,9; Ps 98,4.6; 67,5). Darin sollen alle Lande und Völker (Ps 47,2; 66,1), ja die ganze Schöpfung, Himmel, Berge und Bäume (1 Chron 16, 33; Ps 89,13; Jes 44,23; 49,13) miteinstimmen. Wo aber der Fluch und das Gericht Gottes über ein Land kommt, verstummt alles J. (Jes 24,6.8; 16,10).

Javan, Sohn Japhets (1 Mo 10,4). Das Wort entspricht dem Namen der Ionier, der ionischen Griechen. In der Bibel werden damit die kleinasiatischen Griechen (Jes 66,19) oder die von Griechen bewohnten Länder (Hes 27,13) bezeichnet. Auch Jo 4,6[3,11] (LÜ Griechen) und Dan 8,21; 10,20; 11,2; Sach 9,13 (LÜ → Griechenland) steht im Grundtext Javan.

Jearim → Kirjath-Jearim

Jeathrai, gersonitischer Levit (1 Chron 6,6[21]). V 26[41] steht an gleicher Stelle → Athni; es könnte sich dabei um eine Verwechslung der Buchstaben n und r handeln.

Jeberechja »Der Herr möge segnen«,
Vater Sacharjas, eines Zeitgenossen Jesajas (Jes 8,2).

Jebus. Das älteste → Jerusalem lag auf dem Südosthügel bei der Gihonquelle. Dies war die Burg Zion (2 Sam 5,7) oder Jebus (Ri 19,10; 2 Sam 5,6). Hier wohnten Israeliten und → Jebusiter nebeneinander (Jos 15,63). Auf eine Mischbevölkerung weist auch Hes 16,3: »Dein Geschlecht ist aus der Kanaaniter Lande, dein Vater aus den Amoritern und deine Mutter aus den Hethitern.«

Jebusiter. Eins der Völker, die schon vor den Israeliten in Kanaan wohnten (1 Mo 10,16; 15,21; 2 Mo 3,8). Nach 4 Mo 13,29[30]; Jos 11,3 siedelten sie zusammen mit den Amoritern, Hethitern und Pheresitern z. Zt. der Eroberung auf dem Gebirge. Außerdem werden sie als Einwohner Jerusalems genannt (Jos 15,8.63; 18,16.28; Ri 1,21; 2 Sam 5,6), das nach ihnen die Stadt der J. (des J.) oder Jebus (Ri 19,10.11) heißt. Der Name Jerusalem ist aber älter; er kommt als Urusalim schon in den Amarnabriefen vor. Den Judäern und Benjaminiten gelang es nicht, die J. aus Jerusalem zu vertreiben (Jos 15,63; Ri 1,21; 19,11). Erst David hat die Stadt und Burg erobert (2 Sam 5,6–9), die Einwohner jedoch nicht vertrieben. Von einem J. (→ Aravna) kaufte er die Tenne, auf der später der Tempel gebaut wurde (2 Chron 3,1). Den Rest der J. machte Salomo zu Zwangsarbeitern (1 Kö 9,20.21).

Jecholja »Der Herr hat sich mächtig bewiesen, vermag«,
Frau König Amazjas von Juda, Mutter Usias (2 Kö 15,2; 2 Chron 26,3).

Jechonja → Jojachin

Jedaja. I) »Er (Gott) hat eine Wohltat erwiesen«.
1) Simeoniter, Sohn Simris (1 Chron 4,37).
2) Sohn Harumaphs. Er half bei der Ausbesserung der Mauer Jerusalems (Neh 3,10).

II) »Der Herr hat gewußt« oder »Der Herr hat sich gekümmert (um), hat sich (jemandes) angenommen«.
1) Leiter der 2. Priesterabteilung z. Zt. Davids (1 Chron 24,7); seine Nachkommen kehrten mit Serubabel aus Babylon heim (Es 2,36; Neh 7,39).
2) Zwei Priester, die mit Serubabel heimkehrten (Neh 12,6.7); ihre Familien werden auch in der nächsten Generation genannt (V 19.21).
3) Einer der z. Zt. Sacharjas noch in der Verbannung lebenden Juden (Sach 6,10.14).

Jeddi → Iddo III,3

Jedeala, Grenzort des Stammes Sebulon (Jos 19, 15), zusammen mit Simron und Bethlehem (2) genannt. Möglicherweise Chirbet el-Huwara, 1 km südl. von Bethlehem (2).

Jediael »Von Gott gekannt«.
1) Sohn Benjamins, Stammvater eines Geschlechts (1 Chron 7,6.10.11).
2) Hauptmann aus Manasse, der zu David nach Ziklag kam (1 Chron 12,20).
3) Sohn Simris, Held Davids (1 Chron 11,45).
4) Korahitischer Torhüter z. Zt. Davids (1 Chron 26,1.2).

Jedida »Geliebt, Liebling«,
Frau König Amons von Juda, Mutter Josias (2 Kö 22,1).

Jedidja »Freund, Geliebter des Herrn«
Diesen Namen erhielt Salomo vom Propheten Nathan auf Anordnung des Herrn (2 Sam 12,25).

Jedithun.
1) Levit aus dem Geschlecht Meraris (1 Chron 9,14. 16), der mit Asaph und Heman die Sänger z. Zt. Davids leitete (1 Chron 25,1.3.6). Sein früherer Name scheint → Ethan gewesen zu sein (vgl. 1 Chron 16,37.41 mit 15,17.19). Während Asaphs Abteilung bei der Bundeslade in Jerusalem blieb, versahen Heman und J. den Dienst am Zelt und Altar in Gibeon (1 Chron 16,41.42). Salomo vereinigte sie wieder zum gemeinsamen Dienst am Tempel (2 Chron 5,12). 2 Chron 35,15 wird J. der Schauer des Königs genannt; seine Nachkommen werden z. Zt. Hiskias (2 Chron 29,14) und nach der Rückkehr aus der Gefangenschaft erwähnt (1 Chron 9,16; Neh 11,17). Drei Psalmen tragen seinen bzw. den Namen seines Geschlechtes (Ps 39; 62; 77), der hier und 1 Chron 9,16; 2 Chron 29,14 Jeduthun lautet. Seine Söhne erscheinen auch als Torhüter (1 Chron 16,42).
2) Vater des korahitischen Torhüters → Obed-Edom (1 Chron 16,38; vgl. 26,1.4.8).

Jedlaph, mit »schlaflos sein« zusammenhängend, Sohn von Nahor und Milka (1 Mo 22,22).

Jeduthun → Jedithun

Jegar-Sahadutha aram. »Steinhaufe des Zeugnisses«,
aram. Name des Steinhaufens, der Zeichen für die Versöhnung zwischen Laban und Jakob war (1 Mo 31,47). Vgl. → Mizpa (5). Vgl. Karte Sp. 372.

Jeguel, Judäer aus der Familie Serahs in Jerusalem (1 Chron 9,6).

Jehallel-El »Er möge Gott preisen«.
1) Nachkomme Judas (1 Chron 4,16).
2) Levit aus der Nachkommenschaft Meraris (2 Chron 29,12).

Jehdeja »Der Herr möge sich freuen«.
1) Levit z. Zt. Davids (1 Chron 24,20).
2) Meronothiter, Aufseher über die Esel Davids (1 Chron 27,30).

Jeheskel »Gott möge stärken, kräftigen«.
Leiter der 20. Priesterabteilung z. Zt. Davids (1 Chron 24,16).

Jehia »Der Herr möge sich lebendig, wirksam erweisen«.
Torhüter der Bundeslade z. Zt. Davids (1 Chron 15, 24).

Jehiel »Gott möge sich lebendig, wirksam erweisen«.
1) Levit der 2. Ordnung, der als Sänger den Psalter spielte und mit anderen die Bundeslade nach Jerusalem geleitete. Später blieb dies sein Dienst in der Hütte, die David für die Lade als vorläufiges Heiligtum errichtet hatte (1 Chron 15,18.20; 16,5).
2) Levit, Nachkomme Gersons, Sohn Laedans z. Zt. Davids (1 Chron 23,8). Seine Nachkommen wurden Jehieliten genannt (1 Chron 26,21.22).
3) Sohn Hachmonis z. Zt. Davids (1 Chron 27,32).
4) Sohn Josaphats (2 Chron 21,2–4).

Tafel 43
a. *Landschaft in der Nähe von Hebron. Vgl. Lk 8, 5.6: Es ging ein Sämann aus zu säen ... und etliches fiel auf den Fels.*
b. *Einer der drei sog. »Teiche Salomos« (vgl. Pred 2, 6) bei Etam (1) südwestl. von Bethlehem. Von hier aus führte spätestens seit dem 2. Jh. v. Chr. eine Wasserleitung zum Tempel in Jerusalem.*

Tafel 43

5) Levit aus der Nachkommenschaft Asaphs, Vorfahr des Jahasiel (2 Chron 20,14).
6) Levit, Nachkomme des Sängers Heman z. Zt. Hiskias (2 Chron 29,14). Vielleicht ist 2 Chron 31,13 derselbe gemeint.
7) Priester z. Zt. König Josias (2 Chron 35,8).
8) Vater Obadjas, eines Heimkehrers unter Esra (Es 8,9).
9) Vater Sechanjas, Sohn Elams (Es 10,2), wohl derselbe, der seine heidnische Frau entließ (Es 10, 26).
10) Priester, der sich ebenfalls von seiner heidnischen Frau trennte (Es 10,21).

Jehieliten → Jehiel (2)

Jehiskia »Der Herr möge stärken, kräftigen« oder »sich stark erweisen«.
1) Sohn Sallums, einer der vornehmsten Ephraimiter z. Zt. Pekahs (2 Chron 28,12).
2) → Hiskia.

Jehova → Namen Gottes

Jehu »Der Herr ist Er«.
1) Benjaminit aus Anathoth, der in Ziklag zu David kam (1 Chron 12,3).
2) Sohn Hananis, der als Prophet gegen König Baesa und sein Haus auftrat (1 Kö 16,1–4.7). Später tadelt er Josaphat von Juda wegen der Waffenhilfe, die er Ahab geleistet hatte (2 Chron 19,1–3). Er schrieb einen Bericht über Josaphats Herrschaft (2 Chron 20,34).
3) Sohn Josaphats (6) und Enkel Nimsis, König von Israel 841–814/3 v. Chr. (1 Kö 19,16.17; 2 Kö 9; 10; 2 Chron 22,7–9).
Elia hatte den am Horeb vom Herrn empfangenen Auftrag, J. zum König über Israel zu salben, nicht selber ausgeführt, sondern auf Elisa übertragen (vgl. → Hasael), wenn der Prophet und J. sich nach 2 Kö 9,25.26 auch begegnet sind, als Elia Ahab auf dem Acker Naboths das Urteil des Herrn verkündigte. Erst Jahre später, als Joram von Israel im Kampf mit den Syrern verwundet war und Ahasja von Juda ihn in Jesreel besuchte, ließ Elisa J., der sich beim Heer in Ramoth in Gilead befand, durch einen der Prophetenjünger salben. Daraufhin riefen die übrigen Offiziere J. zum König aus (V 1–14). Nun begann J. die Ausrottung des Hauses Ahabs, jedoch auf so grausame Weise, daß Hosea später von den »Blutschulden in Jesreel« spricht, die der Herr an J. Haus heimsuchen wird (Hos 1,4). Nacheinander finden Joram von Israel (2 Kö 9,15–26), Ahasja von Juda (V 27–29; 2 Chron 22,7–9), Isebel (2 Kö 9,30–37), die 70 Söhne (wohl einschließlich der Enkel und Urenkel) Ahabs (2 Kö 10,1–10), dessen Große, Vertraute und Priester (V 11) und die Brüder Ahasjas von Juda (V 13.14) den Tod. Jonadab, den Sohn Rechabs, nahm J. auf seinem Wagen mit, damit er sein Eifern für den Herrn mitansehen sollte (V 15. 16). Dann setzte er im Baalstempel zu Samaria eine feierliche Zusammenkunft aller Baalsdiener an, die er sämtlich durch seine Leibwache erschlagen ließ. Der Tempel wurde zerstört und entehrt (V 18–27). Der Herr erkennt J. Gehorsam an und verheißt seinen Nachkommen bis ins vierte Glied den Thron Israels (V 30), was sich in der Herrschaft von Joas, Joahas, Jerobeam II. und Sacharja erfüllt. Dennoch folgte J. dem Herrn nicht von ganzem Herzen. Er ließ nicht vom → Bilderdienst Jerobeams I., dessen goldene Stierbilder in Beth-El und Dan er beibehielt (V 29.31).
Kurz nach J. Regierungsantritt zog der Assyrer → Salmanasser III. wieder nach Westen. J. unterwarf sich und zahlte Tribut, was Salmanasser auf seinem schwarzen Obelisken im Bild festhält. Mit der Unterwerfung rettete J. zwar seine Herrschaft, machte sich aber → Hasael von Damaskus, der den Assyrern Widerstand leistete, zum unversöhnlichen Feind, der Israel nun das ganze Ostjordanland nördl. vom Arnon entriß (V 32.33). J. herrschte 28 Jahre und wurde nach seinem Tode in Samaria begraben. Sein Sohn Joahas wurde sein Nachfolger.
Vgl. Taf. 46b/705.
4) Judäer, Sohn Obeds und Vater Asarjas (1 Chron 2,38).
5) Simeonitischer Fürst z. Zt. Hiskias (1 Chron 4, 35–41).

Jehubba, viell. Kurzform zu Habaja; auch Zushg. mit hebr. »Busen« möglich.
Asserit, Nachkomme Berias (1 Chron 7,34).

Jehud, Stadt im Stammgebiet Dans (Jos 19,45), das heutige el-Jehudije, neuhebr. Yehud, 12 km ostsüdöstl. von Jaffa.

Jehus, Kurzform »Er (Gott) möge helfen«,
Sohn Esaus und Oholibamas, Fürst Edoms (1 Mo 36, 5.18).

Jeiel.
1) Stammvater der Einwohner Gibeons, Vorfahr König Sauls (1 Chron 9,35.36.39).
2) Levitischer Torhüter und Harfenspieler z. Zt. Davids (1 Chron 15,18.21; 16,5).
3) Schreiber z. Zt. Usias (2 Chron 26,11).
4) Oberster aus dem Stamme Ruben (1 Chron 5,7).
5) Levit z. Zt. Hiskias (2 Chron 29,13).
6) Nachkomme Adonikams, der mit Esra aus der babyl. Gefangenschaft heimkehrte (Es 8,13).
7) Israelit, der sich von seiner heidnischen Frau trennte (Es 10,43).

Jekamja »Der Herr möge aufrichten«.
1) Judäer, Nachkomme Jerahmeels (1 Chron 2,41).
2) Sohn oder Nachkomme Jojachins (1 Chron 3,18).

Jekuthiel viell. nach dem Arab. »Gott möge die Seinen ernähren«.
Judäer, Gründer der Stadt Sanoah (1 Chron 4,18).

Jemima »Taube«,
Tochter Hiobs (Hi 42,14).

Jemla wohl »Er (Gott) möge (Versprechen, Bitten) erfüllen«,
Vater des Propheten Micha (1 Kö 22,8.9; 2 Chron 18,7.8).

Jemuel.
Sohn Simeons (1 Mo 46,10; 2 Mo 6,15). In 4 Mo 26, 12; 1 Chron 4,24 wird er Nemuel genannt.

Jephdeja »Der Herr möge erlösen«.
Benjaminit, Sohn Sasaks (1 Chron 8,25).

Jephthah »Er (Gott) möge lösen, befreien« (Noth).
1 a) Gileaditer, Sohn Gileads (2) und einer Dirne. Seine Brüder verstießen ihn, und er floh ins Land Tob, wahrscheinlich nordöstl. der Landschaft Gilead. Dort sammelte er eine Schar Männer um sich und lebte von Raubzügen (Ri 11,1–3). Zu dieser Zeit hatte der Herr die Israeliten wegen ihres Götzendienstes in die Hände der Philister und Ammoniter gegeben (Ri 10,6–8). Die Ammoniter überschritten sogar den Jordan und griffen Juda, Benjamin und Ephraim an (V 9). Da schrien die Israeli-

Tafel 44
a. *Luftaufnahme von Hebron. In der Mitte die Moschee über dem Grab Abrahams, der Höhle Machpela (1 Mo 23; 25, 9. 10). Die Umfassungsmauern stammen z.T. noch aus der Zeit Herodes d. Gr*
b. *Die terrassenförmigen Sinterablagerungen, die vom Wasser der berühmten heißen Quellen bei Hierapolis überströmt werden (Kleinasien).*

ten zum Herrn und bekannten ihre Sünde, und Gott ließ sich erbitten (V 10–16).
Das isrl. Heer hatte sich in Mizpa (5) gesammelt, besaß jedoch keinen Anführer. Darum baten die Ältesten von Gilead J., die Führung zu übernehmen (Ri 10,17f; 11,4–11). Dieser wies zunächst die Ansprüche der Ammoniter auf das Ostjordanland zurück: Israel hat diese Gebiete nicht den Ammonitern, sondern dem Amoriter Sihon abgenommen und wohnt nun schon 300 Jahre dort (V 12–28). Doch der Kampf war unvermeidlich. J. erbat sich vom Herrn durch ein Gelübde den Sieg und schlug die Ammoniter (V 30–33). Er besiegte auch die Ephraimiten, die dem Stamm Manasse die Ehre des Sieges nicht gönnten und unter Drohungen über den Jordan gekommen waren (Ri 12,1–6). J. richtete Israel 6 Jahre, bis zu seinem Tode (V 7). Vgl. Karte Sp. 492.
b) Eine nicht eindeutig geklärte Frage bildet J. Gelübde. Er hatte gelobt, dem Herrn als Brandopfer darzubringen, was (hebr. auch »wer«) ihm bei siegreicher Rückkehr aus seinem Haus zuerst entgegenkäme (Ri 11,30.31). Das war seine einzige Tochter. Nachdem er ihr 2 Monate Frist gegeben hatte, ihre Jungfrauschaft zu beweinen, »tat er ihr, was er gelobt hatte« (V 39). Das scheint in Verbindung mit J. Schmerz (V 35) auf ein wirklich vollzogenes Brandopfer hinzuweisen.
Anderseits läßt das isrl. Gesetz keinen Raum für Menschenopfer; es enthält sogar ausdrückliche Vorschriften über das Auslösen von Menschen, die dem Herrn gelobt wurden (3 Mo 27, 1–8). Man hat daher gemeint, daß J., der 1 Sam 12,11; Hebr 11,32 ehrend genannt wird, die buchstäbliche Erfüllung des Gelübdes habe umgehen können. Auch hat man daran gedacht, daß ein eheloses, zurückgezogenes Leben (vgl. Ri 11,39) ebenso völlige Hingabe an den Herrn bedeutet haben könnte wie ein Brandopfer. Die Entscheidung zwischen den beiden Auffassungen ist schwer, zumal die HS hier nur berichtet und weder das Gelübde noch seinen Vollzug durch J. ausdrücklich beurteilt.
2) Ort in der judäischen Sephela (Jos 15,43), heute viell. Tarkumija, 10 km nordwestl. von Hebron.

Jephthah-El »Gott möge lösen, befreien«,
Tal an der Grenze zwischen Asser und Sebulon (Jos 19,14.27), wohl die Ebene El-Battuf (neuhebr. Biqat Beit Netofa), die sich nördl. von er-Rummane (Rimmon 2) in ostwestl. Richtung erstreckt. In dem nördl. des Tales gelegenen Tell Dschefat (viell. das Jotapata des Josephus) könnte sich der alte Name erhalten haben (neuhebr. Yodfat).

Jephunne viell. »Er (Gott) möge sich gnädig wieder zuwenden«.
1) Vater des Judäers Kaleb (4 Mo 13,6[7]).
2) Asserit, Sohn Jethers (1 Chron 7,38).

Jerahmeel »Gott möge mit Liebe begegnen, sich erbarmen«.
1) Judäer, Sohn Hezrons (1 Chron 2,9). Er hatte eine große Nachkommenschaft (V 25–41), die Jerahmeeliter (1 Sam 27,10; 30,29).
2) Sohn des Leviten Kis (1 Chron 24,29).
3) Glied der Königsfamilie z. Zt. König Jojakims (Jer 36,26).

Jerahmeeliter → Jerahmeel (1)

Jered, nach dem Arab. »Rose«,
Judäer, Vorfahr der Einwohner Gedors (1 Chron 4, 18).

Jeremai, wohl Zushg. mit arab. »anschwellen«, viell. »aufgeschwollen, dick«,
Israelit, der sich von seiner heidnischen Frau trennte (Es 10,33).

Jeremia, Bedeutung umstritten; Noth »Der Herr möge aufrichten«.
1) Zwei Gaditer, die zu David kamen, als er in der Bergfeste war (1 Chron 12,10.13).
2) Benjaminit, der in Ziklag zu David kam (1 Chron 12,4).
3) Familienhaupt in Ostmanasse (1 Chron 5,24).
4) Vater der Hamutal, der Frau König Josias (2 Kö 23,31). Er wohnte in Libna.
5) Rechabiter, Vater Jaasanjas (Jer 35,3).
6) Sohn Hilkias, der Prophet (Jer 1,1). → Jeremia, Buch.
7) Priester, der mit Serubabel aus Babylon zurückkehrte (Neh 12,1.12).
8) Priester, der die Verpflichtung auf das Gesetz unter Nehemia unterschrieb und an der Mauereinweihung teilnahm (Neh 10,3[2]; 12,34).

Jeremia, Buch. I) VERFASSER. J., der Sohn des Priesters Hilkia zu Anathoth, wurde trotz seiner Jugend im 13. Jahr König Josias (627 v. Chr.) von Gott zum Propheten berufen (Jer 1,1–10). In allen Wirren und Kriegen der Zeit stand er unter den Königen Joahas, Jojakim, Jojachin und Zedekia bis zu seinem Tode (um 580 v. Chr.) als unermüdlicher Bußrufer im öffentlichen Leben. Schon zu seiner ersten Rede wurde er nach Jerusalem gesandt (Jer 2,2). Dort predigte J. überall, wo er Hörer fand: im Tempel (Jer 7,2), unter dem Stadttor (Jer 17,19), im Tal Ben-Hinnom (Jer 19,2); selbst im Gefängnis schwieg er nicht (Jer 32,2). Im heißen Ringen um die Rettung des Volkes durch Bekehrung zu Gott bediente er sich aller Mittel: nicht nur des gesprochenen Wortes, sondern auch der Schrift (Jer 29,1; 36,2) und der Verdeutlichung durch sinnbildliches Handeln (Jer 7,29; 24,1–10).
Das Wirken des J. steht unter dem Zeichen der Treue, die sich nicht entmutigen läßt, weder durch augenblicklichen Mißerfolg noch durch das Miterleiden der Schritt für Schritt sich vollziehenden Zerschlagung des Volkes, um dessen Rettung er kämpft. Wäre J. nicht durch diese Treue stark geworden, so hätte er völlig verzweifeln müssen. 50 Jahre rief er zur Buße und kündigte Gerichte an. Jede seiner Ankündigungen erfüllte sich; und doch folgte man stets falschen Propheten und nicht ihm. Gott unterstrich die Gerichtsankündigungen dadurch, daß er nicht mit einem Schlage das volle Gericht hereinbrechen ließ, sondern das Volk durch 2 Deportationen warnte (605 und 597 v. Chr.; vgl. → Gefangenschaft III, 3); trotzdem ging es seinen Weg der Gottlosigkeit weiter. Das endgültige Gericht kam, als Zedekia unter Nichtachtung der Warnung des J. im Vertrauen auf die Hilfe der Ägypter noch einmal einen Aufstand gegen Nebukadnezar wagte (2 Kö 24,20; 2 Chron 36,13; Hes 17,15). Nach einer 2½ Jahre dauernden Belagerung wurden Jerusalem und Tempel zerstört und die Masse des Volkes weggeführt (586 v. Chr. → Jahr). J. wurde es freigestellt, zu bleiben oder nach Babel mitzuziehen. Er blieb im Lande bei den wenigen Besitzlosen, die nicht ausgesiedelt wurden. Doch auch jetzt gab es noch keine Ruhe; denn der von den Babyloniern eingesetzte Statthalter wurde ermordet. Aus Furcht vor der Rache der Chaldäer flohen trotz der Warnung des J. nun auch noch die letzten Juden nach Ägypten und zwangen den Propheten mitzuziehen (Jer 40–43). Da die Flucht nach Ägypten keine Flucht zu Gott war, mußte J. dort weiter gegen die Abgötterei seiner Volksgenossen predigen und hatte auch den Ägyptern Gottes Gericht anzukündigen. Über das

Ende des J. berichtet die Bibel nichts. Nach der Überlieferung ist er i. J. 580 v. Chr. von den Juden in Ägypten gesteinigt worden.
Wer sich in solcher Treue 50 Jahre hindurch einem dem Untergang zueilenden Volk entgegenstellen muß, hat einen Weg der Leiden zu gehen. Weil J. gegen die Regierung und die Masse der Propheten auftrat (Jer 27,12–17), wurde er als Volksverräter gebrandmarkt, den man zum Schweigen bringen müsse (Jer 38,4). Die Männer seiner Heimatstadt Anathoth suchten ihn zu töten (Jer 11,21). Dann nahm Gott ihn unter seinen besonderen Schutz (Jer 15,20), ließ aber zu, daß J. von dem Priester Pashur geschlagen und in den Stock gelegt wurde (Jer 19, 14–20,6). Schließlich wurde er während der Belagerung unter Zedekia gefangengesetzt und für kurze Zeit sogar in eine Schlammgrube geworfen, in der er umkommen sollte (Jer 37,11–38,13).
Die schwerste Not des J. aber war die Last auf seiner Seele, daß sein Volk sich 50 Jahre hindurch nicht helfen lassen wollte. Es ist begreiflich, daß er unter dieser Last einmal schwach wurde und sein Amt niederlegen wollte. Der Herr aber trat ihm entgegen, und J. ging den Weg bis zum bitteren Ende (Jer 20,7–18). Da mag es ihn gestärkt haben, daß Gott ihn auch über die Zeit der Not hinwegschauen ließ und ihm Verheißungen künftigen Heils und eines neuen Bundes in den Mund legte (Jer 31).

II) ABFASSUNG. Über die Entstehung des B. J. berichtet es selbst. Danach hat J. auf Gottes Befehl im 4. Jahr König Jojakims (605/4 v. Chr.) seine bis dahin gehaltenen Reden → Baruch diktiert, um durch das geschriebene Wort vielleicht zu erreichen, was das gesprochene nicht hatte wirken können (Jer 36,1–4). Die Verlesung der Reden machte auch auf das Volk und die Fürsten einen tiefen Eindruck. Als das Buch aber dann dem König vorgelesen wurde, nahm er die Blätter, zerschnitt und verbrannte sie (V 23). Auf Anweisung des Herrn wird das Buch neu geschrieben und durch weitere Reden und Berichte vervollständigt (V 27–32). Die Zeit des Abschlusses ist unbekannt.

III) INHALT UND EINTEILUNG. Durch J. unternimmt Gott den letzten Versuch, das einem schweren Gericht zueilende Volk doch noch zu einer Buße zu rufen, die vor dem Gericht rettet oder das Gericht mildert durch Bewahrung der Bußfertigen vor der Gefangenschaft. So steht die damalige Situation in Juda im Blickpunkt des Buches. Es wird nicht allgemein von Sünde gesprochen, sondern die Sünden des Volkes und der führenden Stände werden konkret aufgedeckt (Jer 7,9; 19,4.5; 34,16). Aber diese Aufdekkung der Sünden ist nicht die Rede eines Staatsanwaltes, der Bestrafung fordert, sondern sie soll zur Reinigung von den Sünden führen, damit Gott Gnade walten lassen kann. Um das Volk zur Buße zu bewegen, muß ihm die bevorstehende Strafe unmißverständlich angekündigt werden. Da man sich darauf verläßt, daß zu Jerusalem des Herrn Tempel steht und darum dieser Stadt kein Unheil widerfahren kann, wird die Zerstörung Jerusalems angedroht und damit auch die des Tempels (Jer 26,6; 34,2; 37, 8). Das Volk Gottes soll unter die Heiden zerstreut und aus dem Lande weggeführt werden, das Gott den Vätern gegeben hatte. Nur ein Ausweg bleibt offen: »Bessert euer Leben und Wesen, so will ich bei euch wohnen an diesem Ort« (Jer 7,3).
Zwischen diesen Reden in die Gegenwart hinein finden wir die über die Gerichtszeit hinausweisenden Worte. Wir hören von der zeitlichen Begrenzung der Herrschaft Babylons auf 70 Jahre (Jer 25, 11), von der Rückkehr und dem Wiederaufbau Jerusalems (Jer 30,18). Darüber hinaus wird von Anfang an eine Zeit verheißen, in der das Heil auf einer besseren Grundlage beruht, in der man der Bundeslade nicht mehr gedenken und sie nicht wiederherstellen wird, weil Jerusalem des Herrn Thron ist, zu dem sich die Heiden sammeln (Jer 3,16.17). Gerade in seiner größten Not, als er während der Belagerung im Gefängnis liegt, darf J. immer wieder von dieser kommenden Herrlichkeit reden (Jer 30, 1–33,26).
Das Buch J. enthält keinen geschlossenen Gedankengang, sondern stellt eine Sammlung von Reden dar, die in fast 50 Jahren gehalten wurden. Wenn man mit der Zerstörung Jerusalems einen Einschnitt macht, kann man einteilen:
Einleitung: Berufung des Propheten (Jer 1,1–19).

1) Bis zur Zerstörung Jerusalems (2,1–39,18):
   a) Bußrufe (2,1–29,32).
   b) Blick in die Zukunft (30,1–33,26).
   c) Belagerung und Zerstörung Jerusalems (34,1 –39,18).
2) Nach der Zerstörung Jerusalems (40,1–52,34):
   a) Bericht über die Geschehnisse nach dem Abzug Nebusaradans (40,1–45,5).
   b) Weissagungen gegen andre Völker (46,1–51, 64).
   c) Kurzer rückblickender Bericht über die Zerstörung Jerusalems (52).

IV) THEOLOGIE. Wir können das B. J. das Buch von der Langmut Gottes nennen, die aus der Vereinigung von Liebe und Gerechtigkeit entspringt. Die Gerechtigkeit Gottes kann keine Sünde ungesühnt lassen, auch und gerade nicht bei dem Volk, mit dem er seinen Bund geschlossen hat (Jer 30,11.14.15). Die Strafankündigungen Gottes sind keine leeren Worte. Aber Gott straft nicht mit Lust, er will nicht den Tod des Sünders, er straft zur Herstellung der Gerechtigkeit in seiner Schöpfung, bes. in dem Volk des Eigentums, das seinen Namen trägt (Jer 31,18 –20). Die Liebe jedoch möchte durch Bitten und Werben ohne Strafe zum Ziel kommen. Darum steht das Volk Jahrzehnte hindurch unter dem Strafbeschluß Gottes und hört doch immer wieder das Werben Gottes durch seinen Boten. Darin offenbart sich die Langmut Gottes, der erst straft, nachdem alle Warnungen unbeachtet geblieben sind, und dann die Strafe erst durch erneutes, direktes Verschulden des Menschen eintreten läßt (Jer 34,8–22). Gottes Langmut aber bleibt, auch über die Strafe hinaus, die das Volk zubereiten soll, damit es weiter Träger der alten Verheißungen bleiben kann (Jer 31,1.2). Es wird darüber hinaus sogar unter neue, noch größere Verheißungen gestellt (V 31-34). Am Volk Israel wird die ganze Verblendung von Menschen offenbar, die einmal im Bunde mit Gott gestanden, sich aber von ihm abgewendet haben und allen Warnungen Gottes zum Trotz in ihr Verderben rennen. Auf diesem dunklen Hintergrund leuchtet die Gestalt des J. auf, den seine unbeirrbare Treue auf dem Weg des Dienstes hält bis in den Tod, ihn aber auch die Hilfe und Bewahrung durch Gott erfahren läßt. Das Gegenbild zu dieser Treue wird uns im Propheten Uria gezeichnet, der vor der Bedrohung durch König Jojakim nach Ägypten flieht, jedoch zurückgeholt und getötet wird (Jer 26, 20–23). Rettung aus Gefahr kann dem Propheten nur eine Flucht in die Treue bieten, nicht die Flucht aus dem Dienst. Vgl. → Klagelieder Jeremias.

Jeremoth, Bedeutung wie Jeremai.
1) Benjaminiter, Sohn Berias (1 Chron 8,14).
2) Sohn Musis, Levit aus der Nachkommenschaft Meraris (1 Chron 23,23; 24,30).

3) → Jerimoth (4).
4) Sohn Asriels, Stammesfürst über Naphthali z. Zt. Davids (1 Chron 27,19).
5) Drei Israeliten, die sich von ihren heidnischen Frauen trennten (Es 10,26.27.29).

Jereon,
feste Stadt des Stammes Naphthali (Jos 19,38), zwischen En-Hazor und Migdal-El genannt; vermutlich westl des Hulesees (viell. das heutige Jarun 16 km westl. des Sees).

Jeria wohl »Der Herr möge ansehen«.
1) Levit, Nachkomme Kohaths, Sohn Hebrons (1 Chron 23,19; 24,23; 26,31).
2) Wachoffizier im Tor Benjamin, der den Propheten Jeremia verhaftete (Jer 37,13.14).

Jeribai »Er (Gott) möge streiten, den Prozeß führen«,
Sohn Elnaams, Held Davids (1 Chron 11,46).

Jericho, Bedeutung unsicher, meist von hebr. *jareah* = Mond abgeleitet: »Mond(stadt)«.
1) Die alte Kanaanitersiedlung auf dem Tell es-Sultan, neben dem die Elisaquelle liegt (2 Kö 2,19–22), wird auch »Palmenstadt« genannt (5 Mo 34,3; Ri 1, 16; 3,13). Die neuesten → Ausgrabungen (IV, 4) haben Siedlungsreste schon aus dem 5. Jt. v. Chr. aufgedeckt. Außerdem zeigte sich, daß die Mauerreste, die Garstang der Eroberung durch Josua um 1400 zuschreiben wollte, 200–300 Jahre älter sind. J. lag in einer fruchtbaren Ebene (5 Mo 34,3; 2 Kö 25,5) in der Nähe des Jordan, Moab gegenüber (4 Mo 22,1), nahe am Gebirge (Jos 2,16.22), auf der Grenze zwischen Ephraim und Benjamin (Jos 16,7). Es war berühmt wegen seiner Palmen und seines Balsams, außerdem war der Ort ein wichtiger Handelsplatz. Vgl. Abb. Sp. 1417; 1282.
J. fiel als erste Kanaaniterstadt in die Hände Israels, als seine Mauern beim Schall der Posaunen einstürzten, und wurde völlig zerstört (Jos 6). Das Gebiet erhielt der Stamm Benjamin (Jos 18,21). Neben der Trümmerstätte scheint aber auch weiterhin noch eine Siedlung bestanden zu haben. Eglon und seine Verbündeten nahmen die Palmenstadt ein (Ri 3,13), und z. Zt. Davids wird der Ort erneut erwähnt (2 Sam 10,5). Dann baute Hiel z.. Zt. Ahabs die Mauern wieder auf, und an seinen Söhnen erfüllte sich der Fluch Josuas (1 Kö 16,34; Jos 6,26). Wenig später befand sich hier eine Prophetenschule (2 Kö 2,4. 5). In der Nähe J. wurde der fliehende Zedekia von den Babyloniern gefangengenommen (2 Kö 25,5). Einwohner der Stadt kehrten aus der Gefangenschaft zurück (Es 2,34) und halfen beim Neubau der Mauer in Jerusalem unter Nehemia (Neh 3,2).
2) Das ntl. J. (Lk 10,30) war die Winterresidenz Herodes d. Gr. mit Amphitheater, Rennbahn, Wasserleitung und seinem Palast. Es lag südl. der alten Stadt am Ufer des Wadi el-Kelt. Um den Ort wuchsen nach Lk 19,1.4 Maulbeerfeigenbäume. Hier wurde auch der blinde Bartimäus geheilt (Mk 10,46). Heute ist Jericho eine von großen Palmenpflanzungen umgebene fruchtbare Oase am Ostrande des kahlen judäischen Berglandes. Der neue Ort liegt 2 km südöstl. des Tell es-Sultan und 7 km westl. vom Jordan. Infolge der sehr geschützten Lage (250 m unter dem Meeresspiegel) hat J. ein fast tropisches Klima. Vgl. Taf. 47/736; 48a/737; 90a/1409; 97/1536; 98/1537.

Jeriel wohl »Gott möge ansehen«,
Nachkomme Tholas aus dem Stamm Isaschar (1 Chron 7,2).

Jerigoth »Furchtsam«,
Frau Kalebs (1 Chron 2,18).

Jerimoth.
1) Benjaminit, Sohn Belas (1 Chron 7,7).
2) Anderer Benjaminit, Sohn Bechers (1 Chron 7,8).
3) Benjaminit, der in Ziklag zu David kam (1 Chron 12,5).
4) Levitischer Sänger, Sohn Hemans, z. Zt. Davids (1 Chron 25,4). V 22 heißt er → Jeremoth.
5) Sohn Davids. Seine Frau war Abihail, die Tochter von Davids Bruder Eliab. Ihre Tochter Mahalath heiratete Rehabeam, den Sohn Salomos (2 Chron 11,18 EÜ, ZÜ, MÜ).
6) Levit z. Zt. Hiskias (2 Chron 31,13).

Jerobeam »Es mehre sich das Volk«.
1) Sohn Nebats, ein Ephraimiter aus Zereda, dessen Mutter Zeruga früh Witwe geworden war. J. war einer der Beamten Salomos (1 Kö 11,26). Beim Bau des → Millo war er Salomo als tüchtig aufgefallen. Darum übertrug dieser ihm die Leitung aller Fronarbeiten des Hauses Joseph (V 27.28). Der Prophet → Ahia sagte ihm die Herrschaft über die 10 Stämme voraus, indem er seinen eigenen neuen Mantel zerriß und J. 10 von den 12 Stücken übergab mit der Zusage, der Herr wolle mit ihm sein und ihm ein dauerndes Haus bauen, wenn er Gott gehorsam sein und seine Gebote halten werde (V 29 –39).
Es scheint, daß J. eine Erhebung gegen Salomo plante (V 26); denn der König suchte ihn zu töten. J. floh aber nach Ägypten zum Pharao Sisak, wo er bis zum Tode Salomos blieb (V 40). Danach war er in Sichem der Wortführer der 10 Stämme bei den Verhandlungen mit Rehabeam (1 Kö 12,3). Auf die törichte, übertrieben harte Antwort Rehabeams fielen alle Stämme außer Juda und Benjamin von ihm ab u. erhoben J. zum König über ganz Israel (V 20.21). J. I. herrschte 931/30–910/9 v. Chr. Er residierte nacheinander in Sichem, Pnuel (= Pniel) im Ostjordanland (1 Kö 12,25) und in Thirza (1 Kö 14,17). Die große Sünde J. ist die Aufrichtung der goldenen Stierbilder in Beth-El und Dan. Damit gab er seinen Nachfolgern, die nicht mehr davon abließen, ein schlechtes Vorbild. Dieser → Bilderdienst führte schließlich zum Untergang des Nordreiches (V 16; 2 Kö 17,21–23). Auch hier war die Angst kein guter Ratgeber. J. hatte nämlich befürchtet, daß der Tempeldienst in Jerusalem eine Rückkehr des Volkes zu Rehabeam bewirken könne (1 Kö 12,26–30). Darum baute er Höhentempel und stellte aus allen Volksschichten Priester an, die nicht zu den Leviten gehörten (V 31). Außerdem verlegte er das Laubhüttenfest vom 15. Ethanim oder Tischri (Sept./Okt.) auf den 15. des folgenden Monats, Bul oder Marcheswan (Okt./Nov.); vgl. → Jahr. Er selbst opferte auf dem Altar in Beth-El (V 32.33). Weder die Gerichtsdrohung durch einen ungenannten Propheten aus Juda (1 Kö 13) noch Krankheit und Tod seines Sohnes Abia (1 Kö 14,1–18) brachten ihn zur Umkehr, wie ausdrücklich festgestellt wird (1 Kö 13,33). Dieses Beharren auf dem eigenen Weg wurde dem Haus J. zur Sünde und führte zu seiner völligen Vernichtung (V 34; Kap 15,29f), die der Prophet Ahia vorausgesagt hatte (1 Kö 14,10.11). Abia, der Sohn Rehabeams, errang einen entscheidenden Sieg über J., dessen Macht nun gebrochen war, und der Herr schlug ihn, daß er starb (2 Chron 13,1–20). Vgl. → Abia (5) und (6).
2) Sohn des Königs Joas von Israel, der 793/2 v. Chr. als Mitregent auf den Thron kam und nach dem Tod seines Vaters 782/1–753 herrschte. Unter seiner Regierung erlebte das Zehnstämmereich seine größte Blütezeit. Er eroberte das Gebiet Israels zurück, von Hamath an bis zum Toten Meer, wie es

der Prophet Jona vorhergesagt hatte (2 Kö 14,25). Und doch hat sein Werk – das möglich wurde, weil Damaskus durch die Einfälle der Assyrer geschwächt war – bei allem äußeren Erfolg keine bleibende Bedeutung gewonnen. Verhältnismäßig bald schon nach seinem Tode ist das Nordreich zugrunde gegangen. Gerade unter seiner Herrschaft aber zeichnet sich ein religiöser und sittlicher Verfall des Volkes auf breiter Basis ab. Die Zustände, die wir durch die Propheten Amos und Hosea kennenlernen, schreien zum Himmel. J. selber tat, was dem Herrn mißfiel (V 24).

Das Bild von Luxus, Reichtum und Prachtentfaltung z. Zt. J. II., das Amos und Hosea zeichnen, ist durch die Ausgrabungen in Samaria bestätigt worden. Auch das in Megiddo gefundene Siegel – ein geschnittener Jaspis mit dem künstlerisch hervorragenden Bild eines Löwen und der Inschrift: Sema, Diener Jerobeams – gehört in diese Zeit (Taf. 67/1056).

Jeroham »Weich, zart«.
1) Levit, Großvater des Propheten Samuel (1 Sam 1,1; 1 Chron 6,12[27].19[34]).
2) Benjaminit (1 Chron 8,27).
3) Benjaminit aus Gedor, dessen zwei Söhne zu David nach Ziklag kamen (1 Chron 12,7).
4) Vater des Stammesfürsten über Dan z. Zt. Davids (1 Chron 27,22).
5) Vater des Obersten Asarja z. Zt. Jojadas (2 Chron 23,1).
6) Benjaminit, Vater Jibnejas. Er wohnte in Jerusalem (1 Chron 9,8).
7) Priester in Jerusalem, Vater Adajas (1 Chron 9, 12; Neh 11,12).

Jerpeel »Gott möge heilen«,
Stadt im Stammgebiet Benjamins (Jos 18,27) viell. das heutige Rafat, 11 km nordnordwestl. von Jerusalem.

Jerubbaal. Beiname → Gideons, der »Groß, als Herr möge sich Baal zeigen« bedeutet (Ri 6,32).

Jerubbeseth. Nebenform für → Jerubbaal, den Beinamen Gideons, wobei Baal durch *beseth* = *boseth* »Schande« ersetzt ist (2 Sam 11,21). Vgl. → Is-Boseth, → Mephiboseth.

Jeruel viell. »Gründung Gottes«.
Die Wüste J. (2 Chron 20,16) ist ein Teil der Wüste Juda am Paß von Ziz, vermutlich südöstl. von **Thekoa.**

Jerusa »In Besitz genommen«,
Tochter Zadoks, Frau König Usias und Mutter Jothams (2 Kö 15,33; 2 Chron 27,1).

Jerusalem urspr. viell. »Gründung des (Gottes) Salem«, in der HS aber als »Gründung des Friedens« verstanden.

I) NAME.
J. wird zuerst als Salem = »Friede« z. Zt. Abrahams genannt (1 Mo 14,18; vgl. Ps 76,3; Hebr 7,2). Der hebr. Name lautet *Jeruschalajim.* Die Erwähnung des Ortes in ägypt. Fluchtexten der 12. Dyn. bleibt unsicher. Doch berichten die Amarnabriefe von J. unter dem Namen *Urusalim.* In assyr. Inschriften heißt die Stadt *Urusalimmu;* im Griech. stehen die Formen *Ierousalaem* und *Hierosolyma* nebeneinander. Die Araber nennen J. heute El-Kuds = »Die Heilige« (vgl. Jes 52,1; Mt 4,5).

II) LAGE.
A) J. liegt auf der Höhe des Gebirges → Juda (Ps 87,1), unmittelbar östl. der Wasserscheide, rund 760 m ü. d. M. und etwa 25 km westl. vom Nordende des Toten Meeres. Das Kalksteinplateau des Stadtgebietes fällt nach S hin ab und wird von dem heute fast völlig zugeschütteten Stadttal (El-Wad; bei Josephus »Tal der Käsemacher«, griech. *tôn tyropoiôn)* in nordsüdl. Richtung durchschnitten. Östl. davon liegt der Hügel Ophel (720 m) und der Tempelberg (744 m), westl. erhebt sich die Oberstadt (772 m). Innerhalb der Stadt bestehen also beträchtliche Höhenunterschiede. Von den umgebenden Bergen trennt J. im W und S das → Hinnomtal, von der → Ölbergkette (über 800 m) im O das → Kidrontal.

B) J. hat zwar gute Verkehrsverbindungen nach allen Seiten, aber weder der Weg von N nach S an der Wasserscheide entlang, noch der von Jericho über Beth-Horon zur Küstenebene berühren die alte Stadtlage unmittelbar. Die Bedeutung J. als Hauptstadt von Israel und Juda läßt sich nicht aus seiner geographischen Lage ableiten, sie hat ihren Grund darin, daß der Herr es erwählt hat: »Mein Name soll da sein« (1 Kö 8,29; vgl. Ps 68,17; → Erwählung II 2a; → Bundeslade; → David; → Tempel; → Salomo).

C) Lebenswichtig für jede Stadt ist die Wasserversorgung. Die einzige ständig fließende Quelle bei J. war der → Gihon im Kidrontal, heute Marienquelle genannt. Sie war mit der Jebusiterstadt durch einen Wassertunnel verbunden. Später leitete man ihr Wasser zunächst oberirdisch, dann durch den Tunnel Hiskias in Teiche im Südteil J. (→ Siloah; vgl. Taf. 82/1281). An der Stelle, an der Hinnom- und Kidrontal zusammenstoßen, liegt der Grundwasserbrunnen → Rogel oder → Drachenbrunnen, heute Bir Eijub (Hiobsbrunnen) genannt. Zu den Brunnen traten zahlreiche → Zisternen, die die Winterregen sammelten, die am Ölberg östl. der Stadt niedergehen. Wohl noch in vorröm. Zeit baute man zwei Wasserleitungen, die das Wasser der Quelle von Etam (1) aus den sog. Teichen Salomos (vgl. Pred 2,6; Taf. 43b/672), südwestl. von Bethlehem, über eine Entfernung von 12 km bis zum Tempel leiteten.

III) GESCHICHTE.
A) Das älteste J., die Jebusiterstadt Jebus (Ri 19, 10) oder die Burg Zion (2 Sam 5,7), die trotz einer ersten Eroberung jebusitisch geblieben war (Ri 1,8. 21), lag auf dem SO-Hügel an der Gihonquelle. Sie besaß 4 Tore (vgl. Abb.) und umfaßte ein Gebiet von 3 ha; ihre Befestigungen sind z. T. ausgegraben worden. Seit der Eroberung durch David hieß sie Davids Stadt (2 Sam 5,9). Der König erneuerte die Ringmauern (2 Sam 5,9; 1 Chron 11,8; vgl. → Millo). Salomo erweiterte J. nach N um den → Tempel- und Palastbezirk (9 ha) und → Millo, womit er wohl die Lücke an der Davidsstadt (1 Kö 11,27), d. h. das Zwischenstück am Hügel → Ophel zwischen Palastbezirk und Davidsstadt, schloß. Außerdem verstärkte er noch einmal die Mauern der eigentlichen Stadt (1 Kö 3,1; 9,15.24).

B 1) In der Zeit der Könige wuchs die Stadt noch einmal um 9 ha nach NW; dies ist der »andere Teil« J. (2 Kö 22,14; Zeph 1,10; Neh 11,9), der Zeph 1,11 nach seiner Geländeform als Mörser (LÜ Mühle, ZÜ Mulde) bezeichnet wird. Mauern und Türme wurden wiederholt verstärkt und ausgebessert (2 Chron 26, 9; 27,3; 32,5; 33,14), aber außer der Erweiterung zum Schutz der Teiche im S erfuhr J. bis zur babyl. → Gefangenschaft hin wahrscheinlich keine Ausdehnung mehr.

2) In dieser Zeit wurde J. 925 v. Chr. von Pharao Sisak (1 Kö 14,25f) und 843 v. Chr. (?) von Philistern und Arabern erobert und geplündert (2 Chron 21,16f). Um 800 v. Chr. bedrohte Hasael von Syrien die Stadt (2 Kö 12,18[17]f; 2 Chron 24,23f). 792

v. Chr. riß Joas von Israel die Mauern zwischen Ecktor und Ephraimtor auf 400 Ellen Länge ein (2 Kö 14,13). 701 v. Chr. belagerte Sanherib J. vergeblich (2 Kö 18–19), nach 648 v. Chr. (?) führten die Assyrer König Manasse in Gefangenschaft (2 Chron 33,11). 609 v. Chr. besetzte Pharao Necho die Stadt (2 Chron 36,3). Zweimal nahm sie Nebukadnezar ein (605 und 597 v. Chr.; Dan 1,1f; 2 Kö 24,10ff), ehe er sie nach 2½jähriger Belagerung (588–586 v. Chr.) endgültig zerstörte (2 Kö 25); vgl. → Jahr II.

C) Der Wiederaufbau begann nach 538 v. Chr. Als Nehemia 445 v. Chr. die Mauern wiederherstellte, erhalten wir zum erstenmal eine Beschreibung der Befestigungen von J. Damals besaß die Stadt, angefangen im N, folgende TORE (vgl. die Abb., auf der 1–4 die bis auf eine Ausnahme [das spätere Taltor 9] z. Zt. Nehemias nicht mehr vorhandenen Tore der Jebusiterstadt bezeichnen):

5) Schaftor (Neh 3,1; 12,39; Joh 5,2) oder Benjamintor (Jer 37,13; 38,7; Sach 14,10). Westl. davon standen die Türme Mea und Hananeel (Neh 3,1; 12,39).

6) Fischtor (Neh 3,3; 12,39; 2 Chron 33,14; Zeph 1,10). Es ist wohl auch mit dem ersten (Sach 14,10) und dem Mitteltor (Jer 39,2) gemeint.

7) Altes (viell. → Jesana-)Tor (Neh 3,6; 12,39) oder Ecktor (2 Kö 14,13; Jer 31,38; 2 Chron 26,9; Sach 14,10).

8) Ephraimtor (2 Kö 14,13; Neh 8,16). Man hat es zwar mit dem Fischtor (6) gleichsetzen wollen, aber Neh 12,38.39 ordnet es zwischen dem alten Tor (7) und der breiten Mauern ein. Vgl. Neh 3,8, wo von dieser Gegend gesagt wird: Und sie ließen J. bis an die breite Mauer, wie es war (EÜ); damit ist das Fehlen des Namens an dieser Stelle erklärlich. Auch 2 Kö 14,13 braucht dieser Ansetzung nicht zu widersprechen (vgl. die Ausdehnung von Usias Ausbesserungsarbeiten 2 Chron 26,9). Hinter der breiten Mauer folgte der Ofenturm (Neh 3,8.11; 12,38).

9) Taltor (Neh 2,13; 3,13; 2 Chron 26,9). Es entspricht dem Westtor (2) der Jebusiterstadt; Ausgrabungen haben eine Benutzung dieses Tores bis in die Makkabäerzeit hinein nachgewiesen.

10) Misttor (Neh 2,13; 3,13.14; 12,31), das Tor zwischen den zwei Mauern (2 Kö 25,4), auch Ziegeltor (Jer 19,2; ZÜ Scherbentor) genannt.

11) Brunnentor (Neh 2,14; 3,15; 12,37). In seiner Nähe lag ein Teich im Kidrontal (Neh 2,14), der heute unter Schutt begraben ist.

12) Wassertor (Neh 3,26; 8,1.16; 12,37).

13) Roßtor (Neh 3,28; 2 Chron 23,15; Jer 31,40), ein Innentor zwischen Tempelplatz und Ophel.

14) Ein oder zwei weitere Innentore werden als Ratstor (Neh 3,31; ZÜ Wachttor) oder (bzw. und) Kerkertor (Neh 12,39) wohl nordöstl. vom Tempel erwähnt.

D) Die Einbeziehung des SW-Hügels in den Mauerring werden wir (gegen Josephus) wohl in der hellenistischen Zeit anzusetzen haben. Erst in dieser Zeit finden sich auch sonst in Palästina Stadtgebiete um und über 50 ha (Askalon, Samaria), und keiner der auf dem SW-Hügel von J. bisher gefundenen Mauerreste weist eindeutig in frühere Zeit. Vgl. den Grabungsbefund am Taltor (9), das wegen seiner späteren Benutzung auch zur Stadt Nehemias gehört haben muß. Über eine frühere offene Siedlung auf dem SW-Hügel läßt sich nichts sagen; daß hier die ausgesiedelten Jebusiter dicht neben der Davidsstadt einen neuen Ort begründet hätten, klingt sehr unwahrscheinlich. Mit dem Zuwachs von 45 ha im SW erreichte J. den Umfang, den es in ntl. Zeit hatte.

Als Alexander d. Gr. das Perserreich eroberte, wurde die Stadt griech. (332 v. Chr.), in den Kämpfen seiner Nachfolger und während der Makkabäerzeit wechselte sie wiederholt den Besitzer, ihre Befestigungen wurden zerstört und wiederhergestellt (vgl. Sir 50,1–4; 3. Jh. v. Chr.).

E 1) 63 v. Chr. eroberte Pompejus J. für Rom. 40 v. Chr. fiel es den Parthern in die Hände, ehe →

Mauern und Tore Jerusalems

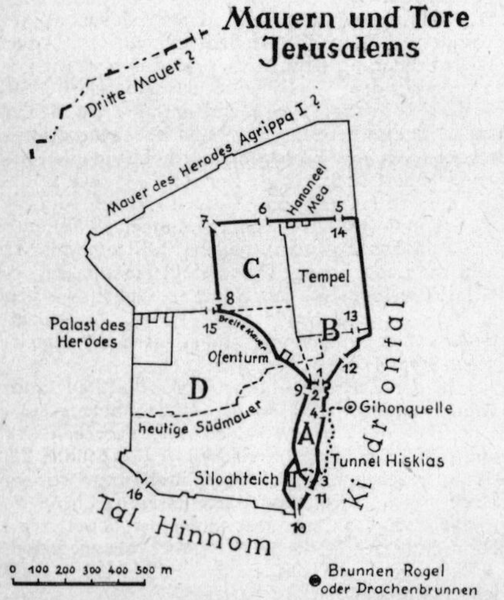

A	Davidsstadt	1-4	Tore der Jebusiterstadt
B	Erweiterungen Salomos	5-14	Tore z. Zt. der Könige und Nehemias
C	„Anderer Teil" Jerusalems		
D	Hellenistische Stadt	15-16	Tore der hellenistischen Stadt

Jerusalem in ntl. Zeit

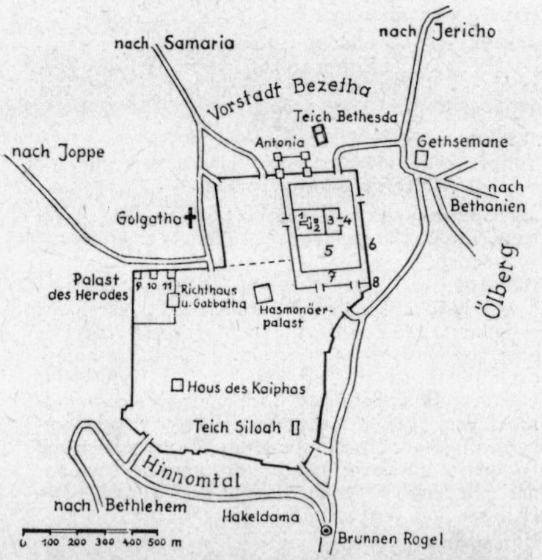

1 Tempel
2 Brandopferaltar
3 Frauenvorhof
4 Die Schöne Pforte
5 Vorhof der Heiden
6 Halle Salomos
7 Königliche Halle
8 „Zinne" des Tempels
9-11 Die Türme Hippikus, Phasael und Mariamne

Herodes d. Gr. es 37 v. Chr. einnahm. Unter seiner Herrschaft erlebte die Stadt eine neue Blüte äußerer Prachtentfaltung. Er ließ den → Tempel (VI) vollkommen umbauen, baute die Makkabäerfestung Baris (nördl. vom Tempel) zur Burg Antonia aus (Taf. 52/801) und errichtete seinen Palast an der Westseite J. Dieser Palast bildete später die Residenz des röm. Statthalters während der großen Feste; wir haben also auch das → Richthaus des Pilatus und → Gabbatha am wahrscheinlichsten hier zu suchen. Herodes Antipas wohnte in J. wohl im Hasmonäerpalast östl. davon. Zu weiteren Orten und Gebäuden J. z. Zt. Jesu vgl. die Einzelartikel.
2) Die letzte Erweiterung um 30 (bzw. 60) ha erfuhr J. unter → Herodes Agrippa I. Er umgab die Vorstadt Bezetha mit der sog. dritten Mauer, mußte die Bauarbeiten aber auf röm. Druck hin einstellen, ehe die Mauer fertig war. Man sucht sie im Zuge der heutigen Nordmauer (aus dem 16. Jh.) oder in den Mauerresten, die 500 m weiter nördl. gefunden wurden. Im jüd. Krieg wurde J. 70 n. Chr. vollständig zerstört, nur einen Teil der Westmauer und die drei mächtigen Türme am Palast des Herodes ließ Titus als Siegeszeichen stehen. Nach dem 2. jüd. Aufstand (132–135) gründete Kaiser Hadrian auf den Trümmern eine heidnische Stadt, Colonia Aelia Capitolina, mit einem Jupitertempel auf dem Tempelplatz. Ihr Betreten blieb den Juden bis zu Kaiser Konstantin untersagt. 638 eroberten die Araber J. und errichteten später auf dem Tempelplatz den Felsendom (vgl. Taf. 84/1313). Seit der Zeit Hadrians liegt das alte Zion, die Davidsstadt, außerhalb der Südmauer: »um euretwillen wird Zion wie ein Akker gepflügt werden« (Mi 3,12).
Vgl. Taf. 29/448; 36/545; 49/768; 50/769; 51/800; 53/832; 54/833; 60b/929; 73a/1152.

Jerusalem, himmlisches. Der Erwählung des irdischen → Jerusalem (II B) als des Ortes, an dem der Name des Herrn wohnen soll (1 Kö 8,29), entspricht am Abschluß der HS die Darstellung des h. J., wo Gottes Volk ewig in Gemeinschaft mit ihm und Christus leben wird (Offb 21,3.4), der Stadt des Friedens durch Ausschluß aller Ungerechten (Offb 21, 8). Nicht Weltverbesserung oder Erneuerung, sondern das Vergehen der alten Erde schafft Raum für das Herabkommen des h. J. von Gott auf die neue Erde (Offb 21,1; 3,12). Das Streben nach dieser Stadt ist unvereinbar mit innerweltlichen Zielen oder Zwischenzielen (Hebr 13,14; Phil 3,14; Kol 3, 1.2), denn die Bürger dieser Stadt stehen auf der alten Erde unter Fremdenrecht (1 Petr 2,11; Hebr 12, 22–24); heimatlos wie Israel auf dem Zug durch die Wüste (Hebr 3,7–4,11). Darum sind die Bürger des h. J. der rechte Same Abrahams, der auf die von Gott erbaute Stadt als auf das verheißene Erbe wartete und in Kanaan als Fremdling in Zelten wohnte (Hebr 11,9.10). Die leiblichen Nachkommen Abrahams unter der Knechtschaft des Gesetzes erkennt Paulus als Kinder der Hagar, der Unfreien, während das h. J. die Mutter der Kinder Saras, der Kinder der Freien und der Verheißung ist (Gal 4,22–30). Erst in Verbindung mit diesen Aussagen des NT erfährt auch die Zukunftsschau der Propheten von der neuen Erde (Jes 65,17) und dem kommenden Heil für → Zion und Jerusalem (Jes 66,10.13) ihre letzte Vollendung und Vertiefung.

Jesaja »Der Herr ist Hilfe, Heil«.
1) Sohn Rehabjas, Urenkel Moses (1 Chron 26,25).
2) Sohn Jedithuns, Leiter der 8. Sängerabteilung z. Zt. Davids (1 Chron 25,3.15).
3) Sohn des Amoz, der Prophet (Jes 1,1). → Jesaja, Buch.
4) Benjaminit, Vater Ithiels (Neh 11,7).
5) Enkel Serubabels (1 Chron 3,21).
6) Sohn Athaljas; er kehrte mit Esra aus Babylon zurück (Es 8,7).
7) Levit, der mit Esra zurückkehrte (Es 8,19).

Jesaja, Buch. I, 1) Über den Propheten J., den Sohn des Amoz, erhalten wir nur wenige persönliche Angaben. Er war verheiratet und hatte wenigstens zwei Söhne (Jes 7,3; 8,3.18). Neben seinen Prophetensprüchen hat er über die Könige Usia (2 Chron 26,22) und Hiskia berichtet (2 Chron 32,32); beide Werke sind verlorengegangen.
2) J. wirkte unter den judäischen Königen Usia, Jotham (Jes 1,1), Ahas (Jes 7,3; 14,28) und Hiskia (Jes 20,1.2; 36–39). Seine Berufung fällt in das Todesjahr Usias, 740/39 v. Chr. (Jes 6,1). Die letzten Berichte von seinem Auftreten haben wir aus der Zeit des Einfalls Sanheribs 701 v. Chr. (Jes 36–39). Nach jüd. Überlieferung soll J. unter Manasse den Märtyrertod gestorben sein (vgl. 2 Kö 21,16), weil er behauptet hatte, den Herrn gesehen zu haben (Jes 6), und gewagt, Jerusalem mit Sodom und Gomorra zu vergleichen (Jes 1,10; 3,9). Es wird berichtet, er sei in einen hohlen Baum geflohen, den der König mit ihm habe durchsägen lassen. Vielleicht spielt Hebr 11,37 (RÜ, ZÜ) auf diese Überlieferung an. Das Wirken J. erstreckt sich also über mindestens 40, vielleicht auch rund 55 Jahre, da Manasse 687/6 v. Chr. König wurde.
II) J. war Judäer und weissagte in Juda; seine Berufung und sein Auftreten fielen in eine der schwersten Zeiten der Geschichte seines Volkes. Nach der verhältnismäßig friedlichen Herrschaft Usias (2 Chron 26,8.15) begannen Damaskus und Israel z. Zt. Jothams, sich gegen Juda zu wenden (2 Kö 15,37). Der Kampf zog sich bis in die Regierung des Ahas hin (2 Kö 16,5). In dieser Lage kündigte J. die schnelle Niederlage der Gegner und das Vordringen der Macht Assyriens an (Jes 7–8; 17,1.3). Wenig später bestätigten die Ereignisse seine Weissagung: Thiglath-Pileser III. fiel in Syrien und Israel ein und eroberte Damaskus (733–732 v. Chr.; 2 Kö 15,29; 16,9). 10 Jahre später folgte die Vernichtung des Nordreiches und die Eroberung Samarias (723/2 v.

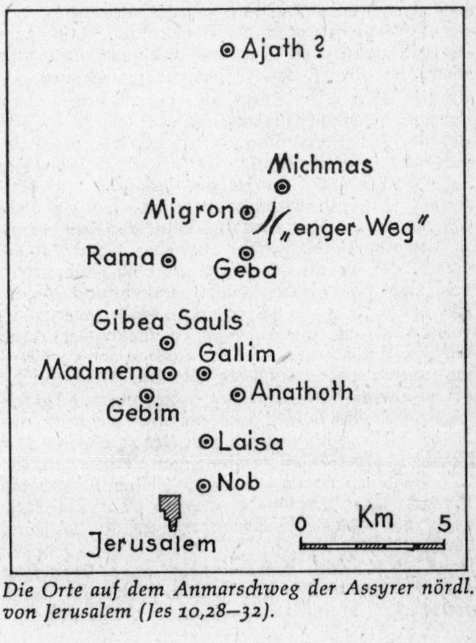

Die Orte auf dem Anmarschweg der Assyrer nördl. von Jerusalem (Jes 10,28–32).

Chr.; vgl. Jes 28,1–4), und 711 v. Chr. führte Sargon einen Feldzug gegen Asdod und Ägypten (Jes 20,1). Sanherib schließlich rückte auch in Juda ein (701 v. Chr.; 2 Kö 18,13) und belagerte Jerusalem, nachdem er Babylon besiegt hatte, das Juda zum Bundesgenossen hatte gewinnen wollen (Jes 39,1.2). Durch das Eingreifen des Herrn mußten die Assyrer aber ohne Erfolg abziehen (Jes 37,36.37), ja der Prophet sah bereits den Untergang Assyriens voraus (Jes 14,24–27), dessen Macht Manasse allerdings noch am eigenen Leibe erfahren sollte (2 Chron 33,11).

III, 1) Bei seiner Berufung erhält J. einen doppelten Auftrag vom Herrn (Jes 6,9–13). Seine Gerichtspredigt soll die → Verstockung des Volkes nicht nur aufzeigen, sondern ausdrücklich herbeiführen. Anderseits aber wird auch dies furchtbare Gericht dazu dienen, daß Gott mit dem verbleibenden → Rest, dem heiligen Samen (V 13), seine Heilsgeschichte zum Ziel führen kann.

So geißelt J. den Ungehorsam und Abfall seines Volkes, den Aberglauben, die Äußerlichkeit des Gottesdienstes (Jes 1,11–14), den Götzendienst (Jes 2,8), die Grausamkeit (Jes 1,23; 10,12), die Sittenlosigkeit (Jes 5,11.12.22). Ebenso brandmarkt er auch die Sünden der Feinde Judas (Babylon Jes 13; 47; Tyrus Jes 23; Assyrien Jes 10; 33; Edom Jes 34).

2a) Mitten im Vollzug des unerbittlichen Gerichtes aber leuchtet von Gottes Bundestreue her immer wieder die Hoffnung auf. Der Gefangenschaft und langen Leidenszeit soll die Befreiung und Rückkehr aus der Verbannung folgen (Jes 40). J. sagt sogar – 2 Jahrhunderte vor dessen Geburt – den Namen des Befreiers voraus: des Perserkönigs Kores (Kyrus; Jes 44,28; 45,1). Und über das Gesicht von der Befreiung und Wiederherstellung des Volkes hinaus (Jes 44–45; 60–61) schaut der Prophet, dessen Botschaft im Wesen messianisch ist, den Knecht des Herrn. Dieser *äbäd Jahwäh* wird nicht allein dazu kommen, Israel zu helfen, sondern auch, um auf allen Völkern der Erde seinen Geist des Friedens, der Gerechtigkeit, des Heils ruhen zu lassen. Er offenbart sich J. schließlich in der Gestalt des Schmerzensmannes, des Messias, der die Sünden des Volkes trägt und durch sein Leiden und seine Versöhnung zum siegreichen Retter der Menschen wird. Um dieser Schau willen, deren vollkommenster Ausdruck sich Jes 52,13–53,12 findet, hat man J. den 5. Evangelisten genannt.

b) Wer ist nun der Knecht des Herrn? Kores scheidet aus. Abgesehen davon, daß es in Jes 44–45 nur um die Wiederherstellung Jerusalems und des Tempels geht, wird der König zwar als »mein Hirt« (Jes 44,28), »Gesalbter des Herrn« (Jes 45,1) und »Befreier« (V 13) bezeichnet, nirgends aber als *äbäd Jahwäh*. Von dieser Gestalt scheint der Prophet eine doppelte Schau gehabt zu haben. Zunächst erscheint der Knecht des Herrn als eine Gesamtheit, und zwar unter dem Namen »Jakob und Israel« (Jes 44,1.2.21; 45,4; 48,20; 49,3), wobei aber, recht verstanden, an eine Auswahl zu denken ist. Denn wie ihre Väter waren auch die meisten der Verbannten untreu und ungläubig (Jes 48). Der Prophet schaut hier einen → Rest Israels, geläutert und gereinigt durch die Leiden und geistlich siegreich aus dieser Prüfung hervorgegangen (Jes 45,18–25). Daher der Aufruf zur Sammlung der Verbannten, die treu geblieben waren, als so viele ihrer Brüder den Versuchungen Babylons unterlagen (V 20 EÜ, ZÜ); daher die machtvolle Erinnerung an die Berufung Israels (Jes 46,3; 49,6).

Dann sah J. jedoch, daß kein Rest, keine Gesamtheit das messianische Werk nach dem Willen des Herrn vollbringen konnte, und damit enthüllt sich die Gestalt des *äbäd Jahwäh* als die einer einzelnen Person. Dieses Nebeneinander von Kollektivvorstellung und Einzelperson wird vor allem in Jes 50,1–52,12 erkennbar. Weder das gesamte Volk Israel noch ein Rest des Volkes konnte vorgeben, den Retterwillen des Herrn zu vollbringen. Nur einem einzelnen war das möglich, auserwählt, anders als die Menschenkinder (Jes 52,14), durch sein einzigartiges Wesen befähigt, unsere Krankheit zu tragen und unsere Schmerzen auf sich zu laden (Jes 53,4.5).

Daß sich beide Vorstellungen mit- und nacheinander in der messianischen Botschaft J. zeigen, ist nicht erstaunlich. Israel war doch erwählt, Licht der Völker zu sein und das Heil des Herrn bis an die Enden der Erde zu tragen (Jes 49,6). Die Erinnerung an diese Berufung, die wenigstens ein treuer Rest hätte ausführen sollen, und ebenso die Offenbarung, daß nur ein einzelner der wahre Knecht sein würde, beides waren zugleich Vorwürfe, die der Prophet seinem Volk machen mußte. Von daher läßt sich die Überschneidung, die zweifache Schau vom *äbäd Jahwäh* verstehen. Und weil wir es mit einer Offenbarung Gottes, nicht mit eigenen Gedanken des J. zu tun haben, läßt sich auch mit Sicherheit sagen, daß die Gestalt des Knechtes als Einzelperson den Vorrang einnimmt und das Übergewicht hat. Denn vom Evangelium her können wir den einzigartigen und unvergleichbaren Knecht Gottes, wie er uns in Jes 52,13–53,12 geschildert wird, nur mit der Person Jesu Christi gleichsetzen. Ohne Frage hat die prophetische Schau nie wieder solche Höhe erreicht.

3) Weiter weissagt J. über das Heil Israels und der Völker. Er beschreibt die messianische Zeit, das Gottesreich auf dieser Erde (vgl. Jes 24–27; 60–65; 8,23[9,1]–9,6; 11). Seine Botschaft ist also auch endgeschichtlich.

Die gewaltige Schau des Buches J. umgreift also neben der langen Zeit seines Wirkens und der unmittelbaren Zukunft auch die Jahrhunderte vom ersten Kommen bis zur Wiederkunft Christi. Seine Verkündigung ordnet sich um 3 prophetische Grundthemen:

a) die zeitgeschichtliche Botschaft: Jes 1–39 mit Ausnahme einiger endgeschichtlicher Abschnitte (s. u.);
b) die messianische Botschaft: Jes 40–55;
c) die endgeschichtliche Botschaft: Jes 56–66; 8,23 [9,1]–9,6[7]; 11; 24–27.

IV) Die Literarkritik zweifelt heute die Einheitlichkeit des Buches J. allgemein an. Dazu ist folgendes zu sagen (vgl. auch Heilige → Schrift u. → Mosebücher).

Man rechnet bei J. mit (mindestens) 3 Verfassern: J. selbst und zwei späteren anonymen Propheten, die ihre Schriften unter die Autorität seines Namens gestellt hätten (literarische Fiktion). Das sieht im einzelnen so aus:

1) J. habe Jes 1–39 geschrieben, abgesehen von einer Reihe von Stellen, die man ihm auch hier nicht zuschreiben könne.

2) Jes 40–55 habe einen unbekannten Propheten aus der Zeit der babyl. Gefangenschaft zum Verfasser, den man als Deuterojesaja (den 2. J.) bezeichnet. Er beschreibe eine Situation, die von der der voraufgehenden Kapitel völlig unterschieden sei, nämlich die Lage bei der Rückkehr aus der Verbannung; diese müsse er aber selber erlebt haben. Außerdem zeigten Stil und Wortgebrauch Unterschiede. Auch daß der Name des Kores genannt sei, deute auf die Zeit um 540 v. Chr., in der man diese Schrift ansetzt.

3) Jes 56–66 schließlich, im Stil lyrischer und geheimnisvoller zugleich, im Thema wesentlich endzeitlich, gehöre einem weiteren Verfasser, dessen

Zeit ziemlich unsicher angegeben wird (um 300 v. Chr. die einen, um 200 v. Chr. die anderen). Man nennt ihn Tritojesaja (den 3. J.).
Diese Hypothesen beruhen aber nicht auf zwingenden Beweisen, sondern gehen auf psychologische und stilistische Überlegungen zurück, letzten Endes also rein subjektive Argumente. Warum sollte der Prophet, der die Zerstörung Jerusalems von 586 v. Chr. vorausgesagt hat, nicht auch die Rückkehr von 538 v. Chr. voraussagen? Warum darf ein Verfasser, der sicher 40 Jahre, wenn nicht länger, geschrieben hat, keine Unterschiede in Stil und Wortwahl zwischen den Werken seiner Jugend, der Mannesjahre und des Alters aufweisen? Für die bei ein und demselben Verfasser geforderte Einheitlichkeit des Stils wird sich kaum ein Beispiel beibringen lassen; für das Gegenteil aber stehen zahlreiche zur Verfügung (die Unterscheidung von Jugend- und Altersstil ist in der Literaturwissenschaft eine Selbstverständlichkeit).
Der eigentliche Grund der Kritik liegt darin, daß man nicht mehr damit rechnet, daß Gott, der den gesamten Ablauf der Geschichte bestimmt und vorauskennt, ihn auch lange vorher in ganz konkreten Einzelheiten bekanntgeben kann. Daß ein Prophet Entwicklungen, Gericht und Heil im allgemeinen, *wäh*) voraussagen könne, erkennt man noch an. Das auch Ideen, Vorstellungen (wie etwa die des *äbäd Jah-* sind Dinge, die man auch geistig-psychologisch verstehen kann. Aber daß Gottes Geist dem Propheten J. im 8. Jh. v. Chr. konkret den Namen des Perserkönigs Kores im 6. Jh. v. Chr. mitteilt; daß der Herr nichts tut, ohne sein Geheimnis den Propheten, seinen Knechten mitzuteilen (Am 3,7): das wagt man nicht mehr ernst zu nehmen. Wenn man das aber tut, dann ist die Einheit des Buches J. kein Problem mehr.
Auch Jesus und die Apostel schreiben J. die Kap 40–66 wie die vorhergehenden zu. Matthäus (Mt 8,17) führt Jes 53 mit den Worten an: »auf daß erfüllt würde, was gesagt ist durch den Propheten J.« Ebenso zitiert er Jes 42,1.4 (Mt 12,17.21). Lk 3,4 zitiert Jes 40,3; Lk 4,17.19: Jes 41,1.3; Joh 1,23: Jes 40,3; Joh 12,38.41: Jes 53,1 u. ö.
Schließlich ist noch zu unterstreichen, daß auch die vollständige Jesajahandschrift von Qumran die faktische Einheit des Buches bestätigt. Sie ist etwa 120 v. Chr. geschrieben und zeigt keinerlei Anzeichen, die die Vermutungen der Literarkritik stützen könnten. Vgl. → Handschriften vom Toten Meer.

Jesana »Die Alte (Stadt)« (?),
Ort, den Abia im Kampf gegen Jerobeam eroberte (2 Chron 13,19). Früher vermutete man J. in Ain Sinja, halbwegs zwischen Jerusalem und Nablus (Sichem); neuerdings hat Albright Burdsch el-Isaneh vorgeschlagen, nordwestl. von Baal-Hazor und etwa 25 km Ll. von Jerusalem.

Jesanja → Jaasanja (2)

Jesarela, wohl auch Asarela zu lesen.
Sohn Asaphs, Leiter der 7. Sängerabteilung z. Zt. Davids (1 Chron 25,14). In V 2 wird er Asarela genannt.

Jesbah »Er wird loben, lobt« (König, Koehler) oder »Er (Gott) möge sich beruhigen, besänftigen, Sünden vergeben« (Noth),
Judäer, Gründer der Stadt Esthemoa (1 Chron 4,17).

Jesbak, Sohn Abrahams und der Ketura (1 Mo 25,2; 1 Chron 1,32), Stammvater eines arab. Volkes.

Jesbi zu Nob.
Nachkomme Raphas, ein Riese, der David in dem Krieg zwischen Israeliten und Philistern töten wollte, dann aber von Abisai erschlagen wurde (2 Sam 21,15–17). Er gehörte vermutlich zu den Resten der Enakiter, die sich ins Philisterland gerettet hatten (Jos 11,22).

Jesebeab »Der (leibliche) Vater möge (am Leben) bleiben«.
Leiter der 14. Priesterabteilung z. Zt. Davids (1 Chron 24,13).

Jesai, Kurzform zu Jesaja oder »Er (der Herr) hat geholfen«.
1) Judäer, Sohn Appaims (1 Chron 2,31).
2) Judäer, Vater Soheths (1 Chron 4,20).
3) Familienhaupt in Ostmanasse (1 Chron 5,24).
4) Simeoniter. Seine 4 Söhne besiegten die Amalekiter im Gebirge Seir und siedelten sich dort an (1 Chron 4,42).

Jeser, Kurzform »Er (Gott) hat sich als gerecht erwiesen«,
Sohn Kalebs, des Sohnes Hezrons (1 Chron 2,18).

Jesia, Israelit, der sich von seiner heidnischen Frau trennte (Es 10,25).

Jesiel, Benjaminit, Sohn Asmaveths; er kam zu David nach Ziklag (1 Chron 12,3).

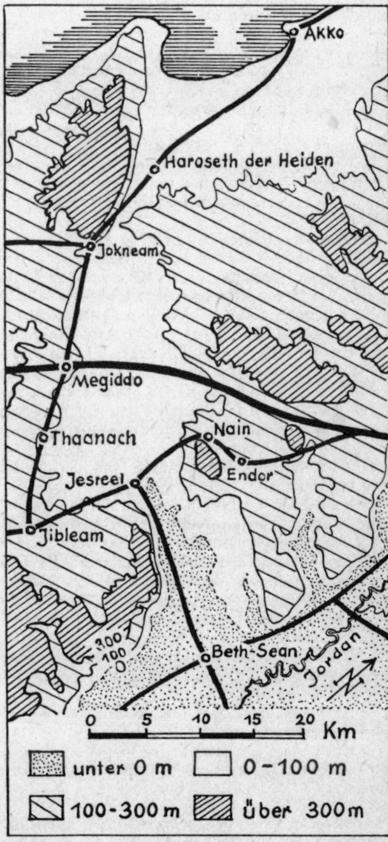

Die Ebene Jesreel mit den wichtigsten Straßen

Jesisai »Altersschwach« (?).
Gaditer in Basan (1 Chron 5,14).

Jesohaja,
simeonitischer Fürst z. Zt. Hiskias (1 Chron 4,36).

Jesreel »Gott möge (an)säen« oder »Gott sät«.
1) Befestigte Stadt im Stamm Isaschar (Jos 19,18), das heutige Zerin, ca. 17 km südl. von Nazareth, in der großen, nach dem Ort genannten Ebene J. gelegen (Jos 17,16; Ri 5,15; 6,33; Hos 1,5), einem der größten Schlachtfelder Palästinas (im O kämpften Gideon [Ri 6,33ff] und Saul [1 Sam 28,4; 29,1], im W Barak [Ri 4; 5] und Josia [2 Kö 23,29]). Die Stadt liegt 123 m ü. d. M. genau auf der Wasserscheide zwischen Mittelmeer und Jordan und wurde infolge ihrer strategischen und klimatischen Vorzüge zur (zweiten) Residenz der isrl. Könige (vgl. 1 Kö 18,45; 21,1; 2 Kö 9). Nach Hos 2,2[1,11] (vgl. 1,5) hat der Ort auch endzeitliche Bedeutung (vgl. → Harmagedon). Das neuhebr. Yizreel liegt nordwestl. des alten Ortes. Vgl. Taf. 48b/737.
2) Ort im Stamm Juda (Jos 15,56), der Heimatort Ahinoams, der Frau Davids (1 Sam 25,43); vermutlich das heutige Chirbet Tarama ca. 8 km südwestl. von Hebron.
3) Judäer (1 Chron 4,3).

Jesreelitin → Jesreel (2)

Jesse. In dieser Form erscheint im NT der Name → Isais, des Vaters Davids (Mt 1,5.6; Lk 3,32; Apg 13,22; Röm 15,12).

Jesua, andere Form von Josua, »Der Herr ist Hilfe, Rettung«.
1) Leiter der 9. Priesterabteilung z. Zt. Davids (1 Chron 24,11). Nachkommen von ihm werden bei der Rückkehr der Verbannten aus Babylon genannt (Es 2,36; Neh 7,39).
2) Levit z. Zt. Hiskias (2 Chron 31,15).
3) Sohn Jozadaks. Er kehrte mit Serubabel aus der babyl. Gefangenschaft zurück (Es 2,2; Neh 7,7; 12, 1.7.10). Als Hoherpriester errichtete er den Brandopferaltar, begann den regelmäßigen Gottesdienst und den Tempelbau (Es 3,2–9) und lehnte die Beteiligung der fremden Ansiedler daran ab (Es 4,3). In den Weissagungen Haggais und Sacharjas, die zum Neubeginn der unterbrochenen Arbeit am Tempel führen (Es 5,2), wird J. die Hilfe des Herrn zugesagt (Hag 1,1.12.14; 2,2[3].4[5]; Sach 3,1–10; 6,11–13). Hier heißt er → Josua (4).
4) Israelit, dessen Nachkommen aus der Verbannung zurückkehrten (Es 2,6; Neh 7,11).
5) Levit, dessen Nachkommen aus der Verbannung zurückkehrten (Es 2,40; Neh 7,43). Vielleicht ist Neh 12,8.24 derselbe gemeint. In V 24 hat man in »Sohn Kadmiels« einen Schreibfehler für »und Kadmiel« vermutet. Auch bei der Verlesung des Gesetzes durch Esra wird ein Levit J. genannt (Neh 8,7; 9,4. 5) und bei der Verpflichtung auf das Gesetz ein Levit J., der Sohn Asanjas (Neh 10,10[9]). Um wieviel verschiedene Personen es sich an diesen Stellen handelt, ist nicht mit Sicherheit zu entscheiden.
6) Vater des Leviten Josabad z. Zt. Esras (Es 8,33).
7) Vater Esers, des Obersten zu Mizpa, der unter Nehemia beim Mauerbau mithalf (Neh 3,19).
8) Ort in Juda (Neh 11,26), das heutige Tell es-Saweh (neuhebr. Tel Yeshua) 15 km ostnordöstl. von Beer-Seba.

Jesurun »Der Redliche« oder »Gerade, aufrichtig«. Ehrenname des Volkes Israel (5 Mo 32,15; 33,5.26; Jes 44,2).

Jesus, griech. Form des hebr. Josua, Jesua, »Der Herr ist Rettung«.
1) J. steht im griech. Text Apg 7,45; Hebr 4,8 auch für → Josua, den Sohn Nuns; hier schreiben die Übersetzungen Josua, um Mißverständnisse zu vermeiden.
2) Vorfahr Jesu Christi (Lk 3,29).
3) Judenchrist mit dem Beinamen Justus, von dem Paulus die Gemeinde in Kolossä grüßt (Kol 4,11). Man hat wegen der Übereinstimmung dieser Grußliste (V 10–14) mit der in Phim 23.24 vermutet, daß dort statt »in Christo Jesu« zu lesen sei: Epaphras, mein Mitgefangener in Christo, Jesus, Markus, Aristarchus, Demas, Lukas.
4) J. Sirach → Apokryphen.

Jesus Christus.
I) HERKUNFT UND BEDEUTUNG DES NAMENS
A 1) Der Name JESUS (griech.-lat. Form des hebr. Jeschua, einer späteren Bildung aus Jehoschua oder Joschua) bedeutet »Der Herr ist Heil (Rettung)«. Die Bibel kennt mehrere Träger dieses Namens (→ Jesus 1–3), der nun nach Gottes Willen seinem einzigen Sohn gegeben wurde (Mt 1,21; Lk 1,31; 2,21). Hinfort ist es der Name, »der über alle Namen ist« (Phil 2,9), der einzige Name, »darin wir sollen selig werden« (Apg 4,12). Vgl. → Namen Jesu Christi.
2) CHRISTUS ist der Titel, die Amtsbezeichnung Jesu. Das griech. *christos* ist die Übersetzung des aram. *meschicha* bzw. des hebr. *maschiach* und bedeutet »der Gesalbte« (Messias). Priester und Könige wurden in Israel durch eine → Salbung mit Öl feierlich in ihr Amt eingesetzt (2 Mo 29,7; 1 Sam 10,1 u. ö.). Die Bezeichnung »der Gesalbte« wurde zunächst vom König gebraucht (vgl. 1 Sam 24,7). Darüber hinaus schauen die Propheten einen kommenden König aus Davids Geschlecht, einen »Gesalbten«, der – Priester und König in einem – alles das erfüllen wird, was Israel von einem wahren Friedenskönig erwartet. Von dieser Erwartung zeugen die messianischen Weissagungen (vgl. Jes 9,5[6]; 11,1f; Mi 5,1; Jer 23,5f; Sach 9,9–11).
B) So ist der Doppelname Jesus Christus zugleich das kürzeste BEKENNTNIS der Christenheit: Jesus von Nazareth ist in seiner Person der verheißene Christus (Messias).
Jesus lebte und wirkte in der Gewißheit, der im AT geweissagte Messias zu sein, war aber darauf bedacht, daß seine Messiaswürde verborgen blieb (Mt 16,20; Lk 4,41); denn er wollte nicht, daß die Menschen sich seiner für ihre (z. B. politischen) Ziele bemächtigten (Joh 6,15). Er bezeichnete sich selbst mit Vorliebe als »des Menschen Sohn«, wodurch er für seine Zeitgenossen seine Messiaswürde gleichzeitig zu erkennen gab und verhüllte (Mt 8,20; 9,6; 26,64; Lk 9,56; Joh 1,51; 3,14 u. ö.). Diese Selbstbezeichnung sollte zunächst nichts anderes aussagen als: »ein Mensch«, ein Sproß des menschlichen Geschlechtes. Sie war aber auch, bes. bei der feierlichen Bezeugung seiner Wiederkunft in Herrlichkeit, ein Hinweis auf die Weissagung von dem kommenden Menschensohn in des Himmels Wolken (Dan 7,13). Nur hin und wieder hat Jesus sich einzelnen Gläubigen als den Christus zu erkennen gegeben: der Samariterin (Joh 4,25f), dem Blindgeborenen (Joh 9,35–37). Statt sich selbst als Messias zu bezeichnen, hat Jesus vielmehr durch die Art und den Inhalt seines Wirkens das Bekenntnis seiner Jünger herausgefordert; die Menschen sollten und mußten selbst erkennen und bezeugen, daß er der Erwartete sei (vgl. Mt 11,2–6). So antwortete Petrus auf Jesu Frage, für wen er ihn halte: »Du bist Christus, des lebendigen Gottes Sohn«, und Jesus nennt dieses

Bekenntnis eine Offenbarung Gottes (Mt 16,16f). Seinen Einzug in Jerusalem hat er im vollen Bewußtsein seiner Messiaswürde nach Sach 9,9 gestaltet (Mt 21,1–11) und die Frage des Hohenpriesters, ob er der Christus sei, mit »Du sagst es« beantwortet (Mt 26,63f). Auf die gleiche Weise bestätigt er auch die Frage des Pilatus, ob er ein König sei, und erklärt ihm, er sei in die Welt gekommen, um für die Wahrheit zu zeugen (Joh 18,37). Durch seinen Sohnesgehorsam hat sich Jesus als der von Gott gesandte Christus erwiesen, und Gott hat ihn durch seine Auferweckung als solchen vor aller Welt bestätigt. Seine Gemeinde entstand eben dadurch, daß Gott in Menschen dieses Messiasbekenntnis wirkte; und ihre Verkündigung hat zum Inhalt, daß Jesus der Christus Gottes sei (Apg 2,36; Röm 10,9; 1 Joh 4,15).

II) PERSON UND WERK.

A) JESU VORWELTLICHES SEIN (PRÄEXISTENZ).
Während die Bibel im Gegensatz zu anderen Religionen (etwa im indischen Raum) keine Spekulationen über eine frühere Existenz des Menschen vor seiner irdischen Geburt kennt, weiß sie von einer Präexistenz Jesu. In begreifliche Erregung versetzte die Juden Jesu Beteuerung: »Ehe denn Abraham ward, bin ich« (Joh 8,58). Er war von Anfang an »bei Gott« und ist das schöpferische Wort, durch das alle Dinge geschaffen sind (Joh 1,1–3). So konnte Jesus von einer Herrlichkeit sprechen, die er bei dem Vater hatte, »ehe die Welt war«, und wußte sich vom Vater geliebt »vor Grundlegung der Welt« (Joh 17,5.24). Auch für Paulus stand es fest, daß Jesus Christus in seinem vorweltlichen Sein »in göttlicher Gestalt« war (Phil 2,6). Er hat aber seine Gottgleichheit nicht als einen unveräußerlichen Besitz angesehen, sondern um seines großen Auftrags willen auf seine göttliche Vorrangstellung bei dem Vater verzichtet.

B) JESU SELBSTENTÄUSSERUNG UND MENSCHWERDUNG.
1) Die Bibel unterscheidet zwischen der Selbstentäußerung und der Selbsterniedrigung Jesu (Phil 2, 7–8). Um der Rettung der Menschen willen gab er seine göttliche Existenzweise zeitweise, aber ganz auf (seine Selbstentäußerung) und ging völlig in menschliche Wesensbeschaffenheit ein (Erniedrigung; → Knechtsgestalt). Die in den späteren Kirchenbekenntnissen so klar herausgestellte volle Gottheit und zugleich volle Menschlichkeit Jesu hat in der Schrift ihren zuverlässigen Grund. Mit seiner Menschwerdung (Inkarnation) begann sein Gehorsamsweg zum Tode (seine Selbsterniedrigung).

2) Über dieser Menschwerdung des Gottessohnes liegt ein göttliches Geheimnis, das sich einer verstandesmäßigen Deutung entzieht. Das Übernatürliche seiner Geburt (Mt 1,18–20; Lk 1,30–35) liegt in jenem »empfangen vom Heiligen Geist, geboren von der Jungfrau Maria«. Hier steht beides hart nebeneinander: Gottessohn und Menschensohn, der völlige Gegensatz, und gilt doch für ein und die gleiche Person. »Da die Zeit erfüllt ward« (Gal 4, 4), wird Jesus Christus in Bethlehem geboren (Lk 2,1ff), nach chronologischen Berechnungen mindestens 4–5, wahrscheinlich 7 Jahre vor unserer Zeitrechnung. Schlichten, ganz unzünftigen Menschen wird als ersten durch Engelbotschaft das Wunder der Geburt des Weltheilandes kundgetan. Gottes Heerscharen, die zu schauen gelüstet, wie Gott seinen Heilsratschluß mit den Menschen ausführt (1 Petr 1,12), stimmen über der Menschwerdung Christi das ewige Gloria an. Und die Sternbewegung des Himmels treibt selbst Magier aus der Ferne der östlichen Völkerwelt dazu, dem Neugeborenen zu huldigen (Mt 2,1–12).
Vgl. auch → Geschlechtsregister.

C) JESU AUFTRAG UND WERK.
Jesu Wort am Kreuz »Es ist vollbracht« (Joh 19,30) weist hin auf ein großes Werk, mit dem Christus sich vom Vater beauftragt weiß. Diesen Auftrag auszuführen, Mittler für das göttliche Ziel mit dem Menschengeschlecht zu sein, darin sieht er Sinn und Inhalt seines Lebens (Joh 4,34; 5,36; 17,4). Dieses Ziel Gottes aber ist, den unheilvollen Riß zu schließen, der durch den Abfall des Menschen von seinem Schöpfer (→ Sünde) entstanden ist. Als der Menschensohn ist Jesus der »andere Mensch« und »letzte Adam« (1 Kor 15,45.47), an dem wieder sichtbar wird, was der Mensch in seinem Verhältnis zu Gott sein soll. Er ist der Erste, der »Erstgeborene«, das wahre Ebenbild des Wesens Gottes (Hebr 1,6.3), in dem Gottes Plan bei der Erschaffung des Menschen (1 Mo 1,27) sich erstmalig wieder darstellt. An ihm haftet nicht der Makel der Sünde (Joh 8,46; 2 Kor 5,21; 1 Petr 2,22; Hebr 7,26f; 9,14); vollkommener Gehorsam, Hingabe und Vertrauen gegen den Vater zeichnen ihn aus (Phil 2,8; Hebr 5,8; Mt 26, 39.42). Er ist gekommen, um in seiner Person Gott und Mensch zu versöhnen (2 Kor 5,17ff), damit Menschen durch ihn wieder zum Vater kommen können (Joh 14,6; Hebr. 7,25) und er selbst der »Erstgeborene unter vielen Brüdern«, Stamm und Wurzel eines versöhnten Volkes sei (Röm 8,29; Joh 15,1ff). Dieses Versöhnungswerk schließt zwei Leistungen mit ein: Christus zerstört die Werke des Teufels (1 Joh 3,8) und nimmt dem Tode die Macht (2 Tim 1,10).

D) DIE VOLLBRINGUNG SEINES WERKES AUF ERDEN.
1) Über Jesu ÖFFENTLICHE WIRKSAMKEIT, in der er sein Werk auf Erden vollbringt, ein klares historisches Bild zu gewinnen, ist wegen der verschiedenen Auswahl der Berichte in den → Evangelien nicht ganz einfach (vgl. auch → Matthäus-Evangelium I, 1). Denn die Evangelien sind keine Biographien, sie wollen vielmehr Verkündigung und Handeln Jesu als Ruf zum Glauben festhalten. Wenn man indessen die Berichte der Synoptiker und des → Johannesevangeliums verbindet, gewinnt man drei Abschnitte des öffentlichen Auftretens Jesu:
a) Über die erste Zeit von der Taufe bis zur Gefangennahme des Täufers berichtet nur Joh 1,35–4,43. Jesus offenbart sich seinen ersten Jüngern und kehrt nach Galiläa zurück (Joh 1,43). Er tut sein erstes Wunderzeichen auf der Hochzeit zu Kana (Joh 2,1–11) und hält sich wenige Tage in Kapernaum auf (V 12). Zum ersten Passahfest im April reist er nach Jerusalem. Er reinigt den Tempel und hat ein nächtliches Gespräch mit Nikodemus (Joh 2,13–3,21). Es folgt eine wohl nur kurze Wirksamkeit in Judäa (Joh 3,22–4,3); denn vier Monate vor der Ernte (Joh 4,35), d. h. im Dezember, hatte Jesus auf seiner Rückkehr nach Galiläa, die ihn durch Samaria führte, zu Sichar mit einer Samariterin ein Gespräch (V 4–43).
b) Der zweite Abschnitt umfaßt die hauptsächlich von den Synoptikern berichtete Wirksamkeit in Galiläa (Mt 4,12–18,35; Mk 1,14–9,50; Lk 4,14–9,50). Auf eine Zeit, in der das Volk dem gewaltigen Prediger und Wundertäter begeistert zuströmte, trat gegen das zweite Passah seiner öffentlichen Tätigkeit (Joh 6,4) eine Wendung ein. Die Schriftgelehrten und Pharisäer bekämpften ihn immer erbitterter. Die Begeisterung des Volkes erwies sich immer mehr als ein Strohfeuer. So muß Jesus die Städte schelten, in denen die meisten seiner Taten geschehen waren (Mt 11,20–24). Noch ein halbes Jahr hielt er sich in Galiläa und den Nachbargebieten auf. Von dieser

ganzen Periode berichtet Joh. nur die Speisungsgeschichte und was sich daran anschloß (Joh 6). Nach dem johanneischen Bericht ist Jesus auch zwischendurch noch einmal in Jerusalem gewesen (Joh 5).

c) Der dritte Abschnitt seines Wirkens würde dann mit seiner Reise zum Todespassah eingeleitet werden. Nach den Synoptikern ist Jesus über das Ostjordanland nach Jerusalem gereist (Mt 19,1; Mk 10, 1). Nach Johannes ging Jesus zunächst zum Laubhüttenfest nach Jerusalem (Joh 7,2). Im Dezember finden wir ihn dort beim Fest der Tempelweihe (Joh 10,22), ohne daß irgendwie angedeutet wird, daß er inzwischen zurückgereist sei. Den Winter verbrachte er entweder in stiller Tätigkeit jenseits des Jordans (Joh 10,40) oder in Ephrem (Joh 11,54), um dann zum letzten Mal nach Jerusalem hinaufzuziehen (Joh 12,12). Nach dieser Übersicht dauerte Jesu gesamte Wirksamkeit über zwei Jahre. Genaueres kann man nicht sagen, da wir den Zeitpunkt seiner Taufe nicht kennen und die Ev. eben nicht an einem Gesamt-Zeitplan interessiert sind.

2) BERUFUNG SEINER MITARBEITER.

Um sein Werk auf Erden zu vollbringen, berief Jesus, nachdem er die ersten Jünger gesammelt hatte (Mk 1,16–19; 2,13–14) Mitarbeiter (Mk 3,13ff; Lk 6,12ff). Aus einer größeren Schar erwählte er zwölf, nachdem er zuvor eine lange Nacht durchwacht und durchbetet hatte. Ihre Aufgabe war es, bei Jesus zu sein, zu predigen und in Vollmacht Kranke zu heilen und Teufel auszutreiben (Mk 3,14f; Mt 10,1). Sie bilden den Grundstock seiner ersten Gemeinde (vgl. → Apostel).

3) JESU VERKÜNDIGUNG.

Jesu Botschaft kannte nur ein Thema: Gottes Königsherrschaft ist herbeigekommen. Darum tut Buße! (Mt 4,17). Auf die Frage der Pharisäer »Wann kommt das Reich Gottes?« gibt Jesus die Antwort: »Es ist in eurer Mitte« (Lk 17,20f). Mit dieser Erwiderung offenbart er sich selbst als den Bringer der Gottesherrschaft. Seine und seiner Jünger Verkündigung war Predigt vom Reich (→ Evangelium; → Bergpredigt; → Seligpreisungen; → Reich). Eine allgemein im Morgenland und auch bei Jesus besonders beliebte Stilform der Rede war das → Gleichnis. Jesus hat viel in Gleichnissen gesprochen (vgl. Mt 13; Luk 15). Durch sie offenbarte und verhüllte er zugleich die Geheimnisse des Reiches Gottes. Den Jüngern war es gegeben, das Geheimnis des Himmelreichs zu verstehen; die andern verstanden es nicht (Mt 13,10–16). Seine Rede hatte gewaltige Wirkungen. Das Volk wurde unter dem Eindruck seiner Worte von Entsetzen gepackt; denn »er lehrte sie wie einer, der Vollmacht hat, und nicht wie die Schriftgelehrten« (Mt 7,28f). Vgl. → Lehrer IV.

4) JESU VOLLMÄCHTIGES HANDELN.

Wenn von Jesus berichtet wird »Sein Wort stand in der Vollmacht« (Lk 4,32), so heißt das zugleich, daß er in Vollmacht nicht nur redete, sondern auch handelte. Das erweist sich vor allem an den Menschen, die er von ihren Sünden löste: der Gichtbrüchige (Mt 9,2), die große Sünderin (Lk 7,48), die Ehebrecherin (Joh 8,11). Diese Vollmacht, zu lösen und auch zu binden, hat Jesus seinen Jüngern übertragen (Mt 16,19; 18,18; Joh 20,23). Im Besitz dieser Lösevollmacht heilte er Kranke, gebot bösen Geistern und trieb Teufel aus (→ Wunder Jesu). Diese »Zeichen« weisen darauf hin, daß in Christus Gottes Königsherrschaft wirklich da ist, und bezeugen, daß Jesus der verheißene Messias ist (Mt 11,2–6). Von diesen Werken Jesu ist aber ein Werk zu unterscheiden, das die Krönung seines irdischen Lebens darstellt:

5) DAS KREUZ JESU.

Jesu Passion hat eine passive und eine aktive Seite.

a) Man kann von einer Passion Jesu vor seiner Passion sprechen. Denn sein Leidensweg beginnt mit seiner Menschwerdung: »Er kam in sein Eigentum; und die Seinen nahmen ihn nicht auf« (Joh 1,11). Es war für ihn »kein Raum in der Herberge« (Lk 2, 7) – Herodes sucht, das Kindlein umzubringen (Mt 2,13) – »sie verstanden das Wort nicht, das er mit ihnen redete« (Lk 2,50) – »sie stießen ihn zur Stadt hinaus und führten ihn auf einen Hügel, daß sie ihn hinabstürzten« (Lk 4,29) – die Seinen sprachen: »Er ist von Sinnen« (Mk 3,21) – »auch seine Brüder glaubten nicht an ihn« (Joh 7,5) – »da hoben sie Steine auf, daß sie auf ihn würfen« (Joh 8,59) – »Petrus nahm ihn zu sich, fuhr ihn an und sprach: Herr, schone dein selbst; das widerfahre dir nur nicht!« (Mt 16,22). Die leicht zu beeinflussenden Volksmassen hängen an Jesus: »Alle Welt läuft ihm nach« (Joh 12,19). Jesus leidet unter der Masse. Mehrmals muß er ihr entweichen (Joh 6,2–3.15). Die Menge denkt anders als er und lehnt auch den leidenden Jesus, den sie nicht versteht, ab. Er zieht sich zurück und betet. Sein Leiden nimmt zu. Gethsemane und Golgatha sind die Höhepunkte auf diesem Weg des Nichtverstandenseins und Verkanntwerdens, seelischer und körperlicher unsagbarer Qualen.

b) Mit dieser Würdigung der Passion als eines Erleidens treffen wir aber noch nicht ihren Sinn. Sie ist nicht willenloses Erleiden, sondern bewußtes Handeln. Schon als Zwölfjähriger erkannte Jesus, daß er von allen Menschen ausgesondert war, und sagt ja dazu. Zum ersten Mal steht jenes höhere »Muß« über seinem Leben (Lk 2,49). Die Taufe Jesu (Mt 3,13–17 par.) ist eine Passionsgeschichte. Obwohl er es nicht nötig hatte, Buße zu tun und Sünden zu bekennen, reiht er sich doch in die Schar der Sünder ein: »Siehe, das ist Gottes Lamm, welches der Welt Sünde trägt« (Joh 1,29). In der Versuchungsgeschichte (Mt 4,1–11 par.) entscheidet sich Jesus bewußt für den Passionsweg und verwirft alle eigenen und satanischen Möglichkeiten, die auf das eine hinauslaufen: Reich Gottes ohne Kreuz! Als er mit den Zwölfen auch einen Judas Ischariot in den Kreis seiner engsten Mitarbeiter berief (Lk 6,16), sprach Jesus erneut ein volles Ja zum Kreuz. Das Erlösungswerk gipfelt in seiner Selbstdarbringung auf Golgatha. Sein Gebetskampf in Gethsemane (Mt 26,36–46 par.) ist die im Geist vorausgenommene und durchkämpfte Todesnot von Golgatha. Die Hölle offenbarte ihre Macht. Christus geriet in unmittelbare Todesnähe (»Agonie« – Lk 22,44), er begann, zu zittern und zu zagen, sein Gebet wurde dringender. Während unnatürlicher, bleischwerer Schlaf in dämonischer Versuchung die Jünger am Wachen hindert, setzt Jesus betend sich mit einer letzten Versuchung auseinander: Gibt es nicht doch noch eine Möglichkeit, diesen Kelch zu meiden? Aber dennoch ist Jesus nicht einen Augenblick wankend geworden: »Nicht mein, sondern dein Wille geschehe!« Sein Gebetskampf endete mit einem vollen Sieg. Nun konnte er in der Kraft dieses Sieges den Todeskelch trinken. In der Verhandlung vor dem Hohen Rat und vor Pilatus war er der Handelnde: »Niemand nimmt mein Leben von mir, sondern ich lasse es von mir selber« (Joh 10,18). Unterliegend siegt er am Kreuz. »Es ist vollbracht!« Das ist der Schlußstrich unter sein Werk auf Erden. Gewiß hat sein Opfertod auch eine menschliche Seite. »Aus Neid« hatten die Hohenpriester und Pharisäer Jesus überantwortet (Mt 27,18). Sein Selbstbekenntnis vor dem Hohenpriester (Mt 26,63ff) gibt seinen Feinden den willkommenen Grund zu seiner Verurteilung zum Verbrechertod: Er hat Gott gelästert! Der römische Landpfleger, der das Todesurteil bestätigen mußte, war außerstande, seiner besseren Einsicht, die keine Schuld an dem Angeklagten fand (Joh 18,38), zu folgen, sondern gab ihn preis. Der Schandpfahl des Kreuzes, dieses unvorstellbar grausamen Hinrichtungsmittels der Römer, wurde nach Gottes Willen das Versöhnungszeichen über einer verlorenen Welt.

E) DIE FRUCHT SEINES WERKES.

»Wo das Weizenkorn erstirbt, so bringt es viele Früchte« (Joh 12,24). Die erste Frucht ist der auferstandene Herr selber.

1) DER ERHÖHTE HERR.

Die Selbsterniedrigung Jesu bis zum Tode am Kreuz wurde für Gott der Anlaß, Christus zu erhöhen und ihn zu einem Herrn aller Herren zu machen (Phil 2, 9ff; vgl. Offb 17,14). Der Gesalbte Gottes konnte nicht im Tode bleiben: Gott hat ihn auferweckt (→ Auferstehung). In seiner → Himmelfahrt (Mk 16, 19; Lk 24,51; Apg 1,9) fand die Erhöhung Christi ihren glorreichen Abschluß. Sie hat eine dreifache Bedeutung:

a) Das Sitzen »zur Rechten Gottes« (vgl. auch Ps 110,1) ist der Ausdruck seines unumschränkten Herrentums und seiner göttlichen Vollmacht: »Mir ist gegeben alle Gewalt im Himmel und auf Erden« (Mt 28,18). Christus muß sein königliches Regiment ausüben, bis alle seine Feinde überwunden sind (1 Kor 15,25). In dieser Hoheitsstellung ist er das Haupt aller irdischen und himmlischen Mächte sowie der Gemeinde (Eph 1,21–23; Kol 2,10). Engelchöre singen ihm das neue Lied, das »Lied des Lammes«, das die Erlösungstat von Golgatha verherrlicht (Offb 5,9.12; 14,3; 15,3).

b) Mit seiner Erhöhung ist Christus in seine vollen hohenpriesterlichen Rechte eingesetzt. Als der ewige Hohepriester ist er in das himmlische Allerheiligste eingegangen, um vor dem Angesicht Gottes »für uns« zu erscheinen, d. h. für seine Gemeinde sein Verdienst geltend zu machen, sie priesterlich vor Gott zu vertreten (Hebr 9,24; 7,25–27; Röm 8,34; 1 Joh 2,1).

c) Der erhöhte Herr hat nun auch die Möglichkeit, überall auf Erden gegenwärtig zu sein: »Siehe, ich bin bei euch alle Tage bis an der Welt Ende« (Mt 28, 20). Durch den Heiligen → Geist wirkt er in den Glaubenden (Mk 16,20; Hebr 2,4).

2) Die GEMEINDE, »welche da ist sein Leib« (Eph 1, 22f). Die Frucht seines Werkes sind weiter auch die, die durch die Auferstehung Jesu Christi zu einer lebendigen Hoffnung wiedergeboren worden sind (1 Petr 1,3). Christus, das »Haupt«, kann nicht ohne seinen »Leib« sein. Das gegenwärtige Zeitalter dient nach Gottes Willen zur Herausstellung und Zurüstung seiner Gemeinde. Paulus wurde als erstem das Geheimnis der Auswahlgemeinde aus Juden und Nationen kundgetan (Eph 3,1ff). Dieser Zeitlauf endet mit der Wiederkunft Christi. Von seiner »Zukunft« und ihren »Zeichen« hat der Herr vor seinem Tod gesprochen (Mt 24 par.). Für seine Gemeinde bedeutet seine → Wiederkunft die Vereinigung des durch Auferstehung bzw. Entrückung verklärten Leibes mit dem Haupt in Herrlichkeit (1 Thess 4,13–18). Vgl. auch → Tausendjähriges Reich.

3) KRÖNUNG UND ABSCHLUSS.

Jesu Auftrag und Werk wird völlig abgeschlossen werden. Es ist nicht göttlich, etwas unvollendet zu lassen. Gottes Ratschluß ist es, in Christus als dem Haupt alle Dinge einheitlich zusammenzufassen (Eph 1,10), wörtlich »aufzuhaupten«, dem ganzen All in Christus ein gemeinsames Haupt zu geben. Solange aber noch Widerstände im Kosmos vorhanden sind, die, wenn auch gebundenen, Finsternismächte und die ungezählten Scharen der Ungeretteten im Totenreich, ist es Christi letzter Auftrag, im abschließenden Weltgericht letzte Scheidungen durchzuführen und alle Widerstände zu vernichten (→ Gericht). Erst dann wird Christus sein Königsregiment in die Hände des Vaters zurücklegen (1 Kor 15,24): »Wenn aber alles Ihm untertan sein wird, alsdann wird auch der Sohn selbst untertan sein dem, der ihm alles untergetan hat, auf daß Gott sei alles in allen« (V 28).

Jether »Übers Maß, Überfluß« (Koehler) oder Kurzform »Er (Gott) ist reichlich gewesen, hat mit Überfluß gegeben« (Noth).
1) Ältester Sohn Gideons (Ri 8,20).
2) Sohn Jadas, ein Judäer; er starb kinderlos (1 Chron 2,32).
3) Anderer Judäer, Sohn Esras (1 Chron 4,17).
4) Mann aus dem Stamm Asser (1 Chron 7,38), augenscheinlich identisch mit → Jethran, dem Sohn Zophahs in V 37.
5) Vater Amasas, des Heerführers Absaloms (1 Kö 2,5.32), ein Ismaeliter (1 Chron 2,17). 2 Sam 17,25 heißt er Jethra und wird als Israeliter bezeichnet; doch das ist wahrscheinlich ein Schreibfehler.

Jetheth, Nachkomme Esaus, Fürst von Edom (1 Mo 36,40; 1 Chron 1,51).

Jethla, mit hebr. »aufhängen« zusammenhängend. Stadt im Stammgebiete Dans (Jos 19,42), mit Ajalon und Elon zusammen genannt. Die genaue Lage ist unbekannt.

Jethma »Waise«,
Moabiter, Held Davids (1 Chron 11,46).

Jethra → Jether (5)

Jethran, Bedeutung wie Jether.
1) Sohn Disons, Enkel des Horiters Seir (1 Mo 36, 26; 1 Chron 1,41).
2) → Jether (4).

Jethream, viell. »Überfluß des Volkes«,
Davids sechster Sohn, der von der Egla zu Hebron geboren wurde (2 Sam 3,5; 1 Chron 3,3).

Jethriter. Judäisches Geschlecht zu Kirjath-Jearim (1 Chron 2,53). Zwei Helden Davids waren J. (2 Sam 23,38; 1 Chron 11,40).

Jethro. Moses Schwiegervater, der 2 Mo 2,18 → Reguel heißt, wird 2 Mo 3,1; 4,18; 18,1–12 J. genannt, viell. in seiner Eigenschaft als Priester in Midian.

Jetur, mit hebr. »Zeltlager« in Verbindung zu bringen?
Sohn Ismaels (1 Mo 25,15; 1 Chron 1,31; 5,19). Seine Nachkommen sind die Ituräer, ein Beduinenvolk. Vgl. → Ituräa.

Jeus »Er (Gott) möge helfen«.
1) Benjaminit, Sohn Bilhans (1 Chron 7,10).
2) Levit, Nachkomme Gersons, Sohn Simeis (1 Chron 23,10.11).
3) Benjaminit, Nachkomme Jonathans, Sohn Eseks (1 Chron 8,39).
4) Sohn König Rehabeams (2 Chron 11,19).

Jeuz, Benjaminit, Sohn Saharaims (1 Chron 8,10).

Jezer »Gebilde«,
Sohn Naphthalis (1 Mo 46,24; 4 Mo 26,49; 1 Chron 7,13). Seine Nachkommen wurden Jezeriter genannt.

Jezeriter → Jezer

Jibhar »Er (Gott) möge (ihn) erwählen«,
Sohn Davids, in Jerusalem geboren (2 Sam 5,15; 1 Chron 14,5).

Jibleam,
kanaanitische Stadt, die dem Stamme Manasse zugewiesen war (Jos 17,11), aber nicht eingenommen wurde (Ri 1,27). Sie lag wohl am Weg von Jesreel nach Megiddo (2 Kö 9,27). 1 Chron 6,55[70] wird J. unter dem Namen Bileam als Levitenstadt erwähnt. In einer Tempelinschrift von Karnak heißt der Ort Y-bra-a-mu und wird im Zushg. mit Thaanach genannt. Man sucht ihn im Ruinenhügel Tell Belame, 2 km südl. von Dschenin (En-Gannim 2), der seit der Bronzezeit besiedelt war. Vgl. Karte Sp. 690.

Jibneja »Der Herr möge bauen, weitere Nachkommenschaft verleihen«.
1) Benjaminit, Sohn des Jeroham, Einwohner zu Jerusalem (1 Chron 9,8).
2) Benjaminit, Vater des Reguel (1 Chron 9,8).

Jibsam »(Wohlriechender) Balsam«.
Nachkomme Tholas aus dem Stamm Isaschar (1 Chron 7,2).

Jidbas »Honig(süß)«,
Sohn Etams aus dem Stamm Juda (1 Chron 4,3).

Jigdalja »Der Herr möge sich als groß erweisen«.
Vater des Rechabiten Hanan (Jer 35,4).

Jigeal »Er (Gott) möge erlösen«.
1) Kundschafter des Stammes Isaschar (4 Mo 13,7 [8]).
2) Sohn Nathans von Zoba, einer der Helden Davids (2 Sam 23,36).
3) Nachkomme Serubabels (1 Chron 3,22).

Jimna. I) »Glück, Gedeihen«.
1) Sohn Assers; seine Nachkommen sind die Jimniter (1 Mo 46,17; 4 Mo 26,44; 1 Chron 7,30).
2) Levit, Vater des Kore (2 Chron 31,14).
II) »Zurückhaltend, aufhaltend«.
Sohn des Helem aus dem Stamm Asser (1 Chron 7, 35).

Jimniter → Jimna (1)

Jimra »Widerspenstig«,
Asserit, Sohn des Zophah (1 Chron 7,36).

Jiska, Tochter Harans, Schwester Milkas (1 Mo 11, 29) und Lots (V 27).

Jislia, viell. mit arab. »ewig, lang lebend« zusammenhängend,
Benjaminiter, Sohn Elpaals, Nachkomme Saharaims (1 Chron 8,18).

Jisma, Kurzform von Ismael,
Judäer, Sohn Etams (1 Chron 4,3).

Jismachja »Der Herr möge stützen, helfen«,
Levit z. Zt. Hiskias (2 Chron 31,13).

Jismaja »Der Herr möge hören, erhören«.
1) Gibeonit, der zu David nach Ziklag kam (1 Chron 12,4).
2) Sohn Obadjas, Stammesfürst über Sebulon z. Zt. Davids (1 Chron 27,19).

Jismerai, Kurzform »Er (der Herr) möge bewahren«,
Benjaminit, Sohn Elpaals (1 Chron 8,18).

Jispa »Kahl«,
Benjaminit, Sohn Berias (1 Chron 8,16).

Jispan, Benjaminit, Sohn Sasaks (1 Chron 8,22).

Jisrahiter, Beiname des Samehuth (1 Chron 27,8), der ihn als Nachkommen eines Jisrahja bezeichnet, vielleicht des → Jisrahja (1).

Jisrahja »Der Herr möge aufstrahlen, aufleuchten«.
1) Sohn Usis, Nachkomme Tholas aus dem Stamm Isaschar (1 Chron 7,3).
2) Vorsteher der levitischen Sänger z. Zt. Nehemias (Neh 12,42).

Jissia, viell. »Der Herr möge vergessen machen«.
1) Fünfter Sohn Jisrahjas, Urenkel Isaschars (1 Chron 7,3).
2) Benjaminit; er schloß sich David in Ziklag an (1 Chron 12,6).
3) Levit aus dem Geschlecht Kahaths (1 Chron 23, 20; 24,25).
4) Sohn Rehabjas, Nachkomme Moses (1 Chron 24, 21; vgl. 23,17).
5) Nachkomme Harims; er trennte sich von seiner heidnischen Frau (Es 10,31).

Jiswa, hängt mit hebr. »gleich sein, gleich werden« zusammen,
zweiter Sohn Assers (1 Mo 46,17; 1 Chron 7,30). Vermutlich starb er kinderlos, da kein Geschlecht dieses Namens bekannt ist.

Jiswi,
dritter Sohn Assers. Seine Nachkommen waren die Jiswiter (1 Mo 46,17; 4 Mo 26,44; 1 Chron 7,30).

Jiswiter → Jiswi

Jizhar. I) »Glanz« oder »Er (Gott) möge erglänzen«.
Levit, Sohn Kahaths, Vater Korahs. Seine Nachkommen sind die Jizhariten (2 Mo 6,18; 4 Mo 3,19.27; 16,1; 1 Chron 6,3[18].23[38]).
II) Vielleicht »Rötlichweiß«.
Judäer, Sohn Ashurs (1 Chron 4,5.7).

Jizhariten → Jizhar (1)

Jizri »Gebilde«,
Sohn Jedithuns, Leiter der 4. Sängerabteilung (1 Chron 25,11). V 3 wird er Sori genannt.

Joab »Der Herr ist Vater«.
1) Sohn Serajas u. Enkel des → Kenas, der Stammvater des Tals der Zimmerleute (1 Chron 4,13.14).
2) Einer der drei Söhne von Davids Halbschwester Zeruja, der Bruder Abisais und Asahels (1 Chron 2, 16; 2 Sam 2,18). Der Name seines Vaters, der in Bethlehem begraben war (V 32), ist unbekannt. Alle drei Brüder waren Gefährten Davids, wahrscheinlich schon in der Zeit seiner Flucht vor Saul, wenn hier auch nur Abisai ausdrücklich genannt wird (1 Sam 26,6). Vgl. Stammbaum Sp. 285/6.
J. begleitet seinen Onkel und König das ganze Leben hindurch. Aber seiner Treue als Heerführer fehlt das innere Verständnis für den Weg, den David als der Gesalbte des Herrn in der Verantwortung vor Gott geht. J. handelt nach Nützlichkeit und eigenem Vorteil. In seiner Frömmigkeit ist er ganz Soldat; im Bewußtsein, für das Volk Gottes zu kämpfen, vertraut er auf die eigene Kraft und überläßt Gott den Ausgang (2 Sam 10,12). Nur vor der Volkszählung hat er David in richtiger Erkenntnis gewarnt, jedoch vergeblich (2 Sam 24,3; 1 Chron 21,3.6). Den Tod seines Bruders Asahel im Gefecht bei Gibeon (2 Sam 2,12–22) rächt J. an Abner, der zu David übergehen will, und beseitigt damit zugleich einen möglichen Rivalen (2 Sam 3,22–39). Das ist – da es während der Verhandlung geschieht – offener Mord. Doch David fühlt sich zu schwach, J. nach seiner Königspflicht zu richten; das hat er später furchtbar

bezahlen müssen. Bei der Eroberung Jerusalems zeichnet J. sich aus und wird Oberbefehlshaber des Heeres, d. h. des Volksaufgebots (1 Chron 11,6; 2 Sam 8,16). Gemeinsam mit Abisai kämpft er siegreich gegen Syrer und Ammoniter (2 Sam 10,7–14; 1 Chron 19,8–15) und Edomiter (2 Sam 8,13.14; 1 Chron 18,12.13; Ps 60,2; 1 Kö 11,15.16). J. befehligt das Belagerungsheer vor Rabba und erobert die Wasserstadt, während er die endgültige Eroberung David überläßt (2 Sam 12,26–29). Bei dieser Gelegenheit zeigt sich der Mörder Abners als bereitwilliger Helfer seines Königs beim Mord an Uria (2 Sam 11,14–25). Als das Gericht über Davids Sünde sich auszuwirken beginnt, hat J. wieder in verhängnisvoller Weise seine Hand im Spiel. Er führt den verbannten Absalom zurück (2 Sam 14), nimmt jedoch am Aufstand des Königssohnes nicht teil. In der Entscheidungsschlacht tötet er Absalom in offener Mißachtung von Davids Befehl und reißt den König mit der brutalen Drohung eines neuen Abfalls aus seiner Trauer (2 Sam 18,1–19,9[8]). David antwortet mit der Ernennung Amasas zum Oberbefehlshaber an J. Stelle (V 14[13]). Doch der Aufstand Sebas gibt J. gleich darauf Gelegenheit, nach Amasas Ermordung seine alte Stellung zurückzugewinnen (2 Sam 20,7–22). David unternimmt nichts; doch Adonia, der sich gegen die vom König beabsichtigte Thronfolge Salomos auflehnt, findet jetzt J. Unterstützung (1 Kö 1,5.7). Bei Salomos Salbung löst sich die Verschwörung auf, und J. geht noch einmal straflos aus. In seinem letzten Willen aber erteilt David Salomo den Auftrag, das Gericht für die Morde an Abner und Amasa, zu dem er selbst nicht die Kraft gefunden hatte, an J. zu vollziehen (1 Kö 2,5.6). Mit Adonia fällt auch J.; Benaja stößt ihn auf Salomos Befehl am Altar nieder (V 28-34; vgl. 2 Mo 21,14) und wird sein Nachfolger (1 Kö 2, 35).

3) Ein Ort bei Bethlehem heißt → Atharoth des Hauses J. (1 Chron 2,54). Vielleicht ist mit J. auch hier der Sohn der Zeruja gemeint.

4) Israelit, dessen Nachkommen aus der babyl. Gefangenschaft zurückkehrten (Es 2,6; 8,9; Neh 7,11).

Joadda, viell. = Jaeda »Er möge schmücken«. Sohn des Ahas, Nachkomme Sauls (1 Chron 8,36). In 1 Chron 9,42 wird er Jaera genannt.

Joaddan, etwa »Der Herr ist Wonne, Wohlleben«, Frau des Königs Joas von Juda, Mutter Amazjas (2 Kö 14,2).

Joah »Der Herr ist Bruder«.

1) Sohn Asaphs, Kanzler König Hiskias (2 Kö 18, 18.26.37; Jes 36,3.22).

2) Levit, Sohn Simmas aus dem Geschlecht Gersons (1 Chron 6,6[21]).

3) Sohn Obed-Edoms, des Torhüters der Bundeslade z. Zt. Davids (1 Chron 26,4).

4) Sohn Simmas und Vater Edens, Levit z. Zt. Hiskias (2 Chron 29,12).

5) Sohn des Joahas, Kanzler des Königs Josia (2 Chron 34,8).

Joahas »Der Herr hat bei der Hand ergriffen, hält fest«.

1) Andere Namensform für → Ahasja, den Sohn König Jorams von Juda (2 Chron 21,17; vgl. 22,1). Es handelt sich dabei um eine Vertauschung der beiden Namensbestandteile.

2) Sohn und Nachfolger König Jehus von Israel (2 Kö 10,35; 13,1). Er regierte 814/3–798 v. Chr. und behielt den Stierdienst bei, die Sünde Jerobeams. Darum gab der Herr in seinem Zorn Israel in die Hand des Syrerkönigs Hasael und seines Sohnes Benhadad (V 2.3), die J. so bedrängten, daß ihm nur 50 Reiter, 10 Streitwagen und 10000 Mann Fußvolk übrigblieben (V 7). Doch J. bat den Herrn und fand Erhörung. Gott sandte Israel einen Retter (V 4.5.22. 23) wobei wir vor allem an → Jerobeam II. zu denken haben (2 Kö 14,26.27). J. wurde in Samaria begraben, und sein Sohn Joas folgte ihm in der Herrschaft (V 9).

3) Vater von Joah, dem Kanzler König Josias (2 Chron 34,8).

4) Sohn und Nachfolger König Josias von Juda. Nachdem sein Vater bei Megiddo gegen Pharao Necho gefallen war, machte das Volk J. zum König. Der 23jährige J. herrschte 3 Monate in Jerusalem (609 v. Chr.) und tat, was dem Herrn mißfiel. Dann setzte ihn Pharao Necho in Ribla im Lande Hamath gefangen und legte dem Land einen Tribut von 100 Talenten Silber und 1 Talent Gold auf. Nachdem Necho Eljakim, den Bruder des J., zum König erhoben und seinen Namen in Jojakim geändert hatte, nahm er J. nach Ägypten mit, wo er starb (2 Kö 23,30 –34; 2 Chron 36,1–4). J. wird in 1 Chron 3,15; Jer 22,10–12 Sallum genannt; er wird demnach den Namen J. erst bei der Thronbesteigung angenommen haben. J. ist auch mit dem jungen Löwen Hes 19,3.4 gemeint.

Joas I) »Der Herr hat gegeben«.

1) Judäer aus dem Geschlecht Selas (1 Chron 4,22).

2) Abiesriter aus dem Stamm Manasse, der Vater Gideons. Als Gideon den Baalsaltar seines Vaters und das Ascherabild daneben zerstört hatte, schützte ihn J. vor den Bewohnern Ophras, die seinen Tod forderten: »Wenn Baal ein Gott ist, kann er ja selber für sich streiten« (Ri 6,11–32).

3) Benjaminit aus Gibea, der Sohn Samaas, der in Ziklag zu David kam (1 Chron 12,3).

4) Sohn König Ahabs von Israel (1 Kö 22,26; 2 Chron 18,25).

5) Sohn König Ahasjas von Juda. Er regierte 835–796 v. Chr. Seine Rettung vor → Athalja und seine Thronbesteigung hatte er seiner Tante Joseba und ihrem Mann, dem Hohenpriester Jojada, zu verdanken, die ihn 6 Jahre versteckt hielten (2 Kö 11; 2 Chron 22,10–23,21). J. wurde mit 7 Jahren König. Solange Jojada lebte und ihn beriet, tat er, was dem Herrn wohlgefiel. Nur der Opferdienst auf den Höhenheiligtümern blieb bestehen (2 Chron 24,1–3; 2 Kö 12,4[3]).

Noch zu Lebzeiten Jojadas befahl J. den Priestern (V 5[4]f) und Leviten (2 Chron 24,4.5), für die Wiederherstellung des Tempels zu sorgen, dessen baufälliger Zustand vor allem die Schuld Athaljas und ihrer Söhne war (V 7). Doch in seinem 23. Regierungsjahr mußte J. feststellen, daß sie ihre Pflicht nicht erfüllt hatten (V 5; 2 Kö 12,7[6]). Der König rief Jojada zu sich, befreite die Priester von der Verantwortung für die Ausbesserung und ließ einen besonderen Kasten für das Geld aufstellen, das zur Bezahlung der Bauhandwerker und zum Ankauf von Baumaterial bestimmt war (V 8[7]ff; 2 Chron 24,8–14).

Nach dem Tode Jojadas jedoch brachten die Obersten Judas den König unter ihren Einfluß und verführten ihn zum Götzendienst. Die Propheten des Herrn fanden kein Gehör. Sacharja, der Sohn Jojadas, wurde auf Befehl des Königs im Tempelvorhof gesteinigt, als er das Tun des Volkes tadelte (V 17–22; Mt 23, 35; Lk 11,51). Sein letztes Wort war: »Der Herr wird es sehen und heimsuchen.« Das Gericht brachte Hasael von Syrien, der gegen Jerusalem vorrückte und sich nur durch das Gold aus dem Tempel- und Königsschatz zum Abzug bewegen ließ. Vorher hatten die Syrer trotz ihrer geringen Zahl ein großes jüd. Heer geschlagen und reiche Beute gemacht (2 Kö 12,18[17]f; 2 Chron 24,23.24). Bei ihrem Abzug ließen sie J. krank zurück. Er wurde dann von Josachar, dem Sohn Simeaths, und Josabad, dem Sohn Somers, im→Millo erschlagen. Grund dieser Verschwörung war der Mord an Sacharja (V 25; 2 Kö 12,21[22]f). Nach V 22[21] begrub man ihn mit seinen Vätern in der Davidsstadt; aber 2 Chron 24,25 betont ausdrücklich: nicht in den Königsgräbern. Sein Sohn Amazja wurde sein Nachfolger.

6) Sohn und Nachfolger des Königs Joahas von Israel. Er regierte 798–782/1 v. Chr. (2 Kö 13,10–25; 14,8–17; 2 Chron 25,17–25). J. tat, was dem Herrn mißfiel, und ließ nicht von all den Sünden Jerobeams. Zu Beginn seiner Herrschaft, als das Land sich unter dem Druck der Syrer noch in einem elenden Zustand befand (→ Joahas 2), sagte ihm der Prophet Elisa auf dem Sterbebett drei Siege über Syrien zu, und es hätten noch mehr werden können, wenn sich der König energischer gezeigt hätte, als Elisa ihn mit den Pfeilen auf den Boden schlagen ließ. Nun wurde erst sein Sohn Jerobeam II. in vollem Sinn der Retter, den der Herr Israel verheißen hatte (2 Kö 13,5). Aber drei Siege über Syrien erfocht J. selbst und eroberte von Benhadad, dem Sohn Hasaels, die Städte zurück, die sein Vater Joahas verloren hatte. Außerdem brachte er dem judäischen König → Amazja eine vernichtende Niederlage bei. J. wurde in Samaria bei den Königen von Israel begraben, und sein Sohn Jerobeam wurde sein Nachfolger.

II) »Der Herr kommt zu Hilfe«.

1) Sohn des Benjaminiten Becher (1 Chron 7,8).

2) Aufseher über die Ölvorräte Davids (1 Chron 27, 28).

Job → Jasub (1)

Jobab, hängt mit arab. »sich zum Kampf bereiten« zusammen.

1) Sohn Joktans (1 Mo 10,29; 1 Chron 1,23).

2) König von Edom, Sohn Serahs von Bozra (1 Mo 36,33.34; 1 Chron 1,44.45).

3) Kanaaniterkönig zu Madon. Josua besiegte ihn (Jos 11,1–15).

4) Benjaminit, Sohn Saharaims (1 Chron 8,9).

5) Benjaminit, Sohn Elpaals (1 Chron 8,18).

Joch. I) Der Holzbalken oder Rahmen, mit dem zwei Tiere vor den Pflug oder Wagen zusammengespannt werden. Von daher bezeichnet J. auch das Gespann selbst, d. h. zwei Ochsen oder Rinder (1 Kö 19,19.21; Hi 1,3; Jer 51,23; Lk 14,19). Das J. wird mit Stricken befestigt, durch Knoten, die zum Abschirren gelöst werden müssen (Jes 58,6 EÜ, ZÜ). Das Gesetz verbietet, ungleiche Tiere, Ochsen und

Ochsenjoch. Das Joch ruht mit den beiden Gabeln auf dem Nacken der Tiere und wird mit den Stricken unter dem Hals befestigt. Die Wagendeichsel liegt in der kleinen oberen Gabel, gehalten von dem Strick, der nach hinten gezogen und über die Deichsel gestreift wird.

Esel, in ein J. zu spannen (5 Mo 22,10). Die Tagesleistung eines J. Rinder beim Pflügen bildet das Flächenmaß des Ackers (1 Sam 14,14; vgl. Maße und Gewichte I, 3). Kühe, die zum Opfer dienen sollen, dürfen noch nie im J. gezogen (4 Mo 19,2; 5 Mo 21, 3), d. h. noch nicht den Menschen gedient haben (vgl. 1 Sam 6,7).

II) Am häufigsten wird das J. als Bild der Herrschaft verwendet. Jeremia geht zum Zeichen der kommenden Herrschaft Babylons öffentlich mit einem J. auf dem Hals umher. Als der falsche Prophet Hananja das hölzerne J. als Ankündigung der Befreiung zerbricht (vgl. 3 Mo 26,13; Hes 30,18; Nah 1,13), sagt der Herr ein eisernes J., eine umso härtere, übermächtige Herrschaft voraus (Jer 27; 28; vgl. 5 Mo 28,48). Ein Volk erringt die Unabhängigkeit, wenn es das fremde J. gewaltsam vom Halse reißt (1 Mo 27,40) oder wenn das J. von ihm genommen wird (Jes 14,25), was zugleich ausdrückt, daß die Befreiung nicht aus eigener Kraft geschieht. J. bedeutet aber nicht nur die ungerechte oder Fremdherrschaft, die zu schwer und hart ist, um ertragen werden zu können (1 Kö 12,4; Jes 47,6), sondern ebenso die gerechte und sanfte Herrschaft Gottes (Mt 11,29.30). Dieses J. hat Israel immer wieder zerbrochen, weil es den Götzendienst nicht lassen wollte (Jer 2,20; 5,5). Auch Paulus warnt die Gläubigen, nicht mit Andersartigen, nämlich Ungläubigen, im selben J. zu ziehen (2 Kor 6,14). Die Arbeits- oder Lebensgemeinschaft mit Ungläubigen darf nicht zum J. werden, d. h. dahinführen, daß der Gläubige in seinem Handeln von den ungöttlichen Maßstäben des anderen abhängig wird. Mit dem Bild des J. spielt Paulus hier wahrscheinlich auf 5 Mo 22,10 an.

Das J. in der Jugend tragen, heißt: dem Herrn früh gehorchen lernen (Klgl 3,27). In Apg 15,10; Gal 5,1 ist mit J. die Herrschaft der Gesetzesvorschriften gemeint. Die Knechte unter dem J. sind leibeigene Sklaven (1 Tim 6,1).

Jochebed.

Frau Amrams, Mutter von Mirjam, Aaron und Mose (4 Mo 26,59). Sie war die Tante ihres Mannes (2 Mo 6,20). Eine solche Ehe war zu der Zeit zwar ungewöhnlich, wurde aber erst später ausdrücklich verboten (3 Mo 18,12).

Joed »Der Herr ist Zeuge«,

Großvater des Benjaminiten Sallu (Neh 11,7).

Joel »Der Herr ist Gott«.

1) Levit, Vorfahr des Propheten Samuel (1 Chron 6,21[36]).

2) Ältester Sohn des Propheten Samuel. Er zeigte sich als Richter zu Beer-Seba zusammen mit seinem Bruder bestechlich (1 Sam 8,1–3). J. war der Vater des Sängers Heman (1 Chron 6,18[33]; 15,17). In 1 Chron 6,13[28] wird er Vasni genannt.

Tafel 45

a. Blick vom Libanon über die fruchtbare Talebene Zölesyriens, die heutige Bekaa, zum Hermon. Durch das breite Tal führte der oft genannte Weg nach Hamath (4 Mo 13,21; 34,8; Jos 13,5; Ri 3,3; Am 6,14), die Verbindung zwischen Palästina und Syrien.

b. Der Jabbok im Ostjordanland, die Grenze zwischen Nord- und Süd-Gilead. Jakob überschritt ihn auf dem Wege von Mesopotamien nach Kanaan (1 Mo 32,23[22]f). Im Oberlauf bildete er die Grenze zwischen den Ammonitern und Israel (5 Mo 2,37; 3,16).

Tafel 45

3) Rubeniter, Vater des Semaja (1 Chron 5,4.8).
4) Sohn des Jisrahja, Nachkomme Isaschars z. Zt. Davids (1 Chron 7,3).
5) Held Davids, Bruder eines Nathan (1 Chron 11, 38).
6) Familienhaupt der gersonitischen Leviten z. Zt. Davids (1 Chron 15,7). Vermutlich ist er identisch mit J., dem Sohn Laedans (1 Chron 23,8), dem Aufseher über die Tempelschätze (1 Chron 26,21.22).
7) Sohn Pedajas, Fürst über Westmanasse z. Zt. Davids (1 Chron 27,20).
8) Sohn Pethuels, der Prophet. Vgl. → Joel, Buch.
9) Fürst der Gaditer, der z. Zt. Jothams und Jerobeams II. in Basan wohnte (1 Chron 5,12).
10) Simeonitischer Fürst z. Zt. Hiskias (1 Chron 4, 35).
11) Levit z. Zt. Hiskias (2 Chron 29,12).
12) Israelit, der sich von seiner heidnischen Frau trennte (Es 10,43).
13) Sohn Sichris; er war nach der Gefangenschaft Vorsteher der Benjaminiten in Jerusalem (Neh 11, 9).

Joel, Buch. I) VERFASSER UND ZEIT.
Außer seinem Namen ist vom Propheten J., dem Sohn Pethuels (Jo 1,1), nichts bekannt; doch erlaubt der Inhalt des B. J. Rückschlüsse auf die Zeit seines Wirkens.
Als Feinde Judas werden Tyrus, Sidon und die Philister (Jo 4,4[3,9]), Ägypten und Edom (V 19[24]) genannt, jedoch weder Assyrien, Babylon noch die Perser. Das führt, zumal J. auch unter den vorexilischen Propheten steht, vor die Mitte des 8. Jh. v. Chr. zurück, vielleicht auch vor den Sieg Amazjas über Edom (2 Kö 14,7; 793 v. Chr.). Weil Priester und Volk genannt werden, aber kein König, hat man an die Zeit der Minderjährigkeit des Königs Joas gedacht (nach 835 v. Chr.), als er noch unter der Leitung des Hohenpriesters Jojada stand (2 Chron 24,1.2).
II) INHALT.
A) J. ruft Israel angesichts des gegenwärtigen und zukünftigen Unheils zur Buße auf. Im Mittelpunkt seiner Verkündigung, die er mit dichterischer Kraft vorträgt, steht der → »Tag des Herrn«, die Offenbarung der Herrlichkeit Gottes in Gericht und Gnade. Dieser Tag kündigt sich an in der Heuschreckenplage (Jo 1), die dann zum Bild des kommenden Gerichts für Juda wird (Jo 2,1–11), bis endlich nach einer Zeit des wiedergeschenkten Segens und der Ausgießung des Geistes (Jo 3; vgl. Apg 2) der Tag des Herrn (Jo 4,14[3,19]) die endgültige Aufrichtung des Gottesreiches auf Erden bringt. Die Schau J. reicht von der Deutung seiner Gegenwart bis zur Vollendung der Heilsgeschichte am Ende der Zeiten. Für alle Gerichtszeiten bis dahin gilt: »Es soll geschehen, wer des Herrn Namen anrufen wird, der soll errettet werden« (Jo 3,5).
B) EINTEILUNG:
1) Überschrift(1,1).
2) Heuschreckenplage z. Zt. J. und Aufruf zur Buße (V 2–20).
3a) Heuschreckenplage als Bild für den nahenden Tag des Herrn (2,1–11).
b) Neuer Aufruf zur Buße (V 12–17).
4) Hilfe und wiedergeschenkter Segen als Antwort des Herrn (V 18–27).
5) Ausgießung des Geistes vor dem endgültigen Tag des Herrn (3,1–5).
6) Gericht über die Völker (4,1[3,6]–17[22]).
7) Friedensreich in Juda und Jerusalem (4,18[23]–21[26]).

Joela, wohl Jaala zu lesen.
Sohn Jerohams aus Gedor; er kam zu David nach Ziklag (1 Chron 12,7).

Joeser »Der Herr ist Hilfe«,
Benjaminit, der zu David nach Ziklag kam (1 Chron 12,6).

Jogbeha hängt mit hebr. »Anhöhe« zusammen.
Ort östl. des Jordan (4 Mo 32,35; Ri 8,11); das heutige Adschbehat, ca. 10 km nordwestl. von Amman (Rabba). Vgl. Karte Sp. 492.

Jogli viell. »Er (Gott) möge offenbaren«.
Vater Bukkis, des Stammesfürsten über Dan (4 Mo 34,22).

Joha.
1) Benjaminit, Sohn Berias (1 Chron 8,16).
2) Thiziter, Sohn Simris, Held Davids (1 Chron 11, 45).

Johanan »Der Herr ist gnädig gewesen, ist gnädig«.
1) Benjaminit, der in Ziklag zu David kam (1 Chron 12,4).
2) Gaditer, der zu David in die Bergfeste kam (1 Chron 12,12).
3) Sohn Meselemjas, ein Torhüter aus dem Geschlecht Korahs (1 Chron 26,3).
4) Sohn des Asarja, Enkel des Ahimaaz, Vater des Hohenpriesters Asarja (1 Chron 5,35[6,9]f).
5) Hoher Offizier König Josaphats (2 Chron 17,15); vermutlich identisch mit dem Vater des Obersten Ismael (2 Chron 23,1).
6) Vater des Ephraimiters Asarja z. Zt. Pekahs (2 Chron 28,12).
7) Ältester Sohn König Josias (1 Chron 3,15); vermutlich jung gestorben.
8) Sohn Kareahs. Er vertrieb nach dem Mord an → Gedalja, den er vergeblich gewarnt hatte, dessen Mörder Ismael und führte den ganzen Überrest des Volkes nach Ägypten, obgleich Jeremia im Namen des Herrn abgeraten hatte (2 Kö 25,23; Jer 40,8.13–16; 41,11–43,7).
9) Sohn Resas und Enkel Serubabels, ein Vorfahr Jesu (Lk 3,27).
10) Sohn Eljoenais, Nachkomme Serubabels (1 Chron 3,24).
11) Priester, der Oberste des Priestergeschlechtes Amarja z. Zt. des Hohenpriesters Jojakim (Neh 12, 13); vielleicht nahm er noch an der Mauereinweihung unter Nehemia teil (V 42).
12) Sohn Hakkatans aus dem Geschlecht Asgad; er kehrte mit Esra aus der Verbannung zurück (Es 8, 12).
13) Israelit, der eine heidnische Frau genommen hatte (Es 10,28).
14) Sohn Eljasibs; er besaß z. Zt. Esras eine Kammer am Tempel (Es 10,6). Sein Vater war möglicherweise der damalige Hohepriester → Eljasib.
15) Enkel Eljasibs und Hoherpriester (Neh 12,22. 23). V 11 wird als Nachfolger Jojadas nicht J., sondern Jonathan genannt, wobei es sich wohl um einen Schreibfehler handelt. Josephus berichtet, daß J. unter der Regierung des Perserkönigs Artaxerxes

Tafel 46
a. Der Jakobsbrunnen bei Sichem (vgl. Taf. 22a/321), im 4. Jh. mit einer Kirche überbaut, in deren Krypta er liegt. Das Grundstück ist heute im Besitz griech.-orthodoxer Mönche.
b. Ausschnitt der Vorderseite des Schwarzen Obelisken Salmanassers III. (vgl. Taf. 82/1281). »Jehu, der Sohn Omris« wirft sich vor dem Assyrerkönig nieder. Die einzige zeitgenössische Darstellung eines isrl. Königs. Britisches Museum, London.

Mnemon (404–359/8 v. Chr.) seinen Bruder Jesus ermordet hat. Aus den in Elephantine gefundenen Papyri geht hervor, daß J. um 410 v. Chr. z. Zt. des Perserkönigs Darius II. Hoherpriester war.
16) Sohn des Ammoniters Tobia, des Gegners Nehemias. Er hatte eine Jüdin geheiratet (Neh 6,18).

Johanna »Der Herr ist gnädig«,
Frau des Chusa, eines Verwalters des Herodes (Lk 8,3). Sie gehörte zu den Frauen, die Jesus geheilt hatte und die ihm nun nachfolgten und für seinen und der Jünger Unterhalt sorgten (V 2). Am Ostermorgen ging sie mit zum Grab (Lk 24,10).

Johannes, griech. Form des hebr. Johanan »Der Herr ist gnädig«.
1) Der Vater des Simon Petrus. Die LÜ nennt ihn stets Jona (Mt 16,17; Joh 1,42; 21,15–17); jedoch haben die guten Hss. in Joh 1,42; 21,15–17 »Simon, Sohn des J.«, und die griech. Form des Beinamens Barjona (Mt 16,17) kann ebensogut »Sohn des J.« bedeuten.
2) Ein Glied des Hohenpriestergeschlechts z. Zt. der Apostel (Apg 4,6).
3) J. Markus → Markus.
4) → Johannes der Täufer.
5) → Johannes der Apostel.

Johannes der Apostel. Sohn des Zebedäus und der → Salome. Seine Mutter war eine Schwester Marias, der Mutter Jesu. J. und sein älterer Bruder Jakobus (1) arbeiteten bei ihrem Vater, einem Fischer (Mt 4,21). Zebedäus war anscheinend kein armer Mann; denn außer seinen Söhnen arbeiteten noch Tagelöhner mit ihm in dem Schiff, das sein Eigentum gewesen sein wird (Mk 1,20).
J. gehörte zu den Jüngern des Täufers. Dieser wies ihn zu Jesus. So wurde er mit Andreas einer der ersten Jünger Jesu (Joh 1,40), unter denen er eine bes. Stellung einnimmt. Mit Petrus und Jakobus tritt er bei verschiedenen Gelegenheiten hervor: bei der Auferweckung der Tochter des Jairus (Mk 5,37), bei der Verklärung Jesu (Mt 17,1) und in Gethsemane (Mk 14,33). Die beiden Brüder scheinen einen Zug zum Übereifer gehabt zu haben; denn Jesus gibt ihnen den Beinamen Bnehargem, Söhne des Donners (Mk 3,17). Diese Art zeigt sich auch in dem Wunsch, es möge Feuer vom Himmel fallen und die Samariter verzehren, die Jesus die Gastfreundschaft versagt hatten (Lk 9,54), und in ihrer – durch ihre Mutter vorgebrachten – Bitte, in der Herrlichkeit zur Rechten und Linken Jesu sitzen zu dürfen (Mt 20, 20f; Mk 10,35ff). In der Leidenszeit Jesu hebt sich dann J. allein bes. heraus. Er liegt beim letzten Mahl an der → Brust des Herrn und fragt ihn, wer der Verräter sei (Joh 13,23). Als Jesus nach seiner Gefangennahme von dem Hohenpriester verhört wird, betritt J. dessen Palast und führt auch Petrus hinein (Joh 18,15.16). Er steht mit Maria unter dem Kreuz und der Gekreuzigte überträgt ihm die Fürsorge für seine Mutter (Joh 19,26.27). J. ist Zeuge des Todes Jesu (V 35). Als nach der Auferstehung des Herrn die Frauen erschreckt vom Grab geflohen sind, läuft J. mit Petrus hin und sieht die Leichentücher liegen. Er betritt die Grabkammer nach Petrus, sieht und glaubt (Joh 20,1–10). Anscheinend erkennt er aus der Lage der Binden, daß der Leichnam nicht von Menschenhand entfernt sein kann. Dann ist J. bei verschiedenen Erscheinungen des Auferstandenen anwesend, auch bei der am See Tiberias (Joh 21,2). Nach dem Gespräch Jesu mit Petrus fragt dieser, was mit J. werden soll. Der Herr antwortet, daß es allein seine Sache sei, das Los des J. zu bestimmen. Ein Mißverständnis seiner Worte hat dann zu der Meinung geführt, J. werde nicht sterben (V 20–23).
In der Apostelgeschichte finden wir J. bei den anderen Aposteln, bes. wieder mit Petrus zusammen. Sie heilen einen Lahmen, werden gefangengenommen und vor dem Hohen Rat zur Verantwortung gezogen, jedoch wieder freigelassen (Apg 3,1–4,23). Kurz darauf wird J. mit den anderen Aposteln wieder verhaftet, aber durch einen Engel aus dem Gefängnis befreit. Nach einem zweiten Verhör werden sie geschlagen und erneut entlassen (Apg 5,17–42). Dann begleitet J. Petrus nach Samaria (Apg 8,14). Mit Petrus und Jakobus gehört er zu den Säulen (Gal 2,9) der Gemeinde. Weiter hören wir, abgesehen von dem, was wir aus seinen eigenen Schriften erfahren, nichts mehr von ihm im NT. Die zuverlässigste Überlieferung besagt, daß er aus der Verbannung auf Patmos (Offb 1,9) wieder freigekommen und Leiter der Gemeinde in Ephesus geworden sei. Dort habe er Cerinth und die Lehren der Doketen bekämpft und sei in hohem Alter gestorben.
J. war der Jünger, den Jesus liebhatte. Es ist müßig, nach einem Grund dafür zu fragen, aber die Frucht dieser Liebe spüren wir in der Art und dem Verständnis, mit dem J. vom Herrn spricht und sein Bild so zeichnet, wie Jesus sich im vertrauten und engsten Jüngerkreis offenbart hat.

Johannes der Täufer. Er war der Sohn des Priesters Zacharias und der Elisabeth. Seine Mutter stammte ebenfalls aus dem Geschlecht Aarons und war eine Verwandte Marias, der Mutter Jesu (Lk 1, 5.36). Als Zacharias und Elisabeth schon alt waren und keine Hoffnung mehr hatten, noch ein Kind zu bekommen, erschien der Engel Gabriel im Tempel dem Zacharias, der gerade das Räucheropfer darbringen wollte. Gabriel kündigte ihm die Geburt eines Sohnes an, den er J. nennen sollte. Dieser Sohn werde ein großes Werk Gottes in Israel vollbringen und wie ein Gottgeweihter (→ Nasiräer; 4 Mo 6,1–21) leben, von Geburt an mit dem Heiligen Geist erfüllt sein und in der Kraft des Elia dem Herrn ein Volk zubereiten. Als Zacharias zweifelte, ließ ihn der Engel wegen seines Unglaubens verstummen.
Elisabeth wurde Mutter und gebar einen Sohn. Bei der Namengebung entstand eine Meinungsverschiedenheit unter den Verwandten, bis Zacharias den Namen J. schriftlich bestätigte und danach wieder sprechen konnte (Lk 1,8–25.57–66). Über die Jugend J. d. T. erfahren wir nichts. Er war in der Wüste (V 80), als Gott ihm gebot, öffentlich aufzutreten (Lk 3,2).
Sein Äußeres erinnerte an Elia: er trug ein Gewand aus Kamelhaar und einen Ledergürtel. Heuschrecken und wilder Honig waren seine Nahrung. J. verkündigte, das Himmelreich, die Königsherrschaft Gottes sei nahe herbeigekommen. Dieses Reich werde ein anderer, Stärkerer bringen, der nach ihm komme, aber schon mitten unter ihnen sei (Mk 1,7.8; Joh 1, 26.27). Dann werde alles Fleisch den Heiland, den Retter Gottes, sehen (Lk 3,6). Um aber in das Reich Gottes zu kommen, sei eine Umkehr nötig. Viele kamen zu ihm, bekannten ihre Sünden und ließen sich taufen. Andere, etwa Pharisäer und Sadduzäer, kamen mit Nebenabsichten, und ihre Umkehr war nicht aufrichtig. Ihnen verweigerte J. die Taufe (Mk 3,1–12). Aus Jerusalem sandte man dann Priester u. Leviten zu ihm, um zu erfahren, wer er sei. Denen antwortete er, er sei weder Elia noch der Prophet, noch Christus, sondern nur die Stimme in der Wüste, die den Messias ankündigen sollte (Joh 1,19–27; vgl. Jes 40,3). Seine Aufgabe war es, Christus

offenbar zu machen (Joh 1,31) und ihn zu taufen. Immer wieder betont er, daß Christus als der Stärkere nach ihm kommen, das Volk sichten und die Spreu vom Weizen scheiden werde; er werde mit Geist und Feuer taufen (Mt 3,11; Joh 1,26f; vgl. V 29f). Damit weist er selbst auf die Begrenzung seiner → Taufe hin, die vor der Ausgießung des Heiligen Geistes zu Pfingsten nicht vollgültig sein konnte. Als Jesus sich durch J. taufen ließ, stellte er sich den anderen gleich und trat mit in den Kreis der Menschen, deren Haupt er war. J. sah den Geist wie eine Taube auf Jesus herabkommen und hörte die Stimme aus dem Himmel (Joh 1,32–34 par).

Mit dem Auftreten Jesu war die Aufgabe des Täufers vollbracht. Es scheint, daß er das zwar gewußt (vgl. Joh 1,31), aber doch nicht beachtet hat; denn er hat weiterhin neben Jesus gewirkt (Joh 3,22.23). Obwohl manche seiner Jünger sich Jesus anschlossen, blieb doch ein Kreis von Johannesjüngern bestehen (Mt 9,14 par.). Einige von ihnen finden wir später in Ephesus wieder (Apg 19,1–7). Man könnte hier aber auch an Menschen denken, die etwa bei einem Festbesuch in Palästina von J. getauft worden waren und durch ihre Rückkehr nach Ephesus nichts von Jesus erfahren hatten.

J. hatte Herodes Antipas öffentlich getadelt, weil er Herodias, die Frau seines Bruders Philippus, geheiratet hatte. Darum setzte ihn Herodes auf der Bergfeste Machärus am Toten Meer gefangen. Im Gefängnis kommen J. nun Zweifel an Jesus – wirkt sich hier beim Täufer viell. eine eigenmächtige Fortsetzung seines Werkes aus? Er sendet zwei seiner Jünger zum Herrn, um ihn zu fragen: »Bist Du, der da kommen soll, oder sollen wir auf einen anderen warten?« Jesus beantwortet die Frage des Täufers mit dem Hinweis auf seine Werke (Mt 11,1–6). Als die Tochter der Herodias als Belohnung für ihren Tanz das Haupt des Täufers fordert, läßt Herodes ihn im Gefängnis hinrichten (Mt 14,1–12).

Das Auftreten J. d. T. hat im jüd. Volk einen starken Eindruck hinterlassen. Man verehrte ihn als einen Propheten, und Jesus sagt von ihm, er sei mehr als ein Prophet, nämlich Elia, der da kommen soll (Mt 11,9–14). Auch der jüd. Geschichtsschreiber Josephus hat über ihn berichtet.

Vgl. → Bethanien (2).

Johannesbriefe. 1. JOHANNESBRIEF.

I) Schon das Johannesevangelium unterscheidet zwischen Menschen, die sich zu dauernder Nachfolge an Christus binden, und solchen die wohl eine Begegnung mit ihm haben, aber zurückweichen, sobald ihnen die Rede Jesu zu hart wird (Joh 6,66). Auch in der Gemeinde zeigt sich neben dem Wachsen, dem Eindringen in das Wort, das Hinausgehen in die Welt. Dies der Gemeinde klar zu zeigen und zum heilsnotwendigen Bleiben in Christus aufzurufen ist die Aufgabe des 1 Joh.

II) Überschrift und Einleitung, der Vergleich von Inhalt, Sprache, Satzbau und Wortwahl mit dem Johannesevangelium und die Aussage des Johannesschülers Polykarp bezeugen den Apostel → Johannes als den VERFASSER des Briefes. Er hat ihn vermutlich (wie wohl auch 2 u. 3 Joh) im Alter geschrieben, so daß wir ihn gegen Ende des 1. Jh. n. Chr. ansetzen können.

III) Bei dem Fehlen des üblichen Briefeingangs und -schlusses läßt sich über die EMPFÄNGER des 1 Joh nichts Bestimmtes sagen. Möglicherweise wendet sich der Brief an Christen in Kleinasien, aus dem Kreis der Gemeinden, an die auch die 7 Sendschreiben der Offenbarung (Offb 2–3) gerichtet sind. Daß es sich um einen echten Brief und nicht, wie man auch gemeint hat, um eine Abhandlung oder einen Traktat handelt, zeigt die persönliche, herzliche Liebe zu den Lesern, die nicht nur in der Anrede »Brüder« (1 Joh 2,7) oder »Kindlein« (V 12) spürbar ist, sondern durch Sprache und Ton des ganzen Briefes hindurchklingt. Vgl. → Brief V.

IV) Zum ANLASS des 1 Joh gehört augenscheinlich, daß in den Gemeinden Ansichten laut wurden, die die Person Jesu und damit auch die Erlösung umzudeuten versuchten. Wir wissen u. a., daß in den Wirkungsbereich des Apostels Johannes in Kleinasien der Judenchrist Cerinth aus Ägypten gekommen war. Er lehrte, Jesus sei nur ein Mensch gewesen, auf den sich ein Erlöser vom Himmel her bei der Taufe herabgelassen, ihn aber vor seinem Leiden und Sterben wieder verlassen habe (Doketismus).

V) Der INHALT des Briefes ist schwer zu überschauen und darzustellen, weil es sich hier nicht um einen klar fortschreitenden Gedankengang handelt. Vielmehr wird zweierlei immer neu von allen Seiten und mit aller Schärfe herausgestellt: die unbedingte Trennung von der Welt und das nur durch die Wiedergeburt zu erlangende Leben aus Gott in seiner Fülle und Einheit. Glaube, Wandel, Heiligung, Liebe zu Gott, Liebe zum Bruder, Hoffnung sind untrennbar miteinander verbunden. In dieser lebendigen Ganzheit sieht der 1 Joh den neuen Menschen, und wo er eins nennt, hat er stets alles andere mit vor Augen. Dabei kommt die Unvereinbarkeit von Gott und Welt so scharf zum Ausdruck, daß dem Brief ein Nachweis der Berechtigung zu so harter Rede vorangestellt wird (1 Joh 1,1–4).

VI) EINTEILUNG.

Einleitung: Vollmacht und Reinheit der Verkündigung (1 Joh 1,1–4).

1) Voraussetzung der Gemeinschaft mit Gott (1,5–2,17).
   a) Reinigung von Sünden (1,5–2,2).
   b) Einheit von Bekenntnis und Wandel (2,3–11).
   c) Wachsen in Gelöstheit von der Welt (2,12-17).
2) Von der Beständigkeit (2,18–3,24).
   a) Abfall der Widerchristen (2,18–23).
   b) Bleiben in der Wahrheit (2,24–29).
   c) Bleiben in der Heiligung (3,1–10).
   d) Bleiben in der Liebe (3,11–18).
   e) Bleiben in der Heilsgewißheit (3,19–24).
3) Das Wesen der Liebe (4,1–21).
   a) Leugner der Fleischwerdung Christi (4,1–6).
   b) Offenbarung der Liebe Gottes in der Fleischwerdung Christi (4,7–11).
   c) Bedeutung unserer Liebe (4,12–15).
   d) Das Wachsen in der Liebe Gottes (4,16–21).
4) Der Glaube (5,1–21).
   a) Rechter Glaube und seine Wirkung (5,1–6).
   b) Das grundlegende Zeugnis unsres Glaubens (5,6–13).
   c) Gespräch des Glaubens mit Gott (5,14–21).

VII) ZUR THEOLOGIE.

1) Die Frage nach dem neuen Menschen ist die Frage nach seiner → Wiedergeburt, durch die er in die Welt Gottes geboren wurde. Allein an dem Vorhandensein ihrer Auswirkungen kann die Echtheit dieses Ereignisses festgestellt werden. Darum greift der Brief immer wieder auf die Wirkungen der Wiedergeburt zurück (1 Joh 3,9.14; 4,7; 5,1.4.18). Das Anliegen des 1 Joh ist die Lebensfähigkeit der Wiedergeborenen, die davor bewahrt werden müssen, erneut zu sterben (Joh 4,15).

2) Das Fundament des neuen Lebens ist die Gemeinschaft mit Gott in Christus. Sie wird gewonnen und erhalten durch Bereinigung der in ihrer Bedeutung leicht unterschätzten Sünden (1 Joh 1,5–2,

2) und durch den Wandel, der dem Bekenntnis entspricht (1 Joh 2,3—11). Beides zusammen wirkt das Wachsen und Reifen, wenn die Liebe sich nicht wieder der Welt zuwendet (1 Joh 2,12—17). Aus dieser Gemeinschaft kann man jederzeit herausfallen, wie das Beispiel der Widerchristen zeigt, die die volle Herrlichkeit Christi nicht anerkennen wollen (V 22) und sich darum vom Leib Christi absondern (V 19). Bewahrung vor dem Abfall kommt allein aus dem Festhalten und Bleiben in dem neuen Leben der Wahrheit, der Heiligung, der Liebe und Heilsgewißheit.

3) Herzstück des neuen Lebens ist die Liebe, die stets als Einheit gesehen werden muß und nicht geteilt werden kann in Gottesliebe und Bruderliebe (1 Joh 4,20.21). In dieser Liebe, die zur Tat wird (1 Joh 3,18), offenbart sich das neue Leben aus Gott. Sie ist Herzensverbundenheit mit Gott, dessen Wesen Liebe ist (1 Joh 4,16b). Sie hat in ihm ihren Ursprung, kam aus der Ewigkeit in die Zeit und wurde sichtbar durch die Sendung des eingeborenen Sohnes zu unserer Rettung (V 9). Theoretische Erkenntnis Gottes und der Liebe ist unmöglich. Nur durch Geburt aus Gott kann man der Liebe Gottes teilhaftig werden und dadurch fähig, Gott in seinem Wesen zu erkennen. Wer wie die Widerchristen das Kommen Christi aus der Ewigkeit in die Zeit leugnet, der leugnet damit auch das Kommen der Gottesliebe (V 2.3).

4) Die Aneignung dieser Liebe und ihres Heils geschieht im Glauben, der nur durch Wiedergeburt gewonnen wird und nur in der Liebe Wirklichkeit ist (1 Joh 5,1). Er überwindet dann aber auch die Welt (V 4) und macht damit ganz frei zur Entfaltung des neuen Lebens.

2. UND 3. JOHANNESBRIEF.

I) Die Überschriften und die enge Verbindung der beiden kurzen Briefe mit dem 1 Joh führen ebenfalls auf den Apostel Johannes als Verfasser, der sich hier aber als »der → Älteste« bezeichnet (3 Joh 1; vgl. 1 Petr 5,1). Es sind persönliche Briefe an eine Christin, eine »erwählte Herrin« (2 Joh 1), vermutlich eine Witwe mit ihren Kindern, und an einen sonst unbekannten Christen Gajus (3 Joh 1). Beim 2 Joh hat man auch an eine Gemeinde als Empfänger gedacht (vgl. V 13); aber wenn nur einige von ihren »Kindern« in der Wahrheit wandelten (V 4), sollte man hier doch ein klares Wort gegen die übrigen Gemeindeglieder erwarten (vgl. V 10).

Die Länge jedes der beiden Briefe entspricht dem Raum, den ein einzelnes Papyrusblatt bietet.

II) EINTEILUNG.

1) 2. Johannesbrief:
   a) Eine Gemeinschaft in der Wahrheit (1—3).
   b) Liebe als Wandel in der Wahrheit (4—6).
   c) Kennzeichnung der Widerchristen (7).
   d) Warnung vor dem Abfall (8.9).
   e) Anweisung zur Abwehr (10.11).
   f) Ankündigung eines Besuchs (12).
   g) Schlußgruß (13).
2) 3. Johannesbrief:
   a) Gruß und Segenswunsch (1.2).
   b) Wandel des Gajus in der Wahrheit (3.4).
   c) Zeugnis seiner tätigen Liebe (5.6).
   d) Wer liebt, ist Gehilfe der Wahrheit (7.8).
   e) Untragbare Überheblichkeit des Diotrephes (9.10).
   f) Demetrius ein Vorbild zum Guten (11.12).
   g) Schlußbemerkungen und Gruß (13—15).

III) Die beiden Briefe geben einen Einblick in den Alltag des Gemeindelebens und den Kampf gegen die Irrlehrer, von denen 1 Joh spricht. Wirkliche Gemeinschaft kennt Johannes nur mit Menschen, die in der Wahrheit leben (2 Joh 1—3; 3 Joh 3—8). Das bedeutet im Leben tätige Liebe zu den Brüdern und in der Lehre ganze Anerkennung des Wesens und Werkes Christi (2 Joh 7—9). Die Gefahr durch diejenigen, die ein anderes Christusbild zeichnen als die Schrift, ist so groß, daß Johannes jede Gemeinschaft mit ihnen ablehnt, sogar den Gruß (2 Joh 10.11). Das ist nicht übertriebene Härte; denn der Gruß bedeutet Bereitschaft zum Gespräch, durch das man sich ihrem Einfluß öffnet. In ähnlicher Weise verhält sich Diotrephes, der Gegner des Apostels, den Brüdern gegenüber (3 Joh 9.10); aber es geht ihm dabei um die eigene Geltung (V 9); er nimmt Ehre von Menschen an (vgl. Joh 5,41.42.44) und zeigt damit, daß er nicht aus der Wahrheit ist. Diese Lage innerhalb der Gemeinde ist so ernst, daß der Apostel keine schriftliche Anweisung gibt, sondern persönlich kommen will, um Klarheit und Ordnung zu schaffen (3 Joh 10).

Johannesevangelium. I) Den SCHLÜSSEL zum J. finden wir in 1 Joh 1,1.3: »Was wir gesehen haben mit unsern Augen, was wir beschaut haben und unsere Hände betastet haben vom Wort des Lebens, das verkündigen wir euch.« Nur das Greifbare des Ewigen kann verkündigt werden; ohne dies entschwindet es uns. So bietet uns das J. das letzte Geheimnis: wir gewinnen es durch Aneignung des Greifbaren und werden damit auch des Unbegreiflichen teilhaftig.

II) Den Namen des VERFASSERS gibt uns die Überschrift des J. an. Er bezeichnet sich selbst als den »Jünger, den der Herr liebhatte« (Joh 13,23; 19,26; 21,20.24), und eine Fülle von Einzelbemerkungen bestätigt, daß wir ihn in der engsten Umgebung Jesu zu suchen haben. Er kennt die jüd. Festzeiten (Joh 2, 13; 6,4; 7,2; 10,22), Sitten und Gebräuche (Joh 2,6; 3,25; 11,44.55; 19,31.40), Wege (zum See »hinab«; Joh 2,12) und Orte (Joh 3,23; 4,11; 5,2; 9,7) des Landes und war dem Hohenpriester bekannt (Joh 18,15). Er erinnert sich an die Tageszeiten bestimmter Ereignisse (Joh 1,39; 4,6; 19,14), die Worte einzelner Jünger (Joh 6,7—9; 11,16; 14,5.8.22) und lag beim letzten Mahl an der → Brust Jesu (Joh 13,23). Von den drei Jüngern, die dem Herrn bes. nahestanden (Petrus, Jakobus, Johannes; Mt 26,37), ist Jakobus schon früh den Zeugentod gestorben (Apg 12, 2; 44 n. Chr.), und Petrus wird von dem ungenannten Jünger ausdrücklich unterschieden (Joh 18,15.16; 21,20). Überschrift und Inhalt des J. stützen sich gegenseitig und führen auf → Johannes den Apostel als Verfasser.

III, 1) Nach dem Bericht des Irenäus, eines Schülers des Polykarp von Smyrna, der ein Johannesschüler war, soll der Apostel das J. geschrieben haben, als er in Ephesus lebte. Danach hat man das J. bisher allgemein als Alterswerk angesehen und gegen Ende des 1. Jh. n. Chr. datiert. Für seine kennzeichnenden Züge, etwa die Bildersprache von Licht und Finsternis, rechnete man dabei mit hellenistischen Einflüssen. Nun haben aber die neuen → Handschriftenfunde vom Toten Meer gezeigt, daß eine entsprechende Redeweise und Darstellungsart bereits z. Zt. Jesu im palästinensischen Spätjudentum nachzuweisen ist. Von daher ist es möglich, daß auch das J. wie die drei anderen Ev. schon vor 70 n. Chr. abgefaßt sein könnte (D. J. Wiseman).

2) Im Gegensatz zu den andern Ev. ist das J. keine Missionsschrift, sondern richtet sich an die Gemeinde. Es zeichnet ihr das Bild des Herrn so, wie Jesus sich in seiner ganzen Herrlichkeit im engsten Jünger-

kreis offenbart hat. Vgl. zu diesem Unterschied zwischen der Verkündigung nach außen und der nach innen, daß auch die ntl. Briefe neben der Anfangslehre von einer Weisheit für die Vollkommenen sprechen (Hebr 5,12–6,2; 1 Kor 3,6; vgl. 1 Petr 2,2), was augenscheinlich auf das Beispiel Jesu zurückgeht (vgl. auch Mk 4,10–20,33.34).

IV) EINTEILUNG.
Der Prolog gibt uns das Thema an (Joh 1,14), dazu die beiden Worte, unter die wir die zwei Hauptteile des J. stellen können (V 5.11). Diese Einteilung liegt im Buch selbst, das nur bis Joh 12,36 von Licht und Finsternis spricht.

Prolog: Das Wort ward Fleisch und wohnte unter uns (1,1–18).

A) Licht und Finsternis (1,19–11,57).
1) Das Licht scheint in der Finsternis (1,19–4,54).
   a) Aufgang des Lichtes (1,19–51).
   b) Licht in Israel (2,1–3,36).
   c) Licht der verlorenen Schafe (4,1–54).
2) Die Finsternis hat's nicht begriffen (5,1–11,57).
   a) Das Nahen der Finsternis (5,1–6,15).
   b) Die Abgrenzung (6,16–71).
   c) Der Kampf (7,1–11,57).

B) Gottes Sohn im Eigentum (12,1–21,23).
1) Er kam in sein Eigentum (12,1–17,26).
   a) Begegnung im Eigentum (12,1–13,38).
   b) Sicherung des Friedens der Gemeinde (14,1–17,26).
2) Die Seinen nahmen ihn nicht auf (18,1–19,48).
   a) In den Händen der Menschen (18,1–40).
   b) Die Ausstoßung (19,1–42).
3) Wie viele ihn aber aufnahmen (20,1–21,23).
   a) Aufnahme des Auferstandenen (20,1–31).
   b) Letztes Beisammensein auf Erden (21,1–23).

V) INHALT UND BOTSCHAFT.
1) Wenn wir auch das Geheimnis als Geheimnis stehenlassen müssen, so können wir doch versuchen, das uns Faßbare kurz anzudeuten. Im Vordergrund steht die *doxa*, die Ehre, das Ansehen, das jemand hat und das zur Anerkennung seiner Überlegenheit und Beugung unter ihn zwingt. Diese Herrlichkeit hatte Christus, ehe die Welt war (Joh 17,5). Das All wurde durch ihn geschaffen und ihm damit in ganzer Abhängigkeit untergeordnet (Joh 1,3). Solche Herrlichkeit kann sich niemand nehmen; sie kann ihm nur von Gott selbst gegeben werden (Joh 17,22) und ist in höchster Stufe die Einheit des Verherrlichten mit dem Verherrlichenden (Joh 10,30). Diese Herrlichkeit Christi ist Ewigkeitsherrlichkeit u. kann nur verhüllt eingehen in die durch die Sünde verderbte Welt, in der er den Namen seines Vaters verklären soll (Joh 12,28), d. h. ihn in seiner zur Anerkennung zwingenden Herrlichkeit offenbaren. So geschieht das Wunder: das Wort wird Fleisch, der Ewige kann von Menschen mit Händen betastet werden, und der Herr über alle Dinge (Mt 11,27) macht sich zum Diener (Mt 20,28). Die Herrlichkeit Gottes, die zugleich auch die Herrlichkeit Christi ist, bricht durch als Offenbarung seiner Macht über die Stoffe dieser Welt, die er in ihrer Natur verwandelt (Joh 2,11), und als Beweis seiner Gewalt auch über den Tod, dem er seine Beute nimmt (Joh 11,40). Aber diese Wunder zeigen nicht das Letzte. Das J. berichtet nur wenig von ihnen, obwohl es in die unübersehbare Fülle hätte hineingreifen können (Joh 21,25). Christus tut nicht die Wunder, auf Grund deren man zum Glauben kommen will (Mt 12,38.39; 1 Kor 1,22); denn die Begeisterung darüber kann gerade verhindern, daß die Offenbarung zu ihrem vollen Ziel kommt, uns das Wesen Gottes, seine Liebe, zu zeigen (1 Joh 4,16).

2) Diese Liebe offenbart Gott darin, daß er seinen eingeborenen Sohn opfert, um uns aus der Verlorenheit zum ewigen Leben zu retten (Joh 3,16.17). Die Tat Gottes in Christus wird aber erst durch die Annahme des Opfers fruchtbar. So offenbart sich die Liebe Gottes im Werben Jesu um die Menschen. Darum berichtet das J. ausführlich von den seelsorgerlichen Gesprächen des Herrn (Joh 3; 4; 21; 13–16; 18,28–19,16). Die Jünger sind berufen, fortan Träger der Offenbarung dieser Liebe in der Welt zu sein. Sie sollen der Welt durch die Liebe zueinander als Jünger Jesu kenntlich werden (Joh 13,34.35). Die Gotteskindschaft wirkt, daß die Liebe, die der Vater zu Christus hat, auch in den Jüngern ist (Joh 17,26). Diese Liebe ist auch in den Jüngern eine Liebe der Tat: sie lebt für die Brüder (Joh 21,16) und ist ebenso bereit zum letzten Opfer, zum Sterben für sie (Joh 15,13). Die Liebe dient nicht der Selbstverherrlichung des Menschen, sondern wie die Liebe Christi zum Vater sich in dem den Vater verklärenden Gehorsam zeigt, so beweist sich auch die Liebe der Jünger zu Christus im Gehorsam (Joh 14, 15.23.24), der die Ehre des Herrn sucht durch nachahmende Darstellung seiner rettenden und suchenden Liebe (Joh 20,21; 4,34; 6,38).

3) Der Eingang in diese Welt Gottes ist nur möglich durch eine neue Geburt (→ Wiedergeburt) aus Gott (Joh 3,5), durch die gläubige Annahme des Zeugnisses Christi. Sie macht des neuen, in ihm erschienenen ewigen Lebens teilhaftig (Joh 1,12; 5, 24). Die Wandlung zeigt sich darin, daß der Mensch, der bisher in der Isolierung und Finsternis lebte, fortan im Licht Gottes und in der Gemeinschaft mit ihm lebt (Joh 3,19–21; 6,56; 12,46; 15,4–7). Nur so findet er den Frieden, der die weltbeherrschende Angst überwindet (Joh 16,33). Die Grundlage dieses Heilshandelns Christi ist die Befreiung des Menschen aus der Gewalt des Teufels, in die er durch die Sünde gekommen ist und die ihn an die Sünde bindet (1 Joh 3,8). Diese Sünde beginnt mit der Lüge, deren Vater der Teufel ist (Joh 8,44). Aus seiner Gewalt muß der Mensch freigekauft werden, damit er in den Bereich der göttlichen Wahrheit kommen kann. Das hat Christus getan, der als das Lamm Gottes die Sünde der Welt trug (Joh 1,29). Die neue Welt wird uns sichtbar als Welt der Wahrheit. Die Herrlichkeit Christi ist voller Gnade und Wahrheit (Joh 1,14); er ist die Wahrheit selbst (Joh 14,6) und zeugt für die Wahrheit (Joh 18,37). So ist in ihm die Wahrheit zu finden, die fähig macht zur rechten Anbetung des Vaters (Joh 4,23.24) und zum rechten Hören des Sohnes (Joh 18,37). Durch das Ergreifen und Aneignen der Wahrheit wird man frei (Joh 8, 32), empfängt den Geist der Wahrheit (Joh 16,13), und das Wort Gottes wird zur heiligenden Wahrheit (Joh 17,17). Vgl. → Wahrheit II.

4) Dieser ganze Gehalt des J. findet sich auf engsten Raum zusammengerafft im Prolog des Buches (Joh 1,1–18). Hier steht keine Darstellung des Lebens Jesu vor seinem öffentlichen Auftreten, wie sie uns Lukas zeichnet. Das J. stellt uns unvermutet vor die strahlende Herrlichkeit, so daß sie uns blendet, weil das Auge sich an diese Lichtfülle noch nicht gewöhnt hat. Das gleiche hat Johannes selber zu Anfang der Offenbarung erlebt (Offb 4,2). Aber daneben spricht aus diesem Vorgehen eine klare Absicht. Verkündigung von Christus kann leicht in die Gefahr geraten, den Hörern den Sohn Gottes »menschlich näherzubringen«. Damit hat sie ihre eigentliche Aufgabe verfehlt; denn sie soll Menschen Gott näherbringen und helfen, daß der nun erhöhte Herr in den Hörern Gestalt gewinnt (Gal 4,19). Darum stellt das J. unverhüllt die Herrlichkeit des Christus

dar, der in uns sein will und in dem wir sein sollen (Joh 15,4).
5) Diese Darstellung der Herrlichkeit Christi ist im Lauf der Geschichte immer wieder denen zum → Ärgernis geworden, die Jesus nur als Menschen verstehen wollten. Schon aus dem 2. Jh. n. Chr. kennen wir Bewegungen, die im Herrn einen Menschen sahen, der erst bei seiner Taufe von Gott angenommen wurde. Weiter hat man im Prolog fremden Einfluß nachzuweisen gesucht, insbes. wegen des Begriffes *logos* (Wort), der auch in der griech. und vor allem jüd.-hellenistischen Philosophie Philos von Alexandria eine große Rolle spielt. Die Apostel haben zwar für ihre Verkündigung keine neue Sprache geschaffen, sondern bekannte Worte verwendet, diese aber mit ganz neuem Inhalt gefüllt. Das zeigt ein Vergleich der ntl. mit den philosophischen Aussagen. Das lebendige Wort Gottes, durch das alles Seiende geschaffen wurde (Joh 1,3.4), hat mit dem Logosgedanken der Philosophie nichts zu tun.
Wie unvereinbar beides ist, zeigt uns das J. selbst in seinem Bericht über Jesus vor Pilatus (Joh 18,33–38). Der Herr bietet sich dem Statthalter als Zeuge der Wahrheit an. Pilatus aber will ihn nicht und kommt mit seinem wissenschaftlichen Anliegen, der philosophischen Frage nach der Wahrheit. Der Statthalter erwartet, daß der Gottessohn das Menschenanliegen ernst nehmen soll, während er nicht daran denkt, sich der Herrlichkeit des Schuldlosen zu beugen, den er freisprechen müßte, aber um der Juden und der eigenen Sicherheit willen (Joh 19,12) zum Tode verurteilen wird.

Jojachin »Der Herr möge festmachen, Festigkeit verleihen, sicher hinstellen«.
Sohn und Nachfolger König Jojakims von Juda. 1 Chron 3,16.17; Est 2,6; Jer 24,1; 27,20; 28,4; 29,2; 37,1; Mt 1,11.12 heißt er Jechonja, Jer 22,24.28 Chonja. Seine Mutter Nehusta war die Tochter Elnathans von Jerusalem, eines der höchsten Beamten Jojakims (Jer 26,22; 36,12.25). J. war 18 Jahre alt, als er König wurde (2 Kö 24,8; 8 Jahre in 2 Chron 36,9 ist Schreibfehler), und regierte 598/7 v. Chr. für drei Monate (2 Kö 24,8), genauer drei Monate und zehn Tage (2 Chron 36,9), in Jerusalem. Wie sein Vater tat er, was dem Herrn mißfiel. Als Nebukadnezar wegen des Abfalls Jojakims gegen Jerusalem heranrückte und die Stadt eingeschlossen wurde, ging J. zu ihm hinaus mit seiner Mutter, seinen Beamten, Offizieren und Hofleuten. Er wurde gefangengenommen und mit dem Tempel- und Königsschatz, den hohen Beamten und den wehrfähigen Männern, allen Zimmerleuten und Schmieden nach Babylon geführt. Auch J. Frauen gingen mit in die Gefangenschaft. Nebukadnezar machte J. Onkel Matthanja zum König und änderte seinen Namen in Zedekia um (2 Kö 24,10–17; vgl. auch Jer 22,24–30). Nach 37jähriger Gefangenschaft wurde J. von Evil-Merodach im Jahr seiner Thronbesteigung (561 v. Chr.) begnadigt, der ihm einen Sitz über den anderen unterworfenen Königen in Babylon anwies. Seinen Lebensunterhalt erhielt J. am babyl. Hof (2 Kö 25,27–30; Jer 52,31–34).
Ausgrabungen haben die bibl. Angaben über J. Gefangenschaft bestätigt. In Babylon wurden in der Nähe des Istartores rund 300 Tontafeln entdeckt, auf denen monatliche Lieferungen von Öl, Gerste und anderen Lebensmitteln an Gefangene und Handwerker in und um Babylon verzeichnet sind. Auf 4 Tafeln, von denen eine auf 592 v. Chr. zu datieren ist, wird u. a. auch Öl »für Jaukin, den König des Landes Jahud«, »für die 5 Söhne des Königs des Landes Jahud zu Händen des Qanama«, wohl ihres Dieners, und »für 8 Leute des Landes Jahud« aufgeführt (E. F. Weidner in: Melanges Syriens offerts à Monsieur René Dussaud [Paris 1939] II, S. 923–935). Danach scheinen 1 Chron 3,17 doch die Söhne und nicht, wie oft angenommen, die Enkel J. gemeint zu sein. Die fünf ersten von ihnen sind demnach vor 592 v. Chr. und der älteste, → Sealthiel, wohl spätestens 598 v. Chr. geboren. Vgl. Taf. 30b/449.
Ein Siegelabdruck auf drei in Beth-Semes und Kirjath-Sepher (Debir) ausgegrabenen Krughenkeln meldet: »Eljakim, dem Verwalter des Jaukin, gehörig.« Das läßt vermuten, daß das Königsvermögen während der Gefangenschaft J. unter der Verwaltung Eljakims stand und Zedekia in der Erwartung einer möglichen Rückkehr seines Neffen, mit der man auch sonst in Juda rechnete (Jer 28,3.4), den Besitz des rechtmäßigen Königs nicht an sich genommen hatte (W. F. Albright, Biblical Archaeologist V [1942] S. 49–55).

Jojada »Der Herr hat gewußt, sich gekümmert (um), sich (jemandes) angenommen«.
1) Priester aus Kabzeel in Juda, der Sohn Is-Hails und Vater → Benajas, des Befehlshabers von Davids Leibwache (2 Sam 8,18; 23,20; 1 Chron 27,5). J. führte die Aaroniter an, die mit den anderen Stämmen nach Hebron kamen, um David zum König zu machen (1 Chron 12,27).
2) Sohn Benajas und Enkel des Priesters J., ein Ratgeber Davids (1 Chron 27,34).
3) Hoherpriester, der mit Joseba, der Tochter König Jorams und Schwester König Ahasjas von Juda, verheiratet war. Er rettete seinen Neffen Joas vor → Athalja und erhob ihn mit 7 Jahren auf den Thron (2 Kö 11,1–12,17[16]; 2 Chron 22,10–24,16). J. wurde 130 Jahre alt. Man begrub ihn in der Davidsstadt bei den Königen, weil er an Israel, am Tempel und dem Herrn gegenüber recht gehandelt hatte. Solange er lebte, übte er einen günstigen Einfluß auf König → Joas von Juda aus. Nach seinem Tod aber geriet Joas auf falsche Wege, so daß er sogar Sacharja, den Sohn J., töten ließ.
4) Priester in Jerusalem z. Zt. Jeremias, der abgesetzt worden war (Jer 29,26).
5) Sohn Paseahs; er besserte unter Nehemia das alte Tor in Jerusalem aus (Neh 3,6).
6) Hoherpriester, der Sohn Eljasibs (Neh 12,10.22). Einen seiner Söhne, der der Schwiegersohn des Horoniters Saneballat war, entfernte Nehemia wohl aus diesem Grund aus seiner Umgebung (Neh 13,28).

Jojakim »Der Herr möge aufrichten«.
1) Als Josia 609 v. Chr. im Kampf gegen Pharao Necho bei Megiddo gefallen war, machte das Volk seinen Sohn Joahas, der jünger als sein Bruder Eljakim war, zum König. Doch 3 Monate später nahm Pharao Necho Joahas gefangen und führte ihn mit nach Ägypten, nachdem er Eljakim – unter Änderung seines Namens in J. – als König eingesetzt hatte. J. regierte von 609–598 v. Chr. Er war ein gottloser und ungerechter König (2 Kö 23,34–37). Den Propheten Uria, der vor ihm nach Ägypten geflohen war, ließ er zurückholen und hinrichten (Jer 26,20–23). Später verbrannte J. die von Baruch aufgezeichneten Prophetensprüche Jeremias (Jer 36).
Nachdem die Babylonier Pharao Necho bei Karchemis besiegt hatten (605 v. Chr.), zog Nebukadnezar vor Jerusalem (Dan 1,1). Vermutlich gehört hierher die geplante Wegführung J. (2 Chron 36,6), die dann anscheinend nicht ausgeführt wurde (2 Kö 23,36; 24,6). Im Nov./Dez. 604 v. Chr. schloß Nebukadnezar die Unterwerfung von Syrien und Palä-

stina mit der Eroberung von Askalon ab. Dies Ereignis verursachte offenbar das Ausrufen eines Fasttages in Jerusalem im gleichen Monat (Jer 36,9). Nach drei Jahren fiel J. aber wieder von Babylon ab, nachdem Necho 601 v. Chr. den Babyloniern erfolgreich Widerstand geleistet hatte. Zunächst ließ Nebukadnezar J. durch Streifscharen der Chaldäer, Syrer, Moabiter und Ammoniter in die Enge treiben (2 Kö 24,2); schließlich kam er selber. J. fand wahrscheinlich während der Belagerung Jerusalems den Tod, und zwar noch vor dem Eintreffen Nebukadnezars (vgl. V 10.11). Sein Leichnam wurde vor das Tor hinausgeworfen (Jer 22,19; 36,30). Sein Sohn Jojachin folgte ihm in der Herrschaft.
2) Hoherpriester nach der babyl. Gefangenschaft, der Sohn Jesuas (Neh 12,10.12.26).

Jojarib »Der Herr möge streiten, den Prozeß führen«.
1) Judäer, Sohn Sacharjas (Neh 11,5).
2) Priester, der mit Serubabel aus der Gefangenschaft zurückkehrte (Neh 12,6). Ein Priestergeschlecht z. Zt. des Hohenpriesters Jojakim trug diesen Namen (V 19).
3) Lehrer, der mit Esra aus Babylon heimkehrte (Es 8,16).

Jokdeam.
Ort im Stamm Juda (Jos 15,56), zwischen Jesreel und Sanoah genannt und mit Jorkeam (1 Chron 2, 44) identisch. Vermutlich das heutige Chirbet Raqa, zwischen Jatta (Jutta) und Tell Zif (Siph), südl. von Hebron.

Jokim, Bedeutung wohl wie Jojakim.
Judäer, Nachkomme Selas (1 Chron 4,22).

Jokmeam, viell. »Verwandter (wörtl. Volk) möge aufrichten« (Noth).
Levitenstadt in Ephraim (1 Chron 6,53[68]), viell. in der Nähe von Abel-Mehola (1 Kö 4,12). Jos 21,22 heißt der Ort Kibzaim. Die genaue Lage ist unbekannt.

Jokneam,
kanaanitische Königsstadt am Karmel (Jos 12,22), in der Nähe eines Baches im Stammgebiet Sebulons (Jos 19,11). Die Stadt wurde den Leviten des Geschlechtes Merari zugewiesen (Jos 21,34). J. ist das heutige Tell Qemun, am Bache Kison südöstl. des Karmel (neuhebr. Tel Yoqneam). Vgl. Karte Sp. 846.

Joksan hängt mit hebr. »(Vögel) mit dem Stellholz fangen« zusammen.
Sohn Abrahams und der Ketura, Vorfahr einiger arab. Stämme (1 Mo 25,1–3).

Joktan, hängt mit arab. »wach sein« zusammen.
Sohn Ebers, Nachkomme Sems, Vorfahr verschiedener arab. Stämme (1 Mo 10,25–29; 1 Chron 1,19–23).

Joktheel 1) Judäischer Ort in der Sephela (Jos 15, 38), seine Lage ist unbekannt.
2) → Amazja (1); → Edomiter; → Petra.

Jona »Taube«.
1) → Jona, Buch.
2) → Johannes (1).

Jona, Buch. I) VERFASSER UND ZEIT.
1) Das B. J. enthält keine Prophetensprüche, sondern den Bericht der Sendung J. nach Ninive. Damit erinnert es an die Geschichten von Elia und Elisa in den Königsbüchern (1 Kö 17–2 Kö 13). Auch J., der Sohn Amitthais, war ein Prophet des Nordreichs, geboren zu Gath-Hepher, wohl dem heutigen Chirbet ez-Zurra bei Tell el-Meschhed, nordöstl. von Nazareth, wo sein Grab noch gezeigt wird. Er sagte die Siege Jerobeams II. voraus (2 Kö 14,25), wirkte also wohl schon vor dessen Regierungsantritt 782/1 v. Chr.
2) Daß das B. J. von J. selbst niedergeschrieben wurde, ist nicht ausdrücklich gesagt; auf seinen Bericht muß es in jedem Fall zurückgehen. Der König von Ninive wird nicht mit Namen genannt. Das geschieht aber auch mit anderen assyr. Königen (2 Kö 17,24.27 Sargon II.; 23,29 Assuruballit II.) und braucht kein Zeichen mangelnder Kenntnis zu sein. Man hat an Adadnirari III. (810–782 v. Chr.) von Ninive gedacht und darauf hingewiesen, das assyr. Quellen unter ihm eine religiöse Reform erwähnen. Die Einwohnerzahl Ninives, nach J. Angabe 120000 Menschen, ist neuerdings überraschend bestätigt worden. Die Denkinschrift Assurnasirpals von 879 v. Chr. gibt für Kalah (Nimrud), dessen Mauern 6,8 km Umfang haben, über 60000 Einwohner an. Danach konnte Ninive mit seinen 13 km langen äußeren Mauern gut die doppelte Anzahl Bewohner aufnehmen.

II) INHALT.
1) J. hatte vom Herrn den Auftrag erhalten, Ninive, der Hauptstadt Assyriens, das Gericht zu verkündigen (Jon 1,2). Es waren die Feinde Israels, zu denen er gesandt wurde, die unter Ahab (853 v. Chr.) und Jehu (841 v. Chr.) das Nordreich bedroht hatten. Aber J. fürchtete, daß Gott sie verschonen würde – jedenfalls gibt er das später an (Jon 4,2) –, und floh vor dem Herrn nach W zum Mittelmeer und weiter zu Schiff nach → Tharsis (Jon 1,3). Unterwegs geriet das Schiff in einen Sturm. J. wurde durch das Los als der Schuldige bezeichnet, bekannte seinen Ungehorsam und riet den Seeleuten, ihn über Bord zu werfen. Widerstrebend folgten sie. Der Sturm legte sich, und J. wurde von einem großen Fisch verschlungen (Jon 1,4–2,1). Für die Art des Fisches gibt der Text keinen näheren Anhalt; auch das griech. *kaetos* (LÜ Walfisch; Mt 12,40) bezeichnet nur allg. ein großes Seetier.
2) Im Leib des Fisches betete J. zum Herrn und dankte ihm für die Rettung vor dem Tod des Ertrinkens. Nach drei Tagen spie ihn der Fisch auf Gottes Geheiß an Land. J. erhielt noch einmal den gleichen Auftrag (Jon 2,2–3,2).
3) Nun gehorcht er und verkündigt in Ninive den Untergang der Stadt nach 40 Tagen. König und Einwohner nehmen die Gerichtsbotschaft an, fasten in Trauerkleidung, rufen zum Herrn und wenden sich von ihrem Unrecht ab. Daraufhin verschont Gott die Stadt zum Ärger J. Sein Mißmut wächst bis zum Lebensüberdruß. Aber der Herr hat mit seinem Propheten Geduld und redet mit ihm noch einmal durch ein Gleichnis: J. schmerzt der Verlust der Pflanze, die ihm Schatten gespendet hat (→ Rizinus); sollte der Liebe Gottes der Tod von 120000 Menschen gleichgültig sein? (Jon 3,3–4,11).

III) BEDEUTUNG.
Mit dieser offenen Frage am Schluß wendet sich das B. J. gegen alle menschliche Selbstgerechtigkeit, die ein starres, gesetzliches Prinzip daraus zu machen versucht, daß Gott in seiner Liebe eines unter allen Völkern zu seinem bes. Eigentum erwählt hat. Der Herr urteilt nirgends nach äußeren Gesichtspunkten; er sieht das Herz an (1 Sam 16,7). Wie in Israel ist ihm unter allen Völkern jeder angenehm, der ihn fürchtet und recht handelt (Apg 10,35). Diese Botschaft vertritt das B. J. wie vor ihm das Buch → Ruth und später die großen Propheten (vgl. Jer 16, 19–21). Blind zu werden für die Weite der Liebe und des Erbarmens Gottes, das ist bis in die Zeit Jesu die große Gefahr des Gottesvolkes geblieben (vgl. Lk 4,25.27; Mt 8,10.11). Gerade dem geistli-

chen Hochmut Israels gegenüber hat sich Jesus in zweifacher Weise auf J. berufen: einmal weist er Mt 12,39.40 mit dem Zeichen des J. auf seine Auferstehung hin, die er den Juden als einziges Zeichen geben wird; zum andern stellt er die Bußbereitschaft der Niniviten bei der Predigt J. (V 41; Lk 11, 29.30.32) als Maßstab auf, an dem seine jüd. Volksgenossen am Jüngsten Gericht gemessen werden.

Jonadab »Der Herr hat sich freigebig gezeigt«.
1) Sohn Simeas, des Bruders Davids. Er war ein Freund Amnons (2 Sam 13,3—5.32—35).
2) Sohn des Keniters Rechab (Jer 35,6; vgl. 1 Chron 2,55). Seine Anordnungen bestimmten die Lebensgewohnheiten des Geschlechts der → Rechabiter (Jer 35). Er lebte z. Zt. Jehus, der ihn nach Samaria mitnahm als Zeugen seines Eifers bei der Ausrottung des Hauses Ahabs und der Baalspriester (2 Kö 10,15. 16.23).

Jonam, vielleicht Kurzform von Johanan, Vorfahr Jesu (Lk 3,30).

Jonathan »Der Herr hat gegeben«.
1) Judäer, Sohn Jadas (1 Chron 2,32.33).
2) Sohn (wohl Enkel oder Nachkomme) Gersoms, des Sohnes Moses (Ri 18,30 EÜ, ZÜ). J. und seine Söhne waren Priester in Dan, dem früheren Lais. Dort hatten die Daniter das Götzenbild aufgestellt, das sie dem Ephraimiten Micha fortgenommen hatten (V 29.31). Zweifellos ist J. derselbe Levit, der Jüngling aus Bethlehem in Juda, der Michas Priester gewesen und dann mit den Danitern gezogen war (Ri 17,7—13; 18,3—6.13—27). Der hebr. Text hat in V 30 Manasse (LÜ) statt Mose. Diese beiden Namen unterscheiden sich im Hebr. nur durch einen Buchstaben, und zwar das *n*. Dieses *n* steht hier aber in den Hss. etwas über der Linie; man hat es wohl nachträglich eingeschoben, um auszudrücken, daß J. nicht würdig war, Moses Nachkomme zu heißen, sondern daß er eher einem Sohn des götzendienerischen Königs Manasse glich.
3) Ältester Sohn Sauls. Er ist eine der edelsten Gestalten im AT., ein tapferer Krieger und der selbstlose, treue Freund Davids. Er begann den Kampf gegen die Philister zu Gibea (1 Sam 13,3), und sein mutiger Angriff am Engpaß von Michmas führte zu einem großen Sieg. Beinahe hätte J. an diesem Tag wegen des unbedachten Gelübdes Sauls das Leben lassen müssen; aber das Volk bat ihn frei (1 Sam 13,23—14,45). Nach dem Sieg Davids über Goliath gewann J. ihn lieb wie sein eigenes Leben (1 Sam 18,1). Er schloß einen Bund mit David (V 3.4) und verteidigte ihn gegen Sauls Argwohn (1 Sam 19,1—7). Auf die Dauer aber konnte J. Vermittlung nicht mehr helfen. Darum gab er David den Rat zu fliehen (1 Sam 20). In der Wüste Siph trafen sich beide noch einmal. Dabei sprach J. seine Gewißheit aus, daß David König über Israel werden würde; dann wolle er der nächste nach ihm sein (1 Sam 23,16—18). So stärkte J. Davids Vertrauen auf den Herrn. In der Schlacht gegen die Philister auf dem Gebirge Gilboa fiel J. mit seinen Brüdern und Saul (1 Sam 31,2; 1 Chron 10,2). Die Einwohner von Jabes in Gilead holten ihre Leichname, die die Philister an die Mauer von Beth-Sean gehängt hatten, und begruben sie unter der Tamariske zu Jabes (1 Sam 31,10—13). David widmete Saul und J. eine Totenklage (2 Sam 1, 17—27) und erwies später J. Sohn Mephiboseth, der an beiden Füßen lahm war, königliche Barmherzigkeit (2 Sam 4,4; 9). Zu J. Nachkommen vgl. 1 Chron 8,33—40; 9,39—44.
4) Davids Onkel (1 Chron 27,32; LÜ »Vetter« hat die gleiche Bedeutung). Man hat daran gedacht, daß »Onkel« hier den Verwandten überhaupt bezeichnen könne und dieser J. mit dem folgenden gleichzusetzen sei.
5) Sohn von Davids Bruder Simea. Er erschlug einen Riesen, der 6 Finger und 6 Zehen hatte (2 Sam 21,20; 1 Chron 20,6.7).
6) Sohn des Priesters Abjathar. Er erhielt mit Zadoks Sohn Ahimaaz während Absaloms Aufstand die Verbindung zwischen Husai in Jerusalem und dem geflohenen König David aufrecht (2 Sam 15,36; 17,15—22). Später brachte er Adonia die Nachricht, daß Salomo zum König gesalbt sei (1 Kö 1,41—49).
7) Sohn Sages des Harariters, einer von Davids Helden (1 Chron 11,34; 2 Sam 23,32).
8) Sohn Usias, Vermögensverwalter Davids (1 Chron 27,25).
9) Levit z. Zt. Josaphats (2 Chron 17,8).
10) Schreiber, in dessen Haus der Prophet Jeremia gefangen lag (Jer 37,15.20; 38,26).
11) Sohn Kareahs und Bruder Johanans. Er war einer der Juden, die zu Gedalja nach Mizpa kamen (Jer 40,8).
12) Die Obersten der Priestergeschlechter Malluch und Semaja z. Zt. des Hohenpriesters Jojakim (Neh 12,14.18).
13) Vater des Leviten Sacharja z. Zt. Nehemias (Neh 12,35).
14) Vater Ebeds. Ebed kehrte mit Esra aus Babylon zurück (Es 8,6).
15) Sohn Asahels, Israelit z. Zt. Esras (Es 10,15).
16) → Johanan (15).

Joppe → Japho

Jorah, Israelit, dessen Nachkommen mit Serubabel heimkehrten (Es 2,18). In Neh 7,24 wird er Hariph genannt.

Jorai, Gaditer in Basan (1 Chron 5,13).

Joram »Der Herr ist erhaben«.
1) Sohn des Königs Thoi von Hamath (2 Sam 8,10); er heißt 1 Chron 18,10 → Hadoram.
2) Levit aus dem Geschlecht Eliesers, des Sohnes Moses (1 Chron 26,25).
3) Priester z. Zt. Josaphats (2 Chron 17,8).
4) Sohn König Ahabs von Israel. Er folgte seinem älteren Bruder Ahasja 852-841 v. Chr. in der Herrschaft. Die scheinbar widersprüchlichen Angaben über seine Regierungsjahre in Beziehung zu denen der gleichzeitigen judäischen Könige (2 Kö 1,17; 3, 1; 8,16) erklären sich durch die Mitregentschaft Jorams von Juda mit seinem Vater Josaphat, die deren Herrschaftszeiten zur Überschneidung bringt. Das Urteil über J. von Israel lautet ungünstig: er tat, was dem Herrn mißfiel. Aber es wird hinzugefügt: doch nicht wie sein Vater und seine Mutter. Er beseitigte zwar die Baalssäule, die sein Vater errichtet hatte, hielt aber an den Sünden Jerobeams, des Sohnes Nebats, dem Stierdienst (→ Bilderdienst) fest (2 Kö 3,2.3). Da der Moabiterkönig → Mesa gleich nach Ahabs Tod von Israel abgefallen war (2 Kö 1,1; 3,4.5), zog J. mit Josaphat von Juda und dem König von Edom als Bundesgenossen, gegen Moab (2 Kö 3). Trotz der errungenen Erfolge gelang es ihm jedoch nicht, Kir-Hareseth zu erobern. Mesa wird noch mächtig genug geblieben sein. Auch in dem nicht namentlich genannten König von Israel, zu dem der Syrerkönig seinen Heerführer Naeman schickte mit der Forderung, ihn von seinem Aussatz zu befreien (2 Kö 5,5—8), werden wir J. zu sehen haben. Ebenso in dem König, dem Elisa im Kampf mit den Syrern beistand (2 Kö 6,8—23) und der in Samaria durch den Syrerkönig → Benhadad belagert wurde, eine Belagerung, die mit einer wunderbaren Befreiung endete (2 Kö 6,24—7, 20). J. starb durch die rächende Hand Jehus, als er

die Wunden, die er im Kampf mit den Syrern bei Ramoth in Gilead erhalten hatte, in Jesreel ausheilen wollte (2 Kö 8,28.29); sein Leichnam wurde auf Jehus Befehl auf den Acker Naboths geworfen (2 Kö 9,16–26). So erfüllte sich das Wort des Herrn an J., dem letzten Herrscher der Dynastie Omris.
5) Sohn König Josaphats von Juda. Im Jahre 853 v. Chr. hatte Josaphat, als er mit Ahab gegen die Syrer nach Ramoth in Gilead zog, den 32jährigen J. als Mitregenten eingesetzt, der dann nach seinem Tode von 848–841 v. Chr. als König über Juda herrschte. Unmittelbar nach seiner Thronbesteigung ließ J. alle seine jüngeren Brüder – er war der Erstgeborene – ermorden (2 Chron 21,2–5). Er folgte den Wegen der Könige Israels, des Hauses Ahabs – er hatte ja eine Tochter Ahabs, Athalja, zur Frau –, und tat, was dem Herrn mißfiel (V 6.11; 2 Kö 8,18). Obwohl J. ein gottloser König war, wollte der Herr Juda doch um seines Knechtes David willen nicht verderben (V 19; 2 Chron 21,7); das Gericht über J. selbst blieb jedoch nicht aus. Ein Brief des Elia, der inzwischen schon entrückt worden war, kündigte es dem König an (2 Chron 21,12–15). Die Edomiter fielen von Juda ab (V 8–10; 2 Kö 8,20–22), ebenso Libna; hier hatten wohl die Philister die Hand im Spiel. Dann brachen Philister und Araber in Juda ein, machten große Beute und führten J. Söhne und Frauen fort, so daß ihm nur sein jüngster Sohn Joahas (= Ahasja) übrigblieb (2 Chron 21,16.17). Danach schlug ihn der Herr mit einer unheilbaren Krankheit der Eingeweide (→ Krankheiten: Ruhr), an der er nach 2 Jahren starb (V 18.19). Das Volk aber veranstaltete keinen Leichenbrand (von Räucherwerk) für ihn, wie man es für seine Väter getan hatte. J. ging dahin, ohne daß ihn jemand zurückwünschte. Man begrub ihn zwar in der Davidsstadt, aber nicht in den Königsgräbern. Sein Sohn Ahasja wurde sein Nachfolger (V 19.20; 2 Kö 8,24).

Jordan. Der wichtigste Fluß Palästinas; seine 3 Quellflüsse entspringen im Hermongebiet, dem Südteil des Antilibanon. Der östlichste und schönste ist der Nahr Banjas, dessen Quelle bei → Cäsarea Philippi 329 m ü. d. M. liegt. Der Nahr el-Leddan ist der stärkste und kürzeste der Quellflüsse. Er entspringt in der Nähe von Tell el-Kadi (→ Dan 3) 154 m ü. d. M. Der längste, jedoch schwächste Quellfluß ist der Nahr el-Hasbani. Seine Quelle liegt westl. des Hermon bei Hasbeja 520 m ü. d. M. (vgl. Ps 42,7.8).
Kurz nach der Vereinigung der Quellflüsse teilt sich der J. wieder, mündet in 2 Armen in den Hulesee (Bahr el-Chet), dessen Spiegel nach neuen israelischen Messungen 68 m ü. d. M. liegt, und erreicht nach weiteren 16 km Flußlauf den See → Genezareth (212 m unter d. M.) bei Bethsaida-Julias. Zwischen den Seen hat der J. eine tiefe Schlucht aus den Basaltfelsen ausgewaschen. Von den wenigen Flußübergängen heißt der wichtigste Dschisr benat Jakub (»Brücke der Töchter Jakobs«). Hier überquert der berühmte »Weg am Meer« (Jes 8,23 [9,1]), die große Straße von Damaskus über Megiddo und Gaza nach Ägypten (vgl. 2 Mo 13,17), den J. (vgl. Karte Sp. 542).
Beim Verlassen des Sees Genezareth kommt der Fluß in die Tallandschaft des → Gefildes (5 Mo 1,7) oder → Blachfelds (5 Mo 4,49). Die Länge des J.tals zwischen dem See Genezareth und dem Toten Meer beträgt 104 km, das Gefälle 180 m. Die 4–20 km breite J.ebene (El Ghor = »die Spalte«) ist bis etwa 15 km nördl. der Einmündung des Jabbok Kulturland, weiter südl. Wüste bis auf die Stellen, wo

Karte des Jordanlaufs

Quellen vorhanden sind oder Nebenflüsse einmünden. Bei Jericho gibt es noch ein größeres fruchtbares Gebiet. In den Kalkstein der Ebene hat der J. ein 1 km breites Hochwasserbett gegraben. Noch tiefer liegt das 30 m breite eigentliche Flußbett. Der J. ist 3–4 m tief, bei Jericho bis zu 6 m. Die Ufer begleitet halbtropischer Wald (Ez-Zor), die Pracht (EÜ) oder der Hochwuchs (ZÜ) des J. (Jer 12,5), wo früher auch Löwen lebten (Jer 49,19). Die Gegend nördl. des Toten Meeres zu beiden Seiten des J. heißt Ebene oder Feld von Jericho (5 Mo 34,3; Jer 39,5) bzw. Gefilde der Moabiter (4 Mo 35,1).
Der J. nimmt in seinem Unterlauf verschiedene Seitenflüsse auf; die größten linken Nebenflüsse sind Jarmuk und Jabbok. Von den J.furten (Jos 2,7; Ri 3,28; 12,5) sind am bekanntesten die Hadschla- (»Rebhuhn-«)furt, an der nach der Tradition Johannes der Täufer gewirkt hat (Joh 1,28; → Bethanien 2), und die Ed-Damije-Furt dicht südl. der Jabbokmündung. Hier schnitten die Gileaditer den flüchtenden Ephraimitern den Weg ab (Ri 12,5–6).
Der J. besitzt sehr großes Gefälle, und sein Flußbett liegt in der tiefsten Senke der Erde, weit unter dem Meeresspiegel. Daher hat der Fluß für den Verkehr nie eine Rolle gespielt, sein Tal ist im Gegenteil immer eine natürliche Grenze zwischen West- und Ostjordanland gewesen. Vgl. Taf. 55/864; 56/865.

Jorem griech. Form des aram. Jehorim »Der Herr ist erhaben«,
Vorfahr Jesu (Lk 3,29).

Jorkeam, Ort in Juda (1 Chron 2,44), → Jokdeam.

Josa,
simeonitischer Fürst z. Zt. Hiskias (1 Chron 4,34).

Josabad »Der Herr hat beschenkt«.
1) Gederathiter, der in Ziklag zu David kam (1 Chron 12,4).
2) Zwei der Manassiten, die sich auf dem Weg von Aphek nach Ziklag David anschlossen (1 Chron 12, 20).
3) Levit z. Zt. König Hiskias (2 Chron 31,13).
4) Oberster der Leviten z. Zt. König Josias (2 Chron 35,9).
5) Sohn Jesuas, Levit z. Zt. Esras (Es 8,33). Weitere Leviten des gleichen Namens werden noch Es 10, 23; Neh 8,7; 11,16 genannt, ohne daß wir entscheiden können, um wieviel verschiedene Personen es sich handelt.
6) Priester, der eine heidnische Frau genommen hatte (Es 10,22).

Josabeath → Joseba

Josachar »Der Herr hat gedacht«,
Sohn der Ammonitin Simeath, Knecht (Beamter oder Offizier) und Mörder des Königs Joas (2 Kö 12,22[21]). In 2 Chron 24,26 wird er Sabad genannt.

Josaphat »Der Herr hat gerichtet«.
1) Mithniter, einer von Davids Helden (1 Chron 11,43).
2) Sohn Ahiluds, Kanzler unter David und Salomo (2 Sam 8,16; 20,24; 1 Kö 4,3).
3) Priester z. Zt. Davids (1 Chron 15,24).
4) Sohn Paruahs, Statthalter Salomos in Isaschar (1 Kö 4,17).
5) Sohn und Nachfolger König Asas von Juda. 873/2 wurde er bei der Erkrankung seines Vaters 35jährig Mitregent u. war 870/69-848 v. Chr. König (1 Kö 22,1–51; 2 Kö 3; 2 Chron 17,1–21,1). Das Urteil der Schrift über ihn lautet sehr günstig: J. handelte wie sein Vater Asa und tat, was dem Herrn wohlgefiel. Er vernichtete die heidnischen Höhenheiligtümer, beseitigte die Ascherabilder und vertrieb den Rest der Hurer (männliche Prostituierte im Dienst der Fruchtbarkeitsgöttin; 1 Kö 22,43.47; 2 Chron 17,6). Die Verehrung des Herrn auf den Höhen jedoch beseitigte er nicht (1 Kö 22,44; vgl. 2 Chron 33,17).
Im Gegensatz zu Asa suchte J. Frieden und Freundschaft mit dem Bruderreich der 10 Stämme. Daß er sich aber mit dem isrl. Königshaus verschwägerte – sein Sohn Joram heiratete → Athalja, die Tochter von Ahab und Isebel – brachte nach seinem Tod viel Unglück über Juda. J. nahm an Ahabs Zug gegen Ramoth in Gilead teil, auf dem Ahab fiel und er in Lebensgefahr geriet. Bei seiner Rückkehr nach Jerusalem tadelte ihn der Prophet Jehu, der Sohn Hananis, wegen der Hilfe, die er dem gottlosen Ahab geleistet hatte (2 Chron 19,1–3). Die Edomiter blieben während seiner Regierung der Oberherrschaft Judas unterworfen (1 Kö 22,48). Mit Ahasja, Ahabs Sohn, begann J. ein gemeinsames Flottenunternehmen, das aber mißglückte (V 49; 2 Chron 20,36f). Mit → Joram (4), dem Bruder und Nachfolger Ahasjas, und dem König (d. h. wohl judäischen Statthalter) von Edom zog er gegen → Moab. Nur um J. willen (2 Kö 3,14), der auch sonst den Rat der Propheten suchte (1 Kö 22,5.7), erlangten sie die Hilfe Elisas. Wahrscheinlich zur Vergeltung für J. Beteiligung am Angriff auf Moab fielen die Moabiter, Ammoniter und Meuniter in Juda ein. Aber auf sein Gebet und das Danken und Loben der Sänger, die vor dem Heer auszogen, ließ der Herr einen Streit im feindlichen Heer ausbrechen. Die Gegner vernichteten sich gegenseitig; Juda triumphierte ohne Kampf und machte große Beute. Danach nannte man den Schlachtort Lobetal. Seitdem hatte das Reich J. Ruhe (2 Chron 20,1–30).
Neben den genannten Maßnahmen J. gegen den heidnischen Götzendienst sandte er Männer aus, um das Volk in den Städten Judas aus dem Gesetz des Herrn zu lehren (2 Chron 17,7–9). Außerdem regelte J. die Rechtsprechung neu und wies die Richter darauf hin, daß sie nicht für Menschen, sondern für den Herrn zu Gericht säßen (2 Chron 19,5–11). Sein Sohn Joram (5), den er schon 853 v. Chr. zum Mitregenten eingesetzt hatte, folgte ihm in der Herrschaft.
6) Sohn Nimsis, Vater König Jehus von Israel (2 Kö 9,2.14).
7) Im Tal J. oder Tal des Urteils (Jo 4,2[3,7].12 [17]ff), wohl in der Nähe Jerusalems (V 16[21]), wird der Herr die Völker richten. Joel scheint die Benennung nach der Bedeutung des Namens J. gewählt zu haben; als wirklichen Ortsnamen kennen wir sie in atl. Zeit nicht. Jüd. und christliche Tradition setzten das Tal J. später mit dem → Kidrontal gleich.

Josawja,
Sohn Elnaams, Held Davids (1 Chron 11,46).

Josbekasa, Leiter der 17. Sängerabteilung z. Zt. Davids (1 Chron 25,4.24).

Joseba »Der Herr ist Fülle, Vollkommenheit«.
Tochter König Jorams von Juda, Schwester König Ahasjas und Frau des Hohenpriesters → Jojada. Als ihre Mutter Athalja das ganze Königsgeschlecht umbringen ließ, versteckte J. → Joas, den Sohn Ahasjas, und rettete so sein Leben (2 Kö 11,2). 2 Chron 22,11 heißt sie Josabeath.

Josech. Vorfahr Jesu (Lk 3,26).

Joseph »Er (Gott) möge hinzufügen (weitere Kinder)«.

1a) Elfter Sohn Jakobs, der erste von Rahel (1 Mo 30,22–24). V 25 im Vergleich mit 1 Mo 31,41 zeigt, daß J. etwa 6 Jahre vor Jakobs Fortzug aus Paddan-Aram geboren wurde, also noch während seines Aufenthalts bei Laban. Jakob hatte J. lieber als seine anderen Söhne, weil ihm dieser noch in seinem Alter geschenkt worden war (1 Mo 37,3), und ließ ihm ein kostbares Gewand machen, vermutlich ein langes Untergewand (→ Kleid, Kleidung); das hebr. Wort steht auch noch 2 Sam 13,18.19.

b) In J. Geschick wird die Vorsehung Gottes offenbar, der ihn durch die tiefste Erniedrigung ganz nach oben führte. Dahinter steht der Plan des Herrn, Israel am Leben zu erhalten und nach Ägypten zu führen, damit es dort in der Abgeschlossenheit Gosens, fern von aller Verführung Kanaans, zu einem großen Volk würde. Dies Volk sollte dann die Kanaaniter, wenn ihre Sünde zum Gericht reif geworden war, vernichten und das verheißene Land erben. J. hat etwas davon erkannt (1 Mo 50,20) und sich noch im Sterben an Gottes Verheißung gehalten (V 25; Hebr 11,22).

Ps 105,16-22 wirft Licht auf Gottes Weg mit ihm: durch seine Prüfungen wurde er zubereitet. Vorher hatte er seinem Vater hinterbracht, was man seinen Brüdern Schlechtes nachsagte (1 Mo 37,2), und sich mit seinen Träumen gebrüstet (V 5–11). Die Bevorzugung durch Jakob und sein eigenes Verhalten weckten den Neid der Brüder (V 4.8.11). Als sein Vater ihn nach Sichem zu seinen Brüdern sandte, die dort weiden sollten, traf er sie in Dothan. Da reifte in ihnen der Entschluß, ihn zu töten. Ruben verhinderte das, weil er ihn retten wollte; sie warfen ihn nur in einen ausgetrockneten Brunnen. Auf den Rat Judas wurde J. dann für 20 Sekel Silber an eine vorüberziehende Handelskarawane verkauft, die ihn nach Ägypten mitnahm und dort an Potiphar, einen Hofmann des Pharao und Führer der Leibwache, weiterverkaufte. Die Brüder sandten J. Gewand, in Bocksblut getaucht, an Jakob und ließen ihm sagen, sie hätten es so gefunden; er möge sehen, ob es seinem Sohn gehöre oder nicht. Jakob trauerte lange Zeit um J., den er von einem Raubtier zerrissen glaubte (Kap 37).

c) Unter welchem Pharao J. nach Ägypten kam, wissen wir nicht. Nach der Chronologie der Erzväterzeit und bei der Annahme, daß die Israeliten 430 und nicht nur 215 Jahre in Ägypten geblieben sind (→ Zeitrechnung IV,2-4), muß J. etwa um 1895 bzw. 1720 v. Chr. nach Ägypten gekommen sein, 20 Jahre vor Jakob (1875 bzw. 1700 v. Chr.). Man bringt diese Ereignisse gern mit der Hyksosherrschaft in Ägypten (um 1700–1570 v. Chr.) in Verbindung. Das paßt jedoch nur zu dem späteren Ansatz, während der bibl. Bericht beide Möglichkeiten offen läßt. Was uns die Bibel über J. Aufenthalt in Ägypten berichtet, stimmt gut überein mit dem, was wir aus den Ausgrabungen und anderen Quellen über altägypt. Leben wissen.

d) Anfangs geht es J. in Ägypten gut; er gewinnt das Wohlwollen seines neuen Herrn, der ihn über sein Haus und sein ganzes Vermögen setzt. Als sich J. jedoch für die Verführung der Frau des Potiphar unzugänglich zeigt, wird er auf ihre falsche Beschuldigung hin ins Gefängnis geworfen. Aber Gott ist weiter mit ihm, und der Gefängnisvorsteher vertraut ihm die Aufsicht über alle Gefangenen an (Kap 39). J. deutet die Träume des Mundschenken und Bäckers des Pharao, die ihr Herr hatte gefangensetzen lassen, und seine Deutung trifft ein. Doch trotz der Bitte J. vergaß der Mundschenk ihn, bis zwei Jahre später der Pharao zwei Träume hatte, die niemand zu deuten verstand. Jetzt wurde J. zum

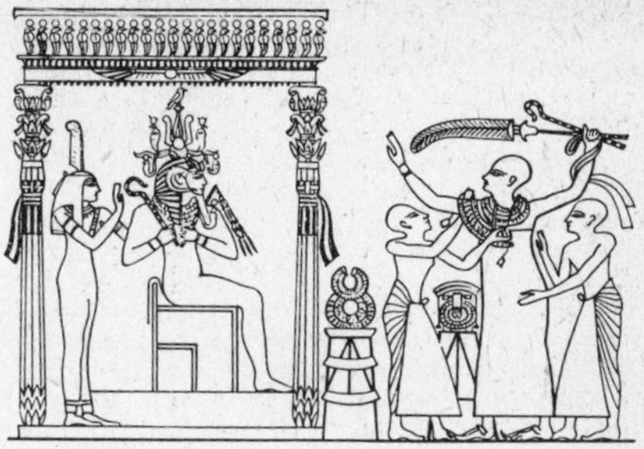

Der Pharao setzt einen hohen ägypt. Beamten ein und läßt ihn mit den Zeichen seiner Würde bekleiden

Pharao geholt und legte ihm seine Träume aus. Es würden nach 7 Jahren des Überflusses 7 Hungerjahre folgen; darum möge sich der Pharao nach einem verständigen und weisen Mann umsehen, der 1/5 der Ernte in den 7 guten Jahren als Vorrat für die Notjahre einziehen solle. Dieser Rat fand die Zustimmung des Pharao. Er setzte J. in die vorgeschlagene Stellung ein, steckte ihm seinen Siegelring an, ließ ihm kostbare Leinengewänder geben und legte ihm eine goldene Kette um. Dann ließ er ihn auf seinem zweiten Wagen fahren und vor ihm ausrufen: »Das ist des Landes Vater!« (diese Übersetzung des im Text stehenden Wortes *abrek* ist aber nicht ganz sicher). Der Pharao gab dem damals 30jährigen J. den ägyptischen Namen Zaphnath-Paaneach (LÜ heimlicher Rat), der vielleicht »Erhalter des Lebens« bedeutet. Asnath, die Tochter des Priesters Potiphera von On oder Heliopolis, wurde seine Frau und schenkte ihm zwei Söhne. Seine Voraussage traf ein, nach sieben Jahren des Überflusses brach eine Hungersnot an (Kap 41).

e) Kap 42 berichtet die erste Reise der Jakobssöhne zum Kornkauf nach Ägypten, bei der Jakob seinen jüngsten Sohn Benjamin aus Furcht zu Hause zurückhielt. J. erkannte seine Brüder sofort, sie ihn aber nicht. Und er dachte an seine Träume. Er beschuldigte sie der Spionage und setzte sie drei Tage in Haft. Dann behielt er Simeon gefangen zurück und befahl ihnen, ihren jüngsten Bruder mitzubringen. Das Geld für das Korn ließ er ihnen wieder oben in ihre Säcke legen. Jakob erschrak bei ihrer Rückkehr und wollte Benjamin nie ziehen lassen. Aber die Hungersnot zwang zu einer zweiten Reise. Juda verbürgte sich für Benjamin, und Jakob gab nach. Als sie zu J. kamen, gab dieser Simeon frei und bewirtete sie. Dann ließ er seinen silbernen Becher (aus dem er zu weissagen pflegte, wie sein Verwalter betonen soll) in Benjamins Sack legen und ihn als Dieb zurückholen. Erst nachdem Juda sich angeboten hatte, an Benjamins Stelle J. Sklave zu werden, gab er sich seinen Brüdern zu erkennen (1 Mo 43,1–45,15). Auf die Einladung des Pharao ließ J. nun Vater und Brüder mit ihren Familien nach Ägypten kommen (V 16–28). Sie wohnten dort im Land Raemses (1 Mo 47,11), im Land Gosen (V 27).

f) Den Ägyptern gegenüber ergriff J. harte Maßregeln. Er forderte ihr Vieh und schließlich ihr Land zum Vorteil des Pharao im Austausch für Getreide. Das weitere Bewirtschaften des Landes gestattete er ihnen dann gegen die Abgabe von 1/5 des Ertrages an den Pharao. Nur den Priestern blieb ihr Landbesitz erhalten (V 13–26).

g) Jakob nahm J. Söhne Manasse und Ephraim als

seine eigenen Söhne an, so daß der Stamm J. nachher zu zwei Stämmen wurde (1 Mo 48,1–6). Dabei gab Jakob Ephraim den Vorrang vor dem älteren Manasse (V 8–20). J. schenkte er als besonderes Eigentum ein Stück Land, das er den Amoritern mit Schwert und Bogen genommen hatte (V 22). Nach Jakobs Tod sorgte J. auf fürstliche Weise für die Einbalsamierung seines Vaters und seine Beisetzung in Kanaan. Seine Brüder, die jetzt seine Rache fürchteten, beruhigte er völlig.
J. wurde 110 Jahre alt und sah noch die Urenkel Ephraims und die Kinder Manasses. Vor seinem Tode weissagte er, Gott werde Israel aus Ägypten führen, und ließ die Söhne Israels (d. h. wohl allg. seine Nachkommen) schwören, daß sie seine Gebeine bei ihrem Auszug mitnehmen würden (1 Mo 50,25; vgl. 2 Mo 13,19). Das geschah, und sie begruben ihn bei Sichem (Jos 24,32).
2) Zum Stamm J. vgl. → Ephraim und → Manasse.
3) Vater Jigeals, des Kundschafters aus dem Stamm Isaschar (4 Mo 13,7[8]).
4) Leiter der 1. Sängerabteilung z. Zt. Davids (1 Chron 25,2.9).
5) Oberster des Priestergeschlechts Sebanja z. Zt. des Hohenpriesters Jojakim (Neh 12,14).
6) Israelit, der eine heidnische Frau genommen hatte (Es 10,42).
7) Zwei Vorfahren Jesu (Lk 3,24.30).
8) Mann der → Maria, der Mutter Jesu. Von den beiden → Geschlechtsregistern Jesu hält man allgemein das in Mt 1,1–16 für das des J.; weiter ist von seiner Herkunft nichts bekannt. Er kommt außerhalb der Berichte von Jesu Geburt und Kindheit in den Evangelien nicht vor (zuletzt Lk 2,41–51), während Jesu Mutter und Geschwister noch mehrfach erwähnt werden. Das läßt vermuten, daß J. jung gestorben ist. Er war von Beruf Zimmermann (Mt 13, 55) und lehrte wahrscheinlich auch Jesus dieses Handwerk.
9) Nach den besseren Hss. heißt der Mt 13,55 genannte Bruder Jesu nicht → Joses, sondern J.
10) J. von Arimathia, ein Glied des Hohen Rats. Er war ein vornehmer Mann, der das Reich Gottes suchte, ein Jünger im geheimen, der sich an der Verurteilung Jesu nicht beteiligt hatte. Mit Nikodemus sorgte J. für das Begräbnis des Gekreuzigten und stellte sein eigenes Grab dafür zur Verfügung (Mt 27,57–60; Mk 15,42–46; Lk 23,50–53; Joh 19,38–42).
11) Ursprünglicher Name des → Barnabas (Apg 4, 36).
12) → Barsabas (1).
13) → Kaiphas.

Joses, griech. Form des hebr. Joseph.
1) Einer der Brüder Jesu (Mt 13,55; Mk 6,3). Die besseren Hss. bieten seinen Namen als Joseph.
2) Nach Apg 4,36 hieß → Barnabas ursprünglich J. Auch hier haben die besseren Hss. Joseph.
3) Sohn der → Maria (4) und Bruder des jüngeren Jakobus (Mt 27,56; Mk 15,40).

Josia »Der Herr möge heilen«.
1) Sohn und Nachfolger König Amons von Juda. Er herrschte 641/40–609 v. Chr. und war der letzte gottesfürchtige König aus dem Haus Davids vor der babyl. Gefangenschaft (2 Kö 22,1–23,30; 2 Chron 34; 35). J. war 8 Jahre alt, als er König wurde. Die Macht Assyriens nahm mehr und mehr ab; dadurch hatte J. politisch größere Bewegungsfreiheit als seine Vorgänger Manasse und Amon. Im 8. Jahr seiner Regierung begann er, den Herrn zu suchen, und im 12. Jahr fing er an, Juda und Jerusalem von den Höhenheiligtümern, den Ascherabildern, den geschnitzten und gegossenen Götzenbildern zu reinigen. Er erstreckte seine Reform auch auf das frühere Gebiet der 10 Stämme, was die Machtlosigkeit Assyriens deutlich werden läßt. Den Altar zu Beth-El brach er ab und erfüllte die Weissagung, die der Mann Gottes aus Juda darüber ausgesprochen hatte (1 Kö 13, 2). Eine genaue Übersicht über J. einschneidende

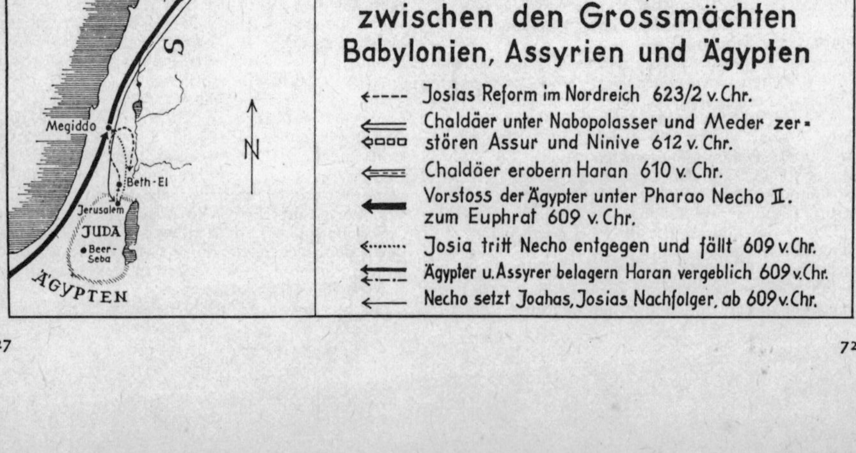

Maßnahmen findet sich 2 Kö 23,1–25; 2 Chron 34, 1-7. Auch vor so harten Maßregeln wie der Opferung aller Priester der Höhenheiligtümer in den Städten Samariens und dem Verbrennen von Menschenknochen auf ihren Altären schreckte er nicht zurück (2 Kö 23,20). Sein Eifer wurde noch stärker angefacht, als in seinem 18. Regierungsjahr (623/2 v. Chr.) der Hohepriester Hilkia das Gesetzbuch des Herrn im Tempel entdeckte (2 Kö 22,8–20; 2 Chron 34,8–28). Was dieses Gesetzbuch gewesen ist – ob der ganze Pentateuch (1–5 Mo) oder nur das 5. Buch allein – ist umstritten. Es ist aber nicht unmöglich, daß wir darin wirklich alle 5 Mosebücher zu sehen haben.
J. sandte eine Abordnung an die Prophetin Hulda. Sie sagte voraus, das im Gesetzbuch angedrohte Unheil werde nicht ausbleiben, J. jedoch solle in Frieden bestattet werden und all das Unglück nicht mehr erleben. J. rief die Ältesten von Juda und Jerusalem zusammen, ließ ihnen das Gesetzbuch vorlesen und schloß mit allem Volk von neuem den Bund, dem Herrn zu dienen. Er feierte auch wieder ein Passahfest in Jerusalem, wie es seit der Zeit der Richter und in den Tagen der Könige nicht mehr in Israel gefeiert worden war (2 Kö 23,22). Und doch ließ der Herr nicht von seinem Zorn gegen Juda; der Abfall zum Götzendienst unter Manasse wirkte sich weiter aus (V 26). Auch die Botschaft Jeremias läßt erkennen, daß das Volk nicht mit dem Herzen umgekehrt war. Wir wissen nicht, was J. bewogen hat, Pharao Necho entgegenzutreten, als dieser dem Assyrerkönig gegen Babylon zu Hilfe zog. Es ist nicht unwahrscheinlich, daß er daran dachte, das ganze frühere Gebiet der 10 Stämme seinem Reich hinzuzufügen und so die Einheit des Hoheitsgebietes aus der Zeit Davids und Salomos wiederherzustellen. Vielleicht wollte er sich auch Nabopolassar von Babylon verpflichten, in dem er den zukünftigen Machthaber in Palästina gesehen haben wird. Sein Tod im Kampf gegen → Necho bei Megiddo zerstörte alle Pläne. Ganz Juda und Jerusalem trauerten, und Jeremia dichtete eine Totenklage über J. (2 Kö 23, 29.30; 2 Chron 35,20–27). Sein Sohn Joahas wurde sein Nachfolger.
2) Der Sohn des Zephanja. In seinem Haus sollte Sacharja den Hohenpriester Josua (→ Jesua) krönen (Sach 6,10).

Josibja »Der Herr möge in Ruhe und Sicherheit wohnen lassen«,
simeonitischer Fürst z. Zt. Hiskias (1 Chron 4,35).

Josiphja »Der Herr möge hinzufügen (weitere Kinder)«.
Israelit, dessen Sohn mit Esra aus Babylon heimkehrte (Es 8,10).

Josua »Der Herr ist Hilfe, Rettung«.
1a) Der Sohn Nuns aus dem Stamm Ephraim; er hieß urspr. Hosea, ehe Mose ihn J. nannte (4 Mo 13, 8[9].16[17]). Auf der Wüstenwanderung bestimmte Mose ihn, der noch ein junger Mann war (2 Mo 33, 11), zum Anführer im Kampf mit den Amalekitern. J. schlug sie, während Mose auf dem Hügel, den Stab Gottes in der Hand und gestützt von Aaron und Hur, um den Sieg betete (2 Mo 17,8–16). V 14 wird hier bereits auf J. spätere Aufgabe hingewiesen. 2 Mo 24,13 darf er, der von Jugend auf Moses Diener gewesen war (4 Mo 11,28, ZÜ, MÜ), mit ihm auf den Berg steigen und ist auch 2 Mo 32,17 wieder bei ihm, als Mose nach 40 Tagen und Nächten herabkommt. Vermutlich hatte er in einiger Entfernung auf Mose gewartet. Wenn Mose später zum Lager ging, nachdem der Herr im heiligen Zelt mit ihm geredet hatte, blieb J. im Zelt zurück (2 Mo 33, 11). 4 Mo 11,28 bittet er Mose im Übereifer, Eldad und Medad das Weissagen im Lager zu verbieten. J. gehört auch zu den Kundschaftern, die nach Kanaan gesandt werden (4 Mo 13,8[9]). Als die meisten von ihnen bei der Rückkehr die Eroberung des Landes als unmöglich darstellen, treten Kaleb (V 30 [31]) und nach dem Verlauf einer Nacht auch J. dagegen auf und werden von dem Volk, dem sie Mut machen wollen, beinahe gesteinigt (4 Mo 14,1.6–10). Darum will der Herr von den Israeliten, die z. Zt. dieser Auflehnung gegen Gott über 20 Jahre alt waren, nur Kaleb und J. in das verheißene Land bringen (V 30). Bei der 2. Volkszählung im Ostjordanland sind dann auch außer Mose von den beim 1. Mal Gezählten nur noch Kaleb und J. am Leben (4 Mo 26,65). Jetzt bezeichnet der Herr J. als den Nachfolger des Mose, der ihn unter → Handauflegung dazu einsetzt (4 Mo 27,16–23; vgl. 5 Mo 3,28; 31,7. 8.23). Bereits 4 Mo 34,17 hatte der Herr J. mit dem Hohenpriester Eleasar an die Spitze der Männer gestellt, die, je einer aus jedem Stamm, die Verteilung des Landes überwachen sollten. Nach Moses Tod leisteten die Israeliten J. als seinem Nachfolger Gehorsam (5 Mo 34,9).
b) Das Buch J. (→ Josua, Buch), das nach ihm benannt ist, berichtet über seine Taten als Führer Israels. Nach Moses Tod erhält J. vom Herrn den Befehl, sich zum Jordanübergang bereitzumachen, und trifft seine Anordnungen dafür (Jos 1,1–2,1). Der Flußübergang wurde durch ein Wunder ermöglicht. In dem Augenblick, in dem die Priester, die die Bundeslade trugen, am Ufer in den Fluß traten, blieb das Wasser flußaufwärts stehen (Jos 3). Auf Geheiß des Herrn ließ J. 12 Steine aus dem Jordan zum Andenken an dieses Wunder mitnehmen, die er später in Gilgal als Zeichen aufrichtete. 12 andere Steine wurden im Flußbett an der Stelle aufgerich-

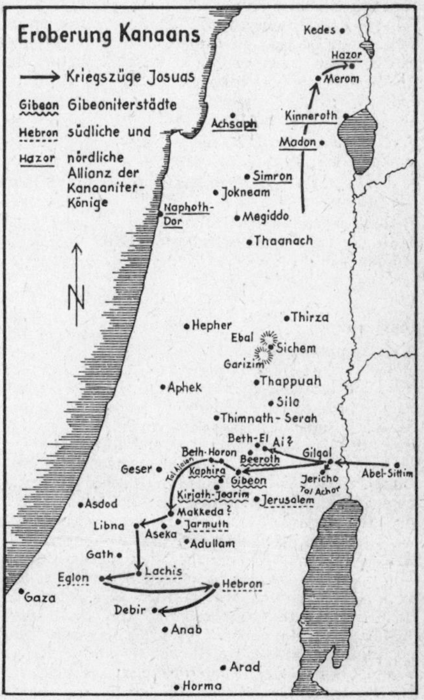

tet, an der die Füße der Priester mit der Bundeslade während des Überganges gestanden hatten (Jos 4).
c) Bei der Eroberung Kanaans erweist sich J. als fähiger Feldherr, der Gott vertraut und auf seine Befehle hört. So fällt Jericho durch ein Wunder (Jos 5,13–6,27; Hebr 11,30). Aber auch Rückschläge fehlen nicht. Weil Achan sich an dem gebannten Gut vergriffen hat, erleidet Israel gegen die wenigen Männer Ais eine blutige Niederlage. Erst nachdem der Herr den Schuldigen durch das Los bezeichnet hatte und er gesteinigt worden war, konnte Ai erobert werden (Jos 7; 8). J. selber aber trägt die Verantwortung, als er mit den Gibeonitern einen Vertrag schließt, ohne den Herrn vorher zu befragen (Jos 9).
In der Schlacht bei Gibeon (Jos 10), während der – wieder durch ein Wunder – Sonne und Mond stillstehen (V 12–14), fällt der Südteil Kanaans in die Hände der Israeliten. Der Nordteil wird durch den siegreichen Kampf am Wasser Merom und die Einnahme von Hazor erobert (Jos 11). Das heißt jedoch nicht, daß Israel nun Herr des gesamten Landes war, umfangreiche Gebiete blieben noch in der Hand der Kanaaniter. Daher ergab das Los bei der Verteilung Kanaans, die J. nun durchführte, für viele Gegenden nur eine Zuweisung im voraus (Jos 13,1–7). Auch hierbei zeigte sich J. als ein Mann, der das volle Vertrauen des Volkes besaß und allgemeines Ansehen genoß. Nach Abschluß der Landverteilung sprachen die Israeliten ihm die Stadt zum Erbteil zu, um die er gebeten hatte, Thimnath-Serah auf dem Gebirge Ephraim (Jos 19,49.50).
d) Am Ende seines Lebens versammelte J. die Stämme Israels in Sichem. Er erinnerte sie in seiner Rede an alle Wohltaten des Herrn und rief sie auf, Gott aufrichtig und treu zu dienen. Er schloß an diesem Tag mit dem Volk einen Bund und legte ihnen Gesetze und Satzungen vor. All das schrieb er ins Gesetzbuch Gottes und richtete zum Zeugnis einen großen Stein unter der Eiche beim Heiligtum des Herrn auf. Mit 110 Jahren starb J. und wurde in Thimnath-Serah begraben (Jos 24).
2) Beth-Semiter, bei dessen Feld der Wagen mit der Bundeslade stehenblieb, als sie aus dem Philisterland zurückkam (1 Sam 6,14).
3) Stadtoberster von Jerusalem z. Zt. des Königs Josia (2 Kö 23,8).
4) Sohn Jozadaks, der Hohepriester, der mit Serubabel aus Babylon zurückkehrte. Bei Esra und Nehemia heißt er → Jesua, bei Haggai und Sacharja Josua (Hag 1,1; Sach 3,1ff; 6,11).

Josua, Buch.

I) ENTSTEHUNG.
In Jos 24,26 wird gesagt, daß J. den Bericht über den Bundesschluß zu Sichem selbst »in das Gesetzbuch Gottes« schrieb. Anderseits wurden die Schlußverse des Buches (V 29–33) nach dem Tode J., Eleasars und der Männer dieser Generation angefügt, wie auch die in Jos 15,13–19 (vgl. Ri 1,10–15) erzählte Eroberung von Hebron und Debir durch Kaleb später stattfand und der Vollständigheit halber hier eingefügt wurde. Immerhin läßt sich aber aus dem Charakter der Dokumente und aus den geschilderten Verhältnissen schließen, daß die Berichte in ihrer Hauptsache schon zu Lebzeiten J. in ihrer jetzigen Gestalt niedergelegt wurden. Auf jeden Fall kann angenommen werden, daß das Buch seine endgültige Form schon vor der Regierungszeit Salomos erhielt, während die Kanaaniter noch in Geser wohnten (vgl. Jos 16,10 mit 1 Kö 9,16), ja sogar vor der Regierung Davids, als die Jebusiter noch die Burg in Jerusalem besetzt hielten (vgl. Jos 15,63 mit 2 Sam 5,6f).

II) STELLUNG IM AT.
Durch sein erstes Wort »und« (MT; EÜ) wird das Buch J. ganz eng an die 5 Mosebücher angeschlossen, deren Bericht es unmittelbar fortsetzt. Mit der hier erzählten Eroberung des Landes Kanaan kommt die Befreiung des Gottesvolkes aus Ägypten erst zum eigentlichen Abschluß.
Im hebr. AT gilt das Buch J. jedoch als erstes der Geschichtsbücher (Jos – 2 Kö, ausgenommen Rt), die unter dem Namen »Vordere Propheten« zusammengefaßt sind. Hier ist danach unterschieden worden, daß in den Mosebüchern das Gesetz im Mittelpunkt steht, während bei den »Vorderen Propheten«, wie bei den Propheten überhaupt, die Herrschaft Gottes über sein Volk und über die Völker verkündigt wird (vgl. Jos 24).

III) INHALT UND EINTEILUNG.
Das Buch enthält drei Hauptabschnitte:
1) Die Eroberung des verheißenen Landes (Jos 1–12):
a) Vorbereitung der Eroberung: J. wird von Gott gestärkt, das Volk verspricht völligen Gehorsam (Jos 1); Erkundung Jerichos (Jos 2); Durchzug durch den Jordan, Setzen der Gedenksteine (Jos 3; 4); Beschneidung und Passah; das Manna hört auf; der Engel des Herrn bezeichnet Gilgal als heiligen Ort (Jos 5).
b) Einnahme des Landes: Wunderbare Eroberung Jerichos (Jos 6); Niederlage vor Ai durch Achans Diebstahl und Eroberung von Ai (Jos 7,1–8,29); Verkündigung von Segen und Fluch auf dem Berg Garizim (Jos 8,30–35); List der Gibeoniten (Jos 9); Siege im Süden und Norden des Landes (Jos 10; 11); Zusammenfassung (Jos 12).
2) Die Verteilung des verheißenen Landes (Jos 13–22):
Erbteil der 2½ Stämme im Ostjordanland (Jos 13); Auslosung des Erbteils der übrigen Stämme in Kanaan (Jos 14–19); Freistädte und Levitenstädte (Jos 20.21); Rückkehr der 2½ Stämme ins Ostjordanland und Streit um den am Jordan errichteten Altar (Jos 22).
3) Josuas Abschied und Tod (Jos 23–24):
Ermahnung der Führer des Volkes (Jos 23); Landtag in Sichem: Israels Verpflichtung zum Dienst des Herrn; J. und Eleasars Tod und Begräbnis (Jos 24).

IV) Durch die besondere Stellung des Josuabuches ergibt sich auch seine THEOLOGISCHE BEDEUTUNG. In enger Verbindung mit den Mosebüchern schildert es rückschauend die Treue Gottes, mit der er die Verheißungen wahr macht, die er einst Abraham gegeben hatte. Trotz aller Schwierigkeiten, die sich beim Zug durch die Wüste und bei der Einnahme des Landes dem Volk entgegenstellen, führt Gott sein Volk doch zum Ziel. Dabei tritt J. bis auf die ersten und letzten Kapitel des Buches kaum in den Vordergrund. So wird deutlich, daß nicht ein Mensch, sondern allein Gott selbst das Volk zum Sieg und zum Besitz des verheißenen Landes führen kann; J. ist nur Werkzeug in seiner Hand. In Jos 11,23; 21,44f wird dieser Gedanke klar ausgesprochen: »Der Herr gab ihnen Ruhe von allen umher, wie er ihren Vätern geschworen hatte ... Und es fehlte nichts an allem Guten, das der Herr dem Hause Israel verheißen hatte. Es kam alles.«
Das Buch J. offenbart aber auch Gottes Zorn über die Sünde. Nur so läßt sich der Krieg verstehen, der mit aller Eindeutigkeit zur Vernichtung der Feinde geführt wurde. Die Kanaaniter waren so in Sünde

versunken, daß Gott um seiner Gerechtigkeit willen ihre Ausrottung befehlen mußte. Das allein hätte Israel vor der Vermischung mit diesem Volk und der Annahme seiner Sitten und Götzen sicher bewahren können; aber hier versagten die Israeliten. J. erkannte deutlich die Gefahr, die ihnen daher drohte, daß nicht alle feindlichen Völkerschaften vernichtet waren, und versuchte, ihr durch den Landtag von Sichem zu begegnen. Ein erneuter Bundesschluß sollte dem Volk vor Augen führen, daß der Herr als heiliger und eifriger Gott (Jos 24,19) darüber wacht, ob Israel den Götzen der anderen Völker folgen oder mit ungeteiltem Herzen beim Herrn bleiben wird. Mit diesen fremden Göttern konnte es für den Herrn keinen Frieden geben und darum auch nicht für sein Volk, das zum heiligen Krieg für seinen Gott aufgerufen war. Israel hat versagt und kann dem Herrn nicht dienen, und doch soll es kompromißlos gegen die gottfeindlichen Mächte außen und innen kämpfen (Jos 24). So steht J. in der Reihe der Propheten, deren Kampf einzig und allein darum ging, das Volk Gottes, das Volk des Eigentums, das Gott sich aus Liebe erwählt hatte (vgl. 2 Mo 19,4–6), ungeteilt bei ihm zu erhalten. Schonungslos müssen die Sünden des Volkes, sein Abfall, seine Untreue u. Gleichgültigkeit, aufgedeckt werden, damit es sich zurückrufen läßt zum unbedingten Gehorsam gegen Gott, einem Gehorsam, der unerbittlichen Kampf gegen die Sünde und den Unglauben in den eigenen Reihen und im eigenen Herzen bedeutet. Nur so kann das Gottesvolk beim Herrn bleiben, dem es die Treue geschworen hat.

Jotba hängt mit hebr. »gut sein« zusammen. Heimatort der Mutter König Amons von Juda (2 Kö 21,19). Nach Hieronymus lag der Ort im Stammgebiet Judas. Da das aber aus der Stelle nicht zwingend hervorgeht, hat man auch an das Jotapata des Josephus in der Ebene Sebulon gedacht, das vielleicht im heutigen Chirbet Dschefat (neuhebr. Yodfat) zu suchen ist, 15 km nördl. von Nazareth.

Jotbatha hängt mit hebr. »gut sein« zusammen. Station der Wüstenwanderung (4 Mo 33,33), ein Land der Bäche (5 Mo 10,7). Frank sucht den Ort in Ain Taba (neuhebr. Ein Yodfata), ca. 40 km nördl. von Elath. Dort gibt es Quellen und Bäche mit Palmen und reicher Vegetation, außerdem ein eisenzeitliches Fort. Vgl. Karte Sp. 1548.

Jotham »Derr Herr ist vollkommen« oder »Der Herr hat sich redlich, rechtschaffen gezeigt«.
1) Jüngster Sohn Gideons, der als einziger der Ermordung durch → Abimelech entgeht (Ri 9,5). Er flucht den Sichemitern, die Abimelech zum König gemacht haben, vom Garizim aus mit dem Gleichnis vom Dornbusch (V 7–21). Der Fluch geht in Erfüllung (V 57).
2) Sohn Jahdais (1 Chron 2,47).
3) Sohn des Königs Asarja oder Usia von Juda (2 Kö 15,32–38; 2 Chron 27). Er war 25 Jahre alt, als er zur Herrschaft kam, und regierte 16 Jahre zu Jerusalem. Diese 16 Jahre umfassen seine Regentschaft während der Zeit, die sein Vater aussätzig war, 750–740/39 v. Chr., und seine Regierungszeit als König 740/39–735 v. Chr. Die Mitteilung 2 Kö 15,30, daß Hosea im 20. Jahr J. König über Israel wurde, weist darauf hin, daß J. noch bis 732/1 lebte, während sein Sohn Ahas bereits die Regentschaft übernommen hatte. J. tat, was in den Augen des Herrn recht war, ebenso wie sein Vater Usia. Das Volk aber opferte noch immer auf den Höhen (2 Chron 27,2). Auch Jes 2,7.8 erweckt den Eindruck, daß bei äußerem Wohlstand das Volk am Götzendienst hing (vgl. Jes 2–5). J. baute das obere Tor am Tempel und verstärkte die Mauer am Ophel. Weiter baute er Städte auf dem Gebirge Juda und Burgen und Türme in den Wäldern (2 Chron 27,3f). In der Zeit seiner selbständigen Regierung nach dem Tod Usias (740/39–735 v. Chr.) wird sein Krieg gegen die Ammoniter anzusetzen sein, die ihm drei Jahre lang Tribut zahlten (V 5). Nach 1 Chron 5,17 wurde eine Anzahl Gaditer z. Zt. J. und Jerobeams II. von Israel in die Geschlechtsregister eingetragen. Die Aufzeichnung wird danach vor Jerobeams Tod (753 v. Chr.) begonnen und in den ersten Regentschaftsjahren J. (nach 750 v. Chr.) abgeschlossen worden sein. Man kann also schon vor seinem Ammoniterkrieg einen Einfluß J. im Ostjordanland annehmen. Kurz vor dem Ende der Regierung J. ließ der Herr, den Syrerkönig Rezin und → Pekah, den Sohn Remaljas, gegen Juda vorgehen (2 Kö 15,37). Vielleicht hängt auch der Bau von Burgen und Türmen schon mit der wachsenden Kriegsdrohung zusammen. Israel mag Judas Machtstellung im Ostjordanland mit mißgünstigen Augen angesehen haben. Außerdem wollten Syrien und Israel Juda zur Teilnahme an ihrem Bündnis gegen Assyrien zwingen. Der eigentliche syr.-ephraimitische Krieg fällt aber erst in die Zeit des Ahas, der seinem Vater als Regent und dann als König folgte. J. wurde in der Davidsstadt begraben.

Jozadak »Der Herr hat sich als gerecht erwiesen«, Sohn Serajas, des letzten Hohenpriesters vor der babyl. Gefangenschaft (vgl. 2 Kö 25,18), und Vater Jesuas (Josuas), des ersten Hohenpriesters danach (1 Chron 5,40 [6,14]f; Es 3,2.8).

Jubal, Kainit, Sohn Lamechs. Auf ihn geht die Erfindung von Saiten- und Blasinstrumenten zurück (1 Mo 4,21).

Jubeljahr → Halljahr

Juchal »Er (der Herr) möge sich mächtig erweisen«, Sohn Selemjas, einer der Fürsten Judas und Gegner Jeremias (Jer 37,3; 38,1–6).

Jücken = jucken, kitzeln (2 Tim 4,3). Paulus spricht von Christen, denen es nicht mehr um das Hören und Tun der Wahrheit, sondern nur noch um Ohrenkitzel geht, um religiöse Unterhaltung statt einer Verkündigung, die Gehorsam fordert.

Juda, Bedeutung unbekannt; in 1 Mo 29,35 von *hud* »preisen« abgeleitet.
1) Vierter Sohn von Jakob und Lea (1 Mos 29,35; 35,23). Er beteiligt sich nicht an der Rache, die Simeon und Levi für ihre Schwester Dina an Sichem nehmen (1 Mo 34). Von ihm kommt der Vorschlag, Joseph zu verkaufen, statt zu töten (1 Mo 37,26.27). J. trennte sich von seinen Brüdern und schloß sich Hira an, einem Mann aus Adullam (1 Mo 38,1). Die Tochter des Kanaaniters Sua schenkte ihm drei Söhne: Ger, Onan und Sela. Ger starb nach kurzer Ehe mit Thamar (V 2–7); auch Onan starb, weil er in der Schwagerehe (→ Ehe) seinem Bruder keinen Nachkommen verschaffen wollte (V 8–10). Nun zögerte J. die Ehe Thamars mit seinem jüngsten Sohn hinaus, weil er für dessen Leben fürchtete (V 11). Thamar aber gelang es, indem sie sich als Dirne verkleidete, von J. Mutter zu werden. Sie gebar die Zwillinge Perez und Serah (V 12–30). Perez wurde der Stammvater Davids und so auch Jesu (Rt 4,18–22; 1 Chron 2,5.9–16; Lk 3,33), des Löwen vom Geschlecht J. (Offb 5,5).
Bei der zweiten Reise der Jakobssöhne nach Ägypten bürgt J. seinem Vater für Benjamin und bietet sich nachher an, an Benjamins Stelle Josephs Sklave zu werden (1 Mo 43,8.9; 44,18–34). Jakob sandte J. zu Joseph voraus, als er nach Gosen zog (1 Mo

46,28). Als Jakob seine Söhne segnet, wird J. der Segen der Verheißung zuteil (1 Mo 49,8–12).
2) Die Nachkommen J. bilden den gleichnamigen Stamm. Bei der ersten Volkszählung in der Wüste betrug die Zahl seiner wehrfähigen Männer 74600 (4 Mo 1,26.27); am Ende der Wüstenwanderung war sie auf 76500 gestiegen (4 Mo 26,22).Beidemal war J. der stärkste Stamm. Auch sonst nimmt er den ersten Platz unter den Stämmen ein: in der Marsch- und Lagerordnung während des Wüstenzuges (4 Mo 2,3–9; 10,14), beim Opfer zur Einweihung des Altars (4 Mo 7,12), bei der Verteilung (Jos 15,1) und Eroberung des Landes Kanaan (Ri 1,1.2), im Kampf mit den Benjaminiten (Ri 20,18). Jos 15 wird J. Erbteil am verheißenen Land beschrieben. Die Südgrenze verläuft vom Südende des Toten Meeres durch die Wüste Zin, südl. an Kades-Barnea vorbei und endet am Bach Ägyptens. Die Ostgrenze bildete das Tote Meer bis zur Jordanmündung. Hier begann die Nordgrenze, die südl. von Jerusalem über den Brunnen Rogel, das Tal Ben-Hinnom und die Hänge im Süden der Stadt verlief. Jerusalem selbst gehörte also in das Benjamin zugeteilte Gebiet. Genau vorgezeichnet, führte die Grenze dann weiter bis zum Mittelmeer. Nördl. dieser Linie lagen die Stammesgebiete von Dan und Benjamin. Die Westgrenze fiel mit dem Mittelmeer und der Küstenlinie zusammen, doch haben sich hier in der Küstenebene die Philister halten können. Vgl. Taf. 97/1536.
Schon z. Zt. Josuas begann die Trennung zwischen J. und den anderen Stämmen sich abzuzeichnen, weil die dazwischen wohnenden Gibeoniten verschont wurden (Jos 9) und Jerusalem jebusitisch blieb (Jos 15,63). Zwar hat noch der Judäer Othniel Israel aus der Zwingherrschaft Kusan-Risathaims, des Königs von Mesopotamien, befreit (Ri 3,5–11), und in Ri 20,18 ist J. nach der Anweisung des Herrn der erste Stamm, der gegen Benjamin vorrückt. Aber schon am Kampf gegen Sisera nahm Juda nicht mehr teil. Daß David und seine Nachfolger Judäer waren, brachte J. neue Bedeutung. Nach der Reichsteilung wurde J. der Name des Südreiches, weil nur dieser Stamm (und wohl ein Teil von Benjamin) dem Haus Davids treu blieb. Die Nordgrenze lief jetzt an Jericho und Beth-El vorüber über Michmas, Beth-Horon und Geser. In Zeiten seiner größten Ausdehnung erstreckte sich das Südreich bis an den Golf von Akaba bei Ezeon-Geber und Elath. Zur Geschichte des Reiches J. vgl. die einzelnen Art. über die judäischen Könige; eine Übersicht bietet der Art. → Israel. Die Rückkehrer aus der babyl. Gefangenschaft waren größtenteils Judäer. Daher ist aus dem Namen J. die Volksbezeichnung der → »Juden« abgeleitet worden.
3) Levit z. Zt. des Hohenpriesters Jesua (Neh 12,8). Vielleicht ist er auch Es 3,9 gemeint, wenn hier nicht nach Es 2,40 Hodavja zu lesen ist.
4) Sohn Hasnuas, Benjaminit, der nach der babyl. Gefangenschaft der Oberste über den anderen Teil der Stadt Jerusalem (oder vielleicht zweiter Stadtoberster) war (Neh 11,9).
5) Wahrscheinlich ein Fürst des Stammes J., der an der Mauereinweihung in Jerusalem teilnahm (Neh 12,34).
6) Levitischer Sänger und Musiker bei der Einweihung der Mauer Jerusalems (Neh 12,36).
7) Vorfahr Jesu (Lk 3,30).

Juda, Gebirge. I) Das G. J. wird im O vom Toten Meer, im W von der Sephela (LÜ Gründe) oder dem Reich der Philister begrenzt. Im S endet es etwa 25 km südl. von Hebron, nördl. von Jerusalem setzt es sich im Gebirge Ephraim fort.
II) Das G. J. hat die Form eines Daches, das steil nach dem Toten Meer hin abfällt (dieses Gebiet heißt auch Wüste Juda) und nach W. wesentlich flacher in die fruchtbare Talebene der Sephela übergeht. Der Dachfirst, das judäische Oberland, ist stellenweise nur 1–3 km breit. Im südl. Teil, dem Bergland von Hebron, erreicht das G. J. eine Höhe von etwa 900 m. Nördl. von → Hebron liegt seine höchste Erhebung, der Dschebel el Batrak (1025 m). Der nördl. Teil, das Bergland um Bethlehem und Jerusalem, ist etwa 750 m hoch, darüber erhebt sich der Ölberg mit 812 m. Im N Jerusalems rechnet man das Gebiet bis zur Höhe el-Asur (1011 m) zwischen Silo und Beth-El meist noch zum G. J., dann geht es ins Gebirge Ephraim und Hügelland von Samaria über.

Juda, Wüste → Juda, Gebirge

Judäa, das jüd. Land.
1) Landschaftlich das Gebiet, das die Juden nach der Rückkehr aus der babyl. Gefangenschaft in der Umgebung Jerusalems bewohnten. Dieses »jüd. Land« ist Mt 2,1 gemeint im Gegensatz zu Galiläa, wo es auch ein Bethlehem gab. Ebenso Mk 1,5, wo das »ganze jüd. Land« neben Jerusalem genannt wird.
2) Politisch das Gebiet südl. von Samaria, das mit Samaria und zeitweise auch Galiläa zusammen die röm. Provinz Palästina bildete. Die Grenze zwischen J. und Samaria lief über Antipatris, am Wadi Der Ballut und Wadi Ischar entlang, an Aruma und Janoha vorbei nach Koreä am Wadi Faria. Die Ostgrenze bildete der Jordan bis zum Toten Meer, der Verlauf der Südgrenze ist unsicher. Dieses J. ist Lk 5,17; Joh 4,3 gemeint. J. kam 63 v. Chr. unter röm. Herrschaft, war aber nur 6–41 und nach 44 n. Chr. unmittelbar der Verwaltung der röm. Prokuratoren unterstellt. Für die übrige Zeit vgl. → Herodes d. Gr.; → Archelaus; → Herodes Agrippa I. Vgl. Karten Sp. 591, 592; Taf. 98/1537.
3) In Apg 2,9 bezeichnet J. wohl die von Juden bewohnte Gegend in Syrien.

Judas, griech. Form des hebr. Juda.
1) J. der Galiläer machte einen Aufstand gegen die Römer in den Tagen der Schätzung (Apg 5,37). Damit ist nicht die Lk 2,2 genannte Schätzung gemeint, sondern eine andere, die auch von → Cyrenius durchgeführt wurde, nachdem Judäa röm. Provinz geworden war (6 n. Chr.).
Josephus berichtet von diesem J., der nach ihm ein Schriftgelehrter aus Gamala östl. vom Jordan war, daß er eine Anzahl von Juden zum Aufstand gegen Rom brachte, indem er ihnen vorhielt, die Steuereinschätzung würde sie zu Sklaven machen. Seine Bande wurde jedoch zerstreut, er selber fand den Tod. J. begründete mit dem Pharisäer Sadduk die Partei der → Zeloten.
2) J. Ischariot, der Sohn Simons (Joh 6,71), wird in allen Apostellisten genannt (Mt 10,4; Mk 3,19; Lk

Tafel 47
a. *Die Ausgrabungen auf dem Tell es-Sultan, dem atl. Jericho, das unter Josua erobert wurde (Jos 6), haben die mächtigen Stadtmauern verschiedener Siedlungen seit dem 5. Jahrtausend v. Chr. freigelegt. »Das Volk, das im Lande wohnt, ist stark, und die Städte sind befestigt und sehr groß« (4 Mo 13,28).*
b. *Blick vom Tell es-Sultan nach W. Links in halber Höhe das Kloster am traditionellen »Berg der Versuchung« (Mt 4, 8). Auf dem Gipfel in der Mitte die Festung Dok (1 Makk 16,15), die Herodes d. Gr. ausbaute.*

6,10). Er trug seinen Beinamen, der wohl »Mann aus Karioth« bedeutet, zur Unterscheidung von dem anderen Jünger J. Da Karioth in Judäa liegt, wird J. aus dem Stamm Juda gewesen sein, und zwar als einziger unter den Jüngern. Von seiner Berufung hören wir nichts; es wird sich hier aber wahrscheinlich ebensowenig wie in seinem äußeren Auftreten ein Unterschied zu den übrigen Jüngern gezeigt haben. J. hörte die Worte des Meisters, sah seine Wunder, wurde ausgesandt, zu verkündigen und Wunder zu tun. Doch schon früh warnt der Herr, daß sich in den Jüngerkreis ein Verräter eingeschlichen habe, den Namen nennt er nicht (Joh 6,70.71).

Nur in einem unterscheidet sich J. von den andern Jüngern: er verwaltet die gemeinsame Kasse, wobei er auch Gaben unterschlug (Joh 12,6 ZÜ; MÜ). Bei der Salbung in Bethanien meinte er, das Geld für die Salbe wäre besser den Armen gegeben worden. Jesus wies das zurück, und J. ging zu den Hohenpriestern und verriet seinen Meister (Mk 14,3–11). Man einigte sich um 30 Silberlinge (→ Geld). Beim letzten Mahl mit den Jüngern sagt Jesus, daß einer von ihnen ihn verraten wird, und bezeichnet J. als den Verräter. J. verläßt den Saal und geht seinen Weg zu Ende. Da er Jesu Gewohnheiten kennt, führt er Juden und röm. Soldaten nach Gethsemane und verrät seinen Meister mit einem Kuß (Lk 22,47–54; Joh 18,1–11). Als J. am folgenden Tag sieht, daß Jesus zum Tode verurteilt wird, schlägt ihm das Gewissen, er wirft den Verräterlohn in den Tempel und begeht Selbstmord. Wahrscheinlich hat er sich aufgehängt, der Strick ist gerissen, und er ist auf einem scharfen Felsbrocken zu Tode gefallen (Mt 27, 3–10; Apg 1,16–19).

Das Auftreten des J. stellt uns vor schwere Fragen. Wie kann Jesus ihn zum Jünger wählen, ihn um sich haben, ihm die Kasse anvertrauen, ihn die Botschaft weitersagen, kurz, ihn in allem gewähren lassen? Wir wissen nur, daß es so Gottes Rat entsprach und die Weissagung ihre Erfüllung finden mußte (Mt 26, 24). Was J. selber angeht, so ist es schwierig zu sagen, ob allein Geldsucht ihn antrieb oder – wie viele meinen, aber im NT nicht gesagt wird – die Enttäuschung eine Rolle spielte, weil er auf ein irdisches Königreich Jesu und eine entsprechende eigene Stellung gehofft hatte. Sicher ist, daß der Teufel in ihn gefahren war und daß er (anders als die Besessenen) sich als williges Werkzeug Satans zeigte (Lk 22,3; Joh 13,3.27). Dadurch ist J. schuldig geworden; es wäre ihm besser gewesen, nicht geboren zu sein. Er ist der Sohn des Verderbens, das einzige Schaf Christi, das verlorenging (Joh 17,12).

3) Ein anderer der 12 Jünger, der stets von J. Ischariot unterschieden wird (Joh 14,22). Er war der Sohn des Jakobus (Lk 6,16; Apg 1,13) und wird auch Thaddäus genannt (Mk 3,18) bzw. Lebbäus mit dem Beinamen Thaddäus (Mt 10,3). Außer der Joh 14,22 erwähnten Frage an Jesus wissen wir weiter nichts von ihm.

4) Einer der Brüder des Herrn (Mt 13,55; Mk 6,3), der Verfasser des → Judasbriefes. Nach 1 Kor 9,5 war er verheiratet. Zwei seiner Enkel wurden während der Christenverfolgung als Glieder des judäischen Königsgeschlechtes von Kaiser Domitian (81–96) verhört, aber als harmlos wieder freigelassen.

5) Mann in Damaskus. Bei ihm hielt sich Saul von Tarsus auf, nachdem ihm der Herr erschienen war (Apg 9,11).

6) → Barsabas (2).

Tafel 48

a. Wasserschöpfende Frauen an der Elisaquelle (vgl. 2 Kö 2,19–22) von Jericho, der »Palmenstadt« (5 Mo 34,3).

b. Östl. Teil der Ebene Jesreel mit dem Gebirge Gilboa. Hier kämpfte Gideon gegen die Midianiter und Amalekiter (Ri 6, 33 ff) und Saul gegen die Philister (1 Sam 29,1f; 31,1ff). Die Höhen im Hintergrund links liegen schon im Ostjordanland.

Judasbrief. I) Der VERFASSER des J. bezeichnet sich als Bruder des Jakobus (V 1), gehört aber nicht zu den Aposteln (V 17). Beides weist auf → Judas (4), den Bruder des Herrn.

II) Über EMPFÄNGER und ENTSTEHUNGSZEIT des J. läßt sich nichts Sicheres sagen. Es bestehen deutliche Beziehungen zum 2. Petrusbrief. Die dort vorausgesagten Irrlehrer (2 Petr 2,1–3) sind inzwischen aufgetreten (Jud 4; vgl. V 17f). Wo wir aber die Gemeinden zu suchen haben, an die sich die Briefe richten, bleibt ungewiß.

Man kann den Brief etwa um 70 n. Chr. ansetzen, vielleicht auch einige Jahre früher.

III) Der Brief richtet sich gegen Irrlehrer, die in die Gemeinde eingedrungen sind. Obgleich sie an den Liebesmahlen der Gemeinde teilnehmen (V 12), verleugnen sie doch den Herrn und mißbrauchen die Gnade Gottes (V 4). In widergöttlicher Gesinnung leben sie nach ihren eigenen Begierden, lästern ohne wahre Erkenntnis und haben den Geist nicht (V 10. 16–19).

Judas ruft die Gemeinde auf, im Geist zu beten, für den Glauben zu kämpfen und die Irrenden zu retten (V 3.20–23).

IV) Auffallend ist, daß Judas zweimal Dinge heranzieht, die uns sonst nur außerhalb der HS überliefert sind. Der Bericht vom Streit des Erzengels Michael mit dem Teufel über den Leichnam des Mose (V 9) kommt auch in der apokryphen Assumptio Mosis vor; die Weissagung Henochs (V 14.15) finden wir gleichlautend im apokryphen Henochbuch 1,9. Damit ist jedoch nicht gesagt, daß es sich um direkte Zitate handelt oder diese → Apokryphen etwa Judas als heilige Schriften gegolten haben (vgl. die Zitate aus antiken Schriftstellern Apg 17,28; 1 Kor 15,33; Tit 1,12; vgl. → Poeten).

Juden, Judentum. I) Die Bezeichnung »Juden« kommt für Einwohner des Südreiches (2 Kö 25,25; Jer 32,12; 40,11) oder Angehörige des Stammes Juda (1 Chron 4,18) in der Bibel zuerst 2 Kö 16,6 vor. 2 Kö 18,26; 2 Chron 32,18 heißt die Landessprache jüd. Nach der babyl. Gefangenschaft wird »Juden« als gewöhnliche Bezeichnung des Volkes in Judäa (Es 5,1; 6,7; Neh 1,2; 5,1) und dann auch in der Zerstreuung (Est 3,4.13; 4,3) gebraucht. Im NT sprechen Ausländer vom König der J. (Mt 2,2; 27,11.29. 37), während die J. selber »König Israels« sagen (V 42). Bei erklärenden Bemerkungen wie Mk 7,3; Lk 23,51; Joh 7,2 denken die Evangelisten an nichtjüd. Leser.

Über die sachliche Bezeichnung (Apg 2,11) hinaus gewinnt das Wort J. nun aber auch die Bedeutung von Gegnern Jesu und der Gemeinde (Mt 28,15; 2 Kor 11,24); am stärksten ist das im Joh.ev. ausgeprägt (Joh 8,48; 10,31). Hier steht dann »Israelit« (Joh 1,47), um den Juden zu bezeichnen, der im Herzen (Röm 2,28.29) und nicht nur äußerlich Jude ist (Offb 2,9; 3,9). »Jude« im Gegensatz zum »Heiden« schließt bei Paulus die Kenntnis der Offenbarung Gottes und das Leben nach dem Gesetz mit ein (Röm 2,17; 1 Kor 9,20; Gal 2,14); wo er aber seine eigene, rein jüd. Abkunft betont, gebraucht er → Israel und → Hebräer (Phil 3,5).

II) Das Judentum erfuhr seine kennzeichnende Ausprägung während und nach der Zeit der babyl. Gefangenschaft. Infolge der Vernichtung seiner eigenstaatlichen Existenz erwachte das Bewußtsein zu neuer Kraft, nicht ein Volk unter anderen zu sein, sondern das Gottesvolk, die Gemeinde des Herrn. Die → Beschneidung und der → Sabbat, überhaupt das Leben nach den Gesetzesvorschriften, gewannen neue Bedeutung auch zur Distanzierung von den Heiden, unter denen man jetzt leben mußte. Verloren war mit dem Tempel der tägliche Opferdienst, und auch die Prophetie hörte auf. An ihre Stelle traten das Gebet und die Schriftgelehrsamkeit; man war allein auf das geschriebene Gotteswort angewiesen. Das führte zur Festlegung des Kanons (vgl. Heilige → Schrift) und zur Einrichtung der Synagoge (→ Schule). In ihrem reinen Wortgottesdienst wie in der Theologie der → Schriftgelehrten nahmen die Mosebücher, das Gesetz (Thora), den wichtigsten Platz ein; daneben stand die Lesung der Propheten (vgl. Lk 4,15–17) und zu bestimmten Festen auch der »Schriften«.

III) Die Perserherrschaft beendete die babyl. Gefangenschaft und bot die Möglichkeit, in Judäa wieder ein jüd. Gemeinwesen aufzubauen. Das geschah trotz mancher Schwierigkeiten unter sorgfältiger Beachtung der Gesetzesvorschriften (Es 9; 10; Neh 8–10; 13). An diesem Neuanfang nahm jedoch nur ein Teil des Volkes teil; viele blieben in der → Zerstreuung wohnen. Nach den Eroberungen Alexanders d. Gr. brachte der Hellenismus griech. Kultur und Philosophie auch in Palästina so weitgehend zur Geltung, daß daraus eine ernste innere Gefahr für das Judentum entstand. Dazu kam das Bestreben der syr. Seleukidenkönige, die als Fremdkörper in ihrem Reich empfundenen Juden auch durch politischen Druck zur Angleichung zu zwingen. Der erbitterte jüd. Widerstand fand seinen geistlichen Ausdruck in der Bildung der Partei der → Pharisäer mit ihrer kompromißlosen Gesetzesfrömmigkeit und Gesetzeserfüllung; politisch führte er zum Freiheitskampf der → Makkabäer, die vorübergehend sogar die staatliche Selbständigkeit zurückgewinnen konnten. Beides gehört in seinen Anfängen eng zusammen, trennte sich aber in der weiteren Entwicklung bis zu zeitweilig erbitterter Gegnerschaft zwischen Pharisäern und makkabäischen Herrschern. Wie ein völliges Zurückdrängen der hellenistischen Einflüsse mißlang und die Pharisäer bei all ihrer Bedeutung und Macht als die geistlichen Führer des Volkes doch immer nur eine Richtung u. a. blieben, so machte die Eingliederung Palästinas in das röm. Reich (63 v. Chr.) auch alle wirklichen Aussichten auf eine politische Selbständigkeit endgültig zunichte.

IV) Als nun aber Gott in Jesus von Nazareth sein Volk noch einmal zu sich rief, wollten weder der Eifer um eine immer vollkommenere Gesetzeserfüllung noch die Hoffnung auf einen politischen Messias in ihm den erkennen, den der Vater gesandt hatte. Seither sind Charakter und Geschichte des Judentums durch die Verwerfung Jesu und die darauffolgende politische Vernichtung, ausgelöst durch den aussichtslosen Aufstand gegen Rom, unverwechselbar geprägt und bestimmt.

V) Der Jude ist von nun an das ganze Mittelalter hindurch der stets als Fremdkörper empfundene, beargwöhnte, rechtlich benachteiligte Eindringling. Neben vereinzelten Blütezeiten und -stätten jüd. Gelehrsamkeit stehen die vielen Judenverfolgungen, die sich als Ausbrüche des Mißtrauens der Gastvölker bis in die Neuzeit hineinziehen und ihren Gipfelpunkt in der biologisch-weltanschaulich begründeten, staatlich gelenkten Massenvernichtung während des Dritten Reiches finden.

Mit der Gründung des Staates Israel 1948 hat diese Periode der Heimatlosigkeit, wenigstens für einen Teil des jüd. Volkes, ein Ende gefunden. Obwohl diese Staatsgründung – die sich bezeichnenderweise »Israel« nennt – und ebenso die weitere Gestaltung des politischen Lebens weitestgehend aus rein nationalistischen Motiven und Gesichtspunkten heraus und ohne nennenswerte Bewegungen religiöser Neubesinnung oder Erweckung erfolgten, so ist auf der anderen Seite doch der starke Einfluß des orthodoxen Judentums auf allen Bereichen des öffentlichen Lebens bis in die Rechtsprechung hinein, vor allem aber im Schulwesen festzustellen.

Die Bibel (AT) ist heute für den jungen Israeli das Lehrbuch, in dem er Sprache, Geschichte und Religion seiner Väter und die Beschreibung seines Landes findet. Vgl. → Israel VI.

Judengenossen oder Proselyten (Mt 23,15; Apg 2, 11; 6,5; 13,43) wurden die Heiden genannt, die durch Beschneidung und Proselytentaufe (→ Taufe I, 1) in die Gemeinde Israels aufgenommen wurden. Das spätere jüd. Schrifttum unterschied 2 Gruppen von Judengenossen. Die »Proselyten des Tores« befolgten nur die sog. 7 Gebote → Noahs, die »Proselyten der Gerechtigkeit« hielten das gesamte mosaische Gesetz.

Judi »Judäisch, Judäer«,
Sohn Nethanjas, Bote der Fürsten Judas und König Jojakims (Jer 36,14.21.23).

Judith.
1) Tochter des Hethiters Beeri und Frau Esaus (1 Mo 26,34).
2) → Apokryphen.

Jugend. I) Die J. ist die Wachstums- und Reifezeit des Lebens (Ps 144,12). Leiblich ist sie die Zeit der Kraft und Blüte (Spr 20,29; 2 Kö 5,14; Hi 33,25; Sach 9,17). »Wieder jung werden« (Ps 103,5) oder »ein Alter wie die J. haben« (5 Mo 33,25) bezeichnet wiedergewonnene oder erhaltene Frische und Leistungsfähigkeit. Die Überkraft und Freude der J. (Pred 11,9.10) birgt jedoch auch ihre Gefahren. Der junge Mensch sucht gern eigene Wege (Joh 21,18). Noch hält die geistige Erziehung und Ausformung der Persönlichkeit dem nicht die Waage; die Jünglinge müssen erst vernünftig und vorsichtig werden (Spr 1,4). »Ich will ihnen Jünglinge zu Fürsten geben« (Jes 3,4), ist eine Drohung.

Grundsätzlich gilt daher, daß die Jüngeren den Ältesten untertan sein sollen (1 Petr 5,5); die Aufgabe des Jüngsten ist, Diener zu sein (Lk 22,26). Die Lebensordnung wird verkehrt, wo der Jüngere sich stolz gegen den Alten erhebt (Jes 3,5) oder sogar über ihn spottet (Hi 30,1). Wenn jemand in der J. zu nachsichtig behandelt wird, ist er fürs ganze Leben verdorben (Spr 29,21; → Erziehung).

II, 1) Wohl loben schon die Kinder und Säuglinge (→ Entwöhnen) Gott (Ps 8,3; Mt 21,16), und Jesus sagt: »Wer das Reich Gottes nicht wie ein Kind empfängt, wird nicht hineinkommen« (Mk 10,15). Aber auch im Glauben müssen aus den Kindern Jünglinge und Väter werden (1 Joh 2,12–14). Darum heißt es: »Gedenke an deinen Schöpfer in deiner Jugend« (Pred 12,1). Der Jüngling soll sich an das Wort Gottes halten (Ps 119,9), und es ist dem Mann gut, in seiner Jugend dem Herrn gehorchen zu lernen (Klgl 3,27; → Joch). Dann verheißt Gott auch, daß die Jünglinge Gesichte sehen sollen (Jo 3,1). Wo der Herr Vollmacht schenkt, braucht niemand zu sagen:

»Ich bin zu jung« (Jer 1,6–8); und die J. dessen, der in seinem Dienst steht, soll von anderen nicht verachtet werden (1 Tim 4,12).
Anderseits ist im Überschwang und Überkraft der jugendlichen, innerlich noch ungefestigten Persönlichkeit die Versuchung zur Sünde besonders stark (Hi 13,26; Ps 25,7); Paulus warnt hier auch den erprobten Mitarbeiter (2 Tim 2,22); Einsicht und Reue kommen oft zu spät (Jer 31,19). Wie man von Jugend auf gelebt hat, das beeinflußt auch die späteren Jahre im Bösen (1 Mo 8,21; Jer 32,30; Hes 23,8) oder Guten (1 Kö 18,12; Ps 71,5.17).
2) Ebenso wie der einzelne Mensch hat auch das Gottesvolk in seiner Beziehung zum Herrn eine Jugend, auf die die Propheten oft voller Schmerz zurückschauen, die Zeit der Rettung aus Ägypten (Hos 2,17[15]; 11,1; Ps 129,1) und der Wanderung in der Wüste (Jer 2,2; 3,4; Hes 16,60).

III) Nach der HS führt nicht die leibliche, sondern erst die volle innere Reife des Menschen über die J. hinaus. Daher haben wir unter Jüngling meist den jungen Mann in ganzer Lebenskraft und besonders den Krieger zu verstehen (Jos 6,23; 1 Sam 30,17). »Eure schönsten Jünglinge und Esel« (1 Sam 8,16), die Salomo für seine Bauarbeiten einsetzt (1 Kö 11, 28), sind keine Jungen, sondern die freien Krieger mit ihren Reittieren. Das wird als schwerer Eingriff empfunden, ebenso wie es Schande bedeutet, daß die Jünglinge nach der Zerstörung Jerusalems Sklavenarbeit verrichten müssen (Klgl 5,13). Joseph wird noch kurz vor seinem 30. Jahr als Jüngling bezeichnet (1 Mo 41,12; vgl. V 46). Timotheus wird nicht viel jünger gewesen sein, als Paulus ihm schrieb: »Niemand verachte deine J.« (1 Tim 4,12). Auch Saulus (Apg 7,57) und den reichen Jüngling (Mt 19, 20) dürfen wir uns nicht zu jung vorstellen. Und als Rehabeam mit den Jungen, die mit ihm aufgewachsen waren, Rat hielt (1 Kö 12,8.10), war er 41 Jahre alt (1 Kö 14,21).

IV) So gehören nun auch Hochzeit, → Ehe und Familie in die Jugend hinein. Simson macht Hochzeit, wie die Jünglinge zu tun pflegen (Ri 14,10). Für den Mann hat »Frau seiner Jugend« (Spr 5,18; Mal 2,14. 15) einen besonderen, freudigen und verpflichtenden Klang, wie umgekehrt »Freund« oder »Vertrauter ihrer J.« (Spr 2,17) für die Frau. Sehr frühe Ehen waren wohl vor allem bei den Vornehmen häufiger; aber es ist – wenigstens für die Männer – fraglich, wie weit wir das verallgemeinern dürfen. Genaue Angaben haben wir nur aus der judäischen Königsfamilie (vgl. in der Tabelle zu → König das Alter bei der Geburt der Nachfolger). Auch → Jojachin, von dem ein Keilschrifttext von 592 v. Chr. 5 Söhne verzeichnet, hat den ältesten wohl schon bei seinem Regierungsantritt mit 18 Jahren 598 v. Chr. gehabt.
Vgl. weiter → Kind, → Knabe.

Julia. Christin in Rom, die Paulus grüßt; wahrscheinlich die Frau des Philologus (Röm 16,15).

Julius. Röm. → Hauptmann (II, 1), der Paulus als Gefangenen nach Rom begleitete (Apg 27,1). Er zeigte sich dem Apostel freundlich gesinnt, so daß dieser seine Freunde zu Sidon besuchen durfte (V 3). Beim Schiffbruch verhinderte er, daß Paulus und die anderen Gefangenen getötet wurden (V 42.43).

Jünger. I, 1) Im AT bezeichnet J. (nur Jes 8,16; 50, 4) Menschen, die in einer Zeit allgemeinen Abfalls an Gottes Zeugnis und Gesetz festhalten, auf das Reden des Herrn hören und ihm gehorchen.

2) Im NT werden neben den J. Jesu die J. Johannes des Täufers und die der Pharisäer genannt. Die Johannesjünger sind die von ihm Getauften, die weiterhin bei ihm blieben (Mt 9,14; Mk 2,18; Joh 1,35. 37; 3,25), noch im Gefängnis die Verbindung mit ihm aufrechterhielten (Mt 11,2; Lk 7,18) und ihn begruben (Mt 14,12; Mk 6,29). Johannes hatte seine J. beten gelehrt (Lk 11,1), sie fasteten und beteten viel (Lk 5,33). Das gleiche galt auch von den Anhängern der Pharisäer (Mk 2,18; Mt 22,16). Die Pharisäer selbst waren stolz darauf, J. des Mose, seine Schüler und Nachfolger zu sein (Joh 9,28) und gründeten darauf ihre geistliche Sicherheit.

II, 1) Die J. Jesu sind seine Anhänger im weitesten Sinn, die Menschen, die ihn als Lehrer anerkannten, seine Lehre hörten und ihn auf seinen Wegen begleiteten (Joh 4,1; Lk 19,37; Joh 9,27.28). Die Jüngerschaft konnte auch heimlich sein (Mt 27,57; Joh 19,38) und setzte keineswegs immer eine klare, bewußte Entscheidung voraus (Mt 8,21); viele verließen ihn später auch wieder (Joh 6,60.66).
2) Unter diesen Jüngern bildeten die Zwölf eine besondere Gruppe. Sie waren ständig um Jesus (Mk 11,11), und ihnen vertraute er sich an (Mk 4,34; Mt 16,15–21; Joh 13–17). Sie sind vielfach gemeint, wenn ohne nähere Angaben von seinen J. die Rede ist (Mt 8,23.25; 20,17; 26,18; Mk 6,45; Joh 2,2.17). Bis auf den Verräter Judas Ischarioth haben sie bei Jesus ausgehalten, auch in seinen Versuchungen (Lk 22,28), und dann (trotz Flucht und Verleugnung während seines Leidens) als die von Gott erwählten Zeugen mit dem Auferstandenen gegessen und getrunken (Apg 10,41). Sie heißen auch (Mk 6,30) und in der Apg nur noch → Apostel.
3) In der Apg bezeichnet J. dann alle gläubig Gewordenen und Glieder der Gemeinde (Apg 6,1; 9,1. 10.19.26.36.38), die zuerst in Antiochien Christen genannt wurden (Apg 11,26).

III) Die Voraussetzung der Jüngerschaft ist eine bedingungslose und uneingeschränkte Hingabe an den Herrn. Nach Jesu Worten kann nur der sein J. sein, der auch die nächsten Verwandten und das eigene Leben nicht mehr liebt als ihn und allem absagt, was er hat (Mt 10,37; Lk 14,26.27.33). Er muß sich selbst verleugnen, das → Kreuz auf sich nehmen (Mt 16,24) und sein Leben um Jesu willen verlieren, um das wahre Leben zu finden (Mt 16,25). Nicht »Herr, Herr« sagen macht den J. aus, sondern das Tun des Willens Gottes, der Gehorsam (Mt 7,21; Lk 6,46). Dabei wird der J. nicht über dem Meister sein (Mt 10,25), seine Vollkommenheit liegt darin, zu sein wie sein Meister (Lk 6,40). Das bedeutet für ihn oft Haß und Verfolgung, wie Jesus sie erlitten hat (Mt 10,17.18.22.23); aber um der Verfolgung willen werden die J. selig gepriesen, ja, dürfen fröhlich und getrost sein (Mt 5,11.12; Lk 6,22.23). Der Geist wird durch sie reden, wenn sie sich zu verantworten haben (Mt 10,19.20). Wie Schafe unter die Wölfe gesandt, sollen sie klug wie die Schlangen und doch ohne Falsch wie die Tauben sein (V 16) und als rechte J. an der Rede Jesu bleiben (Joh 8,31). Um die täglichen Lebensnotwendigkeiten brauchen sie sich nicht zu sorgen, denn Gott versorgt die Seinen (Mt 6,25–34; 10,9–11). Sie werden Freimut und Vollmacht im Gebet besitzen und den Geist der Wahrheit empfangen (Joh 14,12–14.16.17). Als der Herr sie zu zweit aussendet, gibt er ihnen Macht, Kranke zu heilen, Aussätzige zu reinigen, Tote aufzuwecken und Dämonen auszutreiben (Mt 10,1.8). Als mitfolgende Zeichen werden noch Zungenreden und Unempfindlichkeit gegen Gift ihre Verkündigung begleiten (Mk 16,17.18). So sind die Jünger

Salz der Erde und Licht der Welt (Mt 5,13–16), erkennbar an der Liebe untereinander und der Feindesliebe (Joh 13,15; Mt 5,43–45). Um ihrer guten Werke willen soll Gott gepriesen und durch die Frucht ihres Lebens geehrt werden (V 16; Joh 15,8). Weil sie ihn vor den Menschen bekennen, bekennt Christus sie vor dem Vater (Mt 10,32). Sie dürfen sich freuen, daß ihre Namen im Himmel aufgeschrieben sind (Lk 10,20) und reicher Lohn dort auf sie wartet (Lk 6,23). Was sie verlassen haben, um Jesus nachzufolgen, werden sie schon hier mitten unter Verfolgungen hundertfältig zurückerhalten und dazu in der zukünftigen Welt das ewige Leben (Mk 10,28–30). Vgl. → Nachfolge.

Jungfrau. I) Das unverheiratete, unberührte Mädchen. Wer eine J. verführt, muß sie heiraten (2 Mo 22,15[16]f) und darf sich nicht mehr von ihr scheiden (5 Mo 22,28.29). Die verlobte J. trifft wie die Ehebrecherin für ihre Untreue die Todesstrafe (V 22–24); nur wenn sie niemanden hat zu Hilfe rufen können, geht sie straflos aus (V 25–27). Die falsche Beschuldigung, eine J. sei bei der Heirat nicht mehr unberührt gewesen, wird schwer bestraft; ist es aber der Fall, so wird das Mädchen gesteinigt (V 13–21). Dem Hohenpriester ist vorgeschrieben, nur eine J. zu heiraten (3 Mo 21,13.14). Hes 44,22 wird das auf alle Priester ausgedehnt; doch dürfen sie auch die Witwe eines Priesters nehmen.

II) Im Hebr. gibt es zwei Wörter für J. Bei dem einen liegt die Betonung klar auf der Unberührtheit (1 Mo 24,16; Ri 11,38; 2 Sam 13,2; 1 Kö 1,2), während das andere mehr das herangereifte, heiratsfähige Mädchen meint (1 Mo 24,43; 2 Mo 2,8; Ps 68,26; Spr 30,19; Hl 1,3; 6,8[7]; vgl. auch Mt 25,1), dessen Unberührtheit stillschweigend vorausgesetzt wird. Daß Jes 7,14 das zweite Wort steht, erlaubt nicht, es anders als »unberührtes Mädchen« aufzufassen, zumal der Sinn der Weissagung nicht durch sprachliche Überlegungen bestimmt werden kann, wenn die bezeugte Erfüllung (Mt 1,23; Lk 1,27) ihn eindeutig festlegt.

III) Häufig werden Städte und Völker als J. bezeichnet: Zion und Israel (Klgl 2,13; Jer 18,13; 31,4.21), Sidon (Jes 23,12), Babel (Jes 47,1) und Ägypten (Jer 46,11). Dabei ist sowohl von der unbezwungenen (2 Kö 19,21) wie von der geschändeten (Jes 23,12) oder gefallenen J. (Am 5,2) die Rede. In den Zushg. dieses Bildes gehören auch die Frauen von Hes 16; 23 und die Hure von Offb 17.

IV) 1 Kor 7,25–38 spricht Paulus bei den Fragen von Heirat und Ehe auch über die J. Über das AT hinaus, das die Erfüllung eines Frauenlebens nur in der Ehe sah, zeigt er hier den Korinthern daneben die Freiheit zur Ehelosigkeit in der Hingabe an den Herrn auf (V 32.34; vgl. Apg 21,9). Dagegen ist bei den Offb 14,4 genannten J. nicht an irdische Ehelosigkeit zu denken, sondern an ein Reinbleiben von allem Götzendienst und aller Abgötterei (vgl. Offb 2,14), die schon im AT immer wieder im Bild der Hurerei und des Ehebruchs gesehen werden (Jer 13,27). Ebenso will Paulus die Gemeinde als eine reine J. Christus zuführen (2 Kor 11,2).

Jüngling → Jugend, → Knabe

Jüngstes Gericht → Gericht

Jüngster Tag → Auferstehung, → Gericht, → Wiederkunft Jesu

Junias. Judenchrist in Rom, Verwandter und Mitgefangener des Paulus. Er war bereits Christ, bevor Paulus sich bekehrte (Röm 16,7).

Jupiter oder **Zeus,** der höchste Gott des griech.-röm. Götterhimmels, Schutzgott der menschlichen Ordnungen (Staat, Familie, Gastfreundschaft), der Vertrags- und Eidbruch strafte. Seine Verehrung verbreitete sich mit der griech. Kultur über den gesamten Mittelmeerraum und Vorderen Orient. Apg 14,12.13 setzt LÜ seinen lat. Namen J. für den griech., Zeus, ein. In Lystra lag der Zeustempel außerhalb der Stadtmauern (V 13). Die Einwohner der Stadt hielten Barnabas für Zeus, weil er schwieg und Paulus – für ihr Verständnis als seinen Boten – reden ließ.

Jusab-Hesed, mit kleiner Umstellung zu lesen: »Die Gnade möge zurückkehren«.
Sohn Serubabels (1 Chron 3,20).

Justus lat. »Der Gerechte«.
1) Beiname des Joseph → Barsabas (Apg 1,23).
2) Beiname eines Christen in Korinth, der vollständig Titius Justus heißt. Sein Haus lag neben der Synagoge (Apg 18,7).
3) → Jesus (3)

Jutta »Ebener Ort«,
Priesterstadt im Stamm Juda (Jos 15,55; 21,16), nach Hieronymus ein Dorf 18 Meilen südl. von Eleutheropolis, das heutige Jatta, 10 km südl. von Hebron. Man hat hier den Geburtsort Johannes des Täufers gesucht, auf Grund der Vermutung, Lk 1,39 habe ursprüngl. statt »in (eine) Stadt Judas« gestanden: »in (die) Stadt J.«.

K

Kab → Maße und Gewichte I, 4b

Kabul. Stadt im Stammgebiet Assers (Jos 19,27), wahrscheinlich das heutige Kabul (neuhebr. Kavul) 14 km südöstl. von Akko. Seine Lage auf einer Höhe spricht für das Alter der Siedlung, was Scherbenfunde aus der Bronzezeit bestätigen. Viell. ist K. der Hauptort einer Anzahl von Städten im Gebirge gewesen, die dann das »Land K.« (1 Kö 9,13) gebildet haben könnten. → Hiram von Tyrus war anscheinend mit den Orten im ärmlichen Bergland unzufrieden und hätte lieber Küstenstädte gehabt. Die urspr. Bedeutung des Namens K. ist unsicher. 1 Kö 9,13 wird er offenbar von hebr. *ke-bal* = »wie nichts« abgeleitet.

Kabzeel, viell. »Gott möge sammeln«,
Stadt im Süden Judas an der Grenze gegen Edom (Jos 15,21), der Heimatort Benajas (2 Sam 23,20; 1 Chron 11,22). Die Stadt wurde nach der babyl. Gefangenschaft neu besiedelt (Neh 11,25). Wahrscheinlich das heutige Chirbet Hora, ca. 13 km nordöstl. von Beer-Seba. Vgl. Karte Sp. 1304.

Kad → Krug

Kades, dasselbe Wort heißt sonst »Geweihte(r)«. Brunnengebiet im S Palästinas (Jos 15,3); zuerst 1 Mo 14,7 als »Born Mispat, das ist K.«, später auch K.-Barnea genannt (5 Mo 1,2). Wichtigster Ort auf dem → Wüstenzug der Israeliten, an dem sie nach der Rückkehr der Kundschafter (4 Mo 13,26[27]) und der Niederlage gegen die Amoriter lange Zeit blieben (5 Mo 1,44.46). Hier wurde Mirjam begraben (4 Mo 20,1), und hier war auch das Haderwasser (V 13; Hes 47,19). Allgemein sucht man K. in den Oasen von Ain Kedes, das den alten Namen noch erhalten hat, und Ain Kederat 8 km nordwestl. davon, wo heute die stärkste Quelle der Gegend ist. Vgl. Karte Sp. 649.

Kadmiel »Vor Gott stehend« oder »Gott ist entgegengetreten«.
Levit, der mit Serubabel aus der babyl. Gefangenschaft zurückkehrte (Es 2,40; 3,9; Neh 7,43; 9,4.5; 10,10[9]; 12,8.24).

Kadmoniter »Die aus dem Osten«.
Volk, das zu der vorisrl. Bevölkerung Kanaans gehörte (1 Mo 15,19). Wir wissen weiter nichts von ihm.

Käfer. Das hebr. *jäläk*, das LÜ mit K. wiedergibt (Jer 51,14.27; Nah 3,15–17), bezeichnet wahrscheinlich eine ungeflügelte Entwicklungsform der → Heuschrecke, mit der zusammen es mehrmals vorkommt (Ps 105,34; Jo 1,4; 2,25).

Kahath. Zweiter Sohn Levis (1 Mo 46,11; 2 Mo 6, 16). Er wurde 130 Jahre alt. Als seine Söhne werden 2 Mo 6,18 Amram, Jizhar, Hebron und Usiel genannt (vgl. 4 Mo 3,27). Mose und Aaron stammten von ihm ab (2 Mo 6,20), über Jizhar auch Korah (V 21; 4 Mo 16,1). Auf der Wüstenwanderung lagerten die Kahathiten an der Südseite des heiligen Zeltes (4 Mo 29). Sie hatten beim Aufbruch die Bundeslade und die Geräte zu tragen (4 Mo 4,1–20). 1 Chron 9, 32 haben einige von ihnen die Aufgabe, die Schaubrote jeden Sabbat aufzulegen. Später, bei der Reform Josias, waren u. a. auch zwei Kahathiten Aufseher über die Arbeiten am Tempel (2 Chron 34,12). Bei der ersten Volkszählung auf der Wüstenwanderung belief sich die Zahl der Knaben und Männer unter ihnen, von einem Monat und darüber, auf 8600; davon waren 2750 Männer zwischen 30 und 50 Jahren (4 Mo 3,28; 4,34–37). Bei der Verteilung des Landes Kanaan erhielten die Priester, die Nachkommen Aarons, 13 Städte im Gebiet von Juda, Simeon und Benjamin. Den übrigen Kahathiten wurden 10 Städte in Ephraim, Dan und Halbmanasse zugeteilt (Jos 21,4.5; 1 Chron 6,51[66]–55[70]).

Ägypt. Priester tragen einen heiligen Schrein. Ebenso trugen die kahathitischen Leviten die Bundeslade

Kahl. Kahlköpfigkeit galt in Israel sowohl bei Mann (2 Kö 2,23; vgl. 2 Sam 10,4) wie Frau (Jes 3, 17.24; vgl. 1 Kor 11,5.6) als häßlich u. schimpflich u. wurde entsprechend verspottet. Daneben ist der kahlgeschorene Kopf Zeichen tiefer Trauer (5 Mo 21,12.13; Jes 22,12; Jer 7,29; 16,6; Hes 7,18; 27,31; Am 8,10; Mi 1,16 u. a.), bei den Männern kommt noch das Rasieren des Bartes hinzu (Jes 15,2; Jer 48,37; vgl. 41,5). Besondere heidnische Formen dieses Brauchs, bei denen man nur bestimmte Stellen des Haupt- bzw. Barthaares abschor, waren den Israeliten als dem Volke Gottes verboten (5 Mo 14,1; 3 Mo 19,27; vgl. EÜ, ZÜ). Für die Priester wird dieses Verbot noch näher bestimmt (3 Mo 21,5; Hes 44,20).
Kahlscheren des Hauptes gehörte weiter zur Beendigung des → Nasiräergelübdes (4 Mo 6,9.18; vgl. Apg 18,18; 21,24). Bei der Levitenweihe (4 Mo 8,7) und zur Reinigung des Aussätzigen (3 Mo 14,8) wurde der ganze Körper kahlgeschoren.
Vgl. auch → Haar, → Klage, → Krankheiten: Kahl.

Kahles Gebirge → Negev; → Palästina I,2; vgl. Karte Sp. 984; 1304.

Kahn → Schiff

Kain. 1) Ältester Sohn von Adam und Eva. Sein Name wird 1 Mo 4,1 mit *khanah* = erwerben, gewinnen in Verbindung gebracht. Bei seiner Geburt sagte Eva: »Ich habe einen Mann gewonnen (hebr. *khaniti)* mit des Herrn Hilfe.« K. wurde ein Ackerbauer. Als der Herr nicht auf ihn und sein Opfer von Feldfrüchten, wohl aber auf Abel und dessen Opfer von den Erstlingen seiner Schafe und ihrem Fett achtgab, wurde K. sehr zornig. Der Herr warnte ihn; aber das hielt ihn nicht ab, seinen Bruder zu töten. Als Gott ihn zur Verantwortung zieht, antwortet er mit der Gegenfrage: »Soll ich meines Bruders Hüter sein?« K. verfällt dem Fluch Gottes. Der Acker wird ihm den vollen Ertrag versagen, und er muß ein ruheloser Flüchtling auf der Erde sein. Doch schützt ihn der Herr mit einem Zeichen, damit niemand, der ihm begegnet, ihn umbringe. K. zieht in das Land Nod, östl. vom Garten Eden. Seine Frau, die offenbar seine eigene Schwester ist, schenkt ihm einen Sohn Henoch. Nach ihm benennt er die Stadt, die er gründet (V 2–17). K. gilt als der erste Menschenmörder (Hebr 11,4; Mt 23,35; 1 Joh 3,12; Jud 11).
Zur Frage, warum K. Opfer verworfen wurde, wird öfter auf Hebr 9,22 hingewiesen: »Ohne Blutvergießen geschieht keine Vergebung.« Aber konnte K. darum wissen? Sollte nicht vielmehr in der Annahme bzw. Verwerfung des Opfers Gottes freie Gnadenwahl sich zeigen, die K. zum Anstoß wird?
2) → Keniter.

Kaiphas.
Beiname des Joseph, der 18 n. Chr. durch den röm. Prokurator Valerius Gratus, den unmittelbaren Vorgänger des Pilatus, als Hoherpriester eingesetzt wurde. Er war der Schwiegersohn des → Hannas (Joh 18,13) und der Hohepriester z. Zt. des Auftretens Johannes des Täufers (Lk 3,2). K. stellte den Antrag, Jesus zu töten (Joh 11,47–53; 18,14). In seinem Palast versammelte sich der Hohe Rat zum Prozeß Jesu (Joh 18,24; Mt 26,57), den K. leitete. Nach dem Scheitern des Zeugenbeweises veranlaßte er Jesus durch seine direkte Frage zu dem Selbstzeugnis, auf Grund dessen er als Gotteslästerer verurteilt wurde (Mk 14,59–64). Apg 4,6 wird K. noch einmal bei der Verhandlung gegen die Apostel Petrus und Johannes erwähnt. 36 n. Chr. wurde er durch den röm. Statthalter von Syrien, Vitellius, abgesetzt. Die Tradition sucht den Ort seines Hauses in der Oberstadt von Jerusalem (vgl. Stadtplan Sp. 684).

Kaiser. I) Das dt. Wort K. geht über das griech. *kaisar* auf den lat. Namen *Caesar* zurück, den Beinamen eines Zweiges des röm. Geschlechts der Julier, dessen berühmtestes Glied Gajus Julius Cäsar war. Cäsar adoptierte seinen Großneffen, der sich danach Gajus Julius Cäsar Oktavianus (→ Augustus) nannte. Mehrere röm. Herrscher nach ihm führten dann ebenfalls den Beinamen Cäsar (Tiberius, Caligula, Klaudius, Nero), der allmählich aus einem Eigennamen zur Herrscherbezeichnung wurde. In diesem Sinn wird K. wiederholt im NT verwendet. Erwähnt werden die K. → Augustus (Lk 2,1); → Tiberius (Lk 3,1), der auch Lk 20,22; Mt 22,17; Mk 12,14; Joh 19,12 gemeint ist; → Klaudius (Apg 18,2) und ohne Nennung des Namens → Nero (Apg 25,12.21; 26,32). Doch ist außer beim Erlaß des Augustus (Lk 2,1) und dem des Klaudius (Apg 18,2) von irgendeinem direkten Eingreifen des K. im NT nicht die Rede. Nicht erwähnt wird K. Caligula (37–41), der Nachfolger des Tiberius und Vorgänger des Klaudius. Zu seiner Bedeutung für die jüd. Geschichte vgl. → Herodes Antipas und → Herodes Agrippa I. Vgl. Taf. 59/928.

II) Freund des K. *(Amicus Caesaris)* war ein offizieller Ehrentitel, der seinem Träger große Vorteile einbrachte, dessen Verlust sich aber für den Betroffenen verhängnisvoll auswirkte (Joh 19,12). Haus des K. (Phil 4,22) bezeichnet, wie → Haus auch sonst nicht nur den kaiserlichen Palast, sondern die K.-familie einschließlich der Sklaven und Freigelassenen, von denen viele auch außerhalb Roms, etwa in großen Provinzstädten, lebten.

III) Die Berufung an den K. als höchste Rechtsinstanz stand jedem röm. Bürger frei. Damit war jede andere richterliche Entscheidung ausgesetzt, auch ein Freispruch (Apg 26,32).

IV) Gelegentlich ist mit »König« nach damaligem Sprachgebrauch der röm. K. gemeint (1 Tim 2,2; 1 Petr 2,13.17; wohl auch Offb 17,9).

Kaiserliche Schar. Eine röm. Kohorte (→ Schar), die ihren Ehrennamen nach Kaiser Augustus trug (Apg 27,1).

Kalah, assyr. Kalhu, heute Nimrud, Stadt etwa 30 km südöstl. von Ninive in der Nähe des Tigris (1 Mo 10,11). Hier begann Layard 1845 seine → Ausgrabungen. Er fand den Palast Assurnasirpals II., wo in den letzten Jahren neue wichtige Funde gemacht wurden (→ Jona), und den schwarzen Obelisken Salmanassers III. (vgl. Taf. 46b/705; 82/1281; → Jehu). Vgl. Karte Sp. 996; Abb. Sp. 981; 1017/18; 1237; Taf. 19a/288.

Kalb, goldenes. Als Mose während der Wüstenwanderung auf dem Berg Sinai weilte, wo er vom Herrn verschiedene Weisungen (2 Mo 25-31) und die beiden Gesetzestafeln empfing, gelang es dem Volk Israel, Aaron zu veranlassen, ihnen einen Götzen zu machen. Er fertigte aus dem Gold, das die Israeliten dafür hergaben, ein gegossenes Stierbild, vor dem das Volk tags darauf opferte (2 Mo 32,1–6). Mose verbrannte dieses g. K., zermalmte es zu Pulver und streute es aufs Wasser, das er den Israeliten dann zu trinken gab (V 20). Die Leviten hielten auf seinen Befehl blutiges Gericht im Lager (V 25–29); später trifft die Strafe Gottes das ganze Volk (2 Mo 32,34f; 4 Mo 14,22f).

Die Sünde der Errichtung und Anbetung des g. K. wird ohne Einschränkung verurteilt (vgl. 5 Mo 9, 8–21; Ps 106,19–23; Neh 9,18); und wir hören von keiner Wiederholung dieses → Bilderdienstes, bis Jerobeam, der Sohn Nebats, zwei goldene Stierbilder fertigen und das eine in Beth-El, das andere

Assyr. Göttergestalten auf Flügelstieren

in Dan aufstellen ließ (1 Kö 12,28.29). Diese Sünde wird auch an seinen Nachfolgern immer wieder getadelt; sie ist eine der Ursachen für den Untergang des Zehnstämmereiches geworden (2 Kö 17,21–23; vgl. → Jerobeam, → Höhen).

Der Kälber- oder Stierdienst war eine auch bei anderen semitischen Völkern verbreitete Kultform, wobei der Stier (bzw. das Stierkalb) wohl nicht so sehr als eigentlicher Gott, sondern als Sinnbild für die Kraft einer Gottheit galt. Aaron und später Jerobeam hätten danach die Macht des Herrn durch solch ein Stierbild ausdrücken wollen. Auch der Personenname *Egäljau* »Stier des Herrn«, den man auf den Ostraka von → Samaria gefunden hat, weist darauf hin. Eine weitere Erklärung könnte in der Tatsache liegen, daß man in verschiedenen heidnischen Darstellungen den Stier auch als Sockel für ein Götterbild antrifft; danach hätten beide beabsichtigt, einen Thron für den unsichtbaren, nicht dargestellten Gott Israels zu errichten. Daneben könnten auch die verschiedenen Stierkulte, die das Volk in Ägypten kennengelernt hatte, insbes. die Verehrung des Apisstiers (Taf. 60a/929), die Vorstellungen beeinflußt haben, die zur Errichtung des g. K. führten.

Kaleb »Der Bissige, Abwehrende«.

1) Judäer, Sohn Hezrons und Bruder Jerahmeels (1 Chron 2,18–20.42–50). In V 9 heißt er Chalubai. Von Ephrath, die er nach dem Tode seiner ersten Frau Asuba heiratete, hatte er einen Sohn Hur, den Gefährten Aarons. Sein Urenkel Bezaleel war der Verfertiger des heiligen Zeltes (2 Mo 31,2). Weiter → Kaleb Ephratha.

2) K., der Sohn des Jephunne, gehört zu den 12 vornehmen Israeliten, die Mose als Kundschafter nach Kanaan sandte. K. war hierbei der Vertreter des Stammes Juda (4 Mo 13,6[7]). Als nach ihrer Rückkehr 10 der Kundschafter das Volk durch ihren Bericht verzagt machten, versuchte er, den Israeliten Mut zuzusprechen (V 30[31]). Das kostete ihn und Josua fast das Leben (4 Mo 14,6.10). K. empfing zum Lohn die Verheißung, daß er nach Kanaan kommen werde (V 24.30; 32,12; 5 Mo 1,36). Die Verheißung erfüllte sich: K. und Josua blieben verschont, als eine Krankheit die übrigen 10 Späher hinwegraffte (4 Mo 14,38), und waren bei der zweiten Volkszählung gegen Ende der Wüstenwanderung noch am Leben (4 Mo 26,65). K. wurde für die Zuweisung der Stammesgebiete in Kanaan zum Vertreter Judas bestimmt (4 Mo 34,19). Er war 85 Jahre alt, als die Verteilung des Landes stattfand. Als seinen Anteil erbat er sich Hebron, und Josua gewährte ihm diese Bitte (Jos 14,6–15; 1 Chron 6,41 [56]). K. vertrieb nun die Enakiter aus Hebron (Jos

15,13.14; Ri 1,20). Bei dieser Gelegenheit versprach er dem, der Debir, das spätere Kirjath-Sepher, erobern würde, seine Tochter Achsa. Sein Bruder Othniel nahm den Ort ein und erhielt Achsa zur Frau, die sich von ihrem Vater noch ein Stück Land mit Quellen erbat (Jos 15,16–19; Ri 1,12–15). Auch in 1 Sam 30,14 ist vom Südland K. die Rede. Ein Nachkomme K., der im Süden Judas seine Herden weidete, war Nabal (1 Sam 25,3).

Es fällt auf, daß K. 4 Mo 32,12; Jos 14,6.14 »der Kenisiter« und sein jüngerer Bruder Othniel »Sohn des Kenas« genannt wird (Jos 15,17; Ri 1,13; 3,9; 1 Chron 4,13). Man hat vermutet, daß K. durch seinen Vater Jephunne ein Nachkomme des Kenas (2) war und dieser, von dem wir weiter nichts wissen, seinerseits von Juda und Thamar abstammte. Eine andere Vermutung besteht darin, daß der → Kenisiter Jephunne in die Familie K., des Sohnes Hezrons, einheiratete und seinem Erstgeborenen wieder den Namen K. gab. Othniel und Seraja, die 1 Chron 4,13.15 von K. getrennt erscheinen, waren dann vielleicht Söhne Jephunnes von einer zweiten Frau. Eine weitere Verbindung zwischen den beiden K. liegt in der Angabe 1 Chron 2,49; daraus könnte hervorgehen, daß auch K., der Sohn Hezrons, eine Tochter Achsa hatte, oder aber daß Achsa, die Tochter K., des Sohnes des Jephunne, zur Nachkommenschaft K., des Sohnes Herzrons, gehörte. Die für uns nicht in allen Einzelheiten deutlichen Überlieferungen lassen verschiedene Möglichkeiten zu, ihre Aussagen miteinander zu vereinigen; sie erlauben jedoch keine zwingenden Schlüsse.

Kaleb Ephratha, Ort oder Gebiet (vgl. → Ephratha 1), wo Hezron starb (1 Chron 2,24 LÜ, EÜ). Die LXX liest an dieser Stelle: »Als Hezron tot war, ging Kaleb ein zu Ephratha. Und die Frau Hezrons war Abia, die gebar ihm Ashur, den Vater Thekoas«. Danach will man vielfach den hebr. Text ändern in: »... zu Ephratha, der Frau seines Vaters Hezron, die gebar ihm ...« (vgl. ZÜ, MÜ). Die Ehe mit der Frau des Vaters bedeutet einen Nachfolgeanspruch (vgl. 1 Mo 35,22; 2 Sam 16,22; 1 Kö 2,13–25); vgl. dazu die Bedeutung, die Kaleb und seine Nachkommen in Juda haben (1 Chron 2,50–55), obgleich sein Bruder Jerahmeel Hezrons Erstgeborener war (V 25.42).

Kalk, Kalkstein. I, 1) Palästina ist sehr reich an Kalkgestein. Wo jedoch die HS von K. spricht, ist gebrannter und gelöschter K. gemeint. Der Kalkstein wurde nach dem Abbau zerkleinert (vgl. Jes 27,9), mit trockenem Buschwerk in abwechselnden Schichten in eine schüsselartige Mulde von etwa 1 m Tiefe gelegt und das ganze angezündet (vgl. Jes 33,12). Darauf deckte man die Mulde wie einen Kohlenmeiler mit Grasnarbe zu und ließ nur eine kleine Öffnung für Luftzufuhr und Rauchabzug. Nach dem Brennvorgang wurde der K. mit Wasser gelöscht.

2) Gelöschter K. ergab mit Lehm oder Ton, Asche oder Stroh vermischt Mörtel, der als Binde- und Verputzmasse beim Mauerbau Verwendung fand, sofern man sich nicht mit Lehmmasse begnügte, die Steine oder Ziegel lose aufeinandersetzte oder in kalksteinarmen Gebieten reinen Asphalt (→ Erdharz) oder ein Lehm-Asphaltgemisch benützte (1 Mo 11,3).

3) Ein ähnliches Gemisch, dem allerdings mehr Wasser zugesetzt wurde, verwendete man beim Verputzen von Mauern und Wänden, um sie wetterfest zu machen und ihnen einen weißen Anstrich zu geben (Tünche, tünchen: 3 Mo 14,41; Hes 13,10.11. 14.15; 22,28; Dan 5,5). Vom Übertünchen rissiger Wände her wird das auch zum Bild für falschen Schein (Apg 23,3).

4) Nach 5 Mo 27,2–4 wurden gelegentlich Gedenksteine mit K. überzogen und dann beschrieben. Wahrscheinlich wurden die Schriftzeichen in den Kalküberzug eingeritzt.

5) Im NT erfahren wir, daß Gräber einen weißen Kalkanstrich erhielten (Mt 23,27), um sie weithin sichtbar zu machen und zu verhüten, daß man sich durch Berühren an ihnen verunreinigte (vgl. → Begräbnis III).

II) Der Ausdruck »zu K. verbrennen« in Jes 33,12 und Am 2,1 EÜ, ZÜ, MÜ bezieht sich auf das Verbrennen der Gebeine Gestorbener (vgl. → Grab II) und ist ein Bild für die völlige Vernichtung.

Kallai, Oberster eines Priestergeschlechts z. Zt. des Hohenpriesters Jojakim (Neh 12,20).

Kalmus. Das hebr. *khanäh,* das sonst allgemein Halm, Rohr, Röhre bedeutet (z. B. 2 Mo 25,32ff; Jes 36,6), hat 2 Mo 30,23; Hl 4,14; Jes 43,24; Hes 27,19 (LÜ Kalmus) und Jer 6,20 (LÜ Zimtrinde) die bes. Bedeutung einer wohlriechenden Schilfart, die offenbar in Palästina nicht vorkam (sie mußte gekauft werden: Jes 43,24), sondern »aus fernen Landen« eingeführt wurde (Jer 6,20) und die man u. a. zur Bereitung des heiligen Salböls verwendete. Es handelt sich dabei kaum um unsern gemeinen K. *(Acorus Calamus),* sondern wohl um eine Schilfart aus Vorderindien *(Cymbopogon Nardus),* die u. a. in Teichen und Moorgebieten an der Westküste des Hochlandes von Dekan vorkommt und dort noch heute zur Gewinnung wohlriechender Öle verwendet wird. Von Indien brachten es die Phönizier als gutbezahlten Handelsartikel nach Arabien und weiter nach Tyrus (Hes 27,19). Vgl. → Schilf.

Kalne → Kalno

Kalno, Stadt in Nordsyrien (Jes 10,9), Am 6,2 Kalne und in den assyr. Keilinschriften Kullani genannt. Diese Hauptstadt des Landes Jaudi wurde im Jahre 738 v. Chr. von Thiglath-Pileser III. erobert. K. ist das heutige Kullan-Koi 24 km nördl. von Aleppo.

Kalub »Korb«,
Judäer (1 Chron 4,11).

Kamel. I, 1) Das hebr. *gamal* bezeichnet das einhöckerige K. oder Dromedar *(Camelus dromedarius).* Seine Heimat ist Arabien, doch kam es bereits um 3000 v. Chr. in Ägypten vor und war, wie Funde bestätigen, auch früh in Palästina und Südsyrien anzutreffen. Die HS erwähnt K. in Ägypten (1 Mo 12,16; 2 Mo 9,3), Syrien (1 Mo 30,43) und vor allem bei arab. Völkern (1 Mo 37,25; Ri 7,12; 1 Sam 15,3; 30,17; 1 Chron 5,21); ein Araber war z. Zt. Davids Aufseher der königlichen Kamelherden (1 Chron 27,30). Unter den Gegnern Salmanassers III. in der Schlacht bei Karkar (853 v. Chr.) befanden sich auch 1000 arab. Kamelreiter.

Assyrer im Kampf mit arab. Kamelreitern

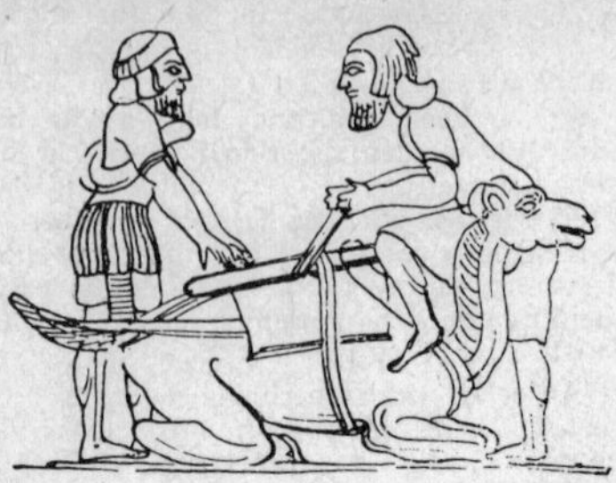

Beladen eines Kamels (assyr. Darstellung)

Beim Dromedar unterscheidet man die kräftigeren Last- (1 Kö 10,2) und die schlankeren Reittiere (Jes 66,20). Diese bringen es auf 12–15 km in der Stunde und Tagesleistungen bis zu 200 km. Die Lastdromedare (1 Kö 10,2) legen durchschnittlich 4800 m in der Stunde zurück und können das, wenn nötig, 12 Stunden ohne Unterbrechung durchhalten. Schnelligkeit, Ausdauer und Genügsamkeit in der Nahrung (Wüstenpflanzen wie Disteln und Dornen, auch Pflanzenwurzeln) machen die Tiere für den Wüstenbewohner unentbehrlich. Ihre Launenhaftigkeit bes. in der Brunstzeit wird dabei in Kauf genommen (Jer 2,24). Aus K.haar werden grobe Kleidungsstücke gewebt (vgl. Mt 3,4), aus der Milch (vgl. 1 Mo 32,16[15]) Butter und Käse gemacht, der Mist wird als Brennmaterial gebraucht und das Fleisch gegessen, was allerdings dem Israeliten verboten war (3 Mo 11,4). Als Reittier wurde das K. gesattelt (1 Mo 31,34), das Geschirr war oft reich geschmückt (Ri 8,21.26). Vgl. Taf. 62b/961.
2) Das zweihöckerige K. *(Camelus bactrianus)*, dessen eigentliche Heimat Zentralasien ist, wird in der HS nicht erwähnt, war aber wohl in der Königszeit nicht mehr unbekannt. Eine Darstellung findet sich auf dem Obelisken Salmanassers III. Vgl. Taf. 46b/705.
II) Zum Gleichnis Mt 19,24 → Nadelöhr; das Bild Mt 23,24 ist in sich klar.

Kamin. Bei dem in Jer 36,22.23 erwähnten K. oder K.herd handelt es sich wohl um ein tragbares Kohlenbecken aus Metall, das die Begüterten im Winter auf dem Fußboden aufstellten, um sich davor zu wärmen. Bei Ausgrabungen in Thaanach stieß man auf einen pyramidenförmigen Wärmeofen aus Ton von etwa 1 m Höhe, der aus der Zeit vor 600 v. Chr. stammt. Er ist durch allerlei figürliche Darstellungen verziert, und an seinen Seiten ist eine Reihe von Luftlöchern eingelassen.

Kammer bezeichnet einen Innenraum des → Hauses (Hl 3,4), vielfach Räume, die bes. abgeschlossen liegen und nicht jedem zugänglich sind (2 Kö 9,2; Lk 12,3). Wer von K. zu K. flieht, sucht den abgelegensten Raum des Hauses auf, um den Verfolgern zu entgehen (1 Kö 20,30; 2 Chron 18,24). Auch das → Obergemach wird K. genannt (2 Kö 4,10); und oft der Schlafraum (2 Mo 7,28[8,3]; 2 Sam 4,7; 13,10; 1 Kö 1,15; Pred 10,20). An einigen Stellen ist statt K. richtiger »Lagerstatt, Bett« zu übersetzen (Jes 57,2; Lk 11,7; Röm 13,13). Über die Bestimmung der Bettkammer im Königspalast wissen wir nichts Sicheres (2 Kö 11,2; 2 Chron 22,11). Weiter bezeichnet K. den Vorratsraum (Spr 24,4), oft das einzige verschließbare Gemach des Hauses (vgl. Kämmerlein Mt 6,6). Im königlichen Palast wird die Schatzkammer (Es 7,20; Est 3,9) und die K. als Wachstube der Leibwache (1 Kö 14,28) genannt. Am → Tempel (vgl. 1 Kö 6,5.8.10) und wohl auch in den Nebengebäuden befanden sich eine große Zahl von K. für die Aufbewahrung von Kultgeräten und Naturalabgaben (vgl. → Gotteskasten), die scharf bewacht wurden (1 Chron 9,26f; 28,11; Es 8,29; Neh 10,38[37]; Hes 40,17; 44,19). Unter ihnen sind wohl auch die Bilderkammern mit den gemalten Götzenbildern zu suchen (Hes 8,12). Die »K. des Todes« (Spr 7,27) bezeichnen das Totenreich (→ Hölle), nicht etwa Grabkammern.

Kämmerer. Das hebr. *saris* bezeichnet einen Eunuchen, einen → Verschnittenen, wie sie an den Königshöfen zur Bewachung und Bedienung im königlichen Harem verwendet wurden (Est 2,3.14; 4,4; 2 Kö 9,32). Solche K. gelangten oft zu großem Einfluß. Daraus ergab sich eine Ausdehnung ihres Tätigkeitsbereichs (Est 1,10; Apg 8,27 griech. *eunouchos)*, aber auch eine Verallgemeinerung des Begriffs, der nun auch andere hohe Beamte bezeichnen konnte (1 Mo 40,2; 2 Kö 24,12; Jer 29,2; 38,7). 2 Kö 25,19 wird ein K. in einer Offiziersstellung, 1 Mo 39,1.7 in Ägypten ein verheirateter K. erwähnt.

Kamon. Ort, an dem der Richter Jair, ein Gileaditer, begraben wurde (Ri 10,5). Wir werden K. also östl. des Jordan zu suchen haben, möglicherweise im heutigen Qamm, 12 km westnordwestl. von Irbid (Arbeel). Vgl. Karte Sp. 492.

Kamos. Gott der Moabiter (4 Mo 21,29; Jer 48,46), der auch von König Mesa in seiner Inschrift (→ Mesastein) genannt wird. Mesa suchte die Hilfe des Götzen durch das Opfer seines eigenen Sohnes zu gewinnen (2 Kö 3,27). Salomo baute ein Höhenheiligtum für K., das Josia später zerstörte (1 Kö 11,7.33; 2 Kö 23,13). Nach assyr. Keilinschriften wurden auch Eigennamen mit dem Gottesnamen K. gebildet. Sanherib erwähnt auf seinem sechsseitigen Tonprisma (II,52) Kam-mu-su-na-ad-bi als König von Moab. Auffällig ist, daß Jephthah Ri 11,24 K. den Gott der Ammoniter nennt; diese haben demnach zu der Zeit den Nationalgott Moabs ebenfalls verehrt.

Kampf, kämpfen. I) Nachfolge des Gekreuzigten bedeutet K. Schon der Schritt in die Nachfolge kostet K. (Lk 13,24), nicht weniger dann, ausdauernd auf dem schmalen Weg zu bleiben. Denn da unser Feind, Satan, dies verhindern will, bietet er die seiner Herrschaftsgewalt unterstehenden Geister der Bosheit gegen die Erlösten des Herrn auf (Eph 6,12). Grundsätzlich jedoch ist dieser K. bereits entschieden: der Fürst dieser Welt ist gerichtet (Joh 16,11), das höllische Heer der Dämonen ist entwaffnet (Kol 2,15), das Lamm hat den Sieg davongetragen (Offb 5,5).
Deshalb wäre es ganz verfehlt, zu meinen, man müsse diesen K. nun doch in eigener Kraft – und das hieße: mit fleischlichen Waffen – führen, um mit seinen guten Vorsätzen und menschlichen Anstrengungen etwas auszurichten (2 Kor 10,3.4). Daß ungezählte Christen in dieser verkehrten Weise sich abmühen, ist der Grund ihrer oft beklagten Niederlagen. Nein: »Nicht eure Sache ist der K., sondern die Sache Gottes« (2 Chron 20,15.17). Welche Befreiung zu wissen: »Der Streit ist des Herrn.« Er braucht nicht Schwert und Spieß, nicht Heer oder Kraft, um den Sieg zu schaffen (1 Sam 17,47; Sach 4,6), – auch nicht unsere Heiligungsbemühungen (→ Heiligung).
So kann unser K. nur dann ein »guter«, d. h. erfolgreicher, sein, wenn es ein K. des Glaubens (1 Tim 1,18; 6,12) und des Gebets ist (Röm 15,30; Kol 2,1).

Es gilt also, »die volle Waffenrüstung Gottes« anzulegen (Eph 6,10ff), die sich mächtig erweisen wird, Bollwerke zu zerstören und Vernünfteleien und jede sonstige Höhe zunichte zu machen (2 Kor 10,4f). Es gilt, sich gegenüber den Anläufen des Feindes im Glauben auf die am Kreuz vollbrachte und heute in Kraft stehende Erlösung zu berufen und gegen alle Machtbereiche der Finsternis den Sieg des Namens Jesus zu rühmen. Dann darf man die Wahrheit des alten Prophetenwortes erfahren: »Der Herr wird für euch streiten; verhaltet ihr euch nur ganz still« (2 Mo 14,14).
Dieser Weg zum Sieg gilt im K. gegen die Sünde (Hebr 12,4), im K. um die Verkündigung der frohen Botschaft (1 Thess 2,2) und auch im K. um das göttliche Ziel des echten Botschafterdienstes, das darin besteht, jeden Menschen vollkommen in Christus Jesus zu machen (Kol 1,28f; 4,12). So laßt uns denn mit Ausdauer in dem uns obliegenden Wettkampf laufen, indem wir auf Jesus blicken, den Anfänger und Vollender des Glaubens (Hebr 12,1.2). Wohl denen, die einst die Krone der Gerechtigkeit empfangen werden, weil sie im K. mit dem Versucher durch das Blut des Lammes Sieger geworden sind und die Erscheinung ihres Herrn mit Liebe erwartet haben (2 Tim 4,7.8; Offb 12,11).
II) → Krieg, → Heer.

Kana »Schilfrohr«.
1) Grenzbach zwischen Manasse und Ephraim (Jos 16,8; 17,9), der heutige Wadi Qana. Seine Quelle liegt in der Nähe des Berges Garizim; er bildet einen Nebenfluß des wasserreichen Yarqon, der nördl. von Japho ins Mittelmeer mündet.
2) Grenzstadt in Asser (Jos 19,28), das heutige Qana, ungefähr 12 km südöstl. von Tyrus. Vgl. Taf. 97/1536.
3) Ort in Galiläa, Vaterstadt Nathanaels (Joh 21,2) und Ort des ersten Wunders Jesu (Joh 2,1–12; vgl. 4,46). K. ist das heutige Chirbet Qana auf einem Hügel im N der Ebene von Sebulon, 13 km nördl. von Nazareth, nicht Kafr Kenna 6 km nordöstl. von Nazareth, das die Tradition als das K. Jesu bezeichnet (vgl. Karte Sp. 433).

Kanaan. 1) Sohn Hams und Enkel Noahs (1 Mo 9,18.22; 10,6). Er wurde wegen der Verfehlung → Hams von Noah verflucht (1 Mo 9,24.25). Als Söhne K., d. h. Völker, die von ihm abstammen, werden 1 Mo 10,15–18 genannt: Sidon, Heth, der Jebusiter, der Arkiter, der Siniter, der Arvaditer, der Zemariter und der Hamathiter (vgl. → Völkertafel). V 18 spricht von der Ausbreitung der verschiedenen Geschlechter, d. h. Gruppen oder Stämmen der Kanaaniter. V 19 beschreibt die Grenze ihres Gebietes von Sidon in Richtung auf Gerar bis Gaza, von dort nach Sodom, Gomorra, Adama und Zeboim und bis nach Lasa.
2) K. ist eine der ältesten Benennungen für Palästina (1 Mo 11,31), die nur das Westjordanland umfaßt. 4 Mo 33,51 heißt es: »Rede mit den Kindern Israel und sprich zu ihnen: Wenn ihr über den Jordan gegangen seid in das Land K . . .« Ruben, Gad und Halbmanasse erbauten einen Altar »an der Grenze des Landes K., auf der Seite der Kinder Israel« (Jos 20,10.11; vgl. LXX) am Jordanufer, der auch hier Grenzfluß ist. 2 Mo 16,35 hören wir, daß die Israeliten bis an die Grenze K. Man aßen. Wo diese Grenze zu suchen ist, zeigt Jos 5,10–12; dort wird berichtet, daß das Man aufhörte, nachdem das Volk den Jordan überschritten hatte.
Später wird der Name K. in der HS auch auf einzelne Landesteile angewendet, so auf das Land der Philister im Unterschied zu dem von den Israeliten

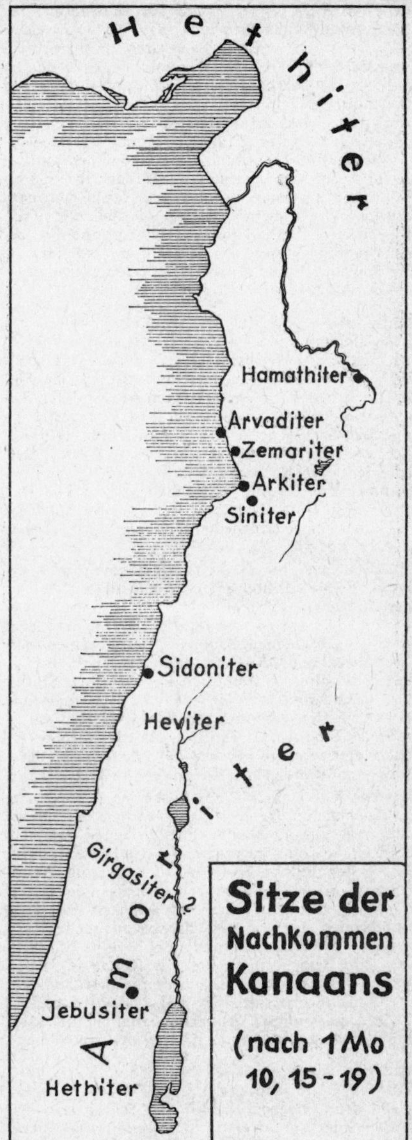

Sitze der Nachkommen Kanaans (nach 1 Mo 10, 15 - 19)

besiedelten Gebiet, weil es einen Teil des verheißenen Landes K. bildete und Reste der Kanaaniter dort wohnten (z. B. Zeph 2,5: »K., der Philister Land«). Auch die Bewohner Phöniziens, die Tyrer, Sidonier u. a., werden Kanaaniter genannt, etwa die kanaanäische Frau Mt 15,22. In hethitischen Keilinschriften (um 1300 v. Chr.) wird der Name K. als »Kinahhe« angetroffen, übereinstimmend mit »mat Kinahni« oder »Kinahhi« in den → Amarnabriefen, wo von diesem Land in Verbindung mit Tyrus die

Rede ist. Auch Jos 5,1 spricht von Kanaanitern am Meer, und in einer Prophetie gegen Tyrus ist ebenfalls von K. die Rede (Jes 23,11). Während der Volkszählung unter David kommt Joab zu der festen Stadt Tyrus und den Städten der Heviter und Kanaaniter (2 Sam 24,7).
Aber auch Jabin, der in → Hazor (4) im Binnenland regierte (vgl. Karte Sp. 492) ist König der Kanaaniter (Ri 4,24). Nach 4 Mo 13,29[30] wohnen die Kanaaniter am Meer und um den Jordan; Jos 11,3 erwähnt sie im Osten und Westen. Neben dem ganzen Land bezeichnet K. also bes. die südl. wie nördl. Küstenebene (Philistäa und Phönizien) und die Ebenen im Binnenland. Die Kanaaniter erscheinen so als Bewohner der Ebenen im Gegensatz zu den → Amoritern auf dem Gebirge.

Kanaaniter. I) 1 Mo 9,25; 10,6.15–18 wird Kanaan als Stammvater der vorisrl. Bewohner Palästinas genannt. Unter den K. haben wir die nichtsemitische Bevölkerung zu verstehen, die vor den Philistern in das Land eingedrungen war und den Küstenstrich und die fruchtbaren Ebenen in Besitz genommen hatte. Die K. als Volk sind also ursprünglich von den Semiten (1 Mo 10,21–31) zu unterscheiden. Der Name K. dient dann aber auch als Sammelname für alle Einwohner des Landes (1 Mo 24,3; 2 Mo 13,11; Neh 9,24) ohne Rücksicht auf die Herkunft der verschiedenen Stämme (vgl. 2 Mo 3,8; 1 Mo 15,18–21).

II) Sinnlicher Fruchtbarkeitskult bildete die Religion der K. Sie scheuten sich, den eigentlichen Namen der Gottheit auszusprechen, er wurde ersetzt durch das unbestimmte → »Baal«, d. h. »Herr«, und zwar von heiligen Quellen, Bäumen, Tieren, Steinen, Bergen, Orten und schließlich auch des Himmels. Neben Baal wurde → Asthoreth als Göttin der Fruchtbarkeit und sinnlichen Liebe verehrt. Zur Verehrung der Gottheiten gehörten neben Altären und aufgerichteten Steinen (LÜ Säulen) auch die → Ascheren. Die Opfer wurden auf den → Höhen dargebracht. Vgl. → Götzendienst; → Hurerei; → Ras Schamra.

III) Die K. lebten in Stadtstaaten, an deren Spitze Könige standen. Da aber die Gesandten von Gibeon (Jos 9,11) nur im Namen ihrer Ältesten sprechen, ohne einen König zu erwähnen, scheint es auch eine Art Republik gegeben zu haben. Als die Israeliten in Kanaan einfielen, befanden sich die K. im Übergang von der Bronze- zur Eisenzeit. Sie besaßen bereits eiserne, d. h. eisenbeschlagene Streitwagen, weshalb der Stamm Joseph keine Möglichkeit sah, Beth-Sean zu erobern (Jos 17,16); Juda konnte aus dem gleichen Grunde die Bewohner der Ebene nicht vertreiben (Ri 1,19). Die Reste der K., die im Lande wohnen geblieben waren, machte Salomo zu Zwangsarbeitern (1 Kö 9,20.21).

Kandaze. Wohl ein Titel äthiopischer Königinnen (Apg 8,27), vgl. den ägypt. Titel Pharao. In Äthiopien, dem heutigen Nubien und Sudan, mit den Städten Meroe und Napata (vgl. Karte Sp. 35), fand George Reisner Pyramidengräber regierender Kandazen aus der Zeit von etwa 300 v. Chr. – 300 n. Chr.

Kaninchen. Das hebr. *schapan* (LÜ K.) bezeichnet nicht das K., sondern den Klippdachs *(Procavia syriaca)*, das kleinste und zierlichste der Huftiere, von der Größe, Gestalt und Lebensweise eines K. Der Klippdachs ist nahezu schwanzlos, die Vorderfüße haben 4, die Hinterfüße 3 Zehen mit hufartigen Nägeln. Er lebt gesellig in Felsspalten (Ps 104,18; Spr 30,26; nicht wie das K. in selbstgegrabenen Erdlöchern), vor allem in den Felsen um das Jordantal, in den Gebirgen um den See von Genezareth und in den südl. Wüstengebieten, ferner in Syrien, Arabien, den Nilländern und Afrika. Für die Israeliten war der Klippdachs unrein (3 Mo 11,5; 5 Mo 14,7); infolge seiner mümmelnden Kaubewegungen galt er, wie der → Hase, als Wiederkäuer.

Kanne. I) Die in 2 Mo 25,29; 37,16; 4 Mo 4,7 (vgl. 1 Chron 28,17) genannten K. aus Gold waren wohl eher kelchartige Schalen. Sie fanden beim Trankopfer Verwendung und hatten ihren Platz neben anderen goldenen Schalen auf dem Schaubrottisch.

II) Zu 1 Kö 19,6 vgl. → Krug.

III) Zu 3 Mo 19,36 vgl. → Maße und Gewichte I, 4b.

IV) Zu Hos 3,1 vgl. → Kuchen IV.

Kanne. Stadt, die in Handelsbeziehungen mit Tyrus stand (Hes 27,23). Sie wird mit Haran und Eden in Mesopotamien zusammen genannt, mehr wissen wir nicht über ihre Lage. Man hat in K. auch eine andere Namensform für → Chalne oder → Kalno vermutet.

Kanon, vgl. Heilige → Schrift, Altes u. Neues → Testament.

Kanzlei → Kapelle

Kanzler. I) Dieser hohe Beamte am Hof der Könige von ganz Israel und später von Juda wird 2 Sam 8,16; 20,24; 1 Kö 4,3; 2 Kö 18,18.37; 1 Chron 18,15; 2 Chron 34,8; Jes 36,3.22 genannt. Sein hebr. Titel ist *mazkir*, d. h. wörtlich »der in Erinnerung bringt, meldet«. Man hat an einen königlichen Beamten gedacht, dessen Aufgabe es war, den Herrscher über wichtige Ereignisse zu informieren und entsprechend zu beraten. J. Begrich will in dem *soper*, dem Schreiber (2 Sam 8,17; → Schreiben), und dem *mazkir* zwei Ämter sehen, die nach dem Vorbild des ägypt. Pharaonenhofes eingerichtet worden seien. Der Schreiber wäre dann der Sekretär des Königs und der *mazkir* der Zeremonienmeister gewesen, für dessen Aufgabenbereich (Hofzeremoniell und Audienzen) anderseits allerdings auch der → Hofmeister zuständig gewesen zu sein scheint. Die drei höchsten Hofbeamten, Hofmeister, Schreiber und K., verhandelten während der Belagerung Jerusalems als Abgesandte König Hiskias mit den Assyrern (Jes 36,3.22).

II) In Es 4,8.9.17 gibt K. das aram. *beel theem* »Herr des Befehls« wieder, den Titel eines hohen pers. Verwaltungsbeamten.

III) Der K. oder Stadtschreiber *(grammateus)* in Ephesus (Apg 19,35–40) war ein hoher Beamter der städtischen Verwaltung, der u. a. die Volksversammlung leitete und die Aufsicht über die Bank im Tempel führte.

Kapelle bezeichnet Jer 35,2.4; 36,10 die sonst meist → Kammer genannten Vorratsräume am → Tempel. LÜ gibt dasselbe hebr. Wort auch mit Kanzlei (Jer 36,12), Gemächer (1 Chron 28,12), Speisesaal (1 Sam 9,22) wieder. Zu den in Hes 16,24 genannten Götzenkapellen → Höhen IV, 2.

Kapernaum. Stadt am Nordwestufer des Sees Tiberias (Mt 4,13) im Land Genezareth (vgl. Mk 6,53 mit Joh 6,22.59), auf der Grenze zwischen den Herrschaftsgebieten des Philippus und des Herodes Antipas. Im Ort befand sich eine Zollstation (Mt 9,9), auch eine röm. Truppenabteilung unter dem Befehl eines Centurio lag dort (Lk 7,2). Der Name geht auf ein hebr. *Kapar Nahum* (= Dorf des Nahum; wer dieser Nahum war, wissen wir nicht) zurück. Wahrscheinlich ist der Ruinenhügel Tell Hum (neu-

Rekonstruierte Ansicht der Synagoge (→ Schule) von Kapernaum

hebr. Kefar Nahum) das alte K. Man fand dort eine Synagoge (wohl aus dem 2. Jh. n. Chr.), die auf dem Platz der älteren Synagoge errichtet worden war, in der Jesus den Besessenen (Mk 1,21ff) und den Mann mit der verdorrten Hand heilte (Lk 6,6ff) und die große Rede vom Brot des Lebens hielt (Joh 6,59). K. war »seine Stadt« (Mt 9,1; 4,13). Hier heilte er die Schwiegermutter des Petrus (Mk 1,29) und den Gelähmten, der durch das Dach hinabgelassen wurde (Mk 2,3). In dieser Stadt wohnte der Hauptmann, dessen Knecht durch Jesu Wort gesund wurde (Mt 8,5ff), und der königliche Beamte, dessen Sohn er von dem 26 km entfernten Kana aus heilte (Joh 4,46ff); der Synagogenvorsteher Jairus, dessen Tochter Jesus von den Toten auferweckte (Mk 5,22ff. 35ff), und der Zöllner Matthäus, der den Meister in seinem Hause bewirtete (Mk 2,14.15). Am Hafen der Stadt lief eine so große Menge zusammen, daß Jesus vom Boot aus zu ihnen redete, während das Volk am Ufer stand (Mt 13,2). Doch all die mächtigen Taten, die der Herr hier getan hat, haben keine Umkehr bewirkt, und das zum Himmel erhobene K. ist in die Hölle hinabgestoßen worden (Mt 11, 23), eine Weissagung, die sich mit der Zerstörung der Stadt im Mittelalter erfüllt hat. Vgl. Taf. 61/960; 62a/961; Karte Sp. 433; 722

Kaphar-Ammonai »Dorf der Ammoniter«,
Ort in Benjamin (Jos 18,24), wahrscheinlich Chirbet Kafr Ana, 3 km östl. von Dschifna (das ca. 20 km nördl. von Jerusalem liegt).

Kaphira »Dorf«,
Gibeoniterstadt (Jos 9,17), die dem Stamm Benjamin zugeteilt wurde (Jos 18,26). Nach der babyl. Gefangenschaft wurde sie neu besiedelt (Es 2,25; Neh 7,29). Sie ist das heutige Kefireh, rund 13 km nordwestl. von Jerusalem. Vgl. Karte Sp. 730.

Kaphthor. Das Stammland der Philister (Am 9,7; Jer 47,4); wahrscheinlich die Insel → Kreta, ägypt. Kefto und keilschriftlich Kaptara. 5 Mo 2,23 wird ein Teil der Philister als Kaphthoriter bezeichnet; 1 Mo 10,14 werden die Kaphthoriter unter den Nachkommen Mizraims aufgeführt. Verschiedentlich nimmt man an, daß der eingeschobene Satz in diesem Vers (von dannen sind kommen die → Philister) sich auf die Kaphthoriter statt die Kasluhiter beziehen sollte und versehentlich umgestellt sei.

Kaphthoriter → Kaphthor

Kappadozien. Landschaft im östl. Kleinasien, die seit 17 n. Chr. röm. Provinz war. Sie lag beiderseits des Flusses Halys, im Westen begrenzt durch Lykaonien und Galatien, im N durch Pontus und im S durch Zilizien. Juden aus K. waren am Pfingstfest in Jerusalem (Apg 2,9), später richtete Petrus seinen ersten Brief u. a. an (Juden-?)Christen in dieser Gegend (1 Petr 1,1). Vgl. Karte Sp. 1151/2; 1578.

Karchemis, Stadt in Mesopotamien, Mittelpunkt hethitischer Kultur und Hauptstadt eines der hethitischen Reiche. Heute heißt der Ort Dschorablus oder Dscherabis.
Die Stadt lag sehr günstig an einer der wenigen Furten am Oberlauf des Euphrat, westl. von Haran. Nach K. kamen die Handelskarawanen aus Persien, Babylonien, Kleinasien, Ägypten, Palästina und Ugarit (Ras Schamra). K. war Umschlageplatz der Handelsgüter; von allen Kaufleuten, die durchzogen oder hier umluden, wurden Abgaben erhoben. So wurde K. zu einer reichen und mächtigen Stadt. Vgl. Karte Sp. 542; 1359/60; Abb. Sp. 1492. Im 17. Jh. v. Chr. geriet K. in die Hände der Hethiter. Obwohl die Stadt unter Thutmose III. (1504–1450 v. Chr.) von den Ägyptern eingenommen wurde, befand sie sich schon um 1400 v. Chr. wieder in hethitischem Besitz und wurde danach zum Bollwerk der hethit. Herrschaft in Nordsyrien. Im J. 717 v. Chr. eroberte der Assyrer Sargon K. und erbeutete große Mengen Gold und Silber (Jes 10,9). 605 v. Chr. erlitt Pharao → Necho hier eine entscheidende Niederlage durch Nebukadnezar (Jer 46,2ff).

Kareah »Kahlkopf«,
Vater Johanans und Jonathans, zweier Hauptleute des judäischen Heeres nach der Eroberung Jerusalems (Jer 40,8; 2 Kö 25,23).

Karem. Ort in Juda (Jos 15,59a LXX), wahrscheinlich das heutige Ain Karim, neuhebr. Ein Kerem, 6,5 km westl. von Jerusalem. Die Tradition sucht hier den Geburtsort Johannes des Täufers; vgl. aber auch → Jutta. Vgl. → Beth-Cherem.

Karioth »Ortschaften, Städte«,
Stadt in Moab (Jer 48,24; Am 2,2), das Kerijoth des → Mesasteins. Nach der Inschrift stand dort ein Heiligtum des Kamos. Die Lage des Ortes ist unsicher; Abel vermutet ihn in Salije nördl. des Arnon, 16 km ostsüdöstl. von Dibon. Vgl. Karte Sp. 914.

Karioth-Hezron »Hürden-Städte«,
Ort im Süden Judas (Jos 15,25), auch Hazor (2) genannt. Wahrscheinlich Chirbet el Qarjaten (neuhebr. Hurva Qeriyot), rund 7 km südl. von Maon. Der Heimatort von Judas, dessen Beiname Ischariot »Mann aus Karioth« bedeutet; vgl. auch die Lesart *apo Karyôtou* = »aus Karioth«, die einige alte Hss Joh 6,71 haben. Vgl. Karte Sp. 1304.

Karkaa »Grund, Boden«,
Grenzort des Stammes Juda im Süden, zwischen Adar und Azmon (Jos 15,3), nordwestl. von Kades-Barnea. Man hat K. am Zusammenfluß des Wadi el-Ain und Wadi Umm Hasdum vermutet.

Karkor. Ort im Ostjordanland (Ri 8,10), östl. von Jogbeha (V 11), das nordwestl. von Amman liegt. A. Musil denkt an die Ebene des Wadi Sirhan, die rund 70 km ostsüdöstl. von Amman beginnt.

Karmel »Baumgarten« (mit Wein und Obst bestanden).
1) Bergkette im Stammgebiet Assers (Jos 19,26), die mit ihrem Steilabfall unmittelbar ans Mittelmeer stößt (vgl. Jer 46,18) und die Bucht von Akko nach S abschließt. Wegen der hohen Niederschläge am K. ist das Gebirge bis zum Gipfel bewaldet, worauf die Propheten verschiedentlich anspielen (Jes 33,9; 35,2; Jer 50,19; Am 1,2; 9,3; Mi 7,14; Nah 1, 4), ebenso Hl 7,6[5].
Auf dem K. fand das Gottesurteil statt, zu dem → Elia die Baalspriester gefordert hatte (1 Kö 18). Als Platz dieses Gottesurteils vermutet man die nach

O plötzlich abfallende Höhe El Muchraqa (»Ort der Verbrennung«) am Südostende des Gebirgszuges, 514 m ü. d. M. Die Lage des Ortes paßt zu allen Einzelheiten des Berichtes. Hier ist ein augenfälliger Punkt, wie man ihn gern zur Anlage eines Altars (V 30) wählte. Der Abhang bietet einer großen Menge Raum (V 19.20) und liegt nahe am Kison (V 40). Nur wenige Minuten entfernt befindet sich eine Anhöhe, von der aus man bis aufs Meer sehen kann (V 43). Auch eine ständig fließende Quelle, der Bir el Muchraqa, liegt in der Nähe (V 34). Der Weg vom K. nach Jesreel, bis wohin Elia vor Ahabs Wagen herlief (V 46) ist von hier aus am kürzesten (rund 20 km).
Nach Elia nennen die Araber den Berg noch heute Dschebel mar Elias. Auch Elias Nachfolger Elisa hielt sich am K. auf (2 Kö 2,25; 4,25). Vgl. Taf. 64b/993; Karte Sp. 1031, IId.
2) Ort in Juda (Jos 15,55), 12 km südsüdöstl. von Hebron. Aus K. stammte Abigail, die Frau Davids (1 Sam 27,3; 1 Chron 3,1) und Witwe Nabals, der dort Besitzungen hatte (1 Sam 25,2). Auch einer der Helden Davids kam aus K. (2 Sam 23,35). In K. hatte Saul nach dem Sieg über Amalek ein Siegeszeichen errichtet (1 Sam 15,12). 2 Chron 26,10 ist ebenfalls der Ort in Juda und nicht der Berg im Nordreich gemeint. Vgl. Karte Sp. 279.

Karmeliter, Karmelitin. Beiname, der die Herkunft aus → Karmel (2) bezeichnet (2 Sam 3,3; 23,35; 1 Chron 3,1; 11,37).

Karmi, hängt viell. mit hebr. »Weingarten« zusammen.
Judäer, Sohn Hezrons (1 Chron 4,1).

Karnaim → Astharoth

Karpus »Frucht«,
Christ zu Troas, bei dem Paulus seinen Mantel zurückgelassen hatte (2 Tim 4,13).

Kartha »Stadt«,
Levitenstadt in Sebulon (Jos 21,34). Nach den Angaben mittelalterlicher Pilgerreisen sucht Abel den Ort in den Ruinen von Athlit, rund 15 km südl. vom Vorgebirge des Karmel an der Küste. Vgl. → Kattath. Vgl. Karte Sp. 846.

Karthan »Stadt«,
Levitenstadt in Naphthali (Jos 21,32), 1 Chron 6,61 [76] Kirjathaim genannt. Möglicherweise ist es das heutige Chirbet el Qureije ca. 11 km westnordwestl. von Kedes. Vgl. Karte Sp. 846.

Käse → Milch

Kasluhiter, ägypt. Volk (1 Mo 10,14). Man hat den Namen mit dem Berg Kasios in Zushg. gebracht, der in der Nähe des Sirbonischen Sees an der Mittelmeerküste östl. vom Nil lag. Vgl. → Philister.

Kasphia, Ort unbekannter Lage in Babylonien (Es 8,17), in der Nähe von → Ahava.

Kassia → Zimt

Kastanie. Die in LÜ genannte K. (1 Mo 30,37; Hes 31,8) ist die Morgenländische Platane *(Platanus orientalis)*. Sie kommt in den östl. Mittelmeerländern häufig vor, hat 5–7lappige Blätter und eine in großen Stücken abspringende Borke. – Der Baum ist bes. in der Nähe von Brunnen und in den Flußtälern zu finden und kann sehr groß werden. Sein hebr. Name *ärmon* ist abgeleitet von dem Wort für »entblößen«, wohl im Hinblick auf die abblätternde Rinde.

Kasteien → Fasten

Kasten. I) → Arche.
II) Bei den »köstlichen K., von Zedern gemacht« (Hes 27,24 LÜ) handelt es sich wahrscheinlich um »buntfarbene Teppiche und gedrehte, feste Taue« (ZÜ) o. ä. Vgl. EÜ, MÜ.

Kattath, Grenzort Sebulons (Jos 19,15), viell. Chirbet Qoteina, 8 km südwestl. von Tell Qemun (Jokneam). Die Stadt wird jedoch auch mit → Kartha oder → Kitron gleichgesetzt.

Kauf. I) Der K. ist ein Rechtsgeschäft, das im kleineren persönlichen Rahmen wie im größeren des → Handels stattfindet und schon sehr früh in der Geschichte Israels bekannt ist. Unter Zeugen, die in der Regel in der K.urkunde mit erwähnt werden, wird mündlich oder schriftlich (vgl. Jer 32,10ff) ein K.preis in → Geld (vgl 1 Mo 23,15; Jer 32,10) oder einem Sach- bzw. Naturalwert festgelegt, für den der gekaufte Gegenstand in den Besitz des Käufers übergeht. Vgl. die anschauliche Schilderung des Grundstückkaufes Abrahams (1 Mo 23,4ff). Neben Grundstücken, Lebensmitteln (2 Kö 7,1) und Kleidung (Spr 31,24) sind auch Rechte und Ansprüche verkauft worden, wie die Geschichte Jakobs (1 Mo 25,31) zeigt. Das AT erwähnt auch den Verkauf von Menschen als Sklaven (vgl. 1 Mo 37,36; 2 Mo 21,2). Zum Brautpreis bei der Hochzeit vgl. → Ehe.
II) In den Städten gibt es Straßenverkäufer, aber auch ansässige Händler oder Krämer für Gewürze, Lebensmittel, Bekleidung, Waffen, Öl (vgl. Jer 13,1; Mt 25,9; Mk 16,1; Lk 22,36; Joh 4,8). Getreide und Lebensmittel werden meist auf dem Markt am Tor feilgeboten (2 Kö 7,1), es gibt aber auch in der Art des orient. Bazars offene Verkaufsbuden in den Straßen, oft in einer Straße gesammelt (vgl. 1 Kö 20,34). So gehört K. und Handel zu den Notwendigkeiten des täglichen Lebens (Lk 17,28; Offb 13,17). Der Käufer geht unter Umständen ein Wagnis ein, um einen größeren Wert zu erlangen (vgl. Mt 13,46f). Vor der Versuchung, beim K. durch falsche Waage, Gewichte oder Maße zu übervorteilen, warnen die Propheten (Mi 6,10f; Hos 12,8). Und der Christ soll auch im Handel treu und zuverlässig sein (1 Thess 4,6).
III) Im bildlichen Sinn wird davon gesprochen, daß Gott sein Volk in Feindeshand verkauft, d. h. dem Feind zum Eigentum, zur Verfügung übergeben hat (Ri 2,14) oder daß der Mensch unter die Sünde, d. h. unter ihre Herrschaft, verkauft ist (Röm 7,14). Umgekehrt kann dann auch vom Loskauf des Volkes gesprochen werden (Jes 52,3).
Ebenso wird die Weisheit als kaufenswertes Gut genannt (Spr 17,16; 23,23), der K. des weißen Kleides der Gerechtigkeit empfohlen (Offb 3,18) und sogar das Himmelreich im Bilde der Perle als im eigentlichen und tiefsten Sinne kaufenswert bezeichnet (Mt 13,45f). D. h. also, daß der Mensch allen Besitz einsetzen, ja sich selbst hingeben soll, um Anteil an den Gütern Gottes zu erhalten.

Kaufhaus. Die Tempelreinigung Jesu u. sein Gebot, den → Tempel nicht zum K. zu machen (Joh 2,16), richtete sich gegen die Händler und Wechsler im Vorhof der Heiden, da den Nichtjuden, die nur diesen Teil des Tempelbezirks betreten durften, durch den Marktbetrieb die Möglichkeit zur Anbetung genommen oder beschränkt wurde.

Kaufmannsstadt. Die K. im Krämerland Chaldäa (Hes 16,29; 17,4) ist → Babel.

Käuzlein → Eule

Kebsweib → Ehe

Kedar, hängt mit hebr. »sich verfinstern« zusammen.
Sohn Ismaels (1 Mo 25,13), dessen Nachkommen den Volksstamm K. (Ps 120,5) bilden. Sie werden

neben Nebajoth genannt (Jes 60,7) und sind Nomaden in der syr.-arab. Wüste. Ihre Waffen waren Pfeil und Bogen; der Prophet weissagt: Alle Herrlichkeit K. soll untergehen und der Rest seiner Bogenschützen klein werden (Jes 21,16.17). Sie werden zu den Bewohnern des Ostens gerechnet (Jer 49, 28), leben teils in schwarzen Zelten aus Ziegenhaar (Hl 1,5), teils in festen Wohnsitzen (Jer 49,28–33) und treiben Viehhandel mit den Phöniziern (Hes 27, 21). Sie lebten zwischen dem Hauran und Thema, z. Zt. Sanheribs residierte ihr König in Duma (ed-Dschof). Das Kerngebiet des Stammes lag viell. westl. davon zwischen dem Wadi Sirhan und Wadi el-Fedschr. Aus arab. Inschriften wissen wir, daß der Neh 2,19; 6,1.2.6 erwähnte Gesem (um 445 v. Chr.) Sohn eines Schahru und König von Kedar war. Gegen Ende des Jh. folgte ihm sein Sohn Kain in der Herrschaft (JNES 15 (1956) S. 1–9).

Kedemoth »Östl. Landstrich«,
Levitenstadt in Ruben (Jos 13,18; 1 Chron 6,64[79]), nach der auch eine Wüste nördl. vom Arnon genannt ist (5 Mo 2,26). Man vermutet den Ort in Kasr ez-Zafaran, einer Doppelsiedlung 4 km nordwestl. von El-Mudeijine und 14 km südöstl. von Madaba (Medeba). Eine der beiden dicht benachbarten Trümmerstätten hat noch eine Umwallung aus der Steinzeit. Vgl. Karte Sp. 846.

Kedes wohl »Heiligtum«.
1) Kanaaniterstadt, die von Thutmose III. und dann von Josua erobert wurde (Jos 12,22). Sie wurde Naphthali zugeteilt, und daher K.-Naphthali (Ri 4, 6), auch K. in Galiläa genannt (Jos 20,7). Sie war Frei- und Levitenstadt (Jos 21,32) und der Heimatort Baraks (Ri 4,6). Thiglath-Pileser III. eroberte K. und führte die Bevölkerung in die Gefangenschaft (2 Kö 15,29). K. ist sicher das heutige Kades, neuhebr. Qedesh Naftali, 16 km nördl. von Safed und 35 km südöstl. von Tyrus. Der Ort liegt auf einem Hügel, der nach den Funden in der Eisenzeit bewohnt war. Auf einem Nachbarhügel, wo heute die Bevölkerung der Umgebung drischt, fanden sich bronzezeitliche Scherben; hier wird das alte K. gelegen haben. Vgl. Karte Sp. 846.
2) Levitenstadt in Isaschar (1 Chron 6,57[72]), Jos 21,28 → Kisjon genannt. Es ist wohl auch Ri 4,11 gemeint. Nach Garstang ist es Tell Abu Kudes, 4 km südöstl. von Megiddo, nach Dalman Tell el Qassis, ca. 3 km nördl. von Jokneam.
3) Ort im Süden Judas (Jos 15,23), wohl → Kades-Barnea (V 3).

Kedma »Osten«,
Sohn Ismaels; seine Nachkommen bilden einen arab. Stamm (1 Mo 25,15; 1 Chron 1,31).

Kedor-Laomor, viell. »Diener der (elamitischen Göttin) Lagamar«.
König von Elam, der mit drei Königen kleinerer babyl. Reiche zusammen in Palästina einfiel und von Abraham geschlagen wurde. Er hatte vorher 12 Jahre lang die Oberherrschaft über die Könige im Süden des Toten Meeres ausgeübt und wollte sie nach deren Abfall neu aufrichten (1 Mo 14,1–16).

Kedumim, Beiname des Baches Kison (Ri 5,21), der verschieden übersetzt wird: »Bach der Urzeit (EÜ), »der alte Schlachtenbach« (MÜ), »der Bach wogte ihnen entgegen« (ZÜ). Eine sichere Entscheidung läßt sich nicht treffen.

Kegila. Stadt in der Sephela in Juda (Jes 15,44), die David gegen die Philister verteidigte (1 Sam 23,1–13). Ein Teil ihrer Einwohner nimmt nach der Gefangenschaft am Aufbau der Stadt Jerusalem teil (Neh 3,

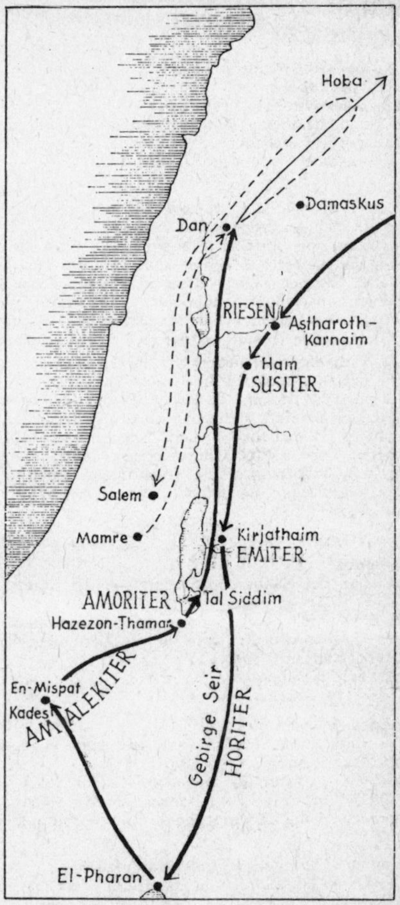

Feldzug Kedor-Laomors und seiner Verbündeten und ihre Verfolgung durch Abraham von Mamre aus

17.18). Gewöhnlich setzt man K. mit Chirbet Kila am Wadi es-Sur gleich (etwa 13 km nordwestl. von Hebron). Zwischen zwei Seitentälern erhebt sich hier ein steiler Hügel. Auf seiner ziemlich ebenen Fläche, die auch von dem Bergrücken, zu dem der Hügel gehört, noch durch eine 17 m tiefe Einsenkung getrennt ist, lag die alte Stadt, 108 m lang und 105 m breit. Auf den Hängen fand man Scherben aus der Königszeit. Eine Quelle im Tal gibt reichlich Wasser. Vgl. Karte Sp. 279.

Kehelatha »Einberufung, Versammlung, Volksgemeinde«,
Station Israels auf dem Wüstenzug (4 Mo 33,22.23) zwischen → Rissa und dem Gebirge → Sepher; vielleicht mit → Makheloth identisch, (vgl. die LXX).

Kehle, wörtl. übersetzt »Gaumen«,
bezeichnet in Spr 5,3; Hl 5,16 die Rede, die Worte eines Menschen.

Keil → Waffen und Geräte II

Kelaja → Kelita

Kelch → Becher

Kelita »Auf-, angenommen« (Noth) oder arab. »Knirps« (Köhler).
Levit, der auch Kelaja (»Leicht«) genannt wurde und der seine heidnische Frau entließ (Es 10,23). Er half Esra bei der Auslegung des Gesetzes (Neh 8,7) und unterzeichnete mit Nehemia den Bund (Neh 10,11 [10]).

Keller. I) Die in 5 Mo 28,8; Lk 12,24 und Spr 3, 10 (LÜ Scheune) erwähnten K. dienten der Aufbewahrung von Getreide. Wahrscheinlich handelte es sich um fensterlose Gelasse innerhalb des Hauses, wobei unsicher bleibt, ob sie in unserem Sinn K. waren. Anspielungen auf das Vorhandensein von wirklichen Kellern im Palästina biblischer Zeit meint man jedoch in Hi 5,26 und Jer 41,8 zu sehen.

II) Auch das Vorhandensein von Weinkellern ist für Palästina aus der Bibel nicht nachzuweisen. 1 Chron 27,27 ist mit ZÜ, EÜ gegen LÜ, MÜ besser Weinvorräte statt Weinkeller zu übersetzen. Hl 2,4 muß es »Weinhaus« heißen. Neuerdings wurden aber in Gibeon Weinkeller ausgegraben, Zisternen ähnliche Gruben, in denen Weinkrüge gestapelt waren; die Öffnung der Gruben war mit Steinplatten zugedeckt.

Kelter → Wein

Kemuel.
1) Sohn des Nahor und Stammvater der Syrer (1 Mo 22,20.21).
2) Sohn Siphtans und Fürst des Stammes Ephraim, der mitverantwortlich war für die Verteilung des Landes Kanaan (4 Mo 34,24).
3) Vater Hasabjas, des Fürsten der Leviten unter David (1 Chron 27,17).

Kenan. 1) Sohn des Enos und Vater Mahalaleels, ein Nachkomme Seths. Er lebte 910 Jahre (1 Mo 5, 9.12–14; 1 Chron 1,2; Lk 3,37).
2) Sohn Arphachsads und Vater Salahs (Lk 3,35. 36). Der MT hat diesen Namen weder 1 Mo 10,24 noch 11,12; die LXX fügt ihn aber an beiden Stellen ein.

Kenas. 1) Sohn des Eliphas und Enkel Esaus (1 Mo 36,11), ein Fürst unter den Edomitern (V 15.42).
2) Jos 15,17; Ri 1,13; 3,9.11; 1 Chron 4,13 wird ein K. als Vater (oder Vorfahr) Othniels genannt, dessen Bruder Kaleb, der Sohn Jephunnes, als Kenisiter bezeichnet wird. Vgl. dazu → Kaleb (2).
3) Sohn Elas und Enkel Kalebs, des Sohnes Jephunnes (1 Chron 4,15).

Kenath, auch Knath (4 Mo 32,42) und in griech-röm. Zeit Kanatha genannt, das heutige Kanawath an der Westseite des Haurangebirges, ca. 100 km östl. von Tiberias. Nobah, einer der Fürsten Manasses, nannte die Stadt nach seinem Namen (4 Mo 32,42), die alte Bezeichnung setzte sich jedoch wieder durch. Später ging die Stadt an die Syrer verloren (1 Chron 2,23). K. war die östlichste der → Zehnstädte; hier erlitt Herodes d. Gr. eine Niederlage durch die Araber. Vgl. Taf. 98/1537.

Kenchreä, Hafen von → Korinth, rund 10 km östl. der Stadt am Saronitischen Golf (Apg 18,18). Phöbe (Röm 16,1) war Dienerin der dortigen Gemeinde. Vgl. Karte Sp. 1045/6.

Kenisiter. 1 Mo 15,19 werden die K. unter den Völkern genannt, die in Kanaan lebten, bevor die Israeliten das Land in Besitz nahmen. Man rechnet sie auch zu den Nachkommen des Kenas (1) (1 Mo 36,11); danach wären sie ursprünglich Edomiter gewesen.
Zu dem K. → Kaleb (2) vgl. auch → Kenas (2).

Keniter. Der Stammvater der K. scheint ein Kain gewesen zu sein (4 Mo 24,21.22). Die K. sind vermutlich ein midianitischer Stamm; denn der Schwager Moses, der 4 Mo 10,29 als Midianiter bezeichnet wird, heißt Ri 1,16; 4,11 ein K. Es ist anzunehmen, daß Midianiter den weiteren und K. den engeren Begriff darstellt. Ein Teil der K. ist mit Israel in Kanaan eingefallen (→ Hobab). Sie lebten dann im Südteil Kanaans (1 Sam 15,6), wenn auch einzelne von ihnen als Nomaden gelegentlich im N Weideland fanden (Ri 4,11). Jonadab, der Sohn Rechabs, und seine Nachkommen, die ein Nomadenleben führten und ihm treu blieben (Jer 35), waren K., die in den Stamm Juda aufgenommen worden waren (1 Chron 2,55; hier Kiniter). Verschiedentlich wird heute die sog. K.-Hypothese vertreten. Dabei macht man die K., die gerne als wandernde Schmiede aufgefaßt werden (nach dem arab. *kain* = Schmied), zu den ersten Anhängern des Jahwedienstes. Mose soll erst in Midian seine religiösen Kenntnisse von seinem Schwiegervater, der Priester war, erworben haben, worauf Israel am Sinai den Gott der K. als seinen Gott übernommen hätte. In der Bibel ist davon keine Rede, und die Erscheinung in 2 Mo 3 erweckt durchaus nicht den Eindruck, als ob Mose hier dem Gott der K. begegnete.

Kennen. I) Das hebr. *jada*, das die LXX mit *ginôskein* übersetzt, hat sowohl die Bedeutung von K., Wissen wie Erkennen. Vom Kennenlernen und Wahrnehmen geht es zur Kenntnis und dann zum tieferen Eindringen in das Wesen der Dinge: zur → Erkenntnis.

II) Gott, der Allmächtige und zugleich Allwissende, kennt den Menschen, d. h. er weiß um die offene und verborgene Wirklichkeit des Menschen, und seine Taten sind ihm bekannt (2 Mo 33,12; 1 Kö 8,39; Hi 23,10; Ps 1,6; 37,18; 103,14; Joh 2,24). Das ist für den Menschen Grund zur Buße und zur Demut (Ps 103,14; 139,1; Jes 1,3; vgl. die Sendschreiben der Offb, die mit dem ernsten »Ich kenne deine Werke« beginnen: Offb 2,2.9.13.19; 3,1.8.15), weil Gott nicht nur die offenkundigen schlechten Taten, sondern auch die heimliche Schande und unerkannte Sünde kennt und ans Licht bringt. Das ist aber zugleich auch Grund zur Freude und Dankbarkeit (Hi 16,19; Jer 1,5; Nah 1,7): denn die Tatsache, daß Gott meine Not kennt, ist der erste Schritt zu ihrer Behebung.

III) Die Kenntnis von Gott, die Adam aus dem Paradies mitnahm, ging in dem Maße und überall dort verloren, wo Menschen sich von Gott abwandten. Ebenso ging in Israel die aus den Offenbarungen auf dem Wüstenzug gewonnene Kenntnis Gottes durch Abgötterei unter (Ri 2,10; Jes 1,3; Jer 31,32). Doch was Gott in Jer 31,34 verheißen hat, ist in Jesus erfüllt worden (Hebr 8,11): durch die → Offenbarung Gottes in Jesus Christus ist es dem Menschen möglich geworden, Gott in Wahrheit zu erkennen (1 Tim 3,16; Joh 14,7–9). Diese Kenntnis Gottes ist kein Vorrecht der Klugen und Weisen, sie ist allen zugänglich, und sogar in bes. Weise den Törichten dieser Welt (1 Kor 1,26–31), die zur echten Weisheit berufen und gekommen sind (Jer 9,22f [23f]).

Kephas → Petrus

Kephisch → Korintherbriefe

Keren-Happuch »Schminkhorn (für schwarze Schminke)«.
Jüngste Tochter Hiobs (Hi 42,14).

Kerker entspricht → Gefängnis im eigentlichen (1 Kö 22,27; Jer 29,26) wie im übertragenen Sinn (Ps 142,8; Jes 24,22; 42,7.22).

Kerkertor → Jerusalem III C

Keros. Stammvater einer Familie der Tempelknechte (Es 2,44; Neh 7,47), die mit Serubabel aus der Verbannung zurückkehrte.

Kessel gibt verschiedene hebr. Worte wieder, die topfartige Gefäße zum Kochen von Fleisch (1 Sam 2,14; Hi 41,12[11]; Mi 3,3) aus Ton (3 Mo 11,35) oder (im Tempel) aus Metall (Jer 52,18; Sach 14,20) bezeichnen. Auch die Wasserbecken des salomonischen Tempels (→ Handfaß I,3) werden K. genannt (1 Kö 7,30.38).

Kette. I) Eherne K. dienten zur Fesselung von Gefangenen (Ri 16,21; 2 Chron 33,11; 36,6; 2 Kö 25, 7). Dabei handelte es sich um Fußfesseln, die aus zwei durch einen kurzen Metallstab verbundenen Ringen bestanden, oberhalb der Knöchel angebracht wurden und nur kurze Schritte erlaubten. Außerdem werden Handfesseln erwähnt (Jer 40,4; Apg 12,6.7); sie sind wohl auch Apg 21,33; Eph 6,20; 2 Tim 1,16 gemeint. Auch Besessene oder Wahnsinnige band man mit K. (Mk 5,3.4; Lk 8,29; vgl. Dan 4,20). Hes 19,4 sind mit »K.« die Nasen- bezw. Lippenringe gemeint, an denen man → Gefangene führte.

II) Zu K. als Schmuck vgl. → Geschmeide II, 6–8.

III) Goldene K. fanden sich am → Amtschild des → Hohenpriesters (2 Mo 28,22ff) und als Schmuck im Tempel (2 Chron 3,5), auch die ehernen Säulen hatten K. als Verzierung (V 16; vgl. → Jachin 4). Silberne K. werden Jes 40,19 bei Götzenbildern erwähnt.

Ketura »In Räucherduft Gehüllte«.
Zweite Frau → Abrahams, die er nach dem Tode Saras heiratete (1 Mo 25,1–6). Ihre Söhne und Enkel werden 1 Chron 1,32.33 aufgezählt.

Keusch, Keuschheit. I) Unter Keuschheit versteht die HS die Lauterkeit des Charakters und der Beweggründe, die Durchsichtigkeit von Geist und Seele in Liebe, Treue und Wahrhaftigkeit, im engeren Sinn die Beherrschung des Leibes vor allem im Blick auf das Geschlechtsleben aus solcher Haltung heraus. Das AT spricht zwar von der Sache (1 Mo 39,7–12; 2 Mo 20,14; 3 Mo 20,10–23; Hi 31,1), doch steht hier (in LÜ) nirgends das Wort k., sondern nur rein (Ps 51,12). Die Worte k. und Keuschheit kommen nur im NT vor als Übersetzung verschiedener griech. Wörter.

II, 1) *Hagnos, hagnotaes, hagnizô* und *hagneia* bezeichnen vor allem die sittliche Reinheit, Lauterkeit und Tadellosigkeit (2 Kor 6,6; Phil 4,8; 1 Tim 4,12; 5,2.22; Tit 2,5; 1 Petr 1,22; 3,2; Jak 3,17; 4,8). An einzelnen Stellen werden diese Wörter in LÜ auch mit rein bzw. reinigen wiedergegeben (1 Joh 3,3; 2 Kor 7,11 = »unschuldig«; 2 Kor 11,2 = »k.« im engeren Sinn).
Daneben kann *hagnizô* auch die atl. kultische Reinheit (vgl. → Rein und unrein) bezeichnen (Joh 11, 55 LÜ reinigen; Apg 21,24.26; 24,18 LÜ heiligen).
2) Bei den Wörtern *egkrataes* und *egkrateia* ist die zur Keuschheit nötige Selbstbeherrschung stärker betont (Apg 24,25; Tit 1,8; 2 Petr 1,6 LÜ Mäßigkeit). Das zugehörige Zeitwort übersetzt LÜ mit »enthalten« im allgemeinen (1 Kor 9,25) wie engeren Sinn (1 Kor 7,9). Gal 5,22 steht *egkrateia* als Gegensatz zu Ehebruch, Hurerei, Unreinigkeit, Unzucht, Saufen und Fressen (V 20.21).
3) Unkeusch (*akrataes;* 2 Tim 3,3) und Unkeuschheit (*akrasia;* 1 Kor 7,5), d. h. Unenthaltsamkeit, Mangel an Selbstbeherrschung, beziehen sich nur auf Ehe und Geschlechtlichkeit.

III) Im Gegensatz zur griech. Philosophie (für die ntl. Zeit bes. wichtig die Anfänge der Gnosis; vgl. Kol 2,21–23), die den Leib und Liebestrieb als minderwertig, Kerker der Seele und böses Prinzip an sich ansieht, bezeugt die HS, daß in diesen Gaben Gottes Schöpferweisheit und Schöpfermacht offenbar wird (Ps 139,14; Hi 10,8) und der Mensch sie dankbar empfangen soll (1 Tim 4,3–5; Pred 9,9). Freilich muß er dabei in den Grenzen des Gotteswortes und -gebotes bleiben. Für verdienstliche Askese ist neben der Heilsgabe in Christus kein Platz mehr (Gal 5,4).

Kezia »Zimtblüten, Zimtduft«.
Zweite Tochter Hiobs, die nach seiner Wiederherstellung geboren wurde (Hi 42,14).

Kibzaim → Jokmeam

Kidron »Trübbach«.
Tal, das Jerusalem vom Ölberg trennt und von den Wegen nach Bethanien (Joh 18,1) und Jericho (2 Sam 15,23) durchquert wird, der heutige Wadi Sitti Marjam. Im Sommer lag das Tal trocken, wie heute das ganze Jahr hindurch, führte aber im Winter Wasser. Joh 18,1 wird der K. ausdrücklich als Winterbach (griech. *cheimàrros)* bezeichnet. Das K.tal bildete die Ostgrenze des Stadtgebiets von Jerusalem (1 Kö 2,36.37; vgl. Jer 31,40) und wurde schon früh als Begräbnisplatz des gewöhnlichen Volkes benutzt (2 Kö 23,6; vgl. Jer 26,23). Hierher ließen auch Asa, Hiskia und Josia die Götzenbilder aus dem Tempel bringen und verbrennen (1 Kö 15,13; 2 Chron 29,16; 2 Kö 23,4.6). Nach der Vereinigung mit dem Hinnomtal südl. von Jerusalem heißt das Tal Wadi en-Nar. Es führt dann weiter zum Toten Meer. Vgl. Taf. 60b/929; Stadtplan Sp. 683/4.
Weil die spätjüd. Tradition Auferstehung und Gericht (→ Josaphat 7) im K.tal erwartete, wurde es zu einem bevorzugten Begräbnisplatz. Noch heute liegen an der Ostseite des Tals, gegenüber der Südecke des Tempelplatzes, die Trümmer eines großen jüd. Friedhofes, der erst in jüngster Zeit zerstört worden ist (Taf. 73a/1152).

Kiefer. Statt K. ist Jes 41,19 richtig Ölweide zu übersetzen; vgl. → Öl, Ölbaum I.

Kilmad, Ort oder Land, das in Verbindung mit Seba und Assur genannt wird (Hes 27,23), von dem uns aber nichts bekannt ist. Weil im Hebr. d und r leicht verwechselt werden können, hat man an Kullimeri, die Hauptstadt des Landes Lubdi in Nordmesopotamien gedacht, doch das bleibt unsicher.

Kina, dasselbe Wort heißt sonst »Klagelied«, Grenzstadt im Süden des Stammes Juda (Jos 15,22), man hat an einen Ort (neuhebr. Hurva Qina) am Wadi el Keni, ca. 10 km südsüdöstl. von Arad, gedacht. Vgl. Karte Sp. 1304.

Kind. I) Das Wort K. bezeichnet in der HS nicht nur die unmittelbaren Nachkommen eines Menschen,

Jüd. Frauen und Kinder (nach assyr. Darstellungen)

sondern auch Enkel und Urenkel, ja spätere Generationen. Wo es bildlich gebraucht wird, weist es entweder auf den Zustand der Hilflosigkeit und Abhängigkeit, der Unwissenheit und Unreife hin (Mt 18,3; 1 Kor 14,20; Eph 4,14; 1 Petr 2,2) oder meint Menschen, die durch eine bestimmte Eigenschaft oder Beziehung geprägt sind, wie Kinder des Lichts oder Kinder dieser Welt (Lk 16,8; Eph 5,9), ein K. des Todes (2 Sam 12,5) oder der Hölle (Mt 23,15), Kinder der Bosheit (13,38).

II) Eine zahlreiche Nachkommenschaft bedeutete in Israel Freude und Glück, ein Geschenk Gottes (5 Mo 28,4; Ps 127,3; 128,3.4; Hi 5,25; Spr 17,6). In der Kinderlosigkeit einer Ehe sah man eine Strafe des Herrn (1 Mo 30,23; 1 Sam 1,6.7; Jes 47,9).

III) Die Mutter nährte das K. lange (1 Mo 21,7) und entwöhnte es erst nach 2 bis 3 Jahren (1 Sam 1,23; 2 Makk 7,28; vgl. → Entwöhnen, → Amme). Häufig gab sie dem K. den Namen (1 Mo 4,1.25; 29,32–35; 38,4; Ri 13,24; 1 Sam 1,20; Jes 7,14), ebenso aber auch der Vater (1 Mo 4,26; 5,23.29; 21,3; 35, 18; 41,51; 2 Mo 2,22; 2 Sam 12,24). In ntl. Zeit fiel die Namengebung bei einem Jungen mit der → Beschneidung am 8. Tage nach der → Geburt zusammen (Lk 1,59; 2,21). Der Erstgeborene, der wie alle → Erstgeburt dem Herrn heilig war, mußte ins Heiligtum gebracht und mit 5 Sekeln Silber gelöst werden (4 Mo 18,15.16).

IV, 1) Während der ersten Lebensjahre standen Jungen und Mädchen gemeinsam unter der Obhut der Mutter (Spr 6,20; 31,1; 2 Tim 1,5). Die → Erziehung der Jungen übernahm später der Vater, in reichen Familien hatte man auch besondere Erzieher (2 Sam 12,25; 2 Kö 10,1; Jes 49,23). Das Gesetz verpflichtet den Vater, seinen Kindern die Taten und Worte Gottes zu erzählen (5 Mo 4,9.10; 6,7.20–25), und

Negersklavinnen mit Kindern (ägypt. Darstellung)

Spr 1,7.8 legt starken Nachdruck auf die Gottesfurcht als Grundlage aller Erziehung und aller Weisheit. Während des Passahmahls sollte der Vater den Kindern von Gottes Handeln mit seinem Volk erzählen (2 Mo 12,26.27).

2) Die Kinder waren das Eigentum des Vaters; er durfte sie, wenn auch nur an Israeliten, verkaufen (2 Mo 21,7). Öfter ist die Rede von Kindern, die von den Gläubigern des Vaters für seine Schulden versklavt wurden (2 Kö 4,1; Jes 50,1; Neh 5,5). Der Vater verfügte über die Verheiratung der Töchter, oft auch der Söhne (→ Ehe) und hatte sogar das Recht, bei groben Vergehen der Kinder die Todesstrafe anzuordnen (1 Mo 38,24; 5 Mo 21,18–21); allerdings war die Urteilsfällung den Ältesten der Stadt vorbehalten, um jeder Willkür von seiten des Vaters vorzubeugen.

Anderseits war es dem Vater verboten, dem Erstgeborenen einen jüngeren Bruder um dessen Mutter willen vorzuziehen (V 15–17). Den Kindern gebietet das Gesetz mehrfach, die Eltern zu ehren (2 Mo 20,12; 3 Mo 19,3; 5 Mo 5,16; vgl. Spr 1,8.9; 13,1). Wer die Eltern verunehrt oder ihnen flucht, verfällt dem Fluch Gottes und muß sterben wie der, der sie schlägt (2 Mo 21,15.17; 3 Mo 20,9; 5 Mo 27,16; Spr 20,20; Mt 15,4).

Kinderspielzeug: Igel (oder Schwein?) auf Rädern, urspr. waren auch noch zwei Junge vorhanden. Gefunden in einem Tempel in Susa, vermutlich als Opfergabe eines Kindes bei der Grundsteinlegung (Mitte 2. Jt. v. Chr.). Vgl. → Spiel I

V) Das NT hebt das atl. Gebot nicht auf, doch nun werden Kinder und Eltern gemeinsam angesprochen (Eph 6,1–4; Kol 3,20.21), und die Worte Jesu setzen der Bindung an die Eltern eine Grenze in der unmittelbaren Bindung der Kinder an Gott und seinen Willen (Mk 3,33–35; Lk 9,59–62; 14,26).

Kinder Gottes → Riesen, → Kindschaft

Kindisch sind Menschen, deren innere Entwicklung zurückgeblieben ist; ihr Handeln läßt Klarheit, Reife und Verantwortung vermissen (Jes 3,4). In 1 Kor 13,11 im Sinne von »kindlich« gebraucht.

Kindschaft bezeichnet die neue Stellung der erlösten Kinder Gottes, die den Geist der K. empfangen haben, durch den sie Gott: Abba, lieber Vater! nennen können (Röm 8,15; vgl. V 9). Sie stehen damit nicht mehr unter der Knechtschaft des äußeren Gesetzes (Gal 4,5; vgl. → Knecht II, 3). Auf Grund der Verheißungen Gottes und des Bundes vom Sinai besaß Israel das Anrecht auf die K. (Röm 9,4); erlangt werden kann sie aber nur in Jesus Christus (Eph 1,5). Röm 8,23 ist mit K. das volle Offenbar-

Tafel 49
Luftbild von Jerusalem von SSW.
Die Altstadt wird im W und S vom Hinnomtal, im O vom Kidrontal begrenzt. Rechts im Vordergrund der langgestreckte Höhenrücken der Davidsstadt, des ältesten Teils Jerusalems, der heute außerhalb der Mauern liegt. Von hier aus hat sich die Stadt – abgesehen von dem kleinen Südzipfel mit dem Siloahteich, der in der Königszeit einbezogen wurde – nur nach N und W ausgedehnt. Mit dem Tempelbezirk (z. Zt. Salomos) und dem »anderen Teil Jerusalems« (Königszeit) erreichte sie ihre größte atl. Ausdehnung. In hellenistischer Zeit wurde Jerusalem um den großen Westteil erweitert, den die heutige Südmauer halbiert. In dieser Ausdehnung bestand die Stadt z. Zt. Jesu. Erst Herodes Agrippa I. bezog die Vorstadt mit Golgatha und Bethesda in den Mauerring ein. Die heutige Stadtmauer wurde im 16. Jh. von den Türken gebaut. Dicht an ihrer S- und W-Seite entlang läuft heute ein Streifen Niemandsland (schraffiert) als Grenze zwischen der modernen Hauptstadt Israels (links außerhalb des Bildes) und der Altstadt, die zu Jordanien gehört. Die hebr. Universität liegt in einer israelischen Enklave. Vgl. die Stadtpläne Sp. 683/4.

Anathoth
Kaiserin-Auguste Viktoria-Stiftung (Nob)
Ölberg
Laisa
hebr. Universität
Soldatenfriedhof
Gebim
Strasse nach Sichem
Mauer reste
heutige Nordmauer
alter Weg nach Jericho
Gethsemane
nach Bethanien
neue Strasse nach Jericho
"Absaloms Grab"
Kidrontal
Gihon
Bethesda
Antonia
Altar
Tempel
der andere Teil Jerusalems
Klagemauer
Ophel
Davidsstadt
Stadttal
Siloah
Vorstadt
Golgatha
Palast des Herodes
hellenistische Stadt
heutige Südmauer
Tal Hinnom

werden der Herrlichkeit der K. gemeint, die dann auch den Leib mit einschließen wird (vgl. 1 Joh 3, 2).

Kiniter → Keniter

Kinnereth oder **Kinneroth.** 1) Stadt in Naphthali (Jos 11,2; 19,35; 5 Mo 3,17), das heutige Tell el-Oreme am NW-Ufer des Sees Genezareth. Vgl. Karte Sp. 722.
2) Die Ebene südwestl. von K. (1 Kö 15,20; vgl. Jos 11,2), das Land → Genezareth (Mt 14,34).
3) Der See → Genezareth (4 Mo 34,11; Jos 12,3; 13, 27).

Kir. 1) Stammland der Aramäer oder → Syrer (Am 9,7). Jes 22,6 wird es in Verbindung mit Elam genannt. Man hat es östl. des Tigris vermutet, vielleicht in der Ebene Jatburi zwischen Tigris und Elam, aber auch an das Gebiet am Fluß Kur in Armenien gedacht.
Nach K. führte Thiglath-Pileser III. die Einwohner von Damaskus fort (2 Kö 16,9), wie Amos geweissagt hatte (Am 1,5).
2) → Kir-Hareseth.

Kirche → Gemeinde

Kirchweihe. Das Fest der K.- oder Tempelweihe (Joh 10,22; griech. *enkainia* = Erneuerung; hebr. *chanukkah* = Einweihung) wurde vom 25. Chislev (Nov./Dez.) an 8 Tage lang gefeiert zur Erinnerung an die Neueinweihung des Tempels durch Judas Makkabäus 165 v. Chr. (1 Makk 4,52–59), drei Jahre nachdem ihn Antiochus Epiphanes durch ein heidnisches Opfer entweiht hatte (1 Makk 1,57.62). Die K. wurde ähnlich wie das Laubhüttenfest gefeiert (2 Makk 10,6–8), und Josephus nennt es wegen der Festbeleuchtung des Tempels und der Häuser auch »Lichterfest«.

Kir-Hareseth
(2 Kö 3,25; Jes 16,7), auch Kir-Heres (V 11; Jer 48, 31.36) und Kir in Moab (Jes 15,1) genannt, war die stark befestigte Residenzstadt König Mesas von Moab mit einem Palast und 2 großen Zisternen (vgl. → Mesastein). Sie beherrschte die Karawanenstraße von Syrien nach Ägypten und Arabien. Auf einem nach allen Seiten steil abfallenden Hügel bildete die Stadt ein Dreieck von 730 bis 900 m Seitenlänge; nachteilig für die Verteidigung war aber, daß sie von den benachbarten Hügeln überragt wurde. Das nutzte das isrl.-judäisch-edomitische Heer, als es K.-H. belagerte, zur Beschießung der Stadt aus (2 Kö 3,25.26). Nach einem vergeblichen Ausbruchsversuch zwang Mesa die Gegner erst dadurch zum Abzug, daß er seinen Sohn auf der Stadtmauer opferte (V 27).
Vielleicht spielt Jer 48,37: »alle Köpfe werden kahl sein« auf den moabitischen Namen des Ortes, Karchah = »kahler Schädel«, an. K.-H. heißt heute El Kerak und liegt ca. 28 km südl. vom Arnon und ca.

Tafel 50
a. Blick vom Ölberg nach W auf Jerusalem. In der Mitte des Tempelplatzes das arab. Heiligtum des Felsendoms an der Stelle des isrl. → Tempels (II, 2; VI), der ähnlich auf einer erhöhten Plattform lag. Das Gebiet außerhalb der Plattform war der Vorhof der Heiden. An der NW-Ecke des Tempelplatzes stand die Burg Antonia. Die alte Davidsstadt liegt links außerhalb des Bildes.
b. Landschaft östl. von Jerusalem mit fruchtbaren Tälern und steinigen, versandeten Hängen. Auf der Höhe der Turm der russischen Kirche auf dem Ölberg und weiter rechts das dt. Krankenhaus der Kaiserin-Auguste-Viktoria-Stiftung.

13 km östl. vom Toten Meer, von Jerusalem etwa 80 km Ll. entfernt.

Kir-Heres → Kir-Hareseth

Kirjath »Stadt«,
Ort im Stamm Benjamin (Jos 18,28). Möglicherweise = → Kirjath-Jearim.

Kirjathaim »(Doppel-?)Stadt«.
1) Sehr alte Stadt östl. vom Jordan, aus der die Moabiter die → Emiter vertrieben hatten (5 Mo 2, 9.10; 1 Mo 14,5). Dann war die Stadt amoritisch (4 Mo 21,26) und wurde nach dem Sieg Israels über Sihon (4 Mo 32,33) dem Stamm Ruben zugeteilt (V 37; Jos 13,19). Später gehörte sie wieder den Moabitern; der → Mesastein berichtet, Mesa habe Kirjathen gebaut. Die Propheten sagen die Zerstörung des Ortes voraus (Jer 48,1.23; Hes 25,9).
K. ist das heutige Chirbet el-Kureijat ca. 15 km nordöstl. der Arnonmündung und 9 km nordwestl. von Dibon. Die Ruinen des Ortes liegen auf 2 Hügeln.
2) → Karthan.

Kirjath-Arba »Stadt des Arba«,
wohl nach ihrem Gründer benannt (Jos 14,15; 15,13. 54; 21,11); → Hebron.

Kirjath-Arim → Kirjath-Jearim

Kirjath-Baal → Kirjath-Jearim

Kirjath-Jearim »Stadt des Dickichts, Gehölzes«.
Gibeoniterstadt (Jos 9,17), dem Stamm Juda zugeteilt (Jos 15,60; Ri 18,12), an der Grenze gegen Benjamin (Jos 15,9). Hierher wurde die Bundeslade von Beth-Semes aus gebracht und stand im Haus Abinadabs auf dem Hügel (1 Sam 6,21-7,1), bis David sie nach Jerusalem holte (2 Sam 6,2.3; 1 Chron 13,5.6). Auch »auf dem Felde des Waldes« (Ps 132,6 LÜ) oder besser »im Gefilde Jaars« (EÜ) bezieht sich wahrscheinlich auf K.-J.; daß der Ort hier zum Gebiet → Ephratha gerechnet wird, erklärt sich daraus, daß Hur, der Stammvater Bethlehems (1 Chron 4, 4), der Vater von Sobal, dem Stammvater von K.-J. (1 Chron 2,50), ist. Die Stadt ist der Heimatort des Propheten Uria (Jer 26,20). Auch unter den Rückkehrern aus Babylon befanden sich Einwohner von K.-J. (Es 2,25; Neh 7,29). Der Ort heißt auch Kirjath-Arim (Es 2,25), Kirjath-Baal (Jos 15,60), Baala (Jos 15,9; 1 Chron 13,6) und Baal in Juda (2 Sam 6, 2). Nach Hieronymus lag er 9 röm. Meilen von Jerusalem an der Straße nach Diospolis (Lydda). Danach setzt man ihn meist mit dem heutigen Karjath el-Inab (auch El-Karje oder Abu Ghosch genannt), 13 km nordwestl. von Jerusalem, gleich, bzw. mit dem gegenüberliegenden Hügel El-Azhar, dessen Name viell. die Erinnerung an Eleasar bewahrt (1 Sam 7,1). Vgl. Karte Sp. 730.

Kirjath-Sanna = → Debir (Jos 15,49).

Kirjath-Sepher »Buchstadt« = → Debir (Jos 15, 16ff; Ri 1,11ff).

Kis. 1) Benjaminit, Vater Sauls. 1 Sam 9,1 ist K. der Sohn von Abiel, dem Sohn Zerors, des Sohnes Bechoraths, des Sohnes Aphiahs. 1 Chron 8,33 wird er als Sohn Ners bezeichnet. 1 Chron 9,35.36.39 ist die Reihenfolge: Jeiel, Ner, K., Saul. 1 Sam 14,50.51 steht, daß Abner der Sohn von Ner, dem Onkel Sauls, war (in LÜ steht »Vetter«, hier noch in der älteren Bedeutung »Vaterbruder«). K. war nach dieser Stelle Sauls Vater, und Ner, der Sohn Abiels, Abners Vater.
K. und Ner waren also Brüder, Söhne von Ner, dem Sohn Jeiels (bzw. Abiels). Dies erscheint als die einfachste Lösung der Schwierigkeiten, die die Angaben in 1 Sam und 1 Chron bieten.

2) Dritter Sohn des Jeiel und der Maacha, Onkel des Kis (1) (1 Chron 8,30; 9,36).
3) Zweiter Sohn des Leviten Maheli. Seine Söhne heirateten die Töchter seines Bruders Eleasar, der keine Söhne hatte (1 Chron 23,21.22; 24,29).
4) Sohn Abdies, Levit z. Zt. Hiskias (2 Chron 29, 12). Er half bei der Reinigung des Tempels.
5) Vorfahr des Benjaminiten Mardochai (Est 2,5).

Kisjon. Levitenstadt in Isaschar (Jos 19,20; 21,28), auch Kedes genannt. Außer in den unter → Kedes (2) genannten Orten hat man K. noch in Tell el Addschul vermutet, ca. 20 km ostnordöstl. Megiddo und 6 km südl. vom Thabor, ebenso in Tell Qeisun, 2 km südl. vom Thabor. Vgl. Karte Sp. 846.

Kisloth-Thabor. Grenzort Sebulons (Jos 19,12), vermutlich identisch mit dem V 18 als Grenzstadt Isaschars genannten Chesulloth. Heute Iksal (neuhebr. Kesullot), 3 km südöstl. von Nazareth.

Kison. Fluß in Mittelpalästina (Ri 4,7.13; Ps 83,10), auch Wasser Megiddos genannt (Ri 5,19). Im Oberlauf ist der K. weithin nur ein Winterbach, nur der Unterlauf führt auch im Sommer Wasser. Der Fluß entspringt in mehreren Quellen westl. vom Thabor und am Gebirge Gilboa, seine beiden Hauptarme vereinigen sich in der Ebene Jesreel nordöstl. von Megiddo. Der Flußlauf ist hier tief und schlammig, die Ufer niedrig. Sie werden bei Hochwasser nach heftigen Regenfällen schnell morastig, und die Furten sind dann unpassierbar. Das vollendete die Niederlage → Siseras, als sein Heer beim Rückzug den K. nach N überschreiten wollte (Ri 5,20.21). Der Ort, an dem Elia die Baalspriester tötete (1 Kö 18,40), liegt am Südufer des K. am → Karmel, unterhalb von El Muchraqa. Der Fluß fließt hier dicht am Nordostrand des Karmel entlang und mündet dann unmittelbar östl. von Haifa ins Mittelmeer. Vgl. Karte Sp. 492.

Kissen. I) In Hes 13,18.20 ist statt K. (LÜ) richtiger »Binden« (EÜ, ZÜ) zu übersetzen (hebr. *käsät*, viell. von akkad. *kasu* »binden, fesseln, bannen«). Es handelt sich um Binden, die als Zaubermittel um die Handgelenke gelegt wurden.
II) In Mk 4,38 ist vermutlich das lederne K. (griech. *proskephalaion)* vom Sitz des Steuermanns gemeint.

Kithlis. Ort in Juda in der Sephela (Jos 15,40), man hat ihn in Chirbet el-Makhaz, östl. von Tell en-Nedschile (Dilean) und ca. 30 km westl. von Hebron, vermutet, auch in der Nähe von Eglon oder Beth Dschibrin (Eleutheropolis).

Kitron, kanaanitische Stadt, die der Stamm Sebulon nicht einzunehmen vermochte (Ri 1,30). Alt vermutet K. in Tell el-Far, 1 km nordnordwestl. von Beten und rund 12 km südöstl. von Haifa. Vgl. → Kattath.

Klafter → Maße und Gewichte I, 1

Klageeiche → Debora; → Eiche

Klage, klagen. I, 1) Klagen und Wehklagen ist der laute Ausdruck körperlichen oder seelischen Leidens (Hi 9,27; 10,1; 30,31), der Unzufriedenheit (Jud 16), der ausweglosen Not und Bedrängnis (2 Mo 6,5), auch des Schmerzes über die eigene Sünde (Jo 2,12). Die K. des Glaubenden richtet sich an den Herrn (Ps 22,9; 64,2; 102,1), der sie in Freude verwandeln kann (Ps 30,12). Er kann dem Propheten aber auch verwehren, über das ungehorsame Volk zu klagen und für es zu beten (Jer 7,16).

Ägypt. Klagefrauen

2) Bei fast allen Völkern hat die TOTENKLAGE, die öffentliche Trauer um die Verstorbenen, ihre mehr oder weniger festen Formen, Formeln und Gebärden gefunden, die es ermöglichen, die K. über Tage und Wochen auszudehnen. So auch in Israel. Joseph klagt 7 Tage um Jakob, nachdem ihn die Ägypter schon 70 Tage beweint hatten (1 Mo 50,10.11), Israel trauerte um Aaron und Mose je 30 Tage (4 Mo 20,29; 5 Mo 34,8).
In der Regel wurden bei Todesfällen Klageleute (Pred 12,5), bes. Klageweiber (Jer 9,16[17]ff; Mk 5, 38; vgl. Mt 9,23; Lk 8,52), gemietet, um die Toten zu beklagen. Man legte Schmuck und Schuhe ab, zog das Trauergewand an, wälzte sich in der → Asche, streute Staub aufs Haupt, verhüllte den Mund, schor den Kopf kahl und zerritzte sich. Bestimmte heidnische Formen dieser Klagegebärden waren dem Volk Israel jedoch verboten (5 Mo 14,1; 3 Mo 19,27f; vgl. → Kahl). Dem Klagenden wurde Trauerbrot und der Trostbecher gereicht (Jer 16,6.7; Hes 24,16.17; 27,30–32).
Die eigentliche Totenklage reichte vom lauten Schrei und bitterlichen Jammern, über Klagerufe wie: Ach Bruder! Ach Herr! (1 Kö 13,30; Jer 22,18; 34,5) bis – wie bei David (2 Sam 1,17–27; 3,33.34) – zu vollendeten Dichtungen, die ein eigenes Versmaß *(khinah)* hatten. Erwähnt wird auch die nicht erhaltene Totenklage Jeremias um König Josia; dabei wird auf eine schriftliche Sammlung solcher Lieder Bezug genommen (2 Chron 35,25). Bes. tief war die Klage um den einzigen oder erstgeborenen Sohn (Jer 6,26; Sach 12,10). Als großes Unglück sah man es an, wenn ein Toter nicht beweint, also nicht regelrecht bestattet werden konnte, wie es in den Gerichtsweissagungen angedroht wird (Jer 16,4; 25, 33). Daß Kinder »Begräbnis und Totenklage« gespielt haben, geht aus dem Gleichnis Jesu hervor (Mt 11,17).
Bei den Propheten finden wir die Totenklage im Dienst der Verkündigung. Sie stimmten sie als Voraussage des kommenden Gerichts über noch Lebende an (Hes 19; 26,17.18; 27,2; 28,12; 32,2–16; Am 5,1.16.17; vgl. im NT Offb 18,9–19). Weiter führt Jes 53. Hier ist ein neuer Inhalt in die Form der Totenklage gekleidet: nicht mehr der Tod, sondern das Leben aus dem Tode wird verkündet. Schon vorher hatte Gott dem Klagen Grenzen gesetzt. Einzelne Zeichen der Trauer waren im Gottesvolk verboten (s. o.). Die Priester durften sich nur beim Tode der nächsten Angehörigen kultisch verunreinigen (3 Mo 21,1–6); dem Hohenpriester war Trauern und Berührung mit Toten überhaupt untersagt (V 10.11; vgl. 8,6.7). Das gleiche galt für den Gottgeweihten (4 Mo 6,6–8; → Nasiräer). Auch Hesekiel wurde

Klagefrauen von der Stirnseite des Ahiram-Sarkophags aus Byblos (Abb. Sp. 438)

jedes äußere Zeichen der Trauer verwehrt, als seine Frau starb (Hes 24,16.17). Jesus trieb die Klageweiber aus dem Haus des Jairus (Lk 8,54); und als auf dem Wege zum Kreuz Frauen aus Jerusalem die Klage um ihn anstimmten, bedeutete er ihnen, lieber sich selber und ihre Kinder zu beweinen (Lk 23,27.28; vgl. Jer 9,16[17]ff). Nach dem Tode des Stephanus hören wir noch von einer Totenklage um ihn, die von »gottesfürchtigen Männern«, aber nicht von der Gemeinde gehalten wird (Apg 8,2). Das abschließende Wort über Totentrauer schreibt Paulus 1 Thess 4,13–18. Die Auferstehungshoffnung hat jedes Klagen besiegt. Von daher wurde in den ersten Jahrhunderten die Haltung der Christen beim Tode ihrer Angehörigen bestimmt. Ein Bericht des 2. Jh. sagt: Wenn ein Gerechter von ihnen aus der Welt scheidet, so freuen sie sich und danken Gott und geben seiner Leiche das Geleit, als zöge er nur von einem Ort zum anderen (Aristides, Apologie). Als später die Trauersitten der heidnischen Umwelt erneut eindringen wollen, wird das Mieten von Klageweibern mit Gemeindeausschluß bedroht, weil Totenklage und Trauer der Auferstehungshoffnung widersprächen und die Christen unglaubwürdig machten (Chrysostomus, Ende des 4. Jh.).

II, 1) Im RECHTSWESEN ist K. die Beschuldigung eines andern vor Gericht. Vgl. → Recht.

2) Klagen, d. h. Beschwerden, Rechtsfragen oder Streitigkeiten der GEMEINDEGLIEDER untereinander sollen innerhalb der Gemeinde geordnet werden (1 Kor 6,1–8). Vgl. → Richten.

3) Vor Gott erscheint der SATAN, der Widersacher der Gläubigen (1 Petr 5,8), als ihr Verkläger (Offb 12,10; Hi 1,9.10; 2,4.5; Sach 3,1). Vgl. → Teufel.

Klagelieder Jeremias. I) TITEL UND VERFASSER. Nach den charakteristischen Anfangsworten der Kapitel 1;2 und 4 lautet die Überschrift des Buches der K. im hebr. AT *ekah* (= Wie!, das feststehende Anfangswort der Totenklage). Der ältere hebr. Name ist *khinot* (= Klagelieder). Das Buch steht nicht unter den »Propheten«, sondern im 3. Teil des hebr. AT, den »Schriften« *(ketubim)*, als die 4. der 5 Festrollen *(megillot)* und wird bis heute im Synagogengottesdienst am Vorabend des 9. Ab (vgl. → Jahr) zur Erinnerung an die Zerstörung des salomonischen und des herodianischen Tempels vorgelesen. Der griech. Titel lautet *Thraenoi* (= Klagelieder), der lat. *Threni* oder *Lamentationes*.

Als Verfasser gilt nach jüd. wie christlicher Tradition der Prophet Jeremia (vgl. 2 Chron 35,25). LXX und Vulgata schließen die K. an das Buch Jeremia an und fügen als Überleitung ein: »Und es geschah, nachdem Israel gefangen geführt und Jerusalem verwüstet war, setzte sich Jeremia weinend nieder und klagte dieses Klagelied über Jerusalem und sprach:« Auf Jeremia kann auch am ehesten gedeutet werden, was der Verfasser von persönlichem Leiden und Gebetserhörung sagt (Klgl 3,14.52–57).

Gegen diese Tradition stehen verschiedene andere Meinungen, vor allem die Annahme verschiedener Verfasser der einzelnen Lieder. Eine sichere Entscheidung läßt sich nicht treffen.

II) ZEIT UND ORT.

Die K. wurden nach der Zerstörung Jerusalems geschrieben. Die Festen Judas sind geschleift (Klgl 2,2), die Mauern Jerusalems zerbrochen (V 8), die Eroberer sind in den Tempel eingedrungen (V 7) und haben die Schätze geraubt (Klgl 1,10). Nun liegen die Trümmer des Heiligtums auf den Gassen der Stadt (Klgl 4,1), und die Bewohner sind in die Gefangenschaft gezogen (Klgl 1,5). Seit der Zerstörung kann aber erst kurze Zeit vergangen sein, denn das Grauen der Belagerung ist noch ganz frisch (Klgl 2,11.12; 4,3.4.9.10), die K. sprechen nicht von Not, Sehnsucht und Hoffnung der Gefangenen (vgl. Ps 137; 126), und nur am Schluß findet sich eine kurze Bitte um Rückführung (Klgl 5,21). So sind die K. wohl geschrieben worden zwischen der Zerstörung des Tempels (Klgl 4,1) und der Flucht der letzten Juden nach Ägypten, bei der auch Jeremia gezwungen wurde, das Land zu verlassen, d. h. zwischen dem 15. August (2 Kö 25,8–10) und September/Oktober (Jer 41,1) 586 v. Chr.

III) FORM UND INHALT.

1) Die K. zeigen als Dichtung einen kunstvollen Aufbau. Ihr Versmaß *(khinah;* → Dichtkunst) ist kennzeichnend für die Totenklage. Von den 5 Liedern (Kap 1–5) umfassen 4 je 22 Verse, während das 3. 66 Verse enthält. Im 1., 2. und 4. Lied entsprechen die 22 Anfangsbuchstaben der Verse in ihrer Reihenfolge dem hebr. Alphabet. Beim 3. Lied beginnen je 3 aufeinanderfolgende Verse mit dem gleichen Buchstaben. Das 5. Lied verzichtet auf diese strenge Form und ordnet sich nur durch die Verszahl ein.

2) Alle Lieder haben den gleichen Grundinhalt, die Not und das Grauen des Zusammenbruches, aber doch in verschiedener Sicht. Im 1. Lied ist es die Not Jerusalems und sein Seufzen. Das 2. Lied zeichnet die Not schärfer und klarer als Gottesgericht. Im 3. Lied schildert der Prophet sein eigenes Erleben, die Verfolgung und seine Glaubenserfahrungen. Noch einmal wird im 4. Liede das Elend sichtbar als Auflösung der Grundordnungen des Volkes (Klgl 4,11): Säuglinge verhungerten (V 3.4), Alte fanden keine Barmherzigkeit (V 16), Propheten und Priester haben das Blut der Gerechten vergossen (V 13.14), sogar der Gesalbte des Herrn geriet in Gefangenschaft (V 20). Nun aber ist der tiefste Punkt erreicht: Die Missetat der Tochter Zion hat ein Ende, und der Herr wird niemanden mehr wegführen lassen (V 22). Das 5. Lied schafft die Voraussetzung zum Wiederaufstieg, indem es zum Sündenbekenntnis führt. Wohl haben auch die Väter gesündigt; aber die letzte Ursache des Gerichts ist die eigene Sünde, die hier erkannt und bekannt wird.

IV) EINTEILUNG.

1) Schilderung des Zustandes (1,1–22)
   a) Jerusalems Elend (1,1–11a).
   b) Jerusalems Klage (1,11b–22).
2) Die Ursache des Elends (2,1–22).
   a) Gottes Handeln im Gericht (2,1–12).
   b) Der Schrei aus der Not (2,12–22).
3) Die Erfahrungen Jeremias (3,1–66).
   a) Erfahrung der Güte Gottes (3,1–24).
   b) Erfahrung neuen Erbarmens Gottes (3,25–36).
   c) Anweisung zum rettenden Bekenntnis (3,37–48).
   d) Erfahrene Gebetserhörung (3,49–66).

4) Die Not unter dem Gottesgericht (4,1–22).
   a) Aufhebung der Mutterliebe (4,1–11).
   b) Sünde der Propheten und Priester (4,12–22).
5) Der Weg zum rettenden Bekenntnis (5,1–22).
   a) Die Sünden der Väter (5,1–7).
   b) Bekenntnis eigner Schuld (5,8–18).
   c) Das rechte Gebet (5,19–22).

V) THEOLOGIE.
Gott hat seine Gerechtigkeit bewiesen, indem er nach so langer Gnadenfrist das Gericht hereinbrechen ließ. Nun muß auch die Strafe Gottes ihr volles Maß erreichen. Er hat die Feinde gerufen (Klgl 1, 17), ist selbst ein Feind seines Volkes geworden (Klgl 2,4.5), hat seinen Altar verworfen und sein Heiligtum entweiht (V 7). Gott macht, daß die Feinde sich über das zerstörte Jerusalem freuen, das keinen Tröster hat (Klgl 1,21). Hat vorher das Volk ihn nicht hören wollen, so will Gott das Volk nun auch nicht mehr hören: »Du hast dich mit einer Wolke verdeckt, daß kein Gebet hindurch konnte« (Klgl 3,44). Gott läßt sich nicht spotten, sondern erfüllt seine Gerichtsankündigungen (Klgl 2,17).
Und doch hat Gott seinem Zorne Grenzen gesetzt im Maß (Klgl 3,22) wie in der Zeit (V 31) der Auswirkung. Seine Barmherzigkeit ist alle Morgen neu (V 23); er erhört Gebete (V 55–57), wo Menschen den Weg dazu durch Buße und Bereinigung ihrer Sünden freimachen (V 39–43). So kann am Schluß zum rechten Gebet angeleitet werden. Erst muß das Volk wieder zu Gott geführt sein, dann kann es auch wieder heimkehren (Klgl 5,21). Die K. zeichnen auf dem Hintergrund des Gerichtsgrauens ein klares Bild Gottes.

Klageweib → Klage I, 2

Klarheit steht in LÜ an einigen Stellen des NT für griech. *doxa*, das sonst mit → Herrlichkeit oder → Ehre wiedergegeben wird. »K.« gibt das Leuchten der Sterne (1 Kor 15,41), vor allem aber das strahlend Reine der sichtbar gewordenen Gottesherrlichkeit wieder (Lk 2,9; 9,31; Apg 22,11).
Diese K. hatte Jesus vor seiner Menschwerdung beim Vater (Joh 17,5); sie spiegelt sich in seinem Angesicht (2 Kor 4,4.6) und dem der Gläubigen, wie sie sich im Angesicht Moses spiegelte (2 Kor 3,7–11.18). Vgl. → Verklärung.

Klauda, Insel ca. 40 km südl. von Westkreta (Apg 27,16), heute Gavdos genannt.

Klaudia. Röm. Christin, die Timotheus durch Paulus Grüße übermitteln läßt (2 Tim 4,21).

Klaudius. Sohn des Drusus und Neffe des → Tiberius, als Nachfolger Caligulas der vierte röm. Kaiser (41–54); keine starke und entschlossene Persönlichkeit. Bei seinem Regierungsantritt vermittelt → Herodes Agrippa I., der sich gerade in Rom aufhält, zwischen K., den die Truppen zum Kaiser ausgerufen haben, und dem Senat. Für diesen Dienst erhält er von K. Judäa und Samarien zu seinem bisherigen Gebiet hinzu und vereinigt damit das Reich Herodes d. Gr. wieder in einer Hand. Seinen Sohn → Herodes Agrippa II. läßt K. später jedoch nicht die Nachfolge antreten, sondern macht ihn zunächst nur zum König von Chalkis und gibt ihm das Aufsichtsrecht über den Tempel in Jerusalem. Judäa wird wieder zur röm. Provinz. Zu Anfang seiner Regierung hatte K. auch die alexandrinischen Juden wieder in ihre früheren Vorrechte eingesetzt. Später aber, um 49, verbannte er alle Juden aus Rom. Aus diesem Anlaß (Apg 18,2) und mit Bezug auf eine Hungersnot unter seiner Herrschaft (Apg 11,28) wird er im NT genannt. K. wurde vergiftet, und sein Stiefsohn → Nero folgte ihm auf dem Thron.

Klaudius Lysias. Oberst *(Chiliarch* = Befehlshaber über 1000 Mann, oder nach röm. Rangbezeichnung *Tribunus militum)*, der die röm. Garnison in Jerusalem befehligte (Apg 21,31), die in der Burg Antonia am Tempelplatz lag. K. L. war ein Grieche, der das röm. Bürgerrecht durch Kauf erworben hatte (Apg 22,28). Er nimmt Paulus, den die jüd. Volksmenge zu töten droht, gefangen und erlaubt ihm, zum Volk zu reden, als er hört, daß er kein Aufrührer ist. Im folgenden Verhör erfährt er vom röm. Bürgerrecht des Paulus (Apg 21,31–22,29). Auch die Sitzung des Hohen Rats, den K. L. für den nächsten Tag einberuft, bringt für ihn keine Klarheit über die jüd. Anklagen gegen den Gefangenen. Daraufhin sendet er Paulus wegen eines geplanten Anschlags der Juden unter militärischer Bedeckung mit einem Begleitschreiben an den Statthalter Felix nach Cäsarea (Apg 22,30–23,35).

Klaue (hebr. *parsah*, von »trennen, abbrechen«, im weiteren Sinn »spalten«).
Der gespaltene Huf des Rindes und anderer Tiere (Hes 32,13), auch übertragen für das Tier selber (2 Mo 10,26). Wiederkäuende Tiere mit gespaltenen K. galten im Gesetz als rein (3 Mo 11,3; 5 Mo 14,4–6) und durften gegessen und geopfert werden. Die K. zerreißt man, um an das dazwischen sitzende Fleisch zu gelangen (Sach 11,16), hier ein Bild der Habgier. Eherne K. (Dan 7,19; Mi 4,13) sind ein Bild vernichtender Macht.

Kleid, Kleidung. I) Auf dem Leib trug man ein UNTERGEWAND, eine Art Hemd aus Wolle oder Leinen (3 Mo 13,47), das bis zu den Knien reichte, in späterer Zeit auch aus besonders feiner Leinwand gefertigt wurde (Hes 16,13). Im Haus, bei der Arbeit (Mt 24,18; Joh 21,7) und auch sonst war es oft das einzige Kleidungsstück. Dabei sah man aber den, der lediglich dies Untergewand trug, als → nackt an (2 Sam 6,20; Joh 21,7: LÜ Hemd hier = Obergewand). Auf assyr. Bildern findet man gefangene Juden so dargestellt. Gelegentlich wurde über dem Untergewand ein zweites längeres Kleid getragen, das bis zu den Knöcheln reichte (1 Sam 2,19; 24,5 LÜ Rock; Hi 1,20). Beide oder das Unterkleid allein wurden mit dem Gürtel zusammengefaßt, an dem man das Schwert trug (1 Sam 25,13), manchmal verborgen auch eine kürzere Waffe (Ri 3,16; 2 Sam 20,8 ZÜ). Man verwahrte Geld im Gürtel (Mt 10,9); der Schreiber befestigte hier sein Schreibzeug (Hes 9,2). Der Bausch des gegürteten Gewandes diente zugleich als Tasche (→ Busen). Der Gürtel war aus Leinwand (Jer 13,1) oder Leder (2 Kö 1,8), manchmal kostbar verziert (Dan 10,5). Man scheint ihn im Haus nicht getragen zu haben. Da die langen und weiten Kleider ohne Gürtel die freie Bewegung hinderten, galt sein Anlegen als Zeichen des Aufbruchs (2 Kö 9,1; Jer 1,17; Joh

Gefangene Juden im Untergewand (assyr. Darstellung)

Semit im Lendenschurz und syr. Gesandter im Wikkelkleid (ägypt. Darstellungen)

21,7; Apg 12,8) und wurde auch zum Bild der Bereitschaft (1 Petr 1,13; vgl. Jes 5,27). Ebenso gürtete oder schürzte man sich zur Arbeit (Lk 17,8).

II) Über dem Untergewand trug man den MANTEL, in den sich die Armen und die Hirten nachts einwikkelten. Darum durfte der Mantel auch nicht zum Pfand behalten werden (2 Mo 22,25[26]f). Mt 5,40 scheint anzudeuten, daß man z. Zt. Jesu dies Gebot dadurch zu umgehen versuchte, daß man den Rock, das Untergewand, als Pfand forderte. Der Mantel bestand aus einem festen, annähernd quadratischen Stück Stoff und war so groß, daß man allerlei Gegenstände darin tragen konnte (2 Mo 12,34; 2 Kö 4,39; Hag 2,12[13]). Bei der Arbeit oder wo sonst freie Bewegung gefordert war, legte man den Mantel ab (Mt 24,18; Apg 7,57), ebenso im Hause (Apg 12,8). An den Ecken des Mantels waren Quasten angebracht (4 Mo 15,38.39; 5 Mo 22,12), die an Gottes Gebote erinnern sollten. Sie sind Mt 23,5; Lk 8,44 mit dem Saum des Gewandes gemeint (vgl. Abb. Sp. 1106).

III) Den KOPF bedeckte man wohl mit einem Tuch, das zum Dreieck gefaltet und mit einer Schnur um den Kopf befestigt wurde. Die Fußbekleidung bildeten Ledersandalen, die mit Riemen gebunden wurden. Arme, Trauernde und Gefangene gingen barfuß (2 Sam 15,30; Jes 20,2; Hes 24,17). Vgl. → Schuh.

IV) Die FRAUENKLEIDUNG war ähnlich wie die der Männer, zeigte aber doch unverkennbare Unterschiede, wie aus dem Verbot, die Kleidung des anderen Geschlechts anzulegen, hervorgeht (5 Mo 22, 5). Die Kleider der Frauen waren länger und weiter als die der Männer, wohl auch von feinerem Stoff;

Schurz und Kopfbedeckung arab. Stämme

das Oberkleid hatte Ärmel bis zum Handgelenk. Die Frauen trugen ebenfalls Gürtel und Mantel (Rt 3, 15). Als Kopfbedeckung diente ihnen ein Schleier oder Kopftuch, oft lang herabfallend (Jer 2,32; Hes 16,10; LÜ auch Mantel: 1 Mo 24,65; 38,14.19). Hes 16,10 werden Frauenschuhe aus feinem Leder erwähnt. Auch das Anfertigen der Kleidung war Sache der Frauen (1 Sam 2,19; Apg 9,39). Ein großer Kleidervorrat war ihr Stolz (Spr 31,21.22.24).

V, 1) Von der gewöhnlichen Alltagskleidung unterschied sich die FESTKLEIDUNG (Feierkleider; 1 Mo 45, 22; Ri 14,12; 2 Kö 5,5) und die der Vornehmen und der Königsfamilie durch die Verzierung mit Stickerei und Gold und durch kostbare Stoffe: Scharlach, Purpur und Seide (Ri 5,30; 2 Sam 1,24; Ps 45,14.15; Hes 16,10.13; Lk 16,19). Dabei handelt es sich meist um ausländische Erzeugnisse (Jos 7,21; Ri 8,26; Hes 23,6; 27,24; Zeph 1,8). Bei einer Amtseinsetzung spielte auch das Anlegen kostbarer Kleidung eine Rolle (1 Mo 41,42; Jes 22,21), ebenso bei öffentlicher Ehrung (Est 6,7–9; vgl. Lk 15,22).

Assyrer in Unter- und Obergewand mit verschiedenen Kopfbedeckungen

2) Von daher wird das Feierkleid (Sach 3,4), das hochzeitliche (Mt 22,11.12) oder weiße Kleid (Offb 3,4.5; 6,11; 7,9.13.14; 16,15; vgl. Pred 9,8) zum Bild der Sündenvergebung und des empfangenen Heils (vgl. → Anziehen). Auch von der Gerechtigkeit als Kleid (Hi 29,14) und Kleidern des Heils (Jes 61,10) wird gesprochen.

VI) Der RAUHE MANTEL aus einem Schaffell oder das Kleid aus Kamelhaaren mit dem Ledergürtel kennzeichnete den Propheten (2 Kö 1,8; Sach 13,4; Mt 3, 4; vgl. 7,15). Zur Priesterkleidung vgl. → Priester, → Hoherpriester.

VII) Die ZERRISSENE KLEIDUNG machte den Aussätzigen schon von weitem kenntlich (3 Mo 13,45). Daneben gab es eine besondere Gebärde des Kleiderzerreißens. Sie drückte Trauer (3 Mo 10,6; Jos 7,6; 2 Sam 1,11; Est 4,1; Hi 1,20) und Buße (1 Kö 21,27; Es 9,3; vgl. Jo 2,13) aus, auch Abscheu und Entsetzen, bes. vor einer Gotteslästerung (Mt 26,65; Apg 14, 14; 4 Mo 14,6; Jer 36,24). Zum Ausschütteln der Kleider (Apg 18,6) vgl. → Fuß VI.

Vgl. auch → Flachs; → Handwerk II; → Leinwand; → Wolle. Zur Kleidung der versch. Völker vgl. die folgenden Abb.: Ägypter Taf. 4/33; 79a/1248; Sp. 36; 37; 71; 239; 245; 423; 547; 726; 781; 802; 848; 1067; 1213; 1323-25; 1365/6; 1511. – Araber Sp. 750; 1165; 1573. – Assyrer Taf. 46b/705; Sp. 120; 609; 654; 751; 815/6; 862; 952; 991/2; 1017/8; 1063; 1200; 1214; 1220; 1237; 1395. – Äthiopier Sp. 934. – Babylonier Sp. 888; 1474. – Griechen Taf. 9a/128; 10b/129; Sp. 10; vgl. 980. – Hethiter Sp. 398; 517; 575/6; 607; 839; 955/6. – Horiter Sp. 631.

– Israeliten Taf. 46b/705; Sp. 445/6; 624; 766; 1101. – Kanaaniter Sp. 399; 576; 1425/6. – Libyer Sp. 848. – Moabiter Sp. 934. – Neger Sp. 767. – Perser Sp. 277; 1055. – Philister Sp. 1075; 1494. – Phönizier u. Syrer Sp. 163; 438; 519; 558; 773; 953; 1077/8; 1215; 1559; 1587. – Römer Taf. 59b/928; Sp. 245/6; 1019; 1217; 1500. – Semiten Taf. 6/65. – Sumerer Taf. 92b/1441.

Kleid, hochzeitliches, ein Gewand, das wahrscheinlich jedem Hochzeitsgast vom Gastgeber überreicht wurde. Eigene Kleidung bzw. Ablehnung des h. K. galt dann als schwere Beleidigung und schloß von der Teilnahme am Fest aus (Mt 22,11–13). Vgl. → Kleid V, 2.

Klein. Mt 18,10.14 sind mit den K. offenbar die Gläubigen (vgl. V 6) als Kinder Gottes gemeint. Wenn Jesus den Kleinsten im Himmelreich für größer als Johannes den Täufer erklärt (Mt 11,11), dann denkt er an das Kindschaftsverhältnis (→ Kindschaft), das erst durch sein Kommen möglich wurde (Joh 1,12.13).

Kleingläubig nennt Jesus seine Jünger, die sich um Nahrung und Kleidung sorgen (Mt 6,30; 16,8; Lk 12,28) und sich vor dem Sturm fürchten (Mt 8, 26); ebenso Petrus, als er sich auf dem Wasser durch eine nahende Bö erschrecken läßt und anfängt zu sinken (Mt 14,31). Kleinglaube ist ein durch äußere oder innere Not erschütterter Glaube.

Kleinmütig = verzagt (1 Thess 5,14).

Kleinod (= »feiner, zierlicher Gegenstand«) steht in LÜ für das hebr. *keli* (= Gerät, Sache), bes. in den Bedeutungen Schmuckstück (1 Mo 24,53) oder Kunstgegenstand aus edlem Metall (2 Sam 8,10; vgl. die goldenen Mäuse und Beulen der Philister 1 Sam 6,8). Lk 21,5 gibt »K.« das griech. *anathaema* = Weihgeschenk wieder, 1 Kor 9,24 und Phil 3,14 griech. *brabeion* = Kampfpreis.
»Ein gülden K.« in der Überschrift von Ps 16 und 56–60 steht für das hebr. *miktam*, ein Wort, dessen Bedeutung nicht sicher bekannt ist. Luthers Deutung (nach hebr. *kätäm* = Gold) ist unwahrscheinlich. Eher handelt es sich um eine Gattungsbezeichnung, viell. »Sühnepsalm« (von hebr. *katam* = beflecken).

Klemens »Geduldig«,
Mitarbeiter des Paulus in Philippi (Phil 4,3).

Kleophas. 1) Einer der beiden Jünger, denen der Auferstandene auf ihrem Weg nach Emmaus erschien (Lk 24,18, griech. Kleopas). Vermutlich waren sie dort zu Hause (V 29).
2) Mann einer Maria (Joh 19,25), der Mutter von Jakobus und Joses (Mt 27,56; Mk 15,40). Wahrscheinlich ist K. (griech. Klopas) eine griech. Form des aram. Namens Chalpai, der auch als Alphäus wiedergegeben werden kann. K. wäre dann identisch mit Alphäus, dem Vater des Apostels Jakobus (2). Vgl. → Maria (4).

Kluft. Klüfte (eigentlich Erd- oder Felsspalten) bedeuten in der HS Zufluchtsstätten verschiedener Art: unterirdische Räume (Ri 6,2), Höhlen (Jes 2, 19; Joh 11,38; Hebr 11,38; Offb 6,15), bes. in den Felsen (Hl 2,14; die in den Fels gehauenen Häuser und Städte der Edomiter: Jer 49,16 und Ob 3; vgl. → Petra), überhaupt Schlupfwinkel für Verfolgungszeiten (1 Sam 13,6; viell. auch 2 Chron 33,11, wo es dann statt »mit Fesseln« (LÜ) »in Schlupfwinkeln« heißen müßte). Lk 16,26 ist ein klaffender Abgrund gemeint, Joh 11,38 ein Felsengrab (→ Grab).

Klugheit, klug. K. ist Kraft und Klarheit des Verstandes zur sachlichen Beurteilung von Menschen und Dingen. Sie bestimmt das Handeln durch Erkenntnis des Zieles (Lk 16,3–8; Spr 10,5) und Weges (Mt 7,24; 10,16). Rechte K. ist Gottes Gabe (1 Chron 22,12); sie kommt aus dem Wort Gottes (Ps 119,104.130) und richtet das Leben auf das letzte Ziel aus (Ps 90,12). Wo K. nicht mit Weisheit verbunden ist, d. h. mit der Bindung an ewige Ordnungen, wendet sie unrechte Mittel an (Sir 19,19; 1 Kor 1,17), führt zum Verderben (Dan 8,25) und macht unfähig zur Erkenntnis Gottes (Jes 29,14; Mt 11,25; 1 Kor 1,20; 3,19).

Knabe (hebr. *jäläd* und *naar*; griech. *pais*) wird in der HS in sehr weitem Sinn gebraucht. 1 Sam 4,21 ist ein Neugeborener, 1 Sam 1,25 der gerade entwöhnte Samuel gemeint. Säuglinge werden öfter »Knäblein« (1 Mo 17,12; 2 Mo 2,6; 2 Sam 12,16), Kinder »kleine« oder »junge K.« genannt (2 Kö 2, 23; 5,14; Jes 11,6). Gideons ältester Sohn (Ri 8,20), der junge David (1 Sam 17,33) und Absalom (2 Sam 18,5.12; vgl. 14,27) sind aber keine Kinder mehr, ebensowenig Jonathans Waffenträger (1 Sam 14,1) oder Amnons Diener (2 Sam 13,17). An einigen Stellen läßt sich das Alter annähernd bestimmen: bei dem etwa 15-16jährigen Ismael (1 Mo 16,16; 21, 5.8.12), bei Joseph (1 Mo 42,22), der zu der Zeit, von der Ruben spricht, 17 Jahre oder darüber war (1 Mo 37,2), und bei Josephs Söhnen (1 Mo 48,16), die bei Jakobs Tod etwa Anfang 20 gewesen sein müssen (1 Mo 41,50; 45,11; 47,28).
Verschiedentlich stehen K. und Jüngling (vgl. → Jugend) parallel (Jes 40,30; Klgl 5,13), beide Bezeichnungen werden nacheinander auf Eutychus angewendet (Apg 20,9.12). Vgl. auch → Kind.

Knabenschänder → Weichling

Knaena, Zushg. mit Kanaan?
1) Benjaminit, Sohn Bilhans (1 Chron 7,10).
2) Vater des falschen Propheten Zedekia z. Zt. Ahabs (1 Kö 22,11; 2 Chron 18,10).

Knath → Kenath

Knauf → Leuchter II; → Jachin (4)

Knecht. I, 1a) Als K. bzw. Magd werden die leibeigenen Sklaven bezeichnet, und zwar in Israel zunächst die fremder Abkunft (z. B. Elieser von Damaskus: 1 Mo 15,2; Hagar aus Ägypten: 1 Mo 16,1). Sie waren im Kriege → gefangen (4 Mo 31,9.18.26; 5 Mo 21,10ff; vgl. 2 Kö 5,2), von ausländischen, vielfach phön. Sklavenhändlern gekauft worden (1 Mo 17,27; 3 Mo 25,44–46; vgl. Hes 27,13) oder im Hause geboren, d. h. von Geburt Sklaven (1 Mo 14,14; 17,12; Pred 2,7). Salomo drückte die Reste der kanaanitischen Bevölkerung im Lande zu Zwangsarbeitern bei seinen Bauunternehmungen herab (1 Kö 9,20.21; vgl. → Knechte Salomos). Die Versklavung ergab sich in allen diesen Fällen aus einem allgemein anerkannten Gewohnheitsrecht (Kriegs- und Eroberungs- bzw. Kauf- und Besitzrecht). Menschendiebstahl aber war unter Todesstrafe verboten (2 Mo 21,16; 5 Mo 24,7).
b) Als Durchschnittswert eines Sklaven wird bei Ersatzansprüchen vor Gericht 30 Sekel Silber angegeben (2 Mo 21,32). Der Verkaufspreis für Joseph betrug 20 Sekel (1 Mo 37,28; vgl. die 3 Mo 27,3–7 angegebenen Schätzwerte, die allerdings nicht speziell für Sklaven aufgestellt sind).
c) Der K. war zwar Eigentum (3 Mo 25,46) und Geld (2 Mo 21,21) seines Herrn, jedoch nicht völlig rechtlos: Totschlag an einem Sklaven war mit Strafe bedroht (2 Mo 21,20.21); bei einer schweren Verletzung mußte er freigelassen werden (V 26.27).
Eine kriegsgefangene Magd gewinnt durch die Eheschließung mit ihrem Herrn neue Rechte und ist frei, wenn der Mann ihrer überdrüssig wird (5 Mo 21,10–14). Hi 31,13–15 spricht vom Recht des Sklaven,

das nicht verachtet werden darf, weil der Herr auch ihn geschaffen hat. Der zu einem Israeliten entlaufene K. genoß Schutz und durfte nicht ohne weiteres an seinen Herrn ausgeliefert werden (5 Mo 23,16 [15]f). Es war nicht selten, daß Sklaven Vertrauensstellungen bekleideten (1 Mo 24; 39,3–6); sie konnten sogar zum Schwiegersohn (1 Chron 2,34.35) oder Erben (1 Mo 15,2.3) ihres Herrn aufsteigen.

Die Sabbatruhe galt auch für K. und Magd (2 Mo 20,10; 23,12; 5 Mo 5,14), und auch vom Gottesdienst sind Sklaven nicht grundsätzlich ausgeschlossen; sie können beschnitten werden und dann am Passah (2 Mo 12,44) wie an den anderen Festen teilnehmen (5 Mo 12,12.18; 16,11.14). Der Sklave des Priesters darf sogar mit vom Heiligen essen (3 Mo 22,11), was ihn als Familienangehörigen kennzeichnet (vgl. V 12.13). Die Kinder bereits vorhandener Sklaven wurden wohl immer beschnitten (1 Mo 17,12.13). Richtungweisend für die Behandlung der Sklaven war die Mahnung: Gedenke, daß du auch K. warst in Ägypten (5 Mo 15,15), dem Diensthaus, aus dem der Herr sein Volk herausgeführt hat (2 Mo 20,2; 5 Mo 5,6; Ps 81,7.11).

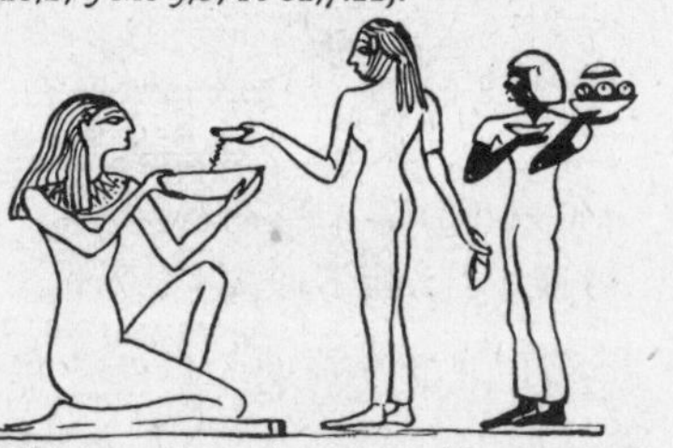

Zwei Sklavinnen, eine davon eine Negerin, bedienen eine ägypt. Frau.

2a) Eine Sonderstellung nahm der durch Kauf erworbene HEBR. K. ein (2 Mo 21,2). Er sollte nicht wie ein leibeigener Sklave, sondern wie ein Tagelöhner gehalten werden (3 Mo 25,38.40) und genoß dieses Vorrecht auch, wenn er sich einem → Fremdling verkauft hatte (V 47–54). Als einer der Gründe dafür, daß jemand Familienangehörige (2 Mo 21,7) oder sich selber verkaufte, wird seine Verarmung genannt (3 Mo 25,39.47). Auch soll der Dieb verkauft werden, der das Gestohlene nicht zurückzuerstatten vermag (2 Mo 22,2[3]). Eine Versklavung für andere Schulden nennt das Gesetz nicht ausdrücklich; sie kam aber später vor und konnte vom Gläubiger erzwungen werden (2 Kön 4,1ff; Neh 5,5.8; Jes 50,1; Am 8,5.6; Mt 18,25).

b) Die Dienstzeit eines hebr. K., der zudem jederzeit losgekauft werden bzw. sich selbst loskaufen konnte (3 Mo 25,47–49), beschränkte sich grundsätzlich auf 6 Jahre; im siebenten mußte er umsonst freigelassen werden (2 Mo 21,2; 5 Mo 15,12–15.18). Dabei folgten ihm Frau und Kinder nur, wenn er vorher verheiratet gewesen war. Die Frau, die ihm sein Herr während dieser Zeit gegeben hatte, und deren Kinder blieben Sklaven. Wollte der Mann um seiner Familie oder seines Herrn willen weiterhin K. bleiben, so durchbohrte ihm sein Herr zum Zeichen dafür das Ohr am Türpfosten (V 16.17; 2 Mo 21,3–6). Die Knechtschaft galt dann für das ganze Leben, auch über das → Halljahr hinaus, in dem sonst alle hebr. Sklaven frei wurden (3 Mo 25,40. 41). Die Begrenzung der Knechtschaft auf 6 Jahre galt nicht für ein israelitisches Mädchen, das als Nebenfrau verkauft wurde. Gefiel sie dem Käufer jedoch nicht, so mußte er sie lösen lassen; vor dem Weiterverkauf ins Ausland war sie geschützt. Bei der Verheiratung mit seinem Sohn gab ihr jede spätere Zurücksetzung die Freiheit ohne Lösegeld (2 Mo 21,7–11).

Die Sonderbestimmungen über hebr. Sklaven wurden später nicht mehr beachtet. Z. Zt. Jeremias suchte man sie unter dem Druck der babyl. Bedrohung zwar noch einmal zu erfüllen; das Versprechen wurde aber wieder gebrochen (Jer 34,8–22).

3) Das NT rechnet mit der bestehenden Sklaverei, ohne ihre Aufhebung zu fordern. Paulus lehnt die Sorge um das Freiwerden ab, rät aber, die Möglichkeit der Freilassung auszunutzen (1 Kor 7,21). Den entlaufenen Onesimus sendet er Philemon als Bruder zurück (Phim 10–18). Der K. soll gehorchen (Eph 6,5–8; Kol 3,22–25; Tit 2,9.10), auch dem ungerechten Herrn (1 Petr 2,18), und den gläubigen nicht verachten (1 Tim 6,2). Von den Herren wird umgekehrt die gerechte Behandlung ihrer Sklaven verlangt (Eph 6,9; Kol 4,1).

Vor Gott und in Christus gilt jedoch die menschliche Unterscheidung von Herren und K. nicht mehr (1 Kor 7,22; Gal 3,28; Kol 3,11).

II, 1) Häufig bezeichnet »K.« einen Untergebenen, der kein Sklave ist. Vor allem Menschen in der Umgebung des Herrschers (1 Mo 20,8; 40,20; 2 Sam 12, 19; Mt 14,2), königliche Beamte (2 Mo 5,21; 1 Sam 8,14; Spr 14,5; Mt 18,23), Offiziere und Generäle (2 Sam 8,7; 1 Kö 9,22; 2 Kö 25,8), Räte und Minister (2 Kö 22,12) werden so genannt. Mit den »Knechten des Königs« ist das Volk (1 Chron 21,3) oder Heer gemeint (1 Sam 17,8), und hier wieder bes. die Elitetruppen, das stehende Heer im Gegensatz zum Volksaufgebot (2 Sam 2,12.13; 3,22; 11,1). Unter David ist es seine Leibwache (2 Sam 11,9; vgl. 1 Kö 1,33 mit V 38) und die Helden (2 Sam 20,6.7).

Einem Höhergestellten gegenüber (4 Mo 31,49; 2 Sam 9,8; 1 Kö 1,26), auch einem Fremden (1 Mo 19, 2), oder wem man sonst seine Ergebenheit und Dienstbereitschaft bezeugen will (1 Mo 32,5[4]; Dan 10,17), bezeichnet man sich selbst als K.

2) K. oder Magd (Lk 1,38.48) heißt der Mensch auch in seiner Stellung vor Gott (vgl. auch den »K. des Herrn«, → Jesaja III, 2a.b). Als Selbstbezeichnung in der Gebetsanrede (4 Mo 11,11; 1 Sam 3,9; 1 Kö 8,28; Apg 4,29), drückt es Gehorsam und Hingabe aus (Offb 1,1; 7,3; 22,6). Der Herr selber nennt bestätigend Abraham, Mose und David seine K. (1 Mo 26,24; 4 Mo 12,7; 2 Sam 7,5); die wahrsagende Sklavin in Philippi ruft Paulus und seinen Begleitern nach: Diese Menschen sind K. Gottes, des Allerhöchsten (Apg 16,17). In der Verkündigung und im Gebet der Urgemeinde ist von Jesus (Apg 3,26) bzw. David (Apg 4,25) als K. Gottes die Rede; und die Apostel Paulus (Röm 1,1; Phil 1,1; Tit 1,1), Petrus (2 Petr 1,1) und Johannes (Offb 1,1) bezeichnen sich selbst als K. Gottes bzw. Jesu Christi.

Die Bereitschaft zu dienen richtet sich auch auf die Mitknechte und -brüder (Offb 6,11; Kol 4,7), da nach Jesu Wort der aller K. sein soll, der der erste und vornehmste sein will (Mk 9,35; 10,44). Der gefallene Mensch aber ist K. der Sünde (Joh 8,34; Röm 6, 17), der Todesfurcht (Hebr 2,15) und des Verderbens (2 Petr 2,19), ehe er durch die Erlösung ein K. Gottes und der Gerechtigkeit wird (Röm 6,17.18.22).

3) Eine besondere Färbung erhält der Begriff des K. im NT, wenn er in Verbindung mit dem Gegensatz von Gesetz und Evangelium gebraucht wird. Mose war zwar ein treuer K. in Gottes ganzem Hause (Hebr 3,5 nach 4 Mo 12,7); aber durch ihn ist das Gesetz gegeben worden (Joh 1,17), das Testament vom Berg Sinai, das zur Knechtschaft gebiert (Gal 4, 24). Dagegen ist Christus Sohn über das Haus Gottes (Hebr 3,6); er macht recht frei (Joh 8,35.36). In

ihm gibt es keine K. mehr wie unter dem Gesetz mit seinem knechtischen Geist (Röm 8,15), sondern nur noch Kinder, Söhne (Gal 4,7), die den Geist der → Kindschaft haben. Die durch Christus befreit und teuer erkauft sind, warnt Paulus davor, erneut der Menschen K. zu werden (1 Kor 7,23) oder sich wieder unter das knechtische Joch des Gesetzes zu begeben (Gal 5,1).

Knecht des Herrn, Knecht Gottes → Jesaja III, 2a.b; → Knecht II,2.

Knechte Salomos. Nach der babyl. Gefangenschaft werden die Nachkommen der K. S. in enger Verbindung mit den → Tempelknechten genannt (Es 2,55ff; Neh 7,57ff; 11,3). Von beiden Gruppen kehrten zusammen 392 mit Serubabel zurück. Einige ihrer Namen haben fremden Klang. Sie waren vermutlich die Nachkommen der Kanaaniter verschiedener Stämme, die Salomo zu Zwangsarbeitern für seine Bauten und andere Unternehmungen gemacht hatte (1 Kö 9,20.21), und davon wieder bes. die, deren Arbeiten in Verbindung mit dem Tempel standen.

Knechtsgestalt wird in der HS nur Phil 2,7 gebraucht. Hier wird Jesu K. seiner Gottgleichheit gegenübergestellt. Bei seiner Menschwerdung vertauschte er seinen Herrlichkeitsstand, seine »göttliche Gestalt« mit der K. »Er entäußerte sich selbst und nahm K. an«. Die K. Jesu Christi ist so der Ausdruck seiner wahren Menschheit, aber auch seiner völligen Abhängigkeit vom Vater (Joh 5,19f.30) und seines ebenso völligen Gehorsams (Phil 2,8; Lk 22,42). Vgl. → Jesus Christus; → Jesaja III, 2a.b (Knecht des Herrn).

Knidus. Stadt in Karien, auf einer Halbinsel an der Südwestspitze Kleinasiens, zwischen den Inseln Kos und Rhodus (Apg 27,7).

Knie. I) Das Niederknien, der K.fall vor einem anderen, drückt Bitte (1 Kö 1,23; 2 Kö 1,13; Mk 1,40; 10,17), Ehrung (Est 3,2.5; auch zum Spott: Mt 27, 29) oder Anbetung aus (Ps 95,6; Jes 44,16.17), was vielfach ineinander übergeht. Wer sich weigert, das K. zu beugen, versagt dem Menschen (Est 3,2) oder Götzen (1 Kö 19,18; Röm 11,4) die Ehre. Vor Gott aber werden sich einst aller K. beugen und damit seine Herrschaft anerkennen (Ps 22,30; Jes 45,23; Röm 14,11; Phil 2,10). Vgl. → Beten III, 1b.d; → Gruß.

II) Das Beben (Schlottern, Straucheln) der K. ist Bild für Schwäche, Angst und Unsicherheit (Hi 4,4; Ps 109,24; Jes 35,3; Hes 7,17; 21,12[7]; Nah 2,11; Hebr 12,12). Auf den K. freundlich gehalten wird das Kind, das die Pflege und den Schutz der Mutter genießt (Jes 66,12; vgl. auch → Schoß).

Knoblauch *(Allium sativum var. vulgare;* hebr. *schum)* wurde im ganzen vorderen Orient stets geschätzt und bildete mit anderen Zwiebeln einen wesentlichen Nahrungsbestandteil der in der Knechtschaft arbeitenden Israeliten in Ägypten (4 Mo 11, 5). Später, bei Horaz, heißen die Juden wegen ihres K.geruchs *judaei foetentes* = stinkende Juden. Man zerstampfte die K.knollen im Mörser und vermengte sie mit Öl, aß sie auch roh zum Brot.

Knoten. Als K. werden die Knospen oder Samenkapseln des Flachses (2 Mo 9,31) und die Fruchtansätze der Feige bezeichnet (Hl 2,13). Bei den geschnitzten Verzierungen im Tempel (1 Kö 6,18) und den gegossenen um den Rand des Ehernen Meers (1 Kö 7,24), die LÜ als K. bezeichnet, handelt es sich wohl um Nachbildungen der Früchte der → Koloquinte.

Kobold. Übersetzung des hebr. *lilit* (Jes 34,14), Name eines weiblichen bösen Dämons, der auch in den babyl. Beschwörungstexten erwähnt wird. Er wohnt in der Wüste und überfällt von dort aus die Menschen. Ursprünglich war *lilit* wohl ein Sturmdämon, galt bei den Juden aber wegen der großen Ähnlichkeit ihres Namens mit *lajlah* (= Nacht) als »die Nächtliche«.

Kochen. I) Das hebr. Wort für k. wird vereinzelt auch für backen (2 Sam 13,8) und braten (5 Mo 16, 7; 2 Chron 35,13; LÜ kochten ... am Feuer) verwendet. Sonst bezeichnet es das Garmachen eines Gerichtes in einer siedenden Flüssigkeit (2 Mo 23,19; Hes 24,3ff).

Braten am Spieß nach ägypt. Darstellung

Am häufigsten wird das K. von Fleisch erwähnt (3 Mo 8,31; 1 Sam 2,13; 2 Chron 35,13b; vgl. Ri 6,19), das Braten war seltener (vgl. 2 Mo 12,9; 1 Sam 2,15; Jes 44,16). Doch gehörte der Fleischgenuß keineswegs zum Alltag (vgl. Am 6,4; Lk 15,29.30), meist handelt es sich um die Opfermahlzeit (2 Mo 29,31; 4 Mo 6,19; 5 Mo 16,7). Im allgemeinen kochte man Gemüsegerichte (1 Mo 25,29.34; 2 Kö 4,38; Spr 15, 17). Am Sabbat waren K. und Braten verboten (vgl. 2 Mo 35,3; 16,23).

II) Das AT kennt wenigstens vier hebr. Bezeichnungen für Gefäße zum K. (3 Mo 7,9; 1 Sam 2,14; 2 Kö 4,38; Mi 3,3), über deren Unterschiede wir allerdings nichts sagen können. Bei den Ausgrabungen fanden sich neben den topf- oder schüsselartigen Tongefäßen vereinzelt auch solche aus Metall (vgl. Hes 24,6.11.12).

Kochen nach ägypt. Darstellung; der zweite Mann hält eine Fleischgabel

III) Köche oder Köchinnen konnte sich nur ein reicher Haushalt leisten (1 Sam 9,23f; 8,13). Das hebr. Wort für Koch bezeichnet ihn als Schlächter; er war also vornehmlich mit der Zubereitung von Fleisch betraut. Im allgemeinen scheint das Schlachten und Herrichten der Tiere Sache des Hausvaters und seiner Knechte gewesen zu sein, während die Hausfrau und die Mägde das Fleisch kochten (1 Mo 18,6f; Lk 15,23). Besondere Kochhäuser (LÜ Küchen) und Herde werden nur beim Tempel Hesekiels ausdrücklich erwähnt (Hes 46,20–24). Zum Herausheben des Fleisches aus dem Kessel benützte man eine dreizinkige Gabel (1 Sam 2,14).

Köcher → Bogen

Kohl. Das hebr. *jarakh* und das griech. *lachanon* (LÜ Kohl) bezeichnen die für die menschliche Nahrung kultivierten Gemüse- und Kräuterarten (5 Mo 11,10; 1 Kö 21,2; Mt 13,32; Mk 4,32; Lk 11,42). In Spr 15,17 und Röm 14,2 hat LÜ dafür Kraut.

Kohle. I) Mit »K.« (LÜ auch oft »Glut«) ist in der HS durchweg Holzkohle gemeint (Jes 44,14.15.19; Spr 26,21). Die Verwendung von Steinkohle ist für Palästina in bibl. Zeiten nicht nachgewiesen, wenngleich es K.vorkommen im Libanon gibt. Wegen des Mangels an festem Holz wurde die Holzkohle vor allem aus Reisern und Gestrüpp gewonnen (Ps 120, 4: Ginster; vgl. EÜ, MÜ, ZÜ). Sie diente zum Wärmen (Jes 47,14 EÜ, ZÜ; Jer 36,22 EÜ, ZÜ; Joh 18, 18); Kochen, Backen und Braten (Jes 44,19; Hes 24, 11), Entzünden von Räuchwerk (3 Mo 16,12) und wurde bei der Metallverarbeitung gebraucht (Jes 44, 12; 54,16). Zumeist jedoch begnügte man sich damit, Reisig, Dornen, trockene Pflanzen und Mist zu verbrennen (Jes 44,15; Hes 15,2.4.6; Ps 58,10[9] ZÜ, EÜ; Pred 7,6[7]; Mt 6,30; Hes 4,12.15).
In Jes 6,6 ist möglicherweise nicht von glühender K. die Rede, sondern von einem heißen Stein, wie er zum Backen oder Rösten verwandt wurde (ZÜ). Nach ihm benannte man auch das geröstete Brot (1 Kö 19,6, wörtl. »Brot von Glühsteinen«, vgl. EÜ, MÜ).
II) Glühende K. spielt häufig in übertragenem Sinn und in Vergleichen eine Rolle. Das machtvolle Eingreifen Gottes wird mit K.glut verglichen (2 Sam 22,9.13; Ps 18,9.13f; LÜ Blitze; Ps 140,11 LÜ Strahlen), ebenso der Atem des Leviathans (Hi 41,13[12]; LÜ Lohe). Hesekiel schaut in seiner Berufungsvision zwischen und unter den Cheruben flammende K. (Hes 1,13; 10,2). Wer den letzten Sproß eines Geschlechtes beseitigt, löscht seine K.glut aus (2 Sam 14,7 EÜ, MÜ). Wer seinem Feinde Gutes tut, sammelt feurige K. auf dessen Haupt (Spr 25,22; Röm 12,20).

Kohlenpfanne → Pfanne

Kolaja.
1) Vater des falschen Propheten Ahab z. Zt. Jeremias (Jer 29,21).
2) Benjaminit, Vorfahr Sallus (Neh 11,7).

Koller bezeichnet Jes 3,23 ein Untergewand oder Hemd der Frauen aus feinem Stoff. Dasselbe Wort wird Ri 14,12 mit Hemd, Spr 31,24 mit Rock übersetzt.

Koloquinte (hebr. *pakkhuah*),
wilde Melonenart *(Citrullus Colocynthis;* 2 Kö 4, 39–41). Die Blätter ähneln etwas denen des Weins, die gelben, apfelgroßen Früchte sind bitter und wirken als Brech- und Abführmittel. K. wachsen hauptsächlich im Jordantal und in den Küstenebenen.

Kolossä, Stadt im SW der kleinasiatischen Landschaft Phrygien, oberhalb von Laodizea und Hierapolis am Lykos gelegen, einem Nebenfluß des Mäander. K. war z. Zt. des Paulus eine kleine, wohlhabende Stadt. In der Nähe ihrer Ruinen liegt das heutige Chonas.
Zur Gemeinde in K., die wohl von Epaphras gegründet worden ist (Kol 1,7; 4,12), gehörten auch Archippus (Kol 4,17; Phim 2), Philemon (Phim 1) und Onesimus (Kol 4,9; Phim 10.11).

Kolosserbrief. I) VERFASSER, ENTSTEHUNGSZEIT UND -ORT.
Den K. hat der Apostel Paulus wohl während seiner römischen Gefangenschaft (Kol 1,24; 4,3.10) diktiert, nur den Schlußgruß ausdrücklich mit eigener Hand geschrieben (V 18). Wie im Philipper- und Philemonbrief (Phil 1,1; Phim 1) gilt sein Begleiter Timotheus als Mitverfasser (Kol 1,1; vgl. auch 1 Thess 1,1; 2 Thess 1,1); als Überbringer wird wie Eph 6,21 Tychikus genannt (Kol 4,7–9), gemeinsam mit dem auch Phim 10 erwähnten Sklaven Onesimus (Kol 4,9). Phim und Kol enthalten beide eine Botschaft an Archippus (Kol 4,17; Phim 2), so daß sie wohl gleichzeitig geschrieben und dem Onesimus anvertraut worden sind. Gedankenführung und Wortwahl stimmen weitgehend mit dem gleichzeitigen oder wenig späteren → Epheserbrief überein.

II) EMPFÄNGER UND ANLASS.
1) Der K. richtet sich an die Gemeinde in → Kolossä in Kleinasien, die durch Epaphras, der sich z. Zt. bei Paulus aufhält, gegründet worden ist (Kol 1,7; 4,12). Der Apostel hat Kolossä bisher nicht besucht (Kol 2,1). In dieser Gemeinde, von deren Glauben, Liebe und Ordnung der Brief mit Dankbarkeit spricht (Kol 1,4; 2,5), sind Irrlehrer aufgetreten, vermutlich auch in der Nachbargemeinde Laodizea, da der K. auch dort verlesen werden soll (Kol 4,16).
2) Welcher Geistesströmung die Gemeinde gegenübersteht, ist aus der Stellungnahme des Apostels nur zu erschließen, ohne daß wir von ihr eine eindeutige Kenntnis hätten. Die Irrlehrer in Kolossä vertreten einerseits eine gesetzliche Auffassung von der Heiligung; sie fordern Beschneidung (Kol 2,11), Halten der Feiertage, Neumonde und Sabbate und bestimmter Reinheitsgebote (V 16.21.23). Andererseits zeigen sich in ihrer Verehrung (RÜ) der Engel gnostische Züge: Gott könne nicht unmittelbar in dieser Welt wirken und sich offenbaren (vgl. Joh 1,14), sondern nur durch verschiedene Abstufungen von Geisterwesen hindurch, deren Wohlwollen also auch neben Christus zur Erlösung nötig sei (Kol 2,18.19). Paulus kennzeichnet diese Gedanken als Philosophie und Menschenlehre, die nur einen Schein der Weisheit besitzt (V 8.22.23).

III) EINTEILUNG.
1) Eingangsgruß (1,1.2).
2a) Dank für das geistliche Leben der Gemeinde (V 3–8).
b) Bitte um ihr weiteres Wachstum (V 9–12).
3) Die Bedeutung des Christus (V 13–23).
a) Herr des Reiches der Erlösung und Ebenbild Gottes (V 13–15).
b) Mittler und Ziel der Schöpfung (V 16.17).
c) Haupt der Gemeinde und Versöhner der Welt (V 18–23).
4) Die Verkündigung des Christus-Geheimnisses durch seinen Diener Paulus (1,24–2,3).
5) Abwehr der Irrlehren (V 4–23).
6) Das neue Leben in Christus (3,1–4,6).
a) Seine Gründung in Christi Auferstehung (3,1–4).
b) Ablegen des alten Menschen und seiner Praktiken (V 5–9).
c) Anziehen des neuen Menschen, Charakterisierung des Christenlebens (V 10–17).
d) Praktische Auswirkungen im Alltag (3,18–4,6).
7) Persönliche Nachrichten und Grüße (V 7–18).

IV) ZUR THEOLOGIE.
Der Forderung der Irrlehrer nach äußerlicher Gesetzeserfüllung und ihren philosophischen Erlösungsideen, die von unechter Demut und fleischlicher Askese begleitet sind (Kol 2,18.23), setzt Paulus die Wirklichkeit (V 17) des lebendigen Christus und des neuen Lebens in ihm entgegen. Einer Theorie von

vielstufiger Vermittlung göttlicher Kräfte tritt die Erkenntnis und Erfahrung der realen Einheit und Unmittelbarkeit von Haupt und Gliedern in der Gemeinde gegenüber. Derselbe Christus, der das Ebenbild Gottes (Kol 1,15), das Haupt der Gemeinde (V 18) und Herr über die Engelmächte ist (Kol 2,10), in dem die ganze Fülle der Gottheit leibhaftig wohnt (V 9) und alle Schätze der Weisheit und Erkenntnis verborgen liegen (V 3), ist auch der »Christus in euch, die Hoffnung der Herrlichkeit« (Kol 1, 27), in dem die Glaubenden Erlösung und Vergebung der Sünden haben (V 14), vollkommen sind (V 28) und gemeinsam zu göttlicher Größe wachsen (Kol 2,19), der mit einem Wort ihr Leben ist (Kol 3, 4). Darauf gründen sich die Ermahnungen an die Christen, das in Christus vorhandene Leben in sich selbst Gestalt gewinnen (V 10.12) und in den täglichen praktischen Entscheidungen zur Auswirkung kommen zu lassen (V 17ff); auch noch so »vernünftige Reden« dürfen sie davon nicht abbringen (Kol 2,4ff).

König. I, 1) Israel war im Unterschied zu allen Nachbarvölkern ein theokratischer Staat, der Herr war Israels K. (5 Mo 33,5; Ps 149,2; Jes 33,22). Er gab ihm seine → Gesetze und Ordnungen (2 Mo 20, 1.2). Er offenbarte seinen Willen durch Urim und Thummim (→ Licht und Recht) und durch seine → Propheten (5 Mo 18,15ff). Mose und Josua waren als Führer des Volkes seine Stellvertreter, die nicht aus eigener Vollmacht, sondern aus ihrer Abhängigkeit von Gott die Geschicke des Volkes leiteten (2 Mo 3,10; 4 Mo 27,18–20). Nach ihrem Tod geriet die geistliche und politische Ordnung des Volkes stark ins Wanken: Israel tat, was ihm selbst gut schien (Ri 17,6). Auch die → Richter, die Gott immer wieder zur Befreiung sandte, wenn Israel unter einer drückenden Feindherrschaft zu ihm schrie, vermochten keine grundlegenden Änderungen herbeizuführen (Ri 2,16.17). Unter der Bedrohung Israels durch die militärische Überlegenheit der Philister (vgl. 1 Sam 13,19–22) wurde schließlich die Bestechlichkeit der Söhne Samuels zum äußeren Anstoß dafür, daß das Volk nach einem K. verlangte und damit die Herrschaft Gottes verwarf (1 Sam 8). Doch der Herr ging auf das Verlangen des Volkes ein und gab ihm einen K. (V 7.22).

2) Auch dieser K. sollte im Volk Israel lediglich Statthalter und Stellvertreter Gottes unter der Führung seines Geistes sein (1 Sam 10,6; 1 Kö 3,8f). Schon als in der Gesetzgebung kurz vor dem Einzug in Kanaan mit der Möglichkeit eines isrl. K. gerechnet wurde (5 Mo 17,14–20), wird bes. stark seine Bindung an das Gesetz des Herrn betont. Trotz aller Ermahnungen Samuels vermochte der erste isrl. K. → Saul dieser Forderung nicht zu entsprechen; sein Ungehorsam führte zu seiner Verwerfung (1 Sam 13,9–14; 15,13–23). Sein Nachfolger → David (XI) dagegen war und blieb – trotz seiner Sünde – der Mann nach Gottes Herzen (1 Sam 13,14; Apg 23, 22). Darum gab ihm der Herr die Verheißung, daß das K.tum seinen Nachkommen ewig bleiben (2 Sam 7) und aus seinem Geschlecht der gerechte Friedensherrscher (→ Messias, → Jesus Christus, → Namen Jesu Christi III A) des → Reiches Gottes kommen werde (1 Sam 23,1–5). Auch als die judäischen Könige immer gottloser wurden und ihr Staat schließlich zerstört war (586 v. Chr.), blieb die Hoffnung auf diese Verheißung Gottes lebendig. Im Laufe der Jh. hatten sich jedoch um die Gestalt des endzeitlichen Messias so viele und verschiedenartige Vorstellungen gesponnen, daß die Erscheinung Jesu, der die ersehnte Erfüllung brachte, nicht mehr dem Wunschbild seiner Zeitgenossen entsprach und darum auf ihre Ablehnung stieß.

3) Der Stetigkeit des K.tums in Juda steht die rasche Abfolge der Dynastien und einzelnen Herrscher im Nordreich Israel gegenüber. Die Berufung Jerobeams I. durch den Herrn (1 Kö 11,29–39) geschah zwar als Gericht über den Götzendienst Salomos (V 33), tastete aber die David gegebene Verheißung nicht an (V 36). Der versprochene Segen war an den persönlichen Gehorsam Jerobeams geknüpft (V 38), und hier versagte er (1 Kö 12,26ff) wie alle seine Nachfolger. Von nun an wird die geregelte Thronfolge vom Vater auf den Sohn immer häufiger durch Verschwörungen und K.mord unterbrochen (1 Kö 15,27; 16,9; 2 Kö 15,10.14.25.30). Wohl geschieht auf diese Weise Gottes Gericht (1 Kö 15,29.30; 16,11.12), aber ein persönlicher Auftrag dazu wird nur für Jehu genannt (1 Kö 9,1–13). Bei Omri und Thibni (1 Kö 16,16.21) scheint eine Art Wahl durch das Heer bzw. Volk stattgefunden zu haben, Menahem bricht später jeden Widerstand mit grausamer Gewalt (2 Kö 15,16).

II) Der K. im Gottesvolk war der → Gesalbte des Herrn (1 Sam 10,1; 16; 1 Kö 1,32–35). Das Salböl ist das Siegel der Einsetzung und Begabung durch Gott. Zeichen der K.würde sind Krone und Zepter (1 Mo 49,10; Ps 110,2). Immer wieder halten die echten Propheten dem K. gegenüber die Forderungen des Herrn aufrecht: Nathan (2 Sam 12), Elia (1 Kö 21), Micha, der Sohn Jemlas, u. a., während der falsche Prophet dem K. schmeichelt, wie die Lügenpropheten, die Ahab zum Zug gegen Ramoth in Gilead ermuntern (1 Kö 22). Das Verhältnis des K. zum Tempelgottesdienst in Jerusalem und zur Priesterschaft bestimmt entscheidend das Urteil, das die Bibel über seine Regierung fällt (1 Kö 22,43; 2 Kö 16,2.3). Darum werden die K. des Nordreiches verdammt (1 Kö 16,2.3), die alle die Verehrung der Stierbilder fortsetzen, die Jerobeam I. in Beth-El und Dan errichtet hatte (2 Kö 17,21–23). Aber noch verhängnisvoller ist der Götzendienst, dessen sich auch judäische K. – Ahas, Manasse, Amon (2 Kö 16; 21) – schuldig machen. Vgl. → Höhen.

III) Die K. Israels (vgl. die Art. zu den einzelnen Namen und die Zeittafel) hatten die Führung des Heeres im Krieg (1 Sam 12,2). David sandte jedoch öfter nur seinen Heerführer ins Feld und blieb in Jerusalem (2 Sam 10,7; 11,1). In den Händen des K. lag die Regierung des Landes. Er war oberster Richter (1 Kö 3,9) und erhob auch Steuern (1 Sam 8,14–17; → Abgaben). Salomo setzte, bes. für diesen Zweck, 12 Statthalter unter einem Oberstatthalter im Gebiet der zehn Stämme ein (Juda und Simeon werden nicht genannt; 1 Kö 4,7–20). Daneben gab es noch eine große Anzahl weiterer, hoher wie untergeordneter Beamter und Offiziere (vgl. die Aufzählungen 2 Sam 8,15–18; 20,23–26; 1 Kö 4,1–6; 1 Chron 27,25–34 und die entsprechenden Art.), deren Versorgung durch Abgaben u. z. T. auch Enteignungen sichergestellt wurde (1 Sam 8,14.15). Weiter stand dem K. auch das Recht zu, den einzelnen Israeliten zum → Frondienst einzuberufen.
Gelegentlich hören wir von einer beratenden bzw. zustimmenden Funktion der → Ältesten (1 Kö 12,6) oder der Volksversammlung (1 Chron 13,1–4), auf eine Begrenzung oder gar Kontrolle der Macht des K. findet sich jedoch kein Hinweis.

IV) Außer den isrl. Königen werden in der HS Herrscher mit sehr unterschiedlichem Machtbereich als K. bezeichnet. Gemeinsam ist ihnen, daß sie in ihrem Reich jeweils die höchste uneingeschränkte Gewalt ausübten.

1) Die Herrscher der Großreiche.
Für → Ägypten vgl. → Pharao.
Für → Assyrien vgl. → Thiglath-Pileser, → Salmanasser, → Sargon, → Sanherib, → Asar-Haddon, → Asnaphar.
Für → Babylonien vgl. → Merodach-Baladan, → Nebukadnezar, → Evil-Merodach, → Nergal-Sarezer, → Belsazer.
Für → Persien vgl. → Kores, → Darius, → Ahasveros, → Arthahsastha.
Vgl. außerdem → Alexander d. Gr. und die röm. → Kaiser.

2) Herrscher kleiner Reiche sind die babyl. Könige z. Zt. Abrahams (1 Mo 14,1), → Og von Basan und → Sihon von Hesbon (5 Mo 29,6[7]), → Kusan-Risathaim (Ri 3,8). Weiter die syr. Herrscher → Rezon, → Benhadad, → Hasael und → Rezin von Damaskus, → Hadadeser von Zoba (2 Sam 8,3), → Thoi von Hamath (V 9), der K. von → Maacha (2 Sam 10,6), → Thalmai von Gessur (2 Sam 3,3) und die K. von → Hamath und → Arpad (2 Kö 19,13).
Über Stammeskönigtümer herrschten die → Ammoniter → Nahas (1 Sam 12,12), → Hanun (2 Sam 10,1) und → Baalis (Jer 40,14); die → Moabiter → Balak (4 Mo 22,4), → Eglon (Ri 3,12) und → Mesa (2 Kö 3,4) und die → Edomiterkönige (1 Mo 36,31–39).
Die arab. K. sind z. T. wohl nicht mehr als Stammeshäuptlinge: die → Midianiter Sebah und Zalmuna (Ri 8,12), der → Amalekiter Agag (1 Sam 15,8) und → Gesem von Kedar. Dagegen besaß der Nabatäer → Aretas IV. (1 Kor 11,32) eine beträchtliche Machtstellung.

3) Noch kleiner als das Gebiet der Stammesherrscher war das der Stadtkönige, von denen die → Phönizier → Hiram und → Ethbaal durch ihre weitreichenden Handelsbeziehungen Bedeutung gewannen. Die → Philisterfürsten werden nur z. T. als K. bezeichnet, so → Abimelech von Gerar, → Achis von Gath und der K. von Gaza (Sach 9,5). Zahlreich waren die Stadtkönige der Kanaaniter: → Melchisedek und 5 K. aus der Gegend des Toten Meers (1 Mo 14,2) z. Zt. Abrahams, → Hemor von Sichem z. Zt. Jakobs. Später hören wir vom K. von Arad (4 Mo 21,1), den von Josua besiegten Königen (Jos 12,9–24) und von → Jabin (2).

4) Für die Zeit zwischen AT und NT vgl. → Makkabäer, für die ntl. Zeit → Herodes d. Gr., → Archelaus, → Herodes Antipas, → Herodes Agrippa I. und II.

Tabelle zum Lebensalter der judäischen Könige
(Für die Regierungszeiten der isrl. und judäischen Könige vgl. die Zeittafel)

Name	Geburtsjahr v. Chr.	Name des Vaters	Alter bei Übernahme der Mitregentschaft (Zahlen in Klammern geben die darauffolgenden Regierungsjahre an)	Alter bei der Thronbesteigung	Alter bei der Geburt des Nachfolgers	Alter bei Beginn der Mitregentschaft des Nachfolgers	Alter beim Tod
Rehabeam	972/1	Salomo		**41 (+ 17)**			58
Abia		Rehabeam					
Asa		Abia					
Josaphat	908/7	Asa	**35 (+ 25)**	38	**22**	54	59
Joram	885	Josaphat	**32***	37 **(+ 8)**	22		44
Ahasja	863	Joram		**22 (+ 1)**	21		22
Athalja		Ahab					
Joas	842	Ahasja		**7 (+ 40)**	21		46
Amazja	821	Joas		**25 (+ 29)**	14	30	54
Usia	808/7	Amazja	**16 (+ 52)**	40	32	57	68
Jotham	775	Usia	**25 (+ 16)**	36	20	40	44
Ahas	755	Jotham	**20****	24 **(+ 16)**	15		40
Hiskia	741/40	Ahas		**25 (+ 29)**	32	**44**	54
Manasse	709/8	Hiskia	**12 (+ 55)**	22	44		66
Amon	665/4	Manasse		**22 (+ 2)**	16		24
Josia	649/8	Amon		**8 (+ 31)**	14 Jojakim 16 Joahas 30 Zedekia		38
Joahas	632	Josia		**23 (+ 3 Monate)**			
Jojakim	634	Josia		**25 (+ 11)**	18		37
Jojachin	616	Jojakim		**18 (+ 3 Monate)**			
Zedekia	618	Josia		**21 (+ 11)**			

Die fettgedruckten Zahlen stellen die Angaben im Text dar, die übrigen sind im Rahmen der gesamten Königschronologie (→ Zeitrechnung IV,1 und Zeittafel) erschlossen.
Anmerkung*: Das Alter Jorams beim Regierungsantritt (2 Kö 8,17) bezieht sich vermutlich auf die Mitregentschaft, nicht auf die Thronbesteigung, da er sonst bei der Geburt seines jüngsten Sohnes Joahas oder Ahasja (2 Chron 21,17) erst 17 Jahre alt gewesen wäre.
Anmerkung**: Das gleiche gilt für Ahas (2 Kön 16,2), der sonst bei der Geburt Hiskias erst 11 Jahre alt gewesen wäre.

Könige, Bücher der. I) Im hebr. AT bildeten die beiden Königsbücher ebenso wie die Samuelbücher ursprünglich nur ein Buch. Die LXX hat sowohl Samuel wie Könige in je zwei Bücher geteilt und allen vier den gemeinsamen Titel *Basileiôn* (= Königsherrschaften) gegeben. Die Vulgata übernahm diese Ordnung und spricht von 4 Büchern der Könige *(libri Regum)*. Die 1. Ausgabe der gedruckten hebr. Bibel von Daniel Bomberg (Venedig 1516/17) hat die gleiche Aufteilung; es heißt aber 1 und 2 Sam und 1 u. 2 Kö, was dann alle protestantischen Bibelübersetzungen beibehielten.

II, 1) Im hebr. Kanon gehören die Königsbücher zu den »früheren Propheten« (Jos, Ri, 1 u. 2 Sam, 1 u. 2 Kö), die die Ereignisse vom Tod Moses bis zur Begnadigung Jojachins umfassen, d. h. die ganze Zeit des Aufenthalts Israels in Kanaan, dazu noch einen Teil der babyl. Gefangenschaft Judas. Die Königsbücher beginnen mit Salomos Thronbesteigung und Davids Tod und enden mit Jojachins Begnadigung (972–561 v. Chr.).
2) Vom Inhalt her ergibt sich eine Dreiteilung:
a) Die Regierung Salomos (1 Kö 1–11).
b) Die gemeinsame Regierungszeit der Könige von Juda und der von Israel (1 Kö 12–2 Kö 17).
c) Die Regierungszeit der Könige von Juda nach der Wegführung der 10 Stämme (2 Kö 18–25).

III) Die endgültige Fassung der Königsbücher muß nach 561 v. Chr., dem Jahr der Begnadigung Jojachins (2 Kö 25,27–30), angesetzt werden. Da anderseits die Eroberung Babylons durch Kores (539 v. Chr.) und die Erlaubnis zur Rückkehr der Juden nicht mehr erwähnt wird, hat das Werk vermutlich vor diesem Zeitpunkt abgeschlossen vorgelegen. Sein Hauptteil ist jedoch sicher älter, denn der wiederholte Ausdruck »bis auf diesen Tag« (1 Kö 8,8; 9,21; 12,19; 2 Kö 8,22 u. ö.) zeigt, daß das Reich Juda z. Zt. der Niederschrift noch bestand. Als Quellen werden angegeben: die → Chronik von Salomo (1 Kö 11,41), die Chronik der Könige Israels (1 Kö 14,19 u. ö.), die Chronik der Könige Judas (1 Kö 14,29 u. ö.). Diese Quellen könnten z. T. mit den für die → Chronikbücher (IV) verwendeten identisch sein. Wahrscheinlich wurden auch Abschnitte aus Schriften über Elia und Elisa übernommen, ebenso für die Zeit Hiskias Teile aus Jesaja (vgl. die in 1 u. 2 Chron genannten prophetischen Quellen). Da die Chronik der Könige Judas zuletzt beim Tod Jojakims (2 Kö 24,5) erwähnt wird, arbeitete der Verfasser bzw. Hauptherausgeber der Königsbücher vermutlich zwischen dem Tod Jojakims und dem Ende Zedekias, also zwischen 597 u. 586 v. Chr.

IV) Über seine Person wissen wir nichts, wenn auch die jüd. Tradition des Talmud ihn in Jeremia zu finden meint. Doch ist die Absicht seines Werkes deutlich. Er wollte die Geschichte der Könige in der Sicht der Propheten darstellen als Gang des Gottesreiches auf dieser Erde. Darum bieten die Königsbücher in erster Linie nicht politische Welt-, sondern geistliche Heilsgeschichte. Das erklärt, warum einzelne Könige, die für ihre Zeitgenossen ungewöhnliche Bedeutung hatten, hier nur ganz knapp behandelt werden: z. B. → Omri (1 Kö 16,23–28) und Jerobeam II. (2 Kö 14,23–29). Auch Usia, dem die Chronik ein ganzes Kapitel widmet (2 Chron 26), erhält nur 7 Verse (2 Kö 15,1–7); dafür werden aber die beiden Krisenzeiten, die Regierung Ahabs im Nordreich (1 Kö 16,29–22,39) und die Hiskias in Juda (2 Kö 18,1–20,21), ausführlich dargestellt. Bes. auch in diesen Abschnitten finden sich Meisterstücke der Erzählkunst.

Königin. I, 1) Hl 6,8[7]f werden die förmlich angetrauten Frauen des Königs im Gegensatz zu den Nebenfrauen »Königinnen« genannt.
2) An den übrigen Stellen haben wir in Israel unter K. die Königinmutter zu verstehen, die eine Ehrenstellung am Hofe einnahm und den Titel *gebirah*, »Gebieterin« (LÜ Herrin oder K.) trug (1 Kö 15,13; 2 Kö 10,13; Jer 13,18; 29,2). Das hebr. Wort steht außerdem allgemein im Sinn von »Herrin« (LÜ stets Frau; 1 Mo 16,4–9; 2 Kö 5,3; Ps 123,2; Spr 30,23; Jes 24,2). Möglicherweise bezeichnet dieser Titel die K.mutter als Oberhaupt des Harems, so daß nach ihrem Tod Titel und Stellung an die Hauptfrau des Königs übergingen. In 1 Kö 2,19 kommt die Ehrerbietung zum Ausdruck, mit der der König seiner Mutter begegnete. Mit Ausnahme von Joram und Ahas werden bei allen Königen Judas ihre Mütter genannt.
Nur die Stellung der K.mutter war gefestigt. Unter den Frauen des Herrschers konnten neue Heiraten oder die wechselnde Gunst des Königs jederzeit Rangverschiebungen verursachen. Sogar die Frau, die in Israel stärksten und verhängnisvollsten Einfluß ausübte, Isebel, wird erst nach dem Tode Ahabs als K. bezeichnet (2 Kö 10,13).
3) Bei den pers. (Neh 2,6; Est 1,9; 2,17) und ägypt. K. (1 Kö 11,19) haben wir an die Hauptfrauen der Herrscher zu denken (Dan 5,10 ist die K.mutter gemeint). Vgl. → Esther, Buch.
II) Die einzige selbständig regierende Königin in Juda war → Athalja (2 Kö 11,3). Aus der arab. und äthiopischen Geschichte ist eine Anzahl solcher Herrscherinnen bekannt; die Bibel nennt davon die K. von Saba z. Zt. Salomos (1 Kö 10,1–13; Mt 12,42) und die K. Kandaze in ntl. Zeit (Apg 8,27).
Bildlich wird K. für die Städte Jerusalem (Klgl 1,1) und Babylon (Jes 47,7; Offb 18,7) verwendet; vgl. → Jungfrau.

Königisch. Der Joh 4,47.49 genannte K. ist ein königlicher Beamter des Herodes Antipas.

Königreich → König; → Reich Gottes

Königsgrund oder **Königstal** (2 Sam 18,18; 1 Mo 14,17; hebr. *Schaweh*), Tal bei Jerusalem, nach Josephus 2 Stadien (370 m) nördl. der Stadt gelegen. Wahrscheinlicher aber mit der Gegend Ha-Scho (Kupferrolle von Qumran) oder Beth-Scho (Josephus) im SW der Stadt am Essenertor (Plan Sp. 683 Nr. 16) gleichzusetzen.

Kopf. I) 2 Mo 36,38; 38,28 werden die oberen, verdickten Enden, die Kapitelle, der 5 Säulen für den Vorhang des heiligen Zeltes als Köpfe bezeichnet.
II) Zu den Ausdrücken den K. hängen (Jes 58,5; Jer 48,39), schütteln (Ps 22,8; 109,25; Jer 18,16; Mt 27,39), K. und Schwanz vgl. → Haupt. K. steht auch sonst für Haupt, aber nicht in den übertragenen Bedeutungen.

Kor → Maße und Gewichte I, 4a

Korah. 1) Dritter Sohn Esaus von Oholibama. Seine Nachkommen bildeten später einen edomitischen Stamm (1 Mo 36,5–8.14.18; 1 Chron 1,35). In 1 Mo 36,16 kommt der Name unter den Nachfahren des Eliphas noch einmal vor, scheint hier aber auf einem Schreibfehler zu beruhen, da er sowohl V 11.12 wie 1 Chron 1,36 nicht mit aufgezählt wird.
2) Erstgenannter Sohn des Judäers Hebron (1 Chron 2,43).
3) Sohn Jizhars, ein Levit aus dem Geschlecht Kahaths, der sich mit Dathan und Abiram während der Wüstenwanderung gegen Mose und Aaron auflehn-

te (4 Mo 16,1.2; 2 Mo 6,21). 1 Chron 6,7[22] wird K. als Sohn des Amminadab bezeichnet. Eine Erklärung dafür wurde noch nicht gefunden, wenn man nicht Jizhar und Amminadab gleichsetzen will. K. forderte auch für sich das Priestertum, und viele Leviten unterstützten ihn darin. Mose setzt fest, daß K. und seine Anhänger mit Räucherpfannen, Feuer und Weihrauch vor dem Herrn erscheinen sollen; wen dieser dann erwählt, soll heilig sein. Zugleich tadelt er ihre Auflehnung gegen den Herrn und ihr Streben nach der Stellung von Priestern (4 Mo 16,5–11). Als K. und seine Parteigänger, 250 Männer insgesamt, zum Eingang des heiligen Zeltes kommen, erscheint die Herrlichkeit des Herrn vor dem versammelten Volk, und nur Mose und Aaron können verhindern, daß Gott die Israeliten austilgt (V 16–22). Sie erhalten den Befehl, sich von den Zelten von K., Dathan und Abiram fernzuhalten (V 23.24), worauf die Empörer mit allem, was zu ihnen gehörte, von der Erde verschlungen werden (V 31–33). Die 250 Männer aber, die Räucheropfer dargebracht haben, werden durch Feuer vom Herrn getötet (V 35). Nach 4 Mo 26,11 blieben die Söhne K. verschont. Die Korahiten bilden später ein Geschlecht der Tempelsänger, zu dem auch Heman, der Enkel Samuels, gehörte (1 Chron 6,18[33]). Sie werden in den Überschriften von Ps 42, mit dem 43 offensichtlich verbunden ist; 44–49; 84; 85; 87 und 88 genannt. 1 Chron 26,19; 9,19 versehen Korahiten den Dienst von Schwellen- und Torhütern am Tempel; einem von ihnen ist die Bereitung des Backwerks anvertraut (V 31).

4) Auch im Stamm Benjamin gab es ein Geschlecht der Korahiter (1 Chron 12,6).

Korahiter → Korah

Korallen. 1) Das hebr. *peninim,* das Luther meist mit Perle und nur Klgl 4,7 mit K. übersetzt hat, bezeichnet wahrscheinlich die rote Edelkoralle *(Corallium rubrum),* die heute hauptsächlich im Mittelmeer gefunden wird, im Altertum aber auch im Roten Meer vorkam. Ihr Wert wird mit dem der Weisheit (Hi 28,18; Spr 3,15; 8,11), verständiger Rede (Spr 20,15) und einer tüchtigen Frau (Spr 31,10) verglichen.

2) Die Bedeutung des hebr. *ramot* ist nicht sicher. Vermutlich handelt es sich hier ebenfalls um eine K.art, viell. die Schwarze Koralle *(Plexaura antipathes),* die sich im Roten Meer und im Pers. Golf findet. Tyrus handelte mit diesen K. (Hes 27,16), und in Hi 28,18 werden unter anderen Kostbarkeiten auch K. mit der Weisheit verglichen.

Korb. Die HS kennt 4 hebr. und 3 griech. Worte für verschiedene Arten von Körben:

I, 1) Hebr. *dud* bezeichnet den Last- bzw. Tragkorb, in dem Obst (Jer 24,2), in Ägypten auch Erde zur Ziegelfertigung (Ps 81,7) transportiert wurde. Auch 2 Kö 10,7 sind solche Körbe genannt.

2) *Kelub* (Am 8,1.2) ist ein K. mit durchbrochenem Flechtwerk, der ebenfalls für Obst benutzt wurde. Er wird Jer 5,27 erwähnt (LÜ Vogelbauer).

3) *Thänä* und *sal* bezeichnen aus Weiden bzw. Bast geflochtene Körbe für Feldfrüchte, Backwerk und Fleisch (5 Mo 26,2; 28,5; 1 Mo 40,16; 2 Mo 29,3; 3 Mo 8,2; 4 Mo 6,15; Ri 6,19).

II, 1) Griech. *kophinos* (Mt 14,20; 16,9; Mk 6,43; 8,19; Lk 9,17; Joh 6,13) ist ein großer, fester Tragkorb, *spyris* ein runder, geflochtener K. wechselnder Größe, häufig für Lebensmittel oder Fische verwendet (Mt 15,37; 16,10; Mk 8,8.20). Auch der K., mit dem Paulus in Damaskus über die Mauer gelassen wurde, heißt Apg 9,25 *spyris.* Paulus nennt ihn 2 Kor 11,33 *sarganae,* was einen großen, genähten K. aus biegsamem Flechtwerk bezeichnet.

Korban. K. bedeutet im Hebr. »das Dargebrachte, die Opfergabe« (3 Mo 1,2; 4 Mo 5,15 u. ö. LÜ Opfer). Im griech. Text des NT steht es als hebr. Fremdwort Mt 27,6 für den Tempelschatz (LÜ → Gotteskasten), in dem die Hohenpriester das Blutgeld des Judas nicht legen wollen. In Mk 7,11 wird K. als »Gabe« erläutert. Nach der Lehre der Schriftgelehrten konnte ein Jude erklären, sein Besitz solle für einen andern – auch etwa für seine Eltern – »wie eine Opfergabe« sein. Mit dieser Erklärung in der Form eines Gelübdes entzog er sich der Verpflichtung, dem andern zu helfen, der seinerseits jeden Anspruch auf Unterstützung verlor. Die Erklärung galt als bindend, ohne daß damit immer eine tatsächliche Abgabe an den Tempel verknüpft war.

Kore »Rebhuhn«.

1) Korahitischer Levit (1 Chron 9,19; 26,1).

2) Levit z. Zt. Hiskias (2 Chron 31,14).

Kores. König Kyrus der Große (559–530 v. Chr.), der Gründer des Perserreiches, heißt in der Bibel K. (2 Chron 36,22.23; Es 1,1; 3,7; 4,3; 5,13.14.17; 6,3; Jes 44,28; 45,1; Dan 1,21; 6,29[28]; 10,1). Im Pers. lautet der Name Kuru, Kurusch, im Griech. Kyros. Der Herr hatte ihn schon in der Weissagung des Jesaja als seinen Hirten angekündigt, der seinen Willen vollführen, Jerusalem wieder aufbauen und den Grund zum neuen Tempel legen werde: ein Gesalbter Gottes, der Israels wegen in einem großen Siegeszug Völker und Könige unterwerfen solle.

Nachdem K. 539 v. Chr. Babylon erobert hatte, gab er im nächsten Jahr den verbannten Juden den Auftrag zur Rückkehr nach Jerusalem und zum Neubau des Tempels. Dieser Erlaß entspricht ganz seiner auch sonst geübten Politik besiegten Gegnern und unterworfenen Völkern gegenüber. Da er zum Krieg gegen Ägypten rüstete, lag ihm zudem daran, in Palästina eine Bevölkerung zu haben, auf die er sich verlassen konnte. Wie K. in seinem Erlaß an die Juden als ganz selbstverständlich von dem hier zuständigen Gott Israels spricht (Es 1,2.3), ebenso selbstverständlich schreibt er dem babyl. Gott Marduk seinen Sieg über Babylon zu: »Marduk suchte einen gerechten Fürsten nach seinem Herzen, den er bei der Hand leitete. Kyrus, den König von Ansan, rief er bei Namen und bestimmte ihn zur Herrschaft über die ganze Erde. Er führte ihn nach seiner Stadt Babylon, ein großes Heer, zahllos wie die Wasser des Stromes, zog in Waffen mit ihm. Ohne Kampf und Krieg ließ er ihn in Babylon einrücken und ersparte seiner Stadt die Zerstörung. Den König Nabunaid, der ihn nicht fürchtete, überlieferte er in seine Hände.«

Koriander. Der K. *(Coriandrum sativum)* gehört zur Familie der Doldengewächse *(Umbelliferae),* er wurde in Ägypten wie in Palästina angebaut. Der kleine, runde, gelblich-weiße Same, getrocknet von anisartigem Aroma, wird gemahlen und über Backwerk gestreut. Er war bereits früh als Gewürz und Arzneimittel bekannt; mit ihm wird das → Manna verglichen (2 Mo 16,31; 4 Mo 11,7).

Korinth. Eine der wichtigsten Städte Griechenlands, Hauptstadt der röm. Provinz Achaja und Residenz des Prokonsuls (Apg 18,12). K. lag auf der Landenge, die das nördl. Griechenland mit dem Peloponnes verbindet. Durch seinen Hafen Lechäum am Golf von K. hatte es die Verbindung nach W mit dem Jonischen und durch die Hafenstadt Kenchreä (Apg 18,18) am Golf von Aegina nach O mit dem Ägäischen Meer. K. war so Umschlagplatz des Handels und

Knotenpunkt der Reisen zwischen Spanien, Italien und Sizilien auf der einen, Kleinasien und Ägypten auf der anderen Seite. Kleinere Schiffe und die Ladung größerer wurden auf einer Bahn, die man *dolkios* nannte, über die Landenge geschafft. Dadurch vermied man die gefährliche Seereise um die Südspitze des Peloponnes.
K. war eine Weltstadt mit den extremsten sozialen Gegensätzen; zwei Drittel der Bevölkerung waren Sklaven. In den Straßen drängten sich Kaufleute und Großunternehmer aus Rom, Griechenland, Palästina, Syrien und Ägypten. Die Stadt, nach ihrer Zerstörung 146 v. Chr. erst 44 v. Chr. unter Cäsar neu aufgebaut, kannte nur eine Aristokratie, die des Reichtums, und nur eine Tradition, die des Geldmachens.
Im engsten Zushg. damit stand die Sittenlosigkeit K., die sprichwörtlich war. *Korinthiazesthai* bedeutete »ein ausschweifendes Leben führen«, »korinthisches Mädchen« bezeichnete eine Frau von anstößiger Lebensführung. Dazu kam die – wohl durch den regen Orienthandel dorthin gelangte – Tempelprostitution in Verbindung mit der Verehrung der Aphrodite; 1000 »Priesterinnen«, die in kleinen Häuschen mit Rosengärten davor wohnten, sollen sich diesem Dienst geweiht haben. Es fehlten auch nicht die Kulte orient. Gottheiten, Isis, Melkart, Kybele, Serapis, die die Phönizier mitgebracht hatten.
Andeutungen der Paulusbriefe lassen erkennen, wie stark diese Umgebung, in der sie die Sünden ihres eigenen früheren Lebens täglich vor Augen hatten, die Glieder der jungen christlichen Gemeinde oft noch belastete (1 Kor 6,9–11.18). Paulus hat die Stadt zweimal längere Zeit besucht (Apg 18,1–18; 20,2), beim zweiten Mal hier den Römerbrief geschrieben (Röm 16,23; 1 Kor 1,14; 2 Tim 4,20).
Amerikanische Ausgräber haben das alte K. aufgedeckt. Es lag auf 2 Terrassen am Fuß des 600 m hohen Burghügels Akrokorinth. Man fand verschiedene Tempel, das Gerichtsgebäude mit dem Richtstuhl des Statthalters (Apg 18,12), die Fleischmarkthallen *(makellon,* von lat. *macellum;* 1 Kor 10,25), die nahe dem Marktplatz *(agora)* an der Straße nach Lechäum lagen.
Ein Stein zeigte in griech. Buchstaben die Inschrift: »Synagoge der Hebräer«, vielleicht die Apg 18,4 genannte. Eine andere Inschrift nennt den Namen → Erastus.
Vgl. → Korintherbriefe. Vgl. Taf. 63/992; Karte Sp. 1045/6.

Korintherbriefe. I) VERFASSER UND SITUATION.
Die beiden eng zusammengehörenden Briefe des Paulus (1 Kor 1,1; 2 Kor 1,1) an die Gemeinde in Korinth vermitteln uns in Verbindung mit dem Bericht der Apg einen umfassenden Einblick in das Leben einer urchristlichen Gemeinde und seine Probleme. Zum Verständnis ist ein Überblick über die Geschichte der Gemeinde in Korinth unerläßlich.
1) Auf der 2. Missionsreise kam Paulus von Athen aus zunächst allein nach → Korinth und fand bei → Aquila und Priska Unterkunft (Apg 18,1–3), nahm jedoch erst nach der Ankunft seiner Mitarbeiter Silas und Timotheus (V 5; 2 Kor 1,19) in vollem Umfang die Christus-Predigt auf. Nachdem die Juden das Evangelium abgelehnt hatten, trennte sich Paulus von ihnen und zog in das Haus des Titius Justus neben der Synagoge. Einzelne Juden und viele Heiden kamen zum Glauben (Apg 18,5–8). 1½ Jahre (Herbst 50 – Frühjahr 52) konnte Paulus seine erfolgreiche und für ihn offenbar nicht ungefährliche Arbeit (vgl. V 9.10) fortsetzen, die schließlich zu einer erfolglosen Klage der Juden beim Statthalter → Gallion führte (V 11–17). So konnte Paulus zunächst noch weiter arbeiten und verließ erst später Korinth (V 18); seine Arbeit wurde nach einiger Zeit von → Apollos weitergeführt (V 27. 28; 19,1).
2) Als Paulus während der 3. Missionsreise in Ephesus weilte (Herbst 52 – Sommer 55), mußte er die Korinther bereits in einem uns nicht erhaltenen Brief u. a. zu sittlicher Reinheit ermahnen (1 Kor 5,9). Sie hatten daraufhin um weitere Auskunft gebeten (1 Kor 7,1) und Abgesandte nach Ephesus geschickt (1 Kor 16,17). Zugleich hatte Paulus durch Hausgenossen der Chloe erfahren, daß sich in der Gemeinde unter Berufung auf die verschiedenen Lehrer (Paulus, Apollos) einzelne Gruppen gebildet hatten (1 Kor 1,11.12). Ob die »kephische« Partei auf einen Besuch des Petrus in Korinth zurückzuführen ist oder aus welchem Grund sie sich sonst auf ihn berief, ist unbekannt. Jedenfalls nannte sich als Protest gegen solche Spaltung schließlich eine vierte Gruppe »christisch«, d. h. Christus angehörig. Zu solchen Glaubensspannungen (1 Kor 3,3) kamen persönliche Streitigkeiten, ja Prozesse vor heidnischen Gerichten (1 Kor 6,1–8), Rücksichtslosigkeiten und Unordnung beim Abendmahl (1 Kor 11,17ff) und die Leugnung der Auferstehung der Toten (1 Kor 15,12). Sünde, Welt und philosophische Disputiersucht waren in die junge Gemeinde eingebrochen.
3) Paulus hatte bereits vorher Timotheus – vermutlich auf einem Umweg – nach Korinth gesandt (1 Kor 4,17; 16,10), nimmt aber nun nochmals aus Ephesus (V 8) in einem 2. Brief – unserem 1 Kor – zu den Anfragen der Korinther und den Vorgängen dort Stellung, zumal der bei ihm weilende → Apollos noch nicht zurückkehrt (V 12). Der Apostel fordert die bedingungslose Trennung von aller Sünde (1 Kor 5,13), ermahnt zur Einheit (1 Kor 1,10; 12) und zur Liebe, die keine rücksichtslose, individuelle Freiheit erlaubt (1 Kor 13; 16,14). Der Brief ist wohl nicht allzulange vor einem Pfingstfest geschrieben (vgl. 1 Kor 16,8), viell. i. J. 54 oder 55.
4) Für die anschließende Zeit bis zum 2 Kor sind wir nun weithin auf Andeutungen und Vermutungen angewiesen. 2 Kor 2,1; 12,14; 13,1 setzen einen in der Apg nicht erwähnten Besuch des Paulus in Korinth voraus. Die Lage dort hatte sich vermutlich so zugespitzt, daß die Anwesenheit des Apostels notwendig erschien. Sein Aufenthalt war aber wohl nur kurz und äußerlich erfolglos; offenbar hat ihm mindestens ein Teil der Gemeinde die Anerkennung und den Gehorsam versagt (2 Kor 10,1.10; vgl. auch schon 1 Kor 4,3–5). Paulus antwortete darauf mit dem vielfach sog. »Tränenbrief« (2 Kor 2,4; 7,8.9. 12), der wieder nicht erhalten ist. Man hat ihn allerdings in 2 Kor 10–13 wiederfinden wollen, aber schon der Rückblick auf die Sendung des Titus in 2 Kor 12,18, bei der er den Tränenbrief wahrscheinlich erst überbrachte, spricht dagegen.
Bald danach kam es in Ephesus zur Verfolgung (Apg 19,23ff) und viell. auch zur Gefangenschaft des Apostels (vgl. 2 Kor 1,8–10; Röm 16,3.4), worauf er die Stadt verließ (Sommer 55) und über Troas nach Mazedonien zog (Apg 20,1; vgl. 1 Kor 16, 5–8). Hier traf ihn der lang erwartete Titus mit der Nachricht, daß die Korinther ihr Unrecht eingesehen hätten und in echter Reue zum Gehorsam zurückgekehrt seien (2 Kor 7,6–16).
5) In der Freude über die wiedergewonnene Gemeinschaft schreibt Paulus nun in Mazedonien den 2 Kor, den 4. Brief nach Korinth, von dem wir wissen. Der Apostel ermahnt zur Vergebung und Liebe gegenüber den Schuldigen innerhalb der Gemein-

de (2 Kor 2,6–8), greift das Anliegen der Sammlung für Jerusalem erneut auf (2 Kor 8–9) und sendet deswegen Titus mit 2 anderen Brüdern zurück (2 Kor 8,16–24). Im Hinblick auf seinen eigenen bevorstehenden Besuch aber setzt er sich noch einmal mit den Argumenten seiner Gegner auseinander (2 Kor 10–13). Die Gemeinschaft mit den Korinthern darf durch keine Halb- und Unklarheiten wieder gefährdet werden, darum kann die Liebe zur Gemeinde weder Sünde noch Ungehorsam dulden. Daß der Brief sich zugleich an die Christen in ganz Achaja richtet (2 Kor 1,1), betont das Grundsätzliche dieser Klärung.

6) In den drei Monaten, die Paulus danach in Griechenland zubrachte (Apg 20,2; Winter 55/56), hat er wahrscheinlich in Korinth überwintert (vgl. 1 Kor 16,6) und von hier aus den → Römerbrief geschrieben (vgl. Röm 16,23).

II) 1. KORINTHERBRIEF.

Der 1 Kor scheint sein Gepräge dadurch zu erhalten, daß er zu den verschiedensten Fragen des Lebens und der Lehre Antwort gibt und so einen Einblick in die Probleme einer Gemeinde gestattet. In Wirklichkeit gibt es nur eine Wurzel der vielfältigen Not und Zerreißung: Es sind Leute eingedrungen, die »Lust haben zu zanken« (1 Kor 11,16). Sie haben wohl die von den verschiedenen Lehrern empfangenen Unterweisungen so formuliert und vielleicht weitergebildet, daß sich Anlaß zum Streiten fand (1 Kor 1,11.12). Schnell breitet sich der Streit über alle Gebiete des Glaubens und Lebens aus und zerreißt die Gemeinde. Da greift der Brief ein und sucht die Gemeinde wieder auf den einen Grund Jesus Christus zu stellen, auf dem aller Streit unmöglich wird.

1) EINTEILUNG.

Anschrift, Gruß und Dank (1,1–9).

I. Sicherung der Ganzheit der Gemeinde (1,10–8,13).

A. Die Ganzheit (1,10–2,16).
 1. Ein Christus (1,10–17).
 2. Eine göttliche Weisheit: der gekreuzigte Christus (1,18–25).
 3. Eine Regel göttlicher Berufung und Erwählung (1,26–31).
 4. Ein Maßstab der Predigt (2,1–5).
 5. Eine Möglichkeit zum Verstehen der Offenbarung Gottes (2,6–16).

B. Gefährdung der Ganzheit (3,1–4,21).
 1. Lage in Korinth (3,1–4).
 2. Gefahr durch falsche Verehrung der Diener (3,5–15).
 3. Gefahr durch menschliche Weisheit (3,16–23).
 4. Gefahr durch Eingriff in Gottes Recht (4,1–5).
 5. Vorbeugung durch Demut (4,6–13).
 6. Richtiges Verhältnis zum Apostel und seiner Botschaft (4,14–21).

C. Ansturm der Welt (5,1–8,13).
 1. Hurerei (5,1–5).
 2. Die Gemeinde soll sich von der Sünde scheiden (5,6–13).
 3. Die Gemeinde soll auch weltliche Streitigkeiten selbst beilegen (6,1–11).
 4. Auch der Leib gehört Christus (6,12–20).
 5. Das Verhältnis der Geschlechter und die Unverletzlichkeit der Ehe (7,1–40).
 6. Freiheit und Gewissen (8,1–13).

II. Ordnung für die Gemeinde (9,1–15,58).

A. Äußere Ordnung (9,1–11,34).
 1. Apostel und Gemeinde (9,1–23).
  a. Apostelrecht (9,1–14).
  b. Verzicht auf das Recht (9,15–23).
 2. Zielstrebigkeit als Ordnung (9,24–10,13).
  a. Konzentration auf das Ziel (9,24–27).
  b. Warnung vor Abwegen der Väter (10,1–13).
 3. Speise und Trank (10,14–33).
  a. Herrenmahl und Fremdreligion sind unvereinbar (10,14–22).
  b. Das Maß der Freiheit hängt von der Gewissensbelastung der andern ab (10,23–33).
 4. Zusammenkunft der Gemeinde (11,1–34).
  a. Mann und Frau in der Versammlung (11,1–15).
  b. Liebes- und Herrenmahl (11,16–34).

B. Die Gaben des Geistes (12,1–14,40).
 1. Einheit in der Mannigfaltigkeit (12,1–11).
  a. Die Einheit der Wurzel (12,1–6).
  b. Mannigfaltigkeit der Erscheinung (12,7–11).
 2. Notwendigkeit der Vielheit (12,12–31).
  a. Die Gemeinde als Leib Christi (12,12–26).
  b. Der verschiedene Auftrag der Glieder des Leibes (12,27–31).
 3. Liebe als Grundlage aller Gaben (13,1–13).
  a. Frömmigkeit und Liebe (13,1–3).
  b. Richtung der Betätigung der Liebe (13,4–7).
  c. Die Anfänge und das Vollkommene (13,8–13).
 4. Zusammenwirken der Gaben (14,1–40).
  a. Weissagung und Zungenrede (14,1–14).
  b. Die geordnete Anwendung der Gaben (14,15–40).

C. Grundlegung der Hoffnung der Gemeinde (15,1–58).
 1. Der Grundinhalt des Evangeliums (15,1–19).
  a. Wahrheit der Auferstehung Christi (15,1–11).
  b. Bedeutung der Auferstehung der Toten (15,12–19).
 2. Die Frohe Botschaft (15,20–34).
  a. Die Überwindung des Todes (15,20–28).
  b. Wirkungen des Auferstehungsglaubens (15,29–34).
 3. Die Umgestaltung durch den Tod hindurch (15,35–58).
  a. Der neue Leib (15,35–50).
  b. Die Verwandlung (15,51–58).

Schluß des Briefes (16,1–24):
 Mitteilungen, Empfehlungen, Grüße, Segen.

2) THEOLOGIE.

In aller Mannigfaltigkeit seiner einzelnen Fragen ist der Brief doch eine Ganzheit. Die Gegensätze zwischen arm und reich in der Bevölkerung Korinths wirkten in die Gemeinde hinein. Dazu kam die überall in den Gemeinden sich zeigende Spannung zwischen Judenchristen und Heidenchristen und der Gegensatz auf dem Gebiete von Geschlechtlichkeit und Ehe, wo eine Richtung Enthaltsamkeit und Ehelosigkeit, ja die Auflösung bestehender Ehen forderte, während andre – die »geistliche« Freiheit betonend und die leiblichen Beziehungen mißachtend – offen Hurerei trieben; dem entspricht es, daß man weltliche Streitigkeiten nicht in der Gemeinde beizulegen vermochte. Die durch Überbetonung der persönlichen Freiheit und mangelnde Sicht für das Ganze bedingten Spannungen ziehen sich durch alle Gebiete, und man muß fast fragen, was diese Menschen eigentlich noch gemein hatten. Da will der Brief helfen, daß die Gemeinde wirklich Leib werde, damit die mancherlei Gaben und Kräfte auf den verschiedenen Gebieten des Lebens sich in der Förderung des gemeinsamen Wachsens des ganzen → Leibes (VI) zur Ehre des Herrn auswirken können. Darum kann der Brief zu den einzelnen Fragen erst sprechen, nachdem der Grund klar gelegt ist, auf dem allein die Ganzheit werden und bestehen kann (vgl. 1 Kor 3,11). Er liegt allein in dem Opfer Christi (1 Kor 1,13), das in dem Wort vom Kreuz (V 18) bezeugt wird und dessen Annahme den Menschen zum Glied Christi macht, rechtfertigt und heiligt. Der Handelnde und zu rühmen aber ist nicht der Mensch, sondern allein Christus (V 30f). Nicht die Weisheit der Welt, sondern die Kraft der göttlichen Offenbarung erschließt den Weg dahin (1 Kor 1, 19ff; 2), macht die Gemeinde zu Gottes Tempel, in dem sein Geist wohnt (1 Kor 3,16–22).

Von dieser Grundlegung aus beantworten sich dann auch die übrigen Fragen. Einerseits kann auf manchen Gebieten keine Norm aufgestellt werden, und der einzelne muß sich von seinem in Gott gebundenen Gewissen in der jeweils besonderen Situation leiten lassen. Das gilt z. B. bei der Frage der Ehelosigkeit (1 Kor 7) und den erlaubten Speisen (1 Kor 8; 10,23ff); Rücksichtnahme auf das Gewissen der andern soll hier Maßstab sein. Wo es anderseits um den Bestand der Gemeinde geht und eine von Gott gegebene Ordnung vorliegt, da ist dem Abgleiten und den vermeintlichen Vorrechten zu wehren. Hierher gehört das Verbot sexueller Freizügigkeit (1 Kor 6,13–20), das Verbot der gleichzeitigen Teilnahme an heidnischen Kultveranstaltungen (1 Kor 10,14–22), die Würdigung des Herrenmahls (1 Kor 11) und die ordnende Zucht der gottesdienstlichen Versammlung (1 Kor 14) und die Stellung von Mann und Frau in ihr (1 Kor 11,3ff; 14,34f; vgl. → Gottesdienst V, 3). Alle diese Probleme werden in Frieden gelöst, wo die Glieder der Gemeinde nicht eine Sonderstellung und nichts für ihre Person suchen, sondern sich einordnen in den Leib (1 Kor 12) und ihr Handeln und Trachten bestimmt sein lassen von der Liebe (1 Kor 13); dann werden sie auch das große Ziel, die Auferstehung aus den Toten, die endgültige Vereinigung mit Christus (1 Kor 15) im Auge behalten und einander zu einem ganz auf das von Christus gesteckte Ziel ausgerichteten Leben helfen (1 Kor 9,24–27).

III) 2. KORINTHERBRIEF.

Das Thema des 2 Kor ist der Dienst. Damit steht er neben dem Phil, obgleich beide die Sache von verschiedenen Seiten behandeln. Der Phil wirbt um die Gemeinde, daß sie hineinwachse in die Arbeit für ihren Herrn; im 2 Kor spricht der Diener Christi, der seiner Gemeinde ein hartes Wort sagen mußte und z. T. noch muß, um seine Vollmacht zu begründen und auch den letzten das Leben der Gemeinde störenden Widerstand noch zu brechen.

1) EINTEILUNG.

Anschrift und Gruß (1,1.2).

I. Gemeinschaft des Trostes (1,3–2,11).
  1. Der Gott allen Trostes (1,3–5).
  2. Gemeinschaft des Leidens, der Fürbitte, des Ruhmes (1,6–14).
  3. Treue zum gegebenen Wort (1,15–22).
  4. Zucht und Mahnung als Weg zur Freude (1, 23–2,4).
  5. Vergebung stellt Gemeinschaft wieder her (2, 5–11).

II. Der rechte Dienst Christi (2,12–6,10).

A. Charakterisierung (2,12–4,18).
  1. Der Auftrag des Boten (2,12–17).
  2. Die Ausrüstung des Boten (3,1–6).
  3. Die Strahlungskraft des Dienstes (3,7–4,6).
  4. Die Bedrängnis des Dieners (4,7–18).

B. Zielsetzung und Fundament (5,1–6,10).
  1. Die Kraft der Hoffnung (5,1–10).
  2. Die Kraft der Gottesfurcht (5,11–16).
  3. Gottes Handeln in Christus (5,17–21).
  4. Gottes Handeln in den Mithelfern (6,1–10).

III. Lebensregeln der Gemeinde (6,11–9,15).

A. Grundlegendes Gebot: Scheidung von der Welt (6,11–18).

B. Wirkung des Apostelwortes (7,1–16).
  1. Reue (7,1–9).
  2. Gehorsam (7,10–16).

C. Bewährung der Gemeinschaft der Heiligen (8,1 –9,15).
  1. Vorbildliche Nothilfe (8,1–7).
  2. Werben um die rechte Liebe (8,8–15).
  3. Zuverlässige Verwaltung der Gaben (8,16–24).
  4. Ausdauer in der Hilfsbereitschaft (9,1–5).
  5. Wirkung dieser Gemeinschaft 9,6–15).

IV. Des Apostels Vollmacht (10,1–13,10).

A. Die Vollmacht (10,1–11,6).
  1. Vorwurf der Fleischlichkeit (10,1–6).
  2. Die Vollmacht vom Herrn (10,7–18).
  3. Gleiches Recht aller Apostel (11,1–6).

B. Aneignung der Vollmacht (11,7–12,10).
  1. Verzicht auf zustehende Rechte (11,7–15).
  2. Leiden für das Evangelium (11,16–33).
  3. Offenbarungen (12,1–10).

C. Auswirkung der Vollmacht (12,11–13,10): Besserung und Reinigung der Gemeinde.

Schluß: Grüße und Segen (13,11–13).

2) THEOLOGIE.

Die Grundlegung des Briefes erfolgt im I. Teil. Gott als der Gott allen Trostes macht die Getrösteten zu Tröstern der Brüder (2 Kor 1,4). Der Mensch in der Hand Gottes wird zum Werkzeug Gottes und die Gemeinde Gottes wird zur Trostgemeinschaft, in der man füreinander leidet (V 6a) und füreinander betet (V 11). Der Ruhm des Gläubigen vor Christus sind die, denen er auf ihrem Wege helfen konnte (V 14). In solche Gemeinschaft ist Paulus mit den Lesern gestellt, und deren Voraussetzung ist das unbedingte Stehen zum einmal gegebenen Wort als unerläßliche Grundlage des Vertrauens. Auch das Vertrauen zu Gott steht darauf, daß er in Christus alle seine Verheißungen erfüllt hat. Der zweite Grundstein ist die Rücksichtnahme auf den Bruder, wie auch Paulus den Besuch aus Rücksicht auf die Gemeinde verschoben hat. Die dritte Grundlage ist die Vermeidung der Verdammung, so daß man den gefallenen Bruder wieder aufnehmen kann, um ihm zurechtzuhelfen. Als vierte Grundlage sehen wir die sorgende Liebe, die Paulus in Troas nicht zur Ruhe kommen ließ.

Der allen Gläubigen aufgetragene Trostdienst stellt die Menschen vor die Entscheidung zum Leben oder zum Tode. Daraus ergibt sich die Frage, wer zu solchem Dienst tauglich ist, und diese Frage bildet das Thema, zu dem Paulus aus eigener Erfahrung spricht.

Da in der Gemeinde Gläubige aus Juden und Heiden zusammengefaßt sind, wird zuerst der Dienst des alten dem des neuen Bundes gegenübergestellt. Beide wirken ein Leuchten des Dieners, aber dies ist

Tafel 51

Ein Teil der »Via dolorosa«, des traditionellen Kreuzweges Jesu von der Burg Antonia nach Golgatha.

Tafel 51

im AT vorübergehend (2 Kor 3,7.13), während der Diener des neuen Bundes völlig und bleibend durchläutert wird (V 18). Hat die Kraft des Wortes den Diener überwunden und ihn die Barmherzigkeit Gottes erfahren lassen (2 Kor 4,1), so wirkt die in den Dienst gelegte Kraft vierfach auf ihn zurück, indem sie sein Leben, sein Wesen, sein Verhältnis zum Wort Gottes und zu den Menschen läutert und umgestaltet (V 2). Diese Umgestaltung macht den Diener zum Licht in der Welt (V 6). Wie Paulus es selber erlebt hat, geht der Diener in die bes. Schule des Leidens, das durch das Dennoch des Glaubens überwunden werden muß. Die Kraft des Leidens, das Mitsterben mit Christus wird zur Segenskraft (V 10). Diese Wandlung des Leidens zum Segen erfolgt durch die Kraft der Hoffnung, wie sie in denen wirkt, die ihres Eingangs in die Wohnung im Himmel gewiß sind und sich darauf so freuen, daß ihr Leben durch die Sehnsucht gestaltet wird. Die Gefahr, daß Heilsgewißheit zur Überhebung führen könnte, wird ausgeschaltet durch die Kraft der Gottesfurcht, die um Gericht und Vergeltung weiß (2 Kor 5,10). Entscheidend für das Urteil ist nicht, was Menschen uns zugefügt haben, sondern was wir ihnen waren und antaten. Darum tut Paulus alles, was in seiner Kraft steht, für die Gemeinde in Korinth, über die er auch einmal Rechenschaft ablegen muß. So werden die Menschen gestaltet, denen Christus das Amt der Versöhnung gibt, die nicht mehr sich selbst suchen, sondern nur Gottes Ehre und das Heil der Menschen.
Gerade in diesem Leben um des anderen willen und im Verzicht auf wohl zustehende Rechte kommt die Vollmacht des Apostels zum Ausdruck, die nicht geringer ist als die der anderen. Sie gibt ihm das Recht zu Weisung und Mahnung. Der Ausweis des Paulus ist, was er für das Evangelium gelitten hat und – zurückhaltend angedeutet – was Gott ihm an Offenbarungen schenkte.

Korn → Ackerbau

Kornelius. Röm. → Hauptmann (Centurio) in Cäsarea, ein Offizier der italienischen Kohorte (→ Italien). K., der »gottesfürchtig« war, d. h. an den Gott Israels glaubte, empfing in einem Gesicht die Weisung, Petrus rufen zu lassen. Dieser verkündigte ihm das Evangelium; der Hauptmann und die Seinen glaubten und wurden von Petrus als die ersten Christen aus den Heiden getauft. Petrus hat diese Taufe in Jerusalem mit Vollmacht verteidigt, und seitdem wurde das Evangelium auch den Heiden verkündigt (Apg 10,1–11,18).

Kornhaus, Kornstadt. Kornhaus bezeichnet den Speicher für Getreide und andere Lebensmittelvorräte (Jer 50,26; Jo 1,17); häufig war es ein runder Behälter von meist 2–3 m Durchmesser, der sich nach oben verjüngte und an seiner Spitze eine Öffnung zum Einfüllen besaß. Für das Kornhaus des Tempels (Mal 3,10) steht auch allgemeiner Vorratshaus (1 Chron 26,15.17). Die staatlichen Kornmagazine des Pharaos in Ägypten (1 Mo 41,35.56), das Stapeln und die Buchführung über die Getreidevor-

Das Füllen eines ägypt. Getreidemagazins wird von einem Aufseher und einem Schreiber überwacht

räte, Tätigkeit und Titel der »Aufseher über die Kornhäuser« sind uns aus Wandmalereien, Grabmodellen und Inschriften gut bekannt. Vgl. Taf. 79a/1248.
Aus verwaltungstechnischen und militärischen Gründen wählte man gern bestimmte Städte zur Errichtung von größeren Magazinen. Die Israeliten mußten dem Pharao die Städte Pithon und Raemses zu Vorratshäusern ausbauen, als Stützpunkte für die Feldzüge und die ägypt. Herrschaft in Syrien und Palästina (2 Mo 1,11 LÜ Vorratshäuser). Ebenso errichtete Salomo beim Ausbau seines Reiches Städte der Kornhäuser (1 Kö 9,19) oder Kornstädte (2 Chron 8,4.6). Solche Distriktshauptstädte mit Magazinen für Korn und andere Naturalabgaben waren außer den hier genannten nach den Ausgrabungen auch Lachis und Beth-Semes. In der Kasemattenbauweise (vgl. → Festung II, 4) der Stadtmauern von Debir, Beth-Semes, Geser, Tell Qasile (nördl. von Japho) und Hazor hat man ebenfalls einen Hinweis darauf gesehen, daß es sich hier um Vorratsstädte handelt. Die Abteilungen innerhalb der Mauer sind z. T. erst später mit Schutt aufgefüllt worden, ursprünglich wurden sie als Vorratsräume benutzt. Rehabeam (2 Chron 11,11) und später Josaphat (2 Chron 17,12) und Hiskia (2 Chron 32,28f) setzten diese Politik fort. Auch aus Israel hören wir von solchen Kornstädten (2 Chron 16,4).

Kornmaß → Maße und Gewichte I, 3.

Körper steht 1 Kor 15,40; Kol 2,17 statt → Leib. Das Bild vom K. und Schatten beschreibt das Verhältnis der atl. Verheißung und Vorausdeutung zur Erfüllung und Wirklichkeit in Christus.

Kos, Insel an der SW-Küste Kleinasiens, nordwestl. von Knidus. Paulus berührte sie auf dem Weg von Milet nach Rhodus (Apg 21,1). Sie war berühmt durch das Heiligtum des Asklepios, des Gottes der Ärzte, und als Geburtsort des Arztes Hippokrates. Vgl. Karte Sp. 1049/50.

Kosam »Orakelspruch«,
Vorfahr Jesu vor der babyl. Gefangenschaft (Lk 3, 28).

Kosbi »Die Üppige«,
Tochter des midianitischen Fürsten Zur, die der Simeonit Simri ins isrl. Lager brachte. Pinehas tötete beide (4 Mo 25,6–8.14.15.18).

Koseba, hängt mit hebr. »lügen, täuschen« zusammen.
Ort in Juda in der Sephela (1 Chron 4,22), vermutlich identisch mit Chesib (1 Mo 38,5) und Achsib (Jos 15,44); viell. aber auch mit Chirbet Kuweiziba, 10 km nordnordöstl. von Hebron.

Tafel 52

a. *Modell der Burg Antonia. Rechts vom Modell hat man sich den Tempelplatz zu denken.*

b. *Steinpflaster im Hof der Burg Antonia. Die eingeritzten Linien dienten den röm. Legionssoldaten für ihre Spiele. Dies Pflaster ist aber wahrscheinlich nicht mit dem Gabbatha (Joh 19,13) am→ Richthaus des Pilatus gleichzusetzen.*

Kot. I) Vgl. → Mist.
II) = Brei (Joh 9,6.11.14.15).

Koz → Hakkoz (2)

Kraft, kräftig. K. ist ein Merkmal des Wesens und der Tätigkeit Gottes, der allein vollkommen über sie verfügt. Er teilt sie der Schöpfung und den Menschen nach seinem freien Ermessen mit und entzieht sie ihnen, wann er will.

I) GOTTES KRAFT wird als »überschwenglich« (2 Kor 4,7; Eph 1,19) bezeichnet, d. h., sie übersteigt alle irdisch-menschliche K., ja alle unsere Vorstellungen von K. überhaupt. »Durch seine große K.« schuf Gott Himmel und Erde (Jer 32,17); sein unsichtbares Wesen wird hier, in den Zeichen seiner ewigen K. und Gottheit, allen Menschen sichtbar (Röm 1,20). Die K. Gottes zeigt sich in seinen Gerichten (2 Mo 9,16; Ps 21,14) wie in seiner gnädigen Hilfe (5 Mo 4,37; 2 Chron 25,8), er selbst wird geradezu als K. bezeichnet (Mt 26,64), ebenso sein Geist (Lk 1,35; 24,49) und Evangelium (Röm 1,16; vgl. Hebr 4,12). Darum nimmt die K. auch im Lob Gottes ihren festen Platz ein (Hi 37,23; Ps 65,7; 147,5; Mt 6,13; Offb 4,11; 11,17; 19,1).

II) DIE KRAFT JESU CHRISTI. Was Jesaja verheißen hat (Jes 9,5[6]) bestätigt der Evangelist: »Die K. des Herrn ging von ihm aus« (Lk 5,17; vgl. 6,19; Apg 10,38). Paulus bezeugt, daß Jesus »kräftig erwiesen ist als ein Sohn Gottes nach dem Geist« (Röm 1,4) und daß alles nun darauf ankommt, »zu erkennen ihn und die K. seiner Auferstehung« (Phil. 3,10). Am Ende der Tage aber werden alle Geschlechter auf Erden des Menschen Sohn mit großer K. und Herrlichkeit kommen sehen (Mt 24,30; vgl. Offb 5,12f).

III) GOTTES KRAFT IM MENSCHEN. Schon die Psalmen sprechen davon, daß Gott den Menschen mit K. ausrüstet (Ps 18,33), seines Lebens K. ist (Ps 27,1) und seiner Seele große K. gibt (Ps 138,3). »Die auf den Herrn harren, kriegen neue K.« (Jes 40,31), gerade in Fällen menschlicher Schwachheit (V 29; 2 Kor 12,9). Jesus verheißt seinen Jüngern: »Ihr werdet die K. des Heiligen Geistes empfangen« (Apg 1,8). Der erste Märtyrer Stephanus wird als ein Mann »voll Glaubens und Kräfte« bezeichnet (Apg 6,8). »Saulus ward immer kräftiger« (Apg 9,22), wird von dem einstigen Verfolger berichtet; er selbst beschreibt seine innere Wandlung mit den Worten: »Gott hat uns den Geist der K. gegeben« (2 Tim 1,7). Schon ein wenig dieser Gotteskraft kann eine ganze Gemeinde zur Bruderliebe, Treue und Zeugenmut befähigen: »Du hast eine kleine K. und hast mein Wort behalten und hast meinen Namen nicht verleugnet« (Offb 3,8).
Nicht auf die menschlich-irdische K. sollen wir vertrauen, die vergänglich ist und im entscheidenden Punkt versagt, sondern auf die K. Gottes kommt es an, über die wir Menschen nie verfügen, die uns aber auf unser Gebet aus dem freien Ermessen und Erbarmen Gottes heraus geschenkt wird. Vgl. → Macht.

Krämer. Für K. (d. h. Händler, Kaufmann; vgl. Mt 25,9) steht im AT im Grundtext meist Kanaaniter, weil diese in atl. Zeit den → Handel weithin in Händen hatten (Jes 23,8; Zeph 1,11). Im gleichen Sinn heißt Babylonien ein Krämerland (Hes 16,29; 17,4).

Kranich gibt in Jes 38,14; Jer 8,7 das hebr. *agur* wieder, das sich an beiden Stellen unmittelbar an *sus* (LÜ »Schwalbe«) anschließt. Da der Schrei des K. schwerlich ein »Zwitschern« (LÜ Winseln; Jes 38,14) genannt werden kann, hat man vermutet, daß es sich nicht um eine besondere Vogelart, sondern um eine nähere Bestimmung (»fliegend« oder »zwitschernd«) zu *sus* handelt. *Sus agur* (→ Schwalbe 2) wäre dann der Mauersegler.

Krankenheilung. → Krankheit und → Tod sind gottfeindliche Mächte, die durch die → Sünde der Menschen in die Welt gekommen sind. In der Herrlichkeit Gottes gibt es keine Krankheit.

I) Im AT bezeichnet sich Gott selbst als → Arzt, der von Krankheit heilt (1 Mo 20,17; 2 Mo 15,26; Hos 6,1; Hi 5,18; Ps 103,3); ihn soll der Mensch aufsuchen (2 Kö 1,2ff). Man rief ihn unter Fasten an (2 Sam 12,16ff) und sonderte sich von der Sünde, die die Krankheit verursacht hatte (4 Mo 25).

II, 1) Auch im NT wird die Krankheit als gottfeindliche Macht angesehen (Lk 13,11.16). Jesus ist gekommen, die Werke der Finsternis zu zerstören (1 Joh 3,8). Bewußt wird in Mt 8,17 die atl. Verheißung, daß er unsere Krankheit trug und wir durch seine Wunden geheilt sind (Jes 53,3.4.5.10), auf das heilende Wirken Jesu bezogen. In den Heilungswundern wurden die Kräfte der zukünftigen Welt sichtbar als Zeichen seiner göttlichen Sendung (Mk 16,17.20; Joh 2,23; 20,30; Apg 2,19.22).
2) Auch die Jünger Jesu heilten Kranke (Mt 10,1; Mk 6,13; Lk 9,1–10,9; Apg 28,8.9; Apg 3; 5,12.15.16). Sie hatten den Auftrag, Kranke zu heilen, Tote aufzuerwecken, Dämonen auszutreiben und (auch damit) das Reich Gottes zu verkündigen (Mt 10,1.7.8; Lk 9,2).
3) Von der K. deutlich unterschieden wird die Heilung der → Besessenheit (vgl. Mt 10,8).

III) Das NT sagt über die K. folgendes:
1) Dem gläubigen Gebet ist nichts unmöglich (Mt 17,20), und häufig ist der erste Schritt zur Heilung, daß der Kranke oder ein anderer im Glauben und Vertrauen auf seine Hilfe zu Jesus kommt (Mt 8,10.13; 9,22; Mk 5,34; 10,52; Lk 18,42; vgl. Apg 14,9f). Solche Bitte geht aber nicht immer voraus (Mk 3,1–3; Lk 13,11.12; Apg 3,2–6).
2) Die Geistesgabe (→ Gaben des Geistes) der K. wird einzelnen Gliedern der Gemeinde zugeteilt (1 Kor 12,9).
3) Für die Gemeinde gilt die Weisung: Ist jemand krank, so soll er die Ältesten rufen, die sollen über ihm beten und ihn im Namen des Herrn mit Öl salben, und der Herr wird ihn aufrichten (Jak 5,14.15).
4) Darüber hinaus wird die K. allgemein als eines der Zeichen verheißen, die den Gläubigen nachfolgen werden (Mk 16,17–20).
5) Als Hindernis für die Heilung wird in Jak 5,16f die Sünde genannt: »So bekennet denn einander die Sünden und betet für einander, daß ihr geheilt werdet.« Die Krankheit kann auch darin ihren Grund haben, daß wir das → Abendmahl in unwürdiger Weise genießen (1 Kor 11,29.30).
6) Da die K. ein Zeichen der anbrechenden Gottesherrschaft ist, kann die Gesundung nicht als Prüfstein für den Glauben des einzelnen angesehen werden. Paulus rät Timotheus, ein natürliches Linderungsmittel für seinen kranken Magen zu gebrauchen (1 Tim 5,23), und bemerkt, daß er Trophimus in Milet krank zurückließ (2 Tim 4,20). R. F. E.

Krankheiten. Tod und K. sind durch die Sünde in die Welt gekommen (1 Mo 2,17; Röm 5,12) und stehen daher in der Gewalt Satans (Hi 2,7; Lk 13,16; Hebr 2,14). Vielfach antwortet auch Gott mit dem Gericht der K. auf den Ungehorsam des Menschen (5 Mo 28,21.22.35.58–61). Aber ein oberflächliches Zurückführen einzelner Leiden oder K.fälle auf bestimmte Sünden wird deutlich abgelehnt, weil es

der Tiefe der Zusammenhänge nicht gerecht wird (Buch Hiob; Joh 9,2.3; 11,4).
Neben den allgemeinen Ausdrücken Krankheit, Seuche, Plage, Qual (5 Mo 28,58–61; Mt 4,23.24; Mk 5,29) kennt die HS eine Reihe von Begriffen, die spezielle K. mehr oder weniger präzise bezeichnen:

AUSSATZ. 1) 3 Mo 13 enthält die ausführlichen Vorschriften zur Diagnose des A. In vielen Fällen ist eine Beobachtungszeit von 7 (V 21.26) oder 14 Tagen (V 4–6.31–34) nötig, um den A. sicher gegen andere Hautkrankheiten abgrenzen zu können. Verdacht auf A. besteht bei Schwellungen, Ausschlag oder hellen Flecken auf der Haut (V 2). Auch aus abheilenden Geschwüren (V 18) oder Brandwunden (V 24) kann sich A. entwickeln. In anderen Fällen ergreift es sofort den ganzen Körper (4 Mo 12,10; 2 Kö 5, 27).

2) Die Symptome sind folgende: das A.mal erscheint tiefer als die umgebende Haut (3 Mo 13,3.20.25.30), die Haare auf den befallenen Stellen werden am Körper weiß (V 3.10.20.25), an Kopf und Bart dünn und goldblond (V 30). Wenn die Krankheit weiter um sich greift, ist das ein sicheres Merkmal für A.; in dem Fall braucht auf die Farbe der Haare nicht weiter geachtet zu werden (V 36). Gelegentlich tritt im A.mal rohes Fleisch auf (V 10.14.15), das aber wieder verschwinden kann (V 16). Die Farbe des Ausschlags ist weiß oder rötlichweiß (V 10.16.17.19. 24.42.43); wenn größere Teile oder der ganze Leib bedeckt sind, wird von »aussätzig wie Schnee« (2 Mo 4,6; 4 Mo 12,10; 2 Kö 5,27; vgl. 3 Mo 13,13) gesprochen. Über die Häufigkeit des A. fehlen genauere Angaben; einmal hören wir von vielen Aussätzigen (Lk 4,27). 2 Kö 5,27; 2 Sam 3,29 weisen auf die Möglichkeit der Vererbung hin. Von irgendwelchen ernsteren oder gar lebensgefährlichen Erscheinungen ist in keinem Fall die Rede; die beiden Stellen 4 Mo 12,12; 2 Kö 5,10.14, die man dafür angezogen hat, sind schwerlich beweiskräftig. Die Krankheit kann ausheilen (3 Mo 13,46; 14,3), ohne daß wir von einer ärztlichen Behandlung erfahren. Ausdrücklich berichtet werden nur spontane Heilungen auf das Gebet Moses (4 Mo 12,13), das Wort Elisas (2 Kö 5,14), Jesu (Mt 8,3) und der Jünger (Mt 10, 8). Angst vor Ansteckung kommt nicht zum Ausdruck. Der aussätzige Feldherr Naeman bleibt im Dienst, verkehrt mit seiner Familie, hat Zutritt zum König und reist mit größerem Gefolge (2 Kö 5,1.3. 4.13). Und der Kranke, bei dem der Ausschlag den ganzen Körper bedeckt, wird wieder wie ein Gesunder angesehen (3 Mo 13,13).

3) Die Furcht vor dem A. überhaupt beruht unter den Israeliten darauf, daß der Aussätzige für die Dauer der Krankheit kultisch als unrein gilt (V 3) und damit aus der Gemeinschaft des Volkes wie von der Teilnahme am Gottesdienst ausgeschlossen ist. Bei dem chronischen Verlauf trifft das bes. schwer. Die Absonderung (die Unreinheit wird durch Berührung übertragen, vgl. 3 Mo 15,4–12) hat einen religiösen und keinen medizinischen Grund. Die Erkrankten werden aus dem Lager ausgeschlossen (3 Mo 13,46; 4 Mo 5,2; 12,14); später halten sie sich vor dem Stadttor auf (2 Kö 7,3). Der aussätzige König erhält eine abgeschlossene Wohnung (2 Kö 15, 5); ein aussätziger Priester darf nicht mehr vom Heiligen essen (3 Mo 22,4). Das ist bei anderen Hautkrankheiten, auch wenn sie vom Priesterdienst ausschließen, nicht der Fall (3 Mo 21,20–22). Um Reine zu warnen, muß der Aussätzige zerrissene Kleider tragen, barhaupt gehen, die Lippen verhüllen und »Unrein!« rufen (3 Mo 13,45). Die Aussätzigen von Lk 17,12.13 wagen Jesus nur von ferne anzusprechen. In einigen Fällen ist der A. ein vom Herrn unmittelbar verhängtes Gericht (4 Mo 12; 5 Mo 24,8.9; 2 Kö 5,27; 2 Chron 26,19–21) oder wird als solches herabgerufen (2 Sam 3,29). Entsprechend der verunreinigenden Wirkung des A. wird die Heilung als ein Vorgang der Reinigung oder des Reinwerdens bezeichnet (2 Kö 5,10.14; Mt 10,8; Mk 1, 40–42; Lk 4,27; 7,22; 17,12.14.17). Der Geheilte hat sich dem Priester zu zeigen und ein besonderes Opfer darzubringen (3 Mo 14,1–32; Mk 1,44).

4) Übereinstimmend mit der Bibel beschreibt Josephus den A. als eine Hautkrankheit ohne ernstere Symptome; er bemerkt, daß unter den Heiden Aussätzige keineswegs aus der Gemeinschaft ausgeschlossen werden, sondern wichtige Stellungen im öffentlichen Leben einnehmen können (Jos. Ant. III, 11,4).

5) Von dieser Sachlage her ist die verbreitete Gleichsetzung des bibl. A. mit der heute als A. bezeichneten Lepra (die über Lähmungen und Geschwüre zu Verkrüppelungen und Verstümmelungen der Glieder und Zerstörungen an Nase, Gaumen, Mund und Rachen führt) schon lange angezweifelt worden (vgl. die Lit. bei Kittel, Theol. WB. z. NT. IV, S. 240 A.3). Man weiß allerdings, daß Krankheiten ihre Erscheinungsform im Laufe der Jh. ändern; man hat auch daran gedacht, daß der bibl. Begriff des A. mehrere Krankheitsbilder umfassen könnte, die heute medizinisch voneinander getrennt werden und zu denen vielleicht die Lepra gehörte. Anderseits wurde wiederholt auf die *Psoriasis vulgaris*, die Schuppenflechte, hingewiesen. Das griech. Wort *»lepra«*, das in der LXX und im NT für A. steht, bezeichnete in der griech. Medizin vor allem diese *Psoriasis*, deren Symptome mit denen des bibl. A. weitgehend übereinstimmen. Die *Psoriasis* zeigt rötliche, vollkommen mit weißen Schuppen bedeckte Flecke (vgl. 3 Mo 13,19), die entweder plötzlich als Aussaat über den ganzen Körper auftreten (4 Mo 12,10; 2 Kö 5, 27) oder (häufiger) sich in langsamer, schubweiser Entwicklung vergrößern und zusammenfließen, wobei neue aufschießen (3 Mo 13,8.22.27). Bei einer Ausbreitung vom Kopf bis zur Zehe (V 12) spricht man von einer *Erythrodermie*. Die Krankheit verläuft ausgesprochen chronisch (2 Kö 15,5). Der erste Anfall tritt meist akut auf, wie aus heiterem Himmel kommend (4 Mo 12,10; 2 Kö 5,27; 2 Chron 26, 19); mitunter wird er durch eine äußere Verletzung ausgelöst. Provozierend wirken außerdem örtliche Reizungen (3 Mo 13,18.24). Über die Ursachen ist nichts Sicheres bekannt; Ansteckungsgefahr besteht nicht (V 13). Nicht selten aber tritt die Krankheit familiär auf, was auf eine vererbbare Komponente hinweist (2 Kö 5,27; 2 Sam 3,29), die jedoch nur unregelmäßig dominant (d. h. von vorherrschender Auswirkung in der Vererbung) zu sein scheint. Unter den Erkrankten überwiegen Männer (eine Frau wird nur 4 Mo 12 genannt). Die *Psoriasis* kann jede Hautstelle ergreifen, auch den behaarten Kopf – wobei die Haare erhalten bleiben (3 Mo 13,3.20) –, jedoch nie die Schleimhäute. Der Kranke ist im übrigen, von seltenen Ausnahmen abgesehen, gesund und kräftig (nach W. Schönfeld, Lehrbuch d. Haut- u. Geschlechtskrankheiten, Stuttgart 1953[6], S. 53-57).

6) Neben dem A. als Krankheit der Menschen ist vom A. auch bei Kleidungsstücken und Häusern die Rede (3 Mo 13,47–59; 14,33–53), der sie ebenfalls unrein macht. Hier lagen wahrscheinlich Schimmel, Moder- und Stockflecke vor. Vgl. → Haus IV, 1.

AUSSCHLAG auf der Haut wird lediglich 3 Mo 13,2; 14,56 im Zushg. mit dem Aussatz erwähnt.

BESESSENHEIT erinnert zwar oft an das Bild anderer körperlicher oder Geisteskrankheiten, ist aber nach der Aussage des NT eindeutig dämonischen Ursprungs und wird darum gesondert (→ Besessenheit) behandelt. Vgl. Mt 10,8, wo die Reinigung der Aussätzigen, das Totenerwecken und die Dämonenaustreibung von anderer Krankenheilung unterschieden werden.

BEULE, nach 1 Mo 4,23; 2 Mo 21,25 eine durch Stoß oder Schlag hervorgerufene Schwellung. 3 Mo 14, 56 meint eine Schwellung aus anderer Ursache. Die 1 Sam 5,6.9.12; 6,4.5.11 genannten B. sind vielfach als Hämorrhoiden gedeutet worden (5 Mo 28,27 übersetzt Luther das Wort im gleichen Sinn mit Feigwarzen); es können aber auch Pocken oder Pestbeulen gewesen sein.

BLATTERN s. u. Geschwüre.

BLIND. Erblindungen infolge von Augenentzündungen, vielfach begünstigt durch Sonnenstrahlung, Staub, Fliegen und Unsauberkeit, sind im Vorderen Orient häufig. Blindgeborene kommen hinzu (Joh 9,1), so daß es überall b. Bettler gibt (Mt 9,27; 20, 30; 21,14; Joh 5,3). Teilweise oder völlige Erblindung tritt als Alterserscheinung auf (1 Mo 27,1; 1 Sam 4,15; 1 Kö 14,4); das Gegenteil wird ausdrücklich erwähnt (5 Mo 34,7). Kriegsgefangene wurden öfter geblendet (Ri 16,21; 1 Sam 11,2; 2 Kö 25,7). Von vorübergehender Blindheit als Gericht Gottes hören wir Apg 9,8.9; 13,11. Das Herumtappen der B. und das Elend ihres Schicksals wird vielfach als Bild gebraucht (5 Mo 28,29; Jes 59,9.10; Klgl 4,14; Zeph 1,17); sie brauchen andere, die sie führen (Mt 15,14; Apg 13,11; Joh 21,18; Röm 2,19); das Gesetz schützt sie in ihrer Hilflosigkeit (3 Mo 19,14; 5 Mo 27,18). Vgl. weiter → Blindheit.

BLUTFLUSS, BLUTGANG. Die monatliche Blutung der Frau (3 Mo 15,19) und die Blutung nach der Entbindung (3 Mo 12,7). Während dieser Zeiten galt die Frau in jedem Fall als unrein. Langandauernde krankhafte Blutungen waren damals sehr schwer heilbar (3 Mo 15,25; Mk 5,25.26).

BRAND und Hitze (5 Mo 28,22) bezeichnen wohl allgemein Entzündungserscheinungen.

BRANDMAL = Brandwunde (3 Mo 13,24–28). 1 Tim 4,2 spielt auf das Sklaven oder Verbrechern zur Kennzeichnung eingebrannte Mal an.

DARRE. Eine Krankheit, die Abmagerung und allgemeinen Kräfteverfall zur Folge hat. Vielleicht ist die Schwindsucht (Tuberkulose) gemeint (3 Mo 26, 16; 5 Mo 28,22; Jes 10,16).

DRÜSE s. u. Geschwüre.

EITER ist immer Zeichen einer Infektion; auch aus oberflächlichen Verletzungen können dadurch tiefe Wunden werden, die nur langsam ausheilen (Ps 38, 6; Spr 12,4; 14,30). Das Jes 1,6 mit Eiterbeulen übersetzte Wort bezeichnet nach EÜ, ZÜ, MÜ frische Verletzungen.

EITERFLUSS ist ein schleimiger oder eiteriger Ausfluß aus der Harnröhre des Mannes (3 Mo 15,1–15). Es kann sich dabei um bloße Harnröhrenentzündung *(Urethritis)* oder um eine Geschlechtskrankheit *(Gonorrhoe)* handeln. Der Betroffene war für die Dauer der Erkrankung unrein (V 2) und mußte nach der Genesung ein Reinigungsopfer darbringen (V 14. 15). Für die Absonderung der Kranken gelten die gleichen Bestimmungen wie beim Aussatz, mit dem zusammen der E. 3 Mo 22,4; 4 Mo 5,2; 2 Sam 3,29 genannt wird.

EITERWEISS (3 Mo 14,56) bezeichnet helle oder weiße Flecken auf der Haut, die Zeichen des beginnenden Aussatzes (3 Mo 13,2.19.38), aber auch Narben (V 23) oder harmlose Hautveränderungen sein können (V 4.38.39).

FEHL. Unter dieser Bezeichnung werden mehrere K. und Mißbildungen zusammengefaßt, die dem davon betroffenen Priester verbieten, zu opfern und ins Heiligtum zu kommen, ihn jedoch nicht vom Genuß der Opfergaben ausschließen (3 Mo 21,17–23). Es handelt sich dabei um Blinde und Lahme, Menschen mit Mißbildungen im Gesicht, an Augen und Gliedern (die auch durch schlechtverheilte Brüche verursacht sein können), mit Höckern oder Zwergwuchs und Hautkrankheiten, außerdem um Entmannte (vgl. 5 Mo 23,2[1]).

FEIGWARZEN s. o. Beule.

FIEBER wird als auffälligstes Symptom vieler Erkrankungen häufig selber zur Krankheitsbezeichnung. Welches Leiden jeweils gemeint ist, läßt sich meist nicht entscheiden (3 Mo 26,16; 5 Mo 28,22; 32,24; Joh 4,52). Der Ausdruck hartes (wörtl. großes) F. (Lk 4,38.39) geht möglicherweise auf die in der griech. Medizin übliche Einteilung in große und kleine F.krankheiten zurück. Apg 28,8 deutet die Pluralform im griech. Text vielleicht auf mehrfache F.anfälle hin.

FLECHTE. Welche besondere Hautkrankheit darunter verstanden wurde, läßt sich nicht sagen (3 Mo 21, 20; 22,22 bei Tieren).

FLUSS s. o. Blutfluß, Eiterfluß.

GESCHWÜRE. Eiternde G. sind im Vorderen Orient häufig. Die bibl. Angaben darüber erlauben jedoch kaum exakte Beschreibungen der einzelnen Krankheiten. Die »bösen schwarzen Blattern« (2 Mo 9,9–11) sind eigentlich Beulen, die zu G. aufbrechen. Die gleiche Krankheit scheint mit den »Drüsen Ägyptens« (5 Mo 28,27) gemeint zu sein, während die »bösen Drüsen an den Knien und Waden, von den Fußsohlen bis auf den Scheitel« (V 35) an Hiobs »böse Schwären von der Fußsohle an bis auf seinen Scheitel« (Hi 2,7) erinnern. Man hat in den beiden letzten Fällen auch an die Lepra im heutigen Sinne gedacht, was aber zumindest bei Hiob fraglich ist. Das gleiche hebr. Wort wie in all diesen Stellen steht weiter 3 Mo 13,18.20.23 (wo von der Entstehung des Aussatzes aus einem abheilende Geschwür [Drüse] die Rede ist) und bei Hiskias Geschwür (Drüse; 2 Kö 20,7; Jes 38,21), in dem wir vielleicht einen Furunkel sehen können. Im NT geben die Ausdrücke Schwären (Lk 16,20.21) und Drüse (Offb 16,2.11) das griech. Wort für Eitergeschwür wieder.

GICHTBRÜCHIG. Bei den öfter im NT genannten Gichtbrüchigen (Mt 4,24; Mk 2,3–12; Apg 8,7; 9, 33) handelt es sich um Gelähmte. Lähmungen beruhen auf einer Schädigung des Nervengewebes und bilden sich häufig nicht zurück. Es könnte sich auch um Gelenkrheuma handeln.

GRIND bezeichnet ganz allgemein einen Hautausschlag (3 Mo 13,6–8), insbes. einen krustigen oder borkigen Ausschlag an Kopf und Bart (V 30–37; 14,54). 3 Mo 21,20; 5 Mo 28,27 ist vermutlich die Krätze gemeint, eine stark juckende Hautkrankheit, die durch Milben hervorgerufen wird.

HERZ. Das 5 Mo 28,28 erwähnte Rasen des H. läßt sich medizinisch nicht deuten. Dagegen könnte die Krankheitsbeschreibung 1 Sam 25,37.38 auf einen H.infarkt hinweisen. Vgl. weiter den besonderen Artikel → Herz.

HITZE s. o. Brand.

KAHL. Harmloser Haarausfall, nach dem allerdings an den gelichteten Stellen Aussatz auftreten kann, wird 3 Mo 13,40–43 genannt. Dagegen handelt es sich Jes 3,17 um Haarschwund, der durch irgendeine Hautkrankheit hervorgerufen wird. Vgl. weiter den besonderen Artikel → Kahl.

Knochenbruch. Das Verbinden und wohl auch Schienen ist Hes 30,21 erwähnt. Die Vorschrift 3 Mo 21,19 (s. o. Fehl) scheint aber vorauszusetzen, daß die Brüche öfter schlecht verheilten und dann zu Verkrüppelungen führten. Eli starb am Bruch der Halswirbelsäule (1 Sam 4,18). Das Brechen der Schenkelknochen bei den Gekreuzigten führte unmittelbar zum Tode (Joh 19,31), vermutlich durch Fettembolie (feinverteilte Fettröpfchen gelangen dabei in die Blutbahn und verstopfen die feinsten Gefäße in Lunge bzw. Gehirn).

Krätze bezeichnet 5 Mo 28,27 ein nicht genauer bestimmbares Hautleiden.

Krebs. 2 Tim 2,17 ist nicht das Carcinom gemeint, sondern die Gangrän, der Brand. Es handelt sich um eine Zersetzung abgestorbener Gewebeteile durch Fäulniserreger. Sie beginnt häufig an den Finger- oder Zehenspitzen und ist auch durch Amputation des betroffenen Gliedes nicht sicher zu heilen, da sie am Stumpf erneut auftreten kann.

Krumm. Lk 13,11 wird von einer Frau berichtet, die 18 Jahre lang durch eine nicht näher bezeichnete Krankheit verkrümmt war und sich nicht aufrichten konnte. Pred 12,3 spricht von dem Krummwerden der Beine als Alterserscheinung.

Krüppel sind Menschen, die durch Krankheit, Unfall oder angeborene Mißbildungen den freien Gebrauch ihrer Glieder verloren haben (Spr 26,7; Mt 15,30.31; Lk 14,13.21) oder verstümmelt sind (Mt 18,8; Mk 9,43). K. waren vom Priesterdienst ausgeschlossen (s. o. Fehl).

Lahm. Der L. ist durch Krankheit, Unfall (2 Sam 4, 4) oder Verstümmelung (Mt 18,8) beim Gehen behindert oder unsicher (Hebr 12,13) und vielfach auf fremde Hilfe angewiesen (Hi 29,15). Angeborene L.-heit kann das Gehen überhaupt unmöglich machen (Apg 3,2; 14,8). Blinde und L. werden häufig zusammen genannt (2 Sam 5,6; Jer 31,8; Mt 21,14).

Magenkrankheit. Paulus rät Timotheus (1 Tim 5, 23), seines schwachen Magens wegen öfter Wein zu trinken.

Mondsüchtig bezeichnet eine Krankheit, die in ihren Erscheinungen an die Epilepsie erinnert (Mt 17, 15; vgl. Mk 9,18), aber hier dämonische Ursachen hat (→ Besessenheit). Mt 4,24 werden Besessene und M. nebeneinander genannt. Nach dem Namen zu schließen, nahm man wohl einen Einfluß des Mondwechsels auf den Krankheitsausbruch an.

Narbe. Das bei der Wundheilung entstehende derbe und weißglänzende Bindegewebe. Beim Abheilen von Geschwüren und Brandwunden kann zweifelhaft sein, ob es sich um normales N.gewebe oder beginnenden Aussatz handelt (3 Mo 13,23.28).

Pestilenz. Eine verheerende Seuche, die stets als Strafe und Gericht des Herrn genannt wird (3 Mo 26,25; 5 Mo 28,21; 2 Sam 24,13). Außer der großen Zahl von Todesfällen sind keine weiteren Kennzeichen angegeben; es braucht sich also nicht nur um die Pest zu handeln. Sehr häufig wird das Gericht als Schwert, Hunger und P. angekündigt (Jer 21,9; 14,12; 24,10; Hes 6,11; 12,16), wie sie in Kriegszeiten oft aufeinander folgen.

Plage heißt ein vom Herrn gesandtes Strafgericht (1 Mo 12,17; 5 Mo 28,59; Hab 3,5), ist aber in seiner Bedeutung weiter als Pestilenz und umfaßt nicht nur Krankheiten und Seuchen, sondern auch anderes Unheil (vgl. die ägypt. → Plagen 2 Mo 8–11 und die P. der Offb 9,18.20; 15,1.6; 16,9.21; 18,8). Bei den Seuchen hören wir von sehr hohen Todeszahlen (4 Mo 17,14[16,49]; 25,9). In den Evangelien ist P. und geplagt sein eine allgemeine Leidensbezeichnung (Mk 3,10; 5,29.34; Lk 7,21; 8,29).

Ruhr. Bei der Krankheit, an der der Vater des Publius auf Malta litt (Apg 28,8), handelt es sich wahrscheinlich um die Amöbenruhr, eine auch im Mittelmeergebiet verbreitete Tropenkrankheit. Eine häufige Komplikation stellt der Leberabszeß dar, der von hohem Fieber begleitet wird, das für die R. sonst nicht charakteristisch ist. Bei der Eingeweidekrankheit König Jorams (2 Chron 21,15.18.19) hat man ebenfalls an R. gedacht.

Schade. Eine allgemeine Bezeichnung für Verletzungen (2 Mo 21,22.23; 3 Mo 24,20; Dan 6,24[23]), auch bildlich gebraucht (Jes 30,26; Jer 30,12.15; Nah 3,19).

Schwären s. o. Geschwüre.

Sonnenstich. Der durch ungehinderte Sonnenstrahlung auf den unbedeckten Kopf und Nacken ausgelöste S. wird Ps 121,6 erwähnt und 2 Kö 4,18–20 beschrieben. Die übermäßige Blutfülle im Gehirn, die dabei eintritt, kann zum Tode führen.

Striemen. Oberflächliche Schlagverletzungen (Jes 1, 6), bes. die durch das Schlagen mit Ruten verursachten Wunden (Apg 16,33).

Stumm. Das Fehlen der Sprache kann durch Taubheit bedingt sein, wie bei dem Taubstummen Mk 7, 32–37. Auch sonst handelt es sich im NT bei den S., von denen einer zugleich blind ist (Mt 12,22), nicht um organische Leiden; die Erkrankung wird vielmehr auf dämonische Ursachen (→ Besessenheit) zurückgeführt (Mt 9,32.33; 15,30.31; Mk 9,17. 25; Lk 11,14).

Taub. T.heit (Mt 11,5; Lk 7,22) wird vielfach durch Entzündungen der Ohren verursacht; sie kann auch angeboren oder Alterserscheinung sein. Das Fehlen des Gehörs beeinträchtigt oder verhindert meist das Sprechen (Mk 7,32–37). Vgl. weiter den besonderen Artikel → Taub.

Unsinnig s. u. Wahnsinn. Das Wort wird wie unser »verrückt« zur verstärkenden Aussage (2 Kö 9,20), für sonderbares Benehmen (Lk 6,11; Apg 12,15; 1 Kor 14,23) und als Bezeichnung einer ernsten Krankheit (Joh 10,20) verwendet.

Verdorrt. Dem entsprechenden hebr. bzw. griech. Wort liegt die Vorstellung des Vertrocknens, Starrwerdens zugrunde. Bei Jerobeam, der seine ausgestreckte Hand nicht mehr zurückziehen kann (1 Kö 13,4–6), handelt es sich um eine vorübergehende Lähmung. Ebenso wird das Wort in der Beschreibung des epilepsieähnlichen Anfalls Mk 9,18 die krampfartige Starre der Glieder andeuten. Eine lange andauernde Lähmung führt zu Muskelschwund (Mt 12,10; Sach 11,17). Das ist viell. auch Joh 5,3 gemeint, wenn dort nicht, wie auch Ps 38,8 ganz allg. an Abmagerung zu denken ist.

Wahnsinn. Was man als wichtigste Symptome der Geistesgestörtheit betrachtete, geht aus der Schilderung von Davids gespieltem W. hervor: er tobte, schlug gegen die Torflügel und ließ den Speichel in den Bart fließen (1 Sam 21,14[13]ff; Ps 34,1). Ein Tobsüchtiger, der mit Waffen über andere herfällt, wird Spr 26,18 geschildert. Anders verläuft Nebukadnezars W., der ihn als Gericht Gottes trifft und zum Tier hinabsinken läßt (Dan 4). Allerdings könnte die Erwähnung von Ketten (V 12.20) auch hier auf Tobsuchtsanfälle hinweisen. 5 Mo 28,28 wird W. ebenfalls als Gericht des Herrn angedroht. Die anschließenden Verse schildern eindringlich, wie der menschliche Geist unter dem ständigen, hilflosen Erleiden von Unrecht und Gewalt zerbricht und zerstört wird: du wirst unsinnig werden über dem, das deine Augen sehen müssen (V 30–34). Über dämonisch verursachte Geistesgestörtheit → Besessenheit.

WASSERSÜCHTIG. Die Wassersucht (Lk 14,2), eine Ansammlung von wässeriger Flüssigkeit im Gewebe (Ödem) oder in der freien Bauchhöhle, ist kein selbständiges Leiden, sondern ein Symptom verschiedener Erkrankungen des Herzens, der Leber, Lunge, Nieren. Ob es sich bei der Fußkrankheit König Asas (2 Chron 16,12) um Wassersucht gehandelt hat, ist ungewiß.

WUNDEN sind blutige Verletzungen und werden im eigentlichen (2 Mo 21,25; 2 Kö 9,15; Jes 53,5; Lk 10, 34) wie übertragenen Sinne (Ps 38,6; Jes 1,6; 30,26; Jer 15,18; 30,12; Hos 5,13) häufig erwähnt (vgl. Beule, Brandmal, Eiter, Narbe, Schade, Striemen).

WÜRMER. Apg 12,23 wird berichtet, daß Herodes von Würmern zerfressen wurde. Die Angabe erlaubt keine genauere Bestimmung; tödliche Komplikationen sind aber bei verschiedenen Wurmkrankheiten bekannt.

Kranz. Für die Anfertigung der Bundeslade war vorgeschrieben: mache einen goldenen K. oben umher (2 Mo 25,11). Ein ebensolcher K. als Randleiste war auch für den Schaubrottisch (V 24.25) und den Rauchopferaltar (2 Mo 30,3) vorgesehen. Diese Goldleisten waren Schmuck, hatten aber zugleich praktische Bedeutung. Bei der Bundeslade verhinderte der Kranz, daß die Deckplatte, die auf den vier Seitenwänden ruhte, sich seitlich verschieben konnte. Vgl. weiter → Krone.

Krätze → Krankheit

Kraut ist wie → Gras in der HS eine allgemeine Bezeichnung für grüne Pflanzen (1 Mo 1,11; 3,18; 4 Mo 22,4; Dan 4,12; Hos 10,4 u. ö.). Vgl. auch → Kohl.

Kreatur. I) Das Wort K. kommt nur im NT vor als Übersetzung des griech. *ktisis* oder *ktisma* (= Schöpfung, Geschöpf). Für das atl. hebr. *näpäsch*, das neben der Bedeutung »Seele« häufig die des (beseelten) »Geschöpfes« hat, setzt LÜ auch in solchen Fällen oft Seele (1 Mo 2,7; 2 Mo 1,5; Jos 10,28ff u. ö.) oder einfach »jemand« (z. B. 3 Mo 5,1.2.4ff), manchmal auch Getier (z. B. 1 Mo 1,21) oder Tier (z. B. 1 Mo 1,24a). Vgl. → Seele.

II) K. ist sowohl das Geschöpf (1 Tim 4,4; Röm 8, 39; Offb 5,13; 8,9) wie auch die → Schöpfung selbst (Mk 10,6; 2 Petr 3,4). Christus ist der Erstgeborene aller K., der aber nicht geschaffen, sondern geboren wurde und wie der Vater der Erste und Letzte ist (Kol 1,15ff; Offb 3,14). K. bezeichnet auch die Menschheit als Ganzes, ähnlich wie alle Welt, alles Fleisch usw. (Mk 16,15; Kol 1,23; Hebr 4,13), während es sich in Röm 8,19–22 um die vernunftlose K., also die Tierwelt, handelt. Auch sie geriet durch den Sündenfall unter den Fluch, der auf dieser Erde lastet, und sehnt sich mit den Gläubigen nach Befreiung.

III) In Christus gilt keine menschliche Leistung mehr, sondern nur die neue K. (Gal 6,15), d. h. das neue → Leben aus Gott, das der Mensch durch die → Wiedergeburt empfängt (2 Kor 5,17), und das die Christen zu → Erstlingen der K. Gottes macht (Jak 1,18).

Krebs → Krankheit

Kreide Das hebr. *nätär* (Spr 25,20 LÜ K.; Jer 2,22 LÜ Lauge) bezeichnet die Soda (Natriumkarbonat), die sich kristallisiert als sog. Trona am Rande der ägypt. Natronseen findet, und dort schon früh zu verschiedenen Zwecken gewonnen wurde. Sodalauge diente als Reinigungsmittel; aus Soda und Öl machte man Seife (Jer 2,22). Säure macht Soda unbrauchbar (vgl. Spr. 25,20). Aus dem Zusammenhang dieser Stelle hat man vermutet, daß die Bezeichnung *nätär* auch das Natron (Natriumbikarbonat) umfaßt, das mit Säure zusammen heftig aufbraust. Vgl. → Seife.

Kreszens »Wachsend«, Mitarbeiter des Paulus, der Rom verließ und nach Galatien zog (2 Tim 4,10).

Kreta, große griech. Insel im S des Ägäischen Meeres, im AT → Kaphthor genannt. Über K. führte die Reise des Paulus nach Rom (Apg 27,7–13). Der Hafen → Gutfurt bei → Lasäa, den sie zuerst angelaufen hatten, schien für die Überwinterung ungeeignet. Auf der Fahrt nach → Phönix, weiter westl. auf K., aber wurde das Schiff durch einen NO-Sturm abgetrieben (V 14.15). Später scheint → Paulus auf K. Gemeinden gegründet und Titus zurückgelassen zu haben, die Arbeit weiterzuführen (Tit 1,5). Hierbei erwähnt der Apostel auch Juden auf K. (V 10; vgl. Apg 2,11) und nimmt Bezug auf die sprichwörtliche Verlogenheit und Faulheit der Kreter (Tit 1, 12). Der Kreter Epimenides, auf den Paulus sich hier wahrscheinlich bezieht, lebte um 600–500 v. Chr. Vgl. → Poeten. Vgl. Karte Sp. 1049/50.

Kreter → Philister

Kreter und Plether → Leibwache; → David; → Philister

Kreuz. I, 1) Die Kreuzigung war eine »überaus grausame und furchtbare« (Cicero) Todesstrafe, die die Römer von den Karthagern übernommen hatten und nur bei Sklaven und gemeinen Verbrechern anwandten. Röm. Bürger durften nicht gekreuzigt werden. Bei der Kreuzigung band oder nagelte man Hände und Füße an einen Pfahl mit Querholz. Im röm. Strafvollzug wurde der Verurteilte erst gegeißelt (Joh 19,1) und mußte dann das K. zur Hinrichtungsstätte außerhalb der Stadt tragen (V 17). Gewöhnlich wird es sich dabei nur um den Querbalken gehandelt haben, an dem der Verurteilte dann auf ebener Erde nackt angenagelt und an dem gut 3 m hohen Pfahl, der auf dem Strafplatz stand,

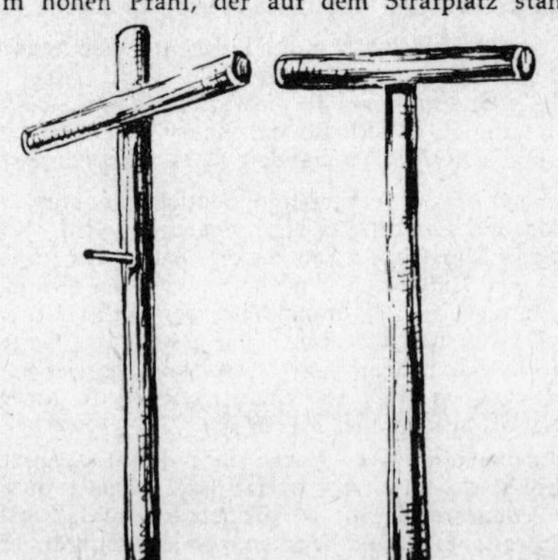

Kreuzformen. Das linke Kreuz zeigt den manchmal vorhandenen Pflock (sedile), der den Körper des Gekreuzigten stützte

hochgezogen wurde. Danach trieb man einen langen Nagel durch die übereinandergelegten Füße. Die Kleider des Gekreuzigten fielen dem Hinrichtungskommando zu (V 23,24). Aus Barmherzigkeit reichte man ihm vor der Kreuzigung einen Betäubungstrank (Mk 15,23: Wein mit → Myrrhe). Über ihm wurde am K. eine Tafel mit der Urteilsbegründung angebracht (Joh 19,19.20).

2) Das Sterben konnte, bes. wenn der Gekreuzigte nur angebunden war oder der Pfahl einen hervorstehenden Pflock besaß, auf dem die Last des Körpers ruhte, einige Tage dauern. Bei der Annagelung wurden die Nägel zwischen den Knochen der Handgelenke hindurchgetrieben und verursachten unerträgliche Schmerzen der verletzten Nerven. Den Aufgehängten quälten furchtbarer Durst und rasende Kopfschmerzen, heftiges Fieber und Angstzustände. Die Hängelage verursachte Atemnot, und der Verurteilte konnte dem Erstickungstod nur entgehen, indem er sich, gestützt auf den Nagel durch die Füße, vorübergehend aufrichtete. In abwechselndem Senken und Heben des Körpers, in Atemnot und Atemschöpfen, vollzog sich der Todeskampf, in dessen Verlauf es zu Flüssigkeitsansammlungen in Brust- und Bauchhöhle kam (Joh 19,34). Manchmal führte man den Tod durch das Zerschlagen der Schenkelknochen herbei, um die Qual abzukürzen (V 31–33). Vgl. → Krankheit: Knochenbruch.

Die älteste Darstellung einer Kreuzigung: das Spottkruzifix vom Palatin in Rom (um 200 n. Chr.). Durch diese Zeichnung mit der Unterschrift »Alexamenos betet seinen Gott an« sollte offenbar ein christlicher Page am röm. Kaiserhof verspottet werden

II, 1) Bei Jesus ist das Gekreuzigtwerden Zeichen dafür, daß er den Fluch der Sünde trug (Gal 3,13). Das AT kannte zwar die Kreuzigung nicht, wohl aber das Aufhängen des Leichnams eines Verbrechers am Holz, was besonderen Fluch und Verachtung ausdrückte (5 Mo 21,22.23).

2) Dieser schmachvolle, furchtbare Tod Jesu in aller Öffentlichkeit ist unwiderlegbare Tatsache (vgl. Joh 19,35). Entscheidend aber bleibt, ob sich der Mensch, abgestoßen von der Torheit und dem → Ärgernis des K. (1 Kor 1,18.23; Gal 5,11), abwendet (Mk 15,29–32) oder darin das Lösegeld (Mt 20,28; Mk 10,45), das → Opfer (II, 2) für seine Sünden erkennt und anerkennt (1 Petr 2,24; 2 Kor 5,21). Wer das im Glauben tut, ist mit Christus gekreuzigt (Röm 6,6; Gal 2,19), gestorben dem Gesetz und der Sünde (Röm 6,6.7; 7,4), versöhnt und im Frieden mit Gott (Eph 2,16; Kol 1,20). Das K. ist ihm zum Zeichen seiner → Erlösung, zur Gotteskraft (1 Kor 1,18) und zum einzigen Ruhm geworden (Gal 6,14).

3) Jesus ist seinen Weg ans K. im Gehorsam gegangen (Phil 2,8), in völliger Hingabe des eigenen Willens an den Willen des Vaters (Mt 26,39.42). In diesem Sinn fordert er auch von seinen Jüngern, daß sie ihr K. täglich auf sich nehmen (Mt 10,38; 16,24; Mk 8,34; 10,21; Lk 9,23; 14,27). Wer ihm nachfolgt, hat auch an seinem K. Anteil: »Die Christus Jesus gehören, haben das Fleisch samt Leidenschaften und Lüsten gekreuzigt« (Gal 5,24).

4) Abfallen von Christus nennt der Hebräerbrief: »für sich den Sohn Gottes noch einmal kreuzigen« (Hebr 6,6).

Kreuzworte. Die Reihenfolge der sieben Worte Jesu am Kreuz wird meist so angegeben:
Lk 23,34: »Vater, vergib ihnen; denn sie wissen nicht, was sie tun.«
Lk 23,43: »Wahrlich, ich sage dir: Heute wirst du mit mir im Paradiese sein.«
Joh 19,26.27: »Weib, siehe, das ist dein Sohn! – Siehe, das ist deine Mutter!«
Mt 27,46 (= Mk 15,34): »Mein Gott, mein Gott, warum hast du mich verlassen?« (Ps 22,2).
Joh 19,28: »Mich dürstet.«
Joh 19,30: »Es ist vollbracht.«
Lk 23,46: »Vater, ich befehle meinen Geist in deine Hände« (Ps 31,6).
E. Stauffer (Jesus. Gestalt und Geschichte, 1957, S. 105–108) möchte die vier letzten Kreuzworte von den jüd. Gebeten z. Zt. Jesu her verstehen und nimmt an, daß der Gekreuzigte den 22. Psalm wenigstens bis zum 16. Vers (Mt 27,46 und Joh 19,28; vgl. Mk 15,36) und danach das Sabbatgebet (Joh 19, 30) und das Nachtgebet, das schon die Kinder lernten (Lk 23,46), gesprochen habe.

Krieg. I) Das Gesetz unterstellte die K.führung in Israel dem Willen Gottes (5 Mo 20), den man vor Beginn der Feindseligkeiten befragte (Ri 1,1; 20,18. 27.28; 1 Sam 14,37; 23,2; 30,8; 1 Kö 22,5). Der Herr setzte der üblichen Grausamkeit (1 Sam 11,2; 2 Kö 15,16; Am 1,3) Grenzen (5 Mo 20,11; 21,10–14), verbot sinnlose Zerstörung (5 Mo 20,19) und untersagte in bestimmten Fällen den Angriff (5 Mo 2,5.9. 19; 1 Kö 12,24; Jer 27). Die isrl. Könige galten bei ihren syr. Gegnern als mild (1 Kö 20,31; vgl. 2 Kö 6,22). Wo ganze Völkerschaften ausgerottet werden sollten (→ Bann), wurde das den Israeliten stets bes. befohlen (5 Mo 20,16–18; 1 Sam 15,1–3); sie hatten hier das Gericht Gottes auszuführen (4 Mo 31,15.16) wie später Assyrer und Babylonier an ihnen selber (Jes 7,18–20; 10,5.6; Jer 21,7). Eine Freude an Grausamkeit und Quälereien, wie sie aus assyr. Darstellungen spricht, findet sich in der Bibel nicht (zu 2 Sam 12,31 vgl. → Ammon). Vielmehr macht die Tötung eines Menschen auch im von Gott befohlenen K. kultisch unrein (4 Mo 31,19); und David darf wegen seiner K.taten den Tempel des Herrn nicht bauen (1 Chron 28,3).

II, 1) Obgleich Israel immer wieder erfahren hatte, daß es seine Siege allein der Hilfe des Herrn verdankte (Ri 7,2–7; 2 Chron 14,10[11]f; 20,16–24), spielte doch in der Königszeit die Bündnispolitik eine wichtige Rolle (1 Kö 15,18–20; 2 Kö 16,8.9; Jes 30,1–5; Jer 27,1–8), brachte aber mehr Schaden als Nutzen.

Assyrer führen Gefangene aus einer eroberten Stadt fort (vgl. Abb. Sp. 445/6)

2) Der Feldzugsbeginn lag gewöhnlich im Frühjahr (2 Sam 11,1); aber auch Winterfeldzüge kamen vor (z. B. der Nebukadnezars 598/7 v. Chr. gegen → Jojachin). Der Schlacht ging die Aufklärung (→ Kundschafter) voraus. Öfter ist die Rede von der Einteilung des Heeres in 3 Abteilungen (Ri 7,16; 9, 43; 1 Sam 11,11; 2 Sam 18,2). Posaunen gaben das Signal zum Angriff (Ri 7,18) und Abbrechen des Kampfes (2 Sam 2,28; 18,16; 20,22); das → Feld-

Flußübergang der Assyrer. Der Streitwagen wird im Boot übergesetzt, die Soldaten schwimmen mit aufgeblasenen → Schläuchen hinterher

geschrei unterschied Freund und Feind (Ri 7,20; 1 Kö 22,32f). Man versuchte, den Gegner im Lager zu überfallen, möglichst nachts (1 Mo 14,15; Ri 7, 19) oder gegen Morgen (1 Sam 11,11). Der Frontalangriff bot bei überlegenem Gegner geringe Aussichten (2 Kö 3,26); darum griff man ihn nach Umgehung von hinten an (2 Sam 5,23) oder suchte ihn

Schlachtfeld mit Aasvögeln (assyr. Darstellung)

in die Zange zu nehmen (2 Sam 10,9.10; 2 Chron 13,13). Häufig legte man Hinterhalte und lockte den Feind durch scheinbare Flucht in eine für ihn ungünstige Lage (Jos 8,3–8; Ri 20,29–41). Nach der Schlacht entschied die hartnäckige Verfolgung durch den Sieger die Niederlage des Gegners endgültig (2 Sam 18,8; Ri 8,4–12; 2 Sam 2,17–28), bes. wenn den Fliehenden die Flußübergänge abgeschnitten wurden (Ri 3,28.29; 7,24.25; 12,5.6). Die Gefallenen wurden beraubt (1 Sam 31,8.9), die eroberten Orte geplündert (2 Kö 14,14), die → Gefangenen zu Sklaven gemacht. Vgl. weiter → Festung; → Heer; → Lager; → Waffen.

III) VERZEICHNIS DER KRIEGE IN DER GESCHICHTE ISRAELS.

I. ERZVÄTERZEIT.
1. Zug → Kedor-Laomors und seiner Verbündeten (1 Mo 14).
2. Simeon und Levi erschlagen die Einwohner Sichems (1 Mo 34,25–31).
3. Raubzug der Söhne Ephraims nach Gath (1 Chron 7,20.21).

II. WÜSTENZUG.
1. Amalekiterschlacht (2 Mo 17,8–16).
2. Niederlage Israels im S Palästinas (4 Mo 14, 39–45; 5 Mo 1,41–44).
3. Sieg über den König von Arad (4 Mo 21,1–3).
4. Sieg über Sihon von Hesbon (4 Mo 21,21–25; 5 Mo 2,26–36).
5. Sieg über Og von Basan (4 Mo 21,32–35; 5 Mo 3,1–7).
6. Sieg über die Midianiter (4 Mo 31).

III. EROBERUNG KANAANS.
1. Kriegszüge unter → Josua (Jos 1–12).
2. Weitere Eroberungen nach Josuas Tod (Ri 1).

IV. RICHTERZEIT (vgl. Karte Sp. 492).
1. Othniel schlägt Kusan-Risathaim (Ri 3,8–10).
2. Ehud schlägt Eglon von Moab (Ri 3,12–30).
3. Samgar schlägt die Philister (Ri 3,31).
4. Debora und Barak schlagen Sisera und Jabin (Ri 4–5).
5. Gideon schlägt die Midianiter (Ri 6,1–8,21).
6. Abimelechs Kampf gegen Sichem und Thebez (Ri 9,22–55).
7. Jephthah schlägt die Ammoniter (Ri 10,6–11,33).
8. Niederlage der Ephraimiten in Gilead (Ri 12,1–6).
9. Simsons Philisterkämpfe (Ri 15–16).
10. Dan erobert Lais (Ri 18).
11. Kampf der Israeliten gegen Benjamin (Ri 20).
12. Sieg der Philister bei Eben-Ezer (1 Sam 4,1–11).
13. Samuels Sieg über die Philister (1 Sam 7, 3–14).

V. KÖNIGSZEIT.

A. SAUL.
1. Sieg über die Ammoniter vor Jabes (1 Sam 11,1–11).
2. Philisterkämpfe (1 Sam 13,1–14,46).
3. Amalekiterkrieg (1 Sam 14,48; 15,1–9).
4. Schlacht im Eichgrund und Philisterkämpfe Davids (1 Sam 17; 18,6.7.30; 23,5).
5. Kriege gegen Moab, Ammon, Edom und Syrer (1 Sam 14,47).
6. Kampf von Ruben, Gad und Ostmanasse gegen die Hagariter und andere Araberstämme (1 Chron 5,10.18–22).
7. Davids Raubzüge ins Südland (1 Sam 27,8–11).
8. Sieg der Philister auf dem Gebirge Gilboa (1 Sam 31; 1 Chron 10).

B. DAVID UND SALOMO.

1. Verfolgung der Amalekiter (1 Sam 30).
2. Krieg zwischen David und → Is-Boseth (2 Sam 2,12–3,1).
3. Eroberung Jerusalems (2 Sam 5,6–10; 1 Chron 11,4–6).
4. Davids Philisterkämpfe (2 Sam 5,17–25; 8, 1; 21,15–22; 1 Chron 14,8–17; 18,1; 20,4 –8).
5. Kämpfe gegen Moabiter, Syrer, Edomiter (2 Sam 8,2–14; 1 Chron 18,2–13).
6. Ammoniterkrieg (2 Sam 10,1–12,31; 1 Chron 19,1–20,3).
7. Absaloms Aufstand (2 Sam 15–19).
8. Sebas Aufstand (2 Sam 20,1–22).
9. Der Pharao erobert Geser (1 Kö 9,16).
10. Salomo erobert Hamath-Zoba (1 Chron 8, 3).

C. ISRL. UND JUDÄISCHE KÖNIGE.

1. Krieg zwischen Rehabeam und Jerobeam I. (1 Kö 14,30; 2 Chron 12,15).
2. 925 v. Chr. Pharao → Sisak fällt in Juda und Israel ein (1 Kö 14,25.26; 2 Chron 12,2 –12).
3. Sieg Abias über Jerobeam I. (1 Kö 15,7; 2 Chron 13,2–20)
4. 909/8 v. Chr. Nadab von Israel belagert das philistäische Gibbethon (1 Kö 15,27).
5. Omri schlägt Moab und erobert Medeba (→ Mesastein).
6. 895 v. Chr. Einfall Serahs in Juda (2 Chron 14,8[9]ff).
7. Krieg zwischen Asa von Juda und Baesa von Israel (1 Kö 15,16.17.32; 2 Chron 16,1–6).
8. Einfall Benhadads von Syrien in Israel (1 Kö 15,18–22; 2 Chron 16,4).
9. 885/4 v. Chr. Ela von Israel belagert Gibbethon (1 Kö 16,15).
10. 885/4 v. Chr. Omri schlägt den Königsmörder Simri (1 Kö 16,16–18).
11. Ahabs Syrerkämpfe (1 Kö 20).
12. 853 v. Chr. Einfall Salmanassers III. in Syrien, Schlacht bei Karkar.
13. 853 v. Chr. Ahab und Josaphat vor Ramoth in Gilead (1 Kö 22,1–40; 2 Chron 18).
14. Abfall der Moabiter von Israel (2 Kö 1,1; Mesastein).
15. Feldzug Jorams von Israel und Josaphats von Juda gegen Mesa von Moab (2 Kö 3; Mesastein).
16. Einfall der Moabiter, Ammoniter und Meuniter in Juda (2 Chron 20,1–30).
17. 849 u. 848 v. Chr. Einfälle Salmanassers III. in Syrien.
18. Syrerkämpfe Jorams von Israel (2 Kö 6,8–7,20).
19. Feldzug Jorams von Juda gegen Edom (2 Kö 8,20–22; 2 Chron 21,8–10).
20. 845 v. Chr. Einfall Salmanassers III. in Syrien.
21. Einfall der Philister und Araber in Juda (2 Chron 21,16.17).
22. 841 v. Chr. Joram von Israel und Ahasja von Juda vor Ramoth in Gilead (2 Kö 8,28. 29; 2 Chron 22,5.6), Ausrottung des Hauses Ahabs durch Jehu (2 Kö 9–10).
23. 841 v. Chr. Zug Salmanassers III. gegen Hasael von Damaskus; Tribut von Jehu.
24. 838 v. Chr. Zug Salmanassers III. gegen Hasael von Damaskus.
25. Hasael erobert das Ostjordanland z. Zt. Jehus (2 Kö 10,32.33).
26. Hasael schlägt Israel z. Zt. des Joahas (2 Kö 13,1–3.22).
27. Hasael erobert Gath und zieht gegen Jerusalem (2 Kö 12,18[17]f; 2 Chron 24,23.24).
28. 802 v. Chr. Adadnirari III. richtet die assyr. Herrschaft über Syrien wieder auf.
29. Joas von Israel erobert an Syrien verlorene Gebiete zurück (2 Kö 13,25).
30. 793 v. Chr. Amazja von Juda besiegt die Edomiter (2 Kö 14,7; 2 Chron 25,5–13).
31. 792 v. Chr. Amazjas Niederlage gegen Joas von Israel (2 Kö 14,8–14; 2 Chron 25,17–24).
32. Jerobeam II. gewinnt das Ostjordanland u. syr. Gebiete für Israel zurück (2 Kö 14,25).
33. Usia von Juda erobert Elath und besiegt Philister und Araber (2 Kö 14,22; 2 Chron 26, 2.6.7).
34. Menahem von Israel zerstört Tiphsah (2 Kö 15,16).
35. 743 v. Chr. Thiglath-Pileser III. unterwirft Israel (2 Kö 15,19).
36. Ammoniterkrieg Jothams von Juda (2 Chron 27,5).
37. Syr.-ephraimitischer Krieg gegen Ahas von Juda (2 Kö 15,37; 16,5.6; 2 Chron 28,5–8; Jes 7,1–9) und Einfälle der Edomiter und Philister (2 Chron 28,17.18).
38. 734 v. Chr. Thiglath-Pilesers Feldzug nach Philistäa.
39. 733 u. 732 v. Chr. Thiglath-Pileser erobert Damaskus, Nordisrael und das Ostjordanland (2 Kö 15,29; 16,9; 1 Chron 5,6.26; 2 Chron 28,20).
40. Salmanasser V. unterwirft Hosea von Israel (2 Kö 17,3).
41. 725/4–723/2 v. Chr. Belagerung und Zerstörung von Samaria (2 Kö 17,4–6; 18,9–12). Vgl. → Gefangenschaft.
42. 720 v. Chr. Sargon II. schlägt einen Aufstand von syr. Städten und Samaria nieder; Schlacht bei Raphia gegen Ägypter und den König von Gaza.
43. Hiskia schlägt die Philister (2 Kö 18,8; Jes 14,28–32).
44. 711 v. Chr. Die Assyrer erobern Asdod (Jes 20,1).
45. 701 v. Chr. Feldzug Sanheribs nach W. Belagerung → Hiskias in Jerusalem (2 Kö 18, 13–19,37; 2 Chron 32,1–21; Jes 36–37).
46. Die Simeoniten schlagen Hamiten, Meuniter und Amalekiter (1 Chron 4,39–43).
47. 671 v. Chr. Asar-Haddon erobert Unterägypten.
48. 663 v. Chr. Asnaphar (Assurbanipal) erobert das ägypt. Theben (Nah 3,8–10).
49. 651–648 v. Chr. Asnaphar belagert und zerstört Babylon.
50. Gefangennahme Manasses durch die Assyrer (2 Chron 33,11).
51. 616 v. Chr. Ägypter unterstützen die Assyrer im Kampf gegen Nabopolassar von Babylon.
52. 612 v. Chr. Babylonier und Meder erobern Ninive (Nah 2,2–3,19).
53. 610 v. Chr. Nabopolassar erobert Haran.
54. 609 v. Chr. → Josia von Juda fällt gegen Pharao Necho bei Megiddo (2 Kö 23,29.30; 2 Chron 35,20–24). Ägypter und Assyrer belagern Haran; die ägypt. Flotte ist gegen die syr. Küste eingesetzt.
55. 605 v. Chr. Schlacht bei Karchemis (Jer 46,

1–12). Nebukadnezar vor Jerusalem (Dan 1,1.2; 2 Chron 36,6.7).
56. 604 v. Chr. Nebukadnezar erobert Askalon.
57. 601 v. Chr. Schlacht zwischen Nebukadnezar und Necho.
58. Abfall Jojakims von Babylon, Einfälle feindlicher Streifscharen (2 Kö 24,2). 597 v. Chr. Nebukadnezar nimmt Jerusalem (2 Kö 24,10–17; 2 Chron 36,10).
59. 588–586 v. Chr. Belagerung und Zerstörung Jerusalems durch Nebukadnezar (2 Kö 25,1–21; 2 Chron 36,17–20; Jer 32–34; 37,11–39,14; 52,1–30). Vgl. → Gefangenschaft.

VI. GEFANGENSCHAFT UND PERSERZEIT.
1. 585–573 v. Chr. Nebukadnezar belagert Tyrus (Hes 26–28; 29,17–21).
2. 568 v. Chr. Nebukadnezar besiegt Ägypten (Jer 43,8–13).
3. 539 v. Chr. Kores erobert Babylon (Dan 5).
4. 525 v. Chr. Die Perser erobern Ägypten.
5. 332 v. Chr. Alexander d. Gr. erobert Palästina.

VII. HELLENISTISCHE ZEIT.
1. 323–301 v. Chr. Kämpfe der Nachfolger Alexanders.
2. 301–198 v. Chr. 5 Kriege zwischen den syr. Seleukiden und den ägypt. Ptolemäern um Palästina, das schließlich syr. wird.
3. 167–142 v. Chr. Makkabäeraufstand, Befreiung Judäas von der Syrerherrschaft.
4. 135–105 v. Chr. Johannes Hyrkan wird von Antiochius VII. besiegt; nach dessen Tod unterwirft Hyrkan Idumäer und Samariter.
5. 104–78 v. Chr. Alexander Jannäus erweitert sein Reich im Ostjordanland, in Galiläa und in der Küstenebene.
6. 63 v. Chr. Pompejus erobert Jerusalem.

VIII. RÖMERZEIT.
1. 40–37 v. Chr. Parthereinfall; Herodes d. Gr. erobert Judäa zurück.
2. 66–73 n. Chr. Erster jüd. Aufstand.
3. 132–135 n. Chr. Zweiter jüd. Aufstand.

Krippe. Die K. (griech. *phatnae)* von Bethlehem (Lk 2,7.12) ist wohl eine der in jedem palästinensichen Bauernhaus üblichen Futterkrippen gewesen (vgl. → Haus I, 2). Joseph wohnte in Bethlehem vermutlich bei seinen Verwandten, denn seine Reise auf Grund der Schätzung (→ Cyrenius) setzt voraus, daß er noch Anteil am Familienvermögen hatte.

Krispus »Krauskopf«, Synagogenvorsteher in Korinth, der mit seinem ganzen Haus gläubig und von Paulus getauft wurde (Apg 18,8; 1 Kor 1,14).

Kristall → Edelstein

Krith, Nebenfluß des Jordan (1 Kö 17,3.5). Elia wurde hier durch Raben gespeist. Viell. der heutige Wadi el Jabis, östl. Nebenfluß des Jordan, in den er ca. 12 km südsüdöstl. von Beth-Sean einmündet.

Krokodil → Leviathan

Krone. I, 1) Die K. des → Königs (2 Sam 1,10; 2 Kö 11,12) ist Zeichen seiner Macht und Majestät (Ps 21,4; 89,40; 132,18; Jer 13,18; Hes 21,31[26]). In Palästina wird es sich dabei im allgemeinen um ein halbkreisförmiges, meist goldenes, Stirnband gehandelt haben, das oft ein Ziermuster, manchmal auch Edelsteine trug (2 Sam 12,30 vgl. MÜ, ZÜ; Sach 9,16 EÜ, MÜ). Zu den ägypt. Königskronen vgl. Abb. Sp. 41; zur assyr. K. Abb. Sp. 120. Die K. der pers. → Königin wird Est 1,11; 2,17 erwähnt. Auch Götzenbilder trugen Kronen (2 Sam 12,30; 1 Chron 20,2; vgl. MÜ, ZÜ). Vgl. → Geschmeide II, 9.

2) In übertragenem Sinn bedeutet die K. etwas, das ziert und Würde verleiht: Ehre (Hi 19,9), Weisheit (Spr 4,9), ein wackeres Weib (Spr 12,4), graue Haare (Spr 16,31), Kindeskinder (Spr 17,6). Gott krönt den Frommen mit Gnade und Barmherzigkeit (Ps 103,4).
3) Die heilige K. (2 Mo 29,6; 39,30) bezeichnet das goldene Stirnblatt des → Hohenpriesters.
II, 1) Im NT sind nur Offb 12,3; 13,1; 19,12 (griech. *diadaema)* eigentliche K. gemeint.
2) Das griech. *stephanos,* das LÜ ebenfalls mit K. wiedergibt, bezeichnet einen Kranz aus natürlichen oder metallenen (Offb 4,4; 14,14) Blättern, die den Siegern im Wettkampf (1 Kor 9,25) überreicht und von siegreichen Feldherrn getragen wurden. Ein solcher Siegeskranz ist das Ehrenzeichen des Überwinders, das ihm der Herr am Tage seiner Wiederkunft geben wird (1 Kor 9,25; 2 Tim 4,8; 1 Petr 5,4; Jak 1,12; Offb 2,10; 3,11).
3) Zur Dornenkrone → Dornen.

Kröte → Eidechse

Krug, Vorrats- und Transportgefäß in verschiedenen Formen und Größen, für das mehrere hebr. und griech. Bezeichnungen gebraucht werden.
I) Der normale Vorrats-K. ist henkellos, zwischen 60 und 120 cm hoch, faßt etwa 20–50 Liter und wird, da er meist eine gewölbte Unterseite hat, zum festen Stand in den Boden bzw. eine Stellage eingesenkt. Er dient zur Aufbewahrung von Mehl, Wasser, Wein, Öl und Getreide.
II) Andere Formen haben an der Oberseite einen, häufiger zwei Handgriffe, weil man sie – auf Kopf oder Schulter getragen – zur Beförderung des Wassers vom → Brunnen ins Haus benutzte (1 Mo 24, 15; 1 Kö 18,34 LÜ Kad; Joh 4,28), aber auch als Vorratsgefäß (1 Kö 17,12 LÜ Kad). Solche K. hatten auch Gideons 300 Männer (Ri 7,16) bei sich. Das Wasserholen in Krügen war Sache der Frauen, ein Mann, der einen K. trägt, lenkte die Aufmerksamkeit auf sich (Mk 14,13; Lk 22,10).
III) Normalerweise kaum noch tragbar sind die aus Stein gehauenen Gefäße, die sich vor oder im Hause zur Aufbewahrung des Wassers für die Waschungen vor und nach Tisch befanden (Joh 2,6ff); ihr Fassungsvermögen geht oft noch über 100 Liter hinaus (vgl. Maße und Gewichte I, 4b).
IV) Wichtig ist, daß die K. in isrl. Zeit öfter Stempel auf den Henkeln trugen (vgl. Abb. Sp 151/2 Frühe Eisenzeit; Sp. 153/4 Pers.-griech. Zeit), die sie als Gefäße für → Abgaben kennzeichneten. Man hat einen Teil dieser Stempel aber auch als Warenzeichen für Krüge aus königlichen Töpfereien (vgl. 1 Chron 4,23) gedeutet. Außerdem fand sich in Lachis ein Gefäß mit einem königlichen Eichvermerk (vgl. Maße und Gewichte I, 4b).
V) Mehr flaschenartige Form haben die 1 Kö 14,3; 17,12; 2 Kö 9,1; Jer 19,1.10 erwähnten Gefäße, in denen man Honig oder Öl aufbewahrte. Auch kennt man unter einer dieser Bezeichnungen eine irdene, später auch metallene Feldflasche, flach und mit 2 Henkeln vom Bauch zum Halse (1 Sam 26,11 LÜ Wasserbecher; 1 Kö 19,6 LÜ Kanne).

Krumm → Krankheit

Krüppel → Krankheit

Kuchen. I) Als K. wird Backwerk aus ungesäuertem Teig (1 Mo 19,3; 2 Mo 12,39) bezeichnet, das schnell zubereitet werden konnte (1 Mo 18,6). Der Teig besteht aus Semmel- oder Feinmehl (→ Mehl) und Öl (3 Mo 2,4; vgl. 1 Kö 17,12.13); daher wird auch vom Ölkuchen gesprochen (vgl. 2 Mo 29,23 mit V 2; 4 Mo 11,8). Durch den Zusatz von Öl unterscheidet sich der K. vom ungesäuerten Brot und ungesäuerten Fladen, der nur mit Öl bestrichen wurde (4 Mo 6,15). Gebacken wurde im Ofen (3 Mo 2, 4), auf heißen Steinen (1 Kö 19,6 EÜ, MÜ, vgl. → Kohle) oder in der heißen Asche. Beim Backen mußte man den K. rechtzeitig umwenden (vgl. Hos 7,8; → Brot).

II) Abweichungen von der üblichen Form flacher runder Scheiben sind zweimal angedeutet. Die K., die Thamar für Amnon bereitete, hatten nach dem hebr. Wort vielleicht Herzform (2 Sam 13,6.8.10), und die K. zur Verehrung der heidnischen → Himmelskönigin (Jer 7,18) waren »nach ihrer Gestalt« (Jer 44,19 ZÜ) geformt oder mit ihrem Bild versehen.

III) Ob der Brotkuchen (2 Sam 6,19) und der Gerstenkuchen (Hes 4,12) aus ungesäuertem Teig bestanden, wird nicht gesagt; 3 Mo 7,13 werden aber auch K. von gesäuertem Brot erwähnt. Bei dem Semmelkuchen, wie Luther V 12 übersetzt, handelt es sich um mit Öl eingerührtes, ungebackenes Feinmehl (EÜ, ZÜ, MÜ). Die Schaubrote, die nach Josephus aus ungesäuertem Teig gebacken wurden, werden ebenfalls als K. bezeichnet (3 Mo 24,5); jeder Laib enthielt zwei Zehntel Epha (4²/₅ Liter) Semmelmehl.

IV) Z. Zt. Davids werden wiederholt Feigen- und Rosinenkuchen erwähnt (1 Sam 25,18; 30,12; 2 Sam 16,1; 1 Chron 12,40). Sie bestanden aus getrockneten und zusammengepreßten Früchten. Auch Hos 3, 1 sind statt einer »Kanne Wein« Rosinenkuchen gemeint, die nach dieser Stelle auch eine Rolle im Götzendienst spielten (vgl. EÜ, MÜ, ZÜ).

Kuckuck (hebr. *schachap).*
Das hebr. Wort bezeichnet einen Vogel, der als unreines Tier nicht gegessen werden durfte (3 Mo 11, 16; 5 Mo 14,15), viell. aus der Familie der Möwen. Verschiedene Möwenarten, u. a. die Sturmmöwe *(Larus canus),* die Mantelmöwe *(L. fuscus)* und die Lachmöwe *(L. ridibundus),* sind häufige Wintergäste in Palästina. Im Sommer ist dort die Flußseeschwalbe *(Sterna hirundo)* sehr verbreitet.
Verschiedentlich wird das hebr. Wort auch nach dem Arab. als Fledermaus gedeutet.

Kuh → Rind

Kulon, Ort in Juda (Jos 15,59a LXX) unbekannter Lage.

Kümmel (hebr. *kammon;* griech. *kyminon).*
In Palästina planmäßig angebaute Pflanze *(Cuminum Cyminum),* deren würzige Früchte und Kelche als Gewürz und als Arzneimittel verwandt werden. Der K. wurde mit einem Stock ausgeklopft (Jes 28, 25.27). Nach Mt 23,23 war er zehntpflichtig.

Kundschafter. Zur militärischen Aufklärung sandte man einzelne Krieger (Jos 2,1; 7,2.3; 1 Sam 26,4), kleinere Gruppen (4 Mo 13) und größere Abteilungen (4 Mo 21,32), die dann auch Orte erobern konnten, ins feindliche Gebiet. Auch in Friedenszeiten konnte der Fremde in den Verdacht geraten, K. zu sein (1 Mo 42,9.11). Absaloms Boten, die seine Empörung vorbereiten sollen, werden ebenfalls als K. bezeichnet (2 Sam 15,10).
Den »Weg der K.« bzw. nach (EÜ) oder von Atharim (ZÜ) zogen die Israeliten auf dem Marsch von Kades über den Berg Hor in Richtung auf Kanaan (4 Mo 21,1). Hier wurden sie vom König von Arad angegriffen (V 1ff).

Kupfer → Erz

Kürbis (hebr. *khischschuah)*
bezeichnet in 4 Mo 11,5 die in Ägypten und dem Vorderen Orient angebauten fußlangen Melonengurken *(Cucumis melo Chate).* Sie sind durch ihren großen Saftgehalt durstlindernd und wurden deshalb von den Israeliten auf der Wüstenwanderung schmerzlich entbehrt.

Kusaja, Levit aus der Nachkommenschaft Meraris, Vater Ethans (1 Chron 15,17). In 1 Chron 6,29[44] wird er Kusi genannt.

Kusan-Risathaim, ungedeutete Entstellung eines historischen Namens.
König von Mesopotamien, der Israel unterdrückte (Ri 3,8–10). Bei dem hebr. Wort für Mesopotamien werden wir nicht an das ganze Gebiet, sondern nur an den NW zu denken haben, wo Haran lag. Weiter wissen wir nichts über diesen König. Man hat auch an einen Herrscher über das Reich Mitanni oder über Edom gedacht. Der Richter Othniel befreite Israel von dieser Fremdherrschaft.

Kusi → Kusaja

Kuß. I) Der K. war im Orient eine gewohnte Form ehrerbietiger Begrüßung, bes. als Handkuß, bei der man sich zur Hand des anderen niederbeugt, sie küßt und an seine Stirn führt (2 Mo 18,7: Mose seinem Schwiegervater gegenüber). Eine andere Art, seine Ergebenheit zu bezeugen, bestand darin, das Obergewand eines Vornehmen mit den Lippen zu streifen (es scheint, daß Saul dies Samuel gegenüber tun wollte: 1 Sam 15,27). Als Samuel Saul küßt, erweist er dadurch dem erwählten König seine Huldigung (1 Sam 10,1). Tiefste Demütigung und unbedingte Unterwerfung drückt sich im Küssen der Füße aus (Ps 2,1 ZÜ). Das gleiche bedeutet »Staub lecken« (Ps 72,9), d. h. mit dem Munde den staubigen Boden oder die staubigen Füße des anderen berühren. Die Frau, die Jesu Füße küßt (Lk 7,38.45), bringt damit ihre Dankbarkeit und Hingabe an den zum Ausdruck, der ihr Gottes Vergebung verkündigt hat.
Beim Götzendienst küßt man den Baal (1 Kö 19,18) bzw. die Stierbilder (Hos 13,2), und K.hände werden in Verbindung mit der Verehrung von Sonne und Mond erwähnt (Hi 31,27).

II) Der K. mit Umarmung war der → Gruß unter Gleichgestellten. Dabei legte jeder seinen Kopf zuerst auf die rechte Schulter des anderen und küßte ihn auf die rechte Wange, danach auf die linke Schulter mit dem K. auf die linke Wange. Auf diese Weise begrüßten sich Jakob und Esau (1 Mo 33,4), gab sich Joseph Benjamin und seinen Brüdern zu erkennen (1 Mo 45,14.15), empfing der Vater den verlorenen Sohn (Lk 15,20) und nahm Paulus von den Ältesten der Gemeinde in Ephesus Abschied (Apg 20,37). Man faßte beim K. wohl auch den Bart des anderen oder küßte den Bart selber (2 Sam 20,9).

III) Mit einem K. grüßte man Vater (1 Mo 27,26f, vgl. 50,1) und Mutter (1 Kö 19,20), den Sohn (2 Sam 14,33; Lk 15,20), den Bruder (1 Mo 33,4; 2 Mo 4,27), Freunde (1 Sam 20,41; vgl. den Mißbrauch 2 Sam 15,5; 20,9; Mt 26,48.49; Lk 22,47.48) und Verwandte (1 Mo 29,11.13). Auch beim Abschied küßte man sich (Rt 1,9.14; 2 Sam 19,40[39]). Daß der Gastgeber den Gast mit einem K. begrüßte, erforderte der Anstand. Diese Höflichkeitsform verletzte der Pharisäer Simon Jesus gegenüber (Lk 7,45). Der K. zwischen Liebenden wird Hl 1,2; 8,1 erwähnt, der K. der Hure Spr 7,13.

IV) Den K. als Ausdruck christlicher Liebe innerhalb der Gemeinde nennen die Apostelbriefe heiligen K. (Röm 16,16; 1 Kor 16,20; 2 Kor 13,12; 1 Thess 5,26) oder K. der Liebe (1 Petr 5,14).

Kutha → Chuth

Kyrene, Stadt nahe der Mittelmeerküste in Libyen, 800 km östl. des heutigen Tripolis, Hauptstadt der röm. Provinz Cyrenaica (Karte Sp. 1151/2). K. war eine griech. Kolonie, die Bevölkerung bestand aber zu einem Viertel aus Juden. Sie besaßen ihre eigene Synagoge in Jerusalem (Apg 6,9), einige von ihnen hörten die Pfingstpredigt des Petrus (Apg 2,10). Simon von K. hatte Jesus das Kreuz getragen (Mk 15, 21); Männer aus K. brachten das Evangelium nach Antiochia (Apg 11,20), unter ihnen wird der Prophet und Lehrer Luzius genannt (Apg 13,1). Vgl. Karte Sp. 1578.

L

Laban »Weiß«.
1) Sohn Bethuels und Enkel Nahors, des Bruders Abrahams (1 Mo 24,15; 28,5; 29,5). Er war ein Syrer (1 Mo 25,20; 31,24) und wohnte in der Stadt Nahors (1 Mo 24,10), das ist Haran (1 Mo 27,43; 28,10). Als Bruder Rebekkas hatte er über ihre Heirat mit zu entscheiden (1 Mo 24,29.50.51). Er hatte eine Anzahl Söhne (1 Mo 30,35; 31,1) und zwei Töchter, Lea und Rahel (1 Mo 29,16). Seinen Hauptbesitz bildeten Herden (V 9; 31,38). → Jakob flüchtete zu ihm, als er sich von Esaus Rache bedroht fühlte. Aus 1 Mo 24,30; 29,1–31,55 erhalten wir keinen günstigen Eindruck von L. Er war habsüchtig und betrügerisch (V 22–27) und diente den Götzen (1 Mo 31,30), obgleich er den Herrn kannte und sah, daß ihn der Herr um Jakobs willen segnete (1 Mo 30,27). Als Jakob nach 20jährigem Dienst mit Familie und Besitz heimlich fortgezogen war, verfolgte er ihn; doch Gott verbot ihm, mit Jakob anders als freundlich zu reden (1 Mo 31,24). So schlossen sie einen Bund, und L. zog wieder heim (V 44; 32,1[31,55]).
2) Ort »jenseits des Jordans« (5 Mo 1,1); vielleicht identisch mit Libna (1), der 3. Station des Wüstenzuges nach Hazeroth (4 Mo 33,20). Sargon II. nennt einen Ort L. in der Nähe vom Bach Ägyptens, er kommt auch in der Ortsliste Sisaks vor.

Lache, kleineres stehendes Gewässer (Hes 47,11). Vgl. → Salz I.

Lachen ist Ausdruck der Freude (1 Mo 21,6; Ps 126, 2; Pred 3,4; Lk 6,21), des Spottes (1 Mo 18,13; Pred 2,2; Jak 4,9) und der Sicherheit (Hi 5,22). Gott lacht über die Menschen, die sich in ohnmächtigem Haß gegen ihn auflehnen (Ps 2,4; 37,13; 59,9; Spr 1,26).

Lachis. Der heutige Tell ed-Duweir (neuhebr. Tel Lakhish) 7 km südwestl. von Beth Dschibrin (Eleutheropolis), ein seit dem 3. Jt. v. Chr. besiedelter Ort. Er wurde von Thutmose III. (1504–1450 v. Chr.) erobert und wird in den Amarnabriefen genannt. Unter den in L. gefundenen Inschriften fand sich eine ägypt. beschriftete Scherbe, die auf das »Jahr 4« eines Pharao datiert ist. Mit der Annahme, daß Merneptah gemeint sei, sieht man die Inschrift als Stütze für die Spätdatierung des → Auszuges an. Josua eroberte die kanaanitische Königsstadt (Jos 10,31–33; 12,11) und teilte sie Juda zu (Jos 15,39). Rehabeam befestigte L. (2 Chron 11,9). Hier wurde Amazja ermordet (2 Kö 14,19). Die Eroberung der Stadt durch Sanherib 701 v. Chr. (2 Kö 18,14.17) ist

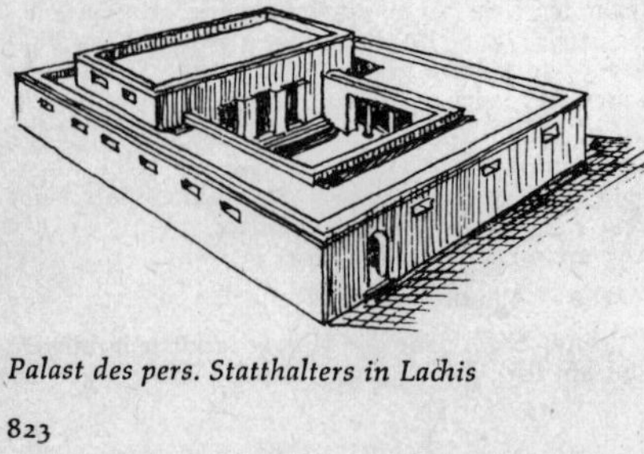

Palast des pers. Statthalters in Lachis

auf assyr. Reliefs dargestellt (Taf. 65/1024), die uns wichtige Aufschlüsse über Kleidung, Waffen, Vieh und Wagen der damaligen Judäer geben. Von Nebukadnezar wurde L. zweimal erobert, 597 und um 588–586 v. Chr. (Jer 34,7), beim zweitenmal endgültig zerstört. Dies Gericht hatte Micha (Mi 1,13) angekündigt. Aus der Zeit unmittelbar vor der endgültigen Zerstörung stammen das Siegel → Gedaljas (4) und die Lachisbriefe (→ Brief IV; Taf. 12b/161). Sie bilden einen lebendigen Kommentar zur letzten Zeit des Reiches Juda. Bemerkungen über einen Propheten, dessen Reden die Widerstandskraft des Volkes zu schwächen drohten, hat man auf Jeremia gedeutet (vgl. Jer 38,4). Nach der Gefangenschaft wurde L. neu besiedelt (Neh 11,30); in diese Zeit gehört ein großer pers. Palast, der dort ausgegraben wurde. Vgl. Karte Sp. 618; 1129.
Vgl. weiter → Ausgrabungen I und IV, 4; → Alphabet; → Maße und Gewichte I, 4b.

Lade (hebr. *aron* = Kiste, Kasten).
I) Die L., in die Joseph nach seinem Tode gelegt wurde, war zweifellos ein Mumiensarg aus Sykomorenholz, der nach ägypt. Brauch in einer Grabkammer beigesetzt wurde, bis ihn die Israeliten bei ihrem Auszug mitnahmen, wie es Josephs Wunsch gewesen war (1 Mo 50,24–26; vgl. 2 Mo 13,19; Jos 24,32).
II) Die L. von 2 Kö 12,10[9]f war ein Holzkasten mit einem Loch im Deckel, der zur Aufnahme der Geldspenden für den Tempel diente.
III) Zur L. Gottes, L. des Zeugnisses, L. des Bundes vgl. → Bundeslade.

Laeda »Mit fleischiger Gurgel«.
Judäer aus dem Geschlecht Selas, der Stammvater der Einwohner Maresas (1 Chron 4,21).

Laedan »Mit fleischiger Gurgel«.
1) Ephraimit, Vorfahr Josuas (1 Chron 7,26).
2) Levit aus dem Geschlecht Gersons (1 Chron 23, 7–9; 26,21).

Lael »Gott zugehörig, sein bes. Eigentum«.
Gersoniter, Vater des Eljasaph (4 Mo 3,24).

Lager. I) Zu den einzelnen Lagerorten der Israeliten auf der Wanderung von Ägypten nach Kanaan vgl. → Wüstenzug.
II, 1) Über die Lagerordnung der Israeliten auf dem Marsch durch die Wüste sind uns genaue Vorschriften erhalten (4 Mo 2; 3,23.29.35.38). Die Stiftshütte als Ort der Gegenwart Gottes bildete den Mittelpunkt des L. (4 Mo 2,2). Um sie herum gruppierten sich die Stämme, je drei nach den 4 Himmelsrichtungen. Im O lagerten unter dem Panier Judas die Stämme Isaschar und Sebulon, im S unter der Leitung Rubens die Stämme Simeon und Gad, im W unter dem Feldzeichen Ephraims die Stämme Manasse und Benjamin und im N unter der Führung Dans die Stämme Asser und Naphthali. In der gleichen Reihenfolge wie sie sich lagerten, brachen sie auch zum Marsch auf (4 Mo 10,11–28). Die einzelnen

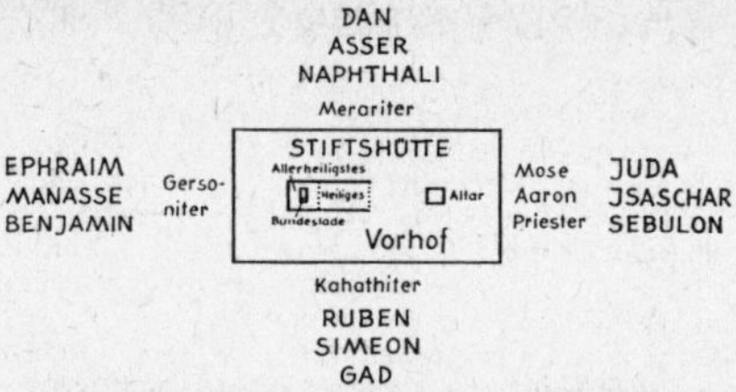

Lagerordnung der isrl. Stämme während des → Wüstenzuges

Stämme in sich waren wieder nach ihren Vaterhäusern geordnet (4 Mo 2,2). Zwischen ihnen und der Stiftshütte war der Platz der Leviten (V 17). Die Kahathiter, die die heiligen Geräte trugen, lagerten im S (4 Mo 3,29.31), Gersoniter (V 23–26) und Merariter (V 35–37), die für den Transport des Zeltes und Vorhofs verantwortlich waren, im W bzw. N. Vor dem Eingang der Stiftshütte im Osten schlugen Mose, Aaron und die Priester ihre Zelte auf (V 38).
2) Die Wolke des Herrn bezeichnete den Israeliten die Stelle, an der sie lagern sollten; wenn sie sich erhob, war das das Zeichen zum Aufbruch (4 Mo 9, 15–23). Trompetensignale der Priester setzten das Volk in Marsch (4 Mo 10,2.5–8). Unter dem Schutz des Herrn, den Mose jedesmal erbat (V 35), zog die Bundeslade voraus und wies den Weg (V 33). Seit der Bundesschließung hatte Israel ständig, im L. (4 Mo 9,15) und unterwegs (4 Mo 10,34), in der Wolken- oder Feuersäule die Gegenwart des Herrn vor Augen (4 Mo 14,14).
3) Die Gegenwart des heiligen Gottes forderte aber auch die Heiligkeit und Reinheit des Volkes (5 Mo 23,15[14]). Alles Unreine mußte das L., den Raum der Lebensgemeinschaft mit dem Herrn, verlassen (3 Mo 13,46; 4 Mo 5,1–4; 5 Mo 23,13[12]f).
Das Sündopfer wurde vor dem L. verbrannt (2 Mo 29,14; vgl. Hebr. 13,11–13), auch das Todesurteil wurde außerhalb vollstreckt (3 Mo 24,14). Erst der Gereinigte darf das L. wieder betreten (4 Mo 31,19–24).
Das Hinausgehen aus dem L. in Hebr 13,13 bedeutet das Verlassen der Lebensgemeinschaft Israels um Jesu willen.
III) Apg 21,34; 22,24; 23,10.16 bezeichnet L. die Burg Antonia in → Jerusalem (III E 1).
IV) L. = Liegestatt → Bett.

Lahad »Langsam, träge«,
Judäer, Sohn Jahaths (1 Chron 4,2).

Lahem, Ort unbekannter Lage (1 Chron 4,22). ZÜ vermutet Bethlehem; MÜ, EÜ lesen statt des Satzes »sie kehrten nach L. zurück« den Namen Jasubi-Lechem.

Lahemi, Bruder Goliaths von Gath; ein Riese, den Elhan, der Sohn Jairs, in den Philisterkämpfen Davids erschlug (1 Chron 20,5). L. gehört vermutlich zu den Resten der Enakiter, die sich ins Philisterland gerettet hatten (Jos 11,22). Vgl. → Goliath (2).

Lahm → Krankheiten

Lahmas, Ort in der Sephela in Juda (Jos 15,40), das heutige Chirbet el-Lahm, 4 km südl. von Beth Dschibrin (Eleutheropolis).

Lais »Löwe«.
1) Mann aus Gallim, Vater des Phalti oder Paltiel (1 Sam 25,44; 2 Sam 3,15).
2) → Dan (3).

Laisa »Löwe«,
Ort in Benjamin, vermutlich das heutige El-Isawije bei Jerusalem, nordnordöstl. vom Ölberg (Jes 10,30). Vgl. Taf. 49/768; Karte Sp. 686.

Lakkum, Grenzort in Naphthali (Jos 19,33), vielleicht Mansura westl. vom Ausfluß des Jordan aus dem See Genezareth, 1,5 km nordwestl. von El-Abedije.

Lamech. 1) Sohn Methusaels, Nachkomme Kains, Vater von Jabal, Jubal und Thubalkain. Bekannt ist sein Lied, in dem er sich seinen Frauen Ada und Zilla gegenüber der Blutrache an seinem Gegner rühmt. Es ist die älteste Dichtung in der HS (1 Mo 4,18–24).
2) Sohn Methusalahs, Vater Noahs, Nachkomme Seths (1 Mo 5,25–31; 1 Chron 1,3; Lk 3,36).

Lamm. Lämmer wurden schon sehr früh als Opfertiere dargebracht (1 Mo 4,2.4; 22,7). Im Gesetz gehört das → Opfer männlicher einjähriger Schafe zum → Passah (2 Mo 12,3.5), zu den täglichen und Festopfern (4 Mo 28,3.4.9.11.19.27; 29,2.8.13) und zu besonderen Opfern (4 Mo 6,14 u. ö.).
In übertragener Bedeutung ist das L. ein Bild des Hilfsbedürftigen (Jes 40,11; vgl. Hes 34,15f; Joh 21, 15) und Wehrlosen (Jes 11,6; 65,25; 53,7; Joh 1,29. 36; Apg 8,32; Lk 10,3). Vgl. weiter → Namen Jesu.

Lampe, Leuchte. I) Als L. (Jer 25,10; Mt 25,1) diente ursprünglich eine flache Schale, an einer oder mehreren Stellen eingekniffen, um dem Docht, der mit Öl aus dem Napf gespeist wurde, eine sichere Auflage zu geben. Im Laufe der Jahrhunderte änderte sich die Form bis zu geschlossenen Lampen mit einer Tülle für den Docht und besonderer Einfüllöffnung.
Deshalb sind die keramischen L. ein wichtiges Hilfsmittel, um das Alter einer bestimmten Schicht in einem Ruinenhügel zu bestimmen. Standort der Lampe war vielfach der → Leuchter (I).
Vgl. auch die Abb. Sp. 151–154: eine L. für 4 Dochte aus der Frühbronzezeit (ganz rechts) und verschiedene Formen von der pers.-griech. (ganz rechts; Hellenistische Zeit: 2. v. rechts; Röm. Zeit: oben 2. v. rechts, unten 2. v. links) bis zur byzantinischen Zeit (1., 2. u. 3. von links).
Nahm man L. außer dem Hause mit, so waren bes. Gefäße für Öl zum Nachfüllen nötig, da die L. mit einer Füllung nur beschränkte Zeit brannten (Mt 25,4).
II) Im übertragenen Sinn werden Gott und sein Wort eine Leuchte genannt (2 Sam 22,29; Ps 119, 105), ebenso der König für Israel (2 Sam 21,17). Weiter ist die Leuchte Bild für das Leben (Hi 21,17; Spr 13,9), bes. das Leben des Geschlechts, der Nachkommen (1 Kö 11,36; 2 Kö 8,19; Ps 132,17).

Lamuel »Gott zugehörig, sein bes. Eigentum«.
König, an den seine Mutter die Lehren von Spr 31, 1–9 richtete. In V 1 kann übersetzt werden »L., des Königs von Massa« (EÜ, ZÜ, MÜ), eines ismaelitischen Stammes in Nordarabien (1 Mo 25,14).

Landpfleger, Landvogt. Das Wort L. oder Landvogt kann im AT einen Statthalter des Königs von Israel bzw. Juda bezeichnen, innerhalb des Reiches (1 Kö 20,14) oder im unterworfenen Gebiet (1 Kö 22,48), weiter einen Beamten des Königs von Babylon (Dan 3,2.3; 6,2[1]) sowie einen pers. Satrapen (Est 1,3; 3,12; 8,9; 9,3) oder Statthalter eines kleineren Bezirks innerhalb einer Satrapie (Es 5,14; 8, 36; Neh 2,7.9; 5,14). In Es 2,63; Neh 7,65.70; 8,9; 10,2[1] steht L. für den pers. Statthaltertitel Tirsatha.
Im NT steht es für den röm. Prokonsul, Leiter der Verwaltung einer senatorischen Provinz, wie Sergius Paulus in Zypern (Apg 13,7) und Gallion in

Achaja (Apg 18,12); für den Legaten des Kaisers, Leiter der Verwaltung und zugleich Militärbefehlshaber in einer kaiserlichen Provinz, wie Cyrenius in Syrien (Lk 2,2), und den Prokurator, den obersten Verwaltungsbeamten einer kaiserlichen Provinz, die keinen Legaten hatte, etwa Pontius Pilatus in Judäa (Lk 3,1).

Landstraße → Straße

Langmut → Geduld

Lanze → Waffen und Geräte

Laodizea. Stadt in Kleinasien (Offb 1,11), an die das 7. Sendschreiben gerichtet ist (Offb 3,14). L., von Antiochus II. gegründet und zu Ehren seiner Gemahlin Laodike benannt, war die Hauptstadt Phrygiens und lag gegenüber von Hierapolis und unterhalb von Kolossä am Lykos, einem Nebenfluß des Mäander. In der Gemeinde von L. hatte Epaphras gewirkt (Kol 4,13), Paulus hatte sie nicht besucht (Kol 2,1), ihr aber geschrieben (Kol 4,16). L. war eine durch Wollindustrie und eine medizinische Schule bekannte Stadt, darauf spielt augenscheinlich Offb 3,18 an. Vgl. Karte Sp. 1009.

Lapidoth, viell. »Fackeln«,
Mann der Prophetin und Richterin Debora (Ri 4,4).

Lappen. Der zum Flicken benutzte L. (Mt 9,16; Mk 2, 21) ist ein Stück ungewalktes Tuch, das sich zusammenzieht, wenn es naß wird. Dadurch reißt es das alte Kleid wieder entzwei. In Lk 5,36 ist das Bild anders gewendet: man zerschneidet kein neues Gewand, um ein altes damit zu flicken.

Lasa, Ort an der Grenze des von den Kanaanitern besiedelten Gebietes (1 Mo 10,19). Nach Hieronymus das spätere Kallirhoe, in dessen warmen Quellen Herodes d. Gr. vergeblich Heilung suchte. Der Ort lag östl. vom Toten Meer, viell. am Wadi Zerka Main, 5 km oberhalb der Mündung, eher aber 3 km südl. der Mündung am Ufer des Toten Meeres. Andere setzen L. mit Lais (→ Dan 3) gleich. Vgl. Taf. 98/1537.

Lasäa. Hafenstadt an der Südküste Kretas (Apg 27, 8), östl. vom Kap Lithinon, der südlichsten Spitze der Insel. Vgl. Karte Sp. 1049/50.

Lasaron, kanaanitische Königsstadt (Jos 12,18) unbekannter Lage. Vielleicht ist Saron zu lesen; die Liste Thutmoses III. und die Amarnabriefe erwähnen ein Saron in Galiläa, das heutige Chirbet Sarona, 3,5 km südl. von Adami-Nekeb. Die LXX, die Jos 12,9–24 aber nur 29 Namen hat, liest V 18: Der König von Aphek in → Saron (1). Vgl. Karte Sp. 1067.

Last. Das hebr. *massa* bedeutet: die Traglast, aber auch: Ausspruch Gottes oder eines Propheten (Jes 13,1; 14,28; 15,1; 17,1). Gegen die Judäer, die die Aussprüche des Herrn als L. ansahen, richtet sich Jer 23,33–40. Vgl. EÜ, ZÜ.

Laster bezeichnet schwere Sünden und Schandtaten (3 Mo 19,29; Hi 35,15; Hes 16,43.58); 2 Petr 2, 13 (griech. *mômos* = Makel) ist es von ähnlicher Bedeutung wie das vorhergehende »Schandfleck«.

Lästern. I) L. ist Schmähung und Beschimpfung eines andern durch Wort (3 Mo 24,11) und Tat (5 Mo 31,20), seine Aburteilung im Widerspruch zur Wahrheit (Röm 3,8).
II) Die HS gebietet, sich von aller Lästerung des Nächsten (Tit 3,2) und der Obrigkeit (2 Mo 22,27 [28]) fernzuhalten (Eph 4,31; Kol 3,8). Selbst verlästert, sollen die Gläubigen nicht verzagen (Jes 51, 7), sondern freundlich antworten (1 Kor 4,12). Vor gedankenlosem Reden und Nachreden (Tit 2,3; 1 Tim 3,11; vgl. 5,13) wie vor nutzlosen Streitgesprächen (1 Tim 6,4) warnt Paulus wegen der Gefahr der Lästerung. Die Sünde des L. trennt von der Gemeinde (1 Kor 5,11) und vom Reich Gottes (1 Kor 6,10; vgl. Mt 15,19).
III, 1) Auf Gotteslästerung stand die Todesstrafe (3 Mo 24,16; 4 Mo 15,30). Sie wurde durch Steinigung vollzogen, nachdem die Ohrenzeugen ihre Hände auf das Haupt des Lästerers gelegt hatten zum Zeichen seiner Schuld (3 Mo 24,10–16.23; 1 Kö 21,10. 13). Gotteslästerung ist verächtliche Beschimpfung und Verfluchung des Gottesnamens (3 Mo 24,11), der offene Hohn gegen den Herrn (Jes 36,18–20; 37, 1–4), die Auflehnung gegen Gottes Ordnungen (4 Mo 16,3.30), Verachtung des im Gesetz offenbarten Gotteswillens (Jes 5,24; vgl. Apg 6,11.13), Unglaube und Ungehorsam (4 Mo 14,11) und der Abfall zu anderen Göttern, der → Götzendienst (5 Mo 31,20; Jes 1,4; vgl. Hos 4,2). Apg 26,11 ist die erzwungene Absage, der Widerruf des Glaubens, gemeint.
2) Die Sünden des Gottesvolkes (2 Sam 12,14; Röm 2,24; vgl. Spr 14,31) und der Christen führen dazu, daß der Name (1 Tim 6,1) und das Wort Gottes (Tit 2,5), sein Auftrag (2 Kor 6,3), die Lehre (1 Tim 6,1) und der Weg der Wahrheit (2 Petr 2,2) verlästert werden.
3) Auch der Mensch, der sich etwas anmaßt, das allein dem Herrn zukommt, lästert Gott. Diesen Vorwurf erhoben die Juden Jesus gegenüber, weil er Sünden vergab und sich den Sohn Gottes nannte (Mt 9,3; Joh 10,36), aus demselben Grund haben sie ihn schließlich zum Tode verurteilt (Mt 26,65). Das Zerreißen des → Kleides (Mk 14,63.64) oder das Zuhalten der Ohren (Apg 7,56) galt als Zeichen dafür, daß man soeben eine Gotteslästerung gehört hatte.
4) Alle Lästerungen können vergeben werden (Mt 12,31.32; Lk 12,10; vgl. 1 Tim 1,13), nicht aber die Lästerung gegen den hl. Geist. Nach Mk 3,28–30 handelt es sich dabei um bewußten Widerstand gegen offenbare und unverkennbare Wirkungen des Heiligen Geistes mit der Begründung: hier sei der Teufel am Werk (darum ist bes. in Erweckungszeiten äußerste Vorsicht im Urteil geboten).
5) Das an den Irrlehrern getadelte L. der Majestäten (2 Petr 2,10.11; Jud 8–10) richtet sich augenscheinlich gegen gefallene Engel; Näheres darüber wissen wir nicht.

Laststein. Schwerer Stein (Sach 12,3). Vielleicht ein Stemmstein, wie man sie zu Kraftproben benutzte (Hieronymus).

Latein. Mit der Eingliederung Palästinas ins röm. Reich wurde das L. auch hier Amtssprache, darum wurde die Aufschrift am Kreuz Jesu u. a. lat. angebracht (Joh 19,20). Einzelne lat. Worte finden sich auch im NT: *centurio* (Mk 15,39 Hauptmann): *legio* (Lk 8,30 Legion); *quadrans* (Mt 5,26 Heller); *praetorium* (Joh 18,28 Richthaus). Allerdings blieb das Griech. verbreiteter und gebräuchlicher; Pilatus dürfte mit Jesus und den Juden griech. gesprochen haben. Ebenso sprach die Urgemeinde in Rom noch sehr lange griech. (vgl. den Römerbrief).

Lau bezeichnet Offb 3,16 die selbstzufriedene Sicherheit eines zur Tradition gewordenen Glaubens.

Laube → Obergemach

Laubhütte → Zelt

Laubhüttenfest. I) NAME UND BEDEUTUNG.
Das L. wird als Fest der Hütten (hebr. *chag hassukkot*; griech. *skaenopaegia*; 3 Mo 23,34–43; 5 Mo 16, 13–15; Joh 7,2) oder Fest der Einsammlung (2 Mo 23,16; 34,22) bezeichnet. Von den 3 Jahresfesten, die mit einer Wallfahrt nach Jerusalem verbunden waren (5 Mo 16,16), war es das fröhlichste und

volkstümlichste, schlechthin »das Fest« (3 Mo 23,39; 1 Kö 8,2; Neh 8,14).

Das L. hatte eine doppelte Bedeutung. Einmal galt es der Erinnerung an die Zeit des Wüstenzuges und die gnädige Bewahrung des Volkes durch den Herrn während dieser 40 Jahre (3 Mo 23,42.43). Dann war es die Feier der Weinlese und des Erntedankes (2 Mo 23,16; 5 Mo 16,16.17). Im → Sabbatjahr, wenn keine Ernte vorausgegangen war, trat an die Stelle der Erstlingsopfer die Verlesung des Gesetzes (5 Mo 31, 10–13; vgl. Neh 8,18).

II) ORT UND ZEIT.

Das Ziel der Wallfahrt zum L. war das Heiligtum des Herrn (5 Mo 16,16), seit Salomo der Tempel in Jerusalem (1 Kö 8,2; 2 Chron 8,12.13). Dort wurde das L am Ende des Landwirtschaftsjahres (→ Jahr) gefeiert, wenn man noch ohne zu frieren im Freien übernachten konnte. Es dauerte 7 Tage, vom 15.–21. Tischri (Sept./Okt.), hinzu kam ein Schlußtag, der Tag der Versammlung. Erster und letzter Tag waren Ruhetage, an denen die → Gemeinde (I) zusammenkam und keine Werktagsarbeit getan werden durfte (3 Mo 23,34–36.39; 2 Chron 7,8–10).

Nach der Reichsteilung verschob Jerobeam I. den Termin des L. für das Nordreich um einen Monat, statt im 7. wurde es hier nun im 8. Monat gefeiert (1 Kö 12,32). Bei Hosea findet sich ein Hinweis auf das Wohnen in Laubhütten am Fest (Hos 12,10); sonst wird das L. erst z. Zt. Nehemias wieder ausdrücklich erwähnt (Neh 8,14–17).

III) FESTVORSCHRIFTEN.

Für die ersten 7 Tage des L. sollte das ganze Volk in Laubhütten (→ Zelt) wohnen, die man aus Zweigen von Palmen und verschiedenen Laubbäumen auf den Dächern, auf den Höfen und Straßen und im Vorhof des Tempels errichtete (3 Mo 23,40–43; Neh 8,14–17). Die Hütte ist dabei Sinnbild des Schutzes des Herrn (Ps 27,5; 31,21; Jes 4,6).

Die ersten 7 Festtage zeichnen sich durch bes. reichliche → Opfer aus (4 Mo 29,13–34); das Opfer des 8. Tages (V 35–38) entspricht dem des Drommeten- (V 1–5) und → Versöhnungstages (V 7–11). Dazu kamen freiwillige Gaben und Erstlingsopfer des einzelnen als Dank für den Segen Gottes (3 Mo 23,28; 5 Mo 16,16.17; 26,1–11). An der Festfreude der Opfermahlzeit sollten auch der Levit und der Fremdling teilhaben (V 11).

IV) SPÄTERE ERWEITERUNGEN.

1) Im Spätjudentum traten weitere Festgebräuche hinzu (vgl. StB II, 774–812). Seit 2 Makk 10,6.7 ist der Feststrauß *(lulab)* aus einem Palmzweig, Myrte und Weide belegt, der in der rechten Hand getragen wurde: die linke hielt dabei eine Zitrone *(etrog)*. Weiter hören wir von einem Umzug (der Priester?) mit Weidenzweigen um den Altar.

2) Während des Festes schöpfte ein Priester 7 Tage bei Tagesanbruch eine 3 Log (→ Maße und Gewichte I, 4b) fassende Kanne voll Wasser aus dem Siloahteich. Am Tempeleingang wurde er mit 3 Trompetenstößen begrüßt. Das Wasser wurde gleichzeitig mit dem Trankopfer auf dem Altar ausgegossen; dort befanden sich 2 Schalen mit Öffnungen, durch die Wasser und Wein unterirdisch abflossen. Man führte für diese Wasserspende Jes 12,3 an: »Ihr werdet mit Freuden Wasser schöpfen aus dem Heilsbrunnen.« Außerdem begannen die Juden nun wieder die Bitte um Regen, die vom 1. Tag des Passahfestes bis zum 8. Tag des L. im Gebet ausgelassen wurde.

An den Brauch der Wasserspende knüpfte Jesus an, als er am L. jedem Glaubenden die Gabe des lebendigen Wassers verhieß (Joh 7,37.38).

3) Während des L. fand die Festfreude bes. Ausdruck in nächtlichen Veranstaltungen im Frauenvorhof (→ Tempel). Er wurde von 4 großen goldenen Leuchtern erhellt, um die vornehme Männer, Priester und Rabbinen, unter Lobgesängen Fackeltänze aufführten, begleitet von der Musik der Leviten, die auf den 15 Stufen zum Vorhof der Israeliten standen.

Diese Festbeleuchtung mag Jesus vor Augen gehabt haben, als er nach dem L. bezeugte: »Ich bin das Licht der Welt« (Joh 8,12).

Lauch. Das hebr. *chasir,* das sonst Gras bedeutet, bezeichnet 4 Mo 11,5 (LÜ L.) wahrscheinlich den Porree *(Allium Porrum),* der in Ägypten und Palästina angebaut wird. Man ißt ihn als Salat, Gemüse oder als Beikraut zu Fischgerichten.

Läufer, Boten des Königs, die zur schnellen Nachrichtenübermittlung eingesetzt sind (Hi 9,25; vgl. Jer 51,31). Hiskias L. luden im Nordreich zur Passahfeier ein (2 Chron 30,6.10). Derselbe hebr. Ausdruck bezeichnet auch die Männer der königlichen Palast- oder → Leibwache (LÜ Trabanten: 1 Sam 22,17; 2 Sam 15,1; 1 Kö 14,27f; 2 Kö 10,25; 11,4.6. 11.19 u. ö.), ebenso die reitenden Kuriere, die im Perserreich die Weiterleitung der königlichen Erlasse übernahmen (Est 3,13.15; vgl. 8,14).

Lauge → Kreide, → Seife

Laute → Musikinstrumente

Lauter, läutern. I) Die Bedeutung von »l.« zeigt bes. deutlich das griech. *eilikrinaes* (LXX u. NT), das aus den Wortstämmen »Sonne« und »prüfen« zusammengesetzt ist; es heißt also »von der Sonne geprüft«. L. ist demnach ein Mensch, dessen Tun die Sonne ohne Gefahr für ihn ans Licht bringen kann. Solches bezeugt Paulus von sich und seiner Predigt: 2 Kor 1,12; 2,17. Er betet für die Gemeinde, daß sie am großen Gerichtstage »lauter« dastehen möge: Phil 1,10; 2,15. Der 2. Petrusbrief will der Gemeinde helfen, auf dem Fundament der Apostel und Propheten zu einer Klarheit der Erkenntnis und des Wandels zu kommen, die in den kommenden schweren Anfechtungen standhält: 2 Petr 3,1.

Für andere griech. Ausdrücke steht »l.« in:

1 Petr 2,2: »unverfälschte« Milch; Offb 14,10: »unvermischter« Wein des Zornes Gottes; Offb 21,18. 21: »reines, sauberes« Gold; Offb 22,1: »rein« und strahlend wie Kristall ist der Strom des Lebens.

II) Der Begriff »läutern« wird in der HS angewandt in bezug auf:

1) METALLE, die durch Feuer geschmolzen und gereinigt werden (Ps 66,10; Jes 48,10; Sach 13,9).

2) MENSCHEN, die Gott zubereitet durch Prüfungen und Leidenswege, um zu erkennen, ob ihr Glaube rein, standhaft, geduldig und liebevoll ist: Ps 17,3; 26,2; 66,10; 105,19; Dan 12,10; Jes 48,10.

3) GOTTES WORT (Ps 119,140), wobei aber »geläutert« nur »rein«, nicht »gereinigt« bedeutet (vgl. Ps 12,7).

Lazarus, griech. Form des hebr. Eleasar, »Gott hat geholfen«.

1) Der arme Mann im Gleichnis Jesu Lk 16,19–31. Er lag vor der Tür des Reichen, bedeckt mit Geschwüren, und hatte nur den Wunsch, sich von den Abfällen von dessen Tafel sättigen zu können. Nach seinem Tod wird er von Engeln in → Abrahams Schoß getragen. Es ist das einzige Mal, daß jemand in einem Gleichnis Jesu einen Eigennamen trägt.

2) L. von Bethanien, der Bruder der Martha und Maria. Jesus liebte ihn, kam aber auf die Nachricht der Schwestern von seiner Erkrankung nicht sofort

nach Bethanien. Nachdem L. schon vier Tage im Grabe gelegen hatte, weckte ihn Jesus auf (Joh 11, 1–45). L. nahm darauf an dem Festmahl teil, das man Jesus im Haus Simons des Aussätzigen bereitet hatte (Joh 12,1.2; Mt 26,6). Auf die Kunde, Jesus sei dort, kamen viele, nicht nur um Jesu willen, sondern auch um L. zu sehen (Joh 12,9). Die Hohenpriester aber beschlossen unter dem Eindruck des großen Zeichens den Tod Jesu (Joh 11,46–53) und wollten auch L. töten (Joh 12,10).

Lea, vermutlich »Wildkuh«.
Tochter Labans und ältere Schwester Rahels. Durch Betrug ihres Vaters wurde sie die erste Frau Jakobs. Da Jakob die hübschere Rahel lieber hatte als L., machte Gott die zurückgesetzte L. als erste fruchtbar. Sie gebar ihm die Söhne Ruben, Simeon, Levi, Juda, Isaschar, Sebulon und die Tochter Dina. Jakob begrub sie in der Höhle Machpela (1 Mo 29,16–35; 30,9–21; 49,31).

Lebana »Die Weiße, Vollmond«,
Tempelknecht, dessen Nachkommen mit Serubabel aus der babyl. Gefangenschaft heimkehrten (Es 2, 45; Neh 7,48).

Lebaoth »Löwinnen«
(Jos 15,32), auch Beth-Lebaoth (Jos 19,6) oder → Beth Birei (1 Chron 4,31) genannt, Ort in Simeon.

Lebbäus → Judas (3)

Leben. I) DAS NATÜRLICHE LEBEN.
1) IM AT bedeutet L. (hebr. *chajim)* zunächst den durch Geburt und Tod begrenzten Ablauf des natürlichen Lebens. Das Wesen des L. wird in den Lebensäußerungen, wie Hunger und Durst, Liebe und Haß gesehen. In diesem Sinn wird L. mit → Fleisch (hebr. *basar)* verknüpft und dieser Ausdruck wieder mit → Seele (hebr. *näpäsch)*.
Gott ist der Geber von L., Leib und Seele (1 Mo 2, 7): er blies dem Menschen »den Odem« ein, »und also ward der Mensch eine lebendige Seele«. Gott ist also »die Quelle des L.« (Ps 36,10), auch des tierischen und pflanzlichen (1 Mo 1,24; 5 Mo 10,14). Freilich nimmt der Mensch eine besondere Stellung ein; denn nur von ihm heißt es, daß Gott ihm den lebendigen Odem eingehaucht, d. h. etwas von seinem Wesen und L. mitgeteilt hat.
Unter den Gütern, die Gott dem Menschen gibt, ist das L. das erste und höchste (Hi 2,4; vgl. 5 Mo 30, 15). Wem Gott ein langes L. gibt, dem ist er bes. gnädig; denn langes L. ist im AT Lohn für Frömmigkeit und Glaubensgehorsam (2 Mo 20,12; Ps 91, 16). Ob Gott dem Menschen von Anfang an ein ewiges L. (1 Mo 3,22) oder nur ein langes und erfülltes L. (Hi 42,17) geben wollte, kann aus den wenigen Angaben des AT nicht entschieden werden. Eines aber steht fest: daß die Verkürzung und überhaupt die Kürze der Lebensdauer (1 Mo 6,3; Hi 20, 8; Ps 90,10; Jes 40,6f; vor allem auch Pred) Strafe und Gericht Gottes bedeuten.
Gottes heiliges Gebot schützt das Leben (2 Mo 20,8 – 13; Lk 6,9). Was Gott geschaffen hat, das will er erhalten (1 Mo 1,28; 5 Mo 32,39; Hi 10,12) und mehren (1 Mo 9,7).
Das AT sieht als Element des Lebens den Atem oder Odem (vgl. außer 1 Mo 2,7 vor allem Ps 104,30; Hes 37,8–10), der manchmal gleichbedeutend mit »Geist« gebraucht wird. Anderseits erscheint auch das → Blut als Träger des L. (1 Mo 9,4; 3 Mo 17,11; 5 Mo 12,23).
2) DAS NT nimmt in der Hauptsache die Gedanken des AT auf: der Mensch ist eine lebendige Seele (1 Kor 15,45; Apg 17,25). Das natürliche, vergängliche und begrenzte L. (griech. *zôae)* ist ein hohes Gut, das Gott dem Menschen anvertraut hat, das er ihm auch immer wieder neu schenken kann (Mk 5,23), über das er als der alleinige Herr verfügt (Lk 12,20; 2 Kor 1,9; vgl. Ps 90,3).
Wie Jesus dem → Tod (→ Auferstehung III A) und dem nahenden Tod (→ Krankenheilung) entgegentrat und das L. erhalten wollte (Lk 9,56), so sollen auch die Menschen das L. erhalten. Hier liegt die Begründung für die grundsätzlich positive Haltung des Christen zum weiten Bereich der Medizin.

II) DAS LEBEN AUS GOTT.
1) Neben dem natürlichen L., dessen Anfang und Ende durch die natürliche Geburt und den natürlichen Tod bestimmt werden, kennt die Bibel – vor allem das NT – ein anderes L., das mit einer übernatürlichen Geburt beginnt (Joh 3,3.5): das L. aus Gott, das vor allem in den Schriften des Johannes eine besondere Rolle spielt (z. B. 1 Joh 5,1.4).
Die übernatürliche oder → Wiedergeburt ist der Zugang zum L. aus Gott. Im Glauben ist das neue L. Wirklichkeit, weil der Glaube die Verbindung mit dem herstellt, der dies neue L. aus Gott selber ist (Joh 14,6; Phil 1,21). Solche Verbindung mit Jesus heißt Trennung und Heilung von der Sünde (→ Vergebung; vgl. 4 Mo 21,8).
Mit dem Glauben ist in den zeitlichen Ablauf des natürlichen L. etwas völlig Neues gekommen (2 Kor 5,17). Das natürliche L., das praktisch ein langsames Sterben ist (Ps 90,5f), wird Mittel und Werkzeug für ein anderes L., das dem natürlichen Gefälle zum Tod gerade entgegengesetzt ist (Joh 5,24). Jesus, der bei den Totenauferweckungen und in der Auferstehung den Tod überwand, ist der Bürge des neuen L., an dem er den Seinen Anteil gibt und das er selber in ihnen lebt (Gal 2,20; Kol 1,27).
Dies neue, in seinem Wesen »ewige« L. (1 Joh 5,13; vgl. → Seligkeit) ist eine Tatsache, die das Denken (Joh 17,3), Wollen (Lk 9,62) und Tun (V 60) des Menschen völlig umgestaltet. In dem Maße, in dem sich der Mensch Christus ausliefert und darüber das andere, natürliche L. vergißt und verliert, wird er das neue L. gewinnen (Mt 16,24–26). Vgl. → Heiligung.
2) Das neue L. ist jedoch in dieser Zeit noch kein völlig gesicherter und unbestrittener Besitz; wer nicht in Christus bleibt, kann es wieder verlieren (Joh 15,2.6; Hebr 6,4–6). Es wird angefochten durch Trübsal (2 Kor 4,17), Trägheit (V 1), Unglauben und Versagen (Mt 26,69–75; Lk 22,31.32). Alle Verheißungen aber gelten dem, der ausharrt bis ans Ende (Mt 24,13) und überwindet, d. h. das neue L. im Glauben über die Schwelle des Todes hinüberrettet (Offb 2,7.11.17; 3,5.12.21). Er wird die »Krone des L.« empfangen (Offb 2,10). Dann vollendet sich, was im Glauben begann, im Schauen (2 Kor 5,6f; Offb 22,4) und in der Herrlichkeit (1 Kor 13,12f; 15,42f.57; Kol 3,3f) und hat kein Ende mehr. Daß das neue L. so zwar einen Anfang hat, aber doch ohne Ende sein soll, ist bei aller Widersinnigkeit für unseren menschlichen Verstand Gottes kraftvolle Möglichkeit und Wirklichkeit (Joh 1,4.12f; 6,47; 8, 51; 10,11).
3) Gott, der aus seiner Lebensfülle allen Geschöpfen L. schenkt (Apg 17,25), der ein Gott nicht der Toten, sondern der Lebendigen (Mt 22,32) und dem Tode feind ist (1 Kor 15,26), wird darum auch selber im-

Tafel 53

Abziehendes Gewitter über Jerusalem. Blick vom Ölberg aus.

Tafel 53

mer wieder im tiefsten Sinn als der »lebendige Gott« bezeichnet (Jos 3,10; 1 Sam 17,26; Ps 42,3; Mt 26, 63; Apg 14,15; Röm 9,26; 2 Kor 3,3). Sein Geist macht lebendig (Joh 6,63; Röm 8,11), und sein Wort ist lebendig (Apg 7,38; Hebr 4,12; 1 Petr 1,23), weil es ins L. ruft (vgl. Ps 33,9; 148,5) und geistliches L. weckt. Ebenso nennt sich Jesus das lebendige Brot, das Brot des L. (Joh 6,33.35.48.51) und spricht von dem heiligen Geist als dem lebendigen Wasser (Joh 7,38f).

III) Im übertragenen Sinn bezeichnet lebendiges Wasser (1 Mo 26,19; Joh 4,10.14) Quellwasser im Gegensatz zum Zisternenwasser. Lebendige Steine sind die, die ihren Platz in der Mauer einnehmen (Neh 3,34[4,2]; vgl. auch 1 Petr 2,5).

Leber. Die L. wird außer beim → Opfer (2 Mo 29, 13 u. ö.) nur an drei Stellen genannt. In der bildlichen Sprache von Spr 7,23; Klgl 2,11 erscheint sie als Sitz und Zentrum des Lebens (vgl. → Herz; → Nieren; → Eingeweide). Hes 21,26[21] wird das Wahrsagen aus der L. des Opfertieres erwähnt, das weit verbreitet war.

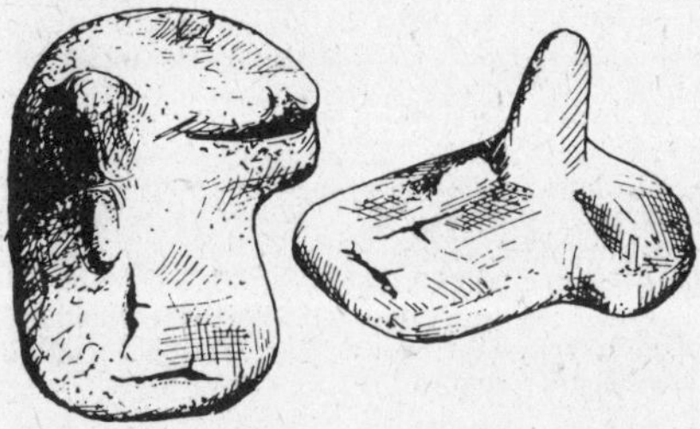

Tonleber aus Megiddo (13./12. Jh. v. Chr.), die die zur Wahrsagung verwendete Leber eines Opfertiers nachbildete und als Amulett diente

Lebona, vermutlich »Weiß«,
Ort nordwestl. von Silo (Ri 21,19), rund 30 km nördl. von Jerusalem an der Straße nach Sichem, das heutige Lubban (vgl. Taf. 49/768; 98/1537).

Lecha, unbekannter Ort in Juda (1 Chron 4,21).

Lecken = ausschlagen (Apg 9,5; 26,14). Das Wort wird hier im Bild des störrischen Tieres verwendet, das gegen den → Stachel des Treibers ausschlägt.

Leder. Schon früh scheint das L.gerben bei den Israeliten bekannt gewesen zu sein (2 Mo 25,5; 4 Mo 31,20; Apg 9,43). L. wurde zu verschiedenen Zwekken gebraucht, u. a. für Sandalen (Hes 16,10), als Zeltmaterial (2 Mo 26,14), zum Bespannen der Schilde (vgl. 2 Sam 1,21), für Gürtel (Mt 3,4) und für Wasser-, Wein- und Milchschläuche (vgl. Jos 9, 13; Mt 9,17; Mk 2,22).

Legion. I) Abteilung des röm. Heeres. In ältester Zeit zählte sie etwa 3000 Mann, in der Kaiserzeit 5000-6000, wozu noch ca. 300 Reiter kamen. Die L. gliederte sich in 10 Kohorten (Bataillone; → Schar) zu je 3 Manipeln (Kompanien), diese hatten je 2 Centurien (Züge). Kommandeur der L. war ein Legat, der Kohorte ein Tribunus militum (→ Klaudius Lysias, Apg 23,26), der Centurie ein Centurio (→ Hauptmann; vgl. → Julius, Apg 27,1). Die taktische Einheit war die Kohorte.
Die L. bestanden aus Schwerbewaffneten, sie rekrutierten sich anfänglich aus röm. Bürgern, später auch aus Bewohnern der Provinzen, die als L.soldaten das Bürgerrecht erwarben. Hauptquartier des röm. Heeres in Palästina war das zu Judäa gehörige Caesarea. In Jerusalem lagen normalerweise nur einige Kohorten; anläßlich der Feste und in unruhigen Zeiten wurde die Garnison jedoch beträchtlich verstärkt.

II) In Mt 26,53; Mk 5,9; Lk 8,30 bezeichnet L. eine Vielzahl von Engeln oder bösen Geistern.

Lehabiter, ägypt. Volksstamm, wahrscheinlich die Libyer (1 Mo 10,13; 1 Chron 1,11).

Lehi, dasselbe Wort heißt sonst »Kinnbacken«, → Ramath-Lehi.

Lehm → Ton

Lehne. I) Schutzgeländer um das flache, viel benutzte → Dach des morgenländischen Hauses (5 Mo 22,8).
II) Die Armstützen des Königsthrones (1 Kö 10,19; 2 Chron 9,18).

Lehre. I) Schon das AT rühmt die L. der göttlichen Weisheit (Spr 4,2; 5,1; 8,10; Pred 12,13). Josaphat läßt das Volk durch hervorragende Männer unterweisen (2 Chron 17,7). Alle rechte L. kommt von Gott, er offenbart seinen heiligen Willen und verleiht Einsicht und Verständnis. Mose ist von Gott belehrt worden (2 Mo 4,12.15), so daß er Israel in den Gesetzen Gottes unterweisen konnte (2 Mo 18,20). Die göttliche Belehrung umfaßte alle Lebensgebiete und forderte völligen Gehorsam (vgl. → Gesetz). Die heiligen Schriften als Grundlage der L. wurden von den Priestern im Heiligtum aufbewahrt (vgl. 2 Kö 22,8ff), um für das Volk ausgelegt zu werden. Da die Priester dieser Verpflichtung jedoch nicht immer treu nachkamen, werden sie von den Propheten hart getadelt (Hos 4,6; Mi 3,11).
II) Das griech. *didaskalia* bedeutet in der LXX und im NT sowohl »Unterricht, Unterweisung, Lehrtätigkeit« wie »das, was gelehrt wird«, also die L. Die Lehrgabe gehört nach Röm 12,6f zu den Geistesgaben; wer sie besitzt, soll sie treu ausüben (V 7). Die Gemeindevorsteher sollen selber die Lehrtätigkeit ausüben und darauf achthaben (1 Tim 4, 13.16); sie müssen »lehrhaft« sein (1 Tim 3,2; 2 Tim 2,24), d. h. geeignet, andere zu lehren (V 2).

III, 1) Im NT geht es um die L. Jesu (Joh 7,16.17) und um die apostolische L. des Evangeliums, die, mitgeteilt durch den Geist der Wahrheit (Joh 14,26; 16,13) und gegründet auf die Worte und Erlösung Jesu Christi (Joh 16,14), die Gemeinde begründet und zum ewigen Leben errettet. Diese L. ist in treuem Glauben festzuhalten (Apg 2,42; 1 Tim 4,16; 2 Tim 3,10). Sie ist der Inbegriff der geschichtlichen Offenbarung Gottes, wie sie in der HS bezeugt und in Jesus vollendet ist (1 Tim 6,3; 2 Tim 3,16; Tit 2, 10). Sie heißt auch die heilsame (1 Tim 1,10; 2 Tim 4,3; Tit 1,9; 2,1), die gute (1 Tim 4,6), die unverfälschte L. (Tit 2,7), die L. Gottes (V 10) und Christi (2 Joh 9). Auch die HS des AT ist der christlichen Gemeinde zur L. geschrieben (Röm 15,4; 2 Tim 3,16).
2) Wird schon im AT gewarnt vor loser (Ps 24,4) und unnützer L. (Ps 119,37; Hes 13,23), so wird erst recht im NT die Gemeinde abgegrenzt gegen

Tafel 54
Die Klagemauer in Jerusalem, ein Teil der herodianischen Umfassungsmauern des Tempelplatzes. Die Quader zeigen die typische Arbeit der Steinmetzen Herodes d. Gr. Diese Stelle, an der die Juden die Zerstörung des Tempels beweinten, ist ihnen heute nicht mehr zugänglich, da sie zum jordanischen Teil der Stadt gehört

Irrlehre (Gal 1,6–9; Apg 15,24), teuflische (1 Tim 4,1), bloß menschliche und irdische (Kol 2,22), fremde und verführerische Lehren (Eph 4,14; Hebr 13, 9), die Quellen der Lüge, Finsternis und Gottlosigkeit sind. Falsche L. greift um sich wie der Krebs (2 Tim 2,17) und führt vom guten Weg ab (2 Petr 2, 15). Deshalb gilt die Mahnung: »Prüfet die Geister!« (1 Joh 4,1ff) und: »Hütet euch!« (Mt 16,6).

v. Eicken

Lehrer, Lehrerin. I) L. ist ganz allg. jeder, der Unwissenden Kenntnisse vermittelt (vgl. 1 Chron 25,8; Spr 5,13). In der HS werden als L. bes. solche Männer bezeichnet, die berufen wurden, Gottes Willen den Menschen kundzutun und sie zur Erkenntnis der Wahrheit anzuleiten (Mose: 2 Mo 24, 12; Sacharja: 2 Chron 26,5; u. a.). In Jo 2,23 werden solche L. verheißen, in Dan 12,3 treue L. selig gepriesen. L. jedoch, die von Gott fortführen (Jer 8, 9), verfallen dem Gericht. In Jes 30,20; Hi 36,22 wird Gott selber L. genannt.

II) Schriftgelehrte (= L. der HS) als besonderen Stand gibt es im Judentum erst seit der Zeit nach dem Exil. Einer der ersten Schriftgelehrten war Esra (Es 7,11). Ihre wesentliche Aufgabe war die Auslegung des AT und anhand der Schrift die Auseinandersetzung mit dem von allen Seiten eindringenden hellenistischen Heidentum in Philosophie und Lebensführung. Indem aber die Schriftgelehrten aufgrund des AT das Leben des einzelnen Juden für jeden einzelnen Fall bestimmen zu können und zu müssen glaubten, entwickelten sie eine haarspaltende Kasuistik, die zu einem unerträglichen gesetzlichen Joch wurde. Hier vor allem setzte der Kampf Jesu mit den Schriftgelehrten an (Mt 7,1ff; 23,23ff; Mk 2,23–3,6 par).

III) Das NT nennt verschiedene L.:

1) Die jüd. Schriftgelehrten (Lk 2,46; Joh 3,10 LÜ Meister).
2) Johannes den Täufer (Lk 3,12 LÜ Meister).
3) Die Juden allg. (Röm 2,20).
4) Christen allg. (Hebr 5,12 LÜ Meister).
5) Paulus als L. der Heiden (1 Tim 2,7; 2 Tim 1, 11).
6) Christen im bes. Gemeindedienst (→ Amt) des L. (Apg 13,1; 15,22; 1 Kor 12,28ff; Eph 4,11).
7) Vor allem aber ist Jesus der L. schlechthin.

IV) Jesus als L.

1) Jesus verkündigte nicht nur die frohe Botschaft von der Königsherrschaft Gottes und machte Kranke gesund, er lehrte auch wie die Schriftgelehrten in den Synagogen (Mt 4,23; 9,35) und im Tempel (Mt 26,55; Mk 12,35). Er lehrte das Volk und seine Jünger (Mt 4,23), wie es auch die Schriftgelehrten taten (Mk 2,18). Wie sie entnahm er den Stoff seiner Lehre dem AT (Mt 5,21; 15,3; 22,37) und lehrte auch in der Form der Schriftgelehrten (Lk 4,16), indem er den Schriftabschnitt stehend verlas und sitzend auslegte (vgl. auch Mt 5,1 zu Beginn der → Bergpredigt). Neben »Herr« ist »Lehrer« (LÜ Meister; griech. *didaskale;* Mt 8,19; 19,16 u. ö.) oder → »Rabbi« (Mt 26,25; Mk 9,5; Joh 1,38; 4,31 u. ö.) bzw. »Rabbuni« (Mk 10,51; Joh 20,16) die häufigste Anrede für Jesus. Nikodemus nennt ihn einen »L. von Gott gekommen« (Joh 3,2), und auch sonst fehlt es ihm als L. durchaus nicht an Anerkennung im Volk und z. T. auch in schriftgelehrten Kreisen (Mt 22,16; Mk 12,32ff). Die Ev. zeigen, daß man ihm mit gleicher Ehrerbietung entgegenkam, wie sie damals Schriftgelehrten gegenüber üblich war. Das gilt vor allem von seinen Jüngern, die ihm in jeder Hinsicht dienten (Mk 4,35f; 6,37; Joh 4,8; Mk 11,1ff; Mt 26,17ff).

2) Und doch unterschied sich das Auftreten und Lehren Jesu so stark von dem der Schriftgelehrten, daß es bei ihnen in steigendem Maße Anstoß erregte und schließlich tödlichen Haß auslöste. Jesus hatte weder den vorgeschriebenen Weg der Ausbildung durchlaufen, noch war er von einer kirchenamtlichen Instanz zum Lehren autorisiert worden (Joh 7,15; Mt 13,54 u. a.). Er trat in unversöhnlichen Gegensatz zu aller lebensfremden Kasuistik, die ohne Rücksicht auf die Situation und die Person mit ihren quälenden Nöten jeden unterschiedslos dem System ihrer äußerlichen Gesetzlichkeit unterwarf. Jesu Lehre ordnete das Leben mit klarem Blick auf Gott und den Nächsten (Mt 22,37.39 u. a.) und rief zur praktischen Entscheidung auf für oder gegen Gottes Willen. Er brachte also nicht in erster Linie Belehrung, sondern trat als Herold des Reiches Gottes auf, weil die Zeit erfüllt war (Mk 1,15). Jesus redete in Vollmacht des Heiligen Geistes (V 22; Mt 7,29) und setzte den bisherigen Schriftauslegern sein »Ich aber sage euch« entgegen (Mt 5, 21ff). Das eigentlich Besondere seines Lehrens und Auftretens lag in seiner Person begründet: er ist der Weg, die Wahrheit, das Leben (Joh 14,6). Als Sohn Gottes und das leibhaftige Wort Gottes beansprucht er das ganze Leben und den vollen Gehorsam (Mt 16,24.25), die bedingungslose Nachfolge (Mt 19,21). Immer wieder gerieten seine Hörer in fassungsloses Staunen und Verwundern (Mt 7, 28; Mk 6,2; Joh 7,15). So war Jesu Lehren gleichbedeutend mit Offenbaren. Seine Autorität ist einmalig, einzigartig: Einer ist euer Meister, Christus (Mt 23,8). Die Antwort der Schriftgelehrten auf diesen Anspruch lautete: Er hat Gott gelästert. Er ist des Todes schuldig! (Mk 14,64).

V) Die L. der urchristlichen Gemeinde.

1) Jesu Jünger lehrten schon zu Lebzeiten des Herrn in seinem Auftrag (Mk 6,30), und die Fortsetzung dieser Arbeit machte ihnen der Auferstandene zur Lebensaufgabe (Mt 28,20). Sie besteht in erster Linie in der Verkündigung des Heils in Jesus Christus. Die Apostel verkündigen und lehren »die Buße zu Gott und den Glauben an den Herrn Jesus Christus« (Apg 20,20.21). Hinzu kommt noch – vor allem im Ringen um Israels Bekehrung (Apg 9,20–22) – der ständige Schriftbeweis dafür, daß Jesus der verheißene Messias ist (vgl. das Mt-Ev.). Bei diesem Lehren geht es aber nicht so sehr um reine Mitteilung von Heilstatsachen, als um Verkündigung, die auf Entscheidung für Gott und Christus dringt.

2) Neben den Aposteln, Propheten und Evangelisten erscheinen die Lehrer dann als Träger einer besonderen Aufgabe (vgl. → Amt) in den Gemeinden (Apg 13,1), die wohl vor allem in der Vertiefung und Anleitung zum praktischen Ausleben der empfangenen Botschaft bestand. Der L. erscheint eng verbunden mit dem → Hirten (Eph 4,11), sein Lehren beruht auf besonderer Geistesausrüstung (1 Kor 12,28). Die L. sollen ihr Amt treu verwalten (Röm 12,7; 2 Tim 4,2) und das Wort der Wahrheit recht austeilen, je nachdem Trost, Strafe oder Unterweisung am Platze ist (2 Tim 2,15; 1 Thess 5,14). Jakobus warnt angesichts der schweren Verantwortung davor, sich zum Lehrdienst zu drängen (Jak 3,1); und Hebr 13,17 ruft zum Gehorsam gegen die L. auf, die einmal über die ihnen anvertrauten Gemeindeglieder Rechenschaft abzulegen haben. An ihre Worte sollen die Christen denken und ihrem Glauben nachfolgen (V 7). Vgl. → Ermahnung.

3) In Tit 2,3 ist von alten Frauen gesagt, daß sie

ihren Kindern und Enkeln und sonst innerhalb der Familie durch Rat, Tat und Vorbild »gute Lehrerinnen« sein sollen. Das hat jedoch nichts mit öffentlichen Vorträgen in der Gemeinde zu tun, die Paulus ihnen untersagt (1 Kor 14,34; 1 Tim 2,12). Vgl. → Gottesdienst V, 3.

4) Wegen der wichtigen und verantwortungsvollen Aufgabe der L. wird um so eindringlicher vor falschen L. gewarnt (2 Tim 4,3; 2 Petr 2,1), die nur nach den Wünschen ihrer Hörer reden und um des äußeren Lohns willen Nachfolger Bileams geworden sind (V 15).

Vgl. → Prediger, predigen, Predigt.

v. Eicken.

Leib. I) Der L. ist der Sitz des irdischen → Lebens (Hebr 13,3; 2 Kor 5,6.8; vgl. 3 Mo 17,11). In diesem Sinn ist er in der HS oft identisch mit dem → Fleisch; z. B. 3 Mo 6,3[10] (sein Fleisch, d. h. seinen L., bekleiden). Doch liegt bei Fleisch der Ton mehr auf der beseelten Substanz, dem beseelten Stoff, während L. den wunderbaren Organismus bezeichnet, den → Seele bzw. → Geist bewohnen. Im übrigen haben wir im hebr. und griech. Text eine Fülle von Ausdrucksmöglichkeiten für den in LÜ gewöhnlich mit L. wiedergegebenen Begriff.

II) Der menschliche L. ist ein Zeugnis der göttlichen Schöpferweisheit und Schöpfermacht (1 Mo 1, 26.27; 2,18–25; Ps 139,13–15). Wunderbar ist die Verbindung von Leib, Seele und Geist, die eine völlige Einheit bilden und gemeinsam Gegenstand der göttlichen Heiligungskräfte sind (1 Thess 5,23; vgl. auch Ps 39,4; 73,26; Mt 6,25; 1 Kor 5,3; 7,34; Jak 2,26). Nirgends sagt die HS ein abschätziges Wort über den L., ganz im Gegensatz zu heidnischen Religionen und Philosophien. Während Platon den L. einen »Kerker der Seele« nennt, heißt es in Ps 84,3: »Mein L. und Seele freuen sich in dem lebendigen Gott«. Auch die Zehn →Gebote sind ein klares Zeugnis dafür, daß Gott den L. schützen und erhalten will (2 Mo 20,1–17). Letzten Endes gilt dem Gehorsam gegen jedes Gebot die Verheißung: »Auf daß du lange lebest auf Erden« (V 12). Den höchsten Ausdruck der Wertung des menschlichen L. sehen wir in der Fleischwerdung Jesu Christi (Joh 1, 14). Jesus ist die Gabe Gottes für den ganzen Menschen und hat in → Krankenheilung und Totenauferweckung helfend auch in die Nöte des L. eingegriffen. Und nachdem sich Gott in Jesus im Fleisch offenbart hat (1 Tim 3,16), sollen nun die L. der Gläubigen Tempel des heiligen Geistes sein (1 Kor 6,19.20).

III) Dabei verschweigt die HS nicht, wie sehr der Menschenleib nach dem Fall unter dem gebrochenen Gottesverhältnis leidet. Tod und Zersetzung des L. ist der → Sünde Sold (Röm 6,23). Es besteht ein tiefer Zushg. zwischen Weltschuld und Weltleid, zwischen Sünde und → Krankheit, zwischen Gottesferne und Todesverhängnis, in das wir hineingeboren sind: »Das macht dein Zorn, daß wir so vergehen« (Ps 90,7; vgl. 38,4). Während das AT bes. eindringlich von der Hinfälligkeit und dem Sterben des Menschen redet (4 Mo 14,29; Hi 2,7f; 7,5f; Ps 22, 15; 55,5; Jes 1,5f), weiß das NT darüber hinaus, daß sich gerade im Leiden des L. die Kraft Gottes offenbart (2 Kor 4,10; Gal 6,17; Phil 1,20). In seiner Schwachheit wird der L. zum Bild des irdischen Lebens überhaupt (2 Kor 5,10; Röm 8,11); und da die Sünde oft durch den L. die Herrschaft über den Menschen gewinnt, wird er auch als der sündliche L. (Röm 6,6; Kol 2,11) oder L. dieses Todes bezeichnet (Röm 7,24). Unmittelbar daneben aber steht die Gewißheit der Erlösung auch des L. in Christus (V 25).

IV, 1) Das biblische Ja zum L. gilt auch seiner Geschlechtlichkeit. Der Liebestrieb ist ein Geschenk Gottes: »Seid fruchtbar und mehret euch« (1 Mo 1, 28); und die → Ehe (VI) ist ein Bild für das Verhältnis Gottes zu seinem Volk. Vgl. auch 2 Mo 21, 10; Röm 4,19ff; 1 Tim 4,1–5; 5,14: hier wird ein volles Ja gesagt und der irrigen Meinung gewehrt, als handele es sich um einen wesensmäßig bösen Bereich.

2) Die HS verschweigt jedoch nicht, daß im geschlechtlichen Leben große Gefahren bestehen (1 Kor 7,1–5). Die Reinheit muß erkämpft werden, weil auch der Liebestrieb – wie der ganze Mensch – der Verzerrung durch die Sünde verfallen ist. Darum warnt die Bibel: »Du sollst nicht ehebrechen« (2 Mo 20,14); »Wisset ihr nicht, daß euer L. ein Tempel des heiligen Geistes ist?« (1 Kor 6,19); »Die aber Christus angehören, kreuzigen ihr Fleisch samt den Lüsten und Begierden« (Gal 5,24); »Der Hurer Teil wird sein in dem Pfuhl, der mit Schwefel und Feuer brennt« (Offb 21,8). Anderseits darf nicht übersehen werden, daß Jesus sich gerade der Sünder des Liebestriebes erbarmt: »Die Zöllner und Huren mögen wohl eher ins Himmelreich kommen denn ihr« (d. h. die unbußfertigen, selbstgerechten Hohenpriester und Ältesten; Mt 21,31; vgl. Joh 8,3–11). Vgl. auch → Ehe.

V) Als Jesus Fleisch wurde (s. o. II), nahm er auch das Todeslos des menschlichen L. auf sich. Weil er aber ohne Sünde war, konnte er seinen Leib für uns, zu unserer Erlösung in den Tod geben (Röm 7,4; Kol 1,22; 1 Petr 2,24; Hebr 2,14.15; 10,5). In besonderer Weise ist davon im Zushg. des → Abendmahls die Rede (Mt 26,26; Mk 14,22; Lk 22, 19; 1 Kor 10,16; 11,24.27.29).

VI) Anderseits wird die Gemeinde, durch die der Auferstandene in die Welt hineinwirkt, häufig bildhaft als der »L. Christi« bezeichnet (Röm 12,5; 1 Kor 10,17; 12,12–27; Eph 1,23; 2,16; 4,4.12.16; 5, 23.30; Kol 1,18.24; 2,19; 3,15). Mit diesem Bild drückt Paulus die lebendige, unauflösbare Verbindung des Herrn mit den Gläubigen aus, den ständigen Einfluß Christi auf die Gemeinde, die er mit seinem Geist erfüllt und belebt, die er als → Haupt führt und bestimmt, die ihr Leben nur von ihm aus erhält. Zugleich wird daraus aber auch das rechte Verhältnis der Christen untereinander deutlich, das durch die Gemeinschaft in Christus geprägt wird und in dem sie sich wie die Glieder eines L. gegenseitig helfen, unterstützen und ergänzen.

VII) Auch in seiner Leiblichkeit ist der Mensch »Bild und Gleichnis Gottes« (1 Mo 1,26.27). Doch können »Fleisch und Blut das → Reich Gottes nicht ererben« (1 Kor 15,50), Fleisch gibt es nur auf der Erde, und es vergeht auch hier (1 Petr 1,24). In der → Auferstehung aber empfangen wir eine neue, himmlische, geistliche Leiblichkeit (1 Kor 15,39ff), in der wir Gott schauen dürfen. Christus als der Erstling unter den Auferstandenen (V 20) wird alle, die ihm angehören, in gleicher Weise bei seiner Wiederkunft lebendig machen (V 23; Phil 3,21).

VIII) Als Zeugnis der Realität geistlicher Dinge und Vorgänge dürfen wir es verstehen, wenn Lk 3,22 berichtet wird, daß der Geist in »leiblicher Gestalt«, sichtbar auf Jesus herabfuhr. Ebenso will die Aussage, daß »in Christus die ganze Fülle der Gottheit leibhaftig wohnt« (Kol 2,9) eine Wirklichkeit deutlich machen, die nicht sinnbildlich oder philosophisch abgeschwächt werden darf.

IX) Offb 18,13 steht »Leiber« als Bezeichnung für Sklaven, Leibeigene (→ Knecht).

Leibeigen → Knecht

Leibesfrucht (Ps 127,3) → Kind

Leibhaftig, leiblich → Leib VIII

Leibrock. I) Der L. (hebr. *epod)* war ein für den Dienst des → Hohenpriesters bestimmtes Kleidungsstück, angefertigt aus Gold, blauem und rotem Purpur, Scharlach und gezwirnter weißer Leinwand. Er bedeckte nur Brust und Rücken; Vorder- und Hinterblatt waren auf den Achseln durch Schulterstücke verbunden, auf denen je ein großer, in Gold gefaßter Onyx-Stein mit den Namen der Stämme Israels angebracht war (2 Mo 28,6–14; 39, 2–7). Am L. war mit goldenen Kettchen das → Amtsschild befestigt, in dem sich → Licht und Recht (2 Mo 28,30) befanden, durch die man den Herrn befragte. Darauf bezieht sich offenbar die Erwähnung des L. 1 Sam 23,6.9–12; 30,7.8.

II, 1) Ein einfacher, leinener L. *(epod bad)* gehörte zur Kleidung der übrigen Priester (1 Sam 22,18); auch der junge Samuel trug ihn (1 Sam 2,18), ebenso David, als er die Bundeslade nach Jerusalem holte (2 Sam 6,14).

2) In assyr. Keilschrifttafeln des 19. Jh. v. Chr. und ugaritischen Texten des 15. Jh. v. Chr. kommt *epadu* als Bezeichnung eines Gewandes vor, das hauptsächlich von Frauen getragen wurde.

III) An einigen Stellen wird der L. in Verbindung mit → Hausgötzen (Teraphim) genannt (Ri 17,5; 18, 14.17f; Hos 3,4 vgl. EÜ, ZÜ). Es könnte sich hier um die Bekleidung eines Götzenbildes handeln, viell. auch (bes. Ri 8,27) um das Götzenbild selbst.

Leibwache. I) Wie die Pharaonen (1 Mo 37,36) und die assyr. und babyl. Könige (2 Kö 25,8) besaßen auch die isrl. Herrscher von Saul an (1 Sam 22, 17) ihre L. oder Trabanten. Als Leibwächter verwendete man gerne Ausländer, wie David die Krether und Plether (Philister; 2 Sam 8,18; 15,18; 20, 7; 1 Kö 1,38) und der Philister Achis von Gath den Israeliten David (1 Sam 28,2). Sie galten durch ihre ausschließliche Bindung an die Person des Königs und ihren Gegensatz zum Volk als bes. zuverlässig. Für die Davidssöhne Absalom und Adonia bedeutete die Bildung einer Leibwache von 50 Mann den 1. Schritt auf dem Weg zur erstrebten Herrschaft (2 Sam 15,1; 1 Kö 1,5). Vor dem Sturz der Königin Athalja suchte Jojada zuerst die Hilfe der Leibwache für den jungen König Joas zu gewinnen (2 Kö 11,4.6.19).

Leibwächter des Pharaos Ramses II. (links) und hethitischer Leibwächter

II) Die L. stellte die Vorläufer (1 Sam 8,11), die das Kommen des Herrschers ankündigten und seinem Wagen Platz verschafften, und die Wachen am Palasteingang, in dessen Nähe sich ihre Unterkunft befand (2 Sam 11,9). Beim Besuch des Tempels war der judäische König von seinen Leibwächtern umgeben, die dabei besondere Schilde trugen (1 Kö 14,27.28), das Tor zwischen Tempel und Palast hieß Tor der Trabanten (2 Kö 11,19). Die L. und ihr Befehlshaber wurden häufig zu wichtigen Sonderaufgaben eingesetzt, wie der Babylonier Nebusaradan nach der Eroberung Jerusalems (2 Kö 25,8–20; Jer 39,9–14; 40,1–6). Auch die Vollstreckung von Todesurteilen rechnete dazu. Wir hören davon unter Saul (1 Sam 22,17), Salomo (1 Kö 2,25.34.46), Jehu (2 Kö 10,25) und in Babylon, wo mit dem »obersten Richter« Arioch, der Führer der L., gemeint ist (Dan 2,14). Auch der Henker, den Herodes zur Enthauptung Johannes d. Täufers sendet, war nach dem griech. Wort einer seiner Leibwächter (Mk 6,27). Vgl. → Läufer.

Leiche → Begräbnis; → Leichnam

Leichnam. I) Man setzte den L. im Familiengrab bei (1 Mo 49,29–31; Ri 16,31; 2 Sam 2,32) und trug schwer daran, wenn das nicht möglich war (1 Kö 13, 22). Um so furchtbarer empfand man es, wenn die L. Erschlagener oder Hingerichteter unbestattet liegenblieben, dem Wetter (Jer 36,30), den Vögeln und Tieren schutzlos preisgegeben (1 Kö 14,11; 16, 4). Hier leistete Sauls Nebenfrau Rizpa ihren hingerichteten Söhnen den letzten Liebesdienst und erwirkte damit ihre Bestattung (2 Sam 21,10–14). Das gleiche Gericht, das Israel für seinen Abfall von Gott schon 5 Mo 28,26 angedroht und von Jeremia wiederholt vorhergesagt worden war (Jer 7,33; 16, 4; 19,7), traf nach der Eroberung Jerusalems durch Nebukadnezar für das ganze Volk ein (Ps 79,2f).

II) Nach 5 Mo 21,23 darf der nach der Hinrichtung aufgehängte L. nicht über Nacht am Holz bleiben, um das Land nicht zu verunreinigen. Darum sorgten die Juden dafür, daß nach der Kreuzigung Jesu die L. abgenommen wurden, bevor der Festtag begann (Joh 19,31).

III) Wenn in 3 Mo 26,30; Hes 6,4.5 gedroht wird, die erschlagenen Götzendiener auf ihre Götzen und vor ihre Bilder zu werfen, so spielt auch hier der Gedanke der Verunreinigung durch den L. eine Rolle. König Josia verwirklichte diese Drohung bei seiner Zerstörung der isrl. Höhenheiligtümer (2 Kö 23, 15–20). Vgl. weiter → Begräbnis, → Grab, → Aas.

Leid, leiden. I) VOM URSPRUNG DES LEIDENS.
L. hat es in der Welt, die nach dem Urteil Gottes »gut« war (1 Mo 1,31), nicht gegeben. Der Schritt aber, mit dem sich der Mensch von Gott trennte, brachte sein Leben unter das Gericht Gottes, unter die Macht und Drohung des Todes (1 Mo 2,17; 3, 19); er geriet in die Unfreiheit – ins L. (Hebr 2,15). Und weil er als Bild Gottes in der Schöpfung stand (1 Mo 1; 2), sind durch ihn auch die übrigen Geschöpfe unter das L. geraten (Röm 8,18–23). Werden und Vergehen, Leben und Tod, sind nun die gottgegebene Ordnung (1 Mo 3,17–19). Sie sind ein Anzeichen dafür, daß der gesamte Kosmos dem Gerichte Gottes entgegengeht. So finden im L. zunächst die Gottferne menschlichen Lebens, insbes. aber – für die, die sich zu Gott halten und von ihm gehalten werden – das Zerwürfnis zwischen Gott und seiner Welt ihren Ausdruck. Unter Gottes Gericht wirkt die Welt des Todes im Leiden in unser Leben hinein, am stärksten da, wo der Tod durch das neue

Leben seine Macht zu verlieren droht, und so wird tiefstes L. in den Leidenspsalmen geradezu mit »Tod« gleichgesetzt (Ps 18,5; 22,16; 56,14; 116,3.8). Der Mensch kann sich daraus aus eigener Kraft nicht befreien; der Zugang zu der Welt, in der kein Leiden und kein Tod ist, zum → »Paradies«, ist ihm verschlossen (1 Mo 3,24). Wenn die Bibel vom Menschen spricht, sieht sie ihn zutiefst als den Menschen im L., der – bewußt oder unbewußt – der Erlösung harrt.

II) VOM CHARAKTER DES LEIDENS.

1) Das Leiden trifft unser ganzes Menschsein: den Leib (z. B. in organischer Krankheit, in Verfolgung und Gefangenschaft), die Seele (z. B. im Leid des Herzens um den Verlust lieber Mitmenschen) und den Geist (z. B. in der Frage nach dem Sinn des Lebens und der Gerechtigkeit Gottes). → Hiob, der Urtyp des Leidenden, hat alle diese Formen des L. erfahren. Neben ihm stehen Menschen wie David (Tod seiner Söhne), der Sänger des 73. Psalms, der Prediger Salomo, der bedrängte Apostel Paulus (1 Kor 11,23–29) und die Gemeinde der Erwählten, wie die Offb sie uns zeigt (Offb 6,9–11; 13,7.17; 17,6).

2) Über den Charakter des Leidens gibt auch der griech. Sprachgebrauch im NT Aufschluß. Es finden sich vorwiegend die beiden Ausdrücke »Kraftlosigkeit, Schwäche« *(asthencia)* und »Erleiden« *(pathaema)*. Sie bezeichnen zwei Seiten derselben Sache: der Mensch ist kraftlos, ohne Widerstandskraft, deswegen muß er das Wirken einer fremden Macht erleiden, die sein Leben schmälert und hinrafft. Dieser Zustand macht offenbar, was des Menschen Leben als ganzes bestimmt: er ist nicht sein eigener Herr, sondern anderen Mächten ausgeliefert. Wo er dies erkennt, fällt die Entscheidung über die weitere Richtung seines Lebens: ob er Gott anklagt und sich von ihm abwendet, sich also unter die Macht des Bösen stellt (Offb 16,9), oder ob er sein L. als aus Gottes Hand kommend erkennt (Ps 39,12; 94, 12; Hebr 12,6), als eine Gelegenheit, sich mit seinem L. völlig dieser Hand zu ergeben, von ihr allein Hilfe zu erhoffen (2 Kor 12,1; Ps 38; Ps 66,10–12). Dies aber bedeutet schon seine Errettung. »Wer am Fleisch leidet, der hört auf von Sünden« (1 Petr 4,1).

3) Urheber des L. und des Todes ist, wie das Buch Hiob beispielhaft zeigt, der → Satan, der Böse (Hi 2,4ff; vgl. auch 2 Kor 12,7; 1 Petr 5,8f). Gott läßt sein zerstörerisches Wirken zu als Gericht über die Sünde (Jer 21,5ff), als Züchtigung wegen der Sünde (Hebr 12,5–11), als Läuterung aus der Sünde (Jes 48,10), ja als Bewahrung vor der Sünde (2 Kor 12,7; vgl. auch 1 Petr 4,1). Gerade auf dem Hintergrund des Buches Hiob zeigt sich hier der geheimnisvolle Sinn der Austreibung aus dem Paradies in die Welt des L. und des Todes, »auf daß er nicht ... breche von dem Baum des Lebens und esse und lebe ewiglich« (1 Mo 3,22): Gott stellt den Menschen wohl unter das Gericht und läßt ihn die Folgen seines Abfalls erfahren in Leiden und Tod; aber es bleibt noch Raum, diese Gottferne zu überwinden.

III) VON DER ÜBERWINDUNG DES LEIDENS.

1) Alle Macht des L. bis zum Tode richtete ihren konzentrischen Angriff gegen Jesus Christus, den Sohn Gottes. Sein Kommen ins Fleisch (Joh 1,14) zur Erlösung der Menschen (Lk 4,17–21) aus Gottferne und L. ist zunächst ein Schritt in die Tiefe des L. (Hebr 12,2). Er sah diesen Weg als ein göttliches Muß über seinem Leben (Mt 16,21 u. ö.), in dem er den unter dem Gericht Gottes stehenden Menschen gleich wurde (Hebr 2,14–18) und ihre Schwäche teilte. So gab er sich in freiwilligem Gehorsam ganz in die Abhängigkeit von seinem Vater (Hebr 5,7f; Phil 2,9) und wurde – ohne Notwendigkeit, weil ohne Sünde – der mit-leidende Bruder aller Menschen (Hebr 4,14f). Aber dies alles geschieht in der Bahn des göttlichen Willens: was von ihm in der Schrift gesagt war, mußte erfüllt werden (Lk 24,44). Was das bedeutet, zeigt Jes 52,13–53,12: »Die Strafe liegt auf ihm, auf daß wir Frieden hätten«. So vollzieht Gott an ihm sein Gericht über den Menschen in Leiden und Tod (2 Kor 5,21), aber mit diesem Tod und der ihm folgenden Auferweckung ist nun dem Teufel wie dem Tode die Macht genommen (Hebr 2,14f; 2 Tim 1,10;). Daß Jesus von Sünde, L., Krankheit und Tod heilt – vor seinem Todesleiden auf Golgatha als »Zeichen« der Rettung, nach der Auferstehung durch die Gabe des → Lebens aus Gott –, ist die Frucht seines Sieges über den »Fürsten dieser Welt«, »der des Todes Gewalt hatte« (Joh 12,31; Hebr 2,14; Offb 7,13ff). Der in seiner Person Auferstehung und Leben ist (Joh 11, 25), konnte nicht im Tode bleiben (Apg 2,24). Wer an ihn glaubt, der hat Teil an der Überwindung von Sünde, L. und Tod (Röm 6,3–11).

2) Wie aber der Auferstandene die Wundmale seines Kreuzestodes trägt, so stellt die Gemeinschaft mit ihm zugleich in die »Gemeinschaft seiner Leiden« wegen der Sünde der Welt (Phil 3,10). Das gilt für die Zeit, in der diese Welt des L. und des Todes noch nicht abgetan ist, für den Einzelnen wie für die Gemeinde, den Leib Christi (Kol 1,24). In dieser Welt bleibt das Leiden als eine Schule des Gehorsams und ein Weg zur Läuterung, in dem der Glaube gewonnen und bewährt werden muß (2 Kor 1,8f; 4,7–12). Aus der Gemeinschaft der Leiden Christi aber erwächst auch das Teilhaben an seiner Auferstehung (Phil 3,10f).

So stellt Gott denen, die in der Gemeinschaft mit Christus leiden, die Aufgabe, »darunterzubleiben« (griech. *hypomonae*, LÜ Geduld) und in der eigenen Schwäche Gottes Kraft zu ihrem vollen Maße und Ziel kommen zu lassen (2 Kor 12,9). Geduld und Glaube aber machen »würdig des Reiches Gottes« (2 Thess 1,5), und sie lehren erkennen, daß alle Leiden dieser Zeit in keinem Vergleich stehen zu der Herrlichkeit, die der Gemeinde Gottes bereitet ist (Röm 8,18).

3) Wenn auch bis jetzt in dieser Welt des L. und des Todes noch nicht offenbar ist, was die Überwindung des Todes am Kreuz von Golgatha bedeutet (2 Kor 5,7), so erfährt und bezeugt es doch die Gemeinde aus dem ihr gegebenen Wort der göttlichen Offenbarung, daß in Christus Himmel und Erde einmal so erneuert werden, daß »kein L. mehr sein wird« (Offb 21,4; vgl. auch Jes 35; Jes 25,8).

Leidig = lästig, kummerbringend (Hi 16,2), heillos, böse (Jer 4,14).

Leihen → Wucher; → Pfand; → Bürge; → Sabbatjahr

Leinwand, Leinweber → Flachs; → Handwerk

Lektion. Die regelmäßige Verlesung des Gesetzes im Synagogengottesdienst (Apg 13,15).

Lenden. I) Der Teil von Rücken und Seiten zwischen dem Hüftknochen und den untersten Rippen. Die HS kennt verschiedene hebr. Worte für L., die z. T. auch die Hüft- und Gesäßgegend mit einschließen. LÜ gibt sie daher manchmal auch mit »Hüfte« wieder (z. B. 1 Mo 24,2; 32,26.32; 47,29; 2 Mo 28, 42; 4 Mo 5,21; Jer 31,19).

Die L. werden häufig in Verbindung mit dem Gür-

tel (2 Mo 12,11; 1 Kö 2,5; 2 Kö 1,8; Mt 3,4) oder dem Schwertgurt (2 Mo 32,27) genannt, der sie umspannt und dem ganzen Körper Halt gibt, zugleich die weite Kleidung zusammenfaßt (1 Kö 18,46). Daher ist das Gürten der L. auch Bild des Aufbruchs, der Bereitschaft (Hi 38,3; Jer 1,17; Eph 6,14; 1 Petr 1,13) Die Trauerkleidung wurde ebenfalls um die L. angelegt (1 Mo 37,34; 1 Kö 20,32; Jes 20,2; Am 8,10), ließ also vermutlich den Oberkörper frei.
II) »Aus den L. kommen« ist verhüllender Ausdruck für die Zeugung (1 Mo 35,11; 46,26; 1 Kö 8, 19; Hebr 7,5.10; Ri 8,30 LÜ Hüfte). Die Frucht der L. (Apg 2,30) ist der leibliche Nachkomme. Von diesem Zushg. her ist wohl auch das freche Wort Rehabeams 1 Kö 12,10 zu verstehen.

III) Vgl. → Eid II, 3.

Lenken, sich = sich wenden (4 Mo 21,15; 34,4.5; Mt 2,12).

Leopard → Parder

Lesem → Dan (3)

Lesen. I) L. bedeutet vielfach vorlesen (Neh 8,8; Jer 36,6; Apg 13,27; 1 Tim 4,13; Offb 1,3). Auch für sich selber las man früher gewöhnlich laut (Apg 8,28.30).

II) L. = sammeln oder ernten (3 Mo 19,10; 4 Mo 15,32; Mt 7,16; Lk 6,44).

Letusiter, hängt mit hebr. »hämmern, schärfen« zusammen,
dedanitischer Volksstamm in Arabien (1 Mo 25,3).

Leuchte → Fackel, → Lampe, → Licht

Leuchter. I) Um den dunklen Wohnraum besser zu erhellen, setzte man die → Lampe auf ein Gestell, einen L. (Mt 5,15). Solche L. hat man in Megiddo gefunden. Sie ruhen auf einem Bronzering, auf dem einzelne schräg nach oben zusammenlaufende Stäbe montiert sind, die sich zu einem Schaft vereinigen. Der Schaft ist mit Vögeln oder mit einer Frauenfigur verziert. Ein ähnlicher L. ist auch in Beth-Sean ausgegraben worden.

II, 1) Der goldene L. im heiligen Zelt (2 Mo 25,31 –40; 37,17–24; 40,24; 3 Mo 24,2–4) war aus Feingold getrieben und bestand aus Fuß, Schaft und 6 Armen, so daß der L. – den Schaft eingerechnet – 7 Arme hatte, die in gleicher Höhe endigten. Auf jedem der 6 Arme, die in drei Paaren vom Schaft ausgingen, waren 3 Kelche aus Knauf und Blume in

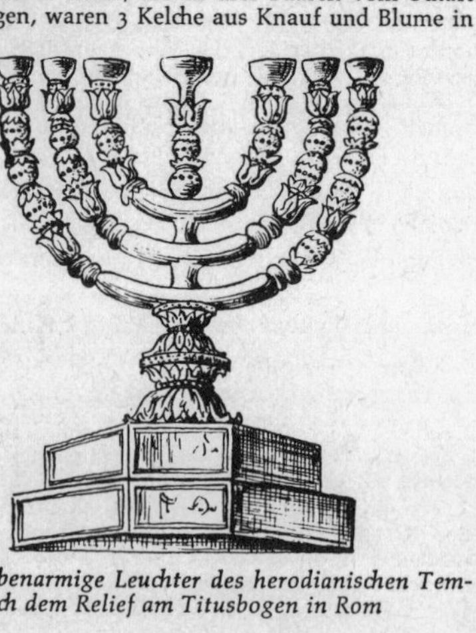

Der siebenarmige Leuchter des herodianischen Tempels nach dem Relief am Titusbogen in Rom

Darstellung des siebenarmigen Leuchters (hebr. menorah) aus der spätjüd. Totenstadt von Beit-Shearim (14 km westl. von Nazareth)

Form von Mandelblüten angebracht. Der mittlere Schaft zeigte vier solcher Kelche, je einen unter den drei Armpaaren; der vierte wird oben unter der Lampe gesessen haben. Alles war aus einem Stück. Lose hinzugefügt waren 7 Lampen, Lichtschneuzen (Scheren) und Löschnäpfe (2 Mo 25,38; 37,23), die beim Putzen der Dochte Verwendung fanden. Das Gewicht des benötigten Goldes betrug 1 Talent (rund 35 kg). Das Vorbild des goldenen L. hatte Mose auf dem Berg Sinai geschaut (2 Mo 25,9.40). Wie hoch der Schaft war, ist nicht mehr genau zu bestimmen, wahrscheinlich aber höher als der Schaubrottisch. Die 7 Lampen, Schalen mit Öl, in denen ein Docht brannte, wurden oben auf die 7 Arme gesetzt. Den L. brachte der Hohepriester morgens in Ordnung und zündete ihn abends an, so daß er wohl nur die Nacht hindurch brannte (vgl. EÜ, MÜ, ZÜ: 2 Mo 27,20.21; 30,7.8; 3 Mo 24,3; 4 Mo 8,2.3; vgl. 1 Sam 3,3). Z. Zt. des Josephus durften 3 der Lampen auch tagsüber brennen.
2) Bei der Tempeleinweihung Salomos war der L. vielleicht noch vorhanden (vgl. 1 Kö 8,4; 2 Chron 5,5); ausdrücklich genannt wird er aber nicht, und im Tempel standen an seiner Stelle 10 neue L. (1 Kö 7,49; 2 Chron 4,7). Im nachexilischen Tempel war wieder nur ein goldener L. vorhanden, der von Antiochus IV. Epiphanes (→ Makkabäer) geraubt (1 Makk 1,23), von Judas Makkabäus ersetzt (1 Makk 4,49) und nach der Zerstörung des herodianischen → Tempels nach Rom gebracht wurde. Nach der – nach Josephus allerdings ungenauen – Darstellung auf dem Triumphbogen des Titus in Rom wich er in Einzelheiten vom L. der Mosebücher ab.
3) In spätjüd. Zeit standen 2 siebenarmige L. in der Synagoge (→ Schule) neben dem Thoraschrein (vgl. Abb. Sp. 154, Byzantinische Zeit rechts); außerdem wurden solche L. häufig als Symbole in Gräbern, Synagogen und auch auf Geräten dargestellt (vgl. Abb. ebd. Mitte).

III) Der goldene L. mit seinen Lampen, gespeist durch das Öl des Geistes (Sach 4), ist Bild der Gemeinde des Herrn (Offb 1,4.12.20). Vgl. → Licht.

Leugnen → verleugnen

Leumiter »Völker(schaften)«,
arab. Volksstamm aus der Nachkommenschaft Dedans (1 Mo 25,3).

Leutseligkeit = Menschenliebe, Menschenfreundlichkeit (griech. *philanthrôpia;* Tit 3,4).

Levi.
1) Dritter Sohn Jakobs von Lea (1 Mo 29,34). Mit Simeon überfiel er die Stadt Sichem: sie töteten alle Männer zur Rache für die Verführung ihrer Schwester Dina (1 Mo 34,25). Für diese Tat wurden beider Nachkommen im Segen Jakobs zur Zerteilung und Zerstreuung in Israel verurteilt (1 Mo 49,5–7), ein Fluch, der sich für die → Leviten später in Segen verwandelte (2 Mo 32,26–29; 5 Mo 33,8–11). L. zog mit Jakob nach Ägypten, wo er im Alter von 137 Jahren starb. Er hatte drei Söhne, Gerson, Kahath und Merari (1 Mo 46,11; 2 Mo 6,16).
2) Hebr. Name des Apostels Matthäus (Mk 2,14; Lk 5,27).
3) Zwei Vorfahren Jesu (Lk 3,24.29).

Leviathan (hebr. *liwjatan* = Der Gewundene) bezeichnet wie das hebr. *tannin* (→ Drache) ein drachenartiges Ungeheuer (Ps 74,14; 104,26; LÜ Walfisch), Jes 27,1 als Bild der Weltmächte. Hinter dem L. in Hi 3,8 steht viell. die volkstümliche Vorstellung des Himmelsdrachens, der Sonne u. Mond verschlingt (vgl. V 4–6). Hi 40,25[20] – 41,26[25] schildert den L. in einer ausführlichen Beschreibung als Krokodil.
Das Nilkrokodil *(Crocodylus niloticus),* das auch Hes 29,3–5; 32,2–4 mit hebr. *tannin* gemeint ist, viell. auch mit dem »Tier im Rohr« (Ps 68,31), kam früher auch in Palästina vor, bes. in der Umgebung von Cäsarea. Schon Strabo und Plinius berichten von einer »Krokodilsstadt« und einem »Krokodilsfluß« südl. vom Karmel. Der Ort ist verschwunden, aber der Fluß ist wahrscheinlich der heutige Nahr-ez-Zerka (neuhebr. Tanninim). Vgl. → Sihor-Libnath.
Das Nilkrokodil gehört zu den großen Arten und wird mindestens 6 m lang. Seine Farbe ist ein dunkles Bronzegrün mit kleinen schwarzen Flecken auf dem Rücken. Die Unterseite zeigt eine schmutziggelbe Tönung. Krokodile gehen meist nachts auf Raub aus. Sie fressen Fische, daneben auch Vögel und Säugetiere, die zum Trinken kommen. Regelmäßig fallen ihnen trinkende Schafe, Ziegen, Rinder, Esel und sogar Kamele zur Beute, und auch dem Menschen sind sie gefährlich. Sie bewegen sich überraschend flink, wobei der kräftige Schwanz als wirksames Steuerruder dient. Heute ist das Nilkrokodil im eigentlichen Ägypten nahezu verschwunden. Was Pfeile und Schleudersteine (Hi 41,20[19]) nicht erreichen konnten, haben die modernen Feuerwaffen getan.

Krokodiljagd vom Boot aus nach ägypt. Darstellung

Leviten. I) Die Nachkommen von Levi (1). Nach seinen drei Söhnen → Gerson, → Kahath und → Merari gliedern sich die L. in Gersoniter, Kahathiter und Merariter. In der Wüste wählte der Herr sie an Stelle der Erstgeborenen Israels zu seinem besonderen Eigentum, und sie wurden zu seinem Dienst geweiht (4 Mo 3,6–8. 12.13; vgl. → Erstgeburt). Aus ihnen werden Aaron und seine Söhne zu → Priestern erwählt (2 Mo 28,1). Innerhalb des Stammes Levi sind also zu unterscheiden: die Priester aus dem Geschlecht Aarons, aus dem auch der Hohepriester kam, und die übrigen L., die wohl von Levi, aber nicht von Aaron abstammen. Die L. erhielten nicht wie die übrigen Stämme ein Erbteil in Kanaan zugewiesen; ihr Teil war der Herr (4 Mo 18,20). Nur 48 Städte, 4 aus jedem Stammesgebiet, wurden ihnen mit dem nötigen Weideland für ihre Herden zur Verfügung gestellt. Sie empfingen den → Zehnten vom Ertrag des Landes u. vom Vieh,

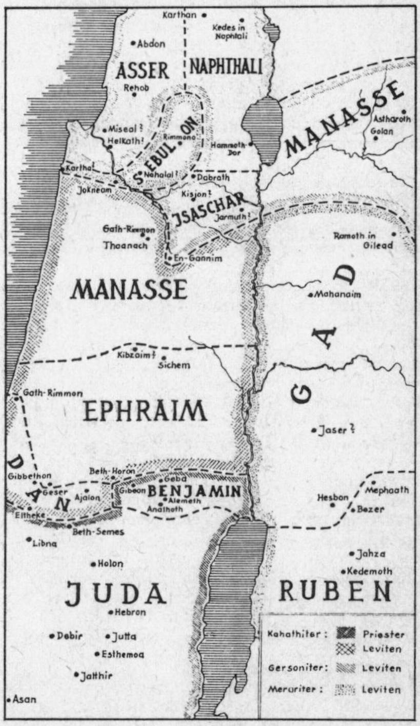

Karte der Priester- und Levitenstädte

die Erstlinge und die Erstgeburt, dazu einen Teil der Opfer, die dem Herrn dargebracht wurden (vgl. 4 Mo 35,1–8; 3 Mo 27,30–33; 4 Mo 18,21–24; 2 Mo 23,19). Die L. gaben von dem Zehnten ihrerseits den Zehnten an die Priester (4 Mo 18,26–32; Neh 10,39[38]). Bei allen Opfermahlzeiten der Israeliten mußten auch die L. eingeladen werden (5 Mo 12,12.18; 14,27.29; 16,11).

II, 1) Die Aufgaben der L. werden 4 Mo 3; 4 und 18 festgelegt. Sie waren den Priestern unterstellt und durften sich weder dem Gerät des Heiligtums noch dem Altar nahen (4 Mo 18,3). Unter die von ihnen zu verrichtenden Tätigkeiten fiel auch die Bewachung des Heiligtums. Sie standen vom 25. bis

50. Lebensjahr im Dienst (4 Mo 8,23–26). Nach 4 Mo 4,23 waren die L. vom 30. bis zum 50. Jahr zum Dienst und zum Tragen am heiligen Zelt bestimmt (V 46.47; vgl. 1 Chron 23,3–5). Die Zeit vom 25. bis zum 30. Jahr war nach jüd. Auffassung für sie eine Lehr- und Vorbereitungszeit. David setzte die Altersgrenze auf 20 Jahre herab (V 24–26; vgl. 2 Chron 31,17; Es 3,8). Wahrscheinlich aber versahen sie erst vom 30. Jahr ab alle, d. h. auch die höheren Aufgaben ihres Dienstes. 4 Mo 8,5–22 wird die Weihe der L. beschrieben. Sie werden als ein → Webopfer von allen Israeliten dem Herrn dargebracht.

2) Die Tätigkeit der L., bes. der Sänger und Musiker, hat David neu geordnet (1 Chron 16,37–42; 23,1–26,28). Wie die Priester waren die L., die ihnen im Heiligtum Hilfe leisteten, die Sänger und Musiker und die Torhüter, in je 24 Abteilungen mit regelmäßiger Dienstablösung eingeteilt; eine weitere Gruppe von L. machte David zu Verwaltungsbeamten und Richtern (V 29–32; vgl. 2 Chron 19, 8–11).

3) Bei bes. festlichen Anlässen waren die L. in kostbare Leinwand gekleidet (1 Chron 15,27; 2 Chron 5,12). Für die schwere Arbeit am Heiligtum, Holzhacken und Wassertragen, standen ihnen die Nethinim (= die Gegebenen), die → Tempelknechte, zur Verfügung, zu denen die Gibeoniten und auch Kriegsgefangene gehörten.

III) Bei der Reichsteilung und Trennung des Gottesdienstes im Nordreich vom Tempel in Jerusalem verließen viele Priester und L. Israel und zogen nach Juda (2 Chron 11,13.14), wo sie mit der Geschichte des Tempels und Volkes verbunden blieben. L. halfen beim Sturz der Athalja (Kap 23), bei der Wiederherstellung des Tempels unter Joas (2 Chron 24,5), bei den Reformen der Könige Hiskia (Kap 29–31) und Josia (Kap 34; 35) und unterstützten die Priester auch bei der Unterweisung des Volkes aus dem Gesetz (2 Chron 17,8.9; 35,3). Nach der babyl. Gefangenschaft waren unter den Rückkehrern auch L. (Es 2,40–42; 8,15–19), die ihren Dienst wieder aufnahmen (Es 3,8.9; Neh 12,27–30; 13,22) und in ihre alten Rechte eingesetzt wurden (Neh 10,38[37]ff; 12,44–47). Einige der L. hatten auch heidnische Frauen genommen (Es 10,23.24). Im NT werden neben dem L. im Gleichnis Jesu (Lk 10,32) verschiedentlich die levitische Tempelwache (die Diener der Hohenpriester; Joh 7,32.45.46; 18, 3; Apg 5,22.26) und ihre Befehlshaber (Lk 22,4.52; Apg 4,1; 5,24.26) erwähnt. Ein Levit aus der Zerstreuung ist → Barnabas aus Zypern (Apg 4,36).

Libanon »Das weiße Gebirge«.
Höchstes und bekanntestes Gebirge Syriens, benannt nach seinen schneebedeckten Gipfeln (vgl. Jer 18,14 EÜ, ZÜ). Die im N über 3000 m hohe Bergkette erstreckt sich 170 km längs der Mittelmeerküste zwischen Tyrus und Arvad. Vgl. Taf. 66b/1025.
Nach Jos 13,5 gehörte der Libanon zum verheißenen Land, lag aber meist jenseits der isrl. Nordgrenze. Das Gebirge war reich an Wild (2 Kö 14,9; Hab 2, 17), Wäldern (Jes 40,16; 60,13; Ps 72,16) und Quellen (Hl 4,15). Berühmt waren seine → Zedern (Jes 2,13; Hes 17,3). Vom Libanon holte Salomo Bauholz und Steine für den Tempel- und Palastbau (1 Kö 5,20[6].28[14]ff; vgl. Abb. Sp. 669).
Östl. vom Libanon liegt die Tallandschaft Zölesyriens oder der Bekaa, an deren Ostseite sich die Kette des Antilibanon mit dem → Hermon erhebt. Dies Tal heißt Jos 11,17; 12,7 »die Ebene beim Berg Libanon, unten am Berg Hermon« (Taf. 45a/704).

In Hl 4,11 u. Hos 14,6 liegt im hebr. Text vermutlich ein Schreibfehler vor; statt L. liest man hier besser *libnäh* (Storaxbaum oder Pappel; vgl. → Linde).

Libertiner, lat. »Freigelassene«.
Eine Gruppe von Juden aus der → Zerstreuung, die eine eigene Synagoge in Jerusalem hatten. Wahrscheinlich waren es Nachkommen von Juden, die Pompejus 63 v. Chr. als Kriegsgefangene nach Rom gebracht hatte. Nach ihrer Freilassung waren sie nach Jerusalem zurückgekehrt. In ihrem Synagogengottesdienst wurde die LXX gebraucht und griech. gepredigt und gebetet. Unter den Gegnern des Stephanus befanden sich L. (Apg 6,9).

Libna, vermutlich »Weiß«.
1) Station des Wüstenzuges Israels (4 Mo 33,20. 21); die Lage des Ortes ist unbekannt.
2) Kanaaniterstadt zwischen Makkeda und Lachis (Jos 10,29–31), dem Stamm Juda zugeteilt (Jos 15, 42) und den Priestern übergeben (Jos 21,13). Z. Zt. Jorams von Juda fiel L. ab (2 Kö 8,22).
Sanherib belagerte die Stadt (Jes 37,8). Man sucht den Ort im Tell es-Safije (neuhebr. Tel Tsafit) oder im Tell Bornat (neuhebr. Tel Burnei), ca. 12 bzw. 3 km nordwestl. Bet Dschibrin (Eleutheropolis). Vgl. Karte Sp. 618.

Libni »Weiß«.
1) Sohn Gersons und Bruder Simeis (1), Stammvater des Levitengeschlechts der Libniter (2 Mo 6,17; 4 Mo 3,18.21; 26,58).
2) Levit, Nachkomme Meraris, Sohn Mahelis (2) und Vater Simeis (4) (1 Chron 6,14[29]).

Libniter → Libni (1)

Libyen, Wüstengebiet an der Mittelmeerküste westl. von Ägypten. Libyer dienten im Heer Sisaks (2 Chron 12,3), der selber aus L. stammte, und Serahs (2 Chron 16,8). Als Hilfsvölker Ägyptens werden die Libyer auch Nah 3,9; Dan 11,43 genannt. Eine wichtige Stadt in L. war → Kyrene (Apg 2,10).

Pharao im Kampf mit Libyern (ägypt. Darstellung)

Licht. I) L. (hebr. *or*, gr. *phôs*), die physische Ursache, durch die uns etwas sichtbar wird, ist Gegensatz zu → Finsternis.
Die HS und auch das rabbinische Schrifttum gebrauchen das Wort L. häufig. Es kommt vor:
1) In seiner EIGENTLICHEN BEDEUTUNG entsteht das L.

durch die freie Schöpfertat Gottes (1 Mo 1, 3–5) am ersten Schöpfungstage, noch bevor am vierten Tage Lichtquellen, die »Lichter an der Feste des Himmels« (V 14ff) genannt werden. Gott selbst ist also der »Vater der Lichter« (Jak 1,17).

2) Auch in BILDLICHEN REDEWENDUNGEN kommt das Wort L. vor, z. B. »das redet im L.« (Mt 10,27) = das sollt ihr vor der Öffentlichkeit bekennen, – oder: »wer Arges tut, der haßt das L.« (Joh 3,20), d. h. der Übeltäter wagt seine Taten nicht der Kenntnis anderer preiszugeben.

3) Im ÜBERTRAGENEN SINNE wird mit L. bezeichnet, was L. ausstrahlt, also Lichtträger, Leuchtkörper, Fackel, Lampe, Leuchter; so wärmte sich Petrus im Vorhof des Hohenpriesters »bei dem L.« (Mk 14, 54), d. h. am offenen Feuer. Zuweilen wird L. genannt, was vom L. bestrahlt wird: »was offenbar wird, das ist L.« (Eph. 5,13). »Offenbar« aber ist der Gläubige, der durch die göttliche Offenbarung zu einem L. und Träger des göttlichen Zeugnisses über die → Welt geworden ist: »Ihr seid das L. der Welt« (Mt 5,14).

4) IM RABBINISCHEN wird der Ausdruck L. verwandt:
a) im ethischen Sinne für alles, was der → Sünde abgewandt oder entgegengesetzt ist, bes. für die Werke der Lauterkeit, Gerechtigkeit und Wahrheit;
b) im heilsgeschichtlichen Sinne für Glück, Freude, Heil, Erlösung;
c) speziell als L. des → Messias, das ihn umleuchtet und das er den Gerechten bringt, sowie als Messiasname schlechthin.

II) BIBLISCHE SINNDEUTUNG.

Im Sprachgebrauch der HS ist L. – bes. bei Paulus und Johannes – ein durchaus theologischer Begriff. Gott ist es, der sich als der Herr erweist über L. und Finsternis; er ist es, der das L. macht und die Finsternis schafft, so wie er Frieden gibt und das Übel schafft (Jes 45,7). L. bezeichnet also Gott und die Sphäre des Göttlichen. Im Prolog des Joh.ev. treten → Wort und L. in Wechselbeziehung. Das Wort macht den Menschen zum Hörenden, das L. hingegen gewährt ihm die Wahrnehmung, aus der die Erkenntnis entsteht. L. ist jene höchste Gabe Gottes, die dem Leben erst die bewußte, erkennende Innerlichkeit und Geistlichkeit verleiht. So nennt Eph 5,9 als »Frucht des Lichtes« (EÜ, MÜ, ZÜ, RÜ nach den besseren Hss.; LÜ »Frucht des Geistes«): »Gütigkeit und Gerechtigkeit und Wahrheit.«

1) L. als BILD FÜR GOTTES WESEN ist der Kern dessen, was Johannes der Gemeinde zu verkünden hat, nämlich daß »Gott L. ist« (1 Joh 1,5). Gott wird L. genannt, weil er die lautere → Wahrheit und Allwissenheit ist; »er offenbart, was tief und verborgen ist; er weiß, was in der Finsternis liegt, denn bei ihm ist eitel L.« (Dan 2,22).

2) Gott ist nicht nur sich selbst wesenhaftes L., sondern läßt auch SEIN VOLK TEILHABEN an seiner lichten Wesenheit; er erhebt über die Seinen das L. seines Antlitzes (4 Mo 6,25; Ps 4,7) als Erweis seiner Güte und Erbarmung (vgl. Ps 89,16). So werden Gott und Christus L. genannt, weil sie den Menschen zum Himmel voranleuchten (vgl. 2 Sam 22,29; Ps 27,1; Jes 60,3.19; 1 Joh 1,5), und das Gesetz Gottes ist das »L. der Völker« (Jes 51,4; vgl. Ps 119,105).

3) JESUS ALS SOHN DES VATERS ist der »Glanz seiner → Herrlichkeit und das → Ebenbild seines Wesens« (Hebr 1,3). In Jesus Christus ist → Leben und L. (Joh 1,4), wobei diese beiden Begriffe gleichgesetzt werden. Im Selbstzeugnis bezeichnet sich Jesus als das »Licht der Welt« und sichert denen, die ihm nachfolgen, das »L. des Lebens« zu (Joh 8,12). Er fordert auf zum Wandel im L. und zum Glauben an das L., damit wir »des L. Kinder« werden (Joh 12, 36).

4) Wie Christus wird auch die GEMEINDE, sein Leib (Eph 1,22f), als L. bezeichnet (Mt 5,14; Eph 5,8). Das weist darauf hin, daß der Wandel im L. (1 Joh 1,7–9) in seinem Gegensatz zur Finsternis der Sünde (vgl. Hi 24,13) auch das → Bekenntnis vor Menschen und die Seelsorge mit einschließt (Joh 3,20.21; Eph 5,13; Hebr 13,17). Was dadurch gerichtet wird, wird Gott nicht mehr richten (1 Kor 11,31), während er das im Finstern Verborgene im Endgericht ans L. bringen und den Rat der Herzen offenbaren wird (1 Kor 4,5).

5) IM HIMMLISCHEN → JERUSALEM, wenn unser Glaube erfüllt sein wird in unmittelbarer Gottesschau, werden wir in Gottes L. das L. sehen (Ps 36,10), denn Gott ist wesenhaftes L., von Grund aus Vollkommenheit, Wahrheit und Weisheit. Durchdrungen vom Gotteslicht der Klarheit und Reinheit, werden wir in seinem Lichte ihn erkennen als die Ursache der Ursachen, als die Ursache seiner selbst, und werden im L. dieser Erkenntnis selig sein, erleuchtet von der Herrlichkeit Gottes (Offb 21,23ff).

Licht und Recht (hebr. *urim* und *tummim)* sind nach 2 Mo 28,30; 3 Mo 8,8 vermutlich 2 oder mehrere kleine Gegenstände im → Amtschild des Hohenpriesters, durch die er den Willen des Herrn für Israel (4 Mo 27,21) erfragen konnte. 5 Mo 33,8 werden sie als »dein Recht und dein Licht« in umgekehrter Reihenfolge genannt; 4 Mo 27,21; 1 Sam 28,6 steht »Licht« allein. Nach der Zeit Davids findet sich kein Hinweis mehr auf L. u. R.; nach dem Exil wird ausdrücklich bemerkt, daß sie nicht mehr vorhanden waren (Es 2,63; Neh 7,65). Die jüd. Tradition, Josephus und Philo hatten keine bestimmte Vorstellung mehr von L. u. R.; in Sir 45,13 handelt es sich um ein reines Zitat.

Wenn Israel den Herrn (Ri 1,1; 20,18.23) bzw. den Mund des Herrn fragte (Jos 9,14), ist wohl meist ein Befragen durch L. u. R. gemeint, bes. wenn dabei der Hohepriester (Ri 20,27.28; 1 Sam 14,36.37; 22,10) und außerdem der → Leibrock genannt werden (1 Sam 23,9–12; 30,7.8). Die Antworten bestanden häufig in einfachem Ja oder Nein, umfaßten aber auch vollständige Sätze und Mitteilungen, die in der Frage nicht enthalten waren (1 Sam 10,22; 2 Sam 5,19.23.24). Die Antwort konnte auch ausbleiben (1 Sam 14,37; 28,6).

1 Sam 10,19–22; 14,36–42 wird das → Los in engem Zshg. mit solcher Befragung genannt; daher hat man in L. u. R. Lossteine vermutet (vgl. bes. 1 Sam 14,41 in der ZÜ, die hier nach der LXX übersetzt). Die – allerdings nicht ganz sichere – Bedeutung der beiden Worte *urim* (traditionelle Deutung = Licht, viell. als Aufhellung einer Schuld; andere = Fluch) und *tummim* (= Vollkommenheit, Unschuld, Glück) würde diese Annahme stützen. Eine völlig befriedigende Erklärung ist bisher nicht gefunden worden.

Lichtschneuzen → Leuchter II

Liebe, lieben, liebhaben. I) Das griech. NT hat für diesen Begriff zwei Worte bzw. Wortgruppen (das profangriech. *erôs* = leidenschaftliche Sehnsucht und L. kommt im NT nicht vor):

1) Zunächst bedeutet *philia, phileô* liebhaben, jemandem wohlgesinnt sein, bis hin zu liebkosen, küssen als Zeichen herzlicher Verbundenheit (Lk 7, 38.45; 15,20; 22,47; Apg 20,38). Es wird für die L. Gottes des Vaters zu Jesus gebraucht (Joh 5,20),

ebenso für die L. zwischen Eltern und Kindern (Mt 10,37). Joh 21,15b.16b.17 meint es die L. des Petrus zum Herrn, hier aber im Gegensatz zum zweiten Wort (V 15a.16a).

2) Dies im Profangriech. wenig gebrauchte *agapae, agapaô* bezeichnet im NT ganz umfassend alle echte L.: die L. Gottes zu uns Menschen (Joh 3,16), die daraus entspringende L. der Menschen untereinander (Mt 22,39), die Feindesliebe (Mt 5,44), die L. des Mannes zur Frau (Eph 5,25.28.33); ebenso aber auch egoistische, fehlgeleitete L. (Lk 11,43 LÜ gern; 2 Tim 4,10 LÜ liebgewinnen; 2 Petr 2,15; 1 Joh 2, 15).

3) Dieser Wortsinn und Bedeutungsumfang geht auf die Übersetzung der LXX zurück (vgl. die unterschiedlichen Begriffsschattierungen des Wortes in Hos 3,1: LXX *agapaô* = LÜ buhlen, EÜ, ZÜ lieben). Das hebr. AT hat dagegen insgesamt 8 Worte bzw. Wortstämme, um L. in ihren verschiedenen Sinnfärbungen auszudrücken: lieben, sich erbarmen, Mitleid, Wohlgefallen oder Verlangen haben, sich einem Wunsch hingeben. Die Mehrzahl davon bezeichnet sowohl göttliche wie menschliche und auch geschlechtliche L. Nur ein Wort, das zu negativ in der letzten Richtung geprägt ist, scheidet für die Gottes- und Nächstenliebe aus.

II, 1) Das AT nennt zunächst die L. der Menschen untereinander:
a) Die L., die Mann und Frau verbindet, z. B. Jakob und Rahel (1 Mo 29,20).
b) L. als Männerfreundschaft, herzliche Verbundenheit in Glück und Unglück wie bei David und Jonathan (1 Sam 18,3; 2 Sam 1,26).
c) Elternliebe, die auch die Härte der notwendigen Strafe einschließt (Spr 13,24; vgl. Hebr. 12,5–11).
d) Das Gebot der L. zum → Nächsten gilt zuerst dem isrl. Volksgenossen (3 Mo 19,18), wird aber auch auf den → Fremdling ausgedehnt (V 34), in Spr 25,21f sogar auf den → Feind. Dazu ist die liebevolle Fürsorge für den Besitz des Bruders (5 Mo 22,1–4) ebenso dem Vieh des Feindes gegenüber geboten (2 Mo 23,4.5).

2) Weiter spricht das AT vielfach von der L. des Menschen zu Gott. Der Blick des Menschen wird vor und über allem andern auf Gott gerichtet: »Du sollst den Herrn, deinen Gott, liebhaben« (5 Mo 6, 5). Aus dem Gebot wächst die L. zu Gott, wie sie von Salomo berichtet wird (1 Kö 3,3), die sich in dem frohen Bekenntnis ausdrückt: »Herzlich lieb hab ich dich, Herr, meine Stärke« (Ps 18,2). Diese L. umfaßt zugleich die Stätte des Hauses Gottes (Ps 26,8) und sein Gesetz (Ps 119,97.113 u. ö.); darum heißt es häufig »Gott lieben und seine Gebote halten« (2 Mo 20,26; 5 Mo 5,10; 7,9; Neh 1,5), »ihn lieben und ihm dienen« (5 Mo 10,12; 11,13; Jes 56,6), »ihn lieben und auf seinen Wegen gehen« (5 Mo 11,22; 19,9; Jos 22,5). Wer Gott liebt, haßt das Arge (Ps 97,10).

3) Diese L. zu Gott, überhaupt die ganze Existenz des Menschen als Liebender, wurzelt jedoch in Gottes L. zu uns. Er hat Israel erwählt, nicht weil es ein bes. großes und starkes Volk gewesen wäre, sondern weil er es geliebt hat (5 Mo 7,6–8; Hos 11, 1). L. ist das stetige Grundmotiv des Handelns Gottes mit seinem Volk (Hos 3,1; 11,7–9): »Ich habe euch lieb, spricht der Herr« (Mal 1,2). Aus der Begegnung mit der L. Gottes, der denen, die ihn lieben, Barmherzigkeit erzeigt (5 Mo 5,10), großen Frieden gibt (Ps 119,165) und sie behütet (Ps 145, 20), fließt dann die L. zum andern Menschen, zum Nächsten und Fremdling (3 Mo 19,18.34).

4) Menschliche L. kann aber auch fehlgehen, zum Besitz (Pred 5,9) und sogar zum Bösen (Mi 3,2). Damit fordert sie Gottes Gericht heraus, hinter dem im letzten aber doch wieder die L. steht. Nur einen Augenblick hat der Herr Israel verlassen, dann wendet er sich ihm in neuer und bleibender Liebe zu (Jes 54,5–8). Dem Volk im Unglück läßt Gott durch Jeremia sagen: »Ich habe dich je und je geliebt, darum habe ich dich zu mir gezogen aus lauter Güte« (Jer 31,3). Diese trotz aller menschlichen Untreue aushaltende L. Gottes führt hinüber zu seinem neuen Liebeshandeln in Jesus Christus im NT.

III) Stärker noch als im AT geht es im NT um die L. Gottes und die gottgewirkte L.

1) Zentral aufgenommen wird vom AT her das doppelte Gebot der Gottes- und Nächstenliebe (Mt 22,36–39). »In diesen zwei Geboten hängt das ganze Gesetz und die Propheten« (V 40), d. h. kommt der ganze Gotteswille für uns zum Ausdruck. Wenn Jesus damit das AT in dem Sinn »erfüllt«, daß er seinen eigentlichen, von Gott gemeinten Sinn klar herausstellt, so geht doch sein Erfüllen, das unser Erfüllen umschließt und begründet, darüber hinaus.

2) Denn die letzte Voraussetzung und Grundlage all unserer L. hat Gott uns erst in seiner erlösenden, heilbringenden Liebestat in Jesus Christus geschenkt (Joh 3,16). Die L. Gottes zur gottentfremdeten, in der Sünde verderbenden Menschheit führt die Hingabe seines Sohnes herbei, deren Ziel Rettung und neues Leben der Menschen ist. Das heißt:
a) Der Ursprung dieser Liebestat ist Gottes Wille, »daß allen Menschen geholfen werde und sie zur Erkenntnis der Wahrheit kommen« (1 Tim 2,4).
b) Ihre Grundlage ist die L. des Vaters zum Sohn (Mk 12,6; Joh 15,9), auf der die Vollmacht Jesu zu seinem Heilandswerk beruht (Joh 3,35).
c) Die L. Gottes kommt darin zu den Menschen, daß Jesus sie herzlich liebt: den reichen Jüngling (Mk 10,21), Lazarus (Joh 11,3.36) und seine Schwestern (V 5), den Sünder aus der Welt (Lk 15,2; Mt 9,9ff) und die Seinen in der Welt (Joh 13,1).
d) Seine Sünderliebe besiegelt Jesus mit dem Tod am Kreuz. In dieser Hingabe hat er jeden Menschen geliebt, lange bevor ihm das bewußt wird (Gal 2,20; Röm 5,6–8).
e) Das Ziel des Liebesdienstes Jesu ist der Loskauf der Menschheit aus der Gewalt des Bösen (Mk 10, 45). In ihm begegnet uns die L. Gottes, die uns mit Gott versöhnen und zu einem neuen Leben fähig machen will (Röm 5,8–11; Eph 2,4–6).
f) Darum ist es für jeden Menschen entscheidend, daß er Jesus liebt; wenn wir das tun, erreicht uns damit die L. des Vaters (Joh 16,27).

3) Die ntl. Botschaft zielt nun immer darauf, daß wir die L. Gottes in Christus ergreifen, in ihr bleiben und dadurch von ihr umgestaltet werden.
a) Zeugnis dafür ist die Geschichte der Sünderin (Lk 7,36–40). Vorher hatte Jesus offenbar – wohl in der Synagoge des Ortes – die Annahme der Sünder durch Gott verkündigt. Wer dabei die Größe der eigenen Schuld und die Tiefe der L. Gottes erkennt, dessen Herz strömt in L. über (V 47). Der Mensch aber, der sich von Haus aus gerechter dünkt, kann hier die L. Gottes nicht erkennen und damit auch nicht zu echter Nächstenliebe durchdringen. Dies Wunder der Umgestaltung durch die überwältigende Gottesliebe sehen wir auch bei Zachäus (Lk 19, 8) und bei Petrus (Lk 5,8). Dessen Weg über Verleugnung und Wiederannahme (Lk 22,31f; Joh 21, 15ff) läßt Gottes L. als Treue in unserer Untreue (2 Tim 2,13), als alles übersteigende Güte und Freundlichkeit erkennen.

b) In dieser Gottes- und Nächstenliebe gilt es zu bleiben (Joh 15,9.10). Unser Verhältnis zu Gott und unsere Christuserkenntnis ist davon abhängig (1 Joh 4,7.8; 2 Petr 1,7.8). Wer seinen Bruder nicht liebt, ist nicht aus Gott (1 Joh 3,10), wer es aber tut, ist aus dem Tode ins Leben hindurchgedrungen (V 14). »Wenn jemand spricht: Ich liebe Gott, und haßt seinen Bruder, der ist ein Lügner. Denn wer seinen Bruder nicht liebt, den er sieht, wie kann er Gott lieben, den er nicht sieht? Wer Gott liebt, der liebt auch seinen Bruder« (1 Joh 4,20.21).

c) Von daher ist wohl auch Offb 2,4 zu verstehen, wo der erhöhte Herr zum Engel der Gemeinde in Ephesus spricht: »Aber ich habe wider dich, daß du deine erste L. verlassen hast.« Wo die erste L. des begnadeten Menschen verlassen wird, löst sich die Verbindung mit der vorausgehenden L. Gottes, mit der er diese Menschen zuerst geliebt (1 Joh 4,19) und in ihnen echte L. geweckt hat.

4) Die L. Christi vom Vater her »dringt« (vgl. 2 Kor 5,14) nun die → Jünger und → Nachfolger so, daß sie immer stärker von ihr bestimmt und Zeugen ihres Herrn werden.

a) Durch das Liebeswerk Christi sind die Jünger »Freunde« Jesu (griech. *philoi;* Joh 15,9–15) geworden, eigentlich »Geliebte, Vertraute«, die er in Gottes Weg und Willen eingeweiht hat, so daß sie in ganz anderer Weise als etwa ein Sklave seine Gebote halten können.

b) Ihr Zeugendienst aufgrund der L. (2 Kor 5,14–21) wird auch in jeder Hinsicht von der L. regiert, die alle → Gaben des Geistes, Weissagung, Erkenntnis, Glauben und gute Werke erst vollkommen macht (1 Kor 13,1–3). Diese L. ist langmütig und gütig; sie zieht keine eifersüchtigen Vergleiche, prahlt nicht, bläht sich nicht auf, verliert nicht die Haltung; sie ist nicht egoistisch, läßt sich nicht aufregen, grübelt nicht über das Böse; sie hat keine Freude am Unrecht, wo es auch geschieht, freut sich vielmehr mit der Wahrheit; sie erträgt alles, glaubt alles, hofft alles, hält alles aus (V 4–7). Sie führt den Jünger in der Nachfolge bis zur Hingabe seines Lebens (Joh 21,18.19; Mt 20,23; Mk 10,39; Eph 5, 2; 1 Joh 3,16). Dazu gehört, daß wir die tiefsten Aussagen über die L. gerade bei Johannes finden, dem »Jünger, den Jesus liebhatte« (Joh 13,23 u. ö.).

c) Solche L. ist dann das Kennzeichen der Gemeinde Jesu (Joh 13,34f), in der man sich gegenseitig dient (Mk 10,43f) in wachsender L. (2 Thess 1,3; Phil 1,9). Dazu ermahnen immer wieder die Apostelbriefe (1 Joh 4,7; 1 Petr 1,22; 2,17; 4,8; Phil 2, 2; Kol 3,14; Hebr 10,24; 13,1). Ein anderes Handeln in der Gemeinde führt auf Abwege (vgl. 1 Kor 8,1; Gal 5,13). Dabei darf aber nicht vergessen werden, daß L. niemals eine nachsichtige Duldung der Sünde und des Bösen in der Gemeinde bedeuten kann (Joh 2,15; Mt 18,17; 1 Kor 5,11.13).

d) Durch die L. in Christus werden schließlich auch alle sozialen Ordnungen von innen her erneuert: die → Ehe (Eph 5,22–33; Kol 3,18f; 1 Petr 3,1.7; vgl. → Leib IV), das Verhältnis von Eltern und Kindern in der Familie (Eph 6,1–4; Kol 3,20f), die Beziehung von Herr und Sklave, das Arbeits- und Dienstverhältnis (Eph 6,5–9; Kol 3,22–4,1; 1 Petr 2,18–21). Vgl. dazu vor allem auch den → Philemonbrief.

e) So ist »Gott und den Bruder lieben« und damit »in der L. Gottes stehen« der Ausdruck tiefster Verbindung mit dem Herrn. So wird der Christ von Gott erkannt (1 Kor 8,3), dient ihm alles zum besten (Röm 8,28), ist sein Glaube in der L. tätig (Gal 5,6), bringt der Geist als erste Frucht die L. (V 22), erkennt er das Leiden als Zeichen der liebenden Hand, die ihn nicht läßt und in der Züchtigung »heimsucht« (Hebr 12,6ff; Offb 3,19). Die Kraft der L. überdauert auch den Tod, denn die L. hört niemals auf (1 Kor 13,8–13). Sie ist Teil der zukünftigen Welt, der neuen Schöpfung, an der sie bereits jetzt und hier Anteil verleiht.

5) Neben der rettenden L. zu und aus Gott steht aber auch die Verderben bringende L., die an ihm vorbeigeht. So lieben die Menschen, selbst wenn das → Licht, das gnädige Rettungshandeln Gottes in Jesus zu ihnen kommt, die Finsternis, d. h. die Dinge dieser Welt und die Verborgenheit der Sünde, mehr (Joh 3,19). Weil sie die Ehre vor Menschen höher schätzen, bleiben führende, im Herzen angerührte Juden Jesus doch fern (Joh 12,43). Und das (Wieder-)Liebgewinnen der Welt führt Demas von Paulus und damit vom Herrn fort (2 Tim 4,10).

Weil das → Herz des Menschen sich immer wieder so binden möchte, rufen Jesus und die Apostel zur klaren Entscheidung auf: »Habt nicht lieb die Welt, noch was in der Welt ist. Wenn jemand die Welt liebhat, in dem ist nicht die L. des Vaters« (1 Joh 2,15). Liebt das Herz das Geld, so kann es Gott nicht mehr lieben, und umgekehrt (Mt 6,24). Wenn die Bindung eines Menschen an Eltern und Familie ihn vom Herrn trennt, dann gilt es, Jesus mehr zu lieben als sie (Mt 10,37; Lk 14,26). Ja, es gilt, ihn mehr zu lieben als das eigene Leben. Wer dies Leben für sich erhalten will, verliert es; wer aber bereit ist, es in L. zu Jesus hinzugeben, der wird es finden, d. h. vor Gott jetzt und in Ewigkeit haben (Mt 16, 25; 10,39; Joh 12,25).

Liebesäpfel. Das hebr. *dudaim (dod* = Liebe), in LÜ mit L. (1 Mo 30,14) oder mit Lilien (Hl 7,14 [13]) übersetzt, bezeichnet die gelbe Frucht der Alraun *(Mandragora officinarum),* die zu den Nachtschattengewächsen *(Solanaceae)* gehört. Den L. schrieb man günstige Wirkung auf Liebeskraft und Fruchtbarkeit zu.

Lied. Das Volksleben in Israel war oft von Gesang begleitet; vollständige Texte sind uns aber nur ganz selten überliefert (2 Sam 1,19–27), meist erfahren wir lediglich kurze Bruchstücke.

Lieder gehörten zu Hochzeiten (Jer 25,10) und Festen (Am 6,5); bei Hof waren sie wohl tägliche Unterhaltung (2 Sam 19,36[35]). Mit Gesang und Musik geleitete man fortziehende Freunde (1 Mo 31, 27) und begrüßte die heimkehrenden Sieger (1 Sam 18,6.7). Neben fröhlichen Liedern (Spr 25,20; Hes 33,32) werden Spottgesänge (Ps 69,12; Klgl 3,63) erwähnt; Jesaja zitiert wenige Zeilen aus einem Hurenlied (Jes 23,15.16). Von den Liebesliedern der Israeliten gibt das → Hohelied eine Vorstellung. Auch Arbeitslieder beim Brunnengraben (4 Mo 21, 17.18) und Keltertreten (Jer 25,30; 48,33) werden genannt. Die Toten betrauerte man in Klageliedern (2 Sam 3,33.34; 2 Chron 35,25; vgl. → Klage I, 2). Das älteste L. in der HS ist der trotzige Gesang des Kainsnachkommen Lamech (1 Mo 4,23.24), der die rücksichtslose Gewalt des gottentfremdeten Menschen verherrlicht. Dagegen gehören die großen Siegeslieder Moses (2 Mo 15,1–18) und Deboras (Ri 5) schon zu den geistlichen Liedern, die den weit überwiegenden Teil der erhaltenen isrl. Dichtung ausmachen (→ Lobgesang). Vgl. auch → Dichtkunst, → Klagelieder, → Musikinstrumente, → Psalmen.

Likhi, Kurzform »Er (Gott) hat angenommen« (?). Manassit, Sohn Semidas (1 Chron 7,19).

Lilie. Das hebr *schuschan* (1 Kö 7,19.22.26; 2 Chron 4,5; LÜ Blume: Hl 2,1; LÜ → Rose: Ps 45,1;

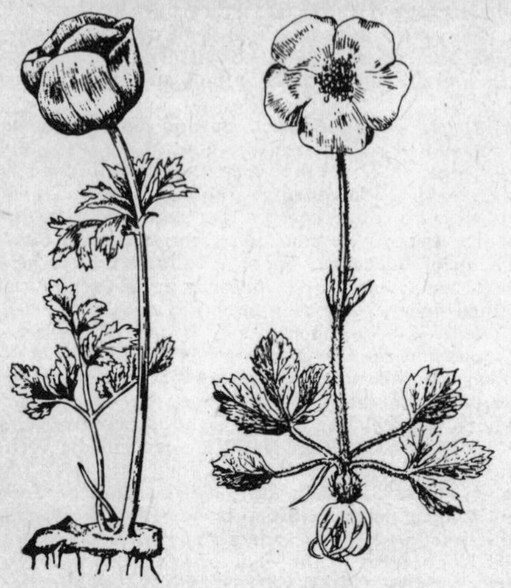

Anemone (Anemone coronaria; links) und Purpurranunkel (Ranunculus asiaticus; rechts)

60,1; 69,1; 80,1; Hl 2,2.16; 4,5; 5,13; 6,2f; 7,3[2]; Hos 14,6) bezeichnet neben der in Palästina seltenen Lilie des Libanon *(Lilium candidum)* auch andere, lilienartige (Schwertlilien, Tulpen) oder Hahnenfußgewächse (Ranunkeln, Anemonen). Die Lilienblüte diente als künstlerisches Motiv für die Säulen → Jachin und Boas sowie für das Eherne → Meer (1 Kö 7,19.22.26).
Die »L. (griech. *krinon)* des Feldes« (Mt 6,28; Lk 12, 27) ist wohl die purpurrote Anemone *(Anemone coronaria)*. Sie ist im Frühjahr überall im Mittelmeergebiet zu finden, in Palästina bes. häufig in der Saronebene (vgl. Hl 2,1, LÜ Blume).
Das hebr. *chabassäläṭ*, das LÜ Jes 35,1 mit L., Hl 2,1 mit Rose wiedergibt, bezeichnet viell. den Affodill *(Asphodelus microcarpus)* oder die Narzisse *(Narcissus tazetta)*; zum hebr. *dudaim* (Hl 7,14[13] → Liebesäpfel.

Linde. Hebr. *libnäh* (LÜ L.: Hos 4,13; Pappelbaum: 1 Mo 30,37) bezeichnet wahrscheinlich den Storaxbaum oder -strauch *(Styrax officinalis)*, der 3–6 m hoch wird. Aus seiner Rinde wird ein wohlriechendes Harz gewonnen (vgl. → Stakte). Der hebr. Name *(libnäh* = »die Weiße«) rührt von den weißen Blütentrauben und Blattunterseiten her.
Andere denken an die Silberpappel *(Populus alba)*, deren Blätter auf der Unterseite ebenfalls weiß sind.

Linke, links. Durch den Vorrang, den die rechte → Hand (II) als die zuerst handelnde, geschicktere vor der linken hat, gilt diese vielfach als die benachteiligte, ungünstige. Als Jakob seine Enkel segnet, ist mit der Auflegung der linken Hand geringerer Segen verbunden (1 Mo 48,13). Im Gleichnis vom Weltgericht stehen die Verfluchten zur L. des Königs (Mt 25,41). An anderen Stellen (z. B. 2 Mo 14,22; Jes 30,21) werden die beiden Seiten ohne Wertunterscheidung gebraucht, auch wenn die rechte voraus genannt wird; sie bezeichnen die Abgrenzung oder (vgl. Matth 20,21ff) die Nähe zur Mitte. Die Waffen zur Rechten und zur L. (2 Kor 6,7) sind Angriffs- und Verteidigungswaffen.
Vgl. auch → Hand III.

Linse *(Lens esculenta;* hebr. *adaschah)*.
In Palästina seit alter Zeit angebaute Hülsenfrucht (1 Mo 25,34; 2 Sam 17,28; 23,11). L. wurden gekocht als Brei gegessen, aber auch geröstet und gemahlen und dann, mit Honig vermengt, zu Kuchen gebacken. In Notzeiten wurde mit gemahlenen L. das Gerstenmehl zum Brotbacken verlängert (Hes 4,9).

Linus »Flachs, Lein, Schnur, Docht«,
Christ in Rom (2 Tim 4,21).

Lippen stehen als Bild für Mund, Worte, Rede eines Menschen (Hi 2,10; Ps 51,17; Spr 10,32; Mal 2,6.7). Frucht der L. ist das ausgesprochene Wort in seiner Wirkung (Spr 18,20; Jes 57,19; Hebr 13,15). Unverständliche oder andere L. (Jes 28,11; 1 Kor 14,21) sind fremde Sprachen. Als Mose sich scheut, vor dem Pharao aufzutreten, versucht er, sich mit seinen unbeschnittenen L. (2 Mo 6,12.30), seinem schwerfälligen Sprechen (2 Mo 4,10), zu entschuldigen. Ein Ehren oder Danken mit den L. bedeutet leere, gewohnheitsmäßig dahergesagte Worte (Jes 29,13). In Spr 16,30 (vgl. 6,13) ist mit »andeuten« das Zusammenkneifen des Mundes gemeint, das in seiner gezwungenen Art auf Böses schließen läßt. Das Anrühren der L. durch einen Engel setzt die Propheten Daniel (Dan 10,16) und Jesaja (Jes 6,7. 8) in Stand, Boten der Offenbarung Gottes zu sein. Wenn Jesaja vorher von unreinen L. spricht (V 5), dann bezieht sich das nicht nur auf seine Worte allein, sondern auf den ganzen inneren Zustand (vgl. Mt 15,18.19), der ihm in der Gegenwart Gottes bewußt wird und von dem ihn der Engel durch das Berühren der L. mit der glühenden Kohle reinigt (V 7). Martin Buber verweist zum rechten Verständnis auf 3 Mo 13, 45, wo dem Aussätzigen geboten wird, seine L. zu verhüllen. Auch dort geht es um eine Unreinheit des ganzen Menschen, vor der andere bewahrt werden sollen. Dementsprechend schließen die reinen L., die der Herr den Völkern geben will (Zeph 3,9), ein, daß sie ihn anrufen und ihm dienen können. Vgl. → Bart.

List, listig. L. bedeutet ein Handeln, das dem andern die feindliche Absicht verbirgt, bis es zu spät ist (2 Mo 1,10; Jos 9,3; Ps 38,13). Meister dieser Taktik ist Satan, der unter der Maske des Freundes die Menschen zum Ungehorsam gegen Gott verführt (1 Mo 3,1–7; Eph 6,11). Ziel und Wesen der L. sind teuflisch, der Listige ist ein Kind des Teufels (Apg 13,10). So ist auch bei den Angriffen auf den Herrn L. im Spiele (Mt 26,4; Lk 20,23). Der Mörder aus L. wird unter Sonderrecht gestellt und findet auch am Altar keine Freistatt (2 Mo 21,14).

Lo-Ammi »Nicht mein Volk«.
Symbolischer Name des zweiten Sohnes Hoseas (Hos 1,9).

Lob, loben. I) Die ganze HS ist erfüllt vom Lobe Gottes; es klingt in jedem Buch der Bibel auf, ganz bes. aber in den Psalmen, den »Lobgesängen«, in die auch die Weisheits- und Klagelieder eingeordnet sind. Das hebr. Wort für »loben« *(jadah)* hat die Grundbedeutung »bekennen, bejahen«, während in dem griech. *doxazein* »loben, preisen, ehren« das Wort für »Herrlichkeit, Ehre, Pracht, Macht« enthalten ist. Unser Wort »loben« gibt also nur annähernd das wieder, was in der HS unter L. verstanden wird.
II) Das L. ist die Antwort der Schöpfung, und vor allem des Menschen, auf alles, was Gott zur Erschaffung, Erhaltung und Erlösung der Welt getan hat (Ps 40,4; Apg 4,21); es ist also ein in die An-

betung (→Beten V, 1) übergehender → Dank, zu dem Gott selbst die Zunge löst (Röm 2,29). Nur wer lebt, kann so Gott loben, der Tod aber läßt auch das Lob verstummen (Ps 30,10; 88,11–12; 115,17f; Jes 38,18–19). Bezieht sich diese Erkenntnis im AT zunächst eindeutig auf den physischen Tod – Gott will das L. lebendiger Menschen auf Erden! –, so läßt z. B. schon Hiob 19,25 erkennen und macht das NT (Offb 7,9–17; Phil 1,21–23) vollends deutlich, daß hier mehr als das physische → Leben gemeint ist, daß Gottes L. gerade auch aus dem Munde seiner heimgerufenen Gläubigen erschallt. Solches Lob ist geradezu immer Erkennungsmerkmal des Lebens vor Gott.

III) Der Lobpreis wird vor allem im → Gottesdienst von der Gemeinde angestimmt. Dort ist Gott seinem Volk gegenwärtig, dort wohnt er »über den Lobgesängen Israels« (Ps 22,4; vgl. auch 2 Chron 5, 13f; Röm 15,6; Ps 95; Ps 100). Gott wird auch gelobt, wenn das Opfer dargebracht wird (2 Chron 29,25–31), ja, das L. (bzw. der Dank) selbst wird als Opfer angesehen (Ps 50,23; 69,31–32).

IV) Anlaß zum Loben sind an erster Stelle die Werke Gottes, die seinem Bundesvolk zugute kommen (2 Mo 15,1–18; Ps 105; 135) und die Geschichte der Menschheit bestimmen. Bes. die Erwählung und Berufung durch und in Christus geben Anlaß zum Loben (Eph 1,3–14). Wenn auch noch viel Dunkel auf dem Weg liegt, den Gott sein Volk führt, so verstummt das Loben doch nicht (Hi 1,20. 21); ja, Gott »gibt Lobgesänge auch in der Nacht« (Hi 35,10; Apg 16,25); wir finden sie selbst auf den Lippen derer, die sein Gericht erkennen und als gerecht bezeugen (Jos 7,19; Jes 12,1–6).
Außer für seine leitende Gnadenhand in der Geschichte seines Volkes aber empfängt Gott L. für seine Schöpfung; wo immer diese besungen wird, münden die Hymnen ein in ein lobendes Bekenntnis zum Schöpfer (Ps 29; 104 u. ö.), in das die ganze Schöpfung mit einstimmt (Hi 38,7; Ps 19,2–7; 8; 145,10; Jes 42,10–12).

V) Nicht nur auf der Erde, sondern auch im Himmel wird Gott gelobt (Hab 3,3). Dort stimmen die Engel, das ganze »Heer des Himmels« das L. Gottes an (Ps 103,20–21; Ps 148; Jes 6,1–4; Lk 2,13–14), dem gegenüber alles irdische L. nur ein schwacher Abglanz ist. Aber es besteht schon jetzt ein Zusammenhang zwischen der Gemeinde hier und den Engeln vor Gottes Thron, wie uns am deutlichsten wohl die Offenbarung zeigt, in deren gewaltigen Hymnen die Menschen auf Erden mit in das himmlische L. hineingezogen wurden (Offb 4,8–11; 5,9–14; 11,15–18; 12,10–12; 14,3; 15,3.4; 19,1–7), bis sich schließlich alles, was im Himmel und auf Erden ist, in dem einstimmigen L. des dreieinigen Gottes (Röm 11,33–36; 1 Tim 1,17; Jud 25; Offb 5, 9–14) vereinigt.

Lobebrief = Empfehlungsschreiben (2 Kor 3,1). Vgl. Röm 16,1.2 und Apg 15,25–27.

Lobetal (hebr. *berakah*), Ort, an dem → Josaphat (5) und sein Heer dem Herrn für ihren Sieg dankten (2 Chron 20,26). Der Name hat sich erhalten in der Ruine Bereikut, 6 km westnordwestl. von Thekoa und 8 km südwestl. von Bethlehem.

Lobgesang. I) Nach den großen Siegesliedern und Lobgesängen des Mose (2 Mo 15,1–18; 5 Mo 32,1–43), der Debora (Ri 5) und der Hanna (1 Sam 2,1–10) bietet uns das Buch der → Psalmen die größte Sammlung von Liedern zum Preis des Herrn. Viele waren urspr. persönliches Gebet und Lob des einzelnen (Ps 8; 9; 34), andere von Anfang an für den Gottesdienst im Heiligtum bestimmt (Ps 76; 105; 115; 118; 124; vgl. 1 Chron 16,7–36). Der Gesang im Tempel war oft Wechselgesang (vgl. Ps 136) und wurde durch → Musikinstrumente begleitet (Ps 54; 55; 1 Chron 25,6; 2 Chron 5,12.13; vgl. → Gottesdienst III,4).
Als L. (Hallel) werden bes. die Ps. 113–118 bezeichnet, die an den großen Jahresfesten im Tempel und bei der Passahfeier gesungen wurden (vgl. Mt 26,30).

II) Das NT enthält die Lobgesänge der Maria (Lk 1,46–55), des Zacharias (V 68–79) und des Simeon (Lk 2,29–32), die sich eng an die atl. Dichtungen anschließen. Nach ihren lat. Anfangsworten in der Vulgata nennt man sie häufig das Magnificat, das Benedictus und das Nunc dimittis.
In Eph 5,14; 1 Tim 3,16 sind uns Bruchstücke urchristlicher Lieder (vgl. auch → Gottesdienst V, 3) erhalten, die durch das Versmaß des griech. Textes kenntlich sind. Zu Eph 5,14 wird uns bei Clemens von Alexandrien auch die 2. Strophenhälfte mitgeteilt:

Wache auf, der du schläfst,
und stehe auf von den Toten,
so wird dich Christus der Herr erleuchten,
die Sonne der Auferstehung,
gezeugt vor dem Morgenstern,
Leben spendend mit eigenen Strahlen.

Eine Fülle von Lobgesängen findet sich in der Offenbarung, die den endgültigen Sieg des Herrn am Ende der Zeiten verkündigt (Offb 4,11; 5,12–14; 7, 12; 11,15; V 17.18; 22,10–12; 19,1–7). Darunter werden das neue Lied (Offb 5,9; vgl. 14,3) und das Lied Moses und des Lammes (Offb 15,3.4; vgl. 2 Mo 15,1) bes. genannt.
Vgl. → Lob, → Lied.

Lobopfer → Opfer

Lod, Stadt in der Nähe von Ono (1 Chron 8,12) u. Japho (Apg 9,38); schon in der Liste Thutmoses III. genannt. Nach der babyl. Gefangenschaft wird L. wieder besiedelt (Es 2,33; Neh 7,37; 11,35). In ntl. Zeit hieß der Ort Lydda (Apg 9,32ff), später Diospolis und heute wieder Lod (18 km südöstl. von Tel Aviv). Vgl. Karte Sp. 986; 1067.

Lo-Dabar »Ohne Wort«,
Ort östl. des Jordan (2 Sam 9,4; 17,27), vermutlich identisch mit dem → Debir (3) von Jos 13,26. Viell. das heutige Umm ed-Dabar südl. vom Wadi el Arab, einem linken Nebenfluß des Jordans südl. vom Jarmuk. Vgl. Karte Sp. 722.

Löffel (hebr. *kappot* = hohle Hände)
werden in der HS nur als Geräte des Heiligtums genannt (2 Mo 25,29; 4 Mo 4,7; 7,14ff; 1 Kö 7,50; 2 Kö 25,14; 2 Chron 4,22). Vermutlich handelt es sich um kleine Schalen mit Handgriffen, in denen das Räucherwerk auf den Räucheraltar gebracht wurde.

Log → Maße und Gewichte I,4b

Lohn. I) L. im eigentlichen Sinn ist die vereinbarte oder festgesetzte Vergütung, die ein Mensch für die Tätigkeit empfängt, die er im Auftrag und Interesse eines anderen verrichtet. Jeder, der arbeitet, soll dafür entlohnt werden (vgl. 1 Mo 29,15; 3 Mo 19,13; 5 Mo 24,14f; Lk 10,7). Die atl. Gesetzgebung und die Propheten machen deutlich, daß der gerechte Lohn nach dem Willen Gottes ist. Unter den sozialen Mißständen, die zugleich als Ungehorsam gegen Gottes Gebot gekennzeichnet sind, wird auch das Zurückhalten des L. (Jer 22,13) oder die Zahlung von L., wo sie nicht zulässig ist, erwähnt (Mi 3,11)

II, 1) Im übertragenen Sinn wird von L. vor allem da gesprochen, wo Gott den Menschen für seinen Ungehorsam und seine bösen Taten richtet. Dieser L. besteht in Unglück, Mißernte, Hunger, Krankheit, Tod und der Zerstreuung des Volkes. Vgl. dazu Hi 20,29; 27,13; Ps 11,6; Jes 17,14; Jer 6,19; 13, 25; Röm 1,27; 2 Petr 2,13. Aber auch für seinen Gehorsam und seine guten Taten wird dem Menschen L. in Aussicht gestellt (Jes 61,8; Ps 19,12): Glück, Freude, äußeres Wohlergehen und geistliche Segnungen.

2) Daraus hat das jüd. Gesetzesdenken eine Art Abrechnungsverhältnis des Menschen zu Gott entwickelt (vgl. Lk 18,9–14): Wer Böses tut, empfängt dafür – in der Regel schon jetzt – Unheil und Strafe, wer Gutes tut und gehorsam ist, hat Anspruch auf Wohlergehen und den Segen Gottes. Die Reden der Freunde Hiobs und ntl. Stellen wie Joh 9,2; Lk 13,1–5 lassen erkennen, daß diese Gedanken soweit durchgezogen wurden, daß man umgekehrt aus dem äußeren Ergehen eines Menschen auf seinen Gehorsam oder Ungehorsam, seine Frömmigkeit oder Sünde schließen wollte.

3) Auch Jesus hat oft L. verheißen (Mt 5,12; 10, 41.42; 19,27–29; Lk 6,23), aber den Anspruch des Menschen dabei aufgehoben (Lk 17,7–10; Mt 20, 1–15). Das Gleichnis von den Arbeitern im Weinberg macht deutlich, daß von einem »Leistungslohn« für die Bürger des Reiches Christi keine Rede sein kann. Nicht mehr die Dinge des äußeren Lebens stehen im Vordergrund, sondern die Sättigung mit der → Gerechtigkeit Gottes (Mt 5,6), d. h. die Zugehörigkeit zu Christus und das Wirken des heiligen Geistes im Menschen. An die Stelle des Lohnverhältnisses wie beim Knecht ist das Kindesverhältnis zu Gott getreten, in dem der L. nicht mehr gefordert wird (Mt 6,1–5; Lk 6,35; Röm 4, 4.5). Der L. des Christen, der in der Nachfolge Jesu Leid und Schmähung zu ertragen hat, besteht in der Lebensgemeinschaft mit seinem Herrn jetzt und in der künftigen Herrlichkeit und schließt auch äußeren Segen mit ein (Mk 10,29.30).

Über den allgemeinen L. hinaus spricht Paulus 1 Kor 3,8–15 davon, daß auch das einzelne aus der Kraft Gottes vollbrachte Werk seinen L. finden wird. Vgl. auch Ruhm II, 1.

Lois »Besser, wohlgefällig«,
gläubige Großmutter des Timotheus (2 Tim 1,5).

Lorbeerbaum. Statt L. ist in Ps 37,35 wahrscheinlich richtiger zu lesen: prächtige Zeder. Dagegen bezeichnet das hebr. *orän*, das LÜ in Jes 44,14b mit Zeder wiedergibt, den L. *(Laurus nobilis)*.

Lo-Ruhama »Ungeliebt«,
sinnbildlicher Name der Tochter Hoseas (Hos 1,6).

Los, losen. Das L. diente in Israel dazu, den Willen Gottes zu erfragen (Spr 16,33; vgl. → Licht und Recht), in entsprechender Weise verwendeten es auch die Heiden (Jon 1,7; Est 3,7; Hes 21,26[21]). Die Israeliten losten zur Verteilung des Landes Kanaan (4 Mo 26,55; Jos 14,2; 18,6.10; Apg 13,19), bei der Ordnung und Zuteilung von Diensten und Pflichten (1 Chron 24,5.31; 25,8; 26,13; Neh 10,35 [34]), und um einen Schuldigen oder Erwählten herauszufinden (Jos 7,14–18; 1 Sam 10,19–21; 14, 38–42). Das L. bestimmte am Versöhnungstag den Bock für den Herrn und den Bock für → Asasel (3 Mo 16,8–10). Im Krieg wurden häufig Beute und Gefangene durchs L. verteilt (Ob 11; Jo 4,3[3,8]; Nah 3,10; vgl. Mt 27,35). Im NT wird nur noch einmal von einer Entscheidung durch das L. berichtet (Apg 1,26).

Den Vorgang des Losens im einzelnen beschreibt die HS nicht, nur Spr 16,33 wird erwähnt, daß die L. im Bausch des Gewandes (LÜ → Schoß) geschüttelt wurden.

Löschnapf → Leuchter II

Lose steht häufig im Sinne von: haltlos und leer, leichtfertig, gewissenlos, gottlos; auf Menschen (Ri 9,4; 11,3; 1 Sam 1,16; 1 Kö 21,10; Spr 19,28) wie auf Lehren, Gesichte und Reden angewandt (Ps 24,4; Klgl 2,14; Kol 2,8; 1 Tim 6,20).

Lösegeld. Das griech. *lytron* (= L., Lösemittel) gibt drei hebr. Worte wieder:
1) *kopär* = Deckung einer Schuld in Form einer Ersatzgabe (2 Mo 21,30; 30,12 LÜ Versöhnung; 4 Mo 35,31.32 LÜ Versöhnung; Spr 6,35 LÜ versöhnen).
2) *geulah* = L., mit dem ein Knecht freigekauft wird (3 Mo 25,51.52 LÜ Lösung).
3) *pidjon* = L. für ein verfallenes Leben (2 Mo 21, 30 LÜ lösen; 4 Mo 3,49; Ps 49,9 LÜ erlösen).
Das teure L., das die Menschen vom Fluch des Gesetzes (Gal 3,13), von Sünde, Tod und Teufel losgekauft hat, ist das Blut Jesu Christi (1 Petr 1,18f; 1 Joh 1,7), d. h. die Hingabe seines Lebens (Mt 20, 28; Mk 10,45). Hierin ist der Gedanke der Stellvertretung deutlich enthalten.

Lösen (hebr. *padah, gaal,* griech. *lyô, lytroomai)*.
I) Im AT.
1) Wörtliches Verständnis.
a) Beim → Auszug aus Ägypten erhielt der Herr ein Recht auf alle → Erstgeburt (2 Mo 13,11ff). Dieses Anrecht wurde vom Stamm Levi abgelöst (4 Mo 3,40ff), der stellvertretend für alle Erstgeborenen Gott diente. Für die 273 Erstgeborenen, die über die Zahl der Leviten hinaus vorhanden waren, mußte ein → Lösegeld bezahlt werden (V 46ff); ebenso später für alle erstgeborenen Söhne (2 Mo 13,12.15).
b) Auch der → Zehnte (3 Mo 27,31) oder dem Herrn geweihte Dinge (V 15.19) konnten unter bestimmten Voraussetzungen gelöst, d. h. in Geldgaben umgewandelt werden.
c) Hatte ein Israelit aus Not seinen Besitz oder sich selbst als Knecht verkauft, so sollte sein nächster Verwandter, der Löser (hebr. *goel;* → Erbe I, 3), für ihn eintreten und den verkauften Besitz oder Menschen einlösen (3 Mo 25,24–34.47–55). Dazu konnte auch die Verpflichtung zur Levirats- oder Schwagerehe treten (Rt 4; → Ehe III, 3).
2) Übertragene Bedeutung.
Gott selber tritt als Löser auf, der Israel von dem, der wegen ihrer Sünde ein Anrecht auf das Volk hat, loskauft (Jes 52,3; vgl. 50,1). Er tut das, weil er die Menschen liebt, mehr als der nächste Blutsverwandte. Gott ist dazu nicht verpflichtet nach dem Gesetz des Blutes, sondern er tut es freiwillig. So wird er zum *goel* = Erlöser (→ Erlösung).
II) L. kommt im NT vor allem im übertragenen Sinn vor: Gott ist in Jesus Christus Löser und Erlöser von Sünde, Krankheit (Lk 13,16) und Tod (vgl. Mt 16,26).
Mt 16,19; 18,18 bezeichnet L. im Gegensatz zum Binden und Belassen der Sünde das Losbinden von Sünde und Schuld.

Lot. I) Dasselbe Wort wird in Jes 25,7 mit »Hülle« übersetzt.
Sohn von Haran, dem Bruder Abrahams (1 Mo 11, 27). L. begleitete Abraham nach Kanaan (1 Mo 11, 31; 12,5) und sogar nach Ägypten (1 Mo 13,1). Dann konnten Abraham und er nicht länger zusam-

menbleiben, da L. ebenfalls viel Vieh besaß. Abraham ließ ihm uneigennützig die Wahl, sich einen Teil Kanaans auszusuchen. L. wählte die Gegend am Jordan und zog nach Sodom (1 Mo 13,1–13), litt dort aber unter dem, was er an Ausschweifungen und Zuchtlosigkeiten bei seinen Mitbürgern täglich sehen und hören mußte (2 Petr 2,7.8). Abraham befreite ihn, als er kriegsgefangen weggeführt wurde (1 Mo 14,12–16). Beim Untergang Sodoms rettete ihn der Herr, weil er Abrahams gedachte (1 Mo 19,29), der um der Gerechten willen um die Verschonung der Stadt gebeten hatte (1 Mo 18,16–33). Lots Frau, die sich während der Flucht trotz des Verbots noch einmal nach Sodom umsah, wurde zur Salzsäule (1 Mo 19,17.26); er selbst blieb zuerst in Zoar und zog dann aufs Gebirge (V 30).
Aus dem blutschänderischen Umgang Lots mit seinen beiden Töchtern, die ihn betrunken gemacht hatten, gingen zwei Söhne hervor. Moab (Wasser, d. i. Same, Nachkomme des Vaters), der Sohn der älteren, wurde der Stammvater der → Moabiter; von Ben-Ammi (Kind meines Volkes; LÜ Kind Ammi), dem Sohn der jüngeren, stammen die → Ammoniter ab (1 Mo 19,31–38).

II) → Maße und Gewichte II.

Lotan, zur Bedeutung vgl. Lot I.
Sohn des Horiters Seir (1 Mo 36,20).

Lotterbube. Das griech *spermologos* (Apg 17,18 LÜ L.), wörtl. = »Samenkörner auflesend«, bezeichnet eigentlich die Saatkrähe; als verächtliches Spottwort meint es einen Schwätzer, der von Dingen redet, die er irgendwo gehört, aber nicht verstanden hat.

Löwe. I) Der L. *(Felis leo)* war in biblischer Zeit in Palästina allgemein verbreitet. Das Hebr. besitzt eine Reihe von Ausdrücken, die L., Löwin und Jungtiere bezeichnen (vgl. im hebr. Text Hi 4,10f; Hes 19,1–9). L. werden an der Grenze von Sephela und Hügelland (Ri 14,5), auf dem Gebirge Juda (1 Sam 17,34; 1 Kö 13,24), im Jordanurwald (Jer 49,19), in Samarien (2 Kö 17,25), Moab (Jes 15,9) und am Libanon erwähnt (Hl 4,8). Das mächtige Raubtier (Spr 30,30) zerstreute die Herden (Jer 50,17) und ließ sich auch durch das Geschrei der Hirten nicht vertreiben (Jes 31,4). Selten konnte der Hirt das geraubte Tier retten (1 Sam 17,34–36; vgl. Am 3,12).

II) Orient. Könige jagten L. und ließen sie fangen (Hes 19,4.8 und assyr. Darstellungen). Zum Transport dienten Käfige (V 9); der »Graben« von Dan 6 ist wohl ein unterirdischer, zisternenähnlicher Zwinger gewesen, in dem die L. in Babylon gehalten wurden.

III) Im übertragenen Sinn ist der L. ein Sinnbild für das Volk Israel (4 Mo 24,9) und die Stämme Juda (1 Mo 49,9), Gad (5 Mo 33,20) und Dan (V 22). Gott als Richter wird mit einem L. verglichen (Jes 38,13; Hos 5,14; 13,8), und Christus heißt in Offb

Löwenjagd vom Wagen aus (hethitische Darstellung)

Assyr. König auf der Löwenjagd zu Fuß

5,5 der L. aus dem Geschlecht Juda. Weiter dient das Bild des L. dazu, um Mut (Spr 28,1) und Kraft (2 Sam 1,23), die unbändige Gewalt der Feinde (Ps 22, 14; Jes 5,29) und des Satans (1 Petr 5,8), aber auch eingebildete Gefahr (Spr 22,13; 26,13) zu bezeichnen. Der Friede des künftigen Gottesreiches wird auch die Raubtiernatur des L. verwandeln (Jes 11,6. 7; 65,25). Vgl. auch → Teufel IV,3.

Lud, Luditer. I) Sohn Sems (1 Mo 10,22; 1 Chron 1,17) und seine Nachkommen. Es könnte sich um das Land Lubdi in Nordmesopotamien oder um assyr. Siedler in Kleinasien handeln, von denen die Kappadozischen Keilinschriften stammen (vgl. → Assyrien), kaum um die Lydier.
II) 1 Mo 10,13; 1 Chron 1,11 werden die Luditer als Nachkommen von Mizraim, einem Sohn Hams, genannt. Sie sind wohl ein afrikanisches Volk (Jes 66,19; Jer 46,9; Hes 27,10; 30,5).

Luft. Nach Eph 2,2; 6,12 ist die L. das Herrschaftsgebiet des Satans. Bei der Wiederkunft Jesu vollzieht sich hier die Begegnung des siegreichen Herrn mit seiner entrückten Gemeinde (1 Thess 4,17).

Lüge ist bewußte und gewollte Verleugnung der → Wahrheit zur Irreführung anderer. Der Lügner will durch Worte und Gebärden den wahren Sachverhalt verbergen und gerät in einen Zwiespalt zwischen Sein und Schein. Die Beweggründe zur L. können sehr verschieden sein: Notlügen aus Hilflosigkeit, krasse Lügen aus Ehrgeiz, Prahlsucht, Bosheit, Selbstsucht, Eitelkeit. Die Formen und Verzweigungen der L. sind mannigfaltig: Betrug, Täuschung, Meineid, falsches Zeugnis, → Lästern.

I, 1) Im AT werden gelegentlich L. berichtet, ohne daß sie eine ausdrückliche Verurteilung finden (1 Mo 12,13; 1 Sam 19,14.17; 20,6), was aber nicht als ihre Rechtfertigung ausgelegt werden darf. Anderseits benutzt der Herr die Kriegslist Husais, um Ahitophel und Absalom zu verderben (2 Sam 16, 16–19; 17,8–14). Und die Ausrede der Hebammen vor Pharao, mit der sie Leben retten wollen, wird vom Herrn belohnt (2 Mo 1,18–21), der das Herz ansieht (1 Sam 16,7).
Sonst aber stehen L. und Betrug unter dem göttlichen Gericht von 2 Mo 20,16; 3 Mo 19,11. Als bes. verwerflich wird solche Falschheit gebrandmarkt, wenn Priester und Propheten aus selbstsüchtigen Gründen Gottes Wort verfälschen und im Namen Gottes reden, ohne vom Herrn beauftragt zu sein (Jer 6, 13; 8,8; 28,15; 29,31; Hes 13,6–9).
2) Im hebr. Text haben wir für L. 6 verschiedene Ausdrücke, die – alleinstehend oder in Wortverbin-

dungen – den buntschillernden Lügenbereich beschreiben: z. B. Lüge (Ps 52,5); Lügenzunge (Ps 109,2); Lügenwort (Ps 101,7); falsches Zeugnis (Ps 27,12); Lügenprediger (Mi 2,11); Treubruch (Ps 89,34); Bundesbruch (Ps 44,18); falscher Weg (Ps 119,29); falsche Weissagung (Hab 2,18); trügerische Hoffnung (Hi 41,1 [40,28]); falscher Eid (Hos 10,4).

II, 1) Steht die L. auch bereits im AT unter dem Gericht Gottes, so wird sie doch erst im NT in ihrer ganzen Schrecklichkeit und letzten Hintergründigkeit entlarvt. Die L. ist reale Verflochtenheit mit dem grauenvollen Reich der Finsternis. Wie es ein Reich des → Lichtes und der Wahrheit gibt unter Gott und Christus, so enthüllt uns die HS auch die Tatsächlichkeit eines Reiches der → Finsternis und L. unter der Herrschaft des Teufels und der Dämonen.

2) Satan ist ein Lügner *(pseustaes)* und Vater der L. *(pseudos)*; wenn er lügt, so redet er aus seinem eigensten Wesen (Joh 8,44; vgl. 1 Mo 3). Ihm steht ein ganzes Reich der L. zur Verfügung:

a) Der → Antichrist, der »lügenhafte Wunder« (2 Thess 2,9) tut, damit die Menschen »der L. glauben« (V 11).

b) Falsche Christi *(pseudochristoi;* Mt 24,24; Mk 13, 22), die sich für Christus ausgeben und Zeichen und Wunder tun, um – wenn möglich – die Auserwählten zu verführen.

c) Falsche Propheten *(pseudoprophaetai;* Mt 24,11. 24; Mk 13,22). Sie spielen schon im AT eine verhängnisvolle Rolle, weil sie das Bundesvolk von Gott abwendig machten, es in falsche Sicherheit wiegten und so Gottes Gericht auf sich und Israel herabzogen (Jer 6,13; Sach 13,2). Auch das NT warnt dringend vor solchen Verführern, die äußerlich nicht erkennbar sind und von allen gelobt werden (Mt 7,15; Lk 6,26; Apg 13,6; 2 Petr 2,1; 1 Joh 4,1). In der Offb. arbeitet »der falsche Prophet« (Offb 13,11–13; 16,13; 19,20; 20,10) Hand in Hand mit dem Antichristen und sorgt für die religiöse Untermauerung der gottfeindlichen Weltmacht.

d) Falsche Apostel *(pseudapostoloi;* 2 Kor 11,13; Offb 2,2), falsche Brüder *(pseudadelphoi,* 2 Kor 11, 26; Gal 2,4) und falsche Lehrer *(pseudodidaskaloi;* 2 Petr 2,1; vgl. 1 Tim 4,2) suchen in satanischer Vollmacht die Gemeinde Jesu zu zerspalten, zu verwirren und zu vernichten, um zugleich falsche Gemeinde, falsche Kirche aufzubauen. Vgl. auch die falschen Zeugen *(pseudomartyres;* Mt 26,59ff; 1 Kor 15,15; vgl. Mt 15,19). Vgl. auch Offb 3,9.

e) Alle Menschen, die mit der L. umgehen. Ganz allg. gilt: »Alle Menschen sind Lügner« *(pseustai;* Röm 3,4). Die Heiden »haben Gottes Wahrheit verwandelt in die L.« (Röm 1,25). Paulus muß warnen vor falschgläubigen Christen (Gnostikern; 1 Tim 6, 20f); und wegen krasser L. inmitten der vom heiligen Geist erfüllten Gemeinde finden Ananias und Saphira einen jähen Tod (Apg 5,1–11).

f) Verführerische (1 Tim 4,1), unsaubere Geister (Mt 10,1; 12,43ff; Mk 3,11.30) oder Teufel (Dämonen; Mk 1,34; → Besessenheit). Weil die Dämonen auch Wirkungen des heiligen Geistes zu imitieren suchen, ist die Gabe der Geisterunterscheidung (→ Gaben des Geistes II D 7) dringend erforderlich (1 Kor 12,10; 1 Joh 4,1). Offb 16,13.14 ist von »Wunderzeichen der Geister der Teufel« die Rede. Auch das ganze trügerische Gebiet der Wahrsagerei und Zauberei gehört hierher (Apg 8,9–11; 13,6–12).

3) Als Reich der Wahrheit steht das → Reich Gottes im radikalen Gegensatz zum Reich der L.; Jesu irdisches Leben war ein einziger Kampf gegen die Lügenmächte Satans und der Dämonen. Er trieb die Teufel durch »Gottes Finger« aus (Lk 11,20), und in seinem Munde fand sich kein Betrug (1 Petr 2,22). In seiner Passion standen ihm die Mächte der L. gegenüber: in dem Verräter Judas, in Hannas und Kaiphas, den heuchlerischen Schriftgelehrten und Pharisäern, den falschen Zeugen und dem wetterwendischen Volk, in Pilatus und Herodes und in der Verleugnung des Petrus (Mk 14–15; Joh 18–19). Selbst das Geheimnis der Auferstehung versuchten die Hohenpriester durch die Bestechung der Grabwächter zur L. zu machen (Mt 28,11–15). Aber der Sieg Jesu ist vollbracht und wird bei seiner Wiederkunft offenbar werden (Offb 1,7; Phil 2,10. 11).

Bis dahin ist die Gemeinde Jesu »die Säule und Grundfeste der Wahrheit« (1 Tim 3,15). Durch die → Wiedergeburt werden die, die alle von Haus aus Lügner sind (Ps 116,11), dem Reich Gottes einverleibt, in dem der Geist der Wahrheit in alle Wahrheit führt (Joh 16,13). Darum gilt ihnen der Befehl: Legt die L. ab (Eph 4,25; Kol 3,9; Jak 3,14). In vollem Ernst kann Paulus bezeugen: Ich lüge nicht (Röm 9,1; 2 Kor 11,31; Gal 1,20; 1 Tim 2,7). Alle aber, die die L. lieben und tun, sind vom kommenden Reich Gottes und seiner Herrlichkeit ausgeschlossen (Offb 21,8.27; 22,15). v. Eicken

Luhith, hochgelegener Ort in Moab (Jes 15,5; Jer 48,5). Das Onomastikon sucht L. zwischen Areopolis (er-Rabba) in Moab und → Zoar. Musil (Arabia Petraea I, 75) vermutet es in Chirbet Fas, ca. 20 km südwestl. von El Kerak (Kir Hareseth), oder in Chirbet Medint er-Ras, ca. 4 km östl. davon.

Lukas, Kurzform von Lucius oder Lucianus.
Aus seiner ersten Gefangenschaft in Rom übermittelt Paulus u. a. die Grüße des L., des »geliebten Arztes« (Kol 4,14), der offenbar Heidenchrist war (vgl. V 10.11), an die Gemeinde in Kolossä. Gleichzeitig nennt er ihn Phim 24 als seinen Gehilfen. Auch während der zweiten Gefangenschaft war L. wieder, zeitweise als einziger, bei dem Apostel (2 Tim 4,11).

Diese wenigen Andeutungen werden erweitert dadurch, daß die Überschrift des 3. Ev. L. als dessen Verfasser ausweist und dadurch zugleich auch als Verfasser der eng mit dem Ev. verbundenen Apg (Lk 1,1–4; Apg 1,1.2). Mit großer Wahrscheinlichkeit können wir danach aus den sog. Wir-Berichten (Apg 16,10–17; 20,5–21,18; 27,1–28,16) schließen, daß L. sich auf der 2. Missionsreise in Troas an Paulus anschloß und ihn bis Philippi begleitete. Dort blieb er vermutlich zunächst zurück und zog dann später mit Paulus nach Jerusalem. Schließlich begleitete er Paulus auf der Fahrt nach Rom. Hier wird L. dann in den Paulusbriefen erwähnt (Kol 4,14; Phim 24; 2 Tim 4,11).

Tafel 55
Das Jordantal in der Nähe von Ed-Damije (= Adam II), dicht oberhalb der Einmündung des Jabbok, dessen Lauf oben zwischen den Bergen erkennbar ist. Der Urwald der Talaue war früher ein Versteck der Löwen (Jer 49,19).
Der Ausschnitt in etwas anderer Blickrichtung (vgl. die Insel im Flußlauf) zeigt den Erdrutsch, der i. J. 1266 den Unterlauf des Jordan für 10 Stunden trokken legte. Auch während des Jordanübergangs der Israeliten unter Josua staute sich das Wasser bei Adam (Jos 3,16).

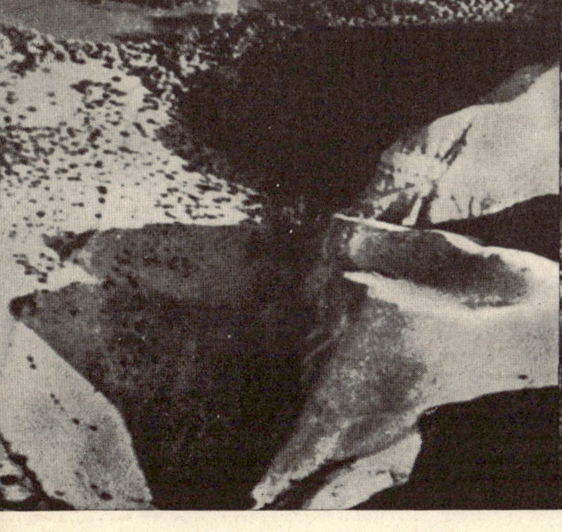

Tafel 55

Weiter ist uns über das äußere Leben des L. nichts bekannt; nach alter Tradition soll er aus Antiochia in Syrien stammen. Über L. als Schriftsteller vgl. → Apostelgeschichte I; → Lukasevangelium II.

Lukasevangelium. I) Vgl. die Vorbemerkung zum → Matthäusevangelium.

II) EINLEITUNGSFRAGEN.

1) EIGENART. Trotz des mit Mt und Mk Gemeinsamen ist bei Lukas eine dreifache Besonderheit sichtbar. Er ist kein Augenzeuge wie Matthäus und Johannes, er schreibt auch nicht den Bericht eines Augenzeugen nieder, wie wir es von Markus annehmen, sondern er sammelt den Stoff, prüft ihn und ordnet, was ihm durch zuverlässige Zeugen gebührend bestätigt ist. Seiner Arbeit verdanken wir wichtige Nachrichten, die er als Sondergut darbietet: Ankündigung und Geburt des Täufers und Jesu (Lk 1–2), die Begegnung Jesu mit der Sünderin (Lk 7,36–50), das Gleichnis vom barmherzigen Samariter (Lk 10,29–37), die Gleichnisse vom verlorenen Schaf, Groschen und Sohn (Lk 15), vom Pharisäer und Zöllner (Lk 18,9–14), den Bericht über die Einkehr bei Zachäus (Lk 19,1–10), das Trostwort an den Schächer (Lk 23,39–43), das Gespräch des Auferstandenen mit den Jüngern auf dem Weg nach Emmaus (Lk 24,13–35). Dies sind für Verkündigung und Seelsorge bes. wichtige Stücke.

2) VERFASSER. Soweit uns Nachrichten erhalten sind, zeigen sie, daß der Überschrift des L. entsprechend seit der Mitte des 2. Jh. überall und unbestritten → Lukas als Verfasser des Ev. und der → Apostelgeschichte angesehen wurde.

3) ABFASSUNG. Nach der Widmung kann angenommen werden, daß nicht nur viele Geschichten über Jesus mündlich in Umlauf waren, sondern bereits schriftliche Aufzeichnungen (Mt und Mk?) des Ev.-Stoffes vorlagen, wie ihn die Augenzeugen, die Diener des Wortes waren (d. h. wohl die Apostel), überliefert hatten. Ebenso will nun auch Lukas geprüfte Berichte geordnet darbieten, wobei er sich nicht auf das öffentliche Wirken Jesu beschränkt, sondern die Vorgeschichte als richtungsweisend mit hineinnimmt. Wieweit Lukas schriftliche Quellen benutzte, ist nicht festzustellen; doch hatte er als Begleiter des Paulus Gelegenheit, mit den Aposteln und auch andern Zeugen zu reden. Für die Beziehung des L. zum → Markusevangelium ist zu beachten, daß Markus wohl mit Petrus in Rom war (1 Petr 5,13) und Lukas während der Gefangenschaften des Paulus ebenfalls dort weilte, so daß er ohne weiteres Kenntnis vom Mk gehabt haben kann. Für die Bestimmung der Abfassungszeit ist entscheidend, ob man es als möglich ansieht, daß eine solche Schrift für die Gemeinde nach der Zerstörung Jerusalems verfaßt sein kann, ohne auf dies auch für die Christenheit so wichtige Ereignis hingewiesen zu haben. Wenn auch das L. darüber hinwegging, hätte doch die später geschriebene Apg es kaum verschwiegen. Demnach wären beide Bücher vor dem Jahre 70 und möglicherweise (vgl. → Apostelgeschichte I, 3) schon vor 64 n. Chr. geschrieben worden.

4) EMPFÄNGER. Das L. (Lk 1,3) ist wie die Apostelgeschichte (Apg 1,1) einem gewissen Theophilus gewidmet. Daraus darf aber nicht geschlossen werden, daß die Bücher nur zu seiner persönlichen Unterrichtung bestimmt gewesen seien. Der ihm zustehende Titel *kratistos* (= Hochwohlgeborener) deutet auf eine hochgestellte und begüterte Persönlichkeit. Solche Männer beschäftigten nach damaliger Sitte Schreibsklaven. Wurde ihnen ein Buch gewidmet, so erwartete man, daß sie für das Abschreiben und die Verbreitung sorgten. Darum ist das L. für einen größeren Kreis von Lesern bestimmt, die wir wohl in Italien zu suchen haben, denn die jedem Juden in Palästina bekannten Orte werden genau beschrieben (Lk 1,26; 4,31; 8,26; 24,13). Anderseits wissen wir, daß das AT in Gestalt der LXX auch unter Nichtjuden weit verbreitet war. Theophilus dürfte sie gekannt haben, so daß ihm Hinweise wie der auf die Priesterordnung des Abia (Lk 1,5) verständlich waren.

5) ECHTHEIT. Das L. war schon im 2.Jh. überall verbreitet und anerkannt. Nicht nur die Kirchenväter (Irenäus, Clemens von Alexandrien, Tertullian) bezeugen das, sondern auch die Häretiker zitieren das L. (Basilides, Valentinus, Marcion). Gegen die Einreihung des Ev. unter die kanonischen Schriften ist nie Widerspruch laut geworden.

III) INHALT.

1) EINTEILUNG.

I. Das Kommen des Heilands der Welt (1,5–3,38).
- A. Ankündigungen (1,5–56).
  1. Ankündigung des Wegbereiters (V 5–25).
  2. Ankündigung des Heilands (V 26–38).
  3. Die Rangordnung (V 39–56).
- B. Die Geburt (1,57–2,40).
  1. Geburt des Wegbereiters (1,57–80).
  2. Geburt des Heilands (2,1–20).
  3. Die auf Israels Trost Wartenden (2,21–40).
- C. Die Bereitung (2,41–3,38).

II. Das Heilandswirken (4,1–11,13).
- A. Sammlung der Jünger (4,1–6,49).
  1. Der Durchbruch (4,1–5,26).
  2. Die Abgrenzung (5,27–6,49).
- B. Vorbereitung und Sendung der Jünger (7,1–9,9).
  1. Heil für alle durch Glauben (7,1–35).
  2. Die Gemeinschaft (7,36–8,21).
  3. Zurüstung und Sendung der Zwölf (8,22–9,9).
- C. Förderung der Jünger (9,10–11,13).
  1. Unterweisung (9,10–36).
  2. Die Feinde (9,37–62).
  3. Sendung der Siebzig (10,1–24).
  4. Dreifache Verbundenheit der Jünger (10,25–11,13).

III. Vorbereitung des Kampfes (11,14–18,30).
- A. Anbahnung der Auseinandersetzung (11,14–13,35).
  1. Die Grundfragen (11,14–54).
  2. Aufzeigung der Front (12,1–59).
  3. Belehrung des Volkes (13,1–35).
- B. Aufbruch des Gegensatzes (14,1–16,31).
  1. Die Pharisäer in Gefahr (14,1–35).
  2. Die Aufgabe des Heilands (15,1–32).
  3. Unerfüllte Pflichten der Pharisäer (16,1–31).
- C. Die Wurzeln des Unglaubens (17,1–18,30).

IV. In der Hochburg der Gegner (18,31–24,53).
- A. Die geistige Auseinandersetzung (18,31–21,38).
  1. Jesu Weg bis in den Tempel (18,31–19,48).
  2. Angriffe gegen Jesus (20,1–40).
  3. Gegenangriff Jesu (20,41–21,38).

Tafel 56

a. Oberlauf des Jordan.

b. Unterlauf des Jordan in der Nähe der Stelle, wo Johannes der Täufer gegenüber von Jericho Jesus taufte.

B. Die Entscheidung (22,1–24,53).
1. Letzter Gang in Freiheit (22,1–46).
2. In den Händen der Menschen (22,47–23,25).
3. Aus der Welt geschafft (23,26–56).
4. Der Sieger (24,1–53).

2) GRUNDGEDANKEN.

Der Schlüssel zum Verständnis des L. liegt in der Vorgeschichte (Lk 1–3). In diesem Abschnitt findet sich viermal der in den Ev. nur bei Joh noch einmal gebrauchte Ausdruck »Heiland« (*sôtaer* bzw. *sôtaerion*) und dreimal das nur noch einmal bei Joh sich findende *sôtaeria*. Maria freut sich Gottes, ihres Heilands, der sie zur Mutter seines Sohnes erkoren hat (Lk 1,47); Engel verkünden den Hirten, daß ihnen der Heiland geboren ist (Lk 2,11); Simeon dankt Gott, daß er den Heiland Gottes sehen durfte (Lk 2,30); und der Täufer wirkt unter der Verheißung, daß alles Fleisch den Heiland Gottes sehen wird (Lk 3,6). Dies wird noch wichtiger dadurch, daß *sôtaer* auch ein heidnischer Göttertitel war, den man auch dem Kaiser → Augustus und seinen Nachfolgern beilegte, weil man von ihnen ein goldenes Zeitalter erwartete. So besteht von Anfang an die Spannung zwischen der Erwartung des innerweltlichen, durch Menschen geschaffenen Heils und des ewigen Heils, gebracht durch den Heiland Gottes.
Es gibt keinen anderen Weg zum Heil als die Gnade der Sündenvergebung. Zur Mitteilung dieser Gnade hat der Heiland Gottes die Vollmacht (Lk 5, 24; 7,48.49). Dieser Heiland kann nur von Gott kommen und ist für alle Menschen da. Darum geht der Stammbaum Jesu bei Lukas auf Adam zurück, der Gottes war (Lk 3,38). Jedem Sünder tut sich durch Erkenntnis und Bekenntnis die Türe zum Vaterhause wieder auf (Lk 15,11–24). Der Heiland ist gekommen, um das für Gott Verlorene zu suchen und zurückzugewinnen (V 1–10). Wo die Ursache alles Unheils, die Sünde durch die Vergebung beseitigt ist, werden auch ihre Folgen aufgehoben, wie die Wunder zeigen. Darin wird deutlich, daß die Botschaft der Engel das Thema des Ev. ist: »Ich verkündige euch große Freude.«
Und den Anlaß zu dieser Freude gibt der Herr selbst bekannt: Das angenehme Jahr des Herrn war verheißen und ist nun Wirklichkeit (Lk 4,18–21). So wird das L. zum Ev. der Freude, von der in keinem andern Ev. so oft gesprochen wird wie hier. Gottes Gnade wird niemand aufgezwungen, sie muß im Glauben ergriffen sein. So muß auch gezeigt werden, was den Glauben verhindert. Da ist die falsche Heilserwartung, die den Täufer bindet (Lk 7,18–23), von der sich die Jünger nur schwer lösen lassen (Lk 24,21) und die zu falscher Blickrichtung verleitet (Lk 17,20.21). Da ist die für die Pharisäer bezeichnende Selbstgerechtigkeit, welche die Erkenntnis eigener Sünde verhindert (Lk 10,29) und sich daran stößt, daß Sündern geholfen wird (Lk 11,15; 13,14; 15,2; 19,7; vgl. 1 Thess 2,16). Auch der Mensch in der Erkenntnis begangenen Unrechts versucht, selbst alles wieder gut zu machen, obgleich ihm das Heil doch nur durch Jesus geschenkt werden kann und schon zuteil geworden ist (Lk 19, 1–10).
Die Annahme des Heils stellt durch die Verwandlung des Wesens in eine andere Lebensordnung hinein und macht den Geheilten und Geheiligten zum Heilsträger und Heilbringer (Lk 10,30–37). Gestaltung und Leitung in diesem neuen Leben erfolgen durch den Heiligen Geist (Lk 9,55.56; 11, 13; 12,12).

Lus »Mandelbaum«.
1) Früherer Name von → Beth-El (1 Mo 28,19; 48, 3; Jos 18,13; Ri 1,23).
2) Ort im Land der Hethiter (wohl Syrien), den ein Einwohner von L. (1) nach dessen Zerstörung gründete (Ri 1,26). Man hat an Luweizije, ca. 7 km nordwestl. von Banjas (Cäsarea Philippi) gedacht

Lust, gelüsten. L. ist die innere Bereitschaft zu oder das Wohlgefallen an etwas und kann sich steigern bis zur alle Schranken durchbrechenden Begierde, die nach Befriedigung schreit, von der allein noch Frieden und Harmonie erwartet wird. L. ist zunächst weder gut noch böse. Auch Gott hat L., Wohlgefallen an Handlungen und Menschen (Jer 32,41; Hos 6,6; 2 Sam 22,20; 1 Kö 10,9). Sie wird aber gut oder böse je nach dem, worauf sie sich richtet.
Die L. des Menschen gefällt Gott, wenn sie sich auf das Gute richtet: auf Gott selbst (Hi 22,26; Ps 37,4; Jes 58,14), auf die Werke Gottes (Ps 111,2), auf sein Gesetz (Ps 1,2; 119,16), auf die Wahrheit (Ps 51,8), auf die Gnade (Mi 7,9), auf das Zusammensein mit Christus in der Herrlichkeit (Phil 1,23). Verderblich ist die auf das Böse gerichtete L., die Schaden tut (Spr 12,12), sich im Zanken befriedigt (1 Kor 11,16), in Spott (Spr 1,22) und loser Lehre (Ps 24,4), und damit Gottes Ordnungen stört.
Im NT erscheint die L. im bösen Sinn als Mittel der Gott widerstrebenden Mächte, die Lebensführung des Menschen in ihrem Sinne zu bestimmen. Solche Mächte sind: Satan (Joh 8,44), Fleisch (Gal 5,16.24; Eph 2,3), Welt (2 Petr 1,4; 1 Joh 2,17) und das eigne Ich (2 Petr 3,3; Jak 1,14). Wer seine L. von diesen Mächten beherrschen läßt, findet keine Befriedigung, sondern nur eine Steigerung der L. bis zur alle Ordnung durchbrechenden Begierde (Röm 1,21–32). Vgl. → Fleischeslust.
Das Gesetz verbietet dem Menschen nicht nur die sündige Tat, sondern auch die L., die zur Sünde drängt (Röm 7,7). Am Verbot aber weckt die Sünde die L. zur Übertretung (V 8). Ist die L. erregt, so braucht sich nur die Gelegenheit zu bieten, um die Sünde zur Tat werden zu lassen (Jak 1,15). Diese Wirkung des Gesetzes kann nur überwunden werden im radikalen Durchbruch zum Wandel im Geist (Röm 8,1; Gal 5,16), also durch die Wiedergeburt, die von den gottfeindlichen Mächten und Lüsten befreit. Wo der Geist über das Fleisch siegt (Gal 5, 16–25), da richtet das von Gott geschenkte neue Herz seine L. im Gehorsam ganz auf den Herrn (Hes 36,26f).

Lustgarten. Im Hebr. steht in Hes 28,13; Jo 2,3 »Garten → Eden«. In Pred 2,5; Hl 4,13 ist ein Park gemeint. Vgl. auch → Paradies.

Lustgräber. Lagerplatz der Israeliten zwischen dem Sinai und Hazeroth (4 Mo 11,34; 33,16; 5 Mo 9,22). Man vermutet ihn im Hügel Rueis el-Ebeirig, rund 50 km nordöstl. vom Sinai. Der Hügel liegt in einem größeren Tal, das durch den Zusammenfluß verschiedener Wadis entstanden ist. Vgl. Karte Sp. 1548.

Lusthaus, hebr. Beth Eden, Name eines Ortes oder einer Landschaft in Syrien, wohl in der Gegend von Damaskus (Am 1,5).

Luzius, Christ aus Kyrene, Prophet und Lehrer in der Gemeinde zu Antiochien (Apg 13,1). Vielleicht mit dem Röm 16,21 genannten L. identisch.

Lydda → Lod

Lydia »Die Lydierin«.
Purpurhändlerin aus Thyatira in Lydien, die in Phi-

lippi lebte (Apg 16,14). Sie war die erste Christin in Europa (V 15). In ihrem Haus kam offenbar die Gemeinde zusammen (V 40).

Lykaonien. Kleinasiatische Landschaft mit den Städten Ikonion, Lystra und Derbe, die Paulus auf seiner 1. (Apg 14) und 2. Missionsreise (Apg 16,1–4) berührte, Teil der röm. Provinz Galatien. Die lykaonische Hochebene besteht zum großen Teil aus Steppe und Salzwüste und eignet sich im wesentlichen nur zur Schafzucht. Kaiser Klaudius versuchte, durch Gründung von röm. Kolonien Ruhe und Ordnung in dies Gebiet zu bringen, das von Räuberbanden unsicher gemacht wurde, die ihre Schlupfwinkel in den unzugänglichen Schluchten des Kara Dagh (des Schwarzen Berges) hatten. »Lykaonisch« (V 11) war ein anatolischer Bergdialekt; nur in den Städten sprach und verstand man Griechisch. Vgl. Karte Sp. 86.

Lynkurer → Edelstein

Lysanias »Der den Schmerz löst«.
Vierfürst (Tetrarch) von Abilene, nordwestl. von Damaskus, im 15. Jahr des Kaisers Tiberius (Lk 3, 1). Eine Inschrift aus der Regierungszeit des Tiberius in Abila, der Hauptstadt des Gebietes, bestätigt diese Angabe.

Lysias → Klaudius Lysias

Lystra, Stadt in Lykaonien (Apg 14,6), die Paulus auf der ersten (V 6ff) und zweiten Missionsreise besuchte (Apg 16,1–3), der Heimatort des Timotheus. Die Ruinen der Stadt liegen auf einem Hügel, 1,5 km nordwestl. vom Dorf Khatyn Serai, 30 km südsüdwestl. von Ikonion. Eine Inschrift aus der Zeit des Augustus bewahrt die röm. Bezeichnung: Col(onia) Lustra. Vgl. Karte Sp. 86.

Lyzien. Landschaft an der Südküste Kleinasiens zwischen Karien und Pamphylien mit den Hafenstädten Patara (Apg 21,1) und Myra (Apg 27,5). Vgl. Karte Sp. 1009; 1151/2.

M

Maacha, viell. nach dem Arab. »Dumm, töricht«.
1) Landschaft in Nordpalästina zwischen dem Hermon im N, Gessur im S, Basan im O und dem Wadi el Hasbani, einem Quellfluß des Jordan, im W. In diesem Gebiet liegt Abel-Beth-Maacha. Anfangs konnte das Land von den Israeliten nicht erobert werden: sie vertrieben die zu M. nicht, die mitten unter Israel wohnen blieben (Jos 13,13). In den ersten Jahren der Herrschaft Davids war M. noch ein selbständiges Königreich (2 Sam 10,6). Doch z. Zt. von Sebas Aufstand war Abel-Beth-Maacha eine isrl. Stadt; die weise Frau nennt sie eine Mutter in Israel (2 Sam 20,19). In 1 Chron 19,6 wird die Landschaft das »Syrien von M.« genannt (EÜ Aram-Maaka).
2) Sohn des Nahor von seiner Nebenfrau Rehuma (1 Mo 22,24).
3) Frau und Schwester (?) Machirs (1 Chron 7,15. 16). Der hebr. Text ist hier unsicher.
4) Nebenfrau Kalebs, des Sohnes Hezrons (1 Chron 2,48).
5) Frau Jeiels, des Vorfahren Sauls (1 Chron 8,29; 9,35).
6) Tochter Thalmais, des Königs von Gessur, Frau Davids und Mutter Absaloms (2 Sam 3,3).
7) Vater Hanans, eines der Helden Davids (1 Chron 11,43).
8) Vater Sephatjas, des Fürsten von Simeon z. Zt. Davids (1 Chron 27,16).
9) Vater des Königs Achis von Gath z. Zt. Salomos (1 Kö 2,39).
10) Lieblingsfrau König Rehabeams und Mutter König → Abias (1 Kö 15,2; 2 Chron 11,20–22; 13, 2 heißt sie → Michaja). Sie ist die Tochter Uriels von Gibea und Enkelin → Absaloms und hatte die Stellung der Königin-Mutter noch z. Zt. ihres Enkels Asa inne (1 Kö 15,10), der sie absetzte, weil sie ein Ascherabild hatte machen lassen (V 13; 2 Chron 15,16).

Maachathiter. Bewohner der Landschaft → Maacha (1) in Nordpalästina (5 Mo 3,14; Jos 12,5). Der Beiname (2 Sam 23,34; 1 Chron 4,19) könnte auch die Abstammung von einem Maacha bezeichnen.

Maadja »Versprechen des Herrn«,
Priester, der mit Serubabel aus dem Exil zurückkehrte (Neh 12,5). Vgl. → Minjamin-Moadja.

Maai, Priester z. Zt. Nehemias (Neh 12,36).

Maarath, viell. »Kahles Feld«,
Stadt in Juda (Jos 15,59), vielleicht Bet Ummar 10 km nördl. von Hebron. Maroth (Mi 1,12) könnte entweder derselbe Ort, oder aber das ca. 2 km weiter östl. gelegene Chirbet Kufin sein. Vgl. Karte Sp. 920.

Maaseja. I) »Werk des Herrn«.
1) Levit und Sänger bei der Überführung der Bundeslade nach Jerusalem (1 Chron 15,18.20).
2) Sohn Adajas, einer der Obersten, die Jojada halfen, Athalja zu stürzen (2 Chron 23,1).
3) Beamter König Usias, der mit dem Schreiber Jeiel das Heer zählte (2 Chron 26,11).
4) Judäischer Prinz, der z. Zt. des Ahas bei einem Einfall Pekahs, des Königs von Israel, von dem Ephraimiter Sichri getötet wurde (2 Chron 28,7).
5) Befehlshaber in Jerusalem z. Zt. König Josias (2 Chron 34,8).
6) Vater des falschen Propheten Zedekia (Jer 29,21).
7) Vater des Priesters Zephanja z. Zt. Jeremias (Jer 21,1; 29,25; 37,3).
8) Sohn des levitischen Torhüters Sallum z. Zt. Jeremias (Jer 35,4).
9) Drei Priester z. Zt. Esras, die heidnische Frauen genommen hatten (Es 10,18.21.22). Der Name kommt noch Neh 8,4.7; 12,41.42 bei Priestern (bzw. Leviten) vor, ohne daß wir wissen, mit wieviel verschiedenen Personen wir es zu tun haben.
10) Israelit aus dem Geschlecht Pahath-Moabs, der eine heidnische Frau genommen hatte (Es 10,30).
11) Vater des Asarja z. Zt. Nehemias (Neh 3,23).
12) Israelit, der die Verpflichtung auf das Gesetz z. Zt. Nehemias unterzeichnete (Neh 10,26[25]).
13) Judäer, der nach der babyl. Gefangenschaft in Jerusalem wohnte (Neh 11,5).
14) Benjaminit (Neh 11,7).

II) »Der Herr ist Zuflucht«.
Großvater von Baruch, dem Schreiber Jeremias, und Seraja, dem Quartiermeister König Zedekias (Jer 32,12; 51,59).

Maasja, viell. »Eine Zufluchtsstätte ist der Herr«.
1) Leiter der 24. Priesterabteilung z. Zt. Davids (1 Chron 24,18).
2) Priester, der z. Zt. Nehemias den Bund unterschrieb (Neh 10,9[8]).

Maath »Er kommt«,
Vorfahr Jesu (Lk 3,26).

Maaz, Judäer, Enkel Jerahmeels (1 Chron 2,27).

Machärus. Bergfestung auf der Hochebene Moabs, 1120 m ü. d. M., östl. von Kallirhoe (vgl. → Lasa). Erbaut in der Makkabäerzeit gegen arab. Einfälle, von den Römern zerstört und von Herodes d. Gr. neu aufgebaut. Hier hielt nach Josephus → Herodes Antipas → Johannes den Täufer gefangen. Vgl. Karte Sp. 588.

Machbannai, Gaditer, der zu David in die Bergfeste kam (1 Chron 12,13).

Machbena, Ort in Juda (1 Chron 2,49), seine Lage ist unbekannt. Viell. identisch mit → Chabbon.

Macherathiter. Beiname, der vielleicht die Herkunft aus einem sonst unbekannten Ort Machera bezeichnet (1 Chron 11,36).

Machi, viell. Kurzform »Gekauft«.
Vater des Kundschafters Guel aus dem Stamm Gad (4 Mo 13,15[16]).

Machir »Gekauft«.
1) Sohn Manasses (1 Mo 50,23; 4 Mo 26,29; Jos 17, 1; 1 Chron 7,14) und Vater Gileads. Die Machiriter eroberten das Land Gilead und erhielten es von Mose zum Eigentum (4 Mo 32,39.40; Jos 13,31; 17,1). Ri 5,14 steht M. für den Stamm Manasse, hier aber für den Teil, der westl. vom Jordan wohnte, Gilead in V 17 bezeichnet dann Ostmanasse.
2) Sohn Ammiels in Lo-Dabar. Er sorgte für Mephiboseth, den Sohn Jonathans (2 Sam 9,4.5) und versorgte Davids Heer in Mahanaim mit Verpflegung (2 Sam 17,27).

Machnadbai, Israelit, der sich z. Zt. Esras von seiner heidnischen Frau trennte (Es 10,40).

Macht, mächtig. I) Die M. ist ein bes. KENNZEICHEN des Wesens und DER HERRSCHAFT GOTTES. Gott übt als der → Allmächtige seine Herrschaft aus über die gesamte Schöpfung dieser Erde und des Weltalls. Die M. Gottes ist gleichbedeutend mit seiner → Herrlichkeit und Unvergänglichkeit. Als mächtiger Herr beweist er sich in der Schöpfung, in der Erlösung, in der Offenbarung gegenüber den Menschen und im Sieg über alle anderen Mächte. In der Heilsgeschichte ist die Befreiung Israels aus Ägypten Offenbarung der M. Gottes: »Du hast deine M. bewiesen unter den Völkern« (Ps 77,15). Die HS fordert die Menschen und Völker auf, die M. dem zugestehen, dem sie allein gehört: »Bringet her dem Herrn Ehre und M.« (Ps 96,7). Es ist Götzendienst, wenn der Mensch die Gott gebührende M. sich selbst anmaßt und diese M. dann anbetet: »Also muß ihre M. ihr Gott sein« (Hab 1,11). Jesaja sieht mit prophetischem Blick den Anbruch der neuen Zeit darin, daß »die M. der Heiden zu dir kommt« (Jes 60,5).

II, 1) BEI JESUS CHRISTUS, dem Sohne Gottes, wird hervorgehoben, daß seine Verkündigung und seine Kraft zu heilen Ausdruck einer besonderen M., Vollmacht (griech. *exousia*), sind: »Er gebietet mit M. den unsauberen Geistern« (Lk 4,36). Daher die entscheidende Frage an ihn: »Aus was für M. tust du das?« (Mt 21,23). Wie in den Evangelien, so geht auch durch die Briefe der Apostel das Zeugnis von der Machtübernahme durch Jesus Christus. Gott hat ihn gesetzt »über alle Fürstentümer, Gewalt, M.« (Eph 1,21). So hat er alle anderen Machthaber, auch den Teufel (vgl. Lk 4,6; Röm 16,20) und den Tod (2 Tim 1,10) entmachtet und schließlich den Gläubigen Stärkung erworben »nach seiner herrlichen M.« (Kol 1,11).
2) In bes. Weise tritt die M. Jesu bei der Sündenvergebung in Erscheinung: »Damit ihr wißt, daß des Menschen Sohn M. hat, Sünden zu vergeben auf Erden« (Mt 9,6). Jesus gibt denen, die da glauben, »M., Gottes Kinder zu werden« (Joh 1,12), und schirmt sie gegenüber allen dämonischen Mächten ab; »Ich habe euch M. gegeben zu treten auf Schlangen und Skorpione, und über alle M. des Feindes; und nichts wird euch beschädigen« (Lk 10,19). Als Abschluß der Machtbeweise Jesu in diesem Äon gilt: »Gott hat ihm M. gegeben, auch das Gericht zu halten« (Joh 5,27). Und die Offenbarung bezeugt am Ende der Geschichte: »Nun ist die M. seines Christus geworden« (Offb 12,10).

III) IM MENSCHLICHEN BEREICH ist M. im weitesten Sinne die Freiheit, über etwas zu verfügen, es zu gebrauchen (1 Kor 6,12). Die Staaten und die Vertreter der Obrigkeit haben M.; aber die Bibel läßt keinen Zweifel, daß sie ihnen von Gott anvertraut ist (vgl. Joh 19,11; Röm 13). Die »M. auf dem Haupte« der Frauen (1 Kor 11,10) meint die Verhüllung des Hauptes, nach damaligem Brauch in den Gemeinden ein Zeichen ihrer Unter- und Zuordnung zum Mann.

IV) Das Eigenschaftswort »mächtig« wird in entsprechendem Sinne gebraucht. Die »mächtige Hand« Gottes wird im Blick auf die Völker gerühmt (2 Mo 13,3; 5 Mo 4,34). In den Psalmen singt die anbetende Gemeinde, »daß Gott allein mächtig ist« (Ps 62, 12). Jeremia bezeugt den Herrn als »groß von Rat und mächtig von Tat« (Jer 32,19).
Diese M. Gottes wird den Gläubigen in seiner Hilfe zuteil: »Ich befehle euch Gott, der mächtig ist, euch zu erbauen« (Apg 20,32). Paulus selbst hat es erfahren: »Meine Kraft ist in den Schwachen mächtig« (2 Kor 12,9). Im Vertrauen auf diese Kraft kann er gegenüber Sünde, Krankheit und teuflischer M. bezeugen: »Ich vermag alles durch den, der mich mächtig macht« (Phil 4,13). Vgl. auch → Kraft.

Madai, Sohn Japhets (1 Mo 10,2; 1 Chron 1,5). Der Name bezeichnet sonst die Meder (→ Medien).

Made → Gewürm

Madmanna, Ort im Süden Judas (Jos 15,31; 1 Chron 2,49), vermutlich die Ruine Umm Deimne, ca. 20 km nordöstl. von Beer-Seba. Vgl. Karte Sp. 1304.

Madmen, Ort in Moab (Jer 48,2). Nach Musil (Arabia Petraea I, 157, 170) das heutige Chirbet Dimne auf einer Bergkuppe 900 m ü. d. M., ca. 12 km nördl. von El-Kerak (Kir-Hareseth).

Madmena, dasselbe Wort heißt sonst »Misthaufen«.
Ort nördl. Jerusalem (Jes 10,31), vermutlich das heutige Chirbet Schoma auf einer weit sichtbaren Erhebung der Wasserscheide, unmittelbar südl. von dem höheren Tell el-Ful = Gibea Sauls (PJb 12, S. 54) und nördl. von Schafat (Gebim). Vgl. Karte Sp. 686.

Madon, dasselbe Wort heißt sonst »Streit, Zank«, Kanaaniterstadt (Jos 11,1; 12,19), die schon von Pharao Thutmose III. erwähnt wird. Das heutige Chirbet Madin, 9 km westnordwestl. von Tiberias und unmittelbar südl. von Hattin. Vgl. Karte Sp. 1067.

Maedai, Kurzform von Maadja,
Israelit, der sich z. Zt. Esras von seiner heidnischen Frau trennte (Es 10,34).

Maesai »Werk des Herrn«,
Priester in Jerusalem aus der Nachkommenschaft Immers (1 Chron 9,12).

Magbis, Ort in Juda (Es 2,30), wohl das heutige Chirbet el Machbije, neuhebr. Hurva Tannim, 5 km südwestl. von Adullam. Vgl. Karte Sp. 986.

Magd entspricht in jeder Verwendung dem Gebrauch von → Knecht. Im AT ist damit die fremde, leibeigene (3 Mo 25,44) wie die hebr. Sklavin (Jer 34,9), im NT ebenfalls die Sklavin gemeint (Lk 12, 45; Apg 16,16). Bei der Anrede eines Höhergestellten nennt sich die Frau seine M. (Rt 3,9; 1 Sam 25, 24; 2 Sam 14,6), das gilt auch für die Frauen des Königs dem Herrscher gegenüber (1 Kö 1,13). Weiter bezeichnet M. die Stellung der Frau vor Gott (1 Sam 1,11; Lk 1,38.48). Vgl. auch Ps 116,16: ich bin dein Knecht, der Sohn deiner M.

Magdala »Turm, Burg«,
Heimatort der → Maria (2) Magdalena, im Talmud Magdal Nunaja »Fischturm« genannt, am Westufer des Sees Genezareth. Mt 15,39 haben die ältesten Hss. Magadan statt M.; in der Parallelstelle Mk 8, 10 steht → Dalmanutha (in einigen Hss. auch M.). Der Ort ist wohl das heutige El-Medschdel, 5 km nordnordwestl. von Tiberias. Vgl. Karte Sp. 722.

Magdalena wird die → Maria (2) aus → Magdala genannt.

Magdiel »(Meine) Spende, (mein) Bestes ist Gott«, Fürst Edoms, Nachkomme Esaus (1 Mo 36,43; 1 Chron 1,54).

Mägdlein (= Mädchen) bezeichnet das Neugeborene (3 Mo 12,5), das 12jährige (Mk 5,42) wie das herangewachsene, heiratsfähige Mädchen (1 Mo 34, 4; Jo 4,3[3,8]; Mk 6,22). Vgl. auch → Dirne.

Magog. Sohn Japhets (1 Mo 10,2). Als Land im N von Palästina, viell. in der Nähe des Schwarzen Meeres, kommt M. in der Weissagung von → Gog vor (Hes 38,2; 39,6). Auch in der entsprechenden Weissagung Offb 20,8 stehen beide Namen nebeneinander.

Magpias, Israelit, der den Bund z. Zt. Nehemias unterzeichnete (Neh 10,21[20]).

Mahalaleel »Aufleuchtend ist Gott« (Noth) oder »Anerkennung Gottes (d. h. durch Gott)« (Köhler).
1) Sohn Kenans und Vater Jareds aus dem Geschlecht Seths (1 Mo 5,12–17; Lk 3,37).
2) Judäer aus der Familie des Perez (Neh 11,4).

Mahalath.
1) Tochter Ismaels und Schwester Nebajoths, die dritte Frau Esaus (1 Mo 28,9). 1 Mo 36,3 wird sie → Basmath genannt.
2) Tochter Jerimoths und der → Abihail, Enkelin Davids und Frau König Rehabeams (2 Chron 11,18).

Mahanaim »Lager«,
Ort östl. des Jordans nördl. des Jabboks (1 Mo 32, 3[2]; vgl. V 23[22]), Grenzstadt Gads gegen Basan (Jos 13,26.30) und Levitenstadt (Jos 21,39). M. war die Residenz Is-Boseths (2 Sam 2,8). Hierher zog sich David beim Aufstand Absaloms zurück (2 Sam 17,24). Unter Salomo war die Stadt Sitz eines Statthalters (1 Kö 4,14). Wahrscheinlich das heutige Chirbet Mahneh, 4 km nördl. von Adschlun (vgl. Karte zum Wald Ephraim Sp. 350). Diese Lage entspricht auch dem Marsch Abners von → Giah bis M., der vom Abend bis zum nächsten Mittag dauerte (2 Sam 2,24.29; vgl. → Bithron). Andere setzen M. am oder südl. vom Jabbok an.

Mahath »Hart d. h. fest, kräftig)« (Noth).
1) Levit, Vater Elkanas, Vorfahr des Propheten Samuel und des Sängers Heman (1 Chron 6,20[35]).
2) Sohn Amasais, Levit z. Zt. Hiskias (2 Chron 29, 12). Vielleicht ist er auch 2 Chron 31,13 gemeint.

Mahela.
1) Erbtochter Zelophehads (4 Mo 26,33; 27,1).
2) Manassit, Sohn der Molecheth (1 Chron 7,18).

Maheli.
1) Levit, Sohn Meraris, Bruder des Musi. Seine Nachkommen wurden Maheliter genannt (2 Mo 6, 19; 4 Mo 3,20.33; 26,58; 1 Chron 6,14[29]).
2) Levit, Nachkomme Meraris, Sohn Musis (1 Chron 6,32[47]; 23,23; 24,30).

Maherai, hängt mit hebr. »eilen« zusammen.
Netophathiter, Held Davids (2 Sam 23,28; 1 Chron 11,30), Führer der 10. Heeresabteilung (1 Chron 27, 13).

Mahesioth »Gesichte, Erscheinungen«.
Levit, Sohn Hemans (1 Chron 25,4), Leiter der 23. Abteilung der Tempelsänger (V 30).

Maheviter. Beiname des Eliel, eines der Helden Davids (1 Chron 11,46). Die Bedeutung ist unbekannt.

Mahlen → Mühle

Mahlon, viell. »Schwachheit« (Noth).
Ältester Sohn von Elimelech und Naemi, erster Mann der Ruth (Rt 1,2; 4,10).

Mahlzeit. I) Lk 14,12 spricht von einer Mittags- und Abendmahlzeit. Es ist nicht sicher, wann in Israel die Haupt-M. gehalten wurde, wahrscheinlich war es verschieden. Viele meinen, abends, nach der Tagesarbeit (vgl. Lk 17,7; 1 Kö 17,6).
Urspr. saß man an niedrigen Tischchen, auf eine Matte gehockt; später war man gewohnt, auf gepolsterten Bänken zu → Tisch zu liegen (Est 1,6; Hes 23,41; Joh 21,20). In der Regel kam eine gemeinschaftliche Schüssel auf den Tisch, in die man das Brot tauchte (Mt 26,23). Vor der M. wurden die Hände gewaschen (Mt 15,2). Verschiedentlich hören wir von einem Gebet bei der M. (1 Sam 9,13; Mt 14, 19; 15,36; 26,26; Apg 27,35). Das Dankgebet nach der M. ist 5 Mo 8,10 vorgeschrieben.

Phön. Tonplastik aus Zypern: Darstellung eines Gastmahls, bei dem man zu Tisch liegt

II) Bei einem Gastmahl wurden die → Gäste mit einem → Kuß begrüßt (Lk 7,45), sie erhielten Wasser gereicht, um Hände und Füße zu säubern bzw. säubern zu lassen (1 Mo 18,4; 19,2; Lk 7,44; Joh 2,6); manchmal wurden sie auch gesalbt (Joh 12,3). Der vornehmste Gast bekam einen Ehrenplatz (1 Sam 9, 22), um den ehrgeizige Pharisäer sich bemühten, weswegen Jesus sie tadelt (Lk 14,7ff). Auch mit einer besonders großen Portion konnte der Gast geehrt werden (1 Sam 9,24). Vor allem bei Gelagen am Hof wurde der Glanz des Festes durch Musik (Jes 5,12), Gesang (2 Sam 19,36[35]), Tanz (Mt 14, 6; Lk 15,25) und Scherz (Ri 14,12) während der M. erhöht. Bei großen Festen übertrugen offenbar auch wohlhabendere Familien den äußeren Ablauf einem Speisemeister (LÜ) oder Zeremonienmeister (vgl. Joh 2,8).

III) Die Erzväter und die Israeliten vor ihrer Niederlassung in Palästina lebten im wesentlichen von → Brot und den Erzeugnissen ihrer Herden (1 Mo 18,6–8; Ri 5,25), der Nahrung des Nomaden. Nach der Ansiedlung erweiterte sich die Art ihrer Speisen durch die Früchte aus Gemüse- und Obstgarten bzw. Weinberg: Linsen, Gurken, Bohnen (2 Sam 17,28), Granatäpfel, Feigen, Oliven, süße und herbe Weintrauben (4 Mo 13,23[24]; 20,5; Mt 7,16). Weiter wurden Fische, Geflügel und Eier, wilder Honig wie auch Heuschrecken gegessen (1 Kö 5,3[4,23]; Neh 13,16; Mt 4,18; Lk 11,12; Mk 1,6). Neben der einfachen M. aus Brot und Linsen (1 Mo 25,34) oder Brot und Wein (1 Mo 14,18) steht eine größere Vielfalt auf der Tafel der Reichen, auf der sich auch ansehnliche Fleischgerichte fanden (1 Kö 5,3[4,23]; Neh 5,18).
Vgl. → Essen, → Kochen, → Speise, → Trank und die Einzelartikel zu den genannten Nahrungsmitteln.

Mahol »Reigentanz«,
Vater von Heman, Chalkol und Darda, drei weisen Männern z. Zt. Salomos (1 Kö 5,11[4,31]).

Mahujael, Sohn Irads und Vater Methusaels aus dem Geschlecht Kains (1 Mo 4,18).

Maien sind Zweige von grünen, dicht belaubten Bäumen, die zum Bau der Laubhütten verwendet wurden (3 Mo 23,40). Beim Einzug eines Königs oder siegreichen Feldherrn trug man M. in den Händen oder streute sie auf den Weg (vgl. Mk 11,8). Ps 118,27 heißt wörtl.: Bindet das Festopfer mit Stricken [und führt es] bis an die Hörner des Altars.

Majestät gibt verschiedene hebr. und griech. Worte wieder und bezeichnet die Erhabenheit, Hoheit und Herrlichkeit Gottes (5 Mo 5,21[24]; Hi 40,10[5]; 1 Chron 29,11; Hebr 1,3; 8,1; Jud 25), auch einer heidnischen Gottheit (Apg 19,27), und die Prachtentfaltung eines Königs (Est 1,4). 2 Petr 2,10 werden nach dem Zushg. mit V 4 und 11 abgefallene Engel als Majestäten bezeichnet.

Makaz. Stadt im 2. Verwaltungsbezirk des Reiches Salomos (1 Kö 4,9) in der Nähe von Beth-Semes. In der Tempelinschrift von Karnak wird M. neben Japho genannt. Vielleicht ist es das heutige Chirbet el Mucheizin, 8 km südl. von Ekron und 3 km nordnordwestl. von Eltheke.

Makheloth »Zusammenkünfte«,
Lagerplatz der Israeliten in der Wüste (4 Mo 33, 25), vielleicht Kuntillat Quraja oder Ajrud, ca. 50 km südl. von Kades-Barnea. Hier finden sich Brunnen und eine Zisterne. Vgl. Karte Sp. 1548.

Makkabäer. I) M. war zunächst der Beiname des Judas, des dritten Sohns des Priesters Mattathias (1 Makk 2,4); er ging dann auf die ganze Familie über. Gewöhnlich leitet man den Namen vom hebr. *makkhābāt*, aram. *makkhaba* = Hammer ab.

II, 1) Während der Unterdrückung des jüd. Volkes durch den syr. König Antiochus IV. Epiphanes (175 –164 v. Chr.) begann der Priester Mattathias aus Modin (10 km ostsüdöstl. von Lydda) den Aufstand gegen die Fremdherrschaft, der nach seinem Tode von seinen 5 Söhnen fortgesetzt wurde. Von ihnen trat zuerst Judas hervor. Ihm gelang es, Jerusalem zu erobern und den Tempel, den Antiochus entheiligt hatte, neu zu weihen. Das geschah im Dezember 165 v. Chr., und in Erinnerung daran begingen die Juden das Fest der Tempelweihe (Joh 10,22 LÜ → Kirchweihe). 160 v. Chr. fiel Judas im Kampf gegen die Syrer, nachdem Eleasar, der vierte Sohn des Mattathias, schon früher umgekommen war. Nun übernahm der jüngste Bruder, Jonathan, die Führung, während der älteste, Johannes, bald darauf durch die Kinder Jambri, einen Räuberstamm im Ostjordanland, ermordet wurde. Dank der Uneinigkeit unter den Syrern konnte Jonathan beträchtliche Erfolge erzielen, bis er schließlich 143 v. Chr. von dem syr. Feldherrn Tryphon verräterisch umgebracht wurde. Die Führung ging jetzt auf Simon über, den zweiten Sohn des Mattathias und letzten Überlebenden der 5 Brüder. Er wußte von Demetrius II., dem Gegner Tryphons, völlige Tributfreiheit und damit praktisch die Unabhängigkeit von Syrien zu erlangen (142 v. Chr.) und vertrieb anschließend die letzten syr. Besatzungen.

2) 140 v. Chr. wurde Simon in einer feierlichen

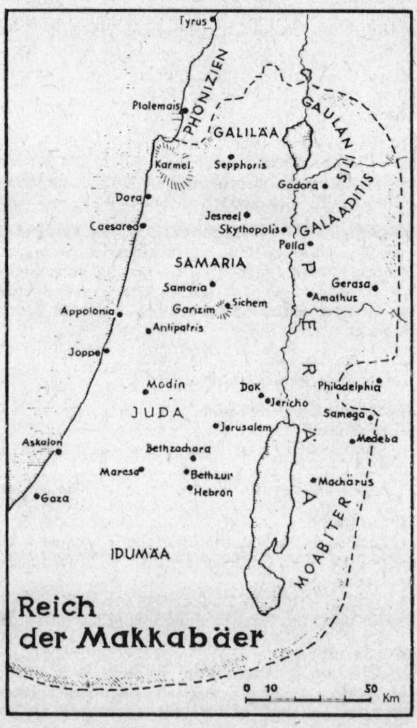

Stammbaum der Makkabäerfamilie

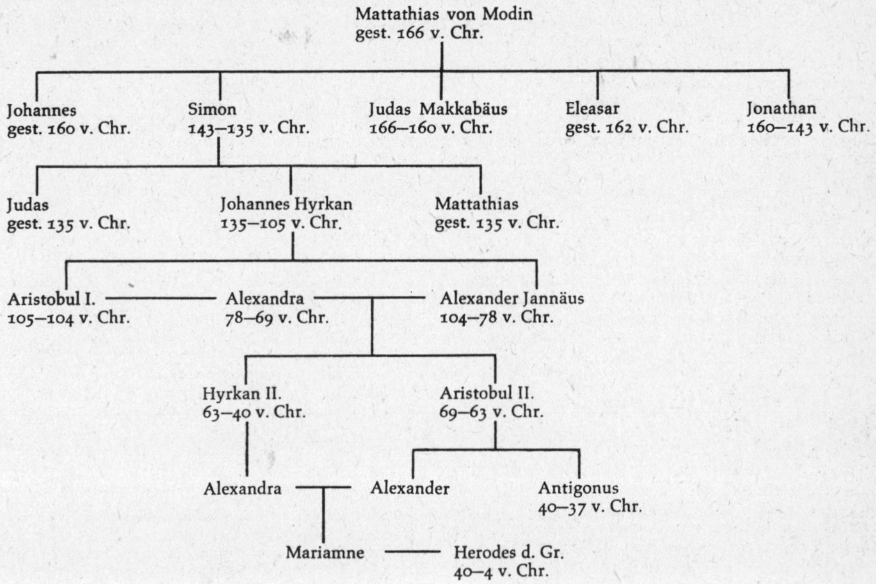

Volksversammlung zum erblichen Hohenpriester u. Fürsten eingesetzt. Damit nahm die Dynastie der Hasmonäer, wie das Geschlecht jetzt genannt wird, ihren Anfang. Als die Syrer die Juden erneut angriffen, errangen Simons Söhne Judas und Johannes einen großen Sieg über sie. 135 v. Chr. wurde Simon von seinem Schwiegersohn Ptolemäus ermordet; seine Söhne Mattathias und Judas gehörten mit zu den Opfern. Johannes entkam und gewann die Macht für sich. Er erhielt den Beinamen Johannes Hyrkan. Während seiner langen und glücklichen Regierungsszeit 135–105 v. Chr. unterwarf er auch die Edomiter. Sein Sohn Aristobul I. wurde sein Nachfolger. Das anfangs starke geistliche Moment der Herrschaft trat nun mehr und mehr in den Hintergrund. Hatte sich bereits Johannes Hyrkan mehr den Sadduzäern zugewandt, die für die griech. Kultur offen waren, so nahm Aristobul auch den Königstitel an. Er herrschte 105–104 v. Chr., und sein Bruder Alexander Jannäus folgte ihm 104–78 v. Chr. Während seiner Regierung fanden heftige Kämpfe zwischen Pharisäern u. Sadduzäern statt. Er hatte Alexandra, die Witwe des Aristobul, geheiratet, die nach seinem Tode 78–69 v. Chr. regierte und die Pharisäer begünstigte. Unter ihren Söhnen Hyrkan II. und Aristobul II. kam es zum Streit um die Herrschaft. Aristobul wußte die politische Macht 69–63 v. Chr. zu behaupten, während Hyrkan Hoherpriester war. Dann griffen die Römer in den Streit zwischen beiden ein, und 63 v. Chr. eroberte Pompejus Jerusalem. Aristobul wurde abgesetzt und nach Rom gebracht, während Hyrkan 63–40 v. Chr. Hoherpriester und Fürst unter röm. Oberhoheit blieb. Doch Hyrkan war ein Schwächling, und es gelang dem Idumäer Antipater, je länger je mehr Einfluß zu gewinnen. Die Römer hatten ihn unter Hyrkan als Prokurator für Judäa eingesetzt, und er wußte auch seine Söhne Phasael und → Herodes (d. Gr.) in einflußreiche Stellungen zu bringen. Antigonus, der Sohn Aristobuls II., war zwar noch mit Unterstützung der Parther, die in Palästina eingefallen waren, von 40–37 v. Chr. König; aber die Römer hatten bereits im Jahre 40, als Antipater und Phasael schon tot waren, Herodes zum König von Judäa gemacht. Er heiratete Mariamne, die Enkelin Hyrkans II., und eroberte 37 v. Chr. Jerusalem. Die noch lebenden Mitglieder des Hasmonäerhauses fielen dann nacheinander seiner Mordpolitik zum Opfer.

III) Von den Makkabäerbüchern berichtet 1 Makk die Geschichte der Juden vom Auftreten des Antiochus Epiphanes bis zum Tod Simons, also in der Zeit von 175–135 v. Chr. Das Buch ist uns nur im griech. Text erhalten, wird aber ursprünglich hebr. oder aram. abgefaßt und um 100 v. Chr. entstanden sein. 2 Makk wurde etwa 50 v. Chr. geschrieben, es stellt einen Auszug aus einem Werk des Jason von Kyrene dar, das aus 5 Büchern bestand. 1 und 2 Makk werden gewöhnlich zu den atl. → Apokryphen gerechnet.

Makkeda, kanaanitische Königsstadt (Jos 12,16), in der judäischen Sephela gelegen (Jos 15,41). Sie wird in Verbindung mit Aseka (Jos 10,10) und Libna (V 29) genannt, die genaue Lage bleibt unsicher. Man hat u. a. an Chirbet el Cheisum, 4 km nordnordöstl. von Aseka, gedacht und dort auch die Höhle von M. (V 16ff) zu finden gemeint. Vgl. Karte Sp. 730.

Mal, Malzeichen. I) Erinnerungszeichen (vgl. 2 Mo 17,16), häufig ein einzeln aufgerichteter Stein (1 Mo 28,18) oder ein Steinhaufen (1 Mo 31,51.52). Jakob setzte ein M. auf das Grab Rahels (1 Mo 35, 20), und Absalom setzte sich selbst ein M. »zu seines Namens Gedächtnis« (2 Sam 18,18).
Wo solche M. aber nach heidnischer Sitte zu Anbetungsstätten wurden, waren sie verboten (3 Mo 26,1).

II) Das M. in 3 Mo 19,28; 21,5 (wörtl. Einschnitt) ist eine selbst beigebrachte Verletzung, ein in Israel verbotener heidnischer Trauerbrauch (vgl. auch 1 Kö 18,28). Vgl. → Klage I, 2.

III) Paulus sagte, daß er die »Malzeichen des Herrn Jesu an seinem Leibe trage« (Gal 6,17). Das griech. Wort *stigma*, das er verwendet, bezeichnet u. a. das Eigentumszeichen des Besitzers, das dem Sklaven in die Haut gebrannt wurde. Vermutlich denkt Paulus dabei an die Narben, die er etwa bei der Steinigung in Lystra (Apg 14,19) und sonst (vgl. 2 Kor 11,23–25) davongetragen hat. Vgl. auch 2 Kor 4,10.

IV) Das antichristl. »Malzeichen des Tieres« (Offb 13,16f; 14,9.11; 16,2; 19,20; 20,4) ist nach dem griech. Wort ein Stempel, ein eingeritztes oder eingebranntes Zeichen *(charagma)*, das alle, die sich der Herrschaft des Antichristen unterwerfen, auf die Stirn oder die rechte Hand empfangen werden. Das M. besteht aus dem Namen des Tieres oder seiner Zahl (666; Offb 13,17f; → Nero). Vgl. aber auch → Siegel II, 2c (Offb 7,3ff; 14,1; 22,4).

Malcham »König«,
Benjaminit, Sohn des Saharaim und der Hodes (1 Chron 8,8.9).

Malchia »Mein König ist der Herr«.
1) Levit, Nachkomme Gersons aus der Familie Simeis (1 Chron 6,25[40]).
2) Leiter der 5. Priesterabteilung z. Zt. Davids (1 Chron 24,9). Vermutlich ist er identisch mit dem M., der in 1 Chron 9,12; Neh 11,12 als Vater Pashurs genannt wird.
3) Judäischer Prinz z. Zt. Jeremias (Jer 38,6). Vermutlich war er der Vater Pashurs, der V 1; 21,1 erwähnt wird.
4) Drei Israeliten, die z. Zt. Esras ihre heidnischen Frauen entließen (Es 10,25.31). Der letzte half unter Nehemia beim Mauerbau (Neh 3,11).
5) Sohn Rechabs, Oberster des Gebiets von Beth-Cherem z. Zt. Nehemias (Neh 3,14).
6) Goldschmied, der am Wiederaufbau der Mauer Jerusalems beteiligt war (Neh 3,31, vgl. EÜ, ZÜ).
7) Priester z. Zt. Nehemias (Neh 10,4[3]; 12,42), er ist wohl auch Neh 8,4 gemeint.

Malchiel »(Mein) König ist Gott«,
Sohn Berias, Enkel Assers (1 Mo 46,17; 1 Chron 7,31), er heißt auch Melchiel (4 Mo 26,45).

Malchiram »(Mein) König ist erhaben«,
Sohn Jojachins (1 Chron 3,18).

Malchisua »Mein König ist Hilfe, Rettung«,
Sohn König Sauls (1 Sam 14,49; 1 Chron 8,33; 9,39). Er wurde im Kampf auf dem Gebirge Gilboa erschlagen (1 Sam 31,2).

Malchus, lat.-griech. Form des hebr. *mäläk* »König«, Knecht des Hohenpriesters, dem Petrus bei der Gefangennahme Jesu ein Ohr abschlug (Joh 18,10).

Maleachi, Buch. I) VERFASSER UND ZEIT.
M. ist der letzte Prophet des AT, von dem uns eine bes. Sammlung seiner Sprüche bewahrt ist. Vielfach wird angenommen, daß M. (= »Mein Bote«; vgl. die LXX) nur eine Amtsbezeichnung sei, unter Anspielung auf Mal 3,1: »Siehe, ich sende meinen Boten (oder Engel), der vor mir den Weg bereiten soll.« Der Targum vermutet in M. einen Decknamen für Esra. Ebensogut kann es sich aber auch um den Eigennamen des Propheten handeln.
Von M. Herkunft oder Leben wissen wir nichts, über die Zeit seines Wirkens gehen die Meinungen auseinander. In jedem Fall weissagte er nach der Vollendung des 2. Tempels, also nach 515 v. Chr. (Mal 1,10; 3,1.10). Vielleicht fällt sein Auftreten in die Zeit kurz nach 433 v. Chr., als Nehemia vorübergehend an den pers. Hof zurückgekehrt war (vgl. Neh 13,6), könnte aber auch vor den Reformen Esras und Nehemias liegen, da seine Mahnungen sich noch auf dabei korrigierte Mißstände beziehen. Die Mitte des 5. Jh. v. Chr. darf als wahrscheinlich gelten.

II) EINTEILUNG.
A. Überschrift (1,1).
B. Die Liebe des Herrn zu Israel (1,2–5).
C. Israel verachtet den Herrn (1,6–2,17).
1. Unheilige Opfer (1,6–14).
2. Die Priester haben den Bund Levis gebrochen (2,1–9).
3. Ehescheidung und heidnische Frauen (2,10–16).
4. Zweifel und Skepsis gegenüber der strafenden Gerechtigkeit Gottes (2,17).
D. Das kommende Gericht (3,1–24[4,6]).
1. Reinigung und Scheidung (3,1–6).
2. Ruf zur Umkehr (3,7–12).
3. Verderben der Gottlosen und Heil der Gerechten (3,13–21[4,3]).
4. Elia als Vorläufer des Gerichts (3,22[4,4]–24[6]).

III) BOTSCHAFT.
1) Der Prophet zeichnet das Bild der jüd. Gemeinde nach der babyl. Gefangenschaft, als die großen Hoffnungen des neuen Anfangs bereits vergessen sind. Unter den äußeren Schwierigkeiten ist der Eifer für die Ordnungen und das Gesetz Gottes erloschen. Zweifel und Resignation bestimmen das Reden und Handeln von Volk und Priestern (Mal 1,7.8.12.13; 2,17; 3,14.15). Der Gottesdienst ist zur traditionellen Zeremonie geworden, die gewohnheitsmäßig fortgesetzt wird. Bes. die Priester redet M. mit schonungsloser Härte an (Mal 2,3). Mit der Treue gegen Gott zerbricht auch die menschliche Treue: Ehescheidungen und heidnische Frauen sind allg. üblich (Mal 2,10–16). Doch bei dem allen ist sich niemand eines bes. Unrechts bewußt, so daß man das Reden Gottes grundsätzlich mit Gegenfragen beantwortet (Mal 1,2.6.7; 2,14.17; 3,7.8.13): »sterbende Kirche.«
2) M. versucht nun, den Juden wieder die Augen zu öffnen und stellt die Verachtung, die dem Herrn von seinem Volk zuteil wird, in das Licht der Liebe Gottes (Mal 1,2–5). Nach Gottes Barmherzigkeit zielt selbst das drohende Gericht auf Reinigung und Läuterung, nicht auf Vernichtung (Mal 3,3.6). Der Herr ruft zur Umkehr (V 7ff), und vor dem »schrecklichen Tag des Herrn« bringt der Prophet → Elia noch einmal das Angebot der Gnade (V 23[4,5]f). So weist der letzte Prophet des AT unmittelbar zum Anfang des NT hinüber (Mt 11,14; 17,10–12; Mk 9,11–13; Lk 1,17).

Mallothi = »Mein Sagen, Künden«,
Sohn Hemans, Leiter der 19. Sängerabteilung des Tempels (1 Chron 25,4.26).

Malluch »König«.
1) Levit, Nachkomme Meraris (1 Chron 6,29[44]).
2) Priester, der mit Serubabel aus der babyl. Gefangenschaft heimkehrte (Neh 12,2). In der nächsten Generation trug ein Priestergeschlecht diesen Namen (V 14).
3) Zwei Israeliten, die z. Zt. Esras ihre fremden Frauen entließen (Es 10,29.32).
4) Ein Priester und ein Israelit, die z. Zt. Nehemias den Bund unterschrieben (Neh 10,5[4].28[27]).

Malter → Maße und Gewichte I, 4a

Mammon. Aram. Fremdwort im Griech., das Luxus und Reichtum bedeutet (Mt 6,24; Lk 16,9.11.13).

Mamre.
1) Amoriter aus der Gegend von Hebron. Er hilft Abraham mit seinen Brüdern Aner und Eskol im Kampf gegen die fünf Könige aus dem Osten und erhält seinen Beuteanteil dafür (1 Mo 14,13.24).
2) Terebinthenhain bei → Hebron, wo Abraham längere Zeit wohnte und einen Altar baute (1 Mo 13,18; 18,1; vgl. 20,1), das heutige Ramet el-Chalil, 3 km nördl. von Hebron. Vgl. Taf. 67c/1056.
Die Ausgrabungen haben einen 65×50 m großen Bezirk aufgedeckt, der einen Brunnen, einen Baum und einen Altar umschloß. Herodes d. Gr. hat diese Erinnerungsstätte an Abraham mit Umfassungsmauern und einem Plattenbelag im Innern versehen. Darunter fanden sich Reste der Makkabäerzeit; die Verehrung des Ortes geht aber vermutlich in noch frühere Jahrhunderte zurück. Nach Herodes verwandelte Kaiser Hadrian M. in ein heidnisches Heiligtum, in byzantinischer Zeit wurde im Ostteil eine Basilika erbaut.
In der SW-Ecke der Umfassungsmauer befindet sich der Brunnen, unmittelbar daneben ist im Plattenbelag ein Stück ausgespart. Hier hat offensichtlich die Terebinthe gestanden. Der traditionelle Ort des Altars ist in der Mitte des Bezirks.

Manahath »Ruhe«.
1) Sohn des Horiters Sobal (1 Mo 36 23; 1 Chron 1, 40).
2) Ort, den man nach seiner Erwähnung in den Amarnabriefen westl. von Beth-Semes sucht (1 Chron 8,6). Viell. aber auch → Manoho.

Manahen, griech. Form des hebr. Menahem »Tröster«.
Christ, der zu den Propheten und Lehrern der Gemeinde in Antiochien gehörte. Er war als Gefährte oder Milchbruder mit Herodes Antipas erzogen worden (Apg 13,1).

Manahthiter. Vermutlich die Einwohner von → Manahath (2), Nachkommen der Judäer Salma und Sobal (1 Chron 2,52.54).

Manasse »Vergessen machend«.
1) Ältester Sohn Josephs und der ägypt. Priesterstochter Asnath (1 Mo 41,50.51; 46,20). Jakob nahm M. und dessen jüngeren Bruder Ephraim zu seinen eigenen Söhnen an, stellte aber, als er sie segnete, den Jüngeren über den Älteren (1 Mo 48,1–20). Jakobs Segen (1 Mo 49,22–26) gilt wie der des Mose (5 Mo 33,13–17) beiden Josephssöhnen gemeinsam. Manasses Sohn von seiner syr. Nebenfrau war Machir (1 Mo 50,23; 1 Chron 7,14).
2) Die Nachkommen des Jakobssohnes, der Stamm M. Machirs Sohn Gilead hatte 6 Söhne, auf die ebensoviel Geschlechter zurückgehen (4 Mo 26,28–32; Jos 17,1.2). Zelophehad, Gileads Enkel, hatte nur Töchter; sie erhielten unter den Brüdern ihres Vaters ein Erbteil zugewiesen (4 Mo 27,1–11; 36; Jos 17,3–6). Zwischen der ersten und zweiten Volkszählung Israels in der Wüste war die Zahl der wehrfähigen Männer M. von 32200 (4 Mo 1,34.35) auf 52700 (4 Mo 26,34) gestiegen; damit rückte der Stamm vom letzten auf den 6. Platz unter den Stämmen auf. Während der Wüstenwanderung lagert M. mit Benjamin unter der Führung Ephraims im Westen des heiligen Zeltes; sie brechen beim Abmarsch nach den Kahathitern auf (4 Mo 2,18–24; 10,21–23). Die Machiriter, die eine Hälfte des Stammes, erhielten noch vor der Eroberung Kanaans ihren Landbesitz und siedelten sich im Ostjordanland in Nordgilead und Basan nördl. von Gad an (4 Mo 32,33.39–42; 5 Mo 3,13–15; Jos 13,29–31; 1 Chron 5,23.24); jedoch halfen sie wie Ruben und Gad den übrigen Stämmen bei der Eroberung Kanaans (Jos 1,12–18; 4,12; 22,1–4). Die andere Hälfte M. erhielt ihr Erbteil im Westjordanland, im N von Ephraim und im S von Asser, Sebulon und Isaschar. Die Westgrenze bildete das Mittelmeer, die Ostgrenze der Jordan (Jos 17,5 –10). Innerhalb dieses Gebietes gehörten einzelne Städte aber zu Ephraim (Jos 16,9), ebenso wie die Manassiten in Isaschar und Asser Städte zugesprochen erhielten, die sie aber erst später in Besitz nehmen konnten (Jos 17,11–13; Ri 1,27.28). Die Leviten erhielten aus dem Gebiet M. westl. und östl. vom Jordan je 2 Orte, darunter die Freistadt Golan in Basan (Jos 21,25.27). Vgl. Taf. 97/1536.
Aus dem Stamm M. stammte Gideon (Ri 6,15). David erhielt in Ziklag Zuzug von Manassiten (1 Chron 12,19–21), und in Hebron erschienen sie zur Königswahl (V 31.37). Aus Ephraim und M. kamen viele zu König Asa von Juda, als sie erkannten, daß der Herr mit ihm war (2 Chron 15,9); gleiches geschah z. Zt. Hiskias und Josias (2 Chron 30,1.11.18; 31,1; 34,6.9). Ost-M. schlug z. Zt. Sauls, mit Gad und Ruben vereint, die Hagariter (1 Chron 5,10.18 –22). Später hatte es – wegen seiner Untreue gegen den Herrn – unter den Einfällen der Syrer zu leiden, bes. unter Hasael (2 Kö 10,32.33). Durch den Assyrerkönig Thiglath-Pileser III. wurde es schließlich in die Verbannung geführt (2 Kö 15,29; 1 Chron 5,25.26); Westmanasse wurde wohl erst nach der Zerstörung Samarias deportiert (vgl. → Gefangenschaft III, 2). Einzelne Manassiten kehrten jedoch aus der Gefangenschaft zurück und wohnten dann in Jerusalem (1 Chron 9,3). In der Weissagung des Hesekiel erhält M. seinen Anteil am verheißenen Land zwischen Naphthali und Ephraim (Hes 48, 4.5), und unter den 144000 Versiegelten werden Offb 7,6 auch 12000 von M. aufgeführt.
3) In Ri 18,30 ist für M. Mose zu lesen (EÜ, ZÜ, MÜ), → Jonathan (1).
4) Sohn und Nachfolger König Hiskias, der 12jährig als Mitregent seines Vaters auf den Thron kam und 55 Jahre (697/6–643/2 v. Chr., seit 687/6 als König), am längsten von allen Königen Judas und Israels, in Jerusalem regierte (2 Kö 21,1). Im Gegensatz zu seinem Vater gab sich M. ganz dem heidnischen Götzendienst und Aberglauben hin. Dabei wird auch der Druck des assyr. Oberherrn eine Rolle gespielt haben. Aus Vertragsbedingungen Asar-Haddons von 672 v. Chr. wissen wir, daß den abhängigen Königen die Verehrung des assyr. Hauptgottes Assur zur Pflicht gemacht wurde. M. erneuerte Höhenheiligtümer und richtete heidnische Altäre im Tempel auf, opferte seinen Sohn und suchte durch Wahrsager und Zeichendeuter die Zukunft zu erfragen (V 2–9). Die Propheten des Herrn warnten vergeblich (V 10–15; 2 Chron 33,10); der König ging sogar zu blutiger Verfolgung über, der nach jüd. Tradition auch Jesaja zum Opfer gefallen ist (2 Kö 21,16). Dann kam das Gericht. M., der nach Asar-Haddon auch dem Asnaphar (Assurbanipal) Tribut gezahlt hatte, wurde von einem assyr. Heer in Jerusalem gefangengenommen und nach Babylon abgeführt (2 Chron 33,11). Viell. liegt der Grund dafür in einer Beteiligung an der Verschwörung des Samassumukin, des Bruders → Asnaphars. Dieses Unglück ließ M. zum Herrn umkehren, der ihn wieder nach Jerusalem zurückbrachte. M. beseitigte nun allen heidnischen Götzendienst. Nur Opfer für den Herrn wurden auch weiterhin auf den Höhen dargebracht. Außerdem befestigte M. Jerusalem neu. Bei

seinem Tode folgte ihm sein Sohn Amon als König (V 12–20). Aber die innere und dann auch öffentliche Umkehr M. hat die Folgen seines Abfalls nicht aufheben können. Amon richtete sich nur nach dem schlechten Beispiel seines Vaters (V 22.23), und der Herr ließ Juda um der Taten M. willen in die Verbannung gehen (Jer 15,4).
5) Zwei Israeliten, die heidnische Frauen geheiratet hatten (Es 10,30.33).

Mandelbaum. Der M. *(Prunus amygdalus)* ist in Kleinasien, Syrien und Mesopotamien beheimatet. Er ist der erste Fruchtbaum, der in Palästina im Frühjahr blüht, daher sein hebr. Name *schakhed* »der Wache« oder »Frühe« (vgl. das Wortspiel Jer 1,11.12 MÜ, ZÜ, EÜ). 1 Mo 30,37 heißt er hebr. *luz* (LÜ Hasel), was auch der urspr. Name Beth-Els ist (1 Mo 28,19).
Die schneeweiße (vgl. Pred 12,5: Bild für das weiße Haar) Blüte ist schalenförmig (2 Mo 25,33.34; 37,19.20 EÜ, ZÜ). Die Frucht war ein wertvolles Handelsobjekt (1 Mo 43,11). – Der grünende Stab Aarons, durch den ihm Gott sein Priestertum bestätigte, war der Zweig eines M. (4 Mo 17,17[2]ff).

Mann. I) Von seiner Schöpfung her gibt es den → Menschen nur in seiner geschlechtlichen Eigenart als M. oder Frau (1 Mo 1,27; 5,2). Zur Bezeichnung dieser Unterscheidung wird M. auch ohne Rücksicht auf das Lebensalter verwendet (1 Mo 4,1), meist jedoch stehen dafür abgeleitete Ausdrücke, die z. T. auch für Tiere gelten. »Alles was männlich ist« (1 Mo 17,10; 34,15; 2 Mo 23,17; 4 Mo 3,15) wird nur ausnahmsweise vom Vieh gebraucht (2 Mo 34,19), umgekehrt »Männlein« (1 Mo 6,19; 7,2.3; 2 Mo 12, 5; 5 Mo 15,19; Mal 1,14) nur Hi 3,3 vom Menschen. »Mannsbild« (1 Mo 17,14; 3 Mo 27,3–7; 4 Mo 3,39; 1 Kö 11,15) bezieht sich allein auf Menschen und auf die Menschengestalt der Götzenbilder (Jes 44,13; Hes 16,17). In Hi 4,17; 16,21 hat M. im Wechsel mit Mensch bzw. Menschenkind den gleichen allgemeinen Sinn wie dieses, ebenso auch sonst, etwa in der Redensart »wie ein M.« (Ri 20,1; Es 3,1; 6, 20).

II) M. heißt vielfach Ehemann (1 Mo 3,6.16; Lk 2, 36). Gott hat je einen M. und eine Frau einander zugeordnet (Mt 19,4–6; → Ehe). Die HS versteht ihr Verhältnis zueinander zwiefach. Einmal ist der Mensch geschaffen zum Gegenüber und Miteinander, zur Partnerschaft von M. und Frau (1 Mo 1,27). Anderseits – und diese Linie herrscht auch im NT vor – ist der M. das → Haupt der Frau (Eph 5,23), die aus ihm und um seiner Aufgabe willen als seine Gehilfin, seine Mitarbeiterin geschaffen ist (1 Mo 2, 18.22; 1 Kor 11,7–9). Diese mit der Schöpfung gegebene Ordnung gilt nicht nur für die Ehe, wo dem M. damit eine besondere Verantwortung erwächst (Eph 5,25); Paulus begründet auch das Verhältnis von Männern und Frauen in der Gemeinde von hier aus (1 Kor 14,34–37; 1 Tim 2,12.13). Das Gesetz verbietet sogar eine Umkehrung im Äußeren, in der Kleidung (5 Mo 22,5). Bei aller Wertgleichheit vor Gott soll die Verschiedenartigkeit in natürlicher und sozialer Beziehung gewahrt bleiben. M. und Frau haben die gleiche menschliche Würde, aber eine unterschiedliche irdische Bestimmung, weil sie ihren Gaben wie Anlagen nach einander ergänzen und nur zusammen ein Ganzes bilden.

III) Im Gegensatz zum → Kind (1 Kor 13,11) ist der M. mehr oder minder der ausgereifte Mensch: kraftvoll, urteilsfähig, verantwortlich (Hi 38,3; Jak 3,2; Eph 4,13). Die Mündigkeit hat man anscheinend allgemein mit 20 Jahren – zusammen mit der Wehrfähigkeit (4 Mo 1,3) – angenommen. Den jüngeren Kindern, die Gutes und Böses noch nicht recht begreifen (5 Mo 1,39), stehen die 20jährigen und Älteren gegenüber (4 Mo 32,11). Der Greis dagegen besitzt mit 80 Jahren die Klarheit des Urteils vielfach nicht mehr (2 Sam 19,36[35]). Dazu stimmen die 3 Mo 27,3–7 angegebenen Grenzen von 20 und 60 Jahren, die die Lebensmitte umschließen. Dieser Zeitraum deckt sich aber nicht ohne weiteres mit dem Mannesalter. Zwischen 20 und 30 wird von Jünglingen gesprochen (→ Jugend; nur Tit 2,6 junge Männer), und noch die Generation des 41jährigen Rehabeam gilt als die der Jungen (1 Kö 12,8; 14, 21), was ihrem Urteilsvermögen entspricht.

IV) Die Anrede »Ihr Männer« (LÜ auch »Liebe Männer«) kann sich an bestimmte einzelne oder auch an eine größere Menge richten, in der sich nicht nur männliche Personen befinden (Apg 2,14. 29.37; 22,1; 27,21.25). Mit dem »gemeinen M.« und den »Herren« (Ps 49,3) sind das Volk und die Vornehmen gemeint.

V) In der Pfingstpredigt und in der Areopagrede in Athen bezeichnen Petrus und Paulus bei der ersten Erwähnung Jesus als M. (Apg 2,22; 17,31), durch den Gott handelt. »M. Gottes« werden Mose (5 Mo 33,1), Samuel (1 Sam 9,6), David (2 Chron 8,14; Neh 12,24.36), Elia und Elisa auch in der Anrede (1 Kö 17,18; 2 Kö 1,9) genannt, ebenso andere, namenlose Propheten (1 Sam 2,27; 1 Kö 13,1). Als »M. Gottes« (Ri 13,6.8) und »M.« wird auch die Erscheinung der Engel beschrieben (1 Mo 32,25[24]; Jos 5, 13; Lk 24,4; Apg 1,10).

Manna oder **Man.** Nachdem die Israeliten von Elim weitergezogen waren, begannen sie in der Wüste Sin zu murren. Da verhieß der Herr: »Siehe, ich will euch Brot vom Himmel regnen lassen, und das Volk soll hinausgehen und täglich seinen Tagesbedarf sammeln« (2 Mo 16,4; vgl. 5 Mo 8,3; Neh 9, 15). Dies Himmels- oder Engelbrot (Ps 78,23–25, vgl. Joh 6,31) wurde durch Mose angekündigt (2 Mo 16,8) und kam doch unerwartet (V 14). Die Israeliten aßen es die ganze Zeit der Wüstenwanderung hindurch (V 35; Jos 5,10–12). Es fiel nur da, wo das Volk lagerte, für jeden ein Gomer (2 Mo 16,16), am Sabbat blieb es aus (V 29); in der Sonnenhitze schmolz es, aber man konnte es kochen und backen (V 21.23; 4 Mo 11,8). Es waren kleine, runde, harte Körner (2 Mo 16,14; 4 Mo 11,8), in Form und Größe wie → Koriandersamen, die weiß bzw. wie → Bedellion aussahen. Das M. schmeckte wie Honig- oder Ölkuchen (V 7.8; 2 Mo 16,31). Der Name wird erklärt mit der Frage der Israeliten: *Man hu?* Was ist das? (V 15).
Man hat das M. naturwissenschaftlich zu erklären versucht und auf einen zuckerhaltigen Stoff hingewiesen, den Schildläuse, die auf den Tamarisken der Sinaihalbinsel leben, in kleinen Körnchen ausscheiden. Diesem sog. »Sinaimanna« fehlen jedoch alle kennzeichnenden Eigenschaften des biblischen M. Wir können also nicht eindeutig sagen, um welch einen Stoff es sich gehandelt hat, und es ist auch nicht entscheidend, ob er »natürlich« oder »übernatürlich« gewesen ist. Das Wunder liegt ja vielmehr darin, daß Gott seinem ungehorsamen, hungernden Volk gegen dessen Erwartung auch in der Wüste Nahrung schaffen konnte, was immer er dafür in Bewegung setzte.

Männin übersetzt Luther 1 Mo 2,23, um das Wortspiel wiederzugeben, das im Hebr. dadurch möglich ist, daß die Worte für Mann und Frau *(isch* und *ischah)* vom gleichen Stamm gebildet sind.

Mannsgewand → Kleid, Kleidung IV, → Mann II

Manoah »Rastplatz«.
Danit, Vater Simsons (Ri 13–16).

Manoho, Ort in Juda (Jos 15,59a LXX), vermutlich das heutige Malha, 5 km südwestl. von Jerusalem. Der Ort wird auch mit → Manahath (1 Chron 8,6) gleichgesetzt; daher neuhebr. Manahat.

Mantel → Kleid, Kleidung II

Maoch, Vater des Königs Achis von Gath (1 Sam 27,2).

Maon »Versteck, Aufenthaltsort« (Wohnung).
1) Judäer, Stammvater der Einwohner Beth-Zurs (1 Chron 2,45).
2) Ort in Juda (Jos 15,55), der Heimatort Nabals (1 Sam 25,2). Das heutige Tell Main, 13 km südl. von Hebron und 2 km südl. von Karmel (2). Die Wüste M. (1 Sam 23,24.25) liegt östl. des Ortes. Vgl. Karte Sp. 279.

Maoniter (Ri 10,12) ist wahrscheinlich ein Schreibfehler für Midianiter. Es könnten jedoch auch die → Meuniter gemeint sein.

Mara, hängt mit hebr. »bitter« zusammen.
1) Eine Oase in der Wüste, die erste Wasserstelle, die die Israeliten drei Tagereisen nach dem Durchzug durchs Schilfmeer fanden (2 Mo 15,23; 4 Mo 33, 8). Man vermutet den Ort allgemein bei Ain Hawara, rund 75 km südl. von Suez an der Ostküste des Golfs, wenige km landeinwärts.
2) Naemi nannte sich M. nach dem Tode ihres Mannes und ihrer Söhne (Rt 1,20).

Maranatha. Aram. Ausdruck, der »der Herr ist gekommen« oder »Herr, komm!« bedeutet (1 Kor 16, 22). Offenbar wurde dies Wort auch in den griech. sprechenden Gemeinden in der aram. Form gebraucht (vgl. → Amen, → Halleluja). Es bezeugt, daß Jesus gekommen und die Erlösung vollbracht ist, oder bittet um seine Wiederkunft. Die zweite Bedeutung liegt näher (vgl. Offb 22,20).

Marcheschwan → Jahr

Mardochai, wahrscheinlich von Marduk, dem babyl. Hauptgott, abgeleitet.
1) Israelit, der mit Serubabel aus der Verbannung zurückkehrte (Es 2,2; Neh 7,7).
2) Benjaminit, der zur Zeit des → Ahasveros (Xerxes) in der Verbannung in der pers. Hauptstadt Susa lebte. Er hatte die verwaiste Tochter seines Onkels, Hadassa oder → Esther, als seine Tochter angenommen (Est 2,5–7). Nachdem Esther von Ahasveros zur Königin gemacht worden war, gelang es ihr und M., die Pläne Hamans, der als Günstling des Perserkönigs einen Befehl zur Ausrottung der Juden erwirkt hatte, zu vereiteln und das Volk zu retten. Beim Sturz Hamans wurde M. an dessen Stelle der höchste Regierungsbeamte des Perserkönigs (Est 8,2; 10,3).

Mareala, hängt mit hebr. »schwanken, geschüttelt werden« zusammen.
Grenzstadt Sebulons zwischen Sarid und Dabbeseth (Jos 19,11). Vielleicht der heutige Tell Ghalta in der Kisonebene, 11 km westsüdwestl. von Nazareth.

Maresa. 1) Judäer (1 Chron 2,42).
2) Stadt in Juda (Jos 15,44), von Rehabeam befestigt (2 Chron 11,8). Hier siegte Asa über Serah (2 Chron 14,8[9]ff). Heimatort des Propheten Elieser z. Zt. Josaphats (2 Chron 20,37). M. ist der heutige Tell Sandahanna, neuhebr. Tel Mareisha, 6 km nordöstl. von Lachis, 1,5 km südl. von Beth Dschibrin (Eleutheropolis). In Inschriften hellenistischer Grabanlagen bei M. ist auch der Name des Ortes belegt. Vgl. Karte Sp. 920 u. → Jachin (4).

Maria, die griech. und lat. Form des hebr. → Mirjam.
1) Mutter des Herrn. Als junges Mädchen, das mit dem Zimmermann Joseph aus dem Hause Davids verlobt ist, erhält sie durch den Engel Gabriel die Botschaft, daß Gott sie zur Mutter seines Sohnes, des verheißenen Messias, erwählt hat. Sie beugt sich dem Willen des Herrn (Lk 1,26–38; vgl. → Jesus Christus II B 2). Von Nazareth eilt sie für 3 Monate zu ihrer Verwandten → Elisabeth, wo die Bestätigung der Engelsbotschaft sie in jubelnden Lobgesang ausbrechen läßt (V 39–56). Bei der Rückkehr nach Nazareth sieht M. sich auf Grund ihrer Schwangerschaft dem Verdacht Josephs gegenüber, der sie heimlich zu verlassen gedenkt, um ihr die öffentliche Schande (vgl. 5 Mo 22,23–27) zu ersparen. Erst auf eine Weisung Gottes im Traum nimmt er M. als seine Frau zu sich (Mt 1,18–25). Der Befehl des Kaisers Augustus zur Steuereinschätzung veranlaßt beide zur Reise nach Bethlehem, wo Marias erster Sohn geboren wird. Die → Krippe, die in jedem palästinensischen Bauernhaus vorhanden ist, bietet einen sicheren Platz für das Neugeborene in ihrer Unterkunft (Lk 2,1–7). Das Kind wird am achten Tage beschnitten u. erhält den vom Engel genannten Namen Jesus (V 21). Dann bringen die Eltern es in den Tempel und opfern zwei Tauben, weil sie für ein Lamm zu arm sind (V 22–24; vgl. 3 Mo 12). Wie durch den Besuch der Hirten in der Nacht der Geburt bestätigt Gott jetzt durch Simeon und Hanna (Lk 2,8–20.25 –38) und durch die Ankunft der Weisen (Mt 2,1–12) erneut die Erfüllung seiner Verheißung, ehe die Bedrohung durch Herodes d. Gr. Joseph und M. mit dem Kind zur Flucht nach Ägypten zwingt (V 13–15). Von dort kehren sie erst nach dem Tod des Herodes nach Nazareth zurück (V 19–23; Lk 2,39).
War Marias Leben von der Verkündigung bis zur Flucht nach Ägypten ganz von ihrem Kind, dem Gottessohn, bestimmt worden, so war sie danach wieder frei für ihre Ehe mit Joseph, dem sie noch vier Söhne u. mehrere Töchter schenkte (Mk 6,3; vgl. → Brüder des Herrn), so daß Jesus im Kreise einer zahlreichen Familie aufwuchs. Als die Eltern den Zwölfjährigen nach Jerusalem zum Tempel mitnehmen, wird offenbar, daß er ihnen nicht allein gehört. Aber das tritt nur für einen Augenblick hervor; M. begreift es noch nicht, behält und bewahrt es jedoch in ihrem Herzen (Lk 2,41–51).
Zu Beginn des öffentlichen Wirkens Jesu scheint Joseph bereits gestorben und die ganze Familie nach Kapernaum übergesiedelt zu sein (Joh 2,12; Mt 4, 13). Nun zeigt sich, daß Mutter und Geschwister ihm innerlich nicht mehr folgen können, so sehr sie äußerlich um Jesus besorgt sind (Mk 3,21.31). M. weiß wohl um seine Vollmacht, nicht aber um seine Stunde (Joh 2,3–5); die Brüder stehen ihm verständnislos gegenüber (Joh 7,5). Seine Verkündigung macht deutlich, daß die Verbundenheit mit Mutter und Geschwistern nur in und unterhalb der Bindung an Gott, nur im Gehorsam gegen seinen Willen Geltung hat (Lk 11,27.28; 14,26). Die Jünger sind Jesus näher als die engsten Verwandten (Mk 3,33–35).
Erst unter dem Kreuz hören wir wieder von M., als der sterbende Sohn sie der Obhut des Lieblingsjüngers anvertraut (Joh 19,25–27). Zum letzten Mal wird sie nach der Auferstehung zusammen mit Jesu Brüdern im Kreis der Jünger erwähnt (Apg 1,14).

Hier vollendet sich ihr Wort: »Siehe, ich bin des Herrn Magd« (Lk 1,38). Ihr besonderer Weg als Mutter mündet am Ende in den aller derer, die an den Auferstandenen glauben und ihm nachfolgen.

2) M. Magdalena stammt nach ihrem Beinamen wohl aus dem Ort → Magdala. Jesus hatte 7 Dämonen von ihr ausgetrieben (Lk 8,2; Mk 16,9). Seit der Zeit gehörte sie zu seinen treuesten Jüngerinnen und sorgte mit anderen Frauen zusammen für seinen und der Jünger Unterhalt (Lk 8,3). Sie und ihre Gefährtinnen begleiteten Jesus nach Jerusalem; sie standen unter dem Kreuz (Mt 27,55.56), halfen beim Begräbnis (V 61; Mk 15,47) und entdeckten am Ostermorgen das leere Grab (Mk 16,1–5; Joh 20,1). Nachdem M. das den Jüngern berichtet hatte, begegnete ihr als erster der Auferstandene (V 2.11–18). Man hat öfter in der Frau, die Jesus salbte (Lk 7,36–50), M. sehen wollen. Doch der Text bietet keinen Anhalt dafür; weder nennt Lk einen Namen noch wird M. sonst als »Sünderin« bezeichnet.

3) M. von Bethanien war die Schwester von → Martha und → Lazarus. Sie ist zurückhaltender in ihrem Wesen als Martha (Joh 11,20.28.29) und hat früh verstanden, daß nur aus dem Hören auf die Botschaft Jesu gehorsames Tun erwachsen kann (Lk 10,38–42). Kurz vor seinem Tode salbt sie Jesus mit sehr kostbarer Salbe und bereitet ihn so, wohl ohne daß es ihr selber bewußt wird, auf sein Begräbnis vor. Jesus nimmt sie in Schutz gegen die Vorwürfe derer, denen der Geldwert der Salbe den Blick für die Liebe Marias trübt (Mt 26,6–13; Mk 14,3–9; Joh 12,3–8).

4) Die M. des Kleophas wird unter dem Kreuz Jesu (Joh 19,25) genannt, wobei der griech. Text nicht eindeutig besagt, ob die Tochter oder, wie durchgehend und wohl mit Recht angenommen wird, die Frau gemeint ist. Sie ist die Mutter des jüngeren Jakobus und des Joses (Mt 27,56; Mk 15,40) und wird auch unter den Frauen am Grabe genannt (Mk 16,1; Lk 24,10). Mt 27,61; 28,1 heißt sie die »andere Maria«. Wenn → Kleophas mit Alphäus (Mt 10,3 par.) gleichgesetzt werden kann, ist der eine ihrer Söhne der Apostel → Jakobus (2).

5) Mutter des Johannes Markus (Apg 12,12). Sie war anscheinend eine wohlhabende Frau, die die Gemeinde in ihr Haus aufgenommen hatte, wohin sich Petrus nach seiner Befreiung aus dem Gefängnis begab. Nach Kol 4,10 ist sie die Tante des Barnabas.

6) Christin in Rom, die viel für die Gemeinde getan hat. Paulus läßt sie grüßen (Röm 16,16).

Maribriefe. Auf dem Ruinenhügel der alten Stadt Mari, jetzt Tell Hariri in der Nähe von Abu Kemal am Westufer des Euphrats (Syrien), hat 1933–39 eine französische Expedition unter der Leitung von André Parrot Ausgrabungen durchgeführt, die 1951 wieder aufgenommen wurden. U. a. fand man den weiträumigen Palast der Herrscher von Mari, in dem mehr als 20000 Tontafeln gefunden wurden, darunter viele Briefe. Aus ihnen geht hervor, daß der assyr. König Samsi-Adad I. (→ Assyrien) ein Zeitgenosse Hammurabis von Babylon war. Dadurch wird dessen Regierungszeit auf rund 1700 v. Chr. festgelegt. Die Stadt Mari war amoritisch, ihrem König Zimrilim gelang es, sein Land von der assyr. Herrschaft zu befreien; Mari wurde aber schließlich von Hammurabi erobert und zerstört. Aus den Maribriefen gewinnen wir ein lebendiges Bild mesopotamischer Kultur in der 1. Hälfte des 2. Jt. v. Chr., das bes. für die Erzväterberichte der HS von großer Bedeutung ist. Vgl. Karte Sp. 371.

Votivstatuette aus dem Istartempel in Mari. Die Inschrift auf der rechten Schulter gibt an: »Lamgi-Mari bin ich, König von Mari.«

Markt. I) Freier Platz zunächst am Stadttor (vgl. → Tor), später in der Mitte der → Stadt. Hier fand der Kauf- und Handelsverkehr statt (Hes 27,12ff; Jes 23,3), hier wurde Gericht gehalten (Apg 16,19) und die Handelswaren der Kaufleute und Durchreisenden verzollt. Auf dem M. spielte sich das öffentliche Leben ab (Mk 12,38; Lk 11,43; Apg 17,17), hier verdingten sich die Tagelöhner (Mt 20,3) und spielten die Kinder (Mt 11,16.17).

II) Märkte oder Flecken (griech. *kômai*; Mt 14,15; 21,2) sind → Dörfer, Orte, die in der Größenordnung zwischen der → Stadt (griech. *polis*) und den kleinsten Siedlungen (griech. *agroi* = Höfe; LÜ Dörfer: Mk 6,36.56; Lk 8,34; 9,12) stehen. Die Märkte einer größeren Stadt (Mk 8,27) sind ihre umliegenden Ortschaften. Als M. oder Flecken werden uns mit Namen Bethanien (Lk 10,38; Joh 11,1), Bethlehem (Joh 7,42), Bethsaida (Mk 8,22.23) und Emmaus (Lk 24,13) genannt.

Als griech. *kômopolis* (Mk 1,38; LÜ Stadt) wird eine Stadt bezeichnet, die verwaltungsmäßig nur die Rechte eines Dorfes hat.

Markus, lat. »Hammer«.

Beiname eines Judenchristen Johannes in Jerusalem (Apg 12,12). Vielleicht war er Levit, da er als Vetter (Kol 4,10; LÜ → Neffe) des Leviten Barnabas (Apg 4,36) bezeichnet wird. Man kann in ihm wohl den Jüngling sehen, der bei der Gefangennahme Jesu nackt entfloh, als man ihn festnehmen wollte (Mk 14,51.52). Das Haus der Maria, der Mutter des M., wird später zum Mittelpunkt der Jerusalemer Gemeinde; Petrus wandte sich dorthin, nachdem er aus dem Gefängnis befreit worden war (Apg 12,12).

Johannes M. wurde von Barnabas und Paulus auf die erste Missionsreise mitgenommen (Apg 13,5), hielt aber nicht durch und kehrte in Perge in Pamphylien um (V 13). Zur zweiten Missionsreise wollte Barnabas M. trotzdem wieder mitnehmen, aber Paulus weigerte sich und wählte Silas zum Gefährten, während Barnabas mit M. nach Zypern fuhr (Apg 15,36–40). Später besteht indessen wieder ein gutes Verhältnis zwischen Paulus und M., der während der ersten Gefangenschaft bei dem Apostel in Rom ist (Kol 4,10; Phim 24), und um dessen Kommen Paulus bei seiner zweiten röm. Haft den Timotheus ausdrücklich bittet (2 Tim 4,11). Wir finden ihn später dort bei Petrus (1 Petr 5,13), der ihn »seinen Sohn« nennt, was darauf hindeutet, daß M. durch Petrus zum Glauben gekommen ist.

Der Aufenthalt des M. in Rom ist von Bedeutung für die Abfassung des → Markusevangeliums. Von seinem weiteren Leben und Wirken ist uns nichts bekannt.

Markusevangelium. I) Vgl. die Vorbemerkung zum → Matthäusevangelium.

II) EINLEITUNGSFRAGEN des M.

1) Die EIGENART des M. liegt darin, daß es ohne bes. Vorbereitung durch Berichte über die Geburt und Jugend Jesu oder einen Prolog einfach die Taten des Herrn berichtet. Ebenso redet Petrus (vgl. unten II, 3) von dem Jesus, der sich durch Taten, Wunder und Zeichen erwiesen hat (Apg 2,22), und der Leser des M. kann mit den Hörern des Pfingstwunders sagen: »Wir hören sie ... die großen Taten Gottes reden« (V 11).

2) VERFASSER. Überschrift und Überlieferung schreiben das Buch einmütig dem → Markus zu, der uns in der Apg als Gehilfe der Apostel begegnet.

3) ABFASSUNG. Wenn auch kaum daran zu zweifeln ist, daß Markus, der zu Jerusalem beheimatet war, einen Teil des Wirkens Jesu miterlebte, so war er doch kein Jünger, der den Herrn immer begleitete und auch die Vorgänge im Jüngerkreise kannte. Darum fragen wir nach der Quelle, aus der Markus schöpfte. Die Zeugen aus dem 2. Jh. (Papias, Irenäus, Clemens von Alexandrien) wie die späteren berichten einstimmig, daß Markus das Ev. so aufzeichnete, wie er es von Petrus hörte. Nach Clemens und dem späteren Eusebius hat Petrus der Niederschrift zugestimmt und die Vorlesung in der Gemeinde genehmigt.

Das M. selbst läßt in vielen Einzelheiten einen Augenzeugen als Gewährsmann vermuten (Mk 1,40; 2,1–4; 3,5; 5,4–6; 6,39.40; 7,34; 8,33; 10,21; 11, 21; 14,66–72). Der Vergleich mit den anderen Ev. führt auf Petrus, weil im M. alles fehlt, was sonst zum Lob des Petrus erzählt wird, während seine Fehler bei Markus nicht verschwiegen werden.

Als Ort der Niederschrift geben die Kirchenväter Rom an. Dort habe Markus auf Bitten aus der Gemeinde aufgeschrieben, was Petrus predigte. Da Markus nach 1 Petr 5,13 offenbar mit Petrus in Rom war, liegt kein Anlaß zum Zweifel an dem Bericht vor. Daraus ergibt sich als Zeit der Abfassung des M. der Aufenthalt des Petrus in Rom bzw. die Zeit kurz nach seinem Tod, also wohl die Mitte der 60er Jahre des 1. Jh.

4) EMPFÄNGER. Das M. war also für die Gemeinde in Rom bestimmt. Ob von Anfang an eine Verbreitung über diesen Kreis hinaus geplant war, bleibt ungewiß. Daß Heidenchristen die Empfänger waren, zeigt auch das Buch selbst. Es enthält das, was für Heidenchristen wesentlich war. So fehlt der Stammbaum, die Pharisäer werden selten erwähnt, das Wehe über sie fehlt ganz usw. Anderseits werden jüd. Sitten (Mk 7,3.4; 14,12; 15,42) und aram. Worte (Mk 3,17; 5,41; 15,22) erklärt. Die Sprache läßt öfter lat. Einfluß hervortreten.

5) ECHTHEIT. Die Echtheit des M. im ganzen ist nie ernstlich in Frage gestellt worden. Dafür hat man aber beim Schluß Zweifel geäußert, denn in den frühesten und wichtigsten der erhaltenen Hss. fehlt Mk 16,9–20. Anderseits ist der Abschnitt durch viele Zeugen belegt und läßt sich bis in das 2. Jh. zurück nachweisen. Er könnte von anderen später zugefügt sein, kann aber auch in einem Teil der Hss. verlorengegangen sein; einige Hss. enthalten auch einen kürzeren Schluß. Es ist kaum glaubhaft, daß Markus sein Ev. ohne triftigen Grund (Verfolgung oder Tod) mit dem Hinweis auf einen noch zu erfüllenden Auftrag und den Worten »sie fürchteten sich« geschlossen habe. Eine Fülle von Theorien müht sich bisher vergeblich um die Lösung dieser Fragen.

III) INHALT.

1) EINTEILUNG.

Der Anfang: Der Wegbereiter (1,1–8).
Bereitung Jesu (V 9–13).

Thema: Das Reich ist herbeigekommen (V 14.15).

I. Sammlung der Jüngerschaft (1,16–8,30).
- A. Berufung der Jünger (1,16–3,35).
  1. Berufung durch Wort und Zeichen (1,16–2,17).
  2. Abgrenzung der Jüngerschaft (2,18–3,35).
- B. Belehrung der Jünger (4,1–6,30).
  1. Reden Jesu (4,1–34).
  2. Taten Jesu (4,35–6,6).
  3. Wirken der Jünger (6,7–30).
- C. Festigung der Jünger (6,31–8,30).
  1. Taten Jesu (6,31–56).
  2. Reden Jesu (7,1–23).
  3. Reifen der Jünger zum Bekenntnis (7,24–8,30).

II. Kampf und Sieg (8,31–16,20).
- A. Ringen mit den Jüngern (8,31–10,52).
  1. Nachfolge und Glaube (8,31–9,29).
  2. Maßstab der echten Größe (9,30–10,31).
  3. Der Weg des Dienens (10,32–52).
- B. Vorbereitung der Schlacht (11,1–13,37).
  1. Einbruch ins feindliche Zentrum (11,1–26).
  2. Klärung der Fronten (11,27–12,34).
  3. Angriff Jesu (12,35–13,2).
  4. Anweisungen für den Endkampf (13,3–37).
- C. Die Passion (14,1–16,20).
  1. Der Weg des Gehorsams (14,1–42).
  2. Triumph der Finsternis (14,43–15,47).
  3. Der Sieger über die Finsternis (16,1–20).

2) GRUNDGEDANKEN.

Zum Verständnis des M. muß man auf Petrus zurückgehen, den Gewährsmann des Buches. Er schreibt: »Denn wir sind nicht klugen Fabeln gefolgt, da wir euch kundgetan haben die Kraft und Zukunft unseres Herrn Jesu Christi, sondern wir haben seine Herrlichkeit gesehen« (2 Petr 1,16). Die Verkündigung des Petrus ist Zeugnis von der offenbargewordenen Kraft des Herrn, dem auch die Engel und die Gewaltigen und die Kräfte untertan sind (1 Petr 3,22), und durch dessen Kraft uns alles geschenkt ist, was zum Leben und göttlichen Wandel dient (2 Petr 1,3). Das → Reich Gottes, von dem das M. in erster Linie berichtet (Mk 1,14.15), ist ein Reich, das nicht in Worten steht, sondern in Kraft (1 Kor 4,20). Es geht nicht um Verbreitung einer neuen Weltanschauung oder Ethik, sondern es wird gezeigt, wie die Kraft Gottes in und an Menschen wirkt und wie man jenes Verhältnis zu Gott gewinnt, in dem seine Kraft an uns wirksam werden kann.

Das Reich Gottes ist da, wo äußere und innere Not durch die Kraft Gottes überwunden wird. Dabei ist keine Not ausgenommen. Krankheit in allen Formen, Not um Brot, Not durch Naturgewalt, Not der Sünde (Mk 2,5) und des Todes (Mk 5,42) werden durch Christus überwunden; die bösen Geister fliehen vor ihm, der die Macht hat, dem Heiligen Gottes (Mk 1,24), dem Sohne Gottes (Mk 5,7). Die Menschen strömen ihrem Helfer zu, und seine Kraft reicht aus, alle Not zu heilen, mag die Menge der Leidenden noch so groß sein (Mk 3,10).

Aber auch die Kehrseite wird gezeigt, der Unglaube, der die Wirkung der Kraft Gottes verwehrt (Mk 6,5.6), und die Ablehnung der Juden. Doch wird dies letztere nur am Rande erwähnt, weil die Frage nach Israel nur eine untergeordnete Rolle spielt. Das in dieser Hinsicht richtungweisende Wort des Täufers (Mt 3,7–12; Lk 3,7–9) fehlt bei Markus ebenso wie die Abrechnung Jesu mit den Pharisäern (Mt 23). Dargestellt werden soll nur die Sieghaftigkeit und Herrlichkeit des Reiches Gottes, zu deren Erkenntnis auch die Jünger geleitet werden mußten.

Als Besonderheit ist weiter zu bemerken, daß Markus sehr häufig das Wort »sogleich« (LÜ »alsbald«) verwendet. Jesus hat keine unbegrenzte Zeit, die Stunde seines Sterbens ist von Gott schon festgelegt. Darum drängt sein Handeln voran. Und auch für die Jünger ist die Zeit ihres Wirkens nicht unbegrenzt; alles eilt dem Ende zu. Im »Buch der Taten Jesu« nimmt die Rede vom Endgeschehen auffällig großen Raum ein (Mk 13). Auch hierin zeigt sich eine Beziehung zu Petrus (vgl. 1 Petr 4,7–19; 2 Petr 3,1–14).

Marmelstein, Marmor (hebr. *schesch, schajisch;* griech. *marmaros)*
bezeichnet in der HS neben dem hellen, kristallisierten Kalkstein auch andere feingekörnte Ziersteine. Zum Tempelbau Salomos scheint der weiße oder gelbliche Kalkstein verwendet worden zu sein, der im Libanon gefunden wurde und aus dem auch der Sonnentempel zu Baalbek erbaut war (1 Chron 29,2; vgl. 1 Kö 5,28[14]f.32[18]). Auch im herodianischen Tempel fand weißer Marmor Verwendung. Aus verschiedenfarbigem Marmor waren Fußboden und Säulen im pers. Königspalast in Susa (Est 1,6). Die Offb erwähnt Gerät (LÜ Gefäß) aus Marmor (Offb 18,12).

Maroth → Maarath

Marsena, viell. »Der Vergeßliche«.
Einer der sieben Fürsten von Persien und Medien unter Ahasveros (Est 1,14). Vgl. → Admatha.

Martha »Herrin«.
Schwester der Maria und des Lazarus von Bethanien (Joh 11,1.2). M. nahm Jesus in ihr Haus auf und suchte nach besten Kräften für ihn zu sorgen. Diese eigene Aktivität hinderte sie aber im Gegensatz zu Maria, aus Begegnung und Wort des Herrn die entscheidende Gabe Gottes zu empfangen (Lk 10,38–42). Da V 38 von Marthas Haus die Rede ist, kann man annehmen, daß sie die Älteste in der Familie war. Auch nach dem Tod des Lazarus ist M. wieder die zuerst Handelnde (Joh 11,19), ohne bei aller Glaubenserkenntnis (V 24.27) das alte Vorgreifen im Urteil verloren zu haben (V 39). Bei dem Gastmahl im Haus Simons des Aussätzigen (Mt 26, 6; Mk 14,3; Joh 12,1–3) ist M. ebenfalls dabei und dient bei Tisch.

Mas. Sohn Arams (1 Mo 10,23). Seine Nachkommen bilden einen aramäischen Stamm, der wohl am masischen Gebirge (Mons Masius, heute Tur Abdin) an der Grenze zwischen Armenien und Mesopotamien lebte.

Masal → Miseal

Masmanna, etwa »Fetter, leckerer Bissen«,
Gaditer, der zu David in die Bergfeste kam (1 Chron 12,10).

Masrek, hängt mit hebr. »Blut, Sonnenaufgang, Osten« zusammen.
Ort in Edom (1 Mo 36,36; 1 Chron 1,47). Viell. der heutige Dschebel el-Muschrak, ca. 55 km südl. von Petra.

Masora (= Überlieferung), Bezeichnung für die von jüd. Gelehrten gepflegte getreue Überlieferung des hebr. Textes (MT) des AT sowie die spätere schriftliche Festlegung seiner zunächst nur mündlich überlieferten Aussprache. Die M. erstreckt sich über eine Zeit von rund 1000 Jahren. Zuerst ist der Konsonantentext festgelegt worden. Seine Überlieferung lag in den Händen von Schriftgelehrten – Esra sieht man gewöhnlich als den ersten von ihnen an –, die man die älteren Masoreten nennt.

Noch bis zum Ende des 3. Jh. n. Chr. gab es in Palästina blühende Synagogen. Schon vom 2. Jh. an entwickelte sich daneben Babylon immer mehr zu einem Mittelpunkt jüd. Schriftgelehrsamkeit und blieb es bis zum 10. Jh. Vom 7. Jh. an begann die Arbeit in Palästina von neuem. Bekannt wurde die Schule von Tiberias seit dem 8. und 9. Jh. Man hat so palästinensische und babyl. Tradition zu unterscheiden, wobei die palästinensische Schule, vor allem die von Tiberias, sich schließlich durchsetzte.

Das Hauptinteresse der Masoreten richtet sich darauf, die Aussprache des Textes sowie seine wortgetreue Überlieferung auch beim Abschreiben zu sichern. Wahrscheinlich ist der Text des AT seit dem 6. und 7. Jh. – zuerst in Babylon – mit Vokal- und Akzentzeichen versehen worden (jüngere Masoreten). Man verwendete drei Systeme: das von Tiberias, das babyl. und das des Landes Israel, von denen das erste schließlich zu allgemeiner Geltung kam. Den Vokal- und Akzentzeichen fügten die Masoreten am Rand des Textes aber auch Anmerkungen, namentlich dogmatischen Inhalts, hinzu. In Palästina unterschied man die kleine M. (auf dem Seitenrand des Textes) von der großen M. (auf dem oberen und unteren Rand). Beide gemeinsam bilden die Rand-M., die wieder zu unterscheiden ist von der Schluß-M., die am Ende des AT in alphabetischer Ordnung das gesamte masoretische Material zusammenstellt. Zur herrschenden Überlieferung wurde die der Masoretenschule Ben Aschers in Tiberias, der in der 1. Hälfte des 10. Jh. n. Chr. lebte. Lag den ersten beiden Ausgaben der hebr. Bibel von Kittel noch der Text des Jakob ben Chajjim zugrunde, so geht die 3. Auflage auf den Text Ben Aschers zurück, und zwar auf die in Leningrad bewahrte Handschrift. In den letzten Jahren neigen die Fachkreise immer mehr dazu, diesen Text und seine Überlieferung beträchtlich höher zu bewerten als bisher. Seit dem Fund der → Handschriften vom Toten Meer kennen wir zum ersten Mal für größere Teile des AT (Jesaja, Habakuk) auch einen vormasoretischen Konsonantentext.

Maß → Maße und Gewichte I, 4a und b.

Massa, dasselbe Wort heißt sonst »Last« oder »Ausspruch«.
Sohn Ismaels (1 Mo 25,14; 1 Chron 1,30). Seine Nachkommen bilden einen Araberstamm (vgl. → Agur, → Lamuel), den auch assyr. Inschriften neben → Thema und → Nebajoth nennen. Vielleicht die Masani in Ostarabien an der babyl. Grenze.

Massa und Meriba »Versuchung (oder Verzagen) und Streit«.
Ort bei → Raphidim, an dem die Israeliten, weil sie kein Wasser hatten, mit Mose haderten und damit den Herrn versuchten (2 Mo 17,1–7; Ps 95,8). Dieser Vorfall wird noch verschiedentlich erwähnt; der Ort heißt dabei jedoch lediglich Massa (5 Mo 6,16; 9,22; 33,8). Die Annahme, daß der Bericht von 2 Mo 17,1–7 und der von 4 Mo 20,1–13 (LÜ → Haderwasser) auf dasselbe Ereignis zurückgehen, widerspricht den bibl. Angaben.

Maße und Gewichte. 3 Mo 19,35.36 wird den Israeliten geboten, auf rechtes Maß und Gewicht zu achten. Sie dürfen weder zweierlei Gewichte noch Hohlmaße haben (5 Mo 25,13–16). Da auch das Geld gewogen wird (vgl. 1 Mo 23,16), liegt zudem der doppelte Betrug bei der Ware und bei der Bezahlung nahe, wie ihn Am 8,5 tadelt. Ebenso verurteilen Mi 6,10–12; Spr 11,1; 20,10.23 zu kleines Maß, verschiedene Gewichte und falsche Waage.

I) MASSE: 1) LÄNGENMASSE.
Die normale Einheit des Längenmaßes war die ELLE (z. B. 1 Mo 6,15; 2 Mo 25,10; 4 Mo 35,4; 1 Kö 6, 2; 2 Kö 14,13; Mt 6,27; Joh 21,8). Die Inschrift des Siloahtunnels gibt seine Länge (525 m) mit 1200 Ellen an. Daraus ergibt sich für die Elle eine Länge von 525:1200 = 0,4375 m, also rund 45 cm. Unterteilungen der Elle waren die SPANNE (2 Mo 28,16; Jes 40,12; Hes 43,13) zu 22,5 cm, die HANDBREIT (2 Mo 25,25; 1 Kö 7,26; Ps 39,6; dagegen ist 1 Sam 17,4 die Spanne gemeint) zu 7,5 cm und der FINGER (Jer 52,21) zu rund 1,9 cm. Es war also

1 Elle = 2 Spannen = 6 Handbreit = 24 Finger;
1 Spanne = 3 Handbreit = 12 Finger;
1 Handbreit = 4 Finger.

Daneben bestand noch eine ANDERE ELLE, die um eine Handbreit länger war als die gewöhnliche, also 52,5 cm (Hes 40,5); 6 dieser Ellen bildeten die RUTE (3,15 m), die nur bei der Beschreibung des Tempels und Landes bei Hesekiel vorkommt (Hes 40,5; 42, 16–20; 48,8). 2 Chron 3,3 scheint mit den »Ellen nach altem Maß« ebenfalls die längere Elle gemeint zu sein.
Auch bei den Babyloniern und Ägyptern gab es neben der gewöhnlichen eine »königliche« Elle; die ägypt. Maße entsprachen den hebr., während die babyl. Ellen 49,5 bzw. 55 cm lang waren. Als seemännisches Maß erscheint Apg 27,28 der KLAFTER, der eigentlich den Abstand von den Fingerspitzen der rechten bis zu denen der linken Hand bei ausgebreiteten Armen angibt, also rund 1,85 m.

2) WEGEMASSE.
Weit weniger genau sind z. T. die Wegemaße, die in der Bibel vorkommen: ein STEINWURF (Lk 22,41); ein BOGENSCHUSS (so weit man mit dem Bogen schießt, 1 Mo 21,16); eine TAGEREISE (1 Mo 30,36; 31,23; 2 Mo 3,18 u. ö.; Lk 2,44), d. h. etwa 7–8 Stunden Fußweg. Vielleicht bezeichnete auch der Ausdruck »ein STÜCK WEGS, eine Strecke Landes« (1 Mo 35,16; 48,7; 2 Kö 5,19) ein bestimmtes Wegemaß; Luthers Übersetzung »ein Feld Wegs« darf an diesen Stellen nicht mit dem gleichen Ausdruck im NT verwechselt werden. Dort bezeichnet »FELD WEGS« das griech. Stadion, ein Maß, das nach der Länge des Stadions in Olympia benannt ist und 600 griech. Fuß = rund 185 m betrug (Lk 24,13; Joh 6, 19; 11,18; Offb 14,20; 21,16).
Nur in Mt 5,41 kommt die röm. MEILE (von lat. *mille* = 1000, nämlich Doppelschritte von 1,478 m) vor, die 1,478 km lang ist. Ein SABBATWEG (Apg 1, 12) war die Wegstrecke, die man nach der Auslegung von 2 Mo 16,29 durch die Schriftgelehrten am Sabbat zurücklegen durfte. Sie betrug 2000 Ellen = rund 1 km und wurde nach der Entfernung der Bundeslade vom Lager in der Wüste (Jos 3,4) und der Ausdehnung der Levitenstädte (4 Mo 35,5) bestimmt.

3) FLÄCHENMASSE.
Ein ACKER war so viel Land, wie man an einem Tag mit einem Joch Ochsen umpflügen konnte (1 Sam 14,14; Jes 5,10). Die an der ersten Stelle mitgenannte HUFE gibt das hebr. *maanah* (= Furche) wieder; der Sinn ist hier nicht eindeutig. Außerdem gab man den Umfang einer Fläche nach der Menge der für sie benötigten Aussaat an. Das dabei in 1 Kö 18, 32 genannte KORNMASS umfaßte 1 Seah Getreide; in 3 Mo 27,16 wird ein Stück Land für ein Homer Gerstensaat erwähnt.

4) HOHLMASSE: a) TROCKENMASSE.
Ein HOMER oder KOR war das größte Hohlmaß, das 10 Epha oder Bath enthielt (Hes 45,11). Es wird meistens als Getreidemaß erwähnt (3 Mo 27,16; Hes 45,13; Hos 3,2; 1 Kö 5,25[11]; 2 Chron 27,5; Es 7,22), einmal auch als Flüssigkeitsmaß für Öl (Hes 45,14). LÜ gibt es Jes 5,10 und Lk 16,7 mit MALTER wieder. Die Hälfte des Homer wird nur Hos 3,2 als LETECH (EÜ) genannt. Das gebräuchlichste Trockenmaß war das EPHA (Ri 6,19; Rt 2,17 u. ö.), das man nach einer Angabe des Josephus bisher meist auf rund 36 l angesetzt hatte. Inzwischen hat aber A. Segré (Ancient Palestinian Units of Measure. Journal of Biblical Literature 1945, S. 357f) eine andere Berechnung gegeben. Ein ägypt. Papyrus von 289 v. Chr. sagt, daß Feinmehl in Palästina mit einem Maß gemessen werde, das dem ägypt. Artaba = 21,83 l entspräche. In diesem palästinensischen Maß sieht Segré das Epha, das demnach rund 22 l Inhalt hatte, Letech und Homer entsprechend 110 bzw. 220 l. Funde in Lachis haben beim Bath, das nach Hes 45,11 dem Epha entspricht, zum gleichen neuen Ansatz geführt (s. u. I, 4b).
Das Epha enthielt 3 SEAH (1 Mo 18,6 LÜ Maß; 1 Sam 25,18 u. 2 Kö 7,1 LÜ Scheffel) von $7\frac{1}{3}$ l; an das gleiche Maß wird man bei dem DREILING in Jes 40,12 denken können. Das Seah wurde weiter in 6 KAB (2 Kö 6,25) von $1\frac{2}{9}$ l unterteilt. Daneben war das GOMER (2 Mo 16,36) oder ZEHNTEL EPHA (3 Mo 5,11; 4 Mo 5,15) in Gebrauch, vielfach auch nur ZEHNTEL (4 Mo 15,4.6.9) genannt, das $2\frac{1}{5}$ l enthält. Es war also

1 Homer oder Kor = 10 Epha = 30 Seah = 180 Kab;

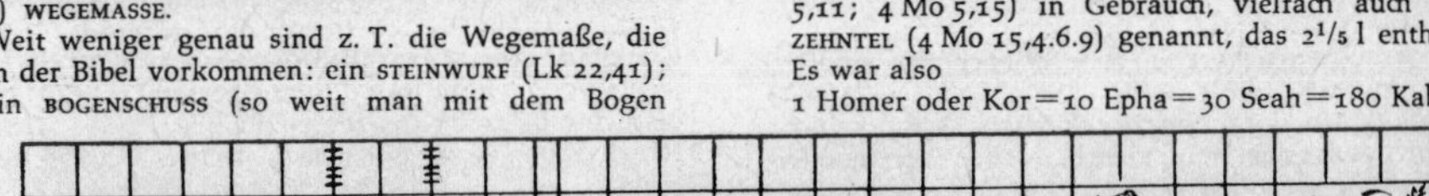

Ägyptische Elle

Oberteil eines zerbrochenen Kruges aus Lachis mit der Inschrift bt l-mlk = königliches Bath

1 Epha = 3 Seah = 18 Kab;
1 Seah = 6 Kab;
1 Epha = 10 Gomer.

SCHEFFEL steht in LÜ für verschiedene der angeführten Hohlmaße: Homer und Letech (Hos 3,2), Epha (3 Mo 19,36; 5 Mo 25,14; Jes 5,10), Seah (1 Sam 25, 18; 2 Kö 7,1). Außerdem steht Scheffel für zwei Maße im NT, den Modius (Mt 5,15; Mk 4,21; Lk 11, 33) von etwa 8,75 l und das Saton (Mt 13,33; Lk 13,21) mit dem anderthalbfachen Inhalt: 13,125 l. MASS gibt ebenfalls Epha (Mi 6,10; Am 8,5) und Seah (1 Mo 18,6; 1 Kö 18,32) wieder. In Offb 6,6 bezeichnet es die griech. Choinix, die rund 1,1 l enthielt.

b) FLÜSSIGKEITSMASSE.

Das gebräuchlichste Flüssigkeitsmaß war das BATH (1 Kö 7,26; 2 Chron 2,9[10]; 4,5; Es 7,22; Jes 5,10 LÜ EIMER; Lk 16,6 LÜ TONNE), das gleich dem Epha $^1/_{10}$ Homer enthielt (Hes 45,11.14). Bei den Ausgrabungen in Lachis wurde ein zerbrochener Krug gefunden, auf dem steht: *bt l-mlk* = königliches Bath. Der Inhalt dieses und eines andern gleichen Kruges beträgt 22 l. Wir können daher das Bath vor dem Einfall Sanheribs 701 v. Chr. mit 22 l ansetzen; diese Annahme wird dadurch gestützt, daß A. Segré für das Epha den gleichen Inhalt erschlossen hat (s. o. I, 4a).

Das Bath enthielt 6 HIN (2 Mo 29,40; 30,24; Hes 4, 11; 45,24 u. ö.; 3 Mo 19,36 LÜ KANNE) zu $3^2/_3$ l, das Hin wurde weiter in 12 LOG (3 Mo 14,10.12.15.21. 24) zu $^{11}/_{36}$ l unterteilt. Es war also

1 Homer = 10 Bath = 60 Hin = 720 Log;
1 Bath = 6 Hin = 72 Log;
1 Hin = 12 Log.

In Joh 2,6 steht MASS für den griech. Metretes, was wörtlich »der Messende« heißt. Im alten Griechenland galt nämlich eine bestimmte Sorte großer Krüge als Einheitsmaß für Flüssigkeiten. Sie wurden danach als messende, inhaltsbestimmende Krüge bezeichnet, wobei in der Umgangssprache das Wort für Krug meist fortfiel. Dieses Richtmaß betrug etwa 39,5 l. Wenn die Joh 2,6 genannten Wasserkrüge im Mittel $2^1/_2$ Maß faßten, also rund 99 l, dann war der Inhalt aller 6 Krüge zusammen nahezu 600 l.

II) GEWICHTE.

Die Israeliten benutzten zum Wiegen Wagschalen und Gewichte, die man in einem Beutel mit sich führte (5 Mo 25,13; Spr 16,11; Mi 6,11). Solche Gewichte, meist aus Stein, sind bei den Ausgrabungen wiederholt gefunden worden, eine Reihe von ihnen tragen Inschriften mit der Angabe, wieviel sie gelten. Am häufigsten wird in der Schrift das Abwiegen von Metall und → Geld erwähnt; für die Bestandteile des heiligen Salböls wird das Gewicht an-

Maße und Gewichte

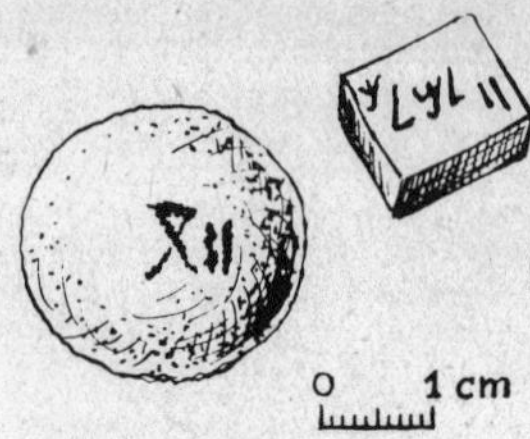

Hebr. Gewichte.
Links: Abgeplattete Kalksteinkugel. Die offene Schlinge bedeutet »Sekel«, die Striche geben das Vielfache der Einheit an, hier: 2 Sekel. Solche beschrifteten Gewichte sind in der Größenordnung von 1, 2, 4 und 8 Sekel erhalten, die zusammen offenbar einen Satz Gewichte ergaben.
Mitte: Bronzegewicht aus Geser: 2 Sekel. Das Sekelzeichen ist hier durch l-mlk = »königlicher (Sekel)« ersetzt (vgl. 1 Sam 14,26).
Rechts: Kalksteingewicht mit der Inschrift näsäp (Hälfte?); das Verhältnis dieser Einheit (rund 9,85 g) zum Sekel ist unklar.

gegeben (2 Mo 30,23.24), und zweimal ist die Rede davon, daß Haar gewogen wurde (2 Sam 14,26; Hes 5,1).

Die hebr. Gewichte sind Talent (LÜ ZENTNER), Mine (LÜ PFUND), Sekel (LÜ LOT), Beka (LÜ HALBES LOT) und GERA.

Nach 2 Mo 30,13.14 mußte jeder von der Volkszählung erfaßte isrl. Mann eine Abgabe von $^1/_2$ Sekel Silber entrichten. Das ergibt bei einer Zahl von 603550 Männern 301775 Sekel. In 2 Mo 38,25.26 wird die Gesamtsumme mit 100 Talenten und 1775 Sekeln angegeben. Demnach ist 1 Talent = 3000 Sekel (im Gegensatz zum babyl. Talent, das 3600 babyl. Sekel hat). Aus Hes 45,12b ergibt sich (wenn man der Lesart der LXX folgt: 5 Sekel sollen 5, und 10 Sekel sollen 10 sein, und 50 Sekel soll euch die Mine gelten), daß die Mine 50 Sekel hatte. Demnach muß das Talent 3000: 50 = 60 Minen haben. Der SEKEL (hebr. *schäkhäl* = Gewicht) wird weiter unterteilt in halbe Sekel (1 Mo 24,22; 2 Mo 38,26), deren Name BEKA (auch inschriftlich belegt) wörtlich »Teil, Stück« bedeutet und mit einem Zeitwort der Bedeutung »brechen, spalten« verwandt ist. D. h. 1 Stück von 2 Stücken, also die Hälfte des Sekels. Das kleinste Gewicht ($^1/_{20}$ Sekel) heißt GERA (»Korn«; 2 Mo 30,13; Hes 45,12).

Es war also 1 Talent =

60 Minen = 3000 Sekel = 6000 Beka = 60000 Gera;
1 Mine = 50 Sekel = 100 Beka = 1000 Gera;
1 Sekel = 2 Beka = 20 Gera;
1 Beka = 10 Gera.

Im AT wird das Talent als Gewicht für Gold, Silber, Bronze, Eisen (1 Chron 29,7) und Blei (Sach 5,7), die Mine für Gold (1 Kö 10,17) und Silber (Es 2,69) und der Sekel für Gold, Silber und Bronze (2 Mo 38,24. 25.29), Spezereien (2 Mo 30,23.24) und Haar (2 Sam 14,26) erwähnt. Im NT kommt das Talent als Geldgewicht in Mt 25,15; Offb 16,21 vor; in Mt 18,24 ist es verkleinernd mit Pfund übersetzt. Die Mine erscheint Lk 19,13 (zu diesen Stellen vgl. → Geld III, 3). Dagegen ist mit dem in Joh 12,3; 19,39 ge-

Tafel 57
Wüste Juda. Im Hintergrund das Tote Meer und dahinter die Berge Moabs. In dieser Landschaft suchte David vor der Verfolgung durch Saul Zuflucht (1 Sam 23;24;26).

Tafel 57

nannten PFUND das röm. Gewicht von 327,45 g gemeint.
Eine weitere Gewichtseinheit von wahrscheinlich 2/3 Sekel kennen wir durch 7 Gewichtsteine mit der Inschrift *pjm*. Nach diesen Funden läßt sich die früher unverständliche Stelle 1 Sam 13,21 übersetzen: »Und der Preis für die Pflugscharen und die Hauen war 1 *pjm*, und 1/3 Sekel für die Beile und das Richten der Stachel.« Außerdem wird das Gewicht von 1/4 Sekel in 1 Sam 9,8 erwähnt.
Zur Berechnung der hebr. Gewichte muß man vom Sekel ausgehen, den schon sein Name (s. o.) als Gewichtseinheit kennzeichnet. Vielfach wird er nach dem babyl. Sekel mit 16,37 g angesetzt. Das hat sich aber durch die in Palästina gefundenen Gewichte, die unter sich wieder nicht unbeträchtliche Schwankungen zeigen, nicht bestätigt. Verschiedene Gruppen von Gewichtsteinen führen vielmehr auf die errechneten Durchschnittswerte von 11,17 g, 11,5 g und 12,2 g für den Sekel (Galling, Bibl. Reallexikon Sp. 187/8). Mit Berücksichtigung dieser Schwankungsbreite, die wir noch nicht eindeutig erklären können, aus der wir aber auch nicht Unfähigkeit zu genauer Gewichtsbestimmung ableiten dürfen, vermitteln die folgenden Werte eine ungefähre Vorstellung von den hebr. Gewichten:

1 Talent	33,510 kg	–	36,600 kg,
1 Mine	558,5 g	–	610 g,
1 Sekel	11,17 g	–	12,2 g,
1 Beka	5,59 g	–	6,1 g,
1 Gera	0,92 g	–	1,01 g.

Mastix, Mastixstrauch *(Pistacia lentiscus;* hebr. *sari).*

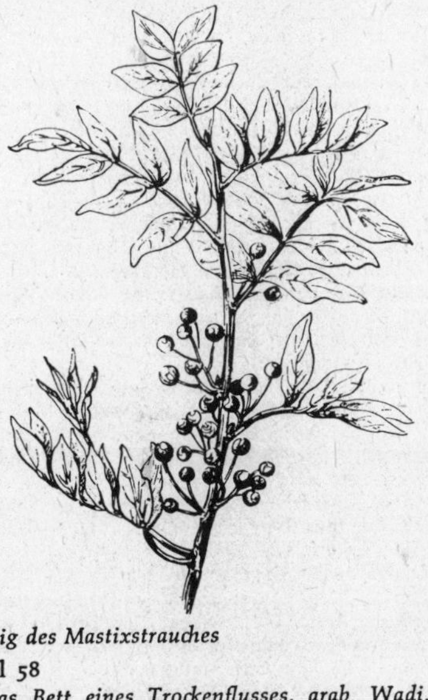

Zweig des Mastixstrauches

Tafel 58
a. Das Bett eines Trockenflusses, arab. Wadi, im Negev. Ein solches Flußbett, das nur nach Regenfällen Wasser führt, ist mit dem »kiesigen Grund« in 5 Mo 21,4 gemeint.
b. Das Arnontal, Grenze zwischen Israel und Moab. Der Blick geht aus der Gegend von Aroer nach S. Die Ränder des Hochlandes oberhalb der 500 m tiefen Schlucht liegen hier etwa 4 km auseinander. Im Hintergrund der Berg Shihan (1065 m), ein alter Vulkan.

Immergrüne Terebinthenart, die in Palästina und Syrien häufig vorkommt, aus der Familie der *Anacardiaceae.* An Stamm und Zweigen sondert der M.-strauch ein klebriges, langsam hart werdendes Harz ab. Die kleinen, hellgelben Harztropfen, M. genannt, verbreiten bei Erwärmung einen angenehmen Duft. In Hes 27,17 wird M. als Handelsartikel aus Israel auf den tyrischen Märkten genannt. Sonst gibt LÜ *sari* meist mit → Balsam (1 Mo 37,25; 43,11) oder → Salbe (Jer 8,22; 46,11; 51,8) wieder. Viell. ist das hebr. *nathap* (LÜ → Stakte) eine andere Bezeichnung für M. (2 Mo 30,34), das hebr. *baka* (LÜ → Maulbeerbaum) ein anderer Name des M.strauchs.

Mastkalb, Mastvieh → Rind

Matred, hängt mit hebr. »vertreiben« zusammen. Schwiegermutter des Edomiterkönigs Hadar (1 Mo 36,39; 1 Chron 1,50).

Matri »Regen«,
Benjaminit, Vorfahr Sauls (1 Sam 10,21).

Mattathan »Gabe (Gottes)«,
Sohn Nathans, Enkel Davids, Vorfahr Jesu (Lk 3, 31).

Mattathias »Gabe des Herrn«.
1) Zwei Vorfahren Jesu (Lk 3,25.26).
2) → Makkabäer.

Matthan »Geschenk, Gabe (Gottes)«.
1) Baalspriester z. Zt. Jojadas (2 Kö 11,18; 2 Chron 23,17).
2) Vater des Sephatja z. Zt. Jeremias (Jer 38,1).
3) Vorfahr Josephs (Mt 1,15).

Matthana, dasselbe Wort heißt sonst »Geschenk, Gabe«,
Ort in Moab (4 Mo 21,18.19), nach dem Onomastikon 12 Meilen östl. von Medeba. Das führt auf den Tell el-Mudeijine am Wadi et-Tamad, 17 km südöstl. von Medeba. Dort hat man Scherben aus dem Ende der Bronzezeit gefunden.

Matthanja »Gabe des Herrn«.
1) Sohn Hemans, Leiter der 9. levitischen Sängerabteilung z. Zt. Davids (1 Chron 25,4.16).
2) Levit aus dem Geschlecht Asaphs (2 Chron 20, 14).
3) Levit aus dem Geschlecht Asaphs z. Zt. Hiskias (2 Chron 29,13).
4) Sohn König Josias, den Nebukadnezar unter dem Namen → Zedekia zum letzten König Judas machte (2 Kö 24,17).
5) Levit aus dem Geschlecht Asaphs, Sohn des Micha (Neh 11,22) oder Michaja (Neh 12,35). Seine Urenkel Usi und Sacharja lebten z. Zt. Nehemias.
6) Levit, dessen Enkel Hanan z. Zt. Nehemias lebte (Neh 13,13).
7) Levit aus dem Geschlecht Asaphs, der Sohn Michas, der z. Zt. Nehemias das Dankgebet anstimmte (Neh 11,17; 12,8.25).
8) Vier Israeliten aus verschiedenen Geschlechtern, die heidnische Frauen genommen hatten (Es 10,26. 27.30.37).

Matthat »Gabe (Gottes)«,
zwei Vorfahren Jesu (Lk 3,24.29).

Matthattha »Gabe (Gottes)«,
Sohn Hasums, der seine heidnische Frau entließ (Es 10,33).

Matthäus, griech. Form von Mattathias, »Gabe des Herrn«.
Einer der Apostel, Verfasser des → Matthäusevangeliums. Ein Vergleich von Mt 9,9 mit Mk 2,14 und

Lk 5,27 zeigt, daß M. auch unter dem rein hebr. Namen Levi erwähnt wird. M. erscheint in allen Apostellisten (Mt 10,3; Mk 3,18; Lk 6,15; Apg 1, 13). Er war → Zöllner und wurde durch Jesus vom Zollhaus weg zum Jünger berufen. Jesus wählte damit einen Apostel aus der Gruppe der von den Juden verachteten Zollbeamten, die im Dienst der röm. Besatzung mithalfen, ihr Volk auszusaugen. Die Pharisäer nahmen daran Anstoß, umsomehr, als an der Mahlzeit, die sich an die Berufung anschloß, auch andere Zöllner und Juden teilnahmen, die sich nicht um die Aufrechterhaltung und Befolgung des mosaischen Gesetzes kümmerten (Mt 9, 10ff).
Der Vater des M. war Alphäus, der aber nicht mit dem Vater des Jakobus gleichzusetzen ist.

Matthäusevangelium. I) VORBEMERKUNG.
1) Die drei ersten oder synoptischen → Evangelien (man kann sie wegen ihrer Gleichartigkeit »zusammenschauen«) haben dreifachen Anlaß zu besonderen Untersuchungen gegeben: Sie stimmen in vielen Aussagen und Darstellungen wörtlich überein; anderseits formulieren sie gleiche Gedanken und Berichte oft verschieden; und schließlich stehen in jedem von ihnen Berichte, welche den anderen fehlen (Sondergut). Wer von der Voraussetzung ausging, daß parallele Überlieferungen von Worten Jesu nicht übereinstimmen können, ohne voneinander oder von einer gemeinsamen Quelle abgeschrieben zu sein, suchte nach dem Urevangelium. Die Vorstellung, daß Jesus den gleichen Gedanken nicht mehrmals auch in verschiedenen Formulierungen ausgesprochen haben könne, führte zum Zweifel an der Zuverlässigkeit der nicht völlig übereinstimmenden Überlieferungen. Und die Forderung, daß jeder Kurzbericht (die Ev. geben nur solche) über eine Begegnung Jesu mit Menschen jedes dabei gesprochene Wort enthalten müsse, machte abweichende Berichte ebenfalls verdächtig.
Zwar muß die Frage nach der Beziehung der Ev. zueinander gestellt werden; aber es muß dabei auch beachtet werden, ob sie richtig gestellt ist, wenn sie zur Annahme und Konstruktion von Quellen und Urschriften verleitet, über deren Gestalt trotz tiefgründiger Untersuchungen fast jeder Forscher andere Mutmaßungen anstellt, da sich in der Wirklichkeit von ihnen keine Spur gefunden hat und auch kein einziger der alten Schriftsteller etwas von ihnen erwähnt. Denn auch wenn man jene konstruierten Quellen für wahr hält, ist die Forderung des Glaubens letztlich keine andere als beim Vertrauen auf die Echtheit und Ganzheit des Evangeliums.
2) Die kritische Zergliederung der Ev. geht von der Voraussetzung einer zunächst ziemlich willkürlichen und unkontrollierten Gemeindetradition und dann der literarischen Abhängigkeit der Ev. untereinander aus. Angesichts der unbefriedigenden Ergebnisse ist man neuerdings aber stärker darauf aufmerksam geworden, daß im NT eine ganze Reihe von Ausdrücken und Hinweisen vorkommen, die auf eine sorgfältig überwachte mündliche Überlieferung des Ev.-Stoffes deuten, wie wir sie ähnlich auch von der jüd. Tradition her kennen. Außerdem machen die vielfach rhythmischen Formen der Reden Jesu (vgl. Mt 7,24–27) und einzelne Andeutungen (vgl. Mk 14,9; Lk 22,19c; 1 Kor 11,25c; Mt 28,20a) wahrscheinlich, daß der Herr diese Überlieferung vorausgesehen, gewollt und z. T. selber geformt hat. Die Bewahrung und Weitergabe der Tradition erscheint als bes. Aufgabe der Apostel (vgl. Lk 1,2 u. Apg 6,4; Gal 1,8.9; 2 Thess 2,15; 3,6). In 1 Kor 15,1–3 weist Paulus sehr deutlich darauf hin: »Ich erinnere euch aber, liebe Brüder, an das Evangelium, das ich euch verkündigt habe, das ihr auch *empfangen* habt, in dem ihr auch steht, durch das ihr auch gerettet werdet, wenn ihr es in der Gestalt *festhaltet,* in der ich es euch verkündigt habe... Denn ich habe euch als wichtigstes *überliefert,* was ich auch (=meinerseits) *empfangen* habe: Daß Christus für unsere Sünden gestorben ist nach der Schrift...« (die kursiv gesetzten Worte sind Fachausdrücke, wie sie auch für die jüd. Tradition verwendet wurden). Aus dieser Sicht eröffnen sich völlig neue Ansatzpunkte für die Frage nach dem Verhältnis der Ev. untereinander. Vgl. auch Heilige → Schrift und → Tradition.
II) EINLEITUNGSFRAGEN des M.
1) EIGENART. Die Ganzheit des Evangeliums erfordert keine wörtliche Übereinstimmung aller Ev. Bei der Fülle der Taten und Reden Jesu (Joh 21,25), die alle Gebiete des Denkens und Lebens des einzelnen wie der Menschheit umschließen, offenbart sich die Lebendigkeit gerade in der Darstellung verschiedener Linien oder Ebenen. Der tragende Begriff des M. ist »Himmelreich«, der von Mk und Lk verwendete Begriff »Reich Gottes« kommt im M. nur viermal vor. Mit dem König, der sein Volk sucht, rettet und baut, bricht dieses Himmelreich in die Welt ein als Zuflucht aller, die unter der Sünde und ihren Folgen leiden. Die Geretteten werden zu einem Volk geeint, dessen Grundbestand das auf der Tenne gereinigte Israel bildet. Das Reich kann nur gegen stärksten Widerstand Raum gewinnen. Das M. stellt diesen Kampf des Himmelreiches um seinen Platz in der Welt und den Sieg dar. Vgl. → Reich Gottes, → Rest.
2) VERFASSER. Als Verfasser des M. wird in der Überschrift der im Buch selbst als solcher nicht erwähnte Apostel → Matthäus genannt.
3) ABFASSUNG. Für die Frage nach der Abfassung des M. ist ein Wort des Papias (gest. 160 n. Chr.) wichtig: Matthäus habe die Reden oder Worte des Herrn in hebr. Sprache aufgezeichnet, welche jeder übersetzt habe, so gut er konnte. Daraus ergibt sich dreierlei: Der Schüler des Apostels Johannes kannte das Ev. als das des Matthäus, wußte, daß es ursprünglich in hebr. (= aram.) Sprache geschrieben war, und bezeugt seine Verbreitung auch unter den Heidenchristen. Die Abfassung in hebr. Sprache wird auch durch andre Kirchenväter (Irenäus, Eusebius) bestätigt. So wird das Ev. in Palästina geschrieben worden sein.
Wenn wir uns zur Bestimmung der Zeit der Niederschrift auf die alten Zeugnisse verlassen wollen, sind wir auf eine kurze Zeitspanne beschränkt. Nach Irenäus schrieb Matthäus, als Paulus und Petrus in Rom predigten; während Eusebius sagt, Matthäus habe das Ev. abgefaßt, bevor er Palästina verließ. Die Angaben führen in das Ende der 50er bzw. den Anfang der 60er Jahre des 1. Jh.
4) EMPFÄNGER. Es ist unwahrscheinlich, daß Mt, der Zöllner aus Galiläa, der griech. Sprache nicht mächtig gewesen wäre. Wenn er trotzdem sein Ev. aram. niederschreibt, so kann er sich mit dem Buche zunächst nur an Israeliten wenden, denen die griech. Sprache nicht so geläufig wie ihre aram. Umgangssprache war. Die vielen Hinweise auf die Erfüllung des AT in Christus legen es nahe, daß das Buch als Missionsschrift gedacht war.
5) ECHTHEIT. Trotz des einmütigen Zeugnisses der alten Kirche hat die oben angegebene Äußerung des Papias Anlaß zu Zweifeln gegeben. Papias spricht von Worten oder Reden Jesu, welche Matthäus aufgezeichnet habe. Daraus will man auf eine Redensammlung schließen, die erst später mit

den aus anderen Quellen genommenen Berichten über Taten Jesu zu dem Ev. verarbeitet worden sei. Zu solcher Folgerung liegt aber keine Notwendigkeit vor, denn viele Worte Jesu finden sich gerade in den Berichten über seine Taten und erhalten von dort her ihren Sinn.
Wenn das M. uns nicht mehr in aram. Sprache vorliegt, so spricht das nicht gegen seine Zuverlässigkeit. Es kann als Vorzug angesehen werden, daß aus einer Vielheit von Übersetzungen eine als getreuste allgemeine Anerkennung fand. Gegen die Kanonizität des M. sind niemals Bedenken erhoben worden.

III) GLIEDERUNG.

I. Der Weg in den Dienst (1,1–4,25).
  1. Der Stammbaum (1,1–17).
  2. Der Weg zu den Menschen (1,18–3,17).
  3. Überwindung des Versuchers (4,1–11).
  4. Erstes öffentliches Auftreten und Berufung der ersten Jünger (4,12–25).

II. Die Aussaat (5,1–9,38).
  A. Saat durch das Wort – die Bergpredigt (5,1–7,29).
    1. Siebenfache allgemeine Ordnung Gottes (5,3–9).
    2. Besondere Ordnung für die Jünger (V 10–16).
    3. Bleibende Bedeutung des Gesetzes (V 17–19).
    4. Die bessere Gerechtigkeit (V 20–48).
    5. Das Leben in Gott (6,1–7,27).
    6. Wirkung der Rede (V 28.29).
  B. Saat durch Werke (8,1–9,38).
    1. Jesu Macht über die Krankheit (8,1–18; 9,1–8.20–22.27–31).
    2. Jesu Macht über die Dämonen (8,28–34; 9,32–34).
    3. Jesu Macht über den Tod (9,18.19.23–26).
    4. Jesu Macht über die Schöpfung (8,23–27).
    5. Jesu Macht über die Menschen (9,9–17.35–38).

III. In der Ernte (10,1–13,58).
  A. Sendung der Jünger (10,1–42).
    1. Der Auftrag (V 1–15).
    2. Die Antwort der Welt (V 16–25).
    3. Sieghaftigkeit (V 26–33).
    4. Heiliger Krieg (V 34–42).
  B. Christus in der Ernte (11,1–13,58).
    1. Auseinandersetzung mit dem zweifelnden Täufer und den verstockten galiläischen Städten (11,1–24).
    2. Zeugnis des Sohnes und Einladung an die Mühseligen und Beladenen (11,25–30).
    3. Begegnungen der Klärung und Scheidung (12, 1–50).
    4. Sieben Bilder vom Himmelreich (13,1–52).
    5. Jesus in Nazareth (V 53–58).

IV. Die Auseinandersetzung (14,1–22,46).
  A. Keime zur Auseinandersetzung (14,1–16,20). Vom Aufbruch des Hasses zum Christusbekenntnis der Jünger.
  B. Verschärfung des Gegensatzes (16,21–22,46).
    1. Festigung der Glaubenden (16,21–17,21).
    2. Die Glaubenden in der Welt (17,22–20,16).
    3. Gespräch zur Klärung der Fronten (20,17–22,46).
  C. Die Abrechnung (23,1–39).
    1. Das Wesen der Pharisäer (23,1–12).
    2. Die Diener Satans (23,13–32).
    3. Der Fluch (23,33–39).

V. Christus der Sieger (24,1–28,20)
  A. Rede vom Weg zum endgültigen Sieg (24,1–25,46).
    1. Blick in die Zukunft (24,1–14).
    2. Stundenschlag der Geschichte (24,15–36).
    3. Gleichnisse (24,37–25,46).
  B. Grundlegung des Sieges (26,1–27,56).
    1. Bereitung Jesu unter den Seinen (26,1–46).
    2. In den Händen der Menschen (26,47–27,26).
    3. Entmachtung des Todes (27,27–56).
  C. Der Sieg auf Erden (27,57–28,20).

IV) GRUNDGEDANKEN.

1) Das M. behandelt die Aufrichtung des Himmelreiches durch Jesus, den Seligmacher seines Volkes (Mt 1,21), den Christus, den Sohn Gottes (Mt 16,16), den Davidssohn (2 Sam 7,12–16; Mt 1,1; 2,2), der über den Samen Abrahams Herr sein soll (Mt 2,6). Die Antwort auf die Versuchung zeigt die Mittel des Baues: Bußpredigt, Dienst von Menschen, Heilung zur Arbeitsfähigkeit (Mt 4,12–25). So wird das Reich verkündigt in Bergpredigt und Gleichnisrede, aber auch in Gesprächen. Immer wieder werden die unerläßlichen Voraussetzungen für die Aufnahme in das Reich gezeigt, wie (am umfangreichsten in der Bergpredigt) die Lebensordnung des neuen Volkes. Neben der Saat durch das Wort steht die Saat durch heilende und helfende Tat. Bürgerrecht ist allen Menschen angeboten; wenn auch Israel den Vorrang hat (Mt 15,24), so sprengen Offenbarung und Segenswirkungen doch alle völkischen Grenzen: Heiden beten in Bethlehem an (Mt 2,1–11), eine Heilung erfolgt im Haus des röm. Hauptmanns, mehrfach wird auf den Glauben der Heiden hingewiesen (Mt 8,10; 15,28; 27,54).
2a) Neben die Linie vom Bau des Reiches tritt eine zweite. Wo in der Welt ein Reich aufgerichtet wird, kann es nur geschehen gegen den Widerstand der bisherigen Machthaber und aller, die nicht Bürger werden wollen. So sind Herodes und »das ganze Jerusalem« eins im Erschrecken über die Nachricht von der Geburt eines neuen Königs (Mt 2,3). Herodes scheut nicht vor einem Massenmord zurück, in der Hoffnung, so das Kind vernichten zu können. Später gehen die Diener des Königs Herodes wohl mit, um den Jesus von Nazareth zu fangen, aber sie sind dabei nur Handlanger der Pharisäer, denn gegen den Prediger und Wundertäter hat der König nichts einzuwenden. Trotzdem verheißt der Herr den Jüngern, daß man sie zum Gericht vor die Fürsten und Könige führen wird (Mt 10,18). Zum Schluß wirkt auch die Obrigkeit unter den feindlichen Kräften mit bei der Verurteilung Jesu.
b) Dazu gehört auch die durchgehende Linie der Feindschaft der gnadenlosen Religiosität; sie lehnt die Gnade ab, weil sie sich selbst für gerecht und der vergebenden Gnade nicht bedürftig hält, aber auch, weil sie nicht dulden will, daß die Sünder Vergebung durch Gnade finden. Diese Auseinandersetzung beginnt mit Johannes dem Täufer, der die Schlangenbrut (Kinder des Teufels) offen angreift und ihr das Gericht durch Christus ankündigt (Mt 3,7–12). In immer schärfer werdendem Gegensatz scheiden sich Spreu und Weizen, bis der Herr die Spreu mit seinem siebenfachen Wehe (Mt 23) von der Tenne fegt. Danach können die Gegner nur noch Jesus töten. So werden die Sünder selig, während die »Gerechten« das Heil von sich stoßen und ihnen das Reich genommen wird (Mt 21,43).
3) Auf Erden wird das Himmelreich immer im Kampf stehen müssen (Mt 10,34). Die Jünger werden verhaßt sein (Mt 10,22; 24,9), verfolgt und getötet werden, aber sie nehmen alles dies auf sich

im Vertrauen auf den Herrn, der den Sieg schon errungen hat und ihnen am Ziel sagen wird: »Ererbt das Reich, das euch bereitet ist von Anbeginn der Welt« (Mt 25,34). So ist das M. des Ev. vom → Reich, seinem Kampf und Sieg.

Matthias, Nebenform von Mattathias, »Gabe des Herrn«, Jünger, den die Apostel durchs Los als Nachfolger des Judas wählten (Apg 1,21–26). Er war Jesus von seiner Taufe bis zur Auferstehung gefolgt.

Matthithja »Gabe des Herrn«.
1) Sohn Jedithuns (1 Chron 25,3; 15,18.21), Leiter der 14. Sängerabteilung z. Zt. Davids (1 Chron 25, 21).
2) Levit, Sohn Sallums, dem das Pfannenbackwerk für das Speisopfer anvertraut war (1 Chron 9,31).
3) Israelit, der sich von seiner heidnischen Frau trennte (Es 10,43).
4) Priester oder Levit z. Zt. Nehemias (Neh 8,4).

Matthnai, Kurzform von Matthanja, »Gabe des Herrn«.
1) Priester aus dem Geschlecht Jojarib z. Zt. des Hohenpriesters Jojakim (Neh 12,19).
2) Zwei Israeliten, die sich von ihren heidnischen Frauen trennten (Es 10,33.37).

Mauer → Festung

Maulbeerbaum, Maulbeerfeige (hebr. *schikhmah;* griech. *sykomorea).* Der M. der HS ist der Maulbeerfeigenbaum oder die Sykomore *(Ficus sycomorus)* aus der Familie der *Moraceae.* Er stammt ursprünglich aus Ägypten (Ps 78,47) und wurde später in Palästina zuerst in der Sephela (1 Kö 10, 27 LÜ Feigenbaum; 2 Chron 1,15; 9,27), dann in Untergaliläa und in der Gegend um Jericho (Lk 19, 4) angepflanzt. Für die Pflanzungen in der Sephela gab es z. Zt. Davids einen eigens dazu bestellten königlichen Verwalter (1 Chron 27,28).
Der bis zu 16 m hohe Baum hat eine gewaltige Krone, in der sich ein Mann wie Zachäus gut verbergen und dabei doch alles sehen konnte (Lk 19,4). Der Stamm erreicht einen Umfang von 10 m, das Wurzelwerk ist sehr weit verzweigt. Die Früchte der Sykomore gleichen äußerlich den Feigen, sitzen in Büscheln am Stamm und an den dickeren Ästen und sind eßbar, aber nicht sehr wohlschmeckend. Um Reife und Süßigkeit zu fördern, ritzte man sie auf. Dieses Aufritzen (LÜ »abliest«) wird Am 7,14 erwähnt. Das Holz des M. ist fest, gleichmäßig und sehr haltbar, darum nach dem Zedernholz das beste Holz für Schreinerarbeiten. Mit dem Maulbeerbaum in 2 Sam 5,23f u. 1 Chron 14,14f (hebr. *baka)* ist nicht die Sykomore gemeint, sondern eine Balsampflanze, viell. der → Mastixstrauch.

Maulesel, Maultier (hebr. *päräd).*
Der M. *(Equus hinnus)* ist die Kreuzung eines Pferdehengstes mit einer Eselin, das wesentlich stärkere und darum häufiger gezogene Maultier *(Equus mulus)* die eines Eselhengstes mit einer Pferdestute. Maultiere gleichen in ihrem Körperbau dem Pferd, nur die langen Ohren und das Geschrei erinnern an den Esel. Früh wurden sie zum Reiten (2 Sam 13, 29; 18,9; 1 Kö 1,33) und als Lasttiere (2 Kö 5,17; 1 Chron 12,40; Jes 66,20) gebraucht. Ob es sich an diesen Stellen um M. oder Maultiere handelt, geht aus dem Text nicht hervor. Den Israeliten war die Züchtung beider Arten verboten (3 Mo 19,19), sie kauften jedoch Maultiere von andern Völkern. So war z. B. → Thogarma für seinen Maultierexport bekannt (Hes 27,14).
In Est 8,10 sind wahrscheinlich keine Maultiere, sondern Pferde gemeint.

Maulwurf. In Palästina gibt es keine M. Das hebr. Wort *tinschämät* (= Schnauber) in 3 Mo 11,30 bezeichnet hier wahrscheinlich das Chamäleon *(Chamaeleon chamaeleon),* ein etwa 30 cm langes, auf Bäumen lebendes Reptil, das sich von Insekten nährt, die es mit seiner langen, klebrigen, blitzartig herausschnellenden Zunge fängt. Durch veränderliche Schutzfarben kann es sich der jeweiligen Situation anpassen.
In dem hebr. *chaparparah* (= Wühler) Jes 2,20 vermutet man eine Spitzmausart: *Crocidura religiosa,* die den Ägyptern heilig war; manche denken hier auch an einen anderen hebr. Namen für den Stumpfschnauzenmull (→ Wiesel).

Maurer. Der Beruf des M. ging häufig wohl in den des Steinmetzen über und war ursprünglich in Palästina ebensowenig beheimatet wie der des → Zimmermanns. Das läßt sich schon daraus schließen, daß Salomo beim Bau des Tempels diese Handwerker aus Tyrus kommen ließ (2 Sam 5,11; hebr. *charasch äbän* = Handwerker des Steins, LÜ Steinmetzen; eigentliche Maurer [hebr. *goder*] werden erst 2 Kö 12,13[12]; 22,6 erwähnt).
Die Israeliten haben erst sehr spät den harten Naturstein bearbeitet; es fehlten dazu wohl auch die eisernen Werkzeuge. Sie erlernten die Steinbearbeitung von den Phöniziern (vgl. 1 Kö 27[13]–32[18]). Der noch frische Kalkstein ließ sich verhältnismäßig leicht mit dem Hammer behauen, so daß die Blöcke fast fugendicht ohne Mörtel aneinandergelegt werden konnten. Z. Zt. Salomos baute man Mauern mit wechselnden Schichten von Läufern und Bindern, auch sehr stabile Eckpfeiler mit durch Schutt aufgefüllten Hohlräumen.
Meist aber wurden nur für das Fundament Steine verwandt, und zwar oft unbehauene, über denen man in Holz und Lehm bzw. mit Lehmziegeln (→ Ziegel) weiterbaute. Man kannte die → Meßschnur zur Festlegung der Kanten, muß auch wohl für die Ziegelbauweise ein kellenähnliches Werkzeug gehabt haben; denn hier wurde zwischen die einzelnen Schichten eine Art Mörtel aufgetragen. Am 5, 11 gilt reiner Steinbau als Verschwendung. Vgl. → Handwerk, → Haus, → Kalk, → Stadt.

Maus. Das hebr. *akbar,* das Luther mit M. übersetzt, ist wahrscheinlich eine umfassende Bezeichnung für alle Nagetiere, die in Körperbau und Lebensweise der in Palästina stark verbreiteten Feldmaus *(Microtus syriacus)* ähneln; außer den eigentlichen Mäusen *(Muridae)* bes. die Wüstenspringmaus *(Jaculus jaculus),* die von den Arabern gern gegessen wird.
Vor allem in der Küstenebene Südpalästinas werden Mäuse häufig zur Plage (vgl. 1 Sam 6,4ff). Den Israeliten waren sie unrein (3 Mo 11,29; vgl. Jes 66,17).

Mazedonien. Röm. Provinz auf der Balkanhalbinsel, im S von Achaja, im O von Thrazien und im N von Dalmatien begrenzt. Paulus wurde durch ein Gesicht nach M. gerufen (Apg 16,9.10) und gründete hier Gemeinden in Philippi, Thessalonich und Beröa. Die mazedonischen Gemeinden werden wegen ihrer Gebefreudigkeit gerühmt (2 Kor 8,1.2; Röm 15,26). Vgl. Karte Sp. 1151/2.

Mea »Hundert«,
Turm im N → Jerusalems (III C), wohl nach der Stärke seiner Besatzung so genannt (Neh 3,1).

Meara »Höhle«.
Ort im Gebiet der Sidonier (Jos 13,4). Vielleicht die

der Astarte geweihte Höhle nahe bei Murarat el-fardsch, nördl. des Nahr el-Kasimije (nordöstl. von Tyrus).

Mebunnai. Husathiter, der 2 Sam 23,27 unter Davids Helden genannt wird, wahrscheinlich mit dem Husathiter Sibbechai gleichzusetzen, der 2 Sam 21, 18; 1 Chron 11,29; 20,4; 27,11 vorkommt.

Mechona, hängt mit hebr. »fest, gerade sein« zusammen.
Ort im S Judas (Neh 11,28), seine Lage ist unbekannt.

Medad etwa »Geliebt, Liebling«,
einer der 70 Ältesten z. Zt. Moses (4 Mo 11,26–29). Vgl. → Eldad.

Medan, wohl mit akkad. »stark sein« in Verbindung zu bringen.
Sohn von Abraham und Ketura (1 Mo 25,2; 1 Chron 1,32).

Medeba. Stadt östl. vom Toten Meer, 30 km südwestl. von Rabba (Amman) und ca. 10 km südl. von Hesbon, das heutige Madaba. Der urspr. moabitische Ort wurde vom Amoriterkönig Sihon erobert (4 Mo 21,30; Jos 13,9.10), später dem Stammgebiet Rubens zugeteilt (V 16). Z. Zt. Davids war die Stadt ammonitisch (1 Chron 19,7.15). Nach dem → Mesastein gehörte M. unter Omri zu Israel und wurde später von Mesa erobert. Jes 15,2 weissagt die Zerstörung der Stadt.
1896 wurde in M. in einer Kirche des 6. Jh. ein Mosaikfußboden entdeckt, der eine Palästinakarte darstellt. Ihre erhaltenen Teile sind für die Geographie der biblischen Zeit von großer Bedeutung. Vgl. Karte Sp. 914.

Meder → Medien

Medien. I) Die Meder sind indogermanischer Abstammung. Sie wohnten im Bergland östl. von Assyrien und nördl. von Babylonien und Elam, im nordwestl. Teil des Iran südl. vom Kaspischen Meer, wo sie sich vielleicht im 9. Jh. v. Chr. angesiedelt und die ursprüngliche Bevölkerung unterworfen haben. Sie gehören wohl auch zu den »Skythen« des Herodot, die von den Assyrern und Babyloniern Umman-Manda genannt wurden. Vgl. Karte Sp. 917.
II) Der erste assyr. König, der die Meder erwähnt, ist Salmanassar III. (859–824 v. Chr.). Erst Thiglath-Pileser III. (745–727 v. Chr.) konnte sie tributpflichtig machen und, wie später Sargon (721–705 v. Chr.), Teile ihres Gebietes erobern (vgl. 2 Kö 17, 6; 18,11). Auch Asar-Haddon und Asnaphar (Assurbanipal) erzielten Erfolge gegen sie. Asnaphar vernichtete → Elam und beseitigte dadurch das Reich, das → Assyrien von M. trennte. Die Macht der Meder wuchs unter Phraortes (674–653 v. Chr.) und seinem Sohn Kyaxares (652–612 v. Chr.), der ein Bündnis mit Nabopolassar von Babylon schloß. 612 v. Chr. zerstörten die Meder die assyr. Hauptstadt Ninive. Danach teilten M. und Babylonien das assyr. Reich untereinander, wobei an die Meder der größte Teil des Gebietes nördl. vom Tigris, von Elam bis zum Halysfluß, fiel. Dies medische Reich war jedoch nur von kurzer Dauer. Die Freundschaft mit Babylon blieb bis zum Tode Nebukadnezars, der die Tochter des Kyaxares geheiratet hatte, bestehen. Die Nachfolger des Kyaxares waren Arbaces (612–585 v. Chr.) und Astyages (584–550 v. Chr.), der Sohn des Kyaxares. 550 v. Chr. gelang es den Persern unter Kores (Kyrus), dem König von Ansan, den Medern die Herrschaft zu entreißen. So entstand das Reich der Meder und Perser (Est 1,3. 14.18.19; 10,2), dem dann auch Babylon zum Opfer fiel (Jes 13,17; 21,2 EÜ; Jer 51,11.28; Dan 9,1; 11, 1). Alexander d. Gr. unterwarf M. 330 v. Chr. (vgl. Dan 8,20.21). Danach wurde es mit Syrien vereinigt und kam später unter die Herrschaft der → Parther (vgl. Apg 2,9).
III) Die Meder verehrten arische Götter, namentlich den Sonnengott Mithras. Ihre Kultur stand auf hoher Stufe; die Perser übernahmen viel von ihnen. M. war berühmt wegen seiner Pferde, die auch als Tribut an Assyrien geliefert wurden.

Meer → Mittelmeer; → Salzmeer; → Schilfmeer

Meer, ehernes. Dicht beim Brandopferaltar, etwas nach Südwesten, stand im Vorhof des salomonischen Tempels das e. M., ein großer bronzener Wasserbehälter (1 Kö 7,23–26; 2 Chron 4,2–5). Das Gefäß war rund, sein Durchmesser betrug 10 Ellen (etwa 5,25 m), die Dicke des Randes eine Handbreit (etwa 7,5 cm), das Maß der Oberkante 30 Ellen. Nach 2 Chron 4,5 betrug der Inhalt 3000 Bath, nach 1 Kö 7,26 nur 2000 Bath. Nach dem Durchmesser und der Höhe von 5 Ellen (1 Kö 7,23) erhalten wir bei einem Bath von 22 l als Inhalt des e. M.:
wenn es eine Halbkugel war: rund 1730 Bath,
wenn es ein Zylinder war: rund 2600 Bath.
Danach ist die Zahl 2000 im Text wohl eine runde Zahl, mit der angedeutet werden sollte, daß der Inhalt näher bei 2000 als bei 1000 Bath steht. Unter dem oberen Rand, der wie ein Lilienkelch ausgebogen war, befanden sich Verzierungen: LÜ »Knoten«, ZÜ »wilde Gurken« (1 Kö 7,24). A. v. Selms will nach 2 Chron 4,3 »Blumenkelche« verstehen und denkt an geöffnete Blüten; ein Blumenkelch auf einem Dreifuß aus Ugarit kann eine Vorstellung davon vermitteln.
Das e. M. stand auf 4 Gruppen von je 3 Rindern, nach jeder Windrichtung eine. Gewöhnlich stellt man sich die Rinder stehend vor, der Text gibt keinen Hinweis auf ihre Haltung. Auch über eine symbolische Bedeutung von Meer und Rindern macht die HS keine Andeutung; die vorgeschlagenen mythologischen Erklärungen werden dem biblischen Denken sicher nicht gerecht.
Das e. M. diente für die Reinigungswaschungen der Priester (2 Chron 4,6), und wohl auch zum Nachfüllen der 10 Kessel, in denen alles, was zum Brandopfer gehörte, abgespült wurde (vgl. → Handfaß II). Vermutlich schöpfte man aus dem e. M. auch das heilige Wasser zum Eiferopfer (4 Mo 5,17).
Woher das Wasser für das e. M. genommen wurde, wissen wir nicht. Die sog. Teiche Salomos (Taf. 43b/672) südwestl. von Bethlehem und die Wasserleitung von dort bis zum Tempelplatz sind erst in der hellenistischen Zeit sicher nachzuweisen (vgl. → Jerusalem II C).

Rekonstruktion des Ehernen Meers aus dem Tempel Salomos

Bei der Eroberung Jerusalems wurde das e. M., das schon König Ahas von den tragenden Rindern herabgenommen hatte (2 Kö 16,17), mit den übrigen Tempelgeräten zerschlagen, das Metall brachte man nach Babylon (2 Kö 25,13).

Meer, galiläisches → Genezareth II

Meer gegen Morgen (Hes 47,18; Jo 2,20) ist das → Salzmeer oder Tote Meer.

Meerdrache, Meeresungeheuer → Drache, → Leviathan

Meerwunder (griech. *ta enalia*) = alle Tiere im Meer (Jak 3,7).

Megiddo.
Tell el-Mutesellim, der Ruinenhügel von M., rund 15 km südwestl. von Nazareth, gehört zu den wichtigsten Grabungsstätten Palästinas (→ Ausgrabungen). Die älteste Stadtanlage geht etwa 3500 v. Chr. zurück. Die Stadtmauer von urspr. 4 m Breite

Rekonstruktion der salomonischen Pferdeställe in der Wagenstadt Megiddo; rechts in der Zeichnung die Pfeiler, wie sie bei der Ausgrabung gefunden wurden

wurde später auf das Doppelte verstärkt. Die Festung hatte eine Schlüsselstellung auf der Grenze von Samarien und Galiläa inne, am Paß von der Saronebene zur Ebene Jesreel; dem Pharao Thutmose III. galt ihre Eroberung mehr als die von 1000 Städten. Ägypt. Texte nennen M. im Zushg. mit Thaanach (vgl. Jos 17,11). Die kanaanitische Königsstadt (Jos 12,21) wurde dem Stamm Manasse zugeteilt (Jos 17,11), der aber zunächst die Kanaaniter nicht vertreiben konnte (Ri 1,27). In der Nähe von M. schlug Barak Sisera (Ri 5,19). Später, unter Salomo, war M. dann isrl. Wagenstadt, also Garnison und Stützpunkt (1 Kö 9,15.19; 10,26), und Sitz eines Statthalters (1 Kö 4,12). Palast, Pferdeställe und Toranlage aus dieser Zeit sind gefunden worden (Taf. 69b/1088). Die Eroberung durch Sisak 925 v. Chr. wird durch das Bruchstück einer Stele dieses Pharaos bezeugt (vgl. 1 Kö 14,25). Ahasja von Juda starb hier auf der Flucht vor Jehu (2 Kö 9,27). Aus der Zeit Jerobeams II. von Israel stammt das Löwensiegel seines Beamten Sema (Taf. 67b/1056). Nach dem Ende des Nordreiches trat Josia bei M. Pharao Necho entgegen und fiel (609 v. Chr.; 2 Kö 23,29.30). Die Römer errichteten ein Legionslager dicht südl. vom alten M. in Legio (Ledschun). Vgl. Karte Sp. 1067; 1332; 1311; 727/8; Abb. Sp. 246; 833; 1425/6; 1490; 1492.

Bruchstück einer ägypt. Stele aus Megiddo mit dem Namen des Pharaos→Sisak (vgl. Abb. Sp. 41 links)

Mehetabeel »Gott tut Gutes«.
1) Frau des Edomiterkönigs Hadar (1 Mo 36,39; 1 Chron 1,50).
2) Großvater des falschen Propheten Semaja (Neh 6,10).

Mehida, Tempelknecht, dessen Nachkommen mit Serubabel aus der babyl. Gefangenschaft heimkehrten (Es 2,52; Neh 7,54).

Mehir »Kaufpreis, Lohn«,
Judäer, Vater Esthons (1 Chron 4,11).

Mehl (hebr. *khämach* = das Zermalmte),
fein im → Mörser zerstoßene oder mit der → Mühle zermahlene Getreidekörner. Neben dem einfachen M. wird das feinere *khämach solät* (LÜ Semmelmehl) genannt (1 Mo 18,6), das auch für das Speisopfer bestimmt war (2 Mo 29,2.40; 3 Mo 2,1.5; 1 Chron 9,29). Beim Eiferopfer wurde das weniger wertvolle Gerstenmehl verwandt (4 Mo 5,15).
In 1 Sam 25,18 ist mit M. (LÜ; hebr. *khali*) unzerkleinertes, geröstetes Getreide gemeint (vgl. → Grütze).

Meholathiter. Beiname Adriels (1 Sam 18,19). Er stammte aus einem Ort Mehola, wahrscheinlich aus → Abel-Mehola, dem Heimatort Elisas.

Mehuman, Kämmerer des Perserkönigs Ahasveros (Est 1,10). → Abagtha.

Mehusal. Landschaft in Arabien, die mit Tyrus handelte (Hes 27,19). Man hat M. auch als »aus → Usal« aufgefaßt.

Meile → Maße und Gewichte I, 2

Meineidiger, jemand, der vor Gericht und unter Eid, d. h. unter Anrufung des Namens Gottes, bewußt eine falsche Aussage macht oder etwas verschweigt (Jer 7,9; Sach 5,3; Mal 3,5; 1 Tim 1,10). Vgl. → Eid IV; VI.

Meister → Lehrer III und IV

Me-Jarkon, Ort in der Nähe von Japho (Jos 19,46), vielleicht Tell Dscherise am Nahr el-Audscha (neuhebr. Yarqon) nördl. Japho. Vgl. Karte Sp. 1311.

Melatja »Der Herr hat gerettet«,
Gibeoniter, der beim Aufbau der Mauer Jerusalems half (Neh 3,7).

Melchi »Mein König«,
Zwei Vorfahren Jesu (Lk 3,24.28).

Melchiel → Malchiel

Melchisedek »König der Gerechtigkeit« oder »(Mein) König ist Gerechtigkeit«.
König von → Salem – der Abraham Brot und Wein entgegentrug, als dieser vom Sieg über Kedor-Laomor und seine Bundesgenossen zurückkehrte (1 Mo 14,18–24) – zugleich Priester des Allerhöchsten. Die HS sieht in ihm, der ohne nachweisbare Priesterabstammung auftritt (vgl. Es 2,59.62) und eben-

so unvermittelt verschwindet, ein Vorbild Christi (Hebr 5,6.10; 6,20; Kap 7). Das Priestertum M. steht über dem Aarons; denn M. segnete Abraham, und Abraham, der Vorfahr Aarons, gab M. den Zehnten, womit er ihn als Priester anerkannte. David schaut seinen Herrn, den Messias, als Priester in Ewigkeit nach der Weise M. (Ps 110,4).

Melea »Fülle«,
Vorfahr Jesu (Lk 3,31).

Melech »König«,
Urenkel Jonathans (1 Chron 8,35; 9,41).

Melite. Die Insel Malta, rund 100 km südl. von Sizilien (Apg 28,1). Die Bucht, bei der das Schiff des Paulus wahrscheinlich Schiffbruch erlitt, befindet sich im NO Maltas (Apg 27,39ff). Die Einwohner Maltas werden *barbaroi* (LÜ Leutlein; Apg 28, 2.4) genannt, da sie weder Griechen noch Römer sind. Vgl. Karte Sp. 1049/50.

Meltau. Hebr. *mathar sochep* (Spr 28,3) bezeichnet nicht die Pflanzenkrankheit M., sondern einen Platzregen, der das Erdreich wegschwemmt.

Memuchan, viell. pers. »Magier«.
Einer der sieben Fürsten von Persien und Medien unter Ahasveros. Er sprach das Urteil über das Verhalten der Königin Vasthi (Est 1,14–21). → Admatha.

Menahem »Tröster, Trost«.
Als in den Wirren nach dem Tod König Jerobeams II. der Verschwörer Sallum den neuen König von Israel, Sacharja, getötet hatte, kam M., der Sohn Gadis von Thirza nach Samaria, erschlug Sallum und wurde selber König von Israel (752–742/1 v. Chr.). Die Stadt Tiphsah (2), die ihm die Anerkennung versagte, eroberte und strafte er grausam. Er setzte die Verehrung der Stierbilder Jerobeams fort und tat, was dem Herrn mißfiel. Beim Einfall der Assyrer unter Phul oder Thiglath-Pileser III. zahlte M. 1000 Talente Silber Tribut. Er brachte die Summe dadurch auf, daß er von allen reichen Leuten 50 Sekel Silber pro Kopf (nach damaligen assyr. Preisen der Wert eines Sklaven) einzog; danach müssen rund 60000 Israeliten diese Abgabe haben aufbringen können. Nach 10jähriger Herrschaft folgte ihm sein Sohn Pekahja (2 Kö 15,14–22).

Menam »Tröster (?)«,
Vorfahr Jesu (Lk 3,31).

Mene, Mene, Tekel, U-pharsin. Diese aram. Worte in Dan 5,25–28 bedeuten: »Mine, Mine, Sekel und halbe Minen«, während die Worte »gezählt, gezählt, gewogen und zerteilt« (vgl. V 26–28) aram. *mene, mene, tekil, u-peris* lauten müßten.
Nun hat A. Alt (VT 4 [1954] S. 303–305) einen Vorschlag gemacht, der die Schwierigkeit löst. Er nimmt an, daß die Schrift tatsächlich aus den oben genannten 4 Gewichtsbezeichnungen bestand, die nach damaligem Gebrauch abgekürzt, d. h. nur mit ihrem Anfangsbuchstaben, hintereinander geschrieben waren. Das macht die Ratlosigkeit der Weisen verständlich, die die Schrift nicht lesen können (V 8. 15.16), weil sie wohl vollständige Wörter erwarten. Daniel liest nun zuerst richtig die Gewichtsbezeichnungen (V 25), die er dann bei der Deutung im Sinn der Wortstämme, aus denen sie abgeleitet sind (zählen, wiegen, teilen), in vollständige Sätze einfügt (V 26–28) und damit die Deutung der Schrift gewinnt.

Meni, Schicksalsgöttin, der die Israeliten z. Zt. Jesajas Trankopfer darbrachten (Jes 65,11).

Mensch. I) Die Bibel sieht und versteht den M. stets als EINHEIT, wenn auch von verschiedenen Seiten her; sie spaltet ihn nicht in einen Widerstreit von Leib u. → Seele bzw. Geist auf. Der M. als Ganzes ist (nicht hat) eine lebendige Seele (1 Mo 2,7). Auch der Gegensatz von → Fleisch und Geist meint immer den ganzen M., der als solcher fleischlich oder geistlich gesinnt ist (Röm 8,5–9). Geist, Seele u. → Leib stellen zwar verschiedene Seiten des M., jedoch keine selbständigen Teile dar. Neben ihnen spricht die Bibel noch ein Viertes im M. an: das → Herz als seine wesenhafte Mitte (Mk 12,30.33; Lk 10,27). Hier fällt die Entscheidung über das eigentliche Leben des M., das Leben aus Gott, das ebenfalls in seiner Wirkung den ganzen Menschen erfaßt und nicht auf irgendeinen Teil beschränkt bleibt (2 Kor 5,17; Eph 4,22–24; Kol 3,9.10).

II) In seinem NATÜRLICHEN LEBEN unterscheidet sich der M., abgesehen von seinen geistigen Funktionen, nicht wesentlich vom Tier (»aus Erde« 1 Mo 2, 7.19a [ZÜ]; 6,17; Pred 3,18–21). Er ist von der Schöpfung her Erde und Asche (1 Mo 18,27), eine Made oder ein Wurm (Hi 25,6), wie Gras der Vergänglichkeit unterworfen (Ps 103,14–16; 144,4; 1 Petr 1,24). Alle Geschöpfe leben in ihrer Schwachheit allein von der ständig neuen Schöpfergnade Gottes (Hi 34,14.15).

III) Was den Menschen entscheidend vom Tier trennt (1 Mo 2,20), ist seine Bestimmung zur bewußten GEMEINSCHAFT MIT GOTT. Sie verwirklicht sich im Reden Gottes und im Gehorsam des M. (1 Mo 2,16.17; Hes 20,11; Mk 12,30; Joh 4,34). Jedes eigenmächtige, von Gott gelöste Wissen des M. um Gut und Böse zerstört die Gemeinschaft (1 Mo 2,17; Joh 5,30). Der Gehorsam kann nur freiwillig sein und ergibt sich aus dem Ja des M., mit dem er Gottes Anruf beantwortet (Spr 23,26). Das bedeutet Entscheidungsfreiheit (→ Freiheit II, 3) für oder gegen Gott, schließt jedoch nicht die Möglichkeit ein, das Ziel der Berufung nun auch vom M. aus ohne Gott zu erreichen (1 Mo 3,1–6). Wirklicher Gehorsam ist bedingt durch die Verbindung mit Christus (Joh 15,4.5.7; Kol 1,27) und den Wandel im Geist (Gal 5,16.25). Hierbei bildet die menschliche Abhängigkeit die Voraussetzung für das Wirken Gottes (2 Kor 12,9.10; → schwach).

IV, 1) Sinn und Ziel der Gemeinschaft zwischen Gott und M. wird darin ausgedrückt, daß der M. zum BILD GOTTES geschaffen ist (1 Mo 1,27; 1 Kor 11,7). Das gilt nicht nur für die Erschaffung Adams, sondern setzt sich in allen M. fort: 1 Mo 5,1.3. Das Verbot der Vernichtung eines M. durch Mord oder Verfluchung wird mit der Gottebenbildlichkeit aller Menschen begründet (1 Mo 9,6; Jak 3,9). Die Vorstellung geht dabei weder von äußerlichen Ähnlichkeiten noch von der geistig-seelischen Eigenart des M. aus, vielmehr handelt es sich darum, daß ein Abbild das Urbild in seinem Wesen sichtbar werden läßt (vgl. Joh 14,9; Kol 1,15). Als Bild Gottes soll der Mensch über die ganze Erde herrschen (1 Mo 1,26; Ps 8,6–9; vgl. Sir 17,1–13), unter den übrigen Geschöpfen die Herrschaft Gottes in der Welt vertreten, bezeugen und verwirklichen in wahrhafter Gerechtigkeit und Heiligkeit (Eph 4,24). Insoweit hat er auch Ehre und Herrlichkeit (Ps 8,6), die sonst allein Gott zustehen (Jes 42,8; vgl. die Verbindung von Herrlichkeit und Ebenbildlichkeit bei Christus 2 Kor 4,4; Hebr 1,3).
Auf vergleichbaren Vorstellungen beruhte im Alten Orient die Aufrichtung von Königsstandbildern als anschaulichen Herrschaftszeichen (vgl. Taf. 75b/1184), und in Babylon repräsentierte der König als Abbild Marduks den Gott unter seinen Untertanen.

2) Als der M. von Gott abfiel, vertauschte er die Herrlichkeit Gottes mit dem Götzendienst, der Verehrung der äußeren Gestalt und Macht von M. und Tier (Röm 1,23). Das Bild Gottes im M. wird nun durch die Sünde verzerrt und verdunkelt, wenn auch nicht vernichtet; als Herrschaftsanspruch des rechtmäßigen Herrn bleibt es auch unter Empörung und Abfall erhalten. Aber der M. und alles Menschliche stehen jetzt im Widerspruch zu Gott und damit unter seinem Gericht. Alle M. sind Lügner und haben gesündigt (Röm 3,4; 5,12). So warnt Christus seine Jünger: Hütet euch vor den M. (Mt 10,17).
Alle religiösen Bemühungen gipfeln nur in Vorschriften, Geboten und Lehren von M. (Jes 29,13; Hos 5,11; Mk 7,8; Kol 2,8.22). Vollmacht und Freiheit aber sind himmlischer (Mt 21,15), nicht menschlicher Herkunft (Gal 1,11). Wenn Paulus manchmal auf Menschenweise redet, so tut er das lediglich, um sich verständlich zu machen (Röm 3,5; 1 Kor 9,8).
3) Der Weg zur Rückgewinnung der vollen, schöpfungsmäßigen Ebenbildlichkeit führt über Umkehr, Erlösung und Neuschöpfung in Christus (Röm 8,29; 2 Kor 3,18; Eph 4,24; Kol 3,10) zum neuen M., der im Gegensatz zum alten, sündigen M. (Röm 6,6) wieder nach Gott geschaffen ist (→ Wiedergeburt). Der »äußere M.« bezeichnet nun die leibliche Seite, der »innere« den M. als Gott zugewandt und von ihm erhalten und gestärkt (2 Kor 4,16).
Zum M. der Sünde (2 Thess 2,3) vgl. → Antichrist. Weiter → Adam; → Mann; → Weib.

Menschengebot → Mensch IV, 2; → Aufsätze

Menschenkind → Namen Jesu Christi

Menschenrute. Väterliche Züchtigung, erziehend und helfend (2 Sam 7,14), hier im Gegensatz zu einem vernichtenden Gericht des Herrn (V 15).

Menschensohn → Namen Jesu Christi

Menschlich → Mensch

Menuha »Rastplatz«.
Ort in Benjamin (Ri 20,43). Vielleicht ist aber für »bis gen M.« besser »zum Rastplatz« zu übersetzen oder: »wo sie ausruhen wollten« (EÜ, MÜ; vgl. aber ZÜ).

Meonathai, Judäer, Vater Ophras (1 Chron 4,14).

Mephaath. Levitenstadt (Jos 21,37) im Stammgebiet Rubens (Jos 13,18), z. Zt. Jeremias moabitisch (Jer 48,21). Wahrscheinlich Tell Dschawe, 10 km südl. von Amman und unmittelbar südl. von Chirbet Nefaa, an der Straße nach Amman. Auf dem Hügel fanden sich Reste aus der Bronze- und Eisenzeit. Vgl. Karte Sp. 846.

Mephiboseth »Verbreiter der Schande«.
1) Sohn Sauls und der Rizpa. Er wurde von den Gibeoniten hingerichtet (2 Sam 21,8).
2) Sohn Jonathans und Enkel Sauls. 1 Chron 8,34; 9,40 heißt er Merib-Baal = »Streiter gegen Baal«. Dieser Name ist anscheinend später zu M. entstellt worden: Er wurde durch einen Unglücksfall im Alter von 5 Jahren zum Krüppel (2 Sam 4,4). David ließ ihn aus Lo-Dabar im Ostjordanland in seinen Palast holen und gab ihm Ziba zum Diener. M. aß an der Tafel des Königs und erhielt Sauls Landbesitz zurück (Kap 9). Beim Aufstand Absaloms beschuldigte Ziba M., von David abgefallen zu sein, worauf David ihm alle Besitzungen Mephiboseths übertrug (2 Sam 16,1–4). Bei der Rückkehr des Königs rechtfertigte sich M., und David ließ ihn und Ziba den Landbesitz teilen (2 Sam 19,25[24]ff). Der Sohn des M. hieß Micha (2 Sam 9,12).

Merab, hängt mit hebr. »Zahlreich sein oder werden« zusammen,
älteste Tochter Sauls (1 Sam 14,49), der sie David zur Frau versprochen, dann aber mit dem Meholathiter Adriel verheiratet hatte (1 Sam 18,17–19). Die fünf Söhne Adriels und der M. wurden von David den Gibeoniten ausgeliefert, die sie hinrichteten (2 Sam 21,8.9).

Meraja, viell. »Widerspenstig« (Noth) oder »Vom Herrn geliebt« (Köhler).
Priester aus dem Geschlecht Serajas z. Zt. des Hohenpriesters Jojakim (Neh 12,12).

Merajoth, viell. »Widerspenstig«.
1) Sohn Serahjas aus dem Hohenpriestergeschlecht (1 Chron 5,32[6,6]f; 6,37[52]).
2) Sohn Ahitobs und Vater des jüngeren Zadok aus dem Hohenpriestergeschlecht (1 Chron 9,11; Neh 11,11).
3) Vgl. → Meremoth (1).

Merari, viell. mit arab. »Körperkraft« in Verbindung zu bringen.
Dritter Sohn Levis (1 Mo 46,11; 2 Mo 6,16; 4 Mo 3,17; 26,57). Seine Söhne waren Maheli und Musi (2 Mo 6,19; 4 Mo 3,20.33). Die Merariter lagerten nördl. vom heiligen Zelt (V 35). Sie waren für die Bretter, Riegel, Säulen und Füße des Zeltes sowie für die Säulen, Füße, Nägel und Seile des Vorhofes verantwortlich (V 36.37; 4,29–33), wobei sie unter der Leitung Ithamars, des Sohnes Aarons, standen. Für ihren Dienst erhielten sie von Mose 4 Wagen und 8 Rinder (4 Mo 7,8). Bei der ersten Volkszählung auf der Wüstenwanderung war die Gesamtzahl der Knaben und Männer unter ihnen, von einem Monat und darüber, 6200, wovon 3200 30–50 Jahre alt waren (4 Mo 3,34; 4,42–45). Bei der Verteilung Kanaans erhielten die Merariter 12 Städte, 4 im Stamm Sebulon, 4 im Stamm Ruben, 4 im Stamm Gad. Von den vier letzten war eine, Ramoth in Gilead, eine Freistadt (Jos 21,34–40). Vgl. weiter über die Merariter, die auch Tempelsänger und -musiker waren: 1 Chron 6,29[44]; 23,6.21–23; 25,3; 2 Chron 29,12; 34,12; Es 8,18.19. Vgl. → Leviten.

Mered, viell. »Auflehnung«.
Sohn des Judäers Esra (1 Chron 4,17.18).

Meremoth.
1) Priester, der mit Serubabel aus der babyl. Gefangenschaft heimkehrte (Neh 12,3). In der folgenden Generation trug ein Priestergeschlecht den Namen Merajoth (V 15). Hier ist wahrscheinlich im Hebr. das *»m«* in *»jw«* verlesen worden.
2) Priester, Sohn des Uria (Es 8,33). Er half beim Mauerbau (Neh 3,4.21) und ist wohl derselbe, der mit Nehemia den Bund unterschrieb (Neh 10,6[5]).
3) Israelit, der seine heidnische Frau entließ (Es 10,36).

Meres »Vergeßlich (?)«,
einer der sieben Fürsten von Persien und Medien unter Ahasveros (Est 1,14). → Admatha.

Meriba → Massa und Meriba, → Haderwasser

Merib-Baal → Mephiboseth

Merkurius. Lat. Name des griech. Gottes Hermes. Er galt als Götterbote und ist der Sage nach Begleiter des Zeus (→ Jupiter) gewesen, als beide Götter in der Vorzeit die Menschen besuchten. Daran erinnerten sich die Lystraner bei der Heilung des Lahmen und teilten dem redenden Paulus die Rolle des M. zu (Apg 14,8–18).

Merodach, hebr. Form des babyl. Marduk (Jer 50, 2), vgl. → Bel.

Merodach-Baladan, wohl akkad. Mardukaplaiddina »Marduk gab einen Sohn«.
Als der Assyrerkönig Salmanasser 722 v. Chr. starb, machte sich der Chaldäer M. oder Berodach-Baladan (2 Kö 20,12) zum König des bis dahin unterworfenen Babyloniens. In dieser Stellung konnte er sich 11 Jahre (721–710/9 v. Chr.) halten, bis Sargon II., Salmanassers Nachfolger, ihn vertrieb. Bei der nächsten günstigen Gelegenheit aber, im Anfang der Regierung Sanheribs (702 v. Chr.), kehrte M. nach Babylon zurück. In diese Zeit fällt vermutlich seine Gesandtschaft an → Hiskia, die diesen offiziell zu seiner Genesung beglückwünschen, ihn in Wirklichkeit aber wohl als Bundesgenossen gegen die Assyrer werben sollte (2 Kö 20,12; Jes 39,1). Sanherib machte alle Pläne schnell zunichte, zwang M. zu erneuter Flucht nach Elam, wo er nicht lange darauf starb, und rückte dann in Eilmärschen nach Westen, um Palästina zu unterwerfen.

Merom hängt mit hebr. »hoch oben sein« zusammen.
Vermutlich das heutige Meron (neuhebr. Meiron) 13 km westsüdwestl. von Hazor und 5 km westnordwestl. von Safed. Das Wasser M. (Jos 11,5.7), unter dem man früher meist den Hulesee verstand, wäre dann der Wadi el-Amud, der nach S zum See Genezareth fließt. Vgl. Karte Sp. 730.

Meronoth, Ort im Umkreis Jerusalems (Neh 3,7), viell. das heutige Betunja, 4,5 km nordnordwestl. von Ed-Dschib (Gibeon). Vgl. Karte Sp. 986.
Aus M. stammte auch der Aufseher über Davids Esel (1 Chron 27,30).

Meronothiter → Meronoth

Meros »Zuflucht«,
Ort in Naphthali (Ri 5,23), viell. das heutige Chirbet Marus, ca. 10 km südl. von Kedes. Vgl. Karte Sp. 492.

Mesa. I) Wohl Kurzform »Hilfe Gottes«.
1) Ältester Sohn Kalebs, des Bruders Jerahmeels (1 Chron 2,42).
2) König von Moab. Er wird als Schafzüchter (2 Kö 3,4 wörtl.) bezeichnet, der dem König von Israel die Wolle von 100000 Lämmern und 100000 Widdern lieferte, wohl als jährlichen Tribut.
Omri hatte, wahrscheinlich noch als Feldherr Baesas, das Land Medeba in Besitz genommen. 40 Jahre später, etwa 864 v. Chr., hat M. nach seiner Inschrift das Gebiet zurückerobert, blieb aber tributpflichtig. Erst als Ahab tot war (853 v. Chr.), fiel M. von Israel ab (2 Kö 1,1; 3,4.5). → Joram von Israel und Josaphat von Juda versuchten gemeinsam, Moab wieder zu unterwerfen (2 Kö 3). Nachdem sie das Land verheert u. M. in → Kir-Hareseth (Karchah) eingeschlossen hatten (V 25), brachte dieser als letztes Mittel seinen Sohn als Brandopfer auf der Mauer dar. Darauf mußte das isrl. Heer abziehen (V 27). Zwischen diesen Ereignissen und dem Einfall der verbündeten Moabiter und Ammoniter in Juda (2 Chron 20,1–30), der mit ihrer Vernichtung endete und noch vor dem Tod Josaphats (848 v. Chr.) stattfand, wird M. wahrscheinlich die Denkschrift des → Mesasteins aufgerichtet haben.
3) Sohn des Benjaminiten Saharaim und der Hodes (1 Chron 8,8.9).
II) Ort in Arabien, er bezeichnet die Westgrenze der Wohnsitze der Nachkommen Joktans (1 Mo 10, 30).

Mesach, babyl. Name Misaels, des Gefährten Daniels (Dan 1,7; 2,49; 3,12–30).

Mesahab, Großvater der Frau des Edomiterkönigs Hadar (1 Mo 36,39; 1 Chron 1,50).

Mesastein. Der M. mit der Inschrift des Königs → Mesa (I, 2) von Moab (um 850 v. Chr.) wurde 1868 von dem deutschen Missionar F. Klein in Diban, östl. vom Toten Meer, entdeckt. Bevor er aber geborgen werden konnte, zerstörten ihn die Araber; später wurden die Stücke soweit wie möglich wieder zusammengesetzt. Der Stein befindet sich heute im Louvre-Museum in Paris. Die Inschrift hat als Ergänzung des bibl. Berichts sehr große geschichtliche und als Denkmal des Moabitischen ebensogroße sprachliche Bedeutung. Vgl. Taf. 67a/1056.
Der Text lautet (vgl. AOT und Albrights Übersetzung bei J. B. Pritchard, Ancient Near Eastern Texts, Princeton 1955, S. 320f):
Ich (bin) Mesa, der Sohn des Kamos ..., König von Moab, der Diboniter – mein Vater ist dreißig Jahre König über Moab gewesen, und ich wurde König nach meinem Vater – (der) ich diese Höhe dem Kamos in Karchah (= Kir-Hareseth) machte ...: denn er hat mich gerettet vor allen Königen und hat mich meine Lust sehen lassen an allen meinen Feinden (vgl. 2 Kö 3,27).
Omri, König von Israel, hatte Moab viele Tage lang gedemütigt: denn Kamos war zornig über sein Land. Und sein Sohn (= Ahab) folgte ihm und auch

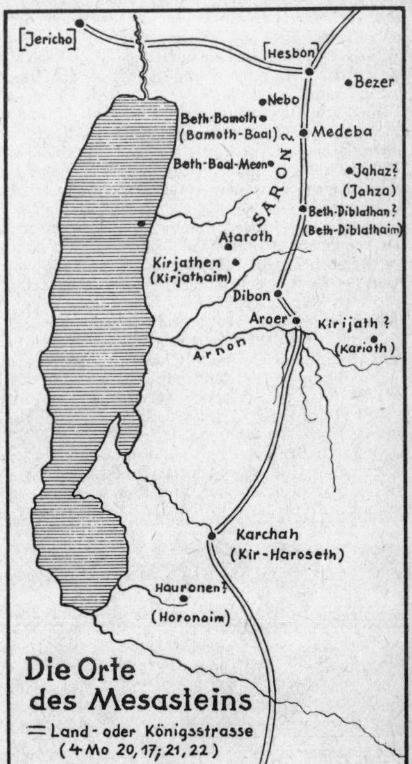

Die Orte des Mesasteins
= Land- oder Königsstrasse (4 Mo 20,17; 21,22)

dieser sagte: »Ich will Moab demütigen.« Zu meiner Zeit hat er (so) gesprochen, aber ich sah meine Lust an ihm und an seinem Hause, und Israel ging auf ewig zugrunde! Omri hatte das ganze Land von Medeba in Besitz genommen, und (Israel) hatte darin gewohnt zu seiner Zeit und die halbe (Regierungs-)Zeit seines Sohnes (= Ahab) vierzig Jahre lang; aber Kamos wohnte dort zu meiner Zeit. Und ich baute Baal-Meon und machte einen Teich darin, und ich baute Kirjathen (= Kirjathaim).
Nun hatten die Leute von Gad immer im Lande von Ataroth gewohnt, und der König von Israel hatte Ataroth für sie gebaut; aber ich kämpfte gegen die Stadt und nahm sie und tötete alles Volk der Stadt, eine Augenweide für Kamos und Moab. Und ich brachte von dort Arel (?; oder Oriel?), ihren Anführer (?; viell. auch: die Löwenfigur? oder den Altarherd? Davids?), zurück und schleppte ihn vor Kamos in Kerijoth (= Karioth) und siedelte Leute von Saron (2) und Leute von Maharith darin an.
Und Kamos sagte zu mir: »Geh, nimm Israel Nebo fort!« Da ging ich in der Nacht und kämpfte gegen es von Anbruch der Morgendämmerung bis zum Mittag, nahm es und tötete alle: 7000 Männer, Jungen, Frauen, Mädchen und Sklavinnen; denn für Asthar-Kamos hatte ich sie der Vernichtung geweiht. Und ich nahm von dort die ... (Geräte, Gefäße?) Jahwes und schleppte sie vor Kamos.
Und der König von Israel hatte Jahas (= Jahza) gebaut und wohnte darin, während er mit mir Krieg führte; aber Kamos vertrieb ihn vor mir! Und ich nahm aus Moab 200 Mann, alles ausgewählte (Helden), führte sie gegen Jahas und nahm es, um es zum (Gebiet von) Dibon hinzuzufügen.
Ich war es, (der) Karchah baute, die Mauer der Gärten (?; des Heiligtums?) und die Mauer der Zitadelle; ich baute auch seine Tore, und ich baute seine Türme, und ich baute den Königspalast, und ich machte die beiden Teiche innerhalb der Stadt. Und es war keine Zisterne innerhalb der Stadt, in Karchah. Da sprach ich zu allem Volk: »Macht euch ein jeder eine Zisterne in seinem Hause!« Und ich ließ Balken hauen (?; Gräben ausheben?) für Karchah durch gefangene Israeliten. Ich baute Aroer, und ich machte die Straße im Arnon(-Tal). Ich baute Beth-Bamoth (= Bamoth-Baal), denn es war zerstört; ich baute Bezer, – denn es lag in Trümmern (vgl. 2 Kö 3,25) – mit 50 Männern von Dibon, denn ganz Dibon ist (mein) Herrschaftsgebiet. Und ich herrschte ... (in Frieden über?) die hundert Städte, die ich zum Land hinzugefügt hatte. Und ich baute ... Medeba und Beth-Diblathen (= Beth-Diblathaim) und Beth-Baal-Meon; und ich setzte dorthin die ... (Schafzüchter?) des Landes. Und was Hauronen (= Horonaim) angeht, so wohnten darin die ... (Und) Kamos sprach zu mir: »Zieh hinab und kämpfe gegen Hauronen!« Und ich zog hinab (und kämpfte gegen die Stadt und nahm sie), und Kamos wohnte dort zu meiner Zeit ...

Mesech, dasselbe Wort heißt sonst »Haut, Leder«.
1) Sohn Japhets und seine Nachkommen, ein Volk im NO Kleinasiens, in der HS zweimal mit → Javan und stets mit → Thubal zusammen genannt (1 Mo 10,2; Hes 27,13; 32,26; 38,2; 39,1). Assyr. Inschriften nennen Muski und Tabal unter den Feinden Assyriens, und Herodot erwähnt sie als Moschoi und Tibaraenoi an der SO-Küste des Schwarzen Meeres.
2) In Ps 120,5 scheint wegen der Erwähnung neben → Kedar ein Stamm östl. von Palästina gemeint zu sein.
3) In 1 Chron 1,17 ist M. ein Schreibfehler für → Mas (1 Mo 10,23).

Meselemja »Der Herr gibt Ersatz«,
levitischer Torhüter aus dem Geschlecht → Abiasaphs (1 Chron 9,21; 26,1–9.14).

Mesesabeel »Gott rettet«.
1) Vater Berechjas (Neh 3,4).
2) Israelit, der mit Nehemia den Bund unterschrieb (Neh 10,22[21]).
3) Judäer aus dem Geschlecht Serahs (Neh 11,24).

Mesillemith → Mesillemoth (2)

Mesillemoth »Er (Gott) gibt Ersatz«.
1) Ephraimit, Vater Berechjas (2 Chron 28,12).
2) Priester, Nachkomme Immers (Neh 11,13), in 1. Chron 9,12 Mesillemith genannt.

Mesobab »Zurückgebracht«,
Simeonitischer Fürst z. Zt. Hiskias (1 Chron 4,34–41).

Mesopotamien »Land zwischen den Strömen«.
Mit der Bezeichnung M. wird schon in der LXX das hebr. Aram-Naharaim = »Aram der beiden Ströme« übersetzt (1 Mo 24,10; 5 Mo 23,5[4]; Ri 3,8; 1 Chron 19,6; Ps 60,2). Diese beiden Flüsse sind der mittlere → Euphrat und → Tigris oder wahrscheinlicher Euphrat und → Habor. Es handelt sich also nur um den Nordwestteil des Gebietes, das wir heute unter M. verstehen. In LÜ wird außerdem das hebr. Paddan-Aram = Ebene Aram (1 Mo 25,20; 28,2 u. ö.) M. genannt. Hiermit ist innerhalb von Aram-Naharaim die Landschaft um → Haran gemeint.
Die röm. und griech. Geographen verstanden unter M. das Land zwischen Euphrat und Tigris, schlossen aber ebenfalls die babyl. Ebene im SO (→ Sinear) aus. Auch in Apg 2,9 wird das Gebiet der → Parther, → Meder und → Elamiter von M. unterschieden. Stephanus aber rechnet Apg 7,2 Ur mit zu M., er verwendet die Bezeichnung also im heutigen Sinne für die gesamte Euphrat-Tigris-Ebene.
Zur Geschichte Mesopotamiens vgl. → Amoriter, → Assyrien, → Babylonien, → Elam, → Hethiter, → Horiter, → Medien, → Parther, → Perser, → Syrer.

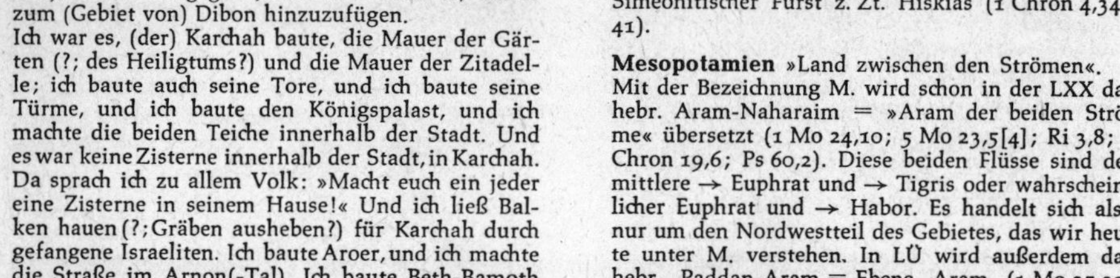

Mesopotamische Großreiche. Von links nach rechts: das Reich Sargons von Akkad im 3. Jt. v. Chr.; das assyr. Reich im 7. Jh. v. Chr.; das neubabyl. Reich im 6. Jh. v. Chr. und das pers. Reich im 5. Jh. v. Chr.

Völker- und Landschaftskarte von Mesopotamien (vgl. die Karten Sp. 19/20; 131/2; 169/70; 371; 606).

Messen, Meßschnur. I) M. bedeutet die Feststellung einer Länge, eines Umfangs oder eines Gewichtes (vgl. → Maße und Gewichte). Es wird in der HS hauptsächlich gebraucht für die Längen- und Raumbegrenzung von Gebäuden (vgl. Hes 40,5) oder Stadtgebieten (vgl. Sach 2,5[1]f). Man mißt mit einem Holz- oder Rohrstab (Meßrute Hes 40,5) oder mit der Meßschnur (Jes 34,11; Hes 47,3), die auch Zimmerschnur (Sach 1,16), Richtschnur (Jer 31,39), Bleischnur (Am 7,7) oder Richtblei (Jes 34,11) genannt wird. Die Schnur legt die Begrenzung fest (Jer 31,39), und ihr Anlegen kennzeichnet den beginnenden Bau (Sach 1,16).

II) Im übertragenen Sinne wird M. vielfach als Bild für das Handeln Gottes gebraucht. In Offb 11,1 bedeutet das Abmessen die Kennzeichnung eines geschützten Raumes; in der Regel allerdings bedeutet Gottes M. die Verurteilung zum Gericht, d. h. zur Zerstörung und Verwüstung einer Stadt oder eines Landes (vgl. Jes 34,11; 2 Kö 21,13; Klgl 2,8). Gottes Maßstab ist dabei sein Recht und Wille (Jes 28,17); was diesem nicht entspricht, verfällt dem Gericht. Für Gottes Größe, ja selbst für das Werk seiner Schöpfung fehlt dem Menschen der Maßstab (Hi 38, 5; Jes 40,12; 46,5). Und ebensowenig, wie der Mensch jemals den Himmel ausmessen kann, ebensowenig hat die Barmherzigkeit Gottes für sein Volk je ein Ende (Jer 31,35–37).

III) Der Mensch soll sich und seine Mitmenschen an dem gottgesetzten Maßstab, nicht aber an seinen selbstgemachten Idealen messen (2 Kor 10,12). Gott beurteilt uns, wie wir den andern beurteilen (Mt 7,2 a). Wo wir aber geben, dem anderen zumessen, was er braucht, wird Gott uns in noch reicherem Maße schenken, was wir nötig haben (Lk 6,38; Mt 7,2 b).

Messer → Waffen und Geräte

Messias. I) Im Hebr. des AT kommt das Wort *maschiach* = »gesalbt« vor. Das entsprechende aram. *meschicha* nahm im Griech. die Form *Messias* an; die griech. Übersetzung des Wortes lautet *christos*. Im AT wird der Hohepriester als der »gesalbte Priester« bezeichnet (3 Mo 4,3.5.16; 6,15[22]). Auch Abraham, Isaak und Jakob werden vom Herrn »meine Gesalbten« genannt (Ps 105,15). Kores ist der Gesalbte des Herrn (Jes 45,1). Das Salben bedeutet Berufung und Zubereitung für eine besondere Aufgabe im Dienst Gottes. Gesalbter des Herrn ist vor allem der König Israels. David hat Saul immer so angesehen und ihn entsprechend geehrt, auch als er von ihm verfolgt wurde (vgl. 1 Sam 24,7). Vgl. → Salben.

II) David war noch in besonderer Weise der Gesalbte des Herrn. Seinem Haus galt die Verheißung, daß aus ihm der verheißene große Herrscher, der »Weibessame«, von dem bereits 1 Mo 3,15 die Rede ist, hervorgehen sollte (2 Sam 7); und in seinen letzten Worten besang David diesen kommenden König (2 Sam 23,1–7). Die Propheten, vor allem → Jesaja, weissagen seine Ankunft (Jes 9,5[6]f; 53; Mi 5,1). In diesen Weissagungen wird fortgeführt und vertieft, was bereits an und durch die Erzväter, Mose und Bileam offenbart worden war (1 Mo 12,1. 2; 49,10; 4 Mo 24,17; 5 Mo 18,15.18). Hier zeigt sich die M.-Erwartung des AT.

III) Die gleiche Erwartung findet sich im Schrifttum der Juden zwischen dem Abschluß des AT und dem Auftreten Jesu. Zu seiner Zeit wurde diese Hoffnung durch die elende politische Lage des Volkes bes. verstärkt und lebendig erhalten. Auch andere Völker des alten Orients kennen die Erwartung eines Retters, der ein Friedensreich herbeiführen wird. Aber bei den Juden ist sie außergewöhnlich ausgeprägt. Könige wie David und Salomo bildeten den kommenden M. vor, und auch Propheten wie Jesaja und Jeremia (der Schmerzensmann unter den Propheten) sowie Priester, namentlich der Hohepriester (vgl. auch → Melchisedek), können so angesehen werden. Der kultische Gottesdienst mit seinen Opfern wies ebenfalls auf den M. hin.

IV) Die Verheißung und Erwartung des kommenden Erlösers, dessen Erscheinen an einem bestimmten Zeitpunkt der Heilsgeschichte bevorsteht, hat ihre Erfüllung in → Jesus Christus gefunden. Diese Erfüllung beginnt bei seiner Geburt und findet ihren Abschluß bei seiner → Wiederkunft zur endgültigen Aufrichtung des → Reiches Gottes. Jesu Anspruch, der M., der Christus Gottes zu sein, wird offenbar bei der Verkündigung des Engels an Maria (Lk 1,31–33), im Selbstzeugnis Jesu vor Kaiphas und dem Hohen Rat (Mt 26,63.64) und in der Erkenntnis der Jünger (Joh 1,41; Mt 16,16). Dieser innere Anspruch der Sendung Jesu und seiner Vollmacht bleibt der Kern auch der Verkündigung seiner Gemeinde (Apg 9,20.22; 10,36–38) bis zur letzten, völligen Anerkennung seiner Herrschaft (Phil 2,9–11). Vgl. → Namen Jesu Christi.

Meßschnur → Messen

Messing → Erz

Mesullam »Ersetzt (von Gott)«.

1) Benjaminit, Nachkomme Elpaals (1 Chron 8,17).
2) Gaditer z. Zt. Jerobeams II. von Israel (1 Chron 5,13).
3) Großvater Saphans, des Staatsschreibers z. Zt. Josias (2 Kö 22,3).
4) Levit aus dem Geschlecht Kahaths z. Zt. Josias (2 Chron 34,12).
5) Hoherpriester, Sohn Zadoks und Vater Hilkias (1 Chron 9,11; Neh 11,11), 1 Chron 5,38[6,12]f; Es 7,2 → Sallum genannt.
6) Priester aus dem Geschlecht Immers (1 Chron 9, 12).
7) Ältester Sohn Serubabels (1 Chron 3,19).
8) Benjaminit, Vater Sallus (1 Chron 9,7; Neh 11,7).
9) Benjaminit, Sohn Sephatjas (1 Chron 9,8).
10) Einer der Männer, die Esra nach Kasphia sandte, um Leviten für den Zug nach Jerusalem zu gewinnen (Es 8,16).

11) Israelit z. Zt. Esras (Es 10,15).
12) Israelit, der eine heidnische Frau genommen hatte (Es 10,29).
13) Sohn Berechjas, der die Mauer Jerusalems ausbessern half (Neh 3,4.30). Seine Tochter heiratete Johanan, den Sohn des Ammoniters Tobia (Neh 6, 18).
14) Sohn Besodjas, der mit Jojada das alte Tor in Jerusalem aufbaute (Neh 3,6).
15) Priester oder Levit, der neben Esra stand, als er das Gesetz vorlas (Neh 8,4).
16) Priester, der die Verpflichtung auf das Gesetz z. Zt. Nehemias unterzeichnete (Neh 10,8[7]).
17) Israelit, der ebenfalls die Verpflichtung auf das Gesetz unterzeichnete (Neh 10,21[20]).
18) Fürst Judas bei der Einweihung der Mauer Jerusalems (Neh 12,33).
19) Die Obersten der Priestergeschlechter Esra und Ginthon z. Zt. des Hohenpriesters Jojakim (Neh 12, 13.16).
20) Levitischer Torhüter nach der babyl. Gefangenschaft (Neh 12,25).

Mesullemeth »Ersetzt (von Gott)«,
Frau König Manasses, Mutter Amons (2 Kö 21,19).

Metall → Handwerk V

Methusael »Mann Gottes«.
Sohn Mahujaels und Vater Lamechs aus dem Geschlecht Kains (1 Mo 4,18).

Methusalah. Viell. »Mann des Speers«.
Sohn Henochs und Vater Lamechs aus dem Geschlecht Seths. Er erreichte die längste Lebenszeit aller Menschen, von denen die HS berichtet: 969 Jahre (1 Mo 5,21.25–27). Vgl. → Alter.

Meuchelmörder (griech. *sikarioi* = Dolchträger) werden Apg 21,38 genannt. Im 1. Jh. n. Chr. und bes. in den Jahren 50–70 wurde Palästina durch große Räuberbanden unsicher gemacht. Sie verfolgten das politische Ziel, das Land von den Römern zu befreien, daneben aber mordeten und plünderten sie auch. An den Festen mischten sie sich unter das Volk mit einem kurzen Schwert unter dem Obergewand. Möglicherweise gehörten die beiden Räuber, die mit Jesus gekreuzigt wurden, auch zu diesen M., viell. auch Barabbas. Vgl. Apg 5, 36.37; → Zeloten.

Meuniter, wohl »Leute von Maon«,
ein arab. Stamm im S Palästinas (2 Chron 20,1; 26, 7), der vom Stamm Simeon verdrängt wurde (1 Chron 4,41). In 2 Chron 20,10 (vgl. V 1) werden sie »die vom Gebirge Seir« genannt. Ihre Hauptstadt war vermutlich das in der HS nicht genannte Maon, heute Maan, 33 km südöstl. von Petra. Kriegsgefangene M. und deren Nachkommen waren → Tempelknechte in Jerusalem (Es 2,50; Neh 7,52). Vgl. Karte Sp. 542; 932.

Mezobaja, sonst unbekannter Ort, aus dem drei Helden Davids stammten (1 Chron 11,47).

Mibehar »Auslese, Bestes«,
Held Davids, ein Sohn Hagris oder – wahrscheinlich besser – ein → Hagariter (1 Chron 11,38).

Mibsam »(Wohlriechender) Balsam«.
1) Sohn Ismaels (1 Mo 25,13; 1 Chron 1,29).
2) Simeonit, Sohn Sallums (1 Chron 4,25).

Mibzar »Fester Platz, befestigte Stadt«,
Stadt oder Landschaft, die einem edomitischen Fürstengeschlecht den Namen gab (1 Mo 36,42).

Micha, wohl Kurzform von Michael »Wer ist wie Gott?«
1) Mann vom Gebirge Ephraim (Ri 17; 18). Er entwendete seiner Mutter 1100 Silbersekel, gab sie ihr aber aus Furcht vor ihrem Fluch wieder zurück. Die Mutter ließ darauf für 200 Sekel ein geschnitztes und gegossenes Bild anfertigen, das in Michas Haus aufgestellt wurde. M. ließ dazu → Leibrock und → Hausgötzen machen und weihte einen seiner Söhne zum Priester. Später kam ein Levit (→ Jonathan 1) aus Bethlehem in Juda zu ihm, den er als Priester bei sich behielt. Als die Daniten auf dem Weg zur Eroberung von Lais bei M. vorbeikamen, führten sie den Priester mit Götzenbildern und Leibrock fort. All das zeigt den geistlichen und sittlichen Verfall zur Richterzeit, als es keinen König in Israel gab, und jeder tat, was ihm gefiel (Ri 17,6). Nach spätjüd. Tradition wohnte M. in Gerab, dem heutigen Chirbet Dscherabe, ca. 2 km westl. von Silo.
2) Sohn Mephiboseths, Enkel Jonathans (2 Sam 9, 12; 1 Chron 8,34.35; 9,40.41).
3) Levit aus dem Geschlecht Kahaths z. Zt. Davids (1 Chron 23,20; 24,24.25).
4) Sohn Jemlas, der als Prophet Gottes Ahab die Wahrheit zu sagen wagte und ihm im Namen Gottes seinen Tod ankündigte (1 Kö 22,5–28; 2 Chron 18,4–27).
5) Sohn Simeis, Vater Reajas, ein Rubenit (1 Chron 5,5).
6) Prophet z. Zt. Jesajas (Mi 1,1), → Micha, Buch.
7) → Michaja (3).
8) Levit, der die Verpflichtung auf das Gesetz z. Zt. Nehemias unterschrieb (Neh 10,12[11]).
9) Levit aus dem Geschlecht Asaphs, Vater des Matthanja z. Zt. Nehemias (Neh 11,17; 1 Chron 9,15).
10) Anderer Levit aus dem Geschlecht Asaphs, Vater eines Matthanja, dessen Urenkel Usi z. Zt. Nehemias lebte (Neh 11,22). Viell. derselbe wie → Michaja (6).

Micha, Buch.

I) VERFASSER UND ZEIT.
Der Prophet M. stammt aus Moreseth (Mi 1,1; Jer 26,18), wohl dem Moreseth-Gath (Mi 1,14) in der judäischen Sephela. Er trat während der Herrschaft von Jotham, Ahas und Hiskia (V 1; zwischen 740 und 686 v. Chr.) auf, war also ein Zeitgenosse → Jesajas.
Der Spruch Mi 1,5–8 gehört in die Zeit vor der Zerstörung Samarias 723/2 v. Chr.; die folgenden V 9–16 gehen dem Einfall Sanheribs 701 v. Chr. voraus. Weiter läßt sich aus dem Text keine sichere Datierung entnehmen.
Auffallende wörtl. Übereinstimmung besteht zwi-

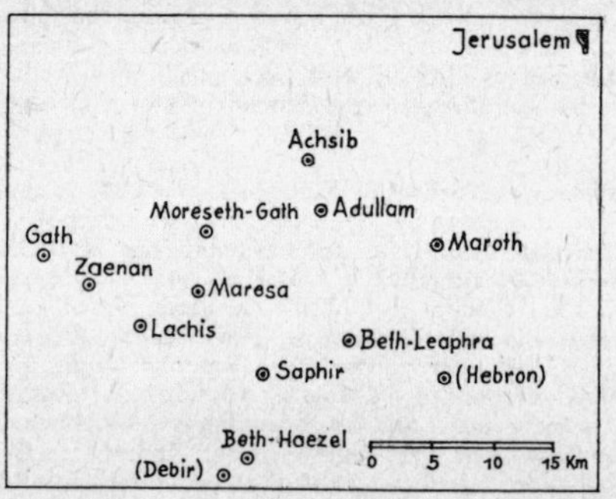

Die in Mi 1,10–15 genannten Orte. Durch dies Gebiet rückten die assyr. Truppen Sanheribs gegen Jerusalem vor (vgl. Karte Sp. 618)

schen Mi 4,1–3.5 und Jes 2,2–5. Dort wird dieser Abschnitt ausdrücklich als Gesicht Jesajas bezeichnet (V 1). Vom Textzushg. her meint man aber vielfach, die urspr. Form bei M. zu finden. Es ist aber nicht ausgeschlossen, daß es sich weder so noch so um eine Entlehnung handelt, sondern daß beide Propheten die gleiche Offenbarung empfangen haben.

II) EINTEILUNG.

A. Überschrift (1,1).

B. Das Gericht (1,2–3,12).
1. Gericht über Samaria und Jerusalem (1,2–16).
2. Wehe über die habgierigen Reichen (2,1–11).
3. Verheißung des Retters (2,12.13).
4. Gericht über die gewalttätigen Fürsten, falschen Propheten und gewinnsüchtigen Priester (3,1–12).

C. Das Heil (4,1–5,14).
1. Der Berg des Herrn im Friedensreich (4,1–8).
2. Babyl. Gefangenschaft und Wiederherstellung (4,9–14).
3. Das Kommen des Retters (5,1–14).

D. Der Herr rechtet mit Israel (6,1–7,20).
1. Die Forderung Gottes (6,1–8).
2. Die Sünden der Stadt und die Strafe Gottes (6,9–16).
3. Folgen der Sünde: Zerstörung jeder Gemeinschaft (7,1–6).
4. Hoffnung auf Gottes Hilfe (7,7–17).
5. Lob der Barmherzigkeit des Herrn (7,18–20).

III) BOTSCHAFT.

M. verkündigt einem Volk, in dem sich soziale, politische, menschliche und gottesdienstliche Ordnung auf dem Wege der Auflösung befinden, nahendes Gericht und zukünftiges Heil. Er tritt der frommen Lüge und Heuchelei entgegen mit der Vollmacht des echten Propheten: »Ich aber bin voll Kraft und Geistes des Herrn, voll Recht und Stärke« (Mi 3,8) und hält der Gewissenlosigkeit die Forderung Gottes vor: »Gottes Wort halten, Liebe üben und demütig sein vor Gott« (Mi 6,8).
Jeremia bezeugt, daß Michas Wort gehört wurde (Jer 26,18.19), seine Botschaft hat mit zur Reform Hiskias beigetragen. Aber diese Umkehr hielt nicht lange vor und machte schon unter Manasse noch schlimmerem Abfall Platz (2 Kö 21,1–18). Die endgültige Hilfe kann immer nur Gottes Werk sein, er muß den Retter senden (Mi 2,12.13). Und M. schaut, daß aus Bethlehem der kommen wird, »der in Israel Herr sei, welches Ausgang von Anfang und von Ewigkeit her gewesen ist« (Mi 5,1; vgl. Mt 2,6; Joh 7,42).

Michael »Wer ist wie Gott?«.
1) Erzengel, der mit dem Teufel über den Leichnam des Mose stritt (Jud 9), und Engelfürst, der für Israel kämpft (Dan 10,13.21; 12,1). Offb 12,7–9 stürzen M. und seine Engel den Satan aus dem Himmel. Vgl. → Engel IV.
2) Vater Sethurs, des Kundschafters aus dem Stamm Asser (4 Mo 13,13[14]).
3) Zwei Gaditer, die in Basan wohnten (1 Chron 5, 13.14).
4) Levit, Vorfahr des Asaph (1 Chron 6,25[40]).
5) Sohn Jisrahjas, ein Mann aus Isaschar (1 Chron 7,3).
6) Benjaminit, Sohn Berias (1 Chron 8,16).
7) Manassit, der sich David auf dem Marsch nach Ziklag anschloß (1 Chron 12,20).
8) Vater des Stammesfürsten Omri von Isaschar z. Zt. Davids (1 Chron 27,18).
9) Einer der Söhne König Josaphats, die ihr Bruder Joram bei seinem Regierungsantritt tötete (2 Chron 21,2–4).
10) Vater Sebadjas, eines Rückkehrers aus der Verbannung (Es 8,8).

Michaja, Kurzform von Michajahu »Wer ist wie der Herr?«.
1) M. steht in 2 Chron 13,2 als Name der Mutter König → Abias, der Tochter Uriels von Gibea. Der Vergleich mit 2 Chron 11,20 zeigt, daß M. mit → Maacha, der Enkelin Absaloms, gleichzusetzen ist.
2) Einer der Fürsten Josaphats, die er mit den Leviten in die Städte Judas sandte, das Volk im Gesetz zu unterrichten (2 Chron 17,7).
3) Vater eines Hofbeamten König Josias (2 Kö 22, 12). 2 Chron 34,20 heißt er Micha.
4) Sohn des Gemarja z. Zt. Jeremias (Jer 36,10–14).
5) Priester z. Zt. Nehemias (Neh 12,41).
6) Levit aus dem Geschlecht Asaphs und Vater eines Matthanja, dessen Urenkel Sacharja z. Zt. Nehemias lebte (Neh 12,35). Viell. derselbe wie → Micha (10).

Michal, wohl Kurzform von Michel »Wer ist wie Gott?«.
Tochter Sauls und jüngere Schwester Merabs. Sie gewann David lieb, und Saul versprach sie ihm, wobei er statt einer Morgengabe (→ Ehe II, 1) 100 Philistervorhäute forderte. David brachte 200 und erhielt M. zur Frau (1 Sam 18,20–28). Sie verhalf ihm zur Flucht, als ihr Vater ihn gefangennehmen und töten lassen wollte (1 Sam 19,11–17). Später gab Saul sie dem Phalti oder Paltiel, dem Sohn des Lais, zur Frau (1 Sam 25,44). Doch als König zu Hebron forderte David sie durch seine Boten von Is-Boseth zurück. Der entsprach der Forderung, und Abner brachte M. zu David (2 Sam 3,13–16). Als aber David bei der Überführung der Bundeslade nach Jerusalem vor dem Herrn tanzte, verachtete ihn M. (1 Chron 15,29). Ihr Spott traf auf eine scharfe Antwort Davids (2 Sam 6,16.20–22), und M. blieb kinderlos (V 23). Ob David ihr die Gemeinschaft entzog oder ob es sich um eine Strafe Gottes handelte, wird nicht gesagt.

Michmas. Ort in Benjamin, östl. von Beth-Aven (1 Sam 13,5), nördl. von Jerusalem am Weg von Ajath (Ai) nach Geba (Jes 10,28.29). Das heutige Muchmas liegt ca. 12 km nordnordöstl. Jerusalems, nördl. des tief eingeschnittenen, in südöstl. Richtung von Beth-El zum Jordantal ziehenden Wadi es-Suwenit (1 Sam 13,23; Jes 10,29), wo auch die Felsen Bozez und Sene zu suchen sind (1 Sam 14,4.5). Nach der babyl. Gefangenschaft wurde M. wieder besiedelt (Es 2,27; Neh 7,31; 11,31). Vgl. Karte Sp. 686.

Michmethath. Grenzort zwischen Ephraim und Manasse (Jos 16,6; 17,7), östl. von Sichem und nördl. von En-Thappuah. Vielleicht Chirbet Makhneh el-Foqa, 4 km südsüdwestl. von Sichem und 1,8 km südöstl. von Burin.

Michri, wohl »Kaufpreis«.
Benjaminit, Vater Usis (1 Chron 9,8).

Middin. Ort in der Wüste Juda (Jos 15,61), vermutlich Chirbet Abu Tabaq, 5 km westl. von Qumran.

Midian »Streit, Zank«.
Die Midianiter stammen von M. ab, einem Sohn Abrahams und der Ketura (1 Mo 25,2; 1 Chron 1, 32). Alle Söhne Keturas sandte Abraham noch zu seinen Lebzeiten nach O, d. h. in die syr.-arabische Wüste (1 Mo 25,6). Die späteren arab. Geographen kennen noch eine Stadt M. östl. vom Golf von Akaba. Die Söhne M. waren Epha, Epher, Henoch,

Abida und Eldaa (V 4; 1 Chron 1,33). Der Edomiterkönig Hadad schlug die Midianiter im Felde Moabs (1 Mo 36,35; 1 Chron 1,46). In 1 Mo 37,28.36 kommen midianitische Kaufleute vor, die Joseph nach Ägypten verkauften. Mose floh aus Ägypten ins Gebiet von M., das sich damals im S und SO Kanaans erstreckte (2 Mo 2,15). Der midianitische Priester → Jethro wurde sein Schwiegervater (2 Mo 2,21; 3,1; vgl. Keniter). Als Israel ins Ostjordanland kam, waren die Midianiter aufs engste mit den Moabitern verbunden (4 Mo 22,4.7); sie verleiteten auf den Rat Bileams hin Israel zu Unzucht und Götzendienst (4 Mo 25,6), so daß der Herr Mose befahl, sie als Feinde zu behandeln (V 16–18). Kap 31 berichtet über ihre Vernichtung durch Israel, wobei ihre Könige Evi, Rekem, Zur, Hur und Reba fielen (V 8) und alle ihre Städte und Zeltdörfer verbrannt wurden (V 10). Aus Jos 13,21 geht hervor, daß die fünf Midianiterkönige Vasallen des Amoriterkönigs Sihon gewesen sind. Die Midianiter, die Israel während der Richterzeit unterdrückten, erlitten eine vernichtende Niederlage durch → Gideon. Danach werden sie nur noch Jes 60,6; Hab 3,7 erwähnt.

Mietling. Das in 2 Mo 12,45 und Joh 10,12.13 zugrunde liegende hebr. bzw. griech. Wort bezeichnet einfach den → Tagelöhner. Das Lutherwort »M.« hat dagegen einen abschätzigen Beiklang, bes. Joh 10,12f, wo es einen Knecht meint, der seine Arbeit ohne innere Beziehung und Verantwortung tut.

Migdal-Eder → Eder

Migdal-El »(Wacht-)Turm Gottes«,
Stadt in Naphthali (Jos 19,38). Viell. das heutige Mudscheidil, 20 km nordwestl. von Kedes und 18 km nordnordwestl. von Jarun (Jereon), viell. auch Medschdel Islim 14 km nordnordwestl. von Kedes. Vgl. Taf. 97/1536.

Migdal-Gad. Ort in der Sephela (Jos 15,37), vermutlich das heutige Chirbet el Medschdele, neuhebr. Hurva Migdal Gad, etwa 8 km südl. von Beth Dschibrin (Eleutheropolis).

Migdol »(Wacht-)Turm«.
1) Zu 2 Mo 14,2; 4 Mo 33,7 vgl. → Auszug V, 4; → Wüstenzug II, 1a.
2) Das Magdoli der Amarnabriefe, ägypt. *mktr*, eine Grenzfestung im äußersten NO Ägyptens (Jer 44,1; 46,14; Hes 29,10; 30,6). Wohl das heutige Tell el-Heir, ca. 40 km südöstl. Port Said.
3) Vgl. auch → Turm.

Migron. Ort in der Nähe von Michmas (Jes 10,28) und »an der Grenze des Gebiets von Gibea« (= Geba; 1 Sam 14,2; LÜ Vorstadt). Vermutlich Tell Mirjam bei Michmas. Vgl. Karte Sp. 686.

Mijamin »Von der Rechten (der Glücksseite?)«.
1) Leiter der 6. Priesterabteilung z. Zt. Davids (1 Chron 24,9).
2) Priester, der mit Serubabel aus Babylon heimkehrte (Neh 12,5). Vgl. → Minjamin-Moadja.
3) Israelit, der sich z. Zt. Esras von seiner heidnischen Frau trennte (Es 10,25).
4) Priester z. Zt. Nehemias (Neh 10,8[7]); vgl. → Minjamin (2).

Mikloth, hängt wohl mit »Stab« zusammen.
1) Führer der 2. Heeresabteilung z. Zt. Davids. Er teilte sich in diesen Dienst mit Dodai (1 Chron 27, 4).
2) Benjaminit, Nachkomme Jeiels aus Gibeon (1 Chron 8,32; 9,37.38).

Mikneja, wohl »Geschöpf des Herrn«,
levitischer Sänger und Torhüter z. Zt. Davids (1 Chron 15,18.21).

Milalai, Levit z. Zt. Nehemias (Neh 12,36).

Milch (hebr. *chalab;* griech. *gala*).
I) In Israel wurde die M. von Kühen und Schafen (5 Mo 32,14; Jes 7,21f), von Ziegen (Spr 27,27) und von Kamelen (vgl. 1 Mo 32,16[15]) zur Nahrung verwendet. M. wurde in ledernen Schläuchen aufbewahrt (Ri 4,19 LÜ Milchtopf) und in Schalen gereicht (Ri 5,25).

II) *Chalab* (1 Mo 18,8; Ri 4,19; Jes 55,1 u. ö.) bezeichnet wohl meist die mit Hilfe von kleinen Stükken Labmagen gedickte oder durch Gärung gesäuerte M. Sie wird als erfrischendes Getränk und mit Grütze gekocht genossen. Süße Milch trinkt man verhältnismäßig wenig, da sie sich während des größten Teils des Jahres nicht hält.

III) Butter (hebr. *chämah*) wird aus der noch frischen, süßen M. bereitet, die man in ein Ziegenfell füllt, das an Stöcken aufgehängt ist. Das stößt man mit den Fäusten, bis durch die Bewegung Butter entsteht (vgl. Spr 30,33). Diese Butter, die infolge des warmen Klimas stets weich bleibt, wird frisch gegessen, indem man das Brot hineintaucht; zur Aufbewahrung kocht man sie auf.

IV) Aus geronnener Milch wird durch Seihen Quark und daraus durch Salzen und Trocknen Käse gewonnen. LÜ gibt 3 verschiedene hebr. Ausdrücke mit »Käse« wieder: *charise chalab* (wörtl. = Schnitten [geronnnener] Milch, also Käse- oder Quarkscheiben, 1 Sam 17,18), *schepot bakhar* (= Rinderquark oder -käse, 2 Sam 17,29) und *gebinah* (= Käse oder Quark, Hi 10,10).

V) Kanaan war ein Land, »in dem M. und Honig fließt« (2 Mo 3,8 u. ö.), d. h. das Nahrung in Überfluß hatte. Im NT wird die M. als Bild für die Anfangsgründe geistlicher Lehre gebraucht (1 Kor 3,2; 1 Petr 2,2; Hebr 5,12–14).

Milet, alte griech. Hafenstadt mit 4 Häfen an der Westküste Kleinasiens, südl. der Mäandermündung und ca. 60 km südl. von Ephesus (Apg 20,15; 2 Tim 4,20). In griech. Zeit war es die wirtschaftlich und kulturell bedeutendste Stadt Joniens, Heimatstadt der Philosophen Thales, Anaximander, Anaximenes u. a. Von M. aus wurden 80 Kolonien gegründet. Z. Zt. des Paulus hatte es seine Vorrangstellung jedoch bereits an → Ephesus abgeben müssen. Später versandeten die Häfen durch den Mäander, und heute besteht dort nur noch ein Dorf.
In M. nahm Paulus von den Gemeindeältesten aus Ephesus Abschied (Apg 20,17–38).

Milka »Königsfrau«.
1) Tochter Harans und Schwester Lots, Frau Nahors und Großmutter Rebekkas (1 Mo 11,29; 22,20–23; 24,15.24).
2) Eine der Töchter des → Zelophehad (4 Mo 26, 33).

Milkom. Gott der Ammoniter; → Moloch.

Millo »Aufschüttung«.
1) David erneuerte die Mauern → Jerusalems »ringsumher von M. an einwärts« (2 Sam 5,9; 1 Chron 11,8). M. war also wohl eine Befestigungsan-

lage der Jebusiterstadt, wahrscheinlich am Nordende. Um dieselbe Stelle scheint es sich zu handeln, als Hiskia M. an der Stadt Davids befestigte (2 Chron 32,5). Wenn das Haus M. (2 Kö 12,21[20]) ebenfalls hierher gehört, könnte man darunter den befestigten Palast Davids im N der Stadt vermuten.
2) Von Salomo wird berichtet, daß er den Tempel, seinen Palast, M. und die Mauern Jerusalems baute bzw. erneuerte (1 Kö 9,15). Und zwar baute er M., als der Palast fertig war (V 24), und verschloß dabei die Lücke an der Davidsstadt (1 Kö 11,27). Diese Lücke lag offenbar in der flachen Senke zwischen dem Tempelberg und der Davidsstadt, wo ein feindlicher Einbruch bes. gefährlich gewesen wäre. Salomos M. scheint demnach das befestigte Verbindungsstück zwischen dem Königspalast am Südende des Tempelberges und der Altstadt, viell. auch die gesamte Befestigung des Tempel- und Palastbezirks bezeichnet zu haben.
3) Das Haus M. in Sichem (Ri 9,6.20) war wohl ebenfalls eine Festung, viell. der »Turm«, der in Verbindung mit dem Tempel stand (V 46). Bei den Ausgrabungen zeigte sich, daß der gesamte Tempelbezirk auf einer 6 m hohen Aufschüttung lag.

Mine → Maße und Gewichte II; → Geld

Minjamin »Von der Rechten (der Glücksseite?)«.
1) Levit z. Zt. Hiskias (2 Chron 31,15).
2) Priester z. Zt. Nehemias (Neh 12,41). Viell. identisch mit → Mijamin (4).

Minjamin-Moadja, Priestergeschlecht z. Zt. des Hohenpriesters Jojakim (Neh 12,17). Es handelt sich offenbar um die Nachkommen der Priester → Mijamin (2) und → Maadja (V 5). Viell. ist auch hinter Minjamin der Name des Familienoberhauptes ausgefallen, so daß Minjamin und Moadja zwei getrennte Geschlechter gewesen wären (vgl. EÜ, ZÜ).

Minni. Das Reich M., das als Teil des medischen Reiches in Jer 51,27 neben → Ararat und → Askenas erwähnt wird, lag zwischen dem Van- und dem Urmia-See, im heutigen Grenzgebiet zwischen Persien und der Türkei. In den assyr. Inschriften wird es als das Reich der Mannai erwähnt. Seit Salmanasser III., der es 830 v. Chr. unterwarf, gehörte es zu → Assyrien, von dessen Herrschaft es sich in mehreren Aufständen zu befreien versuchte. Nach der Eroberung Ninives (612 v. Chr.) durch die → Meder und Chaldäer war es Teil des medischen und später des persischen Reiches. Vgl. Karte Sp. 131/2.

Minnith, ammonitischer Ort (Ri 11,33), der Weizen nach Tyrus ausführte (Hes 27,17). Nach Eusebius das Dorf Manith, 4 Meilen von Hesbon in Richtung auf Philadelphia (Rabba) zu. Viell. das heutige Umm el-Chanafis, 6 km nordöstl. von Hesbon an einem alten Weg nach Rabba. Vgl. Karte Sp. 492.

Minze (griech. *haedyosmon*),
wildwachsende Gewürzpflanze *(Mentha silvestris* aus der Familie der *Labiatae);* eine verwandte Art *(M. sativa)* wurde auch in Gärten gezogen. Nach Mt 23,23; Lk 11,42 war sie in ntl. Zeit zehntpflichtig.

Mirjam »Die Beleibte(?)« (Köhler).
1) Ältere Schwester von Aaron und Mose (1 Chron 5,29[6,3]). Sie wird es gewesen sein, die in der Nähe blieb, als Mose im Rohrkästchen im Nil ausgesetzt wurde, und der Tochter des Pharao die eigene Mutter Jochebed als Amme für das Kind brachte (2 Mo 2,3–10). Am Ufer des Schilfmeers leitete sie als Prophetin mit der Handpauke den Gesang der Frauen (2 Mo 15,20.21). Auf der Wüstenwanderung wurde sie mit Aussatz geschlagen, weil sie Moses einzigartige Stellung anzutasten wagte, aber auf seine Fürbitte nach 7 Tagen wieder geheilt (4 Mo 12; 5 Mo 24,9). Sie starb in Kades und wurde dort begraben (4 Mo 20,1). Nach Mi 6,4 hatte der Herr auch ihr Anteil an der Führung des isrl. Volkes aus Ägypten gegeben.
2) Judäer (1 Chron 4,17).

Mirma, viell. »Hinterlist, Trug«,
Benjaminit, Sohn Saharaims und seiner Frau Hodes (1 Chron 8,10).

Misael »Wer gehört zu Gott?« (Köhler).
1) Levit aus dem Geschlecht Kahaths, Nachkomme Usiels (2 Mo 6,18.22; 3 Mo 10,4).
2) Gefährte Daniels, dessen Namen der oberste Kämmerer Nebukadnezars in Mesach änderte (Dan 1,6.7). Ihm wird mit Abed-Nego und Sadrach die Verwaltung der Landschaft Babel übertragen (V 19; 2,49). Wegen ihrer Weigerung, das Götzenbild anzubeten, werden sie in den Feuerofen geworfen und durch den Engel des Herrn gerettet (Dan 3,12–30).
3) Einer der Männer, die bei der Verlesung des Gesetzes neben Esra standen (Neh 8,4).

Mischna »Wiederholung«.
»Wiederholen« bekam bei den Juden die Bedeutung »lehren, studieren«, weiter »mündliche Unterweisung«. Diese Unterweisung der jüd. Gesetzeslehrer, vor allem seit der babyl. Gefangenschaft, wurde zunächst nicht niedergeschrieben (vgl. → Aufsätze). Erst in der 1. Hälfte des 2. Jh. n. Chr. wurde das umfangreiche Material schriftlich festgehalten. So entstand mit der Zeit das Werk, das wir unter dem Namen M. kennen. Die M. besteht aus 63 Traktaten. Sie wurde später durch die Gemara, eine Sammlung von Lehrgesprächen über die M., ergänzt. M. und Gemara bilden zusammen den Talmud = »Lehre, Unterweisung«, und zwar über das richtige Verständnis des Gesetzes und das entsprechende Verhalten. Man unterscheidet einen palästinensischen oder jerusalemer und einen babyl. Talmud; dieser genießt bei den Juden das größere Ansehen.

Miseal. Levitenstadt in Asser, in der Nähe des Karmel (Jos 19,26; 21,30); 1 Chron 6,59[74] Masal genannt. Vielleicht in der Ebene 12 km südlich von Akko bei Tell Nahl. Vgl. Karte Sp. 846.

Miseam, Benjaminit, Sohn Elpaals (1 Chron 8,12).

Misma »Gehörtes, Gerücht«.
1) Sohn Ismaels (1 Mo 25,14; 1 Chron 1,30). Seine Nachkommen bildeten einen arab. Volksstamm. Der Name ist viell. im Dschebel Misma erhalten, östl. vom Wadi Sirhan und ca. 140 km südöstl. von Kasr el-Asrak.
2) Nachkomme Simeons (1 Chron 4,25).

Mispar, dasselbe Wort heißt sonst »Zahl«,
ein Führer des Volkes, der mit Serubabel aus der babyl. Gefangenschaft heimkehrte (Es 2,2). In Neh 7,7 heißt er Mispereth.

Mispat → Kades

Mispereth → Mispar

Misraiter, judäisches Geschlecht aus Kirjath-Jearim (1 Chron 2,53).

Misrephoth-Maim, Ort an der Grenze der Sidonier (Jos 13,6; 11,8; LÜ warme Wasser; EÜ, MÜ Misrephot[h]-Majim), heute Chirbet el-Meschrefe, 1 km südl. von Ras en-Nakura (neuhebr. Rosh Haniqra) an der Tyrischen Treppe.

Missa, edomitischer Fürst (1 Mo 36,13.17).

Missetat, mißhandeln. I) M. gehört zu den Begriffen, die die verschiedenen Formen des Ungehorsams gegen Gott bezeichnen. Verschiedene hebr. und griech. Worte werden u. a. auch mit M. übersetzt, das sich im AT oft, im NT nur einmal findet (1 Petr 2,20). M. ist eine Tat, die das Rechte verfehlt, die in Beweggrund, Ausführung oder Ergebnis Unrecht, d. h. → Sünde ist. Sie kann auf allen Gebieten geschehen, auf denen eine Ordnung Gottes vorliegt: als Auflehnung gegen Gott (Jos 22,17; Jer 3,13), als Übertretung des Kultgesetzes (3 Mo 22,14–16), Verletzung der Reinheitsgebote (3 Mo 17,16), Verstoß gegen die Rechtsordnung des Volkes (3 Mo 5,1) oder Unrecht gegen den Nächsten (1 Mo 50,17).

II) In entsprechendem, heute nicht mehr üblichen Wortgebrauch steht in 1 Mo 31,36; Neh 1,7; Ps 106, 6; Jes 43,27 »mißhandeln« im Sinn von »sündigen«.

Mißhellig, uneinig, geteilter Meinung (Apg 28,25).

Mission → Senden

Mist oder Kot wurde zur Düngung des Landes verwendet (2 Kö 9,37; Jer 9,21[22]; Lk 13,8; 14,35). In Jes 25,10 ist bildlich von einem Misthaufen die Rede, in dessen Jauche das Stroh zertreten wird (vgl. EÜ, MÜ, ZÜ). Getrockneter Kamel- und Kuhmist dient als Brennmaterial (vgl. Hes 4,15; vgl. → Kohle).
Beim Sündopfer galt die Vorschrift, daß der M. des Opfertieres außerhalb des Lagers verbrannt werden mußte (2 Mo 29,14; 3 Mo 4,11 u. ö.), ebenso sollte die menschliche Notdurft vor dem Lager verrichtet werden (5 Mo 23,13[12]f). Von daher wird deutlich, wie entehrend es war, wenn ein Haus als Strafe zum Misthaufen oder Abort gemacht wurde (2 Kö 10,27; vgl. Es 6,11; Dan 2,5; 3,29; EÜ,ZÜ), und wie vernichtend das Prophetenwort Mal 2,3 die Priester trifft. Das Liegen im Kot (Klgl 4,5; 1 Sam 2,8; Ps 113,7) ist Zeichen äußerster Not und Erniedrigung eines Menschen (vgl. Jes 25,10).

Misttor → Jerusalem III C

Mithka, hängt viell. mit hebr. »süß sein« zusammen.
Lagerort der Israeliten in der Wüste (4 Mo 33,28. 29), viell. Wadi Abu Takije, das von Nakb el Arud zum Wadi Dscherafi, nordwestl. von El Akaba (Elath), hinabführt. Vgl. Karte Sp. 1548.

Mithniter, Beiname eines der Helden Davids, vermutlich nach einem sonst unbekannten Ort Methen oder Mithneh (1 Chron 11,43).

Mithoar (Jos 19,13) ist wahrscheinlich kein Ortsname. Vielleicht statt dessen: Die Grenze »erstreckt sich« (MÜ; vgl. EÜ) oder »biegt um« (ZÜ) nach Nea.

Mithredath »Gabe des (pers. Sonnengottes) Mithra«.
1) Schatzmeister des Perserkönigs (Es 1,8).
2) Einer der pers. Beamten, die den Mauerbau in Jerusalem durch einen Bericht an Arthahsastha (Artaxerxes Longimanus) zeitweise verhinderten (Es 4, 7).

Mitleid, mitleidig, mitleiden. Bei diesen Worten handelt es sich sprachlich um zwei Bedeutungen, die jedoch nicht überall streng zu scheiden sind: Mitleid mit einem Leidtragenden empfinden (griech. *sympathein*) und Teilhaben an dem Leide eines anderen (griech. *sympaschein*).
I) Die zweite Bedeutung finden wir im AT nur 1 Kö 2,26. Salomo verschont den Priester Abjathar, obwohl er zu seinen Gegnern zählt, weil dieser als Kampf- und Leidensgefährte mit seinem Vater David gelitten hatte. Alle anderen Stellen des AT sprechen von M. in der ersten Bedeutung. »Wer will denn sich dein erbarmen, Jerusalem? Wer wird denn Mitleiden mit dir haben?« (Jer 15,5; vgl. Nah 3,7). M. kann von Gott gefordert (Jer 48,17), aber auch verboten werden (Jer 16,5).
II) Im NT ist das Mit-Leiden in erster Linie Ausdruck der bis ins letzte gehenden Gemeinschaft mit Christus, die ein reales Anteilhaben an seinem Leben bezeichnet, an seinem Wege durch Leiden zur Herrlichkeit. Der Mit-leidende hat die Verheißung der Mitherrlichkeit (Röm 8,17.18; 1 Petr 4,13). Wer in der »Gemeinschaft seiner Leiden« steht, hat aber auch auf Erden schon den vollen Trost der Gemeinschaft mit dem Auferstandenen (Phil 3,10) und Erhöhten (2 Kor 1,5.7). So ist dem Mit-leidenden schon ein Abglanz dessen gegeben, was ihm in vollem Maße zuteil werden wird bei der Offenbarung der Herrlichkeit Christi.
Das Mit-leiden mit Christus ist nicht ausschließlich Sache des einzelnen, sondern zum guten Teile gliedhaftes Mit-leiden mit dem Leibe Christi (1 Kor 12, 26) und geschieht um des Evangeliums willen (2 Tim 1,8; 2,3). Der Christ leidet mit bei der Verfolgung der Gemeinde (Hebr 10,32–34), andererseits hat die Gemeinde teil am Leid der einzelnen (1 Kor 12,26). Im Mit-leiden kommt die Gemeinschaft der Jünger zur Vollendung. Hier erfüllen sie das Gesetz Christi (Gal 6,2, vgl. Mt 16,24.25; → Jünger; → Kreuz; → Nachfolge).
Von hier aus werden die Worte im NT mitbestimmt,

Tafel 59

a. *Marmorkopf des Kaisers Augustus (31 v. – 14. n. Chr.). Daneben von oben nach unten (jeweils Vorder- und Rückseite):*
   1. *Silberstater von Antiochien am Orontes mit dem Kopf des Augustus (Mt 17,27).*
   2. *Silberdenar (»Groschen«) des Tiberius mit dem Kopf des Kaisers, die Zinsmünze von Mt 22,19.*
   3. *Bronzeassarion (»Heller«) von Tyrus mit dem Kopf des Kaisers Tiberius.*
   4. *Bronzemünze des Pontius Pilatus.*

b. *Marmorbüste des Kaisers Tiberius (14–37 n. Chr.). Er ist als alter Mann dargestellt, der einen Schleier trägt.*
   Daneben von oben nach unten:
   1. *Vorderseite einer Silbertetradrachme von Tyrus und Antiochien, von 125 v. – 70 n. Chr. im Umlauf. Rückseite einer anderen Münze von 27 n. Chr.*
   2. *Älteste hebr. Münze aus der Perserzeit mit der aram. Inschrift jhd → Juda (1. Hälfte 4. Jh. v. Chr.). Auf der Rückseite im quadratischen Rahmen ein Gott mit einem Falken, auf einem Wagen sitzend.*
   3. *Silbersekel aus der Zeit des 1. jüd. Aufstands 66–70 n. Chr.) Auf der Rückseite: »Jerusalem, die Heilige (Stadt)«.*
   4. *Silbertetradrachme des Simon Barkochba aus dem 2. jüd. Aufstand (132–135 n. Chr.). Inschrift der Rückseite: »Befreiung Jerusalems«.*

Plastiken und Münzen im Britischen Museum, London.

in denen von Mitleid als Mitempfinden die Rede ist. Christus kann mit unseren Schwachheiten Mitleid haben, weil er wie wir versucht worden ist, doch ohne Sünde blieb (Hebr 4,15). Sein Verständnis für uns und sein tätiges Teilhaben an unserem Elend, wodurch er uns befreite, gehören eng zusammen. Darum werden auch die Christen zu gleicher Haltung, zum Mitleid, zum Mitempfinden mit der Not anderer ermahnt (1 Petr 3,8). Vgl. auch → Leid.

Mittag bezeichnet außer der hellsten (5 Mo 28,29; Hi 5,14; Jes 59,10), strahlendsten (Hi 11,17; Ps 37, 6; Jes 58,10) und heißesten Zeit des → Tages (2 Sam 4,5; Hl 1,7; Apg 8,26) auch die Himmelsrichtung S (1 Mo 24,62; Hi 9,9; Pred 11,3; Jer 13,19) und die Länder im S, bes. Arabien (Mt 12,42).

Mittagsland → Negev

Mittagsseite des Jebusiters. Der SW-Hügel Jerusalems, (Jos 15,8; 18,16); der aber erst in hellenistischer Zeit nachweisbar in das Stadtgebiet einbezogen wurde.

Mittagstor = Südtor (Hes 40,27.28).

Mittel. I) »Ins Mittel treten« = vermittelnd oder bittend für jemand oder etwas eintreten, sich verwenden (Jes 59,16).
II) »Aus dem Mittel tun« = aus dem Mittelpunkt setzen, unwirksam machen, vernichten (Kol 2,14).

Mittelmeer. Das M. heißt in der HS das große Meer (4 Mo 34,6.7; Hes 47,19.20), das große Meer gegen Sonnenuntergang (Jos 1,4; 23,4), das Philistermeer (2 Mo 23,31) oder auch das hintere Meer (LÜ das Meer gegen Abend; 5 Mo 11,24; 34,2; 2, 20; Sach 14,8). Der Name »hinteres Meer« ist daraus zu erklären, daß man sich nach dem Sonnenaufgang orientierte; dabei ist dann O »vorn« und W »hinten«. Das M. bildete die westl. Landesgrenze (4 Mo 34,6), daher ist »das Meer« manchmal nur eine Bezeichnung für Westen (Hos 11,10 LÜ gegen Abend).
Die Israeliten haben im Altertum keine → Schiffahrt auf dem M. getrieben. Einmal war der Küstenstreifen zum größten Teil nicht in ihrem Besitz, zum anderen beherrschten die Phönizier die gesamte M.schiffahrt. Von den weithin unbekannten Küstenländern des M. wird daher meist nur ganz allgemein als den (fernen) »Küsten« gesprochen (LÜ → Inseln; 1 Mo 10,5; Ps 72,10; Jes 41,5; 42,10.12; Jer 31,10; Hes 27,15 u. ö.).
Dennoch sieht der Prophet eine Zeit voraus, in der Israel schauen und strahlen und in der sein Herz beben und weit werden wird, wenn sich die Fülle des Meeres zu ihm wendet (Jes 60,5.9). Die fernen Gebiete im Meer aber dürfen von Israel aus das Heil Gottes erwarten (Jes 42,4).

Mitteltor → Jerusalem III C

Mitternacht. Zeitlich die Mitte der Nacht (2 Mo 11,4; Ps 119,62; Apg 16,25); als Himmelsrichtung der N (1 Mo 13,14; Jer 1,14; Hes 38,6), aus dem häufig Israels Feinde kamen (Jo 2,20; Jes 41,25). Das Mitternachtsland (Sach 2,10[6]f) ist Babylon.

Tafel 60
a. *Der göttlich verehrte Apisstier von Memphis. Ägypt. Bronzeplastik des 4. Jh. v. Chr. Die Vorstellung dieses ägypt. Stiergottes hat viell. bei der Errichtung des goldenen Kalbes mitgewirkt. Britisches Museum, London.*
b. *Blick ins Kidrontal zwischen Jerusalem und dem Ölberg. Im Hintergrund das Dorf Silwan, davor das spitze Dach des »Absalomgrabes«. Rechts die SO-Ecke der Tempelmauer; sie ist vermutlich mit der »Zinne des Tempels« gemeint (Mt 4,5; vgl. Stadtplan Sp. 684, Nr. 8).*

Mittler. I) Der einzige sündige Mensch, den die Bibel einen M. nennt, ist → Mose. Ihm spricht sie eine Vermittlerrolle beim Zustandekommen des Alten → Bundes zu (Gal 3,19f).

II) Dieser Bund aber ist vorläufig und Schatten (Kol 2,17; Hebr 10,1) des geplanten vollkommenen Bundes, in welchem Menschen Gottes Kinder sein sollen (Joh 1,12). M. dieses Bundes ist allein Jesus Christus, der durch Opfer und Auferstehung Erlösung, Versöhnung und Gemeinschaft mit Gott ermöglicht (1 Tim 2,5.6). Wer dieser Heilsgüter im Glauben teilhaftig wird, wird eins mit dem eingeborenen Sohn Gottes (Joh 17,23), kommt durch ihn zu Gott als seinem Vater (Joh 14,6) und wird durch den M. des Neuen Testaments (Hebr 8,6; 9,15; 12,24) seliggemacht (Hebr 7,25).

III) Zu den Bundesmittlern kommen Helfer aus der unsichtbaren Welt, die als M. eintreten können (Hi 33,23–30), um Menschen Erkenntnis ihrer Sünden, Vergebung und Heilung finden zu lassen; vgl. dazu Hebr 1,14.
In der Ordnung seines Bundesvolkes setzt Gott außerdem → Priester (I,5) ein, die eine Versöhnung erwirken können, ohne daß sie jedoch ausdrücklich als M. bezeichnet werden.

Mitylene. Hauptstadt der Insel Lesbos vor der kleinasiatischen Westküste, nördl. von Chios (Apg 20,14). M. liegt im SO-Teil der Insel. Vgl. Karte Sp. 1049/50.

Mizar »Klein«,
Berg im N Palästinas (Ps 42,7 LÜ kleiner Berg). Man hat ihn in der Bergkuppe des Tell el-Ahmar, 7,5 km südöstl. von Banjas vermutet, an deren NW-Hang der Ort Zoara (»Klein«) liegt.

Mizpa, Mizpe »Warte, Beobachtungsstelle«.
1) Ort in Benjamin (Jos 18,26), wo sich Israel zum Kampf gegen die Benjaminiter sammelte (Ri 20,1.3; 21,1.8). Hier sprach Samuel Recht (1 Sam 7,16) und rief das Volk zusammen (V 5–7), hier wurde Saul zum König gewählt (1 Sam 10,17ff). Asa baute M. zur Grenzfestung gegen Israel aus (1 Kö 15,22; Jer 41,9); z. Zt. Hoseas gehörte es aber zum Nordreich (Hos 5,1). Nach der Zerstörung Jerusalems war M. der Statthaltersitz Gedaljas (2 Kö 25,23; Jer 40,6; 41,1). Bei der Rückkehr aus der Gefangenschaft wurde der Ort neu besiedelt (Neh 3,7.19).
Seit der Ausgrabung von Tell en-Nasbe, 12 km nördl. von Jerusalem, setzt man M. hier an. Die 600 m lange, 4–6 m dicke Mauer, auf einem massiven, bis zu 6 m hohen Unterbau errichtet (vgl. 1 Kö 15, 22), umgibt eine Fläche von rund 3½ ha. Hier fand sich auch ein Siegelabdruck mit dem Namen → Jaasanja (2), vgl. 2 Kö 25,23. Vgl. Karte Sp. 986.
2) Ort in der Sephela (Jos 15,38), genaue Lage unbekannt. Nach Eusebius lag es nördl. von Eleutheropolis in Richtung auf Jerusalem.
3) Ort in Moab (1 Sam 22,3), nach A. Musil Rudschm el-Meschrefe westsüdwestl. von Medeba, 860 m ü. d. M. Vgl. Karte Sp. 279.
4) Land (Jos 11,3) bzw. Ebene (V 8) am Berg Hermon.
5) M. (1 Mo 31,49; LÜ Warte) oder Gilead (V 47f) nannte Jakob den Steinhaufen, den er und Laban an der Grenze Syriens errichteten, nördl. von Mahanaim (1 Mo 32,3[2]) und dem Jabbok (V 23[22]).
Um denselben Ort handelt es sich wahrscheinlich bei M. (Ri 10,17; 11,11.34) oder M. in Gilead (Ri 11, 29), dem Heimatort Jephthahs, als nördl. Grenz-

Rekonstruktion der Befestigungen von Mizpa (1) nach den Ausgrabungen auf dem Tell-en-Nasbe

stadt Gads Ramath-Mizpe (Jos 13,26) genannt. Auch Ramoth in Gilead (5 Mo 4,43) oder Rama (2 Kö 8,29; 2 Chron 22,6), die Frei- und Levitenstadt in Gad (Jos 21,38), Sitz eines der Statthalter Salomos (1 Kö 4,13) und später heftig umkämpfter Grenzort zwischen Syrien und Israel (1 Kö 22,3ff; 2 Kö 8,28), werden wir an der gleichen Stelle zu suchen haben.
Die Lage des Ortes ist umstritten; am wahrscheinlichsten ist der heutige Tell Ramith, dessen Lage – 16 km ostsüdöstl. von Irbid (Arbeel) und 7 km südsüdöstl. von er-Ramtha – allen biblischen Angaben gerecht wird.

Mizraim. 1) Sohn Hams (1 Mo 10,6.13; 1 Chron 1, 8.11), der Stammvater der Ägypter. An allen andern Stellen in LÜ mit → Ägypten wiedergegeben. 2) In 1 Kö 10,28 ist jedoch mit dem M. des hebr. Textes wahrscheinlich nicht Ägypten gemeint, auch ist hier das Wort, das Luther mit »Ware« übersetzt, wohl ein Ortsname; der Vers lautet nach ZÜ: »Die Einfuhr der Pferde für Salomo erfolgte von M. und von Koa her, die Händler des Königs holten sie aus Koa gegen bare Bezahlung.« Koa ist ein Land an der Mittelmeerküste zwischen Syrien und Kleinasien, das spätere → Zilizien. Nördl. von Koa lag ein Land, das die Assyrer Mutsri nannten, und das wir an dieser Stelle wohl unter M. zu verstehen haben. Auch in 2 Kö 7,6 weist die Verbindung mit den Hethitern auf ein Reich im N.

Mnason, Christ aus Zypern, der schon lange ein Jünger war. Paulus übernachtete bei ihm auf dem Weg von Cäsarea nach Jerusalem (Apg 21,16).

Moab. 1) Sohn → Lots und seiner älteren Tochter (1 Mo 19,31–37), Stammvater der → Moabiter.
2) Hochland östl. des Toten Meeres, vom Bach Sered (5 Mo 2,14) oder Weidenbach (Jes 15,7) im S bis in die Gegend von Hesbon (V 4) und das Gefilde der Moabiter gegenüber Jericho (4 Mo 33,48) im N; im O geht es in die syr. Wüste über (vgl. 4 Mo 21,11).
Im NW der Hochfläche erhebt sich das Gebirge → Abarim mit den Gipfeln des Peor, Nebo und Pisga. Von N und S senkt sich das Land zur Mitte hin, wo der Lauf des Arnon, des heutigen Wadi el-Modschib, nach W zum Toten Meer führt. M. ist wasserarm. Die meisten seiner vielen Flußtäler liegen die längste Zeit des Jahres über trocken, und die wenigen, die ständig Wasser führen, sind so tief eingeschnitten, daß sie auch für die Trinkwasserversorgung nur schwer zu nutzen sind. Gute Landwirtschaftsgebiete liegen um Medeba, Diban

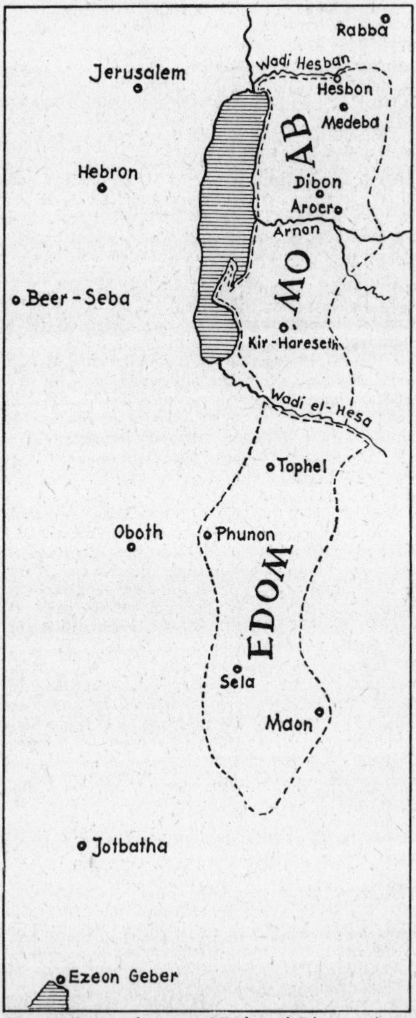

Das Siedlungsgebiet von Moab und Edom nach den nachgewiesenen eisenzeitlichen Ortslagen (Nelson Glueck). Der Nordteil Moabs (nördl. des Arnon) war zwischen Moabitern und Amoritern bzw. Israeliten umstritten

(Dibon) und El Kerak (Kir Hareseth) im W des Landes, der O ist für seine Viehzucht (Kamele) bekannt.

Moabiter. Nach der HS waren die M. (über ihre Abstammung → Lot) nah mit den Ammonitern und beide Völker wieder mit den Israeliten verwandt. Die M. wohnten im O des Toten Meeres, nördl. von Edom und südl. von Ammon und hatten ihr Land von den Emitern erobert (5 Mo 2,10.11). Z. Zt. der Ankunft Israels im Ostjordanland hatten aber die Amoriter unter Sihon, dem König von Hesbon, M. und Ammonitern das Land zwischen Arnon und Jabbok abgenommen (4 Mo 21,13.26–30). Bei der Verteilung des Landes erhielt Ruben das Gebiet von Aroer am Arnon an, die ganze Hochebene von Medeba bis nach Hesbon und zum Jordan (Jos 13,15–23). So wurde Ruben der nördl. Nachbar der M. und hatte ihnen gegenüber einen schweren Stand. Schon z. Zt. des Auszugs der Israeliten aus Ägypten gehörte Moab zu den bekannten Völkern in der Umgebung Kanaans (2 Mo 15,15). Es ist hier von den »Gewaltigen, Starken« Moabs die Rede, ein Wort, das auch den »Widder« bezeichnet: es mag sich dabei um eine Anspielung auf den Viehreichtum der M. handeln (2 Kö 3,4). Der Herr verbot den Israeliten, Moab anzugreifen (5 Mo 2,9). Die M. ließen sie zwar durch ihr Gebiet ziehen (V 28.29), waren ihnen aber nicht mit Brot und Wasser entgegengekommen und hatten sogar → Bileam gegen sie zu Hilfe gerufen, Israel zu verfluchen (5 Mo 23,4[3]f). Darum blieben sie bis in die 10. Generation von der Gemeinde des Herrn ausgeschlossen. In Sittim verleiteten die M. Israel zum Götzendienst (4 Mo 25; Hos 9,10). König Eglon von Moab unterwarf die Israeliten 18 Jahre lang, bis Ehud ihn erschlug und den M. eine Niederlage bereitete (Ri 3).

Doch zeigt dies dunkle Bild auch einige freundliche Lichter. Ruth, Davids Urgroßmutter, war eine Moabiterin; und David brachte während der Zeit seiner Verfolgung durch Saul seine Eltern beim König von Moab in Sicherheit (1 Sam 22,3.4). Nach der Eroberung Jerusalems 586 v. Chr. flohen einige Juden auch nach Moab (Jer 40,11).

Aber im allgemeinen sind die M. Israels Gegner. Saul führte Krieg mit ihnen (1 Sam 14,47), David besiegte sie und machte sie tributpflichtig (2 Sam 8, 2.12; 1 Chron 18,2.11). Über die moabitische Geschichte im 9. Jh. v. Chr. vgl. → Mesa und → Mesastein. Unter König Joas fielen moabitische Streifscharen ins Land ein (2 Kö 13,20.21). Die M. zahlten den assyr. Königen Thiglath-Pileser III., Sanherib und Asar-Haddon Tribut, sie unterstützten Asnaphar (Assurbanipal). Während des Aufstandes von Jojakim gegen Nebukadnezar fielen sie in Juda ein (2 Kö 24,2). Vorübergehend machten sie mit Zedekia gemeinsame Sache gegen Nebukadnezar (Jer 27,3), freuten sich dann aber über Judas Untergang (Hes 25,8–11). Nach der Rückkehr aus der babyl. Gefangenschaft hatten Juden moabitische Frauen geheiratet (Es 9,1.2; Neh 13,23). Im Lauf der Zeit sind die M. in den Arabern aufgegangen. Die Propheten sagten verschiedentlich das Gericht über Moab voraus, vor allem wegen seines Hochmuts (Jes 15–16; Jer 9,24[25]f; 25,21; 48; Am 2,1–3; Zeph 2,8–11).

Die M. waren ein heidnisches Volk, ihr Hauptgott hieß Kamos (1 Kö 11,7). Vgl. den →Mesastein, auf dem außerdem Asthar-Kamos genannt wird. Auch Baal-Peor wurde von den M. verehrt (4 Mo 25,1–3).

Relief eines moabitischen Kriegers (vermutlich aus der 2. Hälfte des 2. Jt. v. Chr.)

Mohrenland, Mohr. Das M. (1 Mo 2,13; Jes 11, 11; 37,9) ist das Land Kusch südl. von Ägypten, also Nubien und die angrenzenden Gebiete, das Äthiopien der antiken Schriftsteller. Die Einwohner dieser Gegend, ein hochgewachsenes und kriegstüchtiges Volk (Jes 18,2), waren keine Neger, aber bekannt für ihre dunkle Hautfarbe; darum kann der Prophet fragen: Kann auch ein Mohr seine Haut verändern? (Jer 13,23). Ebed-Melech, der den Propheten Jeremia aus der Zisterne befreite (Jer 38,7ff), und der Kämmerer, der sich von Philippus taufen ließ (Apg 8,27ff), waren Kuschiten.

Zeitweise haben die Äthiopier in Nubien ihr Reich zu großer Blüte gebracht; ihre Hauptstädte waren Napata und Meroe. Sogar Ägypten ist z. Zt. der 25. Dynastie von Äthiopiern beherrscht worden. Thirhaka, der König der Mohren (2 Kö 19,9), bestieg als Pharao Taharka den ägypt. Thron. Auf die Blütezeit des äthiopischen Reiches folgten Jahrhunderte der Schwäche. In ntl. Zeit lag die Macht in den Händen von Königinnen, die den Titel Kandaze führten (Apg 8,27). Vgl. Karte Sp. 35.

Gelegentlich kann bei »M.« oder den »Mohren«

Äthiopier bringen dem Pharao Tribut (ägypt. Darstellung der 18. Dynastie)

auch an Südarabien und seine Bewohner gedacht sein. Bei Serah, dem Mohren (2 Chron 14,8[9], ebenso bei den in 2 Chron 21,16 als Nachbarn der Araber genannten Mohren, könnten wir es mit arab. Stämmen zu tun haben. Auch in Hab 3,7 (EÜ Kuschan; ZÜ, MÜ Kusan) scheint ein kuschitisches Volk in Arabien gemeint zu sein.

Molada. Ort im judäischen Negev (Jos 15,26), Simeon zugewiesen (Jos 19,2; 1 Chron 4,28). Nach der babyl. Gefangenschaft wurde M. neu besiedelt (Neh 11,26). Nach dem Onomastikon lag es an der Römerstraße von Hebron nach Elath; viell. der heutige Tell el-Milh, neuhebr. Tel Malhata, 23 km östl. von Beer-Seba und 35 km südsüdwestl. von Hebron. Vgl. Karte Sp. 1304.

Molch → Eidechse

Molecheth »Die Bringende«.
Schwester Gileads (1 Chron 7,18), Stammutter verschiedener Geschlechter.

Molid »Erzeugend«; viell. Kurzform »(Gott ist) Erzeuger« (Noth).
Judäer, Sohn Abisurs (1 Chron 2,29).

Moloch oder Molech bezeichnet offenbar einen Gott, der Melech = König hieß. Wahrscheinlich haben die Masoreten die Vokale von *boschät* (Schande) unter die Konsonanten *mlk* gesetzt, um ihren Abscheu vor dem heidnischen Gott auszudrücken. Die Bezeichnung der Gottheit als »König« ist so allgemein, daß sich daraus kein Hinweis auf einen bestimmten Gott entnehmen läßt. Der Artikel, der mit Ausnahme von 1 Kö 11,7 überall vor dem Namen steht, zeigt ebenfalls, daß es sich nicht um einen echten Eigennamen handelt. Nach der LXX liest man 2 Sam 12,30 statt »seines Königs« – »Milkom«, ein Name, der denselben Gott bezeichnen würde. Danach hätten die Ammoniter ihn in einem riesenhaften Standbild dargestellt, denn die erwähnte Krone wiegt rund 35 kg. Milk oder Malk (= König) hat sich im Phön. als Göttername gefunden, der Name Milkom steht in den Texten von Ras Schamra. Auch auf den Stadtgott Melkart von Tyrus, den Ahab und Isebel als Baal verehrten, hat man hingewiesen.
Zum M.dienst der Kanaaniter gehörte das Verbrennen von Kindern (5 Mo 12,31), das Israel unter Todesstrafe verboten war (3 Mo 18,21; 20,2–5). Nachdem Salomo jedoch dem M. eine Höhe gebaut hatte (1 Kö 11,7), übernahmen die Israeliten auch das Kinderopfer (Ps 106,37.38). Ahas und Manasse opferten ihre Söhne (2 Kö 16,3; 21,6); im Tal Ben-Hinnom wurden solche Opfer dargebracht (Jer 32, 35), bis Josia den Ort verunreinigte (2 Kö 23,10). Wie den Namen der Gottheit finden wir auch das Kinderopfer unter den Phöniziern wieder. Diodorus Siculus berichtet von einem Sieg, den Agathokles von Syrakus 310 v. Chr. in Lybien über die Karthager erfochten hat: die Unterlegenen brachten daraufhin 200 Kinder aus den vornehmsten Familien dem Baal Hammon dar. Eißfeldt bezweifelt die Existenz eines Gottes M. und will in »Molk« nur einen Opferbegriff sehen. Doch ist das im Hinblick auf die atl. Stellen sehr unwahrscheinlich.

Monat → Jahr

Mond. I) Die unter heidnischen Völkern weitverbreitete Verehrung des M. (Hi 31,26.27; Jes 47, 13), wurde auch von den Israeliten übernommen (2 Kö 21,3; 23,4.5; Jer 8,2), obgleich sie im Gesetz verboten war (5 Mo 4,19; 17,3).

II) Das isrl. → Jahr war ein Mondjahr (vgl. 1 Mo 1,14), in dem die Neumondfeste besondere Bedeutung hatten. 4 Mo 10,10 war vorgeschrieben, daß am Neumond auf zwei silbernen Trompeten geblasen werden sollte, und 4 Mo 28,11–15 wird das Festopfer angegeben, das über das tägl. Brandopfer hinaus dargebracht werden mußte. Der Neumondtag des 7. Monats wurde als Drommetentag (4 Mo 29,1–6; 3 Mo 23,23–25) gefeiert, er wurde im Spätjudentum zum Neujahrstag.
Durch die Neumondfeste wurde jeder Monat im Jahr dem Herrn geweiht, wie auch jeder einzelne Tag durch das Morgen- und Abendbrandopfer mit Speis- und Trankopfer geheiligt wurde.

Mondsüchtig → Krankheit

Moph (Hos 9,6) oder Noph (Jes 19,13; Jer 2,16; 44, 1; 46,14.19; Hes 30,13.16) ist der hebr. Name des ägypt. Memphis, der Hauptstadt Unterägyptens, etwa 16 km südl. von Kairo. Der Stadtgott von M. war Ptah, die Festung des Ortes war als »Weiße Mauer« bekannt. Bis zur Gründung von Alexandria war M. eine mächtige und bedeutende Stadt, in der seit der Zerstörung Jerusalems auch Juden wohnten (Jer 44,1). Dann verlor es an Bedeutung. Die Araber trugen den größten Teil der Bauten ab und transportierten die Steine für neue Bauvorhaben nach Kairo. Heute zeugen nur noch die Pyramiden im W. von der früheren Größe der Stadt. Vgl. Karte Sp. 35; Abb. Sp. 228 unten; Taf. 5/64; 60a/929a

Mord. I) Das mosaische Gesetz unterscheidet zwischen M. und Totschlag: Wer einen Menschen absichtlich so schlägt, daß er stirbt, soll getötet werden, selbst wenn er zum Altar geflohen ist. Hat er ihm aber nicht böswillig nachgestellt, so wird ihm ein Ort bestimmt, wohin er fliehen soll (2 Mo 21, 12.13; vgl. → Bluträcher, → Freistadt) und wo er weiter leben darf. Es mußte demnach von der Gemeinde untersucht werden, ob Feindschaft bzw. Haß zwischen den beiden bestanden hatte (4 Mo 35,21–25). Nur wenn der eine den andern überfiel u. vorsätzlich totschlug, galt sein Handeln als M. (5 Mo 19,4.11.12). Für den Mörder gab es grundsätzlich nur die Todesstrafe (2 Mo 21,12; 4 Mo 35,31). Jedoch erkannte das Gesetz das Recht der Notwehr an. Wurde ein Dieb beim Einbruch ertappt und erschlagen, lag auf dem Täter keine Blutschuld, sofern es nicht nach Sonnenaufgang geschah. Dann gab es keine Notwehr mehr, weil man jemanden hätte zu Hilfe rufen können (2 Mo 22,1[2]f).

II) Das Blut eines Getöteten verunreinigte das Land; eine Versöhnung war nur durch den Tod des Mörders möglich (4 Mo 35,33). Blieb der Mörder unbekannt, so mußte ein besonderes Bittopfer gebracht werden, damit die Schuld nicht auf dem Lande lastete (5 Mo 21,1–9). Auch das Töten im Krieg, selbst in dem vom Herrn befohlenen, wirkte verunreinigend und machte die Entsündigung nötig (4 Mo 31,19). Nach 1 Chron 22,8; 28,3 verhindert das von David vergossene Blut, daß er den Tempel des Herrn bauen darf.

III) Nachdem schon im AT die Tat wesentlich nach ihrem Motiv beurteilt wurde, bezeichnet Jesus im NT vollends die innere Gesinnung als das Entscheidende. Schon wer nur böse Gedanken hegt, ist bereits dem Gericht verfallen; auch wenn sie nicht zur Tat des M. geführt haben, ist der Betreffende voll schuldig vor Gott (Mt 5,21.22; 15,19; vgl. 1 Joh 3, 15).
In der Offb. gehören die Mörder zu denen, die außerhalb des Gottesreiches stehen (Offb 21,8; 22,15).

Mördergrube, wörtl. Räuberhöhle (Jer 7,11; Mt 21, 13; Mk 11,17; Lk 19,46). Vgl. → Kaufhaus.

More »Lehrer«.
1) Der Hain M. (wörtl. Terebinthe bzw. Terebinthen M.; viell. »Terebinthenhain des Lehrers«) befand sich in der Nähe von Sichem (1 Mo 12,6; 5 Mo 11,30). Hier lagerte Abraham bei seiner Ankunft in Kanaan. Vielleicht ist mit der → Eiche (1 Mo 35,4; Jos 24,26; Ri 9,6) oder Zaubereiche (Ri 9,37) bei Sichem derselbe Ort gemeint.
2) Hügel im N der Jesreel-Ebene, wahrscheinlich der heutige Dschebel Dahi, neuhebr. Givat Hamore (Ri 7,1), 1,5 km südl. von Nain (Taf. 68a/1057; 70/1089; Karte Sp. 492).

Moreseth, auch Moreseth bei Gad genannt (Mi 1, 14), ist der Heimatort des Propheten Micha (Mi 1,1; Jer 26,18). Man vermutet es im heutigen Tell ed-Dschudejide (neuhebr. Tel Moroshet Gat) östl. von Gath und 3 km nordnordöstl. von Eleutheropolis. Vgl. Karte Sp. 920.

Moreseth-Gath → Moreseth

Morgen, Morgenland. M. als Himmelsrichtung bezeichnet den O (1 Mo 2,8; 4 Mo 32,19; 1 Kö 17,3). Das Morgenland ist das Gebiet der syr.-arab. Wüste (1 Mo 25,6); die gegen M. wohnen (Hi 1,3; Jes 11, 14; Jer 49,28), die aus dem Morgenlande (Ri 6,3; 7,12) oder die Kinder des Morgenlandes (Hes 25,4) sind die arab. Wandervölker der Wüste. Mt 2,1 dagegen sind wohl die Euphratländer, bes. Babylon gemeint (vgl. auch 1 Kö 5,10[4,30]).

Morgengabe → Ehe II, 1

Morgenstern. Der Planet Venus, der am Abend als erster, am Morgen als letzter Stern sichtbar ist. Er dient als Bild für den König von Babylon (Jes 14, 12) und Christus (Offb 22,16; vgl. 2 Petr. 1,19; Offb 2,28). Vgl. → Asthoreth.
Hi 38,7 wird das Wort im weiteren Sinne für die Gestirne verwendet. Ein anderes hebr. Wort, das LÜ in V 32 mit M. wiedergibt, bezeichnet die Sternbilder des Tierkreises (EÜ, ZÜ).

Morgenwache → Nachtwache

Morija, in 1 Mo 22 als »Gottessicht« gedeutet. Auf einem Berg des »Landes M.« sollte Abraham seinen Sohn Isaak opfern (1 Mo 22,2; vgl. V 8.14). Der »Berg M.« ist nach 2 Chron 3,1 der Tempelberg in → Jerusalem. Nach jüd. Tradition handelt es sich an den beiden Stellen um denselben Ort. Vgl. → Tempel.

Mörser. Gefäß aus Holz, Stein oder Metall, das im Haushalt gebraucht wurde, um Grütze (Spr 27,22) oder andere grobkörnige Nahrungsmittel (z. B. das Manna, 4 Mo 11,8) darin mit dem Stämpfel, einem gestielten, runden Knauf aus demselben Material, zu zerstoßen.

Mose. I) Im Ägypt. wohl »Kind, Sohn«, d. h. »Sohn eines unbekannten Vaters«. Andre vermuten in M. eine Abkürzung von Ramses = »Sohn des (Gottes) Re.«. Im Hebr. bedeutet der Name »Herauszieher«, viell. umgestaltet aus »Herausgezogener«. »Diese Umgestaltung war eine unabsichtliche Weissagung, denn der Herausgezogene wurde in der Tat zum Herauszieher« (Kurtz bei Keil).

II) M. ist der Sohn von Amram und Jochebed. Er stammt von Kahath, dem Sohn Levis, ab. Seine ältere Schwester ist Mirjam, sein älterer Bruder Aaron (2 Mo 6,16.18.20). Er wurde um 1350 (bzw. 1525) v. Chr. geboren (vgl. → Zeitrechnung), als der Befehl des Pharao in Geltung war, alle hebr. Knaben in den Nil zu werfen (2 Mo 1,22). Nachdem ihn seine Mutter drei Monate verborgen hatte, setzte sie ihn in einem Rohrkästchen aus. Die Tochter des Pharao fand ihn und übergab ihn seiner Mutter als Amme. Als sie ihn nach 1–3 Jahren der Tochter des Pharao zurückbrachte, nannte diese ihn M. (2 Mo 2,1–10).

III) M. steht am Beginn der Volksgeschichte Israels. Die Berichte über sein Leben finden wir vor allem im 2 bis 5 Buch Mose. Daran, daß M. wirklich gelebt hat, zweifelt man heute kaum mehr, sein ägyptischer Name, die Sklaverei des Volkes am Beginn seiner nationalen Geschichte sind Dinge, die sich nur als historische Tatsachen erklären lassen. Es gibt keinen Grund, M. als mythische Figur anzusehen; ohne ihn ist der Beginn der isrl. Geschichte nicht zu begreifen. Seine Persönlichkeit, seine Charakterstärke und seine Rolle als Mittler göttlichen Willens haben Israel und seinen Glauben unverwechselbar geprägt. Wenn man dennoch vielfach kein zusammenhängendes Bild von seinem Leben und Wesen zu zeichnen wagt, so liegt das daran, daß man den Wert der Mosebücher als Geschichtsquelle weithin zu niedrig veranschlagt. Man rechnet mit einer Zusammenstellung der Texte viele Jahrhunderte nach M. Tod, wobei die geschichtlichen Tatsachen durch die mündliche Überlieferung weitgehend entstellt worden seien. Nach dem, was wir heute vom Schriftwesen der Zeit schon lange vor M. wissen, lassen sich gegen solche Theorien jedoch gewichtige Gegengründe anführen.

IV) Als Sohn der Tochter des Pharaos (Hebr 11,24) wird M. in aller Weisheit der Ägypter unterrichtet (Apg 7,22); er lernt die religiöse und juristische Überlieferung des alten Orients kennen. Vielleicht hat er sich auch im diplomatischen Dienst Ägyptens ausgezeichnet. Trotz dieser Ausbildung scheitert er zunächst, als er sich mit 40 Jahren auf die Seite seines Volkes stellt und dabei einen Ägypter erschlägt. Er muß fliehen und findet Zuflucht in Midian, wo er Zippora, die Tochter des Priesters Reguel oder Jethro, heiratet (2 Mo 2,11–22). Hier lebt er 40 Jahre unter einem Volk, das ebenfalls von Abraham abstammte (1 Mo 25,2) und vielleicht auch den Gott Abrahams verehrte (vgl. 2 Mo 18,10–12). Im Namen seines ersten Sohnes Gersom drückt M. noch das Gefühl aus, »Fremdling« zu sein; als ihm der zweite Sohn Elieser geschenkt wird, weiß er, daß »Gott seine Hilfe« ist (2 Mo 18,3.4). In Midian verbringt M. in der Gemeinschaft mit Jethro Jahre inneren Reifens. Danach beruft ihn Gott zur Befreiung seines Volkes (2 Mo 2,23–4,17). Der Herr offenbart sich ihm aus dem brennenden Dornbusch mit seinem Namen Jahwe = »Ich bin da« (Buber). Noch muß Gott viele Widerstände bei M. überwinden und ihm schließlich seinen Bruder Aaron als Sprecher zuordnen, ehe er bereit ist, den Auftrag des Herrn auszuführen.

V) Gemeinsam treten M. und Aaron vor die Ältesten der Israeliten (2 Mo 4,28–31) und dann vor den Pharao, um die Rückkehr ins verheißene Land zu erwirken (2 Mo 5ff). Durch eine Reihe von Wundern, die 10 → Plagen, überwindet Gott den Widerstand des Pharao, der immer neu sein Herz verhärtet und die gegebene Erlaubnis zum → Auszug der Israeliten zurücknimmt. Im Durchzug durch das Schilfmeer und in der Vernichtung des ägypt. Heeres vollendet sich der Sieg Gottes, den die Einsetzung des Passahfestes besiegelt und das Lied des M. und der Mirjam feiert (2 Mo 15,1–21). Das geschieht um 1270 (bzw. 1445) v. Chr. (vgl. → Zeitrechnung IV, 2).

VI) Der Weg Israels führt in die Wüste hinein (→ Wüstenzug). Jetzt zeigt sich die Geduld Moses, seine Treue und sein Glaube, seine Liebe zu seinem Volk. Immer wieder begehrt das Volk auf, murrt und empört sich; schon bei Mara (2 Mo 15,23.24), dann in der Wüste Sin und wieder bei Massa und Meriba (2 Mo 16; 17,1–7). Doch Wunder folgt auf Wunder: Wachteln, Manna, Wasser aus dem Felsen. Nach dem Sieg über Amalek (V 8ff) trifft Jethro mit Moses Familie, die er inzwischen zurückgeschickt hatte, im Lager ein und berät M., wie er die Rechtsprechung in Zukunft am besten handhabt (2 Mo 18).

VII) Der Herr erscheint auf dem Sinai, und M. empfängt als Mittler die 10 → Gebote, übergibt das → Bundesbuch und schließt gemeinsam mit den Ältesten Israels den feierlichen Bund zwischen Gott und seinem Volk (2 Mo 19; 20; 24). Danach steigt er wieder auf den Berg und bleibt dort 40 Tage und Nächte. In dieser Zeit erhält er die Vorschriften über das heilige Zelt (→ Stiftshütte) und den Gottesdienst (2 Mo 25–31). Die beiden Steintäfelchen mit den 10 Geboten bringt er mit sich vom Berg herab. Inzwischen aber haben die Israeliten Aaron gedrängt, ein goldenes Stierbild anzufertigen, vor dem sie opfern. M. zerbricht im Zorn die Gesetzestafeln, wie das Volk den Bund gebrochen hat, und hält hartes Gericht. Aber dann tritt er vor Gott für das Volk ein und erwirkt, daß der Herr es nicht verlassen will (2 Mo 32; 33). Gott erneuert die Gesetzestafeln und Mose bleibt noch einmal 40 Tage und Nächte auf dem Berg. Als er wieder zum Volk kommt, strahlt sein Gesicht, und jedesmal, nachdem er zu den Israeliten ausgeredet hat, legt er einen Schleier über sein Gesicht, bis er wieder vor Gott tritt. Denn das Volk soll nicht sehen, wie der Glanz auf seinem Gesicht vergeht (2 Mo 34; 2 Kor 3,7–18). Die Stiftshütte wird aufgerichtet (2 Mo 35–40), M. empfängt die Opfervorschriften und weiht Aaron und seine Söhne zu Priestern (3 Mo 8).

Chronologisches Gerüst zum Leben des Mose

Jahre vor dem Auszug	
83	Aaron geboren (2 Mo 7,7)
80	Mose geboren (2 Mo 7,7)
40	Mose flieht nach Midian (Apg 7,23.29)
1	Moses Berufung (2 Mo 3)
	Beginn der ägypt. → Plagen wahrscheinlich im V. Monat mit dem Nilhochwasser

Tage, Mon. u. Jahre des Auszugs			
10.	I.	1	Wahl des Passahlamms (2 Mo 12,3)
14.	I.	1	Passah (2 Mo 12,6)
15.	I.	1	Tötung der Erstgeburt (2 Mo 12,29)
			Auszug aus Raemses (4 Mo 33,3)
15.	II.	1	Israel in der Wüste Sin (2 Mo 16,1)
	III.	1	Ankunft am Sinai (2 Mo 19,1.2)
			Bundesschluß und Gesetzgebung
1.	I.	2	Aufrichtung der Stiftshütte (2 Mo 40, 2.17)
1.–7.	I.	2	Weihe der Priester und des Altars (3 Mo 8,33.35; 2 Mo 29,37)
8.	I.	2	Opfer Aarons, die Herrlichkeit des Herrn auf der Stiftshütte, Tod Nadabs und Abihus (3 Mo 9,1.23; 10,1.2)
8.–19.	I.	2	Opfer der Fürsten (4 Mo 7,1.2.10)
14.	I.	2	Passah (4 Mo 9,1–5)
1.	II.	2	Erste Volkszählung (4 Mo 1, 1)
14.	II.	2	Kleines Passah (4 Mo 9, 11)
20.	II.	2	Aufbruch vom Sinai (4 Mo 10,11.12)
			Erkundung Kanaans in der Zeit der ersten Weintrauben (4 Mo 13,20[21]), also wohl im IV. Monat (→ Jahr)
10.	VII.	2	Versöhnungstag (3 Mo 16,29–34)
			Aufenthalt in Kades vermutlich bis ins Jahr 3 (5 Mo 1,46; 2,14)
			38 Jahre Wüstenwanderung (→ Wüstenzug II,2)
	I.	40	Israel wieder in Kades (4 Mo 20,1)
1.	V.	40	Tod Aarons (4 Mo 33,38)
		40	Überschreitung des Sered (5 Mo 2,14)
1.	XI.	40	Moses Abschiedsreden (5 Mo 1,3.4)
			Mose stirbt im XI. oder XII. Monat (vgl. 5 Mo 34,8 und Jos 4,19)

VIII) Im zweiten Jahr des Zuges durch die Wüste lehnen sich Mirjam und Aaron wegen der kuschitischen Frau (LÜ Mohrin), die er genommen hatte, gegen M. auf. Sie wollen seine einzigartige Stellung antasten (4 Mo 12,2). Aber Gott bezeugt: »Von Mund zu Mund rede ich mit ihm, nicht in Gesichten und nicht in Rätseln, und die Gestalt des Herrn schaut er« (V 8). Mirjam wird aussätzig und erst auf Moses Fürbitte wieder geheilt. Unter der kuschitischen Frau des M. haben wir wohl Zippora und keine zweite Frau zu verstehen (vgl. die Namen 1 Mo 10,6–8, die z. T. nach Arabien weisen). Als danach die Kundschafter, die zur Erkundung Kanaans ausgesandt worden waren, nach Kades zurückkehren und ihr Bericht das Volk in Aufruhr bringt, ist es M., der durch sein Eintreten für das Volk verhindert, daß Gott es ausrottet (4 Mo 13; 14). Wieder schlägt er dabei, wie schon am Sinai, das Angebot aus, daß der Herr ihn zu einem noch mächtigeren Volk machen will (4 Mo 14,12 u. 2 Mo 32,10). Auch beim folgenden Aufstand von Korah (3), Dathan u. Abiram gelingt es M. und Aaron noch, das Schlimmste vom Volk abzuwenden (4 Mo 16). Dann aber versündigen sie sich selber, als M. bei Kades statt zum Felsen nur zu reden, mit dem Stab dagegen schlägt, um Wasser hervorströmen zu lassen (4 Mo 20). Dieser Ungehorsam gegen das Wort des Herrn kostet sie das Betreten des verheißenen Landes. Doch bleibt M. weiter der Führer und Mittler seines Volkes. Er leitet Israel ins Ostjordanland, überträgt das Amt des Hohenpriesters von Aaron auf seinen Sohn Eleasar (4 Mo 20,23–29) und errichtet die eherne Schlange als Zeichen der Rettung unter göttlichem Gericht (4 Mo 21,6–9). Das Strafgericht an den Midianitern, die sich mit Moab gegen Israel verbündet hatten, wird ebenfalls noch von M. vollzogen (4 Mo 31).

IX) Das 5. Buch Mose enthält seine Abschiedsreden an das Volk, die er im Lager in Sittim, östl. vom Jordan, gehalten hat. Er setzte Josua zu seinem Nachfolger ein, übergab den Israeliten sein Lied und seinen Segen (5 Mo 32; 33) und starb, 120 Jahre alt, ohne daß sein Augenlicht nachgelassen hatte noch seine Kraft gewichen war. Vorher zeigte ihm der Herr das verheißene Land vom Gipfel des Nebo. Gott selber begrub ihn im Tal. 30 Tage lang trauerte das Volk um seinen Führer, Mittler, Propheten, Gesetzgeber und Geschichtsschreiber (5 Mo 34).

X) In einer Reihe von Stellen der Mosebücher wird ausdrücklich auf die literarische Wirksamkeit M. Bezug genommen. Er zeichnete die Stationen des Wüstenzuges auf (4 Mo 33,2) und verfaßte den Bericht über die Amalekiterschlacht (2 Mo 17,14). Die Niederschrift der Gesetze (2 Mo 24,4.7) übergab er am Ende seines Lebens den Leviten (5 Mo 31,24–26). Wenn man seine Ausbildung in Ägypten berücksichtigt, so erscheint es keineswegs ausgeschlossen, daß die Darstellung der Welt- und Heilsgeschichte in den Büchern, die seinen Namen tragen, von ihm herrührt, wohingegen er im 1. Buch offensichtlich ältere Quellen benutzt hat. Auch Dichtungen sind unter seinem Namen erhalten: das Lied nach dem Durchzug durchs Schilfmeer (2 Mo 15), das Lied und der Segen vom Ende seines Lebens (5 Mo 32; 33) und der 90. Psalm.

XI) Als Gesetzgeber (→ Gesetz) übermittelte M. dem Volk Israel die Gottesordnungen für sein Alltagsleben und seinen Gottesdienst, als Prophet kündigte er ihm das zukünftige Schicksal je nach seinem Gehorsam oder Ungehorsam an. Als Volksführer und oberster Richter wachte M. darüber, daß Israel auch in Gottes Ordnungen lebte. Dabei trat er immer wieder stellvertretend zwischen die ungehorsamen Israeliten und den Zorn Gottes. Lieber will er sich für sein Volk opfern, als auf dessen Kosten Stammvater einer neuen Nation zu werden (2 Mo 32,32). Sein Wirken ist vom Priesterlichen und Prophetischen her bestimmt. In Geduld und Liebe ist er um sein Volk bemüht und erhält das Zeugnis: »Der Mann M. war sanftmütiger als irgendein anderer Mensch auf Erden« (4 Mo 12,3 EÜ, ZÜ.) Er war ein Beter, mit dem Gott wie ein Freund mit seinem Freunde redete (2 Mo 33,11), und in der Vollmacht des Herrn behauptete er sich gegen die Macht des Pharao wie gegen das Aufbegehren der unzufriedenen Stämme. Nachdem Gott ihn durch 80 Jahre hindurch erzogen und gelehrt hatte, konnte durch seinen Dienst, in dem er nichts mehr für sich selber suchte, aus der Vielzahl der Nachkommen Abrahams und Jakobs die neue Einheit des Gottesvolkes werden.
Im NT aber steht M. als Vertreter des atl. Gesetzes dem Evangelium, der frohen Botschaft Jesu Christi gegenüber (Joh 1,17), und die Herrlichkeit des Sohnes überstrahlt die des treuen Knechtes (Hebr 3,5.6).

Mosebücher.

IA) NAME.
Die Juden faßten die 5 ersten Bücher des AT unter der Bezeichnung »Bücher des Gesetzes« oder »das Gesetz Moses« oder einfach »das → Gesetz« (Thora) zusammen. Die Kirchenväter (Tertullian, Origines) bezogen sich offensichtlich auf die LXX, als sie 1–5 Mo Pentateuch = »das fünfteilige (Buch)« oder »die 5 Schriftrollen« nannten.
Jedes der 5 Bücher wurde bei den Juden nach den Anfangsworten seines Textes benannt:

1. *Bereschit:* Am Anfang.
2. *Weelläh schemot:* Und dies sind die Namen.
3. *Wajjikhra:* Und er rief.
4. *Wajedabber:* Und er sprach.
5. *Elläh haddebarim:* Dies sind die Worte; gelegentlich auch *Mischnäh hattorah:* Wiederholung des Gesetzes.

Die Übersetzer der LXX verwendeten Titel, die sich auf den Inhalt der Bücher bezogen, fast unverändert ins Lat. übernommen wurden und so noch häufig gebraucht werden:

1. *Genesis:* Entstehung (lat. *Genesis*).
2. *Exodos:* Auszug (lat. *Exodus*).
3. *Levitikon:* Buch der Leviten (lat. *Leviticus*).
4. *Arithmoi:* Zahlen (lat. *Numeri*).
5. *Deuteronomion:* Zweites Gesetz (lat. *Deuteronomium*).

Die dt. Übersetzungen zählen fortlaufend 1., 2., 3., 4. und 5. Buch Mose.

B) INHALT.
1) Diese 5 Bücher handeln von Abstammung und Entstehung, Jugend und Lehrzeit → Israels, das als junges, mit dem lebendigen Gott verbündetes Volk in einer gealterten und im Götzendienst versunkenen Welt auftritt.
Sie setzen sich aus verschiedenartigen Bestandteilen zusammen: Berichten, → Geschlechtsregistern, → Gesetzen, Reden. Aber ein Thema beherrscht sie alle: das erwählende Heilshandeln Gottes, durch das er seine Herrschaft in der gefallenen Schöpfung wieder aufrichten will.
Diesen Weg Gottes mit den Menschen und die Lebensordnungen unter der Gottesherrschaft zeichnen die Mosebücher nach von der Schöpfung an bis kurz vor der Ansiedlung der Nachkommen Abrahams in Kanaan.

2a) Das Zentrum des Geschichtsverlaufs in 1 Mo ist die Berufung → Abrahams (1 Mo 12), der zum Stammvater des Volkes bestimmt ist, in dem die Absichten Gottes zeichenhaft für alle Völker verwirklicht werden sollen.

Diese Berufung, mit der die bes. Zeit Israels innerhalb der Heilsgeschichte beginnt, wird vorbereitet durch die Reihe grundlegender Ereignisse, die die ganze Menschheit gemeinsam betreffen. Sie werden in den ersten 11 Kapiteln erzählt. In der Sicht der Genesis richtet sich das Handeln Gottes auf alle Menschen. Israel ist nur das Mittel, das der Herr gewählt hat, dies Ziel zu erreichen. Weil das Buch das → Heil der ganzen Welt im Blick hat, beginnt es nicht mit der Berufung Abrahams, sondern mit der Schöpfungsgeschichte, dem Ursprung des Menschen und der Menschheit.

Gleichwohl erscheint von Anfang an die Geschichte Abrahams als das wesentliche Geschehen, das zur Aufrichtung der Gottesherrschaft führen soll. Das zeigen die Geschlechtsregister in 1 Mo 1–11, die von → Adam aus in gerader Linie auf Abraham zugehen. Auch die Erzählung verrät die gleiche Schau: Der → Schöpfung von Erde und Mensch folgt der Aufenthalt im Garten → Eden, der noch die ungebrochene Gemeinschaft des Menschen mit seinem Schöpfer erkennen läßt. Durch Vertrauensbruch und Ungehorsam aber begibt sich der Mensch unter die Herrschaft der → Sünde. Seine angemaßte Eigen-Sinnigkeit nimmt immer mehr zu, bis Gott durch das Gericht der → Sintflut eine Menschheit vernichtet, die unfähig geworden ist, nach Gottes Gedanken zu leben. Der Herr aber trägt mit Noahs Familie einen → Rest durch sein Gericht hindurch; doch das Herz der Menschen ist nicht geändert (1 Mo 8,21). Der Turmbau zu → Babel macht aufs neue Hochmut und Empörung offenbar. All das unterstreicht die Notwendigkeit, um des Heils willen einen neuen Anfang zu setzen.

So werden wir der Berufung Abrahams entgegengeführt. Noah war erwählt worden, das Menschengeschlecht als solches zu erhalten; in Abraham wird wieder sichtbar, was allein den Menschen zum Menschen macht: die → Erkenntnis des einen, heiligen Gottes und der → Glaube an ihn.

Von nun an zeigt uns der Bericht in 1 Mo in Abraham den Ausgangspunkt eines Heils, das allen Völkern zuteil werden soll. In Kanaan empfängt Abraham den Erben der Verheißung: er wird der Vater → Isaaks und durch ihn der Vater des Gottesvolkes. Nach → Ägypten verpflanzt, vermehren sich die Nachkommen Abrahams zu einem großen Volk, das zu festgesetzter Stunde imstande sein wird, das verheißene Land zu erobern und zu besitzen.
Während wir das Geschlecht Abrahams so wachsen sehen, zeigt uns der Bericht gleichzeitig, wie Seitenzweige nacheinander ausgeschieden und in den Nachbarländern ansässig werden: → Lot, der Neffe

Abrahams, → Ismael, der Sohn des Erzvaters, und → Esau, der Sohn Isaaks.

Das Buch endet mit 2 Episoden, die das Ziel des Berichtes klar erkennen lassen: dem Begräbnis → Jakobs in der Höhle Machpela, die Abraham zur Bestattung Saras in Kanaan gekauft hatte und die der Familie des Patriarchen Unterpfand für den künftigen Besitz des ganzen Landes war; und dem Versprechen, das der sterbende → Joseph den Seinen abnahm, seinen Leichnam nach Kanaan zu überführen.

1 Mo legt so die Grundlagen für die spätere Eroberung Kanaans, die dadurch als rechtmäßige Inbesitznahme des verheißenen Landes erscheint.

b) Den Mittelpunkt von 2 Mo bildet die Gesetzgebung am Sinai (2 Mo 20). Alles Vorhergehende zielt darauf hin: das Wachsen des Geschlechtes Jakobs in Ägypten und die Verfolgung, die es zu erleiden hat; die Geburt → Moses, seine Erziehung am Hof des → Pharao, die wunderbare Fürsorge Gottes, die Mose von Geburt an bis zum Auszug aus Ägypten erfährt; die ägypt. → Plagen, das Wunder des Durchzugs durchs Schilfmeer, der Zug bis zum Sinai – der ganze erste Teil des Buches ist wie eine Vorrede zum Bundesschluß und zur Verkündigung des Gesetzes des Herrn. Dies → Gesetz Gottes ist die nationale, politische und geistliche Verfassung Israels.

Nach der Gesetzgebung wird im zweiten Teil die Herstellung und Aufrichtung der → Stiftshütte beschrieben. Das ist die notwendige Folge der Bundesschließung, denn das heilige Zelt in der Wüste (das später in Kanaan durch den → Tempel Salomos ersetzt werden wird) ist zugleich das Heiligtum und der Wohnort des Herrn, des Königs Israels, inmitten seines Volkes. Israel besitzt ein Heiligtum, in dem Gott täglich seinem Volk begegnen will.

c) Die Bedingungen dieser feierlichen Begegnung müssen festgesetzt und angeordnet werden. Das ist das Thema von 3 Mo, das die Ordnung des → Gottesdienstes und die Vorschriften über die → Heiligkeit enthält, die Gott von seinem Volk fordert.

Das Buch enthält zunächst eine Reihe von Bestimmungen zum → Opfer, von Vorschriften über die Priesterweihe, die Unterscheidung reiner und unreiner Tiere und die verschiedenen Ursachen kultischer Unreinheit. So werden wir zu dem Gesetz geführt, das als die Krönung der Gottesdienstordnung erscheint, dem Gesetz des großen → Versöhnungstages (3 Mo 16). An diesem einzigen Tag im Jahr soll der Hohepriester das Allerheiligste betreten, um dort die Versöhnung des Heiligtums, der Priester und des Volkes zu erwirken.

Danach enthält 3 Mo die Ordnungen, die auf die Heiligung des gesamten Lebens in Israel abzielen: wöchentliche, monatliche, jährliche, siebenjährliche Vorschriften und schließlich das alle 50 Jahre stattfindende → Halljahr, das Vorbild der heiligen und vollkommenen Ruhe unter der befreienden Herrschaft Gottes.

d) In 4 Mo wird die Erzählung von 2 Mo wieder aufgenommen. Der Bericht ist wie in den beiden ersten Büchern von einem Thema bestimmt: hier der Verwerfung Israels und der Verurteilung aller aus Ägypten ausgezogenen Erwachsenen zum Tod in der Wüste (4 Mo 14). Der Inhalt der ersten 13 Kapitel (Volkszählung, → Lager- und Marschordnung, → Passahfeier, Aufbruch vom Sinai, Aussendung der Kundschafter und Empörung des Volkes bei ihrer Rückkehr) führt auf das Todesurteil über Israel hin. Es folgen ihm neue Empörungen und ihre Strafe, außerdem weitere Gesetze (4 Mo 15; 18; 19). Nach dem Tod → Aarons, der Ankunft im Ostjordanland, der Eroberung der → Amoriterreiche von Hesbon und Basan, den Weissagungen → Bileams und dem Sieg über die → Midianiter ist dann alles bereit zum Jordanübergang und Einmarsch in Kanaan.

Das Buch verfolgt den Zug des Volkes vom Sinai bis an die Grenze Kanaans und zeigt das Gericht auf, von dem die Israeliten in der Wüste getroffen wurden. So erklärt es die lange Zeit von 40 Jahren für einen Weg durch die Wüste, der auch in einigen Monaten hätte zurückgelegt werden können.

e) In 5 Mo finden wir eine Wiederholung des Gesetzes *(Deuteronomium)*. Das Volk, das am Jordan ankam, hatte zum größten Teil die Gesetzgebung am Sinai nicht mehr miterlebt bzw. verband damit nach den Jahren der Wüstenwanderung nur noch undeutliche Erinnerungen. Diesem neuen Israel verkündete Mose anstelle des Herrn das Gesetz nun zum zweiten Mal. Er entledigte sich dieser Aufgabe in einer Freiheit, die nicht an den Buchstaben gebunden war, sondern erstrebte, daß der Geist in die Herzen Eingang fände, nicht nur bestimmte Worte.

In seiner ersten Rede ruft Mose die wichtigsten Geschehnisse der Wüstenwanderung in die Erinnerung zurück (5 Mo 1–3). In der zweiten wiederholt und entwickelt er die Abschnitte des Gesetzes, in denen der Geist der Gottesfurcht, Liebe und Menschlichkeit, der das Volk Gottes auszeichnen soll, bes. deutlich hervortritt (5 Mo 4–27). In der dritten Rede stellt er das Volk noch einmal vor die Entscheidung für oder gegen Gott und legt ihm Leben oder Tod, Segen oder Fluch vor (5 Mo 28–30). Das Buch endet mit den letzten Anordnungen Moses im Blick auf den Einzug in Kanaan und mit dem Bericht seines Todes.

3) Die Mosebücher sind im Verhältnis zum Alten Bund, was die Evangelien für den neuen Bund bedeuten. Das Geschehen, das in diesen beiden Berichten wiedergegeben wird, ist jeweils die Grundlage für alles folgende Werk und Wirken Gottes (vgl. Joh 1,17).

II) ABFASSUNG DER MOSEBÜCHER.

Die 5 Bücher des Gesetzes sind anonym wie alle anderen Geschichtsbücher des AT. Sie tragen im Grundtext keinerlei Verfassernamen, wie ihn etwa die prophetischen Bücher aufweisen.

Aber wenn man auch bei der Zusammenstellung des Kanons nicht meinte, sie einem Verfasser zuweisen zu sollen oder zu können, so hat doch die Tradition seit frühester Zeit die Niederschrift des Pentateuch Mose zugeschrieben. Der Bericht über seinen Tod muß dann später – nach dem Talmud von Josua – angefügt worden sein.

Mose ist der Gesetzgeber Israels. Es ist natürlich, daß er nach der Verkündigung der Gesetze, die einen Teil der Mosebücher bilden, sie schriftlich niederlegte und in den historischen Bericht einfügte, der ihren erklärenden Rahmen bildet. Mose sprach als Hebräer hebr., er hatte das Ägypt. gründlich am Hof des Pharao gelernt; niemand hätte besser als er die ägypt. Worte erklären können, die sich hier und da in den Mosebüchern finden.

Jedoch enthält auch der Text deutliche Zeugnisse, die für die Verfasserschaft des Mose sprechen. Der Herr gebot ihm, in ein Buch zu schreiben, daß er Amalek unter dem Himmel austilgen wolle (2 Mo 17,14). Mose schrieb alle Worte nieder, die der Herr bei der Gesetzgebung am Sinai zu ihm geredet hatte (2 Mo 24,4), ebenso die späteren (2 Mo 34,27). Er verzeichnete weiter die Lagerplätze der Wüstenwanderung (4 Mo 33,2). Schließlich wird 5 Mo 31,9–11.24–26 ausdrücklich berichtet, daß Mose das Gesetz in ein Buch geschrieben habe, das die Leviten an die Seite der Bundeslade legen und aufbewahren sollten.

Die Bezeichnung »Buch des Gesetzes Moses« oder »Buch Moses« (Neh 8,1; 13,1; Es 6,18) in den spätesten atl. Schriften bezieht sich wohl mehr auf den Gesetzgeber Mose als auf den Verfasser der Mosebücher. Indessen wird man normalerweise dabei auch seine Verfasserschaft herausgehört haben. Und es ist nicht verwunderlich, daß die gesamte jüd. wie christl. Überlieferung Mose einstimmig als den Verfasser des Pentateuch bezeichnet.

III) DIE ANALYSE (QUELLENSCHEIDUNG) DER MOSEBÜCHER.

Daß die literarische Analyse, d. h. das Bestimmen einzelner Quellen in den Mosebüchern, nicht ohne weiteres die Verfasserschaft des Mose bestreiten muß, sehen wir bei einem der ersten Vertreter der Quellenscheidung (Astruc 1753). Er glaubte, daß Mose selbst ältere Quellen benutzt habe. Das Benützen oder Bestehen von Quellen ist nicht von vornherein abzulehnen, nennt doch die HS selbst z. B. das »Buch der Kriege des Herrn« (4 Mo 21,14). Jedoch kann man diese Quellen auf Grund unseres heutigen Textes nicht mehr im einzelnen nachweisen, was ein kurzer Überblick über die Geschichte der Forschung zeigt.

A) GESCHICHTE DER FORSCHUNG.

In den ersten Etappen der Kritik meinte man auf Grund des Wechsels der Gottesnamen (Jahwe und Elohim) und des Unterschieds in Stil und Inhalt einen Hinweis auf 2 verschiedene Urkunden gefunden zu haben: ÄLTERE URKUNDENHYPOTHESE (Witter 1711, Astruc 1753, Eichhorn 1780–83).

Diese These wurde jedoch bald durch die FRAGMENTENHYPOTHESE ersetzt, die Ilgen (1798) anbahnte, der in der Genesis 17 selbständige Einzelurkunden fand, die er auf 3 Schriftsteller (2 Elohisten u. 1 Jehovisten) verteilte. In England lehnte Geddes (1792, 1800), in Deutschland Vater (1803/5) die Urkundenhypothese ab. Bei der großen Anzahl von angenommenen »Nebenquellen« könne man nicht mehr von Urkunden, sondern nur noch von »Fragmenten« (Bruchstücken) sprechen.

Die Erkenntnis vom Zushg. wenigstens großer Teile des Werkes und der Planmäßigkeit im Aufbau des Ganzen führte dann dazu, daß die Fragmentenhypothese durch die ERGÄNZUNGSHYPOTHESE abgelöst wurde. Hiernach beruht der Pentateuch auf einer elohistischen Grundschrift, die durch jehovistische Stücke ergänzt wurde.

Dies sind, mit Variationen, die 3 Haupttheorien der sog. Literarkritik bis in unser Jahrhundert. Dabei ist die Beobachtung wichtig, daß aus den 2 Urkunden, die man anfänglich festzustellen glaubte (Witter bis Eichhorn), zunächst 3 (Ilgen, Hupfeld 1853) und dann 4 Urkunden wurden (Smend 1912, Eißfeldt 1922), und daß man jede der 3 Urkunden Hupfelds weiter aufspaltete, Ergänzungen und Überarbeitungen annahm oder sie überhaupt als selbständige Urkunden bestritt und als Sammlungen von lauter Fragmenten betrachtete.

Um die Jahrhundertwende entstand ein NEUER LÖSUNGSVERSUCH (Eichhorn, Gunkel, Greßmann), der heute bei von Rad (formgeschichtliche Betrachtung), Noth (traditionskritische Analyse) und den Skandinaviern Pedersen, Engnell u. a. (traditionshistorische Methode) seine Fortsetzung findet. Hier werden weniger die äußerlich-literarkritischen Fragen des Textes, sondern mehr die inhaltlich-stofflichen der Überlieferung und deren Geschichte ins Auge gefaßt. An die Stelle der vorher angenommenen Quellen, Unterquellen, Fragmente usw. treten Überlieferungsstränge und neue Traditionseinheiten. Während von Rad 2 große Überlieferungskreise sieht, um die herum sich weiteres Material gesammelt hat, gibt es nach Noth viele Themen, die zum heutigen Ganzen zusammengewachsen sind, nach Engnell 2 verschiedene Sammlungen, die aber nicht mit denen von Rads übereinstimmen.

B) UNZULÄNGLICHKEIT DER LITERARKRITISCHEN METHODE.

Gegen die angeführten literar- und traditionskritischen Methoden zur Feststellung von Quellen in den Mosebüchern wurde immer wieder Einspruch erhoben: durch Ranke, Hävernick, Hengstenberg, Keil, Klostermann, Zahn, Hoedemaker, Rupprecht, Green u. a. im letzen Jahrhundert, durch Orr, Raven, Eerdmanns, Finn, Wilson, Möller, Wiener, Naville, Yahuda, Heinisch, Jacob, Cassuto, Volz, Rudolph, Engnell, Allis, von Rubow, Unger, Rabast, Aalders, Holwerda, Martin, Young, Gordon u. a. nach 1900. Wir verweisen daher auf die genannten Autoren und führen nur einige prinzipielle Gründe der Ablehnung an.

1) Den Hauptgrund für den »radikalen Bruch mit der ganzen Methode« sieht Engnell (1945) darin, daß hier ein Buch aus dem Vorderen Orient wie ein Schriftstück des 20. Jh. analysiert wird. Wie auch C. H. Gordon im Vergleich mit der ugaritischen Literatur (→ Ras Schamra) betont, ist es grundsätzlich falsch, ein orientalisches Buch in ein modernes westliches Denksystem zu pressen. Ähnlich sagt Rabast: »Der rational eingestellte Abendländer hat für einen so breiten Erzählungsstil wenig Sinn und Verständnis; aber der Orientale erzählt nicht nur logisch, sondern vielmehr psychologisch. Da stört es ihn in keiner Weise, wenn er etwas doppelt mit gleichen oder ähnlichen Worten erzählt.« Überdies sind manche Beispiele nur scheinbar Dubletten oder Parallelberichte, wie eine sorgfältige Exegese zeigt (Young). Weiter bedingt verschiedener Stoff auch anderen Stil, ohne daß damit mehrere Quellen gegeben sein müssen (Rabast). Ebenso ist es eine moderne Voraussetzung, Prosa und Poesie könnten sich nicht mischen, seien daher voneinander zu trennen und verschiedenen Zeiten zuzuweisen; das hat bes. Gordon im Vergleich mit ugaritischen Texten gezeigt.

2) Ein weiterer Grund liegt in der Unmöglichkeit, hinter den bestehenden Text zurückzugehen. Anfangs glaubte man, es sei relativ leicht z. B. durch das Kriterium der Gottesnamen den Schleier über dem Werdegang des Pentateuch zu lüften. Die Geschichte all dieser Versuche zeigt aber die Unmöglichkeit, Quellen und Schichten der Überlieferung zu rekonstruieren. Niemand hat dem Werdeprozeß zugeschaut, und sämtliche Lösungsvorschläge, ob literar- oder überlieferungskritisch, bleiben Theorien. Auch wo sich, wie bei Wellhausens These, zeitweise eine allg. Zustimmung gezeigt hat, ist die spätere Forschung mehr und mehr darüber hinweggeschritten. Wir streiten nicht ab, daß es überhaupt Quellen gegeben habe, jedoch halten wir ihre nachträgliche Rekonstruktion für unmöglich. Wir müssen unsere Grenzen erkennen und darauf verzichten, uns den Werdegang der Mosebücher literarisch oder überlieferungsgeschichtlich vorstellen zu wollen.

3) Daß unsere Methoden grundsätzlich versagt haben, lehrt die jetzt 250jährige Geschichte der Forschung.

a) Wenn die Prinzipien zur Feststellung von Quellen oder Überlieferungsschichten konsequent durchgeführt werden, ergibt dies die Atomisierung des Textes. Auch die Urkundenhypothse ist eine (wenn auch mit größeren Einheiten rechnende) Fragmentenhypothese. Ihre Quellen sind unvollständige »Scheinurkunden«, die auf Grund von »verlorenem Material« subjektiv rekonstruiert werden müssen (vgl. Pfeiffers Einleitung, 1941, S. 159). Einmal muß man annehmen, daß große Teile der urspr. Texte verlorengegangen sind, anderseits setzen sich die verschiedenen Quellen gegenseitig voraus und ergänzen einander (Jacob, Heinisch, Young, Rabast). Zudem stellen sie nur eine Scheinlösung dar, wie ihre weitere Aufspaltung in neue Quellen, Bruchstücke oder Überlieferungseinheiten zeigt.

b) Eine indirekte Bestätigung für die Unzulänglichkeit der angewandten Methoden gibt das Spiel mit den Kriterien, die man zur Bestimmung der Quellen angeboten hatte. So wurde der Gottesname Jahwe in Abschnitten gefunden, in denen nur Elohim vorkommen sollte (E u. P = Elohist u. Priesterschrift), umgekehrt Elohim in Teilen, die der Definition nach nur den Namen Jahwe enthalten dürften (J = Jahwist). Ebenso sprang man mit den Bezeichnungen der Quellen um, so daß etwa J als L (= Laienquelle im Gegensatz zu P) und dafür das bisherige E als J bezeichnet wurde. Ein für eine Quelle typisches Wort konnte auch in anderen Quellen vorkommen (Rabast), die Charakteristik einer Quelle paßte auch bei Abschnitten, die andern Quellen zugeschrieben wurden (Heinisch). Die verschiedensten gegensätzlichen Anschauungen konnten in einer der angenommenen Quellen zusammentreffen (Rabast) und einem Schreiber zugeschrieben werden, für den man anfangs eine besondere, einheitliche Theologie, eigene Sprache und eigenen Stil postuliert hatte. Wenn bei einem Forscher 3, beim andern 4, beim dritten 5 Schreiber am Werk waren (ganz abgesehen von der weiteren Aufspaltung der Quellen und der Problematik verschiedenster Redaktoren; vgl. Klostermann, Rabast), so ist das nicht Verfestigung, sondern »Explosion« der Quellentheorie (Holwerda).

IV) DIE DATIERUNG DER MOSEBÜCHER.

A) 1805 hatte de Wette in seiner Dissertation das Deuteronomium (D) von den ersten 4 Mosebüchern samt ihren angenommenen Quellen getrennt und in die Zeit Josias (621 v. Chr.) verlegt, indem er es mit dem im Tempel aufgefundenen Gesetzbuch (1 Kö 22) gleichsetzte und außerdem annahm, es sei erst unmittelbar vorher entstanden. Als man nun die Gesetze in 5 Mo mit denen der mittleren Bücher des Pentateuch verglich, kam man schrittweise dazu, auch 2–4 Mo immer später und schließlich in der Zeit nach dem Exil anzusetzen (Reuß, Vatke, Graf). Nachdem Hupfelds 4-Quellentheorie (1853) entstanden war, datierte Graf (1869) die Priesterschrift (P), die bisher z. T. als älteste Quelle gegolten hatte, ebenfalls in die nachexilische Zeit. Das wurde zur Grundlage für Wellhausens »Geschichte Israels« (1878). Wellhausen verstand es, an seiner Darstellung von Kultus, Tradition und Entwicklung Israels die Hypothese der nachexilischen Datierung von P im Vergleich mit den übrigen Quellen J, E, D einleuchtend vorzuführen. Der Reiz eines neuen großen Gesamtbildes der Geschichte Israels, das er damit entwarf, ließ ihn unter den atl. Forschern viele Anhänger gewinnen.

B) Die nachexilische Ansetzung von P als der jüngsten Quelle, zu der man u. a. den Schöpfungsbericht (1 Mo 1), einen Teil des Sintflutberichtes (1 Mo 6–9), die Völkertafel (1 Mo 10), den Bund zwischen Gott und Abraham (1 Mo 17) und den Kaufvertrag der Höhle Machpela (1 Mo 23) rechnete, konnte nur in einer Zeit entstehen, in der man erst wenig Vergleichsmaterial aus der Umwelt des AT zur Verfügung hatte. Inzwischen hat die Archäologie gezeigt, daß die Argumente für solche Spätdatierung keineswegs schlüssig und z. T. unhaltbar sind.

1) Auch wenn man den Schöpfungsbericht als Überlieferung und nicht als unmittelbare prophetische Schau (vgl. → Schöpfung II A1b) betrachtet, bieten heute sumerische Texte zeitlich frühere Parallelen zur biblischen Urgeschichte und dem Stil der Erzählung, als wir sie bisher kannten. Es handelt sich dabei um Schöpfung, Paradies, Erschaffung der »Frau der Rippe«, Sündenfall, Einheit der Sprache u. a. Bedeutsam ist, daß diese Parallelen auch Abfolge und Zushg. von 1 Mo 1 und 2 erklären, von Texten, die man bisher zwei zeitlich weit auseinanderliegenden Quellen zuwies (G. Castellino, VT Supplement IV [1957] S. 116–137).

2) Den → Sintflutbericht hielt man für eine während des jüd. Exils in Babylon übernommene Tradition. Seitdem aber ein Bruchstück des Gilgameschepos, das den babyl. Flutbericht enthält, in Megiddo (14. Jh. v. Chr.) gefunden wurde, spricht nichts mehr gegen eine Datierung des biblischen Berichts in das 2. Jt. v. Chr., ganz abgesehen davon, ob man ihn als übernommen und umgewandelt oder als eigenständig ansieht (Atiqot 2 [1959] S. 121ff; P. Garelli, Gilgames et sa légende. Paris 1960).

3) Der Inhalt der Völkertafel spiegelt nach D. J. Wiseman (Journal of the Victoria Institute 86 [1955] S. 14–25) den Stand geographischer Kenntnis gegen Ende des 2. Jt. v. Chr., wenn nicht früher.

4) Den Bericht vom Bund Gottes mit Abraham hatte man als charakteristisch für nachexilischen Priesterstil bezeichnet, und Wellhausen vertrat die Theorie, daß der Bundesbegriff erst spät auftauche. Heute kennen wir Nachrichten von internationalen Bundesschlüssen aus altsumerischen Texten des 3. Jt. v. Chr., und bestimmte Formen der Bundesschließung waren gemeinsamer Besitz zahlreicher Völker und Staaten im 2. Jt. v. Chr. (Mendenhall, Law and Covenant in Israel and the Ancient Near East. Pittsburgh 1955). Die hethitischen Vasallenverträge (1450–1200 v. Chr.) zeigen darüber hinaus, daß 1 Mo 17 in seiner Art durchaus dem Charakter von Verträgen des 2. Jt. v. Chr. entspricht.

5) Die Ausführlichkeit und die Einzelheiten des Kaufvertrages über die Höhle Machpela zwischen → Abraham und dem → Hethiter Ephron finden ihre Begründung in den hethitischen Gesetzen, die seit 1906 in Boghazköi, der 1200 v. Chr. zerstörten Hethiterhauptstadt Hattusas, gefunden wurden. Wenn Abraham zunächst nur die Höhle erwerben (1 Mo 23,9), Ephron aber Höhle und Acker abgeben will (V 11), so erklärt sich dies daraus, daß der Verkäufer nur bei Übereignung des gesamten Grundstücks von bestimmten Rechtsverpflichtungen loskam, die nun der Käufer übernehmen mußte. Auch die ausdrückliche Erwähnung der Bäume (V 17) hat ihren Grund in hethitischen Vertragsvorschriften. Da aber nach der Zerstörung von Hattusas auch diese Gesetze in Vergessenheit gerieten, muß 1 Mo 23 vor 1200 v. Chr. entstanden sein (M. R. Lehmann, BASOR 129 [1953] S. 15–18).

6) Durch die vielen Tausende von Keilschrifttafeln, die in Alalach, Mari und Muzi gefunden wurden, besitzen wir heute eine eingehende Kenntnis des geschichtlichen, sozialen, rechtlichen und wirtschaftlichen Hintergrundes der → Erzväterzeit. Diese Nachrichten stimmen mit der biblischen Darstellung überein und erläutern sie an vielen Stellen.

Mit den Josephserzählungen (1 Mo 37–50) haben sich bes. K. Kitchen (The Joseph Narratives. Tyndale O. T. Lecture 1957) und der Ägyptologe J. Vergote (Joseph en Egypte. Louvain 1959) beschäftigt.

Nach ihren Ergebnissen weisen Namen wie zeitgeschichtlicher Hintergrund in Übereinstimmung mit der Spätdatierung des → Auszugs in die Zeit der 19. Dynastie (1345–1200 v. Chr.).
Der Jurist H. Gazelles (L'auteur du Code de l'Alliance. Paris 1946), der die Gesetze des → Bundesbuches (1) (2 Mo 20–23) behandelt und mit den außerbiblischen Gesetzen des 2. Jt. v. Chr. verglichen hat, kommt zu dem Schluß, daß die genannten Kap tasächlich von Mose stammen.
7) Durch die archäologischen Funde ist ein großer Teil der Berichte in den Mosebüchern als alt erwiesen, d. h. als übereinstimmend mit Kultur und Literatur des 2. Jt. v. Chr. Das erlaubt uns, auch solche Teile als alt zu betrachten, für die wir bisher noch keine Parallelen vorliegen haben, und lehrt, mit den Argumenten »e silentio« (d. h. aus dem Schweigen der z. Zt. gerade bekannten außerbiblischen Urkunden und Funde) äußerst vorsichtig zu sein. Die Vorstellungen des letzten Jahrhunderts von Gesetzgebung, Erzväterzeit, geschichtlicher Zuverlässigkeit der biblischen Berichte, mangelnder Verbreitung der Schreibkunst in mosaischer Zeit sind durchweg überholt, und das gilt auch für die Schlußfolgerungen, die man für die Datierung der Mosebücher daraus gezogen hat. Ebenso haben sich auch die sog. Sprachbeweise für die Spätdatierung atl. Quellen als verfehlt erwiesen (R. D. Wilson, A Scientific Investigation of the O. T. Chicago 1959. S. 101–130). Ist aber die Ansetzung der »Priesterschrift« in nachexilischer Zeit weder archäologisch noch sprachlich mehr zu stützen, so ist die gesamte entwicklungsgeschichtliche Darstellung Wellhausens widerlegt.
8) So kommt es, daß die Frage heute nicht mehr lautet: Wieviel Nachmosaisches bzw. Nachexilisches gibt es?, sondern eher: Wieviel Vormosaisches oder Vorabrahamisches können wir nachweisen? (Gordon). Die Anfänge Israels wurzeln in einem kulturell hochentwickelten Mesopotamien, Kanaan und Ägypten, Ländern, die weite, internationale Beziehungen unterhielten. Aus dieser Zeit und Umgebung, von ihrem eigenen authentischen Hintergrund her, sind demnach auch die Mosebücher allein in rechter Weise zu studieren und zu verstehen.

Moser, Moseroth »Band(e)« oder »Fessel(n)«, Station des Wüstenzuges (4 Mo 33,30), wo Israel lagerte, als Aaron starb (5 Mo 10,6). Nach 4 Mo 20, 22f; 33,37f lag der Ort am Berg → Hor, an der Westgrenze Edoms. Die genaue Lage ist unbekannt.

Most → Wein

Motte (hebr. *asch;* griech. *saes*).
Das Klima Palästinas ist für allerlei M.arten (Familie *Tineidae*) recht günstig. So ist die Kleidermotte *(Tineola biseliella)* sehr verbreitet und richtet durch ihre Larven, die bes. tierische Gewebe (Wolle) zerfressen, großen Schaden an. Die M. wird in der HS als Bild der Zerstörung öfter genannt (Hi 13,28; Ps 39,12; Jes 50,9; 51,8; Hos 5,12; Mt 6,19f; Lk 12,33; Jak 5,2). Das hebr. *asch* kommt auch Hi 4,19; 27,18 vor, wo Luther es mit »Würmer« bzw. »Spinne« übersetzt (vgl., bes. zu Hi 4,19, EÜ, MÜ, ZÜ); ein anderer hebr. Name der M. (*sas,* LÜ Würmer) wird Jes 51,18 neben *asch* genannt.

Moza »Ausgang«, auch »Erzeugnis«.
1) Judäer, Sohn Kalebs (1 Chron 2,46).
2) Benjaminit, Nachkomme Jonathans (1 Chron 8, 36f; 9,42f).
3) Ort in Benjamin (Jos 18,26). Vielleicht das heutige Kalonije (neuhebr. Motsa), 7 km nordwestl. von Jerusalem auf dem Weg nach Jaffa. Der arab. Name geht auf eine röm. Kolonie zurück, die Titus hier gründete.

Mücke → Insekten

Mühe, Mühsal bezeichnen im AT häufig den Weg des Menschen auf dieser Erde (Hi 3,17; 11,16; 20, 22; Ps 90,10). Wohl ist dem Menschen ein Ziel in seinem Leben, in seiner Arbeit gegeben, aber – wie mannigfaltig dieses Ziel auch gesehen wird – jeder Weg ist durch harte Widerwärtigkeiten erschwert. Das Härteste aber ist, daß auch beim Erreichen des Zieles kein endgültiger Friede gefunden wird (Pred 1,3.8; 2,11; 4,8). So charakterisiert Mühsal alles, was unter der Sonne geschieht (Pred 2,22; 3,10). Die Ursache dessen ist die Ursache allen → Leides (Spr 22,8; Pred 2,26). Gerade weil die HS den Weg des Menschen nie ohne das Licht sieht, das aus der Welt des lebendigen Gottes kommt, kann sie von der menschlichen Mühe in solcher Realistik sprechen.
Im NT erhält das Wort einen neuen Klang. Am häufigsten findet es sich bei Paulus; und wo der Apostel seinen Lebensdienst charakterisiert, kann das Wort an erster Stelle stehen (griech. *kopos,* 2 Kor 11,23; ZÜ mehr in Mühsalen, LÜ ich habe mehr gearbeitet). Das Ziel dieses Dienstes ist, jeden Menschen »vollkommen in Christus« darzustellen (Kol 1,28f). Wenn dies erreicht ist, dann ist die Mühe des Apostelдienstes nicht vergeblich, sondern findet Ruhm am Tage Christi (Phil 2,16). Der Dienst aber bleibt Mühe – weil er in einer Welt der Sünde und des Todes, in inneren und äußeren Kämpfen (2 Kor 7,5) durchgeführt werden muß. Die Kraft jedoch, die ihn trägt, ist die Kraft Christi (Kol 1,29), darum wird das Ziel erreicht (Phil 1,6).

Mühle, mahlen. I) Das → Mehl für den täglichen Bedarf an → Brot wird täglich in den frühen Morgenstunden in jedem isrl. Hause gemahlen. Diese schwere Arbeit obliegt den Frauen, wird aber oft auch durch Sklavinnen (2 Mo 11,5) oder männliche Sklaven (Ri 16,21) verrichtet; daher bedeutet es eine Demütigung, wenn jemand zum Mahlen gezwungen wird (Jes 47,2). Das Geräusch der M. ist ein Zeichen geordneten friedlichen Lebens; ihr Verstummen bedeutet Strafe und Hungersnot (Jer 25,10; Offb 18, 22). Weil der Lebensunterhalt von Brot und Mehl abhängig ist, dürfen die Mühlsteine nicht gepfändet werden (5 Mo 24,6).

II) Zum Mahlen verwandte man verschiedene Formen der M.:
1) Die älteste ist der REIBSTEIN, ein flacher, etwa 50 cm langer, 35 cm breiter und 6 cm dicker Stein, der auf seiner Oberseite leicht nach innen gewölbt ist, und über den ein 2., kleinerer Stein hin- und hergeschoben wird; zwischen beiden werden die Körner zu Mehl zerrieben. In verbesserten Formen stellt der obere Stein eine Art Rahmen dar, in dessen Öffnung man dann die Körner schüttet; zu seiner Be-

Reibstein mit oberem Mühlstein (links; vgl. Ri 9,53) und Trichtermühle der röm. Zeit (rechts). Der Oberstein der Trichtermühle wurde durch zwei Querstäbe von zwei Menschen oder Tieren gedreht

wegung legt man in 2 seitliche Kerben einen Stab.
2) Aus dem Reibstein entwickelte sich allmählich die MÜHLE, aus zwei flachen Steinen bestehend, deren unterer im Boden fest verankert war (Hi 41,16 [15]); in den ursprünglichen Formen ist dieser in der Mitte ausgehöhlt, während der obere (Ri 9,53) einen Zapfen hat, der in diese Höhlung hineingreift, dazu einen Handgriff zum Drehen. Zwischen den beiden Steinen werden die Körner zerrieben.
Bei späteren Formen, wohl unter röm. Einfluß, befindet sich der Zapfen am unteren Stein, während der obere eine doppelt konische Öffnung hat. In diese sogen. Trichtermühle, die von zwei einander gegenübersitzenden Frauen (Mt 24,41) bedient wurde und deren Basaltsteine einen Durchmesser von ca. 50 cm und eine Dicke von 5–10 cm hatten, schüttet man die Körner nach und nach in die obere Öffnung hinein. Das Mehl wird dann am unteren Rande in Tüchern oder Schüsseln aufgefangen.
3) Ein ESELSMÜHLSTEIN wird Mt 18,6 erwähnt. Dabei scheint es sich um eine größere, von ein oder zwei Eseln gedrehte Mühle zu handeln, die sich aber kaum vor 300 v. Chr. gefunden haben dürfte.
III) Das so gewonnene Mehl wurde teilweise hernach noch gesiebt, um das grobe vom feinen zu scheiden. Zum Festbrot und zum → Opfer diente bes. das Feinmehl (3 Mo 2,4–7; 1 Kö 5,2[4,22]; LÜ Semmelmehl).
IV) Zu Zeph 1,11 → Jerusalem III B 1.

Kornmahlende Frau. Ägypt. Plastik aus bemaltem Kalkstein, um 2500 v. Chr.

Muhme = Schwester des Vaters, Tante (2 Mo 6, 20).

Müller → Handwerk IV

Mundschenk → Schenke

Muppim → Supham

Murren ist Ausdruck der Unzufriedenheit mit und Auflehnung gegen Verhältnisse (Ps 59,16; Apg 6,1), Menschen (4 Mo 16,11; 17,20[5]; Jos 9,18), Gottes Führung (2 Mo 15,24; 17,3), Christus (Lk 15,2; Joh 6,41.43.61). Damit kann sich der Versuch verbinden, Gott durch das M. zur Hilfe zu nötigen, die durch Wunder erfolgen muß (2 Mo 16,2–4; vgl. Hebr 3,9).
Es zeugt von falscher Haltung, wenn ein Mensch Gottes Gebot und Weisung zwar äußerlich erfüllt, aber durch sein M. zeigt, daß er es mit Widerwillen und innerer Auflehnung tut (Phil 2,14; 1 Petr 4,9). Solcher »Gehorsam« ist bei Gott entwertet, und solches Verhalten in der Gemeinde ist Zeichen für Menschen, die in Wahrheit nicht zu Christus gehören (Jud 16).
Gott wird keine Auflehnung, wie sie sich im M. äußert, ungestraft hingehen lassen, wie er am Beispiel Israels zeigt (1 Kor 10,10).

Musi, Levit, Sohn Meraris (2 Mo 6,19; 1 Chron 24, 26.30). Seine Nachkommen wurden Musiter genannt (4 Mo 3,33; 26,58).

Musikinstrumente. I) Obgleich die HS von Instrumental- wie Vokalmusik berichtet, so ist ohne Frage doch der Gesang, oft verbunden mit dem → Tanz (Reigentanz) der Männer oder Frauen das Ursprüngliche. Um den Rhythmus hervorzuheben, klatschte man dazu in die Hände, wie wir aus alten Abbildungen erschließen können. Zuerst wurden darum wohl auch rhythmische Instrumente, also Schlaginstrumente mit benutzt, später Zupf- bzw. Streichinstrumente und Blasinstrumente hinzugefügt. Von einer orchestermäßigen Instrumentalmusik hören wir wenig; die Instrumente waren im wesentlichen Begleit- bzw. Einleitungsinstrumente zum Gesang, soweit es sich nicht um ausgesprochene Signalinstrumente handelt.

Musikanten mit verschiedenen Saiteninstrumenten und Doppelflöte. Ihr Spiel wird von Gesang und Händeklatschen begleitet (nach einer assyr. Darstellung)

Man hat nur wenige Reste von Instrumenten bei den Ausgrabungen gefunden, doch weiß man etwas mehr aus Abbildungen. Dennoch können wir nicht bei allen Instrumenten, die in der Bibel erwähnt werden, eindeutig sagen, worum es sich handelt.
Auch über die in Israel gebräuchliche Tonleiter und die genauere Zusammenordnung zum Begleitorchester wissen wir nur wenig. Sie kommt ohnehin nur für die Saiteninstrumente in Frage; wahrscheinlich hat es sich um eine Art 5-Ton-Musik gehandelt, bei der Quintakkorde über mehrere Oktaven angeschlagen wurden.

II) Unter den SCHLAG- bzw. SCHÜTTELINSTRUMENTEN werden erwähnt:

1) Die Pauke oder Handtrommel (hebr. *top*), eine Art Tamburin, das aus einem wahrscheinlich einseitig mit Fell bespannten Holzrahmen bestand. Sie diente als rhythmisches Begleitinstrument für den Reigentanz (2 Mo 15,20; Ri 11,34; 1 Sam 18,6) und fand überhaupt im wesentlichen bei der volkstümlichen (1 Mo 31,27; Hi 21,12; Jes 5,12; 24,8; Jer 31, 4), weniger bei der kultischen Musik Verwendung (Ps 81,3; 149,3; 150,4; vgl. 1 Sam 10,5; 2 Sam 6,5). Die kleinere, handliche Ausführung wird meist von Frauen (Ps 68,26), und zwar mit dem Handrücken oder den Fingern, geschlagen, nicht mit dem Stock. Es gab auch größere Pauken, die nur von Männern getragen und gespielt werden konnten.
2) Die Zimbeln oder Becken (hebr. *zälzälim;* griech. *kymbalon* 1 Kor 13,1 LÜ Schelle), in der Regel wohl 2 kupferne Teller bzw. Deckel mit einem Durchmesser von 8-20 cm, die horizontal oder vertikal gehalten und aufeinander geschlagen wurden. Ein ausgesprochenes Begleitinstrument zur Erzeugung von Lärm, das im Orchester der Tempelmusik Verwen-

Musikinstrumente

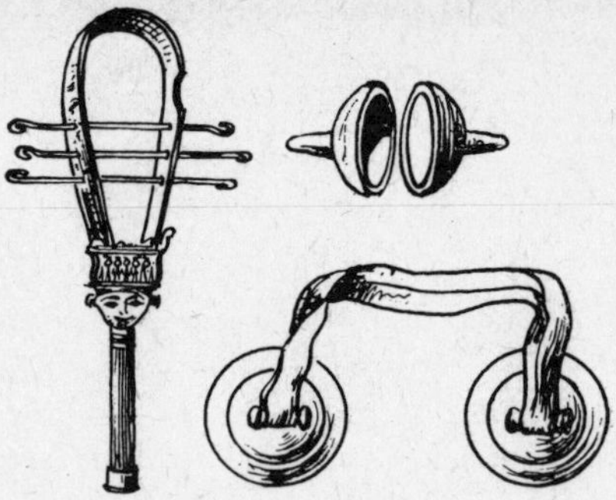

Sistrum (links) und verschiedene Arten von Zimbeln (rechts)

dung fand (2 Sam 6,5; 1 Chron 15,16.19; 25,1; 2 Chron 5,12; Ps 150,5).

3) Das aus Ägypten stammende Sistrum (hebr. *menaaneim;* LÜ Schellen). Es handelt sich um einen mit einem Griff versehenen Rahmen, in der Regel wohl aus Metall, durch dessen beiderseitige Durchbohrungen meist wohl drei Eisenstäbe bzw. -drähte gesteckt waren, die beim Schütteln klirrten. Gelegentlich wird angenommen, daß auf die Stäbe auch noch Metallringe gehängt waren (2 Sam 6,5).

4) 1 Sam 18,6 wird ein Instrument erwähnt (hebr. *schalischim;* LÜ Geigen; ZÜ Zimbeln), bei dem es sich wahrscheinlich um eine Art Triangel handelt, viell. aber auch um die Laute.

5) Nach Abbildungen können wir damit rechnen, daß auch eine Art Kastagnetten, Holzstäbe, die aneinandergeschlagen wurden, in Gebrauch waren.

III) Unter den SAITENINSTRUMENTEN, die – nach den hebr. Wörtern – gezupft oder geschlagen wurden, und zwar wohl meist mit der Hand (1 Sam 16,16), werden 2 erwähnt, wobei es sich jedoch wohl nur um verschiedene Abarten des gleichen Instrumentes, nämlich der Leier handelt. Die Laute (vgl. Abb. Sp. 954) scheint im AT nicht erwähnt zu sein, viell. 1 Sam 18,6 unter hebr. *schalischim* (s. o. II,4). Die Saiteninstrumente waren aus Zypressen- oder → Sandelholz gefertigt (1 Kö 10,12); die Saiten waren meist aus Schafdärmen. Man vermutet in den zwei genannten Instrumenten

1) die Kastenleier (hebr. *kinnor;* griech. *kithara;* LÜ Harfe) mit quergestelltem Joch, bei der die Sai-

Syr. Musiker mit Handpauke, gebündelter Kastenleier und Schrägleier (Relief aus Sendschirli)

ten parallel zum oder senkrecht auf den Resonanzboden zulaufen, wenn sie nicht gebündelt sind. Die älteste Abb. einer solchen Leier findet sich auf dem Grabgemälde von Beni-Hassan (Taf. 6/65); ähnliche Instrumente sind auch aus Assyrien bekannt. Die Kastenleier wird von David vor Saul gespielt (1 Sam 16,23), in der babyl. Gefangenschaft hängen sie die Juden an die Weiden (Ps 137,2). Man spielte sie häufig im Gehen (1 Sam 10,5; 2 Sam 6, 5). War dieses Instrument ganz allgemein in Gebrauch, so wurde

2) die Schrägleier (hebr. *nebäl;* LÜ Psalter) bevorzugt im Gottesdienst verwendet (1 Chron 15,16.28; 2 Chron 5,12; Ps 33,2; 150,3); außergottesdienstlich scheint sie nur in vornehmen Kreisen gebraucht worden zu sein (Am 6,5). Sie ist ebenfalls ein leierähnliches Instrument, allerdings mit einem schrägen

Ägypt. Kapelle mit Harfe, Laute und 2 Flöten

Joch. In Ps 33,2 wird eine Schrägleier mit zehn Saiten erwähnt; ob das die Regel war, wissen wir nicht. Abgebildet ist die Schrägleier auf einem assyr. Relief, das jüd. Gefangene aus Lachis darstellt (Abb. bei → Psalmen). Doch zeigen die alten Abbildungen auch noch andere Formen dieses Instruments. Vgl. die Elfenbeinschnitzerei aus Megiddo (um 1200 v. Chr.; Abb Sp. 152: Spätbronzezeit unten rechts) und das bemalte Tongefäß (um 900 v. Chr.; Abb. Sp. 152: Mittlere Eisenzeit rechts), ebenfalls aus Megiddo; weiter die Leier auf der phön. Silberschale (Abb. Sp. 519).

IV) Bei den BLASINSTRUMENTEN haben wir zwischen den mehrtonigen und den Signalinstrumenten zu unterscheiden.

A) Zu den ersten gehören wenigstens 3 verschiedene Arten von Flöten:

1) Dan 3,5.7.10 wird die Rohrflöte erwähnt (aram. *maschrokita;* LÜ Drommete), bei der es sich um die Pansflöte, das bekannte Hirteninstrument, gehandelt haben dürfte.

2) Am häufigsten wird die Pfeife oder Flöte (hebr. *ugab*) genannt (1 Mo 4,21; Hi 21,12; 30,31; Ps 150, 4), bei der es sich wohl um ein Rohr handelt, das ohne Mundstück über die Kante der oberen Öffnung geblasen wurde und auch in Ägypten bekannt war. Es besteht allerdings auch die Ansicht, daß es eine Art Dudelsack gewesen sei, bei dem man durch ein Rohr einen Ziegenlederbalg aufblies, aus dem ein zweites durchlöchertes Rohr zum Spielen hervorsah.

3) Endlich ist die OBOE oder SCHALMEI zu nennen (hebr. *chalil;* LÜ ebenfalls Flöte oder Pfeife), die wir aus ägypt. Bildwerken kennen und die aus einem einfachen oder doppelten Flötenrohr bestand

Hethitische Musiker mit Horn, Pauke, Laute, Doppelflöte und Schlaghölzern

(1 Sam 10,5; 1 Kö 1,40; Jes 5,12; 30,29; Jer 48,36). Die Rohre wurden mit einem Anblasröhrchen gleichzeitig geblasen, waren mit engen Grifflöchern versehen, und man spielte bei der Doppelflöte auf dem einen die Melodie, auf dem anderen den Begleitton.

B) Bei den SIGNALINSTRUMENTEN handelt es sich um 1) das Horn oder die Posaune (hebr. *khärän* bzw. *schopar*), ein gebogenes Rinder- oder Widderhorn, auf dem man normalerweise nur einen Ton blasen konnte (vgl. Taf. 80/1249). Es wird gebraucht als militärisches Signalinstrument (Ri 3,27; 1 Sam 13, 3; 2 Sam 2,28), von den Wächtern zur Warnung vor Gefahren (Jer 6,1.17 LÜ Drommete), aber auch für den Heroldsruf bei der Thronbesteigung des Königs (1 Kö 1,34.41) und zur Ankündigung des Halljahres (3 Mo 25,9).

Assyr. und ägypt. Trompete

2) Dazu kommt die TROMPETE (hebr. *chasoserah*; LÜ Drommete), ein gerades Metallinstrument mit schlanker Röhre, wohl etwa eine Elle lang, und ohne Ventile. Mose läßt 4 Mo 10,2ff zwei silberne Trompeten für die Priester herstellen, zum Gebrauch im Kriege (4 Mo 31,6), bei Festen (vgl. 1 Chron 15,24; Neh 12,35.41) und an Neumonden. Salomo ließ ihre Zahl auf 120 vermehren (2 Chron 5,12).

Musiter → Musi

Mut (griech. *thymos*).
M. im positiven Sinn ist das Bewußtsein der Kraft und Überlegenheit in schwierigen Situationen (Jos 5,1; 2 Kor 12,10; Hebr 12,3; Jak 5,13); im negativen Sinn bezeichnet M. eine Aufwallung des Gemütes, den Zorn (z. B. Spr 16,32; Lk 4,28); im neutralen Sinn bedeutet es soviel wie Gemüt (Spr 17,22). Christlicher M. ist die getroste Zuversicht (im NT griech. *tharsos*), die der Glaubende zu Gott hat, für den es kein Unmöglich gibt (vgl. Mt 19,26; Lk 1 37; Apg 28,15; 2 Kor 5,6.8). Vgl. → Zuversicht.

Mutter. I) M. ist die Frau, die ein → Kind geboren hat, auch in Unterscheidung von den etwaigen übrigen Frauen des → Vaters. Der Verwandtschaftsgrad wird jeweils auf die gemeinsame M. bezogen (Ri 8,19). »Von Mutterleibe an« heißt von → Geburt an, vom Anfang eines Menschenlebens überhaupt (vgl. Ps 22,10; Gal 1,15). Mutterschaft ist höchstes Glück, fehlende Mutterschaft größtes Unglück der isrl. Frau (vgl. 1 Sam 1,6; 2,5; Jes 54,1). Weil die M. die Kinder geboren hat, pflegt und zunächst erzieht, sind ihre Bindungen an sie besonders stark; sie kann sie nicht vergessen (Jes 49,15; 66,13; 1 Thess 2,7) und ist um ihr Leben, ihre Erhaltung und ihr Fortkommen besorgt (vgl. Hagar: 1 Mo 21,16; die M. des Mose: 2 Mo 2,2–9; die tatsächliche M. vor Salomo: 1 Kö 3,26f; die Apostelmutter: Mt 20,20ff). Achtung und Gehorsam verlangt die HS der M. gegenüber bis ins Alter in gleicher Weise wie gegenüber dem Vater (2 Mo 20, 12; 21,15; Spr 1,8; 23,22; Mt 15,4ff; Eph 6,2f). Es ist nicht verwunderlich, daß die M. auch auf die innere Entwicklung ihres Kindes zum Guten oder zum Bösen großen Einfluß ausübt (vgl. Rebekka auf Jakob: 1 Mo 27; Herodias auf ihre Tochter: Mk 6, 21f; umgekehrt im guten Sinne Hanna auf Samuel: 1 Sam 1–2; Eunike auf Timotheus: 2 Tim 1,5). Das Muttergefühl wird sogar bei Tieren geachtet (2 Mo 22,29[30]; 3 Mo 22,27). Vgl. auch → Brechen.

II) Im übertragenen Sinn kann eine Stadt oder ein Land im Verhältnis zu ihren Bewohnern oder zu kleineren Orten der Umgebung als M. bezeichnet werden (2 Sam 20,19; Jes 50,1; Jer 50,12; Hes 19,2; Hos 2,4[2]). Es wird aber auch im Sinne des geistigen bzw. geistlichen Ursprungs und entsprechender Abhängigkeit gebraucht, z. B. im Verhältnis von Debora und Israel (Ri 5,7), mehr aber noch für das Jerusalem droben, das unser aller M. ist (Gal 4,26), und umgekehrt im bösen Sinne für Babylon (Jer 50,12), die M. der Hurerei und aller Greuel (Offb 17,5). Eva, die erste Frau und M., gilt als die M. aller Lebendigen (1 Mo 3,20).

III) Das Verhältnis der M. zu ihren Kindern dient als Bild für die Liebe Gottes zu seinem Volk vgl. Jes 44,1ff; 66,13). Aber der Gehorsam gegen Gott geht dem gegen die M. vor (Mt 10,37), ja die Jüngerschaft durchkreuzt alle blutsmäßigen Bindungen (vgl. Mt 12,50; 19,29; Joh 19,27).

IV) In bes. Weise spricht die HS von der M. des Herrn, auf dessen Geburt durch eine Frau Stellen wie Jes 7,14; Mi 5,2 hinweisen. Ihr Mutterglück ist aus Lk 1,26–56 deutlich zu erkennen. Für sie gilt alles, was über die Fürsorge der M. für ihr Kind gesagt wurde, aber dann auch die Durchbrechung des irdischen Mutterverhältnisses durch den göttlichen Auftrag. Das wird an Stellen wie Mt 12,49 und Joh 2,4 deutlich. Beim Tode und nach der Auferstehung des Herrn nimmt → Maria keine Sonderstellung ein, sondern steht in der Reihe der Jünger.

Myra. Hafenstadt an der Küste Lyziens im SW von Kleinasien (Apg 27,5), das heutige Dembre. Die Stadt war in ntl. Zeit ein wichtiger Getreidehafen. Ihre Ruinen liegen an der Westseite der Fineka-Bucht. Vgl. Karte Sp. 1049/50.

Myrrhe. I) Harz des südarab. *Balsamodendron (syn. Commiphora) myrrha.* Dieser dornige Strauch mit wohlriechendem Holz gehört ebenso wie die *Boswellia*arten (→ Weihrauch) zur Familie der Balsambaumgewächse *(Burseraceae).* Sein nächster Verwandter, *Balsamodendron gileadense,* ist der Lieferant der »Salbe von Gilead« (Jer 8,22). Die M. des modernen Handels wird von verschiedenen *Commiphora*-Arten Arabiens und Afrikas geliefert.
M. (hebr. *mor;* griech. *smyrna*) ist ein terpentinartiges, wohlriechendes Harz, das durch die Risse der Rinde aus den Harzgängen austritt An der Luft verhärtet es zu einem rotbraunen Stoff. Die natürlich austretende M. ist die reinste und beste Sorte, (LÜ »edle« 2 Mo 30,23 oder »fließende M.« Hl 5,5. 13). Geringere Qualitäten werden durch Einschneiden gewonnen.
M. diente zur Herstellung von wohlriechenden Essenzen; man brauchte es als Beimischung zum heiligen Salböl (2 Mo 30,23), als Parfüm zur Körperpflege (Est 2,12), für die Kleider (Ps 45,9) und für die Schlafstätte (Spr 7,17). Frauen trugen Beutelchen mit M. auf der Brust (Hl 1,13). M. war unter den Geschenken der drei Weisen aus dem Morgenland an das Jesuskind (Mt 2,11). Die M. im Wein bei der Kreuzigung (Mk 15,23) war ein Betäubungsmittel (vgl. Spr 31,6.7; vgl. → Galle). In Puderform wurde sie bei der Bestattung verwendet (Joh 19,39).

II) Das hebr. Wort *loth,* das LÜ in 1 Mo 37,25; 43, 11 ebenfalls mit M. wiedergibt, bezeichnet das Harz der Zistrose *(Cistus creticus).* Es ist ähnlich wie die M. würzig und duftend und wird als Räucherwerk und Arzneimittel geschätzt. Von Arabien und Syrien wurde es nach Ägypten ausgeführt.

Zweig der Myrrhe (hebr. mor; links) und Zweige der Zistrose (hebr. loth; rechts)

Myrte *(Myrtus communis,* hebr. *hadas).*
Die M. wächst in ganz Palästina und Syrien wild, wird aber auch in Gärten gezogen (Jes 41,19; 55, 13). Besonders häufig ist sie in Wassernähe (Sach 1,8), doch findet man sie auch noch bis in 1000 m Höhe, in den Tälern um Jerusalem und in der Jordanebene. Sie ist ein mittelhoher Strauch aus der Familie der *Myrtaceae* mit immergrünen, dunkel glänzenden Blättern, die um ihres Duftes willen als Schmuck, bes. bei Hochzeitsfesten, und zu den Laubhütten (Neh 8,15) verwandt wurden. – Die Königin Esther hieß hebr. Hadassa = M. (Est 2,7).

Mysien. Landschaft im NW Kleinasiens (Apg 16, 7), südwestl. von Bithynien; sie gehörte zur röm. Provinz Asia. An ihrer Westküste lagen Troas und Assos (Apg 20,6.13), weiter im S Pergamus (Offb 2,12). Vgl. Karte Sp. 1009.

N

Naam, Kurzform etwa »(Gott ist) Wonne, Lieblichkeit«,
Sohn Kalebs, des Sohnes Jephunnes (1 Chron 4,15).

Naaman → Naeman (1)

Naarath. Stadt auf der Grenze von Ephraim und Benjamin (Jos 16,7), auch Naeran (1 Chron 7,28) genannt. Nach dem Onomastikon liegt der Ort 7,5 km von Jericho entfernt Man sucht ihn danach im Tell el-Dschisr bei Ain ed-Dok, ca. 5 km nordwestl. vom heutigen Jericho.

Nabal »Unverständig (= gottlos), töricht, Tor«.
Reicher Schafzüchter zu Karmel in Südjuda. Seine Hirten genossen in der Wüste den Schutz der Leute Davids, der auf der Flucht vor Saul war. Als David jedoch zur Zeit der Schafschur um ein Geschenk bitten läßt, weist N. seine Boten schroff ab. Seiner Frau Abigail gelingt es, den Fehler ihres Mannes gutzumachen und David von dem geplanten Rachezug abzuhalten. Damit rettet sie ihrem Mann das Leben, aber die Nachricht von dem Geschehen trifft ihn am nächsten Morgen so schwer, daß er einen Herzanfall erleidet und 10 Tage später stirbt (1 Sam 25).

Nabatäer → Nebajoth

Naboth »Sprößling« (Noth) oder »Erhöhung« (Köhler).
Jesreeliter, der einen Weinberg neben dem Palast Ahabs in Jesreel besaß. Er weigerte sich, diesen Familienbesitz an Ahab zu verkaufen oder zu vertauschen. Daraufhin ließ Isebel N. und seine Söhne nach einem Schauprozeß, in dem falsche Zeugen auftraten, steinigen, und Ahab nahm den Weinberg in Besitz. Da trat ihm Elia entgegen und verkündete ihm für diese Tat das Gericht des Herrn (1 Kö 21; 22,38; 2 Kö 9,26.30–37).

Nachbar. Der Mensch, der mir zunächst (→ Nächster) wohnt und der durch das Verhältnis der gegenseitigen Hilfeleistung und Anteilnahme (2 Mo 3,22; 12,4; Rt 4,17; 2 Kö 4,3; Lk 15,6.9) willkommener sein kann als der Bruder in der Ferne (Spr 27,10). Doch dem Auge des N. bleiben auch die Mängel nicht verborgen, so daß der Schuldige oder Unglückliche leicht zur Schmach und zum Spott der N. wird (Ps 31,12; 44,14; 79,4; 80,7; 89,42).

Nachfolge, Nachfolgen, Nachfolger. I) Nachfolgen bedeutet, abgesehen vom äußeren Nachgehen (1 Mo 37,17; 2 Kö 6,32), sich einer Autorität unterstellen: militärischem Befehl (Ri 6,35; 9,4), politischer Führung (2 Sam 15,13), religiösen Weisungen (3 Mo 20,6) oder auch einem Menschen im persönlichen Verhältnis des Dieners und Schülers (1 Kö 19,20.21); weiter Gott (4 Mo 14,24; 32,11.12) oder andere Götter (5 Mo 6,14; 8,19; Ri 2,12; Jer 7, 6.9; 35,15; → Götzen) anbeten, ihnen → dienen und gehorchen. Solche N. prägt den Menschen auch in seinem Wesen zum Guten (vgl. 2 Kor 3,18) oder Bösen um.

II, 1) Im NT ist: »Folge mir nach!« (Mt 4,19; Mk 2,14; Lk 5,27; Joh 1,43; 21,19) der Ruf Jesu in die → Jüngerschaft, was zunächst immer auch ein äußeres Mitgehen und Verlassen der Menschen und Dinge des bisherigen Lebenskreises forderte (Mk 1, 18.20; Lk 5,11.28; Mt 19,21).
Große Volksmengen folgten Jesu zeitweise nach (Mt 4,25; Mk 3,7; 5,24), er redete zu ihnen (Mt 8, 10) und sie sahen seine Taten. Aber die Bereitschaft reichte oft zu wirklicher N. nicht aus (Lk 9,57–62); und viele verließen ihn wieder (Joh 6,66), als seine Worte ihnen zu hart klangen (V 60). Sie fanden nicht den Weg vom → Hören zum Tun (Mt 7,24). Die galiläischen Frauen jedoch verbanden das Nachfolgen mit dem Dienen (Mt 27,55; Mk 15,41; Lk 8, 1–3; vgl. Joh 12,26), und seine engsten Jünger blieben auch dann nicht zurück, als sie anfingen, sich zu fürchten und zu entsetzen (Mk 10,32).
2) Jesus spricht unmißverständlich vom Ernst der N., die ohne völlige Hingabe und Bruch mit allen anderen Bindungen nicht möglich ist (Lk 14,25–33). Sie bedeutet ein täglich erneutes Aufgeben des eigenen Willens, ja des eigenen Lebens (Mt 10,38; Mk 8,34–38; 10,21; Lk 9,23; vgl. → Kreuz), ein Hören auf Jesu Stimme (Joh 10,4) und persönlichen Gehorsam ohne den Blick auf andere (Joh 21,22; vgl. Mk 9,38). Sie hat die Verheißung des Lichts auf dem Wege (Joh 8,12) und des → Lohnes, jetzt und in der kommenden → Herrlichkeit (Mk 10,28–30).
3) In den ntl. Briefen wird dann deutlich, daß N. Christi zugleich N. der Apostel (1 Kor 4,16; Phil 3, 17) und Lehrer (Hebr 13,7), der älteren Gemeinden (1 Thess 2,14) und der Glaubensmänner des AT (Hebr 6,12; vgl. Kap 11) bedeutet. Paulus ermahnt: Seid meine Nachfolger, gleichwie ich Christi (1 Kor 11,1). Die Annahme der Botschaft macht zum Nachfolger (1 Thess 1,6); und auch in der Aufzählung dessen, was N. umschließt (2 Tim 3,10.11), stehen Lehre, Lebensführung und Streben (ZÜ) an erster Stelle. Es folgen Glaube, Langmut und Geduld (Hebr 6,12; 13,7), Liebe und Opfer (Eph 5,1.2), Verfolgung, Leiden und Trübsal (1 Thess 1,6; 2, 14; 1 Petr 2,21). Und auch in seiner Berufsarbeit will Paulus Vorbild zur N. sein (2 Thess 3,7–9).

Nachlese. Das mosaische Gesetz schrieb vor, daß der Acker, der Weinberg und der Ölbaum nicht völlig abgeerntet werden durften, es mußte ein Rest zur N. stehengelassen werden (3 Mo 19,9.10; 5 Mo 24,19–21), der dem Armen, dem Fremdling, der Witwe und Waise zugutekommen sollte. Meist bestand dieser Rest jedoch nur noch aus wenigen Früchten (Jes 17,5f; 24,13; Mi 7,1; vgl. aber Rt 2, 2–17).
Als Bild erscheint die N. auch in den Gerichtsweissagungen über Edom: die Ernte des Gerichts wird so furchtbar und gründlich sein, daß keine N. mehr bleibt (Jer 49,9; Ob 5).

Nachon »Stoß«,
Name einer Tenne (2 Sam 6,6); → Chidon.

Nächster (hebr. *rea*; griech. *plaesion*).
I) Im AT bezeichnet N. einmal den Nachbarn (5 Mo 19,14; 27,17; 2 Mo 11,2 den ägypt.!), dann den nahestehenden Menschen (Ps 38,12; 88,19; Klgl 1, 2), Hi 19,13f in einer Reihe mit dem Bruder, Freund und Verwandten. Anderseits wird das Wort oft gleichbedeutend mit »jemand« (3 Mo 20,10) oder »ein Mensch« (2 Mo 21,14; vgl. V 12) gebraucht. Doch überall (mit Ausnahme von 2 Mo 11,2) wird die Bedeutung »Volksgenosse, Israelit« mitgehört, wie sie in 3 Mo 19,16–18; 25,14.17 deutlich ist.
So sah man auch das Gebot: Du sollst deinen N. lieben wie dich selbst (3 Mo 19,18; nach jüd. Auslegung: denn er ist wie du), und die Barmherzigkeit, die man ihm erwies (Hi 6,14; Spr 14,21), in diesem engen Sinn. Der Vollproselyt (→ Judengenosse) war darin eingeschlossen; anderseits neigten jedoch die Pharisäer dazu, die Grenze noch enger zu ziehen und den Nichtpharisäer auszunehmen. Daher die Frage: Wer ist mein Nächster? (Lk 10,29).

II) Im Gleichnis vom barmherzigen Samariter antwortet Jesus dem Schriftgelehrten und stellt die Gegenfrage: »Wer von diesen dreien dünkt dich denn der N. gewesen zu sein, dem, der unter die Räuber gefallen war?« (Lk 10,36). Dieser sagt, ohne sich lange zu besinnen: »Der die Barmherzigkeit an ihm tat« (V 37). Gesehen hatten sie ihn alle drei; aber der sich über ihn erbarmte, hat sich dadurch als sein N. erwiesen. Nicht der Bedürftige ist der N. – da konnten sich die Frommen streiten, ob er zu denen gehörte, die als Nachbarn, als Volks- oder Glaubensgenossen Anspruch auf ihre Zeit, Kraft und Mühe hätten –, sondern der Helfer.
Im Letzten und Tiefsten ist daher Jesus selber der N. für jeden Menschen, denn wir sind alle auf ihn angewiesen. Dadurch, daß ich ihm angehöre und innerlich vom Geist Gottes regiert und bewegt werde, erhalte ich den Auftrag, N. zu sein. Nun kann ich zu Fuß gehen, um den Hilflosen auf mein Reittier zu heben. Ich kann Mangel haben, um dem andern zu essen zu geben. Es ist nicht die soziale, sondern die Christusfrage: nur der, an dem Christus den Samariterdienst getan hat, kann hingehen und dasselbe tun.
Samariterdienst am andern ist Dank gegen Jesus Christus für seinen Dienst an mir. Als Glied des großen und allein wahren N. kann ich in Dankbarkeit Handlangerdienst tun. Das Haupt ist am Thron Gottes in der Herrlichkeit; seine Hände und Füße, Augen und Ohren sind alle, die den Dienst des N. an seiner Statt auf sein Geheiß auf der Erde ausführen.

Nacht → Tag; → Finsternis; → Nachtwache

Nachteule → Eule

Tafel 61
Die Ruinen der Synagoge von Kapernaum. Der Bau ist wahrscheinlich im 2. Jh. n. Chr. an der Stelle erbaut worden, an der die Synagoge z. Zt. Jesu stand.

Tafel 61

Nachtgesicht, eine Vision im Traum, in der der Mensch Offenbarungen empfangen (Hi 4,13-17) und sein Gewissen von Gott geweckt werden kann (Hi 33,15–18). So plötzlich wie ein N. sollen die Feinde Jerusalems verschwinden (Jes 29,7). Vgl. auch → Gesicht; → Sacharja.

Nachthütte. Nächtlicher Unterschlupf für den Wächter, der die reifen Früchte im Garten bewacht (Jes 1,8), wahrscheinlich auf einem Baum oder auf Pfählen gebaut. Über einem rohen Boden wurde ein Dach aus Matten oder Zweigen errichtet, die Seiten deckte man mit Zweigen ab.

Nachttropfen = Tau (Hl 5,2).

Nachtwache. In atl. Zeit waren die Stunden von Sonnenuntergang bis Sonnenaufgang entsprechend der militärischen Sitte in drei Nachtwachen eingeteilt (Ps 90,4; Klgl 2,19; Ri 7,19; 2 Mo 14,24; 1 Sam 11,11). Die erste N. dauerte etwa von 18–22 Uhr, die mittlere von 22-2 Uhr und die letzte, die Morgenwache, von 2–6 Uhr.
Z. Zt. des NT waren diese 3 N. durch die griech.-röm. Teilung der Nacht in 4 N. ersetzt worden (Lk 12,38; Mk 6,48). Ihre Namen waren: Abend, Mitternacht, Hahnenschrei und Morgen (Mk 13,35). Außerdem war die Nacht wie der → Tag in 12 Stunden eingeteilt (Apg 23,23), die hier genannte dritte Stunde der Nacht entsprach also dem Ende der 1. N.

Nackt. Als entblößt oder n. bezeichnete man schon jemanden, der das Obergewand abgelegt hatte und nur noch das Untergewand trug (1 Sam 19,24 LÜ bloß; Jes 20,2; Joh 21,7; vgl. 2 Sam 6,20). Vgl. auch → Kleid, Kleidung.

Nadab »Er (Gott) hat sich freigebig gezeigt«.
1) Ältester Sohn Aarons (2 Mo 6,23), Bruder → Abihus.
2) König Israels (910/9–909/8 v. Chr.), Sohn und Nachfolger Jerobeams I. Er setzte den Stierdienst seines Vaters fort. Als er die Philisterstadt Gibbethon belagerte, erschlug ihn → Baesa, und wurde König an seiner Statt. Mit N. wurde das ganze Haus Jerobeams ausgerottet, wie Ahia von Silo angekündigt hatte (1 Kö 14,10.11; 15,25–31).
3) Sohn des Judäers Sammai (1 Chron 2,28.30).
4) Benjaminit, Sohn Jeiels und der Maacha (1 Chron 8,30; 9,36).

Nadel → Waffen und Geräte

Nadelöhr. Das N. im Gleichnis Jesu (Mt 19,24) hat man vielfach als Bezeichnung einer kleinen Mauerpforte aufgefaßt, die ein Kamel nicht durchschreiten konnte. Anderseits denkt man an die Verwechslung der aram. Worte für »Kamel« und »Tau«, die die gleichen Konsonanten enthalten. Tau und N. würden ein näherliegendes Bild ergeben. Es fragt sich aber, ob nicht doch der Wortlaut des Textes der beabsichtigten Aussage am besten entspricht.

Naema, hängt mit »angenehm, hold sein« zusammen.
1) Tochter des Kainiten Lamech, Schwester Thubalkains (1 Mo 4,22).

Tafel 62
a. Der Ort des alten Kapernaum am See Genezareth. In dem Zypressenwäldchen liegen die Ruinen der Synagoge.
b. Kamelkarawane bei Jerusalem.

2) Ammonitin, Nebenfrau Salomos, Mutter Rehabeams (1 Kö 14,31; 2 Chron 12,13).
3) Stadt in der Sephela (Jos 15,41); viell. das heutige Chirbet Fered am Wadi es-Sarar bei Arak Naaman, 7,5 km westnordwestl. von Beth-Semes.
4) Landschaft, aus der Zophar stammte, einer der Freunde Hiobs (Hi 2,11). Die Lage ist nicht bekannt, man vermutet sie in NW-Arabien.

Naeman, hängt mit »angenehm, hold sein« zusammen.
1) Sohn Belas, Enkel Benjamins; seine Nachkommen bilden das Geschlecht der Naemaniter (4 Mo 26,40; 1 Chron 8,3.4). 1 Mo 46,21 heißt er Naaman.
2) Aussätziger Heerführer des Syrerkönigs Benhadad, ein angesehener Mann, durch den Gott den Syrern Sieg gegeben hatte. Ein gefangenes jüd. Mädchen zeigt ihm die Möglichkeit, bei dem Propheten in Samaria Heilung zu finden. Darauf sendet ihn Benhadad mit einem Schreiben an König Joram von Israel, er solle ihn von seinem Aussatz befreien. Der Anweisung des Propheten Elisa, der ihn zu sich rufen läßt, kommt N. nur zögernd nach. Als er dann aber geheilt ist, will er von jetzt an allein dem Herrn opfern. Elisa weist alle Geschenke zurück und entläßt N. mit seinem Segen. Sein Diener Gehasi jedoch nutzt die Dankbarkeit des Syrers zu seinem eigenen Vorteil aus und wird dafür selber aussätzig (2 Kö 5).

Naemaniter → Naeman (1)

Naemi, Kurzform etwa »(Gott ist) Wonne, Lieblichkeit«.
Frau Elimelechs und Schwiegermutter Orpas und Ruths (Rt 1,2ff).

Naera »Mädchen«,
Frau Ashurs, des Stammvaters von Thekoa (1 Chron 4,5.6).

Naerai, Kurzform von Nearja.
Sohn Asbais, Held Davids (1 Chron 11,37). Er wird in 2 Sam 23,35 Paerai genannt.

Naeran → Naarath.

Nagel. I) Der hornige Schutz (hebr. *sipporän*) am Ende der Finger und Zehen (5 Mo 21,12; Dan 4,30).
II) Zeltpflock (hebr. *jated;* Ri 4,21; 5,26; Jes 33,20; 54,2; Es 9,8), meist ziemlich lang und aus Holz. Bei der → Stiftshütte und ihrem Vorhof waren diese Pflöcke aus Erz (2 Mo 27,19; 35,18 u. ö.).
III) Metallstift (hebr. *masmer),* N. im heutigen Sinn (1 Chron 22,3; 2 Chron 3,9; Jes 41,7; Jer 10,4). Vgl. Abb. Sp. 1586.

Nahalal, hängt mit hebr. »(sorglich) geleiten« zusammen.
Ort in Sebulon (Jos 19,15; 21,35), dessen Einwohner von den Israeliten nicht vertrieben wurden (Ri 1,30 Nahalol). Man hat den Ort in Malul, 6 km westl. von Nazareth, gesucht (Karte Sp. 846; 1144), wo jedoch noch keine alte Siedlung nachgewiesen ist.

Nahale-Gaas »Bachtäler von Gaas«,
Ort oder Gegend in der Nähe des Berges → Gaas (2 Sam 23,30; 1 Chron 11,32).

Nahaliel viell. »Besitz ist Gott«.
Lagerstätte des Volkes Israel in der Wüste (4 Mo 21,19) zwischen → Matthana und → Bamoth. Man vermutet darin das Flußtal des Wadi Zerka Main, der 17 km nördlich des Arnons ins Tote Meer mündet.

Nahalol → Nahalal

Naham »Er (Gott) hat getröstet«, Bruder der Frau Hodijas (1 Chron 4,19).

Nahamani »Er (Gott) hat getröstet«, Führer des Volkes, der mit Serubabel aus der babyl. Gefangenschaft heimkehrte (Neh 7,7).

Naharai viell. »Fleißig, intelligent, erfahren«, ein Beerothiter, der Waffenträger Joabs (2 Sam 23, 37). In 1 Chron 11,39 wird er Naherai genannt.

Nahas »Schlange«.
1) König von Ammon, der Jabes in Gilead belagerte. Als ihm die Männer der Stadt die Übergabe anboten, machte er zur Bedingung, daß allen Einwohnern das rechte Auge ausgestochen werden sollte. In den sieben Tagen Frist, die er ihnen ließ, Hilfe zu suchen, kam Saul als Retter heran und schlug die Ammoniter (1 Sam 11,1–15). Wahrscheinlich ist dieser N. derselbe wie der in 2 Sam 10,2 und 1 Chron 19,1f genannte Ammoniterkönig, der mit David Freundschaft hielt.

2) Vater von → Abigail und Zeruja, den Halbschwestern Davids (2 Sam 17,25; 1 Chron 2,16).

3) Vater Sobis aus Rabba (2 Sam 17,27).

4) Die in 1 Chron 4,12 genannte Stadt N. (der hebr. Name Ir-Nahas bedeutet hier wahrscheinlich nicht »Schlangen-«, sondern »Kupferstadt«) vermutet man im heutigen Chirbet Nahas, einem Ort mit Gruben- und Schmelzhütten 7,5 km nordwestl. von → Phunon. Vgl. Karte Sp. 1181.

Nahath »Ruhe, Gelassenheit«.
1) Nachkomme Esaus und Ismaels, edomitischer Fürst (1 Mo 36,3.4.13.17; 1 Chron 1,37).
2) Kahathitischer Levit (1 Chron 6,11[26]).
3) Levit z. Zt. Hiskias (2 Chron 31,13).

Nähe, nahe, nahen sind unbestimmte Entfernungsangaben und können räumlich wie zeitlich gesehen werden.

I) Räumlich geht es zuerst um die Beziehung zu Gott.

1) Der ursprüngliche unbekümmerte Umgang mit Gott wurde durch die Sünde, die den Menschen in die Gottesferne trieb (1 Mo 3,8; vgl. 2 Mo 20,18f), unmöglich. Gott aber stehen alle Bereiche offen, so daß man ihm, der unsichtbar nahe ist (Ps 119,151), nicht entfliehen kann (Ps 139,7–12). Entfernung von Gott führt ins Unheil, da Heil nur bei Gott zu finden ist (Ps 91,1.2). Für den Menschen in dieser Not setzt Gott das Priestertum ein und erlaubt, daß → Priester für die Menschen vor ihm stehen (Hebr 5,1); doch auch sie dürfen nur im Dienst und bes. vorbereitet Gott nahen (V 3; 3 Mo 16,2–6).
2) Israel hat durch Priestertum und Verheißung eine den Heiden versagte besondere Beziehung zu Gott. Im NT ist Christus der Mittler (1 Tim 2,5.6), und die Gläubigen aus den Heiden sind in Christus Gott ebenso nahe geworden wie die aus den Juden (Eph 2,13). Nun ist der Weg zu Gott frei durch das Blut, Fleisch und Amt Christi (Hebr. 10,19–21) und darf mit Freudigkeit, d. h. Freimut und Zuversicht, gegangen werden.

II) Auch die Menschen stehen einander nicht gleich nahe, da jedem jederzeit ein andrer als → Nächster gegeben ist, an dem er Vorrangaufgaben hat (Lk 10,27–37).

III) Zeitlich kann ein bevorstehendes Ereignis nahe oder ferner sein (Am 9,10). Im AT geht es um die Nähe des Tages des Herrn (Jes 13,6; Hes 7,7; Zeph 1,14) und des Kommens des Messias (4 Mo 24,17; Jes 56,1). Das NT beginnt mit der Verkündigung der Nähe des Himmelreichs (Mt 3,2) und gibt die Verheißung des Wiederkommens Christi (Joh 14, 3). Da niemand die Stunde dieses Ereignisses weiß (Mk 13,32), die sich über Erwarten zu verzögern scheint, besteht die Gefahr, sich verführerischer Sicherheit hinzugeben (Lk 12,45; 2 Petr 3,9).

IV) Zeitliche und räumliche Nähe können verbunden sein. Es gibt Zeiten besonderer Nähe Gottes als Gnadenzeiten, in denen er sich finden läßt (Jes 55,6) oder dem Notleidenden nahe ist (Ps 34,19; 85,10). Aber er ist auch nahe, um zum Gericht einzugreifen (Offb 2,5; 3,3.20). Das Bewußtsein der Nähe des richtenden Herrn drängt zur klareren Ausrichtung des Wandels auf diese Begegnung (Röm 13,11.12; 1 Petr 4,7–11; Jak 5,8–10).

Nahebi »Furchtsam«, Kundschafter des Stammes Naphthali (4 Mo 13,14[15]).

Naherai → Naharai

Nahesson »Schlange«, Fürst über Juda z. Zt. des Wüstenzuges (4 Mo 1,7; 2,3; 7,12.17; 10,14). Seine Schwester war die Frau Aarons (2 Mo 6,23). N. war ein Vorfahr des Boas, Davids (Rt 4,20–22) und Jesu (Mt 1,4; Lk 3,32).

Nahor.
1) Sohn Serugs und Vater von Tharah, dem Vater Abrahams (1 Mo 11,24.25).
2) Sohn Tharahs und Bruder von Abram und Haran (1 Mo 11,27). Seine Frau war Milka, die Tochter Harans und Schwester Lots (V 29). Seine 12 Söhne werden 1 Mo 22,20–24 aufgezählt. 1 Mo 24, 10 wird die Stadt Nahors erwähnt, die man mit dem in den Maribriefen genannten Nahur in der Nähe von Haran in Verbindung gebracht hat.

Nahrung. I) Zum Speisezettel der Israeliten vgl. → Mahlzeit III.

II) Neben der eigentlichen N. bezeichnet das Wort auch den Beruf, den Nahrungserwerb (1 Mo 46,33; 47,3; vgl. Ps 128,2).

III) Jünger des Herrn sollen ihr Herz nicht mit N.-sorgen beschweren (Lk 21,34), denn der Vater im Himmel, der die Vögel ernährt, wird auch seine Kinder erhalten (Mt 6,26; Lk 12,24). Nach dem Gebot Jesu soll der, der das Evangelium verkündigt, sich auch davon nähren (1 Kor 9,14); Paulus nimmt hier auf Lk 10,7 Bezug.

Nahum, Kurzform von Nehemia.
1) Der Prophet; → Nahum, Buch.
2) Vorfahr Jesu (Lk 3,25).

Nahum, Buch.

I) VERFASSER UND ZEIT.
Von den äußeren Lebensumständen des Propheten N. wissen wir nichts als den Namen seines Heimatortes → Elkos.
In seiner Voraussage des Unterganges von Ninive, das 612 v. Chr. durch die Babylonier und Meder erobert wurde, erwähnt N. die assyr. Erstürmung No-Amons, des ägypt. Thebens, 663 v. Chr. Zwischen diesen beiden Jahren ist seine Weissagung also anzusetzen.
Wir erhalten den Eindruck, daß Assyrien sich z. Zt.

N. noch auf der Höhe seiner Macht befindet, Ninive ist voller Raub und Beute (Nah 2,13; 3,1), und überall im unterworfenen Juda (Nah 1,13) gibt es assyr. Händler, Amtleute und Offiziere (Nah 3,16. 17). Das ist unter König Josia kaum mehr der Fall gewesen, scheint aber gut in die letzte Zeit Manasses zu passen. Damals hatte Asnaphar (Assurbanipal) den Aufstand seines Bruders Samassumukin von Babylon niedergeschlagen (648 v. Chr.), und es ist nicht unwahrscheinlich, daß auch Manasses Gefangenschaft (2 Chron 33,11) mit seiner Beteiligung an dieser Verschwörung zusammenhing. In diese für Juda hoffnungslose Zeit fügt sich die Botschaft des Buches N. vom kommenden Gottesgericht über die gefürchtete Löwenhöhle Ninive (Nah 2, 12.13) gut ein.

II) EINTEILUNG.
1. Überschrift (1,1).
2. Lobpreis (1,2–2,1).
   a. Der Herr als gerechter Richter (1,2–8).
   b. Gott straft seine Feinde und errettet Israel (1, 9–2,1).
3. Das Gericht über Ninive (2,2–3,19).
   a. Sturm auf die Stadt (2,2–6).
   b. Plünderung (2,7–11).
   c. Die Löwenhöhle (2,12–14).
   d. Schuld und Strafe (3,1–7).
   e. Vergleich mit dem ägypt. Theben (3,8–15).
   f. Das unabwendbare Gericht (3,16–19).

III) STIL.
Die lebendige, bildhafte Sprache in der Beschreibung des Belagerungsheeres und des Sturms auf die Stadt gibt einen ganz unmittelbaren Eindruck von dem, was der Prophet geschaut und gehört hat (Nah 2,4. 5; 3,2.3). In Nah 1 verwendet er auch die Form des alphabetischen Hymnus, allerdings nicht so regelmäßig durchgeführt, wie wir sie sonst kennen (vgl. → Dichtkunst).

IV) BOTSCHAFT.
N. verkündet das eine: Der Herr ist ein Rächer wider seine Widersacher (Nah 1,2). Auch die großen Weltmächte, wie vermessen sie immer auftreten, stehen unter der Hand des Gottes Israels. Sein Gericht wird das mächtige Ninive treffen, dessen Sünden rücksichtslose Gewalt, Unterdrückung, Raub und Gewinnsucht sind (Nah 2,13; 3,1.4.16). Israel aber wird die Befreiung von der Assyrerherrschaft angekündigt (Nah 1,13) und es wird aufgerufen, dem Herrn zu danken, indem es seine Festtage hält und seine Gelübde bezahlt (Nah 2,1). Vielleicht weist dieser Vers schon auf die Reform Josias voraus.

Nain »Lieblich«,
nur im NT genannter galiläischer Ort (Lk 7,11; vgl. aber → Nea) am Nordhang des Hügels More, 9 km südöstl. von Nazareth, heute Nein (neuhebr. Naim). Vgl. Taf. 70a/1089 und Karte Sp. 433.

Najoth, Ort, wohl eine Siedlung der Propheten, in unmittelbarer Nähe von Rama (1 Sam 19,18–20,1).

Name und Namengebung. Der N. ist in biblischer Zeit – wie überhaupt bei den Alten – mehr als nur »Rufmittel«. Darum hat er eine größere Bedeutung als bei uns, und die Namengebung setzt eine Bevollmächtigung im Blick auf die zu benennende Person (oder Sache) voraus. Das wird bes. deutlich an der Schöpfungsgeschichte, wo der Mensch von Gott die Aufgabe und das Recht erhält, die Tiere zu benennen (1 Mo 2,19.20). Hiermit richtet der Mensch seine ihm von Gott gegebene Herrschaft (1 Mo 1, 28) auf.

Der N., den Eltern ihrem → Kind geben, sagt etwas über die Erwartung aus, die sie in das Kind setzen (Kain 1 Mo 4,1), oder er drückt eine Gemütsbewegung aus (Benjamin/Ben-Oni 1 Mo 35,18; Ikabod 1 Sam 4,21). Die aus der Tierwelt entlehnten Namen verkörpern lediglich die Eigenschaft, die man dem Kind wünscht (Debora »Biene«, Dison »Antilope«, Jona »Taube«).

Häufig sind N., die eine Beziehung zu Gott ausdrücken. Vgl. N. mit den Anfangssilben Jo (Kurzform von Jahwe; → Namen Gottes III): Johannes »Jahwe ist gnädig«, oder El »Gott«: Elisa »Gott ist Rettung«, bzw. den Endsilben -ja: Jesaja »Jahwe ist Heil«, oder -el: Samuel »Erhört von Gott« (Zu El → Namen Gottes I).

Namenwechsel zeigen die Ausübung einer Gewalt über den Umgenannten an (Eljakim/Jojakim 2 Kö 23,34; Daniel/Beltsazar und seine Freunde Dan 1, 6f), sind aber, wenn sie von Gott geschehen, Ausdruck bes. Verheißung (Abram/Abraham 1 Mo 17, 5) oder besonderer Beziehung zu Gott (Jakob/Israel 1 Mo 35,10). Vgl. auch Sarai/Sara; Gideon/Serubbaal; Simon/ Petrus.

Wo der N. eines Kindes von Gott vorher festgesetzt wird, hat er gewöhnlich prophetische Bedeutung (vgl. Hos 1,4.6.9; Jes 8,3.4; Mt 1,21; Lk 1,13). Häufig werden die Kinder nach anderen Familienangehörigen genannt (Lk 1,61). Die Knaben wurden am 8. Tag beschnitten und empfingen dabei in ntl. Zeit zugleich ihren N. (3 Mo 12,3; Lk 1,59ff; 2,21). Es ist wichtig zu sehen, daß N. und Träger eine unlösliche Verbindung eingehen. So kann der N. soviel wie »Person« sein (Apg 1,15).

Bedeutsam ist, daß auch Gott im AT einen N. hat: Jahwe (→ Namen Gottes III,1). Diesen N. offenbarte er selber seinem Volk (2 Mo 3,13ff), und offenbart damit sich selber. So ist der Jahwe-Name Vergegenwärtigung Gottes in seinem Volk und steht unter besonderem Schutz (2 Mo 20,7; 5 Mo 5,11; vgl. → Lästern).

Namen Gottes. I) Weithin redet die HS von Gott ohne Namen. Im Hebr. verwendet sie dazu drei Wörter: *el*, *äloah*, *älohim*, im Griech. *theos*.
Die hebr. Wörter haben eine gemeinsame Wurzel, deren Bedeutung nicht mehr eindeutig zu ergründen ist; viell. sind sie von einer Wurzel *wl* »vorn sein, stark sein« abzuleiten.
Die Einzahlform *el* wird häufiger mit näheren Bestimmungen verwendet (Gott der Höchste 1 Mo 14, 18; der allmächtige Gott 1 Mo 17,1). Sie ist weit seltener als ihre Mehrzahlform *älohim* (etwa 2500 mal). Die Form *äloah* (z. B. 5 Mo 32,15; Ps 50,2; Hab 3,3 u. ca. 40mal in Hiob) mag altertümliche Anredeform von *el* sein und wird nur in gehobener Sprache gebraucht.
Die Mehrzahlform *älohim* kann heißen: Gott, ein Gott, der Gott, Götter, die Götter. Sie kann also Einzahl- oder Mehrzahlbedeutung haben, was jeweils der Zushg. erkennen läßt, und wird nicht nur für den Gott Israels gebraucht (2 Mo 20,3 u. ö.). Im Einzahlgebrauch will *älohim* ehrerbietige Ausdrucksweise sein (vgl.: Wir, König von ...; Eure Majestät). Im Blick auf den Gott Israels ist es ein allgemeiner Ausdruck, der den Schöpfer bezeichnet, dessen Wirken verborgen ist.
Ähnlich kann auch das griech. *theos* der Gott, ein Gott oder einfach Gott heißen.

II) Um einer Verwechslung Gottes zu wehren, fügt

das AT, wenn es von Gott spricht, häufig eine nähere Bestimmung hinzu. Es handelt sich dabei noch nicht um einen Namen im eigentlichen Sinn, vielmehr wird Gott zu einer Person, einem besonderen Offenbarungsort oder zu seinem Volk in Beziehung gesetzt:

1) Gott gibt sich durch den Hinweis auf eine frühere Offenbarung zu erkennen (1 Mo 26,24: Gott deines Vaters Abraham; 1 Mo 31,13: Gott zu Beth-El; 1 Mo 46,3: Gott deines Vaters; 2 Mo 3,6: Gott Abrahams, Isaaks und Jakobs) als der schon in der Vergangenheit Wirkende, Verheißungen Erfüllende, der aber sein Gegenüber zugleich auch in die Bezogenheit zu sich hineinzieht und Glauben fordert.

2) »Der Hebräer Gott« (2 Mo 5,3; 7,16; 9,1) oder »Gott Israels« (Jos 7,13; 10,42; 2 Sam 23,3 u. ö.) wird er zur Unterscheidung von andern Göttern genannt. Hinter diesen Ausdrücken steckt keine Reflektion über eine evtl. wirkliche Existenz anderer Götter als vielmehr die ausschließliche Bezogenheit Israels zu dem ihm offenbarten Gott. Es handelt sich um eine zweifache Bezogenheit: Gott hat sich in seiner Offenbarung an Israel gebunden, und Israel ist durch die Offenbarung Gottes in seiner Mitte und durch seine Erwählung an Gott gebunden.

3) Vereinzelt wird als feierliche Ausdrucksweise mit gleichem Sinngehalt »Gott Jakobs« (2 Sam 23, 1; Jes 2,3; Ps 20,2; 75,10; 81,2; 146,5 u. ö.) gesagt, wobei aber zugleich auch auf die Geschichte Gottes mit seinem Volk hingewiesen wird (unser Gott seit Jakob).

III, 1) Neben diesen Bezeichnungen und oft im Zusammenhang mit ihnen hat Gott im AT auch einen Eigennamen: Jahwe, der infolge übertrieben ängstlicher Befolgung des 3. Gebotes (2 Mo 20,7) von den Juden zwar mit den (konsonantischen) Schriftzeichen *J-H-W-H* geschrieben, aber so gelesen und ausgesprochen wurde, als ob das Wort *adonaj* *»Herr«* dastände. Demzufolge übertrug schon die LXX – und mit ihr die meisten aller Bibelübersetzungen – diese Lesung »Herr« (griech. *kyrios*) auch auf die Schreibung, so daß wir etwa bei Luther statt »Jahwe« das – zur Unterscheidung vom gewöhnlichen doppelt groß begonnene – »HErr« finden. Als dann später bei der Erweiterung der hebr. Schrift durch Vokalzeichen (vgl. → Masora) zu den Konsonanten *J-H-W-H* die entsprechenden Vokale von *adonaj* hinzu geschrieben wurden – wobei nach einem hebr. Sprachgesetz aus dem ersten *a* ein *e* wurde –, so bedurfte es nur noch der Unkenntnis mittelalterlicher Übersetzer, damit *»J-e-H-o-W-a-H«* bzw. »Jehova« statt »Jahwe« gelesen und geschrieben wurde. Diese unrichtige Wiedergabe des Gottesnamens ist noch in manchen Kirchenliedern anzutreffen und wurde auch in der EÜ beibehalten. Die ZÜ schreibt in 1 Mo 4,26; 2 Mo 6,2.3.6 Jahwe, sonst Herr, während sich die MÜ an Luthers »HErr« hält. Durch diese »Überblendung« des Jahwe-Namens durch den Decknamen »Herr« erklärt sich im AT die eigenartige Doppelung »Herr HErr« (1 Mo 15,2; Sach 9,14 u. ö.) ganz einfach als »der (oder mein) Herr Jahwe«. Aus demselben Grunde kann in 2 Mo 6,3 »HErr« auch als Name bezeichnet werden.

2 Mo 3,15 steht im Urtext: »Jahwe« (... hat mich zu euch gesandt). Von hier aus fällt Licht auf V 14, wo es heißt: »Ich bin« (hat mich zu euch gesandt) [EÜ, ZÜ]. Das hebr. Wort für »sein« klingt ganz ähnlich wie »Jahwe« und soll hier dem Mose erläutern, was dieser Name bedeutet: »der Sich-gleich-Bleibende« oder: »der da ist, und der da war, und der da kommt« (Offb 1,8). M. Buber versteht die Offenbarung des Jahwe-Namens in 2 Mo 3 vor allem als Zeugnis dafür, daß der Herr nicht erst herbeigerufen werden muß, sondern mit seiner Macht und Hilfe jederzeit gegenwärtig ist; er übersetzt den Namen deshalb mit »Ich bin da«.

2) Das NT kennt den Namen Jahwe nicht mehr. An seine Stelle tritt die von der LXX als Übersetzung des Jahwenamens geläufige griech. Bezeichnung *kyrios* »Herr« (mit Artikel *[ho kyrios]*: Mk 5,19; Lk 1,6.9.28.46; 2,15.22; Apg 8,24; 2 Tim 1,16.18 u. ö. – ohne Artikel [also fast als Eigenname gebraucht]: Mt 1,20.22; 21,9; Mk 13,20; Lk 1,58; 2 Petr 2,9 u. ö.). Sonst wird im NT nur von Gott (griech. *theos*) gesprochen, häufig mit dem Zusatz »der Vater Jesu Christi« (Röm 15,6; 2 Kor 1,3 u. ö.). Jesus spricht dann einfach vom → »Vater« (aram. *Abba*, griech. *pataer*; → Gott III, C; vgl. Mt 5,16.48; 6,4.9 u. ö.). Das nimmt die urchristliche Gemeinde dann in ihren Gebeten auf (Röm 8,15; Gal 4,6). Gott ist durch Jesus Christus der Vater geworden.

3) Das Wesen des Namens (→ Name und Namengebung) macht deutlich, daß Gott mit der Preisgabe seines Namens sich nicht nur vorstellt und bekannt macht, sondern offenbart. Die Offenbarung Gottes in seinem Namen wird im NT überboten durch die Offenbarung Gottes in seinem Sohn, die so den atl. Gottesnamen gleichsam aufhebt.

IV) Neben dem eigentlichen Namen Gottes finden sich noch andere namenähnlichen Bezeichnungen.

1) Im Blick auf seine unbegrenzte Herrschaft wird Gott der »Allerhöchste« genannt (5 Mo 32,8; Ps 7, 18; Jes 14,14; Mk 5,7; vgl. auch 1 Mo 14,19.22; Hebr 7,1).

2) Seine Hoheit und Majestät wird ausgedrückt durch »der Heilige Israels« (Jes 1,4; 5,19.24; 10,20 u. ö; Hos 11,9). Als der → Heilige steht Gott dem Sünder als der ganz Andere gegenüber (vgl. Jes 6, 3ff).

3) »Herr (Jahwe) Zebaoth« ist ein nicht übersetzter hebr. Gottesname. Zebaoth ist Mehrzahl des hebr. *saba* = Heerschar. Dieser Name kommt nicht vor in 1 Mo bis Rt, jedoch in Sam, Kön, Chron, Ps und bei den Propheten. Mit Zebaoth könnten die Heerscharen Israels gemeint sein (1 Sam 17,45) oder die der Sterne oder der Engel, der Gedanke an die Heerscharen der Engel liegt aber wohl am nächsten. Dieser Name betont die kosmische Macht Gottes, in dessen Hand die ganze Welt liegt.

4) Daß Gott dabei doch für sein Volk da ist, zeigt die Bezeichnung »Erlöser« (hebr. *goel*; vgl. Ps 19, 15; Jes 41,14; 63,16; Jer 50,34 u. ö.): Gott übernimmt die Rolle des nächsten Verwandten einschließlich der Pflicht, den verschuldeten Verwandten loszukaufen (→ Erbe I, 3; → Lösen). Betonen die anderen Namen den Abstand Gottes von seinem Volk, so weist die Selbstbezeichnung Gottes als Erlöser auf die Verbundenheit mit seinem Volk hin. Gott ist bereit, sich über sein schuldig gewordenes Volk zu erbarmen.

5) Als Ergänzung vgl. → A und O; → Allmächtig; → Arzt; → Amen II, 2; → Burg IV; → Heiland; → Hort; →Himmel IV; zu »der Alte« vgl. → Alt II; zu Schöpfer vgl. → Schöpfung; → Gott I A.

Namen Jesu Christi. Was von → Namen und Namengebung im allgemeinen gilt, gilt vom Namen Jesu im besonderen. Über Herkunft und Bedeutung der Namen Jesus Christus → Jesus Christus IA.

Daß Jesus seinen Namen von Gott selbst empfängt (Mt 1,21; Phil 2,9), erweist ihn als den Herrscher Gottes über alle Welt (Phil 2,10; Offb durchgehend), der mit Gottes Macht ausgerüstet ist und doch in Verantwortlichkeit und Gehorsam gegen

Namen Jesu Christi

Gott herrscht (1 Kor 15,28). Es erweist ihn aber auch als die Offenbarung Gottes (s. u. IA). In ihm kann der Mensch Gott finden und erkennen. So sagt Luther folgerichtig: »Fragst du, wer der ist? Er heißt Jesus Christ, der Herr Zebaoth, und ist kein andrer Gott.«

IA) Das will Jesus sagen, wenn er von sich redet. Die mit »ich bin« (griech. *egô eimi*) eingeleiteten Selbstaussagen wollen ihn als den Offenbarer, als die Offenbarung Gottes erweisen. Als »Brot des Lebens« (Joh 6,35.51) ist er Gottes Gabe an den Menschen zum ewigen Leben. Als »Licht der Welt« (Joh 8,12) ruft er aus der Dunkelheit der Sünde heraus, daß Menschen in seinem Licht den Weg zum Leben finden. Daß nur über ihn der Weg zu Gott führt, zeigt die Selbstbezeichnung als »Tür« (Joh 10,9) oder als »der Weg und die Wahrheit und das Leben« (Joh 14,6), d. h. nur über Jesus allein führt der Weg zur Wahrheit, in der man das (ewige) Leben findet. Weil der Tod durch die Sünde den Weg zum Leben sperrt, ist Jesus auch »die Auferstehung und das Leben« (Joh 11,25), d. h. der Glaube an Jesus bringt zu Gott, bei dem und durch den der Mensch allein Leben hat und im Leben bleibt. So erhebt er einen Ausschließlichkeitsanspruch: er ist der »gute Hirte« (Joh 10,12.14), ohne den die Seinen nicht leben können und mit dem sie als dem »wahren Weinstock« (Joh 15,1.5) in lebendiger Gemeinschaft verbunden sein sollen. Jesus redet Joh 8,24.28 absolut von sich als »ich bin« (griech. *egô eimi* LÜ »daß ich sei«; vgl. Mk 14,62) und erinnert damit an Gottes Offenbarung gegenüber Mose (2 Mo 3,14; → Namen Gottes III, 1), wo die LXX mit »ich bin« *(egô eimi)* übersetzt. Will Gott hier Mose seinen Namen erklären, so macht Jesus in seinen Selbstaussagen deutlich, daß er Gottes endgültige, ausschließliche Offenbarung ist (Hebr 1,1.2) und daß Gott in ihm allein den Menschen sein Heil schenkt (Apg 4,12).

B) Schwerer verständlich für uns ist es, wenn Jesus sich »Menschensohn« (hebr. *bän haadam;* aram. *bar-nascha;* griech. *ho hyios tou anthrôpou)* nennt.

1a) Im AT gibt LÜ *bän haadam* meist mit »Menschenkind« wieder (Hi 25,6; Ps 8,5; 36,8; 90,3; Hes 2,1; 3,17 u. ö.). Hier ist der Ausdruck gleichbedeutend mit → Mensch.

b) Nur Dan 7,13.14 heißt es vom künftigen Herrscher des Gottesreiches (dem → Messias): »Es kam einer in des Himmels Wolken wie eines Menschen Sohn.« Er steht hier im Gegensatz zu den vorher (V 3–8) erwähnten vier Tieren, die irdische Weltreiche verkörpern.
In ähnlichem Sinn taucht der Begriff des Menschensohns auch im apokryphen Henochbuch auf, wo er als der Erwählte und Gerechte bezeichnet wird.

2) An Dan 7,13 knüpft Jesus an, wenn er sich in den Ev. (bei den Synoptikern rund 70, bei Joh 12 mal) als den Menschensohn bezeichnet. Außerdem nennen ihn nur noch Stephanus (Apg 7,55) und Johannes mit diesem Namen (Offb 1,13; 14,14). In den Ev. ist Menschensohn eindeutig eine Selbstbezeichnung Jesu, es wird niemals in der Anrede oder in der Verkündigung von Jesus gebraucht. Auf die Frage nach der Bedeutung dieses Namens sind viele Antworten gegeben worden. Meint Jesus damit demütig seine verhüllende Niedrigkeit – was Stellen wie Mt 17,22f; 20,28 nahelegen könnten – oder will er damit sagen, daß in ihm der wahre Mensch erschienen ist, der Mensch, wie Gott ihn haben wollte, als er ihn schuf? Vgl. auch die Gegenüberstellung von Adam und Christus, dem ersten und letzten Menschen, bei Paulus (Röm 5,12ff; 1 Kor 15,20ff).
Für die Juden jedenfalls gehörten Menschensohn und Christus (= Messias) eng zusammen (Joh 12, 34), und der Anspruch Jesu, der Menschensohn zu sein, war für sie Gotteslästerung (Mk 14,62–64).
In Übereinstimmung damit neigt auch die neuere Auslegung eindeutig und wohl mit Recht zu der Auffassung, daß Menschensohn »so ungefähr die anspruchsvollste Selbstprädikation« ist, »die ein Mensch im antiken Orient überhaupt in den Mund nehmen konnte« (Stauffer, Theologie des NT).

Im einzelnen kann man die Aussagen Jesu in drei Gruppen gliedern:

a) von der Gegenwart des Menschensohns in Jesus (Mk 2,10; Joh 1,51),
b) von seinem Leiden (Mk 8,31; 9,9.31; 10,33 par; Mt 26,2; Joh 8,28),
c) von seinem Kommen als Herrscher und Richter (Mk 8,38; 13,26 par; Joh 5,27).

II A) Handelt es sich bei dem bisher Genannten ausschließlich um Selbstaussagen Jesu, so ist »Sohn Gottes« sowohl Selbstaussage Jesu wie auch menschliches Bekenntnis zur Offenbarung Gottes in Jesus.

1) Im AT ist »Sohn« in Beziehung zu Gott keine dem Messias vorbehaltene Bezeichnung. Auch Israel kann von Gott so genannt werden (2 Mo 4,22; Hos 11,1; 5 Mo 14,1; 32,6.18; Jer 31,9). Stellen wie Ps 2,7 sind allerdings schon in der rabbinischen Auslegung messianisch verstanden worden.

2) Im NT ist »Sohn Gottes« (in der Einzahl) oder auch einfach »Sohn« ausschließlich messianische Bezeichnung Jesu.

a) Gott selber nennt Jesus seinen Sohn und bekennt sich zu ihm vor den Menschen (Mt 3,16.17; Lk 9,35; Mt 17,5).

b) Jesus bekennt sich als den »Sohn Gottes« und offenbart damit seine Herkunft von Gott und seine einmalige Beziehung zu Gott (Mt 11,27; Joh 1, 14.18; 3,16). Darum redet er Gott auch mit Vater an und spricht immer nur von »meinem Vater«, nie von »unserm Vater« (Mt 6,9; Lk 11,2 ist »unser Vater« vom Blickpunkt der Jünger und als Anweisung an sie gesagt). Das wird noch unterstrichen durch das Eigenschaftswort »eingeboren« (→ Eingeborener Sohn). Das Bekenntnis der Gottessohnschaft bringt ihm schließlich den Tod (Mt 26,63. 64).
Wenn Jesus sich Gottes Sohn nennt, liegt darin der Anspruch absoluter Vorrangstellung vor allem Geschaffenen (vgl. Kol 1,15.16; auch Joh 1,3). Er ist vor allem, durch ihn ist alles. So ist der »Sohn Gottes« ganz einfach der Herr (s. u. IIA2d).

c) Das Bekenntnis der Gottessohnschaft Jesu durch Menschen ist die glaubende Anerkennung der in ihm geschehenden Offenbarung (Mt 16,16). Damit wird der Mensch Glied der Gemeinde (Apg 8,37) und hat Gemeinschaft mit Gott (1 Joh 2,23). Zu diesem Bekenntnis aber führt Gott allein (Mt 16,17).

d) Daneben zeigt die Anerkennung der Gottessohnschaft Jesu durch die Dämonen (Mt 8,29; Mk 3,11; Lk 4,41) die kosmische Macht Jesu.

B) Auch »Sohn Davids« ist sowohl messianische Selbstaussage Jesu wie messianisches Bekenntnis zu Jesus.
1) Die in 2 Sam 7,12.13 gegebene Verheißung an David ist messianisch verstanden worden (vgl. Ps 132,11). Sie wird von den Propheten öfter wiederholt (vgl. Jes 9,5.6[6.7]; Jer 23,5; Hes 34,23; Sach 12,8). So ist »Sohn Davids« Messiastitel.

2) Das wird deutlich an Mt 22,41–46. Hier lehnt Jesus nicht etwa für sich ab, »Sohn Davids« genannt zu werden, sondern greift die aus dem Namen falsch abgeleitete Auffassung an, als sei der Messias niedriger als David. Auch als »Sohn Davids« ist der Messias Davids Herr, weil er von Gott kommt. Jesus erkennt die Anrede an (Mt 9,27; 21, 9), und die Gemeinde erkennt (Mt 1,1) und bekennt ihn als den »Sohn Davids nach dem Fleisch« (Röm 1,3). »Sohn Davids« ist gleichsam die irdisch-menschliche Seite der Messianität Jesu und bekommt erst Gewicht neben dem andern Namen »Sohn Gottes« (vgl. Röm 1,3.4). Beide Namen zusammen geben erst eine genaue »Ortsbestimmung« Jesu als der Offenbarung Gottes im Fleisch.

III) Dazu kommen mehrere Namen, die das Werk Jesu Christi verdeutlichen. Das geschieht vor allem durch die Bezeichnung König, Priester, Prophet.

A) Der Königstitel Jesu hängt eng zusammen mit der Bezeichnung »Sohn Davids« (s. o. IIB). Als König erkennen ihn die Weisen (Mt 2,2), und Jesus bekennt sich als König vor Pilatus (Joh 18,37). Aber die Verspottung des leidenden und sterbenden Jesus (Mt 27,29.37.42) zeigt, daß sein Königsamt andersartig ist als unsere damit verbundene Vorstellung (Joh 18,36). Seine Herrschaft ist verborgen (V 37), nur dem Glaubenden erkennbar, und triumphiert in der Niedrigkeit des Kreuzes über Sünde, Tod und Teufel. Aber sie ist wirkliche, kosmische Herrschaft (1 Tim 6,15), heute im Glauben erkannt und anerkannt und am Ende allen sichtbar (Mt 25, 34; Offb 17,14; 19,16). So lenkt der Name König den Blick auf die → Wiederkunft Jesu in → Herrlichkeit.

B 1) Der Hebräerbrief nennt Jesus im Anschluß an Ps 110,4 Priester oder Hoherpriester (Hebr 5,6; 7, 1.3.17.21; → Hoherpriester V) und weist damit auf das im Gegensatz zum atl. → Gottesdienst vollkommene Versöhnungs- und Erlösungswerk Jesu. Er selber hat mit seinem Opfer den Zugang ins Allerheiligste, d. h. zu Gott, ein für allemal erwirkt und für den Glauben eine endgültige Versöhnung geschaffen (Hebr 9,12). Dabei steht er wegen seiner Sündlosigkeit (Hebr 4,15; 7,26.27) und seiner Barmherzigkeit (Hebr 2,17; 4,15) über allen Priestern und bleibt in Ewigkeit (Hebr 10,13).

2) Daß Jesus sich selbst opfert, wird durch die Bezeichnung »Lamm« noch unterstrichen. Jes 53,7 nennt den »Knecht Gottes« (→ Jes III, 2a.b) Lamm und weist auf Jesus Christus als den Sündenträger der Welt (Joh 1,29.36). Nach Joh 19,30.31 stirbt Jesus zu der Zeit, als die Juden im Tempel das Passahlamm schlachten. Darum kann Paulus mit Recht Jesus »unser Osterlamm« (1 Kor 5,7) nennen, das als rechtes Opfer für die Sünden der Welt stirbt (1 Petr 1,19).

In der Offb erscheint der erhöhte Jesus 29 mal als geschlachtetes Lamm (Offb 5,6ff; 13,8 u. ö.). Jesus als das Lamm, das sich für seine Gemeinde geopfert hat, schenkt ihr das Leben und läßt sie überwinden (Offb 7,9ff; 12,1ff; 14,1ff). Er ist aber auch der Sieger über alle gottlosen und widergöttlichen Mächte (Offb 6,16.17; 14,10; 17,14) und erweist sich am Ende als der Herr über alles, der sich mit seiner Gemeinde bei der »Hochzeit des Lammes« in Ewigkeit verbinden wird (Offb 19,7ff; 21), nachdem sie durch die Verführung des Gegenspielers, der sich als Imitator Christi »wie ein Lamm« tarnt (Offb 13,11), hindurchgerettet ist.

C 1) Jesus wird nie im eigentlichen Sinn Prophet genannt, sondern von den Propheten unterschieden. Das Volk, das ihn für einen Propheten hält, kennt ihn nicht (Mk 6,15; Mt 16,14). Vereinzelt wird er aber »der« Prophet genannt (Joh 6,14; vgl. auch 1, 21; 7,52), was dann gleichbedeutend mit »Messias« ist. In diesem das Prophetenamt überbietenden Sinn weiß sich Jesus als Prophet (Lk 13,33), und Hebr 1,1.2 unterscheidet ihn zwar von den Propheten, stellt ihn aber zugleich neben sie und über sie als den Träger des letzten, entscheidenden Wortes Gottes an den Menschen.

2) So kann Jesus auch »Wort« (griech. *logos*) genannt werden. Hierin unterscheidet sich Jesus von den Propheten, daß er nicht wie sie Gottes Wort bringt, sondern selber ist. Offenbarung und Offenbarer sind also gleich (s. o. IA). Er ist als Wort im Anfang, und durch ihn ist alles geschaffen (Joh 1, 1–3; vgl. dazu 1 Mo 1,1), er ist also allem Geschaffenen vorgeordnet als Mittler der Weltschöpfung. Aber als Offenbarer tritt er in die Mitte der Menschen, wird ihnen gleich (Joh 1,14) und zum → Mittler des Lebens (1 Joh 1.1). Schließlich wird er als das Feinde überwindende Wort Sieger bleiben (Offb 19,13).

D) Dazu treten einige weniger häufige Namen.

1) Auf Grund von Jes 7,14 wird Jesus in Mt 1,23 Immanuel genannt, weil in ihm »Gott mit uns« ist.

2) In Offb 5,5 erinnert »Löwe aus dem Geschlecht Juda« an 1 Mo 49,9 und drückt damit die Unbesiegbarkeit Jesu aus.

3) In 2 Petr 1,19; Offb 22,16 wird Jesus »Morgenstern« genannt, weil in ihm die Vollendung anbricht.

4) »Bräutigam« nennt sich Jesus nur in Gleichnissen (Mt 9,15; 25,1; Joh 3,29), um die Erwartung und Freude seiner Gemeinde im Blick auf ihn und die Gemeinschaft mit ihm zu verdeutlichen.

5) »Zemach« ist Name für den Messias (Sach 3,8; 6,12) in Beziehung zu Jer 23,5; 33,15, wo von Christus als von einem Sproß (LÜ Gewächs) Davids gesprochen wird. Als »Zweig aus der Wurzel Isais« (Jes 11,1) ist er »der Sohn, der geboren ist von dem Samen Davids nach dem Fleisch« (Röm 1,3), offenbart in seinem irdischen Leben als König der Könige und Herr aller Herren. Mit der Bezeichnung »Knecht Zemach« (Sach 3,8) wird auf die Erniedrigung des Messias und auf seinen Gehorsam bis zum Tod hingewiesen (Jes 52,13–15; 53,1–12; Phil 2,5–8). In dem Namen Zemach (Sach 6,12.13) wird auf den Charakter des Menschensohnes als »letzter Adam« und »zweiter Mensch« Bezug genommen (1 Kor 15,45–47), der als Priesterkönig die Welt regiert, das Gebiet, das einst dem ersten Adam gegeben wurde und ihm durch seinen Fall verloren ging.

IV) Wenn die Gemeinde im Glauben predigte und handelte, so geschah es »im Namen Jesu«. Das ist keineswegs eine Formel, wie sie Magie und Zauberei benutzen. Gerade solchen Mißbrauch will 2 Mo 20,7 abwehren.

Die Taufe »im Namen Jesu« (Mt 28,19 trinitarisch; Apg 2,38; 8,16) will den Getauften durch den Glauben in die Lebensverbindung und -gemeinschaft mit Jesus stellen (Röm 6,3–6; Gal 3,26.27).

Die übrigen Verwendungen des Ausdrucks »im Namen Jesu« weisen in die gleiche Richtung. »Im Namen Jesu« heißt »in der Kraft und Vollmacht Jesu« oder auch einfach »durch ihn persönlich«. Krankheiten weichen in seinem Namen, d. h. durch seine Kraft (Apg 3,6; 4,10), Sünden werden »durch seinen Namen« vergeben, d. h. durch ihn selber (1 Joh

2,12). Die Dämonen ordnen sich unter, wo sich die Vollmacht Jesu kundtut (Lk 10,17; Apg 16,18). Schließlich betet auch die Gemeinde in seinem Namen (Joh 14,13; 15,16; 16,23), d. h. in seinem Geist und weil sie durch ihn Zutritt zu Gott hat; und sie dankt »in seinem Namen« (Eph 5,20). Das ganze Leben der Gemeinde soll »im Namen Jesu« geschehen (Kol 3,17), d. h. aus der im Glauben verwirklichten Lebensgemeinschaft mit ihm erwachsen.

V) Als Ergänzung vgl. → Adam I, 4; → Amt III, 3; → A und O; → Bischof; → Ebenbild; → Eckstein II; → Erstgeburt; → Fürsprecher; → Gesalbter; → Haupt; → Heiland; → Heilig II, 4a; → Herr 4a u. c; → Herzog; → Hirt II, 3; → Jesus Christus I; → Lehrer IV; → Mittler II; → Priester III.

Nangai, Vorfahr Jesu (Lk 3,25).

Napf. I) → Pfanne.
II) Löschnapf (4 Mo 4,9) → Leuchter II.

Naphis → Nephusiter.

Naphot-Dor bezeichnet das Küstengebiet um → Dor, südlich des Karmels (Jos 11,2; 12,23; im Grundtext auch 1 Kö 4,11, LÜ Herrschaft zu Dor).

Naphthali, in 1 Mo 30,8 als »Kämpfer« gedeutet. 1) Sechster Sohn Jakobs, der zweite von Bilha, der Sklavin Rahels (1 Mo 30,7.8; 35,25). N. hatte 4 Söhne, Jahzeel, Guni, Jezer und Sillem (1 Mo 46, 24; 4 Mo 26,48.49; 1 Chron 7,13). Jakob vergleicht ihn in seinem Segen mit einem schnellen Hirsch (1 Mo 49,21; vgl. 5 Mo 33,23). Weiter hören wir nichts von ihm.

2) Der Stamm N., die Nachkommen des Jakobssohnes. Bei der ersten Volkszählung hatte N. 53400 wehrfähige Männer (4 Mo 1,43), gegen Ende der Wüstenwanderung waren es aber nur noch 45400 (4 Mo 26,50). Damit rückte der Stamm vom 6. auf den 8. Platz. Der Lagerplatz N. war im N des heiligen Zeltes mit Asser unter der Führung Dans, sie brachen als letzte auf (4 Mo 2,25–31). Bei der Verteilung Kanaans erhielt der Stamm ein Gebiet im Norden des Landes, im O vom See Genezareth und dem Oberlauf des Jordan, im S von Isaschar und Sebulon, im W von Sebulon und Asser begrenzt (Jos 19,32–39). Im Gebiet N. waren den Gersonitern drei Levitenstädte zugeteilt, von denen Kedes eine Freistadt war (Jos 20,7; 21,6.32). Es gelang den Naphthalitern nicht, die Kanaaniter aus Beth-Semes und Beth-Anath zu vertreiben (Ri 1,33). Einen entscheidenden Anteil hatten sie am Sieg Deboras und Baraks über Sisera (Ri 4,6.10; 5,18), ebenso halfen sie Gideon (Ri 6,35; 7,23). Zu David kamen in Hebron aus N. 1000 Hauptleute und 37000 Mann mit Schild und Speer (1 Chron 12,34.40). Ihr Gebiet wurde schon z. Zt. König Baesas von Israel durch die Syrer unter Benhadad verheert (1 Kö 15, 20; 2 Chron 16,4). Der Assyrerkönig Thiglath-Pileser III. führte N. dann während der Regierung Pekahs in die Verbannung (2 Kö 15,29). Wohl unmittelbar darauf verheißt Jesaja N. neuen Segen (Jes 8,23[9,1]). Diese Weissagung fand ihre Erfüllung im Wirken Jesu in Galiläa (Mt 4,12–17). Hesekiel weist dem Stamm seinen Anteil am verheißenen Land zwischen Asser und Manasse zu (Hes 48, 3), und Offb 7,6 werden auch 12000 Versiegelte aus N. unter den 144000 genannt. Vgl. Taf. 97/1536.

3) Schmaler Landstrich westl. vom See Genezareth und dem Jordan, in einem fruchtbaren Gebiet »voll vom Segen des Herrn« (5 Mo 33,23), nordöstl. von Sebulon und östl. von Asser. In diesem Gebiet lag die Stadt Kapernaum, gelegen am See im Lande Sebulon und N. (Mt 4,13).

Naphthuhiter, ägypt. Volksstamm (1 Mo 10,13; 1 Chron 1,11). Viell. vom ägypt. *na-ptah* »Leute des (Gottes) Ptah«, d. h. Einwohner von Unterägypten in der Nähe von Memphis (Noph), dem Ort der Ptah-Verehrung. Andere übersetzen »Leute des Deltas«.

Narde (hebr. *nerd;* griech. *nardos).*
Aromatische Flüssigkeit, die aus Wurzelstock und unteren Stengelteilen der *Nordostachys Jatamansi* gewonnen wird, einer Pflanze aus der Familie der Baldriangewächse *(Valerianaceae),* die im Himalaja in einer Höhe von 3500–5500 m wächst. Die Hindus gebrauchten die N. schon früh für medizinische Zwecke und als Handelsartikel; in Israel war sie bereits zur Zeit Salomos bekannt (Hl 1,12; 4,13. 14). Der weite Weg nach Palästina ließ sie jedoch sehr teuer werden (Mk 14,5; vgl. → Geld). Die N. wurde, vermischt mit anderen Substanzen, als Nardenwasser, -öl oder -salbe in Alabasterflaschen (→ Glas) in den Handel gebracht (Mt 26,7; Mk 14,3).

Narde. Die feinen Härchen, die die Stengel umgeben, bilden einen Kälteschutz für diese Hochgebirgspflanze

Narr gibt in LÜ eine Vielzahl hebr. Wörter wieder, unter denen *kesil* oder *baar* den Menschen mit geringem geistigen Vermögen, das häufigere hebr. *nabal* den Menschen von geistiger Zuchtlosigkeit und Unbeherrschtheit meint. Die entsprechenden griech. Worte im LXX und NT *(aphrôn* und *môros)* haben nahezu gleiche Bedeutung.
N. wird in den Übersetzungen teilweise abwechselnd mit → Tor bzw. töricht gebraucht. Der N. steht im Gegensatz zum Weisen, manchmal auch zum Frommen und Gläubigen. Gemeint ist gelegentlich der verstandesarme Mensch überhaupt, in der Regel allerdings der Mensch, der sein vorhandenes Denk- und Urteilsvermögen falsch gebraucht und dadurch in seinem Leben zu falschen Entscheidungen kommt (vgl. Mo 32,6; Mt 7,26; 25,3). Er redet, noch ehe er gehört hat, und immer mehr, als geraten und zu verantworten ist (Pred 5,2; Sir 21,

28; vgl. Narrenteidinge = törichtes Geschwätz Eph 5,4), lehnt sich gegen die Zucht auf (Spr 15,5) und hat Gefallen an sich selbst (Spr 28,26). Er kann seine Torheit nicht verbergen, man muß ihn strafen; aber auch das bringt ihn nur selten zur Besinnung (Spr 10,13; 19,29; 26,3; 27,22). Wer nicht in Zucht leben will, wird zum N. (Spr 12,1).

Vor allem wird der Mensch zum N., wenn er an Gott und seinem Walten zweifelt (Hi 2,10; Ps 14,1; Ps 73,22) und sich in seinem Urteil und seinem Handeln von Gottes Willen und Maßstäben löst (Jer 10,21), also ohne Gott leben will. Diese Bedeutung des Wortes macht verständlich, daß der Herr die am äußeren Gottesdienst hängenden Pharisäer Narren nennt (Mt 23,17) und Paulus diese Bezeichnung für die Leugner der Auferstehung gebraucht (1 Kor 15, 36). Und von daher wird auch die scharfe Gerichtsdrohung Jesu über einen Menschen zu verstehen sein, den der Haß dazu treibt, seinen Bruder N. und damit gottlos zu nennen (Mt 5,22; vgl. → Racha). In seiner Narrheit hält sich der N. jedoch oft selbst für weise (Röm 1,22), wie auch umgekehrt Gottesfurcht und göttliche Erkenntnis in dieser Welt häufig für Narrheit gelten (1 Kor 4,10; vgl. 1,18). Das sollte einen Christen aber nicht beirren (1 Kor 3,18), denn Gott hat die Weisheit dieser Welt zur Torheit gemacht (1 Kor 1,20). Gott hat kein Gefallen an den N. (Pred 5,3), wenngleich es ihnen – manchmal sehr zum Anstoß der Frommen – nicht immer schlecht geht (Pred 2,15ff).

Narrenteidinge → Narr

Narzissus »Narzisse«,
Römer, unter dessen Familienangehörigen oder Sklaven Christen waren, die Paulus grüßen läßt (Röm 16,11).

Nase → Krankheiten: Fehl; → Geschmeide II, 4

Nasiräer. I) N. bedeutet nach dem hebr. *nazir* »Geweihter, Abgesonderter«, könnte sich jedoch auch in Anlehnung an *nezär* = »Diadem, Krone« auf das Haar des N. beziehen; vgl. 4 Mo 6,7: »seines Gottes Krone (Weihe) ist auf seinem Haupt«.

II) Die Bestimmungen über das N.gelübde stehen 4 Mo 6. Es konnte in Israel von jedem Mann und jeder Frau abgelegt werden und war wohl schon vorher bekannt. Der Gelobende hatte das Verlangen, sich für eine begrenzte Zeit oder auch für sein ganzes Leben völlig Gott zu weihen. In Ausnahmefällen wie bei Simson (Ri 13,5.14) wurde ein Mensch bereits vor seiner Geburt von Gott oder wie Samuel (1 Sam 1,11) von seiner Mutter zum N. bestimmt.

III, 1) Das N.gelübde umfaßte:

a) absolute Enthaltsamkeit von Wein und anderen berauschenden Getränken, auch von frischen oder getrockneten Trauben und allem, was vom Weinstock stammt (4 Mo 6,3.4).
b) Das Haupthaar durfte während der ganzen Zeit nicht geschnitten werden (V 5).
c) Der N. durfte sich keinem Toten nahen, selbst dann nicht, wenn es sich um engste Familienangehörige handelte (V 6.7). Durch einen Todesfall in seiner Nähe wurde er für die nächsten 7 Tage unrein und mußte danach die N.zeit neu beginnen, indem er das Haupthaar der ersten Zeit abschnitt und ein Opfer brachte (V 9–12).

2) Nach der Erfüllung des Gelübdes hatte der N. verschiedene Opfer zu bringen und sein Haar vor dem Eingang der Stiftshütte (später des Tempels) abzuschneiden und in das Feuer zu werfen, das unter dem Dankopfer brannte. Dann nahm der Priester eine gekochte Schulter vom Widder des Dankopfers, je einen ungesäuerten Kuchen und Fladen und legte alles auf die Hände des N., um es so vor dem Herrn zu → weben (V 13–20). Danach konnte der N. wieder am gewöhnlichen Alltagsleben teilnehmen.

IV) Für den N. bedeutete sein Gelübde eine Zeit der völligen Hingabe an den Herrn, dem er heilig war (4 Mo 6,8) und um dessentwillen er auf bestimmte Dinge verzichtete, ohne sich aber sonst aus seinem gewohnten Lebenskreis zurückzuziehen.
Damit wurde er für seine Umgebung zum lebendigen Zeichen des Herrschaftsanspruches Gottes, was in Zeiten des allg. Abfalls nicht gern gesehen wurde (Am 2,11.12).

V) Im NT erinnert die Berufung Johannes des Täufers schon vor seiner Geburt (Lk 1,15) an das N.gelübde; sein Leben führte er aber strenger, als es die Vorschriften vom N. verlangen (Mt 3,4). Wahrscheinlich handelt es sich Apg 21,24.26 um wirkliche N. (vgl. auch Apg 18,18).

Nathan »Er (d. h. Gott) hat gegeben«.

1) Judäer, Sohn Atthais (1 Chron 2,36).

2) Vater eines von Davids Helden (2 Sam 23,36).

3) Bruder eines anderen Helden Davids (1 Chron 11,38).

4) Prophet, der David nach dem Ehebruch mit Bath-Seba und dem Mord an Uria das Urteil Gottes verkündete (2 Sam 12). Früher schon hatte er dem König die Offenbarung Gottes überbracht, daß der Tempelbau, den David geplant und N. zunächst gutgeheißen hatte, nicht durchgeführt werden sollte, daß der Herr aber stattdessen das Haus Davids bauen und segnen werde (2 Sam 7; 1 Chron 17). Als Adonia sich zum König machen wollte, griff N. zugunsten Salomos, den er erzogen hatte (2 Sam 12, 25), ein und bewirkte, daß David ihn noch rechtzeitig zum König salben ließ (1 Kö 1). Gad und N. waren die Propheten, durch die der Herr David die Anweisung zukommen ließ, den Dienst der levitischen Sänger und Musiker zu ordnen (2 Chron 29, 25). N. schrieb auch ein Geschichtswerk über die Regierungen Davids und Salomos (1 Chron 29,29; 2 Chron 9,29), doch braucht er deshalb nicht die ganze Herrschaftszeit Salomos erlebt zu haben. Ob einer der in 1 Kö 4,5 und 1 Chron 2,36 genannten N mit dem Propheten gleichzusetzen ist, bleibt fraglich (s. u. 5 und 6).

5) Einer der in Jerusalem geborenen Söhne Davids (2 Sam 5,14; 1 Chron 3,5; 14,4). Vielleicht war er der Vater von zwei Beamten Salomos (1 Kö 4,5). Sein Geschlecht wird noch Sach 12,12 genannt, er selber Lk 3,31 als Vorfahr Jesu.

6) Judäer (1 Chron 2,36).

7) Einer der Männer, die Esra nach Kasphia sandte, um Leviten für den Zug nach Jerusalem zu gewinnen (Es 8,16.17).

8) Israelit, der eine heidnische Frau genommen hatte (Es 10,39).

Nathanael »Gott hat gegeben«.

1) Sohn Zuars, verantwortlicher Stammesfürst von Isaschar während der Wüstenwanderung (4 Mo 1, 8; 2,5; 7,18).

2) Sohn Isais und Bruder Davids (1 Chron 2,14).

3) Priester z. Zt. Davids (1 Chron 15,24).

4) Vater des Schreibers Semaja, ein Levit (1 Chron 24,6).

5) Sohn des Torhüters Obed-Edoms z. Zt. Davids, ein Levit aus dem Geschlecht Korahs (1 Chron 26, 4).

6) Einer der Fürsten Josaphats, die das Volk in den Städten Judas im Gesetz unterweisen sollten (2 Chron 17,7).

7) Oberster der Leviten z. Zt. Josias (2 Chron 35,9).

8) Priester, Haupt des Geschlechtes Jedaja, z. Zt. des Hohenpriesters Jojakim (Neh 12,21).

9) Priester aus dem Geschlecht Pashur, der eine heidnische Frau genommen hatte (Es 10,22).

10) Jünger Jesu aus Kana in Galiläa, der durch Philippus auf Jesus aufmerksam gemacht worden war. Als Jesus ihn kommen sah, pries er ihn als einen rechten Israeliten, an dem kein Falsch sei. Als er dann noch hinzufügte, er habe ihn unter dem Feigenbaum gesehen, waren Nathanaels Zweifel besiegt und er bekannte: Du bist der Sohn Gottes, der König von Israel! Obgleich es nicht ausdrücklich gesagt ist, hat Jesus N. wohl schon damals zum Jünger berufen (Joh 1,44–51). In den Apostellisten kommt der Name N. zwar nicht vor, man setzt ihn jedoch allgemein gleich mit → Bartholomäus, dem »Sohn des Tholmai«. Nach der Auferstehung finden wir N. unter den Aposteln, die am See Tiberias fischten (Joh 21,2). Es ist möglich, daß Jesus durch die Bekanntschaft mit N. zur Hochzeit in Kana (Joh 2) geladen worden ist.

Natter → Schlange

Natur, natürlich. I) Die Bewunderung des Natürlichen, der N. an sich, unabhängig von ihrem Schöpfer, ist der Bibel fremd; deshalb findet sich ein entsprechendes Wort im AT überhaupt nicht. Die gesamte → Schöpfung hat ihren Bestand von Gott her, ist ausschließlich Ort seines Wirkens, sein Werk und Kleid, mit dem der Schöpfer sich umgibt. Durch ihren Lauf in seinen Gesetzen und Ordnungen offenbart sie die Güte und Macht Gottes und nötigt den Menschen zu Staunen und Ehrfurcht vor Gott, nicht vor sich selbst (vgl. Hi 38ff; Spr 8,22ff; Ps 104; Mt 6,26.28). So gibt es in der HS praktisch keine Anzeichen für eine N.wissenschaft, die etwa nach in sich selbst bestehenden N.gesetzen suchte. Daraus erklärt sich, daß zwar häufig natürliche Abläufe im einzelnen richtig beobachtet, aber etwa Aufzählungen innerhalb des Pflanzen- und Tierreiches nur grob und vordergründig vorgenommen werden.

II) Die Bibel kennt auch nicht die etwa dem griech. Denken so vertraute Unterscheidung der N. vom Geist und vom geistigen Lebensbereich, denn auch der Geist des Menschen ist geschaffen und an natürliche Voraussetzungen gebunden. Wohl aber kennt das NT eine deutliche Scheidung bzw. einen Gegensatz zwischen dem Natürlichen und dem vom → Geist Gottes Gewirkten bzw. Erneuerten. Hier werden zwei verschiedene griech. Worte mit N. wiedergegeben:

1) *physis, physikos* bezeichnet die durch biologische Abstammung bedingte körperliche und geistige Eigenart, von dort her auch die Zugehörigkeit zur Gattung (vgl. die natürlichen Zweige Röm 11,21. 24; die Juden von N. Gal 2,15) wie die zu ihr gehörigen Lebensabläufe (vgl. den natürlichen Brauch Röm 1,26f) und Ordnungen (1 Kor 11,14). Es meint dann auch das, was der Mensch mit dem Tier gemeinsam hat, das Animalische und Instinktive (vgl. 2 Petr 2,12; Jud 10).

2) *psychae, psychikos* bezeichnet das Seelische, sofern es die bewegende Kraft der belebten Kreatur ist und die auch mit »Fleisch und Blut« gemeinten Eigenarten des sterblichen irdischen Wesens einschließt (vgl. 1 Kor 15,44). Vgl. → Seele.

III) Sowohl der leibliche als auch der seelische Bereich zählen zur natürlichen, d. h. kreatürlichen Beschaffenheit des → Menschen und sind den Gesetzmäßigkeiten alles irdischen Lebens unterworfen. Als Geschöpf Gottes ist der Mensch ferner auf gewisse sittliche Richtlinien (Gesetze) verwiesen, die er von N. aus kennt und denen er sich auch unabhängig von Gott (als Heide) verpflichtet fühlt (Röm 2, 14f).

Zugleich ist der Mensch aber von N. Glied der gefallenen Menschheit und ist mit ihr in Sünde und Tod gefangen (Röm 5,12ff; 7,23). Das ist der Grund, weshalb er als »natürlicher Mensch« den Geist Gottes nicht vernehmen kann (1 Kor 2,14) und warum er von N., d. h. seiner Herkunft nach, ein Kind des Zorns ist (Eph 2,3). Rettung des Menschen wird nicht erreicht durch Besserung seiner N., sondern nur durch eine radikale Neuschöpfung in der → Wiedergeburt aus Gott, die ihn teilhaftig macht der göttlichen N. (2 Petr 1,4) und in das himmlische Wesen versetzt (Eph 2,6). Das Neuwerden ist vollendet mit Ablegung des natürlichen Leibes und → Auferstehung des geistlichen Leibes (1 Kor 15,44–49).

Nazarenus, Nazarener. Beiname Jesu (Mt 2,23), LÜ hat sonst immer »Jesus von → Nazareth« (Mt 26,71; Mk 1,24; 10,47; Lk 4,34 u. ö.).

N. bezeichnet die Herkunft Jesu, hat für Mt aber wohl auch einen lautlichen und bedeutungsmäßigen Anklang an hebr. *nezer* = »Zweig« in der Weissagung Jes 11,1.

Später wurde die Bezeichnung Nazarener auch auf die Christen angewendet (Apg 24,5).

Nazareth, viell. »Wächterin« oder »Sproß«. Heimatort Jesu in Galiläa (Mt 2,23; Mk 1,9; Lk 2, 39; Joh 1,46). Im AT nicht genannt, heute En-Nasira bzw. Nazareth, in einer Höhe von 350-400 m am Südhang des Dschebel es-Sih gelegen, von dem aus man die gesamte Ebene Jesreel überblickt. Der in ntl. Zeit unbedeutende Ort (vgl. Joh 1,46) lag nahe der großen Handelsstraße von Damaskus nach Ägypten. Jesus ist also nahe dem Leben und Treiben des großen Verkehrsweges aufgewachsen. Er fand später keinen Glauben in seiner Vaterstadt (Mk 6, 1–6), die er zu Beginn seines öffentlichen Wirkens verlassen hatte (Mt 4,13; Joh 2,12).

Heute zeigt man in N. noch die Synagoge, wo Jesus über die Erfüllung der Jesajaverheißung gesprochen haben soll (Lk 4,16ff); auch die Stelle, von der man ihn danach hinabstürzen wollte (V 29), ist überliefert worden, hat jedoch nicht viel Wahrscheinlichkeit für sich. Das angebliche Haus der Maria erscheint ebenfalls zweifelhaft; nur der einzige größere Brunnen des Ortes, heute Marienbrunnen genannt, ist wahrscheinlich schon in ntl. Zeit die wesentliche Wasserquelle des Ortes gewesen. Vgl. Taf.70b/1089 und Karte Sp. 433.

Nea. Ort in Sebulon (Jos 19,13), in der Gegend von Rimmon (2) u. Hannathon. Möglicherweise ist N. (oder aber das ntl. → Nain) auch mit dem Ort Noa gemeint, der auf den Ostraka aus Samaria aus der Zeit Jerobeams II. genannt wird.

Neapolis »Neu-Stadt«,
Hafenstadt des 15 km entfernten Philippi und Ausgangspunkt der berühmten röm. Via Egnatia, die über Amphipolis und Thessalonich nach Achaja führt. In N., das wie ein Amphitheater in den Felshängen liegt, betrat Paulus zum ersten Mal europäischen Boden (Apg 16,11). Der heutige Ort heißt Kavalla. Vgl. Karte Sp. 1045/6.

Nearja »Ein Jüngling des Herrn«.
1) Simeonitischer Hauptmann z. Zt. Hiskias (1 Chron 4,42).
2) Nachkomme Sechanjas aus der judäischen Königsfamilie (1 Chron 3,22.23).

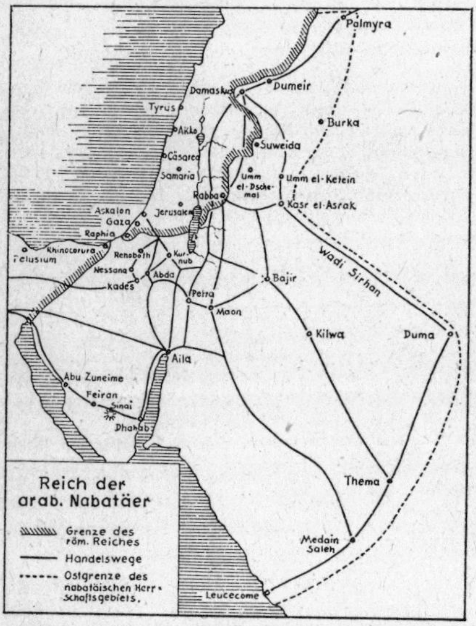

Nebajoth. Ältester Sohn Ismaels (1 Mo 25,13; 28, 9; 36,3) und seine Nachkommen, ein nordarab. Nomadenstamm (Jes 60,7). Sie werden unter → Asnaphar (Assurbanipal) als Nabitai genannt, wie 1 Mo 25,13; Jes 60,7 neben → Kedar.
Man nimmt an, daß aus diesem Stamm die Nabatäer hervorgegangen sind, die die → Edomiter aus ihren Stammsitzen auf dem Gebirge Seir verdrängten und hier ein Reich errichteten, das seit etwa 300 v. Chr. bestand, bis es 106 n. Chr. als Provinz ins röm. Reich eingegliedert wurde. Das Nabatäerreich erstreckte sich vom Golf von Akaba bis ans Mittelmeer südl. von Gaza und bis nach Arabien und Syrien, Städte wie Damaskus (→ Aretas) und Palmyra gehörten zeitweise dazu. Die Hauptstadt der Nabatäer war → Petra (vgl. Taf. 71b/1120; 72/1121), wohl das alte edomitische Sela. Die hier erhaltenen Bauten, meist Felsengräber, legen Zeugnis ab von der hohen Kultur der Nabatäer. Neben Kamel- und Schafzucht trieben sie einen gewinnbringenden Karawanenhandel mit den Erzeugnissen Südarabiens nach den Mittelmeerhäfen. Zur Aufrechterhaltung und Kontrolle ihrer Handelswege errichteten sie ihre Siedlungen und Grenzfestungen auch in den Wüstengebieten im O und S, die weder vorher noch nachher besiedelt waren. Das war nur möglich durch ausgedehnte künstliche Bewässerungsanlagen, Terrassen und Dämme, die jedes Fleckchen Ackererde schützten. Die Nabatäer haben auch als einziges Volk Ackerbau im Wadi Araba getrieben; zu ihrer Zeit befanden sich dort neben jedem Wasserloch ein Fort und sorgfältig bearbeitete Felder. Nach dem Untergang ihres Reiches hat die Wüste all diese Gebiete zurückerobert.

Statue des Hadad aus dem nabatäischen Tempel in Chirbet Tannur am Wadi el-Hesa (vgl. Taf 98/1537). Der Gott ist ganz im Stil hellenistischer Zeusbilder dargestellt. In dem Tempel, der dem Fruchtbarkeitskult geweiht war, wurde neben Hadad die Göttin Atargatis (= Astoreth) verehrt

Neballat, nach der Gefangenschaft von Benjaminiten bewohnter Ort (Neh 11,34), das heutige Bet Nabala (neuhebr. Hurva Nevalat), 7 km nordöstl. von Lydda. Vgl. Karte Sp. 986.

Nebat wohl »Er (Gott) hat gesehen«,
Ephraimiter aus Zereda, Vater Jerobeams I. (1 Kö 11,26).

Nebo I) Babyl. Gott (akkad. Nabu; vgl. → Nebukadnezar, → Nebusaradan; → Nebusasban; → Abed-Nego) der Schreibkunst und der Wissenschaften, ebenso der Astrologen. Sein Planet war Merkur. N. ist der Sohn Marduks. Hauptzentrum seiner Verehrung war der Tempel Ezida in Borsippa südl. von Babylon. Jes 46,1 wird N. mit → Bel zusammen genannt.

II,1) Berg ca. 18 km östl. der Jordanmündung ins Tote Meer und 7 km südwestl. von Hesbon, 802 m hoch, heute En-Neba. Er ist einer der Hauptgipfel des Gebirges → Abarim (Karte Sp. 5) und bietet eine weite Aussicht auf Palästina. Von hier aus zeigte der Herr Mose das verheißene Land (5 Mo 34,1–4). Vgl. Taf. 71a/1120.

2) Ort im Ostjordanland, Ruben zugewiesen (4 Mo 32,3.38). Der → Mesastein berichtet seine Eroberung durch die Moabiter; in Jes 15,2 u. Jer 48,1.22 wird der Ort als moabitischer Besitz genannt. Heute

Standbild des Gottes Nebo aus Nimrud (Kalah), Anfang des 8. Jh. v. Chr.

das Ruinengebiet Chirbet el-Muchaijet 1,5 km südl. vom Gipfel des Berges N. (II, 1).
3) Ort in Judäa (Es 2,29; Neh 7,33), der nach der Gefangenschaft wieder besiedelt wurde. Condor sucht ihn in Nuba, ca. 6 km nordwestl. von Beth-Zur. Vgl. Karte Sp. 986.

Nebukadnezar, akkad. Nabu-kudurri-usur, »Nebo schütze den Sohn«.
Sohn und Nachfolger König Nabopolassars, des Gründers des neubabyl. Reiches. In der HS wird er auch mit genauerer Wiedergabe des Namens Nebukadrezar genannt (Jer 21,2.7; 24,1 u. ö.). Noch als Kronprinz besiegte er 605 v. Chr. Pharao → Necho bei Karchemis (vgl. Jer 46,2–12). N. verfolgte die

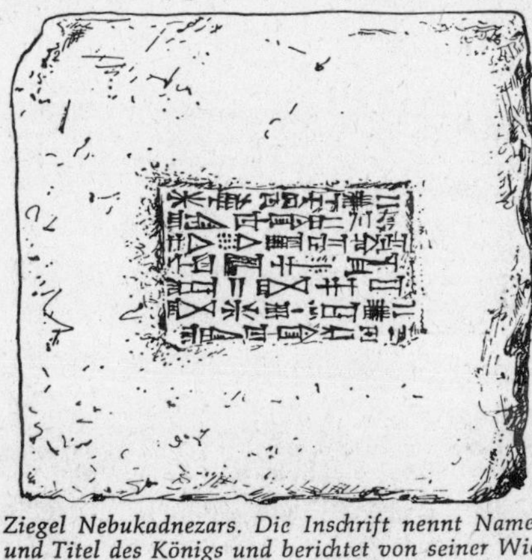

Ziegel Nebukadnezars. Die Inschrift nennt Namen und Titel des Königs und berichtet von seiner Wiederherstellung der Tempel Marduks (→ Bel) und Nebos

Geschlagenen bis an die ägypt. Grenze, mußte dann aber wegen des Todes Nabopolassars nach Babylonien zurückkehren und übernahm die Herrschaft (605–562 v. Chr.). Wohl auf diesem Zug nach S rückte er auch vor Jerusalem und führte Gefangene, darunter Daniel, fort (Dan 1,1–7). 605 u. 604 v. Chr. unterwarf N. ganz Syrien und Palästina, im Dezember 604 eroberte er Askalon (2 Kö 24,7). Die babyl. Chronik berichtet dann für 601 v. Chr. von einer zweiten Schlacht zwischen N. und Necho, deren Ausgang zumindest unentschieden blieb und N. zwang, sein Heer neu aufzufüllen und auszurüsten. Im Zushg. damit versuchte → Jojakim wahrscheinlich, die babyl. Herrschaft wieder abzuschütteln, was aber zur Belagerung Jerusalems führte. Der König starb noch vor dem Eintreffen N. selber, der nun seinen Nachfolger → Jojachin absetzte und wegführte und → Zedekia zum König machte (597 v. Chr.). Diesmal befand sich Hesekiel unter den Gefangenen (vgl. Hes 1,1–3). Doch Pharao Hophra in Ägypten ließ keine Ruhe, ein neuer Aufstand im W brach aus, an dem auch Zedekia beteiligt war. Nach dreijähriger Belagerung fiel Jerusalem 586 v. Chr. Stadt und Tempel wurden vollständig zerstört und das Volk in die Verbannung geführt. Die Unterwerfung der übrigen Empörer folgte, wobei sich Tyrus besonders hartnäckig und lange hielt (585–573 v. Chr.). Nachdem die Ruhe in Syrien und Palästina wiederhergestellt war, griff N. 568 v. Chr. Ägypten an. Amasis II. (569–525 v. Chr.), der Nachfolger Hophras, unterwarf sich. Der Feldzug N. gegen arab. Stämme (Jer 49,28–33) fällt nach der babyl. Chronik in das Jahr 599/8 v. Chr.
Im ganzen sind die babyl. Angaben über N. Kriegszüge nur spärlich, seine Inschriften feiern dagegen nach babyl. Tradition seine kulturellen und religiösen Verdienste. Auch als Gesetzgeber hat er sich viel betätigt. Am meisten aber scheint ihm die Erweiterung und Verschönerung seiner Hauptstadt am Herzen gelegen zu haben. Er stellte den Tempel des Gottes Marduk wieder her, verstärkte die Stadtmauern und errichtete sich einen prunkvollen Palast, auf dessen Dächern die berühmten »Hängenden Gärten« angelegt wurden. Der Glanz Babylons übertraf nun selbst den Ninives. Die Ausgrabungen haben N. Ausspruch Dan 4,27 verständlich gemacht: Das ist das große Babylon, das ich erbaut habe zum königlichen Hause durch meine große Macht, zu Ehren meiner Herrlichkeit. Für diese Überhebung traf ihn das Gericht Gottes und er wurde vorübergehend wahnsinnig, dann aber wieder in seine Herrschaft eingesetzt (V 28–34). Nach seinem Tode wurde sein Sohn → Evil-Merodach sein Nachfolger.

Nebusaradan, akkad. Nabu-zer-iddin = »Nebo gibt Nachkommen«.
Der Befehlshaber von Nebukadnezars Leibwache, der das eroberte Jerusalem völlig zerstörte und Juda in die Verbannung führte (2 Kö 25,8–20; Jer 39, 9.10; 41,10; 43,6; 52,12–26.30). Er sorgte auch für die Freilassung des Propheten Jeremia (Jer 39,11–14; 40,1–6).

Nebusasban, akkad. Nabu-sezibanni »Nebu, rette mich!«
Hofmarschall Nebukadnezars (Jer 39,13).

Necho. Sohn und Nachfolger des Pharaos Psammetich (609–594 v. Chr.). 612 v. Chr. hatten die verbündeten Babylonier und Meder Ninive erobert und die Macht Assyriens endgültig gebrochen. Nun rückte Pharao N. nach Norden und versuchte, den Rest des assyr. Reiches zu stützen und dabei für

Ägypten die Oberherrschaft über Syrien und Palästina zu gewinnen. König → Josia von Juda, der ihm auf dem Weg entgegentrat, fiel bei Megiddo 609 v. Chr. (2 Kö 23,29.30; 2 Chron 35,20–25). Mit Assuruballit II. von Assyrien zusammen versuchte N. dann, Haran zu erobern, was Nabopolassar von Babylon verhinderte. Auf dem Rückweg ordnete N. während seines Aufenthaltes in Ribla die jüd. Angelegenheiten in seinem Sinne, nahm → Joahas gefangen, den das Volk als Nachfolger Josias eingesetzt hatte, und machte → Jojakim zum König (2 Kö 23,31–35; 2 Chron 36,1–4). Joahas führte er nach Ägypten mit. Die Kämpfe zwischen Babyloniern und Ägyptern in Syrien hielten an. 605 v. Chr. erlitt N. auf einem nächsten Zug nach N durch → Nebukadnezar eine entscheidende Niederlage bei Karchemis am Euphrat, die ihn sämtliche Gebiete in Syrien und Palästina bis zur ägypt. Grenze hin kostete (vgl. Jer 46,2–12). Eine zweite Schlacht i. J. 601 v. Chr. mit zumindest unentschiedenem Ausgang (D. J. Wiseman, Chronicles of the Chaldaean Kings. London 1956) hat an der babyl. Herrschaft in Palästina nichts geändert, aber ein weiteres Vordringen der Babylonier zunächst noch verhindert. Danach sind sich Nebukadnezar und N. nicht mehr auf dem Schlachtfeld begegnet (2 Kö 24,7). Der Pharao wandte sich von jetzt an der Seefahrt und anderen friedlichen Unternehmungen zu. Vgl. Karte Sp. 727/8.

Nebadja »Der Herr hat sich freigebig gezeigt«. Sohn König Jojachins (1 Chron 3,18).

Neffe hat bei Luther in Kol 4,10 nach dem früheren Sprachgebrauch die gleiche Bedeutung wie unser »Vetter«.

Negev, im Hebr. stets mit dem Artikel »Das Trokkenland«.
Der südl. Teil vom Stammgebiet Judas (Jos 15,21–32), in dem die Siedlungen Simeons lagen (Jos 19,1–8); LÜ Mittagsland = Südland. Die Nordgrenze verlief etwa von Gaza, ein Stück südl. an Debir (in Jos 15,19 zum N., in V 48 zum Gebirge Juda gerechnet) vorbei, zum Toten Meer. Das »kahle Gebirge« (Jos 11,17; 12,7) bezeichnet die alte Südostgrenze; der hebr. Name *Chalakh* ist im Dschebel Halak (neuhebr. Har Hehalaq, ca. 50 km südöstl. von Beer-Seba) erhalten. Heute rechnet man zum N. alles Land zwischen der ägypt. Sinaihalbinsel im W und dem Wadi Araba im O, vom Golf von Akaba im S bis ans Gebirge Juda im Norden. Der wirtschaftliche Mittelpunkt des Gebietes ist heute wie früher Beer-Seba.
Von der westl. Küstenebene kommt nur der nördl. Teil als Siedlungsgebiet in Frage, der Südteil ist weithin von Sanddünen bedeckt. Das Hügelland mit flachen Tälern östl. der Küstenebene erstreckt sich in einem etwa 35 km breiten Streifen von Beer-Seba und Kornub bis el-Audscha und Kades-Barnea nach SW. Dieses Gebiet wurde früher zu einem großen Teil landwirtschaftlich genutzt, hier lagen die nabatäischen und röm. Orte, von denen das ausgegrabene Subaita seine Blüte in frühchristlicher Zeit erlebte; es hatte etwa 8000–10000 Einwohner und besaß 3 öffentliche Bäder. Eigenartige Steinhaufen auf den Feldern um die Stadt werden sogar als Reste von Weingärten gedeutet.
Weiter nach O bis zum Wadi Araba herrscht die gebirgige, unfruchtbare, regenlose Wüste, die nur als Durchgangsland auf dem Weg nach Petra und Ezeon-Geber Bedeutung hatte. Vgl. Taf. 17b/256; 58a/897.

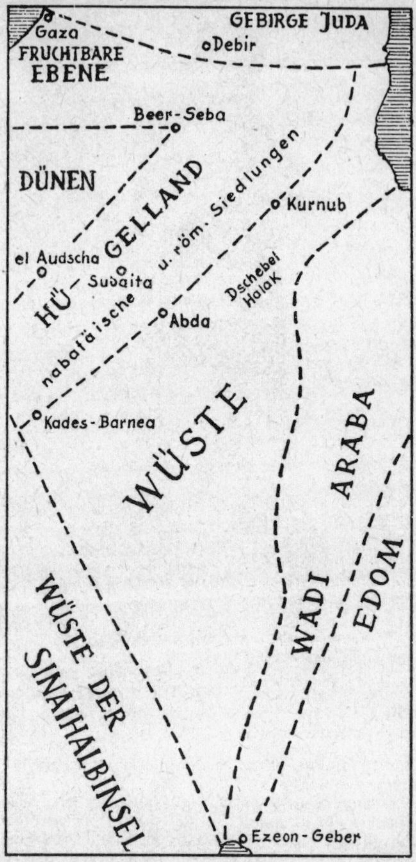

Übersichtskarte des Negev (Süd- oder Mittagsland). Die gestrichelten Linien sind Landschaftsgrenzen. Zur Besiedlung vgl. Karte bei → Simeon

Negiel. Grenzdorf in Asser (Jos 19,27), das heutige Chirbet Janin. Hier fand man Reste aus der Bronze- und Eisenzeit. Es liegt ca. 3 km nördl. von Kabul am Rande der Ebene von Akko.

Nehalam, Herkunftsbezeichnung des falschen Propheten Semaja »von N.« (Jer 29,24.31.32). Eine Stadt dieses Namens ist unbekannt, weswegen man auch Semaja »der Träumer« oder »Sohn des N.« übersetzt hat.

Nehemia »Der Herr hat getröstet«.
1) Vornehmer Israelit, der mit Serubabel aus der babyl. Gefangenschaft heimkehrte (Es 2,2; Neh 7,7).
2) Sohn Asbuks, Oberster des halben Bezirks von Beth-Zur; er half mit beim Mauerbau in Jerusalem (Neh 3,16).
3) Sohn Hachaljas und pers. Statthalter von Judäa; vgl. → Nehemia, Buch.

Nehemia, Buch.

I) VERFASSER UND ABFASSUNG.

1) N., der Sohn Hachaljas (Neh 1,1), war Mundschenk (→ Schenke) des Perserkönigs → Arthahsastha (Artaxerxes I. Longimanus; 465–423 v. Chr.). Er wurde 445 v. Chr. auf begrenzte Zeit als pers. Statthalter nach Judäa gesandt und erhielt die notwendigen Vollmachten, um die Stadtmauer Jerusalems wieder aufzubauen (Neh 2,5–9). Dort traf er → Esra, der schon 458 v. Chr. zurückgekehrt war. Mit ungewöhnlicher Energie und Umsicht gelang es N., die Mauer in 52 Tagen wiederherzustellen (Neh 6,15). Daran schloß sich die Vollendung der geistlichen Reform durch Esra, die in der Erneuerung des Bundes ihren Ausdruck fand (Neh 9–10). All das geschah innerhalb des ersten Jahres der Statthalterschaft Nehemias. Von seiner weiteren Tätigkeit hören wir nur noch, daß er nach 12 Jahren (433 v. Chr.) zur Berichterstattung am pers. Hof weilte, dann aber wieder nach Jerusalem zurückkehrte (Neh 13,6.7) und hier inzwischen eingerissene Mißstände beseitigte (V 4ff). Wann N. gestorben ist, wissen wir nicht; nach den Elephantine-Papyri war i. J. 410 v. Chr. Bagohi pers. Statthalter von Judäa; gleichzeitig wird → Johanan (15) (Neh 12,22.23) als Hoherpriester genannt.

2) Das Buch N. enthält großenteils Nehemias eigene Aufzeichnungen in Ich-Form (Neh 1,1–7,5; 12, 27–43; 13), dazu kommen Listen und Verzeichnisse (Neh 7,6–73; 11,1–12,26) und der Bericht von der Verlesung des Gesetzes und dem Bundesschluß (Neh 8–10). Die Liste Neh 7,6ff hat N. selber seinen Aufzeichnungen eingefügt (V 5), bei den übrigen Abschnitten ist das nicht ausdrücklich gesagt, aber doch möglich. Wir hätten die Abfassung des Buches dann etwa zwischen 430 und 420 v. Chr. anzusetzen. Dabei erscheint Neh 12,22.23 dann als späterer Nachtrag, da diese Worte auf die Zeit nach N. Bezug nehmen (vgl. → Darius 3; → Jaddua).
Vielfach wird aber auch angenommen, daß die Bücher Es (→ Esra III, 2) und Neh ihre endgültige Form durch den Verfasser bzw. Herausgeber der → Chronikbücher (III) erhalten haben, mit denen sie ein inhaltliches Ganzes bilden.

II) GLIEDERUNG.

A. N. wird Statthalter von Judäa (1,1–2,10).
  1. N. erhält die Nachricht, daß es den Juden schlecht geht, weil die Mauern Jerusalems zerstört sind (1,1–11).
  2. N. wird auf seine Bitte vom Perserkönig als Statthalter nach Jerusalem gesandt (2,1–10).

B. Aufbau der staatlichen Ordnung (2,11–7,4).
  1. Nächtliche Mauerbesichtigung und Baubeginn (2,11–20).
  2. Liste der Helfer beim Mauerbau (3,1–32).
  3. Drohungen der Gegner und geplanter Überfall (3,33[4,1]–4,5[11]).
  4. Vorsichtsmaßregeln Nehemias (4,6[12]–17 [23]).
  5. Ordnung der sozialen Verhältnisse: Schulderlaß und Nehemias Verzicht auf sein Statthaltergehalt (5,1–19).
  6. Neue Ablenkungsmanöver der Gegner und Vollendung der Mauer (6,1–7,4).

C. Liste der Rückkehrer unter Serubabel (7,5–73).

D. Aufbau der geistlichen Ordnung (8,1–10,40 [39]).
  1. Verlesung des Gesetzes (8,1–12).
  2. Feier des Laubhüttenfestes (8,13–18).
  3. Erneuerung des Gottesbundes (9,1-10,40[39]).

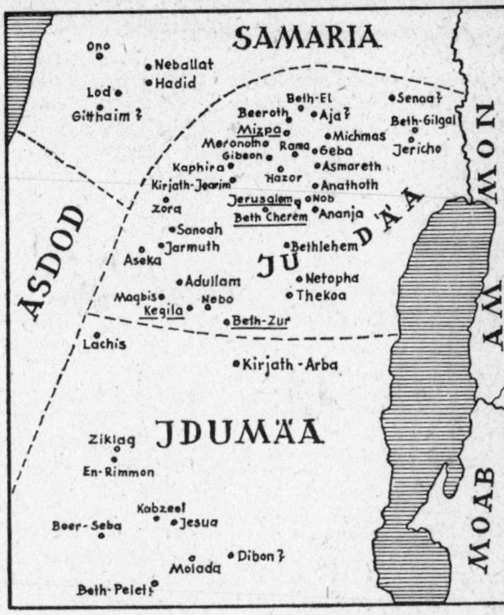

Judäa im Verband der pers. Provinzen der 5. Satrapie. Die von Juden bewohnten Orte lagen z. T. außerhalb des Nehemia unterstellten Gebiets. Die Bezirkshauptstädte sind unterstrichen

  a. Öffentliche Buße des Volkes (9,1–37).
  b. Unterzeichner der Bundesurkunde und übernommene Verpflichtungen (10,1[9,38]–40[10,39]).

E. Einwohnerlisten (11,1–12,26).
  1. Einwohner Jerusalems und der Orte auf dem Land (11,1–36).
  2. Priester- und Levitenverzeichnisse (12,1–26).

F. Abschluß des staatlichen und geistlichen Aufbaus (12,27–13,3).
  1. Mauereinweihung (12,27–43).
  2. Ordnung der Tempeldienste (12,44–47).
  3. Trennung von allen Heiden (13,1–3).

G. Spätere Reformen Nehemias (13,4–31).

III) BEDEUTUNG DES WERKES NEHEMIAS.

Esra hatte begonnen, dem Leben der Rückkehrer aus der babyl. Gefangenschaft wieder den geistlichen Mittelpunkt zu geben, aber seine Reform war steckengeblieben. Obwohl der Tempel wieder stand, lag die Stadt Jerusalem mit ihren zerstörten Mauern jeder Bedrohung schutzlos preisgegeben da. Die damit verbundene Unsicherheit mußte angesichts der argwöhnischen und neidischen Nachbarn jeden entschlossenen Wiederaufbau lähmen. Ein erster Versuch des Mauerbaus während der Regierung Arthasasthas war anscheinend bereits gescheitert (Es 4,7–23). In dieser Lage gab Nehemias Auftreten den Juden, die z. T. außerhalb Judäas in den Gebieten wohnten, die der Verwaltung von Nehemias Gegnern unterstanden (vgl. Neh 4,6[12] und die Karte), wieder ein gemeinsames Ziel und neue Hoffnung. Als es N. gelang, trotz der Widerstände von außen und vielfacher Schwierigkeiten im Innern (vgl. Neh 3,5; 4,4[10]; 5,1; 6,16–19; 13,4) seine Aufgabe mit Tatkraft, Geschick und Weisheit in erstaunlich kurzer Zeit zu vollenden, bedeutete das eine entscheidende Stärkung des jüd. Selbstbewußtseins. Dem folgte die Selbstbesinnung der Juden auf die Grundlage ihrer Existenz als Gottesvolk. Esra konnte seine geistliche Reform wieder aufnehmen, die mit der Erneuerung des Bundes, den N. als erster unterzeichnete (Neh 10,2[1]), ihren Abschluß fand. Aus dem gemeinsamen Wirken der beiden Männer Esra und N. erwuchs so die Grundlage des → Judentums. Das Schlußkapitel Neh 13 zeigt jedoch schon, daß weder der staatl. Aufbau noch die Neuordnung des Gottesdienstes zu einer wirklich durchgreifenden geistlichen Erneuerung hatten führen können.

Nehmen bezeichnet das Ergreifen oder Aneignen einer Sache als Besitz oder zur Verwendung. Gott, der über alles Herr ist, kann jederzeit alles n., ebenso wie er in voller Freiheit gibt (Hi 1,21), und er kann mit seinem Eigentum tun, was ihm beliebt (vgl. das Töpfergleichnis Jer 18,3ff). So kann er das Leben (1 Kö 19,4), aber auch geistliche Gaben (Ps 51,13; Mt 21,43) an sich n., er kann irdische Güter entziehen, er kann Menschen in seinen Dienst n. (vgl. 2 Sam 7,8; Am 7,15).
Der Mensch dagegen ist Gott gegenüber immer Empfänger seiner Gaben (vgl. Joh 1,16), und er soll sie darum erbitten (Joh 16,24). Nur was er so – nach Bitte oder jedenfalls unter Dank – nimmt, darf er wirklich besitzen, gebrauchen, haben; was er an sich reißt, wird seinen Händen entgleiten oder entwunden werden (vgl. dazu den Bericht vom Sündenfall 1 Mo 3; Joh 3,27; 1 Joh 3,22; Jak 4,2f; vgl. Mt 13,12). Seinen Mitmenschen gegenüber gilt für den Jünger die Lebensregel: Geben ist seliger denn n. (Apg 20,35).

Nehum »Trost«,
Heimkehrer aus Babylon (Neh 7,7). Es 2,2 heißt er → Rehum.

Nehusta, Tochter Elnathans, Frau König Jojakims von Juda und Mutter Jojachins (2 Kö 24,8).

Nehusthan → Schlange, eherne

Neid. N. ist Unzufriedenheit mit Gott oder Aufbegehren gegen ihn, der sich selbst vorbehalten oder anderen zugeteilt hat, was der Neider für sich begehrt. Der Ursprung des N. wie alles Bösen liegt im Teufel (Weish 2,24; Jak 3,14.15). N. regt sich leicht, sieht man andere gesegnet mit Vermögen (Spr 28, 22; 1 Mo 26,14), mit Kindern (1 Mo 30,1) oder durch die Gunst des Vaters (1 Mo 37,11). – Wie Jesus aus Neid überantwortet wurde (Mt 27,18), so verfolgt der N. der Juden auch die Apostel (Apg 13,45). In der Gemeinde der Gläubigen gilt die Ordnung der auf das ewige und irdische Heil und Wohlergehen des Nächsten bedachten Liebe. Diese Ordnung zerbricht, wo N. aufkommt (Jak 3,16; 2 Kor 12,20). Grundsätzlich will der Neider den Beneideten schädigen; doch kann der N. auf Verkündiger den Neider treiben, selbst zu verkündigen. Die Ausbreitung des Evangeliums war Paulus so wichtig, daß er sich trotzdem auch über diese Verkündigung gefreut hat (Phil 1,15.18). Jedoch bleibt der Grundsatz, daß N. als Werk des Fleisches (Gal 5,20) abgelegt werden muß (1 Petr 2,1; Röm 13,13).

Nekoda »Gesprenkelt«,
Tempelknecht, dessen Nachkommen mit Serubabel aus der babyl. Gefangenschaft heimkehrten, aber ihre Herkunft nicht nachweisen konnten (Es 2,48.60; Neh 7,50.62).

Nemuel. 1) Rubenit, Bruder Dathans und Abirams (4 Mo 26,9).
2) Sohn des Simeon, von dem die Nemueliter stammen (4 Mo 26,12; 1 Chron 4,24). Vgl. → Jemuel.

Nemueliter → Nemuel (2)

Nepheg »Schwerfällig, träge«.
1) Nachkomme Levis, Sohn Jizhars (2 Mo 6,21).
2) Sohn Davids, geboren zu Jerusalem (2 Sam 5,15; 1 Chron 3,7; 14,6).

Nephet (von hebr. »hoch sein« abgeleitet).
Für »den dritten Teil Nephets« (Jos 17,11) übersetzt man besser: »das Dreihügelgebiet« (EÜ) oder »die drei Höhenzüge« (ZÜ), d. h. das Gebiet von Endor, Thaanach und Megiddo. Vgl. Karte Sp. 690.

Nephthoa. Quelle auf der Grenze von Juda und Benjamin (Jos 15,9; 18,15). N. oder Me-Nephthoa ist das heutige En Lifta (neuhebr. Mei Neftoah), 3 km nordwestl. von Jerusalem.

Nephusiter. Familie der Tempelknechte, die mit Serubabel aus der babyl. Gefangenschaft heimkehrte (Es 2,50; Neh 7,52). Viell. stammen die N. von Naphis, dem Sohn Ismaels (1 Mo 25,15) ab, dessen Nachkommen einen arab. Volksstamm bildeten (1 Chron 5,19).

Ner, Kurzform »Leuchte (ist der Herr)«.
1) Benjaminit, der Sohn Abiels, Vater Abners und Onkel Sauls (1 Sam 14,50.51), also Bruder von Kis.
2) Ein anderer Benjaminit, der 1 Chron 8,33; 9,35. 36.39 als Sohn des Jeiel und Vater (vielleicht Großvater) des Kis bezeichnet wird. Vgl. zur Frage der beiden N. → Kis (1).

Nereus (Name eines griech.-röm. Meergottes),
Christ in Rom, den Paulus grüßt (Röm 16,15).

Nergal, babyl. Gott. Vgl. → Chuth.

Nergal-Sarezer, akkad. Nergal-sarri-usur, »Nergal beschirme den König«.
Einer der Fürsten des Königs Nebukadnezar von Babylon, der bei der Eroberung Jerusalems beteiligt war (Jer 39,3.13). Die Bedeutung seines Titels Rabmag (LÜ Oberster der Weisen) ist nicht genau bekannt, man kann ihn mit »Verwalter, Treuhänder« übersetzen. Bei Assyrern und Babyloniern kommt ein *rabmûgi* vor, der als Gesandter oder Militärbefehlshaber Verwendung fand. Dieser N. ist wahrscheinlich der spätere König von Babylon, der eine Tochter Nebukadnezars geheiratet hatte und von 560–556 v. Chr. herrschte, nachdem er seinen Schwager → Evil-Merodach gestürzt und getötet hatte.

Neri »Meine Leuchte«,
Vorfahr Jesu, Vater → Sealthiels (Lk 3,27).

Neria »Eine Leuchte ist der Herr«,
Sohn Maasejas, Vater Baruchs und Serajas (Jer 32, 12; 36,4; 51,59).

Nero. Der fünfte röm. Kaiser (54–68), der angenommene Sohn seines Vorgängers → Klaudius, dessen Sohn Britannicus er zur Sicherung seiner Herrschaft vergiftete. N. war skrupellos und grausam und folgte seinen Leidenschaften je länger je mehr

Vogelfang mit Netzen am Wasser (unten) und auf dem Land (oben). Die Fänger verbergen sich hinter Papyrusstauden bzw. einer künstlichen Deckung. Die Schnüre zum Zusammenziehen der beiden Netze sind an dem Pflock ganz links gesichert (ägypt. Darstellung)

ohne Hemmungen. Er war der Kaiser, an den Paulus in Cäsarea Berufung einlegte (Apg 25,12). Als im Jahr 64 drei von den 14 Stadtteilen Roms durch einen großen Brand weithin zerstört wurden, geriet N. in den Verdacht, er habe das Feuer anlegen lassen. Daraufhin lenkte er die Volkswut auf die Christen als die angeblichen Brandstifter ab und ließ viele von ihnen hinrichten. In der Christenverfolgung unter N. sollen der Überlieferung nach auch Paulus und Petrus den Tod gefunden haben. Ebenfalls noch während der Herrschaft N. begann der jüd. Aufstand in Palästina, der mit der Zerstörung Jerusalems im Jahre 70 endete. N. Grausamkeiten führten schließlich zu seinem Untergang, verlassen von seinen Truppen und vom Senat zum Tode verurteilt, starb er durch Selbstmord. In der Zahl des Tieres Offb 13,18 kann man nach der damals üblichen Umsetzung von Buchstaben in Zahlen (→ Alphabet) die Summe von N. Namen erkennen. Diese Auflösung der Zahl 666 hat gegenüber manchen anderen Vorschlägen den Vorteil, daß sie auch für die außerdem überlieferte Lesart 616 möglich ist. Dadurch wird das Tier jedoch nicht mit dem historischen N. gleichgesetzt, sein Name dient vielmehr als Kennzeichnung für das Wesen des Tieres.

Nessel. Das hebr. *khimmos* (LÜ Nessel) kann neben den in Palästina vorkommenden N.arten der kleinen Brennessel *(Urtica urens)* und der Pillenbrennessel *(U. pilulifera)* auch Unkraut im allgemeinen bezeichnen, wie es auf Ruinen (Jes 34,13; Hos 9,6) oder unbearbeitetem Land (Spr 24,31) wächst. Mit dem hebr. *malluach* »Salzkraut« (Hi 30,4) ist wahrscheinlich die Salzmelde *(Atriplex halimus)* gemeint, die in Palästina an den Küsten des Mittelländischen und des Toten Meeres wächst und deren Blätter trotz des herben Geschmacks zuweilen gegessen werden. Die Bedeutung des hebr. *charul*, das LÜ in Zeph 2,9 mit »Nesselstrauch«, in Hi 30,7 und Spr 24,31 mit »Disteln« wiedergibt, ist unklar; u. a. hält man es für eine Platterbsenart *(Lathyrus ochrus)*.

Nethanja »Der Herr hat gegeben«.
1) Sohn Asaphs, Leiter der 5. levitischen Sängerabteilung (1 Chron 25,2.12).
2) Levit z. Zt. Josaphats (2 Chron 17,8).
3) Vater Judis z. Zt. Jeremias (Jer 36,14).
4) Vater von Ismael, dem Mörder Gedaljas (2 Kö 25,23.25).

Nethan-Melech »Der König hat gegeben«.
Kämmerer z. Zt. Manasses und Josias (2 Kö 23,11).

Nethinim → Tempelknechte

Netopha, hängt mit hebr. »tropfen, träufeln« zusammen.
Ort im Stammgebiet Juda, das heutige Chirbet Bedd Faluh, 5 km südöstl. von Bethlehem (Es 2,22; Neh 7,26; Jer 40,8).

Netophathiter. Die Bewohner der Stadt → Netopha, Nachkommen Salmas (1 Chron 2,54; 2 Sam 23,28.29; 2 Kö 25,23). In 1 Chron 9,16; Neh 12,28 wird von Dörfern bzw. Höfen der N. gesprochen. Hier handelt es sich wohl um Ansiedlungen in der Umgebung Netophas.

Netz. I, 1) Jagdnetze dienten vielfach zum Fang größeren Wildes (Jes 51,20; Hes 12,13; 19,8); wobei man die Tiere entweder über die flach ausgelegten oder in die getarnt aufgestellten Netze trieb, die man dann zuzog. In der Grube gefangene Raubtiere machte man mit Netzen wehrlos. Darstellungen von Treibjagden, bei denen das Wild, etwa Gazellen, in die aufgestellten Netze gejagt wurde, kennen wir aus Ägypten und Assyrien.
Zum Vogelfang dienten zweiteilige Klappnetze, die zuschlugen, wenn der Vogel den Köder berührte (Ps 124,7; Spr 7,23; Am 3,5; LÜ Strick).
2) Zu den Fischnetzen → Fisch, fischen.
II) Außer dem Fischnetz werden auch Jagdnetze als Bild für Gericht, Unglück und Nachstellungen der Feinde verwendet (Klgl 1,13; Ps 9,16; 10,9; 25,15; 31,5; 140,6).

Neu. Der Begriff des Neuen findet sich häufig da, wo es um eine Beziehung zu Gott geht. Von der neuen Ernte darf nichts gegessen werden, bis das Speisopfer dargebracht ist (3 Mo 23,14). Neu muß sein, was in den Dienst Gottes genommen wird, der Wagen zum Transport der Bundeslade (1 Sam 6,7; 2 Sam 6,3; 1 Chron 13,7), das Kleid, das Ahia in 12 Stücke reißt, um Jerobeam 10 zu geben (1 Kö 11,29.30) und die Schale, aus der Elia Salz in die unbrauchbare Quelle streut (2 Kö 2,20).
Immer neu ist das Handeln Gottes in Gericht (4 Mo 16,30) und Rettung (Ri 5,8), und die Antwort des Menschen darauf ist das neue Lied des Dankes und Lobes (Ps 40,4; 96,1; 98,1; 144,9; 149,1; Jes 42,10). Neben der Erkenntnis des Predigers, daß menschlich gesehen nichts Neues unter der Sonne geschieht (Pred 1,9), steht die Bitte des Psalmisten um einen neuen Geist, und groß leuchten die Worte der Propheten von einem neuen gewaltigen Handeln Gottes auf. Jesaja spricht davon (Jes 42,9; 43,19; 48,6) und kündigt an, daß man das Volk Gottes mit ei-

Assyr. Hirschjagd mit Hilfe von Jagdnetzen, in die die Tiere getrieben werden (Relief aus Ninive)

nem neuen Namen nennen soll (Jes 62,2) und daß am Ende Gott sogar Himmel und Erde erneuern wird (Jes 66,2). Hesekiel verheißt die Erneuerung des Menschen an → Herz und Geist (Hes 11,19; 36, 10) und sieht den aus dem Tempel kommenden Strom, an dessen Ufern die Bäume des Lebens monatlich neue Früchte bringen (Hes 47,12). Vgl. weiter → Erneuerung.

Neues Testament → Testament, Altes und Neues

Neuling (griech. *neophytos*),
im NT nur 1 Tim 3,6, bezeichnet jemanden, der aus dem Judentum oder Heidentum vor kurzem zu Christus bekehrt wurde und nun noch ein N. im Glauben ist. Ihm darf noch kein verantwortungsvolles Amt in der Gemeinde übertragen werden, da sonst die Gefahr einer pharisäischen Überheblichkeit oder infolge seiner Unerfahrenheit und Unwissenheit die der Verspottung durch Außenstehende zu groß ist. Dahinter steht das Wissen von dem notwendigen Wachstum im Glauben (vgl. Eph. 4,15; 1 Petr 2,2; Hebr 5,12f).

Neumond → Mond, → Jahr

Neun → Zahl

Neziah »Treu«,
Tempelknecht, dessen Nachkommen mit Serubabel aus der babyl. Gefangenschaft heimkehrten (Es 2, 54; Neh 7,56).

Nezib »Säule, Posten, Besatzung«.
Stadt in der judäischen Sephela (Jos 15,43), das heutige Chirbet Bet-Nasib, 15 km östl. von Lachis und etwa 10 km nordwestl. von Hebron.

Nibehas. Götze, der in Avva verehrt wurde (2 Kö 17,31). Man weiß nicht genau, welche Gottheit gemeint ist.

Nibsan. Ort in der Wüste Juda (Jos 15,62), vermutlich Chirbet el-Maqari, 8,5 km südwestl. von Qumran.

Nichts. Für das biblische Denken ist Gott die alles umfassende Wirklichkeit. Außer dem heiligen Gott, dem Urgrund alles Seins, gibt es n., das ohne ihn Bestand hätte und nicht erst durch ihn ins Sein gerufen worden wäre. Ganz im Gegensatz zu dieser klaren biblischen Haltung steht der Selbstbetrug der Gottlosen, die Gott für n. halten und darum selber für n. anzusehen sind (Ps 10,4; 15,4).

I) So ist Gottes Schöpfung wirklich ein erstmaliges Ins-Dasein-Rufen ohne jede Voraussetzung. Alles Sichtbare ist aus n. geschaffen (1 Mo 1 u. Hebr 11, 3): »Gott ruft dem, was nicht ist, daß es sei« (Röm 4,17). Es gibt also kein N., das an sich denkbar oder vorhanden wäre. Was n. ist, ist unwirklich, ohne Gewicht; es erhält und behält Wirklichkeit und Gewicht nur durch die Schöpfungstat und erhaltende Gnade Gottes. Daher haftet allem Geschaffenen, wenn und soweit es sich von Gott löst, der Charakter der Nichtigkeit an (Ps 78,33 EÜ; Pred; Jer 2,5 EÜ). Wo man sich demütig dieser Nichtigkeit bewußt ist, kann Gott schöpferisch wirken.

II) Die HS wird nicht müde, gerade dort auf die Nichtigkeit des Geschaffenen hinzuweisen, wo es sich erhebt und sich selbst vor Gott einen Eigenwert beimißt. So müssen die Menschen, die sich in Sicherheit wiegen, darauf hingewiesen werden, daß sie n. sind (Ps 39,6.12; Ps 62,10 sogar »weniger denn n.«), Ägypten (Jes 30,7), alle Heiden (Jes 40, 17; vgl. Dan 4,32) und ihre Satzungen (Jer 10,3), die Götzen (1 Kor 8,4) und endlich der, der keine Liebe hat (1 Kor 13,2).

III) Wer sich jedoch demütig bewußt ist, n. zu sein (2 Kor 12,11), mit dem und durch den kann Gott wirken. Gott hat gerade »das da n. ist« erwählt, um mit ihm seine Geschichte zu machen, und zwar mit dem Ziel, zunichte zu machen, »was etwas ist« (1 Kor 1,28). So konnte Gott der Vater auch mit Jesus sein und große Taten durch ihn vollbringen, weil der Sohn »n. von sich selber tun konnte« (Joh 5,19.30). Das Gleiche gilt den Christen, die sich ihrer völligen Abhängigkeit von Jesus bewußt sind: »Ohne mich könnt ihr n. tun« (Joh 15,5).

Niedrig → Erniedrigen und erhöhen

Tafel 63
Blick vom Apollotempel in Korinth auf den Burgfelsen (Akrokorinth).

Tafel 63

Nieren. Beim Sünd- und Dankopfer gehören die N. mit dem → Fett der Eingeweide zu den Teilen des Opfertieres, die auf dem Altar verbrannt wurden (2 Mo 29,13; 3 Mo 3,4).
In bildlicher Verwendung stehen auch die N. für das Innere des Menschen, Sitz und Zentrum von Leben (Hi 16,13; Klgl 3,13; vgl. → Leber, → Galle) und Empfindung. Sie schmerzen (Ps 73,21), sehnen und freuen sich (Hi 19,27; Spr 23,16), ermahnen wie das Gewissen (Ps 16,7). Gott, der sie bereitet hat (Ps 139,13), prüft → Herz und N. (Ps 7,10; Jer 11, 20; 17,10; 20,12; Offb 2,23) und läutert sie (Ps 26, 2). Vgl. auch → Eingeweide.

Niger, lat. »Schwarz«,
Beiname des Propheten und Lehrers Simon in Antiochien (Apg 13,1).

Nikanor, griech. »Sieger«,
einer der sieben → Diener (IV) der Gemeinde in Jerusalem (Apg 6,5).

Nikodemus, griech. »Sieger des Volkes«.
Pharisäer und schriftgelehrter Lehrer in Israel, Mitglied des Hohen Rates. Er kam nachts, was für ruhiges, ernsthaftes Gespräch üblich war, zu Jesus, den er als einen von Gott gekommenen Lehrer erkannt hatte, um von ihm zu lernen. Jesus spricht zu ihm von der Notwendigkeit der Wiedergeburt (Joh 3,1–21). Die Frucht des Gesprächs zeigt sich später. Im Hohen Rat tritt N. unter Hinweis auf das Gesetz für Jesus ein (Joh 7,50.52), und nach seinem Tod bekennt er sich öffentlich zu ihm, indem er mithilft, ihn fürstlich zu begraben (Joh 19,39).

Nikolaiten. Eine Gruppe von Irrlehrern, die in den Gemeinden von Ephesus (Offb 2,6) und Pergamus (V 14.15) Anhänger besaß. Der Herr haßt die N. (V 6.15), weil sie → Götzenopfer und → Hurerei für erlaubt erklärten (V 14); ihre Lehre wird mit der → Bileams verglichen (4 Mo 15,1ff; 31,16; vgl. auch 2 Petr 2,15; Jud 11). Dieselben Vorwürfe treffen die Anhänger einer → Isebel in Thyatira (Offb 2,20). Hier erfahren wir außerdem, daß sie sich rühmten, die Tiefen des Satans erkannt zu haben (V 24). Das weist auf gnostische Einflüsse. Unter den verschiedenen Gruppen der Gnostiker erscheinen im 3. Jh. n. Chr. ebenfalls N., über deren Verbindung mit den ntl. N. wir jedoch nichts wissen. Die Gnosis verstand die Erlösung allein als Sache geistiger Erkenntnis, für die das äußere Handeln und Verhalten des Menschen bedeutungslos sei; die rechte Erkenntnis mache schon vollkommen. Damit werden → Gehorsam, → Wandel, → Heiligung überflüssig; man kann sich also im praktischen Leben heidnischen Sitten und Gebräuchen anpassen, um weniger aufzufallen und seine gesellschaftliche Existenz nicht zu gefährden.
Die N. hießen offensichtlich nach einem uns unbekannten Nikolaus, den die Kirchenväter mit dem Proselyten Nikolaus aus Antiochien, einem der 7 Diener der Jerusalemer Gemeinde (Apg 6,5), gleichsetzen wollten; doch fehlt dafür jeder Anhaltspunkt. Andere verstehen den Namen symbolisch: als griech. Übersetzung (Nikolaus = Besieger des Volkes) des hebr. Bileam (= Verderber des Volkes).

Tafel 64
a. *Das antike Theater von Termessos (maior), heute Güllük, in einem Gebirgskessel des westl. Taurus. Hinter dem Felsgrat links liegt die Ebene Pamphyliens mit Attalien und Perge.*
b. *Blick vom Karmel nach O auf die Ebene Jesreel.*

Nikolaus »Sieger des Volkes«,
Proselyt aus Antiochien, einer der sieben → Diener (IV) der Gemeinde in Jerusalem (Apg 6,5).

Nikopolis »Stadt des Sieges«,
Stadt in der röm. Provinz Epirus (Nordwestgriechenland), von Augustus zur Erinnerung an seinen Sieg bei Aktium (31 v. Chr.) gegründet. Hier wollte Paulus den Winter über bleiben und rief Titus von Kreta zu sich (Tit 3,12).

Nil. Einer der größten Flüsse der Erde (6500 km Länge). Unter dem Namen Kagera entspringt er nördl. vom Tanganjikasee und durchfließt den Viktoria- und den Albertsee. Durch Felsen bahnt er sich dann sein Flußbett als Bahr el-Dschebel und fließt durch die Sümpfe des Sudan. Etwa 800 km nördl. des Albertsees nimmt er drei Nebenflüsse auf, den Bahr el-Ghasal und den Bahr es-Sarafa, und gleich darauf den Sobat. Der Hauptstrom erhält nun den Namen Bahr el-Abiad oder Weißer N. und vereinigt sich bei Kartum mit dem Bahr el-Asrak, der auch der Blaue (dunkle oder trübe) N. genannt wird im Gegensatz zum Weißen, dessen Wasser bereits durch die Moraste des Bahr el-Dschebel gereinigt worden ist. Zwischen Kartum und dem Mittelmeer nimmt der N. nur noch einen Nebenfluß auf, den Atbara, während er bei seinem Lauf durch die Wüste fortwährend Wasser verliert, durch Verdunstung, Versickerung und vor allem durch die Bewässerungskanäle. → Ägypten ist fast niederschlagsfrei; ohne das N.wasser wäre es eine unbewohnbare Wüste wie die Sahara.

Durch die starken Regenfälle, die von Juni bis September bes. im Hochland von Äthiopien niedergehen, schwellen der Blaue N. und der Atbara schnell an und führen große Mengen Schlamm mit, die sie während der Überschwemmung auf den Feldern Ägyptens ablagern. Durch diese jahrhundertelangen Ablagerungen ist das fruchtbare Schwemmland entstanden, das sich in wechselnder Breite (0,5 –15 km) am Fluß entlangzieht und im Norden das Nildelta bildet.
Die Ernte war im April und Mai. Von dieser Zeit ab bis zur neuen Flut (d. h. von Mai bis Juli) konnte lediglich das Land in der Nähe des Flußbettes oder der Bewässerungsanlagen bebaut werden. Solche Bewässerungseinrichtungen werden 5 Mo 11,10 genannt, wo Ägypten als ein Land beschrieben wird, das »du mit deinem Fuß wie einen Gemüsegarten bewässern mußtest«. Heute regeln Deiche und Staudämme den Wasserstand so, daß 3 Ernten statt einer im Jahr möglich sind.
Unterhalb von Wadi-Halfa (nördl. des 2. Katarakts) ist der Fluß bereits bis auf einige Kilometer vor Assuan befahrbar. Hier versperrt der erste Katarakt (stromabwärts gesehen der letzte) den Weg. Zwischen diesen beiden Orten finden wir bereits zahlreiche Reste alter ägypt. Kultur. Sie zeugen von der Bedeutung dieses Landes, das durch starke Garnisonen gesichert war, um die bäuerliche Bevölkerung des Niltals gegen die Einfälle der nubischen Nomaden zu schützen. Das eigentliche Ägypten mit seinen Tempeln, seinen Palästen, seinen Sphinxalleen, Obelisken und Pyramiden beginnt erst unterhalb Assuans, wo das Niltal sich weitet. Ein Stück unterhalb von Beni Hassan zweigt sich ein Seitenarm ab, der Bahr el-Jussuf, der den Hauptstrom über 300 km begleitet und sich schließlich durch die Libysche Wüste in die Fajjum-Ebene ergießt (Vgl. → Ägypten IV, 2).
Die Bedeutung des N. für Ägypten beruht in allererster Linie darauf, daß er dem Land Wasser und

Schlamm gibt. Aus der Notwendigkeit des Kanalbaus erlernten die Ägypter früh Wasserbau und Landvermessung. Als später ihre Baumeister im Dienste der Pharaonen große Denkmäler schufen, wurden die Steine dazu auf dem Fluß herangebracht, der N. wurde zum Schiffahrtsweg.
Ägypten ist wirklich »ein Geschenk des N«. Von daher ist die Furchtbarkeit einer Prophetie zu verstehen wie in Jes 19,5: »Der Strom wird versiegen« oder: »Ich will ihre Wasserströme trocken machen« (Hes 30,12).
Da sich der Fluß im Nildelta in verschiedene Flußarme aufteilt, wird auch von den Flüssen oder Wassern Ägyptens gesprochen (Jes 7,18; Hes 29,4.10). Vgl. Taf.2/1; 3/32; und Karte Sp. 35.

Nimra (4 Mo 32,3) = → Beth-Nimra.

Nimrim. Die Wasser zu N. (Jes 15,6; Jer 48,34) sind ein Fluß in Moab, viell. der heutige Wadi en-Numera, der südl. der Lisanhalbinsel ins Tote Meer mündet.

Nimrod. Sohn des Chus, der erste Gewaltherrscher auf Erden (1 Mo 10,8–12; 1 Chron 1,10). Den Anfang seines Reiches bildeten Babel, Erech, Akkad und Chalne im Land Sinear. Von dort zog er nach Assur und baute Ninive, Rehoboth-Ir, Kalah und Resen zwischen Ninive und Kalah. Mi 5,5 wird Assyrien als Land N. bezeichnet. Trotz aller Versuche, N. näher zu identifizieren, wissen wir nicht mehr von ihm, als die bibl. Angaben bieten.
Wenn N. in 1 Mo 10,9 betont ein gewaltiger Jäger vor dem Herrn genannt wird, so geschieht das wohl im Hinblick darauf, daß Gott den Herrscher nach seinem Herzen unter dem Bild des Hirten sieht (Jes 44,28; Hes 37,24).

Nimsi »Ichneumon«,
Großvater des isrl. Königs Jehu (1 Kö 19,16; 2 Kö 9,2).

Ninive (assyr. Ninua).
I, 1) Groß- und Hauptstadt → Assyriens auf dem Ostufer des Tigris an der Einmündung des Chausar. Zwei Ruinenhügel, Kujundschik und Nebi Junus (nach dem Propheten Jona benannt), bezeichnen heute die Lage der alten Stadt. Kujundschik barg den prächtigen Palast Sanheribs (vgl. Abb. Sp. 609; 991/2; Taf. 65/1024) u. die Riesenbibliothek Assurbanipals, Nebi Junus den Palast Asar-Haddons.
2) Nordöstl. dieser Hügel liegt der Ruinenhügel von Khorsabad (Dur-Sarrukin) mit dem Palast → Sargons II., südl. Salamije, der vermutliche Ort des alten Resen (1 Mo 10,12), und weiter südl. Nimrud, das alte Kalah (V 11f), mit Palästen von Assurnasirpal II., Salmanasser III., Sargon II., Adadnirari III. und Asar-Haddon; südöstl. liegt Balawat mit seinen berühmten Bronzetoren aus der Zeit Salmanassers III.

II) Die Bezeichnung N. in der HS umfaßt vermutlich zwei Begriffe: einmal die eigentliche Stadt (Kujundschik und Nebi Junus), dann aber auch das gesamte Gebiet mit Einschluß der genannten Orte. Dazu kommt noch Rehobot-Ir, das wahrscheinlich die Vorstadt von N. (assyr. Rebit-Ninua) auf dem Westufer (heute Mosul) ist. In diesem Sinn werden N., Rehobot-Ir, Resen und Kalah zusammen »die große Stadt« (1 Mo 10,11.12) genannt.

III) Bei den Ausgrabungen fand man in N. im Tempel der Stadtgöttin Istar (→ Asthoreth) einen Bronzekopf von Sargon I. von Akkad (23. Jh. v. Chr.; Abb. Sp. 171). Dem älteren → Assur (2) gegenüber gewann N. seit Salmanasser I. (1273–1244 v. Chr.) an Bedeutung. Assurnasirpal II. (883–859 v. Chr.) und sein Nachfolger Salmanasser III. residierten bald in N., bald in Kalah. Ihre prachtvollsten Bauten verdankt die Stadt Sanherib (705–681 v. Chr.) und Asar-Haddon (680–669 v. Chr.). Um Sanheribs Palast lagen Parks und Tiergärten, Ställe für die königlichen Gestüte, Magazine und Verwaltungsgebäude. Eine Wasserleitung führte von den Hügeln im O zur Stadt. Neben dem Palast verlief die über 30 m breite Königsstraße. Die Stadtmauern wurden verstärkt und mit Türmen versehen; um die Mauer führte ein 50 m breiter Graben. Zur Einwohnerzahl vgl. → Jona, Buch. Diesem stolzen N., in dem sich Kriegsbeute und Handelsgewinn häuften, sagten Nahum (Nah 2,2ff) und Zephanja (Zeph 2,13–15) den Untergang voraus. 612 v. Chr. wurde N. von Medern und Chaldäern erobert. Dabei kam ihnen ein Hochwasser zu Hilfe, das einen Teil der aus Lehmziegeln errichteten Stadtbefestigung zerstörte (vgl. Nah 2,7). Feuer vernichtete, was nach der Plünderung noch von N. übrig war.

Karte von Ninive und den benachbarten Palast- und Residenzstädten der assyr. Könige, dem Gebiet der »großen Stadt« (1 Mo 10,11.12)

Nisan → Jahr

Nisroch. Heidnischer Gott, in dessen Tempel zu Ninive Sanherib von seinen Söhnen erschlagen wurde (2 Kö 19,37; Jes 37,38). Es ist noch nicht gelungen, den Namen befriedigend zu deuten.

No, No Amon. Theben, die Hauptstadt Oberägyptens, ägypt. *Nwt* = »die Stadt« (Jer 46,25; Hes 30,14). Der Stadtgott war → Amon (II). 663 v. Chr. eroberten die Assyrer das für uneinnehmbar gehaltene N. (Nah 3,8–10). Berühmt sind die prachtvollen Tempelbauten Thebens: Das Ramesseum des Ramses II. in Westtheben; die Totentempel der Hatschepsut von Der el-Bahri und des Ramses III. von Medinet Habu; die Tempel in Luxor mit den Listen eroberter Städte von Thutmose III. und Ramses II., in Karnak mit der Liste von → Sisaks Palästinafeldzug. Vgl. → Ägypten; Karte Sp. 35; Taf. 79a/1248.

Noa, Erbtochter Zelophehads (4 Mo 26,33; 27,1; 36, 11; Jos 17,3).

Noadja »Der Herr hat sich offenbart, kund getan«.
1) Levit z. Zt. Esras (Es 8,33).
2) Prophetin, die versuchte, Nehemia zu entmutigen (Neh 6,14).

Noah, nach 1 Mo 5,29 viell. »Tröster«.
Nachkomme Seths, Sohn Lamechs und Vater von Sem, Japhet und Ham (1 Mo 5,28–32; vgl. 9,24). Bei seiner Geburt sagte sein Vater Lamech: »Der wird uns trösten in unserer Mühe und Arbeit auf der Erde, die der Herr verflucht hat.« Als Gott die Menschen wegen ihrer Bosheit von der Erde zu vertilgen beschloß, fand N. Gnade vor ihm; er war ein gerechter und untadeliger Mann und führte ein Leben mit Gott (1 Mo 6,8.9). Der Herr gab ihm den Auftrag, eine → Arche zu bauen und mit seiner Frau, seinen Söhnen und ihren Frauen hineinzugehen. Von allen reinen Tieren sollte er je 7 Paare, von den unreinen je ein Paar mit hineinnehmen, dazu Verpflegung und Futter. N. gehorchte im Glauben und tat alles, wie Gott es ihm geboten hatte (V 13–22; Hebr 11,7). Als er 600 Jahre alt war, kam die vernichtende Wasserflut über die Erde (1 Mo 7, 6); nur 8 Menschen wurden durch die Arche gerettet (1 Petr 3,20).
Nach der → Sintflut verließ N. die Arche, die auf dem Gebirge → Ararat gestrandet war (1 Mo 8,4. 18), baute einen → Altar und brachte darauf Brandopfer dar. Da beschloß der Herr, die Erde nicht mehr um der Menschen willen zu verfluchen; Saat und Ernte, Frost und Hitze, Sommer und Winter, Tag und Nacht sollen nun nicht mehr aufhören (V 20–22). Gott segnete N. und seine Söhne (1 Mo 9,1ff; vgl. 1 Mo 1,28f) und schloß einen → Bund (IV, 2a) mit ihm, seinen Nachkommen und allen lebenden Wesen, die bei ihm waren. In diesem Bund sagt Gott zu, daß er von nun an das irdische Leben keiner umfassenden Vernichtung durch eine Sintflut mehr preisgeben will; das Bundeszeichen ist der Regenbogen (1 Mo 9,8–17).
Von N. wird als erstem der Anbau von Wein berichtet. Als er einmal betrunken und entblößt im Zelt lag, wurde er von Ham gesehen, der es seinen Brüdern draußen erzählte. Sem und Japhet aber deckten ihren Vater mit einem Mantel zu. Als N. aus seinem Rausch aufwachte und erfuhr, was sein jüngster Sohn ihm angetan hatte, verfluchte er dessen Sohn Kanaan und segnete Sem und Japheth (1 Mo 9,20–27). N. lebte nach der Flut noch 350 Jahre und starb 950jährig (V 28.29). Hes 14,14.20 und 2 Petr 2,5 erwähnen ihn als Gerechten.
Die Juden kennen aufgrund von 1 Mo 9,1–7 die »7 Gebote N.«, die für alle Menschen und bes. für die Proselyten (→ Judengenossen) gelten: 1. Anerkennung der Obrigkeit, 2. Verbot der Gotteslästerung, 3. Verbot des Götzendienstes, 4. Verbot der Blutschande, 5. Verbot des Mordes, 6. Verbot von Raub und Diebstahl, 7. Verbot, Fleisch mit dem Blut zu essen.

No-Amon → No

Nob, Nobe.
Ort, an dem z. Zt. Sauls die Stiftshütte stand und der Priester Ahimelech mit seinem Geschlecht wohnte (1 Sam 21,2[1]; 22,9.11.19). In Jes 10,32 erscheint N. als letzte Station vor Jerusalem auf dem Anmarschweg der Assyrer; Neh 11,32 wird es zwischen Anathoth und Ananja (= Bethanien) genannt. Diese Angaben führen auf die Anhöhe auf dem nördl. Ausläufer des Ölbergs am alten Weg nach Jericho, auf der heute das dt. Krankenhaus der Auguste-Viktoria-Stiftung liegt. Auf diesen Ort könnte sich auch die Bemerkung beziehen, daß David auf seiner Flucht über den Ölberg »auf die Höhe kam, da man Gott anzubeten pflegte« (2 Sam 15, 32). Vgl. Karte Sp. 279 und 686; Taf. 49/768.
Es bestehen aber auch andere Meinungen. Hieronymus dachte an Beit Nuba nordwestl. von Ajalon. Dann wäre das N. des 1. Samuelbuches von dem in Jes 10,32; Neh 11,32 zu trennen. Weiter wurden Schafat oder El-Kume nördl. Jerusalem vorgeschlagen.

Nobah.
1) Manassit, der die Ortschaft → Kenath im Ostjordanland eroberte und sie nach seinem Namen benannte (4 Mo 32,42).
2) Ort in der Nähe von Jogbeha (Ri 8,11); viell. identisch mit → Nophah (4 Mo 21,30).

Nobai, Israelit, der mit Nehemia den Bund unterschrieb (Neh 10,20[19]).

Nod »(Land der) Heimatlosigkeit«,
Land östl. von Eden, in das Kain zog (1 Mo 4,16).

Nodab, arab. Beduinenstamm in der syr. Wüste (1 Chron 5,19).

Nogah »Heller Schein, Glanz«,
Sohn Davids, der zu Jerusalem geboren wurde (1 Chron 3,7; 14,6).

Noha, Sohn Benjamins (1 Chron 8,2).

Noph → Moph

Nophah, Ort im Ostjordanland, wohl nördl. von Dibon (4 Mo 21,30). Man hat diese moabitische Stadt mit Nobah (2) in der Nähe von Jogbeha (Ri 8,11) gleichgesetzt und den Ort im Ruinenfeld Nowakis bei Amman gesucht. Vgl. Karte Sp. 492.

Nordost. Das griech. *eurakylôn* (Apg 27,14) ist ein Wort der Seemannssprache und bezeichnet den Nordostwind (ZÜ Euraquilo, MÜ Euroaquilo). Manche Hss. bieten *euroklydôn* (EÜ Euroklydon) bzw. *euryklydôn;* diese Lesarten werden vielfach als Südostwind erklärt, was aber nicht in den Zushg. des Berichtes paßt. Es handelt sich wohl eher um Verschreibungen des unverstandenen Wortes.

Not. Lage des Menschen, in der ihm zur Erhaltung des Lebens dringend Benötigtes fehlt. In der HS wird N. meist in Beziehung zu Gott gesehen. Gott »sieht« die N. (5 Mo 26,7), er ist »die Hilfe in den großen Nöten« (Ps 46,2) und will in der Not angerufen werden (Ps 50,14.15).
Damit wird sichtbar, woraus die N. entsteht: der Mensch, ganz auf Gott angewiesen, ist doch von der Welt Gottes getrennt. Als die schlimmste N. erweist sich daher die Sündennot und die N. des Todes. Wo die Sünde vergeben, wo dem Tode die Macht genommen ist, da wird ein Mensch durch Jesus Christus »gutes Muts« (2 Kor 12,10), auch wenn er die N. weiterhin erfährt, weil er in einer Welt lebt, die durch Sünde und Tod bestimmt wird. Er hat aber erlebt: »Gott ist die Stärke in der N.« (Ps 37,39). Vgl. → Leid, → Schmerz.

Notdurft bedeutet: Bedürfnisse, notwendiger Lebensunterhalt (Apg 6,3; 20,34; Röm 12,13 u. ö).

Nüchtern bezeichnet im NT die dem Christen angemessene innere Haltung und Einstellung (1 Tim

3,2.11; Tit 2,2), in der er sich in seinem Urteil weder von irgendeinem Rausch noch von den scheinbar so gewichtigen und überzeugenden Realitäten dieser Welt, sondern allein von Willen und Offenbarung Gottes bestimmen läßt. Das schließt ein: die Wahrheit erkennen und nicht länger in der Schlinge des Teufels gefangen sein (2 Tim 2,26), nicht sündigen (1 Kor 15,34), sondern wachen (1 Petr 5,8) und beten (1 Petr 4,8), seine Hoffnung völlig auf die in Jesus offenbarte Gnade setzen (1 Petr 1,13) und erfüllt mit Glaube, Liebe und Hoffnung (1 Thess 5,6.8) bereit sein, Leiden und Ungemach zu ertragen (2 Tim 4,5).

Nun »Fisch«,
Ephraimit, Vater → Josuas (2 Mo 33,11; Jos 1,1; 1 Chron 7,27).

Nuß, Nußgarten. Da die Haselnuß in Palästina nicht vorkommt, ist die N. der HS (hebr. *ägoz)* die Walnuß *(Juglans regia)*, die teils wild, teils in Gärten wächst. Der Baum, der kühle, feuchte Plätze liebt, kam am See Genezareth und am Oberlauf des Jabbok vor. Heute noch gibt es prächtige Exemplare an den Berghängen des Libanon in der Nähe der zahlreichen Gebirgsbäche. Nur einmal wird in der HS ein Nußgarten erwähnt (Hl 6,11[10]).

Nymphas. Christ in Laodizea oder Kolossä, den Paulus grüßt (Kol 4,15). Nach verschiedenen alten Handschriften scheint es sich hier jedoch eher um eine Frau mit dem Namen Nympha (»Braut«) gehandelt zu haben »und die Gemeinde in ihrem Hause«.

O

Obadja »Knecht des Herrn«.

1) Sohn Jisrahjas aus dem Stamm Isaschar (1 Chron 7,3).

2) Gaditer, der zu David in die Bergfeste kam (1 Chron 12,9).

3) Vater Jismajas, des Fürsten über Sebulon z. Zt. Davids (1 Chron 27,19).

4) Nachkomme Jonathans (1 Chron 8,38; 9,44).

5) Hofmeister König Ahabs, der während der Verfolgung durch → Isebel 100 Propheten des Herrn in Höhlen verbarg und mit Nahrung versorgte (1 Kö 18,3.4). Durch O. ließ Elia dem König seine Rückkehr melden (V 5–16).

6) Fürst aus Juda z. Zt. Josaphats (2 Chron 17,7).

7) Der Prophet; → Obadja, Buch.

8) Levit, Aufseher der Bauleute, die z. Zt. Josias den Tempel reparierten (2 Chron 34,12).

9) Nachkomme Serubabels (1 Chron 3,21).

10) Nachkomme Joabs, der mit Esra aus Babylon heimkehrte (Es 8,9).

11) Priester, der den Bund z. Zt. Nehemias unterschrieb (Neh 10,6[5]).

12) Levitischer Torhüter (Neh 12,25). Er ist wahrscheinlich identisch mit O., dem Sohn des Semaja (1 Chron 9,16), in Neh 11,17 Abda genannt.

Obadja, Buch.

I) VERFASSER.

Über den Propheten O. ist nichts weiter bekannt, als was sich aus seinem Buch, dem kürzesten des AT, ergibt. Danach war er wahrscheinlich ein Judäer.

II) BOTSCHAFT UND EINTEILUNG.

O. verkündigt in einer Zeit der Niederlage Judas dem triumphierenden Edom das Gericht des Herrn, der Israel helfen und sein Reich aufrichten wird. Das Buch gliedert sich wie folgt:

1. Drohendes Gericht über Edom (1–9).
2. Edoms Verhalten gegen Juda (10–14).
3. Der Tag des Herrn (15–21).
   a. Gericht über alle Völker (15.16).
   b. Wiederherstellung Israels (17–20).
   c. Aufrichtung des Gottesreiches (21).

III) ZEIT.

1) O. berichtet von einer Einnahme Jerusalems (V 11) und der Schadenfreude Edoms darüber (V 12–14). Danach hat man an die Zerstörung Jerusalems durch Nebukadnezar 586 v. Chr. gedacht, nach der die Propheten entsprechende Anklagen gegen die Edomiter erhoben (Klgl 4,21; Hes 25,12–14; 35,5.10–15; 36,5; vgl. Ps 137,7).

2) Anderseits will man O. früher, und zwar dann als ältesten der Schriftpropheten, in der Zeit Jorams (848–841 v. Chr.) ansetzen. Unter Joram hatten sich die Edomiter von der judäischen Oberherrschaft befreit (2 Chron 21,8–10), und Araber und Philister eroberten Jerusalem (V 16.17). Für diese Datierung des Buches spricht sein Platz unter den vorexilischen kleinen Propheten, außerdem scheint sich Jo 3,5 ausdrücklich auf Ob 17 zu beziehen. Weiter redet O. nur von Eroberung und Plünderung Jerusalems (V 11), weder von der Zerstörung der Stadt und des Tempels noch von einer Deportation, erwähnt auch die Chaldäer nicht. Ähnlich wie O. und die späteren Propheten sprechen auch die Weissagungen Am 1,6.9.11.12; 9,12; Jer 49,7–22 über Edom, und diese Texte sind sicher früher als 586 v. Chr.

3) Wenn so auch keine der beiden Datierungen zu beweisen ist, hat der frühere Ansatz doch offenbar mehr für sich.

Obal. Sohn Joktans (1 Mo 10,28), Stammvater eines arab. Volkes; vgl. → Ebal (2). Ubal kommt heute als Name eines Araberstammes und eines Bezirks im Jemen vor.

Obed, Kurzform »Diener (Gottes)«.

1) Sohn Ephlals aus Juda (1 Chron 2,37).

2) Sohn des Boas und der Ruth, Großvater Davids, Vorfahr Jesu (Rt 4,17.21.22; Lk 3,32).

3) Held Davids (1 Chron 11,47).

4) Levit und Türhüter, Sohn Semajas aus dem Hause Obed-Edoms (1 Chron 26,7).

5) Vater des Hauptmanns Asaria z. Zt. der Königin Athalja (2 Chron 23,1).

Obed-Edom »Diener der Edom«, die aus einem ägypt. Text als die Frau des Gottes Reschef bekannt ist.

1) Gathiter, in dessen Haus David die Bundeslade nach dem Tod Usas unterbringen ließ. Sie blieb dort

drei Monate, und der Herr segnete O. und sein Haus (2 Sam 6,10–12; 1 Chron 13,13.14; 15,25). Wenn der Ausdruck Gathiter seine Herkunft aus der Philisterstadt Gath bezeichnet, war O. wahrscheinlich ein Mann aus Davids Philisterleibwache. Man denkt aber auch an die Levitenstadt Gath-Rimmon im Gebiet von Dan (Jos 19,45; 21,24). Dann könnte dieser O. mit O. (3) identisch sein.

2) Levit der zweiten Ordnung, Torhüter und Harfenspieler (1 Chron 15,18.21; 16,5).

3) Levit, Torhüter der Bundeslade (1 Chron 15,24). Er ist wahrscheinlich derselbe, der 1 Chron 16,38 genannt und als Sohn → Jedithuns (2) bezeichnet wird. Nach 1 Chron 26,1.4.8 war er Korahit. Vgl. auch 2 Chron 25,24. In 1 Chron 16,38 wird am Anfang noch ein O. erwähnt, den man ebenfalls für den Sohn Jedithuns gehalten hat, der aber wahrscheinlicher mit O. (2) gleichzusetzen ist.

Oben, droben. In seiner normalen Bedeutung Kennzeichnung dessen, was im Raum höher erscheint als der Standpunkt des Betrachters. Deshalb spricht die HS auch vom → Himmel, dem Sitz Gottes so, daß sie ihn sich o. vorstellt (2 Mo 20,4; Ps 104,3). Von dort her empfängt Gottes Volk die Gabe des natürlichen Segens (1 Mo 27,39) wie der Gerechtigkeit (Jes 45,8) und des Heils. Von o. heißt damit zugleich von Gott her, aus seiner Hand, wie Jak 1,17 für alle gute Gabe, Joh 19,11 für die obrigkeitliche Gewalt, Jak 3,17 für die Weisheit erkennen läßt. Im NT wird mit »oben« und »unten« der Gegensatz des Göttlichen zum Menschlich-Irdischen schlechthin ausgedrückt (Joh 8,23). Von o. her kommt Jesus (Joh 3,31), und alle, die an ihn glauben, sind wiedergeboren von o. her (Joh 3,3 LÜ, EÜ, MÜ von neuem). Wenn das Jerusalem, das droben ist, unser aller Mutter genannt wird (Gal 4,26), so ist damit die Zugehörigkeit zum wahren Gottesvolke gemeint. In diesem Sinne heißt »nach dem, was droben ist, trachten« (Kol 3,1f): sich ganz auf Gottes Willen ausrichten. – Bei Tisch gelten die in der Rangordnung hervorgehobenen Plätze als obenan (1 Sam 9,22; Mt 23,6), die der Jünger nicht von sich aus einnehmen, sondern die er sich nur anweisen lassen soll (Lk 14,7ff).

Obergemach. Auf dem Dach des → Hauses oder → Palastes errichtete man häufig ein O., in das man sich zur Ruhe (Ri 3,20) oder zum Gebet zurückzog (Dan 6,11[10]; Apg 10,9) und das auch als Gastzimmer diente (1 Kö 17,19; 2 Kö 4,10.11). Gelegentlich vertrat ein Zelt die Stelle des O. (2 Sam 16,22; vgl. Neh 8,16). Paläste hatten auch mehrere O. (Jer 22, 14), ebenso befanden sich O. in den Toren (2 Sam 19,1[18,33]). In ntl. Zeit kann es sich um größere Räume (Mk 14,15; Lk 22,12) oder auch ganze obere Stockwerke handeln (Apg 20,8.9).
In der LÜ werden die entsprechenden hebr. und griech. Worte mit einer Reihe verschiedener Ausdrücke wiedergegeben: Sommerlaube (Ri 3,23), Laube (V 25), Kammer (2 Kö 4,10), Gemach (Jer 22,14), Saal (Mk 14,15; Lk 22,12), am häufigsten mit Söller (1 Kö 17,19; Apg 1,13 u. ö.).

Oberhauptmann → Hauptmann

Oberschwelle = oberer Querbalken der Türöffnung (2 Mo 12,22.23).

Oberster, Oberste, Übersetzung verschiedener hebr. und griech. Wörter.

I) O. steht allgemein für den, der in einer bestimmten Ordnung an erster Stelle steht: den König (d. h. den röm. Kaiser; 1 Petr 2,13), den Richter Jephthath (Ri 11,11), Daniel als den Leiter der Weisen in Babylon (Dan 2,48; 4,6), den Erstgeborenen unter seinen Brüdern (1 Mo 49,3.4), ebenso Gott (1 Chron 29,11) und den Teufel (Mt 12,24).

II, 1) Im Zushg. mit der Geschlechter- und Stammesgliederung Israels sind die O. des Volkes (2 Mo 22,27[28]; 4 Mo 25,4; Hi 12,24; Neh 11,1) oder der Vaterhäuser (2 Chron 1,2; Es 1,5; Neh 7,70) die leitenden Männer (vgl. → Haupt, → Fürst). 2 Mo 24, 11 sind Mose, Aaron, seine Söhne und die → Ältesten gemeint. Die O. der Gemeinde sind offenbar die Stammesfürsten (2 Mo 16,22; 34,31; Jos 9,15), die auch als O. der Stämme bezeichnet werden (4 Mo 7,2; 5 Mo 5,20[23]; 29,9[10]). Weiter werden O. der Leviten (1 Chron 15,16; Neh 11,16) und O. der Stadt Jerusalem genannt (2 Chron 29,20).
2) In ntl. Zeit sind mit »Oberste« meist die Mitglieder des Hohen → Rates gemeint (Lk 18,18; 23, 35; 24,20; Joh 3,1; 7,48; 12,42).

III) Auch verschiedene Offiziersränge werden als O. bezeichnet, so die isrl. Hauptleute über 1000 und 100 (2 Chron 1,2; 2 Kö 11,4.9) und die Befehlshaber der Wagentruppe (1 Kö 16,9; 22,31.32). Vgl. → Hauptmann.

IV) Z. Zt. Nehemias heißen O. die leitenden Verwaltungsbeamten der Bezirke von Jerusalem (Neh 3,9.12), Beth-Cherem (V 14), Mizpa (V 15), Beth-Zur (V 16) und Kegila (V 17.18).
Ebenso werden im NT verschiedene Titel der höchsten Beamten in den Städten Antiochien (Apg 13, 50), Philippi (Apg 16,19; vgl. → Hauptmann), Thessalonich (Apg 17,8), Ephesus (Apg 19,31) und der Insel Malta (Apg 28,7) mit O. wiedergegeben. Weiter ist vom O. der Zöllner in Jericho die Rede (Lk 19,2).

V) Schließlich werden die Synagogenvorsteher als »O. der Schule« bezeichnet (Mk 5,22; Lk 8,41; 13, 14; Apg 13,15; 18,8.17).

Obertor (Hes 9,2; vgl. 2 Chron 27,3) oder O. Benjamin (Jer 20,2) ist ein Tor am Tempel, dessen genaue Lage unbekannt ist.

Obil, arab. »Kameltreiber«,
Ismaelit, Aufseher über die Kamele Davids (1 Chron 27,30).

Oboth. Station des Wüstenzuges zwischen Phunon und Ije-Abarim (4 Mo 21.10.11, 33,43.44). Vermutlich die heutige Oase Ain el-Weibe (neuhebr. Ein Yahav), rund 30 km westl. Feinan (Phunon). Vgl. Karte Sp. 1548.

Obrigkeit heißt alles, was herrscht, Menschen und Engelmächte (Kol 1,16; 2,10), auch in allgemeiner (1 Kor 15,24) oder bildlicher Verwendung (Jes 60, 17). O. können die zivilen Regierungspersonen, Behörden und Beamte (Lk 12,11; Röm 13,1–3; 1 Tim 2,2; Tit 3,1), wie die militärischen Vorgesetzten sein (Mt 8,9; Lk 7,8). Das Wort bezeichnet weiter die Machtbefugnis, den Herrschaftsbereich, die Gerichtsbarkeit des Königs Herodes (Lk 23,7), des röm. Statthalters (Lk 20,20), der Finsternis (Kol 1,13).
Die Bibel fordert um des Herrn willen zum Gehorsam gegen die O. (Röm 13,1–7; Tit 3,1; 1 Petr 2,13. 14) und zum Gebet für sie auf (Jer 29,7; 1 Tim 2, 2). Das wird damit begründet, daß jede O. von Gott eingesetzt und seine Dienerin ist (Röm 13,1.4; vgl. → Amtmann V). Daß sich alle diese Stellen auf heidnische, röm. oder babyl. Regierungen beziehen,

erklärt sich wohl z. T. daraus, daß im Fall der Fremdherrschaft am leichtesten Zweifel an der Gehorsamspflicht entstehen.
Es gibt aber auch eine Grenze des Gehorsams. Sie liegt dort, wo die Anordnungen der O. einen Menschen hindern, Gott zu gehorchen (Apg 4,19; 5,29). Und diese Freiheit, dem Willen der O. nicht zu folgen, verteidigt Petrus gerade vor der geistlichen O. des eigenen Volkes.
Vgl. → Herrschaft II; → Regiment; → Ordnung.

Obst. I) Die bibl. Länder sind reich an den verschiedensten Obstarten wie Äpfeln, Aprikosen, Pflaumen, Weintrauben, Feigen, Datteln, Bananen, Orangen, Granatäpfeln, Oliven und Mandeln. Die Bibel erwähnt den → Apfelbaum, die → Dattelpalme, den → Feigen-, → Mandel- und → Ölbaum, den → Granatapfel, die → Maulbeerfeige, die → Nuß und den → Wein. Die Früchte eines neugepflanzten Baumes durften von den Israeliten erst vom fünften Jahr ab gegessen werden (3 Mo 19,23–25; vgl. → Erstgeburt II, 3). Vgl. auch → Baum II.

II) Mit dem Gesicht des Amos vom Korb mit reifem O. (Am 8,1.2) ist ein Wortspiel der hebr. Worte *khajiz* (= O.) und *khez* (= Ende) verbunden.

Ochran, hängt mit hebr. »verwirren, betrüben« zusammen.
Asserit, Vater des Pagiel (4 Mo 1,13).

Ochse → Rind

Oded, hängt wohl mit hebr. »ermahnen, Zeuge sein« zusammen.
1) Vater des Propheten → Asarja (6) (2 Chron 15,1).
2) Prophet in Samaria, der das Heer Pekahs veranlaßte, die gefangenen Judäer freizulassen (2 Chron 28,9–15).

Odem → Geist

Ofen. I) Im technischen Sinn.
1) Mit dem »eisernen O.« (5 Mo 4,20; 1 Kö 8,51) ist ein Hochofen zur Gewinnung des Metalls aus dem Eisenerz gemeint (vgl. → Eisen II). Dan 3,21.23 scheint auf eine obere Einfüllöffnung, V 26 auf eine untere Öffnung zur Entnahme des Metalls zu weisen. Zur Kupferverhüttung vgl. → Bergbau.
2) Schmelzöfen zur Reinigung und Weiterverarbeitung von Gold, Silber, Erz, Eisen, Blei und Zinn (Spr 17,3; Hes 22,20; Offb 1,15). Vgl. Abb. Sp. 369.
3) Zum Backofen vgl. → Brot III und Abb. Sp. 245/6.
4) Ziegelöfen zum Brennen von Lehmziegeln (die man allerdings meist nur in der Sonne trocknen ließ) werden 2 Sam 12,31, Jer 43,9; Nah 3,14 EÜ erwähnt. Zu Brennöfen für Tongefäße vgl. Abb. Sp. 551.
II) In übertragener Bedeutung.
Wie Öfen zum Vollzug der Todesstrafe benutzt wurden (Dan 3; vgl. Jer 29,22), so dient vor allem der Schmelzofen vielfach auch als Bild für Knechtschaft (5 Mo 4,20; 1 Kö 8,51), Prüfungszeiten (Jes 48,10; vgl. Jer 9,6[7]) und den Tag des Herrn (Mal 3,19[4,1]; vgl. V 3).

Ofenturm, Turm an der Mauer Jerusalems in der Nähe des Taltors (Neh 3,11.13; 12,38). Vgl. Stadtplan von Jerusalem, Sp. 683.

Offenbarung, offenbaren.

I) ALLGEMEIN.
Zunächst ist an vielen Stellen der HS von O. die Rede, wo ganz allg. verborgene Dinge aufgedeckt, enthüllt, ans Licht gebracht werden, z. B. Mt 10,26; Mk 4,22; Gal 5,19; 1 Tim 4,15. Seine eigentliche Bedeutung empfängt der Begriff der O. jedoch erst dort, wo es sich um die Selbstoffenbarung Gottes handelt. Denn seit dem Sündenfall ist Gott für die Menschen der »verborgene Gott«, der mit ihnen nicht mehr wie im Paradies »von Angesicht zu Angesicht« verkehrt (1 Mo 2,16).

II) DIE SELBSTOFFENBARUNG DES LEBENDIGEN GOTTES.

A) IM AT.
Als ein »verborgener Gott« (Jes 45,15) erschließt sich Gott nur dann, wann er will, und nur dem, dem er aus freiem Entschluß seinen Willen kundtut. In seiner göttlichen → Freiheit hat Gott das Volk → Israel als Ort seiner O. erwählt (5 Mo 4,37; 7,6) und sich ihm als der »lebendige Gott« (5 Mo 5,23[26]; Jos 3,10; Jes 37,4) offenbart im Unterschied zu den → »Götzen« und »Nichtsen« (Jes 2,8; Ps 96,5).

Offenbarungsmittel Gottes ist zunächst sein → Wort (1 Mo 12,1; 15,1; 1 Sam 15,10; 2 Sam 7,4; 1 Kö 6,11), er redet durch den Mund der von seinem Geist inspirierten Seher, Gottesmänner und → Propheten (1 Sam 9,6.15; 2 Sam 24,11; 1 Kö 22,6ff,) weiter offenbart er sich durch Gotteserscheinungen (2 Mo 34,5ff; Jes 6; Hes 1), Wunder (2 Mo 11,4–10), → Gesichte (Dan 7; Sach 1,8ff), → Träume und ihre Deutungen (1 Mo 28,12ff; 1 Mo 40–41); er gibt seinen Willen zu erkennen durch das → Los, vor allem → Licht und Recht (2 Mo 28,30), und Zeichen (1 Mo 24,12ff; Ri 6,36ff; 1 Sam 15,27f). Durch solche O. bekundet sich Gott:

1) als Herr der Geschichte. Hierfür ist die Erlösung Israels aus dem »Diensthaus Ägypten« grundlegend. Am Pharao zeigte der Herr seine Macht (2 Mo 14,18) und zog in gewaltigem Handeln Israel als sein Volk an sich (2 Mo 19,4ff; Hos 11,1; Jer 7,22f). Das war nicht Israels Verdienst auf Grund besonderer Vorzüge vor anderen Völkern, sondern allein Gottes erwählende Gnade (vgl. 5 Mo 7,7.8; Am 9,7). Gott bleibt dabei aber zugleich der Gott aller Völker, der Herr der gesamten Weltgeschichte (vgl. Jes 49,6; 60,1ff und das ganze Buch Daniel), und hat sein Heil von Anfang an allen Menschen zugedacht.

2) als der Heilige und Gnädige. Heilig ist Gott in seiner erhabenen Majestät und vollkommenen Reinheit. Er fordert in erster Linie sittlichen → Gehorsam in den Zehn → Geboten (2 Mo 20). → Gottesdienst ohne Gehorsam ist ihm ein Greuel (1 Sam 15,22; Am 2,6ff; Hos 6,6; Mi 6,8).
Gnädig ist Gott, weil er in seiner Barmherzigkeit Sünde vergibt (2 Mo 34,6ff; Ps 32,5). Sein Gericht führt zur Gnade (Jes 40; 53; 61,1ff).

3) als Schöpfer und Erhalter der Welt. Durch sein Wort und seinen Willen steht die Welt fertig da (1 Mo 1–2; Ps 33,6–9; Hebr 11,3). Immer wieder wird im AT die → Herrlichkeit Gottes in der Schöpfung besungen und gepriesen (Hi 38–39; Ps 8; 18,8ff; 104; Jes 40,12ff; 42,5; 45,12; Am 5,8).

4) Weiter offenbart Gott seinen Namen und darin sein Wesen. Von den → Namen Gottes sind drei von grundlegender Bedeutung: Elohim (LÜ Gott), der Name Gottes als Schöpfer (1 Mo 1,1); Jahwe (LÜ der HErr), der Name Gottes als Bundesgott (2 Mo 3,15); der Vatername Gottes. Er will als Schöpfer Vater aller Menschen sein (Eph 3,15), ist dies jedoch bes. für sein auserwähltes Volk (2 Mo 4,22; Mal 2,10). Im eigentlichsten und vollsten Sinn aber ist Gott der Vater Jesu Christi (Ps 2,7; Röm 15,6; Eph 1,3) und durch ihn der erlösten Gläubigen des neuen Bundes (Röm 8,14–17; 1 Kor 8,6).

B) IM NT: DIE SELBSTOFFENBARUNG GOTTES IN SEINEM SOHN JESUS CHRISTUS.

1) Das Zeugnis der Evangelien.
Johannes der Täufer und Jesus verkündigen, daß Gott aus seiner bisherigen Verborgenheit herausgetreten ist und die verheißene Heilszeit jetzt herbeigeführt hat (Mt 3,2; Mk 1,15). Jesus selbst ist die »kommende Gottesherrschaft«, das »herbeigekommene → Reich Gottes« (Mt 12,28; Lk 17,21). Er hat die Vollmacht, »den Vater zu offenbaren« (Mt 11,27; vgl. Joh 9,37; 12,45), ist der Menschensohn, der in den Wolken des Himmels kommen wird (Dan 7,13.14; Mk 8,38; 14,62), »das Wort Gottes, das Fleisch geworden ist« (Joh 1,1–18). Noch ist Jesu göttliche Herrlichkeit zwar verborgen, aber doch sichtbar für die Menschen, die »geöffnete Augen« haben (Joh 2,11 die Jünger; Mt 16,17 Petrus). Den rabbinisch-pharisäischen Frommen freilich bleibt das Messiasgeheimnis Jesu völlig verhüllt, so daß sie ihn verachten und verwerfen (Mt 11,25; Mk 14,63–65).

2) Das Zeugnis der Apostelgeschichte.
Die Urgemeinde glaubt an den gekommenen Messias Jesus von Nazareth als an den wiederkehrenden Herrn und König (Apg 3,21). Das »Evangelium Jesu Christi« umschließt sein Wirken auf der Erde, sein Sterben für die Schuld der Menschen, sein Auferstehen als Sieg über den Tod, seine Himmelfahrt als Erhöhung zur Rechten Gottes und seine → Wiederkunft zum Gericht (Apg 10,34–43). Mit seinem Wiederkommen in Herrlichkeit erreicht die göttliche O. ihr letztes und höchstes Ziel, die → Vollendung der neuen Schöpfung.

3) Das Zeugnis der Briefe.
Auch hier steht im Mittelpunkt das Aus-sich-heraustreten Gottes »in der letzten Zeit« (Hebr 1,1.2; 1 Kor 10,11) in dem geschichtlichen Jesus von Nazareth. Am »Ende des jetzigen Zeitlaufs« wird dann mit Christi Wiederkunft die Weltkatastrophe erwartet, der die Enthüllung »des neuen Himmels und der neuen Erde« folgt (2 Petr 3,10–13).
Die Apostelbriefe werten das AT als Buch der O. Gottes, das ganz im Dienst des Evangeliums steht (Röm 4,23ff). Das geschieht im scharfen Gegensatz zum Judentum, das sich einer völlig anderen Deutung des AT verschrieben hat.
In der Endzeitverkündigung des NT gewinnt der Begriff der O. noch eine Erweiterung nach Sinn und Inhalt: Am Ende dieser Weltzeit wird offenbar werden: die Herrlichkeit Christi (1 Kor 1,7; 2 Thess 1,7; 1 Petr 1,7.13; 4,13; 1 Joh 2,28) und das schreckliche Wüten des → Antichrists, des Gegenspielers des Messias (2 Thess 2,3.6.8); die ewige Herrlichkeit und das Heil der Söhne Gottes (Röm 8,18.19; 1 Petr 4,13; 5,1; Kol 3,4) und der große Gerichtstag, der den Zorn Gottes enthüllt (Röm 2,16; 1 Kor 3,13). Auch die Gläubigen müssen offenbar werden vor Christi Richterstuhl (1 Kor 3,13; 2 Kor 5,10). Offenbart wird in den ntl. Briefen weiter die Präexistenz Christi, d. h. sein Leben vor aller Welt und Zeit (Röm 8,3; 1 Kor 8,6; 2 Kor 8,9; Gal 4,4; Phil 2,5ff; Kol 1,15–17; Hebr 1,3), wenn auch der Ton auf dem Leben des erhöhten Gottes- und Menschensohnes liegt (Phil 2,9). Es war bereits der Geist Christi, der die Propheten des AT inspirierte und »ihnen bezeugte die Leiden Christi und seine Herrlichkeit hernach« (1 Petr 1,11ff). So wird die gesamte atl. und ntl. Heilsgeschichte in der O. in Jesus Christus zusammengefaßt (2 Kor 1,20) und in seiner → Wiederkunft vollendet.

4) Das Zeugnis der Offenbarung des Johannes.
Das letzte Buch des HS trägt als Ganzes die Bezeichnung *Apokalypsis* = O. In seinen Gesichten wird einerseits die himmlische Welt mit ihrer Herrlichkeit und wunderbaren Zukunft, anderseits die Weltgeschichte mit ihren satanischen Unter- und Hintergründen enthüllt, um zu zeigen, »was in Kürze geschehen soll« (Offb 1,1). Das Buch hat die Aufgabe, die Gemeinde Jesu für ihren Zusammenstoß mit der sich selbst absolut setzenden politischen Macht (Offb 13) zu stärken, auf das Martyrium zu rüsten und mitten in Druck und Anfechtung mit der Gewißheit zu trösten, daß Gott seine Verheißungen bis ins Letzte erfüllen wird.

C) Die »natürliche« Offenbarung.
Nach Röm 1,19ff haben auch die Heiden eine gewisse Kenntnis Gottes, ohne von der besonderen biblischen O. berührt zu sein. »Des Gesetzes Werk ist in ihr Herz geschrieben« (Röm 2,14ff), Gott hat sich ihnen nicht unbezeugt gelassen (Apg 14,17). Paulus bestreitet aber, daß die Heiden Gott wirklich erkennen (1 Kor 1,21; Gal 4,8; 1 Thess 4,5).
Das weist darauf hin, daß Gott sich zwar ständig der Welt bezeugt in den Werken der Schöpfung und im menschlichen → Gewissen – auch unabhängig von der biblischen Heilsoffenbarung in Christus –, daß aber auf diesem Wege und durch menschliche Anstrengungen keine Sündenvergebung, Heilsgewißheit, Gemeinschaft mit Gott erlangt wird. Erst im Gericht des Kreuzes wird der vor Gott gebeugte Mensch in seiner Vernunft und in seinem Herzen durch den Heiligen → Geist erleuchtet und kann dann gläubig das Heil in Christus erfassen.

III) FALSCHE OFFENBARUNG.
Der große Widersacher und Nachäffer Gottes, der → Teufel, hat zu allen Zeiten ebenfalls »Propheten« inspiriert, die dann im Dienst der → Lüge und des Betruges standen. Der Kampf mit den »falschen Propheten« zieht sich durch die ganze HS (5 Mo 18,20; Mi 3,5–7; Jer 6,13.14; 14,13–15; 23,9ff; Hes 13,15ff). Es gibt nicht nur abgöttische Baalspropheten (1 Kö 18,19), sondern auch falsche Jahwepropheten, die ohne göttlichen Auftrag aus ihrem Beruf einen Broterwerb machen (Mi 3,11). Sie stellen sich auf die Seite des gottentfremdeten Königshauses und verkünden als volkstümliche Vertreter des Nationalismus dem unbußfertigen Volk Heil (Jer 28). Echte Gottesoffenbarung aber führt nur durch das Gericht zu Gnade und Heil (Hes 20,30–44).
v. Eicken.

Offenbarung des Johannes.

I) NAME.
Der Titel Offb (griech. *Apokalypsis*) ist der Überschrift des Buches (Offb 1,1) entnommen. *Apokalypsis* und das dazugehörige Zeitwort *apokalyptô* bezeichnen im NT ausnahmslos das Bekanntmachen eines bisher verborgenen Geheimnisses (Mt 10,26; 11,27; 16,17; Röm 1,17.18; 1 Kor 2,10) oder das Sichtbarwerden einer Gestalt nach ihrem vorher verhüllten innersten Wesen (Lk 17,30; 2 Thess 2,3). »Offenbarung Jesu Christi« meint in Offb 1,1 die Wahrheit, die der Herr seinen Dienern offenbart (vgl. 2 Kor 12,1; Gal 1,12), das, was der Vater ihm gegeben hat, um es seinen Knechten zu zeigen.

II) VERFASSER.
Der Verfasser nennt sich selbst Johannes, Knecht des Herrn (Offb 1,1), und seinen Lesern gegenüber Bruder und Mitgenossen an der Trübsal, am Reich und an der Geduld Jesu Christi (V 9). Er wird vom Engel als dessen Mitknecht und Bruder der Propheten angeredet (Offb 22,9). Die frühe Kirche war

sich, mit vorübergehender Ausnahme der Ostkirche (z. T. aus dogmatischen Gründen), darüber einig, daß dieser Johannes mit dem Apostel → Johannes identisch ist. Die Stelle Offb 21,14, wo der Verfasser von den Namen der 12 Apostel des Lammes auf den Grundsteinen der Mauer des himmlischen → Jerusalems spricht, kann schwerlich dagegen angeführt werden; auch wenn er seinen eigenen Namen darunter las, brauchte er das nicht bes. zu betonen. Bedenken hat man aber wegen des Unterschiedes der Sprache zwischen der Offb und den übrigen Johannesschriften geäußert. Aber da spielt doch der Stoff eine entscheidende Rolle. In prophetischen Abschnitten des NT (Mt 24; 2 Thess 2) finden sich auch sonst bes. zahlreiche Anspielungen auf und Anklänge an das AT. Die Worte und Redewendungen der Propheten lagen für die Beschreibung solcher Gesichte selbstverständlich sehr nahe. Anderseits aber findet sich in der Offb eine weitgehende Übereinstimmung wichtiger Begriffe mit dem Joh.-Ev. und den Joh.-Briefen: »Leben, Tod, hungern, dürsten, überwinden, Zeugnis, die Gebote halten« sind ihnen gemeinsam. Das gleiche gilt darüber hinaus auch für eine Reihe weiterer stilistischer Eigentümlichkeiten und für die beiden Namen Jesu: das Wort Gottes (Joh 1,1.14; 1 Joh 1,1; Offb 19,13) und Lamm Gottes (allerdings Joh 1,29 griech. *amnos;* Offb 5,6 griech. *arnion*).
In Anbetracht dieser Tatsachen besteht kein Grund dagegen, der einstimmigen Überlieferung des 2. Jh. zu folgen und den Apostel Johannes als Verfasser der Offb anzusehen.

III) ORT UND ZEIT DER ABFASSUNG.

Als Ort der Niederschrift wird die kleine Insel → Patmos unweit der SW-Küste Kleinasiens genannt (Offb 1,9). Johannes war wegen des Zeugnisses Jesu, d. h. als Opfer der Christenverfolgung, dorthin verbannt worden, wahrscheinlich zu Zwangsarbeit in den Bergwerken. Mitten in dieser bedrängten Lage empfängt er Trost und Auftrag vom Herrn durch seine Gesichte. Irenäus gibt an, das sei beinahe noch zu seiner Zeit, am Ende der Herrschaft Domitians (81–96) geschehen. Er hat diese Nachricht wahrscheinlich von Polykarp erhalten, der noch mit Johannes selbst persönlich verbunden gewesen war.
Auch die innere Lage der Offb 2–3 angesprochenen Gemeinden paßt in das Ende des 1. Jh. Gewiß zeigen auch junge Gemeinden Schwierigkeiten und Schattenseiten (vgl. 1 Kor; 2 Kor; Gal); aber Verlust der ersten Liebe (Offb 2,4), geistlicher Tod bei scheinbarem Leben (Offb 3,1), Lauheit und Selbstzufriedenheit (V 16.17) sind doch Erscheinungen, die gewöhnlich in der zweiten Generation der Gläubigen häufiger auftreten als in der ersten. Die Erwähnung der bestehenden und drohenden Verfolgung (Offb 1,9; 2,9.10.13; 3,9; vgl. 17,6) stimmt wohl ebenfalls am besten mit der Zeit Domitians überein, denn vorher hat es, auch unter Nero, nur örtliche und vorübergehende Verfolgungen gegeben.

IV) EMPFÄNGER.

Empfänger der Offb waren zunächst die 7 kleinasiatischen Gemeinden → Ephesus, → Smyrna, → Pergamus, → Thyatira, → Sardes, → Philadelphia und → Laodizea (Offb 1,11). Jede dieser Gemeinden erhält vom Herrn in einer Zeit der Not und Verfolgung ein Sendschreiben, das ihren geistlichen Zustand richtend und helfend offenbart (Kap 2–3); die übrigen Kap gelten allen gemeinsam. Vermittelt wird diese Botschaft durch den Apostel Johannes, dem die Gemeinden augenscheinlich anvertraut waren und von dessen Wirken in Kleinasien am Ende seines Lebens die Kirchenväter mehrfach berichten. Über die Vorgeschichte der Gemeinden wissen wir nichts, mit Ausnahme von Ephesus (Apg 19–20; Eph) und bis zu einem gewissen Grade von Laodizea (Kol 2,1; 4,15.16). Da aber, während Paulus in Ephesus verkündigte, »alle, die in Asien wohnten, das Wort des Herrn Jesu hörten« (Apg 19,10), können wir vermuten, daß alle 7 Gemeinden in dieser Zeit entstanden sind, wenn Paulus sie auch nicht alle persönlich besucht hat (zu Laodizea vgl. Kol 2,1).

V) INHALT.

Der Inhalt des Buches ist durch die Reihenfolge der Gesichte bestimmt, die Johannes zuteil wurden. Dabei spielt für die Gliederung die Siebenzahl eine große Rolle; in 4 Abschnitten wird sie ausdrücklich hervorgehoben: 7 Briefe, 7 Siegel, 7 Posaunen, 7 Schalen. Es ergibt sich die folgende Einteilung:

Einleitung: Der erhöhte Christus (1,1–20).

I. Die Sendschreiben an die 7 Gemeinden (2,1–3,22).

II. Gesichte, eingeleitet durch »ich sah« bzw. »siehe« oder auch beides (4,1–5,14).
1. Die geöffnete Tür im Himmel (4,1).
2. Der Thron im Himmel (4,2–11).
3. Die versiegelte Buchrolle (5,1).
4. Die Frage des Engels (5,2–5).
5. Die Erscheinung des Lammes (5,6–10).
6. Die Anbetung des Lammes (5,11–14).

III. Die 7 Siegel (6,1–8,1).

IV. Die 7 Posaunen (8,2–11,19).

V. Zeichen, eingeleitet durch »erschien« bzw. »ich sah« (12,1–14,20).
1. Die schwangere Frau (12,1.2).
2. Der rote Drache (12,3–17).
3. Das erste Tier (13,1–10).
4. Das zweite Tier (13,11–18).
5. Das Lamm und die 144000 (14,1–5).
6. Die drei Engel (14,6–13).
7. Die Ernte und Weinlese (14,14–20).

VI. Die 7 Engel mit den 7 Zornschalen (15,1–16,21).

VII. Die letzten Dinge (17,1–22,5).
1. Das Gericht über Babylon (17,1–19,4).
2. Die Hochzeit des Lammes (19,5–10).
3. Die Erscheinung des Herrn (19,11–16).
4. Das Gericht über das Tier und den falschen Propheten (19,17–21).
5. Das Tausendjährige Reich (20,1–10).
6. Das Endgericht (20,11–15).
7. Der neue Himmel und die neue Erde (21,1–22,5).

Schlußmahnungen (22,6–21).

VI) AUSLEGUNG UND BOTSCHAFT.

1) Die Auslegung der Offb bietet besondere Schwierigkeiten, und alle Bemühungen darum im Laufe der Kirchengeschichte haben zu keinem eindeutigen Ergebnis geführt. Doch kann man 4 Grundhaltungen der Auslegung unterscheiden:

a) Der zeitgeschichtlichen Auslegung gelten sämtliche Weissagungen (mit Ausnahme von Offb 21–22) für die Zeit des röm. Reiches. Sie gehören also der Vergangenheit an und man erwartet keine zukünftige Erfüllung mehr. Dahinter steht gewöhnlich die Auffassung, daß es in der HS überhaupt keine echte Voraussage der Zukunft gebe.

b) Die kirchengeschichtliche Erklärung der Offb ist wohl im Lauf der Jh. die verbreitetste gewesen. Danach zeichnen Offb 4–19 ein prophetisches Bild der Kirchengeschichte von der Zeit des Johannes bis zur Wiederkunft des Herrn; Offb 20–22 schildern die

Offenbarung des Johannes

Karte von der röm. Provinz Asia in Westkleinasien mit ihren Landschaften und den 7 Städten, an deren Gemeinden die Sendschreiben der Offb gerichtet sind

darauf folgenden Ereignisse. Die Ergebnisse der einzelnen Ausleger stimmen hierbei aber fast nie überein, was beweist, daß sich die Verbindung von den Gesichten zum historischen Geschehen keineswegs eindeutig ergibt. Weiter haben sich die Ausleger fast unwiderstehlich dazu verleiten lassen, den eigenen Standpunkt innerhalb der Abfolge der Gesichte zu bestimmen und daraus einen Termin für die → Wiederkunft Jesu zu erschließen (gegen Mt 24,36; Apg 1,7), was ihrer Sache stets geschadet hat. Dazu ist man durch diese Art der Auslegung fast gezwungen, den → Antichrist (Offb 13,1ff) mit einer Jahrhunderte lang bestehenden Einrichtung gleichzusetzen, sei es dem Papsttum oder dem Islam. Wenn aber auch der Geist des Antichrists durch Jahrhunderte hindurch wirksam sein kann, so wird doch der Antichrist selber nach dem Zeugnis der HS als einzelne Persönlichkeit erscheinen (2 Thess 2,3. 4.8.10; 1 Joh 2,18a; 4,3).

c) Eine dritte Auffassung rückt die Ereignisse der Offb ganz in die Zukunft. Danach haben nur Offb 1–3 direkt mit der Gemeinde Jesu zu tun, Offb 4–19 schildern jedoch Begebenheiten, die sich im Lauf von 7 Jahren zwischen der → Entrückung der Gemeinde und der Wiederkunft des Herrn ereignen sollen, denn das Wort »Gemeinde« kommt in diesen Kap nicht vor. Widerlegen läßt sich diese Auslegung schwer, denn erst die Zukunft kann über ihre Richtigkeit entscheiden, doch sind einige schwache Punkte deutlich. Gewöhnlich, wenn auch nicht immer, bemühen sich die Ausleger, die 7 Gemeinden von Offb 2–3 mit verschiedenen Abschnitten der Kirchengeschichte in Einklang bringen, was leicht gekünstelt sein kann. Außerdem wäre es merkwürdig, daß ein Buch, das sich so ausdrücklich an Gemeinden wendet, in seinem Hauptteil die Gemeinde nur indirekt angehen würde.

d) Im Gegensatz zu den bisher genannten Versuchen, die Abfolge der Gesichte von irgendeinem Punkt aus in Übereinstimmung mit dem Geschichtsablauf zu bringen, ist man schließlich davon ausgegangen, in der Offb keine historische Reihenfolge zu sehen, sondern ein großartiges Gemälde, das in grellen Farben die Grundzüge des Kampfes der bösen Mächte gegen die Heiligen und Gott mit dem endlichen Sieg des Herrn darstellt. Man macht darauf aufmerksam, daß die Gesichte der 7 Posaunen starke Ähnlichkeit mit denen der 7 Schalen aufweisen, man sie also möglicherweise als gleichzeitig betrachten könne. Dabei besteht einmal die Gefahr, das → Tausendjährige Reich in die Gegenwart hineinzuziehen, anderseits steht diese Auffassung in einem großen Gegensatz zur übrigen Prophetie der HS. Denn nach den Aussagen des NT beziehen sich die atl. Weissagungen doch auf ganz bestimmte Ereignisse, wie es auch in Offb 1,1.19; 4,1 angekündigt wird.

2) Nach dieser Übersicht ist deutlich, daß wir bei allem Richtigen, das die einzelnen Arten der Auslegung bieten, doch keine als allein gültig ansehen können. Doch das heißt keineswegs, daß wir die Offb nun beiseite schieben müßten. Eine klare Seligpreisung gilt dem, der diese Weissagung liest, hört und hält (Offb 1,3; 22,7). Wenn auch eine gewisse Unsicherheit in der Ausdeutung der Gesichte herrscht, so ist doch der Sinn ihrer Trost- und Mahnsprüche klar und offensichtlich. Man mag Mühe haben, aus der Offb die Zukunft zu erraten; welche Haltung sie uns in der Gegenwart gebietet, ist nirgends zweifelhaft oder unverständlich. Sie hat sich für die Gemeinde Jesu von Anfang an als Trost- und Hoffnungsbuch in Zeiten der Verfolgung erwiesen. Wahrscheinlich erschließt sie sich nur in solcher Situation in ihrer ganzen Tiefe.

3) Von daher ist noch einiges zur Theologie der Offb zu sagen; einige Hss. nennen ja ihren Verfasser «Johannes den Theologen«. Kein anderes Buch gibt uns soviel Aufschluß über Macht und Mittel des Satans, der hier öfter genannt wird als irgendwo sonst im NT (Offb 2,9f.13.24; 3,9; 12,3–17; 13, 2.4; 16,13; 20,2.7.10). Das Wirken seiner Gehilfen, des Tieres, des falschen Propheten (Offb 13; 17; 19), der Hure (Offb 17; 18), der bösen Geister (Offb 12, 7; 16,14) wird ausführlich geschildert als Aufruf zum Wachen und Beten, damit wir nicht verführt werden (V 15). Die Offb spricht darum auch beständig von dem Sieg, den die Heiligen trotz vorübergehender Niederlagen (Offb 11,7; 13,7) über alle Mächte der Finsternis davontragen können (Offb 2, 7.11.17.26; 3,5.12.21; 15,2; 21,7) durch den Beistand des Herrn (Offb 3,8–10) und das Blut des Lammes (Offb 12,11). Gott wird gegen seine Feinde auftreten und sie richten, schon mitten in der sündigen Welt (Offb 6; 8; 9; 16; 18) und endgültig im Jüngsten → Gericht (Offb 20,11–15). Wir brauchen weder zu staunen noch uns zu fürchten, wenn sich die Lage hier auf dieser Erde »apokalyptisch« zuspitzt. Dazu gehört auch, was die Offb über die → Ewigkeit in der → Verdammnis (Offb 14,9–11; 20,10.14.15) und im → Leben und der → Gemeinschaft mit dem Herrn sagt (21,11–22,4). Über allem aber steht das majestätische Bild des erhöhten Christus, des Lammes Gottes, das uns von der Sünde befreit (Offb 1,5f.17f; 2,26–28; 3,12.20; 5,9f; 7, 13–17; 14,1–5; 21,22–22,5) und jede Auflehnung gegen seine Herrschaft zunichte macht (Offb 1,7; 5,5; 6,16f; 11,15; 17,14; 19,11–16). Ein Zug der Anbetung vor dieser Herrlichkeit durchweht die ganze Offb (Offb 1,5f.17; 4,1–5,14; 7,9–12; 8,3f; 11,15–18; 15,3f; 19,1–9). Ohne dies Buch erschiene die HS wie ein Satz ohne Schlußpunkt; hier finden sich sämtliche Grundlinien, die vom 1 Buch Mose an die Bibel durchziehen und kommen zu ihrem gottbestimmten Abschluß (vgl. → Reich, → Schöpfung).

Og, König der → Amoriter in Basan, der von Israel unter Mose besiegt wurde. Nach der Vernichtungsschlacht bei Edrei nahmen die Israeliten sein Land ein (4 Mo 21,32—35). Die Ausdehnung dieses Gebietes wird 5 Mo 3,10; Jos 12,4.5; 13,12 näher beschrieben; es wurde dem halben Stamm Manasse zugeteilt (5 Mo 3,13.14). Vgl. → Sihon.
Og wird als der letzte der → Riesen bezeichnet, sein »eisernes → Bett«, 9 Ellen lang und 4 Ellen breit (4,05 × 1,80 m), wurde noch lange in der Ammoniterstadt Rabba gezeigt (V 11).

Ohad, Sohn Simeons (1 Mo 46,10; 2 Mo 6,15).

Oheim → Vetter

Ohel »Zelt«,
Sohn Serubabels (1 Chron 3,20).

Ohola »Ihr Zelt«,
symbolischer Name für Samaria und das isrl. Nordreich, das sich vom Tempel in Jerusalem getrennt und eigene Anbetungsstätten errichtet hatte (Hes 23). Im Bild der ehebrecherischen Frauen O. und → Oholiba beschreibt Hesekiel die Geschichte Israels und Judas und ihr Verhältnis zum Herrn.

Oholiab »Vater (d. h. Gott) ist Zelt (d. h. Schutz)« (Noth).
Danit, Sohn Ahisamachs, Kunsthandwerker bei der Herstellung der Stiftshütte und ihrer Geräte (2 Mo 31,6).

Oholiba »Mein Zelt«(?),
symbolischer Name für Jerusalem und das Reich Juda (Hes 23). Vgl. → Ohola.

Oholibama, Frau Esaus, Tochter des Heviters Ana (1 Mo 36,2).

Ohr. Dem hebr. Knecht, der nach 6 Jahren nicht frei werden will, wird zum Zeichen seiner lebenslangen Knechtschaft das O. durchbohrt (2 Mo 21,6). Bei der Priesterweihe (3 Mo 8,23.24) und bei der Reinigung des Aussätzigen (3 Mo 14,14) wird Blut des Opfertieres ans rechte O. gestrichen. Das Zuhalten der O. ist Zeichen des Abscheus vor dem Gesprochenen (Jes 33,15f; Apg 7,56). Bei der Heilung des Taubstummen legte Jesus ihm die Finger in die O. (Mk 7,33).
Zuhören wird umschrieben als »zu Ohren nehmen« (Jes 42,23), »das O. neigen« (Spr 22,17), zum Gesprochenen »kehren« (Neh 8,3) oder »geben« (Spr 23,12). Das O. prüft die Rede (Hi 12,11), merkt auf die Stimme (Ps 130,2) oder wendet sich ab (Spr 28, 9). Harte (Jes 6,10) und unbeschnittene O. (Jer 6,10; Apg 7,51) verschließen sich dem Reden Gottes. Ein offenes, hörendes O. gibt der Herr (Spr 20,12), der sich dem O. offenbart (Jes 22,14), es auftut (Ps 40, 7), weckt und öffnet (Jes 50,4.5). Die tiefsten Geheimnisse der Liebe Gottes aber hat kein O. gehört (1 Kor 2,9). Wenn Gott schweigt, klagt der Beter, er stopfe sich die O. zu (Klgl 3,8) und bittet: Verbirg deine O. nicht vor meinem Schreien (V 56). Die Götzenbilder trifft der Spott, daß sie O. haben und doch nicht hören (Ps 115,6). Vgl. weiter → Hören, → Taub, → Krankheiten: Taub.

Ohrenbläser (griech. *psithyristaes* »Zischler«), jemand, der einem anderen heimlich etwas ins Ohr flüstert, ein Verleumder (Röm 1,29; vgl. 2 Kor 12, 20).

Ohrring, Ohrenspange → Geschmeide II, 3

Öl, Ölbaum. I) Der immergrüne, nur bis 10 m hohe Ölbaum (hebr. *zajit;* griech. *elaia; Olea europaea sativa*) hat eine rissige, gefurchte Rinde und dun-

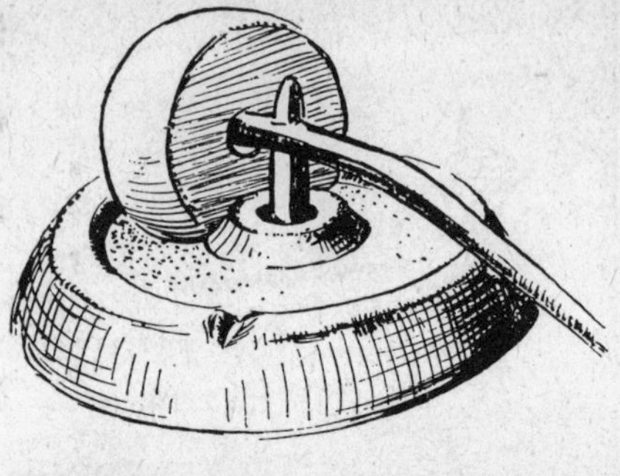

Ölmühle der röm. Zeit. Der senkrecht laufende Stein zerquetscht die Oliven, das Öl läuft durch die Rinne im Rand ab und wird in einem Gefäß aufgefangen (vgl. Taf. 69b/1088)

kelgrüne, weidenähnliche Blätter mit weißlicher Unterseite. Alte Bäume, die hohl geworden sind, teilen sich manchmal in eine Anzahl knorriger, durcheinanderwachsender Stämme auf.

Die Blütezeit beginnt in Palästina Anfang Mai. Die kleinen, weißen Blüten stehen in Trauben in den Stielwinkeln der Blätter. Die anfangs grünen, später dunkelblauen oder dunkelgrünen Oliven sind Steinfrüchte von etwa 2 cm Länge; ihr Ölgehalt beträgt mehr als 30%. Die Ernte beginnt um die Zeit des → Laubhüttenfestes.

Der Ölbaum wächst auf Kalkboden wie auf Basalt, seine Wurzeln dringen in die Felsspalten ein (5 Mo 32,13). Er ist also auch auf den Bergen zu finden und kommt in allen Teilen Palästinas vor (5 Mo 28, 40; Taf. 73b/1152; 74a/1153). Der Baum wird sehr alt und bleibt dabei fruchtbar, den Ölbäumen in Gethsemane (Taf. 29b/448) schreibt man ein Alter von annähernd 2000 Jahren zu. Rund um den alten Stamm schießen Wurzelschößlinge auf (vgl. Ps 128, 3).

Ölpresse; die in Körbe gefüllten Oliven werden unter dem mit Steinen beschwerten Balken vollständig ausgepreßt

Der Ölbaum wird durch Veredelung (vgl. Röm 11, 17ff: → Einpfropfen) aus dem Oleaster *(Olea europaea oleaster)* gewonnen. Das Verfahren war bereits den Phöniziern bekannt, und in Palästina gab es vor der isrl. Eroberung schon Olivenpflanzungen (5 Mo 6,11). Das Holz ist dunkles, hartes Kernholz und für Schnitz -und Tischlerarbeiten sehr gesucht. Das »Ölbaumholz« von 1 Kö 6,23.31.33 stammt jedoch nicht vom Ölbaum, sondern wahrscheinlich von der Ölweide (*Eleagnus angustifolia;* hebr. *es schämän,* wörtl. »Öl-Baum«) einem immergrünen Strauch mit schmalen, auf beiden Seiten silbrig schimmernden Blättern. Zweige und Früchte sind ölhaltig. Der Strauch wird auch in Neh 8,15 (LÜ Balsam[zweige]) und Jes 41,15 (LÜ Kiefer) erwähnt.

II) Den größten Wert hat der Ölbaum durch das Olivenöl (Ri 9,9), das man aus dem Fruchtfleisch gewinnt. Die Oliven werden gepflückt, mit einem leichten Stock abgeschlagen oder auch abgeschüttelt (5 Mo 24,20; Jes 17,6; 24,13).

Die besten Früchte werden ausgesucht, in einer Kelter zertreten (Mi 6,15) oder in einem steinernen Mörser oder einer Ölmühle (Taf. 69b/1088) zerquetscht und in einen Korb geschüttet. Das dann heraustropfende Öl, frei von jeder Beimischung, ist das »allerreinste, gestoßene Öl« (2 Mo 27,20; 3 Mo 24,2). Dann wird der Korbinhalt in der Ölpresse unter einem mit Steinen beschwerten Balken weiter ausgepreßt und ergibt die zweite Qualität, das »gestoßene Öl« (2 Mo 29,40; 4 Mo 28,5; 1 Kö 5,25[11]). Dem Öl für den täglichen Gebrauch fügte man auch Teile des Fruchtfleisches und der Kerne hinzu. Das Öl wurde in Tongefäßen aufbewahrt (1 Kö 17,12; 2 Kö 4,2; vgl. 1 Chron 27,28; 2 Kö 20,13).

Oliven und Olivenöl gehören im Mittelmeergebiet zu den wichtigsten Nahrungsmitteln (4 Mo 18,12; Neh 13,5; Spr 21,17.20; Hes 16,13; 2 Chron 11,11). Die Früchte werden frisch mit Salz gegessen; man legt sie in Salzlake bzw. die vollreifen Früchte in Öl ein, früher hat man sie auch getrocknet. Das Brot wird in Olivenöl getaucht, das vielfach die Butter ersetzt und auch zum Backen verwendet wird (1 Kö 17,12f; vgl. → Kuchen).

Das Öl fand weiter in der Körperpflege (→ Salbe), Medizin (→ Arzt) und als Brennstoff Verwendung (→ Lampe). Es war ein wichtiger Handelsartikel (Jes 57,9; Hes 27,17; Es 3,7).

III) Im Zushg. mit dem Gottesdienst wird Öl als Brennstoff des → Leuchters der Stiftshütte (2 Mo 27, 20), als Bestandteil des täglichen Speisopfers (2 Mo 29,40) und zur Erzväterzeit als Trankopfer (1 Mo 28,18; 35,14) genannt. Weiter diente es zur Salbung der Hohenpriester und Könige (2 Mo 29,7; 1 Sam 10,1; → Salbe, → Gesalbter) und wurde so zum Bild des Heiligen → Geistes (vgl. Sach 4; 2 Kor 1,21f; 1 Joh 2,27).

Ölberg. Teil der rund 800 m hohen Bergkette, die sich mit mehreren, nicht sehr ausgeprägten Gipfeln östl. von → Jerusalem in nord-südl. Richtung erstreckt. Der eigentliche Ö. besteht aus drei Kuppen: einer nördlichen (Karm es-Sajjad), die nach einer alten Tradition »Viri Galilaei« (Männer von Galiläa) genannt wird (im Hinblick auf Apg 1,11, und weil man hier das Galiläa von Mt 28,7.16 vermutete), dem südl. davon gelegenen Dschebel et-Tur und einer etwas höheren Ostkuppe (812 m). Weiter südl. schließt sich dann der → Berg des Verderbens (oder Ärgernisses) an. Z. Zt. Nehemias (vgl. Neh 8,15 »das Gebirge« EÜ, ZÜ) und noch in ntl. Zeit (Mk 11,8) trug der Ö. beträchtlichen Baumbestand, vor allem Ölbäume. Die Entfernung von der Stadt zur Höhe des Ö. galt als Sabbatweg (Apg 1,12; → Maße und Gewichte I, 2).

Den Ort der Himmelfahrt (Lk 24,50.51) sieht man im Dschebel et-Tur mit der Himmelfahrtskirche und der russischen Kirche. Er liegt gegenüber dem Tempelplatz, von ihm und dem übrigen Jerusalem durch das → Kidrontal getrennt und bietet einen Überblick über die ganze Stadt. Am westl. Fuß des Berges liegt → Gethsemane; hier trennen sich die 3 Ölbergwege, treffen sich wieder auf der Höhe und führen dann nach → Bethanien (1); der südliche macht einen Umweg über die sog. »Prophetengrä-

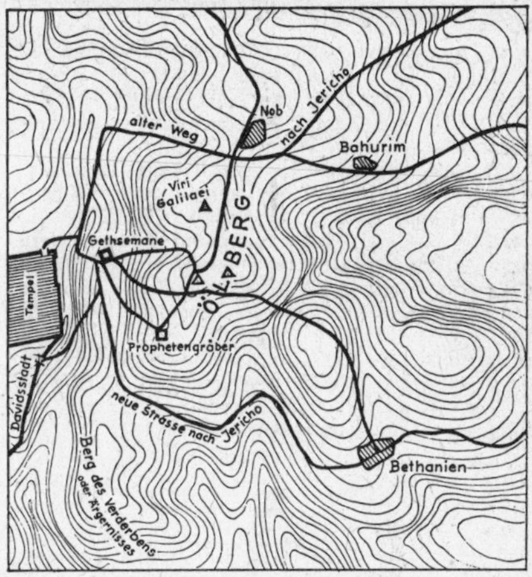

Karte des Ölbergs und seiner Umgebung

ber«. Auf dem Weg von Bethanien über den Dschebel et-Tur fand wahrscheinlich der Einzug Jesu in Jerusalem statt (Mt 21,1ff; Mk 11,1ff; Lk 19,29ff. 41ff). Die große Straße nach Jericho, die den Ö. heute im S umgeht, ist erst später im 7. Jh. n. Chr. von den Arabern gebaut worden. Der alte Weg nach Jericho überquert den Bergrücken im N.

Auf dem Ö. hielt Jesus die Rede über die Endzeit (Mt 24,3ff; Mk 13,3ff), und am Fuß des Berges in Gethsemane wurde er gefangen genommen (Mt 26, 30ff; Lk 22,39ff; Joh 18,1ff). Hesekiel sah die scheidende Herrlichkeit des Herrn auf dem Ö. (Hes 11, 23), und Sacharja weissagt, daß am Tage des Herrn »seine Füße auf dem Ö. stehen werden« (Sach 14,4). Vgl. Stadtplan von Jerusalem (Sp. 683/4) und Taf. 29/448; 49/768; 50/769; 53/832; 60b/929; 73a/1152.

Olivenöl → Öl

Olympas »Himmlisch«,
Christ in Rom, den Paulus grüßt (Röm 16,15).

Omar, viell. »Lamm«.
Enkel Esaus, edomitischer Fürst (1 Mo 36,11.15).

Omri.
1) Sohn des Benjaminiten Becher (1 Chron 7,8).
2) Judäer aus dem Geschlecht des Perez (1 Chron 9,4).
3) Sohn Michaels, Fürst des Stammes Isaschar z. Zt. Davids (1 Chron 27,18).
4) König von Israel, der 885/4–874/3 herrschte. Wohl noch als Feldherr König Baesas erfocht er einen Sieg über die → Moabiter (vgl. den → Mesastein). Als König Ela in Thirza von Simri ermordet wurde (1 Kö 16,9–13), lag O. mit dem isrl. Heer vor der Philisterstadt Gibbethon. Bei der Nachricht von Simris Tat machte ihn das Heer zum König, sie zogen nach Thirza u. belagerten es. Daraufhin beging Simri nach einer Herrschaft von nur 7 Tagen Selbstmord (V 15-20). Aber noch hatte O. nicht die volle Macht erlangt; eine Hälfte des Volkes machte Thibni, den Sohn Ginaths, zum König, der bis zu seinem Tode 880 v. Chr. als Gegenkönig herrschte. Wahrscheinlich unmittelbar darauf, nach 6jähriger

Regierungszeit in Thirza, kaufte O. den Berg Samaria von Semer für 2 Talente Silber und baute dort die Stadt Samaria, die nach Semer benannt wurde (V 21–24). Der Platz für die Stadt war meisterhaft ausgewählt, und in der folgenden Geschichte des Nordreiches zeigte sich, wie schwer sie zu erobern war.
O. war ein berühmter König; seit seiner Herrschaft wird das 10-Stämme-Reich in den assyr. Inschriften stets »das Haus O.« genannt; selbst Jehu wird dort als »Sohn O.« bezeichnet. Und doch verurteilt die Schrift O., denn er tat, was dem Herrn mißfiel, mehr als alle seine Vorgänger. Er hielt fest an der Sünde Jerobeams I., dem → Bilderdienst, mit dem Israel den Herrn erzürnte (V 25.26; vgl. Mi 6, 16). Sein Sohn und Nachfolger → Ahab heiratete die tyrische Königstochter → Isebel. Für die Taten O. wird weiter auf die nicht erhaltene Chronik der Könige Israels verwiesen (1 Kö 16,27).

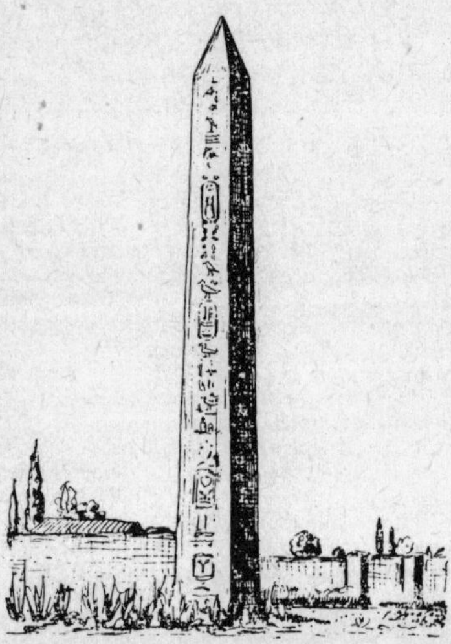

Obelisk von On, errichtet von Pharao Senwosret I. aus der 12. Dynastie (Mittleres Reich). Er stellt eine der »Bildsäulen zu Beth-Semes in Ägyptenland« dar (Jer 43,13)

On. I) »Zeugungskraft, voll Lebenskraft«.
Rubeniter, Sohn Peleths (4 Mo 16,1).

II) Ägypt. »Sonne«.
Stadt in Unterägypten, ca. 32 km nördl. von Memphis (Karte Sp. 35), Hauptort der Verehrung des Sonnengottes Re (Hes 30,17; vgl. Aven 1). Daher wird sie griech. Heliopolis = Sonnenstadt und von Jeremia Beth-Semes (= Sonnenhaus) in Ägypten genannt (Jer 43,13). Mit ihren »Bildsäulen« sind hier wohl die zu Ehren des Re errichteten Obelisken (spitze Steinpfeiler) gemeint. Heute steht nur noch der Obelisk des Senwosret I. (12. Dyn.) in O.; die beiden anderen, die Thutmose III. (1504–1450 v. Chr.) vor dem Tempel des Re aufrichten ließ, befinden sich in London bzw. New York. Aus O. stammte Josephs Frau Asnath (1 Mo 41,45). Vgl. → Ir-Heres.

Onam, Bedeutung wie On I.
1) Horiter, Sohn Sobals (1 Mo 36,23; 1 Chron 1,40).
2) Judäer, Sohn Jerahmeels und der Atara (1 Chron 2,26.28).

Onan, Bedeutung wie On I.
Sohn Judas. Er ging die Leviratsehe (→ Ehe III, 3) mit seiner Schwägerin Thamar ein, weigerte sich aber, einen Erben für seinen Bruder zu zeugen. Darum ließ ihn der Herr sterben (1 Mo 38,4–10).

Onesimus »Nützlich«,
Sklave, der seinem Herrn Philemon in Kolossä entlaufen war. Er kam in Rom zu Paulus und wurde gläubig. Der Apostel sandte ihn mit dem → Philemonbrief nach Kolossä zurück (Phlm 8-20; Kol 4,9).

Onesiphorus »Nutzbringend«,
Christ, wahrscheinlich aus Ephesus. Als er in Rom war, suchte er Paulus im Gefängnis auf und erwies ihm manchen Dienst (2 Tim 1,16–18; 4,19).

Ono. Stadt 9 km nordnordwestl. von Lydda (Lod), im Tal der Zimmerleute (Neh 11,35), heute Kafr Ana, neuhebr. Ono. Der Ort wird schon von Thutmose III. genannt, später von dem Benjaminiten Semer neu gebaut (1 Chron 8,12) und nach dem Exil wieder besiedelt (Es 2,33; Neh 7,37; 11,35; vgl. 6,2). Vgl. Karte Sp. 986; 1067.

Onyx → Edelstein

Opfer. I, 1) O. haben von jeher in den Gottesdiensten der Völker eine wichtige Rolle gespielt. Dabei legten die Menschen den Opfern jedoch verschiedene und oft auch sehr subjektive Bedeutungen bei, von dem primitiven Wunsch, der Gottheit durch das Darbringen von Nahrung gefällig zu sein, bis zum Ausdruck des Dankes, der eigenen Nichtigkeit und der Hingabe.
Nach dem Zeugnis der HS brachten Abel, Kain, Noah, Abraham, Isaak, Jakob und Hiob Opfer dar (1 Mo 4,3.4; 8,20; 15,9; 26,25; 31,54; Hi 1,5). Kains Opfer war unblutig (Feldfrüchte). Die übrigen O. waren blutige O. eines Tieres, bei denen offenbar die Vorstellung der stellvertretenden Tötung zugrunde liegt und der Versöhnung, die der sündige Mensch dadurch mit seinem Gott sucht.
2) Die Bedeutung der O. wurde für Israel nach der Befreiung aus der ägypt. Knechtschaft genau umrissen, als es am Sinai vom Herrn das → Gesetz empfing, das Zahl, Art, Vollzug und Sinn der Gott wohlgefälligen O. festlegte. Die Liste der wichtigsten O. umfaßt: Brandopfer (3 Mo 1), Speisopfer (3 Mo 2), Dankopfer (3 Mo 3), Sündopfer (3 Mo 4, 1–5,13) und Schuldopfer (3 Mo 5,14–26[6,7]). Unter diesen 5 O. ist nur eins unblutig, das Speisopfer, das als Ergänzung zum Brandopfer dargebracht wird (3 Mo 9,16.17). Die verschiedenen Anlässe, aus denen die O. dargebracht wurden, ergeben sich z. T. schon aus ihren Bezeichnungen (z. B. Sündopfer, Dankopfer); vgl. weiter die Tabelle u. unten V.

II) DIE VERSCHIEDENEN ATL. OPFER.

1) An erster Stelle im isrl. Gottesdienst steht das SÜNDOPFER oder auch SCHLACHTOPFER (1 Sam 3,14; Jer 17,26; 46,10) zur Sühnung nicht vorsätzlicher Übertretungen (3 Mo 4,2). Es werden 4 Arten unterschieden: das Sündopfer des Hohenpriesters (V 3–12), das der ganzen Gemeinde (V 13–21), das eines Fürsten (V 22–26) und das Sündopfer für jemanden aus dem Volk (V 27–35).
Der Hohepriester brachte einen Stier, das wertvollste O., dar; ebenso die Gemeinde. Der Fürst opferte einen Bock und der einfache Israelit eine Ziege oder ein Schaf, bzw., wenn er dazu zu arm war, 2 Turteltauben oder 2 junge Tauben (3 Mo 5,7–10). Das zeigt, daß sich die Größe der Schuld vor Gott nach der Stellung und Verantwortlichkeit des Schuldigen

Opfer eines assyr. Königs. Der König, der von einem Diener begleitet ist, gießt ein Trankopfer aus. Vor ihm ein Wassergefäß, ein brennender Räucheraltar und ein Altartisch mit Opfergaben. Hinter ihm der Opferstier. Vor der sitzenden Gottheit im Tempel (rechts) ein Beter. (Nach einem Relief aus dem Palast Assurnasirpals in Nimrud)

richtet. Seines Amtes wegen wog ein Vergehen des Hohenpriesters ebenso schwer wie eine Sünde des gesamten Volkes, das er vor Gott vertrat.
Wie beim O. des einfachen Israeliten (3 Mo 4,27–31) bestand bei allen Sündopfern die Opferhandlung aus 4 Teilen, und zwar:

a) Darstellung (V 27f). Nach 3 Mo 1,3 geschah sie am Eingang der → Stiftshütte. Hier führte der Sünder seine Opfergabe vor. Damit gab er seinem Glauben und seinem Verlangen, die Vergebung des Herrn zu empfangen, Ausdruck.
b) Handauflegung. Der Opfernde legte seine Hand auf das Haupt des unschuldigen Opfertiers und übertrug dadurch seine Sünde auf das O. (3 Mo 4,29; vgl. 16,21).
c) Schlachtung (3 Mo 4,29). Der Übertreter schlachtete das Tier und ließ sein Blut ausfließen. Auf Sünde folgt der Tod (vgl. Hes 18,4; Röm 6,23), darum mußte – nach Gottes gnädiger Bestimmung – das O. anstelle des Sünders sterben und für ihn mit seinem Leben die Strafe bezahlen.
d) Blutsprengung. Nach dem Schlachten begann die Aufgabe des Priesters. Er nahm von dem Opferblut und strich es auf die Hörner, den auffallendsten Teil des Altars, auf die Hörner des Brandopferaltars beim Sündopfer eines einzelnen (3 Mo 4,25.30), auf die des Räucheraltars beim Sündopfer des Priesters (V 7) oder der Gemeinde (V 18). Vgl. → Besprengen und → Sprengwasser. Wenn das Blut, das das Leben bedeutet (3 Mo 17,11), auf die Hörner des Altars gestrichen wurde, bildete es den Beweis vor Gott, daß ein Leben geopfert und die Schuld bezahlt war.
e) Nach der Blutsprengung wurde das Fett des Opfertieres auf dem Altar verbrannt, Fell, Fleisch und Eingeweide mußte man vor das Lager an einen reinen Ort schaffen und dort verbrennen.

2) Beim BRANDOPFER (3 Mo 1) tritt der Gedanke der Versöhnung zurück; hierbei wird das Blut nur an die Seiten des Altars gesprengt (V 5 EÜ, ZÜ). Das Wesen des Brandopfers liegt in der auf Darstellung, Handauflegung, Schlachtung und Blutsprengung folgenden völligen Verbrennung des Opfertieres. Der Priester schnitt dazu das O. in Stücke, legte diese auf den Altar und verbrannte sie. So stieg das O. ganz und gar in Rauch und Flammen zu Gott empor, alle seine Teile wurden verbrannt (V 9.13). Damit verkörperte das Brandopfer die völlige Hingabe des Sünders an den Herrn. Hier behielt der Mensch nichts für sich, alles gehörte Gott (vgl. 1 Mo 22,2). Brandopfer waren z. B. die täglichen O., 2 → jährige Lämmer, die als Morgen- und Abendopfer (2 Mo 29,38–42; 4 Mo 28,3–8; Es 9,4.5; Dan 9,21) dargebracht wurden.

3) Beim SPEISOPFER (3 Mo 2), das mit dem → Trankopfer zusammen das Brandopfer ergänzte (4 Mo 28,4–6), wurden Feldfrüchte, kein lebendes Tier, dargebracht. Der Gedanke der Versöhnung (der Übertragung der eigenen Sünde auf das O.) fehlt, es ist auch keine Handauflegung vorgeschrieben.
Das Speisopfer ist durch folgendes gekennzeichnet:

a) Die Opfergabe bestand aus Semmelmehl, d. h. dem besten Mehl (3 Mo 2,1), dessen weiße Farbe die Reinheit symbolisierte.

b) Man fügte dem O. → Weihrauch hinzu (V 1.2), der das Gebet versinnbildlicht (vgl. Ps 141,2; Lk 1,10; Offb 5,8); Gebet und Danksagung sollten das O. begleiten.

c) Das → Öl ist Bild des Heiligen Geistes (vgl. Jes 61,1).

d) Das O. sollte frei von Sauerteig sein (3 Mo 2,11), der sündige Verderbtheit bezeichnet (vgl. 1 Kor 5,6–8).

e) Es mußte im Gegenteil mit Salz gewürzt werden (3 Mo 2,13), das bewahrt und allem Verderben entgegenwirkt.

f) Der Rest des O., der nicht verbrannt wurde, fiel dem Priester zu (V 3).

4) Das DANKOPFER (wörtl. Friedensopfer; 3 Mo 3) bestand aus Großvieh: Rindern (V 1–5), oder Kleinvieh: Schafen (V 6–11) bzw. Ziegen (V 12–16). Die Teile der Opferhandlung sind die gleichen wie beim Brandopfer, doch mit dem Unterschied, daß nicht das gesamte Tier, sondern nur sein Fett, das Beste des O. (vgl. Jes 25,6; 55,2), verbrannt wird. Wenn der Herr zuerst das Beste erhalten hatte, folgte als Höhepunkt des Dankopfers das Mahl, bei dem der Opfernde und seine Angehörigen das Fleisch des Opfertiers verzehrten (3 Mo 7,15). Dies Gemeinschaftsmahl war zugleich ein fröhliches Fest der Versöhnung (vgl. Ps 23,5; Lk 15,23) im Hause Gottes (5 Mo 12,5–7.17.18) und Bild der wiederhergestellten Gottesgemeinschaft. Gott lud den Sünder erst nach den drei ersten Teilen der Opferhandlung (Darstellung, Handauflegung, Blutsprengung) zum Zeichen der Versöhnung an seinen Tisch, nachdem also der Priester bezeugt hatte, daß der Gerechtigkeit Genüge getan war (vgl. oben II, 1 d).
Bei den Dankopfern unterschied man nach ihrem Anlaß wieder LOBOPFER (3 Mo 7,12.15; 22,29), GELÜBDEOPFER und FREIWILLIGE O. (3 Mo 7,16; 22,21; 4 Mo 15,3).

5) Beim SCHULDOPFER (3 Mo 5,14–26[6,7]; 7,1–10) ist der Grundgedanke der der Wiedergutmachung. Wie das Sündopfer zeigt, daß die Strafe der Sünde getragen werden muß, so betont das Schuldopfer die Notwendigkeit, den Schaden ganz zu ersetzen, den man dem Herrn oder dem Nächsten etwa bei einer

Eigentumsverletzung zugefügt hat. Damit die Wiedergutmachung auch in jedem Fall vollständig war, mußte der Schuldige noch 1/5 über den Wert des verursachten Schadens hinaus zurückerstatten (3 Mo 5, 16.24[6,5]).
Der Vollzug des Schuldopfers unterschied sich kaum von dem des Sündopfers (3 Mo 7,7), nur wurde das Blut nicht auf die Hörner des Altars gestrichen, sondern ringsum an seine Seiten gesprengt (V 2 EÜ, ZÜ). Hierin tritt der Gedanke der Versöhnung vor dem der Wiedergutmachung zurück.
6) Vgl. weiter → Gelübde, → Hebe, → Korban, → Räuchopfer, → Trankopfer, → Webeopfer.

III) DER GROSSE VERSÖHNUNGSTAG.
Einmal im Jahr, am → Versöhnungstag, mußte ein bes. feierliches O. dargebracht werden für Aaron und sein Haus (d. h. die Priester), für das Volk und für die Stiftshütte bzw. später den Tempel (3 Mo 16).
1) Bevor Aaron das Sündopfer für das Volk vollziehen konnte, mußte er (und ebenso jeder folgende Hohepriester) für seine eigenen Sünden Versöhnung erlangen (V 11–14). Dazu schlachtete er seinen Stier am Brandopferaltar und ging mit einer Schale voll Blut und einer Räucherpfanne ins Heiligtum, wo er vor dem Herrn Räuchwerk auf die Glut legte. Der Weihrauch war Bild des Gebets, das um die Vergebung der Sünden des Hohenpriesters zu Gott aufstieg. Das Blut sprengte Aaron auf den Deckel der Bundeslade, den → Gnadenstuhl. Dort bezeugte es vor dem Herrn (vgl. 2 Mo 25,22; 4 Mo 7,89), daß das Leben des stellvertretenden Opfertiers gegeben, die Sündenschuld des Hohenpriesters also bezahlt war.

Röm. Opferszene; der Stier wird dem Priester am Altar zugeführt. Der Mann links neben dem Priester gießt offenbar Wein zum Trankopfer ein (nach einem röm. Relief)

2) Das Opfer für die folgende Versöhnung des Volkes erforderte 2 Böcke (3 Mo 16,5.15.20–28). Der eine (V 15) wurde als Sündopfer für die Schuld der ganzen Gemeinde auf dem Brandopferaltar dargebracht. Sein Blut trug der Hohepriester ins Allerheiligste und sprengte es auf den Gnadenstuhl, um wiederum vor Gott den Tod des stellvertretenden Opfertiers zu bezeugen. Dann legte Aaron als Repräsentant des Volkes die Hände auf das Haupt des lebendigen Bockes und bekannte auf ihn alle Übertretungen und Sünden der Israeliten. Der Bock, beladen mit der Sünde des Volkes, wurde in die Wüste geführt und dort losgelassen, zum Zeichen dafür, daß der Herr die Sünde vergeben und aus seiner Gegenwart hinweggetan hatte (vgl. → Asasel).
3) Die Stiftshütte erscheint dadurch, daß sie inmitten eines sündigen Volkes errichtet ist, ebenfalls befleckt, von der Ansteckung der Sünde betroffen, und muß auch versöhnt, gereinigt werden (V 16-19.33; Hebr 9,21). Darum besprengte Aaron mit dem Blut nicht nur den Gnadenstuhl, sondern auch den Boden vor der Bundeslade, das Heilige und schließlich den Brandopferaltar.

IV) DIE PROPHETISCHE BEDEUTUNG DER ATL. OPFER.
1) Die symbol. Bedeutung der atl. O. beschränkt sich nicht auf den Alten Bund, sondern drückt im großen Zusammenhang der Heilsgeschichte Gottes den ganzen Erlösungsplan aus. Die atl. O. waren nach dem Wort des Hebräerbriefs das »Vorbild« (Hebr 8,5) des Werkes Christi. Als dies Vorbild waren sie für die Dauer des Alten Bundes auferlegt, »bis auf die Zeit, da die richtige Ordnung kommt« (Hebr 9,10 RÜ), d. h. die Zeit Christi. Vorausdeutend auf das Leben und den Tod Jesu und nur in Verbindung damit sinnvoll, sollten die atl. O. Israel auf den verheißenen Messias zuführen und wie das ganze Gesetz »Zuchtmeister auf Christus hin« sein (Gal 3,24), der »des Gesetzes Ende« ist (Röm 10,4).
2) Wenn die O., wie sie zunächst in der Stiftshütte und dann im Tempel dargebracht wurden, nicht dies prophetische Wesen gehabt hätten, wie sollte man dann verstehen, daß der Tod eines Stiers, eines Schafes oder einer Ziege die Schuld hätte aufheben können, die ein Mensch durch sein sündiges Tun auf sich geladen hatte? Konnte ein stummes Tier, das ohne Beziehung zu solchem Vergehen war, die Stelle des → Menschen einnehmen, geschaffen zum Bilde Gottes und dem Herrn verantwortlich? Konnte es anderseits – mag man ihm auch noch soviel Unschuld und Reinheit zusprechen – selbst nur vorläufig den Platz des Erlösers ausfüllen? »Es ist unmöglich, durch Ochsen- oder Bocksblut Sünden wegzunehmen« (Hebr 10,4). Wir können also nicht behaupten, daß Gott im AT die Sünde mit Rücksicht auf ein geopfertes Tier tilgte.
Wenn der Herr im Alten Bund den Altar ansah, sah er nicht den Tod eines Schafes, einer Ziege oder eines Stiers, sondern schaute das »Lamm Gottes« am Kreuz von Golgatha; er erblickte im voraus das blutige O. seines Sohnes, und nur auf Grund dieses Sühnetodes vergab er dem Sünder seine Schuld. Das O. des AT hatte in sich keine Kraft, seine Wirkung beruhte allein auf der Kraft des ntl. O. Jesu, auf das es hinwies.

3) Demnach wurde der Sünder im Alten Bund auf dieselbe Weise gerettet wie der Gläubige heute. Ihn erlöste die rückwirkende Kraft des Kreuzestodes Jesu, den das atl. O. nur vorbilden konnte. Das ist der Sinn des Sündopfers, wie er sich in den 4 Teilen dieser Opferhandlung aufweisen läßt:
a) Darstellung. Ich mache Jesus Christus vor Gott wie eine persönliche Opfergabe als meinen Stellvertreter geltend und nehme ihn im Glauben als meinen Erlöser an.
b) Handauflegung. Im Glauben lege ich die Last meiner Sünde auf die Person meines schuldlosen Stellvertreters. Jesus trägt die Sünden (Jes 53,6.11.12; Joh 1,29; 1 Petr 2,24).
c) Schlachtung. Beladen mit unseren Sünden ist Jesus ans Kreuz gegangen und hat dort sein Leben hingegeben. Er ist an unserer Stelle gestorben, um das Lösegeld für unsere Schuld zu bezahlen, damit Gott seine Gerechtigkeit erweisen und den gerecht machen kann, der an Jesus glaubt (Röm 3,26).
d) Blutsprengung. Wie der Hohepriester mit dem Blut vor Gott den Beweis erbringt, daß das Sündopfer gestorben ist, so bezeugt Jesus Christus, unser Hohepriester (Hebr 6,20; 7,26; 8,1; 9,11) vor dem Angesicht des Vaters seit 2000 Jahren seinen eigenen Sühnetod (Hebr 9,24; 7,25; Röm 8,34).
4) In entsprechender Weise steht das Brandopfer, das vollkommene, uneingeschränkte Hingabe an

	Erstlinge	Brandopfer mit zugehörig. Speis- u. Trankopfer: 1 Farren; 3/10 Epha Feinmehl mit 1/2 Hin Öl; 1/2 Hin Wein	Brandopfer mit zugehörig. Speis- u. Trankopfer: 1 Widder; 2/10 Epha Feinmehl mit 1/3 Hin Öl; 1/3 Hin Wein	Brandopfer mit zugehörig. Speis- u. Trankopfer: 1 Lamm 1/10 Epha Feinmehl mit 1/4 Hin Öl 1/4 Hin Wein	Dankopfer: Lämmer	Sündopfer: Farren	Sündopfer: Ziegenböcke	Passahlamm
Tägl. Morgenopfer				1				
Tägl. Abendopfer				1				
Festopfer (fallen mehrere Feste zusammen, so addieren sich die Opfer)								
Sabbat				2				
Neumond		2	1	7			1	
Passah (14. I.)								1 (je Familie)
Fest der ungesäuerten Brote (15.–21. I. täglich)		2	1	7			1	
16. I.	Erstlingsgarbe			1*				
Pfingsten	2 Webebrote v. 2/10 Epha Feinmehl, gesäuert und gebacken	2 oder 1	1 oder 2	7	2		1	
Drommetentag (1. VII.)		1	1	7			1	
Versöhnungstag (10. VII.) Priester Gemeinde		1	1 1 1	7		1	2 1	
Laubhüttenfest 15. VII. 16. VII. 17. VII. 18. VII. 19. VII. 20. VII. 21. VII.		13 12 11 10 9 8 7	2 2 2 2 2 2 2	14 14 14 14 14 14 14			1 1 1 1 1 1 1	
Versammlungstag (22. VII.)		1	1	7			1	

Opfervorschriften für die regelmäßigen Opfer: 2 Mo 29, 38–42; 3 Mo 16; 23; 4 Mo 28–29.

1/10 Epha = 2 1/5 l; 2/10 Epha = 4 2/5 l; 3/10 Epha = 6 3/5 l.
1/2 Hin = 1 5/6 l; 1/3 Hin = 1 2/9 l; 1/4 Hin = 11/12 l.

* Anm.: Das Speisopfer zu diesem Lamm besteht aus 2/10 Epha Feinmehl (3 Mo 23,13).

den Herrn bedeutet, in Wesensbeziehung zum Werk Christi. Denn allein Jesus konnte solch freiwilliges O. darbringen und in seinem Leben völligen Gehorsam gegen den Willen Gottes verwirklichen: »Siehe, ich komme, daß ich tue, Gott, deinen Willen« (Hebr 10,7). In Gethsemane rief er aus: »Vater, willst du, so nimm diesen Kelch von mir; doch nicht mein, sondern dein Wille geschehe!« (Lk 22, 42). Vom Beginn seines Wirkens bis zum Ruf am Kreuz: »Es ist vollbracht!« (Joh 19,30) weihte sich Jesus in völliger Hingabe dem Werk, das ihm der Vater aufgetragen hatte. Auf dies Leben vollkommenen Gehorsams wies das Brandopfer hin, ebenso wie das Sündopfer auf seinen Tod am Kreuz.

5) Vom Werk Jesu her gesehen wird als rechte Folge in der Ordnung der O. die bestätigt, daß das Sündopfer vorausgeht und das Brandopfer nachfolgt. Das Sündopfer bezeugt uns die Vergebung unserer Sünde und unsere Annahme durch Gott, das Brandopfer erinnert uns daran, daß unser durch die → Versöhnung Gottes in Christus neugeschaffenes Leben (2 Kor 5,17–21) nun auch ganz dem Herrn gehört. Diese Forderung wird erfüllbar dadurch, daß Christus selbst in uns lebt (Gal 2,20; Kol 1,27).

6) An diesen beiden wichtigsten atl. O. wird deutlich, wie ihre prophetische Bedeutung Israel auf Christus hin vorbereiten sollte, der als das Lamm Gottes allein das O. darbringen konnte, das die Erlösung und das Heil erwarb (Hebr 9,9–14). Als Offenbarung des Weges, des Plans der Errettung behalten die atl. O. auch für den Christen bleibende Bedeutung. Vom Verständnis der beiden Hauptopfer her erschließt sich dann auch der Sinn der übrigen, ohne daß er hier im einzelnen noch ausgeführt werden muß.

V) ÜBERSICHT ÜBER DIE ISRL. OPFER.

A) Zu den regelmäßigen O. des isrl. Gottesdienstes durch das Jahr vgl. die Tabelle Sp. 1021/2.

B) O. aus besonderem Anlaß.

1. Freiwillige O.
   a. Brandopfer (3 Mo 1) mit ihren Speis- und Trankopfern (4 Mo 15,1–12): Farren, Widder, Lämmer, Turteltauben oder junge Tauben.
   b. Speisopfer (3 Mo 2): Mehl oder Ähren, Öl, Weihrauch, Salz; kein Sauerteig und Honig.
   c. Dankopfer (3 Mo 3; 7,12–14): Stiere, Kühe, Widder, Schafe, Ziegen; ungesäuerte Kuchen oder Fladen mit Öl.
2. Weiheopfer.
   a. Weiheopfer Aarons und seiner Söhne (3 Mo 8–9).
   7 Tage lang je: 1 Farren als Sündopfer; 1 Widder als Brandopfer; 1 Widder als Füllopfer und 1 Korb ungesäuertes Brot.
   Am 8. Tage: vom Priester 1 Kalb als Sündopfer; 1 Widder als Brandopfer; vom Volk 1 Ziegenbock als Sündopfer; 1 Kalb und 1 Schaf als Brandopfer; 1 Stier und 1 Widder als Dankopfer und 1 Speisopfer mit Öl.
   b. O. jedes Priesters am Tage seiner Salbung (3 Mo 6,12[19]ff): 1/10 Epha Feinmehl.
   c. Weiheopfer der Leviten (4 Mo 8,5–22): 1 Farren als Sündopfer; 1 Farren als Brandopfer mit Speisopfer.
   d. O. der Stammesfürsten zur Einweihung der Stiftshütte (4 Mo 7): je 1 silberne Schüssel (130 Sekel schwer) und 1 silberne Schale (70 Sekel schwer) voll Feinmehl mit Öl zum Speisopfer; 1 goldener Löffel (10 Sekel schwer) voll Räuchwerk; 1 Farren, 1 Widder, 1 Lamm zum Brandopfer; 1 Ziegenbock zum Sündopfer; 2 Rinder, 5 Widder, 5 Böcke, 5 Lämmer zum Dankopfer.
3. → Erstgeburt, Erstlinge.
4. O. für unbewußte Vergehen.
   a. Sündopfer (3 Mo 4,1–5,13; 4 Mo 15,24–28): Hoherpriester - 1 Farren; Gemeinde - 1 Farren oder 1 Ziegenbock als Sünd- und 1 Farren als Brand- mit Speis- und Trankopfer; Fürst - 1 Ziegenbock; einzelner aus dem Volk - 1 Ziege oder 1 Schaf; Armer - 2 Turteltauben oder junge Tauben oder auch 1/10 Epha Feinmehl.
   b. Schuldopfer (3 Mo 5,14–26[6,7]): 1 Widder im Wert von 2 Sekeln.
5. Reinigungsopfer.
   a. Für leibliche Verunreinigung (3 Mo 15,14.15. 29.30): 2 Turteltauben oder junge Tauben als Sünd- und Brandopfer.
   b. Für die Wöchnerin (3 Mo 12): 1 junge Taube oder Turteltaube als Sündopfer; 1 Lamm als Brandopfer; für Arme statt dessen: 2 junge Tauben oder Turteltauben als Sünd- u. Brandopfer.
   c) Für einen Aussätzigen (3 Mo 14,1–32).
   Am 1. Tag: 2 lebendige, reine Vögel; Zedernholz; scharlachfarbene Wolle; Isop.
   Am 8. Tag: 1 Lamm, 1 Log (11/36 l) Öl als Schuldopfer; 1 Schaf als Sündopfer; 1 Lamm als Brandopfer; 3/10 Epha Feinmehl mit Öl als Speisopfer; für Arme statt dessen: 1 Lamm und 1 Log Öl als Schuldopfer; 2 Turteltauben oder junge Tauben als Sünd- und Brandopfer; 1/10 Epha Feinmehl mit Öl als Speisopfer.
   d. Für ein aussätziges Haus (3 Mo 14,48–53): wie beim Aussätzigen am 1. Tag.
   e. Zum → Sprengwasser für Verunreinigung an Toten (4 Mo 19): 1 rötliche Kuh; Zedernholz; Isop; scharlachfarbene Wolle.
   f. Für den von einem Unbekannten Erschlagenen (5 Mo 21,1–9): 1 junge Kuh.
6. O. des → Nasiräers (4 Mo 6).
   a. Bei Unterbrechung des Gelübdes: 1 Lamm als Schuldopfer; 2 junge Tauben oder Turteltauben als Sünd- und Brandopfer.
   b. Nach Beendigung des Gelübdes: 1 Schaf als Sündopfer; 1 Lamm als Brandopfer mit Speis- und Trankopfer; 1 Widder als Dankopfer und 1 Korb ungesäuerte Kuchen und Fladen mit Öl.

Tafel 65

Relief aus dem Palast des Assyrerkönigs Sanherib in Ninive, das die Eroberung von → Lachis 701 v. Chr. darstellt. Die Zeichnung unten rechts gibt die Übersicht über das gesamte Relief. Auf Belagerungsdämmen rücken Mauerbrecher (→ Sturmbock) gegen die Festung vor, gefolgt von Bogenschützen, Speerträgern und Schleuderern (auf der Zeichnung ganz unten). Die Juden überschütten die Angreifer mit Steinen und Brandfackeln. Damit die Mauerbrecher nicht Feuer fangen, übergießen sie die Assyrer aus langstieligen Kellen mit Wasser. Hinter dem Sturmbock in der Mitte und rechts neben dem Turm sind die großen Setzschilde erkennbar, die ein zweiter Mann neben dem Bogenschützen trägt (vgl. die Zeichnung). Aus dem Tor des Turmes verlassen Frauen und Kinder mit ihren Habseligkeiten die Stadt. Rechts daneben (auf der Zeichnung) werden Gefangene gepfählt. Britisches Museum, London.

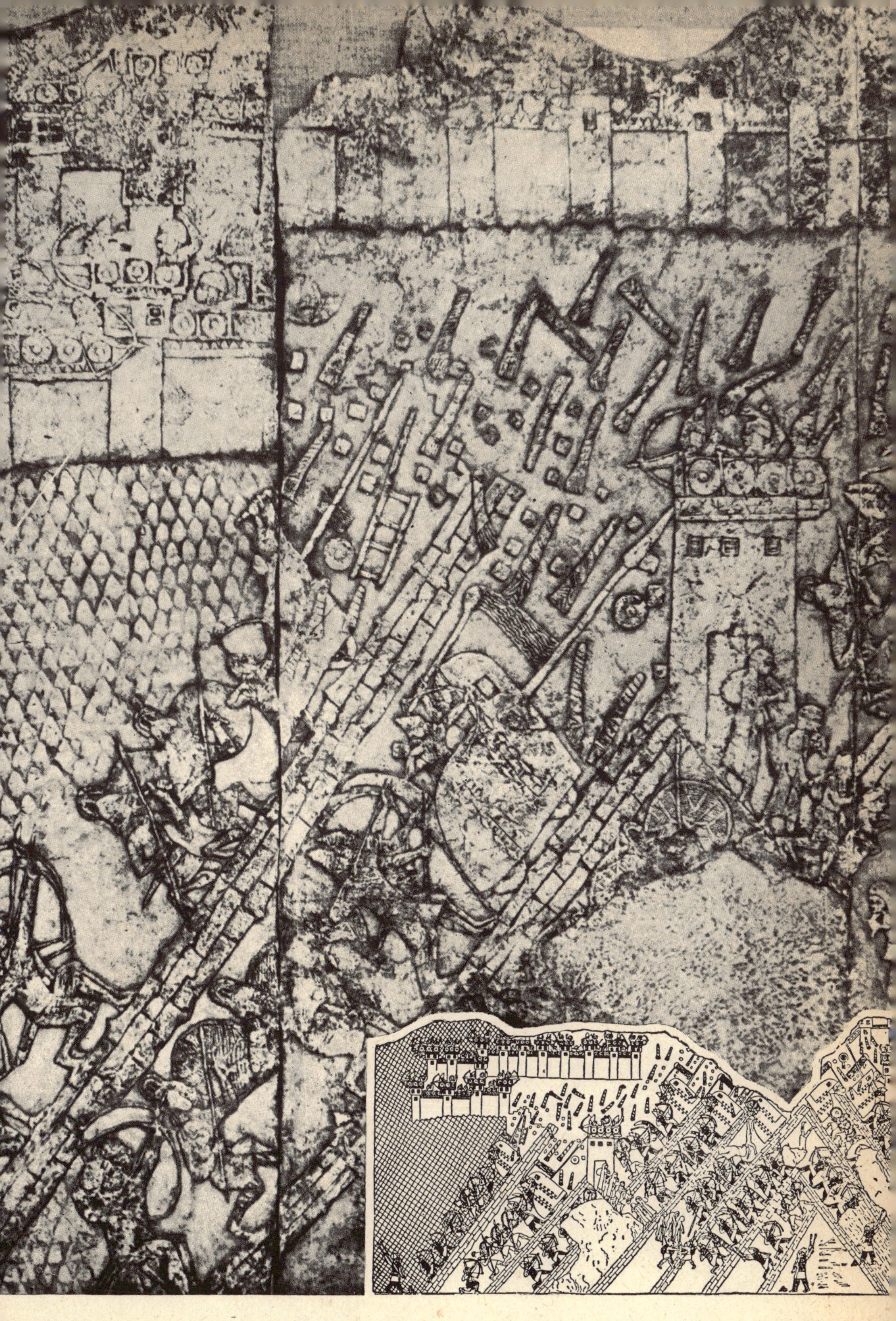

Tafel 65

7. Eifer- oder Rügeopfer (4 Mo 5,11–31; vgl. → Ehe IV, 2): 1/10 Epha Gerstenmehl ohne Öl und Weihrauch.
8. O. bei der Volkszählung (2 Mo 30,12–15): 1/2 Sekel Silber für jeden Gezählten.

Ophel »Anschwellung, Buckel (der Erdoberfläche)«. Hügel Jerusalems südl. vom Tempelberg (2 Chron 27,3; 33,14; Jes 32,14 LÜ Türme) bzw. dessen Südhang. In Neh 3,26f scheint das Stück zwischen der Davidsstadt (vgl. Neh 3,15.16) und dem Tempel gemeint zu sein (vgl. den Stadtplan zu → Jerusalem); dort wohnten die Tempelknechte (V 26.27; 11,21).

Ophir. Landschaft, die zwischen → Saba und → Hevila genannt wird; Stammvater ihrer Bewohner ist Joktan (1 Mo 10,29; 1 Chron 1,23). Vgl. Karte Sp. 1477/8.
O. war berühmt wegen seines Goldes (1 Chron 29, 4; Hi 22,24; 28,16; Jes 13,12; Ps 45,10 LÜ köstliches Gold). Salomos Handelsflotte (1 Kö 9,27.28), die aus → Ezeon-Geber auslief, kehrte im übernächsten Jahr nach der Ausfahrt von O. zurück (1 Kö 10, 22) und brachte außer Gold auch Silber, Elfenbein, → Sandelholz, Edelsteine, Affen und → Pfauen mit (V 11.22). Eine Scherbe mit der Inschrift »Gold von Ophir für Beth-Horon«, gefunden im Tell Qasileh, bestätigt diese Handelsbeziehungen. Josaphat versuchte später vergebens, solche Fahrten wieder aufzunehmen (1 Kö 22,49). Vgl. → Schilfmeer.
Man sucht O. meist und mit der größten Wahrscheinlichkeit in der Landschaft Jemen in Südarabien, die für ihren Goldreichtum bekannt ist. Von hier wären Handelsverbindungen mit Indien möglich gewesen, auf die die übrigen genannten Handelsgegenstände viell. hinweisen. Die Bezeichnung O. könnte auch die gegenüberliegende afrikanische Küste eingeschlossen haben. Andere Vermutungen reichen bis nach Südafrika; man denkt vor allem aber auch an Indien selber oder an arab. Gebiete am Pers. Golf.

Ophni. Ort in Benjamin (Jos 18,24); viell. das Gophna des Josephus und Beth-Gufnin des Talmud. Heute wohl Dschifna, 4 km nordnordwestl. von Beth-El. Vgl. Taf. 97/1536.

Ophra.
I, 1) Stadt in Benjamin (Jos 18,23; 1 Sam 13,17), auch → Ephraim (3) genannt.
2) Ort in Manasse (Ri 6,11.24; 8,27.32; 9,5), Heimatstadt Gideons. Vermutlich das heutige Et-Taijibe (Taiyiba), etwa 13 km nordnordwestl. von Beth-Sean (vgl. Karte Sp. 492); vgl. → Hapharaim. Man hat den Ort aber auch in Silet ed-Dahr, 5 km nördl. von Samaria, vermutet. Vgl. Karte Sp. 492.
II) »Junges (von Gazelle, Reh usw.)«.
Judäer (1 Chron 4,14).

Ordnung, ordnen, ordentlich. I) »Gott ist nicht ein Gott der Unordnung, sondern ein Gott des Friedens« (1 Kor 14,33). Diese Aussage des Paulus spiegelt am deutlichsten das Wesen biblischer O. wider.
O. und → Friede entsprechen einander – wie auch Unordnung und Unfriede einander entsprechen. O. ist das Walten, das den Frieden schafft und ihn zu bewahren vermag. Wo O. das Handeln bestimmt, kommt jedes Ding »in O.«. O. schaffen wird somit zum Leitprinzip der Erlösung.

II, 1) Aus dem anfänglichen »wüst und leer« der Erde (1 Mo 1,2) wurde die geordnete Schöpfung, die »sehr gut« war (V 31), indem Gott Ordnungen setzte: O. der Zeiten, O. unter den Wassern, O. unter den Gestirnen, O. unter den Lebewesen (Jer 31,35f) – die Schöpfungsordnung. Die Fortdauer dieser Ordnungen (vgl. 1 Mo 8,22) dient der Bewahrung der Schöpfung, sie sind Mauern gegen die vernichtende Unordnung.

2) Der Erlösungswille Gottes steht auch hinter allen Ordnungen, die er dem gefallenen Menschen gesetzt hat. Weil in der Welt Unordnung und Unfriede, Mord und Totschlag herrschen würden, darum hat Gott die O. der → Obrigkeit eingesetzt (Röm 13,1f) als bewahrende Mauer und mahnender Ruf für den, der das Böse tun will; als »Gottes Dienerin und Rächerin zur Strafe über den, der Böses tut« (V 4).

3) Aber nicht nur die gefallene Welt braucht die O. Gottes, sondern auch seine Gemeinde, weil sie in der Anfechtung durch das Böse steht. Ordnungen und Anordnungen zur Ausübung eines friedevollen Lebens in der Gemeinde durchziehen daher die HS. Neben der allgemeinen Mahnung, »alles ehrbar und ordentlich zugehen zu lassen« (1 Kor 14,40), stehen Worte, die im einzelnen in die O. des praktischen Gemeindelebens eingreifen: Daß man beim Brotbrechen die nötige O. bewahre und nicht das Mahl durch Zuchtlosigkeit entwerte (1 Kor 10); daß man sich beim Gottesdienst den sittlichen Ordnungen unterstelle (1 Kor 11), um nicht dem Teufel Raum zu geben; daß man mit den Geistesgaben nach göttlicher O. verfahre (1 Kor 12); daß man die Gottesdienstordnung nicht verletze und Außenstehenden nicht unnötigen Anstoß gebe (1 Kor 14).
Gemeindeälteste werden im NT besonders zu ordentlichem Wandel und Dienst ermahnt (1 Tim 3, 1ff; 2 Tim 2,1ff), und auch im AT ist die O. der Priester und ihres Dienstes ausführlich geregelt (3 Mo 1,1ff), damit nicht an dem Orte, wo der wahre Gottesfriede vermittelt werden soll, Unordnung und Unfrieden erstehen. Vgl. → Friede.

4) War im AT der Friede des Menschen mit Gott an den Glaubensgehorsam, an die durch Gott verordneten Satzungen, Opfer und Willensäußerungen geknüpft, so ist im NT einzig Jesus Christus und die Sühnkraft seines Todes der Weg zum Frieden mit Gott. Wohl bewahrt ein »ordentlicher« Wandel, d. h. ein Wandel nach dem Willen Gottes, den Frieden mit Gott, aber diesen Frieden gewinnt man allein durch den Glauben an den Sühntod Jesu für uns. »Er ist unser Friede« (Eph 2,14). Weil Jesu Tod Hölle und Teufel überwunden hat (1 Kor 15,55), darum ist dem, der »in Christus« ist, der Friede Gottes geschenkt (Röm 5,1) und ihm die Macht gegeben, in einem neuen Leben zu wandeln (Röm 6,4), einem Leben, das dem Willen und den Ordnungen Gottes entspricht. Ein »ordentliches« Leben führen kann darum nur heißen, zuerst die neue Heilsordnung, die mit Jesu Sterben und Auferstehen gegeben ist, glaubend zu ergreifen. Der neue Wandel folgt dann im Maße des Ergriffenseins durch Jesus (vgl. Röm 6,16ff). Die neue Heilsordnung ordnet sich – im Gegensatz zum AT – also der Lebensord-

Tafel 66
a. Die Ebene von Lebona am Weg von Jerusalem nach Sichem. Hier verlief in ntl. Zeit – eine halbe Tagereise südl. vom Jakobsbrunnen (vgl. Joh 4, 3–6) – die Grenze zwischen Judäa und Samaria.
b. Das Dorf Hadchite am Rand der Qadischa-Schlucht im Libanon (südöstl. von Tripoli). Durch diese Gegend führen zwei Wege zu den letzten Libanon-Zedern (Taf. 93/1472).

nung vor. Erst das Heil in Christus glauben, dann wird der Friede Gottes – der das Leben ordnet (Kol 3,15) – Herz und Sinne bewahren durch Jesus Christus, unsern Herrn (Phil 4,7). Vgl. → Gesetz.

Oreb, hängt mit hebr. »träufeln« zusammen.
1) Midianiterfürst, der auf der Flucht vor Gideon von den Ephraimitern getötet wurde (Ri 7,25).
2) Felsen westl. vom Jordan, auf dem der Midianiter O. getötet wurde (Ri 7,24.25; Jes 10,26). Seine genaue Lage ist unbekannt.

Oren »Lorbeer«,
Judäer, Sohn Jerahmeels (1 Chron 2,25).

Orion, eins der bekanntesten Sternbilder (Hi 9,9; 38,31; Am 5,8) mit der rötlich leuchtenden Beteigeuze, dem bläulichweißen Rigel und den drei Sternen des Jakobsstabes oder Gürtels in der Mitte.

Ornan → Aravna

Orpa »Die Vollmähnige« oder »Widerspenstige«(?), Moabiterin, Frau des Chiljon und Schwägerin Ruths. Sie blieb in Moab zurück, als Ruth ihre Schwiegermutter Naemi nach Bethlehem begleitete (Rt 1,4.14).

Osni, Sohn Gads (4 Mo 26,16), auch Ezbon genannt (1 Mo 46,16). Seine Nachkommen waren die Osniter (4 Mo 26,16).

Osterlamm, Ostern → Passah

Ostraka, mit Tinte beschriebene Tonscherben; vgl. → Brief II.

Ostwind (hebr. *khadim*),
trockener, heißer und scharfer Wind (Hi 27,21; 38,24; Jes 27,8; Hab 1,9), der aus den Sandwüsten Arabiens kommt (Hos 13,15; Hi 1,19; Jer 4,11; 13,24). Er tritt in Palästina innerhalb der Zeiträume von April bis Mitte Juni und von Mitte September bis Oktober mehrfach auf und dauert jeweils einige Tage an. Mit seinem Beginn verdorrt die Vegetation des Frühjahrs in wenigen Tagen (Hes 17,10; 19,12; Jon 4,8; Ps 103,15.16; vgl. Jes 40,7.8). Setzt er zu früh ein, so kann er die Ernte empfindlich schädigen (vgl. 1 Mo 41,6).
In Ägypten führt der O. die Heuschreckenschwärme ins Land (2 Mo 10,13).
Auch mit dem Südwind (griech. *notos*) von Lk 12, 55 ist ein heißer, trockener Wüstenwind gemeint.

Othni, Kurzform von Othniel,
Nachkomme Semajas, levitischer Torhüter (1 Chron 26,7).

Othniel. Sohn des Kenas, Bruder oder Halbbruder Kalebs. Als Lohn für die Eroberung Kirjath-Sephers erhielt er Achsa, die Tochter Kalebs, zur Frau (Jos 15,15–17; Ri 1,11–13). Er wurde der erste Richter in Israel und befreite das Volk von der 8 Jahre dauernden Unterdrückung durch Kusan-Risathaim (Ri 3,7–11). Einer seiner Nachkommen war unter den hohen Offizieren Davids (1 Chron 27,15).

Otter, Otterngezücht → Schlange

Ozem »(Jäh-)zornig«.
1) Sohn Isais, Bruder Davids (1 Chron 2,25).
2) Judäer, Sohn Jerahmeels (1 Chron 2,25).

P

Padon »Befreiung«,
Tempelknecht, dessen Nachkommen mit Serubabel aus der babyl. Gefangenschaft heimkehrten (Es 2,44; Neh 7,47).

Paerai, hängt viell. mit hebr. »öffnen, (den Mund) aufsperren« zusammen.
Held Davids, ein Arbiter, d. h. aus → Arab (2 Sam 23,35); wahrscheinlich identisch mit Naerai in 1 Chron 11,37.

Pagi → Pagu

Pagiel, Stammesfürst über Asser, Sohn Ochrans (4 Mo 1,13; 2,27; 7,72.77; 10,26).

Pagu, edomitische Stadt (1 Mo 36,39), 1 Chron 1,50 Pagi genannt. Viell. ist der Name noch im Wadi Fai (neuhebr. Efe) rund 20 km westl. vom Südende des Toten Meeres erhalten.

Pahath-Moab, viell. »Staathalter von Moab«,
Israelit, dessen Nachkommen mit Serubabel und Esra aus der babyl. Gefangenschaft heimkehrten (Es 2,6; 8,4; Neh 7,11). Einige von ihnen hatten heidnische Frauen genommen (Es 10,30). Ein Vertreter des Geschlechts unterzeichnete den Bund mit Nehemia (Neh 10,15[14]); ein anderer Nachkomme von P.-M., Hassub, half beim Mauerbau mit (Neh 3,11).

Palal, Kurzform »Er (Gott) hat Gericht gehalten, Recht verschafft«.
Sohn Usais. Er half beim Wiederaufbau der Mauern Jerusalems (Neh 3,25).

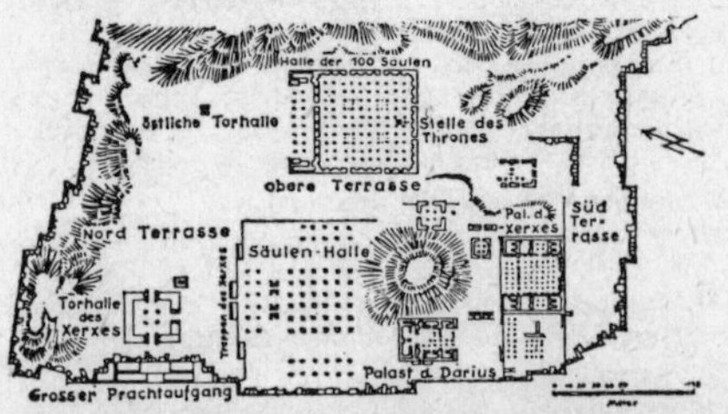

Grundriß der Palastanlagen der Perserkönige in Persepolis

Palast, Schloß. Die Palastbauten Palästinas sind durch die Lage einer größeren Anzahl von Räumen um einen Innenhof herum gekennzeichnet. Die gleiche Anlage findet sich ebenfalls bei den größeren Häusern der Reichen (vgl. das Haus aus Ur, Taf. 42/641), so daß die Grenze zwischen → Haus und Pa-

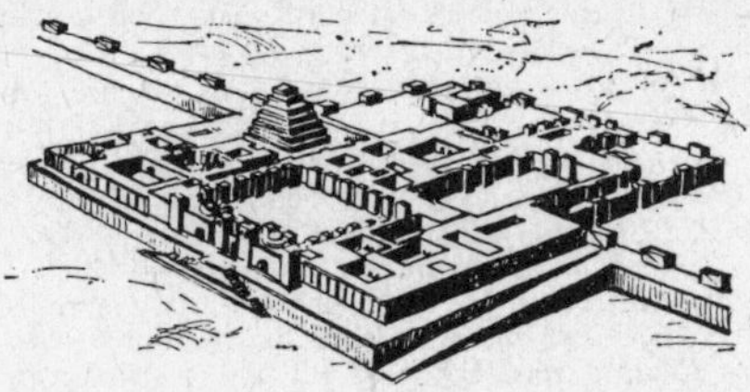

Palastanlage Sargons II. von Assyrien in Dur-Sarrukin (vgl. Karte Sp. 996). Die weitläufigen Höfe und Bauten des befestigten Palastes werden von einem Tempelturm überragt (Rekonstruktion)

last fließend bleibt. Palastfundamente kennen wir u. a. aus den → Ausgrabungen in Saruhen, Gerar, → Lachis und → Samaria (Taf. 77b/1216), wo auch Teile der Inneneinrichtung gefunden wurden (→ Elfenbein, vgl. 1 Kö 22,39). Von den Palästen Davids (2 Sam 5,11; 1 Chron 14,1) und Jojakims (Jer 22,14) erhalten wir nur kurze Andeutungen, und auch von Salomos P., der in 13 Jahren errichtet wurde, können wir uns trotz mancher Einzelangaben kein klares Bild machen (1 Kö 7,1–12).
Unvergleichlich großartiger aber sind die P.bauten der ägypt. (→ Amarna) und mesopotamischen Herrscher mit zahlreichen Innenhöfen und Gebäudekomplexen. Der Palast von Mari (um 1700 v. Chr.) bedeckte eine Fläche von 2 ha. Die assyr. Paläste, darunter der nach dem Tode des Königs bald wieder verlassene P. → Sargons II. in Khorsabad, waren mit vielen Reliefs geschmückt, deren Darstellungen heute wertvollste Geschichtsquellen bilden (vgl. Taf. 65/1024).

Palästina. I, 1) Der Name P. ist eine Abkürzung vom griech. *Palaistinae Syria* »das Syrien der Philister«. So nannten die Griechen im Unterschied zum nördl. → Syrien das Gebiet beiderseits des Jordans, des Toten Meers und der Araba, obwohl es viel größer ist als die von den → Philistern bewohnte Küstenebene. Unter der Römerherrschaft (Palaestina) und in der engl. Mandatszeit (Palestine) war P. die offizielle Bezeichnung des Gebietes, das heute den Staat Israel und Teile von Jordanien, Libanon und der Vereinigten Arab. Republik (Syrien) einschließt. Vgl. Taf. 97/1536 Deckblatt.

2) Wenn unter P. auch im allg. das Gebiet zwischen dem Hermon und dem Golf von Akaba, im W bis zum Mittelmeer, im O bis zur arab. Wüste, verstanden wird, so sind doch die Grenzen, bes. die politischen, stets fließend gewesen. Z. Zt. Salomos war das ganze Gebiet von Tiphsah am Euphrat bis Gaza (1 Kö 5,4[4,24]) bzw. von Hamath bis an den Bach Ägyptens (Wadi el-Arisch; 1 Kö 8,65; 2 Chron 7,8) unter seiner Herrschaft zusammengefaßt (vgl. Karte Sp. 282). Jos 11,17; 12,7 nennt als Nordgrenze Baal-Gad am Hermon, als Südgrenze das »kahle Gebirge« (Dschebel Halak; neuhebr. Har Hehalaq; Karte Sp. 984). Das eigentliche isrl. Siedlungsgebiet erstreckte sich von Dan bis Beer-Seba (1 Sam 3,20).

II, 1) P. ist das «verheißene Land«, das Gott → Abraham für seine Nachkommen zugesagt hat (1 Mo 12,7), der vom Herrn gewählte irdische Raum der alttestamentlichen → Offenbarung Gottes in seinem Volk und der neutestamentlichen in seinem Sohn → Jesus Christus (vgl. → Kanaan). Mittelalterliche Gelehrsamkeit hat P. und genauer Jerusalem daher auch geographisch als Mittelpunkt der Erdscheibe betrachtet. Wenn wir von solch einem Mittelpunkt der Erde heute auch nicht mehr sprechen können, so hat P. mit seiner zentralen Lage an einem der wichtigsten Schnittpunkte der Land- und Seewege der Alten Welt doch auch geographisch eine außerordentliche Bedeutung (vgl. Hes 5,5).
Es liegt an der Nahtstelle zwischen den Kontinenten Eurasien und Afrika, wo deren gewaltige Landmassen durch → Mittelmeer, Pers. Golf und Rotes Meer (→ Schilfmeer) so tief eingeschnitten sind, daß alle großen Straßen durch P. hindurchführen.

2) Zwar müßte der Karte nach die Sinaihalbinsel der eigentliche Schnittpunkt sein, wo sich auch die Seewege im Mittelmeer und Roten Meer am nächsten kommen, aber sie hat in der Geschichte diese Rolle nie gespielt. Denn sie ist Wüste, während das nördl. sich anschließende P. den südwestl. Teil des »Fruchtbaren Halbmonds« bildet, eines breiten Gürtels besiedelten und landwirtschaftlich nutzbaren Landes, der sich vom Pers. Golf über → Mesopotamien und → Syrien bis nach P. hinzieht (vgl. Karte Sp. 19/20) und zu dem von manchen auch noch Ägypten gerechnet wird. Im N und NO wird er von den Hochflächen Kleinasiens und des Irans mit dem dazwischenliegenden armenischen Gebirge begrenzt, im O und S von der arab. Wüste, im W vom Mittelmeer. Hier begleiten die Küste hinter der schmalen Küstenebene zwei Gebirgszüge, die durch ein tiefes Längstal getrennt sind. Die Verbindung mit Mesopotamien entsteht dadurch, daß im nördl. Syrien die innere Bergkette nach O abbiegt, während der Euphrat zugleich einen Bogen nach W macht. Die syr.-palästinensischen Berge sammeln und leiten auf diese Weise allen Verkehr in die N-S-Richtung (vgl. Karte Sp. 542) und verschaffen anderseits → Regen in einem Gebiet, das sonst weithin trocken wäre.

3) Als Brücke zwischen den alten Flußkulturen Mesopotamiens und des → Niltals haben Syrien und P. eigenständige politische Bedeutung nur erlangen können, wenn die Großreiche im N und S schwach waren. Meist befanden sie sich in Abhängigkeit von ihren mächtigeren Nachbarn, und ein großer Teil ihrer Geschichte ist durch den Kampf zwischen Mesopotamien (vgl. Karte Sp. 727/8) bzw. Kleinasien (vgl. Karte Sp. 606) und → Ägypten um die Herrschaft über die »Brücke« bestimmt (vgl. → Krieg III). Zu wirklicher Unabhängigkeit ist P. nur ganz selten gelangt, zumal auch in Schwächezeiten der Groß-

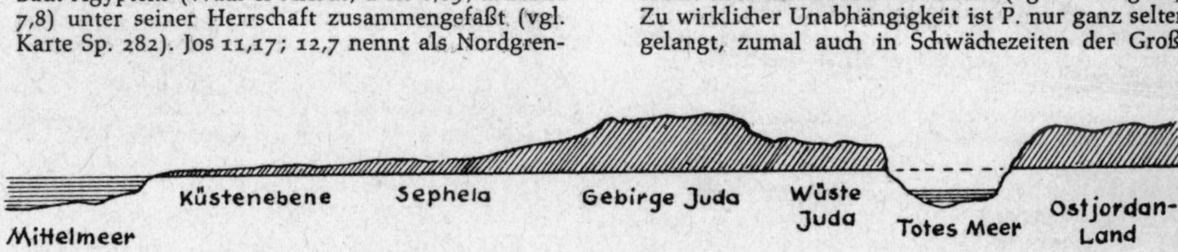

Höhenprofil von Palästina vom Mittelmeer über Hebron zum Hochland von Moab

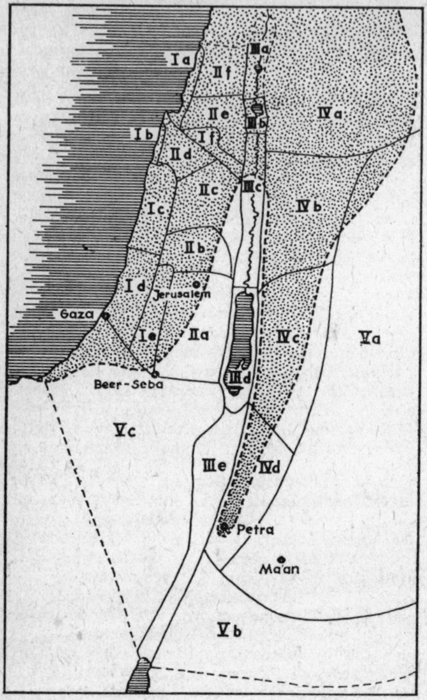

Landschaftskarte von Palästina. Ia–f sind die westjordanischen Ebenen, IIa–f die Gebirge im Westjordanland, IIIa–e ist der Jordangraben, IVa–d das ostjordanische Bergland und Va–c die Wüste. Vgl. weiter → Palästina III. Das punktierte Gebiet umfaßt den landwirtschaftlich nutzbaren Raum.

mächte die syr. Herrschaft von Damaskus einen sehr ernstzunehmenden Gegner der Königreiche → Israel und → Juda (Karte Sp. 649) darstellte.
Die Vormachtstellung Syrien gegenüber haben die Israeliten offenbar nur unter → David und → Salomo, weiter unter → Omri und seinem Sohn → Ahab und schließlich z. Zt. → Jerobeams II. und → Usias erringen können, dann viell. noch einmal auf dem Höhepunkt der Macht der → Makkabäer.
Von daher fällt ein besonderes Licht auf die Absichten und das Handeln Gottes, der die Heimat seines Volkes gerade in diesen politisch unsicheren und gefährdeten Raum legte (vgl. Ps 78,7).

III, 1) Der Raum P. zwischen dem Hermon und dem Golf von Akaba umfaßte von der Küste aus landeinwärts folgende Landschaften (vgl. die Karte) : die westjordanischen Ebenen (Ia-f) und Gebirge (IIa-f), den Jordangraben (III a-e), das ostjordanische Bergland (IVa-d) und die Wüste (IIIe, Va-c), die im S bis an die Küste hinübergreift.

2a) Die Küstenebene erstreckt sich über die ganze Länge P., ist im S aber breiter als im N. Zwischen die Ebene → Philistäas (auf der Karte Id) und das judäische Gebirge (IIa) schiebt sich hier noch das Hügelland der Sephela (Ie; Taf. 22b/321; → Gefilde) ein. Weiter nach N schließt sich die → Saronebene (Ic) an, durch die Sümpfe des Krokodilsflusses (neuhebr. Tanninim) von der ganz isolierten Ebene von → Dor (Ib) getrennt. Danach wird die Küstenebene vom Rücken des Karmels (IId; Taf. 64b/993) unterbrochen, ist nördl. davon im Gebiet Assers (Ia) sehr schmal und endet bei Ras en-Nakura (neuhebr. Sullamah shel Tsor), der »Treppe von Tyrus«.

b) Unmittelbar östl. der Ebene folgt das westjordanische Gebirge, das in den beiden großen Stufen Ober- (IIf) und Untergaliläas (IIe; Taf. 70/1089; 27a/416; 83/1312; Karte Sp. 433) vom → Libanon zur Jesreelebene (If; Taf. 48b/737; 64b/993; 68a/1057; 69a/1088) absteigt. Die Ebene durchschneidet das Gebirge von NW nach SO und verbindet die Küstenebene (Ia) mit dem Jordangraben (IIIc) bei Beth-Sean (Karte Sp. 690). Die Berge setzen sich südl. davon im Hügelland von → Samaria fort (IIc; Taf. 77/1216; 85b/1344) und steigen über das Gebirge → Ephraim (IIb; Taf. 22a/321; 78b/1217; 66a/1025; 13b/192; 31/480; 8a/97) zu den Höhen des Gebirges → Juda (IIa) um → Jerusalem (Taf. 49/768; 60b/929; 29a/448; 73a/1152; 50b/769; 74a/1153), → Bethlehem (Taf. 13a/192; 14a/193; 17a/256; 43b/672) und → Hebron (Taf. 43a/672; 57/896; Karte Sp. 574) an. Südl. Hebron fällt das Gebirge erneut zur Wüstenfläche des Negev (Vc) hin ab, dessen Südteil sich im Gebirgsstock des Dschebel el-Makra, fast genau in der Mitte zwischen Gaza und dem Golf von Akaba, noch einmal bis zu 1035 m (Har Ramon) erhebt.

c) Die Osthänge des Gebirges fallen überall steil zum syr. oder Jordangraben (Karte Sp. 722) hin ab, der sich als großes Längstal von Syrien bis zum Golf von Akaba erstreckt. Im N von P. senkt sich der Talboden sehr schnell von 300 auf 100 m und hat am Hulesee 68 m ü. d. M. erreicht (III a; Taf. 55a/864), sinkt dann bis zum See → Genezareth (IIIb; Taf. 25a/384; 62a/961; 27b/416; 85a/1344) auf 212 m unter dem Meeresspiegel und im weiteren Jordanlauf (IIIc; Taf. 56/865; 47b/736; 48a/737; 55b/864; 71a/1120) bis zum Toten Meer (IIId; Taf. 39/608; 40/609; 86b/1345; → Salzmeer) auf minus 392 m, wozu noch rund 400 m Meerestiefe kommen. Südl. davon steigt die → Araba (IIIe; Taf. 18a/257; → Blachfeld) zunächst bis über 200 m ü. d. M. an und fällt dann wieder ab zum Golf von Akaba, mit dem sich der Graben ins Rote Meer hinein fortsetzt.

d) Den Ostrand des Grabens bildet der Hang des ostjordanischen Hochlands, dessen Anstieg noch steiler ist, als der Abfall der westjordanischen Berge. Die Hochebene wird von 4 tiefen Flußtälern durchschnitten: dem Jarmuk im S von → Basan (IVa); dem → Jabbok (Taf. 45b/704), der mitten durch → Gilead (IVb) fließt und mit seinem Oberlauf die Westgrenze der Ammoniter bildet; dem → Arnon (Taf. 58b/897) in Moab (IVc; Taf. 71a/1120); dem Wadi el-Hesa (→ Sered), der Grenze zwischen Moab und → Edom (IVd; Taf. 71b/1120; 72/1121). Das Hochland hat seine höchsten Erhebungen im N in Gilead und ganz im S in Edom, dessen Berge bis über 1700 m Höhe erreichen und daher noch genügend Regen vom Mittelmeer her auffangen können.

e) Im O und S von P. erstreckt sich die Wüste: die flache, aber unwegsame östl. Wüste (V a), die felsige und bergige Wüste des Wadi Hasma (Vb) südl. von Edom, die Araba (IIIe), die klimatisch ebenfalls Wüste ist, und die westjordanische Wüste des → Negev (Vc; Taf. 17b/256; 58a/897; Karte Sp. 684).

IV) Die regenlosen Sommermonate (zum Klima von P. vgl. weiter → Ackerbau; → Jahr; → Ostwind; → Regen; → Schnee) und der stark wasserdurchlässige

Kalkstein bedingen, daß nur wenige Flüsse in P. das ganze Jahr über Wasser führen (vgl. → Bach). Die Ebene Jesreel wird vom → Kison entwässert, südl. des Karmel finden nur noch einige kleinere Flüsse den Weg ins Mittelmeer. Östl. des westjordanischen Gebirges, dessen Kamm die Wasserscheide bildet, gibt das gesamte Innere von P. sein Wasser zum Toten Meer hin ab, in das als größter Fluß der → Jordan mündet, der außer dem Wadi Faria aus dem Hügelland von Samaria seine Hauptzuflüsse – wie auch das → Salzmeer selber – nur von O her erhält (vgl. oben III, 2d). Den Nordteil der Araba entwässert der Wadi el-Dscheibe, der vor allem von den Bergen Edoms her gespeist wird, ebenfalls zum Toten Meer hin. Südl. vom Dschebel er-Rische, der Wasserscheide der Araba, führen verschiedene kürzere Wadis zum Golf von Akaba.

Die Wadis des ostjordanischen Hochlands werden zum größten Teil von seinen 4 Hauptflüssen aufgenommen, nur ganz im O laufen die Trockenflüsse zur Senke des Wadi Sirhan (vgl. → Karkor), und im S mündet der Wadi Jatm bei Akaba ins Meer.

V) Innerhalb der besprochenen Landschaften von P. wurden Verkehr und Siedlung durch besondere örtliche Schwierigkeiten noch stärker eingeschränkt, als es schon durch den gesamten Landschaftscharakter geschah. Das waren in der Wüste die Strecken, auf deren scharfem Felsgrund Kamele nicht gehen konnten: Feuersteingebiete der östl. Wüste und vor allem das große Basaltgebiet, das sich vom → Hauran nach SO erstreckt und nur über Palmyra im N oder im S über den Wadi Sirhan umgangen werden konnte (vgl. Karte Sp. 542; 979). Dazu kamen Schlammflächen in der östl. Wüste u. der Araba, die zwar im Sommer passierbar waren, nach jedem Regenfall aber schlüpfrig und für Kamele unbetretbar wurden. Ein beträchtliches Hindernis bildete auch der Aufstieg zu den Hochflächen, was für Judäa, Moab und Edom vielfach zum Schutz diente. Ebenso konnten auch schon niedrige Gebirge mit steilen Hängen als Sperren wirken, bes. wenn sie, wie der Höhenzug des Karmel, bewaldet waren. Sonst boten Wälder selten größere Schwierigkeiten, mit Ausnahme des westl. Obergaliläa, Teilen von Gilead und viell. der Saronebene; Sümpfe dagegen machten sich sehr störend bemerkbar, im Hulebecken ständig, in den Ebenen Saron und Jesreel und in der Küstenebene nördl. vom Karmel vor allem in der Regenzeit. In diesen Gebieten hielten sich Straßen und Orte überall dicht an den höheren Rand der angrenzenden Hügel.

VI) Zur Pflanzen- und Tierwelt Palästinas vgl. die betreffenden Einzelartikel.

Pallu, Kurzform von Pelaja »Der Herr hat wunderbar gehandelt«.
Sohn Rubens. Seine Nachkommen wurden Palluiter genannt (1 Mo 46,9; 2 Mo 6,14; 4 Mo 26,5).

Palluiter → Pallu

Palme → Dattelpalme

Palmenstadt → Dattelpalme, → Jericho

Palti »(Meine) Rettung«, Kurzform von Paltiel, Sohn Raphus, der Benjaminit unter den Kundschaftern, die Mose nach Kanaan sandte (4 Mo 13,9[10]).

Paltiel »(Meine) Rettung ist Gott«

1) Sohn Assans, Fürst des Stammes Isaschar, der für die Aufteilung des Landes Kanaan mit verantwortlich war (4 Mo 34,26).

2) → Phalti

Paltiter, wohl Nachkomme eines → Palti oder → Pelet (2 Sam 23,26).

Pamphylien, Landschaft im Süden Kleinasiens (Apg 2,10), westl. von Zilizien und östl. von Lyzien. Paulus durchzog P. während seiner ersten Missionsreise, auf dem Hinweg über Perge, auf dem Rückweg auch über Attalien (Apg 13,13; 14,25). Auf seiner Reise nach Rom fuhr er daran vorbei (Apg 27,5). Vgl. Taf. 64a/993 und Karte Sp. 86; 1151/2.

Panier. I) Zur Bezeichnung der »Fahnen« bestimmter militärischer Einheiten verwendet das Hebr. zwei Wörter. *Dägäl* wird für die Standarten der 4 Abteilungen Israels aus je 3 Stämmen (→ Lager) gebraucht (4 Mo 1,52; 2,2; 10,14; vgl. Ps 20,6; Hl 2,4). Daneben werden in 4 Mo 2,2 die Standarten (LÜ Zeichen) der einzelnen Stämme erwähnt (hebr. *ot*, das allg. Wort für »Zeichen«). Im Aussehen ähnelten diese

Assyr. Feldzeichen mit dem Bild des Gottes Assur

P. wohl den Feldzeichen, die wir aus Ägypten und Assyrien kennen.

II) Das hebr. *nes* bezeichnet ein Signal oder Feldzeichen (2 Mo 17,15; Ps 60,6; Jes 31,9), vielfach an weithin sichtbarer Stelle aufgerichtet, auf Bergen und Hügeln (Jes 13,2; 18,3; 30,17), auch auf der Mauer (Jer 51,12). Über das Aussehen dieses P. ist nichts bekannt, auch nicht, ob der Ausdruck etwa verschiedene Arten von Zeichen umfaßt.

III) Rauch- (Ri 20,38.40) oder Licht- bzw. Feuersignale (Jer 6,1 LÜ P.) heißen hebr. *maset*, ein Wort, das auch im → Lachisbrief IV vorkommt (vgl. Taf. 12b/161).

IV) Wo hebr. *nes* in Verbindung mit Schiffen gebraucht wird, ist es als Segel bzw. Flagge aufzufassen (Jes 33,23 LÜ Fähnlein; Hes 27,7).
Das P. der Zwillinge (Apg 28,11) an dem Schiff, mit dem Paulus von Malta nach Puteoli fuhr, war das Bild der Dioskuren, der Zeussöhne Kastor und Pollux, das wohl als Gallionsfigur am Bug angebracht war. Diese Zwillingsgottheiten galten als Schutzgötter der Seeleute.

Drei ägypt. und ein assyr. Feldzeichen (zweites von rechts)

Panzer. I) Zum P. im eigentlichen Sinn vgl. → Waffen und Geräte.

II) In übertragenem Gebrauch ist Jes 59,17 davon die Rede, daß Gott selbst sich mit Gerechtigkeit wie mit einem P. bekleidet, sie ihn also vollständig umgibt. Eph 6,14 ermahnt Paulus die Gläubigen, den P. der Gerechtigkeit anzuziehen, während er 1 Thess 5,8 vom P. des Glaubens und der Liebe spricht. Vgl. → Anziehen III.

Paphos, eigentlich Neu-Paphos, die Hafenstadt des weiter landeinwärts gelegenen alten Paphos. Neu-Paphos lag an der SW-Küste Zyperns, an der Stelle des heutigen Baffo. Z. Zt. des Paulus war hier der Sitz des röm. Prokonsuls (Apg 13,6ff). Vgl. Karte Sp. 1045/6.

Pappel → Linde, → Weide

Paradies. I) P. ist ein Lehnwort aus dem Altpersischen, wo *parideza* eine Umwallung, dann auch das Umwallte, den Park oder Garten bezeichnet. In dieser Bedeutung ging P. in das Hebr. *(pardes)*, Aram. *(pardesa)*, Griech. *(paradeisos)* und auch Lat. *(paradisus)* ein. Als die LXX das hebr. »Gottesgarten« der Schöpfungsgeschichte in 1 Mo 2 mit *paradeisos* übersetzte, wurde P. im griech. Judentum zum religiösen Begriff. Das hebr. Judentum hat zur Bezeichnung des Gottesgartens seinen alten Ausdruck »Garten« oder »Garten Eden« beibehalten und spricht nicht von P.

II, 1) Wenn daher im hebr. AT das Wort P. nicht vorkommt, so heißt das nicht, daß ihm auch die Sache fremd wäre. Der »Garten« oder »Garten Eden«, oder auch »Gottesgarten« (1 Mo 2,8.15; vgl. 13,10) ist Gottes Schöpfung selber (1 Mo 2,8). Seine Fruchtbarkeit ist unbeschreiblich, ebenso sein Reichtum an Gewächsen und Tieren. Hier lebte der Mensch vor dem Sündenfall in der Gemeinschaft mit Gott und in göttlicher Offenheit voreinander. Nach dem Fall in die Sünde wurde der Mensch aus dem Garten vertrieben. Vgl. → Eden (1).

2) Die atl. Propheten übertragen die Vorstellungen aus der Urzeit in die Endzeit. Kanaan (Hes 36,35) und Zion (Jes 51,3) werden am Ende der Tage wie der Garten Eden bzw. der Garten Gottes sein; und die Beschreibung des Landes Israel in der Endzeit ist den Vorstellungen des Gottesgartens entnommen: Wasserströme werden reichlich fließen, Pflanzen und Tiere werden von unendlicher Fruchtbarkeit sein, Zion der höchste Berg der Welt (Hos 2,24[22]; Am 9,13; Mi 4,1f; Jes 2,2; 41,18; 35,1ff; Hes 47, 1ff; Sach 14,8). Jedoch wird an keiner Stelle das endzeitliche Kanaan mit dem Garten Eden identifiziert.

III) Die Identifizierung des P. der Urzeit mit dem P. der Endzeit vertritt zuerst die vorchristliche Apokalyptik, die als seine Stätte fast ausnahmslos das neue Jerusalem nennt (z. B. äthiop. Henoch 25,4; 4 Esra 7,36). Die Beschreibung des P. entspricht den Vorstellungen des AT. Der Lebensbaum, das Lebenswasser und das Lebensbrot sind dabei stets wiederkehrende Begriffe. Die Gemeinschaft mit Gott steht im Mittelpunkt.
Die Vorstellung, daß das P. der Endzeit identisch sei mit dem P. der Urzeit, führte zu der Auffassung, daß es in der Zwischenzeit verborgen existiere. Einmal dachte man es sich am äußersten Rand der Erde im O (vgl. 1 Mo 2,8), N, NW oder W oder als einen bis in den Himmel ragenden Berg – anderseits meinte man, es befände sich seit Adams Fall im Himmel, genauer: im 3. Himmel. Beide Vorstellungen bestehen in ntl. Zeit nebeneinander.
Einheitlich ist die Auffassung der Apokalyptik darüber, wer im zwischenzeitlichen P. weile: die Seelen der verstorbenen Erzväter, sowie alle Auserwählten und Gerechten. Die Seelen der verstorbenen Gottlosen befinden sich in der Scheol, dem Totenreich (→ Hölle).

IV, 1) Das NT nennt das P. in Lk 23,43; 2 Kor 12,4, an der ersten Stelle als Aufenthaltsort der Erlösten in der Zwischenzeit zwischen Tod und Auferstehung. Von der Sache selber reden aber eine ganze Reihe weiterer Stellen, jedoch vermeidet das NT das Wort P., weil es eine Fülle sinnlicher Vorstellungen weckt, auf die gerade nicht abgezielt werden soll. Nicht auf die Seligkeit des P. kommt es an, sondern auf die Wiederherstellung der zerstörten Gemeinschaft mit Gott. An die Stelle des Begriffes P. treten darum Wendungen wie »Tischgemeinschaft mit Abraham« (Lk 16,23), »beim Herrn weilen« (2 Kor 5,8), »mit Christus sein« (Phil 1,23), »Wohnung im Vaterhaus« (Joh 14,2) u. a. Die Aussagen über den »Zwischenzustand« der Toten wollen kein »Wissen« mitteilen, sondern trösten: sie sind beim Herrn.

2) Vom endzeitlichen P. spricht Offb 2,7. In den atl. Begriffen und Vorstellungen des urzeitlichen P. und in den Bildern der atl. Prophetie wird die Vollendungsherrlichkeit des endzeitlichen P.beschrieben: in der Gestalt des himmlischen Jerusalems wird es als neue Erde die Überwinder aufnehmen. Diese werden vom Baum des Lebens gespeist und am Lebenswasser getränkt werden (Offb 21,10ff; 22,1f). Die alte Schlange wird vernichtet sein (Offb 20,10), und Leid, Tränen und Tod sind zu Ende (Offb 21,4). Das Herrlichste jedoch ist die Gemeinschaft mit Gott, in die der Gerechte dann kommen wird: »Er wird bei ihnen wohnen, und sie werden sein Volk sein, und er selbst, Gott, wird mit ihnen sein ... Und der Thron Gottes und des Lammes wird darin sein; und seine Knechte werden ihm dienen und sehen sein Angesicht ... und sie werden nicht bedürfen einer Leuchte oder des Lichts der Sonne; denn Gott, der Herr, wird sie erleuchten und sie werden regieren von Ewigkeit zu Ewigkeit« (Offb 21,3; 22,3ff).

Parbar bedeutet wahrscheinlich »Vorhof« (1 Chron 26,18). Es handelt sich offenbar um einen Anbau an der Westseite des Tempels, der wohl als Vorratshaus diente. »Parwarim« (2 Kö 23,11) ist wohl Mehrzahl von P. Der Ursprung des Wortes ist nicht mit Sicherheit zu klären.

Parder (hebr. *namer;* griech. *pardalis*).

I) Der Leopard *(Felis pardus)*, eine große Raubkatze, die auch in Palästina vorkam (Hl 4,8; Jes 11,6; Jer 5,6; Hos 13,7; Hab 1,8). Ihr Fell hat auf hellerem Grund dunkle Flecken (Jer 13,23) und ist als Pelz sehr begehrt.

II) In Dan 7,1 ist ein P.-ähnliches Tier Bild für das griech. Weltreich Alexanders d. Gr. (vgl. Offb 13,2).

Pareos »Floh«,
Israelit, dessen Nachkommen mit Serubabel und Esra aus Babylon heimkehrten (Es 2,3; 8,3; vgl. Neh 3,25). Einige von ihnen hatten heidnische Frauen genommen (Es 10,25).

Parmastha, pers. »Der Allererste«,
einer der 10 Söhne Hamans (Est 9,9).

Parmenas, griech. »Der Ausharrende«,
einer der 7 → Diener (IV) der Gemeinde in Jerusalem (Apg 6,5).

Parnach, Vater des → Elizaphan (2) (4 Mo 34,25).

Parsandatha »Gewährte Bitte« oder »Gesetzeslehrer«, einer der 10 Söhne Hamans (Est 9,7).

Parther. Nomadenvolk, das einige Jahrhunderte lang (von 250 v. Chr. bis zum Aufkommen des neupers. Reiches der Sassaniden 226 n. Chr.) in Vorderasien vom Euphrat bis zum Ganges und vom Kaspischen Meer bis zum Indischen Ozean herrschte. Sie haben langwierige Kämpfe mit den Römern geführt. 53 v. Chr. wurde Crassus bei Carrhae (Haran) von den P. geschlagen. 40-37 v. Chr. stießen ihre Heere nach Syrien und Palästina vor, eroberten und plünderten Jerusalem und setzten Antigonus, den letzten Hasmonäer (→ Makkabäer; → Herodes d. Gr.) auf den Thron. Auch aus dem P.reich waren Juden und Proselyten in Jerusalem, als Petrus seine Pfingstpredigt hielt (Apg 2,9). Vgl. Karte Sp. 917.

Paruah »Fröhlich, heiter«,
Vater Josaphats, des Amtmanns über Isaschar z. Zt. Salomos (1 Kö 4,17).

Parwaim, Landschaft, aus der Gold für den salomonischen Tempel kam (2 Chron 3,6). Ihre Lage ist nicht bekannt. Man hat P. in Farwa im Jemen (Südwestarabien) oder auch in Sak el Farwain (Mittelarabien) vermutet.

Parwarim → Parbar

Pasach, Asseriter, Nachkomme Berias (1 Chron 7,33).

Pas Dammim → Ephes-Dammim

Paseah »Hinkend, Hinker«.
1) Judäer, Nachkomme Kalubs (1 Chron 4,12).
2) Tempelknecht, dessen Nachkommen mit Serubabel aus Babylon heimkehrten (Es 2,49; Neh 7,51).
3) Vater Jojadas (Neh 3,6).

Pashur, viell. ein ägyptischer Name.
1) Sohn Malchias, einer der Fürsten Zedekias und Gegner des Propheten Jeremia (Jer 21,1; 38,1).
2) Vater Gedaljas, eines anderen der Gegner Jeremias (Jer 38,1).
3) Sohn Immers, ein Priester und Oberaufseher im Tempel. Er schlug Jeremia und legte den Propheten für seine Weissagungen über Nacht in den Stock. Jeremia kündigt ihm dafür – unter Anspielung auf seinen Namen, der hier als »Überfluß ringsum« gedeutet wird – die Verbannung und den Tod in Babylon an (Jer 20, 1–6).
4) Sohn Malchias, ein Vorfahr des Priesters Adaja, der nach der babyl. Gefangenschaft in Jerusalem wohnte (1 Chron 9,12; Neh 11,12).
5) Stammvater eines Priestergeschlechts, dessen Nachkommen mit Serubabel aus Babylon zurückkehrten (Es 2,38; Neh 7,41). Einige von ihnen hatten heidnische Frauen genommen (Es 10,22).
6) Priester, der z. Zt. Nehemias die Verpflichtung auf das Gesetz unterschrieb (Neh 10,4[3]).

Passah. I) NAME.

Das hebr. *päsach* bezeichnet einmal das Passahfest, anderseits das Festopfer, das Passahlamm. Das Wort ist abgeleitet von einem Zeitwort, das in seiner Grundbedeutung »lahm sein, hinken« heißt und weiter den Sinn »über etwas hüpfen, etwas unberührt lassen« erhalten hat. Als der Herr in Ägypten die Erstgeburt tötete, hat er die Häuser der Israeliten unberührt gelassen, übersprungen (2 Mo 12,13). An dieses schonende Vorübergehen des Herrn erinnert der Name P.

II) DAS P. DES AUSZUGS.

1) Als der Pharao die geknechteten Israeliten trotz der verheerenden ersten 9 ägypt. → Plagen nicht ziehen lassen wollte, kündigte Mose ihm ein letztes

Gericht des Herrn an, den Tod jeder Erstgeburt in Ägypten (2 Mo 11,4–6), was die Freilassung der Israeliten erzwingen werde (V 8).

2) Auf diesen Tag sollten sich die Israeliten in bes. Weise vorbereiten, was für sie zugleich eine Glaubensprobe bedeutete (Hebr 11,28). Am 10. Abib, der zugleich als 1. Monat des isrl. → Jahres festgesetzt wurde (2 Mo 12,3), hatte jeder Hausvater für seine Familie ein einjähriges, fehlerloses, männliches Schaf- oder Ziegenlamm zu wählen (V 3.5). War eine Familie zu klein, um das Lamm ganz verzehren zu können, so sollte sie sich mit der benachbarten Hausgemeinschaft zusammentun, »bis ihrer so viel wird, daß sie das Lamm aufessen können« (V 4). Das Tier sollte am 14. Abib »gegen Abend« geschlachtet werden, wörtl. »zwischen den Abenden«, d. h. zwischen Sonnenuntergang und Einbruch der Dunkelheit (V 6; 3 Mo 23,5; 4 Mo 9,3.5.11; vgl. 5 Mo 16,6). Das Blut war mit einem Büschel → Isop an die Türpfosten und die Oberschwelle jedes isrl. Hauses zu streichen, worauf niemand mehr vor die Tür gehen durfte (2 Mo 12,7.22). Die Lämmer wurden in den Häusern zum Essen vorbereitet und mußten ganz, mit Kopf, Schenkeln und inneren Teilen, gebraten werden; weder durfte ein Knochen gebrochen noch durften die Tiere roh gegessen oder gekocht werden (V 8.9; zu 5 Mo 16,7 und 2 Chron 35,13 vgl. → Kochen I). Zur Mahlzeit gehörten weiter ungesäuertes Brot und bittere Kräuter (2 Mo 12,8), alle Reste mußten verbrannt werden (V 10), und die Essenden sollten reisefertig zum Aufbruch sein (V 11).

3) Das im Ganzen gebratene Lamm ist ein Hinweis auf Einheit und Ganzheit in mehrfacher Hinsicht. Eine oder mehrere Familien bilden eine Mahlgemeinschaft (V 46) vor dem Herrn, der einer ist (5 Mo 6,4) und die Befreiung Israels an einem Tage (2 Mo 12,41) vollbringt, dem darum auch der ungeteilte Gottesdienst seines Volkes gebührt (5 Mo 6,5). Die ungesäuerten Brote sind »Brot des Elends« (5 Mo 16,3) und erinnern später immer wieder an die Hast des Auszuges (2 Mo 12,34.39); die Bitterkräuter deuten auf die Bitterkeit des ägypt. Sklavendaseins.

4) Während die Israeliten ihr Passahmahl hielten, schlug der Herr um die Mitternacht vom 14. zum 15. Abib alle Erstgeburt der Menschen und des Viehs in Ägypten (V 29.30), Israel aber blieb verschont um der Passahlämmer willen, die für die Erstgeborenen gestorben waren (vgl. → Abendmahl I u. II). Damit war der Weg zum → Auszug des Volkes frei.

5) Die häufig geäußerte Ansicht, es habe vor dem isrl. P. eine Vorform dieses Festes als jährliches Frühlingsfest der Nomaden bestanden, stützt sich lediglich auf kulturgeschichtliche und religionswissenschaftliche Überlegungen. Frühere oder dem bibl. Bericht gleichzeitige außerbiblische Quellen bestehen dafür nicht.

III) GESETZESVORSCHRIFTEN ZUR WIEDERHOLUNG DES P.

1) Als ständige Erinnerung an die Befreiung aus Ägypten, das grundlegende Heilshandeln Gottes für Israel, wird im Gesetz für die Zeit nach der Einnahme des verheißenen Landes (2 Mo 12,25; 13,5.6) die jährliche (V 10) Wiederholung des P. angeordnet, und zwar in Verbindung mit dem Fest der ungesäuerten Brote (2 Mo 12,14.15; 13,5.6; 4 Mo 28,16.17; 5 Mo 16,1–8; vgl. auch Hes 45,21–24). Dabei durfte das Passahlamm nur am Ort des Heiligtums geschlachtet und gegessen werden (5 Mo 16,5–7), wozu alle Männer Israels vor dem Herrn erscheinen sollten (V 16). Den Vätern war dazu aufgetragen, ihren Söhnen den Sinn des Festes ausdrücklich weiterzusagen (2 Mo 13,8). Kein Fremder, Beisasse oder Tagelöhner durfte an diesem Gemeinschaftsmahl teilnehmen, das an die Erlösung Israels erinnerte und sie vergegenwärtigte (2 Mo 12,43.45). Nur durch die → Beschneidung konnten der gekaufte Sklave und auf Wunsch auch der Fremdling Zugang erhalten (V 44.48). Wer aber durch Unreinheit oder eine Reise verhindert war, das P. fristgerecht zu feiern, konnte das Fest einen Monat später nachholen (4 Mo 9,10–12), das ist das sog. kleine P. Wer dagegen das Fest aus Ungehorsam vernachlässigte, verfiel der Todesstrafe (V 13), er hatte sich selber aus der Gemeinschaft des Gottesvolkes ausgeschlossen.

2) Unmittelbar an das P. schloß sich das Fest der ungesäuerten Brote vom 15.–21. Abib (2 Mo 12,18) an, das einerseits ebenfalls an den Auszug erinnerte (V 17; 5 Mo 16,3; vgl. 26,1–11), anderseits das Fest des Erntebeginns war (3 Mo 23,10–14). Der erste und letzte Tag waren heilige Versammlungstage, an denen nur die Arbeit erlaubt war, die zur Bereitung des Essens diente (2 Mo 12,16; 3 Mo 23,7.8; 4 Mo 28,18.25). Täglich wurden Festopfer gebracht (3 Mo 23,8 vgl. ZÜ; 4 Mo 28,19–24), zu denen freiwillige Opfer des einzelnen kamen (2 Mo 23,15.) Während der ganzen Zeit durfte kein gesäuertes Brot gegessen werden noch sich überhaupt in den Häusern befinden (2 Mo 12,18–20; 3 Mo 23,6).
Am Tage nach dem Sabbat (d. h. offenbar nach dem 1. Festsabbat), also am 2. Tage des Festes (so verstehen auch LXX und Josephus), brachte der Priester eine Erstlingsgarbe als → Webeopfer dar, dazu ein Lamm als Brandopfer. Vorher durfte von der neuen Ernte nichts gegessen werden (3 Mo 23,9–14); dies Erstlingsopfer bezeichnete wohl zugleich den allg. Erntebeginn (5 Mo 16,9). Wie beim P. stand auch beim Fest der ungesäuerten Brote der Tod auf Übertretung der Vorschriften (2 Mo 12,19).

3) Die Beschreibung des P. und des Festes der ungesäuerten Brote in 5 Mo 16 zeigt im Vergleich mit den übrigen Vorschriften einige abweichende Züge. Hier werden anscheinend auch Rinder als Passahopfer zugelassen (V 2; falls damit nicht etwa die übrigen Festopfer gemeint sind), und es wird nur ein Tag der Versammlung am Ende des Festes erwähnt (V 8; vgl. auch 2 Mo 13,6). An die Stelle des ersten Versammlungstages am Anfang der Festwoche tritt der Aufbruch am Morgen nach dem Passahmahl (V 7), wie es beim P. des Auszugs der Fall war (2 Mo 12,11.33).

IV) PASSAHFESTE IN DER GESCHICHTE ISRAELS.

Von Passahfeiern wird in der Geschichte Israels nur einigemal ausdrücklich berichtet: nach dem Passah am Sinai (4 Mo 9,1–5) wieder beim Einzug in Kanaan, als die Israeliten in Gilgal P. hielten und am Tag danach ungesäuertes Brot und geröstete Körner vom Getreide des Landes aßen, worauf das Manna aufhörte (Jos 5,10–12). Das Fest der ungesäuerten Brote wird hierbei nicht genannt; nach dem Bau des salomonischen Tempels wurde es aber regelmäßig gefeiert (2 Chron 8,13). Dann sind die beiden Passahfeiern der Könige Hiskia (2 Chron 30) und Josia (2 Kö 23,21–23; 2 Chron 35,1–19) von Bedeutung, bei denen zum ersten Mal nach der Reichsteilung wieder Israeliten aller Stämme zusammenkamen (2 Chron 30,1.11.12; 35,18). Nur fand das P. Hiskias noch nach der Vorschrift von 4 Mo 9,10.11 im 2. Monat statt (2 Chron 30,2.3), während Josia es am richtigen Datum im 1. Monat feierte (2 Chron 35,1). In beiden Fällen schloß sich das Fest der ungesäuerten Brote an (2 Chron 30,21; 35,17).
Im Bericht von diesen Festen erfahren wir auch, was

Übersichtstabelle zum Todespassah Jesu

Wochentag	5. Wochentag (Donnerstag)	6. Wochentag (Freitag)	Sabbat (Sonnabend)	1. Wochentag (Sonntag)
Passion Jesu	Abendmahl und Gefangennahme	Kreuzigung und Grablegung	Ruhe im Grab	Auferstehung
Datum und Festkalender nach Johannes (und Paulus) (= Zählung der Sadduzäer?)	13. Nisan	14. Nisan Rüsttag zum Wochen- und Festsabbat* Schlachten der Passahlämmer und Passahmahl	15. Nisan	16. Nisan
			Fest der ungesäuerten Brote	
			Festsabbat*	Darbringung der Erstlingsgarbe
Datum und Festkalender nach den Synoptikern (= Zählung der Pharisäer?)	14. Nisan Rüsttag zum Festsabbat* Schlachten der Passahlämmer und Passahmahl	15. Nisan	16. Nisan	17. Nisan
		Fest der ungesäuerten Brote		
		Festsabbat* Rüsttag zum Wochensabbat		

* Anmerkung: Festsabbat = 1. Tag des Festes der ungesäuerten Brote, der als »Tag der Versammlung« ein Tag der Arbeitsruhe war.

im Gesetz nicht ausdrücklich erwähnt wird, daß die Leviten das P. schlachteten und die Priester das Blut (an den Altar) sprengten (2 Chron 30,16.17; 35,10. 11).
Nach der babyl. Gefangenschaft hören wir von dem P. der ersten Rückkehrer, das sie im Anschluß an die Einweihung des Tempels feierten (Es 6,19–22).

V) DAS P. IM SPÄTJUDENTUM.

In der spätjüd. Überlieferung wird ausdrücklich gesagt, daß die von der bes. Situation des Auszugs bedingten Züge der Passahfeier nicht wiederholt wurden: die Wahl des Lammes am 10. Abib; das Bestreichen der Türen mit dem Blut; das Verbot, das Haus zu verlassen; die Aufbruchsbereitschaft der Essenden.
Die Lämmer (die gelegentlich angegebenen Zahlen gehen in die Zehntausende) wurden am 14. Nisan von etwa 15 Uhr ab im Tempel geschlachtet. Die Schlachtung vollzog der Eigentümer des Lammes bzw. sein Beauftragter, das Blut fingen Priester in Schalen auf, die sie weiterreichten zu einem Priester, der sie am Fuß des Brandopferaltars ausgoß. Während der Schlachtung sangen die Leviten Ps 113–118 (das sog. Hallel). Die Lämmer mußten innerhalb des Stadtbezirks von Jerusalem verzehrt werden, an die Stelle der Familiengemeinschaft war dabei immer häufiger die Gemeinschaft von (mindestens 10) Festpilgern getreten, die sich nach Übereinkunft zusammenfanden.

VI) DAS TODESPASSAH JESU.

1) Nach dem Bericht des Johannes starb Jesus am 14. Nisan, dem Rüsttag auf das P. (LÜ Ostern; Joh 19,14) als das wahre Passahlamm, dem kein Bein gebrochen wurde (V 36), nachdem er am 13. Nisan (Joh 13,1; LÜ vor Ostern) zum letzten Mahl mit seinen Jüngern zusammengewesen war. Sein Begräbnis fand am gleichen Abend vor dem Beginn des Sabbats statt, der »groß« genannt wird (Joh 19,31), offenbar weil der Festsabbat in diesem Jahr mit dem Wochensabbat zusammenfiel. Der Auferstehungsmorgen fällt dementsprechend auf den 1. Wochentag (Joh 20,1), an dem die Erstlingsgabe dargebracht wurde (s. o. II, 2). Ebenso datiert Paulus, wenn er bezeugt: Christus ist als Osterlamm für uns geopfert (1 Kor 5,7) und als Erstling auferstanden (1 Kor 15,20.23). Die gleiche Datierung findet sich außerdem im babyl. Talmud, der ebenfalls den Rüsttag auf das P. als Todestag Jesu nennt.

2) Auch die synoptischen Ev. bezeichnen den Auferstehungstag als 1. Tag der Woche (Mt 28,1; Mk 16,1.2; Lk 24,1) und den Todestag als Rüsttag bzw. Vorsabbat (Mt 27,57 u. 62; Mk 15,42; Lk 23,54), doch nicht als Rüsttag auf das P. Den Tag des Abendmahls aber nennen sie einhellig den »ersten Tag der süßen Brote, als man das Osterlamm opferte« (Mt 26,17; Mk 14,12; Lk 22,7), also den 14. Nisan. Damit legen sie den Todestag Jesu im Gegensatz zu Johannes und Paulus auf den 15. Nisan, den Festsabbat, der damit zugleich als Rüsttag des nun folgenden Wochensabbats erscheint.
Dabei bleibt aber die Schwierigkeit bestehen, daß die Juden, die Jesus gefangennehmen, Stangen (Knüppel; Mt 26,47.55; Mk 14,43.48; Lk 22,52) tragen, die nicht wie die eigentlichen Waffen vom Sabbatverbot ausgenommen sind; weiter daß Joseph von Arimathia am Abend noch Leinwand kauft (Mk 15, 46), was ebenfalls am Sabbat verboten war.

3) Den Ausgleich dieses Gegensatzes zwischen Johannes und den Synoptikern kann man auf zwei Wegen suchen.

a) Die Bezeichnung des Abendmahlstages als 1. Tag der süßen Brote (Mt 26,17; Mk 14,12; Lk 22,7) könnte darauf zurückgehen, daß die Evangelisten die Zeit des Mahls am 13. Nisan abends nach 18 Uhr jüd. Brauch entsprechend schon zum 14. Nisan zählten. Das führt allerdings zu dem Schluß, daß Jesus ein Mahl ohne Passahlamm gefeiert haben müßte, denn

die Schlachtung der Lämmer fand erst am folgenden Nachmittag statt.
b) Nun wissen wir aber von Kalenderstreitigkeiten zwischen Pharisäern und Sadduzäern im Zshg. mit der Festsetzung des → Pfingstfestes, die bes. Bedeutung gewannen, wenn das P. unmittelbar vor bzw. auf den Wochensabbat fiel. Das war aber im Todesjahr Jesu der Fall. Daraus ergibt sich die Möglichkeit, daß die streitenden Parteien einen Kompromiß geschlossen haben, nach dem die Sadduzäer ihre Passahfeier einen Tag später als die Pharisäer begingen (vgl. dazu StB II, S. 812–853; bes. S. 844ff). Vgl. auch die Übersichtstabelle.
Dürfen wir das für das Todesjahr Jesu voraussetzen, so hätte Jesus das Abendmahl am früheren Termin (vgl. Mt 26,18), am offiziellen 13. Nisan gefeiert, der für die Pharisäer schon der 14. ihrer Passahfeier war; die sadduzäischen Priester aber hatten am nächsten Morgen ihr P. noch vor sich (Joh 18,28). Der Tod Jesu zur 9. Stunde (Mt 27,46.50 par.) fällt nun in die Zeit der offiziellen Passahschlachtung der Sadduzäer, während für die Pharisäer dieser Tag bereits der 1. Festsabbat der ungesäuerten Brote und zugleich Rüsttag des folgenden Wochensabbats war. Damit erscheinen alle verschiedenen Angaben der Ev. verständlich, sachlich begründet und zutreffend.

Pastoralbriefe → Testament, Neues

Patara. Hafenstadt in Lyzien an der Xanthosmündung (Apg 21,1), heute eine Ruinenstätte südwestl. des Dorfes Firnaz, ca. 140 km südwestl. von Antalya. Vgl. Karte Sp. 1049/50.

Pathros »Südland«,
Bezeichnung Oberägyptens (Jes 11,11; Jer 44,1; Hes 29,14; 30,14), ägypt. P-to-res, assyr. Paturesi (vgl. Karte Sp. 35).

Pathrusiter, Bewohner von → Pathros (1 Mo 10, 14; 1 Chron 1,12). Vgl. Karte Sp. 1477/8.

Patmos, Felseninsel im Ägäischen Meer, ca. 90 km südwestl. von Ephesus. Hier empfing Johannes die Gesichte der → Offenbarung, als er um seines Glaubens willen verbannt war (Offb 1,9). Vgl. Karte Sp. 1009.

Patriarch → Erzvater

Patrobas, Christ in Rom, den Paulus grüßt (Röm 16,14).

Pauke → Musikinstrumente

Paulus lat. »Der Kleine, Geringe, Niedrige«.
I, 1) Saul aus Tarsus in Zilizien (Apg 9,11; 21,39), der, wie es in ntl. Zeit häufig vorkam, als zweiten Namen den röm. »Paulus« trug (Apg 13,9) und von seinem Vater das röm. Bürgerrecht geerbt hatte (Apg 22,28), war ein Sohn frommer jüd. Eltern, ein strebsamer Rabbinenschüler (Apg 22,3), stolz auf seine hebr. Abstammung, auf seine Zugehörigkeit zur Gemeinschaft der Pharisäer, auf seine Gesetzesgerechtigkeit und seine Arbeit innerhalb der jüd. Gemeinde (Phil 3,5.6). Wenn man diesem Anwärter einer verheißungsvollen Zukunft im Raum der Synagoge bedeutet hätte, daß gerade das Judentum und die Synagoge seine schlimmsten Feinde, er selber aber einer der führenden Leiter der so gehaßten Sekte der Nazarener (Apg 24,5), der Christen, werden würde, er hätte sicherlich solche Zukunftsaussage entschieden verneint. Er war durch und durch Jude, von Kindheit an dem Gesetz Moses treu ergeben, und er liebte sein Volk. Mit ganzer Hingabe widmete er sich dem Studium bei → Gamaliel (Apg 22,3), einem der berühmtesten Rabbinen seiner Zeit und erhielt wohl schon recht früh die amtliche Anerkennung als Schriftgelehrter. Er war kaum über 30 Jahre alt, als er in Ausübung seines Amtes der Steinigung eines Christen beizuwohnen hatte (Apg 7,57), um ihren ordnungsgemäßen Vollzug zu beaufsichtigen – eine Aufgabe, die nur ein voll ausgebildeter Schriftgelehrter ausführen durfte. Sein Volk verlassen und zu den Christen übertreten – solche Gedanken waren ihm nie gekommen. Im Gegenteil, die Steinigung des Stephanus wies ihm den Weg, um mit diesen Abtrünnigen fertig zu werden: man mußte sie verfolgen, gefangennehmen und notfalls tö-

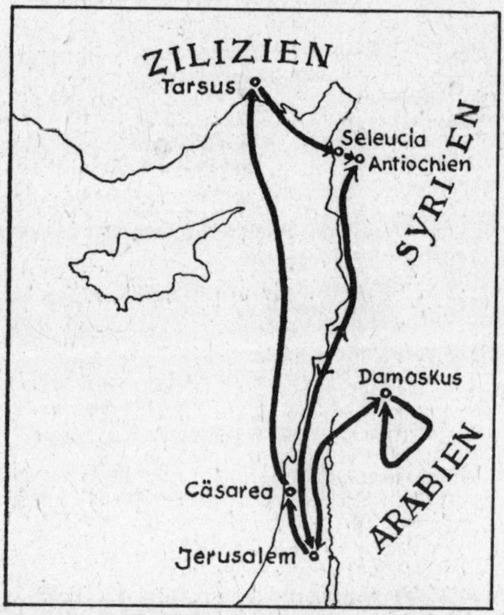

Die Wege des Paulus vor seiner 1. Missionsreise: Zug nach Damaskus (Apg 9,1–9); Aufenthalt in Arabien (Gal 1,17); Rückkehr nach Jerusalem (Apg 9, 26–28; Gal 1,18.19); Aufenthalt in Tarsus (Apg 9,30; Gal 1,21); Fahrt nach Antiochien (Apg 11,25. 26); Reise nach Jerusalem mit der Spende der Gemeinde in Antiochien und Rückkehr (Apg 11,30; Gal 2,1–10)

ten, dann würde diese sonderbare Irrlehre, daß der vor kurzem hingerichtete Jesus von Nazareth tatsächlich der langersehnte Messias der Juden gewesen sei (Apg 2,36), bald zu existieren aufhören.
2) Das Ergebnis der Verfolgungsaktion in Jerusalem ermutigte ihn. Die Christen waren zersprengt worden und hatten sich in alle Winde zerstreut (Apg 8,1). Ängstliche Gemüter mochten noch hier und da versteckt sein – jedenfalls bedeuteten sie keine Gefahr mehr. Als aus Syrien die Nachricht nach Jerusalem kam, daß sich auch dort innerhalb der jüd. Gemeinde Christen verbreiteten, hielt der Hohepriester keinen für geeigneter, die Unterdrückung solcher Umtriebe durchzuführen, als Saulus, der darum gebeten hatte (Apg 9,2). Ausgerüstet mit der Bevollmächtigung durch den Hohenpriester (Apg 22,5) machte sich Saul mit einer Schar Bewaffneter zur Verfolgung bzw. Verhaftung der Christen nach Damaskus auf.

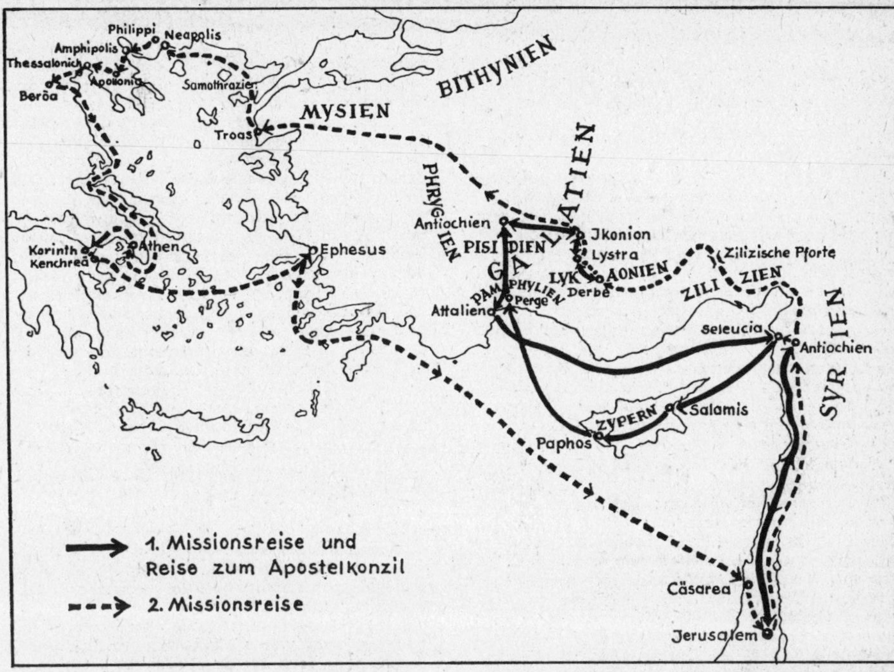

Die 1. Missionsreise des Paulus nach Kleinasien (Apg 13–14); Reise nach Jerusalem zum Apostelkonzil, um 49 (Apg 15); 2. Missionsreise, 49–52 (Apg 16–18)

Er war bereits dicht an die Stadt herangekommen, als ihn plötzlich um die Mittagszeit ein helles Licht vom Himmel her umstrahlte und eine Stimme den zu Boden Gesunkenen fragte: Saul, Saul, was verfolgst du mich? Auf seine ängstliche Gegenfrage: Wer bist du, Herr? sprach die Stimme: Ich bin Jesus von Nazareth, den du verfolgst. Dann folgte der Hinweis: Stehe auf und gehe nach Damaskus! Dort wird man dir alles sagen, was du tun sollst (Apg 9,3–6; 22,6–10; 26,12–15).
Als er sich erhob, um nach Damaskus zu gehen, mußte er feststellen, daß er erblindet war. Er wurde als völlig gebrochener Mensch in die Stadt geführt, wo er zuerst einmal drei Tage lang unter Gebet und Fasten dieses Erleben zu begreifen und zu erfassen suchte (Apg 9,8.9).
In die Stille seiner Besinnung trat am 3. Tag ein Christ, Ananias, im Auftrag Gottes und verkündigte ihm, daß der Herr ihn sich als Werkzeug zur Verbreitung des Evangeliums von Christus unter den Heiden auserkoren habe. Ananias legte Saul die Hände auf, wodurch er wieder sehend wurde, und führte ihn in die christliche Gemeinde von Damaskus ein, in der er sich taufen ließ (Apg 9,10–19; 22,12–16).

II, 1) Wer P. als Christen und Missionar, als Theologen und in seinem Eifer für den Herrn begreifen will, der muß bei diesem Damaskuserlebnis einsetzen. Hier brach im Licht der Christusbegegnung das meiste von dem zusammen, was er bisher für heilig und erstrebenswert hielt. »Was mir einst so wertvoll war«, sagt er später, »habe ich gelernt, um Christi willen als schädlich anzusehen. Ja, ich achte es auch heute noch alles für Schaden gegenüber der überwältigenden Gnade, daß ich Christus Jesus als meinen Herrn erkannt habe. Um seinetwillen habe ich alles andere drangegeben, und es ist nur Dreck in meinen Augen, wenn ich nur Christus gewinne und in ihm erfunden werde. Statt der eigenen Gerechtigkeit aufgrund gesetzlicher Leistungen habe ich nun die Gerechtigkeit, die Gott aufgrund des Glaubens an Christus verleiht« (Phil 3, 7–9).

2) Drei Dinge sind es vor allem, die er aus diesem Erlebnis gewinnt:
a) Jesus ist der → Messias Gottes, der Heiland der Welt.
b) → Gerechtigkeit vor Gott erlangt der Mensch nicht aus Gesetzeswerken, sondern allein durch den → Glauben an das → Evangelium, an die Botschaft, daß in Christus und seinem Tod für uns die Vergebung Gottes beschlossen liegt, eine Vergebung, die allein zu der Gerechtigkeit des Menschen führt, die vor Gott gilt.
c) Nicht mehr die von außen kommende Forderung des → Gesetzes, sondern das reale Leben Christi im Gläubigen durch den Heiligen Geist ist Kraft und Richtschnur alles Handelns (Gal 2,20; Kol 1, 27).
Jesus Christus wird ihm damit zum Mittelpunkt des Lebens und folglich alles theologischen Denkens. Wo er seitdem irgendeiner Praxis oder Lehre begegnet, die nicht von dieser Mitte aus lebt und denkt, geht er entschlossen gegen sie vor, ganz gleich, ob das zu Auseinandersetzungen mit Gegnern oder auch innerhalb der Gemeinde führt. So zieht er Petrus vor der ganzen Gemeinde in Antiochien zur Rechenschaft, als dieser die Einheit, die Christus zwischen Juden und Griechen durch den

Glauben an den einen Herrn gestiftet hat, durch sein Tun in Frage stellt und alte Grenzen wieder aufrichtet, die das Gesetz zwischen Juden und Griechen gezogen hatte (Gal 2,11ff). Die schärfsten Worte findet er den Galatern gegenüber, als diese sich von Judenchristen dazu verleiten ließen, anzuerkennen, daß neben dem Glauben an Christus auch noch die Erfüllung des Gesetzes zum Heil notwendig sei.

Die Vermischung der christozentrischen Heilsbotschaft mit Gesetzesforderungen war eine große Gefahr für die junge christliche Gemeinde. Für den Judenchristen war mit der Anerkennung Jesu als Messias das Alte nicht ganz vergangen. Man lebte in Christus (Apg 4,32–5,11), hielt sich daneben aber nach wie vor zum Tempel in Jerusalem und an die traditionellen Vorschriften (Apg 2,46; 3,1; 5,12; 10,14; 21,20.24). Auch Paulus selber wirkte zunächst überall in den Synagogen, der Bruch ging immer von den Juden aus (Apg 13,14.45; 14,1.2; 17,1.2.5; 18,4.6). Dies Bewußtsein der Urgemeinde vom Zushg. zwischen dem atl. und dem ntl. Gottesvolk konnte nun aber auch dazu führen, daß neben dem Glauben an Christus Anerkennung und Erfüllung der Gesetzesvorschriften als Bedingung zum Heil gefordert wurden.

3) Solche gesetzlich verfälschte Verkündigung, verbunden mit Mißverstehen und Verleumdung (vgl. Röm 3,8; 6,1), machte P. das Leben und seine Arbeit unter den Heiden vielfach sehr schwer und hat ihn ungeheuer viel Energie und Liebe gekostet, ja zeitweise die Früchte seines Wirkens in den jungen Gemeinden zu vernichten gedroht. Daher die leidenschaftlich erregte Sprache des → Galaterbriefs (vgl. Gal 1,8–10; 4,19.20; 5,12). Die Auseinandersetzung mit Petrus in Antiochien (Gal 2,11ff) und das → Apostelkonzil in Jerusalem (Apg 15) führten jedoch zur Klärung und Einigung unter den Aposteln. Damit war die endgültige Entscheidung für die Freiheit des Evangeliums vom Gesetz gefallen, die Verkündigung der → Rechtfertigung allein aus dem Glauben an Christus anerkannt, wenn auch noch lange nicht alle Spannungen gelöst waren. In der grundsätzlichen Behandlung des Problems von Gesetz und Evangelium im → Römerbrief klingt die empörte Schärfe des Galaterbriefs noch gelegentlich an (vgl. Röm 3,8). Ob es sich aber in Kol 2,18–23; 1 Tim 4,1–5 wirklich um Einbrüche judenchristlichen Denkens handelt, muß offenbleiben; Gesetzlichkeit ist ja keine ausschließlich jüd. Sache. Noch nach der 3. Missionsreise muß P. in Jerusalem um der Einheit der Gemeinde willen »denen unter dem Gesetz wie einer unter dem Gesetz werden« (1 Kor 9,20; Apg 21,20–26).

4) Daß P. sich durch solche Auseinandersetzungen mit Brüdern nicht verbittern und seinen Blick nicht trüben ließ, bewies er durch seine zweimalige große Spende an die Jerusalemer Gemeinde. In den Jahren der Hungersnot Palästinas um 47 (Apg 11, 27–30) und später 55–56 (1 Kor 16,1–4; 2 Kor 8–9) sammelte er fleißig in seinen Gemeinden für die Heiligen in Jerusalem, denn aus dem Empfang der geistlichen Güter durch die Heiden ergab sich notwendig ihre Gemeinschaft mit den Judenchristen auch in materiellen Gütern (Röm 15,27).

5) Ebenso ließ sich P. seine Verbundenheit mit den Juden, dem Volk Gottes, aus dem er selber stammte, und das Wissen um ihre zukünftige Umkehr (Röm 11,15.25–32) nicht nehmen, obwohl er gerade durch sie die härtesten Strafen und Verfolgungen erleiden mußte (2 Kor 11,24; Apg 9,23f.29; 13, 50; 14,2.5.19; 17,5f.13; 18,12; 21,27–25,12). Wenn auch seit Christi Tod der Gnadenratschluß Gottes sich den Heiden zuwandte, und er selber von Gott zum Apostel unter den Heiden ernannt wurde, so hat er deshalb das jüd. Volk nicht verachtet. Er kennt aus eigener Erfahrung den starken Eifer der Juden für Gott; soll man ihnen zürnen, weil ihr Eifer blind ist (Röm 10,2)? Aber gerade im Bewußtsein, daß die Gemeinde auf den Schultern Israels steht (Röm 11,17–24), tat P. die Verstocktheit der meisten Juden bes. weh. So sagt er selber: »Ich trage einen tiefen Schmerz in meiner Brust, und steter Gram nagt an meinem Herzen. Ja, ich wollte gerne selber vom Heil ausgeschlossen und von Christus geschieden sein, wenn ich dadurch nur meinen Brüdern, meinen leiblichen Volksgenossen, helfen könnte. Ist es doch das Volk Israel, das Gott einst als seinen Sohn angenommen hat, dem er seine Herrlichkeit offenbart, dem er so oft den Bund bestätigt, dem er sein Gesetz, den Gottesdienst und die Verheißungen geschenkt hat. Zu diesem Volk gehören ja auch die Erzväter. Diesem Volk entstammt Christus seiner irdischen Abkunft nach ... Es ist meines Herzens Wunsch und mein Gebet zu Gott, daß sie doch noch gerettet werden« (Röm 9,2–5; 10,1).

III, 1) Dieses tiefe Verstehen der Liebe Christi und das klare Erfassen der Person Jesu Christi als Mitte des Lebens und alles theologischen Denkens gewann Paulus natürlich nicht in wenigen Tagen nach seinem Erleben vor Damaskus. Noch mit vielen Fragen auf dem Herzen war er in die Christengemeinde dieser Stadt eingeführt worden und hatte sich taufen lassen. Aber wenn die Gemeinde selber wohl zunächst verständlicherweise zurückhaltend gegen ihn war, so doch nicht lange, denn P. begann sehr bald, bei den Juden der Stadt Jesus als den Messias zu verkünden. Die Empörung der Judenschaft über diese unverständliche Wandlung eines ihrer größten Eiferer wurde so groß, daß P. Damaskus verlassen mußte (Apg 9,19–25). Er ging nach Arabien, d. h. in die Gegenden, die sich südl. an das von Damaskus beherrschte Gebiet anschlossen. Er kehrte von da noch einmal für einige Tage nach Damaskus zurück. Drei Jahre später (d. h. wohl nach seiner Bekehrung) besuchte er Jerusalem und lernte Petrus kennen, bei dem er 14 Tage blieb. Dann begab er sich in seine Heimat Zilizien (Gal 1,17–21; vgl. Apg 9,26–30; 22,17–21).

Eine Reihe von Jahren war P. so zuerst einmal für sich in der Stille, in der sich all das klärte und festigte, was ihn in Damaskus so aufgewühlt hatte. Jahre ganz neuen Studiums der heiligen Schriften unter der Leitung des Geistes Gottes und dem Wissen darum, daß der verheißene Messias da sei. Aus dieser selbständigen inneren Zubereitung für seinen gottgewollten Dienst an den Heiden versteht sich die auffallende Selbständigkeit, die P. von Beginn seiner Tätigkeit an im Blick auf die Apostel in Jerusalem an den Tag legte. Er war sich des göttlichen Auftrages, zu den Heiden gehen zu müssen, so bewußt, daß er keinerlei Notwendigkeit empfand, sich nach Jerusalem zu begeben, um ihn von den bisherigen Aposteln bestätigen zu lassen (Gal 1,1.17).

Die Jahre in Tarsus fanden ihren Abschluß, als → Barnabas P. zur Mitarbeit in die Gemeinde im syr. Antiochien holte (Apg 11,25f). Von hier aus brachte P. die Spende der Gemeinde nach Jerusalem (Apg 11,30), zugleich (vgl. → Apostelkonzil VI) aber sprach er mit Jakobus, Petrus und Johannes über seinen Auftrag und sein Evangelium, das er unter den Heiden verkündigte (Gal 2,1–10). Damit war, 14 Jahre nach seinem Erlebnis vor Damaskus (V 1),

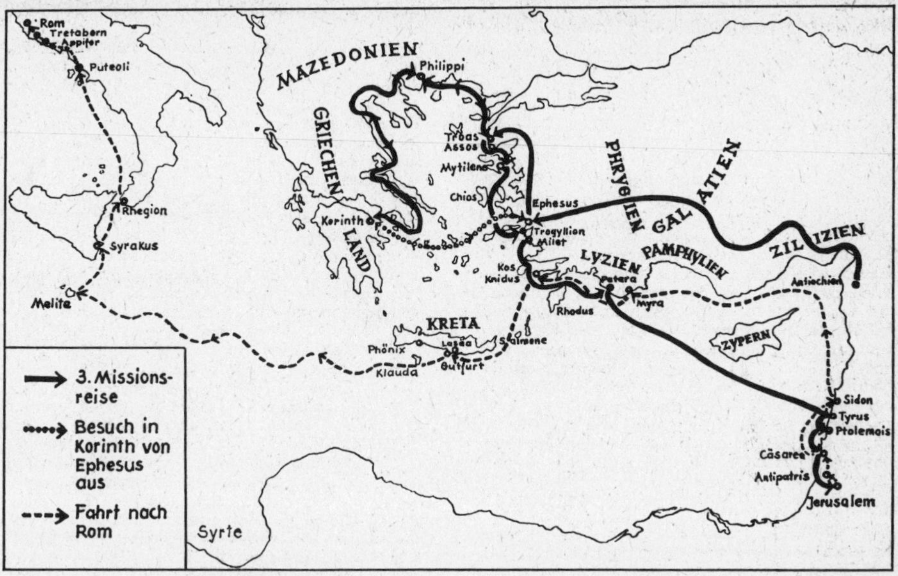

Die 3. Missionsreise des Paulus 52–56 (Apg 12–21), seine Gefangenschaft in Cäsarea (Apg 23–26) und Fahrt nach Rom, 58/59 (Apg 27–28)

seine Lehrzeit beendet. Kurz darauf sandte ihn der Herr zu der Aufgabe aus, zu der er ihn berufen hatte (Apg 12,25–13,3), in geistlicher und äußerer Gemeinschaft mit den Aposteln verbunden.

2) Zusammen mit Barnabas und Johannes → Markus ging P. auf die erste Missionsreise. Es war um das Jahr 47–48. Über Zypern zogen sie nach Kleinasien, in die Provinzen Lykaonien und Südgalatien und von da wieder zurück nach Antiochien. Apg 13 u. 14 berichten ausführlich von dieser ersten kleinen, aber segensreichen Tätigkeit.
Die Ruhepause bis zur zweiten Missionsreise, die der Stärkung der neu gegründeten Gemeinden dienen sollte, war ausgefüllt durch die Schlichtung des Streites mit den Judenchristen, die an der Verkündigung des gesetzesfreien Evangeliums des P. Anstoß nahmen (Gal 2,11ff; Apg 15; s. o. II, 2–3; → Apostelkonzil).

3) Zur 2. Missionsreise nahm P. nicht mehr Barnabas, sondern → Silas, → Lukas den Arzt und, wenig später, → Timotheus mit. Zunächst besuchte und stärkte P. die Gemeinden in Syrien, Zilizien und Lykaonien (Apg 15,40–16,5). Als er dann aber nach Galatien kam, nach Mysien, nach Bithynien, in den Nordwesten Kleinasiens, wehrte ihm der Geist Gottes überall den Dienst, um ihn endlich in Troas durch ein Gesicht nach Mazedonien zu rufen (V 6–10). Nun folgte die Gründung der mazedonischen Gemeinden und nach einem Aufenthalt in Athen die Bildung der Gemeinde von Korinth, wo P. vom Herbst 50 bis Frühjahr 52 blieb und eine zahlreiche und innerlich gefestigte Gemeinde schuf. Über Ephesus und Jerusalem fuhr er heim nach Antiochien (Apg 16,11–18,22).

4) Die Stärkung der Gemeinden war P. neben Neugründungen die wichtigste Aufgabe, der wir auch die Briefe des Apostels verdanken, neben der Apg die einzigen Zeugen von seinem Wirken und Ringen um das Wachstum der Gemeinde Christi, seines Leibes, nach außen und innen. Darum verweilte er auch nicht lange in Antiochien sondern machte sich in Begleitung von Lukas, Timotheus und → Titus wieder auf den Weg nach Kleinasien (3. Missionsreise; Apg 18,23; 19,1–21,17). Nachdem er die bereits bestehenden Gemeinden ermuntert hatte, ging er weiter nach Ephesus, wo er im Herbst 52 eintraf. Hier entstand eine große Gemeinde und veranlaßte ihn, bis zum Sommer 55 dort zu bleiben. Nur einmal unterbrach er seine Arbeit in Ephesus durch eine Fahrt nach Korinth, um dort Spaltungen und Unordnung in der Gemeinde zu beseitigen, mußte aber ohne sichtbaren Erfolg zurückkehren (vgl. → Korintherbriefe). Während es nun Titus gelang, die Korinthergemeinde zum Gehorsam gegen den Apostel zurückzuführen, geriet P. in Ephesus durch Verfolgungen in Lebensgefahr (vgl. → Philipperbrief), mußte die Stadt verlassen und zog auf dem Landwege über Mazedonien nach Korinth. Dort blieb er den Winter über und schrieb während seines Aufenthalts den → Römerbrief. Dann reiste er nach Jerusalem, um am Pfingstfest teilzunehmen und den Heiligen dort die Sammlung seiner Gemeinden zu überreichen.

5) Daß diese Fahrt nach Jerusalem Gefangenschaft und viell. auch Tod bedeuten würde, war P. wiederholt von Brüdern mit prophetischer Gabe offenbart worden (Apg 20,22.23; 21,4.10–13). Aber Paulus ging dennoch. Er hielt einen neuen Kontakt mit den Aposteln für notwendig, nachdem seine Arbeit unter den Heiden sich derart ausgedehnt hatte.

Apg 21,18–28,31 berichtet sehr ausführlich über sein Ergehen in Jerusalem, seine Gefangennahme durch die Römer, seine längere Haft in Cäsarea und schließlich über seinen Abtransport auf eigene Berufung nach Rom, wo er vor das kaiserliche Gericht

gestellt werden sollte. Es war ein Weg voll Dornen und menschlichen Unrechtes, ein Weg mitten durch den Haß einer fanatischen Judenschaft und durch die korrupte Bürokratie einer bereits dekadenten Staatsmacht.
P. bleibt durch diese Dinge innerlich unberührt. Sein Eifer für den Herrn ist unverändert. Längst war es sein Wunsch, auch in Rom das Evangelium verkündigen zu können (Röm 1,15). Zwei Jahre lebte er in Rom in Untersuchungshaft mit Besuchserlaubnis – eine große Möglichkeit, die P. auch voll ausnutzte – und schrieb von hier aus seine Gefangenschaftsbriefe (→ Epheserbrief, → Kolosserbrief, → Philemonbrief; vgl. → Philipperbrief).
Danach wissen wir nichts Genaueres mehr über ihn. Seine Briefe an Timotheus und Titus deuten darauf hin, daß er aus dieser Gefangenschaft noch einmal frei wurde und Griechenland, Kreta und Kleinasien besuchte. Ob er auch noch in Spanien wirken konnte (vgl. Röm 15,24), bleibt ganz unsicher. Nach der Überlieferung der röm. Gemeinde ist er unter Nero mit dem Schwert hingerichtet worden, und zwar gleichzeitig mit der Kreuzigung des Petrus, ob das aber schon bei der ersten Christenverfolgung geschah oder erst später, läßt sich nicht mehr feststellen.

Pech gibt zwei verschiedene hebr. Worte wieder: *kopär* (1 Mo 6,14) und *zäpät* (2 Mo 2,3; Jes 34,9), die wahrscheinlich Asphaltsorten bezeichnen. Vgl. → Erdharz.

Pedahel »Gott hat befreit«,
Fürst aus Naphthali, der für die Verteilung des Landes Kanaan mit verantwortlich war (4 Mo 34, 28).

Pedaja »Der Herr hat befreit«.
1) Vater Joels, des Fürsten von Westmanasse z. Zt. Davids (1 Chron 27,20).
2) Israelit aus Ruma, Großvater König Jojakims (2 Kö 23,36).
3) Bruder Sealthiels, Nachkomme Davids (1 Chron 3,18.19).
4) Nachkomme des Pareos. Er baute einen Teil der Mauer Jerusalems wieder auf (Neh 3,25).
5) Einer der Männer – wahrscheinlich Priester –, die neben Esra standen, als er das Gesetz verlas (Neh 8,4).
6) Benjaminit, Vorfahr Sallus (Neh 11,7).
7) Levit, Aufseher über die Zehnten z. Zt. Nehemias (Neh 13,13).

Pedazur »Der Fels (= Gott; vgl. → Hort) hat befreit«, Vater → Gamliels (4 Mo 1,10; 2,20).

Pegulthai »Arbeit, Verdienst, Lohn«,
Sohn des Torhüters Obed-Edom (1 Chron 26,5).

Pein bedeutet Schmerz (Lk 16,24) oder meistens Strafe (Mt 25,46; 2 Thess 1,9; 1 Joh 4,18; Jud 7). Auch die griech. Ausdrücke, die Luther mit dem Verb »peinigen« übersetzt, werden meist besser mit »strafen, züchtigen« wiedergegeben (Lk 16,25; Apg 4,21; 5,16; 12,1; 26,11; 2 Petr 2,9). Zu 1 Joh 4,18 vgl. RÜ: denn die Furcht muß vor der Strafe zittern.

Peiniger. Folterknecht (Mt 18,34), der die Geißelung und andere Torturen vollzog, meist mit dem Ziel, von den Gefangenen Geständnisse zu erpressen (vgl. Apg 22,24). Vgl. → Geißel.

Peitsche steht 1 Kö 12,11.14; 2 Chron 10,11.14 für → Geißel.

Pekah »Er (d. h. Gott) hat (die Augen) geöffnet«, Kurzform von Pekahja.
Sohn Remaljas und Adjutant des isrl. Königs Pekahja. P. brachte eine Verschwörung gegen Pekahja zustande, erschlug ihn in Samaria und machte sich an seiner Stelle zum König (2 Kö 15,25).
Die Angabe in V 27, daß er 20 Jahre über Israel regierte, kann nur den Sinn haben, daß er seine Regierungsjahre aus einem für uns nicht mehr deutlichen Grund von 752 v. Chr. an rechnete, dem Jahr, in dem mit Sacharja die Herrschaft des Hauses Jehu endete und Menahem, der Vater Pekahjas, auf den Thron kam. P. herrschte tatsächlich von 740/39–732/1 v. Chr. Seine Politik richtete sich im Bunde mit Damaskus gegen Assyrien. Mit Rezin von Damaskus zusammen versuchte er, → Ahas von Juda in ihr antiassyrisches Bündnis zu zwingen (2 Kö 16,5; 2 Chron 28,5ff; Jes 7,1–6). Ahas rief die Assyrer zu Hilfe; und Thiglath-Pileser III. eroberte Ijon, Abel-Beth-Maacha, Janoah, Kedes, Hazor, Gilead und Galiläa, das ganze Land Naphthali, und führte die Bevölkerung in die Verbannung nach Assyrien (2 Kö 16,7ff; 15,29). Assyr. Berichte nennen weiter die Orte Hinatuna (→ Hannathon), Aruma (→ Ruma) und Marum (→ Merom). Auch das Ostjordanland wurde assyr. (1 Chron 5, 26). Diese Niederlage gab Hosea, dem Sohn Elas, Anlaß, eine Verschwörung gegen P. anzustiften und ihn zu ermorden. Hosea wurde dann an seiner Stelle König (2 Kö 15,30).
P. tat, was dem Herrn mißfiel, und ließ nicht von der Sünde Jerobeams I., dem Stierdienst (V 28).

Pekahja »Der Herr hat (die Augen) geöffnet«.
Sohn und Nachfolger Menahems; er herrschte 742/1 –740/39 v. Chr. in Samaria über Israel. P. tat, was dem Herrn mißfiel, und ließ nicht von der Sünde Jerobeams I., dem Stierdienst. Pekah, der Sohn Remaljas, sein Adjutant, stiftete eine Verschwörung gegen ihn an und erschlug ihn in Samaria, in der Burg des Königspalastes. Er hatte dabei die Unterstützung von 50 Gileaditern. Argob und Arje, die P. verteidigten, fielen mit ihm, und Pekah wurde an seiner Stelle König (2 Kö 15,23–26).

Pelalja »Der Herr hat Gericht gehalten, Recht verschafft«.
Priester, Nachkomme Malchias (Neh 11,12).

Pelatja »Der Herr hat gerettet«.
1) Simeonitischer Fürst z. Zt. Hiskias (1 Chron 4, 42).
2) Sohn Benajas, judäischer Fürst z. Zt. Hesekiels. Der Prophet schaut seinen Tod in einer Vision (Hes 11,1–13).
3) Sohn Hananjas, Enkel Serubabels (1 Chron 3,21). Viell. derselbe, der unter Nehemia den Bund unterzeichnete (Neh 10,23[22]).

Peleg, dasselbe Wort heißt sonst »Spaltung, Entzweiung«.
Sohn Ebers (1 Mo 11,16–19). Sein Name wird mit den Folgen der babyl. Sprachverwirrung in Zushg. gebracht (1 Mo 10,25; vgl. 11,8).

Pelet, Kurzform »Rettung (ist Gott)«.
1) Sohn Jahdais aus dem Stamme Juda (1 Chron 2, 47).
2) Benjaminit, der zu David nach Ziklag kam (1 Chron 12,3).

Peleth, viell. mit arab. »schnell« in Verbindung zu bringen.
1) Vater des Rubeniters On (4 Mo 16,1).
2) Sohn Jonathans, Nachkomme Jerahmeels aus Juda (1 Chron 2,33).

Pella. Stadt im Ostjordanland, ca. 12 km südöstl. von Beth-Sean. Sie wird auf einer Stele des Pharaos Seti I. genannt, die in Beth-Sean gefunden wurde. Man setzt P. mit dem Pahira der Liste Thutmoses III. und dem Pihilim der Amarnabriefe gleich. P. heißt die Stadt seit der Ansiedlung mazedonischer Kolonisten 310 v. Chr. Sie gehörte zu den → Zehnstädten und nahm am jüd. Aufstand 66–70 n. Chr. nicht teil. Daher konnte die Gemeinde aus Jerusalem hier Zuflucht finden, als der Untergang der Hauptstadt drohte. Heute Tabqat fahl (Karte Sp. 350; 722).

Peloniter. Beiname zweier Helden Davids (1 Chron 11,27; 27,10; 11,36), der erste wird in 2 Sam 23,26 → Paltiter genannt. Weder ein Mann noch ein Ort Pelon, von denen der Name abgeleitet sein könnte, sind bekannt.

Pelzwerk (4 Mo 31,20 LÜ) sind Gegenstände (Filzdecken und Kleidung) aus Ziegenhaar (EÜ, MÜ, ZÜ).

Peninna »Koralle«,
eine der beiden Frauen → Elkanas (4). P., die Kinder hatte, reizte und kränkte die kinderlose Hanna (1 Sam 1,2–6).

Pentateuch → Mosebücher

Peor.
1) Kurzform für → Baal-Peor (4 Mo 25,18).
2) Berg westl. von Hesbon (vgl. Karte Sp. 5), von dessen Höhe Bileam das Lager Israels überblicken konnte (4 Mo 23,28; 24,2). Vgl. → Beth-Peor.

Peres »Inhalt des Magens«.
1) Sohn Machirs aus dem Stamm Manasse (1 Chron 7,16).
2) Zu Dan 5,28 vgl. → Mene, Mene, Tekel, U-pharsin.

Perez »Riß, Dammriß«.
Sohn Judas und Thamars, Zwillingsbruder Serahs, Vorfahr Davids und Jesu (1 Mo 38,27–30; 4 Mo 26, 20.21; Rt 4,18–22; 1 Chron 2,4.5; Mt 1,3; Lk 3,33).

Pereziter, Nachkommen des Judäers Perez (4 Mo 26,20).

Perez-Usa »Riß (= Todesfall) des Usa«,
Ort, an dem Usa, der die Bundeslade angerührt hatte, vom Herrn plötzlich getötet wurde (2 Sam 6,8; 1 Chron 13,11). Viell. hat sich der Name in dem kleinen Dorf Chirbet el-Uz erhalten, das etwa 3 km östl. von → Kirjath-Jearim am Weg nach Jerusalem liegt.

Pergament. Schreibmaterial aus bes. präparierten Tierfellen. Sie wurden in einer Kalklösung aufgeweicht, um die Haare zu entfernen, danach geschabt, gewaschen, getrocknet, gespannt und geschmeidig gemacht. Durch diese Art der Herstellung unterschied sich P. vom (gegerbten) Leder, das schon früher als Schreibmaterial benutzt worden war. Die frühesten datierten P.funde stammen aus Babylonien und gehören in den Anfang des 2. Jh. v. Chr. Im Spätjudentum diente P. zur Herstellung von Gesetzesrollen, wobei nur Häute von reinen Tieren verwendet werden durften. Das verbreitetste Schreibmaterial in ntl. Zeit war aber Papyrus. P. wird nur 2 Tim 4,13 erwähnt. Vgl. → Buch, → Pergamus.

Pergamus, Stadt in Mysien, ca. 135 km nördl. von Ephesus, heute Bergama (Offb 1,11; 2,12). Nach Plinius hat König Eumenes II. (197–159 v. Chr.) hier die Herstellung des nach P. benannten → Pergaments gefördert. Er errichtete auch den berühmten Zeusaltar auf der Akropolis. Daneben besaß die Stadt ein Heiligtum des Asklepios Soter, des Gottes der Heilkunst. 133 v. Chr. wurden Stadt und Gebiet von P. römisch. Später wurde P. Mittelpunkt des Kaiserkultes und erhielt einen Tempel der Roma und des Augustus. Welcher dieser Tempel oder Altäre mit dem »Thron des Satans« (Offb 2,13) gemeint ist, bleibt unsicher. Vgl. Karte Sp. 1009.

Perge, Hauptstadt von → Pamphylien (Apg 13,13; 14,25), heute Murtana nordöstl. von Antalya. Der Ort liegt am Kestros ca. 12 km oberhalb seiner Mündung ins Mittelmeer. Bei der Stadt befand sich ein Tempel der Artemis (→ Diana). Vgl. Karte Sp. 86; 1045/6.

Perida → Peruda

Perle (griech. *margaritaes*).

I) Im Vorderen Orient kommt die Perlauster *(Pteria [Meleagrina] margaritifera)* im pers. Golf und im Roten Meer vor. Die P. bilden sich durch kleine Fremdkörper, die in die Muschel eingedrungen sind und durch eine besondere Absonderung eingekapselt werden, aus der die P. entsteht.

II) Perlen sind wertvolle Handelswaren (Offb 18, 12; Mt 13,45.46, hier als Bild im Gleichnis Jesu) und dienen als kostbarer, prunkvoller Schmuck (1 Tim 2,9; Offb 17,4; 18,16). Die Tore des himmlischen → Jerusalem bestehen aus je einer P. (Offb 21,21). In Mt 7,6 warnt Jesus die Jünger davor, geistliche Dinge solchen Menschen mitzuteilen, die sie nur mißachten und als Waffe gegen sie mißbrauchen würden.
Zu P. (LÜ) im AT vgl. → Korallen.

Perser. Die indogermanischen P. wohnten südöstlich von Elam. Vgl. Karte Sp. 917.

Als Gründer eines (von → Medien abhängigen) pers. Königreiches in Ansan wird Teispes, der Sohn des Achaemenes, genannt. Daher der Name Achaemeniden für das pers. Königsgeschlecht. Kyrus oder → Kores II. d. Gr. (559–530 v. Chr.) beseitigte die medische Vorherrschaft, fügte Medien seinem Reich hinzu und gründete so das Reich der Meder und Perser (Est 1,3), das sich in seiner Blütezeit von Indien bis Kleinasien, vom Kaukasus bis zur arabischen und nubischen Wüste ausdehnte (Est 1,1). Nach Kores herrschten sein Sohn Kambyses (530–522 v. Chr.), dann → Darius I., der Sohn des Hystaspes (522–486 v. Chr.), dessen Sohn Xerxes I. (→ Ahasveros; 486–465 v. Chr.) und Enkel Artaxerxes I. Longimanus (→ Arthahsastha, 465–423 v. Chr.). Danach folgten Darius II. Nothus (423–404 v. Chr.), Artaxerxes II. Mnemon, Artaxerxes III. Ochus, Arses und → Darius III. Codomannus (336–331 v. Chr.). Der letzte wurde 333 und 331 v. Chr. durch Alexander d. Gr.. geschlagen, der damit dem pers. Weltreich ein Ende bereitete. Die Herrschaft der Achaemeniden dauerte also von 559–331 v. Chr. 539 v. Chr. eroberte Kores Babylon (2 Chron 36, 20.22). Seitdem bildete Judäa bis 332 v. Chr. einen Teil des pers. Reiechs, dessen großer Organisator → Darius I. Hystaspis d. Gr. war. Unter ihm wurde das Reich in 20 Satrapien (Verwaltungsbezirke) eingeteilt. Die 5. Satrapie umfaßte Syrien (von Thapsakus [Tiphsah] bis zur ägypt. Grenze) und Zypern.

Pers. Krieger (nach der Mauerverkleidung aus glasierten Ziegeln am Palast in Susa)

Sie hieß »jenseits des (Euphrat-)Stromes« (Es 6,6.13; 7,21.25; Neh 2,7.9). Die Satrapien waren wieder in verschiedene Provinzen unterteilt. Das waren in Palästina Samaria, Jerusalem, Asdod, Ammon und Arabien. An der Spitze dieser Provinzen standen Statthalter, die der Perserkönig einsetzte. Statthalter der Provinz Jerusalem waren u. a. Serubabel und Nehemia. Vgl. Karte Sp. 986 u. 916.
Die höchste Gottheit der P. war z. Zt. der Achaemeniden Ahuramazda. Die Priesterkaste der medischen Magier blieb auch unter pers. Herrschaft bestehen. Die religiöse Grundvorstellung war ein unversöhnlicher Gegensatz zwischen Gut und Böse, Licht und Finsternis, Wahrheit und Lüge. Später gewann die Lehre Zoroasters (Zarathustras) allgemeine Geltung.

Rollsiegel des Perserkönigs Darius I. Er ist auf der Löwenjagd dargestellt, über ihm die geflügelte Scheibe, das Sinnbild Ahuramazdas, der pers. Nationalgottheit. Die Inschrift, die seinen Namen mit dem Titel »Großkönig« enthält, ist dreisprachig: altpers., elamitisch und babyl.

Persis vermutlich »Perserin«,
Christin in Rom, die Paulus grüßt (Röm 16,12).

Person. In der HS der Mensch als Einzelwesen, vorwiegend nach seiner äußeren Erscheinung; »die P. ansehen« bedeutet unterschiedliche Wertung und Behandlung der Menschen nach Rasse, Nation, Stand (5 Mo 10,17; 2 Chron 19,7; Apg 10,34; Röm 2,11; Jak 2,9 u. ö.).

Peruda »Einzig«,
einer der Knechte Salomos, dessen Nachkommen mit Serubabel aus der Gefangenschaft zurückkehrten (Es 2,55). Neh 7,57 heißt er Perida.

Peschitta. Die verbreitetste und bekannteste syr. Bibelübersetzung. Der Name (»Die Einfache«) scheint ihr später beigelegt zu sein, als eine neue Übersetzung des AT nach dem Text und mit den Anmerkungen des Origenes angefertigt worden war. Die P. des AT war bereits gegen Ende des 2. Jh. n. Chr. vorhanden. Sie ist vermutlich das Werk von Judenchristen. Im 4. Jh. lagen alle Bücher des AT und die Apokryphen in dieser Übersetzung vor. Gegen Ende des 5. Jh., als die Ost-Syrer sich von den West-Syrern trennten, war der Text des AT und des NT endgültig festgelegt; denn beide Gruppen besitzen dieselbe Übersetzung. Die P. des NT ist auf den Bischof Rabbula von Edessa (411–435) zurückzuführen. Ihr fehlen 2 Petr; 2 u. 3 Joh; Jud und Offb, die erst später in die syr. Übersetzungen aufgenommen wurden.

Pest → Krankheiten

Pethahja »Der Herr hat (den Mutterleib) geöffnet«.
1) Levit z. Zt. Esras und Nehemias, der sich von seiner heidnischen Frau trennte (Es 10,23); wohl derselbe wie der in Neh 9,5 erwähnte P., der mit anderen Leviten das Bußgebet sprach.

Tafel 67

a. *Der Mesastein, das Siegesdenkmal König Mesas von Moab. Er berichtet von seinen erfolgreichen Kämpfen gegen Israel nach dem Tode Ahabs (2 Kö 1,1; 3,4.5) und zählt die Orte auf, die er mit Hilfe des moabitischen Gottes Kamos erobert hat. Zum Text vgl. den Artikel → Mesastein. Louvre, Paris.*

b. *In Megiddo gefundenes Siegel aus Jaspis mit einem brüllenden Löwen und der Inschrift: »Sema, dem Diener Jerobeams, gehörig.« Sema war offenbar ein hoher Beamter Jerobeams II. von Israel (782/1–753 v. Chr.). Ein anderes Siegel aus derselben Zeit mit der Inschrift: »Sema, dem Diener des Königs, gehörig« stammt möglicherweise von demselben Beamten. Museum Istambul.*
Neuerdings hat S.Yeivin das Löwensiegel nach Buchstabenformen und Fundschicht jedoch in die Zeit Jerobeams I. (931/30–910/9 v. Chr.) datiert.

c. *Ausgrabung der Erinnerungsstätte an Abraham in Mamre. Der Blick geht von der SO-Ecke am Brunnen nach O. Rechts die herodianische Südmauer. In der Mitte ein durch jahrhundertelange Benutzung abgetretener Plattenbelag aus vorherodianischer Zeit. Über den Platten liegen noch Reste von arab. Blocklagern und zwei (schräg nach links laufenden) Kanälen (im Vorder- und Mittelgrund) aus dem Mittelalter, als der Raum innerhalb der Umfassungsmauern als Wasserbassin diente. In der vorderen linken Ecke des freigelegten Plattenbodens (nahe am Bildrand, durch die hochgestellten Steine verdeckt) befindet sich die Lücke im Plattenbelag, in der offenbar die Terebinthe stand. Die Quermauern im Hintergrund gehören zur Basilika Konstantins. In der Mitte oben (über den Personen) hadrianisches Mauerwerk von der abschließenden Ostmauer.*

a

b

c

2) Judäer aus dem Geschlecht Serahs, Sohn Mesesabeels (Neh 11,24). Beamter des Perserkönigs für die Angelegenheiten des Volkes in Judäa.

Pethaja »Der Herr hat (den Mutterleib) geöffnet«, Leiter der 19. Priesterabteilung z. Zt. Davids (1 Chron 24,16).

Pethor, Stadt am Euphrat (4 Mo 22,5; 5 Mo 23,5 [4]), der Heimatort → Bileams (1). Pharao Thutmose III. nennt es als *Ptr;* 856 v. Chr. erobert Salmanasser III. den Ort, »den die Hethiter Pitru nennen«. Er liegt am Westufer des Euphrat an der Mündung des Sadschur, 20 km unterhalb von Karchemis. Vgl. Karte Sp. 1359/60.

Pethuel »Jüngling Gottes«,
Vater des Propheten Joel (Jo 1,1).

Petra »Felsen«.
Hauptstadt der Nabatäer (→ Nebajoth) in Edom, am Wadi Musa, 80 km südl. vom Toten Meer.
An der gleichen Stelle hatte vorher wahrscheinlich die edomitische Hauptstadt Sela gelegen (»Felsen«; 2 Kö 14,7; vgl. 2 Chron 25,12; Jes 42,11; Jer 49,16; Ob 3; vgl. Karte Sp. 282). Reste der Edomiterstadt fanden sich auf dem Berg Umm el-Bijara. Ein kleinerer Felsklotz (el-Habis) an seinem Fuß bildete später die Akropolis der hellenistischen Nabatäerstadt (seit 300 v. Chr.), die den Raum des von hohen Felswänden umgebenen Tals ausfüllte. Von den Bauten dieser reichen Handelsmetropole, die ihre Bedeutung erst nach der Eroberung durch die Römer 106 v. Chr. langsam verlor, sind die Ruinen mehrerer Tempel, eines Triumphbogens und eines Amphitheaters, von zwei Wasserleitungen, Wachttürmen und Befestigungen erhalten. Dazu kommen die unzähligen, in den weichen vielfarbigen Sandstein gehauenen Fassaden und Räume von Gräbern und Tempeln, die sich auch auf die Felswände der Seitentäler erstrecken (Taf. 71b/1120; 72/1121). Ausgehauene Felswege und -treppen führten zu mehreren Höhenheiligtümern, von denen bes. die große Höhe auf dem Zebb Atuf berühmt ist. Den Hauptzugang zur Stadt von O her bildet die früher gepflasterte, 1,5 km lange, 4–8 m breite und 80 m tiefe Schlucht es-Sik. Vgl. Karte Sp. 979.

Die Höhe auf dem Zebb Atuf bei Petra. Der rund 15 m lange und 6,5 m breite Hof ist etwa 40 cm in den Fels eingetieft. Die erhöhte Felsplatte in seiner Mitte ist 0,8 × 1,5 m groß. Westl. des Hofes liegen 2 Altäre mit Treppenaufgängen, südl. eine Zisterne mit Zu- und Überlauf. Der Hof wird durch eine Ablaufrinne nach O entwässert. Auf dem flachen Hang unterhalb der Treppen lag hier früher ein Garten. Die Treppe rechts von den Altären setzt sich in einem Weg fort, der nach N weiterführt und beim Theater von Petra endet. Etwa 140 m südl. der Höhe erheben sich auf einer künstlich geebneten Fläche zwei mächtige Steinpfeiler (Masseben). Zwischen ihnen und dem Opferplatz liegen die Ruinen eines größeren Baus und zweier Türme. Von dort aus zieht sich eine Mauer unterhalb der Höhe entlang und endet weiter in NW wieder mit einem Turm. Das ganze Gebiet des Heiligtums ist also durch Befestigungen nach S und W gesichert, im O fällt der Hang des Höhenrückens steil ab. Innerhalb der Mauern befanden sich offenbar auch Wohnungen für die Priester.

Petrus. I) P. ist ein Beiname (Apg 10,5.18), die griech. Übersetzung des aram. *kepa* »Fels«, und kommt im NT auch unübersetzt als Kephas vor (Joh 1,42; 1 Kor 3,22; 9,5; 15,5; Gal 2,9). P. erhielt diesen Namen von Jesus bei ihrer ersten Begegnung (Joh 1,42), und der Herr bestätigte ihn nach dem Bekenntnis von Cäsarea Philippi (Mt 16,18). Der urspr. Name des → Apostels war Simon (Mt 16,17; Apg 15,14; 2 Petr 1,1), sein Vater hieß → Johannes (1) und hat wohl, viell. als Fischer, in Bethsaida gelebt (vgl. Joh 1,44). P. war verheiratet und besaß ein Haus in Kapernaum (Lk 4,31.38; 1 Kor 9, 5), er arbeitete als Fischer mit seinem Bruder → Andreas zusammen (Mt 4,18).

II, 1) P. war vermutlich zuerst ein Jünger → Johannes des Täufers und wurde dann von Andreas zu Jesus geführt (Joh 1,41.42). Seine endgültige Berufung (vgl. → Apostel II B) geschah am See Genezareth (Lk 5,1–11). Im Jüngerkreis galt er als der Führende, er steht in allen Apostellisten an erster Stelle (Mt 10,2; Mk 3,16; Lk 6,14; Apg 1,13), spricht für alle Jünger (Mt 16,15.16; 19,26.27; Joh 6,67–69) und gehört zu den drei Aposteln, die dem Herrn bes. nahestanden: P., Johannes und Jakobus (Mt 17,1; 26,37; Lk 8,51).

2) P. ist temperamentvoll und begeisterungsfähig, seine Entscheidungen kommen aus ganzem Herzen (Joh 6,68.69). Dabei steht er aber in der Gefahr vorschnellen Redens (Mk 8,32.33; Mt 18,21; Joh 13,6. 8.9; 21,21.22) und Handelns (Joh 18,10.11). Die Kraft und Umsicht, das Begonnene durchzuführen, ist nicht immer vorhanden (Mt 14,29–31). Glaubensbekenntnis und menschliche Überlegungen stehen dicht nebeneinander (Mt 16,16.18.22.23). Dieser Zwiespalt zwischen Wollen und Vollbringen zeigt sich bes. eindringlich während der Passion Jesu, wo aus der Bereitschaft des P. (Lk 22,33; Mt 26, 33) sein Versagen (V 40.43.45), die unbedachte Tat (Joh 18,10) und schließlich die Verleugnung (V 15. 27) wird.
Doch der Herr ruft seinen Jünger mit einem Blick zurück (Lk 22,61), erscheint ihm als Auferstandener (Lk 24,34; 1 Kor 15,5) und erneuert seinen Auftrag im Gespräch am See (Joh 21,15ff).

3) In der Apg ist P. dann der Leiter der Gemeinde (Apg 1,15; 5,1–11), der die Wahrheit des Evangeliums in der Öffentlichkeit (Apg 2,14ff; 3,12ff; 5, 21) und vor dem Hohen Rat unerschrocken verkündigt (Apg 4,8ff; 5,29). Der Herr sendet ihn zu Kor-

Tafel 68

a. Der Hügel More am Nordrand der Ebene Jesreel.

b. Das Theater in Milet an der Westküste Kleinasiens. Der Ort an der Mäandermündung war in griech. Zeit eine bedeutende Hafenstadt. Hier nahm Paulus auf der 3. Missionsreise Abschied von den Gemeindeältesten aus dem rund 60 km weiter nördl. gelegenen Ephesus (Apg 20, 17–38), das Milet damals schon an Bedeutung überflügelt hatte.

nelius (Apg 10) und öffnet damit den Weg der Heidenmission, und P. gibt darüber vor der Gemeinde Rechenschaft (Apg 11,1–18). Nach seiner Gefangenschaft und Befreiung durch einen Engel verläßt er Jerusalem i. J. 44 vorübergehend (Apg 12,1–17). In Antiochien wird er noch einmal unsicher in seinem Verhältnis zu den Heidenchristen (Gal 2,11–14) und wird von Paulus zurechtgewiesen. Aber seine Rede auf dem folgenden → Apostelkonzil (VI) zeigt, daß die Ermahnung des Paulus die Einigkeit der beiden Apostel wiederhergestellt hat (vgl. 2 Petr 3,15.16).

Wohl gegen Ende seines Lebens war P. in Rom und hat sich offenbar von hier aus – wohl unter Mitarbeit des → Silvanus – auch brieflich an die Gemeinden gewandt (vgl. → Petrusbriefe). Man nimmt an, daß das → Markusevangelium auf die Überlieferung des P. zurückgeht, da Markus ihm als Dolmetscher diente. Sein Märtyrertod wird im NT vorhergesagt (Joh 21,19), jedoch nicht berichtet. Über Zeit und nähere Umstände seines Todes wissen wir ebensowenig etwas Sicheres, wie (trotz der Ausgrabungen unter dem Petersdom) über sein Grab. Für die Annahme, daß P. 25 Jahre lang »Bischof von Rom« gewesen sei, sind keine Anhaltspunkte vorhanden.

Petrusbriefe. Beide Petrusbriefe haben die Hoffnung zum Gegenstande, unterscheiden sich aber dadurch, daß der 1 Petr für die Gläubigen die Folgerungen aus der Wiedergeburt zu einer lebendigen Hoffnung zieht, während der 2 Petr gegen die Irrlehren Stellung nimmt, welche die Hoffnung oder ihre baldige Erfüllung fraglich machen wollen. Das Auftreten der Irrlehren wird zum Beweis dafür, daß die Verwirklichung der Hoffnung nicht mehr lange auf sich warten läßt.

I) EINLEITUNGSFRAGEN.

1) Als Verfasser nennen beide Briefe den Apostel Simon P. (1 Petr 1,1; 5,1; 2 Petr 1,1). Die durch die altkirchliche Tradition (Polykarp, Papias, Tertullian, Clemens Alexandrinus) bestätigte Verfasserschaft des Petrus ist beim 1 Petr erst in neuerer Zeit bezweifelt worden, beim 2 Petr schon früher. Die erste sichere Bezeugung des 2 Petr finden wir im 3. Jh. bei Origenes.

Empfänger des 1 Petr sind Gemeinden in Kleinasien (1 Petr 1,1), die dort als Teil des neuen Gottesvolkes (1 Petr 2,9.10) in der Zerstreuung und Fremde (V 11) leben, während ihr Erbe im Himmel ist und sie auf die Erfüllung ihrer Hoffnung warten (1 Petr 1,4). Empfänger sind also wohl Heidenchristen in einer heidnischen Umgebung, wie ja Petrus seine Arbeit nicht auf Juden beschränkt hat. Der Brief ist ein Rundschreiben an die Gemeinden in Kleinasien.

Auch der 2 Petr ist offensichtlich ein Rundschreiben, dessen Empfängerkreis aber nicht näher genannt oder begrenzt wird.

2 a) Die Verfasserschaft des Petrus ist für den 1 Petr bestritten worden mit der Begründung, es bestünden zu den übrigen ntl. Schriften und bes. zu den Paulusbriefen literarische Beziehungen. Diese Beziehungen lassen sich aber leicht aus dem gemeinsamen urchristlichen Vorstellungs- und Sprachschatz erklären, der eine gegebene Tatsache ist. Hinzu kommt, daß nach 1 Petr 5,12 Silvanus (→ Silas) Mitverfasser ist, der auch 1 Thess 1,1; 2 Thess 1,1; 2 Kor 1,19 genannt wird und jahrelanger Mitarbeiter des Paulus war. So gibt es keine zwingenden Gründe, die Verfasserschaft des Petrus für den 1 Petr zu bezweifeln.

b) Beim 2 Petr wird die Verfasserschaft des Petrus aus mehreren Gründen angezweifelt. Der Brief ist sehr nahe verwandt mit dem → Judasbrief, aber die sachliche Beziehung (die im 2 Petr vorausgesagten Irrlehrer sind dort aufgetreten) läßt den 2 Petr als früher abgefaßt erkennen.

Man hat weiter auch auf Stilunterschiede der beiden P. hingewiesen, doch könnte dabei die Mitverfasserschaft des Silvanus (s. o.) eine Rolle gespielt haben.

Auch das anerkennende Wort über die Paulusbriefe (2 Petr 3,15.16) kann schwerlich ein hinreichender Grund für die Bezweiflung der Verfasserschaft des Petrus sein.

c) Als Abfassungsort für den 1 Petr ist auf Grund von 1 Petr 5,13 Rom anzusehen, das schon in der urchristlichen Zeit wegen seiner Gottfeindschaft und Sünde mit dem Decknamen Babylon bezeichnet wurde (vgl. die Offb u. → Babel II).

Über den Abfassungsort des 2 Petr erfahren wir nichts. Da nirgends ein Hinweis auf die Leiden der neronischen Verfolgung i. J. 64 zu finden ist, werden beide Briefe vorher geschrieben worden sein. Genaueres läßt sich nicht sagen. Doch läßt die Grundhaltung des 2 Petr als eines Testaments die Abfassung im Schatten des drohenden Todes vermuten.

II) INHALT.

A) EINTEILUNG DES 1 PETR:

I. Teil: Erwählung zum Gottesvolk (1,3–2,17).
1. Weg der Erwählten durch die Zeit (1,3–12).
   a. Wiedergeburt zur lebendigen Hoffnung (1,3–5).
   b. Bewährung der Hoffnung (1,6–9).
   c. Offenbarung und ihre Grenzen (1,10–12).
2. Neuer Stand der Hoffenden (1,13–25).
   a. Die Kinder Gottes (1,13–17).
   b. Erkaufte Jesu Christi (1,18–21).
   c. Die durch das Wort Gezeugten (1,22–25).
3. Das heilige Volk (2,1–10).

II. Teil: Bewährung der Bürgerschaft (2,11-5,11).
1. Bewährung im Leben (2,11–3,17).
   a. Gottes Volk unter den Völkern (2,11–17).
   b. Bewährung in dem von Gott gegebenen Stande (2,18–25).
   c. In der Ehe (3,1–7).
   d. Im Umgang mit den Menschen (3,8–17).
2. Bewährung im Leiden (3,18–4,19).
   a. Das Vorbild Christi (3,18–22).
   b. Das Leiden zur Heiligung (4,1–6).
   c. Blick auf das kommende Gericht (4,7–11).
   d. Seligkeit unter Verfolgung (4,12–19).

III. Zusammenfassendes Schlußwort (5,1–14).
1. Mahnung an Alte und Junge (5,1–11).
2. Grüße (5,12–14).

B) EINTEILUNG DES 2 PETR:

I. Zurüstung der Erwählten (1,3–21).
1. Auswirkung der Kraft Gottes (1,3–11).
2. Mitwirkung der Apostel (1,12–15).
3. Beachtung des prophetischen Wortes (1,17–21).

II. Gefährdung durch Irrlehrer (2,1–3,5).
1. Auftreten falscher Propheten (2,1–11).
   a. Auftreten und Wirken (2,1–3).
   b. Warnende Gottesgerichte (2,4–6).
   c. Erlösung aus der Versuchung (2,7–11).
2. Darstellung der falschen Propheten (2,12–22).
   a. Ihre Unsittlichkeit (2,12–14).
   b. Freiheit als Decke der Bosheit (2,15–19).
   c. Rückfall nach Reinigung (2,20–22).

III. Blick auf das Gericht (3,1–18).
1. Leugnung des kommenden Gerichtes (3,1–5).
2. Die Frage des Termins (3,6–9).
3. Darstellung des Gerichts über die Welt (3, 10).
4. Erwartung der neuen Welt (3,11–13).
5. Bereitschaft der Erwählten (3,14–18).

III) GRUNDGEDANKEN.
Beide Briefe sind ausgesprochene Gemeindebriefe; darum sind die Themen das Leben in der Hoffnung und die Abwehr der vielfachen Gefährdungen. Durch die Wiedergeburt zum neuen Leben (1 Petr 1,3) sind die Glaubenden zu Fremdlingen in ihrer alten Welt geworden. Ihr Leben wird jetzt von der kommenden neuen Welt Gottes und der damit gegebenen Hoffnung bestimmt. Die Hoffnung ist das Neue, das das Leben verändert und für sich fordert.

1) Die Hoffnung ist den Glaubenden gegeben in der durch die Auferstehung Jesu (1 Petr 1,3) ermöglichten Wiedergeburt. Damit ist ihr Leben ausgerichtet auf den Himmel, wo ihr Erbe ist (V 4).
Diese in der Hoffnung gegebene Ausrichtung soll das ganze Leben umfassen. Zu dem neuen priesterlichen Gottesvolk (1 Petr 2,9) sind sie geworden durch den Einsatz Jesu und sein Opfer (1 Petr 1,18). So sollen sie in ihrem Wandel Zeugnis ablegen vor den Heiden (1 Petr 2,12) und unter der menschlichen Ordnung bleiben, sei es die des Staates (V 13ff) oder die des Standes (V 18ff). In diese weltlichen Bereiche hinein soll das durch Christus erneuerte Leben wirken. Natürlich ist die enge Gemeinschaft der Ehe mit in den neuen Wandel der Wiedergeborenen hineingenommen (1 Petr 3,1ff), wie auch das Gemeindeleben von da aus geordnet wird (1 Petr 5,1ff).
Das Leben in der Hoffnung ist das Leben in der Fremde. Die Hoffnung, die die Wiedergeburt schenkt, macht die Heimat zur Fremde. So steht das Leben in der Hoffnung auch unter dem Leiden (1 Petr 3,14), denn es ist Leben in der Gemeinschaft und der Nachfolge Jesu (1 Petr 2,21ff; 3,18ff). Aber Leiden bringt für den Hoffenden Segen (1 Petr 4, 1.2.13ff). So ist sein Leben bestimmt vom Ziel, vom Ende her (V 7ff). Aber es ist zugleich auch Leben unter der Gegenwart Jesu und Gottes (V 19; 5, 6) und wird in der Kraft Gottes zum Ziel kommen (V 10).

2) Der 2 Petr setzt die Linie fort. An den zur Hoffnung Wiedergeborenen und nun Wachsenden ist schon die Wirkung der Kraft Gottes sichtbar (2 Petr 1,3). Gefahr droht nun von denen, welche die Hoffnung fahren ließen, der Kraft die Auswirkung verwehrten oder sich dem erziehenden Worte entzogen. Statt zum Ziele durchzustoßen, fallen sie in die Hoffnungslosigkeit (2 Petr 2,15) und Zuchtlosigkeit (V 13.14.22) zurück. Ansteckungsgefahr liegt darin, daß diese Menschen unbestreitbar eine Begegnung mit Gott erlebten, eine Bekehrung (V 20) und Erkenntnis des Wegs der Gerechtigkeit (V 21), und darum als Propheten und Lehrer auftreten. In Wirklichkeit aber trachten sie andre zu verführen (V 1–3), sind Brunnen ohne Wasser und vom Winde umgewirbelte Wolken (V 17). Wer bei ihnen lebendiges Wasser trinken will, bleibt durstig. Wirbelwind hat sie umgetrieben, so daß sie Richtung und Ziel verloren haben. Sicherung gegen Infektion durch diese Irrlehrer, gegen Rückfall und neue Bindung an die Welt bietet das klare Bekenntnis zum Weltuntergang und die Ausrichtung auf die neue Welt. Darum muß beides mit apostolischer Vollmacht noch einmal gesagt werden (2 Petr 3,11–14). So ergänzen sich die beiden Briefe und führen von der Wiedergeburt zur Hoffnung bis zu deren Verwirklichung.

Pfad → Weg

Pfaffen gibt in Jes 19,3 das hebr. *ithim* = Totenbeschwörer wieder (→ Totenbeschwörung).

Pfahl. Den »P. im Fleisch«, von dem Paulus 2 Kor 12,7 spricht, hat man nach Gal 4,14.15 als Augenkrankheit deuten wollen (vgl. Apg 23,5; Gal 6,11: mit wie großen Buchstaben ich euch geschrieben habe); diese Deutung bleibt jedoch unsicher. Näher liegt es, die Aussage auf einen Gegner des Apostels zu beziehen, wie der Vergleich mit den entsprechenden Bildern in 4 Mo 33,55; Jos 23,13; Hes 28,24 zeigt.

Pfand. I) Ein Gegenstand, den der Schuldner seinem Gläubiger als Sicherheit für die Rückzahlung der Schuld übergibt (hebr. *chabol* = Band Hes 18, 12; *aboth* 5 Mo 24,10ff; *erabon* 1 Mo 38,17ff). Der Härte des Gläubigers waren dabei Schranken gesetzt: er durfte dem Schuldner sein einziges Oberkleid nicht länger als jeweils bis zum Sonnenuntergang abnehmen, weil der sonst keine Decke für die Nacht gehabt hätte (2 Mo 22,25[26]f; 5 Mo 24,12. 13). Die unentbehrliche Handmühle und das Kleid einer Witwe waren unpfändbar (V 6.17). Wenn der Gläubiger sich das P. holte, sollte er das Haus des Schuldners nicht betreten, sondern draußen warten, bis dieser das P. herausbrachte (V 10.11). Das rücksichtslose Pfandnehmen gehört mit zum Bilde des Ungerechten (Hi 22,6; 24,3; Hes 18,12). Die Verpfändung von Grundbesitz, die durch die Bestimmungen über den Landverkauf beschränkt war (vgl. → Halljahr II,2), wird in Neh 5,3 und später im Talmud erwähnt. Vgl. → Schuld, Schuldner, → Wucher.

II) Paulus bezeichnet den Heiligen Geist als P. (griech. *arrabôn*, in der LXX 1 Mo 38,17ff), d. h. hier: als Anzahlung und Angeld auf das himmlische Erbe der Erlösten (2 Kor 1,22; 5,5; Eph 1,14).

Pfanne. I) Die Kohlen-, Räucherpfanne oder P. (hebr. *machtah*) war ein meist flaches, schüsselartiges Metallgefäß mit Stiel, das in der Stiftshütte und im Tempel beim → Räuchopfer Verwendung fand (2 Mo 27,3; 38,3; 4 Mo 4,14; 16,6.17.18; 17,2–4.11; 2 Kö 25,15). Man füllte die P. mit glühender Holzkohle und verbrannte darauf das Räucherwerk (3 Mo 10,1; 16,12 LÜ Napf). Z. Zt. des salomonischen Tempels bestand sie aus Gold (1 Kö 7,50; 2 Chron 4,22 LÜ Napf); sie wird auch unter den Tempelgeräten aufgeführt, die 586 v. Chr. bei der Eroberung Jerusalems von den Babyloniern geraubt wurden (Jer 52,19 LÜ Räuchtöpfe). Vgl. Abb. Sp. 37; 624.
Eine andere hebr. Bezeichnung für die Räucherpfanne ist *mikhthärät* (LÜ Räuchfaß; 2 Chron 26, 19; Hes 8,11).

II) Außerdem gibt »P.« das hebr. *machabat* (3 Mo 2,5; 6,14[21]; 7,9; 1 Chron 23,29) wieder, eine eiserne Platte zum Backen und Rösten (vgl. → Brot); weiter die hebr. Worte *khallachat* (1 Sam 2,14) und *sallachat* (2 Chron 35,13), topfartige Gefäße zum Kochen.

Pfau *(Pavo cristatus).*
Die Heimat dieses prächtigen Vogels ist Indien und Ceylon. Sein Fleisch ist eßbar, u. die Römer schätzten bes. Zunge und Hirn als Delikatessen. In Israel wurde er aber wohl nur als Ziervogel gehalten, falls wir unter den *tukkijim* (1 Kö 10,22; 2 Chron 9,21), die Salomos Handelflotte mitbrachte, wirklich Pfauen zu verstehen haben. Für diese Ansicht

sprechen die alten Übersetzungen und Ausleger, möglicherweise handelt es sich bei dem hebr. Wort sogar um ein indisches Lehnwort. Anderseits hat man *tukkijim* aber auch von einem ägypt. Wort für »Affe« ableiten wollen und neben *khop* (LÜ → Affe) eine bes. Affenart darin gesehen. Andere übersetzen »Hühner«.

Pfeife → Musikinstrumente

Pfeil → Bogen

Pfeiler. Stütze bzw. Träger eines Gebäudeteils. Auch die Erde dachte sich der Israelit auf Pfeilern ruhend (Hi 9,6). Aus den Ausgrabungen kennen wir die Sitte der Aufrichtung von Gedenkpfeilern (vgl. → Mal I) in heidnischen Tempeln; viell. hängt die Verheißung von Offb 3,12 damit zusammen, nur daß hier der Tempel Gottes gemeint ist. Im NT wird die Gemeinde Jesu ein P. und eine Grundfeste der Wahrheit genannt (1 Tim 3,15).

Pfennig → Geld

Aufgezäumte Pferde an der Krippe, das oberste wird gestriegelt (nach einer assyr. Darstellung)

Pferd *(Equus caballus;* hebr. *sus, parasch, räkäsch;* griech. *hippos.)*
Funde in Ur zeigen, daß man das P. in Mesopotamien bereits Mitte des 3. Jt. v. Chr. als Zugtier kannte. Zeugnis für die mitannisch-hurritische Pferdezucht ist eine in Boghazköi gefundene Abhandlung über Gewöhnung von Pferden. In Ras Schamra

Berittener assyr. Bogenschütze

wurde ein Text über Pferdekrankheiten gefunden (vgl. → Pflaster). Eine Pferdetrense zeigt die Abb. Sp. 151 (Mittlere Bronzezeit).
Der Jakobssegen erwähnt das P. als Reittier (1 Mo 49,17; vgl. 47,17). Als Zugtier des Streitwagens wurde es in Ägypten durch die Hyksos eingeführt (vgl. 2 Mo 14,6.7.9) und galt dann als Bild für militärische Macht überhaupt (5 Mo 17,16; Ps 20,8; 33, 17; Jes 31,1.3). Daneben kennen wir ägypt. Darstellungen von einzelnen Reitern, und es scheint auch ägypt. Kavallerieeinheiten, etwa zur Aufklärung, gegeben zu haben. Assyr. Kavallerie ist seit dem 8. Jh. v. Chr. belegt. In der HS sind aber in militärischem Zushg. mit »Reitern« (2 Mo 14,9; 2 Chron 12,3; Jer 51,21) fast ausschließlich die Wagenkämpfer gemeint (→ Wagen); Botenreiter werden 2 Kö 9,18.19 genannt (vgl. Est 8,10).
In Israel fand das P. mit der Wagentruppe unter → Salomo Eingang (1 Kö 5,6[4,26]), der auch Zwischenhandel mit Wagenpferden trieb (1 Kö 10,28f; → Mizraim). Weil die P. nicht beschlagen wurden, legte man Wert auf harte Hufe (Jes 5,28). Nur gelegentlich wurden P. auch beim Dreschen verwendet (Jes 28,28).
Das weiße P. galt bei den Römern als Sinnbild des Sieges (vgl. Offb 6,2; 19,11–16).
Vgl. → Esel und Abb. Sp. 40; 575/6; 655; 1490.

Pfingstfest.

I) DAS ISRL. PFINGSTFEST.

Das Fest der Wochen (2 Mo 34,22; 5 Mo 16,10; 2 Chron 8,13) bzw. Fest der Ernte oder der Erstlinge (2 Mo 23,16; 4 Mo 28,26) war das zweite große jährliche Fest (vgl. → Jahr) Israels am Ende der Getreideernte. Es fiel auf den 50. Tag (3 Mo 23,15.16), also 7 Wochen (5 Mo 16,9) nach der Darbringung der Erstlingsgarbe am Fest der ungesäuerten Brote (→ Passah), die mit dem Beginn des Getreideschnitts zusammenfiel. Von den 7 Wochen ist der Name »Fest der Wochen« abgeleitet, von den 50 Tagen der uns geläufige Name »Pfingsten« (griech. *hae pentaekostae [haemera]* = der 50. Tag), der im Spätjudentum aufkam und daher erst im NT vorkommt.
Der Tag des Wochenfestes, an dem jeder isrl. Mann vor dem Herrn im Heiligtum erscheinen sollte (5 Mo 16,11.16), war ein Ruhetag, an dem eine heilige Festversammlung stattfand (3 Mo 23,21; 4 Mo 28, 26).

Für diesen Tag waren folgende → Opfer vorgeschrieben:
ein Speisopfer vom neuen Korn (3 Mo 23,16.17; 4 Mo 28,26), bestehend aus 2 Webebroten (→ Webeopfer) von 2/10 Epha Feinmehl, die dem Herrn als Erstlinge dargebracht werden sollten. Im Unterschied zu allen andern Speisopfern, die stets ungesäuert sein mußten (3 Mo 2,11), handelt es sich hier um gewöhnliche, gesäuerte Brote der täglichen Nahrung, »aus euren Wohnungen« (3 Mo 23,17). Dazu gehörten als Brandopfer 2 Farren, 1 Widder und 7 Lämmer (4 Mo 28,27; in 3 Mo 23,18 scheinen die Zahlen für Farren und Widder vertauscht zu sein; vgl. die Tabelle zu → Opfer), 1 Bock als Sündopfer (V 19; 4 Mo 28,30) und 2 Lämmer als Dankopfer (3 Mo 23,19).

Außer diesen Opfern der Gemeinde sollten die einzelnen Israeliten eine freiwillige Gabe darbringen, je nach dem Segen, den der Herr ihnen gegeben hatte (5 Mo 16,10), und sollten mit ihrer ganzen Familie, auch den Sklaven, den → Leviten, Fremdlingen, Witwen und Waisen, die unter ihnen wohnten, vor dem Herrn fröhlich sein (V 11). Dabei sollten sie sich daran erinnern, daß sie bzw. ihre Vorfahren auch einmal auf Schutz und Barmherzigkeit angewiesene Sklaven in Ägypten gewesen waren, deren sich der Herr erbarmt und sie befreit hatte (V 12).

II) DIE AUSGIESSUNG DES HEILIGEN GEISTES AM PFINGSTFEST.

Apg 2 wird berichtet, daß am Pfingstfest nach Tod, → Auferstehung und → Himmelfahrt Jesu der Heilige → Geist über die Jünger ausgegossen wurde. Dies Kommen des Geistes am Pfingsttag war ebensowenig wie der Tod Jesu am Passahfest ein Zufall. Wie Pfingsten das Fest am Abschluß der Getreideernte war, so schließt das Kommen des Heiligen Geistes das Heilswerk Jesu ab. Im Heiligen Geist ist die → Gemeinde Jesu mit dem erhöhten Herrn bis zu seiner Wiederkunft verbunden.

Die Geistesausgießung geschah unter großen Zeichen, mit einem Brausen vom Himmel wie das eines gewaltigen Windes, das das Haus erfüllte, in dem die Jünger versammelt waren (Apg 2,2; hebr. *ruach* wie griech. *pneuma* bedeuten sowohl Wind wie Geist!). Weiter heißt es, daß ihnen Zungen wie von Feuer erschienen, die sich zerteilten, und daß er (nämlich der Geist) oder es (nämlich das, was mit dieser Erscheinung gegeben war; beide Übersetzungen sind möglich) sich auf jeden von ihnen setzte (V 3). Das Feuer erinnert an das Wort Johannes des Täufers: »Ich taufe euch mit Wasser zur Buße; der aber nach mir kommt, wird euch mit dem Heiligen Geist und mit Feuer taufen« (Mt 3,11). Das »Predigen mit andern Zungen« (Apg 2,4.6.8.11) bringt zum Ausdruck, daß der Heilige Geist, der dies Reden von dem Heilswerk Jesu Christi eingab, es zugleich zu einem Zeugnis machte, das keine Grenze der Sprache und damit vor Gott auch keinen Unterschied der Völker mehr kannte. Menschen aus den verschiedensten Teilen des röm. Reiches mit den verschiedensten Muttersprachen werden hier im Hören und Annehmen des einen Evangeliums zusammengeschlossen (V 5–11). Die Ausgießung des Heiligen Geistes hat sich so nicht wiederholt. Apg 4,31 trägt einen andern Charakter, bestätigt aber, daß der Geist nach der Verheißung Jesu (Joh 14,16. 17) in der Gemeinde wohnen bleibt (vgl. weiter Heiliger → Geist II C 2–3).

Wenn später im NT Pfingsten als Fest erwähnt wird (Apg 20,16; 1 Kor 16,8), ist das jüd. Erntefest gemeint. Ob die frühe Christenheit an diesem Tag der Ausgießung des Heiligen Geistes zu gedenken pflegte, ist uns nicht bekannt.

Pflanze, pflanzen. I) Zu den einzelnen in der HS genannten P. vgl. die betreffenden Artikel.

II, 1) Im übertragenen Sinn ist die P. Bild für den Menschen (Jes 61,3; Ps 144,12; vgl. Ps 92,13–16; → Baum VI), ebenso für menschliche Einrichtungen, Gebräuche und Lehren (Jes 17,10.11; Mt 15,13), die ausgereutet, d. h. dem Gericht Gottes verfallen werden, wenn sie nicht von Gott sind.

2) Pflanzen ist Bild für Gottes segnendes, Frieden und Gedeihen schaffendes und bewahrendes Handeln mit seinem Volk und den Völkern (2 Mo 15, 17; 2 Sam 7,10; Ps 80,9.16; Jer 2,21; 11,17; 18,7-9; 24,6; 31,28; 32,41; Hes 19,10; 36,36; Mk 12,1; Lk 13,6; vgl. Pflanzung Hes 34,29; → Bau, bauen I); es bezeichnet weiter den Dienst der Propheten (Jer 1,10) und der Apostel und Lehrer in der Gemeinde (1 Kor 3,6–9; Jak 1,21).

Pflaster. Ein P. von Feigen wird 2 Kö 20,7; Jes 38, 21 als Heilmittel für ein Geschwür genannt. Dazu findet sich eine merkwürdige Parallele im Pferdearzneibuch von Ugarit (→ Ras Schamra), wo für die gutartige Druse (Rotz) der Pferde ein Feigenkuchen verordnet wird.

Pflicht kommt in der HS nur Röm 4,4 vor und übersetzt hier griech. *opheilaema* = das Geschuldete, das, was jemandem zusteht. Zur P. und Verpflichtung des von Gott geschaffenen und erlösten Menschen vgl. → Antwort II, → Dank, → Gehorsam, → Gesetz, → Liebe.

Pflug → Ackerbau

Pforte. I) Die Schöne P. (Apg 3,2) ist wahrscheinlich das Tor, das im herodianischen Tempel von O. in den Frauenvorhof führte (Abb. Sp. 684 Nr. 4). Vgl. → Tür.

II, 1) In Hes 26,2 wird Jerusalem die P. der Völker genannt.

2) Weiter wird von den Pforten (d. h. dem Eingang) des → Himmels (1 Mo 28,17) und des Totenreiches (Jes 38,10; Mt 16,18; LÜ → Hölle) gesprochen.

3) Zur engen P. vgl. → Weg.

Pfosten, die aus Holz oder Stein gefertigten seitlichen Stützen der Türöffnung. In der Passahnacht wurden P. und Oberschwelle mit dem Blut des Passahlamms bestrichen (2 Mo 12,7). Nach 5 Mo 6,9 sollen die Weisungen Gottes über die P. geschrieben werden (vgl. → Denkzettel; → Haus II, 2); auch Gegenstände der Götzenverehrung und des Aberglaubens wurden hier angebracht (Jes 7,8).

Einem hebr. Sklaven, der nach 6jährigem Dienst nicht freigelassen werden wollte, wurde das Ohr am P. mit einem Pfriem durchbohrt zum Zeichen, daß er nun lebenslänglich als → Knecht im Hause blieb (2 Mo 21,6; 5 Mo 15,17).

Pfriem → Waffen u. Geräte

Pfuhl, feuriger → Hölle

Pfund → Maße und Gewichte II; → Geld

Phagor, Ort in Juda (Jos 15,59a LXX), heute vermutlich Chirbet Fagur, ca. 6,5 km südwestl. von Bethlehem.

Phalti, Kurzform von Paltiel »Gott ist (meine) Rettung«. Israelit, dem Saul seine Tochter Michal nach Davids Flucht zur Frau gab (1 Sam 25,44). Als Is-Boseth Michal zu David zurückbringen ließ, folgte P. ihr weinend bis zum Grenzort Bahurim (2 Sam 3,15; hier wird er Paltiel genannt).

Phanuel, griech. Form des hebr. Pnuel »Angesicht Gottes«,
Vater der Prophetin Hanna aus dem Stamm Asser (Lk 2,36).

Pharan.
1) Die Wüste P. (4 Mo 10,12), das Wohngebiet Ismaels (1 Mo 21,21), lag zwischen Midian und Ägypten (1 Kö 11,18) und umfaßte wahrscheinlich den ganzen NO-Teil der Sinaihalbinsel nördl. von Hazeroth (4 Mo 12,16[13,1]) und östl. vom Wadi el-Arisch (Bach Ägyptens) bis nach Kades (4 Mo 13, 3[4].26[27]) und zum Wadi Araba (vgl. 1 Mo 14,6 → El-Pharan). Auch das Gebiet südl. der Wüste Juda wurde offenbar noch dazugerechnet (1 Sam 25,1; vgl. Karte Sp. 279), so daß die Wüste → Zin einen Teil der Wüste P. bildete (vgl. 4 Mo 13,26[27] und 20,1).

2) Das Gebirge P. (5 Mo 33,2; Hab 3,3) ist möglicherweise das Gebirgsmassiv des Dschebel Makra südöstl. von Kades.

Pharao, ägypt. *per-o* = »das größte Haus«,
ist der Titel des ägypt. Königs und wird in der Bibel meist wie ein Eigenname gebraucht. Daher be-

Kleidung des Pharaos

reitet es vielfach Schwierigkeiten, die hier genannten Pharaonen mit bestimmten Herrschern zu identifizieren, da das von ihnen in der HS Berichtete nirgends zweifelsfrei auch in ägypt. Überlieferung belegt ist.

Für die verschiedenen Möglichkeiten, die Pharaonen z. Zt. Abrahams, Josephs und Moses zu identifizieren vgl. → Ägypten IV, 1–3; → Auszug IV.
Der P. (oder sind es mehrere?) z. Zt. Davids und Salomos (1 Kö 3,1; 9,16.24; 11,18–22) gehörte zu den Herrschern der 21. oder tanitischen Dynastie in der 1. Hälfte des 10. Jh. v. Chr.
Der in 2 Kö 18,21; Jes 36,6 im Jahre 701 v. Chr. erwähnte P. ist der Äthiopier Sabaka (714–700 v. Chr.). Ebenfalls in die Zeit der Äthiopischen Dynastie weist Jes 19,11.13 mit der Erwähnung von Zoan (Tanis) als Residenzstadt. Zu einer Bestimmung des P. von 1 Chron 4,17 fehlt jeder Anhaltspunkt.
Mit Namen genannt werden uns die ägypt. Herrscher → Sisak, → Thirhaka, → Necho und → Hophra aus dem 10.–6. Jh. v. Chr.

Pharisäer. Name einer jüd. religiösen und politischen Partei. – Dabei ist zu beachten, daß in ntl. Zeit verschiedene Parteien und Gruppen im jüd. Volk bestanden, von denen jedoch nach dem Fall Jerusalems allein die Partei der P. bestehen blieb, so daß das moderne Judentum, soweit es das Gesetz hält, pharisäisch ist. – Der Name bedeutet wahrscheinlich »die Abgesonderten« und bezeichnet die Gruppe, die sich im Gegensatz zu den → Sadduzäern von fremden, hellenistischen und zugleich rationalistischen Einflüssen freihielt und auf peinliche Gesetzeserfüllung achtete (Apg 26,5). Wahrscheinlich bildete sich die Partei aus diesem Bestreben heraus kurz vor der Zeit der → Makkabäer. Die Makkabäer haben sich anfänglich auf die P. gestützt, sie später jedoch verlassen und sogar verfolgt.

Z. Zt. Jesu gehörten die politischen Führer, die Mehrzahl des Priesteradels und ein großer Teil des Hohen → Rates zu den hellenistisch gesinnten Sadduzäern; die geistlichen Führer des Volkes waren jedoch die P. Obwohl meist keine Priester, waren sie die eigentlich Frommen und Rechtgläubigen des Volkes, die das → Gesetz als den Willen Gottes mit ganzem Ernst zu erfüllen suchten (Phil 3, 5.6); sie erkannten die Existenz guter und böser Geister an, das → Leben nach dem Tode und die → Auferstehung des Leibes (Apg 23,8). Insofern hatte Jesus an ihrer Lehre nichts auszusetzen (Mt 23,2.3), mußte anderseits aber ebenso ernst vor ihnen warnen (Mt 16,11.12). Denn all ihr Tun war dadurch vergiftet, daß es aus eigener Kraft geschah und nicht aus dem von Gott geschenkten neuen Herzen kam (Jer 31,33.34; Hes 36,26.27; vgl. Joh 3,8–10). So verstrickten sie sich in einer immer äußerlicher werdenden Gesetzeserfüllung, die sie durch ständig erweiterte Ausführungsbestimmungen (→ Aufsätze) zu sichern meinten, entfernten sich dabei aber immer mehr von dem wahren Willen Gottes (Mt 15,1ff; → Korban). Eine unbewußte und darum gefährliche → Heuchelei (V 7–9; 23, 13.14.15.23.25.27.29) und Selbstverehrung (Mt 6, 5.16; 23,5–7; Lk 18,11 wörtl. auch: zu sich selbst!) war die Folge. Z. T. zielten die Ausführungsbestimmungen ganz offen darauf ab, das Gesetz zu umgehen (z. B. legte man für eine Reise am Sabbat einen Wassersack auf den Sattel des Reitesels – denn auf dem Wasser galt der Sabbatweg [→ Maße und Gewichte I, 2] nicht). Das Hauptgebot der → Liebe aber hatte man vernachlässigt (Lk 11,42) oder auf die Mitpharisäer eingeschränkt (daher die Frage Lk 10,29: wer ist denn mein Nächster?).
Am verhängnisvollsten war dabei aber die Überzeugung der P., Söhne Abrahams und Gottes zu sein (Joh 8,33–47), echte Jünger des Mose (Joh 9, 28) und geistlich sehend (V 40.41). Das konnte sie bis zur → Lästerung treiben, wenn sie dem offenbaren Wirken des Heiligen Geistes gegenübergestellt wurden (Mk 3,22–30), machte sie überheblich (Joh 7,48.49) und herrschsüchtig; sie wachten eifersüchtig über ihren Einfluß und suchten ihn ständig zu vergrößern (Mt 23,6.7; Lk 11,43). Mit dieser Haltung versperrten sie aber auch allen denen, die Gott wirklich suchten, den Weg (Mt 23,13; Lk 11,

52), und ihr Missionseifer führte jeden Heiden, der → Judengenosse (Proselyt) wurde, nur umso sicherer in den geistlichen Tod (Mt 23,15). Daher nennt sie Jesus mit Recht Söhne des Teufels (Joh 8,44).
Um die ganze Schärfe dieser Auseinandersetzung Jesu mit den P., den Frommen seiner Zeit, zu verstehen, muß man sich dabei vor Augen halten, daß bes. die letzten Vorwürfe (Mt 15,14) angesehene und ehrenhafte Männer wie Nikodemus (vgl. Joh 3,10) und → Gamaliel (Apg 5,34) voll mit einschließen.

Pharphar, Fluß südl. von Damaskus, heute Nahr el-Awadsch. Gegen sein Wasser ist das des Jordan trübe und lau (2 Kö 5,12). Vgl. Taf. 97/1536.

Pheresiter. Die P. werden unter den ältesten Bewohnern Kanaans genannt (1 Mo 13,7; 15,20; 2 Mo 3,8; 23,23; 33,2; 34,11; 5 Mo 7,1; 20,17; Jos 3,10; 9,1 u. ö.), wir wissen jedoch nicht, was für ein Volk mit diesem Namen gemeint ist. 1 Mo 10 erwähnt ihn nicht. Manche halten ihn nicht für den Namen eines bestimmten Stammes, sondern übersetzen »Dorfbewohner«.
Zur Zeit der Eroberung Kanaans durch Israel wohnten die P. auf dem Gebirge (Jos 11,3), und zwar in dem Gebiet, das später Ephraim und Halbmanasse zugewiesen wurde (Jos 17,15), aber auch Juda hatte mit ihnen zu kämpfen (Ri 1,4.5). Die Israeliten wohnten dann mitten unter den Kanaanitern, Hethitern, Amoritern, P., Hevitern und Jebusitern und vermischten sich mit ihnen, wobei sie auch ihre Götter übernahmen (Ri 3,5.6). Den Rest der P. machte Salomo zu Zwangsarbeitern (1 Kö 9,20.21).

Phichol viell. »Lykier«.
Feldhauptmann des Philisterkönigs zu Gerar (1 Mo 21,22; 26,26). Viell. handelt es sich wie bei → Abimelech (1) um einen Titel und keinen Eigennamen.

Philadelphia »Bruderliebe«.
1) Stadt in Kleinasien 120 km östl. von Smyrna, zwischen Nordfuß des Tmolusgebirges und Südufer des Kogamus, am Weg von Sardes nach Kolossä (Offb 3,7–13). Der Ort ist nach seinem Gründer Attalus II. Philadelphos von Pergamus (159–138 v. Chr.) benannt; heute heißt er Alaschehir. Vgl. Karte Sp. 1009.
2) → Rabba (2).

Phildas viell. nach dem Arab. »Spinne«,
Sohn Nahors (1 Mo 22,22).

Philemon, Christ in Kolossä (Phim 1.2). Vgl. → Philemonbrief.

Philemonbrief. Der kürzeste und persönlichste unter den erhaltenen Paulusbriefen, geschrieben in Rom zu gleicher Zeit mit dem → Epheser- und dem → Kolosserbrief (vgl. Phim 1: Kol 1,1; Phim 10: Kol 4,9).
Philemon, einem gläubigen und wohlhabenden Manne in Kolossä, war ein Sklave Onesimus entlaufen, in Rom Paulus begegnet und durch ihn zum Glauben gekommen. Paulus hätte ihn gern als Helfer bei sich behalten (V 13f), aber er will sich nicht über den damaligen Rechtszustand hinwegsetzen; das Evangelium soll nicht im Sinne einer sozialen Revolution mißverstanden werden. Nur die freie Zustimmung seines leiblichen Herrn kann Onesimus freimachen, nicht ein apostolischer Befehl. Die Abkehr von der Sklaverei kann nur durch einen Glaubensakt derer geschehen, die andere Menschen als Sklaven ihr eigen nennen. Denn nicht der Sklavenstand macht das Christ-Sein unmöglich; eher ist die Frage, ob ein Christ einen Menschen, den Jesus Christus freigemacht hat, weiter als Sklaven behalten und behandeln darf.
Um das zu unterstreichen, setzt Paulus den Onesimus mit sich selbst, seinem eigenen Herzen gleich (V 12) und möchte ihn auch gleichwertig mit Philemon sehen (V 13). Es geht darum, daß Philemon die Folgerungen daraus zieht, daß sein Sklave ein Freigelassener Christi geworden, er selber als dessen Herr aber auch nichts anderes als ein Knecht Christi ist (vgl. 1 Kor 7,20–22): sie sind also Brüder. Der Rechtsbruch des Sklaven kann jedoch nicht in gottgewollte Führung umgewandelt werden; erst das Wort seines leiblichen Herrn kann ihn auch rechtlich frei machen. Deshalb appelliert Paulus an Philemon und schickt Onesimus mit dem Brief zurück. Damit geht er unter den veränderten Umständen über das AT hinaus, nach dem der geflohene Sklave nicht ausgeliefert wird (5 Mo 23,16f).
Aus dem Brief fällt damit sogleich ein Licht auf das Verhältnis von Herrn und Knechten, Vorgesetzten und Untergebenen: Sie sind einer wie der andere für ihr Tun dem wahren Herrn verantwortlich. Untreue und Auflehnung auf der einen Seite wirken sich für das Urteil vor Gottes Gericht ebenso aus wie fehlende Fürsorge und Brüderlichkeit auf der anderen.

Philetus »Geliebt«,
Gegner des Paulus (2 Tim 2,17.18), der die Irrlehre vertrat, die Auferstehung habe bereits stattgefunden.

Philipperbrief.

I) EINLEITUNGSFRAGEN.

1) Der P. ist durch die Selbstbezeugung des VERFASSERS (Phil 1,1) und die Angaben über seine derzeitigen Lebensumstände (Phil 1,7.12–14; 2,19–25) und sein Verhältnis zu den Lesern (Phil 1,12; 4,10–20) so eindeutig als Paulusbrief ausgewiesen, daß dessen Verfasserschaft nie in Frage gestellt wurde. Timotheus ist, wie Paulus es auch sonst mit anderen seiner engsten Mitarbeiter zu tun pflegte (1 Kor 1,1; Gal 1,1.2; 1 Thess 1,1), als Absender mitgenannt.

2) EMPFÄNGER ist die Gemeinde in Philippi. Die Stadt war eine landeinwärts in Mazedonien gelegene Siedlung von röm. Veteranen, also im Gegensatz zu den Hafenstädten nicht unmittelbar an den weltweiten Verkehr angeschlossen, der zwar eine missionarische Ausstrahlung erleichtert (vgl. Thessalonich), aber auch gefährdende Einflüsse und Unbeständigkeit mit sich bringt (vgl. Korinth). Die Gemeinde hatte ein reges inneres Leben und nahm durch Unterstützung des Paulus in besonderer Weise an seinem Missionswerk teil (Phil 4,15.16).
Zur Prägung der Gemeinde werden auch ihre ersten Anfänge beigetragen haben. Paulus, durch Gottes Ruf aus Kleinasien nach Mazedonien geführt, begann die Arbeit dort in Plilippi, wo zuerst die Purpurhändlerin Lydia mit ihrem Haus zum Glauben kam und sich taufen ließ. Daß Paulus dann den Dämon einer wahrsagenden Sklavin austrieb, brachte ihn vor Gericht und ins Gefängnis, aus dem Gott ihn durch ein Erdbeben befreite, wobei der Kerkermeister gläubig wurde (Apg 16). So hatten die Philipper gleich zu Anfang erfahren, wie ein Christ zu leiden hat und wie sich Gott doch zu den Seinen bekennt und ihnen den Sieg gibt.

3) Zeit und Ort der ABFASSUNG des P. sind umstrit-

ten und lassen sich nicht mit letzter Sicherheit bestimmen. Als Ort der Gefangenschaft des Paulus, während der er den Brief schrieb, hat man drei Städte angenommen: Ephesus, Cäsarea und Rom. Dementsprechend ändert sich auch der Ansatz der Abfasssungszeit. Das → Richthaus (Prätorium; Phil 1,13) und »die von des → Kaisers (II) Hause« (Phil 4,22) scheinen zwar zunächst für Rom zu sprechen, sind aber auch in den Provinzhauptstätten des Reiches möglich.

a) Auf eine Gefangenschaft des Paulus in Ephesus am Ende seines dreijährigen Aufenthalts dort (Anfang 55) weisen eine Reihe von Andeutungen (vgl. → Aquila; → Korintherbriefe I,4). Daß die Apg nichts davon berichtet, ist allein kein ausreichender Gegengrund; sie schweigt ja auch über die von ihm selber bezeugte, anscheinend hoffnungslos lebensgefährliche Lage des Apostels (2 Kor 1,8.9). Ephesus erscheint für den Zushg. des Briefes auch insofern günstig, als von hier aus ein wiederholter Hin- und Rückweg von Boten und Nachrichten zwischen der Gemeinde und dem gefangenen Apostel in verhältnismäßig kurzer Zeit möglich war (vgl. Phil 2, 25–30). Als Stütze für eine frühe Abfassungszeit hat man auch auf den Kampf gegen jüd. Gesetzlichkeit in der Gemeinde (Phil 3,1–6) hingewiesen, doch das Argument ist nicht zwingend.

b) Von Cäsarea wissen wir zwar, daß Paulus dort als Gefangener im öffentlichen Prozeß das Evangelium verantworten und bekräftigen konnte (Apg 24 –26; vgl. Phil 1,7), aber sonst weisen keine besonderen Einzelheiten des Briefes in diese Zeit (zwischen 56 und 58).

c) Die traditionelle und älteste Ansicht setzt den P. in die erste röm. Gefangenschaft des Apostels, und zwar gegen deren Ende, weil Paulus den günstigen Ausgang des Prozesses bereits voraussieht und Reisepläne macht (Phil 1,25–27; 2,23.24). Damit rückt der P. in die Nähe der übrigen Gefangenschaftsbriefe (Eph, Kol, Phlm) und seine Abfassung in den Anfang der 60er Jahre. Auch die innere Reife und Fülle des Briefes entspricht gut diesem späteren Zeitpunkt.

4) Den Anlaß zum P. bildet offenbar der Dank des Paulus für die übersandte Gabe der Gemeinde, obgleich der Hauptinhalt seelsorgerlicher und glaubenstärkender Art ist, denn der Apostel sucht nicht die Gabe, sondern die Frucht (Phil 4,17).

II) INHALT.

1) EINTEILUNG.

Eingangsgruß (1,1.2).

I. Der Anlaß zum Brief (1,3–11).
   1. Dank (1,3–6).
   2. Verbundenheit des Apostels mit den Lesern und Bitte um ihr geistliches Wachstum (1, 7–11).

II. Die Situation des Apostels und ihre Beurteilung (1,12–30).
   1. Behinderung durch äußere Umstände (1,12 –14).
   2. Neidische Verkündiger (1,15–20).
   3. Sehnsucht nach dem Herrn und Notwendigkeit weiteren Dienstes (1,21–26).
   4. Gemeinschaft des Apostels und der Gemeinde im Leiden um Christi willen (1,27–30).

III. Nachfolge Christi in der Gemeinde (2,1–4,20).
   1. Eindeutige Ausrichtung von Leben und Gesinnung (2,1–4).
   2. Das Vorbild des Christus (2,5–11).
   3. Glaubensleben als Gottes Werk (2,12.13).
   4. Anweisung zur Nachfolge (2,14–18).
   5. Vorbildliche Mitarbeiter (2,19–30).
   6. Christenleben zwischen Vergangenheit und Verheißung (3,1–21).
   7. Die Gestalt des neuen Lebens (4,1–9).
   8. Der Ansatz zu wirklicher Fracht (4,10–20).

Grüße und Segen (4,21–23).

2) GRUNDGEDANKEN.

Die Philipper leben in der Gemeinschaft unter dem Evangelium, d. h. Erkenntnis und Ausleben der frohen Botschaft ist Grundlage und Ziel ihres Lebens. Damit durchpulst ein starker und alle Glieder erfassender Lebensstrom die Gemeinde, den Paulus in fünffacher Auswirkung sieht (Phil 2,1). Im Mittelpunkt steht die Gemeinschaft des Geistes als Verbundenheit mit Gott. Sie wirkt sich zu geistlicher Hilfe aus durch Ermahnung und Trost, zu Hilfe in äußeren Schwierigkeiten durch Liebe und Barmherzigkeit. Die Gemeinde ist weiter verbunden mit dem Gesamtwerk der Ausbreitung des Evangeliums. Sie denkt an den Apostel im Gefängnis und beweist ihre helfende Treue durch ihren Boten und Geldopfer (Phil 4,10–16.18). Und doch ist sie noch nicht völlig, was sie sein sollte, wenn auch die Gemeinschaft am Evangelium die Gewißheit gibt, daß Gott sie zum vollen Ziel führen wird (Phil 1,5.6).

Dies Ziel bedeutet ganze Hingabe und Verfügbarkeit der Menschen für Gottes Tun auch in befremdenden Situationen, so daß der Herr ohne Hindernis Wollen und Vollbringen nach seinem Wohlgefallen in ihnen wirken kann (Phil 2,13). Dann ist der vorher weltweit wirkende Apostel durch seine Gefangenschaft nicht gehemmt und entmutigt, sondern kann auch noch in dieser Lage Christus bezeugen (Phil 1,12–14). Selbst wenn jetzt andere meinen, durch vielgeschäftige Verkündigung über den scheinbar zur Untätigkeit verurteilten und an der Erfüllung seines Auftrags gehinderten Apostel triumphieren zu können, so kann er sich doch darüber freuen, daß auf alle Weise Christus verkündigt wird (V 15–18; dabei sind hier offensichtlich nur die Motive zur Verkündigung unlauter, die vorgetragene Botschaft jedoch enthält keine Entstellungen).

Im Gegensatz zu aller eigenen, menschlichen Aktivität weiß Paulus sich auch in Gefängnis und Tod durch die Fürbitte der Gemeinde und die Unterstützung des Geistes geborgen im Willen Gottes. Er ist gewiß, an keinem Punkte versagen zu müssen, weil er nicht mehr sein eigenes Leben führt, sondern Christus in ihm lebt (V 19–21; vgl. Kap 3 u. Gal 2, 20). So stark auch im Leiden die Sehnsucht nach der nicht mehr bedrohten, vollendeten Gemeinschaft mit Christus sein mag, auch deren Beginn ist von Gott gesetzt und bis dahin geht es um die Erfüllung der vom Herrn gegebenen Aufgaben auf der Erde, woraus die Frucht des Lebens wachsen soll (Phil 1, 22–26).

Der sog. »Christushymnus« (Phil 2,5–11), wahrscheinlich ein damals schon in den Gemeinden gebrauchtes Bekenntnis, zeigt diese Grundhaltung für den echten Vollzug des Gotteswillens auf Erden am Leben Jesu auf, und Paulus kann deshalb dazu auffordern, die gleiche Gesinnung in sich zu tragen und dementsprechend zu leben und zu handeln, weil er um die Gabe des heiligen Geistes weiß, durch die Gott in den Gläubigen wirkt (V 12.13; 4,7). Das bedeutet auf Seiten des Jüngers Hingabe, Erniedrigung, Verzicht und Gehorsam bis in den Tod; aber gerade da, wo menschlich alles verloren scheint, ist Gott mächtig, zu erhöhen, seinen Sieg zu bestätigen vor denen, die schon triumphierten und nun den stärkeren Herrn werden anerkennen müssen. Aus dieser Erkenntnis heraus kann sich der Apostel sogar freuen, wenn er selber geopfert wird (Phil 2,17). Um dieser Gesinnung willen kann er die Gemeinde ermahnen, trotz ihrer eigenen Vergangenheit (vgl. Phil 3,7.8) und aller widrigen Umstände den Blick ganz auf ihren Herrn zu richten und nicht in der Reaktion, sondern aus der Kraft und nach der Richtschnur seines Geistes zu leben. In die Gestalt des Christus hineinzuwachsen, ist das Ziel, dem er nachjagt (V 12). Möglichkeit und Weg dazu zeigt er in Phil 2,12–18 und verdeutlicht das durch das Beispiel der Mitarbeiter (V 19ff). Nur unter diesem Gesichtspunkt ist Werk und Leben des Paulus zu verstehen, und nur so redet er von sich selber. Frucht der Hingabe aber soll ebenso das Leben jedes einzelnen Christen erfüllen, dazu ruft P. unüberhörbar auf.

Philippi, bedeutendste Stadt im Ostteil Mazedoniens (Apg 16,12 LÜ Hauptstadt); die eigentliche Hauptstadt Ostmazedoniens war → Amphipolis. P. liegt etwa 15 km nordwestl. der Hafenstadt → Neapolis. 42 v. Chr. hatten Markus Antonius und Oktavian bei P. die Cäsarmörder Brutus und Cassius besiegt; in Erinnerung daran erhob Augustus die Stadt zur Kolonie (→ Freistadt II). Neben den röm. Veteranen und der griech. Bevölkerung lebten in P. eine Anzahl Juden, die aber keine Synagoge, sondern nur einen Gebetsplatz besaßen (V 13). Hier verkündigten Paulus und Lukas das Evangelium, und es entstand die erste Gemeinde in Europa (Apg 16, 12ff). Vgl. → Philipperbrief.

Philippus »Pferdefreund«.

1) Sohn Herodes d. Gr. und der zweiten Mariamne, der erste Mann der → Herodias (Mt 14,3; Mk 6,17; Lk 3,19) und Vater der Salome. Seine Frau, deren ehrgeizigen Wünschen die Ehe mit dem Privatmann P. nicht genügen konnte, verließ ihn und heiratete seinen Halbbruder → Herodes Antipas, der sich leidenschaftlich in sie verliebt hatte.

2) Der Vierfürst (Tetrarch) P., der Sohn Herodes d. Gr. und der Kleopatra. Er wurde mit seinen Halbbrüdern Archelaus und Herodes Antipas in Rom erzogen. Nach dem Tode seines Vaters erhielt er bei der Teilung des Reiches Batanäa, Trachonitis und Auranitis, Landschaften nordöstl. vom See Genezareth und südl. von Damaskus, zu denen Tiberius später Ituräa hinzufügte. Lk 3,1 wird er als Herrscher dieser Gebiete genannt, die er 4 v. – 34 n. Chr. regierte. Er war verheiratet mit Salome, der Tochter der Herodias (aus ihrer ersten Ehe mit seinem gleichnamigen Halbbruder). P. erweiterte die Stadt Paneas im Quellgebiet des Jordan und gab ihr, zu Ehren des Kaisers Tiberius, den Namen Cäsarea; sie wurde dann zur Unterscheidung von dem Cäsarea an der Küste Cäsarea Philippi genannt (Mt 16,13). Weiter erhob er das Dorf Bethsaida zur Stadt, es erhielt nach Livia, der Tochter des Augustus und Frau des Tiberius, den Namen Livias. P. war unbestritten der beste Herrscher seines ganzen Geschlechtes, er regierte milde und gerecht und kümmerte sich um seine Untertanen. Als er nach langer friedlicher Herrschaft starb, wurde sein Reich zunächst mit der Provinz Syrien vereinigt, da er keine Kinder hinterließ. Im Jahre 37 übertrug Kaiser Caligula es dann an → Herodes Agrippa I. Vgl. Karte Sp. 594.

3) Der Apostel P., der wie Petrus und Andreas aus Bethsaida stammte (Joh 1,43–45). Jesus berief ihn in Judäa zum Jünger, bevor er nach Galiläa zog. P. selber brachte dann Nathanael (Bartholomäus) zu Jesus (V 46). Aus dem Leben des P. erfahren wir nur einzelne Begebenheiten. Bei der ersten wunderbaren Speisung stellte Jesus ihn durch eine Frage auf die Probe (Joh 6,5–7). An P. wandten sich die griech. sprechenden Juden, die Jesus sehen wollten (Joh 12,20.21). Joh 14,8–10 berichtet, daß er Jesu Worte nicht verstand und ihn bat, ihnen den Vater zu zeigen. P. kommt in allen Apostellisten vor; mit Ausnahme von Apg 1,13 steht er dabei neben Bartholomäus, d. h. Nathanael (Mt 10,3; Mk 3,18; Lk 6,14).

4) Der Evangelist P., einer der sieben → Diener (IV) oder Almosenpfleger (Apg 6,5; 21,8) der Gemeinde in Jerusalem. Nach der Verfolgung beim Tode des Stephanus wirkte er als Evangelist. So finden wir ihn in Samarien, wo er gegen den Zauberer Simon auftrat, und bei dem äthiopischen Kämmerer. Nach der Taufe des Kämmerers wirkte er von Asdod bis Cäsarea (Apg 8). Hier war er noch, als Paulus am Ende der dritten Missionsreise dort an Land ging. Seine vier Töchter waren Prophetinnen (Apg 21,8f).

Philistäa. Die fruchtbare Küstenebene Kanaans zwischen Joppe und Gaza, das Gebiet der → Philister (Ps 60,10).

Philister. Die P., an die noch immer der Name Palästina erinnert, werden schon in der Völkerliste von 1 Mo 10 genannt: Mizraim zeugte . . . die Kasluhiter, von denen die P. ausgegangen sind, und die Kaphthoriter (V 13.14). Nun erfahren wir aus 5 Mo 2,23; Jer 47,4; Am 9,7, daß die P. aus → Kaphthor (Kreta) stammten; über ihre weitere Herkunft ist nichts Sicheres bekannt. Die Kasluhiter sind wahrscheinlich die Bewohner des Gebietes am Berge Kasios östl. vom Nildelta. Ein Teil der P. ist dann von Kreta aus zuerst hierher gezogen, und zwar mit den Seevölkern, die im 12. Jh. v. Chr. in Ägypten einfielen, um dann später über die Gegend am Berg Kasios an den südl. Küstenstrich Kanaans zu gelangen. Ein anderer Teil ist unmittelbar von Kreta nach Palästina gekommen. Beide Gruppen trafen dort bereits P. an, die schon lange im Lande wohnten, wo sie bereits seit der Zeit Abrahams und Isaaks genannt werden (1 Mo 21,32.34; 26; 2 Mo 13, 17; 15,14; 23,31).

A. Noordtzij hat einleuchtende Gründe angeführt, warum die ägypt. Inschriften vor 1200 v. Chr. über die P. schweigen, obwohl die Übernahme der semitischen Kultur und die Verschmelzung der P. aus verschiedenen Stämmen zu einem Volk eine längere Periode erfordert, als zwischen 1200 v. Chr. und dem Auftreten Simsons liegt. Er meint, daß sie vorher den Ägyptern, die Kanaan unterworfen hatten, treu geblieben waren, so daß sie in den Siegesinschriften verständlicherweise nicht vorkommen. Auch die Ausgrabungen, bes. in Gerar, wo aus der Zeit von 2000–1500 v. Chr. Gefäße gleicher Art, wie wir sie von den späteren P. kennen, gefunden wurden, sprechen für Noordtzijs Auffassung. Man gewinnt so den Eindruck, daß die P., die schon lange in der Küstenebene Kanaans südl. von Jaffa siedelten, um 1200 v. Chr. durch stammverwandte Gruppen verstärkt worden sind. Dazu werden die Purasati bzw. Pulasati gehören, deren Name dem der P. entspricht, und die Ramses III. (1195–1164) unter den Seevölkern nennt, die zu seiner Zeit Ägypten bedrohten.

Daß die P. aus Kreta kommen, wird auch weiter dadurch bestätigt, daß Kreta dem Gebiet entspricht

Ägypter unter Ramses III. im Kampf mit Philistern, die durch ihre Helme mit Federkronen gekennzeichnet sind (ägypt. Relief)

oder doch dazugehört, das die ägypt. Texte als Land Kefto bezeichnen. Auf einer ägypt. Liste mit Namen aus dem Land Kefto kommt auch der Name → Achis vor, den in der HS ein König von Gath trägt. Außerdem tragen auf einem ägypt. Relief aus der Zeit von Ramses III. Gefangene der Seevölker den gleichen Federbusch auf dem Kopf, den die alten Einwohner Kretas haben. In 1 Sam 30,14 ist von den Krethern die Rede, während V 16 die P. genannt werden. Vgl. Hes 25,16; Zeph 2,5, wo ebenfalls Krether und P. gleichgesetzt werden. Auch in der Leibwache Davids, den Krethern und Plethern (2 Sam 8,18), werden wir Kreter und P. zu sehen haben. Van Gelderen hat die Vermutung geäußert, daß die Krether anfangs noch reiner kretisches Blut gehabt hätten als die übrigen P. Dieser Unterschied wird sich mit der Zeit verwischt haben. Auch die bereits erwähnten Gefäße der P. weisen auf ihre Herkunft aus Kreta hin.

Die fünf Städte der P. waren Gaza, Askalon, Asdod, Ekron und Gath, deren jede ihren Fürsten hatte (Jos 13,3). Diese fünf Stadtfürsten der P. hielten Verbindung miteinander und berieten gemeinsam über wichtige Angelegenheiten (Ri 16,5.23.27; 1 Sam 5,8.11), so daß die P. nach außen hin als kräftige, geschlossene Gruppe auftraten. Unter den Fürsten scheint wieder der Stadtfürst von Gath, wenigstens zur Zeit Davids, eine besondere Stellung eingenommen zu haben. Die P. erscheinen im AT als erbitterte und militärisch vielfach überlegene Feinde Israels, dem sie manche Niederlage beibrachten. Nach den Ausgrabungen hatten sie um 1050 v. Chr. Silo, Beth-Zur und Debir zerstört. In der Schlacht bei Aphek z. Zt. Elis eroberten sie sogar die Bundeslade (1 Sam 4). Obgleich Samuel dann einen großen P.sieg errang (Kap 7), wird die Bedrohung durch sie doch sehr zu dem Wunsch Israels nach einem König beigetragen haben (Kap 8). Nach 1 Sam 13,3 (vgl. 10,5) lag z. Zt. Sauls eine Besatzung der P. im Gibea Sauls. Saul war bes. dank Davids Sieg über Goliath (Kap 17) eine Zeitlang gegen sie erfolgreich, nach seinem Tod auf dem Gebirge Gilboa (Kap 31) waren jedoch zunächst sowohl David wie Is-Boseth von den P. abhängig. Erst David schlug sie vernichtend und befreite Israel von ihnen. Auch unter Salomo blieben sie unterworfen. Nach der Reichsteilung hören wir von Kämpfen zwischen P. und dem Nordreich, der Belagerung Gibbethons (1 Kö 15,27; 16,15). Josaphat von Juda empfing von ihnen Tribut (2 Chron 17,11). Unter Joram plünderten sie Juda und Jerusalem (2 Chron 21,16.17), während Usia wieder große Erfolge gegen sie errang (2 Chron 26,6.7). Ahas dagegen erlebte ihre

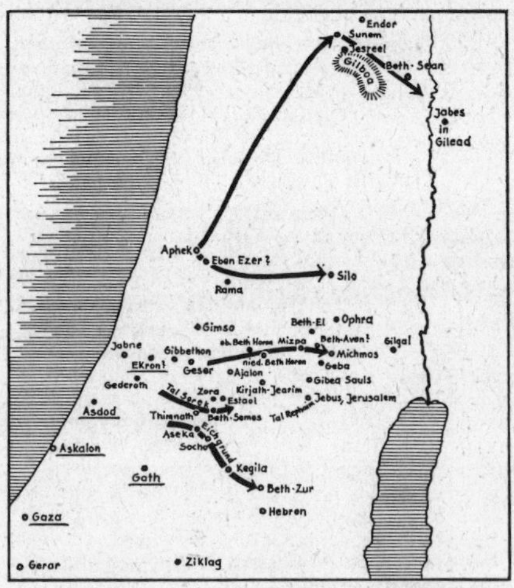

Karte zu den Kämpfen der Philister gegen Israel. Die 5 Philisterstädte sind unterstrichen. Die Pfeile geben die Hauptangriffsrichtungen der Philister an: in der Richterzeit stießen sie im Tal Sorek und nach Silo vor, z. Zt. Sauls nach Michmas, im Eichgrund und schließlich am Gebirge Gilboa

Einfälle in die Städte der Ebene und des Südens, wobei sie sich in verschiedenen dieser Orte ansiedelten (2 Chron 28,18). Hiskia besiegte sie (2 Kö 18,8). Auch in den assyr. Inschriften, etwa Sanheribs, werden die P. erwähnt. Sie mußten sich ebenfalls der assyr., dann der babyl. und zuletzt der pers.

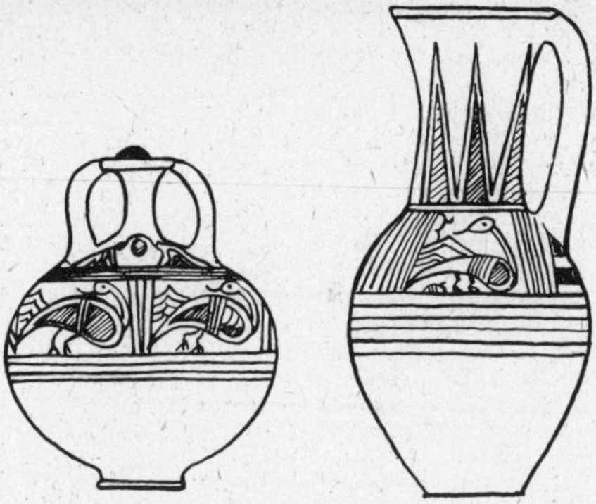

Tongefäße der Philister mit ihrer typischen Bemalung

Herrschaft beugen, diesen Reichen gegenüber waren sie wie Israel nur ein kleines Volk.
Unter den Gottheiten der P. nahm → Dagon einen wichtigen Platz ein, weiter ist der → Baal-Sebub zu Ekron bekannt.
Wegen ihrer Feindschaft gegen das Volk Gottes trifft die P. immer wieder die Gerichtsweissagung der Propheten (Am 1,6–8; Jes 11,14; Zeph 2,4–7; Jer 25,20; 47; Hes 25,15–17), die zuletzt jedoch auch eine Heilsankündigung enthält (Sach 9,5–7), und nach Ps 87,4 sollen auch P. in Zion geboren werden.

Philologus »Freund des Wortes« oder »Gelehrt, beredt«, Christ in Rom (Röm 16,15).

Philosophie bezeichnet Kol 2,8 menschliche Denksysteme und Weltanschauungen im Gegensatz zur → Offenbarung Gottes in Jesus Christus. Vgl. → Stoiker Philosophen.

Phispa, Asserit, Sohn Jethers (1 Chron 7,38).

Phlegon »Brennend, strahlend«,
Christ in Rom, den Paulus grüßt (Röm 16,14).

Phöbe, Christin aus Kenchreä, Dienerin (→ Diener IV) der dortigen Gemeinde, die Überbringerin des Römerbriefs (Röm 16,1.2).

Phönix »Palme« oder »Purpur«,
Hafen an der Südküste Kretas (Apg 27,12), in dem das Schiff, auf dem Paulus nach Rom fuhr, überwintern sollte. Es wurde aber vor Erreichen des Hafens vom Sturm abgetrieben (V 14.15). P. heißt heute Porto Lutro. Vgl. Karte Sp. 1049/50.

Phönizien, Phönizier. I) Das Land P. ist die schmale Küstenebene Syriens zwischen Libanon und Mittelmeer nördl. vom Karmel. Sie ist gekennzeichnet durch die Reihe ihrer Hafenstädte: → Akko, → Achsib, → Tyrus, Zarpath (→ Sarepta), → Sidon, Berytos (Beirut), Byblos (→ Gebal), Tripoli, → Arvad und Ugarit (→ Ras Schamra).
Der Name P. (Apg 11,19; 15,3; 21,2) ist wahrscheinlich vom griech. *phoinos* »purpurfarben« abgeleitet; die Griechen bezeichneten das Land und Volk nach seinem wichtigsten Handelsartikel (→ Purpur). In Mk 7,26 wird von Syrophöniziern gesprochen im Unterschied zu den auch von Phöniziern (lat. Puniern) besiedelten Gebieten in Nordafrika.

II) Für die Bewohner Phöniziens, die Phönizier, hat die HS keinen Sammelnamen. Sie gehören zu den Nachkommen → Kanaans und werden als solche (Jes 23,11; Ob 20) bzw. nach dem Namen ihrer wichtigsten Städte, vor allem Sidon (Ri 3,3; 10,6; 1 Kö 5,20[6]; Hes 27,8) und Tyrus (Ps 83,8; 87,4), bezeichnet.
Im Zushg. mit der Abstammung der Phönizier über Kanaan von Ham (1 Mo 10,6.15) ist wichtig, daß die Namen der Küstenstädte auf urspr. nichtsemitische Bewohner deuten (Noth). Die semitische Prägung der phönizischen Kultur und Religion (vgl. →

Handelsschiff aus Phönizien in einem ägypt. Hafen. Die phön. Händler tragen syr. Wickelkleider (vgl. Abb. Sp. 777 oben rechts). Nach einem ägypt. Wandgemälde um 1400 v. Chr.

Baal; → Asthoreth; → Kanaaniter; → Thammus) geht demnach erst auf spätere Vermischung mit semitischen Stämmen zurück.

III) Die Küstenlage ihrer Städte wies die Phönizier aufs Meer. Handelsbeziehungen phön. Orte mit Ägypten sind schon aus dem Anfang des 2. Jt. v. Chr. bezeugt. Der größte Aufschwung des phön. Handels aber begann um 1200 v. Chr., nachdem das Hinterland der Küstenstädte in Palästina von den Israeliten, in Syrien von den Aramäern besetzt worden war.
Die einzelnen Städte bildeten selbständige Stadtstaaten, ihr Verhältnis war z. T. durch Bündnisse, z. T. durch Abhängigkeit der kleineren Orte von den mächtigeren Nachbarn bestimmt. In der Frühzeit spielte Sidon die Hauptrolle, später trat Tyrus an seine Stelle. Die Städte, die teilweise auf Inseln

Phönizier bringen dem Pharao Tribut. Ägypt. Darstellung

vor der Küste lagen (Tyrus, Arvad), waren Warenlager, Umschlagplätze und Industriezentren, ihr Hauptinteresse war der Handel. Sie zahlten lieber Tribut an die Festlandsmächte, wenn sie dabei ungestört ihrem Geschäft nachgehen konnten, als lange Kriege um ihre Unabhängigkeit zu führen.

Auf der Suche nach billigen Rohstoffen und neuen Absatzmärkten für ihre Fertigwaren erstreckten sich die Handelsbeziehungen der Phönizier und ihre Städtegründungen über das ganze Mittelmeer bis an die spanische Atlantikküste und zeitweise bis zu den britischen Inseln, von wo sie Zinn holten. Ihre Stützpunkte (→ Tharsis) lagen in Spanien (Tartessos), auf Sizilien, Sardinien und Korsika; die größte Bedeutung aber erlangten die nordafrikanischen Gründungen, vor allem Karthago, der gefährlichste Gegner Roms. Für Pharao → Necho umfuhr eine phön. Flotte Afrika. Ein farbiges Bild von der Ausdehnung und der Vielfalt des phön. Handels, der einer der wichtigsten Vermittler von Kulturgütern im Mittelmeerraum war, gibt Hes 27. Durch die Phönizier erhielten die Griechen Kenntnis von der Glasherstellung und vom → Alphabet. Die Weissagungen der Propheten gegen Tyrus (Jes 23; Hes 26—28) erfüllten sich, als nach der Zeit der Perserherrschaft Alexander d. Gr. die Stadt eroberte und zerstörte. Sie wurde aber wieder aufgebaut. Schwerer traf den phön. Handel dann die Niederlage und schließliche Zerstörung Karthagos. In röm. Zeit rechnete P. zur Provinz Syrien, das phön. Gebiet schloß damals im S auch noch Dor mit ein (vgl. Karte Taf. 98/1537).

IV) Infolge der vorwiegenden Orientierung der Phönizier nach W bestanden Beziehungen zu Israel immer nur zeitweilig, ihr Gebiet lag außerhalb des isrl. Machtbereichs. Z. Zt. → Davids und → Salomos leistete → Hiram von Tyrus wirtschaftliche Hilfe und stellte phön. Fachleute für Bau-, Industrie- und Flottenunternehmungen zur Verfügung. Die Heirat → Ahabs mit → Isebel, der Tochter → Ethbaals von Sidon, hatte politische Bedeutung und verhängnisvolle religiöse Folgen.
In der Apg ist P. Durchgangsland für die Reisen zwischen Jerusalem und Antiochien (Apg 11,19; 15,3); für Elia (1 Kö 17,9) wie für Jesus (Mt 15,21) war es ein Gebiet außerhalb Israels, in das sie sich zeitweise zurückziehen konnten.

Phrygien, Landschaft im O. der röm. Provinz → Asia (Apg 2,10; 16,6; 18,23). Im südl. P. lagen die Städte Kolossä, Laodizea und Hierapolis. Vgl. Karte Sp. 86.

Phua viell. »Färberröte«.
1) → Phuva.
2) Sohn Dodos, Vater des Richters Thola aus dem Stamm Isaschar (Ri 10,1).

Phul. 1) Unbekanntes Volk, unbekannter Landstrich (Jes 66,19). Die Vermutung, es sei die Insel Philae im oberen Nil gemeint, läßt sich nicht halten. Viell. ist besser Put zu lesen.

2) In 2 Kö 15,19 und 1 Chron 5,26 trägt der Assyrerkönig → Thiglath-Pileser III. den Namen P. Das dürfte sein ursprünglicher Name gewesen sein, während er sich als König von Assyrien nach seinem berühmten Vorgänger Thiglath-Pileser I. nannte. Den Namen P. führte Thiglath-Pileser auch als König von Babylon, wodurch er wohl mit Rücksicht auf das Gefühl der Babylonier die Personalunion zwischen Assur und Babylon etwas zurücktreten ließ. Bei seinem ersten Eingreifen in Israel erinnerte man sich noch gut, daß er erst vor zwei Jahren (745 v. Chr.) den Namen Thiglath-Pileser angenommen hatte.

Phunon.
Lagerstätte der Israeliten in Edom (4 Mo 33,42.43), zwischen → Zalmona und → Oboth. Hier hat Mose wohl die eherne Schlange aufgerichtet (4 Mo 21, 4—10), wie es auch die Medebakarte (6. Jh. n. Chr.) darstellt. P. ist das Grubengebiet von Feinan, das bereits in der Bronzezeit ausgebeutet wurde, etwa 50 km südl. des Toten Meeres. Nach den Funden, die in P. und den Orten nordwestl. davon gemacht wurden, war das Grubengebiet von 2200—1800 und 1200—800 v. Chr. besiedelt, weiter in nabatäischer, röm. und byzantinischer Zeit. Auf dem Höhenzug zur Araba hin (Hamra el-Fidan) legte Salomo ein Fort an, um den Zugang zu den Minen zu schützen. In der Aufzählung der nach ihren Gebieten benannten edomitischen Fürsten ist Pinon (1 Mo 36,41; 1 Chron 1,52) wohl mit P. gleichzusetzen.

Phuva, Sohn Isaschars (1 Mo 46,13), in 1 Chron 7, 1 Phua genannt. Seine Nachkommen heißen Phuvaniter (4 Mo 26,23).

Phuvaniter → Phuva

Phygellus »Flüchtig« oder (von lat. figulus) »Töpfer«,
Christ aus Kleinasien, der Paulus verlassen hatte (2 Tim 1,15).

Pihachiroth, letzter Lagerplatz der Israeliten vor dem Durchzug durch das Schilfmeer (2 Mo 14,2.9; 4 Mo 33,7.8; vgl. → Auszug V, 4—5). Ägypt. Texte erwähnen den Ort als Pi-Keheret, viell. »Tempel der (Göttin) *Hrt*«; die hebr. Deutung des Namens wäre »Mündung der Kanäle«. Man sucht den Ort an verschiedenen Stellen längs des heutigen Suez-Kanals. Abel vermutet ihn in Dschineifa, westl. vom großen Bittersee und etwa 30 km nordnordwestl. von Suez.

Pilatus. Nachdem → Archelaus (Mt 2,22) abgesetzt worden war (6 n. Chr.), kam Judäa unter röm. Verwaltung. An der Spitze der Provinz stand ein Prokurator, der dem Prokonsul von Syrien unterstellt war (→ Landpfleger). Der fünfte in der Reihe dieser Statthalter, der Nachfolger des Valerius Gratus, war → Pontius P., der i. J. 26 auf Veranlassung des mächtigen Sejan von Kaiser Tiberius eingesetzt wurde.
Die Amtszeit des P. ist gekennzeichnet durch vielfache Provozierung des jüd. Volks- und Glaubensbewußtseins. Kurz nach seinem Eintreffen sandte er nachts eine Truppenabteilung mit ihren Feldzeichen, die das Bild des Kaisers trugen, nach Jerusalem. Eine jüd. Gesandtschaft nach Cäsarea, dem Sitz des röm. Statthalters, konnte die Entfernung der anstößigen Feldzeichen nur mit vieler Mühe erlangen. Später verwendete er Geld aus dem Tempelschatz, um eine Wasserleitung nach Jerusalem zu bauen. Das führte bei einem Aufenthalt des P. in Jerusalem zu Tumulten; er hatte jedoch damit gerechnet und verkleidete Soldaten unter die protestierende Menge verteilt, die sie auseinandertrieben. Die Wasserleitung wurde angelegt. Dann ließ P. eine Anzahl goldener Schilde mit einer Aufschrift zu Ehren des Tiberius im Palast des Herodes in Jerusalem aufstellen. Das erregte neuen Anstoß, und wieder weigerte sich der Statthalter, nachzugeben. Schließlich wandten sich einflußreiche Juden an den Kaiser, der Be-

fehl gab, die Schilde nach Cäsarea zu schaffen. Weiter ließ P. Münzen mit einem röm. *simpulum* (Kultgefäß) prägen (Taf. 59 a, 4 / 928). Außerdem war er der Bestechung zugänglich und schreckte vor Gewalt nicht zurück (Lk 13,1). Das Volk haßte ihn, und nach dem Sturz Sejans i. J. 31 hatte er eine Anklage beim → Kaiser (II) zu fürchten. Das erklärt seine Haltung im Prozeß Jesu (Mt 27,2.11–26; Mk 15,1–15, Luk 23,1–25; Joh 18,28–19,16), falls die Kreuzigung erst 32 n. Chr. stattfand. Er mußte auf die Juden Rücksicht nehmen, darum gibt er Jesus gegen besseres Wissen preis (Joh 18,38; 19,4.6). Letzthin geht es ihm nicht um das Recht, sondern um den eigenen Vorteil, wobei er auch die günstige Gelegenheit benutzt, sich mit → Herodes Antipas gutzustellen (Lk 23,7–12).

Gegen Ende der Statthalterschaft des P. versammelte sich eine große Volksmenge, die Waffen mitführte, auf dem Garizim, weil ein Samariter behauptet hatte, er könne zeigen, wo Mose auf dem Berg goldene Gefäße verborgen habe. P. überfiel sie, erschlug einige und ließ die Gefangenen, die er gemacht hatte, hinrichten. Die Samariter richteten eine Beschwerde an Vitellius, den Prokonsul von Syrien, der i. J. 36 einen anderen Prokurator einsetzte und P. zur Verantwortung nach Rom schickte (Josephus). Er soll dann nach Vienne in Südfrankreich verbannt worden sein und schließlich Selbstmord begangen haben.

Pilger (griech. *xenoi* »Fremde«) bezeichnet in Mt 27,7 wahrscheinlich Juden, die zu einem der Hauptfeste nach Jerusalem gekommen und dann dort gestorben waren. Vgl. → Hakeldama.

Pilgrim gibt in Ps 39,13 hebr. *ger* = → Fremdling wieder und in 1 Petr 2,11 griech. *parepidaemos* = Beisasse, d. h. Anwohner ohne volles Bürgerrecht.

Pilha wohl »Scharte in der Unterlippe«,
Israelit, der mit Nehemia den Bund unterschrieb (Neh 10,25[24]).

Piltai, Kurzform von Paltiel »Gott ist Rettung«,
Oberster eines Priestergeschlechts z. Zt. des Hohenpriesters Jojakim (Neh 12,17).

Pinehas wohl ägypt. »Neger«.
1) Sohn Eleasars und Enkel Aarons (2 Mo 6,25). Er eiferte für den Herrn, als Israel sich dem Dienst des Baal-Peor ergab (4 Mo 25; Ps 106,30.31), begleitete das Heer auf dem Feldzug gegen die Midianiter (4 Mo 31,6) und folgte seinem Vater später im Amt des Hohenpriesters (Jos 22,13; 24,33; Ri 20,28). 1 Chron 9,20 wird er als Fürst der levitischen Torhüter genannt.
2) Jüngerer Sohn Elis und Bruder → Hophnis, mit dem zusammen er von den Philistern erschlagen wurde (1 Sam 1,3; 2,34; 4,11). Seine Frau starb bei der Geburt ihres Sohnes → Ikabod, als sie die Nachricht vom Tod ihres Mannes und ihres Schwiegervaters erhalten hatte (V 19–22).

Pinon → Phunon

Pirathon. Heimatort des Richters Abdon (Ri 12,13.15) und eines der Helden Davids, Benaja (2) (2 Sam 23,30; 1 Chron 11,31; 27,14). Heute Farata, 9 km westsüdwestl. von Sichem. Vgl. Karte Sp. 492.

Pirathoniter → Pirathon

Piream wohl »Zebra« oder »Wildesel«,
von Josua besiegter Kanaaniterkönig von Jarmuth (Jos 10,3.23).

Pisga. Berg im Lande der Moabiter gegenüber Jericho (5 Mo 34,1.5), am Rande der Wüste (4 Mo 21, 20), wo Bileam weissagte (4 Mo 23,14) und Mose starb (5 Mo 34,1–5). Heute wohl der Ras es-Sijagha, 3 km westl. vom Nebo. Vgl. Karte Sp. 5.

Pisidien, kleinasiatische Berglandschaft, im W und N von der Provinz Asia, im O von Lykaonien und im S von Pamphylien begrenzt (vgl. Karte Sp. 86). Zur Zeit des Paulus, der es auf seiner ersten Missionsreise durchzog (Apg 13,14; 14,24), gehörte P. zur röm. Provinz Galatien. Seine Bewohner, ein Bergvolk mit einer eigenen Sprache, konnten jedoch – dank der Unzugänglichkeit der Landschaft – von den Römern nie endgültig unterworfen werden. Vgl. → Antiochia I.

Pison. Paradiesfluß, der das Land → Hevila umfloß (1 Mo 2,11). Welcher Fluß gemeint ist, bleibt trotz vieler Vermutungen unsicher.

Pithon. 1) Vorratsstadt, die die Israeliten für den Pharao bauten (2 Mo 1,11), ägypt. Per-Atum »Haus des (Gottes) Atum«. Man sucht den Ort in Tell er-Retaba im Wadi Tumilat (Gosen), 14 km westl. von Tell el-Maskuta (Sukkoth) und ca. 30 km westl. von Ismailija.

2) Benjaminit, Nachkomme Jonathans (1 Chron 8, 35; 9,41).

Plage → Krankheiten: Plage, → Leid, → Strafe

Plagen, ägyptische. I) Die ä. P. sind das → Gericht des Herrn über Ägypten, das den Pharao zwang, die versklavten Israeliten freizugeben und ziehen zu lassen, damit sie Gott dienten (2 Mo 7–12). Die P. bereiteten den → Auszug vor, die Befreiung von aller äußeren Abhängigkeit und Fremdherrschaft. Erst danach konnten die Israeliten am Sinai im Gesetz die Ordnung ihres neuen Lebens als das erwählte Gottesvolk empfangen. Gottes Heils- und Erlösungshandeln in den ä. P., im Auszug und in der Gesetzgebung bildet Anfang und Grundlage der völkischen und geistlichen Geschichte Israels. Immer wieder wird in der HS daran erinnert, daß der Herr sein Volk »mit großer Kraft und ausgerecktem Arm aus Ägypten geführt hat« (2 Kö 17,36). Israel verdankt seine Existenz dem unmittelbaren Eingreifen Gottes in die Geschichte in einer Reihe von → Wundern, in denen er seine → Macht offenbarte. Diese Sicht der ä. P. als Wunder Gottes bleibt die unerläßliche Voraussetzung zu ihrem Verständnis.

II, 1) Gottes Wunder geschehen in der Geschichte, und wenn sein verborgenes Handeln und dessen Bedeutung auch nur für den → Glauben faßbar ist, so kann und darf doch festgestellt werden, welche Veränderungen der menschlich erfahrbaren Wirklichkeit dadurch eingetreten sind (vgl. Joh 9,20.21). Gelegentlich wird das sogar gefordert (Mt 8,4; Lk 17,14). Solche Feststellung bedeutet allerdings in keinem Fall eine »Erklärung«, nach der wir davon absehen könnten, daß wir es bei dem betreffenden Wunder mit einem unmittelbaren Handeln Gottes zu tun haben.

2) Um die Beziehungen der P. zu ihrer ägypt. Umwelt hat man sich vielfach und mit verschiedenen Ergebnissen bemüht. U. a. ist darauf hinzuweisen, daß sich die ä. P. gegen den Nil, bestimmte Tiere (Frösche), Sonne und Himmel richten, die den Ägyptern als heilig bzw. Gottheiten galten. Eine

neuere Arbeit versucht nun, eine sachliche Einheit im bibl. Bericht voraussetzend, im Gesamtablauf der ä. P. inneren Zushg. und Folgerichtigkeit aufzuzeigen und dadurch manches bisher Unverständliche einsichtig zu machen (Greta Hort, The Plagues of Egypt, ZAW 69[1957], S. 84–103; 70[1958], S. 48–59). Wir referieren diese Darstellung, soweit sie dem oben Gesagten (s. o. I u. II, 1) nicht widerspricht.

III) Die zeitliche und sachliche Abfolge der ä. P. stellt sich danach folgendermaßen dar (für alle Einzelheiten und Belege vgl. den zitierten Aufsatz):

1) Ein bes. starkes Hochwasser des → Nils, das auch alle Brunnen füllte, so daß die Ägypter neue graben mußten (2 Mo 7,21.24). Die Rotfärbung des Wassers (V 20) ist dabei durch die Massen feinverteilter Roterde bedingt, die Blauer Nil und Atbara aus Abessinien mitführen. Die Farbe wurde wohl durch mitgeschwemmte Geißeltierchen *(Euglena sanguinea* und/oder *Haematococcus pluvialis)* und Bakterien verstärkt, die zugleich den Geruch verursachten (V 21); beide kommen in hochgelegenen abessinischen Gebirgsseen vor. Die Geißeltierchen scheiden tagsüber große Mengen Sauerstoff aus, während sie nachts noch größere Mengen verbrauchen: ein solcher Wechsel im Sauerstoffgehalt des Wassers führt zum Fischsterben (V 21).

Blauer Nil und Atbara beteiligen sich am Steigen des Flusses von Juli/August ab und fallen erst im Oktober/November wieder. Ein plötzliches Ende der Plage wird nicht berichtet, Gosen ist nicht ausgenommen.

2) Die ins Rohr getriebenen Fischleichen haben vermutlich zur starken Vermehrung der in Sumpfgebieten vorhandenen Milzbrandbakterien geführt. Durch die Verseuchung ihres Lebensgebietes wurden die Frösche aufs Land gedrängt (2 Mo 8,2[6]), wo sie, bereits infiziert, schnell starben und verfaulten (V 9[13]f). Diese zweite folgte 7 Tage nach dem Beginn der ersten Plage (2 Mo 7,25).

3) Moskitos (hebr. *kinnim;* 2 Mo 8,12[16]) in ganz Ägypten; ihre Vermehrung begünstigten die durch die Überschwemmung überall entstandenen Tümpel. Dauer der Plage etwa Oktober/November ohne plötzliches Ende.

4) Schnelle Vermehrung von Fliegen (V 20[24]) und ihr ebenso schnelles Verschwinden (V 27[31]) ist in den Tropen und Subtropen nicht selten; Gosen, das von dieser Plage verschont wird (V 18[22]), ist schon vom Mittelmeerklima beeinflußt. Vgl. weiter unten III,6.

5) Viehsterben auf den Feldern (2 Mo 9,3). Während der Überschwemmung bleibt das Vieh von Mai bis Dezember im Stall, Anfang Januar kommt es nach und nach auf die Weide. Die Tiere infizieren sich vermutlich an den Stellen, wo die Frösche verfault waren (2 Mo 8,10[14]), mit Milzbrand. In Gosen (2 Mo 9,4–7) dauert die Überschwemmung und damit die Zeit bis zum Weidegang länger, außerdem könnten die Regen vom Mittelmeer her das Weideland reingespült haben.

6) Bei den »Blattern« (V 9), eigentlich Beulen, die zu Geschwüren aufbrechen, handelte es sich wahrscheinlich um Hautmilzbrand, wobei nach 5 Mo 28, 27.35a (vgl. 2 Mo 9,11) offenbar bes. die Beine befallen wurden. Das läßt auf den Wadenstecher *Stomoxys calcitrans,* einen der Hauptüberträger des Hautmilzbrands, schließen. Er hält sich in Häusern und Stallungen auf (vgl. oben III, 4; 2 Mo 8,20[24] LÜ Ungeziefer, hebr. *arob*) und sticht vor allem in die Beine.

Im Oktober/November konnten verrottete Pflanzenreste nach der Überschwemmung zur Eiablage dienen; dann waren z. Zt. des Viehsterbens im Januar große Fliegenschwärme vorhanden, die die nicht unbedingt tödliche Krankheit von den Kadavern übertrugen.

7) Gewitter und Hagel von ungewöhnlicher Stärke (2 Mo 9,23f) in Oberägypten, Gosen blieb verschont (V 26). Flachs wurde in der Blüte und Gerste in der Ähre getroffen (V 31), Weizen und Spelt litten als Spätgetreide keinen Schaden (V 32). Gewitter kommen in Oberägypten selten, aber zu jeder Jahreszeit vor; im Mittelmeerklima (Gosen) sind sie auf das Spätfrühjahr und den Frühherbst beschränkt. Die Flachsaussaat liegt in normalen Jahren Anfang Januar, die Blüte in der 2. Monatshälfte. Nach der starken Überschwemmung ist mit einer Verspätung von 14 Tagen bis 3 Wochen, d. h. bis etwa Anfang Februar, zu rechnen. Dann war auch die Gerste so weit, um unter dem Hagelschlag zu leiden.

8) Heuschreckeneinfall (2 Mo 10,4), nachdem das Wetter des vorhergehenden feuchten Winters für die Entwicklung der Brut bes. günstig war. Der Ostwind treibt die Tiere auf dem üblichen Weg über die Sinaihalbinsel von N her ins Niltal (V 13).

9) Bei den 3 Tagen Finsternis (V 22.23) handelt es sich wahrscheinlich um einen Sandsturm *(khamsin),* wie sie von März bis Mai vorkommen. Offenbar war es der erste Sturm des Jahres, der die staubfeine Roterdeablagerung im kahlgefressenen Land aufwirbelte. Die Ausnahme Gosens (V 23) stimmt damit überein, daß dies Gebiet vor Südsturm geschützt liegt.

10) Hierauf folgte die außerhalb aller natürlichen Vorgänge liegende Tötung der Erstgeburt in der Nacht vom 14. zum 15. Abib (Ende März/Anfang April; 2 Mo 12,6.29), an die sich der Auszug Israels am nächsten Tag anschloß (V 31–33).

IV) Eine solche Auffassung des Berichts von den ä. P. bietet eine Möglichkeit zu ihrem Verständnis, die eine Reihe von Besonderheiten, bei denen bisher die Kritik anknüpfte, einfacher und sachgemäßer erklärt. Der Gesamtablauf fügt sich ohne Schwierigkeiten in die Zeit vom Juli des einen bis zum März des folgenden Jahres ein und schließt damit an den ausdrücklich auf den 15. Abib datierten Auszug an (4 Mo 33,3). Das Gesamtbild der ä. P. läßt sich nicht mehr als eine künstliche Häufung äußerlich unzusammenhängender Wundertaten mißverstehen; die innere Folgerichtigkeit, mit der schon in der ersten Plage die andern angelegt sind, ohne doch äußerlich notwendig daraus hervorzugehen, weist zugleich über einen rein natürlichen Ablauf hinaus.

Plan der Weinberge (hebr. Abel-Keramim),
Ort, bis zu dem Jephthah die Ammoniter verfolgte (Ri 11,33). Nach dem Onomastikon lag er 6 röm. Meilen von Philadelphia (Amman) entfernt; viell. handelt es sich um das heutige Chirbet es-Suk, 8 km südl. von Amman. Vgl. Karte Sp. 492.

Planet. Das hebr. *mazzalot* (2 Kö 23,5 LÜ Planeten) bezeichnet wahrscheinlich die Sternbilder des Tierkreises. Vgl. auch → Morgenstern, → Stern.

Platte = kahlgeschorene Stelle des Kopfes (3 Mo 21,5); vgl. → Kahl.

Plejaden (hebr. *kimah*),
Sterngruppe in der Nähe des Sternbildes → Orion (Hi 9,9; 38,31 LÜ Sieben Sterne; Am 5,8), das Siebengestirn.

Plether → Leibwache, → Philister

Plündern → Krieg

Pniel, Pnuel »Angesicht Gottes«, Ort am Jabbok, in der Nähe einer Furt (1 Mo 32,23 [22].31[30]), östl. von Sukkoth (1 Mo 33,17; Ri 8, 8), die zweite Residenzstadt Jerobeams II. (1 Kö 12, 25). Man sucht den Ort in der Nähe des Doppelhügels Tulul ed-Dahab (vgl. Karten Sp. 372, 492).

Pöbel, Pöbelvolk, in 2 Mo 12,38 (hebr. *eräb* = Gemisch, Mischvolk) und 4 Mo 11,4 (hebr. *asapsup* = Sammlung, Zusammengerafftes, -gerottetes) Teile der Bevölkerung Ägyptens, die sich den Israeliten bei ihrem Auszug anschlossen. Sonst sind allg. die unteren, weniger geachteten Bevölkerungsschichten gemeint (Ps 73,10; Jes 2,9; 5,13.14; Apg 17,5).

Pochereth von Zebaim, Stammvater eines Geschlechtes der → Knechte Salomos (Es 2,57; Neh 7, 59). Zebaim kann ein Ortsname sein (→ Zeboim), man kann aber auch den ganzen hebr. Ausdruck als Eigennamen mit der Bedeutung »Fanggrube« oder »Fänger der Gazellen« auffassen.

Poeten. Der von Paulus Apg 17,28 zitierte Ausspruch: »Wir sind seines Geschlechts« findet sich bei den griech. Dichtern Aratus aus Zilizien (Phaenomena 5) und Kleanthes aus Mysien (beide 3. Jh. v. Chr.). Der erste Teil des Verses Apg 17,28: »denn in ihm leben, weben und sind wir«, läßt sich bei dem Kreter Epimenides (De oraculis) um 600 v. Chr. belegen. Dort richtet Minos folgende Worte an den Göttervater Zeus, dessen Grab die Kreter zeigten:

»Sie bauten ein Grab für dich, Heiliger und Hoher,
die Kreter, immer Lügner, böse Tiere, faule Bäuche!
Doch du bist nicht tot; für immer bist du erstanden und lebendig,
denn in dir leben, weben und sind wir.«

»Die Kreter, immer Lügner, böse Tiere, faule Bäuche«, zitiert Paulus in Tit 1,12.
Ein weiteres Dichterzitat führt er in 1 Kor 15,33 an: »Böse Geschwätze verderben gute Sitten« ist eine Zeile aus der Thais des athenischen Komödiendichters Menander (4. Jh. v. Chr.).
Zur hebr. Poesie → Dichtkunst.

Pontius. Familienname des → Pilatus. Er gehörte danach zum röm. Geschlecht der Pontier, ob von Geburt oder durch Adoption, ist nicht bekannt (Mt 27,2 u. ö.).

Pontus, kleinasiatische Landschaft, die sich am Südufer des Schwarzen Meeres *(Pontus Euxinus)* entlangzog; die Heimat des Aquila (Apg 18,2). Juden aus P. waren zum Pfingstfest nach Jerusalem gekommen (Apg 2,9). Der 1. Petrusbrief richtet sich u. a. an Christen in P. (1 Petr 1,1). Vgl. Karte Sp. 1578.

Poratha viell. »Vom Los (oder Schicksal) gegeben«, einer der 10 Söhne Hamans (Est 9,8).

Porcius, Name eines röm. Geschlechts, aus dem der Prokurator von Judäa P. → Festus stammte (Apg 24,27).

Posaune → Musikinstrumente

Potiphar ägypt. »Der, welchen (der Sonnengott) Re gibt«.
Hofmann (→ Kämmerer) des Pharao und Befehlshaber der Leibwache, bei dem Joseph als Sklave diente. Seine Frau beschuldigte Joseph fälschlich, er habe sie verführen wollen, während in Wirklichkeit sie ihn zu verführen gesucht hatte. P. ließ Joseph auf diese Anschuldigung hin ins Gefängnis werfen (1 Mo 37,36; 39).

Potiphera ägypt. »Der, welchen (der Sonnengott) Re gibt«.
Ägypt. Priester von On (Heliopolis). Der Pharao gab seine Tochter Asnath Joseph zur Frau (1 Mo 41, 45).

Prediger, predigen, Predigt. Eine nähere Untersuchung dieser (aus dem lat. *praedicare* entlehnten) Worte zeigt, daß sie in der Bibel etwas ganz anderes bezeichnen als unsere heutige geregelte Gemeindepredigt. Predigt und Predigtamt im gegenwärtigen Verständnis findet sich in der HS und in der Urgemeinde nicht.

I) IM AT gibt es keinen einheitlichen Begriff für Verkündigung; Prediger, predigen, Predigt geben also verschiedene hebr. Worte wieder. Bereits in der Urzeit gab es prophetische Verkündigung: »Man fing an zu predigen von dem Namen des Herrn« (1 Mo 4,26). Ähnliches wird von Abraham berichtet (1 Mo 12,8; 13,4; 21,33), ebenso von den Psalmisten und Propheten (Ps 22,23; Jes 12,4; 59,4). »Seinen Namen predigen« hat aber an allen diesen Stellen den Sinn: »Gott rühmen, preisen; Gottes Namen, Heil, Gerechtigkeit, Wunder, Ruhm, Wahrheit öffentlich kundtun.« Solche Verkündigung war nicht an Ort, Zeit, bestimmte Form gebunden. Die → Propheten wußten sich als »Mund Gottes« beauftragt, Gottes Willen und Absicht kundzutun (Jer 15,19). Sie waren oft leidenschaftlich erregt und persönlich tief ergriffen von ihrem Auftrag (Jer 20,7–9). Nicht selten steigerte sich ihre Sprechweise zu dichterischer Begeisterung und Gestaltung; vgl. im hebr. Text die Reime, die wuchtigen Kehrverse, Alliterationen bei Amos, Jesaja, Micha, Nahum u. a. Diese Männer Gottes wußten sich als »Herolde« und »Ausrufer« des Allerhöchsten (Jer 2,2; 11,6; Jes 40,6; Jon 1,2; 3,2; Mi 3,5; Sach 1,14; Ps 105,1). In 2 Mo 36,6; 2 Chron 24,9; Dan 5,29; Jer 20,8; Hos 5,8; Jo 2,1; Sach 9,9 stehen im hebr. Urtext für »verkündigen« oder »predigen« verschiedene Zeitworte, die ein lautes Lärmen, Schreien, Jubeln, Alarmschlagen bedeuten. In Hes 13,8.9.16.23; 22,28 ist eigentlich von »Sehen und Schauen« der falschen Propheten, nicht von Predigern die Rede.

Der Prophet sollte allein des Herrn Wort verkünden, nicht eigene Ideen oder Träume, wie es die falschen Propheten taten (Jer 14,14; 23,28). Und wenn der lebendige Gott einen Menschen beauftragte, sein Bote zu sein, dann fragte er nicht nach Alter, Stand Herkunft (Jer 1,6; Hes 3,1; Jon 1,2). Ob Frucht der Predigt gewirkt wird, liegt nicht in der Hand des Boten. Oft sieht er keinen äußeren Erfolg (vgl. Jeremia), doch darf er wissen, daß Gottes Wort »nicht leer zurückkommt« (Jes 55,11). Wichtig ist, daß die atl. Verkündigung nicht selten (vor allem bei Hes) durch symbolische Handlungen begleitet wurde, die sich den Hörern bes. stark einprägten: Jer 27,2 (hölzernes Joch); Hes 12,1–7 (Durchbruch durch eine Hauswand) u. a.

II) PREDIGER, PREDIGEN, PREDIGT IM NT.

1) Durch eine Fülle von Ausdrücken für den Dienst der Verkündigung entsteht eine überaus reiche Nuancierung, die – wenigstens z. T. – auch in der LÜ durch verschiedene Übersetzungen erhalten bleibt

und von der hier einige Hauptbegriffe genannt seien:

kaeryssein = durch einen Herold (Offb 5,2) oder laut und öffentlich bekanntmachen (Mk 1,45; 5,20; Lk 8,39).

euangelizein = die frohe Botschaft verkündigen, evangelisieren (Mt 11,5; Apg 16,10; Röm 1,15; 1 Kor 1,17).

didaskein = lehren, wobei an die eingehende, weiterführende, erzieherische Verkündigung gedacht ist, die zum Heroldsruf und Evangelisieren ergänzend hinzutritt (Mt 4,23; 7,29; 9,35; Mk 4,2).

martyrein = bezeugen, d. h. die Gottes- und Christuserfahrung aufgrund eigenen Glaubenserlebens weitergeben. Dieser Akzent war bei Jesus, den Aposteln und in der Urgemeinde sehr stark und darf in der Gemeinde nie fehlen (Lk 4,22; Joh 1,15).

2) DIE VERSCHIEDENEN PREDIGER IM NT.

a) Die Juden predigten das Gesetz (Apg 15,21), d. h. es wurden in den Synagogen (→ Schule) am Sabbat Teile des AT verlesen und ausgelegt. An diese gottesdienstliche Form knüpften Jesus und die Apostel an, wenn sie das Evangelium verkündigen wollten (Lk 4,16ff; Apg 13,14ff), ohne sich jedoch auf diese Verkündigungsmöglichkeit zu beschränken.

b) Johannes der Täufer trat als Herold der messianischen Zeit auf und ließ seinen Bußruf in der Wüste erschallen (Mt 3,1; Mk 1,3; Lk 3,3). Er rüttelte die Menschen, die in Scharen zu ihm kamen, aus ihrem geistlichen Schlaf auf mit dem Ruf: »Kehrt um; denn das Reich der Himmel (= das Reich Gottes) ist nahe herbeigekommen!« (Mt 3,2). In diesem Ruf verband er vollmächtig Gesetz und Evangelium und bewegte das ganze jüd. Volk. Viele bekannten ihre Sünden und ließen sich taufen (Mk 1,5). Diese Taufe an den Erweckten ist eine Vorwegnahme der messianischen Sündenvergebung (Apg 13,23–25). Freilich konnte sein verkündigendes und taufendes Wirken nur ein Hinweis sein auf den kommenden Erlöser (Joh 1,29).

c) Das volle Heil brachte Jesus Christus als der Sohn Gottes. In seinem Erdenleben war seine Verkündigung nicht nur Ausruf, Ankündigung eines zukünftigen Geschehens, sondern Verwirklichung des Heiles selbst. Er war der Bote, Gesandte des Vaters (Joh 17,3) und zugleich Inhalt, Gegenstand der Botschaft selbst (Lk 4,18.21; vgl. → Glaube II, 2a). Er war als die leibhaftig erschienene Königsherrschaft Gottes mitten unter sein Volk getreten (Mt 12,28; Lk 17,21; Joh 1,26). Wenn Jesus predigte, hielt er keine »Lehrvorträge« in kunstvoller Rede über Wesen und Sinn des Reiches Gottes, sondern proklamierte den Hereinbruch dieses Reiches! So verkündigte Jesus auf dem Berge (Mt 5–7), in den Häusern und Synagogen (Mt 4,23), am Meer (Mk 2,13), in Städten und Dörfern, auf Marktplätzen, im Tempel (Lk 20,1). Sprüche, Gleichnisse, Lehrreden, Ausrufe waren die Form seiner Predigt. Freilich war nicht Jesu Rede allein das Entscheidende, sondern sein Leben, Leiden, Sterben und Auferstehen, wodurch das Reich Gottes leibhaftig zu uns hereinbrach und offenbart wurde.

Der am Kreuz gestorbene Erlöser brachte den in der Sintflut zur Zeit Noahs Umgekommenen die Botschaft der Erlösung, so daß auch im Totenreich Jesu machtvolles Wort eine Rettungsmöglichkeit bewirkte (1 Petr 3,19ff).

Der zur Rechten Gottes Erhöhte spricht durch seine Boten weiter zu uns. In der Verkündigung des Evangeliums handelt der Herr selbst (Lk 10,16; Röm 10,14.17).

d) Die durch Jesus Geheilten werden selbst wiederum zu Verkündigern der großen Heilstaten Gottes (Mt 8,4; Mk 1,44; 7,36; Lk 5,14). Teils preisen sie die erfahrenen Wunder im Auftrage Jesu, teils auch gegen Jesu ausdrückliches Verbot. Dies Verbot sollte die Verzerrung der Heilungswunder in Schauwunder verhindern.

e) Die Jünger und Apostel Jesu wurden vom Herrn berufen und ausgesandt (Mk 6,12; Mt 10,7). Ohne solche Berufung und Sendung gibt es keine Vollmacht zum Dienst der Verkündigung. Die Apostel predigten zunächst die gleiche Botschaft wie Johannes der Täufer und Jesus: »Kehrt um ...!« (Mt 10,7). Zugleich aber unterstrich der Herr ihren Dienst durch mitfolgende Zeichen (Mt 10,1.8; Lk 10,9). Der auferstandene Herr wiederholte den Sendungsbefehl und den Auftrag zu vollmächtigem Handeln (Mk 16,15–18; Mt 28,18–20; Joh 20,21–23). Diese Bevollmächtigung wurde wirksam durch den Empfang des Heiligen → Geistes (Apg 1,8; 2, 1ff). Von nun an wurden die Apostel Missionare, die in alle Welt gingen. Zugleich hatte aber auch ihre Botschaft einen neuen und endgültigen Inhalt bekommen. Sie predigten nun »Jesus Christus, den gekreuzigten, auferstandenen und wiederkommenden Herrn« (1 Kor 1,23).

3) DER INHALT DER NTL. VERKÜNDIGUNG:

Gegenstand der ntl. Verkündigung ist Jesus Christus allein, doch wird diese Christusbotschaft vielstrahlig entfaltet:

a) Die Proklamation der in Jesus Christus zum Ereignis gewordenen Herrschaft Gottes (Mt 9,35) bedeutet, daß Christus der Herr ist (2 Kor 4,5) und nicht nur der »Seelenfreund«; denn die ganze Welt wird sein (Offb 11,15)! Das Evangelium hat es nicht nur mit der → Seligkeit des einzelnen zu tun, sondern auch mit der Rettung der Menschheit und des Weltalls.

b) Zugleich mit dem Herrschaftsanspruch Gottes wird aber auch die Versöhnung gepredigt (2 Kor 5,18), und dazu gehört eine klare Predigt zur Umkehr (Mt 3,2; 4,17). Wo Gott sich naht, auch als Versöhner naht, muß der Mensch sich ändern (Mt 10,7; Lk 9,2). Ohne → Buße gibt es keinen Zugang zum Reich Gottes (Joh 3,3).

c) Auf die Umkehr folgt der → Glaube (Hebr 6,1), aus dem allein das neue Leben wachsen kann. Den »rechtschaffenen und köstlichen Glauben« (1 Petr 1,7) nennt ihn Petrus, und Paulus wird nicht müde, den Glauben als den alleinigen Weg zum Heil (Röm 1,16; 3,22.28; 4,3.5; 9,33; 10,9.10; 1 Kor 1, 21; Gal 2,16) zu verkündigen.

d) Dem Ruf zum Glauben entspricht die Verkündigung der → Gerechtigkeit, die vor Gott gilt (1 Kor 1,30; 2 Kor 3,9; Röm 1,17). Diese Gerechtigkeit,

Tafel 69

a. *Blick über die Ruinen von Megiddo auf die südgaliläischen Hügel und den Thabor (rechts ganz schwach sichtbar). Der Ort war schon um 3500 v. Chr. besiedelt. Der → Pharao Thutmose III. (1504 – 1450 v. Chr.) belagerte die Sperrfestung am Südrand der Ebene Jesreel 7 Monate lang; ihre Eroberung galt ihm soviel wie die von 1000 anderen Städten zusammen. Salomo baute Megiddo zur Wagenstadt aus. Hier fiel Josia 609 v. Chr. im Kampf gegen Pharao Necho (2 Chron 35, 20–25).*

b. *Ölmühle zum Zerquetschen der Oliven, wie sie in der röm. Zeit in Palästina aufkam. Vgl. die Zeichnung Sp. 1012.*

die durch Jesus Christus erworben worden ist (Röm 5,18) und dem bußfertigen und glaubenden Sünder von Gott geschenkt wird – im Gegensatz zu aller Selbstgerechtigkeit des alten Menschen –, nimmt in der ntl. Predigt einen weiten Raum ein (Röm 3, 23–28; 4,5; 2 Kor 3,9; 11,15).

e) Kern aller ntl. Verkündigung ist so stets Jesus Christus, der Gekreuzigte und Auferstandene (Apg 9,20; Röm 16,25; 1 Kor 1,23; 15,14). Die Predigt hat als göttliches Wort wirkende Macht: sie wirkt Buße zu Gott und den Glauben an Jesus Christus (Apg 20,21), der der wiederkommende Herr und Richter über die Toten und Lebenden ist. D. h. sie wirkt Entscheidung, Scheidung: sie ist den einen ein »Geruch des Lebens zum Leben«, den anderen ein »Geruch des Todes zum Tode« (2 Kor 2,16); den einen ist das Evangelium Ärgernis, Torheit, den anderen Gottes Kraft und Gottes Weisheit (1 Kor 1, 23ff). Daher ist solche Predigt »Kraft Gottes« (1 Kor 1,24; Röm 1,16) und verträgt keine Vermengung mit philosophischen oder Gesetzeselementen (vgl. Kol und Gal). Da die gottentfremdete Welt die Kreuzesbotschaft als anstößig und ärgerlich empfindet, schreitet sie auf Anstiften Satans (Offb 12,13) zur Verfolgung der Zeugen Jesu. Solche Verfolgungen werden immer wieder mit zur Antwort auf rechte Verkündigung gehören (Mt 5,10–12; 10, 22; 2 Tim 3,11.12).

4) ART UND WEISE DER NTL. PREDIGT.

a) Der Prediger des Evangeliums muß vom Herrn berufen, beauftragt und gesandt sein: »Wie sollen sie den Heroldsruf erschallen lassen, wenn sie nicht gesandt sind?« (Röm 10,15; vgl. Mk 3,14; Lk 4,18; 9,2; Apg 26,16–18). Nur solche sind vom Herrn bevollmächtigt und auch mit den erforderlichen Gaben ausgerüstet. Wer nicht gesandt ist und doch predigt, täuscht etwas vor, was er nicht hat. Der rechte Prediger verkündigt aus innerster Nötigung (1 Kor 9,16).

b) Der Prediger des Evangeliums tritt ganz zurück hinter seiner Botschaft (2 Kor 4,5). Wehe ihm wenn er sich selbst predigt! *Kaeryx*=Herold kommt nur ganz selten im NT vor, z. B. 2 Tim 1,11; 1 Tim 2,7; 2 Petr 2,5; denn alles hängt an der Botschaft, nicht aber am Boten. Die Boten sind in der Welt den Feinden des Evangeliums weithin preisgegeben: »Siehe, ich sende euch wie Schafe mitten unter die Wölfe« (Mt 10,16). Der Bote kann gefesselt werden, »aber Gottes Wort ist nicht gebunden« (2 Tim 2,9). Gottes Werk geht weiter, auch wenn die Werkzeuge und Boten begraben sind. Freilich müssen Predigt und Wandel des Predigers übereinstimmen, sonst wird er verwerflich (1 Kor 9,27; Röm 2,21). Insofern ist die Person des Predigers nicht unwichtig. Zwiespalt zwischen Leben und Botschaft macht den Dienst unfruchtbar.

c) Das Wesen der Predigt liegt nicht in geistreichen Menschenworten, sondern im Geist, der zur Entscheidung und Umwandlung der Hörer führt (1 Kor 2,4). So erweist sich »die törichte Predigt« in Wahrheit als »Weisheit Gottes« (1 Kor 1,21).

d) Der Prediger ist ohne Menschengefälligkeit (Gal 1,10). Er bringt den Leuten, was ihnen zum zeitlichen und ewigen Heil dienen kann, nicht aber das, wonach ihnen »die Ohren jücken« (2 Tim 4,3). Er verkündigt das Evangelium zur Zeit und zur Unzeit, öffentlich und dem einzelnen gegenüber, furchtlos bietet er die rettende Botschaft den Menschen an (2 Tim 4,2). Dabei geht er aber liebevoll und opferbereit auf die Bedürfnisse der Hörer ein (1 Kor 9, 19ff; 2 Tim 2,15) und ebnet so dem Evangelium den Weg in die Herzen der Hörer.

5) DIE HÖRER.

Das Ziel der Predigt ist nicht eine bloß verstandesmäßige Zustimmung oder vernünftiges Begreifen, sondern der → Glaube der Hörer (1 Kor 2,4–5; Röm 10,10.17). Das Evangelium erwartet Glauben, der sich an den lebendigen Herrn und sein Wort hält und darauf verläßt (1 Kor 15,12–28; Phil 1,21). Aus diesem Glauben wächst der → Gehorsam (Röm 1,5), der wiederum ein Wirken Gottes im Gläubigen, also letztlich nicht Menschenwerk ist (Phil 2,12–13; Eph 2,8–10). Ebenso ist der vom Menschen geforderte Glaube ein Gottesgeschenk (Röm 10,8). Weil er aus dem Hören des Wortes Gottes kommt, darum haben Verkündigung und Glaube denselben Inhalt: Jesus Christus, den gekreuzigten und auferstandenen Herrn. v. Eicken.

Prediger Salomo. Das Buch des P. gehört im hebr. AT zu den »Rollen« *(megillot)* und wurde am Laubhüttenfest im Gottesdienst vorgelesen. Im NT wird es nirgends zitiert, doch findet sich unter den versprengten Herrnworten des Oxyrhynchus-Papyrus eins, das auf Pred 10,9 Bezug nimmt: »Jesus sagt: Wo immer zwei sind, sind sie nicht ohne Gott, und wo einer allein ist, sage ich: Ich bin bei ihm. Richte auf den Stein, und du wirst mich dort finden, spalte das Holz, und ich bin da.«

I) EINLEITUNGSFRAGEN.

1) Seinen Namen hat das Buch nach der Überschrift: »Worte des *Khohälät*, des Sohnes Davids, des Königs zu Jerusalem« (Pred 1,1). *Khohälät* gehört zum Wortstamm *kahal* »eine Versammlung einberufen«. Die weibliche Endung ist nicht auffällig, sie wird öfter zur Bezeichnung eines männlichen Amtsträgers verwandt. *Khohälät* ist also der Leiter oder Redner in einer Versammlung. Entsprechend übersetzt die LXX mit *Ekklaesiastaes* und die Vulgata mit *Concionator*.

2) Dieser *Khohälät* ist nach Angabe des Buches der Sohn Davids, der König zu Jerusalem, wobei nicht an einen späteren Nachkommen, sondern an Salomo zu denken ist. Der Verfasser sagt: »Ich, der Prediger, war (bzw. wurde) König zu Jerusalem« (Pred 1,12). Auf Salomo weist auch, daß er sich rühmt, reicher und mächtiger geworden zu sein als alle vor ihm zu Jerusalem (Pred 2,9.10), und daß er nach der alles Tun und Geschehen unter der Sonne umfassenden Weisheit strebt (V 13; 8,9), überlegene Weisheit besitzt und weitergibt (Pred 1,16; 12,9). So wird im AT nur Salomo dargestellt (1 Kö 2,9; 3,12; 5,9[4,29]ff; 10,1). Das harte Bild königlicher Macht (Pred 8,2–4; 10,4.16–20) widerspricht der Verfasserschaft Salomos nicht; weder seine eigene Herrschaft (vgl. 1 Kö 12,4) noch die früherer oder gleichzeitiger kanaanitischer oder syr. Könige sah anders aus. Auch für die Vergänglichkeit des Königtums und das Aufsteigen eines unbekannten Abenteurers (Pred 4,13–16) bietet die

Tafel 70

a. *Nain am Nordhang des Hügels More (Taf. 68a/1057), wo Jesus den Sohn der Witwe auferweckte (Lk 7,11–17). Der Blick geht über den Nordteil der Ebene Jesreel auf das südgaliläische Bergland, in dem Nazareth liegt (rechts oben auf der Höhe ganz verschwommen sichtbar).*

b. *Nazareth mit Blick in umgekehrter Richtung über die Ebene auf den Nordhang des Hügels More, rechts dahinter das Gebirge Gilboa, links in der Ferne die ostjordanischen Höhen.*

Geschichte des Vorderen Orients genug Beispiele; dazu wußte Salomo selber, daß Jerobeam zu seinem Nachfolger berufen war (1 Kö 11,26–40).

3) Anderseits wird aber deutlich, daß die uns vorliegende Form des Buches nicht von Salomo selber stammt (vgl. Pred 1,2; 7,27[28]; 12,8–14). Wer die Aussprüche zusammengestellt hat, wissen wir nicht, und auch die Zeit, in der das geschah, läßt sich schwer bestimmen. Auf Grund späthebr. und aram. Wendungen wollen manche Ausleger das Buch spät datieren, andere setzen es nach phön. und chaldäischen Einflüssen früher an. Rein sprachliche Argumente bleiben aber in jedem Fall unsicher; sie sind immer von unserer beschränkten Kenntnis der alten Sprachen abhängig, und dabei kann ein neuer Fund alle bisherigen Schlußfolgerungen umstoßen.

II) INHALT.

1) Einteilung.

I. Teil: Von der Menschen Mühe (Pred 1,2–3,15).
1. Der Kreislauf (1,2–11).
2. Vergebliche Mühe um Weisheit (1,12–18).
3. Eitelkeit alles menschlichen Tuns (2,1–11).
4. Die Ungewißheit der Zukunft (2,12–26).
5. Gegensätzliches Handeln der Menschen (3,1–11).
Ergebnis: Allein Gottes Werk beständig (3,12–15).

II. Teil: Von der Menschen Ungerechtigkeit (3,16–5,19).
1. Tod als Ende alles Lebenden (3,16–22).
2. Das Unrecht unter der Sonne (4,1–16).
3. Warnung vor falschem Gottesdienst (4,17).
4. Narren vor Gott (5,1–6).
5. Gefahr des Reichtums (5,7–16).
Ergebnis: Zufriedenheit im Genuß der Gottesgaben (5,7–19).

III) Teil: Lehren der Weisheit (6,1–9,10).
1. Genießen der Gegenwart (6,1–12[7,1]).
2. Das Bessere (7,1[2]–14[15]).
3. Erfahrungslehren (7,14[15]–29[30]).
4. Frömmigkeit und Wohlergehen (8,1–9,6).
Ergebnis: Ermunterung zum Genuß des gegebenen Lebens (9,7–10).

IV. Teil: Von Weisheit und Torheit (9,11–11,10).
1. Wert der Weisheit (9,11–18).
2. Weisheit und Torheit (10,1–20).
3. Leben und Wirken ohne Sorgen (11,1–8).
Ergebnis: Lebensgenuß und Gottesgericht (11,9.10).
Schlußermahnung (12,1–14).

2) Grundgedanken.

a) Der König in Jerusalem sieht sich von Gott in eine mühevolle Aufgabe gestellt. Er schaut den Kreislauf des Geschehens in Natur und Geschichte und muß nach der Ordnung forschen, d. h. Weisheit suchen, und das bedeutet Mühe (Pred 1,13).
Zwar gewinnt er mehr Weisheit als alle, aber Weisheit suchen heißt sich grämen, lernen heißt leiden. Um dem zu entgehen, stürzt er sich in Lebensgenuß und Kulturarbeit und wird reicher als alle. Nun wehrt er seinem Herzen keine Freude (Pred 2,10), und doch bleibt er unbefriedigt, denn vor ihm liegt der Tod, über den hinaus er sein Werk nicht sichern kann. Also muß doch jeder, der etwas von seinem Leben haben will, annehmen und genießen, was aus der Hand Gottes kommt (Pred 2,24–26). Im Tun des Menschen gibt es keine Gradlinigkeit und Beständigkeit. Nur Gottes Tun ist ewig und jeden Augenblick recht, aber er läßt die Menschen in ihrer vergeblichen Sorge um den Lauf der Welt (Pred 3,11). Auch Gottlosigkeit läßt Gott zu, denn sie zeigt, daß die Menschen ohne ihn sind wie das Vieh (V 18). Der Weise schweigt vor Gott und fürchtet ihn, denn jedes Wort und Gelübde muß eingelöst werden (Pred 5,3). Das Grübeln hindert den Genuß der von Gott geschenkten Freuden (V 19). Wo Unordnung in der Welt ist, kommt sie nicht von Gott, der die Menschen aufrichtig gemacht hat, sondern durch die Menschen, die viele Künste suchen und eigne Wege gehen wollen (Pred 7,29[30]), statt sich in Gottes Führung zu geben, der gute und böse Tage schafft (V 14[15]). Nur wer Gott fürchtet und ihm gefällt, entgeht den Nöten (V 26[27]; 8,12.13). Menschen können das Böse in der Welt und das Unrecht nicht ausrotten, nur Gott kann Gerechtigkeit schaffen, er muß richten (Pred 3,17) und wird es tun (Pred 11,9). Darum darf und soll man das von Gott gegebene Leben genießen, aber dabei nie sein bevorstehendes → Gericht vergessen (Pred 12,13.14).
b) Das Buch des P. gehört zur Weisheitsliteratur, die neben der Auslegung des im → Gesetz formulierten Willens Gottes durch die → Priester (Mal 2,7) und dem vollmächtigen Wort des → Propheten als dritte Form der Leitung durch Gott erscheint. → Weisheit ist ursprünglich alles Wissen (Hi 38,37), doch beschränkt sich der Begriff in der HS auf das Wissen um den Willen und die Ordnungen Gottes, um das Leben danach auszurichten (Spr 18,15; Pred 8,5). Da Gott allein diese Ordnungen völlig kennt, ist er der allein Weise (Sir 1,7; Röm 16,27), der durch den Geist der Weisheit die zu jedem Werk erforderliche Fähigkeit gibt, sei es zum Bau des Heiligtums (2 Mo 28,3) oder zur Regierung seines Volkes (1 Kö 5,9[4,29]). Die vom Herrn empfangene Weisheit macht Salomo zum Lehrer seines Volkes, der seine Erkenntnisse in längeren Ausführungen (im Pred) wie in kurzen Sprüchen (vgl. Buch der → Sprüche) darbietet. Von der mannigfaltigen Weisheitsliteratur der umliegenden Völker sind diese Bücher geschieden durch ihre Grundlage: den → Glauben an den einigen, alle Dinge ordnenden und richtenden Gott, und ihre Zielsetzung: in aller Nüchternheit den Weg zu einem Leben dankbarer Freude zu weisen (vgl. 1 Tim 6,3–10), das aber zugleich vor dem richtenden Gott bestehen kann. Die Müdigkeit und Resignation, die am Ende einer überfeinerten und rein diesseitigen Kultur steht, wird überwunden durch den Glauben an Gott den Schöpfer.

Predigtamt gibt in Kol 1,25 LÜ das griech. *oikonomia* wieder, mit dem die »Verwaltung« des dem Apostel von Gott gegebenen Auftrags zur Verkündigung des Evangeliums gemeint ist. Für das »Amt, das die Gerechtigkeit bzw. Verdammnis predigt« (2 Kor 3,9) steht im Griech. *diakonia* = Dienst.

Preis, preisen vgl. → Lob, → Ruhm

Priester.

I) WORTBEDEUTUNG.

1) Das hebr. Wort für P. *(kohen)* ist von einem Zeitwort mit der Bedeutung »als P. dienen, das Priesteramt verwalten« abgeleitet. Die Grundbedeutung dieses Zeitwortes kommt in der Bibel nicht mehr vor; wahrscheinlich hieß sie urspr. »stehen«. Der P. ist demnach einer, der dienend vor der Gottheit steht (vgl. 5 Mo 10,8; 18,7 – an diesen Stellen ist allerdings nicht von den P. in engerem Sinne, sondern von den → Leviten die Rede). Man hat auch gemeint, daß das Zeitwort einmal die Bedeutung »rüsten, zurichten« (nämlich ein Opfer)

gehabt habe, doch das ist weniger wahrscheinlich. Im Arab. gibt es schließlich noch ein verwandtes Wort, das »Wahrsager« bedeutet. Hierbei handelt es sich aber wohl nur um eine einseitige Entwicklung eines gemeinsamen Grundbegriffs; denn die P. der meisten Völker haben sowohl beim Kultus fungiert als auch göttliche Weisung vermittelt.

2) Bei der Aufzählung der Hofbeamten Davids und Salomos bedeutet das hebr. Wort jedoch nach dem Zushg. an einigen Stellen »Beamter, Ratgeber«. Die Söhne Davids, die in 2 Sam 8,18 als »P.« bezeichnet werden (LXX *aularchai* »Hofbeamte«; EÜ Krondiener), waren nach 1 Chron 18,17 »die ersten zur Hand des Königs«. Sabud (1 Kö 4,5) ist »P.« und → Freund des Königs, und auch Ira (2 Sam 20,26) hat vermutlich ein Hofamt bekleidet.

II) DIE PRIESTER DES AT.

Schon von Kain und Abel, von Noah und den Erzvätern erzählt die HS, daß sie Gott Opfer darbrachten, und auch in 2 Mo 19,24; 24,5 werden P. erwähnt. Im allgemeinen nahmen sie ihr priesterliches Amt wohl als Haupt ihrer Familie wahr (Hi 1, 5). Das Priestertum → Melchisedeks nimmt eine Sonderstellung ein. Am Sinai wurde Mose von Gott beauftragt, seinen Bruder Aaron und dessen Söhne → Nadab, → Abihu, → Eleasar und → Ithamar zu P. Gottes zu weihen (2 Mo 28,1). Damit wurde der Priesterdienst Israels auf sie und ihre Nachkommen beschränkt. Die übrigen → Leviten wurden ihnen untergeordnet und sollten beim Dienst am Heiligtum behilflich sein (4 Mo 3,5–13; 8,5–22; 18,6–7).

Trotz der Einsetzung des aaronitischen Priestertums wird berichtet, daß auch später noch von anderen dem Herrn Opfer dargebracht wurden. Zwar brauchen die Aussagen über die Opfer Davids (2 Sam 6,17) und Salomos (1 Kö 3,3.4) nicht zu bedeuten, daß die Könige auch die eigentliche Opferhandlung in allen Teilen vollzogen haben. Bei Gideon (Ri 6,17–21), Manoah (Ri 13,15–20), Samuel (1 Sam 7,9.10.17; 9,12.13; 10,8; 16,2–5) und dem Propheten Elia (1 Kö 18,30–38) wird es aber ausdrücklich gesagt. Wir stehen damit vor der Tatsache, daß Männer dem Herrn Opfer darbringen durften, die nicht zu der Familie gehörten, der Gott am Sinai das Priestertum übertragen hatte – wenn auch die Zeitumstände (Verhältnisse der Richterzeit; Zerstörung des Heiligtums in Silo; Trennung des Nordreichs von Jerusalem) dabei zu berücksichtigen sind.

1) ERFORDERNISSE FÜR DAS PRIESTERAMT.

Die P. durften keine körperlichen Fehler haben (3 Mo 21,17–24). Hinsichtlich der kultischen Reinheit und der Ehegesetze galten für sie strengere Richtlinien als für den gewöhnlichen Israeliten (3 Mo 21; 22). Die Vorschriften für den → Hohenpriester wiederum waren strenger als die für die übrigen P. Dies alles sollte Hinweis sein auf die Heiligkeit des Gottes Israels und damit auf die Notwendigkeit des P. als Mittler zwischen dem Volk und dem heiligen Gott (→ Heiligkeit, heilig).

2) WOHNSTÄTTEN UND UNTERHALT DER PRIESTER.

In Kanaan wohnten die P. in 13 von den 48 den Leviten zugewiesenen Städten. Diese Priesterstädte lagen alle in der Nähe Jerusalems, nämlich in den Stammesgebieten von Juda, Simeon und Benjamin (Jos 21,4). Die P. lebten von den Gaben, die Israel dem Herrn darzubringen hatte. 4 Mo 18,8–19 wird genau beschrieben, was von den Opfergaben den P. zum Unterhalt zustand. Außerdem mußten die Leviten, die von Israel den → Zehnten zu beanspruchen hatten (4 Mo 18,20–24), davon wiederum den zehnten Teil als → Hebe an die P. abgeben (4 Mo 18,25–32). Die Gebrechlichen unter den Nachkommen Aarons, die das Priesteramt nicht innehaben durften (s. o.), hatten dennoch teil an dem Einkommen der P. (3 Mo 21,21–23). Vgl. Karte Sp. 846.

3) DIENSTKLEIDUNG DER PRIESTER.

Die Dienstkleidung der P. bestand aus einem Unterkleid oder einer Tunika von feinem Linnen, einem Gürtel, einer Haube und leinenen Beinkleidern (2 Mo 28,40.42). Die P. verrichteten ihren Dienst barfuß, was wir von 2 Mo 3,5 her zu verstehen haben.

4) WEIHE DER PRIESTER.

Bei der Weihe, deren Einzelheiten 2 Mo 29,1–35 angeordnet und deren Vollzug an Aaron und seinen Söhnen 3 Mo 8 geschildert wird, wurde 1 Farren als Sündopfer (V 14–17), 1 Widder als Brandopfer (V 18–21) und 1 Widder als Füllopfer (V 22–29) dargebracht; außerdem wurde Salböl über die P. ausgegossen. Aus 2 Mo 28,41; 40,15; 3 Mo 8,30 geht hervor, daß nicht nur Aaron als der Oberpriester, sondern auch seine Söhne die Salbung empfingen. Das bedeutet, daß also alle P. gesalbt werden sollten. Möglicherweise ist aber später nur noch der Hohepriester zu seinem Amt gesalbt worden. Die → Salbung sollte die Aussonderung des P. für den Herrn und die Gabe seines Geistes versinnbildlichen.

5) AUFGABE DER PRIESTER.

Die P. waren die Vermittler zwischen Gott und dem Volk. Sie hatten also das Volk vor Gott zu vertreten, d. h. ihnen oblag vor allem der Dienst am Heiligtum, genauer: der Dienst im Heiligen (→ Tempel) und am Brandopferaltar (→ Altar), der im Vorhof des Tempels stand. Entsprechendes gilt in der Zeit vor der Erbauung des Tempels vom Dienst der P. in der → Stiftshütte. Im Heiligen hatten sie das Räuchwerk auf dem Räucheraltar (→ Altar) anzuzünden und auf dem Brandopferaltar im Tempelvorhof die Opfer darzubringen. Ferner war es ihre Pflicht, für die Geräte im Heiligen (→ Leuchter, → Schaubrottisch) zu sorgen und darüber zu wachen, daß das Feuer auf dem Brandopferaltar stets brannte. Auch die Reinigung des Heiligtums und seiner Einrichtungen sowie die Instandhaltung war ihre Aufgabe. Zu Beginn eines Feldzuges sollten die P. in die silbernen Trompeten blasen, ebenso an den Festtagen, in beiden Fällen, um Israel bei Gott in Erinnerung zu bringen (4 Mo 10,9.10).

Als Mittler zwischen Gott und dem Volk hatten die P. anderseits aber auch Gott vor dem Volk zu vertreten. Es war Aufgabe der P. – und der Leviten – das Volk im Gesetz zu unterweisen und schwierige Rechtsfälle zu entscheiden (3 Mo 10,11; 5 Mo 17,8–13; 19,17; 21,5; Mal 2,7). Zu ihren Obliegenheiten gehörten ferner die Fragen der kultischen Reinheit des Volkes (→ z. B. Krankheiten: Aussatz). Im Auftrag des Herrn hatten die P. das Volk zu segnen (4 Mo 6,22–27), im Kriege sollten sie es zum festen Vertrauen auf den Herrn ermahnen (5 Mo 20,2–4).

III) PRIESTERTUM IM NT.

Das NT kennt für die christliche Gemeinde kein Priestertum in der Weise des AT. Wohl aber weiß das NT, daß Gott heilig, d. h. vom Kreaturhaften geschieden ist (→ Heiligkeit, heilig), daß es darum des → Mittlers zwischen Mensch und Gott bedarf. Aber unser Mittler ist Jesus Christus. Nur über ihn führt der Weg zu Gott (Joh 14,6). Jesus wird darum genannt: »Priester nach der Ordnung Melchisedeks«

(Hebr 5,6; 7,17.21), »treuer Hoherpriester vor Gott« (Hebr 2,17), »großer Hoherpriester« (Hebr 4,14), »Hoherpriester in Ewigkeit nach der Ordnung Melchisedeks« (Hebr 6,20), »heiliger, unschuldiger, unbefleckter, von den Sünden abgesonderter Hoherpriester, höher, denn der Himmel ist« (Hebr 7,26), »Hoherpriester der zukünftigen Güter« (Hebr 9,11), »Hoherpriester über das Haus Gottes« (Hebr 10,21). Da Jesus ewig bleibt, hat er »ein unvergängliches Priestertum« (Hebr 7,24).
Die Gemeinde Jesu Christi hat die priesterliche Aufgabe, der Welt ihren Herrn zu verkündigen. Paulus spricht vom »priesterlichen Warten des Evangeliums« (Röm 15,16). Die Gemeinde ist ausgesondert zum Dienst an ihrem Herrn, und indem jeder einzelne Gläubige sich ihm ausliefert, bringt er sich selbst Gott zum Opfer dar (Röm 12,1). In diesem Sinne ist von der Gemeinde als dem »königlichen Priestertum«, dem »heiligen Priestertum« die Rede (1 Petr 2,5.9). Nach Mt 16,19; 18,18; Joh 20,23 hat Jesus seinen Jüngern die Vollmacht gegeben, in seinem Namen Sünden zu vergeben oder die Vergebung zu verweigern. Diese sog. »Schlüsselgewalt« ist nicht auf eine Gruppe von besonderen P. beschränkt, sondern ist der Gemeinde als dem »heiligen Priestertum« und jedem einzelnen Gläubigen als einem P. Gottes (Offb 1,6) übergeben.

Priesterweihe → Priester II, 4

Priscilla, Verkleinerungsform von → Priska.

Priska lat. »Alt, ehrwürdig«.
Frau des → Aquila. Paulus nennt sie nach dem griech. Text stets P. (nur 1 Kor 16,19 weichen wichtige Hss. ab), während sie in der Apg mit der Verkleinerungsform Priscilla genannt wird.

Prochorus griech. »Reigenführer, Chorleiter«, einer der 7 → Diener (IV) der Gemeinde in Jerusalem (Apg 6,5).

Prophet.

I) SPRACHLICHER BEFUND.

P. ist Lehnwort aus dem griech. *prophaetaes*, das die Bedeutung »Verkünder«, »Sprecher« hat, wobei weithin an einen Verkünder der Zukunft gedacht ist. Das Wort wird vielfach außerhalb der Bibel gebraucht.
Für ein Verstehen des Begriffs muß vom AT ausgegangen werden. Neben dem im Hebr. gebräuchlichsten *nabi* (viell. »Sprecher«, »Verkünder«, wahrscheinlicher aber »Berufener«) steht vereinzelt *roäh* (LÜ Seher oder Schauer; 1 Sam 9,9; 1 Chron 9,22; 29,29), *chosäh* (LÜ Seher; 2 Sam 24,11; Am 7,12; in diesen beiden Fällen wird offensichtlich auf die Art des Offenbarungsempfangs angespielt) oder auch einfach »Mann Gottes« (1 Sam 2,27ff; 1 Kö 12, 22). Durch diese Bezeichnungen ist das Wesen des Prophetenamtes aber noch nicht erschlossen.

II) DER PROPHET IM AT.

1) Es ist kaum möglich, ein einheitliches Bild des P. im AT zu geben. Er hat in der Geschichte Israels Gottes Botschaft und Weisung in entscheidenden Situationen zu sagen; darum tut der Herr nichts, ohne es vorher seinen P. zu offenbaren (Am 3,7). So verschieden die Zeiten und Botschaften sind, so verschieden sind auch die Gestalten der einzelnen Propheten. Ein starker Einschnitt in der Geschichte der P. ist auf jeden Fall die babyl. Gefangenschaft. Die Botschaft der Propheten danach (Hag, Sach, Mal) ist intensiver auf Gottes neues Heilshandeln ausgerichtet, obwohl auch hier Gerichtsworte nicht fehlen, sowenig Heilsworte bei den Propheten vor oder während der Gefangenschaft fehlen. Im einzelnen kann man einige Brennpunkte erkennen, an denen Gott seine Botschafter bes. ansetzt. Das sind

a) Verfälschung des Glaubens an den Gott Israels und seine Vermischung mit fremden Kulten (z. B. Hes 8,6ff);

b) das Herausnehmen des politischen Handelns Israels aus dem Glauben an seinen Herrn (z. B. Jes 7,1–9);

c) die wirtschaftliche Entwicklung nach der Staatwerdung Israels (Jes 5,8; Mi 2,1.2).

An diesen Punkten vor allem sind die P. Mahner im Auftrag Gottes, die zur Umkehr zum Glauben und Gehorsam gegen den Herrn Israels rufen (Jer 3,7; 4,1; Jo 2,12) und gleichzeitig für den Ungehorsam Gottes Gericht androhen (Am 4,6–13).
Somit sind sie Männer, die in der lebendigen Beziehung zur Geschichte Gottes mit seinem Volk stehen, anderseits um Gottes Weg mit seinem Volk in der Zukunft wissen. Die P. sind Gottes Gabe an sein Volk als das mahnende Gewissen, durch das Gott mit seinem Volk Umgang hat.
So spiegelt sich im Prophetenamt die → Erwählung Israels und der besondere Charakter dieses Volkes unter den Völkern. Und der Auftrag der P. hat keinen andern Sinn, als immer wieder – in Gnaden- und Gerichtswort – diese Besonderheit Israels als des Gottesvolkes zu erhellen.

2) Die Gestalt des P. ist nicht auf die prophetischen Bücher (Jes – Mal) beschränkt, außer deren Verfassern werden in der HS noch eine ganze Reihe anderer atl. P. mit Namen genannt:
Abraham (1 Mo 20,7), Mose (5 Mo 18,15–18; 34, 10), Aaron (2 Mo 4,16; 7,1), Samuel (1 Sam 3,20); Gad (1 Sam 22,5), Nathan (2 Sam 7,2), Ahia (1 Kö 11,29), Semaja (1 Kö 12,22), Jehu (1 Kö 16,7; 2 Chron 19,2), → Elia und → Elisa, Micha (1 Kö 22,9) und ebenso Johannes der Täufer (Mt 3,7–11; vgl. 11,13). Auch Prophetinnen werden namentlich erwähnt: Mirjam (2 Mo 15,20), Debora (Ri 4,4), Hulda (2 Kö 22,14) und Hanna (Lk 2,36); in Jes 8,3 ist die Frau Jesajas gemeint. Vgl. auch die Zeittafel.

3) Neben diesen P. hören wir z. Zt. Samuels (1 Sam 10,5.10; 19,20), Elias (2 Kö 2,3.5.15) und Elisas (2 Kö 4,38–41; 6,1) von sog. Prophetenschulen, Vereinigungen vieler P., die zusammen lebten. Einzelne Gruppen dieser Art hatten sich offenbar an Samuel (1 Sam 19,20.24) und Elisa (2 Kö 4,38) angeschlossen und standen wenigstens zeitweise unter deren Leitung. Durch einen Mann unter diesen »Kindern der P.« (1 Kö 20,35ff) redete der Herr zu Ahab; aber vielfach war ihr »Weissagen« zwar ein Ergriffensein vom Geist Gottes, scheint jedoch keine direkte, klare Botschaft übermittelt zu haben (1 Sam 10,10; 19,20–24).

4) Solche P. sammelte Ahab (1 Kö 22,6; vgl. V 22. 23 »seine« bzw. »deine« P.), und sie werden später als Berufs- oder Kultpropheten am Heiligtum häufig neben den Priestern genannt (Jes 28,7; Jer 6,13; 8,1; 14,18; 23,11). Sie weissagten gegen Entgelt (Mi 3,5.11), was man im Volk auch allg. für angemessen hielt (1 Sam 9,7.8; 1 Kö 13,7.8; 2 Kö 8,8.9), wogegen sich die P. des Herrn aber wehren (2 Kö 5,16). Die Schriftpropheten, z. B. Amos (Am 7,14) und Micha (Mi 3,5–8), distanzieren sich entschieden von diesen Berufspropheten, die ihrerseits die erbitterten Gegner Jeremias sind (Jer 18,18). Hier bricht der Gegensatz auf zwischen den wahren P. des Herrn, die allein von Gott abhängig sind,

und den falschen P., die mit Rücksicht auf ihre Stellung das verkünden, was die Menge gern hört (Jer 5,31). Sie erfüllen die Welt, bes. die politische, mit ihren Schlagworten und Phrasen (Jer 6,14; 8,11; Hes 13,10.16) und verführen das Volk (Jer 14,13–16; 23,17.25–27.32; 27,10.14.15; Hes 13), denn sie sind nicht von Gott gesandt (Jer 23,21). Sie haben Gesichte und Träume, aber es sind → Lügen (Jer 14,14; 23,25–27; Hes 13,6.7; 22,28), darum steht ihr Handeln und Reden unter dem Gericht Gottes (Jer 23,30–32; Mi 3,6). Allerdings kann Gott sie in ihrer Sünde auch dazu benutzen, König und Volk auf dem Weg des Ungehorsams zu verblenden (1 Kö 22,22.23).

5) Das Wesen des Prophetenamtes können wir am besten an den sogenannten »Schriftpropheten« erfassen, deren Botschaft uns schriftlich überliefert ist und die sich uns dadurch deutlicher zu erkennen geben.
Kennzeichnend ist, daß am Anfang des Prophetenamtes die persönliche Berufung und Bevollmächtigung durch Gott steht (Jes 6; Jer 1; Hes 1–3; Am 7,15; Jon 1,1.2), wobei gleichzeitig eine jeweils mehr oder weniger begrenzte Beauftragung erfolgt. Die einzelnen Berufungen sind sehr verschieden und bieten stets den Schlüssel zum Verständnis der jeweiligen Botschaft des P., wollen also mehr als eine biographische Notiz sein.
Von der Berufung an ist der Prophet »Knecht Gottes« (Jer 7,25). Gott selber lenkt sein Leben bis in die privaten Bereiche. Er bestimmt die Ehe (Hos 1; 3), die Namen der Kinder (Jes 8,1–4; Hos 1). Dadurch entstehen Konflikte und Nöte (Jer 20,7ff; Jon). Der P. steht Israel gegenüber als der vollmächtige Bote Gottes. Damit ist er aus dem Volk ausgesondert, ein einzelner. Da sein Amt Wächteramt ist (Hes 3,17; 33,7), sein Wort Mahnung und Bloßlegung der Sünde (Jes 1,2.3; Jer 7; Hos 4,1ff), seine Botschaft Ankündigung des Gerichtes (Am 2,4ff; Jes 5,1ff), steht er weithin im Gegensatz zu seinem Volk und ist einsam (Jer 1,17ff). Damit lebt der P. in der furchtbaren Spannung zwischen dem Auftrag Gottes und der Zugehörigkeit zu seinem eigenen Volk.
Diese Mittlerstellung kennzeichnet das Wesen des Prophetenamtes. Es steht damit neben dem Priesteramt, nur daß es nie zur Institution wurde und werden sollte – oder wo das doch geschah, verflachte und ins falsche Prophetentum abglitt – sondern immer neu durch Gottes Berufung in einer jeweils besonderen geschichtlichen Lage seines Volkes dafür geschaffen wurde.

III) DIE BOTSCHAFT DES PROPHETEN IM AT.

1) Jedes Prophetenwort ist streng an die jeweilige geschichtliche Lage gebunden, in die hinein es gesagt ist (vgl. Hag). Das nimmt ihm nichts von seiner Verbindlichkeit auch für heute, läßt die Botschaft der P. aber eben nicht auf einen gemeinsamen Nenner bringen. Jeder P. hat seine ihm von Gott gegebene Botschaft auszurichten. Dennoch gibt es einige wesentliche gemeinsame Zentren, um die sich die prophetische Botschaft kristallisiert.

2) Die P. betonen häufig ihre Bevollmächtigung und Beauftragung durch Gott und damit ihr Mittleramt, wenn sie ihre Botschaft einleiten mit »so spricht der Herr« (hebr. *neum jahwäh* = Spruch Jahwes; Jes 1, 24; Jer 29,11 u. ö.). So wird ihre Botschaft meist in der Form eines Botenspruchs ausgerichtet.

3) Weithin ist die Botschaft der P. Ruf zur Umkehr (→ Bekehrung) aus einer bestimmten Sünde in den Gehorsam Gottes (Hes 3,19). Damit erfüllt der Prophet sein Wächteramt. Denn Sünde bedroht das Sein Israels als Gottesvolk. So wird der P. zum Eiferer für den Gehorsam gegen Gott (Jer 7,4). Mit dem Ruf zur Umkehr ist auch die Androhung des Gerichtes verbunden. Gehorsam und Umkehr sind allein Israels Möglichkeiten, dem Zorn Gottes über die Sünde zu entfliehen. Das Gericht kann sich in einer geschichtlichen Bedrohung z. B. durch die Assyrer oder Babylonier oder die Nachbarn ankündigen und verwirklichen (Jes 7,1ff; 9,7[8]ff; Jer 21,4ff; 28). Im geschichtlichen Erleben der Katastrophen geht Gottes Gericht über sein Volk. Auftrag der P. ist es, dem Volk die geistlichen Hintergründe dieses Geschehens mit ihrer Botschaft aufzudecken (Jer 27,12ff; vgl. dagegen auch Jes 44,24–45,7).

4) Damit wendet sich die Botschaft der P. der Zukunft zu. Hierbei geht es immer um Gottes Handeln, und zwar an seinem Volk und durch sein Volk. Gott bewahrt seinem Volk über die Sünde hinaus die Treue und macht die Sünde seines Volkes durch sein Neuschaffen zunichte. Hier ist der Ort, wo die Botschaft der P. immer deutlicher auf den entscheidenden Neuanfang, den Messias Gottes, hinweist (→ Rest; vgl. unten III, 8). So werden die P. zum lebendigen Beweis der Treue Gottes zu seinem Volk durch Sünde und Gericht hindurch, indem er in ihnen schon den entscheidenden Anfang vorwegnimmt. Sie sind gleichsam die Vorhut des messianischen Geschehens.

5) Die Darbietung der Botschaft ist das gesprochene Wort. Das kann auf vielfache Weise geschehen: in kurzem Aufruf, als Lied (Jes 5,1ff) oder Rede (Jer 7,1ff), in direktem Wort (Am 7,16; Hag 2,2 [3]ff) oder als Gleichnishandlung (Jer 28; Jes 20; Jer 32; Hos 4–12). Die Offenbarung wird häufig in Visionen empfangen (Sach 1–6; vgl. auch Hes) meist wird der Offenbarungsempfang aber einfach eingeleitet: »Da geschah das Wort des Herrn zu mir . . .« und gibt keine Auskunft über die Art des Empfangs (→ Prophetie II). Die schriftliche Aufzeichnung ist immer erst das Zweite (Jer 36). Sie ist erst Protokollierung des prophetischen Handelns.

6) In der Prophetenbotschaft wird auch Gottes Universalität deutlich. Das Wort der P. beschränkt sich nicht auf Israel, sondern ist oft auch Botschaft an die Völker, Gerichtswort häufig (Jes 13–23 Jer 46ff; Hes 25–32; Am 1,3–2,3), aber auch Beauftragung als geschichtliches Werkzeug in Gottes Hand (Jes 44,24–45,7). Gottes Handeln beschränkt sich nicht auf Israel, aber es hat Israel zum Mittelpunkt und Ziel.

7) Die Botschaft der Propheten fordert Glauben und Entscheidung. Das wird deutlich in der Gegenüberstellung von falschen und rechten Propheten (Jer 28). Es gibt keine äußerlichen Kennzeichen, die rechte Botschaft der falschen gegenüber als glaubwürdig auszuweisen. In der Erfüllung der Botschaft allein wird die rechte Botschaft bestätigt (Jer 28,9) und die falsche als Lüge entlarvt (5 Mo 18,22).

8) Die Botschaft der P. weist, auch wenn sie jeweils in akute geschichtliche Lagen hinein gesprochen ist, in die Zukunft, auf Gottes entscheidenden Neuanfang, auf Jesus Christus (Jes 9,5[6]ff; 11,1ff; 53 Jer 23,5ff; Sach 9,9). Hier leuchtet das letzte Ziel auf, auf das alle prophetische Botschaft – auch unausgesprochen – hinweist: der neue Bund Gottes (Jer 31,31ff).

IV) DAS NT UND DIE ATL. PROPHETEN.

Das NT sieht in Jesus die letzte Erfüllung der prophetischen Botschaft, den Abschluß der grundlegenden göttlichen Offenbarung an die Menschen, auf den der Dienst der P. zuläuft (Hebr 1,1.2).

Besonders Mt, aber auch die andern Evangelisten und dann vor allem Paulus weisen immer wieder das Christusgeschehen aus als durch die prophetische Botschaft vorbereitet (Mt 2,5.6; 3,3; 21,4.5; Röm 4,9–11). 1 Petr 1,10–12 zeigt den ntl. Rückblick auf die P. in seiner ganzen Tiefe. Damit wird Jesus zum geheimen, vom NT jetzt offenbarten perspektivischen Punkt in der gesamten prophetischen Botschaft.

V) PROPHETEN IM NT.

Auch im NT besteht das → Amt der P., die nun aber von dem entscheidenden Christusgeschehen her leben, auf das die atl. P. hinstreben und hinweisen. Die ntl. P. werden gleich nach den Aposteln genannt (1 Kor 12,28; Eph 4,11), mit denen zusammen (vgl. 1 Kor 14,37; 2 Petr 3,2) sie den Grund der Gemeinde bilden (Eph 2,20; 3,5). Wie im AT zu dem vom Priester bewahrten und ausgelegten Gesetz (Mal 2,7) die Botschaft der P. trat (2 Kö 17, 13), so steht hier im NT neben der grundsätzlichen Offenbarung Gottes, der Lehre der Apostel (Apg 2,42; vgl. → Matthäusevangelium I, 2), die für den Augenblick notwendige Offenbarung des Willens Gottes (Apg 21,10–14) bzw. zukünftiger Ereignisse, vor denen die Gemeinde gewarnt werden soll (Apg 11,28), durch die P. Der Dienst der P. dient zur Stärkung der Gemeinde (Apg 15,32) und gehört mit zu ihrer Zubereitung und Vollendung (Eph 4,11–16).

Prophetie. I) Unter P. versteht die HS durch Gottes Geist einem Menschen eingegebene → Offenbarung. Im NT wird P. zu den → Gaben des Geistes gerechnet, nach denen alle trachten sollen (1 Kor 14,1.5.39). Obwohl immer ein Mensch als Werkzeug benutzt wird, bezeugt sich das Offenbarte an den Herzen der Gläubigen doch als göttliches Wirken, so daß es einfach heißen kann: »der Hl. Geist sprach ...« (Apg 13,2), »der Geist bezeugt ...« (Apg 20,23) oder »... was der Geist den Gemeinden sagt« (Offb 2,29). Immer handelt es sich um übernatürliche Offenbarungen, die nicht durch menschliche Weisheit und Einsicht hervorgebracht oder richtig ausgelegt werden können (vgl. 2 Petr 1,20.21). Aber P. ist nicht Ekstase, die den Menschen ausschaltet, sondern ein gedankenmäßig beherrschtes, geordnetes Wort (1 Kor 14,32). Während im AT im allg. nur als »Propheten« bezeichnete Menschen prophetische Gaben haben, ist für den neuen Bund der Geist der P. allg. verheißen (Jo 3,1; Apg 2,16–18) und wirkt sich tatsächlich so auch in den Gemeinden aus (Apg 21,9; 1 Kor 12–14). Vgl. aber das besondere Amt des → Propheten (V).

II) Die prophetische Rede kann auf eine direkte Wort-Offenbarung Gottes zurückgehen (vgl. Sach 1,1ff; Jer 1,7.11.19). Daneben gibt es den von Gott gewirkten Traum und das Traumgesicht (Jo 3,1; 4 Mo 12,6; Dan 1,17), Nachtgesichte (1 Mo 46,2; Dan 2,19; 7,1; Sach 1,7ff), mit erklärender Weissagung verbundene Gesichte (Jes 1,1; Jer 1,11–19; Hes 37,1–14; 1 Kö 22,19–23; Ps 89,20; Am 7,1–9; 8, 1–3; Apg 10,10–16), die dem Volke mitzuteilen sind; auch werden sinnbildliche Handlungen befohlen, die mit erklärenden Worten verbunden sind (Jes 20,2ff; Jer 27,2ff; Hes 12,3–7; Hos 1,2–9; Apg 21,10f), oder es ergeht der Befehl, eine bestimmte Botschaft aufzuschreiben (Jes 8,1; 30,8; Jer 29,1; 30, 2) wie beim → Gesetz Moses (2 Mo 24,4; 34,27).

III) Die P. erstreckt sich auf Vergangenheit, Gegenwart und Zukunft. Das prophetische Licht leuchtet in die Geschichte und Zusammenhänge der Vergangenheit (Hes 20,4–28), auch den Schöpfungsbericht 1 Mo 1 haben wir wohl als prophetische Rückschau aufzufassen. In der Gegenwart offenbart die P. das Innere des Menschen (1 Kor 14,24f), ermöglicht das Durchschauen des anderen (bes. in der Seelsorge; vgl. Mt 16,17; Mk 2,8; Joh 4,17–19; bei den Aposteln Apg 5,1–4) und ermöglicht die Geisterunterscheidung (1 Kor 14,29; 1 Joh 4,1ff). Die Zukunft ist das Hauptgebiet der P.; nicht nur die atl. Weissagung auf den neuen Bund macht dies deutlich, sondern auch das NT (Apg 11,27f; 20,23; 21,10ff; Offb 1,1). »Der Herr tut nichts, er offenbare es denn zuvor den Propheten, seinen Knechten« (Am 3,7; vgl. Jes 42,9; 46,10); so haben die Propheten das Evangelium zuvor verheißen und geschaut (Röm 1, 1f; 1 Petr 1,10–12).

IV) Der Auftrag der P. besteht darin, neben der ein für allemal gültigen und in gewissem Sinne durch die dazu berufenen → Lehrer auch als Kenntnis vermittelten Wahrheit Gottes (→ Lehre) den Gläubigen konkrete Weisungen für das jetzt geforderte Handeln und Entscheiden zu geben, allen Menschen aber den Willen Gottes als Gehorsamsforderung der jeweiligen Stunde vor Augen zu stellen, und zwar aus Vollmacht des Hl. Geistes (vgl. Joh 16,13f; 17,6; Eph 1,17). So kann Paulus schreiben, daß die P. den Zweck habe, die Gemeinde zu bessern, zu ermahnen, zu trösten und zu belehren (1 Kor 14,3.31). Aber sie hat auch ihre Grenzen: nur jeweils Bruchstücke der vollen Wahrheit Gottes vermögen wir zu erkennen und auszusprechen (vgl. 1 Kor 13,9); doch niemals wird sich die P. in Gegensatz zum gelehrten Inhalt des Glaubens stellen (vgl. Röm 12,6f). Weil die P. jeweilige Wegweisung ist, kann der Herr eine Weissagung durch die nächste ersetzen und aufheben (1 Kor 14,30). P. ist nie mit dem Beweis gepaart, sondern muß sich im Gewissen der Gläubigen als Offenbarung Gottes erweisen. Es besteht die Gefahr, daß auch falsche Propheten mit der Redeweise der echten auftreten; darum sind die Geister zu prüfen (1 Joh 4,1–3; vgl. 1 Kor 12,3) und die Offenbarungen zu beurteilen, und zwar in der im Namen des Herrn und unter dem Wort versammelten Gemeinde (1 Kor 14,29).

R. F. E.

Prüfung, prüfen. Unser ganzes Leben spielt sich unter den prüfenden Augen Gottes ab (2 Chron 16, 9; Ps 11,4). Der gerechte Richter, vor dem wir → Rechenschaft geben müssen, prüft → Herz und → Nieren (Jer 11,20; Ps 17,3; 1 Thess 2,4). Um in dieser Prüfung bestehen zu können, ist beständige Übung der Sinne zur Unterscheidung des Guten und Bösen (Hebr 5,14) notwendig. Darum wird der Gläubige aufgefordert, für sich selbst zu prüfen, was der gute, wohlgefällige und vollkommene Gotteswille (Röm 12,2), das Beste (Phil 1,10), dem Herrn wohlgefällig sei (Eph 5,10). Paulus ermahnt die Thessalonicher: »Prüfet alles, und das Gute behaltet« (1 Thess 5,21). Aus der Frage nach dem Willen Gottes für mich erwächst dann auch die Prüfung des eigenen Glaubens (2 Kor 13,5) und des eigenen Tuns (Gal 6,4) an diesem Maßstab (vgl. 1 Kor 11,28). Weiter wird aufgefordert, die Zeichen der Zeit (Lk 12,56) und die Geister zu prüfen, ob sie aus Gott sind (1 Joh 4,1ff; vgl. → Gaben des Geistes II D 7). Gott selbst prüft die Seinen, indem er sie mit ihrem Tun in das Feuer des Gerichtes führt, wo ihr Glaube sich bewähren muß (1 Kor 3,13).

Psalmen. Die Frömmigkeit der Menschen des alten Bundes findet ihren lebendigen Ausdruck in dem geistgewirkten Zeugnis der P. (vgl. → Lobgesang) Solche Lieder finden sich außerhalb ihrer Sammlung im Psalter auch an anderen Stellen des AT, z. B. in 2 Mo 15,1–18; 1 Sam 2,1–10; Jes 38,10–20; Jon 2,3–10.

I) EINLEITUNGSFRAGEN.

1) Überschrift.
Die hebr. Überschrift des Psalters heißt *tehillim* »Loblieder«, abgeleitet von *halal* »jauchzen, jubeln, preisen« (vgl. Halleluja). Im einzelnen trägt jedoch nur Ps 145 den Titel *tehillah*. Die LXX nennt das Buch *Psalmoi*, abgeleitet von *psallein* »zur Laute singen«, und weist damit auf die Art des Vortrags hin.

2) Der Psalter als Sammlung.
Als Lieder- und Gebetbuch der atl. Gemeinde hat der Psalter seine eigene Geschichte. Er ist in seiner heutigen Form die letzte Zusammenfassung verschiedener Teilsammlungen älterer und jüngerer Lieder. Das sind z. B. der sog. »Davidspsalter« (Ps

Jüd. Gefangene, viell. aus Lachis, die unter Aufsicht eines assyr. Soldaten auf der Leier spielen (vgl. Ps 137, 3). Assyr. Relief aus der Zeit Sanheribs

3–41), ferner eine Art Chorbuch der Korahiter (Ps 42–49), das »kleine Wallfahrtsliederbuch« (Ps 120–134; LÜ Lieder im höhern → Chor) u. a. So hat etwa das »Lied vom Toren« nicht nur im Davidspsalter (Ps 14), sondern auch noch in einer zweiten Sammlung (Ps 53) Aufnahme gefunden.
Heute ist der Psalter in 5 Bücher eingeteilt (Ps 1–41; 42–72; 73–89; 90–106; 107–150), von denen die ersten 4 jeweils mit einem kurzen Lobspruch schließen (Ps 41,14; 72,18–20; 89,53; 106,48). Vermutlich galt Ps 1 als Vorspruch, Ps 150 als Schlußgesang des gesamten Psalters.

3) Gebrauch.
a) Die im Psalter gesammelten Lieder sollten im Gottesdienst gesungen werden. Gottesdienstlichen Gebrauch von P. bestätigt der Vergleich von 1 Chron 16,8–36 mit Ps 105 und 96. Nach dem Talmud wurde beim Morgenopfer an den einzelnen Wochentagen je ein Psalm gesungen, und zwar nacheinander Ps 24; 48; 82; 94; 81; 93; 92. Über die Verteilung von P. auf die einzelnen Feste schwanken die Angaben, das »Hallel« (Ps 113–118; vgl. → Lobgesang) wurde jedenfalls beim Passahmahl gesungen. Im ganzen stellt die Sammlung der P., wie sie heute vorliegt, wohl das Liederbuch des 2. → Tempels dar.
b) Der Vortrag der P. war ein Sprechen mit lebendiger Modulation der Stimme unter Musikbegleitung und Mitwirkung von Chören (2 Chron 5,12. 13). Daß die P. im Wechselgesang vorgetragen wurden, zeigt wohl am deutlichsten Ps. 136, in dem das den 2. Teil jedes Verses bildende »denn seine Güte währet ewiglich« als Antwort der Gemeinde auf das Wort des Vorsängers zu denken ist. Daneben finden wir auch Abschnitte mit Kehrreim, den die Gemeinde oder ein großer Chor gesungen haben muß (Ps 42–43). Aber auch der *Parallelismus membrorum* (→ Dichtkunst) deutet auf diese Form des Vortrags, bei dem Gemeinde oder Chor die Aussage des Vorsängers mit anderen Worten bestätigend wiederholten. Unter David erhielten die levitischen Sänger und Musiker die seitdem gültige Ordnung ihres Dienstes (1 Chron 25,1; 2 Chron 7, 6; 29,25–30) mit Psaltern, Harfen und Zimbeln. Eine weitere Aufzählung von → Musikinstrumenten, die das Lob Gottes begleiten sollen, finden wir in Ps 150,3–5. Zu Form und Aufbau des einzelnen Psalms vgl. → Dichtkunst, → Lied, → Lobgesang.
c) Viele Begriffe, die uns heute schwer oder kaum mehr verständlich sind, scheinen für den Benutzer des Psalters wichtige Notizen gewesen zu sein, die ihm die Melodie angaben oder als Hinweis auf die Liturgie dienten; → Sela z. B. zeigte viell. eine Gebetspause an. Hierher gehören auch die hebr. Worte, die LÜ mit »Unschuld« (Ps 7,1 u. ö.), »Unterweisung« (Ps 32,1 u. ö.), → »Kleinod« (Ps 16,1 u. ö.) wiedergibt. 55 P. sind mit *lamenasseach* (LÜ vorzusingen) überschrieben, was vermutlich »für den → Sangmeister« bedeutet. Manchmal scheint ein anderes Lied angegeben zu sein, nach dessen Melodie der Psalm gesungen werden sollte: »Von der Hinde, die früh gejagt wird« (Ps 22,1). »Nach: Die Taube der fernen Terebinthen« (Ps 56,1 EÜ).

4) Verfasser und Entstehung der Einzelpsalmen.
Etwa 100 P. geben in der Überschrift einen Verfassernamen an: Mose (Ps 90), David (Ps 3–9; 11–32; 34–41; 51–65; 68–70; 86; 101; 103; 108–110; 122; 131; 133; 138–145), Salomo (Ps 72; 127), → Asaph (Ps 50; 73–83), Heman (Ps 88), Ethan (Ps 89) und die Kinder Korah (Ps 42; 44–49). Bei mehreren P. weisen Überschrift und Text auf Ereignisse, die noch genauere Schlüsse auf die Entstehungszeit zulassen (Ps 137; vgl. → David XI). Wo solche Hinweise fehlen, liegt die Entstehung der betreffenden P. für uns ganz im Dunkeln. Die Versuche, aus Sprache und allg. Aussagen das Alter der einzelnen Lieder zu bestimmen, bleiben unbefriedigend.
Daß ein großer Teil der P. durch die Verfassernamen in die frühe Königszeit gesetzt wird, paßt gut dazu, daß David und Salomo auch sonst als Dichter genannt werden (1 Sam 16,18; 2 Sam 1,17–27; 3, 33; 22,1–23,7; Am 6,5; 1 Kö 5,12[4,32]f). Das noch erheblich höhere Alter ähnlicher Dichtungsformen in Syrien-Palästina bezeugen die poetischen Texte von → Ras Schamra.

II) INHALT.

1) Einteilung.
Dem Wesen des Buches entsprechend kann keine solche Einteilung aufgezeichnet werden, wie sie bei einem Buch möglich ist, das einen folgerichtig aufgebauten Gedankengang enthält. Schon die Einteilung in 5 Bücher ist keine Zusammenstellung der Lieder nach Zeit, Dichter, Sprache, Gottesnamen oder Inhalt. P. verwandten Inhaltes oder gleicher Dichter sind über das ganze Buch verteilt. Anderseits lassen sich dazwischen auch wieder einige feste Gruppen erkennen wie die Königspsalmen und die Wallfahrtslieder.
Aber auch die Zusammenstellung von Gruppen nach dem Inhalt ohne Rücksicht auf die Reihenfolge im Buch wird kaum allgemeingültig durchgeführt werden können. So kann man als messianische P. etwa die anerkennen, die vor Christus als solche gedeutet wurden; doch läßt sich diese Gruppe auch durch Hinzunahme der im NT darüber hinaus mes-

sianisch ausgelegten P. erweitern. In andrer Weise ist die Gruppierung dadurch erschwert, daß ein Psalm verschiedene Elemente enthalten kann, wie etwa die Klage in der Not neben dem Dank im Aufblick und Vertrauen auf den Helfer.

Klar sind die Gruppen der Königspsalmen (Ps 92–100) und Wallfahrtslieder (Ps 120–134). Darüber hinaus sind zu nennen: Buß- und Betpsalmen (Ps 3; 6; 32; 38; 51; 88; 102; 130; 143); P. aus Anfechtungen (Ps 4; 5; 11; 28; 41; 55; 59; 64; 109; 120; 140); Lob- und Danklieder (Ps 18; 29; 106; 111; 113; 117; 118; 134–136; 138; 144–150); Morgenlieder (Ps 3; 5; 19; 57; 63; 108); Lehrpsalmen (Ps 1; 5; 7; 15; 50; 73; 94; 119; 139); messianische Psalmen (Ps 2; 16; 22; 24; 40; 45; 69; 72; 110; 118); Schöpfungspsalmen (Ps 8; 19; 29; 33); geschichtliche Psalmen (Ps 78; 105; 106).

2) Grundgedanken.

Obgleich die P. eine Sammlung vieler Lieder verschiedener Dichter sind, dürfen wir doch nach ihren Grundgedanken fragen, denn hier werden nicht fromme Gefühle in künstlerische Form gekleidet. Gerade die P. als Gebete (→ Beten) sind klares und nüchternes Gespräch mit Gott, Schreien (→ Ruf) nach Heil und Antwort auf das Heilshandeln Gottes an seinem Volke wie an den einzelnen. So ist aus den P. zu lernen, was es heißt, Gott im Geist und in der Wahrheit anzubeten. Da nur in der Wahrheit gebetet werden kann, muß die Haltung des Menschen vor Gott im Gebet bestimmt sein durch die Grunderkenntnis seiner Sünde.

Sie zeigt sich einmal als Sünde der Menschheit, die sich offen gegen Gott erhebt (Ps 2), sich über Gottes Gerichte hinwegtäuscht (Ps 10) oder das Dasein Gottes überhaupt leugnet (Ps 14; 53). Weil die Feinde Gottes keinen Krieg gegen ihn selbst führen können, quälen sie durch Haß und Verfolgung (Ps 17; 22; 37) die Frommen, die ihnen nicht mit gleicher Waffe entgegentreten dürfen, sondern in Erwartung des Eingreifens Gottes alles in Geduld über sich ergehen lassen müssen. Als der Herr sein Volk zur Erziehung und Sichtung auf lange Zeit in die Hände der Feinde gibt, finden Klage und Zuversicht ihren Ausdruck im Psalm (Ps 137; 126). Tiefer und schwerer noch als die allgemeine Schuld der Menschheit wird die persönliche Schuld empfunden. Ist der Mensch schon an sich ein Nichts vor Gott (Ps 8,5; 144,3.4), ein Wurm (Ps 22,7), der immer tiefer zu Boden sinkt, je mehr er seinem Gott naht (Ps 95,6), so fällt er noch tiefer durch seine eigene Sünde, die von Mutterleib an auf ihm liegt (Ps 51,3–8) und Anlaß zu schwerster Not wird, wenn Gott züchtigt (Ps 38). Die erste Regung des Sünders ist, seine Sünde zu verschweigen, aber die innere und körperliche Not zwingt ihn zum → Bekenntnis, das Voraussetzung der Vergebung ist (Ps 32; 79,9; 130,3.4). Doch nicht alles → Leid ist Gottesstrafe. So dürfen auch die Frommen nach ernster Gewissenserforschung im Leid ihre Unschuld bekennen (Ps 7; 26,1.11).

Zur Vergebung tritt die Erlösung von der Sünde, indem Gott den Menschen »aus der Grube des Verderbens, aus tiefem Schlamm« herauszieht (Ps 40,3) und seine Seele aus Trug und Frevel (Ps 72,14) und sogar aus der Hölle, dem Totenreiche, erlöst (Ps 49, 16). Die unfaßbare Herrlichkeit Gottes zeigt sich darin, daß er die Seinen reinigt und ihnen ein neues, reines Herz gibt (Ps 51,9–14). Vergebung und Erlösung sind eine Wirklichkeit, aus der heraus der Dank der Erlösten zu Gott aufsteigt (Ps 107; 108), aber die volle Erlösung des Volkes Gottes bleibt doch noch eine Verheißung (Ps 130,8). Sie wird erst erreicht, wenn der Messias in der Einsamkeit gelitten hat (Ps 22) und als der König der Ehren eingezogen ist (Ps 24), nachdem er über alle seine Feinde den Sieg errang (Ps. 118). Zu beachten ist, daß Gnade und Erlösung von Gott nicht wahllos verschenkt werden, sondern bei ihm sind (Ps 130,7), so daß der Mensch in seiner Not Hilfe heischend zu Gott kommen muß (Ps 27,7–10; 65,3–5) und Gottesfurcht lernt, die ihn von der Sünde zurückhält (Ps 130,4).

Diesen Weg darf der Aufrichtige gehen, um seine Seele zu retten, denn Gott ist zwar der unbestechliche Richter (Ps 7,12–18; 11,4–7), dem auch unsre uns selbst unbekannte Sünde nicht verborgen ist (Ps 90,8) und der über alles auf Erden geschehene Unrecht das letzte Wort sprechen wird (Ps 103,6), aber Gottes → Gerechtigkeit ist unabdingbar verbunden mit seiner → Gnade, → Barmherzigkeit, → Güte und → Treue (Ps 103,8–13; 145).

Gott ist der rechte Helfer, denn er allein kennt des Menschen Wesen ganz, und seine Macht reicht hinein in alle Bereiche, in die ein Mensch sich verirren oder vor Gott verkriechen könnte (Ps 139). Er erweist sich allezeit als Helfer der Frommen (Ps 16; 23; 37; 42; 43) auch aus Verfolgung (Ps 57; 59). Seiner Hilfe darf man so gewiß sein, daß die Gebete aus der Not schon einmünden in den Dank, der den Weg freimacht für das Heil Gottes (Ps 50, 23). Dabei behält Gott sich die Bestimmung der Zeit seiner Hilfe stets vor (Ps 13,2.3). Erlebte Gotteshilfe will führen zur bleibenden und lebendigen Verbundenheit mit Gott (Ps 73,23–28), die unter seinen dauernden Segen stellt (Ps 65; 67; 128) und das Vertrauen zu ihm durch die Erfahrung seines Segens immer fester werden läßt (Ps 27; 46; 62; 91; 92). Damit wird das Leben des Gottesvolkes wie auch das des einzelnen Frommen immer umfassender zum Dank, mit dem das Buch in einer Reihe von Lobgesängen ausklingt. Diesen dankenden Lobpreis will Gott aus dem Munde der Menschen hören als das neue Lied (Ps 33; 34; 96), damit er zusammenklinge mit dem von der Schöpfung aufsteigenden Lob (Ps 8; 19,1–7; 104; 148). So klingt das ganze Buch aus mit dem Aufruf: »Alles, was Odem hat, lobe den Herrn!« (Ps 150,6).

Psalter → Musikinstrumente

Ptolemais → Akko; vgl. Karte Sp. 588.

Pua »Glanz«,
eine der beiden Hebammen in Ägypten, die entgegen dem Befehl Pharaos die neugeborenen hebr. Knaben am Leben ließen (2 Mo 1,15–21).

Publius, → Oberster der Insel Malta z. Zt. des Schiffbruchs des Paulus (Apg 28,7.8). Sein griech. Titel *(prôtos)* wurde auf Inschriften in Malta gefunden und scheint ihn als den höchsten Verwaltungsbeamten zu bezeichnen; dem Namen nach war er wohl Römer.

Pudens »Sittsam, bescheiden«,
Christ in Rom (2 Tim 4,21).

Pura, Diener, d. h. wohl Waffenträger, Gideons (Ri 7,10.11).

Purimfest. Zu den alten Jahresfesten Israels (→ Passah, → Pfingsten, → Laubhüttenfest) ist im Spätjudentum noch das P. gekommen, das von den Juden bis zum heutigen Tag in allen Ländern gefeiert wird. Das Buch → Esther enthält die Entstehungsgeschichte dieses Festes, das seinen Ursprung in der jüd. Zerstreuung des Ostens im 5. Jh. v. Chr. hat. Das älteste schriftliche Zeugnis für die Feier des P. in Palästina steht 2 Makk 15,37, wo es »Mardochaitag« genannt wird.

Der Festbrauch ist folgender: am 14. (auf dem Lande) bzw. 15. Adar (in den Städten) halten die Juden in Erinnerung an die Rettung vor drohender Vernichtung fröhliche Gelage ab, senden sich gegenseitig Eßwaren und beschenken die Armen. Auch allerlei Mummenschanz gehört zu diesem Volksfest, dem eine Zeit des Fastens vorausgeht. Am P. soll jeder Israelit das Buch Est zweimal lesen oder vorlesen hören; oft wird es auch als Spiel aufgeführt.

Purpur. An der Küste Palästinas kommen bis heute 2 Arten von P.schnecken vor, *Murex brandaris* und *Murex trunculus*. Aus einer Drüse sondern sie eine Flüssigkeit ab, die zuerst weißlich bis grün aussieht, unter dem Einfluß der Sonnenbestrahlung aber violett (hebr. *tekelät;* assyr. *takiltu;* LÜ meist: blauer P.) wird und durch Zusätze in Rot (hebr. *argaman;* assyr. *argamannu;* LÜ meist: roter P.) umgefärbt werden kann. Herstellung und Handel von P. war im Altertum Monopol der Phönizier, die den P. nach Palästina und dem übrigen Vorderen Orient ausführten. Z. Zt. des NT war die Stadt Thyatira in Kleinasien durch ihren P.handel berühmt (Apg 16,14). Sowohl der Farbstoff wie der gefärbte Stoff wurden P. genannt.
Z. Zt. des Auszugs aus Ägypten war P. den Israeliten bereits bekannt und wurde in der Stiftshütte zum Vorhang des Heiligtums (2 Mo 26,31.36), für die Teppiche (2 Mo 26,1–4) und für die Kleidung des Hohenpriesters und der anderen Priester (2 Mo 28) verwendet. Nach 2 Chron 3,14 sind die Vorhänge im Tempel aus P. hergestellt. In Jer 10,9 wird blauer und roter P. als Kleidung von Götzenbildern genannt. Sonst war P. die Farbe der Könige und Fürsten (Est 8,15; Hes 23,6; Dan 5,7.16) und der Reichen (Spr 31,22; Lk 16,19). Der »P.mantel«, der Jesus zum Spott um die Schultern gelegt wurde, war ein gewöhnlicher, roter Soldatenmantel (griech. *kokkinos* = scharlachrot: Mt 27,28; *porphyra* bzw *porphyrous* = Purpur bzw. purpurfarben: Mk 15, 17.20; Joh 19,2). Vgl. → Scharlach.

Purpurkleid, Purpurmantel → Purpur

Purpurkrämerin → Lydia

Purpurrock → Hoherpriester

Put, Name eines Volkes (1 Mo 10,6; 1 Chron 1,8, Jer 46,9; Hes 27,10 LÜ Libyen; 30,5; 38,5; Nah 3,9), das meist als Bevölkerung der Landschaft Punt an der afrikanischen Küste des Roten Meeres betrachtet wird; das Gebiet heißt in den Keilschrifttexten Putiya oder Puta. Der Fluß in Punt, an dem die ägypt. Flotte der Hatschepsut landete, ist wahrscheinlich der Barka, der etwa 130 km südl. von Port Sudan ins Rote Meer mündet. Auch die Tiere und Pflanzen, von denen die Ägypter berichten, passen zu dieser Gegend nördl. von Erithrea, in der wir demnach P. zu suchen haben. Vgl. Karte Sp. 1477/8; Abb. Sp. 1215/6.

Puteoli, Hafenstadt am Golf von Neapel, von der aus die Schiffspassagiere gewöhnlich ihre Reise nach Rom auf dem Landweg fortsetzten, während die Kornschiffe ihre Ladung nach Ostia an der Tibermündung brachten. Paulus blieb auf seiner Romreise eine Woche bei den Christen in P. (Apg 28,13). Der Ort heißt heute Pozzuoli. Vgl. Karte Sp. 1049/50.

Puthiter, Nachkommen eines Puth, ein Geschlecht zu Kirjath-Jearim (1 Chron 2,53).

Putiel »Den Gott gibt«,
Schwiegervater Eleasars, des Sohnes Aarons (2 Mo 6,25).

Qual bezeichnet heftiges, andauerndes Leiden des ganzen Menschen. Das Wort wird angewendet auf → Krankheiten (Mt 4,24; 8,6), Geburtsschmerzen (Offb 12,2) und → Gerichte Gottes (Offb 9,5; 18,7.10). Zu Lk 16,23.28; Offb 14,11; 20,10 vgl. → Hölle II, 1 u. III. Die Gegenwart Jesu bedeutet Q. für die Dämonen (Lk 8,28); umgekehrt wird der Gerechte von der Ungerechtigkeit, die er mit ansehen muß, gequält (2 Petr 2,8). Vgl. weiter → Krankheit: Plage, → Leid, → Schmerz.

Quartus, lat. »Der Vierte«,
Christ in Korinth (Röm 16,23).

Quaste (hebr. *gadil* und *sisith;* griech. *kraspedon*). Nach 4 Mo 15,38–41; 5 Mo 22,12 trugen die Israeliten an den Ecken des Mantels (→ Kleid II) mit einer Schnur aus blauem (d. h. violettem) → Purpur befestigte Quasten oder Troddeln. Diese Quasten sollten sie an ihren Gehorsam gegen die Gebote Gottes erinnern und bildeten damit zugleich ein äußeres Zeichen der Zugehörigkeit zum Gottesvolk. Auch Jesus trug solche Quasten (Mt 9,20; 14, 36; LÜ Saum).
Spätere rabbinische Vorschriften legten Material, Knüpftechnik und Mindestlänge dieser Quasten

Männer mit Quasten an den Ecken ihrer Mäntel (pers. Darstellung aus Persepolis). Für die Juden waren solche Quasten vorgeschrieben, um sie an die Gebote Gottes zu erinnern

bis ins einzelne fest. Die Pharisäer trugen sie darüberhinaus gern noch besonders lang (Mt 23,5 LÜ Säume).

Quelle → Brunnen, → Edom (2)

R

Raamja → Reelaja

Rabba »Die große (Stadt)«
oder Rabba der Kinder Ammon (Jos 13,25; Jer 49,2.3; Hes 25,5; Am 1,14), die Hauptstadt der → Ammoniter, heute die jordanische Hauptstadt Amman. Hier zeigte man das → Bett des Königs → Og von Basan (5 Mo 3,11). Der Bericht über die Eroberung Rabbas durch Joab und David (2 Sam 12, 26–29) unterscheidet die Burg (V 28) von der tiefer gelegenen eigentlichen Stadt am Jabbok, der »Wasserstadt«.
Die Stadt lag im Schnittpunkt mehrerer Handelsstraßen (vgl. Karte Sp. 542) und war in hellenistischer Zeit die südlichste der → Zehnstädte. Nach Ptolemäus Philadelphus (285–246 v. Chr.), der R. völlig neu aufbaute, erhielt die Stadt den Namen Philadelphia (vgl. Karte Sp. 588). Im jüd. Aufstand wurde sie zerstört.

Rabbi »Mein Lehrer«,
respektvolle Anrede der geistlichen → Lehrer im Spätjudentum (Mt 23,7.8), die ebenso wie Rabbuni von Johannes einfach mit griech. *didaskalos* »Lehrer, Meister« übersetzt wird (Joh 1,38; 20,16). Spätere jüd. Schulen unterschieden 3 Stufen der Ehrerbietung: Rab, Rabbi und Rabbuni, von denen die letzte Anredeform die höchste war.

Rabbith, hängt mit hebr. »zahlreich sein oder werden« zusammen.
Stadt in Isaschar (Jos 19,20), kaum das heutige Raba, ca. 11 km südöstl. Dschenin. Viell. handelt es sich um eine Verschreibung für → Dabrath.

Rabbuni → Rabbi

Rabe (hebr. *oreb;* griech. *korax*).
Der Kolkr. *(Corvus corax)* ist im ganzen Vorderen Orient verbreitet (1 Mo 8,7; Hi 38,41; Ps 147,9; Hl 5,11; Lk 12,24). Er ist Allesfresser und steht als Aasvogel (vgl. auch Spr 30,17) in der Aufzählung der unreinen Tiere neben den Raubvögeln (3 Mo 11,15; 5 Mo 14,14). »Alle Raben mit ihrer Art« schließt wohl die anderen Gattungen der Rabenvögel: Krähen, Dohlen und Elstern mit ein. Auf Gottes Gebot wurde Elia am Bach Krith von Raben mit Brot und Fleisch versorgt (1 Kö 17,4.6).

Rabenstein. Der R. ist die Hinrichtungsstätte. Luther hat hier (Spr 26,8) ein Bild für sinnloses Tun frei in ein anderes übersetzt; der nicht ganz eindeutige Text heißt wörtlich wahrscheinlich: »wie wenn jemand einen Stein an der Schleuder festbindet« (EÜ, MÜ u. a.). ZÜ u. a. lesen jedoch: »wie wenn jemand einen Edelstein in einen Steinhaufen steckt«.

Racha, aram. »Hohlkopf«,
ein in ntl. Zeit anscheinend häufiges Schimpfwort. Jesus erklärt den, der es einem Bruder (Glaubensgenossen) gegenüber gebraucht, für »des Rats schuldig« (Mt 5,22), ebenso wie er den, der einem Bruder zürnt oder ihn → Narr schilt, des Gerichts bzw. des höllischen Feuers schuldig nennt.
Die → Handschriften vom Toten Meer enthalten nun einige auffallende Parallelen zu diesem dreifachen Urteil Jesu. Man kannte in Qumran einen Fluch, mit dem »alle Männer des Loses → Belials« dem Gericht »in der Dunkelheit ewigen Feuers« übergeben wurden, das »durch alle, die die Rache ausüben« bzw. »die Vergeltung heimzahlen«, vollzogen wird, d. h. durch die Verderberengel oder Belial selbst. An anderer Stelle heißt es, daß der Rat der Gemeinde »den Gottlosen ihre Taten vergelten« soll, offenbar durch denselben Übergaberitus.
Danach brauchte sich »Rat« (griech. *synedrion*) in Mt 5,22 nicht unbedingt auf den jüd. Hohen → Rat zu beziehen; in gleiche Richtung weist, daß die syr. Übersetzungen des NT hier »Gemeinde« statt »Rat« haben und daß in den Ignatiusbriefen *synedrion* 1. den Apostelkreis und 2. die Ältesten der Gemeinde bezeichnet. Das Wort Jesu könnte also durchaus das gleiche Vorgehen der Gemeinde oder ihrer leitenden Männer meinen, das Paulus »dem Satan übergeben« nennt (1 Kor 5,3–5; 1 Tim 1,20).
Die Begründung eines so scharfen Urteils wird in der Syr. Didaskalia (wohl 3. Jh. n. Chr.) darin gesehen, daß der Beleidiger seinen Bruder, in dem Christus und der heilige Geist mit seiner Weisheit wohnen, einen Narren und leeren Tropf nennt und sich damit gegen den Herrn empört. Vgl. ZNW 49 (1958) S. 116ff.

Rachal. Ort in Südjuda (1 Sam 30,29), seine Lage ist unbekannt. Viell. ist aber mit der LXX dafür → Karmel (2) zu lesen.

Rache, rächen. Solange es Menschen gibt, die Gottes Gebote übertreten, werden Vergehen geahndet und wird erlittenes Unrecht vergolten werden. Immer wieder werden Menschen, die sich ins Unrecht versetzt fühlen, sich Genugtuung verschaffen. Hier wirkt sich das ungeschriebene Gesetz der R. aus.
I) In atl. Zeit, vor Christus, galt für Israel das klare Gesetz der Vergeltung: »Auge um Auge, Zahn um Zahn, Hand um Hand, Fuß um Fuß, Brand um Brand, Wunde um Wunde, Beule um Beule« (2 Mo 21,24–25). »Wer Menschenblut vergießt, des Blut soll auch durch Menschen vergossen werden« (1 Mo 9,6). Wir stehen im AT auf dem Boden der Blutrache. Dem Menschen wird die Ausübung der Vergeltung in die eigene Hand gelegt. Der → Bluträcher ist in Israel eine bekannte Erscheinung. Seinem Racheamt sind aber Grenzen gesetzt in den verordneten → Freistädten, in die ein Totschläger fliehen kann (4 Mo 35,12; 5 Mo 19,1–13).
II) Darüber hinaus steht aber unverbrüchlich fest, daß Gott der eine wahre Rächer alles Bösen ist. »Die Rache ist mein; ich will vergelten« (5 Mo 32,35; Röm 12,19; Hebr 10,30). So kann Gott ein »Gott der Rache« genannt werden (Jer 51,56). Er rächt sich an seinen → Feinden (5 Mo 32,43), und in der ganzen HS wird bezeugt, daß ein »Tag der R. des Herrn« kommt (Jer 46,10; Jes 61,2; »Tage der R.« Lk 21,22). Auch von einem »Jahr der Vergeltung« ist die Rede (Jes 34,8). Dieses → Gericht Gottes wird zugleich ein Tag des Aufatmens sein für alle verzagten Herzen (Jes 35,4) und ein »Tag der Erlösung« für die Seinen (Jes 63,4). So wird auch Christus bei seiner Wiederkunft in Herrlichkeit R. bringen für die, die dem Evangelium widerstrebt haben (2 Thess 1,8).
Von daher wird der bis in die Zeit des NT hinein immer wieder an Gott gerichtete Ruf verständlich, seine R. kund werden zu lassen. Es ist die Versuchung menschlicher Ungeduld, die nicht abwarten kann, bis Gott rächend eingreift (vgl. Ps 125,3). Denn auch und gerade Gläubige können oft nur schwer den herausfordernden Hohn der Ungläubigen ertragen: »Wo ist nun dein Gott?« Darum sind sie versucht, zu beten, daß »vor unsern Augen«

Gottes R. kund werde (Ps 79,10), zu rufen: »Herr, Gott, des die R. ist, erscheine! Erhebe dich, du Richter der Welt; vergilt den Hoffärtigen, was sie verdienen!« (Ps 94,1–2). Der angefochtene Prophet Jeremia, von dem Mordanschlag der Bewohner seiner Heimatstadt Anathoth bedroht, ruft Gott an: »Laß mich deine Rache über sie sehen!« (Jer 11,20). Selbst noch die Jünger Jesu, über die abweisende Haltung einiger Samariter empört, wollten Gottes R. vom Himmel herabrufen (Lk 9,52ff). Und sogar im Himmel schreien die Seelen der Märtyrer laut: »Herr, wie lange richtest du nicht und rächest unser Blut an denen, die auf der Erde wohnen?« (Offb 6, 10).

III) Solche R. Gottes läßt sich keinesfalls als Widerspruch zu seiner Liebe abtun. Auch der Gott der Liebe, von der bes. das NT kündet, kann um seiner Heiligkeit willen niemals einen Bund schließen mit der Sünde und mit all denen, die das Böse tun. Das ganz Neue, was Jesus demgegenüber bringt, ist denn auch nicht die Aufhebung der Botschaft von der R. Gottes, sondern die innere Verwandlung der Gläubigen zu neuer Gesinnung: »Wisset ihr nicht, welches Geistes Kinder ihr seid?« (Lk 9,55) – »Ein jeglicher sei gesinnt, wie Jesus Christus auch war« (Phil 2,5). Jünger Jesu sollen nicht mehr Gottes R. und Vergeltung über andere herabrufen, sondern ihnen, wie ihr Herr es tat, Vergebung und Errettung von den Folgen ihrer Sünde erflehen (vgl. Lk 23,34; Mt 6,12.14; Mk 6,14). Damit aber entfaltet sich zugleich die andere Linie der atl. Verheißung: Gott will Bekehrung und Leben für den schuldigen Menschen (Hes 18,21ff; Jes 1,18; Mi 7,18f). Die Stellung des Christen zur R. hat Paulus in drei Punkten zusammengefaßt (Röm 12,17–21).
a) Alle eigenen R.gedanken und -pläne aufgeben: »Rächet euch selber nicht, meine Liebsten.«
b) Dem Zorn Gottes Raum geben, alles seinem gerechten Eingreifen überlassen.
c) Die neue Gesinnung an den Tag legen: selbst dem Bösen in der Haltung fürsorgender, vergebender Liebe zu begegnen, wodurch feurige Kohlen auf das Haupt des Feindes gesammelt werden. (Vgl. dazu Jesu Worte in der Bergpredigt Mt 5,38–48).

Raddai »Der Herr herrscht«,
Sohn Isais, Bruder Davids (1 Chron 2,14).

Raemses und **Land Raemses** (1 Mo 47,11) → Auszug IV, 2 u. V, 1; → Wüstenzug.

Ragma. Sohn des Chus und Vater von Saba und Dedan (1 Mo 10,7; 1 Chron 1,9). In Hes 27,22 erscheinen seine Nachkommen als arab. Handelsvolk, das vermutlich in SW-Arabien wohnte, wo der griech. Geograph Strabo die Rhammaniter erwähnt. Vgl. Karte Sp. 1477/8.

Rahab. I) Viell. »Die Breite«.
Dirne in Jericho, die die beiden von Josua ausgesandten Kundschafter versteckte und ihnen zur Flucht verhalf. Sie erbat sich zum Lohn, daß sie und ihre Familie verschont würden. Das versprachen die Kundschafter unter der Bedingung, daß R. ein rotes Seil am Fenster ihres Hauses, das auf der Stadtmauer lag, anbände (Jos 2). Bei der Eroberung Jerichos ließ Josua dann R. und ihre Angehörigen am Leben (Jos 6,22–25).
Wegen dieser Glaubenstat wird R. im NT genannt (Hebr 11,31; Jak 2,25). Sie wurde eine der Stammmütter Jesu (Mt 1,5; vgl. Lk 3,32).
II) »Dränger«.
Ein sagenhaftes Meeresungeheuer als Bild gottfeindlicher Mächte (Hi 9,13; 26,12), dann übertragen als Bezeichnung Ägyptens (Ps 87,4; 89,11; Jes 30,7; 51,9 LÜ »die Stolzen«). Vgl. → Drache, → Leviathan.

Raham »Er (Gott) hat sich erbarmt«,
Sohn Samas, Nachkomme Judas (1 Chron 2,44).

Rahel »Mutterschaf«.
Tochter Labans und Frau Jakobs. Sie war schön von Gestalt und Angesicht (1 Mo 29,17), und Jakob hatte sie lieber als Lea (V 30). Jahrelang blieb R. kinderlos, bis Gott schließlich ihrer gedachte und sie ihren ersten Sohn Joseph gebar (1 Mo 30,22–24). Später in Kanaan bekam sie noch einen zweiten Sohn, Benjamin, starb aber bei der Geburt. Sie wurde am Weg nach Ephrath, d. h. Bethlehem, begraben (vgl. → Ephratha 1), und Jakob richtete auf ihrem Grab einen Stein auf (1 Mo 35,16–20). Ihre große Sehnsucht, Mutter zu werden, ließ R. auch einmal ungerecht gegen Jakob werden (1 Mo 30,1. 2). Von ihrer Neigung zum Götzendienst (vgl. → Hausgötzen) und ihrer List berichten 1 Mo 31,19. 30–35, doch ihre Worte 1 Mo 30,6.23.24 zeigen, daß sie den Herrn erkannt hatte. Jer 31,15–17; Mt 2, 17.18 kommt sie als Stammutter des Volkes Israel vor.

Rahels Grab → Ephrata (1)

Rakkath, wohl »Enge«,
Stadt im Stamm Naphthali zwischen Hammath und Kinnereth (Jos 19,35). Viell. Tell Eklatije zwischen Magdala und Tiberias; der Talmud meint jedoch, R. habe an der Stelle des späteren Tiberias gelegen.

Rakkon, wohl »Enge«,
Ort im Stammgebiet Dans (Jos 19,46), vermutlich Tell er-Rekket, ca. 9 km nördl. von Japho. Dieser Hügel war schon in der jüngeren Bronzezeit besiedelt. Vgl. Taf. 97/1536.

Ram, Kurzform »(Gott ist) erhaben«.
1) Judäer, Sohn Hezrons, Bruder Jerahmeels, Vorfahr Jesu (Rt 4,19; 1 Chron 2,9; Mt 1,3; Lk 3,33).
2) Judäer aus der Nachkommenschaft Jerahmeels (1 Chron 2,25.27).
3) Nachkomme des Bus, Vorfahr des Elihu (Hi 32, 2).

Rama »Anhöhe«.
1) R. in Benjamin (Jos 18,25), nahe bei Gibea Sauls (Ri 19,13.14), heute er-Ram, 8 km nördl. von Jerusalem (793 m ü. d. M.). Z. Zt. → Asas baute Baesa R. zur Sperrfestung aus (1 Kö 15,17.21.22). Hier wurde Jeremia nach der Eroberung Jerusalems freigelassen (Jer 40,1). Nach der Gefangenschaft wurde R. neu besiedelt (Es 2,26; Neh 7,30; 11,33). Vgl. Karte Sp. 986.
2) R. in Ephraim, der Heimatort Samuels (1 Sam 2,11; 7,17; 8,4; 15,34; 19,18; 25,1), auch Ramathaim-Zophim genannt (1 Sam 1,1). In ntl. Zeit hieß der Ort → Arimathia, heute Rentis, 14 km nordöstl. von Lydda. Vgl. Karte Sp. 279.
3) Stadt im Stamm Asser (Jos 19,29), viell. das heutige Ramija, ca. 21 km südöstl. von Tyrus. Vgl. Taf. 97/1536.
4) Stadt im Stamm Naphthali (Jos 19,36), wahrscheinlich er-Rame (neuhebr. Rama) ca. 13 km westsüdwestl. von Safed. Vgl. Taf. 97/1536.
5) R. in 2 Kö 8,29; 2 Chron 22,6 = Ramoth in Gilead; → Mizpa (5).

Ramathaim-Zophim → Rama (2)

Ramathiter. Beiname, der die Herkunft aus einem der Orte mit den Namen Rama, Ramath, Ramoth bezeichnet (1 Chron 27,27).

Ramath-Lehi »Kinnbackenhöhe«,
Ort, an dem sich die Philister in Juda lagerten (Ri 15,17; V 9.14 Lehi). Viell. Chirbet es-Sijagh südl.

vom Wadi es-Sarar, 2 km ostsüdöstl. der Haltestelle Der Aban an der Bahnlinie Jaffa – Jerusalem. Vgl. → Etam (3).

Ramath gegen Mittag (Jos 19,8) → Baalath-Beer-Ramath

Ramath-Mizpe »Höhe der Warte, Beobachtungsstelle« → Mizpa (5).

Ramja »Erhaben ist der Herr«,
Israelit aus dem Geschlecht Pareos, der sich von seiner heidnischen Frau trennte (Es 10,25).

Ramoth »Höhen«.
1) R. in Gilead → Mizpa (5).
2) Levitenstadt im Stamm Isaschar (1 Chron 6,58 [73], wohl mit → Jarmuth (2) und → Remeth gleichzusetzen.
3) R. im Mittagsland (1 Sam 30,27) → Baalath-Beer-Ramath.

Ramses → Ägypten, → Pharao

Rapha.
I) (Stamm-) Vater der vier Riesen aus Gath, die in Davids Philisterkämpfen erschlagen wurden (2 Sam 21,15–22; vgl. 1 Chron 20,4–8). Sie gehören wohl zu den Resten der Enakiter, die sich in das Philisterland gerettet hatten (Jos 11,22). Man kann den Ausdruck »Söhne R.« aber auch auffassen als »Angehörige des Volkes der Rephaim«, d. h. → Riesen.
II) Kurzform »Er (d. h. Gott) hat geheilt«.
1) Sohn Benjamins (1 Chron 8,2), der weder 1 Mo 46,21 noch sonst genannt wird. Er mag erst in Ägypten geboren sein und keine oder nur wenig Kinder gehabt haben, die dann zu einer andern Familie der Benjaminiter gerechnet wurden.
2) Nachkomme Jonathans, des Sohnes Sauls (1 Chron 8,37); er heißt 1 Chron 9,43 Raphaja »Der Herr hat geheilt.

Raphael → Engel IV

Raphaja → Rapha II, 2

Raphidim, hängt mit hebr. »ausbreiten« zusammen.
Lagerstätte der Israeliten auf dem Wege zum Sinai (4 Mo 33,14). Hier schlug Mose Wasser aus dem Felsen (2 Mo 17,1–7); danach wurden die Israeliten von den Amalekitern angegriffen (V 8–16). Heute viell. der Wadi Rafajid ca. 20 km nordwestl. vom Sinai. Vgl. Karte Sp. 1548.

Raphu »Geheilt«,
Benjaminit, Vater des Kundschafters Palti z. Zt. Moses (4 Mo 13,9[10]).

Rasen. Für R. steht im hebr. Text 1 Sam 18,10 dasselbe Wort, das sonst das prophetische Reden, das Weissagen, bezeichnet; Saul redet hier unter der Macht eines bösen Geistes. In 1 Sam 21,16[15] bedeutet R.: sich wie ein Wahnsinniger gebärden.
Das griech. *mainomai* (entsprechend *mania*) umfaßt die Bedeutungen: rasen, toben, vor Begeisterung außer sich sein, überspannt, verrückt, von Sinnen sein, bis hin zum Wahnsinn. Welche dieser Bedeutungen im einzelnen gemeint sind, wenn etwa Festus den Apostel Paulus (Apg 26,24f) oder Ungläubige eine zungenredende Gemeinde (1 Kor 14,23 LÜ unsinnig; vgl. → Zungenreden) als »rasend« bezeichnen, läßt sich nicht sagen. Am besten trifft wohl unser Wort »verrückt« (vgl. Joh 10,20; Apg 12,15; 26,11; auch an diesen Stellen griech. *mainomai*, LÜ unsinnig).

Ras Schamra. Ruinenhügel an der nordsyr. Küste gegenüber von Zypern, ca. 50 km südl. der Orontesmündung. Hier lag das alte Ugarit, phön. Kulturzentrum und Hauptstadt eines Reiches, das im 14. Jh. v. Chr. etwa 90 Orte umfaßte. Französische Ausgrabungen unter Leitung von F. A. Schaeffer haben von 1929–1939 und wieder seit 1948 wertvolle Funde aufgedeckt: Gräber, Tempel, Götterstatuen und Stelen (Abb. Sp. 163), Waffen, Geräte (Abb. Sp. 1492), Gefäße (Abb. Sp. 655) und Elfenbeinschnitzereien (Abb. Sp. 527 rechts). Von größter Bedeutung aber sind die literarischen Funde: sumerische, akkad., ägypt. und hethitische Texte, geschrieben in Keilschrift, ägypt. und hethitischen Hieroglyphen, vor allem aber ugaritische (und hurritische) Schriftdenkmäler, die in einer vorher unbekannten alphabetischen Keilschrift abgefaßt sind (vgl. → Alphabet). Mit ihrer Entzifferung ist uns eine kanaanitische Literatur in der dem → Hebr. nah verwandten ugaritischen Sprache erschlossen worden, die in vielfältiger Beziehung zum AT steht. Neben der sprachlichen Aufhellung schwieriger Stellen im AT verdanken wir ihr auch sachliche Erläuterungen: der in 2 Mo 23,19 verbotene Opferbrauch (→ Götzendienst IV,1) z. B. war in Ugarit Sitte. Kanaanitische Götter und Heldendichtung lernen wir kennen in mehreren Baalsmythen, in der Legende von König Keret und der von Danel (vgl. → Daniel [3]) und seinem Sohn Akhat. Historische Texte sind bisher kaum gefunden worden, auch nur einige Briefe, sonst u. a. eine Abhandlung über die Pferdekrankheiten (vgl. → Pflaster). Zahlreich sind dagegen die Listen (Wort- oder Vokabellisten, Opferlisten) und die Verwaltungs- und Rechtsurkunden: Aufstellungen und Aufzeichnungen über Beamte, Handwerker und Krieger im Dienst des Königs, über die Bevölkerung einzelner Orte, über Kriegsgefangene. Sie bieten eine Menge von Berufsbezeichnungen, Angaben zur sozialen Schichtung der Bevölkerung und zur Heeresgliederung, bes. für die Streitwagentruppe. Der größte Teil dieses Materials stammt aus der Blütezeit Ugarits zwischen dem 16. und 12. Jh. v. Chr., also aus der Zeit, in die die Eroberung Kanaans durch die Israeliten fällt, und vermittelt uns so eine deutlichere Vorstellung von Religion, Kult, Volk und Staat der Gegner Israels.

Rat. I) Wirkliche oder angebliche Hilfe, die einem Menschen seine Entscheidung erleichtern soll. Sie kann gesucht (4 Mo 27,21; 2 Chron 10,6) oder ungesucht gegeben werden (2 Mo 18,19), kann gut (Spr 2,11; 5,2) oder böse (Mt 16,22) sein je nach Wesen (Ps 1,1), Wissen (Spr 12,8; 15,7) oder Absicht des Ratgebers (Hi 5,13; 2 Chron 22,4), so daß er den Empfänger nicht von eigener Entscheidung (Spr 1,24.25.30) und dem Tragen ihrer Folgen entbindet. Nur Gott kann bei seinen Ratschlägen die volle Verantwortung für Befolgung und Ausgang übernehmen: er verbürgt sich dafür durch seine Verheißungen (2 Mo 19,5.6; Spr 3,5.6; 19,17), und leitet dann auch nach seinem R. (Ps 73,24). Er hilft dem, der ihm vertraut, indem er bösen R. der Feinde zunichte macht (Spr 22,12) oder in seine Heilspläne einordnet (Apg 4,28).

II) R. als Ratschluß ist die Festlegung eines Zieles und des Weges dahin. Gottes Ratschluß hat die Rettung und das Heil der Menschen zum Ziel und gelangt ohne Änderung (Spr 19,21; Ps 33,11) zur vollen Durchführung (Apg 5,38; Jes 28,29) an allen, die sich auf sein Anraten (Lk 6,47; 2 Kor 5,20) freiwillig in diesen Weg hineinnehmen lassen (1 Joh 2,17; Eph 5,17; 6,6), so daß Gott in Christus der einzig bestimmende Faktor ihres Lebens wird (Kol 4,12), dem sie ohne Vorbehalt folgen (Apg 26,19. 20). Aber Gott vermag seinen R. auch den Unwilligen und Störrischen gegenüber durchzusetzen (vgl. Israel in Ägypten und den Pharao). Gott allein bedarf keines Ratgebers (Spr 11,14; Röm 11,34; Jes 40,14).

III) R. bezeichnet auch die Ratsversammlung, in Israel den Hohen → Rat, der das Volk nach Gottes Gesetz und Offenbarung (vgl. Joh. 11,49–51) leiten sollte. Wo die zu solchem R. Gehörenden sich nicht der Erwählung Gottes bewußt waren und von Gottes Auftrag leiten ließen (Jes 1,26), konnte, was R. der Frommen (Ps 111,1) sein sollte, leicht zum R. der Gottlosen werden (Ps 1,1; 2,2; Jes 30,1; Lk 23, 51).

IV) In Apg 25,12 sind mit R. offenbar röm. Beamte und Referenten des Prokurators gemeint, mit denen Festus über die Berufung des Paulus an den Kaiser beriet.

Rat, heimlicher → Joseph 1 d

Rat, Hoher. I) Der H. R. war das höchste Regierungs- und Richterkollegium der Juden nach der babyl. Gefangenschaft (vgl. die Münzinschrift des Makkabäers Johannes Hyrkan; → Geld II). Bereits die Perser hatten den Juden die Gerichtsbarkeit in deren eigenen Angelegenheiten zugestanden (Es 7, 25.26; vgl. 10,14). Dies Recht blieb ihnen auch weiterhin. Um 30 n. Chr. jedoch entzogen die Römer dem H. R. die Blutgerichtsbarkeit (Joh 18,31). Die Bestätigung und Vollstreckung von Todesurteilen für religiöse Verbrechen, die der H. R. nur noch aussprechen durfte, lag nun in Händen des röm. Statthalters. In der Praxis bestand gelegentlich aber doch die Möglichkeit, diese Vorschriften ungestraft zu umgehen, wie z. B. bei der Steinigung des Stephanus, deren Ungesetzlichkeit der Bericht deutlich zum Ausdruck bringt (Apg 7,56).
Da der H. R. seinem Wesen nach eine Religions-Behörde der unter dem → Gesetz lebenden jüd. Gemeinschaft war, erstreckte sich seine Autorität nicht nur auf das eigentliche jüd. Gebiet, sondern in ntl. Zeit offenbar auch auf die Juden etwa in Damaskus (Apg 9,1.2).

II) Dieser H. R. oder Sanhedrin (aus griech. *synedrion*) bestand aus 71 Mitgliedern. Den Vorsitz führte der amtierende Hohepriester (→ Kaiphas, → Ananias 3). Weiter gehörten zum H. R. die »Hohenpriester«, d. h. die Glieder der herrschenden und früheren Hohenpriesterfamilien (→ Hannas; vgl. Apg 4,6: Johannes und Alexander), → Sadduzäer und → Pharisäer (Joh 7,45; Apg 23,6). Bei den Sadduzäern handelte es sich um Priester, die auf der Seite der Hohenpriester standen; die Schriftgelehrten oder Rabbinen, die zum größten Teil zur Gruppe der Pharisäer gehörten, bildeten die Opposition (vgl. Apg 23,9). Obgleich zahlenmäßig wohl die größte Gruppe im H. R., waren sie doch in zwei Lager gespalten, je nachdem ob sie zur Schule des Rabbi Hillel oder zu der des Rabbi Schammai gehörten. Die Gesamtheit des H. R. wird öfter als »die Hohenpriester, Ältesten und Schriftgelehrten« bezeichnet (Mt 26,57; Mk 15,1; Lk 22,66).
Von einzelnen Mitgliedern des H. R. werden uns im NT weiter → Gamaliel (Apg 5,34), Joseph von Arimathia (Mk 15,43; Lk 23,50.51) und Nikodemus (Joh 3,1; 7,50) genannt. Ob Saul von Tarsus (Apg 7,57; 8,1; 9,1) schon vollberechtigtes Ratsmitglied war, wissen wir nicht.

Rathäuser (griech. *synedria;* Mt 10,17; Mk 13,9) bezeichnet hier die örtlichen Gerichte.

Rätsel (hebr. *chidah* »Verdecktes, Verschlungenes«). Wie die meisten Orientalen liebt es der Israelit, R. zu stellen und zu lösen. In dieser Bedeutung kommt das hebr. Wort in Ri 14,12–19; 1 Kö 10,1; 2 Chron 9,1 vor. In Spr 1,6 (LÜ Beispiele) und Hes 17,2 ist die dem R. verwandte Gleichnisrede gemeint, in Ps 49,5 ein Lehrgedicht, Ps 78,2 (LÜ alte Geschichten) meint wunderbare Geschehnisse und Hab 2,6 (LÜ Sprichwort) die versteckten Anspielungen eines Spottgedichts.
In 4 Mo 12,8 heißt es, daß der Herr mit Mose deutlich und nicht in R. (LÜ durch dunkle Worte oder Gleichnisse) gesprochen hat. Darauf spielt Paulus an, wenn er davon spricht, daß wir Offenbarungen und Wissen um göttliche Dinge wie im R. (griech. *ainigma;* LÜ in einem dunkeln Wort) empfangen, so daß sie geistlich ausgelegt werden müssen (1 Kor 13,12). Vgl. → Gleichnis.

Ratsherr. I) Ratsherren waren Männer, die bei wichtigen Entscheidungen der Volksgemeinde (4 Mo 16,2; Es 9,2; Neh 2,16; 4,8[14]) oder des Herrschers (Hi 3,14) und in der Rechtsprechung (Spr 8, 15; Jes 1,26) als Leiter bzw. Ratgeber hinzugezogen wurden. Wie weit sie außer ihrer beratenden Funktion auch Entscheidungen fällen konnten, wird nicht deutlich. Dem Wort R. in der LÜ liegen verschiedene hebr. Ausdrücke zugrunde, die Luther sonst etwa mit Vornehmster (4 Mo 1,16), Oberster (Neh 13,11), Rat (2 Sam 15,12) oder Ratgeber (Es 4,5) übersetzt.

II) Auch die 7 höchsten Beamten, der Ministerrat des Perserkönigs, die Est 1,14 → Fürsten genannt werden, heißen Es 7,14f.28 Ratsherren.

III) In Mk 15,43; Lk 23,50 bezeichnet »R.« ein Mitglied des Hohen → Rates.

Ratsleute = Ratgeber (Ps 119,24).

Ratstor → Jerusalem III C 14

Raub, rauben. R. ist, was einem andern durch Gewalt (Mt 12,29; 2 Chron 14,12[13]; 20,25; Hebr 10, 34) genommen wird, jedoch als Kriegsbeute in besonderen Fällen Zuteilung Gottes sein kann (vgl. 2 Mo 3,22; Jos 8,27).
Als Nichtachtung der Ordnung Gottes ist R. Sünde, unter Menschen als Übertretung des Gebotes der Liebe und Hilfe (Mt 23,14; Lk 10,30–33), im Verhältnis zu Gott als Entwendung von Eigentum Gottes (Jos 7,1), Übertretung der von Gott gesetzten Grenzen (1 Mo 2,17) und Bruch der Ordnung Gottes (1 Sam 8,7). Die Versuchung des Satans reizt daher oft zum R. (1 Mo 3,1; Mt 4,3.6.9). Auch Christus besitzt einen R., doch dieser ist ihm von Gott gegeben (Jes 53,12) als Beute aus dem Kriege Satans gegen Gott (Lk 11,22).
Auch von Gott geschenkte Gabe kann zum R. werden, wenn man sie zur selbstgewählten Zeit an sich reißt (1 Mo 14,13–24), nicht auf Gottes Befehl opfern (1 Mo 22,1–14) oder freiwillig zum Heil der Menschen weggeben kann (vgl. Phil 2,6). Darum gehört auch das vergrabene Pfund zum R. (1 Kor 12,7; 1 Tim 4,14; Röm 1,11; Lk 19,22.23). Vgl. → Dieb, Diebstahl; → Beute.

Raubebald, Eilebeute (hebr. *maher-schalal chaschbaz*).
Worte, die Jesaja im Auftrag des Herrn mit Menschengriffel, d. h. in allg. verständlicher Schrift, auf eine große Tafel schrieb und später seinem Sohn als Namen gab (Jes 8,1–4). Beides waren durch Zeugen bekräftigte prophetische Zeichen dafür, daß der Einfall → Thiglath-Pilesers III. die Macht von → Damaskus und → Samaria zerstören und er ihren Reichtum als Beute fortführen werde (733–732 v. Chr.).

Rauch, Rauchdampf. I) Zu den Rauchzeichen (Jos 8,20; Ri 20,40) vgl. → Panier.

II) Vielfach wird der R. als Bild der Vergänglichkeit genannt (Ps 37,20; 102,4; Jes 51,6; Hos 13,3).

III) In Ps 119,83 handelt es sich um das Bild des leeren → Schlauches, der in der Küche trocken, brüchig und vom R. schwarz geworden ist.

IV) Der R. aus der Nase des → Leviathans bezeichnet den sichtbaren Atem (Hi 41,12[11]); das Bild erscheint in der dichterischen Beschreibung gesteigert.

V) R. gehört zur Erscheinung der Herrlichkeit Gottes (2 Mo 19,18; Jes 6,4; Offb 15,8); vgl. auch → Wolkensäule.

VI) R. (1 Mo 19,28; Jes 34,10; Offb 9,2.3; 14,11) und Rauchdampf (Jo 3,3 eigentlich: Rauchsäulen; Apg 2,19: Dunst von Rauch) werden auch bei den Gerichten Gottes verschiedentlich genannt.

Räucheraltar → Altar II, 3

Räucherpfanne → Pfanne

Räuchopfer, Räuchwerk. Zu den unblutigen → Opfern des irsl. → Gottesdienstes gehört außer Speis- und Trankopfer das R., das auch im → Götzendienst (IV,1) – wie durch Funde von Räucheraltären (→ Altar II,2) in Privathäusern bestätigt wird – weit verbreitet war (Jer 44,8.15.17–19; vgl. auch → Geruch II,2). Man verwendete Räuchwerk seines Wohlgeruchs wegen aber auch im Alltag (Spr 27,9). Das Räuchwerk für den Gottesdienst bestand aus → Balsam, → Stakte, → Galban und → Weihrauch, die zu gleichen Teilen gemischt und pulverisiert wurden (2 Mo 30,34–36; vgl. 37,29). Jede Nachahmung dieses Räuchwerks für andere Zwecke war verboten (2 Mo 30,37.38), ebenso ein R., das nicht der Anordnung des Herrn entsprach (3 Mo 10,1).
Das Räuchopfer wurde zweimal täglich, morgens und abends auf dem Räucheraltar der → Stiftshütte (später des → Tempels) dargebracht (2 Mo 30,7–9), was nur den Priestern zustand (4 Mo 17, 5[16,40]; 1 Chron 6,34[49]; 2 Chron 13,10.11; 26, 16–20; Lk 1,8.9). Am Versöhnungstag ging der Hohepriester mit einer Kohlenpfanne (2 Chron 26, 19 Räuchfaß; → Pfanne I) ins Allerheiligste (3 Mo 16,12), von der Wolke des Räuchwerks gedeckt, damit er nicht sterbe (V 13). Die versöhnende und bewahrende Kraft des R. wird auch 4 Mo 17,11 [16,46]ff genannt. Nach Ps 141,2; Offb 5,8; 8,3–5 entspricht dem R. das Gebet der Heiligen.

Raupen (hebr. *gazam* »Abschneider«)
bezeichnet in Jo 1,4; 2,25; Am 4,9 vermutlich die ägypt. → Heuschrecke *(Schistocerca gregaria)* in ihrer ersten Entwicklungsstufe.

Raute (griech. *paeganon; Ruta graveolens*).
Ein bis zu 60 cm hoch werdendes Staudengewächs aus der Familie der *Rutaceen*, bei uns als Weinraute bekannt. Die doppelt bis dreifach gefiederten Blätter sind grau-grün und scheiden ein stark duftendes, bitter schmeckendes Öl aus. Die R. ist eine alte Arzneipflanze, die bes. als Antiseptikum und vereinzelt auch zum Würzen von Speisen verwendet wurde. Die Pharisäer verzehnteten sie (Lk 11,42).

Reaja »Der Herr hat gesehen«.
1) Sohn Sobals, Nachkomme Judas (1 Chron 4,2).
2) Rubeniter, Nachkomme Semajas (1 Chron 5,5).
3) Tempelknecht, dessen Nachkommen mit Serubabel aus deer babyl. Gefangenschaft heimkehrten (Es 2,47; Neh 7,50).

Reba »Viertel, Seite (einer viereckigen Größe)« (?).
Fürst der Midianiter (4 Mo 31,8; Jos 13,21), Vasall oder Verbündeter des Amoriterkönigs Sihon von Hesbon.

Rebe → Wein

Rebekka, viell. »Verbindung, Band«.
Tochter Bethuels und Schwester Labans. Sie wurde Isaaks Frau (1 Mo 24). Ihre Söhne waren Esau und Jakob, von denen sie Jakob, Isaak aber Esau lieber hatte (1 Mo 25,28). Nachdem ihr der Herr noch vor der Geburt ihrer Söhne offenbart hatte, daß der Ältere dem Jüngeren dienen werde (1 Mo 25,23; Röm 9,10–13), half sie Jakob, den Segen des Erstgeborenen von Isaak zu erlisten (1 Mo 27). Gestraft wurde R. dann dadurch, daß sie selber Jakob zur Flucht nach Mesopotamien raten mußte, um sein Leben zu retten (1 Mo 27,41–28,5). Wann R. gestorben ist, wissen wir nicht, begraben wurde sie in der Höhle Machpela (1 Mo 49,31).

Rebhuhn (hebr. *kore* »Rufer«).
In Palästina gibt es verschiedene Feldhuhnarten *(Perdicidae)*, aber nicht das in Europa verbreitete R. *(Perdix perdix)*. In der Umgebung des Toten Meeres (vgl. 1 Sam 26,20) ist das Sandhuhn *(Ammoperdix heyi)* heimisch, in den Hügelgebieten das Steinhuhn *(Caccabis chukar* syn. *Alectoris cypriotes)*, und in der Küstenebene kommen die fasanähnlichen Frankolinen *(Francolinus vulgaris)* vor.
Die Feldhühner, zu denen auch die → Wachteln gehören, sind verhältnismäßig gedrungene, plumpe Vögel mit hohem Rücken u. meist kurzem Schwanz. Die Angabe Jer 17,11 (EÜ, MÜ, ZÜ), daß das R. Eier ausbrüte, die es nicht gelegt hat, bezieht sich wohl auf die Beobachtung, daß manchmal mehrere Hennen ihre Eier in dasselbe Nest legen, so daß Gelege von 20 bis 30 Eiern entstehen können.

Recha, Ort unbekannter Lage in Juda (1 Chron 4, 12).

Rechab, hängt mit hebr. »reiten« zusammen.
1) Sohn des Beerothiters Rimmon, der mit seinem Bruder Baana zusammen Is-Boseth ermordete (2 Sam 4).
2) Keniter, Vater Jonadabs (2 Kö 10,15; 1 Chron 2, 55). Vgl. → Rechabiter.
3) Vater Malchias, des Bezirksobersten von Beth-Cherem (Neh 3,14).

Rechabiter. Jonadab, der Sohn Rechabs und Stammvater der R., hatte seinen Nachkommen verboten, Wein zu trinken, feste Häuser zu bauen, Getreide zu säen und einen Weinberg anzulegen oder zu besitzen. Sie sollten vielmehr ihr ganzes Leben in Zelten wohnen (Jer 35,6.7). Die R. hielten sich gehorsam an dies Gebot ihres Vorfahren, nur beim Anrücken Nebukadnezars waren sie in die Stadt Jerusalem ausgewichen (V 8–11). Den Gehorsam der R., für den sie mitten unter den Gerichtsdrohungen gegen Juda eine Verheißung empfingen (V 18.19), stellte der Herr dem Ungehorsam der Judäer gegenüber (V 12–17).
In der Zeit Ahabs mit ihrem zunehmenden Reichtum und Luxus und dem eindringenden Götzendienst hatte Jonadab am einfachen Leben der Wüstenzeit und am Dienst des Herrn festgehalten (vgl. 2 Kö 10,15.16.23). Die Gruppe der R. bildete schon durch ihr Dasein eine Mahnung, einen Aufruf zur Umkehr zum Gott der Väter. Noch heute besteht eine Sekte der R. in Mesopotamien und Arabien, die

behauptet, im Zushg. mit den R. des AT zu stehen. Vgl. auch → Keniter.

Rechenschaft, Rechnung. Das → Gericht Gottes setzt voraus, daß sich der Mensch vor ihm zu verantworten hat. Er wird »zur R. gezogen« und muß »R. ablegen«, so wie dem ungerechten Haushalter gesagt wird: »Tu Rechnung von deinem Haushalten« (Lk 16,2). Alle Menschen haben sich hier zu verantworten. Die Heiden, die, ohne nach Gott zu fragen, dahingelebt haben, werden jetzt dem Herrn R. geben müssen (1 Petr 4,5). Und diese R. erstreckt sich bis auf jedes unnütze Wort (Mt 12,36).
Aber auch die Gläubigen, die Knechte des Herrn, denen Gaben und Aufgaben anvertraut waren, werden zur Verantwortung gezogen. Der wiederkommende Herr wird mit ihnen R. halten (Mt 25,19; vgl. Hebr 4,13 RÜ, MÜ; 1 Kor 3,12–15). Dabei haben die leitenden Männer der Gemeinden nicht nur für sich selber (Röm 14,12), sondern auch für die ihnen anvertrauten Menschen R. abzulegen (Hebr 13,17). Das ist ein ernster Hinweis auf die Bedeutung der Seelsorge, denn dann wird offenbar, ob die Glieder der Gemeinde über sich haben wachen lassen, ob sie sich der ihnen angebotenen Hilfe des Schuldbekenntnisses, der vollmächtigen Vergebung und Neuausrichtung ihres Leben unterzogen (vgl. 1 Kor 11,31.32) und so gereinigt haben (vgl. 1 Joh 3,3).

Rechnen. I) Über das R. der Israeliten sind wir im einzelnen nicht unterrichtet. Wir wissen nur, daß sie im Alltag, etwa bei den Volkszählungen (4 Mo 1, 18ff), auch mit großen → Zahlen umzugehen wußten (2 Mo 38,21–31) und kompliziertere Rechnungen auszuführen verstanden (3 Mo 25,27.50; 27,16. 18). Die Bruchrechnung war allg. bekannt (3 Mo 5, 16.24[6,5]; 4 Mo 15,4; Hes 4,11; 45,13). Vgl. weiter → Geld, → Maße und Gewichte.
II) Außerdem steht r. im Sinn von: »etwas einschätzen, ansehen« (2 Chron 9,20; Spr 17,28; Phil 3,8); Menschen zu einer bestimmten Gruppe »zählen« (4 Mo 23,9; 2 Kor 10,12; Jes 53,12; Mk 15,28); jemandem etwas »zurechnen« (1 Mo 15,6; Röm 4,3. 5).

Recht, Rechtsprechung.

I) VORAUSSETZUNGEN.

1) Der Herr ist ein Gott der → Gerechtigkeit und des Rechts. Gott schafft Recht denen, die Gewalt leiden (Ps 26,1; 146,7), und sein Knecht wird das Recht unter die Heiden bringen (Jes 42,1).
Bei den Propheten erscheinen die großen Auseinandersetzungen Gottes mit seinem Volk und den Völkern als juristischer Prozeß unter den Formen der Rechtsprechung (Jes 1,18; 43,26; Jer 2,35; Mi 6, 1.2); auch hinter → Hiobs Reden stehen immer wieder Gedanken des Rechtsgangs.

2) Weil Gott ein Gott des Rechts ist, will er, daß auch in seinem Volk heiliges, bürgerliches und soziales Recht als Recht des Herrn gehalten wird. Das gesamte → Gesetz Israels, das Mose dem Volk übermittelt hat, ist Gottes Recht.
Das kommt auch darin zum Ausdruck, daß die Richter, die im Namen Gottes Recht sprechen (5 Mo 1, 17), gelegentlich selbst als »Götter« bezeichnet werden (2 Mo 21,6; 22,7[8]f.27[28]; Ps 82,1.6).

II) RICHTER.

1) Z. Zt. der Erzväter sprach der Hausvater über seine Familie und sein Gesinde Recht (1 Mo 38,24); später in Ägypten ging diese Aufgabe wahrscheinlich auf die → Ältesten, nach dem Auszug auf Mose über (2 Mo 18,15.16). Auf Anraten Jethros setzte Mose zu seiner Entlastung dann für kleinere Rechtsfälle eine größere Anzahl von Richtern aus dem Volk ein (V 13–26; 5 Mo 1,9–18; 16,18–20). Diese Richter waren zugleich Oberhäupter über 1000, über 100, über 50 und über 10; die Aufgabe der Rechtsprechung scheint also stets in engem Zushg. mit der Gliederung Israels in Stämme, Geschlechter und Familien gestanden zu haben (vgl. → Amtmann IV,1; → Stamm).

2) Nach Josuas Tod trat neben die Rechtsprechung der Ältesten die der von Gott berufenen → »Richter« (1 Sam 2,25a; 7,15–8,3), unter denen auch eine Frau, Debora (Ri 4,5), genannt wird.
Mit der Wahl Sauls wird dann der → König der oberste Gerichtsherr des Volkes (1 Sam 8,20; 2 Sam 14,4ff; 15,2–4; 1 Kö 3,16–28; 7,7).

3) → Priester und → Leviten (2 Chron 17,7–9) hatten die Aufgabe, das Volk über die Rechtsvorschriften zu belehren; David bestellte die Leviten sogar zu Richtern (1 Chron 26,29–32). Josaphat ordnete das Gerichtswesen neu (2 Chron 19,5–7) und setzte in Jerusalem ein oberstes Gericht als Berufungsinstanz ein. Es bestand aus Priestern, Leviten und Obersten der isrl. Geschlechter, den Vorsitz hatten der Hohepriester bzw. ein Fürst aus Juda, je nachdem, was für Fälle zur Verhandlung kamen (2 Chron 19,8–11; vgl. die Vorschrift von 5 Mo 17, 8–13).

4) Zur jüd. Gerichtsbarkeit nach der babyl. Gefangenschaft vgl. Hoher → Rat.

III) VERFAHREN.

1) Die Rechtsverhandlungen fanden in Israel gewöhnlich im → Tor der Stadt statt (5 Mo 21,19; Rt 4,1ff). Salomo sprach in einer besonderen Gerichtshalle innerhalb des Palastes Recht (1 Kö 7,7). Für die röm. Zeit vgl. → Richthaus, → Richtstuhl.

2) Die Klageerhebung geschah durch den Kläger (Apg 23,30) oder Verkläger (V 35; Joh 8,10) – von einem öffentlichen Ankläger wie dem heutigen Staatsanwalt hören wir im Alten Orient nichts. Im Prozeß Jesu erhoben die jüd. Hohenpriester vor Pilatus selber die Anklage (Mt 27,12; Joh 18,29); später bedienten sie sich vor Festus eines röm. Anwalts, der die Klage formgerecht vortrug (Apg 24, 2). Auf eine schriftliche Abfassung der Klage deutet Hi 31,35. Eine Verpflichtung zur Anklage bestand im Fall der Gotteslästerung (3 Mo 5,1). Im NT wird der Prozeßgegner mehrfach als Widersacher bezeichnet (Mt 5,25; Lk 12,58; 18,3).

3) Das isrl. Gesetz warnt davor, falschen Verdächtigungen und Gerüchten Glauben zu schenken (2 Mo 23,1). Anklagen, die die Todesstrafe nach sich ziehen konnten, wurden von den übrigen unterschieden (5 Mo 17,6; vgl. Apg 23,29). Eine Klageerhebung war nur möglich, wenn mindestens 2 Zeugen vorhanden waren, deren Aussage auch in den Einzelheiten übereinstimmte (5 Mo 19,15; Mk 14, 57–59; vgl. auch → Eid V). An den Widersprüchen der Zeugenaussagen war der Prozeß Jesu im Grunde schon gescheitert, als der Hohepriester ihm die Frage stellte: Bist du Christus? Das Selbstbekenntnis Jesu in seiner Antwort machte jeden weiteren Zeugenbeweis überflüssig und bot die äußere Handhabe zu seiner Verurteilung (V 61–64). Auch das röm. Recht verlangte, daß der Verklagte in Gegenwart der Kläger Gelegenheit zur Rechtfertigung erhielt (Apg 25,16). Darüber hinaus stand es jedem röm. Bürger frei, Berufung an den Kaiser einzulegen, wenn er fürchtete, anders kein volles Recht zu erhalten (V 11.12).

IV) URTEILSMASSTÄBE.
Der Grundsatz der Wiedervergeltung »Auge um Auge, Zahn um Zahn usw.« war im AT für Körperverletzungen (2 Mo 21,23–25; 3 Mo 24,19.20) und bei der Bestrafung der falschen Zeugen (5 Mo 19,18–21) vorgesehen. Ebenso stand auf Tötung eines Menschen (2 Mo 21,12; 3 Mo 24,17.21) und Menschenraub (2 Mo 21,16) der Tod (vgl. 1 Mo 9, 5.6, aber auch → Bluträcher und → Freistadt). Für Sklaven galten jedoch andere Maßstäbe: sie mußten bei Körperverletzung durch ihren Herrn freigelassen werden (2 Mo 21,26.27), was einer Geldstrafe für den Täter gleichkam. Schaden an Vieh und anderem Besitz wurde mit Geld bezahlt (V 34; 22,11[12].13[14]; 3 Mo 24,18.21) bzw. wiedererstattet (2 Mo 22,5[6]); bei Diebstahl mindestens im doppelten Wert des Gestohlenen, was auch zur Versklavung des Diebes führen konnte (2 Mo 21,37 [22,1]ff). Auf Zauberei, Wahrsagerei und Götzendienst stand immer der Tod (2 Mo 22,17[18]; 3 Mo 20,27; 5 Mo 13,7[6]ff; 17,2ff).
Grundsätzlich durfte jeder nur für seine eigene Schuld bestraft werden (5 Mo 24,16; vgl. 2 Kö 14,6). Daß Achans Familie ebenfalls gesteinigt wurde, deutet auf ihre Mitschuld durch Dulden und Verschweigen seines Raubes (Jos 7,24–26).

V) Zum Strafvollzug → Strafe.

Rechte, rechts → Hand II und III

Rechten in der Bedeutung »mit jemand streiten«, »von jemand sein Recht verlangen«, »mit jemand ins Gericht gehen« kommt in der HS in dreifacher Beziehung vor.

I) GOTTES R. MIT DEN MENSCHEN.
Wenn jemand überhaupt Anlaß zum R. hat, so ist es Gott. Mit der ganzen Völkerwelt (Jer 25,31; Jo 4,2[3,7]) wie mit seinem unbußfertigen und undankbaren Volk (Mi 6,1f) geht er ins → Gericht. Dabei wird er stets recht behalten (Jer 12,1); und wenn er sein Volk zum Rechtsstreit auffordert: »Laßt uns miteinander r.!« (Jes 1,18; 41,1; 43,26; Jer 2,35), so will er Israel damit alle menschliche Selbsttäuschung aus der Hand schlagen.

II) DAS R. DER MENSCHEN MIT GOTT.
So aussichtslos also auch dieses R. der Menschen ist – denn wer will mit Gott rechten (Röm 9,20) – sie versuchen es immer wieder. Eigenartigerweise wird das häufig gerade von den Frommen berichtet. Zweifel an Gottes Weltregierung werden den Gläubigen hier zur Versuchung. → Hiob ist das klassische Beispiel dafür (Hi 13,3). In seiner Unbescholtenheit glaubt er sich zu diesem Rechtsstreit gerüstet: »Wer ist, der mit mir r. könnte?« (V 18f). Er muß aber einsehen, daß man mit dem Allmächtigen nicht r. darf (Hi 40,2[39,32]). Auch den Propheten lag das R. mit Gott nahe, obgleich sie seine Unsinnigkeit erkannten (Jer 12,1; Hab 2,1). Der Versuch des schuldigen Volkes jedoch, mit Gott zu r., ist Zeichen von Hochmut und Überhebung (Jes 58,2).

III) DAS R. DER MENSCHEN UNTEREINANDER.
Da der Rechtende in der Regel eine harte, unnachgiebige Grundhaltung bezieht, tadelt Paulus das R. unter Gemeindegliedern (1 Kor 6,7). Die Gemeinde sollte fähig sein, sachliche Fragen klar und endgültig zu entscheiden (vgl. → Richten). Mt 5,40 bezieht sich auf das Verhältnis des Schuldners zum Gläubiger (vgl. → Pfand). Vgl. weiter → Recht, Rechtsprechung.

Rechtfertigung

I) RECHTFERTIGUNG IM AT.
R. ist im AT ausschließlich ein forensischer Begriff: d. h. im Hintergrund steht die Situation einer Gerichtsverhandlung, in der der Angeklagte als gerecht hingestellt wird. R. heißt demnach: durch ein Urteil herstellen, was recht ist; jemanden als gerecht hinstellen; ihm durch ein richterliches Verfahren zum Recht verhelfen; ihm sein Recht oder überhaupt Recht zuerkennen.
In dieser Bedeutung wird R. sowohl im profanen (1 Mo 44,16; Spr 17,15), wie im religiösen Raum gebraucht: Gott rechtfertigt den Menschen (Jes 50, 8; 2 Mo 23,7) – oder auch: der Mensch rechtfertigt Gott (Ps 51,6 u. ö.). Es überwiegt die Verwendung des Begriffes im religiösen Bereich. Drei Vorstellungskreise bestimmen hier die Anschauungen über R. noch genauer:

1) Die Rechtfertigung vor Menschen.
Es geschah in Israel immer wieder, daß der Geringe und Arme im Gericht nicht sein Recht fand, weil Ansehen der Person oder Bestechung das Urteil der Richter beeinflußten (2 Mo 23,1ff; Am 2,6f). Da stand dann vor den Menschen jemand im Unrecht, der sich selber doch im Recht wußte, aber nicht zum Recht kam. In solchem Fall wandte sich der Gerechte an Gott, »der keine Person ansieht und kein Geschenk annimmt; der Recht schafft der Waise und der Witwe, und den Fremdling liebt« (5 Mo 10,17f), um von ihm Hilfe zu erbitten: »Schaffe mir Recht, o Gott, und führe meinen Rechtsstreit wider eine lieblose Nation; von dem Manne des Trugs und des Unrechts errette mich« (Ps 43,1; vgl. Ps 54,3 u. ö.), oder um sich an der R. Gottes genügen zu lassen: »doch zu dem Allmächtigen will ich reden, und vor Gott mich zu rechtfertigen begehre ich« (Hi 13,3).
Als Rahel unter ihrer Kinderlosigkeit wie unter einem Gottesgericht litt, bat sie Gott um R. vor den Menschen, und Gott gab ihr durch Bilha einen Sohn. »Da sprach Rahel: Gott hat mich gerechtfertigt und auf meine Stimme gehört und mir einen Sohn gegeben. Darum gab sie ihm den Namen Dan (d. h. [Gott ist] einer, der rechtfertigt)« (1 Mo 30,6). David stellt seine Rachegelüste im Blick auf Saul unter die Zucht Gottes und legt das Geschick Sauls dem gerechten Richtspruch Gottes hin: »der Herr richte zwischen mir und dir, der Herr räche mich an dir, aber meine Hand soll nicht wider dich sein ... er sehe darein und führe meine Streitsache und verschaffe mir Recht« (1 Sam 24,13ff).
Diese R. Gottes hilft dem Menschen zum Frieden. In der Gewalt des über ihn hereinbrechenden Unrechts findet er in der R. vor Gott seinen Bergungsort. Weil Gott »Gerechtigkeit und Recht liebt« (Ps 33,5), wird er das Recht der Seinen offenbaren (vgl. Ps 72,4; 103,6 u. ö.).

2) Die Rechtfertigung vor Gott.
Viel wichtiger als die R. vor Menschen ist dem Glaubenden jedoch seine R. vor Gott: d. h. von Gott im Blick auf die Sünde als gerecht beurteilt zu wer-

Tafel 71
a. *Blick von der Westseite des Jordantals in der Nähe von Jericho über den Unterlauf des Flusses (Mittelgrund) nach O auf den Nebo, von dem aus Mose das verheißene Land schaute (5 Mo 34,1–5).*
b. *Einige der unzähligen Grabanlagen, die die arab. Nabatäer in den Buntsandsteinfelsen ausgehauen haben, die ihre Hauptstadt Petra (im alten Edom) umgaben.*

den. Zwei Wege zu diesem Ziel lassen sich erkennen:

a) Die Gerechtigkeit des Menschen vor Gott als Grundlage seiner Rechtfertigung.

Als Gott mit Israel seinen Bund schloß und ihm verhieß, sein Gott zu sein, der es in Treue führen wolle, wenn auch Israel seinerseits den Bund hielte und im Gehorsam gegen Gottes Willen leben würde – da war für Gott wie für Israel die Norm ihres zukünftigen gegenseitigen Verhaltens gegeben. Gott hatte sich mit diesem Bund verpflichtet, zu seinen Verheißungen in Treue zu stehen – während Israel sich verpflichtete, der Bundessatzung (dem → Gesetz) Gottes zu gehorchen und in Treue zu folgen. »Gerechtigkeit« wurde nun das Leitmotiv alles göttlichen Handelns mit Israel und sollte auch umgekehrt Motiv alles Handelns Israels vor Gott sein. Gerechtigkeit – d. h. Handeln in Treue und Unverbrüchlichkeit zum Bundesgenossen und zur Bundessatzung (vgl. → Gerechtigkeit IA). Indem Israel Gott Gerechtigkeit zuspricht – und das hat es zu allen Zeiten getan und tun müssen – erkennt es vorbehaltlos an, daß Gott seinen Verpflichtungen Israel gegenüber gerecht geworden ist.

Wo der einzelne nun seinerseits in Gerechtigkeit vor Gott wandelte, im Gehorsam vor dem Willen Gottes und im Blick auf die Bundesverpflichtung, da bekundete er seine Gerechtigkeit, deren er sich auch im Urteil Gottes bewußt sein konnte. »Richte mich, Herr, nach meiner Gerechtigkeit und nach meiner Lauterkeit, die bei mir ist« (Ps 7,9). Und Freude an der R. Gottes aufgrund der eigenen Treue konnte solchen Menschen durchströmen (Ps 18,20ff).

b) Die Gerechtigkeit Gottes als Grundlage der Rechtfertigung.

Neben Aussagen, in denen der Fromme seine Gerechtigkeit vor Gott preisen kann und zuversichtlich den Richtspruch Gottes über sich erwartet, stehen Aussagen solcher, denen die eigene Schuldverfallenheit und die Schuldverfallenheit jedes Menschen vor Gott so überwältigend klar geworden ist, daß sie die Möglichkeit eigener Gerechtigkeit überhaupt abstreiten: »da ist keiner, der Gutes tue ... alle sind abgewichen, sie sind allesamt verderbt; da ist keiner, der Gutes tue, auch nicht einer« (Ps 14,2f). Ihnen bleibt nur die eine Bitte: »Gehe nicht ins Gericht mit deinem Knechte! Denn vor dir ist kein Lebendiger gerecht« (Ps 143,2). Gottes Gerechtigkeit allein kann hier in Gnade und Barmherzigkeit das verdiente Gericht abwenden und wird zum einzigen Grund für die R. eines Sünders vor dem Richtstuhl Gottes, der → Glaube an solche R. die einzig mögliche Haltung des Sünders.

3) Die endzeitliche Seite der Rechtfertigung.

Als Israel dem Gericht Gottes verfiel und in die Verbannung geführt wurde, mußte zwangsläufig der Glaube an den in der Heilsgegenwart erfolgenden richterlichen Freispruch des Menschen durch Gott dem Endgericht zugewiesen werden. »An jenem Tage« wird nun das Stichwort für den endzeitlichen Tag, an dem Gott aus freiem Erbarmen die Sünde seines Volkes vergibt und sich ihm aufs neue verlobt »in Gerechtigkeit und Recht, in Güte und Barmherzigkeit und in Treue« (Hos 2,21[19]; vgl. 14,4ff). Da wird der Herr einen neuen Bund mit Israel machen, nicht einen Bund wie den alten, »sondern dies ist der Bund, den ich mit dem Hause Israel machen werde nach jenen Tagen, spricht der Herr: Ich werde mein Gesetz in ihr Inneres legen und werde es auf ihr Herz schreiben; und ich werde ihr Gott, und sie werden mein Volk sein« (Jer 31, 31ff). Recht und Gerechtigkeit wird im Lande geübt werden (Jer 33,15), weil Gott selber seinen Geist in die Herzen gelegt hat, der sie dazu treibt.

Diese Gerechtigkeit des erneuerten Israel wird aber nicht mehr in Verbindung gebracht mit seiner eigenen Gerechtigkeit vor Gott. Die Erfahrung, allein durch die Gnade Gottes gerettet worden zu sein, wird so mächtig sein, daß jegliche R. des Sünders vor Gott allein der Güte Gottes zugeschrieben wird: »Der Herr, unsere Gerechtigkeit« wird zum Namen des neuen Jerusalem (Jer 33,16). An dieser Stelle erreicht die atl. Rechtfertigungsauffassung ihren höchsten Punkt. Sie bleibt aber prophetische Schau und gebunden an die Endzeit. Das nachexilische Judentum fällt in das Streben nach eigener Gerechtigkeit aufgrund seiner Gesetzestreue zurück und erwartet von hier seine R. vor Gott.

II) RECHTFERTIGUNG IM NT.

1) R. ist im NT zunächst ebenso wie im AT ein forensischer Begriff mit der Bedeutung: ein Rechtsurteil zugunsten jemandes fällen. Das NT gebraucht R. nur noch in der Beziehung des Menschen zu Gott, und zwar in der Bedeutung:

a) Gott recht geben (Lk 7,29.35; Mt 11,19; Röm 3, 4; 1 Tim 3,16);

b) sich vor Gott als gerecht hinstellen (Lk 10,29; 16,15);

c) von Gott als gerechtfertigt erklärt werden (Lk 18,14).

Dabei spricht Lk 18,14 von einer in der Gegenwart geschenkten R., ohne daß ausdrücklich auf die Heilstat am Kreuz Bezug genommen wird. Mt 12,37 dagegen setzt die Situation des Endgerichtes voraus.

2) Rechtfertigung bei Paulus.

a) Das Kreuz Jesu Christi als Grundlage der Rechtfertigung. Wenn Paulus von der Gerechtigkeit des Menschen vor Gott spricht, dann denkt er nie mehr an das bundestreue Verhalten eines Frommen. Dazu wurzelt er zu tief in der Erkenntnis von Ps 14,2f. Paulus versteht unter R. des Menschen: Gottes Gerechtsprechung des Gottlosen, der glaubt – und zwar auf dem Hintergrund des rechtfertigenden Handelns Gottes im Kreuz Christi (Röm 3,21–26). Im Kreuz Christi vollzog Gott das Gericht über die Sünde der Welt, und jeder Bezug auf das Kreuz und seine Heilswirkung ist darum nicht eigentlich Gnadenakt, sondern Gericht – stellvertretendes Gericht Gottes über den Menschen, das dann allerdings als Gnadengeschenk dem zugute gehalten wird, der diesem wunderbaren Handeln Gottes Glauben schenkt. Darum richtet sich nun der Blick des Paulus so sehr vom Menschen weg auf den gekreuzigten Christus, löst sich sein Denken so grundsätzlich von den fragwürdigen Vorstellungen menschlicher Gerechtigkeit und Treue, daß er – ohne Rücksicht auf die Größe der Treulosigkeit eines Menschen – jedem, auch dem schwersten Sünder, die R. vor Gott zusprechen kann, wenn dieser nur an die Wirkung des Kreuzes glaubt, wo Christus eben für die Sünde der Welt das Gericht erlitten hat. Gerechtigkeit

Tafel 72

Riesige, aus dem Fels gehauene Tempel- und Gräberfassaden zeugen noch heute von dem Reichtum der nabatäischen Handelsmetropole Petra, deren Blütezeit zwischen 300 v. – 200 n. Chr. liegt. Die hellenistische Architektur (1.–2. Jh. n. Chr.) dieses von den Arabern el-Khazne Firaun = »Schatzhaus des Pharao« genannten Felsengrabes in der engen Schlucht es-Sik hat nur wenig durch den Windschliff gelitten, der sonst an dem weichen Gestein der Denkmäler von Petra große Zerstörungen angerichtet hat (vgl. hier den unteren Teil der Säulen).

des Glaubenden vor Gott ist darum nicht mehr eine Gerechtigkeit im juristischen Sinne, sondern eine Gerechtigkeit aufgrund des Urteils Gottes vor der Tatsache des Kreuzes Christi. Der Sünder wird »als gerecht hingestellt«, weil Christus für ihn gestorben und auferstanden ist, und weil er sich glaubend in diesem Heil birgt. Mit dieser R. durch das Kreuz verbindet sich der persönliche Glaube des Sünders und ergreift subjektiv, was dort objektiv geschehen ist. Darum gehören R. und Glaube unlöslich zusammen. Wie das Kreuz um des Sünders willen ist und nur so verstanden werden kann, so ist die R. um des Glaubens willen und darf nur in dieser Verbundenheit verstanden werden. In der Formel »R. durch den Glauben« ist dieser Tatbestand recht erfaßt: die R. als das Urteil Gottes, das außerhalb menschlicher Verfügbarkeit steht – der Glaube, der dieses Urteil Gottes anerkennt und für sich gewinnt.

b) Es ist Paulus schon zu seiner Zeit der Vorwurf gemacht worden, daß seine Lehre von der R. aufgrund des Glaubens an die Erlösung den sittlichen Antrieb vermissen lasse, weil zur Treue im Wandel vor und unter Gott kein Ansporn mehr vorliege (Röm 3,8). Diesen Vorwurf hat Paulus abgelehnt mit dem Hinweis auf den in uns wohnenden Christus: »Wie sollten wir, die wir (mit Christus) der Sünde gestorben sind, noch in derselben leben wollen?« (Röm 6,2ff). So wie Christus der Sünde abgestorben ist und nur für Gott lebt (V 10), so ist unser alter Mensch mitgekreuzigt, damit der Sündenleib vernichtet wird, so daß wir nun nicht mehr der Sünde zu dienen brauchen.

c) Heilsgegenwart und Rechtfertigung im Endgericht.
Indem der Sünder durch den Glauben an das Erlösungswerk Christi die Erlösung als eine Heilsgegenwart erleben kann, die ihn nicht nur unter das Urteil Gottes, ein Gerechter zu sein, stellt, sondern ihm auch die Kräfte zu einem neuen Wandel im Gehorsam vor Gott verleiht, tritt die Frage nach der Erlösung im Endgericht zurück. Die R. ist eine im Glauben stets neu zu erfahrende Begnadigung, die den Glaubenden schon hier und jetzt umschließt, mit Kraft ausrüstet und froh macht. Er steht im Heil, von Tag zu Tag, und Kreuz und Glaube tragen ihn durch alle Zeiten und Welten.

Wenn der Glaubende so auch nicht mehr in das Endgericht im Sinn der Entscheidung über Leben oder Tod kommt (Joh 5,24), so gibt es doch auch für ihn noch ein → Gericht, in dem die Treue des Christen in seinem Wandel beurteilt oder verurteilt wird. Darum weist Paulus mit allem Nachdruck auf den notwendigen Ernst und die Zucht des Christenlebens hin und warnt vor der beschämenden Möglichkeit, in diesem Gericht Gottes dazustehen als einer, dessen Werke im verzehrenden Gerichtsfeuer verbrannten, weil sie nicht aus Gott gewirkt waren (1 Kor 3,12ff). Aber den trotz seiner Sünde, oder sogar wegen seiner Sünde Glaubenden kann dieses Gericht nicht verdammen. Über aller beschämenden Erniedrigung an jenem Tage steht das alles Dunkel wieder aufhellende Wort von der R. durch Christus, aus dessen Gnaden- und Liebeshand nichts – aber auch gar nichts – herauszureißen vermag (Röm 8,31ff). Nur da, wo Ungehorsam und Auflehnung gegen Gott den Glauben wieder verleugnen und zum Unglauben zurückführen, trifft Gottes Gericht als vernichtende Strafe ein (1 Kor 10,1ff). Wo der Glaube aufhört, da hört auch die R. Gottes auf.

3) Rechtfertigung bei Jakobus.
Wo der Jakobusbrief von R. spricht, sieht er sich einer Gemeinde gegenüber, in der die Treue des geistlichen Wandels in Gefahr steht. Lebenslust, Leidensscheu und weltliche Begehren haben eine Laxheit der Haltung vor Gott hervorgerufen, der Jakobus mit scharfen Mahnungen zu begegnen sucht. Ein Wandel ohne (Glaubens-) Werke, der die Kraft Gottes vermissen läßt oder gar verleugnet, wird nicht zur R. Gottes gelangen.
Damit nicht jemand durch falsches Vertrauen auf das Gericht über die Werke, durch das der Glaube hindurchhelfen kann, in das Gericht gerät, das aus Mangel an Glauben zur unvermeidlichen Vernichtung wird, hebt Jakobus den mahnenden Finger: »Glaube ohne Werke ist tot« (Jak 2,17), ist hohler, geheuchelter Glaube, weil er den Schein der Gottseligkeit vorspiegelt, aber deren Kraft verleugnet. Solcher Glaube führt nicht zur R. (V 24). Aber da, wo die Werke den echten Glauben offenbaren und bestätigen, da ist R. Gottes.
Die Mahnung des Jakobus muß jedes Gewissen erschüttern, das sich in falsch verstandener paulinischer Rechtfertigungslehre zur Ruhe niederlassen wollte.

Rechtschaffenheit eines Menschen bedeutet, daß er recht beschaffen ist, d. h. so, wie er nach Gottes Willen sein soll, und damit aus seinem Wesen heraus recht handelt. In LÜ gibt »rechtschaffen« je nach dem Zushg. verschiedene hebr. und griech. Worte wieder (5 Mo 18,13; 1 Kö 8,61; Spr 20,6; Mt 3,8; Apg 8,21; 1 Kor 11,19; Eph 4,21).

Redlich, Redlichkeit. R. bezeichnet in der LÜ eine Reihe von Eigenschaften wie: »tüchtig, brauchbar« (2 Mo 18,25; 1 Kö 1,42); »ehrlich, aufrecht, friedlich«, d. h. keine Kundschafter (1 Mo 42,11.31ff); »zuverlässig, vertrauenswürdig« (1 Sam 29,6). »Redlichkeit« kommt nur in 2 Chron 9,8 vor, und zwar im Sinne von »Gerechtigkeit«.

Redner. In Jes 3,3 bezeichnet »R.« (hebr. *lachasch*) einen Beschwörer oder Wahrsager; in Apg 24,1 (griech. *raetôr*) ist ein Rechtsanwalt gemeint, der die klagende Partei vor dem röm. Statthalter vertritt.

Reelaja, führender Israelit, der mit Serubabel aus der babyl. Gefangenschaft heimkehrte (Es 2,2). In Neh 7,7 wird er mit dem gleichbedeutenden Namen Raamja genannt.

Regel (griech. *kanôn*) bedeutet Maßstab, Richtschnur (Gal 6,16; Phil 3,16) oder auch die zugemessene Aufgabe, das Arbeitsgebiet, den Wirkungskreis (2 Kor 10,13.15.16).

Regem, Judäer, Sohn Jahdais (1 Chron 2,47).

Regem-Melech. Einwohner von Beth-El, der mit Sarezer zusammen in Jerusalem bei den Priestern und Propheten nachfragen sollte, ob bestimmte Fasttage (vgl. → Fasten III, 1) noch weiter gehalten werden sollten (Sach 7,2.3).

Regen. I) Das Klima Palästinas ist durch den Wechsel von 2 scharf getrennten Jahreszeiten gekennzeichnet: der 5 Monate dauernden Trockenheit des Sommers steht die R.zeit des Winters gegenüber (vgl. → Jahr).

1) Von Mitte Mai bis in die 2. Oktoberhälfte fällt auch an der Küste kein R. (vgl. Spr 26,1; 1 Sam 12,

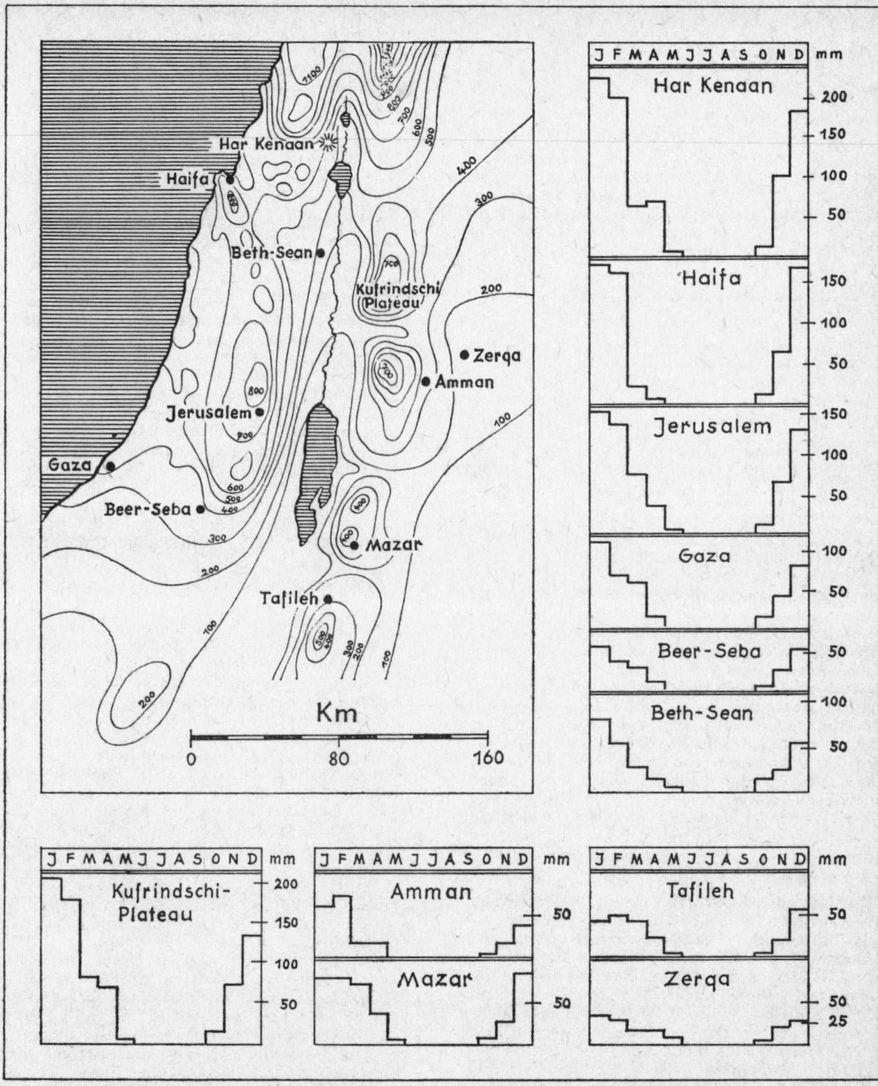

Regenhöhe und Regenzeit in Palästina. Die Karte gibt die jährliche Gesamtregenmenge in Millimetern an. Das Gebiet mit einer Regenhöhe unter 200 mm ist Wüste (Zerqa). Die Kurven zeigen die Verteilung des Regenfalls auf die einzelnen Monate (von Januar bis Dezember) für die auf der Karte eingezeichneten Orte. Der Regen beginnt in normalen Jahren überall im Oktober (Frühregen), dann fällt die Hauptmenge in der Mitte der Regenzeit. Der Spätregen im März–April zieht sich z. T. noch bis in den Mai hinein. Darauf folgen 4–5 regenlose Sommermonate. Für Feldbestellung und Ernte ist rechtzeitiger Beginn, regelmäßige Verteilung und ausreichende Dauer der Regenfälle noch wichtiger als die Gesamtmenge des jährlichen Regens.

17f). Der Westwind bringt aber in der Ebene und an den Westhängen der Berge den Tau (1 Mo 27,28; 5 Mo 33,28; Ri 6,38; Hi 29,19; Sach 8,12), der vor allem auch das Wachstum der Weintrauben in der Sommerhitze ermöglicht. Besondere Bedeutung hat der Taufall im → Negev, wo er, durch den großen nächtlichen Temperaturrückgang im Wüstengebiet bedingt, sehr stark ist.

2 a) Die R.zeit beginnt in normalen Jahren im Oktober, kurz nach dem → Laubhüttenfest, im Hügelland etwas später als an der Küste. Diese Frühregen (hebr. *joräh*; 5 Mo 11,14; Jer 5,24; Jo 2,23; Jak 5,7) weichen den von der Sommerhitze ausgedörrten Boden auf und sind die Voraussetzung für Pflü-

gen und Säen. Wenn sich aber der Beginn der R.zeit verzögert – in schlechten Jahren bis November, ja sogar bis Anfang Januar – und der Wind nur »wasserlose Wolken« (Spr 25,14; Jud 12) über das Land treibt, oder wenn auf die ersten R. eine längere Trockenperiode folgt, in der die junge Saat verdorrt, ist die Ernte gefährdet.
b) Nach den Frühregen kommt eine Zeit, in der in guten Jahren die Westwinde regelmäßig, meist einmal in der Woche, R. bringen. Auf starken, andauernden R. am ersten Tag folgen 2 Tage mit einzelnen schweren Schauern, danach etwa 4 Tage mit schönem Wetter bis zum nächsten Guß. Kennzeichnend ist die Plötzlichkeit und Heftigkeit der R.fälle (1 Kö 18,45; Es 10,9.13; Hes 13,13.14; Mt 7,25.27). Kälte und → Schnee setzen erst Ende Dezember ein, in der 2. Hälfte der R.zeit.
c) Am Ende der R.zeit (März-April), wenn es wärmer wird und die einzelnen Schauer seltener, fallen die Spätregen (hebr. *malkhosch*), die für volle Ähren und eine gute Ernte unerläßlich sind (5 Mo 11, 14; Hi 29,23; Spr 16,15; Jer 3,3; 5,24; Hos 6,3; Jo 2,23; Sach 10,1).

II) Insgesamt fällt in Palästina die größte R.menge im N und W. Sie nimmt nach S und mit der weiteren Entfernung vom Meer auch nach O hin ab. Dieser Tendenz wirkt jedoch die andere entgegen, daß die R.fälle mit größerer Höhe zunehmen. Hiervon werden im O vor allem → Basan und → Gilead bis zum → Hauran und im S Edom begünstigt. Hier regnen die Wolken ab, die mit dem Westwind über die tieferen Gebiete Untergaliläas und der Ebene Jesreel bzw. des Negev kommen, während sonst die Berge Judas, Ephraims und Obergaliläas, am stärksten aber die Doppelkette von Libanon und Antilibanon den R. vom Mittelmeer her auffangen. Die deutlichste Abnahme der R.höhe zeigt sich überall an den Osthängen; das gilt bes. für den Abfall der westjordanischen Berge zum Jordangraben und Toten Meer, die im Regenschatten liegen, ebenso für den Ostteil des Negev und die Araba.
Die R.menge bestimmt die Grenzen zwischen Ackerland und Weidesteppe wie zwischen Steppe und Wüste. Wüste ist dabei nicht das Gebiet, wo es nie – bzw. nie genug für landwirtschaftliche Nutzung – regnet, sondern das, in dem der R. nur ganz unregelmäßig und unzuverlässig fällt.

III) Während für den isrl. Bauern die Trockenheit des Sommers in jedem Fall gewiß ist, bleibt die R.-zeit, die seine Ernte bestimmt, immer und doppelt unsicher. Denn stärker noch als von der Gesamtmenge ist er von der gleichmäßigen Verteilung des R. auf die Wintermonate abhängig. Verspätung oder Ausfall von Früh- und Spätregen kann Hungersnot bedeuten, nur reichliche und regelmäßige R.fälle bringen Fülle und Fruchtbarkeit (Ps 65,10–14). Darin erkennt der Israelit sehr deutlich seine Abhängigkeit vom Herrn, der allein regnen lassen kann (Jer 14,22; Ps 147,8). R. ist Segen Gottes (Hes 34,26f; vgl. Mal 3,10) und ebenso Bild für seine geistlichen Gaben (Jes 55,10f; Hos 6,3; 10,12), Dürre aber bedeutet sein Gericht (5 Mo 11,17; 28,23f; Hag 1,10f).

Regenbogen. Der Herr setzte den R. zum Zeichen seines → Bundes, den er mit Noah schloß (1 Mo 9, 9–17). In den Gesichten Hesekiels und der Offenbarung wird der Glanz des R. in Verbindung mit der Herrlichkeit Gottes (Hes 1,28; Offb 4,3) und der Erscheinung eines Engels genannt (Offb 10,1).

Regiment, regieren, Regierer. I) Regiment und regieren bezeichnet menschliche → Herrschaft und Leitung, gute wie schlechte, von der politischen und geistlichen der Führer des Volkes (Ri 5,7; Ps 78,72; Jes 32,7; Jer 23,10) bis hin zur gottgewollten Ordnung im Familienleben (1 Tim 5,4). Dabei ist Gottes Weisheit, bewußt oder unbewußt, die Grundlage alles rechten Regierens (Spr 8,15.16). Vgl. → König, → Richter, → Obrigkeit.

II) Ebenso werden die Worte in bezug auf die gerechte Königsherrschaft Gottes (Ri 5,11; Ps 9,9; 67, 5; 97,8) und Jesu Christi (Offb 11,15; 19,15; vgl. Jes 32,1; Jer 23,5) gebraucht; weiter von der Leitung des Heiligen Geistes (Gal 5,18) und des Friedens Gottes (Kol 3,15), schließlich auch von dem Mitherrschen der Erlösten mit Christus (Offb 20,4. 6; 22,5). Vgl. → Reich Gottes.

III) Regierer und regieren werden zweimal im Zushg. mit den Gemeindeämtern (→ Amt) und → Gaben des Geistes genannt. In Röm 12,8 steht für »regieren« dasselbe Wort (griech. *prohistaemi*), das sonst mit »vorstehen« (1 Tim 5,17) wiedergegeben wird; es handelt sich also um geistliche und praktische Leitung in der Gemeinde.
»Regierer« in 1 Kor 12,28 heißt wörtl. »Leitungen«, das griech. *kybernaesis* bezeichnet eigentlich die Tätigkeit des Steuermannes (griech. *kybernaetaes;* Apg 27,11) bzw. Kapitäns, der den Kurs des Schiffes festgelegt, allen Gefahren der Reise zu begegnen wissen muß und für Ausrüstung, Verpflegung und die Ordnung an Bord verantwortlich ist.

Regu, wohl Kurzform von Reguel, Sohn Pelegs, Vorfahr Abrahams und Jesu (1 Mo 11,18–21; 1 Chron 1,25; Lk 3,35).

Reguel »Freund, Vertrauter Gottes«.
1) Sohn Esaus, seine vier Söhne waren edomitische Stammesfürsten (1 Mo 36,4.10.13.17; 1 Chron 1,37).
2) Vater von Zippora und → Hobab, Schwiegervater des Mose, ein Priester in Midian (2 Mo 2,18.21; 4 Mo 10,29). An allen anderen Stellen heißt er → Jethro, was wir wahrscheinlich als Amtsnamen aufzufassen haben. Mose lebte bei ihm während der 40 Jahre seiner Verbannung aus Ägypten und hütete seine Schafe (2 Mo 3,1). Die Abstammung der Midianiter von Abraham (1 Mo 25,2) und das spätere Auftreten Reguels (2 Mo 18) lassen vermuten, daß er ebenso wie Mose den Gott Abrahams verehrte. Nach seiner Berufung durch den Herrn erbittet Mose von R. die Erlaubnis zum Zug nach Ägypten. Seine Familie, die ihn dabei zuerst begleitete, hat er wohl noch vor dem Auszug zu seinem Schwiegervater zurückgesandt (2 Mo 18,2). Am Sinai findet sich R. mit Tochter und Enkeln im isrl. Lager ein (V 6), nimmt am Gottesdienst teil (V 12) und gibt Mose den Rat, zur Erleichterung der Rechtsprechung weitere verantwortliche Männer einzusetzen, damit nicht die ganze Last auf ihm allein liege (V 13–27).
3) Vater des → Eljasaph (1) (4 Mo 2,14). Er heißt sonst → Deguel, was aber wahrscheinlich ein Schreibfehler ist.
4) Benjaminit, Vorfahr des Mesullam (1 Chron 9, 8).

Reh → Hirsch, → Antilope (1)

Rehabeam »Verwandter (wörtl. Volk) ist freigebig gewesen« oder »Das Volk ist weit geworden, hat sich ausgebreitet«.
Sohn Salomos u. der Ammonitin Naema (1 Kö 14, 21), der 931/30–913 v. Chr. über Juda regierte (1 Kö 12,1–24; 14,21–31; 2 Chron 10–12). R. war 41 Jahre alt, als er nach dem Tod seines Vaters zur Herrschaft kam. In der Volksversammlung in Sichem

zeigte er sich – auf den Rat der Jungen hin – für die Anliegen, die die Israeliten unter der Führung Jerobeams vorbrachten, völlig unzugänglich, so daß 10 Stämme von ihm abfielen. Nur Juda und ein Teil Benjamins (und, wenn auch nicht bes. genannt, Simeon) blieben dem Haus Davids treu. Adoniram, der für die Zwangsarbeiten verantwortlich war, wurde von den Israeliten gesteinigt. R. selber floh nach Jerusalem, und Jerobeam wurde König über das Nordreich. Damit erfüllte sich das Wort des Herrn (1 Kö 12,15). Ein Rachezug gegen die Empörer wurde durch den Propheten Semaja verhindert (V 21–24), aber der Kriegszustand zwischen beiden Reichen blieb bestehen (1 Kö 14,30). R. baute Festungen und rüstete (2 Chron 11,5–12).

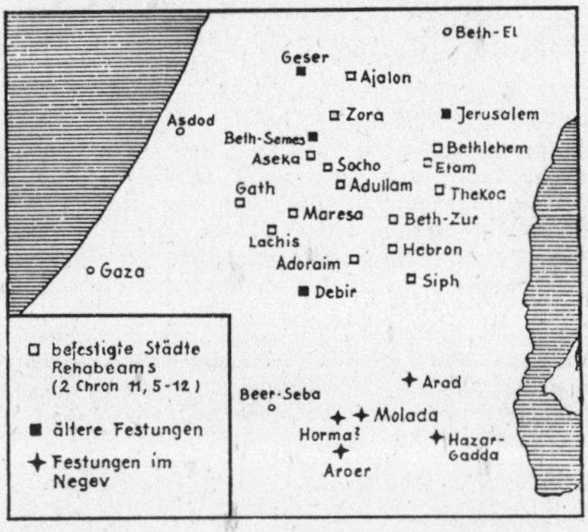

Karte der Städte, die Rehabeam (931/30–913 v. Chr.) befestigte. Sie liegen bis auf Ajalon alle in dem Gebiet, das vom Einfall Pharao Sisaks (925 v. Chr.) offenbar nicht berührt wurde (vgl. die Karte zu Sisak)

Die Priester und Leviten aus Israel zogen nun ins Südreich, und in den ersten 3 Jahren seiner Regierung blieben R. und Juda auf dem Wege Davids und Salomos (V 13–17). Dann aber tat Juda, was dem Herrn mißfiel: Höhenheiligtümer, geweihte Steine und Ascherabilder wurden errichtet und es waren Hurer (männl. Prostituierte im Dienst der Fruchtbarkeitsgöttin) im Land (1 Kö 14,22–24). Im 5. Jahr Rehabeams (925 v. Chr.) brachte der Einfall des Pharaos Sisak das Gericht; zwar demütigten sich der König und die Obersten Judas und blieben verschont; aber Tempel- und Königsschatz wurden geplündert (2 Chron 12,1–12).
Das Gesamturteil über Rehabeams Herrschaftszeit lautet: er tat, was böse war, denn er hatte sein Herz nicht darauf gerichtet, den Herrn zu suchen (2 Chron 12,14). R. hatte 18 Frauen und 60 Nebenfrauen, die ihm 28 Söhne und 60 Töchter schenkten. Sein Nachfolger wurde Abia, der Sohn der Maacha, dem er schon zu Lebzeiten die erste Stelle unter seinen Brüdern gegeben hatte, weil er ihn zum König machen wollte. Außerdem verteilte er mit Vorbedacht seine übrigen Söhne über das ganze Gebiet Judas und Benjamins in die festen Städte und versorgte sie reichlich (2 Chron 11,21–23).

Rehabja »Der Herr ist freigebig gewesen« oder »Der Herr hat weit gemacht«,
Sohn Eliesers, Enkel Moses (1 Chron 23,17; 24,21; 26,25).

Rehe → Tabea

Rehob. I) Wohl Kurzform von Rehabja.
1) Vater Hadadesers, des Königs von Zoba (2 Sam 8,3.12).
2) Levit, der den Bund mit Nehemia unterschrieb (Neh 10,12[11]).
II) »Freier Platz«.
Grenzstadt Assers, Jos 19,28 zwischen Abdon (5) und Hammon (1) genannt; viell. Chirbet el-Amri 3,5 km nordwestl. von Abdon; viell. aber auch identisch mit R. II,2.
2) Levitenstadt in Asser (Jos 19,30; 21,31), vermutlich Tell el-Berwe (auch Tell el-Gharbi), der schon in der Bronzezeit bewohnt war, 10 km ostsüdöstl. von Akko.
3) Ort am Weg nach Hamath, der nördlichste Punkt, den die isrl. Kundschafter z. Zt. Moses erreichten (4 Mo 13,21[22]). Viell. derselbe Ort wie → Beth-Rehob.
Auch das z. Zt. Davids als syrische Stadt genannte R. (2 Sam 10,8) bzw. Beth-Rehob (V 6; **LÜ** Haus R.) ist möglicherweise mit diesem Ort gleichzusetzen. Anderseits hat man dieses R. bzw. Beth-Rehob der Syrer auch in Richab, 19 km ostnordöstl. von Dscherasch im Ostjordanland, oder in er-Ruhebe, 42 km nordöstl. von Damaskus, gesucht. Vgl. auch → Syrer, Syrien I,2.
4) Nicht in der HS, aber in den Ortslisten Thutmoses III. und Sisaks, ebenso auf einer Inschrift aus Beth-Sean wird ein weiteres R. genannt. Es ist der heutige Tell es-Sarem (nördl. des neuhebr. Rehov), 5 km südl. von Beth-Sean (Karte Sp. 1067; Abb. Sp. 1311).

Rehoboth »Freie Plätze«.
1) Brunnen, den Isaaks Knechte im Südland gruben (1 Mo 26,22) und den ihnen die Hirten von Gerar nicht mehr streitig machten. Heute er-Ruhebe (neuhebr. Rehovot Banegev), 35 km südwestl. von Beer-Seba.
2) »R. am Strom« (1 Mo 36,37; 1 Chron 1,48), die Heimatstadt des Edomiterkönigs Saul. Der Name hat sich viell. im Seil er-Rehab erhalten, einem linken Seitenarm des Wadi el-Kurahi (d. h. des Unterlaufs des Wadi el-Hesa), etwa 15 km oberhalb von dessen Mündung in das Südende des Toten Meeres.

Rehoboth-Ir, Vorstadt von → Ninive.

Rehum, hängt mit hebr. »sich erbarmen« zusammen.
1) Pers. Beamter (→ Kanzler) in Samarien, der durch einen Brief an Arthahsastha den Wiederaufbau der Mauern Jerusalems verhinderte (Es 4,8.9.23).
2) Führender Israelit, der mit Serubabel aus der babyl. Gefangenschaft heimkehrte (Es 2,2). In Neh 7,7 wird er – wohl infolge eines Schreibfehlers – Nehum »Trost« genannt.
3) Oberster der Priester, der mit Serubabel aus Babylon heimkehrte (Neh 12,3).
4) Levit, Sohn Banis. Er half beim Mauerbau in Jerusalem (Neh 3,17).
5) Israelit, der mit Nehemia den Bund unterschrieb (Neh 10,26[25]).

Rehuma, ob mit »Wildstier« gleichzusetzen?
Nebenfrau Nahors, des Bruders Abrahams (1 Mo 22,24).

Rei, Gefolgsmann Davids, der Adonias Anspruch auf den Thron nicht unterstützte (1 Kö 1,8).

Reich, Reichtum. I) Reichtum als über das lebensnotwendige Maß weit hinausgehender Besitz kann von Gott kommen als ein dem Frommen geschenkter Segen (Spr 10,22), als Antwort auf bestandene Prüfung (Hi 42,10) oder als Ertrag des Fleißes (Spr 12,27); er kann jedoch auch durch den von keinem Gewissen gehemmten Gottlosen errafft werden (Ps 73,12). Reichtum ist also ebensowenig ein Maßstab für die Frömmigkeit des Besitzers wie Armut ein Zeichen für besondere Verschuldung vor Gott (vgl. Spr 28,6). Auch der in seinen Reden Fromme kann mit der Tat unrechten Reichtum aufhäufen (Mt 23,14). Der Weise bittet: »Armut und Reichtum gib mir nicht; laß mich aber mein bescheiden Teil Speise dahinnehmen. Ich möchte sonst, wo ich zu satt würde, verleugnen und sagen: Wer ist der Herr? Oder wo ich arm würde, möchte ich stehlen und mich an dem Namen meines Gottes vergreifen« (Spr 30,8.9).

II) Reichtum kann zur Gefahr werden. Auch wenn man ihn noch nicht hat, kann das Drängen nach R. zur Gier und zur Verwischung der Grenze zwischen Recht und Unrecht führen (1 Tim 6,9). Eine weitere Gefahr ist der durch den Reichtum hervorgerufene Hochmut: »Ein Reicher dünkt sich, weise zu sein« (Spr 28,11). Der Prophet warnt: »Ein Reicher rühme sich nicht seines Reichtums« (Jer 9,22[23]). Hängt der Mensch sein Herz an den Reichtum, so ist das eine Gefahr für sein ewiges Leben: »Ein Reicher wird schwer ins Himmelreich kommen« (Mt 19, 23ff). Ja, sogar ein Wehe wird über die Reichen ausgesprochen: »Wehe euch Reichen! Ihr habt euren Lohn dahin!« (Lk 6,24). Im Gleichnis vom reichen Mann (Lk 16,19ff), in der Geschichte vom reichen Jüngling (Lk 18,23), im Bericht vom reichen Zöllner Zachäus wird deutlich, wie der Reichtum den Menschen in Schuld verstrickt, ja vom Himmelreich ausschließt. Darum die Warnung: »Ihr Reichen, weinet und heulet über euer Elend« (Jak 5,1). Der Reichtum erstickt den Samen des Wortes (Mt 13,22).

III) Wahrer Reichtum liegt allein in Christus. Paulus spricht von dem »unausforschlichen Reichtum Christi« (Eph 3,8). Dieser Reichtum macht den Menschen innerlich stark (Eph 3,16). Er besteht neben der von Gott gegebenen Weisheit und ihrer Frucht (Spr 8,11.18.19) vor allem in dem Reichtum an Barmherzigkeit und Gnade, die Gott uns zuwendet (Eph 1,7; 2,4; 1 Tim 1,14) und der Liebe, die er uns ins Herz gießt (Röm 5,5; Phil 1,9). Zur Eigenart dieses Reichtums gehört, daß er unaufhörlich wachsen muß (Phil 1,9); wer sich für r., d. h. für ausreichend versorgt hält, verliert alles und fällt in eine Armut, die er nur wegen seiner Blindheit nicht erkennt (Offb 3,17; vgl. 1 Kor 4,7f). Wer aber ohne Aufhören nimmt, erkennt den überschwenglichen Reichtum Gottes (Eph 2,7), wird »trunken von den reichen Gütern seines Hauses« (Ps 36,9). Er kann und wird anderen Menschen weiterreichen und viele reich machen (2 Kor 6,10), obwohl er selbst zu den Armen gehört, weil er nie aus dem Eignen leben kann, sondern täglich aus der Fülle des Vaters nehmen muß. Vgl. → Arm.

Reich Gottes.

I) DER BEGRIFF.

Die bibl. Ausdrücke, die in unseren Übersetzungen mit »Reich« wiedergegeben werden (hebr. *malkut*, griech. *basileia*), sind Bezeichnungen für »Königsherrschaft, Herrschaftsbereich«. Wie im Dt. ist der Begriff »Herrschaft« doppeldeutig. Einmal kann es sich hierbei um ein königliches Regieren, anderseits aber auch um ein räumliches Herrschaftsgebiet handeln, über das sich eine Herrschaft erstreckt (vgl. Ps 145,13; Mt 25,34).

Bei Mt ist statt vom R. G. meist vom »R. der Himmel« die Rede (32 mal; R. G. nur in Mt 6,33; 12,28; 19,24; 21,31 [griech. Text].43), doch sind beide Ausdrücke gleichbedeutend.

Zunächst handelt es sich beim R. G. um Gottes unbeschränkte Herrschaft über die ganze Welt: über das Reich der Natur und des Geistes (Ps 103,19). Dann aber ist mit R. G. noch etwas anderes gemeint, nämlich jene Gottesherrschaft, der man sich unterordnet und unter der man Gott willig und mit Freuden dient. Um das Kommen dieses »Reiches«, dieser »Königsherrschaft« Gottes lehrt uns Jesus bitten (Mt 6,10). Dies R. G. ist immer zugleich ein gegenwärtiges und zukünftiges; es ist also weder eine rein irdische noch eine rein überirdische noch eine rein geistige Größe (1 Chron 29,11); eine einseitige Auffassung würde den Begriff in unbiblischer Weise einengen und verkürzen.

II) DIE AUSSAGEN ÜBER DAS R. G.

Das in der Gegenwart wirksame R. G. ist ein werdendes und wachsendes. Über diese R. G.-Geschichte unterrichtet uns die Bibel. Das AT berichtet von seinen Anfängen, von dem, was sich ihm auf Erden entgegenstellt, und von den prophetischen Verheißungen, die dieses Reich und seine Zukunft betreffen. Das NT zeigt uns den, in dem die »Königsherrschaft Gottes« auf Erden machtvoll in Erscheinung tritt: Jesus Christus. Wo er ist, ist die Gottesherrschaft gegenwärtig. Aber erst mit Jesu Wiederkunft in Herrlichkeit erhält sie einst ihre irdisch-überirdische Vollendung.

1) SEINE ATL. VERKÜNDIGUNG UND ERWARTUNG.

Im Zusammenhang der atl. R. G.-Geschichte ist vor allem von der Sendung → Israels zu sprechen (vgl. → Mosebücher I B). Um seine Königsherrschaft auf Erden durchzuführen, erwählte sich Gott ein Volk. Er stellte es unter seine besondere Leitung mit dem Ziel, daß durch dieses Volk allen anderen Völkern Gottes Wesen offenbart werde (2 Mo 19, 5–6). Um Israel zu diesem hohen Auftrag auszurüsten, sandte Gott seine → Propheten, durch deren Mund er selber seinem Volk beständig Weisung gab und es leitete (Jer 7,25).

Wenn aber etwas der Entfaltung der Gottesherrschaft auf Erden wehrte, so war es Israel selbst. Es widersetzte sich je länger je mehr der Leitung Gottes (vgl. Neh 9,6–37). Hiergegen wandten sich die Gerichtspredigten der Propheten. Das Volk der göttlichen Wahl mußte tiefe Wege gehen. In der babyl. → Gefangenschaft und auch später noch ist Unterwerfung unter fremde Mächte sein Los. Gott gibt aber seinen Plan nicht auf. Die Propheten wissen von einem kommenden Reich zu künden, in dem Gottes Gedanken mit Israel und den Völkern zur Vollendung kommen werden. Von Jerusalem aus wird sich die Erkenntnis Gottes über die ganze Völkerwelt verbreiten, und die Völker werden nach Gottes Wort fragen. Die Kriegswaffen werden zu Instrumenten des Friedens und der Wohlfahrt umgeschmiedet (Jes 2,2–4; Mi 4,1–5). Dann wird Israel »ein Segen mitten auf Erden« sein (Jes 19,24). Dieses Reich wird ein König aus dem Geschlecht Davids heraufführen, der Gottes Recht und Gerechtigkeit auf Erden lehren wird (Jer 33,15; Jes 11,1–2). Während die Reiche dieser Welt tierhaften Charakter tragen (vgl. Dan 7), hat das kommende R. G. menschliche Züge. Es wird repräsentiert durch einen »wie eines Menschen Sohn« (Dan 7,13). Es wird alle vorangegangenen irdischen Reiche ablösen und an ihre Stelle treten (Dan 2,44). In dem kommenden Gottesreiche gilt eine neue Lebensordnung, die dem Willen Gottes entspricht (Jer 31,33; Hes 36, 25ff).

2) SEINE VERGEGENWÄRTIGUNG DURCH CHRISTUS.

Sowohl Johannes der Täufer wie Jesus erklären zu Beginn ihres Auftretens, daß das R. G. »nahe herbeigekommen« sei (Mt 3,2; 4,17). Es ist die Meinung des Täufers, daß der, »der nach ihm kommt«, dieses Reich aufrichten wird. Durch die Verkündigung Jesu zieht sich die eigentümliche Spannung, daß es vor der Tür stehe, ja daß es in ihm bereits gekommen sei, daß man aber wiederum um sein Kommen beten müsse (vgl. Mt 10,7; 12,28; 6,10). In seinen Gleichnissen (Mt 13) spricht er vom Wachstum dieses Reiches, einem Prozeß, der zur Vollendung gebracht wird durch einen machtvollen Eingriff Gottes (Gleichnis vom Netz V 47–50). Das R. G. ist nach Jesu Zeugnis eine allmählich werdende und wachsende, sich entfaltende Größe. Es ist in ihm angebrochen und doch noch etwas Zukünftiges. Jesus selbst ist der von Gott gesandte König dieses Reiches. Durch seinen Einzug in Jerusalem (Mt 21, 1ff) und sein Zeugnis vor dem Hohen Rat (Mt 26, 63–64) und vor Pilatus (Joh 18,37) hat er sich als diesen König zu erkennen gegeben. Sein Reich hat geistlichen Charakter, es ist nicht »von dieser Welt« (V 36). Fleischliche Waffen können nicht angewandt werden, um es aufzurichten (V 33–37). Wer dieses Reich »sehen« und in es »hineinkommen« möchte, muß »von oben«, d. h. »aus dem Geist« geboren sein (Joh 3,1–8). So gehört das R. G. nicht bloß den Juden, sondern allen, die sich in das rechte Verhältnis zu Gott bringen lassen (vgl. Mt 8,11). Die → Bergpredigt kann mit Recht als das »Grundgesetz« der Königsherrschaft Gottes bezeichnet werden. Hier werden die grundlegenden Verhaltungsregeln aufgezeigt, die für das Gottesreich gelten.

Mit Jesu Opfertod, Auferstehung und Himmelfahrt sind die geistlichen Grundlagen geschaffen, so daß die alten Verheißungen vom R. G. auf Erden und der Sendung Israels in Erfüllung gehen können. Darauf warteten offenbar die Jünger Jesu vor der Himmelfahrt: »Herr, wirst du auf diese Zeit wieder aufrichten das Reich Israel?« (Apg 1,6). In seiner Antwort hat der Auferstandene in keiner Weise diesen Gedanken verworfen, sondern nur gesagt, daß der Vater sich hierfür Zeit und Stunde vorbehalten habe. Vorerst steht die Erfüllung noch aus.

Aber etwas anderes ist seit Pfingsten in wunderbarer Weise vorhanden. Das R. G. umfaßt seitdem die Gesamtheit aller derer, die an Christus glauben, die große, weltweite → Gemeinde des Herrn, die repräsentiert wird durch die örtlichen Gemeinden auf Erden, sich aber mit diesen nicht deckt. In der Gemeinde, die Christi Leib ist, wird Gottes Königsherrschaft in dieser Welt vergegenwärtigt. In ihr fallen alle nationalen, religiösen und sozialen Schranken (Gal 3,28). Weil Christus der von Gott eingesetzte König des R. G. ist, heißt dieses R. auch das »Reich Christi« (2 Petr 1,11). Wer an Jesus glaubt, ist in sein Reich hineinversetzt (Kol 1,13; Eph 5,5). »Gerechtigkeit und Friede und Freude im Heiligen Geist« zeichnen es aus (Röm 14,17). Die Bürger dieses Reiches leben noch in der Welt (vgl. Joh 17,15), ihre Weisungen aber empfangen sie von oben, sie besitzen das Bürgerrecht des Himmels (Kol 3,1–3; Phil 3,20).

3) SEINE NOCH AUSSTEHENDE VOLLENDUNG.

Gottes Königsherrschaft ist jetzt nur verborgen vorhanden und nur dem Glauben faßbar. Auf das gegenwärtige Zeitalter, da die Gottesherrschaft innerlich in den Herzen ausgestaltet wird, wird mit der Wiederkunft des Herrn die Aufrichtung des Reiches in Kraft und Herrlichkeit folgen. Hier ist ein Doppeltes zu unterscheiden:

a) Das kommende R. wird zunächst ein irdisches sein. In diesem irdischen R. auf einer verklärten Erde werden eine Menge prophetischer Verheißungen in Erfüllung gehen (z. B. Jes 2,2–4; 11,6–9; Sach 8,13.20–23). Wir sind berechtigt, mit der Schrift von einem → Tausendjährigen Reich zu sprechen (Offb 20,1–6). Hier wird Israels Berufung sich erfüllen. In dem Völkergericht (→ Gericht), das Jesus bei seiner → Wiederkunft, wenn er seine Herrschaft antritt, abhalten wird, entscheidet er, wer würdig ist, das Reich zu »ererben« (Mt 25,31–46). Es wäre unstatthaft, die biblischen Aussagen über ein irdisches Reich Christi zu vergeistigen und damit zu entwerten. Es wird einmal so weit sein, daß vom Himmel proklamiert wird: »Es sind die Reiche der Welt unsers Herrn und seines Christus geworden, und er wird regieren von Ewigkeit zu Ewigkeit« (Offb 11,15).

b) Dieses irdische Reich Christi muß nun jedoch unterschieden werden von einer letzten Vollendung aller Dinge, wenn Christus seine Königsherrschaft in die Hände des Vaters zurücklegen und alle Mächte vernichtet haben wird (1 Kor 15,24). Dann wird das R. G. seine Vollendung gefunden haben. Wenn alle Feinde Gottes überwunden sind – als letzter der Tod (V 26) – dann hat Jesus seine Herrscheraufgabe erfüllt. Wenn Gott in der Herrlichkeit mitten unter der verwandelten Menschheit »zelten« wird (Offb 21,1–5), dann kann man – genau genommen – nicht mehr vom »Reich« sprechen.

Reif. Gefrorener Tau (2 Mo 16,14; Hi 38,29; Ps 147, 16), der aber in der Regenzeit des Winters nicht die große Bedeutung hat, wie der Taufall im Sommer (vgl. → Regen I, 1).

Reigen → Tanz

Reiher steht in LÜ für hebr. *chasidah* = → Storch. Dagegen bezeichnet das hebr. *anapah* in der Liste der unreinen Tiere (3 Mo 11,19 und 5 Mo 14,18), das Luther mit Häher übersetzt, wahrscheinlich den eigentlichen R., von dem in den See- und Sumpfgebieten Palästinas, vor allem am See Genezareth, am Jordan und am Kison, mehrere Arten vorkommen:

Der Purpurreiher *(Ardea purpurea)* mit seinem dunklen, purpurroten Gefieder; der blaugraue, auch in Deutschland verbreitete Fischreiher *(A. cinerea)*; der kleinere Schopf- oder Rallenreiher *(A. ralloides)* mit dem langen, gelbroten Schopf; der verhältnismäßig kurze, gedrungene Kuhreiher *(A. ibis)*, der sich häufig in der Nähe von Rinderherden aufhält und vorwiegend Insekten frißt; der bes. im Nilgebiet verbreitete kleine Seidenreiher *(Egretta garzetta)* und der wie der Kuhreiher gedrungene Nachtreiher *(Nycticorax nycticorax)* mit kurzem, dickem Schnabel und 3 charakteristischen weißen Zierfedern am Hinterkopf.

Rein und unrein, Reinheit, reinigen. Reinheit bzw. Unreinheit ist der Zustand, an dem sich entscheidet, ob der Mensch vor Gott erscheinen kann, sei es im Gottesdienst zu kultischer Handlung und Opfer (3 Mo 7,20.21; 4 Mo 9,9–11; Jes 35,8; 52,1), sei es zu persönlicher Begegnung und zum Leben mit Gott (Ps 51,4–14; Jes 6,5; Hes 36,25–28). Im ersten Fall sprechen wir von kultischer (levitischer) Reinheit bzw. Unreinheit, im andern Fall von Reinheit bzw. Unreinheit in Bezug auf die Sünde.

I) KULTISCHE REINHEIT UND UNREINHEIT.

1) ENTSTEHUNG.

Kultische Unreinheit entsteht durch das Essen bestimmter Tiere (3 Mo 11; 5 Mo 14,3ff), die Gott auch nicht als Opfer dargebracht werden durften (1 Mo 8,20; 3 Mo 27,27; 4 Mo 18,15–17) und den Aussatz (3 Mo 13; bes. V 45f; 4 Mo 5,2; 2 Kö 15,5), der nicht nur als menschliche Krankheit bekannt ist, sondern auch Häusern anhaften kann (3 Mo 14,33–53). Ferner verunreinigen das Siechtum der Wöchnerin (3 Mo 12) und bestimmte Absonderungen des menschlichen Körpers, der Eiterfluß (3 Mo 15,1–5; 4 Mo 5,2; → Krankheiten) und der Samenerguß des Mannes (3 Mo 15,16–18) – wobei trotz V 18 sicher nicht der Samenerguß beim Geschlechtsverkehr gemeint ist, wie ja auch der ähnliche Wortlaut von V 24 nicht den Geschlechtsverkehr meint –, die Monatsblutung (V 19–24) und die krankhafte Blutung der Frau (V 25–27). Schließlich macht Totes unrein, das Aas unreiner Tiere (3 Mo 11,8.11.24–28.31–38), der tote Körper eines gestorbenen oder unvorschriftsmäßig geschlachteten reinen Tieres (3 Mo 11,39.40; 22,8) und der menschliche Leichnam (4 Mo 19,11). Dies alles ist selber unrein und macht zugleich den unrein, der es berührt, sich in seiner Nähe befindet oder es genießt. Die Art der Übertragung der Unreinheit ist also verschieden, unterschiedlich ist auch die Dauer des unreinen Zustandes bei Menschen und Dingen, die verunreinigt worden sind.

2) REINIGUNG.

Bei der durch Genuß oder Berührung übertragenen Unreinheit genügte zur Reinigung des Betroffenen, der (nicht irdenen) Gefäße und der Geräte (3 Mo 11,32f; 15,12.17) eine Waschung, wonach der unreine Zustand am Abend aufhörte. Das gleiche galt beim Samenerguß des Mannes (3 Mo 15,16–18) und vermutlich auch bei der Monatsblutung der Frau (vgl. 2 Sam 11,2.4 EÜ, ZÜ). Die Verunreinigung durch einen Toten dauerte 7 Tage und erforderte eine zweimalige Besprengung mit dem dafür bereiteten → Sprengwasser (4 Mo 19). Bei eigener Unreinheit (Wöchnerin, Aussatz, Eiterfluß und krankhafte Blutung) dagegen war nach dem Aufhören des verunreinigenden Zustands außer der Erfüllung anderer Vorschriften stets noch die Darbringung eines Sündopfers notwendig (3 Mo 12,6–8; 14,19.49; 15,15.30).

3) VERHÄLTNIS DER KULTISCHEN UNREINHEIT ZUR SÜNDE.

Diese Vorschriften weisen darauf hin, daß bei der kultischen Unreinheit ein Zushg. mit der Sünde besteht. Das wird auch vom Gebrauch der hebr. Worte für »rein« *(thahor)* und »unrein« *(thame)* bestätigt. *Thahor* bedeutet urspr. »zum Licht hervorbrechend, lichtglänzend«; *thame* hat die Grundbedeutung »untergetaucht, schlammig, schmutzig« und bezeichnet in 5 Mo 23,13[12]ff; Hes 4,12–14 zunächst etwas Ekelerregendes, Häßliches, Widerliches. In Jes 6,5; Hes 22,5 (LÜ schändlich); Sach 13, 2 meint dasselbe Wort aber die ethische, sündige Unreinheit, entsprechend steht *thahor* in Hi 17,9; Ps 51,12 für die Reinheit von Sünde.
Trotzdem kann aber die kultische Unreinheit nicht mit Sünde gleichgesetzt werden. Denn Sünde überträgt sich nicht auf die besprochene äußerliche Weise, sie kann auch nur durch → Opfer beseitigt werden, nicht durch Waschungen.
Man hat nun die kultische Unreinheit in allen ihren Formen als entferntere oder nähere Wirkung des Todes aufgefaßt, der als Folge der Sünde in letztem Gegensatz zum lebendigen Gott steht (1 Kor 15,26). Dazu paßt, daß Totes und Krankheit (Eiterfluß, krankhafte Blutung) verunreinigte, daß der Samenerguß Vernichtung von Lebenskeimen ist und sich die Monatsblutung als Verlust von Lebenskraft deuten läßt. In gleicher Weise kann man die Unreinheit der Wöchnerin verstehen, wobei nicht das neugeborene Kind, sondern die Mutter, die Lebenskraft verloren hat, unrein ist. Bei den unreinen Tieren trifft diese Erklärung nur noch z. T. zu, bei den Raubtieren (3 Mo 11,27), den Raub- und Aasvögeln (V 13–16); vgl. auch das Gericht, daß ein Mensch nach seinem Tode von Hunden und Vögeln gefressen wird (1 Kö 14,11; 16,4; 21,24). Der Aussatz aber, der zudem medizinisch gesehen keine schwere Krankheit darstellt (→ Krankheiten: Aussatz), entzieht sich dieser Deutung, wenn der völlig Aussätzige als rein erklärt wird (3 Mo 13, 12.13).
So läßt sich einerseits sehen, daß bei der kultischen Unreinheit ein Zushg. mit Sünde und Tod besteht, die nach dem Fall die gesamte Schöpfung vergiftet haben, obwohl nirgends von einer persönlichen Schuld die Rede ist. Anderseits ist aber kein Grund anzugeben, warum gerade nur bestimmte Tiere und körperliche Vorgänge, nicht etwa sämtliche Krankheiten, zur Verunreinigung und Ausschluß des betreffenden Menschen vom Gottesdienst führen, womit ihm zugleich für die Dauer seiner Unreinheit die Möglichkeit genommen ist, durch ein Opfer die Versöhnung seiner Sünde zu erlangen.
Eins aber machen diese Vorschriften unübersehbar deutlich: wie ernst der reine und heilige Gott es meint, wenn er fordert: »Ihr sollt heilig sein, denn ich bin heilig« (3 Mo 19,2; vgl. 1 Petr 1,16).

4) KULTISCHE REINHEIT IM NT.

Das NT bringt keine Fortsetzung der kultischen Reinigung. Jesus geißelt die Sinnlosigkeit äußerer Waschungen bei innerer Verunreinigung durch die Sünde (Mt 15,11; 23,25.26; Lk 11,39.40), und Petrus wird ausdrücklich befohlen, das nicht für unrein zu halten, »was Gott gereinigt hat« (Apg 10, 15). Kein Teil der Schöpfung darf mehr als unrein an sich gelten (Röm 14,14; 1 Tim 4,4). Dem Reinen, d. h. innerlich von der Sünde Gereinigten, ist alles rein (Tit 1,15), soweit ihm nicht durch sein Gewissen (Röm 14,14.20) oder die Rücksicht auf den → schwachen Bruder (V 15.20.21; 1 Kor 8,8–13) geboten ist, bestimmte Dinge zu lassen. Vgl. weiter → Apostelkonzil, → Speisegesetze.

II) UNREINHEIT DURCH DIE SÜNDE.

1) Neben der kultischen Unreinheit, die vom atl. Gottesdienst ausschließt, steht die Unreinheit der → Sünde. Sie verunreinigt den Menschen in seinem Kern und Wesen, macht sein Herz, die Quelle der Gedanken und Worte (Mt 12,34.35), unrein, so daß daraus nur noch Unreines hervorgehen kann (Mt 15,19). Dadurch wird der persönliche Umgang mit dem heiligen Gott versperrt, die Gemeinschaft mit ihm unmöglich gemacht. Diese Verunreinigung ist mit dem Geborenwerden und Leben als Mensch in einer Welt, in der die Sünde herrscht, untrennbar verbunden (Hi 14,4; 15,14; 25,4; Spr 20,9; Jes 64, 5[6]).

2) Die Reinigung davon ist nur möglich durch die → Versöhnung und → Vergebung Gottes (Hes 36, 25), der allein das reine → Herz schenken kann (Ps 51,12; 73,1; vgl. Hi 22,30). Im AT hat der Herr zur Reinigung von unbeabsichtigten Übertretungen das → Opfer eingesetzt (3 Mo 4,1ff) und zugleich die Sünde unter seine göttliche Geduld gestellt (Röm 3,25), bis seine Verheißungen im Erlösungswerk

Jesu Christi Erfüllung fanden. Nun reinigt er die Herzen und Gewissen durch den Glauben (Apg 15, 9; Hebr 9,14; 1 Tim 3,9), so daß der Mensch zur Liebe (1 Tim 1,5; 1 Petr 1,22) und zu guten Werken fähig wird (Hebr 9,14; Tit 2,14) und den Herrn aus reinem Herzen anrufen kann (2 Tim 2,22). Dieses grundsätzliche, einmalige Gnadengeschenk Gottes schafft die Zugehörigkeit zu seinem Volk des Eigentums (Tit 2,14), seiner Gemeinde. Dem folgt die fortschreitende, wiederholte Reinigung durch den Herrn (Joh 15,2), die wachsende Frucht seines Geistes zum Ziel hat. Hier ist auch der Gläubige selber aufgerufen, sich ständig neu zu reinigen (1 Joh 3,3), von aller Befleckung des Fleisches und des Geistes (2 Kor 7,1), von falschen Lehren und Lehrern (2 Tim 2,16–18.21) und durch das → Bekenntnis seiner Sünden, so daß ihn das Blut Jesu rein macht von aller Sünde und Ungerechtigkeit (1 Joh 1,7–9). Der Ungläubige dagegen bleibt nicht nur selber im Sinn und Gewissen unrein, ihm ist auch alles unrein, womit er umgeht (Tit 1,15).

Reis, Reiser. Triebe, Schößlinge (Hi 8,16; Jes 53,2; Hes 17,4.22), dünne Zweige (Jes 27,10), trockenes Holz, Reisig (Apg 28,3). Im Gleichnis ist das R. Bild für den verheißenen Messias (Jes 53,2; Hes 17, 22); vgl. auch → Namen Jesu Christi: Zemach.

Reißen → Riß

Reiten → Pferd

Reizen heißt, jemanden zum Guten oder Bösen herausfordern, anspornen, lenken. Menschen r. oft zu Unwillen und Streit (Spr 30,33), stacheln andere auf, um sie als Werkzeuge zu benutzen (Mk 15,11). Die eigene Lust (Jak 1,14) und das schlechte Beispiel anderer (2 Petr 2,18) reizen – d. h. verlocken u. verführen – zur Sünde. Paulus warnt die Väter, ihre Kinder nicht durch falsche Erziehung in Zorn und Verbitterung zu treiben (Eph 6,4). Menschliche Sünde, bes. der → Götzendienst, reizt Gott, d. h. ruft seinen Zorn und sein Gericht hervor (Ps 78,58; Hes 8,17; 5 Mo 32,16). In der Gemeinde Jesu Christi aber spornt man einander an zur Liebe und zu guten Werken (Hebr 10,24; Röm 11,14; 2 Kor 9,2).

Rekem, hängt viell. mit hebr. »mit farbigen Fäden wirken, buntwirken« zusammen.
1) Midianiterfürst (4 Mo 31,8; Jos 13,21).
2) Judäer, Sohn Hebrons (3) (1 Chron 2,43.44).
3) Manassit, Sohn des Seres (1 Chron 7,16).
4) Ort in Benjamin (Jos 18,27), viell. Kalandije, 9 km nördl. von Jerusalem.

Remalja, Vater des Königs Pekah (2 Kö 15,25; Jes 7,1.9). Nach der Jesajarolle von Qumran ist der Name wohl Rumlajahu = »Sei erhaben, Herr!« zu lesen.

Remeth. Stadt in Isaschar (Jos 19,21), viell. mit der Levitenstadt → Jarmuth (2) oder → Ramoth (2) gleichzusetzen. Man vermutet R. u. a. in Kokab el Hawa (neuhebr. Kokhav Hayarden), 11 km nördl. von Beth-Sean. Vgl. Taf. 97/1536.

Remphan, von den Israeliten in der Wüste verehrte heidnische Gottheit (Apg 7,43). Die Namensform geht auf die LXX zurück, die an der von Stephanus angeführten Stelle (Am 5,26) statt des hebr. → Chiun (MT) Raiphan liest.

Rente bezeichnet in Es 6,8 die gesamten Steuereinkünfte des pers. Königs im Gebiet westl. des Euphrats. In Es 7,24 (ebenso in Es 4,13.20, wo LÜ jährliche Zinse übersetzt) ist dagegen nur eine bestimmte Art von Steuern gemeint, viell. eine Grundsteuer oder Straßen- und Brückenzölle. Vgl. → Abgaben.

Rentmeister. I) Der Beamte, der unter David und Salomo für die Fronarbeiten (→ Frondienst) verantwortlich war (hebr. *al hammas* »der über die Zwangsarbeiten [gesetzt ist]«; 2 Sam 20,24; 1 Kö 4, 6; 5,28[14] LÜ über solche Anzahl; 2 Chron 10,18). Wir kennen in dieser Stellung nur Adoniram, der sich so verhaßt gemacht hatte, daß die Israeliten ihn in Sichem steinigten, als Rehabeam ihn unklugerweise als Unterhändler zu den aufständischen 10 Stämmen sandte (1 Kö 12,18).
II) In Röm 16,23 bezeichnet R. (griech. *oikonomos*) den obersten Finanzbeamten der Stadt Korinth. Vgl. → Erastus.

Repha »An Gütern reich«,
Ephraimit, offenbar Sohn des Beria, Vorfahr Josuas (1 Chron 7,25).

Rephael »Gott hat geheilt«,
levitischer Torhüter, Sohn Semajas aus der Familie Obed-Edoms (1 Chron 26,7).

Rephaim, Tal oder **Grund** »Tal der Riesen«,
fruchtbares Tal (vgl. Jes 17,5) an der Grenze von Juda und Benjamin (Jos 15,8; 18,16), nicht weit von Bethlehem entfernt (vgl. 1 Chron 11,15–18). Hier besiegte David mehrmals die Philister (2 Sam 5, 17ff; 23,13ff; 1 Chron 14,9ff). Heute die Ebene el-Baka südwestl. von Jerusalem (neuhebr. Emeq Refaim), die sich bis halbwegs nach Bethlehem hinzieht. An ihrem Südende liegt das Eliaskloster (vgl. → Baal-Perazim). Der Name des Tales, in dem sich Siedlungsreste von der älteren Steinzeit an fanden, erinnert an die Urbevölkerung Palästinas, die → Riesen.

Rephaja »Der Herr hat geheilt«.
1) Nachkomme Isaschars, Sohn Tholas (1 Chron 7, 2).
2) Simeonitischer Fürst z. Zt. Hiskias (1 Chron 4, 42.43).
3) Sohn des Hur, Oberster des halben Bezirks von Jerusalem z. Zt. Nehemias (Neh 3,9).
4) Nachkomme Serubabels (1 Chron 3,21).

Resa, Nachkomme Serubabels, Vorfahr Jesu (Lk 3,27).

Resen, assyr. Stadt zwischen → Ninive und → Kalah (1 Mo 10,12). Heute viell. Salamije, ca. 5 km nördl. von Kalah.

Reseph »Brand, Flamme«,
Ephraimiter, offenbar Sohn Berias (1 Chron 7,25).

Reson, hängt mit »gewichtig, im Urteil zuverlässig sein« zusammen.
Sohn Eljadas, der seinen Herrn, König → Hadadeser von Zoba, verließ, eine Schar von Männern um sich sammelte und sich zum Herrscher von Damaskus machte. Er war ein Gegner Salomos (1 Kö 11, 23–25) und herrschte vermutlich bis gegen 930 v. Chr. Vgl. auch → Benhadad (1).

Rest. I) ÜBERSICHT UND BEFUND.
R. ist fast ein theologischer Hilfsbegriff, der einen wesentlichen Teil der biblischen Gerichts-und Heilsverkündigung zusammenfaßt.

1) Das Wort R. (in der ZÜ häufiger gebraucht) wird in der LÜ auf vielfache Weise, oft mit »übrig« oder »übrig bleiben«, umschrieben. Auch das AT hat im Hebr. eine Reihe von Wörtern, die die im Begriff R. ausgedrückte Sache wiedergeben. Es sind dies *schaar* »übrigbleiben«, *palat* »entkommen«, *sarad* »entkommen«, *jathar* »übrigbleiben« sowie Ableitungen von diesen Wurzeln.
Dementsprechend übersetzt LXX auch verschieden, meist mit *kataleipein* und *hypoleipein* »übrigbleiben« und den dazu gehörigen Hauptwörtern.

2) Der theologisch gefüllte Restgedanke, der durch diese Wörter ausgedrückt wird, findet sich im AT ausschließlich bei den Propheten im Blick auf Israel, bes. bei Jes, und im NT bei Paulus (Röm 9–11), wo er auf die prophetische Botschaft über Israel zurückgreift.
So ist der Restgedanke nur vom prophetischen → Amt her zu verstehen. Der → Prophet als der Mund Gottes ist das Gewissen Israels. Er weist auf die Sünde des Gottesvolkes hin und deckt sie auf. Er verkündet Gottes → Gericht über den Ungehorsam und zeigt den Weg zum → Heil.
Mit der Aussage vom R. Israels, der durch das Gericht Gottes hindurchgerettet wird, ist die prophetische Botschaft geradezu auf eine kurze »Formel« gebracht.

II) DER INHALT DES R.-GEDANKENS IM AT.

1) Unbedingte Voraussetzung für die Botschaft vom R. ist die Tatsache der → Erwählung Israels durch Gott. Gott hat mit diesem Volk vor allen Völkern einen Bund gemacht zum Heil und Israel über alle Völker gestellt (5 Mo 7,6.7 u. ö.). Diese Stellung Israels hat Gott gesetzt, aber er hat sie an den Gehorsam gegen sein Gebot gebunden (V 12). Und Israel hat weithin diesen Gehorsam verweigert (Jer 2,27).

2) Die Berufung der Propheten ist Gottes Antwort auf Israels Ungehorsam. Sie haben mit Nachdruck die Härte des göttlichen Gerichtes über Sünde und Ungehorsam zu verkündigen. Hier wird erstmalig vom R. gesprochen, und zwar wird die Härte und Totalität des Gerichtes betont (Am 3,12; 5,3; 6,9.10; Jes 6,10–13a; Jer 24,8–10; Hes 6,8–9; 9,8–9). Der geringe R., der das Gericht übersteht, macht die Gewalt des Gerichts deutlich. So liegt in der Botschaft vom R. ein ungeheurer Ernst.

Zugleich wird aber auch die tröstliche Seite der Botschaft vom R. deutlich. Das Gericht ist nicht endgültig, sondern hat seine Grenzen. Gottes Treue zu dem Bund mit Israel hält über das Gericht hinweg (Jes 1,8.9). Der R. ist aber nicht ein entwicklungsfähiges Überbleibsel, sondern der Stamm (Jes 6,13; vgl. auch Zeph 3,12.13), der neu ausschlägt, ist ein Wunder des Schöpfers (vgl. auch Sach 8). Es geht also beim R. um einen von Gott gesetzten Neuanfang (ähnlich 1 Kor 15,37ff.42ff).

Solcher Neuanfang liegt jeweils in der Berufung der Propheten vor. Sie und ihre Jünger sind die, die im Glauben und Vertrauen zu Gott leben (Jes 8,16–18). Somit sind die Propheten in ihrem Amt die Verheißung des R.
Das wird auch deutlich an Jes 7,1–9. Der Jesaja-Sohn Sear-Jasub (hebr. »ein Rest kehrt um«) ist personifizierte Verheißung gegenüber dem Unglauben des Davidsohnes Ahas: Gott wird sich ein Volk setzen, das ihm im Glauben lebt. Dabei wird immer betont, daß Gott selber den R. setzt (Mi 4,7 wörtl.: Ich setze die Lahmen zum R.; LÜ daß sie Erben haben sollen; vgl. Mi 2,12; 5,6; Jes 11,11). Das zeigt auch die Bezugnahme auf die Rettung aus Ägypten (Jer 23,5ff; 31,31ff). Grund dazu ist seine Barmherzigkeit und Treue, die errettet und heiligt (Jes 4,3; 46,3f; 10,22). Hier wird Leben im Glauben sein (Jes 10,20f; 37,31; Sach 12, 11–13), Gott wird wieder zur Hilfe (Jer 15,11), und er vergibt die Sünden (Mi 7,18). Gott hält also seine Bundestreue durchs Gericht hindurch.

3) Zunächst bezieht sich diese prophetische Botschaft in hohem Maße auf die Gerichtszeit der babyl. → Gefangenschaft. Gott will der → Zerstreuung ein Ende setzen und mit den Heimkehrenden, den Übriggebliebenen einen neuen Anfang machen (Jes 11,16; Jer 31,7f; 23,3).

4) Ihre tiefste Erfüllung empfangen diese Verheißungen jedoch mit dem Kommen des Messias (Jes 11,1.2). Er selber ist der Anfang des R. Und alles Leben der Propheten im Glauben ist ausgerichtet auf diese Zukunft. Sie selber sind schon der Anfang des Neuen, aber noch in der Hoffnung (Eph 2,20).

III) DIE SETZUNG DES R. IM NT.

1) Die Botschaft vom R. wird mit dem Kommen Jesu verwirklicht, und zwar in der Berufung und Sammlung der → Gemeinde.
Hier ist der R. Israels, mit dem Gott durch Jesus den Neuanfang macht, ein R., der nicht übrig geblieben ist, sondern seine Existenz dem Schöpfungswirken Gottes in Jesus verdankt (Mk 3,14 wörtl.: Er machte [griech. *poiein*] die Zwölf, daß sie bei ihm sein sollten ...).

2) Paulus beschäftigt sich mit der Frage des R. ausführlich in Röm 9–11 im Zushg. mit der Frage des Unglaubens Israels und der Verwerfung des Christus. Die Botschaft vom R. geht jetzt in Erfüllung (Röm 9,27–29). Ganz deutlich sind die an den Christus glaubenden Juden der R., das wahre Israel des Glaubens, Gottes Neuanfang. Der Christus ist für sein Volk also zur Scheidung geworden. An ihm sondert sich das wahre Israel des Glaubens ab: der R., dem die Glaubenden aus den Heiden beigegeben sind (Röm 11,17–24). Auch hier geht es deutlich um Ende und Neuanfang durch Gott im Glauben. Paulus kennt aber auch die Hoffnung, die die Botschaft vom R. enthält. Er weiß, daß sich in ihr Gottes Treue zu seinem Bund und seinen Verheißungen über menschliche Sünde und sein Gericht hinaus ausdrückt. So kann er von der endlichen Rettung des ganzen Israel reden (V 25–32). Erst dann ist Gottes Heilshandeln, das in der Setzung des R. neu begonnen hat, zum vollen Ende gekommen.

Retten, Rettung → Heil

Reue, reuen, bereuen ist Leidtragen über etwas, das getan oder unterlassen wurde, von dem man aber wünscht, es lieber nicht getan bzw. nicht unterlassen zu haben.

I, 1) Von menschlicher R. ist im AT nur selten (2 Mo 13,17; Ri 21,6.15; Jer 8,6 LÜ leid sein; 31,19 u. Hi 42,6 LÜ Buße tun) die Rede. Das Wort wird hier fast ausschließlich von Gott gebraucht (s. u. II).

2) Auch im NT kann das griech. *metamelomai* (= reuen: Mt 21,29; 27,3; 2 Kor 7,8.10) mit »Buße tun« (Mt 21,32) wiedergegeben werden. Anderseits wird das griech. *metanoia* (= → Buße, → Bekehrung) bzw. *metanoeô* (= Buße tun, umkehren) mehrfach mit R. (2 Kor 7,9.10) bzw. reuen (Lk 17, 4) übersetzt. Der Schmerz über die Sünde (Reue) und die Abkehr von ihr (Buße) gehören eben untrennbar zusammen.
In 2 Kor 7,10 bedeutet R. demnach die göttliche, d. h. gottgewollte Trauer des Menschen, die fühlt, wie durch menschliche → Sünde → Heiligkeit und

→ Liebe des Herrn verletzt wurden, und die nun eine Abkehr und Umkehr bewirkt, die zum → Heil führt. Die menschliche Traurigkeit aber, der es nur leid tut, sich selber durch den begangenen Fehler Schaden oder Schande gebracht zu haben, führt zum ewigen Tod.

II, 1) Im AT wird von Gott mehrfach gesagt, etwas habe ihn gereut, könne ihn reuen bzw. nicht gereuen. »Da reute es den Herrn, daß er die Menschen gemacht hatte auf Erden, und es bekümmerte ihn in seinem Herzen« (1 Mo 6,6; EÜ: es schmerzte ihn in sein Herz hinein). Gott sagt: »Wenn aber ein Volk Böses tut, so soll mich auch reuen das Gute, das ich ihnen verheißen hatte zu tun« (Jer 18,10) und: »Es reut mich, daß ich Saul zum König gemacht habe« (1 Sam 15,11). Anderseits reut den Herrn das Übel (Jon 3,10), das Unglück (Jer 18,8) und die Strafe (Jo 2,13), die er als Gericht angedroht oder verhängt hat. Er sagt aber auch: »Ich habe es beschlossen, und soll mich nicht reuen« (Jer 4,28) und: »Ich will nicht schonen, noch mich's reuen lassen« (Hes 24,14).

2) Daß diese Redeweise nicht in menschlichem Sinn zu verstehen ist, zeigt die HS deutlich: »Gott ist nicht ein Mensch, daß er lüge, noch ein Menschenkind, daß ihn etwas gereue. Sollte er etwas sagen, und nicht tun? Sollte er etwas reden, und nicht halten?« (4 Mo 23,19). Und in 1 Sam 15, wo zweimal steht, es habe den Herrn gereut, daß er Saul zum König gemacht hatte (V 11.35), heißt es in V 29: »Auch lügt der Held in Israel nicht, und es gereut ihn nicht; denn er ist nicht ein Mensch, daß ihn etwas gereuen sollte« (vgl. Mal 3,6).

3) Die Aussage, Gott habe etwas gereut, ist tatsächlich der Ausdruck dessen, daß der Herr bei verändertem Sinn des Menschen auch sein Verfahren mit diesem Menschen ändert. Er zeigt sich auch darin als der lebendige Gott, der in der Einheit und Geschlossenheit seines Wesens doch ganz frei handelt. Er kann eine Drohung zurücknehmen, sobald sie ihren Zweck erfüllt hat, und er kann eine Verheißung aussetzen, wenn sie ihr Ziel am Menschenherzen doch nicht erreichen würde. Es ist nicht so, als ob der Herr sein Handeln als Fehler erkannt hätte, denn er behält recht in allem, was er tut (Jer 12,1); er trauert vielmehr darüber, daß der Mensch sich der Absicht seiner Liebe verschließt. So gibt uns diese »R. Gottes« einen Einblick in sein Herz, das sich jedes Menschen erbarmt, der sich ihm zuwendet: »Wer zu mir kommt, den werde ich nicht hinausstoßen« (Joh 6,37), das aber bei allem Vaterschmerz (1 Mo 6,6) richten muß, wo das Urteil lautet: »Ihr habt nicht gewollt« (Mt 23,37; vgl. Jes 30, 15; Jer 5,3; 6,16.17; 22,21).

Rezeph, dasselbe Wort heißt sonst »Glühstein«, von den Assyrern eroberte Stadt (2 Kö 19,12; Jes 37,12), assyr. Rasappa. Dieser Name kommt in den assyr. Inschriften für verschiedene Orte vor, hier ist wahrscheinlich das heutige Resafe gemeint, ca. 130 km nordnordöstl. von Palmyra auf dem Wege nach Haran und ca. 25 km südl. vom Euphrat. Vgl. Karte Sp. 1359/60.

Rezin, wohl »Quell«.

1) Der letzte Syrerkönig von Damaskus. In den Keilinschriften Thiglath-Pilesers III. wird er als Razon erwähnt, der zugleich mit Menahem von Israel dem Assyrerkönig Tribut zahlte (743 v. Chr.). Mit → Pekah von Israel zusammen wollte R. Juda in ein Bündnis gegen Assyrien hineinzwingen; jedenfalls scheint dies das Ziel des syr.-ephraimitischen Krieges gewesen zu sein (2 Kö 15,37; Jes 7,1.4.8; 8,6). R. eroberte Elath (2 Kö 16,6). Da rief → Ahas trotz Jesajas Warnung Thiglath-Pileser zu Hilfe, der 732 v. Chr. Damaskus eroberte und R. tötete (V 9).

2) Stammvater einer Familie der Tempelknechte, die aus der babyl. Gefangenschaft zurückkehrten (Es 2,48; Neh 7,50).

Rhegion, Hafenstadt an der Südspitze Italiens in der Straße von Messina, heute Reggio; Station auf der Fahrt des Paulus von Malta nach Rom (Apg 28, 13). Vgl. Karte Sp. 1049/50.

Rhode »Rose«,
Magd der Maria, der Mutter des Johannes Markus (Apg 12,12–15).

Rhodus »Roseninsel«,
wasser- und waldreiche Mittelmeerinsel vor der SW-Küste Kleinasiens mit gleichnamiger Hauptstadt. Die Stadt war im Altertum ein wichtiges kulturelles und Handelszentrum. Die letzte Reise des Paulus nach Jerusalem führte über R. (Apg 21,1). Vgl. Taf. 74b/1153; Karte Sp. 1049/50.

Ribai »Der Herr möge streiten, den Prozeß führen«, Benjaminit aus Gibea, Vater des Itthai, eines der Helden Davids (2 Sam 23,29; 1 Chron 11,31).

Ribla.

1) Stadt im Lande Hamath (2 Kö 23,33; Jer 39,5), heute Ribleh am Orontes, 34 km südl. von Homs (vgl. Karte Sp. 282). 608 v. Chr. lag in R. das Hauptquartier von Pharao Necho, 586 v. Chr. das von Nebukadnezar, der hier Zedekia blenden und seine Söhne sowie andere vornehme Juden hinrichten ließ (2 Kö 25,6.720.21; Jer 39,5–7).

2) In 4 Mo 34,11 ist offenbar ein anderer, unbekannter Ort gemeint.

Richtblei → Messen

Richten bedeutet in der HS sowohl Richtunggeben (vgl. 1 Sam 7,3; 2 Thess 3,5), zum Recht verhelfen (vgl. die → Richter), das Urteil fällen, Gericht halten (vgl. → Recht, Rechtssprechung) wie auch allg. beurteilen.

I) Gott selbst wird sein Volk (5 Mo 32,36) wie alle Völker der Erde (Mi 4,3; Ps 9,9; 110,6) r., und zwar nicht nach der vordergründigen Erscheinung, sondern auch nach dem Verborgenen des Herzens (Jes 11,3; Röm 2,16; Apg 17,36) ohne Ansehen der Person (1 Petr 1,17). Weil Gott unbestechlich und absolut Recht schafft, trösten sich die Angefochtenen damit und werden die Schuldigen gewarnt (Ps 35, 24; Hi 13,9). Vgl. → Gericht.

II) Aber auch nur Gott allein kommt in Wahrheit das R. zu. Das NT warnt immer wieder vor dem R. und verdammenden Urteilen der Menschen untereinander: »Richtet nicht, auf daß ihr nicht gerichtet werdet; denn nach welchem Maßstab ihr richtet, werdet ihr gerichtet werden« (Mt 7,1.2; Lk 6,37). Paulus stellt die Richtenden zur Rede, wer sie denn seien, daß sie einen anderen (Röm 2,1; 14,13), einen fremden Knecht (V 4) bzw. ihren Bruder (V 10) richten. Und Jakobus macht klar, daß der, der seinen Bruder hinter dem Rücken verurteilt, das Gesetz richtet (Jak 4,11.12), weil er nämlich nicht aus helfender Liebe zu ihm handelt.

III) Unterschieden davon ist aber das R. über geistliche Dinge (1 Kor 2,13.14; Apg 15; → Apostelkonzil) und Weissagungen (1 Kor 14,29), also das vom Glauben bestimmte sachliche Beurteilen von Din-

gen des Glaubens und der Lebensordnung der Gemeinde; dazu ist die Gemeinde sogar verpflichtet. Und von daher ist ihr dann auch ein Urteilen geboten über die Sünde derer, »die drinnen sind« (1 Kor 5,11.12; 1 Tim 5,20.24). Denn niemand soll seinem Bruder zum Anstoß oder → Ärgernis werden (Röm 14,13). Entsteht es doch, so sollen geistliche Menschen unter der Leitung des Heiligen Geistes in Gegenwart des Angeschuldigten (Gal 2,11.14; 1 Tim 5,20) und von 2 oder 3 Zeugen (2 Kor 13,1; 1 Tim 5,19) die Angelegenheit bereinigen. In Mt 18,15–18 schreibt der Herr eine bestimmte Ordnung vor, die schließlich, wenn sich der Sünder nicht beugen will, zu seinem Ausschluß aus der Gemeinde (1 Kor 5, 13), ja zu seiner »Übergabe an den Satan« (V 5; 1 Thim 1,20; vgl. Mt 5,22; führen kann.
Ziel ist jedoch die gegenseitige Vergebung (Kol 3, 13) und die Wiederherstellung des vollen brüderlichen Verhältnisses. Deshalb sollen auch Klagen, d. h. Beschwerden oder Streitigkeiten der Gläubigen untereinander in der Gemeinde und nicht vor heidnischen Gerichten geordnet werden (1 Kor 6,1–8). In diesen Zusammenhang gehört auch die Selbstbeurteilung des einzelnen, die Mahnung Jesu: »Warum beurteilt ihr nicht von euch aus, was recht ist?« (Lk 12,57) und der Aufruf des Paulus: »Wenn wir uns selber richteten« – und entsprechend handelten bzw. Vergebung suchten – »so würden wir (von Gott) nicht (mehr) gerichtet« (1 Kor 11,31). Dabei steht das abschließende Urteil jedoch immer beim Herrn (1 Kor 4,4); der Christ kann sich auch bei unverletztem Gewissen nicht selber freisprechen (V 3). (Vgl. → Bekenntnis, → Ermahnung, → Licht II, 4).

Richter. I, 1) Die »Zeit, da die Richter regierten« (Rt 1,1) liegt zwischen dem Tod Josuas (Jos 24,29–31; Ri 2,6–10) und der Wahl Sauls zum König (1 Sam 10,17ff; 12). Es waren vielfach harte und blutige Jahre, voller Grausamkeiten (Ri 9) und Gewalttaten (Ri 19). Die Israeliten standen unter der Leitung ihrer örtlichen → Obersten und → Ältesten (Ri 2,7; 10,18; 11,5–11; 1 Sam 4,3; 8,4), eine Zentralgewalt fehlte: zu der Zeit war kein König in Israel, und jeder tat, was ihn recht dünkte (Ri 17,6; 18,1; 21,25). Der Zusammenhalt der Stämme lockerte sich (vgl. Ri 5,15b–17), Neid und Geltungsbedürfnis machten sich breit (Ri 8,1–3; 12,1–6); nur am Anfang der Richterzeit (vgl. Ri 20,28) hatten sich noch einmal alle isrl. Stämme zur Bestrafung Benjamins vereinigt (V 1.11).
Das Volk war in drei Gruppen aufgespalten: die Stämme im Ostjordanland, die im nördl. und mittleren Westjordanland und Juda im S, durch Gibeoniter und Jebusiter vom übrigen Israel getrennt. Aber auch an anderen Orten waren die Kanaaniter sitzen geblieben (Ri 1,19.21.27–35; 3,1–6). Zersplittert und nach außen uneinig war Israel weithin wehrlos Raubzügen und der Unterdrückung durch seine Nachbarn preisgegeben. Hintergrund und Ursache dieses Niedergangs bildete der Abfall vom Herrn (Ri 2,10–13), Ungehorsam und → Götzendienst; neben dem Zentralheiligtum der Stiftshütte in Silo (Jos 18,1; 1 Sam 1,3) entstanden Privat- (Ri 17) und Stammesheiligtümer (Ri 18,30).

2) Die Geschichte Israels in der Richterzeit ist durch wiederholten Ablauf einer Kette gleicher Ereignisse charakterisiert. Als Strafe für den Abfall des Volkes gibt der Herr die Israeliten ihren Feinden preis (Ri 2,11–15; 3,7.8.12–14 u. ö.), für kürzere oder längere Zeit (Ri 6,1; 13,1), bis sie wieder zu ihm um Hilfe schreien (Ri 3,9.15; 4,3) und ihn ihr Wehklagen jammert.

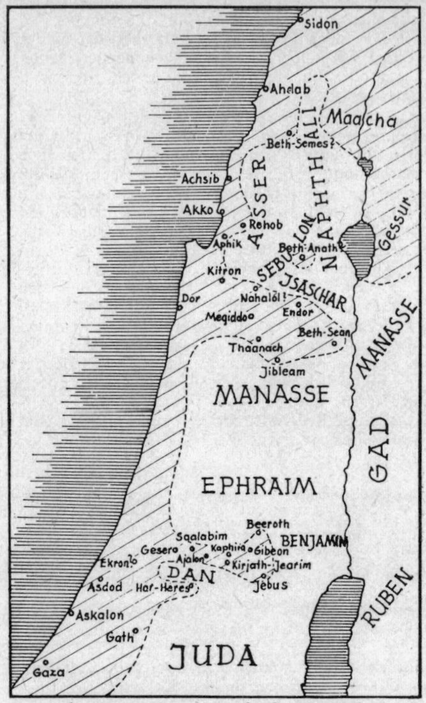

Reste der Kanaaniter im verheißenen Land, die die Israeliten nicht vertreiben konnten (nach Ri 1–3)

Nun gibt Gott ihnen einen Richter, der sie aus der Hand ihrer Feinde befreit (Ri 2,18; 3,31), und für dessen Lebenszeit dann Ruhe im Land herrscht (V 11; 8,28). Einblick in das Volks- und Alltagsleben solcher Ruhezeit gewährt das Buch Ruth. Nach dem Tode des Richters aber beginnt der Abfall von neuem (Ri 3,12; 4,1; 6,1). Über der Gleichartigkeit dieses Ablaufs dürfen aber die Verschiedenheiten im einzelnen nicht übersehen werden, die zeigen, daß wir es in den Berichten mit lebendiger Geschichte und keiner Konstruktion zu tun haben.

II, 1) Die Richter, die der Herr seinem Volk → erweckte (Ri 2,16.18; 3,9.15), waren aber nicht allein militärische Führer und Befreier von Fremdherrschaft, die dem Volk sein Lebensrecht sicherten. Zu ihren Aufgaben gehörte auch die Rechtsprechung (Ri 4,5; 1 Sam 7,15–8,3) und die Bewahrung des Gottesrechtes (vgl. Ri 2,17.19), die Schlichtung von Streitigkeiten u. der Ausgleich geschehenen Unrechts (1 Sam 2,25a). Debora war Richterin, bevor sie Barak zum Kampf gegen Sisera aufrief (Ri 4,5–7); Samuel war Prophet, ehe er als Richter auftrat (1 Sam 3,20). Eli war Hoherpriester (1 Sam 1,9), und wie er scheinen auch Thola, Jair, Ebzan, Elon und Abdon keine Kriege geführt zu haben (Ri 10,1–5; 12, 8–15). Gideon (Ri 6) und Simson (Ri 13) wurden unmittelbar vom Herrn berufen, Jephthah wurde vom Volk gewählt (Ri 11,11); von Thola und Jair heißt es, daß sie sich aufmachten, Israel zu helfen und zu richten (Ri 10,1.3). Nur Samuel setzte seine Söhne als Nachfolger ein (1 Sam 8,1–3). Von Othniel, Gideon, Jephthah und Simson hören wir, daß vor dem Beginn ihrer Kämpfe der Geist des Herrn auf sie kam (Ri 3,10; 6,34; 11,29; 13,25).

2) Der Richter handelte im Auftrag des Herrn, wie → Mose und → Josua es getan hatten. Seine Aufgabe war aber gewöhnlich örtlich begrenzt, sein Amt galt nur für jeweils einen Teil der Stämme; und wir werden öfter mit dem gleichzeitigen Auftreten mehrerer Richter rechnen müssen. Das ergibt sich schon aus der Summe der angegebenen Jahreszahlen, die auch bei der Frühdatierung des → Auszugs (IV) den zur Verfügung stehenden Zeitraum überschreitet.

Aus dem Wunsch nach einer größeren Stabilität der Herrschaft durch die Bildung einer Dynastie boten einige Israeliten schon Gideon das Königtum an, der es aber ablehnte, weil der Herr → König Israels ist (Ri 8,22.23). Das eigenmächtige Königtum seines Sohnes Abimelech in Sichem war nur von kurzer Dauer (Ri 9). Am Ende der Richterzeit aber wurde das Verlangen des Volkes nach einem König, »wie ihn alle Völker haben« (1 Sam 8, 5), so stark, daß Samuel ihm auf Befehl des Herrn nachgeben mußte (V 6–9).

3) Amt und Stellung des Richters (hebr. *schopet*), die umfassender sind als die der Ältesten des Volkes und geringer als die eines Königs, finden eine vergleichbare Entsprechung bei den Phöniziern. So hatte Tyrus um 560 v. Chr. für mehrere Jahre keinen König, sondern eine Reihe von Richtern (phön. *schufetim*), von denen einer auch Priester war (nach Josephus). Und in Karthago führten die höchsten Staatsbeamten den gleichen Titel (lat. *sufetes*).

Vgl. Karte Sp. 492. Vgl. auch → Recht II.

Richter, Buch der. I) NAME.

Das B.d.R. hat seinen Namen von den Gestalten, die in ihm die Hauptrolle spielen. Die → Richter waren von Gott vor allem in bes. Notzeiten berufene Männer mit bes. Gaben, die Israel befreiten und nach Gottes Gesetz Recht sprachen. In ihnen offenbarte sich Gottes Handeln an Israel.

II) VERFASSER.

Der Verfasser wird nicht genannt. Offensichtlich liegt dem Buch eine Liste der Richter zugrunde, die recht ungleichmäßig durch ausführliche Darstellungen ihrer Taten oder kurze Notizen über ihre Wirkungszeit ergänzt ist. Wir haben also offensichtlich eine Sammelarbeit vor uns, die alte Berichte aus verschiedenen Quellen benutzt.

III) INHALT.

1) Das B.d.R. berichtet über die Zeit der Geschichte Israels, die zwischen dem vorläufigen Abschluß der Landnahme und der Staatwerdung liegt. Geschichtlich gesehen ist es der Bericht einer Übergangsperiode, die mit dem Tod Josuas beginnt und mit dem Wirken Samuels endet und etwa die drei Jahrhunderte vor der Staatwerdung (um 1000 v. Chr.) umfaßt (vgl. → Richter II, 2).

2) Ri 1,1–3,6 gibt einen allgemeinen Überblick, der die ganze Epoche entschlüsselt. Die Eroberung des Landes ist noch nicht abgeschlossen, vielmehr halten sich innerhalb der isrl. Stammesgrenzen noch heidnische Reste (Ri 1,21–36; 3,1–6). Sie werden Israel zur geistlichen Bedrohung und Versuchung und verleiten es immer wieder zum → Götzendienst. Das bedeutet Abfall von Gott. So ist für die Richterzeit das Pendeln zwischen Gehorsam und Abfall bezeichnend, das sich äußerlich im Wechsel von Freiheit und Unterdrückung widerspiegelt (Ri 2,10–23). Die Knechtschaft findet jeweils im »Schreien Israels zu Gott« und der → »Erweckung« eines Richters ihr Ende (Ri 3,9; 3,15; 4,3; 6,6), so wie sie in Gottes »Verkaufen unter die Heiden« ihren Anfang nimmt (Ri 3,8; 4,2; 10,7; vgl. auch 3,12; 6,1). In diese fast stereotypen Aussagen ist eine Fülle bunter Berichte und knapper Notizen eingelegt. Dazu kommen noch einige bes. Stücke: das gewaltige Debora-Lied (Ri 5), der Bericht über den gescheiterten Versuch des Gideon-Sohnes Abimelech, in Sichem ein Königtum aufzurichten (Ri 9), der Bericht von Michas Götzendienst und dessen Übernahme in den Stamm Dan (Ri 17; 18), der Bericht von der Schändung in Gibea und der Bestrafung des Stammes Benjamin (Ri 19–21).

Alle Darstellungen geben ein recht ausführliches Bild der notreichen Richterzeit als einer Zeit innerer und äußerer Kämpfe um die Stellung Israels in Kanaan.

3) Gliederung.
- I. Einleitung (1,1–3,6).
  - 1. Kämpfe nach Josuas Tod (1,1–36).
  - 2. Wesen der Richterzeit (2,1–3,6).
- II. Die einzelnen Richter (3,7–16,31).
  - 1. Othniel (3,7–11).
  - 2. Ehud (3,12–30).
  - 3. Samgar (3,31).
  - 4. Debora und Barak (4,1–5,31).
  - 5a. Gideon (6,1–8,35).
  - b. Abimelech (9,1–57).
  - 6. Thola (10,1.2).
  - 7. Jair (10,3–5).
  - 8. Jephthah (10,6–12,7).
  - 9. Ebzan (12,8–10).
  - 10. Elon (12,11.12).
  - 11. Abdon (12,13–15).
  - 12. Simson (13,1–16,31).
- III. Zwei Stammesgeschichten.
  - 1. Dan (17,1–18,31).
  - 2. Benjamin (19,1–21,25).

IV) BOTSCHAFT.

Man wird über der vielfach bunten Darstellung nicht die geistliche Ausrichtung des B.d.R. übersehen dürfen. Hier wird die Geschichte → Israels als des Gottesvolkes in der Epoche der Übergangszeit erzählt.

Durch die neue Nachbarschaft mit den Heiden erstehen Israel nach der Landnahme neue große Versuchungen. Das Volk muß nach der 40jährigen Isolierung in der Wüste ein Verhältnis zu seinen Nachbarn, den Heiden, gewinnen. Es geht dabei besonders um das Verhältnis zum Götzendienst, der Verehrung der Fruchtbarkeitsgötter. Hier muß sich Israel bewähren (Ri 2,10ff). Aber Israel bewährt sich nicht, es paßt sich vielmehr den Nachbarn an. Das wird immer wieder gezeigt (Ri 3,7.12; 4,1; 6,1. 25ff), besonders deutlich an der Geschichte Abimelechs (Ri 9), auch der Simsons (Ri 13–16), die ja weithin eine Geschichte der Konflikte ist, die durch Anpassung an die Philister hervorgerufen werden, weiter an den Geschichten der beiden Stämme Dan und Benjamin (Ri 17–21).

Aber Israel kommt von seinem Gott nicht los. Selbst in der jeweiligen Knechtschaft ist es das von Gott dahingegebene Volk, das sich im Grunde nicht anpassen kann an die Heiden, weil bei ihm andere Gesetze gelten. Das wird bes. deutlich an der jeweiligen Errettung. Der Richter ist als Befreier immer von Gott berufen und ausgerüstet. Durch ihn regiert und wirkt Gott direkt. Auch die Kampfweise ist anders als die der Heiden (Ri 7,7). Es sind Gottes Kriege und Gottes Siege. So zeigt das B.d.R. Israel als ein durch seinen → Bund mit Gott fremdes Volk in Kanaan, dessen Konflikte von dieser Fremdlingschaft herrühren und dessen Bestand am Gehorsam und Bekenntnis zum Bund Gottes hängt. Das Richterbuch ist eigentlich Auslegung des 1. Gebotes; aber es zeigt auch, daß Israel seinen Weg in Ungehorsam geht, der dann in der Staatwerdung einen vorläufigen Abschluß findet.

Richthaus (griech. *praitôrion*, das lat. *praetorium*) bezeichnet den Amtssitz eines röm. Statthalters, dessen Gebäude zugleich auch als Gefängnis (Apg 23,35) und Kaserne (vgl. Mt 27,27; Mk 15,16) dienten.

1) Über die Lage des R. in Jerusalem (Joh 18,28) enthält nur Mk 15,8 einen Hinweis, daß es sich in einem der höhergelegenen Teile der Stadt befand: das Volk ging hinauf zum R. Vor dem eigentlichen Gebäude, in dem Jesus von Pilatus verhört (Joh 18, 33; 19,9) und von den Soldaten verspottet wurde (Mt 27,27; Mk 15,16), befand sich ein Steinpflaster (→ Gabbatha) mit dem → Richtstuhl (Joh 19,13). Nach der Tradition haben wir das R. innerhalb der Burg Antonia zu suchen. Obgleich dort nicht die übliche Residenz der Prokuratoren in Jerusalem war (s. u.), wäre es doch denkbar, daß Pilatus während der erfahrungsgemäß unruhigen Passahzeit mit ihren Massen von Festpilgern die unmittelbar am Tempelplatz gelegene Festung vorgezogen hat, um bei einem Tumult sofort selber eingreifen zu können (vgl. Apg 21,31ff). Zudem war der Binnenhof der Antonia mit großen Kalksteinplatten gepflastert (Taf. 52 b/801), in denen man vielfach das Hochpflaster von Joh 19,13 wiederzufinden meint. Da dieser Hof innen lag (vgl. Taf. 52 a/801), hätten sich die Hohenpriester jedoch in die heidnische Burg hineinbegeben und damit verunreinigen müssen (vgl. Joh 18,28).
Anderseits sucht man das R. im Herodespalast auf dem Westhügel, wo sich die Prokuratoren in Jerusalem gewöhnlich aufhielten. Josephus berichtet auch, daß der Statthalter Gessius Florus, als er dort wohnte, vor dem Palast Gericht hielt. Demnach haben wir im R. wahrscheinlich einen Teil dieser Palastanlage zu sehen, dem das Hochpflaster (Gabbatha) im O vorgelagert war, so daß die Hohenpriester es, ohne sich zu verunreinigen, betreten konnten (vgl. den Stadtplan Sp. 684).

2) In Cäsarea war das R. des Statthalters der Palast des Herodes (Apg 23,35). In Apg 25,23 ist mit R. jedoch der zum Verhör dienende Gerichtssaal (griech. *akroataerion*) innerhalb des Palastes gemeint.

3) Das R. (Phil 1,13) des → Philipperbriefs kann je nach dem Abfassungsort des Briefes verschiedenes bedeuten. In Ephesus wäre es ebenfalls die Statthalterresidenz gewesen, in Rom dagegen die Kaserne der Prätorianer, der kaiserlichen Leibwache (vgl. Apg 28,16; → Hauptmann II, 1).

Richtplatz → Areopag

Richtschnur → Messen

Richtstuhl. I) Das griech. *baema* (= erhöhter Platz, Tribüne) bezeichnet im NT (der R. in 1 Kö 7,7 LÜ ist freie Übersetzung) den erhöhten Sitz des Richters in der Gerichtshalle. Dieser R. wird erwähnt bei den röm. Prokuratoren Pilatus (Mt 27, 19; Joh 19,13) und Festus (Apg 25,6; im griech Text auch V 10 u. 17; vgl. EÜ, ZÜ) und dem Prokonsul Gallion (Apg 18,12.16). Mit dem R., auf dem Herodes Agrippa I. in Cäsarea eine tyrische Gesandtschaft empfängt, ist viell. eine thronartige Rednerbühne im Theater gemeint (Apg 12,21).
II) Zum R. Christi (Röm 14,10; 2 Kor 5,10) vgl. → Gericht II B 1.

Riegel → Stiftshütte, → Schlüssel

Riesen. I) Eine Reihe von Volksstämmen mit ungewöhnlich hohem Wuchs, auf deren Reste das Volk Israel bei der Einnahme des Landes Kanaan stieß. Vor Moab und Ammon wohnten im Ostjordanland die Emiter und Samsummiter (5 Mo 2,10.11.20.21), z. Zt. Abrahams gab es R. zu Astaroth-Karnaim (1 Mo 14,5); Basan hieß ebenfalls Land der R. (5 Mo 3,13). Ein letzter Vertreter dieser Bevölkerung z. Zt. der Landnahme Israels war König Og von Basan (V 11; Jos 12,4; 13,12). Dagegen trafen die Israeliten im Westjordanland noch die → Enakiter auf dem Gebirge an und vertrieben sie, ihre Reste wichen in das Philisterland nach Gaza, Gath und Asdod aus (4 Mo 13,32[33]f; Jos 11,21.22; 17,15). Einzelne dieser R. spielten noch in Davids Philisterkämpfen eine Rolle (1 Sam 17,4; 2 Sam 21,16–22; 1 Chron 20,4–8).
Der hebr. Name für diese Stämme ist *repaim* (dasselbe Wort, das in Hi 26,5; Ps 88,11; Jes 14,9 u. ö. die Geister der Verstorbenen im Totenreich bezeichnet); das Tal → Rephaim erinnert noch an sie. 1 Mo 15,20 werden sie mit unter den Bewohnern Kanaans genannt; da sie aber 1 Mo 10,15–18 in der Aufzählung der Kanaaniter fehlen, werden wir sie als eine vorkanaanitische Bevölkerungsschicht anzusehen haben. Genaue Größenangaben erhalten wir nur bei Goliath von Gath (1 Sam 17,4) mit 6 Ellen und 1 Spanne = 2,925 m und einem ägypt. R., der 5 Ellen = 2,25 m hoch war (1 Chron 11,23). Vgl. auch 5 Mo 3,11.

II) 4 Mo 13,33[34] werden die Enakiter als *Nepilim* (LÜ R.) bezeichnet, ein Wort, das nur noch in 1 Mo 6,4 vorkommt (LÜ Tyrannen). Hiernach scheinen diese Nephilim aus der Verbindung der »Kinder Gottes« mit den Töchtern der Menschen hervorgegangen zu sein. Darüber, wen wir unter diesen »Gottessöhnen« (MÜ, ZÜ) zu verstehen haben, bestehen jedoch Meinungsverschiedenheiten. Die verbreitete Auffassung, es seien wie in Hi 1,6; 2,1; 38,7 überirdische Wesen gemeint, wird auch durch Jud 6.7 gestützt, während anderseits die Aussage Jesu über das Wesen der Engel (Mt 22,30) der Möglichkeit ihrer Verbindung mit Menschen zu widersprechen scheint. Man hat daher vermutet, es habe sich bei den »Kindern Gottes« um Menschen gehandelt, und zwar um solche, die den Herrn als Gott verehrten, dann aber heidnische, gottlose Frauen nur um deren äußerer Schönheit willen geheiratet haben. In jedem Fall führt der Bericht den Ursprung der *Nepilim* auf einen Verstoß gegen die Ordnungen Gottes zurück.

Rimmon »Granatapfel«.
1) Im Felsen R. suchten 600 Benjaminiten auf dem Weg zur Wüste Zuflucht (Ri 20,45.47; 21,13). Er ist in der Nähe von Rammun, 18 km nordnordöstl. von Jerusalem, zu suchen. Eine große Höhle (Schkaf Daher) südl. des Ortes könnte 600 Männern Versteck bieten.
2) Levitenstadt in Sebulon (Jos 19,13), in 1 Chron 6,62[77] Rimmono genannt; wahrscheinlich auch mit → Dimna gleichzusetzen. Das heutige er-Rummane (neuhebr. Rimmon), 10 km nördl. von Nazareth. Vgl. Karte Sp. 846.
3) Stadt im Stamm Simeon (Jos 15,32; 19,7; 1 Chron 4,32; Sach 14,10). Vgl. → En-Rimmon. Vgl. Karte Sp. 1304.
4) → Hadad I, 1.

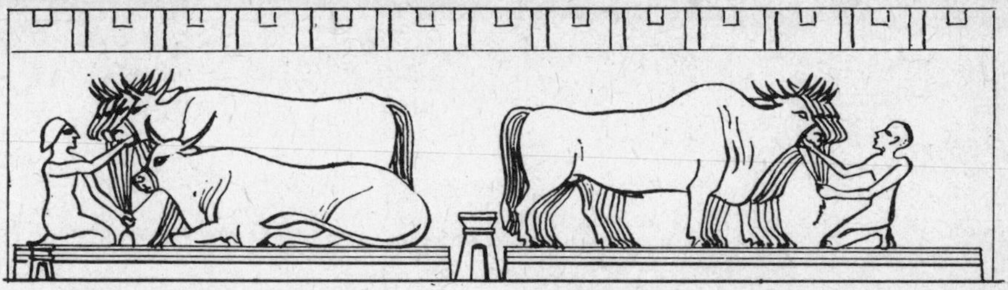

Ägypt. Rinderstall (nach einer Darstellung aus Tell el-Amarna)

Rimmono → Rimmon (2)

Rimmon-Perez, wörtl. übersetzt »Granatapfelbaum des Risses«,
Lagerstätte der Israeliten in der Wüste (4 Mo 33, 19), heute wohl Naqb el-Bijar, etwa 30 km westl. vom Nordende des Golfs von Akaba. Vgl. Karte Sp. 1548.

Rind *(Bos taurus;* hebr. *schor, bakhar;* griech. *bous, tauros).*
I) Das einheimische Rind Palästinas war wohl schon in biblischer Zeit das arab. R. mit braunem, schwarzem oder schwarzbuntem Fell und gebogenen, mittelgroßen Hörnern (vgl. Abb. Sp. 766). Die Tiere sind klein, meist hager, das Euter ist im allg. schlecht entwickelt, der Milchertrag gering (400–700 l jährlich). Gewöhnlich stehen die Kühe im Sommer trocken und geben auch sonst nur Milch, wenn das Kalb bei der Kuh bleibt. Darum läßt man die Kälber möglichst lange bei den Muttertieren. Daß der Zustand der Tiere früher aber wenigstens teilweise durch sorgfältige Fütterung besser war, zeigt die häufige Erwähnung von Mastvieh (1 Kö 1, 9; 5,3[4,23]; Jes 1,11; Jer 46,21; Hes 39,18; Mal 3, 20[4,2]; Mt 22,4; Lk 15,23). Auch heute gibt das Beirutrind, eine besser gepflegte und ernährte Art des arab. R., bis zu 4000 l Milch im Jahr.
II, 1) Rinder bildeten schon z. Zt. der → Erzväter den Hauptteil ihres Reichtums an Großvieh (1 Mo 12,16; 13,5; Hi 1,14; 42,12). In Kanaan waren bes. die Ebene Saron mit den angrenzenden Hügelgebieten (1 Chron 27,29) und Basan (vgl. 22,13; Hes 39, 18; Am 4,1; EÜ, ZÜ) für die Rinderzucht günstig.
2) Zum Schlachten wurden junge Tiere bevorzugt (1 Mo 18,7; 1 Sam 28,24; Lk 15,23). Als Zugtiere waren je 2 Rinder ins → Joch gespannt, vor dem Wagen (4 Mo 7,4ff; 1 Sam 6,7; 1 Chron 13,9; vgl. Abb. Sp. 934), dem Pflug (5 Mo 22,10; Ri 14,17; 1 Kö 19,19–21) oder dem Dreschschlitten (5 Mo 25,4; 2 Sam 24,22; vgl. Taf. 24b/353). Gelegentlich verwendete man sie auch als Lasttiere (1 Chron 12,40).
III) Als Opfertiere dienten gewöhnlich Stiere (→ Farren; LÜ auch im uneigentlichen Sinn »Ochsen«: 1 Kö 8,63; 2 Chron 15,11; Hebr 9,13). Das Opfer einer Kuh wird beim Bundesschluß Abrahams (1 Mo 15,9), bei den Dankopfern (3 Mo 3,1) und aus besonderem Anlaß (1 Sam 6,14) erwähnt, weiter bei der Bereitung des → Sprengwassers (4 Mo 19,2–9) und beim Opfer für den Toten, von dem man nicht weiß, wer ihn erschlagen hat (5 Mo 21,1–9).
IV) In Ägypten galt die Kuh als Sinnbild der Fruchtbarkeit des Landes, die von der Überschwemmung durch den Nil abhängig war (vgl. 1 Mo 41, 2ff; vgl. Jer 46,20).
Zu einem ägypt. Gewicht in Form eines Rinderkopfes vgl. Abb. Sp. 457; zur ägypt. Stierverehrung und zum Stierbild vgl. goldenes → Kalb. Zum Wildstier vgl. → Einhorn und Abb. Sp. 322, 655. Vgl. Taf. 10 b/129; 43 a/672.

Ring → Geschmeide

Rinna »Jubelruf, Klageruf«,
Judäer, Sohn Simons (1 Chron 4,20).

Riphath. Ein von Gomer abstammendes Volk (1 Mo 10,3; 1 Chron 1,6). Man sucht seine Wohnsitze in Paphlagonien am Schwarzen Meer oder auch in der Gegend einer Stadt Aripsas (deren Name in den hethitischen Texten von Boghazköi vorkommt) in der Nähe von Erzerum am Oberlauf des Euphrat.

Riß bezeichnet neben dem Mauerriß (Jes 30,13; Am 6,11) und dem R. im Kleid (Mt 9,16) auch allg. ein Durchbrechen (1 Mo 38,29) oder eine Lücke (Ri 21,15; 1 Chron 15,13), die das Gericht Gottes durch den Tod eines oder vieler Menschen gerissen hat. In den R. treten Männer, die sich mit ihrer Fürbitte zwischen das Volk und das Gericht Gottes stellen (Ps 106,23; Hes 22,30). Es ist das Bild vom Verteidiger, der zur Abwehr in die vom Feind in die Stadtmauer geschlagene Bresche tritt.

Rissa, hängt mit »besprengen« zusammen,
Lagerplatz Israels auf der Wüstenwanderung (4 Mo 33,21); vermutlich el-Kuntilla, rund 60 km Ll. nordnordwestl. von Akaba an der Hauptstraße nach Quseime (Azmon). Vgl. Karte Sp. 1548.

Rithma »Ginsterstrauch«,
Lagerplatz der Israeliten auf der Wüstenwanderung zwischen Hazeroth und Rimmon-Perez (4 Mo 33, 19). Möglicherweise der Wadi Abu Retemat, rund 20 km westnordwestl. von Kades (Ain Kedes). Vgl. Karte Sp. 1548.

Ritter, hebr. *schalisch* (von *schalosch* = 3?), ursprüngl. viell. der dritte Mann auf dem Streitwagen, der Schildträger (vgl. Abb. Sp. 575/6), dann in weiterer Bedeutung der Adjutant (2 Kö 9,25; 15,25), auf dessen Arm sich der König stützt (2 Kö 5,18; 7,2.17. 19), schließlich allgemein vornehme Krieger (Hes 23, 15 [LÜ gewaltige Leute].23) oder Offiziere (2 Sam 23,8; 1 Kö 9,22; 2 Chron 8,9). In 2 Mo 14,7 u. 15,4 gibt LÜ das hebr. Wort mit »Hauptleute«, in 1 Chron 11,11 mit »30« wieder.

Ritterschaft, griech. *strateia* = Feldzug, Kriegsdienst (2 Kor 10,4; 1 Tim 1,18).

Rizinus. Wahrscheinlich bezeichnet das hebr. *khikhajon* (Jon 4,6–10) den *Ricinus communis,* ein sehr schnell wachsendes Wolfsmilchgewächs *(Euphorbiaceae),* das im tropischen Afrika als Baum (bis zu 13 m Höhe), im Mittelmeergebiet meist als Strauch wild und kultiviert vorkommt. Die gewöhnlich pfannengroßen Blätter können bis zu 1 m breit werden und ähneln in der Form denen der Roßkastanie. Aus der mit Stacheln besetzten Kapselfrucht wird das bekannte Öl gewonnen.

Rizja »Wohlgefällig, angenehm«.
Asserit, Sohn Ullas (1 Chron 7,39).

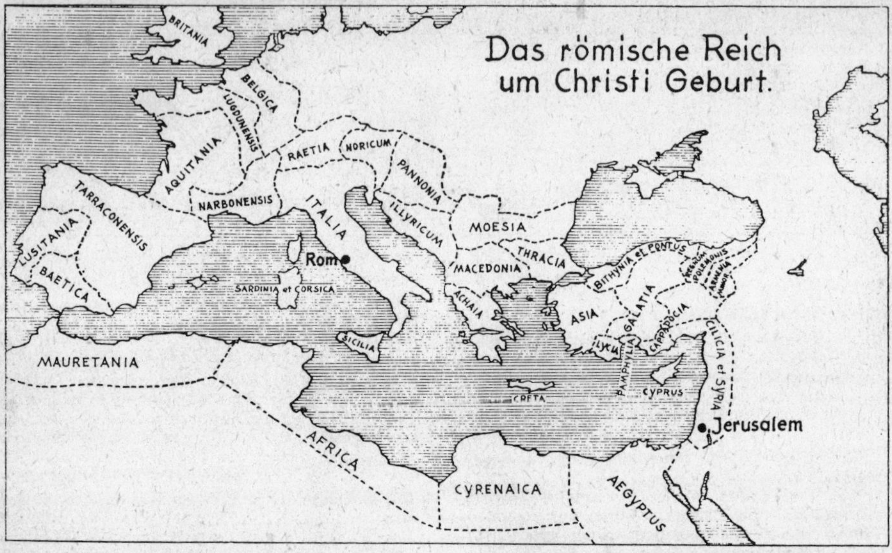

Rizpa, »Glühstein, Glühkohle« oder »Steinpflaster«. Tochter Ajas und Nebenfrau Sauls. Abner fing nach Sauls Tod ein Verhältnis mit ihr an, was zum Anlaß seines Streites mit Is-Boseth wurde (2 Sam 3,7. 8). Zwei Söhne der R., Armoni und Mephiboseth, waren unter den 7 Nachkommen Sauls, die David den Gibeoniten zur Hinrichtung auslieferte. R. wachte bei den Leichen und wehrte die Vögel und wilden Tiere ab. Als David es erfuhr, sorgte er für das Begräbnis der Hingerichteten (2 Sam 21, 8–14).

Rock → Anziehen; → Kleid, Kleidung

Rocken (hebr. *kischor;* Spr. 31,19) bezeichnet eigentlich den Spinnwirtel; vgl. → Handwerk II.

Rogel, Brunnen »Walkerquelle«,
Brunnen südwestl. von Jerusalem (Jos 15,7; 18,16; 2 Sam 17,17; 1 Kö 1,9), auch → Drachenbrunnen genannt. Heute Bir-Eijub (= Hiobsbrunnen) im Kidrontal südl. der Einmündung des Hinnomtals. Vgl. Stadtplan Sp. 683/4 und Taf. 15/224.

Roglim, Stadt im Ostjordanland, Heimatort Barsillais (2 Sam 17,27; 1932[31]; viell. Bersinja, ca. 8 km westsüdwestl. von Irbid (Arbeel) am Wadi Rudscheileh, einem Teil des Wadi Bersinja.

Rohga,
Asserit, Sohn Semers (1 Chron 7,34).

Rohr, Rohrschiff, Rohrstab → Schilf

Rohrdommel. I) Der unreine Vogel, der in LÜ R. genannt wird (hebr. *khaat;* 3 Mo 11,18; 5 Mo 14,17; Ps 102,7; Jes 34,11; Zeph 2,14), ist vermutlich der Pelikan *(Pelicanus onocrotalus* und *P. crispus),* ein Schwimmvogel von Schwanengröße, der sich von Fischen nährt, die er mit seinem fangnetzartigen Unterschnabel fängt. Andere halten *khaat* jedoch für eine Eulenart.

II) Die eigentliche R. *(Botaurus stellaris)* könnte mit hebr. *khippod* (LÜ → Igel) gemeint sein. Sie ist ein zu den Reihern gehöriger, bussardgroßer Vogel und lebt in Schilf- und Rohrdickichten (Jes 14,23; 34,11; Zeph 2,14).

Rom. I) Die STADT R. wurde 753 v. Chr. am Tiber gegründet. Die ursprüngliche Ansiedlung lag auf dem Palatin, aber schon bald wurden die benachbarten Hügel ins Stadtgebiet einbezogen: Kapitol und Quirinal, dann der caelische Hügel, Aventin, Esquilin und Viminal. Danach wird R. als die Sieben-Hügel-Stadt bezeichnet (vgl. Offb 17,9). Bis 510 v. Chr. ist es die Hauptstadt eines Königreiches, dann einer Republik (510–27 v. Chr.), die in zahlreichen Kriegen Schritt für Schritt Italien und den gesamten Mittelmeerraum erobert. Mit dem Beginn der Alleinherrschaft des → Augustus wird R. dann zum Kaiserreich und zur weltbeherrschenden Macht. Es vereinigt die gesamte bekannte Welt unter seiner Herrschaft, und der röm. Friede (Pax Romana) wird zum Inbegriff einer politischen Erlösungshoffnung. Doch die Römer erobern nicht nur Länder, sie bringen auch die Götter der unterworfenen Völker nach R. und errichten ihnen Tempel. Dazu setzt sich das Bestreben, auch dem regierenden → Kaiser göttliche Ehren zu erweisen, immer stärker durch. Alle politische und religiöse Macht konzentriert sich in R.

II) Dieser HEIDNISCH-WELTLICHE MACHTANSPRUCH trifft in Palästina auf die Erwartung des Gottesvolkes Israel, das auf den Beginn der Herrschaft des Herrn, seines Gottes, hofft, eines Reiches, dessen Hauptstadt Jerusalem heißt. R. hat hier ständig mit Unruhen und gewaltsamem Widerstand (→ Zeloten) zu rechnen gehabt und blieb erst nach der blutigen Niederwerfung von 2 Aufständen (66–73 und 132–135) endgültiger Sieger in dieser Auseinandersetzung.
Die erste Berührung zwischen R. und den Juden findet 161 v. Chr. statt, als Judas Makkabäus einen

Tafel 73
a. *Blick auf den Ölberg mit Gethsemane. Im Vordergrund rechts die umgestürzten Grabsteine des zerstörten jüd. Friedhofs. Vgl. Taf. 29a/448.*
b. *Zwischen alten Olivenbäumen pflügt ein Bauer das steinige Feld. Die Terrassenmauern verhindern, daß die Regenfälle des Winters den Boden fortschwemmen. Vgl. Taf. 74a/1153.*

Beistandspakt mit R. schließt (vgl. → Makkabäer). 63 v. Chr. fügt Pompejus, nachdem er Syrien niedergeworfen hat, auch Judäa dem röm. Reiche ein. Zunächst duldet R. noch die einheimischen Fürsten aus dem Geschlecht → Herodes' d. Gr.; 6 n. Chr. aber werden Judäa und Samarien zur röm. Provinz unter der Verwaltung eines Statthalters, der in Cäsarea am Mittelmeer residiert, sich aber zu den hohen Festen nach Jerusalem begibt. Die Juden sind unterworfen und den Römern steuerpflichtig (Mt 22, 17–21).

Z. Zt. des Augustus wird Jesus in Bethlehem geboren (Lk 2,1–7), im 15. Regierungsjahr des → Tiberius trat Johannes der Täufer auf (Luk 3,1.2), und die Kreuzigung Jesu geschah noch unter der Herrschaft desselben Kaisers. Unter → Klaudius fand Jakobus den Tod (Apg 12,1.2); → Nero war der Kaiser, an den Paulus Berufung einlegte (Apg 25, 11). Die Zerstörung Jerusalems, die Jesus vorausgesagt hatte (Mt 24; Lk 19,41–44), wurde von Titus, der später auch Kaiser wurde, vollzogen.

Als die ersten Christen die Botschaft des Evangeliums bis an die Enden der Erde hinauszutragen begannen, bedeutete die Einheit des röm. Reiches mit der einheitlichen Verkehrssprache des Griech. für sie eine unschätzbare Hilfe. Es dauerte aber nicht lange, bis die Weltmacht anfing, dem Evangelium Widerstand zu leisten, und zu blutigen Verfolgungen mit dem Ziel der Ausrottung der Christen überging. Damit wird R. das Tier, das alles zertritt und zermalmt und voller Namen der Gotteslästerung ist; die vom Blut der Heiligen trunkene Hure, die das Gericht ereilt (Dan 7,7; Offb 14,8; 16,19; 17,3–6.9.18; 18,2.10.21).

III) Die Stadt R. ist der Wohnort von Aquila und Priscilla, ehe Klaudius alle Juden ausweist (Apg 18, 2). Schon früh besteht dort eine Christengemeinde, an die → Paulus den → Römerbrief richtete (Röm 1,7.15; 15,24; Apg 19,21; 23,11). Selber ist er dann als Gefangener nach R. gekommen und hat hier zunächst ungehindert verkündigen können (Apg 28, 16.31). Mit dieser Predigt des Evangeliums im Mittelpunkt der damaligen Welt war zugleich ein gewisser Abschnitt der Weltmission vollendet. In R. hat Paulus seine Briefe an die Epheser und Kolosser, vielleicht auch an die Philipper, den Brief an Philemon und nach 2 Tim 1,17 auch den zweiten Timotheusbrief geschrieben. Hier bezeugte der gefangene Apostel: Gottes Wort ist nicht gebunden (2 Tim 2,9). Vermutlich ist auch der 1. Petrusbrief hier entstanden, denn »Babylon« in 1 Petr 5,13 meint wahrscheinlich R. (s. o. II). Aus derselben Stelle geht auch hervor, daß → Markus zu der Zeit in R. war, der möglicherweise sein Evangelium hier niedergeschrieben hat.

Romamthi-Eser. Levit, Sohn Hemans, Leiter der 24. Sängerabteilung z. Zt. Davids (1 Chron 25,4. 31).

Römer. R. sind zunächst die Vertreter des röm. Volkes, dessen Weltherrschaft auch die Juden unterworfen waren (Joh 11,48; Apg 25,16; 28,17). Dann aber werden auch Juden so genannt, die in Rom geboren waren oder dort lebten (Apg 2,10). Und schließlich sind R. alle die, die von Geburt oder durch späteren Erwerb das röm. Bürgerrecht besitzen (Apg 16,21.37.38; 22,25–29). Ein röm. Bürger besaß eine ganze Reihe von Vorrechten. Er durfte ohne Urteilsspruch weder gebunden noch gegeißelt werden, war vor der Strafe der Kreuzigung geschützt und konnte sich im Gerichtsverfahren jederzeit auf den Kaiser berufen, der dann die alleinige Entscheidung über seinen Fall hatte (Apg 25,10.11; 26,32).

Tafel 74

a. In Terrassen angelegte Ölbaumpflanzungen bei Jerusalem.

b. Blick auf die Insel Rhodus (im Hintergrund), die vor der Südwestküste Kleinasiens liegt (vgl. Apg 21,1).

Römerbrief. Der R. nimmt eine Sonderstellung unter den Paulusbriefen ein. Der Apostel schreibt hier an die Gemeinde der Welthauptstadt, die er persönlich noch nicht kennt (Röm 1,10), von der er aber Gutes gehört hat (V 8; 16,19) und die er bald besuchen will (Röm 15,24).

In diesem Brief gibt Paulus eine grundsätzliche Darlegung seiner Botschaft und seines missionarischen Auftrags, doch handelt es sich dabei nicht um eine rein gedanklich aufgebaute Dogmatik oder Theologie. Die lebendige Verbindung zur Wirklichkeit des Alltags im Leben und Glauben, zu seinen Problemen, Nöten und seiner Verheißung ist überall zu spüren.

I, 1) ECHTHEIT.

Der Brief als Ganzes ist immer unbestritten als Werk des Paulus angesehen worden. Nur die Zugehörigkeit der beiden Schlußkapitel zum R. ist umstritten worden, und zwar aus folgenden Gründen: a) Die Doxologie (Röm 16,25–27) erscheint in einigen Hss. zweimal, nach Röm 14,23 und am Schluß – was aber nicht viel besagt. b) Marcion ließ Kap 15 u. 16 fort. Auch Tertullian, Irenäus und Cyprian zitieren diese Kap. nirgends. Doch das kann reiner Zufall sein; Marcion aber hat auf Grund seiner Theologie den Text des NT korrigiert. c) Weiter fand man die lange Grußliste (Röm 16,3–15), gerichtet an eine Gemeinde, die Paulus noch nicht besucht hatte, seltsam. Man wollte deshalb Röm 15–16 als ein urspr. nach Ephesus gerichtetes Schreiben oder Kap. 16 allein als Empfehlungsbrief für Phöbe erklären, die nach Ephesus gereist sei.

Dagegen spricht aber der Text selber. Einmal ist Röm 15,14–29 eindeutig nach Rom gerichtet (vgl. Röm 1,13–15). Und daß Paulus → Aquila und Priska ausdrücklich empfiehlt (Röm 16,3.4), erscheint in Ephesus, wo sich die gemeinten Ereignisse abgespielt hatten (vgl. auch → Korintherbriefe) zumindest überflüssig. Es erhält aber seinen Sinn in Rom, wohin das Ehepaar und andere Mitarbeiter des Apostels (vgl. V 5.7.9.12.13) vermutlich im Hinblick auf seinen geplanten Besuch vorausgegangen waren. Außerdem bestand überhaupt ein reger Austausch zwischen den Gemeinden.

2) ABFASSUNG.

Ort der Abfassung war nach der Erwähnung des → Gajus (3) (Röm 16,23; vgl. 1 Kor 1,14) und → Erastus (vgl. 2 Tim 4,20) Korinth. Der Plan der Jerusalemreise, um der dortigen Gemeinde die gesammelten Gaben der Heidenchristen zu überbringen (Röm 15,26.31), weist mit dem oben Gesagten auf die 3 Monate, die Paulus im Winter 55/56 in Griechenland (Apg 20,2) zubrachte. In dieser Zeit hat er am ehesten die Ruhe zu einem so umfangreichen Schreiben wie dem R. gehabt.

3) EMPFÄNGER.

Das Bestehen einer Gemeinde in Rom bezeugt außer dem R. noch Apg 28,14.15. Ob ihre Entstehung auf Hörer der Pfingstpredigt des Petrus (Apg 2,10) zurückgeht, muß offen bleiben. Nach einer Nachricht bei Sueton hing die Vertreibung der Juden unter Claudius (Apg 18,2) viell. mit dem Auftreten von

Christen zusammen. Als Paulus schrieb, befand sich in Rom eine starke Gruppe seiner Bekannten und Mitarbeiter (Röm 16,3–15), die z. T. Juden waren. Der Brief läßt erkennen, daß die Gemeinde auch sonst Heiden- (Röm 1,5.6; 11,13.17–24) wie Judenchristen (Röm 7,1; 14,5.6.14.20) umfaßte. Sie hat die rechte Lehre empfangen (Röm 16,17), und Paulus rühmt ihren Glauben, ihren Gehorsam (Röm 1,8; 16,19) und ihre Erkenntnis, die sie befähigt, einander zu ermahnen (Röm 15,14). Es sind in Rom aber auch Anfeindungen gegen Paulus und Verdrehungen seiner Botschaft bekannt geworden (Röm 3,7; vgl. 6,1), und der Apostel warnt die Gemeinde vor falschen Lehrern (Röm 16,17.18).

II) INHALT.

1) EINTEILUNG.

Anschrift und Gruß (1,1–7).
Paulus und die Gemeinde in Rom (1,8–15).
Thema des Briefes (1,16.17).

I. Teil: Die Gerechtigkeit aus Glauben (1,18–4,25).
1. Gottes Zorn über die Heiden (1,18–32).
2. Gott als unparteiischer Richter (2,1–16).
3. Der Jude vor Gottes Gericht (2,17–29).
4. Der Vorteil der Beschneidung (3,1–8).
5. Gottes Anklage gegen alle Menschheit (3,9–20).
6. Die Offenbarung der Gerechtigkeit durch den Glauben an Jesus (3,21–31).
7. Die Bestätigung der Glaubensgerechtigkeit an Abraham (4,1–25).

II. Teil: Das neue Leben aus Gott (5,1–8,39).
1. Die Früchte der Gnade (5,1–11).
2. Die neue Menschheit durch Jesus (5,12–21).
3. Die Freiheit von der Sünde (6,1–23),
4. Die Freiheit vom Gesetz (7,1–6).
5. Das Gesetz und die Sünde (7,7–24).
6. Das neue Leben im Geist (8,1–11).
7. Die Gotteskindschaft durch den Geist (8,12–17).
8. Die Hoffnung durch den Geist (8,18–27).
9. Der Plan Gottes (8,28–30).
10. Die Gewißheit im Glauben (8,31–39).

III. Teil: Die Glaubensgerechtigkeit und Israel (9,1–11,36).
1. Klage über Israel (9,1–5).
2. Grundsatz der Erwählung (9,6–13).
3. Gottes Freiheit bei der Erwählung (9,14–29).
4. Der Stein des Anstoßes (9,30–33).
5. Die Glaubensgerechtigkeit im AT und Israels Schuld (10,1–21).
6. Der → Rest Israels (11,1–10).
7. Die Heiden und Israel (11,11–24).
8. Schließliche Rettung Israels (11,25–36).

IV. Das Leben im Glaubensgehorsam (12,1–15,13).
1. Von rechter Gebundenheit (12,1–13,14).
2. Von rechter Freiheit (14,1–15,13).

Schluß des Briefes (15,14–16,24).

2) GEDANKENGANG.

Wenn man von der Erkenntnis ausgeht, daß Paulus im R. die theologische Grundlage seiner Mission darstellen will, dann ist in diesem Brief eine Klarstellung des Zentrums seiner Botschaft zu erwarten. Röm 1,16.17 nennt denn auch gleich die Mitte und Themastellung: die Glaubensgerechtigkeit, oder besser »die Gerechtigkeit Gottes aus Glauben in Glauben« (wörtlich). Alle Teile des R. sind auf diese Mitte hin ausgerichtet.

a) Paulus beginnt damit, daß er den Standort des Menschen, sowohl des Heiden wie des Juden, zeigt, an dem ihn die Offenbarung der Gottesgerechtigkeit trifft (Röm 1,17; 3,21). Der Mensch ist in der Sünde. Dabei ist es gleich, ob er im Ungehorsam die Welt der Schöpfung verkehrt hat (Röm 1,25) und nun unter dem Strafgericht der Dahingabe an die Sünde (V 24.26.28) steht, oder ob er im Gesetz die Möglichkeit sieht, sich gegen Gott durchzusetzen (Röm 2,17ff), über jeden Menschen wird der gleiche Urteilsspruch gefällt: Sünder (Röm 3,9). Die Sünde hebt vor Gott den Unterschied zwischen Heiden und Juden auf. Dabei ist es Paulus wichtig zu zeigen, daß auch der Weg zu Gott über die Erfüllung des Gesetzes, wie ihn die Juden gehen wollen, durch die Sünde verbaut ist (V 20).

In diese menschliche Notlage hinein offenbart Gott in der Sendung seines Sohnes Jesus Christus seine → Gerechtigkeit. Es geht hier um mehr als um »die Gerechtigkeit, die vor Gott gilt« (V 21 LÜ), vielmehr ist die Gottesgerechtigkeit die Energie, die Gott in Jesus freimacht, um an dem an Jesus glaubenden Menschen zu seinem Recht zu kommen. Gerechtigkeit ist also mehr als nur eine Verhältnisbestimmung, es ist kraftvolles Handeln Gottes an Menschen durch Jesus.
Diese Kraft wird den Menschen erschlossen durch den → Glauben (V 28). Das wird an Abraham (Röm 4) gezeigt. Glaube ist das völlige Sich-Ausliefern an Gott (V 18), in dem alles von Gott erwartet wird. Darum empfängt der Glaube auch alles umsonst, d. h. aus Gnaden (Röm 3,16). Er ist also nicht eine Gegenleistung des Menschen. Der Glaubende ist in seinem Verhältnis zu Gott richtig, d. h. gerecht, weil er auf Gottes Schöpfermacht schaut (Röm 4,17) und ihm als dem Herrn gehorcht. Glaube und Gnade sind so im R. Wechselbegriffe, die auf Gottes nur in seiner Liebe gegründetes Handeln weisen, einmal vom Menschen, der nur empfangen kann und will, oder aber von Gott her, der umsonst gibt.

b) Paulus bleibt hier nicht stehen. Er weiß um die Kraft der Gottesgerechtigkeit. Und so zeigt er im II. Teil die Wirkung auf das Leben des Glaubenden. Denn im Leben aus Glauben muß sich die neue Gerechtigkeit erweisen. Mit Jesus ist eine neue Menschheit angebrochen. So wie von Adam Fluch über alle Menschen kommt, so beginnt in Jesus ein Segensstrom, der Leben bringt (Röm 5,12ff). Die Zugehörigkeit zu dieser neuen Menschheit zeigt sich an den Früchten der Gnade (V 3ff). Sie wird deutlich an der Stellung zur Sünde. Hier wird die Gottesgerechtigkeit als Kraft wirksam, wenn sie den Glaubenden mit Jesus der Sünde sterben läßt (Röm 6,4ff). Im Glauben wird durch die Verbundenheit mit Jesus, das Eingepflanztsein in sein Sterben und Auferstehen, neues Leben aus Gott geschaffen, das ihm dient (Röm 6,11). Gewiß gilt das alles im Glauben und führt in die Spannung hinein zwischen einem »schon jetzt« und »noch nicht«, aber im Glauben ist es Wirklichkeit Gottes (V 18).

Dem Glaubenden wird auch ein anderes Verhältnis zum Gesetz gegeben. Durch die Hereinnahme in den Tod Jesu ist der Glaubende dem Gesetz gestorben und damit frei (Röm 7,6). In diesem Zusammenhang klärt Paulus auch die Aufgabe und Grenze des → Gesetzes. Durch das Gesetz kommt Erkenntnis der → Sünde (V 7), mehr, es deckt die Sünde auf und offenbart damit das fleischliche, gottlose Wesen des Menschen (V 13.14) in seiner Verfallenheit, aber es zeigt nicht den Weg zum Heil (V 23). Im Gegenteil: gerade am Gesetz weckt die Sünde die → Lust zur Übertretung (V 8.11.13).
Demgegenüber steht das neue, in und durch den → Geist geführte Leben. Der Geist ist Gottes lebendigmachende Kraft (Röm 8,11), die Gottes Kinder re-

giert (V 14) und ihnen die Hoffnung der endgültigen Vollendung der Neuschöpfung schenkt (V 23). Wo der Geist ist, da ist Gottes Welt in diese Welt eingebrochen und Neues im Werden, da ist Gott für den Menschen (V 31ff).

c) Paulus ist Jude, Pharisäer und Schriftgelehrter und kennt die Besonderheit seines Volkes. Sein Volk ist Gottes Volk durch Gottes Erwählung. Nun scheint Gott mit seinem neuen, endgültigen Heilshandeln Israel zu übergehen. Er wendet sich an die Heiden. Das, was im Untergrund schon Röm 1–8 immer mitspielte, wird Röm 9–11 zum Hauptthema: Israel; und zwar unter dem besonderen Gesichtswinkel der Gottesgerechtigkeit aus Glauben. Das AT spricht immer wieder von der → Gemeinde (I) Israel (in der LXX *ekklaesia*), und der Bau der → Gemeinde (II) Jesu ist die Lebensaufgabe des Paulus. Besteht da ein Zwiespalt? Mit Trauer schaut Paulus auf seine Verwandten und Volksgenossen, denen Gott unter so vielen Gaben auch die Verheißungen schenkte und die nun die Erfüllung der Verheißung ablehnen. Hier erkennt er nun: Abraham hatte viele Kinder, aber Gott hatte einen Sohn als Segensträger erwählt (Röm 9,1–8). So wird das Lebensgesetz der Geschichte Israels sichtbar: Aus den Nachkommen Abrahams nach dem Fleisch wird ausgeschieden, was nicht des Geistes Abrahams ist, und diese Scheidung führt Gott selbst durch (V 15). Nur ein Überrest wird die von Jesaja angekündigte Sichtung des Volkes überstehen (V 27.28; vgl. → Rest). Der Weg zum Glauben ist den Isrealiten schwerer als den Heiden, weil ihnen Christus leicht zum Ärgernis wird (V 33), denn er macht dem Gesetz ein Ende (Röm 10,4), durch das sie einen Rechtsanspruch gegen Gott zu haben meinen. Auch hier erfüllt sich eine Verheißung, nach der die Heiden zu dem Heil kommen werden, das Israel vergeblich angeboten wurde (V 20.21). Hat nun Gott sein Volk verstoßen, wenn der gerettete Überrest so klein ist? – Nein! Israel ist nur von den unfruchtbaren Zweigen gereinigt worden und wird ein vollständiges Israel bleiben, ein Baum, dem kein Reis fehlt, denn nun werden Heiden, die zum Glauben kommen, in Israel eingepfropft. Doch auch die aus ihnen genommenen Zweige werden nur bleiben, wenn sie fruchtbar sind. Wer sich als unfruchtbar erweist, wird wieder entfernt. So nimmt Gott aus Juden und Heiden, was als Zweig tauglich scheint, damit allezeit ein ganzes Israel werde und bleibe (Röm 11). Vgl. → Israel VI; → Heiden.

d) Mit dem Lob dieser Weisheit Gottes kann der Brief aber noch nicht schließen, weil noch eine Frage unbedingt gestellt und beantwortet werden muß. Wenn Christus des Gesetzes Ende ist und die Gläubigen nicht mehr unter dem Gesetz stehen, wie steht es dann mit dem Leben der Glaubenden von nun an? Ist die herrliche Freiheit der Kinder Gottes die offene Türe zu einem durch keine Ordnung mehr eingeengten Leben des einzelnen wie des Volkes? Die Lebensordnung des neuen Volkes ist eine Ordnung der Freiheit, die aber nicht Willkür werden darf, weil sie nur auf dem Grund einer Gebundenheit aller möglich und von Gott gegeben wird.
Die Gebundenheit besteht in einer grundlegenden Ausrichtung des ganzen weiteren Lebens. Die beiden Grundpfeiler sind Opfer und Erneuerung. Nicht untätig erwartet der Gläubige die Erlösung des Leibes, sondern er gibt ihn freiwillig zum Opfer (Röm 12,1), und die Erneuerung als Erneuerung des Sinnes (man könnte hier beinahe von Charakter reden) macht den Gläubigen fähig, den Willen Gottes recht zu erkennen, so daß er nicht auf den Buchstaben des Gesetzes angewiesen ist (V 2). Dieser durch den Geist gewirkte Gehorsam geht weit über alle Forderungen des Gesetzesbuchstabens hinaus. Störungen im Leben des Volkes Gottes werden dadurch ausgeschaltet, daß jedes Glied durch Erkenntnis seiner Abhängigkeit von der Gnade Gottes vor Überheblichkeit bewahrt wird. Anderseits gibt es keine passiven Glieder, die nur getragen werden wollen, denn an den Leib Christi bindet uns nicht nur das, was uns durch die Gemeinschaft an Segen zuströmt, sondern mehr noch die Gnadengabe, welche Gott jedem seiner Kinder gab und durch die es der Gemeinschaft dienen soll (V 3–8).
Damit diese Gebundenheit nicht Theorie bleibt, wird sofort gezeigt, wie mannigfaltig sie sich im täglichen Leben auswirken kann und soll. Sie ordnet nicht nur das Verhältnis der Kinder Gottes zueinander, sondern auch zu den Ungläubigen und Feinden (V 9–21). Aus der eigenen Gebundenheit an den Willen Gottes heraus erkennt man, daß auch andre Menschen Gottes Werkzeug sind uns zugut. Auch Ungläubige setzt Gott neben oder über uns, damit sie uns fördern. Das wird am Beispiel der → Obrigkeit gezeigt, die nicht nur dann von Gott ist und Gehorsam fordern kann, wenn sie unseres Glaubens ist (Röm 13,1–7). Der Leib Christi als Werkzeug Gottes zur Ausführung seiner Pläne in der Welt gibt jedem, was Gott ihm zugedacht hat, vor allem die → Liebe (V 8–10). Wer so im → Licht und im → Gehorsam steht, wandelt im Licht und am Tage, weil er nichts zu verbergen hat. Nur solche Gebundenheit an den Herrn ist auch Verbundenheit mit ihm, wie wir sie in Erwartung seiner → Wiederkunft erstreben (V 11–14).
Wo diese Gebundenheit herrscht, kann auch die rechte Freiheit sein. In der Gemeinde gibt es Alte und Junge, Gesunde und Kranke, Starke und Schwache. Diese Mannigfaltigkeit darf nicht zur Zerreißung des Volkes führen. Sie wird dies tun, wo der aus Gesetzlichkeit geborne Richtgeist aufkommt, in dem jeder sich selbst zur Norm setzt und nur anerkennt, was ihm gleich ist. Sie wird aber zum Grund innerer Lebendigkeit der Gemeinschaft, wo die Liebe dazu stark macht, daß man den anderen tragen kann, daß man auf ihn Rücksicht nimmt und ihm kein → Ärgernis gibt, sondern ihm in Liebe zur vollen Freiheit der Kinder Gottes hilft. Christus hat uns das Vorbild gegeben, an welchem wir erkennen, daß die Freiheit vom Ich sich beweist an der Fähigkeit, andern zu dienen (Röm 14).
Wo die Glieder einer Gemeinschaft in dieser Gebundenheit und Freiheit stehen, haben sie den Grund gefunden, auf dem man »einmütig und mit einem Mund Gott und den Vater unseres Herrn Jesu Christi lobt« (Röm 15,6).

Ros »Haupt, Oberster«. 1) Sohn Benjamins, der nur 1 Mo 46,21 genannt wird. Viell. starb er kinderlos. 2) Vgl. → Gog (2).

Rose. Die eigentliche R. wird nur in den atl. Apokryphen erwähnt. Wo Luther im AT R. übersetzt hat, handelt es sich um die → Lilie (hebr. *schuschan*).
Die Wendung »von den Rosen« bzw. »der Rose« (hebr. *al schoschanim* bzw. *al schuschan)* in den Überschriften zu Ps 45; 60; 69; 80 ist nicht eindeutig zu klären. Wahrscheinlich bedeutet sie: nach der Melodie der »Lilien«, wobei »Lilien« dann ein Kennwort aus Anfang oder Überschrift eines bekannten Liedes gewesen wäre.

Rosinenkuchen → Kuchen

Roß → Pferd

Roßtor → Jerusalem III C

Rost. I) Veränderung und Zerfall von Eisen durch chemische Verbindung mit Sauerstoff. Im Gleichnis Hes 24,6.11.12 ist der R. (hebr. *chälah)* Bild für die Unreinigkeit, die Sünde Jerusalems.
Griech. *ios* (Jak 5,3) bezeichnet den R. am Eisen, den Grünspan an Kupfer und Messing und das Anlaufen von Edelmetallen. Griech. *brôsis* »Fraß«, in Mt 6,19f neben »Motten« erwähnt, wird meist ebenfalls mit R. übersetzt, könnte jedoch auch der Name eines fressenden Insekts sein.
II) Wo LÜ beim Speisopfer von R. und Rösten spricht, handelt es sich eigentlich um einen pfannenartigen Topf (3 Mo 2,7; 7,9; vgl. EÜ, ZÜ) bzw. um das Einrühren der Zutaten (3 Mo 6,14; 1 Chron 23,29; vgl. EÜ, ZÜ).

Rösten → Rost II

Rot → Farben

Rote Kuh → Sprengwasser

Rotes Meer → Schilfmeer

Rotte, ein Wort mit dem LÜ im AT verschiedene hebr. Worte wiedergibt. Es bezeichnet eine Gruppe, eine Schar von Menschen oder Tieren (Ps 68,31) und enthält den Nebensinn des Kriegerisch-Feindlichen (1 Sam 14,15; 2 Sam 4,2; Ps 22,17) oder des Aufrührerischen (4 Mo 16,5.6.11; Ps 106,17.18).
In Apg 17,5 ist mit R. ein Volksauflauf gemeint, in Gal 5,20 Zwiste, Entzweiungen.

Ruben, hängt wohl mit hebr. »sehen« zusammen.
1) Ältester Sohn Jakobs und der Lea (1 Mo 29,31.32; 35,23). Er verging sich an Bilha, der Nebenfrau seines Vaters, und verlor dadurch sein Erstgeburtsrecht (V 22; 49,4; 1 Chron 5,1; vgl. 5 Mo 33,6). R. wußte seine Brüder zu bewegen, Joseph nicht zu töten, sondern lebendig in den trockenen Brunnen zu werfen. Er wollte ihn seinem Vater zurückbringen, kam aber zu spät, da die andern Joseph inzwischen verkauft hatten (1 Mo 37,21.22.29.30; 42,22). Als Jakob sich weigerte, Benjamin nach Ägypten mitziehen zu lassen, bot R. seine beiden Söhne als Bürgschaft an für den Fall, daß er Benjamin nicht zurückbrächte (V 37). Als er mit Jakob nach Ägypten zog, hatte er vier Söhne: Henoch, Pallu, Hezron und Charmi (1 Mo 46,9; 2 Mo 6,14; 1 Chron 5,3).
2) Der Stamm R., die Nachkommen des Jakobssohnes, nach seinen Söhnen in vier Geschlechter eingeteilt (4 Mo 26,5–11). Bei der ersten Volkszählung hatte er 46 500 wehrfähige Männer von 20 Jahren u. darüber (4 Mo 1,20.21), bei der zweiten Zählung am Ende der Wüstenwanderung sind es nur noch 43 730 (4 Mo 26,7). Damit sinkt der Stamm vom 7. auf den 9. Platz unter den Stämmen herab. In der Lagerordnung führt R. die Abteilung, die südl. vom heiligen Zelt lagert und beim Abmarsch an zweiter Stelle aufbricht, außer ihm gehören Simeon und Gad dazu. Beim Aufruhr Korahs gegen Mose und Aaron sind auch einige Rubeniten beteiligt (4 Mo 16,1; 26,9).
R. gehört mit Gad und Halbmanasse zu den Stämmen, die ihren Gebietsanteil im Ostjordanland empfingen, dafür aber den anderen bei der Eroberung des eigentlichen Kanaan Waffenhilfe leisteten (4 Mo 32,16–33; Jos 4,12). Das Land R. lag östl. vom Nordteil des Toten Meeres, die Südgrenze bildete der Arnon, die Ostgrenze die Wüste. Nördl. schloß sich das Gebiet Gads und das der Ammoniter an (Jos 13,15–23). Vier Städte aus R. wurden den Leviten zugewiesen, darunter Bezer als → Freistadt (Jos 21,7.36.37; 20,8). Nach der Rückkehr von der Eroberung Kanaans errichteten R., Gad und Ostmanasse einen Altar am Jordan als Zeichen ihrer Zugehörigkeit zum Bundesvolk des Herrn. Diese Tat fand erst nach anfänglichem Mißverständnis die Billigung der übrigen Stämme (Jos 22,1–6.10–34).
Z. Zt. der Unterdrückung Israels durch Jabin und Sisera hielt sich R. abseits, wofür der Stamm getadelt wird (Ri 5,15.16). Dann erfahren wir von einem großen Sieg über die Hagariter z. Zt. Sauls (1 Chron 5,10.18–22). Hart bedrängt wurde R. von den Moabitern, die zeitweilig den größten Teil seines Gebietes besetzt hatten (vgl. Jos 13,15–21 mit Jes 15,2.4; 16,8.9; Jer 48,1.2.18.19.21–23 und den Ortsnamen des → Mesasteins), ebenso hatte der Stamm unter den Einfällen der Syrer im Ostjordanland zu leiden (2 Kö 10,32.33). Schließlich wurde er von Thiglath-Pileser III. von Assyrien in die Gefangenschaft geführt (1 Chron 5,25.26). Vgl. Taf. 97/1536.
In der Weissagung des Hesekiel erhält R. seinen Anteil am verheißenen Land zwischen Ephraim und Juda (Hes 48,6.7), und unter den 144 000 Versiegelten werden auch 12 000 aus R. genannt (Offb 7,5).

Rubin → Edelstein

Ruder → Schiff

Rufen, Ruf gibt hebr. und griech. Worte verschiedener Stämme und mannigfaltiger Art wieder. Weithin kommt dem Worte keine theologische Bedeutung zu (1 Mo 27,1; Mt 20,8), doch wird es gewichtig, sobald es die Brücke schlägt zwischen Gott und Menschen.

I) Gott ruft nicht nur zur → Ordnung, d. h. zur → Buße oder Annahme des Heils (Jer 35,17; Mt 9,13), sondern sein R. hat vielfach die Bedeutung → »berufen« (2 Mo 3,4; Mt 4,21; 1 Thess 5,24) und wird oft auch gleich entsprechend übersetzt (1 Kor 1,9). Das Reden Christi verschärft sich nach Form und Inhalt, wenn seine Botschaft Widerstände durchstoßen soll: es verstärkt sich zum lauten Rufen (griech. *krazô* = schreien: Joh 7,28.37; 12,44; LÜ rufen), das alle Welt hören soll und das damit zum Zeugen gegen die Widerstrebenden wird; und es steigert sich inhaltlich zur Anklage (Joh 7,28) oder zur Kundgabe des Geheimnisses der Person Jesu (Joh 7,37–40; 12,44–50).

II) Auch des Menschen Reden mit Gott, das → Beten, kann zum R. oder Schreien (die Übersetzungen schwanken in der Wahl der Worte) werden. Es ist dann der Ruf aus der Not und Tiefe (Ps 107,6; 130,1), durch den Gott unablässig bestürmt wird (Lk 18,7) und zu dem der Mensch durch die Zusage der Erhörung ermuntert wird (Ps 50,15). Der Ruf darf sich zum Notschrei steigern, nicht weil Gott wegen Schwerhörigkeit oder Abwesenheit angeschrieen werden müßte, wie es erfolglos bei den toten Götzen versucht wird (1 Kö 18,26–28) – Gott hört und ist anwesend (Ps 40,2 u. ö.), kennt die Not (Mt 6,8) und beachtet das Rufen besonders der Entrechteten und Bedrängten (2 Mo 22,22[23]; Ri 3,9; 10,12) –; sondern die Stärke des Rufens und Schreiens bringt die Schwere der Not und die Ernsthaftigkeit des Beters zum Ausdruck (Hebr 5,7; Mk 15,34).
Aber wenn Gott auch seine Hilfe zugesagt hat, so behält er doch selbst bei der schwersten Not und dem ausdauerndsten Schreien die Entscheidung, wie und wann er sie abwenden will (Ps 22,2.3.24f; vgl. Mt 6,10). Er erweist sich in jedem Falle als der

Heilige (Ps 22,4), dessen ausdrückliche Ablehnung der Erhörung nur größeren Segen zuwendet (2 Kor 12,8.9).
Das Gebet der Gemeinde der Erlösten wird nicht erst im Himmel zu einem R. und Jubelgeschrei (Offb 7,10; 14,2.3), sondern ist schon auf Erden der durch den Geist gewirkte laute Lobpreis Gottes, der ihr liebender Vater geworden ist und dessen Leitung sie sich willig unterstellt (Röm 8,15; Gal 4,6). »Im R. äußert sich die Gewißheit und Freude, mit der sich die vom Geist Bewegten an Gott wenden. Die Rede der Knechte ist dagegen das murmelnde Gebet, wie es die jüd. Gebetssitte vorschreibt« (Schlatter).

Rufus »Der Rote«,
Sohn des Simon von Kyrene (Mk 15,21) und Bruder Alexanders (2). Paulus läßt ihn in Rom, wo er mit seiner Mutter lebt, grüßen (Röm 16,13).

Rügeopfer → Ehe IV, 2

Ruhe, ruhen bezeichnet den Zustand nach beendigtem Werk. So wird das Wort zum ersten Male in der HS gebraucht (1 Mo 2,2) und so wird es am Ziele wieder sein (Offb 14,13). Wahre R. bedeutet Gemeinschaft mit Gott und setzt die Einhaltung seiner Ordnungen voraus.
Die am Ende der Schöpfung stehende R. zerbrach durch den Sündenfall. Die Unruhe herrscht fortan (Hi 7,1; 14,1) und zeigt sich in verschiedenen Formen. Infolge der Sünde muß der Mensch nun seinen Lebensunterhalt mit Mühe erarbeiten (1 Mo 3,17–19; 4,12) und sucht seine Existenz durch Häufung von Gütern zu sichern (Ps 39,7; Lk 12,19), statt von Gottes Gaben in R. zu leben (Mt 6,26; Pred 4,6). Dazu kommt die Unruhe durch die Bosheit der Menschen (Ps 55,23; Jak 3,8; Spr 30,21–23). Bes. Herde der Unruhe sind Menschen, die von bösen Geistern umgetrieben werden (Mt 12, 43–45; Mk 5,4). Auch die Völkerwelt kennt keine R. und ist durch Krieg und Kriegsgeschrei erfüllt bis zum Ende (Mk 13,7).
In dieser Welt der Unruhe schafft Gott ein Volk, das zur R. berufen ist. Darum übernimmt Gott die reichliche Versorgung Israels (2 Mo 3,8), so daß jeder 7. Tag ein R.-tag (→ Sabbat) für Mensch und Vieh sein kann (2 Mo 20,8–10). Auch der Acker kann in jedem 7. Jahr ruhen (3 Mo 25,2–7). Gott gibt seinem Volk eine Ordnung, die jedem sein Recht setzt. Und wo die Ordnung nicht gehalten wird, bietet Gott selbst sich dem Unterdrückten als Schutz und Helfer an (Ps 55,19; 91,1.2). In das Toben der Völkerwelt wird Israel nicht hineingezogen, solange es auf Gottes Weg bleibt (Jos 21,44.45; 1 Kö 5,18[4]; 8,56). Das Heil wird vollendet, wenn Gott inmitten dieses Volkes in seinem Heiligtum ruht (2 Chron 6,41; Ps 132,8.14).
Da diese R. den Bundesgehorsam Israels voraussetzte, konnte sie nur selten und für kurze Zeit wirklich werden. So ergibt sich, daß Israel in Kanaan nicht die letzte Verwirklichung der Gottesverheißungen erlangt hat (Hebr 4,3.6). Es ist nicht zur R. gekommen, die nun als Verheißung weiterbesteht (V 8). Darum sprechen die Propheten von der noch kommenden sicheren R. (Jes 32,18), zu der der Geist Gottes die Seinen führen wird (vgl. Jes 63, 14).
Diese Verheißungen sind verwirklicht in Jesus Christus, auf dem der Geist des Herrn ruht (Jes 11,2), und der denen, die sein Joch tragen, d. h. sich in sein Werk einordnen lassen, die R. der Seele gibt (Mt 11,29). Glieder seines Volkes werden nicht mehr beunruhigt durch Sorgen der Erhaltung des äußeren Lebens, da sie alles aus der Hand Gottes nehmen (vgl. Mt 6,25ff). Sie stehen unter der Ordnung der Arbeit (2 Thess 3,10.11) und der Genügsamkeit (1 Tim 6,6–10) in der Liebe und im Frieden mit Gott.
Trotzdem ist die R. immer noch das Ziel, denn allezeit erfolgen Anfechtungen von außen (Eph 6,11) wie von innen (Apg 20,28–31) und die Gläubigen bleiben das Ziel des Hasses der Welt (Mt 10,22). Doch dies alles sind Leiden der Wanderschaft, welche die Seele nicht beunruhigen können, denn das Leben der Gläubigen ist verborgen mit Christus in Gott (Kol 3,3), in ihnen lebt Christus (Gal 2,20). Er hat die Welt überwunden (Joh 16,33) und die Seinen nehmen an seinem Siege teil (1 Joh 5,4; Offb 17,14), sofern sie gebunden bleiben an den sicheren Anker der Hoffnung (Hebr 6,19). Wer unter den Mühen und Anfechtungen der Wanderschaft unentwegt dem Ziel zustrebt (Hebr 4,11), der findet die vollkommene R. von allen seinen Werken (Offb 14, 13) in der Geborgenheit der ewigen Gemeinschaft mit Gott (Offb 7,14–17).

Ruhm. I,1) Das AT kann selbstverständlich vom R. menschlicher Tüchtigkeit sprechen (Spr 16,21; 31, 31). Wer Ansehen hat und von Gott gesegnet wurde, wird von anderen gerühmt (Hi 29,11). Doch zugleich warnt das Sprichwort vor der Gefahr des voreiligen Selbstruhms (1 Kö 20,11; vgl. Spr 27,1). Die Sucht nach R. führt zur Überhebung (2 Chron 25, 19) und endet im Abfall von Gott (Ps 10,3; 97,7). Darum warnt der Herr davor, sich der von ihm geschenkten Gaben zu rühmen, der Weisheit, Stärke, des Reichtums, die nur zu leicht als sicherer Besitz erscheinen können. Rechter Grund zum R. ist vielmehr, Gott in seiner Barmherzigkeit zu kennen (Jer 9,22[23]f). Vgl. auch → Hochmut.

2) Der Herr allein kann und soll wahrhaftig gerühmt werden, bes. vor dem Volk, dem er sich offenbart hat (5 Mo 10,21; Jes 43,21; 1 Chron 16,10). Auch einzelne Eigenschaften Gottes werden zum Gegenstand des R.: sein Name als Ausdruck seiner Herrlichkeit (1 Chron 29,13), seine Gerechtigkeit (Ps 51,16), Güte (Ps 59,17) und Gnade (Ps 90,14), aber auch das Wort Gottes (Ps 56,5). Solch ein Rühmen ist das in der Welt hörbare Echo der Offenbarungen Gottes; darum erfolgt es öffentlich vor der Gemeinde (Ps 22,23) und soll weitergehen bis an die Enden der Erde (Jes 42,10). Es ist Verkündigung (Ps 51,17), durch die auch die Heiden Gott kennen und rühmen lernen sollen (Jer 33,9; Hes 16,14). So wird Gottes Ziel deutlich: die ganze Schöpfung soll einswerden im Ruhm seiner Herrlichkeit (Ps 19).

II, 1) Im NT gilt noch ausschließlicher: »wer sich rühmt, der rühme sich des Herrn« (1 Kor 1,31 in Anknüpfung an Jer 9,22[23]f; 2 Kor 10,17; Röm 5, 11). Gott rettet in Jesus allein aus Gnade, damit sich niemand rühmen kann (Eph 2,9; 1 Kor 1,29), aller menschliche R. ist ausgeschlossen (Röm 3,27; 11,18). Ein solcher R. im Vertrauen auf eigene Kraft ist böse (Jak 4,16); gerühmt aber werden die Wundertaten Gottes (Joh 12,17), das Kreuz Jesu (Gal 6, 14), die Hoffnung auf die kommende Herrlichkeit (Röm 5,2), ja sogar die Trübsale, die über Geduld und Erfahrung zur Hoffnung führen (V 3). Weiter rühmt Paulus die Geduld und den Glauben, die Gott in den Heidenchristen gewirkt hat (2 Thess 1,4; vgl. auch 2 Kor 9,2–4). Darum werden sie einmal auch der R. des Apostels sein am Tage der Wiederkunft Jesu (Phil 2,16; 1 Thess 2,19), und zwar als Frucht und Zeichen dessen, daß der Herr in ihm und durch ihn kräftig gehandelt hat (Gal 2,8; 1 Kor 15,10).

Falsch jedoch ist, sich eines Menschen zu rühmen, indem man sich allein auf ihn beruft (1 Kor 3,21; vgl. V 4).
2) Nur einmal scheint Paulus diese Grundsätze zu verlassen, als er den Korinthern gegenüber sich selbst rühmt (2 Kor 10,1–12,12). Aber hier steht er einer Gemeinde gegenüber, die angefangen hat, nach dem äußeren Ansehen zu richten (2 Kor 10, 7), und in der Männer aufgetreten sind, die sich nach dem Fleisch rühmten (2 Kor 11,18), dem Apostel gleich zu sein (V 12). Darum wird Paulus den Schwachen ein Schwacher, um sie zu retten (1 Kor 9,22) und zur Besinnung zu bringen. Er ist sich bewußt, in → Torheit (2 Kor 11,17) und wie ein Narr zu reden (2 Kor 12,11), aber die Korinther haben ihn dazu gezwungen. Was er jedoch sagt, ist die Wahrheit, ja er verschweigt noch manches, damit niemand zu falschem Vertrauen auf ihn verleitet werde (V 6).
Vgl. weiter → Lob; → Ehre; → Herrlichkeit.

Ruhr → Krankheit

Ruma, hängt mit hebr. »hoch oben sein« zusammen. Heimatstadt der Mutter Jojakims (2 Kö 23,36); man sucht den Ort entweder in → Aruma bei Sichem oder im Ruma des Josephus und des Talmud, dem heutigen Chirbet Rumeh, 1,5 km westl. von er-Rummane (Rimmon 2).

Rüsttag (griech. *paraskeuae)*
oder Vorsabbat (Mk 15,42) ist der Tag vor dem Wochen- oder einem Festsabbat (Mt 27,62; Lk 23,54; Joh 19,14.31.42), an dem man die nötigen Vorbereitungen für den Ruhetag traf (→ Sabbat).

Rute → Maße und Gewichte I, 1

Ruth, Buch.

I) VERFASSER, ENTSTEHUNGSZEIT, STELLUNG IM KANON.

1) Das Buch R. berichtet eine Geschichte aus der Richterzeit (Rt 1,1; nach dem Stammbaum Rt 4, 18ff etwa 100 Jahre vor David).
Verfasser und Entstehungszeit kennen wir nicht; doch da das Buch die Abstammung Davids von einer Moabiterin (vgl. auch 1 Sam 22,3) mitteilt, ist es vermutlich zu einer Zeit geschrieben worden, in der das davidische Königshaus in Blüte stand; denn damals hat man am ehesten daran gedacht, die Vorgeschichte des Hauses David schriftlich festzuhalten.
2) R. gehört im hebr. AT zu den *Ketubim* oder Schriften, und darunter wieder zu den *Megillot*, den (Fest-)Rollen. Es wurde im Spätjudentum am Pfingstfest verlesen. Die LXX stellt das Buch seines Inhalts wegen hinter Ri, darin folgen ihr die Vulgata und die heutigen Bibeln.
Die Stellung des Buches unter den »Schriften« hat man neben aram. Einflüssen in seiner Sprache vielfach auch als Hinweis auf spätere Entstehung gedeutet.

II) INHALT.

Elimelech aus Bethlehem in Juda wandert mit seiner Familie während einer Hungersnot nach Moab aus, statt die Not des Volkes mitzutragen und im Erbe der Väter auszuharren. Er stirbt in der Fremde, ebenso sterben seine beiden mit Moabiterinnen kinderlos verheirateten Söhne. Als Gott Israel wieder Brot gibt, macht sich Elimelechs Witwe Naemi auf den Weg in die Heimat. Von ihren Schwiegertöchtern kehrt Orpa ins Elternhaus zurück, wo bessere Aussicht auf eine neue Heirat besteht. R. aber bekennt sich zur Schwiegermutter und zu deren Volk und Gott (Rt 1,16.17), wodurch sie in gläubiger Liebe die Not der kinderlosen Witwe in Israel auf sich nimmt. Z. Zt. der Ernte zurückgekehrt, liest R. nach Witwen- und Fremdenrecht (3 Mo 23,22; 5 Mo 24,19) Ähren auf den Feldern des Boas, denn Elimelech hatte sein Erbe vor der Ausreise verkauft. Boas findet Gefallen an R., löst, nachdem der Nächstverpflichtete verzichtet hat, nach dem Gesetz das Erbe wieder ein (→ Ehe III,3 → Erbe I,3; → Lösen I,1c) und heiratet R., die die Urgroßmutter Davids wird (Mt 1,5).

III) BOTSCHAFT.

Im Buch R. fehlen die Kämpfe und blutigen Schlachten, von denen Ri und 1 Sam soviel berichten. Hier wird aus dem Alltagsleben des Volkes erzählt: Hunger und Ernte, Landarbeit, Volkssitte, Recht und Familienleben. In diesen alltäglichen, kleinen Dingen aber bewähren sich Glaube, Vertrauen und Liebe einer Frau aus Moab und führen sie in die Gemeinschaft des Gottesvolkes, ja in das Geschlecht, aus dem die Könige Israels und Judas und endlich der verheißene Messias kommen wird. In den warmen Worten des Boas an Ruth (Rt 2,11.12) klingt die deutliche und bewußte Erinnerung auf an Abraham, der auch um des Herrn willen seine Heimat verließ, um unter Gottes Schutz in ein fremdes Land zu ziehen (1 Mo 12,1), und der auf diesem Wege der Vater aller Glaubenden wurde (Röm 4,11).

S

Saal → Obergemach; vgl. → Haus, → Palast. Zu Dan 5,5 vgl. → Babel I.

Saalabbin → Saalbim

Saalbim, viell. »Fuchsort«
oder Saalabbin (Jos 19,42), Stadt in Dan, z. Zt. der Richter noch im Besitz der Amoriter (Ri 1,35). Später isrl., denn einer der Helden Davids, ein Saalboniter (2 Sam 23,32; 1 Chron 11,33) stammt dorther. Unter Salomo gehörte S. zum 2. Verwaltungsbezirk (1 Kö 4,9). Man sucht den Ort im heutigen Selbit (neuhebr. Tel Shaalvim), 4,5 km nordwestl. von Ajalon. Hieronymus nennt in derselben Gegend einen Ort Selebi an der Grenze Dans.

Saalboniter → Saalbim

Saalim »Hohle Hände, Höhlungen« (?),
Landschaft in der Nähe des Gebirges Ephraim (1 Sam 9,4); zu Ri 12,15 haben einige Hss. die Lesart: »Pirathon im Gebirge Ephraim im Lande S.« Danach wäre das Gebiet südwestl. von Sichem zu suchen.

Saaph »Balsam«.
1) Sohn Jahdais, wahrscheinlich einer Nebenfrau Kalebs (1 Chron 2,47).
2) Sohn Kalebs und seiner Nebenfrau Maacha, der Stammvater der Bewohner von Madmanna (1 Chron 2,49).

Saaraim »Tor« (evtl. »Doppeltor«).
1) Ort in der judäischen Sephela (Jos 15,36), viell. auch 1 Sam 17,52 mit dem Weg zu »den Toren« gemeint. Die genaue Lage ist unbekannt.

2) Ort in Simeon (1 Chron 4,31), wahrscheinlich mit → Saruhen gleichzusetzen.

Saasgas »Der Lernbegierige« oder »Diener der Schönen«, Kämmerer des Königs Ahasveros, der die Aufsicht über die Nebenfrauen des Königs hatte (Est 2,14).

Saat → Ackerbau, → Ernte III

Saawan, viell. »Zittern, Schrecken«,
Sohn des Horiters Ezer (1 Chron 1,42); 1 Mo 36,27 heißt er Sawan.

Saba. In 1 Mo 10,7; 1 Chron 1,9 ist S. ein Sohn des Chus aus dem Geschlecht Hams. 1 Mo 10,28 erscheint S. als Sohn Joktans aus dem Geschlecht Sems, 1 Mo 25,3; 1 Chron 1,32 als Sohn Joksans aus den Nachkommen Abrahams und der Ketura. Der Name kommt weiter Hi 1,15; 6,19; Jes 60,6 vor, außerdem an den folgenden Stellen, wo LÜ ihn mit »Reicharabien« wiedergibt: 1 Kö 10,1–13; 2 Chron 9,1–12; Ps 72,10.15; Jer 6,20; Hes 38,13; Jo 4,8[13]. Es wird sich urspr. um verschiedene arab. Stämme gehandelt haben – einmal um Nachkommen Abrahams und der Ketura in der Nähe Midians, dann um Nachkommen Joktans im S und SO von Midian, schließlich um ein kuschitisches S. in Südarabien –,

Bronzestatue des Maadkarib (6. Jh. v. Chr.) aus dem Tempel Awwam bei Marib im Jemen, der Hauptstadt des südarab. Saba

aus denen später das Reich der Sabäer, das uns auch aus außerbiblischen Quellen bekannt ist, hervorging. Vgl. Karte Sp. 1477/8.
Von rund 1200–600 v. Chr. bestand in Arabien das Reich der Minäer, das sich von SW- bis NW-Arabien erstreckte. Seit 950 v. Chr. trat daneben das sabäische Königreich, das die Herrschaft der Minäer ablöste und bis 115 v. Chr. dauerte. Aus assyr. Inschriften läßt sich erkennen, daß die Sabäer zuerst in Nordarabien zur Herrschaft kamen und sich langsam nach S vorschoben, bis sie die Minäer verdrängt hatten. Jedenfalls ist das die Auffassung, die heute vertreten wird, wenn man auch zugeben muß, daß die südarab. Inschriften, deren Schrift eng mit der phön. zusammenhängt (Abb. Sp. 55/56, Nr. 4 u. 5) in dieser Frage nicht viel Aufschluß gegeben haben. Die Sabäer leisteten der aufsteigenden assyr. Macht Widerstand und erreichten den Höhepunkt ihrer eigenen Machtstellung nach Assyriens Fall. 115 v. Chr. mußte das sabäische Reich dem himjaritischen (bis 300 n. Chr.) weichen.

Sabad »Geschenk«.
1) Judäer, Nachkomme Jerahmeels (1 Chron 2,36. 37).
2) Sohn Ahelais, Held Davids (1 Chron 11,41).
3) Ammoniter, Sohn der Simeath, der mit Josabad zusammen König Joas ermordete (2 Chron 24,26). In 2 Kö 12,22[21] wird er Josachar genannt.
4) Drei Israeliten, die sich von ihren heidnischen Frauen trennten (Es 10,27.33.43).

Sabarim »Steinbruch«,
Ort in der Nähe von Ai (Jos 7,5), seine Lage ist unbekannt.

Sabbai, Israelit, der sich von seiner heidnischen Frau trennte (Es 10,28). Viell. ist er mit dem Vater des Baruch (Neh 3,20) identisch.

Sabbat.

I) WORTBEDEUTUNG.
1) Das hebr. Verb *schabat* bedeutet: aufhören von etwas, ruhen, den Sabbat halten; das Hauptwort *schabbat* bezeichnet den Ruhe- und Feiertag, den S., wird aber nicht nur für den 7. Tag der Woche, sondern auch für Festtage mit Arbeitsruhe gebraucht, die nicht mit der Woche zusammenhängen, z. B. für den → Versöhnungstag (3 Mo 16,31; 23,32; vgl. auch V 24). Einen solchen Tag nennt man im Unterschied zum Wochensabbat auch Festsabbat.
2) Im Babyl. gibt es die Bezeichnung *scha patu* = »(Tag) der Mitte« für den 15. Monatstag, der als »Tag der Beruhigung des Herzens (der Götter)«, d. h. als eine Art Buß- und Bettag gefeiert wurde. Weiter kannte man in Babylonien für den 7., 14., 21. und 28. Monatstag Verbote bestimmter Tätigkeiten, die bes. den König betrafen und ihren Grund darin hatten, daß diese Tage als Unglückstage betrachtet wurden. Zwischen ihnen und dem *scha patu* besteht jedoch kein Zushg., und beiden fehlt die für den S. wesentliche Bindung an die Woche. Es handelt sich demnach in Babylonien und Israel trotz einiger sachlicher und lautlicher Ähnlichkeiten um verschiedene Dinge.

II, 1) EINSETZUNG DES SABBATS.
Der S. als Ruhetag am Abschluß jeder 7-tägigen Woche wurde für Israel zuerst bei der Ankündigung des Mannas eingesetzt (2 Mo 16,5.22–30) und dann bei der Gesetzgebung am Sinai begründet und bestätigt (2 Mo 20,8–11; 31,12–17).
Ob die Woche und viell. auch ein entsprechender Schlußtag den Israeliten schon vorher bekannt waren, muß offen bleiben. Hinweise auf einen festen Zeitraum von 7 Tagen finden sich in der HS vor der Gesetzgebung nur im Sintflutbericht (1 Mo 7,4; 8, 10.12) und als Festdauer in 1 Mo 29,27.28.

2) VORSCHRIFTEN.
Jeder 7. Tag (2 Mo 23,12) war als S. ein Tag heiliger Ruhe (2 Mo 16,23; 31,15; 35,2), an dem keine Arbeit getan werden durfte (2 Mo 20,10; 31,14), was auch für die Sklaven, Fremdlinge und das Vieh

galt. Ausdrücklich verboten war das Feueranzünden (2 Mo 35,3); das für den S. nötige Essen sollte am Tag vorher, dem Rüsttag oder Vorsabbat (Mk 15, 42), zubereitet werden (2 Mo 16,23). Das Mannasammeln (V 27–29) wie das Sammeln von Feuerholz bedeutete einen Bruch des S. (4 Mo 15,32–36), an dem man den Wohnort nicht verlassen sollte (2 Mo 16,29). Amos erwähnt die Unterbrechung des Geschäftslebens (Am 8,5), und Jeremia nennt das Verbot, am S. Lasten zu tragen (Jer 17,21.22).

Auf Übertretung dieser Vorschriften stand die Todesstrafe (2 Mo 31,14.15; 35,2; 4 Mo 15,35).

Der Grundcharakter des S. aber war der eines Freudentages (Jes 58,13), an dem man zum Gottesdienst und Lob des Herrn (Ps 92) zusammenkam (3 Mo 23, 3; vgl. 2 Kö 4,23). Das tägliche Brandopfer wurde verdoppelt (4 Mo 28,9.10), und neue Schaubrote wurden im Heiligtum aufgelegt (3 Mo 24,8).

III) BEGRÜNDUNG UND BEDEUTUNG DES SABBATS.

Der Ruhetag des S. bedeutete für den Israeliten ein Teilhaben an der → Ruhe Gottes. Weil Gott am 7. Tag von den Werken der Schöpfung geruht hatte, heiligte und segnete er jeden 7. Tag (1 Mo 2,2.3) und gebot Israel, ihn heilig zu halten (2 Mo 20,11; 31,17), d. h. als einen besonderen Tag für den Herrn aus der Reihe der übrigen Tage herauszuheben. So war der S. für die Israeliten, die Gott aus dem pausenlosen Frondienst (2 Mo 5,4–9) der ägypt. Knechtschaft befreit hatte (5 Mo 5,15), um sie zur Ruhe zu bringen (5 Mo 3,20; Jos 1,13–15), ein Zeichen, daß der Herr sie heiligte (2 Mo 31,13; Hes 20,12), herausnahm aus den übrigen Völkern: das Bundesvolk Gottes lebt nicht von der eigenen Arbeit, sondern allein vom Segen des Herrn. Das wird bes. deutlich an der Erweiterung des Sabbatgebotes (vgl. 2 Mo 23,10–13) im → Sabbatjahr und im → Halljahr. Der S. war also ein »Platzhalter der gütigen Herrschaft Gottes« (Zimmerli), und das Halten dieses Tages oder Brechen seiner Vorschriften kann gleichbedeutend sein mit dem Halten bzw. Brechen des Gottesbundes überhaupt (Jes 56,2–7).

IV) DER SABBAT IM SPÄTJUDENTUM.

Um dieser Bedeutung des S. willen wird er zusammen mit dem Sabbatjahr bei der Bundeserneuerung unter Nehemia ausdrücklich genannt (Neh 10,32 [31]), und der Statthalter setzte seine Beachtung mit allen Mitteln durch (Neh 13,15–22).

Die Rabbinen wußten, daß der S. »zur Wonne, nicht zum Schmerz gegeben ist«, aber da nach ihrer Überzeugung das Sabbatgebot so schwer wiegt, wie alle anderen Gebote Gottes zusammen, versahen sie es mit bes. umfassenden Ausführungsbestimmungen. Aus den 39 Arbeiten beim Bau der Stiftshütte (vgl. 2 Mo 26) leiteten sie eine Liste der am S. verbotenen Tätigkeiten ab. Darunter fiel jede gewerbliche und handwerkliche Arbeit, jedes Neuschaffen eines Gegenstandes durch Verbindung (z. B. Kleben) oder Trennung (z. B. Pflücken), jedes Tragen (vgl. Joh 5, 9.10), jedes Gehen, Reiten, Fahren über den Sabbatweg (rund 1 km; → Maße und Gewichte I, 2) hinaus. Zugleich aber tüftelten die Schriftgelehrten raffinierte Möglichkeiten aus, einzelne Verbote zu umgehen. Man kaufte etwa, ohne gleich zu bezahlen und die Bezahlung zu erwähnen; man legte einen Wassersack auf den Sattel des Esels, um so am S. eine Reise »auf dem Wasser« unternehmen zu können, die nicht verboten war. Durch diese Veräußerlichung war der S. als Zeichen der Gemeinschaft mit Gott und der Abhängigkeit von ihm völlig entwertet.

V, 1) JESUS UND DER SABBAT.

Mit solchem rabbinischen Sabbatverständnis mußte Jesus notwendig in Konflikt geraten (Mt 12,1–14; Mk 2,23–3,6; Lk 13,10–17; Joh 5,1–18). Wenn schon die Priester im Tempel beim Sabbatopfer (4 Mo 28, 9.10) ohne schuldig zu werden, Arbeiten verrichteten, die sonst verboten waren (Mt 12,5), und niemand Anstoß daran nahm, einen Menschen am S. zu beschneiden (Joh 7,22.23), so war Jesus, dessen Leben aus einer einzigen Erfüllung des Gotteswillens bestand (Joh 4,34), größer als der Tempel (Mt 12,6) und damit auch Herr des S. (V 8; Mk 2,28). Er wußte, daß der S. um des Menschen willen gemacht war (V 27), und darum tat er Gutes am S. (Mt 12,12; Mk 3,4) und wirkte wie sein Vater (Joh 5,17), erlöste Menschen aus der Gefangenschaft Satans (Lk 13,16) und heilte sie (Joh 7,23.24; 9,14). Darin offenbarte er sich als der, der den Menschen die wahre Ruhe Gottes bringt (Mt 11,29) und damit die Verheißung des S. erfüllt (Kol 2,16.17).

2) DIE URGEMEINDE UND KIRCHE DER ERSTEN JAHRHUNDERTE.

a) Ebenso wie ihr Herr wußten sich die Christen im NT frei vom äußeren Sabbatgebot, weil sie ihr Leben als ganzes aus und nach dem Willen Gottes führten. Das ließ dem einzelnen die Freiheit, bestimmten Tagen besondere Bedeutung beizulegen, aber ebensogut konnte er alle Tage als gleich ansehen (Röm 14,5–9). Die Forderung aber, den S. zu halten, betrachtete Paulus als Rückfall ins Gesetz, der den Verlust der Gnade bewirkte (Gal 4,9–11; 5, 1–4). Ebenso urteilen die christlichen Schriftsteller der ersten Jahrhunderte (Ignatius, Justin, Tertullian).

b) Als Tag des Gottesdienstes trat an die Stelle des S. der erste Tag der Woche, der Tag der Auferstehung und der Erscheinungen des auferstandenen Herrn (Joh 20,1.19.26). Er wird im NT als Tag des Abendmahls, der Predigt (Apg 20,7.11) und der Sammlungen (1 Kor 16,2) erwähnt und ist viell. auch mit dem »Tag des Herrn« in Offb 1,10 gemeint, obwohl hier wahrscheinlich die Bedeutung »Gerichtstag« (→ Tag des Herrn) mit hineinspielt. Neben die in den ersten Jahrhunderten übliche Bezeichnung des 1. Wochentages als »Herrentag« trat später die als »Sonntag«, die auf den Namen des entsprechenden heidnischen Festtages (lat. *dies Solis*) zurückgeht.

c) Aber nicht nur die Verlegung vom letzten auf den ersten Tag der Woche unterscheidet den Herrentag der Christen vom S. der Juden. Ihm fehlt außerdem das auffälligste Kennzeichen des jüd. Feiertages, die Arbeitsruhe, auf Grund deren die Juden in der antiken Welt allg. als Faulenzer verschrien waren. Abgesehen von der Zeit zum Gottesdienst, die man auch den Sklaven freigab, gingen die Christen wie ihre gesamte heidnische Umwelt am Herrentag weiter der täglichen Arbeit nach. Das galt nach dem Aufkommen des frühen Mönchtums auch noch für die strengsten Klöster. Erst nachdem Kaiser Konstantin i. J. 321 den Tag, der den Christen als Herrentag, den Heiden als Sonntag heilig war, zum Staatsfeiertag erklärt hatte, ruhte an ihm wie an den übrigen Staatsfeiertagen zunächst die Arbeit der Behörden. Erst die späteren Kaiser Theodosius und Justinian haben dann auch die private Arbeit weitgehend eingeschränkt.

Sabbatjahr. I) Der Herr schrieb im Gesetz vor, daß die Israeliten ihr Land 6 Jahre nacheinander bestellen durften, es aber im 7. Jahr brach liegen und ruhen lassen sollten. Dann sollte das Land dem Herrn seinen → Sabbat feiern, auch die Erde hatte also an der Ruhe Gottes teil. Nur was von selbst wuchs, sollte den Israeliten, ihren Sklaven, Tagelöhnern, den Fremdlingen und Armen, dem Vieh und den Tieren im Lande zur Speise dienen (2 Mo 23,10.11; 3 Mo 25,1–7). Zur Vorsorge für den Ernteausfall aber hatte der Herr für das voraufgehende 6. Jahr eine ungewöhnlich reiche Ernte verheißen (V 19–22).

II) Am Laubhüttenfest des S. war die Verlesung des Gesetzes vorgeschrieben (5 Mo 31,9–13), an Stelle des sonst gefeierten Erntedankes.

III) Weiter durfte der Israelit im S. wohl den Fremden, nicht aber den eigenen Volksgenossen zur Bezahlung der Schuld mahnen (5 Mo 15,1–11), weshalb man es auch als Erlaßjahr bezeichnete (V 1). Ob der hier genannte Erlaß jedoch einen Zahlungsaufschub oder eine wirkliche Streichung der Schuld bedeutete, läßt sich nicht eindeutig sagen. Wahrscheinlich war das erste der Fall, was auch durch V 9 nicht ausgeschlossen wird.
Das Verbot, im S. Schulden einzufordern, war zwar angemessen, denn alle Felder des Schuldners lagen brach; es machte sich aber im Geschäftsleben lästig bemerkbar. Darum erlaubte der Schriftgelehrte Hillel kurz vor dem Auftreten Jesu, bei Schuldverträgen eine Klausel anzuhängen, die das Einmahnen der Schuld zu jeder Zeit gestattete.

IV) Als Strafe für die Übertretung des S.-Gesetzes war angedroht, daß das Land die versäumten S. wüstliegend nachholen werde (3 Mo 26,34.35.43), und so wurde die Zeit der babyl. Gefangenschaft später auch verstanden (2 Chron 36,20.21). Daher wird unter Nehemia die Verpflichtung des S. ausdrücklich mit erwähnt (Neh 10,32[31]). Aus der Makkabäerzeit und bis zur Zerstörung Jerusalems 70 n. Chr. besitzen wir bei Josephus eine Reihe von Zeugnissen über tatsächlich gehaltene S.: 164/3, 38/37 v. Chr. und 68/9 n. Chr.

Sabbatweg → Maße und Gewichte I, 2

Sabbud »Geschenkt«,
Nachkomme Bigevais, der mit Esra aus der babyl. Gefangenschaft heimkehrte (Es 8,14).

Sabdi, viell. »Geschenk«.
1) Vorfahr des Judäers Achan (Jos 7,1).
2) Benjaminit, Sohn Simeis (1 Chron 8,19).
3) Sephamiter, Aufseher über die Weinvorräte Davids (1 Chron 27,27).
4) Levit, Sohn Asaphs (Neh 11,17).

Sabdiel »Geschenk Gottes«.
1) Vater des Heerführers Jasobeam z. Zt. Davids (1 Chron 27,2).
2) Sohn → Gedolims (Neh 11,14).

Sabtha.
Sohn des Chus (1 Mo 10,7; 1 Chron 1,9). Man nimmt einen Zushg. an zwischen S. und der alten südarab. Handelsstadt Sabota, heute Shabwat, der Hauptstadt des Hadramaut.

Sabthai »Am Sabbat geboren«,
ein oder zwei Leviten z. Zt. Esras (Es 10,15) und Nehemias (Neh 8,7; 11,16).

Sabthecha.
Sohn des Chus (1 Mo 10,7; 1 Chron 1,9). Man hat einen Zusammenhang vermutet zwischen S. und Samydake, einer Stadt und einem Fluß am Ostufer des Persischen Golfs. Andere denken an einen Landstrich in Südarabien.

Sabud »Geschenkt«,
Sohn Nathans und hoher Hofbeamter Salomos (1 Kö 4,5).

Sachar »Lohn«.
1) Vater Ahiams, einer der Helden Davids (1 Chron 11,35). Er wird in 2 Sam 23,33 Sarar genannt.
2) Torhüter, Sohn Obed-Edoms (1 Chron 26,4).

Sacharja »Der Herr hat sich erinnert, hat gedacht (an jemanden)«.
1) Benjaminit, Sohn Jeiels zu Gibeon (1 Chron 9, 35.37). Viell. derselbe, der 1 Chron 8,31 Secher (wohl eine Kurzform von S.) genannt wird.
2) Vater Iddos, des Fürsten von Ostmanasse in Gilead unter David (1 Chron 27,21).
3) Sohn Meselemjas, levitischer Torhüter z. Zt. Davids (1 Chron 9,21; 26,2). Er war zugleich ein weiser Ratgeber (V 14).
4) Levitischer Sänger der zweiten Ordnung z. Zt. Davids (1 Chron 15,18.20; 16,5).
5) Priester z. Zt. Davids (1 Chron 15,24).
6) Sohn Jissias und Enkel Usiels, Levit z. Zt. Davids (1 Chron 24,24.25).
7) Sohn des Merariters Hosa, einer der levitischen Torhüter z. Zt. Davids (1 Chron 26,10.11).
8) Vater des levitischen Sängers Jahasiel z. Zt. Josaphats (2 Chron 20,14).
9) Einer der Fürsten Judas unter Josaphat (2 Chron 17,7).
10) Sohn König Josaphats (2 Chron 21,2).
11) Sohn des Hohenpriesters Jojada. Erfüllt mit dem Geist Gottes warnte er König und Volk, als Joas nach dem Tode Jojadas den Herrn verlassen hatte. Aber sie verschworen sich gegen ihn und steinigten ihn auf Befehl des Königs im Vorhof des Tempels (2 Chron 24,20–21). Jesus spielt Mt 23,35; Lk 11,51 auf diesen Mord an. Die Erwähnung Abels und S. weist darauf hin, daß im hebr. AT schon z. Zt. Jesu die Chronikbücher an letzter Stelle standen.
Es fällt auf, daß dieser S. in Mt 23,35 wie der Prophet S. als Sohn des Berechja bezeichnet wird. Man hat das auf verschiedene Weise zu erklären versucht, u. a. durch die Vermutung, S. sei viell. der Enkel Jojadas und Berechja dessen Sohn gewesen.
12) Prophet, der den König Usia von Juda »in der Furcht Gottes unterwies« (so wahrscheinlich richtiger als »in den Gesichten Gottes«, vgl. ZÜ, MÜ; 2 Chron 26,5).
13) Sohn Jerobeams II., der 753–752 v. Chr. für 6 Monate König von Israel in Samaria war. Er tat wie seine Vorgänger, was dem Herrn mißfiel, und ließ nicht von den Sünden Jerobeams I., dem Dienst der Stierbilder. Sallum brachte eine Verschwörung gegen ihn zustande, ermordete ihn und wurde an seiner Stelle König. So erfüllte sich die Weissagung, daß Jehus Nachkommen nur bis ins vierte Glied über Israel herrschen sollten (2 Kö 15,8–12).
14) Fürst der Rubeniter z. Zt. der Wegführung des Stammes durch Thiglath-Pileser III. von Assyrien (1 Chron 5,7).
15) Vater der Abi oder Abia und Großvater des Königs Hiskia (2 Kö 18,2; 2 Chron 29,1).
16) Sohn Jeberechjas, den der Prophet Jesaja auf Anordnung des Herrn zusammen mit dem Priester Uria als Zeugen hinzuzog, als er auf eine große Tafel die Worte schrieb: »Raubebald, Eilebeute« (Jes 8,1–4).
17) Levit aus dem Geschlecht Asaphs z. Zt. Hiskias (2 Chron 29,13).
18) Levit aus dem Geschlecht Kahaths z. Zt. Josias (2 Chron 34,12).
19) Priester z. Zt. Josias (2 Chron 35,8).

20) Zwei Judäer und ein Priester, deren Nachkommen nach der babyl. Gefangenschaft in Jerusalem wohnten (Neh 11,4.5.12).
21) Der Prophet; → Sacharja, Buch.
22) Zwei Israeliten, die mit Esra aus der Verbannung zurückkehrten (Es 8,3.11).
23) Einer der Obersten, die Esra nach Kasphia sandte, um Leviten für den Zug nach Jerusalem zu gewinnen (Es 8,16). Viell. derselbe, der neben Esra stand, als er das Gesetz vorlas (Neh 8,4).
24) Israelit, der eine heidnische Frau genommen hatte (Es 10,26).
25) Ein Levit und ein Priester, die an der Einweihung der Mauer Jerusalems unter Nehemia teilnahmen (Neh 12,35.41).
Vgl. auch den bedeutungsgleichen Namen → Zacharias.

Sacharja, Buch. Der Prophet S. hat eine Sonderstellung unter den Propheten dadurch, daß ihm in der ersten Periode seines Wirkens die Offenbarung in Gesichten gegeben wird, deren Sinn er selbst nicht erkennen kann, so daß ihm ein Engel im Gespräch die erforderliche Klarheit geben muß.

I) EINLEITUNGSFRAGEN.

1) Der Prophet S. war Priester, sein Vater hieß Berechja, der Sohn Iddos (Sach 1,1.7). Iddo kehrte als Oberster einer Priesterfamilie aus Babylon zurück (Neh 12,4.16). Da S. 520 v. Chr. als Prophet auftritt, wird er noch in der Gefangenschaft geboren worden sein. Z. Zt. des Hohenpriesters Jojakim war er Oberster seines Geschlechtes (Neh 12,16). Berechja könnte früh gestorben sein, da S. auch als Sohn des Iddo bezeichnet wird (Es 5,1; 6,14). S. empfängt das Wort des Herrn zum erstenmal im 8. Monat des 2. Jahres des Königs Darius, d. h. im Oktober/November 520 v. Chr., 2 Monate nach dem Auftreten Haggais (Hag 1,1). Als spätestes Datum erhalten wir das der Gesandtschaft aus Beth-El im November/Dezember 518 v. Chr. (Sach 7,1). Über das weitere Leben des Propheten erfahren wir nichts mehr.
2) Nach jüd. und christlicher Tradition ist S. selbst der Verfasser des gesamten Buches, die Evangelien (Sach 9,9: Mt 21,5; Sach 11,12.13: Mt 27,9.10; Sach 12,10: Joh 19,37) und Jesus (Sach 13,7: Mt 26,31) zitierten den Propheten in diesem Sinn. Während die Kap 1–8 auch bis heute unangefochten als Werk des S. gelten, ist die Echtheit von Kap 9–14 seit dem 17. Jh. umstritten. Ein Teil der Kritiker nimmt für diesen Abschnitt zwei verschiedene Verfasser an, von denen der eine Kap 9–11 z. Zt. des Jesaja, der andere Kap 12–14 z. Zt. König Josias oder auch nach dem Exil geschrieben habe. Andere lassen den Abschnitt ungeteilt, wollen ihn aber möglichst spät datieren, um 300 oder gar erst 160 v. Chr. Schon diese Meinungsverschiedenheiten zeigen, daß die einzelnen Begründungen nicht durchschlagend sind. Demgegenüber ist die innere Einheit des Buches und seine Entstehung nach der babyl. Gefangenschaft durchaus möglich.
3) Das Buch S. umfaßt 3 Teile; der 1. Teil enthält Offenbarungen durch Traum- oder Nachtgesichte, die im Okt./Nov. 520 v. Chr. beginnen, der 2. Teil (Kap 7–8) enthält Reden an Israel, beginnend im Nov./Dez. 518 v. Chr. Im 3. Teil finden wir eine → »Last« über heidnische Völker (Sach 9,1.2) und eine »Last« über Israel (Sach 12,1).

II) INHALT.

1) GLIEDERUNG.

Einleitung: Grundlegender Bußruf (1,1–6).
I. Teil: Die Gesichte (1,7–6,15).
  1. Die Rosse (1,8–17).
  2. Die Schmiede (2,1–4[1,18–21]).
  3. Der Mann mit der Meßschnur (2,5–17[1–13]).
  4. Der Hohepriester Josua (3,1–10).
  5. Leuchter und Ölbäume (4,1–14).
  6. Der fliegende Brief (5,1–4).
  7. Das Weib im Epha (5,5–11).
  8. Die vier Wagen (6,1–8).
  9. Schluß: Krönung des Hohenpriesters Josua (6,9–15).
II. Teil: Der Weg unter den Segen Gottes (7,1–8,23).
  1. Anfrage und Gegenfragen (7,1–7).
  2. Erinnerung an die Zeit vor der Gefangenschaft (7,8–14).
  3. Gottes bleibende Treue (8,1–8).
  4. Die Grundlage des Segens (8,9–17).
  5. Weltweite Auswirkung (8,18–23).
III. Teil: Spätere Reden (9,1–14,24).
A. Erste Rede (9,1–11,17).
  1. Gericht über die Heiden (9,1–8).
  2. Verheißungen für Israel (9,9–10,12).
    a. Der Messias (9,9 12).
    b. Juda und Ephraim als Waffen Gottes (9,13–17).
    c. Die Befreiung (10,1–12).
  3. Wort über die Hirten (11,1–17).
    a. Die bösen Hirten (11,1–6).
    b. Aufhebung des Bundes Gottes mit den Völkern (11,7–11).
    c. Aufhebung der Bruderschaft Juda-Israel (11,12–14).
    d. Drohung an untreue Hirten (11,15–17).
B. Zweite Rede (12,1–14,21).
  1. Des Herrn Hilfe beim Ansturm der Feinde (12,1–9).
  2. Grundlegung des neuen Bundes (12,10–13,9).
    a. Klage um den Zerstochenen (12,10–14).
    b. Die große Reinigung des Volkes (13,1–6).
    c. Zubereitung der Herde (13,7–9).
  3. Entscheidungszeit (14,1–21).
    a. Rettung aus der Vernichtung Jerusalems (14,1–7).
    b. Heil für die Welt aus Jerusalem (14,8–11).
    c. Plage und Sammlung aller Feinde (14,12–15).
    d. Die Scheidung der Heiden (14,16–19).
Schluß: Volle Heiligkeit von Jerusalem und Juda (14,20.21).

2) GEDANKENGANG.

a) Der den Gesichten und Reden zeitlich vorangehende Bußruf unterstreicht die Mahnung zur Bekehrung durch den Hinweis auf das Schicksal der Väter, die die Erfüllung der Gerichtsweissagungen Gottes in der babyl. Gefangenschaft erlebten (Sach 1,1–6). Mit der Offenbarung durch Gesichte (Sach 1,7–6,8) läßt Gott den Propheten dann in die notvolle Gegenwart seines Volkes eingreifen. Noch ist erst ein kleiner Teil der Gefangenen zurückgekehrt, der sich gegen die Anfeindung der Umwohnenden behaupten und gleichzeitig die Stadt Jerusalem und den Tempel wieder aufbauen soll. Gegen die Verzagtheit, die aus dieser Lage erwächst, hat S. anzukämpfen. Er zeigt, wie hinter dem sichtbaren Stillstand Gott doch am Werke ist und unsichtbar den Grund für die Durchführung seiner Pläne legt.
In der Völkerwelt herrscht Ruhe, obgleich die auf 70 Jahre festgesetzte Gerichtszeit über Israel ver-

strichen ist (Sach 1,12). Diese Ruhe darf aber nicht täuschen, denn dahinter steht die feste Absicht des Herrn, Jerusalem wieder aufzubauen (V 16.17). In der unsichtbaren Welt sind die Vorbereitungen dazu im Gange. Die Feinde Israels werden schon entmächtigt (Sach 2,4[1,21]), der Beauftragte Gottes geht über den Platz Jerusalems und will die Grenzen der Stadt festlegen (V 2,6[2]). Dabei darf die Stadt nicht durch Mauern eingeengt werden, denn Gott will viel Volk herzuführen und selbst die feurige Mauer seiner Stadt sein (V 8[4]f). Er wird sein Volk zu ungeahnter Größe erheben und viele Heiden eingliedern (V 15[11]). Auch die innere Umgestaltung des Volkes ist schon im Gange. Der Hohepriester soll nicht weiter in menschlicher Schwachheit vor Gott stehen. Der Herr selbst schützt ihn gegen den Verkläger und heiligt ihn, indem er ihm durch die Engel die heiligen Kleider anziehen läßt. Damit wird er ein Hinweis auf den Messias (Sach 3). Diese Wandlung zeigt sich auch in einer Veränderung des Leuchters, des Sinnbildes des Gottesvolkes (vgl. Offb 1,20). Mußte bisher der Leuchter durch die Priester versorgt und vor dem Verlöschen bewahrt werden, so geschieht es fortan durch das von den Ölbäumen zulaufende Öl, durch das Wirken des Geistes Gottes (Sach 4).
Um Israel zum wirklichen Gottesvolk zu machen, ist eine Reinigung erforderlich, wie sie nicht durch Menschen gewirkt werden kann. So rottet Gott die Sünder aus (Sach 5,4) und läßt die Gottlosigkeit selbst aus dem Lande wegführen (V 7.9). Den Schutz dieses gereinigten Volkes wird der Herr selbst übernehmen. Zum Schutz nach außen ziehen seine Kriegswagen aus in alle Richtungen; zur Sicherung im Inneren wird der Hohepriester Josua gekrönt (Sach 6).

b) Der zweite Teil ist Antwort auf eine Frage des Volkes. Zum Zeichen der Buße hatte man in der Gefangenschaft besondere Fasttage gehalten und fragt nun, ob diese auch nach der Rückkehr beibehalten werden sollen. Die Antwort Gottes heißt: nicht äußeres Fasten, sondern innere Umkehr, Gehorsam und Liebe. Wenn Israel zu einer Gemeinschaft der Wahrheit und des Friedens wird, werden die Fasten zu Freudenfesten, an denen man sich mit solchem Jubel zum Gottesdienst drängt, daß auch die Heiden bitten werden, daran teilnehmen zu dürfen (Sach 7–8).

c) In der 1. Rede des dritten Teils folgt der Gerichtsdrohung über heidnische Völker eine messianische Weissagung für Jerusalem (Sach 9,9f). Danach ist vom Untergang der Weltmächte und der Wiedererstehung auch des Nordreichs die Rede (Sach 9,11–11,3). Am Schluß steht ein Gerichtswort über die untreuen Hirten (V 4–17). Einige Worte dieses Abschnittes weisen auf die Zeit Jesu (Sach 9, 9: Mt 21,5; Sach 10,2: Mt 9,36; Sach 11,12.13: Mt 26,15; 27,9.10), ob aber die ganze Rede so gedeutet werden muß, bleibt fraglich.

Die 2. Rede blickt auf Geschehnisse der Endzeit: endgültige Rettung Jerusalems und Aufrichtung seiner Macht, Reinigung des Volkes im Gericht und seine innere Umwandlung durch den Geist Gottes und die Vergebung der Sünden. Der Herr wird König über alle Lande, lebendige Wasser gehen von Jerusalem aus, auch die Heiden kommen zum Laubhüttenfest nach Jerusalem, das ganz dem Herrn heilig sein wird (Sach 12–14).

Damit lenkt S., dessen Botschaft mit dem Ruf zur Umkehr begonnen hat, den Blick aus allen Schwierigkeiten der Gegenwart auf den endgültigen Sieg des Herrn.

Sachja »Der Herr hat umhegt«,
Benjaminit, Nachkomme Saharaims (1 Chron 8,10).

Sack (hebr. *sakh*, griech. *sakkos*),
dunkles (vgl. Jes 50,3; Offb 6,12) Kleid aus grobem Gewebe, das als Zeichen der Trauer (1 Mo 37,34; 2 Sam 3,31), Buße (1 Kö 21,27; Neh 9,1; Mt 11,21) und Unterwerfung (1 Kö 20,31.32) angelegt wurde. Diese Trauerkleidung gehört für die Propheten mit zum Bilde des kommenden Gerichts (Jes 3,24; 22,12; Am 8,10).
Vgl. → Klage I, 2.

Sadduzäer. Jüd. Partei, deren Ursprung wohl in der pers. oder hellenistischen Zeit liegt. Sie nannten sich nach einem Zadok, vermutlich dem Hohenpriester z. Zt. Davids und Salomos, in dessen Geschlecht das Hohepriesteramt seitdem weitergegeben worden war (2 Sam 8,17; 1 Kö 1,8; 2,35; vgl. Hes 40,46; 43,19; 44,15; 48,11).
Die S. waren wesentlich politisch interessiert und stark von hellenistischem Denken beeinflußt, was sie zu Gegnern der → Pharisäer machte (Apg 23, 6ff). In der → Makkabäerzeit treten sie kaum hervor, wurden aber später von Johannes Hyrkan, Alexander Jannäus und Aristobul II. begünstigt. Z. Zt. Jesu hatten sie im Volk nur noch wenig Einfluß, die sadduzäischen Priester bildeten jedoch die dem Hohenpriester ergebene Fraktion des Hohen → Rates (Apg 5,17) und hatten so die politische Führung des Volkes in Händen; sie bildeten die Partei der Vornehmen und Reichen. Während des öffentlichen Wirkens Jesu war ihre Politik im ganzen römerfreundlich. Im Kampf gegen Jesus waren sich S. und Pharisäer einig (Mt 16,1.6.11f), wenn auch aus verschiedenen Motiven: die Pharisäer haßten ihn um seiner Lehre und seiner Taten willen, die S. hielten seine Beseitigung wohl mehr aus politischen Gründen für notwendig.
In der Lehre stimmten S. und Pharisäer in der Anerkennung der 5 Bücher Mose überein. Die S. verwarfen jedoch die mündliche »Überlieferung der Väter« (Halacha), d. h. die pharisäischen Ausführungsbestimmungen und Kommentare zum Gesetz (vgl. → Aufsätze), und schätzten die Propheten nicht sehr hoch ein. In einzelnen Fragen des Gesetzes urteilten sie jedoch noch strenger als ihre Gegner. Als ausgesprochene Rationalisten leugneten sie die Auferstehung der Toten (Mt 22,23; Mk 12,18; Lk 20,27; Apg 4,1.2; 23,8) und ein Weiterleben nach dem Tode (vgl. Lk 16,27ff), ebenso die Existenz der Engel und Geister (Apg 23,8). Josephus, der ein ausgesprochener Gegner der S. war, bezeichnet sie als Fatalisten.

Sadrach, wahrscheinlich absichtliche Entstellung des babyl. Gottesnamens Marduk.
babyl. Name, den Daniels Freund Hananja am Hof Nebukadnezars erhielt (Dan 1,7; 2,49; 3,12–30).

Säen → Ackerbau; → Ernte III

Safran. Welche Pflanze mit dem hebr. *karkom* gemeint ist, ist nicht sicher. Es kommen in Frage:
1) Der Safrankrokus *(Crocus sativus)* aus der Familie der *Iridaceen*, der in Norditalien und Westasien bereits im Altertum viel gezogen wurde. Die sehr langen Stempel seiner violetten Blüten liefern getrocknet den »Safran«. Mit Wasser, dem das ausgepreßte, gelbe S.öl zugefügt wurde, besprengte man Kleidung und Wohnräume, auch Olivenöl wurde mit S. parfümiert. S. diente ferner zum Würzen und Färben von Speisen und als Arznei bei Magen- und Darmkrankheiten.

2) Die Gelbwurzel *(Curcuma longa)* aus der Familie der *Zingiberaceae.* Sie wird in ganz Südasien um des gelben Farbstoffs willen, der in ihrer Wurzel enthalten ist, gezogen. Der Farbstoff *(Curcumin)* wurde in ähnlicher Weise wie der S. verwendet.
In Hl 4,14 wird *karkom* unter anderen Pflanzen indischen Ursprungs genannt, was für die Gelbwurzel sprechen könnte. Anderseits war der Safrankrokus in Palästina überall bekannt und hatte in der jüd. Tradition als Bestandteil des Räuchwerks seine Bedeutung.

Saft bezeichnet Lk 8,6 nicht den S. der Pflanze, wie sonst (Ps 104,16; Nah 1,10; Röm 11,17), sondern die Bodenfeuchtigkeit (griech. *ikmas).*

Sage, mit hebr. »(unbewußt) Fehler machen« zusammenhängend,
wird als Vater des Jonathan, eines der Helden Davids, genannt (1 Chron 11,34). Vgl. → Samma (4).

Säge → Waffen und Geräte

Saham »Ekel«,
Sohn König Rehabeams (2 Chron 11,19).

Saharaim »Morgenrot« oder »Bei Morgenanbruch geboren«,
Benjaminit, der eine sehr große Nachkommenschaft hatte (1 Chron 8,8).

Sahazima, viell. »Hochplätze«,
Grenzstadt Isaschars (Jos 19,22) zwischen dem Thabor und Beth-Semes (2); vermutlich Tell el-Mekarkasch am Zusammenfluß des Wadi Scharrar und Wadi Tuffa, südöstl. vom Thabor.

Saite, Saiteninstrument → Musikinstrumente

Sakkai, Kurzform von Sacharja.
Israelit, dessen Nachkommen mit Serubabel aus der babyl. Gefangenschaft heimkehrten (Es 2,9; Neh 7, 14).

Sakkur, Kurzform von Sacharja.
1) Vater des Kundschafters Sammua aus dem Stamm Ruben (4 Mo 13,4[5]).
2) Simeonit, Nachkomme Mismas (1 Chron 4,26).
3) Levit, Nachkomme Meraris, Sohn Jaesias (1 Chron 24,27).
4) Levit, Sohn Asaphs, Leiter der 3. Sängerabteilung z. Zt. Davids (1 Chron 25,2.10; Neh 12,35).
5) Sohn Imris, der die Mauer Jerusalems wiederaufbauen half (Neh 3,2).
6) Levit, der mit Nehemia den Bund unterschrieb (Neh 10,13[12]).
7) Vater des Leviten Hanan z. Zt. Nehemias (Neh 13,13).

Salah »Wurfspieß?« (Köhler),
Sohn Arphachsads, Vorfahr Jesu (1 Mo 10,24; 11, 12–15; 1 Chron 1,18; Lk 3,35).

Salamis, Stadt an der Ostküste Zyperns, ca. 5 km nordwestl. von Famagusta. Hier verkündigte Paulus auf der 1. Missionsreise das Evangelium (Apg 13,5). Vgl. Karte Sp. 1045/6.

Salbe, salben, Salbung. I) Wohlriechende Salben wurden unter den Israeliten hochgeschätzt (Spr 27, 9; Pred 7,1[2]; Hl 1,3; Jes 39,2). Man brauchte sie zur täglichen Körperpflege (Rt 3,3; Am 6,6; Mt 6, 17), beim Frisieren (Pred 9,8) und zum Reinigen u. Parfümieren der Haut (Est 2,12). Das Unterlassen des Salbens war Zeichen von Trauer oder Buße (2 Sam 14,2; Dan 10,3; Ps 92,11). Durch Salben des Hauptes mit Öl pflegte man in ntl. Zeit auch Gäste zu ehren (Lk 7,46), und Jesus wurde mehrmals von Frauen gesalbt, die damit ihre Liebe und Dankbarkeit zum Ausdruck brachten (V 36–50; Mt 26,6–13). Die gewöhnliche Salbe war Olivenöl mit Zusatz von Duftstoffen, → Narde (Joh 12,3) und → Myrrhe (Hl

Ägypt. Salbengefäß in Gestalt eines schwimmenden Mädchens mit einer Ente

5,5) werden genannt. Die Bezeichnung Wasser (Mt 26,7; Mk 14,3.8) weist darauf hin, daß wir vielfach wohl an eine Beschaffenheit wie bei unserm Parfüm zu denken haben. Vgl. → Salbenbereiter.

II, 1) Auch in der Medizin fanden Salben Verwendung. Wir hören von Öl (Jes 1,6; Lk 10,34) und Salbe (Balsam) (Jer 8,22) in Verbindung mit Wundbehandlung, von → Augensalbe (Offb 3,18), und dem Brauch der Salbung mit Öl im Zusammenhang mit Gebetsheilungen (Mk 6,13; Jak 5,14.15; vgl. → Krankenheilung). Weiter kamen Salben und Spezereien beim Herrichten des Leichnams und beim Begräbnis zur Verwendung (2 Chron 16,14; Mt 26,12; Lk 23,56; Joh 12,3.7; 19,40).
2) In 1 Mo 50,2.26 bezeichnet »Salben« die ägypt. Kunst der Leicheneinbalsamierung, die der Erhaltung des Körpers nach dem Tode diente und im ägypt. Totenkult eine ganz wesentliche Rolle spielte. Sie wird in der HS nur bei Jakob und Joseph erwähnt und kam außerhalb Ägyptens nicht zur Anwendung.
Die Herrichtung der Leichen lag in den Händen besonderer Einbalsamierer, die Methoden waren nach Rang und Stand des Verstorbenen sehr unterschiedlich. Bei einem der kostspieligsten Verfahren wurden zunächst Gehirn und Eingeweide entfernt, der

Anfertigung von Mumiensärgen (ägypt. Darstellung)

Leib mit Wein gewaschen, mit Salz und Gewürzen behandelt und dann für 70 Tage in Natron gelegt. Danach umwickelte man den Körper mit schmalen, bis über 500 m langen Leinenbinden und legte ihn in einen geschnitzten und bemalten Holzsarg, der den Toten darstellte. Auch mehrfache Särge, z. T. aus Metall, kamen vor; andere Mumien wurden weniger kostbar ausgestattet. Vgl. Taf. 76/1185.

III, 1) Schließlich gab es die Salbung, die einen Menschen oder auch einen Gegenstand für eine bestimmte Aufgabe weihte und zubereitete. Diese Salbung wurde Propheten, Königen und Priestern zuteil. Elia wurde von Gott angewiesen, Elisa zu seinem Nachfolger zu salben (1 Kö 19,15.16). Aaron, und die ihm als Hohepriester folgten, wurden mit dem heiligen Salböl gesalbt (2 Mo 28,41; 30,30; 3 Mo 8,12.30). Saul (1 Sam 9,16), David (16,1; 2 Sam 2,7), Salomo (1 Kö 1,34), Hasael von Syrien (1 Kö 19,15), Jehu (V 16), Joas (2 Kö 11,12) empfingen die Salbung zum König.

Mit der Salbung kann die Gabe des Geistes Gottes in Zusammenhang stehen (vgl. 1 Sam 10,1.6; 16, 13). Jesaja spricht von seiner Geistbegabung geradezu als einer Salbung durch Gott (Jes 61,1). Diese Stelle bezieht Jesus in Lk 4,18 auf sich. Er ist der Christus, der → Messias, der → Gesalbte, und zwar ist er durch den Heiligen → Geist zum Propheten, Priester und König gesalbt worden (Lk 4,18; Apg 4, 27; 10,38; Hebr 1,9). Und wie er sind auch seine Jünger mit dem Geist gesalbt (2 Kor 1,21.22; 1 Joh 2,20.27).

2) Die Salbung von Gegenständen begegnet uns bei dem Stein, den Jakob aufrichtet (1 Mo 28,18; 35,14). Ferner wurden der Brandopferaltar, die → Stiftshütte und die übrigen Geräte (2 Mo 29,36; 30,26; 40,9–11) mit dem heiligen Salböl aus Myrrhe, Zimt, Kalmus, Kassia und Olivenöl (2 Mo 30,23–25) gesalbt.

Salbenbereiter. Die Herstellung von Salben, Salböl, Räucherwerk und Spezereien lag in der Hand der S. (Neh 3,8), auf deren besondere Kenntnisse und Überlieferungen die wiederholte Bemerkung »nach der Kunst des S.« (2 Mo 30,25.35; 37,29; 2 Chron 16,14) hinweist. Bei dem heiligen Salböl und Räucherwerk, das Bezaleel herstellte (2 Mo 31,11), erfahren wir auch die Rezepte. Zum Salböl gehören → Myrrhe und → Kassia je 500 Sekel (etwa 5,6–6,1 kg), → Zimt und → Kalmus je 250 Sekel, dazu 1 Hin → Olivenöl ($3^2/_3$ l); über die weitere Zubereitung sind wir nur auf Vermutungen angewiesen. Das Räucherwerk setzt sich aus → Balsam, → Stakte, → Galban und → Weihrauch zu gleichen Teilen zusammen, die zu Pulver zerstoßen werden (2 Mo 30,23–25.34.35). Das Mischen der Salbe im Topf erwähnt Hi 41,23[22]; Pred 10,1 weist auf die dabei nötige Sorgfalt hin: Schädliche Fliegen verderben gute Salben. Die Salbenbereiterinnen des Königs (1 Sam 8,13) hatten wohl in erster Linie Salben und Parfüm zur Körperpflege herzustellen. Da Salben auch in der Medizin eine wichtige Rolle spielen, ist der S. zugleich Helfer des → Arztes.

Salcha. Stadt im Reich König Ogs (5 Mo 3,10; Jos 12,5), an der Grenze Basans (Jes 13,11; 1 Chron 5, 11), der östlichste Punkt des isrl. Machtbereichs. Der Ort liegt im Südteil des Haurangebirges, das heutige Salchad, 105 km nordöstl. von Amman (Rabba). Vgl. Karte Sp. 1299.

Salecheth, dasselbe Wort heißt »Fällen (eines Baumes)«,
ein Westtor am salomonischen Tempel (1 Chron 26, 16).

Salem »Unversehrt, vollständig, friedlich« → Jerusalem

Saleph, Sohn Joktans (1 Mo 10,26; 1 Chron 1,20); seine Nachkommen bildeten wahrscheinlich einen südarab. Stamm.

Salim → Enon.

Salisa, Landschaft in der Nähe des Gebirges Ephraim (1 Sam 9,4), viell. um → Baal-Salisa.

Sallai, nach Noth mit arab. »(Geld) schnell zurückzahlen, wiedererstatten« in Verbindung zu bringen.
1) Benjaminit, der nach der babyl. Gefangenschaft in Jerusalem wohnte (Neh 11,8).
2) Priestergeschlecht z. Zt. des Hohenpriesters Jojakim (Neh 12,20).

Sallu, zur Bedeutung vgl. Sallai.
1) Oberster der Priester, der mit Serubabel aus der babyl. Gefangenschaft heimkehrte (Neh 12,7).
2) Benjaminit, Sohn Mesullams, der nach der babyl. Gefangenschaft in Jerusalem wohnte (1 Chron 9,7; Neh 11,7).

Sallum, Kurzform von Selemja.
1) Jüngster Sohn Naphthalis (1 Chron 7,13), er heißt sonst Sillem (1 Mo 46,24; 4 Mo 26,49).
2) Sohn des Simeoniten Saul (1 Chron 4,24.25).
3) Judäer, Sohn Sisemais und Vater Jekamjas (1 Chron 2,40.41).
4) Oberster der levitischen Torhüter, Sohn Kores aus dem Geschlecht der Korahiter (1 Chron 9,17–19.31). Der Jer 35,4 genannte Maaseja stammt wohl von ihm ab. Seine Nachkommen kehrten unter Serubabel aus der Verbannung zurück (Es 2,42; Neh 7,45).
5) Sohn des Jabes. Er stiftete eine Verschwörung gegen König Sacharja von Israel an, erschlug ihn vor dem Volk und wurde an seiner Stelle König (2 Kö 15,10). Nachdem S. einen Monat lang in Samaria regiert hatte, wurde er von Menahem getötet (752 v. Chr.), der ihm als König folgte (V 13–15).
6) Vater des Ephraimiters Jehiskia z. Zt. Pekahs (2 Chron 28,12).
7) Hoherpriester, Sohn Zadoks und Vater Hilkias (1 Chron 5,38[6,12]f; Es 7,1.2); derselbe wie der 1 Chron 9,11 u. Neh 11,11 genannte → Mesullam.
8) Sohn Thikwas und Mann der Prophetin Hulda z. Zt. Josias (2 Kö 22,14; 2 Chron 34,22). Er war Kleiderverwalter, ob im Königspalast oder für die Priesterkleidung im Tempel, wissen wir nicht.
9) Onkel des Propheten Jeremia und Vater des Hanameel (Jer 32,7.8).
10) Sohn und Nachfolger König Josias (1 Chron 3, 15; Jer 22,10–12), der, wohl bei seiner Thronbesteigung, den Namen → Joahas annahm.
11) Ein levitischer Torhüter und ein Israelit, die beide heidnische Frauen genommen hatten (Es 10, 24.42).
12) Sohn des Halohes, Oberster über den halben Bezirk von Jerusalem (Neh 3,12).

Sallun, Sohn Chol-Hoses, der Oberste des Bezirkes von Mizpa, der das Brunnentor in Jerusalem ausbesserte (Neh 3,15)

Salma, viell. »Funke«, dasselbe Wort heißt »Mantel, Hülle«.
1) Sohn Kalebs, seine Nachkommen waren die Ein-

wohner von Bethlehem und Netopha (1 Chron 2, 51.54).
2) Vater des Boas, Vorfahr Jesu (Rt 4,18–21; Mt 1, 4; Lk 3,32).

Salmai, Bedeutung wie Salma.
Tempelknecht, dessen Nachkommen mit Serubabel aus der babyl. Gefangenschaft heimkehrten (Neh 7,48). Die Namensform Samlai (Es 2,46) ist offenbar verschrieben.

Salman wird Hos 10,14 als der Zerstörer von Beth-Arbeel (LÜ Haus → Arbeel) genannt. Weder die Lage des Ortes noch die Person des Eroberers ist sicher bekannt. Ist S. eine Abkürzung des assyr. Königsnamens Salmanasser, so müßte es sich entweder um den Feldzug → Salmanassers III. i. J. 841 v. Chr. oder um den ersten Feldzug Salmanassers V. gegen Hosea handeln (2 Kö 17,3). Anderseits nennt Thiglath-Pileser III. einen Moabiterkönig Salamanu; wenn er mit S. identisch wäre, spräche das für die Lage des Ortes im Ostjordanland.

Salmanasser, assyr. Sulmanu-asaridu »(Der Gott) Sulmanu ist der erste (d. h. vorzüglich)«.
Name einer Reihe von assyr. Königen, von denen für die isrl. Geschichte vor allem S. III. und S. V. in Betracht kommen.
1) S. III. ist der Sohn und Nachfolger König Assurnasirpals von Assyrien und regierte 859–824 v. Chr. Er wird in der Bibel nicht erwähnt, seine Kriegszüge nach Westen sind aber von entscheidender Bedeutung für die Geschichte Israels. Bereits 858 v. Chr. stieß er im Kampf mit den Hethitern bis zum Mittelmeer vor. Die assyr. Bedrohung zwang die syr.-palästinensischen Reiche zu gemeinsamem Widerstand. 853 v. Chr. trat S. bei Karkar ein Heer der Verbündeten entgegen, in dem neben Adadidri (→ Benhadad 2) von Damaskus auch → Ahab von Israel kämpfte. Der assyr. Bericht spricht von 12 Königen, die S. geschlagen habe. Dieser Sieg hat jedoch keine weiteren Folgen gehabt, so daß ein unentschiedener Ausgang der Schlacht wahrscheinlicher ist. Die nächsten Einfälle Salmanassers richteten sich gegen die syr. Koalition (849, 848 u. 845 v. Chr.), ohne daß Israel unmittelbar betroffen wurde. Als S. 841 v. Chr. wieder nach Westen zog, war inzwischen in Damaskus → Hasael zur Regierung gekommen und soeben erst → Jehu in Israel. Hasael leistete Widerstand, Jehu aber unterwarf sich wie auch Tyrus und Sidon und zahlte Tribut, was S. in bildlicher Darstellung auf seinem schwarzen Obelisken festhalten ließ (Taf. 46 b/705; 82/1281). Hasael allein wurde nun zwar geschlagen, konnte sich aber doch noch behaupten und auch den letzten Einfall Salmanassers 838 v. Chr. überstehen, als S. von Tyrus, Sidon und Byblos (Gebal) Tribut empfing.
2) Der Feldzug gegen Damaskus, den S. IV. (781–772 v. Chr.) im Jahre 773 v. Chr. unternahm, wird dazu beigetragen haben, daß Jerobeam II. Hamath und Damaskus unterwerfen konnte (vgl. 2 Kö 14, 25.28).
3) Der Name Salmanassers V. (726–722 v. Chr.), des Nachfolgers Thiglath-Pilesers III., ist mit dem Ende des isrl. Nordreiches verbunden. Die Unterwerfung → Hoseas von Israel hat er wohl bald nach seiner Thronbesteigung angenommen (2 Kö 17,3). In den assyr. Quellen sind für seine letzten drei Regierungsjahre Feldzüge verzeichnet, aber der Name des Landes, gegen das sie gerichtet waren, ist verloren. Nach dem bibl. Bericht handelt es sich um die dreijährige Belagerung Samarias (V 4–6; 18,9–12), die S. 725/4 v. Chr. begann, nachdem Hosea ein Bündnis mit Ägypten gesucht hatte. Die Stadt fiel 723/2 v. Chr., mindestens ein Dreivierteljahr vor dem Tode Salmanassers. In späteren Inschriften rühmt sich allerdings sein Nachfolger Sargon II. dieses Sieges.

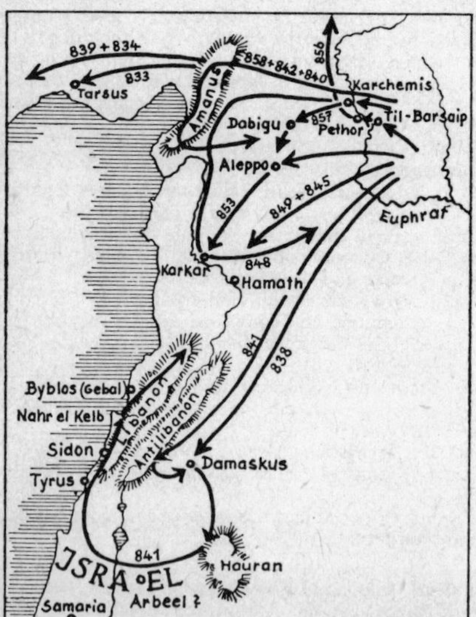

Das Vordringen der assyr. Großmacht nach W im 9. Jh. v. Chr.: die Feldzüge Salmanassers III. (859–824 v. Chr.) nach Syrien, Palästina und Kue (Zilizien). Die Zahlen geben die Jahre v. Chr. an

Salmone, wahrscheinlich die NO-Spitze der Insel Kreta (Apg 27,7), das heutige Kap Sideron. Vgl. Karte Sp. 1049/50.

Salome, hängt mit hebr. »Gedeihen, Friede« zusammen.
1) Frau des Zebedäus und Mutter des Jakobus und Johannes (vgl. Mt 27,56 mit Mk 15,40). Aus Joh 19,25 im Vergleich mit den genannten Stellen scheint hervorzugehen, daß sie die Schwester der Mutter Jesu war (vgl. auch → Maria 4). S. bat Jesus um Ehrenstellungen für ihre Söhne in der kommenden Gottesherrschaft (Mt 20,20). Mit den anderen Frauen stand sie unter dem Kreuz und ging am Auferstehungsmorgen mit hinaus zum Grab, um den Leichnam Jesu zu salben (Mk 16,1).
2) Tochter der → Herodias aus ihrer ersten Ehe mit Herodes Philippus. Durch ihren Tanz vor → Herodes Antipas erwirkte sie auf Anstiften ihrer Mutter die Hinrichtung Johannes des Täufers (Mt 14, 3–11; Mk 6,17–28). Ihr Name wird im bibl. Bericht nicht genannt. Später war S. in kinderloser Ehe mit dem Vierfürsten → Philippus und nach seinem Tode mit ihrem Vetter Aristobul, dem Sohn des Königs Herodes von Chalkis, verheiratet, von dem sie drei Söhne hatte.

Salomith, Bedeutung wie Selomi.
1) Levit, Nachkomme Kahaths, Sohn Jizhars (1 Chron 23,18). Er wird in 1 Chron 24,22 Selomoth genannt.
2) Levit, Nachkomme Gersons, Sohn Simeis (1 Chron 23,9).

Salomo, hängt mit hebr. »Gedeihen, Wohlergehen, Friede« zusammen.

I, 1) Sohn Davids und der Bath-Seba. Er wurde etwa um 990 v. Chr. geboren und folgte seinem Vater in der Herrschaft des ungeteilten Reiches von Israel und Juda 972/1–931/30 v. Chr. (1 Kö 1–11; 1 Chron 29,20–2 Chron 9). Schon vor seiner Geburt hatte der Herr ihn als Thronfolger bestimmt, seinen Namen S. festgelegt und ihm eine Herrschaftszeit voller Frieden und Ruhe verheißen (1 Chron 22, 9.10). Außerdem ließ er ihm durch den Propheten Nathan den Namen Jedidja = »Liebling des Herrn« geben (2 Sam 12,24.25).

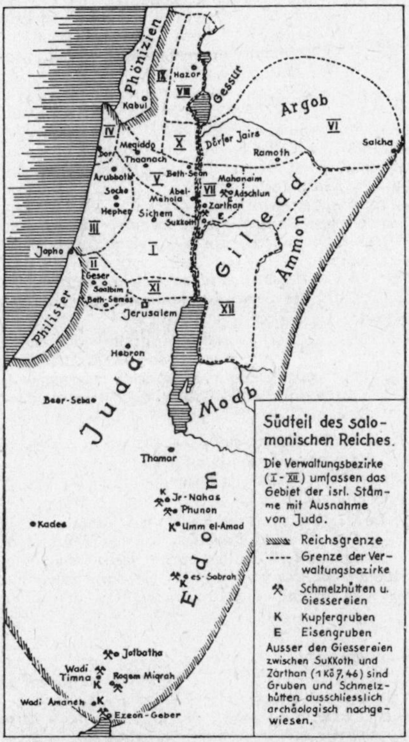

Als Friedenskönig weist S. auf den → Messias, den großen Friedenskönig Gottes hin, und das gilt trotz der dunklen Flecken der Sünde, die sein Bild entstellen. Doch war S. selber nicht der messianische gerechte Herrscher in seiner Vollkommenheit (2 Sam 23,3), so große Macht und Herrlichkeit er auch besaß.

2) Unter David und S. erreichte das Reich Judas und Israels seine größte Ausdehnung. S. herrschte über alle Königreiche vom Euphrat bis zum Philisterland und bis an die Grenze Ägyptens, das Volk wohnte sicher zu seiner Zeit, jeder unter seinem Weinstock und seinem Feigenbaum (1 Kö 5,1[4,21].4[4,24]f). Und doch hat S. am Ende seines Lebens dem Einfluß seiner heidnischen Frauen nachgegeben und neben dem Herrn die Abgötter verehrt. Damit zog er sich das Gericht zu. Er hatte zwei ausländische Gegner, → Hadad von Edom und → Reson von Damaskus, dazu wurde später im Inland → Jerobeam sein Feind, dem gleich nach S. Tod die Herrschaft über die 10 Stämme Israels zufiel (1 Kö 11,14–40). Vgl. Karte Sp. 282.

3) S. Thronbesteigung fand noch zu Lebzeiten seines Vaters statt, vgl. → Adonia. Nachdem David ihm vor seinem Tode seinen letzten Willen mit Ratschlägen und Ermahnungen übergeben hatte (1 Kö 2,1–10), sah sich der junge König bald der Bitte Adonias um die Hand der Abisag gegenüber, in der er mit Recht einen Angriff auf seine Herrschaft vermutete. Das kostete Adonia und → Joab das Leben, → Abjathar wurde nach Anathoth verbannt. Simei erhielt das Verbot, Jerusalem zu verlassen, und wurde hingerichtet, als er es 3 Jahre später übertrat. An Joabs Stelle wurde Benaja Oberbefehlshaber des Heeres, und für Abjathar trat Zadok als Hoherpriester ein (V 12ff). All das befestigte das Königtum in der Hand S. (V 46 b).
Seine Macht wird auch durch seine Heirat mit der Tochter des Pharao unterstrichen (1 Kö 3,1), wohl eines der letzten Pharaonen der 21. oder Tanitischen Dynastie (→ Ägypten). Die ägypt. Prinzessin war sicher nicht die erste Frau S., denn Rehabeam ist im Jahr der Thronbesteigung seines Vaters geboren (1 König 11,42 und 14,21).

II) In Gibeon erschien der Herr S. im Traum und sprach: Bitte, was ich dir geben soll. Da bat S. um ein gehorsames Herz, damit er das Volk Gottes richten und unterscheiden könne, was gut und böse sei (1 Kö 3,9), um Weisheit und Erkenntnis (2 Chron 1, 10). Um dieser Bitte willen verhieß Gott, ihm dazu mehr Reichtum und Ehre zu geben, als irgendeinem andern König vor oder nach ihm. Außerdem solle er langes Leben empfangen, wenn er Gottes Geboten folgen werde; das ist nicht eingetroffen, S. wurde nur etwa 60 Jahre alt. Ein Beispiel für S. Weisheit in der Rechtsprechung erhalten wir in 1 Kö 3,16–28. Seine Weisheit war größer als die aller Weisen aus dem Osten und aus Ägypten (1 Kö 5,10[4,30]); 3000 Sprüche und 1005 Lieder waren unter seinem Namen bekannt (V 12[4,32]). Teile davon sind uns in Spr 1–9; 10,1–22,16; 25–29 erhalten (vgl. weiter → Hoheslied, → Prediger Salomo). Er redete auch über Pflanzen und Tiere. Und Menschen aus allen Völkern, von allen Königen, die von seiner Weisheit vernommen hatten, kamen, um ihn zu hören (1 Kö 5,13f[4,33f]), darunter auch die Königin von → Saba (1 Kö 10,1–13; 2 Chron 9,1–12). Später schrieb man ihm das apokryphe Buch der »Weisheit Salomos« und Pseudepigraphen wie die »Psalmen Salomos« und die »Oden Salomos« zu (vgl. → Apokryphen).

III, 1) Zum Ruhm der Weisheit S. kam noch der Ruhm seiner Macht, seines Reichtums und seines Tempelbaus. Dabei hatte er die Unterstützung des Königs → Hiram (1) von Tyrus, der ihm auch den Kunsthandwerker → Hiram (2) für alle Metallarbeiten sandte. Über die Einzelheiten des Baus vgl. → Tempel. Der Tempelbau wurde im 480. Jahr nach dem Auszug aus Ägypten, im 4. Regierungsjahr S. (967 v. Chr.) begonnen (1 Kö 6,1; vgl. → Zeitrechnung IV, 2). Der Bau war nach 7 Jahren vollendet, dauerte also bis 961 v. Chr. Die Einweihung des Tempels (1 Kö 8; 2 Chron 5,1–7,10) fand nach dem Monatsdatum erst im folgenden Jahr statt (vgl. 1 Kö 6,38; 8,2.65f u. 2 Chron 7,8–10). An seinem Palast baute S. dann weitere 13 Jahre (1 Kö 7, 1). Insgesamt dauerten der Tempel- und Palastbau 20 Jahre (1 Kö 9,10), von 967–947 v. Chr.

2) Diese und weitere Bauunternehmungen, wie Befestigungen, Vorrats- und Wagenstädte, erforderten eine durchgreifende Organisation des Staates und

der Arbeitskräfte. Neben Arbeitern aus Israel, die der König für begrenzte Zeit ausheben ließ (1 Kö 5,27[13]f), machte er alle Reste der Kanaaniter, die noch im Lande wohnten, für dauernd zu Zwangsarbeitern und Unteraufsehern (1 Kö 9,20.21; 2 Chron 2,16[17]f), während er die leitenden Posten überall mit Israeliten besetzte (1 Kö 9,22.23; 2 Chron 8, 9.10). Über die Ausbeutung der Erzgruben in der Araba (im S und in der Umgebung von → Phunon) wissen wir Näheres vor allem durch die Ausgrabung einer großen Kupferverhüttungsanlage in Ezeon-Geber. Von dort aus führte S., ebenfalls mit phön. Hilfe, seine Flottenunternehmungen nach Ophir durch (1 Kö 9,26–28; 10,11.22).

Die Ausdehnung seines Reiches erlaubte ihm ferner die Kontrolle der gesamten Karawanenstraßen und ihres Durchgangshandels zwischen N und S. Die Abgaben der Kaufleute werden V 15; 2 Chron 9,14 erwähnt. Außerdem schaltete sich S. als Zwischenhändler in die Ausfuhr von Pferden aus Kleinasien und Streitwagen aus Ägypten ein, die er nach Syrien und an die Hethiter weiterlieferte (1 Kö 10,28. 29; vgl. zum Text → Mizraim). Im Zushg. mit diesen Handelsunternehmungen steht der Bau der Vorratsstädte, von denen besonders Thadmor (Palmyra) nordöstl. von Damaskus und Thamar im S erwähnt werden (1 Kö 9,18.19; 2 Chron 8,4.6).

Das Reich wurde mit Ausnahme von Juda neu eingeteilt in 12 Bezirke, die je einem Statthalter unterstanden (1 Kö 4,5.7–19; vgl. Karte). Jeder dieser Statthalter war einen Monat lang für die Versorgung des Hofes zuständig (V 7; 5,2[4,22]f.7[4,27]). Zu ihren Aufgaben gehörte weiter die Unterhaltung des stehenden → Heeres (V 8[4,28]), das aus 1 400 Streitwagen, 4 000 Gespannen und 12 000 Wagenkämpfern bestand (2 Chron 1,14; 9,25). Diese Truppen waren in den Wagenstädten und in Jerusalem beim König stationiert (1 Kö 9,15.19; 2 Chron 8,6). Nachdem S. den Bau des Tempels und seines Palastes vollendet hatte, erschien ihm der Herr zum zweiten Mal (1 Kö 9,1–9; 2 Chron 7,11–22). Neben der Verheißung steht diesmal eine ernste und drohende Warnung. Wenn er oder seine Nachfolger sich von Gott abwenden sollten, dann wird der Tempel zum Trümmerhaufen werden. S. scheint schon jetzt nicht mehr so von Herzen gottesfürchtig gewesen zu sein wie am Anfang seiner Herrschaft, und in der Folge fiel er trotz dieser ernstlichen Warnung zum Götzendienst ab (1 Kö 11,1–13). Den Anlaß dazu boten seine wohl meist politisch bedingten Heiraten. Er hatte neben seiner ägyptischen Gemahlin moabitische, ammonitische, edomitische, phön. und hethitische Frauen: 700 aus fürstlichem Geschlecht und 300 Nebenfrauen. Sie gewannen das Herz des alternden Königs für ihre heidnischen Götter, so daß es nicht mehr ungeteilt dem Herrn gehörte, wie das Herz Davids, seines Vaters. S. begann der phön. → Asthoreth und dem ammonitischen Milkom zu dienen, er baute → Höhenheiligtümer für → Kamos und → Moloch. Da kündigte ihm der Herr an, er werde ihm die Herrschaft entreißen. Nur ein Stamm solle seinem Sohn um Davids und Jerusalems willen übrig bleiben. Der Prophet Ahia verhieß im Namen des Herrn Jerobeam, dem Sohn Nebats, die Herrschaft über die übrigen 10 Stämme (V 29–39).

Als S. nach 40jähriger Herrschaft gestorben war (V 42), kam das Gericht Gottes in der Reichsteilung über das Haus Davids und das Volk Israel, das diese Schwächung nie mehr überwunden hat.

Salu, wohl »Schnell zurückgezahlt, wiedererstattet«, Simeonit, Vater Simris (4 Mo 25,14).

Salz. I) S. wird Sir 39,31 zu den Hauptbedürfnissen des menschlichen Lebens gerechnet (vgl. Hi 6,6). Seit ältester Zeit gewann man es in Fülle am Toten Meer, dem → Salzmeer. Es war ein Hauptbestandteil des Binnenhandels in Palästina. Selbst in der Endzeit, wenn der Strom lebendigen Wassers, der vom Altar des Heiligtums kommt und allem Land Leben gibt, auch das Wasser des Toten Meeres »gesund« machen wird, werden Lachen und Tümpel bleiben zur Salzgewinnung (Hes 47,11 ZÜ, MÜ).

II, 1) Im AT wird das S. dem Bereich Gottes zugeordnet; was mit S. bestreut wird, vergeht und verwest nicht. So verbindet sich mit ihm die Vorstellung lebenerhaltender, dauerverleihender, bewahrender Kraft. Neugeborene Kinder wurden mit Salz abgerieben (Hes 16,4). Elisa machte ungesundes Wasser, das offenbar zu Fehlgeburten Anlaß gab, durch S. »gesund« (2 Kö 2,19–22).

Bei keinem Opfer darf das S. fehlen (Hes 43,24; 2 Mo 30,35 EÜ, ZÜ, MÜ; 3 Mo 2,13). Damit soll nicht nur sichtbar gemacht werden, daß solch »gesalzenes« Opfer Leben vor Gott bewahrt, sondern daß es mit Gott verbindet. Das Opfersalz ist »S. des Bundes« (Salzbund: 4 Mo 18,19 EÜ, ZÜ; 2 Chron 13, 5). Es bringt zugleich zum Ausdruck, daß der → Bund Gottes fest und dauerhaft ist. Dahinter steht ein im Vorderen Orient verbreiteter Gedanke, daß gemeinsam genossenes S. feste Bindekraft hat. Das gilt dem Gast gegenüber, wie auch vom Beamten des Königs, der das S. des Königshauses gegessen hat (Es 4,14).

2) Im S. liegt aber auch der Ausdruck zerstörenden Fluches und Zornes Gottes (5 Mo 29,22[23]; Ps 107, 34; vgl. Ri 9,45). Beides vermag das S. darzustellen: Gottes lebenschaffende Gnade und vernichtendes → Gericht.

III, 1) Im NT finden sich diese Gedanken z. T. wieder. Die reinigende Wirkung des S. wird in Mk 9,49 mit dem reinigenden Feuer des Gerichtes Gottes zusammengestellt.

2) In Mt 5,13 ist an die bewahrende Kraft des Salzes gedacht. Was die Rabbinen von der Thora, dem → Gesetz, erwarteten, das spricht Jesus seiner Jüngergemeinde zu. Ihr Dasein bewahrt die Welt und hält das hereinbrechende Gericht noch auf (vgl. 1

Tafel 75

a. Stadtmauer von Perge, der Hauptstadt Pamphyliens; im Hintergrund die Berge der Tauruskette. Hier trennte sich Johannes Markus auf der 1. Missionsreise von Paulus und Barnabas, um nach Jerusalem zurückzukehren (Apg 13,13).

b. Siegesdenkmäler an der Mündung des Nahr el-Kelb nördl. von Beirut (Libanon), wo die Küstenstraße, die Ägypten und Kleinasien verbindet, durch einen engen Felsenpaß führt. An dieser Stelle der großen Handels- und Heerstraße haben sich ägypt., assyr., babyl., syr. und röm. Herrscher mit Reliefs und Inschriften verewigt. Rechts Inschrift des Pharaos Ramses II. (1301–1234 v. Chr.), der nach links hin dem Sonnengott Amon-Re Gefangene entgegenführt. Daneben das Bild Salmanassers III. von Assyrien (859–824 v. Chr.), der in seinen Siegesinschriften für 841 v. Chr. den Sieg über Hasael von Damaskus und den Zug zum Hauran meldet und danach fortfährt: »Bis zum Berg Balirasi, der dem Meer gegenüberliegt, zog ich. Ein Denkmal meiner Königsherrschaft richtete ich darin auf. In ebendiesen Tagen empfing ich die Abgaben der Tyrer, der Sidonier, des Jehu von Bit-Humri« (vgl. Taf. 46b/705).

XIII

a

b

c

Mo 18,24ff). Die Salzkraft liegt dabei in dem Wort Jesu, das in ihr lebendig ist (Mk 9,50; Kol 4,6).

3) Kann S. »dumm« (wörtl. «salzlos« Mk 9,50 oder »fade« Mt 5,13; Lk 14,34) werden? Alle Erklärungsversuche, daß das nicht industriell gewonnene S. durch seine unreinen Bestandteile unbrauchbar werden könne, reichen nicht zu. Es ist physikalisch unmöglich, daß S. »salzlos« wird. Jesu Frage nach dem salzlosen S. ist eine Rätselfrage nach dem Verlust der Gotteszugehörigkeit. Was im Raum der Natur unmöglich ist, das macht der Mensch möglich: Er kann Jesu Gabe und Berufung verlieren. Offenbar hat Jesus das Wort vom S. auch im Blick auf Israel gebraucht (vgl. Lk 14,25 u. 35). Daß Israel die Rätselfrage nach der drohenden Verwerfung verstanden hat, zeigt eine zynisch-derbe Bemerkung von Rabbi Josua ben Chananja (um 90 n. Chr.), mit der er offenbar auf das Wort Jesu anspielt und es als sinnlos abtut. Auf die Frage, wie man salzloses S. wieder salzen könne, antwortet er: »Mit der Nachgeburt einer Mauleselin«. »Aber eine Mauleselin hat doch kein Junges?« »Ja, eben! Wird denn Salz salzlos?«
Für Rabbi Josua ist es unmöglich, daß Gott seine Gabe an Israel zurücknimmt: Israel kann nicht verloren werden. Jesus aber spricht von der möglichen → Freiheit jedes Menschen zum Abfall und setzt seinem Rätselwort hinzu: Wer Ohren hat zu hören, der höre (V 35).

Salzbund → Salz II, 1; vgl. → Bund II

Salzmeer. Das seit dem 2. Jh. n. Chr. Totes Meer genannte Binnenmeer in der südl. Fortsetzung des → Jordantals heißt in der HS S. (4 Mo 34,12; 5 Mo 3,17; Jos 3,16), Meer im → Blachfeld (5 Mo 4,49; 2 Kö 14,25) oder Meer gegen Morgen (Hes 47,18; Jo 2,20), in röm. Zeit wurde es Lacus Asphaltitis (→ Erdharz) genannt. Sein Spiegel liegt 392 m unter dem Meeresspiegel und bildet damit den tiefsten Punkt der Erdoberfläche; der Nordteil ist rund 400 m tief. Durch die große Hitze ist die Verdunstung so stark, daß das Wasser des abflußlosen Beckens zu 25% mit verschiedenen Salzen angereichert ist, so daß kein Fisch darin leben kann. Die Oberfläche ist gewöhnlich – auch bei leichtem Wind – ruhig; die starken Winde, die am Spätnachmittag von den Westhängen herunterkommen, verursachen jedoch kurze, heftige Wellen, und im Winter gibt es gefährliche Stürme.
Das flachere Westufer liegt im Regenschatten, von hier erhält das S. keine Zuflüsse. Einzelne Oasen – die nördlichste ist Ain Feschcha bei Qumran, die südlichste → Engedi – bilden wichtige Stationen der Uferstraße. Das Ostufer ist sehr viel steiler und unwegsam, mit engen Flußmündungen im nördl. Teil (Wadi Zerka Main; → Arnon). Weiter südl. erstreckt sich die flache Lisanhalbinsel mit der Mündung des Wadi Kerak nach W. Von hier aus konnte man in röm. Zeit das Meer zum judäischen Ufer hin durchwaten (vgl. viell. auch schon 2 Chron 20,2). Diesen Übergang deckte dort die Makkabäerfestung Masada (neuhebr. Metsada), die Herodes d. Gr. ausbaute und in der die letzten Kämpfer des jüd. Aufstands bis 73 n. Chr. aushielten. Die fruchtbare Ebene östl. der Lisanhalbinsel am Fuß der Berge von Moab ist wahrscheinlich der letzte Rest des wasserreichen Tals Siddim z. Zt. Abrahams (1 Mo 13,10; 14,2.3), das erst nach der Zerstörung von Sodom und → Gomorra (1 Mo 19) vom Meer bedeckt wurde. Dieser Südteil des S., »die Zunge, die nach S geht« (Jos 15,2), ist nirgends tiefer als 1–5 m. Ihr Südufer, an dem der Wadi el-Hesa (→ Sered) mündet, bildet die Sebcha, »ein Besitz der Nesseln, eine Salzgrube und eine Wüste auf immer« (Zeph 2,9 ZÜ). Neben dem zum Leben und für die → Opfer unentbehrlichen → Salz wurde hier auch das → Erdharz gewonnen; beides zusammen machte die Bedeutung des S. im Altertum aus. In der Weissagung Hesekiels, nach der einmal das ganze S. aus der Tempelquelle frisches Wasser erhalten soll (Hes 47,8–10), heißt es ausdrücklich, daß die Teiche neben dem Strom salzig bleiben werden (V 11).
Über Schiffsverkehr auf dem S. in atl. Zeit hören wir nichts, für die Römerzeit ist er durch die Schiffe auf der Mosaikkarte von → Medeba bezeugt.
Vgl. auch → Handschriften vom Toten Meer.

Salzsäule → Lot

Salzstadt, Ort in der Wüste Juda (Jos 15,62); vermutlich die archäologisch nachgewiesene eisenzeitliche Siedlung an der Stelle des späteren Klosters Qumran (Karte Sp. 722).

Salztal, Tal im S Judas, wo die Edomiter von David (2 Sam 8,13; 1 Chron 18,12; Ps 60,2) und später von Amazja (2 Kö 14,7; 2 Chron 25,11) geschlagen wurden.
Nach dem arab. *milh* = Salz sucht man das S. im Wadi el-Milh (neuhebr. Beer Sheva), dem Oberlauf des Tales von Beer-Seba.
Eine andere Vermutung sieht im S. die Sebcha südl. des → Salzmeeres.

Sama, Kurzform »Er (Gott) hat gehört (d. h. erhört)«.
1) Sohn Hathams, des Aroeriters, einer der Helden Davids (1 Chron 11,44).
2) Sohn des Judäers Hebron (1 Chron 2,43.44).

Samaa, Bedeutung wie Sama.
Vater zweier Benjaminiten aus Gibea (1) oder Gibea Sauls, die zu David nach Ziklag kamen (1 Chron 12,3).

Samachja »Der Herr hat unterstützt«, levitischer Torhüter, Nachkomme Obed-Edoms (1 Chron 26,7).

Tafel 76

a. *Armring, den Pharao → Sisak (Scheschonk I., 945–924 v. Chr.) für seinen Sohn anfertigen ließ. Die Figur auf der Lotosblüte stellt den ägypt. Gott Harpokrates dar. Britisches Museum, London.*

b. *Ägypt. Mumie aus Theben (um 1600–1200 v. Chr.). Der sorgfältig präparierte und in leinene Binden gewickelte Körper ist mit einer Maske und Brustplatte bedeckt. Britisches Museum, London.*

c. *Der dreisprachige Stein von Rosette (um 195 v. Chr.), der den gleichen Text des Pharaos Ptolemäus V. Epiphanes in Hieroglyphen, demotischer und griech. Schrift bietet und damit den Schlüssel zum Verständnis der Hieroglyphen bildete. Die in einer ovalen Kartusche (vgl. auch Taf. 4b/33: 1., 2., 4. Zeile u. ö.; Abb. Sp. 41; 907) wiederholt vorkommende Zeichengruppe (6. Hieroglyphenzeile links und Mitte, 12. Zeile rechts, 14. Zeile links) entzifferte Thomas Young richtig als den Pharaonennamen »Ptolemäus«. 1822 las dann Champollion als zweiten Namen »Kleopatra« und schuf ein System zur Entzifferung der ägypt. Schriftzeichen. Britisches Museum, London.*

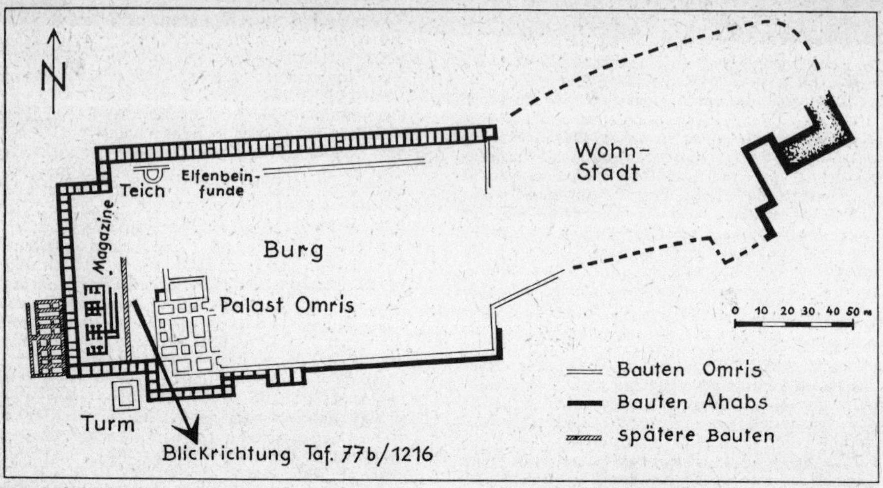

Grundriß der Burg in Samaria mit dem Palast Omris und der Kasemattenmauer Ahabs. Im O der Burg lag die Wohnstadt. Der Pfeil zeigt die Blickrichtung des Fotos Taf. 77b/1216

Samaria (griech Form des hebr. Schomrom »Wartburg«).

I) DIE STADT.

1) Die Hauptstadt des isrl. Nordreiches, ca. 12 km nordwestl. von Sichem, von → Omri um 880 v. Chr. auf dem Berg erbaut, den er von Semer gekauft hatte (1 Kö 16,24). Die → Ausgrabungen (I; IV, 4) ergaben Kulturreste, die – auf einem Teil des Hügels – bis in die Bronzezeit zurückgehen; es hat also schon vorher eine Siedlung dort gelegen, viell. Samir, der Wohnort des Richters Thola? (Ri 10,1–2).

2) S. bildete auf dem Hügel »über dem fetten Tal« (Jes 28,1.4) eine sehr starke Festung (1 Kö 20,1; 2 Kö 6,24f; Am 6,1) und besaß günstige Straßenverbindungen nach N, W und S (über Sichem). Die Wohnstadt lag im O des Burghügels, auf dem Omri einen Palast mit einfacher Umfassungsmauer gebaut hatte (vgl. Abb.). Auch der Teich im N der Burg (vgl. 1 Kö 22,38) gehört wohl noch der Zeit Omris an. Ahab umgab die ganze Kuppe mit einer starken Kasemattenmauer, ein kleiner Anbau im W stammt wohl aus der Zeit Jerobeams II. (vgl. Taf. 77 b/1216). In den Magazingebäuden westl. des Palastes fand man eine Anzahl von Ostraka (beschriebenen Tonscherben) mit Aufzeichnungen bzw. Lieferscheinen über Öl und Wein, die vermutlich von den königlichen Ländereien an den Hof geliefert wurden, z. B.:

»Im 10. Jahr. Für Semarjau. Aus Beer-Jam (viell. das heutige El-Birah, 12 km nördl. von Beth-Sean).
Krüge alten (Weins).

Raga, der Sohn Elisas	2,
Ussa, der Sohn des Q-bsch	1,
Eliba (?)	1,
Baala, der Sohn Elisas	1,
Jedajau	1.«

Diese Ostraka gehören wahrscheinlich in die Zeit Jerobeams II.

Im N neben dem Teich fand man eine ganze Anzahl von Elfenbeinschnitzereien (vgl. Abb. Sp. 151: frühe Eisenzeit links; 328), die augenscheinlich als Verzierung von Möbeln gedient hatten; hier stand also wohl das Elfenbeinhaus Ahabs (1 Kö 22,39; vgl. Am 3,15; 6,4). Von dem Baalstempel Ahabs (1 Kö 16, 32f) sind – wohl auf Grund der Zerstörung durch Jehu (2 Kö 10,25–27) – keine Reste gefunden worden, auch auf die Königsgräber (1 Kö 16,28; 22,37; 2 Kö 13,9; vgl. → Grab I) ist man noch nicht gestoßen. Vgl. auch Abb. Sp. 174.

Das Gebiet von Burg und Stadt umfaßte z. Zt. Ahabs etwa 7,5 Hektar. Die Syrer besaßen in S. Kaufhallen, Bazare (LÜ Gassen; 1 Kö 20,34), was für seine große Bedeutung als Handelsstadt spricht. In 1 Kö 22,26 wird der »Oberste der Stadt« genannt.

3) Wie die Propheten vorhergesagt hatten (Am 6; Jes 28,1–4), fiel S. 723/2 v. Chr. nach dreijähriger Belagerung in die Hände der Assyrer (vgl. → Salmanasser (3); → Sargon) und wurde zerstört; die Einwohner wanderten in die → Gefangenschaft (III, 2) und wurden durch Umsiedler ersetzt (2 Kö 17,24; Es 4,10). 720 v. Chr. nahm S. noch einmal an einem Aufstand gegen Sargon II. teil, blieb aber auch weiterhin unter Assyrern, Babyloniern und Persern Provinzhauptstadt und Statthaltersitz. Z. Zt. Nehemias war Saneballat (Neh 2,19) Statthalter von S., später standen ihm offenbar seine Söhne in der Amtsführung bei (Elephantinepapyrus von 407 v. Chr.).

4) Nach verschiedenen Zerstörungen, Neubauten und Erweiterungen in hellenistischer Zeit, in der S. unter Alexander d. Gr. eine mazedonische Kolonie geworden war, schenkte → Augustus die Stadt an Herodes d. Gr. Herodes umgab sie mit einer neuen Mauer, die jetzt ein Stadtgebiet von 80 Hektar umschloß, errichtete einen Augustustempel auf der Burg und nannte den Ort zu Ehren des Kaisers Sebaste (heute Sebastije). Diese hellenistische Stadt mit Marktplatz, Säulenstraßen, Geschäftshäusern, Theater, heidnischen Tempeln und (vermutlich) einem Gymnasium mit Rennbahn wird im NT nicht genannt; viell. hat jedoch Philippus hier gewirkt (Apg 8,5ff). Vgl. Taf. 77/1216.

II) DAS LAND.

1) Die Landschaft S. ist das Hügelland um die Stadt, das sich nach N an das Gebirge → Ephraim anschließt und bis zur Ebene Jesreel erstreckt (Jer 31,5).

2) Im AT wird der Name häufig auch zur Bezeich-

nung des Nordreichs → Israel – wohl mit Ausschluß Galiläas und des Ostjordanlandes – gebraucht (1 Kö 13,32; 2 Kö 17,24ff; 18,34; 23,19; Hos 7,1; 8,5f).

3) Im NT ist S. (Lk 17,11; Apg 15,3) das Gebiet der → Samariter, das mit → Judäa und später auch → Galiläa zusammen (Apg 9,31) die röm. Provinz Palästina bildete (vgl. → Archelaus; vgl. Karten Sp. 594, 592). Die Ostgrenze verlief am Jordan, die Nordgrenze lag nach Josephus bei Ginaea (En-Gannim), die Westgrenze nach dem Talmud bei Antipatris. Im S war Lebona Grenzort gegen Judäa; hatte man hier übernachtet, so konnte man mittags am Jakobsbrunnen sein (Joh 4,3–6).

Samariter. Im AT ist nur 2 Kö 17,29 von den S. die Rede, hier sind die alten isrl. Bewohner der Landschaft Samarien gemeint. Im NT finden wir die S. als Nachkommen dieser Israeliten, nachdem sie sich mit Leuten aus den verschiedensten Gegenden des assyr. Reiches (V 24; Es 4,9.10) vermischt hatten, die anstelle der fortgeführten Israeliten in den Städten Samariens angesiedelt worden waren. Auf Befehl des Assyrerkönigs wurde einer der gefangenen Priester zurückgebracht, der die heidnischen Umsiedler den Herrn fürchten und verehren lehrte (2 Kö 17,27.28), ohne daß sie aber ihre eigenen Götter aufgaben. Die Reform → Josias, die sich auch auf das Gebiet des früheren Nordreichs erstreckte, hatte ebenfalls keine dauernde Wirkung.

Nach der babyl. Gefangenschaft wollten die S. am Tempelbau unter Serubabel mithelfen, aber die Juden verweigerten es ihnen (Es 4,2.3), wohl wegen ihres Götzendienstes und der Vermischung mit Nichtisraeliten. Von dieser Zeit an bestand Feindschaft zwischen Juden und S. Die S. bauten nun ihren eigenen Tempel auf dem Berg Garizim. Wann das geschah, wissen wir nicht genau; zerstört wurde er durch Johannes Hyrkan (→ Makkabäer) nach dem Tode Antiochus VII. (128 v. Chr.) und seitdem nicht wieder aufgebaut. Da die S. die Mosebücher als Heilige Schrift übernahmen, werden sie in diesem Tempel den Herrn verehrt haben.

Die Hauptstreitfrage zwischen Juden und S. z. Zt. Jesu war, an welchem Ort man anbeten sollte: in Jerusalem oder auf dem Garizim (Joh 4,20; vgl. Lk 9,52.53), anders ausgedrückt: ob dem Tempel in Jerusalem die Sonderstellung des alleinigen Heiligtums Gottes zukomme. Bei allem Gegensatz zum offiziellen Judentum aber zeigten sich S. öfter aufgeschlossen für Jesus und seine Botschaft (Lk 17,15.16; Joh 4); unter ihnen finden wir die ersten nichtjüdischen Christen (Apg 8,5–25; 9,31).

Der barmherzige S. im Gleichnis Jesu (Lk 10,33–35) konnte das Gebot der Liebe (3 Mo 19,18) erfüllen, ohne wie der jüd. Priester und Levit durch Reinheitsgebote (3 Mo 21,1) und ihre Ausführungsbestimmungen gehemmt zu sein.

Heute wohnen noch einige hundert S. in Nablus nahe dem früheren Sichem, die von Kleinhandel und Handwerk leben. Sie feiern jedes Jahr auf dem Garizim das Passahfest und die andern in 3 Mo 23 vorgeschriebenen Feste.

Die samaritanischen → Mosebücher (Taf. 18 b/257) weichen nur in einigen wichtigen Punkten vom MT ab; so ist z. B. in 5 Mo 27,4 Ebal durch Garizim ersetzt worden. Zwar bestehen außerdem rund 6000 kleinere Textabweichungen, doch sie haben keine große Bedeutung; viele davon stimmen mit der LXX überein. Beide Überlieferungen führen damit auf die gleiche oder doch nahverwandte Textformen. Die S. behaupten zwar, eine Hs. des Pentateuch »aus dem Jahr 13 der Herrschaft der Kinder Israel über das Land Kanaan« (d. h. aus dem 13. Jahr nach der Eroberung) zu besitzen; doch das einzige, was wir sagen können, ist, daß der Text der samaritanischen Mosebücher gegen 400 v. Chr. vor dem endgültigen Bruch zwischen Juden und S. festgelegt sein muß. Man weist in diesem Zushg. auch auf Neh 13,28 hin: der dort genannte Schwiegersohn Saneballats könnte bei seiner Vertreibung aus Jerusalem eine Hs. des Pentateuch mitgenommen haben.

Same. I) Bei den Blütenpflanzen die Ruheform des Keimes (1 Mo 1,11.12.29; Mk 4,31), bei Menschen (3 Mo 15,16) u. Tieren die männlichen Geschlechtszellen. Häufig bezeichnet S. die Getreidesaat (3 Mo 19,19; 26,16; Pred 11,6; Jes 5,10; Jer 35,7; Mt 13,24; Lk 8,5; 2 Kor 9,10). Vgl. → Ackerbau, → Jahr.

II) Vielfach wird S. in der HS übertragen für die leibliche Nachkommenschaft eines Menschen gebraucht (1 Mo 3,15; 4,25; 13,15 usw.), ähnlich auch in geistlicher Beziehung. Boshafter S. heißt das abgefallene Israel in seiner Beziehung zu Gott (Jes 1,4; vgl. 57,3 u. Joh 8,44). Durch ihren Glauben sind die Gläubigen S. Abrahams (Röm 4,16) und S. des Messias (Jes 53,10; Ps 22,31; vgl. Offb 12,17). Weiter wird das lebendige Wort Gottes, das neues Leben schafft, als unvergänglicher S. bezeichnet (1 Petr 1,23; 1 Joh 3,9; vgl. Lk 8,5.11).
Paulus vergleicht 1 Kor 15,35ff das Verhältnis des irdischen zum Auferstehungsleib mit dem des Samens zur neuen Pflanze. Vgl. ferner → Ernte III.

Samehuth »Geboren z. Zt. eines entsetzlichen Ereignisses« (LVTL),
Jisrahiter, Hauptmann der 5. Heeresabteilung z. Zt. Davids (1 Chron 27,8).

Samgar, Sohn des Anath, isrl. Richter, der 600 Philister mit einem Ochsenstecken erschlug (Ri 3,31; 5,6).

Samgar-Nebo, viell. ein Fürst Nebukadnezars (Jer 39,3). Man vermutet hier aber auch einen Schreibfehler, will die hebr. Worte anders abteilen und statt »Nergal-Sarezer, Samgar-Nebo, Sarsechim, der oberste Kämmerer« etwa nach V 13 lesen: »Nergal-Sarezer, der Oberste der Weisen, Nebusasban, der oberste Kämmerer« (vgl. ZÜ). Vgl. → Sarsechim.

Samir, viell. »Dorngehege, -gestrüpp« oder »Schmirgel«.

1) Ort in Juda in der Nähe von Debir (Jos 15,48). Der alte Name hat sich in Chirbet Somara, ca. 20 km südwestl. von Hebron, erhalten, der Ort lag aber wohl im heutigen El-Bireh, 2 km weiter nördl.

2) S. auf dem Gebirge Ephraim (Ri 10,1) lag viell. an der Stelle des späteren → Samaria. Man hat den Ort aber auch in Sanur, 15 km nördl. von Nablus (Sichem), gesucht. Vgl. Karte Sp. 492.

3) Kahathitischer Levit (1 Chron 24,24).

Samla, wohl »Unterkunft, Schutz«,
Edomiterkönig aus Masrek (1 Mo 36,36.37; 1 Chron 1,47.48).

Samlai → Salmai

Samma, dasselbe Wort heißt sonst »Schauerliches, Entsetzliches«.

1) Enkel Esaus, ein edomitischer Fürst (1 Mo 36,13.17).

2) Asserit, Sohn Zophahs (1 Chron 7,37).
3) Sohn Isais, Bruder Davids (1 Sam 16,9; 17,13); in 2 Sam 13,3; 1 Chron 2,13; 20,7 heißt er Simea.
4) Held Davids, Sohn des Harariters Age (2 Sam 23,11.33). Viell. ist auch für »Sage« (1 Chron 11,34), den Vater eines andern Helden Davids, S. zu lesen.
5) Anderer Held Davids, ein Haroditer (2 Sam 23, 25). In 1 Chron 11,27 heißt er mit der Pluralform seines Namens Sammoth.

Sammai.
1) Sohn des Judäers Onam (1 Chron 2,28.32).
2) Sohn des Judäers Rekem (1 Chron 2,44.45).
3) Sohn des Judäers Mered (1 Chron 4,17).

Sammeln, Sammlung. I) Der Verstorbene wird zu seinem Volk (1 Mo 25,8.17; 4 Mo 20,24; 27,13) oder zu seinen Vätern gesammelt (2 Chron 34,28); vgl. dazu → Grab I.

II) Es gehört zu den Verheißungen der kommenden Heilszeit, daß der Herr das Volk → Israel, das durch sein Gericht unter alle Völker zerstreut wurde, wieder in seinem Lande s. will (Jes 43,5f; 52,12; 54,7; Jer 29,14; 31,8.10; Hes 20,34.41). Auf die nur teilweise Erfüllung nach der babyl. → Gefangenschaft (538 v. – 70 n. Chr.) folgte eine neue → Zerstreuung. Von daher gewinnt die Gründung des Staates Israel am 14. 5. 1948 eine besondere Bedeutung.

III) Bei der → Wiederkunft des Herrn wird er seine Auserwählten von der ganzen Erde s. (Mt 24,31; Mk 13,27; 2 Thess 2,1; vgl. 1 Thess 4,14–17). Vgl. → Entrückung.

IV) Zur Sammlung des → Paulus für die Gemeinde in Jerusalem vgl. → Arm, Arme, Armenversorgung II; → Gottesdienst V, 2; → Gütergemeinschaft III.

Sammoth → Samma (5)

Sammua, Kurzform von Semaja.
1) Sohn Sakkurs, Kundschafter des Stammes Ruben (4 Mo 13,4[5]).
2) Sohn Davids und Bath-Sebas (2 Sam 5,14); in 1 Chron 3,5 wird er Simea genannt.
3) Levit, Nachkomme Jedithuns (Neh 11,17).
4) Oberster des Priestergeschlechts Bilga z. Zt. des Hohenpriesters Jojakim (Neh 12,18).

Samos, Insel im Ägäischen Meer, der kleinasiatischen Küste bei Ephesus vorgelagert. Paulus berührte sie auf der 3. Missionsreise (Apg 20,15).

Samothrazien, Insel im äußersten NO des Ägäischen Meeres, etwa auf der Mitte der Schiffsreise von Troas nach Neapolis in Mazedonien (Apg 16, 11). Das 1754 m hohe Gebirge der Insel diente den Seeleuten zur Orientierung. Vgl. Karte Sp. 1045/6.

Samserai, nach der LXX Simsai zu lesen.
Benjaminit, Sohn Jerohams (1 Chron 8,26).

Samsummiter, mächtiges, hochgewachsenes Volk, das von den Ammonitern vertrieben wurde (5 Mo 2, 20.21). Es wird mit den → Enakitern verglichen und ist viell. mit den Susitern identisch. Vgl. → Riesen.

Samuel, wohl Kontraktion aus *schemua-el* »Erhört von Gott« (1 Sam 1,20).
1) Sohn Ammihuds, simeonitischer Fürst (4 Mo 34, 20), der die Verteilung Kanaans mit zu überwachen hatte.
2) Sohn → Elkanas (4) und Hannas, ein Levit. Seine Mutter weihte ihn dem Herrn und brachte ihn nach Silo zum Hohenpriester Eli (1 Sam 1). Unter dessen Aufsicht diente er dort dem Herrn und wuchs im Heiligtum auf (1 Sam 2,18.21). Gott offenbarte sich ihm und kündigte ihm das Gericht über Elis Haus wegen der Gottlosigkeit seiner Söhne an (1 Sam 3). So wurde S. zum → Propheten berufen in einer Zeit, als eine Botschaft vom Herrn etwas Seltenes war (V 1). Zugleich wurde S. der letzte → Richter, der Israel 20 Jahre nach der großen Niederlage von Eben-Ezer und dem Verlust der → Bundeslade (1 Sam 4) von den Philistern befreite (1 Sam 7,2–14). S. richtete Israel und zog dazu jedes Jahr nach Beth-El, Gilgal und Mizpa, während er in Rama wohnte (V 15–17). Als er alt geworden war, setzte er seine Söhne Joel und Abia als Richter ein, aber sie zeigten sich bestechlich und beugten das Recht (1 Sam 8,1–3). Daraufhin kamen die Ältesten Israels zu ihm mit der Bitte um einen → König, der sie richten könne, wie es bei allen anderen Völkern sei (V 4.5). Obgleich sie damit Gott als den König Israels verwarfen, gebot der Herr S., der Bitte des Volkes zu entsprechen und → Saul zum König zu salben (1 Sam 8,6 10,27). Doch Sauls Ungehorsam führte zu seiner Verwerfung durch den Herrn, die S. ihm ankündigen mußte (1 Sam 15,10ff). Danach erhielt er den Auftrag, → David im Geheimen an Sauls Stelle zum König zu salben (1 Sam 16,1–23). Wohl trauerte S. um Saul (1 Sam 15,11.35f), aber er kannte nur eins, den Gehorsam gegen den Willen des Herrn. Unnachsichtig (1 Sam 15,26) und unbestechlich in seinem Wirken als Richter (1 Sam 12,3 –5) hat er das Volk aus den Verwahrlosungen der Richterzeit zu Gottes Ordnungen zurückgerufen (V 14.15.20–25). Man fürchtete ihn und seine Botschaft (vgl. 1 Sam 16,4), weil er Gottes Gericht zu verkündigen hatte (1 Sam 13,13f; 15,10ff) und jedes seiner Worte eintraf (1 Sam 3,19). Er wird neben Mose und Aaron genannt (Ps 99,6; Jer 15,1) und gilt als erster der Propheten (Apg 3,24; Hebr 11,32), deren Reihe nach ihm nicht wieder abbricht.
S. starb in der Zeit, als David vor Saul floh, und wurde in seinem Hause in Rama begraben (1 Sam 25,1).

Samuelbücher.

I) NAME.
Im hebr. AT bildeten die beiden S. urspr. eine Einheit unter dem Namen »Buch Samuel«. Die LXX hat dieses Buch in zwei Teile zerlegt und mit den Königsbüchern zusammengefaßt, so daß 1 und 2 Sam dort als 1. u. 2. Königsbuch, 1 u. 2 Kö aber als 3. und 4. zählen (entsprechend in der Vulgata). Seit etwa 1400 ist die Zweiteilung auch in die hebr. Hss. übernommen worden, jedoch unter Beibehaltung des Namens Samuelbuch. Die dt. Übersetzungen folgen den späteren hebr. Hss. in Zweiteilung und Benennung.

II) VERFASSER.
Der Verfasser der Bücher wird nicht genannt. Aus der wechselnden Benennung ist ersichtlich, daß der Name nicht Verfasserangabe sein will, sondern daß mit der Überschrift die Hauptperson der geschilderten Epoche genannt wird. Und Samuel ist als Gottes Botschafter wirklich die Schlüsselfigur in Israel z. Zt. der Staatwerdung.
Wahrscheinlich sind die S. eine Sammelarbeit, in der verschiedene Einzeldarstellungen (s. u. III) zu einem Ganzen zusammengearbeitet sind und so einen Gesamtbericht über die Staatwerdung Israels bilden.
Auch für die Einzeldarstellungen sind uns keine Verfasser genannt. Doch ist nicht zu bezweifeln,

daß hier z. T. Augenzeugen von ihrem eigenen Erleben berichten. Dem Gesamtverfasser blieb dann nur die redaktionelle Zusammenarbeitung.

III) ÜBERBLICK.

A) Inhalt.

1) Die S. berichten über den Abschnitt der Geschichte Israels, der auf die Richterzeit folgt und mit dem Ende der Regierungszeit Davids abschließt. Es ist dies die für Israel wichtige Epoche der Staatwerdung im politischen Sinn, mit der sich das Volk der Gottesordnung, daß allein der Herr der König Israels ist, entzieht. Die geschichtlichen Ereignisse spielen im Zeitraum etwa eines Jh. um das Jahr 1000 v. Chr. Dabei handelt es sich um einen in sich geschlossenen Zeitabschnitt.

Neben dem Volk in seiner Gesamtheit stehen drei Personen handelnd im Vordergrund: Samuel als der Bote und Mund Gottes, Saul als der von Gott erwählte und verworfene erste König, David als der, dem Gott für sich und sein Haus seine Verheißung schenkt.

2) Der ganze Bericht läßt sich in mehrere Einzelkomplexe gliedern, denen offensichtlich alte Einzeldarstellungen zugrunde liegen.

a) 1 Sam 1–3 erzählt von der Jugend und Berufung Samuels zum Richter und Propheten Israels.

b) Als zweiter Komplex erscheint die Geschichte der Bundeslade, in der ihr Weg von Silo über viele Abwege nach Jerusalem, der Hauptstadt des neuen Staates, erzählt wird. Der Bericht ist in die Erzählung der übrigen Geschehnisse eingewoben (1 Sam 4–6; 2 Sam 6).

c) Der dritte Komplex ist die Geschichte Sauls zwischen seiner Erwählung und Verwerfung (1 Sam 7–15). Es ist der eigentliche Bericht von der Staatwerdung, die aus dem Unglauben und Mißtrauen gegen Gott wächst, aber doch von ihm geleitet wird durch die Erwählung Sauls.

d) Das Hauptthema ist die Geschichte Davids, und zwar einmal die Geschichte von seinem Aufstieg zum König (1 Sam 16–2 Sam 5). Es ist ein ins einzelne gehender Bericht über das Verhältnis des verworfenen Saul zu dem von Gott zum neuen König erwählten David und dem dadurch bestimmten Geschehen. Der Bericht schließt mit dem Beginn der Herrschaft Davids über ganz Israel.

Dazu kommt der Bericht über die Regelung der Nachfolge Davids, der mit 2 Sam 7 beginnt und mit 1 Kö 2 abschließt. Nach der Bestätigung Davids und seines Hauses in der Herrschaft über Israel durch Gott ist die entscheidende Frage die nach Davids Nachfolger. Die Klärung wird durch Davids Sünde und die daraus folgenden Verwicklungen erschwert, bis schließlich Salomo öffentlich zum Nachfolger erklärt wird. In diesen Bericht hineingenommen sind Mitteilungen über Davids Regierungszeit (2 Sam 8; 10; 23; 24). Deutlich ist der enge Zushg. der S. mit den Königsbüchern, die den Bericht fortsetzen. Während die S. von der umstürzenden Zeit der Staatwerdung erzählen, berichten die Bücher der → Könige von der Königszeit bis zu ihrem Niedergang.

B) Gliederung.

I. Die letzten Richter (1 Sam 1,1–7,17).
   1. Samuels Jugend und Elis Sünde (1,1–3,21).
   2. Philisterkriege und Geschichte der Bundeslade (4,1–7,17).

II. Saul, der erste König (8,1–31,13).
   1. Israel fordert einen König (8,1–22).
   2. Sauls Wahl, Herrschaft und Abfall (9,1–15, 35).
   3. Davids Erwählung (16,1–13).
   4. David kommt zu Saul (16,14–18,30).
   5. Davids Flucht vor Saul (19,1–30,31).
   6. Sauls Tod (31,1–13).

III. David, König nach dem Herzen Gottes (2 Sam 1,1–24,25).
   1. Davids Aufstieg (1,1–10,19).
      a. König von Juda in Hebron (1,1–4,12).
      b. König Israels in Jerusalem (5,1–25).
      c. Jerusalem und das Haus Davids (6,1–7,29).
      d. Davids Regierung (8,1–10,19).
   2. Davids Sünde und der Streit um die Thronnachfolge (11,1–24,25).
      a. Bath-Seba und Uria (11,1–12,31).
      b. Amnon und Thamar (13,1–39).
      c. Absaloms Aufstand (14,1–18,32).
      d. Davids Heimkehr (19,1[18,33]–44[43]).
      e. Sebas Aufruhr (20,1–26).
      f. Davids letzte Jahre (21,1–24,25).

IV) BOTSCHAFT.

Die S. wollen einen Bericht über die Staatwerdung Israels geben. So stehen weithin profane Dinge scheinbar im Vordergrund. Das Geschehen wird oft farbig geschildert. Dennoch geht es um mehr als eine geschichtliche Schilderung. Das wird nicht erst deutlich in der Zusammenfassung der Einzeldarstellungen, sondern schon in ihnen selbst. Bei der Staatwerdung Israels handelt es sich nicht um ein Geschehen abseits von Gott, wenn es auch gegen Gott geschieht (1 Sam 8,4ff).

Gott wirkt an den entscheidenden Punkten durch seinen Boten → Samuel (1 Sam 8–10; 15; 16). Zwar wird Israel bei der Staatwerdung Gott als seinem König untreu, aber Gott hält in seinem Weiterwirken die Treue (vgl. → Gerechtigkeit). Das zeigt auch die Geschichte der Bundeslade, die der Offenbarungsort Gottes in Israel ist. Wenn sie schließlich nach Jerusalem kommt, dann heißt das für die Hauptstadt des neuen Staates Gottes Gegenwart. Damit bekennt sich Gott zum Königreich Israel und legitimiert es.

Selbst in der Verwerfung Sauls zeigt sich Gottes bewahrende Hand (1 Sam 15), die dem Einbruch der Sünde in sein Volk wehrt. Sein Bewahren und Regieren wird aber vor allem an David deutlich. Gott schützt David und führt ihn zur Macht. Er bestätigt ihn und festigt so das junge Staatswesen (2 Sam 7), er läßt aber auch Davids Sünde nicht ungestraft (2 Sam 12). Selbst in der scheinbar rein profanen Darstellung des Absalom-Aufstandes weiß der Berichterstatter um Gottes Wirken hinter dem äußeren Geschehen (2 Sam 17,14).

So zeigen die S., daß die Staatwerdung und Gründung des Königtums zwar nicht aus Gottes Absichten erwächst, daß aber Gott seinem Volk die Treue hält und Herr seiner Geschichte bleibt auch im Ungehorsam.

Mit der Staatwerdung ist der Prozeß der Anpassung an die Heiden, dessen Anfang im Richterbuch beschrieben wird, zu einem gewissen Abschluß gekommen. Israel ist heimisch geworden in dieser Welt. Es ist aber Gottes Gnade, daß der Bund mit dem Herrn daran nicht zerbrochen ist.

Sandelholz. Die hebr. Worte *almuggim* und *algummim* bezeichnen ein Holz, das unter Salomo als große Kostbarkeit aus Ophir und dem Libanon eingeführt und für die Inneneinrichtung des Tempels und des Palastes, sowie zum Bau von Musikinstrumenten verwendet wurde (1 Kö 10,11f; 2 Chron 2,7 [8]; 9,10f). Meist (vgl. auch LÜ, EÜ, MÜ, ZÜ) vermutet man hierin S., das Holz einiger botanisch miteinander nicht verwandter Bäume Ostindiens (weißes S. von *Santalum album*, rotes S. von *Pterocarpus santalinus*), das bes. zu Schnitzarbeiten und – allerdings nur das weiße – zur Gewinnung des aromatisch duftenden Sandelöls verwendet wird. Da dieses S. jedoch auf dem Libanon (vgl. 2 Chron 2,7[8]) nicht wächst, hat man die hebr. Worte auch als Holz des Zypressenwacholders *(Juniperus phoenicea)* gedeutet, der im Libanon vorkommt und ein sehr gutes Bauholz liefert, anderseits aber keine außerordentliche Kostbarkeit (vgl. 1 Kö 10,11) darstellt. Eine sichere Entscheidung läßt sich nicht treffen. Mit dem »Wohlriechenden Holz« in Offb 18,12 könnte neben S. und Zedernholz auch das Holz eines nordafrikanischen Nadelbaumes, der Sandarakzypresse *(Callitris quadrivalvis)*, gemeint sein, das von den Römern für Schnitzarbeiten geschätzt wurde. Die Ägypter bereiteten aus dem Harz des Baumes eine Salbe, die beim Einbalsamieren Verwendung fand.

Saneballat, hebr. Form des akkad. Namens Sinuballit, »Sin (der Mondgott) gibt Leben«.
Der Horoniter S. war einer der Gegner Nehemias (Neh 2,10.19; 3,33[4,1]; 4,1[7]; 6,1.2), die mit List und Drohung vergeblich den Aufbau der Mauern Jerusalems zu verhindern suchten. Sein Beiname bezeichnet ihn wahrscheinlich als einen Mann aus Beth-Horon. Eine Tochter Saneballats war mit einem Enkel des Hohenpriesters Eljasib verheiratet (Neh 13,28). Aus den Elephantine-Papyri (vgl. Taf. 2b/1) geht hervor, daß S. der pers. Statthalter von Samaria war (vgl. Neh 3,34[4,2]).

Sanftmut, sanftmütig. Was → Demut in unserem Verhalten gegen andere ist (Gegensatz: Hochmut), das ist S. bei unsrer Reaktion auf das Handeln anderer gegen uns (Gegensatz: Zorn). So erweist sich Mose als sanftmütig, als Aaron und Mirjam ihn angreifen (4 Mo 12,3 EÜ, ZÜ, MÜ), und Jesus kommt als der sanftmütige König nach Jerusalem (Mt 21,5), um sich ohne Widerstand peinigen und kreuzigen zu lassen.
Auch wenn Gott durch sein Wort zu uns redet, muß dies mit S. angenommen werden (Jak 1,21). Ebenso darf man nicht zornig werden, wenn Menschen sich gegen Gott vergangen haben, sondern muß ihnen mit S. zurechthelfen (2 Tim 2,25; 1 Kor 4,21; 2 Kor 10,1; Gal 6,1; 1 Petr 3,16).
Von hier aus wird der Begriff auch da deutlich, wo er sich in Aufzählungen findet (Gal 5,22; Eph 4,2; Kol 3,12; 1 Tim 6,11) oder der Sinn aus dem Text nicht klar erkennbar wird (Mt 5,5; 11,29; Jak 3,13).

Sänfte, tragbarer Sessel (Hl 3,9 hebr. *appirjon*, ein griech. Lehnwort; Jes 66,20 hebr. *sab*), oft überdacht, den vornehme Leute statt des unbequemeren Wagens benutzten. Für längere Reisen konnte die Sänfte auch von Pferden, Eseln oder Maultieren getragen werden, sonst dienten 2 bis 4 oder 6 Sklaven als Träger.

Sänger, Sängerin, Sangmeister. I, 1) In Israel war zunächst der von → Musikinstrumenten begleitete → Lobgesang Gottes Sache des ganzen Volkes (2 Sam 6,5; 1 Chron 13,8), der Männer wie der Frauen (2 Mo 15,1.20.21; Ps 68,26). Nachdem es aber → David (V) beim ersten Mal nicht gelungen war, die → Bundeslade nach Jerusalem zu bringen, wies er für ihre endgültige Überführung Gesang und Musik im → Gottesdienst als bes. Aufgabe den → Leviten zu (1 Chron 15,16–21), die ihnen von da an blieb.
Zu Leitern der levitischen S., die dann für ihren Tag und Nacht währenden Dienst (1 Chron 9,33) in 24 Ordnungen mit regelmäßiger Ablösung eingeteilt wurden (1 Chron 25), ließ der König durch die

Von Sklaven getragene Sänfte (ägypt. Darstellung)

Obersten der Leviten den Kahathiter → Heman, den Gersoniter → Asaph und den Merariter → Ethan oder → Jedithun einsetzen (1 Chron 6,16[31]ff). Gleichzeitig führte David auch den großen Dankchor ein, das »Danket dem Herrn« (1 Chron 16,7–36; vgl. V 41; 2 Chron 5,13; 20,21; Es 3,10.11; Neh 12,8.24.25.46).
Zunächst wurden die S. an zwei Orten eingesetzt; eine Abteilung wurde der Bundeslade in Jerusalem (1 Chron 16,37), die beiden anderen der → Stiftshütte in Gibeon zugeteilt (V 39–42). Salomo, der neue Instrumente für sie anfertigen ließ (1 Kö 10, 12; 2 Chron 9,11), vereinigte mit der Einweihung des Tempels alle S. zum Dienst in Jerusalem (2 Chron 5,12.13; 8,14).

2) Die musikalische Leitung aller S. hatte der Sangmeister (1 Chron 15,22.27). Das war z. Zt. Davids → Chenanja, z. Zt. Nehemias wird Jisrahja als Vorsteher der S. genannt (Neh 12,42).
Auf den Sangmeister bezieht sich vermutlich auch der nicht ganz sicher zu deutende hebr. Ausdruck *lamenasseach* in 55 Psalmüberschriften (Ps 4; 5; 6 u. ö.), den LÜ mit »vorzusingen«, EÜ mit »dem Vorsänger« und MÜ mit »dem Musikmeister« wiedergibt (ZÜ läßt ihn fort).

3) Die levitischen S. und Musiker werden weiter z. Zt. Josaphats (2 Chron 20,21), bei der Königskrönung des Joas (2 Chron 23,13), bei der Tempelreinigung und dem Passah Hiskias (2 Chron 29,25.26; 30,21) und beim Passah Josias erwähnt (2 Chron 35, 15). Mit Serubabel kehrten S. aus dem Geschlecht Asaphs (Es 2,41; 3,10.11; Neh 7,44) nach Jerusalem zurück, weitere folgten mit Esra (Es 7,7). Sie wohnten in der Umgebung der Stadt (Es 2,70; Neh 12,28. 29) und waren wie die Priester und übrigen Leviten steuerfrei (Es 7,24). Nehemia ordnete ihren Dienst (Neh 7,1; 12,45.46) und ihre tägliche Versorgung (Neh 11,23; 12,47; 13,5); das wurde in seiner Abwesenheit jedoch wieder vernachlässigt (V 10).

II) Von berufsmäßigen S. und Sängerinnen zur Unterhaltung (vgl. → Lied) hören wir vor allem am Königshof (2 Sam 19,36[35]; Pred 2,8; 2 Chron 35, 25). Eine Anzahl von ihnen wird unter den Heimkehrern z. Zt. Serubabels bes. aufgeführt (Es 2,65; Neh 7,67).

Sanherib, akkad. »Sin (der Mondgott) hat mir die (verstorbenen) Brüder ersetzt«.
Sohn und Nachfolger Sargons II. von → Assyrien. An Bedeutung steht er seinem Vater nach, es gelang ihm jedoch, das ererbte Reich während seiner Regierungszeit (705–681 v. Chr.) trotz vieler Schwierigkeiten zusammenzuhalten. Neue Eroberungen machte er nicht. Nach dem Tode Sargons hatte sich dessen alter Gegner, der Chaldäer → Merodach-Baladan, mit elamitischer Hilfe erneut zum König von Babylonien gemacht und suchte augenscheinlich Verbindung mit den stets zum Abfall bereiten Herrschern in Palästina, wie seine Gesandtschaft an Hiskia zeigt (2 Kö 20,12). S. besiegte und vertrieb ihn und eilte dann 701 v. Chr. nach Westen. Zuerst fielen die phön. Städte an der Küste, dann Askalon in Philistäa (vgl. Karte Sp. 618). Ekron, dessen Einwohner ihren König Padi abgesetzt und an Hiskia ausgeliefert hatten, leistete hartnäkkigen Widerstand. Im eroberten Lachis, dessen Belagerung auf einem Relief aus Ninive dargestellt ist (Taf. 65/1024), empfing S. den Tribut Hiskias (2 Kö 18,14). Die zur Besetzung Jerusalems abgesandten assyr. Truppen mußten aber ohne Erfolg umkehren, sie trafen den König schon vor dem weiter nördl. gelegenen Libna, wohin er sich anscheinend vor dem nahenden ägypt. Heer zurückgezogen hatte (2 Kö 19,8.9). Bei Eltheke kam es zum Kampf, in dem die verbündeten Ägypter und Äthiopier geschlagen wurden, sich dann aber unverfolgt zurückziehen konnten. Ekron fiel und wurde bestraft, S. setzte Padi, den Hiskia inzwischen freigegeben hatte, wieder als König ein. Die beabsichtigte Eroberung Jerusalems gelang S. jedoch nicht mehr, der Engel des Herrn erschlug in einer Nacht im assyr. Lager 185 000 Mann, und das Heer zog ab (V 35.36). Zu dem offiziellen Feldzugsbericht Sanheribs vgl. → Hiskia.
Sanheribs Kraft wird nun durch fortgesetzte Aufstände und Kämpfe in Babylonien in Anspruch genommen, bis er Babylon endlich 689 v. Chr. vollständig zerstört. Seine Hauptstadt Ninive – das von → Sargon erbaute Dur-Sarrukin hatte er verlassen – umgibt S. mit neuen Befestigungen, schmückt sie mit Palastbauten und verbessert ihre Wasserversorgung durch den Bau einer Wasserleitung, der ersten, von der wir in Mesopotamien hören. 681 v. Chr. wird er durch zwei seiner Söhne ermordet (V 37). Sein Nachfolger wird → Asar-Haddon.

Sanoah, hängt viell. mit hebr. »Gestank von sich geben« oder »verstoßen, für verworfen erklären« zusammen.
1) Stadt in der judäischen Sephela (Jos 15,34), nach der babyl. Gefangenschaft neu besiedelt (Neh 3,13; 11,30), in der Gegend von Jarmuth (V 29). Das Onomastikon nennt Zanua im Gebiet von Eleutheropolis. S. ist wohl das heutige Chirbet Zanwa, 4 km südöstl. von Beth-Semes. Hier fand man Mauerreste und Scherben aus der Königszeit.
2) Stadt im Gebirge Juda (Jos 15,56). Entweder Chirbet Zanuta, 20 km südsüdwestl. von Hebron, oder Chirbet Bet Amra am Wadi Abu Zennach, einem Teil des Wadi el-Chalil, 3 km westl. von Jutta (V 55). S. auf dem Gebirge ist wahrscheinlich auch in 1 Chron 4,18 gemeint.
Die LXX verbindet in Jos 15,56.57 S. mit dem folgenden Namen Hakain; danach würde es sich um einen Ort, das »S. der → Keniter« handeln.

Sansanna. Ort in Juda (Jos 15,31), vermutlich das heutige Chirbet es-Samsanijat (neuhebr. Sansanna), 13 km nordnordöstl. von Beer-Seba.

Saph. Riese, Sohn Raphas, den der Husathiter Sibbechai in den Philisterkämpfen zu Gob erschlug (2 Sam 21,18). 1 Chron 20,4 heißt er Sippai. Er gehört wohl zu den Resten der Enakiter, die sich u. a. nach Gath gerettet hatten (Jos 11,22).

Sapham, Gaditer in Basan (1 Chron 5,12).

Saphan »Klippdachs«,
Sohn Azaljas, Schreiber, d. h. hoher Hofbeamter König Josias (2 Kö 22,3–14; 2 Chron 34,8–21). Er ist vermutlich der Vater Ahikams (Jer 26,24; 39,14), Eleasas (3) (Jer 29,3), Gemarjas (2) (Jer 36,10.25) und Jaasanjas (3) (Hes 8,11). Der Sohn Ahikams war Gedalja (4) (2 Kö 25,22), der Gemarjas Michaja (4) (Jer 36,11–13). Alle Genannten gehörten zu den führenden Männern in Juda; und bis auf Jaasanja, der am Götzendienst teilnahm, standen sie offenbar auf der Seite des Propheten Jeremia.

Saphat, zur Bedeutung vgl. Sephatja.
1) Simeonit, der von Mose als Kundschafter nach Kanaan gesandt wurde (4 Mo 13,5[6]).
2) Gaditer aus Gilead in Basan (1 Chron 5,12).
3) Sohn Adlais, Aufseher der Rinderherden Davids in den Tälern des Gebirges Juda (1 Chron 27,29).
4) Vater des Propheten Elisa aus Abel-Mehola (1 Kö 19,16).
5) Sohn Semaljas, Nachkomme Serubabels (1 Chron 3,22).

Saphir. I) Hängt mit »schön sein, gefallen« zusammen.
Ort in Juda (Mi 1,11), wahrscheinlich Chirbet el-Kom am Wadi es-Saffar, ca. 14 km westl. von Hebron (vgl. Karte Sp. 920).
II) → Edelsteine (14).

Saphira, aram. »Die Schöne«,
Frau des → Ananias (Apg 5,1–11).

Sara »Herrin, Vornehme«.
Halbschwester und Frau → Abrahams, die Tochter seines Vaters Tharah von einer andern Mutter (1 Mo 20,12). Sie war 10 Jahre jünger als ihr Mann, bei der Ankunft in Kanaan also 65 Jahre alt (1 Mo 12,4), aber immer noch so schön, daß Abraham sie in Ägypten aus Furcht für seine Schwester ausgab (V 10–20). Das gleiche geschah später in Gerar noch einmal (1 Mo 20). Die Verheißung eines Sohnes versuchte S. dadurch zur Erfüllung zu bringen, daß sie Abraham ihre Magd → Hagar zur Nebenfrau gab. Die Geburt → Ismaels brachte aber nur Unfrieden, bis Abraham schließlich Hagar und Ismael auf Saras Bitte mit der Zustimmung des Herrn fortschickte (1 Mo 16; 21,9–21). Inzwischen hatte Gott der Kinderlosigkeit Saras ein Ende bereitet, mit 90 Jahren hatte sie → Isaak geboren (V 1-8). Dadurch wurde sie Stammutter des Volkes Israel. Im Zushg. mit dieser Verheißung änderte der Herr ihren urspr. Namen Sarai in S. um (1 Mo 17,15.16). Mit 127 Jahren starb S. und wurde von Abraham in der Höhle Machpela (LÜ »die zwiefach ist«) begraben (1 Mo 23). Als einziger Prophet nennt Jesaja S. und das Wunder der Geburt Isaaks (Jes 51,2), dann Paulus (Röm 4,19; 9,9) und der Hebräerbrief (Hebr 11,11). Petrus erwähnt ihren Gehorsam gegen Abraham (1 Petr 3,6).

Sarah → Serah II

Sarai I) Zur Bedeutung vgl. Sara.
Der urspr. Name → Saras, der Frau Abrahams, mit dem sie 1 Mo 11,29–17,15 genannt wird.

II) Israelit, der eine heidnische Frau genommen hatte (Es 10,40).

Saraph »Schlange« oder »Seraph«, Nachkomme des Judäers Sela (1 Chron 4,22).

Sarar, hängt mit aram. »fest sein« zusammen, → Sachar (1).

Sarder → Edelsteine (15)

Sardes, alte Hauptstadt Lydiens in Kleinasien. In S. bestand eine der 7 Gemeinden in Asia, an die die Offenbarung gerichtet ist (Offb 1,11). Damals schien diese Gemeinde zu leben und war doch geistlich tot (Offb 3,1–6). Heute ist die Stadt nur noch ein Ruinenfeld bei dem Dorf Sart, ca. 80 km ostnordöstl. von Smyrna. Vgl. Karte Sp. 1009.

Sarepta der Sidonier, phön. Stadt (Lk 4,26), das atl. Zarpath (»Schmelzhütte«, 1 Kö 17,9), in assyr. Inschriften Sariptan, in ägypt. Zarputa genannt. Das heutige Sarafand, 12 km südl. von Sidon und 23 km nördl. von Tyrus, befindet sich weiter landeinwärts, während die Ruinen des alten S. unmittelbar an der Küste liegen. Hier lebte Elia längere Zeit bei einer Witwe, deren Vorräte durch ein Wunder nicht abnahmen, und weckte ihren Sohn auf, der gestorben war (V 10–24). Vgl. Taf. 97/1536; 98/1537.

Sarezer, akkad. Sar-usur »Beschirme den König!«
1) Sohn des Königs → Sanherib von Assyrien. S. und sein Bruder Adrammelech erschlugen ihren Vater 681 v. Chr. und flohen dann nach Armenien (2 Kö 19,36.37; Jes 37,38).
2) S. und Regem-Melech aus Beth-El fragten z. Zt. des Propheten Sacharja in Jerusalem an, ob das → Fasten (III, 1) im 5. Monat weiterhin zu halten sei (Sach 7,2).

Sarg → Lade; → Salben II, 2; vgl. Abb. Sp. 438.

Sargon. Nachfolger des Assyrerkönigs Salmanasser V. und Vater Sanheribs. Er regierte als S. II. 721–705 v. Chr. Über seine Herkunft ist nichts Sicheres bekannt. Nach dem Tode Salmanassers brachen überall im assyr. Reich Empörungen aus, die S. erfolgreich niederwarf. In den Inschriften seiner späteren Jahre rühmt er sich auch der Eroberung Samarias, die aber aller Wahrscheinlichkeit nach noch vor seinen Regierungsantritt fällt, er mag jedoch als Feldherr Salmanassers dabeigewesen sein. Sicher hat er dann die endgültige Wegführung Israels und die Ansiedlung fremder Volksstämme auf seinem Gebiet durchgeführt (vgl. 2 Kö 17,23.24). Nach siegreichen Kämpfen gegen Hamath und Gaza, in die auch die Ägypter und Samaria (720 v. Chr.) verwickelt waren, eroberte er 717 v. Chr. das Hethiterreich von Karchemis. Jes 20,1 wird erwähnt, daß S. seinen Feldherrn gegen das aufständische Asdod sandte, was eine assyr. Inschrift bestätigt (712 v. Chr.). Schließlich vertrieb er dann 710/9 v. Chr. → Merodach-Baladan, der sich nach Salmanassers Tod zum König von Babylon gemacht hatte. Gegen Ende seiner Regierung begann S., unter großartiger Prachtentfaltung einen Palast und eine neue Hauptstadt nordöstl. von Ninive zu errichten, die er Dur-Sarrukin »Sargonsburg« nannte (Abb. Sp. 669; 1029). Die Reste dieser Bauten sind in dem Ruinenhügel Khorsabad ausgegraben worden. S. starb 705 v. Chr.; ein stark zerstörter Text scheint anzudeuten, daß er im Kampf fiel.

Sargon II. von Assyrien (721–705 v. Chr.), Relief aus seinem Palast in Dur-Sarrukin (Khorsabad)

Sarid, dasselbe Wort heißt sonst »Entronnener«. Grenzstadt Sebulons (Jos 19,10), wohl Tell Sadud (neuhebr. Sarid), 8 km südwestl. von Nazareth.

Saron »Flachland«.
1) Küstenebene am Mittelmeer, vom Krokodilsfluß (neuhebr. Tanninim) südl. von Dor bis etwa zu der Linie von Joppe nach Ajalon (vgl. Apg 9,35). Die Ebene ist etwa 65 km lang und gut 15 km breit; zum Meer hin erschweren Dünen und Hügelketten den Flüssen den Auslauf ins Meer, wodurch die Senken weithin versumpft sind. Dazu trug das höhere Gelände früher dichtes Eichengestrüpp. Jes 33,9 u. 35,2 wird S. mit Libanon und Karmel zusammengestellt, also stark bewaldeten und entsprechend unzugänglichen Gebieten (vgl. zum »Schmuck Sarons« auch die »Pracht des → Jordans«). Auch die Weissagung Jes 65,10, daß S. zur Weide für Kleinvieh werden soll, zeigt, daß es das zur damaligen Zeit eben nicht war. Nach Hl 2,1.2 wächst die Blume zu S. (→ Lilie) mitten unter Dornen (vgl. auch V 3). Am Ostrand der Ebene führte die große Handelsstraße entlang (vgl. Abb. Sp. 542), hier haben auch die wenigen Orte des Nordteils der Ebene gelegen: Socho (3) und Gilgal (4). Erst in dem wesentlich kleineren Teil südl. vom Yarqon (Nahr el Audscha) im Gebiet Ephraims, ist S. stärker besiedelt; hier liegen Gath-Rimmon (1) und Aphek (2); Joppe, Bne-Barak und Ono; Jehud, Beth-Dagon (1) und Lod. Viell. weideten auch die Rinderherden Davids (1 Chron 27,29) im Süden von S.
2) In 1 Chron 5,16 wird eine ostjordanische Landschaft S. im Stammgebiet Gads genannt. Viell. ist dies S. mit der »Ebene« in 5 Mo 3,10, der Hochfläche südl. von Hesbon, gleichzusetzen. Auch der → Mesastein nennt ein S. in diesem Gebiet.
3) → Lasaron.

Saroniter, Bewohner der Ebene → Saron (1) (1 Chron 27,29).

Sarsechim, viell. ein Fürst Nebukadnezars (Jer 39,3). Es handelt sich hier jedoch vermutlich um einen Schreibfehler für Sasban, so daß mit dem vorhergehenden Nebo zusammen Nebusasban gelesen werden kann. Vgl. → Samgar-Nebo.

Saruhen, Ort im Stammgebiet Simeons (Jos 19,6), der heutige Tell el Fara (neuhebr. Tel Sharuhen), ca. 25 km südl. von Gaza. Auch Silhim (Jos 15,32) und Saaraim (1 Chron 4,31) scheinen denselben Ort zu bezeichnen.
S. wird wiederholt in ägypt. Inschriften genannt. Hier leisteten die Hyksos nach ihrer Vertreibung aus → Ägypten (II, 3) Widerstand, bis Pharao Ahmose I. die Festung nach dreijähriger Belagerung eroberte. Vgl. Karten Sp. 35; 606. Der Hügel wurde von Flinders Petrie ausgegraben (vgl. Abb. Sp. 228 oben; 656 u. heimliche → Gemächer)

Sasa. Nachkomme des Judäers Jerahmeel (1 Chron 2,33).

Sasai, Israelit, der sich von seiner heidnischen Frau trennte (Es 10,40).

Sasak, viell. »Läufer«,
Benjaminit, Sohn Berias (1 Chron 8,14.25).

Satan, auch Satanas, bedeutet im Hebr. zunächst den Feind (1 Kö 5,18[4] LÜ Widersacher), speziell den Gegner vor Gericht, der Anklage erhebt (Sach 3, 1.2; Ps 109,6); sodann jeden, der einem anderen Schwierigkeiten, Nachstellungen, Verfolgungen, Anfeindungen bereitet, ihn von einer guten Tat abhalten will (2 Sam 19,23[22]).
S. bezeichnet weiter den → Teufel, den Feind Gottes und der Menschen schlechthin; er hat keine selbständige Macht, sondern ist Gott unterworfen (Hi 1,6ff). Er ist als Widersacher im besonderen Sinn der Gegner Gottes und aller Gott Zugehörigen: er ist Anstifter zum → Bösen (Mk 4,15; Apg 5,3); er versucht (1 Kor 7,5); er veranlaßt den Verrat des Judas (Lk 22,3). Er verhindert die Arbeit der Apostel (1 Thess 2,18); »des S. Engel« schlägt Paulus mit Fäusten (2 Kor 12,7); von »des S. Stuhl«, »des S. Schule« gehen die Feindseligkeiten gegen die junge Gemeinde aus (Offb 2,13; 2,9; 3,9).
Zum Wirken und Ende des S. vgl. weiter → Teufel IV,3.

Satt, sättigen. Gott sorgt für die Bedürfnisse des Lebens; wenn er gibt, werden alle Geschöpfe mit Gut gesättigt (Ps 104,28). Er speist den Leib (Ps 147,14; 2 Mo 16,12) und macht geistlich satt (Ps 17,15; Jer 31,25; Mt 5,6), wie es in dem Bericht von der Wüstenspeisung und den Speisungsberichten des NT so deutlich zum Ausdruck kommt (vgl. Mt 14,20). Ihm gebührt der Dank (5 Mo 8,10), wenn der Mensch gegessen hat und satt ist (5 Mo 6,11; 11,15; Jes 23,18). Das bewahrt davor, über der Gabe den Geber zu vergessen und sich im Sattsein zu überheben (5 Mo 8,12; 31,20). Denn solche Selbstzufriedenheit wird wie die Übersättigung zur Gefahr für den Leib (Spr 25,16.27; 27,7) wie für das geistliche Leben (Neh 9,25.26; Spr 30,9; Hos 13, 6; 1 Kor 4,8; Offb 3,17).
Wer Gottes Gaben recht empfängt, weiß satt zu sein und zu hungern (Phil 4,12), ja er behält noch übrig, wenn er satt geworden ist (Rt 2,14; 2 Kö 4, 43.44; 2 Chron 31,10; Mt 14,20; Joh 6,12). »Der Gerechte ißt, daß seine Seele satt wird; der Gottlosen Bauch aber hat nimmer genug« (Spr 13,25; vgl. Pred 4,8; 5,9; Hes 16,28). Dagegen wird, wer unter dem Gericht des Herrn steht, nicht satt trotz des Essens (3 Mo 26,26; Hos 4,10; Hag 1,6). Auch Tod (Hab 2,5) und → Hölle sind nicht zu sättigen (Spr 30,15f).
Hinsichtlich des menschlichen Lebens kann es heißen, daß die rechte eheliche Liebe allezeit sättige (Spr 5,19), auch daß der Herr mit langem Leben sättigt (Ps 91,16; 1 Chron 29,28), so daß der Greis alt und lebenssatt stirbt (1 Mo 25,8; Hi 42, 17; 2 Chron 24,15). Doch des Lebens satt sein (1 Chron 23,1) erinnert schon leise an jenen Überdruß, jenes Nicht-mehr-ertragen-Wollen, von dem Gott angesichts des äußerlichen Opferdienstes seines Volkes spricht (Jes 1,11).

Sattel. Unter dem S. (3 Mo 15,9) des Reitesels (vgl. 4 Mo 22,21; 2 Sam 17,23; 19,27[26]; 1 Kö 2,40; 13, 13.23.27; 2 Kö 4,24) hat man im AT meist wohl nur eine Decke zu verstehen, die auch heute noch vielfach den S. ersetzt (vgl. Taf. 7/96). Packsättel waren jedoch bekannt (Taf. 6/65); LÜ übersetzt bei Lasteseln auch »gürten« (1 Mo 22,3) oder »beladen« (Ri 19,10) statt »satteln« (2 Sam 16,1).
Der in 1 Mo 31,34 erwähnte Kamelsattel bestand offensichtlich aus einem mit Stoff oder Leder bespannten Gestell, unter dem Rahel die Götzen versteckte (vgl. Abb. Sp. 751; Taf. 7/96).

Satthu. Israelit, dessen Nachkommen mit Serubabel aus der babyl. Gefangenschaft heimkehrten (Es 2,8; Neh 7,13). 6 Männer dieses Geschlechtes trennten sich von ihren heidnischen Frauen (Es 10,27); ein S. unterschrieb mit Nehemia den Bund (Neh 10,15 [14]).

Satzung. I) Vgl. → Gesetz.
II) Der griech. Ausdruck *stoicheia tou kosmou* (LÜ Satzungen der Welt Kol 2,8.20; äußerliche Satzungen Gal 4,3; vgl. schwache und dürftige Satzungen V 9) bezeichnet im hellenistischen Heidentum nicht nur die 4 → Elemente (I), sondern auch die Elementargeister und Gestirne, die eine eigenständige Weltordnung repräsentieren, der der Mensch unterworfen ist. Darum genießen sie göttliche Verehrung (Weish 13,1f). Das Verhältnis äußerlichen Gehorsams, das den Heiden an die Elementargeister band, entsprach dem des Juden zum atl. Gesetz; nachdem beide in Christus von ihren alten Bindungen frei geworden sind, warnt sie der Apostel davor, sich diesen Bindungen erneut zu unterwerfen (Gal 4,3–5; 5,1; Kol 2,6–8.20).

Sau → Schwein

Sauerteig. I) Beim Brotbacken setzte man dem Teig aus frischem Mehl ein Stück alten, gesäuerten Teig hinzu, das man vom letzten Mal her in Wasser aufbewahrt hatte. Dadurch wurde der ganze Teig durchsäuert und gelockert. Diese Wirkung des S. wird zum Bild für unauffällige, doch gründliche und durchdringende Einflüsse im bösen (Mt 16,6. 11.12; Mk 8,15; Lk 12,1; Gal 5,9), aber auch im guten Sinn (Mt 13,33; Lk 13,21).
II, 1) S. war in Israel für alle Speisopfer, die auf dem Altar verbrannt wurden, verboten (3 Mo 2,11), für Dankopfer (3 Mo 7,13f) und Erstlingsopfer (3 Mo 23,17) aber erlaubt.
2) Beim → Auszug aus Ägypten hatten die Israeliten keine Zeit mehr gehabt, den Brotteig säuern zu lassen (2 Mo 12,39), in Erinnerung daran durften sie während des Festes der Ungesäuerten Brote weder S. essen noch in ihren Häusern haben (2 Mo 12,17–20; 5 Mo 16,3.4). Im Spätjudentum entwickelte man aus dieser Vorschrift eine umständliche Zeremonie, bei der das ganze Haus sorgfältig ausgefegt wurde, worauf es der Hausvater auf viell. noch vergessene Reste von S. genau durchsuchen mußte.

3) Paulus nimmt die Tradition auf (1 Kor 5,6–8) und verwendet sie als Bild. Für ihn heißt S. dabei Verbindung mit dem alten sündigen Wesen der vorchristlichen Existenz. Süßteig ist für ihn der von Jesus geschenkte vollkommene Neuanfang (vgl. 2 Kor 5,17 – hier ohne Bild), den es im Glauben ganz zu ergreifen gilt.

Säugamme → Amme

Säugling → Entwöhnen, → Geburt

Saul »(Von Gott) erbeten« oder »(Gott zum Dienst) geliehen«.
1) König von Edom, der aus → Rehoboth (2) am Strom stammte (1 Mo 36,37.38; 1 Chron 1,48.49).
2) Sohn Simeons von seiner kanaanäischen Frau (1 Mo 46,10; 2 Mo 6,15; 1 Chron 4,24). Von ihm stammt das Geschlecht der Sauliter (4 Mo 26,13).
3) Levit aus dem Geschlecht Kahaths, Sohn Usias (1 Chron 6,9[24]).
4) Sohn des wohlhabenden Benjaminiten → Kis. S. war schöner als die übrigen Israeliten und einen Kopf größer als das ganze Volk (1 Sam 9,1.2). Der Herr führte S. zu Samuel (1 Sam 9), damit er ihn zum → König Israels salbe (1 Sam 10,1). S. hatte das Königtum nicht erstrebt, und als er es empfangen hatte, besaß er nicht die innere Kraft, seiner Aufgabe gerecht zu werden. So wird er zum abschreckenden Beispiel eines isrl. Königs, der sich der Herrschaft Gottes nicht fügt und vom Herrn um seiner Sünde, seines Abfalls willen verworfen wird (1 Sam 15).
Der hebr. Text von 1 Sam 13,1 ist verderbt (vgl. EÜ, ZÜ), bei den 40 Jahren Herrschaftszeit, die Apg 13, 21 S. zuspricht, wird es sich um eine runde Zahl handeln; wir können nur sagen, daß S. etwa um 1050 v. Chr. zur Herrschaft gekommen sein wird.
Kis und S. wohnten im → Gibea Sauls (1 Sam 11, 4; 13,2), 5 km nördl. von Jerusalem. Hier hat man die Reste eines Dorfes und einer rechteckigen Befestigungsanlage von nur etwa 51 und 47 m Seitenlänge mit 4 Ecktürmen gefunden (Abb. Sp. 490; Taf. 31b/480). Das Königtum hat in Israel klein und bescheiden angefangen, und nach seiner Wahl in Mizpa fand S. zunächst neben der Zustimmung auch Verachtung (1 Sam 10,26.27). Das änderte sich, nachdem er Jabes in Gilead vor den Ammonitern gerettet hatte (1 Sam 11). Und dann erlitten auch die Philister, vor allem durch die Taten Jonathans, des Sohnes Sauls, eine schwere Niederlage (1 Sam 13–14). Doch schon hatte S., der nicht auf Samuel gewartet und eigenmächtig ein Opfer dargebracht hatte, den Urteilsspruch Gottes erhalten, daß sein Königtum nicht bleiben werde (1 Sam 13,8-14). Aber S. ließ sich nicht warnen und wiederholte die Sünde der Eigenwilligkeit und des Ungehorsams nach dem Sieg über Amalek. Obgleich der Herr befohlen hatte, den → Bann an diesem Volk zu vollstrecken, schonte S. den König Agag und die besten Tiere seiner Herde (1 Sam 15,9). Nun wurde S. vom Herrn verworfen, weil er ihn verworfen hatte (V 23–26). Samuel teilt S. dies Urteil mit, das ist die letzte Begegnung zwischen dem König und dem Propheten, solange Samuel lebte (V 35). Alles Folgende ist die Auswirkung dieser Verwerfung.
An S. Stelle wird David durch Samuel zum König gesalbt (1 Sam 16,1–13). Der Geist des Herrn kommt über ihn und weicht von S., der jetzt immer wieder von einem bösen Geist, der vom Herrn kommt, gequält wird (V 13.14). Nach dem Sieg über Goliath (1 Sam 17) wird S. von Eifersucht gegen → David verzehrt (1 Sam 18,6ff) und gibt durch die unsinnige Verfolgung seines fähigsten Heerführers den Philistern erneut Gelegenheit, in Israel einzufallen. Weder das Eintreten Jonathans (1 Sam 20,32) noch Davids edelmütiges Handeln (1 Sam 24; 26) vermögen S. auf dem Weg in den Untergang aufzuhalten, auf dem er auch zum Mörder der Priester zu Nobe geworden ist (1 Sam 22,6–23). Am Ende stürzt er sich auf dem Gebirge Gilboa, von allen Seiten von den Philistern in die Enge getrieben, ins eigene Schwert. Auch seine Söhne Jonathan, Abinadab und Malchisua fallen. Die Philister finden die Leichen und hängen sie an die Mauer von Beth-Sean, nachdem sie vorher Sauls Kopf abgeschlagen und seine Rüstung in den Tempel der Astharoth gebracht haben (1 Sam 31).
Noch in der letzten Nacht seines Lebens war S. nach Endor zu einer Totenbeschwörerin gegangen, um den verstorbenen Samuel herbeirufen zu lassen (1 Sam 28). Der Bericht deutet auf eine tatsächliche Erscheinung des Toten hin. Samuel verkündete S. noch einmal das Gericht: Morgen wirst du mit deinen Söhnen bei mir sein (d. h. im Totenreich; → Hölle; V 19). Das Leben Sauls und seine Herrschaft über Israel endete in tiefem Dunkel. Aber die Einwohner von Jabes hatten ihren Befreier nicht vergessen. Sie nahmen die Leichen Sauls und seiner Söhne von der Mauer in Beth-Sean, verbrannten sie und begruben die Gebeine (1 Sam 31,11–13). David dichtete seine erschütternde Totenklage über S. und Jonathan (2 Sam 1,17–27).
Eine alte Blutschuld Sauls an den Gibeoniten aber fand erst lange nach seinem Tode ihre Sühne, als seine beiden Söhne (von der Rizpa) und fünf seiner Enkel hingerichtet wurden. Mit ihnen zusammen wurden nun auch Sauls und Jonathans Gebeine im Familiengrab des Kis beigesetzt (2 Sam 21,1–14).
5) S. oder Saulus ist der urspr. Name des Apostels → Paulus, mit dem er Apg 7–13 genannt wird. Nachdem Apg 13,9 gesagt wird: »Saulus, der auch Paulus heißt«, kommt S. nur noch Apg 22,7.13; 26, 14 in der Erzählung des Paulus vor.

Säule. I, 1) Zu den steinernen Masseben (LÜ Säulen) des → Götzendienstes vgl. → Altar I; → Aschera (2); → Höhen IV, 1 u. V; Taf. 32a/481.
2) Zu den aufgerichteten Steinen (LÜ Säulen) von 2 Mo 24,4; 2 Sam 18,18 vgl. → Mal, Malzeichen; → Absalom.
3) Neuerdings hat Albright (VT Supplement IV, S. 242–258) Material dafür zusammengetragen, daß auch die Masseben der Höhen vielfach als Gedächtnisstelen für gestorbene Könige aufzufassen sind. Gedenksäulen mit Inschriften fanden sich im Dagontempel in Ugarit (Ras Schamra), auch in Byblos (Gebal) wurde ein mittelbronzezeitlicher Tempel mit Gedenkstelen aufgedeckt. Im Heiligtum in Hazor (Taf. 32a/481) sind inzwischen insgesamt etwa 45 Masseben gefunden worden. Eine Verbindung zwischen Höhen und Gedenksteinen ist auch darin erkennbar, daß die LXX in den Mosebüchern hebr. *bamah* (Höhe) mit griech. *staelae* (Gedenkstein) wiedergibt.
Von hier aus eröffnet sich auch ein neues Verständnis für Hes 43,7b: Das Haus Israel soll nicht mehr meinen heiligen Namen verunreinigen, weder sie noch ihre Könige, durch Abgötterei und die Leichen (oder besser: Gedächtnissäulen) ihrer Könige in ihren Höhen.
II) Vgl. → Stiftshütte.
III) Vgl. → Jachin (4).
IV) Feuersäule → Wolkensäule.
V, 1) Bildlich wird von Säulen bzw. → Pfeilern der Erde (Ps 75,4; Hi 9,6) und des Himmels (Hi 26,11) gesprochen.

2) Weiter werden Menschen (Jer 1,18; Gal 2,9) wegen ihrer Standhaftigkeit und tragenden Kraft als Säulen bezeichnet.

Sauliter → Saul (2)

Saum → Quaste, → Kleid

Sawan → Saawan

Sawsa »Sonne«,
Schreiber, d. h. hoher Hofbeamter Davids (1 Chron 18,16); er wird auch Seraja (2 Sam 8,17), Seja (2 Sam 20,25) und Sisa (1 Kö 4,3) genannt. Auf Grund dieser verschiedenen Namensformen hat man angenommen, daß S. einen ausländischen, viell. ägypt. Namen trug.

Schädelstätte → Golgatha

Schaf. I, 1) In Palästina ist das Fettschwanzschaf *(Ovis laticaudatus)* von altersher heimisch, was assyr. Reliefs bestätigen (vgl. Abb. Sp. 445/6). Es ist weiß (Ps 147,16; Jes 1,18), oft mit schwarzem Kopf und schwarzen Beinen (1 Mo 30,32), Hörner trägt nur der Widder. Der Schwanz ist breit und hat ein oft bis zu 10 kg schweres Fettpolster (3 Mo 3,9).
Das S. galt als reines Tier und war zu jeder Art von → Opfern verwendbar (3 Mo 12,6–8; 14,10; 4 Mo 15,3).
Nach der großen Zahl der Tiere, die als Tribut (2 Kö 3,4), Beute (4 Mo 31,32; 1 Chron 5,21) und Opfer (1 Kö 8,63; 2 Chron 35,7–9) genannt werden, muß es im Altertum riesige Schafherden in Palästina gegeben haben; und es ist bezeichnend, daß unter dem Besitz der nomadisierenden Erzväter und ihrer Zeitgenossen die S. stets an erster Stelle erwähnt werden (Abraham: 1 Mo 12,16; 24,35; Lot:

Hirten mit Schafen (ägypt. Darstellung)

13,5; Laban: 29,10; 31,38; Jakob 32,8[7]; Reguel 2 Mo 2,16). Auch Hiobs Hauptreichtum bestand in seinen S. (Hi 1,3; 42,12).
→ Milch (5 Mo 32,14; Jes 7,21f), Fleisch (1 Sam 25, 18; 2 Sam 12,4; 17,29; Neh 5,18; Jes 22,13 u. ö.) und Wolle (3 Mo 13,47; Spr 31,13; Hes 34,3) der S. waren für die Ernährung und Kleidung von größter Wichtigkeit; als bes. kostbar galten die Felle der Lämmer (2 Kö 3,4; Hi 31,20; Spr 27,26). Die Schafschur wurde festlich begangen (1 Mo 38,12f; 1 Sam 25,2.36; 2 Sam 13,23.24). Vgl. → Viehzucht.
2) Neben dem zahmen gab es das Wildschaf *(Ovis ornata* oder *O. orientalis)*, das noch vor etwa 30 Jahren südl. des Toten Meeres im Wadi Araba vorkam. Es hat an den Vorderbeinen und unter dem Hals sehr lange Haare und ist ein guter Kletterer. Vgl. → Elen.

II) In der HS wird das S. oft als Bild für den der Leitung, der Pflege und des Schutzes bedürftigen Menschen gebraucht, der, sich selbst überlassen, verloren geht (2 Sam 24,17; 1 Kö 22,17; Jes 53,6; Hes 34; Mt 9,36; 10,6; 15,24; 26,31). Er ist Gegenstand der göttlichen Erbarmung und Fürsorge (Ps 77,21; 78,52; 95,7; 100,3; 119,176; Hes 34,11–16) und der Liebe Jesu, der als der gute → Hirte sein Leben für die S. läßt (Joh 10,2–16; 21,16f; 1 Petr 2,25).
Vgl. → Lamm.

Schaffen → Schöpfung

Schaffner → Verwalter

Schafhürde, Schafstall → Viehzucht IV

Fettschwanzschaf

Schafskleid (Mt 7,15) bezeichnet den rauhen Mantel aus Schafsfell (2 Kö 1,8; Hebr 11,37; vgl. Sach 13,4), der den Propheten kennzeichnet. Die Warnung Jesu bezieht sich also nicht nur auf die scheinbare Harmlosigkeit der falschen Propheten, sondern auch auf ihr äußerlich echt wirkendes Auftreten. Die Unterscheidung zwischen falsch und echt fordert demnach geistliche Urteilskraft von der Gemeinde.

Schaftor → Jerusalem III C

Schakal. In Palästina sind der Goldschakal *(Canis aureus)* und der etwas größere Wolfsschakal *(Canis lupaster)* heimisch. Im Aussehen stehen beide Arten zwischen Wolf und Fuchs. Charakteristisch sind die im Vergleich zum Fuchs hohen Beine, der im Vergleich zum Wolf zierliche Körperbau und das allnächtliche klägliche Heulen (Hi 30,29; Jes 13,22; Mi 1,8).
Der S. lebt im Gegensatz zum Fuchs gesellig und zieht nachts in Rudeln auf Raub aus. Als Allesfresser nährt er sich außer von Fleisch (meist Aas) auch von Abfällen und Früchten, wobei er auf den Feldern häufig Schaden anrichtet. Die Bibel erwähnt ihn mehrfach als charakteristischen Bewohner von Wüsten (Jes 35,7; 43,20; Ps 44,20) und Trümmerstätten (Jes 13,22; 34,13; Jer 9,10[11]; 10,22; 49, 33; 51,37).
Wo in der LÜ S. steht, steht im hebr. Text das Wort *tan* (das bezeichnenderweise nur im Plur. vorkommt); doch ist auch mit dem hebr. *schual* (LÜ → Fuchs) an verschiedenen Stellen wahrscheinlich der S. gemeint, so etwa Ps 63,11 (Aasfresser), Ri 15,4 (große Anzahl), Hl 2,15 (Feldschädling) u. ö. Vgl. auch → Hund I, 3.

Schale, flaches Gefäß zum Aufnehmen von Flüssigkeiten, auch aus Gold (2 Mo 37,16; Jer 52,19; vgl. Offb 5,8; 15,7 u. ö.) oder Silber (2 Kö 12,14[13]), sowohl im Haushalt (Ri 5,25; 6,38) wie im Heiligtum (2 Mo 25,29) verwendet. Vgl. → Becken I-III; → Schüssel; vgl. Abb. Sp. 188. Zu Sach 4,2.3 vgl. → Jachin (4).

Schalk, Schalksknecht, Schalkheit, Schalksrat, Schalksauge. Schalk hieß im Dt. urspr. ganz allg. »Knecht, Diener«; für Luther jedoch hat das Wort bereits den negativen Sinn des »bösen, ungetreuen Knechtes«.

Im AT steht Schalkheit für böse Anschläge und Machenschaften (Ps 64,7; Jer 11,15), Schälke sind → Gottlose (Jer 23,11), der Schalksrat ein böser Ratgeber (Nah 1,11).

Im NT ist Schalk, Schalkheit usw. fast durchweg Wiedergabe des griech. *ponaeros, ponaeria*, das eine minderwertige, gemeine, böse oder lasterhafte Gesinnung bezeichnet. RÜ hat die heute mißverständliche alte Übersetzung fast völlig durch andere Worte ersetzt: Schalk durch »böse« bzw. »böser Knecht« (Mt 6,23; 25,26; Lk 11,34; 19,22), Schalkheit durch »Bosheit« (Mt 22,18; Mk 7,22; Apg 13,10), »Schlechtigkeit« (Röm 1,29), »Argheit« (1 Kor 5,8) oder »Vergehen« (Apg 18,14), Schalksauge durch »Mißgunst« (Mk 7,22).

Scham, sich schämen. I) Es gibt eine S., die zur geschlechtlichen Bestimmtheit des Menschen gehört, in der ungebrochenen Gottesgemeinschaft im → Paradies aber noch nicht da war (1 Mo 2,25). Das Aufbrechen dieser Scham bezeugt die Trennung von Gott (vgl. 1 Mo 3,7), sie bedeutet heute innerhalb der gefallenen Welt aber zugleich einen Schutz vor Versuchung und Sünde (vgl. 1 Tim 2,9).

II, 1) Menschen schämen sich, stehen beschämt, gebeugt, im Gewissen getroffen, von ihrer Schuld verklagt, vor Gott (Es 9,6; Dan 9,7; Jer 3,25) oder auch vor Menschen (Lk 14,9). Es ist der Gipfel der Verblendung, der Unbußfertigkeit, wenn es heißen muß: Du willst dich nicht mehr schämen (Jer 3,3; 6,15). Angesichts der Gnade Gottes in Vergebung und Erneuerung wird tiefe Scham über die vergangenen Sünden wach (Hes 36,32; 16,61; Röm 6,21). 2) Schämen werden sich alle, die einmal ihren totalen Zerbruch unter Gottes Gericht erleben müssen: die Götzendiener (Ps 97,7), die Feinde des Volkes Gottes (Ps 83,18; Mi 7,16), alle, die den Gerechten verfolgen (Ps 35,4; 70,3; 71,13).

III) Christen haben keine Ursache, sich des Evangeliums zu schämen, weil es in den Augen der Welt nichts gilt (Röm 1,16; vgl. auch Ps 119,46). Auch wo Christen für ihren Herrn leiden, sollen sie sich nicht schämen (1 Petr 4,16). Denn Gott schämt sich nicht, ihr Gott zu heißen (Hebr 11,16) und Jesus schämt sich nicht, sie Brüder zu nennen (Hebr 2,11). Schreckliches Geschick für den Verleugner, wenn sich der Herr seiner am Tag des Gerichtes schämen wird (Mk 8,38)!

Schandaltar (Jer 11,13) bezeichnet einen Altar des → Baal (I, 2).

Schande, schänden, schändlich sind in der LÜ Wiedergabe sehr verschiedener hebr. und griech. Wörter, die sich in ihrer Bedeutung oft verwandten Ausdrücken wie → Scham, → Schmach, → Spott nähern.

I) Es sind zunächst Menschen, die einander schänden, in Schande bringen oder auf Gottes Namen Schande häufen.

Das erste geschieht z. B. auf dem Gebiet geschlechtlicher Hemmungslosigkeit und Vergewaltigung (1 Mo 34,5; 2 Sam 13,13; Röm 1,24.27). Ein törichter Mensch ist seiner Mutter Schande (Spr 15,20).

Jesus haben die Menschen Schande angetan, aber er hat sie nicht geachtet (Hebr 12,2). Zu den Anklagen, die Paulus gegen sein eigenes Volk erheben muß, gehört: Es rühmt sich des Gesetzes und schändet Gott durch Übertretung des Gesetzes (Röm 2,23). Gottes richtendes Eingreifen hat zum Ziel, daß sein heiliger Name nicht länger geschändet wird (Hes 39,7).

II) Wenn Gott rächend hervortritt, wenn er sich gegen die Stolzen und die Gottlosen erhebt, dann werden Menschen und Völker zuschanden, mit Schande bedeckt, in Schande getrieben (Ps 71,13; 78,66; 132,18; Jes 20,5; 37,27 u. ö.). Die falsche Bündnispolitik Israels, die bei Menschen und Mächten Sicherung sucht, wird in Enttäuschung enden: Du wirst an Ägypten zu Schanden werden, wie du an Assyrien zu Schanden geworden bist (Jer 2,36).

III) Ganz anders ist die Erfahrung und das Geschick des Glaubenden. Schon der Psalmist bekennt: Keiner wird zu Schanden, der auf Gott harrt (Ps 25,3; vgl. Jes 54,4). Umso mehr läßt Christus, der Stein des Anlaufens und der Fels des Ärgernisses für den Unglauben, in dieser Zeit wie bei seiner Wiederkunft diejenigen nicht zu Schanden werden, die bei ihm glaubend Zuflucht suchen (Röm 9,33), bei ihm bleiben (1 Joh 2,28) und ihre Hoffnung auf ihn gründen (Röm 5,5). Darauf beruht auch die Erwartung des Paulus, daß er in keinem Stück zu Schanden werde (Phil 1,20).

IV) Zum Wandel in der → Heiligung, ohne den es keine Vollmacht gibt, gehört, daß auch heimliche Schande gemieden wird (2 Kor 4,2). Der Jünger soll sich entschlossen von den schändlichen Werken der Finsternis scheiden (Eph 5,11.12) und von seinem Dienst den Beweggrund des schändlichen Geldgewinns fernhalten (1 Petr 5,2; Tit 1,11). Handelt er so, dann kann er innerlich still und gelassen sein, ob auch sein Weg ihn durch Ehre und Schande, durch böse und gute Gerüchte führt (2 Kor 6,8).

Schar, LÜ für Kohorte,
röm. Truppeneinheit, 10. Teil einer → Legion (Mt 27,27; Mk 15,16; Joh 18,3.12; Apg 21,31). Einzelne Kohorten trugen besondere Namen oder Ehrennamen, wie die italische (Apg 10,1; vgl. → Italien) oder die → kaiserliche S. (Apg 27,1). Befehlshaber einer Kohorte ist der *Tribunus militum* (Oberhauptmann), nach griech. Rangbezeichnung *Chiliarch* = Befehlshaber über 1000 Mann (Apg 21,31; 22,27).

Scharlach oder Karmesin ist der leuchtendrote Farbstoff, der im Altertum aus dem Körper und den Eiern der Kermesschildlaus *(Coccus ilicis)* gewonnen wurde, die an Zweigen und Blättern der Kermeseiche *(Quercus ilicis)* lebt.

Neben dem → Purpur ist auch der S. (hebr. meist *tolaat schani*, viell. »Glanzwurm« oder »Farbwurm«; griech. *kokkinos*) in der HS die Farbe wertvoller Stoffe und Gewänder (2 Sam 1,24; Klgl 4,5; vgl. Offb 17,4; 18,12.16), er wird vor allem beim Heiligtum und seinen Geräten (2 Mo 25,4; 26,1.31.36; 36, 8.35.37; 38,18.23; 4 Mo 4,8 u. ö.), bei der Priesterkleidung (2 Mo 28,5f.8.15.33; 39,1ff) und im Zushg. der Reinigungsvorschriften (4 Mo 14,4.6.49.51f; vgl. Hebr 9,19) erwähnt und bezeichnet dabei meist weniger die Farbe als den gefärbten Stoff. Das Wort, das Luther Est 1,6 mit S. übersetzt, bezeichnet eigentlich den roten Purpur. Das rote Gewand, das man Jesus bei seiner Verspottung anlegte, wird in Mt 27,28 als scharlachfarben bezeichnet, während es in Mk 15,17.20; Joh 19,2.5 purpurn genannt wird (LÜ an allen drei Stellen Purpur). Wahrscheinlich handelte es sich um einen gewöhnlichen roten Soldatenmantel.

Schatten. I) Unter den Bedeutungen, welche der S. in der Bibel hat, nimmt die Heilsbedeutung den breitesten Raum ein. Da die Sonne in Licht und Wärme nicht nur Segen bringt, sondern die Übersteigerung dieser Gaben verderblich ist (2 Kö 4,18–20; Jon 4,8; Jes 49,10; Offb 7,16), wird der S., der Schutz gegen solches Übermaß bietet, zum Bild des Schutzes überhaupt (1 Mo 19,8; Ri 9,15; Jes 30,2.3; 32,2; Mk 4,32), bes. des Schutzes Gottes (Ps 121,5), der Geborgenheit unter dem S. seiner Flügel (Ps 17, 8; 36,8; 57,2; 63,8) oder seiner Hand (Jes 49,2; 51, 16). Wer unter dem S. Gottes sitzt, wird durch seine Kraft beschirmt (Ps 91,1). Vergleichbar zeigt sich die den Aposteln gegebene Heilkraft in der schon durch ihren S. gewirkten Heilung der Kranken (Apg 5,15).

II) Anderseits kann man aus dem S. kein genaues Bild dessen gewinnen, das den S. wirft. So ist die schattenhafte Erkenntnis die ungenaue Umrißerkenntnis (Kol 2,17; Hebr 8,5; 10,1). Sieht man dies Ungewisse auf sich zukommen, so wird der S. zur furchterregenden Drohung, wie der S. des herankommenden Todes über allem Lebenden liegt (Mt 4,16; Lk 1,79; vgl. → Finsternis).
Daneben ist der S. oder Schemen (Ps 39,7) Sinnbild der Vergänglichkeit und zwar in dem besonderen Sinn des Vergehens ohne Hinterlassen einer Spur (1 Chron 29,15; Hi 14,2; Ps 102,12; 144,4).

Schatz ist jeder wertvolle Besitz (Spr 21,6; Jer 15, 13; Lk 12,21; Hebr 11,26), vor allem Edelmetall (Pred 2,8; Jes 2,7) und Edelsteine (vgl. 1 Chron 29, 2.8), aber auch Weihrauch, Myrrhe (Mt 2,11), Spezerei, Öl und Salben (2 Kö 20,13; Jes 39,2; Spr 21, 20).
Der Tempelschatz, der S. des Herrn (Jos 6,19) oder des Hauses des Herrn (1 Chron 29,8) bzw. Gottes (2 Chron 5,1) bestand aus der Kriegsbeute (Gold, Silber, bronzene und eiserne Gefäße), die Josua, David und andere Heerführer geheiligt hatten (Jos 6, 24; 2 Sam 8,11.12; 1 Kö 7,51; 1 Chron 26,28), weiter aus freiwilligen Gaben (1 Chron 29,1–8) und auch → Abgaben (I). Die Aufsicht über den Tempelschatz hatten die Leviten (1 Chron 9,26; 26,20–28). Vgl. weiter → Kammern, → Gotteskasten, → Torhüter.
Im übertragenen Sinn steht »S.« für das, was der Mensch im Herzen trägt, Gutes oder Böses (Mt 12, 35). Der S. des Frommen ist sein Gehorsam Gott gegenüber (Ps 119,56), die Furcht des Herrn (Jes 33, 6), ja Gott selbst (Jer 10,16), in dem alle Schätze der Weisheit und Erkenntnis verborgen liegen (Kol 2, 3). Einen »S. im Himmel« sammelt derjenige, der seinen Reichtum allein im Gehorsam gegen Gott sucht (Mt 6,20; 19,21; Lk 12,33f; 18,22). Vgl. → Reich, Reichtum.

Schätzen → Schätzung

Schatzhaus, Schatzkammer. Das Gebäude, in dem der Schatz des Königs (2 Kö 20,13; Jes 39,2; Jer 38,11) oder eines Tempels (Dan 1,2) aufbewahrt wurde. Im Schatzhaus der pers. Könige befand sich auch das Staatsarchiv (Es 5,17; 6,1). Zu den Räumen, in denen sich der Schatz des Tempels in Jerusalem befand, vgl. → Kammer und → Gotteskasten.

Schatzmeister (hebr.-aram. *gizbar* oder *gedabar*) sind höhere Finanzbeamte des Perserkönigs am Hof (Es 1,8) und in den Provinzen des Reiches (Es 7,21). Auch unter den Beamten des babylonischen Reiches werden sie genannt (Dan 3,2.3 LÜ Vögte).
In der LÜ wird der Palastvorsteher König Hiskias, Sebna, der für die Versorgung des Hofes zuständig war, einmal als Schatzmeister (hebr. *soken* = Verwalter) bezeichnet (Jes 22,15).

Schatzung → Schätzung II, 1; → Zins

Schätzung, Schätzen. I, 1) Bei besonderen → Gelübden wurde in einigen Fällen nicht das Gelobte selber (ein Mensch, unreines Tier, Haus oder Acker) dem Herrn geheiligt, sondern der Priester setzte seinen Wert fest, und der Gelobende leistete eine dieser Schätzung entsprechende Geldgabe an das Heiligtum (3 Mo 27).
2) Ähnlich bedeutet schätzen ganz allg.: jemanden einschätzen, beurteilen (2 Kor 10,2; Phil 3,13).

II, 1) Schätzung (2 Kö 23,33 auch Schatzung) und schätzen bezeichnen weiter die Festsetzung und Einziehung von Steuern (Lk 2,1–5; Apg 5,37) und Tributzahlungen (2 Kö 23,33.35), zu denen die gesamte Bevölkerung (V 35) oder bestimmte Schichten (2 Kö 15,20) im Verhältnis ihres Besitzes herangezogen wurden. Solche Maßnahmen waren ohne Volkszählungen und Vermögensaufnahmen mit Einstufung des einzelnen nicht möglich. Vgl. → Zins.
Eine ganze Reihe Beispiele dafür sind uns schon für das 2. Jt. v. Chr. in Bevölkerungslisten, Verwaltungsakten und Nachrichten von regelmäßigen Erhebungen aus Ugarit (→ Ras Schamra), Alalach und Mari (→ Maribriefe) erhalten.

2) Abgesehen von der röm. Steuereinschätzung unter Augustus (vgl. → Cyrenius) wird uns in der HS von 3 Volkszählungen in Israel berichtet.

a) Die beiden ersten fanden nach dem Auszug aus Ägypten am Sinai (4 Mo 1,1–46) und vor dem Einzug in Kanaan am Ende des Wüstenzuges statt (4 Mo 26,1–51). Sie erfaßten die wehrfähigen Männer über 20 Jahre (4 Mo 1,2.3; 26,2; zum Ergebnis vgl. → Auszug VII); der Stamm Levi blieb dabei unberücksichtigt (4 Mo 1,47) und wurde bes. gezählt (4 Mo 3,15–39; 4,34–49); dabei ermittelte man zunächst die Zahl aller Männer und Jungen von 1 Monat und darüber (4 Mo 3,15.39), dann die der 30–50jährigen, die zum Dienst am Heiligtum tauglich waren (4 Mo 4,35.47.48).
Die erste Volkszählung war mit einer → Abgabe (I) verbunden (2 Mo 30,11–16), die später von König Joas erneuert wurde (2 Kö 12,5[4] LÜ Schätzung, vgl. EÜ, ZÜ; 2 Chron 24,5.6.9.27).

b) Eine weitere Volkszählung ließ David durchführen, aber gegen den Willen des Herrn, so daß zur Strafe eine Plage über das Volk kam (2 Sam 24; 1 Chron 21). Die Zählung wurde daher nicht vollständig durchgeführt, und man zeichnete die soweit gewonnenen genauen Ergebnisse auch nicht auf (1 Chron 27,23.24).
Außerdem ließ David die Leviten (1 Chron 23,2–5.24.26) und Priester zählen (1 Chron 24,3.4), um sie für ihre verschiedenen Dienste einzuteilen.

Schaubrot, Schaubrottisch. I) Die Schaubrote, wörtl. »Brot des Angesichts«, auch »beständiges Brot« (4 Mo 4,7) genannt, waren 12 Brote, die in 2 Stapeln zu je 6 Stück auf einem besonderen Tisch im Heiligtum mit Weihrauch zusammen aufgeschichtet lagen (3 Mo 24,6.7). Ihre Zwölfzahl bezog sich auf die 12 Stämme Israels. An jedem Sabbat wurden sie gegen frische, von den Leviten gebackene Brote ausgewechselt, während die alten Brote von den Priestern im Heiligtum gegessen wurden (2 Mo 25,30;

3 Mo 24,5.9). Nach 1 Chron 9,32 hatten einige → Kahathiter die Aufsicht über die Schaubrote und waren wohl auch für ihre Zubereitung verantwortlich (vgl. 1 Chron 23,29; 2 Chron 13,11).
Auf seiner Flucht vor Saul erhielt David in Nobe Schaubrote vom Priester (1 Sam 21,4[3]ff). Daran erinnert Jesus die Pharisäer, als er ihre starre Gesetzlichkeit angreift (Mt 12,1–4).

II, 1) Der Schaubrottisch, auf dem die Brote lagen, stand in der → Stiftshütte auf der Nordseite im Heiligen, dem Leuchter gegenüber (2 Mo 40,22). Er war 2 Ellen lang, eine Elle breit und $1^1/_2$ Ellen hoch, aus Akazienholz angefertigt und mit reinem Gold überzogen. Um den Rand der Tischplatte lief ein goldener Kranz, während sich eine Leiste, vermutlich in der Mitte oder unten, um die Tischbeine herumzog. Unter ihr waren dort, wo sie mit den Tischbeinen zusammentraf, goldene Ringe befestigt, durch die vergoldete Tragstangen aus Akazienholz gezogen wurden (2 Mo 25,23–30). Auf dem Wüstenzug hatten die Leviten den Schaubrottisch nach genauen Vorschriften zu transportieren (4 Mo 4,7–8).
2) Während in 1 Kö 7,48; 2 Chron 29,18 nur von einem Schaubrottisch für den Salomonischen → Tempel die Rede ist, werden 1 Chron 28,16; 2 Chron 4,19 mehrere Schaubrottische, anscheinend 10 (V 8) entsprechend den 10 Leuchtern (V 7), genannt. Vermutlich diente aber nur einer davon zum Auflegen der Schaubrote.

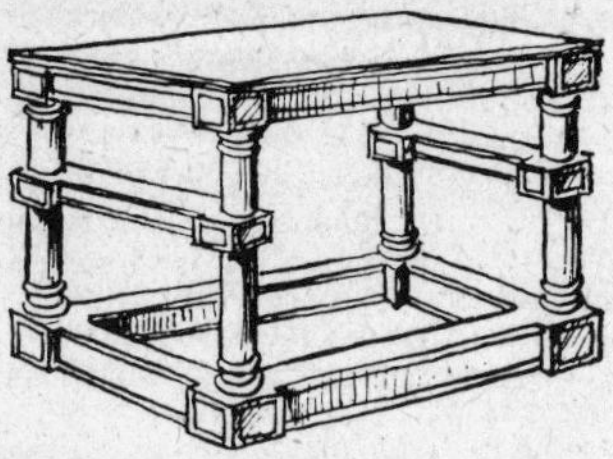

Der Schaubrottisch des herodianischen Tempels nach der Darstellung auf dem Triumphbogen des Titus in Rom

Im 2. Tempel wurde der Schaubrottisch unter Judas Makkabäus neu angefertigt (1 Makk 4,49), nachdem er von Antiochus Epiphanes geraubt worden war (1 Makk 1,23). Der Schaubrottisch des herodianischen Tempels wurde von Titus nach Rom gebracht und ist auf dem Triumphbogen des Titus abgebildet.
3) Zum Schaubrottisch gehörten noch folgende Geräte: → Schüsseln, in denen vermutlich die Brote aufgetragen wurden; Räucherpfannen (LÜ → Löffel; vgl. → Pfanne) zum Aufstellen des → Weihrauches; → Kannen für den Trankopferwein und Gefäße zum Ausgießen des Trankopfers (2 Mo 25, 29; 4 Mo 4,7).

Schauen → sehen

Schauer → Prophet

Schaufel → Waffen und Geräte

Schaum (hebr. *sig*) bezeichnet in Jes 1,22.25 die Schlacken (Hes 22,18.19; Ps 119,119), die beim Schmelzen des Roherzes als unbrauchbar ausgeschieden werden, wonach man das reine, zur Bearbeitung brauchbare Metall erhält (vgl. → Handwerk V).

Schauplatz bezeichnet in Apg 19,29.31 das Amphitheater in Ephesus (Taf. 23a/352). Solche Theaterbauten gehörten zu jeder griech. und hellenistischen Stadt (vgl. → Jerusalem; → Petra; → Samaria). Sie dienten neben den eigentlichen Theateraufführungen und Spielen (→ Schauspiel II) auch für Sitzungen der Volksversammlung (vgl. V 39.40; vgl. EÜ, ZÜ). Hinter der halbkreisförmigen Bühne, die von den im Halbrund aufsteigenden Sitzreihen umgeben war, befand sich als Abschluß der architektonisch reich gegliederte Bühnenbau (vgl. Taf. 64a/993; 68b/1057). Diese Bauten boten häufig Raum für 20–30000 Besucher. Daneben gab es Rundbauten ohne Bühnenabschluß (z. B. das Kolosseum in Rom).

Schauspiel. I) In Hes 28,17 steht wörtl.: »daß die Könige ihre → Lust an dir schauen sollen«.

II) Paulus (1 Kor 4,9) vergleicht Leben und Aufgabe des Apostels mit dem Kampf der »todgeweihten« Gladiatoren, die bei den antiken Theatervorführungen (griech. *theatron* heißt »Theater« [→ Schauplatz] und »Vorführung«) gegeneinander oder gegen wilde Tiere kämpfen mußten.
Wie sich dieser Kampf vor den Augen der sensationslüsternen Menge in aller Öffentlichkeit abspielte, so sind auch beim Kampf des Christen sichtbare wie unsichtbare Welt (Engel) Zuschauer. Als man bei den Christenverfolgungen statt der Gladiatoren verurteilte Christen in die Arena stellte, wurde aus diesem Bild auch äußere Wirklichkeit (viell. schon Hebr 10,33; 1 Kor 15,32). Vgl. auch → Schranken.

Schautal in Jes 22,1.5 ist wohl eine Bezeichnung für Jerusalem, viell. als die Stätte prophetischer Schau, viell. als Tadel für die Sensationslust seiner Bevölkerung.

Schautisch → Schaubrot

Scheel = schielend (3 Mo 21,20); in übertragener Bedeutung: neidisch sein (Mt 20,15).

Scheffel → Maße und Gewichte I, 4a

Scheideberge (Hl 2,17; hebr. *hare batär* »Berge der Zerklüftung«). Die LXX übersetzt hier »Berge der Schluchten, Höhlenberge«.
Die Vermutung, es handle sich um den Ort Bether (Jos 15,59a LXX), heute Bittir, 10 km südwestl. von Jerusalem, wo Bar-Kochba im 2. jüd. Aufstand hartnäckigen Widerstand leistete, ist unwahrscheinlich.

Scheidebrief, Scheiden → Ehe IV, 3; V

Schellen → Musikinstrumente; → Hoherpriester II

Schelten, Scheltwort ist im allg. verschärfter Tadel (1 Mo 31,36; Rt 2,16; Mt 11,20; Mk 16,14). Das S. der Menschen miteinander ist sinnloser Wortkrieg (vgl. Spr 27,17), auf welchen der Christ sich nach dem Vorbild seines Herrn nicht einlassen soll (1 Petr 2,23; 3,9). Das S. der Welt aber ist für den Christen Grund zur Seligkeit, da es ihm seine Andersartigkeit bezeugt (Lk 6,22). So kann ihr S. von ihm mit Segnen beantwortet werden (1 Kor 4,12).
Von S. Gottes dagegen geht eine Wirkung aus. Es greift in die Natur ein, läßt das Schilfmeer sich teilen (Ps 106,9) und die Säulen des Himmels beben (Hi 26,11). Sein richtendes S. ist nicht erst Gerichtsdrohung, sondern bereits Gerichtsvollzug (Jes 17,12–14; 51,20; 66,15; vgl. Sach 3,2).

Schemel → Fußschemel

Schemen → Schatten

Schenke. Hofbeamter aus der Umgebung des Königs, der – allein oder mit anderen S. zusammen –

Der Mundschenk reicht einer ägypt. Prinzessin zu trinken, während sie frisiert wird. Die Dienerin flicht das Haar in künstliche Locken. Die Haarnadel, die in der Frisur steckt, war wohl nur ein Hilfsmittel beim Frisieren und wurde nachher wieder entfernt (ägypt. Darstellung der 11. Dynastie)

für die Versorgung der Hoftafel mit Getränken verantwortlich war. Bei den nicht seltenen Giftmordversuchen im Orient handelte es sich um eine bes. Vertrauensstellung, wodurch der Mundschenk zugleich großen Einfluß beim Herrscher besaß. In der HS werden Schenken am Pharaonenhof (1 Mo 40,1), am Hof Salomos (1 Kö 10,5) und am pers. Hof erwähnt (Neh 1,11).

Schenken → Gabe, → Geschenk, → Schenke

Scherer, scheren. I) Die Schur der → Schafe war z. Zt. des AT mit einem fröhlichen Fest verbunden, das der Eigentümer der Herde seinen Hirten und S. veranstaltete, und zu dem auch die Verwandtschaft und die Nachbarn eingeladen wurden (1 Sam 25,2ff; 2 Sam 13,23ff; 1 Mo 38,12f). Viell. handelte es sich bei den Schafscherern (1 Sam 25,7.11; 2 Sam 13,23.24; Jes 53,7; Apg 8,32) z. T. um ein bes. Gewerbe. Einige Tage nach der Schur wurden die Schafe in die → Schwemme geführt (Hl 4,2). Die Erstgeburt durfte jedoch nicht geschoren werden (5 Mo 15,19).
II) → Haar, → kahl.

Scherflein → Geld

Scherge (dt. »der zur Schar gehörige«) bezeichnet in Dan 11,20 einen Steuereintreiber.

Schermesser → Haar

Scherz, scherzen. I) In 1 Mo 26,8 bedeutet scherzen »liebkosen«.
II) Unter den Dingen, die Christen nicht anstehen, werden in Eph 5,4 außer schmutzigen Reden und leerem Geschwätz auch Scherze (griech. *eutrapelia*) genannt. Das griech. Wort bezeichnet urspr. die Gewandtheit in den gesellschaftlichen Umgangsformen, das flotte Benehmen; hier ist offenbar eine Haltung eleganter (viell. auch zweideutiger) Witzelei gemeint, die nichts Ernstes und Tiefes mehr gelten läßt.

Scheuel = etwas, vor dem man Abscheu empfindet. In der LÜ nur auf → Götzen bezogen (Hes 7, 20; 8,10; 11,18.21). Vgl. → Greuel.

Scheune, Scheuer, Vorratshaus oder Vorratsraum für die Lagerung der Feldfrüchte, vor allem des Getreides (4 Mo 15,20; 18,27.30; Hi 39,12 u. ö.; vgl. Abb. Sp. 802). Wie die volle S. Bild für Wohlstand und Segen ist (Spr 3,10), so ist die zerfallene bzw. leere S. Gleichnis für Not und Verwüstung (Jo 1,17; Hag 2,19[20]).

Scheusal. Gegenstand des Abscheus, → Greuel. Der Israelit wird vor Gottes Augen zum S. durch das Essen der nach dem Gesetz unreinen Tiere (3 Mo 11,43). Unter dem Gericht Gottes wird er auch von den Menschen als ein S. verachtet werden (5 Mo 28,37).

Schiboleth bedeutet »Ähre« oder »Wasserschwall«. Die Ephraimiten sprachen in ihrer Mundart das *sch* wie ein *s* aus (vgl. → Hebräisch), daran wurden sie als Feinde der Gileaditer erkannt und erschlagen (Ri 12,6). Von diesem Vorgang her ist das Wort S. in der Bedeutung »Losung, Erkennungszeichen« in den allg. Sprachgebrauch übergegangen.

Assyr. Mundschenk

Schiedsmann, Schiedsrichter. Mann, der Streitigkeiten entscheidet, Richter (2 Mo 21,22; Hi 9,33). Vgl. → Recht.

Schiff, Schiffahrt. I) Im Gegensatz zu → Phöniziern und Ägyptern waren die Israeliten keine Seefahrer; und der Jordan ist so wenig schiffbar, daß auch von Binnenschiffahrt kaum die Rede sein kann. Über das Aussehen der Fähren (2 Sam 19,19[18]) auf dem Fluß wissen wir nichts Näheres (vgl. Abb. Sp. 815). Allerdings wurde schon in atl. Zeit der See von → Genezareth (II) befahren, wenn auch in der Bibel nichts davon erwähnt wird. Im NT hören wir dort von Fischerbooten (Lk 5,2; Joh 6,22.23), die Segel und Riemen (V 19; Mk 6,48) besaßen und mit Anker und Steuerruder versehen waren. Mit dem Kissen in Mk 4,38 ist wahrscheinlich das Sitzkissen am Steuerruder gemeint. Plötzliche, heftige Böen auf dem See waren nicht ungefährlich (V 37; vgl. Mt 14,30). Die Mosaikkarte von Medeba zeigt röm. Schiffe auf dem → Salzmeer und Fähren auf dem Jordan. Vgl. Taf. 99/1568.

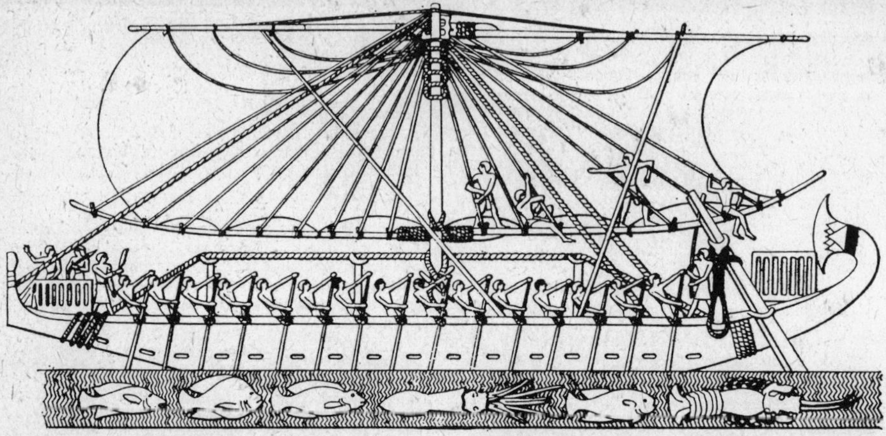

Ägypt. Seeschiff der Flottenexpedition, die Königin Hatschepsut (1504–1483 v. Chr.) nach Punt an der Westküste des Roten Meres sandte

Phön. Schiffe nach einem assyr. Relief aus der Zeit Sanheribs

II) Israel stand jedoch immer mit seefahrenden Völkern in Verbindung. Nil und Euphrat wurden schon sehr früh befahren, auch das → Mittelmeer, u. a. von den Phöniziern, die das Zedern- und Tannenholz für Salomos Tempelbau vom Libanon in Flößen nach Japho brachten (1 Kö 5,23[9]; 2 Chron 2,15 [16]; vgl. auch Abb. Sp. 669), ebenso später das Bauholz für den zweiten Tempel (Es 3,7). König Salomo ließ am Nordende des Golfs von Akaba (vgl. → Elath, → Ezeon-Geber, → Schilfmeer) eine Flotte für die lohnende Fahrt nach dem Goldland → Ophir bauen, ein Unternehmen, das im Zushg. mit dem Tempelbau stand (1 Kö 9,26–28). Die erfahrenen Seeleute dazu erhielt er von dem befreundeten König Hiram von Tyrus. Die Flotte Salomos brauchte für die Fahrt 3 Jahre (d. h. wohl ein volles Jahr und Teile der beiden angrenzenden) und brachte Gold, Silber, Elfenbein, Affen und Pfauen mit zurück (1 Kö 10,22; 2 Chron 9,21). Auch auf der Darstellung ägypt. Handelsschiffe, die z. Zt. der Königin Hatschepsut (1504–1483 v. Chr.) nach Punt (vgl. → Put) fuhren, sieht man, daß bei der Ladung Affen mitgeführt wurden. Dem Versuch König Josaphats, die Fahrt nach Ophir zu wiederholen, wurde durch einen Spruch Gottes und das Scheitern der Schiffe ein Ende bereitet (2 Chron 20,36.37). Vgl. weiter → Akko, → Cäsarea, → Japho.

Assyr. Floß aus aufgeblasenen Tierhäuten (vgl. → Schlauch und Abb. Sp. 815)

III) In den Psalmen und Sprüchen werden Schiffe und Schiffahrt öfter erwähnt (Ps 48,8; 104,26; 107, 23–32; Spr 23,34; 30,19; 31,14). Mit den Rohrschiffen Hi 9,26; Jes 18,2 sind leichte Nilboote aus Papyrusstengeln gemeint (vgl. Abb. Sp. 36; 405). Assyr. Kriegsschiffe nennt Jes 33,21.23, auch in Dan 11,40

Röm. Schiff nach der Darstellung auf einem Sarkophag in Sidon. Auf solchem Schiff legte Paulus die Seereise nach Rom zurück.

Tafel 77

a. *Johanneskirche und Moschee am Stadtrand des hellenistischen Samaria in der Nähe des vermuteten Osttores. Hier verehrte man das Grab Johannes des Täufers; über einer Kirche aus dem 4. Jh. wurde in der Kreuzfahrerzeit eine Kathedrale errichtet, die später fast ganz von einer Moschee verdrängt wurde.*
b. *Blick vom Burgberg Samarias nach S. Links die Grundmauern vom Palast Omris, dahinter die von Ahab errichtete Umfassungsmauer in Kasemattenbauweise (vgl. → Festung II, 4 und Abb. Sp. 1187/8).*

ist von Kriegsschiffen die Rede. In Hes 27 haben wir die Beschreibung eines tyrischen Handelsschiffes, aus Planken von Zypressenholz gebaut (V 5.9), mit einem Zedernmast (V 5), Bänken aus Elfenbein mit Buchsbaumholz und eichenen Riemen (V 6), mit bunten Segeln (V 7; auch die Römer verzierten die Segel). Dazu kamen Sonnensegel aus blauem und rotem Purpur (V7). Ähnliche Schiffe fuhren bis nach Spanien (Jon 1,3), von wo sie Silber, Eisen, Zinn und Blei mitbrachten (Hes 27,12; Jer 10,9), und sogar über den Atlantik nach den britischen Inseln.

Ankunft eines röm. Schiffes im Hafen. Nach dem Zeichen der Wölfin auf dem Segel gehört es einer Firma in Rom; die Buchstaben VL lassen sich viell. als Votum Libero (=Weihgabe an Liber) deuten, dann würden sie darauf hinweisen, daß der Schiffseigner Weinimporteur ist. Das Schiff hat gerade angelegt. Der Matrose im Boot unter dem Ruder schafft ein Tau zum Festmachen ans Ufer. Der Steuermann bringt ein Dankopfer für die glücklich beendete Fahrt dar. Der schräge Baum im Vorschiff konnte ein Notsegel tragen (vgl. Apg 27,40), dient hier aber als Kran zum Entladen. Hinter dem Segler ein Leuchtturm, der durch eine Tür vom Wasser aus zugänglich ist. Seine 4 unteren Stockwerke sind quadratisch, darüber trägt ein 5. rundes das Leuchtfeuer. Auf dem 4. Stock steht eine Kaiserstatue

IV) Das alexandrinische Schiff, mit dem Paulus von Myra nach Malta fuhr, hatte neben seiner Getreideladung noch 276 Mann an Bord (Apg 27,37.38). Lukian beschreibt ein wohl ähnliches Kornschiff aus Alexandria, das bei einer Länge von 55 m und einer Breite von 14 m schätzungsweise etwa 1250 Tonnen groß war. Das Schiff des Paulus war aus Planken gebaut (V 44), es führte außer dem Rahsegel (V 17) am Großmast noch ein Vorsegel (V 40) und hatte demnach noch einen zweiten kleineren Mast im Vorschiff. Gesteuert wurde es mit zwei Rudern (V 40; das Steuerruder wird auch Jak 3,4 erwähnt), mindestens 4 Anker waren an Bord (Apg

Tafel 78

a. Die Ruinen des Artemistempels in Sardes.

b. Die Ausgrabungsstätte des alten Sichem auf dem Tell Balata. Links der Abhang des Ebal (vgl. Taf. 22a/321).

27,29.30). Das Beiboot (LÜ Kahn) wurde geschleppt, im Sturm aber an Deck geholt (V 16.30.32). Das Schiff konnte nicht gegen den Wind beigedreht liegenbleiben (V 15). In unbekanntem Fahrwasser wurde das Lot verwendet (V 28). Bei schwerem Wetter unterband man das Schiff (V 17), um seine Festigkeit zu erhöhen. Dazu wurden Taue oder Ketten, die zu diesem Zweck an Bord waren, quer unter dem Rumpf hindurchgezogen und festgespannt. Meist führten die Schiffe am Bug ein besonderes Zeichen; bei dem Schiff, mit dem Paulus von Malta aus weiterreiste, waren es die Dioskuren, die griech. Zwillingsgottheiten Kastor und Pollux (Apg 28,11).

V) Das Altertum kannte im Mittelmeer fast ausschließlich nur Küstenschiffahrt (vgl. die Fahrtroute in Apg 20,13–15; 21,1) in Landsicht (vgl. V 3). Dabei nützte man die Küstenströmungen aus, die auch bei Gegenwind ein Fortkommen ermöglichten (Apg 27,4.5; hier die O-W-Strömung an der kleinasiatischen Südküste); ein Ankreuzen gegen den Wind war mit den damaligen Schiffen nicht möglich (vgl. V 7). Die Zeit der Seereisen war auf die Sommermonate beschränkt, vom Beginn der Herbststürme bis zum Frühjahr blieb man im Hafen (Apg 27,9–12; 28,11). Als Zeitpunkt, nach dem man nur noch notgedrungen in See stach, wird Apg 27,9 das Fasten, d. h. der Versöhnungstag am 10. Tischri (September/Oktober) angegeben.

VI) Der Kapitän (Jon 1,6; Hes 27,27.28; Offb 18, 17) hat die seemännische Leitung. Apg 27,11 unterscheidet zwischen Kapitän (LÜ hier Steuermann) und Schiffseigner (LÜ Schiffsherr). Schiffsleute (1 Kö 9,27; Hes 27,9.27; Jon 1,5; Apg 27,27.30; Offb 18, 17) oder Schiffsknechte (Hes 27,29) bilden die Besatzung; einmal werden besonders die Ruderknechte genannt (V 8). In Jon 1,3 wird das von den Passagieren zu entrichtende Fährgeld erwähnt.

Schiffsherr → Schiff, Schiffahrt VI

Schild. I) → Waffen und Geräte; → Amtschild.

II) Im übertragenen Sinn ist der S. ein Bild für Schutz, bes. den Schutz Gottes (1 Mo 15,1; Ps 18,3. 31.36; 91,4; Eph 6,16).

Schildwacht, Schildwächter. In Ri 7,11 sind Krieger am Rand des Midianiterlagers gemeint (EÜ, ZÜ), vermutlich die Wachtposten; in 1 Sam 10,5; 13,3.4 handelt es sich wohl um eine Philisterbesatzung in →Gibea Sauls, man hat unter dem hebr. Ausdruck aber auch ein »aufgestelltes« Siegeszeichen der Philister vermutet.

Schilf, Rohr. I) Die häufigsten S.arten Palästinas und Ägyptens sind:

1) das auch bei uns verbreitete Schilfrohr *(Phragmites communis)*, das bis zu 4 m hoch wird und an ruhigen Gewässern, Mooren und auf feuchten Böden wächst.

2) das noch höhere (bis zu 5 m) Pfeilrohr *(Arundo donax)*. Seine vielknotigen Halme sind schwerer und haltbarer als die des Schilfrohrs.

Daneben gibt es noch eine große Anzahl von Binsengewächsen und Riedgräsern.

II) Den verschiedenen hebr. Worten, die LÜ mit S. oder Rohr wiedergibt, lassen sich keine bestimmten S.arten eindeutig zuordnen.

Das hebr. *khanāh* könnte das Pfeilrohr bezeichnen (1Kö 14,15; 2 Kö 18,21; Hi 40,21[16]; Ps 68,31; Jes 19,6; 35,7; Hes 29,6f; LÜ Rohr bzw. Rohrstab), steht daneben aber auch – ebenso wie das griech. *kalamos* in LXX und NT – ganz allgemein für Rohr,

Röhre (2 Mo 25,31ff; 37,17ff; LÜ Röhre), den Röhrenknochen (Hi 31,22), das Meßrohr (Hes 40,3.5; LÜ, EÜ, ZÜ Meßrute) und das davon abgeleitete Längenmaß, die Rute (Hes 40,5–8 u. ö.). In Hl 4,14; Jes 43,24; Hes 27,19 *(khanäh)*; 2 Mo 30,23 *(kheneh bosäm)*; Jer 6,20 *(khanäh hatthob)* bezeichnet es eine S.art, aus der ein wohlriechendes ätherisches Öl gewonnen wurde (LÜ meist → Kalmus).
Die Bedeutung des hebr. *sup* (2 Mo 2,3; Jes 19,6; Jon 2,6; LÜ Schilf) umfaßt neben dem S. vermutlich auch die verschiedenen s.ähnlichen Pflanzen. *Jam sup* (2 Mo 10,19 u. ö.) ist das »S.meer«. Hebr. *agmon* (Jes 35,7 LÜ S.; Hi 40,26[21]LÜ Angel; Jes 9, 13[14]; 19,15 LÜ Stumpf; vgl. EÜ, ZÜ) wäre besser mit Schilf- oder Binsenhalm zu übersetzen, *achu* (1 Mo 41,2 LÜ Gras; Hi 8,11 LÜ S.) mit Riedgras. Lediglich das hebr. *gomä* (2 Mo 2,3; Jes 18,2; 35,7; Hi 8,11) läßt sich mit einiger Sicherheit bestimmen. Mit diesem Wort ist wahrscheinlich die Papyrusstaude *(Cyperus papyrus)* gemeint, die man im Altertum zur Papierherstellung verwendete. Aus ihren zähen Stengeln flocht man in Ägypten auch bes. leichte, schnelle Boote, die in Jes 18,2 und (unter einer anderen hebr. Bezeichnung) Hi 9,26 erwähnt werden (LÜ Rohrschiffe); vgl. Abb. Sp. 36; 405.

III) In 2 Kö 18,21; Jes 36,6; Hes 29,6 ist das Schilfrohr Bild für die zerbrechende Macht Ägyptens, die den verletzt, der sich darauf stützt, in Mt 11,7 u. Lk 7,24 für mangelnde innere Festigkeit eines Menschen. Einen Rohrstab als Zepter erhält Jesus bei seiner Verspottung (Mt 27,29; Mk 15,19).

Schilfmeer (hebr. *jam sup*) bezeichnet sowohl den Golf von Suez (4 Mo 33,10.11) wie den von Akaba (1 Kö 9,26), außerdem aber auch die Seen auf der Landenge von Suez (2 Mo 13,18; 15,4.22; vgl. → Auszug V,5): die Bitterseen und den weiter nördl. gelegenen Timsahsee, die damals wahrscheinlich noch Verbindung zum Roten Meer hatten. Erst in der LXX (2 Mo 15,4.22) und danach im NT (Apg 7, 36; Hebr 11,29) tritt für S. die griech. Bezeichnung »Rotes Meer« (griech. *erythra thalassa*) ein, die sich geographisch nicht mehr ganz mit dem hebr. Ausdruck deckt. Einmal schließt sie im außerbibl. Gebrauch die Seen auf der Landenge nicht mit ein, anderseits kann sie aber für die antiken Geographen auch den Indischen Ozean und sogar den pers. Golf umfassen.
Die Ägypter besaßen schon im 15. Jh. v. Chr. einen Kanal, der den → Nil mit dem Golf von Suez verband. Durch den Kanal lief die Seeverbindung mit der Westküste der Sinaihalbinsel und dem → Bergbaugebiet von Serabit el-Khadim (vgl. → Dophka). Auch die berühmte Expedition der Königin Hatschepsut nach Punt (→ Put; vgl. Ägypten IV, 2) am Südwestufer des Roten Meeres benutzte offenbar diesen Weg. Über das eigentliche Rote Meer führte aber wohl nur die Umsegelung Afrikas hinaus, die Pharao → Necho von Phöniziern unternehmen ließ. Für die Israeliten vgl. → Schiff, Schiffahrt II.
Die Seefahrt im Roten Meer in der N-S-Richtung ist durch die Windverhältnisse erschwert. Denn während derselben 9 Monate im Jahr, in denen im Nordteil Nordwinde wehen, herrschen im Südteil Südwinde.

Schinden = mißhandeln, LÜ für »bedrücken, unterdrücken«(2 Mo 22,20;[21]; 5 Mo 23,17[16]; Jes 49,26; Hes 22,7.29), »strafen« (Spr 17,26), »drängen« (Jes 3,5), »betrüben« (Jes 51,23), »schlagen« (2 Kor 11,20). In Jes 5,7 statt »Schinderei« wohl besser »Rechtsbruch«.

Schirm, Schutz- und Zufluchtsort, an dem man sich verbirgt (Ps 32,7; 91,1; Jes 16,4; 28,15.17, 32,2), auch → Schild (Ps 91,4), Schutzdach (Jes 4,5). In Nah 2,6 ist das Schutzdach gemeint, das die Belagerer gegen die Geschosse der Verteidiger deckt (vgl. ZÜ).

Schlacht → Festung; → Krieg

Schlachtbank, schlachten, Schlachtung. I) Für Schlachtbank (LÜ Jes 53,7; Jer 11,19; 48,15; 50,27; 51,40) oder Fleischbank (Spr 7,22) steht im Hebr wie in Jes 65,12 (vgl. auch Apg 8,32) nur »Schlachtung«. Die Übersetzung ist jedoch sachlich nicht unzutreffend, weil man im Alten Orient das Schlachten des Viehs häufig auf einer Art Bank oder Tisch vornahm (vgl. die Abb.). In Israel mußte bei jeder Schlachtung, bei der Tötung des → Opfers (2 Mo 12, 21; 3 Mo 9,8) wie beim Schlachten zur Nahrung (5 Mo 12,15.16; Jes 22,13), das Tier völlig ausbluten und das → Blut auf die Erde geschüttet werden. Von dem hebr. Ausdruck *schachath* für diese Art der Schlachtung kommt das dt. Wort schächten.

II) Schlachten bezeichnet außerdem jede gewaltsame Tötung (2 Kö 10,14; 25,7; Ps 37,14) und das Menschenopfer (Hes 23,39; 1 Mo 22,10). Das Wort wird auch auf das → Gericht Gottes angewandt (4 Mo 14,16; Jes 34,6; Jer 25,34; Klgl 2,21; vgl. Jak 5,5).

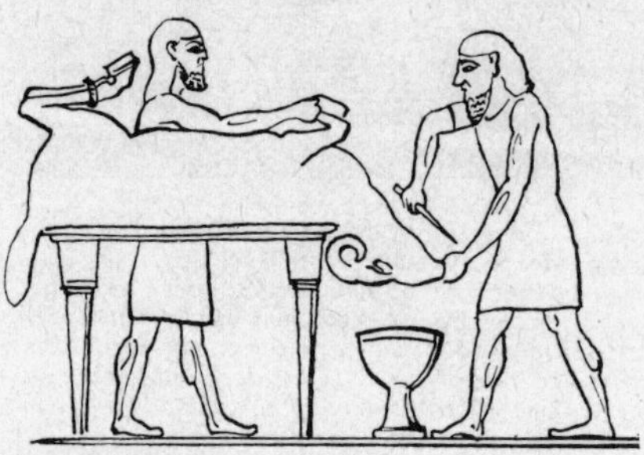

Assyrer schlachten ein Schaf auf der Schlachtbank. Das Gefäß dient zum Auffangen des Blutes

Schlachtopfer → Opfer

Schlacken → Schaum

Schlaf. I) Im warmen Klima des Vorderen Orients machte man mit dem Schlafen nicht viele Umstände. Man schlief allgemein hart, die ärmeren Leute auf dem nackten Boden – was man ebenso unterwegs tat (1 Mo 28,11) – oder auf einer Schlafmatte, die tagsüber zusammengerollt wurde. Sie ist gemeint, wo von Wegtragen des Bettes die Rede ist (Mt 9,6; Joh 5,9.10). Die Reichen kannten richtige → Betten, darauf wurden dünne Matratzen gelegt, die einzeln oder zu mehreren übereinander Verwendung fanden. Zum Zudecken diente eine Decke (Ri 4,18), gewöhnlich aber der Mantel oder das Obergewand (1 Sam 19,13), das deshalb nicht länger als bis zum Abend gepfändet werden durfte (2 Mo 22,25[26]f; 5 Mo 24,12.13).

II, 1) Man sieht im S. nicht nur das gesunde Ausruhen nach harter Arbeit (Pred 5,11), sondern empfindet etwas Bedrohliches in seiner Nähe zum Tode. Nur deshalb kann man ruhig und ohne Furcht schlafen und mit dem Erwachen rechnen, weil der Herr wacht (Ps 3,6; 4,9; Spr 3,24). Gott ist der Hüter Is-

raels, der selber nicht schläft noch schlummert (Ps 121,3.4). Sorge (Pred 5,11) oder Mühsal (1 Mo 31,40) rauben den S., doch den Faulen bringt sein langer S. ins Unglück (Spr 6,9–11; 20,13; 23,21).
In entscheidenden Stunden lassen die Jünger Jesus allein, weil sie vor Müdigkeit einschlafen (Lk 9, 32; Mt 26,36–46). Und immer wieder wird, nun im übertragenen Sinne, die Gemeinde vor dem geistlichen S. gewarnt und zum Aufwachen und Aufstehen gerufen (Mk 13,36; Eph 5,14; Röm 13,11; 1 Thess 5,6). Vgl. → Wachen, aufwachen.
2) Der Herr behütet nicht nur den Schlafenden, er gibt im S auch Offenbarungen und Weisungen (1 Mo 28,12–16; Hi 4,13–17; 33,15–18; Jer 31,26; Mt 1,20–24; → Traum, → Gesicht). Ferner legt er in einzelnen Fällen einen bes. tiefen S. auf die Menschen, sein Handeln verhüllend bei Adam (1 Mo 2, 21), zur Offenbarung bei Abraham (1 Mo 15,12), bei Saul, um David zu helfen (1 Sam 26,12).

III) In übertragener Bedeutung kann Gott denen, die ihn nur äußerlich verehren und im Herzen fern von ihm sind, einen Geist des harten oder tiefen S. geben (Jes 29,10–14; Röm 11,8), so daß ihre Augen schlummern (Mt 13,15; Apg 28,27). Und von seinem Gericht über die Völker heißt es, daß das Schelten des Herrn Roß und Wagen in S. sinken läßt (Ps 76,7), daß er die Babylonier trunken machen wird, daß sie einen ewigen S. schlafen sollen, von dem sie nicht mehr aufwachen werden (Jer 51,39.57). Hier ist der S. also Bild für den geistlichen oder leiblichen Tod, in Ps 90,5 dagegen erscheint er als Bild für die unmerklich schnelle Vergänglichkeit des Lebens.
In 1 Kor 11,30 spricht Paulus wohl von den verstorbenen Gemeindegliedern. Vgl. weiter → Entschlafen.

Schlange. In Palästina sind verschiedene S.arten verbreitet, von denen die größte über 2 m lang wird.

I) Die allgemeinen bibl. Worte für S. sind das hebr. *nachasch* und das griech. *ophis*, die in unseren Übersetzungen auch stets mit S. wiedergegeben werden. Daneben gibt es noch eine Reihe weiterer Bezeichnungen, die sich aber – wie so viele Tiernamen der HS – nicht mit Sicherheit auf bestimmte Arten deuten lassen (vgl. auch Jes 59,5: aus dem Ei des *siponi* schlüpft eine *äpäh)*. Aus Hinweisen, die Wortstamm und Textzusammenhang des einzelnen Wortes liefern, ergeben sich folgende Vermutungen:
1) Hebr. *pätän* (LÜ stets Otter), eine gefährliche (Ps 91,13), giftige S. (5 Mo 32,33; Hi 20,14.16; Ps 58,5; Jes 11,8): die Hornviper *(Cerastes cornutus)*, eine mit unserer Kreuzotter verwandte, 60–75 cm lange, sandfarbene Giftschlange mit breitem, plumpem Kopf, der zwei kleine Hörner trägt. Auf sandigem Boden ist sie in ganz Nordafrika und Palästina häufig.
Manche vermuten in *pätän* auch die Uräusschlange (s. u. I, 3), worauf u. a. Ps 58,5f hinweisen könnte, wo *pätän* als eine S. erwähnt wird, die zur Beschwörung gebraucht wurde. Die häufigste S. der Schlangenbeschwörer (vgl. Pred 10,11; Jes 3,3 LÜ Redner, vgl. ZÜ; Jer 8,17) ist im heutigen Ägypten – wie vermutlich auch schon im Altertum – die Uräusschlange.
2) Hebr. *säpa* oder *siponi* (LÜ Basilisk: Jes 11,8; 14,29; 59,5; Jer 8,17; LÜ Otter: Spr 23,32), giftig (Jes 11,8): die in Kleinasien und Syrien-Palästina verbreitete Levanteotter *(Vipera xanthina)*, eine lichtgraue Giftschlange, die bis zu einem Meter lang wird.
3) Hebr. *äpäh* (LÜ Otter: Jes 30,6; 59,5; LÜ Schlange: Hi 20,16), giftig (Hi 20,16): die mit der indischen Kobra nah verwandte Uräusschlange *(Naja haje)*. Diese gelblich gefärbte Giftschlange, die bis zu 2,25 m Länge erreicht, wurde im alten Ägypten als Stirnschmuck der Pharaonen oft plastisch dargestellt (vgl. Taf. 5/64; Abb. Sp. 41, 726, 1067). Weiter s. o. I, 1.
Andere Forscher sehen in *äpäh* die Sandrasselotter *(Echis carinatus)*, eine der Hornviper ähnliche Art.
4) Hebr. *schepipon* (1 Mo 49,17 LÜ Otter): die Diademschlange *(Zamenis diadema)*, eine bis zu 1,8 m lange giftige Natter, die von Nordafrika über Syrien und Arabien bis Nordindien verbreitet ist.
5) Hebr. *khippoz* (Jes 34,15 LÜ Natter) könnte die Sandschlange *(Eryx jaculus)* bezeichnen, eine ungiftige, bis zu 80 cm lange Schlange, die in den Sandgebieten Nordafrikas und Westasiens verbreitet ist.
6) Hebr. *sarap* »brennend« bezeichnet in 4 Mo 21, 6.8 (vgl. ZÜ) die Schlangen, die Gott zur Strafe unter das Volk Israel sendet, und die darauf von Mose zur Rettung aufgerichtete eherne S. Nach 5 Mo 8,15, wo *sarap* neben den Skorpionen genannt wird, könnte es sich bei diesen »feurigen Schlangen« (LÜ) um Giftschlangen gehandelt haben; das »Brennen« des giftigen Schlangenbisses stände dann zur Bezeichnung des Schlangengiftes und der Giftschlangen überhaupt.
Stellen wie Jes 14,29; 30,6 dagegen, wo fliegende *serapim* (Plur. von *sarap*; LÜ feurige Drachen) erwähnt werden, ebenso Jes 6,2.6, wo das Wort die sechsflügeligen Wesen über dem Thron Gottes (LÜ Seraphim) bezeichnet, weisen über die Vorstellung einer gewöhnlichen S. hinaus auf die eines viell. drachenähnlichen Wesens, wie sie als → Drache oder → Leviathan auch sonst in der Bibel erwähnt werden. Jesaja benutzt hier eine volkstümliche Vorstellung, um die → Seraphim zu schildern, die er in seinem Gesicht über dem Thron Gottes sah (Jes 6,2.6).
7) Hebr. *chomäth* (LÜ Blindschleiche) → Eidechse.

II) Die S. steht häufig als Bild für Hinterlist und Bosheit (Ps 140,4; Mt 3,7; 23,33), aber auch allgemein für Gefährlichkeit (1 Mo 49,17) und Schlauheit (Mt 10,16). Ihr giftiger Biß versinnbildlicht das Verderben (5 Mo 32,33; Ps 58,5; Jes 30,6; Mt 7,10; Offb 9,19), bes. das unvermutet hereinbrechende (Hi 20,14.16; Spr 23,32; Pred 10,8; Jes 59,5; Am 5,19). S. werden mehrfach als Werkzeuge der Strafe Gottes genannt (4 Mo 21,6; 5 Mo 32,24; Jer 8,17).
In Gestalt einer S. tritt die Versuchung an Adam und Eva heran (1 Mo 3,1ff), und als »die alte S.« wird Satan einst gerichtet werden (Offb 12,9.14.15; 20,2).

Schlange, Eherne. Das Bild einer Schlange aus Kupfer oder Bronze, das von Mose in der Wüste, wohl in der Gegend von → Phunon, an einer hohen Stange aufgerichtet wurde. Alle Israeliten, die von den Schlangen gebissen worden waren, welche Gott zur Strafe unter das Volk gesandt hatte, wurden durch einen Blick auf die e. S. gerettet (4 Mo 21,1–9). Mit diesem atl. Ereignis vergleicht Jesus seinen Kreuzestod und dessen Heilswirkung (Joh 3, 14).
Die e. S. wurde von den Israeliten als Erinnerungszeichen mitgenommen. Z. Zt. König Hiskias trug sie den Namen Nehusthan »kupferne Schlange« und wurde wie ein Götzenbild verehrt, indem vor ihr Räucheropfer dargebracht wurden (2 Kö 18,4). Darum ließ Hiskia sie vernichten. Vgl. → Bilderdienst II.

Schlauch, Sack aus Ziegenfell zum Aufbewahren von Wasser, Milch und Wein (Hi 32,19; Ri 4,19 ZÜ; 1 Sam 16,20; 1 Mo 21,14; Mt 9,17). Zur Herstellung wird beim Abziehen des Fells nur der Hals und ein kleines Stück des Bauches aufgeschnitten. Die Felle müssen dann kräftig eingesalzt, gründlich vom Fett befreit und sorgfältig gegerbt werden (vgl. Taf. 79b/1248). Mit Luft gefüllte Schläuche dienten auch als Hilfe beim Schwimmen (Abb. Sp. 815) und zur Herstellung von Flößen (Abb. Sp. 1215).

Schleier → Kleid, Kleidung

Schleife = Dreschschlitten (2 Sam 24,22). Vgl. → Ackerbau IV.

Schleifen. I) Orte, Häuser, Mauern verwüsten, zerstören, dem Erdboden gleichmachen (Jes 23,13; Jer 9,18[19]; Klgl 2,2; Mi 1,6; Lk 19,44).

II) In Jer 15,3 ist gemeint, daß → Hunde die Leichen »herumzerren, fortschleifen« sollen.

Schlemmen (5 Mo 21,20; Am 2,8) und Schwelgen (Hos 4,18; Mi 2,11; Tit 1,6) bezeichnen Maßlosigkeit im Essen und Trinken.

Schleuder. Die S. ist die wichtigste Waffe des Hirten. Sie wird gewöhnlich aus Wolle hergestellt und zwar so geflochten, daß sie in der Mitte ein 5–6 cm breites, bes. verstärktes Stück hat, in das der Stein eingelegt wird. Das eine Ende der S. liegt als Schlinge um das Handgelenk, das andere wird in der Hand festgehalten und, nachdem man die S. ein paarmal im Kreis um den Kopf geschwungen hat, zum Wurf losgelassen. Als Schleudersteine (Hi 41, 20[19]; Sach 9,15) verwendeten die Hirten kleine glatte Steine, die sie in den trockenen Flußbetten (vgl. Taf. 58a/897) suchten und in ihrer Tasche (→ Bündlein 2) aufbewahrten (1 Sam 17,40). Die S. ist aber auch eine häufig genannte Kriegswaffe (Ri 20, 16; 2 Kö 3,25; 1 Chron 12,2; 2 Chron 26,14; vgl. Taf. 65/1024).

Geflochtene Schleuder. Das Ende mit der Schlaufe bleibt beim Wurf in der Hand, das glatte Ende wird losgelassen

Assyr. (links) und ägypt. Schleuderer (rechts). Der Assyrer hat die Schleudersteine vor sich liegen, der Ägypter trägt sie in einem Netz um den Hals

Schließen → Schlüssel

Schloß → Schlüssel; → Palast

Schlund = Mund, Rachen (Jes 5,14; Röm 3,13).

Schlüssel, schließen. I, 1) Daß die Häuser in Palästina abschließbar waren, wird öfter erwähnt (Mt 25,10; Lk 11,7; 13,25; Joh 20,19; Apg 12,14). Im Haus selbst ließ sich nur ein Raum abschließen, das »Kämmerlein« (Mt 6,6), die fensterlose Vorratskammer. Zum Sperren der Türen (Hl 5,5) und Stadttore (5 Mo 3,5; Ps 147,13; 2 Chron 8,5) dienten Riegel, die nur mit dem zugehörigen Schlüssel zu öffnen waren (vgl. Ri 16,3). Diese S. konnten, wohl bes. bei Palast- oder Stadttoren, so groß sein, daß man sie auf der Schulter trug (Jes 22,22; sicher nicht bildlich gemeint). Meist waren die Riegel aus Holz (vgl. Nah 3,13), als bes. fest werden eherne und eiserne Riegel genannt (5 Mo 33,25; 1 Kö 4,13; Ps 107,16; Jes 45,2).

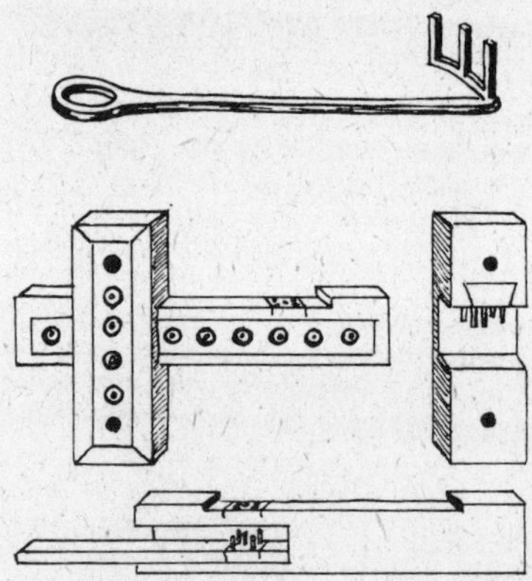

Oben: Ägyt. Schlüssel
Unten: Hölzernes Türschloß, von außen und innen gesehen. Wenn der Riegel zugeschoben wird, fallen eine Anzahl beweglicher Metallstifte in seine Löcher und halten ihn fest. Der Schlüssel, ein Holzstück mit entsprechenden festen Stiften, wird seitlich in die Öffnung des hohlen Riegels geschoben und angehoben. Dabei drückt er die beweglichen Stifte nach oben, und der Riegel läßt sich zurückschieben

2) Da das Haus nur eine Verschlußmöglichkeit besitzt, kommt dem Schlüsselinhaber eine besondere Stellung zu. Er ist nicht etwa nur Türhüter oder Pförtner, sondern Herr des Hauses. Die Einsetzung Eljakims als Palastvorsteher oder → Hofmeister des Hauses Davids macht das deutlich (Jes 22,22): wenn er auftut, schließt niemand zu; wenn er zuschließt, tut niemand mehr auf; er entscheidet, wer zum Königshause gehört und wer nicht.

II) So wird der S. zum Zeichen letzter Vollmacht. In diesem übertragenen Sinne bringt die HS das Bild vom S. in einer Reihe verschiedener Zusammenhänge.

1) SCHLÜSSEL ZUM HERZEN. Der Mensch kann sein Herz vor Gott, vor dem Bruder verschließen (Ps 17, 10; 1 Joh 3,17). Aber Gott schließt das Herz auf (Apg 16,14). Daß Gott sein erbarmendes Herz im Zorn verschließen kann, ist quälende Sorge des Psalmisten (Ps 77,10).

2) SCHLÜSSEL ZUM HIMMEL. Ausdrücke, wie »den Himmel auftun« oder »den Himmel verschließen« besagen, daß Gott Regen gibt oder ihn zurückhält (5 Mo 11,17; Lk 4,25; Offb 11,6; Ps 78,23 Manna).

3) SCHLÜSSEL DAVIDS. In Offb 3,7 ist bei aller Verwandtschaft des Wortlautes zu Jes 22,22 das atl. Bild verwandelt. Der Schlüsselbewahrer ist nun nicht mehr der Palastgewaltige im Hause Davids, sondern der Repräsentant des Geschlechtes Davids, der verheißene Davidsproß. Er hat die Schlüssel zum endzeitlichen »Haus« Gottes (vgl. auch Mt 16, 19). Niemand kann sich selbst Zugang zu diesem »Haus verschaffen. Deutlicher kann die Vollmacht Christi nicht beschrieben werden, als sie in den nach Jes 22,22 geformten Worten ausgesprochen ist. Sein Auftun und Zuschließen ist endgültig (Offb 3,8).

4) SCHLÜSSEL DES HIMMELREICHES, der Himmelsherrschaft. Israels Schriftgelehrten war der »Schlüssel der Erkenntnis« anvertraut, im gehorsamen Horchen auf das Wort besaßen sie den Schlüssel zur hereinbrechenden Gottesherrschaft (Lk 11,52). Sie aber haben ihn weggenommen, beseitigt (MÜ). So verlieren sie nicht nur selbst die Möglichkeit zum Eintritt ins kommende Gottesreich, sondern verschließen auch den anderen, die ihn suchen, den Zugang (Mt 23,13).
Nun gibt Jesus die Schlüssel des Himmelreiches an Petrus (Mt 16,19), doch tritt Petrus damit nicht an Jesu Stelle. Das ist schon dadurch ausgeschlossen, daß auch die andern Jünger an dieserVollmacht teilhaben (Mt 18,18), und zwar innerhalb der Vollmacht Jesu, die bestehen bleibt (Lk 10,16). Die empfangene Vollmacht (die »Schlüsselgewalt«) der Jünger besteht in einem »Binden und Lösen«, das vor Gott gilt. Bei den jüd. Schriftgelehrten brauchte man diese Begriffe im Sinne von »Verbieten und Erlauben«. Bei den Jüngern geht es aber nicht um Vorschriften, sondern um die Rettung von Menschen, die → Vergebung ihrer Sünden bzw. das Urteil, daß Sünden noch nicht vergeben sind (vgl. Joh 20,23).

5) SCHLÜSSEL DER → HÖLLE UND DES TODES. Dem Herrn des Himmels gehören auch die Schlüssel des Todes und der Totenwelt. Er hat sie dem Tode abgewonnen. Christus hat die Macht, die Totenwelt zu öffnen und die Toten zur Auferstehung zu rufen (Offb 1,18).

6) SCHLÜSSEL ZUM BRUNNEN DES → ABGRUNDS. Gott hat die Macht auch über den Aufenthaltsort der Dämonen (Lk 8,31 LÜ Tiefe). Er öffnet ihn zum Gericht (Offb 9,1ff), aber er läßt hier auch den Satan für 1000 Jahre einschließen (Offb 20,1–3).

Schmach, schmähen. Jemandem S. zufügen, gehört zum sündigen Verhalten der Menschen gegeneinander (Ps 15,3; 102,9) und gegen Gott (Ps 74,22; Jes 37,17). Dies Geschmähtwerden hat vor allem Jesus durchlitten (Lk 18,32; Mt 27,44; Röm 15,3) und in Geduld getragen, ohne auf gleiche Weise zu antworten (vgl. 1 Petr 2,23; Lk 23,34). Seine S. mitzutragen (Hebr 13,13), ist die Bestimmung seiner → Jünger (vgl. Mt 10,24.25). Das bedeutet für sie aber, weil sie damit auf der Seite Gottes stehen, größeren Reichtum als alle Schätze der Welt (vgl. Hebr 11,26), ja sie werden darum selig gepriesen (Mt 5,11), weil dann der → Geist der → Herrlichkeit Gottes auf ihnen ruht (1 Petr 4,14). Doch ist damit die Bitte, daß Gott diesem Schmähen ein Ende bereite (Ps 74,10.11), nicht aufgehoben, und am Ende wird Gott die S. seines Volkes völlig beseitigen und seine heute noch verborgene Herrlichkeit offenbaren (Jes 25,8; vgl. Offb 21,4).
Vgl. auch → Schande, → Schmerz, → Leid.

Schmal → Weg

Schmecken. Der Mund schmeckt, d. h. prüft (Hi 12,11; 34,3) und genießt (Lk 14,24) die Speise. In übertragener Bedeutung ist »s.« ein bes. plastischer Ausdruck sowohl für genießendes wie auch für leidendes Erleben. So schmeckt derjenige die Freundlichkeit des Herrn (Ps 34,9; 1 Petr 2,3), die himmlische Gabe, das gütige Wort Gottes und die Kräfte der zukünftigen Welt (Hebr 6,4.5), der sie in wirklicher, überzeugender Erfahrung erlebt hat. »DenT od s.« heißt sterben (Mt 16,28); aber Hebr. 2,9 ist mehr gemeint als nur das leibliche Sterben, hier geht es um das tiefste Erleiden und Auskosten dessen, was der → Tod als Lohn der → Sünde (Röm 6,23), als ewiger Tod bedeutet. Das hat Christus für alle getan, und darum wird der, der sein Wort hält, den Tod in diesem Sinn nicht mehr sehen oder s. (Joh 8,51.52).

Schmelzen → Eisen II; → Erz; → Handwerk V; → Lauter, läutern II; → Schaum

Schmer = dickes Fett (Ps 119,70).

Schmerz. Die hebr. und griech. Worte, die LÜ mit S. wiedergibt, bezeichnen körperliche und seelische Schmerzen aller Art und umfassen z. T. auch Bedeutungen wie Mühsal, Beschwerde, Traurigkeit, Leid. Speziell die Geburtsschmerzen oder Wehen sind mit hebr. *chebäl* (Jes 13,8; 26,17; Jer 22,23; 49,24) und griech. *ôdin* (Apg 2,24; 1 Thess 5,3; LÜ Not: Mt 24, 8; Mk 13,8) gemeint.
Schmerz ist das Fehlen des üblichen Wohlbefindens und damit Kennzeichen vorhandener Störung. 1 Mo 3,16 erwähnt den S. in direktem Zushg. mit dem Sündenfall, als Gottesfluch in der Schöpfung, als Herausfallen aus der Gottesnähe.
Infolge der → Sünde wird S. zum ständigen Begleiter des Menschen, erfaßt ihn in seiner ganzen körperlich-seelischen Existenz von der Geburt bis zum Tode. S. gesellt sich zur → Furcht (Hi 9,28), wird als → Strafe (Hi 33,19) empfunden und als Gewissensbiß (Ps 38,18; 1 Tim 6,10), paart sich mit → Angst (Jes 13,8), mit → Krankheit (Jes 53,3) und Jammer (Jer 45,3). S. folgt nach in das Reich der Verfinsterung und Gotteslästerung (Offb 16,10–11). Die Endzeit wird unter Schmerzen anbrechen (Mt 24,8; Mk 13,8).
Erst in der neuen Welt, im himmlischen Jerusalem, wenn Gott alle Tränen abwischen wird, wird es endlich keinen Tod, kein Leid, kein Geschrei und keine Schmerzen mehr geben (Offb 21,4).
Vgl. → Leid.

Schmied → Handwerk V

Schminken. Daß man sich das Gesicht oder den Körper mit irgendwelchen Farbstoffen bedeckte, wird in der HS nicht berichtet. Doch wird die → Zy-

Ägypt. Karikatur einer Dame, die sich schminkt. In der Linken hält sie neben dem Spiegel offenbar die Schminkbüchse, mit der Rechten trägt sie Lippenrot auf. Im Neuen Reich beschränkte man demnach das Schminken nicht mehr auf die Augen allein

perblume genannt, aus deren Blättern ein Pulver bereitet wurde, das orient. Frauen bis heute benutzen, um Nägel, Fuß- und Fingerspitzen gelblich-rot zu färben. Das mit dem S. vergleichbare Tätowieren wird 3 Mo 19,28 verboten.
Wo das Wort S. vorkommt, bezieht es sich auf das Färben der Augenränder (Hes 23,40; 2 Kö 9,30; vgl. EÜ, ZÜ), das die Augen größer erscheinen ließ (Jer 4,30 ZÜ: die Augen mit Schminke groß machen) und zugleich als Schutzmittel gegen Blendung durch die Sonnenstrahlen diente. Der Name von Hiobs dritter Tochter, Keren-Happuch (Hi 42,14), bedeutet »Büchse für Augenschminke«. Aus Ägypten wissen wir, daß solche Schminke z. B. aus Ruß von verbranntem Weihrauch und Öl oder aus feinstem Antimonpulver bestand, das einen schwarzen, glänzenden Rand um die Augen ergab. Sie wurde mit einem Stift aus Elfenbein, Holz oder Metall auf die Augenlider und Brauen aufgetragen.

Schmuck → Geschmeide

Schnauben ist in 2 Kö 4,35 = niesen.

Schnecke. Die S. (hebr. *schablul*) wird nur in Ps 58,9 als Bild für den Gottlosen erwähnt. Er wird vergehen, »wie eine S. zerfließend dahingeht«, was sich offenbar auf die Schleimspur bezieht, die die kriechende S. absondert und hinter sich zurückläßt.

Schnee fällt in Palästina hauptsächlich in den höher gelegenen Gebieten, in Galiläa, um Nazareth, Jerusalem, Hebron; meistens im Januar oder Februar, teilweise bis zu 25 cm. Oft vergeht der Winter aber auch ohne S. Da der S. nie länger als einen Tag liegenbleibt, ist ein Tag mit Schnee etwas Besonderes (vgl. 2 Sam 23,20 EÜ, ZÜ). Im Ostjordanland dagegen ist S.fall häufiger, der Dschebel ed-Druz im Hauran trägt den ganzen Winter hindurch eine S.-kappe. Auf den Höhen und in den Talsenken des Libanon ist gelegentlich noch im späten Sommer S. zu sehen; der Gipfel des Hermon ist ständig von S. bedeckt.
Wie alle Dinge der Natur kommt auch der S. aus Gottes Hand (Hi 37,6; Ps 147,16); er fördert die Fruchtbarkeit des Landes (Jes 55,10) und dient zur Verherrlichung des Schöpfers (Ps 148,8). In der HS ist das blendende Weiß des S. (Jes 1,18; Mt 28,3) ein Bild für Reinheit (Klgl 4,7), wird aber auch mit der Farbe des Aussatzes verglichen (2 Kö 5,27; → Krankheiten: Aussatz). Die Kühle des S. ist Inbegriff der Erfrischung in großer Sommerhitze (Spr 25,13).

Schneuze → Leuchter II

Schnitter → Ackerbau IV

Schnitzwerk → Tempel

Schnüre, Schnürlein. In Hl 1,10 sind Halsketten (→ Geschmeide II,6), in Jes 3,20 sind Gürtel (EÜ, ZÜ; vgl. → Kleid) gemeint. Vgl. auch → Messen, Meßschnur.

Schöpfung.
I) BEGRIFF.
Für den biblischen S.glauben ist das S.handeln Gottes nicht auf den naturhaften Bereich im engeren Sinn beschränkt, sondern sein neuschaffendes Tun ist wesentlich auch auf den Raum der Geschichte gerichtet (in bezug auf neue, geschichtswendende Ereignisse: 2 Mo 34,10; 4 Mo 16,30; Jes 22,11; 48,7; Jer 18,11; 31,22; in bezug auf das Volk Israel, das sich Gott »geschaffen«, »gebildet« hat: Jes 43,1.7.15.21; 44,2.21.24; 45,11; 65,18). Trotzdem bleibt mit dem Ausdruck S. vorab die schöpferische Urtat Gottes, mit der er die ganze Welt ins Dasein setzte, verbunden (1 Mo 1 u. 2; Ps 104 u. ö.).
Das Hebr. besitzt ein Tätigkeitswort *bara*, das ausschließlich von Gottes S.handeln gebraucht wird und dieses damit eindeutig von allem »Schaffen« des Menschen scheidet (ähnlich im NT ist griech. *ktizô* = »schaffen« nur auf Gott bezogen). *Bara* bezeichnet also ein von Gott auf Grund seines alleinigen Willens ausgelöstes Gesetztwerden zunächst in der uns abgekehrten, unsichtbaren Wirklichkeit Gottes, wobei dieser Gott zugleich das von ihm so Gesetzte durch sein Wort ins Dasein »ruft« (1 Mo 1; Jes 45,5–7; 48,13 u. ö.); es ist aber zu beachten, daß diesem Zeitwort bedeutungsgleich und geradezu auswechselbar mit ihm andere Verben zur Seite treten können (bes. *asah* u. *jazar)*, die ein »Machen«, »Bilden« nach Analogie menschlichen Fertigens aus vorhandenem Material meinen, d. h. ein Neuwerden im gegenständlich-erfaßbaren Bereich der uns zugekehrten Seite der Gesamtwirklichkeit (Jes 43,1.7; 45,7.18; Am 4,13; Hes 28,13b, vgl. 1 Mo 1,1.21.27; 2,3.4 mit 1 Mo 1,7.16.26). Für die Sicht der HS bilden also das Gesetztwerden in der unsichtbaren Wirklichkeit Gottes und das Werden in unserer sichtbaren Welt zwei Seiten derselben Sache, die nicht voneinander zu trennen sind.

II) INHALT DES BIBLISCHEN SCHÖPFUNGSZEUGNISSES.

A) DIE URSPRÜNGLICHE SCHÖPFUNG.

1) Der Schöpfungsbericht.
Gott tritt uns in der HS in erster Linie als der Gott entgegen, der sich in der Geschichte bezeugt. Der Bericht von seinem schöpferischen, uranfänglichen Tun hat keinen Eigenwert daneben, sondern Gottes S.handeln ist einbezogen in sein Geschichtshandeln (Jer 27,5; Jes 44,24; 45,7.8.11f): Der in der Geschichte wirkende Gott ist der Schöpfergott. Daraus ergibt sich:
a) Der Anfang der Welt – eben die S. – ist nicht aus sich allein zu verstehen, sondern von dem übergreifenden Handeln Gottes her, der die erste S. auf die zweite, der den Anfang auf die Vollendung hingeordnet hat (Jes 48,12; Kol 1,16f; 1 Kor 15,24ff).

Nicht ohne Bedeutung endet die HS mit dem prophetischen Ausblick auf den »neuen Himmel« und die »neue Erde«, wie sie mit der Erschaffung des ersten Himmels und der ersten Erde beginnt (Offb 21, 1; vgl. Jes 65,17f).

b) Es geht nicht an, aus dem S.bericht nur sog. »Glaubensaussagen« herauszudestillieren. So sehr es gilt, daß Gott zuvörderst Glauben wecken will, so bezeugt der S.bericht doch keineswegs nur, daß Gott die Welt geschaffen hat, sondern er ist — wenn auch in mittelbarem Sinn — »Geschichte«, also auch in seinem »wie« zu beachten. Man wird ihn also zwar nicht im Sinne eines nach den rationalen Gesetzen menschlicher Geschichtsschreibung entstandenen Protokolls überbewerten, aber auch nicht als bloße Sage oder Mythe und somit geschichtlich bedeutungslos unterbewerten oder gar abtun dürfen. Denn was vor Gott Geschichte ist, überschreitet die Grenzen des mit historischen Gesetzen Erfaßbaren. Wie nämlich die in prophetischer Vorschau mitgeteilte biblische Kunde vom Ende dieser Welt als göttliche Offenbarung mittelbare Geschichte, d. h. wirkliches künftiges Geschehen, darstellt, so darf die Kunde vom Anfang ebenfalls als Offenbarung Gottes, als Darstellung prophetischer Rückschau und damit wiederum in abgeleitetem Sinn als Geschichte verstanden werden. Selbstverständlich wurde diese Schau denen im Volk Israel, denen sie zuteil wurde, so geschenkt, daß sie vom Weltbild der damaligen Zeit her verständlich blieb; so läßt sich etwa der ganze Bericht im Rahmen des altbabyl. Weltbildes auslegen, bes. das Werk des zweiten S.tages mit der Erschaffung des Firmaments als der halbkugelförmigen, auf der Erdscheibe ruhenden Glocke, die die Wasser des Weltenozeans in das irdische Meer und den Himmelsozean scheidet. Gleichzeitig jedoch bezeugt gerade die biblische S.geschichte sehr deutlich das doppelte Wirklichkeits- und Raumverständnis der HS — ihr eigentliches »Weltbild« (s. o. I; vgl. auch E. Lerle, Das Raumverständnis im NT S. 48ff; K. Heim, Weltschöpfung u. Weltende). Damit läßt aber der Bericht eine Deutung zu, die, ohne billig zu harmonisieren, gerade am Weltbild der modernen Naturwissenschaft nicht vorüberzugehen braucht. Denn diese ist erstmalig dadurch offen geworden für die »andere Wirklichkeit« (nämlich die göttliche), daß sie sich nicht mehr anmaßt, das Ganze der Wirklichkeit zu begreifen und zu deuten (vgl. vor allem H. Rohrbachs Versuch: Bibl. Schöpfungsbericht u. moderne Naturwissenschaft in »Naturwissenschaft u. Gotteserkenntnis«, 1959).
Die Erkenntnis, daß wir es in 1 Mo 1 u. 2 wirklich mit Offenbarung zu tun haben, unterstützt die Möglichkeit solcher Deutung, denn alle prophetische Schau muß sich der Gleichnisse und Bilder bedienen, die vom Schriftganzen her zu »übersetzen« sind (vgl. die Offb). So sind wir grundsätzlich ermächtigt, etwa das Siebentagewerk von Ps 90,4 her als Folge von Epochen oder die Feste des 2. S.-tages (1 Mo 1,6–8) als Scheide»wand« zwischen endlicher, sichtbarer Wirklichkeit und Gottes Wirklichkeit und die Wasser über der Feste von 1 Mo 7,11 her als bedrohlich-satanische Chaosmächte zu deuten, die Gott vom Menschen fernhalten will.
Ähnlich läßt das Offenbarungsverständnis der S. einerseits Raum für ein geschichtliches Ernstnehmen der Ureltern-Erzählung im sog. »zweiten« S.bericht (1 Mo 2,4bff), wobei die »Erschaffung« von Adam und Eva (hier ist bezeichnenderweise nicht *bara*, sondern *jazar* »formen, herausbilden« gebraucht) als Erwählungshandeln Gottes aus der schon bestehenden Menschheit heraus zu fassen ist (1 Mo 1, 26 steht »*adam*« als Kollektivbegriff und in V 27 ist »ein Mann und ein Weib« (LÜ) nach dem hebr. Text sicher nicht als exaktes Zahlwort zu verstehen: »als Mann und Frau schuf er sie«); anderseits zeigt gerade 1 Mo 2,4bff, wenn man den Bericht vom Bildcharakter der Offenbarung und auch von der Struktur des hebr. Denkens her begreift, daß Einzelzüge nicht buchstäblich, sondern sinnbildlich auszulegen sind (z. B. muß V 7 sinngemäß übertragen werden: »Gott der Herr bildete den Menschen als Erdenstaub« bzw. »irdern, staubern« [zur Bezeichnung der Niedrigkeit]; ebenfalls ist die »Rippe« in V 22 »nicht wegen ihres Stoffes, sondern wegen ihres Sinnes« genannt; vgl. Boman, Das hebr. Denken im Vergleich mit dem griech., S. 75ff).
Für den biblischen S.bericht ist bezeichnend, daß nicht eine Vielzahl von miteinander streitenden Göttern am Uranfang steht wie in den S.-mythen der übrigen alten Völker. Anklänge, wie z. B. die Bezeichnung des »Urwassers« (LÜ Tiefe; 1 Mo 1,2) mit *tehom*, das sprachlich an den babyl. Chaosdrachen Tiamat erinnert, sind lediglich formaler Art, inhaltlich jedoch völlig unmythologisch. Das wird bes. deutlich an den Gestirnen des 4. Tages, die nicht als Götter, sondern betont profan als »Lampen«, d. h. als dem Schöpfer untergeordnete Geschöpfe bezeichnet werden. So bezeugt sich der eine Gott als der, der durch sein Wort stufenmäßig ins Dasein ruft, als der von seinem Geschöpf absolut geschiedene Schöpfer, der doch mit diesem Geschöpf seine Geschichte beginnt. Der → Mensch als kreatürlicher Zielpunkt der S. ist einerseits den übrigen Werken der S. gleichgeordnet (Erschaffung zusammen mit den Landtieren, vgl. Pred 3,19.20; Jon 3,7. 8), anderseits als der von Gott Angesprochene u. Beauftragte in seiner Ebenbildlichkeit mit ihm besonders geadelt und herausgehoben (Ps 8). Damit ist aber schon gesagt, daß er seine eigentliche Bestimmung nicht im naturhaften Bereich findet, sondern eben in seiner Beziehung zum Schöpfer.

2) DAS ÜBRIGE ZEUGNIS DER HS entfaltet, ergänzt und bestätigt den S.bericht.

a) Daß Gott durch sein Wort ins Dasein ruft, wird im AT bes. unterstrichen: »So er spricht, so geschieht's; so er gebietet, so steht's da« (Ps 33,9; dazu Jes 41,4; 44,27; 45,12; 48,13; Am 9,6b; Ps 33,6; 148,5; Hi 38,11). Er hat Macht, durch dasselbe Wort die Existenz wieder zu nehmen (Ps 104,29; 5 Mo 32, 39; Hi 34,14f; Ps 102,27). Er kann mit seinen Geschöpfen wie der Töpfer mit dem Ton (Jer 18,1–6; Jes 29,16; 45,9) tun, »was er will« (Ps 115,3; 135,6). Und auch das ständige Werden innerhalb der geschaffenen Welt ist — von Gottes Wirklichkeit her gesehen — sein S.handeln, ist fort-gesetztes Ins-Dasein-Setzen (2 Mo 4,11; Mal 2,10; Ps 104,27.28.30; Jer 1,5; Jes 44,2; Neh 9,6). So bekundet die S. Gottes Weisheit (Ps 104,24; Spr 3,19; Jer 10,12); sie mahnt, Gott zu preisen und ihm zu danken (Jes 40,26ff; Hos 8,14; 5 Mo 32,6.15; Ps 103,22; 119,73 und das S.lob in den Psalmen überhaupt: Ps 104; 8; 19,1–7; 29; 145).

b) Das NT nimmt zunächst das Zeugnis des AT auf. Hervorzuheben ist vor allem, daß es mit der häufigen Wendung »vom Anfang der Welt«, »vom Anfang der Schöpfung«, »von« bzw. »vor Grundlegung der Welt« (Mk 10,6; 13,19; 2 Petr 3,4; Hebr 1,10; Mt 13,35; 25,34; Lk 11,50; Joh 17,24; Eph 1, 4; 3,9) die Urschöpfung dem Geschichtshandeln Gottes, ja seinem Heilshandeln eingeordnet sieht. Er, der das Nichtseiende durchs Wort ins Dasein ruft (Röm 4,17; 2 Kor 4,6) und »alles« geschaffen hat (Eph 3,9; Kol 1,16; Offb 4,11; 10,6; Apg 4,24; 14, 15; 17,24), ist Urgrund und Ziel dieses geschicht-

lich bewegten Seins (Röm 11,36; 1 Kor 15,28), ihm gebührt ewiger Lobpreis (Offb 4,11).
Doch neben der Bestätigung des AT führt das NT weiter, indem es Jesus Christus in das S.zeugnis einbezieht. Verhüllt spricht schon das AT davon, wenn es die personifizierte »Weisheit« als »Werkmeister« (LÜ) bzw. »Künstlerin« (MÜ) den Anfängen der Welt vorordnet und sie gleichzeitig daran »mitbeteiligt« (Spr 8,22–31). Nun wird aber enthüllt: durch das Wort, das Fleisch wurde (Joh 1,14), sind »alle Dinge gemacht« (Joh 1,3; 1 Kor 8,6); »alles besteht in ihm« (Kol 1,17); durch ihn ist »die Welt gemacht« (Hebr 1,2). Aber nicht nur »durch ihn«, sondern auch »zu ihm« ist alles geschaffen (Kol 1, 16).Damit ist das Geschichts- und S.handeln Gottes näher bestimmt und entfaltet als sein Heilshandeln, das in Jesus Christus seine letzten Bezüge hat.

B) DIE DAHINGEGEBENE SCHÖPFUNG.
Mitten hinein in die Harmonie der »guten« S. Gottes (1 Mo 1) schrillt die Dissonanz der Sünde. Der Mensch, der mit Gottes Odem begabt war und in abbildhafter Weise sein Beauftragter in der S. sein sollte, gesellt sich der gottfeindlichen Macht. Sein Fall, der über die ganze, durch ihn gleichsam repräsentierte Menschheit Schuldverhängnis und Tod bringt, zieht die ganze S. mit ins Verderben (1 Mo 3,17f; Röm 5,12ff), aus dem sie nach Erlösung seufzt (Röm 8,19f). Die ganze Welt wird Einflußgebiet und Machtbereich des Satans, des »Gottes«, des »Fürsten« dieser Welt (2 Kor 4,4; Eph 2,2; Joh 12,31; 16,11; Mt 4,8.9). Als »diese Welt« (Hebr 9,11), die zu Gottes Welt in radikalen Gegensatz tritt, ist die S. nun der Nichtigkeit unterworfen (Röm 8,20), die Menschheit ist unter dem Ungehorsam, unter den Unglauben beschlossen (Röm 11,32). Obwohl sich Gott noch in dieser dahingegebenen S. »nicht unbezeugt läßt« (Apg 14,17) und dadurch dem Menschen jede Entschuldigung nimmt, ist dessen Herz so in den Ungehorsam verfinstert, daß er Gottes S.-ordnung verkehrt (Röm 1,19ff).

C) DIE NEUE SCHÖPFUNG.
Wenn in Jes 11,6f; 65,25 die Aufhebung des Unfriedens, der die gefallene S. kennzeichnet, verheißen ist und dieses Zeugnis mit dem Ausblick auf die »Rute aus dem Stamme Isais« (Jes 11,1) verbunden wird, dann ist damit ausgesprochen, daß Gott für die in den Fall hineingerissene S. einen Erneuerungsplan (vgl. Eph 1,10; Kol 1,18ff) nach seinem eigentlichen Liebeswillen hat: »Gott hat darum alle zusammen in Ungehorsam verschlossen, um allen Erbarmen widerfahren zu lassen« (Röm 11,32). Was er seit Beginn der Welt geplant, aber verborgen hat, tut er »jetzt«, da die Zeit erfüllt ist, in Christus und läßt es kundmachen (Röm 16,25; 2 Tim 1,10; Eph 1,9; Kol 1,26; Gal 4,4). Mit der Erlösungstat Christi, der der »Anfang der (neuen) S. Gottes« ist (Offb 3,14; Kol 1,18), verliert der Satan sein Anklagerecht gegen die Jünger Jesu vor Gott (Lk 10, 18; Joh 12,31) und somit auch sein absolutes Herrschaftsrecht in dieser Welt: Wer durch die Wiedergeburt hindurch ein Mensch »in Christus« geworden ist, der ist eine »neue«, wenn auch noch verborgene, d. h. innerweltlich nicht aufzeigbare (Kol 3,3), »S.« (2 Kor 5,17; Gal 6,15; vgl. Eph 4,24; Kol 3,10; Joh 1,13), »geschaffen in Christus Jesus zu guten Werken« (Eph 2,10), während er zuvor dem »Fleisch«, d. h. der unter der Herrschaft des Satans stehenden und von Gott dahingegebenen S., verhaftet war. Mit seiner Verwandlung in das Bild Jesu »von einer Herrlichkeit zur andern« (2 Kor 3,18 RÜ) wird die verschüttete Gottebenbildlichkeit wieder hergestellt (Kol 3,10; Eph 4,24; Röm 8,29; 1 Kor 15,49).

Wenn der Wiedergeborene aber nicht mehr dieser Welt, sofern sie noch vom Satan bestimmt wird, verhaftet ist, wenn er also zu ihr in befreiende Distanz getreten ist, wandelt sich auch sein Verhältnis zu den Dingen dieser Welt. »In Christus« erkennt er, daß diese Welt mit ihren Dingen gefallen, unerlöst ist, und zwar durch ihren Bezug zu gottfeindlichen Mächten, nicht aber »durch sich selbst« (Röm 14,14; vgl. Mk 7,14ff; 1 Kor 10,26; auch Kol 2,21f; Tit 1,15). Durch die Danksagung werden Gottes S.-gaben von dem Glaubenden, der selbst schon »Neuschöpfung« geworden ist, wieder geehrt, und in ihrem Bezug zu Gott gesehen, sind sie gut und nicht zu verwerfen (vgl. 1 Tim 4,3–5).
Die Neuschöpfung in der → Wiedergeburt des einzelnen Gläubigen mitten in dieser dahingegebenen Welt weist endlich darauf hin, daß diese ganze S. eine »Wiedergeburt« erleben wird (Mt 19,28). Der Himmel und die Erde von 1 Mo 1,1 werden vergehen (Mk 13,31) und einem »neuen Himmel« und einer »neuen Erde« weichen (Offb 21,1; 2 Petr 3, 13), »in welchen Gerechtigkeit wohnt«. Diese neue S. ist zugleich die »öffentliche Offenbarung« des Christus wie auch die Herrlichkeitsoffenbarung der Seinen (Kol 3,4), sie bringt die endliche Befreiung der seufzenden Gesamtschöpfung (Röm 8,21).

Schornstein bezeichnet in Hos 13,3 eine Öffnung oder ein Fenster, durch das der Rauch abzog. Einen S. in unserem Sinn gab es nicht.

Schoß. I, 1) Im S. (hebr. *chekh)*, dem beim Sitzen gebildeten Winkel in der Mitte des Körpers, hegt man Kinder (1 Kö 17,19), Geliebte (2 Sam 12,8) und Tiere (2 Sam 12,3). Auch das hebr. Wort für »Knie« *(birkajim)* wird manchmal mit S. übersetzt. Delila läßt Simson mit seinem Kopf auf ihren Knien schlafen (Ri 16,19). Wenn man ein neugeborenes Kind auf den Schoß setzt (Hi 3,12), so versinnbildlicht man damit seine Aufnahme in die Familie. In Rt 4,16 übernimmt Naemi mit dieser Handlung die Pflege ihres Enkels; 1 Mo 30,3 handelt es sich um Annahme an Kindesstatt.
Im NT ist mit »S«. (griech. *kolpos* Brust, Busen) der Ehrenplatz an der → Brust oder in den Armen meist des Gastgebers gemeint (vgl. Joh 13,23.25; 21,20). So wird auch von Abrahams S. (Lk 16,22.23) oder vom S. des Vaters (Joh 1,18) gesprochen.
2) S. bezeichnet aber auch wie → Busen den Bausch des gegürteten Gewandes, der als Tasche diente. Der Untätige steckt die Hand dort hinein (Ps 74,11), man verwahrt dort Geschenke (Spr 21,14) und Lohn (Lk 6,38). Weiter benutzt man den Gewandbausch zum Werfen und Schütteln des Loses (Spr 16,23). Auch in 2 Sam 12,3 ist viell. an das Kleid gedacht, in dessen Falten das Lamm schlief (vgl. Jes 40,11).
3) In übertragenem Sinn steht S. für den Mutterleib (Hi 31,15; Ps 22,11; Jes 49,1) oder für das Innere des Leibes überhaupt (Hi 19,27), auch als den Sitz der Empfindungen (Ps 89,51).
II) Eine Steuer, Abgabe. Das Wort wird zur Bezeichnung pers. (Es 4,13–20; Neh 5,4) u. röm. Steuern (Lk 20,22; 23,2) verwendet. Vgl. → Abgaben.

Schranken. Paulus benutzt 1 Kor 9,24–26 das Bild des sportlichen Wettkampfes in Griechenland, wobei der Läufer in einer von S., Absperrungen, eingefaßten Bahn läuft. Wie der Wettläufer ist auch der Apostel in seinem Dienst allein vom Ziel her bestimmt. Vgl. → Spiel III.

Schrecken. I) S. ist im Gegensatz zur langdauernden → Angst oder → Furcht ein plötzliches Zusam-

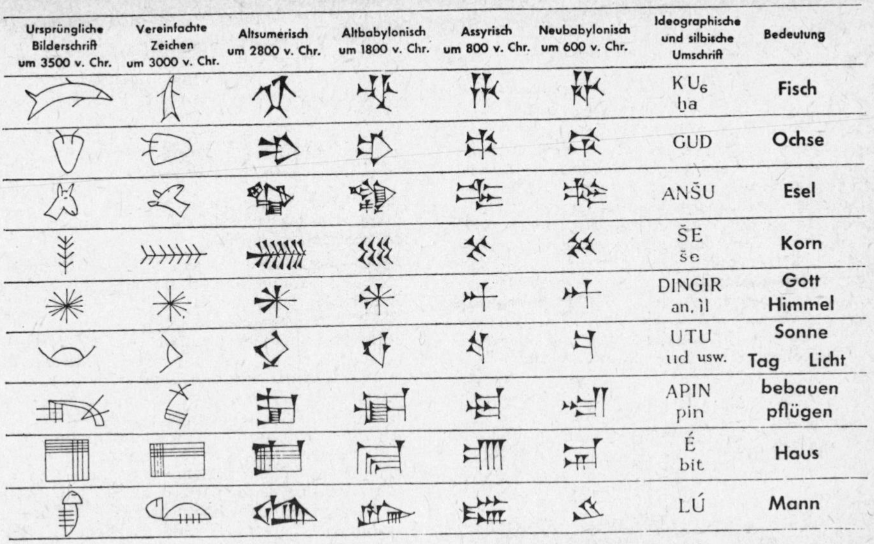

Übersicht über die Entwicklung der mesopotamischen Bilder- und Keilschrift, deren Zeichen sowohl Begriffe wie Silben darstellen können. Die von den nichtsemitischen Sumerern entwickelte Bilderschrift mit gebogenen Linien wurde in einzelne Striche (Keile) aufgelöst, die sich in den weichen Ton leichter eindrücken ließen. Die altbabyl. Keilschrift (4. Spalte) gehört etwa in die Zeit Abrahams. Unter Nebukadnezar (um 600 v. Chr.) vereinfachte man die Schrift stark; in dieser Form fand sie noch bis ins 1. Jh. n. Chr. Verwendung.

menfahren (vgl. im Dt. Heu-»schrecke« = Heu-»springer«), bei welchem der Herzschlag stockt und das Denken ausgeschaltet ist, so daß der Mensch in diesem Augenblick ohne Möglichkeit der Abwehr dem ausgeliefert ist, was über ihn kommt.

II, 1) Diese Wirkung geht grundsätzlich von dem → heiligen Gott aus, darum wird er immer wieder schrecklich genannt (2 Mo 15,11; 5 Mo 10,17 u. ö.). Wo er in der → Herrlichkeit seines Wesens erscheint, muß alles Geschaffene erschrecken. Er braucht dabei nicht selbst hervorzutreten, schon seine Offenbarungen erschrecken alle Menschen (2 Mo 19,16–25; Ps 97,3–5; Hebr 12,21), ob er nun in die Geschichte der Völker eingreift (Jes 23,11; Ri 4,15) oder in die Natur (Ps 83,16), oder auch nur seine Stimme hören läßt (2 Mo 20,19). Darum begegnet Gott den Propheten in Träumen und Gesichten (4 Mo 12,6), und auch vor denen erschrecken sie noch (Dan 7,15; 8,17). Jede Begegnung mit Gott zwingt die Menschen zur Erkenntnis ihrer Ohnmacht (→ schwach) und Verlorenheit. Bes. gilt dies, wo Gott einen Gerichtstag über Völker hält (Ps 76,8.9). Immer wieder wird der S. des → Tages des Herrn ausgemalt (Jes 34; Jo 2), vor dem kein Mensch fliehen kann (Jes 2,5–22; 13,6–10; Ps 139,7–11). Auch unter dem neuen Bunde bleibt es schrecklich, in die Hände des lebendigen Gottes zu fallen, d. h. von ihm persönlich angefaßt zu werden (Hebr 10,31). Wenn Gott sich aber verbirgt und abwendet, ist dies ebenfalls Anlaß zum Erschrecken (Ps 30,8).

2) Wir übersehen oft, daß in Christus die ganze Fülle der Gottheit leibhaftig wohnt (Kol 2,9), so daß von ihm der gleiche S. ausgeht wie vom Vater. Diesen S. lernt zu seinem Heil jeder kennen, dem der Herr in seiner Herrlichkeit erscheint, wie es auch die Jünger erlebten, die den Herrn doch in seiner Niedrigkeit so gut kannten (Mt 17,6; Offb 1,17). Wenn er – gerade als das Lamm – seinen Zorn walten läßt, werden Erde und Himmel bewegt, und die Menschen suchen den direkten Weg in die Tiefe der Erde, um dem Lamm nicht begegnen zu müssen (Offb 6,12–17). Auch wenn der Herr in seiner Herrlichkeit Wohltaten erweist, überfällt den Menschen der S., weil er sich in seiner Unwürdigkeit und Sünde erkennt (Lk 5,8). Dieser S. vergeht, aus ihm erwächst aber die → Furcht des Herrn, ohne die man nicht zur Erkenntnis gelangt (Spr 1,7). Christen, die von der Furchtbarkeit Gottes wissen, suchen darum Menschen zu gewinnen (2 Kor 5,10.11 EÜ, MÜ, ZÜ).

3) Einen Abglanz himmlischer Herrlichkeit tragen auch die Engel. Ihre Überlegenheit über den Menschen wirkt so stark, daß Johannes vor ihnen zu Boden fällt, um sie anzubeten (Offb 19,10). Da ist es verständlich, daß auch andre Menschen vor Engeln erschrecken (Lk 1,12), vor der von ihnen überbrachten Botschaft (Lk 1,29; Dan 8,17.18) oder vor dem Schwert in der Hand eines Engels (1 Chron 21, 30).

III) Auch Menschen können S. erregen, wenn sie uns unvermutet mit überlegener Macht überfallen (1 Sam 14,15). Wenn Gott seinem Volk zum Sieg verhelfen will, sendet er S. unter die Feinde (2 Mo 23,27; 5 Mo 11,25; Ri 4,15; 7,21f; 2 Kö 7,6f).

Auch die plötzliche Begegnung mit einem Menschen, dem man Unrecht getan hat, kann S. verursachen (1 Mo 45,3). Stärker noch ist der S. des erwachenden Gewissens, wenn jemand uns im Auftrag Gottes seine Wahrheit sagen muß (1 Sam 28,20).

Wer aber aus dem heilsamen Erschrecken vor Gott die rechte Gottesfurcht lernte und danach lebt, braucht vor Menschen nie mehr zu erschrecken oder sie zu fürchten (5 Mo 20,3.4; Jer 1,17–19; Mt 24, 6; Joh 14,1.27; 1 Petr 3,14).

Schreiber, schreiben → Schrift, Schreiber, schreiben

Schreien → Ruf

Schrift, Schreiber, schreiben. I, 1) Das Auftreten der Schrift kennzeichnet den Übergang von der Vorgeschichte zur Geschichte. Neben die stummen Zeugen der ausgegrabenen Kulturreste, die erst die heutige, nachträgliche Deutung verständlich zu machen und einzuordnen versucht, tritt mit der Schrift die sprachliche Aussage, der gleichzeitige Bericht, das unersetzbar wichtige zeitgenössische Datum (vgl. → Jahr II; → Zeitrechnung), der urspr. Eigentumsvermerk. Völker, Städte (vgl. Abb. Sp. 445/6) und Einzelpersonen können wir jetzt mit ihren eigenen → Namen benennen, ja sie stellen sich manchmal geradezu vor (vgl. Abb. Sp. 888). Erst mit der Schrift beginnen für uns die Zeiten und Menschen der Vergangenheit im vollen Sinn zu reden.

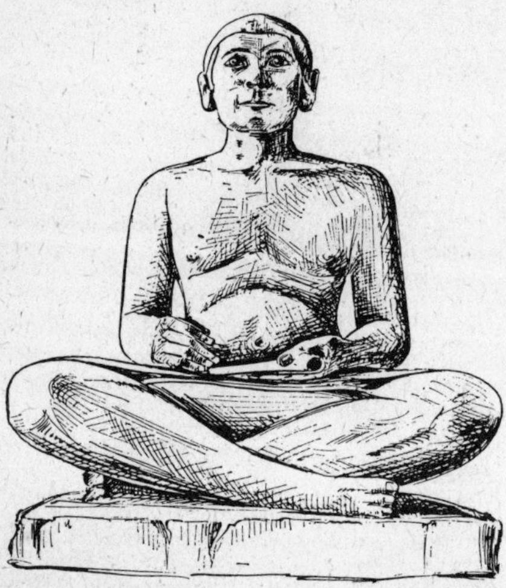

Bemalte Kalksteinstatue eines ägypt. Schreibers (aus Sakkara, um 2500 v. Chr.)

2) Am Anfang der Schriftentwicklung, die wir in Mesopotamien bis in die 2. Hälfte des 4. Jt. v. Chr., in Ägypten bis in den Beginn des 3. Jt. v. Chr. zurückverfolgen können, steht überall die Bilderschrift. Hier werden Worte und Begriffe durch die entsprechenden, im Lauf der Zeit ständig vereinfachten Zeichnungen und Bilder ausgedrückt (vgl. Abb.). Vervollkommnet wird diese Schrift dadurch, daß die einzelnen Worte oder Lautgruppenzeichen teilweise von ihrer Bedeutung gelöst werden und nun auch für die lautlich entsprechenden Silben anderer Wörter eintreten können. Dies ganze Schriftsystem bleibt aber stets kompliziert und kommt nicht ohne mehrere Hundert Zeichen aus.

Den entscheidenden Schritt zur Vereinfachung bedeutet hier die Erfindung der reinen Lautschrift des → Alphabets, die jedes Wort aus seinen Einzelbestandteilen, den Buchstaben, zusammensetzt. Im Vorderen Orient beschränkte sie sich dabei auf die Konsonanten, Vokalzeichen fügten erst später die Griechen hinzu. Jetzt waren nur noch bis etwa 30 Zeichen erforderlich.

3) Formal behielten die ägypt. Hieroglyphen den Charakter der Bilderschrift stets bei (Taf. 4b/33; 76c/1185 oben), daneben entwickelte sich jedoch die hieratische und demotische (Taf. 76c/1185 Mitte) Schreibschrift (vgl. → Ägypten III). In Mesopotamien wurden die urspr. Bilder dagegen schon früh in einzelne Striche – oder nach ihrer Form besser

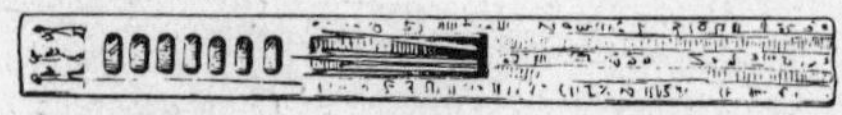

Ägypt. Schreibgerät. Im Schlitz stecken die Schreibrohre, daneben befinden sich die Näpfchen für die verschiedenfarbige Tinte

Keile – aufgelöst (vgl. Abb.). Diese Keilschrift erhielt sich dann ebenfalls in ihrem Charakter unverändert jahrtausendelang (Taf. 46b/705; 30/449; Abb. Sp. 445/6; 981; 1055). Zur Entwicklung der Buchstabenschrift, die ebenfalls aus der Bilderschrift herzuleiten ist, vgl. Abb. Sp. 55/6. Weitere Beispiele finden sich in zeitlicher Reihenfolge für das Moabitische auf Taf. 67a/1056; für das Frühhebr. auf Taf. 67b/1056; 82/1281; Abb. Sp. 895; Taf. 12b/161; Abb. Sp. 443; 534; für das Spāthebr. auf Taf. 37/576; für das Griech. auf Taf. 76c/1185 unten; Abb. Sp. 10; Taf. 84b/1313; Abb. Sp. 351; 434; 383; Taf. 38/577 und für das Samaritanische auf Taf. 18b/257. Im Samaritanischen haben sich die Formen des Frühhebr. erhalten, während das Spāthebr. durch die Übernahme der bis heute gebräuchlichen, ursprünglich aram. Quadratschrift (Abb. Sp. 57) gekennzeichnet ist. In dieser Schrift ist uns der MT (→ Masora) des AT überliefert.

II) Soweit man für die Dauer bestimmte Inschriften nicht in Stein meißelte (Taf. 4b/33; 67a/1056; 82/1281; 84b/1313), benutzte man vor allem in Mesopotamien die Tontafel (vgl. → Tafel), in die die Zeichen mit dem → Griffel eingeritzt bzw. eingedrückt wurden, das fertige Schriftstück wurde dann getrocknet oder gebrannt (Taf. 30/449). Auf dem gleichen Prinzip beruhte die mit Wachs überzogene Schreibtafel aus Holz oder Elfenbein (Taf. 79a/1248), die man allerdings meist nur für vorläufige Notizen verwendete. Mit → Tinte schrieb man auf Papyrus (Abb. Sp. 243; 383; → Buch II), Leder (Taf. 37/576) und → Pergament (Taf. 38/577), für → Briefe und kurze Aufzeichnungen aber auch auf Tonscherben (Ostraka; Taf. 12b/161), in die man die Buchstaben gelegentlich auch einritzte. Der Berufsschreiber trug sein Schreibzeug am Gürtel (Hes 9,2.3.11), d. h. Schreibmaterial, Tintenbehälter, Rohrfeder und das Schreibmesser (Jer 36,23) zum Anspitzen der Feder. Vgl. weiter → Brief, → Buch, → Handschriften vom Toten Meer.

III, 1) In Mesopotamien und Ägypten wurden die für die Regierung und Verwaltung (vgl. Es 4,8; Est

Haltung des Griffels beim Beschreiben einer Tontafel mit Keilschrift; vgl. Abb. Sp. 1237

3,12; 8,9) benötigten Beamten und Schreibkräfte (Taf. 79a/1248; Abb. Sp. 802) in bes. Schreiberschulen ausgebildet. Manche wichtigen Literaturdenkmäler sind uns nur in oft sehr fehlerhaften Schreibübungen erhalten geblieben; die Wort- oder Vokabellisten der Schulen haben auch dem modernen Forscher zum Verständnis der Keilschrifttexte wesentliche Hilfe geboten. Die Archive von → Mari, → Ras Schamra, Alalach, Nuzi und anderen Orten und die zahlreichen Urkunden und Aufzeichnungen

Assyr. Schreiber Thiglath-Pilesers III. Der linke schreibt auf einer Tontafel in Keilschrift, der rechte hält eine Papyrus- oder Lederrolle, auf der er in aram. Sprache Aufzeichnungen macht (Relief aus Nimrud)

aus dem Rechts- und Wirtschaftsleben bezeugen die allg. Verbreitung des Schreibens im alten Vorderen Orient. Die Belege aus dem eigentlichen Palästina sind spärlicher, aber die Briefe der palästinensischen Stadtfürsten der → Amarnazeit an die Pharaonen (15./14. Jh. v. Chr.) und die Funde aus Thaanach und Megiddo aus derselben Zeit zeigen, daß das kanaanitische Gebiet hierin keine Ausnahme bildete. Für eine Schularbeit bzw. Schreibvorlage zum Üben hält man z. B. den Kalender von Geser (um 900 v. Chr.; → Jahr III), auch die 5 ersten Buchstaben des Alphabets aus Lachis (8 Jh. v. Chr.) mögen von einem Schüler stammen (vgl. Jes 10,19).

2) Die gesamte biblische Geschichte von → Abraham (VII) ab spielt also in einer Zeit und einem Raum, in denen die schriftliche Aufzeichnung auch alltäglicher Dinge durchaus geläufig war. Wir brauchen demnach im AT nicht mit einem jahrhundertelangen Abstand zwischen dem jeweiligen Geschehen und der schriftlichen Niederlegung des bis dahin mündlich tradierten Berichts davon zu rechnen (vgl. auch → Mose; → Mosebücher; → Geschlechtsregister II). In der Richterzeit erscheint es nicht ungewöhnlich, daß ein junger Mann aus Sukkoth schreiben und Gideon bzw. jemand unter seinen 300 Männern lesen kann (Ri 8,14).

3a) Als bes. Hofamt der isrl. Könige von David bis Zedekia wird neben dem des → Hofmeisters und des → Kanzlers (1) das des Schreibers genannt (2 Sam 8,17; 1 Kö 4,3; 2 Kö 12,11[10]; 18,18; 22,3; Jer 37,15), der wahrscheinlich der persönliche Sekretär des Herrschers war. Z. Zt. des Joas und Josia hatte er auch die Aufsicht über das zur Ausbesserung des Tempels gesammelte Geld (2 Chron 24,11; 2 Kö 22,3–7).

b) Weiter werden Schreiber in der Tempel- (1 Chron 24,6; 2 Chron 34,13), Zivil- und Militärverwaltung genannt (Jes 33,18; 2 Chron 26,11; 2 Kö 25,19; Jer 52,25). Dabei scheinen levitische Schreiber (1 Chron 24,6; 2 Chron 34,13) auch außerhalb der Angelegenheiten des Heiligtums und Gesetzes tätig gewesen zu sein (vgl. 1 Chron 26,29–32). Wie andere Berufe konnte auch der des Schreibers zur Familientradition werden (1 Chron 2,55).

c) Offenbar ist aus den Schreibern, die die heiligen Schriften des AT vervielfältigten und auch die Aussprüche der Propheten aufzeichneten (Jer 36,4.26. 32), im Lauf der Zeit auch der Stand der → Schriftgelehrten hervorgegangen (vgl. Jer 8,8). Gelegentlich ist unklar, ob man es noch mit einem Schreiber (Neh 13,13 EÜ, ZÜ) oder schon mit einem Schriftgelehrten (LÜ) zu tun hat, daher weichen die Übersetzungen voneinander ab.

Schrift, Heilige bezeichnet im christlichen Sprachgebrauch die Sammlung der biblischen Bücher des AT und NT (→ Testament, Altes und Neues).

Gliederung des Artikels:

I) GRUNDLAGE.

A) WORTGEBRAUCH.

Die Schreiber der ntl. Schriften verwenden eine Reihe von Ausdrücken synonym für HS.

1) Heilige Schrift, Schriften, Schrift. Die Worte »Heilige Schrift« stehen zweimal in der Bibel (Röm 1,2; 2 Tim 3,15) und bezeichnen dort die atl. Schriften, die in Röm 16,26 »prophetische Schriften« (vgl. Mt 26,56; 2 Petr 1,19) genannt werden. In 2

Petr 3,16 werden die Paulusbriefe im Zushg. mit den »übrigen (heiligen) Schriften« erwähnt.
Häufig und durchgängig mit der gleichen Bedeutung wie HS verwenden die ntl. Autoren die Bezeichnung »die Schriften« (Mt 21,42; Lk 24,27; Joh 5,39; Apg 17,2; 1 Kor 15,3.4) oder »die Schrift« (Mk 15,28; Joh 2,22; Jak 4,5; 1 Petr 2,6), wobei die Einzahl entweder die Gesamtheit des AT (Joh 10,35; Gal 3,22; 1 Petr 2,6) oder meistens eine bestimmte atl. Stelle ausdrückt (Lk 4,21; Joh 19,24.28.36.37; Apg 8,32. 35; 1 Tim 5,18).
Wendungen wie »die Schrift sagt« (Joh 7,42), »die Schrift verkündet« (Gal 3,8), »die Schrift hat alles unter die Sünde eingeschlossen« (Gal 3,22) lassen einen personhaften Sprachgebrauch erkennen.

2) Das Gesetz in Joh 10,34; 12,34; 1 Kor 14,21 ist gleichbedeutend mit »die Schrift«. Auch das Gesetz »spricht« oder »sagt« (Röm 3,19; 7,7; 1 Kor 9,8), »wirkt« (Röm 4,15); vgl. → Gesetz I B; II A; IV D.

3) Das Gesetz und die Propheten (Lk 16,16; vgl. Mt 11,13; Röm 3,21).

4) Mose und die Propheten (Lk 16,29; 24,27; Apg 28,23).

5) Die Schriften der Propheten, alle Propheten, im Buche der Propheten, in den Propheten (Mt 26,56; Apg 3,18.24; 13,40; 7,42; 15,15; 24,14; 26,22.27).

6) »Mose sagt« (Röm 10,19) wird im gleichen Sinne wie »die Schrift sagt« angeführt; »Mose schreibt« (Röm 10,5), »Mose hat geschrieben« (Mk 12,18; Lk 20,28). »David sagt« (Lk 20,42; Mk 12,36; Röm 11, 9). »Jesaja sagt« (Röm 10,16.20; 15,12), »ruft« (Röm 9,27), »hat zuvor gesagt« (V 29), »hat geweissagt« (Mk 7,6; Mt 15,7; Apg 28,25), »wie Jesaja, der Prophet gesagt hat« (Joh 1,23; 12,41).

7) »Es heißt« (wörtlich »sagt«, Tätigkeitswort ohne Nennung des Subjektes; Röm 15,10; Gal 3,16; Eph 4,8).

8 a) Das Wort, das im Gesetz geschrieben steht (Joh 15,25). Das Wort des Propheten Jesaja (Joh 12, 38), das Wort Jesu (Joh 18,32), das Wort, das geschrieben steht, soll »erfüllt« werden (1 Kor 15,54); vgl. → Wort. Das im Paulusbrief geschriebene Wort beansprucht Gehorsam (2 Thess 3,14).
b) Das Wort Gottes, das Wort des Herrn. Jesus beschuldigt die Pharisäer, daß sie durch ihre eigenen Überlieferungen (»ihr aber sagt«, Mk 7,11) das Wort Gottes (»denn Mose hat gesagt«, V 10) ungültig machen (V 13). Jesus gebraucht in Joh 10,34 –35 Gesetz, Wort Gottes und Schrift ohne Unterscheidung.
Die vergegenständlichte oder personhafte Ausdrucksweise ist hier besonders deutlich: das Wort Gottes wächst (Apg 6,7) und mehrt sich (Apg 12,24; vgl. Lk 8,11), es muß vollendet werden (Kol 1,25). Es ist nicht gebunden (2 Tim 2,9), es ist lebendig, wirksam und beurteilt die Überlegungen der Herzen (Hebr 4,12), es bleibt ewig (1 Petr 1,23). Jesus Christus wird als das lebendige Wort Gottes erkannt (Joh 1,1f), das Menschengestalt angenommen hat (Joh 1,14; Offb 19,13). Jesus sagt, daß seine Worte ebenso wenig vergehen werden wie das Gesetz und die Propheten (vgl. Mt 5,17–18 mit 24,35; Mk 13, 31; Lk 21,33). Nach der Auferstehung glaubten die Jünger der »Schrift« (atl. Stelle) »und dem Worte, das Jesus gesprochen hatte« (Joh 2,22). Für sie gehörte beides zusammen. Wer den Schriften nicht glaubt, glaubt auch den Worten Jesu nicht (Joh 5, 46–47).
9) Der wechselseitige Gebrauch der verschiedenen Ausdrücke. Derselbe Ausspruch: »Heute, wenn ihr seine Stimme hört, so verhärtet eure Herzen nicht« (Ps 95,7–8) wird einmal als von David stammend zitiert (Hebr 4,7), das andere Mal mit »der Heilige Geist sagt« (Hebr 3,7) eingeleitet. Oft wird eine Aussage von zwei Gesichtspunkten aus gesehen: einmal spricht der Mensch (»David selbst hat im heiligen Geist gesagt«, Mk 12,36), das andere Mal spricht Gott (»der heilige Geist hat durch den Mund Davids gesagt«, Apg 1,16), jedesmal aber ist die HS, bzw. eine Schriftstelle gemeint.

B) BEDEUTUNG DES WORTGEBRAUCHS.

1) Die biblischen Aussagen über die HS sind Ausdruck einer ganzheitlichen Denkweise, welche durch ein besonderes Wirklichkeitsverständnis geprägt ist: die Propheten und Apostel, das Gottesvolk am Sinai und die Urgemeinde der Jünger Jesu leben aus der unmittelbaren Gewißheit, daß Gott redet. Alle Schriften der Bibel sind von dieser einen Grundgewißheit erfüllt und bestimmt: Gott redet, der Mensch höre. Die Hörenden sind derart direkt von dieser Gewißheit ergriffen, daß sie mit derselben Unmittelbarkeit »die großen Taten Gottes« (Apg 2, 11) verkünden (Apg 4,10.13.20), bezeugen (1 Joh 1, 1–3), schreiben (V 4; Joh 21,24) und rühmen (Phil 1,20) müssen unter Hingabe ihres Lebens (1 Kor 9, 16). Ihr ganzes Leben ist eine → Antwort (II, 1–2) auf das Reden Gottes.

2) In der hebr. Sprachwelt herrscht das Tätigkeitswort vor. Seine Zeitformen sind nicht scharf unterschieden. Im Gegensatz zum analysierenden und generalisierenden Begriffsdenken des Griech. betont die hebr. Sprache das konkrete Geschehen. Studium und Auslegung der HS müssen diese ganzheitliche und unmittelbarere Weise des atl. und, davon geprägt, des ntl. Sprachdenkens voll berücksichtigen.
3) Aus dem Wortgebrauch von HS in der Bibel darf man im Blick auf ihre besondere Sprachgestalt folgende Deutung geben: Die Bibel ist nach ihrem Zeugnis Gottes Wort im Menschenwort. Die Autorität ihres Inhaltes stammt aus dem lebendigen Wort Gottes. Darum sind ihre Aussagen maßgebend (vgl. unten III).

C) DIE STELLUNG DER HS.

1) Im AT. Nach dem Zeugnis der atl. Schriften hat Gott sich ein Volk aus Liebe erwählt, um ihm seinen Willen kundzutun. Der im → Bundesbuch aufgeschriebene Gotteswille soll von Geschlecht zu Geschlecht befolgt und weitergegeben werden.

a) »Höre Israel: der Herr, unser Gott, ist *ein* Herr, und du sollst den Herrn, deinen Gott, lieben von ganzem Herzen, von ganzer Seele und mit aller deiner Kraft. Und diese Worte, die ich dir heute gebiete, sollen dir ins Herz geschrieben sein, und du sollst sie deinen Kindern einschärfen, und du sollst davon reden, wenn du in deinem Hause sitzest und wenn du auf dem Wege gehst, wenn du dich niederlegst und wenn du aufstehst« (5 Mo 6,4–9). In der herzlichen Liebe zu Gott wird dessen Wille das gesamte Leben prägen, bis hinein in das Familienleben, die Arbeit und den Schlaf. Gottes Wort ist lebendig und schafft Leben, dort, wo es Liebe und Gehorsam findet. »Nehmt zu Herzen alle Worte, damit ihr sie euren Kindern anbefehlt, daß sie alle Worte dieses Gesetzes getreulich erfüllen, denn es ist kein kraftloses Wort für euch, sondern es ist euer Leben« (5 Mo 32,45–47).
b) Das Buch Josua läßt die gleiche Grundhaltung erkennen: »Sei recht fest und unentwegt, genau zu tun nach allem, was dir mein Knecht Mose geboten hat; weiche nicht davon, weder zur Rechten noch zur Linken, auf daß du Glück habest auf allen deinen Wegen. Von diesem Gesetzbuch sollst du allezeit re-

den und darüber nachsinnen Tag und Nacht, daß du genau tust nach allem, was darin geschrieben steht« (Jos 1,7–9). Mit den gleichen Worten, die Josua am Anfang seines Weges gegeben wurden, ermahnt er das Volk auch am Ende seiner Wirksamkeit (Jos 23,7). Für die Liebe zu Gott steht zum ersten Mal jenes Wort der völligen Hingabe, das hinfort zum höchsten Gleichnis für die Beziehung zwischen Gott und Menschen dient: »Dem Herrn, eurem Gott, sollt ihr anhangen« (Jos 23,8; 22,5 vgl. 1 Mo 2,24; Mt 19,5; Eph 5,31; 1 Kor 7,35; 6,17; König Hiskia: 2 Kö 18,6; vgl. auch die Propheten: Jer 2,2; Jes 62,4.5; Hos 2,21f[19f]).

c) Die Königsbücher geben ein eindrückliches Beispiel von der Stellung der HS (2 Kö 22; → Josia). Nach dem »Königsgesetz« (5 Mo 17,18–20) sollte jeder König eine Abschrift des Gesetzbuches machen lassen und »sein Leben lang darin lesen, damit er den Herrn, seinen Gott fürchten lerne, und alle Worte dieses Gesetzes und diese Satzungen getreulich halte«. Offensichtlich wurde diese Anweisung von den Königen nicht mehr befolgt. Josia ist höchst überrascht, als ihm der Inhalt des bei der Tempelausbesserung wiedergefundenen Gesetzbuches vorgelesen wird. Erschrocken über den im Buch ausgesprochenen Fluch (man denkt etwa an 5 Mo 28) tut er Buße und ordnet eine durchgreifende Reform im ganzen Lande an auf Grund der Vorschriften des Gesetzbuches. Gott gibt ihm Gehör und Gelingen, denn »seinesgleichen ist vor ihm kein König gewesen, der sich so von ganzem Herzen und von ganzer Seele und mit aller seiner Kraft zum Herrn bekehrte, ganz nach dem Gesetz Moses« (2 Kön 23,25). Aber nach dem Tode Josias verfällt das Volk wieder dem Götzendienst, bis es nach Babel deportiert und Jerusalem zerstört wird.

d) Die Schriftpropheten. Das unmittelbare Offenbarung bezeugende Auftreten der Propheten mit den Worten: »So spricht der Herr« schließt auch ihre ständige Berufung auf die göttliche Autorität des in Geboten und Satzungen niedergeschriebenen Gotteswillens ein. »Sie (das Volk Israel) haben die Gebote übertreten, die Satzung verletzt, den ewigen Bund gebrochen« (Jes 24,5). Unablässig kehrt diese Anklage wieder (Jes 5,24; 42,24; Jer 6,19; 9,13–14; 26,4–6; 32,23; 44,10.23; Hes 44,23–24; Hos 4,6; Sach 7,12; Am 2,4; Mal 2,4–8). Die Propheten verkünden keine andere Botschaft als diejenige vom liebenden Anhangen an den Herrn und von den furchtbaren Folgen des Abfalles. Der Weg des Volkes durch die Jahrhunderte seither ist ihnen zu einem lebendigen Zeugnis geworden für die Wahrheit des Wortes Gottes, das sie an ihrem Volke sich erfüllen sehen in Fluch und Segen.

e) → Esra, der aus der babyl. → Gefangenschaft (III,3 u. IV) zurückkehrte, »war ein Schriftgelehrter, wohlbewandert im Gesetz Moses, das der Herr, der Gott Israels, gegeben hat« (Es 7,6). Er war es, der unter den aus dem Exil zurückgekehrten Juden die HS wieder zur Geltung brachte.

Esra las der versammelten Gemeinde »Tag für Tag aus dem Gesetzbuche Gottes vor« (Neh 8,18). Das durch Leiden und neue Schuld gedemütigte Volk war bei der Vorlesung des Gesetzes so erschüttert, daß es weinte und auf »die Freude am Herrn« hingewiesen werden mußte (V 9.10). Der Prophet Hosea hatte dem Volk gesagt, daß es aus Mangel an Erkenntnis (des Gesetzes) zugrunde gehe (Hos 4,6). Um der Vergeßlichkeit des Volkes entgegenzuwirken (das → Laubhüttenfest war z. B. seit Josua nicht mehr recht gefeiert worden [Neh 8,17]), führte Esra die regelmäßige Vorlesung der HS ein (→ Esra IV, 3), die bis in die ntl. Zeit weitergeübt wurde: »So las man dann aus dem Buche des Gesetzes Gottes Abschnitt für Abschnitt vor und erläuterte es, so daß die Leute auf die Vorlesung acht hatten« (Neh 8,8). Er brachte dadurch die in 5 Mo 6,6–9.12 gegebene Anweisung zur praktischen Auswirkung. Die reinigenden Folgen auf Gottesdienst und Sitte des Volkes blieben nicht aus (→ Gefangenschaft V).

f) Die Stellung der atl. Gemeinde zur HS ist unübertrefflich zusammengefaßt in der Seligpreisung von Ps 1, also in der Einleitung zu den 150 Psalmen, die das Gebetsbuch der atl. wie der ntl. Gemeinde genannt werden können: »Wohl dem Manne, ... der seine Lust hat am Gesetz des Herrn und über sein Gesetz sinnt Tag und Nacht. Der ist wie ein Baum, gepflanzt an Wasserbächen, der seine Frucht bringt zu seiner Zeit und dessen Blätter nicht verwelken, und alles, was er tut, gerät ihm wohl.« Wenn die unbewußten und unerforschbaren Tiefen des menschlichen Herzens durch den ständigen und liebenden Umgang mit der HS in Gottes Wort verwurzelt werden, so geht von ihm eine verborgene Heilwirkung auf den Menschen aus (vgl. Jer 17,7–10; Hebr 4,12.13) und bringt ihn zur wahren Fruchtbarkeit.

2) Im NT (für diesen ganzen Abschnitt vgl. auch unten III B u. C 1).

a) Die JUDEN z. Zt. Jesu pflegten in ihren Synagogen (→ Schule) die von Esra eingeführte Schriftlesung mit darauffolgender Erklärung (vgl. Lk 4,16–27; 2 Kor 3,14.15; Apg 15,21). Nicht die Schriftgelehrten, welche den Anspruch erhoben, die allein richtige Schriftauslegung zu besitzen, sondern Männer aus dem Volk teilten sich in diese Aufgabe. Die Thora stand ganz im Mittelpunkt dieses jüd. Wortgottesdienstes. Knaben vom 6. Lebensjahr an wurden nicht nur von ihren Vätern gemäß den Anordnungen des Bundesbuches im Gesetz unterrichtet (5 Mo 6,7), sondern auch Lehrer in der Synagoge unterwiesen sie im Lesen und Schreiben.

b) Für die APOSTEL und JÜNGER des NT sind die atl. HS, mit denen sie aufgewachsen waren, keineswegs abgetan. Dadurch, daß sie in Jesus Christus die »Erfüllung« der HS erkannten, erhält das AT erst recht eine bisher ungeahnte Aktualität, wie dies etwa bei den Juden in der Synagoge zu Beröa zu sehen ist: »Sie nahmen das Wort (des Christus) mit aller Bereitwilligkeit auf und durchforschten täglich die (atl.) Schriften, ob dies sich so verhalte« (Apg 17,11).

Die Jünger der Urgemeinde besuchten zunächst weiterhin »nach ihrer (atl.) Gewohnheit« den Tempel (Apg 2.46; 3,1) und die Synagogen (Apg 15,21; 26, 11 im Zushg.), um am Gebet und der Schriftlesung teilzunehmen. In der anschließenden Schrifterklärung benützten sie die Gelegenheit, wie es etwa von Apollos, der »bewandert war in den (atl.) Schriften und unterrichtet im Wege des Herrn (Jesus)«, berichtet wird, um »durch die Schriften zu beweisen, daß Jesus der Christus (d.h. der Messias) sei« (Apg 18,24–28; vgl. ferner Apg 13,5.14–15.43; 14,1; 15, 21; 17,1–3; 19,8–10; 26,11). Die atl. Schriftlesung wurde auch in den eigentlichen, von der Synagoge gelösten ntl. Gemeindeversammlungen weiter als zentrale Aufgabe ausgeübt. So ermahnt Paulus den Timotheus, der »von Kindheit an die heiligen Schriften kennt« (2 Tim 3,15): »Bis ich komme, sei fleißig im Vorlesen (vor allem der atl. HS), im Ermahnen, im Lehren!« (1 Tim 4,13). Später wurden auch ntl. Schriften in diesen Gottesdiensten vorgelesen und ausgelegt (1 Thess 5,27; Kol 4,16; Offb 1,

3 wörtlich: »selig der, welcher vorliest«). Vgl. → Gemeinde, → Gottesdienst V, 3.

c) JESUS. Lukas berichtet, wie schon der 12jährige Knabe unter den Lehrern im Tempel sitzt, ihnen zuhört, Fragen stellt und selber antwortet (Lk 2,41–52). Die Synoptiker zeigen Jesus noch vor seinem öffentlichen Auftreten im Kampfe mit dem Versucher, dem er sein dreifaches »Es steht geschrieben« entgegenhält und ihn dadurch überwindet. Bezeichnenderweise weist das Zitat, das Jesus dabei aus dem Mosebuch anführt (5 Mo 8,3), auf die Bedeutung der HS und ihrer Lebensworte: »Nicht vom Brot allein wird der Mensch leben, sondern von jedem Wort, das aus dem Mund Gottes hervorgeht« (Mt 4,1–11; vgl. 5 Mo 32,47; Jer 15,16; Joh 6,63). Jesus ist der Mensch, der vollständig aus dem Worte Gottes gelebt hat. Den Willen seines Vaters zu tun, war seine Speise (Joh 4,34; 5,30). Er stellt sein ganzes Leben, Wirken, Sterben und Auferstehen in den Dienst der Erfüllung der HS: »Ich bin nicht gekommen, aufzulösen, sondern zu erfüllen« (Mt 5, 17); »Siehe, ich komme – in der Buchrolle (der HS) steht über mich geschrieben – um deinen Willen, o Gott, zu tun« (Hebr 10,7; Ps 40,9).

Die Taufe läßt er an sich vollziehen mit dem Hinweis: »Es gebührt uns, alle Gerechtigkeit zu erfüllen« (Mt 3,15). Sein erstes Auftreten in der Synagoge beendet er nach der Verlesung eines Jesajatextes mit dem Wort: »Heute ist diese Schrift vor euren Ohren erfüllt« (Lk 4,15–44). Auch Jesus lehrt »nach seiner Gewohnheit« in den Synagogen (Lk 13,10; Mk 1,21.39; 3,1; 6,2; Mt 4,23; 9,35; 12,9; 13,54) und bezeugt am Ende seines Lebens: »Ich habe allezeit in der Synagoge und im Tempel gelehrt« (Joh 18,20; 6,59).

Übereinstimmend berichten alle 4 Evangelisten, welchen Eindruck Jesus als Lehrer der Schrift auf die Volksmenge machte (Mt 7,29; Mk 1,22; Lk 4,32; Joh 7,46). Seine Lehrvollmacht bestand darin, daß er im Gegensatz zu den Schriftgelehrten die HS auf sein eigenes Leben anwandte als der gehorsame Gottesknecht, durch den »die Schrift vollständig erfüllt« (Joh 19,28 wörtlich) werden soll.

»Auf daß die Schrift erfüllt werde«, ist dann auch ein ständig wiederkehrender Hinweis in den Schriften aller vier Evangelisten und der Apostel (Mt 1, 22; 2,15.17.23; 4,14; 8,17; 12,17; 13,14.35; 21,4; 26,54.56; 27,9; Mk 14,49; 15,28; Lk 1,45; 21,22; 22,37; 24,44; Joh 13,18; 15,25; 17,12; 18,9; 19,24. 28.36; Apg 1,16; 1 Kor 15,54; Jak 2,23).

Für Jesus steht fest: »Die Schrift kann nicht aufgelöst werden« (Joh 10,35). Wer die HS nicht liest und nicht kennt, der irrt (Mt 21,42; 22,29), wer ihr nicht gehorcht, der wird durch sie ebenso gerichtet, wie die Worte Jesu ihn richten werden (Joh 5,45; 12,48). Wer der atl. HS nicht glaubt, der glaubt auch den Worten Jesu nicht (Joh 5,47); er wird auch nicht glauben, selbst wenn Tote auferstehen und die Wahrheit der HS bezeugen sollten (Lk 16,29.31).

Unmittelbar vor seinem Kreuzestode feiert Jesus nach den Vorschriften der HS das → Passah mit seinen Jüngern. Nachdem er mit ihnen aus den Psalmen gesungen hat (Mk 14,26), geht er hinaus zum Ölberg. Zwei Psalmworte werden überliefert, die er unter den Qualen des Kreuzestodes ausruft (Mk 15, 34; Lk 23,46). Das Siegeswort am Kreuz, das Johannes berichtet (Joh 19,30), lautet: »Es ist vollbracht« und bedeutet die vollständige Erfüllung von Gottes Willen und Werk, wie er in den HS enthalten ist (vgl. V 28).

II) ENTSTEHUNG.

A) VORAUSSETZUNG.

Die HS leiten ihre Entstehung aus dem freien Offenbarungswillen Gottes ab: »Nachdem Gott vorzeiten zu vielen Malen und auf vielerlei Weise zu den Vätern geredet hat durch die Propheten, hat er am Ende dieser Tage zu uns geredet durch den Sohn« (Hebr 1,1.2). Gott hat nicht in allgemeinen Ideen, sondern »zu den Vätern«, d. h. aber in der Geschichte und in die Geschichte hineingeredet. Das auserwählte Werkzeug seiner Offenbarung ist das Volk Israel im AT und in unbedingter Endgültigkeit Jesus Christus im NT. Gottes Reden ist ein Offenbarungshandeln, das zugleich Wort und Geschehen umfaßt. »Er sprach, und es geschah; er gebot, und es stand da«, der Gott, der »das, was nicht ist, ins Dasein ruft« (Ps 33,9; Röm 4,17). Die HS berichten, deuten, vermitteln die göttliche Offenbarung. Sie sind gleichzeitig Offenbarungszeugen und Offenbarungsträger. Gottes Reden – auch durch das Mittel der HS – ist ein schöpferisches Tatwort (5 Mo 32,47; Joh 6,63; Apg 5,20), das sowohl das Geschehen, wie dessen Deutung umfaßt. Die sachliche Notwendigkeit von HS liegt darin begründet, daß Gottes Offenbarung geschichtlich ist. Was an bestimmten Orten zu bestimmten Zeiten an bestimmten Menschen geschehen ist und zu ihnen geredet wurde, soll für alle Zeiten, alle Menschen und Verhältnisse unverändert und zuverlässig weitergegeben werden (vgl. unten II C 1).

B) DER ATL. KANON.

1) Kanon bedeutet allgemein Sammlung, Auswahl, → Regel, Maßstab, Norm, schließlich Glaubensregel (Wortgebrauch: 2 Kor 10,13.15.16; Gal 6,16) und bezeichnet im besonderen die maßgebende Sammlung der HS. Der Kanon der HS ist der historisch feststellbare Ausdruck für die Autoritätsstellung der HS im Volke Gottes.

2) Durch den Bundesschluß am Sinai (→ Bund IV, 2c) besiegelt Gott seine Erwählung Israels. Die Satzungen des Bundes werden im → Bundesbuch schriftlich niedergelegt und von Anfang an in der → Bundeslade aufbewahrt. Es ist bedeutsam für das biblische Zeugnis vom Ursprung der HS, daß die Zehn → Gebote gleichzeitig mit ihrer Offenbarung auch schriftlich niedergelegt werden und zwar unter der direkten Einwirkung Gottes (2 Mo 31,18; für den bildhaften Sinn von »Finger Gottes« vgl. 2 Mo 8,19; Lk 11,20).

»Die Tafeln waren Gotteswerk, und die Schrift war Gottesschrift, auf den Tafeln eingegraben« (2 Mo 32,16). Hier ist der Ursprung jener Sicht zu suchen, welche im Wortgebrauch der ntl. Schreiber zum Ausdruck kommt, wenn sie das AT zitieren (vgl. oben IA). Die Niederschrift der Satzungen wird in 2 Mo 24,4.12 sowohl auf Mose wie auf Gott zurückgeführt: »Da schrieb Mose alle Gebote des Herrn auf« – »Die Gesetze und Gebote, die ich (Gott) aufgeschrieben habe.«

3) Die Schreibkunst war z. Zt. Moses – entgegen früherer Annahme – gut eingeführt (→ Gesetz II B); selbst → Abraham könnte, wie es in → Ur Brauch war, schon schriftliche Aufzeichnungen hinterlassen haben. Man darf – den Angaben der HS folgend – Mose einen maßgebenden Anteil in der Verfasserschaft des Pentateuch (→ Mosebücher) zuschreiben, wenn man als selbstverständliche Voraussetzung berücksichtigt, daß Mose vorhandene mündliche und schriftliche Quellen benützt und die spätere Zeit seine eigenen Aufzeichnungen im Verlaufe der geschichtlichen Entfaltung verarbeitet und ergänzt hat.

4) Von Josua wird berichtet, daß er »eine Abschrift des Gesetzes Moses« verfaßte und alle Worte des Gesetzes vorlas, »ganz wie es im Gesetzbuch geschrieben steht« (Jos 8,32.34.35; 23,6).

5) Sowohl von Samuel (1 Sam 10,25) wie von den späteren Propheten bezeugen die HS, daß sie schriftliche Aufzeichnungen verfaßt haben: »Das Wort, das vom Herrn an Jeremia erging. So spricht der Herr, der Gott Israels: Schreibe dir alle die Worte, die ich zu dir geredet habe, in ein Buch« (Jer 30,1–2; 36,2.27.28; 51,60). Der Auftrag zur Niederschrift gehört mit zur göttlichen Offenbarung an Jeremia (vgl. Offb 1,11; Hab 2,2).

6) Esra fand, wie vor ihm schon König → Josia, das Bundesbuch bereits vor (Es 7,6). Unter seinem Einfluß nahm die Aufmerksamkeit für die HS zu.

7) Die Satzungen des Bundesbuches, wie auch die Schriften der im Namen des Herrn redenden Propheten, beanspruchten, sobald sie gegeben (verkündet) waren, den sofortigen Gehorsam der Gemeinde. Die vollständige Bearbeitung und Sammlung der verschiedenen HS zum atl. Kanon hingegen war selbstverständlich einem geschichtlichen Prozeß unterworfen. Erst im 2. Jh. v. Chr. stand die in Lk 24,44 erwähnte Dreiteilung des atl. Kanons fest. Einzelne Bücher (→ Esther, → Hohelied, → Prediger) waren während längerer Zeit umstritten, was ihre kanonische Geltung anbetrifft.
Die ntl. Schreiber kennen und zitieren das AT vornehmlich in der griechischen Übersetzung der → Septuaginta (LXX), die um 150 v. Chr. im wesentlichen vollständig vorliegt.

C) DER NTL. KANON.

1) Die Tradition.

a) In den Jahrhunderten vor Jesus hatte sich im Judentum eine immer mehr anwachsende Auslegungsliteratur zur HS gebildet (Beispiele dafür siehe Mk 7,3.4.11). Diese rabbinische »Überlieferung der Alten« (Tradition, → Mischna, Talmud) beanspruchte zwar nur, legitime Auslegung des Gesetzes zu sein, in Tat und Wahrheit aber stellte sie sich, zur eigenen Norm geworden, neben und schließlich – nach dem Urteil Jesu – gegen die Norm der HS. »Ihr verlaßt das Gebot Gottes (in der HS) und haltet die Überlieferung der Menschen fest« (Mk 7,8.9.13; vgl. 1 Petr 1,18).

b) Dieser im NT abgelehnten, weil das Wort Gottes verwerfenden und ungültig machenden Tradition steht eine vom NT selbst durchaus positiv bewertete Tradition gegenüber. Es handelt sich bei dieser »Tradition« (griech. *paradosis*) nicht um die Überlieferung von Auslegungen über die HS, sondern um die getreue Weitergabe der zuerst mündlich, dann schriftlich fixierten HS selbst. Wie zuverlässig die Weitergabe der atl. HS war, kann sowohl aus biblischen wie aus außerbiblischen Angaben ersehen werden (→ Masora). Am Anfang der urchristlichen Gemeinde stand der Begriff und das Faktum des atl. Kanons und die Tradition als legitime Weitergabe der HS fest. Wie Gott nicht nur zu den Vätern redete, sondern ihnen auch als Teil seiner Offenbarung Anweisung erteilte, die empfangene Offenbarung mündlich und schriftlich weiter zu geben (Jeremia), so müssen die Ursprünge der ntl. Schriften letztlich bei Jesus selbst gesucht werden. Diejenigen, »die von Anfang an Augenzeugen gewesen sind und Diener des Wortes« (Lk 1,2; vgl. 2 Petr 1,16) werden von Jesus bevollmächtigt, die Auferstehung als geschichtliches Ereignis zu bezeugen (Apg 1,22; 1 Kor 9,1) und die Jesusworte samt den Erzählungen und Deutungen aus seinem Leben weiter zu geben.

2) Apostelamt.

Die Apostel geben als Augenzeugen nicht nur Zeugnis von der Auferstehung Jesu Christi, sondern auch von seinem irdischen Leben. Nach ihrem Zeugnis läßt sich der historische Jesus nicht von dem »Christus des Glaubens« trennen. Bei der Ersatzwahl für Judas wird das, was den Apostel ausmacht, genau angegeben: »So muß nun von den Männern, die mit uns gegangen sind die ganze Zeit hindurch, in der der Herr Jesus bei uns ein und aus ging, von der Taufe des Johannes an (!) bis zu dem Tage, an dem er von uns hinweg emporgehoben wurde, einer von diesen muß mit uns (bevollmächtigter) Zeuge seiner Auferstehung werden« (Apg 1,21.22). Es liegt im Wesen des »Augenzeugen«, daß nicht jeder alle Ereignisse erleben und überliefern kann. Darum sind sie auf die gegenseitige Ergänzung ihres Zeugnisses angewiesen.

3) Paulus ist kein Augenzeuge des irdischen Lebens Jesu, aber vor Damaskus ist der Auferstandene ihm erschienen und hat ihn zum Apostel bevollmächtigt. Paulus ist, was das irdische Leben und das eigentliche Oster-Geschehen anbetrifft, auf den Augenzeugenbericht der andern Apostel angewiesen, den er übernimmt: »Ich habe euch in erster Linie überliefert, was ich auch empfangen habe« (durch Tradition von den Aposteln; »empfangen« und »überliefern« sind feststehende Wendungen für die Tradition, *paradosis;* 1 Kor 11,23). Tradition und direkte Offenbarung des Herrn sind für ihn zusammengehörig, denn der erhöhte Herr selbst wacht über die apostolische Überlieferung, indem er sich durch diese selbst kundgibt. Nur so ist verständlich, daß Paulus den Ausdruck »Überlieferung« durch »Herr« ersetzt (1 Thess 4,15; 1 Kor 7,10.25; 9,14) oder sogar beides verbindet wie in 1 Kor 11,23: »denn ich habe vom Herrn (die Überlieferung) empfangen.« Der Apostel hat wie den Auferstehungs- so auch den Abendmahlsbericht durch Vermittlung der Augenzeugen empfangen. In diesem Geschehen der Überlieferung aber ist der erhöhte Herr selber am Werke.

4) Aus der »Tradition« folgende Ansätze zur Kanonbildung und zum formulierten Glaubensbekenntnis (Taufbekenntnis) sind demnach im NT selbst zu erkennen. In einem der ersten Briefe ermahnt Paulus die Gemeinde: »Haltet die Überlieferungen fest, die ihr gelehrt worden seid, sei es durch ein Wort (mündliche Tradition), sei es durch einen Brief (Apostelbrief) von uns« (2 Thess 2,15). Das Festhalten an der Überlieferung vollzieht sich im glaubenden Gehorsam, den Paulus auch für seine eigenen Briefe fordert: »Wenn jedoch jemand unserem Wort in dem Brief nicht gehorcht, den merkt euch« (2 Thess 3,6.14 EÜ, ZÜ, RÜ). Zugleich ordnet er an, daß seine Briefe vorgelesen werden, wie das nur für die atl. HS üblich gewesen war: »Ich beschwöre euch bei dem Herrn, daß der Brief allen Brüdern vorgelesen werde« (1 Thess 5,27). Die Gesamtheit nun der apostolisch normativen Tradition macht die »Apostellehre« aus, von der es heißt, daß die Urgemeinde in ihr verharrte (Apg 2,42).

D) KANON UND KIRCHE.

1) Die Apostel haben ihren Auftrag unmittelbar vom fleischgewordenen und auferstandenen Christus empfangen. Mit ihrem Tode als dem Abschluß der Augenzeugenschaft ist deshalb die direkte apostolische Tradition abgeschlossen. Die im Auftrage und Mitwirken Christi von den Aposteln festgelegte Tradition, die in den ntl. Schriften ihre bleibende Gestalt gewinnt, drängt sich durch ihre innere apostolische Autorität, weil Christus in ihr spricht, der Gemeinde auf. Die Gemeinde aber erkennt seine Stimme in diesen HS: »Meine Schafe kennen meine Stimme« (Joh 10,4; Eph 2,4; 1 Joh 2,20.26–27).

2) Die Anerkennung des Kanons durch die Kirche ist nicht eine Tat eigener Bevollmächtigung, sondern ein Akt der Unterwerfung. Indem die Kirche den Kanon festlegt und annimmt, bekennt sie:

a) alle nachfolgende Tradition ist an der apostolischen Tradition als ihrer Norm zu prüfen.

b) Die HS ist als Norm genügend, um Leben und Glauben der Kirche zu bestimmen.

c) Die Gemeinde ist sich nicht selber Norm, ihr Lehramt kann nicht rein erhalten werden ohne die überlegene schriftliche Norm der apostolischen Tradition.

3) Die apostolische Tradition wird dadurch, daß sie Jesus Christus als Inhalt und Vermittler hat, nicht nur für die Zeit nach ihr, sondern auch für die Tradition vor Christus die Norm und damit auch die maßgebende Regel für das Verständnis und die Auslegung sowohl des AT wie auch des NT.

4) Historisch gesehen, steht der ntl. Kanon um das Jahr 200 überall fest. Außer der in den HS selbst aufgewiesenen primären Notwendigkeit zur Kanonbildung können in der Hauptsache noch folgende, durch die Umwelt bedingte Einflüsse genannt werden, welche zur Festlegung des Kanons als Norm führten:

a) die Auseinandersetzung mit dem Judentum,

b) das Überwuchern der apokryphen Tradition und Literatur (→ Apokryphen),

c) das Überhandnehmen der gnostischen Irrlehren.

5) Ähnlich wie bei der Kanonbildung des AT waren mehrere ntl. Schriften während längerer Zeit umstritten. So erwähnt das sog. Muratorische Fragment um 150 alle ntl. Schriften, ausgenommen Hebr, Jak, 3 Joh, 1 Petr, 2 Petr. Origenes zählt alle ntl. Schriften auf. Im Jahre 393 wurde der Kanon der ntl. Schriften offiziell bestätigt (Synode von Hippo). Ein Vergleich mit der gesamten übrigen altchristlichen Literatur ergibt, daß für den ntl. Kanon keine bessere Auswahl getroffen werden konnte; dasselbe gilt für die atl. HS, wenn man sie mit den atl. Apokryphen und aller andern religiösen Literatur des Judentums in Beziehung bringt.

III) AUTORITÄT.

A) OFFENBARUNG UND GESCHICHTE (vgl. → Offenbarung, offenbaren).

1) Gott spricht mit den Menschen. Diese dem Glauben mögliche Aussage und Erfahrung (vgl. oben I B 1) bereitet den bloßen Verstandesbemühungen größte Schwierigkeiten. Die HS sieht den Grund der Problematik jedoch nicht primär in der intellektuellen Unfähigkeit des Verstehens, sondern im Zustand des Herzens (Röm 1,21; Eph 4,18). Nach ihrem Zeugnis ist die Unmittelbarkeit zu Gott, das Sehen und Reden von Angesicht zu Angesicht (2 Mo 33,11; 1 Kor 13,12) dem Menschen im Stand der Sünde verloren gegangen. Der Mensch fragt nun: Wie kann Gott wirklich in die Geschichte hinein sprechen und wirken (und ganz wirklich ist das erst in der Menschwerdung des Wortes geschehen, Joh 1,14), ohne dadurch zum relativen Geschichtsfaktor zu werden? Wie kann die HS echtes Gotteswort im wirklichen (literargeschichtlich bedingten) Menschenwort sein, ohne dadurch zum verfügbaren Orakel zu werden?

2) Die biblischen Zeugen leben nicht in dieser Fragestellung, weil sie selber unmittelbar in die Offenbarung des Wortes Gottes miteinbezogen worden sind, so daß sie gar nicht einen (theoretisch fragenden) Standpunkt außerhalb der sie bestimmenden Offenbarung beziehen können. Für sie bleibt Gott auch dann der souveräne Gott, wenn er sich offenbart. Er bleibt Herr der Geschichte, auch wenn er in die Geschichte eingeht. Er bleibt Herr seines Wortes, auch wenn er dieses Wort durch Menschenwort sagen und schreiben läßt. »Wenn jemand meint, etwas erkannt zu haben (im Sinne des verfügbaren Wissens), so hat er noch nicht erkannt, wie man erkennen soll (nämlich als liebende Erkenntnis der Hingabe und des Gehorsams), wenn aber jemand Gott liebt, der ist von ihm erkannt (darin zeigt sich Gottes Freiheit und Liebe)« (1 Kor 8,2–3).

B) DER GRUND DER AUTORITÄT.

1) Für die Zeugen der HS ist Jesus Christus das eine Wort Gottes, sowohl in seiner ewigen, wie in seiner menschgewordenen und erhöhten, wie auch in seiner verkündeten und geschriebenen Gestalt. In dieser unteilbaren Lebensfülle des einen souveränen Wortes Gottes liegt die Vollmacht der HS begründet.

2) Die HS ist deshalb maßgebende göttliche Autorität, weil sie:

a) aus dem souveränen Offenbarungswillen Gottes entstanden ist, der sein Wort ins Menschenwort hineingibt und es in dieser Gestalt als sein Wort weiterhin erhält und bestätigt: »Ich wache über meinem Worte, es zu vollstrecken« (Jer 1,12; vgl. 23, 29);

b) allein zu dem wahrhaften Wort Gottes hinführt, dem alle Gewalt im Himmel und auf Erden gegeben ist (Mt 28,18);

c) vom Herrn fortwährend als Mittel seines gegenwärtigen Sprechens gebraucht wird: »Sehet zu, daß ihr den nicht abweist, der jetzt von den Himmeln her redet« (Hebr 12,25; vgl. 2,1–4).

C) DER ERWEIS DER AUTORITÄT.

1) Die Autorität der HS erweist sich darin, daß sich der heilige Geist durch sie Gehör verschafft, sowohl dort, wo ihrem Zeugnis geglaubt (Apg 2,37.38.41), wie auch dort, wo sie verworfen wird (Apg 7,51.54; Joh 12,48). Die Apostel sind in ihrer mündlichen und schriftlichen Verkündigung »für Gott ein Wohlgeruch Christi unter denen, die gerettet werden, und unter denen, die verloren gehen, den einen ein Geruch aus Tod zum Tod, den andern ein Geruch aus Leben zum Leben« (vgl. 2 Kor 2,12–17; 1 Petr 2,4. 7–9).

2) Gott erweist die Autorität der apostolischen Verkündigung (HS) dadurch, daß er sie bestätigt mit »Zeichen und Wundern und vielerlei machtvollen Taten und Zuteilung des heiligen Geistes nach seinem Willen« (Hebr 2,3–4).

3) Die Autorität der HS zeigt sich darin, daß sie durch den heiligen Geist sich selbst auslegen (vgl. unten V) will und darum jede Auslegung von Menschen und jeden an sie herangetragenen Maßstab der Beurteilung unter die vom Wort Gottes ausgehende Kritik (Hebr 4, 12c) stellt (1 Kor 2,13; 2 Petr 1,20).

IV) INSPIRATION.

A) GRUNDLAGE.

1) GLAUBENSGEHEIMNIS. Die Inspiration der HS ist ein Teil des ganzen Offenbarungszusammenhanges, wie er z. B. in 1 Tim 3,16 beschrieben ist: »Und

Tafel 79

a. Ägypt. Schreiber zeichnen die Ernteerträge auf. Grabmalerei aus Theben, 15. Jh. v. Chr.

b. Zum Wasserholen verwendete Schläuche aus Ziegenfell am Brunnen.

anerkanntermaßen groß ist das Geheimnis der Frömmigkeit: Der offenbart worden ist im Fleisch, als gerecht erwiesen im Geist, erschienen ist den Engeln, gepredigt unter den Heiden, geglaubt in der Welt, hinaufgenommen in Herrlichkeit.« In dies → Geheimnis der Gottseligkeit ist die HS mit einbezogen, denn durch sie geschieht das »gepredigt unter den Heiden, geglaubt in der Welt«.

Gott selbst hat den Aposteln das Geheimnis des Christus offenbart (Mt 16,16.17; Gal 1,12.15.16). Sie erkennen in Jesus von Nazareth den wahren Menschen, dessen volle Menschlichkeit ganz in seiner Gottessohnschaft gründet (Hebr 5,8; vgl. 1,2), so daß sie ihn als den erfassen, dessen Leben unmittelbar aus dem Wirken des heiligen Geistes hervorgegangen und in ihm erhalten ist.

Jesus erwählt die Apostel (Joh 15,16), damit sie an seinem Geheimnis Anteil haben und so ihr eigenes Leben und Reden zum Abbild des Christusgeheimnisses wird, indem sie erkennen, daß nicht sie aus sich selbst reden, sondern Gott in ihnen und durch sie der Redende ist. Darum sagt Jesus von sich: »Wer mich gesehen hat, der hat den Vater gesehen« (Joh 14,9—10; dasselbe für »gehört« Joh 12,50) und zu den Aposteln: »Wer euch hört, der hört mich, und wer euch verwirft, der verwirft mich; wer aber mich verwirft, der verwirft den, der mich gesandt hat« (Lk 10,16). Wie die Apostel selbst, so haben deren Worte und Schriften Anteil am Geheimnis und der Vollmacht ihres Herrn. Als Teil des offenbarten Gottesgeheimnisses aber kann die Inspiration der HS so wenig wie der von ihr bezeugte Inhalt (wie etwa die Menschwerdung oder die → Auferstehung Jesu Christi) mit menschlichen Mitteln bewiesen, sondern nur im → Glauben als der ganzheitlichen → Antwort auf Gottes Reden erkannt und bezeugt werden.

2) INSPIRATION UND AUTORITÄT. Die Autorität (vgl. oben III) des geschriebenen Wortes gründet sich allein auf das lebendige Wort. Weil die HS aus der Vollmacht Gottes entstanden sind und von ihm gebraucht werden als sein Wort, haben sie göttliche Autorität und sind sie inspiriert. Wenn der Mensch durch das Zeugnis der HS und der auf ihr gründenden Verkündigung zum Glauben an Christus geführt wird, öffnet ihm der heilige Geist das Verständnis für das Geheimnis des Christus und durch ihn für sein Wort (1 Kor 2,9—11). Eben weil Gott die Propheten und Apostel berufen, bevollmächtigt und mit heiligem Geist erfüllt hat, erkennen die Autoren der HS und ist es ihr einstimmiges und eindeutiges Zeugnis durch die ganze HS, daß sie um dieses Auftrages willen mit einer einzigartigen Autorität begabt sind, die sie befähigt, mit Christus zum Fundament zu gehören, auf dem die Gemeinde und ihr Heil beruht, denn sie ist »aufgebaut auf dem Grund der Apostel und Propheten, wobei Christus sein Eckstein ist« (Eph 2,20; 1 Kor 3,10—11).

Tafel 80

Jüd. Schofarbläser. Das Widderhorn diente im AT als militärisches Signalinstrument (Ri 3,27; 2 Sam 2,28) und wurde auch beim Gottesdienst geblasen (Ps 81,4; 98,6; 150,3). Der Schall des Widderhorns am Versöhnungstag kündigte den Beginn des Halljahrs an (3 Mo 25,9). Noch heute hat das Schofarblasen seinen Platz im Synagogendienst an den beiden jüd. Neujahrstagen und während des ihnen vorangehenden Monats Elul sowie als Erinnerung an den Beginn des Halljahres am Ausgang des Versöhnungstages.

B) DAS BESONDERE DER SCHRIFTINSPIRATION.

1) OFFENBARUNG, ERLEUCHTUNG, INSPIRATION.

a) Gott offenbart sich nicht nur in der Schrift und nicht nur in Christus, sondern auch in der Schöpfung (Ps 19,1—7; Röm 1,19.20), in der Geschichte (Apg 14,16—17; 17,24ff) und im Gewissen (Röm 2, 14—15). Die natürliche, geschöpfliche Offenbarung ist die Voraussetzung der geschichtlichen Offenbarung, auch wenn diese allgemeine oder natürliche Offenbarung vom sündigen Menschen mißverstanden und verleugnet wird und deshalb nicht zur wahren Gotteserkenntnis führt. »Und doch hat er sich nicht unbezeugt gelassen als Wohltäter« (Apg 14,17), weshalb kein Menschenleben von der Beziehung zur Offenbarung Gottes ausgeschlossen ist. Der Mensch ist nicht frei von Gottes Offenbarung und Gebot, gerade deshalb ist er auch ohne Entschuldigung vor Gott (Röm 1,20) und dem Zorn Gottes verfallen. Gott aber liebt die verlorene Welt (Joh 3,16) und gibt ihr seinen Sohn zum Mittler, damit sie durch ihn gerettet werde.

b) Jesus Christus ist deshalb das Zentrum der Selbstoffenbarung Gottes. Wer ihn gesehen hat, hat den Vater gesehen. Jesus aber wird den Menschen einzig und allein offenbar durch den Geist und das Wort Gottes mittelst der HS. Erst als vom heiligen Geist Erleuchteter (Eph 1,17.18) vermag der Glaubende Gottes Wirken in der Schöpfung, in der Geschichte, im Gewissen des Menschen und in der HS und das göttliche Ziel seines Wirkens zu erkennen: »alles zusammenfassen in Christus, was in den Himmeln und was auf Erden ist« (Eph 1,9—11).

c) Das Besondere der HS macht nun dieses aus, daß sie nicht ein Teil der allgemeinen Offenbarung Gottes in Schöpfung und Geschichte ist, sondern zum zentralen Offenbarungsgeschehen selbst gehört, das sich in Christus erfüllt. Deshalb stammen ihre Erkenntnisse nicht aus der natürlichen, gefallenen Menschenwelt, sondern aus der Offenbarung Gottes in Jesus Christus (Gal 1,12; vgl. atl. Jer 23, 28). Wer immer davon etwas vernehmen will, ist auf die HS angewiesen, weil sie einzigartig (im Glauben erfahrbar) und als erste (historisch gesehen) von dieser Offenbarung berichtet und sie vermittelt. Dieses Besondere im Unterschied sowohl zur natürlichen Gottesahnung wie auch zur geistgewirkten Erleuchtung des Glaubenden ist gemeint, wenn von der Inspiration der HS die Rede ist.

d) Das Besondere der biblischen Inspiration darf jedoch nicht zu dem Mißverständnis führen, als ob die Autoren der HS unter Ausschaltung ihrer natürlichen Fähigkeiten lediglich Eingebungen des Geistes im Sinne eines mechanischen Diktates niedergeschrieben hätten. Es ist vielmehr selbstverständlich und zum Besonderen der göttlichen Offenbarung als geschichtlicher Offenbarung wesensnotwendig gehörend, daß etwa Lukas historische Forschung betreibt und Quellenmaterial sammelt oder eigene Beobachtungen anstellt und notiert, wie sie jeder aufgeschlossene Mensch auch machen könnte (vgl. Lk 1,1—3; Apg 27). Entscheidend ist vielmehr, daß Gott diese Menschen mitsamt ihren individuellen und geschichtlichen Bedingtheiten erwählt, heiligt und gebraucht für seine Offenbarung.

2) INHALT, PERSON, WORT, WIRKUNG.

a) Aus der Beobachtung, daß Menschen in der HS auch ganz gewöhnliche Aufzeichnungen verfassen (vgl. etwa auch 1 Tim 5,23; 2 Tim 4,13), wollte man die Inspiration nur für »heilsgeschichtliche« Aussagen annehmen, während die profanen Äußerungen als menschlich zu gelten hätten. Eine solche

Auffassung verkennt das Wesen der geschichtlichen Offenbarung, wonach sich Gott gerade nicht in erhabenen überzeitlichen Ideen, sondern im menschlich Alltäglichen und Unscheinbaren offenbart. Die Krippe im Stall (Lk 2,7), das Kissen im Fischerboot (Mk 4,38), der Becher Wasser (Mk 9,41) ist zur Offenbarung des Herrn ebenso gut »brauchbar« wie der Mantel und die Pergamente (2 Tim 4,13) zur Offenbarung der Menschlichkeit seines Apostels. Abgesehen davon, daß Gott gerade das Geringe und Verachtete der Welt erwählt hat (1 Kor 1,27), ist zu sagen, daß sich der Offenbarungsinhalt nicht trennen läßt von seiner geschichtlich bedingten und gegebenen »Umkleidung«, ohne dadurch im Wesen verändert und zu einem bloßen Gedankengehalt abstrahiert zu werden. Gott will aus der Offenbarungsgeschichte in die Geschichte des Menschen erlösend hineinwirken.

b) Wie göttliche und menschliche Aussagen in der HS unauflöslich zusammengehören, so bilden Inhalt und Wortform der Offenbarung eine untrennbare Einheit, es ist deshalb nicht dem biblischen Zeugnis entsprechend, nur von einer bloßen Personalinspiration zu sprechen. So gewiß die biblischen Autoren nach ihrem eigenen Zeugnis inspiriert waren (vgl. etwa Ri 6,34; 1 Sam 16,13; 2 Sam 23,2; Hes 11,5; Sach 7,12; Joh 16,13; 1 Kor 2,10–13; 1 Thess 1,5; 2,13; 2 Petr 1,20.21), so gewiß gilt auch die Inspiriertheit des Textes (2 Tim 3,16), allerdings – und das ist entscheidend – nicht im Blick auf den Text an sich, sondern im Bezug auf seine Nützlichkeit; die Inspiration ist instrumental wirksam: »Jede von Gottes Geist eingegebene Schrift ist auch nütze zur Lehre, zur Überführung, zur Besserung, zur Erziehung in der Gerechtigkeit« (ebd.). Welche Bedeutung gerade auch der Einzelaussage, ja dem Einzelwort der HS zukommt, zeigt neben den Bemühungen der wissenschaftlichen Sprachforschung um das Verständnis des einzelnen Wortes und Ausdrucks besonders die Erfahrungstatsache, wie sehr eine einzige biblische Aussage Trostwort, Verheißung, Wegweisung für einen Menschen werden kann. Schließlich ist die biblische Verkündigung nicht denkbar ohne direkten Bezug auf ganz bestimmte Einzelaussagen der HS.

c) Die Wirkung der HS ist nicht zu trennen von ihrem Wortzeugnis, so wenig dieses von den Autoren und diese wiederum von dem sie bevollmächtigenden Herrn abgelöst, für sich selbst bestehen können.

3) UNTERSCHIEDE. Die Inspiration der ganzen HS besagt nicht, daß allen Teilen der HS gleiche Bedeutung zukommen muß. Abgesehen davon, daß der Römerbrief oder die Seligpreisungen von größerer Bedeutung sind, als das Buch Ruth oder atl. Namenlisten, bezeugt die HS das Vorhandensein einer stufenweise fortschreitenden Offenbarung bis hin zur letzten Klarheit und Erfüllung in Jesus Christus. Erst von ihm aus, der die Lebensmitte der HS ist, erhält deshalb jeder Teil und jede Aussage ihre entsprechende Stellung im Offenbarungsganzen.

C) DIE ZUVERLÄSSIGKEIT DER HS.

1) DIE AUSSAGEN DER HS.

a) Der wahre Gott. Das atl. Zeugnis lautet: »Dein Gesetz ist Wahrheit; alle deine Gebote sind Wahrheit; die Summe deines Wortes ist Wahrheit« (Ps 119,142.151.160). Gott selbst ist der wahrhaftige und zuverlässige Zeuge seines Wortes (Jer 42,5). Im NT heißt auch Jesus »der treue und wahrhaftige Zeuge« (Offb 3,14). Er bekennt: »Ich bin die Wahrheit« (Joh 14,6) und »ich bin dazu in die Welt gekommen, daß ich für die Wahrheit zeuge« (Joh 18, 37).

b) Der wahre Zeuge. Gott hat sich in Jesus Christus den menschlichen Zeugen als der Wahrhaftige offenbart. Ein Augenzeuge der Kreuzigung Christi bekennt: »Und der es gesehen hat, der hat es bezeugt, und sein Zeugnis ist wahr; und jener weiß, daß er Wahres sagt, damit auch ihr glaubt« (Joh 19,35). Und nach Jesu Auferstehung sagt er: »Das ist der Jünger, der von diesen Dingen zeugt und dies geschrieben hat; und wir wissen, daß sein Zeugnis wahr ist« (Joh 21,24; vgl. auch 5,33; 1,14.17). Die Apostel haben von dem Sohn Gottes selber Einsicht und Verständnis empfangen, »um den Wahren zu erkennen; und wir sind in dem Wahren, in seinem Sohne Jesus Christus. Dieser ist der wahre Gott und ewiges Leben« (1 Joh 5,20). Weil sie den Wahren erkennen, ist die »Wahrheit Christi in ihnen« (2 Kor 11,10), sind sie selber »aus der Wahrheit«, hören die Wahrheit (Joh 19,37c) und offenbaren die Wahrheit (2 Kor 4,2).

c) Das wahre Zeugnis. Jesus Christus betet: »Heilige sie in der Wahrheit, dein Wort ist Wahrheit« (Joh 17,17). Das Wort Gottes ist aber sein eigenes Wort, das die Jünger erkennen in Wahrheit (Joh 8,32), so daß es auch zu ihrem Wort der Wahrheit wird (Apg 17,20; 26,25), weil »der Geist der Wahrheit« sie in die ganze Wahrheit leitet (Joh 14,17; 15,26; 16,13). Wer deshalb die Wahrheitszeugen hört, hört nun wahrhaftig Gottes Wort (1 Thess 2,13). So kann der Apostel sagen: »Diese Worte sind wahrhaftig Gottes Worte« (Offb 19,9; 21,5; 22,6), es ist »das Wort der Wahrheit« zum Heil (Eph 1,13; Kol 1,5; Jak 1,18; 2 Petr 1,12; 1 Tim 2, 4) und zum Dienst als »Mitarbeiter für die Wahrheit« (3 Joh 8) in der Gemeinde Gottes als der »Säule und Grundfeste der Wahrheit« (1 Tim 3,15).

d) Das wahre Zeugnis ist zuverlässig, man kann ihm vertrauen. Es gilt darum, »an dem der Lehre entsprechenden, zuverlässigen Wort festzuhalten« (Tit 1,9). Lukas schreibt sein Evangelium, damit der Empfänger »die Zuverlässigkeit der Dinge« erkennt, über die er unterrichtet wurde (Lk 1,1–3; vgl. auch Ps 19,7; 93,5; 111,7).

2) UNFEHLBARKEIT UND IRRTUMSLOSIGKEIT DER HS.

a) Diese traditionellen Aussagen der Dogmatik besagen das Rechte, wenn sie damit die der HS eigene Wahrheit und Zuverlässigkeit bekennen, die sich als Wort Gottes unseres vollen Vertrauens würdig erweist. Die beiden Ausdrücke führen jedoch zu Mißverständnissen und Mißdeutungen, wenn sie – entgegen den Absichten der HS – in einem heute üblichen, aus dem griech. Wahrheitsbegriff stammenden Wortsinn gebraucht und dadurch die Bibel als ein rational erklärbares und demonstrierbares Gedankensystem, im Sinn einer Weltanschauung, aufgefaßt wird. Anderseits gehört es in dem Aufgabenbereich einer schriftgemäßen Auslegung (vgl. unten V), die biblische Denkweise im Zushg. ihrer Botschaft aufzuweisen. Weder der Vorwurf des Irrtums, noch die Behauptung der Irrtumslosigkeit – rationalistisch verstanden – treffen das Wesen der biblischen Wahrheit. Weil Christus die Wahrheit selber ist, die das Leben ausmacht, so ist auch sein Wort nicht tote und theoretische Wahrheit, sondern Geist und Leben, sie ist Wahrheit, die frei macht (Joh 8,31; 2 Kor 3,17), frei auch von menschlichen Wahrheitssystemen und gesetzlichem Wahrheitsverständnis.

b) Da die HS eine untrennbare Einheit von Person, Inhalt, Wort und Wirkung bilden, sind sie zuverlässig und wahr nicht nur in ihrem dogmatisch verstandenen Gehalt, sondern in ihrer vollen geschichtlichen Aussageweise. Wenn die HS geschichtliche, geographische, genealogische, »naturwissenschaftliche« Beziehungen in ihren Zeugnissen enthalten, so kann man ihnen nur dann »Irrtümer« vorwerfen, wenn man den eigenen gegenwärtigen Stand wissenschaftlicher Forschung und Wahrheitserkenntnis absolut setzt und die Bibel vor diesem Forum zur Rechenschaft zieht. Wenn man jedoch berücksichtigt, daß die HS eine in der Geschichte geschehene Offenbarung darstellt und bezeugt, so wird man ihre Aussagen innerhalb ihrer zeitlichen Erscheinung zu würdigen suchen. Geschichts- und Naturbeschreibungen, chronologische Darstellungen (→ Geschlechtsregister I, 5.6; → Jahr; → Zeitrechnung) und geographische Angaben standen in der damaligen Welt, in der die HS entstanden sind, unter andern Anforderungen und Voraussetzungen als es in unserer Zeit üblich ist.

c) Viel entscheidender jedoch als die Berücksichtigung der entsprechenden Zeitlage, in der die Aussagen der HS stehen, ist die Erkenntnis, daß die gesamten HS – auch in ihren »profanen« Beschreibungen – unter der bestimmten Absicht entstanden und auf das ganz bestimmte Ziel ausgerichtet sind, die Offenbarung Gottes in Jesus Christus zu bezeugen. Da diese Absicht aber nicht aus dem willkürlichen Deutungsversuch des Menschen (2 Petr 1,20), sondern aus dem Willen Gottes stammt, sind die so zustande gekommenen HS zuverlässig und erweisen sich als wahrhaftig für jeden, der sich in diese Zielsetzung der HS einbeziehen läßt. Gerade diese alles durchsetzende Tendenz der HS, die ihre Offenbarungsträchtigkeit in jeder Aussage ausmacht, kommt im Zeugnis der Schriftinspiration zur Geltung. Die HS zielen in ihren Aussagen nicht auf losgelöste geschichtliche und naturwissenschaftliche Erkenntnisse, sondern auf die Erkenntnis Gottes und seines Handelns in Geschichte und → Schöpfung.
Da die HS Quelle und Norm für unsere letzten Wertungen sind, haben die HS – obwohl in anderem Geschichts- und Weltbild entstanden – auch Bezug zum wissenschaftlichen Forschen und Denken wie zum sozialen, kulturellen und politischen Leben unserer Zeit (vgl. unten V).

D) DIE KNECHTSGESTALT.

1a) »AUSGELIEFERT IN DER MENSCHEN HÄNDE« erscheint Jesus Christus, das wahrhaftige Wort Gottes in der Welt der Lüge (Joh 8,45.46). Er ist das Zeichen, dem widersprochen wird (Lk 2,34), Skandal für den natürlich Religiösen, Torheit für den Gebildeten (1 Kor 1,23). Er ist nicht einzuordnen in das Schema dieser Welt.
b) Seinen Aposteln und Propheten widerfährt die gleiche Behandlung, darum finden sie in der Gemeinschaft mit dem Leiden des verworfenen Christus ihre wahre Bevollmächtigung und Bestätigung. »Gott hat uns, die Apostel, als die Geringsten hingestellt, wie zum Tode Verurteilte; denn ein Schauspiel sind wir der Welt geworden, wir sind töricht, schwach, verachtet, wir leiden, werden geschmäht, verfolgt, gelästert, wie der Kehricht der Welt sind wir geworden, ein Abschaum aller bis jetzt« (1 Kor 4,9–13; vgl. Apg 9,16; Jer 26,7–9; Mt 5,12; 17,12; 23,31.34.37). Obwohl sie selbst die Gewißheit ihrer Berufung als Apostel und die Geistgewirktheit ihres Auftrages haben, so gebrauchen sie doch nicht ihre Inspiriertheit zum Beweis ihrer Autorität. Sie haben keine andere Autorität aufzuweisen als die ihres Herrn, als den Erweis der Wahrheit an den Gewissen (2 Kor 4,2). Die Apostel tragen den Schatz der göttlichen Offenbarung in »irdenen Gefäßen, damit die überragende Größe der Kraft Gott angehöre und nicht von uns stamme« (2 Kor 4,7). In ihrem Sterben erweist sich das Leben Jesu (V 11.12), in ihrer Schwachheit und Ohnmacht die Kraft Christi (2 Kor 12,9.10).

c) Wie die Zeugen des Herrn, so sind auch ihre Worte der Verfälschung, dem Mißbrauch, der Verunehrung, dem Zweifel, der Kritik ausgeliefert (Jer 23,25–28; Mt 24,5; 2 Kor 2,17; 4,2; 2 Petr 3,16).

2) DER VORHANDENE BIBELTEXT. Auch das Bibelwort ist irdenes Gefäß, das einen göttlichen Schatz birgt. »Das Wort Gottes ist der Wagen, auf dem der Heilige selbst einherfährt« (Luther). Von keinem biblischen Buch ist die Urschrift erhalten. Die vorhandenen Manuskripte zeigen vielfach Verderbnisse, Unterschiede im Wortlaut (sog. Lesarten), Unsicherheiten in Bezug auf Zusätze (Glossen) oder Weglassungen. Wenn man von der Inspiration der (nicht vorhandenen) Urschriften spricht, hat das insofern einen Sinn, als auch die wissenschaftliche Forschung als Arbeitshypothese einen solchen Urtext voraussetzt und sich ihm durch Vergleich und Ausscheidung von Unsicherheiten ständig zu nähern sucht. Aber selbst die Entdeckung der Urschrift könnte weder der von Gott gegebenen Glaubwürdigkeit der HS etwas hinzufügen, noch der Kritik des Menschengeistes Grenzen setzen.
Die biblische Aussage, daß der Text der HS inspiriert sei, darf nicht gesetzlich ausgelegt werden, sondern ist wohl so zu deuten, daß alle Texte und Übersetzungen einschließlich der LXX teilhaben an der Inspiriertheit der HS in dem Maße, wie sie mit den Urschriften übereinstimmen; diese Übereinstimmung kann ihrem Wesen nach nur eine Sache des Bedeutungsgehaltes, nicht aber des Buchstaben sein, denn keine Sprache läßt sich »buchstäblich« und »wörtlich« in die andere übersetzen. Einerseits ist das tatsächliche Nichtvorhandensein der Urschriften eine Mahnung, in den Folgerungen aus der Inspiration zurückhaltend zu sein. Anderseits sind die Ausmaße und Auswirkungen der verschiedenen Lesarten unsachlich übertrieben worden. Sieben Achtel vom ntl. Gesamttext sind von allen Forschern übereinstimmend als zweifelsfrei und feststehend anerkannt. Keine Textabweichungen tasten das Zeugnis der Heilsoffenbarung in Christus an. Gewiß ist auch dieser Sachverhalt ein Hinweis dafür, daß der Mensch sich an das Zentrum der göttlichen Offenbarung halten soll.
Die Erforschung der Textvarianten dient bei aller Sichtbarmachung des gebrechlichen Offenbarungsgefäßes dazu, daß der ursprüngliche Wortlaut bis in die geringste Äußerung hinein erhellt wird. So schreibt J. A. Bengel, einer der ersten, der das Studium der Lesarten einführte und meisterhaft förderte: »Die Schrift enthält nichts, was nicht taugt. Es ist kein Bieglein in der heiligen Schrift, das nicht seine Kraft und seine Bedeutung hätte. Es ist alles darin enthalten, was uns zu wissen und zu glauben nötig ist. Wenn ich das gesamte Buch der heiligen Schrift in die Hand nehme, so kann ich sagen: 'Dies ist ein Brief, den mein Gott mir hat schreiben lassen, wonach ich mich ausrichten soll und wonach mein Gott mich richten wird'.«

3) DIE SPRACHLICHE GESTALT. Die biblische Offenbarung ist in eine zeitlich und räumlich bestimmte Sprachgestalt hineingegeben, deren Äußerungen nicht, wie es das menschliche Denken fordern möchte, streng logisch geordnet, sondern lose zusammengestellt sind. Die verschiedenen Berichte und Quellen werden oft ohne erklärende Bemerkungen aufgezählt, so daß sich der Leser nicht immer ein sy-

stematisch befriedigendes und lückenloses Bild des Gesamtverlaufs machen kann. Dabei von Widersprüchen zu reden, ist deshalb nicht am Platze, weil weder die Absicht noch unsere Auffassung der Widerspruchslosigkeit bei den biblischen Schreibern vorliegt. Viel wichtiger als die Darstellung einer logisch systematischen »Einheitsfront« ist ihnen die Zusammenschau (Synopsis) der verschiedenen Offenbarungszeugen. Was dem menschlichen Geist und dem ersten Urteil nach ärgerniserregend erscheint, kann sich dem geduldig Schauenden schließlich als die bestmögliche Lösung der gestellten Aufgabe erweisen: Eine volle und ganze Einheit im verschiedenen Wort der vielen Zeugen. Dennoch bleibt die Tatsache bestehen, daß die biblische Sprachgestalt Teil hat an der menschlichen Schwachheit, Begrenzung und Gebrechlichkeit.

4) OHNE SÜNDE. Von Jesus Christus bezeugt die HS einstimmig und unmißverständlich, daß er »auf gleiche Weise versucht worden ist, wie wir, jedoch ohne Sünde« (Hebr 4,15; 2 Kor 5,21; 1 Petr 2,22; 3, 18). Er ist zwar wirklich eingegangen in die menschliche Niedrigkeit, Schwachheit und Zweideutigkeit. Er hat teilgenommen an der räumlich-zeitlichen Beschränkung des irdischen Lebens, »er lernte Gehorsam, an dem, was er litt, obwohl er der Sohn war« (Hebr 5,8), aber er hatte kein Teil weder an dem Lug und Trug seiner Zeit, noch an ihren Sünden und Begierden. Als ganzer und wirklicher Mensch war und blieb er verborgen in der Knechtsgestalt doch die Wahrheit selber, der Gerechte, der für die Ungerechten stirbt, das wahrhaftige Brot und Wort, das sich der Welt dargibt.

An diesem Geheimnis des Herrn hat auch die HS vollen Anteil, doch muß man sich hüten, das Glaubensgeheimnis durch eine äußerlich demonstrierbare Vollkommenheit der HS beweisen zu wollen. Die HS bestimmt selbst, wofür sie zuständig sein will. Gott selber erweist ihre Freiheit und die ihr eigene Vollkommenheit. Für den Christen aber ist es gut, die durch den heiligen Geist im Glauben erfahrene Vollkommenheit der HS in ihrem Wegweiserdienst zur Begegnung mit dem Herrn immer wieder zu rühmen, wie es der Beter des 119. Psalmes tut.

V) AUSLEGUNG.

A) VORAUSSETZUNGEN.

1) Die HS lesen und hören. Sowohl in atl. wie ntl. Zeit werden die HS stehend vorgelesen und angehört (als Zeichen der Ehrfurcht vor dem redenden Gott; Lk 4,16) und dann abschnittsweise erklärt (Neh 8,5–8; 1 Thess 5,27; 1 Tim 4,13). Man darf dabei nicht außer acht lassen, daß die Leser und Zuhörer in der Hauptsache ungebildete und ungelernte Leute, Sklaven und Handwerker waren.

2) Das Verständnis geöffnet. Diesen geistig und theologisch Unmündigen aber geben die Apostel Zeugnis (sie gehörten ja selber dazu, Apg 4,13), daß sie den in den Schriften geäußerten Gedankengängen mit Verständnis zu folgen und sie zu prüfen vermochten (Eph 3,4; 1 Petr 1,12; 1 Joh 2,20.27). Der Herr selber gibt ihnen das Verständnis für die Schriften (2 Tim 2,7; 1 Joh 5,20; Apg 16,14). Die Weisen dieser Welt haben den Herrn der Herrlichkeit nicht erkannt, den der einfachste Sklave erkennt, wenn ihm der heilige Geist das Herz öffnet (»Ein natürlicher Mensch aber nimmt die Dinge, die des Geistes Gottes sind, nicht an; denn Torheit sind sie ihm und er kann sie nicht erkennen, weil sie geistlich beurteilt werden müssen«; 1 Kor 2,14). Ohne den heiligen Geist ist das geistliche Verstehen der HS ausgeschlossen, die Decke bleibt, sooft die Schrift vorgelesen wird, auf dem Herzen. In der Hinkehr zum Herrn werden die HS geöffnet, damit sein Bild in den HS gesehen werde (2 Kor 3,15–18). Darum kann Nikodemus, obwohl er Schriftgelehrter und ein gebildeter Jude ist, die Dinge des Reiches Gottes nicht erkennen, es sei denn, daß er von oben aus dem Geiste geboren werde (Joh 3,1–14).

3) Die Schrift geöffnet. Der Herr öffnet nicht nur das Verständnis, er öffnet auch die Schriften, indem er sie selber auslegt durch seinen Geist (vgl. Lk 24,45 mit V 27), so daß der Mensch auch versteht, was er liest, und glaubt (Apg 8,26–40).

4) Die HS bestimmen selbst, in welchem Sinne sie ausgelegt werden sollen. Ihr primärer Auftrag ist es, Glauben an Christus zu wecken; darum sind sie entstanden und daraufhin sind sie auszulegen (Joh 20,30–31). »Diese Zeichen sind aufgeschrieben, damit ihr glaubt, daß Jesus der Christus ist, und damit ihr dadurch, daß ihr glaubt, in seinem Namen Leben habt.« Diese Absicht gilt für alle Autoren der HS.

5) Christus ist darum Subjekt und Objekt der Schriftauslegung, weil er die Lebensmitte der HS ist. Der heilige Geist hat nur den einen Auftrag, Christus zu verklären (verherrlichen; Joh 16,14). Darum kann keine Exegese als sachgemäß bezeichnet werden, die sich nicht der von der HS selbst gegebenen Auslegungsnorm unterstellt. Ob »theologische«, »pneumatische«, »wissenschaftliche«, »kerygmatische«, »eschatologische« Exegese u. a., keine kann für sich allein, jede muß zusammen mit den andern Blickrichtungen dem einen Standpunkt der HS unterordnet werden: der Auslegung des Christus (als Subjekt und Objekt).

6) Die Einheit von AT und NT ist allein in Jesus Christus gegeben. Es geht für alle Zeugen, wenn auch in verschiedener Offenbarungsstufe u. Sprachgestalt um den einen Erlöser, der durch die eine Erlösungstat eine erlöste Gemeinde in die Gemeinschaft zu Gott zurückführt.

a) Es hat nur Sinn und biblische Berechtigung, von synoptischer, johanneischer, paulinischer »Theologie« zu sprechen, wenn vorausgesetzt wird, daß sie alle von derselben »christologischen Theologie« ausgehen und dorthin zurückführen. Es ist die vornehmste Aufgabe der Exegese, die verborgene Einheit der Zeugen in allen Unterschieden aufzudecken; insbes. gilt es, die vorhandene Übereinstimmung zwischen Jesus und Paulus, zwischen Paulus und Jakobus aufzuzeigen (vgl. → Glaube II, 6).

b) Mitbestimmend für die Auslegung des AT ist die Art und Weise, wie Jesus und die ntl. Schreiber die über 350 atl. Stellen und ca. 3500 atl. Hinweise zitieren, auslegen und anwenden. Die HS will selber die Einheit von AT und NT in der Beziehung von Verheißung und Erfüllung verstanden wissen (vgl. Mt 5,17; Mk 1,15; Lk 4,21; Gal 4,4; Eph 1,10). »Das Neue ist im Alten verborgen, das Alte wird durch das Neue offenbart« (Augustinus).

B) SCHRIFT DURCH SCHRIFT ERKLÄREN.

Der Grundsatz: *scriptura sui ipsius interpres* (die Schrift ist ihr eigener Ausleger) ist eine Folge der Gewißheit, daß die Schrift eine organische Einheit bildet. Geistliches muß für Geistbegabte gedeutet werden mit Worten, die vom Geist (nicht von menschlicher Weisheit) gelehrt sind (1 Kor 2,13).

1) Das Textstudium muß dabei mit aller Sorgfalt vorgenommen werden unter Zuhilfenahme aller verfügbaren Hilfsmittel.

2) Die geistliche Deutung aber kann nur aus dem geistlichen Verständnis geschehen, das der heilige

Geist allein vermittelt, wenn auch nicht ohne das sorgfältige und geduldige Mühen (und den Gehorsam) des Menschen. In dieser zweifachen Bezogenheit liegt eine Spannung, die erhalten bleiben muß.

3) Der Schriftbeweis durch direkte Zitierung einer Schriftstelle ist dann (entsprechend dem Gebrauch, den die HS selber davon macht) gültig, wenn das Schriftganze aus den einzelnen Aussagen erklärt und das einzelne Wort aus dem gesamten Zushg. verständlich gemacht wird (sog. hermeneutischer Zirkel) und darf dann wohl als Abschluß eines Auslegungsweges auch in einem einzigen Schriftwort angeführt werden.

C) REGELN.

1) Für die HS sind eine Reihe von Regeln anwendbar wie sie für jede Auslegung eines literarischen Werkes gelten:

a) Verfasser, Ort, Zeit, Absicht des Textes, Zushg.
b) Wortlaut, Wortbedeutung, Gesamtbedeutung.
c) Literarische Gattung, Unterscheidung von buchstäblicher und sinnbildlicher Bedeutung.
d) Zush. mit andern Texten, der Zeitgeschichte, Religionsgeschichte usw. Solange die wissenschaftlichen Hilfsdisziplinen eine dienende Funktion bewahren, können sie wertvolle, ja unerläßliche Vorarbeit leisten, wenn sie jedoch zu Auslegungsprinzipien verabsolutiert werden, stehen sie dem Schriftverständnis im Wege.

2) Andere Auslegungsregeln haben, dem besonderen Charakter der HS entsprechend, nur für diese Gültigkeit:

a) Die Beachtung der verschiedenen Zeitabschnitte göttlicher Offenbarung und göttlichen Handelns mit den Menschen (vgl. etwa Mt 11,13; 12,32; Eph 1, 21; Röm 5,13; 11,25).
b) Die typologische Auslegung des AT etwa nach dem Vorbild des Hebräerbriefes oder von 1 Kor 10,1–13.
c) Die prophetische oder eschatologische Auslegung.

3) Es ist nicht zu übersehen, daß die HS auch von falschen Propheten, falschen Aposteln, falscher Lehre weiß und diese kategorisch verurteilt (2 Tim 4, 13; Mt 7,15; 24,11.24). Unkenntnis der HS führt zu irrigem Urteil (Mk 12,24; 2 Tim 2,15.18). Die HS erzieht und führt zu Christus; wenn der Umgang mit ihr von Christus wegführt, so liegt eine abnorme, anti-christliche Wirkung zugrunde, die nicht aus dem Geist Gottes stammen kann (Gal 3,1; 5,7.8; 2 Kor 11,13–15).

D) WORT UND GEIST.

1) Der Geist macht lebendig. Alle Schriftbemühung, sowohl die erbauliche wie die wissenschaftliche, ist ohne das Wirken des Geistes tot; denn auch die HS ist ohne die Bindung an den Geist tot: »Das Fleisch nützt nichts, der Geist ist es, der lebendig macht, meine Worte, die ich zu euch geredet habe, sind Geist und sind Leben« (Joh 6,63).

2) Der Geist gibt Vollmacht, so daß das Wort des Verkündigers zu Gottes Wort wird, das die Zeitgenossen erreicht und in Gottes Gegenwart stellt.

3) Der Geist führt zum Wort. Der Geist lehrt auf das Wort achten und es von fremder und eigener Erfahrung, Ansicht, Gewohnheit und Veranlassung unterscheiden. Der Geist führt in den Tod des Eigenmächtigen und drängt zum »Anhangen am Herrn« und seinem Worte.

4) Der Geist befreit vom gesetzlichen Mißverständnis und Mißbrauch der HS. Die HS ist nicht ein Gesetzbuch, sondern eine Gnaden-Gabe. »Alles glauben, was geschrieben steht« (Apg 24,14) darf nicht quantitativ mißverstanden werden, so daß ein Mensch ängstlich und geknechtet jeder einzelnen Aussage nachjagen müßte, um an sie zu »glauben«. In Jesus Christus ist die Fülle lebensmäßig gegeben, auf ihn will alle Schrift hinweisen. Aus dieser Fülle darf jeder empfangen »Gnade um Gnade« (Joh 1,16), »so viel er braucht, der eine mehr, der andere weniger« (2 Mo 16,16.17). Da Gott dem Menschen mit Jesus Christus alles schenkt (Röm 8, 32), darf der Mensch diesem Gott auch »Glauben schenken« (Apg 24,14 ZÜ) und mit ihm Gemeinschaft haben. Wer ihn liebt, wird seine Gebote halten (Joh 14,15) und sein Bild suchen in der Schrift.

H. Bürki.

Schriftgelehrter → Lehrer II; IV,1.2; → Pharisäer; → Sadduzäer; → Aufsätze; → Korban; → Masora; → Mischna; → Schrift, Schreiber, schreiben III,3c; → Esra (3); → Gamaliel; → Paulus.

Schröter oder Küfer sind Arbeiter in Weinkellereien. Luther benutzt das Wort in Jer 48,12, um das hebr. *soeh* = »der [die Gefäße] neigt oder ausgießt« wiederzugeben.

Schuh. I) Soweit man im Alten Orient S. trug, handelte es sich meist um Sandalen. Sie bestanden aus einer Ledersohle – auch geflochtene oder hölzerne Sohlen kamen vor – die mit Schuhriemen (1 Mo 14,23; Joh 1,27) am Fuß befestigt wurden (vgl. Taf. 6/65; Abb. Sp. 558; 562). Bildliche Darstellungen zeigen aber auch geschlossene Schuhe bei Frauen (Taf. 6/65) und Männern (Abb. Sp. 120; 607; 862). Den ganzen Unterschenkel umschloß der ge-

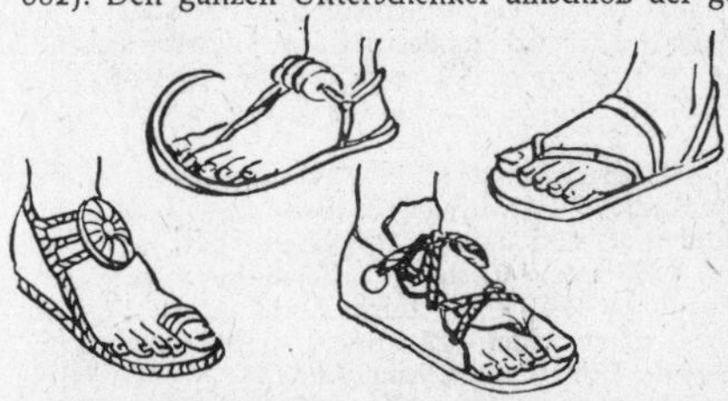

Verschiedene Sandalenformen: ägypt. (links oben), babyl. (links unten), griech. (rechts oben) und röm. Sandale (rechts unten)

schnürte assyr. Soldatenstiefel (Jes 9,4[5] EÜ, ZÜ; LÜ Rüstung; vgl. Abb. Sp. 862).

II) Im Hause legte man die S. gewöhnlich ab, das Ausziehen wie das Fußwaschen besorgte häufig ein Sklave (vgl. Mk 1,7 und auch die Bilder in Ps 60,10, welche die Unterwerfung von Moab und Edom ausdrücken). Als Rechtshandlung konnte Ausziehen und Übergabe eines S. den Verzicht auf einen Rechtsanspruch bedeuten (Rt 4,7.8); vgl. weiter → Barfuß; → Fuß II u. III. Die Priester verrichteten ihren Tempeldienst barfuß (vgl. 2 Mo 3,5).

Schuld, schuldig; Schulden, Schuldiger, Schuldner. I,1) Schuld bezeichnet rechtlich eine nicht erfüllte Verpflichtung oder Verbindlichkeit, daß etwa eine Geldsumme fällig ist oder ein Zahlungsrückstand besteht. Hierdurch – aber auch in tieferem Sinn durch ein schuldhaftes Versäumnis oder eine Verfehlung – wird im menschlichen Zusammenleben der eine zum Schuldner (Lk 7,41) oder Schuldiger (Mt 6,12), der andere zum Gläubiger. Es gilt allg. als recht und billig, daß Schulden (geschuldete Beträge von bestimmter Höhe) getilgt, d. h. abgezahlt werden. Geschieht die Ablösung der S. nicht

oder nicht rechtzeitig, hat der Schuldner Zwangsmaßnahmen zu erwarten, z. Zt. Jesu im äußersten Fall Schuldhaft im Gefängnis (Mt 18,34; 5,26). Je höher die Schuldsumme, desto schlimmer die Lage (Mt 18,24f).
Gegen wucherische Ausbeutung und Bedrückung in Not geratener, verschuldeter Landsleute und Mitbürger aber wendet sich schon das AT (Neh 5,1–8; Hes 18,7.8; vgl. → Pfand; → Wucher). Der Gläubiger hat die Möglichkeit, dem Schuldner die geschuldete Summe ganz oder teilweise ohne unmittelbare Gegenleistung zu erlassen, wenn Großmut (Lk 7,42f) oder Klugheit (Lk 16,4ff) ihm dies ratsam erscheinen lassen. Für eine fremde S. soll man nicht → Bürge werden (Spr 22,26). Jedoch erklärt Paulus sich im besonderen Fall dem befreundeten Philemon gegenüber bereit, für S. und etwa angerichteten Schaden eines dritten voll einzustehen (Phim 18f).

2) In Bezug auf das, was ein Mensch schuldig ist, ist der Gesichtskreis der HS aber nicht auf Geldschulden beschränkt. Jesus verwendet den Ausdruck in dem allg. Sinn von »eine Verpflichtung haben« (Lk 17,10). Paulus denkt dabei neben pflichtgemäßen Leistungen wie Steuern und Abgaben auch an das rechte äußere Verhalten der Obrigkeit gegenüber (Röm 13,7). Daß der Mann in der Ehe seiner Frau die eheliche Gemeinschaft nicht entziehen darf, hebt 1 Kor 7,3 hervor. Alle Pflicht und Schuldigkeit gegenüber dem Mitmenschen ist – im Sinn der Weisung Jesu (Mt 22,39f) – in dem königlichen Gebot der Liebe zusammengefaßt (Röm 13,8ff).

II) Im besonderen Sinn nennt die HS S. den Zustand des Menschen, der sich im Widerspruch gegen Gott befindet. Diese S. trennt von Gott, und wen Gott schuldig spricht, der wird ausgestoßen (Ps 5,11).
Kein Rechenschema reicht aus zur Erfassung der abgründigen Wirklichkeit menschlicher S. seit dem Sündenfall und damit dem Beginn der → Sünde. Der heilige Gott ist kein Geschäftspartner, dem gegenüber der Mensch durch Erfüllung bestimmter Vorschriften einen günstigen Rechnungsabschluß in einem himmlischen Schuldbuch vorbereiten kann. Dem Schuldner Gottes hilft kein Aufrechnen guter Taten gegen schlechte. Denn unsre Schuld ist groß bis in den Himmel (Es 9,6), und unsre Verschuldung ist nicht abzuzahlen (Mt 18,24: 10000 Talente sind etwa 600 Millionen DM!).
Schuldner Gottes sein heißt Sünder sein (Lk 13,1–5); Schuldner Gottes sind verlorene Leute, wenn der Zorn des Allerhöchsten nicht abgewendet wird. Denn schon durch Übertreten eines einzigen Gebotes wird der Mensch an Gottes ganzem Gesetz schuldig (Jak 2,10). Die HS kennt eine Solidarität der Schuld vor Gott, die alle Menschen umschließt (2 Mo 34,7). Alle Welt ist schuldig vor Gott (Röm 3,19). Aber wer wäre nicht auch Menschen gegenüber schuldig geworden als ihr Schuldiger? (Mt 6, 12). Vgl. → Unschuldig.
Jeder ist für seine Taten haftbar (Hes 18,4.20; 33, 12f; Jer 31,30; 5 Mo 24,16; 2 Kö 14,6), und sooft wir schuldig werden, haben wir es letztlich mit Gott zu tun. Erst diese gradlinige Beziehung auf den heiligen und lebendigen Gott bringt das Schuldbewußtsein des Menschen zum vollen Durchbruch und erschließt seine letzte Tiefe (Ps 51,6; Lk 15,18; Mt 6,12). Vor diesem Richter kann sich der Mensch nicht entschuldigen (Röm 2,1). Er muß es anstehen lassen ewiglich (Ps 49,9; Mt 16,26).

III) Zur uneingeschränkten Erkenntnis und Anerkennung seiner lastenden S. kam Paulus durch die Begegnung mit dem auferstandenen Christus (Apg 9,4f; 1 Kor 15,9; Gal 1,13). Zugleich empfing er als Gabe dieses Herrn die völlige Überwindung, Erledigung und Tilgung seiner gesamten Lebensschuld (Röm 1,5; 1 Kor 15,10; 2 Kor 5,21). Dasselbe zeigt Jesus am vollkommenen Erlaß der riesenhaften Schuldsumme (Mt 18,27). So handelt Gott in seiner → Vergebung an den hoffnungslos Schuldverstrickten.
Allein weil Gott durchstreicht und vergibt, wird trotz der abgrundtiefen S. des Menschen Gemeinschaft mit Gott für ihn wieder möglich. In diesem Zushg. nennt Jesus, der Mittler des Schulderlasses, seine eigne Lebenshingabe »Lösemittel für viele« (Mt 20,28). Er gab sein Leben als Schuldopfer (Jes 53,10).
Die S. der Menschheit ist am Kreuz Jesu Christi abgetan. Dort ist der Schuldbrief, der unser Schuldverhängnis besiegelte, von Gott selbst getilgt worden (Kol 2,14). Die Schuldknechtschaft ist gebrochen, das Pflichtverhältnis zum Schuldtreiber aller Geknechteten, dem → Teufel, ist aufgehoben. Es ist eine frohe Befreiung (Röm 6,17f; Joh 8,36; Röm 8,12). Jesus ist der neue Dienstherr, um dessentwillen sich Paulus als ein Schuldner der unerlösten Menschheit im Dienst am Evangelium bezeichnet (Röm 1,14). So erwächst aus der Erfahrung des Heils die Schuldigkeit und Verpflichtung zum Dienst, ebenso spricht Paulus die Gemeinden in Griechenland um der empfangenen Wohltat Christi willen als Schuldner der Muttergemeinde Jerusalem an (Röm 15,27).

Schuldherr = Gläubiger (2 Kö 4,1.7).

Schuldopfer → Opfer

Schule (Synagoge). I) Das griech. Wort *synagôgae* wurde von Luther meist mit »Schule« (z. B. Mk 1,21), seltener mit »Versammlung« (Jak 2,2) übersetzt. Das Wort bezeichnet zunächst eine Versammlung von Menschen, dann die Versammlungsstätten der Juden und schließlich allg. das Judentum im Gegensatz zur christlichen Gemeinde (vgl. Offb 2,9; 3,9 »Schule des Satans«). In ntl. Zeit gibt es Synagogen sowohl in Palästina (Mk 1,21; Lk 4,33) wie in der → Zerstreuung (Apg 13,5; 17,17), ja in »jeder Stadt« (Apg 15,21).

Auch in der LXX ist mit Synagoge meist eine Versammlung von Juden gemeint, vielfach als Synagoge des Herrn (LXX: 4 Mo 16,3; 20,4; Jos 22,16; Ps 74,2; LÜ Gemeinde). In 2 Kö 4,38 (LXX) wird von einer Versammlung von Propheten gesprochen. Wichtig ist, daß Ps 22,17 (LXX) den Begriff für eine Menschenansammlung überhaupt (LÜ Rotte) und Jak 2,2 auch für die christliche Versammlung gebrauchen kann.

II) Weder im AT, noch in den jüd. Auslegungen des Gesetzes gibt es eine Vorschrift, welche den Bau von besonderen Versammlungsstätten fordert. Damit hängt eng die historische Unklarheit über die Entstehung dieser religiösen Einrichtung zusammen. Sicher dürfte sein, daß die Synagoge sich nach der babyl. Gefangenschaft neben dem Tempel entwickelte, nachdem ihre Notwendigkeit sich im Exil gezeigt hatte. Dort waren Stätten nötig, an denen man zusammenkam, betete und das Gesetz hören konnte.
Vorher war die Synagoge keine feste Institution neben dem zentralen Heiligtum in Jerusalem. Viell. hat aber schon die Reform Josias, der alle Höhenheiligtümer zerstörte und die dort amtierenden

Priester nach Jerusalem führte (2 Kö 23,8.9), für die Entstehung der Synagogen eine Rolle gespielt. Vgl. die Erwähnung von Versammlungsstätten in Ps 74,8, die viell. mit einer strengeren Beachtung der am → Sabbat vorgeschriebenen Versammlung zusammenhängt, was ebenfalls eine Folge der Reform Josias sein könnte. Als nach der Rückkehr aus dem Exil der zentrale Opfergottesdienst wieder aufgenommen wurde, versammelten sich alle Juden, die nicht nach Jerusalem kommen konnten, am Sabbat z. Zt. des Jerusalemer Gottesdienstes in den Synagogen.

Die Hauptwurzel der Synagoge liegt aber nicht in Palästina, die Synagoge ist vielmehr in besonderer Weise ein Kind der Zerstreuung des Volkes Israel. In Ägypten ist inschriftlich eine Synagoge aus der Zeit des Pharaos Ptolemäus Euergetes (247–221 v. Chr.) bezeugt. Im syr. Antiochien gibt es seit der Regierung des Antiochus Epiphanes (175–164 v. Chr.) eine bekannte Synagoge. Cicero berichtet von einer reichen Spende aus Synagogen Kleinasiens an den Jerusalemer Tempel (62 v. Chr.). Daß Synagogen eine allg. bekannte Einrichtung waren, zeigen auch röm. Schriftsteller, die ohne Erklärung von »Gebetsorten« (griech. *proseuchae)*, d. h. Synagogen sprechen.

Zwei Vorgänge machten die S. zur tragenden Institution des Judentums. Einmal hatte sich mit der Zeit eine Lösung der palästinensischen Synagogen vom Tempel in Jerusalem vollzogen, die es nach dessen Zerstörung (70 n. Chr.) ermöglichte, daß sich das Judentum auf der Synagoge als einziger religiöser Einrichtung wieder aufbauen konnte. Da sie geholfen hatte, einen opferlosen Gottesdienst vorzubereiten, konnte sie nun, da mit der Zerstörung des Tempels diese Form des Gottesdienstes zwingende Notwendigkeit geworden und zugleich das Nebeneinander von Tempel und Synagoge beendet war, auch offiziell zu dem werden, was sie schon z. Zt. Jesu praktisch war: das »religiöse, geistige und gesellschaftliche Zentrum der jüd. Gemeinde«.

Dann aber hat die Synagoge ihre Popularität weithin den Diaspora-Synagogen zu verdanken. Diese Synagogen in der → Zerstreuung entwickelten sich freier in Bezug auf die Sprache (griech. statt hebr., d. h. Verwendung der Weltsprache), die Auslegung der heiligen Texte (Eindringen griechischer Allegorie) und die Laienpredigt (Apg 13,15: Diaspora-Synagoge), weil sie weder an feste äußere Formen gebunden waren, noch unter der normierenden Aufsicht der Berufstheologen standen.

III) Über den Bau und die Anlage von Synagogen gibt es ebenfalls keine bindenden Vorschriften. Jede S. besteht aus einem Hauptraum für den Gottesdienstgebrauch und mehreren Nebenräumen, in denen sich das ganze Gemeindeleben abspielt. Oft findet sich auch ein Hof für besondere Festlichkeiten (Laubhüttenfest, Hochzeit u. a.; vgl. Abb. Sp. 757; Taf. 61/960).

Im Hauptraum werden die Thora-(Gesetzes-)rollen in einer Nische oder einem besonderen Thoraschrein, etwas erhöht und verborgen hinter einem Vorhang, aufbewahrt. Zur Einrichtung gehören weiter 2 siebenarmige → Leuchter (vgl. 3 Mo 24,2–4) rechts und links vom Thoraschrein, etwas tiefer, aber höher als der Gesamtraum, ein Vorbeterpult vor den Thorarollen mit den Sesseln für Gemeindevorsteher (LÜ Oberster der Schule, Mk 5,22) und Rabbiner, ein Tisch zur Lesung des Gesetzes und am Eingang ein Becken zur Handwaschung. Vgl. dazu das Mosaik aus der Synagoge von Beth-Alpha in der Jesreel-Ebene (Abb. Sp. 154: Byzantinische Zeit rechts), das den Thoraschrein, die beiden Leuchter, den Vorhang und zwei Löwen zeigt, deren Platz nach aufgefundenen Spuren unten am Fuß des Thoraschreins war.

Dies ist ein Beispiel dafür, daß sich in den Synagogen trotz des Bilderverbots (2 Mo 20,4; 5 Mo 27, 15) doch verhältnismäßig häufig bildliche Darstellungen finden, bis hin zu den berühmten Wandgemälden mit biblischen Szenen in der Synagoge von Dura-Europos am Euphrat (3 Jh. n. Chr.). Aus der Synagoge von Kapernaum stammt ein Relief, in dem wir viell. einen auf einen Wagen gesetzten Thoraschrein zu sehen haben (Abb. Sp. 153: Röm. Zeit links unten), möglicherweise als Darstellung der von den Philistern zurückgesandten Bundeslade (1 Sam 6,10ff).

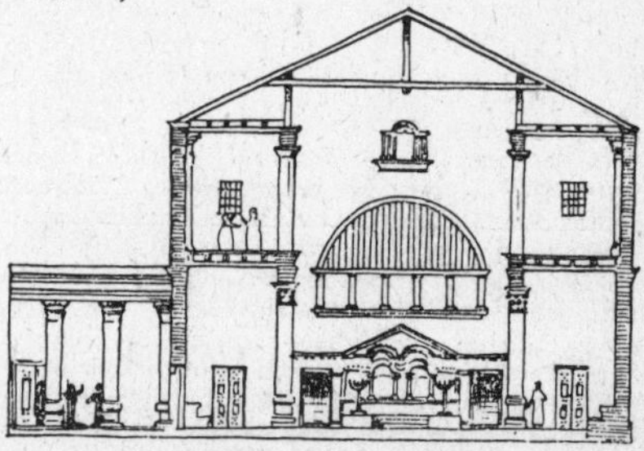

Schnitt durch die Synagoge von Kapernaum. Blick gegen die Südwand mit den Eingangstüren. In der Mitte hinter den Leuchtern der erhöhte Standort des Thoraschreins. Rechts und links oben die Frauenempore, links der Säulengang um den Hof. Vgl. Abb. Sp. 757

Die Synagogenbauten sind meist in der Gebetsrichtung nach Jerusalem (Dan 6,11[10]) orientiert, und zwar auf 2 Arten. Entweder zeigte die Eingangsfront mit häufig 3 Türen nach Jerusalem. Dann war der Thoraschrein urspr. beweglich und wurde beim Gottesdienst entsprechend aufgestellt. In Kapernaum (vgl. Abb.) liegt jedoch schon ein festes Podium in einigem Abstand vor dem hier nach S weisenden Haupteingang. Die Wand nach Jerusalem (sehr häufig die Ostwand) kann aber auch geschlossen sein und eine Nische für den Thoraschrein enthalten.

Die Männer sitzen im Hauptschiff der Synagoge, die Frauen auf der Empore oder in einem durch Mauern, Gitter oder Vorhänge abgegrenzten Raum. Männer und Frauen erscheinen mit bedecktem Haupt. Für einen Gottesdienst ist die Anwesenheit von mindestens 10 erwachsenen Männern erforderlich. Die Versammlung vollzieht sich unter Leitung des Gemeindevorstehers (Apg 13,15), des Kantors und des Rabbiners.

IV) Das Grundschema des Synagogengottesdienstes selbst besteht aus Bußruf und Lehre (Schriftlesung, Predigt, Lehrvortrag), Dank und Lob (Rezitation von Psalmen, besonders gerne die Hallel-Psalmen: Ps 113–118) und Bitte (Gebet). Der Charakter des Gottesdienstes war volkstümlich. Er hatte zu Anfang keine Beziehung zur Priesterschaft, sondern wurde von Laien gehalten, jeder Israelit konnte sich an Gebet und Schriftauslegung beteiligen. Es ging um Instruktion und Erbauung, gepaart mit Lob und Gebet.

Im Mittelpunkt steht das Gesetz, und hier wieder bes. das *Schma Jisrael* »Höre Israel«; bestehend aus 5 Mo 6,4–9; 11,13–21; 4 Mo 15,37–41 als Summe des Gesetzes, d. h. der Mosebücher, wobei die Lesung der Propheten und der Schriften (vgl. → Testament, Altes und Neues II, 1) als eine einzige Auslegung dieses Gesetzes gedacht ist. Das *Schma* kommt in jedem Gottesdienst vor und wird stehend rezitiert. Im → Gottesdienst (IV) wird keine sakramentale Handlung vollzogen. Er ist reiner Wortgottesdienst und damit immer nur ein Ersatz für den eigentlichen, aber verlorenen Tempelgottesdienst. In ntl. Zeit ist die S. neben dem Ort des Gottesdienstes, der Lehre (vgl. Mt 4,23; Lk 4, 15) und des Studierens (Apg 15,21) auch der Gerichtsort (vgl. Mt 10,17; Mk 13,9; Lk 12,11).

V) Wie Jesus (Mk 1,39; Lk 4,15–30) benutzte auch die Urgemeinde die Synagogenversammlungen vielfach als Gelegenheit zur Verkündigung des Evangeliums (vgl. Apg 6,9). Paulus ging sogar regelmäßig zunächst in die Synagoge (Apg 9,20; 13,5.14ff; 14,1; 17,1.10.17; 18,4.19; 19,8) oder an die jüd. Gebetsstätte, wenn im Ort kein Synagogengebäude vorhanden war. Der Widerstand der Juden gegen seine Verkündigung aber zwang ihn jedesmal nach kürzerer oder längerer Zeit zum Auszug aus der Synagoge (Apg 13,45ff; 17,5ff; 18,6; 19,9), wobei ihm die Gläubiggewordenen folgten.
Damit wurde offenbar, daß sich der Anspruch der Synagoge, Ersatz und Fortsetzung des atl. Tempelgottesdienstes zu sein, und die Botschaft von Jesus Christus als dem vollkommenen, ewigen Hohenpriester (Hebr 7,26–28), der das Gesetz aufhebt (V 12), gegenseitig ausschließen. So steht bis heute die Synagoge als die religiöse Institution des Judentums in ungelöster Spannung der Gemeinde Jesu gegenüber, der festgehaltene Schatten der leibhaftigen Wirklichkeit (Kol 2,17).
Vgl. auch → Unterricht.

Schüler (1 Chron 25,8; Mal 2,12) vgl. → Lehrer, → Jünger, → Nachfolger.

Schulter. I) »Die S. zum Tragen beugen« ist Bild der Dienstbarkeit (1 Mo 49,15; Ps 81,7, Jes 10,27). Doch auch die Herrschaft ist auf der S. dessen, der sie in Verantwortung trägt (Jes 9,5[6]).

II) Vgl. → Hebe, Hebopfer, Hebeschulter III.

III) Im Segen des Mose wird dem Stamm Benjamin verheißen, er werde zwischen »den S. des Herrn« wohnen (5 Mo 33,12). Möglicherweise sind damit die Bergrücken um das Heiligtum in Jerusalem gemeint.

Schuppen. I) Wassertiere ohne Schuppen und Flossen galten den Israeliten als unrein (3 Mo 11,9–12; 5 Mo 14,9.10). Vgl. → Rein und unrein.

II) Zum Schuppenpanzer (1 Sam 17,5) vgl. → Waffen und Geräte.

III) In übertragener Bedeutung wird das Wort Apg 9,18 gebraucht: »alsobald fiel es von seinen Augen wie Schuppen, und er ward wieder sehend.«

Schurz, schürzen. I) Ein Kleidungsstück, das den Körper von Brust oder Hüften an bis zu den Oberschenkeln bedeckt (1 Mo 3,7; Joh 13,4.5). Vgl. Taf. 6/65; Abb. Sp. 163; 575/6; 777.

II) Sich schürzen = sich gürten (Lk 17,8); vgl. → Kleid, Kleidung I.

Schüssel. Weites, offenes Gefäß zum Gebrauch im Heiligtum (2 Mo 25,29; 37,16; 4 Mo 4,7) und im Haus (Mt 23,25.26). Nach 4 Mo 7,13 ist die S. größer und wohl auch tiefer als die → Schale. Vgl. weiter → Becher I; → Becken.

Schützen sind im AT immer Bogenschützen (1 Mo 21,20; 1 Sam 31,3; 2 Sam 11,24; 2 Chron 35,23; Jes 21,17; Jer 50,14), in Apg 23,23 können auch Schleuderer gemeint sein. Vgl. → Bogen.

Schwach. I,1) Schwachheit, Begrenztheit und Unvollkommenheit sind Kennzeichen des Irdischen und Menschlichen (Mt 26,41; Röm 5,6; 6,19; Hebr 5,2; 7,28). Auch das atl. Gesetz hat daran teil (Gal 4,9; Hebr 7,18; Röm 8,3). Die Erkenntnis dieser Schwäche wird Anlaß zur Bitte um Gottes Gnade (Ps 6,3), der die Schwachen mit Stärke umgürtet (1 Sam 2,4) und die Glaubenden aus der Schwachheit kräftig werden läßt (Hebr 11,34).

2) Menschliche Schwachheit ist darüber hinaus aber zugleich Voraussetzung und Mittel des Wirkens Gottes. Das Schwache vor der Welt hat Gott erwählt, um das Starke zunichte zu machen (1 Kor 1, 27), die göttliche Schwachheit ist stärker als die Menschen (V 25). Christus hat unsere Schwachheiten auf sich genommen (Mt 8,17) und ist in Schwachheit gekreuzigt worden (2 Kor 13,4). Er hat jedoch den Versuchungen, die aus der Schwachheit folgen, widerstanden und ist ohne Sünde geblieben. So kann er wohl Mitleid mit unseren Schwachheiten haben, hat aber zugleich darüber gesiegt (Hebr 4,15) und lebt nun in der Kraft Gottes (2 Kor 13,4). An ihm ist das Gesätwerden in Schwachheit und das Auferstehen in Kraft (1 Kor 15,43) bereits offenbar geworden.

3) Durch Christus ist Gottes Kraft aber auch jetzt schon in schwachen Menschen mächtig (2 Kor 12,9). S. sein in Christus und gleichzeitig mit ihm in Kraft leben (2 Kor 13,4) bedingen einander, denn der Geist hilft unserer Schwachheit auf (Röm 8,26). So kann Paulus sagen: wenn ich s. bin, bin ich stark (2 Kor 12,10), und sich seiner Schwachheit rühmen (2 Kor 11,30; 12,5.9).

II) Daneben gibt es aber noch in besonderem Sinn Schwache unter den Christen. Sie sind noch s. im Glauben (Röm 14,1; vgl. im Gegensatz Abraham Röm 4,19), unsicher im Gewissen in Bezug auf ihr Handeln (Röm 14,2; 1 Kor 8,7.10–12), s. im geistlichen Verständnis, so daß der Apostel menschlich mit ihnen reden muß (Röm 6,19). Paulus ermahnt jedoch immer wieder dazu, sie aufzunehmen (Röm 14,1; vgl. auch Apg 20,35) und zu tragen (Röm 15, 1; 1 Thess 5,14), ihnen keinen Anstoß zu geben durch das unbedachte Ausnützen der eigenen Freiheit (Röm 14,21; 1 Kor 8,9). Er selber ist den Schwachen ein Schwacher geworden (1 Kor 9,22) um ihnen zu helfen (vgl. Hes 34,4.16). Doch soll diese geistliche Schwachheit überwunden werden, denn viele Schwache in einer Gemeinde zeigen, daß dort noch Unordnung und Sünde Raum haben (1 Kor 11,30).

III) Die Propheten sehen das Ziel Gottes mit seinem Volk darin, daß niemand mehr sagen wird: ich bin s., denn alle werden Vergebung der Sünde haben (Jes 33,24), und wer dann als s. angesehen wird, soll zumindest sein wie David (Sach 12,8).

Schwagerehe → Ehe III, 3

Schwalbe. 1) Übersetzung des hebr. *deror* (Ps 84, 4; Spr 26,2), mit dem wahrscheinlich die eigentliche S. gemeint ist. Ihr schneller, gleitender, vor Hindernissen elegant abschwenkender Flug wird Spr 26,2 als Bild für die Wirkungslosigkeit eines unverdienten Fluches gebraucht.
Mehrere Schwalbenarten sind in Palästina vertreten und z. T. ziemlich stark verbreitet, vor allem in der Zeit vom März bis zum Spätherbst. Von den auch in Europa vorkommenden Arten finden sich die Rauchschwalbe *(Hirundo rustica)* und die Uferschwalbe *(Riparia riparia)*.

2) Übersetzung des hebr. *sus* (eigentlich wohl *sis*, ein lautmalendes Wort für den Ruf des Vogels), das einen zwitschernden (Jes 38,14; vgl. ZÜ) Zugvogel (Jer 8,7) bezeichnet, sehr wahrscheinlich den Mauersegler *(Apus apus)*.
Dieser schwalbenähnliche Segler besucht Palästina auf seinen Wanderungen in großer Zahl, bleibt meist von April bis November und nistet in dieser Zeit. Neben dem Mauersegler ist auch der größere Alpensegler *(Apus melba)* verbreitet. Ihr schriller Ruf wird in Jes 38,14 mit dem Schmerzensschrei eines Menschen verglichen (vgl. → Kranich).
3) Übersetzung des hebr. *athallep* (3 Mo 11,19; 5 Mo 14,18). → Fledermaus.

Schwan. Das hebr. *schalak* (3 Mo 11,17; 5 Mo 14, 17), das die LÜ mit S. wiedergibt, bezeichnet einen den Israeliten unreinen Vogel, wahrscheinlich den Kormoran *(Phalacrocorax carbo sinensis)*, einen entenähnlichen Schwimmvogel mit langem Körper, langem schlanken Hals und langem Geierschnabel. Er kommt in Palästina hauptsächlich als Wintergast vor und nistet vor allem an der Küste und an den Ufern der galiläischen Seen. Seine Nahrung bilden Fische, die er durch geschicktes Schwimmen und Tauchen fängt.

Schwanger. Seit dem Sündenfall sind S.schaft und Geburt mit Schmerzen verbunden (1 Mo 3,16). Die s. Frau ist in Kriegs- und Notzeiten besonders gefährdet (Mk 13,17; vgl. Lk 23,29) und häufig Grausamkeiten ausgesetzt (2 Kö 8,12; 15,16; Hos 14,1; Am 1,13). So wird sie auch da genannt, wo Gott den Schutz der Schwachen zusagt (Jer 31,8). Im Gesetz finden sich Vorschriften für Schadenersatz und Bestrafung des Täters bei der Verletzung einer Schwangeren (2 Mo 21,22–25). Weiter → Geburt.

Schwanz → Haupt II

Schwänzen = geziert gehen (Jes 3,16; vgl. EÜ, ZÜ).

Schwären → Krankheit

Schwarz → Farben III

Schweben. 1) 1 Mo 1,2 wird vom Geist Gottes gesagt, daß er »über der Wasserfläche schwebte« (viell. auch »brütete« oder »bebte«), ein Versuch, die Leben schaffende Tätigkeit Gottes zum Ausdruck zu bringen.
2) In 5 Mo 28,13; Ri 9,9; Jes 58,14 betont das Wort die übergeordnete, herrschende Stellung eines Menschen oder Volkes. Apg 27,15 ist ein steuerloses Sichtreibenlassen gemeint.

Schwefel (hebr. *gaprit*; griech. *theion*).
Im Jordantal und in den Kreide- und Kalkmergeln am Ufer des Toten Meeres waren von altersher sowohl heiße S.quellen (vor allem bei Tiberias und am Jarmuk) als auch S.ablagerungen bekannt.
In der HS wird S. stets im Zushg. mit Gottes Strafgerichten genannt (über Sodom u. Gomorra: 1 Mo 19,24; Lk 17,29; vgl. 5 Mo 29,22[23]; Edom: Jes 34,9; Assur: Jes 30,33; Gog: Hes 38,22; die Gottlosen: Hi 18,15; Ps 11,6). Auch in Offb 9,17f versinnbildlicht der S. eine vernichtende Gerichtsplage.
Als brennender S.see wird der Strafort des Teufels und seiner Anhänger geschildert (Offb 14,10; 19,20; 20,10; 21,8).

Schweigen. I) Zum Schweigen Gottes vgl. → Antwort.
II) Zum Schweigen der Frau in der Gemeinde vgl. → Gottesdienst V, 3.

Schwein. Das S. (LÜ meistens Sau) war für die Israeliten ein unreines Tier, das nicht gegessen werden durfte (3 Mo 11,7; 5 Mo 14,8); es diente als Bild für Schmutz, Sünde und die Bedenkenlosigkeit des Abtrünnigen (Spr 11,22; Mt 7,6; 2 Petr 2,22). Das Opfern und Essen von Schweinefleisch gehörte zum → Götzendienst (Jes 65,4; 66,17) und spielte darum auch in den Kämpfen der Makkabäerzeit wieder eine entscheidende Rolle (1 Makk 1,50; 2 Makk 6,18ff). Schweinehüten war die verachtetste Beschäftigung, die ein Jude ausüben konnte (vgl. Lk 15,15). Im NT wird nur im Gebiet der hellenistischen → Zehnstädte eine Schweineherde genannt (Mt 8,30–33; Mk 5,11–14; Lk 8,32,34).
Die Wildschweine, die noch heute im Jordantal vorkommen, können großen Schaden in Feldern und Gärten anrichten (Ps 80,14).

Schweiß. Hes. 44,18 wird den Priestern nur leinene Kleidung erlaubt, damit sie nicht in S. geraten, was kultische Unreinheit zur Folge haben würde.

Schweißtuch. In seiner vielfachen Verwendungsmöglichkeit unserem Taschentuch entsprechend (vgl. Lk 19,20), diente das S. (griech. *soudarion)* hauptsächlich zum Abtrocknen des Schweißes von Gesicht und Händen (vgl. Apg 19,12). Man benutzte ein S. auch, um das Gesicht Verstorbener beim Begräbnis zu bedecken (Joh 11,44).
Das im Auferstehungsbericht neben den Binden genannte S., »das auf seinem Haupte war« (Joh 20, 7 wörtl.), ist aber möglicherweise mit der Leinwand (Mt 27,59; Mk 15,46; Lk 23,53) identisch, in die der Leichnam Jesu eingeschlagen wurde, ehe man ihn mit den Binden umwickelte (vgl. auch Joh 20,7 mit Lk 24,12).

Schwelgen → Schlemmen

Schwemme. Badeplatz für das Vieh (Hl 4,2; 6,6 [5]; 2 Petr 2,22).

Schwert → Waffen und Geräte

Schwester. I) Leibliche S. eines Menschen ist die Tochter derselben Eltern (1 Mo 4,22), aber auch die Stiefschwester, mit der man nur einen Elternteil, Vater oder Mutter, gemeinsam hat (z. B. 1 Mo 20, 12).
II) Im weiteren Sinn werden als Schwestern die weiblichen Verwandten und dann alle Stammes- und Volksgenossinnen bezeichnet (Hi 42,11; 4 Mo 25, 18); das gilt im NT auch für die Glieder des Gottesvolkes, der Gemeinde (Röm 16,1; 1 Kor 9,5). Ebenso werden Völker gleicher Abstammung oder gleichen Geistes Schwestern genannt (Jer 3,7.8; Hes 16,46 –52).
Daß man die Braut als Schwester bezeichnet (Hl 4, 9.10.12), findet eine Entsprechung in ägypt. Liebesliedern, wo sich die Liebenden gegenseitig als Bruder und S. anreden.
III) Die Ehe mit der S. war bei vielen Völkern durchaus unanstößig und z. T. üblich (etwa bei den Pharaonen); auch Abraham hatte seine Halbschwester Sarai geheiratet (1 Mo 20,12). Im mosaischen Gesetz aber wurde die Geschwisterehe verboten (3 Mo 18,9.11; 20,17), ebenso durfte niemand gleichzeitig 2 S. heiraten (3 Mo 18,18).

Schwindelgeist. Ein Geist der Ziel- und Ratlosigkeit, den der Herr zum Gericht über Ägypten dessen Weisen und Fürsten gegeben hat (Jes 19,11–14). Vgl. dazu auch den bösen Geist vom Herrn, der Saul beunruhigt (1 Sam 16,14–16; 18,10; 19,9), den falschen Geist im Munde aller Propheten Ahabs (1 Kö 22,19–23) und den Geist des harten → Schlafs, den der Herr seinem treulosen Volk gegeben hat (Jes 29,10; Röm 11,8).

Schwören, Schwur → Eid

Schwulst → Krankheit

Seal, wohl »Er (Gott) möge (den Namensträger) zu einem Geliehenen (d. h. Gott zum Dienst geweihten) machen«,
Israelit, der sich von seiner heidnischen Frau trennte (Es 10,29).

Sealthiel »Ich habe Gott gebeten«.
Vater Serubabels (Es 3,2.8; Neh 12,1; Hag 1,1.12. 14; 2,2[3].23[24]). Als sein Vater wird in Mt 1,12 Jechonja (Jojachin), in 1 Chron 3,17 »Jechonja, der gefangen ward«, genannt. An dieser Stelle kann man aber auch übersetzen: »die Kinder Jechonjas: Assir, dessen Sohn: Sealthiel ...« (vgl. EÜ). Auch in Lk 3,27 ist Serubabel der Sohn Sealthiels, als dessen Vater wird aber Neri, der Sohn Melchis und Nachkomme des Davidsohnes Nathan, genannt (V 31). Nach 1 Chron 3,19 war Serubabel ein Sohn Pedajas, des Bruders Sealthiels. Dann wäre S. Serubabels Onkel und nicht sein Vater. Diese Schwierigkeiten hat man auf folgende Weise zu lösen versucht (vorgeschlagen u. a. von Keil): Jojachins Sohn Zedekia (1 Chron 3,16) starb kinderlos, sein Bruder Assir (s. o.) hinterließ nur eine Tochter, die als Erbtochter einen Mann aus dem judäischen Königsgeschlecht heiratete, und zwar Neri, den Nachkommen Nathans. Aus dieser Ehe gingen dann S., Malchiram, Pedaja, Seneazzar, Jekamja, Hosama und Nebadja, hervor, die also Jojachins Urenkel waren. S., der Älteste, wurde Erbe seines Großvaters mütterlicherseits, Assir, und galt vor dem Gesetz als dessen Sohn. Daher kann S. 1 Chron 3,17 als Nachkomme Jojachins, Lk 3,27 als Sohn Neris geführt werden. Auch S. starb kinderlos, und sein Bruder Pedaja vollzog die Schwagerehe (5 Mo 25,5.6) mit Sealthiels Witwe. Der erstgeborene Sohn aus dieser Ehe, Serubabel, galt nun gesetzlich als Sohn Sealthiels.
Gegen den ersten Teil dieses Lösungsversuches lassen sich aber zwei Bedenken geltend machen. Einmal sind die vier Generationen Assir, Neri, S. und Serubabel in den 60 Jahren von 597 v. Chr. (Gefangennahme Jojachins) bis 538 v. Chr. (Einsetzung Serubabels) kaum unterzubringen. Anderseits sind inzwischen babyl. Keilschrifttexte gefunden worden, die im Jahre 592 v. Chr. → Jojachin und fünf seiner Söhne, leider ohne Angabe ihrer Namen, nennen. Danach scheint es, daß in 1 Chron 3,17 doch die Söhne »Jojachins, des Gefangenen«, gemeint sind. Dann bleibt aber wieder zwischen Jojachin und S. kein Raum mehr für Neri. Eine befriedigende Lösung, die allen bibl. Angaben gerecht wird, ist bisher noch nicht gefunden worden.

Searja, Benjaminit, Sohn Azels (1 Chron 8,38).

Sear-Jasub »Der → Rest, der zurückkehrt«,
sinnbildlicher Name des Sohnes des Propheten Jesaja (Jes 7,3).

Seba.
I) Sohn des Chus aus dem Geschlecht Hams und seine Nachkommen (1 Mo 10,7; 1 Chron 1,9). Sie waren Menschen von hohem Wuchs (Jes 45,14) und werden mit Ägyptern und Mohren (Äthiopiern) zusammen genannt (Jes 43,3; 45,14). Man sucht ihren Wohnsitz daher in Afrika, wo der griech. Geograph Strabo die Hafenstädte Saba (= Massaua) und Sabai (= Assab an der Meerenge Bab el Mandeb) an der Westküste des Roten Meeres nennt. Ps 72,10 erwähnt das Volk neben Reicharabien (→ Saba). Hes 27,23 steht im MT Saba wie V 22.
II,1) Brunnen bei → Beer-Seba, den Isaak S. nannte und der nachher der Stadt den Namen gab (1 Mo 26,33).
2) Ort im Gebiet des Stammes Simeon (Jos 19,2). In Jos 15,26 scheint ihm → Sema zu entsprechen; 1 Chron 4,28 dagegen fehlt er.
III) »(Gott ist) Fülle, Vollkommenheit«.
1) Benjaminit, der Sohn Bichris, der nach der Niederwerfung von Absaloms Aufstand zu neuem Abfall von David aufrief. David sandte zuerst Amasa und dann Abisai mit Joab und der Leibwache zu seiner Verfolgung aus. Schließlich wurde S. in Abel-Beth-Maacha eingeschlossen und belagert. Auf Joabs Aufforderung töteten ihn die Einwohner und warfen seinen Kopf über die Mauer (2 Sam 20,1–22).
2) Gaditer, der in Gilead wohnte (1 Chron 5,13.16).

Sebad »Geschenk«,
Ephraimiter, Nachkomme Suthelas (1 Chron 7,21).

Sebadja »Der Herr schenkt«.
1) Benjaminit, Nachkomme Berias (1 Chron 8,15. 16).
2) Benjaminit, Nachkomme Elpaals (1 Chron 8,17. 18).
3) Sohn des Jeroham aus Gedor, Benjaminit, der zu David nach Ziklag kam (1 Chron 12,7).
4) Sohn Asahels und Neffe Joabs. Als Nachfolger seines Vaters war er der Führer der 4. Heeresabteilung z. Zt. Davids (1 Chron 27,7).
5) Korahitischer Levit und Torhüter, Sohn Meselemjas z. Zt. Davids (1 Chron 26,1.2).
6) Levit z. Zt. Josaphats (2 Chron 17,8).
7) Fürst aus Juda, Sohn Ismaels. Er wurde von König Josaphat zum obersten Richter in zivilrechtlichen Fragen in Jerusalem eingesetzt (2 Chron 19,11).
8) Sohn Michaels aus dem Geschlecht Sephatjas. Er kehrte mit Esra aus Babylon zurück (Es 8,8).
9) Priester aus der Nachkommenschaft Immers. Er trennte sich von seiner heidnischen Frau (Es 10,20).

Sebah, wohl »Am Tag des Schlachtopfers geboren«,
Midianiterkönig, der von Gideon gefangen genommen und getötet wurde (Ri 8,4–21; Ps 83,12).

Sebam → Sibma

Sebanja.
1) Priester z. Zt. Davids (1 Chron 15,24).
2) Levit z. Zt. Nehemias (Neh 9,4.5), der auch die Verpflichtung auf das Gesetz unterzeichnete (Neh 10,13[12]).
3) Priester z. Zt. Nehemias, der die Verpflichtung auf das Gesetz unterzeichnete (Neh 10,5[4]). Sein Geschlecht wird Neh 12,14 noch einmal erwähnt. Vgl. → Sechanja (3).

Sebat → Jahr

Seber »Löwe« oder »Kind« (Noth).
Sohn Kalebs und seiner Nebenfrau Maacha (1 Chron 2,48).

Sebina »Erkauft, erworben«,
Israelit, der seine heidnische Frau entließ (Es 10,43).

Sebna, viell. Kurzform von Sebanja.

Palastvorsteher des Königs Hiskia, der sich selber ein prächtiges Grab hatte aushauen lassen. Jesaja sagte ihm die Verbannung und die Amtsentsetzung voraus. Eljakim soll an seine Stelle treten (Jes 22, 15–25). Tatsächlich ist später Eljakim Palastvorsteher und S. Staatsschreiber (Jes 36,3.11.22; 37,2; vgl. 2 Kö 18; 19). In der Inschrift des bei Jerusalem gefundenen Felsengrabes eines Palastvorstehers ist der Name des Bestatteten leider zerstört. Eine Ergänzung zu [Seban]jahu ist jedoch möglich.

Sebuda, hängt mit hebr. »beschenken« zusammen, Tochter des Pedaja von Ruma, Mutter König Jojakims (2 Kö 23,36).

Sebuel, nach der LXX wohl Subael.
1) Levit, Sohn Gersoms und Enkel Moses, Aufseher über die Schätze im Heiligtum (1 Chron 23,16; 26,24). In 1 Chron 24,20 heißt er Subael »Gott, kehre zurück«.
2) Sohn des Leviten Heman (1 Chron 25,4), Leiter der 13. Sängerabteilung z. Zt. Davids. In V 20 heißt er Subael.

Sebul, Bedeutung wie Sebulon.
Oberster, den Abimelech in Sichem eingesetzt hatte (Ri 9,28.30–33.36–38.41).

Sebulon »Herrschaft«, wahrscheinlich »Fürst«.
1) Der 10. Sohn Jakobs und der 6. Leas (1 Mo 30, 19.20; 2 Mo 1,3). Mit seinen drei Söhnen Sered, Elon und Jahleel begleitete er Jakob nach Ägypten (1 Mo 46,14). In seinem Segen sagte Jakob ihm voraus, daß seine Nachkommenschaft am Strand des Meeres wohnen und ihr Gebiet an Sidon grenzen werde (1 Mo 49,13). Das traf geographisch gesehen zwar nur bedingt ein – zwischen dem Stammesgebiet von S. und der Mittelmeerküste lag das Gebiet Assers, das sich auch zwischen S. und Sidon schob –, aber die Handelsbeziehung zum Meer mit seinen Schätzen und ebenfalls zur phön. Handelsstadt Sidon wird im Segen des Mose erneut verheißen, wo S. und Isaschar zusammengefaßt werden (5 Mo 33, 18.19).
2) Die Nachkommen des Jakobssohnes, der Stamm S., der entsprechend den 3 Söhnen aus drei Geschlechtern bestand (4 Mo 26,26). Bei der ersten Volkszählung umfaßte er 57400 wehrfähige Männer (4 Mo 1,31), am Ende der Wüstenwanderung war die Zahl auf 60500 gestiegen (4 Mo 26,27). Beide Male steht S. damit an vierter Stelle unter den Stämmen. In der Lagerordnung fand S. seinen Platz mit Isaschar unter der Führung Judas östl. vom heiligen Zelt, sie brachen beim Abmarsch als erste auf (4 Mo 2,3–9).
Bei der Verteilung Kanaans erhielt S. seinen Anteil im N des Landes zwischen Halbmanasse im S, Isaschar und Naphthali im O und N und Asser im W (Jos 19,10–16). Vier Städte dieses Gebiets wurden den → Leviten übergeben (Jos 21,7.34.35). In der Richterzeit half S. Barak und Debora gegen Sisera (Ri 4,6–10; 5,14.18), auch am Feldzug Gideons gegen die Midianiter nahmen sie teil (Ri 6,35). Der Richter Elon war ein Sebuloniter (Ri 12,11.12). Mit den anderen Stämmen kam S. nach Hebron, um David zum König zu machen (1 Chron 12,33.40). Nach dem Untergang des isrl. Nordreiches folgten einzelne Sebuloniter dem Aufruf Hiskias und nahmen am Passah in Jerusalem teil (2 Chron 30,10.11.18). Jesaja sagte dem von den Assyrern verwüsteten Land neuen Segen voraus, was sich mit dem Wirken Jesu erfüllte (Jes 8,23[9,1]f; Mt 4,12–16). Vgl. Taf. 97/1536.
In der Weissagung des Hesekiel erhält S. seinen Anteil am verheißenen Land im S zwischen Isaschar und Gad (Hes 48,26.27), und unter den 144000 Versiegelten aus den 12 Stämmen werden auch 12000 von S. aufgeführt (Offb 7,8).

Sechacha. Ort in der Wüste Juda (Jos 15,61), vermutlich Chirbet es-Samrah zwischen Middin und Nibsan, 7 km südwestl. von Qumran. Der Ort war vom 9.–6. Jh. v. Chr. nachweisbar besiedelt.

Sechanja »Der Herr hat genommen«.
1) Leiter der 10. Priesterabteilung z. Zt. Davids (1 Chron 24,11).
2) Levit z. Zt. Hiskias (2 Chron 31,15).
3) Priester, der mit Serubabel aus der Gefangenschaft heimkehrte (Neh 12,3). Der Name des entsprechenden Priestergeschlechtes und seines Vertreters lautet in Neh 12,14; 10,5[4] → Sebanja (3).
4) Nachkomme Serubabels (1 Chron 3,21.22; Es 8, 3).
5) Sohn Jahasiels, Nachkomme Satthus. Er kehrte mit Esra aus Babylon zurück (Es 8,5).
6) Sohn Jehiels aus dem Geschlecht Elam z. Zt. Esras. Er gab den Rat zur Trennung von den heidnischen Frauen (Es 10,2.3).
7) Levit, Vater des Torhüters Semaja z. Zt. Nehemias (Neh 3,29).
8) Sohn Arahs, Schwiegervater des Ammoniters Tobia z. Zt. Nehemias (Neh 6,18).

Secher → Sacharja (1)

Sechs → Zahl

Sedeur,
Vater Elizurs, des Stammesfürsten über Ruben z. Zt. der Wüstenwanderung (4 Mo 1,5; 2,10).

Seeb »Wolf«,
Midianiterfürst, der von den Ephraimiten gefangen und getötet wurde (Ri 8,3; Ps 83,12). Die Weinkelter, in der das geschah, wurde nach ihm Kelter S. genannt (Ri 7,25), sie lag westl. des Jordans.

Seele. Das Wort S. kommt in der HS in verschiedenen Bedeutungen vor, die sich aus der jeweiligen Abwandlung bzw. Füllung des urspr. Grundbegriffes ergeben und in denen sich geradezu die Geschichte biblischen Denkens und biblischer Erkenntnis widerspiegelt. Das Gesamt-Verständnis wird dadurch erschwert, daß Luther die entsprechenden hebr. und griech. Grundwörter häufig – sachlich richtig – durch »Herz« oder »Leben« übersetzt hat. Es läßt sich also keine einheitliche Wortbedeutung angeben, sondern wir müssen den verschiedenen Deutungen nachgehen.

I) IM AT.
Ursprünglich bezeichnet das hebr. Wort *näpäsch* den Schlund, die Kehle (so nach Jes 5,14), dann aber insbes. – darin dem Worte → Geist gleichend – den Hauch, der hier aber als Kennzeichen des Atemvorganges (Hi 41,13 LÜ Odem) und damit dessen, was den Körper lebendig macht, verstanden wird. *Näpäsch* bezieht sich also ursprünglich nicht auf eine Sache, sondern auf einen Zustand bzw. Vorgang.
1) Von da aus ist mit S. zunächst diejenige Kraft gemeint, die aus einem Körper ein lebendiges → Leben macht und den obengenannten Lebensvorgang bewirkt und erhält.
2a) Das Wort findet dann weiter Verwendung für

das belebte Wesen selbst (vgl. → Kreatur), und zwar für Menschen wie Tiere (vgl. 1 Mo 1,20; LÜ lebende und webende Tiere; EÜ u. ZÜ lebendige Wesen; so auch 1 Mo 2,7.19; 9,10; 3 Mo 17,11; Jos 10,28.30.35. 37), wobei es meist mit dem Wort »lebendig« kombiniert wird. Was den Menschen angeht, meint S. in diesem Sinne also die Person, den Menschen selbst, wie 1 Mo 12,5; 4 Mo 5,6; 1 Sam 20,17; Hes 18,4, aber auch Jes 49,7; 55,3; Jer 31,25; Klgl 3,25 zeigen. »Meine S.« kann für »ich« stehen (Ps 42,2; 31,8), was bes. da deutlich wird, wo Menschen um ihre Errettung beten (Ps 6,5; 22,21; 120,2; vgl. 3 Mo 4, 2). »Eine S.« kann einfach »jemand« bedeuten und ist z. B. 3 Mo 5,1.2.4 LÜ auch so wiedergegeben. So wird verständlich, daß auch der tote Mensch als eine S. bezeichnet werden kann (3 Mo 19,28; 21,11; 22, 4; 4 Mo 6,6; 9,6; LÜ Toter bzw. toter Mensch).

b) Meine S., seine S. usw. findet deshalb gleichzeitig auch Verwendung für »sich«, das uns vertraute, in der hebr. Sprache aber nicht vorhandene Reflexivpronomen.

c) Hat man im Auge, daß S. über das belebende Element im Menschen hinaus diesen fast immer ganz meint, der → Leib also im allgemeinen mit eingeschlossen ist, dann werden Ausdrücke wie »die S. erquicken« (Ps 19,8; 23,3; Jer 31,25), »die S. der Heiligen bewahren« (Ps 97,10) oder »behüten« (Ps 121,7) verständlich. Gerade an der letztgenannten Stelle wird dieser Gleichklang durch die im Hebr. übliche doppelte Ausdrucksweise (dich = deine S.) für die gleiche Sache unterstrichen. Das zeigt sich auch, wenn es heißt, daß die S. dürstet, hungert, von Gott gesättigt wird (Ps 107,9; vgl. Ps 42,3; Spr 10, 3; 25,25), sich sättigt (Spr 27,7; Jer 31,25) oder labt (Spr 11,25; Klgl 1,11.19), fastet (Ps 69,11; vgl. EÜ, ZÜ), sich ekelt (4 Mo 21,5; Hi 10,1) oder sich mit verbotener Speise verunreinigt (Hes 4,14). Offensichtlich ist hier auch der Leib des Menschen mit angesprochen, und so darf auch der Ausdruck Leib und S. nicht im Sinne der Trennung dieser beiden, sondern muß gerade als Betonung der ganzheitlichen Zusammengehörigkeit verstanden werden (Ps 73, 26; 84,3; vgl. Offb 18,13 Leiber u. Seelen von Menschen). Selbst nach dem Tode wird vom Menschen ganzheitlich gesprochen (Hi 10,21f; 3,17–19; vgl. 1 Sam 28,11ff für Samuel).

3) Innerhalb der Ganzheit der Person wird unter S. die den Lebensvorgang gestaltende Kraft, also das Leben selbst, verstanden (vgl. 1 Kö 19,4). Dieses Leben ist in Gottes Hand (Hi 12,10; Hes 18,4). Er kann die S. = das Leben nehmen, man kann deshalb für die S. fürchten (Jos 9,24 LÜ Leben; vgl. Hes 32,10), die S. erretten, heißt: das Leben in Sicherheit bringen (1 Mo 19,17), sie erhaschen, heißt: jemanden töten (Ps 56,7). In diesem Zushg. bedeutet der Verlust der S. also einfach den Tod des Menschen; sie kann ausgerottet werden (1 Mo 17,14), sterben (Ri 16,30; vgl. 4 Mo 23,10), man kann sie in den Tod wagen (Ri 5,18); Salomo hatte nicht die S. seiner Feinde erbeten (1 Kö 3,11). Die S. kann man aufs Spiel setzen, dahinwerfen (Ri 9,17), sie kann aber auch errettet werden (Ps 34,23; 6,5; 116, 4). Die Rückkehr der S. meint also die Fortdauer bzw. das Wiederaufflammen des Menschenlebens (vgl. 1 Kö 17,21 bei dem Kind), für seine Bedrohung kann der Ausdruck »das Wasser geht mir bis an die S.« stehen (Ps 69,2). Wiederum zeigt sich, daß im Grunde der Mensch in seiner gesamten Existenz gemeint ist.

Wie wenig das AT eine einheitliche Vorstellung über Gestalt und Sitz der S. im Menschen hat, zeigt sich daran, daß es Jer 15,9 (vgl. ZÜ) heißt, »sie werde verhaucht« (entsprechend ihrer Gebundenheit an den Atemvorgang; vgl. 1 Mo 35,18) und Ps 141,8; Jes 53,12 von ihrem Vergossen-werden sprechen; diese letzte Aussage knüpft daran an, daß das Blut Träger der S. ist (1 Mo 9,4f; vgl. 3 Mo 17,11 LÜ Leben), ja daß das Blut geradezu mit der S. gleichgesetzt werden kann (5 Mo 12,23), und sein Vergießen bzw. Genuß deshalb dem Menschen verboten wird (ebd.); vgl. »die Stimme des Blutes« (1 Mo 4,10).

4) Daneben kennt das AT aber auch die S. als das Organ der Empfindungen im Menschen, wobei das Wort bedeutungsgleich mit Herz oder Gemüt verwandt werden kann. Sie kann von Angst bedrückt sein (1 Mo 42,21), Freude empfinden (Ps 84,3; 86,4), sich quälen (Jes 53,11), sie liebt (1 Mo 34,3; Hl 3,1–4), ist des Trostes bedürftig und kann ergötzt werden (Ps 77,3; 94,19), begehrt Genüsse (5 Mo 12,20f; Mi 7,1 EÜ), kann aber auch betrübt und geplagt sein (Hi 19,2; Ps 42,6) und böse Gefühle beherbergen und zum Ausdruck bringen (Spr 13,2 EÜ). Sie kann weinen (Ps 119,28 LÜ »das Herz verschmachtet«), sich in Tränen ergießen (Hi 30,16) und ausgeschüttet werden (1 Sam 1,15 LÜ Herz). Ja, sie kann in einigen Fällen sogar als Organ des Denkens (1 Sam 20,4 LÜ Herz), des Erkennens (Ps 139,14) und des Willensentschlusses (1 Mo 23,8 EÜ, ZÜ Wille) gelten.

5) Weil S. das von Gott gegebene Leben (so Jer 38, 16 LÜ; Jes 57,16 LÜ Odem) eines bestimmten Geschöpfes meint, also jeweils auf einen speziellen Schöpfungsakt Gottes zurückzuführen ist und damit keine selbständige, von Gott gelöste Existenz, auch unabhängig von einem bestimmten Menschen, hat, kann sie nur gesund und heil sein, wo sie in ungebrochener Gemeinschaft mit Gott steht, vor ihm lebt (1 Mo 32,31[30]; Ps 19,8; Ps 94,19), wo sich Gott ihrer annimmt (Jes 38,17). Ohne ihn verkümmert sie, leidet Hunger und Durst nach ihm (Ps 42,3; 63,2), verlangt nach ihm (Ps 84,3), verliert ihren Frieden (Klgl 3,17), mit Gott aber ist sie fröhlich (Jes 61,10) und wird ergötzt (Ps 77,3; 94,19). Darum soll der Mensch sie ganz in Gottes Dienst stellen, Gott von ganzer S. suchen (5 Mo 4,29) und lieben (5 Mo 6,5; 10,12). Die S. soll Gott loben (Ps 103,1.22; 104,1.35). Darum soll der Mensch auf sie achthaben (Jos 23,11), ja der Glaubende trägt sie wie seinen wertvollsten Schatz ständig in seinen Händen (Ps 119,109).

Wir sehen: gleich ob das Wort nun im Sinne des körperlichen oder des geistlichen Lebens vor Gott verstanden wird, immer meint es nicht nur einen Teil des Menschen, sondern diesen ganz in seinem Leben vor Gott.

II) IM NT.

1a) Hier finden wir zunächst einmal alle aus dem AT bekannten Bedeutungen von S. (griech. *psychae*) wieder. Sie gilt als tragende Kraft des geschöpflichen Lebens (Apg 20,10; Offb 8,9 LÜ lebendig — wörtl.: die S. haben). S. steht für das Leben selbst (so LÜ in Röm 11,3; vgl. Mt 2,20; 20,28; Joh 10, 11.17; LÜ Leben; Apg 15,26), das Gott liebt und zurückfordert (Lk 12,20). Der Mensch kann sie lieben (Offb 12,11) oder hassen (Joh 12,25), umsorgen oder verkümmern lassen (Mt 6,25; Lk 12,22; Apg 20,24; LÜ stets Leben).

Auch im NT kann S. die menschliche Person schlechthin meinen (1 Petr 3,20; Apg 2,41 »bei dreitausend S.«; vgl. Mk 3,4 LÜ Leben; 1 Kor 15,45 »lebende S.«) bzw. für »jemand« oder »jedermann« stehen (Apg 2,43; Röm 13,1).

b) S. ist auch hier Organ der Empfindungen und

Gefühle: sie kann betrübt (Mt 26,38; Joh 12,27), von Angst oder Furcht befallen (Apg 2,43; Röm 2, 9), entrüstet (Apg 14,2), zerrüttet (Apg 15,24) und gequält werden (2 Petr 2,8); sie kann auch Gelüste hegen (vgl. Lk 12,19; Offb 18,14). In diesem Sinne kann auch – wie schon im AT (Jes 1,14; 42,1) – von der S. Gottes gesprochen werden (Mt 12,18; Hebr 10,38), wenn dessen Empfinden, Fühlen und Wollen menschlich umschrieben werden soll.

c) Aber auch hier gilt in noch verstärktem Maße, daß der Mensch in seiner geschöpflichen Gestalt sich ganz nach dem Willen Gottes ausrichten und seine S. davon bestimmt sein soll (Mt 22,37), denn S. hat auch hier wieder die gleiche Doppelbedeutung wie Leben, indem es sowohl den Menschen in seiner vergänglichen Existenz, wie in seinem gottgewirkten neuen Leben meint, über das der Tod keine Macht hat (vgl. → Leben II). In diesem Sinne ist die S. das kostbarste, das der Mensch besitzt (Mt 16, 26). Sie – d. h. wiederum der ganze Mensch vor Gott in seiner neuen Existenz – soll in der Gemeinschaft und im Gehorsam gegen ihren Schöpfer und Herrn leben (Lk 10,27; Mk 12,30; Eph 6,6 LÜ Herz). Wo der Mensch dies nicht tut, kann Gott seine S. verderben (Mt 10,28; Lk 9,56), hat er also sein neues Leben verwirkt. Seine S. kann Schaden erleiden (Mt 16,26), ist Versuchungen ausgesetzt und kann unterliegen (1 Petr 2,11; 2 Petr 2,14), aber Gott will, daß sie errettet wird (Jak 1,21; 5,20; vgl. 1 Petr 1,9). Gott ist ihr Herr (1 Petr 4,19), er kennt sie und wird zum Zeugen darüber angerufen (2 Kor 1,23), und er will sie heiligen (1 Petr 1,22). Christus gilt als ihr Hüter und Hirt (1 Petr 2,25) und will ihr endlich Ruhe geben (Mt 11,29). Deshalb läßt er sie umsorgen (Seelsorge) von den anderen Gliedern und Dienern seines Leibes (2 Kor 12,15; Hebr 13, 17; 3 Joh 2). Immer steht der Mensch in Gefahr, sie zu verlieren, wenn er sein Trachten rein nach der Erhaltung seines irdischen Lebens ausrichtet (Mt 10, 39; 16,25; Mk 8,35; vgl. Kol 3,1ff).

2a) S. wird dort unterschieden vom Geist, griech. *pneuma* (1 Thess 5,23), wo der menschliche Geist als die durch Überlegung wirksame Steuerungskraft des Denkens und der Entscheidung gemeint ist, im Gegensatz zur S. als der lebenserhaltenden Kraft und dem Organ der Empfindung. So auch Hebr 4,12, wo die Scheidung von Geist und S. durch das Wort Gottes die Offenlegung der verborgenen, aus dem Untergrund der S. stammenden Motive andeutet, die das Denken dann verarbeitet, von denen es sich unbewußt leiten läßt, oder die es gar verschleiert. 1 Thess 5,23 macht deutlich, daß beide der Heiligung bedürfen, damit sie wie in Lk 1,46f den ganzen Menschen zum Lob und Dienst Gottes bewegen.

b) In diese Richtung weist auch die Unterscheidung in 1 Kor 15,44ff (LÜ »natürlich« statt wörtl. »seelisch«), wo S. das Wesen des Irdischen, durch seine Sünde von Gott getrennten und darum zum Vergehen verurteilten Menschen charakterisiert, im Gegensatz zum geistgeprägten Wesen des neuen Menschen; das erweist sich schon dadurch, daß »geistlich« und »seelisch« hier erklärt bzw. ersetzt werden durch »himmlisch« und »irdisch«. S. gehört hier also durchaus mit dem Leib, ja mit dem Fleisch, zusammen, dem sie verfallen und von dem sie beherrscht werden kann (1 Petr 2,11). Wenn dies beim Menschen geschieht, wird der Bauch sein Gott und wird er zum Feind des Kreuzes Christi (Phil 3,18f). An der S. als der das menschliche Leben unbewußt am meisten bestimmenden Kraft nimmt Gottes Heiligung ihren Ansatzpunkt. Hier erfährt der Mensch seine → Wiedergeburt. Der Ungeheiligte, also von der irdisch bestimmten S. regierte seelische (LÜ natürliche) Mensch versteht nichts vom Geiste Gottes (1 Kor 2,14; vgl. Joh 14,17).

3) Vom Ergehen der S. nach dem Tode spricht die Schrift in verschiedener Weise. Hält man sich vor Augen, daß hinter S. immer der ganze Mensch steht, so ist deutlich, daß die HS an einer speziellen Seelenlehre, die von der Ganzheit des Menschen absieht, nicht interessiert sein kann und deshalb die in der Philosophie erdachte und in manchen Religionen vertretene Existenz der Seele an sich, also ohne Beziehung zu der Gestalt eines bestimmten Menschen, nicht kennt. Das zeigt vielleicht am deutlichsten 1 Thess 5,23, wo es um die Bewahrung des Menschen nach Geist, Seele und Leib geht. Nicht nur der Leib, sondern auch die S. ist der Errettung und Erlösung bedürftig, und vor dem Throne Gottes stehen nicht nur Seelen, sondern wiederum ganze Menschen. Für das, was nach dem Tode geschieht, reichen unsere Begriffe und Vorstellungen zur Erklärung nicht aus. Aber, wie schon im AT, so wird auch im NT dem verstorbenen Menschen ein Dasein zugeschrieben. Denen, die das neue Leben nicht erhalten haben, gilt hier die Trennung von Gott im Totenreich (vgl. Lk 16,23; → Hölle II), bis sie nach der → Wiederkunft Christi zum letzten → Gericht erscheinen müssen; denen aber, die im Glauben sterben, ist die Gemeinschaft mit Gott verheißen (Lk 23,43; vgl. Phil 1,23), und sie sind dem Gericht entnommen. Daß auch im NT die Vorstellung vom Blut als Träger der S. nachwirkt, zeigt Offb 6,9, wo von den S. der Märtyrer am Altar Gottes gesprochen wird: sie befinden sich da, wo im AT das Blut der Opfer hinfließt; weil sie ihr Leben für Gott hingegeben haben, ist es nicht verloren, sondern erhalten. Aber auch hier wieder gilt: nicht eine endlich von allen Leibhaften gelöste Existenz der S., sondern die von Gottes Geist bestimmte neue Leiblichkeit ist das Ziel der Wege Gottes mit dem Menschen (vgl. → Auferstehung).

Seera, viell. »Blutsverwandt« oder mit hebr. »übrig sein« zusammenhängend.
Tochter Ephraims. Sie war die Gründerin der Ortschaften Beth-Horon und Usen-Seera (1 Chron 7,24).

Segen, segnen. I) Unter S. (Gegensatz → Fluch) versteht die HS die Zuwendung von göttlichem Heilsgut an Menschen, sei es durch Gott selbst oder durch in der Macht Gottes handelnde Menschen (vgl. 1 Mo 12,3). Die Kraft des S. geht auf den Gesegneten über, erscheint fast wie selbständig wirkend, wird durch Ausspruch (1 Mo 27,28f; 48,15f) und Handauflegung (V 14) vermittelt. Der einmal verliehene S. kann sich auch auf die Nachkommen (5 Mo 28,4), auf den Besitz und die Umwelt des Gesegneten (V 3ff) erstrecken und trifft ein (4 Mo 22, 6), selbst wenn er erschlichen wurde (vgl. 1 Mo 27). So wird der Gesegnete selbst Ausgangspunkt göttlichen S. (vgl. 1 Mo 12,3); Jakob segnete seine Enkel und Söhne (1 Mo 48; 49) und Mose die Stämme Israels (5 Mo 33). Gelegentlich werden auch Geschenke als S. bezeichnet (1 Mo 33,11; 1 Sam 25,27; 2 Kö 5,15).

II) Im Grunde ist es immer Gott selbst, der segnet (1 Mo 49,25). Wird S. meist dem Menschen zugewandt (1 Mo 1,28; 12,3; 26,3), so segnet Gott doch auch den siebenten Tag (1 Mo 2,3), die Tiere (1 Mo 1,22), das Brot und Wasser (2 Mo 23,25). Was dem Menschen im S. zufließt, ist Gabe und Auswirkung göttlicher Liebe (5 Mo 7,13). Gottes S. schenkt zahlreiche Nachkommenschaft (1 Mo 1,28), Landbesitz, fruchtbare Ernte und Viehreichtum (1 Mo 39,5; 5 Mo 28,3–5; Hi 42,12; Ps 65,11), sicheres Leben und

Schutz vor Feinden (1 Mo 14,19.20; Ps 29,11). In der gottesdienstlichen Feier legen die Priester mit aufgehobenen Händen (Sir 50,22.23) den S. auf das Volk nach einer festen Formel (4 Mo 6,23ff; vgl. 5 Mo 10,8). Auch die Könige segnen das Volk (David 2 Sam 6,18; Salomo 1 Kö 8,14). Auch Opfer wurden gesegnet (1 Sam 9,13).

III) Jesus hat den Fluch von den Menschen weggenommen (Gal 3,13f), damit ihnen der in Abraham verheißene S. zuteil würde (Apg 3,26). Er segnet die Kinder (Mk 10,16) und seine Jünger vor der Himmelfahrt (Lk 24,50). Sie sollen Segensträger sein (Röm 12,14; 15,29), und die Kraft Gottes in ihnen bezeugt sich darin, daß sie selbst den Feind und Verfolger noch der Segensmacht Gottes befehlen (Mt 5,44; Lk 6,28; 1 Kor 4,12; 1 Petr 3,9).

IV) Die hebr. und griech. Wörter für »S., segnen« können aber auch »loben, preisen« und »danken« bezeichnen. Sie sind an den betreffenden Stellen in der LU meist richtig wiedergegeben (1 Mo 24,48; 5 Mo 8,10; Ri 5,2.9; Mt 14,19; 15,36; 26,26), nur in 1 Kor 10,16 (ZU der Kelch der Danksagung, über dem wir Dank sagen) und 14,16 (RU Danksagung) steht in LÜ noch **»segnen«.**

Segub, Kurzform von Elsagab »Gott hat sich erhaben gezeigt«.
1) Sohn Hezrons, Nachkomme Judas (1 Chron 2,21. 22).
2) Jüngster Sohn Hiels von Beth-El. Er starb, als sein Vater die Tore der Stadt Jericho einsetzen ließ; damit ging der Fluch Josuas in Erfüllung (1 Kö 16, 34; Jos 6,26).

Seharja »Der Herr ist Morgenröte«,
Benjaminit, Sohn Jerohams (1 Chron 8,26).

Sehen und Schauen. I) Sehen und Schauen bezeichnet im eigentlichen Sinn das Wahrnehmen mit dem leiblichen Auge (Mk 8,24.25). Ferner das geistige und geistliche Erkennen (Ps 34,9); die Samariterin sieht, daß Jesus ein Prophet ist (Joh 4,19), während andere mit sehenden Augen sehen und doch nicht erkennen (Mk 4,12; vgl. 2 Kor 4,4). Schließlich auch ein Erleben und Erfahren: den Tod (Ps 89,49; Joh 8,51), die Verwesung (Apg 13,36.37), Hunger und Schwert (Jer 5,12), das Reich Gottes und das Leben sehen oder nicht sehen (Joh 3,3.36). Auch Gott sieht, denn »sollte der nicht sehen, der das Auge gemacht hat?« (Ps 94,9). Während der Mensch aber nur sieht, was vor Augen ist, sieht Gott das Herz an (1 Sam 16,7) und schaut ins Verborgene (Mt 6,4). Auch Jesus sieht die Gedanken des Herzens (Mt 9,4; Lk 9, 47). Die tiefsten Geheimnisse der Liebe Gottes aber hat kein Auge gesehen (1 Kor 2,9).

II) Weiter wird sehen und schauen vom prophetischen → Gesicht gebraucht (4 Mo 24,17; 1 Kö 22,19; Jes 6,1; Jo 3,1; Offb 21,1); der Prophet heißt auch Seher oder Schauer (1 Sam 9,9; Jes 30,10).

III) In der Bedeutung aussehen steht sehen in Klgl 1,4; Hes 1,28; Jo 1,11.

IV) Das Licht sehen bezeichnet das natürliche Leben in dieser Welt (Hi 3,16; Ps 49,20; Joh 11,9), das Bild kann aber auch das erlösende und bewahrende Handeln Gottes mit einschließen (Hi 33,28; vgl. Ps 36,10).

V, 1) Gott schauen (Mt 5,8) ist die Sehnsucht und Hoffnung aller Gläubigen (Hi 19,26.27; Ps 11,7; 17, 15). Aber was Engeln gegeben ist (Mt 18,10), bleibt Menschen in diesem Leben verwehrt, niemand kann Gott sehen, niemand hat ihn je gesehen außer seinem Sohn (Joh 1,18; 5,37; 6,46; 1 Tim 6,16; 1 Joh 4,12), und wer Jesus sieht, sieht den Vater (Joh 12, 45; 14,9). Sonst muß jeder, der Gott sieht, sterben (2 Mo 19,21; 33,20; Ri 13,22); das gilt im AT z. T. schon für das Innere des Heiligtums, das nur die Priester unverhüllt sehen dürfen (4 Mo 4,20; vgl. 1 Sam 6,19).
Noch leben wir im Glauben und nicht im Schauen (2 Kor 5,7), müssen Gott lieben, den wir nicht sehen (1 Joh 4,20), und ihm vertrauen, als sähen wir ihn (Hebr 11,27). Denn nur seine Knechte werden sein Angesicht sehen (Offb 22,4); die reines Herzens sind, werden ihn schauen (Mt 5,8), wie er ist (1 Joh 3,2), von Angesicht zu Angesicht (1 Kor 13,12); und ohne die Heiligung wird niemand den Herrn sehen (Hebr 12,14).

2) Aber wenn Gott auch im unzugänglichen Licht wohnt (1 Tim 6,16), so hat er doch einzelnen Menschen immer wieder Begegnungen mit sich geschenkt, die sie nur als ein Schauen des Herrn beschreiben können. Mose, Aaron und die Ältesten Israels schauten Gott auf dem Berg (2 Mo 24,10.11), und Mose, von dem es heißt, daß er den Herrn in seiner Gestalt sah (4 Mo 12,8; vgl. 14,14), durfte ihm wenigstens nachsehen, als er um den Anblick seiner Herrlichkeit gebeten hatte (2 Mo 33,18–23). Im Traum sah Jakob den Herrn in Beth-El (1 Mo 28, 12–15), und nach dem nächtlichen Kampf mit dem Mann am Jabbok bezeugte er: Ich habe Gott von Angesicht gesehen (1 Mo 32,31[30]). Doch spricht sich hierin mehr die innere Erfahrung als ein wirkliches Schauen mit den Augen aus (vgl. Hi 42,5). Im Vergleich sagt Jakob dann auch zu Esau: Ich sah dein Angesicht, als sähe ich Gottes Angesicht (1 Mo 33, 10). Auch die Frage Ps 42,3: Wann werde ich dahin kommen, daß ich Gottes Angesicht schaue? scheint in erster Linie die Sehnsucht des Beters, der fern von Jerusalem ist (V 7), nach der Teilnahme am Tempelgottesdienst auszudrücken (V 5; 43,3.4; vgl. auch Hi 33,26).
Im Gesicht sah Jesaja den Herrn der Heerscharen im Tempel (Jes 6), und Hesekiel schaute zweimal die Herrlichkeit des Herrn (Hes 1–3; 8–11). Ein ähnliches Gesicht erlebte Johannes auf Patmos (Offb 4).

Seher → Prophet

Sehne → Bogen

Seide ist nach rabbinischer Überlieferung in Hes 16, 10.13 mit dem hebr. Wort *meschi* gemeint (so auch die dt. Übersetzungen), mit Sicherheit jedoch in Offb 18,12 mit dem griech. *saerikon,* d. h. »das Serische« oder »von den Serern« (= Chinesen).
Die S., das Gespinst, mit dem die Raupe des Maulbeerseidenspinners *(Bombyx mori)* sich verpuppt, und ihre Verarbeitung waren in China schon länger als ein Jt. v. Chr. bekannt. Seidenstoffexport in den Mittelmeerraum läßt sich von der hellenistischen Zeit an feststellen. Reine Seidenstoffe waren so kostbar, daß sie noch z. Zt. Kaiser Aurelians (270–275 n. Chr.) mit Gold aufgewogen wurden. Erst vom 6. Jh. n. Chr. an drang die von den Chinesen sorgsam gehütete Kenntnis der S.herstellung auch in westl. Länder.

Seife (hebr. *bor, borit)* bezeichnet im Gegensatz zu mineralischem Alkali *(nätär;* → Kreide) aus Pflanzenasche gewonnenes Alkali (Pottasche K_2CO_3), das man, mit Öl oder anderen Fetten vermischt, zum Waschen benutzte (Jer 2,22; Mal 3,2; LÜ Lauge: Hi 9,30; LÜ »aufs lauterste«: Jes 1,25 vgl. EÜ, MÜ).
Diese Art der Seifenherstellung war in Palästina bis in jüngste Zeit hinein sehr verbreitet. Man verwen-

dete dazu vor allem die Asche des Salzkrauts *(Salicornia solacea)*, des Kalisalzkrauts *(Salsola kali)* und zweier Meldenarten *(Atriplex halimus* und *Suaeda maritima)*.

Seim → Honig

Seir. I) Wohl »Haarig«.
Horiter (1 Mo 36,20.21).

II) »Kleiner, reich bewaldeter Bezirk«.
1) Das Gebirge S. im S Palästinas, von den → Horitern (1 Mo 14,6; 36,20.21; 5 Mo 2,12), später von Esau und den → Edomitern bewohnt (1 Mo 32,4[3]; 36,8.9; 5 Mo 2,4.5.8). Dieses Siedlungsgebiet ist auf die Berge östl. der Araba beschränkt, da die Westseite im Regenschatten liegt und deshalb keine Siedlungsmöglichkeiten bietet. Nach 5 Mo 1,2.44; 2,1 werden aber auch die Berge westl. der Araba als Gebirge S. bezeichnet (vgl. die Grenzangabe Jos 11, 17). Auch in 1 Chron 4,42.43 könnte es sich um ein Gebiet im → Negev handeln. Demnach umfaßt der Name S. die Gebirgsketten auf beiden Seiten der Araba zwischen dem Toten Meer und dem Golf von Akaba. Vgl. Karte Sp. 932.
2) Gebirge an der Nordgrenze Judas (Jos 15,10), vermutlich der Bergrücken mit dem Ort Saris (neuhebr. Shoresh), ca. 4 km westsüdwestl. von Kirjath-Jearim.

Seira, wohl »Waldgebirge«,
Ort im Gebirge Ephraim (Ri 3,26), viell. Tor Umm Sira am Weg vom Dschebel Karantal bei Jericho über Der Diwan nach W, 5,5 km westl. vom Tell es-Sultan. Vgl. Karte Sp. 492.

Seja → Sawsa

Sekel → Geld

Sekte. Als S. (griech. *hairesis)* werden die Schulen, Gruppen oder Parteien der → Pharisäer und → Sadduzäer bezeichnet (Apg 5,17; 15,5; 26,5). Auch die ersten Christen wurden von den Juden als eine damit vergleichbare Glaubensrichtung (Apg 24,14; 28, 22), die »S. der Nazarener« (Apg 24,5), angesehen. – In 2 Petr 2,1 sind mit den verderblichen S. falsche Lehrmeinungen gemeint.

Seku, nach der LXX Sephi zu lesen,
Ort mit einer Zisterne in der Nähe von Rama (1 Sam 19,22); die genaue Lage ist unbekannt.

Sekundus »Der Zweite«,
Christ aus Thessalonich, der Paulus auf seiner dritten Missionsreise von Mazedonien nach Kleinasien begleitete (Apg 20,4).

Sela. I) »Fels«.
1) → Petra. Man hat aber auch an das heutige Sela, ca. 4 km nordnordwestl. von Bozra (Buseira), gedacht.
2) Moabitischer Ort unbekannter Lage; viell. ist auch einfach »vom Felsgebirge« zu übersetzen (Jes 16,1).
II) Viell. »Bitte«.
Dritter Sohn Judas (1 Mo 38,5.11.14.26), seine Nachkommen waren die Selaniter (4 Mo 26,20).

III) Ein Wort, das 71mal in den Psalmen (Ps 3,3. 5.9 usw.) und 3mal bei Habakuk vorkommt (Hab 3,3.9.13). Es ist sicher ein Hinweis für den Vortrag der Psalmen im Gottesdienst, seine genaue Bedeutung ist aber unbekannt. Man hat etwa »Pause«, »Wiederholung«, »Zwischenspiel«, »Steigerung der Stimme« u. ä. dahinter vermutet.

Sela-Mahlekoth »Scheidefels (LÜ), Fels der Trennung«, Bergrücken in der Wüste Maon (1 Sam 23, 28). Viell. hat die Schlucht des Wadi el-Malaki, etwa 15 km südöstl. von Hebron, den Namen bewahrt.

Selaniter → Sela II

Seled, hängt viell. mit »vor Freuden springen« zusammen.
Sohn des Judäers Nadab (1 Chron 2,30), er starb kinderlos.

Selemja »Der Herr hat ersetzt, wiedererstattet«.
1) Sohn Chusis (Jer 36,14).
2) Sohn Abdeels, König Jojakim beauftragte ihn, den Propheten Jeremia zu verhaften (Jer 36,26).
3) Sohn Hananjas, Vater Jerias (Jer 37,13).
4) Vater des Juchal (Jer 38,1).
5) Zwei Israeliten, die sich von ihren heidnischen Frauen trennten (Es 10,39.41).
6) Vater des Hananja z. Zt. Nehemias (Neh 3,30).
7) Priester, den Nehemia als Aufseher über die Vorräte im Tempel setzte (Neh 13,13).

Seles »Gehorsam, sanft« (Noth),
Sohn des Helem aus dem Stamme Asser (1 Chron 7, 35).

Seleucia, Stadt in Syrien nördl. der Orontesmündung, die Hafenstadt des syr. → Antiochia (II). Der Ort ist von Seleukus Nikator, dem ersten Herrscher der syr. Seleukidendynastie, gegründet worden. Von hier aus fuhr Paulus mit Barnabas nach Zypern (Apg 13,4). Vgl. Karte Sp. 1045/6.

Selig, Seligkeit. Die LÜ gibt zwei in ihrer Grundbedeutung verschiedene Wortstämme mit »selig« bzw. »seligmachen« wieder:

I) Selig = glückselig (hebr. *aschre,* griech. *makarios)*.

1) Dieses Wort wird in der HS gebraucht, wenn ein Mensch glücklich zu preisen, zu beglückwünschen ist. Solchen Heilruf finden wir im AT in der Form »wohl dem, der...« (Spr 3,13; Ps 1,1; 2,12; 32,1) oder »selig ist...« (1 Kö 10,8; Spr 31,28; Hi 5,17; Mal 3,12). Im NT wird das Wort *makarios* meist mit »selig« wiedergegeben, gelegentlich jedoch auch anders übersetzt, etwa mit der Umschreibung »es ist mir sehr lieb« (Apg 26,2).

2) Glücklich gepriesen wird im AT der Mensch, den Gott mit einem erfüllten Leben gesegnet hat, mit irdischen Gütern (Sir 25,11; Ps 127,3–5; Hl 6,9[8]; Hi 29,10f), bes. aber mit dem Glück rechter Gottesgemeinschaft. Darum wird vor allem der Fromme glücklich gepriesen, der Gottes Gesetz gehorsam ist (Ps 1; 41; 106,3; 119; 128) und Gott allein vertraut (Ps 2,12; 33,12; 40,5; 84,6.13; 112,1; Spr 16,20; Jes 30,18). Weil Gott in Gnadenwahl und Vergebung an seinem Volk handelt (Ps 33,12; 65,5; 144,15; 32, 1f), ist es glücklich zu preisen (vgl. auch Ps 84,6f; 89,16; 146,5). Aber selig ist auch der, den Gott züchtigt (Ps 94,12; Hi 5,17f), denn er wird dadurch die Heilung finden.

3) Im NT hängen Heil und Glückseligkeit unlöslich zusammen mit der in Jesus Christus angebrochenen Gottesherrschaft (Offb 19,9; Lk 14,15). Glückselig ist also, wer Jesus und sein Wort aufnimmt (Lk 1, 45; 11,28; Mt 16,17; 24,46; Offb 1,3), wer an ihn glaubt (Joh 20,29) und sich nicht an ihm ärgert (Mt 11,6). Zu dieser Freude des Reiches berufen sind in besonderer Weise die geistlich Armen, die Leid-

tragenden, die Sanftmütigen, die nach Gerechtigkeit Hungernden, die Barmherzigen, die mit reinem Herzen, die Friedensstifter und die wegen ihrer Gerechtigkeit Verfolgten (Mt 5,3ff; vgl. Lk 6,20ff), ja, schon die Augen, die Jesus sehen (Mt 13,16; Lk 10, 23) werden selig genannt. Vgl. weiter → Seligpreisungen.

II) Selig = gerettet (hebr. *jascha*, griech. *sôzein*):
1) Diese Worte, die eigentlich »bewahren, heilen, retten« bedeuten, übersetzt Luther sehr häufig mit »selig machen« und entsprechend das dazugehörige Wort »Heil, Rettung« mit »Seligkeit«.

2) Im AT begegnet uns die Wortgruppe mit besonderer Tiefe und Klarheit in den auf den »Knecht Gottes«, den Messias und Heiland hinweisenden Verheißungen: Jes 42,1–4 (LÜ Recht = »Heil«); Jes 49,6 (LÜ Heil); Jes 53,5 (LÜ geheilt).

3) Im NT wird das »Heilen«, »Retten« und »Befreien« wohl auch auf Krankheit, Tod, Besessenheit usw. bezogen; daneben aber bezeichnet es in den Ev. und bes. in der Apg und in den Briefen ganz zentral das Heilswerk Jesu Christi, die Erlösung aus der Gewalt der Sünde und des Todes, Errettung aus dem ewigen Gericht und das Geschenk des ewigen Heils und → Lebens (1 Thess 4,17; 1 Petr 1,4; Offb 21–22).

4) Solche Rettung und Seligkeit wird dem Glaubenden geschenkt von Gott und Jesus Christus (1 Kor 1,21; 2 Tim 1,9; Mt 18,11; Lk 19,10; Joh 12,47). Menschen können dabei zwar als Gottes Boten das göttliche Heil vermitteln (Röm 11,14; 1 Kor 9,22; Jak 5,20 LÜ geholfen; vgl. aber 1 Kor 7,16), doch nur im Glauben, der rettet (Lk 7,50), und durch das Wort Gottes (Jak 1,21) kann der Mensch das Heil ergreifen und selig (gerettet) werden. In seiner passivischen Bedeutung »sich retten lassen«, »gerettet werden, selig werden, das Heil erlangen«, bezieht sich das Wort ausschließlich auf Menschen, an denen das Gnadenhandeln Gottes in Christus zum Ziel kommt, die errettet werden aus dem Verderben der alten, vergehenden Weltzeit und im Glauben sich versetzt wissen in die mit Christus angebrochene neue Heilszeit. »Gott hat seinen Sohn nicht in die Welt gesandt, um die Welt zu richten, sondern damit die Welt durch ihn selig (= gerettet) werde« (Joh 3,17). »Das Wort vom Kreuz ist eine Torheit denen, die verloren werden, uns aber, die wir selig (= gerettet) werden, ist's eine Gotteskraft« (1 Kor 1,18).
Vgl. weiter → Heil, → Erlösung, → Vergebung.

Seligpreisungen. Aus den vielfältigen S. des AT und NT (vgl. → Selig I,2 und 3) heben sich die S. Jesu am Eingang der → Bergpredigt bes. heraus.

I) Matthäus teilt 8 S. mit (Mt 5,3–10), die in der dritten Person (selig sind ...) abgefaßt sind, eine 9. ist ihnen in direkter Anrede an die Jünger angefügt (V 11.12: selig seid ihr ...). Die ersten 8 S. gliedern sich in 2 Strophen (V 3–6 und V 7–10), die beide im griech. Text dieselbe Wortzahl haben. Das ist schwerlich Zufall und weist auf die Bedeutsamkeit der Aussage hin; außerdem entspricht es der ähnlich festgefügten Form der Schlußverse der Bergpredigt (Mt 7,24–27).
Den Segenssprüchen bei Mt stehen bei Lukas 4 S. gegenüber (Lk 6,20–23), denen sich 4 entgegengesetzte Weherufe anschließen (V 24–26). Dabei hat Lk durchgehend die direkte Anrede.

II, 1) Mit dem Auftreten Jesu in Israel ist Gottes Königsherrschaft (→ Reich Gottes) auf dieser Erde angebrochen (Mt 3,2; 4,17; Mk 1,15). Jetzt ist der Messias gekommen, von dem Jesaja geweissagt hat, daß er den Elenden predigen, den Armen das Evangelium verkündigen (Jes 61,1; Lk 4,18) und die Traurigen trösten wird (Jes 61,2.3). Sein Volk wird das Erdreich ewiglich besitzen (Jes 60,21; vgl. Ps 37,9); sie werden von ihm mit Gerechtigkeit bekleidet (Jes 61,10) und Bäume der Gerechtigkeit genannt werden (V 3). Ein gnädiges Jahr des Herrn wird er verkündigen (V 2; Lk 4,19).
Daher sind die S. und ihre Verheißungen untrennbar an die Person und das Werk Jesu geknüpft, und er richtet sie an die Menschen, die sich um ihn gesammelt haben (Mt 5,1.2.11; Lk 6,20).

2) Unter dieser Voraussetzung erscheinen nun Menschen bevorzugt, die man sonst bemitleiden könnte, ja vielfach verachtet hat.
a) Das sind einmal solche, die keine Leistungen oder Verdienste, dafür aber Mängel aufzuweisen haben: → Arme, Leidende und Weinende, Sanftmütige, die sich ihr Recht nicht selber verschaffen, wenn sie bedrängt und bedrückt werden, und Hungernde (Mt 5,3–6; Lk 6,20.21). Der Text bei Lk sieht dabei mehr auf die äußeren Lebensumstände dieser Menschen, der bei Mt auf ihr inneres Ungenügen und ihre Sehnsucht nach der Hilfe Gottes. Sie alle sind wartend ganz und gar auf Gott ausgerichtet: durch ihre äußere Lage bleibt ihnen nichts anderes übrig, aber sie erkennen das auch innerlich an und hoffen wirklich allein auf den Herrn und sein Eingreifen.
b) Dann nennt Jesus andere, deren Wesen zeigt, daß Gottes Kraft und Liebe in ihnen zur Auswirkung gekommen ist: Barmherzige, wie Gott barmherzig ist (5 Mo 4,31; Neh 9,17.31), solche, die reines Herzens sind (vgl. Ps 51,12), Friedfertige oder vielmehr wörtl. Friedensstifter, die tun, was Gott tut (Eph 2,15; Kol 1,20; vgl. Röm 15,33; 16,20), und Menschen, die verfolgt werden, weil sie auf Gottes Seite stehen (Mt 5,7–10).
Auch diese Menschen, deren Wesen von Gottes Wesen geprägt ist, deren Verhalten aus Gottes Tun stammt, die »aus der Wahrheit sind« (Joh 18,37) und Gottes Stimme hören, warten auf den Herrn, auf das Anbrechen seines Reiches und auf seine Erlösung (vgl. Lk 2,38).

3a) Das Warten und Hoffen der Seliggepriesenen, ihre entschiedene Zuwendung zu Gott, bildet das innere Band, das die S. auch von den Menschen her zu einem Ganzen zusammenschließt. Es geht nicht um bestimmte, voneinander getrennte Menschengruppen, sondern um eine grundsätzliche Haltung, die sich in den verschiedenen Lebenslagen und -umständen in jedesmal anderer und doch gleicher Weise zeigt. Um dieser inneren Grundeinstellung willen, die das Wesen des Jüngerseins ausmacht, preist Jesus solche Menschen glückselig, schon jetzt und hier. Sie sehnen sich danach, daß Gott eingreift, und Gottes Eingreifen heißt: Jesus. In ihm ist die Erfüllung der messianischen Zeit gegenwärtig, und er spricht sie ihnen in Vollmacht zu: jeder S. folgt eine Verheißung. Wenn Gott dabei auch nirgends

Tafel 81

a. *Der Sinai. »Im 3. Monat nach dem Auszug der Kinder Israel aus Ägypten kamen sie in die Wüste Sinai und lagerten sich gegenüber dem Berge. Und Mose stieg hinauf zu Gott« (2 Mo 19,1–3). Blick von der Ebene er-Racha, wo das Volk wahrscheinlich lagerte, zum Ras es-Safsafe, dem Berg der Gesetzgebung (vgl. Abb. Sp. 1308 und Taf. 95b/1504).*

b. *Ruinen des hellenistischen Marktplatzes (Agora) in Smyrna an der kleinasiatischen Westküste.*

a

b

c

ausdrücklich als der Handelnde genannt wird, so war den Zuhörern Jesu diese verhüllende, indirekte Redeform doch vertraut, und sie verstanden, daß hier von seinem Tun gesprochen wird: Gott wird sie trösten, sättigen und ihnen barmherzig sein; er wird ihnen sein Reich schenken und die Erde geben; er wird sie seine Söhne nennen und sich von ihnen in der Vollendung schauen lassen (1 Kor 13, 12; 1 Joh 3,2; Offb 22,4).

b) Aber noch ist die Spannung zwischen S. und Verheißung nicht aufgehoben und die Erfüllung allein im Glauben faßbar (vgl. 2 Kor 5,7). Und doch ist sie in Jesus so sicher, daß er seine Jünger auffordern kann, sich zu freuen, ja vor Freude zu springen, weil Gottes → Lohn auf sie wartet. Wer um seinet-, um des Menschensohnes willen ausgestoßen, beschimpft und verfolgt wird, teilt das Los der Propheten (Mt 5,11.12; Lk 6,22.23); die Feindschaft derer, die Gott nicht kennen, wird zum Erweis für die Echtheit der Jüngerschaft (Joh 15,18–25; 16,2.3; vgl. Lk 6,26). Damit wird abschließend noch einmal ausdrücklich die Voraussetzung und das Zentrum der S. genannt: sie gelten nur »in Christus«.

Selomi, Kurzform »Der Herr ist Gedeihen, Friede«, Vater des Ahihud, des Stammesfürsten von Asser z. Zt. Moses (4 Mo 34,27).

Selomith, Bedeutung wie Selomi.
1) Tochter Dibris aus dem Stamme Dan, Frau eines Ägypters. Ihr Sohn wurde auf das Gebot des Herrn hin für seine Gotteslästerung gesteinigt (3 Mo 24, 11).
2) Levit, Nachkomme Rehabjas und Moses, Aufseher über die Weihgaben im Heiligtum z. Zt. Davids (1 Chron 26,25.26).
3) Sohn oder Tochter König Rehabeams (2 Chron 11,20).
4) Sohn des Josiphja, Nachkomme Banis. Er kehrte mit Esra aus Babylon zurück (Es 8,10).
5) Tochter Serubabels (1 Chron 3,19).

Selomoth → Salomith (1)

Selumiel »(Mein) Gedeihen, Friede ist Gott«, Sohn Zuri-Saddais, Fürst des Stammes Simeon z. Zt. der Wüstenwanderung (4 Mo 1,6; 2,12; 7,36.41; 10, 19).

Sem.
Ältester (oder viell. zweiter; 1 Mo 10,21 kann verschieden aufgefaßt werden) Sohn Noahs (1 Mo 5, 32; 6,10; 7,13; 9,18; 10,1.21–31; 1 Chron 1,17–27). Weil S. sich mit Japhet ehrerbietig gegen seinen Vater betrug, als der sich in seinem Rausch entblößt hatte (1 Mo 9,21–23), wurde er von Noah gesegnet: »Gelobt sei der Herr, der Gott Sems, und Kanaan sei sein Knecht. Gott breite Japhet aus und lasse ihn wohnen in den Zelten Sems; und Kanaan sei sein Knecht« (V 26.27). S. wird der Stammvater Abrahams, des Volkes Israel und Jesu Christi. Als seine Söhne werden genannt: Elam, Assur, Arphachsad, Lud und Aram (1 Mo 10,21.22). Von ihnen stammen die Völker Mesopotamiens und des sich östl. anschließenden Hochlandes, Syriens, Palästinas und Arabiens ab.

Gefäß aus Jericho (17. Jh. v. Chr.), das die Züge eines Semiten karikiert, und Darstellung eines Semiten von einem ägypt. Relief (13. Jh. v. Chr.) zum Vergleich

Äußere Merkmale der in Kanaan lebenden Semiten waren gebogene, stark hervorspringende Nasen, dicke Lippen, niedrige lange Schädel.
Die semitischen Sprachen teilt man in ost- und westsemitische ein. Ostsemitisch ist das Akkadische (Assyr.-babyl.). Das Westsemitische zerfällt wieder in die Gruppen des Nordwest- und Südwestsemitischen. Zur ersten Gruppe gehören vor allem das → Hebr. und → Aram., zur zweiten Nord- und Südarab. und Äthiopisch.

Tafel 82

a. *Gesamtansicht des berühmten »Schwarzen Obelisken« Salmanassers III. von Assyrien, den er als Denkmal seiner Siege errichten und mit Darstellungen von Tribut bringenden Völkern und Königen schmücken ließ (vgl. Taf. 46b/705).*
b. *Blick in den Stollen des Wassertunnels, den König Hiskia angesichts der drohenden Belagerung Jerusalems durch die Assyrer 701 v. Chr. über 500 m weit durch den Felsen des Stadthügels aushauen ließ, um das Wasser der Gihonquelle in den Siloahteich innerhalb der Mauern zu leiten (2 Chron 32,2–4.30).*
c. *Die Bauinschrift des Siloahtunnels in althebr. Buchstaben. Sie beschreibt, wie die Arbeiter, die den Stollen von beiden Seiten her vortrieben, in der Mitte zusammentrafen. Vgl. Karte Sp. 1302 und den Text der Inschrift im Artikel → Siloah. Museum Istambul.*

Sema.
I) Ort im S Judas (Jos 15,26), möglicherweise identisch mit → Seba (Jos 19,2). Heute viell. Beer Shema (neuhebr.), ca. 4 km südöstl. von Saruhen. Vgl. Karte Sp. 1304.
II) »Klang, Wohlklang«.
1) Rubeniter, Sohn Joels (1 Chron 5,8), in V 4 heißt er anscheinend Semaja (2).
2) Benjaminit aus Ajalon, der zusammen mit Beria die Einwohner zu Gath vertrieb (1 Chron 8,13). In V 21 wird er offenbar Simei (6) genannt.
3) Vermutlich ein Priester, der zur Rechten Esras stand, als dieser dem Volk das Gesetz vorlas (Neh 8,4).

Semaja »Der Herr hat gehört«.
1) Mann aus dem Stamm Simeon (1 Chron 4,37).
2) Rubeniter, Sohn Joels (1 Chron 5,4). Sema, der Sohn Joels (V 8), scheint derselbe zu sein.
3) Levit und Familienhaupt aus dem Geschlecht Elizaphan z. Zt. Davids (1 Chron 15,8.11.12).
4) Sohn Nathanaels, Levit und Schreiber z. Zt. Davids (1 Chron 24,6).
5) Erstgeborener Obed-Edoms, des levitischen Torhüters z. Zt. Davids (1 Chron 26,4.6.7).
6) Prophet, der Rehabeam von Juda von dem Versuch abhielt, die abgefallenen 10 Stämme zu unterwerfen (1 Kö 12,22–24; 2 Chron 11,2–4). Er trat noch einmal beim Einfall Sisaks auf (2 Chron 12, 5–8) und schrieb die Geschichte Rehabeams (V 15).
7) Einer der Leviten, die Josaphat aussandte, das Volk im Gesetz zu unterrichten (2 Chron 17,8).

8) Levit aus dem Geschlecht Jeduthuns z. Zt. Hiskias (2 Chron 29,14). Viell. ist er mit dem 1 Chron 9,16 genannten S., dem Sohn Galals, des Sohnes Jeduthuns, und mit Sammua, dem Sohn Galals, des Sohnes → Jedithuns (Neh 11,17), gleichzusetzen.
9) Anderer Levit z. Zt. Hiskias (2 Chron 31,15).
10) Oberster der Leviten z. Zt. Josias (2 Chron 35,9).
11) Vater des Propheten Uria aus Kirjath-Jearim, eines Zeitgenossen Jeremias (Jer 26,20).
12) Vater Delajas, eines der höchsten Beamten Jojakims (Jer 36,12).
13) S. von Nehalam, ein falscher Prophet z. Zt. Jeremias. Er schrieb aus der Verbannung einen Brief an Volk und Priester in Jerusalem, um sie zum Auftreten gegen Jeremia zu bewegen. Jeremia kündigte ihm daraufhin das Gericht des Herrn an (Jer 29, 24–32).
14) Priester, der mit Serubabel aus der Verbannung zurückkehrte (Neh 12,6). Seine Familie wird unter dem Hohenpriester Jojakim wieder genannt (V 18).
15) Familienhaupt aus dem Geschlecht Adonikam. Er kehrte mit Esra aus der Verbannung zurück (Es 8,13).
16) Einer der Männer, die Esra nach Kasphia sandte, um Leviten für den Zug nach Jerusalem zu gewinnen (Es 8,16).
17) Ein Priester und ein Israelit, die heidnische Frauen genommen hatten (Es 10,21.31).
18) Sohn Sechanjas aus der Nachkommenschaft Serubabels (1 Chron 3,22).
19) Sohn Sechanjas (7) z. Zt. Nehemias (Neh 3,29). Er war offenbar levitischer Torhüter am Osttor des Tempels.
20) Levit aus dem Geschlecht Meraris z. Zt. Nehemias (1 Chron 9,14; Neh 11,15).
21) Sohn Delajas, ein falscher Prophet, der im Auftrag Tobias und Saneballats Nehemia Furcht einjagen sollte (Neh 6,10–13).
22) Priester, der die Verpflichtung auf das Gesetz unter Nehemia unterzeichnete (Neh 10,9[8]).
23) An der Einweihung der Mauern Jerusalems nahmen 4 Männer dieses Namens teil: ein Fürst Judas (Neh 12,34), ein Levit aus dem Geschlecht Asaphs (V 35), ein anderer Levit (V 36) und ein Priester (V 42).

Semarja »Der Herr hat behütet«.
1) Benjaminit, der zu David nach Ziklag kam (1 Chron 12,5).
2) Sohn König Rehabeams (2 Chron 11,19).
3) Zwei Israeliten, die sich von ihren heidnischen Frauen trennten (Es 10,32.41).

Semeber. König von Zeboim z. Zt. Abrahams (1 Mo 14,2.8).

Semer, viell. Kurzform von Semarja.
1) Levit aus der Nachkommenschaft Meraris, Sohn Mahelis (1 Chron 6,31[46]).
2) Asserit (1 Chron 7,32.34).
3) Besitzer des Berges, den Omri zur Errichtung seiner Hauptstadt → Samaria (II) kaufte (1 Kö 16,24).

Semida »Der Name (d. h. der Herr) hat gewußt« oder »hat sich gekümmert um, hat sich jemandes angenommen«,
Sohn Gileads aus dem Stamm Manasse. Seine Nachkommen waren die Semiditer (4 Mo 26,32; Jos 17, 2; 1 Chron 7,19).

Semira, viell. »(von Musik begleiteter) Gesang«, Benjaminit, Sohn Bechers (1 Chron 7,8).

Semiramoth.
1) Levit, Sänger und Musiker z. Zt. Davids (1 Chron 15,18.20).
2) Einer der Leviten, die Josaphat aussandte, um das Volk im Gesetz zu unterweisen (2 Chron 17,8).

Semmelmehl → Mehl

Sen »Felszacke«,
Ort westl. von Mizpa (1 Sam 7,12). Die Lage ist unsicher, viell. das heutige Bet Senna, eine Ruine bei Saalbim an der Westseite des Tals Ajalon. Vgl. → Eben-Ezer (2).

Senaa. Ort, dessen Einwohner mit Esra aus der babyl. Gefangenschaft zurückkehrten (Es 2,35; Neh 7, 38), und beim Mauernbau in Jerusalem mithalfen (Neh 3,3). Eusebius und Hieronymus identifizieren S. mit Magdalsenna 7 Meilen nördl. von Jericho. Das ist möglicherweise das heutige Schech-Teruni bei Chirbet Audscha el-Foka, 11 km nordnordwestl. vom heutigen Jericho (vgl. Karte Sp. 986).

Senden. Die HS spricht häufig von Gottes Senden, um auszudrücken, daß sich Gott einerseits ganz tief herabbeugt und sich gleichsam in das Leben seiner Menschen hineinbegibt und daß er doch anderseits in völliger Freiheit seinen Geschöpfen als der Herr gegenübersteht: Er bleibt der, der s. kann, und das Geschöpf kann immer nur → Gesandter oder Empfänger sein.

I) SENDEN IM AT.

1) Eine allgemeine Bedeutung des Wortes ist »beauftragen«, z. B. sendet Gott seinen Engel mit dem Auftrag, sein Volk zu führen und zu bewahren (2 Mo 23,20; vgl. auch 1 Mo 24,7).

2) Meistens heißt s., eine bestimmte Botschaft übermitteln, d. h. mitteilen oder sagen lassen (vgl. 1 Kö 5,16[2].22[8]; es kann auch den Charakter der Botschaft näher umschreiben, so daß »s. um« die Bedeutung von »fordern« annimmt (1 Kö 20,7).

3) »Mit einer Botschaft beauftragen« heißt s. bes. oft bei den → Propheten. Hier ist es Gott selbst, der sendet, und zum Gesandtwerden gehört das gehorsame Hingehen, das Sprechen oder Predigen (Jes 6, 8–9; Jer 1,7). Von den falschen Propheten wird gesagt, sie seien »nicht gesandt«, also nicht von Gott beauftragt (Jer 14,14; 23,21.32; 27,15; 29,9).
Das S. fordert aber nicht nur Gehorsam von dem Propheten, der selbst gesandt wird, sondern es gibt dem Propheten auch die Vollmacht, Gehorsam von denen zu fordern, zu denen er gesandt ist (Jer 26, 12–13). Von dem Volk, das nicht auf die Gesandten Gottes hört, sagt Gott: »Sie wollten *mich* nicht hören« (Jer 7,25–26).

4) Obwohl Gott Menschen bevollmächtigt, indem er sie sendet, gibt er damit doch sein Wort und seine Heilsgüter nicht in die Verfügung eines menschlichen Vermittlers: Durch alles Menschenwort hindurch sendet Gott selbst sein Wort auf die Erde (Ps 107,20; 147,15) und läßt ihm gelingen, wozu er es sendet (Jes 55,11); Gott selbst sendet »seine Güte und Treue« (Ps 57,4), Gott selbst sendet »eine Erlösung seinem Volk« (Ps 111,9).

5) Schließlich wird s. auch im AT schon vereinzelt in einem Sinne verwandt, der ins NT hinüberweist: Gott sendet Boten, um sein Volk vor dem letzten Gericht zu retten. So wird Mal 3,23.24[4,5.6] die Sendung des Propheten Elia verheißen. Das Ziel der Sendung Gottes, nämlich das Heil für die Elenden, Heilung der zerbrochenen Herzen, Befreiung der

Gefangenen, Verkündigung von Gnade und Gericht, wird in Jes 61,1–2 so klar ausgesprochen, daß Jesus diese Stelle aufnimmt und sagt: »Heute ist diese Schrift erfüllt vor euren Ohren« (Lk 4,18–21). Die ganze ntl. Weite der Sendung Gottes, sein Gnadenwille mit allen Menschen der Erde leuchtet in Jes 66, 19 auf, wo Gott verheißt, er wolle etliche seiner Erretteten unter die Heiden s., damit seine Herrlichkeit unter ihnen verkündigt werde.

II) SENDEN IM NT.

Im NT bekommt s. eine ganz zentrale Bedeutung, denn hier dient es dazu, Gottes endgültiges und entscheidendes Gnadenhandeln an seinen Menschen zu umschreiben. Während Gott vorher seine Knechte sandte, sendet er nun seinen Sohn (Mk 12, 1–12; Mt 21,33–46; Lk 20,9–19), und die Jünger, die dieser »Gesandte« um sich sammelt, werden selbst → »Apostel,« d.h. → »Gesandte« genannt. Alles Senden im NT steht in enger Beziehung zu dieser entscheidenden Sendung des Sohnes.

1) DIE VORBEREITUNG.

Gott sendet Boten, die die Sendung Jesu ankündigen (den Engel Gabriel zu Maria, Lk 1,26), vorbereiten und bezeugen (Johannes den Täufer, Joh 1,6).

2) JESUS, DER GESANDTE.

Wenn das NT davon spricht, daß Jesus von Gott gesandt ist, dann stellt es damit das Kommen Jesu in den großen Rahmen der Heilsgeschichte Gottes. Gott sendet seinen Sohn an einem bestimmten Zeitpunkt der Heilsgeschichte (Gal 4,4), und damit kommt die Sendung, von der die Propheten gesprochen haben, zu ihrem Ziel und zu ihrer Erfüllung (Lk 4,18–21). Auch die → Wiederkunft Jesu wird als Sendung bezeichnet (Apg 3,20).
In bes. ausgeprägter Weise bezeugt und umschreibt Johannes mit dem Wort s. die ganze Besonderheit Jesu. Jesus ist nicht von sich selbst gekommen, sondern Gott hat ihn gesandt (Joh 8,42). Jesus kennt den Vater, denn er hat ihn gesandt (Joh 7,29), und Jesu Werke zeugen davon, daß ihn der Vater gesandt hat (Joh 5,36). Weil sich Jesus gesandt weiß, ist er vollkommen gehorsam: Er tut nicht seinen eigenen Willen, sondern den Willen dessen, der ihn gesandt hat (Joh 5,30); er verkündet nicht seine eigene Lehre und seine eigenen Worte, sondern die Lehre und das Wort dessen, der ihn gesandt hat (Joh 7,16; 14,24). Andererseits aber: weil Jesus gesandt ist, hat sein Wort göttliche Vollmacht (Joh 3, 34) und sein Gericht ist recht (Joh 8,16).
Wer Jesu wahres göttliches Wesen erkennen und an ihn glauben will, der muß glauben, daß Gott ihn gesandt hat (Joh 12,44.45). Deshalb betet Jesus vor dem Volk zum Vater, bevor er seine Macht an dem toten Lazarus erweist, »daß sie glauben, du habest mich gesandt« (Joh 11,42). Wer Jesus hört und dem glaubt, der ihn gesandt hat, der hat das ewige Leben (Joh 5,24). Ja, das ist schon ewiges Leben: Gott zu erkennen und den, den er gesandt hat (Joh 17,3).

3) DAS ZIEL DER SENDUNG

ist das Heil für die Menschen, die Rettung der Welt: »Gott hat seinen Sohn nicht gesandt in die Welt, daß er die Welt richte, sondern daß die Welt durch ihn selig werde« (Joh 3,17; vgl. Lk 4,18). Gott »sandte seinen Sohn in der Gestalt des sündlichen Fleisches und der Sünde halben und verdammte die Sünde im Fleisch, auf daß die Gerechtigkeit, vom Gesetz erfordert, in uns erfüllt würde« (Röm 8,3–4). Gott sandte seinen Sohn »geboren von einem Weibe und unter das Gesetz getan, auf daß er die, die unter dem Gesetz waren, erlöste, daß wir die Kindschaft empfingen« (Gal 4,4). Gott hat Jesus »gesandt zur Versöhnung für unsere Sünden« (Joh 4, 10). Dabei ist aber die Sendung noch nicht zu ihrem letzten Ziel gekommen, wenn einzelne Menschen den Gesandten empfangen und so Anteil am Heil Gottes bekommen haben. Es geht in der Sendung des Sohnes nicht nur um die Rettung von einzelnen Menschen, sondern um die Aufrichtung des → Reiches Gottes auf dieser Erde. Darum läßt sich Jesus nicht festhalten, sondern er sagt den Menschen, die ihn für sich behalten wollen: »Ich muß auch anderen Städten das Evangelium verkündigen vom Reich Gottes, denn dazu bin ich gesandt« (Lk 4,43).

4) JESUS, DER SENDENDE.

Jesus ist nicht nur gesandt zu den Menschen, sondern er selbst sendet auch Menschen aus. Es ist Kennzeichen der → Jünger, daß sie bei Jesus sind und daß er sie aussendet (Mk 3,14) mit der Botschaft vom nahe herbeigekommenen Gottesreich und sie bevollmächtigt, mit der Wunderkraft der angebrochenen Heilszeit (Mt 10,5–8) »zu predigen das Reich Gottes und zu heilen die Kranken« (Lk 9,2). Dabei sandte Jesus die Jünger in einer bestimmten Ordnung, »je zwei und zwei und gab ihnen Macht über die unsauberen Geister« (Mk 6,7).
Das S. der Boten hat den Sinn, Jesu eigenes Kommen vorzubereiten, Bahn zu machen für *den* Gesandten Gottes, Jesus Christus selbst: Jesus sendet die 70 voraus in die Städte und Orte, wo er selbst hinkommen will (Lk 10,1). So steht die Sendung von Boten des Evangeliums auch nicht in menschlicher Verfügungsgewalt, sie weist immer zurück auf Jesus Christus selbst und auf den, der ihn gesandt hat. Deshalb ruft Jesus angesichts der großen Ernte Gottes die Menschen nicht zum freiwilligen Einsatz auf, sondern sagt: »Bittet den Herrn der Ernte, daß er Arbeiter in seine Ernte sende« (Mt 9,38; Lk 10,2). Gott selbst ist und bleibt der Sendende. Er sendet seinen Sohn in die Welt, und wenn Jesus Menschen aussendet, dann werden sie damit hineingenommen in Gottes eigene Bewegung auf die Welt zu: »Wie mich der Vater gesandt hat, so sende ich euch« (Joh 20,21; 17,18). In der Sendung der Boten bis an das Ende der Erde (Apg 1,8) setzt sich Gottes eigenes S. fort. Deshalb enthält das NT nicht nur die irdische Geschichte Jesu, sondern auch die Geschichte (Apg) und die Briefe der ersten Boten, die Jesus mit der Vollmacht seiner eigenen Sendung ausgerüstet hat und ausrüstet: Sie empfangen die Kraft des Heiligen Geistes (Apg 1,8; Joh 20,22). Jesus sendet ihnen den »Tröster« (Joh 16,7), und sie erhalten die Binde- und Lösegewalt, Sünden zu behalten und Sünden zu vergeben (Joh 20,23). Wer die Gesandten Jesu nicht aufnimmt, der lädt das Gericht Gottes auf sich (Mt 10,15; Mk 6,11; Lk 10,12). Ohne »Sendung« gibt es weder Predigt noch Glaube noch Rettung (Röm 10,15). Die Gesandten haben auch teil am Leiden Jesu, er sendet sie »wie Schafe unter die Wölfe« (Mt 10,16; Lk 10,3). Paulus rühmt sich der Leiden, die ihm in seinem Apostelamt widerfahren sind (2 Kor 11,23–30; vgl. auch Kol 1,24).

5) DIE EMPFÄNGER DER SENDUNG.

Jesus weiß sich vor seiner Auferstehung nur gesandt »zu den verlorenen Schafen vom Hause Israel« (Mt 15,24) und gebietet ebenso den Jüngern: »Geht nicht auf der Heiden Straße und zieht nicht in der Samariter Städte, sondern geht hin zu den verlorenen Schafen aus dem Hause Israel« (Mt 10, 5–6). Aber diese heilsgeschichtliche Schranke wird doch schon zeichenhaft (Mt 15,28) und mit der Auferstehung Jesu endgültig durchbrochen. Der auferstandene Herr sendet seine Jünger zu allen Völkern (Mt 28,19) bis an das Ende der Erde (Apg 1,8). Nun wird »die Predigt, die Gott zu den Kindern Israels

gesandt hat«, auch den Heiden verkündigt (Apg 10, 36), denn den Heiden ist das Reich Gottes gesandt (Apg 28,28).
Insbes. wird der Apostel Paulus »fern zu den Heiden« gesandt (Apg 22,21; 26,17). An seiner Arbeit wird die ganze Weite der Sendung zu allen Völkern sichtbar. Die Sendung darf nicht zum Stillstand kommen, wenn sie einen bestimmten Menschenkreis erreicht hat, sondern die Empfänger der Sendung werden selbst wiederum zu Boten, die das Evangelium weitertragen (1 Thess 1,6–8). Die ganze Gemeinde hat teil an dieser Sendung: So wünscht Paulus von der Gemeinde zu Rom, daß sie ihn – gleichsam als ihren »Missionar« – nach Spanien senden (LÜ geleiten) möge (Röm 15,24).

Die Empfänger der Sendung bilden also nie einen feststehenden und geschlossenen Kreis von Menschen, sondern der Empfängerkreis ist dauernd im Fließen und wechselt unaufhörlich. Wer heute Empfänger ist, ist morgen schon selbst Gesandter, und Empfänger sind wieder neue Menschen, die das Evangelium noch nicht gehört und angenommen haben (vgl. 1 Thess 1,6–8). Deshalb bemüht sich Paulus, das Evangelium immer da zu verkündigen, »wo Christi Name nicht bekannt war« (Röm 15,20).
Johannes nennt als Empfänger der Sendung immer wieder »die Welt«. Gott hat seinen Sohn in die Welt gesandt (Joh 3,17; 10,36; 1 Joh 4,9), und der Sohn sendet wiederum seine Jünger in die Welt (Joh 17,18). Dabei ist zu bedenken, daß »die Welt« für Johannes nicht nur ein geographischer Begriff ist, sondern für ihn ist »diese Welt« immer zugleich die Welt der Sünde und der Finsternis. Wenn also von »Sendung in die Welt« gesprochen wird, dann bedeutet das, daß die Sendung nicht zu Ende ist, wo sich eine christliche Gemeinde gesammelt hat, das Evangelium gehört den Heiden. Deshalb muß die Gemeinde das Evangelium weitertragen, so lange es »diese Welt«, so lange es Menschen gibt, die »aus der Welt« sind, bis die Königsherrschaft Jesu Christi ganz offenbar wird, und alle Zungen bekennen müssen, daß er der Herr sei (Phil 2,10.11).

Sendungsbefehl oder Missionsbefehl nennt man im allg. das Wort des auferstandenen Herrn, mit dem er seine Jünger beauftragt, alle Völker zu → Jüngern zu machen, diese zu taufen (Mt 28,19) und sie alles halten zu lehren, was er ihnen befohlen hat. Vgl. weiter → Senden.

Sene »Die Felsklippe«,
spitzer Felsen am Wege Jonathans zu den Philistern (1 Sam 14,4); → Geba; vgl. → Bozez.

Seneazzar, babyl. Sin-usur, »Sin (der Mondgott) beschirme«,
Sohn Jojachins (1 Chron 3,18).

Senfkorn (griech. *sinapi*),
das Samenkorn des Schwarzen Senfs *(Brassica nigra)*, einer einjährigen Pflanze mit holzigem Stamm, die sehr schnell aufschießt und eine Höhe von 2,5–3 m erreicht. Dieser »Baum« ist ein beliebter Aufenthalt der Distel- und Goldfinken, die seine ölhaltigen Samenkörner besonders gern fressen (Mt 13, 32). Die zerquetschten Senfkörner und das daraus gewonnene Öl werden auch medizinisch verwendet. Die geringe Größe des S. (0,95–1,1 mm Durchmesser) ist sprichwörtlich und wird von Jesus im Gleichnis vom werdenden Gottesreich verwendet, das kaum bemerkt und unscheinbar seinen Anfang nimmt und doch eine Dynamik und eine Wachstumskraft entfaltet, die seine Ausbreitung in alle Welt vorantreibt (Mt 13,31.32; Mk 4,31.32; Lk 13, 19).
In ähnlicher Weise versinnbildlicht das S. in Mt 17, 20; Lk 17,6 Wesen und Kraft des Glaubens, der die größten Dinge zu vollbringen vermag.

Senir, amoritischer Name des → Hermon (5 Mo 3,9; Hes 27,5). In 1 Chron 5,23; Hl 4,8 kommen beide Namen nebeneinander vor, vermutlich bezeichnete S. (wie das assyr. Sanir) die ganze Bergkette des Antilibanon, Hermon jedoch nur ihren südlichsten Gipfel.

Sense → Waffen und Geräte

Seorim, Leiter der 4. Priesterabteilung z. Zt. Davids (1 Chron 24,8).

Sepham.
Ort an der NO-Grenze Kanaans (4 Mo 34,10.11), seine genaue Lage ist unbekannt.

Sephamiter. Beiname Sabdis, des Verwalters der Weinvorräte Davids (1 Chron 27,27), der viell. seine Herkunft aus → Sepham oder → Siphamoth bezeichnet.

Sephar, dasselbe Wort heißt sonst »Zählung«,
Ort, der die Ostgrenze des Siedlungsgebiets der Nachkommen Joktans bezeichnet (1 Mo 10,30).

Sepharad. Land, in dem vertriebene Juden wohnten (Ob 20) Assyr. und pers. Inschriften kennen eine Gegend Sparda in Kleinasien; Sargon II. nennt Schaparda als Landschaft in SW-Medien (vgl. 2 Kö 17,6).

Sepharvaim, Stadt, die die Assyrer erobert hatten (2 Kö 18,34; 19,13; Jes 36,19; 37,13) und deren Bevölkerung sie nach Samaria umsiedelten (2 Kö 17, 24.31). Der Ort, der wiederholt mit Hamath und Arpad zusammen genannt wird, scheint nicht mit Sippar am Euphrat identisch zu sein, sondern in Syrien gelegen zu haben. Die babyl. Chronik kennt eine Stadt Schabaraim in Syrien, die Salmanasser V. i. J. 727 v. Chr. eroberte. Möglicherweise ist S. mit diesem Ort und dem heutigen Zaafarane (5 km südöstl. von Restan, 30 km südl. von Hamath und 15 km nördl. von Homs) gleichzusetzen. Auch Sibraim (Hes 47,16) und Siphron (4 Mo 34,9) könnten derselbe Ort sein.

Sephatja »Der Herr hat Gericht gehalten, Recht verschafft«.
1) Harophiter aus dem Stamme Benjamin, der zu David nach Ziklag kam (1 Chron 12,5).
2) Sohn Davids, der ihm von Abital in Hebron geboren wurde (2 Sam 3,4; 1 Chron 3,3).
3) Sohn Maachas, Stammesfürst der Simeoniter z. Zt. Davids (1 Chron 27,16).
4) Sohn König Josaphats (2 Chron 21,2).
5) Sohn Matthans, Fürst in Juda z. Zt. Zedekias (Jer 38,1).
6) Judäer, der vor dem Exil lebte (Neh 11,4).
7) Israelit, dessen Nachkommen mit Serubabel und Esra aus der babyl. Gefangenschaft heimkehrten (Es 2,4; 8,8; Neh 7,9).
8) Einer der Knechte Salomos, dessen Nachkommen mit Serubabel aus der babyl. Gefangenschaft heimkehrten (Es 2,57; Neh 7,59).
9) Vater des Benjaminiten Mesullam (1 Chron 9,8).

Sephela → Gefilde

Sepher. Berg und Lagerplatz Israels (4 Mo 33,23.24), wahrscheinlich der Dschebel Areif en-Naka, etwa 30 km südl. von Kades-Barnea.

Sephi → Sepho

Sepho, viell. »Piste« (kahle Bahn der Karawanenwege).
Horiter, Sohn Sobals (1 Mo 36,23); in 1 Chron 1,40 wird er Sephi genannt.

Sephuphan. Sohn Belas, Enkel Benjamins (1 Chron 8,5).

Septuaginta, lat. »70«.
Dies lat. Zahlwort bezeichnet die älteste griech. Übersetzung des AT, abgekürzt LXX. Der Name geht auf eine im Aristeasbrief (um 100 v. Chr.) überlieferte und auch von Josephus berichtete Legende zurück. Danach habe König Ptolemäus II. Philadelphus (285–246 v. Chr.) zur Vervollständigung seiner Bibliothek die Mosebücher von 72 isrl. Ältesten (6 aus jedem Stamm) ins Griech. übertragen lassen, was 72 Tage gedauert habe.
Davon ist offenbar richtig, daß die Übersetzung in Ägypten stattfand und der Pentateuch im 3. Jh. v. Chr. übertragen wurde. Die weiteren Bücher sind dann nach und nach gefolgt. Die Kenntnisse der verschiedenen Übersetzer und die Art ihrer Übertragung sind unterschiedlich, so daß die LXX im ganzen kein einheitliches Werk ist. So läßt z. B. die Übersetzung des Jesaja und auch der kleinen Propheten manches zu wünschen übrig. Anderseits aber fallen die Abweichungen der LXX vom MT keineswegs immer den Übersetzern zur Last. Seit der Entdeckung der → Handschriften vom Toten Meer können wir etwa in den Geschichtsbüchern nachweisen, daß die LXX hier auf eine vom MT abweichende hebr. Texttradition zurückgeht, die sie gut wiedergibt. Dadurch hat die LXX für die Textkritik ganz neue Bedeutung gewonnen.
Aus der Sirachvorrede (V 7) geht hervor, daß um 130 v. Chr. die Übersetzung der LXX vollständig vorlag. Sie wurde vor allem außerhalb Palästinas zur HS der Synagoge und der Gottesfürchtigen; so las der äthiopische Kämmerer den Propheten Jesaja wahrscheinlich im LXX-Text (Apg 8,30–33).
An die Kenntnis der Offenbarung Gottes in Israel, die den Heiden durch diese Übersetzung vermittelt wurde, konnte die urchristl. Mission häufig anknüpfen. Die LXX wurde dann zur Bibel auch der Urgemeinde; die meisten atl. Zitate im NT stammen aus ihr, nur ein kleiner Teil ist selbständig aus dem Hebr. übertragen. Seit die LXX aber zur Schrift der Christen geworden war, begannen die Juden sich von ihr zu distanzieren, im 2 Jh. n. Chr. entstanden neue jüd. Übersetzungen des AT ins Griech. (Aquila, Theodotion). Vgl. → Testament, Altes und Neues II, 5b.

Serah. I) Kurzform von Serahja oder »Das Aufstrahlen«.
1) Fürst der Edomiter, Sohn Reguels (1 Mo 36,13.17; 1 Chron 1,37, wahrscheinlich auch 1 Mo 36,33; 1 Chron 1,44).
2) Sohn Judas (1 Mo 38,30; Jos 7,1; 1 Chron 2,6). Seine Nachkommen sind die Serahiter (4 Mo 26,20; Jos 7,17).
3) Sohn Simeons (1 Chron 4,24) dessen Nachkommen ebenfalls Serahiter heißen (4 Mo 26,13). In 1 Mo 46,10; 2 Mo 6,15 wird er → Zohar genannt.
4) Levit aus der Nachkommenschaft Gersons (1 Chron 6,6[21].26[41]).
5) Kuschit, der mit einem großen Heer in Juda einfiel und von Asa bei Maresa besiegt wurde (2 Chron 14,8.[9]ff).
II) Viell. »Er (Gott) hat gedeihen lassen«.
Tochter Assers (1 Mo 46,17; 1 Chron 7,30). In 4 Mo 26,46 heißt sie Sarah.

Serahiter → Serah (2) und (3)

Serahja »Der Herr ist aufgestrahlt, als Licht aufgegangen«.
1) Sohn Usis und Vater Merajoths aus dem Hohenpriestergeschlecht (1 Chron 5,32[6,6]f; 6,36[51]f; Es 7,3.4).
2) Vater Eljoenais aus dem Geschlecht Pahath-Moab (Es 8,4).

Seraja »Der Herr hat gekämpft, gestritten« oder »Der Herr hat sich als Herrscher bewiesen«.
1) Sohn des Kenas aus dem Stamm Juda (1 Chron 4,13).
2) → Sawsa.
3) Simeonit, Sohn Asiels (1 Chron 4,35).
4) Sohn des Asriel, hoher Beamter König Jojakims (Jer 36,26).
5) Hoherpriester, der bei der Eroberung Jerusalems durch Nebukadnezar gefangengenommen und in Ribla getötet wurde (2 Kö 25,18–21; Jer 52, 24–27). Er war Vater Jozadaks und Großvater Jesuas, des ersten Hohenpriesters nach dem Exil, weiter Vorfahr Esras (1 Chron 5,40[6,14]; Es 7,1).
6) Sohn Nerias und Bruder Baruchs (1), der Quartiermeister Zedekias auf seiner Reise nach Babylon 594/3 v. Chr. (Jer 51,59–64). Jeremia gab ihm den Auftrag, seine Unheilsweissagungen über Babylon dort zu verlesen und anschließend die Schriftrolle in den Euphrat zu versenken.
7) Sohn des Thanhumeth, Netophathiter, Offizier des judäischen Heeres (2 Kö 25,23; Jer 40,8).
8) Israelit, der mit Serubabel aus der Gefangenschaft heimkehrte (Es 2,2). In Neh 7,7 wird er → Asarja (18) genannt.
9) Priester, der mit Serubabel aus der Gefangenschaft heimkehrte (Neh 12,1). Sein Geschlecht wird unter dem Hohenpriester Jojakim genannt (Neh 12, 12), dann unterzeichnete der Vertreter der Familie den Bund z. Zt. Nehemias (Neh 10,3[2]).
10) Priester aus dem Hohenpriestergeschlecht, der nach der Gefangenschaft Tempelvorsteher war (Neh 11,11), in 1 Chron 9,11 heißt er → Asarja (23). Ob er mit dem vorigen identisch ist, muß offen bleiben.

Seraphim, mit hebr. »brennen, ausbrennen« zusammenhängend,
sind → Engel, die in bes. Beziehung zur Heiligkeit Gottes stehen und nur in der Berufungsvision Jesajas (Jes 6,1–7) erwähnt werden. Sie sind menschengestaltig (Gesicht, Hände und Füße werden erwähnt) und haben 6 Flügel (V 2.6). Einer von ihnen berührte Jesajas Lippen mit einer glühenden Kohle vom Altar und reinigte den Propheten so von seiner Sünde (V 5–7). Vgl. auch → Schlange I, 6.

Serebja. Levit, der mit 17 seiner Brüder und Söhne aus Kasphia zu Esra nach Ahava kam (Es 8,18). Esra vertraute ihm die Aufsicht über die mitgeführten Tempelschätze an (V 24). Später wird er bei der Verlesung des Gesetzes (Neh 8,7), beim Bußgebet (Neh 9,4.5), als Unterzeichner des Bundes (Neh 10,13[12]) und als Sänger im Dankchor erwähnt (Neh 12,8.24).

Sered. I) Sohn Sebulons (1 Mo 46,14), seine Nachkommen sind die Serediter (4 Mo 26,26).
II) Bach an der Grenze Moabs (4 Mo 21,12; 5 Mo 2, 8.9.13.14), den man allg. mit dem Weidenbach (Jes

Hethitische Darstellung einer Gottheit (?) mit 6 Flügeln; in den Händen hält sie → Schlangen (I,6), über dem Kopfschmuck sind Wolken angedeutet. Die Gestalt erinnert an die Beschreibung der Seraphim in Jes 6,2

15,7) und dem heutigen Wadi el-Hesa gleichsetzt, der von SO her ins Südende des Toten Meeres mündet. Diese Gleichsetzung ist aber nicht ohne Schwierigkeiten. Die Israeliten befinden sich nämlich schon in Ije-Abarim, in der Wüste östl. von Moab (4 Mo 21,11; 5 Mo 2,8), ehe sie den S. überschreiten (V 13; 4 Mo 21,12) und dann zum Arnon weiterziehen (V 13). Bei der Lokalisierung von Ije-Abarim in Mahai (35 km östl. vom Toten Meer und ca. 8 km nördl. vom Wadi el-Hesa) sucht Musil den S. deshalb im Wadi es-Sultani, der östl. von Mahai nach N führt. Doch da die Lage von Ije-Abarim nicht völlig gesichert ist, bleiben auch die Folgerungen unsicher. Vgl. Karte Sp. 1548.

Serediter → Sered I

Seres I) »Wurzel, Wurzeltrieb«,
Sohn Machirs aus dem Stamm Manasse (1 Chron 7, 16).
II) Vielleicht »Strubbelkopf«,
Frau Hamans (Est 5,10.14; 6,13).

Sergius Paulus. Röm. Prokonsul (LÜ → Landvogt) der Provinz Zypern. Eine Münze mit seinem Namen und Titel wurde auf der Insel gefunden. Als Paulus auf der ersten Missionsreise nach Paphos kam, wollte S.P. den Apostel hören und wurde – trotz des Dazwischentretens des Zauberers → Elymas – Christ (Apg 13,6–12).

Serubabel, hebr. Form des akkad. Zeru-Babili, »Nachkomme von Babel«.
Sohn des → Sealthiel aus der judäischen Königsfamilie, den der Perserkönig Kores (Kyrus) 538 v. Chr. als Statthalter der Provinz Judäa einsetzte. Er trug den babyl. Namen Sesbazar, mit dem er Es 1,8.11; 5,14.16 amtlich genannt wird. Man hat dies angezweifelt und in Sesbazar einen früheren Statthalter und Vorgänger S. sehen wollen. Der Vergleich von Es 5,16 mit 3,2.6.8 und Sach 4,9 macht aber deutlich, daß es sich um dieselbe Person handelt. Mit dem Hohenpriester Jesua zusammen führte S. die rückkehrenden Juden nach Jerusalem (Es 2,1.2; Neh 12, 1–9), richtete den Gottesdienst ein (Es 3,1–5) und begann 537 v. Chr. den Tempelneubau (V 6–13). Durch den Widerstand der von den Assyrern nach Palästina umgesiedelten fremden Volksstämme geriet die Arbeit aber bald ins Stocken (Es 4,1–5) und wurde erst beim Auftreten der Propheten Haggai und Sacharja 520 v. Chr. neu aufgenommen (Es 5, 1.2; Hag 1,1.14; Sach 1,1; 4,6–10) und zu Ende geführt. Nach der Tempeleinweihung 515 v. Chr. wurden auch die Dienste der Leviten und Priester geordnet (Es 6,14–18; Neh 12,47). Die Feier des Passah schloß sich an (Es 6,19–22). Über das weitere Wirken Serubabels und die Dauer seiner Statthalterschaft ist uns nichts bekannt. Als Nehemia später daranging, das Volk zu verzeichnen, fand er das unter S. angefertigte Geschlechtsregister der Rückkehrer aus der Verbannung wieder auf (Neh 7,5–7; vgl. Es 2). Im NT steht S. in beiden Stammbäumen Jesu (Mt 1,12.13; Lk 3,27).

Serug. Sohn Regus, Vater Nahors, Vorfahr Abrahams (1 Mo 11,20.22; 1 Chron 1,26; Lk 3,35).

Sesach, Deckname für Babel (Jer 25,26; 51,41). Die Form ergibt sich aus der sog. Athbasch-Schreibung. Dabei zählte man die Buchstaben des hebr. → Alphabets rückwärts und setzte nun für die Konsonanten von Babel (B und l, den 2. und 12. Buchstaben) den 2. und 12. Buchstaben von hinten ein.

Sesai. Mann vom Geschlecht Enaks in Hebron (4 Mo 13,22[23]). Er wurde mit seinen Brüdern von Kaleb vertrieben (Jos 15,14; Ri 1,10). → Enakiter.

Sesan. Sohn des Judäers Jesei (1 Chron 2,31). Er hatte nur Töchter, eine davon gab er seinem ägyptischen Knecht zur Frau (V 34.35).

Sesbazar, hebr. Form des neubabyl. Sin-abla-usur »Sin (der Mondgott) beschirme den Erbsohn«, Fürst Judas, den der Perserkönig Kores (Kyrus) 538 v. Chr. als Statthalter in Judäa einsetzte (Es 5,14). Vgl. weiter → Serubabel.

Seth, wahrscheinlich »Ersatz«.
Dritter Sohn Adams und Evas, den ihnen Gott anstelle des von Kain ermordeten Abel gegeben hatte (1 Mo 4,25). S. wurde geboren, als Adam 130 Jahre alt war (1 Mo 5,3). Für die Nachkommen des S. bis zu Noah vgl. V 6–32.

Setham, wohl »Ölbaum«,
Gersonitischer Levit, Nachkomme Laedans (1 Chron 23,8; 26,22).

Sethan »Der mit dem Ölbaum zu tun hat« (Köhler), Benjaminit, Nachkomme Jediaels (1 Chron 7,10).

Sethar 1) »Totschläger«,
Kämmerer des Perserkönigs Ahasveros (Est 1,10). → Abagtha.
2) »Sterngottheit (Sirius)«. Einer der sieben Fürsten von Persien und Medien unter Ahasveros (Est 1,14). → Admatha.

Sethar-Bosnai »Rettung durch die Sterngottheit (Sirius)«.
Pers. Beamter, der den Wiederaufbau des Tempels zu Jerusalem zu hindern suchte (Es 5,3.6; 6,6).

Sethur, hängt mit hebr. »verbergen« zusammen, Sohn Michaels, Kundschafter aus dem Stamm Asser z. Zt. Moses (4 Mo 13,13[14]).

Seuche → Krankheit

Seufzen. I) Im AT bezeichnet S. nicht so sehr – wie oft in unserem Sprachgebrauch – den Ausdruck einer innerlichen Gefühlsbewegung, die nicht klar in Worte gefaßt werden kann, sondern vielmehr eine Reaktion auf klar erkennbare Ereignisse oder Tatsachen, die den Menschen bedrohen und gegen die er ohnmächtig ist: Die Kinder Israel seufzen über ihre Fronarbeit (2 Mo 2,23); das Volk seufzt, wenn der Gottlose herrscht (Spr 29,2); auch das Vieh seufzt, wenn es keine Weide hat (Jo 1,18).
Das S. ist so eng auf die bedrohenden Mächte bezogen, daß es fast gleichbedeutend mit ihnen werden kann: So können die Beter, die sich von schwerer Krankheit und äußeren Feinden bedroht sehen, sagen: »Ich bin müde vom S.« (Ps 6,7) oder »meine Zeit hat abgenommen vor S.« (Ps 31,11). Das S. selbst ist noch kein Gebet, sondern bloßer Ausdruck der Not; aber Gott bleibt nicht untätig vor wirklicher Not, das S. der Armen ruft ihn auf den Plan (Ps 12,6), und im Gebet kann man dann Gott ausdrücklich bitten, er möge auf das S. derer, die in Not sind, achthaben (Ps 79,11; Klgl 3,56).
Wenn Gott die Not seines Volkes hinwegnimmt, ist auch das S. abgetan: von den Erlösten des Herrn wird → Schmerz und S. entfliehen (Jes 35,10; 51,11).

II) Im NT ist das notvolle, bedrückte S. gleichsam verboten: Jakobus fordert die Glieder der Gemeinde auf, nicht widereinander zu s. (Jak 5,9). Der Hebräerbrief ermahnt die Gemeinde, ihren Lehrern keinen Anlaß zum S. zu geben, »denn das ist euch nicht gut« (Hebr 13,17).
Jesus Christus hat die Mächte, über die man s. muß, entmächtigt. Deshalb ist das S. nicht mehr ohnmächtiger Notschrei, sondern es wird zum Gebet, daß uns Gott teilhaben lasse am Sieg Jesu Christi. So seufzt Jesus selbst zum Himmel, ehe er den Taubstummen heilt (Mk 7,34). Und weil wir nicht wissen, was wir beten sollen, vertritt uns der Geist Gottes selbst mit unaussprechlichem S. (Röm 8,26). Die Kinder Gottes s. nicht mehr aus Angst, sie s. vielmehr darüber, daß sie in diesem leiblichen Leben noch nicht die ganze Fülle des Heils zu fassen vermögen, denn »wir sind wohl selig, doch in der Hoffnung« (Röm 8,24). Deshalb verwandelt sich das S. der Ohnmacht in ein S. der Hoffnung auf die Vollendung. So kann Luther das griech. Wort für s. geradezu mit »sehnen« übersetzen: Wir sehnen uns nach der Kindschaft und warten auf unseres Leibes Erlösung (Röm 8,23), und alle Kreatur sehnt sich mit uns (V 22). Ebenso 2 Kor 5,2: Wir sehnen uns nach unserer Behausung, die vom Himmel ist und uns verlangt, daß wir damit überkleidet werden.

Sewa, wohl »gleich (dem Vater, Bruder u. a.)«, Sohn Kalebs, des Sohnes Hezrons. Er war der Stammvater der Einwohner zu Machbena und Gibea (1 Chron 2,49).

Sia. 1) »Der Zitterer« (Noth).
Gaditer aus Basan (1 Chron 5,13).

2) Tempelknecht, dessen Nachkommen mit Serubabel aus Babylon heimkehrten (Neh 7,47).
In Es 2,44 wird er Siaha genannt.

Siaha → Sia II

Sibbechai.
Husathiter, Held Davids (1 Chron 11,29) und Führer der achten Heeresabteilung (1 Chron 27,11). Er erschlug den Riesen → Saph; (2 Sam 21,18; 1 Chr 20,4).

Sibma
oder Sebam (4 Mo 32,3), Stadt im Ostjordanland, dem Stamm Ruben zugewiesen (V 38; Jos 13,19). Später war sie in moabitischem Besitz (Jes 16,8.9; Jer 48,32). Der Ort war für seinen Weinbau bekannt (ebd.).
Musil sucht S. im heutigen Chirbet Sumije, am linken Ufer des Wadi Hesban 4 km nordwestl. von Hesbon, Nelson Glueck dagegen in Qurn el-Kibsch, ca. 3 km nordöstl. vom Nebo. Nach Scherbenfunden war dieser Hügel von 2200–1800 v. Chr. und dann wieder vom 13. Jh. v. Chr. ab besiedelt.

Sibraim → Sepharvaim

Sichar, Stadt in der Nähe des Jakobsbrunnens (Joh 4,5). Man setzt sie meist mit dem heutigen Askar gleich, 1 km nordöstl. von Tell Balata, dem alten → Sichem. Vgl. Taf. 98/1537.

Sichel → Waffen und Geräte

Sichem I) »Bergrücken«.
Stadt zwischen den Bergen → Ebal (3) im N und → Garizim im S. (Ri 9,7; vgl. Taf. 22a/321); östl. davon in der Ebene liegt der → Jakobsbrunnen, auch der Hain → More (1) ist hier zu suchen. Die Gegend von S. gehörte noch zum Gebirge → Ephraim (Jos 20,7), die Stadt lag aber schon nördl. der Südgrenze Manasses, war also offenbar als Frei- und Levitenstadt (Jos 21,21) eine Enklave der Ephraimiten im manassitischen Gebiet (vgl. Jos 16,9; 17, 9). Vgl. Taf. 97/1536.
Das alte S. wurde auf dem Tell Balata ausgegraben. Schon um 2000 v. Chr. stand hier eine ummauerte Stadt mit Stadttor (vgl. 1 Mo 34,20). Nachdem ein Pharao der 12. Dynastie den Ort erobert hatte, wurden die Mauern um 1600 v. Chr. erneuert und verstärkt. Der Tempelbezirk lag auf einer Erdaufschüttung, die vermutlich mit dem → Millo (Ri 9,6.20) gemeint ist. In den → Amarnabriefen heißt die Stadt Sakmi. Vgl. Abb. Sp. 478 oben.
Abraham lagerte bei Sichem (1 Mo 12,6). Jakobs anfänglich friedliches Verhältnis zu den hevitischen Bewohnern der Stadt endete mit der Ausrottung der Sichemiten durch seine Söhne (1 Mo 33,18–35, 5). Josua verkündete Israel hier zweimal das Gesetz, nach den ersten Siegen in Kanaan (Jos 8,30–35) und am Ende seines Lebens (Jos 24,1–28; vgl. → Josua 1d). In der Richterzeit versuchte Abimelech, hier ein Königreich aufzurichten (Ri 9). Nach dem Tod Salomos sagten sich in S. die Nordstämme von Rehabeam los (1 Kö 12,1–19), und es war dann die erste Residenz Jerobeams (V 25).
Nach der babyl. Gefangenschaft wurde S. mit dem → Garizim Mittelpunkt und Heiligtum der → Samariter, die die Juden verächtlich »den tollen Pöbel zu S.« (Sir 50,28) nannten. Johannes Hyrkan zerstörte die Stadt um 128 v. Chr. Das heutige Nablus geht nach Namen und Lage auf die Römerstadt Flavia Neapolis zurück, die Kaiser Vespasian nordwestl. von Balata erbaute.

II) »Schulterpaar«.
1) Der Sohn Hemors, des Stadtfürsten von S. (1); er verführte Jakobs Tochter Dina und rief damit die Rache ihrer Brüder hervor (1 Mo 34).
2) Sohn Manasses (4 Mo 26,31; Jos 17,2), seine Nachkommen sind die Sichemiter.
3) Anderer Manassit, Sohn Semidas (1 Chron 7,19).

Sichri »Eingedenk« oder »Mein Andenken«.
1) Kahathitischer Levit, Sohn Jizhars (2 Mo 6,21).
2) Benjaminit, Sohn Simeis (1 Chron 8,19).
3) Benjaminit, Sohn Sasaks (1 Chron 8,23).
4) Benjaminit, Sohn Jerohams (1 Chron 8,27).
5) Levit, Sohn Asaphs (1 Chron 9,15).
6) Levit, Nachkomme Eliesers, des Sohnes Mose (1 Chron 26,25).
7) Rubeniter, Vater des Stammesfürsten Elieser z. Zt. Davids (1 Chron 27,16).
8) Judäer, Vater des Amasja, des Heerführers König Josaphats (2 Chron 17,16), und wahrscheinlich auch des Obersten Elisaphat, z. Zt. des Hohenpriesters Jojada (2 Chron 23,1).
9) Ephraimit aus dem Heer König Pekahs von Israel, der den Königssohn Maaseja und 2 Beamte des Königs Ahas erschlug (2 Chron 28,7).
10) Benjaminit, Vater des Vorstehers Joel in Jerusalem (Neh 11,9).
11) Familienhaupt des Priestergeschlechts Abia z. Zt. des Hohenpriesters Jojakim (Neh 12,17).

Sichron, viell. syr. »Bilsenkraut«,
Ort an der Nordgrenze Judas zwischen Ekron und Jabneel (Jos 15,11), seine genaue Lage ist unbekannt.

Sichten, Lutherwort für »sieben, seihen«.
Man siebte das gedroschene Korn, um es von Steinen und größeren Unreinigkeiten zu befreien. Dieses Bild der letzten Auslese bei der Ernte gebraucht Amos für das Gericht, das Israel einst an den Völkern vollziehen wird (Am 9,9), und Jesus verdeutlicht damit das Ziel, das Satan im Auge hat, wenn er Zwietracht unter die Jünger sät (Lk 22,31).

Siddim »Grenzfurchen«,
Tal, in dem vermutlich Sodom, Gomorra, Adama, Zeboim und Zoar lagen (1 Mo 14,2) und »wo nun das → Salzmeer ist« (V 3). Dabei handelt es sich wahrscheinlich um den flachen Südteil des Toten Meeres südl. der Halbinsel El-Lisan (vgl. Karte Sp. 762).

Sidon »Fischereiplatz«.
1) Ältester Sohn Kanaans (1 Mo 10,15), Stammvater der Sidonier.
2) Phön. Hafenstadt, 35 km nördl. von Tyrus, das heutige Saida (1 Mo 10,19; Ri 1,31; 18,28; Jes 23,2). S. war zunächst die bedeutendste der phön. Städte, so daß der Name auch ganz → Phönizien bezeichnen kann (Ri 10,6; 1 Kö 16,31), Sidonier ist dann = Phönizier (Ri 10,12; 1 Kö 11,33). Groß-Sidon (Jos 19,28) bezeichnet das ganze von S. beherrschte Gebiet, auch Sanherib unterscheidet in seinen Inschriften zwischen Groß- und Klein-S. Später überflügelte Tyrus S. an Bedeutung (Hes 27,8). Im NT wird S. zusammen mit Tyrus öfter genannt (Mt 15,21; Mk 3,8; 7,24.31; Apg 12,20); Paulus durfte auf der Reise nach Rom seine Freunde in S. besuchen (Apg 27, 3). Vgl. Taf. 98/1537; Abb. Sp. 1216.

Sieb → sichten

Sieben → Zahl

Sieg, siegen. I) Gott kämpft und siegt für sein Volk (5 Mo 33,29; Ps 98,1; Spr 21,31; Hab 3,8) wenn es im Bewußtsein seiner Abhängigkeit von ihm um den S. bittet (2 Mo 17,11). Darum gehört ihm auch der Ruhm und Dank des S. (1 Chron 29, 11), und in dem Siegesjubel der Gerechten heißt es: »Die Rechte des Herrn schafft S.« (Ps 118,15).

II) Der entscheidende S. Gottes ist auf Golgatha geschehen und durch die Auferweckung des Gekreuzigten offenbar geworden. Jesus war als der Stärkere gekommen, um den Starken – Satan – zu besiegen (Lk 11,22). Als das Lamm, das sich hat erwürgen lassen, hat er alle widergöttlichen Mächte – Teufel, Sünde und Tod (1 Kor 15,55) – besiegt (Offb 5,5). Indem er die uns verurteilende Schuldschrift ans Kreuz genagelt hat, hat er dem Feind das Anklagematerial gegen uns aus der Hand genommen und dadurch ihn wie alle seine finsteren Geister entwaffnet, öffentlich bloßgestellt und über sie triumphiert (Kol 2,14f).
Wohl ist dieser S. vor den Augen der Welt noch verborgen, aber er wird allgemein in Erscheinung treten mit der → Wiederkunft des Herrn in → Herrlichkeit, so daß dann alle Knie sich vor dem Namen Jesus beugen werden und alle Zungen ihn als Herrn und Sieger bekennen müssen (Phil 2,10f). Errungen aber war dieser S. schon, als Jesus am Kreuz rief: »Es ist vollbracht!« (Joh 19,30); in Kraft steht er schon, seitdem Gott gesagt hat: »Ich habe meinen König eingesetzt auf meinem heiligen Berge Zion« (Ps 2,6). Jesus ist Sieger!

III) So verborgen auch der S. des Auferstandenen für die Augen der Welt vorerst noch sein mag, – die Erlösten des Herrn dürfen ihn jetzt schon in ihrem Leben erfahren, und zwar:
a) als S. über den Bösen, der kein Anrecht mehr auf sie hat (1 Joh 2,13; 5,18; Eph 6,16; Lk 10,19);
b) als S. über das Böse, das ihnen wohl angetan wird, durch das sie sich aber nicht mehr zu Jähzorn, Haß und Vergeltung hinreißen zu lassen brauchen (Röm 12,21; 1 Petr 3,9);
c) als S. über die Welt, ihre Versuchungen, Lüste und Begierden, Drohungen und Verfolgungen (1 Joh 5,4; Mt 5,44);
d) als S. über die Sünde, die die vom Herrn Befreiten nicht länger unter ihrer Zwangsherrschaft halten kann (Röm 6,14.18.22; 1 Joh 3,9f);
e) als S. über die Lügengeister und falschen Propheten (1 Joh 4,4; Offb 15,2);
f) als S. über den Tod, den diejenigen nicht mehr zu fürchten brauchen, die im Sohn Gottes hier schon das ewige Leben empfangen haben (1 Kor 15,57; Joh 10,28; 3,36; 1 Joh 5,12).
Diesen S. im täglichen → Kampf erlangen sie jedoch nicht durch eigene Anstrengungen, sondern allein durch das → Blut des Lammes und durch das Wort ihres Zeugnisses und durch die Mitkreuzigung ihres Ich (Offb 12,11; Gal 2,19f). So ist es der regierende Christus selbst, der den Seinen allezeit S. schenken und sie in seinem Triumphzug einherführen will, um den Wohlgeruch seiner Erkenntnis durch sie offenbar werden zu lassen an jedem Ort (2 Kor 2,14). In diesem S. des Herrn zu stehen und zu leben, ist aber für seine Jünger nicht nur möglich, sondern notwendig; denn nur denen, die diesen S. sich haben schenken lassen – »wer überwindet . .«! – gelten die Verheißungen des erhöhten Herrn in den 7 Sendschreiben (Offb 2 u. 3). Dabei soll es nicht nur ein Überwinden »mit Müh und Not« sein, sondern Paulus sagt: in dem allen sind wir mehr als Überwinder, gewinnen wir einen glänzenden S. (Röm 8,37). Ist doch unser Glaube der S., der die Welt überwunden hat! (1 Joh 5,4).

Siegel. I, 1) Schon im 3. Jt. v. Chr. ist im Mittelmeerraum und im Vorderen Orient das S. weit verbreitet. Ausgrabungen haben auch in Palästina viele S. zutage gefördert, doch wurden sie dorthin meist aus Mesopotamien oder Ägypten importiert und waren entsprechend kostbar.

Rollsiegel aus Mesopotamien mit dem zugehörigen Abdruck. Das Bild kennzeichnet den Inhaber des Siegels als einen Priester, der die Aufsicht über die Rinderherde eines Tempels führte

2) Das Material, aus dem S. geschnitten wurden, war Stein, oft ein Halbedelstein (vgl. 2 Mo 39,6). Steinschneider gravierten in das harte Material Muster, Sinnbilder, Bildszenen oder Schriftzeichen. Neben reinen Bildsiegeln finden sich solche, die Bilder, Namen und Inschriften verbinden. Andere sind reine Namensiegel, dem Namen ist jedoch manchmal ein Spruch oder Wunsch zugesetzt. Auf weichen Untergrund (Ton, nasser Lehm) gedrückt, ergibt das S. dort ein erhabenes Bild (Hi 38,14).

3) Man unterscheidet Roll- und Stempelsiegel. Das Rollsiegel (Abb. Sp. 187/8) ist eine Steinwalze, ein etwa 2–8 cm langer Zylinder, der seiner Länge nach durchbohrt ist. Abgerollt ergibt er ein rechteckiges Bild, das sich in beliebiger Länge nahtlos aneinanderreihen läßt. Mit ihm wurden daher gern Verzierungen angebracht. Von anderer Machart ist das Stempelsiegel, das entweder würfelförmig oder in ovaler Form auf einen Stein geschnitten ist (Abb. Sp. 443; 534; Taf. 67b/1056). Es ist meist kleiner als das Rollsiegel. In Ägypten wurde es oft in der Form des Skarabäus, des heiligen Mistkäfers, angefertigt (Abb. Sp. 477 unten).

4) Die eigentliche Bedeutung des Siegels ist rechtlicher Natur. Es galt als Unterschrift (1 Kö 21,8). Mit ihm wurden Urkunden versiegelt (Jes 8,16; 29, 11). Eingedrückt auf Krughenkeln (vgl. Abb. Sp. 151: Frühe Eisenzeit; Sp. 154: Pers.-griech. Zeit) kennzeichnete es den Inhalt des Kruges als Naturalabgabe an den König oder das Heiligtum, wie es in der Stempelinschrift vermerkt war. Abgerollt auf dem noch nassen Verschlußlehm auf Töpfen bezeichnete es den Besitzer. Wer das Gegenstück, das zum Abdruck passende S. vorweisen konnte, galt in all diesen Fällen als Besitzer bzw. Unterzeichner.

5) Genannt wird neben dem Namen des Besitzers oft der Name des Vaters und/oder der Titel. So sind uns S. von Königen, Ministern, Priestern, Privatpersonen bezeugt. In Mesopotamien wurde das Rollsiegel eines Arztes (um 2000 v. Chr.) gefunden, mit dem er wohl seine »Visitenkarten« auf Ton herstellte. In Palästina sind auch einige S. von Frauen erhalten; sie stammen aus der Perserzeit (um 500 v. Chr.), in der die Frau rechtsgültig handeln durfte.

6) S. konnten auf verschiedene Weise aufbewahrt bzw. getragen werden: entweder an einer Schnur um den Hals (1 Mo 38,18) oder am Arm befestigt (Hl 8,6), außerdem als Ring an der Hand (Jer 22, 24).

II, 1) Versiegeln bezeichnet die Handhabung des S. und bedeutet also: rechtlich beglaubigen, bestätigen, unterzeichnen (1 Kö 21,8; Jer 32,10; Neh 10,1[9, 38]), außerdem auch: verschließen, sichern, für andere unantastbar machen (Dan 6,18[17]; Mt 27,66). Die Kennzeichnung als Eigentum durch Versiegeln wird in der HS im profan-rechtlichen Sinn nicht erwähnt.

2) Sehr viel häufiger werden die Wörter »versiegeln« und »S.« im übertragenen Sinn gebraucht:

a) Das Apostelamt des Paulus wird durch die Frucht seiner Arbeit wie durch ein S. bestätigt (1 Kor 9,2), die Beschneidung Abrahams »beglaubigt« seine schon vorhandene Glaubensgerechtigkeit (Röm 4, 11). Wer das Zeugnis Jesu annimmt, »unterschreibt«, daß Gott wahrhaftig ist (Joh 3,33), der Jesus »bevollmächtigt« hat (Joh 6,27).

b) Gott kann die Sterne versiegeln, d. h.: am Aufgehen hindern (Hi 9,7). Er versiegelt zunächst manche Offenbarungen, d. h.: verbietet ihre Bekanntgabe (Dan 12,4; Offb 10,4; vgl. Jes. 8,16), andere dürfen nicht geheimgehalten werden (Offb 22,10). Was vorher verschlossen war, kann das Lamm Gottes öffnen und zur Ausführung bringen (Offb 5–6).

c) Als sein Eigentum läßt Gott vor den Katastrophen der Endzeit seine Knechte versiegeln (Offb 7, 2–8), um sie innerlich und viell. auch äußerlich unangetastet durch Gerichte hindurchzuführen (vgl. Offb 3,10; 9,4).

3) Die verschiedenen Bedeutungen des S. werden zusammengefaßt in der Versiegelung mit dem Heiligen Geist (2 Kor 1,21.22; Eph 1,13; 4,30). Hierdurch nimmt Gott von dem Menschen als seinem bzw. Christi Eigentum offiziell Besitz und bestätigt seine Erlösung. Der Sünder ist erkauft durch das Blut Christi (1 Petr 1,18.19), gerechtfertigt durch die Annahme dieses Opfers im Glauben (Röm 3,23 –26) und erhält nun durch den Geist die gewißmachende Bestätigung, Kind Gottes und Miterbe Jesu zu sein (Röm 8,16.17). Das schließt auch die Bewahrung vor den gottfeindlichen Mächten mit ein (1 Thess 5,23f; 1 Petr 1,5; Jud 24).

Ebenso wie der menschgewordene Sohn Gottes der Siegelabdruck (LÜ Ebenbild) des Wesens Gottes ist (Hebr. 1,3), trägt das durch die Wiedergeburt empfangene S. des Geistes im Christen die Züge des Menschensohnes Jesus Christus; in dieses Bild wird er durch den Heiligen Geist von einer Klarheit zur andern verwandelt bis zur vollen Ausgestaltung des Ebenbildes Gottes in ihm (Röm 8,29; 1 Kor 15,49; 2 Kor 3,18).

4) Schließlich ist noch vom S. im festen Grund (1 Kor 3,11) Gottes, auf den der Glaubende gestellt ist, die Rede (2 Tim 2,19), und zwar im Zushg. mit Irrlehren und Irrlehrern, die von der Wahrheit Gottes fortführen (V 16–18). Dieses S. hat zwei Inschriften. Einmal: »Der Herr kennt die Seinen«, d. h. er wird niemanden, der nur seinen Namen nennt, ohne den Willen Gottes zu tun, anerkennen (Mt 7,23), aber auch niemanden, der ihn wirklich vor den Menschen bekannt hat, verleugnen (Mt 10,32.33). Daraus folgt für alle Glaubenden das Zweite, die unbedingte Trennung von allem Un- und Widergöttlichen in Leben und Lehre: »Es trete ab von Ungerechtigkeit, wer den Namen Christi nennt«.

Sihon. Amoriterkönig von Hesbon, an den die Israeliten bei ihrer Ankunft im Ostjordanland Boten sandten mit der Bitte, durch sein Land ziehen zu dürfen. S. verweigerte den Durchzug, rückte ihnen mit seinem Heer entgegen und wurde bei Jahza geschlagen. Israel nahm sein Land vom Arnon bis zum Jabbok in Besitz und siedelte sich in den Städ-

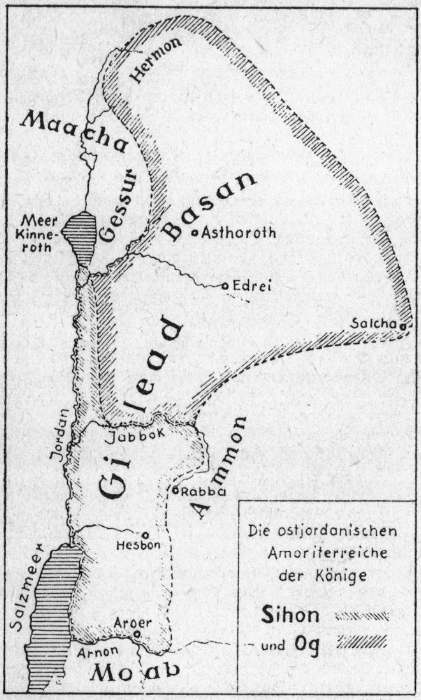

ten an. Vorher hatte S. den Moabiterkönig geschlagen und dessen Gebiet bis zum Arnon hin erobert (4 Mo 21,21–31; 5 Mo 2,26–37; Ri 11,19–22), auch die Midianiter waren ihm offenbar untertan gewesen (Jos 13,21). Das Land des S. wurde Ruben und Gad zugeteilt (4 Mo 32,1–4.33–38).

Sihor »Gewässer des Horus«,
einer der östl. Arme des Nildeltas (Jos 13,3; 1 Chron 13,5), er bezeichnet die Ostgrenze Ägyptens.

Sihor-Libnath. Fluß an der Grenze Assers (Jos 19, 26), wohl der Nahr ez-Zerka (neuhebr. Tanninim) südl. vom Karmel.

Sikkuth. Als »S., euer König« (Am 5,26) wird ein Götzenbild bezeichnet, das die Israeliten in der Wüste verehrten. Viell. handelt es sich um einen Gestirngott; Sakkut ist der babyl. Name für den Planeten Saturn. Die LXX hat das Wort S. als *sukkot* »Hütte« aufgefaßt und »König« (hebr. *māläk*) als → Moloch. Die entsprechende Übersetzung »Hütte eures Moloch« zitiert Stephanus Apg 7,43.

Silas, griech. Form des aram. Namens, der dem hebr. Saul entspricht, »Der Erbetene«.
S., der in den Briefen mit seinem lat. Namen Silvanus (von *silva* = Wald) genannt wird, war einer der besten Mitarbeiter des Paulus und röm. Bürger wie der Apostel (Apg 16,37). Er war ein Glied der Gemeinde in Jerusalem, ein Lehrer und Prophet (Apg 15,22.32), und wurde nach dem → Apostelkonzil wie Judas mit Paulus und Barnabas nach Antiochien gesandt, um die getroffene Entscheidung mitzuteilen (V 27). Als Paulus sich weigerte, Johannes Markus auf die zweite Missionsreise mitzunehmen, wählte er S. als Begleiter (V 40). Beide saßen in Philippi gefangen (Apg 16,22.23). Als Paulus Beröa verlassen mußte und nach Athen ging, blieb S. mit Timotheus in Mazedonien zurück, vielleicht in Thessalonich (Apg 17,14). Ob S. dann wie Timotheus (1 Thess 3,1.2) schon in Athen wieder bei Paulus war, wissen wir nicht. Sicher ist, daß er nach Korinth kam und daß Paulus dann in Vollmacht wirken konnte (Apg 18,5), wobei ihn S. eifrig unterstützte (2 Kor 1,19). Mit Paulus und Timotheus zusammen sandte er die beiden Briefe nach Thessalonich (1 Thess 1,1; 2 Thess 1,1). Später finden wir S. als Sekretär des Petrus (1 Petr 5,12). Einzelheiten seines Wirkens sind uns weiter nicht bekannt. Wir erhalten den Eindruck, daß S. ein stiller, treuer Mithelfer der Apostel war.

Silber (hebr. *käsäp*; griech. *argyrion*),
das wertvollste Edelmetall nach dem → Gold (5 Mo 8,13; 17,17; 2 Sam 21,4; 1 Kö 20,3). S. wurde aus → Ophir (1 Kö 10,22) und → Tharsis (Jer 10,9; Hes 27,12) eingeführt. Die Gewinnung des reinen Metalls aus dem Silbererz (vgl. Hi 28,1) wird öfter erwähnt (Ps 12,7; 66,10; Spr 25,4; Hes 22,18–22). Man verwendete S. als Zahlungsmittel und Tauschobjekt (1 Mo 23,16; 37,28) nach Gewicht (Hi 28,15; Jes 46,6), Silbermünzen kamen erst nach der babyl. Gefangenschaft auf (vgl. → Geld). Sonst diente S. zur Herstellung von Schmuckstücken (1 Mo 24,53; 2 Mo 3,22; Hl 1,11; vgl. → Geschmeide), Kronen (Sach 6,11), → Musikinstrumenten (4 Mo 10,2), Bechern (1 Mo 44,2) und Gefäßen (4 Mo 7,13; Es 1, 9). Große Mengen von S. wurden bei der → Stiftshütte (2 Mo 38,25–28), beim → Tempel und ihren Geräten verwendet (1 Chron 28,14–17; 29,2–7). Auch Götzenbilder (Ps 115,4; Jes 2,20) und Tempelnachbildungen (Apg 19,24) wurden aus S. gemacht. Häufig wird S. zum Vergleich mit geistlichen und himmlischen Gütern herangezogen (Hi 28,15; Ps 119,72; Spr 2,4; 10,20; 16,16; 22,1; 1 Petr 1,18; 1 Kor 3,12).

Silberling → Geld

Silhi, Bedeutung wie Salah.
Vater des Asuba, der Mutter König Josaphats (1 Kö 22,42; 2 Chron 20,31).

Silhim → Saruhen

Silla. In 2 Kö 12,21[20] ist der hebr. Text verderbt. Eine Örtlichkeit S. innerhalb Jerusalems ist nicht bekannt; sie müßte in der Nähe des → Millo gelegen haben.

Sillem »Er (Gott) hat wiedererstattet«.
Sohn Naphthalis, auch Sallum (1) genannt. Seine Nachkommen waren die Sillemiter (1 Mo 46,24; 4 Mo 26,49; 1 Chron 7,13).

Sillemiter → Sillem

Silo. Ort ca. 15 km nördl. von Beth-El und 5 km südöstl. von Lebona, 3 km nach O von der Straße entfernt, die von Beth-El nach Sichem führt (vgl. Ri 21,

19), das heutige Selun. Seit Josua war S. der Mittelpunkt des isrl. → Gottesdienstes, hier stand die → Stiftshütte (Jos 18,1), und hier wurden die Jahresfeste (→ Passah, → Pfingsten, → Laubhütten) gefeiert (Ri 21,19; vgl. 1 Sam 1,3). Die Ausgrabungen ergaben eine Blüte der Stadt am Beginn der Eisenzeit, danach ist sie – wohl nach der Niederlage gegen die Philister bei Eben-Ezer (1 Sam 4,1–11) – zerstört worden (vgl. Ps 78,60; Jer 7,12.14; 26, 6). In der Königszeit war sie wieder bewohnt (1 Kö 11,29; Jer 41,5), die Funde aus diesen Jahrhunderten sind aber spärlich.

Siloah »Wasserleitung, Wasserrinne«.

I) Die Quelle → Gihon (2), von der die Wasserversorgung Jerusalems abhängig war, lag außerhalb der Mauern am Osthang des Stadthügels (vgl. Abb. Sp. 683/4). Daher bestand die Gefahr, daß den Einwohnern bei einer Belagerung das Wasser abgeschnitten wurde. Um das zu verhindern, trieb man von der Quelle aus nach W einen Tunnel in den Fels, der in einem senkrechten Schacht innerhalb der Stadtmauer endigte und so den Zugang zum Wasser sicherte. Dieser Tunnel ist wahrscheinlich mit dem hebr. *sinnor* (LÜ Dachrinne; 2 Sam 5,8) gemeint, und Joab scheint auf diesem Weg in die Jebusiterstadt eingedrungen zu sein (vgl. 1 Chron 11,6).

II) Später leitete man das Wasser vom Gihon noch durch weitere Kanäle, die in sanftem Gefälle (vgl. Jes 8,6) an der Ostseite des Stadthügels entlangführten. Ein Kanal (Kanal I) lief zur Talsohle des Kidron hinab. Dort speiste er wohl den Königsteich (Neh 2,14) in der Nähe des Brunnentors, der heute unter Schutt begraben liegt, und diente vermutlich auch zur Bewässerung des Gartens des Königs (Neh 3,15; vgl. 2 Kö 25,4). Kanal II bewässerte die Äcker und Gärten am Südosthang der Stadt. Er besaß seitliche Öffnungen, durch die man das Wasser auf die Terrassen des Hangs ableiten konnte. Der Kanal endete innerhalb der Stadtmauer, wo das Wasser hinter einer Doppelmauer (vgl. Abb.) im (unteren) Teich S. (Neh 3,15), wohl dem »alten Teich« von Jes 22,11, gesammelt wurde. Heute heißt er Birket el-hamra (roter Teich) und liegt trocken. Alle Anlagen außerhalb der Mauer ließ → Hiskia vor der drohenden assyr. Belagerung überbauen und zudecken (2 Chron 32,3.4).

III) An ihrer Stelle aber ließ der König den 512 m langen S.-Tunnel (Taf. 82b/1281) vom Gihon durch den Felsen des Stadthügels aushauen, der das Quellwasser zur Südwestecke Jerusalems in den (neuen, oberen) Teich S. (Joh 9,7) umleitete (2 Kö 20,20; 2 Chron 32,30).

I. J. 1880 wurde im Tunnel folgende Bauinschrift (Taf. 82c/1281) entdeckt:

». . . das Durchbohren. Dies ist die Geschichte des Durchbohrens. Als noch . . . (die Arbeiter ihre?) Hacken (schwangen?), jeder zu seinem Gefährten hin, und als noch 3 Ellen zu durchbohren waren, (hörte man) die Stimme eines Mannes, der dem andern zurief, denn da war ein Spalt (?) an der rechten Seite . . . Und am Tag des Durchbruchs begegneten sich die Arbeiter Mann gegen Mann, Hacke gegen Hacke, und das Wasser floß von der Quelle zum Teich, 1200 Ellen weit, und 100 Ellen war die Dicke des Felsens über den Köpfen der Arbeiter.« Vgl.: H. J. Stoebe, Überlegungen zur S.inschrift, ZDPV 71 (1955), S. 124–140.

IV) Oberhalb der Ausmündung des Tunnels in den Teich fand man Fundamente eines quadratischen

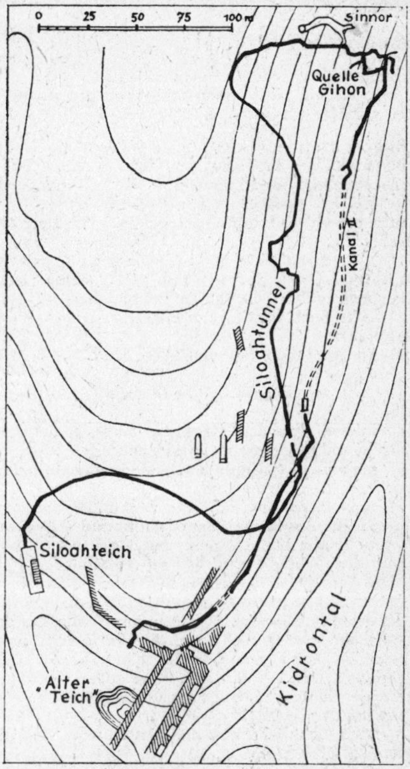

Karte des Tunnels Hiskias von der Gihonquelle zum Siloahteich. Von der Quelle geht außerdem der jebusitische Wassertunnel (sinnor) und der oberirdische Bewässerungskanal II aus. Der Kanal I, der zu den Gärten des Königs im Kidrontal hinabführte, ist nicht eingezeichnet

Baus von 10 m Seitenlänge. Viell. stand hier der Turm von S. (Lk 13,4).

Silpa, viell. »Rangstufe, Ehrenrang«.
Sklavin, die Lea von ihrem Vater Laban erhalten hatte (1 Mo 29,24). Sie wurde später Jakobs Nebenfrau, dem sie Gad und Asser gebar (1 Mo 30, 9–13; 46,16–18).

Silsa »Gehorsam, sanft« (Noth),
Asseriter, Sohn Zophahs (1 Chron 7,37).

Silvanus → Silas

Simea, wohl Kurzform von Semaja.
1) Levit aus dem Geschlecht Meraris (1 Chron 6, 15[30]).
2) 2 Leviten aus dem Geschlecht Gersons (1 Chron 6,24[39].27[42]).
3) Bruder Davids (2 Sam 13,3; 1 Chron 20,7); → Samma (3).
4) Sohn Davids (1 Chron 3,5); → Sammua (2).

5) Benjaminit, Sohn Mikloths (1 Chron 8,32). In 1 Chron. 9,38 heißt er Simeam.

Simeam → Simea (5)

Simeath, viell. Kurzform von Semaja.
Ammoniterin, deren Sohn König Joas ermordete (2 Kö 12,22[21]; 2 Chron 24,26).

Simeathiter, kinitische Familie (→ Keniter), Nachkommen eines Simea aus dem Haus Rechabs, die in Jabez wohnten und Schreiber waren (1 Chron 2,55).

Simei, wohl Kurzform von Semaja, »Der Herr hat gehört«.
1) Levit, Sohn Gersons (2 Mo 6,17; 4 Mo 3,18.21; 1 Chron 6,2[17]; 23,7.10; Sach 12,13). Seine Nachkommen bildeten die Familie der Simeiter.
2) Levit, Sohn Jahaths und Enkel Gersons (1 Chron 6,27[42]f).
3) Anderer Levit aus dem Geschlecht Gersons (1 Chron 23,9).
4) Levit aus dem Geschlecht Meraris (1 Chron 6,14 [29]).
5) Simeonit aus dem Geschlecht Sauls, er hatte 16 Söhne und 6 Töchter (1 Chron 4,26.27).
6) Benjaminit (1 Chron 8,21), augenscheinlich derselbe, der V 13 Sema heißt.
7) Sohn Geras aus Bahurim, Benjaminit aus dem Geschlecht des Hauses Sauls. Er fluchte David auf seiner Flucht vor Absalom und warf mit Steinen nach dem König. David ließ ihn gewähren und sicherte ihm später bei seiner Rückkehr das Leben zu (2 Sam 16,5–13; 19,17[16]–24[23]). Auf seinem Sterbelager trug er aber Salomo auf, S. nicht ungestraft zu lassen (1 Kö 2,8.9). Salomo läßt S. nach Jerusalem kommen und verbietet ihm, die Stadt zu verlassen. Nach 3 Jahren geht S. nach Gath, um zwei entlaufene Sklaven zurückzuholen. Das kostet ihn das Leben (V 36–46).
8) Levit, Sohn Jedithuns und Leiter der 10. Sängerabteilung (1 Chron 25,3.17).
9) Ramathiter, Aufseher über die Weinberge Davids (1 Chron 27,27).
10) Anhänger Salomos während der Verschwörung Adonias (1 Kö 1,8). Viell. ist er mit dem Sohn Elas und Statthalter Salomos in Benjamin gleichzusetzen (1 Kö 4,18).
11) Rubeniter, Sohn des Gog (1 Chron 5,4).
12) Levit aus dem Geschlecht Hemans z. Zt. Hiskias (2 Chron 29,14).
13) Anderer Levit z. Zt. Hiskias (2 Chron 31,12).
14) Bruder Serubabels (1 Chron 3,19).
15) Benjaminit, Nachkomme des Kis und Vorfahr Mardochais (Est 2,5).
16) Ein Levit und zwei Israeliten, die heidnische Frauen genommen hatten (Es 10,23.33.38).

Simeiter → Simei (1)

Simeon, Kurzform, hängt mit hebr. »hören« zusammen.
1) Zweiter Sohn von Jakob und Lea (1 Mo 29,33; 35,23; 2 Mo 1,2). Mit Levi zusammen überfiel er Sichem, um seine Schwester Dina zu rächen, und tötete alle männlichen Einwohner (1 Mo 34,25–31). Auf der ersten Reise der Jakobssöhne nach Ägypten ließ ihn Joseph als Geisel gefangensetzen (1 Mo 42,24.36; 43,23). Als Jakob mit seiner Familie nach Ägypten zog, hatte S. 6 Söhne: Jemuel, Jamin, Ohad, Jachin, Zohar und Saul. Der letzte war der Sohn einer Kanaaniterin (1 Mo 46,10; 2 Mo 6,15). Im Segen Jakobs wird S. und Levi vorhergesagt, daß sie in Jakob zerteilt und in Israel zerstreut wer-

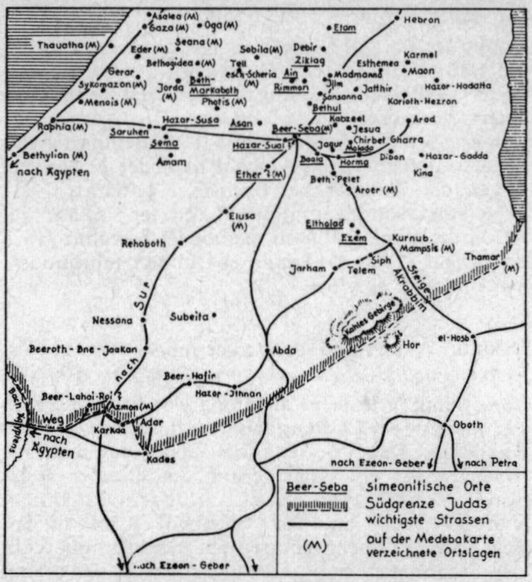

Die simeonitischen Orte inerhalb der Siedlungen im Negev bis zur Südgrenze Judas. Die Oberflächenuntersuchungen von Nelson Glueck haben gezeigt, daß die in der Bibel genannten Orte nur einen kleinen Teil der Gesamtbesiedlung dieses Gebietes ausmachen. Überall an den großen Verbindungswegen lassen sich Siedlungen und Forts aus der Königszeit nachweisen. Wo die biblischen Namen nicht bekannt sind, stehen auf der Karte spätere bzw. moderne Ortsnamen

den sollen (1 Mo 49,5–7), im Segen Moses (5 Mo 33) wird S. nicht erwähnt.
2) Die Nachkommen des Jakobssohnes, der Stamm S. Unter seinen Geschlechtern fehlt in 4 Mo 26,12–14; 1 Chron 4,24 der Name Ohads und seiner Nachkommen, ohne daß wir den Grund dafür angeben können. Bei der ersten Volkszählung umfaßte der Stamm 59300 wehrfähige Männer (4 Mo 1,23), deren Anzahl am Ende der Wüstenwanderung auf 22200 abgesunken war (4 Mo 26,14), so daß S. vom dritten auf den letzten Platz unter den Stämmen rückte. Man hat diesen Verlust mit den in 4 Mo 25 berichteten Vorgängen in Verbindung gebracht (vgl. V 9.14). In der Lagerordnung hatte S. mit Gad unter der Führung Rubens seinen Platz im Süden des heiligen Zeltes, diese Stämme brachen beim Abmarsch an zweiter Stelle auf (4 Mo 2,10–16).
Der Anteil Simeons in Kanaan lag mitten im Gebiet Judas (Jos 19,1–9), daher werden nur die Namen der ihm zugeteilten Orte, aber keine Grenzen angegeben. Von den Orten wird Asan unter den Levitenstädten genannt, die die Kahathiter aus Juda und S. erhielten (1 Chron 6,44[59]). S. zog mit Juda zusammen zum Kampf gegen die Kanaaniter (Ri 1, 3.17). Mit 7100 Mann kamen die Simeoniter nach Hebron, als David König von Israel wurde (1 Chron 12,25). Nach 1 Chron 4,31 scheinen sie die in V 28–31 genannten Orte aber nur bis zur Zeit Davids besessen zu haben; viell. steht damit im Zushg. die Angabe, daß sie z. Zt. Hiskias Weideland von den Hamiten und Meunitern in Gedor eroberten und dann den Rest der Amalekiter im Gebirge Seir vernichteten (V 34–43). In 2 Chron 15,9; 34,6 werden die Simeoniter auffälligerweise mit den Stämmen des Nordreichs zusammen genannt, vgl. auch die Erwähnung von Beer-Seba in Am 5,5; 8,14. Sonst wird der Ort in dieser Zeit allerdings nicht zu S., sondern zu Juda gerechnet (2 Sam 24,7; 1 Kö 19,3;

2 Kö 23,8). Nach der Zeit Hiskias und Josias verschwindet der Stamm S. aus der Geschichte.
In der Weissagung des Hesekiel jedoch erhält er seinen Anteil am verheißenen Land zwischen Benjamin und Isaschar (Hes 48,24.25), und unter den 144000 Versiegelten werden auch 12000 von S. genannt (Offb 7,7). Vgl. Taf. 97/1536.
3) Vorfahr Jesu zwischen David und der babyl. Gefangenschaft (Lk 3,30).
4) Israelit, der eine heidnische Frau genommen hatte (Es 10,31).
5) Gerechter und gottesfürchtiger Mann in Jerusalem, dem der heilige Geist offenbart hatte, er werde nicht sterben, ohne den Messias gesehen zu haben. Als Joseph und Maria Jesus in den Tempel brachten, begrüßte S. das Kind als den Heiland Gottes, segnete die Eltern und weissagte über Jesus und Maria (Lk 2,25–35).

Simma, dasselbe Wort heißt sonst »Schandtat, schändliches Verhalten«,
Jergersonitischer Levit, Sohn Simeis (2), Enkel Jahaths (1 Chron 6,5[20].27[42]f). Viell. ist er auch 2 Chron 29,12 gemeint.

Simon »Erhörung«.
1) Der Apostel → Petrus (Mt 10,2).
2) Anderer Jünger Jesu mit dem Beinamen »der Eiferer« (aram. Kananäus Mt 10,4; Mk 3,18 RÜ; griech. Zelotes Lk 6,15; Apg 1,13), wonach er offenbar zur Partei der → Zeloten gehört hatte.
3) Einer der Brüder Jesu (Mt 13,55; Mk 6,3).
4) Vater des Judas Ischariot (Joh 6,71; 13,26).
5) Pharisäer, in dessen Haus Jesus während der Mahlzeit von einer Frau gesalbt wurde (Lk 7,36–50).
6) Einwohner Bethaniens, der aussätzig gewesen und vermutlich von Jesus geheilt worden war. Als Jesus an einem Festmahl in seinem Hause teilnahm, salbte ihn Maria von Bethanien. Wahrscheinlich war S. ein Freund oder Verwandter des Lazarus (Mt 26,6–13; Mk 14,3–9; Joh 12,1–8).
7) Mann aus Kyrene, also viell. ein Nordafrikaner, der gezwungen wurde, Jesus das Kreuz zu tragen (Mt 27,32). Er war der Vater von Alexander und Rufus (Mk 15,21; vgl. Röm 16,13).
8) Zauberer in Samarien, der großen Eindruck auf das Volk machte. Als Philippus dort das Evangelium verkündigte und Wunder tat, schloß sich S. ihm an und wurde getauft. Als dann die Christen in Samarien durch die Handauflegung der Apostel den heiligen Geist empfingen, bot S. ihnen Geld an, um das gleiche tun zu können. Petrus tadelte ihn hart, und S. bat die Apostel um ihre Fürbitte, damit das Gericht nicht über ihn komme (Apg 8,9–25). In der späteren Literatur erscheint S. als der Vater aller Irrlehren, und man weiß von einem Streit zwischen ihm und Petrus in Rom zu berichten.
9) Gerber in Joppe, bei dem Petrus wohnte (Apg 9,43; 10,6.17.32).
10) Prophet und Lehrer in der Gemeinde zu Antiochien mit dem lat. Beinamen Niger = der Schwarze (Apg 13,1).

Simran, Sohn Abrahams und der Ketura (1 Mo 25,2; 1 Chron 1,32).

Simrath, wohl »Stärke«,
Benjaminit, Sohn des Simei (6) (1 Chron 8,21).

Simri. I) Kurzform von Semarja.
1) Simeoniter, Sohn Semajas (1 Chron 4,37).
2) Vater Jediaels, eines der Helden Davids (1 Chron 11,45).
3) Levitischer Torhüter, Sohn Hosas (1 Chron 26,10). Obgleich er nicht der Erstgeborene war, setzte ihn sein Vater als den Ersten unter seinen Brüdern ein.
4) Levit aus dem Geschlecht Elizaphans z. Zt. Hiskias (2 Chron 29,13).
II,1) Judäer, Sohn Seraks (1 Chron 2,6).
2) Sohn Salus, Familienhaupt der Simeoniter, der von Pinehas wegen seiner Sünde mit einer midianitischen Frau getötet wurde (4 Mo 25,6–8.14).
3) Befehlshaber über die Hälfte der isrl. Streitwagen. Nachdem er Ela getötet hatte und an seiner Stelle König geworden war, rottete er das Haus Baesas aus. Seine Regierung dauerte jedoch nicht länger als 7 Tage (885/4 v. Chr.); denn als → Omri die Stadt Thirza einzunehmen drohte, beging S. Selbstmord (1 Kö 16,9–20; 2 Kö 9,31).
4) Benjaminit und Nachkomme Sauls (1 Chron 8,36; 9,42). Man hat ihn mit dem vorigen, dem Mörder und Nachfolger König Elas, gleichsetzen wollen. Das ist möglich, aber nicht zu beweisen.
5) Land (Jer 25,25), über dessen nähere Lage nichts bekannt ist. Denkbar wäre eine Beziehung zu → Simran, dessen Nachkommen einen arab. Stamm gebildet haben könnten.

Simrith, nach Noth Simrath zu lesen,
Moabiterin, deren Sohn Josabad König Joas ermordete (2 Chron 24,26). In 2 Kö 12,22[21] heißt sie Somer.

Simron, hängt mit hebr. »hüten, bewachen« zusammen.
1) Enkel Israels, und Sohn Isaschars (1 Mo 46,13; 4 Mo 26,24; 1 Chron 7,1), seine Nachkommen sind die Simroniter.
2) Nordkanaanitische Königsstadt, die dem Stamm Sebulon zugeteilt wurde (Jos 11,1; 19,15). Viell. das heutige Semunije (neuhebr. Shimron), 8 km westl. von Nazareth. Simron-Meron (Jos 12,20) ist wohl der vollständigere Name des Ortes; viell. stand im Text aber auch urspr. »der König zu Simron, [der König] zu Meron« (vgl. Merom, Jos 11,5), wie die LXX an dieser Stelle liest. Vgl. Karte Sp. 730.

Simroniter → Simron (1)

Simron-Meron → Simron (2)

Simsai »Sonne«,
hoher pers. Beamter (Schreiber) in Samaria z. Zt. König Arthahsasthas (Es 4,8.9.17.23).

Simson »Kleine Sonne«.
Danit, Sohn Manoahs, der in Zoar wohnte (Ri 13,2). Er wurde gegen Ende der Richterzeit geboren, als der Herr die Israeliten ihrer Sünden wegen in die Hände der Philister gegeben hatte. Seine Geburt wurde seiner Mutter, die bis dahin kinderlos gewesen war, durch den Engel des Herrn angekündigt. Ihr Sohn sollte ein Gottgeweihter (→ Nasiräer) sein, auf dessen Haupt kein Schermesser kommen dürfe. Er werde anfangen, Israel aus der Macht der Philister zu befreien. Auf Manoahs Gebet erscheint der Engel des Herrn ihm und seiner Frau noch einmal (Ri 13).
Als S. erwachsen war, fing der Geist des Herrn an, ihn zu treiben (V 25). Die Heirat mit einer Philisterin aus Thimnath gab – nach Gottes Absicht – S. die Veranlassung zum Kampf gegen die Philister (Ri 14,4). S. zeigte sich im Besitz außergewöhnlicher Kraft. Er zerriß einen jungen Löwen, wie man ein

Böcklein zerreißt (V 5.6). Aber er hatte zugleich eine schwache Seite: seine Frauenliebe. Seine Frau entlockte ihm mit ihren Tränen die Lösung des Rätsels, das er den Philistern auf der Hochzeit aufgegeben hatte (V 10–18). Diese Schwäche führte trotz der großen Taten, die S. verrichtete (vgl. Ri 14,19–16,3), schließlich zu seinem Fall. Er gewann Delila lieb und enthüllte ihr, nachdem sie ihn bedrängt und geplagt hatte, bis er sterbensmüde war, das Geheimnis seiner Kraft (Ri 16,4–22). Er gab das heilige Geheimnis, daß er Gott geweiht war, den Philistern preis, um ungestört seiner Leidenschaft leben zu können. Er verleugnete seinen Gott und seine Aufgabe als → Richter und wollte nur noch sich selbst leben.

Daher wich mit dem Verlust seines Haares, des Zeichens seiner Weihung an den Herrn, auch seine Kraft, ja der Herr selber von ihm. Und erst, als er sich als geblendeter Gefangener auf den Herrn und sein Amt als Richter des Gottesvolkes besann, kehrte seine Stärke zurück. Beim Opferfest, das die Philister zu Ehren ihres Gottes Dagon abhielten, weil er ihnen ihren Feind S. in die Hände geliefert hatte, riß S. die beiden Mittelsäulen, auf denen der Tempel ruhte, von ihrer Stelle, so daß der Bau über den Philistern einstürzte. Die Toten, die S. im Sterben tötete, waren zahlreicher als die, die er zu Lebzeiten erschlagen hatte: 3000 Männer und Frauen hatten dem Schauspiel zugesehen, das der blinde Gefangene ihnen hatte bereiten müssen.

S. wurde von seinen Verwandten zwischen Zora und Esthaol im Grab seines Vaters Manoah beigesetzt (V 23–31). Hebr. 11,32 wird er unter der Wolke von Zeugen Gottes genannt; aber sein Name ist zugleich eine Warnung.

Sin. 1) Wüste zwischen Elim und dem Berg Sinai (2 Mo 16,1; 17,1; 4 Mo 33,11.12) im W der Sinaihalbinsel, vermutlich das heutige Debbet er-Ramle südl. des Dschebel et-Tih. Vgl. Karte Sp. 1548.

2) Ägypt. Festung (Hes 30,15.16), viell. Pelusium an der Mittelmeerküste östl. des Nildeltas (vgl. Karte Sp. 35), heute der Ruinenhügel Tell el-Farama, ca. 35 km südöstl. von Port Said.

Sina, wohl Schreibfehler für Sisa, gersonitischer Levit, Sohn Simeis (1 Chron 23,10.11).

Sinai.

I, 1) Berg der Gesetzgebung (→ Gesetz III) in der gleichnamigen Wüste (2 Mo 19,1.2.11.16ff; 5 Mo 33, 2; Ri 5,5; Ps 68,9.18; vgl. → Horeb), der bezeichnenderweise außerhalb des verheißenen Landes liegt: Israel ist vom lebendigen Gott abhängig, nicht von einem heiligen Ort (vgl. die Rede des Stephanus, Apg 7,2–53).

2) Die bibl. Angaben sprechen von einem Berg, 11 Tagereisen von Kades-Barnea entfernt (5 Mo 1,2), dem gegenüber sich das Volk lagern kann (2 Mo 19,2). Sein Gipfel ist vom Lager aus sichtbar (vgl. V 11.16), die Israeliten können ungehindert an den Fuß des Berges herantreten (V 17), so daß Mose eine bes. Absperrung errichten muß (V 12.13). Außerdem fließt ein Bach den Berg herab (5 Mo 9,21). Der allg. Verlauf des → Wüstenzuges weist auf die Lage des Berges innerhalb der Sinaihalbinsel hin. Damit stimmt auch die Tradition überein, die sich allerdings nur bis ins 4. Jh. n. Chr. zurückverfolgen läßt und auch in der genauen Ortsangabe nicht einheitlich ist. Auf Grund der Annahme, der S. müsse ein Vulkan sein (vgl. 2 Mo 19,18), hat man ihn auch östl. vom Golf von Akaba in Midian gesucht, da es in historischer Zeit auf der Sinaihalbinsel keine tätigen Vulkane gab.

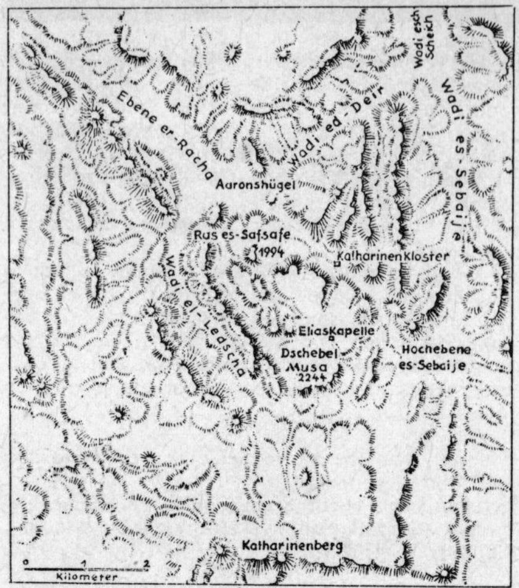

Übersichtskarte des Sinaimassivs und der angrenzenden Täler

II) Von den verschiedenen Bergen der Sinaihalbinsel, die man vorgeschlagen hat, hat ein Massiv im S des Gebiets die größte Wahrscheinlichkeit für sich: Die etwa 3 km lange Bergkette mit dem Dschebel Musa (2244 m) als südöstlichem und dem Ras es-Safsafe (1994 m) als nordwestlichem Abschluß. Vor dem Ras es-Safsafe erstreckt sich die Ebene er-Racha, die mit den angrenzenden Wadis esch-Scheich und ed-Deir den notwendigen Raum für ein Lager bietet. Auch die anderen Voraussetzungen des bibl. Berichts, einschließlich des Baches, sind hier gegeben (vgl. Taf. 81a/1280; 95b/1504), so daß man den Ort der Gesetzgebung mit hoher Wahrscheinlichkeit an dieser Stelle, ca. 90 km nördl. von der Südspitze der Halbinsel, ansetzen kann. Vgl. Karte Sp. 1548.

Sineab »Sin ist sein Vater«, König von Adama z. Zt. Abrahams (1 Mo 14,2).

Sinear, Gebiet um die Städte Babel, Erech, Akkad und Chalne (1 Mo 10,10), d. h. die Ebene (vgl. 1 Mo 11,2) Babyloniens (1 Mo 14,1.9; Jes 11,11; Dan 1,2; Sach 5,11) zwischen Euphrat und Tigris.

Singen → Lied, → Lobgesang, → Musikinstrumente, → Sänger

Sinim, Landschaft, aus der Gott Gefangene heimkehren läßt (Jes 49,12). Man hat den Namen u. a. auf die ägypt. Städte Pelusium (→ Sin) oder → Syene (Assuan) und ihre umliegenden Gebiete bezogen; auch an Persien oder China hat man gedacht.

Siniter, Nachkommen Kanaans (1 Mo 10,17; 1 Chron 1,15), vermutlich die Einwohner der Stadt Sin oder Sinna in Nordphönizien, assyr. Sianu (vgl. Karte Sp. 754).

Sinn. I, 1) Das dt. Wort S. steht in der LÜ für verschiedene Worte des Urtextes, in Ps 55,22 z. B. für hebr. → »Herz«. Im NT gibt S. meist griech. *nous* wieder (Röm 12,2; Kol 2,18), das aber auch mit → Gemüt (Eph 4,23) oder Verständnis (Lk 24,45) übersetzt wird; außerdem steht S. für *dianoia* (Vernunft; 1 Joh 5,20; 2 Petr 3,1) *aisthaetaeria* (Sinneswerkzeuge; Hebr 5,14) und *ennoia* (Gedanken, Absichten; Hebr 4,12); wo von Gesinnung und gleichgesinnt sein die Rede ist, steht im Griech. oft *phroneô* mit gleicher Bedeutung.

2) Bei aller Vielfalt des sprachlichen Ausdrucks ist aber doch stets eine Sache gemeint: das Zentrum der Gedanken, Empfindungen und Pläne, der Ursprung der Willensäußerung in der Tat, beim Menschen (Röm 12,2; Eph 4,17) wie bei Gott (Jes 14,24; Jer 23,20; Hos 11,8; Röm 11,34; 1 Kor 2,16).

II, 1) Seit dem Sündenfall ist der menschliche S. fleischlich (Kol 2,18), der Nichtigkeit verfallen (Eph 4,17), verkehrt (Röm 1,28), zerrüttet (1 Tim 6,5; 2 Tim 3,8) und befleckt (Tit 1,15). Sünde und Welt herrschen im bestimmenden Zentrum des Menschen, das nun dem Gericht des Gotteswortes unterliegt (Hebr 4,12; vgl. → Herz).

2) Daher spricht die HS von einer Umwandlung durch Erneuerung des S. (Röm 12,2), die Gott durch das Wirken des Heiligen Geistes schenkt, so daß der Mensch die Wahrheit erkennen (1 Joh 5,20; vgl. 2 Petr 3,1.2) und ihr gehorchen kann. Daraus wächst das Unterscheidungsvermögen für Gut und Böse (Hebr 5,14), die Gesinnung und Haltung, wie Jesus sie hatte (Phil 2,5; 1 Kor 2,16) und das Gleichgesinntsein in der Gemeinde (Röm 12,16; 1 Kor 1,10; 2 Kor 13,11; Phil 2,2).

III) In 1 Kor 14,14–19 unterscheidet Paulus den S., das bewußte Denken und die verständlichen Worte beim Beten und Singen, von einem Beten und Singen, das unmittelbar durch den Heiligen Geist gewirkt, aber den Hörern ohne Auslegung unverständlich bleibt. Er wertet diese Wirkung des Geistes keineswegs ab (V 18), zieht aber in der Gemeindeversammlung das klar verständliche Wort vor, weil es das Verständnis der Hörer eindeutig anspricht und ihnen direkt hilft (V 19).

IV) »Von Sinnen kommen« meint, daß der Mensch in seinem Reden und Handeln nicht mehr unter der kontrollierenden und steuernden Herrschaft seines Bewußtseins und seiner Urteilskraft steht. Das kann krankhaft sein (→ Krankheiten: unsinnig, Wahnsinn). Vielfach wird aber auch der Mensch, der vom Geist Gottes getrieben wird, von seiner Umwelt ungerechtfertigterweise so beurteilt (Mk 3, 21f; Joh 10,20; vgl. Apg 26,24).

Sintflut (dt. = große, dauernde Flut).

I) Das Strafgericht Gottes über die abgefallene Menschheit, aus dem nur → Noah mit seiner Familie als Stammvater einer neuen Menschheit (vgl. 1 Mo 10) gerettet wurde (1 Mo 6–9; Jes 54,9; Mt 24, 37–39; Lk 17,26.27; Hebr 11,7; 1 Petr 3,20; 2 Petr 2,5; 3,6). Vgl. → Ararat, → Arche, → Zeitrechnung.

II, 1) Sagen von einer großen Flut der Urzeit sind bei vielen Völkern bekannt, in Mesopotamien, Griechenland, China, Australien und in der Südsee. Von diesen Sagen kommt die babyl. Erzählung im Gilgamesch-Epos dem bibl. Bericht in bestimmten Einzelheiten am nächsten, besitzt dabei aber einen vollständig andersartigen, mythologischen und romanhaften Grundcharakter. Wir können die schriftliche Überlieferung dieses babyl. Berichts in verschiedenen Fassungen bis etwa um 2000 v. Chr. zurückverfolgen, und ein in Megiddo gefundenes Bruchstück zeigt, daß er im 14. Jh. v. Chr. auch in Palästina bekannt war. Eine literarische Abhängigkeit des bibl., völlig unmythologischen Sintflutberichts von der babyl. Erzählung erscheint bei den Unterschieden beider Texte nach Art und Inhalt jedoch ganz unwahrscheinlich (vgl. A. Heidel, The Gilgamesch Epic and Old Testament Parallels. 1954).

2) Daneben spielt die Sintflut auch in den geschichtlichen Aufzeichnungen der Babylonier eine Rolle. Ein Tonprisma aus Kisch nennt die 10 »großen Männer«, die vor der Flut regierten (vgl. 1 Mo 5), und ihre Namen kommen auch in anderen Texten als die historischer Herrscher vor. Ihr Lebensalter wird allerdings mit jeweils über 10000 bis über 20000 Jahren angegeben.

III) Schließlich sind bei den Ausgrabungen in Ur, Kisch und an anderen Orten in Mesopotamien hohe Tonschlammablagerungen gefunden worden, die später liegen als die ältesten Kulturreste, selber aber von allen Funden frei sind. In Ur erreichen diese Schichten eine Dicke von 2,5–3,5 m. Sie bezeugen eine oder mehrere ungewöhnlich schwere Überschwemmungen; der zeitliche und räumliche Zushg. zwischen den einzelnen Fundorten bietet aber noch ungelöste Schwierigkeiten.

IV) Auf Grund der mündlichen und schriftlichen Überlieferungen und der Funde vermuten neuere Ansichten eine große Flutkatastrophe in der späten Steinzeit, von der sich Berichte und Sagen bei so vielen verschiedenen Völkern erhalten hätten.

Sion, Stadt in Isaschar (Jos 19,19), heute viell. Ajun esch-Schain, 5 km nordwestl. vom Thabor.

Siph. 1) Ort (Jos 15,55; 1 Sam 23,24; 26,1) und Wüste (1 Sam 23,14.15; 26,2) in der Gegend von Karmel, Maon und Jutta. Rehabeam befestigte die Stadt (2 Chron 11,8). Nach dem Onomastikon lag S. 8 Meilen südl. von Hebron, das weist auf den heutigen Tell Zif, etwa 6 km südsüdöstl. von Hebron. Vgl. Karte Sp. 279.

2) Ort im Süden Judas (Jos 15,24), wohl das heutige Ez-Zeife 6 km westsüdwestl. von Kornub und ca. 30 km südsüdöstl. von Beer-Seba. Vgl. Karte Sp. 1304.

3) Judäer, Sohn Mesas (1 Chron 2,42). Viell. ist aber auch der Ort S. (1) gemeint; dann wäre Mesa der Stammvater seiner Einwohner.

4) Sohn des Judäers Jehallel-El (1 Chron 4,16).

Sipha, Sohn des Judäers Jehallel-El (1 Chron 4,16).

Siphamoth, Ort unbekannter Lage im S Judas (1 Sam 30,28).

Siphei »Überfluß«,
Simeoniter, Sohn Allons (1 Chron 4,37).

Siphiter, Einwohner der Stadt → Siph (1) (1 Sam 23,19; vgl. 26,1; Ps 54,2).

Siphra »Schönheit«,
Hebamme der hebr. Frauen in Ägypten (2 Mo 1,15 –21); vgl. → Pua.

Siphron, Ort an der Nordgrenze Kanaans (4 Mo 34, 9); zur Lage vgl. → Sepharvaim.

Siptan, Kurzform von Sephatja,
Ephraimiter, Vater des Stammesfürsten Kemuel (4 Mo 34,24).

Sippai → Saph

Sirjon, der phön. Name für den Hermon (5 Mo 3, 9; Ps 29,6).

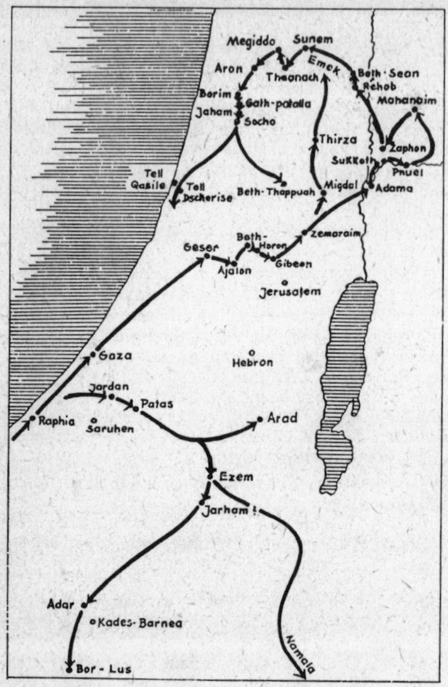

Vermutlicher Verlauf des Beutezuges Pharao Sisaks in Palästina (925 v. Chr.) nach der (teilweise zerstörten) Liste der eroberten Orte in Karnak. Für Tell Qasile und Tell Dscherise bezeugen die Ausgrabungen eine Zerstörung um diese Zeit, auch in Geser, Beth-Sean und Megiddo haben Funde die Eroberung durch Sisak bestätigt

Sisa.
1) Rubeniter, Vater eines der Helden Davids (1 Chron 11,42).
2) → Sawsa.

Sisak. Pharao S. oder Scheschonk I. (945–924 v. Chr.; vgl. Taf. 76a/1185; Abb. Sp. 41, 907, 1489), ein Libyer, ist der Gründer der 22. ägypt. Dynastie. Sein Vater war Anführer der libyschen Hilfstruppen. S. ist der erste Pharao, der in der Bibel mit Namen genannt wird (1 Kö 11,40; 14,25.26; 2 Chron 12,1–12). Über den Zug nach Palästina (925 v. Chr.) hat

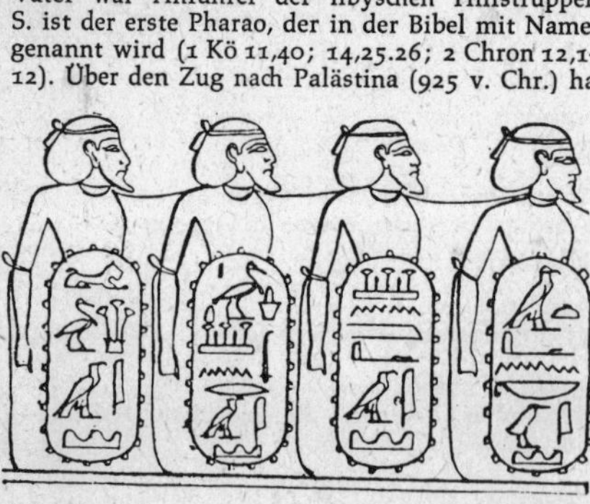

Die Darstellung von 4 isrl. Orten aus der Liste Pharao Sisaks: Rehob, Beth-Sean, Sunem und Thaanach (von links nach rechts)

S. selber an den Mauern des Tempels zu Karnak berichtet.
Aus der Namenliste ergibt sich, daß die Ägypter den Süden Judas und das Nordreich verheert und geplündert, das eigentliche Kernland Judas aber offenbar nicht berührt haben. Danach scheint Rehabeam den Tempel- und Königschatz freiwillig ausgeliefert und auf diese Weise Jerusalem vor dem ägypt. Einfall bewahrt zu haben (vgl. Hiskias Verhalten in 2 Kö 18,14–16).

Sisemai, Sohn des Judäers Eleasa (1 Chron 2,40).

Sisera. 1) Heerführer Jabins, des Kanaaniterkönigs von Hazor. Er wohnte in Haroseth und unterdrückte Israel 20 Jahre lang. Von Barak und Debora wurde er schließlich samt seinem Heer und 900 eisernen Streitwagen am Kison unterhalb des Berges Thabor geschlagen und floh zu Fuß. Als er im Zelt des Keniters Heber Zuflucht suchte, tötete ihn dessen Frau Jael mit Zeltpflock und Hammer (Ri 4; 5; 1 Sam 12,9; Ps 83,10).
2) Tempelknecht, dessen Nachkommen mit Serubabel aus Babylon zurückkehrten (Es 2,53; Neh 7,55).

Sithri, wohl »Ein Versteck, Schutz (ist Gott)«, Kahathitischer Levit, Sohn Usiels (2 Mo 6,22).

Sitna, viell. »Anschuldigung«,
Brunnen, um den sich die Hirten Isaaks und die von Gerar stritten (1 Mo 26,21). Musil vermutet die Brunnen Esek und S. im Wadi es-Sini, dem Oberlauf des Wadi Ghazze (neuhebr. Habesor) oberhalb der Einmündung des Wadi es-Seba (neuhebr. Beer Sheva), etwa 12–5 km nordnordöstl. von Halasa (neuhebr. Halutsa) und rund 25 km südöstl. von Beer-Seba.

Sitrai, wohl »Listenführer, Ordner«,
Saroniter, Aufseher über die Rinderherden Davids (1 Chron 27,29).

Sitte bezeichnet die allg. als bindend anerkannte Gewohnheit (1 Mo 29,26; 3 Mo 18,30; 1 Kor 15,33), meist aber das → Gesetz Gottes (3 Mo 3,17; 1 Kö 2,3; Neh 9,13; Ps 147,19; Hes 11,20; Apg 6,14; 28, 17).

Sittim »Akazie, ägypt. Schotendorn«,
oder → Abel-Sittim ist der letzte Lagerplatz Israels vor dem Jordanübergang (4 Mo 25,1; Jos 2,1; 3,1; Mi 6,5). Bis hierhin soll einmal die Tempelquelle fließen und das Tal bewässern (Jo 4,18[3,23]), das heute mit seinen toten Gewässern, dem Salzgebirge im Süden und den Felsen im W ein Bild der Fruchtlosigkeit bietet (heute Wadi Kefren; vgl. Karte Sp. 5). Den eigentlichen Ort vermutet man im Tell el-Kefren am Nordufer des Wadi, ca. 18 km östl. vom heutigen Jericho; Nelson Glueck sucht ihn jedoch im 3 km ostsüdöstl. davon gelegenen Tell Hamman. Vgl. Karte Sp. 1548.

Siv, Sivan → Jahr

Skevas. Jüd. Hoherpriester (d. h. wohl Glied der Hohenpriesterfamilie), dessen 7 Söhne als Dämonenaustreiber auftraten und dazu die Formel gebrauch-

Tafel 83
a. Blick auf den Berg Thabor.
b. Blick von der Höhe des Thabors zum Jordantal hinüber.

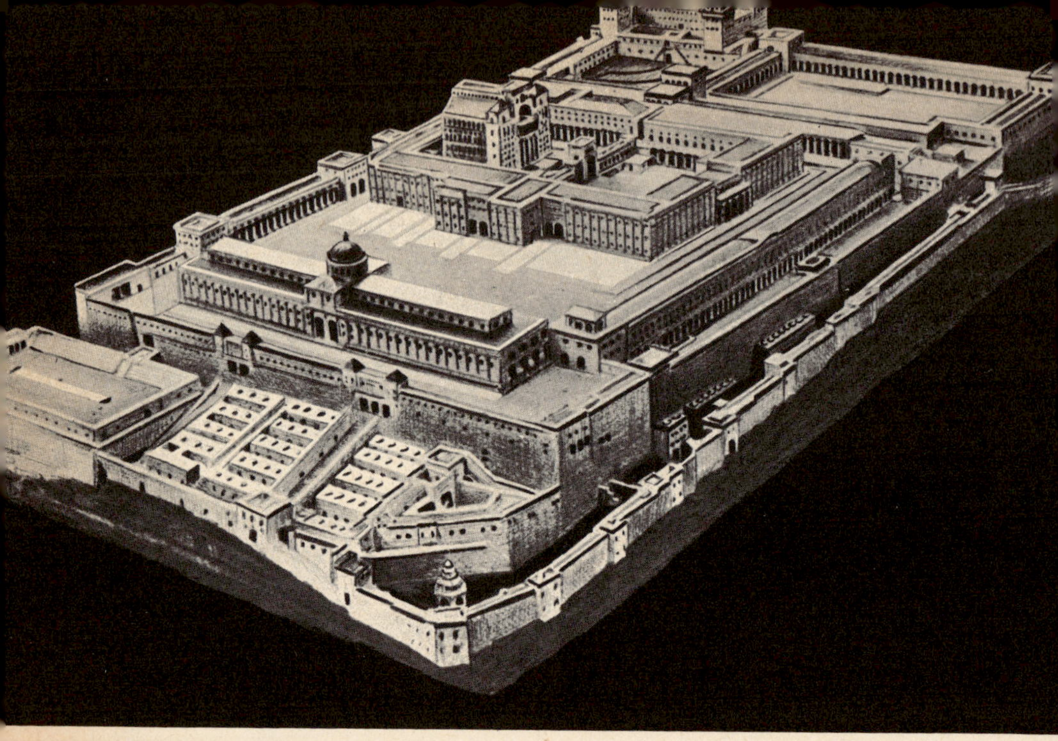

ten: Wir beschwören euch (= die Dämonen) bei dem Jesus, den Paulus predigt. Dabei geschah es, daß ein Besessener sie alle zusammen (so richtig statt »beide« in EÜ, ZÜ, MÜ) überwältigte und aus dem Haus trieb (Apg 19,13–17).

Sklave → Knecht

Skorpion (hebr. *akhrab* »Kämpfer«; griech. *skorpios*).
I) Insekt, das zur Klasse der Spinnentiere *(Arachnoidea)* gehört. Der S. hat 8 Beine, 3–6 Paar Augen und vor der Mundöffnung zwei große Scheren, sogenannte Kiefertaster. Der Hinterleib besteht aus 6

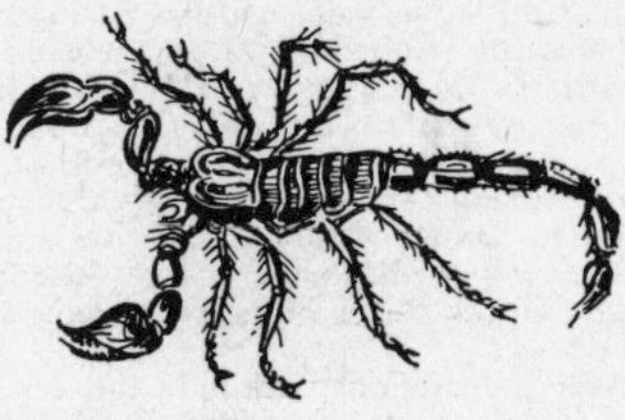

Skorpion

schmalen Ringen, deren letzter in einen krummen, hohlen, mit 2 Giftdrüsen verbundenen Stachel endet. Dieser Schwanz krümmt sich im Angriff über den ganzen Rücken hinweg, so daß der Stachel in Höhe des Kopfes erscheint. In Palästina kommt am häufigsten der gelbe, etwa 8 cm lange *Buthus quinquestriatus* vor (5 Mo 8,15; Hes 2,6; Lk 10,19; 11,12). Sein Stich ist für den Menschen nicht tödlich, aber schmerzhaft (vgl. Offb 9,3.5.10).
II) In 1 Kö 12,11.14; 2 Chron 10,11.14 ist eine bes. Art von → Geißeln gemeint.

Smaragd → Edelstein

Smyrna »Myrrhe«,
Stadt an der Westküste Kleinasiens in einer tiefen Bucht gelegen, etwa 55 km nördl. von Ephesus. Sie wurde als äolische Kolonie gegründet und später von Lysimachos (361–281 v. Chr.) nach Plänen Alexanders d. Gr. wenige km südl. des alten Ortes neu erbaut. Die neue Stadt wurde bald eine der reichsten Handelsstädte Kleinasiens und konnte ihre Bedeutung auch unter röm. Herrschaft erhalten. Heute ist S. (250000 Einwohner) der größte Ausfuhrhafen der Türkei.
In röm. Zeit gab es unter der Bevölkerung von S. viele Juden, die im Wirtschaftsleben und in der Verwaltung großen Einfluß besaßen und die Christen in der Stadt bis in die Zeit Konstantins hinein vielfach verfolgten (vgl. Offb 2,8–11). Die Anfänge der Gemeinde könnten in die Zeit fallen, in der Paulus in Ephesus wirkte (vgl. Apg 19,10).

Tafel 84
a. *Modell des herodianischen Tempels in Jerusalem mit seinen Vorhöfen und Säulenhallen, im Hintergrund die Burg Antonia (vgl. den Stadtplan des ntl. Jerusalem Sp. 684). 20 v. Chr. begann Herodes d. Gr. den vollständigen Umbau des nach der babyl. Gefangenschaft errichteten 2. Tempels mit unerhörter Pracht. Die Arbeiten dauerten am eigentlichen Tempelgebäude 1½ und an den Höfen und Hallen 8 Jahre; sie wurden ohne Unterbrechung oder Störung des Gottesdienstes durchgeführt. Die Bautätigkeit im gesamten Tempelbezirk kam aber erst wenige Jahre vor der Zerstörung Jerusalems (70 n. Chr.) zum Abschluß. Vgl. Taf. 54/833.*
b. *Verbotstafel aus dem Tempel in Jerusalem, die den Heiden untersagt, den inneren Vorhof zu betreten. »Wer dabei angetroffen wird, ist selber verantwortlich für seinen Tod, der darauf folgt« (vgl. Apg 21,27–31). Die roten Buchstaben dieser Inschrift aus der Zeit Jesu und der Apostel stehen auf einem weißen Kalksteinblock von 86 cm Breite. Museum Istambul.*

So. Der »König in Ägypten«, mit dem sich → Hosea von Israel um 725 v. Chr. gegen Assyrien verbünden wollte (2 Kö 17,4). Dieses Bündnis, verbunden mit der Einstellung der isrl. Tributleistungen an Assyrien, hatte die Gefangennahme Hoseas durch die Assyrer, die Eroberung Samarias und die Zerstörung des Nordreiches zur Folge. Die mehrfach vermutete Gleichsetzung des So mit dem aus der ägypt. Geschichte bekannten Pharao Sabaka muß aufgegeben werden, da Sabaka erst 714–700 v. Chr. regierte. Da die hebr. Konsonanten des Namens So auch Sewe gelesen werden können, wollte man So weiter mit dem ägypt. Feldherrn »Sibe« identifizieren, den assyr. Berichte nennen (720 v. Chr.). »Sibe« ist aber neuerdings als falsche Lesung erkannt worden. Wir besitzen also keine außerbiblischen Nachrichten über So.

Sobab »Wiederkehr, Ersatz« (Köhler) oder »Abtrünnig, abgewandt«.
1) Sohn Kalebs, des Sohnes Hezrons, und der Asuba (1 Chron 2,18).
2) Sohn Davids, der in Jerusalem geboren wurde (2 Sam 5,14).

Sobach. Feldhauptmann Hadadesers, des syr. Königs von Zoba, der von David besiegt und getötet wurde (2 Sam 10,16.18). In 1 Chron 19,16.18 wird er Sophach genannt.

Sobai, levitischer Torhüter, dessen Nachkommen mit Serubabel aus der babyl. Gefangenschaft heimkehrten (Es 2,42; Neh 7,45).

Sobal, wohl nach dem Arab. »Korb«.
1) Horitischer Stammesfürst, Sohn des Seir (1 Mo 36,20.23.29; 1 Chron 1,38.40).
2) Sohn des Judäers Hur, Stammvater der Einwohner Kirjath-Jearims (1 Chron 2,50; 4,1.2).

Sobek »Überragend, Sieger«,
Israelit, der mit Nehemia den Bund unterzeichnete (Neh 10,25[24]).

Sobi. Sohn des Ammoniters Nahas aus Rabba; er brachte David Verpflegung und Ausrüstung nach Mahanaim (2 Sam 17,27).

Socho.
1) Ort in der judäischen Sephela (Jos 15,35), zwischen Adullam und Aseka im → Eichgrund gelegen (1 Sam 17,1.19; vgl. Karte Sp. 279). Heute der Hügel von Chirbet Abbad mit eisenzeitlichen Resten, westl. von der jüngeren Dorfruine Chirbet esch-Schuweke (21 km westsüdwestl. von Bethlehem), die den alten Namen bewahrt hat. S. wurde von Rehabeam befestigt (2 Chron 11,7) und z. Zt. des Ahas von den Philistern erobert (2 Chron 28,18). Vgl. Karte Sp 1129.
2) Ort auf dem Gebirge Juda (Jos 15,48), das heutige Chirbet Schuweke zwischen Anab und Esthemo,

16 km südwestl. von Hebron. Ob in 1 Chron 4,18 dieser oder der vorige Ort gemeint ist, ist nicht zu entscheiden.
3) Ort am Ostrand der Saronebene (1 Kö 4,10), schon von Thutmose III. und dann von Sisak genannt. Heute Tell er-Ras bei Esch-Schuweke, 3 km nördl. von Tul Karm. Der Hügel war von der Bronzezeit bis zur byzantinischen Zeit bewohnt. Vgl. Karte Sp. 1067; 1181.

Sodi, Kurzform von Besodja,
Vater Gaddiels, des Kundschafters von Sebulon z. Zt. Moses (4 Mo 13,10[11]).

Sodom, mit → Gomorra die bekannteste der Städte im Tal → Siddim, die wegen der Sünde ihrer Bewohner vernichtet wurden (1 Mo 10,19; 13,10–13; 14, 2.3; 19; 5 Mo 29,22[23]). In Jes 1,10 (vgl. 3,8.9) wird der Name auf das abgefallene Jerusalem übertragen (vgl. Offb 11,8). Jesus vergleicht die Sünde der Leute von Sodom mehrfach mit der Schuld seiner jüdischen Zeitgenossen (Mt 10,15; 11,23.24; Lk 10,12). Vgl. Karte Sp. 372.

Soham »Edelstein, Onyx«,
Levit, Sohn des Jaesia (1 Chron 24,27).

Sohelet → Drachenbrunnen, → Rogel

Soheth »Stolz«,
Sohn des Judäers Jesei (1 Chron 4,20).

Sohn. I, 1) S. ist der männliche Nachkomme eines Elternpaars (1 Mo 21,2), doch gelten zur Erzväterzeit auch die Kinder, die die Sklavin der Frau dem Mann geboren hat, als Söhne der Frau (1 Mo 16,1.2; 30,3.6). Die Geburt eines Sohnes ist ein Geschenk Gottes, das wird häufig ausdrücklich betont (1 Mo 17,16; 30,22–24; Ri 13,2–5; 1 Sam 1,11; Lk 1,13 –17).
2) Daneben kommt das hebr. Wort für Sohn *(ben)* aber noch in wesentlich weiterem Sinne vor. So bezeichnet es etwa:
a) Nachkommen ganz allgemein. Der Begriff des Enkels oder Urenkels ist der HS fremd, so daß auch Nachkommen im spätesten Glied noch als »Söhne« bezeichnet werden (etwa Mt 1,1). Wo eine längere Generationenfolge angedeutet werden soll, wird auch häufig von »Söhnen der Söhne« (LÜ Enkel: Ri 12,14; Sohnes-Söhne: 1 Chron 8,40; Kindeskinder: 1 Mo 45,10; 2 Mo 10,2; 34,7 u. ö.) gesprochen oder einfach von »Nachkommen« (LÜ Enkel: 1 Mo 21,23; Hi 18,19; Kindeskind: Jes 14,22), beides ganz allgemeine Bezeichnungen.
b) Angehörige einer bestimmten Gruppe von Menschen, z. B. Söhne (LÜ Kinder) Zions (Ps 149,2), Babels (Hes 23,15), der Propheten (1 Kö 20,35; Am 7,14), der Bosheit (2 Sam 7,10), des Todes (1 Sam 26,16), der Nichtsnutzigkeit (LÜ böse Buben Ri 20, 13; 1 Sam 2,12), des Elends (LÜ elende Leute Spr 31,5).
c) Sprößlinge von Tieren (Ps 146,9, wörtl. Söhne der Raben) und Pflanzen (1 Mo 49,22, wörtl. Söhne LÜ Zweige).
3) Im NT ist S. eines andern auch, wer durch dessen Dienst zum Glauben gekommen ist (1 Tim 1,2; 1 Petr 5,13). Vgl. auch → Kind I.
II, 1) Im Gesetz Israels werden Rechte und Pflichten der Söhne festgelegt (vgl. → Kind IV); sie hatten sich dem Vater unterzuordnen, dem Mißbrauch seiner Gewalt waren aber Grenzen gesetzt. Das im Vorderen Orient weitverbreitete Opfer des erstgeborenen Sohnes (2 Kö 3,27; 16,3; 17,31; 23,10; Mi 6,7) war den Israeliten verboten (5 Mo 18,10).
Vom Verhalten des S. hängt anderseits Ehre oder Schande der Eltern ab (Spr 10,1; 19,13); am Zerfall der Familie, an der Empörung der Kinder gegen die Eltern, offenbart sich der Niedergang des Volkes (Mi 7,6; Mal 3,24[4,6]).
2) Wichtig ist die Ordnung des Zusammenlebens der Söhne in einer Familie (vgl. 1 Mo 27 und 33; 37 und 45). Unter Brüdern, in der engen Lebensgemeinschaft des Vaterhauses, wirkt jede Verletzung stärker als anderswo, wo man sich aus dem Wege gehen kann (Spr 18,19). Darum ist der Friede im Hause in die Hand der Söhne gelegt und seine Erhaltung ihre vornehmste Aufgabe (Ps 133,1). Unter den Söhnen besitzt der Erstgeborene eine Vorrangstellung; vgl. → Erstgeburt.
III) Auch Gott ist → Vater und hat Söhne. Im AT gilt zunächst das Gottesvolk Israel im ganzen als Gottes Sohn (2 Mo 4,22; Hos 11,1). Darüber hinaus hat der Herr David einen Nachkommen verheißen (2 Sam 7), der in besonderer Weise sein S. sein soll. Diese Verheißung hat sich in → Jesus Christus erfüllt, so daß das NT in der Hauptsache nur noch Jesus »Sohn« (griech. *hyios*) Gottes nennt, die Gläubigen in der Regel »Kinder« (griech. *tekna*) Gottes.
Im späteren Judentum hat sich nicht nur das ganze Volk Israel als S. Gottes betrachtet, auch der einzelne Israelit, der als leiblicher S. Abrahams Erbe der Verheißung war (vgl. Röm 9,5), wurde als S. Gottes angesehen. Jesus aber löst die → Kindschaft von der äußeren Abstammung (Joh 8,37.41–44); nur wer Abrahams Werke tut, d. h. in seinem Glauben lebt, gehört zu seinen Söhnen (Joh 8,39.40), und dieses Samens Abrahams nimmt sich Christus an (Hebr 2,16).
Jetzt ist die Botschaft des Evangeliums, daß alle, die Christus im Glauben aufnehmen, Gottes Söhne und Kinder werden (Joh 1,12.13; Gal 3,26) und damit zugleich auch Söhne Abrahams (V 29). Um diese Kinder Gottes, die in alle Welt zerstreut sind, zusammenzubringen, ist Jesus gestorben (Joh 11,51. 52).

Sohn Gottes → Jesus Christus; → Namen Jesu Christi

Söhne Gottes → Engel I; → Riesen

Solam → Heuschrecke IV

Sold. Zunächst die Löhnung der Kriegsleute (Jer 46, 21; Hes 29,19; Lk 3,14; 1 Kor 9,7), in 2 Kor 11,8 aber auch die Bezahlung eines Dienstes in der Gemeinde (LÜ). In übertragenem Sinne wird der Tod der Sünde Sold, d. h. ihr verdienter Lohn genannt im Gegensatz zur freien Gabe des ewigen Lebens durch Jesus Christus (Röm 6,23).

Söller → Obergemach

Somer → Simrith

Sommer → Jahr

Sommerfrucht → Ackerbau III

Sommerlaube → Obergemach

Sonne. Die S. ist der Lichtspender des Tages, von Gott erschaffen (1 Mo 1,16; Ps 136,8) und erhalten (Jer 31,35; Mt 5,45), Zeichen seiner Schöpfermacht und Bild seiner → Herrlichkeit (Ps 84,12; Mt 17,2; Offb 1,16). Der Herr bestimmt ihren Lauf (Ps 74, 16; 104,19; vgl. auch Hi 9,7; Jos 10,12–14). Die im → Götzendienst (V) weitverbreitete Verehrung der

S. (2 Kö 23,5.11; Hes 8,16) war Israel verboten (5 Mo 4,19). »Unter der S.« spielt sich das Leben auf dieser Erde ab (Pred 1,9; 2,11 u. ö.). Sich an der S. zu freuen (Pred 7,11), die S. zu sehen (Pred 11,7f), ist das Geschenk des irdischen Lebens (vgl. Ps 58,9). Auf- und Untergang der S. spielen als Zeitangaben in verschiedenen Gesetzesvorschriften eine Rolle (2 Mo 22,2[3].25[26]; 3 Mo 22,7; 5 Mo 16,6; 23,12 [11]), örtl. bezeichnen sie den fernsten O bzw. W (Ps 50,1; 113,3; Mal 1,11).
Zum Gerichtstag Gottes gehört, daß sich die S. verfinstert (Jes 13,10; 24,23; Hes 32,7.8; Am 8,9; Jo 2,10; 3,4; Mt 24,29; Offb 6,12; 9,2; vgl. Mt 27,45 par.); und in der Vollendung wird es keine S. mehr geben, weil dann Gott selber das Licht seines Volkes ist (Jes 60,19.20; Offb 21,23; 22,5).

Sonnensäule. Die Übersetzung des hebr. Wortes *chamman* (3 Mo 26,30; 2 Chron 14,4[5]; 34,4; Jes 17,8; 27,9) durch S. ist eine Vermutung. Wahrscheinlicher handelt es sich um kleine Rauchopferaltäre.

Sonnenzeiger. Ein S. oder eine Sonnenuhr besteht aus einer Säule, einem Stab oder einem Dreieck, deren Schatten die Sonne so auf eine Scheibe mit Stundeneinteilung wirft, daß man die Tageszeit ablesen kann. Es gibt verschiedene Arten von Sonnenuhren je nach der Anordnung von Zeiger und Scheibe. Vor der Erfindung der Räderuhr war die Sonnenuhr neben Wasser- und Sanduhr das übliche Mittel, die Tageszeit festzustellen.

Ägypt. Sonnenuhr, gefunden in Geser. Der schattenwerfende Stab war in dem Loch in der Schmalseite befestigt. Die Vorderseite zeigt Striche als Stundeneinteilung, auf der Rückseite ist Pharao Merneptah (1234–1222 v. Chr.) vor dem Sonnengott kniend dargestellt

In der HS wird nur der S. des Ahas genannt (2 Kö 20,9–11; Jes 38,8). Sein Schatten steigt an »Stufen« auf und ab, worunter wohl eine Gradeinteilung zu verstehen ist. Da jede nähere Beschreibung fehlt, läßt sich nicht sicher sagen, welcher Art diese Sonnenuhr war.

Sonntag → Sabbat V, 2

Sopater »Heil des Vaters«,
Christ aus Beröa, der Paulus auf der dritten Missionsreise von Griechenland nach Asien begleitete (Apg 20,4).

Sophach → Sobach

Sophereth »(Das Hofamt der) Schreiber«,
einer der Knechte Salomos, dessen Nachkommen mit Serubabel aus der babyl. Gefangenschaft heimkehrten (Es 2,55; Neh 7,57).

Sorek »Traubental«.
Der Bach S. (Ri 16,4) ist der heutige Wadi es-Sarar, der Oberlauf des Nahr Rubin, der 13 km südl. von Jaffa ins Mittelmeer mündet (neuhebr. Soreq). Er entspringt im Gebirge Juda und tritt bei Zora, Esthaol (Ri 13,25) und Beth-Semes in die → Sephela ein.

Sores. Ort in Juda (Jos 15,59a LXX), vermutlich das heutige Saris, neuhebr. Shoresh, ca. 4 km westsüdwestl. von Kirjath-Jearim. Vgl. → Seir II,2.

Sorge. S. ist zunächst ein ängstliches und schmerzliches Vorausdenken ohne die Gewißheit, mit den vorhandenen oder drohenden Schwierigkeiten fertig zu werden (Ps 13,3; Spr 12,25; Hes 12,9; Sir 30,26). Daneben aber bezeichnet S. auch die liebevolle Fürsorge des Starken und Mächtigen für den Schwächeren, der ihm anvertraut oder auf ihn angewiesen ist. In diesem Sinn sorgt Gott und versorgt die Seinen (Neh 9,21; Ps 55,23; 1 Petr 5,7) wie die ganze Schöpfung (Mt 5,45; 6,26.28–30). Darum verbietet er allen, die ihn kennen, sich um Nahrung und Kleidung (Ps 127,2; Mt 6,25–34; Lk 21,34; vgl. Ps 40, 18), ja den angeklagten Jüngern, sich um rechte Antwort ängstlich zu sorgen (Mt 10,19; Lk 12,11). Auch Paulus mahnt, sich nicht selber S. zu machen, sondern sich in allen Dingen an den Herrn zu wenden (Phil 4,6.7). Denn wer sich seinen S. hingibt, den machen sie taub für das Reden Gottes (Mt 13,22; Mk 4,19; vgl. Jes 57,11); er lebt in Wunschträumen und verliert den Blick für die Wirklichkeit (Pred 5, 2). Rechte S. aber ist die S. um die eigene Sünde, wenn sie zum Bekenntnis führt (Ps 38,19).
Die Fürsorge für andere, bes. für die Familie, soll nicht vernachlässigt werden (1 Tim 5,8.16). Apostel und Älteste tragen S. um die Gemeinden (2 Kor 11, 28; Phil 2,20; 1 Tim 3,5), und die Gemeinden wieder sorgen für die Männer, die ihnen dienen (Phil 4,10). Doch auch innerhalb der gebotenen Fürsorge besteht noch die Gefahr, sich mehr um den andern Menschen zu bekümmern als um den Herrn (etwa in der Ehe; 1 Kor 7,32–34), und über der Sorge für andere das Hören auf Gott und das Fragen nach seinem Willen zu vergessen (Lk 10,41f).

Sori »Mastixbalsam«,
Sohn Jedithuns (1 Chron 25,3), in V 11 Jizri genannt.

Sosipater »Hilfe des Vaters«,
Verwandter oder Volksgenosse des Paulus, der die Gemeinde in Rom aus Korinth grüßt (Röm 16,21).

Sosthenes »Von unversehrter Kraft«,
Synagogenvorsteher in Korinth. Er wurde beim Tumult verprügelt, den die Juden vor dem Landpfleger Gallion machten (Apg 18,17). Allgemein vermutet man, daß in 1 Kor 1,1 derselbe S. gemeint ist, demnach müßte er in der Zwischenzeit gläubig geworden sein.

Sotai, einer der Knechte Salomos, dessen Nachkommen mit Serubabel aus der babyl. Gefangenschaft heimkehrten (Es 2,55; Neh 7,57).

Spangen → Geschmeide

Spanien wird nur Röm 15,24.28 erwähnt, wo Paulus von seinem Plan spricht, nach dem Besuch der röm. Gemeinde dorthin weiterzuziehen. Eine Bemerkung des Clemens von Rom in seinem Korintherbrief (96 n. Chr.) deutet darauf hin, daß Paulus diese Absicht ausführen konnte; Genaueres oder Sicheres wissen wir aber darüber nicht.

Spannader → Ader II

Spanne → Maße und Gewichte I, 1

Spätlinge. Frühlinge und Spätlinge bezeichnen die

starken bzw. schwächeren Tiere der Herde (1 Mo 30,41.42; vgl. EÜ, ZÜ).

Spätregen → Regen

Speer → Waffen und Geräte

Speichel, speien. I) Das Anspeien eines Menschen (4 Mo 12,14; 5 Mo 25,9; Jes 50,6; Mk 14,65; 15,19) und das Ausspeien vor ihm (Hi 30,10) galt als schwere Beschimpfung. Wer vom S. eines Unreinen, hier wohl unabsichtlich, getroffen wird, wird selber unrein (3 Mo 15,8). Reichlicher S.fluß (LÜ Geifer, 1 Sam 21,14[13]) galt mit als Symptom des Wahnsinns.

II) Die Verwendung des S. zu Heilszwecken ist im Judentum alt und wird in der rabbinischen Literatur bes. bei Augenkrankheiten häufig erwähnt. Auch von Jesus wird berichtet, daß er bei seinen Heilungen mehrfach S. gebrauchte (Mk 7,33 bei einem Taubstummen; Mk 8,23 u. Joh 9,6 bei einem Blinden; spützen = speien, spucken). Es handelt sich in diesen Fällen – vor allem bei dem Taubstummen – wohl darum, dem Kranken durch die ihm bekannte Prozedur verständlich zu machen, was mit ihm geschehen sollte.
Mit der besonders ausführlichen Handlung Joh 9,6, in der Jesus aus S. und Staub einen Schlamm anrührte, sollte daneben viell. der Sabbatbruch, an dem dann die Pharisäer ja auch Anstoß nahmen (V 13ff), noch ganz eindeutig gemacht und betont werden.

III) »Bis ich meinen S. verschlucke« (Hi 7,19 EÜ) ist eine andere Umschreibung für die Zeitspanne eines »Augenblicks«.

Speise. I) S. ist jede Art Nahrung für Mensch und Tier (1 Mo 6,21; 41,35; Ri 13,16; Spr 6,8; Hes 34,5; Mal 3,10; Mt 14,15). Gott hat alle S. geschaffen (1 Mo 1,29.30; 1 Tim 4,3) und gibt sie allem, was lebt (1 Mo 9,3; Hi 38,39–41; Ps 136,25; 145,15.16; Apg 14,17). Er schenkt sie in Fülle (Hi 36,31) und segnet sie (Ps 132,15). Darum verbietet er denen, die ihm vertrauen, das Sorgen um S. und Trank (Mt 6, 25.26). Die S. ist notwendig zum Leben, nur dem Kranken ekelt vor ihr (Ps 107,18), aber sie bringt keinen geistlichen Nutzen, fördert nicht vor Gott (1 Kor 8,8; vgl. Röm 14,17). Nicht durch S., sondern durch Gnade wird das Herz fest (Hebr 13,9). Umso schwerer wiegt, daß Esau seine Erstgeburt, Gottes Segen und Verheißung, für eine S. verkaufte (Hebr 12,16).
Paulus lehnt alle Regeln und ängstliches Meiden bestimmter Speisen ab (Kol 2,16; 1 Tim 4,3–5), es soll aber niemand um einer S. willen den Bruder betrüben oder ihm Anstoß bereiten (Röm 14,15). Vgl. → Speisegesetze.

II) Auf das Feuer übertragen ist das, was es verzehrt, seine S. (Jes 9,18[19]; Hes 21,37[32]). Tränen sind die S. des Leidenden (Ps 42,4), er lebt nur von und in seinem Schmerz.
Als geistliche Lebenskraft wird Gottes Wort zur S. (Jer 15,16), und Jesus spricht von seiner S., den Willen Gottes zu tun (Joh 4,32.34), von der unvergänglichen S. (Joh 6,27) und seinem Fleisch als rechter S. (V 55).
Als Milch und starke S. (1 Kor 3,2; 10,3; Hebr 5,12) werden in den Briefen die Lehre für junge, noch nicht gereifte Christen und die für die Vollkommenen, die geübte Sinne zur Unterscheidung des Guten und Bösen haben (V 14), gegenübergestellt.
Vgl. → Essen; → Mahlzeit.

Speisegesetze gibt es bei vielen Völkern. Sie beruhen auf kultischer Unterscheidung zwischen → rein und unrein. Auch in Israel gab es solche S., durch deren Übertretung der Esser unrein wurde.

I) Das atl. Gesetz enthält folgende Bestimmungen:

1a) Das älteste aller Speiseverbote ist das Verbot des Blutessens (1 Mo 9,4; 3 Mo 19,26 u. ö.); denn → Blut als Sitz des Lebens war heilig (1 Mo 9,4; 3 Mo 17,11; 5 Mo 12,23) und diente als Sühnemittel (3 Mo 17,14; 5 Mo 12,27). Verwandt ist das Verbot, Fleisch eines verendeten oder zerrissenen Tieres zu essen (3 Mo 11,39f; 17,15). Nur dem → Fremdling war sein Genuß und der Handel damit erlaubt (5 Mo 14,21).
b) Außer dem Blut durfte auch der Fettschwanz der → Schafe sowie alles Eingeweidefett (3 Mo 7,3f) nicht gegessen werden (V 23–25), es wurde dem Herrn geopfert (3 Mo 3,3f.16f). Ebenso waren bestimmte, dem Priester zugewiesene Opferteile vom allg. Genuß ausgeschlossen (3 Mo 22,10). Das Fett von verendeten oder gerissenen Tieren konnte jedoch zu anderen Zwecken verwendet werden (3 Mo 7,24). Vgl. → Fett.
c) Verboten war der Genuß einer Anzahl bestimmter Säugetiere (bes. des Schweins), von Vögeln, Wasser-, Kriech- und Kerbtieren, die in der Aufzählung der reinen und unreinen Tiere zusammengestellt sind (3 Mo 11; 5 Mo 14,3–21). Dabei gilt als unrein, was ungespaltene Klauen hat und nicht wiederkäut bzw. was auf Tatzen geht; kriechende und vielfüßige Tiere; geflügelte Tiere mit mehr als 2 Füßen; Wassertiere ohne Flossen und Schuppen.

2a) Das Fleisch eines Stiers, der einen Menschen getötet hat (2 Mo 21,28), und die Früchte der Obstbäume in den ersten 3 Jahren (3 Mo 19,23–25; vgl. → Erstgeburt, Erstlinge II,3) stehen unter einem besonderen Verbot.
b) Ferner waren alle Speisen unrein, die mit Leichen (vgl. 4 Mo 19,14) oder → Aas (3 Mo 11,34.35) in Berührung gekommen waren. Vgl. auch → Götzenopfer.
3) Zur Bedeutung der Speisegesetze im Glaubenskampf der → Makkabäerzeit vgl. 1 Makk 1,65–67; 2 Makk 6,18ff.

II) Obwohl die Speisegebote im NT durch Christus aufgehoben sind (Mt 15,11–20; Mk 7,17–23; Apg 10,10–16; vgl. 1 Tim 4,4; Tit 1,15) haben die Judenchristen in urchristlicher Zeit noch daran festgehalten. Durch die Entscheidung des → Apostelkonzils wurde die Meidung des Blutgenusses um der Tischgemeinschaft mit den Judenchristen willen auch für die heidenchristlichen Gemeinden verbindlich (Apg 15,20); von allen anderen Forderungen aber wurden sie befreit. Wo diese Rücksicht auf den Bruder (vgl. 1 Kor 8) nicht nötig war, fielen alle Speisegesetze als äußerliche Satzungen fort (Gal 4,3; Kol 2,20–23).

Speisemeister. Der Zushg. in Joh 2,8–10 läßt offen, ob der S. ein Diener ist, der die Aufsicht über Küche, Keller und Bedienung führt, oder ein Freund des Bräutigams, der die Aufgabe des Festordners übernommen hat (Sir 32,1–3). Vgl. → Mahlzeit II.

Speisopfer → Opfer

Spelt, (hebr. *kussämät*),
weizenähnliche Brotgetreideart, in Ägypten (2 Mo 9,32), Palästina (Jes 28,25) und Mesopotamien (Hes 4,9) angebaut. Wahrscheinlich bezeichnet *kussämät* nicht den eigentlichen Spelt *(Triticum spelta)*, sondern den Emmer *(Triticum dicoccum)*.

Sperber. Mit S. übersetzt Luther an zwei Stellen (3 Mo 11,16; 5 Mo 14,15) das hebr. *nes*, das er in Hi 39,26 mit Habicht wiedergibt. Das Wort bezeichnet für die Israeliten unreine Vögel, vermutlich die kleineren Raubvogelarten Palästinas wie Habicht, Sperber und Falken (vgl. »mit seiner Art« 3 Mo 11, 16).
Häufiger Wintergast ist der eigentliche S. *(Accipiter nisus)*, vor allem in der Jordanebene; er brütet zuweilen auch in den nördl. Hügelgebieten. Auch der etwas größere Habicht *(Accipiter gentilis)* ist in Palästina verbreitet.
Von den Falken sind eine ganze Reihe verschiedener Arten, meist als Zugvögel (vgl. Hi 39,26), vertreten, u. a. der auch bei uns häufige Turmfalke *(Falco tinnunculus)* und der Wanderfalke *(Falco peregrinus)*. Vgl. → Weih.

Sperling. An Sperlingarten kommen in Palästina vor: der über die ganze Erde verbreitete Haussperling *(Passer domesticus)* und sein naher Verwandter, der Feldsperling *(P. montanus)*; der Italien- *(P. italiae)* und der Weidensperling *(P. hispaniolensis)*, die sonst vor allem im Süden Europas heimisch sind, und der Steinsperling *(Petronia petronia)*, der vorwiegend in Fels- und Mauerlöchern nistet.
Sperlinge werden von den Arabern gern gegessen. Auch in ntl. Zeit ist der S. (griech. *strouthion;* Mt 10,29.31; Lk 12,6.7) – offenbar als Leckerbissen – gehandelt worden.
Im AT scheint es keinen bes. Namen für den S. zu geben, doch könnte er an einigen Stellen mit dem hebr. *sippor* (LÜ stets Vogel) gemeint sein. Dies Wort wird zwar auch als umfassende Bezeichnung für Vögel aller Art (5 Mo 4,17; Ps 148,10) einschließlich der Aasfresser (Hes 39,17) gebraucht, es steht jedoch in der Regel nur für die kleineren Vögel, auf die auch die Bedeutung von *sippor:* »Zwitscherer« weist. Unter diesen ist aber der S. neben den Schwalben- und Seglerarten einer der häufigsten Vertreter, so daß man etwa bei dem »Vogel« (LÜ) in Hi 40,29[24]; Ps 84,4; Spr 26,2 durchaus an den S. denken könnte. Vgl. → Vogel.

Spezerei → Balsam; → Begräbnis II; → Räuchopfer; → Salbe

Spiegel. I) Die S. waren im Altertum aus Metall gegossen und geschliffen, rund oder oval und mit einem meist reich verzierten Griff versehen.
II, 1) In der HS finden wir den S. wenig erwähnt. Er steht unter den Mode- und Putzgeräten der Frauen (Jes 3,23), die Gott wegnehmen will. Bei der Einrichtung der Stiftshütte gaben die Frauen ihre S., damit aus ihnen das → Handfaß gegossen werden konnte (2 Mo 38,8). Einmal wird der S. als Bild genannt für die Festigkeit und den Glanz des Himmels (Hi 37,18), und einmal dient die Ähnlichkeit (oder Verschiedenheit?) zwischen dem Gesicht und seinem Spiegelbild im Wasser als Bild für die Ähnlichkeit (Verschiedenheit) menschlicher Herzen (Spr 27,19).
2) Das NT verwendet den S. an drei Stellen als Bild für geistliche Wahrheiten. Das Wort und die Verkündigung sind ein S., in dem der Mensch sein wahres Wesen erkennt. Wenn er aber nicht danach handelt und vergißt, wie er vor Gott ausgesehen hat, bleibt alles Hören nutzlos (Jak 1,23–25).
In der spätjüd. Tradition bezeichnet das Bild vom Sehen im S. die prophetische Schau, die Offenbarung, die Mose und den Propheten zuteil wurde. In diesem Sinn gebraucht es auch Paulus in 1 Kor 13, 12. Daß dies Sehen auch »im Rätsel« (griech. *en*

Ägypt. Bronzespiegel (18. Dynastie)

ainigmati; LÜ in einem dunklen Wort) geschieht, weist darauf hin, daß die Offenbarung vielfach erst noch ausgelegt werden muß (vgl. 1 Kor 14,26).
Schließlich haben wir in dieser Welt den Dienst eines S. zu versehen, in dem sich die Herrlichkeit Gottes widerspiegelt und so auch den Menschen faßbar wird, die fern von Gott sind (2 Kor 3,18; 4,6).

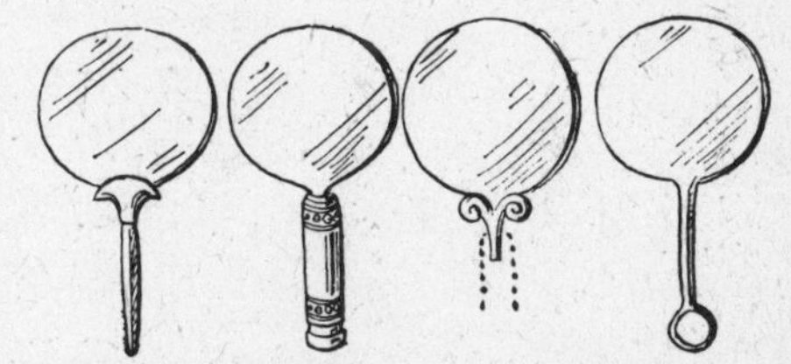

Von links nach rechts: Ägypt. Spiegel der 18. Dynastie, gefunden in Tell Addschul bei Gaza; 2 Spiegelformen aus der Mittleren Eisenzeit und der Perserzeit; antiker Spiegel des 1. Jh. n. Chr.

Spiel.

I) KINDERSPIELE.
Kinderspiele werden in der HS nur ganz gelegentlich erwähnt. Zu den Verheißungen der kommenden Heilszeit gehört das sorglos und unbedroht spielende Kleinkind (Jes 11,8) und die Schar der spielenden Knaben und Mädchen auf den Gassen (Sach 8,5). Das Gleichnis Jesu zeichnet die Kinder, die auf dem Markt »Hochzeit« und »Begräbnis« spielen (Mt 11,16.17). Auf lebendige Tiere als Spielzeug deutet die Frage: Kannst du mit dem Leviathan spielen wie mit einem Vogel oder ihn für deine Mädchen anbinden? (Hi 40,29[24]). Bei dem in Jes 22,17.18 genannten Ballspiel (LÜ Kugel) handelt es sich nach dem Zushg. (vgl. V 17 EÜ) viell. um ein sportliches Spiel der Erwachsenen (vgl. unten III,1).
Reichere Kenntnis von Kinderspielen und Spielzeug vermitteln uns alte Darstellungen (vgl. die Abb.) und Ausgrabungen. Puppen sind im Alten Orient

Ägypt. Kinderspiele. Die Knaben tragen die Kinderlocke, einen kurzen geflochtenen Zopf an der rechten Kopfseite (Darstellungen aus der Zeit des Alten Reiches)

in den verschiedensten Arten gefunden worden, von primitiven Figuren bis zu solchen mit beweglichen Gliedern und natürlichem Haar, weiter Tiere aus Holz, Ton und Stein, auch mit Rädern zum Ziehen (Abb. Sp. 768). Aus Ägypten stammt ein Holzkrokodil mit beweglichem Unterkiefer. In Tell Beit Mirsim (Debir) wurden Kinderpfeifen, Puppen und mit Steinchen gefüllte Tonklappern gefunden. Solche Klappern wurden auch in Puppenform hergestellt.

II) WÜRFEL- UND BRETTSPIEL.
Ausschließlich durch außerbiblische Quellen ist uns das Würfel- und Brettspiel bezeugt. Neben den Darstellungen und Funden (vgl. die Abb.) haben wir aus hellenistischer und röm. Zeit auch eine Menge literarischer Anspielungen und Erwähnungen; meistens bleiben für uns aber trotzdem auch die Grundregeln der verschiedenen Spiele unklar. Sehr häufig war das Würfeln mit dem Brettspiel verbunden, die Steine wurden also auf dem Brett nach dem Er-

Ballspielende ägypt. Mädchen (Darstellung aus der Zeit des Mittleren Reiches)

gebnis der Würfe gezogen. In dieser Form hat das Spiel offenbar unter ägypt. Einfluß auch in Palästina Eingang gefunden. Spielbretter aus Kalkstein mit aufgezeichneten Quadraten sind hier seit der Spätbronzezeit belegt; das älteste Beispiel von Würfel und Spielsteinen stammt aus Tell Beit Mirsim (Mittlere Bronzezeit). Der Würfel zeigt 1–4 Augen und wurde mit Hilfe eines Stäbchens wie ein Kreisel in Drehung versetzt. Dazu gehörten 2 Sätze von je 5 Steinen, das Brett ist nicht erhalten. Eine reich verzierte Platte aus Megiddo wird ebenfalls als Spieltisch gedeutet. Auf dem Steinpflaster im Innenhof der Burg Antonia nördl. vom Tempel in Jerusalem haben sich die Linien und Figuren erhalten, die die röm. Legionssoldaten dort für ihre Spiele eingeritzt haben (Taf. 52b/801).

III) SPORTLICHE SPIELE UND WETTKÄMPFE.
1) Das AT erwähnt die Übung im Bogenschießen (1 Sam 20,20.35–40), ein Kampfspiel, das zu blutigem Ernst wurde (2 Sam 2,14–16), und die Kraftprobe mit dem Laststein (Sach 12,3). Ob wir aus

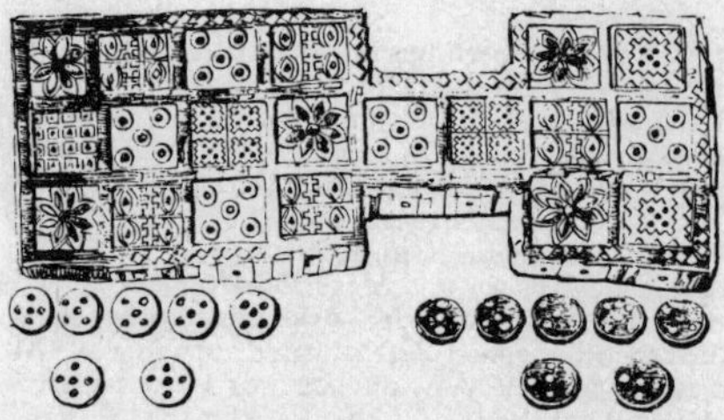

Spielbrett mit zweimal sieben Spielsteinen aus Ur (um 2500 v. Chr.)

der Schilderung 2 Sam 2,18ff und Pred 9,11 (vgl. EÜ, ZÜ) auch auf friedliche Wettkämpfe im Laufen schließen dürfen, bleibt ungewiß. Bei dem in Jes 22, 17.18 genannten Ballspiel (LÜ Kugel) haben wir viell. an eine am Hof gepflegte Unterhaltung zu denken.

2) Sport und Wettkämpfe waren ein Kennzeichen griech. Kultur; Paulus spielt öfter auf diese allg. bekannten Kämpfe, ihre Regeln und den zum Sieg erforderlichen ganzen Einsatz der Wettkämpfer an. Die wichtigsten der regelmäßig wiederkehrenden Spiele in Griechenland waren die Olympischen in Olympia und die Nemeischen in Argos auf dem Peloponnes, die Isthmischen auf dem Isthmus, der Landenge von Korinth, und die Pythischen in Delphi. Die Wettkämpfe, die nach festen Regeln abliefen (vgl. 2 Tim 2,5), umfaßten Kurz-, Mittel- und Langstreckenläufe (1 Kor 9,26a; Gal 2,2; 5,7), den Waffenlauf in voller Rüstung, Faustkampf (1 Kor 9,26b), Wagenrennen und den Fünfkampf: Springen, Laufen, Diskus-, Speerwerfen und Ringen. Gründliches Training, in Olympia mindestens 10 Monate, war vorgeschrieben (1 Kor 9,25.27).

Die Kämpfe wurden vor großen Zuschauermassen ausgetragen (Hebr 12,1). Beim Wettlauf (Phil 2,16) traten zunächst je 4 Läufer an, dann wurde in weiteren Ausscheidungskämpfen der jeweils Ersten der endgültige Sieger ermittelt (1 Kor 9,24; 2 Tim 4,7. 8). Der Siegespreis (Phil 3,14) bestand zwar nur aus einem Kranz (→ Krone II,2) – in Olympia aus Oliven-, in Korinth aus Fichten- und in Delphi aus Lorbeerzweigen – in seiner Heimatstadt empfing der Sieger jedoch hohe Ehrungen und genoß allg. Ansehen. Vgl. weiter → Schauspiel.

Mit der Ausbreitung der hellenistischen Kultur fanden solche Spiele auch in Syrien und Palästina Eingang. Im Zuge der Hellenisierung während der Herrschaft des Antiochus Epiphanes führte der Hohepriester Josua, der seinen Namen in Jason geän-

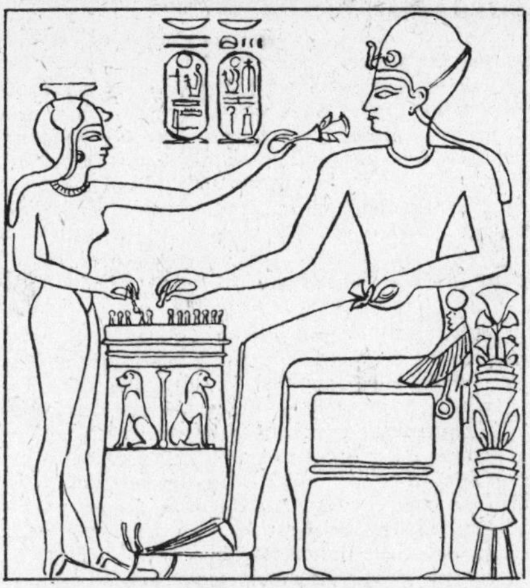

Ramses III. mit einer seiner Haremsfrauen beim Brettspiel. Er ist der einzige Pharao, von dem wir Darstellungen besitzen, die ihn im alltäglichen Umgang mit den Frauen und Kindern seines Harems zeigen

dert hatte, die griech. Spiele auch in Jerusalem ein (zwischen 175 und 171 v. Chr.) und erbaute unterhalb der Burg ein Gymnasium (2 Makk 4,7–16; 1 Makk 1,14.15). Daß Training und Wettkämpfe hier in der Nähe des Tempels wie üblich unbekleidet durchgeführt wurden (vgl. Hebr 12,1), erregte bei den denstrenggläubigen Juden bes. Anstoß (vgl. 2 Mo 20,26; 28, 42.43). Später errichtete Herodes d. Gr. Theater (→ Schauplatz) und Sportstadien in den hellenistischen Städten Cäsarea und Samaria und auch in der nördl. Vorstadt Jerusalems.

Spieß → Waffen und Geräte

Spindel → Handwerk II

Spinne, Spinnwebe. 1) Zu Hi 27,18 → Motte.
2) Das hebr. *semanit* in Spr 30,28 (LÜ S.) bezeichnet wahrscheinlich eine in Palästina häufige Geckoart, den *Hemidactylus turcicus* (vgl. → Igel), den »man mit der Hand greifen kann« (EÜ, ZÜ).
3) Die eigentliche S. ist mit dem hebr. Wort *akkabisch* gemeint. Ihr leichtzerstörbares Gewebe wird Hi 8,14 als Bild für die Nichtigkeit der Hoffnung eines Gottlosen verwendet, Jes 59,5f für die völlige Sinnlosigkeit unrechten Tuns.

Spinnen → Handwerk II

Spott, spotten, Spötter. Die bibl. Ursprachen wie die Übersetzungen gebrauchen verschiedene Wörter um den Begriff des Spottes oder Hohns wiederzugeben. Im allg. bedeutet spotten bzw. höhnen: seinen Mutwillen mit jemandem treiben, sich über ihn lustig machen in Wort und Tat (2 Kö 2,23; Mt 22,6; 27,29.31; Mk 10,34; 15,20; Lk 20,11), die Nase rümpfen zum Zeichen der Verachtung (griech. *myktaerizein;* Gal 6,7). Außerdem kommen Wortverbindungen vor wie: verlachen und spotten (2 Chron 30,10); spotten und verachten (2 Kön 19,21; Neh 2,19); heucheln und spotten (Ps 35,16); höhnen und lästern (2 Kö 19,22) und Spott und Hohn (Ps 44,14; 79,4; Jer 20,8; 29,18).
Der Spötter schneidet in der HS nicht gut ab; keineswegs sieht sie in ihm etwa den harmlosen Spaßmacher. Vor allem ist von ihm die Rede in den Sprüchen Salomos: in seinem Wesen ist er unbelehrbar, stolz und vermessen, er handelt in maßlosem Übermut (Spr 21,24). Zurechtweisungen nimmt er nicht an (Spr 9,7.8); er läßt sich nicht tadeln, weil er keine Weisheit besitzt (Spr 13,1). So vermeidet er auch den Umgang mit Weisen (Spr 15,12), aber eben weil er ein Narr ist, verdient er Züchtigung (Spr 19,29). Wenn der Spötter verjagt ist, hören Zank, Hader und Schmähung auf (Spr 22,10); wo er aber erscheint, macht sich frecher Aufruhr breit (Spr 29,8). Doch am Ende wird Gott der Spötter und Empörer spotten (Ps 2,2.4) und sie selber zu Hohn und Spott machen (Jes 43,27.28; 45,16; Hes 22,4; 23,32), denn nur den Demütigen (LÜ Elenden) gibt er seine Gnade, d. h. denen, die die rechte Einstellung ihm gegenüber haben (Spr 3,34).
Schon der Spott über den Dürftigen höhnt dessen Schöpfer (Spr 17,5), und erst recht wird das Spotten zur Lästerung, wo der Spötter sich in seiner Selbstsicherheit gegen Gott erhebt (2 Kö 19,22; 2 Chron 32,17). Die am Kreuz Jesu Vorübergehenden lästerten (griech. *blasphaemein*), und das gleiche taten die Hohenpriester, indem sie ihn verspotteten (griech. *empaizein*; Mt 27,39.41).
Ps 1,1 stellt den Spötter mit den Gottlosen und Sündern zusammen. Nach rabbinischer Auslegung dieser Stelle sind Spötter solche Leute, die zusammensitzen (»Sitz der Spötter«), ohne daß Worte der Thora (des Gesetzes) zwischen ihnen Gesprächsstoff sind (StB I, S. 794).

Sprache.

I) ALLGEMEIN.

Die S. ist eine innerhalb der irdischen Schöpfung nur dem Menschen eigene Fähigkeit (vgl. außer dem Reden Gottes noch 1 Mo 3,1; 1 Kor 13,1; 2 Kor 12,4), durch die er äußere und innere Erfahrungen an andere weiterzugeben vermag. Sie ist also Mittel zur Verständigung mit anderen und schließt die Möglichkeit ein, andere zu beinflussen. Mit Hilfe der S. kann der Mensch sich mit seinen Empfindungen dem andern öffnen und mit ihm in Gemeinschaft treten (vgl. 1 Mo 2,23). Durch die S. (→ Beten) ist auch die Möglichkeit einer Verbindung mit Gott gegeben. Der Mensch kann mit Gott reden, so wie Gott mit ihm redet (vgl. → Antwort).
Die Bibel enthält keine besondere Sprachphilosophie oder Lehre von der S., sie sieht die S. als Gabe an den Menschen von der Schöpfung her (V 19.20).

II) DIE S. UNTER DER SÜNDE.

Das erste Gespräch der Bibel (1 Mo 3,1ff) zeigt die S. schon unter der Sünde und damit in ihrer Verkehrung. Das Sprechen der Schlange beeinflußt den Menschen zum Bösen, und Adam verschließt sich gerade durch sein Sprechen vor Gott (V 10.12). Durch die Sünde wird die gemeinschaftsbildende S. verkehrt zu der Möglichkeit, sich gerade durch sie der Gemeinschaft zu verschließen.
Diese Verkehrung der S. führt zur → Lüge. Dadurch unterscheidet sich menschliches Sprechen grundsätzlich vom Sprechen Gottes. Menschliche Worte können Lüge sein, Gottes Rede ist immer Wahrheit (4 Mo 23,19). Als Lüge zerstört das Sprechen die Gemeinschaft der Menschen und schafft Feindschaft zwischen ihnen (vgl. Jak 3,1–12).
Daneben steht nun die Gabe der S. noch unter einem besonderen Fluch Gottes. Durch die Sprachver-

wirrung beim Turmbau von Babel (1 Mo 11,1–9) zerbrach Gott die durch eine gemeinsame S. noch vorhandene äußere Einheit der Menschen, weil sie sich in der Auflehnung gegen ihn zusammenfanden. Mit der Sprachverwirrung machte Gott die Empörung der Menschen und ihren Angriff gegen ihn zunichte. In der Vielzahl der S. und den damit gezogenen Grenzen hat Gott der S. großenteils genommen, wozu sie gegeben worden war (vgl. Joh 8,43). S. als Werkzeug der Sünde wird zum Fluch und statt ein Weg zur Gemeinschaft zu sein, bildet sie eine Trennmauer zwischen den Völkern (5 Mo 28,49; Ps 81,6; Jes 33,19; Jer 5,15), so daß das Wort »Sprache« gleichbedeutend mit »Volk« werden kann (Offb 7,9; 13,7; 17,15).
An dieser Verkehrung der S. durch die Sünde wird das Wesen der Sünde deutlich als der Macht, die zuerst die Gemeinschaft mit Gott und in der Folge auch die Gemeinschaft der Menschen untereinander zerstört.

III) DIE S. UNTER DER GNADE.

Trotz der Sünde aber redet Gott in seiner Barmherzigkeit weiter (vgl. 1 Mo 3,9.11) und erlaubt den Menschen, in ihrer S. mit ihm zu reden. Das geschieht bes. in seinem Volk Israel, hebt aber nicht auf, daß auch dessen S. durch die Sünde verderbt ist (vgl. Hes 3,5–7).
Jesu Dienst und Sendung in dieser Welt ist das → Heil, und das bedeutet auch Heilung. Darum ist das Sprechen der Jünger durch die Gnade von der Lüge geheilt (Mt 5,33–37; was ja nicht nur Forderung, sondern vor allem Zuspruch ist). Der Glaubende soll darum ablegen, was die S. verkehrt (Eph 4,25.29; 5,4; Kol 3,8.9). Die Erneuerung des Glaubenden durch die Kraft Gottes bezieht auch die S. mit ein, in der Gemeinde wird das Sprechen wieder zum Verbindenden (Eph 5,19; Kol 3,16), und im Geist lobt die Gemeinde Gott in vielen (1 Kor 14,28), in Menschen- und Engelssprachen (1 Kor 13,1; vgl. → Zungenrede).
Das wird bes. deutlich am Pfingstgeschehen, das mehr als nur ein Sprachwunder ist (Apg 2,1–11). Hier geschieht schon eine Vorwegnahme der neuen Welt (ähnlich wie bei den → Wundern Jesu), wo die S. nicht mehr unter dem Fluch Gottes steht und das Heil in der Neuschöpfung vollendet ist.

Sprengen → Besprengen, → Opfer, → Sprengwasser

Sprengwasser diente zur Reinigung der Israeliten, die sich an Toten verunreinigt hatten (4 Mo 19; vgl. Hebr 9,13f).
Um das S. zu bereiten, wurde eine fehlerlose rötliche Kuh, die noch keine Arbeit geleistet hatte, vor dem Lager geschlachtet und ihr Fleisch, Fell und Mist mit Zedernholz, scharlachroter Wolle und Isop ganz verbrannt. Das galt als Sündopfer (4 Mo 19,9). Vorher wurde ihr Blut siebenmal gegen die Stiftshütte gesprengt (V 4). Die Asche, deren Bereitung ebenfalls mit bes. Reinigungsvorschriften verknüpft war, bewahrte man an einem reinen Ort außerhalb des Lagers auf und tat zum Gebrauch Wasser aus einem Bach oder Fluß hinzu (V 18). Damit wurde der Unreine am 3. und am 7. Tag nach der Verunreinigung besprengt, ebenso sein Zelt bzw. Haus und Gerät. Badete er sich danach und wusch seine Kleider am 7. Tag, so war er wieder rein (V 19). Für den → Nasiräer jedoch, der sich versehentlich an einem Toten verunreinigt hatte, galten andere Reinigungsvorschriften (4 Mo 6,9–12).
War die Asche einer Kuh verbraucht, dann schlachtete man eine andere, und die jüd. Tradition berichtet, es seien insgesamt nur neun Rote Kühe geschlachtet worden, die Asche der ersten habe bis zur Zeit Esras ausgereicht. Demgegenüber berichtet Hieronymus, jedes Jahr sei eine Rote Kuh geschlachtet und die Asche frisch zubereitet worden. Von Jerusalem aus teilte man die Asche den Priestern im Lande zu, damit an allen Orten die notwendigen Reinigungen vorgenommen werden konnten.

Spreu → Ackerbau IV; vgl. Taf. 24b/353.

Sprichwort. I) Ebenso wie → Spruch ist S. eine Übersetzung des hebr. *maschal.* Kurze Sprüche mit allg. Lebensweisheiten, Erfahrungen, die sich immer wiederholen, werden leicht zu S., die sich dann auf entsprechende Situationen anwenden lassen (1 Sam 10,12; 24,14; Hes 12,22f; 18,2f; Lk 4,23).
Im AT ist öfter davon die Rede, daß ein Volk, ein einzelner oder ein Haus zu einem S. werden kann, dadurch daß das bes. Geschick, das der Betreffende erleidet, in aller Munde ist. In diesem Sinn ist S. als warnendes Beispiel zu verstehen (5 Mo 28,37; 1 Kö 9,7; 2 Chron 7,20; Hi 17,6; Jer 24,9).

II) Im NT kann das griech. *paroimia* entweder S. im eigentl. Sinn (2 Petr 2,22), oder aber die sinnbildliche Rede, die dunkle Andeutung im Gegensatz zur klaren, deutlichen Rede (Joh 16,25.29) bedeuten.

Spruch (griech. *logos* Wort) kann ganz allg. Wort der Schrift (Joh 12,38; 15,25) und Wort oder Rede überhaupt bedeuten (Joh 4,37); in Joh 10,6 (griech. *paroimia*) ist die verhüllte Rede des Gleichnisses gemeint. In 4 Mo 23,7ff bezeichnet S. die feierliche prophetische Rede Bileams. Das hier verwendete hebr. *maschal* schließt weiter die Bedeutung → Fabel (Ri 9,7ff), → Rätsel (Ri 14,14.18; Hes 17,2; Dan 5,12) und → Gleichnis (Hes 24,3) ein, auch den Denkspruch, der aber im Orient oft noch einen gewissen witzigen Vergleich enthält (Spr 26,1ff; 1 Kö 5,12[32]; Hi 13,12; Pred 12,9).
Ein S. kann schließlich auch ein Gesang oder Lied sein (Hi 27,1; 29,1; Ps 49,5; 78,2), insbes. ein Spottlied über den Untergang der Feinde des Singenden (Jes 14,4; Hes 16,44; Mi 2,4; Hab 2,6).
In Apg 16,4 bedeutet S. (griech. *dogma*) »Verordnung, Vorschrift, Festsetzung«.

Sprüche Salomos. Die Anbetung Gottes und das Anhören der Verkündigung verlieren ihren Sinn, wenn sie nicht verbunden sind mit einem Leben nach der Ordnung Gottes, die im atl. Gesetz in allg. Gebote gefaßt ist. Die Übertragung dieser allg. Gebote auf den Einzelfall des Alltagslebens ist in Israel die Aufgabe der Weisen und hat ihren wichtigsten Niederschlag in den S. S. gefunden.

I) EINLEITUNGSFRAGEN.

1) Der hebr. Titel des Buches ist *Mischle Schelomoh. Mischle* (Mehrzahl von *maschal)* bedeutet Gleichnisse, Bildreden, also Bildhaftmachung von Lebensregeln durch Vergleiche, durch Heranziehen von Beispielen aus dem Alltagsleben. Dieser Titel weist schon darauf hin, daß hier nicht ein geschlossener Gedankengang geboten wird oder eine Anzahl von längeren Reden (wie im Pred), sondern eine Fülle von Einzelworten, deren jedes einen Gedanken formuliert und, in sich abgeschlossen, keinen unmittelbaren Zushg. mit vorhergehenden oder nachfolgenden Worten zu haben braucht. Die Frage nach der Entstehung hat also sowohl mit der Herkunft der

einzelnen Worte zu tun wie mit der des ganzen Buches, der Sammlung.

2) Nach dem Titel werden die S. S. Salomo zugeschrieben oder wenigstens auf ihn zurückgeführt, der gerade durch seine Weisheit besonderen Ruhm gewonnen hat (1 Kö 5,9[4,29]; 2 Chron 1,7–12). Nach 1 Kö 5,12[4,32] verfaßte er 1005 Lieder und 3000 Sprüche, so daß uns die Sammlung nur eine Auswahl überliefert. Um so eher kann angenommen werden, daß die Sammler nur solche Sprüche aufnahmen, deren Herkunft von Salomo ihnen sicher erschien (vgl. auch die Angaben anderer Verfasser in Spr 30,1; 31,1).

3) Die Zeit der Sammlung und Zusammenstellung des Buches ist ungewiß. Ebenso wie die Sammlung der Reden im Predigerbuch (vgl. Pred 12,8–10) wird sie nicht durch Salomo selbst erfolgt sein. Die ersten 24 Kapitel lagen aber schon z. Zt. Hiskias vor, der eine zweite Sammlung salomonischer Sprüche hinzufügen ließ (Spr 25,1). Ein Anhang des Buches enthält Reden der beiden arab. Könige → Agur (Spr 30) und → Lamuel (Spr 31).

4) Die Form der einzelnen S. ist nicht einheitlich, sondern richtet sich in Länge und Art nach dem auszusprechenden Gedanken. In einem langen Abschnitt (Spr 10,1–22,16) finden wir vorwiegend zweigliedrige antithetische Sprüche, aber dazwischen auch Vergleiche (Spr 10,26). Dann werden dem Leser Rätsel aufgegeben (Spr 6,27–29). Eine längere Rede finden wir Spr 30,10–33. So sind alle Formen der Weisheitsdichtung in diesem Buch vertreten.

5) Die Zugehörigkeit des Buches zum Kanon ist in alter Zeit nie angezweifelt worden. Im NT wird es als Heilige Schrift zitiert (Röm 3,15; 12,20; 1 Petr 4,8.18; 2 Petr 2,22).

II) INHALT.

1) FRAGE DER EINTEILUNG.

Die S. S. sind willkürlich aneinandergereiht und lassen keine Ordnung nach innerem Zushg. erkennen; es ist unmöglich, aus dem Inhalt heraus eine klare Gliederung aufzustellen. Fest liegt nur die im Text angedeutete Gliederung nach äußeren Gesichtspunkten. Wir erkennen die erste Sammlung von Sprüchen Salomos (Spr 1–24), eine zweite unter Hiskia angefertigte Sammlung salomonischer Sprüche (Spr 25–29) und die Sprüche Agurs und Lamuels (Spr 30–31). Drei Überschriften unterteilen die erste Sammlung noch einmal in drei Abschnitte: Spr 1,1–9,18; 10,1–22,16; 22,17–24,34. Doch hat diese Einteilung mit dem Inhalt nichts zu tun. So wird von derselben Sache wiederholt gesprochen, z. B. von der Gefahr der Verführung durch die Frau des andern (Spr 2,16ff; 5,1–23; 6,20–7,27; 9,13–18). In der Sammlung Hiskias finden sich Gedanken der ersten Sammlung in fast gleichem Wortlaut (Spr 25,24 = 21,9; 26,22 = 18,8; 27,12 = 22,3; 27,13 = 20,16). Dies zeigt, wie wenig Wert man auf eine gedankliche Ordnung der einzelnen Sprüche legte, spricht aber nicht dagegen, daß die Worte alle von Salomo stammen, denn es ist durchaus möglich, daß er die gleichen Gedanken öfter in verschiedene Form gekleidet hat; außerdem handelt es sich ja um verschiedene Sammlungen, die dann zusammengestellt wurden.

2) GRUNDGEDANKEN.

Eine Darstellung des Gedankengehaltes der S. S. kann nicht dem Text folgen, sondern muß die durch das Buch verstreuten Aussagen über den gleichen Gegenstand zusammenstellen. Das Buch will dem Leser Weisheit vermitteln, so daß zuerst nach dem Wesen dieser Weisheit gefragt werden muß. Ihr Ursprung liegt in Gott, der durch sie alles geschaffen (Spr 3,19) und geordnet hat (V 20). Darum kann Weisheit nur eine Gabe Gottes sein (Spr 2,6), die den Menschen auf Gottes Wegen hält (Spr 4,14). Weisheit ist nicht jedes Wissen, sondern nur das, was zur Gestaltung des Lebens angewandt wird (V 11). Der Weise fügt sich in die Ordnung Gottes ein und geht auf den Wegen Gottes. Darum wird er in allen Stücken gesegnet (Spr 13,1–10). Da die Weisheit in Gott ist, von ihm kommt und zu ihm führen soll, kann sie niemals helfen, gegen eben diesen Gott zu streiten (Spr 21,1.2.30).

Dabei ist Weisheit nicht natürliche Begabung des Menschen, sondern muß gesucht (Spr 3,13) und gelernt werden (Spr 24,14; 30,3); man muß sie kaufen, denn sie kostet ihren Preis (Spr 23,23; 17,16). Man muß die Weisheit auch an der rechten Stelle suchen, bei den Verständigen (Spr 14,33; 10,13), den Gerechten (V 31), die selbst nach der Weisheit leben, und den Demütigen (Spr 11,2), denn das Wissen um den eigenen Platz in Gottes Ordnung und um die eignen Grenzen macht bescheiden und demütig. Zum Empfang der Weisheit gehört eine bestimmte Bereitschaft. Die Sinne müssen darauf gerichtet sein (Spr 2,2; 5,1), man muß bereit sein, sich raten zu lassen (Spr 13,10). Wer die Weisheit nur hören will, um dann doch zu tun, was ihm gefällt, bleibt verschlossen, so daß die Weisheit nicht in sein Herz eingehen kann (Spr 2,10). Auch wer in seinem Wesen ein Spötter ist, kann die Weisheit nie finden, wenn er auch noch so sehr nach ihr sucht (Spr 14,6).

Von hier aus ist zu verstehen, daß die Weisheit für die Narren grundsätzlich unerreichbar ist; sie ist ihnen zu hoch (Spr 24,7). Darum soll man vor der Narren Ohren keine Weisheit lehren (Spr 23,9). Ein → Narr aber ist, wer sich auf sein eigenes Herz verläßt (Spr 28,26), mit seinen wechselnden Gelüsten wird es ihn nie den geraden Weg Gottes gehen lassen.

Von solcher Weisheit spricht auch das NT. Die Königin von Saba reist zu Salomo, um Weisheit zu lernen, aber die Hörer Jesu wollten seine Weisheit nicht annehmen, obwohl er doch mehr ist als Salomo (Mt 12,42). In Jesus spricht die Weisheit Gottes (Lk 11,49). Gerade nach dem Hören der Gleichnisse fragen die Gegner, woher ihm solche Weisheit kommt (Mt 13,54). Die Apostel aber wissen, daß uns Christus gemacht ist zur Weisheit (1 Kor 1,30) und daß der Geist lehrt, zu reden von der Weisheit (1 Kor 12,8). Ob wir aber in der Weisheit der S. S. schon Christus selber sehen dürfen, bleibt eine offene Frage.

Grundlage aller rechten Weisheit ist die Furcht des Herrn. Sie ist der Anfang der Erkenntnis, ist der innere Halt im Leben, während Zucht als äußerer Halt dazutritt (Spr 1,7). Wer mit Fleiß nach Weisheit sucht, lernt die Furcht des Herrn verstehen, der allein Weisheit, Erkenntnis und Verstand gibt (Spr 2,5). Die Furcht des Herrn gibt dem Leben Sicherheit, ist seine Quelle und fördert es (Spr 10,27; 14,26.27; 19,23), denn sie hält ab vom Bösen (Spr 3,7; 8,13; 14,2; 16,6). Wer in Not kommt, weil er Gott nicht fürchtete, wird dann vergeblich schreien, Gott wird nicht auf ihn achten (Spr 1,24–31). Darum gilt es, ohne Unterlaß täglich in der Furcht des Herrn zu bleiben (Spr 23,17).

Von dieser Grundlage wollen die Einzelaussagen verstanden werden, die in alle Gebiete des Lebens führen. Sie behandeln die Beziehung der Geschlechter zueinander und zeichnen in treffenden Bildern, wie sich die Zuchtlosigkeit der Frau in Unreinheit (Spr 11,22) und Herrschsucht (Spr 19,13; 21,9; 25,24; 27,15) zeigt. Diese Entartung hebt sich ab von dem hellen Hintergrund der tüchtigen Hausfrau, die immer wieder gerühmt wird (Spr 11,16; 12,4; 14,1; 19,14). Auf der andern Seite müssen dem Manne Schranken gesetzt werden, damit er der Frau seiner Jugend treu bleibt (Spr 5,18) und nicht nach anderen Frauen sieht (Spr 2,16; 6,26; 23,33). Ausgemalt wird das Schicksal des Mannes, der sich einbildet, eine Eroberung gemacht zu haben, und doch nur wie ein Ochse zur Schlachtbank geführt wird (Spr 7,6–23).

Ebenso suchen die S. S., zur Weisheit auf allen andern Gebieten des Lebens zu leiten. Da werden die Ursachen selbstverschuldeter Armut aufgezeigt (Spr 10, 4; 20,13) und ihre Wirkung (Spr 10,15). Doch auch der Reiche wird an seine Pflichten erinnert (Spr 14, 31; 22,22). Wahrer Reichtum liegt nicht in äußeren Gütern (Spr 13,7; 19,1.22). Die Weisheit lehrt auch hier das richtige Gebet (Spr 30,8.9). Es ist weise Ordnung Gottes, daß Reiche und Arme untereinander wohnen (Spr 22,2).

Als häufiger in den S. S. behandelte Fragen sind weiter zu nennen: Geiz (Spr 1,19; 15,27; 17,8; 23, 6–8; 28,8.22), Lüge (Spr 6,17; 8,13; 12,19–22; 13, 5; 21,6; 29,12), Faulheit (Spr 6,6–11; 10,4.26; 12, 11.24.27; 13,4; 21,25; 24,30; 26,14) und Wohltätigkeit (Spr 3, 9.10; 11,17.24.25; 14,21.31; 21,3).

Spützen → Speichel, Speien II

Stab → Stecken und Stab

Stachel. Der Pflüger trieb seine Tiere mit einem langen Stab an, der an der einen Seite mit einer Metallspitze versehen war und an der andern Seite eine kleine Schaufel hatte, mit der die Erde von der Pflugschar entfernt wurde (1 Sam 13,21). Dies Gerät erzwang den Gehorsam des störrischen Zugtiers (Apg 9,5) und konnte auch als Waffe dienen (Ri 3,31 LÜ Ochsenstecken).

In Hi 40,26[21] ist wohl ein spitzer Haken gemeint; in Spr 22,5 eine Falle oder Fußangel.

In übertragenem Sinn werden die Worte des Weisen, die den Menschen leiten und anspornen, S. genannt (Pred 12,11), und in 1 Kor 15,55.56 wird die Sünde als S. des Todes bezeichnet, weil sie auf den Weg des Todes treibt.

Stachys »Ähre«,
Christ in Rom, den Paulus grüßen läßt (Röm 16,9).

Stadt. I) Die »Stadt« (hebr. *ir;* dt. Wurzel *sta* = stehen, *stat* = Ort, Stätte) bezeichnet den festen Wohnsitz im Gegensatz zu den beweglichen Hirtenzelten (4 Mo 32,41 ZÜ, MÜ), den offenen Dörfern (Jos 15,32ff, Neh 6,2) und dem Acker (5 Mo 28,3).

II) Städte entstehen in Gegenden seßhafter Landbevölkerung als Siedlungen der Handwerker und Kaufleute, vielfach zugleich als Herrschersitze (vgl. die zahlreichen palästinensisch-syr. Stadtkönigreiche). Als erste Städtegründer werden in der HS Kain (1 Mo 4,17) und Nimrod (1 Mo 10,8–12) genannt, Stadt und politische Macht sind untrennbar. Eine bes. Rolle als Handels-, Verkehrs- und auch Machtmittelpunkte spielen in Palästina einerseits die Hafenstädte der Phönizier im W, anderseits die Städte am Rande der Wüste, des von Nomaden bewohnten Gebiets, wie Damaskus, Rabba, Petra und Beer-Seba.

III, 1) Lage und Struktur einer S. sind durch verschiedene Voraussetzungen bedingt. Fruchtbarer Boden in der Umgebung mußte die Ernährung der S. sicherstellen können (vgl. Jes 28,1), und gute → Brunnen waren zur ausreichenden Bewässerung des Landes und Wasserversorgung der S. nötig. Man wählte als Bauort gern schwer zugängliche und durch Täler nach mehreren Seiten begrenzte Höhen (vgl. Jos 11,13; Mt 5,14), möglichst an bedeutenden Verkehrsstraßen (vgl. Jericho, Kapernaum, Samaria, Sichem; vgl. → Straße). Solche Städte, die in späterer Zeit vielfach Handelsmittelpunkt wurden, dien-

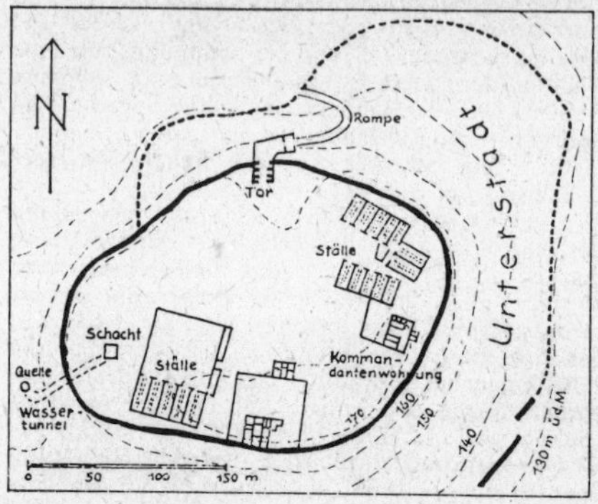

Plan von Megiddo, der einzigen bisher archäologisch sicher nachgewiesenen Wagenstadt Salomos, mit den Kasernen und Pferdeställen. Bei der letzten Ausgrabung fand man unter der Schicht der Ställe jedoch eine Kasemattenmauer, die Yadin der salomonischen, von Sisak zerstörten Stadt zuschreibt. Dann wären die bisher gefundenen Ställe und die massive Mauer eher in die Zeit Ahabs zu setzen.

ten den kleineren Dörfern und Orten ihrer Umgebung, über die sie die Gerichtsbarkeit ausübten, in Kriegszeiten als Fluchtburg (vgl. Hes 38,11; Neh 11,25).

2) Durch Befestigungen (→ Festung) wurde der natürliche Schutz einer S. verstärkt. S.mauern bis zu $8^1/_2$ m Dicke und zwischen 5 und 10 m Höhe hat man z. B. in Megiddo ausgegraben. Gewaltige, zum Teil doppelte S.tore verschlossen die S. vor dem heranrückenden Feind. Schwere vorspringende Türme und Brustwehren erhöhten die Verteidigungskraft. Letzten Zufluchtsort innerhalb der S. bot meist eine Zitadelle.

3) Der Bau der S. geschah meist auf kleiner Fläche (Megiddo 5 ha; Sichem 4 ha; Jericho 2,5 ha). Dementsprechend waren die → Straßen und → Gassen eng. Größere Volksversammlungen hielt man darum gern im → Tor, das in atl. Zeit den → Markt ersetzte. Hier wurde auch Recht gesprochen (vgl. Ps 118,19; Spr 22,22) und die S. verwaltet.

Gewisse Gewerbe hatten in den Städten ihre eigenen Straßen, etwa die Bäcker (Jer 37,21) oder die Goldschmiede. In bestimmten Straßen konzentrierten sich die Krämer mit ihren Basaren (1 Kö 20,34; Neh 3,31). Den Wasserbedarf deckten die Städte, die keine Quellen innerhalb der Mauern hatten, durch Wasserleitungen wie in → Jerusalem (2 Kö 20,20; Jes 7,3; 22,9.11 → Siloah) oder durch → Zisternen (vgl. → Mesastein). In hellenistischer und römischer Zeit, bes. unter Herodes d. Gr. und seinen Nachfolgern, nahm die Bautätigkeit zu. Sie verschönerten die Städte durch Gärten und die Straßen durch Grünanlagen (z. B. → Jericho; vgl. Lk 19,4), legten Marktplätze an und errichteten Badeanlagen, Rennbahnen und Amphitheater (vgl. → Jerusalem, → Samaria).

4) Über das städtische Gemeinwesen in Israel und die Verwaltung der S. berichtet die Bibel nur spärlich. Für eine S. handeln stellvertretend ihre Älte-

sten (1 Sam 11,3). Nicht alle Städte hatten eigene Gerichtsbarkeit, wohl aber Polizeiverwaltung (vgl. → Markt). Dem städtischen Gemeinwesen standen wohl – den mosaischen Ordnungen entsprechend – Älteste, Richter, Amtleute und Schreiber vor (vgl. 5 Mo 16,18; 19,1–13; 21,2.19), die für das Steuerwesen und die Instandhaltung der Wehranlagen und Straßen zu sorgen hatten. Von Stadtobersten und Stadtvögten (Bürgermeistern) berichten: 1 Kö 22,26; 2 Kö 23,8; 2 Chron 18,25; Neh 3,18. Turmwächter hielten die Wacht auf den Mauern (2 Sam 18,24; 2 Kö 9,17f), während die »Wächter« für die Ordnung in der Stadt sorgten (Ps 127,1; Hl 3,3 u. ö.). Hes 13,9 (vgl. EÜ, ZÜ) scheint eine Bürgerliste der Städte Israels erwähnt zu sein.

Die röm. Städte wurden im allg. von zwei Obersten oder Hauptleuten, Prätoren oder Duumvirn (griech. *strataegoi)* genannt, verwaltet. Dieses Amt entsprach dem der zwei Konsuln in Rom. Auch den Prätoren unterstanden wie den röm. Konsuln die Liktoren oder »S.diener« (Apg 16,35.38). Die griech. S. Thessalonich leitete ein S.oberster, ein »Politarch« (Apg 17,6.8), die Weltstadt Ephesus ein → Kanzler, ein »Grammateus« (Apg 19,35).

IV) Die Städte sind in ihrem Bau und ihrer inneren Struktur ein Spiegel ihrer Zeit. Die S.mauern der Bronzezeit waren so gewaltig (vgl. Taf. 47/736), daß die Kundschafter berichteten, »die Städte seien groß und bis an den Himmel vermauert« (5 Mo 1, 28). Die Mauern der Eisenzeit sind meist wesentlich schwächer. Oft sind sie längst verfallen, während die darunterliegenden Mauern der Bronzezeit, die man als Fundamente benutzt hatte, noch stehen.

Architektur und politische wie soziale Verhältnisse entsprechen einander. Die schweren Mauern der Bronzezeit stammen aus der Zeit der Kanaaniter, in der die Bevölkerung unter ihren Stadtkönigen Frondienste verrichten mußte. Solch ein Königtum, in dem die Arbeitskraft der Bevölkerung ganz nach Belieben des Königs eingesetzt werden konnte, hat Israel zunächst nicht gekannt; erst unter Salomo entfaltet sich auch in Israel eine größere Bautätigkeit (vgl. die Ausgrabungen von Megiddo). Für diese Arbeiten zog Salomo die unterworfene kanaanitische Bevölkerung zum → Frondienst heran (1 Kö 9,15.20.21). Die starken Befestigungen von → Mizpa und anderen Grenzorten sind Zeugnisse der Kämpfe zwischen Juda und Israel nach der Reichsteilung. Das Einströmen griech. Kultur nach Palästina veranschaulichen die weiträumigen hellenistischen S.anlagen.

V, 1) Der Name einer S. gibt oft Auskunft über:
a) ihre Lage:
Rama, Ramoth = Hügel. Zusammensetzungen mit »Abel« bezeichnen eine Aue (2 Sam 20,15) mit »En« oder »Ain« eine Quelle (Jos 15,34), mit »Beer« einen Brunnen (V 28) und mit »Emek« ein Tal (Jos 18,21).
b) die Fruchtbarkeit der Umgegend und die Tätigkeit ihrer Bewohner:
Bethphage = Haus der Feige; Ahelab = Fettigkeit; Bethsaida = Fischhaus; Bethlehem = Haus des Brotes.
c) Die Verehrung einer Gottheit:
Astaroth-Karnaim; Beth-Dagon = Haus des Dagon; Jericho = Mondstadt.
d) ihren Gönner bzw. Erbauer:
Cäsarea ist »Kaiser« Augustus zu Ehren, Antipatris von Herodes d. Gr. zu Ehren seines Vaters benannt. Samaria erhielt den griech. Namen Sebaste ebenfalls nach → Augustus.
2) Jerusalem wird als Hauptstadt des Landes vielfach einfach als »die S.« bezeichnet (Mt 21,17.18; 26,18; 28,11; Lk 19,41).

VI) Vgl. weiter die Einzelartikel über die wichtigsten Städte, z. B. → Babel, → Beth-Sean, → Damaskus, → Jerusalem, → Megiddo, → Samaria, → Sichem usw.; ferner → Freistadt, → Leviten; auch → Jerusalem, himmlisches.

Stadtdiener oder Liktoren waren Beamte, die die Aufträge oder Urteile der beiden Prätoren (LÜ Hauptleute; → Hauptmann II,2), die an der Spitze römischer Provinzstädte standen, auszuführen hatten (Apg 16,35.38).

Stakte. Das hebr. Wort *nathap* (eigentl. »Tropfen«), das Luther in 2 Mo 30,34 nach der LXX (griech. *staktae)* mit S. übersetzt, bezeichnet ein Räucherharz, das nur an dieser einen Stelle und zwar als Bestandteil des heiligen Räuchwerks der Stiftshütte erwähnt wird.

Ob es sich bei diesem Wort um eine andere Bezeichnung für das Harz des Mastixstrauchs (vgl. → Mastix) handelt oder um den Storax, das Harz des Storaxstrauchs (vgl. → Linde), läßt sich nicht mit Sicherheit entscheiden.

Stall → Viehzucht

Stamm. I) Die 12 STÄMME ISRAELS (1 Mo 49,28) bilden das Gottesvolk des AT, dessen Geschichte durch ihre Verschiedenheit und doch untrennbare Zusammengehörigkeit bestimmt wird. Obwohl die Reihenfolge der Namen ständig wechselt – nur bei den beiden Volkszählungen einerseits (4 Mo 1; 26) und in der Lager-, Opfer- und Marschordnung auf der Wüstenwanderung anderseits (4 Mo 2,1–34; 7, 10–83; 10,13–27) ist sie gleich –, wird doch die Zwölfzahl unverändert festgehalten. Zur Bezeichnung des ganzen Volkes bleibt sie noch gültig, nachdem 10 Stämme lange untergegangen sind (Apg 26, 7), und wird auch beibehalten, wo unter Israel das Gottesvolk des NT verstanden wird (Jak 1,1). Nach der Zahl der Stämme werden Denksteine errichtet (2 Mo 24,4; Jos 4), Elia baut seinen Altar aus 12 Steinen (1 Kö 18,31.32), und die Edelsteine auf dem → Amtschild des Hohenpriesters tragen die 12 Stammesnamen (2 Mo 28,21).

1) Die NAMEN der Stämme sind die der Söhne → Jakobs, dessen neuer Name → Israel (1 Mo 32,29 [28]) zugleich Sammelname des Volkes wird, das den einen wahren Gott verehrt. Nach dem Bericht der HS vollzieht sich die Volkwerdung wesentlich in → Ägypten. Der entscheidende Punkt ist allerdings die Gesetzgebung auf dem → Sinai; von da an bestimmen → Gesetz und → Bundeslade Zusammenhalt und Lebensregel der Stämme.

Als Jakob nach Ägypten zog, waren er und seine Söhne und Enkel 70 Männer (1 Mo 46,27), die jeder wieder seine eigene Familie und sein Gesinde hatten. Ihre Nachkommenschaft wuchs innerhalb von 430 Jahren, ohne sich mit den Ägyptern zu vermischen, zu einem Volk von rund 600000 wehrfähigen Männern an. Solche Vermehrung erscheint schon bei 10 Generationsfolgen in diesem Zeitraum durchaus möglich. Wenn zwischen Levi und den Söhnen Moses (2 Mo 6,16–25; 2,2) auch nur Kahath, Amram und Mose aufgeführt werden, so steht dem eine größere Anzahl von Namen von Juda bis Bezaleel (1 Chron 2,3–5.18–20) und von Ephraim bis Josua (1 Chron 7,22–27) gegenüber. Ein Auslassen einzelner Glieder findet sich auch sonst in biblischen → Geschlechtsregistern (vgl. Mt 1,1–16; Es 7,1–5 mit 1 Chron 5,29[6,3]–40[14]).

2a) Die GLIEDERUNG des Volkes, des Hauses Israel (2 Mo 40,38), ergibt sich aus Abstammung und Verwandtschaft und ist auch während der Bedrückung in Ägypten erhalten geblieben. Die Nachkommen jedes der 12 Söhne Jakobs bilden einen S., von denen Joseph die beiden Unterstämme Manasse und Ephraim umfaßt, die selbständig gezählt werden (4 Mo 1,32.34), seit Levi für den Dienst am Heiligtum aus dem Verband der anderen Stämme herausgenommen wurde. Wo Levi mitgezählt wird, werden sie als S. Joseph zusammengefaßt (5 Mo 27, 12.13).

b) Jeder S. besteht aus mehreren → »Geschlechtern«, die sich meist auf Enkel oder Urenkel Jakobs zurückführen und in »Häuser« oder »Vaterhäuser« gegliedert sind. Innerhalb der Vaterhäuser bilden die Männer, die einzelnen Familien- und Hausväter, die kleinste selbständige Einheit (vgl. Jos 7,14.16–18; 4 Mo 1,2.18; 1 Sam 10,20.21; 1 Chron 23,7–11). Aus den Leitern all dieser Gruppen setzen sich die → Ältesten Israels (2 Mo 4,29) zusammen, unter denen es wohl zunächst keine festgeregelten Unterschiede und Abstufungen gegeben hat.

c) Auf der → Wüstenwanderung zeigte sich aber bald die Notwendigkeit einer strafferen Organisation, und so wählte Mose auf den Rat Jethros aus den Ältesten geeignete Männer aus und setzte sie als Richter und Amtleute zu Oberhäuptern über 1000, 100, 50 und 10 ein (2 Mo 18,25.26; 5 Mo 1, 15.16). Nach dieser Einteilung wird von den »Tausenden« Israels gesprochen (4 Mo 10,36), und wir finden sie in den Ergebnissen der Volkszählungen wieder, deren abgerundete Zahlen meist auf Hunderter (4 Mo 1,21), gelegentlich aber auch auf Fünfziger (V 25.46; 2,15.16.32; 4,36) oder Zehner enden (V 40.48; 26,7.51).

Eine entsprechende Gliederung, die sichtlich auf der der Stämme beruht, finden wir nun auch im isrl. → Heer mit seinen Hauptleuten über 1000, 100 und 50. Die Offiziere scheinen jedoch nicht einfach die Häupter oder Ältesten gewesen zu sein: in 5 Mo 20,5–9 wird zwischen Amtleuten und Hauptleuten unterschieden. Sonst mag die Stammes- und Heeresgliederung weitgehend zusammengefallen sein, eine Reihe von Stellen weist auf die Gleichsetzung von Tausendschaft und Vaterhaus hin (4 Mo 1,4.16; Jos 22,14 EÜ; V 21.30; Ri 6,15 EÜ; 1 Chron 27,1; 2 Chron 17,14; 25,5). Danach hätte sich die Neuordnung des Mose der alten Familienverbände bedient; und wenn dann die wehrfähigen Männer eines Vaterhauses eine militärische Tausendschaft gebildet haben, wird deren Stärke wechselnd und wahrscheinlich vielfach geringer anzusetzen sein, als die Bezeichnung andeutet.

d) Für besondere Aufgaben stellte jeder S. einen Mann oder → Fürsten (4 Mo 13,2[3]; 34,18; Jos 22,14). Die verantwortlichen Führer der einzelnen Stämme, die 12 Stammesfürsten und → Obersten der Gemeinde (4 Mo 1,4–16), hatte der Herr bestimmt, der Mose außerdem 70 Älteste zu seiner Entlastung in der Leitung des Volkes auswählen ließ (4 Mo 11,16.17).

3) NACH DER EROBERUNG KANAANS erhielt jeder S. ein Gebiet des Landes zugewiesen, in dem er sich geschlossen ansiedelte (vgl. dazu die Art. unter den einzelnen Stammesnamen). Für die Leviten wurden dabei 48 Städte in den verschiedenen Teilen des Landes ausgesondert (Jos 21), während Simeon ohne feste Stammesgrenze im Gebiet Judas siedelte (Jos 19,1.9). Vgl. Taf. 97/1536; Abb. Sp. 846.

Nachdem Josua gestorben war, ging die Geschichte einzelner Stämme oder Stämmegruppen vielfach eigene Wege. Besonders Juda stand ausgesprochen für sich, durch das Gebiet der Gibeoniter und Jebusiter von den übrigen Stämmen getrennt. Wenn der Volkszushg. auch während der → Richterzeit bewahrt und durch die Könige neu gefestigt wurde, so wirkte sich die Zentralgewalt doch nachteilig für die Organisation der Stammesverbände aus. Unter David werden 1 Chron 27,16–22 für Gad und Asser keine eigenen Stammesfürsten mehr genannt. Die Neuordnung der Reichsverwaltung unter Salomo (1 Kö 4,7–19) wird das noch verstärkt haben. Bei seinem Tod zerfiel Israel in das Südreich Juda mit Simeon und einem Teil Benjamins und das Nordreich der übrigen 10 Stämme, das 723/2 v. Chr. unterging. 586 v. Chr. wanderte auch der S. Juda in die babyl. Gefangenschaft, aus der nur ein Teil des Volkes zurückkehrte.

Aber auch über den Untergang hinaus blieb auf Grund der prophetischen Verheißungen die Hoffnung auf eine Wiederherstellung des Volkes in allen seinen Stämmen bestehen (Jes 11,11.12), wie sie Hes 47,13; 48,1–29 und das Gesicht in Offb 7, 4–8 verkündigen.

Jesus verheißt den Jüngern, daß sie die 12 Geschlechter (Mt 19,28; LÜ hat im NT stets »Geschlecht« für S.) Israels richten werden. Paulus spricht von den 12 Stämmen der Unsern (Apg 26, 7) und betont seine rein jüd. Herkunft aus dem S. Benjamin (Phil 3,5). Jakobus schreibt an die 12 Stämme in der Zerstreuung (Jak 1,1). Und auf den Toren des neuen Jerusalem stehen die Namen der 12 Stämme Israels (Offb 21,12), wie auch die Tore der bei Hes verheißenen Stadt nach ihnen genannt sind (Hes 48,31–34).

II) Bildlich bezeichnet »S.« (Hi 14,8) den Wurzelstock des gefällten Baumes, in Jes 6,13; 11,1 als Gleichnis für den → Rest Israels. Vgl. Stock (Dan 4,12.20.23). Angewandt ist dieses Bild auch Röm 11,17–24, wo Paulus die Fortsetzung der Heilslinie des alten Bundes im neuen Gottesvolk hervorheben will: Wer hinzukommt, wird mit dem alten S. verbunden.

Stämpfel (Spr 27,22) → Mörser

Stange → Bundeslade, → Waffen u. Geräte

Starkes Getränk → Trank

Stater → Geld

Staub. Man wirft sich S. auf den Kopf zum Zeichen der Trauer (Jos 7,6; Klgl 2,10; Hes 27,30; Offb 18,19; vgl. → Klage) und tut Buße in S. und → Asche (Hi 42,6). Im S. sitzen bedeutet Erniedrigung und Verachtung (Jes 47,1; 1 Sam 2,8; Ps 113,7; vgl. Jes 52,2). S. lecken ist die Gebärde völliger Unterwerfung (Ps 72,9; Jes 49,23; Mi 7,17; vgl. Klgl 3, 29), vgl. → Kuß. Zum Abschütteln des S. (vgl. Apg 22,23) → Fuß VI.

Staupe, stäupen bedeutet Schläge, Prügel bzw. schlagen, prügeln (Mt 21,35; Mk 12,3.5), auch übertragen im Sinn des richtenden und erziehenden Handelns Gottes (Jer 30,14; Hebr 12,6). Mehrfach ist die → Strafe der öffentlichen Geißelung (→ Geißel) gemeint (Apg 5,40; 16,22; 2 Kor 11,25).

Stechen. I) Ein »Mal am Körper s.« war ein heidnischer Brauch zum Zeichen der Trauer um Verstorbene, bei dem man die Haut mit einem scharfen Instrument mehrfach ritzte. Den Israeliten war dieser Brauch verboten (3 Mo 21,5; 5 Mo 14,1). Daß er trotzdem geübt wurde, zeigt Jer 16,6 und 41,5.

II) In 1 Mo 3,15 steht für »zertreten« und »stechen« dasselbe hebr. Wort *(schup)*, das außerdem noch in Hi 9,17 (LÜ fährt über) und Ps 139,11 (LÜ decken) vorkommt. Seine Bedeutung ist nicht völlig klar. Manche nehmen zwei gleichlautende, aber sprachlich voneinander unabhängige Worte *schup* an, eines mit der Bedeutung »zermalmen« (1 Mo 3, 15a), das andere mit der Bedeutung »nach etwas trachten, nach etwas schnappen« (1 Mo 3,15b; Hi 9, 17; Ps 139,11).

III) Zum Sonnenstich (Ps 121,6) vgl. → Krankheiten: Sonnenstich. Auch dem Mond schrieb man unheilvollen Einfluß zu (ebd.), vgl. → Krankheiten: mondsüchtig.

Stecken und Stab. Der palästinensische Hirt trägt eine Keule als Verteidigungswaffe gegen Räuber oder wilde Tiere und einen Stab zum Aufstützen und zum Leiten der Schafe. Die Keule ist in der Regel ein knapp 1 m langer Knüppel aus zähem Eichenholz mit einem verdickten Ende. Der Stab ist etwas länger und mit einem bogen- oder T-förmigen Griff versehen.

Das Nebeneinander von »Stecken und Stab« im Bild des Hirten Ps 23,4 legt es nahe, im ersten die Keule und im zweiten den Stab zum Stützen zu sehen, zumal der Stecken (hebr. *schebät*) auch sonst als Waffe erwähnt wird (2 Sam 23,21) und die Grundbedeutung des mit Stab übersetzten Wortes (hebr. *mischänät*) »Stütze« ist. Vgl. → Zepter.

Steg → Weg

Stehlen → Dieb

Steig → Weg

Steige → Adummim, → Akrabbim

Stein → Edelstein, → Kalk, Kalkstein, → Marmor; → Eckstein, → Laststein; → Festung, → Handwerk III, → Haus, → Maurer; → Brunnen I,2, → Grab III,7, → Grab Jesu; → Grenze, → Mal, → Säule; → Schleuder.

Steinbock. Das hebr. Wort *akkho*, das in 5 Mo 14, 5 (LÜ S.) unter den reinen Tieren genannt wird, bezeichnet einen Wiederkäuer, vermutlich eine Wildziegenart. Man hat an eine Unterart des im Vorderen Orient heimischen S. (vgl. → Gemse) gedacht, daneben aber auch an die Bezoarziege *(Capra aegagrus)*, die wilde Stammart aller Hausziegenrassen, mit langen, weit nach hinten geschwungenen Hörnern. Sie war früher über ganz Westasien verbreitet und kommt heute noch auf einigen griech. Inseln vor, in Kleinasien bis zum Kaukasus und von Persien bis Pakistan.

Steinigen → Strafe

Steinmetz → Handwerk III

Steinschneider, Handwerker, die ähnlich den Siegelstechern Namen oder Zeichnungen in Steine einschnitten (2 Mo 28,11). Vgl. → Siegel I,2.

Stephanas »Kranz, Krone«.
Christ in Korinth, dessen Hausgenossen von Paulus getauft worden waren (1 Kor 1,16). Sie waren die ersten Gläubigen in → Achaja und hatten sich in den Dienst der Gemeinde gestellt (1 Kor 16,15). S. selber gehörte zu den Abgesandten aus Korinth, die Paulus in Ephesus aufsuchten (V 17).

Stephanus »Kranz, Krone«,
Einer der 7 Männer, die in Jerusalem gewählt wurden, um die Witwen der griech. sprechenden Judenchristen, der Hellenisten, zu versorgen, da diese Frauen in Gefahr kamen, von den Hebräern, den aram. redenden, übergangen zu werden (Apg 6,1–6). Der griech. Name des S. läßt vermuten, daß er selber zu den Hellenisten gehörte. Für seine Wahl zum → Diener (IV) war entscheidend, daß er voll Glaubens und heiligen Geistes war. Er wirkte als Evangelist und tat Wunder und große Zeichen. Das weckte den Haß hellenistischer Juden in Jerusalem, die anfangs vergeblich versuchten, ihn zu widerlegen, und dann die falsche Anklage gegen ihn vorbringen ließen, er habe Gott, Mose und den Tempel gelästert. S. wurde gefangengenommen und vor den Hohen → Rat gestellt (Apg 6,8–15). Hier hielt er eine Verteidigungsrede (Apg 7,1–53), in der er die isrl. Geschichte bis zum Tempelbau Salomos verfolgt und dabei zeigt, daß der Dienst des Herrn nicht an den Tempel in Jerusalem gebunden ist, und zugleich, daß Israel Gott immer aufs neue widerstanden hat. Als S. dann zu einer harten Strafrede übergeht, können seine Richter es nicht mehr ertragen, sie fallen über ihn her und steinigen ihn außerhalb der Stadt (Apg 7,54–59). Wahrscheinlich handelte es sich um einen tumultartigen Übergriff der Menge, denn ohne die Zustimmung der Römer hatten die Juden nicht mehr das Recht, jemand zu töten (Joh 18,31). Im Tod des S. wurde Gottes Herrlichkeit offenbar.

Seine Ermordung gab dann das Signal zu einer großen Verfolgung der Christen in Jerusalem (Apg 8,1) unter der Führung des Saulus (→ Paulus), durch die die Gläubigen – und vor allem wohl die Hellenisten unter ihnen, denn die Apostel blieben zurück – gezwungen wurden, die Stadt zu verlassen. Diese Verfolgung wurde von großer Bedeutung für die folgende Zeit. Denn auf der einen Seite beginnen die Flüchtlinge nun, das Evangelium außerhalb Jerusalems zu verkündigen, bis nach Zypern und Antiochien hin (Apg 8; 11,19), anderseits bedeutet es das Ende der Mission in Jerusalem.

Sterben, sterblich → Tod

Stern. I) Der Sternenhimmel ist dem Israeliten Aufruf zur Anbetung Gottes (Ps 8,4; 148,3), der die Sterne geschaffen hat (1 Mo 1,16; Ps 136,7ff) und alle Sterne nach Zahl und Namen kennt (Ps 147,4; Jes 40,26).

Mehrere Sternbilder und Einzelsterne werden mit Namen genannt. Nur wissen wir nicht immer, welche Sterne damit gemeint sind. → Morgenstern (Hi 38,32), → Orion und → Plejaden (= Siebengestirn Hi 9,9; 38,31; Am 5,8). Der »Wagen« (Hi 9,9) oder »Bär« (Hi 38,32) ist viell. mit dem Sternbild des Löwen gleichzusetzen. Seine »Jungen« sind möglicherweise einige Sterne der Jungfrau, welche im Arab. »die Hunde, die hinter dem Löwen herkläffen« heißen.

Oft ist der Sternenhimmel Gleichnis für eine unzählbare Menge (1 Mo 15,5; 22,17; 5 Mo 1,10; Nah 3,16; Hebr 11,12). Trotz aller Bewunderung für die Erhabenheit der Sterne, gelten sie doch als Geschöpfe Gottes, die wie Sonne und Mond als Lichter (»Lampen«) am Himmelsgewölbe (→ Himmel) ihre Aufgabe zu erfüllen haben (1 Mo 1,15f; Jer 31,35; vgl. → Schöpfung). Gott lenkt die Bahn der Sterne (Hi 38,32), er hält die Sternbilder zusammen (Hi 38,31), und er bestimmt, ob die Gestirne aufgehen sollen oder nicht (Hi 9,7). – Gott versiegelt die Sterne, d. h. er versiegelt ihnen das Tor, so daß sie nicht aufgehen können (ebd.).

II) Auch in Israel hielt man die Sterne für Wesen, die Gott loben (Ps 148,3) oder auch kämpfen können (Ri 5,20), im Gegensatz zu anderen Völkern aber nicht für Götter. Gestirndienst war nach dem Gesetz (5 Mo 4,19) verboten. Jedoch sind auch die Israeliten zeitweise dem Sternenkult verfallen. Nach Apg 7,43 führte das Volk den S. eines Gottes → Remphan mit sich in der Wüste (vgl. Am 5,26; → Sikkuth; → Chiun). König Manasse begann mit der Verehrung des Himmelsheers auch im Jerusalemer Tempel (2 Kö 21,5; 2 Chron 33,3). Josia schaffte diesen → Götzendienst (V) zwar wieder ab (2 Kö 23, 4.5.11), aber noch Jeremia und Hesekiel kämpfen gegen den Sternen- und Sonnendienst (Jer 8,2; 19, 13; Hes 8,16). Vgl. → Asthoreth.
Mit dem Gestirnskult eng verbunden war vielfach die Kunst der Sterndeutung (→ Sternseher, → Wahrsager), die in Babylon sehr gepflegt wurde (Dan 2,27; 4,4; 5,11). Doch benutzte sie der Herr auch einmal, um den → Weisen aus dem Morgenland die Geburt des Messias anzukündigen (Mt 2, 2).

III) Wenn sich die Gestirne verfinstern, ist die Zeit besonderer Gerichte gekommen (Hes 32,7; Jo 3,4). Jesus nennt unter den Zeichen, die seine Wiederkunft ankündigen, Veränderungen an den Gestirnen (Mt 24,29; Lk 21,25), und auch die Offb sagt kosmische Katastrophen für die Endzeit voraus (Offb 6,13; 8,12; 12,4; vgl. Dan 8,10).

IV) In übertragener Bedeutung wird vom Messias als dem Stern aus Jakob (4 Mo 24,17) und von Lehrern, die wie Sterne leuchten werden, gesprochen (Dan 12,3).

Sternseher, Sterngucker. Die in LÜ genannten S. (Dan 1,20; 2,2.10.27; 4,4.6; 5,11) sind → Wahrsager, während das in LÜ mit »Wahrsager« übersetzte aram. *gazerim* = »Bestimmer, Entscheider« (Dan 2,27; 4,4; 5,7.11) die eigentlichen chaldäischen Astrologen bezeichnet. Ebenfalls Astrologen sind die Sterngucker in Jes 47,13. Vgl. → Stern II.

Steuer wird im NT das von den Heidenchristen gesammelte Geld zur Unterstützung der Gemeinde in Jerusalem genannt (Röm 15,26; 1 Kor 16,1; 2 Kor 8,20; 9, 1.12.13). 2 Chron 24,6.9 ist die Tempelsteuer (→ Abgaben I) gemeint.

Steuern bedeutet Einhalt gebieten (Ps 46,10; 106, 30; Jer 3,5; Röm 9,28).

Sticken. Das hebr. Wort *rakham* bezeichnet wohl ein → Weben mit buntem Garn. Bezaleel und Oholiab waren Meister dieses Handwerks. Als Material werden blauer und roter → Purpur, → Scharlach und Leinen angegeben (2 Mo 35,35; 38,23). »Gestickt«, d. h. also buntgewebt, war der Gürtel des Hohenpriesters (2 Mo 28,39; 39,29) und offenbar auch die Cherubim auf den Teppichen und auf dem Vorhang der Stiftshütte (2 Mo 26,1.31; 36,8.35). Gestickte kostbare Kleider werden in Ri 5,30; Ps 45,15; Hes 16,10 und 26,16 erwähnt.

Stier → Farren, → Rind

Stiften = (feierlich) einsetzen, aufrichten (1 Kö 12, 32; Ps 111,4; Hos 10,1; Hebr 9,18). 2 Mo 20,24 wörtl. »wo ich an meinen Namen erinnern will«, d. h. »wo man mich verehren soll«.

Stiftshütte.

I) SACHE UND NAME.

1) Die S. ist das bewegliche Heiligtum, in dem der Herr seit der Gesetzgebung am Sinai unter Israel wohnte (2 Mo 25,8). Es wird bezeichnet als Wohnung (2 Mo 26,1), Wohnung oder Hütte (= Zelt) des Zeugnisses (2 Mo 38,21; 4 Mo 9,15; Apg 7,44; wobei Zeugnis sich auf die Gesetzestafeln bezieht, vgl. 2 Mo 25,16.21) und Haus des Herrn (2 Mo 34, 26; Jos 6,24). Die häufigste Bezeichnung, die LÜ mit »Hütte des Stifts« (2 Mo 40,34.35) wiedergibt, bedeutet wörtl. »Zelt der Zusammenkunft«, d. h. den Ort der Offenbarung des Herrn, »wo ich mit euch zusammenkommen werde, um daselbst mit dir (Mose) zu reden« (2 Mo 29,42 EÜ).
2) Davon zu unterscheiden ist ein anderes Zelt der Zusammenkunft (LÜ auch S., 2 Mo 33,7–11), das Mose zwischen dem Abfall zum goldenen Kalb und der Aufrichtung der eigentlichen S. außerhalb des Lagers aufschlug. Auch hier offenbarte sich der Herr, wir hören aber weder von Opfer noch Gottesdienst.

II) AUFTRAG UND AUSFÜHRUNG.
1) Den Auftrag zum Bau des Heiligtums erhielt Mose vom Herrn, der ihm auf dem Berg das Vorbild dazu zeigte (2 Mo 25,40; Apg 7,44; Hebr 8,5). Mose war damit für den Bau verantwortlich. Das nötige Material kam durch die → Abgaben (I) der gezählten Männer (2 Mo 38,25.26) und ein freiwilliges → Hebopfer des Volkes (2 Mo 35,4–29) zusammen. Die Israeliten brachten so reiche Gaben, daß Mose der Gebefreudigkeit Einhalt gebieten mußte (2 Mo 36,5.6).
Zur Ausführung berief und begabte der Herr den Judäer Bezaleel und den Daniten Oholiab, die die Arbeit leiteten und die übrigen Arbeiter unterwiesen (2 Mo 31,1–11; 35,30–35; 36,8).
2) Nach etwa einem halben Jahr war die S. mit ihren Geräten fertiggestellt und wurde zu Mose gebracht (2 Mo 39,32–43), der sie am 1. I. des Jahres 2 des Auszugs aufrichtete (2 Mo 40,17). Sieben Tage lang wurden S., Altar und Priester geweiht (2

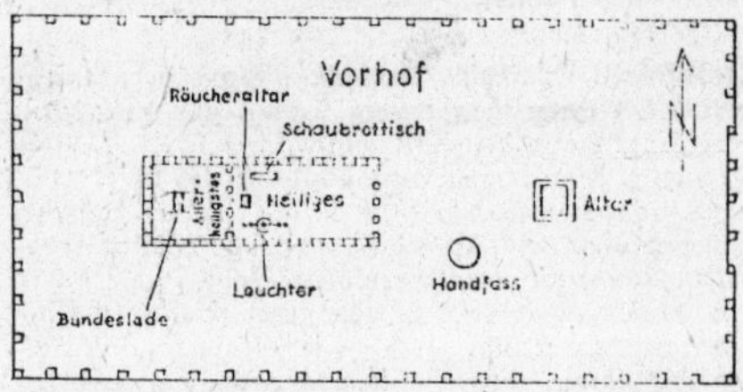

Grundriß der Stiftshütte

Mo 29,37; 3 Mo 8,33.35), am 8. Tage brachte Aaron sein erstes Opfer dar, und die Herrlichkeit des Herrn erfüllte die S. (3 Mo 9,1.23.24; 2 Mo 40,34. 35). Dann brachten die Stammesfürsten 12 Tage lang ihre Einweihungsopfer dar (4 Mo 7).

III) BESCHREIBUNG.
1) Die Beschreibung der S., ihrer Geräte und der Priesterkleidung wird uns zweimal gegeben, im Auftrag Gottes (2 Mo 25–30) und im Bericht vom Bau (2 Mo 36–39). Die Anweisungen Gottes beginnen mit dem Innersten und Wesentlichsten, der → Bundeslade und dem → Gnadenstuhl (2 Mo 25,10 –22), und wenden sich dann den äußeren Teilen der S. zu. Die Bundeslade stand im Allerheiligsten, dem innersten Teil des Zeltes, dem sich nach O das Heilige anschloß; dies beides war als eigentliche S. von

einem Vorhof umgeben. Das Allerheiligste war ein kubischer Raum von 10 Ellen (zu 52,5 cm; → Maße und Gewichte I,1) Seitenlänge, das Heilige war doppelt so lang, aber von gleicher Höhe und Breite. Im Heiligen stand an der Nordseite der goldene → Leuchter und an der Südseite der → Schaubrottisch, im W vor dem Vorhang, der mit → Cherubim bestickt war, der Rauchopferaltar (→ Altar), der auch noch zum Allerheiligsten gehörte (vgl. 1 Kö 6, 22 EÜ; Hebr 9,3.4).

2) Die beiden Längsseiten der S. setzten sich aus je 20 mit Goldblech überzogenen Akazienbrettern zusammen, je 10 Ellen hoch und 1½ Ellen breit (2 Mo 36,20ff). Die Bretter wurden durch 5 Riegel oder Stangen zusammengehalten, die durch Ringe geschoben wurden (V 31ff). Jedes Brett hatte am unteren Ende 2 Zapfen, mit denen es in zwei silber-

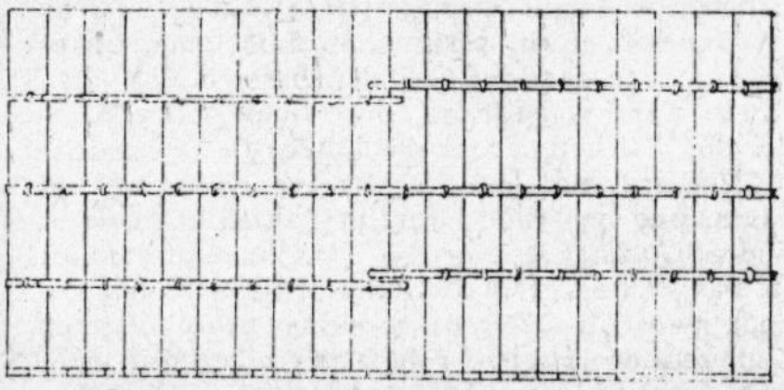

Rekonstruierte Ansicht einer Längswand der Stiftshütte mit den Riegeln, die die einzelnen Bretter zusammenhielten

nen Füßen von je etwa 35 kg ruhte. Die Westseite der S. bildeten 6 ebensolche Bretter mit 2 besonderen Eckbrettern.

Eine Reihe von 5 Säulen im O schloß mit einem vierfarbigen Vorhang die S. vom Vorhof ab, 4 Säulen im Innern mit einem entsprechenden Vorhang trennten Heiliges und Allerheiligstes (2 Mo 36,35 –38). Beim Gewebe der Vorhänge bestand wahrscheinlich das Kettgarn aus Leinen, während zum Einschlag Fäden aus blauem und rotem Purpur und Scharlach verwendet wurden.

Nach oben wurde die S. durch 2 Stoff- und 2 Lederdecken abgeschirmt. Die innerste und schönste war aus 10 einzelnen Teppichen zusammengesetzt, von gleicher Arbeit wie die Vorhänge und mit Cherubimstickerei verziert (2 Mo 26,1ff). Die beiden Teile dieser Decke wie der darüberliegenden aus Ziegenhaar waren durch 50 Schlaufen und ebensoviele Haken miteinander verknüpft. Über den beiden Stoffdecken lagen eine Decke aus gegerbten Widderfellen und darüber eine ebensolche von → »Dachsfellen« (= Seekuhhäuten; V 14), die durch Zeltpflöcke und Seile von der Holzwand schräg abgezogen wurden, damit das Wasser in der Regenzeit gut ablaufen konnte.

3) Den → Vorhof, der als Rechteck der Form der S. entsprach, bildeten 60 Säulen, je 20 an den Längsseiten von 100 Ellen und je 10 an den Schmalseiten von 50 Ellen (2 Mo 27,9ff). Die einzelnen Säulen waren 5 Ellen hoch, standen auf einem Erzsockel und wurden von Seilen an Erdpflöcken gehalten (4 Mo 4,32). Sie hielten in offenen silbernen Haken silberne Querstäbe, an denen ein weißer Leinenvorhang befestigt war, der die ganze S. vom Lager trennte. Den Eingang zum Vorhof bildete in der Mitte der Ostseite ein vierfarbiger Vorhang von 20 Ellen Breite.

4) Im Vorhof stand der Brandopferaltar (→ Altar) mit seinen Geräten (2 Mo 38,3), zwischen ihm und der S. das → Handfaß (2 Mo 40,6.7).

IV) Den DIENST am Heiligtum versahen → Priester und → Leviten (2 Mo 28,43; 29,30; 4 Mo 4,3). Die Leviten waren für die Geräte und für den Abbau, Transport und Wiederaufbau der S. verantwortlich (4 Mo 1,50.51); die Priester vollzogen das Opfer am Brandopferaltar (3 Mo 6,5[12].7[14]) und dienten am Rauchopferaltar, am Schaubrottisch und am goldenen Leuchter (2 Mo 30,7.8; 3 Mo 24,1–9). In das Allerheiligste aber, in das »Dunkel, da Gott ist« (vgl. 2 Mo 20,21) durfte nur der → Hohepriester einmal im Jahr, am großen → Versöhnungstag (3 Mo 16), gehen, um hinter dem Vorhang durch das Blut des Opfertieres dem Volk Versöhnung zu erwirken.

V) GESCHICHTE. Während der Wüstenwanderung stand die S. mitten im → Lager Israels, um sie herum lagerten im engeren Kreis Leviten und Priester (4 Mo 3,23.29.35.38), im weiteren Kreis die Stämme, je 3 an einer Seite (4 Mo 2). Über der S. lagerte sich die Wolken- und Feuersäule, die sich zum Zeichen des Aufbruches erhob (4 Mo 9,15–23). Unterwegs wurde das Heiligtum von den Leviten in der Mitte des Zuges getragen (4 Mo 10,11–28). In Kanaan blieb die S. zunächst im Lager in Gilgal und kam dann nach Silo (Jos 18,1). Vielleicht wurden hier schon feste Gebäude, Priesterwohnungen und Vorratsräume hinzugefügt. Die Zerstörung Silos durch die Philister (Jer 7,12–14) nach dem Verlust der Bundeslade (1 Sam 4,11; Ps 78,60.61) ist durch die Ausgrabung bestätigt worden. Die S. selber muß aber gerettet worden sein, sie stand mit dem Altar z. Zt. Davids in Gibeon (1 Chron 16,39; 21,29; 2 Chron 1,3). Inzwischen hatte David in Jerusalem ein anderes Zelt für die Bundeslade errichtet (2 Sam 6, 17). Nach dem Bau des salomonischen → Tempels wurden S. und Geräte dorthin überführt (1 Kö 8,4).

VI) BEDEUTUNG.

1) Die S. war die Wohnung des Herrn (2 Mo 25, 8), das Heiligtum, in dem er als ihr Gott mitten unter den Israeliten wohnte (2 Mo 29,45.46). Das Wohnen Gottes unter seinem Volk begann, als die Wolke seiner Herrlichkeit die aufgerichtete Stiftshütte erfüllte (2 Mo 40,34.35). Diese Gemeinschaft des heiligen Gottes mit dem sündigen Volk war aber nur möglich, wenn Priester und Opferdienst vermittelnd zwischen beide traten (2 Mo 28–29). In all dem weist die S. hin auf den Hohenpriester Christus und seine Erlösung (Hebr 7,26.27; 8,1.2; 9,11.12) und auf die Gemeinde, seinen Leib (Eph 1, 22.23), als eine Behausung Gottes im Geist (Eph 2, 19–22). In Christus wird das in der S. Vorgebildete Wirklichkeit, sie war nur ein Schatten des Himmlischen (Hebr 8,5), ein Gegenbild des Wahrhaftigen (Hebr 9,24).

S. und Gemeinde, die beide auf Erden keine feste Stadt haben (Hebr 13,14; vgl. Lk 9,58; 2 Sam 7,6. 7), weisen gemeinsam hin auf die letzte Erfüllung, wenn es von dem von Gott bereiteten neuen Jerusalem (vgl. Hebr 11,10) heißen wird: »Siehe da, die Hütte Gottes bei den Menschen! und er wird bei ihnen wohnen, und sie werden sein Volk sein, und er selbst, Gott mit ihnen, wird ihr Gott sein« (Offb 21,3).

2) Auch im einzelnen gibt die HS Hinweise auf die Beziehungen der S. und ihrer Geräte auf Christus: Altar (Hebr 13,10–13), Vorhang (Mt 27,51; Hebr 10,20). Anderes liegt auf der Hand: Leuchter – Jesus Licht der Welt (Joh 8,12), Schaubrottisch – Jesus Brot des Lebens (Joh 6,35). Die Form des Würfels, die das Allerheiligste in Verbindung mit der 10 (der → Zahl göttlicher Vollkommenheit) zeigt, erscheint auch sonst in der Bibel als Symbol des

Vollkommenen (vgl. Hi 11,7–9; Eph 3,18; Offb 21, 16).

Still, Stille → Ruhe

Stillen = beruhigen (Neh 8,11; Mt 28,14; Apg 14, 18; 19,35).

Stimme. I) Das Wort S. wird im AT und im NT zunächst vom Laut der menschlichen Rede gebraucht (z. B. 1 Mo 21,17; Lk 1,44), die nicht so sehr mit Eigenschaftsworten wie schön, wohltuend oder dgl. beschrieben, sondern durch den Inhalt des Gesagten gekennzeichnet wird. So hören wir von der S. des Dankens (Ps 26,7), von der S. der Klage (Jes 65,19), von der S. der Freude (Jer 16,9). Mit seiner S. wendet sich der Mensch in allen Lagen zu Gott; dabei kann sich die S. auch zum Schreien erheben (Ps 77, 2; 142,2; Mt 27,46).

II) Im Gegensatz zu den Götzen (vgl. 1 Kö 18,26) ist der lebendige Gott nicht stumm. Schon die ersten Menschen hörten seine S. (1 Mo 3,8). Ganz Israel hat die S. Gottes gehört (5 Mo 4,36); auch im Gewitter kann man Gottes S. vernehmen (Ps 29,3). Im NT wird Jesus durch die S. Gottes vom Himmel herab als Gottes Sohn bezeugt (Mk 1,11; Mt 17,5; vgl. Joh 12,28).
Auch nach seiner Himmelfahrt läßt Jesus noch auf verschiedene Weise seine S. hören (Apg 9,4; Offb 1, 12). Wir hören heute die S. Gottes nur indirekt (Joh 10,16; Hebr 3,7); Gott redet zu uns durch die HS und seinen Geist. Eph 6,14 kann nach dem griech. Wortlaut auch übersetzt werden: »Nehmt als Schwert den Geist, der die S. (oder Rede) Gottes ist« (Goodspeed). Wenn aber Jesus einst wiederkommt, werden alle, auch die Toten, seine S. hören (Joh 5,25; vgl. 1 Thess 4,16).

Stirn. I) Vornehme Frauen gingen verschleiert (1 Mo 24,65), einfache Frauen und vor allem die Dirnen nicht. Daher ist Hurenstirn (Jer 3,3) ebenso wie die eherne (Jes 48,4) oder harte S. (Hes 3,7) Bild für das Volk, das in seinem Trotz und seiner Verstocktheit nicht hören und sich weder beugen noch schämen will. Der Prophet, der diesen Leuten das Gericht verkünden soll, erhält ebenfalls eine harte S. (V 8.9), Kraft und Unnachgiebigkeit.

II) Verschiedentlich ist von Eigentumszeichen die Rede, die an der S. angebracht werden. So trägt Aaron als → Hoherpriester ein Stirnblatt, eine Goldplatte mit der Inschrift »Heilig dem Herrn« (2 Mo 28,36–38). Der Prophet 1 Kö 20,38.41 scheint mit der Binde ein Zeichen an der S. zu verdecken, das ihn als Propheten kenntlich macht. Weiter werden im Gesicht Hesekiels alle, die über die Sünden Jerusalems seufzen und klagen, mit dem hebr. Buchstaben Taw, der in seiner alten Form als Kreuz geschrieben wurde (vgl. Abb. Sp. 55/6), gezeichnet und vom Gericht verschont (Hes 9,4–6). In der Offb tragen die Knechte Gottes das Siegel (Offb 7,3) oder den Namen Gottes (Offb 14,1; 22,4) an ihren Stirnen. Anderseits hören wir von denen, die das Malzeichen des Tieres, des Widersachers Gottes, an ihre S. angenommen haben (Offb 13,16; 14,9) und dem Gericht verfallen (V 10), während die Versiegelten verschont bleiben (Offb 9,4). Viell. dürfen wir auch das Zeichen des Kain (1 Mo 4,15) in Zushg. mit diesen Stellen sehen.

Stirnband. Die in Ri 8,24; Hi 42,11; Spr 25,12 genannten »Stirnbänder« sind Ohrringe (vgl. → Geschmeide II,3).

Stirnblatt → Hoherpriester

Stock. I) Zweiteiliger Holz- oder Eisenblock mit Löchern, in die die Füße Gefangener eingespannt wurden, so daß sie sich nicht bewegen konnten (Ps 105,18 hebr. *käbäl* viell. auch allg. = Fessel; Apg 16,24). In 2 Chron 16,10 (LÜ Gefängnis) und Jer 20, 2f; 29,26 ist mit dem hebr. *mahpäkät* vermutlich ein Gerät gemeint, das zusätzlich Hals und Hände einklemmte, so daß der Gefangene in krummer Haltung gehalten wurde. Vgl. → Gefängnis.

II) Vgl. → Stamm II.

Stockmeister → Gefängnis I

Stoiker Philosophen. Die S. werden Apg 17,18 als eine Gruppe der Philosophen genannt, die in Athen mit Paulus disputierten. Der Name ist abgeleitet von einem bestimmten Säulengang (Stoa) in Athen, in dem der Gründer dieser Philosophenschule, Zeno von Kition, lehrte (nach 310 v. Chr.). Bei den Stoikern stand die Ethik, die Lebenslehre im Vordergrund. Ziel des Menschenlebens war das Glück, und das Glück war im rechten Handeln zu finden. Gott hat als eine Art Vorsehung oder Schicksal das Weltall geschaffen und bisher erhalten. Am Ende wird die Welt durch Feuer zugrundegehen. Zum rechten Handeln gehört vor allem Gerechtigkeit, Einsicht, Mut, Pflichterfüllung im Dienst an anderen und Beherrschung der Gefühle und Triebe durch die Vernunft. Diese Denkweise, die in vielen Punkten dem röm. Geist entsprach, hatte großen Einfluß bes. auch auf Staatsmänner und Politiker. Ihre Anhänger wandten sich vielfach an das Volk, um ihm den Weg zu einem besseren, glücklicheren Leben im Sinne der stoischen Ethik zu zeigen.
Zu den Diskussionsgegnern des Paulus in Athen gehörten ferner Epikuräer (Apg 17,18), Anhänger einer Philosophenschule, die 306 v. Chr. von Epikur in Athen gegründet wurde. Nach ihrer Lehre liegt der Sinn des Lebens im ungestörten Lebensgenuß, zu dem auch geistige Freuden und Freundschaft gehören und den man in beschaulicherZurückgezogenheit und nicht zuletzt durch rechtes Maßhalten in Begierde und Lust erreicht. Da alle Furcht vor dem Göttlichen die Lebensfreude beeinträchtigt, lehnt Epikur u. a. ein ewiges Leben sowie die göttliche Lenkung der Welt als Aberglauben ab.
Paulus, der zu den Gebildeten seiner Zeit gehörte, war selber auf dem Gebiet der Philosophie und Literatur nicht unbewandert (vgl. → Poeten).
Wenn er die Kolosser vor der Philosophie warnt (Kol 2,8), richtet er sich vermutlich nicht gegen die klassische Philosophie, sondern hat die religionsphilosophische Richtung der Gnosis im Auge, die im 1 Jh. n. Chr. aufkam. Hier wird Griechisches (stoische und platonische Elemente) und Orientalisches mit christl. Gedankengut in einem spekula-

Tafel 85

a. *Tiberias am See Genezareth, als hellenistische Residenzstadt vom Vierfürsten Herodes Antipas gegründet und von den Juden lange Zeit gemieden. Sie galt ihnen als unrein, weil im Stadtgebiet alte Gräber lagen, die man bei den Bauarbeiten zerstört hatte. Später wurde Tiberias aber ein Hauptsitz jüd. Schriftgelehrsamkeit.*

b. *Luftaufnahme des Tell el-Fara mit den Ausgrabungen, die hier den Ort des alten Thirza nachweisen konnten, der Königsstadt des Nordreiches vor der Gründung Samarias durch Omri. Der Tell war von 3000–700 v. Chr. besiedelt.*

tiven Lehrsystem vermischt. Das Ziel ist, den Menschen durch *gnôsis* (= Erkenntnis) zur Erlösung zu führen. Es wird berichtet, wie aus Unsichtbarem das Sichtbare, aus dem guten Gott der böse Gott (Demiurg) entstand. Als ein gewaltiges Weltendrama wird die Entwicklung der Welt geschildert, deren stufenweiser Abstieg mit dem Fall der Seele in die Materie endet. Um sie aus der Materie zu befreien, steigt ein Erlöser durch die Sphären herab, geht in die Materie ein und führt die auf Erlösung wartenden Lichtseelen, indem er sie in sich vereinigt, zu Gott zurück.
Durch die Aufnahme gnostischer Gedanken in die christl. Botschaft kam es zu Irrlehren: Man bezog die Erlösung nur auf den guten Teil (die Lichtseele) im Menschen und bestritt, daß Christus an der verdorbenen Materie Anteil gehabt, also einen irdischen Leib besessen habe.
Vgl. auch → Erkenntnis I,3.

Stolz bezeichnet im bibl. Wortgebrauch den → Hochmut (Neh 9,16; Hi 34,24; Ps 101,5; Jes 13,11; Röm 11,20; 1 Tim 6,17).

Storch steht in der LÜ Hi 39,13; Jer 8,7; Sach 5,9 für das hebr. Wort *chasidah*, das in 3 Mo 11,19; 5 Mo 14,18; Ps 104,17 mit Reiher übersetzt wird. Beide Vögel könnten mit *chasidah* gemeint sein, doch ist die Bedeutung S. wahrscheinlicher, zumal sonst in 3 Mo 11,19 u. 5 Mo 14,18 der → Reiher zweimal im gleichen Vers genannt würde, während der in Palästina allgemein bekannte S. in der Bibel unerwähnt bliebe.
Das Wort, das Luther in 3 Mo 11,19; 5 Mo 14,17 mit S. übersetzt, bezeichnet wohl den Aasgeier (→ Geier).
Beide in Mitteleuropa vertretenen Arten des S. kommen in Palästina als durchziehende Zugvögel vor. Der weiße S. *(Ciconia ciconia)* durchzieht das Gebiet in großen Scharen auf seinem Frühjahrszug nach N. (die Herbstroute verläuft im allg. etwas weiter östl.). Dabei bleiben meist einige Tiere zurück, um den Sommer über zu brüten.
Der seltenere Schwarzstorch *(Ciconia nigra)* ist ebenfalls kein ausschließlicher Durchzügler, sondern vereinzelt auch Wintergast.

Stracks, auf dem kürzesten Wege, geradezu, direkt (Jos 6,5; Lk 9,51).

Strafe, strafen.

I) SINN UND ZIEL.
S. durch Gott oder Menschen trifft alle, die sich an Gott und seiner Ordnung vergangen und damit → Schuld, → Sünde auf sich geladen haben. Somit macht die S. das Böse in seiner Verkehrtheit offenbar und bringt Gottes angetastete Ehre und die von ihm gesetzte Ordnung wieder zur Anerkennung, bekundet also Gottes Heiligkeit und Gerechtigkeit. Ihr Ziel ist demnach nicht allein, oder auch nur in erster Linie die Besserung des Schuldigen, Abschrekkung oder Wiedergutmachung durch den S.-Vollzug an sich; denn auch die vollkommenste S.-Einrichtung kann niemals die notwendige und ersehnte Erlösung des Menschen von der ihn beherrschenden Macht des Bösen ersetzen. Vielmehr soll der Gestrafte nun auch durch das Übel der S. zum Bewußtsein seiner Gottesferne, damit aber zur Sehnsucht nach Hilfe und so zur Umkehr gebracht werden. Die S. soll den Sünder von der Sünde trennen, wenn der Bestrafte jedoch in seiner Sünde beharrt, beide vernichten. Nur wenn der Schuldige zur Anerkennung des Gesetzes als der Norm des Lebens und damit zur Anerkennung seiner eigenen Verfehlung kommt, wird die S. für ihn von Nutzen sein. Ntl. bedeutet dies, daß der Schuldige sich unter das Wort stellt und ihm dieses Wort schließlich »Zuchtmeister« *(paidagogos)* auf Christus hin wird (Gal 3,24), den wahren Erlöser von aller Schuld.

II) DIE ART GÖTTLICHER UND MENSCHLICHER STRAFEN.

1) Wenn Gott in seinem Zorn straft, verschmachtet der Mensch (Ps 39,11), werden einzelne oder auch Familien, ja sogar ganze Völker vernichtet und ausgerottet. Von solcher Art waren z. B. die Gerichte über die Ägypter (2 Mo 12,12), die Würmererkrankung des Herodes (Apg 12,23) und die S. über Babel (Jer 51,54–58).

2) Aber Gottes Strafen können auch väterliche Züchtigungen und Heimsuchungen sein (Jer 10,24; Spr 3,12; 1 Kor 11,31f), mit denen er seine Kinder an unerkannte und unvergebene Schuld erinnert (vgl. Hes 18,23; 2 Petr 3,9), um sie zu demütigen oder sie durch Leid zum ernsthaften Suchen der Vergebung Gottes zu veranlassen (Ps 39,11ff; 73,14.23ff; Hebr 12,5–11; Offb 3,19). Solche Strafen und Züchtigungen sollen die Gläubigen geradezu als besonderen Gnadenerweis Gottes ansehen (Hi 5,17f); sie sind »ein Weg des Lebens« (Spr 6,23).

3) Nicht immer decken sich persönliche Sündenschuld und Sündenstrafe für den äußeren und oberflächlichen Blick des Menschen. Es gibt lange fortgesetzte Bosheit und Sünde ohne baldigen Strafeintritt, und es gibt als S. empfundene Last ohne das Bewußtsein persönlicher Schuld. Dieser scheinbare Widerspruch hat bes. Hiob, den Prediger und den Dichter des Ps 73 beschäftigt. Nur begrenzt gilt also im Blick auf die S. der atl. Vergeltungsgrundsatz »Auge um Auge, Zahn um Zahn«; die zu tragende S.-Last kann auch zur Verherrlichung Gottes dienen (Hi 2,3b; Joh 9,3; vgl. 11,4). Dieser Gedanke findet seine höchste Steigerung in der S. (wörtlich Strafzüchtigung), die der Gottesknecht von Jes 53, 5–7 nicht für eigenes, selbstbegangenes Unrecht, sondern stellvertretend für andere auf sich nimmt, um ihnen den Frieden mit Gott zu erschließen. Was hier Verheißung ist, erfüllt sich in Jesus Christus. Er, der Richter, trägt die Todesstrafe der Schuldigen und begnadigt sie zum Leben. Aufgrund dieser unendlichen Liebe Christi dürfen auch seine Jünger dem Schuldigen die S. und Schuld erlassen (→ Vergebung).

4) Es gibt Strafen, die als direkte Folgen aus der begangenen Sünde hervorgehen, und andere, die erst durch besondere Fügung Gottes oder durch menschliche Gerichtsbarkeit verhängt werden (vgl. Achans Diebstahl Jos 7; Ananias und Saphira Apg 5). Strafen anzuwenden, ist zunächst Aufgabe der Eltern und der Obrigkeit, sei es durch mündliche Ermahnung oder auch durch körperliche Züchtigung; so sollen Eltern die Rute brauchen (Spr 13,24), und die Obrigkeit soll Gewalt androhen und ausüben als »Gottes Dienerin, eine Rächerin zur S. über den, der Böses tut« (Röm 13,4b). Gott selbst also ist es, der straft, auch wenn er dazu Diener gebraucht, wie z. B. die → Feinde Israels (Jes 10,5; Jer 25,9; 27,6).

5) Häufig trifft Gottes vergeltende Gerechtigkeit oder die S. des Gesetzes die Sünder gerade mit dem,

Tafel 86

a. Küste des Toten Meeres.

b. Das Dorf Malula im Antilibanon nördl. von Damaskus (vgl. Karte Sp. 1359/60), dessen heute überwiegend christliche Bevölkerung noch aramäisch spricht, die Umgangssprache Jesu und der Apostel.

womit sie selbst gesündigt haben. David, der Uria ermorden ließ, erlebte Mord und Totschlag in der eigenen Familie (2 Sam 12,10). Er hatte sich an Urias Frau versündigt, und seine eigenen Frauen wurden geschändet (2 Sam 16,21.22). Hierher gehört auch, daß Gott den in der Sünde Verhärteten völlig dahingibt (Röm 1,24ff; vgl. → Verstockung). Bei Körperverletzung (2 Mo 21,23–25) und falscher Zeugenaussage (5 Mo 19,18–21) soll auch die S. durch Menschen den Täter in genauer Entsprechung zur Tatfolge treffen. Wiedergutmachung gehört zur S. für Diebstahl und die dem Besitz eines andern zugefügten Schäden (2 Mo 22,2[3]ff). Im Sinn dieser Vorschrift erstattet Zachäus sein unrecht erworbenes Gut vierfach zurück (Lk 19,8).

III) STRAFVOLLZUG IM RECHTSWESEN.
Als Züchtigung für eine Reihe von Vergehen kannten die Israeliten die Prügelstrafe (5 Mo 25,1–3). Von den vorgeschriebenen 40 Schlägen ließ man später einen fort, um diese Höchstgrenze auf keinen Fall zu überschreiten (vgl. 2 Kor 11,24), außerdem spielt dabei mit, daß inzwischen die dreiriemige → Geißel die Rute abgelöst hatte. In späterer Zeit kommt → Gefängnishaft häufiger vor; sie ist im atl. Gesetz nicht vorgesehen, wurde aber (vgl. die Josephs-Geschichte) in Ägypten und auch später (Es 7,26) angewandt. Dazu kommen Geldstrafen (5 Mo 22,19), Schadenersatz (2 Mo 23,4[5]), der Verkauf in die Sklaverei (V 2[3]) und verschiedene Leibesstrafen bei Körperverletzung (s. o. II,5).
Die Todesstrafe wurde gewöhnlich durch Steinigung vollzogen, die man außerhalb der Stadt vornahm. Ihr regelrechter Vollzug wird im Mischna-Traktat Sanhedrin genau beschrieben: Man stellte den Verurteilten auf eine Anhöhe (Lk 4,29), und einer der Zeugen stieß ihn den Abhang hinunter; war er noch nicht gestorben, so warf der zweite ihm einen Stein auf das Herz, und dann schloß sich bis zu seinem Tod das übrige Volk an (5 Mo 17,7; 21,21; Joh 8,7). Vielfach wurden Steinigungen aber auch spontan von einer Volksmenge vollzogen (4 Mo 14,10; 1 Sam 30,6; 1 Kö 12,18; Lk 20,6; Joh 10,31).
Außerdem kannte man die Todesstrafe durch Verbrennen bei Hurerei (1 Mo 38,24; 3 Mo 20,14; 21, 9) und die Hinrichtung durch das Schwert, d. h. das Niederschlagen oder Erstechen mit dem Schwert (2 Sam 1,15; 2 Kö 11,20). Die Enthauptung wie auch die Kreuzigung (→ Kreuz) wurden erst in der röm. Zeit angewandt (Apg 12,2). Das Pfählen, bei dem der Verurteilte mit dem Leib auf einen spitzen Pfahl gespießt wurde (vgl. Taf. 65/1024), ist für Israel nicht bezeugt; vielfach aber wurde die Leiche des Hingerichteten an einem Baum oder Pfahl aufgehängt (5 Mo 21,22f; Jos 8,29; 1 Sam 31,10; 2 Sam 4,12; 21,6.9; vgl. → Gehenkter).

IV) Strafen kann im AT und NT aber auch die Bedeutung des Tadelns oder Überführens von Sünde haben: »Du sollst deinen Nächsten zurechtweisen« (3 Mo 19,17; vgl. Ps 141,5; 1 Kor 14,24 LÜ strafen). So tun es die Propheten dem Volk gegenüber (Jes 29,21; Am 5,10), Johannes der Täufer gegenüber Herodes (Lk 3,19) und der Schächer am Kreuz gegenüber seinem Genossen (Lk 23,40); so soll es Timotheus in den Gemeinden tun (2 Tim 4,2), so geschieht es durch den Hl. Geist der Welt gegenüber (Joh 16,8), und so wird es auch von der HS gesagt (2 Tim 3,16). In der Gemeinde soll solches Strafen zunächst unter vier Augen geschehen, ehe weitere Zeugen oder die ganze Gemeinde hinzugezogen werden (Mt 18,15ff).

Straße. I) In einem so ausgesprochenen Durchgangsland wie → Palästina haben Straßen bes. große Bedeutung (vgl. Taf. 75b/1184). Sämtliche wichtigen Verkehrswege laufen hier von N nach S, dazu kommen einige Querverbindungen (vgl. Abb. Sp. 542; 690; 979; Taf. 98/1537).
1) Auf die Küstenstraße, der nur nördl. von Akko größere Bedeutung zukommt, folgt die Hauptdurchgangsstraße von Mesopotamien über Palmyra, Damaskus, Hazor, Megiddo und Gaza nach Ägypten. Von Megiddo nach Beer-Seba läuft die S. auf der Wasserscheide des westjordanischen Gebirges über Sichem, Jerusalem und Hebron, die über Kades ebenfalls nach Ägypten weiterführt (der Weg nach Sur; 1 Mo 16,7). Die S. durch das Jordantal ist von geringerer Bedeutung.
Die ostjordanische Hochebene besitzt zwei Hauptstraßen. Die westliche, die Land- (LÜ) oder Königsstraße (EÜ, ZÜ; 4 Mo 20,17; 21,22; vgl. Abb. Sp. 914) führt von Damaskus über Hesbon, Dibon, Kir-Hareseth, Petra zum Golf von Akaba. Die andere begleitet den Rand der syr.-arab. Wüste und führt über Rabba und Maon nach Arabien weiter.
2) Die wichtigsten Querverbindungen laufen von Akko durch Galiläa zum See Genezareth; von Akko über die Ebene Jesreel und Beth-Sean weiter nach Basan; von Japho über Sichem zur Jordanfurt bei Adam (II) und weiter nach Gilead; von Japho über Lod, dann entweder über Beth-El oder Jerusalem nach Jericho und weiter nach Rabba; von Askalon über Gath und Hebron nach Engedi und weiter nach S am Toten Meer entlang bis in die Araba; von Gaza über Beer-Seba und die Steige Akrabbim nach Petra.

II) Der Zustand der Straßen war meist schlecht (vgl. Jes 40,3.4; 57,14; 62,10; vgl. auch → Freistadt I,2). Befestigte und gepflasterte Straßen kannte man erst seit der Perser- und vor allem seit der Römerzeit (vgl. Taf. 95a/1504). Die Römerstraßen waren von Meilensteinen begleitet, die sich z. B. entlang der Königsstraße im Ostjordanland noch in größerer Zahl erhalten haben.

III) Innerhalb der Städte (→ Stadt) waren die Straßen und Gassen eng, unregelmäßig und schmutzig (vgl. Ps 18,43; Jes 10,6; Sach 9,3). Erst in hellenistischer Zeit wurden mit der Vergrößerung der Stadtgebiete auch in Palästina gerade, breite, von Säulengängen flankierte Straßen angelegt (vgl. → Antiochia II,4; → Samaria II,4). Die einzelnen Handwerke, auch die Kaufleute (vgl. 1 Kö 20,34; → Samaria II,2) fanden sich in den Städten oft in besonderen Straßenzügen zusammen, die dann entsprechend benannt wurden. So hören wir in Jerusalem von einer »Bäckergasse« (Jer 37,21) und einer »Walkerfeldstraße« (Jes 7,3; 36,2; EÜ, ZÜ).

Straucheln = stolpern, wanken, zu Fall kommen (Jes 31,3; 35,3; Klgl 5,13). Im übertragenen Sinne bezeichnet es häufig eine Störung in der Beziehung zu Gott (Ps 73,2; 94,18; 2 Petr 1,10). Hebr 12,13 besser: »sich abwenden, vom Wege abkommen« (vgl. EÜ, ZÜ). Andere übersetzen hier auch: »damit das Lahme sich nicht noch ausrenke«.

Strauß. Der syr. S., eine Unterart des afrikanischen S. *(Struthio camelus)* ist heute in Palästina fast ausgestorben, während er im Gebiet des Euphrats, in Teilen Arabiens und in Südpersien noch vorkommt. Der S. ist einer der größten heute noch vorkommenden Vögel (bis zu 2,5 m Höhe). Er nährt sich von Pflanzen, Insekten, jungen Vögeln und kleineren Säugetieren.
Die dichterische Beschreibung Hi 39,13–18 betont die große Schnelligkeit des S. und seine Dummheit,

Auf der Jagd gefangener Strauß. Der zweite Mann trägt Straußenfedern und einen Korb mit Straußeneiern (ägypt. Darstellung)

die noch heute bei den Arabern (in der Redensart »dümmer als ein S.«) sprichwörtlich ist. Die an dieser Stelle und in Klgl 4,3 erwähnte – ebenfalls sprichwörtliche – Unbarmherzigkeit gegen die Jungen geht auf die Beobachtung zurück, daß der S. sein Gelege oft längere Zeit verläßt, auch noch während der eigentlichen Brutzeit.

Streich = Schlag, Hieb. Zu Lk 12,47.48; 2 Kor 11, 24 vgl. → Geißel, → Strafe.

Streichen. I) Zu 1 Mo 11,3 vgl. → Ziegel.
II) Hinter jemandem herstreichen = verfolgen, jemandem »auf den Fersen bleiben« (1 Sam 14,22).

Streit, streiten → Kampf, → Sieg

Strick. I) Schlinge, mit der Menschen und Tiere gefangen, gebunden oder gezogen werden können (vgl. → Falle, → Jagd). Das Wort wird fast immer als Bild gebraucht. Vgl. auch → Netz.

II, 1) Alles, was den Fall eines Menschen verursachen kann, wird als Fall- oder Fangstrick gesehen. Stricke werden gelegt von Gottlosen (Ps 64,6; 119, 110) und Hoffärtigen (Ps 140,6), die Menschen können sogar selbst als Verführer zum S. werden (5 Mo 7,16; Jos 23,13; Ri 2,3). Zu einem bindenden S. wird auch das voreilige Gelübde (Spr 20,25). Weisheit lehrt, die Stricke vermeiden (Spr 13,14; 14,27).
2) Der Gottlose ist mit dem S. seiner Sünde gebunden (Spr 5,22), in der Erde verborgen, wartet die Schlinge auf ihn und hält seinen Fuß fest (Hi 18,8 –10); so wird etwa die Sucht nach Reichtum zum S., der in Verderben und Verdammnis zieht (1 Tim 6,9). Immer ist der Mensch von Natur gebunden in des Todes S., deren Macht ihn zu überwältigen droht (Ps 116,3; 2 Sam 22,6). Auch der Gläubige kann vom S. des Teufels gebunden werden (2 Tim 2, 26).
3) Paulus wehrt sich dagegen, daß seine Ratschläge und Anordnungen Stricke seien, die er den Christen um den Hals werfe (1 Kor 7,35), er will helfen, aber nicht herrschen.

Strom. I). S. ist im Vorderen Orient ein auch außerhalb der Regenzeit ununterbrochen strömendes Wasser. Als solche Ströme werden in der HS mit Namen genannt: Pison, Gihon, Hiddekel, Euphrat (1 Mo 2,10–14) und Nil (1 Mo 41,1; Jes 23,3). Vom Euphrat wird vielfach ohne Namensnennung als von »dem S.« gesprochen (Jos 24,2.3.14.15); er hat als Grenzstrom des verheißenen Landes besondere Bedeutung (2 Mo 23,31), ferner in der Endzeit, wo er die Könige des Ostens am Einfall in das Land hindert, bis er austrocknet und der Weg frei wird (Offb 16,12). Zu 1 Mo 36,37 vgl. → Rehoboth (2).

II, 1) Wasser ist eine der Grundlagen des Lebens und darum Segen Gottes, der es nach seinem Willen versagt oder zuteilt. Wenn er will, läßt er die Wasserströme versiegen (Jes 44,27; Ps 74,15), so daß alles Leben des Landes erlischt (Jes 19,5–8). Er verwandelt das Wasser in Blut, daß es ungenießbar wird und alle Fische sterben (2 Mo 7,17–21), aber er gibt auch Wasserströme in die Einöde (Jes 43,19) und verteilt die Ströme in das Land (Hab 3,9).
2) So wird der S. zum Sinnbild. Das ganze Leben ist ein S. (Ps 90,5), der beim Sterben versiegt (Hi 14,11). Menschen werden mit Wonne getränkt wie mit einem immer neues Wasser bringenden S. (Ps 36,9). Die Quelle der Weisheit ist ein nicht auszutrinkender S. (Spr 18,4). Wo Gott regiert, breitet sich der Friede aus wie ein segenspendender S. (Jes 66,12), und vom Leibe des Gläubigen fließen Ströme lebendigen Wassers (Joh 7,38).
3) Eine Sonderstellung haben in der HS 2 Ströme. Ein in der Endzeit vom Tempel ausgehender S. spendet allem Segen, was in und an ihm lebt (Hes 47, 1–12), und die Offb schildert einen S., an dessen beiden Ufern die Bäume des Lebens unaufhörlich Früchte tragen (Offb 22,1.2).

Stückwerk. Solange wir im → Glauben und nicht im Schauen leben (2 Kor 5,7), gibt uns Gott seine → Offenbarung nicht als geschlossenes, vollständiges und in sich abgerundetes System. Die ganze → Wahrheit können wir nicht tragen (Joh 16,12; vgl. 1 Mo 3,5). Der heilige Geist führt nur nach und nach in alle Wahrheit (Joh 16,13), er gibt das, was heute und jetzt für unser Handeln und Leben im → Gehorsam notwendig ist. Erst in der Vollendung werden alle Fragen gelöst sein (Joh 16,23). Bis dahin ist unser Wissen und → Weissagen Stückwerk (1 Kor 13,9.12), auf den Augenblick beschränkt und bezogen, für den Augenblick jedoch auch nötig und ausreichend.

Stuhl bezeichnet neben dem gewöhnlichen Möbelstück zum Sitzen (1 Sam 1,9; 4,13; 2 Kö 4,10; Spr 9, 14; vgl. → Haus III; vgl. Abb. Sp. 550) vor allem den Königsthron (2 Sam 7,13; 1 Kö 10,18–20; 1 Chron 22,10), außerdem den Sitz des Statthalters und Richters (Neh 3,7; → Richtstuhl) und den erhöhten Sitz des → Lehrers und Schriftgelehrten (Mt 23,2).
Die HS spricht in übertragenem Sinn auch häufig vom Thron Gottes, von dem aus der Herr die Welt regiert und richtet (Ps 11,4; 9,5.8; 89,15; 103,19; Jes 6,1; Offb 7,15.17) und vor dem alle Menschen einmal zum letzten Gericht versammelt werden (Offb 20,11). Zu verschiedenen Formen des Thronsessels vgl. Abb. Sp. 71; 152 (Spätbronzezeit unten rechts) und 438; 277; 423; 519; 726.

Stumm → Krankheit

Stunde. I) In ntl. Zeit teilte man Tag und Nacht in je 12 Stunden ein, d. h. 12 von Sonnenaufgang bis Sonnenuntergang (vgl. Joh 11,9) und 12 wieder bis zum nächsten Sonnenaufgang. Daraus ergibt sich, daß im Sommer die Tagesstunden länger waren als 60 Minuten und die Nachtstunden entsprechend kürzer, im Winter umgekehrt. Wenn wir also im NT von der 3. oder 10. Stunde lesen, müßten wir eigentlich das Datum des betreffenden Tages dazu wissen. Das Ende der 6. Stunde fällt auf den Mittag, also auf 12 Uhr unserer Zeit. Die 3. Stunde aber liegt mitten zwischen Sonnenaufgang und Mit-

tag. Wenn Petrus in seiner Pfingstpredigt sagt, daß es erst die 3. Stunde des Tages sei (Apg 2,15), dann ist das nicht einfach mit 9 Uhr gleichzusetzen. Es heißt viel mehr, daß 2 Stunden = 2/12 der Zeit verstrichen sind, die die Sonne an diesem bestimmten Tag über dem Horizont steht, und man sich jetzt im 3. Zwölftel befindet.
Zur gleichen Tageszeit wurde Jesus gekreuzigt (Mk 15,25). Von der 6. (Mittag) bis zur 9. Stunde war dann eine Finsternis über dem Land, und um die 9. Stunde gab der Gekreuzigte den Geist auf (Mt 27, 45.46.50). Wenn Joh 19,14 für die Verhandlung vor Pilatus die 6. Stunde angibt, so handelt es sich hier viell. um die röm. Stundenzählung von Mitternacht an. Diese 6. Stunde fällt dann vor die 3. Stunde, vom Sonnenaufgang an gerechnet (Mk 15,25).

II) In übertragener Bedeutung ist die »gekommene Stunde« häufig Ausdruck für einen von Gott bestimmten Zeitpunkt (Joh 2,4; 7,30; 17,1) oder für eine entscheidungsreiche Zeit im einzelnen Menschenleben und in der Geschichte. Z. B. wird die Stunde der Gefangennahme Jesu als die Zeit gekennzeichnet, in der die finsteren Mächte freie Hand haben (Lk 22,53; vgl. Mt 26,45; Joh 16,32). Oft ist von der Stunde der Wiederkunft Jesu die Rede, deren Zeitpunkt Gott allein kennt (Mt 24,36.42.44; Mk 13,32; Apg 1,7; Offb 3,3) und der die Endzeit als die »letzte Stunde« (1 Joh 2,18; vgl. Röm 13,11) oder als die »Stunde der Versuchung« (Offb 3,10) vorausgeht.

Sturmbock, Belagerungsmaschine, mit der man Tore aufbrach und Mauern zum Einsturz brachte (Hes 4,2; 21,27[22]). Sie besteht aus einem beweglichen, schwingenden Holzbalken mit einer starken Metallspitze, der in einem fahrbaren Gestell aufgehängt ist. Die Israeliten lernten solche Maschinen zunächst bei den Ägyptern, später auch bei den Assyrern (Taf. 65/1024) kennen. Vgl. → **Festung** III.

Sua, Kurzform »(Der Herr ist) Hilfe«.
1) Kanaaniter, Schwiegervater Judas (1 Mo 38,2.12; 1 Chron 2,3).
2) Tochter Hebers aus dem Stamm Asser (1 Chron 7,32).

Suah. Sohn Abrahams und der Ketura (1 Mo 25,2). Aus der Landschaft, in der seine Nachkommen sich ansiedelten, stammte offenbar Hiobs Freund Bildad (Hi 2,11). Die assyr. Inschriften kennen ein Land Suhu westl. vom Euphrat in Höhe der Mündungen von Balich und Habor.

Sual »Fuchs«.
1) Gebiet in Benjamin, nördl. von Michmas (1 Sam 13,17).
2) Asserit, Sohn Zophahs (1 Chron 7,36).

Subael → Sebuel

Suchathiter, kinitisches (→ Keniter) Geschlecht aus einem unbekannten Ort Sucha (oder Socho?); sie wohnten dann als Schreiber in Jabez (1 Chron 2,55).

Suchiter, Hilfsvolk im Heer Pharao → Sisaks (2 Chron 12,3), die LXX übersetzt den Namen mit »Troglodyten«. Strabo kennt an der von den antiken Geographen Troglodytenküste genannten Westküste des Roten Meers eine »Festung des Suchus«, die etwa bei Suakin (ca. 60 km südl. von Port Sudan) lag. In dieser Gegend haben wir die S. also viell. zu suchen.

Südwind → Ostwind

Suha, viell. »Fanggrube«,
Judäer, Bruder Kalubs (1 Chron 4,11).

Suham, Sohn Dans, dessen Nachkommen Suhamiter genannt wurden (4 Mo 26,42). In 1 Mo 46,23 wird er Husim (1) genannt.

Suhamiter → Suham

Sühnen → Versöhnen

Sukkoth »Laubdächer«.
1) Erster Lagerplatz der Israeliten auf dem Auszug (2 Mo 12,37; 13,20; 4 Mo 33,5.6). Wahrscheinlich der heutige Tell el-Maschuta, der ausgegraben wurde. Der Ort liegt ca. 14 km östl. von Tell er-Retabe = Pithon und ca. 18 km westl. von Ismailija am Suezkanal. Vgl. Karte Sp. 1548.
2) Ort im Ostjordanland im Stammgebiet Gads (Jos 13,27; 1 Mo 33,17; 1 Kö 7,46; Ps 60,8), heute Tell Der-Alla, am Nordufer des Jabbok und 10 km (Ll.) nordöstl. seiner Mündung in den Jordan (vgl. Ri 8,4.5). Vgl. Karte Sp. 492; 722.

Sukkoth-Benoth, babyl. Gottheit (2 Kö 17,30); vgl. den Götternamen → Sikkuth (Am 5,26).

Sulamith »Mädchen von Sulam (= Sunem)«. Man hat S. (Hl 7,1[6,12]) mit → Abisag von Sunem gleichsetzen wollen (vgl. → Hoheslied III). Viell. ist hier aber weniger ein Mädchenname gemeint als vielmehr ein sprachlich an »Salomo« (vgl. Hl 3,6–11; 8,11f) angelehnter Ehrentitel der Braut.

Sumathiter, judäisches Geschlecht in Kirjath-Jearim (1 Chron 2,53).

Sunamitin, Frau in → Sunem, die Elisa gastlich aufnahm (2 Kö 4,8.12.25.36).

Sünde. Um einer klaren Erfassung des Begriffs willen ist eine sachliche Trennung zwischen AT und NT nötig.

I) ALTES TESTAMENT.

A) SPRACHLICHER BEFUND.
Das Hebr. hat eine Reihe von Wörtern, die im Dt. mit S. bzw. sündigen wiedergegeben werden. Die wichtigsten Wurzeln sind neben vielen andern folgende:
1) *chatha* und seine Ableitungen deuten eine Bewegung in der falschen Richtung bzw. die »Verfehlung« des richtigen Zieles an.
2) *pascha* als Tätigkeitswort und das zugehörige Hauptwort drücken »Auflehnung« aus.
3) *awah* heißt zuerst »krümmen«. Das davon abgeleitete Hauptwort *awon* nimmt den Gedanken der »Schuld« mit in den Begriff der S. hinein.
4) *schagah* und das Hauptwort *schegagah* drücken das im menschlichen Sein begründete Irren, das »Abirren« aus.
Im Unterschied zum dt. Wort S. können die hebr. Wörter auch rein weltlich gebraucht werden und haben dann keinen religiösen Akzent. Dennoch werden auch bei solchem Gebrauch schon wichtige Züge der S. deutlich.
S. ist im AT kein abstrakter Begriff, sondern eine sich im Leben der Menschen zeigende Verhaltens-

weise. Mag darum auch die Erscheinungsart der S. verschieden sein — als Verfehlung des von Gott gesteckten Zieles, als Auflehnung gegen Gott, als schuldhafter Ungehorsam oder auch als menschlicher Irrtum — in ihrem Kern und Wesen bedeutet S. immer: »An dir allein habe ich gesündigt« (Ps 51, 6). Zu den hebr. Wörtern muß also die Beziehung zu Gott treten, um das menschliche Handeln zur S. und den Menschen zum Sünder zu machen.

An der Vielfalt der hebr. Wörter wird aber auch deutlich, daß die S. in ihrer ganzen Breite begrifflich nicht zu fassen ist, sondern uns immer nur im Teil sichtbar wird.

B) DIE ERSCHEINUNGSWEISEN DER SÜNDE.

S. wird auf vielfältige Weise deutlich und kann praktisch in allen Bereichen des Lebens erscheinen.

1) Auf weite Strecken ist S. im AT auf das gottesdienstlich-kultische Leben bezogen. Denn in diesem Bereich vor allem lebte Israel mit seinem Gott. So regelten die kultischen Gebote den Umgang und die Begegnung mit Gott (2 Mo 20,1–11 ist Ausgangspunkt und Grundlage der vielfältigen kultischen Gebote: vgl. dazu vor allem 3 Mo durchgehend). Nichtbeachtung und Übertretung kultischer Gebote sind, auch wenn sie unabsichtlich und unbewußt geschehen, S. (1 Sam 2,17; 6,19; 2 Mo 30,38; 3 Mo 7,25; 1 Sam 14,24–45). Hierher gehört auch die Beachtung der Reinheitsvorschriften, wobei es Aufgabe der Priester ist, dem Unsicheren und Unwissenden Klarheit zu geben über → rein und unrein (vgl. Hag 2,10[11]–13[14]).

2) Aber nun ist Gott auch im AT Herr des ganzen Lebens in seinem Volk. Darum regelt er das Verhalten in allen Lebensbereichen (vgl. vor allem 2 Mo 20,12ff). Damit wird die Beziehung der Menschen untereinander in Beziehung zu Gott gesetzt, und aus der Verfehlung im rein menschlichen Bereich wird Verstoß gegen die göttliche Ordnung. Es ist gerade die Aufgabe der Propheten, immer wieder auf die ganze Weite des göttlichen Gebotes hinzuweisen und S. im mitmenschlichen Bereich als Ungehorsam und Schuld gegen Gott hinzustellen (Am 5,21–24; 2 Sam 12,7–12).

3) So wird an den verschiedenen Erscheinungsformen der S. deutlich, daß sie, weil das ganze Leben in Beziehung zu Gott steht, immer Abfall von Gott bedeutet. Wer S. tut, lebt → gott-los; der Sünder ist ein Gott-loser.

C) DAS WESEN DER SÜNDE.

1 Mo 3 will keine Auskunft über die Herkunft des → Bösen geben. Darüber schweigt die Bibel insgesamt. Aber am Bericht vom Sündenfall wird das Wesen der S. offenbar. Ohne Zweifel geht es beim Sündenfall um mehr als um den ersten Ungehorsam gegen Gott. Der verbotene Baum im Paradies ist gleichsam die Grenzmarke, die den Menschen in aller seiner ihm von Gott verliehenen Hoheit an seine Geschöpflichkeit erinnert.

Deshalb geht es beim Sündenfall um das Seinwollen wie Gott und damit zugleich um den Verlust der Unschuld, die sich kindlich an den Vater und Schöpfer klammert. Sie wird durch die eigenmächtige Erkenntnis von Gut und Böse ersetzt. Im Sündenfall revoltiert das Ich und greift nach einer angeblich vorenthaltenen Freiheit. Darin zeigt sich das Wesen der S.: In ihr wendet sich der Mensch von Gott ab, sowohl im Blick auf die Furcht wie auf das Vertrauen Gott gegenüber, und er erhebt sein Ich auf den Thron.

Dieser Sündenfall ist das entscheidende Ereignis nach der Schöpfung. Durch ihn verliert die Menschheit das Paradies, die Gemeinschaft mit Gott. Hier wird über die ganze Menschheit entschieden (Röm 5,12ff). Jede einzelne S. hat hier ihren Ursprung und ihr Vorbild, bekommt aber auch von hier aus ihren vollen und furchtbaren Sinn. Zugleich ist auch der Mensch als Sünder bloßgestellt. Er ist es, der die S. will, weil er Empörer gegen Gott ist. Und weil er die S. und die Empörung will, ist er auch schuldig.

In diesem selbstverschuldeten Zustand der S. lebt er als sein eigener Gefangener, der die S. nicht überwinden kann, sondern ihr untertan ist. Denn »wer S. tut, der ist der S. Knecht« (Joh 8,34). Für dieses Gefangensein hat das theologische Denken seit Augustin den Begriff der »Ursünde« oder (mißverständlicher und vielfach mit falschen Vorstellungen belastet) »Erbsünde« geprägt.

D) SÜNDE UND SCHULD.

Die Bibel gibt keine volle Erklärung der S. Sie weiß wohl von einer dritten Macht außer Gott und dem Menschen: dem Satan oder → Teufel oder der »Obrigkeit der Finsternis« (Kol 1,13). Aber sie läßt es damit genug sein, unmißverständlich die Existenz und das Wirken dieser Macht zu bezeugen, ohne über das Böse zu grübeln (vgl. 1 Kor 13,5: griech. *ou logizetai*), und spricht nie so davon, daß der Mensch aus der Verantwortung für seine S. herausgenommen würde. S. ist immer Schuld. Hier kennt das AT keinen Unterschied (die Wurzel *ascham* drückt im Hebr. ganz bes. die auf dem Menschen lastende Schuld aus; vgl. ferner *awon*, oben I A 3). Schuld ist immer mit Unreinheit gleichzusetzen. Dabei hat die Unterscheidung zwischen irrtümlicher (3 Mo 4,13.22) und willentlicher (4 Mo 15,30) Übertretung nur eine graduelle Bedeutung. Auch der Hinweis auf die Schwäche des Menschen (Hi 15,14; 25,4; Ps 51,7; 143,2) ist nicht Entschuldigung. S. bringt den Menschen in Gottes Schuld und verlangt Genugtuung. Hier hat Gott im AT den ganzen Reichtum des Opferdienstes (→ Opfer) gegeben.

Gewiß ist das vom NT her gesehen nur ein vorläufiger Ausweg aus dem Gericht, das der S. droht. Aber hier wird die S. noch einmal bes. deutlich als eine menschliche Verhaltungsweise, die den Menschen in die Frontstellung gegen Gott setzt, und in der der Mensch seine Aufgabe, als Gottes Geschöpf zu leben, verfehlt. Diese Verfehlung ist immer zugleich → Schuld, und d. h. Verpflichtung. Damit aber ist der Mensch auch als Sünder nicht von Gott entlassen.

Das AT kommt mit der S. und dem Sünder nicht zu Ende. Es weiß nur einen vorläufigen Ausweg, aber es weist schon auf die endgültige Lösung hin (Jes 53). Es endet gleichsam mit einer hoffnungsvollen Frage.

II) NEUES TESTAMENT.

Eine Trennung zwischen AT und NT ist darum gerechtfertigt, weil das AT zwar die Not der S. und des Sünders in der ganzen Tiefe aufdeckt, aber das NT allein über die S. von ihrer Überwindung in Jesus Christus her redet.

A) SPRACHLICHER BEFUND.

Auch das NT kennt wie das AT mehrere Wörter für S.

1) Griech. *hamartanô* bzw. *hamartia* bedeutet »nicht treffen«, »verfehlen« bzw. »Verfehlung«. *Hamartia* wird im NT am häufigsten gebraucht und bedeutet nicht nur die Verfehlung gegen Gott, sondern betont zugleich die Schuld. Dabei können die sündigen Taten (z. B. Apg 2,38; 3,19; Hebr 1,3; 2,17), die sündhafte Wesensbestimmtheit der ganzen Menschheit (Joh 9,41; 1 Joh 1,8) und die person-

hafte Macht der S. (Röm 5,12; Gal 3,22; überhaupt Röm 5—7 durchgehend) gemeint sein.
2) Selten kommt das Wort *hamartaema* vor, das lediglich die sündige Tat bezeichnet. *Parakoae* meint Ungehorsam, *anomia* Gesetzlosigkeit. Damit ist im wesentlichen der Sprachgebrauch erfaßt.

B) JESUS ALS ÜBERWINDER DER SÜNDE.
1) Es ist auffallend, wie wenig die Evangelien (ausgenommen Joh) den Begriff S. erwähnen. Jesus entwickelt keine systematische Lehre von der S. Sie ist für ihn eine Wirklichkeit des Menschen. Das ist die selbstverständliche Voraussetzung seiner Predigt und Wirksamkeit. Sein Dienst ist Überwindung der S. und Rettung aus ihr (Mt 9,13). Vgl. → Erlösung, → Vergebung, → Opfer IV.
An Jesus und seiner Verkündigung bricht die Sündhaftigkeit des Menschen auf (Lk 5,8). Denn Jesus proklamiert Gottes Herrschaft (Mk 1,15). Aber es geschieht mehr als nur das Aufdecken der Sündhaftigkeit. In Jesus streckt Gott seine Hand aus, die den Sünder heimholt zu ihm (Lk 5,10; 7,37ff; 19, 1ff). Jesus überwindet die S. durch Vergebung im Auftrage Gottes (Mt 9,2). Dazu ist er bevollmächtigt, weil er die S. der Welt trägt (Joh 1,29.36; 1 Joh 1,7; 2,2). Damit schenkt er volle Freiheit (Joh 8,34.36). Durch sein Werk scheidet Jesus die Menschheit, weil er zur Entscheidung ruft (Joh 15,22—24; 9,41). Wer ihn ablehnt, empfängt den Tod (Joh 8, 24); wer ihm seine S. bekennt, empfängt Vergebung (1 Joh 1,9).
2) Das Gleichnis vom verlorenen Sohn (Luk 15, 11ff) macht Jesu Wirken gegen die S. am deutlichsten. S. ist Abwendung vom Vaterhaus und Irren in der Fremde. Jesu Kommen aber bringt Erkenntnis der S. und ruft zur → Buße. Um Jesu willen darf der Sünder umkehren (vgl. → Bekehrung) und findet Gott als den, der auf ihn wartet und ihn in Liebe aufnimmt. Lk 15,21 zeigt dabei die ganze Tiefe der S.: Verschuldung gegen Menschen und Gott.
3) Jesus ist die einzige Möglichkeit, die S. zu überwinden. Wer Jesus trotz aller Erkenntnis als Überwinder seiner S. ablehnt, bleibt in der S. (Joh 8,21. 24; 9,39—41; 15,22—25). Damit wird der ganze Ernst der Lage angezeigt. Vgl. → Verdammnis.

C) DIE SÜNDE ALS ÜBERWUNDENE MACHT.
Am ausführlichsten redet Paulus von der S. Auch er tut es nur, um den Ort zu bestimmen, an dem die Gnade Gottes und die Erlösung Jesu Christi ihn trifft, entwickelt also keine Sündenlehre.
1) Die Erkenntnis der S. hat auch bei Paulus ihren Grund in der Begegnung mit dem erhöhten Jesus Christus (1 Kor 15,9; 1 Tim 1,15), der ihm vor Damaskus zeigte, daß die Verfolgung der Gemeinde Jesu nichts anderes ist als letzte Konsequenz seiner unbewußten abgrundtiefen Gottfeindschaft. Als Sünder ist er Feind Gottes, Jesus aber überwindet ihn und seine S. Jetzt erst besteht für Paulus die Möglichkeit, das Wesen der S. zu erfassen.
2) Die S. kam durch Adam in die Welt (Röm 5,12ff) und gewann hier ihren Einbruch in die Menschheit. Sie ist eine Macht, die außerhalb des Menschen liegt, und der Teufel geht als Versucher um (Mt 4,1—11; 13,28; Offb 12,9). Aber das entschuldigt den Sünder nicht; er selber hat der Versuchung nicht widerstanden (vgl. Hebr 4,15), sondern nachgegeben (Röm 5,12c), und nun wohnt die S. in ihm (Mt 15, 19; Mk 7,21; Jak 1,14).
3) S. bringt den Tod mit sich (Röm 6,23). Am Tod erkennt man die Sündenverfallenheit der Menschheit (1 Kor 15,56). Damit ist die S. mehr als nur eine menschliche Verhaltensweise, die sich in einzelnen Taten erweist, sondern schlechthin Zustand der Menschheit. Die Menschen sind »unter der S.«. Dabei wird immer über die Sünden als Einzeltaten auf die S. als Zustand und Wesen des Menschen geblickt, deren Früchte die einzelnen Sünden sind.
4) Nun gibt es noch eine Macht, die die S. zur S. macht: das Gesetz (Röm 5,13; 7,8; Gal 3,19). Es ist Gottes Werkzeug, um die S. bloßzustellen als das, was sie ist. Am Gesetz offenbart sich der Mensch in seiner Auflehnung und sündhaften Selbstbehauptung gegen Gott (Röm 1,21). Das ist die S. Adams. Am Gesetz wird aber auch die gleichsam dämonische Macht der S. deutlich. In seinem »fleischlichen« Sein (vgl. → Fleisch) ist der Mensch als Sklave unter die S. verkauft, sie beherrscht ihn (Röm 7,14).
5) Aber Paulus weiß bei alledem von der S. nur als überwundener Macht, weil er von der Sendung Jesu weiß (Röm 8,3). Durch Jesu Tod wird die S. vernichtet, weil Gott ihn, den Sündlosen, zur S. gemacht hat (2 Kor 5,21). Was Jesus am Kreuz erleidet, erleidet er für die Sünder, »für uns« (2 Kor 5, 21; 1 Kor 15,3; Gal 1,4). So bringt er die entscheidende Wende für die Menschheit, weil in ihm die Gnade zur Herrschaft gelangt (Röm 5,21).
Der Hebräerbrief drückt das so aus, daß er Jesus als den ewigen sündlosen Hohenpriester bezeichnet, der sich selbst für die Sünden ein für allemal geopfert hat (Hebr 2,17; 4,14.15; 7,24—26; 9,11—15).
Damit bricht die Freiheit für den Menschen an, der unter der S. ist. Im Glauben an Jesus wird er hineingenommen in seinen Tod und stirbt der S. (Röm 6,2). Nun hat die S. kein Recht mehr auf ihn (Röm 6,13. 18.19), der Mensch im Glauben lebt Gott und Jesus.
6) Das Leben im Glauben ist spannungsvoll. Denn Befreiung von der Herrschaft der S. in dieser Leiblichkeit heißt nicht Sündlosigkeit. Der Glaubende ist noch nicht zur Vollendung gelangt (Röm 8,10), sondern er wartet darauf (Röm 8,18), daß die S. und ihre Auswirkungen mit der Wiederkunft Jesu endgültig vernichtet werden (Röm 8,11; 1 Kor 15, 26). Bis dahin steht sein Leben unter der immer wieder notwendigen, aber auch möglichen Reinigung durch das Blut Jesu (1 Joh 1,7—10; 3,3).
Vgl. → Unschuldig.

Sündenfall → Sünde, → Weib I BC

Sündopfer → Opfer

Sündwasser. Bei ihrer Weihe (4 Mo 8,5ff) wurden die → Leviten zur Reinigung mit S. besprengt (V 7). Ob es sich dabei um ein bes. zubereitetes Wasser (vgl. → Sprengwasser) handelt, wird nicht gesagt. Vgl. auch → Besprengen.

Sunem. Ort in Isaschar (Jos 19,18); Lagerort der Philister vor der Schlacht von Gilboa (1 Sam 28,4); Heimatort → Abisags (1 Kö 1,3; vgl. → Sulamith). Hier wurde Elisa gastlich aufgenommen (2 Kö 4,8ff). Heute Solem, neuhebr. Shunem, am Südwesthang des Hügels More, 5 km nördl. von Jesreel. S. wird schon von Thutmose III. genannt; nach den Amarnabriefen hat es Labaja von Sichem im 14. Jh. v. Chr. zerstört. Später wurde es vom König von Megiddo wieder aufgebaut. Auch Pharao Sisak nennt es auf seiner Ortsliste. Vgl. Karte Sp. 1067; 1311.

Suni. Sohn des Gad. Seine Nachkommen waren die Suniter (1 Mo 46,16; 4 Mo 26,15).

Suniter → Suni

Supha, dasselbe Wort heißt sonst »(Verderblicher) Windsturm, Windsbraut«,
Landschaft in Moab, in der Vaheb lag (4 Mo 21,14). Es ist allerdings unklar, ob S. urspr. wirklich eine Ortsangabe gewesen ist. Schon die ältesten Übersetzungen haben 4 Mo 21,14 verschieden aufgefaßt, so übersetzt die LXX: »Daher heißt es im Buch: Der Krieg des Herrn setzte *Zôob* (= Vaheb) in Brand und die Bäche Arnon.«

Supham. Sohn Benjamins. Seine Nachkommen waren die Suphamiter (4 Mo 26,39). Man hat ihn mit Muppim (1 Mo 46,21) und auch mit Suppim (1 Chron 7,12.15) gleichsetzen wollen, der letzte wird aber als Sohn Irs genannt.

Suphamiter → Supham

Suppim.
1) Sohn Irs aus dem Stamm Benjamin (1 Chron 7, 12.15), vgl. → Supham.
2) Levitischer Torhüter (1 Chron 26,16). Allerdings scheint an dieser Stelle der hebr. Text verderbt zu sein; vgl. ZÜ, MÜ.

Sur I) Viell. »Mauer«,
Wüste zwischen Palästina und der ägypt. Ostgrenze (1 Mo 16,7; 20,1; 25,18), durch die die Israeliten nach Mara zogen (2 Mo 15,22). In 4 Mo 33,8 heißt die Wüste Etham.
II) »Abtrünnig«.
Das Tor Sur (2 Kö 11,6) ist vermutlich ein Seiteneingang am Königspalast oder am Tempel in Jerusalem. Vielleicht ist es mit dem → Grundtor (2 Chron 23,5) gleichzusetzen.

Susan oder Susa, Hauptstadt des Reiches → Elam am Ulai (Dan 8,2; Karte Sp. 19/20), heute die Ruinenstätte Schusch, rund 250 km nördl. vom Nordende des Pers. Golfs. Nach der Eroberung Elams durch die Assyrer verpflanzte Asnaphar (Assurbanipal) Einwohner von S. nach Samaria (Es 4,9). Im Perserreich wurde S. zur Hauptstadt der Provinz Susiane und Winterresidenz der Könige (Neh 1,1). Hier spielt die Geschichte des Buches → Esther (Est 1,2 u. ö.). Vgl. auch Abb. Sp. 768; 1055.
Bei den Ausgrabungen des Königspalastes zeigte sich, daß der Harem durch einen Gang mit dem inneren Hof verbunden war. Seiner Einmündung lag der zum Hof hin offene Thronsaal gegenüber, so daß der König die durch den Gang kommende Esther sofort bemerken mußte (Est 5,1.2).

Susanna »Lilie«,
Jüngerin Jesu, die er geheilt hatte und die ihm diente (Lk 8,3).

Susi, viell. »Pferd«,
Vater Gaddis, des Kundschafters aus dem Stamm Manasse (4 Mo 13,11[12]).

Susiter, Volk in Ham östl. vom Jordan, das von Kedor-Laomor geschlagen wurde (1 Mo 14,5). Man setzt sie mit den → Samsummitern gleich.

Süß, Süßteig → Passah; → Sauerteig

Suthelah.
1) Sohn Ephraims. Seine Nachkommen waren die Suthelahiter (4 Mo 26,35.36; 1 Chron 7,20).
2) Ephraimit, Sohn Sebads (1 Chron 7,21).

Suthelahiter → Suthelah (1)

Syene, südlicher Grenzort → Ägyptens, 700 km südl. von Kairo (Hes 29,10; 30,6; Karte Sp. 35), heute Assuan. Die jüd. Militärkolonie auf der Nilinsel Elephantine bei S. (Taf.2b/1) besaß hier einen eigenen → Tempel (VII,2), wie aus einer ganzen Anzahl dort gefundener Papyri hervorgeht.

Synagoge → Schule

Syntyche »Günstige Fügung« oder »Glückliche«,
Frau in der Gemeinde zu Philippi, die Paulus zur Einigkeit mit Evodia ermahnt (Phil 4,2.3).

Syrakus, Hafenstadt an der Ostküste Siziliens, heute Siracusa. 734 v. Chr. als korinthische Kolonie gegründet, erlebte es im 5. u. 4. Jh. v. Chr. seine Blütezeit und zählte zu den größten, schönsten und mächtigsten Städten im westl. Mittelmeer. 212 v. Chr. wurde es von den Römern nach zweijähriger Belagerung erobert, blieb jedoch auch unter röm. Herrschaft noch eine kulturell und wirtschaftlich bedeutende Stadt. In S. hatte Paulus auf der Fahrt nach Rom 3 Tage Aufenthalt (Apg 28,12). Vgl. Karte Sp. 1049/50.

Syrer, Syrien. I, 1) Die Syrer (LÜ) oder Aramäer – ihr Stammvater Aram wird unter den Söhnen Sems genannt (1 Mo 10,22) – sind eine Gruppe semitischer Stämme, die sich im Lauf der Jahrhunderte über Syrien, Mesopotamien und den nördl. Teil des Ostjordanlandes ausgebreitet haben. Als ihre Heimat nennt das AT → Kir (Am 9,7). Auch die nicht von Aram abstammenden Nachkommen Nahors, des Bruders Abrahams, wurden als Aramäer (LÜ Syrer) bezeichnet (1 Mo 22,20–24; 25,20; 31,24). Nach 1 Mo 31,47 sprach Laban → aramäisch (I). Auch Jakob wird, wohl wegen seines Aufenthalts in Syrien und der Heirat mit den Töchtern Labans, ein »herumirrender Aramäer« (5 Mo 26,5 EÜ, ZÜ, MÜ) genannt.
2) In assyr. Inschriften erscheinen die Syrer – Aramu, Arumu, Arime oder Armâja genannt – seit dem 12. Jh. v. Chr. Sie drängten von der arab.-syr. Wüste aus gegen den Euphrat vor, tauchten gleichzeitig in Babylonien auf und errichten in Richtung auf Karchemis den Sadschur. Um 1000 wanderten die aram. → Chaldäer in Südbabylonien ein; im Tal des Habor und Balich wie um Sendschirli bestanden aram. Reiche. Nördl. und östl. von Karchemis umfaßte ein Aramäerstaat beide Ufer des Euphrat. Im südl. Syrien lagen ebenfalls eine Reihe von kleinen Aramäerreichen: Damaskus (2 Sam 8,5) südöstl. vom Antilibanon; Zoba (V 3) nördl. davon schloß wohl auch noch den Nordteil der Bekaa mit ein, der Ebene zwischen Libanon und Antilibanon (später Zölesyrien genannt); Rehob (2 Sam 10,8) lag vermutlich im Südteil der Bekaa am Hermon (vgl. Ri 18,28); Maacha (2 Sam 10,8) und Gessur (2 Sam 15,8) umfaßten das Gebiet nördl. und nordöstl. vom See Genezareth; Tob (2 Sam 10,8) lag am Jarmuk östl. von Edrei.
Man hat auch vermutet, daß Rehob urspr. die dynastische Bezeichnung für Zoba war, da Hadadeser von Zoba Sohn Rehobs genannt wird (2 Sam 8,3; vgl. die Bezeichnung von Jehu als Sohn Omris in assyr. Inschriften). Dann wäre der Name Rehob erst in späterer Zeit auf den Südteil der Bekaa beschränkt worden. Dementsprechend hat man den Baesa, Sohn des Rehob vom Lande (oder Gebirge) Amana, den die Assyrer unter den syr. Verbündeten bei Karkar (853 v. Chr.) erwähnten, ebenfalls für einen Herrscher von Zoba bzw. Rehob gehalten (in dem Fall ist Amana = Antilibanon); andere haben ihn jedoch als Ammoniter angesehen.

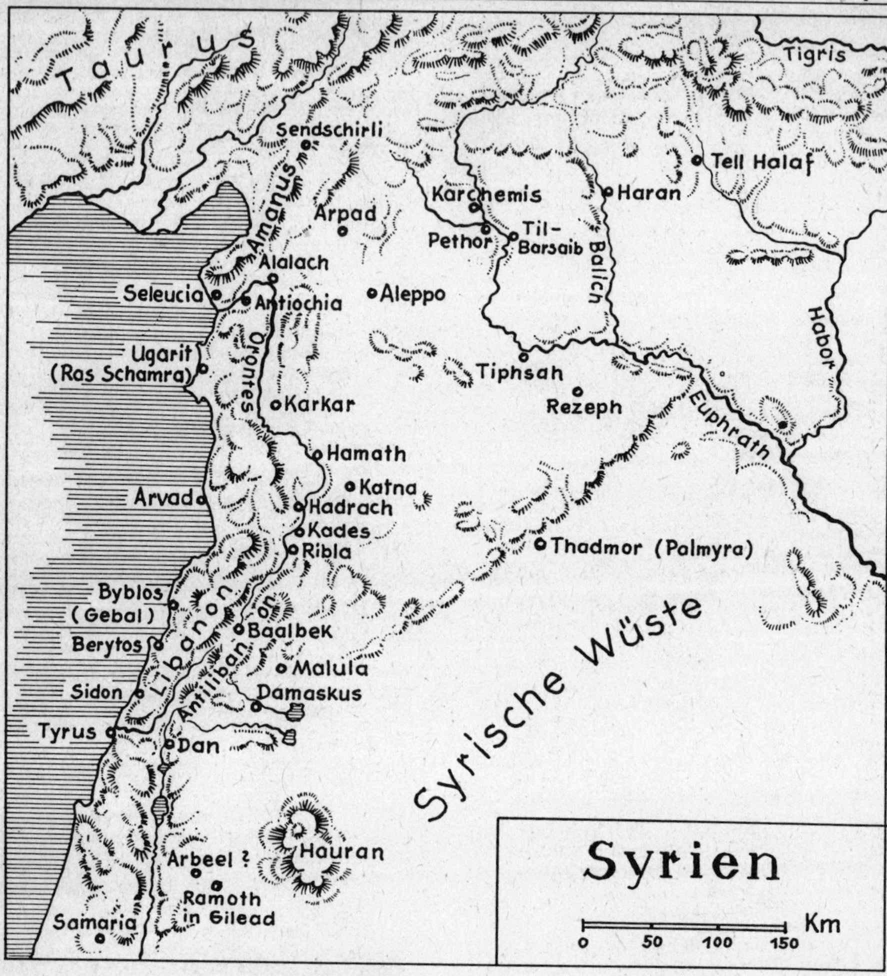

Wie schon die Aufzählung erkennen läßt, haben es die Syrer nie zu einer staatlichen Einheit gebracht, sie blieben stets in Klein- und Stadtstaaten aufgesplittert, soweit sie nicht von fremden Eroberern einer einheitlichen Herrschaft unterworfen wurden.

3) Israel hatte mit den Syrern seit Saul (1 Sam 14, 47) und David (2 Sam 8,3.5; 10,8.19) zu kämpfen. Salomos Machtbereich bis an den Euphrat bei Tiphsah (Karte Sp. 282) schloß das südl. Syrien mit ein (1 Kö 5,4[4,24]; 2 Chron 8,3.4), die nördl. Aramäerstaaten blieben selbständig. Nach dem Zerfall des salomonischen Reiches wurde Damaskus (vgl. → Benhadad, → Hasael, → Rezin) einer der gefährlichsten Gegner bes. des isrl. Nordreiches, soweit nicht beide von den mesopotamischen Großreichen abhängig waren.

4) Nachdem die Assyrer die Aramäerstaaten östl. der Euphrats erobert hatten, stieß Salmanasser III. um die Mitte des 9. Jh. v. Chr. in zahlreichen Feldzügen nach Syrien vor (Karte Sp. 1179), konnte aber nur das nördl. Gebiet nachhaltig unterwerfen. Kurz nach 800 v. Chr. kam auch in → Hamath mit Zakir ein aram. Herrscher an die Macht, während die früheren Könige (Thoi z. Zt. Davids [2 Sam 8, 9]; Irhuleni um 850 v. Chr.) Hethiter waren. Thiglath-Pileser III. vollendete die assyr. Eroberung Syriens (733–732 v. Chr.); er, Sargon II. und Sanherib unterwarfen auch die ostbabyl. Aramäer. Obgleich die Syrer so alle politische Macht verloren und in Mesopotamien auch völkisch in den Assyrern und Babyloniern aufgingen, wurde ihre Sprache zur internationalen Verkehrssprache (→ Aramäisch). Viell. hat dabei auch eine Rolle gespielt, daß das Aram. mit der phön. Buchstabenschrift (→ Alphabet) geschrieben wurde, während das Assyr.-Babyl. die kompliziertere Keilschrift verwendete.

5) Zu den Göttern der Aramäer, von denen z. T. nur noch die Namen bekannt sind, vgl. → Adrammelech, → Anammelech, → Asima, → Baal, → Hadad I,1, → Nibehas, → Rimmon, → Tharthak und → Thammus.

6) Nachdem Syrien und Palästina unter Assyrern,

Neubabyloniern, Persern und Griechen jeweils Teile desselben Großreiches gewesen waren, gewann Syrien nach dem Tod Alexanders d. Gr. (323 v. Chr.) seine Selbständigkeit unter dem hellenistischen Herrschergeschlecht der Seleukiden zurück. Palästina wurde nun mit wechselndem Erfolg zum Streitobjekt zwischen ihnen und den ägypt. Ptolemäern, bis es den jüd. → Makkabäern gelang, die syr. Herrschaft in erbitterten Kämpfen abzuschütteln. 64 v. Chr. machte Pompejus dem Seleukidenreich ein Ende und gliederte Syrien ins röm. Reich ein (vgl. Karte Sp. 1151/2). Hier wurde es mit dem ein Jahr später eroberten Palästina und Zilizien zur Provinz Cilicia et Syria vereinigt (vgl. Apg 15,23. 41; Gal 1,21), die dem Legaten von Syrien unterstand (vgl. Lk 2,2).

II) Syrien als geographisches Gebiet umfaßt 3 Teile:

1) Das mesopotamische Syrien östl. vom Euphrat bis zum Balich und Habor, hebr. Aram-Naharaim und Paddan-Aram (vgl. → Mesopotamien). Dies Syrien ist in 1 Mo 28,5; 31,20; Hos 12,13 gemeint.

2) Die syr. Wüste zwischen Euphrat und Damaskus, der wichtigste Ort in diesem Gebiet ist Thadmor (2 Chron 8,4).

3) Syrien im engeren Sinn, das Land am Mittelmeer nördl. von Palästina (Mt 4,24; Apg 18,18; 20, 3; 21,3). Es reicht von den Ausläufern des Taurus im N über das Amanusgebirge, das Tal des Orontes bis zum Libanon und Antilibanon mit der Ebene der Bekaa zwischen ihnen und dem Gebiet von Damaskus südöstl. davon. Die Südgrenze Syriens gegen Palästina bildet der Leontes (im Unterlauf heute Nahr el-Kasimije) nördl. von Tyrus und der Beginn des Jordangrabens südl. vom Hermon. Vgl. auch weiter → Palästina.

Syrophönizien → Phönizien

Syrte, Name zweier Buchten mit Sandbänken an der nordafrikanischen Küste, die kleine S. im Golf von Gabes und die (östl.) große S. im Golf von Sydra an der Küste der Cyrenaika. Auf der Fahrt des Paulus nach Rom fürchteten die Seeleute, in die große S. abgetrieben zu werden und dort aufzulaufen (Apg 27,17). Vgl. Karte Sp. 1049/50.

Syzygus »Arbeits-« oder »Jochgenosse«,
das griech. Wort *syzygos*, das LÜ mit »Geselle« wiedergibt (Phil 4,3; EÜ Mitknecht), kann auch als Eigenname eines Christen in Philippi aufgefaßt werden.

Szythe. Die Skythen, indogermanische Nomadenstämme der südrussischen Steppe, galten im Altertum weithin als die nördlichsten und z. T. auch als die unzivilisiertesten Menschen. Von dieser Vorstellung her verallgemeinerte sich der Begriff, so daß in hellenistischer und röm. Zeit auch die nordwestl. davon wohnenden Völker (bis zur Elbe) und sogar die Stämme des nördlichen Asiens zu den S. gezählt werden konnten.
Paulus verwendet das Wort in Kol 3,11 in dem allg. Sinn, »Nichtgrieche und Nichtrömer, Fremder, Barbar«.

T

Tabbaoth »Siegelring«,
Tempelknecht, dessen Nachkommen mit Serubabel aus der babyl. Gefangenschaft heimkehrten (Es 2, 43; Neh 7,46).

Tabbath, Ort in der Nähe von Abel-Mehola (Ri 7, 22), vermutlich die Anhöhe Ras Abu Tabat östl. vom Jordan (Karte Sp, 492), westl. von Adschlun. Der Ort liegt am Rand eines Weges, der von einer Jordanfurt nach O. führt.

Tabea, von der LÜ übernommene Namensform der Vulgata für den aram. Namen Tabitha »Gazelle«. Der entsprechende griech. Name ist Dorkas (LÜ Rehe).
Jüngerin in Joppe, die Petrus auferweckte (Apg 9, 36–41).

Tabeel »Gott ist gut«.

1) Vater des Mannes, den Rezin und Pekah anstelle Ahas' als König von Juda einsetzen wollten (Jes 7,6). Viell. handelt es sich aber auch um den Heimatort dieses Gegenkönigs; in einem Brief aus der Zeit Thiglath-Pilesers III. wird ein Mann als Ta-ab-i-la-aja »aus T. stammend« bezeichnet; dieser Ort lag nach dem Zushg. nordöstl. von Ammon und Gilead.

2) Pers. Beamter z. Zt. des Königs Arthahsastha (Es 4,7).

Tabrimmon »(Der Gott) Rimmon ist gut«,
Sohn Hesjons, Vater → Benhadads (1) (1 Kö 15,18).

Tafeln aus Stein (2 Mo 31,18; 32,19; 34,1; vgl. Zehn → Gebote I) oder Ton (Jes 8,1; 30,8; vgl. → Buch I; Taf. 30/449) dienten als Schreibmaterial für Bücher, Urkunden und → Briefe (vgl. Tell el → Amarna, → Maribriefe, → Ras Schamra). In 2 Kor 3,3 verwendet Paulus das Bild der beschriebenen T. im übertragenen Sinn (vgl. Jer 31,33).

Tafelwerk = Holztäfelung im Tempel (1 Kö 6,9; Ps 74,6; Hes 41,16).

Tag. I) Der T. als Teil der Woche und des Monats (vgl. → Jahr) dauerte für den Israeliten von einem Sonnenuntergang bis zum nächsten (2 Mo 12,18; 3 Mo 23,32); innerhalb dieser Einheit gingen die Nachtstunden den Tagesstunden vorauf (vgl. »Abende und Morgen« Dan 8,14; vgl. das griech. Wort *nychthaemeron,* wörtl. »Nacht-Tag« = Zeit von 24 Stunden, 2 Kor 11,25 LÜ Tag und Nacht). Von den Wochentagen wurde nur der 7., der → Sabbat benannt, die übrigen zählte man (vgl. Mk 16,2; Joh 20,19; Apg 20,7).

II) Die Einteilung des T. in Stunden finden wir erst nach der babyl. Gefangenschaft, das Hebr. besitzt noch kein Wort für »Stunde«, erst das Aram. Allerdings wird schon z. Zt. des Ahas ein Sonnenzeiger genannt. Meist begnügte man sich in atl. Zeit mit der Einteilung in Abend (und die → Nachtwachen), Morgen und Mittag (Ps 55,18) und verwendete darüberhinaus verschiedene Umschreibungen: »um den Abend« (1 Mo 24,63), »des Abends um die Zeit, wo die Frauen Wasser zu schöpfen pflegten« (1 Mo 24,11), »als die Sonne am Untergehen«

und »untergegangen war« (1 Mo 15,12.17); »als die Morgenröte aufging« (1 Mo 19,15; 32,27[26]), »die Sonne war aufgegangen« (1 Mo 19,23; 32,32 [31]); »bis der T. heiß wurde« (1 Sam 11,11), »als der T. am heißesten war« (1 Mo 18,1), »bis auf den vollen T.« (Spr 4,18), »um die Zeit, das Speisopfer zu opfern« (1 Kö 18,29.36), »um das Abendopfer« (Es 9,4.5; Dan 9,21), »bis sich der T. neigt« (Ri 19, 8.9) oder »kühl wird« (Hl 2,17; 1 Mo 3,8). Zur Tageseinteilung in ntl. Zeit vgl. → Stunde.

III) Daneben bezeichnet T. auch die Tageshelligkeit im Gegensatz zur Nacht (1 Mo 31,39; Joh 9,4); so werden bildhaft die Jünger auch »Kinder des T.« genannt (1 Thess 5,5). Weiter steht T. ganz allg. für einen Zeitpunkt oder Zeitraum. »Welches Tages« (1 Mo 2,17) heißt »in dem Augenblick, wenn ...«; »bis auf diesen T.« (1 Sam 27,6; 2 Kö 2,22) steht für »bis heute«, der T. des Streites und Krieges (Hi 38,23) wird auch mit »Zeit des Streits« wiedergegeben (Ps 78,9; Hos 10,14); »Tage« (Jes 7,17) sind »Zeiten«; die »letzten Tage« (2 Tim 3,1; Jak 5,3) bedeuten die Endzeit, und die Tage eines Menschen sind die Dauer seines Lebens (Ps 102,24.25; Jes 38,5; Klgl 5,21).

Tag des Herrn.

I) DER BEGRIFF.

In den prophetischen Büchern des AT begegnet uns des öfteren der Begriff »der Tag des Herrn« bzw. »des Herren Tag« (Jes 13,6.9; Hes 13,5; Jo 1,15; 2, 1.11; 3,4; Am 5,18.20; Ob 15; Zeph 1,7.14; Mal 3, 3,23[4,5]). Die wörtliche Übersetzung lautet »der Tag Jahwes« (→ Namen Gottes). An anderen Stellen (Jes 2,12; Hes 30,3; Sach 14,1 – unsere Bibelübersetzungen z. T. ungenau) heißt es wörtlich »*ein* Tag Jahwes«. Von der Sache ist aber noch erheblich öfter die Rede, z. B. wenn etwas »an jenem Tage« geschehen soll (Jes 2,11.17.20 ZÜ, MÜ). Mit dem T.d.H. meinte man einen Tag oder Zeitpunkt des richtenden oder rettenden Eingreifens des Herrn. Bisweilen dachte man dabei an ein Ereignis innerhalb der Geschichte, bisweilen jedoch auch an den Anbruch der Endzeit.

II) DER T.D.H. IN DER ERWARTUNG DES VOLKES.

In der Verkündigung der frühen Schriftpropheten zeigt sich bei Amos (Am 5,18), daß man im Volk schon vor der Botschaft des Propheten den T.d.H. ersehnte und wie man sich ihn dachte. Das Volk erwartete im Gegensatz zu dem Propheten den T.d.H. als ein glückbringendes Ereignis, vermutlich als Strafgericht des Herrn über alle seine feindlichen Nachbarn und als Rettung Israels und seine Erhebung zur Herrschaft über alle Völker. Bei dem in Am 1 und 2 beschriebenen Auftritt des Propheten kann man sich gut vorstellen, daß das Volk die Unheilsweissagungen über die fremden Völker und – da die Hörer Angehörige des Nordreichs waren – auch über Juda mit Genugtuung angehört hat, bis dann die diesen Auftritt abschließende und zu der Volkserwartung in schrillem Widerspruch stehende Unheilsweissagung auch über Israel, das Nordreich selber folgte. Wenn Amos ausdrücklich bestreitet, daß der T.d.H. Licht sei (Am 5,18.20), so zeigt dies, daß das Volk von diesem Entscheidungstage nicht nur ein Eingreifen des Herrn in die Politik, sondern auch kosmische Wandlungen erwartete, wie auch die von Amos, im Gegensatz zu dem vom Volk erhofften Licht, geweissagte Finsternis mehr meint als etwa nur politisches Unglück, was aus vielen entsprechenden Weissagungen des AT hervorgeht (vgl. Am 8,9; Jes 2,12ff; 24,21; Jo 3,4; Mi 1,3.4; Sach 14,4–8). Es ist gerade typisch für die an den T.d.H. geknüpften Erwartungen – seien es nun die Erwartungen des Volkes oder die im Gegensatz dazu stehenden Weissagungen der Propheten –, daß politische Wendungen und kosmische Wandlungen oft zusammengehen (vgl. bes. Zeph 1,14–18). Daß außer Amos, der die im Nordreich herrschende Volkshoffnung auf den T.d.H. ausdrücklich bekämpft, auch sonst die Propheten diesen Begriff wie einem dem Volk durchaus geläufigen gebrauchen, weist darauf hin, daß die allg. Zuversicht auf den für das Volk Gottes glückhaften T.d.H. weithin, auch in dem Südreich Juda, lebendig war, bevor die Propheten diese Vorstellung jeweils durch ihre Botschaft korrigierten.

III) DER T.D.H. IN DER GERICHTSPREDIGT DER PROPHETEN.

Im Gegensatz zu den frohen Hoffnungen des Volkes verkündigen die Propheten den T.d.H. als ein Gericht, das nicht nur über die fremden Völker (Am 1; Ob; Jo 4), sondern auch, und mit besonderer Schärfe, über Israel ergeht (Am 2,6–16), denn Erwählung Israels bedeutet gerade nicht selbstverständliche Verschonung, sondern daß an das Volk Gottes ein bes. scharfer Maßstab angelegt wird (Am 3,2). Der T.d.H. wird ein unentrinnbares Gericht (Am 5,19) und mit Israel wird es aus sein (V 2); wenn Israel schon von seiner eigenen Rettung im Unterschied von dem alle anderen Völker treffenden Gericht träumt, dann kann nur so davon die Rede sein, daß die Beweisstücke für den eingetretenen Tod Israels gerettet werden (V 12; nach 2 Mo 22,12[13] – vgl. ZÜ, MÜ – mußte von einem anvertrauten und dann durch ein Raubtier zerrissenen Tier dessen Leiche oder Teile davon als Beweismaterial vorgelegt werden). Das Schlimmste und zugleich der Grund, warum es mit Israel so ganz und gar aus sein wird, ist, daß der Herr dann nicht mehr reden will, trotz aller Sehnsucht nach dem Wort Gottes (Am 8,11 –14).

Ähnlich wie Amos verkündigt auch Jesaja, und zwar dem Volk des Südreichs Juda, den T.d.H. als Gericht über alle Hoffart (Jes 2,6–22). Nach Jesaja gibt Zephanja die umfangreichste Verkündigung vom T. d.H. als dem Tag des göttlichen Zorngerichts über sein Volk (Zeph 1).

IV) DER T.D.H. IN DER HEILSPREDIGT DER PROPHETEN.

Daneben steht aber in der prophetischen Verkündigung vom T.d.H. auch die Heilsbotschaft (Am 9,11; Ob 17–21; Jo 3). Das ist bes. der Fall, nachdem mit der Katastrophe Jerusalems 586 v. Chr. das Gericht tatsächlich eingetroffen ist. Nun blickt man darauf als auf den geschehenen T.d.H. zurück (Klgl 1,21 ZÜ, MÜ; Hes 34,12; hier wird der geschehene Tag mit dem gleichen Ausdruck bezeichnet wie in Jo 2,2 u. Zeph 1,15 der kommende Tag) und erwartet vom zukünftigen Eingreifen Gottes die Rettung, Wiederherstellung und das endliche Heil für Jerusalem, dem der T.d.H. Schutz (Sach 12), Läuterung (Mal 3, 2), Reinigung (Sach 13,1.2), Geistbegabung (Sach 12,10), paradiesische Bewässerung (Sach 14,8) bringen soll. Das ist aber das gemeinsame Kennzeichen aller dieser Prophetie, daß die für den T.d.H. geweissagte Rettung dem vorher gerichteten Volk Gottes zuteil wird. Dadurch unterscheidet sich die Botschaft der Propheten wesentlich von den oben beschriebenen Hoffnungen des Volkes. Wie sehr gerade eine Rettung durch das Gericht hindurch gemeint ist, zeigen uns bes. Jo 3 und Mal 3,19–24. Vgl. weiter → Gericht, → Wiederkunft Jesu, → Vollendung.

Tag, Jüngster → Gericht, → Wiederkunft Jesu

Tagelöhner oder Lohnarbeiter (Mk 1,20; Lk 15,17. 19) gehörten in Israel im Gegensatz zu den →

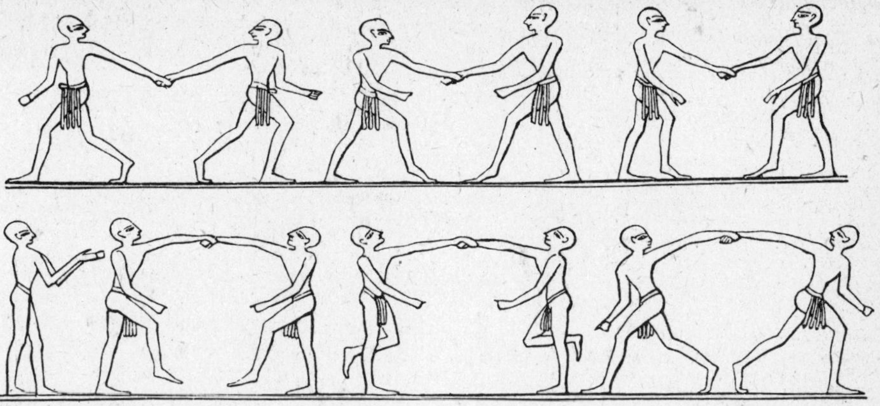

Verschiedene Figuren eines Tanzes zweier Männer. Ägypt. Darstellung

Knechten nicht zur Familie, sie durften also, wenn sie bei einem Priester arbeiteten, nicht mit vom Heiligen essen (3 Mo 22,10). Sie wurden nur auf bestimmte Zeit, viell. nur für einen Tag, gemietet (im hebr. Wort steckt der Begriff »mieten«, nicht aber »Tag«). Weil der T. zum Leben allein auf seinen → Lohn angewiesen ist, schreibt das Gesetz die tägliche Lohnzahlung vor (3 Mo 19,13; 5 Mo 24,14. 15; Mal 3,5; vgl. Jer 22,13; Jak 5,4). Der Lohn des T. betrug das Doppelte von dem, was zum Lebensunterhalt des Knechtes aufzuwenden war (5 Mo 15, 18). Die »Jahre eines T.« (Jes 16,14; 21,16) sind genau auf den Tag abgezählte volle Jahre. In Hi 7,1.2 wird auf das unsichere, mühevolle Leben des T., der keinen eigenen Besitz hat, angespielt.

Tagereise → Maße und Gewichte I,2

Tagewähler. Das hebr. *onen* (5 Mo 18,10.14; Jes 2,6; 57,3; Jer 27,9; vgl. 3 Mo 19,26; 2 Chron 33,6) bezieht sich auf irgendeinen heidnischen Aberglauben. Man hat es u. a. von *ajin* »Auge« und von *anan* »Wolke« herleiten und dementsprechend durch »der mit dem bösen Blick behext« bzw. »Wolkendeuter« übersetzen wollen, Luther dachte an das Bestimmen günstiger Tage; doch alle Ableitungsversuche bleiben unsicher. Jedenfalls dürfte es sich um die Vertreter einer bestimmten Art der Vorschau oder Zukunftsbefragung handeln.

Tal der Zimmerleute, das breite Tal südöstl. von Joppe, in dem Lod und Ono liegen (1 Chron 4,14; Neh 11,35).

Talmon, viell. »Licht, Glanz«.
1) Levit, dessen Nachkommen mit Serubabel aus der Gefangenschaft zurückkehrten (Es 2,42; Neh 7, 45).
2) Levitischer Torhüter z. Zt. Nehemias (1 Chron 9,17; Neh 11,19; 12,25), offenbar aus dem Geschlecht des vorigen.

Talmud → Mischna

Taltor → Jerusalem III C

Tamariske *(Tamarix).*
Die T. wird in der LÜ nicht erwähnt, weil Luther das hebr. Wort dafür *(eschäl)* stets mit »Baum« übersetzt hat. Der hebr. Text nennt sie 1 Mo 21,33; 1 Sam 22,6; 31,13 (vgl. EÜ, MÜ, ZÜ). Die T. ist ein Baum oder Strauch, dessen kleine schuppen- oder nadelförmige Blätter eng an den Zweigen liegen. Sie wächst in Palästina in mehreren Arten (die größte, *Tamarix articulata,* erreicht die Größe einer Eiche), vor allem in den Wadis der Wüsten- und Steppengebiete (vgl. Taf. 87/1376).

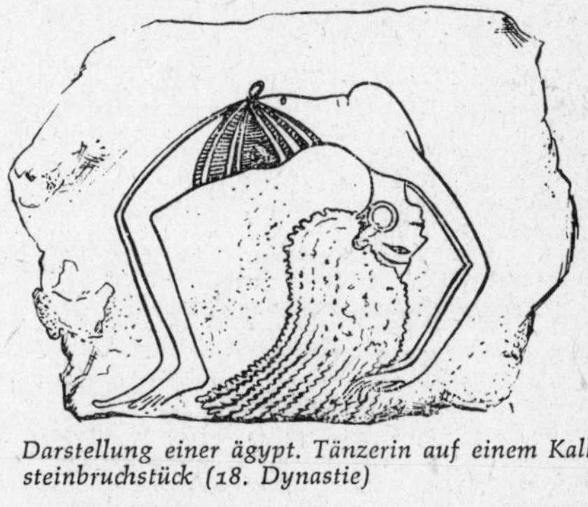

Darstellung einer ägypt. Tänzerin auf einem Kalksteinbruchstück (18. Dynastie)

Tammuz → Jahr

Tanne → Zypresse

Tanz oder Reigen ist im Altertum ein gemeinschaftliches Tanzen entweder von Männern oder von Frauen und Mädchen (Jer 31,13) untereinander. Das Auftreten einzelner Tänzerinnen kam am Hof gelegentlich vor (Hl 7,1[6,12]f, vgl. ZÜ; Mk 6,22), der moderne Paartanz aber war unbekannt.
Mit T., der allg. Zeichen der Freude war (Ps 30,12; Klgl 5,15; Lk 15,25), feierte man in Israel den Sieg (2 Mo 15,20); die Frauen gingen den heimkehrenden Siegern im Reigen mit Gesang und Handpauken entgegen (Ri 11,34; 1 Sam 18,6; 21,12[11]; 29, 5). Ebenso gehört der T. zum Freudenfest (Ri 9,27 ZÜ; Jes 16,9.10) der Weinlese (Ri 21,20–23); in spätjüd. Zeit hatte jeder Weinberg seinen Tanzplatz, der aber nur von Frauen benutzt wurde.

Einen wichtigen Platz nahm der T. auch im isrl. Gottesdienst ein (vgl. 2 Mo 32,19). David tanzte bei der Überführung der Bundeslade vor ihr her (2 Sam 6,14.16), und in den Psalmen wird zum Lob Gottes im Reigen aufgerufen (Ps 87,7; 149,3; 150, 4); vgl. auch → Laubhüttenfest IV,3. Darum gehört der T. ebenfalls zu den Verheißungen der kommenden Heilszeit (Jer 31,4).

Taphath »Tropfen«,
Tochter Salomos und Frau eines seiner Statthalter (1 Kö 4,11).

Targum. Die mündliche Übertragung des hebr. Textes während des Synagogengottesdienstes (→ Schule) in die aram. Sprache führte zur schriftlichen Festlegung im sog. T. (= »Übersetzung«). In diesen aram. Übersetzungen sind älteste vormasoretische Bestandteile (vgl. → Masora) verarbeitet, doch sind die uns erhaltenen Targume wohl nicht vor dem 3. Jh. n. Chr. niedergeschrieben worden. Zum Textvergleich mit dem hebr. AT dürfen die Targume nur mit Vorsicht benutzt werden, da sie bes. in den Propheten nicht streng wörtlich übersetzen, sondern jüd. Traditionsgut mit einarbeiten. Am bekanntesten sind das T. Onkelos, eine Übersetzung der 5 Bücher Mose, und das T. Jonathan, eine Übersetzung der Propheten. Beide sind – nicht vor dem 5. Jh. n. Chr. – in Babylon herausgegeben worden. Vgl. → Aramäisch II.

Tarpal, unbekannter Ort, aus dem die Assyrer Umsiedler nach Samaria brachten (Es 4,9).

Tarsus, Stadt in Kue, dem späteren Zilizien, 833 v. Chr. von Salmanasser III. erobert. 64 v. Chr. wurde es Hauptstadt der röm. Provinz Cilicia. T. lag am Fluß Kydnos, etwa 15 km vom Meer entfernt (Karte Sp. 86). Die Schulen der hellenistischen Stadt wetteiferten mit denen von Athen und Alexandrien; Kultur, Wissenschaft und Religionen des Vorderen Orients und Griechenlands begegneten sich hier. Die Stadtgottheit war Baal-Tars, der »Herr von T.«, der mit Kornähren und Weintrauben auf Münzen abgebildet ist. Im NT wird T. als Geburtsort des Paulus genannt (Apg 9,11; 21,39; 22,3).

Tartsche → Waffen und Geräte

Tasche, meist aus gegerbtem Ziegenleder hergestellter Beutel oder Sack, der mit einem Riemen über der Schulter oder auf dem Rücken getragen wurde. Die T. gehörte zur Ausrüstung des Hirten (1 Sam 17,40.49) und des Reisenden (Mt 10,10; Lk 9, 3; 10,4). Vgl. auch → Bündlein (2).

Tat, Täter, Tun

I) DAS TUN GOTTES.
Der Gott der Bibel ist der immer im Tun begriffene Herr der Schöpfung und der Geschichte. Er tut große Dinge, die nicht zu erforschen sind (Hi 5, 9ff). Am nachhaltigsten hat sich der Erinnerung des atl. Gottesvolkes die herrliche Tat (2 Mo 15,1) eingeprägt, die das Volk aus der Versklavung Ägyptens erlöst. Aber auch das »Unglück in der Stadt« tut der Herr, wenn die Seinen durch Abfall ihn zum Gericht herausfordern (Am 3,6). Es ist die Eigenart Gottes, daß bei ihm Denken und Tun eins sind (Jes 46,11). Gott wacht darüber, daß sein Wort Tat wird (Jer 1,12). Was sollten die Frommen lieber tun, als von allen Taten ihres Gottes zu reden (Ps 143,5)?
Im NT ist Herz und Mitte des Werkes Gottes, daß er in der Sendung Jesu schafft und vollbringt, was dem Gesetz unmöglich ist: Wirkliche Verurteilung der Sünde und innere Erneuerung (Röm 8,3f) des Menschen. Die Hoffnung, daß wir an das ewige Ziel kommen, hat darin ihren Grund, daß der treue Gott tun wird, was er verspricht (1 Thess 5,24).

II) DAS TUN JESU.
Der Sinn des Werkes Jesu läßt sich kurz so zusammenfassen, daß er den Willen des ihn sendenden Vaters tut (Joh 6,38). Dieser Wille ist auf ewige Errettung und Bewahrung der Glaubenden gerichtet. Der Sohn Gottes auf Erden ist so mit seinem Vater eins, daß er nichts aus sich und für sich tut, sondern gehorsam auf des Vaters Wink sieht, hiermit dessen Tun gehorsam aufnimmt und vollzieht, was der Vater vorhat (Joh 5,19). Des Vaters Willen tun, ist des Sohnes Speise (Joh 4,34).

III) DAS MENSCHLICHE TUN.
1) In Israel, dem Gott seinen heiligen Willen am Sinai kundgetan hat, besteht das Gott ehrende Tun darin, daß seine Satzungen und Rechte gehalten werden. Solchem gehorsamen Tun ist das Leben verheißen (3 Mo 18,5). Aber wer ehrt Gott durch völliges Tun seines Willens? Es ist der Kern der neutestamentlichen (paulinischen) Botschaft, daß auf dem Weg der Gesetzeserfüllung niemand zur frohen Errettung und Heilsgewißheit kommt, sondern daß das neue seligmachende »Tun« der Glaube an Christus ist.
2) Damit ist das Tun durch → Werke aber nicht abgetan. Nachdem es als Heilsweg ausgeschaltet ist (Tit 3,5), gewinnt es seinen Platz als tätiges Sichtbarwerden und Echtheitszeugnis des Glaubens (Gal 5,6; Jak 1,22; 2,17).
Denn ohne die ständige und innige Verbindung mit seinem Herrn kann der Jünger nichts für ihn tun (Joh 15,5). Das Geheimnis der Nachfolge ist: alles zu Gottes Ehre tun (1 Kor 10,31) und alles im Namen Jesu Christi (Kol 3,17).

Tatam, Ort in Juda (Jos 15,59a LXX), seine genaue Lage ist unbekannt. Viell. Ain et-Tut, ca. 2 km südwestl. Nephthoa und ca. 2 km nordnordöstl. Beth-Cherem.

Tatze. Alle Tiere, die »auf Tatzen« (wörtl.: auf ihren Fußsohlen) gingen, waren den Israeliten unrein (3 Mo 11,27), d. h. also außer den Huftieren nahezu alle in Palästina vorkommenden Säugetiere.

Tau → Regen

Taub. Neben dem Verlust des organischen Gehörs (→ Krankheiten: Taub) wird es auch als T.heit bezeichnet, wenn jemand hört und nicht versteht. Solche geistlich Tauben, die doch Ohren haben, werden zum Hören aufgerufen (Jes 42,18; 43,8; vgl. Mk 4, 9; Offb 13,9). Jesaja weissagt, daß in der kommenden Heilszeit die Ohren der Tauben geöffnet und sie die Worte des Buches hören werden (Jes 35,5; 29,18). Auf diese Verheißung beruft sich Jesus in seiner Antwort, die er Johannes dem Täufer durch dessen Jünger gibt (Mt 11,5; vgl. Mk 7,37). Vgl. weiter → Hören, → Ohr.

Taube. 1) Neben der vom Menschen gezogenen zahmen T. gibt es in Palästina auch verschiedene Arten wilder T. Die Bibel erwähnt mehrfach die Turteltaube, *Streptopelia turtur* (Hl 2,12; Jer 8,7), die in mehreren Arten vorkommt und neben der zahmen T. geopfert werden durfte (3 Mo 1,14; 5,7. 11; Lk 2,24; u. ö.). In Hl 2,14; Jer 48,28 ist wahrscheinlich die Felsentaube *(Columba livia)* gemeint, von der die zahmen T.arten abstammen und die bis heute in Palästina verbreitet ist.

2) Als Opfertier wird die T. schon beim Bundesopfer Abrahams (1 Mo 15,9) genannt; sie war auch später der einzige Vogel, der geopfert werden durfte: als Sündopfer der armen Leute (3 Mo 5,7), als Reinigungsopfer des Armen nach der Heilung vom Aussatz (3 Mo 14,22), als Reinigungsopfer einer Mutter nach der Geburt (3 Mo 12,6.8; Lk 2,24), des Mannes nach leiblicher Unreinheit (3 Mo 15,14) und des → Nasiräers (4 Mo 6,10). Im Vorhof des Tempels wurden für diese → Opfer T. zum Kauf angeboten (Mt 21,12; Joh 2,14).
3) Die T. ist ein Symbol der Sanftheit und Arglosigkeit (Mt 10,16) und des heiligen Geistes (Mt 3, 16; Mk 1,10; Lk 3,22; Joh 1,32). Ihr Girren wird mit der schluchzenden Klage des Menschen verglichen (Jes 38,14; 59,11; Hes 7,16; Nah 2,8). »T.« als Kosewort findet sich mehrfach im Hl (1,15; 2,14; 4,1; 5,2.12; 6,9[8]).

Taucher → Weih

Taufe.

I) JOHANNESTAUFE.
1) Beziehungen zum AT und zeitgeschichtlichen Erscheinungen.
Das NT setzt die T. als bekannt voraus. Schon das AT kennt Reinigungsbäder und rituelle Waschungen (3 Mo 14,8; 15,5; 17,16 u. ö.; vgl. → Abwaschen, → Rein und unrein, → Waschen), die in der prophetischen Verkündigung Sinnbild für die Reinigung von Sünden werden (Jes 1,16; 4,4; Hes 36,25; Sach 13,1). Neben diesen atl. Vorbildern hatte Johannes wohl auch noch zeitgenössische Erscheinungen vor Augen. Hierher gehört – bes. im Blick auf die Einmaligkeit der T. – die vermutlich im 1. Jh. n. Chr. aufkommende Proselytentaufe. Diese T. wurde neben der → Beschneidung an den Heiden vollzogen, die zum Judentum übertraten, und war für Frauen und Mädchen das einzige äußere Zeichen ihres Übertritts. Außerdem kannte Johannes viell. eine Novizentaufe bei den essenischen Qumranleuten (vgl. → Handschriften vom Toten Meer). Trotz dieser möglichen Beziehungen zeigt aber der Beiname des Johannes: »der Täufer«, daß seine T. als völlig neuartig gewertet wurde.
2) Die Wassertaufe des Johannes ist untrennbar mit seiner Bußpredigt und dem Sündenbekenntnis des Täuflings verbunden (Mt 3,6.11; Mk 1,4.5; Lk 3,3.8ff) und hat die Vergebung der Sünden zum Ziel. Damit und als Hinweis auf die T. mit Geist und Feuer (Mt 3,11), die als Erfüllung der Bußtaufe erst mit Christus möglich wird (vgl. Apg 19,1–7), bleibt die Johannestaufe ein vorläufiges Geschehen in der heilsgeschichtlichen Ordnung. Durch das Wirken des Johannes wird die messianische Heilsgemeinde auf das Kommen Christi vorbereitet und gesammelt.

II) DIE TAUFE JESU.
1) Jordantaufe.
Jesus unterzieht sich der Johannestaufe (Mk 1,9 par.), um »alle Gerechtigkeit zu erfüllen«. Die Bedeutung dieser T. gilt betont nur ihm als dem Christus Gottes, denn nirgends im NT wird die urgemeindliche T. mit dieser T. Jesu begründet oder beides miteinander verbunden. Jesus gesellt sich in der T. uns sündigen Menschen zu. Er wird einerseits am Beginn seiner öffentlichen Wirksamkeit vom Vater durch den Heiligen Geist als Sohn proklamiert und bestätigt (V 11), anderseits stellt er sich als das Lamm (Joh 1,29) unter das Gesetz des Gerichtes Gottes über alles sündige Fleisch.
2) Leidenstaufe.
Von dieser Voraussetzung aus kann Jesus dann auch das ganze Passionsgeschehen bis zum Tod am Kreuz als »T.« bezeichnen (Mt 20,22; Mk 10,38; Lk 12,50). Hier (vgl. Mt 20,23; Mk 10,39) knüpft Paulus an, wenn er die T. als ein »Sterben« versteht (Röm 6, 3ff).

III) DIE TAUFE IN DER URGEMEINDE.
1) Für eine sachgemäße Erfassung der ntl. Taufaussagen ist die Erkenntnis von grundlegender Bedeutung, daß in der Gemeinde Jesu die durch Johannes prophetisch angekündigte T. mit dem Heiligen Geist (Mt 3,11 par.) das Ereignis wird, das diese Gemeinde begründet und kennzeichnet. Die Wassertaufe wurde als (Johannes-)Bußtaufe durch die Jünger Jesu zunächst noch weiter geübt (Joh 3,26; 4,2), während der eigentlichen öffentlichen Wirksamkeit Jesu wohl ausgesetzt, aber dann seit Pfingsten erneut und nun »auf den Namen Jesu hin« (Apg 2, 38; 8,16; 10,48; vgl. 1 Kor 6,11; 1,15; Gal 3,27) bzw. – dem Taufbefehl Jesu entsprechend – auf den Namen des dreieinigen Gottes (Mt 28,19) vollzogen. Sie hat jedoch gegenüber der T. mit dem Heiligen Geist keinen Eigenwert (vgl. auch 1 Kor 12, 13), sondern steht als abbildendes Zeichen in deren Dienst; vgl. die Unterbetonung der (Wasser-)Taufhandlung in 1 Kor 1,17; Mk 16,16b; Hebr 6,1.2; 9, 9f; bes. 1 Joh 5,6 »nicht mit Wasser allein«.
2) Obwohl Geist- und Wassertaufe inhaltlich eng aufeinander bezogen sind, können beide zeitlich auseinandergehen: am klarsten wird das in Apg 8, 16 ausgesprochen (vgl. auch Apg 10,44 u. 48; 8,13 u. 19). Das ungeklärte Mißverhältnis zwischen der Zurückhaltung des Paulus etwa in Korinth, die Wassertaufe selber zu vollziehen (1 Kor 1,17; viell. haben seine Begleiter getauft), und seiner sehr entfalteten Tauftheologie (Röm 6) zeigt, daß auch bei ihm das ganze Schwergewicht auf dem Widerfahrnis der durch den Geist gewirkten Umgestaltung aus dem Unglauben in den Glauben an Christus liegt.
Jedenfalls dürfte – vor allem nach den Berichten der Apg – der Zeitpunkt der Wassertaufe, die wahrscheinlich als Volltaufe durch Untertauchen vollzogen wurde (Joh 3,23 »viel Wasser«; Mk 1,9b), nur geringe Bedeutung gehabt haben. »Normalfall« ist das unmittelbare Aufeinanderfolgen von Glaube (= Geistesempfang, meist unter Handauflegung) und Wassertaufe (Apg 2,38; 8,12.37–39; 16,31.33; 18,8; vgl. Mk 16,16; Gal 3,26.27). Doch ist auch umgekehrte Reihenfolge und zeitlicher Abstand möglich (Apg 8,16; 19,5.6). Wo die Wassertaufe dem vollen, geistdurchwehten Glauben voraufgeht, setzt sie mindestens vertrauende Zuwendung zu Christus voraus und ist Hinweis auf die T. mit dem Heiligen Geist; wo sie folgt, ist sie Bekenntnis und Zeichen des von Christus durch seinen Geist Gewirkten und bildet das Wiedergeburtsgeschehen (Joh 3,5ff; Tit 3,5: Bad der Wiedergeburt des Heiligen Geistes und Bad der Erneuerung des Heiligen Geistes) als Mitsterben und Mitauferstehen ab (Röm 6,3ff; Kol 2,12). Indem so im Vollgeschehen der T. – d. h. in Geist- und Wassertaufe (vgl. Joh 3,5) – Jesu Tod und Auferstehung gegenwartsmächtig werden, geschieht Reinigung und grundsätzliche Scheidung von der Sünde (Röm 6; 1 Kor 6,11; Eph 5,26.27; Apg 2,38; 22,16; 1 Petr 3,21), Kindschaft beim Vater (Gal 3, 26.27), Eingliederung in den Leib Christi, in seine Gemeinde (1 Kor 12,13), und damit teilhaben an der Kraft und Herrlichkeit der von Christus verliehenen Heilsgaben (1 Kor 12,4ff).
3) In Apg 10,44.46 (zu V 47.48); 16,14 (zu V 15) u. 32 (zu V 33); 18,8 wird von einem bereiten Hören und glaubenden Annehmen vor der Wassertaufe gesprochen bzw. dieses vorausgesetzt. Der

Ausdruck »Haus« an diesen Stellen könnte bewußt denkende und glaubensfähige Kinder einschließen (vgl. aber die Formulierung im Brief des Ignatius an Polykarp [um 110–117]: »mit ihrem ganzen Hause und den Kindern«; hier werden alle Kinder vom »Hause«, d. h. von den Hausgenossen, unterschieden). Die Texte enthalten jedoch keine Andeutung einer Säuglingstaufe schon in ntl. Zeit, wenn sie sich auch vom Textbefund her nicht mit voller Sicherheit ausschließen läßt. Doch dürfte in dieser umstrittenen Frage die Erkenntnis, daß der Zeitpunkt der Wassertaufe von untergeordneter Bedeutung ist und im NT das Hauptgewicht auf geistgewirktem Glauben und neuem Leben liegt, eine Freiheit jenseits aller dogmatischen und konfessionellen Bindungen ermöglichen, die den Blick für das Wesentliche offenhält. Dabei ist bes. wichtig, daß dem NT jede automatische, magisch-sakramentale Heilsaneignung zutiefst fremd ist (vgl. Mt 28,19 wörtl.: Macht alle Völker zu Jüngern und tauft diese).

4a) Sinnbildlich wird das Wort T. im NT gebraucht in Bezug auf den Durchzug Israels durch das Schilfmeer (1 Kor 10,2) und die Sintflut (1 Petr 3,20.21). b) Der Ausdruck »sich taufen lassen über den Toten« (1 Kor 15,29) ist schwer verständlich. Die sprachlich mögliche Deutung »für« die Toten, d. h. zu ihrem Nutzen, in ihrer Stellvertretung, ist unwahrscheinlich. Viell. könnte aber eine T. »um der Toten willen« gemeint sein, d. h. ein Heide ließ sich taufen, um in der Auferstehung mit seinen verstorbenen gläubigen Angehörigen wieder vereint zu werden. Zu beachten ist aber, daß Paulus den Brauch, worin er auch bestand, nicht anerkennt, sondern nur benutzt, um den Korinthern deutlich zu machen, wie absurd eine Leugnung der Totenauferstehung ist.

Taumelkelch, Taumelbecher → Becher

Tausend → Zahl

Tausendjähriges Reich. I) Mit dem T.R. ist jene Epoche der Heils- und Weltgeschichte gemeint, die dem letzten großen Gericht vorausgeht. Ausdrücklich ist davon nur in Offb 20,4–6 die Rede; verwandte Gedanken klingen in 1 Kor 15,23–28 an, ohne daß aber das T.R. selbst erwähnt wird.

Der genannte Bericht in der Offb gehört zu der großen Schau von der → Wiederkunft Jesu (Offb 19,11 –20,15). Jesus der Sieger, »der Herr aller Herren« (Offb 19,16) überwältigt nun auch das »Tier«, den »falschen Propheten« und ihr Gefolge, d. h. die gegen ihn gerichteten Weltmächte und Glaubensrichtungen; Tier und falscher Prophet werden in das ewige Feuer (LÜ feuriger Pfuhl) geworfen, der Anhang verfällt dem Tode (V 17–21). Die Urmacht des Bösen, der Satan, wird jedoch noch nicht vernichtet, sondern nur gefesselt und eine Zeitlang in sicheren Gewahrsam gebracht (Offb 20,1–3). Damit beginnt ein Zeitalter, in dem dem Satan jede Einwirkungsmöglichkeit auf die Menschen genommen ist und Jesus Christus über die Welt herrscht. Mit ihm nehmen die Märtyrer an der Regierung als Richter, Herrscher (V 4) und Priester (V 6) teil. Nur sie, nicht die übrigen bisher verstorbenen Menschen, sind von dieser ersten Auferstehung (vgl. → Auferstehung III C 1 u. 2) betroffen. Die Dauer dieses Zeitalters wird mit 1000 Jahren angegeben (V 4.6). Danach wird der Satan noch einmal frei (V 7), es gelingt ihm, die fernen Völker der Erde zu einem letzten gewaltigen Aufstand gegen den Herrn zu verführen (V 8f); aber göttliches Feuer vom Himmel vernichtet sie alle, und dann wird auch der Satan in das ewige Feuer der Qual geworfen (V 10). Damit ist der Augenblick der zweiten, allgemeinen Auferstehung zum letzten, endgültigen Gericht gekommen, das diese Weltzeit abschließt (V 11–15) und dem die Neuschöpfung des Himmels und der Erde folgt (Offb 21,1ff).

Die Darstellung in der Offb ist – ebenso wie die Andeutung in 1 Kor 15,23ff – durch große Zurückhaltung ausgezeichnet. Einzelheiten werden nicht beschrieben, und eine Schilderung dieser Zeit etwa im Sinne eines »Goldenen Zeitalters« fehlt völlig. Der Abschnitt zeigt nur, daß in diesen 1000 Jahren Jesus eine neue Ordnung aufrichtet, die unterschiedslos für alle Erdenbewohner gilt; die nachfolgende letzte Erhebung der Menschen zeigt jedoch, daß diese äußere Neuordnung nicht mit der inneren Grunderneuerung aller Menschen gleichzusetzen ist. Dabei darf man die Zahlenangabe 1000 nicht kalendermäßig bewerten, sondern wird sie im Sinne von Ps 90,4 und 2 Petr 3,8 als einen sehr langen Zeitabschnitt, eine volle Zeitperiode, vergleichbar einem »Tag« im Schöpfungswerk Gottes, zu verstehen haben.

Diese 1000 Jahre sind als Erfüllung atl. Prophetie anzusehen (vgl. z. B. Jes 2,1ff; 11; 60–66; Mi 4,1–7; 7,11–20). Es wird für eine beschränkte Zeit deutlich werden, wie sich die von Jesus ausgeübte Gottesherrschaft auf einer Erde auswirkt, von der die Macht der Zerstörung und Verführung gebannt ist. Dabei bringt Jesus die, die in seiner Nachfolge ihr Leben ließen, zu besonderen Ehren; was Offb 1,6; 3,21; 6,9–11 verheißen ist, wird hier erfüllt.

Aber das letzte Ziel Gottes ist mit dem T.R. noch nicht erreicht, denn die Erde, die es trägt, ist ja die noch zum Vergehen bestimmte (Mt 5,18; 24,35; 2 Petr 3,10.13), und Jesu Herrschaft erstreckt sich auch über Menschen, die innerlich nicht erneuert sind und deshalb bei der Freilassung des Satans dessen Verführungskünsten erliegen. Selbst das Leben im Raum der Gottesherrschaft, wenn es ohne das innere Regiment des Geistes bleibt, vermag den Menschen nicht für die Ewigkeit zu erretten.

II) Die Lehre vom T.R. hat in der Geschichte der christlichen Kirche sehr unterschiedliche Auswirkungen gehabt. In der Urgemeinde und in der alten Kirche war sie lebendig, und der Glaube daran bekam durch die Verfolgungen immer wieder neuen Auftrieb. Man ging mit der Erwartung in den Tod, als Märtyrer dereinst im T.R. mit auf dem Thron zu sitzen. Als sich aber der christliche Glaube seit Konstantin zur Staatsreligion entwickelte (ab 313 n. Chr.), verblaßte diese Hoffnung, bis man schließlich jeden ohne Unterschied als Ketzer beschuldigte, der ihr anhing. Die Christenheit hatte angefangen, die biblische Aussage schon auf ihre eigene Gegenwart zu beziehen und das T.R. als eine bereits angebrochene Periode der Kirchen- und Heilsgeschichte zu betrachten. Sie empfand deshalb die Hoffnung auf die Zukunft als einen Angriff gegen ihr eigenes Selbstverständnis. Immer dann aber, wenn notvolle kriegerische Zeiten anbrachen, wurde auch das Wissen um das T.R. als Trost in der Bedrängnis wieder lebendig.

Wenn die ev. Kirchen in dieser Sache oft große Zurückhaltung zeigten, so hängt das damit zusammen, daß im Lauf der Jahrhunderte vielfach der Gedanke des T.R. über alle biblisch vertretbare Gebühr hervorgekehrt, ja oft an Stelle des erst nach ihm zu erwartenden Endgerichtes und der Enderneuerung als Ziel aller Geschichte proklamiert wurde. Das aber ist von der Schrift her eine Verfälschung, insbes. wenn das Bild eines goldenen Zeitalters aus-

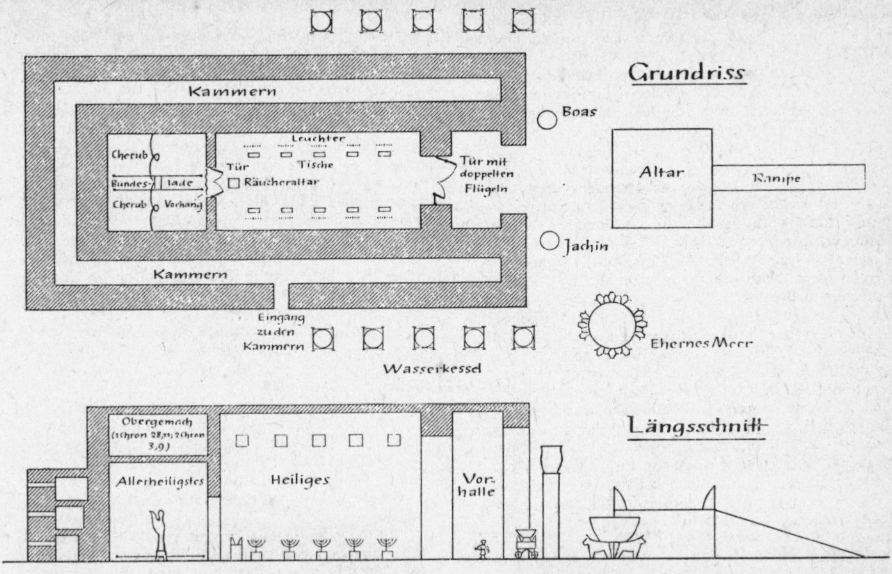

DER TEMPEL SALOMOS

Rekonstruktion nach 1 Kö 6–7; 2 Chron 3–4 unter Benutzung einzelner Angaben aus Hes 41–43.

Maßstab
0 5 10 20 30 40 50 Ellen
0 5,25 10,5 15,75 21 26,25 m

gemalt wird, in dem letztlich eben nicht Christus eindeutig im Mittelpunkt steht, sondern der Mensch im Grunde nur die Erfüllung seiner diesseitigen Hoffnungen auf bessere Lebensumstände erleben soll, die er jetzt nicht verwirklicht sieht. In diesen Rahmen gehören auch die sich ständig wiederholenden Datierungsversuche. Es hat sich bisher noch immer gezeigt, daß die einseitige Konzentration der Verkündigung auf eine kurzfristig datierte Naherwartung mit Drohungen, Fanatismus und Überheblichkeit einhergeht. Sie sind eine Folge des Verlassens der biblischen Nüchternheit.

Tebah »Zur Zeit der Schlachtung geboren«, erster Sohn des Nahor von seiner Nebenfrau Rehuma (1 Mo 22,24). Vgl. → Tibehath.

Tebalja, viell. »Gut für den Herrn«,
Levit, Nachkomme Meraris, Sohn des Hosa (1 Chron 26,11).

Tebeth → Jahr

Teig → Anbruch, → Sauerteig

Telaim, viell. »Lamm«,
Ort, an dem Saul seine Truppen zum Feldzug gegen die Amalekiter sammelte (1 Sam 15,4); möglicherweise auch das Telem von Jos 15,24. Viell. Umm es-Salafe bei Kurnub, ca. 3,5 km südwestl. von Siph (2). Vgl. Karte Sp. 1304.

Telem. 1) → Telaim.
2) Levitischer Torhüter, der eine heidnische Frau genommen hatte (Es 10,24).

Tempel.

I) NAME UND LAGE.

1) T. (vom lat. *templum*, ein der Gottheit geweihter Raum) bezeichnet in der HS das Heiligtum des Herrn in → Jerusalem. Das hebr. *hekal* meint zunächst das »Prachtzelt« bzw. »-gebäude«, den Palast eines orient. Herrschers und wird manchmal auch in dieser Bedeutung auf den T. angewendet (Jes 6,1; Mal 3,1). Im Griech. steht *hieron* (»Heiligtum«; Mt 4,5; 21,12; Mk 14,49) oder *naos* (»Tempel«; Lk 1,9). Gelegentlich wird vom »heiligen T.« (Hab 2, 20), vielfach vom »Haus des Herrn« (1 Kö 8,10.63) oder »Haus Gottes« (2 Chron 5,14) gesprochen.

2) Salomo baute den Tempel auf dem Berg Morija (2 Chron 3,1; oder nach 1 Makk 14,26.48 Zion) an der Stelle, die David vom Herrn bezeichnet worden war (2 Sam 24,18). Die flache Höhe, in Jer 21,13 Fels der Ebene genannt, ist die einzige ebene Fläche in Jerusalem. Sie heißt heute Haram esch-Scherif, das »erhöhte Heiligtum«, und ist 500 × 300 m groß, war urspr. jedoch kleiner. Die Mitte des Haram liegt

einige Meter höher und bildet eine zweite kleinere Fläche, auf der der »heilige Fels« liegt, ein Felsblock von 17,4 m Länge, 13,2 m Breite und 1,8 m Höhe. Hier hat wahrscheinlich der Brandopferaltar des salomonischen T. gestanden; damit gewinnen wir einen Anhaltspunkt zur Bestimmung der Lage des T. auf dem T.platz.

II) BAU.

Die Errichtung des T. ging auf Davids Wunsch zurück, dem Herrn ein Haus zu bauen (2 Sam 7). Er konnte auch noch das kostbarste Baumaterial zusammentragen und die Baupläne vorbereiten (1 Chron 28,11–29,8), die Ausführung übertrug der Herr seinem Nachfolger (1 Chron 28,3.6). Salomo sicherte sich die Unterstützung phön. Bau- und Metallarbeiter (1 Kö 5,15[1]ff; 7,13.14), das Bauholz wurde über See herangebracht (1 Kö 5,23[9]; vgl. Abb. Sp. 669), die Steine so genau zugehauen, daß sie am Bauplatz nur noch zusammengefügt zu werden brauchten (1 Kö 6,7). Der Bau dauerte 7 Jahre, vom 2. Monat seines 4. Regierungsjahres (967 v. Chr.; 1 Kö 6,1) bis zum 8. Monat des 11. Jahres (961 v. Chr.; V 38). Die Tempeleinweihung im 7. Monat (1 Kö 8,2) wird dann ins folgende Jahr (960 v. Chr.) zu setzen sein. Wie bei der → Stiftshütte (2 Mo 40,34.35) erschien auch jetzt die Herrlichkeit des Herrn und erfüllte den T. (1 Kö 8,10.11).

III) BESCHREIBUNG.

1) Der T. Salomos war kein übermäßig großes Gebäude, 60 Ellen (zu 52,5 cm; vgl. → Maße und Gewichte I,1) lang, 20 Ellen breit und 30 Ellen hoch (1 Kö 6,2), d. h. 31,5 × 10,5 × 15,75 m. Sein Grundriß hatte die doppelten Maße der → Stiftshütte, seine Pracht übertraf sie aber weit. Vor diesem Haus lag eine Vorhalle, 20 Ellen breit wie der T. selbst und 10 Ellen tief (V 3). Um den T. führte ein »Umgang« von 3 Stockwerken. Das unterste Stockwerk war 5 Ellen breit, das zweite 6 Ellen, das dritte 7 Ellen (V 5.6), was nach außen wahrscheinlich nicht in Erscheinung trat, da es wohl durch nach oben hin abnehmende Mauerdicke ausgeglichen wurde. Als Zugang diente eine Seitentür, im Innern führten Treppen nach oben (V 8). Jedes Stockwerk enthielt eine Reihe von → Kammern oder Seitengemächern, die zur Aufbewahrung von T.geräten, T.schätzen und Vorräten dienten (vgl. → Gotteskasten). Oberhalb dieses Anbaus von 15 Ellen (V 10) hatte der eigentliche T. kleinere Fenster mit Gitterstäben, die wohl vor allem dem Abzug des Qualms der Lampen und des Rauches vom Räuchopferaltar dienten (V 4). Das Dach war flach, »mit Balken und Tafelwerk von Zedern« (V 9) gedeckt, über den querliegenden Balken lagen also wohl Bretter in Längsrichtung. Das gesamte Gebäude war mit den Anbauten vermutlich etwa 52 m lang und 27 m breit.

Die Mauern wurden in Naturstein aufgeführt (V 7) und innen mit Zedernholz getäfelt (V 15); der Fußboden war aus Zypressenholz (LÜ Tannenbrettern) gefertigt (V 15), im Allerheiligsten auch aus Zedernholz (V 16).

Das ganze Gebäude teilte sich in drei Räume: Vorhalle, Heiliges und Allerheiligstes (LÜ Chor). Den Eingang zum Heiligen bildete eine Flügeltür aus Zypressenholz, jeder Flügel bestand aus 2 → Blättern (V 33.34). Heiliges und Allerheiligstes trennte eine Wand aus Zedernholz (V 16) mit einer Tür aus Ölbaumholz; außerdem befand sich hier ein Vorhang von gleicher Art wie der der → Stiftshütte (2 Chron 3,14).

Alle Wände, Türen und Pforten waren mit Schnitzereien von → Cherubim, Palmen und Blumen verziert (1 Kö 6,29) und einschließlich der Fußböden mit Gold überzogen (V 21.30). Dazu kamen noch Edelsteine (2 Chron 3,6). In all diesem Glanz mußte der T. trotz seiner verhältnismäßig geringen Größe wie eine sichtbare Widerspiegelung der Herrlichkeit des Herrn wirken.

2) Dem Heiligtum waren zwei Vorhöfe vorgelagert, die beide von Mauern umgeben waren (1 Kö 6,36; 7,12). Der innere oder »obere Vorhof« (Jer 36, 10) war »für die Priester« bestimmt (2 Chron 4,9) und lag wohl höher als der andere. Die isrl. Männer hatten aber beim Darbringen ihrer Opfer wahrscheinlich auch hier Zutritt, während der äußere oder große Vorhof dem Volk jederzeit offenstand.

3) Im inneren Vorhof befanden sich folgende Gegenstände: der eherne Brandopferaltar (2 Chron 4, 1; → Altar), vielleicht auch der Altar der Stiftshütte (vgl. 1 Chron 21,29; 1 Kö 8,4), das eherne → Meer (1 Kö 7,23–26) und 10 fahrbare Wasserkessel (V 27–39; → Handfaß), schließlich rechts und links vom T.eingang die beiden ehernen Säulen (V 15–22; → Jachin 4).

4) Im Heiligen standen der Rauchopferaltar (→ Altar), auch goldener Altar genannt (1 Kö 7,48); 10 goldene Leuchter mit je 7 Lampen, zu 5 und 5 auf die Längsseiten verteilt (V 49); 10 Schaubrottische, 5 an jeder Seite (2 Chron 4,8), wobei die Schaubrote aber wohl nur auf einem ausgelegt wurden (1 Kö 7,48).

5) Im Allerheiligsten befand sich die → Bundeslade, überragt von zwei 10 Ellen hohen vergoldeten → Cherubim aus Olivenholz. Ihre Gesichter waren zum Heiligen hingewandt, ihre Flügel berührten einander in der Mitte, an der andern Seite die Außenwand (1 Kö 6,23–28; 2 Chron 3,10–13).

IV) GESCHICHTE.

Dieser T., der in Grundriß und Einrichtung, seinen Geräten und seinem Gottesdienst auf die → Stiftshütte zurückging und an ihre Stelle trat, war bis zum Tode Salomos das Zentralheiligtum ganz Israels (1 Kö 8,14). Dann errichtete Jerobeam I. für das Nordreich die Heiligtümer von Beth-El und Dan (1 Kö 12,26–29). Nun teilte der T. das Geschick Judas. Seine Schätze fielen der Plünderung (1 Kö 14, 26; 2 Kö 14,14) oder politischen Notwendigkeiten zum Opfer (2 Kö 12,19[18]; 16,8; 18,16). Entheiligung durch Götzendienst (2 Chron 24,7; 2 Kö 16,14. 17; 21,7) und Wiederherstellung (2 Kö 12; 2 Chron 29; 2 Kö 22,3–7) wechselten sich ab. Schließlich blieb nur noch die leere Berufung auf den T., der keiner inneren Wirklichkeit mehr entsprach (Jer 7, 4), und das Gericht des Herrn an Juda vollendete sich mit der Zerstörung des T. durch die Chaldäer im August 586 v. Chr. (2 Kö 25,8.9), nachdem er fast 380 Jahre bestanden hatte. Zur Bedeutung des T. vgl. → Stiftshütte VI.

V) DER TEMPEL SERUBABELS.

Nach der Gefangenschaft verfügte der Erlaß des Kores (Kyrus) auch den Wiederaufbau des T. (Es 1, 2–4), und die Heimkehrer unter → Serubabel begannen mit dem Bau (Es 3,7ff), nachdem sie zunächst den Altar wiederhergestellt hatten (V 3). Das Unternehmen stieß auf viele Schwierigkeiten und blieb bald stecken (Es 4). Erst i. J. 520 v. Chr. begann man erneut und konnte den T. 515 v. Chr. einweihen (Es 6). An äußeren Angaben erhalten wir von diesem T. nur die Maße seiner Höhe und Breite von je 60 Ellen (V 3), das Gebäude war also in den Außenmaßen größer als der zerstörte T. Wichtig

Tafel 87
Tamariske in einem Wadi in der Wüste.

Tafel 87

a

b

c

ist, daß die Bundeslade, das Zeichen der Gegenwart Gottes, nicht mehr vorhanden war (das Allerheiligste war völlig leer) und keine Rede davon ist, daß die Herrlichkeit des Herrn den T. bei der Einweihung erfüllte. In den Kämpfen der → Makkabäerzeit wurde der T. durch Antiochus Epiphanes geplündert und entweiht (1 Makk 1,23f.49f.57ff; 2 Makk 6,2.5). Judas Makkabäus ließ ihn wiederherstellen, neu weihen und befestigen (165 v. Chr.; 1 Makk 4,36–61). Dies T.weihfest (LÜ → Kirchweihe; Joh 10,22) wurde seitdem jährlich begangen. Als die Römer 63 v. Chr. Jerusalem eroberten, betrat Pompejus das Allerheiligste, ließ aber den T.-schatz unberührt.

VI) DER TEMPEL HERODES D. GR.

Um die Juden für sich zu gewinnen, begann Herodes d. Gr. einen völligen Um- und Neubau des T. in unerhörter Pracht. Der T. wurde Stück für Stück abgebrochen und neu aufgebaut, im Innern nach den alten Maßen, aber von größerer Höhe, ohne daß der tägliche Gottesdienst dadurch gestört wurde. Bei der neuen Anlage lag ein Vorhof terrassenförmig über dem anderen, und über allem erhob sich das T.gebäude. T. und Vorhöfe waren von einer mächtigen Mauer umgeben, deren Fundamente noch in der Klagemauer (Taf. 54/833) enthalten sind. Im W war das Haupteingangstor, durch das man zunächst in den äußeren Vorhof gelangte, auch Vorhof der Heiden genannt, einen großen Platz, den von allen Seiten Säulengalerien umgaben. Im O lag die »Halle Salomos« (Joh 10,23; Apg 3,11; 5,12), an der S-Seite die königliche Halle; in einer dieser Hallen saß der 12jährige Jesus unter den Lehrern (Lk 2,46). Die NW-Seite krönte eine starke Burg, die alte Burg Baris der Makkabäerzeit, die durch Herodes d. Gr. erneuert, verstärkt und in »Antonia« umbenannt wurde (Apg 21,34 LÜ Lager; vgl. Taf. 52/801). Vom T.platz führten Treppen zur Burg hinauf (V 35.40).

Mitten im Vorhof der Heiden lag der eigentliche, erhöhte T.bezirk, der von einer niedrigen Mauer umgeben war. An Säulen waren hier Inschriften angebracht, die jedem Nichtjuden bei Todesstrafe verboten, weiterzugehen (vgl. Apg 21,28; Taf. 84b/1313). Eine Treppe von 12 Stufen führte hinauf, und durch 9 Tore konnte man weiter ins Innere gelangen, 4 davon im N, 4 im S und eins im O. Dies letzte war das prächtigste, die »Schöne Pforte« (LÜ Tür) von Apg 3,2.10. Sie gewährte Zutritt zum Frauenvorhof. Eine Rundtreppe von 15 Stufen führte weiter in den Vorhof der Israeliten, zu dem Frauen keinen Zugang mehr hatten. An dieser Treppe mögen Hanna und Simeon dem Jesuskind und seinen Eltern begegnet sein (Lk 2,25–38). Eine Brustwehr trennte den Vorhof der Israeliten vom Vorhof der Priester, in dem der Brandopferaltar und das eherne Becken stand. 12 Stufen führten vom Altar zur Vorhalle des T. Von dieser Treppe aus segneten die Priester das Volk (Lk 1,22). Der Vorhalle schloß sich das Heilige und das Allerheiligste an. Zwischen beiden hing der Vorhang, der bei Jesu Tod in 2 Teile zerriß (Mt 27,51). Vgl. Taf. 84a/1313 und Stadtplan Sp. 684.

70 n. Chr., wenige Jahre nur nach dem Abschluß der Bauarbeiten, wurde dieser T. von den Römern erobert und zerstört. Sie waren über die Burg Antonia in den T.bezirk eingedrungen, nachdem die Juden selbst die Hallen angezündet hatten. Ein Römer warf einen Feuerbrand in ein Fenster des nördl. Anbaus. Das Holz fing Feuer und der T. stürzte zusammen, so daß auch die T.schätze den Römern verlorengingen. Nur Trümmer blieben als Wahrzeichen des Gottesgerichts stehen.

Nach dem zweiten jüd. Aufstand ließ Kaiser Hadrian an der Stelle des alten T. einen T. des Jupiter Capitolinus errichten (136 n. Chr.). Kein Jude durfte mehr die Stadt betreten. Auf der T.terrasse Haram esch-Scherif steht heute die Omar-Moschee, nach der Eroberung Jerusalems durch die Araber 637 n. Chr. erbaut (vgl. Taf. 49/768; 50a/769).

VII) TEMPEL AUSSERHALB JERUSALEMS.

Außerhalb Jerusalems sind im Lauf der Geschichte noch drei andere T. zur Verehrung des Herrn errichtet worden.

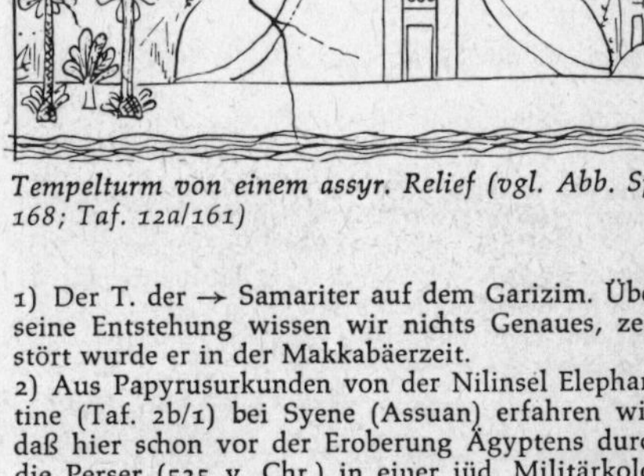

Tempelturm von einem assyr. Relief (vgl. Abb. Sp. 168; Taf. 12a/161)

1) Der T. der → Samariter auf dem Garizim. Über seine Entstehung wissen wir nichts Genaues, zerstört wurde er in der Makkabäerzeit.

2) Aus Papyrusurkunden von der Nilinsel Elephantine (Taf. 2b/1) bei Syene (Assuan) erfahren wir, daß hier schon vor der Eroberung Ägyptens durch die Perser (525 v. Chr.) in einer jüd. Militärkolonie ein T. bestand, der 410 v. Chr. zerstört und wohl nicht mehr aufgebaut wurde. Der dort geübte Gottesdienst zeigte manche Abweichungen von dem in Jerusalem.

3) Auch in Unterägypten gab es einen jüd. T. in Leontopolis. Der aus Jerusalem geflohene Hohepriester Onias soll ihn um 170 v. Chr. nach dem Vorbild des Jerusalemer T. gebaut haben; 73 n. Chr. haben die Römer diesem letzten jüd. T.gottesdienst ein Ende gemacht.

Tafel 88

a. *Goldener Helm aus dem Grab des Königs Meskalam-schar in Ur (um 2500 v. Chr.). Der Helm war innen mit einer Wollkappe ausgefüttert, die in den Löchern am Rand befestigt war. Reste davon waren noch zu erkennen. Irak Museum.*

b. *Dolch aus einem anderen Grab in Ur (um 2500 v. Chr.). Der Griff aus Lapislazuli ist mit Gold beschlagen, Klinge und Scheide sind aus Gold gearbeitet. Auf der Klinge befindet sich das Zeichen des Waffenschmiedes oder Besitzers. Das Rohrgeflecht, das für Scheiden von weniger kostbaren Waffen üblich war, ist hier in Goldfiligranarbeit nachgeahmt. Irak Museum.*

c. *Luftbild der Ausgrabungen in Ur. Oben die dunkle Masse des Tempelturms, daneben und darunter sind Grundrisse von Tempeln und Häusern zu erkennen. Der Boden, der mit einer Feldbahn aus dem Grabungsbereich fortgeschafft wurde, bildet fächerförmige Halden (Grabung von 1926).*

VIII) DER TEMPEL HESEKIELS.
Nachdem der T. Salomos zerstört war, hatte → Hesekiel 573 v. Chr. ein Gesicht von einem neuen T., in den die Herrlichkeit des Herrn zurückkehren würde (Hes 43,1–7), die den alten T. verlassen hatte (Hes 10,19; 11,23). Ob man den nachexilischen Tempel als Erfüllung dieser Verheißung ansehen kann, ist fraglich. Meist zählt man dies Gesicht Hesekiels zu den vielen anderen Weissagungen von der Wiederherstellung Israels, die noch auf ihre Erfüllung in der Endzeit warten. Vgl. Plan Sp. 602.

IX) DER TEMPEL GOTTES IM NT.
Im NT tritt an die Stelle des atl. T.gebäudes (vgl. Apg 7,48–50) die → **Gemeinde**, der → **Leib Christi** (Joh 2,19–21), der lebendige und heilige T. des Herrn, eine Behausung Gottes im Geist (Eph 2,19–22; 1 Petr 2,5). Vgl. auch → Bau, bauen; → Stiftshütte VI; → Götze, Götzendienst III.

Tempelknechte (hebr. *netinim* »Gegebene«) hatten die groben und schweren Arbeiten im Heiligtum zu verrichten. Josua machte die Gibeoniten zu Holzhauern und Wasserträgern an der Stiftshütte (Jos 9,23.27), andere Tempelknechte gaben David und die Fürsten den Leviten zur Hilfe (Es 8,20). Schon Mose hatte einen bestimmten Teil der gefangenen Midianiterinnen den Priestern und Leviten übergeben (4 Mo 31,28–30.40.41.47; vgl. V 18).
Unter den Heimkehrern aus der babyl. Gefangenschaft befanden sich auch T. und wurden in den Geschlechtsregistern verzeichnet (Es 2,43–54; Neh 7,46–56). Mit Serubabel kamen – die → Knechte Salomos (Es 2,55–58; Neh 7,57–60; 11,3) eingerechnet – 392 T. zurück (Es 2,58; Neh 7,60), mit Esra weitere 220 (Es 7,7; 8,17.20). Sie waren wie Priester und Leviten steuerfrei (Es 7,24), wohnten in Jerusalem am Ophel (Neh 3,26; 11,21), aber wohl auch außerhalb der Stadt (Es 2,70; Neh 7,73; 11,3). In Neh 3,31 wird ein Haus der T., in Neh 11,21 werden 2 ihrer Vorsteher genannt. Bei der Verpflichtung auf das Gesetz unter Nehemia beteiligten sich auch die T. (Neh 10,29[28]).
Im NT werden sie nicht mehr genannt.

Tempelwache → Hüter, → Leviten III, → Torhüter II

Tempelsteuer → Abgaben I, → Wechsler

Tenne → Ackerbau IV, → Scheune

Teppich bedeutet Zelttuch oder Zeltbehang (2 Mo 26,1ff; 36,8ff; 4 Mo 4,25; 2 Sam 7,2), in Jer 4,20; 10,20 wird dasselbe hebr. Wort mit »Gezelt« (LÜ) wiedergegeben. In Jes 54,2 steht der Zeltteppich als Bild für den geschützten Raum, in dem man wohnen und leben kann, in Ps 104,2 für den Himmel. Die T. wurden gewebt, in ntl. Zeit gab es das bes. → Handwerk (II) der Teppichmacher (Apg 18,3).

Teraphim → Hausgötzen

Terebinthe *(Pistacia terebinthus)*,
ein verhältnismäßig kleiner Baum (bis zu 5 m Höhe), der im ganzen Mittelmeergebiet häufig ist. Er ist zweigeschlechtig, so daß die kleinen ovalen, dunkelroten Steinfrüchte nur auf den weiblichen Bäumen zu finden sind. Man schätzt ihn als Schattenspender, doch fallen die Blätter bereits gegen Ende September ab. Durch Einschnitte in die Rinde gewinnt man ein wohlriechendes Harz, das als Chios-Terpentin in den Handel gebracht wird.
In der HS ist die T. vermutlich mit dem hebr. Wort *elah* gemeint, das Luther meist mit → »Eiche« übersetzt hat. Sie wird als Baum der → Höhen (Hes 6,13; Hos 4,13 [LÜ Buche]), als Schattenspender (Ri 6,11.19; 1 Kö 13,14) und in bildlicher Verwendung (Jes 1,30; 6,13) erwähnt. Jakob vergrub die Götzen seiner Familie unter einer T. (1 Mo 35,4), und Saul und seine Söhne wurden unter einer T. begraben (1 Sam 31,13) An den herunterhängenden Ästen einer T. blieb Absalom mit den Haaren hängen (2 Sam 18,9–14).

Tertius »Der Dritte«,
Schreiber des Paulus, dem der Apostel den Römerbrief diktierte (Röm 16,22).

Tertullus, lat. Verkleinerungsform von Tertius, »Der Dritte«.
Der vermutlich lat. sprechende Anwalt, der die jüdischen Ankläger des Paulus vor dem Statthalter Felix vertrat (Apg 24,1.2).

Testament → Testament, Altes und Neues I

Testament, Altes und Neues.

I) DER BEGRIFF.
Das Wort T. steht in der LÜ, der Vulgata folgend, als Übersetzung des griech. *diathaekae* (Mt 26,28 par; 2 Kor 3,14; Eph 2,12; Hebr 9,15), mit dem die LXX das hebr. *berit* wiedergegeben hatte. Ein T. ist die letztwillige Verfügung eines einzelnen, die mit dem Tode des Verfügenden unwiderruflich in Kraft tritt (Hebr 9,16.17) und bestimmt, was mit seinem hinterlassenen Vermögen geschehen soll. Den gleichen Sinn hat *diathaekae*. *Berit* dagegen bezeichnet einen → Bund, ein Abkommen zwischen wenigstens 2 Beteiligten unter Festlegung des Zweckes, der Bedingungen, der beiderseitigen Rechte und Pflichten. Beide Begriffe zusammen umfassen erst annähernd den Inhalt und die Bedeutung der beiden Heilsordnungen Gottes, des alten und neuen T. bzw. Bundes, denn Gott setzt seine Bundesbedingungen allein fest wie ein Testator sein T., und er bestimmt über die Teilhaberschaft an seiner Herrlichkeit wie über ein Erbe. Die Menschen stehen dann in der Entscheidung, ob sie in das Bundesverhältnis eintreten wollen oder nicht. So kann man vom T. sprechen, weil es eine einseitige Verfügung über ein Vermögen ist, und vom Bund, weil das Verhältnis zwischen Lebenden geordnet wird. Das AT enthält Geschichte und Grundlage des von Mose gemittelten alten Bundes, das NT die Grundlagen des in dem Mittler Jesus Christus geschlossenen neuen Bundes (Mt 26,28; Mk 14,24; Lk 22,10).

II) DAS ALTE TESTAMENT.

1) DER BESTAND DES AT.
Das uns vorliegende AT ist eine gegliederte Ganzheit von 39 Schriften verschiedener Art und verschiedener Verfasser, die nach ihrem Inhalt in 3 Gruppen gefaßt sind, und zwar a) Geschichtsbücher, Darstellungen aus der Geschichte des Volkes Gottes; b) Lehrbücher, das ein Problem in Gesprächsform behandelnde Buch Hiob und die poetischen Schriften; c) prophetische Bücher, die Reden der Propheten. Die Gruppen sind nach dem Gegenstand zusammengestellt ohne Rücksicht auf Verfasser und Entstehungszeit der einzelnen Bücher. Die Einteilung geht auf die LXX zurück, von der sie die Vulgata und die späteren Übersetzungen übernahmen. Im hebr. AT war die Zahl der Bücher bei gleichem Bestand 24, da je 2 der heute geteilten Geschichtsbücher zu einem zusammengefaßt waren, und zwar:

1 u. 2 Sam; 1 u. 2 Kö; 1 u. 2 Chron; dazu Es u. Neh. Außerdem bildeten die 12 kleinen Propheten ein einziges Buch. Durch eine weitere Vereinigung von Rt mit Ri und von Klgl mit Jer kam man auf 22 Bücher (Josephus). Diese waren in 3 Gruppen geordnet:

a) *Torah*, die 5 → Mosebücher (Pentateuch).

b) *Nebiim* (Propheten), eingeteilt in die früheren und späteren Propheten. Die früheren waren Jos, Ri, Sam, Kö, denn nach jüd. Tradition waren diese Bücher von Propheten geschrieben, Kö z. B. durch Jeremia. Die späteren oder hinteren Propheten sind: Jes, Jer, Hes und die 12 kleinen Propheten.

c) *Ketubim* (Schriften): Ps, Spr, Hi, Hl, Rt, Klgl, Pred, Est, Dan, Es-Neh, Chron. Wie schon der Name andeutet, haben die Bücher dieser Gruppe kein einheitliches Gepräge, sind auch unter sich weder nach dem Gegenstand noch nach der Zeit, die sie behandeln, geordnet. So kam man in neuerer Zeit zu der Vermutung, daß sie in der Reihenfolge ihrer Entstehung oder Anerkennung hinzugenommen seien. Eine Sonderstellung hatten die *megillot* (Rollen) inne, die im Synagogengottesdienst an Festtagen verlesen wurden: Hl (am Passah), Rt (am Pfingstfest), Klgl (am Fasttag zur Erinnerung an die Zerstörung Jerusalems), Pred (am Laubhüttenfest) und Est (am Purimfest).

Die Einteilung in diese 3 Gruppen finden wir bei Jesus Sirach »Gesetz, Propheten, die anderen Bücher« (Sir 1,3.7). Im NT bestätigt sie Jesus (Lk 24, 44: Gesetz Moses, Propheten, Psalmen), wobei die Psalmen wohl für die ganze Gruppe der Schriften genannt sind.

2) DIE SPRACHE.

Die Sprache des AT ist die → hebr., nur geringe Teile sind → aram. abgefaßt worden.

3) DER KANON.

Das AT umfaßt nicht das gesamte Schrifttum Israels, auch nicht alle religiösen Schriften (4 Mo 21,14; Jos 10,13; 2 Sam 1,18) oder die Schriften der ältesten Zeit. So ergibt sich die Frage, warum gerade diese Bücher sich als heilige Schriften für den Gottesdienst aus dem übrigen reichen Schrifttum heraushoben als Kanon, d. h. Norm, Regel und Grundlage der Lehre. Vgl. dazu Heilige → Schrift II B. Daß Jesus das AT im gleichen Umfang gekannt und benutzt hat, wie es uns heute vorliegt, zeigt sein Wort über das Blut Abels und Sacharjas (Mt 23,35), denn diese werden am Anfang (1 Mo 4,8) und Ende (2 Chron 24,20.21) des hebr. AT genannt.

4) DIE ÜBERLIEFERUNG DES AT.

Die Beschäftigung mit dem Text des hebr. AT und seine Überlieferung lag bis zum Humanismus ganz in den Händen der Juden, die auf die getreue Bewahrung des Wortlauts größten Wert legten und die Überlieferung (→ Masora) zu einer besonderen Wissenschaft ausbildeten. Bei diesen Bemühungen gingen die Masoreten in Mesopotamien andere Wege als die in Palästina und Syrien, doch schließlich setzte sich die Schule von Tiberias durch. Hier stellte die Familie Ben Ascher durch mehrere Generationen hindurch die führenden Männer. Als Zeugnisse ihrer Arbeit sind bzw. waren uns bis vor kurzem folgende Hss. erhalten: Der Codex Cairensis (vordere und hintere Propheten), geschrieben 895 n. Chr. von Mosche ben Ascher; der Kodex der Synagoge von Aleppo (das ganze AT), kurz nach 900 n. Chr. von Ahron ben Mosche ben Ascher fertiggestellt; der Codex Leningradensis, eine 1008 hergestellte Abschrift der letztgenannten, kürzlich verbrannten Hs.

Eine andere Textfassung, die von Ben Naphthali, enthalten der Erfurter Kodex Nr. 3 aus dem 11. Jh. und der Codex Reuchlianus von 1105 (für die Propheten). Eine weitere wichtige Hs ist der Leningrader Prophetenkodex von 916, er umfaßt Jes, Jer, Hes und die 12 kleinen Propheten. Der Text der spätmittelalterlichen Hss., die dann auch den ersten Drucken zugrunde lagen, entstand aus einer Verbindung der beiden Überlieferungen von Ben Ascher und Ben Naphthali.

Mit den → Handschriften vom Toten Meer, die seit 1947 entdeckt wurden, verlängert sich die für uns überschaubare Textgeschichte des hebr. AT um rund 1000 Jahre. Vorher war der Papyrus Nash, geschrieben etwa zwischen dem 2. Jh. v. Chr. und 70 n. Chr., der älteste Zeuge des hebr. Textes; er enthält nur die Zehn Gebote. Jetzt besitzen wir aus demselben Zeitraum eine Fülle von Hss. und Bruchstücken, die im allg. schon in der heute üblichen Quadratschrift, z. T. aber auch noch in althebr. Schrift (Bruchstücke von 1, 2, 3, 5 Mo und Hi) geschrieben sind. Dazu kommen die früheren Funde aus der Geniza (dem Ablageraum für unbrauchbare Hss.) der Synagoge in Kairo, die z. T. bis ins 5. Jh. n. Chr. zurückgehen und so das Bindeglied zwischen den Hss. vom Toten Meer und denen des 10. Jh. bilden.

Für die Mosebücher besteht daneben die gesonderte Textüberlieferung im Pentateuch der → Samariter, der bis heute in althebr. Schrift abgeschrieben wird (Taf. 18b/257). Veröffentlicht sind hiervon nur spätere Hss., die älteren hüten die Samariter sorgfältig.

Nach der Erfindung des Buchdrucks begannen auch hebr. Bibeldrucke zu erscheinen. Die berühmtesten hebr. Frühdrucker waren die Soncinos, eine jüd. Druckerfamilie aus Speyer, die sich nach ihrem italienischen Druckort nannte. Hier kam 1488 das gesamte AT heraus, das dann in der Ausgabe von 1494 Luther als Unterlage zu seiner Übersetzung diente. Von besonderer Bedeutung waren die Rabbinerbibeln, deren erste, hrsg. von Felix Pratensis, 1516/17 in Venedig erschien. Ihr folgte schon 1524/25 in derselben Druckerei von Daniel Bomberg eine bessere Ausgabe von Jakob ben Chajjim. Sie enthält neben dem hebr. Text die aram. Übersetzung (Targum), rabbinische Kommentare und zum ersten Mal die gesamte → Masora. Diese Ausgabe wurde fast 4 Jahrhunderte als die maßgebende nachgedruckt, bis die Biblia hebraica von Kittel (7. Auflage 1951) von der 3. Auflage ab die Leningrader Hs. mit der Masora des Ahron ben Mosche ben Ascher (s. o.) zugrundelegte.

5) JÜD. ÜBERSETZUNGEN DES AT.

Übersetzungen des AT für den Synagogengottesdienst wurden notwendig, als die Juden in Palästina und Mesopotamien das Aram., in den Mittelmeerländern das Griech. als Alltagssprache übernahmen.

a) Die aram. Übersetzungen (→ Targum) wurden erst verhältnismäßig spät schriftlich aufgezeichnet. Die früheste Nachricht spricht davon, daß dem Lehrer des Paulus, Rabbi Gamaliel, eine Targumrolle des Buches Hiob vorgelegt wurde. Aus der Vielfalt der Übertragungen gewannen einzelne offizielle Geltung. Das Targum Onkelos für die Mosebücher und das Targum Jonathan für die Propheten, beide nach ihren angeblichen Übersetzern genannt, sind urspr. in Palästina entstanden, erhielten ihre endgültige Gestalt aber erst in Babylonien im 5 Jh. n. Chr. Dem Targum Onkelos als der anerkannten Auslegung wurde eine Masora beigegeben. Auch zum samaritanischen Pentateuch haben sich Bruchstücke einer Reihe von Targumen erhalten.

b) Größere Bedeutung als die aram. Übersetzungen gewann die griech. der → Septuaginta (LXX), die seit dem 3. Jh. v. Chr. in Alexandria entstand. Als sie aber im 1. Jh. n. Chr. zur Bibel der Urgemeinde wurde, wandten sich die Juden von ihr ab und suchten sie durch neue Übertragungen zu ersetzen. Aquila, ein Proselyt und Schüler Rabbi Akibas, stellte um 130 n. Chr. eine sklavisch genaue Übersetzung des AT ins Griech. her, die großes Ansehen gewann. Theodotion, vermutlich ebenfalls ein Proselyt, beschränkte sich auf die Revision eines älteren griech. Textes (um 150); welche Vorlage er benutzte, ist nicht sicher bekannt. Schließlich übersetzte Symmachus, der viell. ein Judenchrist war, um 170 das AT in gutes Griech. Erhalten sind uns Teile dieser Übersetzungen durch das Riesenwerk, das Origines 240–245 als Hexapla (»Die Sechsfache«) ausarbeitete. Um angesichts der Verwirrung in den LXX-Hss. seiner Zeit zu einem gesicherten Text zu gelangen, stellte er folgende 6 Texte nebeneinander und merkte ihre gegenseitigen Abweichungen an: 1. den hebr. MT; 2. dessen Umschrift in griech. Buchstaben; 3. die Übersetzung des Aquila; 4. die des Symmachus; 5. die LXX; 6. die Übersetzung des Theodotion. Das Gesamtwerk soll 50 Bände umfaßt haben, ist aber bis auf geringe Reste verloren.

c) Die Notwendigkeit der Übersetzung aus dem Hebr. blieb auch im Mittelalter bestehen. So besitzen wir seit dem 13. Jh. jüd.-dt. Übertragungen der für den Synagogengottesdienst wichtigen atl. Abschnitte. Vollständige jüd.-dt. Übersetzungen des AT erscheinen seit dem 18. Jh., die erste wurde von Moses Mendelssohn begonnen (1780ff). Die neueste von Martin Buber und Franz Rosenzweig versucht mit erstaunlicher Sprachbeherrschung Satzbau und Klang des Hebr. im Dt. wiederzugeben und ist weithin von überraschender Ausdruckskraft, z. T. allerdings in ihren Wortprägungen nur noch vom Original her verständlich.

III) DAS NEUE TESTAMENT.

1) DER BESTAND DES NT.

Das NT umfaßt die grundlegenden Schriften des neuen, auf Jesus Christus als Mittler gestellten Bundes. Es enthält 27 Bücher, welche wie die des AT in 3 Gruppen angeordnet sind. An erster Stelle stehen die Geschichtsbücher (Evangelien), die das Leben, Wirken, Leiden, Sterben und Auferstehen des Herrn darstellen und damit das Fundament des Glaubens legen. Hinzu kommt in der Apg der Bericht über das siegreiche Vordringen des Glaubens auch in die Heidenwelt bis nach Rom. Die zweite Gruppe, die der Lehrbücher, umfaßt die Briefe, die die rechte Lehre von Christus darstellen und gegen Irrlehren abgrenzen, vor allem aber das ordnende Eingreifen der Apostel in das Leben der Gemeinden bezeugen und die Zurechtweisung, wo es in falsche Bahnen abzugleiten droht. Hier folgen auf die Paulusbriefe, unter denen wieder die sog. Pastoralbriefe (1 u. 2 Tim; Tit) eine bes. Gruppe bilden, die übrigen sog. allgemeinen oder Katholischen Briefe (1 Petr–Jud). In der dritten Gruppe steht als prophetisches Buch nur die Offb. In ihr berichtet Johannes, wie er die Herrlichkeit und den Sieg des Herrn schaute, dazu das kommende Gericht über die Welt und alles, was zur Welt gehört.

2) DIE SPRACHE.

Die Sprache des NT ist das sog. Koine-griech. (die griech. Gemeinsprache der Jahrhunderte um Christi Geburt). Nach den Eroberungszügen Alexanders d. Gr. wurde diese Sprache in der ganzen damaligen zivilisierten Welt verstanden, gesprochen und geschrieben. Da sie nun aber zur Darstellung neuer göttlicher Gedanken verwendet wurde, sind ihre Worte weithin mit einem neuen Inhalt erfüllt, was bei Übersetzung und Auslegung zu beachten ist.

3) Zum KANON vgl. Heilige → Schrift II C.

4) DIE ÜBERLIEFERUNG DES NT.

a) Die handschriftliche Überlieferung des NT ist besser und umfangreicher als die jedes anderen antiken Literaturdenkmals. Die ältesten Textzeugen liegen der Entstehungszeit der Originale so nahe, daß der Abstand praktisch bedeutungslos wird. Unter den über 2600 nachgewiesenen Hss. unterscheiden wir Papyri (2.–6. Jh.) und Pergament-Hss. (vom 4. Jh. ab), die man weiter einteilt in die älteren Majuskeln (bis zum 10. Jh.), die mit Großbuchstaben ohne Worttrennung geschrieben sind (vgl. Taf. 38/577), und die späteren Minuskeln (vom 9. Jh. ab), deren Schrift der heute gebräuchlichen griech. Schreibschrift ähnelt. Das älteste Papyrusbruchstück, ein Teil des Joh.-Ev., kommt aus Ägypten und stammt von etwa 125 n. Chr. (Abb. Sp. 383). Die drei Bände der Chester-Beatty-Papyri von 200 bzw. 220 n. Chr. umfassen Teile der Ev. und Apg, der Paulusbriefe und der Offb. Die wichtigsten Majuskel-Hss., alle vier urspr. Vollbibeln, sind: Codex Vaticanus (4. Jh.), das NT enthaltend ohne Hebr. 9,15ff, Pastoralbriefe, Phim, Offb; Codex Sinaiticus (4. Jh.) mit dem ganzen NT (Taf. 38/577); Codex Alexandrinus (5. Jh.) und Codex Ephraemi rescriptus (5. Jh.), beide das NT mit Lücken enthaltend.

b) Nach ihrem Inhalt, d. h. nach den Abweichungen bzw. Übereinstimmungen ihrer einzelnen Lesarten, teilt man die ntl. Hss. in mehrere große Textgruppen ein. Zur ägypt. oder alexandrinischen Gruppe gehören Vaticanus, Sinaiticus und Ephraemi rescriptus; von der Apg an auch Alexandrinus. Eine andere Gruppe ist die byzantinische, vor allem in Antiochien und Konstantinopel verbreitete Textform, auch Reichstext genannt. Weiter unterscheidet man noch eine Textform von Cäsarea und einen westlichen Text, über die Abgrenzung dieser Textgruppen und die Zuweisung der einzelnen Hss. zu ihnen gehen die Meinungen aber auseinander.

c) Aus diesem Material gilt es, den möglichst zuverlässigen Text zu gewinnen.

Die ersten, die diese Aufgabe in Angriff nahmen, waren die Theologen der spanischen Universität Alcala (Complutum), die seit 1502 an der Herausgabe der Complutensischen Polyglotte (einer vielsprachigen Bibelausgabe) arbeiteten. Deren 6. Band, gedruckt 1514–17, enthielt u. a. den griech. Text des NT. Da die päpstliche Erlaubnis zur Veröffentlichung aber auf sich warten ließ, konnte Erasmus den Spaniern zuvorkommen. 1516 veröffentlichte er einen aus wenigen spätmittelalterlichen Basler Hss. gewonnenen griech. Text mit eigener lat. Übersetzung, dessen 2. Aufl. von 1519 Luther als griech.-lat. Übersetzungsvorlage für sein NT diente. Das spanische Werk erschien erst 1522.

Nach weiteren Überarbeitungen des Erasmustextes durch Robert Stephanus (1546–1551), Beza (1565–1604) und Elzevir (1624) erklärte der letzte im Vorwort seiner 2. Aufl. (Leiden 1633) diese Textform als den »überall angenommenen Text«, wodurch sie wirklich allgemeine Geltung erhielt. Erst Johann Albrecht Bengel erkannte die Schwächen dieses *»Textus receptus«* und veröffentlichte 1734 in seiner Ausgabe des griech. NT mit Lesartenapparat den ersten Versuch, durch umfangreichen Hss.-Vergleich einen verläßlichen Text zu erhalten.

Das 19. Jh. brachte dann die großen wissenschaftlichen Ausgaben. Tischendorf, der selber viele Hss., darunter den Sinaiticus, entdeckt hatte, brachte 1869 bis 72 als Abschluß seiner verschiedenen Editionen

(seit 1841) die große Ausgabe des griech. NT heraus, gestützt auf die ägypt. Textform, vor allem auf den Sinaiticus. Aus derselben Textgruppe, aber unter Bevorzugung des Vaticanus, erarbeiteten Westcott-Hort ihr 1881 erschienenes NT. 1894-1900 gab Bernhard Weiß seinen ntl. Text heraus. Unter umfassender Registrierung aller erreichbaren Hss. suchte v. Soden (1902—13) auf Grund der frühesten Zeugen die älteste Textgestalt des NT zu finden.
Durch Zusammenarbeit des in diesen Ausgaben gebotenen Stoffs und unter Hinzuziehen weiterer Lesarten aus den Hss. entstand das in vielen Aufl. (seit 1898) immer wieder verbesserte und auf dem neuesten Stand gehaltene NT von Nestle (23. Aufl. 1957), das allg. der wissenschaftlichen Arbeit zugrunde gelegt wird und auf dem auch die RÜ beruht.

IV) CHRISTLICHE BIBELÜBERSETZUNGEN.

Als das Evangelium sich immer weiter ausbreitete, mußten seine grundlegenden Schriften auch in die Sprachen der Völker übertragen werden, zu denen es durchbrach. Man begann dabei mit der Übersetzung des NT, der die des AT folgte. Das AT war nun keine selbständige Größe mehr, wie bei den jüd. Übersetzungen (vgl. oben II,5), sondern der erste Teil der gesamten HS.
1) Wenn auch die Gottesdienstsprache der röm. Gemeinde bis ins 2. Jh. hinein das Griech. war, so herrschte doch im westl. Teil des röm. Reiches allg. das Latein vor. Lat. Übertragungen traten schon früh auf und zeigten im einzelnen beträchtliche Unterschiede. Man faßt sie unter der Sammelbezeichnung der Altlat. Übersetzung *(Vetus Latina)* zusammen.
Im Auftrag des Papstes Damasus revidierte Hieronymus seit 383 den lat. Text und übersetzte ihn im AT großenteils neu aus dem Hebr. Die so entstandene → Vulgata wurde zur allg. anerkannten lat. Bibel; das Konzil von Trient erklärte sie 1546 zum authentischen Text, der für alle Lehrfragen innerhalb der kath. Kirche grundlegend ist.
Bei der Erfindung des Buchdrucks schwankte man offenbar zunächst, ob der erste Druck ein Missale (Meßbuch) oder die Bibel sein sollte. Die Entscheidung fiel für die HS, und so enthält das erste gedruckte Buch die lat. Vulgata. Diese 42-zeilige Gutenbergbibel von 1455 ist als Druck in der Schönheit und Vollendung bes. ihrer auf Pergament gedruckten und mit der Hand ausgemalten Exemplare bis heute unerreicht geblieben.

2) Von großer Bedeutung sind auch die frühen Bibelübersetzungen ins Syr. (→ Peschitta) und Ägypt. (Koptische). Hier unterscheidet man vor allem die bohairische (unterägypt.), wohl aus dem 7. Jh., und die sahidische (oberägypt.) Übersetzung aus dem 3. Jh. Weiter sind zu nennen die äthiopische (viell. aus dem 4.—6. Jh., die armenische (5. Jh.), die georgische (5. Jh.), die arab. (sicher belegt seit dem 9. Jh.) und die altslawische Übersetzung (seit dem 9. Jh.).
Bes. Bedeutung als erste germanische Bibelübersetzung hat die gotische des Bischofs Ulfila (gest. 383), von der uns nur geringe Reste des AT, aber große Teile des NT erhalten sind (Codex argenteus in Uppsala, 6. Jh.). Dieses Werk zeugt von überlegener Sprachbeherrschung und sicherem Sprachgefühl, es gelingt Ulfila vielfach, Satzbau, Klang und Rhythmus seiner griech. Vorlage wirklich ins Gotische zu übertragen. Bis hin zu Luther findet sich keine Übersetzungsleistung von vergleichbarer Vollendung.
Alle bisher angeführten Übersetzungen spielen noch eine Rolle für die Herstellung des ntl. Textes, weil sie Rückschlüsse auf ihre nicht mehr erhaltenen, z. T. aber sehr alten handschriftlichen Vorlagen erlauben. Daher werden ihre wichtigen Lesarten im Apparat der griech. Ausgabe von Nestle mit angeführt.

3) Das Mittelalter hindurch eroberte sich die Bibel nacheinander sämtliche europäischen Sprachen. Ausgangspunkt war dabei stets der lat. Vulgatatext. Seit der Reformationszeit ging man dann bei den evangelischen Übersetzungen grundsätzlich auf den hebr. und griech. Urtext zurück. Mit dem Beginn der Weltmission und dem Aufkommen der Bibelgesellschaften am Anfang des 19. Jh. weitete sich die Aufgabe aus auf alle Sprachen der Erde. Im 20. Jh. hat sich die in Amerika entstandene Arbeit der Wycliffe Bible Translators das Ziel gesetzt, mit modernsten sprachwissenschaftlichen und technischen Methoden allen Völkern oder sprachlich selbständigen Stämmen, die die Bibel noch nicht in ihrer Muttersprache besitzen, eine entsprechende Übersetzung in die Hand zu geben.

4) DEUTSCHE BIBELÜBERSETZUNGEN.

Die christliche Mission ist von verschiedenen Seiten nach Deutschland vorgedrungen, die frühe gotische Mission arbeitete im SO, die irischen Mönche des 7. Jh. im S und die fränkisch-angelsächsische des 7. Jh. im S und die fränkisch-angelsächsische Mission (Bonifatius, Alkwin) des 8. Jh. im W und NW. Spuren ihrer verschiedenen Übersetzungstraditionen zeigen sich noch im Wortschatz der althochdt. Denkmäler (vgl. → Gnade I,2).
Reste vom Anfang der Bemühungen um das Evangelium in dt. Sprache aus der Zeit Karls d. Gr. finden wir in Wortlisten (Vokabularien), im dt. Vaterunser und Glaubensbekenntnis und einer Mt-Übersetzung des 8. Jh. Im 9. Jh. folgt die Übersetzung der Ev.-Harmonie des Tatian aus dem Lat. in Fulda und die dichterische Behandlung des Lebens Jesu im altsächsischen Heliand und dem oberdt. Evangelienbuch Otfrids, die ihren Stoff aber theologisch nicht umformen. Höhepunkt und Abschluß der althochdt. Zeit bilden die Arbeiten Notkers des Deutschen von St. Gallen (um 1000), neben der verlorenen Hiobübertragung vor allem sein dt.-lat. Psalmenkommentar, den er für die Klosterschule schrieb. Der dt. Psalmentext wurde schon bald aus dem Kommentar herausgelöst und für sich überliefert. Seine Nachwirkung können wir durch die ganze mittelalterliche Psalmenverdeutschung verfolgen, teilweise bis zu Luther hin.
Der Beginn der frühmittelhochdt. Zeit brachte eine neue Blüte atl. und ntl. Bibeldichtung. Ihre Werke wurden später z. T. in Prosa aufgelöst und mit inzwischen entstandenen Prosaübersetzungen anderer Bibelteile zu den sog. Historienbibeln vereinigt. Diese Sammelwerke, die im 13.—15. Jh. weit verbreitet waren, enthielten häufig auch Legendenstoffe und Kommentare, in einzelnen Ausgaben wird aber zwischen dem eigentlichen Bibeltext und allen außerbiblischen Zutaten sorgfältig unterschieden.
In der Ev.-Verdeutschung gewann eine neue Übertragung der schon im Althochdt. übersetzten Ev.-Harmonie große Bedeutung. Sie kam aus dem Mittelniederländischen nach Deutschland, und ihre Texte gingen vielfach in die sog. Plenarien oder Perikopenbücher über, die für Verbreitung wie Entwicklung des dt. Bibeltextes eine sehr wichtige Rolle gespielt haben. Es handelt sich hierbei um eine Zusammenstellung der kirchl. Leseabschnitte für das ganze Jahr, deren dt. Text sowohl für die kirch-

liche Predigt wie für die Privatandacht verwendet wurde. In dieser Übersetzungstradition finden sich z. T. schon seit 250 Jahren vor Luther sprachliche Prägungen wichtiger Bibelstellen, die uns aus der LÜ vertraut sind.

Neben den zahlreichen Plenardrucken von 1473 – 1523 und 4 niederdt. Bibeln (1478–1522) erschienen zwischen 1466 und 1518 14 Drucke der hochdt. Gesamtbibel. Leider war das 1466 ausgewählte Manuskript eine schon damals sprachlich veraltete Übersetzung. Trotz der ständigen Überarbeitung liegen diese hochdt. Bibeltexte daher unter dem allgemeinen Niveau ihrer Zeit.

Luther steht am Ende der mittelalterlichen Bibelverdeutschung, und wenn auch nicht nachzuweisen ist, daß er einen ihrer Texte bei seiner Arbeit unmittelbar zu Rate gezogen hat, so hatte er doch wohl den Wortlaut der Plenarien im Ohr, wie aus zahlreichen Übereinstimmungen im NT wie in den Bibelzitaten seiner übrigen Schriften hervorgeht. Nach 800 Jahren ständig erneuerter Bemühung um das Evangelium in dt. Sprache brachte Luther die Ernte ein: in einer abschließenden Übersetzung aus dem hebr. und griech. Urtext, mit deren sprachlich-dichterischer Vollendung und innerer Kraft sich bis heute kein anderer dt. Bibeltext zu messen vermag.

b) Die wichtigsten Übersetzungen seit Luther.

Die Lutherübersetzung (LÜ), deren NT 1522 und deren Vollbibel 1534 zuerst erschien, kam zu Luthers Lebzeiten in zahlreichen, ständig revidierten und verbesserten Ausgaben heraus. Die parallelen niederdt. Ausgaben (Bugenhagenbibel) erschienen 1534–1621 (NT seit 1524). Nach Luthers Tod ließ man den Text unverändert, jedoch schlichen sich in den Nachdrucken Fehler und Abweichungen ein. Erst im 19. Jh. begann man mit der durch die Weiterentwicklung der dt. Sprache dringend notwendig gewordenen Revisionsarbeit. Auf einen ersten Versuch von 1892 folgte die Ausgabe von 1912: »Neu durchgesehen nach dem vom Deutschen Evangelischen Kirchenausschuß genehmigten Text.« Eine weitere Überarbeitung führte zu dem 1956 herausgegebenen Text des NT (RÜ); das AT soll folgen.

Die Zürcher Übersetzung (ZÜ), die Bibel der Zwinglischen Reformation, baute urspr. auf der Lutherbibel auf, entfernte sich dann aber immer mehr von ihr. Das NT erschien zuerst 1524, die Bibel 1531. Über regelmäßige Revisionen, deren letzte 1931 abgeschlossen wurde, entstand der heutige Text.

Heute nicht mehr verwendet wird die reformierte Herborner Bibel von Joh. Piscator (1602–04), die dem Prinzip möglichster Worttreue folgt. Sie stand seit 1684 in Bern in kirchlichem Gebrauch und wurde 1846/48 zum letzten Mal gedruckt.

Aus der Gemeinschaftsbewegung des 19. Jh. ist die Elberfelder Bibel (EÜ) hervorgegangen, die das gleiche Prinzip wie Piscator vertritt. Sie wird vor allem in der »Versammlung« und anderen Gemeinschaftskreisen gebraucht. Das NT erschien zuerst 1855, die Bibel 1871.

Die später erschienenen evangelischen Übersetzungen sind weder durch ihre Entstehung noch Verbreitung mit bestimmten Kirchen oder Gemeinden verbunden. Die Textbibel des AT und NT (1899) vereinigt das NT von Weizsäcker (1875) mit dem AT von Kautzsch. 1905 erschien die Schlachterbibel, eine Überarbeitung, die vom Luthertext ausgeht. Von der weitverbreiteten Mengebibel (MÜ) kam das NT 1923, die Bibel 1926 heraus. An Übersetzungen nur des NT sind weiter zu nennen die von L. Albrecht (1920), W. Michaelis (1934/35), die sehr freie Wiedergabe von E. Pfäfflin (1939) und die Übersetzung von L. Thimme (1946).

Als Gegengewicht gegen den Erfolg der Übersetzung Luthers brachte Hieronymus Emser 1527 ein eigenes kath. NT heraus, das aber im wesentlichen auf Luthers Text beruhte. Vollbibeln – sprachlich weit hinter Luther zurückstehend – erschienen 1534 von Dietenberger und 1537 von Eck. Die Dietenbergerbibel wurde von Caspar Ulenberg 1630 überarbeitet und fand in dieser Form größte Verbreitung. Damit hatte auch die kath. Übersetzungsarbeit das allg. Niveau der anderen dt. Übersetzungen erreicht. Im 19 Jh. trat die Bibel von Allioli (seit 1838) an die Stelle der Ulenbergschen. 1921 erschien die Bibel von Henne (AT) und Rösch (NT), 1924/26 die von Rießler (AT) und Storr (NT). Eine beachtenswerte Übersetzung des NT von Sigge kam 1958 in der Fischerbücherei heraus.

V) Kapitel- und Verseinteilung.

Das AT war im Spätjudentum in Leseabschnitte eingeteilt, in Babylon waren es 54 für die Sabbate des Jahres (1. 1 Mo 1,1–6,8; 2. 1 Mo 6,9–11,32 usw.), in Palästina 154 entsprechend kürzere Abschnitte, die man auf die Sabbate dreier Jahre verteilte. Ebenso kannte der Talmud eine atl. Verseinteilung, aber noch keine Verszählung.

Für die LXX und das NT zeigen die alten Hss. ebenfalls verschiedene Einteilungen in Leseabschnitte (Perikopen) oder Kapitel, aber keine von ihnen hat allgemeine Geltung erlangt. Von bes. Bedeutung sind darunter die sog. Kanones des Eusebius. Er zerlegte den Text der Ev. in 355 (Mt), 233 (Mk), 342 (Lk) und 232 (Joh) durchgezählte Abschnitte. Mit ihnen stellte er 10 Tabellen (Kanones) zusammen, die das allen, zwei oder drei Ev. Gemeinsame und das Sondergut jedes Ev. zeigen. Diese Einteilung hat in fast alle griech. Hss. Eingang gefunden. Die Tabellen sind in der Einleitung zum griech. NT von Nestle abgedruckt.

Unsere heutige Kapiteleinteilung geht auf Stephan Langton, den Kanzler der Universität Paris zurück, der sie vor 1205 ausarbeitete. Der Dominikaner Hugo von St. Cher übernahm diese Einteilung für seine Bibelkonkordanz (kurz vor 1250) und unterteilte jedes Kapitel weiter in 7 Abschnitte, die er mit den Buchstaben a-g bezeichnete. Im 14. Jh. übernahmen die hebr. Hss. diese Kapiteleinteilung aus der Vulgata, gedruckt wurde sie zuerst im hebr. Text der Rabbinerbibel von 1524/25.

Die heutige Verseinteilung und Zählung ist das Werk des Druckers Robert Stephanus, der sie in seinem griech. NT von 1551 (Genf) und seiner Vulgata von 1555 veröffentlichte.

Die erste Lutherbibel mit Verseinteilung war eine Heidelberger Ausgabe von 1568, die Wittenberger Drucke folgten seit 1586, die Zürcher Übersetzung seit 1589.

Teuerung. Hungersnöte entstanden beim Ausbleiben von → Regen und Tau (Am 4,7.8; Hag 1,10.11; Jer 14,4), durch Ungeziefer wie Heuschrecken (Jo 1) und als Kriegsfolge (Jer 14,15), in Ägypten durch ungenügendes Steigen des → Nils, so daß die notwendige Überschwemmung des Ackerlandes nicht zustande kam. Eine örtlich begrenzte T. ließ ein Ausweichen in andere Gebiete zu. Abraham (1 Mo 12, 10) und Isaak (1 Mo 26,1) verließen aus diesem Grunde vorübergehend Kanaan. Später zog Jakob mit seiner Familie nach Ägypten (1 Mo 45,6–11; 46), wo Joseph für die Notzeiten der 7 Hungerjahre Vorsorge getroffen hatte (1 Mo 41,27–57). Während einer T. zur Richterzeit wanderte Elimelech nach Moab aus (Rt 1,1).

Jahrelange Hungersnöte herrschten auch z. Zt. Davids (2 Sam 21,1), Elias (1 Kö 17,1; 18,1.2), Elisas (2 Kö 4, 38; 8,1) u. Nehemias (Neh 5,3). Die T. unter Kaiser Klaudius (Apg 11,28) erfaßte nacheinander verschiedene Gebiete des röm. Reiches, sie läßt sich aber gerade für Judäa nicht mit Sicherheit datieren. Am schlimmsten wütete die Hungersnot während langer Belagerungen in den eingeschlossenen Städten, so bei der Belagerung Samarias durch Benhadad (2 Kö 6,24–7,20), Jerusalems durch Nebukadnezar (2 Kö 25,1–3) und durch Titus 70 n. Chr. Das Brot mußte zugewogen und das Wasser abgemessen werden (Hes 4,16), die Preise für alles nur irgendwie Eßbare stiegen ins maßlose (2 Kö 6,25), bis schließlich Frauen die eigenen Kinder verzehrten (V 28.29; 3 Mo 26,29).
Vgl. auch → Durst und Hunger.

Teufel.

I) SPRACHLICHE DEUTUNG.

1) Das dt. Wort T. kommt vom griech. *diabolos* »Verleumder, Entzweier«, das schon die LXX gebraucht, um das hebr. Wort → Satan zu übersetzen, das den Ankläger vor Gericht, den Gegner und Feind und schließlich den T. bezeichnet. Feind (griech. *echthros*) ist auch die spezielle Bezeichnung des T. im Gleichnis vom Unkraut unter dem Weizen (Mt 13,24ff; vgl. Lk 10,19). Der T. oder Satan (griech. *satanas*) ist im absoluten Sinn Feind Gottes, seines Reiches und der Menschen; durch sein Wirken als Versucher (griech. *peirazôn*; Mt 4,3; 1 Thess 3,5) will er Gott und Menschen auseinanderbringen (1 Mo 3; Mt 4; Lk 4). Wohl unter Anspielung auf 1 Mo 3 wird der T. in der Offb auch Drache und alte Schlange genannt (Offb 12,9; 20,2).

2) In Kennzeichnnug seines Wesens heißt der T. auch »der Böse« schlechthin (griech. *ho ponaeros*), was die LÜ in verschiedener Weise als »der Arge« (Mt 13,19; 1 Joh 3,12; 5,18) oder »der Bösewicht« (Eph 6,16; 1 Joh 2,13.14) wiedergibt. Daß mit »dem Bösen« hier wirklich der T. gemeint ist, zeigen die Parallelstellen zu Mt 13,19, wo Satan (Mk 4,15) und T. (Lk 8,12) steht.
An einigen Stellen läßt die griech. Wortform aber offen, ob »der Böse« oder »das Böse« gemeint ist. Die wichtigste dieser umstrittenen Stellen ist Mt 6, 13 im → Unser Vater. Die Ostkirche bezieht sie unmittelbar auf den T. als den Bösen, in der abendländischen Kirche hat die Deutung auf »das Übel« den Vorzug erhalten, der auch die LÜ folgt. Luther selbst aber zeigt im Großen Katechismus, daß er in dieses Übel den T. mit einbezieht, den »argen, boshaften, den Hauptfeind«. Auch die Aussagen in Mt 5,37; 13,38; Joh 17,15 gewinnen an Klarheit und Schärfe, wenn man sie statt auf ein allg. »Übel« oder die »Bosheit« auf den T. bezieht, in dessen Gewalt die Welt liegt (1 Joh 5,19).

3) Als »Fürst dieser Welt« (griech. *archôn tou kosmou toutou*; Joh 12,31; 14,30; 16,11) ist der T. der große Gegenspieler des Erlösers. Er kann als Fürst dieser Welt ihre Reiche verschenken (Lk 4,6). Paulus nennt ihn sogar »Gott dieser Welt« (2 Kor 4,4), der die Gott gebührende Ehre in dieser Welt auf sich zieht. Der T. ist weiter »der Starke«, der seinen Hausrat bewacht (Mk 3,27 par.). Im Herrschaftsbereich des T. befinden sich die unerlösten Menschen (Apg 26,18), und nur Gott kann sie daraus befreien (Kol 1,13).

4) Schließlich kann das Wort T. auch böse Geister (5 Mo 32,17; Ps 106,37; vgl. → Feldteufel), Dämonen (griech. *daimonion*; Mt 7,22; Mk 9,38; Lk 8,2) bezeichnen. Das griech. Wort erinnert wohl an die heidnische Dämonenanschauung, doch ist bei seiner Verwendung im NT jede Vergöttlichung des Dämonischen beseitigt; das volkstümliche Gefühl des Grauenhaften dagegen bleibt erhalten und wird vertieft zur Einsicht in die Dämonie böser Geister, in denen der Wille des einen Satans wirksam ist, das geistliche und leibliche Leben der Menschen zu zerstören. Diese bösen Geister aber erkennen Jesus von vornherein als den Stärkeren an (Mt 8,29.31; Mk 1, 24).

II) DIE TEUFELSAUFFASSUNG IM RABBINISCHEN.

Nach spätjüd. Anschauung ist der Satan oder T. als Sammael einer der vornehmsten Engelfürsten im Himmel gewesen. Aus Neid, Wollust und Herrschsucht hat er das erste Menschenpaar verführt. Als Werkzeug diente ihm die Schlange, von der in der rabbinischen Literatur Aussagen gemacht werden, die im letzten Grunde vom T. selber gelten. Die Engel, die sich an seinem Werk beteiligten, heißen »Engel Satans«; er selbst wird als das »Haupt aller Satane« bezeichnet. Drei verderbliche Tätigkeiten werden ihm beigelegt: er reizt und verführt die Menschen zur Sünde; er verleumdet und verklagt sie bei Gott; er bringt den Tod als Strafe für die Sünde über sie (StB I, S. 136ff).

III) VERHÄLTNIS ZU HEIDNISCHEN TEUFELSVORSTELLUNGEN.

Im griech. Volksglauben bezeichnet »Dämon« ein Wesen mit übermenschlicher Macht; man denkt weithin an Geister Verstorbener (Animismus). Die Dämonen sind launisch und unberechenbar. Der Mensch begegnet ihnen durch magische Mittel, sucht sie zu besänftigen, zu beherrschen oder von sich fernzuhalten. Diese volkstümlichen Vorstellungen suchte die griech. Philosophie umzubiegen in die Anschauung vom Dämon als einer göttlichen Macht; das Dämonische wird nicht in Gegensatz zum Göttlichen gestellt, sondern erscheint ihm gleichgeartet. In der pers. Religion ist der Böse die Personifikation naturhafter Gewalt. Durch das ganze Sein geht die Zweiteilung von Gut und Böse (Dualismus). Der wesentliche Unterschied zur biblischen Teufelsauffassung besteht darin, daß der T. als ein selbständiges, von der Gottheit unabhängiges Prinzip aufgefaßt wird, während er in der Bibel ein durchaus Gott unterworfenes Wesen ist, also kein ebenbürtiger Gegenspieler Gottes.
Zwischen den Gestalten des babyl. Geisterglaubens und dem Bild des Satans und der Dämonen in der HS zeigen sich gelegentlich äußere Anklänge, ohne daß es sich um wirkliche innere Abhängigkeit handelt. Es ist aber durchaus möglich, daß die Verfasser der biblischen Bücher an bekannte Vorstellungen ihrer Umwelt angeknüpft haben, wo sie von der Wirklichkeit dämonischer Mächte zu reden hatten.

IV) THEOLOGISCHE SINNDEUTUNG.

1) DIE EXISTENZ DES TEUFELS.

Die HS bezeugt in ihrer Gesamtheit die wirkliche, personale Existenz des T. und seines Anhangs. Die konkrete Art der biblischen Schilderung, die Fülle unmittelbarer Hinweise auf die Existenz des T. verbietet uns, einen nur mythologischen Charakter der gefallenen Engel anzunehmen. Von Teufelsmythologien zu sprechen, wird weiterhin dadurch unmöglich, daß sowohl die bewährten als auch die gefallenen Engel stets als Geschöpfe Gottes erscheinen und niemals als gottähnliche oder gar gottgleiche Wesen. Es ist die unheimliche Tatsache des Sündenfalls, daß es von Gott geschaffene Wesen gibt, die in ihrer innersten Gesinnung auf das Böse gerichtet sind. Vor allem sind es drei Stellen im AT, die das Vorhandensein solcher personaler Feinde alles Guten bezeugen: Hi 1,6ff; Sach 3,1ff und dann wohl auch

3 Mo 16,7ff (→ Asasel). Über die Zahl der T. gibt die HS keinen Aufschluß; es scheint, daß nur von einem, dem T. *(diabolos* ist stets Einzahl) oder Satan gesprochen wird. Er erscheint aber als Oberhaupt eines dämonischen Reiches; in Mt 12,24 wird er → Beelzebub, der Oberste der Dämonen genannt, und wiederholt ist von seinen Engeln oder Boten die Rede (Mt 25,41; 2 Kor 12,7; Offb 12,7). Der unsaubere Geist in Mk 5,9 bezeichnet sich selbst als »Legion« und sagt: »denn wir sind unser viele.«

2) DAS WESEN DES TEUFELS.
Der T. ist offenbar einer von den »Engeln, die gesündigt haben« (2 Petr 2,4; Jud 6; Joh 8,44 vgl. → Hochmut). Seinem Wesen nach ist er also geschaffener Geist und daher frei von der Gebundenheit und Schwere des Stoffes. Der T. ist eine Persönlichkeit; das wird bezeugt durch das persönliche Auftreten des T. Jesus gegenüber; ihm ist die Macht gegeben, sich sogar mit dem Sohn Gottes zu messen, indem er ihn versucht (→ Versuchung; Mt 4; Lk 4). Die Aussprüche Jesu beweisen, daß dem T. Großmacht zusteht: er ist der Fürst dieser Welt (Joh 12,31; 14,30; 16,11) und hat auch die Macht, »alle Reiche der Welt und ihre Herrlichkeit« (Mt 4, 8) »in einem Augenblick« (Lk 4,5) vorzuführen. Eph 2,2; 6,12 spricht ebenfalls von dieser Macht des T.

In der geistigen Wesensart des T. liegt begründet, daß er sich im Dienste seiner Verführungsabsicht an den Menschen sogar in einen »Engel des Lichtes« verwandeln kann (2 Kor 11,14). Im Hiob-Prolog (Hi 1,6ff; 2,1ff) tritt er vor Gott auf, der mit ihm redet. Obwohl von Gott verworfen und dereinst endgültig verdammt, erscheint er im Buch Hiob doch noch in einem gewissen Verhältnis zur Himmelswelt.

Wesen und Wirken des T. deutet uns Joh 8,44. Jesus nennt ihn einen »Menschenmörder von Anfang«, der nicht in der Wahrheit bestanden und durchaus seinem eigensten Wesen treu ist, wenn er »die Lüge redet«, weil er »ein Lügner« ist und ein Vater der Lüge. Sein tödlicher Haß gegen die Menschen ist begründet im Schöpferauftrag an den → Menschen, sich als Ebenbild Gottes die Erde untertan zu machen (1 Mo 1,28). In diesem Menschenhaß liegt der Haß des T. gegen Gott selbst verborgen. Die Lüge aber, deren Vater der T. ist, bedeutet in ihrer Grundform Wohlgefallen am Nichtsein; sie ist das Bestreben, die Unwirklichkeit an die Stelle der von Gott geschaffenen und daher in ihrem Wesen guten Wirklichkeit zu setzen. Der T. will Unwahrheit statt Wahrheit, er will Finsternis statt Licht; er will den Tod statt des Lebens, das Christus ist und bringt (Joh 14,6; 10,11). Der T. hat das Bestreben, sich als Nichtgott an Gottes Stelle zu setzen und für Gott zu gelten (vgl. 2 Thess 2,4); er will Gott gleich sein (vgl. 1 Mo 3,5), und das ist → Hochmut und → Lüge.

3) DAS WIRKEN DES TEUFELS ist die → Sünde. »Wer Sünde tut, der ist vom T.; denn der T. sündigt von Anfang« (1 Joh 3,8). Der T. herrscht in der Luft mit den bösen Geistern und Dämonen (Eph 2,2; 6,12; 1 Kor 8,5); er durchläuft die Erde und gibt acht auf die Menschen, um sie zur Sünde zu verleiten. Er erscheint vor Gott als der Widersacher der Gläubigen, als ihr Verkläger (Offb 12,10). Er geht umher wie ein brüllender Löwe (d. h. in der Nachahmung Gottes: Hos 11,10; vgl. Jes 31,4) und sucht, wen er verschlinge. Da heißt es, Widerstand zu leisten und festzustehen im Glauben (1 Petr 5, 8.9).

Die ntl. Gemeinde ist ein immer neuer Anstoß für das Wirken des T. in der Welt (vgl. Offb 12,17). Am Ende der Zeit wird er die äußerste Kraftanstrengung versuchen; es wird ihm gestattet sein, eine kurze Scheinherrschaft aufzurichten und solche Verführungskünste zu entfalten (vgl. → Antichristus), daß auch für die Auserwählten die Versuchung zum Abfall groß sein wird (Mt 24,24; Mk 13,22). Aber mitten in diese Scheinherrschaft des T. wird wie ein Blitz aus heiterem Himmel Christus erscheinen (Mt 24,27.30; vgl. → Wiederkunft Jesu) und seiner Macht ein Ende bereiten (2 Thess 2,8; Offb 19,20f). Der T. wird für 1000 Jahre gebunden werden (Offb 20, 1–3; vgl. → Tausendjähriges Reich), danach aber noch einmal die Möglichkeit haben, die Menschen zu verführen, ehe ihn Gott endgültig vernichtet (V 7–10). Paulus bittet darum, daß Gott den T. »in kurzem« zertrete (Röm 16,20).

In der Zwischenzeit kann der T. aber noch weiter versuchen, das Erlösungswerk Christi zu stören; die Gewalt des Todes jedoch ist ihm durch den Kreuzestod Jesu genommen (Hebr 2,14f). Wohl kann der T. die Menschen verblenden, daß sie das Licht des Evangeliums von der Herrlichkeit Christi nicht sehen und nicht zum Glauben an Christus kommen (2 Kor 4,3ff); er kann das Wort fortnehmen (Lk 8,12) und Unkraut in ihre Herzen streuen (Mt 13,37–39). Er kann sich der Irrlehrer als Werkzeuge bedienen (2 Tim 2,26), er kann sich selbst in einen Engel des Lichtes verwandeln, und es ist nichts Besonderes, wenn sich seine Diener als Diener der Gerechtigkeit ausgeben (2 Kor 11,13–15). Dem endgültigen Urteil Gottes aber kann er nicht entrinnen (Mt 25,41). Die unerlöste Welt ist voller Angst vor den bösen Geistern, seiner Gemeinde aber hat Christus Macht über sie gegeben (Mk 16,17; Lk 9,1; Apg 16,18). Die Glaubenden haben den Bösen überwunden (1 Joh 2,13.14), und wo sie ihm widerstehen, flieht er von ihnen (Jak 4,7). Denn wer an Christus gläubig geworden ist, der ist Kind des schützenden Vaters im Himmel, des allmächtigen Herrn auch über alle Teufel.

Thaanach, wohl »Sperre«,
kanaanitische Königsstadt (Jos 12,21; Ri 5,19), die im Stammgebiet Isaschars lag, aber Manasse zufiel (Jos 17,11; 1 Chron 7,29) und den Leviten zugeteilt wurde (Jos 21,25). Sie konnte von Manasse zunächst nicht erobert werden (Ri 1,27). Unter Salomo gehörte sie zum 5. Verwaltungsbezirk (1 Kö 4, 12).

Der heutige Tell Taanak liegt 8 km südsüdöstl. von Megiddo (Karten Sp. 492; 690). Der Ort wird schon von Thutmose III. genannt (Karte Sp. 1067). Die Amarnabriefe nennen Tahnuka als eine Stadt, die sich gegen die ägypt. Beamten des Pharao auflehnte. Die Ausgrabung von Sellin (1902–1904) erbrachte reiche Funde aus der Blüte der Stadt in der Bronzezeit. In dem befestigten Palast fand man eine Reihe von Tontafeln; nach Adressen von 4 dieser Briefe hieß diese Burg »Palast des Ischtar-Jaschur«, der damals Herrscher von T. war. Die in den Tafeln genannten Personen trugen nur zu einem Drittel kanaanäische Namen, die übrigen waren amoritisch, akkad., ägypt. oder nicht sicher zu deuten, was auf eine sehr gemischte Bevölkerung weist. Ebenso bunt gemischt waren die dort verehrten Götter: El (vgl. → Aschera) und Teschup (→ Hethiter IV), Adad (→ Hadad I,1) und Aschirat (→ Aschera), → Amon und → Nergal. Auf einem babyl. Tonzylinder aus T. nennt sich ein Atanach-il als Diener des Nergal. Diese Mischung ägypt., kanaanäischer und babyl. Elemente gibt einen Einblick in die vielgestaltige Kultur und Religion Kanaans, deren Einflüssen Israel bei der Eroberung des Landes ausgesetzt war, bes. dort, wo es die Kanaaniter nicht vertrieb, wie eben in T. (Ri 1,27). Vgl. Karte u. Abb. Sp. 1311.

Thaanath-Silo, Grenzort Ephraims (Jos 16,6). Das Onomastikon sagt: »Thenath im Stamm Josephs ist jetzt das Dorf Thena, 10 Meilen östl. von Neapolis in der Jordangegend«, diese Angabe führt auf das heutige Chirbet Tana el-Foqa, 12 km südöstl. von Nablus (Sichem).

Thabeera »Weidegrund« oder »Brandstätte« (?), Lagerplatz Israels in der Wüste Pharan (4 Mo 11,3), an dem der Herr die Israeliten durch ein Feuer strafte, das die Außenbezirke des Lagers verzehrte (V 1). Der Ort lag offenbar in der Nähe der → Lustgräber.

Thabor.
1) Einzelner Berg im NO der Jesreel-Ebene (Taf. 83/1312; vgl. 27a/416), ca. 8 km östl. von Nazareth, 588 m hoch, der Dschebel et-Tor, neuhebr. Har Tavor. An dem wegen seiner isolierten Lage bes. auffallenden T. (Ps 89,13; Jer 46,18) trafen sich die Grenzen von Sebulon (Jos 19,12), Isaschar (V 22) und Naphthali (V 34). Auf dem T. sammelte Barak Sebulon und Naphthali zum Kampf gegen Sisera (Ri 4,6.12.14).
Im NT wird der T. nicht genannt (vgl. → Berg der Verklärung).
2) Eine nur in 1 Chron 6,62[77] genannte Levitenstadt der Merariter im Stamm Sebulon. Viell. die Siedlung auf dem Berg T., die aus ntl. Zeit nachgewiesen ist. Man hat den Ort auch in Daburije westl. des Berges vermutet, das war aber wohl Dabrath, eine Levitenstadt der Gersoniter in Isaschar (Jos 21,28; 1 Chron 6,57[72]).
3) Baum (LÜ → Eiche) im Stammgebiet Benjamins (1 Sam 10,3); die genaue Lage ist nicht bekannt.

Thachpanhes, ägypt. »Burg des Negers«,
Stadt an der Ostgrenze Ägyptens (Jer 2,16; 46,14), von den Griechen Daphne genannt, heute der Ruinenhügel Tell Defene, ca. 13 km westl. von El Kantara am Suezkanal (Karte Sp. 35). Hier suchten Reste der jüd. Bevölkerung nach der Ermordung Gedaljas Schutz (Jer 43,7; 44,1), aber Jeremia mußte ihnen mit einem Zeichen die Vergeblichkeit ihrer Flucht zeigen und den Sieg Nebukadnezars über Ägypten ankündigen (Jer 43,8–13).

Thachpenes, wohl Thachpanhes zu lesen,
ägypt. Königin z. Zt. Salomos (1 Kö 11,19).

Thaddäus → Judas (3)

Thadmor. Stadt in der syr. Wüste, die Salomo ausbaute (2 Chron 8,4), das Tadmor, bei dem Thiglath-Pileser I. um 1100 v. Chr. den Aramäern entgegentrat; von den Griechen und Römern wird sie später Palmyra genannt. Vgl. Karte Sp. 1359/60.
Die Stadt, heute Tadmur, liegt in einer Oase an der Handelsstraße von Palästina nach Mesopotamien, etwa 200 km (Ll.) nordöstl. von Damaskus (Karte Sp. 282; 542). Aus ihrer Glanzperiode in hellenistischer und röm. Zeit sind uns großartige Ruinen erhalten (Taf. 32b/481).

Thahan, Nachkomme Ephraims, von ihm stammt das Geschlecht der Thahaniter (4 Mo 26,35; 1 Chron 7,25).

Thahaniter → Thahan

Thahas »Der große Tümmler«,
Sohn Nahors und seiner Nebenfrau Rehuma (1 Mo 22,24). Viell. wohnten seine Nachkommen im Land Tahschi, das die Amarnabriefe im Antilibanon nördl. von Damaskus erwähnen.

Thahath I) »Das unten, unterhalb Befindliche«.
Lagerstätte der Israeliten in der Wüste, zwischen → Makheloth und → Tharah, genaue Lage unbekannt (4 Mo 33,26.27).
II) Wohl »Ersatz«.
1) Kahathitischer Levit, Vorfahr des Propheten Samuel (1 Chron 6,9[24].22[37]).
2) Ephraimit, Sohn des Bered (1 Chron 7,20).
3) Enkel des vorigen, Sohn des Eleada (1 Chron 7,20).

Thalmai.
1) Mann vom Geschlecht Enaks in Hebron (4 Mo 13,22[23]). Er wurde mit seinen Brüdern von Kaleb vertrieben (Jos 15,14; Ri 1,10). Vgl. → Enakiter.
2) Sohn Ammihuds, König von → Gessur (1). Seine Tochter Maacha war Davids Frau und die Mutter von Absalom und Thamar (2 Sam 3,3; 13,1.37).

Thamar »Palme«.
1) Frau des Ger, die als Witwe durch ihren Schwiegervater → Juda die Mutter von Perez und Serah wurde (1 Mo 38; 4 Mo 26,20.21; Mt 1,3).
2) Tochter Davids und Schwester Absaloms. Sie wurde durch ihren Halbbruder Amnon entehrt (2 Sam 13; 1 Chron 3,9).
3) Tochter Absaloms (2 Sam 14,27), wohl nach seiner Schwester genannt. Sie war vermutlich die Frau Uriels von Gibea, Mutter der Maacha oder Michaja und Großmutter König Abias (2 Chron 11,20–22; 13,2; vgl. Abb. Sp. 23).
4) Stadt in der Wüste (1 Kö 9,18; Hes 47,19; 48, 28), nach den Stellen bei Hes am Ostende der Südgrenze des verheißenen Landes, vermutlich identisch mit dem Hazezon-Thamar von 1 Mo 14,7 (Karte Sp. 762). Wahrscheinlich ist es das heutige Ain el-Arus (neuhebr. Ein Tamar), 10 km südwestl. vom Südwestende des Toten Meeres. Vgl. Karte Sp. 1304.

Thammus, babyl. aus sumerisch Dumuzi »Der echte Sohn«,
babyl. Fruchtbarkeits- und Unterweltsgott, der dem griech.-phön. Adonis entspricht. Er galt als Mann und Bruder der Fruchtbarkeitsgöttin Istar (vgl. → Asthoreth). Alljährlich wurde z. Zt. der Sommerhitze sein Sterben beklagt (Hes 8,14) und der neue Pflanzenwuchs im Frühjahr als seine Auferstehung begrüßt. Der erste heiße Monat (Juni/Juli) des → Jahres war daher nach ihm benannt.

Thanhumeth »Trost«,
Netophathiter, Vater des Seraja, eines der Offiziere des judäischen Heeres (2 Kö 25,23; Jer 40,8).

Thappuah »(Duftender) Apfel, Apfelbaum«.
1) Stadt in der judäischen Sephela (Jos 15,34), vermutlich das heutige Nettif (neuhebr. Beit Natif), 4 km südl. von Sanoah und 20 km westl. von Bethlehem. Der Ort hieß früher Beth-Letepha, was eine entstellte Form von Beth-el-Taphua ist.
2) Kanaanitische Königsstadt (Jos 12,17). Der Ort lag auf der Grenze von Ephraim und Manasse (Jos 16,8), die Stadt war ephraimitisch, das »Land T.« gehörte zu Manasse (Jos 17,8). Heute wohl der Tell Schech Abu Zarad 0,8 km südl. von Jasuf, das 12 km südsüdwestl. von Sichem und 4 km nordnordwestl. von Lebona liegt. In diesem Hügel fanden sich Reste aus der Spätbronzezeit, der älteren Eisenzeit und der hellenistischen Zeit. Jasuf selbst ist offenbar das alte Jassib, das die LXX bei der Grenzbeschreibung in Jos 17,7 vor T. nennt. Vgl. Taf. 97/1536.
3) Sohn des Judäers Hebron (1 Chron 2,43).

Tharah. I) Wohl von akkad. *turahu* »Steinbock«. Sohn Nahors, Vater Abrahams, Nahors und Harans. Er lebte in Ur in Chaldäa und »diente anderen Göttern« (Jos 24,2; vgl. → Dienen III). Mit Abraham und Lot zog er dann nach Haran, wo er im Alter von 205 Jahren starb (1 Mo 11,24–32).
II) Lager der Israeliten in der Wüste zwischen Thahath und Mithka (4 Mo 33,27–28).

Tharea, Benjaminit, Sohn Michas, Nachkomme Sauls (1 Chron 8,35; 9,41).

Thareala, Ort in Benjamin (Jos 18,27), viell. Chirbet Erha, ca. 1 km südsüdöstl. von er-Ram (Rama 1), ca. 8 km nördl. von Jerusalem. Diese Siedlung war von der isrl. bis in die röm. Zeit bewohnt.

Tharsis (hebr. *tarschisch*).
1) Sohn Javans (1 Mo 10,4), d. h. ein Volk, das von Javan abstammte, und ihr Land, das offenbar im fernen W lag (Ps 72,10; Jes 66,19; Jon 1,3; 4,2). Von dort führten die Phönizier Silber, Eisen, Zinn und Blei ein (Jer 10,9; Hes 27,12). T. könnte danach das Tartessos der Griechen sein, eine phön. Handelsstadt an der Mündung des Guadalquivir in Südwestspanien.
Das Wort *tarschisch* kommt auch im Phön. vor, und zwar mit der allg. Bedeutung »Schmelzhütte, Verhüttungsanlage«. Eine Inschrift von Nora auf Sardinien (9 Jh v. Chr.) nennt ein *tarschisch* oder Verhüttungswerk auf dieser Insel, deren reiche Blei-, Silber- und Zinkvorkommen schon früh ausgebeutet wurden.
Die vielgenannten Tharsisschiffe (Jes 23,1.14; Hes 27,25) – in LÜ meist mit »Meerschiffe« (1 Kö 10,22), »Schiffe aufs Meer zu fahren« (1 Kö 22,49; 2 Chron 9,21; 20,36) oder »Schiffe im Meer« (Ps 48,8; Jes 2,16; 60,9) übersetzt – sind danach zunächst Schiffe zum Metalltransport. Das erklärt die Anwendung dieser Bezeichnung auf die Flotten Salomos und Josaphats, die von Ezeon-Geber aus nur zur Fahrt im Roten Meer bestimmt waren. Daneben waren Tharsisschiffe auch Schiffe, die nach dem Ort T. fuhren (Jon 1,3), und schließlich wurde wohl jedes große, seetüchtige Frachtschiff so bezeichnet.
2) Benjaminit, Sohn Bilhans (1 Chron 7,10).
3) Einer der 7 Fürsten von Persien und Medien unter Ahasveros (Est 1,14). Vgl. → Admatha.

König Sargon II. von Assyrien (rechts) mit seinem Tharthan (links), dem Oberbefehlshaber des Heeres (vgl. Jes 20,1)

Tharthak. Gottheit der nach Samaria umgesiedelten Leute von → Avva (2 Kö 17,31). Näheres über sie ist nicht bekannt.

Tharthan (assyr. *tartanu* oder *turtanu*), Titel des Oberbefehlshabers des assyr. Heeres (2 Kö 18,17; Jes 20,1).

Thathnai, pers. Statthalter des Gebietes jenseits (d. h. westl.) des Euphrats (Es 5,3.6; 6,6.13). Er erkundigt sich beim Perserkönig nach der Berechtigung der Juden, den Tempel wieder aufzubauen, und läßt ihnen nach der zustimmenden Antwort des Darius freie Hand (um 520 v. Chr.). Denselben Namen trägt in einer babyl. Urkunde von 420 v. Chr. ein Statthalter von Susa.

Thebez. Stadt, vor der Abimelech getötet wurde (Ri 9,50–54; 2 Sam 11,21). Nach dem Onomastikon lag sie in der Gegend von Neapolis (Nablus), 13 Meilen in Richtung auf Skythopolis (Beth-Sean); heute Tubas, 15 km nordöstl. von Nablus (Sichem).

Thehinna »Flehen, Erbarmen«,
Judäer, Sohn Esthons, Stammvater der Einwohner von → Nahas (4) (1 Chron 4,12).

Thekoa, Ort in Juda (1 Chron 2,24; 4,5), in der LXX auch unter den Orten genannt, die dort zwischen Jos 15,59 und 60 zusätzlich aufgezählt werden. Aus T. stammten einer der Helden Davids (2 Sam 23, 26; 1 Chron 11,28), die weise Frau, die David bewegte, Absalom zurückzurufen (2 Sam 14,2), und der Prophet Amos (Am 1,1). Rehabeam befestigte die Stadt (2 Chron 11,6; Karte Sp. 1129). Nach der Gefangenschaft war sie wieder bewohnt (Neh 3,5. 27; Karte Sp. 986).
Der Ort ist das heutige Chirbet Teku (849 m ü. d. M.), höher gelegen als Bethlehem und daher von dem 16 km weiter nördl. liegenden Jerusalem aus noch sichtbar (vgl. Jer 6,1). Die Wüste östl. des Ortes wurde nach ihm benannt (2 Chron 20,20).

Thekoiter, Beiname, der die Herkunft aus → Thekoa bezeichnet (2 Sam 23,26; 1 Chron 11,28; 27,9).

Thel-Abib »Ährenhügel«,
Stadt in Babylonien am → Chebar, in der jüd. Verbannte lebten (Hes 3,15). Ihre genaue Lage ist nicht bekannt.

Thelah, viell. »Spalt«,
Ephraimit, Nachkomme Berias (1 Chron 7,25).

Thelassar, Stadt der »Kinder Edens« (2 Kö 19,12; Jes 37,12), wohl das Tilaschurri der assyr. Inschriften, in Bit-Adini (Eden) gelegen, einem Reich am oberen Euphrat in der Nähe von Karchemis.

Thel-Harsa »Tonerdenhügel« oder »Waldhügel«, Stadt in Babylonien, aus der verbannte Juden mit Serubabel heimkehrten (Es 2,59; Neh 7,61); ihre Lage ist unbekannt.

Thel-Melah »Salzhügel«,
Stadt in Babylonien, aus der verbannte Juden mit Serubabel heimkehrten (Es 2,59; Neh 7,61). Ihre Lage ist unbekannt.

Thema, Sohn Ismaels (1 Mo 25,15; 1 Chron 1,30). Seine Nachkommen, ein arab. Stamm, wohnten offenbar bei der Oase T. (Hi 6,19; Jes 21,14; Jer 25,23; auch in Keilschrifttexten erwähnt) in Arabien, 260 km südsüdwestl. von ed-Dschof (Duma 2), halbwegs zwischen Damaskus und Mekka. Hier fand man eine Gedenksäule mit einer aram. Inschrift aus dem

6. Jh. v. Chr. In T. hielt sich der letzte babyl. König Nabunaid 8 Jahre lang auf (vgl. → Belsazer; → Babylonien V,2). Vgl. Karte Sp. 979.

Themah, Tempelknecht, dessen Nachkommen mit Serubabel aus Babylon heimkehrten (Es 2,53; Neh 7,55).

Theman »Süden, Südgegend«,
Sohn des Eliphas und Enkel Esaus, edomitischer Fürst (1 Mo 36,11.15.42), und seine Nachkommen, die in der Landschaft T. wohnten (Hes 25,13; Am 1,12; Ob 9). Aus T., das durch die Weisheit seiner Bewohner berühmt war (Jer 49,7), kam Eliphas, der Freund Hiobs (Hi 2,11). Man sucht den Ort im N Edoms (vgl. Hes 25,13), und zwar in Et-Tawane, 12 km ostnordöstl. von Bozra (1) (vgl. Am 1,12), aber auch weiter südl. in Tawilan, dicht östl. von Petra.

Themaniter, Bewohner der Landschaft → Theman (1 Mo 36,34; 1 Chron 1,45).

Themni »Glück«, Judäer, Sohn Ashurs und seiner Frau Naera (1 Chron 4,6).

Theophilus »Freund Gottes«,
Empfänger des → Lukas-Evangeliums (II,4) und der → Apostelgeschichte (I,2). In Lk 1,3 redet Lukas ihn mit seinem förmlichen Titel (griech. *kratistos*) an, in Apg 1,1 aber nicht mehr. Daraus hat man schließen wollen, daß T. zwischen der Abfassung des Ev. und der Apg Christ geworden sei.

Theres »Streng, hart«,
Kämmerer am Hof des Ahasveros, der mit Bigthan ein Attentat auf den König plante. Mardochai verriet ihre Absicht, und beide wurden hingerichtet (Est 2,21–23; 6,2).

Thessalonich, heute Saloniki, wichtige mazedonische Handelsstadt an der Via Egnatia, zugleich Hauptstadt des zweiten der vier Bezirke Mazedoniens. König Kassandros von Mazedonien, einer der Nachfolger Alexanders d. Gr., baute die urspr. ionische Siedlung zu seiner Residenz aus und benannte sie nach seiner Frau Thessalonike, der Schwester Alexanders. Ihre größte Blüte erlebte die Stadt in röm. Zeit und hatte, als Paulus sie besuchte, etwa 100000 Einwohner, unter denen viele Juden waren. An der Spitze der Stadtverwaltung standen 2 »Politarchen« (LÜ Oberste, Apg 17,6.8), dieser Titel wird durch eine Inschrift bestätigt. Paulus begann seine Arbeit in T. in der Synagoge (V 1.2); aus Juden und Griechen, die gläubig wurden, entstand eine wohl zum größten Teil heidenchristliche Gemeinde (V 4). Während der Zeit in T. empfing Paulus von Philippi Unterstützung (Phil 4,16). Da die Juden jedoch bald einen Aufruhr anzettelten, mußte er die Stadt verlassen, um seine Gastgeber zu schützen (Apg 17,5–10). Der verfolgten und angefochtenen jungen Gemeinde schrieb er dann die beiden → Thessalonicherbriefe. Aus T. stammten auch seine beiden Mitarbeiter Aristarchus und Sekundus (Apg 20,4; 27,2).

Thessalonicherbriefe. Die T. geben uns einen Einblick in die Arbeitsweise des Paulus, wie wir ihn in keinem anderen Brief finden. Außerdem zeigen sie uns eine dem Apostel wegen ihrer Lebendigkeit besonders ans Herz gewachsene junge Gemeinde, deren Fragen wir auch Aussagen des Paulus über die kommenden Dinge verdanken.

I) EINLEITUNGSFRAGEN.
1) Als Verfasser nennen uns beide T. den Apostel Paulus und seine beiden Mitarbeiter Silvanus und Timotheus (1 Thess 1,1; 2 Thess 1,1).

2) Empfänger der Briefe ist die Gemeinde in Thessalonich, die von dieser wichtigen Hafenstadt aus weit in das Hinterland hineinwirken konnte (1 Thess 1,8). Die Apg berichtet uns die Gründung der Gemeinde, der zweiten in Europa nach Philippi (Apg 17,1–9). Nach der scheinbaren Niederlage in Philippi (1 Thess 2,1.2) kam Paulus mit Silas und Timotheus nach Thessalonich, wo er an drei Sabbaten in der Synagoge predigte. Einige Juden und eine große Anzahl Griechen, vor allem vornehme Frauen, schlossen sich dem Evangelium auf. Aber die ablehnenden Juden erregten auch hier einen Aufstand und erzwangen von Jason, bei dem Paulus wohnte, und anderen eine Bürgschaft – wohl für den Abbruch der Arbeit (Apg 17,9) –, so daß Paulus und Silas bei Nacht nach Beröa abreisten.
3) Silas und Timotheus trafen den allein vorausgereisten Paulus in Athen wieder, wurden aber sofort nach Mazedonien zurückgesandt und fanden danach Paulus in Korinth, wo sie ihm ausführlich berichtet haben werden (1 Thess 3,6). Dieser Bericht des Timotheus dürfte den Anlaß zur Abfassung des 1 Thess gegeben haben. Paulus beantwortet Fragen, die die Gemeinde beunruhigen, und er stärkt durch sein Schreiben das Ansehen der wohl inzwischen eingesetzten Leiter der Gemeinde (1 Thess 5,12.13). Der Aufenthalt des Apostels in Korinth dauerte von Herbst 50 bis Frühjahr 52; wohl am Anfang dieser Zeit ist der 1 Thess verfaßt worden.
Auch der 2 Thess kann kaum an einem anderen Orte als Korinth geschrieben sein, denn soweit wir unterrichtet sind, waren Paulus, Silas und Timotheus später nicht wieder alle zusammen. Da außerdem die Fragen um die Wiederkunft Christi die Gemeinde auch jetzt noch bewegen und sich nur die Verfolgungen noch verschärft haben, dürfen wir annehmen, daß der 2 Thess dem 1 Thess bald gefolgt ist, wahrscheinlich wenige Monate später.

II) DER 1. THESSALONICHERBRIEF.
1) Gliederung:
Anrede und Gruß (1,1).
I. Teil: Der bisherige Weg (1,2–3,13).
- 1. Eine rechtschaffene Gemeinde (1,2–10).
  - a. Der Dank an Gott (1,2.3).
  - b. Wachsen zum Vorbild andrer Gemeinden (1,4–8).
  - c. Das allgemeine Urteil über die Gemeinde (1,9.10).
- 2. Das Wirken des Apostels in Thessalonich (2,1–16).
  - a. Sein Weg nach Thessalonich (2,1.2).
  - b. Lauterkeit seiner Verkündigung (2,3–6).
  - c. Hingabe des Apostels an die Gemeinde (2,7–12).
  - d. Durchbruch des Glaubens trotz Verfolgung (2,13–16).
- 3. Bleibende Verbundenheit des Apostels mit der Gemeinde (2,17–3,13).
  - a. Seine Sehnsucht (2,17–20).
  - b. Sendung des Timotheus (3,1–4).
  - c. Gute Nachrichten (3,5–8).
  - d. Dank und Fürbitte (3,9–13).

II. Teil: Wegweisung in die Zukunft (4,1–5,25).
- 1. Ausrichtung des weiteren Wachstums (4,1–12).
  - a. Fortschreiten zur Vollkommenheit (4,1.2).
  - b. Heiligung durch Ablegen der Unreinheit (4,3–8).
  - c. Heiligung durch Anlegen der Liebe (4,9–12).
- 2. Blick auf das Ziel (4,13–5,11)
  - a. Die Gemeinde als Ganzheit am Ziel (4,13–18).

b. Das Kommen Christi (5,1–8): Seine Zeit; die Wiedergeborenen; Scheidung der Geister.
c. Die Aufgabe der Gläubigen (5,9–11).
3. Einzelanweisungen (5,12–24).
a. Rechtes Verhalten gegen Älteste (5,12.13).
b. Gegenseitige Hilfe (5,14.15).
c. Das Leben aus Gott (5,16–22).
d. Fürbitte um Heiligung und Bewahrung (5,23.24).

Schluß: Letzte Anweisungen und Segen (5,25–28).

2) Grundgedanken.

Voller Dankbarkeit erinnert Paulus an das Werden dieser bes. lebendigen Gemeinde, in der Glaube, Liebe und Hoffnung reichlich vorhanden sind. Ihr geistliches Leben ist Zeichen ihres Erwähltseins und bestätigt, daß die Verkündigung des Paulus in Vollmacht geschah. Die Thessalonicher wurden Nachahmer *(mimaetai)* des Verkündigers (1 Thess 1,6) und damit Vorbilder der Gläubigen; von ihrem entschiedenen Durchbruch zum Glauben sprach man überall.

Nicht zuletzt verdankt die Gemeinde ihr Bestehen der treuen und hingebenden Arbeitsweise des Apostels. Von Gott war er nach Mazedonien berufen worden (Apg 16,9.10). Dort begann der Weg mit den Schmähungen in Philippi, die Paulus den Mut zum Kampf für das Evangelium nicht rauben konnten (1 Thess 2,2). Seine lautere Verkündigung (V 3) suchte keine Anerkennung der Menschen (V 4), keinen eigenen Vorteil oder eigene Ehre (V 5.6). So hat Paulus Tag und Nacht gerungen (V 9) um jeden einzelnen (V 11), hat sie in völliger Hingabe gepflegt wie eine Amme (V 7) oder wie ein Vater (V 11), der seinen Kindern vorlebt, was er von ihnen erwartet (V 12). Damit war der Grund gelegt für die bleibende Verbundenheit zwischen Apostel und Gemeinde.

Pflege und Beistand waren unerläßlich, weil mit der Annahme des Evangeliums die Verfolgung einsetzte, zu deren Durchstehen die junge Gemeinde gestärkt werden mußte. Da Paulus die Stadt verlassen und die Gemeinde in dieser Not allein lassen mußte, sandte er Timotheus zurück. Denn er wollte unbedingt wissen, wie es der Gemeinde erging, und blieb allein in Athen (1 Thess 3,1), obwohl er seinen Helfer nur schwer entbehren konnte.

Der zweite Teil des Briefes richtet die Blicke in die Zukunft. Der Durchbruch zum Glauben ist nicht das Endziel, sondern nun gilt es, immer völliger im Gehorsam Gott gegenüber zu leben (1 Thess 4,1). Gott erwartet die Heiligung. Das bedeutet die Abkehr von aller unreinen Lust der Heiden (V 5) und von jeglicher Übervorteilung des Nächsten (V 6), die für die Christen in dieser reichen Handelsstadt eine besondere Versuchung darstellte. Wer diese Grundregeln verachtet, und sich nicht unterordnen will, widersteht nicht menschlichen Geboten, sondern er verachtet Gott selbst (V 8) und seine Berufung zur Heiligung (V 7). Das gilt auch für einige Glieder der Gemeinde, die ihren Lebensunterhalt nicht mehr erarbeiten wollen (V 11.12).

Grundsätzlich braucht der Blick der Gemeinde nicht mehr ausgerichtet zu werden, denn sie ist eine Gemeinde der Hoffnung; doch wird die Freude auf das Kommende durch eine Besorgnis überschattet. Man befürchtet eine Benachteiligung der schon entschlafenen Gemeindeglieder, indem sie später zu Christus kommen könnten als die noch Lebenden. Hier kann Paulus trösten: die Entschlafenen werden zuerst auferstehen, dann werden die Lebenden mit ihnen zusammen entrückt werden, so daß die Gemeinde als Ganzes dem Herrn begegnen wird (1 Thess 4, 16,17). Damit sich die Gemeinde aber nicht in Spekulationen verliert, wird der Blick sofort auf das Wesentliche gelenkt und neben den Trost die Mahnung gestellt. Der Stundenplan der Geschichte bleibt Gottes Geheimnis und wird uns nie offenbart werden! Der Herr wird überraschend kommen, darum gilt es, jederzeit bereit zu sein. Das erläutert Paulus noch einmal durch Einzelermahnungen. Hinter allem aber steht das Wissen, daß jede Selbstheiligung aus eigner Kraft zum Scheitern verurteilt ist. Gott muß heiligen. So richtet sich der Blick auf ihn mit der Bitte um Heiligung durch und durch, welche Geist, Seele und Leib untadelig bewahrt auf den Tag des Kommens des Herrn (1 Thess 5,23).

III) DER 2. THESSALONICHERBRIEF.

1) Gliederung:

Anschrift und Gruß (1,1.2).

I. Gemeinde in Verfolgung (1,3–12).
a. Dank für das Wachsen unter Trübsal (1,3–6).
b. Sieg durch die Wiederkunft Christi (1,7–10).
c. Fürbitte um Bewahrung und Vollendung (1, 11.12).

II. Abwehr irreführender Erwartungen (2,1–12).
a. Falsche Naherwartung (2,1.2).
b. Der Widersacher muß vorher kommen (2, 3–6).
c. Die Macht seiner Verführung (2,7–10).
d. Seine Aufgabe der Sichtung (2,11.12).

III. Paulus und die Gemeinde (2,13–3,5).
a. Des Apostels Dank für die Gemeinde (2,13. 14).
b. Seine Fürbitte (2,15–17).
c. Seine Bitte um Fürbitte (3,1.2).
d. Seine Zuversicht (3,3–5).

IV. Eine notwendige Zurechtweisung (3,6–16).
a. Verhalten gegen Müßiggänger (3,6–13).
b. Gehorsamsforderung (3,14.15).
c. Segen (3,16).

Schluß (3,17–18).

2) Grundgedanken.

Schon im 1 Thess wurden Gefahren für die junge Gemeinde angedeutet: Verfolgung (1 Thess 2,14–16), Neigung zur Spekulation (1 Thess 4,13–18) und Arbeitsscheu einzelner Gemeindeglieder (1 Thess 5,14). Diese Gefahren bedrohen nun das Leben der Gemeinde. Ein persönliches Eingreifen des Apostels hatte der Satan schon vor dem ersten Brief zweimal verhindert (1 Thess 2,18). So muß Paulus auch jetzt schriftlich die Gefahren aufdecken und den Weg zur Überwindung zeigen. Der Ansturm der Verfolgung von außen hat der Gemeinde Segen gebracht; Glaube, Liebe und Geduld wachsen und können allen Gemeinden zum Beispiel dienen. Außerdem werden klare Fronten geschaffen, die Gläubigen werden durch Bewährung würdig zum Reich Gottes (2 Thess 1,5), während die Bosheit der Feinde Christi zum gerechten Gericht heranreift. Die Not lehrt die Gemeinde noch klarer, den Tag ihres Sieges durch das Eingreifen des zum Gericht kommenden Herrn zu erwarten, der das ewige Verderben bringt für alle, die Gott nicht erkennen oder trotz ihrer Erkenntnis Gottes ihm den Gehorsam verweigern (V 8). Das Anliegen des Apostels ist, daß die Gemeinde durch die Not ihrer Berufung würdig und der Name Christi an ihr gepriesen werde (V 11.12).

Gefährlicher ist für die Gemeinde das Auftreten von Irrlehrern, die unter Berufung auf Paulus behaupten, der Tag Christi sei schon gekommen (2 Thess 2,2). Paulus wehrt die Fälschung mit dem Hinweis ab, daß vor dem Kommen Christi der → Antichristus offenbar und ungehindert wirksam werden

muß. Auch das ist von Gott gewollte Vorbereitung seines Gerichtes über alle, die Lust haben an Ungerechtigkeit (V 11.12).
Inmitten dieser zum Verderben der Menschen arbeitenden Mächte und Irrlehrer kann Paulus danken für die Brüder, die erwählt sind zur Seligkeit, zur Heiligung des Geistes, zum Glauben der Wahrheit, zum herrlichen Eigentum des Herrn (V 13.14). Er bittet sie, seiner Lehre treu zu bleiben, und bittet den Herrn für sie um Leitung und Bewahrung (V 17). Von den Getreuen erwartet Paulus die Fürbitte für die Ausbreitung des Wortes, damit durch das Eingreifen des Herrn die Befreiung von den Widersachern erfolgen kann (2 Thess 3,2).
Eine dritte Gefahr droht der Gemeinde von solchen, die gläubig wurden und darum Brüder genannt werden (V 6.15), aber in Unordnung leben und ihr Brot nicht durch eigene Arbeit verdienen. Sie wollen die Mildtätigkeit der Arbeitsamen ausnutzen, um selbst müßiggehen zu können. Solche Menschen bringen die Gemeinde bei den Ungläubigen in Verruf. Wo nun keine Ermahnung hilft, soll man solchen Bruder meiden, nichts mehr mit ihm zu schaffen haben und dem Apostel seinen Namen melden. So erhalten wir in dem Brief einen Einblick in den Kampf um eine junge, lebendige, aber auch angefochtene Gemeinde.

Theudas, viell. Kurzform von griech. Theodoros, »Gottesgabe«.
Gamaliel erwähnt in seiner Rede vor dem Hohen Rat einen T., der sich selber große Bedeutung zuschrieb und 400 Anhänger gewann; er wurde dann aber erschlagen und seine Anhänger zerstreut (Apg 5,36). Nach dem Zushg. geschah das vor 6 n. Chr. (V 37; vgl. → Judas 1); viell. handelte es sich um einen politischen Aufstandsversuch, Genaueres wissen wir aber nicht.
Josephus nennt einen Zauberer und angeblichen Propheten T., der unter dem Prokurator Cuspius Fadus (44–46 n. Chr.) hingerichtet wurde. Man hat danach einen Irrtum in den Angaben der Apg vermutet, wahrscheinlich handelt es sich aber um zwei völlig verschiedene Personen.

Thibni, viell. »Strohmann« (Noth),
Sohn Ginaths, von 885/4–880 v. Chr. Gegenkönig → Omris über einen Teil Israels (1 Kö 16,21.22).

Thideal, einer der Verbündeten → Kedor-Laomors (1 Mo 14,1.9), König »der Heiden« (hebr. *gojim*). Weder er noch sein Land sind sicher bekannt. Ein Land Goi kennen wir in NO-Babylonien, das Reich Gutium lag am Oberen Zab (Karte Sp. 131/2); der Name »Tudhalijas« kommt als Königsname bei den Hethitern vor, der älteste bekannte Träger dieses Namens herrschte dort im 17. Jh. v. Chr.

Thiglath-Pileser III. auf seinem Wagen (assyr. Darstellung)

Thiglath-Pileser. Akkad. Tukulti-apil-esarra »Mein Schutz ist der Sohn Esarras (d. h. der Gott Ninurta)«.
Name mehrerer assyr. Könige. T. I. (1112–1074 v. Chr.; vgl. → Assyrien) und T. II. (965–933) werden in der Bibel nicht erwähnt.
T. III. war 745–727 v. Chr. König von Assyrien. Von seiner Herkunft ist nichts bekannt. Sein ursprünglicher Name scheint → Phul gewesen zu sein, den er auch als König von Babylon führte, den Namen T. hat er wohl bei seiner Thronbesteigung nach seinem berühmten Vorgänger T. I. angenommen. In 1 Chron 5,6.26; 2 Chron 28,20 heißt er mit einer abweichenden Namensform Thilgath-Pilneser. T. war ein großer Eroberer, der auch Babylon dem assyr. Reich einfügte; er wendete zuerst die Methode der planmäßigen Umsiedlung unterworfener Völkerschaften in großem Maßstabe an, um erneute Aufstände der Besiegten unmöglich zu machen. Wohl zum Jahre 743 v. Chr. verzeichnet T., der nach seinen Kämpfen in Syrien jetzt auch mit den isrl. Reichen in Berührung kam, u. a. Tributleistungen von Rezin von Damaskus, Menahem von Israel und Usia (Asarja) von Juda. Sein nächster Feldzug in Palästina richtete sich 734 v. Chr. gegen Philistäa. Inzwischen hatte Ahas in Juda die Regentschaft übernommen und wurde von Pekah von Israel und Rezin hart bedrängt, weil er nicht gegen Assyrien auf ihre Seite trat. Mit dem Schatz des Tempels und Königspalastes erkauft Ahas nun die Hilfe des T. (2 Kö 16,7.8). Die assyr. Quellen verzeichnen zwei Feldzüge gegen Damaskus, 733 und 732 v. Chr. Dabei tötete T. Rezin (V 9) und bestätigte → Hosea, der Pekah erschlagen hatte (2 Kö 15,30), als König von Israel. Zugleich führte er nach der Eroberung Nordisraels und des Ostjordanlandes Naphthali, Halbmanasse, Gad und Ruben in die Verbannung (V 29; 1 Chron 5,2.26). Auch Ahas muß nun als unterworfener und tributpflichtiger König vor ihm in Damaskus erscheinen (2 Kö 16,10). Damit war ganz Palästina assyr. geworden.

Thikwa → Thokehath

Thilgat-Pilneser → Thiglath-Pileser

Thilon. Judäer, Sohn Simons (1 Chron 4,20).

Thimna.
1) Nebenfrau des Eliphas, des Sohnes Esaus, und Mutter Amaleks (1 Mo 36,12). In 1 Chron 1,36 wird ihr Name an der gleichen Stelle unter den Kindern des Eliphas aufgezählt.
2) Edomitischer Fürst (1 Mo 36,40; 1 Chron 1,51).
3) Schwester des Horiters Seir (1 Mo 36,22). Möglicherweise identisch mit T. (1).
4) → Thimnath.

Thimnath.
1) Ort auf der Grenze zwischen Juda (Jos 15,10: Thimna) und Dan (Jos 19,43: Thimnatha; Ri 14,1.2.5), z. Zt. des Ahas von den Philistern erobert (2 Chron 28,18: Thimna). Heute Chirbet Tibna, neuhebr. H. Timna, 4 km westsüdwestl. von Beth-Semes und 6 km südwestl. vom höherliegenden Zora (vgl. Ri 14,1.2.5).
2) Ort in der Nähe von Adullam (1 Mo 38,12.14) auf dem Gebirge Juda (Jos 15,57: Thimna). Heute Tibna, 6 km östl. von Beit Nettif (Thappuah 1) und 3 km nordwestl. von ed-Dscheba (Gibea 3).

Thimnatha → Thimnath (1)

Thimnath-Heres → Thimnath-Serah

Thimnath-Serah.
Ort auf dem Gebirge Ephraim, der Josua nach der Verteilung Kanaans als Erbteil übergeben wurde (Jos 19,50). Dort begrub man ihn auch (Jos 24,30; Ri 2,9: Thimnath-Heres), und nach einer Notiz der LXX zu Jos 24,30 gab man ihm die Feuersteinmesser, mit denen die Israeliten in Gilgal beschnitten worden waren (Jos 5,2–9), mit ins Grab. T. ist wahrscheinlich das heutige Chirbet Tibne, 13 km nördl. vom Oberen Beth-Horon und 28 km südsüdwestl. von Nablus (Sichem). Karte Sp. 730.

Thimniter, Bewohner von Thimnath (1) (Ri 15,6).

Thiras. Sohn Japhets (1 Mo 10,2; 1 Chron 1,5) und seine Nachkommen. Viell. die zu den Pelasgern gehörigen Tyrsener, die als Seeräuber im Ägäischen Meer auftraten, viell. die Etrusker, die von den Griechen ebenfalls Tyrsener genannt werden. Auch unter den Seevölkern, die im 12. Jh. v. Chr. in → Ägypten (IV,3) einfielen, wird ein Volk mit dem Namen Turuscha genannt, das man mit den Tyrsenern (Etruskern) in Verbindung gebracht hat.

Thireathiter, Kinitische (→ Keniter) Familie aus dem unbekannten Ort Thira, die als eines der drei Schreibergeschlechter in Jabez wohnte (1 Chron 2, 55).

Thirhaka oder ägypt. Taharka, der Sohn Pianchis, war Pharao von 689–664 v. Chr. In 2 Kö 19,9; Jes 37,9 wird berichtet, daß der Assyrerkönig Sanherib Nachricht erhielt, T. rücke gegen ihn heran. Dabei handelt es sich um Sanheribs Kriegszug von 701 v. Chr., auf dem er die verbündeten Ägypter und Äthiopier bei Eltheke schlug. Pharao war damals Sabaka (714–700 v. Chr.), der Onkel des T. Es ist nun möglich, daß Sabaka seinen Neffen mit dem Oberbefehl des ägypt. Heeres betraut hatte, oder daß T. vor seiner Herrschaft in Ägypten König von Äthiopien war.
Als T. Pharao geworden war, fand der große Angriff Assyriens auf Ägypten statt. Anfangs konnte T. den Assyrerkönig → Asar-Haddon zurückschlagen, aber 671 v. Chr. wurde Memphis durch das assyr. Heer eingenommen, und er mußte nach Nubien fliehen. Unterägypten wurde unter 20 Statthaltern dem assyr. Reich eingegliedert. Nach dem Abzug Asar-Haddons wußte T. jedoch die Herrschaft zurückzugewinnen. 669 v. Chr. starb Asar-Haddon auf einem neuen Zug gegen Ägypten. Sein Sohn Asnaphar (Assurbanipal) setzte die assyr. Statthalter wieder ein, nachdem er T. besiegt hatte. 664 v. Chr. starb T. in Napata.

Thirhena, Judäer, Sohn Kalebs und seiner Nebenfrau Maacha (1 Chron 2,48).

Thirja, Judäer, Sohn Jehallel-Els (1 Chron 4,16).

Thirza, hängt mit hebr. »Gefallen haben an, jemandem freundlich gesinnt sein« zusammen.
1) Tochter Zelophehads (4 Mo 26,33; 27,1; Jos 17,3).
2) Für seine Schönheit bekannter Ort (Hl 6,4[3]), kanaanitische Königsstadt (Jos 12,24) und Residenzstadt der isrl. Könige von Jerobeam I. bis Omri (1 Kö 14,17; 15,21.33; 16,8.23), der dann → Samaria baute. Auch später scheint es noch eine wichtige Stadt gewesen zu sein (vgl. 2 Kö 15,14.16). Nach den Ausgrabungen ist T. der heutige Tell el-Fara, 10 km nordöstl. von Sichem (Karten Sp. 649; 730; Taf. 85b/1344). Die Funde bestätigen die Verlegung der Residenz im 9. Jh. v. Chr.

Thisbiter. Beiname des Propheten Elia nach seiner Heimatstadt Thisbe (1 Kö 17,1; 2 Kö 9,36). Der Name des Ortes ist (mit einer Lautumstellung) bewahrt im heutigen arabischen el-Istib oder meist Lisdib im Ostjordanland, 1 km nordwestl. vom Bergkegel Mar Elyas (930 m ü. d. M.) und ca. 5 km nordwestl. von Adschlun.

Thiziter, Beiname eines der Helden Davids (1 Chron 11,45), wohl Herkunftsbezeichnung nach einem unbekannten Ort.

Thoah, kahathitischer Levit, Sohn Zuphs, Vorfahr Samuels (1 Chron 6,19[34]f). In 1 Sam 1,1 heißt er Thohu.

Thochen, dasselbe Wort heißt sonst »festgesetztes Maß, Quantum«,
Ort im Stamm Simeon (1 Chron 4,32), seine genaue Lage ist unbekannt.

Thogarma, Enkel Japhets (1 Mo 10,3) und dessen Nachkommen (Hes 27,14); ihr Land liegt nördl. von Palästina (Hes 38,6). Hethitische Tontafeln nennen ein Tegarama an der Grenze des Hethiterreiches in Kleinasien, viell. das heutige Gürün, ca. 200 km nordnordwestl. von Karchemis, das wohl auch mit dem keilschriftlichen Tilgarimmu in Kappadozien gleichzusetzen ist.

Thohu → Thoah

Thoi. König von → Hamath z. Zt. Davids (2 Sam 8,9–11), Gegner Hadadesers. In 1 Chron 18,9.10 heißt er Thou.

Thokehath, Vater des Sallum, des Mannes der Prophetin Hulda (2 Chron 34,22). In 2 Kö 22,14 wird er Thikwa (»Hoffnung«) genannt.

Thola, wohl »Wurm«.
1) Sohn Isaschars. Seine Nachkommen waren die Tholaiter, (1 Mo 46,13; 4 Mo 26,23; 1 Chron 7,1).
2) Sohn Phuas aus Isaschar, der 23 Jahre lang → Richter war. Er lebte, starb und wurde beerdigt in Samir auf dem Gebirge Ephraim (Ri 10,1.2).

Tholad → Eltholad

Tholaiter → Thola (1)

Thomas. Jünger Jesu, den sein griech. Beiname Didymus ebenso wie sein aram. Name T. als »Zwilling« bezeichnen. T. gehört zu den Jüngern, die nicht in den Vordergrund getreten sind, nur Johannes berichtet einiges von ihm.
T. war bereit, mit Jesus zu sterben (Joh 11,16). Das Wort Jesu von seinem Hingehen, um den Jüngern eine Stätte zu bereiten, hatte er aber nicht verstanden (Joh 14,5). Er fehlte, als Jesus den Jüngern nach der Auferstehung zum ersten Mal erschien, und wollte erst daran glauben, wenn er die Nägelmale selber wahrnehmen könne (Joh 20,24.25). Als der Herr den Jüngern wieder erschien, bekannte T.: »Mein Herr und mein Gott« (V 26–29). Danach finden wir ihn bei dem wunderbaren Fischzug (Joh 21,2) und im Obergemach in Jerusalem (Apg 1,13). Es gibt noch einen großen apokryphen Bericht über ihn: die Thomasakten, in denen allerlei wunderliche Geschehnisse mitgeteilt werden. Zutreffen könnte die Angabe, daß T. der Apostel Syriens gewesen ist. Vgl. auch → Zweifel.

Thophet »Feuerstätte«, dasselbe Wort heißt auch »Speichel, Auswurf«.
Ort im Tal Ben-Hinnom (→ Hinnom), an dem die Israeliten von der Zeit Manasses bis zur Reform Josias dem → Moloch Kinderopfer darbrachten (2 Chron 33,6; Jer 7,31.32; 19,5.6.11–14; 2 Kö 23,10). Das geschah auf einer → Höhe (Jer 7,31 LÜ Altäre; 19,5), die sie zu dem Zweck dort errichtet hatten; weiter wissen wir nichts über Aussehen oder genauere Lage der Stätte.

Thora → Gesetz

Thou → Thoi

Thron → Stuhl

Thubal. Sohn Japhets und seine Nachkommen (1 Mo 10,2; 1 Chron 1,5; Jes 66,19; Hes 27,13; 32,26; 38,2.3; 39,1). Die assyr. Inschriften des 12. u. 9. Jh. v. Chr. nennen ein Land Tabal, das an Muski (→ Mesech) grenzt, im südöstlichen Kleinasien, westl. von Assyrien. Herodot erwähnt später die Tibaraenoi und Moschoi weiter nördl. im Gebirge südöstl. des Schwarzen Meeres.

Thubalkain, volksetymologisch »Thubal der Schmied«,
Sohn des Kainiten Lamech und seiner Frau Zilla. Er ist der »Stammvater all derer, die Erz und Eisen bearbeiten« (1 Mo 4,22).

Thyatira, Stadt in Lydien, nördl. von Sardes und östl. von Pergamus (Karte Sp. 1009), nahe der Grenze von Mysien, heute Akhissar, 80 km nordöstl. von Izmir (Smyrna). T. war eine Handels- und Industriestadt, berühmt durch ihre Purpurfärbereien (vgl. Apg 16,14). An die Gemeinde in T. richtet sich eins der Sendschreiben der Offb (Offb 1,11; 2,18. 24).

Tibehath. Ort in Zoba (1 Chron 18,8). Man setzt ihn mit dem aus → Betah erschlossenen Tebah von 2 Sam 8,8 dem *dbh* Thutmoses III. und dem Tubichi der Amarnabriefe, gleich. Viell. besteht auch ein Zushg. mit Tebah, dem Sohn Nahors (1 Mo 22,24). Heute vermutlich Et-Taijibe, 5 km südsüdwestl. von Baalbek.

Tiberias, Stadt am Westufer des Sees Genezareth (Joh 6,1.23; Taf. 27b/416; 85a/1344), der nach ihr auch See von T. hieß (Joh 21,1). Herodes Antipas hatte sie (nach dem Talmud an der Stelle des alten Rakkath von Jos 19,35) erbaut, zu Ehren des Kaisers Tiberius benannt und seine Residenz von Sepphoris (Karte Sp. 594) hierher verlegt (Karten Sp. 433; 591/2). Jesus scheint T. nicht betreten zu haben; die Juden mieden die Stadt lange Zeit völlig. Sie galt ihnen als unrein, da man beim Bau alte Gräber zerstört hatte. Nach dem Fall Jerusalems aber wurde T. Sitz der jüd. Schriftgelehrsamkeit (vgl. → Masora). Hier entstanden die → Mischna und der palästinensische Talmud, hier lagen die Gräber der berühmten Rabbinen Akiba und Maimonides.

Tiberius. Der röm. → Kaiser T., der in der Zeit des öffentlichen Wirkens Jesu herrschte, wird in der Zeitangabe Lk 3,1 genannt, spielt jedoch weiter in den Berichten des NT keine Rolle. Die Angabe Lk 3,1 ist nicht absolut eindeutig, denn ehe T. Alleinherrscher wurde (14 n. Chr.), hatte er von Augustus schon die volle Befehlsgewalt über die Provinzen erhalten.
T. Klaudius Nero, nach seiner Adoption (durch Augustus) T. Julius Cäsar, auf den Inschriften T. Cäsar Augustus genannt, war der Sohn des T. Klaudius Nero und der Livia. Er wurde 42 v. Chr. geboren. Augustus ernannte ihn 13 n. Chr. zum Mitregenten, nach seinem Tode wurde er sein Nachfolger (14 n. Chr.); er starb 37 n. Chr. T. war ein tapferer Soldat und guter Kaiser, jedoch zugleich mißtrauisch und grausam gegen seine Gegner. Vor allem seine letzten Regierungsjahre waren voller Denunziationen und Hinrichtungen. → Pilatus hatte ihn bes. nach dem Sturz des mächtigen Gardepräfekten Sejan zu fürchten (Joh 19,12f). Vgl. seine Büste Taf. 59a/928, dazu die beiden Münzen 2 u.3.

Tiefe → Abgrund

Tiegel bezeichnet das Schmelzgefäß aus Ton (Ps 12,7; Spr 27,21; vgl. Abb. Sp. 369) und ein Gefäß zum → Kochen (1 Sam 2,14). Vgl. → Topf.

Tier ist in der HS alles, was neben dem Menschen mit selbständiger, willkürlicher Bewegung lebt und mit Empfindung begabt ist. Die T. werden in der Schöpfung in 4 Gruppen eingeteilt: Die am 5. Tage geschaffenen T. im Wasser und die in der Luft, die am 6. Tage geschaffenen T. auf dem Lande und das Gewürm. Die Herrschaft über die T. wurde dem Menschen übertragen (1 Mo 1,26.28; Ps 8,7–9).
In den Sündenfall und seine Folgen wurden auch die T. hineingerissen. Die Schlange wurde vor allen T. verflucht (1 Mo 3,18). Nach der Sintflut heißt es, daß die T. im Schrecken vor dem Menschen leben sollen, in dessen Hand sie gegeben und dem sie als Nahrung zugeteilt sind. Damit wird der fortschreitende Zerfall der Schöpfung durch die Sünde deutlich. Dazu will Gott alles Menschenblut an den T. rächen (1 Mo 9,2–5). Doch gibt Gott sein Eigentumsrecht an den T. nicht auf (Ps 50,10.11), sie sind dazu bestimmt, Gott zu preisen (Jes 43,20; Ps 148,10). Darum läßt Gott T. an der Rettung Noahs teilhaben (1 Mo 6,19; 8,1) und schützt sie gegen den Mißbrauch der Herrschaft, die er dem Menschen über die T. gegeben hat (2 Mo 20,10; 23,11; 5 Mo 25,4; 22,6.7). Manchmal benutzt er sie sogar als Werkzeuge des Gerichtes über Menschen (5 Mo 32,24; Jes 56,9; Jer 15,3; vgl. Hes 34,5.8).
Auch das Heilshandeln Gottes bezieht die T. mit ein. Sie sind unter die Verheißung des Friedensreiches gestellt (Jes 11,6.7; 65,25; vgl. Hos 2,20 [18]), das Gegeneinander und die Feindschaft der T. unter sich und zwischen T. und Mensch ist mit der Beseitigung der Sünde zu Ende; die Kreatur wird freiwerden vom Dienst des vergänglichen Wesens und wartet ängstlich harrend auf die Offenbarung der Herrlichkeit der Kinder Gottes (Röm 8,19.21). Der Tiefstand der Menschen aber wird offenbar, wo sie sich anbetend unter T.-bilder stellen (Röm 1, 22–24). Vielfach kommen T. in Bildern und Gleichnissen vor, als Vorbilder der Menschen (Jes 1,3; Spr 6,6–8), als Zeugnis der Schöpfermacht Gottes (Hi 38,39–41,26[25]) und als Verkörperung politischer (Dan 7; 8; Offb 13) wie dämonischer Mächte (Offb 9,2–22).
Für den Israeliten zerfallen alle Tiere in die Gruppen der reinen und unreinen Tierarten, d. h. solche, die gegessen werden durften, und solche, deren Genuß verboten war. Vgl. → Speisegesetze, → Fisch, → Vogel, → Schlange, → Gewürm, → Klaue, → Tatze, → Viehzucht, → Cherub I,1. Vgl. weiter die Artikel zu den einzelnen Tierarten.

Tigris → Hiddekel

Tikwa »Erwartung, Hoffnung«,
Vater des Jahseja (Es 10,15).

Timäus »Geschätzt, geehrt«,
Vater des blinden Bettlers, den Jesus bei Jericho heilte (Mk 10,46).

Timon, einer der 7 → Diener (IV) der Gemeinde zu Jerusalem (Apg 6,5).

Timotheus »Ehre Gott!«,
einer der treuesten Mitarbeiter des Paulus, der viele und wichtige Aufgaben im Auftrag des Apostels

ausführte. Beide begegneten sich zum erstenmal in Lystra, als Paulus auf seiner zweiten Missionsreise dorthin kam (Apg 16,1). Der **Vater des T. war** Grieche, die Mutter (Eunike 2 Tim 1,5) Jüdin. T. war noch nicht beschnitten worden, unterlag aber nach jüd. Anschauung als Sohn einer jüd. Mutter der Beschneidungspflicht. Paulus, der ihn mit sich nehmen wollte, beschnitt ihn daher, damit er bei den Juden keinen Anstoß erregte (Apg 16,3).
Mit T. als neuem Begleiter zogen Paulus und Silas dann durch Kleinasien nach Mazedonien. Als der Apostel Mazedonien verlassen mußte und nach Athen ging, ließ er T. mit Silas in Mazedonien (Apg 17,14). Nachdem sie sich in Athen wieder getroffen hatten (Apg 18,5), wurde T. noch einmal nach Thessalonich zurückgesandt (1 Thess 3,1.2). Erst in Korinth stand er Paulus wieder ständig zur Seite (2 Kor 1,19) und wird auch am Anfang der beiden von dort aus geschriebenen → Thessalonicherbriefe genannt.
Auf der dritten Missionsreise begleitete er Paulus ebenfalls, und als der Apostel von Ephesus aus den 1. Korintherbrief schrieb, war T. — wohl auf einem längeren Weg, als ihn der Brief ging — nach Korinth unterwegs (1 Kor 4,17; 16,10; vgl. Apg 19, 22). Ob er aber wirklich bis dorthin gelangt ist, bleibt unsicher. Wir hören jedenfalls nichts von einem Ergebnis seines Wirkens dort. In 2 Kor 1,1 ist er wieder bei Paulus, sei es, daß er bereits aus Korinth zurück war oder in Mazedonien, wo Paulus den Brief schrieb, auf ihn gewartet hatte. Auf der Rückreise wird er noch einmal genannt (Apg 20,4), wahrscheinlich ist er dann aber nicht mit nach Jerusalem gekommen. Es ist möglich, daß er auch jetzt in Ephesus blieb, wo er später im Auftrag des Paulus gearbeitet hat (1 Tim 1,3). Die Reise des gefangenen Apostels nach Rom hat T. nicht mitgemacht (Apg 27,2), war aber später in Rom bei ihm, wie sich aus Kol 1,1; Phim 1 (und u. U. Phil 1,1; 2,19) ergibt.
Vom Lebensabschnitt des → Paulus nach seiner Freilassung aus der ersten röm. Gefangenschaft wissen wir nicht viel, können also auch den Weg des T. nicht mehr deutlich verfolgen. Als Paulus den 1 Tim schrieb, war er frei; T. war nicht bei ihm, sondern in Ephesus zurückgelassen oder dorthin gesandt worden (1 Tim 1,3), wo vieles in Vollmacht zu ordnen war, was dem noch jungen T. offenbar nicht immer leicht gemacht wurde (1 Tim 4,12). Als Paulus dann aus seiner zweiten röm. Gefangenschaft schrieb, war T. augenscheinlich noch in Ephesus, wird aber nun vom Apostel nach Rom gerufen (2 Tim 4,9.21). Aus diesem Brief geht hervor, wie hoch Paulus T. schätzte, ihm sandte er sein geistliches Testament, und nach ihm hat er Verlangen. Die Mitteilung über Gefangenschaft und Freilassung des T. Hebr 13,23 steht völlig für sich. Wo und wie T. gefangengenommen wurde und wie es zu seiner Freilassung kam, wissen wir nicht.
Das Amt des T. war das des Evangelisten (2 Tim 4, 5), er war also nicht an einen bestimmten Ort gebunden. Für dies Amt war er durch Weissagung bestimmt worden (1 Tim 1,18; 4,14) und hatte dazu besondere Gaben empfangen (2 Tim 1,6), als er durch die Handauflegung des Paulus und der Ältesten eingesetzt wurde. T. war schon von Jugend auf durch seine Mutter Eunike und seine Großmutter Lois in die Kenntnis der Schrift eingeführt worden (2 Tim 1,5; 3,15) und wurde dann wohl vor allem durch Paulus geistlich geformt. Vgl. weiter →Timotheusbriefe.

Timotheusbriefe. Die beiden Briefe an Timotheus und der Brief an Titus werden Pastoralbriefe genannt, denn sie sind an Mitarbeiter des Paulus geschrieben, denen der Apostel die Aufsicht über Gemeinden anvertraut hatte, und enthalten Anweisungen für dieses Hirtenamt.

I) EINLEITUNGSFRAGEN.

1) Als VERFASSER wird in beiden T. Paulus genannt, auch weitere Angaben weisen auf ihn, den geistlichen Vater des Empfängers (1 Tim 1,2; 2 Tim 1,2) und seinen Lehrer, der ihn auch zum Dienst abordnete (2 Tim 1,6; 3,10). Weiter ist er mit der Familie des Timotheus bekannt und befreundet (2 Tim 1,5), ist Prediger, Apostel und Lehrer der Heiden (2 Tim 1,11).
In den ersten Jahrhunderten waren die T. allg. als Paulusbriefe anerkannt. Angefochten wurden sie damals nur von den Gnostikern; aber die Ablehnung durch Irrlehrer kann auch als Zeugnis der Echtheit gewertet werden. Erst im 19. Jh. wurden erneut Bedenken laut mit der Begründung, daß die in den T. gezeichneten Irrlehren und Entartungen erst im 2. Jh. aufgetreten seien. Es ist aber durchaus möglich, daß die Ansätze dazu dem Apostel schon viel früher erkennbar waren.

2) ABFASSUNGSORT UND -ZEIT lassen sich nicht eindeutig bestimmen. Als sicher gilt, daß die T. nicht in der von der Apg dargestellten Zeit geschrieben wurden, denn sie berichtet nichts davon, daß Timotheus einmal in Ephesus zurückgelassen wurde. Vielmehr wird Paulus die Gemeinde in Ephesus nach seiner röm. Gefangenschaft noch einmal besucht haben. Aus Phil 2,24; Phim 22 ersehen wir, daß Paulus mit seiner baldigen Freilassung aus der Gefangenschaft in Rom rechnete. Welche Reisen er aber noch unternehmen konnte und in welcher Reihenfolge, bleibt Vermutung. Neben dem Anliegen, das Evangelium bis ans Ende des röm. Reiches, nach Spanien zu bringen (Röm 15,28), stand die Sehnsucht und Notwendigkeit, die Gemeinden in Asien wieder zu besuchen und zu festigen. Wir wissen, daß Paulus in Kreta war und dort Titus zurückließ (Tit 1,5), und in Ephesus, wo Timotheus zurückblieb, während Paulus selbst nach Mazedonien zog (1 Tim 1,3). Hier ist wahrscheinlich der 1 Tim geschrieben worden. Seinem Reiseplan entsprechend hat Paulus dann einen Winter in Nikopolis verbracht (Tit 3,12) und dürfte im Frühjahr noch einmal über Troas nach Ephesus gereist sein (2 Tim 4, 13). Von dort führte sein Weg wohl wieder über Milet und Korinth (V 20) nach Rom, wo er offenbar mit dem Tode als Märtyrer rechnete (V 6–8) und Timotheus bittet, möglichst noch vor Einbruch des Winters zu ihm zu kommen. In welche Jahre wir diese Ereignisse zu setzen haben, bleibt aber unsicher.

3) Der EMPFÄNGER des Briefes, → Timotheus, ist uns aus anderen Paulusbriefen und der Apg als Mit-

Tafel 89
Seit frühester Zeit kennt man in Ägypten Anlagen, mit denen man während der Monate, in denen der Nil das Land nicht überschwemmt, Fluß- oder Grundwasser in die Bewässerungsgräben schöpft. Diese Bewässerungsanlage in Luxor zeigt ein Wasserrad, wie wir es erst in nachbiblischer Zeit sicher nachweisen können. Ein Fellachenjunge treibt die Kühe an, die im Kreis zwischen den Zahnrädern und dem Wasserrad herumgehen. Das senkrechte Zahnrad ist durch eine Achse mit dem Wasserrad verbunden, das mit seinen Krügen das Wasser in die Bewässerungsgräben füllt, die von dem Holzkasten im Vordergrund ausgehen.

Tafel 89

arbeiter des Apostels bekannt (Apg 16,1; 17,14; 1 Thess 3,1.2; 2 Kor 1,19).

II) 1. TIMOTHEUSBRIEF.

1) Gliederung:
Anschrift und Gruß (1,1.2).

I. Falsches und richtiges Gesetzverständnis (1,3–3, 16).
1. Warnung vor dem Abirren in nebensächliche Spekulationen (1,3–6).
2. Notwendigkeit des Gesetzes (1,8–11).
3. Der Weg des Paulus in die Gottesordnung (1, 12–17).
a. Die erlösende Gnade (1,12–14).
b. Gottes gestaltende Barmherzigkeit (1,15 –17).
4. Mahnung an Timotheus (1,18–20).

II. Die Ordnung der Gemeinde (2,1–3,16).
1. Ordnung des gemeinsamen Gebets (2,1–15).
a. Fürbitte für die Obrigkeit (2,1–7).
b. Aufgaben von Mann und Frau im Gottesdienst (2,8–15).
2. Ordnung für Diener (3,1–16).
a. Anforderungen an Vorsteher (3,1–7).
b. Anforderungen an Diakone (3,8–16).

III. Lebendige Gotteskraft als Quelle der Ordnung (4,1–16).
1. Abwehr zusätzlicher Forderungen (4,1–5).
2. Kraft der Gottseligkeit (4,6–11).
3. Ermahnung, Vorbild zu sein (4,12–16).

IV. Weisungen für das Verhalten in der Gemeinde (5,1–6,21).
1. Gegenüber Alten und Jungen (5,1.2).
2. Gegenüber den Witwen (5,3–16).
3. Gegenüber den Ältesten (5,17–21).
4. Persönliche Mahnungen (5,22–25).
5. Ordnung für Knechte (6,1.2).
6. Trennung von Irrlehren (6,3–6).
7. Genügsamkeit in irdischem Besitz (6,7–10).
8. Der rechte Kampf (6,11–16).
9. Gefahr des Reichtums (6,17–19).
10. Mahnung zur Treue (6,20.21).

2) Grundgedanken.
Timotheus steht in einer Großstadtgemeinde, der besondere Gefahren drohen. Sie kommen nicht von außen, sondern ergeben sich dadurch, daß die Gemeinde zu einer Größe wächst, die nicht mehr genau zu übersehen ist, so daß ihre Grenzen nicht mehr eingehalten werden. So können sich Leute in die Gemeinde einschleichen, die für sich selbst Ehre und für ihre Ideen eine Hörerschaft suchen (vgl. Apg 20,28–30). Zuerst ist von einer Gruppe die Rede, die z. B. durch spitzfindige Auslegungen atl. Geschlechtsregister ihre Schriftkundigkeit (1 Tim 1,7) beweisen will und vor lauter Diskussionen über Randfragen das eigentliche Anliegen der HS vergißt: die Liebe von reinem Herzen und gutem Gewissen (1 Tim 1,3–7). Es handelt sich vermutlich um Judenchristen, deren Überbetonung des atl. Gesetzes wohl verständlich ist, denen aber klargemacht werden muß, daß das Gesetz in erster Linie die Sünde aufzeigen soll (1 Tim 1,8–10; vgl. Röm 7,7), denn das Evangelium von der Barmherzigkeit richtet sich an Sünder. Dies wird durch ein persönliches Zeugnis des Paulus unterstrichen (1 Tim 1,13–16). Es folgen verschiedene Ratschläge, die das gemeinsame Gebet betreffen und die Voraussetzungen, die erfüllt sein müssen für den, der einen leitenden Dienst in der Gemeinde übernehmen soll (1 Tim 2 u. 3).
Eine weitere Gefahr, auf die Paulus den Timotheus aufmerksam macht, droht von gnostischen Irrlehrern, die sich für die Einhaltung verschiedener Speisevorschriften und für das Verbot der Ehe einsetzen. Sie vergessen, daß alle Speise von Gott geschaffen ist und daß der Gläubige sie deshalb dankbar annehmen darf (1 Tim 4,1–5). All diesen Irrtümern soll Timotheus die rechte Lehre entgegenhalten (V 6.11.16) und sich nicht seiner Jugend wegen einschüchtern lassen (V 12). Mit einer Reihe praktischer und seelsorgerlicher Ratschläge für seinen jungen Mitarbeiter schließt Paulus den Brief (1 Tim 5 –6).

III) 2. TIMOTHEUSBRIEF.

1) Gliederung:
1. Anschrift und Gruß (1,1.2).
2a. Dank für die Verbundenheit mit Timotheus und das gemeinsame Amt (1,3–18).
b. Ermahnung zu standhaftem Dienst (2,1–13).
3a. Warnung vor unnützen und falschen Lehren (2,14–3,9).
b. Mahnung zum treuen Festhalten an der Schrift (3,10–17).
4. Timotheus soll den Auftrag weiterführen, der für Paulus mit seinem bevorstehenden Tod abgeschlossen ist (4,1–8).
5. Verschiedene Bitten und Briefschluß (4,9-22).

2) Grundgedanken.
Aus den ersten Zeilen des Briefes spricht die herzliche Liebe, mit der der alte Apostel an seinem jungen Mitarbeiter und langjährigen Begleiter hängt (2 Tim 1,2–3), dem er jetzt am Ende seines Lebens die Weiterführung seines Werkes anvertraut (2 Tim 4,5.6). Paulus hat sich verantworten müssen (V 16), und er ist einsam geworden (2 Tim 1,15). Ein Wiedersehen mit Timotheus würde ihn stärken (V 4), und so bittet er ihn, möglichst bald zu ihm zu kommen (2 Tim 4,9).
Hauptinhalt des Briefes sind Mahnungen an Timotheus, auch in Zukunft treu an der überkommenen Lehre festzuhalten (2 Tim 1,8.13.14; 3,14), sich als guter und rechtschaffener Arbeiter zu erweisen (2 Tim 2,3ff.15; 4,2.5) und sich nüchtern (V 5) von allen ungeistlichen Streitereien fernzuhalten (2 Tim 2,16.21.23), vor allem in dem Wissen, daß Irrlehre und Verführungen kennzeichnend für die letzten Tage sind (2 Tim 3,1–9; 4,3.4). Dabei erinnert Paulus an verschiedene Gnadengaben Gottes im Leben des Timotheus (2 Tim 1,5.6.14; 3,15) und weist mehrmals auf sein eigenes Apostelleben hin (2 Tim 1,12; 2,10; 3,10; 4,7).

Tafel 90
a. Frauen von Jericho tragen gefüllte Wasserkrüge auf dem Kopf vom Brunnen nach Hause (vgl. Taf. 48a/737).
b. Ein großer Felsblock verschließt die obere Öffnung der Zisterne, die sich nach innen erweitert. Neben dem Stein bleibt gerade genug Raum, daß man mit einem Eimer Wasser schöpfen kann. Um die gröbsten Verunreinigungen zurückzuhalten, filtert die Frau das Wasser durch ein Tuch, das sie über den Hals des Kruges gelegt hat.

Tinte. Im Altertum wurde T. aus Ruß von verbranntem Harz, Pech oder Nadelholz gewonnen, der mit Gummi und Wasser oder Essig vermengt wurde, sie war also schwarz. Die Mischna fordert: »Eine Gesetzesrolle ist mit T. zu schreiben, die angefertigt wurde aus Ölruß, aufgelöst in Gallapfelsaft.« T. diente zum Beschreiben von Leder, Papyrus (Jer 36,18; 2 Kor 3,3; 2 Joh 12; 3 Joh 13) und Tonscherben (Ostraka); vgl. → Brief II; → Buch I u. II. Die T. wurde oft in einem Behälter aufbewahrt, der am Gürtel getragen wurde (Hes 9,2.11) und aus Horn, Holz oder Metall angefertigt war. Neben dem eigentlichen T.fäßchen war ein Schaft angebracht, der das Schreibgerät hielt.

Tiphsah, wohl »Furt«.
1) Stadt am Westufer des mittleren Euphrats, Grenzstadt des Reiches Salomos (1 Kö 5,4[4,24]; Karte Sp. 282). Das antike Thapsakus, heute Dibseh bei Meskeneh. Vgl. Karte Sp. 1359/60.
2) Ort, der Menahem Widerstand leistete und von ihm erobert wurde (2 Kö 15,16). Viell. Chirbet Tafsah, ein in isrl. Zeit besiedelter Ruinenhügel, 2,5 km südl. von Pirathon. Nach der LXX handelt es sich jedoch um → Tappuah (2).

Tisch. I,1) Mit einem T. in unserem Sinn kann in den normalen Häusern der bibl. Zeit nicht gerechnet werden. Das hebr. Wort für T. *(schulchan)* scheint nach seiner wörtl. Bedeutung (»abgezogene Haut, Fell« oder »Ausspannung«) eine Lederdecke oder Matte zu bezeichnen, die auf dem Boden oder auf einer niedrigen Platte ausgebreitet wurde, und um die herum man lag oder hockte.

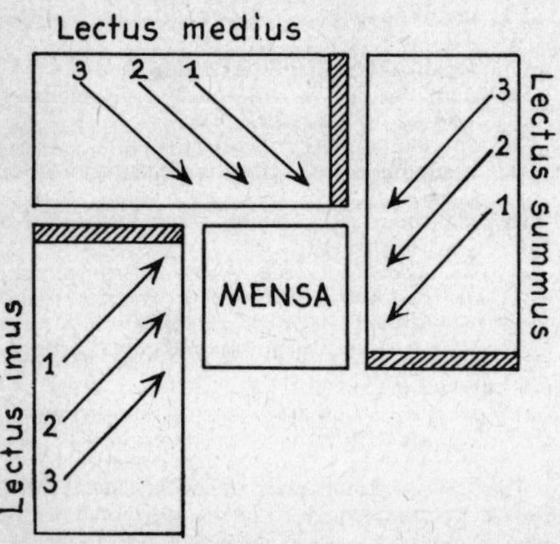

Anordnung von Tisch (mensa) und 3 Liegebänken für je 3 Gäste bei den Römern. Die 4. Seite des Tisches bleibt für den Zutritt der bedienenden Sklaven frei. Der Hausherr nimmt den Platz 1 auf der obersten Bank (lectus summus) ein, neben ihm liegt der vornehmste Gast (2). Die übrigen Gäste erhalten je nach ihrem Rang die weiteren Plätze über die mittlere (lectus medius) bis zur untersten Bank (lectus imus) zugewiesen. Vgl. Lk 14,7–11

Nur in den Häusern der Fürsten und Vornehmen waren Tische vorhanden (Ri 1,7; Hes 23,41), die aber nur wenigen Personen Platz boten. Wir haben also bei den Mahlzeiten der Fürsten mit einer großen Zahl von Einzeltischen zu rechnen. Nach 1 Sam 20,24.25 haben am T. Sauls offenbar nur Jonathan, Abner und David gesessen.
2) In ntl. Zeit benutzte man unter dem Einfluß griech. Sitte bes. für festliche → Mahlzeiten niedrige Tische, um die man zu T. lag (Mt 9,10; 26,7; Mk 16,14; Lk 7,36; LÜ stets »sitzen« statt »liegen«). Diese T. hatten an allen 4 oder auch nur an 3 Seiten, um dem bedienenden Sklaven den Zutritt zu erleichtern, Bänke oder Polster (vgl. Abb.).
3) Für die Tische der → Stiftshütte und des → Tempels vgl. → Schaubrottisch. Zu Jes 65,11 vgl. den Opfertisch unten auf der Abb. Sp. 519.

II) Der gemeinsame T. bedeutet den Mittelpunkt der Familie und ihrer Gemeinschaft (Ps 128,3). Jemandem einen T. bereiten, heißt ihn in den Schutz der Gemeinschaft aufnehmen (Ps 23,5). Vgl. weiter → Essen II und III; → Gottesdienst III,3.
»T. des Herrn« bezeichnet in Mal 1,7.12 den → Altar; zu 1 Kor 10,21 vgl. → Abendmahl.

Titus. 1) Mitarbeiter des Paulus, den der Apostel für wichtige Aufgaben einsetzte.
Es ist auffallend, daß T. in der Apg nicht vorkommt. Man hat u. a. daran gedacht, er sei der Bruder des Lukas gewesen und daher nicht erwähnt worden; aber das bleibt bloße Vermutung. Das erste, was wir von ihm hören, ist, daß er als Heidenchrist Paulus nach Jerusalem begleitete (Gal 2,1). Dann erfahren wir, daß Paulus T. nach Korinth gesandt hatte (vgl. → Korintherbriefe I,4), wo in der Gemeinde völlig verwirrte Zustände herrschten. T. gelang, was Paulus selbst und vielleicht auch Timotheus (vgl. 1 Kor 4,17) nicht hatten erreichen können; und als er Paulus in Mazedonien traf, konnte er berichten, daß in der Gemeinde in Korinth alles geordnet sei (2 Kor 2,13; 7,6.13.14). T. erhält dann einen neuen Auftrag in Bezug auf die Sammlung und soll zugleich den 2. Korintherbrief überbringen (2 Kor 8,6.16.23; 12,18).
Aus Tit 1,5 geht hervor, daß Paulus ihn später auf Kreta zurückließ, damit er dort die Gemeinden ordnete. Der ganze Brief zeigt, daß der Apostel ihn, den er anfangs seinen »Sohn nach unser beider Glauben« (Tit 1,4) nennt, sehr hoch schätzt (vgl. auch 2 Kor 12,18). Aus 2 Tim 4,10 erfahren wir noch, daß Paulus T. nach Dalmatien gesandt hat, wo anscheinend auch Schwierigkeiten zu überwinden waren. Vgl. weiter → Titusbrief.
2) Sohn des röm. Kaisers Vespasian (69–79) und sein Nachfolger (79–81). Im Jahre 66 begleitete er seinen Vater nach Palästina, wohin Nero diesen zur Niederwerfung des jüd. Aufstandes gesandt hatte. Als Vespasian 69 zum Kaiser ausgerufen worden war und nach Rom eilte, ließ er T. als Oberbefehlshaber des röm. Heeres zurück. Der vollendete die Eroberung des Landes und leitete die Belagerung und Einnahme Jerusalems i. J. 70. Auf dem Triumphbogen, der 94 zur Ehrung des Titus in Rom errichtet wurde, sind jüd. Gefangene mit den erbeuteten Geräten des Tempels dargestellt, u. a. dem Leuchter (Abb. Sp. 843) und dem Schaubrottisch (Abb. Sp. 1211). Vgl. auch → Bernice, → Herodes Agrippa II, → Jerusalem III E 2.

Titusbrief.

I) EINLEITUNGSFRAGEN.

1) Der T. nennt Paulus als VERFASSER (Tit 1,1), und das persönliche Verhältnis, das der Schreiber zu Titus hat (V 4) wie der verantwortliche Auftrag, den er erteilt, bestätigen die Verfasserschaft des Apostels.

2) Der ANLASS zum T. ist leicht zu erkennen. Auf der Insel Kreta gibt es bereits viele Gläubige, doch fehlt den Gemeinden die Leitung durch Älteste oder Bischöfe (Tit 1,5). Als nun Paulus die Insel zum ersten Mal besucht, führt er die Ordnung der Gläubigen in den einzelnen Städten ein, doch ist der Aufenthalt offenbar zu kurz, um alle Städte zu erfassen. So läßt er Titus zurück, um das Werk zu vollenden und die durch das bisherige Fehlen klarer Leitung eingerissenen Mißstände zu beheben. Der T. enthält Anweisungen für die Durchführung dieser Aufgabe.
3) Der EMPFÄNGER → Titus wird in der Apg nicht genannt, doch ist er aus den Briefen des Apostels

als sein Mitarbeiter bekannt (Gal 2,1.3; 2 Kor 2,12; 7,6–8; 8,16–19). Aus den wenigen Nachrichten geht hervor, daß Titus dem Paulus ein bes. brauchbarer Helfer gewesen sein muß, denn der Apostel nennt ihn seinen rechtschaffenen Sohn (Tit 1,4) und lobt seinen Eifer (2 Kor 8,16) und seine Liebe zu den Gemeinden (2 Kor 7,15).

4) Paulus hat den T. offenbar auf dem Weg nach Nikopolis geschrieben (Tit 3,12), wo er den Winter verbringen wollte, vermutlich in der ZEIT zwischen den beiden → Timotheusbriefen (I,2). Genaueres wissen wir nicht.

II) INHALT.

1) Gliederung:

1. Anschrift und Gruß (1,1–4).
2a. Regeln für die Einsetzung von Vorstehern und Ältesten (1,5–9).
b. Abgrenzung gegen Irrlehrer (1,10–16).
3a. Grundregeln zur Erziehung der Gemeindeglieder jedes Standes nach dem Evangelium (2,1–15).
b. Das Verhältnis zur Obrigkeit und den Mitmenschen auf Grund der empfangenen Gnade (3,1–8).
4. Einzelanweisungen und Briefschluß (3,9–15).

2) Grundgedanken.

Wenn Paulus in seinem Grußwort so ausführlich auf sein Amt und seine göttliche Beauftragung hinweist, so dürfte dies nicht an Titus gerichtet sein, da Titus um die Vollmacht des Apostels wußte, sondern Paulus will vielmehr die Stellung des Titus den Kretern gegenüber stärken (Tit 1,1–4).

Titus ist in Kreta zurückgeblieben, um im Auftrag des Apostels → Bischöfe bzw. → Älteste in den Gemeinden einzusetzen (V 5). Paulus nennt ihm die wichtigsten Richtlinien, nach denen er die Auswahl treffen soll (V 6–9), und betont nochmals die Notwendigkeit dieser Maßnahme angesichts der vielen Verführer und Sonderlehren (V 10–16), denen Titus entschieden begegnen muß.

Auch für die Erziehung der Gemeinde (Tit 2,1.15) zu christlichem Leben, wie es der hohen Berufung durch das Evangelium entspricht (V 11–14), gibt Paulus Anleitung (V 1–10). Dabei ermahnt er auch zum rechten Verhalten gegenüber der Obrigkeit (Tit 3,1) und zum freundlichen Umgang mit den Mitmenschen (V 2), indem er auf die großen, den Christen auszeichnenden Gaben hinweist (V 3–7).

Neben einigen Einzelaufträgen an Titus schließt Paulus mit der nochmaligen Warnung vor unnützen Fragen und Irrlehren (V 9–11) und bittet ihn, sich für den Abruf nach Nikopolis bereit zu halten (V 12).

Tob, dasselbe Wort heißt sonst »gut« oder »Wohlgeruch«,

Landschaft im Ostjordanland (Ri 11,3.5; vgl. 2 Sam 10,6.8). Sie wird in den Amarnabriefen als Dubu erwähnt und ist vermutlich auch mit dem *tb* der Liste Thutmoses III. gemeint (Karte Sp. 1067). Man sucht die Landschaft bei Et-Taijibe, ca. 15 km östl. von Dera (Edrei) auf dem Weg nach (dem in der Bibel nicht genannten) Bozra am Hauran.

Tob-Adonia »Gut ist (mein) Herr Jahwe«,

einer der Leviten, die unter Josaphat das Volk im Gesetz unterwiesen (2 Chron 17,8).

Tobia »Der Herr ist gut«.

1) Einer der Leviten, die unter Josaphat das Volk im Gesetz unterwiesen (2 Chron 17,8).

2) Stammvater einer Familie, die bei der Rückkehr aus der Verbannung ihre isrl. Abkunft nicht nachweisen konnte (Es 2,60; Neh 7,62).

3) Einer der z. Zt. Sacharjas noch in der Verbannung lebenden Juden (Sach 6,10.14).

4) Pers. Statthalter über Ammon z. Zt. Nehemias. Er verbündete sich mit Saneballat, dem Statthalter von Samarien, und dem Araber Gesem, dem König von → Kedar, zum vergeblichen Widerstand gegen den Aufbau der Mauern Jerusalems (Neh 2,10.19; 4,1[7]f; 6,1). T. stand in enger Verbindung mit den führenden Familien Judas, er selber und sein Sohn hatten jüd. Frauen geheiratet (V 17–19). Während der Abwesenheit Nehemias hatte ihm der Hohepriester Eljasib sogar eine Kammer im Tempel eingeräumt, die der Statthalter dann wieder für das Tempelgerät freimachen ließ (Neh 13,4–9).

Die Nachkommen des T. spielten auch später noch eine bedeutende Rolle in Ammon. Die Ruinen ihres Palastes, heute Kasr el-Abd, liegen bei Arak el-Emir, 16 km westsüdwestl. von Amman, wo sich auch ein Grab mit der aram. Inschrift »T.« findet.

Tobias → Apokryphen I,3a.

Tochter (hebr. *bat;* griech. *thygataer*).

I) Ähnlich wie »Sohn« wird auch »T.« sowohl für das leibliche (1 Mo 30,21) wie für das adoptierte Kind (Est 2,15), für die Enkelin (1 Mo 24,48), Schwiegertochter (Rt 2,12) und andere weibliche Verwandte gebraucht. Die »Töchter« sind auch allg. die Frauen einer Familie oder Gemeinschaft. So wird von den »Töchtern Moabs«, »Töchtern der Philister«, »Töchtern Aarons« und »Töchtern Jerusalems« gesprochen (4 Mo 25,1; 2 Sam 1,20; Lk 1,5; 23,28).

II) Töchter standen bei den Israeliten noch stärker unter der väterlichen Gewalt als die Söhne; auch im Erbrecht waren sie diesen nicht gleichgestellt (4 Mo 27,1–11). So konnte ein Vater die T. sogar verkaufen (2 Mo 21,7). Das Gelübde einer T. hatte nur Gültigkeit bei Zustimmung des Vaters (4 Mo 30, 4ff). Vgl. weiter → Kind.

III) Häufig wird das Wort auch zur Personifizierung von Städten und Ländern verwendet: T. Zion und T. Jerusalem (Jes 37,22), T. Tyrus (Ps 45,13), T. Babel (Ps 137,8), T. Ägypten (Jer 46,11) und T. Edom (Klgl 4,22). Vgl. → Jungfrau III.

IV) Mit »Töchter des Gesangs« (Pred 12,4) könnten Lieder gemeint sein.

Tod. Der T. hat in der HS offensichtlich eine doppelte Bedeutung. Das Wort bezeichnet sowohl den am Abschluß des Menschenlebens eintretenden Zustand als auch die fast personhaft beschriebene Macht, welche diesen Zustand herbeiführt.

I) Im üblichen Sinn ist mit T. der Augenblick gemeint, in dem das Sterben eines Menschen seinem Leben ein Ende gesetzt hat, in dem also alle Organtätigkeit und alles Bewußtsein aufhört, der Atem stillsteht, der Leib erkaltet und zu verwesen beginnt (vgl. 2 Kö 4,31ff; Joh 11,39). Er kann eintreten durch Krankheit (2 Kö 20,1; Jer 16,4; Lk 7,2; Joh 11,4), durch Altersschwäche (vgl. 1 Mo 25,8) oder auch durch Gewaltanwendung im Kampf oder Strafvollzug, also durch Blutvergießen (vgl. 1 Mo 9,6). Weil er den Verlust alles physischen Lebens bedeutet, ist er bitter (1 Sam 15,32; Sir 41,1) und schmerzhaft (Apg 2,24). Gleichwohl kann er aber für den Bedrängten und Armen (Hi 3; 6,8–13; Sir 41,3) und für den Lebensüberdrüssigen (Jo 4,8) als Erlösung herbeigesehnt werden, und in den letzten Drangsalen der Geschichte werden die Menschen den T. suchen (Offb 9,6), ohne ihn zu finden.

II) Meist jedoch erscheint der T. über die uns vertraute physisch-medizinische Bedeutung hinaus als eine personhaft gesehene gottwidrige Macht, die als Feind des Lebens dieses bedroht, bedrängt und zerstört, den Menschen überwältigt und aus allen seinen Lebensbeziehungen herausreißt (Rt 1,17; Ps 18,5–7). So ringt Jesus mit dem T. (Lk 22,44); so soll Simeon den T. nicht sehen (Lk 2,26), bevor er seinen Herrn gesehen hat; so sollen Menschen dem T. überantwortet werden (Mt 10,21). In diesem Sinn wird er Offb 6,8 als der Reiter auf dem fahlen Pferd dargestellt (vgl. → Hölle).

Seine Macht über die Menschen ist von Adam her (Röm 5,14) allgemein und betrifft jeden ohne Ausnahme (Ps 90,3; Pred 3,19f; Jes 40,6–8; Röm 5,12; 1 Kor 15,21). Der Mensch steht im Schatten des T. (Mt 4,16). Er ist Folge und Frucht der Sünde, des Abfalls des Menschen von Gott (1 Mo 2,17; Röm 5, 12; 6,23). Der Mensch begibt sich, indem er Gottes Gebot mißachtet und sich der Sünde ausliefert, unter die Herrschaft des T. (Röm 6,16; 8,6; 1 Kor 15, 56; Jak 1,15; Hebr 2,14.15). Weil dieses Bewußtsein schon im AT bestand, macht die Berührung eines Toten unrein (vgl. 3 Mo 5,2; 4 Mo 19,11). Es darf dabei nicht übersehen werden, daß Paulus in seinen Ausführungen immer nur vom T. des Menschen, des Ebenbildes Gottes spricht, nicht aber im gleichen Sinn von dem der Tiere, der damit im Gegensatz zum T. des Menschen Naturerscheinung bleibt.

Gott selbst kann einen Menschen im Vollzug seines Gerichtes dem T. übergeben (1 Sam 2,31), ihn »in des T. Staub legen« (Ps 22,16). Aber Gott hat daran niemals Gefallen (Hes 18,23); er ist letzten Endes doch immer der Feind des T. (vgl. Hos 13,14); er entreißt ihm seine Beute (Ps 33,19; 56,14; 68, 21), bis er ihn schließlich ganz überwältigen und ausschalten wird (Jes 25,8; 1 Kor 15,26; Offb 20,14).

III) Wie die HS zwischen einem physischen Leben und einem ewigen Leben als Bezeichnung der vollen und ungebrochenen Gemeinschaft des Menschen mit Gott unterscheidet, so spricht sie auch von einem geistlichen T. im Gegensatz zum physischen. Wie das geistliche → Leben das eigentliche Gut ist, so der ewige T. (5 Mo 30,15.19; Spr 2,18; 8,36; 11, 19; 12,28) das Böse, der Fluch, das Verderben schlechthin. Er bedeutet den Verlust der Gottesgemeinschaft und des Unterscheidungsvermögens für das Gute und Böse (Lk 15,32; 1 Tim 5,6; 1 Joh 3,14), das Verfallensein im geistlichen Sinn (Eph 2,1; Kol 2,13) mit den Folgen der Verdammnis und Verstokkung (vgl. Mt 23,13ff), auch wenn dabei für den menschlichen Augenschein durchaus religiöses Leben vorhanden ist (Offb 3,1). In diesem T. leben von der wurzelhaften sündigen Trennung von Gott her alle Menschen; das wird aufgehoben, wo der Mensch durch Gottes Gnade zu neuem Leben in der Wiedergeburt errettet wird, vom T. zum Leben hindurchgeht (Joh 5,24). Darum kann es von den Glaubenden heißen, daß sie den T. nicht sehen werden ewiglich (Joh 8,51). Denn dieses neue Leben kann von Menschen nicht getötet werden (Mt 10,28; in diesem Sinn ist das Wort Seele hier zu verstehen).

Bes. die Offb zeigt, daß mit dem physischen T. weder über den gläubigen noch über den ungläubigen Menschen das letzte Wort gesprochen ist. Die Ungläubigen verfallen dem »andern T.« (Offb 2,11; 20,6), der nun nicht nur vor den Menschen, sondern auch vor Gott ihre Existenz und damit die Umkehrmöglichkeit auslöscht und endlich alles Gottwidrige im Himmel und auf Erden vernichten wird (Offb 20,14; 21,4.8; → Gericht, → Verdammnis). Er hat über die Gläubigen keine Macht (Offb 20,6). Denn Jesus Christus, der sich zunächst selbst in die Gewalt des T. begab (Jes 53,12; Phil 2,8), hat gerade dadurch dem T. seine Macht genommen (2 Tim 1,10), ihn durch seinen Sieg verschlungen, d. h. vernichtet (1 Kor 15,55). Die Jünger werden an diesem Sieg beteiligt, indem sie gliedhaft mit Christus verbunden sind, in den T. Christi hineingetauft werden (Röm 6,3ff). So sind sie von der Gewalt des T. befreit (Röm 8,2), und niemand kann sie aus der Hand ihres Herrn reißen, von seiner Liebe trennen, auch der Tod nicht (V 38). Darum ist des Herrn T., den die Gemeinde im Abendmahl verkündet, Ursprung und Beginn ihres Lebens (vgl. Röm 5,10; 1 Kor 11,26). Von diesem Sieg her aber ist Christus auch der Herr über den T., er hat die Schlüssel des T. (Offb 1,18), und der T. wird alle seine Beute herausgeben müssen (Offb 20,13).

Übrigens weiß von solcher Macht Gottes schon das AT, wenn Ps 16,10 bezeugt, daß Gott seinen Heiligen nicht dem T. lassen werde. Diese Macht wird deutlich in der Entrückung Henochs (1 Mo 5,24); ebenso, wenn bei der Wiederkunft des Herrn die dann lebenden Gläubigen nicht mehr sterben werden (vgl. 1 Thess 4,17).

Wie Christus in den Tod gegeben zu werden, gehört zum Leben des Christen (2 Kor 4,11); auch sein Sterben ist wie sein Leben Lobpreis Christi und Gottes (Phil 1,20); denn seine Liebe zu Christus übertrifft die zum eigenen Leben, auch wenn er dieses preisgeben muß (Offb 12,11). Sein Blick ist dabei auf den erhöhten Herrn im Himmel gerichtet (Apg 7,55). Und er weiß, daß sein T. das eigentliche Leben, die Gottesgemeinschaft nicht aufhebt (vgl. Joh 8,51; 11,25f). Ebenso kann es auch schon im AT heißen, daß der Gerechte getrost in den T. gehe (vgl. Spr 14,32).

IV) Der Mensch ist von Gott vor die Wahl zwischen Leben und T. gestellt (5 Mo 30,15; Jer 21,8). Das geschieht ntl. durch die Predigt des Evangeliums, an deren Annahme oder Ablehnung die Entscheidung über Leben und T. fällt; sie ist »Geruch des T. zum Tode« für die einen, »Geruch des Lebens zum Leben« für die anderen (2 Kor 2,16).

V) Wie im normalen Sinn alles als tot bezeichnet wird, was nicht mehr ansprechbar, reaktions- und wirkungsfähig ist (vgl. Mt 28,4), so gebraucht die HS diesen Ausdruck für alles, was vor Gott keine Kraft und Bedeutung hat, in erster Linie für die Götzen (Ps 106,28), darüber hinaus aber auch für die vergebliche Werkgerechtigkeit des Menschen (Hebr 6,1) und sogar für den Glauben, wenn er sich nicht in der Tat der Liebe auswirkt (Jak 2,17).

Ton oder Lehm (im Hebr. nicht unterschieden) verwendete man in Israel im Töpferhandwerk und beim → Hausbau. Er wurde vom → Töpfer und Ziegelmacher mit den Füßen bearbeitet (Jes 41,25; Nah 3,14) und auf der Töpferscheibe in die rechte Form gebracht (Jer 18,3.4.6) bzw., mit Stroh vermischt, zu Ziegeln verarbeitet (2 Mo 1,14; 5,7f). Er diente häufig wohl auch als Mörtel (1 Mo 3,11, LÜ Kalk, wörtl.: Asphalt diente ihnen als Lehm [oder Ton]) und zum Verputz des Hauses (3 Mo 14,41f). Vgl. → Kalk.

Tonne → Maße und Gewichte I,4b

Topas → Edelstein

Topf. Der T. kommt in den verschiedensten Größen vor, ist meist aus Ton (→ Töpfer), aber auch aus Metall gefertigt (3 Mo 6,21[28]). Man kocht (Jer 1,13) darin Fleisch (2 Mo 16,3; 1 Sam 2,14), Gemüse (2 Kö 4,40) oder Brühe (Ri 6,19) bzw. bewahrt diese darin auf. Gegessen wird direkt aus dem T., den die Familie auf den Boden bzw. einen

kleinen Tisch in ihre Mitte stellt (vgl. → Mahlzeit I). Wie sich der T. vom → Kessel, → Tiegel und der → Pfanne (vgl. 1 Sam 2,14) im einzelnen unterscheidet, ist uns nicht bekannt (vgl. → Kochen II). Die frühen Formen der ausgegrabenen Töpfe haben einen flachen Boden und häufig eine verzierte Randleiste, während sich später meist ein runder Boden und unterhalb des Randes zwei Griffhenkel finden.
Spr 19,24 besagt, daß der Faule sogar zu bequem ist, die Hand, die er schon in den Topf gesteckt hat, mit dem Bissen zum Mund zu führen.

Töpfer. I,1) Die Töpferarbeit ist in Palästina längst vor dem Einzug Israels heimisch, wenn auch z. B. die ältesten Schichten Jerichos noch in die vorkeramische Zeit zurückreichen. Man verwendete den Ton zuerst als Fußbodenbelag, dann für Plastiken (modellierte Tonköpfe aus Jericho) und danach erst für Gefäße, die vorher aus ausgehöhlten und polierten Steinen gefertigt wurden. Die gefundenen Tongefäße sind bei den → Ausgrabungen (I; II,3) von größter Wichtigkeit für die Zeitbestimmung.

Tonkopf aus Jericho (jungsteinzeitliche Plastik), die Augen sind eingesetzte Muschelschalen

2) Zur Herstellung der Gefäße wird der Ton ausgeschlemmt und mit den Füßen getreten, um ihn zu kneten (Jes 41,25), dann mit der Hand grob geformt und auf der Töpferscheibe, die mit der Hand oder dem Fuß bewegt wird (Abb. Sp. 552) in die gleichmäßige dünnwandige runde Form gebracht (Jer 18, 3). Das Gefäß wird anschließend im Ofen gebrannt (Abb. Sp. 551), in der biblischen Zeit auch sehr häufig bemalt (Abb. Sp. 1077), mit Ornamenten versehen und glasiert (Spr 26,23). Der T. stellt die verschiedensten Gefäße her, wie → Becher, → Kanne, → Krug, → Lampe, → Schale, → Tiegel, → Topf. Vgl. Abb. Sp. 149–154.

II) Unter dem Bilde des T. drückt die HS häufig die freie Verfügungsgewalt des allmächtigen Gottes über sein Geschöpf aus; so frei wie der T. in seinem Gestalten ist der Herr in seinem Walten über die Menschen (Jes 29,16; 45,9; Jer 18,4.6; Röm 9,21). So zerbrechlich wie Töpferarbeit sind die Menschen und ihre Pläne, wenn der Herr sie durchkreuzen will (Ps 2,9; Jer 19,11; Offb 2,27). Und dennoch hat Gott in solche »irdenen Gefäße«, in Menschen und in die menschliche Sprache den Schatz seiner Wahrheit hineingegeben (2 Kor 4,7).

Töpferacker → Hakeldama

Tonplastik einer badenden Frau (mittlere Eisenzeit), gefunden in Ez-Zib

Tophel »Tünche«,
Ort der in Verbindung mit dem »Gefilde gegen das Schilfmeer«, dem Wadi Araba, genannt wird (5 Mo 1,1). Vermutlich das heutige Tafila, ca. 30 km südöstl. vom Südende des Toten Meeres. Vgl. Taf. 97/1536.

Tor. I, 1) Eingang der → Stadt (vgl. Abb. Sp. 445/6; Taf. 25b/384; 65/1024), der über Nacht und beim Heranrücken des Feindes verschlossen (Jos 2,5; Neh 7,1.3; 13,19), d. h. durch Türen aus starken Bohlen versperrt wurde. Eiserne Riegel und Querbalken erhöhten ihre Festigkeit (5 Mo 3,5; 1 Sam 23,7; 1 Kö 4,13; Ps 147,13). Die Tore wurden oft zu kleinen Festungen ausgebaut und mit Wachttürmen und teilweise überdachten Verteidigungsanlagen versehen (vgl. 2 Sam 18,24; 19,1[18,33]), auf denen Torhüter und Wächter ihren Dienst versahen (vgl. 2 Kö 7,11; Jer 37,13; Hes 33,2ff). Vom Besitz des Tores hing der Besitz der ganzen Stadt ab (1 Mo 22, 17; 2 Mo 20,10; 5 Mo 12,12ff; Ps 87,2; Jes 28,6; Nah 3,13). Vgl. → Festung II,3 u. III; → Jerusalem III C.

2) Innerhalb des T. und auf dem unmittelbar anstoßenden Platz (Neh 8,16), versammelte sich das Volk zu Gerichtsverhandlungen (5 Mo 16,18; Hi 31, 21; Ps 127,5; Spr 22,22; Jes 29,21; Am 5,10). Propheten verkündigten hier den Willen Gottes (Jer 17,19), hier wurden königliche Befehle ausgerufen und Hingerichtete zur Schau gestellt (2 Kö 10,8–10). Im T. – vor Gericht – schloß man Verträge (1 Mo 23,10.11; 5 Mo 25,7; Rt 4,1.11), und das geschäftliche Leben der Stadt spielte sich hier ab (2 Kö 7,1).
Am T. strömte bei Unglücksfällen und Katastrophen das Volk zusammen, hier sammelte es sich auch zur Bußklage (Jes 3,26; 14,31). Erst in den Städten der hellenistischen Zeit tritt an die Stelle des T. bzw. Torplatzes ein eigentlicher Marktplatz im Inneren der Stadt.

3) Wer von der Gemeinschaft ausgeschlossen war, mußte außerhalb des T. leben. So fristeten z. B. die Aussätzigen ein armseliges Leben vor den Toren der Städte (2 Kö 7,3).
Vor den Toren Jerusalems hat Jesus gelitten (Hebr 13,12f) und dort ist im Verhältnis zur → Welt auch der Platz seiner → Jünger.

II, 1) Die »Tore der Fürsten« (Jes 13,2) sind die Palasttore, ebenso das »T. des Königs« (Est 4,6). Auch in 2 Sam 15,2; 2 Kö 9,31 ist der Eingang zum Königspalast gemeint. Im T. des Palastes und vor dem Audienzsaal war der Aufenthaltsort der königlichen Beamten (Est 3,2.3; 5,9.13), »im T. des Königs sitzen« hieß also, Beamter des Königs sein (Est 2,19.21).

2) Der Tempel besaß neben mehreren Außentoren auch eine Reihe von Innentoren zwischen den einzelnen Vorhöfen (2 Chron 31,2; Ps 100,4; 118,19; Jer 7,2). Aus atl. Zeit kennen wir zwar die Namen einiger solcher Tempeltore (Jer 20,2; vgl. → Jerusalem III C, 13.14), wissen aber über ihre Lage meist nichts Genaues. Über den → Tempel (VI) der Zeit Jesu sind wir etwas besser unterrichtet (vgl. Stadtplan Sp. 684). Vgl. weiter → Torhüter II. Zu den Toren am Tempel Hesekiels (Hes 40) vgl. auch den Plan Sp. 602.

III) Wie das irdische Jerusalem Schatten und Vorbild des himmlischen ist, so auch seine Tore. Nichts Unreines wird durch sie in die himmlische Stadt eintreten (Sach 14,10; Offb 21,27). Sie werden für das gerechte Volk nicht geschlossen sein (Jes 26, 2), und die gläubigen Heiden dürfen durch sie eingehen (Mi 2,13; Jes 60,11). Jes 54,12 schildert sie als Tore von Rubinen, Offb 21,21 als Perlen.

Tor, Torheit, töricht. I) Der Tor ist in der Bibel nicht in erster Linie der Dumme und Torheit nicht zuerst Dummheit. Vgl. → Narr und Narrheit.
Wie die Furcht Gottes der Weisheit Anfang ist, so ist Sünde und Abfall von Gott Torheit, und der Tor ist der Gottlose. Freilich schwingt dabei der Gedanke mit, daß jede Gottlosigkeit zutiefst Dummheit ist und darum auch Sünde und Abfall von Gott ein Mangel an Einsicht und Klugheit.

II) So steht im AT Torheit oft für Sünde: 5 Mo 22, 21; Jos 7,15; Ri 19,23. Labans Vorwurf gegen Jakob (1 Mo 31,28) schilt diesen nicht wegen seiner Dummheit, sondern wirft ihm ein Unrecht vor. Saul bekennt seine Sünde gegen David: »Ich habe töricht und sehr unweise getan« (1 Sam 26,21; vgl. auch 2 Sam 13,12; 2 Chron 16,9; Hi 1,22). Ps 14,1: »Die Toren sprechen in ihrem Herzen: es ist kein Gott« ist die deutlichste Stelle, an der Torheit mit Gottlosigkeit gleichgesetzt wird. Die Psalmen nennen den sündigen Menschen einen törichten Menschen (z. B. 49,14; 74,18). Der Törichte ist wie der Ungläubige blind für Gottes Taten und Werke. Daß der Mensch von Natur sündig ist, wissen auch die Sprüche: »Die Torheit steckt dem Knaben im Herzen« (22,15; vgl. Spr 5,23; 8,5; 10,1.21; 13,19; 14, 8.24.29; 15,21; 19,3). Dieselbe Ausdruckweise findet sich beim Prediger Salomo und den Propheten (Pred 9,3; 10,1.13; Jes 9,16[17]; 35,8; 44,25; Jer 4 22; 10,8; 23,13; 29,13 usw.).

III) Auch das NT weiß, daß Torheit Sünde ist (1 Tim 6,9; 2 Tim 2,23; 3,9; 2 Petr 2,16), wenn auch die Bedeutung der Denkfaulheit und Unüberlegtheit hier meist stärker hervortritt. So bei dem törichten Mann, der sein Haus auf den Sand baut (Mt 7,26) oder bei den törichten Jungfrauen (Mt 25,2ff; vgl. Lk 24,25). – Eindrucksvoll ist 1 Kor 1–3, wo die Weisheit der Welt und die Torheit der Kreuzesbotschaft einander gegenüber gestellt werden. Hier betont Paulus, daß das Evangelium sich nicht der Menschenweisheit und ihrer Kritik unterwirft. Mag der Grieche sich seiner philosophischen Weisheit rühmen und über die törichte Predigt spotten. Was töricht ist vor der Welt, ist Weisheit vor Gott (1 Kor 1,27).
In 2 Kor 11 benutzt Paulus den Ausdruck Torheit für den Selbstruhm, das rühmende Aufzählen eigener Gaben und Verdienste, das er an sich für töricht hält, hier jedoch einmal ganz bewußt tut, um den Korinthern gegenüber seine apostolische Vollmacht zu begründen (2 Kor 11,1.16f.21.23; vgl. 12,11). Vgl. → Ruhm.

Torhüter, Torwärter, Türhüter. I,1) Die T. der Stadttore (2 Kö 7,11) waren für das rechtzeitige Öffnen und Schließen der Tore verantwortlich (Neh 7,1.3; vgl. 13,19). Sie überwachten den Verkehr durch das Tor und konnten Verhaftungen vornehmen (Jer 37,13.14).

2) In reichen Privathäusern war die Aufsicht über die Eingangstür (vgl. den Grundriß Taf. 42/641) einem Sklaven (Mk 13,34) oder einer Sklavin (Joh 18,16.17) anvertraut (vgl. Apg 12,13).

II) Zu den Aufgaben der Leviten gehörte auch die Bewachung des Heiligtums (1 Chron 9,19ff). David teilte für diesen Dienst 4000 levitische T. mit regelmäßiger Ablösung ein (1 Chron 23,5; 9,22.25). Sie wachten Tag und Nacht (V 27) an den Haupttoren des Tempels (1 Chron 26,13), die sie morgens öffneten (1 Chron 9,27), ebenso an den Kammern (V 26) und Vorratshäusern (1 Chron 26,17) und sammelten auch die Geldgaben der Israeliten ein (2 Kö 22,4).
Diese Tempelwache unter Führung des Hauptmanns des Tempels (Apg 4,1.3) wird auch im NT öfter erwähnt (vgl. → Leviten III). Sie hatte u. a. darauf zu achten, daß kein Unreiner und niemand mit einem Stock, mit bestaubten Füßen oder mit Schuhen den Tempel betrat, auch daß keine Frau in den innersten Vorhof kam.
Auch die Wache an den Stadttoren (s. o.) scheint man in besonderen Fällen den Leviten als bes. zuverlässigen Wächtern anvertraut zu haben (Neh 13,22).

Totenauferweckung → Auferstehung II C

Totenbeschwörung ist eine besondere Form der → Wahrsagerei. LÜ gibt deshalb das hebr. *ob* fast immer mit »Wahrsager«, »Wahrsagergeist« wieder, obwohl genaugenommen vom »Totengeist« die Rede ist.
Durch Personen, die »Herr« oder »Herrin eines Totengeistes« (hebr. *baalat ob;* 1 Sam 28,7) genannt wurden, rief man Tote an und befragte sie nach zukünftigen Dingen (1 Sam 28,7ff). Die Beschwörung selbst geschah vermutlich durch Murmeln von Zaubersprüchen, oft in den Gräbern derer, die gerufen werden sollten (Jes 65,4). Die Antwort vernahm man in gedämpftem, flüsternden Ton (Jes 29,4; vgl. 8,19). Der Tote konnte auch gesehen werden (1 Sam 28,12); allerdings scheint der Schrecken der Beschwörerin in diesem Fall anzudeuten, daß sie die Erscheinung Samuels nicht erwartet hatte (V 12). Samuel wäre dann nicht durch dämonische Macht heraufgerufen, sondern vom Herrn gesandt worden, um Saul sein Urteil zu verkünden (vgl. dazu auch Mk 9,4).
Die T. gehörte zu den kanaanäischen Greueln (5 Mo 18,9–12) und war den Israeliten von Gott verboten (3 Mo 19,31). Totenbeschwörer sollten ausgerottet werden (3 Mo 20,6.27). Doch zieht sich durch die ganze Geschichte Israels der Ungehorsam auch gegen dieses Gebot hindurch. Saul hatte die T. zuerst beseitigt (1 Sam 28,3), nahm jedoch später seine Zuflucht zu ihr, was mit zu seinem Untergang beitrug (1 Chron 10,13). Z. Zt. des Ahas stand das Befragen der Toten in voller Blüte (Jes 8,19), Manasse hielt sich beamtete Totenbeschwörer an seinem Hof (2 Kö 21,6). Erst Josia machte damit ein Ende (2 Kö 23,24).
Auch aus Ägypten wird von T. berichtet, die in Jes 19,3 LÜ genannten »Pfaffen« sind ebenfalls Totenbeschwörer.

Totenklage → Klage I,2

Totes Meer → Salzmeer

Totschläger → Bluträcher, → Freistadt I

Trabant → Läufer, → Leibwache

Trachonitis, Landschaft im Ostjordanland (Lk 3, 1; vgl. auch → Ituräa), das Lavagebiet nordwestl. vom Haurangebirge, das sich in Richtung auf Cäsarea Philippi und Damaskus hin erstreckt (Karte Sp. 591). Der antike Geograph Strabo beschreibt die Gegend als »die beiden *Trachônes* (rauhe, steinige Gebiete), die hinter Damaskus liegen«. Südl. davon lagen die Landschaften Batanäa und Auranitis (vgl. → Basan).

Trachten = nach etwas streben, etwas zu erreichen suchen (1 Mo 6,5; Ps 36,5; Mt 6,32f; Kol 3,2 u. ö.).

Tradition → Matthäusevangelium I,2; → Masora; Heilige → Schrift II C; → Testament, Altes und Neues II,4; III,4

Träge → Faul

Tränen → Weinen, → Klage, → Trauer

Trank. I) Der gewöhnliche T. der Israeliten war → Wasser, das man aus Brunnen oder Zisternen schöpfte (Jer 2,13). Daneben trank man → Milch von Schafen und Ziegen (5 Mo 32,14; Spr 27,27), → Wein (auch als Most) und berauschende Getränke. Der Wein war gegorener Traubensaft, der rein oder mit Gewürzen vermengt getrunken wurde. Außerdem kannte man ein saures Getränk, → Essig oder Weinessig mit Wasser oder Öl gemischt (Rt 2,14; Mt 27,48; Mk 15,36; Joh 19,29), bei den Römern ein Getränk der kleinen Leute, der Soldaten und Sklaven.

II) Das hebr. Wort *schekar* bezeichnet berauschende Getränke (LÜ meist »starkes Getränk«; 1 Sam 1,15; Spr 20,1; 31,4.6; Jes 29,9 u. ö.); der Stamm *schkr* hat die Bedeutung »sich betrinken, betrunken sein«. Welche bestimmten Getränke mit *schekar* jeweils gemeint sind, wissen wir nicht sicher. Neben dem Wein gab es noch andere gegorene Fruchtsäfte, etwa aus Äpfeln oder Datteln, vor allem aber Bier. Bekannt ist das ägypt. Bier, das aus Gerste, Weizen, wildem Safran und Salz gebraut wurde; doch auch aus Assyrien, Babylonien und Syrien ist uns Bier als verbreitetes Getränk bekannt, z. T. auch die verschiedenen Zutaten und Zubereitungsarten. Das Destillieren dagegen war noch unbekannt.

III) Die im Heiligtum dienenden Priester und die Gottgeweihten (→ Nasiräer) durften weder Wein noch starkes Getränk zu sich nehmen, ebenso keinen aus Wein oder starkem Getränk hergestellten Essig (3 Mo 10,9; 4 Mo 6,3; vgl. Lk 1,15). Auch die Rechabiter tranken keinen Wein (Jes 35,6).
Die HS enthält einerseits das Lob des Weines (Ps 104,15), sie billigt das Trinken von Wein und starkem Getränk (5 Mo 14,26) und berichtet das Wunder von Kana (Joh 2,1–11), anderseits aber warnt sie vor → Trunkenheit und verurteilt sie (1 Mo 9, 21ff; Spr 31,4.5; Eph 5,18).
Der Betäubungstrank, den man den Verurteilten vor der Kreuzigung reichte (Mk 15,23), wird auf den Rat von Spr 31,6 zurückgeführt. Vgl. weiter → trinken, → Durst, → Trankopfer.

Trankopfer. Der hebr. Ausdruck für T. bedeutet wörtl. ein »Vergießen, Ausgießen«. Zum T. wurde in Israel Wein, starkes Getränk (→ Trank) und Wasser verwendet. Milch wird im AT weder beim T. noch bei anderen Opfern erwähnt; bei den Arabern und Phöniziern kommt sie jedoch als Opfergabe vor. Wein u. Wasser wurden nach den → Ras-Schamra-Texten den Göttern von Ugarit dargebracht; die Götter erhielten dabei Wein, die Göttinnen nicht.
Im isrl. Gesetz wird beim täglichen Morgen- und Abendbrandopfer ein T. von 1/4 Hin (11/12 l) Wein angeordnet (2 Mo 29,40.41; 4 Mo 28,7.8). Vgl. weiter 3 Mo 23,13.18.37; 4 Mo 15,5.7.10.24, wo die Speis- und T. vorgeschrieben werden, die dem Brandopfer, Gelübde- oder Dankopfer hinzuzufügen sind. Ihre Menge (vgl. die Tabelle der → Opfer) entspricht der Größe des Opfertieres, jedoch wurden Öl und Wein nicht in demselben Maße erhöht, wie das Mehl. In 4 Mo 28,7 wird »starkes Getränk« (LÜ Wein, vgl. EÜ, ZÜ) beim T. genannt. Wasser ist nirgends in der HS als T. erwähnt, doch das Spätjudentum kannte diesen Brauch beim → Laubhüttenfest (IV,2).
Im Gesetz kommt kein selbständiges T. vor, es steht lediglich als Beiopfer hinter dem Speisopfer, also an letzter Stelle. 1 Mo 28,18 ist nicht von einem T., sondern nur von einer Salbung die Rede, mit der Jakob den aufgerichteten Stein dem Herrn heiligte. In 1 Mo 35,14 jedoch bringt Jakob auch ein T. am Stein dar, das wohl aus Wein bestanden hat. Nach Ps 16,4 kannte David als Teil des heidnischen Götzendienstes auch ein T. von Blut.
In Phil 2,17; 2 Tim 4,6 vergleicht Paulus sein Sterben im Dienst für das Evangelium mit dem Ausgegossenwerden des T. (LÜ nur »geopfert«; vgl. EÜ, MÜ).

Tränkrinnen, Tränke → Brunnen

Traube → Weinstock

Trauer, traurig, Traurigkeit. T. ist Gegensatz zur → Freude, eine durch seelische Belastung gewirkte Stimmung, die zum Heil oder Unheil werden kann, je nachdem, ob sie von Gott kommt und zu ihm führt oder zur Welt (2 Kor 7,10). In ihrem Ursprung aber steht alle T. in Beziehung zur Störung des Gottesverhältnisses in der Sünde. Vgl. → Leid.

I) DAS AT.
1) Anlaß der Heil wirkenden T. ist bei dem Gottesfürchtigen immer die eigene Sünde (Ps 6,2.8; 38,5–7) und die seines Volkes, wenn er sie im Spiegel des Gotteswortes erkennt (Neh 8,9). So trauerte Hesekiel mit den Gefangenen zu Babel (Hes 3,15), denn sie litten unter der Strafe Gottes für ihre und die Sünden ihrer Väter. Besonderen Anlaß zur T. gab dabei der Verlust Jerusalems (Jes 66,10; Neh 2, 1), denn mit ihm war die Heimat verloren und das Heiligtum als der Offenbarungsort Gottes, in dem man ihn anrufen, ihm opfern und dienen konnte. Auch der versagte Segen konnte als Strafe Gottes angesehen werden; das vertieft Hannas Trauer über ihre Kinderlosigkeit (1 Sam 1,5.7). Die T. der Leidenden, die ihre Lage nicht verstehen wie Hiob, oder sich von Gott vergessen glauben (Ps 42, 10), bleibt recht, solange sie trotzdem Gott suchen. Solche T. bewegt den Herrn zum Eingreifen, denn er will nicht die T., sondern die Freude der Seinen. Darum werden die Erlösten des Herrn mit Jauchzen kommen, und T. wird vor ihnen fliehen (Jes 51,11), und der kommende Messias wird die Traurigen trösten (Jes 61,2.3).
2) Daneben wird von T. und Schrecken berichtet als Wirkung eines Gottesgerichtes, das aber nicht zu reinigender Buße führt (Am 8,10; Hes 31,15f; Hos 10,5).

II) DAS NT.
1) Die Jünger trauerten, als der Herr ihnen den Hingang zum Vater ankündigte (Joh 16,6). Diese T.

lastete so auf ihnen, daß sie in Gethsemane vor Traurigkeit einschliefen (Lk 22,45); aber der Herr hatte darüber schon die Verheißung gesetzt, daß sie in Freude verkehrt werden solle (Joh 16,8). Traurig wurden die Jünger bei der Ankündigung des Verrats (Mk 14,19); traurig wurde Petrus, als der Auferstandene ihn dreimal fragte, ob er ihn liebe (Joh 21,17).
Auch im Leben der Gläubigen findet sich die Traurigkeit. Sie werden trauern unter Leiden, Anfechtungen und Züchtigungen, aber diese werden Frucht der Gerechtigkeit bringen (Hebr 12,11) und als Mühsal des Weges überwunden durch den Blick auf das Ziel (1 Petr 1,3–7). Um dieses Zieles willen darf Paulus die irrenden Korinther traurig machen (2 Kor 2,2; 7,8), und sein Vorgehen hat die erstrebte Heilswirkung. Die Überwindung der Traurigkeit wächst aus der Hoffnung des Glaubens (1 Thess 4, 13).
2) Daneben finden wir eine andere Art der T. Sie wächst aus einer bindenden Entscheidung, vor deren Folgen die Angst das Herz überfällt als Grauen vor dem Unbekannten. So trauert Herodes, als er, durch sein Wort gebunden, die Schuld für die Enthauptung Johannes des Täufers auf sich nehmen muß, für eine Tat, die Gott nicht ungerächt hingehen lassen wird (Mk 6,26). Der reiche Jüngling ist nicht bereit, den von Jesus geforderten Preis des ewigen Lebens zu zahlen und wird darüber traurig (Lk 18,23).
Aus einer Entscheidung, der zum vollen Gehorsam, folgte auch die T. Jesu in Gethsemane (im Griech. dasselbe Wort wie an den andern Stellen), als er, der das Leben selbst ist, mit dem Tode rang und diesem um seiner Aufgabe willen den Scheinsieg überlassen mußte. Das Wort T. reicht hier aber nicht aus und auch »betrübt bis an den Tod« (Mt 26,38) läßt uns wohl nur einen Schein der Wirklichkeit erahnen.

III) Zur Totentrauer vgl. → Klage I, 2.

Traum. I,1) In der modernen Wissenschaft unterscheidet man Wach- oder Tagesträume und Schlafträume. In beiden Fällen ist das Bewußtsein mehr oder weniger ausgeschaltet und die reale Umwelt (Zeit, Raum, Empfindung usw.) aufgehoben. Während der, der wachend »träumt«, in seine Phantasien versunken ist, sind es im Schlaftraum Niederschläge der verschiedensten Erlebnisse (»Eindrücke«), die nun als Traumbilder aus dem Unterbewußtsein aufsteigen, das dem bewußten Willen und Verstand entzogen ist. Den Wachträumen, aber auch vielen Schlafträumen ist gemeinsam, daß ihnen ein geheimer Wunsch zugrunde liegt.
2) Auch die HS kennt flüchtige, nichtssagende Träume (Ps 73,20; Hi 20,8; Pred 5,2.6; Jes 29,7.8), weiter weiß sie von Wunschträumen (Jer 23,25ff; 29,8f; Sir 34,5ff) und warnt davor: sie sind Ausdruck menschlichen Denkens, Fühlens und Hoffens. Gerade der Prophet Jeremia bewertet Träume sehr kritisch, ebenso Sach 10,2. Und schon in 5 Mo 13, 2[1]ff werden harte Strafen ausgesprochen für solche, die ihre Träume fälschlich als Offenbarungen ausgeben und dadurch andere zum Abfall zu verleiten suchen.

II,1) Anderseits bezeugt die HS vielfach, daß Gott unter anderem auch den Traum als Offenbarungsmittel gebraucht, um in dieser Zeit Gegenwart (1 Sam 28,6.15) und Zukunft (1 Mo 37,5ff) zu enthüllen. Nicht nur mit den Seinen redet Gott im Traum, auch den Heiden teilt er sich auf diese Weise mit (1 Mo 20,3; 41; Dan 2; 4). In der kommenden Heilszeit verheißt Gott den Ältesten Träume (Jo 3, 1).
Die Offenbarungen erstrecken sich auf heilsgeschichtliche (1 Mo 28,12), politische (1 Mo 41) oder persönliche (1 Mo 40,9ff) Bereiche. Nicht alle Träume sind so klar und unmißverständlich wie z. B. 1 Mo 31,11.13; V 24; 1 Kö 3,5–15. Viele Traumbilder sind erst durch Deutung und Auslegung verständlich. In ihnen spricht Gott durch Bilder (1 Mo 37,7.9; 40,9ff; Ri 7,13ff; Dan 2; 4), die kein Mensch von sich aus deuten kann. »Auslegen gehört Gott zu« (1 Mo 40,8), er macht Menschen von Fall zu Fall fähig, Träume zu deuten (Joseph, Daniel, die Propheten).
2) Gegenüber der häufigen Erwähnung im AT tritt der Traum als Offenbarungsmittel in den Berichten des NT stark zurück. Gott benutzt jetzt zur Offenbarung vornehmlich andere Mittel und Wege (vgl. Hebr 1,1f; Lk 12,12; Joh 14,25f mit Apg 13,2.4; 15,28; 16,6; 20,28). Paulus erwähnt Träume in keinem seiner Briefe und führt nirgends einen Offenbarungsempfang darauf zurück. Und doch benutzt Gott auch in der ntl. Zeit Träume, um sich dem einzelnen zu bekunden, im Unterschied zum AT jedoch nur in Träumen, die keiner Deutung und Auslegung bedürfen. Entweder redet Gott unverhüllt und unmißverständlich (Mt 2,12.22), oder als Beauftragter erscheint ein Engel (Mt 1,20; 2,13.19). Einmal scheint auch eine Heidin im Traum eine Offenbarung erhalten zu haben (Mt 27,19).
3) Die Apg berichtet von einer Reihe von Offenbarungen, die Paulus in der Nacht empfängt; dabei wird aber entweder ausdrücklich vom → Gesicht gesprochen (Apg 16,9; 18,9) oder aber völlig offen gelassen, ob der Apostel schlief oder wach war (Apg 23,11; 27,23.24). Wir können also nicht sicher sagen, ob es sich hier wirklich um Träume handelt; allerdings wird auch in Dan 4,2; 7,1.2 dieselbe Offenbarung einmal als Traum und gleich darauf als Gesicht bezeichnet.

Traurig → Trauer

Treber. Die in Lk 15,16 genannten »Treber« (griech. *keratia*) sind die Schoten des in Palästina häufig angepflanzten Johannisbrotbaumes *(Ceratonia siliqua* aus der Familie der *Caesalpiniaceae)*, die noch heute als Viehfutter, aber auch zur menschlichen Nahrung verwendet werden.
Der immergrüne Baum erreicht eine Höhe von etwa 10 m, seine pergamentartigen Blätter sind paarig gefiedert. Die zahlreichen etwa 12 cm langen und bis zu 3 cm breiten Fruchthülsen enthalten ein süßes Fruchtmark. In frischem Zustand werden sie verfüttert, in getrocknetem auch gegessen. Durch Auspressen der Hülsen gewinnt man eine Art Sirup oder Fruchthonig (vgl. → Honig). Seinen deutschen Namen hat der Baum durch die Überlieferung erhalten, Johannes der Täufer habe sich von seinem Früchten genährt (vgl. Mt 3,4; Mk 1,6).

Treiber sind Aufseher bei der Arbeit (2 Chron 34, 13), vor allem wohl beim → Frondienst und der Zwangsarbeit (Sach 9,8). Auf ägypt. Darstellungen tragen die Aufseher stets den Stock (Abb. Sp. 802; vgl. Jes 9,3[4]). In Klgl. 1,6 ist der Verfolger, in Hi 39,7 der Eseltreiber gemeint. Vgl. → Vogt.

Tretabern = Tres Tabernae »3 Hütten« oder »3 Wirtshäuser«,
kleiner Ort an der Via Appia, ca. 48 km südöstl. von Rom (Apg 28,15). Bis hierher kamen Christen aus der Hauptstadt Paulus entgegen. Vgl. Karte Sp. 1049/50.

Siegreich heimkehrende Kanaaniter vor ihrem König (Elfenbeinschnitzerei aus Megiddo, 13. Jh. n. Chr.). Vor dem thronenden König ein Hofbeamter, vermutlich der Mundschenk, und ein Leierspieler. Die Sieger führen Gefangene mit; der Krieger hinter dem Kampfwagen trägt ein Sichelschwert

Treue, treu.

I) SPRACHLICHES.
Mit T. bzw. treu werden in der LÜ dieselben hebr. und griech. Wörter wiedergegeben, die auch den → Glauben bezeichnen (hebr. *ämät, ämunah;* griech. *pistis* [nur Tit 2,10 mit T. übersetzt] und *pistos* »glaubwürdig, zuverlässig, treu«). Die verschiedenen Übersetzungen entsprechen dem reichen, umfassenden Bedeutungsgehalt der Wörter.

II) BEGRIFFLICHES.
T. ist die innere Haltung, aus der heraus Versprechen und Verpflichtungen erfüllt werden (vgl. Vertragstreue, Bundestreue; Mi 7,20), eine grundsätzliche Zuverlässigkeit, die mit → Wahrheit und → Gerechtigkeit eng verschwistert ist.
Der T. eines Partners stehen → Glauben und → Vertrauen des anderen gegenüber. Wie Wahrhaftigkeit und Glauben, so sind T. und Vertrauen einander zugeordnet. Ohne »T. und Glauben« kann keine menschliche Gesellschaft bestehen (Jes 33,8).

III) THEOLOGISCH-BIBLISCHE SINNDEUTUNG.
Grund und Voraussetzung aller menschlichen T. ist die T. Gottes (2 Sam 2,6; Ps 40,12; 57,4; Klgl 3,22–23; vgl. Jos 24,1–18). Schon die Erzväter ha-Gottes T. erfahren (1 Mo 32,11[10]), und als der treue Gott offenbart er sich Mose und Israel (2 Mo 34,6; 5 Mo 7,9). Die Psalmen vor allem werden nicht müde, Gottes T. zu preisen (Ps 31,6; 40,11–12; 57,4; 69,14; 138,2).
Gottes T. ist Grund des menschlichen Vertrauens zu ihm (Ps 31,6); weil der Herr treu ist, wird er vor dem Bösen bewahren (2 Thess 3,3), wie er verheißen hat (Hebr 10,23; vgl. 1 Joh 1,9).
Christus wird »ein treuer Hoherpriester vor Gott« genannt (Hebr 2,17); er ist treu dem, der ihn eingesetzt hat (Hebr 3,2). In Offb 1,5; 3,14 wird er »der treue und wahrhaftige Zeuge« genannt (vgl. Joh 18,37; 3,32f).
In bezug auf Gott stehen T., Wahrheit und Gerechtigkeit in enger Verbindung. Paulus stellt der Wahrheit Gottes die menschliche → Lüge gegenüber (Röm 3,3.4); diese Wahrheit Gottes ist nichts anderes als seine T. (V 3; LÜ Gottes Glauben). Zu dieser T. und Wahrheit Gottes tritt seine → Gerechtigkeit (V 5), die der menschlichen Ungerechtigkeit entgegengesetzt ist. Insofern sich Gottes Gerechtigkeit in der Erfüllung seiner Verheißungen offenbart, heißt sie T., die wiederum verwandt ist mit der göttlichen → Barmherzigkeit (vgl. 2 Mo 34,6; 5 Mo 7,9). So werden sowohl Gottes liebende Güte und T. als auch seine Gerechtigkeit und T. nebeneinander genannt (Ps 85,11f).

Tribut → Zins

Trinken. Wer Unrecht (Hi 15,16) oder Spötterei (Hi 34,7) wie Wasser trinkt, geht ständig damit um. Wasser aus seinem Brunnen t. heißt, die Liebe der eigenen Frau bewahren und genießen (Spr 5,15–19). Das T. des Kelches ist Bild des Gerichts (Hes 23,32), bei Jesus Bild seines Leidens unter der Sünde, die er stellvertretend trägt (Mt 20,22.23; 26,42). Vgl. weiter → Trank, → Durst. Zu Essen und T. → Essen.

Triumph. I) Der prunkvolle Festzug, mit dem ein siegreicher röm. Feldherr zur Feier des Sieges und zu seiner persönlichen Ehrung in Rom einziehen durfte. Er fuhr auf einem von vier weißen Pferden gezogenen Prachtwagen, begleitet von den kostbarsten Beutestücken und den vornehmsten Gefangenen und gefolgt von seinem siegreichen Heer. Die Gefangenen wurden vielfach nach dem T. getötet, das Heer erhielt reiche Geschenke. Der triumphierende Sieger wurde als Imperator bezeichnet; diesen Titel übernahmen die röm. Kaiser, als sie das Recht auf den T.zug für sich allein beanspruchten und ihre siegreichen Feldherrn nur noch mit den T.-zeichen (Ehrengewändern, Lorbeerkranz usw.) auszeichneten. Wurde nun ein Feldherr auf dem Schlachtfeld von seinen siegreichen Truppen doch zum Imperator ausgerufen, so bedeutete das den Anspruch auf die Herrschaft, er wurde dadurch also zum Gegenkaiser.

II) Im NT wird das Bild des T. verwendet, um den Sieg Christi, den er allein über alle Mächte und Gewalten errungen hat, deutlich zu machen (Kol 2,15). Das Ziel seines Kampfes war die Befreiung der Gefangenen der Sünde und des Todes (Joh 8,34–36; Röm 7,6.23; 8,21), damit sie durch ihn leben sollen (1 Joh 4,9). Darum brach er in das Reich des Widersachers ein bis in die untersten Örter (Eph 4,9), predigte den Geistern im Gefängnis, daß sie los sein sollten (1 Petr 3,19.22; Lk 4,18), führte das Gefängnis gefangen und schenkte den Befreiten Gaben (Eph 4,7.8). Paulus sieht sich selber als Besiegten und Befreiten Christi in dessen T.zug mitgehen (2 Kor 2,14–16; vgl. → Geruch II, 2).

Troas, Hafenstadt an der mysischen Küste im NW Kleinasiens (Karte Sp. 1045/6), von der die Schiffsverbindung nach Neapolis und Philippi ausging (Apg 16,11), heute Eskistambul. Hier hatte Paulus das Gesicht, das ihn nach Mazedonien hinüberrief (V 8–10). Er berührte den Ort noch öfter auf seinen Reisen (2 Kor 2,12; Apg 20,5–12; 2 Tim 4,13).

Trogyllion, Stadt und Vorgebirge an der kleinasiatischen Küste zwischen Ephesus und Milet, der Insel Samos gegenüber (Karte Sp. 1049/50). Hier übernachtete Paulus auf der 3. Missionsreise (Apg 20,15).

Trompete → Musikinstrumente

Trophimus »Ernährt, aufgezogen«, Heidenchrist aus Ephesus, der Paulus nach Jerusalem begleitete (Apg 20,4). Weil die Juden ihn mit dem Apostel in der Stadt gesehen hatten, beschuldigten sie Paulus, ihn auch in den Tempel gebracht zu haben (Apg 21,29), was zur Gefangennahme des Apostels führte. Später war T. noch einmal Begleiter des Apostels, der ihn aber in Milet krank zurücklassen mußte (2 Tim 4,20).

Trost, trösten. Der wahre T., der kein bloßes Beruhigen, sondern wirkliche Hilfe ist, kommt von Gott allein (Jes 57,18); er ist der »Gott alles T.« (2 Kor 1,3; vgl. Röm 15,5; Ps 73,26).
Der Gottestrost wird im Bilde der Mutter veranschaulicht, bald auf Gott selbst (Jes 66,13), bald auf Jerusalem (Jes 66,11.12) angewandt, die als Getröstete zur Trösterin wird (vgl. 2 Kor 1,4).
Die mittelbar tröstende Hilfe Gottes ist das göttliche Wort (Ps 119,50; Röm 15,4). Die berufenen persönlichen Träger des Gottestrostes sind die → Propheten; sie reden an Gottes Statt als Tröster und Richter zugleich (Hes 14,21–23). Der eigentliche Trostbringer ist der messianische Gottesknecht, dessen Hauptaufgabe darin besteht, den Armen die Frohbotschaft zu bringen (Lk 4,18) und »zu trösten alle Traurigen« (Jes 61,2).
Mit »T. Israels« (Lk 2,25; vgl. Jer 14,8) ist die Erfüllung der Messiaserwartung und damit die → Erlösung in ihrem ganzen tröstlichen Umfang gemeint; der Gottestrost in endzeitlicher Sicht ist die Rettung im → Gericht, während die Trostlosigkeit die → Verdammung bedeutet (vgl. Weish 3,18).
Paulus spricht von der tröstenden Hilfe, die Christus in der Trübsal schenkt (2 Kor 1,4–5). Gottes Liebe gibt uns »einen ewigen T.«, weil sie uns nicht ein vergängliches, unfertiges Gut verheißt, sondern die ewige Verbundenheit mit Gott in der sicheren Hoffnung ihrer Erfüllung (2 Thess 2,16). Das Bedürfnis nach T. ist verursacht durch die schwere Bedrückung in der gegenwärtigen → Welt. Paulus selbst fühlt die Fülle des Leidens, erfährt aber immer wieder den aufmunternden T. Gottes (2 Kor 7, 4.13).
Der endgültige T. in der Heilsvollendung besteht darin, daß Gott durch seine Herrlichkeitsgegenwart alle Leiden aufhebt (Offb 21,3–5); in Gottes Nähe verschwinden die menschlichen Tränen, und auch das menschliche Sterben ist jetzt vorbei; die vor Gott lebende Gemeinde ist nun frei von jeder Last. Das ist die tröstliche Offenbarung des letzten biblischen Buches, des eigentlichen Trostbuches der Christenheit.
Dasselbe griech. Wort, das mit »trösten« wiedergegeben wird, bezeichnet auch die → Ermahnung.

Tröster vgl. Heiliger → Geist II C 1, → Fürsprecher.

Trotz, trotzen, trotzig. T. ist närrische (Spr 14,16) Selbstüberhebung im Vertrauen auf das, was nicht helfen kann: auf Götzen (Jer 50,38), Reichtum (Ps 49,7) oder menschliche Macht (Ps 52,3). Das verleitet zum Widerstand gegen Überlegene, gegen Gott (1 Sam 2,3; Jes 30,12; Jer 50,24; 1 Kor 10,22) oder stärkere Feinde (2 Kö 18,19; Ps 10,5; 1 Petr 3, 14), oder zur Unterdrückung von Schwächeren, Waisen und Witwen (Ps 10,18; 31,21). Der Fromme kann allen Anfechtungen trotzen, weil er den Weg des Herrn geht und sich allein auf den Herrn verläßt (Spr 3,26; 10,29). Der Scheinfromme aber trotzt vergeblich im Vertrauen auf den Herrn, denn der wird ihm nicht beistehen (Jes 48,2). Von Natur neigt des Menschen Herz zum T. (Jer 17,9), denn es ist gottlos (Ps 94,4) und ruhmredig (Ps 73,6).

Trübsal.

I) DER BEGRIFF TRÜBSAL.

Das griech. Wort *thlipsis* bedeutet urspr. Beengung, Bedrängnis. Es bezeichnet also etwas, was den Menschen in seinem Menschsein einengt, bedrängt und damit offenbar macht, daß er nicht sein eigener Herr ist.
T. umschließt die verschiedensten Nöte und Bedrängnisse:
Verfolgung (Apg 11,19; 1 Thess 1,6; 2,14f), Gefängnis (Apg 20,23; Eph 3,13; Offb 2,10), Kriegsnot (Ri 10,14; 1 Sam 26,24), Schmähungen (Hebr 10,33), Streit (2 Kor 7,5), Krankheit, Hunger. Neben diesen äußeren stehen innere Nöte: Furcht (2 Kor 7,5), Traurigkeit (Jak 1,27).
In Gegensatz zur T. stellt Paulus die → Ruhe (2 Kor 7,5), die hinweist auf die Ruhe bei Christus (2 Thess 1,7 vgl. Hebr 4,9.11), wo alle Bedrängnis ein Ende hat.

II) DIE TRÜBSAL IN GOTTES HEILSPLAN.

T. gehört weder zur ursprünglichen Erschaffung der Welt, die nach Gottes Urteil »sehr gut« war (1 Mo 1,31) und für den Menschen ein Leben im → Paradies vorsah (1 Mo 2), noch zu Gottes neuer Schöpfung nach dem Ende dieser Zeit (Jes 65,17; 66,22; 2 Petr 3,13; Offb 21,1), wo »Gott abwischen wird alle Tränen« (Offb 21,4; 7,16f; Jes 25,8; 35,10). Sie ist vielmehr Kennzeichen dieser gefallenen Welt (Joh 16,33 LÜ Angst) und erscheint in der HS in einem dreifachen Zusammenhang:

1) Als Folge der Sünde. Mit dem Sündenfall brachte der Mensch alle mögliche T. über sich und sein Leben (1 Mo 3,15ff), deren Tiefpunkt und letzte Auswirkung der Tod ist (Röm 6,23; vgl. Jak 1,27). Dies ist nicht nur als einmaliges historisches Ereignis zu verstehen, das als Verhängnis über unserem Leben lastet, sondern wiederholt sich im Leben eines jeden einzelnen (1 Mo 42,21; Jes 8,21f). Der Mensch muß erfahren, welch »Jammer und Herzeleid es bringt, den Herrn verlassen« (Jer 2,19). T. ist die Kehrseite alles Lebens geworden (Pred 1,18), bes. der Genußsucht (Spr 23,29ff).

2) Als Folge der Bekehrung. Umkehr zu Gott bedeutet nicht, wie weithin »geglaubt« wird, Aufhören oder Minderung der T., sondern im Gegenteil ihre Vermehrung (Apg 9,16; Mt 24,9). Das haben bereits die Frommen des AT erfahren (2 Sam 4,9; Ps 34,20; 73 u. ö.). Im NT wird das Wort T. fast ausschließlich für die Bedrängnisse gebraucht, die dem Christen um seines Christseins willen widerfahren (Apg 11,19; 2 Kor 1,4–11; 4,8; Phil 1,16f; 4,14; 1 Thess 1,6; Hebr 10,33; Offb 2,9f). Diese T. ist nicht nur eine Folge der Umkehr, die sich in der damaligen Zeit ergeben hat, sondern gehört notwendig zum Wesen des Christenstandes. Wie Jesus unter dem göttlichen »Muß« des Leidens stand (Mt 16,21; Lk 24,26–46), so »müssen« Christen »durch viel T. in das Reich Gottes gehen« (Apg 14,22). So sehr gilt dies geistliche Gesetz, daß Paulus es den Thessalonichern geradezu voraussagte (1 Thess 3, 3f). Was alle Christen betrifft – oder sie sind keine Kinder Gottes, sondern Bastarde (Hebr 12,7f) – gilt in verstärktem Maß für den Apostel (2 Kor 1,5). Ihm widerfährt T. zusätzlich um der Gemeinde willen (Eph 3,13), er trägt das über die Gemeinde verhängte göttliche Maß an T. ab (Kol 1,24).

3) Als Zeichen der Endzeit. Was die Christen erlei-

den müssen, hat endzeitlichen Charakter, ist Hinweis darauf, daß die »letzte Stunde« angebrochen ist (1 Joh 2,18). Diese Endzeit ist durch eine wachsende ungeheure Verdichtung und kosmische Ausweitung des Leidens gekennzeichnet, wogegen alles vorhergehende verblaßt (Mt 24; Mk 13; Offb). So wird geradezu von der »großen T.« gesprochen (Mt 24,21; Mk 13,19; Offb 7,14). Sie ist Beginn des göttlichen Gerichtes, das für die Ungläubigen ein »Tag der T.« ist (Zeph 1,15; vgl. Röm 2,9), weil Gott vergilt »T. denen, die euch T. antun« (2 Thess 1,6).

III) DIE TRÜBSAL IM CHRISTENLEBEN.
Alle T. stellt eine ständige Versuchung zum Abfall dar (1 Thess 3,3–5; Mk 4,17). Dennoch ist sie für den Glaubenden nicht sinnlos. Ihm eröffnet sich der weite Glaubenshorizont, der auch über die Todesgrenze hinausführt. T. kann nicht von der Liebe Christi scheiden (Röm 8,35), sondern soll erst recht mit ihr in Verbindung bringen.

1) Der Sinn. Es geht bei der T. um die Bewährung und Erprobung unseres Glaubens (2 Kor 8,2; 1 Petr 1,6; Jak 1,12). Sie geschieht, damit »wir unser Vertrauen nicht auf uns selbst sollen stellen, sondern auf Gott« (2 Kor 1,8f). Sie treibt ins Gebet (Jes 26,16; Jon 2,2f; Ri 11,7) und soll uns zur → Geduld erziehen, dem Darunterbleiben (griech. *hypomonae*) unter einer Last (Röm 5,3; 12,12; 2 Thess 1,4; 2 Kor 1,6). Darüber hinaus kann sie zur Ausbreitung des Evangeliums dienen (Apg 8,4; 11,19ff) und hilft dazu, daß »wir auch trösten können in allerlei T.« (2 Kor 1,4ff).

2) Das Ziel. Das alles ist aber letztlich zu ertragen nur von der gewissen Hoffnung des Zieles her, daß die T. zeitlich begrenzt ist und der Herrlichkeit Gottes weichen muß (2 Kor 4,17), die den Gläubigen verheißen ist (V 18; Röm 8,17) und alles bei weitem aufwiegt, was uns hier widerfährt (V 18). Als Unterpfand für dieses Ziel darf der Christ seine T. ansehen (2 Thess 1,4f). Denn Gott selbst ist sein Erretter aus aller T. (Hi 5,19; 19,25) und wird alle Tränen abwischen (Offb 7,16f).

3) Die Freude. So ist die T. nicht mehr ein Hemmnis der Freude (2 Kor 7,4), wie es der natürlichen Vernunft immer erscheinen muß, sondern gibt nur das (freilich notwendige) Gefäß ab (2 Kor 4,7f) für die durch den Heiligen Geist gewirkte Freude (1 Thess 1,6).
Aus dieser Erkenntnis und Erfahrung heraus kann sogar die T. selbst als Gegenstand der Freude erscheinen (Kol 1,24; 2 Kor 8,2), deren Paulus sich rühmt (Röm 5,3). Denn daß Jesus diese Welt mit ihrer T. überwunden hat (Joh 16,33), ist für den Glauben erfahrene Realität und überschwenglicher Grund zur Freude (Phil 2,17f). Der Glaube überwindet die T. im geistgewirkten Vorgriff auf die zukünftige Welt (1 Joh 5,4).

Trunken, Trunkenheit, Trunkenbold. I) T. machen berauschende Getränke, von denen die Bibel Wein, Most und starkes Getränk (→ Trank) nennt, wenn sie im Übermaß genossen werden. Der Trunkene verliert das Urteilsvermögen (Joh 2,10), die Beherrschung und das Bewußtsein (1 Mo 9,21; Spr 26,9). Sein Gang wird taumelnd und unsicher (Jes 19,14; Ps 107,27), er irrt ohne Orientierung umher (Hi 12,25). Er redet lallend und unverständlich, man erkennt den Sinn seiner Worte nicht (vgl. 1 Sam 1,13; Apg 2,15). Betrunkene werden wild und hemmungslos (Spr 20,1), aufgelegt zu Zank und Streit (Spr 23,29), vielfach erst übertrieben fröhlich und dann schläfrig (Jer 51,39.57). Häufig übergeben sie sich (Jes 28,8), benehmen sich schamlos (Klgl 4,21) und lassen sich leicht zur Unzucht reizen (Spr 23,33). Aus der Trunkenheit, die zum Wesen des unerlösten Menschen gehört (1 Petr 4,3; Gal 5,21; Röm 13,13), wächst unordentliches, liederliches Handeln und Leben (Eph 5,18). Die ganze Tiefe von Davids Fall wird daran offenbar, daß er Uria bewußt t. macht, um ihn zu täuschen und seinen Absichten zugänglich zu machen (2 Sam 11,13). Zusammenfassende Schilderungen vom Zustand der Trunkenen bieten Jes 28,7–13; Spr 23,29–35.
Im AT ist der Genuß von Wein und anderen berauschenden Getränken den Priestern und Nasiräern verboten (3 Mo 10,9; 4 Mo 6,3), und das NT betont, daß die leitenden Männer der Gemeinde keine Weinsäufer, d. h. dem Trunk ergeben, sein dürfen (1 Tim 3,3.8; Tit 1,7). Ja, es fordert die Aufhebung der Gemeinschaft, wenn jemand, der sich Bruder nennen läßt, an das Trinken gebunden bleibt (1 Kor 5,11). Denn Trunkenbolde werden das Reich Gottes nicht ererben (1 Kor 6,10), und wo Trunkenheit herrscht, gerät das Wachen und Warten auf die Wiederkunft Jesu in Vergessenheit (Lk 21,34). Daß hier aber auch für den Gebundenen und Süchtigen aus der Kraft Gottes eine Befreiung möglich ist, bezeugt Paulus mit der knappen Feststellung: Solche sind einige von euch gewesen; aber ihr seid abgewaschen, ihr seid gerecht geworden durch den Namen des Herrn Jesu und durch den Geist unseres Gottes (1 Kor 6,11).

II, 1) Im übertragenen Sinn ist Trunkenheit Bild für den Zustand des ungehorsamen Knechtes (Mt 24,49) und der gefallenen Menschen in dieser Welt (1 Thess 5,7). Die vom Gericht Gottes heimgesuchte Weltmacht wird t. werden vom eigenen Blut (Jes 49,26; vgl. 34,7), während die große Hure t. ist vom Blut der Heiligen (Offb 17,6). Wie der Sturm auf dem Meer die Seefahrer ratlos taumeln läßt wie Trunkene (Ps 107,27), so wird auch die Wirkung der Verblendung und des göttlichen Gerichts durch das gleiche Bild gekennzeichnet (Jes 19,14; 29,9; 63,6; vgl. 24,20).
2) Aber auch davon ist die Rede, daß Menschen in gutem Sinn t. werden von den reichen Gaben Gottes (Ps 36,9); und der Warnung vor der Trunkenheit, die der Wein bringt, entspricht die Mahnung, voll Geistes zu werden (Eph 5,18–20; vgl. Apg 2,13–18).

Tryphäna »Verwöhnt, weichlich«,
Christin, die Paulus in Rom grüßen läßt (Röm 16,12). Vgl. → Tryphosa.

Tryphosa »Verwöhnt, weichlich«,
Christin, die Paulus in Rom grüßen läßt (Röm 16,12). Viell. sind sie und → Trophäna Schwestern gewesen. Beide Namen kommen häufig für Sklavinnen vor.

Tugend, tugendsam. I) Das AT bezeichnet als tugendsam Ruths Verhalten und Treue ihrer Schwiegermutter gegenüber (Rt 3,11), dann allg. die praktische, umsichtige Tüchtigkeit der Hausfrau (Spr 12,14; 31,10).

II, 1) Im NT bezeichnet T., von Gott ausgesagt, seinen Retterwillen und seine Barmherzigkeit (2 Petr 1,3), seine Kraft und seine mächtigen Heilstaten (1 Petr 2,9), die die Gemeinde verkünden soll.
2) Beim Menschen ist T. das Verhalten und Handeln, das aus dem Glauben wächst (2 Petr 1,5) und ihm entspricht: wahrhaftiges, anständiges, gerechtes, reines, angenehmes und wohllautendes Reden und Tun (Phil 4,8). Es beruht wie jede Tüchtigkeit

nicht auf eigener Kraft, sondern auf der Gabe Gottes (2 Kor 3,5.6) und ist allein von seinem Urteil abhängig (2 Kor 10,18). So erscheinen auch in den sog. Tugendkatalogen (Gal 5,22; Eph 4,1–3; Kol 3, 12–14) diese Tugenden ausdrücklich als Frucht des Geistes und der Vergebung Gottes.

Tun → Tat

Tünche, tünchen → Kalk

Tür. I) Die Eingangstür ins → Haus (II,2) hielt man gewöhnlich klein und niedrig; sie hoch zu machen (Spr 17,19), ist ein Zeichen des Übermuts, der ins Verderben führt.

II) Zur Schönen T. am → Tempel (VI) vgl. → Pforte.

III) Im übertragenen Sinn bezeichnet die T. einmal den Abschluß, die Grenze (des Meeres, Hi 38,8.10), sonst Ausgang, Durchgang, Eingang (Hi 3,10; Mi 7,5; Joh 10,7.9), die Möglichkeit zur Verkündigung und Annahme des → Evangeliums (Apg 14,27; 1 Kor 16,9; 2 Kor 2,12; Kol 4,3; Offb 3,8) und die Bereitwilligkeit oder Ablehnung des menschlichen → Herzens, sich dem Herrn zu öffnen (Offb 3,20). Im Gleichnis bedeutet die verschlossene T. die versäumte Möglichkeit zur Rettung (Mt 25,10; Lk 13,25).

Türhüter → Torhüter

Türkis → Edelstein

Turm. I) Zum babyl. T. (1 Mo 11,4.5) vgl. → Babel I; Abb. Sp. 168; Taf. 12a/161.

II,1) Die Mauertürme (2 Chron 26,9; Neh 3,1.11.25–27; Ps 48,13) dienen zunächst der Verstärkung bes. gefährdeter Teile der Stadtbefestigung, wurden dann aber auch auf den gesamten Mauerzug verteilt (Abb. Sp. 445/6; 931/2; Taf. 65/1024). Usia versah die Türme in Jerusalem mit Geschützen für Steine und Pfeile (2 Chron 26,15). Vgl. auch → Festung II,3.

2) Außerdem bezeichnet das Wort T. (Ri 9,45.46.49. 51.52) noch die Zitadelle der Stadt (vgl. → Burg III; → Festung II,5). Sie war ein turmartiges Gebäude, das auch nach der Eroberung der Stadt noch letzte Zuflucht bot. Solche T. sind charakteristisch für die ägypt. Darstellungen palästinensischer und syr. Städte (Abb. Sp. 398; 399), entsprechende Anlagen wurden in → Hazor (4) und in Beth-Sean ausgegraben. Der Turm in Beth-Sean hatte eine Grundfläche von 24 × 15 m und besaß auserordentlich dicke Mauern. Vom Untergeschoß führte ein Treppenhaus zu den oberen Stockwerken.

III) Für die Wächter in den Weinbergen errichtete man vielfach statt der Hütten oder kleinen Häuschen (Jes 1,8) steinerne Türme (Jes 5,2; Mt 21,33; Mk 12,1; vgl. Taf. 92a/1441). Auch zum Schutz der Hirten und Herden in der Wüste baute man solche Türme (2 Chron 26,10), meist wohl neben den Brunnen. Vgl. dazu auch den Turm → Eder (1), den »Herdenturm«.

Turteltaube → Taube

Tüttel ist ein Häkchen oder Strichlein in der hebr. Schrift, wie sie z. Zt. Jesu geschrieben wurde, dessen Bedeutung nicht mehr ganz klar ist und das viell. nur zur Verzierung diente. Jesus weist zweimal auf die Unvergänglichkeit auch des T. hin (Mt 5,18; Lk 16,17), um sich gegen die Methoden der Schriftgelehrten abzugrenzen und die Unwandelbarkeit des in der HS offenbarten Willens Gottes zu betonen. Die jüd. Theologen klebten zwar am Buchstaben, verstanden aber auf der andern Seite durch geschickte Auslegungen der Forderung des Gesetzes die Spitze abzubrechen (vgl. → Pharisäer), und nach der Gematria (einer ihrer 32 Auslegungsregeln) konnte man unter gewissen Bedingungen ein Wort der HS gegen ein anderes auswechseln. Gegenüber diesem willkürlichen Umspringen mit dem Gesetz, das z. B. in der Auslegung von 5 Mo 24,1 dem Mann die Scheidung schon wegen geringfügiger Vorwände ermöglichte und damit die göttliche Lebensordnung der Ehe zerstörte (vgl. Lk 16,17.18), betont Jesus, daß das Gesetz, d. h. der ganze Wille Gottes geschehen werde und müsse. Im Reich Gottes gilt nur die Gerechtigkeit derer, die den Willen Gottes tun (Mt 5,18–20), allerdings nicht aus eigener Kraft, sondern als seine Neuschöpfung zu guten Werken (Eph 2,10).

Tychikus »Glücklich, Glückskind«,
Mitarbeiter des Paulus aus → Asien, der den Apostel auf der 3. Missionsreise von Mazedonien nach Troas begleitete (Apg 20,4). Mit Onesimus zusammen überbrachte er die Briefe des Paulus aus Rom an die Gemeinden in Ephesus, Kolossä und an Philemon (Eph 6,21; Kol 4,7). Später wollte Paulus ihn oder Artemas zu Titus nach Kreta senden (Tit 3,12); und in 2 Tim 4,12 erwähnt er, daß er T. nach Ephesus gesandt hat.

Tyrann. I) Zu den Tyrannen in 1 Mo 6,4 (hebr. *nepilim*) vgl. → Riesen.

II) Weiter werden die hebr. Wörter *gibbor* = Held, Starker (Ps 52,3); *moschel* = Herrscher (Jes 49,7); *aris* = Gewalttätiger (Hi 15,20; 27,13; Spr 11,16; Jes 25,4.5; 29,5.20; Jer 15,21; Hes 28,7; 31,12); *sar* = Fürst, königlicher Beamter (Ps 82,7); *chomes* = Unterdrücker (Ps 71,4); *jonah* = Gewalttätiger (Jer 25,38; 46,16; 50,16) und *chamas* = Gewalttat (Hes 7,11) in der LÜ mit T. wiedergegeben. An diesen Stellen sind die Worte stets mit dem Nebenbegriff des Mißbrauchs der Gewalt verwendet.

Tyrannus »Gebieter, Herrscher«,
Lehrer der Philosophie oder der Rhetorik in Ephesus, in dessen Lehrsaal Paulus 2 Jahre lang verkündigte, nachdem sich die Juden der Synagoge von ihm abgewandt hatten (Apg 19,9).

Tyrus, griech. Form des hebr. Namens *Sor* »Fels«, befestigte Inselstadt der → Phönizier vor der palästinensischen Küste (Jos 19,29; 2 Sam 24,7), heute Sur, 40 km nördl. von Akko. Sie besaß 2 Häfen, den sidonischen im N und den ägypt. im S; in der Nähe des letzten stand der berühmte Tempel des Melkart, des Baal von T. Der Inselstadt gegenüber lag auf dem Festland die zugehörige Siedlung Palaiotyros (»Alttyrus«).
Im Lauf der Zeit überflügelte T. → Sidon, mit dem es häufig zusammen genannt wird (Jo 4,4[3,9]; Es 3,7; Mt 11,21; Mk 3,8), an Bedeutung. Hes 27 zeichnet ein unübertreffliches Bild von der Macht, der Größe und dem Reichtum der Handelsstadt, deren Einfluß sich auch auf die phön. Kolonien in Nordafrika (Karthago) erstreckte. Die Stadt wird schon in den Amarnabriefen (14 Jh. v. Chr.) genannt. Sie lag an der Grenze Assers (Jos 19,29), im N des isrl. Gebietes (vgl. 2 Sam 24,7), hat aber nie unter isrl. Oberhoheit gestanden. Die Hilfe, die → Hiram I. David und Salomo leistete, bedeutete vielmehr eine Ausdehnung des tyrischen Einflusses. Das gleiche gilt für die Heirat Ahabs von Israel mit Isebel, der Tochter → Ethbaals (1 Kö 16,31).

Josephus überliefert uns eine auf die Chronik von T. zurückgehende Königsliste von Abibaal, dem Vater Hirams I., um 1000 v. Chr. über Ethbaal z. Zt. Omris und Ahabs bis zu Pygmalion um 800 v. Chr. mit genauen Lebens- und Herrschaftszeiten und eine weitere Liste aus dem 6. Jh. v. Chr. Dazu kommen zahlreiche Erwähnungen der Stadt in assyr. und babyl. Texten: T. gehörte zu den verbündeten Reichen Syriens und Palästinas, die 853 v. Chr. den Assyrern bei Karkar entgegentraten, aber 841 v. Chr. zahlte Balezoros Tribut an Salmanasser III. Diese Angabe erlaubt eine Kontrolle der Zahlen des Josephus, die danach nicht ganz zuverlässig sind. Hiram II. unterwarf sich 743 v. Chr. dem Assyrerkönig Thiglath-Pileser III. Der tyrische König Elulaeos (Luli) leistete den Assyrern zunächst erfolgreich Widerstand, wurde dann aber von Sanherib vertrieben. Auch Asar-Haddon unterwarf T. erneut. Nebukadnezar belagerte die Stadt 585–573 v. Chr. erfolglos (vgl. Hes 29,17–21). Um 560 wurde T. für einige Jahre statt von einem König von → Richtern (II,3) geleitet. Tyrische Händler werden in Neh 13, 16 erwähnt.

Die Weissagungen der Propheten vom Untergang von T. (Jo 4,4[3,9]; Am 1,9.10; Jes 23; Jer 47,4; Hes 26–28; Sach 9,4) fanden ihre Erfüllung unter Alexander d. Gr. (332 v. Chr.). Er baute einen Belagerungsdamm vom Festland zur Insel und bezwang die Stadt nach 7-monatiger Belagerung. Sie wurde zerstört und ihre Bevölkerung fortgeführt. Damit war die Vorherrschaft von Tyrus zu Ende, wenn der Ort auch neu besiedelt wurde. Aus dem Damm bildete sich durch angeschwemmten Sand eine Landzunge, die T. mit dem Festland verband und ihm so seinen stärksten Schutz raubte; auch der ägypt. Hafen versandete völlig. In ntl. Zeit zog sich Jesus vorübergehend in das Gebiet von T. zurück (Mt 15,21), und Paulus hielt sich hier auf dem Weg nach Jerusalem 7 Tage auf (Apg 21,3–5). Damals bestand eine Gemeinde in der Stadt.

Ü

Übeltäter. Menschen, die bewußt böse, gesetzlos, ungerecht gegen Gott oder ihre Mitmenschen handeln (Hi 31,3; 34,22; Ps 5,6; 6,9; 14,4; 28,3; 36,13; 92,8.10; Spr 10,29; 21,15; Jes 55, 7). Jesus wurde von seinen Feinden unter die Ü. gerechnet (Mk 15,28; Joh 18,30; vgl. Jes 53,12). Seine Jünger werden häufig ebenso beurteilt (2 Tim 2,9; 1 Petr 2,12), sollen sich aber hüten, daß es nicht zu Recht geschieht (1 Petr 4,15). Jesus nennt die Zwiespältigen, die ihn nur mit dem Munde bekennen, ohne den Willen Gottes zu tun, Ü. (Mt 7,23).

Die Ü., die zur Rechten und Linken Jesu gekreuzigt wurden (Lk 23,32), werden in Mt 27,38 als Räuber (LÜ Mörder) bezeichnet. Der häufig gebrauchte Ausdruck Schächer (= Räuber) kommt in der LÜ nicht vor, er stammt aus der vorlutherischen dt. Bibelübersetzung.

Überkleidet werden bezeichnet im Gegensatz zum → Entkleidetwerden die Verwandlung der Glaubenden, die bei der → Wiederkunft Jesu noch auf der Erde leben werden (2 Kor 5,2.4). Sie werden den unmittelbaren Übergang von der irdischen in die himmlische Leiblichkeit erleben (1 Kor 15,51.52), so daß ihnen der leibliche Tod erspart bleibt. Vgl. zum Bild weiter → Anziehen.

Überlieferung → Matthäusevangelium I,1; → Masora; Heilige → Schrift II C; → Testament, Altes und Neues II,4; III,4

Überrest → Rest

Überschatten bezeichnet an einigen Stellen der Bibel ein bes. Wirken der schaffenden und bewahrenden Kraft Gottes am Menschen:

1) In Lk 1,35 ist die wunderbare Kraftmitteilung Gottes an Maria gemeint, die sie zur Mutter Jesu machte.

2) Bei der → Verklärung wird Jesus von einer hellen Wolke überschattet, als eine Stimme vom Himmel ihn den Sohn Gottes nennt (Mt 17,5; Mk 9,7; Lk 9,34).

3) In Apg 5,15 teilt sich die in den Aposteln wohnende Gotteskraft durch ihren Schatten den Kranken mit.

Vgl. → Schatten.

Überschrift. I) Die Umschrift einer Münze, die die Stadt oder den Herrscher nennt, der sie geprägt und ausgegeben hat. Bild und Name des Kaisers kennzeichnen den röm. Denar (LÜ Groschen) als sein Eigentum; wenn die Pharisäer diese Münzen als Zahlungsmittel gebrauchen, haben sie kein Recht, die in der gleichen Münze geforderte Kopfsteuer abzulehnen (Mt 22,19–21 par.).

II) Bei Todesurteilen war es im röm. Recht Brauch, die Urteilsbegründung auf eine Tafel zu schreiben und dem Verurteilten auf dem Weg zur Hinrichtung voranzutragen. Diese Ü. (griech. *epigraphae* oder *titlos*) wurde dann nach der Kreuzigung über seinem Kopf am Kreuz angebracht (Mt 27,37; Mk 15, 26). Über das Kreuz Jesu ließ Pilatus die dreisprachige (aram., lat., griech.) Ü. setzen: »Jesus von Nazareth, der Juden König« (Joh 19,19.20; Lk 23,38). In dieser Form empfanden die Juden das als Verhöhnung (Joh 19,20.21; vgl. V 15), aber Pilatus bestand auf dem Wortlaut (V 22), viell. als Rache dafür, daß die Juden ihn zur Verurteilung Jesu gezwungen hatten (V 12; vgl. → Kaiser II).

Übertüncht → Begräbnis III; → Kalk I,5

Übervorteilen = jemandem um des eigenen Gewinns willen Schaden an Geld (3 Mo 25,14–17) oder anderen Dingen zufügen (2 Kor 12,17.18), ihn überlisten, durch Betrug besiegen (Jer 20,10; 2 Kor 2,11).

Überwinden. I) Im AT ein Besiegen im militärischen Sinn (1 Sam 17,50; 1 Kö 20,23).

II) Im NT der → Sieg Jesu über alle gottfeindlichen Mächte (Joh 16,33; Offb 5,5). An diesem Sieg über Welt und Teufel gibt Jesus jedem Teil, der an ihn glaubt (1 Joh 2,13.14; 4,4; 5,4; Offb 17,14), darum gelten auch alle Verheißungen dem, »der überwindet« (Offb 2,7.11.17.26; 3,5.12.21; 21,7). Dieser Sieg ist aber nicht nur ein knappes Standhalten, sondern ein tatsächliches, kraftvolles Ü. um Jesu willen, »der uns geliebt hat« (Röm 8,37). Die stärkste Waffe in diesem Kampf ist die Vergebung die es auch Menschen ermöglicht, das Böse mit Gutem zu überwinden (Röm 12,21).

Überwurf, eine Kopfbedeckung (Jes 3,23), viell. eine Art Turban (hebr. *sanip*). In Hi 29,14; Jes 62,3; Sach 3,5 wird dasselbe Wort mit »Hut« wiedergegeben.

Uel, Israelit, der eine heidnische Frau genommen hatte (Es 10,34).

Uhu → Eule

Ulai, Fluß östl. von Susa (Dan 8,2.16), der Eulaeus der antiken Geographen, heute Ab-i-Dis. Er mündet in den Karun, der bei Basra in den Schatt el-Arab fließt. Die Stadt Susa selbst lag am Choaspes, heute Kercha. (Karte Sp. 131/2).

Ulam »Erster, Führer«.
1) Manassit, Nachkomme Machirs (1 Chron 7,16. 17).
2) Benjaminit, Nachkomme Sauls, ältester Sohn Eseks (1 Chron 8,39.40).

Ulla, Asserit, Nachkomme Berias (1 Chron 7,39).

Umgang → Tempel III,1

Umma »Gemeinschaft, Verbindung«,
Ort in Asser (Joh 19,30), seine Lage ist unbekannt. Viell. handelt es sich um eine Verschreibung für Akko.

Unbefleckt – d. h. nicht verunreinigt oder beschmutzt durch Sünde – ist das Erbteil im Himmel, das die Gläubigen erwartet (1 Petr 1,4). Christus ist das unbefleckte Lamm, das für uns geopfert wurde (1 Petr 1,19; im griech. Text steht hier für unbefleckt dasselbe Wort wie in 2 Mo 29,1; 4 Mo 6,14 u. ö. [LXX], wo Luther jeweils »ohne Fehl« übersetzt), ein unbefleckter Hoherpriester (Hebr 7,26). Und auch die an ihn glauben, sollen sich von Welt und Sünde unbefleckt erhalten (Jak 1,27; Hebr 13,4; vgl. Jud 23) für den Tag des Herrn (2 Petr 3,14).

Unbeschnitten → Beschneidung

Unehre (griech. *atimia*) schwankt in seiner Bedeutung von entehrender Schande (1 Kor 11,14; Jak 2, 6; vgl. 5 Mo 27,16 LXX; Joh 8,49) bis zum Verächtlichen, Unansehlichen (1 Kor 15,43) oder auch Alltäglichen. In diesem Sinn unterscheidet das Wort in Röm 9,21; 2 Tim 2,20 die Gefäße des täglichen Gebrauchs von den kostbaren Gefäßen für festliche Gelegenheiten.

Unflat, starkes Wort für Schmutz, Abfall (Jes 30, 22; Hes 7,19.20; Klgl 3,45), Erbrochenes (Jes 28,8), Leichen (Mt 23,27), Verunreinigung (1 Petr 3,21; 2 Petr 2,20), meist bildlich gebraucht, auch für Götzenbilder (2 Chron 29,5; vgl. → Greuel). Zum unflätigen Kleid (Jes 64,5[6]) vgl. 3 Mo 15,4.10.17.20. 26.
Mit »Unfläter« übersetzt Luther in Jud 12 das griech. Wort *spilas*, das sowohl Klippe als auch Schmutzfleck bedeuten kann. Die Stelle lautet wörtl. übersetzt: Diese sind die (verderbenbringenden) Klippen (oder Schmutzflecken) auf euren Liebesmahlen.

Unfruchtbarkeit → Frucht I, → Kind II

Ungebärdig bezeichnet das die Sitte mißachtende, verletzende Benehmen (1 Kor 13,5). In 1 Kor 7,36 wird dasselbe griech. Wort wiedergegeben mit »es wolle sich nicht schicken«, d. h. eigentlich: »er handle nicht anständig (oder schicklich)«, nämlich an der ihm unterstellten Jungfrau, wenn er sie nicht heiraten läßt, obwohl sie die Jahre ihrer Blüte zu überschreiten droht (vgl. EÜ, ZÜ).

Ungefärbt, griech. *anypokritos* = ungeheuchelt, echt, eine Haltung, bei der sich Äußeres und Inneres entsprechen (Röm 12,9 [LÜ nicht falsch]; 2 Kor 6,6; 1 Tim 1,5; 2 Tim 1,5; 1 Petr 1,22). Neben Glaube und Liebe auch von der himmlischen Weisheit gesagt (Jak 3,17 LÜ ohne Heuchelei).

Ungeheuer = auffallend (Apg 28,6).

Ungerecht, Ungerechtigkeit → Gerechtigkeit, → Sünde

Ungesäuert → Sauerteig

Ungeschickt = schlecht, unrecht (Lk 23,41), = ungereimt, widersinnig, absurd (Apg 25,27)

Ungestüm bezeichnet die ungezügelte Gewalt des aufgewühlten Meeres (Ps 46,4; 89,10; Jes 57,20; Mt 8,24). 2 Mo 14,25 heißt es wörtl.: und ließ sie nur mühsam fahren; Hi 9,17: der im Sturm nach mir greift (eigentl. schnappt).

Ungeziefer → Insekten; ägypt. → Plagen

Ungrieche (griech. *barbaros*) ist urspr. eine Bezeichnung für die Völker, die nicht griech. sprechen. Später verbindet sich damit die Vorstellung, daß diese Menschen einer niederen Bildungsstufe angehören, worin der Stolz der Griechen auf ihre Kultur zum Ausdruck kommt. Für den Auftrag des Paulus besteht solch ein Unterschied aber nicht, er ist zu allen gesandt (Röm 1,14), vor Gott und in der Gemeinde sind alle Unterschiede der Bildung, der Volkszugehörigkeit und des Standes aufgehoben (Kol 3,11).
In Apg 28,2.4 werden die gastfreundlichen Malteser *barbaroi* genannt, was LÜ mit »Leutlein« wiedergibt.

Unkraut. I) Durch die Bodenbeschaffenheit und die klimatischen Verhältnisse bedingt, ist das U. in den biblischen Ländern anders zusammengesetzt als in Europa. So wachsen etwa Schwertlilien, Tulpen, Narzissen, Iris und Hyazinthen wild auf den Äckern, und das unbebaute Land ist im Frühjahr wie besät mit purpurroten Anemonen (→ Lilie). In den Kornfeldern gibt es viel Mohn, doch wenig Kornblumen, die mehr an den Wegen wachsen. Dazu kommen Pflanzen vor, die auch bei uns als Unkräuter bekannt sind, wie Hederich, Reiherschnabel und vor allem → Disteln und → Dornen (1 Mo 3,18).

II) Das griech. *zizanion*, das Luther in Mt 13,23–30.36–42 mit Unkraut übersetzt hat, ist der Taumellolch *(Lolium tremulentum)*, ein etwa 80 cm hoch werdendes, steifes Gras, das zwischen dem Sommergetreide wächst. Anfangs unterscheidet es sich vom Weizen nur durch seine schmalen und glatten Blätter, später auch durch die sehr dünnen und grannigen Ähren. Die kleinen schwärzlichen Körner sind in der Regel von einem Pilz befallen und dann giftig. Ihr Genuß verursacht beim Menschen Kopfschmerzen und Schwindel, beeinträchtigt die Sehkraft und kann manchmal sogar tödlich wirken. Da das Jäten infolge der Ähnlichkeit mit dem Weizen schwierig war, schied man den Lolch meist nach der Ernte durch besondere Lolchsiebe aus.

Unmündig sind Menschen, die rechtlich noch nicht in eigener Verantwortung handeln können (Gal 4, 1), meist Kinder (Klgl 2,11; Mt 21,16). Den U. hat Gott offenbart, was den Weisen und Klugen verborgen blieb (Mt 11,25; Lk 10,21). Vgl. → Kind.

Unni, wohl Kurzform von Anaja.
1) Levit der 2. Ordnung z. Zt. Davids (1 Chron 15, 18.20).
2) Levit z. Zt. Nehemias (Neh 12,9).

Unordnung, unordentlich → Ordnung, ordnen, ordentlich

Unrein → Rein

Unsauber. Mit Ausnahme von Jak 2,2, wo u. im Sinn von »schmutzig« steht, wird das Wort in der HS nur in Beziehung zur Dämonie (unsauberer Geist) gebraucht.
Vgl. → Besessenheit.

Unschlachtig, griech. *skolios,* urspr. Bedeutung: krumm, verbogen; dann auch: verkehrt, verschroben, falsch, ungerecht, gottlos. Mit dem »unschlachtigen und verkehrten Geschlecht« Phil 2,15 bringt Paulus ein wörtl. Zitat aus der griech. Übersetzung (LXX) von 5 Mo 32,5 (LÜ: verkehrte und böse Art).
Das griech. Wort kommt auch in Apg 2,40 vor, wo Luther es mit »verkehrt« wiedergibt; ebenso in 1 Petr 2,18, wo er »wunderlich« übersetzt.

Unschuldig, unsträflich, untadelig. I) Diese 3 eng zusammengehörigen Begriffe aus dem Zushg. der → Schuld geben verschiedene hebr. und griech. Worte wieder. Sie bezeichnen die Tatsache, daß bei einem Menschen allg. oder in bestimmter Hinsicht keine Schuld vorhanden und damit kein Grund zu Tadel oder Strafe gegeben ist.

II) Wenn im AT von der Unschuld eines Menschen gesprochen wird (Spr 11,3), so besteht sie darin, daß er sich nicht gegen das Gesetz vergangen hat (Spr 13,6; Ps 119,1.9; Lk 1,6; Phil 3,6) oder daß sein Handeln in einer bestimmten Angelegenheit richtig war (4 Mo 32,22) und eine Rechtfertigung von Gott erwarten darf (Hi 31,6; Ps 26,1.2.11); auch Jesus nimmt seine Jünger in solchem Fall in Schutz und nennt sie unschuldig (Mt 12,7).
Daneben bezeugt das AT jedoch auch, daß kein Mensch vor den Augen Gottes völlig unschuldig ist (2 Mo 34,7; Hi 9,28).

III, 1) Von dieser Erkenntnis her legt nun das NT einen anderen Maßstab an. Die Auslegung der Gebote, die Jesus in der Bergpredigt gibt, zeigt, daß die Verschuldung nicht erst mit der vollbrachten Tat des Ungehorsams beginnt, sondern schon in der Gesinnung, in den Gedanken und Empfindungen liegt (Mt 5,22.28). Die Forderung solchen Gehorsams läßt die Jünger fragen: »Wer kann denn selig werden?« (Mt 19,25), d. h. vor Gott schuldlos bleiben. Das wird noch unterstrichen dadurch, daß der Tod, die Folge der Sünde, Macht über alle Menschen hat (Röm 5,12), die in ihrem Wesen arg, böse sind (Mt 7,11; Lk 11,13). Diese Schuld wird noch gesteigert dadurch, daß die Menschen Jesus nicht glauben, in dem die Liebe Gottes erschienen ist (Joh 16,9).

2) Wenn nun im NT von Untadeligkeit und Unsträflichkeit gesprochen wird (Phil 2,15; 1 Tim 5,7), so ist sie nicht eigenes Werk des Menschen. Unschuldig ist vielmehr der, dessen Schuld aufgehoben ist, weil Jesus sie trug und bezahlte (Jes 53,6; Mk 10,45) und er dies Geschenk im Glauben annahm (Röm 3,22–26). Das bedeutet jedoch nicht nur eine Beseitigung der alten Schuld und Übernahme der Strafe durch Jesus (Jes 53,5), sondern auch die Gabe eines neuen Wesens (Röm 7,6; Eph 2,6). Der Mensch ist eine neue Kreatur geworden (2 Kor 5,17; Gal 6,15), geschaffen und fähig in Christus zum Wandel in guten Werken (Eph 2,10). Auf diesem Wege ist er nun untadelig (Tit 1,6.7) und unsträflich (Eph 1,4; 1 Thess 2,10; 5,23), es ist nichts Verdammliches mehr an ihm (Röm 8,1).

3) Doch niemand bleibt nun unverändert so untadelig und unsträflich; auf dieser Erde fallen alle wieder in Ungehorsam und Schuld (Jak 3,2). Aber Christus bleibt der Fürsprecher (1 Joh 2,1), so daß durch Bekenntnis der Sünde und Vergebung die Unschuld zurückgewonnen werden kann (1 Joh 1,9). Wenn nun die Glaubenden schon nicht unsträflich bleiben können trotz aller ihrer Bemühungen, so will sie doch Gottes Gnade dazu bewahren, in der entscheidenden Stunde des Gerichts am Tag unseres Herrn Jesu Christi untadelig zu sein (1 Kor 1,8; Phil 1,6.10; 1 Thess 3,13; 5,23), weil alle Sünde vergeben ist. In dieser Weise will Christus seine Gemeinde unsträflich darstellen (Eph 5,27; Kol 1, 22), deren Glieder einander in → Ermahnung und → Zucht helfen sollen, damit niemand auf dem Weg zurückbleibt (Hebr 4,1; 12,15; 13,17).

4) In besonderer Weise spricht das NT von der Unschuld Jesu, der in seinem Wesen schuldlos und ohne Sünde war (Hebr 7,26; 1 Petr 1,19), dessen Wort man nicht tadeln konnte (Lk 20,26) und an dem Pilatus keine Schuld fand (Joh 18,38; 19,4.6). Darum konnte er als das Lamm Gottes (Joh 1,29) die Sünde der Welt tragen und als Hoherpriester ohne Fehl mit seinem eigenen Blut in das wahre Heiligtum Gottes eingehen (Hebr 9,11–14).

Unser Vater.

I) ALLGEMEINES.

1) Überlieferung.
Die beiden Überlieferungen des U.V. (Mt 6,9–13; Lk 11,2–4) unterscheiden sich im Rahmen, Umfang und Wortlaut. Mt bringt es innerhalb der Bergpredigt bei Jesu Worten über das Gebet, Lk als Antwort auf die Bitte der Jünger »Herr, lehre uns beten« (Lk 11,1). Bei Lk fehlen in wichtigen Hss. die 3. und 7. (bzw. der 2. Teil der 6.) Bitte; im Wortlaut der 4. und 5. Bitte weichen Mt und Lk voneinander ab (s. u.). In den ältesten Hss. fehlt überall die Doxologie (Lobpreis) am Schluß des U.V., doch ist sie schon am Ende des 1. Jh. n. Chr. nachweisbar. Viell. sprach schon früh nach atl. Sitte ein einzelner im Gottesdienst das Gebet, worauf die Gemeinde mit Amen oder einer ausführlicheren Doxologie antwortete. Daß Jesus das Gebet nur einmal oder immer im gleichen Wortlaut gelehrt habe, ist unbeweisbar. Jedenfalls läßt der abweichende Wortlaut der Überlieferung erkennen, daß es nicht als feststehende liturgische Formel gemeint und gegeben ist, sondern als eine seelsorgerliche Einübung ins → Beten.

2) Deutung.
Wir dürfen das U.V. das Königreichsgebet Jesu nennen. Über dem ganzen Gebet liegt wie ein Glanz die frohe Erwartung der neuen Welt, in der Gott allein herrscht und die Herrschaft des Bösen überwunden ist. Nur wenn wir das U.V. von Anfang bis

Ende auf die hereinbrechende Königsherrschaft Gottes beziehen, würdigen wir es recht. Gewiß bestehen formelle Übereinstimmungen mit überlieferten jüd. Gebeten; die christliche Urwüchsigkeit und Eigenständigkeit des U.V. kann aber nicht bezweifelt und geleugnet werden. Es ist die Zusammenfassung der Bergpredigt und der Seligpreisungen in Gebetsform.

II) EINZELAUSLEGUNG.

1) Die Wendung »Vater in den Himmeln« (so wörtlich im Grundtext) ist schon im Judentum der Zeit Jesu geläufig als Name und Gebetsanrede für Gott. Jesus hat hier also keinen neuen Ausdruck geprägt. Neu ist jedoch, daß in Jesus aus einem jüd. Gedankengut, nämlich der Gotteskindschaft, eine erfahrbare Wirklichkeit geworden ist. Erst in Christus und durch ihn haben wir Gott zum → Vater.

2) Durch das Fürwort der zweiten Person (dein) gekennzeichnet, gehören die ersten drei Bitten eng zusammen. Man kann sagen, daß der Beter sich mit ihnen gegen sich selber wendet. Es gibt keine bessere Anleitung, die Ichbezogenheit des Betens zu überwinden, als diese ersten drei Bitten. Der Name Gottes ist in diesem Zeitalter der Sünde auf Erden geschändet. Die ganze Welt liegt im Bereich des Argen. Ein gegen Gott gerichteter Wille erhebt frech sein Haupt. Darum beten wir, daß sein Name vor allen Völkern zu Ehren gebracht werde, daß seine Königsherrschaft zu uns komme, daß sein Wille auch auf Erden nicht bloß passiv erlitten, sondern aktiv getan werde. Die dritte Bitte wäre mißverstanden, wenn wir sie nur auf ein leidendes Dulden des göttlichen Willens beziehen würden. So sind diese Bitten ein einziger Ruf nach dem Eingreifen Gottes in unsere irdischen Zustände. Erst im kommenden Gottesreich werden diese Bitten erfüllt sein, mit dem Kommen Jesu hat das alles aber bereits begonnen und will und soll sich zuerst in der von ihm zu Anbetung und Dienst berufenen Gemeinde und ihren Gliedern ereignen.

3) Die letzten drei bzw. vier Bitten (je nachdem man die 6. und 7. Bitte als eine auffaßt oder nicht) werden durch das Fürwort der ersten Person Mehrzahl (unser, uns) bestimmt. Daß wir den Nächsten mit einbeziehen, macht wiederum von der Ichhaftigkeit frei.

Die 4. Bitte lautet nach Mt: »Unser Brot für den folgenden Tag gib uns heute«, nach Lk: » . . . gib uns täglich.« Sie will uns vor der ärgsten Not, aber auch vor dem falschen Zersorgen bewahren: Was zur Erhaltung des leiblichen Lebens notwendig ist, sollen wir erbitten; aber wir sollen es eben stets neu für den kommenden Tag von Gott erbitten, der allein der Geber und Bürge seiner Gabe bleiben will. Es zeigt sich darin auch, daß diese Lebenserhaltung immer die anderen Menschen einschließt.

Auch die 5. Bitte ist verschieden. Nach Mt: »Erlaß uns unsere Schulden, wie auch wir unsern Schuldnern erlassen haben«, nach Lk: »Erlaß uns unsere Sünden; denn auch wir erlassen jedem, der uns schuldet.« Mt zeigt uns das eigene Vergebenhaben als Voraussetzung der Bitte um die Vergebung Gottes, Lk weist auf die Bereitschaft zum Vergeben, die als Haltung das ganze Leben bestimmen soll. Das ganze Heil, das in Christus zu uns kommt, gipfelt in dem einen Wort »Sündenvergebung«. Damit wir auch wirklich dieses Heiles teilhaftig werden, müssen wir von uns aus immer wieder das Schuldkonto unseres Nächsten durchstrichen haben, soweit wir davon in Mitleidenschaft gezogen sind (vgl. Mt 18, 23–35). Vgl. → Vergeben.

In der letzten Doppelbitte steht nun vor dem Auge des Beters der ganze Ansturm der Finsternismacht vor dem endgültigen Hereinbrechen des Gottesreiches auf, der auch ihn, wann immer er lebt, täglich von Christus zu scheiden und in Sünde zu stürzen sucht. In seiner Zukunftsrede spricht Jesus von Drangsalstagen, die um der Auserwählten willen verkürzt werden (Mk 13,20 par.), Paulus redet von dem bösen Tage, an dem man nur in der Waffenrüstung Gottes Widerstand leisten und das Feld behalten kann (Eph 6,13), und die Gemeinde Philadelphia will der erhöhte Herr bewahren »vor der Stunde der Versuchung, die kommen wird über den ganzen Weltkreis, zu versuchen, die da wohnen auf Erden« (Offb 3,10). Es handelt sich um die großen antichristlichen Heimsuchungen, die den Glaubensstand der Gläubigen zutiefst erschüttern können. Aber sie gehören nicht nur in eine ferne Zukunft, sondern bahnen sich heute schon an. Im Blick auf diese von Gott zugelassenen Versuchungen können Gläubige immer nur darum beten, daß sie das Ziel und ihren Herrn nicht aus dem Auge verlieren und nicht in den Bann des Bösen geraten. Daß der und nicht das Böse gemeint ist, dürfte nach dieser Schau nicht zweifelhaft sein.

4) »Denn dir gehört die Königsherrschaft und die Kraft und die Herrlichkeit in die Zeitalter hinein. Amen.« Das U.V. stellt uns in die fruchtbare Spannung: Christus wird das Reich einnehmen, und er hat es bereits in Händen. Sein Sieg wird glorreich auf der ganzen Erde kundwerden, und er ist auf Golgatha bereits geschehen. Wir Christen können erst in der Herrlichkeit aus dieser Spannung zwischen dem »Noch nicht« und »Schon jetzt« entlassen werden. Diese Spannung aber wird getragen und angenommen im Lobpreis der Gemeinde.

Unsinnig → Krankheiten: unsinnig; → Rasen

Unterhauptmann → Hauptmann II,1

Unterlaß, ohne → Beten I,3

Unterricht. Das Ziel der → Erziehung (II) in Israel war die Einweisung der Kinder in Glauben und Wandel der Väter, in Furcht und Verherrlichung Gottes (1 Mo 18,19; 2 Mo 10,2; 12,26.27; 13,8.14. 15). Die Unterweisung in der Geschichte Israels war von Gott bes. befohlen (5 Mo 4,9.10; 6,20–25).
Trotzdem gab es für den U. in Israel lange Zeit keine besondere Institution. Schulen kamen erst nach der Gefangenschaft auf und dann nur in den Städten. Für die Erziehung des Sohnes hatte der Vater zu sorgen. Die Vormünder (2 Kö 10,1.5) und Pfleger (Jes 49,23) hatten vermutlich U. im Schreiben, Lesen und ähnlichen praktischen Kenntnissen zu erteilen, während der Vater den religiösen Teil der Erziehung wahrnahm (vgl. → Kind IV,1). Aus der praktischen Unterweisung ist wahrscheinlich langsam die Schule entstanden. Priester und Leviten waren, was ihren U. betrifft, mehr Schrift- und Rechtsgelehrte als Lehrer der Jugend, das gleiche gilt für die Rabbinen im Spätjudentum (vgl. → Lehrer).
Mose hat in Ägypten offenbar den U. erhalten, der dort von Priestern den Kindern vornehmer Geschlechter erteilt wurde. Er umfaßte Theologie, Astronomie, Medizin, Geometrie und andere Fächer (vgl. Apg 7,21.22). In Babylonien und Assyrien bestanden wie in Ägypten Schreiberschulen; die Wissenschaften (Geschichte, Literatur, Sternkunde) lagen vielfach in der Hand der Priester, die

Tafel 91
Arab. Weinbauern beim Beschneiden eines Weinstocks.

Tafel 91

für die Weitergabe der Kenntnisse sorgten. Auch die Rechenkunst war hoch entwickelt und wurde gelehrt.

Unterweisung. Über Ps 32; 42; 44; 45; 52–55; 74; 78; 88; 89; 142 steht im hebr. Text *maskil* (LÜ Unterweisung), ebenso in Ps 47,8 (LÜ klüglich). Die genaue Bedeutung des Wortes ist nicht bekannt; es stammt von der Wurzel *skl* = einsichtig machen, einsichtig sein, einsichtig handeln; viell. sollen diese Psalmen durch die Überschrift als Lehrgedichte charakterisiert werden.

Unträchtig sind unfruchtbare Tiere (2 Mo 23,26). Die Bewahrung davor gehört mit zum Segen Gottes für Israel.

Unverrückt = bleibend, unvergänglich.
Eph 6,24: in Unvergänglichkeit; 1 Petr 3,4: in der unvergänglichen Art des sanftmütigen und ruhigen Geistes.

Unzeit, eine → Zeit, die nach dem allg. Empfinden für ein Geschehen als zu früh oder unpassend angesehen wird. Pred. 7,17[18] spricht vom Sterben zur U., dem frühen Tod, der in Hi 15,32.33 mit dem Abreißen der unzeitigen (d. h. unreifen) Weintraube verglichen wird. Paulus mahnt Timotheus, das Wort zur Zeit und U. zu predigen (2 Tim 4,2). Wenn auch nicht jede Zeit zur Verkündigung des Evangeliums geeignet erscheint, sollen die Boten es dennoch verkündigen und dabei auf den Herrn schauen und nicht auf Menschen, Meinungen, Gefühle und Umstände.

Unzucht, griech. *aselgeia* = Zügellosigkeit, Schwelgerei und Ausschweifung. Die Bedeutung des Wortes ist im Unterschied zu Ehebruch und → Hurerei nicht auf das Geschlechtliche beschränkt (Mk 7,22), wenn sie es wohl auch meist mit einschließt (Röm 13,13; 2 Kor 12,21; Gal 5,19; Eph 4,19; 1 Petr 4,3; 2 Petr 2,18). Unzüchtig werden in 2 Petr 2,7 die Einwohner Sodoms genannt, ebenso in Jud 7, doch steht hier im Griech. nicht *aselgeia,* sondern ein sehr starker Ausdruck für Hurerei. Anderseits wird *aselgeia* in 2 Petr 2,2 LÜ mit Verderben (RÜ zuchtloser Wandel) und in Jud 4 mit Mutwillen (RÜ ihre Lüste) übersetzt.
In Hes 23 werden die Wörter U. und unzüchtig im Wechsel mit Hurerei und Ehebruch als Bild für den → Götzendienst Israels und Judas verwendet.

Uphas, Ort oder Land, aus dem Gold nach Israel eingeführt wurde (Jer 10,9); wahrscheinlich handelt es sich um einen Schreibfehler für → »Ophir« (die beiden hebr. Wörter ähneln sich sehr). U. kommt im hebr. Text auch noch Dan 10,5 vor, wo Luther es nicht übersetzt hat (vgl. EÜ, MÜ, ZÜ).

Tafel 92
a. *Umfassungsmauer und Wachtturm eines Weinbergs (vgl. Jes 5,2; Mk 12,1).*
b. *Die Mosaikstandarte aus Ur (um 2500 v. Chr.), die mit ihren beiden Bildseiten einen lebendigen Einblick in das Leben der Sumerer vermittelt. In der oberen Reihe werden dem Herrscher (größere Figur.) Gefangene vorgeführt; hinter ihm seine Begleitung und sein Wagen. Die anderen Reihen zeigen die verschiedenen Truppenteile des sumerischen Heeres. Vor der Schlachtreihe des schwerbewaffneten Fußvolks stehen Leichtbewaffnete im Kampf und machen Gefangene. Unten rücken vierrädrige Streitwagen (das Tonmodell eines solchen Wagens wurde in Kisch gefunden) mit Eselsgespannen zum Angriff vor. Das meisterhafte Mosaik ist aus Lapislazuli und Perlmutt in Asphalt auf Holz hergestellt. Die andere Seite bringt die Darstellung eines Festes und der Kriegsbeute. Britisches Museum, London.*

Ur. I) Akkad. »Der mit Asphalt gemörtelte (Ort)«. Heimatstadt → Abrahams (II), aus der er mit seiner Familie auf den Ruf Gottes hin zunächst nach Haran zog (1 Mo 11,28.31; 15,7; Neh 9,7; Apg 7, 2–4).
Die Ruinen der sumerischen, später babyl.-chaldäischen Stadt liegen im Ruinenhügel Tell el-Mukajjar, etwa 15 km westl. vom heutigen Euphratlauf (Karte Sp. 19/20; 169/70).
Ur wurde 1922–34 von C. L. Wooley ausgegraben (vgl. → Ausgrabungen IV,2). Das alte Strombett des Euphrat führte am Westrand der Stadt vorbei, die dort und im N zwei Häfen besaß, die durch Kanäle mit dem Fluß verbunden waren. Die Mitte des Stadtgebietes nahm der Heiligtumsbezirk mit dem Tempelturm ein. Der Turm war zu Anfang der 3. Dynastie von Ur (um 2056–1950 v. Chr.) von Ur-Nammu dreistufig aus gebrannten Lehmziegeln mit Asphaltmörtel erbaut worden. Die unterste Stufe war schwarz, die zweite rot, die oberste blau, überragt von einem mit Gold und Silber verkleideten Tempel. Nabunaid ließ den Turm erneuern und nach dem Vorbild der babyl. Tempeltürme zu einem 7-stufigen ausbauen (Abb. Sp. 168). Hier wurde der Mondgott Nannar oder Sin verehrt (vgl. Jos 24,2), der auch in Haran ein Heiligtum hatte. Zu den zweistöckigen Wohnhäusern von Ur, aus gebrannten Lehmziegeln errichtet und weiß verputzt, die sich an den engen Straßen drängten, vgl. Taf. 42/641.
Die ältesten Funde in Ur gehören noch in die Steinzeit und sind durch eine mächtige Schlammablagerung (→ Sintflut) von den bronzezeitlichen Resten getrennt. Besondere Berühmtheit erlangten die Funde aus den Königsgräbern (um 2500 v. Chr.): der Helm des Königs Mes-kalam-schar und ein goldener Dolch (Taf. 88/1377), der Kopfschmuck der Königin Schubad, die Mosaikstandarte (Taf. 92b/1441) u. a. (vgl. Abb. Sp. 1324). In hartem Gegensatz zu dieser hohen Kultur mehrere Jahrhunderte vor Abraham stehen die Menschenopfer, die sich in den Königsgräbern fanden, 6–80 im einzelnen Gräberbereich. Krieger, Musikanten, Diener und Dienerinnen hatte man ihren königlichen Herren in den Tod nachgeschickt.
II) »Schein, Feuerschein«.
Vater eines der Helden Davids (1 Chron 11,35).

Urban »Städtisch«,
Gehilfe des Paulus, den der Apostel in Rom grüßen läßt (Röm 16,9).

Uri, Kurzform von Uria oder Uriel.
1) Vater Bezaleels (2 Mo 31,2; 35,30; 38,22; 1 Chron 2,20; 2 Chron 1,5).
2) Vater Gebers, des Statthalters Salomos in Gilead (1 Kö 4,19).
3) Torhüter z. Zt. Esras, der sich von seiner heidnischen Frau trennte (Es 10,24).

Uria »(Mein) Licht ist der Herr«.
1) Einer von Davids Helden, ein Hethiter, der Mann der Bath-Seba (2 Sam 11,3; 1 Chron 11,41). Nachdem David mit der Frau des U. während dessen Abwesenheit Ehebruch begangen hatte und sie ein Kind von ihm erwartete, rief er ihn unter einem Vorwand aus dem Felde zurück, um seine Sünde zu vertuschen. Ob U. erfahren hatte, was geschehen war, wird nicht gesagt; aber er weigerte sich, in sein

Haus zu gehen und damit die Schande des Königs zu decken, und verteidigte seinen Entschluß mit unangreifbarer Korrektheit. Auch als David ihn am nächsten Tag betrunken machte, verlor er seine Selbstbeherrschung nicht und gewann damit den Sieg in dem erbarmungslosen Kampf, den die beiden Männer äußerlich unbewegt vor den Augen und Ohren des ganzen Hofes, der heimlich doch wohl Bescheid wußte, austrugen. Als U. zum Belagerungsheer vor Rabba zurückkehrte, überbrachte er Joab den eigenen Mordbefehl – das war die Rache des besiegten Königs. Wieder erfahren wir nicht, ob U. darum wußte. Wie vorgesehen, fiel er bald darauf auf vorgeschobenem Posten, und Joab ließ David die Ausführung des Befehls melden. »Aber dem Herrn gefiel die Tat übel, die David getan hatte« (2 Sam 11,27; Mt 1,6).
2) Priester, wahrscheinlich Hoherpriester, den der Prophet Jesaja als Zeugen für seine Gerichtsweissagung gegen Syrien und Israel hinzuzieht (Jes 8,2). Wohl derselbe, der später auf Anordnung des Königs Ahas einen heidnischen Altar im Tempel in Jerusalem aufrichtete (2 Kö 16,10–16).
3) Sohn Semajas aus Kirjath-Jearim. Er weissagte als Prophet wie Jeremia gegen Jerusalem und Juda. Als König Jojakim und seine Fürsten ihn zu töten suchten, floh er nach Ägypten. Von dort ließ ihn Jojakim durch seine Beauftragten zurückholen und hinrichten. Sein Leichnam wurde auf dem Begräbnisplatz des gewöhnlichen Volkes verscharrt (Jer 26,20–23).
4) Sohn des Hakkoz und Vater des Priesters Meremoth z. Zt. Esras und Nehemias (Es 8,33; Neh 3, 4.21).
5) Einer der Männer, die neben Esra standen, als er das Gesetz vorlas (Neh 8,4). Viell. ist er mit dem vorigen gleichzusetzen.

Uriel »(Mein) Licht ist Gott«.
1) Kahathitischer Levit, Sohn Thahaths (1 Chron 6,9[24]).
2) Oberster der kahathitischen Leviten z. Zt. Davids (1 Chron 15,5.11).
3) Vater Michajas, der Mutter König Abias; er stammte aus Gibea (2 Chron 13,2).
4) → Engel IV.

Urim und Thummim → Licht und Recht

Urteil, urteilen → Recht, Rechtsprechung; → Richten; → Strafe

Usa, wohl Kurzform von Usia »Der Herr ist eine Kraft«.
1) Sohn Abinadabs, der mit seinem Bruder Ahjo den Wagen führte, auf dem David die Bundeslade aus dem Hause ihres Vaters in Kirjath-Jearim abholte, um sie nach Jerusalem zu bringen. Bei der Tenne Nahons (oder Chidon) stolperten die Zugrinder, und U. griff nach der Lade, um sie vor dem Umstürzen zu bewahren. Diese Übertretung des warnenden Gebotes 4 Mo 4,15 kostete ihn das Leben. Der Ort erhielt danach den Namen Perez-Usa = »Riß des U«. David unterbrach nun die Überführung der Lade und ließ sie in das Haus Obed-Edoms bringen (2 Sam 6,1–8; 1 Chron 13).
2) Levit aus dem Geschlecht Meraris (1 Chron 6, 14[29]).
3) Sohn des Benjaminiten Ehud (1 Chron 8,6.7).
4) Ursprünglicher Besitzer eines Gartens in Jerusalem, in dem die Könige Manasse und Amon begraben wurden (2 Kö 21,18.26). Nach 2 Chron 33, 20 scheint der Garten zum Bezirk des Königspalastes gehört zu haben.

5) Verbannte aus dem Geschlecht eines Tempelknechts U. kehrten mit Serubabel aus Babylon zurück (Es 2,49; Neh 7,51).

Usai, Vater des Palal z. Zt. Nehemias (Neh 3,25).

Usal, Sohn Joktans (1 Mo 10,27; 1 Chron 1,21), seine Nachkommen waren ein arab. Stamm. Nach arab. Überlieferung hieß Sana, die Hauptstadt des Jemen, früher Asal; viell. besteht ein Zushg. zwischen diesem Namen und U.

Usen-Seera.
Stadt, die Seera, die Tochter Ephraims, baute (1 Chron 7,24). Viell. das heutige Bet-Sira, 4 km westsüdwestl. vom Niederen Beth-Horon.

Usi, Kurzform von Usia »Der Herr ist eine Kraft«.
1) Nachkomme Isaschars, Sohn des Thola (1 Chron 7,2.3).
2) Sohn Bukkis und Vater Serahjas aus dem Hohenpriestergeschlecht (1 Chron 5,31[6,5]f; 6,36[51]), ein Vorfahr Esras (Es 7,4).
3) Benjaminit, Sohn Belas (1 Chron 7,7).
4) Benjaminit, Sohn Michris und Vater Elas (1 Chron 9,8).
5) Oberster des Priestergeschlechtes Jedaja z. Zt. des Hohenpriesters Jojakim (Neh 12,19).
6) Levit aus der Nachkommenschaft Asaphs, Sohn des Bani, Vorsteher der Leviten in Jerusalem nach der babyl. Gefangenschaft (Neh 11,22).
7) Priester, der an der Einweihung der Mauern Jerusalems teilnahm (Neh 12,42).

Usia »Der Herr ist eine Kraft«.
1) Levit aus dem Geschlecht Kahaths (1 Chron 6, 9[24]).
2) Asthrathiter, einer der Helden Davids (1 Chron 11,44).
3) Vater Jonathans, eines der Vermögensverwalter Davids (1 Chron 27,25).
4) Sohn König Amazjas und 767–740/39 v. Chr. König von Juda. Er wird auch Asarja genannt. Von 792/1 an regierte er gleichzeitig mit seinem Vater, und zwar seit dessen Niederlage gegen Joas von Israel (2 Kö 14,21.22).

Ossuar (Kalksteinkasten zur Aufnahme von Gebeinen Gestorbener) des judäischen Königs Usia mit aram. Inschrift. Als Aussätziger war Usia nicht in den eigentlichen Königsgräbern, sondern nur in ihrer Nähe bestattet worden (2 Chron 26,23). In ntl. Zeit ist man wahrscheinlich auf das Grab gestoßen und hat die Gebeine des Königs umgebettet. Von dieser Bestattung rührt die Inschrift her

Asarja wird er in 2 Kö 14 u. 15; 1 Chron 3,12 genannt; U. in 2 Chron 26; Jes 1,1; 6,1; 7,1; Hos 1,1; Am 1,1; Sach 14,5; beide Namen kommen 2 Kö 15 vor.
Im allg. tat U., was in den Augen des Herrn recht war, und seine Herrschaft brachte eine Zeit äußerer Blüte für Juda. Er suchte Gott, solange Sacharja lebte, der ihn in der Furcht Gottes unterwies (2 Chron 26,5); und solange er Gott suchte, gab ihm der Herr Gelingen. Er dehnte den Machtbereich Judas wieder nach W und S aus, unterwarf die Philister (2 Chron 26,6.7), besiegte Araber und Meuniter (V 7) und gewann Elath zurück, nachdem Amazja gestorben war (V 2; 2 Kö 14,22). Auch von den Ammonitern empfing er Tribut (2 Chron 26,8). Durch Türme und Brunnen in der Wüste (V 10) sicherte er Siedlungen und landwirtschaftliche Nutzung im Negev (vgl. V 8). Weiter verstärkte er die Befestigungen Jerusalems (V 9), organisierte das Heer neu und rüstete es mit den modernsten Waffen aus (V 11–15).
Im Bewußtsein seiner Macht aber wurde er hochmütig und wollte auf dem Räucheraltar Opfer darbringen. Zur Strafe wurde er aussätzig und lebte bis zu seinem Tode in einem abgeschlossenen Haus, während sein Sohn Jotham die Regentschaft führte (750 v. Chr.; 2 Kö 15,5; 2 Chron 26,16–21). Nach seinem Tode setzte man ihn wohl auf dem Begräbnisplatz der Könige bei, seines Aussatzes wegen aber nicht im königlichen Familiengrab. Eine aram. Inschrift aus ntl. Zeit meldet: »Hierher wurden die Gebeine Usias, des Königs von Juda, gebracht – öffne nicht!« Das scheint auf eine Umbettung zu deuten, die viell. durch Bauarbeiten in Jerusalem – etwa die von Herodes Agrippa II. – notwendig geworden war.
Am 1,1 und Sach 14,5 wird ein Erdbeben z. Zt. des U. erwähnt, das augenscheinlich großen Schrecken verbreitet hat. Nach Josephus geschah es im Zushg. mit dem Eingriff des Königs in das Amt des Priesters.
5) Vater des Judäers Athaja, der nach der Verbannung in Jerusalem lebte (Neh 11,4).
6) Priester, der eine heidnische Frau genommen hatte (Es 10,21).

Usiel »Gott ist eine Kraft«.
1) Levit, Sohn Kahaths und Verwandter Aarons (3 Mo 10,4). Seine Nachkommen sind die Usieliten (2 Mo 6,18.22; 4 Mo 3,19.27.30; 1 Chron 15,10).
2) Benjaminit, Sohn Belas (1 Chron 7,7).
3) Levit, Sohn Hemans (1 Chron 25,4). In V 18 wird er Asareel genannt.
4) Levit aus dem Geschlecht Jeduthuns z. Zt. Hiskias (2 Chron 29,14).
5) Simeonitischer Fürst z. Zt. Hiskias (1 Chron 4, 41–43).
6) Sohn Harhajas, Goldschmied z. Zt. Nehemias (Neh 3,8).

Usieliten → Usiel (1)

Uthai, viell. Kurzform von Athaja oder Athalja.
1) Judäer, Sohn Ammihuds; er wohnte nach der Gefangenschaft in Jerusalem (1 Chron 9,4).
2) Nachkomme Bigevais. Er kehrte mit Esra aus der babyl. Gefangenschaft heim (Es 8,14).

Uz. 1) Sohn Arams (1 Mo 10,23; 1 Chron 1,17).
2) Sohn Nahors und Neffe Abrahams (1 Mo 22,21).
3) Sohn des Horiters Disan (1 Mo 36,28; 1 Chron 1,42).
4) Heimat Hiobs (Hi 1,1). Das Land U. lag am Rande der syr. arab. Wüste (vgl. V 3), offen für Einfälle der Sabäer (V 15) und Chaldäer (V 17).
Nach diesen Angaben hat man das Land Uz mit den Nachkommen des Nahor- und Aramsohnes (Uz 1 u. 2) in Verbindung gebracht und es im Hauran-gebiet und dessen weiterer Umgebung vermutet, zumal der jüd. Geschichtsschreiber Josephus einen Usos (= Uz 1), den Sohn des Aram, als den Begründer der Trachonitis und von Damaskus nennt. Nach Klgl 4,21 lag Uz jedoch im Gebiet Edoms (vgl. Jer 25,20); und in diese Gegend weisen auch die Stellen, die Uz (3) als Nachkommen des Horiters Seir erwähnen. Musil meint einen Ort Uz in Chirbet el-Is 3 km östl. von Tafila gefunden zu haben. Andere suchen das Land weiter östl. in NW-Arabien, bes. im Gebiet von ed-Dschof (Duma). Sicherheit bringt keine der vielen Bestimmungsversuche

V

Vaheb, Ort in der Nähe des Arnon (4 Mo 21,14.15). Vgl. → Supha.

Vajesatha, pers. »Sohn des Windes«. Einer der 10 Söhne Hamans (Est 9,9).

Vanja, Israelit, der sich von seiner heidnischen Frau trennte (Es 10,36).

Vaphsi, Vater des Kundschafters Nahebi aus dem Stamm Naphthali z. Zt. Moses (4 Mo 13,14[15]).

Vasni → Joel (2)

Vasthi »Die Ersehnte, Geliebte«,
Frau des Perserkönigs → Ahasveros (Xerxes), die er aus ihrer Stellung als → Königin absetzte, weil sie sich geweigert hatte, beim Festmahl vor seinen Gästen zu erscheinen (Est 1).

Vater. Alle Vaterschaft hat ihren Grund und Ursprung in Gott (Eph 3,15; Mt 23,9), in seiner Schöpfermacht, die das, was nicht ist, ins Leben ruft (Röm 4,17). Er ist V. seines eingeborenen Sohnes Jesus Christus (Eph 3,14; Joh 1,14.18), in dem er sein Wesen offenbart; und er nimmt Menschen zu Kindern an (2 Sam 7,14; Lk 12,32). Gottes V.-Sein schließt Fürsorge und Erhaltung für die Seinen ein (Mt 6,8), und erweist sich in seiner Liebe (Joh 16,27).
I, 1) V. ist, wer → Kinder gezeugt (Ps 2,7) und erzogen hat. Vaterschaft ist eine Gnade, da Kinder eine Gabe Gottes sind (Ps 127,3), die nicht jedem zu-

teil wird (Lk 20,28–30). Sie schließt die Kindeskinder ein, so daß alle Nachkommen als Söhne und Töchter des Stammvaters angesehen werden (Mt 21, 9); der Begriff des Großvaters ist der HS fremd. Doch führen drei Wege aus dem Vaterhaus:

a) Ein Sohn wird den V. verlassen, um der Frau anzuhängen und selbst V. zu werden (1 Mo 2,24).

b) Nicht nur durch den leiblichen Tod, sondern auch durch sündhaftes Verlassen stirbt der Sohn für den V. (Lk 15,24).

c) Schließlich setzt wie schon bei Abraham der Befehl Gottes, so bes. im NT die Bindung an Christus die an den V. außer Kraft (Mt 4,22; Lk 14,26).

2) Das V.-Sohn-Verhältnis ist durch Gebote geordnet, deren Gewicht beigefügte Drohungen unterstreichen (Spr 30,17; 5 Mo 21,18–21). V.-pflicht ist die Ernährung (Lk 11,11), Leitung und Erziehung (Hebr 12,8.9; Spr 13,24) der Kinder und vor allem ihre Unterweisung im Gesetz des Herrn (5 Mo 6,7; Eph 6,4). Die Verantwortung des V. zeigt sich darin, daß die Kinder an seiner Schuld – namentlich beim Abfall vom rechten Gottesdienst – mittragen (2 Mo 20,5), wenn Gott hier auch eine Grenze gezogen hat (5 Mo 24,16; Hes 18,17–20). Damit ist deutlich, daß der V. nicht willkürlich handeln darf; vor allem im NT wird ihm eingeschärft, seine Kinder nicht zum Zorn zu reizen (Eph 6,4) oder zu erbittern (Kol 3,21). Umgekehrt aber gebührt ihm Ehre (2 Mo 20, 12; Spr 30,17) und Gehorsam (Spr 23,22); im AT hat der V. das Recht der Entscheidung über Leben und Tod (1 Mo 22,1–10) und Anspruch auf Versorgung bei Arbeitsunfähigkeit (Spr 19,26; Mt 15,5). Daß ein Verhältnis, in dem die Liebe regieren sollte (1 Mo 22,2; 44,20), durch das Gesetz geordnet wird und werden muß, ist ein Notbehelf und Zeichen der Unordnung. Aber immer noch hat der V. das Vorrecht, als erster zu lieben und um das Herz des Kindes zu werben; auch hierin ist menschliche Vaterschaft Abbild der Vaterschaft Gottes (Spr 23, 26; 1 Joh 4,10.19).

3) Erweitert wird der Begriff des V., wenn auch ein Mensch, der die V.-Pflichten der Versorgung trägt, ein Wohltäter (Hi 29,16; 31,18), ein gütiger Herr (2 Kö 5,13) oder ein Fürst (1 Mo 41,43; 1 Sam 24, 12; Jes 22,21) V. genannt werden, ohne daß eine leibliche Abstammung vorliegt. So kann auch der Priester oder Prophet, dessen Leitung man sich anvertraut hat (Ri 17,10; 2 Kö 2,12; 13,14), als V. gelten.

4) In besonderem Sinn auf das geistliche Gebiet übertragen, wird der Begriff V. im NT, wo es sich um die geistliche Zeugung zum Glauben handelt. So besteht zwischen Paulus und Timotheus (Phil 2, 22; 1 Kor 4,15; Phim 10), Petrus und Markus (1 Petr 5,13) ein echtes Vaterschaftsverhältnis, und Paulus geht mit den durch ihn gerade zum Glauben gezeugten Gemeindegliedern väterlich um (1 Thess 2,11). Väter in der Gemeinde sind alle, die geistlich Kinder gezeugt oder aufgezogen haben (1 Joh 2,13.14).

II, 1) Eine Vaterschaft besonderer Art ist im Heilsplan Gottes mit Abraham gesetzt. Er ist der Patriarch (Hebr 7,4), der Erzvater, da Gott mit ihm einen Grundstein in der Menschheit legt und etwas Neues beginnt. Als der lebendige Gott ihn berief, verließ er nicht nur Vaterland und Verwandtschaft, sondern brach auch mit den Göttern seines V. Tharah (Jos 24,2). So nimmt Gott eine ganz neue Beziehung zu diesem Menschen auf; auch seine Nachkommen werden in den Bund eingeschlossen (1 Mo 26,3). Jakob weiß, daß der Gott Abrahams mit ihm war (1 Mo 31,42), und Gott spricht ihn an als der Gott seines V. (1 Mo 46,3). Da aber neben Isaak auch Ismael und neben Jakob auch Esau stehen, die Gott ausscheidet, ist später die rechte Nachkommenschaft festgelegt durch das Bekenntnis zu dem Gott Abrahams, Isaaks und Jakobs (2 Mo 3,6). So schließt Gott den Bund mit dem Volk, dessen V. Abraham ist und das den Gott seiner Väter verehrt. Die späteren Generationen werden einbezogen in das Heilshandeln Gottes an ihren Vätern (5 Mo 4,31; 5,3; 2 Mo 6,3; 4 Mo 11,12).

2) Schon vor der Gefangenschaft aber klagt der Prophet, daß die Israeliten den → Bund, den Gott mit ihren Vätern nach vorangegangener Hilfe geschlossen hatte, nicht gehalten haben und er sie zwingen mußte (Jer 31,32). So erscheinen in den Ev. die Väter, die den Bund gebrochen und die Propheten getötet haben, als die Vorbilder der Verfolger Jesu und der Jünger (Mt 5,12; 23,31). Nachdem Israel den Gott seiner Väter verlassen hatte, versuchte Johannes der Täufer am Jordan weithin vergeblich, die Herzen der Väter zu den Kindern und die Herzen der Kinder zu den Vätern zu bekehren (Mal 3,24[4,6]; Lk 1,16.17). Denn Israel berief sich auf die leibliche Abstammung allein und hat Abrahams Glauben und Werke vergessen (Joh 8,33.37); so sind sie nun Kinder des Teufels, dessen Werke sie tun (V 44), während nur noch die, die Abrahams Werke tun, als seine rechte Nachkommenschaft (Gal 3,6.7. 29) und vollberechtigte Glieder des Gottesvolkes (Eph 2,19.20) gelten. Der Jude aber, der in Jesus den Sohn Gottes erkannt hat, dient jetzt auf diesem Wege dem Gott seiner Väter (Apg 24,14).

III) Daraus ergibt sich auch ein Wandel in der V.-schaft Gottes den Menschen gegenüber. V. ist Gott zunächst – abgesehen davon, daß er alle Menschen geschaffen hat und erhält – für sein Volk Israel (Jes 63,16; Jer 3,4; 31,9) und dadurch auch für den einzelnen Israeliten (Ps 68,6). Nun aber gibt es durch das Werk seines eingeborenen Sohnes → Jesus Christus (vgl. auch → Namen Jesu II A) geistliche Zeugung (Jak 1,18) und Geburt (1 Joh 2,29; 3,9; 4, 7), die ein echtes V.-Kind-Verhältnis schaffen zwischen Gott und den Menschen (1 Joh 3,1: »und wir sind es«), die durch den Glauben Brüder des Christus und also Kinder Gottes werden. Ihnen, die das Israel nach dem Geist bilden, will Gott alle Liebe erweisen, sie versorgen (1 Petr 5,7), leiten (2 Tim 2,7), erziehen (Hebr 12,6–8) und als Erben einsetzen (Röm 8,17). Er erwartet aber auch die Antwort auf seine Liebe: unsere Gegenliebe (1 Joh 4,19) und den der Liebe entspringenden Gehorsam (Röm 16, 19; Hebr 5,9), die Liebe seiner Kinder untereinander (Joh 13,34), kindlichen Dank (Kol 2,7; 1 Thess 5,18), Ehre (Eph 3,21), und den vertrauensvollen Anruf »Abba« (Röm 8,15; aram. die vertraute Anrede der Kinder »Papa«).

Vaterunser → Unser Vater

Ve-Adar → Jahr

Verantwortung, verantworten. Während das Wort V. in der HS nur für den Akt des Sich-Verantwortens gebraucht wird, spricht man heute von V. meist nur in dem Sinn, daß man über die Erfüllung auferlegter Pflichten Rechenschaft ablegen muß. Wenn in der HS das Wort V. in diesem Sinn auch nicht vorkommt, so spricht sie doch oft von der Sache, so daß hier auch darauf eingegangen werden muß.

I) V. im engsten und biblischen Sinn ist die Antwort auf eine Anklage, die Verteidigungsrede (Apg 11,1.2; 24,10ff; 26,2.24). Nach der Rechtsordnung

kann der Beklagte die Möglichkeit der V. verlangen (Apg 19,33), man muß ihm den Kläger gegenüberstellen (Apg 25,16). So lag Paulus auf Grund der Anklage der Juden im Gefängnis, um das Evangelium bis zur obersten Instanz der röm. Justiz zu verantworten (Apg 26,2; Phil 1,7.17; 2 Tim 4,16).
Der Begriff V. wird in der HS auch noch weiter gefaßt; es bedarf nicht immer erst einer formulierten Anklage bei Gericht (Lk 12,11), sondern die Glaubenden sollen jederzeit zur V. bereit sein, wenn jemand Rechenschaft verlangt über die Hoffnung, die in ihnen ist (1 Petr 3,15).

II) V. in dem heute üblichen Sinn ergibt sich daraus, daß der Mensch von Gott unter Pflichten gestellt ist, für deren Erfüllung er → Rechenschaft ablegen muß, d. h. die V. trägt.
Aus der immer klareren Offenbarung und Erkenntnis Gottes ergibt sich immer größere Verpflichtung und damit wachsende V. So tragen alle Menschen die V. dafür, daß ihr Schöpfer durch sie gepriesen und ihm gedankt wird (Röm 1,21). Größere Verpflichtung und V. trug Israel, dem Gott sich durch Befreiung und Leitung offenbarte und das sich im → Bund unter die Ordnungen Gottes stellte (5 Mo 10,12). Das höchste Maß der V. tragen aber alle, denen die Liebe Gottes in Christus offenbart wurde (1 Joh 4,9.19) und die durch das Gnadenhandeln Gottes an ihnen zu neuen Menschen geschaffen wurden (2 Kor 5,17), fähig gemacht zu guten Werken (Eph 2,10). Ihr Leben soll nun die Auswirkung des Handelns Gottes an ihnen zeigen (Röm 12,1.2; Kol 1,10), und Gott erwartet, daß alle ihnen verliehenen Gaben zu seiner Ehre fruchtbringend verwendet werden (2 Tim 1,6; 1 Kor 12,7; 1 Petr 4,10). So tragen Menschen des neuen Bundes eine V., die sie für immer bindet an die Leitung Gottes zur Erkenntnis seines Willens (Eph 5,17), an die Kraft Gottes, ohne die sie nicht eins der erwarteten Werke vollbringen können (2 Kor 4,7), und an die immerwährende Vergebung durch Christus (1 Joh 1,8.9), da sie bei aller Achtsamkeit und allem Eifer doch mannigfaltig fehlen (Jak 3,2).

Verbannen → Bann

Verbieten, Verbot → Gesetz

Verblenden → Blindheit

Verdammnis. I) V. als Hauptwort findet sich nur im NT und gibt dort verschiedene griech. Wörter wieder: *apôleia* = Verderben, Untergang, Verlust; *krima* = richterliche Entscheidung; *katakrima (katakrisis)* = Verurteilung einschließlich Vollzug des Urteils. Die dazugehörigen Tätigkeitswörter werden, ebenso wie im AT das hebr. Tätigkeitswort *rascha* = »für schuldig erklären, überführen, widerlegen«, mit »verdammen« übersetzt.
Das Wort V. schließt also den übereinstimmenden Inhalt aller dieser Wörter ein. Zu beachten ist dabei, daß V. zugleich das Urteil wie seine Vollstreckung bezeichnet. Das gilt bes., wenn Gott verdammt.

II) V. ist Verurteilung des Menschen als Sünder und damit Folge des zerstörten Gottesverhältnisses. Als Urteil ist ihr Endgültigkeit und Unaufhebbarkeit eigen (Mk 9,43–48). Deshalb ist Verdammen eigentlich nur Gottes Sache (Jak 4,12).

1) Ursache findet die V. immer am Leben des Verdammten allein, an seiner Gottlosigkeit und Missetat (5 Mo 25,1; Hes 21,29[24]f; 2 Petr 2,6; Röm 3,8; 5,16; Phil 1,28; 3,19), seinen Begierden und Gelüsten (1 Tim 6,9), deren letzte Wurzel der Unglaube ist (Mk 16,16; vgl. auch Röm 14,23). Damit verdammt sich der Gottlose selber (Spr 12,2; 2 Petr 2,1) und wird zum »Sohn der V.« *(hyios taes apôleias;* Joh 17,12 LÜ das verlorene Kind; 2 Thess 2,3 LÜ Kind des Verderbens).
Letztlich aber entscheidet sich die V. an der Stellung zu Jesus Christus (2 Petr 2,1). Denn im Glauben an ihn ist alle V. aufgehoben (Röm 8,34). Zwar sieht Gott nicht über die Sünde hinweg – er verdammt sie vielmehr durchs Gesetz (vgl. 2 Kor 3,9), darum ist die Verkündigung des Gesetzes »das Amt, das die V. predigt« (ebd.) – aber diese V. trifft die, die im Glauben »in Christus Jesus« sind, nicht mehr, weil sie an Jesus Christus in seinem Sterben vollzogen wurde (Röm 8,1.3).

2) Aber auch Menschen können verdammen. Innerhalb der Gemeinschaft des Gottesvolkes werden sie sogar von Gott damit beauftragt (5 Mo 25,1), insofern sie den Störer der Ordnung des Gottesvolkes verdammen und sich dadurch vom Sünder scheiden sollen (vgl. dagegen das Verhalten der Ankläger in Joh 8,10), wie Gott sich vom Sünder scheidet. Deshalb sieht sich der Hohe Rat im Recht, wenn er Jesus wegen Gotteslästerung verdammt (Mk 14,64). Das Urteil der V. ist, wenn es von Menschen in göttlicher Vollmacht gesprochen wird, mehr als ein nur im menschlichen Bereich gültiges Urteil. Es ist Vorwegnahme des endgültigen Urteils Gottes und bestimmt die Ewigkeit (vgl. Mt 16, 19). Das ungerechtfertigte Verdammen aber fällt auf den Verdammenden zurück; darum warnt die HS vor leichtfertigem Verdammen (Mt 12,7; Lk 6,37; Röm 3,1). Menschliches Urteil ist und bleibt an Gottes Urteil gebunden (Joh 5,30).
Das Verdammen anderer kann auch durch den bloßen Wandel, also ohne einen ausdrücklichen Urteilsspruch vollzogen werden. Durch Gehorsam gegen Gott (Hebr 11,7) und Glauben (Mt 12,41f; Lk 11, 31f) werden Ungehorsam und Unglauben verdammt, und zwar bei denen, die hätten gehorsam sein und glauben sollen. Gehorsam und Glaube an Gott bedeuten das Urteil für jeden, der nicht so lebt (Joh 3,18), daraus erklärt sich der Haß, der dem Glaubenden begegnet (V 20; 15,19.24).

III) Unterscheidet die HS im wesentlichen schon bei dem Gebrauch des Begriffs V. bzw. Verdammen nicht zwischen Urteil und Vollzug, sondern sieht beides in einem, so schweigt sie fast völlig über das Wesen der V. Sie ist das Gegenteil des ewigen → Lebens (Mt 7,13.14) und damit völliges Scheitern, aber nicht einfach ein Verlöschen, sondern hoffnungsloses Bleiben im → Tode (Mk 9,43f; vgl. auch Röm 2,5–10). Sie ist Verstoßensein von Gott und wird offenbar am Tage des Gerichts (2 Petr 3,7).
Vgl. → Fluch, → Gericht, → Hölle III, → Recht, → Richten.

Verderben, Verderber. I) Im eigentlichen Sinn bedeutet das Tätigkeitswort v.: vernichten, umbringen, töten, zerstören; zugrunde richten; umkommen, verloren gehen. Das Hauptwort V. hat die Bedeutung: Untergang, Tod; Verlust.

II, 1) Das AT denkt bei V. zunächst an ein irdisches Umkommen und Zunichtewerden (2 Mo 21,26; 3 Mo 26,26; 4 Mo 32,15; Ri 16,24; Ps 80,14), gebraucht das Wort aber häufig schon für die Gerichte Gottes (1 Mo 6,13; 9,11; 18,28; 5 Mo 9,26; Jes 13,5). Dem tieferen Sinn von → Leben und → Tod entsprechend kann V. im NT auch für das endgültige Scheitern am Heilsziel stehen und ist dann gleichbedeutend mit Verdammnis (Mt 10,28; 1 Thess 5,3; 2 Thess 1,9). In 1 Tim 6,9 werden »V.

und Verdammnis« nebeneinandergestellt, um ein das Erlöschen der physischen Existenz übersteigendes, hoffnungsloses Todesgeschick auszudrücken.

2) Zu Joh 17,12; 2 Thess 2,3 vgl. → Verdammnis II,1.

3) Die Übergabe des Blutschänders in 1 Kor 5,5 erfolgt an den Satan, damit das → Fleisch verderbe, sein Geist aber gerettet werde.

III) Der »Verderber« in 2 Mo 12,23 ist ein Würgeengel, der in Gottes Auftrag handelt (vgl. 2 Sam 24, 16; 1 Kor 10,10); in Jes 49,19; Jer 6,26; 22,7 hingegen ist es der Landesfeind.

Verdienst ist ein Begriff, den Luther an einigen Stellen im Römerbrief zur Verdeutlichung in seine Übersetzung eingefügt, wo Paulus von der → Rechtfertigung des Sünders aus der → Gnade Gottes spricht. In Röm 9,12; 11,6 steht im griech. Text für »nicht aus V. der Werke« wörtl. nur: »nicht aus Werken«; in Röm 3,24 gibt »ohne V.« das griech. *dorean* = »unentgeltlich, geschenkweise« wieder. Vgl. zur Sache → Gerechtigkeit, → Lohn, → Werk.

Verdorrt → Krankheiten

Verengern, die Grenze verrücken, das Grundstück des Nachbarn durch heimliches, unrechtmäßiges Versetzen der Grenzsteine verkleinern (5 Mo 27, 17). Dasselbe hebr. Wort übersetzt Luther 5 Mo 27, 17 mit »zurücktreiben«, sonst mit »verrücken«.

Verfälschen (2 Kor 2,17) vgl. → Handel III

Verfinstern → Finsternis

Verfluchen → Fluch

Verfolgung. I) V. ist ein Teil der → Trübsal (Apg 14,22), die wesensmäßig zum Leben des → Jüngers in der → Nachfolge Jesu (Mt 10, 16–25) hinzugehört: Alle, die gottselig leben wollen in Christus Jesus, müssen V. leiden (2 Tim 3,12). Dies Mit-leiden (→ Mitleid) hat die Verheißung, daß der Glaubende mit Christus auch zur Herrlichkeit erhoben wird (Röm 8,17.18; vgl. → Leid III,2).

Dabei ist bezeichnend, daß im NT die V. überall von den frommen und gesetzestreuen (Phil 3,6; vgl. Gal 5,11) Juden ausgeht (Joh 5,16; Apg 8,1; 13,50; 2 Tim 3,11). Sie meinen, Gott einen Dienst zu tun, wenn sie die verfolgen und töten (Joh 15, 20; 16,2), die die Gebote Gottes halten und das Zeugnis Jesu haben, den Geist der Weissagung (Offb 12,17; 19,10). In Wahrheit aber sind die Verfolger Söhne des Teufels (Joh 8,40.44; vgl. Mt 23, 15; Offb 12,13.17). Denn ihre V. der Gemeinde Jesu (1 Kor 15,9; Phil 3,6) richtet sich gegen den Herrn selbst (Apg 9,4f; 22,7f; 26,14f), und sie setzen damit nur fort, was ihre Väter den Propheten Gottes angetan haben (Mt 5,12; Lk 6,23; Apg 7,52; vgl. Mt 23,34; Lk 11,49).

Auch in der Offb stehen die Verfolgungen durch das Tier (Offb 11,7; 13,7) und durch die Hure (Offb 17,6; 19,2) nebeneinander.

II) Die Verkörperung des im Unglauben für Gott eifernden Verfolgers ist Paulus (Apg 9,1–5; 22,3. 4; 26,9–11; 1 Kor 15,9; Phil 3,6; 1 Tim 1,13), der nach seiner Umkehr (Gal 1,23) nun als Knecht und Apostel Jesu Christi (Röm 1,1) selber mehr als andere V. leiden mußte (Gal 5,11; 2 Tim 3,11; 2 Kor 11,23ff). An ihm hat der Herr seine Barmherzigkeit sichtbar werden lassen, damit die ein Vorbild haben, die durch den Glauben an Christus das ewige Leben erlangen sollen (1 Tim 1,16).

III) Die V. bringt mit sich die Versuchung zum Abfall (Mk 4,17) oder zum Ausweichen in die Gesetzlichkeit (Gal 6,12), d. h. in eine selbstgemachte Frömmigkeit, in der man nicht mehr um des → Kreuzes (II) Christi willen verfolgt wird (ebd.). Die aber trotz der Anfechtungen beim Herrn beharren (vgl. Lk 22,28.29), preist Jesus selig (vgl. → Seligpreisungen), wenn sie um der Gerechtigkeit und um seinetwillen verfolgt werden (Mt 5, 10.11). Denn keine V. kann von der Liebe Gottes trennen (Röm 8,35), mitten unter Verfolgungen erhalten die Jünger hundertfältig zurück, was sie um Jesu willen aufgegeben haben (Mk 10,29.30). Sie werden verfolgt, aber sind nicht verlassen (2 Kor 4, 9), und tragen mit gutem Mut (2 Kor 12,10) die V. in Geduld und Glauben (1 Kor 4,12; 2 Thess 1, 4). Als Waffe gegen ihre Verfolger ist ihnen das Gebet (Mt 5,44; vgl. Lk 23,34) und der Segen (Röm 12,14) gegeben, um das Böse mit Gutem zu überwinden (V 21). Außerdem können sie örtlichen Verfolgungen auch aus dem Wege gehen (Mt 10, 23; Apg 9,24.25.29.30; 14,5.6; 17,10.13.14; vgl. dagegen aber Apg 20,22.23; 21,4.11–13). Die Verfolger aber trifft das Gericht Gottes (2 Thess 1,3–10).

Verführung ist die zum Erfolg gekommene → Versuchung. Das bedeutet im AT vor allem Verleitung zu Bilder- und Götzendienst, die von falschen Propheten und ungetreuen Herrschern ausgeht (5 Mo 13,6[5]; 2 Kö 21,9; 2 Chron 21,11; Jes 3,12; 19, 13; Jer 23,13), aber auch von den Götzen selber (Hos 4,12; Am 2,4). Eine bes. große Macht und Ausdehnung der V. durch den → Teufel (Offb 12,9; 20,8) und seine Helfer (1 Tim 4,1; Tit 1,10; 2 Joh 7; Offb 18,23) ist das Kennzeichen der Endzeit (Mt 24,4.5. 24; 2 Thess 2,10; 2 Tim 3,13). Die ntl. Briefe sagen das immer wieder voraus und warnen eindringlich davor, die Sünde zu verharmlosen (1 Kor 6,9; Eph 5,6; 1 Joh 3,7) und falschen Lehrern zu folgen (Röm 16,18; Eph 4,14; Kol 2,8; 2 Thess 2,3; 2 Petr 3,17). Anderseits werden sowohl Jesus (Joh 7,12.47; Mt 27,63) wie seine Apostel (2 Kor 6,8) von ihren Gegnern beschuldigt, Verführer zu sein.

Vergeben, Vergebung.

I) SPRACHLICHER BEFUND.

1) Das Hebr. hat für »vergeben« eine Fülle von Wörtern und Begriffen. Wo in der LÜ »vergeben« steht, haben die hebr. Wörter vielfach verschiedene Grundbedeutungen, wie »aufheben, wegnehmen« (1 Mo 4,13; Ps 25,18), »verzeihen« (2 Kö 24,4; Neh 9,17) und »Verzeihung« (Ps 130,4; Dan 9,9; LÜ Vergebung), »bedecken, verhüllen« bezw. »abwischen« (Ps 65,4; Ps 78, 38; Jes 22,14; Hes 16,63; im übrigen vgl. → versöhnen I,1). »Überschreiten, vorübergehen; durch- oder vorbeigehen lassen« heißt ein Wort, das die LÜ mit »erlassen« (Mi 7,18) und »wegnehmen« (Hi 7,21; 2 Sam 24,10) wiedergibt. Die Vielfalt der Ausdrücke zeigt sich auch in der Übersetzung bei »bedecken« (Ps 32,1; 85,3), »nicht zurechnen« (Ps 32,2), »nicht gedenken« (Jes 43,25), »tilgen, vertilgen, austilgen« (Jes 43,25; 44,22; Jer 18,23), »waschen«, »reinigen« (Ps 51,4) und »heilen« (Ps 103,3). Das Wort, das die LÜ in Jes 40,2 mit »vergeben« und in 3 Mo 26,34.41.43 mit »gefallen lassen« wiedergibt, bezeichnet eigentlich ein »Bezahlen, Abtragen«.

2) Das NT kennt für »vergeben« 2 Wortstämme, *aphiaemi* mit dem Hauptwort *aphesis* und anderseits *charizomai;* dabei wird das letzte Wort nur bei Paulus, das erste nur in den übrigen ntl. Schriften in dieser Bedeutung gebraucht. *Aphiaemi* hat sonst die Bedeutungen »wegschicken«

(Mt 13,36 LÜ von sich lassen), »verlassen« (Mk 13,34; Röm 1,27; Offb 2,4), auch »zulassen« (Mt 3,15), »liegen« (Lk 10,30) oder »gehen lassen« (Joh 11,44), den Geist »aufgeben« (Mt 27,50 wörtl.). Außerdem ist der Ausdruck ein juristisches Fachwort für »jemanden aus einem Rechtsverhältnis entlassen« (vgl. Mt 18,27.32; 1 Kor 7,11f). Von daher steht *aphiaemi* dann schon in der LXX und weiter im NT für »vergeben« (Mt 6,12; Mk 2,7.10; 1 Joh 2,12); das außerhalb der HS sehr seltene *aphesis* kommt in Lk 4,18 (LÜ daß sie los sein sollen); Mk 1,4; Mt 26,28 vor.

Charizomai bedeutet zunächst »jemanden gefällig sein, ihm etwas schenken« (Lk 7,21; Röm 8,32; Apg 27,24), aber auch ihm einen Menschen »ausliefern« (Apg 25,11.16 LÜ übergeben). Daß Paulus für »vergeben« – sowohl von Gott den Menschen gegenüber wie von Menschen untereinander (Eph 4,32; Kol 3,13) – stets dies Wort benutzt (2 Kor 2, 7.10; 12,13; Kol 2,13 LÜ geschenkt), ist offenbar dadurch bedingt, daß *charizomai* sprachlich zu *charis* »Gnade« gehört. So weist schon das Wort darauf hin, daß alle Vergebung allein aus der → Gnade Gottes heraus geschieht.

II) DAS WESEN DER VERGEBUNG.

1) Die Frage nach der Vergebung bricht dort auf, wo sich ein Mensch gegen den Mitmenschen oder ein Gebot Gottes vergangen hat, an den Folgen seines verkehrten Denkens und Handelns leidet und die Befreiung aus dieser Schuldverhaftung ersehnt. »Meine Sünden gehen über mein Haupt; wie eine schwere Last sind sie mir zu schwer geworden« (Ps 38,5). Diese Last kann so schwer sein, daß der Mensch an keine Vergebung mehr zu glauben vermag: »Meine Sünde ist größer, als daß sie mir vergeben werden könnte« (1 Mo 4,13). Denn es liegt im Wesen der → Schuld, daß sie etwas End-gültiges im menschlichen Leben ist. Einmal ist kein sündhafter, schuldschaffender Vorgang jemals wieder ungeschehen zu machen, er gehört zu uns unser ganzes Leben hindurch und bis in die Ewigkeit hinein (vgl. Offb 14,13). Außerdem ist solche Verfehlung »am Ende gültig«, d. h. sie gilt vor Gott im Endgericht (vgl. Mt 16,27; Röm 2,6ff; 1 Petr 1, 17; Offb 20,12).

Wegen seiner Sünde hat der Mensch im letzten Gott gegen sich: »Ich, der Herr, dein Gott, bin ein eifriger Gott, der da heimsucht der Väter Missetat an den Kindern bis ins dritte und vierte Glied, die mich hassen; und tue Barmherzigkeit an vielen Tausenden, die mich liebhaben und meine Gebote halten« (2 Mo 20,5.6). Gottes Barmherzigkeit steht über den Menschen, aber zugleich, zuvor und dadurch nicht erweicht noch außer Geltung gesetzt, sein unerbittliches Nein gegen die Sünde. An diesem Nein sind die beiden isrl. Königreiche Israel (2 Kö 17,7–23) und Juda (2 Kö 24,20) zugrunde gegangen, weil der Herr ihre Sünde nicht mehr vergeben wollte (V 3.4).

2) Denn gerade weil die Sündenschuld so ungeheuer schwer ist und es keine Aufhebung oder Beseitigung dafür gibt außer der Vergebung, kann und darf die Vergebung kein einseitiges Handeln bleiben. Vergebung ist nur als Verhältnis zwischen zwei Personen möglich. Derjenige, an dem ein Mensch schuldig geworden ist, vergibt, d. h. er erklärt durch freien, gnädigen Willensentschluß, daß er die begangene Übertretung von sich aus nicht mehr als Belastung für das gegenseitige Verhältnis gelten läßt. Dadurch wird der Schuldverhaftete von seiner Schuld frei – nicht so, daß sie ungeschehen gemacht und in all ihren Folgen aufgehoben würde, wohl aber so, daß das persönliche Verhältnis zwischen beiden aufgrund der Vergebung durch den einen derart neu wird, daß auch der andere nach seiner Schuld wieder eine neue Lebensmöglichkeit hat. Das kann sich weithin, bes. wenn Gott vergibt und erneuert, auch auf die Folgen der Schuld auswirken, braucht es jedoch nicht zu tun.

Die neue Lebensmöglichkeit aber muß der Mensch, bes. bei der Vergebung Gottes, ergreifen und ausleben (Ps 130,4; vgl. Ps 51). Darauf zielen sowohl die Geduld (Neh 9,17; Jes 55,6.7) wie die Gerichte Gottes ab (2 Chron 7,13.14; Jer 36,3). Darum kann gerade in der Scham über die eigene Sünde gebetet werden: »Dein aber, Herr, unser Gott, ist die Barmherzigkeit und Vergebung« (Dan 9,9), und wer Gott seine Übertretungen bekannt hat (vgl. → Bekenntnis I), lobt die heilende und erneuernde Vergebung des Herrn (Ps 32,1–5).

Darüberhinaus ist die Heilsgabe der allgemeinen Vergebung in besonderer Weise Zeichen der ungebrochenen Gemeinschaft zwischen dem Herrn und seinem Volk in der Endzeit (Jes 33,24; Jer 31,34; 50,20; vgl. Hes 16,63).

3) Neben der unerläßlichen persönlichen Umkehr des Sünders hat Gott seine Vergebung im AT aber außerdem weithin an die durch den Priester vollzogene → Versöhnung (III,2) gebunden (3 Mo 5,10. 16.18): ohne Blutvergießen geschieht keine Vergebung (Hebr 9,22). Daran wird deutlich, daß die Vergebung, die Gott aus seiner Barmherzigkeit und Liebe heraus schenkt, nicht absehen kann von seiner Heiligkeit und Gerechtigkeit. Die Spannung von Gericht und Gnade zeigt sich auch dort, wo ein Fürsprecher die Vergebung für andere vom Herrn erbittet (Mose: 4 Mo 14,11–20) bzw. zu erwirken sucht (Abraham: 1 Mo 18,22ff), sogar unter Einsatz des eigenen Lebens (Mose: 2 Mo 32,32).

4) Die ganze Tiefe und das Geheimnis der Vergebung, die völlig freies Geschenk Gottes ist, der jedoch die Sünde dabei nicht einfach nur übersehen kann, sondern sie real entmächtigen und beseitigen muß, wird im NT offenbar. Im Leben und Sterben des Gottessohnes Jesus Christus geschieht die endgültige → Versöhnung (III,4), die Grundlage aller, auch der atl. Vergebung (vgl. → Opfer IV); er ist unser Fürsprecher beim Vater (1 Joh 2,1), der für uns bittet (Hebr 7,25) und uns vertritt (Röm 8,34). Während Johannes der Täufer noch die Nähe, den unmittelbar bevorstehenden Anbruch des Reiches Gottes (Mt 3,2) und die Wassertaufe der Buße zur Vergebung der Sünden verkündigte (V 11; Mk 1, 4), ist mit Jesus das Reich leibhaftig zu den Menschen gekommen (Mt 12,28). In seiner Taufe mit dem Heiligen Geist vollzieht sich das Sterben des alten Menschen und öffnet sich der Weg zu einem neuen Leben aus Gottes Gnade und Kraft (Röm 6, 3–11; Apg 2,38).

Weil Jesus gekommen ist, um »sein Leben als Lösegeld für viele zu geben« (Mk 10,45), kann er in Vollmacht Sünden vergeben (Mk 2,5.10; Lk 7,48); seine noch ganz im AT befangenen pharisäischen Gegner aber zweifeln diese Vergebung an, weil sie ihre Grundlage und Berechtigung nicht erkennen (Mk 2,6.7). Jesu »Blut des neuen Testaments wird vergossen für viele zur Vergebung der Sünden« (Mt 26,28), in Christus »haben wir die Erlösung durch sein Blut, die Vergebung der Sünden nach dem Reichtum seiner Gnade« (Eph 1,7; 1 Joh 2,12). Darum nimmt er Zöllner und Sünder in seine Gemeinschaft auf (Mt 9,9–13; vgl. 21,28–32) und lädt sie alle zum Vater ein (vgl. Lk 14,23.24). Selbst für die, die ihn kreuzigen, bittet er den Vater um Vergebung (Lk 23,34), und von seinem Kreuz her gilt die

Vergebung Juden (Apg 13,38) wie Heiden (Apg 10, 43; 26,17.18) und bringt ihnen Heil (vgl. Ps 32,1. 2), Frieden und Freude (Apg 8,39).

5) Die von Jesus gebrachte Vergebung der Sünden durch Gottes gnädige Zuwendung muß nun durch die Verkündigung seiner Boten, die die Vergebung selber zuvor empfangen haben (vgl. Joh 21,15–17; 1 Tim 1,12–16), an alle Völker weitergegeben werden (Lk 24,47), und zwar nicht nur als Botschaft, sondern als reale Übermittlung: »Welchen ihr die Sünden erlaßt, denen sind sie erlassen; und welchen ihr sie behaltet, denen sind sie behalten« (Joh 20,23; vgl. Jak 5,14–16 u. → Schlüssel II,4). Diese Vollmacht zur Sündenvergebung bedeutet jedoch keinesfalls eine selbständige Freiheit der Jünger, hier zu vergeben und dort nicht. Sie kann nur in der Verbindung mit dem Herrn und unter der unmittelbaren Leitung des Heiligen Geistes ausgeübt werden und stellt dann fest, wo Gott vergeben hat oder wo die Haltung des betreffenden Menschen der Vergebung Gottes noch im Wege steht.

III) DAS BEWAHREN DER VERGEBUNG.

1) Mit dem Geschenk der Vergebung Gottes verbindet sich für jeden zugleich die Mahnung, nun auch seinerseits seinen Schuldigern zu vergeben (Mt 6, 12.14; Lk 11,4; Mk 11,25; Lk 6,37; Eph 4,32; Kol 3,13), und die ernste Warnung vor der Unversöhnlichkeit: »Wo ihr aber den Menschen ihre Fehler nicht vergebt, so wird euch euer Vater eure Fehler auch nicht vergeben« (Mt 6,15; Mk 11,26). Siebenmal am Tage soll man dem Bruder vergeben, der kommt und darum bittet (Lk 17,3.4); Jesus setzt hier also auch die Umkehr des Schuldigen voraus. Siebenmal bedeutet dabei wohl die Fülle, jedoch keine obere Grenze der Vergebung (Mt 18,21.22). Das Gleichnis vom Schalksknecht (V 23ff) zeigt, wie die Verhärtung vor der Bitte des andern (V 28–30) auch die Vergebung der eigenen Schuld wieder aufs Spiel setzt (V 32–35). Darin wird noch einmal deutlich (vgl. oben II,1), daß Schuld etwas Endgültiges ist, das durch die Vergebung nicht ohne Rücksicht auf mein weiteres Verhalten ungeschehen gemacht wird. Wenn der Knecht aus dem neugeschenkten Verhältnis zu seinem Herrn wieder herausfällt, weil er selber unbarmherzig, d. h. ungehorsam ist, so ist auch seine Schuld wieder ganz da, und er steht erneut unter ihr (V 34).

2) Von der Erkenntnis her, daß das Geschenk der Vergebung und das gehorsame Bleiben im Herrn nicht voneinander zu trennen sind, wird auch verständlich, warum die im Grunde unaufrichtigen und selbstsüchtigen Bitten um Vergebung beim Pharao (2 Mo 10,16–20) und bei Saul (1 Sam 15,24–26) umsonst waren. In diesem Zushg. gehören weiter die Lästerung des Heiligen Geistes (Mt 3,28–30; → Lästern III,4), die nicht vergeben wird, und die Warnung des Hebräerbriefs vor einem Abfall, der nicht mehr rückgängig zu machen ist (Hebr 6,4–6; 10,26f; 12,15–17).
Wie stark dieser Ernst Gottes durch die ganze HS hindurch geht, zeigt das Wort, das der Herr seinem Volk bei der Bundesschließung gesagt hat: »Siehe, ich sende einen Engel vor dir her, der dich behüte auf dem Wege, und bringe dich an den Ort, den ich bereitet habe. Darum hüte dich vor seinem Angesicht und gehorche seiner Stimme, und erbittere ihn nicht; denn er wird euer Übertreten nicht vergeben, denn mein Name ist in ihm« (2 Mo 23,20.21). Dies Gericht hat Israel durch seinen Ungehorsam über sich herabgerufen, in der Wüste, im verheißenen Land bis zur Wegführung und schließlich der Botschaft und Person Jesu gegenüber — »es ist aber geschrieben uns zur Warnung« (1 Kor 10, 11). Darum mahnt Paulus angesichts der Geschichte seines Volkes: »Schau die Güte und den Ernst Gottes: den Ernst an denen, die gefallen sind, die Güte aber an dir, sofern du an der Güte bleibst; sonst wirst auch du abgehauen werden« (Röm 11,22). Das aber heißt, täglich und in alle Ewigkeit allein von Gottes barmherziger Vergebung leben.

Vergelten → Lohn, → Rache

Vergönnen = erlauben (4 Mo 20,21).

Vergunst = Erlaubnis (RÜ), Zugeständnis, Entgegenkommen (1 Kor 7,6).

Verhärten → Verstocken

Verheißung und Erfüllung. V. ist die einem andern gegebene bindende Zusage künftigen Verhaltens oder Handelns. Die HS wendet das Wort vor allem auf die Zusagen Gottes an, und zwar auf die Zusagen seines Gnadenhandelns. Die Zuversicht auf die Erfüllung der V. ist gegründet auf das Wesen des verheißenden Herrn (Klgl 3,23; Jes 40,8; Hebr 6,18), kann aber durch die Beifügung eines Eides auch die Form der rechtlichen Unwiderruflichkeit annehmen (Hebr 6,16.17). Inhalt der Verheißung ist Gottes rettendes und bewahrendes Heilshandeln, das in der Erfüllung geschichtliche Wirklichkeit wird.

I) VERHEISSUNG IM AT.

Die Not der Menschen kann zweifach gesehen werden: als zeitliches Leid und ewiges Verderben in Auswirkung der Verschuldung durch die Sünde, und als Gebundenheit an die Sünde, durch welche immer weitere Schuld erwächst.

1) Die der Menschheit gegebene erste V. wendet sich gegen die Grundlage aller Not, indem sie das Kommen eines Erlösers zusagt (1 Mo 3,15), der den durch die Sünde der Menschen zur Herrschaft gelangten Satan entmächtigen wird. Die V. sagen aber nicht nur, daß der Retter kommen wird, sie zeichnen auch sein Wesen (Jes 11, 1–5; 42,1–4) und den Weg der Rettung (Jes 53). Nicht durch Weltverbesserung wird den Menschen geholfen, sondern sie selber sollen neu werden. Durch Ausgießung des Geistes Gottes über sie (Sach 12,10) und das Geschenk eines neuen Herzens (Hes 36,26) wird ihr Denken und Tun unter Gottes Gesetz gestellt (Jer 31,33), so daß sie im bleibenden Bund und Gehorsam gegen Gott leben können (Jer 31,31; Hes 36, 27). Die Zeit der Erfüllung aber bestimmt allein Gott, sie bleibt sein Geheimnis.

2) Hiob weiß zwar, daß sein Erlöser lebt (Hi 19,25), aber Bileam sieht den Stern erst in ferner Zukunft aufleuchten (4 Mo 24,17). Für die Zeit des Wartens gibt Gott der Menschheit Licht, indem er Abraham unter die V. stellt, daß er ihn zum großen Volk machen will (1 Mo 12,2), das in einem ihm verheißenen Lande (2 Mo 32,13) unter der Ordnung Gottes leben soll. Dort wird es den Namen Gottes unter den Völkern heiligen (Hes 36,20.23) und ihnen zum Segen werden (1 Mo 18,18), indem es das Gottesheil empfängt, soweit dies ohne die grundlegende Überwindung Satans möglich ist. So erlebt Israel schon in dieser Wartezeit, daß Gott seine V. schrittweise und zeichenhaft erfüllt. Gottes Schutz bietet dem Volk (5 Mo 12,10) wie dem einzelnen (2 Sam 22,3; Ps 59,10.17) Sicherheit, er gibt den Lebensunterhalt (3 Mo 25,19). Das Volk darf sich Gott na-

hen in dem von ihm geordneten → Gottesdienst und im Gebet, das die V. der Erhörung hat (Ps 50,15), denn Gott vergibt auch schon im AT Sünde (2 Mo 34,7).

3) Aber Gott hat im AT Voraussetzungen gestellt, denen der Mensch entsprechen muß, damit Gott seine Zusage erfüllen kann; er will dies tun, wo der Mensch unter dem → Gesetz lebt. Der Segen Gottes ist also gebunden an die Treue des Volkes zu Gott (5 Mo 30). Dank und Erfüllung der Gelübde führen zur Erhörung des Gebets durch Gott (Ps 50,14), und wer ihn fürchtet, findet beim Herrn Gnade und Erbarmung (Ps 103,11.13). Aber wenn die Erfüllung im AT an das Verhalten der Menschen gebunden ist (2 Mo 20,6), bleibt sie doch auch so freie → Gnade Gottes. Darüber hinaus bleibt das AT das Testament der Verheißungen (Eph 2,12), weil alle schon erfüllbaren und erfüllten V. nur die Schale sind um den lebendigen Kern der immer wiederholten V. des kommenden Erlösers.

II) DAS NT.

1) Der neue Bund gründet sich darauf, daß die V. des Erlösers in Jesus Christus erfüllt ist. Er ist Anfang, Mitte und Ende (griech. *telos* = Ziel). Darum sind alle Gottesverheißungen Ja und Amen in ihm (2 Kor 1,20). Nun ist den Menschen Gottes Wesen offenbart durch das Sichtbarwerden seiner Liebe (1 Joh 4,9) in Christus, in dem die ganze Fülle der Gottheit leibhaftig wohnt (Kol 2,9). Der im Paradies verheißene Sieg über Satan ist errungen. Die als Aufgabe über dem Leben Jesu stehende Erfüllung der Schrift (Mt 26,54) ist nun vollbracht (Apg 3,18). Die Erfüllung dieser V. vom Kommen und Sieg des Retters legt den Grund dafür, daß sich auch die auf die Rettung des einzelnen zielenden V. des AT erfüllen können. Nun kann den Menschen der Heilige Geist gegeben werden als Siegel der durch die Wiedergeburt Wirklichkeit gewordenen echten Gotteskindschaft (Apg 15,8.9), denn sie sind erkauft von der Welt (Offb 14,4) und eine neue Kreatur (2 Kor 5,17). Darum können sie jetzt in einem neuen Leben wandeln (Röm 6,4) und etwas sein zum Lobe der herrlichen Gnade Gottes (Eph 1,6).

2) Wenn in Christus alle Gottesverheißungen Ja und Amen geworden sind, bedeutet das jedoch noch nicht, daß der Mensch des NT unter keiner V. mehr stehe; vielmehr erwartet gerade er die Erfüllung großer Verheißungen. Er ist ein Mensch der Hoffnung geworden (1 Petr 1,3; Hebr 11,1; Röm 8,24.25), hat einen Mittler der zukünftigen Güter (Hebr 9,11), die erst im Himmel voll empfangen werden (2 Tim 4,8), und strebt der ersehnten Heimat zu (Hebr 13,14). So bleibt er auf allen Gebieten seines Lebens in der durch die Hoffnung gewirkten gespannten Erwartung.

3) Im äußeren Leben mag zuerst die Spannung bestehen, ob Gott sein Wort erfüllt und Gebete erhört. Sie hört auch dann nicht auf, wenn es Erfahrungsgewißheit geworden ist, daß Gott erhört. Wann er es tut und wie, steht allein bei ihm und übertrifft in der Erfüllung meist alle Erwartungen (Eph 3,20). Auch bei den für den Heilsstand gegebenen Verheißungen bleibt die Spannung. Das Ergreifen des Heils in der Vergebung stellt in den Kampf, in dem uns der Sieg verheißen ist (1 Tim 6,12; Hebr 12,1; 1 Joh 5,4; 2,13). Aber auch nach dem Durchbruch zum Wandel im Geist (Röm 8,1) bleibt die Erwartung der Erlösung vom Leib (Röm 8,23), der uns hindert, ganz bei Christus zu sein (Phil 1,23). Der Weg mit Christus führt von einer Erkenntnis und Erfahrung in der Liebe zur andern (Phil 1,9), so daß man in der Spannung des Wanderers lebt, der weiß, daß hinter jeder Anstrengung neue Schönheiten und Freuden seiner warten.

4) So ist das Leben des Gläubigen getragen von V. und Erfüllung, so daß er immer fester in Vertrauen und Treue zu Gott hineinwächst. Damit wird sein Glaube ein Überzeugtwerden von unsichtbaren Dingen (Hebr 11,1; LÜ: Nichtzweifeln an dem, das man nicht sieht). Er sieht weder den Vater noch den Herrn noch die zu seinem Dienst gesandten Engel leibhaftig, er schaut nicht, worauf er hofft (Röm 8,24.25); aber weil er immer neu die Erfüllung von Verheißungen erlebt, wird er von Jahr zu Jahr der Erfüllung auch der dem Verstand unfaßbaren Verheißungen für die Ewigkeit gewisser, lernt er immer fester dem Wort Gottes trauen und erkennen, daß der Erfüller dieses Wortes und Erhörer der Gebete ein lebendiger und nicht im Tode gebliebener Heiland ist.

5) Auf anderm Gebiete liegen die V. für den Weg des Volkes Gottes, für die Vollendung und die Ewigkeit. Einerseits will Gott hier offenbaren und verhüllen, um die lebenerhaltende geistliche Spannung wachzuhalten (Mt 24,48; 1 Thess 5,3), damit sie auch bei lang empfundenem Warten nicht nachläßt (2 Petr 3,8.9); anderseits läßt sich das Ewige nicht in Worte und Vorstellungen dieser Welt kleiden, muß also in Gleichnissen gesagt werden, die nur den Schatten der Herrlichkeit zeigen können. Daraus ergibt sich die Unsicherheit vieler Deutungsversuche und die Möglichkeit des Irrtums der eintretenden Erfüllung gegenüber. Das wird erschreckend deutlich am Beispiel Israels, das sich aus den ihm gegebenen Verheißungen des Messias ein falsches Bild zurechtgemacht hatte und darum den Erfüller der V. kreuzigte. Anderseits führen nicht alle Erfüllungen gleich zur vollen Verwirklichung dessen, was Gott gewollt hat, ohne damit nun aber aufgehoben zu sein. Die V. der Rückführung Israels verwirklichte sich z. T. nach dem Exil, eine tiefgehende geistliche Erneuerung blieb aber trotz der Reformen Esras und Nehemias aus. Sie wurde in der Gemeinde Jesu erfüllt, daneben aber erleben wir heute eine neue äußere Rückführung Israels, deren geistliche Seite jedoch noch nicht erkennbar ist. Da die Erfüllung göttlicher V. nur dem Glauben zugänglich ist und hier nichts bewiesen werden kann (Röm 11,34), bleibt die Spannung, wie Gott in seiner Weisheit die Geschichte ihrem Ziel zuführen wird. Inzwischen ist es Aufgabe der Gläubigen, in biblisch verstandener Geduld, in ununterbrochener Bereitschaft auf die Begegnung mit dem Herrn auf die Stunde zu warten, in der sie vom Glauben zum Schauen gehen (2 Kor 5,7; 1 Joh 3,2) und alle Geheimnisse sich enthüllen.

Verhör, Befragen und Anhören von Kläger, Beklagten und Zeugen durch den Richter (5 Mo 1,16; Apg 23,35), das die Schuldfrage klären (Lk 23,14; Apg 28,18) und dem Urteilsspruch vorangehen soll (Joh 7,51). Im röm. Recht war es vielfach üblich, den Beschuldigten unter Geißelung zu befragen (Apg 22,24ff), ein röm. Bürger war davor geschützt. Jesus verheißt den Jüngern, daß der heilige Geist ihnen die rechten Antworten geben wird, wenn man sie ihres Glaubens wegen verhört (Mt 10,19.20).

Verhüllen des Hauptes ist

1) eine Gebärde der Ehrfurcht, Zurückhaltung und Trennung. Man verhüllte das Gesicht vor Gott und seiner Nähe (2 Mo 3,6; 1 Kö 19.13), Frauen verhüllten sich vor Männern (1 Mo 24,65), auch einem

zum Tod Verurteilten verhüllte man das Haupt (Est 7,8;

2) eine Gebärde der Trauer (2 Sam 15,30; 19,5[4]).

3) Das Verhüllen der Lippen oder des Mundes (eigentlich: des Lippenbartes) deutet beim Aussätzigen seine Unreinheit an; sonst ist es ein Zeichen der Trauer (Hes 24,17) oder des beschämten Schweigens (Mi 3,7).

4) Auch Dirnen scheinen sich durch Verschleiern – viell. in einer bestimmten Weise – kenntlich gemacht zu haben (1 Mo 38,14).

5) In übertragenem Sinn bedeutet v., jemandem die klare Sicht und Erkenntnis oder die Erkennbarkeit nehmen. In Gerichtszeiten verhüllt Gott das Angesicht der Richter, so daß sie nicht gerecht urteilen (Hi 9,24), und die Seher, so daß niemand ihre Gesichte versteht (Jes 29,10–12 vgl. ZÜ). Einst aber wird Gott alle diese Hüllen beseitigen, so daß alle Völker ihn erkennen werden (Jes 25,7).

Verkaufen → Kauf, → Knecht

Verklagen → Recht; → Teufel

Verklären, Verklärung. I) In der RÜ ist mit Ausnahme von Mt 17,2; Mk 9,2; 2 Kor 3,18; Phil 3,21 das Wort »verklären« überall durch »verherrlichen« bzw. »Herrlichkeit« ersetzt worden. Denn v. bedeutet ein Teilhaben und Teilgeben an Gottes ewiger → Herrlichkeit. Jesus wird »verklärt« genannt (Mt 17,2), weil sich über ihm Gottes Herrlichkeit und Gottes ewige Welt auftut. Dabei wird deutlich, daß v. an der Spannung teil hat, die im Begriff der Herrlichkeit liegt. Die Herrlichkeit, die Gottes Welt »in der Höhe« erfüllt, ist auf dieser Erde aufgeleuchtet und erschienen (Lk 2,14), bleibt aber bis zur → Vollendung doch noch die kommende, erhoffte und erwartete Herrlichkeit (Mk 13,26; Röm 8,18).

II, 1) Jesus weiß, daß der Vater ihm Herrlichkeit gegeben hat (Joh 17,22); Gott hat seinen Namen verklärt, groß und herrlich gemacht (Joh 12,28b) über dem, der sein Sohn ist und doch den Weg der Sünder geht in der Bußtaufe des Johannes. Verklärung ist Verhüllung; wo Gott seine Herrlichkeit sichtbar macht, verbirgt er sie zugleich unter dem Gegenteil, unter der Erniedrigung.

2) Das wird gerade im Kreuzesleiden und Sterben Jesu deutlich. Als die Griechen anfangen, nach ihm zu fragen, weiß Jesus, daß Israel seinen Christus verwerfen wird und daß das Kreuz nahe ist. Er weiß aber auch, daß das die Stunde der Verherrlichung des Menschensohnes sein wird (Joh 12,23). Als Judas sich zum Verrat anschickt, spricht Jesus noch deutlicher: Nun ist der Menschensohn verherrlicht (Joh 13,31)! Ähnlich beginnt das hohepriesterliche Gebet Jesu (Joh 17,1). Die Tiefe des Kreuzes ist die Höhe der Herrlichkeit (vgl. auch die seltsame Doppeldeutigkeit des Wortes »erhöhen« in Joh 3,14; 8,28; 12, 32). Der Gekreuzigte ist in Gottes Herrlichkeit gehüllt. Bei Mt und Mk wird das dadurch gezeigt, daß am Beginn des Leidensweges Jesu die »Verklärung« geschieht (Mt 17,1–8; Mk 9,3–8; im Griech. steht hier aber nicht »verherrlichen, verklären«, sondern »verwandeln«).

3) Doch steht über Jesu Leben ebenso das »Noch nicht verherrlicht« (Joh 7,39; 12,16), daß er in äußerer Verborgenheit und Niedrigkeit ausharrt und gerade dadurch Gott auf Erden verherrlicht (Joh 17, 4). Aber diese verborgene Herrlichkeit wartet auf ihre Enthüllung; darum bittet Jesus den Vater, daß er das »Schon« und »Noch nicht« auflöse in das »Jetzt« der Ewigkeit. »Jetzt verkläre mich bei dir mit der Herrlichkeit, die ich bei dir hatte, ehe die Welt war« (Joh 17,5; vgl. Joh 12,28). Die Herrlichkeit Jesu Christi im Schoß des Vaters (Joh 1,18), in der Erniedrigung und in der Erhöhung (Apg 3,13) ist eins.

III) Auch seinen Jüngern gibt Jesus teil an der heimlichen wie der kommenden Herrlichkeit (Joh 17,10). »Wir werden verklärt in sein Bild von einer Herrlichkeit zur anderen« (2 Kor 3,18; auch hier wird im Griech. nicht »verherrlichen«, sondern »verwandeln« gebraucht). In dem »von – zu« liegt die Brücke von der Gegenwart zur Vollendung und zugleich liegt darin die ganze Gleichzeitigkeit des Habens und Nochnichthabens, die allenthalben den Grundzug des ntl. Glaubenslebens bildet, das getragen ist von der Gewißheit der Vollendung durch das »mit ihm« und »bei ihm sein« (Joh 17,22.24). Daß die letzte Verklärung umfassend ist und den ganzen Menschen betrifft, macht Paulus deutlich in Phil 3,21 (auch hier steht ein griech. Ausdruck für »verwandeln«): Jesus wird unseren nichtigen Leib verklären. Darauf warten wir.

Verkündigen → Lehrer; → Prediger, predigen, Predigt

Verlästern → Lästern

Verleugnen heißt so handeln und reden, als ob man mit etwas oder jemandem, den man sehr wohl kennt und mit dem man eng verbunden ist, nichts zu tun habe. Gott verleugnet sich nie, er steht kraft seiner Heiligkeit zu seinem ureigensten Wesen; Entsprechendes sagt Paulus von Jesus (2 Tim 2,13).
Vom V. der Menschen aber ist vielfach die Rede. Sie v. Gott, d. h. werden den Verpflichtungen untreu, die sich aus Gottes Berufung und seiner Geschichte mit ihnen ergeben (Jos 24,27; Spr 30,9), achten sein Gebot nicht (Hi 6,10), schlagen Gottes Drohungen in den Wind (Jer 5,12). Sie verleugnen Jesus bzw. seinen Namen (vgl. Offb 3,8), indem sie sich aus Menschenfurcht nicht zu ihm stellen (Mt 26,69–75), seine göttliche Sendung abstreiten (Apg 3,13), den schuldigen Dank für den Loskauf aus Sünde und Schuld unterlassen (2 Petr 2,1). Auch Menschen, die Gott gesandt hat, kann es geschehen, daß sie verleugnet werden, wie z. B. Israel Moses Sendung mißachtete (Apg 7,35).
Paulus warnt davor, den Glauben zu v., d. h. den ihm entsprechenden Gehorsam nicht zu zeigen (2 Tim 2,12), ebenso des Glaubens Kraft zu v., d. h. seine äußere Form zwar beizubehalten, ohne aber wirklich danach zu leben (2 Tim 3,5), Gott zwar kennen wollen, aber nicht den Schritt vom bekennenden Wort zur beweisenden Tat zu finden (Tit 1,16).
Anderseits bedeutet Nachfolge Jesu, das ungöttliche Wesen (Tit 2,12), ja sich selbst zu v., zu seinem Ich und dessen eigenwilligem Begehren und Wünschen nein zu sagen (Mt 16,24). Diese Selbstverleugnung im Glauben an Jesus und aus seiner Kraft findet ihren Lohn darin, daß er vor seinem Vater die ...ht v. wird, die ihn nicht verleugnet haben (Mt 10 ...).
Denn Jesus bekennen kann nur, wer sich selbst aufgibt und seiner Hand überläßt.

Verleumden bedeutet, hinter dem Rücken des andern, so daß er sich nicht wehren und verantworten kann, Schlechtes und Unwahres über ihn zu reden. Die Verleumdung, die den Nächsten immer an der Wurzel seiner Existenz trifft (Spr 18,8; 26,22), steht neben dem Totschlag (3 Mo 19,16), und Sir 5,17 beurteilt den Verleumder härter als den Dieb.

Auch das NT nennt die Verleumdung unter den schweren Vergehen gegen Gott (Röm 1,30; 2 Tim 3,3). Wer verleumdet, ist ein Narr (Spr 10,18), man soll sich von ihm fernhalten (Spr 20,19), um nicht in Streit hineingezogen zu werden (Spr 26,20); und wo es gerecht zugeht, verfällt er dem Gericht (Ps 101,5).

Verloben, Verlobung → Ehe

Vermahnen → Ermahnen, → Zucht

Vermessenheit bezeichnet einen Irrtum, bei dem man durch Anlegen eines falschen Maßstabes sich selber oder die eigenen Hilfsmittel größer und stärker einschätzt, als es der Wirklichkeit entspricht. V. läßt leichtsinnig in Gefahr laufen, in der man umkommt (Sir 3,26–30; 10,30). Das droht bes., wo man sich in V. eine Stellung anmaßt, zu der man keine Vollmacht hat (5 Mo 17,12). Die Gegner Jesu sind vermessen, wenn sie sich selber für fromm halten (Lk 18,9; vgl. Röm 2,19), obwohl sie geradezu Vorbilder in der Übertretung des Gesetzes sind (Mt 23).
V. führt zur Überheblichkeit, die den Boden unter den Füßen verlieren läßt, und weiter zum Stolz auf eigne Größe und Leistung, der sich in Spott und Ruhmredigkeit äußert. Daraus wächst der Ungehorsam gegen Gott (5 Mo 1,43; 17,12) und die Geringschätzung des Nächsten (Lk 18,9).

Vernunft, vernünftig. Was Luther mit V. wiedergibt, wird im hebr. und griech. Text durch verschiedene Wörter ausgedrückt, die Verstand, Erkenntnis, Weisheit, Klugheit, Einsicht, Geist, Gemüt und Denkvermögen bezeichnen (vgl. auch → Verstand).

I) V. ist zunächst die Fähigkeit des natürlichen Menschen, mit dem Verstand Sinnliches wahrzunehmen, zu verstehen, zu begreifen und auf Grund dieser seelisch-geistigen Vorgänge Begriffe zu bilden; darüber hinaus ist sie das Organ, durch das wir sittliche Einsicht gewinnen können. Gerade durch die V. unterscheidet sich der Mensch vom »unvernünftigen Tier« und vermag es dadurch zu beherrschen (1 Mo 1,28; vgl. Ps 49,21). Die V. ist also das Geistige im Menschen im Gegensatz zu seinem körperlichen Dasein. Die V. befähigt den Menschen, auf die letzten Fragen des Daseins Antworten zu suchen. Sie ist der Sitz der menschlichen Gedanken und Pläne.

II) In irdischen Dingen ist die V. unentbehrlich und wird auch in den Grenzen dieses Bereiches von der HS anerkannt. An vielen Stellen wird vernünftiges Verhalten gelobt (1 Sam 25,3; Spr 1,4; 17,27; 18, 15; 19,14; 23,12; 28,2). Lediglich in Kol 2,4 hat »vernünftiges Reden« einen unguten Sinn und bedeutet dort »falsche Überredungskunst«.

III) Zum Erfassen göttlicher und ewiger Dinge reicht die V. jedoch nicht aus; der natürliche Mensch vernimmt nichts vom Geist Gottes (1 Kor 2,14; 2 Kor 4,4; Eph 4,18). Der Zugang zu Gott ist seit dem Sündenfall versperrt. Erst wenn der Friede mit Gott – höher als alle V. – uns regiert und erfüllt, kommt das Innerste unseres Wesens zur Ruhe (Phil 4,7). Unsere V. bedarf der Erleuchtung durch den Heiligen Geist und kommt dadurch unter den Gehorsam des Glaubens (2 Kor 10,5). Wer seine V. und alles Denkvermögen dem Geist Gottes ausliefert, vollbringt »vernünftigen Gottesdienst« (Röm 12,1) und empfängt geistliches Unterscheidungs- und Prüfungsvermögen (V 2; 1 Joh 4,1ff).

IV) Macht sich aber die V. von Gott unabhängig und selbstherrlich zum Richter über göttliche und geistliche Werte und Wahrheiten, dann steht sie unter dem Gericht Gottes. Solche abgöttische Grenzüberschreitung wird gekennzeichnet als »Feindschaft wider Gott« (Kol 1,21), »fleischlich« (Eph 2, 3; Kol 2,18), »verworfen« (1 Kor 1,19).

Verrucht, hebr. *zimmah* = Schandtat, schändliches Verhalten (Hes 16,27).
Im Dt. bedeutete das Wort urspr. »sorglos, gedankenlos«, dann »bedenkenlos, skrupellos«.

Versammlung → Gemeinde

Verschließen. I) Im wörtl. Sinn verschließt man etwa Städte (4 Mo 32,17.36) und Türen (Joh 20,19; Apg 5,23). Vgl. → Schlüssel.

II) Im übertragenen Sinn wird das Wort vielfach für Gottes Handeln gebraucht. Er verschließt den Mutterleib: macht unfruchtbar (1 Mo 16,2; 20,18; 1 Sam 1,6; Spr 30,16; Jes 66,9), die Hand des Menschen: hindert ihn am Wirken (Hi 37,7), den Himmel: läßt es nicht regnen (1 Kö 8,35; Hi 12,15; Lk 4,25; Offb 11,6). Er hat die Menschen unter dem Gesetz verschlossen (Gal 3,23f), um sie auf Christus vorzubereiten. Im Gericht verschließt er die Tür zum Heil (Mt 25,10; Lk 13,25) oder seine Barmherzigkeit (Ps 77,10). Den Satan läßt er in den Abgrund v. (Offb 20,3). Nicht verschlossen aber sind die Tore des neuen Jerusalem (Offb 21,25).

III) Der Ausdruck »Verschlossene und Verlassene« (5 Mo 32,36; 1 Kö 14,10; 21,21; 2 Kö 9,8; 14,26) ist nicht mehr voll verständlich und wird verschieden gedeutet: Stadt- und Landbewohner, oder: Knechte und Freie, oder: Verheiratete und Unverheiratete. Dem Sinn nach bedeutet er aber jedenfalls: alle, ohne Ausnahme.

Verschnittener. An den orient. Fürstenhöfen wurden V., d. h. auf verschiedene Weise (vgl. 5 Mo 23, 2[1]) zeugungsunfähig gemachte Männer, als Haremswächter (Est 2,3.14; 4,5), vielfach aber auch für andere Hofämter verwendet. Damit unterlag das urspr. eindeutige hebr. Wort *saris*, das LÜ mit → »Kämmerer« wiedergibt, einer Bedeutungserweiterung, so daß nicht an sämtlichen Stellen, an denen es in der Bibel vorkommt, wirklich V. gemeint sein müssen. Die Gerichtsdrohung in 2 Kö 20,17.18; Jes 39,7 schließt aber sicher die körperliche Verstümmelung mit ein. In Israel war das Verschneiden sowohl bei Menschen wie Tieren verboten, kein V. durfte in der Gemeinde des Herrn Aufnahme finden (5 Mo 23, 2[1]; 3 Mo 22,24). Entmannung schloß vom Priesterdienst aus (3 Mo 21,20 LÜ gebrochen; vgl. EÜ, ZÜ).
Für die Heilszeit Gottes aber gilt, daß der Herr auch den V. annimmt (Jes 56,3–5; vgl. Jer 38,7ff; 39,15–18); von daher erhält die Taufe des Kämmerers (griech. *eunouchos*) der Kandaze (Apg 8,27–39) besondere Bedeutung.
In Mt 19,12 wird »verschnitten« *(eunouchos)* für angeborene Mißbildung, spätere Verstümmelung und schließlich freiwillige Ehelosigkeit aus der Kraft Gottes heraus (vgl. 1 Kor 7,7.25–40) gebraucht.

Versiegeln → Siegel

Versöhnen, Versöhnung.
I) DER SPRACHLICHE BEFUND.
1) Das hebr. Zeitwort *kippär* = versöhnen hat die Grundbedeutung »zudecken«, viell. daneben auch

»abwischen«, das Hauptwort *kopär* heißt → Lösegeld (1). Bei Berücksichtigung beider Wortbedeutungen handelt es sich also darum, daß die aus einer → Schuld erwachsene Verpflichtung beseitigt, durch eine Ersatzgabe aufgehoben wird.

Kippär bedeutet im Zushg. des Gottesdienstes »Schuld vor Gott durch → Opfer sühnen und auf diese Weise → Vergebung erlangen« (vor allem in 3 u. 4 Mo), findet sich daneben aber auch in der allgemeinen Bedeutung »dem, an dem man schuldig geworden ist, für diese Schuld Sühne leisten«.

2) Im Griech. heißt *hilaskomai* »gnädig machen«, Götter sowohl wie Menschen, bis hin zu »bestechen«. In der LXX ist dies Wort die gewöhnliche Übersetzung für hebr. *kippär*, im NT kommt es nur in Lk 18,13 (sei mir gnädig) und Hebr 2,17 vor; in 1 Joh 2,2; 4,10 steht das entsprechende Hauptwort *hilasmos.*

Häufiger verwendet das NT *(apo)katallassô* mit dem Hauptwort *katallagae* (Röm 5,10.11; 11,15; 1 Kor 7,11; 2 Kor 5,18–20; Eph 2,16; Kol 1,20.22), außerdem *dialassomai* (Mt 5,24). Diese Wörter bedeuten urspr. »eine Änderung vollziehen, umtauschen, miteinander vertauschen« und »Tausch, Verwechslung«, dann auch schon im Profangriech. »Versöhnung«. Hier drückt schon das Wort selber gut den »fröhlichen Wechsel« (Luther) aus, der darin liegt, daß Christus »für uns zur Sünde gemacht« worden ist, damit »wir in ihm die Gerechtigkeit Gottes würden« (2 Kor 5,21).

II) VERSÖHNUNG UNTER MENSCHEN.

Versöhnung bezeichnet zunächst die Verständigung, Aussöhnung zwischen Menschen. So versucht Jakob bei seiner Rückkehr seinen Bruder Esau, der ihm wahrscheinlich noch wegen des alten Betruges zürnt, durch vorausgesandte Geschenke zu versöhnen (1 Mo 32,21[20]). Ein Weiser kann als Ratgeber seinen ergrimmten König versöhnen (Spr 16,14; vgl. 25,15); ein Mann, dessen Frau durch einen andern verführt worden ist, läßt sich jedoch auf keine Weise zur Versöhnung herbei (Spr 6,34f). Jesus gebietet die Versöhnung mit dem Bruder vor der Darbringung der eigenen Opfergabe (Mt 5,24). In 1 Kor 7, 11 heißt »sich versöhnen« eine geschiedene Ehe wiederherstellen. In allen Fällen ist das Neuwerden einer durch Schuld oder vermeintliche Schuld zerstörten menschlichen Gemeinschaft gemeint.

III) VERSÖHNUNG MIT GOTT.

1) Durch jede Sünde, d. h. jedes Handeln gegen Gottes Willen ist die Gemeinschaft zwischen Gott und dem einzelnen Menschen bzw. dem Volk Gottes gestört; der Herr steht ihnen nun in seinem Zorn entgegen und läßt die ganze Volksgemeinde die Folgen (z. B. Niederlage oder Hungersnot) solange tragen, bis sie den Frevel in ihrer Mitte gesühnt, die Schuldigen für ihr Vergehen gegen Gottes Gebot gerichtet und damit die Versöhnung herbeigeführt hat. Darum wird Achan mit seiner ganzen Familie getötet (Jos 7), und für die Blutschuld Sauls liefert David 7 seiner Nachkommen den Gibeoniten zur Hinrichtung aus (2 Sam 21). Nur das Blut des Sünders sühnt die Verfehlung und bewirkt die Versöhnung des Volkes bzw. Landes mit Gott (vgl 4 Mo 35,33). Das gilt jedenfalls für alle Sünden »aus Frevel« (4 Mo 15,30 LÜ) oder »mit erhobener Hand« (EÜ) und für schwere Sünden wie die der Priester des Hauses Eli (1 Sam 3,14).

2) Daneben bestand jedoch in Israel eine von Gott gesetzte Ordnung, nach der bestimmte Schuldverfehlungen – genannt werden verschiedene Eigentumsvergehen und falsche Eide in Verbindung damit (3 Mo 5,20; 6,1ff) – und vor allem unbewußte, versehentlich begangene Übertretungen (3 Mo 4,2; 5,17) durch stellvertretendes Opferblut gesühnt werden konnten und sollten (vgl. bes. 3 Mo). Auf diese Weise Israel zu versöhnen, also die Gemeinde als Ganze von den Auswirkungen einer in ihrem Bereich begangenen Sünde zu befreien (vgl. 5 Mo 21,1–9), ist das Amt Aarons und seiner Söhne (1 Chron 6,34.49), ja die Aufgabe des Tempeldienstes überhaupt (Neh 10,34[33]; vgl. 2 Chron 29,24). Das Mittel solcher Versöhnung ist in jedem Fall (tierisches) → Blut. »Denn das Blut ist die Versöhnung, weil das Leben in ihm ist« (3 Mo 17,11). Indem der Priester, d. h. der Mensch, so nach Gottes Anweisungen handelt, bewirkt er in den angegebenen Fällen, also vor allem bei den nicht willentlichen Übertretungen (4 Mo 15,22–29), die Versöhnung, so daß Gott dem Volk bzw. dem betreffenden Menschen vergibt.

3) Aber der atl. Opferdienst ist nicht nur in seiner »Zuständigkeit« begrenzt; er kann auch wesensmäßig keine völlige und dauernde Versöhnung herbeiführen. »Kann doch einen Bruder niemand erlösen noch ihn Gott versöhnen, denn es kostet zu viel, ihre Seele zu erlösen; man muß es lassen anstehen ewiglich« (Ps 49,8.9). Auf die Frage: »Womit soll ich den Herrn versöhnen?« (Mi 6,6.7) antwortet Micha: »Es ist dir gesagt, Mensch, was gut ist und was der Herr von dir fordert, nämlich Gottes Wort halten und Liebe üben und demütig sein vor deinem Gott« (V 8). Aber gerade dieses Ziel, daß der Mensch vor Gott nicht mehr zu vergehen braucht (vgl. Jes 6,3f), vermag der atl. Opferdienst nicht zu erreichen. So weist er auf die Notwendigkeit einer neuen, allumfassenden Versöhnung hin, die Gott selber schaffen muß und die gerade bei Jesaja (V 7) schon angedeutet ist.

4) Auf diesem Hintergrund des AT verkündigt nun das NT das Leben und Sterben Jesu von Nazareth als die endgültige und völlige Versöhnung der Menschheit mit Gott, in der allen das Heil und die Rettung geschenkt wird. Denn wie durch einen Menschen die Sünde in die Welt gekommen ist, und durch die Sünde der Tod, und so der Tod zu allen Menschen hingelangt ist, weil sie alle gesündigt haben, so ist auch durch eines (Menschen) Gerechtigkeit die Gerechtmachung zum Leben über alle Menschen gekommen (Röm 5,12.18). Als der andere, treue Hohepriester (Hebr 2,17), der ganz für und bei uns Menschen, aber zugleich auch ganz Gott zugehörig ist, hat Jesus Christus durch das Opfer seines Blutes und Lebens die todeswürdige Verschuldung des Menschen gesühnt (1 Petr 1,18.19) und so die notwendige Versöhnung erwirkt (Röm 5,10f). »Gott war in Christus und versöhnte die Welt mit ihm selber und rechnete ihnen ihre Sünden nicht zu« (2 Kor 5,19; vgl. 1 Joh 2,2). Gott selber hat also diese Versöhnung aus seiner Liebe heraus (1 Joh 4,10) vollbracht, den todverfallenen Sündern aus lauter Gnade und Barmherzigkeit → Vergebung ihrer Sünden und → Rechtfertigung geschenkt und ihnen von neuem die Gemeinschaft mit ihm angeboten. Sein Ziel ist, in Christus »alles«, den ganzen Kosmos mit sich zu versöhnen (Kol 1, 20).

Damit diese Versöhnung, die Gott für alle Menschen gewirkt hat, nun auch zu allen gelangt und sie sein Angebot annehmen können, muß jeder die Botschaft davon hören und Gottes versöhnendes Handeln an sich persönlich geschehen lassen. Darum hat der Herr seiner Gemeinde den »Dienst der Versöhnung« (2 Kor 5,18–21) übertragen, indem sie an

Christi Statt bittet: »Laßt euch versöhnen mit Gott« (V 20). Wer dieses Evangelium annimmt, ist unter dem einen Haupt zur einen neuen Menschheit gekommen, der Behausung Gottes im Geist (Eph 2, 11–22).

Versöhnungstag (hebr. *jom hakkippurim*, neuhebr. *jom kippur*).

I) Der 10. Tag des 7. Monats (Tischri = September/Oktober) war nach dem Gesetz ein Tag der Festversammlung, des Fastens (d. h. der → Buße) und der Arbeitsruhe (3 Mo 16,29.31; 23,27–32; 4 Mo 29,7), an dem der → Hohepriester für seine eigenen Sünden, die der Priester und die des gesamten Volkes vom Herrn völlige → Versöhnung erwirkte (3 Mo 16,17.30.33.34; 23,28). Dies war der einzige im Gesetz vorgeschriebene Fasttag und der einzige Tag im Jahr, an dem der Hohepriester das Allerheiligste der Stiftshütte und des Tempels betreten durfte (3 Mo 16,2.3; Hebr 9,7). Zu den Einzelheiten des besonderen »Sündopfers der Versöhnung« (4 Mo 29,11; 3 Mo 16) vgl. → Opfer III und → Asasel; außerdem wurden am V. noch weitere Opfer dargebracht (4 Mo 29,7–11).
Eine bes. Bedeutung hatte der V. in jedem 50. Jahr, wenn er nach 7 → Sabbatjahren das → Halljahr einleitete.

II, 1) Der V. wurde eingesetzt, nachdem die beiden Söhne Aarons umgekommen waren (3 Mo 16,1.2), als sie ein vom Herrn nicht angeordnetes Räucheropfer darbrachten (3 Mo 10,1.2). Abgesehen von den genannten Vorschriften im Gesetz wird er im AT nirgends mehr erwähnt. Im NT nennt ihn Apg 27,9 als »das Fasten«, und der Hebräerbrief nimmt verschiedentlich darauf Bezug (vgl. unten III). Der Talmud enthält eingehende Angaben, wie sich der Hohepriester auf den V. vorzubereiten und die verschiedenen Opferhandlungen durchzuführen hatte. Über die Wirkung des V. sagten die Rabbinen: Er sühnt die Sünden gegen Gott, die gegen den Nächsten aber nur, wenn man sich vorher mit dem ausgesöhnt hat, dem man Unrecht tat.

2) Das Schweigen des AT über das weitere Feiern des V. nach seiner Einsetzung hat man so deuten wollen, daß der Tag erst nach der babyl. Gefangenschaft eingeführt worden und die entsprechenden Abschnitte des Gesetzes erst in dieser Zeit entstanden seien (vgl. → Mosebücher). Damit bleibt aber völlig unerklärlich, wieso die Opfer des V. als die einzigen unmittelbar mit der → Bundeslade verknüpft sind, die nach der Gefangenschaft nicht mehr vorhanden war.

III) Der V. als das Zentrum und der Höhepunkt des atl. Opferdienstes ist erfüllt und aufgehoben im Opfertod Jesu am Kreuz. Aus dem stets wiederholten »einmal im Jahr« (Hebr 9,7.25) des selber der Vergebung bedürftigen atl. Hohenpriesters (Hebr 7,27) ist nun das »ein für alle Mal« (Hebr 9,12.26. 28) des sündlosen, heiligen und ewigen Hohenpriesters Jesus Christus geworden (Hebr 7,26.28), der eine ewig gültige Versöhnung erwirkt hat (Hebr 9, 12.28; 10,12.14.18), indem er mit seinem eigenen Blut (Hebr 9,11.12.14) in den Himmel einging, um vor dem Angesicht Gottes für uns zu erscheinen (Hebr 9,24; vgl. 7,25).

Verstand, verständig. I) V. bezeichnet ganz allg. das geistige Organ, das befähigt, etwas zu verstehen, zu beurteilen, aufzufassen, zu begreifen, Begriffe zu bilden: Dan 12,4 (= Urteilskraft); Lk 2,47 (= Auffassungsgabe); 1 Kor 1,19 (natürlich-menschliche Klugheit). Vgl. auch → Sinn, → Vernunft.
Im hebr. und griech. Text haben wir für den Begriff V. eine Reihe von Wörtern, die auch Herz, Einsicht, Verständnis, Auffassungsgabe, Erkenntnis, Vernunft, Weisheit, Gedanke, Meinung, Ratschluß bedeuten können. Der textliche Zushg. entscheidet jeweils, welcher Begriffsinhalt vorliegt.

II) Von Gott wird ausgesagt, daß er alles vollkommen versteht, erkennt und seinen klaren Zielen zuführt, sein Geist ist »der Geist des Verstandes, des Rates, der Weisheit und Stärke« (Jes 11,2; vgl. Hi 12,13; 26,12; Ps 136,5; Spr 8,14; Jer 10,12; 51,15). Sein V. ist unausforschlich (Jes 40,28), aber alle Menschengedanken sind vor ihm offenbar (Ps 139,2).

III) Den Menschen ist der V. von Gott anerschaffen (Hi 32,8; 2 Mo 31,3; 1 Kö 5,9[4,29]). Das Herz gilt als Sitz des V. (5 Mo 29,3[4]; Spr 18,15). Durch den Sündenfall ist des Menschen V. weithin getrübt, verfinstert, so daß er geneigt ist, dem Gottwidrigen, dem Bösen zu dienen.

1) Ohne V. sind daher: die Toren und Narren (Spr 18,2; Röm 1,21); Kinder (Hos 13,13); die Volksmasse (Jer 5,4); die Heiden (Eph 4,17f).

2) Als Kennzeichen mangelnden V. werden genannt: Urteilslosigkeit (Hi 34,35); haltloses Begehren (Spr 1,32); Leichtgläubigkeit (Spr 14,15); Maßlosigkeit und Zuchtlosigkeit (Röm 10,2; Tit 3,3); Ungehorsam gegen die erkannte Wahrheit (Gal 3,1.3).

3) Als Merkmale für wahren V. gelten: Gehorsam gegen Gottes Gebot (Spr 14,9); Gotteserkenntnis (Spr 9,10); Zucht (Spr 1,2); das Böse meiden (Hi 28, 28); Wandel auf Gottes Wegen (Hos 14,10).

4) Im NT werden vor allem die Grenzen des natürlichen V. offenbar (1 Kor 1,19). Weder Juden noch Heiden sind verständig in dem, was den Willen und das Wesen Gottes angeht (Röm 3,11), auch die Jünger mußten hier lange lernen (Mk 8,17; Lk 24,45). Wo aber vom rechten, geistlichen Verständnis gesprochen wird, ist stets die → Erleuchtung durch den Geist Gottes Voraussetzung (Eph 1,18; 3,4; 5,17; Kol 1,9; 2,2; 2 Tim 2,7; Offb 13,18).

Verstockung. I, 1) Die mit V. übersetzten hebr. und griech. Worte drücken eine Verhärtung aus, die das Wort Gottes daran hindert, einen Eindruck auf den Menschen zu machen oder ihn zu bewegen. Der gleiche Sachverhalt wird auch mit den Bildern des Angesichts, das härter als Fels ist (Jer 5,3), des Herzens wie Demant (Sach 7,12), des eisernen Nackens und der ehernen Stirn (Jes 48,4) ausgedrückt.

2) Die biblischen Aussagen nennen als Urheber der V. sowohl Gott wie den Menschen selber, am deutlichsten im Beispiel des Pharao, der sich weigert, Israel die Freiheit zu geben. Immer wieder wird gesagt, daß er sein Herz verhärtete und verstockte (2 Mo 7,13.14.22; 8,11[15].15[19].28[32]; 9,7.34.35), doch ebenso oft heißt es, daß Gott ihn verstockte (2 Mo 4,21; 7,3; 9,12; 10,1.20.27; 11,10; 14,4.8.17). Es ist nirgends die Rede davon, daß Gott einen Menschen von vornherein und ohne dessen Schuld verstockt (vgl. → Erwählung III). Der V. der Einwohner Kanaans ging eine lange Zeit vorauf, in der das Maß ihrer Sünde voll wurde (1 Mo 15,16; vgl. auch Hos 13,8.9: Israel, du bringst dich in Unglück).

3) V. macht den Menschen für Gott und seine Botschaft unansprechbar (Hes 3,7). Trotzdem ist der Verstockte nicht vom Hören des Wortes ausgeschlossen (Jes 6,9.10), und dies bleibt auch nicht ohne

Wirkung auf ihn, doch wirkt es nicht mehr zum Heil, sondern zum Gericht (V 11.12), es wirkt das Verlieren dessen, was er noch hat (Mt 13,12; vgl. V 15). Darum warnt die HS so eindringlich davor, das Herz an dem Tag zu verstocken, an dem Gott redet (Ps 95,7.8; Hebr 3,7.8), denn wer Gott einmal ganz bewußt nicht hat hören wollen, kann diese Entscheidung nicht jederzeit von sich aus zurücknehmen.

II, 1) Außer den Heiden, den Feinden des Gottesvolkes, erliegt auch Israel selbst der Gefahr, sein Herz zu verstocken. Hesekiel wird zu dem abtrünnigen Volk gesandt, und es wird ihm bei der Berufung gesagt, daß sie harte Köpfe und verstockte Herzen haben (Hes 2,3.4). Israel weigert sich, Gott zu hören (Hes 3,7; Sach 7,11.12), seine Sünden sind zu viele und es bleibt verstockt in seinem Ungehorsam (Jer 3,6). Juda hat auch durch das Gericht über Israel keine Gottesfurcht gelernt, so daß das abtrünnige Israel dem verstockten Juda gegenüber fromm genannt wird (Jer 3,11). Die V. wird daran sichtbar, daß die Propheten getötet und die Gesandten Gottes gesteinigt werden (Mt 23,37). Darum wird Gott schließlich die verstockten Herzen zerreißen wie ein Bär, dem die Jungen genommen sind (Hos 13,8).
Nachdem Israel sich Jahrhunderte hindurch verhärtet hatte, wurde es von Gott so verstockt, daß ihm die Möglichkeit einer Bekehrung und Rettung verschlossen blieb (Jes 6,10). Diese V. bestand z. Zt. Jesu und ist der Grund für die Ablehnung, die er bei den Juden findet (Mt 13,14.15; Joh 12,39.40); auch Paulus erkennt diese Mauer gegen das Wort Gottes und wendet sich zu den Heiden (Apg 28,25–27). Es darf dabei aber nicht übersehen werden, daß nicht alle Glieder des jüd. Volkes vom Heil ausgeschlossen sind. Es bleibt ein heiliger Same übrig (Jes 6,13), und Joh kann im Anschluß an das Jesajazitat (Joh 12,40: Jes 6,10) sagen, daß viele der Obersten an Jesus glaubten (Joh 12,42). Jesus weist seine Jünger, die Juden waren, auf das Wort von der V. hin (Mt 13,14.15), zu ihnen aber kann er ohne Gleichnis reden, und sie verstehen ihn (V 11.16).
2) Auch die Gläubigen des NT stehen in der Gefahr der V. Sie werden hingewiesen auf Israel, das im frohen Glauben aus Ägypten zog und doch das verheißene Land nicht erreichte (Hebr 3,15–19), und sie werden gewarnt vor der V. durch Betrug der Sünde (V 13). V. ist Ablehnung Gottes und seiner Gnade und stellt unter gnadenlose Gerechtigkeit Gottes, die nach dem Wort richtet: »Was der Mensch sät, das wird er ernten« (Gal 6,7). Die bewußte, entschlossene und hartnäckige Ablehnung Gottes durch den Menschen führt unausweichlich zur Ablehnung des Menschen durch Gott.

Verstoßen bedeutet die einseitige Auflösung einer Gemeinschaft, wobei ein Glied seinen bisherigen Platz in der Gemeinschaft verliert (vgl. → Verwerfen).

I) Von V. durch Menschen spricht die HS bei der Auflösung einer Ehe, wenn die Frau mit dem Scheidebrief weggeschickt wird (4 Mo 30,10; 3 Mo 21,7.14; Jes 54,6), oder bei der Entfernung eines Menschen, etwa eines Priesters, aus seinem Amt (1 Kö 2,27; 2 Chron 11,14). Menschen können auch Gott v., wenn sie sich wie Israel nicht weiter seiner Führung anvertrauen wollen (4 Mo 11,20), an Stelle Gottes einen Menschen als König verlangen (1 Sam 8,7; 10,19) oder das Wort Gottes verwerfen (Jer 8, 9; Hos 4,6).

II) Meist aber spricht die HS von Verstoßung als Gericht Gottes (Ps 27,9; Jer 7,29). Dies Gericht trifft Israel, als es in fremde Länder zerstreut wird (Jer 8, 3; 24,9), und wird auch einer unbußfertigen Gemeinde angedroht (Offb 2,5). Dabei kann Gott die Verstoßenen zurückrufen (Jes 54,6–8; 56,8; Jer 23, 3.8) und auf ihre Bitten achten (Ps 31,23; 43,2), es gibt aber auch eine unwiderrufliche Verstoßung (2 Petr 2,4).
Als Antwort auf die Ablehnung Jesu durch die Juden hat Gott sein Volk v., jedoch nicht völlig, als Ganzes vom Heil ausgeschlossen (Röm 11,1); ein → Rest von Auserwählten erlangte, was Israel suchte, während die Masse der Juden verstockt ist (V 5.7; → Verstocken).

Versuchung.

I) WORTBEDEUTUNG.
Das griech. Wort *peirazô* (Hauptworte *peira, peirasmos*) bedeutet versuchen, streben, sich bemühen; auf die Probe stellen (1 Tim 3,10; vgl. Ps 26,2), etwas oder jemand auf seinen Wert hin prüfen (Offb 2,2; vgl. Dan 1,12); in V. führen, anreizen zur Abweichung vom gegebenen Maßstab, so daß das gesteckte Ziel verfehlt wird (vgl. → Sünde). In der LÜ stehen V. und Anfechtung im gleichen Sinn nebeneinander (vgl. Mt 26,41 mit Mk 14,38).

II) BIBLISCHE SINNDEUTUNG.
1) Gott versucht oder prüft den Menschen (→ Prüfung), indem er seinen Glauben und Gehorsam auf die Probe stellt (1 Mo 22,1–19; vgl. 1 Petr 1,6.7; 4, 12), und er läßt zu, daß der, dem er einen besonderen Auftrag gegeben hat, versucht wird (1 Mo 3,1–7). Von Jesus heißt es sogar, daß ihn der Heilige Geist in die Wüste führte, damit er vom Teufel versucht würde (Mt 4,1; vgl. Lk 4,1.2). Aber zugleich ist Gott auch der, der aus der V. erlöst (2 Petr 2,9), der die Glaubenden nicht über ihre Kraft versuchen läßt und mit der V. auch den Ausgang schafft, so daß sie sie ertragen können (1 Kor 10,13). In der V. bewährter Glaube führt zu Geduld und Vollkommenheit, darum kann Jakobus den selig preisen, der die V. erduldet, und mannigfache Versuchungen sogar als Freude ansehen (Jak 1,2.12).
Anderseits aber versucht Gott niemand, wie er selber nicht zum Bösen versucht werden kann (V 13), d. h. Gott prüft wohl den Gehorsam und den Glauben, aber er verleitet niemals und niemanden zur Sünde. Den Anreiz zur Sünde bildet vielmehr die eigene → Lust des Menschen (V 14; vgl. 1 Mo 3,6), sein Streben nach → Reichtum (1 Tim 6,9) in jeder Hinsicht; und das benutzt der Versucher (Mt 4,3; 1 Thess 3,5), der Teufel (1 Kor 7,5), um ihm das Vertrauen in Gottes Liebe fragwürdig zu machen (1 Mo 3,4.5).
Die Trennung von Gott und seinem Willen war das Ziel des Satans auch in der V. Jesu (Mt 4,1–11; Luk 4,1–13), der in jeder Hinsicht wie wir versucht wurde, aber ohne Sünde (Hebr 4,15). Durch seinen Sieg kann er nun denen helfen, die versucht werden (Hebr 2,18).
Im besonderen Sinn ist mit V. und Anfechtung die Verfolgung um des Evangeliums willen gemeint (Apg 20,19), in der ein ungefestigter Glaube, der nicht zum Mitleiden (1 Petr 4,12.13) bereit ist, versagt (Mk 4,17; Lk 8,13). Hier verheißt der Herr dem, der »das Wort seiner Geduld« bewahrt hat, seine Bewahrung »vor der Stunde der V.« (Offb 3,10); und dieser Schutz wird auch im → Unser Vater erbeten (Mt 6,13; Lk 11,4).
2) Der Mensch kann aber auch Gott versuchen, wenn er mit Vorwürfen und Forderungen statt mit vertrauensvoller Bitte vor den Herrn tritt (2 Mo 17, 1–7; 4 Mo 14,22; 5 Mo 6,16) oder meint, die Wahr-

heit vor Gott verbergen zu können (Apg 5,8.9). Gott versuchen heißt, seine Macht nicht erkennen und seinen Heilswillen nicht ernstnehmen, bedeutet Unglauben, Zweifel und Ungehorsam (2 Mo 17,7; 4 Mo 14,22; 5 Mo 6,16.17; 1 Kor 10,9; Apg 15,10; vgl. Jes 7,12).

Vertrauen. I) V. ist eng verwandt mit → Glauben und → Treue, darf mit diesen aber doch nicht einfach gleichgesetzt werden. Wer treu ist, im Denken und Handeln einen geraden Weg geht und zu seinem Wort steht, ist des V. würdig. Glauben und V. setzen das gleiche Fürwahrhalten voraus, doch sind beide Begriffe damit nicht erschöpft, denn sie schließen die Hingabe an den andern ein, aus der beim Glauben die Tat des Gehorsams entspringt, während das V. sich vorwiegend in der Not beweist im Verzicht auf eigenes Handeln in der Erwartung, daß der Helfer eingreift.

II) Im Vollsinn des Wortes ist nur Gott treu (5 Mo 7,9; 32,4), der Unwandelbare (Jak 1,17), der sein Wort nie bricht (Ps 33,4). Darum erwartet Gott, daß man ihm vertraut und dies durch die Hingabe beweist (Jes 26,4; Ps 84,13; Jer 17,7). Solange man keine Erfahrung mit Gott hat, muß man sich zu solchem V. entscheiden, und Gott antwortet auf das V. mit seiner Hilfe (1 Chron 5,20; Dan 3,28; Jer 39, 18). Die ihm v., erfahren, daß er Treue hält (Weish 3,9), sie erkennen ihn als den Helfer (Sir 2,6), Heiland (Ps 17,7) und Schild (Ps 18,31) und retten ihr Leben (Jer 39,18).

III) Der Sohn Gottes beweist die gleiche Treue wie der Vater (Hebr 2,17; Offb 1,5; 3,14; 19,11), ist ebenso unwandelbar (Hebr 13,8), und sein Wort steht fest bis zur Erfüllung (Mt 24,35). Darum kann man ihm v. und seinem Wort gehorchen (Lk 5,5). Aber er ist auch das Vorbild des V. zu seinem Vater. Er hat sich auf Erden in der Versuchung entschieden für das uneingeschränkte V. zum Vater (Hebr 2,13) und an dieser Entscheidung unbeirrt festgehalten, auch als man ihn an das Kreuz geschlagen hatte und die Gegner ihn höhnend aufforderten, indem sie sich auf sein Gottvertrauen beriefen (Mt 27,43), sich selbst zu helfen (V 40) und damit in Wahrheit sein V. wegzuwerfen.

IV) Die Verkündigung der Treue Gottes und Christi stellt die Menschen vor die Entscheidung, ob sie die Treue durch ihr V. beantworten wollen. Die Entscheidung zu solchem V. ist ein Bruch mit dem bisherigen Verhalten, da der Mensch von Natur geneigt ist, allen Enttäuschungen zum Trotz sein V. auf Reichtum, Menschen und Lügen zu setzen (Mk 10,24; Ps 41,10; Jer 29,31). Da sich das NT an Menschen wendet, welche die rechte Entscheidung getroffen haben, spricht es von dem V. zu Gott als einem Gut, das man nicht wegwerfen darf (Hebr 3,6; 10,35). Hier steht zwar im Griech. *parraesia*, was eigentlich Freimütigkeit und Offenheit im Umgang mit dem Vater bedeutet (→ Freudigkeit), aber solche Haltung setzt auch das volle V. zu Gott voraus.

V) Die HS spricht von v. auch in dem heute durch »anvertrauen« oder »verloben« wiedergegebenen Sinn. Es bedeutet dann das Geloben der Treue bei der Verlobung und Eheschließung (Mt 1,18; Lk 1, 27; 5 Mo 28,30; übertragen Jer 3,14; Hos 2,21[19]; vgl. → Ehe) oder ein Sich-Mitteilen (Joh 2,24). Meist aber wird im NT ein Heilsgut anvertraut (vgl. Lk 16,11). So ist den Gläubigen das Evangelium vertraut, damit sie es bewahren (1 Tim 1,11; 6,20) und den rechten Gebrauch davon machen, denn es ist ihnen als Botschaft an die Heiden gegeben (Gal 2,7; 1 Thess 2,4), für deren Weitergabe sie verantwortlich sind (1 Kor 9,16).

Verwerfung, verwerfen, verwerflich. In der LÜ werden verschiedene Worte des Urtextes mit »verwerfen« wiedergegeben. Sie alle bezeichnen ein prüfendes, wägendes, richtendes Verhalten mit der Konsequenz des Verachtens, Verdammens und Vernichtens. An dem Gegenbegriff »retten« wird die Schärfe des »Verwerfens« sichtbar.

I) DER MENSCH VERWIRFT.
Durch die ganze HS zieht sich dieser Klang hindurch: Israel, der Mensch, verwirft seinen Gott (4 Mo 11,20). In der Königswahl Israels liegt die Ablehnung des Königtums Gottes verborgen (1 Sam 8, 7; 10,19). Israel verwirft Gottes Wort (1 Sam 15,23. 26; Jes 30,12; Jer 8,9) und Gottes Gesetz (Jer 6,19; Hes 5,6; vgl. 3 Mo 26,15). Das ist umso erstaunlicher, als sich gerade in der Gabe des Wortes und des Gesetzes Gottes ganze Liebe zu seinem Volk offenbart. Was hätte Gott noch tun sollen, um seines Volkes Liebe zu gewinnen? (Jes 5,4). Wie verworfenes Silber ist Israel in Gottes Augen, denn »der Blasebalg hat wohl geschnaubt – vergeblich ist alles Schmelzen gewesen, die Schlacken haben sich nicht ausscheiden lassen«: Israel verwirft Gottes Zucht (Jer 6,27–30 MÜ vgl. Spr 3,11f).
Israel verwirft auch seinen wahren König im NT. »Des Menschen Sohn muß verworfen werden« (Mk 8,31; Lk 9,22; 17,25), er ist der »verworfene Baustein« (Mt 21,42 par.). Das Gleichnis von den Weingärtnern (Mk 12,1–12) zeichnet die atl. Geschichte Gottes mit seinem Volk nach (2 Chron 36,15.16) und steigert sie bis zur Verwerfung des Sohnes, des einzigen und geliebten, und schließt mit der Frage: Was wird der Herr des Weinberges nun tun? (V 9).

II) GOTT VERWIRFT.
1) Der Herr antwortet auf dieses Tun des Menschen mit einem »Darum will ich dich auch verwerfen«. Das betrifft den einzelnen: Esau (Hebr 12,17); König Saul (1 Sam 15,23). Das gilt auch der ganzen Gottesgemeinde Israel mit ihren Priestern und Propheten: Du verwirfst Gottes Wort, darum will ich dich auch verwerfen (Hos 4,5.6). Am stärksten hat wohl Jeremia unter der Verwerfung des Gottesvolkes gelitten (Jer 6,19.30; 7,29; 14,19; 52,3; Klgl 2, 7; 5,22).
Es gibt keine Garantien gegen diese Verwerfung. Die heilige Stadt ist kein Schutz vor Gottes Zorn (2 Kö 23,27). »Das Haus, das ich geheiligt habe meinem Namen, will ich verwerfen« (1 Kö 9,7) ebenso den Altar (Klgl 2,7). Die → Erwählung schließt die Verwerfung nicht aus, sondern ein: Seid ihr Kinder Israel mir nicht gleich wie die Mohren? Habe ich nicht Israel aus Ägyptenland geführt und die Philister aus Kaphtor und die Syrer aus Kir? Die Augen des Herrn sehen auf das sündige Königreich, daß ich's vom Erdboden vertilge (Am 9,7.8). Wer hoch begnadet ist, wird umso tiefer fallen (Mt 11,20ff). Die Kinder des Reiches werden ausgestoßen (Mt 8, 12).
Nur an einer einzigen Stelle wird die Erwählung fest und wandelt sich auch die Verwerfung in Annahme. Christus als der »verworfene« Stein (Mk 12, 10 par.) ist der Fels der Entscheidung in doppeltem Sinn: »Wer an ihm zu Fall kommt, wird zerschmettert werden; auf wen er fällt, den wird er zermalmen« (Lk 20,18; 1 Petr 2,8). Und: »Wer auf ihn sein Vertrauen setzt, wird nimmermehr zuschanden werden« (V 6). Denn der verworfene Stein wurde der → Eckstein, der Schlußstein, der den neuen Tempel, das Gottesvolk, vollendet und trägt.

2) An der Tatsache der Verwerfung Israels (Röm 11,15) trägt Paulus, der selber die Annahme in Christus erfahren hat, mit tiefem Schmerz. Israel besaß doch die Sohnschaft, die Herrlichkeit Gottes, den Bund, das Gesetz, den Gottesdienst, die Verheißungen, die Erzväter, sogar den Messias nach dem Fleisch (Röm 9,1ff). Sind Gottes Verheißungen hingefallen?
Nein, denn nach der Annahme der Heiden schlägt noch einmal Israels Stunde (Röm 11,11ff). Wenn Gott in den alten Wurzelstock des Gottesvolkes die Heiden als neue Zweige, eingepfropft hat, wieviel mehr vermag er dann auch Israel, die jetzt ausgebrochenen Zweige wieder einzupfropfen. Aber Gottes Verheißungen sind Ja und Amen nur in Christus (2 Kor 1,20). Um des Unglaubens willen hat Gott Israel ausgebrochen (Röm 11,20) und zusammen mit den Heiden unter dem Ungehorsam verschlossen, um allen Erbarmen widerfahren zu lassen (V 32). Wenn Israel aber im Unglauben verharrt, wird es nicht wieder eingepfropft werden (V 23). Vgl. → Rest.

3) Aber widerspricht nicht eine endgültige Verwerfung der erbarmenden Gnade Gottes? Denn er liebt die Welt (Joh 3,16) und alle Dinge sind »von ihm und zu ihm« (Röm 11,36).
Aber dagegen steht die klare Aussage der Schrift, daß die Rettung allen gilt, die glauben (Mk 16, 16; Joh 3,16.18). Der unerbittliche Ernst Jesu, mit dem er heute zur Entscheidung des Glaubens ruft, wäre Spiel und Unernst, wenn es letztlich gleichgültig wäre, wie und wann wir uns entscheiden. »Laß die Toten ihre Toten begraben, du aber verkündige das Reich Gottes« (Lk 9,60). Diese Verkündigung von Gottes Gnade und Gericht darf in ihrem letzten Ernst auch nicht durch das Leben seiner Boten harmlos und unglaubwürdig gemacht werden. Darum arbeitet Paulus an sich, damit er nicht selbst verwerflich werde (1 Kor 9,27).
Es gibt einen letzten Tod, ein definitives Scheitern, ein letztes »Draußen« (Offb 22,15), eine letzte Verwerfung (Mt 25,31ff; Offb 20,14f). Wäre es anders, so wäre Gottes Liebe nur ein zwangsläufig abrollendes Fatum. Begnadigen ist nicht Gottes Beruf und Pflicht, er ist in seiner rettenden Gnade frei (Röm 9,15). Darum kann er auch verwerfen. In beidem erweist er seine Allmacht, der gegenüber nur die Bitte bleibt: Verwirf mich nicht von deinem Angesicht (Ps 51,13).

Verwesen, verweslich → Auferstehung II B, → Tod I

Verwüstung → Greuel

Verzagen, völlige Mut- und Ratlosigkeit, wirkt Gott bei Völkern und Menschen, die seinem Heilshandeln entgegenstehen und Feinde des Gottesvolkes sind (2 Mo 23,27; Jos 2,11; Ps 46,7; 1 Makk 4,32). In Israel ist Verzagtsein ein Zeichen mangelnden Glaubens (5 Mo 1,28; Jos 14,8; 1 Sam 13,7) oder des Gerichtes über die, die Gott ungehorsam waren (1 Sam 28,5; Hes 7,27; 21,20[15]). Denn wenn sein Volk ungebrochene Gemeinschaft mit dem Herrn hat, nimmt er Furcht und Verzagtheit von ihnen (5 Mo 20,3; Jes 51,7; vgl. 42,2).
In alles menschliche V. hinein spricht Gott seinen Trost und verheißt seine Hilfe (Jes 35,4; Jer 46,27; Hebr 12,5). Darum kann Paulus sagen: »uns ist bange, aber wir v. nicht« (2 Kor 4,8). Wenn der Apostel »am Leben verzagte« (2 Kor 1,8), so heißt das nur, daß er keine Möglichkeit mehr sah, dem Tod zu entgehen. Wie wenig er dabei in Verzweiflung geriet, zeigt Phil 1,20–23 (viell. beziehen sich beide Aussagen auf dieselbe Situation; vgl. → Philipperbrief).
Die Gefahr der Verzagtheit für den Glauben wird daran deutlich, daß vor den Kämpfen des Gottesvolkes die Verzagten zurückgeschickt wurden, um die anderen nicht mit ihrer Furcht anzustecken (5 Mo 20,8; Ri 7,3). Wenn das V. nicht aus dem Glauben an Gott überwunden worden ist, kann es schließlich sogar in die Verdammnis führen (Offb 21,8; in Mt 8,26; Mk 4,40 gibt LÜ dasselbe Wort mit »furchtsam« wieder).

Verzehnten → Zehnten; → Dill, → Kümmel, → Minze, → Raute

Verzeihen → Vergeben

Verziehen = über einen bestimmten Termin hinaus ausbleiben oder hinauszögern, sich verspäten, auf etwas oder auf sich warten lassen (Jos 10,13: Sonnenuntergang; 2 Sam 20,5: Einberufungstermin; Pred 5,3: Erfüllung eines Gelübdes; Lk 1,21: die übliche Zeit).
Gott zögert die Erfüllung seiner Verheißungen nicht hinaus (2 Petr 3,9). Wenn Menschen trotzdem meinen, er verziehe (ebd.; vgl. Lk 12,45; Ps 40,18; Hes 12,22), so liegt das daran, daß sie sein Eingreifen früher erwarten, als er es beabsichtigt. In dieser etwas abgewandelten Bedeutung: »über (menschliches) Erwarten lange ausbleiben« ist das Wort u. a. in 2 Mo 32,1 (Mose auf dem Berg); Spr 13,12 (Hoffnung); Hab 2,3 (Gottes Weissagung); Mt 25,5 (Kommen des Bräutigams) zu verstehen.

Verzweifeln → Zweifel

Vetter umfaßt bei Luther nach dem älteren Sprachgebrauch noch die beiden Bedeutungen: V. und Onkel; daher übersetzt er das hebr. Wort *dod*, das eine ähnlich weite Bedeutung hat (Vetter, Onkel, Geliebter), völlig zu Recht mit V. (nur 2 Kö 24,17; Est 2,7.15; Jer 32,7.8.9 mit Oheim; 3 Mo 20,20a mit Vaters Bruder, b mit Oheim).
Im uns heute geläufigen Sinn steht V. lediglich in Jer 32,12 (vgl. V 7) und viell. in 3 Mo 10,4.
Die Bedeutung Onkel ergibt sich aus dem Zushg. in 4 Mo 36,11; 1 Sam 14,50 (→ Kis 1); außerdem gilt sie wohl für 3 Mo 25,49; 1 Sam 10,14–16; 1 Chron 27,32; Am 6,10.

Viehzucht.

I) ALLGEMEINES.
V. ist Kennzeichen und Lebensgrundlage des wandernden Nomaden im Gegensatz zum seßhaften Ackerbauer (vgl. 1 Mo 4,2). Bestand der Reichtum der Erzväter noch vornehmlich aus Viehherden (1 Mo 12,16; 29,6–10; 30,36), weshalb sie auch in Ägypten in die Landschaft Gosen eingewiesen wurden (1 Mo 47,3–6), so tritt mit der Landnahme der Israeliten in Kanaan der → Ackerbau stärker in den Vordergrund. Allerdings bleiben auch weiterhin einige der Stämme vorwiegend Viehzüchter, bes. die im südl. Juda (1 Sam 25) und im Ostjordanland (4 Mo 32,1). Die Rechabiter (Jer 35), Ruben und Gad stehen hier im Vordergrund.

Tafel 93
Die Zedern im Libanon, deren Stämme begehrtes Bauholz für den Tempel in Jerusalem (1 Kö 5,23[9]f; Es 3,7) und assyr. Königspaläste (vgl. Abb. Sp. 669) lieferten. Heute sind von den großen Zedernwaldungen des Altertums nur noch geringe Reste übrig geblieben.

Tafel 93

Hirten mit ihren Herden (ägypt. Darstellung)

Welche Bedeutung die V. für Israel hat, ergibt sich daraus, daß mit dem hebr. Wort für »Vieh« der Besitz überhaupt bezeichnet wurde. Wie bei Hiob (Hi 1) und Nabal (1 Sam 25,2) besteht auch der Reichtum des Königs weithin in Herden (1 Sam 25,2; 1 Chron 27,29–31; 2 Chron 26,10). Die Gesetzgebung (2 Mo 21–23) setzt ein Volk voraus, das mindestens zu einem guten Teil von V. lebt.
Vielfach betreibt die gleiche Familie Ackerbau und V. nebeneinander, jedenfalls aber hält auch die Ackerbau treibende Bevölkerung für ihren eigenen Bedarf und die Feldbestellung Tiere. Die Herden finden ihre Nahrung hauptsächlich in den das ganze Jahr über, wenn auch nur dürftig bewachsenen Steppengebieten an Gräsern und niedrigem Buschwerk, in der Regenzeit allerdings auch bis hinein in die Wüste (Jo 1,19; Jer 49,4). Futterbau und Wiesenwirtschaft in dem uns vertrauten Sinn sind in Israel unbekannt.

II) VIEHBESTAND.

Hier unterschied man Kleinvieh und Großvieh.
1) Zum Kleinvieh gehört zunächst das → Schaf, das in großer Zahl bes. in Südjuda und im Ostjordanland vorhanden ist (vgl. 1 Sam 25,2; 4 Mo 31,32). Mehrere tausend dieser Fettschwanzschafe sind offenbar keine Seltenheit (2 Kö 3,4), und Ps 144,13 rechnet mit ihrer tausendfachen Vermehrung. Ferner gehört die → Ziege dazu, die auch noch in Gegenden gehalten werden kann, in denen das Schaf nicht mehr genügend Nahrung findet. Sie kommt nur in kleineren Herden vor und wird oft mit den Schafen gemeinsam geweidet.

2) Unter das Großvieh der Herden werden im wesentlichen → Rinder gezählt (1 Mo 18,7; 32,6[5]; 46,32). Sie sind natürlich wertvoller als die Schafe, brauchen bessere Weide und setzen zugleich eine stärkere Seßhaftigkeit voraus. Berühmt sind die Rinder von Basan (Jer 50,19; Am 4,1). Außerdem finden sich → Kamele, und zwar das einhöckrige Dromedar (1 Mo 24,10; Jes 60,6; Hi 1,3; Es 2, 67). Häufiger als in Israel werden sie bei den Wüstenstämmen gehalten (vgl. die Midianiter Ri 6,5). Sie dienen als Last- und Reittiere.
Zu diesem Zweck verwendet man aber auch den → Esel (1 Mo 12,16; 1 Sam 9,3; Neh 13,15; Sach 9,9) und das → Maultier (1 Kö 1,33). Dagegen ist das → Pferd in Israel selten und wird wohl erst z. Zt. Salomos in größerem Umfang eingeführt (1 Kö 10,28f), war bei den Ägyptern aber schon früher und häufiger zu finden (2 Mo 14,9; 15,19).

3) Als Geflügel findet sich die → Taube und – erst nach der babyl. Gefangenschaft sicher nachgewiesen – auch das Huhn (→ Hahn), während Gänse und Enten nirgends genannt werden.
4) Schweine sind in Israel als unrein verboten (3 Mo 11,7), während sie bei den angrenzenden Völkerschaften in Herden vorkommen (Mt 8,30; Mk 5,11; Lk 15,15).

III) ERTRÄGE.

Dienen Rind und Esel auch als Zugtiere für Pflug und Wagen, so betreibt man die V. doch hauptsächlich um der übrigen Erträge willen. Begehrt ist die → Milch, aus der man Butter und Käse gewinnt; in der Regenzeit ist sie reichlich vorhanden, im Sommer knapp. Man genießt sie von Schaf (Jes 7, 21f), Ziege (Spr 27,27), Rind und Kamel (1 Mo 32, 16[15]).
Von Schaf (1 Sam 25,18), Ziege (Ri 6,19) und Rind (Lk 15,23) ißt man auch das Fleisch, nicht dagegen vom Kamel (3 Mo 11,4).
Von allen Tieren finden die Felle Verwendung, am meisten von der Ziege zur Anfertigung von Taschen und Schläuchen, weiterhin auch die Haare der Ziege bzw. die Wolle des Schafs; Ziegenhaar wird dabei bes. für Zeltdecken gebraucht.

IV) HERDENLEBEN.

Die Herden befinden sich immer unter freiem Himmel (Dan 4,22; 5,21). Nachts nimmt man sie in Hürden, ummauerte, aber nicht überdachte Schutzplätze (4 Mo 32,24; 2 Chron 32,28; Mi 2,12; Lk 2, 8). Zur besseren Übersicht werden bei den Hürden manchmal besondere Wachttürme oder Herdentürme errichtet (1 Mo 35,21; 2 Chron 26,10). Zur Bewachung der Herden bedient man sich der Hunde (Hi 30,1; Jes 56,10).

Hirt, der einen Löwen von einem geschlagenen Rind zu vertreiben sucht (vgl. Am 3,12). Nach einem babyl. Relief

Auf der Wanderung mit seiner Herde ist der Hirt (zur übertragenen Bedeutung vgl. → Hirte) für die Tiere verantwortlich, muß für deren Schaden oder Verlust sogar Ersatz leisten (2 Mo 22,9–14[10–15]). So zählt er sie morgens und abends (3 Mo 27,32), indem er sie unter seinem Stab hindurchgehen

Tafel 94
Die Zilizische Pforte, der einzige Paßweg durch den Taurus, bei Adana. Hier zog Paulus auf seiner 2. und 3. Missionsreise hindurch (vgl. Karten Sp. 1045/6; 1049/50).

läßt. Sein Augenmerk hat er nicht nur auf geeignete Futter- und Wasserstellen (→ Brunnen) zu richten (Ps 23,2), zu denen er die Tiere führt, sondern auch auf Gefahren, die der Herde durch Raubwild wie Löwe, Bär und Wolf (1 Sam 17,34ff; Am 3,12) oder Räuber (1 Sam 25,7) drohen. Das Nomadendasein bringt es mit sich, daß zwischen den Hirten verschiedener Herden öfter Streitigkeiten um Wasser- und Weideplätze ausbrechen (vgl. 1 Mo 26,20). Der Hirt ernährt sich auf seiner Wanderung von der Milch der Herde und den Lebensmitteln, die er in seiner Hirtentasche bei sich führt. Als Waffe führt er neben einer Keule (vgl. → Stekken und Stab) nur die → Schleuder.
Die ansässigen Bauern brachten ihr Vieh, das in Ortsnähe weidete, auch in Ställen unter (2 Chron 32,22; Hab 3,17), wozu oft natürliche Höhlen benutzt wurden. Meist aber beherbergte das einräumige Bauernhaus Menschen und Vieh gemeinsam (vgl. → Haus I,2).

Vier → Zahl

Vierfürst ist die Übersetzung des griech. Titels Tetrarch, der wörtl. und urspr. einen Herrscher über den vierten Teil eines Reiches bezeichnet, dann aber auch für Fürsten kleinerer Gebiete überhaupt Verwendung fand.
Im NT werden Herodes Antipas (Mt 14,1; Lk 3,19; 9,7; Apg 13,1) und Philippus (Lk 3,1) V. genannt. Beide regierten tatsächlich über je ein Viertel des Reiches Herodes d. Gr., während Archelaus die Hälfte erhalten hatte. Obgleich Rom allen Söhnen des Herodes bewußt den offiziellen Königstitel vorenthalten hatte, so wird doch das Wort König nach damaligem Sprachgebrauch in seiner allgemeinen Bedeutung »Herrscher« auch manchmal auf einen V. angewendet (Mt 14,9; Mk 6,14).
In Lk 3,1 trägt auch Lysanias von Abilene den Titel V., hier im weiteren Sinn als Herrscher über ein kleineres Gebiet.

Viertel → Geld; → Maße und Gewichte

Vision → Gesicht

Vogel. Das Hebr. hat kein Wort, dessen Bedeutung sich mit der unseres Wortes »Vogel« deckt. *Op* (»Fliegendes«; 1 Mo 1,20f.26; 3 Mo 1,14; 11,13; 5 Mo 14,20; 28,26; Jer 5,27 u. ö.; LÜ meist Vögel oder Gevögel) bezeichnet alle geflügelten Tiere, also über die Vögel hinaus auch Insekten (3 Mo 11,20; 5 Mo 14,19; beidemal hebr *schäräz ha-op*, LÜ »was sich regt und Flügel hat« bzw. »was Flügel hat und kriecht«, besser: »fliegendes → Gewürm«) und fliegende Säugetiere (→ Fledermaus).
Das andere hebr. Wort, *sippor* (»Zwitscherer«), kommt in seiner Bedeutung unserem »Vogel« sehr viel näher, doch bezeichnet es in der Regel nur die kleineren Vögel (1 Mo 15,10; 5 Mo 22,6; Ps 84,4; 102,8; Pred 9,12; 12,4; Hes 17,23 u. ö. → Sperling). Das im NT verwendete griech. *peteinon* (»Fliegendes«; LÜ Vogel; Mt 6,26; 8,20; 13,4.32; Mk 4,4.23; Lk 8,5; Apg 10,12 u. ö) entspricht unserem Wort Vogel.
Palästina besitzt eine außerordentlich reiche Vogelwelt. Nach (allerdings etwas veralteten) Angaben sollen dort 413 Arten und Unterarten von Vögeln vorkommen. Grund für diesen Vogelreichtum des Landes sind in erster Linie wohl Klima (warme, trockene Sommer; gemäßigte, feuchte Winter), Beschaffenheit des Landes (Meeresküste, Binnengewässer, Kulturland, Steppe, Wüste, Felsgebiete) und vor allem seine Lage auf einer der wichtigsten Vogelzugbahnen zwischen Europa und Afrika. Ein großer Teil der oben angegebenen Anzahl von Vogelarten besteht so aus Zug- und Strichvögeln. Ein wahres Vogelparadies, bes. auch für Wasservögel, ist der Jordangraben mit Hulesee und See Genezareth.
Das AT berichtet von der Vogeljagd mit Schlinge (→ Strick) und → Netz, die Apokryphen erwähnen auch die Verwendung eines Lockvogels (Sir 11,31 [27]). Doch unterliegt auch die Vogeljagd einer Einschränkung durch das Gesetz: das Muttertier darf weder getötet noch gefangen werden (5 Mo 22,6f). Gefangene Vögel hielt man zur Unterhaltung im Haus (Hi 40,29[24]); auch das Halten von Ziervögeln wird erwähnt (1 Kö 10,22).
Eine ganze Anzahl von Vögeln, namentlich die Raubvögel, waren für die Israeliten unrein (3 Mo 11,13–19; 5 Mo 14,12–18; vgl. → Speisegesetze; vgl. auch die Art. zu den einzelnen Vogelnamen). Reine Vögel (3 Mo 14,4ff; 5 Mo 14,11.20) waren u. a. Tauben (die einzigen Vögel, die geopfert werden durften 1 Mo 15,9; 3 Mo 5,7), Wachteln (2 Mo 16,12f) und wohl auch einzelne Singvögel, etwa → Sperlinge (Mt 10,29; Lk 12,6).
Sehr häufig verwendet die Bibel den V. als Bild (vgl. → Adler, → Taube). Der gefährdete Mensch wird häufig mit einem gejagten V. verglichen (Ps 11,1; 124,7; Spr 6,5; 7,23; Pred 9,12). Das Bild des V. findet sich vor allem in Psalmen (Ps 8,9; 84,4; 102,8; 104,12) und Sprüchen (Spr 1,17; 26,2; 27,8); doch auch die Propheten (Jes 10,14; 16,2; Jer 17,11; Hes 17,23; 31,6; 39,17; Dan 7,6; Hos 11,11; Am 3, 5; Zeph 2,14) nehmen die Bilder ihrer Gerichts- und Heilsweissagungen oft aus der Vogelwelt. In Gleichnissen und Vergleichen Jesu finden sich ebenfalls solche Bilder (Mt 6,26; 8,20; 10,29; 13,32; 23, 37; Lk 12,6f u. ö.).

Vogelgeschrei → Wahrsagerei

Vogler → Jagd, → Netz

Vogt. 1) Hebr. *nagas:* Aufseher und Antreiber bei Zwangsarbeiten (2 Mo 5,6.10.13); Luther übersetzt es verschiedentlich auch anders, etwa mit → Treiber (Jes 9,3[4]; Sach 9,8) oder Dränger (Hi 3,18). Jes 60,17 wird das Wort im übertragenen Sinn gebraucht.
2) In Neh 7,2 steht V. für das hebr. *sar* (= Oberster), das hier wohl einen Offizier bezeichnet; in Dan 3,2.3 für das aram. *gedabar* = → Schatzmeister.

Volk. Die Stammbäume der HS zeigen, wie aus den Familien Geschlechter und Stämme und aus diesen Völker wurden, so daß das V. vielfach als erweiterte Familie erscheint (vgl. → Stamm). Wie in die Familie, wird man auch in sein V. hineingeboren und kann sich nicht daraus lösen, während man die Staatsbürgerschaft wechseln kann (Apg 22,28). Die Stellung des → Königs im V. gleicht in vieler Hinsicht der des → Vaters in der Familie. Wie dem einzelnen Menschen setzt Gott auch den Völkern Wohnort, Grenzen und Zeiten (5 Mo 32,8; Apg 17, 26).
Ziel aller Geschichte ist *ein* V. in dem *einen* Heil unter dem *einen* Herrn. Zur Verwirklichung seines Heils beruft Gott Abraham, dessen Nachkommen er zum großen V. macht, das er vor allen Völkern zum Eigentum erwählt (2 Mo 19,5.6) und mit dem er seinen → Bund schließt. So steht → Israel in der HS im Mittelpunkt, und die andern V. werden meist nur genannt, soweit sie in Beziehung zu Israel ste-

hen. Doch vergißt das AT nie, daß Gott Herr aller Völker ist (2 Kö 19,15; Ps 24,1; 67,4.5; 98,9; 99,1), und die Propheten verheißen eine Zeit, in der alle Völker hinzuströmen werden zum Herrn (Jes 2,2–4; 60).

Obgleich der Herr Israel ewiglich zu seinem V. gemacht hatte (1 Chron 17,22), konnte es doch durch seinen Abfall, seinen Bundesbruch, zum Scheusal und Sprichwort unter allen V. werden (5 Mo 28,37; 1 Kö 9,7) und den Namen Gottes unter ihnen entheiligen (Hes 36,20.23). In der Entscheidung vor Christus hat sich Israel im ganzen losgesagt (Joh 19,15; Mt 27,25) und geht nun einen schweren Weg unter Verstockung (Apg 28,26.27) und Gottes Zorn (1 Thess 2,14–16). An Stelle der Ausgeschiedenen, der ausgeschnittenen Zweige, wurden nun Heiden in den Wurzelstock des Gottesvolkes eingepfropft (Röm 11,17), die unter Aufhebung aller Unterschiede (Röm 10,12; Gal 3,28; Kol 3,11) vollberechtigte Bürger (Eph 2,19.20) und seines vollen Segens und seiner Verheißungen teilhaftig sind (Eph 3,6). Gläubige aus Juden und Heiden bilden nun gemeinsam den Samen Abrahams (Gal 3,28.29), das V. Gottes (1 Petr 2,9.10).

Völkertafel. I) Nach dem Ende der Sintflut und der Verheißung Gottes, er wolle kein zweites Gericht dieser Art mehr über die Erde kommen lassen (1 Mo 9,9–19), führt 1 Mo 10 die neue Menschheit vor, der diese Verheißung gilt. Vgl. Apg 17,26.27.

Die Völker werden als Nachkommen von Japhet, Ham und Sem, den Söhnen Noahs, aufgezählt, ohne daß ein Anspruch auf Vollständigkeit erhoben wird. Über ihre Wohngebiete erhalten wir keine genauen Angaben, so daß wir heute bei manchen Namen über Vermutungen nicht mehr hinauskommen. Auch Versuche, die Liste nach ihrem Gesamtbestand zu datieren, bleiben damit fraglich, denn ohne Kenntnis ihres Wohnorts oder ihrer Ausbreitung zur fraglichen Zeit ist ein fester Ansatz der Völker in der politischen Geschichte häufig schwer zu gewinnen (vgl. z. B. Hethiter und Amoriter). Vgl. weiter die betreffenden Einzel-Artikel.

II) Sicher oder doch mit einiger Wahrscheinlichkeit können wir die folgenden Völker und Länder identifizieren.

A) Von Japhet:

1) Gomer: die Kimmerier. Askenas: die Skythen. Thogarma: Land im östl. Kleinasien.
2) Madai: die Meder.
3) Javan: die Griechen. Tharsis: phön. Kolonien in Sardinien oder Südspanien. Chittiter: die Einwohner Zyperns. Dodaniter: die Rhodier.
4) Thubal: die Tibarener in Kleinasien.
5) Mesech: ihre westl. Nachbarn, assyr. das Land Muski.
6) Thiras: die Tyrsener.

B) Von Ham:

1) Chus: die Äthiopier. Seba: afrikanisches Volk in Erithrea. Ragma und Saba: südarab. Stämme. Dedan: ein nordwestarab. Stamm. Sinear: Babylonien.
2) Misraim: Ägypten. Lehabiter: die Libyer. Naphthuhiter: die Unterägypter. Pathrusiter: die Oberägypter. Die Philister. Kaphthoriter: die Kreter.
3) Put: Punt an der Westküste des Roten Meeres.
4) Kanaan: Die Völker Palästinas und Syriens. Sidon: die Phönizier. Heth: die Hethiter. Jebusiter, Amoriter, Girgasiter, Heviter: palästinensische Völker, von denen die Amoriter auch in Babylonien zur Herrschaft gekommen sind. Arkiter, Siniter, Arvaditer, Zemariter, Hamathiter: die Bewohner der syr. Städte Arka, Sianu, Arvad, Simyra und Hamath (vgl. Karte Sp. 754).

C) Von Sem:
1) Elam: das Reich östl. von Babylonien.
2) Assur: Assyrien.
3) Joktan: Stämme in Mittel- und Südarabien. Hazarmaveth: Hadramaut. Ophir: in Südwestarabien.
4) Aram: die Syrer.

III) Die V. umfaßt demnach den Vorderen Orient einschließlich der angrenzenden Gebiete Europas und Afrikas, den Raum, in dem sich während der Jahrhunderte der Bibel die Heilsgeschichte innerhalb der Weltgeschichte vollzieht. Sie zeigt, wie sich nach der Sintflut im Raum der Menschheit erneut der eigene Weg offenbar und der Weg Gottes verborgen abzuzeichnen beginnen.
Die knappe Aufzählung der Völkernamen wird von dem ausführlichen Bericht über den Gewaltherrscher Nimrod in Sinear (Babylonien) unterbrochen (1 Mo 10,8–12). Anderseits steht unter den Völkern und Stämmen ein Familienstammbaum in 5 Generationen von Sem über Arphachsad bis Peleg (V 21.22. 24.25), der später über Abraham zum Gottesvolk Israel, über Lot zu Moab und Ammon (1 Mo 19,37. 38), über Pelegs Bruder Joktan (1 Mo 10,26–29), über Abraham und Ketura (1 Mo 25,1–4) und über Ismael (V 13–15) zu arab. Stämmen führt.
Das in der V. bewahrte erd- und völkerkundliche Wissen zeigt den umfassenden geschichtlichen und verwandtschaftlichen Zushg. aller Völker auf, unter denen auch Israel in dieser Hinsicht keine Sonderstellung einnehmen wird. Wir kennen keine außerbiblische Völkerliste mit einer vergleichbaren Aussage, ganz abgesehen von der heilsgeschichtlichen Einordnung dieser Überschau über die Völkerwelt. Hier wird gleichsam das ganze Weltpanorama hingestellt, vor dem sich dann Gottes Heilshandeln an der Welt in Abraham und Israel abspielt.

Volkszählung → Schätzung

Vollbereiten = vollkommen machen, vollenden (1 Petr 5,10).

Vollendung. Die HS bezeugt, daß Gottes Wirken auf dieser Erde einem letzten Ziel zustrebt zur Erfüllung und Vollendung der ewigen Heilsabsichten Gottes (vgl. → Reich Gottes).

I) Der ZEITPUNKT der V. bleibt göttliches Geheimnis (Mt 24,36; Apg 1,7), aber die Vorzeichen des Endes zeigen, wie einerseits die Mächte des Bösen weltweit zunehmen und sich in ihrer satanischen Widergöttlichkeit offenbaren, wie anderseits aber mitten in den politischen (Mt 24,6), gesellschaftlichen (2 Tim 3,1ff) und religiösen (1 Joh 2,18; 2 Thess 2,3; 2 Petr 3,3) Erschütterungen der ganzen Welt eine »aufhaltende Macht« (2 Thess 2,7) am Werk ist, wie das Evangelium allen Völkern als Zeugnis über sie verkündigt (Mt 24,14) und die »Vollzahl der Heiden« gewonnen wird (Röm 11,25). Dies alles wird ein innerlich zusammenhängender, sich mehr und mehr über alle Völker ausdehnender Prozeß des Zunehmens und Ausreifens sein, bei dem aufeinanderfolgende und ineinander eingreifende Weltereignisse zu einem bestimmten Ziel und Ende in der Geschichte der Menschheit hinführen.

II) Die ART der V. hängt unlöslich und ausschließlich mit der sichtbaren → Wiederkunft Jesu Christi zusammen (Mt 24,27; Apg 1,11; Offb 1,7), die in der Offenbarung der Gerechtigkeit und Herrlichkeit Gottes die große, ewige Scheidung mit sich bringt. Die V. der Gottesverheißungen über Gottes Freunde geschieht zunächst durch ihre → Entrückung dem Herrn entgegen (1 Kor 15,51.52; 1 Thess 4,16.17; Offb 20,4–6). In dieser »ersten Auferstehung« erfahren die Gläubigen des Leibes Erlösung (Röm 8, 23), sie erhalten »die Krone des Lebens« (Offb 2, 10; vgl. 2 Tim 4,8) und bekommen Anteil an dem Gericht über die gottlose Welt (1 Kor 6,2). Sie sind zur »Hochzeit des Lammes« berufen (Offb 19,7.9) und werden »bei dem Herrn sein allezeit« (1 Thess 4,17). Die V. der Gottesverheißungen über Gottes Feinde beginnt mit Jesu Sieg über Satan und seine Helfer, die gestürzt und abgetan werden (Offb 19, 11–20,3). Satans zerstörender und verderblicher Einfluß hört für tausend Jahre auf; statt dessen wirkt sich der Einfluß Jesu und seiner verklärten Gemeinde auf die Völker segensreich dahin aus, daß sie sich der Gnade Gottes öffnen (Jes 2,1–4; Mi 4,1–8; 7,11 –17; Offb 20,4b). Die Kräfte des Heiligen Geistes wirken ungehindert auf der Erde. Nach dieser Gnaden- und Missionszeit setzt Satan zum letzten furchtbaren Angriff an, wird aber endgültig besiegt und verworfen (Offb 20,7ff). Nach der allgemeinen Auferstehung (V 13) kommt für die ganze Menschheit das Endgericht, die ewige Scheidung. Wohl ist Gottes Erbarmen unbegrenzt und sein Retterwille gilt allen Menschen (1 Tim 2,4; Röm 11,32), wer aber diese Gnade ablehnt und verachtet, wird in die absolute Gottesferne verdammt (Mt 13,30.49.50).

III) Das ZIEL der V. ist die ewige Königsherrschaft Gottes und das Offenbarwerden seiner → Herrlichkeit im neuen Himmel und der neuen Erde (2 Petr 3,13). Was Gott von Ewigkeit her beschlossen und von Anfang an verheißen hat, kommt nun zur völligen Erfüllung. Die Zuverlässigkeit der göttlichen Verheißungen und Drohungen, der volle Sieg Gottes über Satan, Sünde und Tod, seine Wahrheit, Heiligkeit und Gnade werden sichtbar; denn das Ende des Weges Gottes zielt auf die völlige Enthüllung seiner himmlischen Herrlichkeit, seiner göttlichen Majestät und Größe und seiner uneingeschränkten Macht und Gnade. Sein Name wird geheiligt, sein Reich kommt, sein Wille geschieht auf Erden wie im Himmel!
In der neuen Gotteswelt ist jeder Einfluß der Sünde und des Todes völlig aufgehoben (Mt 19,28; 1 Kor 15,25.26; Offb 21,4.27; 22,15). Dieses wiedergeschenkte → Paradies ist die Gestaltwerdung und V. der ewigen Pläne Gottes, in der Gerechtigkeit (2 Petr 3,13), Friede und Freude wohnen (vgl. Offb 21,4). Damit hat Christus sein Werk vollendet und übergibt die Herrschaft auf ewig dem Vater (1 Kor 15,24.27f), der nun »alles in allen« ist (vgl. Eph 4, 6) und von allen gepriesen und angebetet wird (Phil 2,10.11; Offb 22,3–5).

Völlerei = Unmäßigkeit im Essen und Trinken (Jes 5,22).

Vollkommenheit, vollkommen ist, was das durch Vorbild oder Norm gesetzte Maß erfüllt, und fertig, d. h. nicht zu verbessern ist. Damit ist der V. Gottes eine Sonderstellung gegeben, denn sie ist normsetzendes Maß, während alle andre V. nur als Nachbildung (1 Mo 1,27) geschaffen oder gestaltet wird. Das ist zu beachten, wo die HS von V. von Menschen spricht.

I, 1) Gottes V. darf man sich nicht als Steigerung menschlicher V. vorstellen, sie ist primär gesetzt als uns unerreichbares Maß und Vorbild. Nicht Gott überragt die Menschen, als ob diese Vorbild und Maß seien; der Mensch bleibt hinter Gott zurück, der wahres Maß ist. Gott ist nicht geworden und kann kein vorher gesetztes Maß erfüllen, kann nicht

fertig geworden oder zum Ziel gekommen sein. So spricht die HS nur einmal von Gottes V. als Maß der unsren (Mt 5,48). Seine V. erscheint uns in seinen Eigenschaften, seinem Wissen (Hi 37,16; 11,7), Willen (Röm 12,2) und Handeln (2 Sam 22,3; Sir 18,1).
2) Jesus als der eingeborene Sohn vom Vater (Joh 1,14) hat an dieser V. teil. Er war göttlicher Gestalt, Gott gleich (Phil 2,6); in ihm wohnt die Fülle der Gottheit leibhaftig (Kol 2,9), er ist vollkommen (Hebr 7,28). Auch als Mensch ist er vollkommen, durch Leiden vollkommen gemacht worden (Hebr 2,10), lebte V. vor durch seinen völligen Verzicht auf jedes eigenwillige Handeln in der Bindung an den Willen des Vaters (Joh 5,19), wie es der Prophet im Bild der Blindheit des Gottesknechtes sah (Jes 42,19).

II) Wieder anders ist die V. der Menschen. Der Fromme des AT konnte leicht und mit Berechtigung sich für vollkommen halten, wenn er sich an der ihm gegebenen Norm des Gesetzes maß, wie er es verstand (vgl. Hiobs Selbstaussagen; vgl. → Gerechtigkeit). Im NT scheinen sich die Aussagen über V. zu widersprechen. Einerseits ist V. das Ziel des Strebens (Mt 5,48; Phil 3,12), anderseits werden Gläubige klar als vollkommen bezeichnet (2 Kor 13, 11; Phil 3,15). Der Scheinwiderspruch löst sich durch die Erkenntnis, daß es im NT nur eine V. des Wachstums gibt, die als dem jeweiligen Stadium des Wachstums entsprechende V. immer Wirklichkeit sein soll, und doch noch einem vollen Ziele entgegenwächst. Niemand kann bei der Wiedergeburt sofort ein Vater in Christus sein, aber er soll ein vollkommenes Kind sein (vgl. 1 Joh 2,12–14). Nicht vollkommen ist, wer nach dem Alter Vater in Christus oder Lehrer der Schrift sein müßte, aber noch von Kindernahrung lebt (1 Kor 3,1f) und die ersten Buchstaben der Schrift nicht verstanden hat (Hebr 5,12.13). So ist in jedem Alter und jederzeit vollkommen, wer in Christus ist (Kol 2,10) und jagt in dieser V. dem Ziel zu (Phil 3,14), dem Schauen des Herrn in der vollen Erkenntnis (1 Kor 13,12), zu der man sein muß, wie er ist (1 Joh 3,2).

III) Vollkommen ist schließlich alles, was von Gott kommt: Sein Gesetz (Ps 19,8), die Freude, die Jesus gibt (Joh 15,11), die Liebe zu Gott, die aus dem Halten seiner Gebote fließt (1 Joh 2,5), die Liebe zum Bruder, die Paulus das Band der V. nennt (Kol 3, 14), die Schönheit Israels in seiner Jugend- und Brautzeit (Hes 16,14). Insbesondere ist vollkommen die Offenbarung im NT. Der vollkommene Hohepriester (Hebr 2,10) hat im vollkommenen Heiligtum (Hebr 9,11) das Opfer ohne Fehl dargebracht (V 14), das allein vollkommen machen (Hebr 10,1) und zubereiten kann für die vollendete Gemeinschaft mit Gott, der gegenüber alles Vorläufige Stückwerk ist (1 Kor 13,10).

Vorbild. Die hebr. Sprache kennt kein selbständiges Wort für V. Zur Sache gehört die oft vorkommende Wendung »auf dem → Weg *(däräk)* jemandes« bleiben. Das griech. Wort *typos* (außerdem *hypodeigma, hypotyposis)* bedeutet Schlag oder Eindruck vom Schlag: Spur, Mal; dann auch Abbild, Muster, Modell, Typus, Vorbild.

I) VON GOTT GESETZTE VORBILDER.

Von Gott spricht die HS nicht als von einem V., das nachzuahmen wäre. Doch folgt Gott in seinem Handeln am Menschen einigen von ihm selbst gegebenen oder erwählten Urbildern, Beispielen, Modellen, an denen sich dann der Mensch wie an einem V. orientieren kann. Auf diese Weise stellt Vorbildlichkeit im Sinn der HS den Menschen immer vor Gott, der sein Wesen und seinen Willen in ein Bild eindrückt und darin so abbildet, so daß es auf ihn zurückweist. Eine Vorbildlichkeit, die in sich selbst ruht und andere an sich selbst bindet, ist Götzenbild und Götzendienst (vgl. Apg. 7,43.44).
Sowohl Gegenstände: das Heiligtum der Stiftshütte (2 Mo 25,9.40), der Tempel (1 Chron 28, 11.19; Hebr 9,24); wie auch bestimmte Ereignisse: die Ruhe Gottes nach der Schöpfung (Hebr 4,10), die Sintflut (2 Petr 2,6), Isaaks Bewahrung (Hebr 11,19), Jona im Fischleib (Mt 12,40); Ämter und Personen: Adam (Röm 5,14; 1 Kor 15,21f.45ff), Mose (5 Mo 18,15), David (Hes 34,23f), die Propheten (Jak 5,10), Israel (Hes 5,15), Sodom und Gomorra (Jud 7); und ein bestimmtes Verhalten: der Ungehorsam Israels (1 Kor 10,6.11), die Fußwaschung (Joh 13,15), die Geduld Jesu mit Paulus (1 Tim 1,16) werden von der HS als Bild oder Muster (im Guten oder Bösen) vor Augen gestellt, damit der Mensch daran Gottes Handeln zu seiner Orientierung, als Hilfe oder als Mahnung verstehen kann.

II) JESUS CHRISTUS ALS VORBILD.

In der Nachfolge und Gemeinschaft Jesu erfährt der Christ eine Umgestaltung in das Bild Christi (Röm 8,29), nicht als Ergebnis einer äußeren Nachahmung seines vorbildlichen Lebens, sondern als tägliche Erneuerung durch den Heiligen Geist. Jesus Christus ist das Ebenbild Gottes (2 Kor 4,4; Hebr 1,3), dessen Wesen in den Gläubigen Gestalt gewinnen soll (Gal 4,19). Darum werden die Gläubigen aufgefordert, Jesus Christus als neuen Menschen anzuziehen (Kol 3,10), seinem V. und damit dem Wort Gottes zu folgen, indem sie wie er bereit sind, Unrecht zu leiden (1 Petr 2,21), wie er zu lieben (Joh 13,34), das Leben hinzugeben (Eph 5,2), dem Nächsten zu dienen (Joh 13,15), zu vergeben (Kol 3,13), ja der Gesinnung Jesu (Phil 2,5) und seinem Leben gleich zu werden (1 Joh 2,6). Die beiden Stellen, in denen das NT von einer Nachfolge Gottes spricht (Eph 5,1; Mt 5,48), meinen das Handeln Gottes in Christus (Eph 4,32).

III) DER MENSCH ALS VORBILD.

Für die HS besteht die Vorbildlichkeit eines Menschen darin, daß er Gott gehorcht und Gott sich so in seinem Leben anderen bezeugen kann. Von Josia heißt es: »Er tat, was dem Herrn wohlgefiel, und wandelte ganz auf dem Wege seines Ahnherrn David und wich nicht davon ab, weder zur Rechten noch zur Linken« (2 Kö 22,2 ZÜ). D. h. er lebte wie David vor Gott und nach seinen Geboten (2 Chron 17,3). Wer aber von den Wegen des Herrn abweicht, wird zu einem V. des Ungehorsams (1 Kö 16,26) und verführt zum Götzendienst (2 Chron 21,12f). In ähnlicher Weise stellt der Hebräerbrief den Glauben der Väter als V. hin (Hebr 11,4–12,1).
Bes. häufig hält Paulus sein eigenes Leben den Gemeinden als V. vor (2 Thess 3,7.9; 1 Kor 4,16), nicht um sie an seine Person zu binden, sondern damit sie an ihm durch Anschauung lernen (Phil 3,17), Jesus Christus zu gehorchen (1 Thess 1,6). Nur weil er selbst Christus folgt, kann Paulus andere auffordern, seinem V. zu folgen (1 Kor 11,1).
In diesem Sinne sollen auch seine Mitarbeiter den Gläubigen ein V. sein (1 Tim 4,12; Tit 2,7), ebenso die Ältesten ihren Gemeinden (1 Petr 5,3); auch ganze Gemeinden werden zum V. für andere (1 Thess 1,7; 2 Kor 9,1f).
Auf die Frage, worin einer dem anderen V. sein kann und soll, wird wie bei Christus das ganze Leben einbezogen: im Glauben (Hebr 13,7), in der Liebe, in Wort und Wandel (1 Tim 4,12), in guten Wer-

ken (Tit 2,7), in Mühe und Arbeit (2 Thess 3,8f), in der Verkündigung (2 Tim 1,13), in der Aufnahme des Evangeliums (1 Thess 1,6f). Zugleich aber warnt die HS davor, schlechten V. zu folgen (Hebr 4,11; Jud 7; 3 Joh 11).
Vgl. auch → Ebenbild, → Mensch IV.

Vorhang. Zu den Vorhängen im Heiligtum vgl. → Stiftshütte (III,2) und → Tempel (III,1; VI).
Im Tempel des Herodes trennten Vorhänge sowohl die Vorhalle vom Heiligen wie das Heilige vom Allerheiligsten. Der V. vor dem Allerheiligsten dient als Zeichen (Mt 27,51 par.) und Bild (Hebr 6,19; 10,20) zur Verdeutlichung der Botschaft von dem freien Zugang zur Gegenwart Gottes, den Jesus durch sein Sterben und Auferstehen geschaffen hat.

Vorhaut → Beschneidung

Vorhof. I, 1) Der V. als abgegrenzter Raum um die → Stiftshütte (III,3 u. 4) und den → Tempel (III,2 u. 3; VI) bildete den Teil des Heiligtums, der dem Volk für Opfer und Gottesdienst, Dank und Anbetung allein zugänglich war (Ps 84,3.11; 92,14; 100,4; Jes 1,12; 62,9). Hier kündigte Jeremia den Juden das drohende Gericht des Herrn an (Jer 19,14; 26,2) und verlas Baruch die Sprüche des Propheten (Jer 36,10). An die Stelle des einen V. der Stiftshütte waren im Tempel Salomos zwei (2 Chron 4,9), im nachexilischen Tempel noch mehr Vorhöfe getreten. Das bedeutete eine immer stärkere Abschirmung des Ortes, an dem der Herr wohnte (vgl. dagegen Hebr 10,19); die Heiden (vgl. Ps 96,7–9; → Kaufhaus; → Wechsler) durften nur den äußersten, die isrl. Frauen nur die beiden äußeren V. betreten. Vgl. die Pläne Sp. 1340; 684 und das Luftbild des Baalstempels von Palmyra Taf. 32/481.

2) In Offb 11,2 bezeichnen der V. und die Stadt Jerusalem den Bereich und die Menschen, die der antichristlichen Herrschaft preisgegeben werden (vgl. V 8), während Gott den Tempel und Altar und die darin anbeten (d. h. seine Gemeinde, vgl. 1 Kor 3, 16.17; Hebr 10,19.20) bewahren wird.

II) V. kann auch den Hof eines anderen Gebäudes, des Gefängnisses (Jer 32,2) oder Hohenpriesterpalastes (Mk 14,68) bezeichnen (vgl. → Haus, → Palast).

Vorläufer kündigten das Kommen des Königs an und verschafften seinem Wagen Raum (vgl. 1 Sam 8,11; 1 Kö 18,46; vgl. → Läufer; → Leibwache). In Hebr. 6,20 wird von Christus gesagt, daß er als ein V. für uns in den Himmel einging.

Vorsabbat → Rüsttag

Vorsatz. Der V. Gottes ist sein ewiger Liebesratschluß, in dem seine Weisheit, Heiligkeit und Liebe zum Ausdruck kommt. Die Auswirkung dieses V. verspüren wir darin, daß er uns zu Christus zieht und in ihm herrlich macht. Völlig frei waltend und unabhängig kann er nach seinem V. auch einige zu besonderer Herrlichkeit berufen. Der V. Gottes kann von uns nicht ergründet, sondern nur anbetend geehrt werden (Röm 8,28; 9,11; Eph 1,11; 3,11; 2 Tim 1,9). Vgl. auch → Erwählung.

Vorsteher. I) Samuel wird als Vorsteher der Propheten bezeichnet, die in seinem Hause in Rama waren (1 Sam 19,20), d. h. er stand als Leiter an ihrer Spitze.

II) Z. Zt. Nehemias werden leitende Männer unter den Benjaminiten (Neh 11,9), Priestern (V 14) und Leviten (V 22; 12,42) V. genannt. Welcher Art ihre Stellung war, wissen wir nicht.
Aus dem sonstigen Gebrauch des hier verwendeten hebr. Wortes (z. B. 1 Mo 41,34 LÜ Amtleute; 2 Kö 12,12[11] LÜ bestellt zu; 25,19 LÜ gesetzt; Jer 29, 26 LÜ Aufseher) geht hervor, daß es sich um vorgesetzte Verwalter handelte, die bestimmte Sachen oder Personengruppen zu beaufsichtigen hatten und dafür verantwortlich waren.
Vgl. auch → Amtmann, → Fürst, → Oberste.

Vorwerk = Landgut, Ländereien (Apg 28,7).

Vorwitz, vorwitzig bezeichnet ein Überschreiten bestehender Grenzen in Zauberei und Wahrsagerei (Apg 19,19), im Entfalten überflüssiger Betriebsamkeit, wobei die Tagesarbeit vernachlässigt wird, viell. aus schwärmerischer Erwartung der Wiederkunft Jesu (2 Thess 3,11), und in unnützem Umherlaufen und Wichtigtun (1 Tim 5,13).

Vorzusingen → Psalmen I,3c; → Sänger, Sangmeister

Vulgata, »Die Verbreitete«,
die für die röm.-kath. Kirche maßgebende lat. Übersetzung der Bibel. Auf Grund vieler Mängel und Verschiedenheiten in den altlat. Bibelübersetzungen (Vetus Latina; vgl. → Testament Altes u. Neues), beauftragte Papst Damasus I. seinen theologischen Berater Hieronymus, den altlat. Bibeltext zu revidieren. Nach einer eiligen Verbesserung des Psalmentextes auf Grund der LXX (als Psalterium Romanum erschienen und sofort offiziell eingeführt) begann Hieronymus i. J. 384 die sehr eingehende Bearbeitung der Evangelien, die er nach guten griech. Hss. verbesserte; die Änderungen im übrigen NT waren weniger durchgreifend. Das AT revidierte er von 390 bis 405 in Bethlehem, wo er seit 386 lebte, nach dem hebr. Text. Diese Überarbeitung des AT und NT durch Hieronymus ist die V. Im Laufe der Zeit erfuhr ihr Text jedoch manche Veränderungen, vor allem dadurch, daß sich beim Abschreiben Wendungen der altlat. Übersetzungen erneut einschlichen. Verschiedene Revisionen, bes. die von Alkwin (gest. 804), dem führenden Theologen des fränkischen Reiches unter Karl d. Gr., versuchten, Abhilfe zu schaffen, jedoch ohne durchgreifenden Erfolg. Das Konzil von Trient erklärte 1546 die V. zum authentischen Bibeltext, forderte aber zugleich seine Verbesserung. Das Ergebnis dieses Beschlusses erschien 1589 unter Papst Sixtus V., wurde jedoch wegen der starken Abstriche, die der Papst an den Revisionsvorschlägen vorgenommen hatte, schon i. J. 1592 durch eine neue Ausgabe ersetzt, die unter Clemens VIII. erschien und deren Wortlaut den noch heute gültigen, offiziellen Vulgatatext (Sixto-Clementina) darstellt.

Waage → Maße und Gewichte, → Geld

Wache. I) Militärischer Wachposten (1 Sam 14,1.4.6; Jer. 51,12).
II) → Nachtwache.

Wachen, aufwachen. I) Das dt. Wort w. meint nicht nur das Gegenteil von schlafen, sondern steht auch für wartendes Ausschauen (Jes 29,20) und Wache halten (Ps 127,1; Jes 21,5); vgl. → Wächter.

II,1) Dankbar bekennt der Fromme des AT, daß er morgens in Gottes Gegenwart aufwacht (Ps 3,6; 139,18), unter dessen Schutz er die Nacht verbracht hat (vgl. Ps 127,1), und er verlangt danach, seinem Gott in der Frühe zu begegnen (Ps 63,2 LÜ ich wache zu dir; 17,15).

2) Im übertragenen Sinn wird das Wort gebraucht, wo der Herr den Menschen zuruft, aufzuwachen, sich nach dem Gericht ihm neu zuzuwenden (Jes 51, 17) oder aus geistlicher Trunkenheit und Benommenheit durch die Sünde sich seinem Gericht zu stellen (Jo 1,5).
Anderseits beginnt die Bitte um Gottes Hilfe oft mit dem Ruf: »Erwecke dich und wache auf!« (Ps 35,23; 44,24; 59,5; vgl. Hi 8,6).

3) Außerdem bezeichnet in Dan 12,2 »aufwachen« die Auferstehung aus dem Tode, aus dem es vom Menschen her kein Wachwerden mehr gibt (Hi 14,12).

III) Häufig ergeht im NT der Ruf zur Wachsamkeit (Mk 13,33.37; 1 Kor 16,13; Offb 3,2) als der Grundhaltung des Christen, der sich auf die Wiederkunft seines Herrn vorbereitet. Gebet und Fürbitte (Eph 6,18; Kol 4,2) helfen ihm, sich → nüchtern (1 Thess 5,6) in Bereitschaft zu halten als Kind des Tages und → Lichtes (V 5), das nichts mit der → Finsternis zu tun hat. Christus schildert diese Haltung in seinen Gleichnissen bei dem treuen Knecht (Mt 24, 42–47) und den 5 klugen Jungfrauen (Mt 25,1–13), die durch ihre Vorsorge trotz des Schlafens beim Aufwachen völlig bereit waren. Ihnen geht es wie der Liebenden (Hl 5,2), deren Herz auch im Schlaf wachbleibt und sich nach dem Kommen des Freundes sehnt.
Solange aber die Wiederkunft Jesu noch nicht geschehen ist, besteht die Gefahr, geistlich müde zu werden und einzuschlafen und so den Versuchungen des Teufels zu erliegen (Mt 14,38; 1 Petr 5,8). Solche Möglichkeit droht nicht nur dem einzelnen, sondern auch ganzen Gemeinden (Offb 3,1–3), in deren toten Zustand (V 1) der Ruf des Herrn trifft, aufzuwachen und auch die andern zu stärken, die zu sterben drohen (V 2). Im Lauf der Jahrhunderte hat es immer wieder Zeiten gegeben, in denen der Herr es »Christen« erschreckend deutlich machte, wie tief sie in Sünde und Gottlosigkeit versunken waren, und daß ihre Werke vor Gott nicht als völlig, vollkommen gelten konnten (ebd). Nur ganze Hingabe an Christus in Buße und Sündenbekenntnis, in neuem Hören auf das Wort Gottes und klarem Gehorsam (Offb 3,3; Eph 5,13.14) führen aus solchem Zustand heraus; wo diese Bewegung, die wir in der Kirchengeschichte als »Erweckung« bezeichnen, nicht durchdringen kann, bleibt nur noch das Gericht (Offb 3,3). Darum ergeht immer neu der Ruf: »Wache auf, der du schläfst, und stehe auf von den Toten, so wird dich Christus erleuchten« (Eph 5,14). Vgl. auch → Schlaf.

Wacholder. Das hebr. Wort *rotäm* bezeichnet nicht, wie Luther übersetzt, den W., sondern den Retamstrauch *(Genista raetam)*. Dieser ginsterähnliche Strauch ist ein Schmetterlingsblütler, der in allen Wüsten Syriens und Arabiens zu finden ist. Die Pflanze ist völlig blätterlos, der kurze Stamm holzig, die sehr zahlreichen Zweige sind grün und werden mannshoch. Dadurch gibt der Strauch etwas Schatten (1 Kö 19,4.5). Im Frühling ist er mit schneeweißen, rotgestreiften Blüten bedeckt, die nach Mandeln duften. Das Holz lieferte die beste Holzkohle des Altertums (vgl. Ps 120,4). Die Wurzeln sind bitter und holzig; man hat daher in dem hebr. Wort, das die LÜ in Hi 30,4 mit »ihre Speise« wiedergibt *(lachemam)* einen Fehler bei der Zufügung der Vokale vermutet und will stattdessen *lechummam* = »um sich zu wärmen« lesen. Im übrigen hat Luther an dieser Stelle *rotäm* richtig mit Ginster übersetzt.

Wachtel *(Coturnix coturnix;* hebr. *selaw).*
Ein etwa 20 cm langer, brauner Vogel mit rostgelben Streifen. Er kommt in fast ganz Europa, Ägypten, Syrien und Arabien vor. Die W. nähren sich von Getreidekörnern und Insekten. In Palästina sind sie Zugvögel, die im März aus dem S eintreffen und im September wieder abziehen. Nach dem Flug über das Rote Meer zur Sinaihalbinsel kommen die Vögel oft ganz erschöpft an und lassen sich dann leicht fangen. Die W.schwärme, durch die der Herr den Israeliten in der Wüste zweimal Fleisch verschaffte (2 Mo 16,13; 4 Mo 11,31.32; Ps 105,40; vgl. 78,26–28), waren auf dem Zug nach N, aber offenbar später als gewöhnlich (nach 2 Mo 16,1; 4 Mo 10,11.33 beidemal im April/Mai).

Wächter, wachen. W. hatten in Israel eine verantwortungsvolle Aufgabe. Bei Kriegszügen umgaben sie das Heer als Wache und bildeten auch den besonderen Schutz des Königs (1 Sam 14,15.16; → Leibwache). Die Mauern einer Stadt wurden mit W. besetzt, die nach anrückenden Feinden Ausschau hielten (Hes 33,2.3.6; vgl. Jer 51,12) und von besonderen Vorgängen außerhalb der Stadt Meldung zu machen hatten (Ri 1,24; 2 Sam 18,24f; 2 Kö 9,17).
Als höchsten W. über alle Menschen nennt die HS Gott, ohne dessen Beistand alles menschliche Wachen umsonst ist (Ps 127,1). Er ist der → Hüter Israels, der niemals schläft (Ps 121,4). Er wacht auch über sein Wort und sorgt dafür, daß es in Erfüllung geht (Jer 1,12), er ist darauf bedacht (LÜ wacht), daß seine Widersacher ihrem Untergang nicht entgehen (Jer 31,28; 44,27).
Von Gott eingesetzte W. sind seine Propheten (Hes 3,16–19; Jer 6,17), die über sein Volk wachen, es vor Sünde und Abgötterei warnen sollen und ihm die Zeichen der Zeit zu deuten haben (Jes 21,5ff).
Im NT sind es die Lehrer, die über die Gemeinden wachen und die Verantwortung für sie tragen (Hebr 13,17).

Wacker. Wackere (eigentlich: helle) Augen haben, heißt frisch und munter sein (1 Sam 14,27). Wer seine Augen wacker sein läßt (eigentlich: öffnet), ist aufmerksam und tüchtig (Spr 20,13). In Phil 4,10 bedeutet »w. geworden«: aufgeblüht, erstarkt.

Waffen und Geräte.

I) WAFFEN.

Gebräuchlicherweise unterscheidet man zwischen Waffen, die zum Schutze ihres Trägers bestimmt sind (Schutzwaffen) und Waffen, die zur Schädigung und Überwindung des Gegners dienen sollen (Angriffswaffen).

1a) Unter den Schutzwaffen ist zunächst der SCHILD zu nennen. Er ist in der Frühzeit fast immer aus Holz gefertigt (Hes 39,9f) und meist mit einem Ledergeflecht bespannt, das man, um es geschmeidiger zu machen, mit Öl einreibt (2 Sam 1,21). Der Schild kommt als (aus Assyrien übernommener) Großschild zum Schutze des ganzen Körpers vor (hebr. *zinnah*), häufiger aber als kleiner Rundschild (hebr. *magen)* zum Schutze von Kopf und Brust. Die Großschilde können genau rechteckig oder auch – so meist bei den Ägyptern – abgerundet sein (Abb. Sp. 398; 750). In der Eisenzeit ist in der Mitte des Schildes ein metallener Buckel befestigt. Metallschilde sind wegen ihres großen Gewichtes selten (1Kö 14,26f), in einzelnen Fällen werden allerdings sogar vergoldete Schilde für Männer in hoher Stellung erwähnt (2 Sam 8,7; 1 Kö 10,16f). Der Schild wird im Kampf mit Riemen am linken Arm getragen (vgl. Abb. Sp. 1075/6), auf dem Marsch über die Schulter gehängt. Luther setzt statt Schild gelegentlich auch das Wort TARTSCHE (1 Kö 10,17; Jer 46,3). Zur übertragenen Bedeutung → Schild.

b) Dem persönlichen Schutz des Kämpfers dient auch der PANZER (hebr. *sirjon*; 2 Chron 26,14; Neh 4,10[16]), der urspr. eine Lederjacke war, die später durch metallene Bänder oder Schuppen verstärkt wurde. Bei Goliaths Panzer (1 Sam 17,5) wird ein Gewicht von 5000 Lot genannt (vgl. → Maße und Gewichte II). In 1 Kö 22,34 heißt es, daß Ahab durch einen Pfeil zwischen Panzer und WEHRGEHÄNGE (hebr. *däbäkh)* getroffen wurde. Dies Wort bezeichnet nur allg. ein »Stück, das am Panzer festgemacht ist«, viell. Schulterstücke oder Trageriemen, jedoch wahrscheinlich nicht das eigentliche Wehrgehänge. Möglicherweise wurde der König also unter der Achsel getroffen, als er den Arm aufhob. Für solchen metallenen Schutz von Brust und Armen wird auch das Wort HARNISCH gebraucht, das allerdings im allgemeinen die gesamte Rüstung bezeichnet (vgl. Hi 20,24; 39,21; Lk 11,22; Eph 6, 11). Ein BEINHARNISCH ist nur 1 Sam 17,6 für Goliath erwähnt; solche ehernen Beinschienen stammen aus Griechenland, wo man sie als Verbesserung der Ledergamaschen gebrauchte, und scheinen nach der erwähnten Stelle vereinzelt bei den Philistern getragen worden zu sein, nicht aber in Israel. Die Metallplatten wurden um die Beine geschnürt oder lagen durch ihre eigene Spannung an.

c) Endlich findet sich nicht bei den Ägyptern, wohl aber in Babylonien und Assyrien und von da her auch in Syrien und Israel der HELM als Kopfschutz, allerdings wohl nicht allg., sondern nur in Einzelfällen (z. B. bei Saul 1 Sam 17,38). Später scheint er gebräuchlicher geworden zu sein (vgl. 2 Chron 26,14). Meist wird er jedoch nur bei Soldaten fremder Nationen erwähnt (1 Sam 17,5 bei Goliath; weiter Jer 46,4; Hes 23,24; 27,10). Urspr. war er nur eine Lederkappe, später wurde diese mit Metallbeschlägen versehen; daneben gibt es Helme

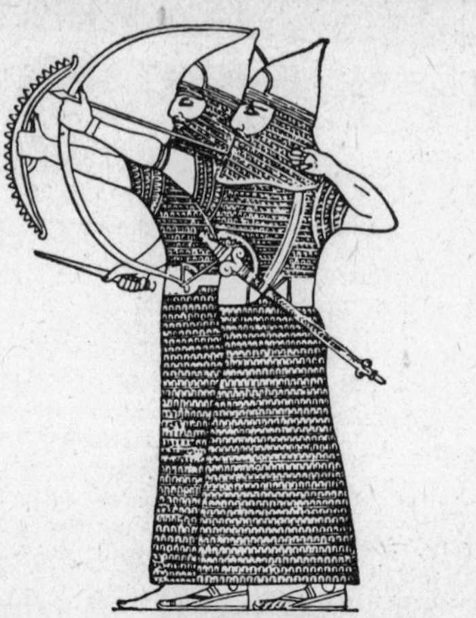

Assyr. Bogenschütze und Schildträger mit Helm und Schuppenpanzer. Der Schildträger hält einen Dolch, der Bogenschütze trägt ein Schwert am Wehrgehänge über der Schulter (assyr. Darstellung)

ganz aus Metall in verschiedenen Formen (ein frühes Beispiel Taf. 88a/1377). Das seltene Vorkommen erklärt sich daraus, daß die gebräuchlichen Schwerter nicht Hieb-, sondern Stichwaffen waren.

2) Angriffswaffen, die mit der Hand geführt werden, sind vor allem Schwert und Lanze.

a) Schwert und DOLCH sind in ihrer Form kaum unterschieden und werden auch mit dem gleichen hebr. Wort *chäräb* bezeichnet; der Dolch hat nur eine kürzere Klinge, die schlank und mit parallelen Schneiden oder auch noch kürzer und dreieckig mit Blutrinnen ist; den Griff aus Holz oder Elfenbein hat man anfangs auf das Klingenende aufgeschoben und vernietet, während später ein Metallstück (Angelgriff) durch den Holz- oder Knochengriff durchgeschoben und sein Ende umgebogen wird. In der späteren Königszeit finden sich kunstvollere Dolche mit einem Schalengriff, wobei die Klinge in eine Griffplatte ausläuft, die beiderseits mit Holz- oder Elfenbeinschalen belegt wird. Bei den Waffen Ehuds (Ri 3,21f) und Joabs (2 Sam 20,8) dürfte es sich um Dolche handeln, wie sie in einer Lederscheide im Gürtel, seltener an einem Lederriemen getragen wurden.

b) Das SCHWERT, eine Stichwaffe vgl. Spr 12,18; 1 Sam 31,4), ist dem Dolch sehr ähnlich, auch bezüglich der Art und Befestigung des Griffes, der bei den Philisterschwertern gelegentlich auch umwickelt war. Die Klinge ist zunächst flach, hat in der Eisenzeit aber meist eine Mittelrippe und ist beiderseits scharf (Ri 3,16). Neben der geraden Klinge finden sich später zur Assyrerzeit auch säbelähnliche Schwerter mit leicht gebogener Klinge. Aus Ägypten und Babylonien sind Sichel- oder Krummschwerter bekannt, die allerdings kaum im Kampf gebraucht worden sein dürften (vgl. Abb. Sp. 1425/6). Auch das Schwert sitzt in einer Scheide (1 Sam 17, 51; 2 Sam 20,8), aus der man es zum Kampfe herauszieht (vgl. Ps 37,14; 55,22; Mt 26,51), und wird an der linken Seite am Gürtel oder einem Wehrgehänge aus Bändern, bzw. Riemen und Ringen getragen.

c) Dazu kommt die LANZE (Joh 8,18; LÜ meist

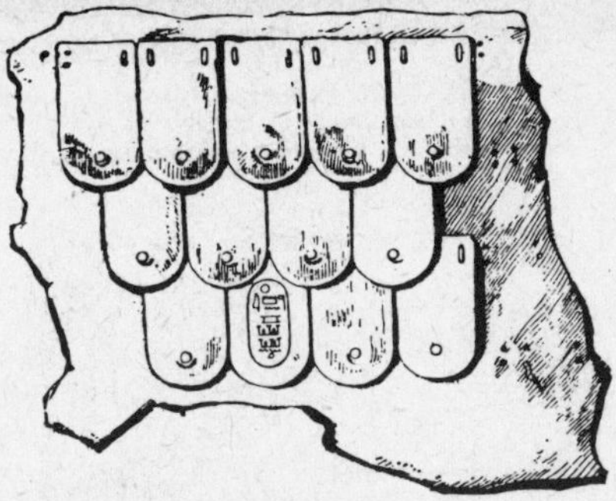

Teil eines ägypt. Schuppenpanzers. Die Schuppen sind wie Dachziegel auf einer Lederjacke befestigt. Auf einer Schuppe steht die Kartusche mit dem Namen des Pharao → Sisak (945–925 v. Chr.)

SPIESS [2 Sam 1,6], selten SPEER [Ri 5,8]), die sich als ca. 1,25 m lange Wurflanze (hebr. *chanit* oder *kidon*) oder als ca. 1,80 m lange Stoßlanze (hebr. *romach*; Abb. Sp. 36; 848; 1055) findet. Die Übersetzungen unterscheiden zwischen diesen beiden nicht eindeutig. Die Lanze hat einen Holzschaft (1 Sam 17,7; 2 Sam 21,19; Nah 2,4 aus Zypressenholz), der am Ende aufgespalten bzw. angebohrt wird und in den man die ca. 10–12 cm lange lanzettförmige oder dreieckige Spitze einsteckt, wonach zur Befestigung der Schaft umwickelt wird; später hat die Spitze eine Angel, die gelocht ist und mit Nägeln im Schaft befestigt wird; weiter finden sich Lanzenspitzen mit tüllenförmigem Ende, die auf den Schaft aufgeschoben werden. Die Spitzen sind je nach der Zeit aus Stein, Bronze oder Eisen. Die große Lanze bleibt als Stoßwaffe in der Hand des Kämpfers (1 Sam 17,7; 1 Chron 12,8.24). Am Schaft befindet sich gelegentlich eine Eisenspitze als Lanzenschuh zum Einstellen in die Erde (1 Sam 26,7). Die Wurflanze war nach Abbildungen oft spiralförmig mit einem Band umwickelt, das sich beim Abwurf abwickelte und dem Geschoß durch die dabei erzielte Rotation größere Flugfestigkeit verlieh. Bei den STANGEN von Mt 26, 47 dürfte es sich um einfache Stöcke bzw. Knüppel gehandelt haben (vgl. → Passah VI,2).

d) Als Kampfwaffe findet ferner die → SCHLEUDER Verwendung, mit der Steine, später Bleikugeln verschossen werden. Eine weitere Schußwaffe ist der → BOGEN, mit dem man PFEILE verschießt. Die KEULE (Abb. Sp. 163), in früherer Zeit ein Holzstab mit einem Steinkopf, später mit einem solchen aus Bronze oder Blei und schließlich ganz aus Eisen gefertigt, wobei der Schaft zum besseren Festhalten teilweise umwickelt oder mit einer Lederschlaufe versehen war, entwickelte sich von der Schlagwaffe immer mehr zum → Zepter und damit zum Symbol der Herrschaft.

3) Die übliche leichte Bewaffnung bestand aus Schleuder, Bogen und kleinem Schild, Schwerbewaffnete tragen Schwert, Stoßlanze und großen Schild (vgl. Abb. Sp. 607; Taf. 92b/1441).

4) Großes KRIEGSGERÄT umfaßt insbes. Geräte, die zur Einnahme befestigter Plätze dienten (vgl. → Festung III; Taf. 65/1024). Hier ist der wohl am Anfang des 9. Jh. von den Assyrern erfundene WIDDER (→ Sturmbock) zu nennen, ein aus Holz konstruierter Rammbock mit einem festen, zunächst breiten, später lanzenähnlichen Metallkopf, mit dem man die Mauern aufzubrechen versuchte. Der Widder ist ein fahrbares, seitlich mit Flechtwerk oder Leder verkleidetes Gestell, dessen Oberbau zugleich als Kampfplatz für die Soldaten bzw. Absprungstelle auf die feindliche Mauer diente. Man kannte auch STURMLEITERN (Abb. Sp. 398; 399) zum Erklettern der Festungsmauern. In der griech. Zeit werden fahrbare, mehrstöckige BELAGERUNGSTÜRME auf einem vorher aufgeworfenen Damm an die Mauer herangefahren, deren oberstes Stockwerk

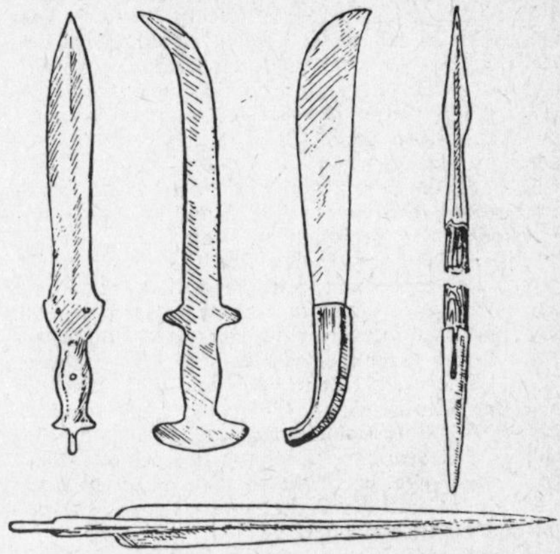

Von links nach rechts: Schalengriffdolch und Dolch mit gebogener Klinge, gefunden im Megiddo und Beth-Sean; Messer aus der Mittleren Bronzezeit; Lanzenspitze und Lanzenschuh. Unten: Eisernes Stichschwert

mit Schützen und WURFMASCHINEN besetzt war, so daß man von dort aus Pfeile und später auch Steinkugeln in die verteidigte Stadt hineinkatapultieren konnte (vgl. 2 Chron 26,15). Der höchste dieser Türme maß 50 Meter mit 20 Stockwerken und wurde bei der Eroberung von Tyrus durch Alexander d. Gr. 332 gebraucht. Das obere Stockwerk versah man häufig auch mit einer Fallbrücke, um von dort aus auf die Mauer kommen zu können. Die Türme

Reiter mit Rundschild, nach einem Relief von Tell Halaf, Anfang 9. Jh. v. Chr.

dürtten auf Walzen bewegt worden sein. Zum Schutz der Männer, die den Damm aufzuwerfen hatten, benutzte man transportable SCHUTZDÄCHER (vgl. → Schirm), sog. Schildkröten.
Als wichtigstes Kriegsgerät ist endlich der KAMPFWAGEN zu nennen, der vom 15.–8. Jh. v. Chr. Vorderasien beherrschte, vgl. → Wagen II.

5) Es ist nicht verwunderlich, daß viele Waffen auch im übertragenen Sinne Verwendung finden und daß in der HS sowohl von einer Waffenrüstung Gottes wie von der seines Volkes und der Christen gesprochen werden kann. So ist in Jes 59,17 von Gottes Helm die Rede, Eph 6,17 vom Helm des Heils, 1 Thess 5,8 vom Helm der Hoffnung zur Seligkeit, ebenso wird vom Schild als Symbol der Schutzmacht Gottes (Ps 18,3.31; 33,20) gesprochen und kann dieser Schild (Ps 91,4) gleichgesetzt werden mit der Wahrheit; in Eph 6,16 erscheint der Glaube als die Schutzwaffe des Christen, die er benutzen soll. Das Schwert ist Sinnbild der Strafe, ja geradezu der vernichtenden Strafe (Jer 25,29; Hes 21,14f[9f]; Sach 13,7); und weil Gott schon durch sein Wort scheidet und straft, kann dieses selbst mit einem Schwert verglichen werden (Hebr 4,12). So wird verständlich, warum der Herr darauf hinweist, er sei nicht gekommen, Frieden zu bringen, sondern das Schwert (Mt 10,34), und so erklärt sich auch das Schwert, das in Offb 2,16; 19,15 aus dem Munde des Gottessohnes hervorgeht. Aber die Bibel kennt neben dieser Drohung mit der bewaffneten Gewalt (vgl. die Cheruben 1 Mo 3,24; vgl. auch 4 Mo 22,23) auch die Verheißung, daß alle Schwerter und damit die todbringende Waffengewalt unter dem Frieden Gottes weichen und der Kultivierung der Erde Platz machen sollen (vgl. Jes 2,4; Jo 4,10). In Eph 6,11–17 beschreibt Paulus Leben und Kampf des Christen anhand der Waffenrüstung des röm. Legionärs. Vgl. → Anziehen III.

II) GERÄTSCHAFTEN UND WERKZEUGE.

1) Von den vielen Geräten, die der Israelit IM HAUSE benutzte, sind vor allem die GEFÄSSE zu nennen, die aus Ton gefertigt wurden, wie Kanne, Napf, → Topf, → Krug und Flasche, → Becher und Kelch, sowie die → Schale und der → Löffel. Dazu kommen die → Lampen und zum Mahlen des Getreides die → Mühle.

2) Zu den für → JAGD UND FISCHFANG gebrauchten Geräten vgl. → Falle, Fallstrick; → Strick; → Netz; → Fisch III,4; → Hamen.

3) Gerätschaften für den LANDBAU (z. T. schon unter → Ackerbau IV beschrieben) sind der PFLUG, der DRESCHWAGEN oder Dreschschlitten, sowie die WURFSCHAUFEL zum Hochwerfen des ausgedroschenen Getreides. Die SENSE, in Ägypten bekannt, findet sich in Palästina kaum. Das Getreide wird mit der SICHEL geschnitten, die bis zur Spätbronzezeit aus geschärften Feuersteinstücken besteht, die auf einem geschwungenen Holz befestigt sind; später wird sie aus Metall hergestellt und hat eine gut 30 cm lange Schneide (vgl. Jo 4,13; Mk 4,29; Offb 14,14ff). Dieser Sichel ähnlich, nur kürzer, ist das WINZERMESSER, das man zum Beschneiden der Weinstöcke brauchte (vgl. → Wein).

4) Zum Schlachten und Zerlegen von Tieren (1 Mo 22,6; 3 Mo 8,20; 9,13) benutzte man ein MESSER (hebr. *maakälät*), das anfangs aus Stein (vgl. 2 Mo 4,25), später aus Metall gefertigt war, für den Opferdienst im salomonischen Tempel sogar vergoldet wurde (vgl. 1 Kö 7,50). Bei der Mahlzeit verwendete man weder Messer noch Gabel; das Fleisch wurde vorher zerschnitten, das Brot brach man. Scharfe Messer wurden auch zum Rasieren gebraucht (Hes 5,1; vgl. → Haar), sowie nach Jer 36,23 zum Anspitzen der als Schreibfedern benutzten Rohrstengel. Die lügnerische Zunge wird in Ps 52,4 mit einem scharfen Messer verglichen.

5) Die GABEL (hebr. *mazleg*) findet sich zweizinkig als Wendegabel für Getreide, mehrzinkig aus Holz

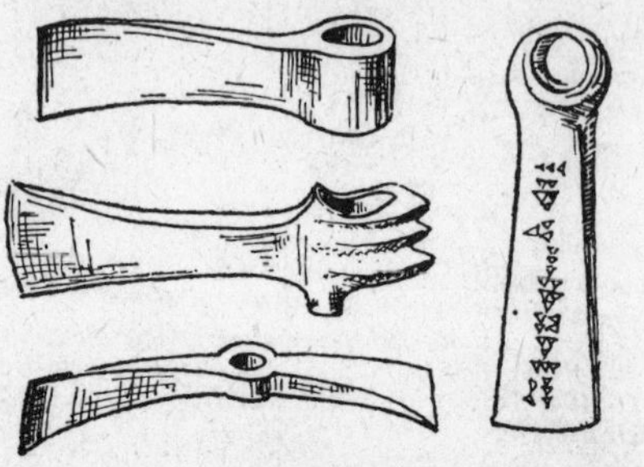

Links von oben nach unten: Axt aus Megiddo; Streitaxt aus Ugarit (Ras Schamra); bronzene Beilhacke aus Karchemis, mit eisernen Werkzeugen von entsprechender Form wurde der → Siloahtunnel ausgehauen. Rechts: Hacke aus Ras Schamra, die durch die Inschrift als »Hacke des Oberpriesters« bezeichnet wird. Danach wurde sie viell. bei Riten des Fruchtbarkeitskultes verwendet

angefertigt als Wurfgabel bzw. -schaufel. Hauptsächlich aber wird sie dreizinkig im Opferdienst zum Hantieren der Fleischopferstücke gebraucht (1 Sam 2,13f; 2 Mo 27,3; nach 1 Chron 28,7 auch vergoldet), entweder mit einem angesetzten Stiel oder auch aus einem Stück gearbeitet, bei gefundenen Stücken sind die Zinken ca. 20 cm lang (vgl. Abb. Sp. 784).

6) Schwer voneinander zu unterscheiden sind die verschiedenen Schlag- und Hackgeräte, weil sich hier die hebr. Bezeichnungen meist nicht eindeutig auf ein bestimmtes Gerät festlegen lassen. Die Grundform ist die AXT (Ri 9,48; Mt 3,10), ein Arbeitsgerät für Holz und Stein, das teilweise – aber nicht in Israel – auch als Waffe Verwendung fand (Jer 46,22; Abb. Sp. 575/6; 607) und gekennzeichnet ist durch eine parallel zum Schaft bzw. Griff stehende Schneide des Blattes, die in der Regel ca. 15 cm lang, gerade oder geschwungen ist. Das Blatt, anfangs aus Stein, später aus Metall, wurde ursprünglich in ein gespaltenes Kniestück Holz eingesetzt und durch Umwickeln befestigt; später kannte man die Schaftlappenaxt, bei der das Blattende zweiseitig ausgehämmert und diese Lappen dann um den Stiel befestigt wurden, und die Tüllenaxt, bei der der Stiel in eine dafür vorgesehene Öffnung im Blatt senkrecht eingesetzt wurde. Doppeläxte mit zweiseitiger Schneide sind selten; die Streitäxte haben zur Erhöhung ihres Gewichtes oft einen Blockansatz, z. T. in fingerförmiger Ausarbeitung hinter der Tülle.
Das BEIL ist nur eine nicht genau zu unterscheidende Abart der Axt. Die Verwendung zur Holzbearbeitung läßt sich 5 Mo 19,5; Jes 10,15; Ri 9,48; Jer 10,3; 46,22; Mt 3,10 belegen, aber auch der Eisenschmied (Jes 44,12) kennt ein solches Gerät, und 1 Sam 13,20 wird es im Zushg. mit dem Ackerbau genannt.
Verwandt damit ist die BEILHACKE, die Schneiden beiderseits der Tülle hat, und zwar eine parallel, eine quer zu ihr, wobei das Blatt der querstehenden

Schneide oft leicht gebogen ist. Sie dient zur Steinbearbeitung wie zum Zerschlagen von Stein- oder Lehmziegelmauerwerk und ist aus Bronze, häufiger aber aus Eisen gefertigt. Sie kann statt der parallelen Schneide auch eine Spitze haben. In der LÜ wird sie wohl auch BARTE (Ps 74,6) genannt.
Das Hebr. kennt in der Gruppe der axtartigen Geräte 4 verschiedene Bezeichnungen, die nicht deutlich zwischen Holz- und Steinbearbeitung abgrenzbar sind: *khardom, garzän, maasad, kassil.* Bei den »KEILEN« (hebr. *magzerah*), die in 2 Sam 12,31; 1 Chron 20,3 LÜ genannt werden, handelt es sich ebenfalls um Äxte (ZÜ, vgl. EÜ; zur Stelle vgl. → Ammon).
Verwandt mit der Axt ist auch die HACKE, bei der das Blatt im Gegensatz zu jener quer zum Stiel steht und entweder mittels Schaftlappen am Stiel befestigt wird oder in einer Tülle den Stiel aufnimmt. Bei der Tüllenhacke steht das Blatt rechtwinklig vom Stiel ab, bei der Schaftlappenhacke ist es jedenfalls vom Stiel abgebogen. Die Hacke wird zur Bearbeitung des Bodens auf Acker oder Weinberg gebraucht (Jes 5,6; 7,25). Die HAUE (1 Sam 13, 20f; Jes 7,25) ist eine Art der Hacke; beide können gelegentlich an eine SCHAUFEL (nur für gottesdienstlichen Gebrauch genannt, 2 Mo 27,3 u. ö.) erinnern.

7) Den → HAMMER benutzen die Holz- und Metallhandwerker; er ist in uns vertrauter Form aus Stein, Bronze oder Eisen, aber auch aus Holz (Schlägelform für die Tischler) angefertigt – dazu kommt der MEISSEL (Abb. Sp. 549) aus Bronze, später aus Eisen, glatt oder mit einem Handgriff gefertigt, der zur Ausarbeitung von Fugen oder Löchern im Holz, gelegentlich wohl auch mit zur Bearbeitung von Stein gebraucht wird. Die SÄGE (Abb. Sp. 550) bestand zunächst aus einem ausgezähnten Stück Feuerstein, wobei ihr Blatt natürlich nur verhältnismäßig kurz sein konnte, später aus Metall (→ Handwerk III). Auch kannte man die ZANGE (→ Handwerk V). In der Bauarbeit findet das LOT oder die → Meßschnur Verwendung, sowohl für Zimmerleute wie für Steinarbeiter, ein Metallstück an einer Schnur, außerdem das WINKELEISEN (1 Kö 7,9.11). Man kannte auch den → NAGEL zur Verbindung von Holzteilen oder auch zum Aufhängen von Gerät an der Wand (Sach 10,4). Er ist aus Bronze, Eisen (vgl. 1 Chron 22,3), nur selten aus Gold (2 Chron 3,9); gefundene Stücke sind ca. 6–20 cm lang. Der in die Wand geschlagene Nagel dient zugleich als Bild unverrückbarer Festigkeit (Jes 22,23–25). Vgl. auch Abb. Sp. 1586.

8) Zur Herstellung von Löchern verwandte man bei Holz einen BOHRER (Abb. Sp. 550), dessen dem Material abgewandte Seite in der Vertiefung eines Steins lief, während die Bewegung durch eine um den Metallstift geführte Schnur erreicht wurde. In der Lederarbeit werden zum Durchstechen PFRIEME aus Bronze, Eisen, in früherer Zeit auch aus Knochen verwandt (vgl. 2 Mo 21,6; 5 Mo 15,17). Sie gleichen der NADEL, die, aus Knochen, Bronze oder Eisen gefertigt, in zwei Formen vorkommt:
einmal als Gewandnadel zum Feststecken des Gewandes, welche später von der Fibel abgelöst wird (→ Geschmeide II,10), wobei das Oberteil oft verziert (Abb. Sp. 152: Spätbronzezeit rechts oben), mit einem Edelstein besetzt oder goldplattiert ist; dann als meist aus Bronze gefertigte 9–16 cm lange Nähnadel, bei der in dem gehämmerten Ende ein Öhr ausgebohrt ist (Mt 19,24).

Waffenträger, ein Krieger, den sich der König oder Feldherr zu seiner persönlichen Begleitung erwählte. Der W. war seinem Herrn durch besonderes Vertrauen verbunden, er hatte die Verantwortung für seine Waffen und Rüstung und blieb auch im Kampf ständig in seiner Nähe (Ri 9,54; 1 Sam 14,6–14; 16, 21; 31,4–6; 2 Sam 23,37).

Wagen. I) LASTWAGEN waren in dem gebirgigen Gelände Palästinas nur beschränkt verwendbar und werden selten erwähnt. An ihre Stelle als Transportmittel traten Lasttiere, Esel und Kamele. Auf der Wüstenwanderung wurden den Leviten 6 Planwagen zum Transport der Stiftshütte zur Verfügung gestellt (4 Mo 7,3–8). Die Hethiter besaßen vierrädrige Planwagen. Ägypt. Darstellungen des 12. Jh. v. Chr. zeigen zweirädrige W. der Philister mit Scheibenrädern. Ähnlich haben wir uns wohl den W. vorzustellen, auf dem die Philister die Bundeslade nach Israel zurückschickten (1 Sam 6,7). Auch David versuchte zunächst, die Lade auf einem W. nach Jerusalem zu überführen (2 Sam 6,3.6). Amos erwähnt einen Erntewagen (Am 2,13). Einen Lastwagen der Zeit Jesajas (vgl. Jes 66,20) aus der Gegend von Lachis zeigt ein assyr. Relief (Abb. Sp. 766). Alle diese W. wurden von Rindern gezogen (vgl. auch Abb. Sp. 934).

Wagen der Philister mit Scheibenrädern (nach einer ägypt. Darstellung)

II, 1) Schon die Sumerer im 3. Jt. v. Chr. besaßen vierrädrige STREITWAGEN, die mit Eseln bespannt waren (Taf. 92b/1441). Mit der Einführung des → Pferdes im Vorderen Orient, wohl durch die Hyksos, gewann der leichtere, zweirädrige Kampfwagen überall entscheidende Bedeutung, bei den Ägyptern (2 Mo 14,6.7; 2 Kö 18,24; Abb. Sp. 40; 575/6), Kanaanitern (Jos 17,16; Ri 1,19; 4,3), Philistern (2 Sam 1,6) und Syrern (2 Sam 10,18;Abb. Sp. 655), Hethitern (2 Kö 7,6; Abb. Sp. 575/6; 861), Assyrern (Jes 22,7; Nah 2,14; Abb. Sp. 575/6; 815), Babyloniern (Jer 50,37; Hes 26,7) und Persern (Abb. Sp. 1055), seit Salomo auch in Israel (2 Chron 1,14; 1 Kö 16,9; vgl. → Heer V). Urkunden aus Ras Schamra und Alalach geben Einblick in den Aufbau und die Organisation der Wagentruppe als Kern des Heeres. Diese W., die meist zwei-, aber auch drei- und seltener vierspännig gefahren wurden, benutzte man auch zur Jagd. Der W. des Herrschers und seiner Söhne, vor allem wohl des Kronprinzen, wurde auf seinen Fahrten von → Vorläufern begleitet, die ihm Platz verschafften (2 Sam 15,1; 1 Kö 1,5).

2) Die Wagenachse, die meist weit nach hinten lag, war mit Wagenkasten und Deichsel fest verbunden, eine Federung kannte man nicht. Die Räder hatten 4 oder 6 Speichen, Scheibenräder kamen nur bei Lastwagen vor. Aus den Radspuren steingepflasterter Straßen in Karchemis ergibt sich ein Radabstand von 1,10 m. Der Wagenkasten zeigt verschiedene Formen, rund oder viereckig. An den Außenwänden, die oft, ebenso wie Deichsel und Joch, reich verziert waren, brachte man Pfeilköcher an (vgl. die Abb.). Die Kampfwagen waren gelegentlich auch eisenbe-

Röm. Wagen: der schwere Reisewagen (links), in dem man schlafen konnte, beförderte Personen und Gepäck; der leichte Reisewagen (Mitte) war nur für Personenbeförderung eingerichtet; rechts ein Postwagen für Kuriere (nach röm. Darstellungen auf Reliefs und Münzen)

schlagen (Jos 17,18), in späterer Zeit versah man die Räder mit Sicheln, die beim Einbruch in die feindliche Schlachtreihe das Fußvolk niedermähten (2 Makk 13,2).

III) Als die Römer ihr gesamtes Reich mit einem Netz von befestigten Fernstraßen (vgl. Taf. 95a/1504) überzogen, wurde ein umfangreicher Lasten- und Personenverkehr durch W. möglich. Für den Personenverkehr benutzt man drei Arten von W. Der schwere Reisewagen konnte Personen und Gepäck befördern, war aber verhältnismäßig langsam. Viell. haben wir es bei dem W. des Kämmerers (Apg 8,29) mit solch einem Fahrzeug zu tun. Der schnellere leichte Reisewagen war zweirädrig und nur für Personenbeförderung eingerichtet. Die größte Reisegeschwindigkeit erreichten die W. der röm. Reichspost, die allerdings nur Kuriere und Beamte in dienstlichem Auftrag beförderten. Ihnen standen in regelmäßigen Abständen Pferdewechselstellen zur Verfügung, so daß sie nötigenfalls mehr als 200 km in 24 Stunden zurücklegen konnten.

IV) Zu Hi 9,9 vgl. → Stern.

Wagenburg gibt in der LÜ das hebr. *maggal* wieder (1 Sam 17,20; 26,5.7), das aber nur die Lagerumwallung des Heerlagers bezeichnet. In Lk 19,43 (griech. *charax*) ist der befestigte Einschließungswall gemeint, den das röm. Belagerungsheer um Jerusalem errichten wird.

Wagenstadt → Heer, → Salomo, → Megiddo und Abb. Sp. 1332.

Wahn, wähnen bezeichnet in der LÜ »Meinung, meinen«, und zwar im Sinn der falschen, unbegründeten Ansicht. So Mt 5,17: »Ihr sollt nicht wähnen, daß ich gekommen bin, das Gesetz aufzulösen«; vgl. Mt 10,34. In Lk 3,15 ist die irrtümliche Erwartung des Volkes gemeint, »ob viell. Johannes der Täufer Christus wäre«. Vgl. weiter die abwehrenden Aussagen des Petrus am Pfingsttag: »Diese sind nicht trunken, wie ihr wähnt« (Apg 2,15) und des Paulus: »daß nicht jemand wähne, ich sei töricht« (2 Kor 11,16).

Wahnsinn → Krankheit

Wahrheit. In der HS wird über die W. nicht diskutiert wie in der Philosophie. Die Pilatusfrage: »Was ist W.?« wird in ihrer tiefen Unwahrhaftigkeit sofort entlarvt als tatsächliche Flucht vor der W., die ja in der Gestalt Jesu leibhaftig vor dem Landpfleger steht (Joh 18,36–38). In der Bibel werden auch nicht logische Wahrheiten im Sinne der Widerspruchslosigkeit eines Begriffes rein erkenntnismäßig abgehandelt, wie es in jeder Wissenschaft geschieht, sondern die W. wird erfahren, offenbart, erlebt, getan.

Der atl. Begriff *ämät* bezeichnet eine Wirklichkeit, die als *amen* = tragfähig, gültig, verbindlich anzusehen und darum W. ist. Verwandt mit *ämät* ist *ämunah;* beide Worte bezeichnen auch den → Glauben und die → Treue, die wiederum in enger Beziehung stehen zu → Gnade, → Friede, → Gerechtigkeit.

Im ntl. Bereich bedeutet der entscheidende Begriff für W. *(alaetheia)* wie *ämät* das, was festen, gültigen Bestand hat; ferner Gerechtigkeit, Rechtschaffenheit, Zuverlässigkeit, Treue, Aufrichtigkeit, Ehrlichkeit, wirklichen Tatbestand, wahrheitsgemäße Aussage, rechte Lehre, rechten Glauben, vor allem aber göttliche Wirklichkeit.

Bestimmend für das biblische Verständnis der W. ist die W. als Wirklichkeit Gottes, Jesu Christi, des Heiligen Geistes und des Evangeliums.

I) WAHRHEIT = WIRKLICHKEIT GOTTES.

Gott ist in seinem Wort und Handeln, in der Durchführung seiner einmal gegebenen Zusage unbedingt treu und zuverlässig. Zwischen Gottes Wesen einerseits und Gottes Reden und Tun anderseits besteht vollkommene Übereinstimmung (2 Kor 1,20). Gott kann nicht lügen (Ps 19,10; 111,8; 119,86.151.160; 2 Sam 7,28; 1 Kö 17,24; Mal 2,6). Seine Verheißungen und Drohungen erfüllt er unbedingt (1 Mo 24, 27; Ps 33,4; 89,3; 92,3; 100,5; 117,2; 119,90; Dan 4,34; Röm 15,8). Mit Gottes W. und Treue kann der Gläubige unter allen Umständen rechnen, hier ist das Fundament seines Heils (Ps 36,6; 40,11; 91,4). Bemerkenswert ist die häufige Verbindung von Gottes W. *(ämät)* und Güte *(chäsäd);* wer seiner W. vertraut, erfährt in überwältigender Weise die Güte des Herrn (Ps 25,10; 57,11). Noch häufiger finden wir in diesem Zushg. die Zuordnung von Güte und Treue (Ps 40,11.12; 57,4; 61,8; 86,15; 138,2).

II) DIE IN JESUS CHRISTUS ERSCHIENENE WAHRHEIT.

Jesus Christus ist »die W.«, weil er als wahrer Gott und wahrer Mensch durch sein ganzes Wesen, durch sein Wort und durch sein Erlösungswerk die vollkommene W. enthüllt und verwirklicht hat (Joh 1, 14.17). In Jesus kam Gottes ganzes Heil und Gottes ganze W. leibhaftig zu uns (Joh 8,40; 14,6.9). In ihm sind alle göttlichen Heilsverheißungen erfüllt und als göttliche W. bestätigt worden (2 Kor 1,20). In Jesus wird die W. vor allem deutlich als die lichte, höhere, himmlische, göttliche Wirklichkeit, die Gottes Offenbarung im Sohn jetzt dem Leben und Erkennen der Glaubenden erschließt. Im Gegensatz zum göttlichen Reich der W. und des → Lichtes steht das dämonische Reich der → Finsternis und → Lüge (Lk 11,17–20; Kol 1,13), das in den Kindern des Unglaubens und in den verlogenen Machtbereichen dieser Welt sein Wesen treibt (Eph 2,2). So kann »die W.«, bes. in den Schriften des Johannes, eine Bedeutungsfülle erlangen, die annähernd dem entspricht, was die andern Evangelisten und

Paulus das Reich, die Herrschaft Gottes nennen. Jesus offenbart sich als der königliche Zeuge der göttlichen W. inmitten der gottlosen Schein- und Lügenwelt des Teufels (Joh 18,37; 8,44), und sein Kreuzestod ist der Sieg der W. über die Lüge. Der Auferstandene faßt sein Erlösungswerk zusammen als die genaue Erfüllung alles dessen, was Gott zuvor im AT geredet hatte (Lk 24,25–27). So hat die in Jesus erschienene W. die im AT verheißene W. Gottes des Vaters erfüllt und bestätigt.

III) DER HEILIGE GEIST ALS GEIST DER WAHRHEIT.
Der verklärte Herr setzt auf Erden sein Erlösungswerk fort durch den → »Geist der W.« (Joh 14,17; 1 Joh 4,6; 5,6), der in alle W. leitet (Joh 16,13). Seinem Führen in die ganze W., d. h. in das Evangelium von Jesus Christus, verdanken wir auch die apostolischen Briefe, in denen für alle Zeiten die ntl. Heilsbotschaft klar entfaltet worden ist. Weil nur der Heilige Geist als Geist der W. den Menschen Gottes Heil in Christus lebendig machen kann, erklärt Jesus die → »Lästerung (III,4) des Heiligen Geistes« als unvergebbare Schuld (Mt 12,31–32; Mk 3,29; Lk 12,10; vgl. Hebr 10,29), weil sie eine totale Absage an die W. darstellt und den Täter unwiderruflich dem Reich der Finsternis und Lüge ausliefert.

IV) DAS EVANGELIUM VON JESUS CHRISTUS ALS WORT DER WAHRHEIT.
Johannes und vor allem Paulus haben das Evangelium, den zusammenfassenden Ausdruck dessen, was Christus der Welt geschenkt hat, oft einfach »die W.« genannt (Gal 3,1), auch »die W. Christi« (2 Kor 11,10), »das Wort der W.« (2 Kor 6,7; Eph 1, 13; Kol 1,5; 2 Tim 2,15), »die W. des Evangeliums« (Gal 2,5.14), »alle W.« (Joh 16,13).
Die W. im Vollsinn des Evangeliums finden wir ferner in den Ausdrücken: »der W. gehorchen« (Gal 5, 7); »der W. glauben« (2 Thess 2,12); »im Glauben an die W.« (V 13); »in der W. wandeln« (2 Joh 4; 3 Joh 3.4); »sich mit der W. gürten« (Eph 6,14); »heilige sie in deiner W.« (Joh 17,17).
Hieraus geht hervor, daß W. in diesem Sinn nicht ohne ihre praktische Verwirklichung in Gerechtigkeit und Heiligkeit denkbar ist (Eph 4,24). Darum bildet »die Ungerechtigkeit« das Gegenstück zur W. (1 Kor 13,6; Röm 1,18), wer ihr gehorcht, gehorcht der W. nicht mehr (Röm 2,8). Entsprechend redet Jak 5,19 vom »Abirren von der W.«, und 2 Tim 3,8 davon, daß Menschen der W. widerstehen. Die W. Gottes erschließt sich nur da, wo Menschen »aus der W. sind« (Joh 18,37), d. h. wo man sich ihr willig öffnet und ihr recht gibt. »Die W. erkennen« (1 Tim 4,3; Tit 1,1) ist also nicht eine verstandesmäßige Aneignung, sondern ein inneres Aufgeschlossensein und gehorsames Tun (Joh 3,21; 2 Tim 2,25.26). Wer in der Sünde lebt, kann nicht zur Erkenntnis der W. kommen, auch wenn er »immerdar lernt« (2 Tim 3,6–8). Auch wer die Glaubenswahrheit als Geschenk Gottes empfangen hat, muß darin »bestehen« (Gal 2,5; 3 Joh 3), sonst kann er sie wieder verlieren und doch noch verloren gehen (Hebr 10,26).
Wer aber in der W. des Evangeliums beharrt, erfährt, daß sie zur beherrschenden Macht seines Lebens wird. Er kann nichts mehr im Gegensatz zur W. tun (2 Kor 13,8), und sie bringt Gerechtigkeit und Heiligkeit (Eph 4,23–24; Joh 17,17), macht frei (Joh 8,32) und lauter im Gehorsam der W. und dadurch fähig zu ungefärbter Bruderliebe (1 Petr 1, 22; vgl. 2 Joh 1; 3 Joh 1). Das neue Leben aus Gott ist in jeder Hinsicht ein »Wandel in der W.« (2 Petr 2,2; 3 Joh 4; Gal 2,14), der den Gläubigen befreit von aller Scheinfrömmigkeit (1 Joh 2,21; 3,18; Joh 4,23.24) und befähigt zum Dienst (Eph 6,14) in der Gemeinde, die ein Fundament der W. ist (1 Tim 3,15).

V) WAHRHEIT = WAHRHAFTIGKEIT.
Neben dem oben ausgeführten zentralen Wahrheitsbegriff der HS als W. Gottes, Christi, des Heiligen Geistes und des Evangeliums finden wir den Begriff W. noch vielfach im allgemeinen Sinn gebraucht. W. und wahr sein bedeutet hier Wahrhaftigkeit, Aufrichtigkeit, Zuverlässigkeit in Gesinnung und Handeln (Joh 8,17; 1 Kor 5,8; 2 Kor 7,14) oder bezieht sich darauf, daß eine Aussage sachlich zutreffend und richtig ist (Rt 3,12; 2 Kö 19,17; Spr 8,7; Mk 5,33; Röm 9,1; Eph 4,25; Tit 1,13). v. Eicken

Wahrsagen, Wahrsagerei. Menschen, die auf geheimnisvolle Weise zukünftige Dinge vorhersagen konnten, zählten im Altertum zu den Gelehrten und königlichen Ratgebern. Wir finden sie beim Pharao (1 Mo 41,8), sowie am babyl. Hof (Dan 2,27; 4,4). Zusammen mit Zauberern und Sterndeutern (Dan 2, 2) achteten sie auf verschiedene Vorzeichen oder deuteten Träume (Sach 10,2).
Man kannte verschiedene Arten von Wahrsagerei: die Becherweissagung (1 Mo 44,5), die Leberschau, das Pfeilorakel (Hes 21,26[21]f) oder das Stabdeuten (Hos 4,12).
Viele Stellen, die LÜ mit »Wahrsager« (3 Mo 20, 27; 5 Mo 18,11; 2 Kö 21,6; 23,24 u. ö.) wiedergibt, handeln von der → Totenbeschwörung (hebr. *ob* ist weniger der »Wahrsagergeist« als vielmehr der »Totengeist«). Auch die »Zeichendeuter« gehören zu den Wahrsagern (3 Mo 19,31; 5 Mo 18,11). Daß man beim Wahrsagen auf das Geschrei der Vögel geachtet habe, ist aus dem AT nicht bekannt. Das hebr. Wort *nachasch* heißt nur allg. »nach Vorzeichen suchen«. Es wird von der LXX mit »Schlangenbeschwörung« (vgl. ZÜ) übersetzt, während die Vulgata von der »Beachtung der Augurien (Vogelflug und Vogelgeschrei)« spricht. Hierauf ist wohl das »Achten auf Vogelgeschrei« in der LÜ zurückzuführen (3 Mo 19,26; 5 Mo 18,10; 2 Kö 21,6).
Als Wahrsagerei galt weiter die Benutzung des heidnischen Losorakels (hebr. *khäsäm;* LÜ weissagen, Weissager, besser aber überall mit »wahrsagen, Wahrsager« wiederzugeben; 5 Mo 18,10; 1 Sam 28, 8; 2 Kö 17,17). Bileam wird als solcher »Weissager« genannt (Jos 13,22); die Gabe, die er empfängt, ist der »Wahrsagerlohn« (4 Mo 22,7).
Dem Volk Israel war alles Wahrsagen streng verboten (3 Mo 19,26.31; 20,6.27; 5 Mo 18,10–12), denn es ist nichts anderes als Abgötterei und Mangel an Vertrauen in Gottes Führung. Gott will nicht, daß der Mensch Wahrsager um Rat fragt oder von ihnen die Zukunft zu erfahren sucht, anstatt ihm zu vertrauen, ihn zu fragen und sich an sein Wort zu halten (Jes 8,19). Israel hat Gottes Gebot nicht befolgt, sondern gleichzeitig mit dem → Götzendienst wurde auch die Wahrsagerei auf mannigfache Weise getrieben (2 Kö 17,17; 21,6). Von Saul (1 Sam 28,3) und von Josia (2 Kö 23,24) wird lobend berichtet, daß sie während ihrer Regierungszeit das Land von aller Wahrsagerei reinigten.
Es bedeutet ein hartes Urteil über das Reden der falschen Propheten, wenn Gott es als Wahrsagerei bezeichnet (Hes 13,6; vgl. Jer 14,14; LÜ Weissagen); vor Gott ist es Lüge (Hes 22,28), er warnt vor dem Wahrsagen dieser Männer (Jer 27,9; 29,8) und wird sie einst endgültig zum Schweigen bringen (Jes 44, 25; Hes 13,23; Mi 3,6f). Das NT weiß ebenfalls von falschen Propheten, deren Weissagung nicht im Auf-

trage Christi geschieht (Mt 7,22), anderseits aber auch von der Besessenheit durch einen dämonischen Wahrsagegeist (Apg 16,16).
Auch heutzutage gibt es Wahrsagerinnen, die vielfach mit Hilfe dämonischer Eingebungen die Zukunft des Menschen richtig voraussagen. Menschen aber, die sich solcher Wahrsagerei bedienen, geraten in satanische Bindungen und werden immer mehr in die Sünde verstrickt, so daß sie für göttliche Dinge unempfänglich werden und häufig weder den Willen noch die Möglichkeit mehr haben, sich vom Teufel zu lösen. Vielfach kommt es dabei zu allerhand Gemütsstörungen, denn es ist die Absicht der Dämonen, den Menschen durch die Wahrsagerei mit seelischen Nöten zu quälen und in die Gewalt Satans zu bringen. Eine Befreiung aus solch teuflischem Bann (vgl. → Besessenheit) ist nur möglich durch echte Buße, eine klare Absage an Satan und durch die Hilfe eines Seelsorgers, der dem Teufel gebietet, seinen Einfluß auf den Menschen aufzugeben (Mt 10,8; Mk 16,17; Apg 16,18), unterstützt durch die Fürbitte eines Kreises lebendiger Christen. Für das von Gott gewirkte → Weissagen vgl. → Prophet, → Prophetie.

Waise. Da der Vater seinem Haus als der Gott verantwortliche Schützer vorsteht, sind die W. als vaterlose Kinder schutzlos aller Bosheit der Menschen preisgegeben. Sie werden bedrängt (2 Mo 22,21[22]), man legt Hand an sie (Hi 31,21) und bringt sie sogar um (Ps 94,6). Bewegliche Habe wird ihnen gestohlen (Hi 24,3), die unbewegliche Habe, z. B. Äcker, benutzen andere (Spr 23,10). Suchen die W. bei den Richtern ihr Recht, so finden sie es nicht (Jes 1,23; Jer 5,28); denn ihnen zum Schaden wird das Recht gebeugt (5 Mo 24,17).
Hier greift der barmherzige Gott ein, setzt der Willkür Schranken und gibt auch den armen W. Recht und Lebensunterhalt (5 Mo 10,18; Ps 146,9). Darum ist jedes 3. Jahr ein Zehntjahr, in dem alle Zehnten den W. und andern Rechtlosen gegeben werden müssen (5 Mo 26,12.13). Außerdem haben die W. wie Witwen und Fremdlinge das Recht auf die vergessene Garbe, das Nachschütteln der Bäume und die Nachlese im Weinberg (5 Mo 24,19–21). Wer sich an den W. vergeht, wird verflucht (5 Mo 27,19) und verfällt dem Gericht Gottes (Mal 3,5); Abkehr vom Bösen bedeutet auch, den W. Recht zu schaffen (Jes 1,17.18). Das NT erinnert daran, daß die den Witwen und W. geleistete Hilfe rechter und Gott wohlgefälliger Gottesdienst ist (Jak 1,27).
Jesus gibt seinen Jüngern den Trost, daß er sie nicht als W. zurücklassen wird, sondern wieder zu ihnen kommt (Joh 14,18). Damit wissen sie, die in dieser Welt Fremdlinge (1 Petr 1,1) und rechtlos wie W. sind, sich mitten in der Bosheit und Feindschaft der Welt unter dem Schutz dessen, der auch auf Erden alle Macht hat (Mt 28,18).
In Jer 15,7 wird davon gesprochen, daß Gott sein unbußfertiges Volk »kinderlos machen« werde, nicht »zu W. machen«, wie Luther übersetzt hat.

Wald. Zu den Wäldern Palästinas, die wegen der dort größeren Regenmenge meist auf den Gebirgen liegen (vgl. Jos 17,15–18), vgl. → Basan, Wald → Ephraim, → Hereth, → Karmel (1), → Libanon, → Saron (1) und zusammenfassend → Palästina V. Zum »Feld des Waldes« (Ps 132,6) → Kirjath-Jearim.

Walfisch → Drache; → Jona; → Leviathan

Walkmüller. Der Beruf des W. (Mal 3,2 LÜ Wäscher; Mk 9,3 LÜ Färber) oder besser »Walkers« (EÜ, MÜ, ZÜ) war schon in atl. Zeit bekannt und auch von einiger Bedeutung, wie die Ortsbezeichnung »Walkerfeld« zeigt (2 Kö 18,17; Jes 7,3; 36,2; südöstl. von Jerusalem im Kidrontal); vgl. auch den Brunnen → Rogel.
Aufgabe der Walker war das Reinigen, Verfilzen und Geschmeidigmachen alter und neuer Kleider u. Stoffe, häufig wohl auch das Färben von Garnen und fertigen Geweben. Sie benutzten zum Färben große Steinbottiche (vgl. Abb. Sp. 548), zum Walken flache, mit Wasser gefüllte Gruben, dem eine alkalische Flüssigkeit (Lauge [→ Kreide] oder → Seife) zugesetzt wurde. Die Stoffe wurden eingelegt und von Männern oder Frauen solange getreten, »gewalkt«, bis der gewünschte Bearbeitungsgrad, bei haarigen Stoffen die Verfilzung der Haardecke, erreicht war.

Walker, der das Tuch im Bottich mit den Füßen bearbeitet. Er stützt sich dabei auf die beiden Seitenlehnen (nach einem röm. Relief des 1./2. Jh. n. Chr.)

Das entsprechende hebr. Tätigkeitswort (*kabas* = walken) kommt im AT in der engeren Bedeutung »waschen« häufig vor (1 Mo 49,11; 2 Mo 19,10.14; 3 Mo 6,20; 4 Mo 8,7.21; 19,7; 2 Sam 19,25 [24] u. ö.), auch in übertragenem Sinn für das Abwaschen von Bosheit und Sünde (Ps 51,4.9; Jer 2,22; 4,14). Vgl. → Waschen.

Wall → Festung

Wallen, Wallfahrt. I) Bezeichnung für die nicht seßhafte Lebensweise des umherziehenden Nomaden oder des Fremdlings (2 Mo 6,4 Wallfahrt = Fremdlingschaft; Rt 1,1 wallen = sich als Fremdling aufhalten), auch auf das Leben überhaupt und seine Dauer angewendet (1 Mo 47,9). Im NT auf das irdische Leben des Christen, fern von seiner Heimat im Himmel (Phil 3,20), übertragen (2 Kor 5,6.8.9; 1 Petr 1,17).
II) Die Wanderung zum Heiligtum in Jerusalem (Ps 42,5), die für alle isrl. Männer zu den drei jährlichen Wallfahrtsfesten (→ Passah, → Pfingsten, → Laubhüttenfest) vorgeschrieben war (5 Mo 16,16; vgl. Lk 2,41ff). Viell. haben wir in den Psalmen 120–134 »Wallfahrtslieder« (ZÜ) vor uns, die dabei gesungen wurden. Vgl. → Chor III und → Psalmen.
III) Bewegung des Meeres (Ps 46,4), übertragen auch die des Herzens (Klgl 1,20).

Wand. I) Zum Mal an der W. (3 Mo 14,39) vgl. → Krankheiten: Aussatz.
II) Zur getünchten W. vgl. → Kalk.
III) Die hängende W., deren Einsturz bevorsteht (Ps 62,4), ist Bild für drohende Gefahr.

Wandel, wandeln. I, 1) Das Wort kann im AT und NT allg. für die Bewegung des Gehens und Laufens gebraucht werden, ohne den Nebensinn des Langsamen und Feierlichen, den wir damit verbinden (5 Mo 29,4[5]; Jes 40,31; Mt 9,5; Apg 14,8.10).

2) Da die HS das ganze Menschenleben als ein Vorwärtsgehen in bestimmter Weise und Richtung sieht, wird das Wort zur häufigsten biblischen Bezeichnung für das Gesamtverhalten des Menschen auf seinem → »Weg« durchs Leben. Der tiefe Blick des göttlichen Wortes zeigt uns, daß es bei uns Menschen nicht so sehr um »Eigenschaften« (Tugenden und Fehler) eines ruhenden Wesens geht, sondern um das Verhalten ständig bewegter und strebender Personen. So ist »Wandeln« ein Grundbegriff der biblischen Ethik. Dabei betont die Bibel, daß der Mensch nicht frei von sich aus über seine Bewegung verfügt, sondern von ihn bestimmenden Mächten abhängt. Darum wird das Wort besonders häufig mit der Präposition »in« verbunden.

3) Diese Mächte können schicksalsmäßiger Art sein: es gibt ein Wandeln in Angst, im Dunkel, oder auch im Judentum (Ps 138,7; Jes 50,10; 59,9; Hes 19,6; 28,14; Gal 1,13). Doch sind es – auch in solchen Stellen – nie bloße »Schicksale« im Sinne griechischen oder modernen Denkens. Es ist der Bibel deutlich, daß es zugleich um sittlich bestimmte Gewalten geht, die ganz allg. mit den Grundworten »Licht« und »Finsternis« (Jes 2,5; 9,1[2]; 60,3; Joh 8,12; Eph 5,9; 1 Joh 1,6.7; Offb 21,24) bezeichnet oder auch konkret als »Gerechtigkeit, Liebe, Wahrheit« (1 Kö 3,6; Jes 33,15; 38,3; Eph 5,2; 2 Joh 4; 3 Joh 3) bzw. »Bosheit, Neid, Unzucht, Lüste« (Tit 3,3; 1 Petr 4,3) beschrieben werden. Auch wo der Mensch »nach seines Herzens Dünkel« wandelt (Jer 23,17; 5 Mo 29,18[19]; Jer 3,17; 18,12), ist er in Wirklichkeit der Macht des Bösen verfallen.

II, 1) Helle Klarheit kommt in das Leben des Menschen, sobald der lebendige Gott sich ihm offenbart. Nun kann die ganze Ethik in einem einzigen Wort ausgesprochen werden: wandeln »vor Gott« (1 Mo 17,1; 24,40) oder »würdig vor Gott« (Kol 1,10; Eph 4,1; Phil 1,27; 1 Thess 2,12). Menschen, die von Gott wissen, können ihn bitten, sie »zu lehren den Weg, darin sie wandeln sollen« (2 Mo 18,20; Ps 32,8; 86, 11; Jer 6,16). Für Israel wurde dieses »Wandeln vor Gott« bis ins einzelne bestimmt vom → Gesetz. Darum redet das AT immer wieder von dem »Wandeln in allen Wegen, die der Herr geboten« (5 Mo 5,30[33]; Jer 7,23) oder »im Gesetz, in den Satzungen Gottes« (2 Mo 16,4; 3 Mo 18,4; 26,3; 1 Kö 6,12; 8,61; Neh 10,30[29]; Sach 3,7; Jer 32,23; Hes 36,27) oder »in seinen Wegen« (1 Kö 11,38; 2 Kö 21,22; Ps 119,3; Jes 2,3; Jer 7,23). Es geht aber in allen Einzelheiten zentral um die Gottesbeziehung, wie das Gegenbild des »Wandelns in dem Wege Jerobeams« (1 Kö 15,34; 2 Kö 13,6) zeigt.

2) Im neuen Bund gibt es zwar auch bestimmte Anweisungen für das rechte Wandeln (1 Thess 4,1.2; 2 Thess 2,15; 3,6). Aber wie die Quelle alles verkehrten Wandelns im fleischlichen Wesen des Menschen erkannt worden ist, so ist Quelle und Kraft des neuen göttlichen Wandels nicht mehr das eigene (notwendig vergebliche) Mühen unter dem Gesetz, sondern das Erfülltsein mit dem Heiligen Geist. »Wandelt im Geist, wandelt nach dem Geist« heißt nun die ntl. Grundmahnung (Röm 8,1.4.12.13; 2 Kor 10,2–4; Gal 5,16.25). Das ist zugleich der Wandel »in Christus« (Kol 2,6; 1 Joh 2,6; vgl. auch Röm 13,14; Eph 4,22–24) und das Wandeln in den für uns schon bereiteten Werken (Eph 2,10).

3) Für unseren Wandel gibt es Vorbilder, die uns besser als lange theoretische Ausführungen das rechte Wandeln vor Augen stellen und zugleich helfende Kraft haben (1 Kö 3,3; 2 Kö 22,2; 2 Chron 11,17; Röm 4,12; Phil 3,16.17; 1 Tim 3,15; 4,12). Das höchste Vorbild ist Jesus selbst (1 Joh 2,6).

4) Das Hauptwort »der Wandel« faßt alles Gesagte zu einer einheitlichen Größe zusammen. Wie immer die einzelnen Taten des Menschen unterschiedlich aussehen mögen, sein Leben wird zuletzt zur Einheit eines »bösen, eitlen, unzüchtigen, gottlosen« (Jer 26,3; 44,22; 1 Petr 1,18; 2 Petr 2,7; Jud 15) oder »heiligen, keuschen, guten, göttlichen« Wandels (1 Petr 1,15; 2,12; 3,2.16; 2 Petr 1,3; 3,11; Hebr 13, 18; Jak 3,13). Denn auch im NT ist der »Wandel« nicht eine unwichtige Nebensache neben dem »Glauben«. Wenn die apostolischen Briefe nach ihren grundlegenden Ausführungen (Röm 1–11) sich eingehend um den rechten Wandel der Gemeinden mühen (Röm 12,1–15,13), so sind diese Teile der Briefe nicht »Anhänge«, bei denen unser Interesse aufhören könnte, sondern stellen das praktische Ziel der Unterweisung dar, dem der gesamte Brief dient.

Wanne → Wurfschaufel, → Ackerbau IV

Wanst. Der Lab- oder Fettmagen des Opfertiers, der zum Anteil des Priesters am Opfer gehörte (5 Mo 18,3). Vom Menschen der dicke Bauch oder Leib als Zeichen der Unmäßigkeit im Essen oder als Bild für Prahlerei (Hi 15,27; 20,20.23; Ps 73,7; LÜ verwendet das Wort hier meist in freier Übertragung, vgl. die anderen Übersetzungen).

Waschen. Waschungen spielten in den Reinigungsvorschriften des Gesetzes eine besondere Rolle. So mußten sich die Priester, bevor sie ihren Dienst in der Stiftshütte verrichteten, in dem eigens dafür aufgestellten → Handfaß w. (2 Mo 29,4; 30,18f). Aber auch der einfache Israelit, der sich verunreinigt hatte, mußte verschiedene Reinigungsgebote beachten, ehe er wieder am Gottesdienst teilnehmen konnte; dazu gehörte ein Bad und das W. seiner Kleider (3 Mo 11,40; 13,6; 15,6.7). Das Bad mußte in fließendem Wasser vorgenommen werden (V 13). Vgl. auch die Heilung des Naeman (2 Kö 5,10.14). Diese atl. Anweisungen wurden in spätjüd. Zeit immer mehr verfeinert und ausgebaut, so daß z. Zt. Jesu bereits das Händewaschen vor jeder Mahlzeit zu einer unerläßlichen Handlung mit nahezu gottesdienstlichem Charakter geworden war (Mt 15,2; Mk 7,27).

Alle Waschungen, die das Gesetz vorschrieb, waren zwar die unerläßliche Voraussetzung zur Beendigung der Unreinheit (vgl. 3 Mo 17,16) und Teilnahme am Gottesdienst, sie bewirkten aber keine Sündenvergebung (vgl. → Rein und unrein). Im übertragenen Sinn diente die äußerliche Waschung jedoch auch als Bild für die Reinigung von der Sünde, die Gott am menschlichen Herzen vornehmen muß (Jer 4,14; Ps 51,4.9; Jes 1,16; 4,4; vgl. Jer 2,22).

Im NT verbindet die Offb das Bild der Waschung mit dem der → Besprengung durch das → Blut des Opfertieres, wenn sie davon spricht, daß das Blut Jesu von den Sünden wäscht (Offb 1,5) und daß die Erlösten ihre Kleider gewaschen und hell gemacht haben im Blut des Lammes (Offb 7,14). In ähnlicher Weise nennt Hebr 10,22 Besprengung und Waschung nebeneinander, wobei der Gedanke an die → Taufe mitzuspielen scheint.

Vgl. weiter → Abwaschen; → Baden; → Fußwaschung.

Wäscher → Walkmüller

Wasser. I) Zur Rolle des Wassers in Klima und Landschaft → Palästinas (IV) vgl. → Regen, → Schnee, → Bach, → Jordan, → Mittelmeer, → Salzmeer, → Schilfmeer, → Strom.

II) Zur Wasserversorgung der Dörfer und Städte vgl. → Brunnen, → Zisterne; → Jerusalem II C, → Siloah.

III) Seiner großen Bedeutung entsprechend wird das W. in der HS vielfach als Bild und in der Gleichnisrede verwendet.
1) Für Tränen steht W. in Ps 119,136; Jer 8,23[9,1]; vgl. → Weinen.

Wasserschöpfen zur Bewässerung eines Gartens mit Hilfe des »schaduf«, des an einem Ende beschwerten Balkens (ägypt. Grabmalerei)

2) Häufig versinnbildlicht das W. – vielfach auch als Wellen oder Strom – Unglück, Verfolgung, feindlichen Einfall und Eroberung (Ps 69,2; 88,17. 18; 124,4.5; Jes 8,7.8), verwandt ist das Bild des brausenden Meers für das Toben der Völkerwelt (Ps 65,8). Von der Sintflut her (1 Mo 6,13–8,22) wird »W. = Unglück« dabei meist zugleich als Gericht Gottes verstanden (Ps 42,8). Aber auch die vertrockneten Wasserbäche (Jo 1,20) und der ausgetrocknete Strom (Hes 30,12) bedeuten Gericht.
3) Umgekehrt ist nun W. in der Wüste und im dürren Land (Jes 41,17–20) Sinnbild göttlichen Segens (Hes 47,1–12; Offb 22,1.2). Die kultische Reinigung, die in fließendem W. vollzogen werden mußte (3 Mo 15,13; 4 Mo 19,17), wird zum Bild der Sündenvergebung, und auch den Heiligen Geist und sein Wirken sieht die Bibel unter dem Bild des lebendigen W. (Jes 44,3.4; Joh 4,10.13.14; 7,38. 39).
4) In übertragenem Sinn wird W. auch in Verbindung mit (4 Mo 24,7) oder an Stelle von Same = Nachkommenschaft (Jes 48,1) gebraucht.
Vgl. auch → Bad der Wiedergeburt, → Baden, → Fußwaschung, → Rein und unrein, → Taufe, → Waschen.

Wasserkrug → Krug

Wasserleitung → Siloah

Wasserstadt, ein Teil der Ammoniterstadt Rabba (2 Sam 12,27), wohl die tiefer gelegene Wohnstadt im Gegensatz zur Zitadelle. Seinen Namen hatte dieser Stadtteil vermutlich von der Lage am Jabbok.

Wassersüchtig → Krankheit

Wassertor → Jerusalem III C

Wasserträger → Tempelknechte

Weben. Das dt. W. bedeutet urspr. »hin- und herbewegen«. Von daher lassen sich die verschiedenen Bedeutungen erklären, die das Wort in der Bibel hat:

I) W. = sich regen, sich bewegen (1 Mo 1,20f; Ps 65,9; Hes 47,9; Apg 17,28; Jak 1,6).

II) W. = eine Opfergabe hin- und herbewegen; → Webeopfer.

III) W. am Webstuhl; → Weber.

Webeopfer. I) Bei verschiedenen → Opfern wurden einzelne Teile »vor dem Herrn gewebt«, d. h. hin- und herbewegt. Dabei scheint nach 3 Mo 8,27–29; 4 Mo 6,19f der Priester dem, der das Opfer darbrachte, diese Teile auf die Hände gelegt, die Hände ergriffen u. hin- und hergeführt zu haben; ob in seitlicher oder senkrechter Richtung, wird nicht klar. Die so gewebten Stücke gehörten dann dem Priester (Ausnahme: Weihe Aarons 2 Mo 29,27f; 3 Mo 8, 25–29), der sie mit seiner ganzen Familie an reiner Stelle essen durfte (3 Mo 10,14). Der Genuß war also nicht wie beim Sünd- und Speisopfer ans Heiligtum gebunden. Durch das Weben sollte wohl angedeutet werden, daß diese Opferteile, die rein äußerlich einfach aus dem Besitz des Opfernden in den des Priesters überzugehen schienen, in Wirklichkeit Gott dargebracht wurden, der sie dann dem Priester überließ.

W. wurden zu folgenden Gelegenheiten dargebracht:

1) Bei der Priesterweihe. Bei der Weihe Aarons, bei der Mose den priesterlichen Opferdienst versah, wurden die Fettstücke (Fettschwanz, Eingeweidefett; vgl. → Fett; → Schaf I,1) und die rechte Keule (die »Hebeschulter«; vgl. → Hebe III) des Einsetzungswidders, dazu ein Brot, ein Ölkuchen und ein Fladen gewebt und dann verbrannt. Die Brust, nachdem sie ebenfalls gewebt worden war, erhielt Mose als amtierender Priester (2 Mo 29,22–26; 3 Mo 8,25 –29).
Es wird nicht ganz deutlich, warum hier die Hebeschulter, die sonst stets mit der Webebrust zusammen dem Priester zufällt, verbrannt wird. Eine Erklärung könnte 2 Mo 29,27f bieten: Brust und Keule sollten bei der Einsetzung Aarons ein für allemal den Priestern als ihr Teil geheiligt werden; dann könnten wir damit rechnen, daß bei allen späteren Priesterweihen der amtierende Priester beide Teile erhielt.

Tafel 95

a. *Römerstraße zwischen Antiochien in Syrien und Aleppo, 6 m breit aus sorgfältig behauenen Kalksteinblöcken angelegt.*

b. *Blick vom Fuß des Sinai über die Ebene er-Racha nach NW. Das weiße Haus rechts bezeichnet den Aaronshügel, auf dem nach der Tradition das Goldene Kalb errichtet wurde. Vgl. den entgegengesetzten Blick auf Taf. 81/1280 und Abb. Sp. 1308.*

2) Bei den Dankopfern. Hierbei wurden die Fettstücke, die Webebrust und manchmal offenbar auch die Hebeschulter gewebt. Das Fett wurde verbrannt, die übrigen beiden Stücke fielen dem Priester zu (3 Mo 7,29–34; 9,18–21; 2 Mo 29,28f). Beim Dankopfer des → Nasiräers, der sein Gelübde beendet hat, erhielt der Priester außerdem den gekochten Bug, den Kuchen und den Fladen, nachdem sie gewebt worden waren (4 Mo 6,19f). Vgl. auch 5 Mo 18,3.

3) Am 2. Tag des Festes der ungesäuerten Brote (→ Passah III,2) webte man die Erstlingsgarbe als → Erstling der neuen Ernte (3 Mo 23,10f).

4) Am Wochenfest wurden die 2 Lämmer des Dankopfers und 2 Erstlingsbrote als W. dargebracht (3 Mo 23,17.19f).

5) Beim Reinigungsschuldopfer (1 Lamm, Öl) des vom Aussatz Geheilten (3 Mo 14,12.21ff) webte man wie beim Wochenfest (vgl. I,4) die ganzen Tiere, bevor man sie schlachtete.

6) Beim Eiferopfer (4 Mo 5,25).

II) Als W. in etwas anderem Sinn werden genannt: 1) Die freiwilligen Gaben an Gold (2 Mo 35,22; 38, 24) und Erz (2 Mo 38,29) zum Bau der Stiftshütte. 2) Die Leviten als der zum Dienst am Heiligtum ausgesonderte Teil des Volkes (4 Mo 8,11ff). Das Weben bestand hier wohl in einem Vor- und Zurückführen und versinnbildlichte ähnlich wie bei anderen W. die Übergabe an Gott.

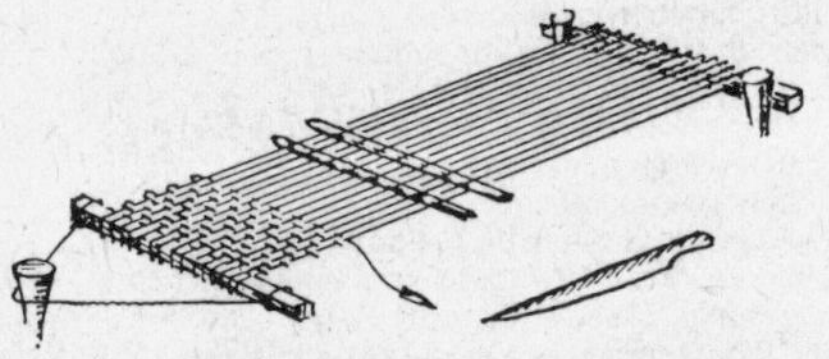

Liegender Webstuhl. Der hintere Weberbaum wird durch zwei Pflöcke gehalten, der vordere, von dem aus das Gewebe begonnen ist, durch eine Schnur an einem Pflock. Dieser Pflock ist Ri 16,14 gemeint, wo wörtl. »Pflock des Webers« statt »Nagel und Gewebe« (LÜ) zu übersetzen ist. An dem heraushängenden Faden das Weberschiffchen; daneben liegt das hölzerne Weberschwert, mit dem die Fäden festgeschlopft werden, damit das Gewebe nicht zu lose wird

Weber. Die Kunst des Webens wurde in Israel zunächst von den Hausfrauen betrieben, die Wolle und Flachs nach dem Spinnen zu Tuchen und Ziegenhaar zu Zelttuch und Decken verarbeiteten (Spr 31,13.19).
Hat man urspr. einfach zwischen zwei hintereinander liegenden Stäben in horizontaler Richtung Fäden (sog. Kette) gespannt und dann mit Hilfe einer Weberspule bzw. eines Weberschiffchens das Schußgarn durchgezogen, so findet sich später der aufrecht stehende Webstuhl, bei dem die Fäden zwischen zwei übereinander liegenden Weberbäumen senkrecht hingen bzw. am unteren Ende durch Gewichte gestreckt wurden. Dabei webte man von unten nach oben. Das fertig gewebte Tuch wurde an den oberen Fäden abgeschnitten (vgl. Jes 38,12).
Allmählich wird das Weben dann jedoch zu einem von Männern ausgeübten Handwerk (1 Chron 4,21), wobei man auch bes. Muster herzustellen wußte (2 Mo 28,39 EÜ, ZÜ). Es entstanden kunstvolle mehrfarbige Stoffe (→ Sticken) und Gewänder aus kostbarer Leinwand, auch nahtlose Kleidungsstücke (vgl. Joh 19,23); jedoch war es verboten, Gewebe und Kleider aus zwei verschiedenartigen Garnen herzustellen (3 Mo 19,19; 5 Mo 22,11), was fraglos als Hinweis auch auf innere Einfachheit und Gradlinigkeit zu betrachten ist. Die Erwähnung der Weberspule (Hi 7,6) und des Weberbaums (2 Sam 21,19) im Vergleich mit dem Leben des Menschen zeigen, wie allg. bekannt die Technik des Webens war. Vgl. auch → Handwerk II.

Tafel 96
Am Marktplatz des antiken Gerasa, heute Dscherasch, 35 km nördl. von Amman (Rabba). Im Vordergrund mündet die große Säulenstraße in das von Säulenhallen umgebene Rund des gepflasterten Marktplatzes. Die Ruinen der Stadt, die im NT nicht erwähnt wird, vermitteln heute den sichtbarsten Eindruck vom Reichtum der hellenistischen Zehnstädte. Z. Zt. Jesu gehörte Gerasa aber zu den kleineren Orten dieses Städtebundes und konnte sich z. B. mit den Bauten von Philadelphia (Rabba) nicht messen.

Wechsler. Der W. ist der Bankier und verrichtet alle zu diesem Beruf gehörigen Geschäfte. Er nimmt Geld an gegen Zahlung von Zinsen (Mt 25,27; Lk 19,23) und verleiht es wieder zu höherem Zinssatz. Daneben wechselt er die verschiedenen im Umlauf befindlichen Geldsorten gegeneinander um, wobei er seinen Gewinn hat.
Auch im äußeren Vorhof des Tempels in Jerusalem hatten sich W. niedergelassen, weil die Tempelsteuer (Mt 17,24 LÜ Zinsgroschen) in bestimmten, z. T. wohl nicht mehr im Umlauf befindlichen Münzen, jedenfalls aber in vollwertigem Geld bezahlt werden mußte. Die Rabbinen des 2. Jh. nennen als die verschiedenen Münzsorten, die seit der Rückkehr aus der Gefangenschaft bis in die ntl. Zeit dafür verwendet wurden, die pers. Darike, Sekel- (Sela), Halbsekelstücke (Teba; im Wert=1 griech. Didrachme) und schließlich Denare, die aber zurückgewiesen worden seien. Die aus aller Welt in Jerusalem zusammenströmenden Pilger waren demnach gezwungen, ihre minderwertigen Geldstücke bzw. nicht anerkannte röm. und griech. Münzen umzuwechseln.
Jesus vertreibt die Wechsler (Mt 21,12; Mk 11,15; Joh 2,14f), denn im Tempelbereich soll nichts Raum haben, was nicht Gottesdienst ist (der äußere Vorhof war für Nichtjuden die einzige Möglichkeit, im Tempel anzubeten).

Weg. I) Im eigentlichen Sinn: → Straße; → Palästina II; V; vgl. Karte Sp. 542; 690; 979; 1304; 1560; Taf. 98/1537.

II) Sehr häufig und in verschiedenster Verwendung wird W. (ebenso Straße, Pfad, Steg und Steig) in der HS IN ÜBERTRAGENEM SINN gebraucht. Dabei schwingt die räumliche Vorstellung z. T. noch mehr oder weniger stark mit: 5 Mo 8,2 meint sowohl Wanderwege wie Gottes Taten auf diesen Wegen.

1) Das ganze LEBEN DES MENSCHEN kann als W. bezeichnet werden (Hi 31,4; Spr 20,24), der Gott nicht verborgen ist (Jes 40,27; Ps 139,3). Er hat alle Wege in seiner Hand (Dan 5,23) und bewahrt den W. der Heiligen (Spr 2,8). Er kennt auch den dem Menschen noch verborgenen zukünftigen Lebensweg (Hi 3,23); darum kann man sich ihm anbefehlen (Ps 37, 5). So kann schließlich auch das Sterben der »W. aller Welt« genannt werden (1 Kö 2,2; Hi 16,22). Dieser Sprachgebrauch beschränkt sich auf das AT.

2) Mit WEGEN, DIE GOTT SELBER GEHT, sind seine bes. Pläne (Jes 55,8f) oder sein Handeln (Spr 8,22; Ps 145,17) gemeint, bes. sein Heilsplan mit der Menschheit (Apg 13,10; 18,25f). Sie sind »eitel Güte und

Wahrheit« (Ps 25,10; Offb 15,3) und unterstehen keiner menschlichen Kritik (Jes 40,14), denn sie übersteigen alles menschliche Fassungsvermögen (Jes 55,8f; Röm 11,33).

3) Sehr zahlreich sind die Stellen, bei denen der W. das Verhalten, die Lebensführung, den → WANDEL DES MENSCHEN bezeichnet (Hes 23,31; Ri 2,17; Jak 1, 8; 5,20; Apg 14,16). 2 Mo 18,20 zeigt klar, wie W. und Werke zusammengehören. Immer wieder steht in den Königsbüchern die Redewendung von dem Wandel »in dem W. seines Vaters und in seiner Sünde« (1 Kö 15,26.34; 16,2.19.26; 22,43.53). Von dieser Bedeutung her hat Luther das hebr. *däräk* (= Weg) auch verschiedentlich mit »Tun« übersetzt (1 Sam 18,14; Ps 49,14; 5 Mo 32,4).
Dabei erhält der W. seine geistliche Bedeutung von daher, daß Gott es ist, der diesen W. vorschreibt (5 Mo 11,28; Jer 7,23). Die Wege des Paulus sind dadurch gekennzeichnet, daß sie »in Christus sind« (1 Kor 4,17). Der »gute W.« (Jer 6,16; 1 Sam 12,23) ist das Leben nach Gottes Willen, und immer wieder ergeht an Israel der Aufruf, »in Gottes Wegen zu wandeln« (5 Mo 8,6; 10,12; 11,22; 19,9; Jos 22,5). Der Ausdruck »Gottes Wege« meint also vielfach (im Unterschied von II,2) geradezu das Gebot bzw. das von Gott gebotene menschliche Verhalten (1 Mo 18,19; 2 Chron 17,6; Ps 119,15; Mk 12,14; Hebr 3, 10). Das Bild vom W. ist demnach nicht vom Ende her geprägt, das der Mensch erstrebt, sondern von der Voraussetzung, daß am Anfang Gottes Befehl steht, dem man gehorsam (Hi 23,11) oder ungehorsam (Mal 2,9; Jes 56,11) werden kann. Damit ist über Wert oder Unwert des menschlichen W. vor Gott entschieden (Ps 1,6).

4) Von hier aus ist es kein großer Schritt zu dem Bild von den ZWEI WEGEN, das im AT bereits anklingt (Ps 1,6; Spr 4,18f; 15,19; Ps 119,29f; 139.24), auch im Spätjudentum bekannt ist, aber seine klare Entfaltung erst in Mt 7,13f findet (eigentlich ein Doppelbild: Pforte und W.). Es geht hier nicht um lasterhaften oder tugendhaften Wandel, sondern um Jesu Aufforderung zur Nachfolge. Die Nachfolge Jesu ist eine schwere Forderung, ist ein schmaler W. (wörtl.: mit → Trübsal behafteter W.; *tethlimmenos* gehört sprachlich zu *thlipsis*), darum weicht ihr die Menge aus. Aber die Nachfolge allein hat die Verheißung des ewigen Lebens. Zugleich zeigt dieses Zwei-Wege-Schema die Notwendigkeit, Dringlichkeit und auch die Tragweite der Entscheidung für oder gegen Gott. Einen dritten W., eine Neutralität gibt es nicht.

5) Im NT steht W. auch für DAS MITTEL oder die Möglichkeit, DIE RETTUNG ZU ERLANGEN (Apg 16,17; vgl. V 30f). Diese Möglichkeit, die Jesaja als den heiligen W. vorausgeschaut hatte (Jes 35,8–10), hat erst Jesus Christus durch sein Blut geschaffen (Hebr 10, 19f), vorher war der »W. zum Heiligen« – zur Gemeinschaft mit Gott – »noch nicht offenbart« (Hebr 9,8). So ist der Höhepunkt der biblischen Aussagen über den W. die Selbstbezeichnung Jesu als »der W.« (Joh 14,6). Es zeigt Jesu Hoheit und Einzigartigkeit, daß er nicht selbst einen W. zum Vater braucht, sondern der W. ist, insofern er hingeht und den Jüngern »die Stätte bereitet« (Joh 14,3) durch seinen Tod. V 6b zeigt die Ausschließlichkeit dieses Anspruchs. Christus ist nicht nur Verkünder oder Wegweiser, den man zurückläßt und über den man hinausgelangt, wie es etwa beim Täufer war (Joh 1,36f). Darum liegt alles am Bleiben (= Nachfolge) auf diesem W. Weg und Ziel sind hier identisch. Jesus ist der W., weil er die Wahrheit und das Leben ist (vgl. Hebr 10,20: lebendiger W.), d. h. Antwort auf die Grundfragen der Menschheit (vgl. 1 Mo 2f: Baum der Erkenntnis und Baum des Lebens).

6) Ein eigenartiger und einzigartiger Sprachgebrauch findet sich noch in der Apg., wo W. – absolut gebraucht – als Bezeichnung für CHRISTEN UND CHRISTENLEBEN verwendet wird (Apg 9,2; 19,9.23; 22,4; 24,14.22). Apg 24,14 zeigt, daß der gleiche Tatbestand gemeint ist, den die Juden abschätzig als Sekte kennzeichnen. Es ist also eine neutrale Selbstbezeichnung der Christen (der Name »Christen« taucht zuerst von außen auf; Apg 11,26). In ähnlicher Weise kann das Evangelium als »W. der Wahrheit« oder »W. der Gerechtigkeit« bezeichnet werden (2 Petr 2,2.15.21).

Wegscheide, die Stelle, wo Wege sich scheiden oder gabeln (Ob 14). Die W. galt als bes. günstig für Zauber und Zukunftsorakel (Hes 21,26[21]).

Wehe. Mit »Wehe!« (hebr. *oi* oder *hoi)* beginnt der isrl. Klageruf, den man über sich selbst oder über andere ausstößt (1 Sam 4,8; Ps 120,5; Pred 4, 10).
Im Munde der Propheten nimmt das W. einen ernsteren Klang an, weil es jetzt im Auftrag Gottes gesprochen wird. Die Weherufe der Propheten drohen das Gericht Gottes an und richten sich an fremde Völker (Jes 10,5; Jer 48,46; Zeph 2,5), an Israel (Hes 7,13), an Jerusalem (Jer 13,27) oder auch an einzelne Gruppen des Volkes (Jes 3,11; 5,8.11.18.20). Nicht selten wird über die führenden Schichten Israels das W. ausgerufen, über Hirten, Propheten, Schriftgelehrte (Jer 23,1; Hes 34,2; 13,3; Jes 10,1), weil sie ihre Verantwortung dem Volk gegenüber nicht wahrgenommen und sich als unfähig und treulos erwiesen haben.
Mit den Weherufen Jesu findet die atl. Gerichtsandrohung ihre Fortsetzung und eine ungeheure Verschärfung. Den → Seligpreisungen an die Armen und Hungernden (Lk 6,20–23) stellt Jesus das Urteil über die Reichen und Satten gegenüber (V 24–26). Ebenso kündigt er den unbußfertigen Städten Chorazin, Bethsaida und Kapernaum das Gericht an, weil sein Wirken ohne Eindruck auf sie blieb (Lk 10, 13; Mt 11,21).
Den hartnäckigen Widerstand der Pharisäer beantwortet Jesus schließlich mit den Weherufen über diese frommen und selbstgerechten Repräsentanten des Hauses Israel (Mt 23,13ff; Lk 11,42ff).
Im Zushg. mit dem endgültigen Gericht Gottes über die Erde werden auch die letzten Weherufe ausgesprochen werden (Offb 8,13; 12,12). Unter einem dreifachen Wehe (Offb 9,12; 11,14) geht das Gericht durch Entfesselung dämonischer Mächte (Offb 9,1–18) und Erdbeben größten Ausmaßes (Offb 11, 13) sowie durch das Auftreten des Satans in großem Zorn (Offb 12,12) seinem Ziel entgegen.

Wehmutter. Gewöhnlich standen der isrl. Mutter die Verwandten und Nachbarinnen bei der Geburt bei (Rt 4,14.16.17; 1 Sam 4,20). In 1 Mo 35,17; 38, 28 wird eine W. oder Hebamme erwähnt, was aber nur ihre augenblickliche Aufgabe, keinen besonderen Stand zu bezeichnen braucht. In Ägypten dagegen waren zwei hebr. Hebammen für die Geburtshilfe zuständig (2 Mo 1,15–21); nach V 21 handelte es sich um verheiratete Frauen.

Wehrgehänge → Waffen und Geräte I

Weib.

I) DIE FRAU IN SCHÖPFUNG UND SÜNDENFALL.
A) Der Mensch ist als → Mann und Frau geschaffen worden (1 Mo 1,26.27), und beiden gemeinsam gilt der Segen Gottes: Seid fruchtbar und mehrt

euch, füllt die Erde, macht sie euch untertan und herrscht über die Tiere (V 28; vgl. → Mensch IV,1). Ihr Verhältnis zueinander wird näher bestimmt im Bericht von Adam und Eva (1 Mo 2). Gott hat Adam durch einen besonderen Auftrag (V 15) und ein besonderes Gebot (V 16.17) in eine Beziehung zu sich gesetzt, die über das in 1 Mo 1,28 für alle Menschen Gesagte hinausgeht (vgl. → Schöpfung II A1). Um diesen Auftrag erfüllen zu können, braucht er eine »Hilfe als sein Gegenüber« (V 18 wörtl.), die ihm entspricht (EÜ) und zu ihm paßt (ZÜ). Darum bildet Gott die Frau aus der Rippe (»Seite«) Adams und führt sie ihm zu (V 21.22). Adam erkennt sie (im Gegensatz zu den Tieren V 20) als wesensgleich, als → »Männin«, die zum »Mann« gehört (V 23). Um seinetwillen und zu seiner Hilfe ist sie geschaffen, dadurch sind beide aufeinander angewiesen und bilden nun in ihrer gegenseitigen Ergänzung und doch unvertauschbaren Unterschiedlichkeit eine neue Einheit in der → Ehe. Diese neue Gemeinschaft hat ein so starkes Eigengewicht, daß sich um ihretwillen auch der Mann aus den Bindungen an seine Eltern lösen wird (V 24).

B) In der Gemeinsamkeit von Mann und Frau fällt dem Mann (vgl. → Mann II) die Aufgabe des Führenden und Leitenden zu; das wird durch den Sündenfall, der uns die Umkehrung der göttlichen Ordnung vor Augen führt, noch einmal bestätigt. Denn bezeichnenderweise beginnt die Versuchung der Frau damit, daß ihr ein Wissen angeboten wird, das Macht und Selbständigkeit verleihen soll (1 Mo 3,5). Dadurch läßt sich die Frau verführen (V 6). Ihr Mann aber, der »mit« (V 6 EÜ) oder »neben ihr« (ZÜ) ist, folgt ihrem mißleiteten Wünschen, ohne dies vor dem Gebot Gottes in eigener Entscheidung zu prüfen, wodurch er sich selbst und auch sie vor dem Ungehorsam hätte bewahren können (V 6. 12.17; vgl. 5 Mo 13,7[6]ff; 1 Kö 11,4; 21,25). Denn bei ihm liegt die größere Verantwortung; dementsprechend redet Paulus im heilsgeschichtlichen Zushg. von der Sünde und Übertretung Adams, durch die Tod und Verdammnis über alle Menschen gekommen ist (Röm 5,12–21), nur wo es um die Stellung der Frau geht, weist der Apostel darauf hin, daß sie zuerst verführt wurde (1 Tim 2,14).

C) Die Folgen des Ungehorsams, der die göttliche Ordnung und die unmittelbare Gottesgemeinschaft der Menschen zerstört hat, treffen auch das Verhältnis der Geschlechter empfindlich. Wie für den Mann die Arbeit, so ist für die Frau ihre ureigenste Aufgabe der Geburt und Mutterschaft, die sie am totalsten in Anspruch nimmt, von nun an mit Mühsal und Schmerzen verbunden, und doch wird sie nach ihrem Mann Verlangen haben, er aber wird ihr Herr sein (1 Mo 3,16); an die Stelle einer von der Liebe getragenen Unterordnung der Frau (vgl. Eph 5,22ff) tritt die Herrschaft des Mannes, der sie unterworfen ist. Dabei bleibt aber wesentlich, daß wir es hier nicht mit einem neuen Gebot Gottes, sondern mit einer Feststellung der tatsächlichen Folgen der Sünde zu tun haben; in V 16 ist daher durchgehend besser »wirst« und »wird« statt »sollst« und »soll« zu übersetzen.

II) DIE FRAU IM AT.

A) Das AT zeigt überall eine patriarchalische Gesellschaftsordnung, in der grundsätzlich der Mann in der Familie, im öffentlichen Leben und beim Gottesdienst der Verantwortliche, Bestimmende und Entscheidende ist. Auch die → Ehe (bes. IV) ist ganz auf ihn ausgerichtet, wobei das Gesetz sogar mit »seines Herzens Härtigkeit« rechnet (Mt 19,8). Mit Ausnahme wohl nur der → Witwe, deren Söhne noch minderjährig waren, stand die Frau ihr ganzes Leben hindurch in der Abhängigkeit vom Vater, vom Mann und schließlich vom Sohn. Doch bedeutet diese Stellung innerhalb der Familie zunächst einmal eine der Frau gemäße Geborgenheit. Und trotz aller durch die Sünde bedingten Härten und Verzerrungen (vgl. 1 Mo 19,8; Ri 19,24–26) zeugt eine Fülle von Aussagen und lebendigen Beispielen davon, daß die isrl. Frau, geliebt und geachtet von ihrem Mann (vgl. 1 Sam 1,5.8) und ihren Kindern (Ps 35,14; vgl. Spr 23,22), ein ihrem Wesen entsprechendes, erfülltes Leben führen konnte, das auch allg. volle, lobende Anerkennung fand (Spr 5,18.19; 12,4; 18,22; Pred 9,9). Daneben steht ebenso unmißverständlich die berechtigte Warnung vor der närrischen (Spr 14,1), zänkischen (Spr 21,9.19; 27,15) und zuchtlosen Frau (Spr 7; 11,22).

B) Der Wirkungsbereich der Frau umfaßt vor allem ihre Aufgaben als → Mutter und Hausfrau (Spr 31,10–31). Hier verläßt sich der Mann auf sie (V 11), hier kann sie selbständig arbeiten und planen (V 13.14.16.21), beaufsichtigt das Gesinde, vor allem die Sklavinnen, die ihr auch persönlich gehören können (1 Mo 16,1.6; 29,24.29; 1 Sam 25,42; vgl. → Knecht). In der Hand der Frau liegt die erste Erziehung der Kinder (vgl. → Kind IV,1), ihr Gebot steht gleichwertig neben dem des Vaters (Spr 1,8; 6,20); auch Könige bewahren die Lehre ihrer Mutter (Spr 31,1–9). Die Weisheit einer Frau wird hoch geschätzt (Spr 14,1; 31,26) und gern benutzt (2 Sam 14), ihre kluge Mahnung zur Mäßigung findet bereites Gehör (1 Sam 25,32–34; 2 Sam 21,16–22). Vgl. weiter auch → Jungfrau, → Schwester, → Tochter. Wo männliche Nachkommen fehlen, sind die Töchter erbberechtigt (4 Mo 27,1–11), und zwar vor den Brüdern des Verstorbenen. Der Naemi, die als Witwe nach Bethlehem zurückkehrt, ist das Recht am Besitz ihres Mannes erhalten geblieben (Rt 4,3.9); und die offenbar ebenfalls verwitwete Sunamitin (vgl. 2 Kö 4,14) fordert und erhält nach ihrem Aufenthalt im Ausland Haus und Acker durch den König zurück (2 Kö 8,1–6).

C 1) Die isrl. Frauen sind zwar nicht wie die Männer (2 Mo 23,17; 5 Mo 16,16) zum regelmäßigen Erscheinen im Heiligtum verpflichtet. Die ihr vorgeschriebenen Opfer bringt die Frau aber wie der Mann (3 Mo 15,14) selber vor den Eingang der Stiftshütte (3 Mo 12,6; 15,29; vgl. Lk 2,22–24.27) und nimmt selbstverständlich an den Festen (5 Mo 16,11.14; Lk 2,41) und an der Opfermahlzeit teil (1 Sam 1,4.5); ebenso essen die weiblichen Familienangehörigen der Priester mit vom Heiligen (3 Mo 22,11–13). Die Gelübde eines Mädchens oder einer Ehefrau (4 Mo 6,2) bedürfen der ausdrücklichen bzw. stillschweigenden Zustimmung durch den Vater oder Mann (4 Mo 30,4–17; 1 Sam 1,22. 23), nur die Witwe ist in dieser Hinsicht frei (4 Mo 30,10). In 2 Mo 38,8 werden dienende Frauen am Eingang der Stiftshütte erwähnt. Frauen und Mädchen loben den Herrn mit Gesang und Reigen (2 Mo 15,20.21; Ps 68,26.27) und beten im Heiligtum an (1 Sam 1,9–17; 2,1–10; Lk 2,37).

Erst nach der babyl. Gefangenschaft gibt es einen besonderen Frauenvorhof am Tempel, der weiter vom eigentlichen Tempelgebäude entfernt ist, als der den Männern zugängliche Vorhof der Israeliten; beide aber gehören noch zum inneren Tempelbezirk, der den Heiden verboten und vom Vorhof der Heiden umgeben war (vgl. Stadtplan Sp. 684). Auch im Synagogengottesdienst wird die räumliche Trennung der Geschlechter (vgl. → Schule III) in stei-

Haremsgebäude im Palast von Tell el-Amarna; die Eingänge sind von Türhütern bewacht. Ägypt. und ausländische Frauen des königlichen Harems frisieren sich gegenseitig, essen, musizieren und tanzen. Nach ägypt. Sitte hatten sie auch für die musikalische Unterhaltung des Pharaos zu sorgen. Vgl. auch Abb. Sp. 1325

gendem Maße durchgeführt, z. Zt. Jesu ist sie offenbar noch nicht allzu streng (vgl. Lk 13,10–12).

2) Frauen haben auch an den besonderen Offenbarungen Gottes teil. Der Herr zeigt Rebekka auf ihre Frage das zukünftige Schicksal ihrer Kinder an (1 Mo 25,22.23), die Geburt Simsons läßt er zuerst der Frau Manoahs ankündigen (Ri 13,4.5), und auch Joseph erfährt erst nach Maria (Mt 1,18–24; vgl. Lk 1,26ff), daß sie die Mutter des Heilands werden soll.

Neben den Propheten, durch die der Herr Israel seinen Willen kundtut, stehen Prophetinnen. Als erste wird Mirjam, die Schwester von Mose und Aaron, in dieser Stellung genannt (2 Mo 15,20; vgl. Mi 6, 4). Als sie jedoch versucht, Moses Handeln zu richten und sich ihm gleichzustellen, straft sie der Herr mit Aussatz (4 Mo 12). Die verheiratete Prophetin Debora ist zugleich Richterin (Ri 4,1). Sie übermittelt Barak den Auftrag Gottes zum Kampf gegen die Kanaaniter (V 6.7). Anstatt diesen Auftrag nun auszuführen, macht er seinen Gehorsam von ihrer Begleitung abhängig (V 8). Das kostet Barak den Ruhm des Sieges, der feindliche Feldherr Sisera stirbt nun durch die Hand einer Frau (V 9.17–22). Die Aufgabe der Richterin ist also offenbar begrenzter als die des männlichen → Richters. Später sendet König Josia nach der Auffindung des Gesetzbuches zu der Prophetin Hulda, der Frau des Kleiderverwalters Thikwa, um die Weisung des Herrn zu erhalten (2 Kö 22,14–20). Die letzte Prophetin im Alten Bund, von der wir hören, ist Hanna z. Zt. der Geburt Jesu (Lk 2,36).

III) HEIDNISCHE EINFLÜSSE AUF DIE STELLUNG DER FRAU.

A) Obgleich auch in den heidnischen Völkern des Vorderen Orients die patriarchalische Gesellschaftsordnung herrschte, gingen doch von der heidnischen Religion zerstörende Einflüsse auf das Verhältnis der Geschlechter aus, die sich mit dem Eindringen des Götzendienstes auch in Israel auswirkten. Die Sexualbetontheit der kanaanitischen Fruchtbarkeitskulte (3 Mo 18,3.24–28), die Vergöttlichung des Geschlechtlichen durch die Verehrung weiblicher Gottheiten und die kultische Prostitution (vgl. → Hure I,2) durchbrachen alle Grenzen und Ordnungen (V 6-18; Jer 5,7.8; Hes 18,6.11) und pervertierten das Gefühl und sittliche Empfinden der Menschen (3 Mo 18,22.23). Auf diesem Hintergrund ist auch die Vorschrift im Gesetz zu sehen, die verbietet, die Kleidung des anderen Geschlechts anzulegen (5 Mo 28,5).

Weiter entstanden aus der Genußsucht und Verweichlichung der Reichen (Am 6,3–6; vgl. Mi 2,11), die von der ausländischen Stadt- und Hofkultur genährt wurde, erhöhte Ansprüche der vornehmen Damen der führenden Kreise (Am 4,1; Jes 3,12.16–24) und verschärften die schon bestehenden sozialen Unterschiede und Ungerechtigkeiten (V 14.15; Am 8,6; Jer 5,28; vgl. Jes 58,6.7). Es ist bezeichnend, daß die Verschwägerung mit dem Königsgeschlecht des Nordreiches in Juda außer zum Einbruch des Baalsdienstes (vgl. 2 Kö 11,18) auch zur Herrschaft der einzigen Königin, Athaljas, der Tochter von Ahab und Isebel, führte (V 1.3).

Von eigentlichen Priesterinnen hören wir in Verbindung mit dem → Götzendienst in Israel nichts, wohl aber von Zauberinnen (2 Mo 22,17[18]), Totenbeschwörerinnen (3 Mo 20,27; 1 Sam 28,7ff) und falschen Prophetinnen (Hes 13,17–23; vgl. Neh 6, 14), die durch ihre dämonischen und magischen Praktiken Macht über das Volk gewannen.

B) Einem ähnlichen Machtgewinn der Frau auf religiösem und auch politischem Gebiet bei gleichzeitiger Abwertung der Ehe begegnen wir erneut in der hellenistischen Zeit. Einerseits haben wir es hier wieder mit den Auswirkungen der Fruchtbarkeits- und Mysterienkulte zu tun, deren Priesterinnen und Prophetinnen Kreise von Männern und Frauen um sich sammelten, über die sie mit unbedingter Autorität herrschten (vgl. auch Offb 2,20–24). Hinzu kam eine Tendenz des griech. Denkens, die wesensgemäße Bestimmung und Aufgabe der Frau zu ignorieren und sie nur noch individuell nach dem Wissen und der Bildung einzuschätzen, die sie sich hatte erwerben können. Damit war ihr der Weg ins öffentliche Leben im Sinn einer Frauenemanzipation geöffnet; im röm. verwalteten Kleinasien waren denn auch weibliche Richter und Beamte keine Seltenheit. In solcher Umgebung konnte sogar die jüd. Synagoge in Smyrna einmal von einer Frau geleitet werden.

Aus denselben Voraussetzungen aber erwuchs gleichzeitig eine Verachtung der »ungebildeten« Ehefrau und der ehelichen Liebe wie eine Wertschätzung der vielfach geistig und künstlerisch hochgebildeten Dirne, der Hetäre (wörtl. »Freundin«). Geschlechtlich war zudem alles erlaubt (Röm 1,26.27; 1 Kor 6, 9) und wurde auch philosophisch gerechtfertigt (vgl. → Weichling); häufige und wiederholte Scheidungen waren allg. üblich.

IV) DIE FRAU IM NT.

Im NT spiegelt sich die zeitgenössische Abwertung der Frau, in der hellenistische und spätjüd. Gedankengänge zusammentrafen, noch im Erstaunen der Jünger, daß Jesus mit der Samariterin spricht (Joh 4,27; vgl. dagegen die natürliche Freiheit der Frühzeit: 1 Mo 24,11–28; 29,9–12; 2 Mo 2,16.17). Die Rolle der hellenistischen Frau in der schwülen Atmosphäre höfischer Feste wird verhalten angedeutet im Tanz der Salome (Mk 6,22).

A) JESUS UND DIE FRAU.

Mitten in diese Welt zwiespältiger und verkehrter Ansichten tritt Jesus, der Frau und → Ehe (V) wieder als Schöpfung und Ordnung Gottes sieht, so, wie Gott beide gewollt hat (Mt 19,4–6). Er verpflichtet deshalb auch den Mann zur Treue seiner einen Frau gegenüber (V 9) und deckt seine Sünde an der Frau des andern schon im begehrlichen Blick und

Wunsch rückhaltlos auf (Mt 5,28). In unbedingtem Anspruch stellt er die lebendige, wahrhaftige Ordnung wieder her, die nicht von außen, sondern von innen erfüllt werden soll und muß (vgl. dieselbe Forderung in bezug auf den gesamten Willen Gottes im Gesetz: Mt 5,17–20).

Jesus selber begegnet der Frau frei, unvoreingenommen und ohne jede Andeutung von Herablassung. Er schont sie nicht in falscher Rücksicht, wo es um Wahrheit (Joh 4,17.18) und Glauben (Mt 15,21–28) geht (vgl. auch → Maria 1), aber er bringt ihr Gottes Barmherzigkeit und Vergebung (Joh 8,1–11; Lk 7,36–50), Heilung von Krankheit (Mk 1,30.31; 5, 25–34) und Befreiung von dämonischer Bindung (Lk 8,2; 13,11–17), und nimmt sie gegen ungerechte Vorwürfe in Schutz (Mk 14,3–9). Jesus ist befreundet mit Lazarus und seinen beiden Schwestern (Joh 11,5; Lk 10,38–42), und eine Gruppe von Frauen folgt ihm nach und unterstützt ihn von ihrer Habe (Lk 8,1–3). Frauen stehen unter seinem Kreuz (Lk 23,49; Joh 19,25), sind beim Begräbnis Jesu dabei (Lk 23,55.56) und sehen am Ostermorgen als erste das leere Grab (Mt 28,1–7; Lk 24,1–11) und den Auferstandenen (Mt 28,8–10; Mk 16,9–11; Joh 20,14–18).

Jesus zeigt in seiner Lehre und seinem Leben, daß vor Gott, der die Person nicht ansieht (5 Mo 10,17; Eph 6,9) Mann und Frau gleichwertig sind. Er unterstreicht das noch mit der Aussage, daß in der Auferstehung die Geschlechtlichkeit, die den irdischen Unterschied von Mann und Frau ausmacht, aufgehoben sein wird (Mt 22,30; Mk 12,25). Aber das führt nicht – wie es bei der Vergöttlichung des Geschlechtlichen im Heidentum der Fall ist – zu einer Auflösung der irdischen Ordnung der Ehe.

B) DIE FRAU IN DER GEMEINDE JESU.

Was Gott in der Schöpfung gewollt hatte, Gleichwertigkeit von Mann und Frau in einer Ordnung, die beiden auf Grund ihrer verschiedenen Aufgaben und Gaben eine unterschiedliche, aber ihrem Wesen entsprechende Verantwortung und Stellung zuweist, ist durch die Sünde verdunkelt, verzerrt, ja vielfach auf den Kopf gestellt und pervertiert worden. »In Christus« aber, wo das Gesetz der Sünde aufgehoben ist (Röm 8,2), kann es mitten in dieser Welt Wirklichkeit werden. Was das bedeutet und wie es aussieht, zeigen die Apg und die ntl. Briefe.

1) DIE FRAU VOR GOTT.

In der ntl. Gemeinde ist die Frau vor Gott dem Mann völlig gleichwertig: hier ist kein Mann noch Weib, alle sind Gottes Kinder und allzumal einer in Christus Jesus (Gal 3,26.28). Der Heilige Geist fällt der atl. Weissagung entsprechend auf Männer und Frauen gemeinsam (Apg 2,16–18; 8,12.15.16), und jeder erhält auch Anteil an den → Gaben des Geistes (1 Kor 12,7). Frauen beten und weissagen im Gottesdienst (1 Kor 11,5), nichts läßt darauf schließen, daß sie wie im Synagogengottesdienst nur Zuhörer von außen gewesen wären. Neben dem Bruder (Röm 14,13) steht die Schwester (Röm 16,1; 1 Kor 7, 15; 9,5; Phim 2 RÜ; Jak 2,15), Paulus nennt Frauen (Phil 4,2.3; Röm 16,3; vgl. V 12) mit demselben auszeichnenden Wort wie die Männer (V 21; Phim 24) seine Gehilfen (griech. *synergoi* = Mitarbeiter, Mithelfer) und weist Timotheus an, jungen Frauen wie Schwestern, älteren wie Müttern zu begegnen (1 Tim 5,2).
Auch die alltägliche, häusliche Aufgabe der Frau rückt in ein neues Licht: Kindererziehung, Bewirtung von Gästen, die tägliche Hausarbeit sind ihre guten Werke (1 Tim 5,10.14; vgl. 2,15), zu denen sie in Christus geschaffen ist (Eph 2,10).

2) DIE FRAU IN DER ORDNUNG GOTTES.

a) Ihre Unterordnung unter den Mann.

Obgleich das NT die Frau also vor Gott als dem Mann völlig gleichwertig sieht, verbindet es damit doch in keiner Weise die Vorstellung einer säkularen Gleichberechtigung. Im praktischen Leben gilt überall die Unterordnung der Frau, jedenfalls der Ehefrau (und das ist die Regel), unter den Mann; nirgends erscheint sie in einer Stellung, die Leitung oder Aufsicht über Männer einschließt. Der Versuch, dieses Verhältnis als zeitbedingt hinzustellen, liegt nahe, läßt sich aber angesichts der Begründung, die das NT dafür gibt, nicht durchführen.
Denn wie Christus das Haupt des Mannes ist, ist Gott das Haupt Christi und der Mann das Haupt der Frau (1 Kor 11,3; Eph 5,23), die vom Mann und um des Mannes willen geschaffen wurde (1 Kor 11, 8.9). Das bedeutet zugleich eine unaufhebbare Bezogenheit, im Herrn können beide nur miteinander sein (V 11.12; vgl. 1 Kor 12,21). Darum soll die Frau dem Mann untertan sein wie die Gemeinde Christus (Eph 5,22.24; Kol 3,18; vgl. Tit 2,5), was ein ganz klares Autoritätsverhältnis begründet; der Mann aber soll seine Frau so lieben, wie Christus die Gemeinde liebt (Eph 5,25), mit ganzer Hingabe und ohne jemals bitter gegen sie zu werden (Kol 3, 19), aber auch ohne falsche Nachsicht, wo es um die Heiligung und den Gehorsam gegen den Willen Gottes geht (Eph 5,26.27). Diese Liebe schließt die Achtung und Fürsorge voll mit ein (V 28.29), die der Frau die Unterordnung leicht macht und sie als die schwächere (1 Petr 3,7) vor jedem Mißbrauch der Autorität des Mannes schützt. Gerade wo es um die leibliche Seite der Ehe geht, betont Paulus die Gemeinsamkeit und Rücksicht auf den anderen im gegenseitigen Einverständnis (1 Kor 7,3–5). Die Antwort der Frau auf solche Liebe ist ihre Achtung und Ehrfurcht vor dem Mann (Eph 5,33).

b) Inneres Wesen und äußeres Auftreten.

Die innere Fülle ihres fraulichen und mütterlichen Reichtums ist es, die die Briefe an der Frau loben und als Vorbild hinstellen: Liebe zu Mann und Kindern, ein häusliches, gütiges, treues und zuchtvolles Leben (1 Tim 3,11; Tit 2,4.5) in Reinheit und Gottesfurcht (1 Petr 3,2 RÜ), in stiller Unterordnung (1 Tim 2,11), dabei aber unbeirrt am rechten Tun festhaltend (1 Petr 3,6). Dieser verborgene Mensch des Herzens mit sanftem und stillem Geist (V 4), in Zurückhaltung, Zucht und guten Werken (1 Tim 2,9. 10) bestimmt auch das äußere Auftreten der Frau. Sie ist schön durch ihr inneres Wesen und ihre Haltung; äußerlicher Aufwand in Frisur, Schmuck und Kleidung können das nicht ersetzen (1 Tim 2,9; 1 Petr 3,3; vgl. Abb. Sp. 529). Geschwätziges, unbedachtes Reden und Nachreden steht der Frau nicht an (1 Tim 3,11; 5,13; Tit 2,3), ebensowenig vorlautes Mitredenwollen und Dazwischenfragen in der Gemeindeversammlung (1 Kor 14,34.35); vgl. → Gottesdienst V,3.
In 1 Kor 11,3–16 verteidigt Paulus den Brauch der Gemeinden (V 16), daß die Frauen im Gottesdienst den Kopf mit einem Schleier oder Tuch bedeckten. Das war damals allg. in der Öffentlichkeit üblich – abgesehen von den untersten Volksschichten – und galt als Zeichen der Unterordnung der Frau. Es bedeutete für sie zugleich Recht und Schutz (vgl. »Macht« V 10; der Hinweis »um der Engel willen« war den Korinthern offenbar verständlich, ist heute aber nicht mehr voll einsichtig) und unterschied sie von der rechtlosen Dirne. Als die Korinther die-

se Sitte aus einer falsch verstandenen Freiheit ablehnen wollen, erkennt Paulus darin eine Gefährdung der bewahrenden Ordnung; daher vergleicht er die Frau ohne Schleier mit der Geschorenen, der Ehebrecherin (V 5.6; es ist von abgeschorenem, nicht von nur kurzgeschnittenem Haar die Rede; vgl. RÜ).

c) Der Dienst der Frau in der Gemeinde.
Das von Gott geordnete Verhältnis von Mann und Frau spiegelt sich auch in der Dienst- und Aufgabenverteilung in der Gemeinde wieder. Frauen prophezeien zwar (1 Kor 11,5; Apg 21,9), doch nur Männer werden ausdrücklich als Propheten erwähnt (V 10). Zu lehren, d. h. das → Amt des Lehrers in der Gemeinde einzunehmen, gestattet Paulus der Frau nicht (1 Tim 2,12). Etwas anderes ist es, wenn Apollos von Aquila und Priska im gemeinsamen, persönlichen Gespräch genauer in die Lehre Gottes eingeführt wird (Apg 18,26). Was Leben und Wandel im Alltag angeht, sollen die alten Frauen Lehrerinnen der jüngeren sein (Tit 2,3–5; vgl. → Lehrer V, 3).
Ein offenbar fester umrissener Dienst von Frauen in der Gemeinde ist der der → Witwen (II), über ihre Aufgaben erfahren wir aber nichts Genaueres (1 Tim 5,3–16). Schließlich wird in Röm 16,1 Phöbe als »Dienerin« (griech. *diakonos*) der Gemeinde in Kenchreä genannt. Das entsprechende Amt der → Diener (III u. IV) ist im Zushg. mit der Versorgung der Witwen eingerichtet worden; so können wir als Tätigkeit Phöbes, in der sie vielen und auch Paulus »Helferin« (griech. *prostatis;* das Wort kann auch »Beschützerin« bedeuten) war, wohl ebenfalls praktische Fürsorge vermuten. Der Apostel bittet die Römer, ihr auf gleiche Weise in allen ihren Angelegenheiten beizustehen, wo sie Hilfe nötig hat.

3) KRAFT UND BEDEUTUNG DER ORDNUNG.
Was das NT über das Verhältnis von Mann und Frau sagt, ist weder Programm noch Vorbild einer mustergültigen Gesellschaftsform. Es ist auch kein Gesetz starrer Vorschriften, die man erfüllen müßte. Wir haben statt dessen eine lebendig gelebte Ordnung vor uns, die unter den Menschen Wirklichkeit wird, in denen Christus durch den Geist und die Fülle seiner Gaben sein göttliches Leben mit allen Konsequenzen führen kann. Dort wird aber auch die ganze befreiende und hilfreiche Kraft dieser Ordnung Gottes offenbar.

Weichling. Griech. *malakos* bedeutet im allgemeinen »weich« (Mt 11,8; Lk 7,25), bezeichnet in 1 Kor 6,9 aber eindeutig einen Mann oder Jüngling, der sich von anderen Männern (Knabenschändern ebd.; 1 Tim 1,10) geschlechtlich mißbrauchen läßt (Röm 1, 27). Die griech. Philosophie wertete diese widernatürliche Geschlechtsbeziehung als »Knabenliebe« häufig höher als die Liebe zwischen Mann und Frau. In Platos »Gastmahl« werden die W. gerühmt: »Es sind unter Knaben und Jünglingen die besten, sie sind von Natur die männlichsten. Man sagt wohl, sie seien schamlos, aber das ist gelogen, denn sie tun das nicht aus Schamlosigkeit, sondern aus Mut und Mannestum und Mannhaftigkeit, weil sie sich hingezogen fühlen zu dem, was ihnen wesensgleich ist« (Symposion XVI).

Weide. Das hebr. *arabah*, das LÜ mit W. oder Bachweide wiedergibt, bezeichnet wahrscheinlich die Euphratpappel *(Populus euphratica)*. Sie wächst vor allem in Flußtälern (Hi 40,22[17]; Jes 44,4) und erreicht die Höhe einer mittelgroßen Linde. Die Äste beginnen in Mannshöhe (vgl. Ps 137,2). Die Zweige fanden beim → Laubhüttenfest Verwendung (3 Mo 23,40).
Die eigentliche Weide (hebr. *sapsapah*) ist Hes 17, 5 gemeint (wörtlich »wie eine Weide«; LÜ »lose«).

Weidenbach → Sered II

Weih steht in LÜ für das hebr. *ajjah* (3 Mo 11,14; 5 Mo 14,13), ein lautmalendes Wort, das den Ruf des Raubvogels wiedergibt und das Hi 28,7 mit Geier übersetzt wird.
In Jes 34,15 steht W. für hebr. *dajjah*, eine Nebenform von *daah* »der (auf die Beute) herabstößt«. *Daah* kommt in 3 Mo 11,14 (LÜ Geier) vor, außerdem in der verschriebenen Form *raah* (vgl. d und r Abb. Sp. 55/56) in 5 Mo 14,13 (LÜ Taucher). Ein späterer Abschreiber scheint diesen Schreibfehler bemerkt und zur Verbesserung *dajjah* an den Rand geschrieben zu haben, das dann später versehentlich als 3. Name in den Text geriet (vgl. 3 Mo 11,14 mit 5 Mo 14,13; vgl. weiter die LXX, die auch in 5 Mo 14,13 nur 2 Namen hat) und von Luther mit »Geier« übersetzt wurde.
Alle diese Worte sind wahrscheinlich Bezeichnungen für die verschiedenen, den Israeliten unreinen Milan- und Bussardarten Palästinas, während das hebr. *nes* (LÜ → Sperber) die kleineren Habicht- und Falkenarten zu bezeichnen scheint. Da *daah* und *ajjah* in 3 Mo 11,14 und 5 Mo 14,13 nebeneinander genannt werden, hat man in dem »Stößer« *(daah)* den Roten Milan vermutet, in *ajjah* den Schwarzen Milan, den Schmarotzermilan oder eine Bussardart.
Der Rote Milan *(Milvus milvus)* ist bes. im Winter in Palästina sehr häufig. Er nährt sich von Ratten, Feldmäusen und anderen kleinen Säugetieren, die er im Sturzflug fängt. Der Schwarze Milan *(Milvus migrans)* kommt im März als Sommergast, nistet in der Nähe von Ortschaften und nährt sich vorwiegend von Abfällen, ähnlich der Schmarotzermilan *(Milvus migrans aegypticus)*, der häufigste Raubvogel Ägyptens.
An Bussardarten kommen in Palästina neben dem Mäusebussard *(Buteo buteo)* der Adlerbussard *(Buteo ferox)* in den Steppengebieten und der Wespenbussard *(Pernis apivorus)* vor.

Weihe, weihen → Einweihung; → Leviten; → Priester; → Opfer V,2

Weihrauch. Durchsichtiges Harz, das von selbst oder durch künstliche Einschnitte aus den Harzgängen in der Rinde der *Boswellia carteri* (Familie *Burseraceae*) tropft, eines Strauches mit kleinen Blättern und unansehnlichen Früchten. Der Strauch wächst in Südarabien (Jes 60,6; Jer 6,20), kommt aber auch an der Westküste des Roten Meeres vor. Die Ägypter brachten W.bäume aus Punt (→ Put) mit. Von einer anderen *Boswellia*-Art, der *Boswellia thurifera*, stammt der indische W., der viell. in Offb 18,13 gemeint ist.
Das hebr. Wort *lebonah* = W. (griech. *libanos*) ist abgeleitet von dem Wort für »weiß, glänzend«. Das ausfließende Harz erhärtet langsam und wird dann zu zylinderförmigen, hellgelben Stückchen zusammengedrückt. Auf Feuer gelegt, verbrennt es langsam und mit knisternder Flamme infolge seines hohen Gehaltes an ätherischen Ölen und verbreitet dabei einen angenehmen Duft, der als Parfüm in den Kleidern hängen bleibt (Hl 3,6).
Im isrl. Gottesdienst nahm der W. einen wichtigen Platz ein. Er war ein Teil des heiligen Räuchwerks (2 Mo 30,34; vgl. → Räuchopfer) und gehörte zum Speisopfer (3 Mo 2,1–16), während seine Verwendung beim Schuldopfer (3 Mo 5,11) und Eiferopfer (4 Mo 5,15) ausdrücklich verboten war.

Weinlese in Ägypten. Die Trauben werden gepflückt und zur Kelter getragen. Die Keltertreter halten sich an Stricken fest, die vom Balken herabhängen; der ausgepreßte Saft fließt in den tiefergelegenen Behälter ab. Dort wird er geschöpft und in Tonkrüge gefüllt.

Unter den Schätzen der Weisen aus dem Morgenland wird auch W. genannt (Mt 2,11).

Wein, Weinberg, Weinstock. I) Der Weinstock *(Vitis vinifera)* ist von Natur eine holzige Kletterpflanze; die schwachen Äste (Reben) und deren Seitentriebe tragen Ranken, mit denen die Pflanze an einer Stütze Halt sucht. Durch Beschneiden der Triebe erreicht man reichere Fruchtbildung (vgl. Joh 15, 2ff). Der Weinstock kann sehr alt und stark werden. Die Rinde ist dann ganz verkorkt. Das Holz ist nur als Brennholz zu verwerten (Hes 15,1–6). Vgl. Taf. 91/1440.

II, 1) In Palästina sind Boden und Klima für den W. sehr günstig. Sein Anbau ist schon früh (1 Mo 14,18; vgl. auch 1 Mo 9,20) und für fast alle Teile des Landes bezeugt. Man pflanzte ihn im Land der Philister (Ri 15,5), in der Ebene Jesreel (1 Kö 21,1), in der Oase von Engedi (Hl 1,14), bes. aber in den Hügelgebieten: in der Nähe Hebrons bei Eskol (4 Mo 13,23[24]), bei Silo (Ri 21,20f), Sichem (Ri 9,27) und Samaria (Jer 31,5), ebenso im Ostjordanland (Jes 16,8–10; Jer 48,32.33) und nach Funden auch im → Negev.

2) Die Weingärten befanden sich gewöhnlich an den Hängen der Berge (Jes 5,1 EÜ, ZÜ; Jo 4,18[3, 23]). Damit der fruchtbare Boden nicht von den Winterregen fortgeschwemmt wurde, legte man Terrassen an (vgl. Taf. 73b/1152; 74a/1153). Man umgab den Garten mit einem Zaun oder einer Mauer, um Schäden durch Wildschweine und → Schakale zu verhindern (4 Mo 22,24; Ps 80,9–14; Spr 24,30.31; Hl 2,15; Jes 5,5). Der Boden wurde von Steinen gesäubert, die Weinstöcke gepflanzt, ein Wachtturm (Taf. 92a/1441) gebaut und eine Kelter ausgehauen (Jes 1,8; 5,1–7; Mt 21,33–41). Ein Weinberg erfordert viel Arbeit (vgl. Mt 20,1–16), bes. im Sommer vor der abschließenden Weinlese (vgl. den Geser-Kalender; → Jahr III); in dieser Zeit leben die Familien der Weinbauern heute noch vielfach in Zelten im Weinberg. Im übrigen ist der Boden von Zeit zu Zeit zu lockern und vom Unkraut zu säubern (Spr 24,30.31; Jes 5,6); die Reben müssen beschnitten und gereinigt werden (3 Mo 25,3; Joh 15,2).

Der eigentliche Stamm des Weinstocks lag gewöhnlich auf dem Boden und konnte sich dort ausbreiten, während nur die fruchttragenden Äste gestützt wurden (vgl. Hos 10,1; Hes 17,6). Manchmal ließ man den Weinstock auch an anderen Bäumen emporranken, dann konnte man »unter seinem Feigenbaum und Weinstock wohnen« (1 Kö 5,5[4,25]).

3) Die Trauben geben roten Saft (Jes 63,2; Offb 14,19–20), sie wurden auch frisch gegessen oder getrocknet (4 Mo 6,3; 5 Mo 23,25[24]). Aus den getrockneten Trauben, den Rosinen, preßte man → Kuchen (1 Sam 25,18; 30,12; vgl. auch → Honig III). Obgleich die ersten Trauben bereits im Juli zu reifen beginnen, lag die Hauptlese erst im September und konnte bis in den Oktober hinein dauern. Sie war eine Zeit der Freude (vgl. Jes 16,9.10), bes. wenn mit dem Keltern oder »Traubentreten« begonnen wurde. Die reifen Trauben wurden in Körben gesammelt (Jer 6,9) und in die Kelter geschüttet, die aus einer flachen Vertiefung bestand, aus der kleine Abflußöffnungen in einen zweiten, tiefer gelegenen Behälter führten. Beide waren meist aus dem gewachsenen Felsen ausgehauen. Männer traten und stampften die Trauben mit nackten Füßen (Neh 13,15; Hi 24,11; Jes 63,3) und sangen dabei, um im Takt zu bleiben (vgl. Jes 16,10; Jer 25,30; 48,33), während das »Weinbeerblut« (1 Mo 49,11) ihre Haut und Kleider rot färbte (Jes 63,1–3). Der ausgepreßte Saft lief durch die Öffnungen in den unteren Behälter ab und wurde dann in lederne Schläuche (Hi 32,19; Mt 9,17) oder in irdene Krüge gefüllt. Darin ließ man ihn gären und füllte ihn danach in andere Gefäße um (Jer 48,11.12), wobei die → Hefen (Zeph 1,12) als Bodensatz zurückblieben. Neben dem Traubentreten war später auch die Balkenpresse üblich, wie man sie bei der Ölgewinnung benutzte (vgl. Abb. Sp. 1012).

4) Der Traubensaft wurde schon unvergoren als Most (hebr. *tirosch*) frisch von der Kelter getrunken und als Erstlingsopfer ins Heiligtum gebracht (4 Mo 18,12; Neh 10,38[37]).

Nach vollendeter Gärung ist der W. (hebr. *jajin*) das alkoholhaltige Getränk, das Trunkenheit verursachen kann (1 Mo 9,21). »Gewächs des W.stocks« (Mt 26,29; Mk 14,25) war ein althergebrachter Ausdruck der Juden für den W., der bei gottesdienstlichen Festlichkeiten verwandt wurde, z. B. beim Passahmahl und zu Beginn des Sabbats.

Öfter wird von gewürztem W. (Hl 8,2; Ps 75,9 EÜ, ZÜ) oder gemischtem W. (Spr 23,30 LÜ was eingeschenkt ist; Hl 7,3[2] LÜ Getränk; Jes 65,11 LÜ Trankopfer; EÜ, ZÜ: Mischtrank) gesprochen, über die Zutaten bzw. die Art der Mischung erfahren wir jedoch nichts Genaueres. Unterschieden wird der W. vom »starken Getränk«, das aus anderen Früchten (z. B. Datteln), Honig und Getreide hergestellt wird (Jes 28,7; 29,9; → Trank). W.sorten werden nach ihren Herkunftsorten benannt (Hes 27,18; Hos 14,8).

5) Brot, W. und Öl waren in bibl. Zeit die drei Hauptnahrungsmittel (2 Chron 2,9[10]; Ps 104,14. 15; Klgl. 2,12); der W. wird als Gottesgabe gerühmt (1 Mo 27,28; 5 Mo 8,7–10; Ps 104,15; Pred 9,7; vgl. Joh 2,1–11), gehört als Trankopfer zu jedem Brandopfer (2 Mo 29,38–41) und darf bei der Festfreude des Gemeinschaftsmahls vor dem Herrn nicht fehlen (5 Mo 14,26). Er wurde auch als Heilmittel verwendet (Lk 10,34; 1 Tim 5,23; vgl. Spr 31,6).

Bei Festen, am Hof und unter den Reichen wurde jedoch vielfach das rechte Maßhalten im Trinken versäumt (Jes 28,1.7.8; Am 6,6); vor solchem Mißbrauch wird oft und eindringlich gewarnt (Spr 20, 1; 23,29–35; Eph 5,18). Den diensttuenden Priestern waren W. und starkes Getränk (3 Mo 10,8–11), den → Nasiräern waren W. wie Weintrauben in jeder Form verboten (4 Mo 6,3.4; Ri 13,4), auch die → Rechabiter tranken keinen W. (Jer 35).

III) Im übertragenen Sinn ist der W. ein häufiges Bild für geistliche Kräfte und Gaben (Spr 9,2; Jes 55,1), aber auch für die durch Gottes Gericht bewirkte Verblendung und Verwirrung (Jer 25,15.16). Der Herr vergleicht sein Volk mit einem Weinstock (Ps 80,9–16; Hos 10,1) und ihr Land mit einem Weinberg (Jer 12,10; vgl. Mk 12,1–9). Das Gleichnis vom Weinstock, den Reben und dem Weingärtner benutzt Jesus in den Abschiedsreden, um seinen Jüngern ihr Verhältnis zu ihm und zum Vater deutlich zu machen (Joh 15,1ff).

Weinen. I) W. ist Ausdruck einer tiefen, inneren Bewegung und kann Zeichen von → Schmerz (1 Mo 27,28; Rt 1,9; Apg 20,37.38), → Leid (1 Mo 21,16; Jer 8,23[9,1]; Lk 19,41), → Trauer (1 Mo 50,1; Apg 9,39) oder → Angst (4 Mo 14,1), aber auch von → Freude sein (1 Mo 29,11; 33,4; 43,30). Dabei sind Tränen durchaus nichts Unmännliches (1 Mo 50,17; Ps 6,7; 42,4; Jes 16,9; Mt 26,75; Apg 20,31; 2 Kor 2,4; Hebr 5,7).

II) Bes. häufig erscheint in der HS das W. als Zeichen des gestörten Gottesverhältnisses, aus Schmerz über die eigene Sünde (Ri 2,4; Es 10,1; Lk 22,62) und aus Trauer über die durch menschliche Schuld herbeigerufenen Strafgerichte Gottes (Neh 1,4; Jes 15; Jer 13,17; Klgl 1,16; Lk 19,41). Joel ruft das Volk zur Umkehr mit Tränen auf (Jo 2,12); weinend gedenken die Verbannten in Babylon an das zerstörte Jerusalem (Ps 137,1), und die Verlesung des Gesetzes läßt die Juden nach der Gefangenschaft in W. ausbrechen (Neh 8,9). Solch ernsthaftes W. und Schreien erhört Gott (2 Kö 20,5; Ps 6,9) und verheißt seine Hilfe (Jer 31,16; vgl. Ps 126,5.6). Es gibt aber auch ein W., das der Herr nicht mehr hören will (5 Mo 1,45; Hebr 12,17), weil keine Abkehr von der Sünde die Tränen begleitet (Mal 2, 13f; vgl. Mt 3,7.8).

III) Über allem echten W. aber steht die Verheißung, daß Gott einmal in der Vollendung alle Tränen abwischen wird (Jes 25,8; Offb 21,4) und die Stimme des W. und Klagens nicht mehr gehört werden soll (Jes 65,19; vgl. Lk 6,21; Joh 16,20–22).

Weise aus dem Morgenland. Das griech. Wort *magoi* bezeichnet pers. und dann babyl. Priester, Weise und Sternkundige. Die W. (Mt 2,1–12), die als Heiden kommen, um Jesus anzubeten, sind vermutlich Babylonier, da man in Babylon seit dem Exil am ehesten von jüd. Messiaserwartungen wußte und Anteil am jüd. Volk nahm.

Das Ereignis am Sternhimmel, das den W. – ausgedeutet nach den Regeln der babyl. Astrologie – die Botschaft übermitteln konnte: »Der König der Juden ist geboren«, war wahrscheinlich die dreimalige Konjunktion (das Zusammentreffen) der Planeten Jupiter und Saturn im Sternbild der Fische während des Jahres 7 v. Chr. Ein babyl. astrologischer Keilschrifttext verzeichnet die Stellung der beiden Planeten für 5 Monate dieses Jahres.

Nach Mt 2,7 u. 16 hat man vermutet, daß die W. erst 2 Jahre nach dem Erscheinen des Sterns nach Judäa gekommen seien; doch geht das aus dem Text nicht eindeutig hervor.

Die Verbindung des Sterns der W. mit der genannten Konstellation hat dazu geführt, daß man die Geburt Jesu (die sicher vor dem Tod des Herodes 4 v. Chr. liegt) vielfach in das Jahr 7 v. Chr. setzt.

Weisheit, weise. W. (hebr. *daat;* griech. *sophia*) bedeutet Einsicht in die Fülle der Dinge und Lebenszusammenhänge. Der Mensch gewinnt sie teils aus Veranlagung, teils aus Erfahrung, immer aber als Gabe Gottes (Spr 2,6).

I) DIE WEISHEIT GOTTES.

Gottes W. zeigt sich in dem Wunderwerk seiner → Schöpfung (Spr 3,19f; Ps 104,24; Jer 10,12) und seiner Regierung der Welt (Jer 31,2; Dan 2,20.21), vor allem aber in der Offenbarung seines Heilswillens und seiner Heilstaten (Röm 11,33; Eph 3,10; 1 Tim 1,16.17). Jesus faßt die heilsgeschichtliche Botschaft des AT als »die W. Gottes« zusammen (Lk 11,49).

II) DIE WEISHEIT CHRISTI.

Schon das AT spricht andeutend von der W. wie von einer Person (Spr 1,20–33; 8,1–9,12), während das NT Christus als die verkörperte W. Gottes nennt (1 Kor 1,24); in ihm liegen alle Schätze der W. und der Erkenntnis verborgen (Kol 2,3). Jedoch hat Gott diese rettende W. in einer Weise offenbart, die dem natürlichen Menschen als Torheit erscheint (1 Kor 1,21–25). Sie wird deshalb auch die geheime, verborgene W. Gottes genannt (1 Kor 2,7), die sich nur denen erschließt, die sich dem Wirken des Heiligen Geistes nicht widersetzen (V 1–16). An ihnen als dem Leib Christi wird auch der unsichtbaren Welt die »mannigfaltige W. Gottes« offenbar (Eph 3,10).

Schon in seiner Jugend war Jesus mit göttlicher W. und Gnade ausgerüstet (Lk 2,40.52), und sein öffentliches Wirken weckte immer wieder die Frage, woher er solche W. und Vollmacht habe (Mt 13, 54; Mk 6,2). Dem erhöhten Herrn ist alle W. Gottes übergeben (Offb 5,12); darum kann er denen, die an ihn glauben, Quelle und Geber aller W. sein (1 Kor 1,30; Kol 2,3).

III) WEISHEIT UNTER MENSCHEN.

1) Die W., die Gott im AT schenkt, schließt auch handwerkliche und künstlerische Fähigkeiten mit ein; als weise (= geschickt, geübt, kunstfertig) werden die Hersteller der Priestergewänder (2 Mo 28,3) und die Werkmeister der Stiftshütte gerühmt (2 Mo 31,1–11; 35,31.35), weiter die Häupter der isrl. Stämme (5 Mo 1,13.15) und Josua, der Nachfolger Moses (5 Mo 34,9). Vor allem schätzte man W. als Herrscher-, Richter- und Ratgebertugend (Spr 8,15; 20,26; 1 Kö 3,28; 2 Sam 16,23), war sich aber bewußt, daß sie nicht immer ihren Lohn fand (Pred 9,15). Die jüd. Überlieferung nennt von den Weisen des AT drei Männer bes. häufig: Salomo wegen seiner Rechtsprechung, seiner Spruchdichtung und seines Tempelbaus (1 Kö 3,28; 5,9[4,29]ff; 10,1; Mt 12,42), Joseph (1 Mo 41,39) und Daniel (Dan 2,48).

Auch außerhalb Israels gab es weise Männer, die oft mit Wahrsagern und Zauberern zusammen die Ratgeber der heidnischen Herrscher waren: in Ägyp-

ten (1 Mo 41,8; 2 Mo 7,11), Babylonien (Jer 39,3; 50,35; Dan 1,20; 2,21), Persien (Est 1,13). Im Ruf besonderer W. standen die Ägypter (1 Kö 5,10[4, 30]; Apg 7,22), aber auch die Weisen von Edom (Jer 49,7; Ob 8) und von Tyrus und Sidon (Hes 28, 3–5; Sach 9,2) werden erwähnt. Zum »Obersten der Weisen« (Jer 39,3) vgl. → Nergal-Sarezer.
Im Unterschied zu aller W. der heidnischen Völker aber ruhte die W. in Israel auf der einen Erkenntnis, daß ihr Anfang die → Furcht des Herrn ist (Spr 9,10; Ps 111,10; Sir 1,16). Was das für den praktischen Alltag bedeutete, wie die im Gesetz offenbarten Gebote Gottes das alltägliche Zusammenleben gestalten und umgestalten wollten, das auszusprechen und in knappe Formulierungen zu fassen, war die Aufgabe des Weisen. Einen lebendigen Eindruck vom Reichtum isrl. W. vermitteln das Buch der → Sprüche Salomos, der → Prediger Salomo und die apokryphen Bücher der Weisheit Salomos und Jesus Sirach.
2) Auch das NT geht davon aus, daß im eigentlichen Sinn weise allein Gott ist (Röm 16,27; 1 Tim 1,17; Jud 25). Deshalb steht der Mensch ohne Gott in Gefahr, seine eigene W. selbstherrlich zu überschätzen (Röm 1,22; Jes 5,21), bevor er bekennt, daß alle von Gott gelöste W. irren muß und vor Gott nur als → Torheit gelten kann (1 Kor 3,19.20). Bes. der Botschaft des Evangeliums gegenüber erweist sich alle Menschenweisheit als unzureichend und schlägt in ihr Gegenteil um. Mit dem Evangelium macht Gott alle menschliche W. zu Schanden (1 Kor 1,19.20.27), es bleibt den Weisen dieser Welt verborgen (Mt 11,25; Lk 10,21) und ist ihnen eine Torheit (1 Kor 1,18). Darum beruht die ntl. Verkündigung nicht mehr auf menschlicher W., sondern auf Gottes Geist und Kraft (1 Kor 2,4.5.13). Christliches Leben wird nicht in »fleischlicher W.«, sondern in der Gnade Gottes geführt (2 Kor 1,12). Christus ist unsere W. (1 Kor 1,30), nur in ihm ist die »W. in Bezug auf das Gute« (Röm 16,19), der vorsichtige Wandel in der W. (Eph 5,15; Jak 3,13–15) möglich. Die Gabe der W. wird dem Menschen zusammen mit dem und durch den Heiligen Geist gegeben (Apg 6,3.10). Jesus verheißt seinen angeklagten Jüngern Mund und W., denen ihre Feinde nicht widerstehen können (Lk 21,15), denn der Geist des Vaters wird durch sie reden (Mt 10,20). Geistgewirkte W. kann Geheimnisse enthüllen (Offb 13,18; 17,9; 1 Kor 2,7–10) und zeigt sich im Alltag des Christenlebens (Kol 4,5; Jak 1,5; 3,13.17) wie in der geistlichen Erkenntnis der Gemeinde (Eph 1,8; Kol 1,9;3,16).

Weiß hat an vielen Stellen der HS bildliche Bedeutung und bezeichnet Reinheit und Fleckenlosigkeit (Mt 17,2; Mk 9,3; Offb 3,5; 6,11; 14,14; 20,11). Insbes. wird die Kleidung aus weißer Leinwand als Sinnbild der Gerechtigkeit der Heiligen genannt (Offb 19,8 LÜ schön, eigentl. strahlend). So ist verständlich, daß der Priester im Dienst nur das weiße Leinengewand tragen darf (2 Mo 28,39). Ebenso wird bei der Stiftshütte reichlich weiße Leinwand verwendet (2 Mo 26,31.36; 27,9.16.18). Schneeweiß ist auch das Gewand, in welchem »der Alte« erscheint (Dan 7,9).
Die Gerechtigkeit der Heiligen wird gewonnen durch Tilgung der Sünden, darum verheißt Gott, daß die blutrote Sünde durch seine Gnade schneeweiß werden soll (Jes 1,18), und der Psalmist bekennt seine Sünde und möchte schneeweiß gewaschen werden (Ps 51,9). So hat auch die große Schar der Offb ihre Kleider gewaschen und weiß (LÜ hell) gemacht im Blut des Lammes (Offb 7,14). Das weiße Pferd (vgl. Offb 6,2; 19,11.14) war bei den Römern ein Sinnbild des Sieges (vgl. → Triumph).

Weissagung, weissagen. I, 1) W. ist eine Äußerung der Gabe der → Prophetie, das mündliche Weitergeben einer vom Heiligen Geist geschenkten Offenbarung (2 Petr 1,20.21; Offb 19,10), die sich auf Vergangenheit, Gegenwart oder Zukunft beziehen kann. Vgl. → Verheißung und Erfüllung.
2) Im AT geschah dieses Weitergeben der W. durch die → Propheten vielfach in Formen, die dem Volk bekannt und geläufig waren, wie Gleichnisreden (Hes 17,2–10), Totenklagen (Jes 14,4–23; Am 5, 1.2), Lobgesänge (Jes 42,10–17; 44,23), Klagelieder (Jer 14,2–6), Wallfahrtslieder (Jes 2,2–4), Spottlieder (Jes 23,7–10.15.16), Anklage- und Drohworte (Jes 1,2–4; Am 1,3–2,16).
3) Paulus sieht in der W. eine Gabe, die jedes Gemeindeglied besitzen sollte (1 Kor 14,1.5.39). Sie ist ein Zeichen für die Gläubigen (V 22) und dient zur Besserung, Ermahnung, Tröstung und Belehrung der Gemeinde (V 3.31). Auch die Einsetzung in einen bestimmten Dienst oder in ein → Amt erfolgte auf Grund von W. (1 Tim 1,18; 4,14).

II) Im AT steht Weissager (5 Mo 18,10 u. ö) häufig für → Wahrsager.

Weizen *(Triticum vulgare;* hebr. *chitthah;* griech. *sitos).*
Die Urform des W., der schon in vorgeschichtlicher Zeit angebaut wurde, stammt wahrscheinlich aus dem Vorderen Orient. Er galt schon in atl. Zeit als das beste Brotgetreide (2 Mo 29,2) und wird als wichtigste und häufigste Getreideart in der HS häufig erwähnt (5 Mo 8,8; Ri 6,11; 1 Kö 5,25[11]; 2

Ägypt. Weizen (Triticum compositum) mit mehreren Ähren (vgl. 1 Mo 41,5)

Chron 27,5; Es 6,9; 7,22; Hi 31,40; Ps 147,14; Jer 12,13; 41,8; Lk 22,31; Joh 12,24 u. ö.).
In Palästina wuchs guter W. in der Umgebung von Kapernaum, Chorazin und bes. im Land Benjamin, wo nicht nur die Ähren außergewöhnlich lang waren, sondern auch die Halmlänge größer, so daß man viel Stroh erhielt.
Der W. wurde in Palästina im November bzw. Dezember nach dem Frühregen gesät und je nach Lage im April, Mai oder Juni geerntet (vgl. → Jahr). Man vermahlte ihn zu → Mehl oder aß die (in den Ähren) gerösteten Körner (Rt 2,14 u. ö.; vgl. → Grütze), die auch als Speisopfer dargebracht wurden (3 Mo 2,14).
Im Altertum war Ägypten die Getreidekammer des ganzen Mittelmeergebietes (1 Mo 12,10; 41,57); im röm. Reich wurden große Mengen Korn von Alexandrien nach Rom verschifft (Apg 27,6.38). Der ägypt. W. ist eine bes. Art *(Triticum compositum)*, die mehrere Ähren an einem Halm besitzt (1 Mo 41, 5). Alte Abbildungen zeigen die gleiche Form, die heute noch angebaut wird.

Welt stellt den Bereich, die Ordnung, das Bild der Dinge dar, die dem Menschen von Gott zum Leben gesetzt sind.

I) ATL. SPRACHGEBRAUCH.
1) Das hebr. AT kennt keine einheitliche Bezeichnung für W. Der Begriff wird durch verschiedene Wörter zum Ausdruck gebracht.
a) »Die ganze Erde« (1 Mo 11,1.8.9; LÜ alle W. oder alle Länder) oder «Erde« (1 Mo 1,28) werden am häufigsten zur Bezeichnung der W. benutzt (vgl. 1 Mo 18,25; 4 Mo 14,21; Jos 23,14). Gemeint war mit »Erde« sonst die Erde im Gegensatz zum Himmel (1 Mo 1,1), Erde im Gegensatz zum Wasser (V 10). Erde als Land z. B. »Ägyptenland« (1 Mo 13,10) oder als Ackerland (1 Mo 23,15 LÜ Feld). »Erde« wurde auch für den »Bereich« der Finsternis (Hi 10,21 LÜ Land) verwendet.
»Himmel und Erde« bezeichnen in dieser Zusammenstellung die gesamte geschaffene W. (1 Mo 1,1; 2,1; 14,19.22).
b) Von dieser als »ganze Erde« bezeichneten W. kannten die Erzväter nach 1 Mo 10 den Teil von den Gebirgen zwischen Kaspischem Meer und Pers. Golf bis nach Kleinasien und bis zum Roten Meer. Die Vorstellung von der Begrenztheit der Welt findet sich um 2300 v. Chr. bei Sargon von Akkad in Babylonien. Als erster nahm er für sein Reich, das sich vom Pers. Golf bis zum Mittelmeer erstreckte (vgl. Abb. Sp. 915), den Titel »Weltherrscher« in Anspruch. Eine zu seinen Kriegszügen entworfene »Weltkarte« ist uns auf einer Tontafel erhalten (vgl. Abb).
2a) In der LXX, der griech. Übersetzung des AT, wird vornehmlich *kosmos* (vom Stamm für »Blankputzen«) zur Bezeichnung für W. verwendet.
Das Wort steht auch im Sinn von Schmuck (2 Mo 33,5; Jes 3,18; 49,18 LXX). *Kosmos* drückt die geordnete Gesamtheit der Himmelskörper und des Universums aus; man benutzt das Wort für W., weil die wunderbare Anordnung aller ihrer Teile die höchste Ordnung kundgibt (5 Mo 4,19; 17,3; LXX *kosmos ouranou* = LÜ Heer der Himmel). Entsprechend steht *kosmos* in 1 Mo 2,1: Himmel *(ouranos)* und Erde *(gae)* mit ihrem ganzen Heer *(kosmos)*.
b) In den apokryphen Schriften steht ebenfalls *kosmos ouranou* = LÜ Heer der Himmel). Entspreschöpfung (2 Makk 7,9.23; 12,15). Die W. trägt im Ganzen und in ihren Ordnungen göttlichen Charakter, aber durch das Verhalten des Menschen ist

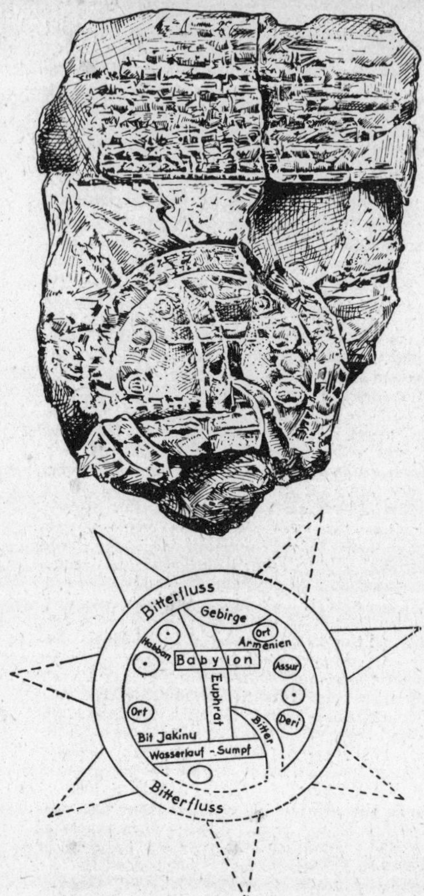

Tontafel einer babyl. Weltkarte (6. Jh. v. Chr.) und deren Umzeichnung. Die Karte wurde urspr. viell. als Erläuterung zu den Feldzügen Sargons I. von Akkad im 3. Jt. v. Chr. entworfen. Sie zeigt in der Mitte Babylon, durchflossen vom Euphrat, der aus dem Taurusgebirge im N kommt und sich beim Meerland (Bit Jakinu) in die Sümpfe des S ergißt. Die Namen der eingezeichneten Orte hat der Schreiber z. T. ausgelassen, vermutlich war seine Vorlage schon lückenhaft. Jenseits des »Bitterflusses«, des Ozeans, der die Erde umgibt, sind ferne Inseln oder Gebirgsländer dargestellt

Fremdes, Tod und Götzen, in die W. eingedrungen (Weish 2,24; 14,14).
3) Im hebr. wie im griech. Sprachgebrauch des AT findet sich nirgends ein ursprüngliches Wort oder ein einheitlicher Ausdruck für das Weltganze. Viell. spiegelt sich auch darin das seit dem Sündenfall zerrissene und ungeordnete Verhältnis von Himmel und Erde.

II) NTL. SPRACHGEBRAUCH.
Das ntl. Griech. verwendet neben *kosmos* noch *aiôn* zur Bezeichnung des Begriffs W.
1) *Aiôn* meint urspr. eine end- und anfanglose Zeit,

→ Ewigkeit (Joh 6,51; Hebr 1,8; 2 Petr 3,18). Im weiteren Sinne bezieht sich *aiôn* aber auch auf die geschaffene W. als Weltzeit, Weltperiode oder Welt-Zeitalter (1 Kor 2,7). Das NT unterscheidet zwischen »diesem Äon« (Mt 13,22), dem die Sorge für irdische Dinge zukommt (Lk 16,8; Röm 12,2; Eph 2,2) und dem »zukünftigen« (Mt 12,32) oder »kommenden Äon« (Mk 10,30), der die völlige, herrliche Neuordnung der Dinge darstellt, die sich von »diesem Äon« dadurch unterscheidet, daß sie ewig ist.

2) *Kosmos* ist die W. als Ganzheit der göttlichen Schöpfung. Der ntl. Sprachgebrauch läßt sich folgendermaßen ordnen:

a) Kosmos als geordnete Gesamtheit der Schöpfung Gottes: »Gott hat die Welt geschaffen und alles, was darinnen ist« (Apg 17,24f; Röm 1,20; vgl. Joh 17,5).

b) Kosmos als Stätte der Menschheit, d. h. diejenige Ordnung der Dinge, innerhalb deren sich die Menschheit bewegt, deren Zentrum sie ist (vgl. Apg 17,26). Abraham soll Erbe der W. sein (Röm 4,13); ein Kind kommt zur W. (Joh 16,21), in die man nichts hineinbringt, und aus der man nichts hinausnimmt (1 Tim 6,7). Diese W. bietet sich dem Menschen zum Besitz und Genuß an (Mt 16,26), alles in ihr kann ihm zu eigen werden (1 Kor 3,22).

c) Kosmos als Menschheit aller Zeiten (Mt 18,7; Röm 3,6.19) oder auch als Gesamtheit der zu einem bestimmten Zeitpunkt lebenden Menschen (2 Petr 2, 5; 3,6); noch allgemeiner kann das Wort auch »die Menschen« überhaupt, »alle Leute« bezeichnen (Joh 12,29; 18,20).

d) Kosmos als die von Gott abgefallene Ordnung der Dinge, in der der »Fürst dieser W.« regiert (Joh 14,30). Durch den Menschen sind Tod und Sünde in die W. eingedrungen (Röm 5,12.13), was ihren jetzigen Zustand bestimmt. Daher steht sie im Gegensatz zur W. Gottes, Jesus kommt »von oben«, von Gott her in »diese W.« (Joh 8,23). Gelegentlich verbindet sich mit »dieser W.« zunächst nur die Vorstellung von der Unvollkommenheit und Mangelhaftigkeit des irdischen Lebensraumes (Joh 12, 25; 13,1; 18,36; 1 Kor 5,10). Aber wo man sich ihren Einflüssen hingibt, da bedeutet Freundschaft mit der W. folgerichtig Feindschaft gegen Gott (Jak 4,4; 1 Joh 2,15–17). Es gilt, sich »von der Lust dieser W. unbefleckt« zu erhalten (Jak 1,27). Das zerrissene Verhältnis von Himmel und Erde, von Gott und Schöpfung kommt darin zum Ausdruck, daß der von Gott abgefallene Mensch die Dinge in der W. gegen die Ordnung Gottes verwendet.

III) DIE WELT BEI PAULUS UND JOHANNES.

Wo Paulus und Johannes das Wort *kosmos* gebrauchen, gehen sie davon aus, daß die Dinge der W. vom Menschen gegen Gott benutzt werden.

1) Für Paulus entsprechen sich W. und »dieser Äon« (1 Kor 1,20); und was gottgemäß ist, unterscheidet sich grundsätzlich von dem, was aus der W. ist (V 27; 2,12; 7,33.34; 2 Kor 7,10).

a) Paulus hat gelegentlich W. mit den Heiden gleich- und dann in Gegensatz zu Israel gesetzt (Röm 11,12f; vgl. Lk 12,30). Im Unterschied zur rabbinischen Literatur aber umfaßt für Paulus die W. außer der nichtisrl. Menschheit auch den Juden, der durch das Gesetz gerecht werden will. Diese ganze W. unterliegt dem Gericht Gottes (Röm 3,6. 19), seinem Verdammungsurteil über eine Menschheit, die die Ordnung in der W. verkehrt und mißbräuchlich gegen Gottes Ziele anwendet (1 Kor 11, 32). »Es ist kein Mensch gerecht vor Gott, sie sind alle abgewichen, es ist keiner, der Gutes tut« (Röm 3,10–12).

b) Um so bedeutungsvoller ist es, daß Paulus davon redet, daß Gott die W. mit sich versöhnt, daß er den Sündlosen für die Sünder hat sterben lassen (2 Kor 5,18–21). Paulus bezeugt, daß Gott sich offenbart hat im Fleisch, daß er unter den Heiden verkündet und daß ihm in der W. geglaubt wurde (1 Tim 3,16).

Dem durch Christus erneuerten Verhältnis zwischen Gott und Geschöpf entsprechend, besteht für den Menschen als Kind Gottes ein neues Verhältnis zur W.: »Durch Christus ist mir die W. gekreuzigt und ich der W.« (Gal 6,14). Es gilt fortan das Ziel, »als makellose Gotteskinder mitten unter einem verkehrten Geschlecht wie Himmelslichter in der Welt zu leuchten« (Phil 2,15). Im Glauben an Christus kann man die Dinge dieser W. gebrauchen, ohne sie zu mißbrauchen (1 Kor 7,31). Paulus kann von sich sagen, daß er in Heiligkeit und Lauterkeit Gottes in der W. gewandelt ist (2 Kor 1,12).

2) Auch bei Johannes zeichnet sich in der Verwendung von *kosmos* der Gegensatz von Gott und Schöpfung zunächst deutlich ab.

a) Der Mensch ist in die W. hineingeboren (Joh 16, 21); er lebt und betätigt sich in ihrer Weise (vgl. Joh 14,27) und lehnt mit der W. auch das Licht ab, das in die W. gekommen ist (Joh 1,11; 3,19). Johannes bezeugt, daß die W. wegen des gottwidrigen Verhaltens der Menschheit gerichtet wird. Häufig bezeichnet W. hier die von Gott abgewandte Menschheit in der W. (Joh 16,8; 17,25; 3,17). Die Werke dieser W. sind folgerichtig böse (Joh 7,7), sie unterliegen dem Gericht (Joh 3,19; 12,31); die W. vergeht mit ihrer Lust (1 Joh 2,17), dennoch aber kann sie von der Sünde überführt werden (Joh 16,8).

b) Denn die gerichtsreife W. ist Gegenstand der Liebe Gottes: Gott gibt sich selbst in seinem Sohn (Joh 3,16), der bezeugt, im Namen des Vaters zu kommen, und zwar nicht, um zu richten, sondern um zu retten (V 17): »Wer an ihn glaubt, wird nicht gerichtet« (V 18). Er begibt sich als Heiland in die von den Menschen verkehrte Ordnung der W., um ihnen Licht zu sein für den Weg zurück zu Gott (Joh 1,9.10; 3,19.20; 8,12; 9,5; 12,46). Der Sohn Gottes ist seiner Herkunft nach nicht aus dieser W., darum konnte er allein das Sündopfer für die Sünden der W., d. h. der Menschen in der W., bringen (1 Joh 2,2).

c) Demgemäß gestaltet sich das Verhältnis der Jünger Jesu zur W.: Sie sind nicht aus oder von der W., weil Christus sie herausgerufen hat (Joh 15,19; 17,14.16). Wohl sind sie noch in der W. (V 11); weil aber Christus sich für sie geheiligt hat, damit sie in der Wahrheit geheiligt seien (V 19), kann er sie auch in die W. senden (V 18) und zugleich den Vater bitten, er möge sie vor dem Bösen in der W. bewahren (V 15). So leben die Jünger Jesu in der Zuversicht, daß sie von ihrem Herrn ebenso in die W. gesandt sind, wie der Vater den Sohn gesandt hat (V 17; 1 Joh 4,17). Wer von Gott kommt, hat die W. überwunden, denn »der in euch ist, ist größer als der in der W.« (1 Joh 4,4).

Werg, Abfall von Flachs oder Hanf, kurze Fasern, die leicht brennen (Jes 1,31).

Werk, wirken. I, 1) Der Gott der Bibel ist im Gegensatz zum »Gott der Philosophen« ein wirkender Gott. Seine ewige Kraft und Gottheit wird »ersehen an den Werken« (Röm 1,20). Gott »wirkt bis jetzt« (Joh 5,17) und ist der »eine Gott, der da wirkt alles in allem« (1 Kor 12,6). Gottes Werke sind »groß und viel« (Ps 104,24), Gott »läßt uns fröhlich singen von seinen Werken« (Ps 92,5), aber »wer kann alle seine löblichen Werke preisen?« (Ps 106,2).

Dabei blickt die HS auf Gottes Werke in Natur und Schöpfung (Ps 8,4; 19,2; 92,5.6; 102,26; 104; 139,

14). Aber sie sieht und rühmt Gottes Werk noch mehr in seinen geschichtlichen Taten, vor allem in der Geschichte Israels (5 Mo 3,24; 11,3; Ri 2,10; Ps 46,9; 64,10; 66,3; 68,29; 77,13; 95,9; 107,22; 111,2. 7; 145,4; Jes 10,12; 19,25; 28,21; Jer 51,10). Dieses Werk ist noch nicht abgeschlossen, sondern reicht in die Zukunft, in die Endzeit hinein (Jes 60,21), wenn auch in der prophetischen Verkündigung von ihm fast stets mit anderen Worten gesprochen wird.

2) Weil Gott der Wirkende ist, darum wirkt sein Sohn, Jesus Christus, auch (Joh 5,17). Er ist nicht nur ein → Lehrer, sondern »vollendet Gottes Werk« (Joh 4,34; 5,20.36; 9,4; 10,25.37; 14,10; 17,4). Wie bei Gott selbst (Ps 33,9) ist auch das Wort Jesu ein wirkendes Wort (Mt 8,5–10). Darum sind Worte, Taten und Wunder, Heilungen und Dämonenaustreibungen im Wirken Jesu unauflösbar miteinander verbunden, und dies Wirken zerstört die Werke des Teufels (1 Joh 3,8). Und mit Recht hat die Gemeinde Jesu sein gesamtes erlösendes Tun und Leiden als sein Erlösungs-»werk« bezeichnet, auch wenn es in der HS nicht mit diesem allg. Ausdruck zusammengefaßt, sondern in einer Fülle von Bildern und Begriffen beschrieben wird.

3) Auch der Heilige Geist ist ein wirkender Geist. Wieder gebraucht die Schrift den zusammenfassenden Ausdruck »Werk des Heiligen Geistes« nirgends. Aber alles, was der Herr jetzt in seinen Kindern und durch sie tut, das wirkt er durch den Geist. Gelegentlich wird das für die Missionstätigkeit der Boten ausdrücklich bezeugt (Apg 13,2; 14,26). An anderen Stellen wird der gleiche Sachverhalt in anderer Ausdrucksweise sichtbar (Mk 16,20; Röm 15, 18; 1 Kor 4,15; 9,1; Eph 3,20; Phil 2,13; Kol 1,29; 2,12; 1 Thess 2,13). Um dieses Sachverhaltes willen konnte Jesus seinen Jüngern verheißen, daß sie die gleichen Werke wie er selbst, ja sogar noch größere tun würden (Joh 14,12).

II, 1) Es ist darum nur folgerichtig, wenn im NT auch der Christ als der Wirkende gesehen wird. Wieviel Verwirrung hat hier eine falsch verstandene Rechtfertigungslehre angerichtet! Es ist klare Lehre des NT, daß niemand »durch des Gesetzes Werke gerecht« vor Gott wird, d. h. durch Werke, die getan werden, um damit einen Rechtsanspruch gegen Gott zu erlangen. »Allein durch den Glauben« (Röm 3,20f. 28; 4,5.6; Gal 2,16; Eph 2,8f; 2 Tim 1,9), »der in der Liebe tätig ist« (Gal 5,6) wird die Gerechtigkeit, die vor Gott gilt, offenbar. Das → »Fleisch« kann seinem Wesen nach die Forderung Gottes im Gesetz nicht erfüllen (Röm 8,1–8; 7,22–25). Darum sind alle »Werke« selbst einer tadellosen »Gesetzeserfüllung« dennoch nichts vor Gott (Phil 3,3–9). Es sind »tote Werke« (Hebr 6,1; 9,14).
Der Wiedergeborene aber ist nicht mehr »Fleisch«, er »dient Gott im Geist« (Phil 3,3; Röm 8,9). Darum fordern und erwarten die Apostel überall von den Gemeinden und den einzelnen Glaubenden das »Werk in Christus« (Eph 2,10). Glauben und Wirken sind also nicht nur kein Gegensatz, sondern sind ihrem Wesen nach verbunden im »Gehorsam des Glaubens« (Röm 1,5; 16,26). Jakobus zeigt, daß lebendiger Glaube zum Wirken treibt und nur in Werken sichtbar wird (Jak 2,14–26). Gerade Paulus hat den gleichen Tatbestand in einer wunderbar knappen Formulierung zum Ausdruck gebracht, wenn er vom »Werk des Glaubens« spricht (1 Thess 1,3). Auch im Epheserbrief steht es mit der gleichen Klarheit nebeneinander: Errettet »nicht aus den Werken«, aber gerade durch die Errettung »sein Werk, geschaffen zu guten Werken«. Diese Werke sind »zuvor bereitet« und so gar nicht unsere Leistungen, aber wir müssen »darin wandeln« und werden als Heilige zugerüstet zum Werk des Dienstes (Eph 2,8–10; 4,12). So wird an vielen Stellen das gute Werk als Ergebnis und Äußerung christlichen Lebens von den Gemeinden und einzelnen gefordert und für sie erbetet (2 Kor 9,8; Kol 1,10; 3,17; 1 Tim 2,10; 6,18; Tit 2,14; 3,8; Hebr 13,21; Offb 2–3). Ja, es wird ein »Zunehmen« in dem Werk des Herrn erwartet (1 Kor 15,58), und es steht ein Fluch über dem, der des Herrn Werk lässig tut (Jer 48,10). Denn das gute Werk ist sichtbares Zeugnis vor der Welt für die Gegenwart des Reiches Gottes (Mt 5,16; 1 Petr 2,12).

2) Es kann nun auch nicht verwundern, daß das NT ein »Gericht nach den Werken« bezeugt, und zwar nicht nur für die Ungläubigen (Offb 20,11–15), sondern gerade auch für die Glaubenden (2 Kor 5,10; Röm 14,10; 1 Kor 4,5; 1 Petr 1,17). Allerdings um das Seligwerden geht es bei diesem Gericht nicht mehr für den, der »ausgeharrt hat bis ans Ende« (Mk 13,13), wohl aber um Lohn und Lob (1 Kor 3, 8; 4,5). Die »Werke«, die wir als Glaubende taten und tun mußten, kommen in das prüfende Feuer des Tages Jesu. Sie können in diesem Feuer verbrennen; dann leiden wir Verlust und werden beschämt; sie können aber auch im Feuer bestehen und uns Lohn bringen (1 Kor 3,11–15; 1 Joh 2,28).

III) Es ist eine große, einheitliche Linie durch die ganze Bibel hindurch: der wirkende lebendige Gott, das Werk des Sohnes, das Werk des Heiligen Geistes, das Wirken der erretteten und erneuerten Menschen – bis hinein in die kommenden Werke, welche die entrückte und vollendete Gemeinde mit Jesus zusammen vollbringen wird (1 Kor 6,2.3; Offb 20,4–6; 22,3.4; vgl. Mt 25,21.23; Lk 19,17.19).

Wermut *(Artemisia absinthium;* hebr. *laanah;* griech. *apsinthos)* ist eine Art der Pflanzengattung *Artemisia* aus der Korbblütlerfamilie *(Compositae)*, eine wild wachsende Pflanze mit graubehaarten Blättern, kleinen, gelblichen Blütenköpfchen und von starkem, unangenehmem Geruch und sehr bitterem Geschmack. Die Bitterkeit des W. ist in der HS Sinnbild der Unreue, des Abfalls von Gott, des Unrechts (5 Mo 29,17[18]; Am 5,7; 6,12; vgl. Spr 5,4), von Gott verhängter Strafen (Jer 9,14[15]; 23,15; Offb 8,11) und Leiden (Klgl 3,15.19).

Westwind, in 2 Mo 10,19 wörtl. »Wind des Meeres«, d. h. nach dem Zushg. ein vom Mittelmeer kommender NW-Wind.

Wetter → Jahr, → Regen, → Schnee, → Ostwind, → Wind

Wicke. Mit dem hebr. *käsach*, das Luther mit W. (Jes 28,25.27) übersetzt hat, ist der Schwarzkümmel *(Nigella sativa* aus der Familie der *Ranunculaceae)* gemeint. Der schwarze Same dieser Pflanze von ca. 3 mm Durchmesser wurde wie der Kümmel als Gewürz (u. a. ins Brot gebacken) und als Heilmittel (gegen Blähungen) verwendet.

Widder (hebr. *ajil* und *jobel).* Männliches → Schaf (Hes 34,17). W. wurden als Schlachtvieh geschätzt (1 Mo 31,38) und waren wertvolle Opfertiere (1 Mo 22,13; 2 Mo 29,1; 3 Mo 9,4; 16,3; 19,21; 1 Chron 29, 31; 2 Chron 29, 32; Es 6,17 u. ö.; vgl. → Opfer). Die 3. Decke über dem Heiligtum der → Stiftshütte bestand aus rotgefärbten Widderfellen (2 Mo 26,14). Vgl. auch → Musikinstrumente IV B1 und Taf. 80/ 1249.
Der W. in der Vision Daniels stellt mit seinen verschieden langen Hörnern das Doppelreich der Meder und Perser dar (kleines Horn = Medien;

großes Horn = Persien), das von Alexander d. Gr. (dem Ziegenbock) 334–331 v. Chr. besiegt wurde (Dan 8,3–7.20).

Widerchrist → Antichristus

Widersacher → Recht; → Satan; vgl. → Feind

Wiedehopf *(Upupa epops;* hebr. *dukipat).* Das charakteristische Merkmal dieses nach dem isrl. Gesetz unreinen Vogels (3 Mo 11,19; 5 Mo 14,18) ist seine hohe, lehmrote, schwarzpunktierte Federhaube. Kopf, Hals und Rücken haben die gleiche Färbung, während Flügel und Schwanz schwarz sind und gelbe Querstreifen tragen. Der W. wird ca. 40 cm groß und hat einen langen gebogenen Schnabel. Seine Nahrung besteht aus Würmern und Insekten, die er mit Vorliebe aus dem Kot sucht, was viell. die Ursache für seine Unreinheit ist.

Wiederbringen → Herwiederbringen

Wiedergeburt. I) Mit W. (Tit 3,5) und dem entsprechenden Zeitwort »wiedergeboren werden« (1 Petr 1,3.23) umschreibt das NT jenen Vorgang, durch den Gott einen Menschen im geistlichen, eigentlichen Sinne lebendig und zum Kind Gottes macht, ihm Anteil am ewigen → Leben gibt im Gegensatz zu der Welt des Todes, der er als gefallener Mensch angehört. Die W. gibt dem Menschen Anteil am → Reich Gottes, ja sie bildet nach Joh 3,3.5 die Voraussetzung dafür, daß er Bürger dieses Reiches sein und dessen Wirklichkeit wahrnehmen kann. Bei Johannes wird dieser Vorgang durch die Worte umschrieben: von Gott (Joh 1,13), aus dem Geist (Joh 3,8) oder von oben her (V 3) geboren werden. Gerade das zugrunde liegende Bild der natürlichen Geburt macht deutlich, daß der Mensch zur W. – abgesehen von seiner voraufgehenden Hinwendung zu Gott in der → Bekehrung – nichts hinzutun kann, sondern daß es sich dabei um ein ausschließliches Werk Gottes handelt, da ja das neue Leben Gottes Gabe ist (vgl. 1 Petr 1,3.23). So kann auch von einer Zeugung durch Gott die Rede sein (Ps 2,7; Jak 1,18); Gott zeugt den neuen Menschen durch sein Wort, das Wort der Wahrheit (Jak 1,18), das Evangelium (1 Kor 4,15). Dies Wort gilt als der unvergängliche, Leben schaffende Same (1 Petr 1,23), und so wird verständlich, warum Paulus auch von sich sagen kann, daß er Menschen durch dieses Wort als Glaubende gezeugt habe (1 Kor 4,15; Phim 10 den Onesimus).
Was bei der W. geschieht, ist also eine radikale Änderung des natürlichen Menschen – in Erfüllung der Verheißung von Hes 36,26f – zu seiner Errettung (Tit 3,5) und Erneuerung, die ihn zum Kind Gottes macht, ihm eine feste Hoffnung gibt, ja in der Gestalt des Wiedergeborenen geradezu ein Zeichen für diese lebendige Hoffnung in der Welt aufrichtet (1 Petr 1,3). Dieser Akt steht nach Tit 3,5 ohne Frage im Zushg. mit der Taufe (→ Taufe III,2), wenn auch das Gesamtzeugnis des NT keinen Anlaß gibt, die Stunde der Taufe als Zeitpunkt der W. anzusetzen. Immerhin ist die W., die dem Menschen den → Glauben schenkt, ein einmaliges Geschehen im Gegensatz zur wiederholt möglichen Bekehrung bzw. → Buße oder fortdauernden → Heiligung. Der Wiedergeborene kann vom Glauben abirren, aber auch wieder zurechtkommen (Jak 5,19f). Weil die W. eine Frucht des Wortes Jesu ist, kann der nicht wiedergeboren werden, der dieses Wort nicht annimmt, also dagegen verhärtet ist (vgl. Joh 8,43–47).
So wenig der Mensch selbst zu seiner W. beitragen kann, so wenig wird er in jedem Fall imstande sein, über ihren genauen Zeitpunkt Aufschluß zu geben. Die HS leitet uns auch nicht an, den Vorgang der W. zu beobachten, sondern vielmehr die geschehene W. an ihren Auswirkungen zu erkennen u. sie lediglich als einen von Gott gesetzten Anfang des Weges zu betrachten, auf dem es nun im Glaubensgehorsam zu leben gilt. Um dieses Leben, das Ziel der W., geht es. Als solche Auswirkung und Folge der W. wird ein unmittelbares Verhältnis zu Gott dem Vater genannt (vgl. Röm 8,15), der Glaube, daß Jesus der Christus Gottes ist (1 Joh 5,1). Wer aber wiedergeboren ist, liebt nicht nur Christus als seinen Herrn und Gott, der ihn wiedergeboren hat, sondern in gleichem Sinne auch die Brüder, die ebenfalls von Gott geboren sind (vgl. 1 Joh 4,7; 5,1). Weil er nun als Kind Gottes vom Geiste Gottes getrieben wird (Röm 8,14), überwindet er die Welt (1 Joh 5,4), tut in seinem Leben das, was vor Gott recht ist (1 Joh 2,29) und läßt sich nicht mit der Sünde ein (1 Joh 3,9; 5,18), er bewahrt sich also als Gotteskind (1 Joh 5,18) und hat die Verheißung, daß ihn der Böse dann nicht antastet.
Damit stellt die W. dem Wiedergeborenen die Aufgabe, nun in diesem neuen Leben wirklich zu leben und zu wachsen; anderseits weiß die HS sehr wohl auch von einer Aufgabe, die den anderen Gliedern des Leibes Christi an ihm gestellt ist: die Wiedergeborenen sind wie neu geborene Kinder (1 Petr 2,2), die zunächst noch eine leichter verdauliche Nahrung, also die Grundlagen der Christusverkündigung brauchen (1 Kor 3,2 ist von Milch die Rede; so wird verständlich, warum Paulus 1 Thess 2,7 sein Verhalten zu der jungen Gemeinde mit dem einer Amme vergleichen kann). Die Stellen machen zugleich deutlich, daß das Ziel nicht eine ständige Säuglingspflege ist, sondern das Heranwachsen des Wiedergeborenen in und mit der gesamten Gemeinde zu einem vollkommenen Mann (Eph 4,13).

II) In Mt 19,28 wird den Jüngern eine Verheißung für den Zeitpunkt der W. gegeben, »da des Menschen Sohn wird sitzen auf dem Stuhl seiner Herrlichkeit«. Hier muß es sich wohl um den Zeitpunkt der → Wiederkunft Jesu handeln, mit der die Erneuerung nicht nur einzelner, sondern des ganzen Volkes Gottes verbunden ist, durch die die Wege Gottes mit seinem Volk und seiner Schöpfung zu ihrem Ziel kommen. Vgl. → Vollendung.

Wiederkäuen. Gespaltene → Klauen und das W., das zum besseren Aufschließen der Pflanzennahrung dient, waren im Gesetz Kennzeichen reiner Tiere (3 Mo 11,3ff; 5 Mo 14,6). Viele Pflanzenfresser speichern die aufgenommene Nahrung zunächst im Pansen, dem ersten Magen, und bringen sie später zum W. noch einmal ins Maul zurück, worauf sie zur vollständigen Verdauung in den Labmagen weiterwandert.

Wiederkunft Jesu. I) Der Glaube an eine Wiederkunft des Herrn Jesus Christus zur Erde gehört zu den grundlegenden Aussagen christlichen Glaubens. Das Gesamtwerk des Herrn, begonnen in seiner Menschwerdung, das Leiden und die Erhöhung einschließend, erfährt in der W. seine Krönung. Theologisch rechnet man die Lehre von der W. zur Eschatologie (Lehre von den letzten Dingen). Der im NT dafür meist gebrauchte Ausdruck *parousia* bezeichnet im weltlichen Sprachgebrauch der ntl. Zeit die Ankunft des Herrschers zu einem offiziellen Besuch. Daneben kommen die Ausdrücke Erscheinung (griech. *epiphaneia,* z. B. 1 Tim 6,14; 2 Tim 1,10; Tit 2,13) und Offenbarung (griech. *apokalypsis* 1 Kor 1,7; 2

Thess 1,7; 1 Petr 1,7.13; 4,13) vor. Die ntl. Aussagen darüber sind als Erfüllung der prophetischen Worte über den → Tag des Herrn (z. B. Mal 3,2; Jo 2,1ff) zu verstehen, wenn ihnen auch im Gegensatz zu diesem Tag nicht mehr ausschließlich der Charakter des Gerichtes anhaftet.
Der Herr, der bei seiner Himmelfahrt die Erde verließ, um seinen Sitz wieder beim Vater zu nehmen und seither durch die Verkündigung seiner Zeugen und die Wirksamkeit seines Geistes eine Gemeinde sammelt, die seine schon angebrochene Herrschaft bezeugt, wird zu einem dem Menschen wie ihm selbst unbekannten Zeitpunkt zur Erde zurückkehren, um im Auftrag seines Vaters das letzte Gericht zu halten und die Gottesherrschaft aufzurichten, zunächst für eine Zeitlang auf der Erde in ihrer jetzigen Gestalt (vgl. → Tausendjähriges Reich), nach der Ausschaltung aller Feinde aber auch auf einer erneuerten Erde.

II) DIE BOTSCHAFT JESU.

Jesus selbst hat, wie er seinen Jüngern klaren Aufschluß über seine Herkunft vom Vater und über seinen Weg zu ihm (Joh 14,2ff) gab, sie auch schon während seines irdischen Lebens darauf hingewiesen, daß er selbst der Herr in dem kommenden offenbaren Gottesreich sein werde (Mt 16,27). Das geschieht in den sog. Synoptischen Ev. vielfach ausdrücklich, die Tatsache wird aber auch im Joh.-Ev. (z. B. Joh 5,28f) vorausgesetzt, obgleich aufs Ganze in diesem Ev. das Interesse stärker auf die Wirksamkeit des Geistes gerichtet ist, durch den die Gemeinde auch in der Gegenwart mit Christus verbunden bleibt und ihn erkennt (vgl. Joh 14,18–24; 16).
In der großen endzeitlichen Rede (Mt 24; Mk 13), aber auch an verschiedenen anderen Stellen in seiner Verkündigung hat der Herr von seiner W. gesprochen. Aus seinen Aussagen ergibt sich folgendes Bild: Er wird in Herrlichkeit und Majestät wiederkommen (Mt 24,30; 25,31; 26,64), und zwar auf den Wolken (Mt 24,30; 26,64; vgl. Dan 7,13) und von Engeln begleitet (Mt 16,27; 24,31; 25,31). Seine W. wird begleitet sein von Bewegungen und Erscheinungen am Himmel, z. B. der Verfinsterung von Sonne, Mond und Sternen (Mt 24,29f; Mk 13, 24f; vgl. Jo 2,10; 3,3f; 4,15[20]) und Erschütterungen der Erde und des Meeres (Lk 21,25f). Dabei wird am Himmel das Zeichen des Menschensohnes erscheinen (Mt 24,30), und auf Erden Schreckensgeheul der Menschen zu hören sein (ebd.).
Voraufgehen wird der W. eine Zeit immer größerer Bedrängnis, Täuschung und gar Verführung der Glaubenden bis hin zum Zerbruch aller menschlichen und familiären Bande (vgl. Mt 24; Mk 13).
Christus wird dann das ihm übertragene → Gericht halten, dem sich alle Menschen zu stellen haben und in dem streng nach ihren Werken geurteilt wird (Mt 25,31ff; 16,27). Das Joh.-Ev. und die Offb machen aber deutlich, daß dieses Gericht die Glaubenden nicht mehr trifft (vgl. Joh 5,24). Vielmehr ist für seine Gemeinde die W. mit der Verheißung verbunden, daß sie mit ihrem Herrn vereinigt sein (vgl. Mk 13,27; Joh 14,3) und für ihren Glauben, ihr Vertrauen und die ertragenen Leiden belohnt werden wird.
Über den Zeitpunkt seiner W. hat Jesus keine Mitteilung gemacht, vielmehr hat er ausdrücklich betont, daß dieser weder einem Engel noch einem Menschen, noch ihm selbst, sondern allein dem Vater bekannt sei (Mt 24,36; Mk 13,32). Die W. wird also unvermutet wie ein Dieb (Mt 24,42f), ja einem Blitz gleich (V 27) die Menschen überraschen, so daß ihnen dann keine Zeit zu weiterer Besinnung bleibt. Deshalb ermahnt der Herr seine Jünger in direkter Rede und in Gleichnissen beständig zur Wachsamkeit (z. B. Mt 24,42; 25,1–13 u. ö.). Die Meinung aber, Jesu Worte nötigten zu der Annahme, er habe mit seiner W. schon in der ersten christlichen Generation gerechnet, erscheint unbegründet. Denn es finden sich Aussagen, die direkt oder indirekt von vornherein die Möglichkeit einer längeren Zeitspanne einschließen, z. B. der Hinweis, daß erst das Evangelium bis an die Enden der Erde gepredigt werden müsse (Mk 16,15; Mt 24,14; vgl. Mt 26,13; 28,19; Lk 24,47) oder die Gleichnisse, die vom längeren Ausbleiben des Hausherrn, Bräutigams oder Königs reden (Mt 24,48; 25,5.19; Lk 12,38). Auch das Gleichnis von Lk 19,11–27 ist eine korrigierende Antwort auf die unmittelbare Naherwartung der Jünger. Dem stehen Stellen wie Mt 10,23; 16,28; 24, 34 nicht entgegen, kann doch die erstgenannte Stelle auch so gedeutet werden, daß die Mission an Israel nicht vollendet werden wird, bevor der Menschensohn kommt, womit sie sich dem Gedankengang von Röm 11 nähert. Mt 16,28 läßt sich im Sinn der nach Pfingsten beginnenden Ausbreitung der Gottesherrschaft verstehen, und in Mt 24,34 muß »dieses Geschlecht« nicht auf die Generation, sondern kann ebenso gut auf das Menschengeschlecht bzw. das Volk Israel bezogen werden; dann würde es bedeuten, daß die Menschheit mit Sicherheit das Kommen ihres Herrn erleben werde.

III) DAS ZEUGNIS DES ÜBRIGEN NT.

Gleich die erste Verheißung, die die Jünger nach der Himmelfahrt des Herrn empfangen, weist sie auf die W. hin: »Dieser Jesus wird wiederkommen, wie ihr ihn gesehen habt gen Himmel fahren« (Apg 1, 11). So bezeugen sie es denn auch in ihren Predigten (vgl. Apg 3,20f; 17,31) und in ihren Briefen. Gerade hier wird die Ankündigung des Herrn von seinem kommenden Tage, dem Tage seiner W. vielfach aufgenommen (vgl. z. B. 1 Kor 1,8; 4,5; 11,26; 15,23; 16,22; 1 Thess 2,19; 3,13; 4,13–5,11; 2 Thess 2,1ff; 2 Petr 3,12; Jak 5,7). Die Gemeinde lebt auf diesen Tag hin (vgl. 1 Kor 11,26 in den Abendmahlsworten), sie wartet auf die Ankunft ihres Herrn (Phil 3,20f; Tit 2,13). Sie erhofft diesen Tag als das Ende all ihrer Anfechtungen, Leiden und Versuchungen (2 Thess 1,7–10), an dem ihr großer Widersacher vernichtet wird (2 Thess 2,8) und alle Menschen, auch ihre Feinde, Christus als den Herrn erkennen werden (Phil 2,10f), und an dem er den Seinen Lohn (2 Thess 1,7) und Lob (1 Kor 4,5) erteilen wird. Sie verbindet damit die Hoffnung auf den neuen Himmel und die neue Erde nach Vergehen der alten (2 Petr 3,12f).
Die sachlichen Aussagen wiederholen und ergänzen die Worte des Herrn selbst. Er wird mit den Wolken kommen (1 Thess 4,17; 2 Thess 1,7) mit allen Heiligen (V 10; 1 Thess 3,13); und sein Kommen wird durch die Stimme des Erzengels (1 Thess 4, 16; vgl. Dan 10,21) und die Posaune Gottes (1 Kor 15,52; 1 Thess 4,16; vgl. Ps 47,6; Jo 2,1; Sach 9,14) angekündigt. Seine W. wird zugleich der Tag der → Auferstehung für die in Christus Entschlafenen sein (1 Kor 15,23; 1 Thess 4,16), aber er ist auch der Tag der großen Rechenschaft und des Gerichtes, an dem er das Verborgene des Herzens ans Licht bringen (1 Kor 4,5) und eines jeden Werk offenbar machen wird (1 Kor 3,13; 2 Kor 5,10).
Von daher ist es verständlich, daß die Seelsorge in den Gemeinden immer die W. im Auge hat (vgl. 2 Thess 1,11; 1 Joh 2,28): jeder einzelne und die gesamte Gemeinde soll dann unsträflich (1 Kor 1,8; 1 Thess 3,13) und heilig (1 Thess 5,23), ohne Tadel, Sünde, Flecken und Runzeln (Eph 5,27) erfunden werden; das ist nur möglich, wenn die Jünger bei

Jesus und seinem Wort bleiben. Zugleich aber mahnen die Apostel im Blick auf die W. die Gemeinde zur Geduld unter den gegenwärtigen Leiden und Anfechtungen (Hebr 10,36ff; Jak 5,7ff).
Wie zu erwarten, spielt in den Briefen das Problem der Naherwartung, verbunden mit und veranlaßt durch die Ungewißheit über den Zeitpunkt der W., eine beträchtliche Rolle (vgl. 1 Thess 5,1–6; 2 Thess 2,1–9; 2 Petr 3,8–14). Es drückt sich darin die Spannung aus, die zwischen einem möglichen Bald auf der einen Seite und der Notwendigkeit, mit einer längeren Zeitspanne zu rechnen, auf der anderen Seite besteht. Zur Hilfe verweist 2 Petr 3,8 auf die Aussage von Ps 90,4: 1000 Jahre sind wie ein Tag vor Gott. Einerseits wird das Bild von der Plötzlichkeit des Diebes aufgenommen (1 Thess 5,2.4; 2 Petr 3,10) und durch das Bild vom plötzlichen Ausbrechen der Wehen (1 Thess 5,3) ergänzt, wird auf den Anbruch der letzten Tage (2 Petr 3,3f) und des Endes der Weltzeiten (1 Kor 10,11; 1 Petr 4,7), der letzten Stunde (1 Joh 2,18) hingewiesen, wird festgestellt, daß der Tag des Heils nahe herbeigekommen sei (Röm 13,11), der Herr nahe (Phil 4,5), der Richter vor der Tür sei (Jak 5,9) und der Herr seine Verheißung nicht hinauszögere (Hebr 10,37); anderseits aber muß sich Paulus gegen die in den Gemeinden daraus gezogene falsche Konsequenz eines bloßen Abwartens ohne weitere Tätigkeit wenden, sie vor der irrigen Meinung warnen, daß des Herrn Tag schon da sei (2 Thess 2,2), und sie zu fleißiger Arbeit ermahnen (2 Thess 3,10–13). Das Zeugnis von der herangenahten letzten Stunde kann also entgegen allen kurzschlüssigen Auffassungen, die sicher vorhanden waren, nur den Anbruch der letzten Periode der Weltzeit bedeuten, die mit der W. abgeschlossen wird.
Endlich ist hier auch an das Zeugnis der Offb zu erinnern, in der die Ereignisse, die mit der W. verbunden sind und ihr vorangehen, in wuchtigen, sich immer weiter entfaltenden Bildern visionär geschaut und dargestellt sind. Das Thema ist schon Offb 1,7 angeschlagen: »Siehe, er kommt mit den Wolken« und klingt in den Sendschreiben durch (Offb 2,16. 25f; 3,11.20). Ehe das Zeichen des Menschensohnes am Himmel erscheint, ergeht durch das verkündigte Wort und durch göttliche Plagen vielfache Aufforderung an die Menschen, zu Gottes Wegen umzukehren. Schrecken des Gerichts erschüttern die Erde (Offb 8,5–9,21; 16), aber die Zeit zur Umkehr ist begrenzt (Offb 10,6), die letzte Posaune kündigt die W. an (V 7). Es erklingt im himmlischen Chor die Botschaft vom Sieg des Lammes (Offb 11,15; 12, 10; 17,14), und aus dem geöffneten Himmel (Offb 19,11ff) zieht der Herr zum letzten großen Sieg aus, um inmitten seiner Gemeinde, die wie eine Braut für ihren Mann geschmückt ist (Offb 21,2), auf der Erde zu sein (vgl. Offb 20,4).
Hier wird auch das letzte Ziel der W. deutlich, wie es Paulus schon 1 Kor 15,23f genannt hat: Christus der Sieger wird am Ende des großen Versöhnungswerkes und nach dem Vollzug des Gerichtes die neue Erde ganz Gott selbst übergeben, der dann unter seinem Volk, der versöhnten Menschheit, wohnt und regiert (Offb 21,3.5; 22,3).
Vgl. auch → Messias, → Menschensohn, → Tausendjähriges Reich, → Vollendung.

Wiesel. Das hebr. Wort *choläd*, das Luther in 3 Mo 11,29 mit Wiesel übersetzt hat, bezeichnet wahrscheinlich einen in Palästina verbreiteten Stumpfschnauzenmull, den Blindmull *(Spalax ehrenbergi)*. Dieses Tier ähnelt in Aussehen und in seiner unterirdischen Lebensweise dem Maulwurf, ist jedoch etwas größer und gehört nicht zu den Insektenfressern, sondern zu den Nagetieren. Seine Hauptnahrung sind Wurzeln. Die mohnkorngroßen Augen sind von Haut bedeckt. Sein Hauptverbreitungsgebiet ist Palästina, Syrien, Ägypten und Tripolis. Den Israeliten war es unrein (3 Mo 11,29). Vgl. → Maulwurf.

Wild → Esel, → Jagd, → Netz

Wildschwein → Schwein

Wille, wollen. I, 1) Die dt. Wörter »W., wollen« geben mehrere hebr. und griech. Begriffe wieder, die im Hebr. nicht so sehr einen Entschluß, sondern ein Wirken und Handeln bezeichnen. Häufig übersetzt die LÜ mit »wollen« die Form des hebr Tätigkeitswortes, die man genauer mit »werden« oder »fortfahren« wiedergeben kann (vgl. 1 Mo 8,21; 12, 3 u. ö.).

2) W. meint im AT deutlicher als im NT die bewegende Kraft des Herzens. So kann die LÜ W. setzen, wo im Hebr. *näpäsch* (Seele, Herz, Gemüt), ja sogar *ruach* (Geist, auch Geist Gottes) steht. Der W. ist hier also oberste Funktion des Menschseins überhaupt. Durch die enge Verbindung zwischen Geist und W. wird die Beziehung des menschlichen W. zum göttlichen oder auch dämonischen *ruach* angedeutet und seine Abhängigkeit davon (vgl. Ri 9,23 wörtl. »Gott sandte einen bösen Geist«). Der W. ist somit das Zentrum, der Sitz der beeinflußbaren Regungen des Menschen (vgl. 2 Chron 15,15; Est 9,5).
3) Im NT entspricht die dt. Übersetzung W. in ihrer Bedeutung einheitlicher und genauer dem griech. Wort *(thelaema)*, das sowohl den W. Gottes wie den des Menschen bezeichnet.

II, 1) Durch Gottes W. sind die Erde und alle Dinge geschaffen (Offb 4,11). Gott handelt aus freiem W. Er herrscht unumschränkt im Himmel (Mt 6,10). Niemand kann auf die Dauer seinem W. widerstehen (Röm 9,19). Der W. Gottes soll Mittelpunkt des gesamten Lebens, auch des Menschenlebens sein, denn alle Dinge sind zu ihm geschaffen (Röm. 11, 36; 1 Kor 8,6). Daß dieser unumschränkte Gotteswille auch auf Erden zur Geltung komme, ist der Inhalt jedes rechten christlichen Gebets (Mt 6, 10). Der Mensch, seit dem Sündenfall unfrei geworden, den W. Gottes zu tun, ist mit der gesamten Kreatur (Röm 8,20) der Sünde und der Nichtigkeit unterworfen (vgl. Röm 7,15ff). Sein W. neigt sich vorwiegend dem Bösen zu, er ist gefangen, um des Teufels W. auszuführen (2 Tim 2,26). Der natürliche Mensch tut nicht mehr den W. Gottes, sondern den W. des Fleisches und seiner selbstherrlichen Vernunft (Eph 2,3); er lebt nach seinem »heidnischen W.« (1 Petr 4,3). Das bedeutet nicht, daß der natürliche Mensch nicht im Rahmen der Schöpfung und der relativen menschlichen Ordnungen eine gewisse Entscheidungsfreiheit für das Gute und das Religiöse hätte (vgl. 3 Mo 22,18; 1 Kor 7,37). Aber erst durch die → Wiedergeburt, die nicht »durch den W. eines Mannes« (Joh 1,13), sondern nach dem W. Gottes durch sein Wort geschieht (Jak 1,18; 1 Petr 1, 23), wird der natürliche Mensch befreit, den W. Gottes zu tun (2 Kor 8,10.11).

2) Daß dies geschehen kann, verdanken wir dem Heilswillen Gottes. Gott will, daß kein Mensch verloren gehe (Joh 6,38ff), sondern jeder ewiges → Leben empfange. Dafür sandte er seinen Sohn, dessen Lebensinhalt es war, den W. des Vaters zu tun (Mt 26, 42; Lk 22,42; Joh 4,34; 5,30) und sich als Opfer für alle Menschen dahinzugeben (Gal 1,4). Der W. Gottes ist nach dem NT immer sein Heilswille. Gottes Liebe wird darin sichtbar, daß er sündige Menschen

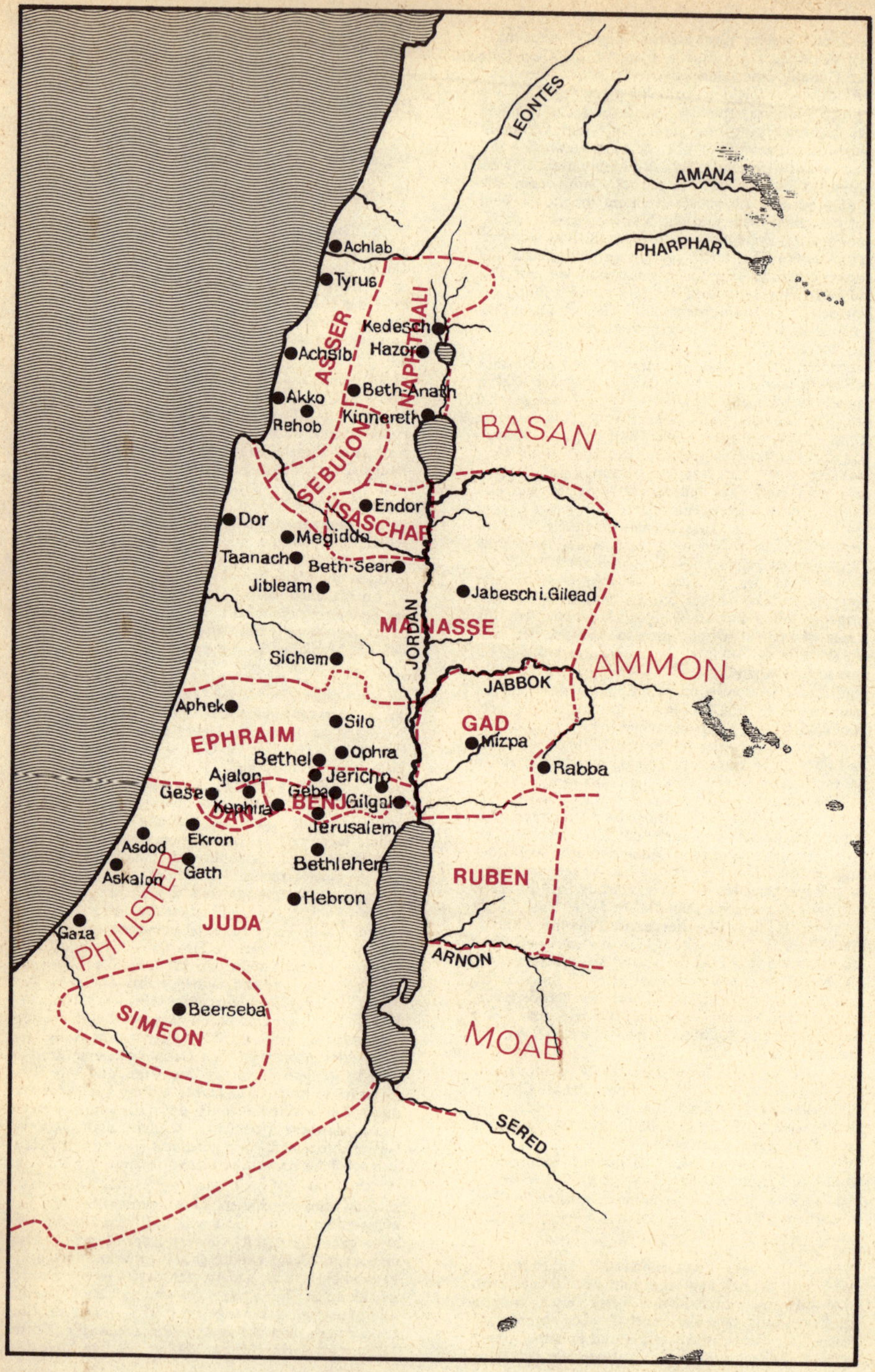
LEONTES
AMANA
PHARPHAR
Achlab
Tyrus
ASSER
NAPHTALI
Kedesch
Hazor
Achsib
Beth-Anath
Akko
Rehob
Kinnereth
BASAN
SEBULON
Endor
ISASCHAR
Dor
Megiddo
Taanach
Beth-Sean
Jibleam
Jabesch i. Gilead
JORDAN
MANASSE
Sichem
AMMON
JABBOK
Aphek
Silo
EPHRAIM
GAD
Mizpa
Bethel
Ophra
Rabba
Ajalon
Jericho
Gese
Geba
Kephira
BENJ
Gilgal
DAN
Jerusalem
Ekron
Asdod
Bethlehem
Gath
Askalon
RUBEN
Hebron
PHILISTER
JUDA
Gaza
ARNON
Beerseba
SIMEON
MOAB
SERED

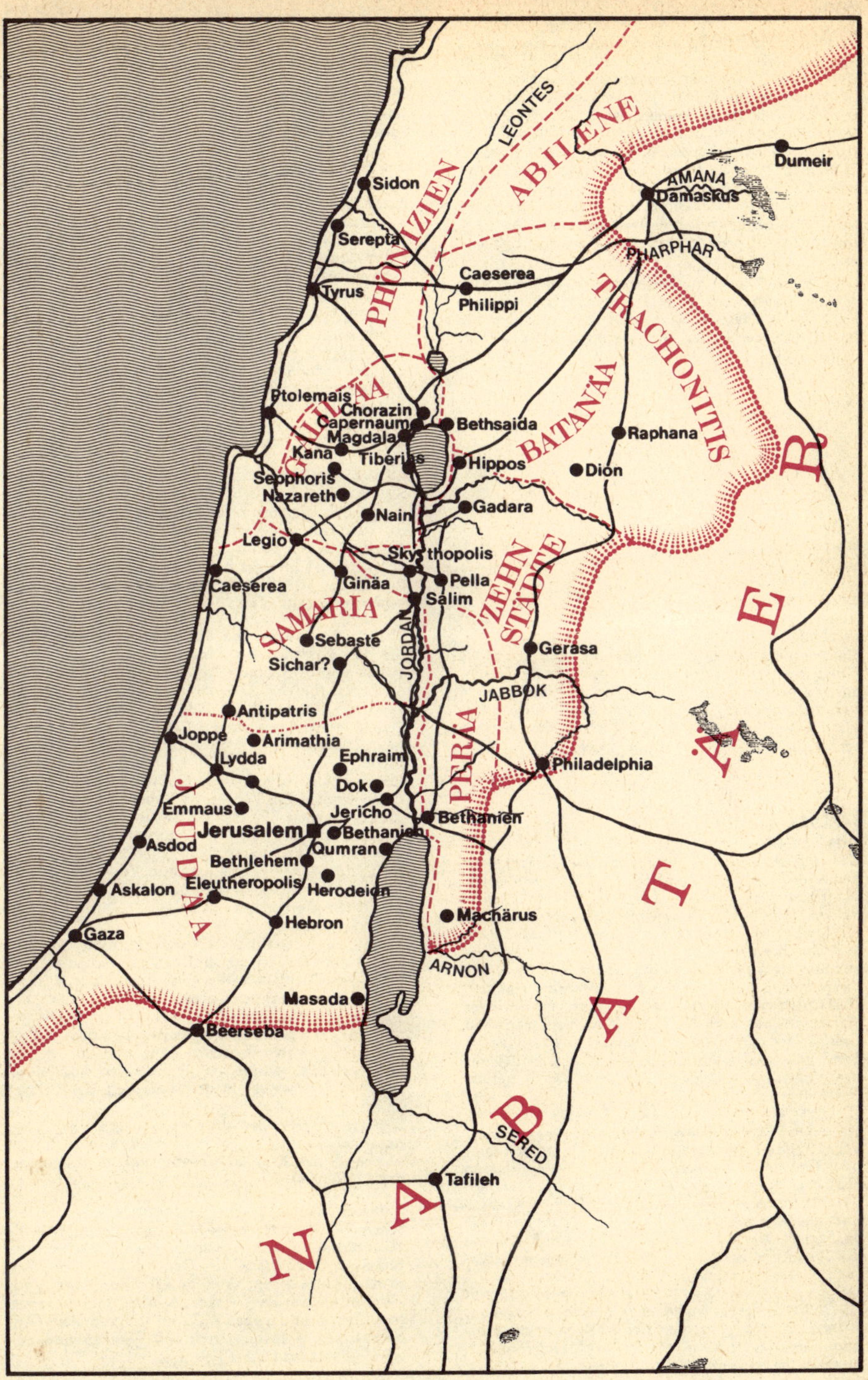

LEONTES
ABILENE
PHÖNIZIEN
Sidon
Serepta
Tyrus
Caeserea
Philippi
Dumeir
AMANA
Damaskus
PHARPHAR
TRACHONITIS
BATANÄA
Ptolemais
GALILÄA
Chorazin
Capernaum
Bethsaida
Magdala
Kana
Tiberias
Hippos
Raphana
Dion
Sepphoris
Nazareth
Gadara
Nain
Legio
Skythopolis
ZEHN STÄDTE
Pella
Caeserea
Ginäa
Salim
SAMARIA
JORDAN
Sebaste
Gerasa
Sichar?
JABBOK
Antipatris
Joppe
Arimathia
PERÄA
Lydda
Ephraim
Philadelphia
Dok
Emmaus
Jericho
Bethanien
Jerusalem
Bethanien
Asdod
Qumran
Bethlehem
Eleutheropolis
Herodeion
Askalon
JUDÄA
Machärus
Hebron
Gaza
ARNON
Masada
Beerseba
SERED
Tafileh
NABATÄER

zu seinen Kindern bestimmt (Eph 1,5), damit sein Name geheiligt und angebetet werde (V 6). Dieser Liebeswille Gottes trägt universalen Charakter. Das Geheimnis seines W. (V 9) besteht darin, daß nicht nur dem Volk Israel, sondern auch den Heiden die Botschaft der Versöhnung gebracht und der Gehorsam des Glaubens unter ihnen aufgerichtet werde (Röm 16,25f). Dazu wurde Paulus zum Apostel berufen und mit Vollmacht von Gott ausgerüstet, damit Gottes Heilsratschluß (Eph 1,11) ausgeführt würde. Paulus kann sich deshalb in seinem Apostelamt stets auf Gottes W. berufen (2 Kor 1,1; Eph 1,1; Kol 1,1; 2 Tim 1,1).

III) Gott will nicht nur die Rechtfertigung des Sünders, sondern auch seine Heiligung (1 Thess 4,3). Der Schreiber des Hebräerbriefes wünscht daher den Lesern des Briefes, daß Gott sie durch die Kraft der Auferstehung befähige, seinen W. zu tun (Hebr 13,20f). Um Gottes W. tun zu können, muß man jedoch wissen, was sein W. ist; um diese Erkenntnis bittet Paulus den Herrn für die Kolosser (Kol 1,9). Solche Erkenntnis und der daraus folgende Gehorsam geben dem Gebet die rechte Richtung und die Verheißung der Erhörung (Joh 9,31; 1 Joh 5,14). Der tätige Gehorsam wirkt wiederum neue Erkenntnis (Joh 7,17; Kol 1,9–11). Menschen, die Gottes W. getan haben, werden im Gericht nicht mit der Welt vergehen, sondern in Ewigkeit bleiben (1 Joh 2,17). Seinen Heiligungswillen an seinen Kindern vollführt Gott auch durch Leid (1 Petr 3,17; 4,19; vgl. Apg 21,14), wobei er ihre Einwilligung erwartet und sie mit Geduld ausrüstet (Hebr 10,36).

IV) Durch Gottes Schöpfungswillen (Offb 4,11) wie durch seinen Heilswillen (Joh 6,38ff), durch seine Liebe (Eph 1,5f) wie durch sein Gericht über die, die ihn nicht hören wollen und ihm beständig widerstehen (1 Sam 2,25; Jer 5,3.6; 6,10.11; 25,7ff; Mt 23,37f) wird sein Name geheiligt und seine Herrlichkeit erhöht. Das aber ist das Ziel alles Wirkens und Wollens Gottes.

Willfahren, willfährig sein bedeutet eigentlich »zu Willen sein«, den Willen, die Bitte, die Forderung eines anderen erfüllen (2 Mo 12,36). In Mt 5, 25 steht im griech. Text das Wort *eunoein* = jemandem wohlgesinnt, freundlich gesinnt sein. Jesus verbietet hier die harte, unnachgiebige Haltung dessen, der sein Recht gegen alle Widerstände durchsetzen will (vgl. 1 Kor 6,7; → Rechten).

Wind. Das Klima von Palästina wird stark durch die dort herrschenden Winde bestimmt. Die Westwinde vom Mittelmeer her bringen im Winter den → Regen (Lk 12,54), im Sommer Kühlung nach der Hitze des Tages. Die heißen → Ostwinde aus der Wüste lassen das Grün des Frühjahrs verdorren und kennzeichnen die regenlosen Monate der Sommerhitze.
Bei ihrem entscheidenden Einfluß auf Wetter und Ernte werden die Winde als Boten und Diener des Herrn gesehen (Ps 104,4). Gottes Gericht kommt wie ein W. und reißt die Gottlosen wie Spreu mit sich fort (Ps 1,4; Jes 17,13; vgl. Hi 21,18; Ps 83,14; Jes 41,16; 64,5[6]). Das spurlose Verwehen des W. ist Sinnbild für Vergänglichkeit (Hi 7,7; Ps 78,39) und Nichtigkeit (Spr 11,29; Hos 12,12).

Windeln. In spätjüd. Zeit wickelte man ein Kind, indem man es diagonal auf ein quadratisches Tuch legte. Zwei Zipfel wurden über den Leib gelegt, der unterste zwischen den Beinen hindurchgeführt. Dazu kam ein Wickelband von etwa 10 cm Breite und 6 m Länge, das bei ausgestreckten Beinchen und an den Leib gelegten Ärmchen ganz und gar um das Kind gewickelt wurde, damit die Glieder schön gerade würden, wie es in der Heilkunde des Talmud heißt.
Daß Jesus in W. gewickelt wurde (Lk 2,7.12), zeigt nach jüd. Brauch zugleich an, daß Joseph ihn als sein eheliches Kind anerkennt (vgl. im Gegensatz dazu Hes 16,4).

Winkel. Der W. ist der Platz für das, was nicht gesehen werden oder nicht im Wege stehen will. So zieht sich der Mann, der vor seiner Frau keine Ruhe findet, in den W. auf dem Dach (d. h. das → Obergemach) zurück (Spr 21,9; 25,24). Die Grundlegung des Heils durch das Wirken, Sterben und Auferstehen Christi ist dagegen nicht im W. geschehen (Apg 26,26), sein Erlösungswerk soll gesehen und verkündigt werden (vgl. 1 Petr 2,9).

Tafel 97
Die Stammesgebiete der 12 Stämme Israels, wie sie ihnen bei der Verteilung des verheißenen Landes unter Josua zugesprochen wurden (für die Leviten vgl. Karte Sp. 846). Die Israeliten konnten diese Gebiete jedoch vielfach nicht, z. T. erst später erobern und besiedeln (vgl. Karte Sp. 1144).

Tafel 98
Orte und Wege Jesu.
Das Palästina z. Zt. Jesu und der Urgemeinde wurde weithin von hellenistischer Kultur bestimmt. In Sebaste und Cäsarea, dem Sitz des röm. Statthalters, standen Augustustempel, ebenso in Cäsarea Philippi; hier befand sich in unmittelbarer Nähe auch die Pansgrotte. Die Zehnstädte waren hellenistische Orte mit Theatern und heidnischen Tempeln, die in bewußtem Gegensatz zum Judentum standen. Das neuerbaute Tiberias, die Residenz des Herodes Antipas, wurde von den Juden gemieden. Zwischen Galiläa, das den strengen Juden als halbheidnisches Land galt, und Judäa lag Samaria, dessen Bewohner ihren eigenen, von Jerusalem unabhängigen Gottesdienst hatten.
Als Ausgleich für seine anderen Tempel- und Theaterbauten hatte Herodes d. Gr. mit Rücksicht auf das religiöse Empfinden seiner jüd. Untertanen auch den Tempel in Jerusalem völlig umbauen lassen (Taf. 74a/1313), weiter ließ er die heiligen Stätten um die Abrahamseiche in Mamre (Taf. 67c/1056) und das Abrahamsgrab in Hebron (Taf. 44a/673) ausbauen. Der Sicherung seiner Herrschaft dienten die Festungen Machärus, Dok, Herodeion und Masada.
Im S und O der röm. Reichsgrenze erstreckte sich das Reich der arab. Nabatäer mit seiner Hauptstadt Petra (Taf. 71b/1120) von der Mittelmeerküste bis nach Damaskus (vgl. Karte Sp. 979). Die Handelsstraßen waren seine Lebensadern.

»In allen W.« (2 Chron 28,24) entspricht unserer Redensart »in allen Ecken«.

Winkeleisen → Waffen und Geräte

Winter → Jahr, → Regen

Wispeln = flüstern (Jes 29,4).

Witwe. I) In Israel gehört die W. mit ihren vaterlosen Söhnen, den → Waisen, zu der Gruppe von schutzbedürftigen Menschen, die im Gesetz bes. genannt werden. Der Herr verbietet, sie zu bedrängen (2 Mo 21,21[22]; 5 Mo 27,19; 24,17), sichert ihnen ihren Anteil an den großen Festen (5 Mo 16,11.14), am Zehnten jedes 3. Jahres (5 Mo 14,29; 26,12.13) und an der Nachlese (5 Mo 24,19–21). Gott schafft der W. Recht und straft das Unrecht, das man ihr antut (2 Mo 22,22[23]f; 5 Mo 10,18). Er ist Vater der Waisen und Richter der W. (Ps 68,6; 146,9; Spr 15,25). Wo die Propheten das Volk zur Umkehr auffordern, erinnern sie auch an den Schutz der W. (Jes 1,17; Jer 7,6; 22,3; Sach 7,10; vgl. Hes 22,7; Mal 3,5).
Die W. trug besondere Witwenkleidung (1 Mo 38, 14.19). War sie kinderlos und keine Schwagerehe (→ Ehe III,3) möglich, so kehrte sie in das Haus des Vaters zurück (V 11; 3 Mo 22,13). Eine zweite Ehe war nur insofern eingeschränkt, daß ein Hoherpriester keine, ein anderer Priester nur eine Priesterwitwe heiraten durfte (3 Mo 21,14; Hes 44,22). Als Ruth Naemi in ihre Heimat folgte (Rt 1,16ff), nahm sie auch die schutzlose Stellung der kinderlosen W. in Israel auf sich. Z. Zt. Jesu diente Hanna als W. dem Herrn mit Beten und Fasten Tag und Nacht im Tempel (Lk 2,36f). Das Gelübde einer W. galt ohne Vorbehalt (4 Mo 30,10).
Von Jerobeam, dem Sohn Nebats, wird bei der ersten Erwähnung auch seine Mutter Zeruga genannt, die offenbar schon früh W. geworden war (1 Kö 11,26). Auch bei Davids Halbschwester Zeruja scheint das der Fall gewesen zu sein; Joab, Abisai und Asahel werden stets »Söhne der Zeruja« genannt, der Name ihres Vaters erscheint überhaupt nicht (2 Sam 2,18.32). Hiram (2) war der Sohn einer isrl. W., die einen Tyrer geheiratet hatte (1 Kö 7,13. 14). Eine phön. W. in Zarpath gab Elia Unterkunft (1 Kö 17,8ff; Lk 4,25.26).

II) Jesus nennt eine W. als Vorbild in der Ernsthaftigkeit ihres Bittens im Gleichnis vom ungerechten Richter (Lk 18,1–8), er weist die Jünger auf die Gabe einer W. hin (Mk 12,41–44) und tadelt das Unrecht, das die Pharisäer den W. tun (Mt 23,14). Einer W. in Nain gibt er den Sohn als ihren Beschützer zurück (Lk 7,11–17).
In der Urgemeinde wurden die W., die auch als besondere Gruppe erscheinen (Apg 9,39.41), täglich versorgt, was zur Einrichtung des Amts der → Diener (IV) führte (Apg 6,1ff). W. und Waisen aufzusuchen, ist reiner und unbefleckter Gottesdienst (Jak 1,27). Paulus stellt der W. die Wiederverheiratung innerhalb der Gemeinde frei, lobt es aber, wenn sie W. bleibt (1 Kor 7,39f). Daraus scheint man dann ein Gesetz gemacht zu haben (1 Tim 5,11–13), so daß der Apostel gegen die Gefahren, die aus dem Mißverständnis entstanden sind, einschreiten muß. Er will, daß die jungen W. ihre Aufgabe als Frau in einer zweiten Ehe erfüllen (V 14.15). W., die Angehörige haben, sollen ebenfalls in der Familie ihren Platz finden (V 4.8.16). Nur rechte W., die keine Angehörigen mehr haben, wirklich dem Herrn dienen (V 5) und nicht auf das eigene Wohlleben bedacht sind (V 6), sollen von der Gemeinde versorgt werden (V 16) und wohl auch entsprechend vollzeitlich im Dienst der Gemeinde stehen. Als Voraussetzung dafür nennt Paulus: ein Alter von mindestens 60 Jahren und nur eine Ehe, in der die W. ihre alltäglichen Aufgaben als Frau in der Familie erfüllt hat (V 9.10). Über die Tätigkeit der W. in der Gemeinde erfahren wir an dieser Stelle nichts, sie wird sich aber kaum von dem unterschieden haben, was Paulus für die alten Frauen im allgemeinen anordnet (Tit 2,3–5).

Witz. Das hebr. Wort, das in Jes 44,19 LÜ mit W. übersetzt. ist, bedeutet Klugheit, Einsicht. Luther verwendet »W.« hier noch in der älteren dt. Wortbedeutung »Verstand, Klugheit«.

Woche → Sabbat

Wohlgefallen, gefallen. I) Wenn jemand tut, was ihm gefällt, so handelt er nach freier Wahl (Jos 24, 15; Est 1,8; Jer 40,4; 1 Kor 7,12f) und tut, woran er Freude oder Lust hat (Ri 14,3; Spr 16,13; Pred 11, 9). Von dem, was einem Menschen gefällt, kann man auf sein Wesen schließen; nicht selten zeigt das Gefallen an Greueln (Jes 66,3), Sünde (Röm 1, 32) und Unrecht (Apg 8,1; 12,3) die tiefe menschliche Verdorbenheit (vgl. 1 Mo 6,5).

II, 1) Das Verhältnis zwischen Gott und Mensch ist davon bestimmt, daß Gott W. am Menschen haben möchte. Ihm gefällt kein gottloses Wesen (Ps 5,5), kein Mensch, der sein Gelübde nicht hält (Pred 5,3), sich von ihm abwendet (1 Kor 10,5ff; Hebr 10, 38) oder im Unglauben verharrt (Hebr 11,6). Dem Herrn mißfallen äußerliche Opfer, wenn es der Mensch an Gehorsam (1 Sam 15,22), Liebe (Hos 6, 6) oder Barmherzigkeit (Mt 9,13) fehlen läßt. Gott hat aber auch kein Gefallen am Tode des Gottlosen (Hes 33,11).
2) Dagegen ruht sein W. auf allen, die ihn fürchten und auf seine Güte hoffen (Ps 147,11), die sich seiner → Gerechtigkeit, seinem Frieden, seiner Freude öffnen (Röm 14,17.18) und nach seinem W. fragen (Ps 143,10; Kol 1,9.10). Wer Gott wohlgefällt, dem schenkt er Weisheit, Vernunft und Freude (Pred 2, 26), dessen Feinde söhnt er mit ihm aus (Spr 16,7) und dessen Gebete erhört er (1 Joh 3,22).
Für den Christen als Knecht Jesu Christi ist nur noch das maßgebend, was seinem Herrn gefällt (2 Kor 5,9; Eph 5,10; 6,6), er kann nicht mehr den Menschen zu Gefallen leben (Gal 1,10; 1 Thess 2, 4). Dabei muß er aber allen unnötigen Anstoß vermeiden (1 Kor 10,32.33), und für den gläubigen Sklaven wird der Gehorsam gegen seinen menschlichen Herrn nicht aufgehoben, sondern ausdrücklich gefordert (Tit 2,9). In der Ehe aber sieht Paulus es als Gefahr, daß das, »was dem Herrn gefällt«, zu kurz kommt vor dem, »was dem Mann bzw. der Frau gefällt« (1 Kor 7,32–34). Gott aber erwartet unser ganzes Leben als Opfer (Röm 12,1). Ein wohlgefälliges Opfer ist ihm weiter, wenn sich jemand mit Lob und Dank (Ps 69,31.32; 119,108; Hebr 13,15f) oder auch mit einem zerbrochenen Herzen (Ps 51,19) zum Herrn wendet, ebenso die tätige Nächstenliebe (Hebr 13,16; Phil 4,18).

III) Den Widerspruch, der auf Seiten des Menschen besteht zwischen dem, was Gott gefällt, und dem, was ihm mißfällt, überwindet der Herr durch seine Erlösung und sein Heilshandeln, den Ausdruck seines göttlichen W. unabhängig von allem menschlichen Bemühen und aller Unbeständigkeit menschlichen Wesens.
Schon Israel wußte, daß es seine bes. Stellung als auserwähltes Gottesvolk allein dem W. Gottes verdankte (1 Sam 12,22), und mehr noch rühmen sich die Erlösten des neuen Bundes, durch das W. Gottes zu seinen Kindern geworden zu sein (Eph 1,4.5).

Mit der Sendung seines Sohnes schenkt Gott »Frieden auf Erden den Menschen seines W.« (Lk 2,14 wörtl. nach den besten Hss). Jesus ist Gottes geliebter Sohn, auf dem sein ganzes W. ruht; das hat der Prophet vorausgesagt (Jes 42,1), und Gott hat es bei der Taufe Jesu (Mt 3,17) und vor Beginn seines Leidensweges (Mt 17,5) bestätigt. Es geschah nach Gottes W., daß in Christus alle Fülle wohnen sollte und alles durch ihn versöhnt würde, indem er durch sein Blut an seinem Kreuz Frieden machte (Kol 1,19.20).
Gott hat W. an seinem Heilsplan (Eph 1,9.10), und es gefiel ihm, sein Geheimnis vor Weisen und Klugen verborgen zu halten, es aber den Unmündigen (Lk 10,21) und durch törichte Predigt zu offenbaren (1 Kor 1,21). Die kleine Schar, die dieser Botschaft glaubt, weiß, daß ihr das Himmelreich durch Gottes W. gegeben wird (Lk 12,32). Solche Menschen haben erkannt, daß nur Gottes W. und Gnade ihnen die Augen für seinen Sohn geöffnet haben (Gal 1,15.16) und daß der Herr in ihnen schafft nach Wollen und Vollbringen, was vor ihm wohlgefällig ist (Phil 2,13; Hebr 13,21).

Wohnung, wohnen. Von W. kann in zweierlei Sinn gesprochen werden: einmal als Bleibe, als Heimat, die man verlassen kann, aber immer wieder aufsucht, oder als vorübergehende Unterkunft etwa auf der Reise, die jedoch nicht Heimat wird.

I) Gott hat seine ewige W. im Himmel (Ps 2,4; Offb 15,5; Hebr 8,1.2; 9,11). Da der Herr aber bei seinem Volk sein will (3 Mo 26,11), läßt er Mose nach dem ihm gezeigten Vorbild eine W. Gottes auf Erden machen (2 Mo 25,9), ein Zelt (→ Stiftshütte), das auf der Wanderschaft des Volkes mitgenommen werden kann. Hier erscheint Gott seinem Volk (2 Mo 40,34) wie später im → Tempel (1 Kö 8,10.11); jeder Israelit wußte nun, wo er Gott zu suchen hatte (Ps 122). Das Bewußtsein, daß Gott an dieser Stätte wohnt, läßt die Juden auch in der Gefangenschaft in der Richtung nach Jerusalem beten (Dan 6,11[10]). Und doch zeigte sich auch, daß diese W. nicht das Vollkommene war, denn hier wohnte Gott im Dunkel (1 Kö 8,12), und der unberufen Nahende mußte sterben (4 Mo 3,10; 18,7; vgl. Jes 6,5). Auch ist diese W. Gottes auf Erden der Verunreinigung preisgegeben und oft verunreinigt worden (3 Mo 15,31; Jer 23,11). Dazu kann die kleine W. die Herrlichkeit des großen Gottes nicht fassen (1 Kö 8,27). Bei aller Freude am Heiligtum darf nicht vergessen werden, daß allein die W. im Himmel Gott angemessen ist (Jes 66,1).

II) Auch im NT wohnt Gott bei seinem Volk auf Erden, doch nicht mehr in einem von Menschenhänden gemachten Tempel (Apg 7,48; 17,24). In Jesus hat das Wort Gottes im Fleisch unter uns gewohnt (wörtl.: gezeltet; Joh 1,14), und 3 Tage nach seinem Tod hat er den wahren Tempel seines Leibes aufgebaut (Joh 2,19). In Christus wohnt der Vater auf Erden (Joh 14,10), die ganze Fülle der Gottheit (Kol 1,19; 2,9). Nun steht auf diesem Eckstein der Tempel aus lebendigen Steinen (1 Petr 2,5.6), d. h. aus Menschen, in denen Gott und Christus W. gemacht haben (Joh 14,23) durch den Heiligen Geist (Röm 8,9.11; 1 Kor 3,16; 2 Tim 1,14). Christus wohnt durch den Glauben in ihren Herzen (Eph 3, 17), und Gott wohnt und wandelt unter ihnen (2 Kor 6,16), d. h. er kommt nicht in einen kleinen Raum, um nur mit einem Mann des Volkes zu sprechen, sondern er füllt das ganze Haus seiner Gemeinde mit seiner Gegenwart.
III) Dennoch ist auch damit das Ziel Gottes noch nicht erreicht. Als Abraham in das Land kam, das Gott seinen Kindern geben wollte, baute er dort kein festes Haus, sondern wohnte in Zelten zum Zeichen, daß er ein Fremdling im Lande blieb und auf eine Stadt wartete, deren Schöpfer und Baumeister Gott war (Hebr 11,9.10). Das ist ebenso Vorbild für das Gottesvolk des NT wie der Zug Israels durch die Wüste in das verheißene Land (Hebr 4). Die Glaubenden sind Fremdlinge in dieser Welt (1 Petr 2,11), haben hier keine bleibende Stadt, sondern streben der zukünftigen zu (Hebr 13,14). Jeder einzelne wohnt hier in einem Zelt, das einmal abgebrochen wird (2 Kor 5,1), er kann sich aber darüber freuen, denn er weiß um die ihm von Christus bereitete Stätte in des Vaters Haus (Joh 14,2). Dort versammelt Gott seine Kinder, die schon durch die Wiedergeburt im Himmel Heimatrecht haben (Phil 3,20), und dann in alle Ewigkeit bei ihm wohnen werden (Offb 7,15; 21,3; 22,3.4).

Wolf *(Canis lupus;* hebr. *zeeb;* griech. *lykos).*
Noch heute kommen vereinzelt Wölfe in Palästina vor. Durch die Beschaffenheit des Landes, in dem es nur wenig Wald gibt, weichen ihre Lebensgewohnheiten sehr von denen ihrer europäischen und asiatischen Artgenossen ab. Sie treten kaum in Rudeln auf, höchstens werden einmal zwei zusammen gesehen. Der W. Palästinas hat ein kurzhaarigeres und rauheres Fell als die europäischen Tiere, dessen gelbgraue Farbe im Sommer ins Rötliche, im Winter mehr ins Schwärzliche spielt. Den Tag über hält er sich in den Felsen verborgen, um dann nachts auf Raub zu ziehen (Hab 1,8; Zeph 3,3). Wenn er am Tage aufgestört wird, setzt er sich furchtlos zur Wehr. Hauptsächlich kommt er in den Niederungen des Jordans und in der Wüste Juda vor.
In bibl. Zeit war der W. ein allg. gefürchtetes Raubtier (vgl. 1 Mo 49,27; Hes 22,27), das vor allem die Herden bedrohte (Mt 10,16; Lk 10,3; Joh 10,12), so daß der Hirte oft sein eigenes Leben für die ihm anvertrauten Schafe einzusetzen hatte (Joh 10,12). Daher ist das Zusammenleben des W. mit dem Schaf ein starker bildlicher Ausdruck für den Frieden im kommenden Gottesreich (Jes 11,6; 65,25)

Wolkensäule. Eine W., die sich nachts in eine Feuersäule verwandelte, leitete das Volk Israel auf dem → Wüstenzug (2 Mo 13,21f; 14,19; 4 Mo 14,14) und bestimmte Aufbruchs- und Lagerzeiten (2 Mo 40,36f). Als sichtbares Zeichen der Gegenwart Gottes (2 Mo 33,9; 40,34f.38; 4 Mo 12,5; 5 Mo 31,15) wird sie auch später noch, lange nach der Wüstenwanderung, erwähnt (Neh 9,12.19; Ps 78,14; 99,7; 105,39; 1 Kor 10,1). Auch die Heilsweissagung Jes 4,5 spielt auf W. und Feuersäule an; beide erscheinen hier als Sinnbild der ständigen, schützenden und helfenden Gegenwart Gottes.

Wolle → Handwerk II, → Schaf, → Weber

Wollust bezeichnet im Dt. höchstes Wohlgefühl im Bereich des Sinnlichen, bes. des Geschlechtlichen. Diese besondere Färbung des Wortes spielt bei seiner Verwendung in der LÜ nur selten mit.

I) In Jes 47,8 hat es wohl einen abfälligen Beiklang in dieser Richtung (EÜ, ZÜ die Üppige), in Hes 32, 19 übersetzt EÜ »Lieblichkeit« und ZÜ »stolze Macht«. Eindeutig für die geschlechtliche Lust steht W. in 1 Mo 18,12, hier aber ohne jede abwertende Bedeutung.

II) Im NT übersetzt die RÜ das griech. *haedonae* (LÜ W.) mit »Freuden« (Lk 8,14), »Wonne« (2 Petr 2,13) und »Lüsten« (Tit 3,3; Jak 4,1.3; vgl. → Lust). Die die W. (RÜ Lüste) lieben (griech. *philaedonoi;* 2 Tim 3,4) sind Vergnügungssüchtige. »In W. (RÜ Lüsten) leben«(griech. *spatalaô;* 1 Tim 5,6; Jak 5,5) bedeutet »schwelgen, üppig leben«; das griech. Wort wird auch von Schafen auf fetter Weide gebraucht. In Offb 18,3 meint W. (griech. *straenos*; RÜ Üppigkeit) den Luxus.

Wonne ist gesteigerte → Freude, beide Worte stehen häufig in der festen Formel »Freude und W.« zusammen (Est 8,17; Ps 51,10; Jes 22,13; Jer 7,34 u. ö.). Das Wort W. kann ganz allgemeine Bedeutung haben (2 Sam 1,26; Jer 7,34) und nähert sich zuweilen unserem Begriff »Wohlleben« (Neh 9,25; Jes 22,13). Häufiger aber wird es in geistlicher Beziehung gebraucht: Gott selbst ist die W. des Frommen (Ps 43,4); er tränkt alle, die zu ihm fliehen, mit dem Strom seiner Wonnen (Ps 36,9) und sättigt den Bußfertigen mit Freude und W. (Ps 51,10). Seine Zeugnisse sind die W. der Seinen (Ps 119, 111). Nach Not- und Leidenszeiten wird die W. der Erlösung durch Gott bes. stark empfunden (Jes 35, 10; 1 Petr 4,12.13); wo Gott aber richtet, hören Freude und W. auf (Jes 16,10; Jer 7,34; 16,9; 48,33).

Wort Gottes.

I) WORT IM AT.

Die eigentliche Bedeutung des hebr. Wortes *dabar* (»Sache« und »Wort«) ist »Rückseite, Hintergrund« und bezeichnet den Sinn einer Sache, ihr ganz bestimmtes Wesen, das, was dem Ding sein inneres Gepräge gibt. Da aber jedem Hintergrund ein Vordergrund beigegeben ist, jedes lebendige Wesen eine äußere Gestalt oder seine Äußerungsweise hat, ist die Erscheinungsweise mit in den Blick genommen. *Dabar* umfaßt also zwei Elemente: ein erkenntnismäßiges, sofern die äußere Seite einer Sache eine Erkenntnis und Vorstellung des Dinges bewirkt; und ein dynamisches, sofern der Blick auf das Wesen, den Sinn, die innere Mächtigkeit gerichtet ist. *Dabar* bezeichnet also nicht ein Wort im grammatischen Sinne, seiner Form nach, nicht das Wort als Teil eines Satzes, sondern das Wort als lebendig ausgesprochenes, als Gespräch, als Redeteil, als sinnvoll geäußertes Wort. Es ist Wort als Anspruch, das ein Verhältnis stiftet und sinngebend in dieses Verhältnis eingreift.

II) WORT GOTTES IM AT.

1) »Wort Gottes« als Gottes Wort.

Wenn das AT von »Wort Gottes« (nur 6 mal) oder »Wort Jahwes« (LÜ Wort des Herrn) spricht, dann ist das also nicht Beschreibung eines unverbindlichen Ausspruches Gottes, sondern Ausdruck einer Offenbarung seiner Dynamik. Offenbarung, weil das Wort sinngebende Anrede ist; Dynamik, weil hinter dem Wort die ganze Macht Gottes steht, die mit dem Wort und in dem Wort sich entfaltet. Es ist höchster Ausdruck dieser Wirklichkeit, wenn der Schöpfungsbericht die Welt geschaffen sein läßt durch Gottes machtvolles Wort (1 Mo 1).

Der Mensch, der von Gott angeredet wird, ist in die Begegnung mit Gott gerufen und von der Macht Gottes berührt. Dabei ist die Wirkung des Wortes nicht beendet, sobald es verklungen ist. Der Anspruch bleibt – und damit bleibt das Wort lebendig und wirksam. Als Jeremia von Gott den Auftrag erhielt, dem Volk Israel das Gericht zu verkünden und er das Wort Gottes verschweigen wollte, weil es ihm nur Schmach und Pein einbrachte, da wurde es in seinem Innern wie brennendes Feuer, so daß er es nicht ertragen konnte und verkündigen mußte (Jer 20,9). In seiner machtvollen Wirkung ist das Wort des Herrn wie ein Hammer, der Felsen zerschmettert (Jer 23,29). Es »geschieht« (Jer 1,2; 1 Sam 15,10; 1 Kö 13,17) und »fährt hernieder auf Israel« (Jes 9,7[8] ZÜ), es besteht in Ewigkeit (Jes 40,8), es schafft Leben (5 Mo 8,3). Wer Gottes Wort nicht hat, steht unter dem Gericht des Herrn (Am 8,11).

2) »Wort Gottes« als Wort der Propheten.

Dieser eigenständige Charakter des Wortes Gottes bedingt, daß alles Reden der Propheten im Namen Gottes als »Wort Gottes« bezeichnet werden kann, weil der Prophet als Prophet nicht im eigenen Namen auftritt, sondern mit dem Anspruch, Gottes Offenbarung zu verkündigen (1 Kö 22,19; Jes 7,7–17; Jer 7,2–7). Weil sie das Wort des Herrn haben (Jer 23,28; 27,18), sind sie Propheten, und mit dem Hinweis darauf, daß eintreten wird, was Gott gesagt hat, beglaubigen sie sich (Jer 28,9; 1 Kö 22,28; Hes 33,33). Die Kraft des Wortes Gottes, die wirkt, was sie wirken wollte (Jes 55,10f), wird das echte Wort Gottes vom unechten unterscheiden und den rechten oder falschen Propheten als solchen offenbar machen. Reflektionen über die Fragwürdigkeit der Bezeichnung eines Menschenwortes als Gottes Wort, oder über Irrtumsmöglichkeiten des Propheten wurden darum mit dem Hinweis beantwortet, daß sich die Wahrheit des Wortes und die Echtheit eines Propheten von selber erweise (2 Chron 18, 24; vgl. Jer 28,16.17; 2 Kö 9,36.37).

3) »Wort Gottes« als Bibelwort.

Sofern Gottes Wort schriftlich fixiert wurde (2 Mo 24,4), wird auch solche Niederschrift als Wort des Herrn bezeichnet (Ps 119 gebraucht darum Begriffe wie Gesetz, Satzung, Gebot oder Wort gleichbedeutend und auswechselbar). Dabei liegt der Ton keineswegs auf dem Buchstaben, sondern auf dem Anspruch Gottes, den das Wort enthält und der erhalten bleiben soll (V 9.11). Denn das geschriebene Wort ist nicht mehr »Gottes Wort«, sowie es aus der lebendigen Begegnung mit Gott herausgenommen und etwa zu einem bloßen Lehrbuch oder Sittenspiegel gemacht wird (vgl. Jer 7,22.23).

War urspr. »Wort Gottes« ein Einzelwort Gottes in eine konkrete Situation, so wurde mit der schriftlichen Fixierung und Sammlung solcher Einzelworte der Ausdruck »Wort Gottes« gelegentlich auch auf die Heilige → Schrift angewendet (Ps 93,5), wobei man mehr oder weniger an Einzelworte (Spr 13, 13) oder an die Botschaft im allg. denken kann (2 Chron 29,15).

III) WORT GOTTES IM NT.

1) In den Ev. kommt der Begriff »Wort Gottes« auch noch im atl. Sinn vor; »Wort Gottes« geschieht als Offenbarung an einen einzelnen (Lk 3,2) und ist Bezeichnung für die Aufzeichnung des Gotteswillens im Gesetz (Mk 7,13).

2) Im übrigen aber hat »Wort Gottes« im ntl. Schrifttum eine völlig neue, ausschließliche Bedeutung erhalten: es ist Bezeichnung für das eine Wort Gottes geworden, welches Christus ist (Joh 1,14; Offb 19,13) oder welches Gott in Christus gesprochen hat.

Nicht mehr der »Wort«-Begriff ist Wurzel zum Verständnis dieser »Wort Gottes«-Aussagen, sondern die Person Jesu und sein Werk. In Jesus Christus hat Gott mit solcher Einmaligkeit und in Bezug auf die Schuld des Menschen und seine Sühne vor Gott so ein für allemal sein Wort für den Menschen gesprochen, daß das gesamte Geschehen um Jesu Tod und Auferstehung nun schlechthin *das* »Wort Gottes« ist (vgl. → Namen Jesu Christi III C 2). Nicht, daß das bis dahin geschehene Wort Gottes nun hinfällig geworden wäre; es wird gerade nicht vom »alten« und »neuen Wort« geredet, wie etwa bei → Bund und → Schöpfung. Vielmehr wird das Wort Gottes in Christus auf sein Vollmaß gebracht (Kol 1,25–27), und das ist nicht eine bes. hohe oder endgültige Wort-Offenbarung, sondern die Offenbarung Jesu Christi als des Sohnes Gottes, der durch sein Leiden und Sterben gegen Tod und Teufel das letzte Wort gesprochen hat (Hebr 1,1–4; 2,14.15). Wenn darum nun die Gemeinde von »Wort Gottes« spricht, dann meint sie die Person Jesu Christi und sein Heilshandeln für uns, das verkündet und im Glauben ergriffen werden muß. »Sie verkündigten das Wort Gottes mit allem Freimut (unter den Juden)« (Apg 4,31) oder »Das Wort Gottes wuchs, und die Zahl der Jünger nahm gewaltig zu« (Apg 6,7) oder »Die Apostel vernahmen, daß auch die Nationen das Wort Gottes angenommen hätten« (Apg 11,1); das heißt: unter den Juden und auch Nationen wurde die Botschaft von Jesus verkündigt und angenommen, so daß die Gemeinde – sein Leib (Eph 1,23) – wuchs und zunahm. Es kann auch heißen »das Wort vom Kreuz« (1 Kor 1,18), »das Wort der Wahrheit« (2 Kor 6,7), »das Wort des Lebens« (Phil 2,16), »das Wort der Versöhnung« (2 Kor 5, 19), »das Wort des Heils« (Apg 13,26), »das Wort der Gnade« (Apg 14,3); oder noch einfacher »das Wort« (2 Tim 4,2), wobei immer nur das eine »Wort Gottes« gemeint ist: Christus, sein Werk und sein Leben.

Dies Evangelium ist aber trotzdem »Gottes Wort«, weil der, der das Wort in Christus geredet hat, Gott ist. Darauf beruht auch seine Wirkung; weil Gott der Urheber ist, ist er der, der mit seiner Gewalt und Macht dahintersteht. Die Menschen, denen Gott den Dienst an dieser Botschaft anvertraut hat (2 Kor 5,18), reden sein Wort (1 Thess 2,13). Durch Gottes Kraft wächst es (Apg 19,20), durch ihn allein erreicht es die Herzen der Hörer (Kol 4,3), wirkt es Gnade und Leben (Apg 20,32; 1 Petr 1,23), ja, es ist die Kraft Gottes selber (1 Kor 1,18), die schärfer ist als jedes Schwert (Eph 6,17; Hebr 4,12).

Wo man dieses Wort reichlich in sich wohnen läßt (Kol 3,16), steht man im Heil, kommt die Offenbarung Gottes auch im Leben eines Menschen auf ihr volles Maß.

Wucher. Das mosaische Gesetz gebietet, dem Armen zu leihen (5 Mo 15,7–11), untersagt jedoch zugleich (abgesehen von → Fremdlingen, 5 Mo 23,21 [20]), bei der Rückerstattung des Geliehenen einen Aufschlag zu fordern (2 Mo 22,24[25]; vgl. auch → Sabbatjahr III). Die Hilfe am Nächsten sollte nicht zum Geschäft werden, das man nur um des eigenen Vorteils willen tat (Hes 22,12). Auch der Anspruch des Gläubigers auf ein → Pfand wurde beschränkt (2 Mo 22,25[26]f; 5 Mo 24,6.17). In der Art des geforderten Aufschlags unterschied man im AT Zinsen beim Verleihen von → Geld (Silber) und Wucher beim Verleihen von Nahrungsmitteln (3 Mo 25, 36.37; 5 Mo 23,20[19]). Trotz des Verbotes verbreitete sich das Zinsennehmen bzw. Wuchern auch in Israel (Ps 15,5; Spr 28,8; Jer 15,10; Hes 18,8.13. 17), bes. mit der ausgebildeten Geldwirtschaft der hellenistischen Zeit (Mt 25,27; Lk 19,23; vgl. → Wechsler), und brachte die entsprechenden Mißstände mit sich (Ps 109,11; Neh 5,1–13).

Wunde → Krankheit

Wunder.

I) WUNDER UND NATURORDNUNG.

Jede Beurteilung der W. geht aus von einem Vorverständnis über die Naturordnung. Der häufigste Einwand meint, daß W. eine unmögliche Durchbrechung der »Naturgesetze« wären. Doch die sog. Naturgesetze können vom naturwissenschaftlichen Standpunkt aus nicht mehr als selbständig wirkende Kräfte angesehen werden. Sie bestimmen nicht das Wesen der Wirklichkeit, sondern stellen methodische Regeln zum Verständnis und zur Beherrschung der vorgegebenen Wirklichkeit dar. Sie sind nicht konstitutiv, sondern regulativ zu verstehen. Man kann nie mit Sicherheit behaupten, was »naturgesetzlich« möglich oder unmöglich ist, denn es läßt sich zu keiner Zeit abschließend feststellen, ob sämtliche Faktoren in ihrem Zusammenwirken berücksichtigt oder erkannt worden sind. Demnach kann das W. auch nicht als Experimentalbeweis für die Wirklichkeit Gottes gelten; die Naturwissenschaft ist gegenüber dem Glauben wie dem Unglauben gleichermaßen neutral. Die kurzschlüssige Ablehnung der W. aber stammt aus einem philosophischen Vorurteil oder aus einem Mißverständnis dessen, was die Bibel als W. ansieht. Vgl. K. Heim, Die Wandlung im naturwissenschaftlichen Weltbild, Kap. 5.

II) DAS WUNDER IM AT.

1) Nicht erst außerordentliche und unerklärbare Ereignisse werden als W. aufgefaßt, sondern die Erschaffung und Erhaltung der Welt überhaupt gilt als das große W. Gottes. »Die Welt ist voller Wunder und sie selbst ist das größte Wunder« (Augustinus). Da Gottes Macht unbegrenzt ist, hat die Unterscheidung von natürlichen und übernatürlichen Geschehnissen keinen Platz in der Bibel. Bei Gott sind grundsätzlich alle Dinge möglich (1 Mo 18,14; Mt 19,26; Mk 14,36), er handelt auf gewöhnliche und außergewöhnliche Weise wunderbar, mit dem Ziel, seine Macht und Herrlichkeit zu offenbaren. Sowohl sein Handeln in der Natur wie in der Geschichte gilt als W. (Ps 78,43; 2 Mo 7,3; Hi 37,5.14–16). So werden als W. genannt der Donner (Hi 37,5), die Bahn der Sterne (Hi 9,9–10), die Zubereitung des Menschen im Mutterleibe (Ps 139,13–15), Gottes Allgegenwart (V 6) und Durchhilfe (Ps 40,6), seine Wege mit den Völkern (Jes 25,1–2; 28, 29). Gott greift auch in Gerichtswundern in die Geschichte des Menschen ein (vgl. die ägypt. → Plagen; weiter 3 Mo 10,1–7; 1 Sam 6,19–20; 2 Sam 6, 6–7).

2) W. im außergewöhnlichen, Staunen erregenden Sinn geschehen nicht regelmäßig zu allen Zeiten. Um den → Auszug aus Ägypten und z. Zt. der Propheten → Elia und → Elisa werden bes. viele W. aufgezählt: die Befreiung aus Ägypten, der Durchzug durch das Schilfmeer, die Speisung mit → Manna und die Tränkung aus dem Felsen, Totenerwekkungen, Gerichtswunder usw. Vor der Ankunft des jüngsten Tages werden Wunderzeichen in der Natur verheißen (Jo 3,3–4; Apg 2,19–20).

III) DAS WUNDER IM NT.

1) IM ALLGEMEINEN.

Vom Evangelium der Erlösung aus ergibt sich eine weitere Sicht für die Bedeutung der W.: sie sind nicht nur möglich, sondern notwendig, wenn die aus dem Einklang mit Gott gefallene Welt überhaupt vor den zerstörenden Mächten erhalten, und erst recht, wenn sie erlöst und zur Vollendung geführt werden soll. W. sind so ein Zeichen innerhalb des Unvollkommenen, um dem verblendeten Menschen die Augen zu öffnen. Denn nicht, daß ein Blinder wieder sehen kann, ist ein »natürliches« (oder »übernatürliches«) W., sondern die Unnatur zeigt sich darin, daß er überhaupt blind ist.

Das W. der Sündenvergebung besteht in der Erneuerung der verderbten Natur (vgl. Lk 5,23–26; Röm 8,21), und das ist das große W. im NT überhaupt, daß »in Christus Jesus« das »Naturgesetz« der Sünde und des Todes überwunden wird durch das Gesetz des Geistes des Lebens (Röm 8,2).

2) DIE WUNDER JESU.

a) Das W. in Person ist Jesus Christus selbst, und darin eingeschlossen das W. seiner Fleischwerdung

(1 Tim 3,16) und das »Zentralwunder« seiner → Auferstehung. Vom W. seiner Auferstehung aus den Toten sind alle W. im Leben und Handeln Jesu zu sehen und zu verstehen. Ist durch die Auferstehung Jesu seine Herkunft von oben aus Gott erwiesen und die Erlösung, die er am Kreuz errungen hat, bestätigt, so sind alle Wundertaten seines Leben selbstverständliche Auswirkungen. Ist er nicht auferstanden, »so ist unsere Predigt leer, leer auch euer Glaube, wir werden aber auch als falsche Zeugen Gottes erfunden, ihr seid noch in euren Sünden, also sind auch die in Christus Entschlafenen verloren. Haben wir in diesem Leben auf Christus nur gehofft, so sind wir bejammernswerter als alle andern Menschen« (1 Kor 15,12–19).
Jesus verdeutlicht und bekräftigt durch die W. seine Predigt von der Nähe des Gottesreiches. Sie fordern auf zur Entscheidung, Buße und Anerkennung oder zur Ablehnung (Mk 1,15.22–28; Mt 11,21f). Die W. sind »Zeichen« (so vor allem bei Johannes: Joh 2,11.23; 3,2; 4,48.54; 6,2.14.26.30; 7,31; 9,16; 10,41; 11,47; 12,18.37; 20,30), welche die Gesinnung der Herzen offenbaren, indem sie zur persönlichen Stellungnahme zwingen. Wer nicht in der Liebe zur Wahrheit den Zeichen zum Ziel folgt, kann ihre Gültigkeit nicht erproben und verfällt dem Geist des Irrtums (2 Thess 2,11).
Wunder und Glaube bedingen sich gegenseitig. Einerseits ist der Glaube selber ein W., anderseits kann Jesus wenig W. tun, wo er auf Unglauben stößt (Mt 13,58). Die W. bestätigen den Glauben, sie erreichen ihre Bestimmung in der gehorsamen Bejahung durch den Glauben. Die Zeichen Jesu stoßen auf den wagenden Glauben wie auf entschlossenen Unglauben (bes. Joh 1,5.10.11 gegenüber V 7. 12.16; Ablehnung: Joh 5,16; 6,26; 7,5.46–48; 8,40. 44.45.59; 12,37; 15,24), wobei nur der Glaube das W. als Heilstat an sich erfährt (Mk 2,5; 9,23; Mt 15,28): »Dein Glaube hat dir geholfen« (Lk 7,50; 8, 48; 17,19; 18,42). Wer sich dem Evangelium im Unglauben verschließt, dem helfen alle W. nicht, sondern dienen ihm vielmehr zum Gericht (Mt 11,23).
Aber auch beim W. selbst bleibt immer noch die Frage, in wessen Vollmacht es geschieht (Mt 12,24ff; Apg 4,7). Es gibt auch »Zeichen und W. der Lüge« (2 Thess 2,9; Mt 24,24; Offb 13,13f). Darum hat Jesus abgelehnt, seinen Messiasanspruch durch ein W. zu beglaubigen (Mt 12,38ff; Lk 16,31; vgl. → Zeichen IV).
b) Die vier Evangelisten berichten von insgesamt 41 W., die Jesus getan hat. Unter ihnen stehen als W. an Menschen die Krankenheilungen und oft deutlich davon unterschieden die Dämonenaustreibungen (Mk 1,27.30.32.34.40–45; 2,1–11; 3,1–6. 10.11) sowie 3 Totenerweckungen: die Tochter des Jairus (Mk 5,39–43), der Jüngling zu Nain (Lk 7,11 –17), Lazarus (Joh 11). Als physische W. an der übrigen Schöpfung sind zu nennen: die Stillung des Sturmes (Mk 4,35), das Wandeln auf dem See (Mk 6,45); die Brotvermehrung (Mk 6,30ff; 8,1ff), die Verwandlung von Wasser in Wein (Joh 2,1ff), der wunderbare Fischzug (Lk 5,1ff), das Geldstück im Fischmaul (Mt 17,27).
c) Die Zeitgenossen Jesu waren weder wundergläubiger noch -ungläubiger als die Menschen in heutiger Zeit. Jesus verwundert sich über den allgemeinen Unglauben seiner Person und seinen Wunderwerken gegenüber (Mk 4,40; 6,6; 16,14; Lk 18,8; Joh 10,38; 14,11). Die Menge verlacht seine Anzeige eines W. (Mk 5,40), sie verleugnen es (Joh 9,16), oder wo das nicht mehr möglich ist, schreiben sie sein Wirken einem dämonischen Geist zu (Joh 8,48. 49; Mk 3,22f). Die Apostel selbst bitten um Mehrung des Glaubens (Lk 17,5), sie zweifeln anfänglich an der Auferstehung des Herrn (Mk 16,11; Lk 24,11; Joh 20,24f) ebenso wie die Römer (Apg 26,8) und Griechen (Apg 17,32); vgl. → Auferstehung. Anderseits fordern die Volksmenge und die Schriftgelehrten Zeichen und W., die ihnen versagt werden, weil sie nicht bereit sind, im Glauben an Jesus Ehre und Gut zu verlassen und ihm nachzufolgen (Lk 11,16.29f; Mt 27,39–44).
d) Man hat versucht, die W. Jesu »natürlich« oder rationalistisch zu erklären als Heilverfahren durch Suggestion oder als nachträgliche »Zeugnisse« der ersten christlichen Gemeinde, welche ihren Glauben an Jesus nach dem Muster von röm. und griech. Wundererzählungen in Geschichten einkleidete. Doch genaue Untersuchungen der Evangelientexte lassen erkennen, daß die W. wesentliche Bestandteile der Berichte sind und sich unmöglich aus den Darstellungen von Jesus streichen lassen, ohne den Sinnzusammenhang zu vergewaltigen oder zu zerstören. »Jesus ist von Gott beglaubigt durch machtvolle Taten und W. und Zeichen, die Gott durch ihn in eurer Mitte getan hat« (Apg 2,22). Diesen Anspruch der Pfingstpredigt haben die Feinde nicht in Frage gestellt.
Daß die Wunderberichte der Evangelien in der Art und dem Verlauf der Erzählung vielfach den griech. und jüd. Wundergeschichten gleichen (Beschreibung der Krankheit, Anwendung der Mittel, Heilung), erklärt sich aus der Natur der Sache; in dieser Weise wird grundsätzlich noch heute jeder medizinische Krankenbericht gegeben. Die stilistische Ähnlichkeit ist kein Beweis dafür, daß die Evangelien nicht wirkliche, miterlebte Ereignisse im Leben Jesu berichten.
e) Der glaubenden Gemeinde ist verheißen, daß auch ihr Leben von Zeichen und W. begleitet sein werde (Mk 16,17–18; Joh 14,12). Gott selber gab Zeugnis zur Verkündigung der Apostel »durch Zeichen und W. und vielerlei machtvolle Taten und Zuteilungen des Heiligen Geistes nach seinem Willen« (Hebr 2,3–4). Diese W. und Zeichen der Gemeinde werden getan aus der Kraft der zukünftigen Welt, von der sie bereits einen Vorgeschmack geben (Hebr 6,5). Alle W. sind Zeugnis des Vollkommenen und zielen auf die → Vollendung.

Wunderlich → Unschlachtig

Wunsch, wünschen. Das Verlangen nach einem nicht verfügbaren Gut oder Ereignis.

I) Gott selbst wünscht nicht, er beschließt, weil alles in seiner Hand liegt und zu seiner Verfügung steht (vgl. Ps 115,3; 135,6). Der Inhalt des W. charakterisiert das Herz des Verlangenden: des Gottlosen (Spr 21,10.25; 23,3.6) wie des Christen, der seine Brüder liebt (Röm 9,3; Apg 26,29) und allein Gottes Ehre im Sinn hat. Weisheit ist nach Spr 3, 15; 8,11 das höchste Ziel aller Wünsche.

II) »Glück, Heil, Frieden wünschen« (Ps 122,7.8; Apg 15,23) sind alte Gruß- und Segenswünsche und feste Bestandteile des orientalischen → Grußes. Auch in 3 Joh 2: »Ich wünsche in jeder Hinsicht, daß es dir wohlgehe« liegt eine gängige Briefformel vor, die uns ebenso aus dem profanen Briefwechsel der ntl. Zeit bekannt ist.

Wurfschaufel. Das hebr. Wort *mizrāh*, das Luther in Jes 30,24 mit Wanne und in Jer 15,7 mit Wurfschaufel übersetzt, bezeichnet wohl ebenso wie das griech. *ptyon* (Mt 3,12; Lk 3,17) die hölzerne Wurfgabel, mit der die ausgedroschenen Getreidekörner durch Hochwerfen im Wind von der groben Spreu befreit wurden, während mit dem in Jes 30,

24 daneben erwähnten hebr. *rachat* wahrscheinlich die Schaufel gemeint ist, mit der man dann die Körner auch von der feineren Spreu trennte. Vgl. → Ackerbau IV.

Wurm → Gewürm, → Krankheit

Würze → Balsam

Wüste. Die unwegsamen (Ps 107,4ff) und menschenleeren (Hi 38,26; Jer 2,6), größtenteils wasser- und weitgehend vegetationslosen (Jes 35,1.6; 41,18. 19; Hes 19,13) Gebiete im O und S → Palästinas (III,2 e; V). Es sind meist steinige und vielfach gebirgige Gegenden, keine Sandwüsten. In den Tälern findet sich spärliche Vegetation: Tamarisken (Taf. 87/1376), Akazien (Taf. 7a/96), Dornsträucher (Ri 8,7; vgl. → Heide II) und nach den sehr unregelmäßigen Regenfällen (→ Regen I,1; II) auch Graswuchs, der Herden vorübergehend Nahrung bietet (2 Mo 3,1).
Zu den in der HS genannten Wüsten vgl. die einzelnen Namen; weiter Gebirge → Juda; → Negev; → Wüstenzug I.
»Wüste« ohne nähere Bestimmung bezeichnet an einer Reihe von Stellen den Jordangraben nördl. vom Toten Meer (Jos 8,15; Ri 20,42; 1 Sam 13,18; vgl. Mt 3,1; Lk 3,2).

Wüstentiere. Mit »W.« wird in Jes 13,21; 34,14; Jer 50,39 LÜ das hebr. Wort *zijjim* wiedergegeben, das Luther in Ps 72,9 mit seiner wörtl. Bedeutung »die in der Wüste« übersetzt hat. An den drei erstgenannten Stellen bezeichnet das Wort vermutlich »Wüstendämonen«. Vgl. → Feldgeist, → Hund I, 3, → Kobold.

Wüstenwanderung → Wüstenzug

Wüstenzug. I) Das GEBIET, durch das der Weg der Israeliten von Ägypten nach Kanaan führte, umfaßt die Sinaihalbinsel zwischen dem Golf von Suez und dem von Akaba und erstreckt sich nach N bis zum Mittelmeer und der Südgrenze Palästinas. Im W wird es von der Landenge von Suez, im O durch die Araba begrenzt. Der breite sandige Küstenstreifen im N zieht sich nach S über die Landenge von Suez hinweg und schmaler werdend noch eine Strecke an der Küste des Roten Meeres hin. Diese Sandflächen bilden die Wüste Sur oder Etham (2 Mo 15,22; 4 Mo 33,8). Daran schließt sich eine weite, nach S ansteigende Kalksteinhochfläche (600–750 m) mit einem Randgebirge von über 1200 m (Dschebel et-Tih). Sie wird durch den Wadi el-Arisch, den Bach Ägyptens (4 Mo 34,5), während des Winterregens zum Mittelmeer hin entwässert. Der Teil östl. vom Wadi el-Arisch ist die Wüste Pharan (4 Mo 10,12), eine weithin mit Geröll bedeckte Hochebene, die nach O zu in das Bergland der Wüste Zin (4 Mo 20, 1) übergeht, die offenbar noch einen Teil der Wüste Pharan bildete. Südl. des Dschebel et-Tih nimmt nach Sandsteinbergen geringerer Höhe, die reich an Bodenschätzen sind, ein Granitgebirge die Spitze der Halbinsel ein, das sich im → Sinai (2 Mo 19,2), der Bergkette des Ras es-Safsafeh, über 2200 m erhebt. Die Wüste Sin (2 Mo 16,1) liegt vermutlich am Fuß des Dschebel et-Tih im Bereich der Sandsteinberge nordwestl. vom Sinai (Debbet er-Ramleh).
Das gesamte Gebiet ist wasserarm und besitzt nur vereinzelte Oasen oder Quellen, wie bei Elim (vermutl. Wadi Gharandel; 4 Mo 33,9), am Sinai (5 Mo 9,21) und bei Kades. In den trockenen Flußbetten läßt sich aber oft noch durch Nachgraben Wasser finden. Hier besteht auch im Gegensatz zu der kah-

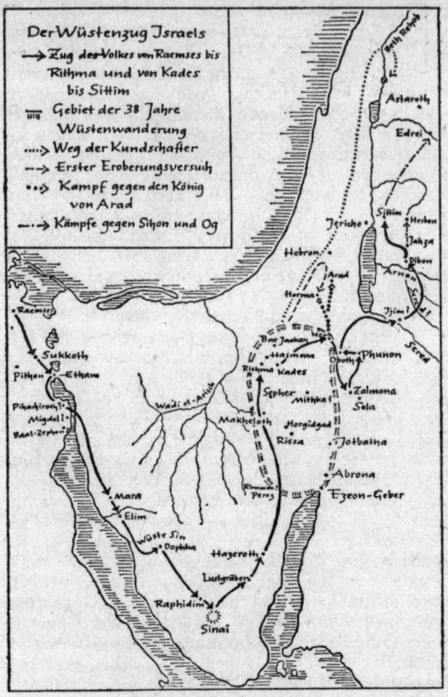

len Hochfläche eine meist spärliche, doch nach den Winterregen reichlichere Vegetation, die nach manchen Anzeichen früher viell. überhaupt stärker war. Gerade für die Gegend des → Negev um Kades, in der Israel die längste Zeit des W. zubrachte, ist durch Funde schon für die mittlere Bronzezeit eine ganze Anzahl Siedlungen nachgewiesen worden. Von Natur bietet das Land aber auch hier kaum für ein ganzes wanderndes Volk auf längere Zeit die notwendige Nahrung.

II) ZEIT UND WEG.

Der W. Israels beginnt mit dem Aufbruch aus Raemses in Ägypten am 15. Tage des 1. Monats im Jahr des → Auszugs (15. I. 1) und endet mit dem Aufhören des Mannas am gleichen Tage 40 Jahre später in Kanaan (15. I. 41). Wir haben für diese Jahre den fortlaufenden Bericht in 2 u. 4 Mo und Jos, das Verzeichnis der Lagerplätze in 4 Mo 33 (sie stellen vermutlich die wichtigsten Standorte der Bundeslade dar) und die rückschauenden Erwähnungen und Anspielungen auf die verschiedenen Ereignisse in 5 Mo. Wenn die Angaben auch nur eine Auswahl darstellen, die keine äußere Vollständigkeit erstrebt, so erlauben die erhaltenen Ortsnamen (vgl. die einzelnen Artikel) und Daten doch, uns in großen Zügen ein Bild vom Verlauf des W. zu machen. Es ist verständlich, daß sich dabei die Züge der Anfangs- und Endjahre mit ihren festen Zielen Sinai, Kades und Jordan genauer verfolgen lassen als die Wanderungen der Zwischenzeit, während derer die alte Generation stirbt und die neue heranwächst. Das ergibt die Gliederung des W. in 3 Abschnitte, von denen der 1. durch den Aufenthalt am Sinai noch einmal unterteilt wird.

1) VON ÄGYPTEN BIS ZUR SÜDGRENZE KANAANS.

a) Von Raemses bis zum Sinai.

Am 15. I. 1 brachen die Israeliten von Raemses (Avaris, Tanis oder Zoan) im Ostdelta des Nils auf

(2 Mo 12,2.6.29.37; 4 Mo 33,3; 5 Mo 16,1) und zogen südwärts nach Sukkoth (2 Mo 12,37; 4 Mo 33, 5), wahrscheinlich Tell el-Maschuta im Wadi Tumilat. Der nächste Lagerplatz war Etham am Rande der Wüste (V 6; 2 Mo 13,20), d. h. im unmittelbaren Grenzgebiet. Von dort kehrten sie aber noch einmal zurück nach Pihachiroth (ägypt. Pi-Keheret) zwischen Migdol (ebenfalls in ägypt. Texten genannt, beide Orte sind aber nicht sicher lokalisiert) und dem Schilfmeer und lagerten am Meer (2 Mo 14,2; 4 Mo 33,7), d. h. an den Seen auf der Landenge von Suez, wahrscheinlich südwestl. der Bitterseen. Hier öffnete ihnen das Eingreifen des Herrn den Durchzug durch das Wasser, der sie in die Wüste Sur oder Etham brachte, durch die sie 3 Tagereisen in südl. Richtung zogen (V 8; 2 Mo 14,22; 15,22). Als nächste Stationen werden Mara und Elim (V 23.27; 4 Mo 33,8.9) genannt, schon auf der Sinaihalbinsel, bevor der Weg noch einmal ans Schilfmeer (V 10), hier den Golf von Suez, führt. Nun wandten sie sich landeinwärts und erreichten einen Monat nach dem Auszug am 15. II. 1 die Wüste Sin (2 Mo 16,1; 4 Mo 33,11), wo sie zum ersten Mal Manna erhielten. Im nächsten Lagerort Dophka (V 12) hat man ein ägypt. Grubenzentrum (Serabit el-Khadim) vermutet. Über Alus (V 13) und Raphidim (V 14; 2 Mo 17,1), viell. der Wadi Rafajid, kam das Volk im 3. Monat in die Wüste Sinai am Berg Sinai oder Horeb (2 Mo 19,1.2; 5 Mo 1,6). Der Aufenthalt hier erstreckt sich fast auf ein Jahr und umschließt noch die Aufrichtung des heiligen Zeltes am 1. I. 2, das Passah am 14. I. 2 und die Volkszählung am 1. II. 2.

b) Vom Sinai bis Kades-Barnea.

Mit dem Aufbruch vom Sinai am 20. II. 2 (4 Mo 10, 11.12) beginnt die Wegstrecke, die in der Wüste Pharan bei Kades-Barnea endet (4 Mo 12,16 [13,1]; 13,26; 5 Mo 1,19). Die Entfernung vom Horeb bis Kades über den Weg des Gebirges Seir wird V 2 mit 11 Tagereisen angegeben, die tatsächliche Zeit der Wanderung muß aber länger gewesen sein, da die Ereignisse an den Lagerorten Thabeera (4 Mo 11,1 –3), Lustgräber (V 31–34; 33,16) und Hazeroth (4 Mo 11,35; 12,15; 33,17) längere Aufenthalte erforderten.

Die Zeit der ersten Weintrauben, die in die 40 Tage der Erkundung Kanaans von Kades aus fällt, liegt gegen Ende des 4. Monats (4 Mo 13,20[21].25 [26]). Nach dem Ungehorsam und der Niederlage des Volkes gegen die Kanaaniter (4 Mo 14,2.25; 5 Mo 1,26.27.44) blieb Israel noch geraume Zeit in Kades (V 46). 4 Mo 33,18 steht an der Stelle, wo man Kades das erste Mal erwarten würde, Rithma. Möglicherweise handelt es sich hier um den Standort der Bundeslade im Wadi Abu Retemat westl. von Kades, während das Volk im Gebiet von Kades lagerte.

2) 38 JAHRE WÜSTENWANDERUNG.

Aus dem folgenden längsten Abschnitt der Wüstenwanderung wird uns nur wenig berichtet. Die Israeliten waren von Kades in Richtung auf das Schilfmeer aufgebrochen (4 Mo 14,25) und hatten das Gebirge Seir lange Zeit umzogen (5 Mo 2,1). Die Aufzählung der Lagerplätze 4 Mo 33,19–35 bietet nur die Namen ohne irgendwelche weiteren Angaben. Die Hinrichtung des Sabbatbrechers (4 Mo 15, 32) und den Aufruhr Korahs in der Wüste (4 Mo 16,1.2.13) können wir nur allg. in diesem Zeitraum ansetzen. Wir werden hier mit langen Aufenthalten an den einzelnen Stationen rechnen dürfen, wobei viell. nur die Bundeslade mit einem Teil des Volkes am Ort lagerte, während sich die Stämme mit ihren Herden in der weiteren Umgebung ausbreiteten.

3) VON KADES BIS ZUM JORDANÜBERGANG.

Mit dem Eintreffen des Volkes in Kades im 1. Monat des 40. Jahres (4 Mo 20,1; 33,36) beginnt der letzte Abschnitt des Wüstenzuges. Einer Gesandtschaft an den König von Edom folgend (4 Mo 20, 14–21) rückte Israel bis zum Berg Hor an der Grenze edomitischen Gebietes (V 22.23; 33,37), wo Aaron am 1. V. 40 starb (4 Mo 20,27.28; 33,38). Nach dem Kampf mit dem Kanaaniterkönig von Arad (4 Mo 21,1–3; 33,40) führte die Richtung des Zuges zunächst nach S in die Araba (4 Mo 21,4; vgl. 5 Mo 2,8) und dann weiter über Zalmona, Phunon und Oboth (4 Mo 33,41–43; 21,10) nach Ije-Abarim oder Ijim östl. von Moab (4 Mo 21,11; 33,44.45). Von dort aus überschritten die Israeliten 38 Jahre nach ihrem ersten Aufenthalt in Kades den → Sered (4 Mo 21,12; 5 Mo 2,13.14) und dann zwischen Moab und Ammon den Arnon (4 Mo 21,13; 5 Mo 2, 18.19.24). Über Dibon-Gad (4 Mo 33,45), Beer (LÜ Brunnen; 4 Mo 21,16.18). Matthana (V 18), Kedemoth (5 Mo 2,26), Nahaliel, Bamoth (4 Mo 21,19) und das Gebirge Abarim am Nebo (4 Mo 33,47) erreichten sie den Jordan gegenüber Jericho. Bei Jahza in der Wüste hatten sie auf dem Wege den Amoriterkönig Sihon (4 Mo 21,23; 5 Mo 2,32) und bei Edrei in Basan König Og besiegt (4 Mo 21,33; 5 Mo 3,1), so weit nach N ist aber wohl nur das Heer vorgestoßen. Das isrl. Lager im Gefilde Moabs erstreckte sich im Tal gegenüber Beth-Peor von Beth-Jesimoth bis Abel-Sittim (4 Mo 22,1; 25,1; 33,48. 49; 5 Mo 3,29; 4,46). Hier fand die 2. Volkszählung statt (4 Mo 26). Nachdem Josua zum Nachfolger eingesetzt (4 Mo 27,18–23) und das Ostjordanland verteilt war (4 Mo 32), hielt Mose seine Abschiedsreden. Dafür wird das Datum des 1. XI. 40 angegeben (5 Mo 1,3.4). Nach seinem Tode überschritt das Volk unter Josua am 10. I. 41 den Jordan (Jos 4,19) und hielt am 14. I. 41 Passah in Gilgal (Jos 5,10). Am folgenden Tag begannen die Israeliten vom Getreide Kanaans zu essen, und das Manna hörte auf (V 11). Damit ist das Ende des W. erreicht.

III) Während des W. handelten und lebten die Israeliten zum ersten Mal in ihrer Geschichte als geschlossenes und selbständiges Volk, dazu in einem Lande, das von Natur aus nicht die Möglichkeit bot, eine so große Menschenmenge zu ernähren. Von Anfang an wird immer wieder das Eingreifen des Herrn berichtet, der sein Volk mit Wasser und Nahrung (Manna, Wachteln) versorgte. Die Wüstenzeit war Lehr- und Reifezeit, in der Israel sich daran gewöhnen sollte, in voller Abhängigkeit von Gott, im Hören auf seine Weisungen und in den Ordnungen des Herrn zu leben, ehe es das Land Kanaan zum Besitz erhielt, wo alle Lebensbedürfnisse in reicher Fülle vorhanden waren (5 Mo 8). Die Israeliten in ihrer Gesamtheit haben nur schwer und vorübergehend gelernt, die Wüstenjahre noch zeigen Undankbarkeit, Ungehorsam und Abfall (Neh 9,9–26), aber trotz allem war es doch eine Zeit engerer und tieferer Gemeinschaft zwischen dem Herrn und seinem Volk als jemals später (Jer 2,2.3; Hos 2,16[14]f).

Z

Zaanannim.
Ort an der Grenze Naphthalis (Jos 19,33; Ri 4,11), wahrscheinlich das heutige Chan et-Tuddschar, etwa 5 km nordnordöstl. vom Thabor (vgl. Karte Sp. 492).

Zacharias, griech. Form des hebr. Sacharja.
1) Sohn Berechjas, er wurde zwischen dem Tempel und dem Altar erschlagen (Mt 23,35; Lk 11,51). Vgl. → Sacharja (11).
2) Vater Johannes des Täufers, Priester aus der Dienstabteilung Abia. Seine Frau hieß Elisabeth. Beide waren gerecht vor Gott, aber kinderlos. Als Z. einmal das Räucheropfer darbrachte, erschien ihm am Altar der Engel Gabriel und kündigte ihm die Geburt eines Sohnes an, der ein Wegbereiter des Messias werden sollte. Als Z. zweifelnd nach einem Zeichen verlangte, erhielt er es als Strafe. Er wurde stumm und konnte das wartende Volk nicht mehr segnen. Als sein Sohn geboren war, schrieb er auf eine Tafel, daß er Johannes und nicht Z. heißen sollte. Daraufhin wurde sein Mund geöffnet, und, erfüllt mit dem Heiligen Geist, pries er Gott mit seinem Lobgesang, der sich weissagend an die atl. Verheißungen anschließt (Lk 1,5–25.57–80).

Zachäus, griech. Form des hebr. Sakkai, das wahrscheinlich aus Sacharja verkürzt ist.
Reicher Oberzolleinnehmer in Jericho, der Jesus sehen wollte, als dieser durch die Stadt kam. Wegen seiner kleinen Gestalt gelang ihm das nur, indem er auf einen Baum stieg. Als Jesus vorbeikam, rief er Z. zu sich und sagte ihm, er wolle bei ihm zu Gast sein. Die Begegnung mit Jesus brachte Z. zu dem Entschluß, die Hälfte seines Besitzes den Armen zu geben und vierfach zurückerstatten, was er unrechtmäßig an Zoll erhoben hatte. Als er dies aussprach, antwortete Jesus ihm: Heute ist diesem Hause Heil widerfahren (Lk 19,1–10).

Zacken steht in der LÜ für die Eisenmesser am Dreschschlitten (Jes 41,15, wörtl. »mit doppelten Schneiden«) oder für die Dreschschlitten selbst (Am 1,3); vgl. → Ackerbau IV.
Mit den »eisernen Zacken« in 2 Sam 12,31 (1 Chron 20,3 setzt LÜ für dasselbe hebr. Wort »Dreschwagen«) sind nach dem hebr. Text wahrscheinlich eiserne Pickel oder Hauen gemeint. Vgl. zum Sinn dieser Stelle → Ammoniter.

Zadok, Kurzform »Er (Gott) hat sich als gerecht erwiesen«.
1) Sohn Ahitobs (2 Sam 8,17) aus dem Geschlecht Eleasars, des Sohnes Aarons (1 Chron 24,3). Er war mit dabei, als David in Hebron König über Israel wurde (1 Chron 12,27.28).
Z. und → Abjathar waren beide → Hohepriester z. Zt. Davids (2 Sam 20,25), wobei Z. den Dienst am heiligen Zelt auf der Höhe von Gibeon versah (1 Chron 16,39). Sowohl Abjathar wie Z. erwiesen David während seiner Flucht vor Absalom entscheidende Hilfe, nachdem sie auf die Bitte des Königs mit der Bundeslade nach Jerusalem zurückgekehrt waren (2 Sam 15,24–29; 19,12[11]). Als Abjathar aber dann bei der Verschwörung Adonias dessen Partei ergriff, blieb Z. auf Salomos Seite und salbte ihn auf Davids Befehl zum König (1 Kö 1,7.8.32–45). Später verbannte Salomo Abjathar nach Anathoth, und damit kam das Amt des Hohenpriesters wieder endgültig an die Nachkommen Eleasars in der Person Z. zurück (1 Kö 2,26.27; vgl. Hes 44,15).
2) Im Hohenpriestergeschlecht kommt noch ein weiterer Z. vor, der Sohn eines zweiten Ahitob und Vater Sallums (1 Chron 5,38[6,12]; Es 7,2). Nach 1 Chron 9,11; Neh 11,11 war Ahitob jedoch sein Großvater und der Name seines Vaters Merajoth.
3) Vater Jerusas, der Mutter König Jothams (2 Kö 15,33).
4) Sohn Baanas, der bei der Ausbesserung der Mauer Jerusalems half (Neh 3,4). Viell. derselbe Z., der die Verpflichtung auf das Gesetz unterschrieb (Neh 10,22[21]).
5) Priester, der Sohn Immers (Neh 3,29). Er war ebenfalls am Mauerbau in Jerusalem beteiligt.
6) Schriftgelehrter, den Nehemia zum Aufseher über die Tempelvorräte einsetzte (Neh 13,13).

Zaenan. Ort in der judäischen Sephela (Mi 1,11; vgl. Karte Sp. 920), Jos 15,37 Zenan genannt. Heute Arak el-Haraba, 6 km nordwestl. von Lachis. Vgl. Karte Sp. 920.

Zahl.
I) ALLGEMEIN.
1) Zahlen dienen zur genauen Bezeichnung der Menge oder Anzahl gleichartiger Einheiten (Menschen, Tiere, Dinge, Zeitabschnitte oder Begriffe); außerdem können sie die Reihenfolge innerhalb einer bestimmten Anzahl festlegen.
2) Die fortschreitende Zahlenreihe wird in Abschnitte, Zahlengruppen eingeteilt, die der Vereinfachung von Schreibung und Rechnung dienen. Dabei haben vor allem 2 Systeme weiteste Verbreitung gefunden: das Zehnersystem (dekadisches oder Dezimalsystem), das auf den 2 × 5 = 10 Fingern des Menschen, die die nächstliegende Hilfe beim Rechnen bilden, aufbaut; und das Zwölfersystem (Duodezimalsystem), das durch die größere Teilbarkeit seiner wichtigsten Einheiten manche praktischen Vorteile besitzt. Während die 5 als Hälfte der 10 eine Primzahl ist, bildet die 6 als Hälfte der 12 die kleinste durch 2 Zahlen teilbare Größe; 50 ist nur durch 2, 5, 10 und 25 teilbar, 60 dagegen durch 2, 3, 4, 5, 10, 12, 15, 20, 30.
3) In der HS findet auch das Zwölfersystem Verwendung (vgl. unten II,12), den Vorrang hat jedoch von Anfang an das Zehnersystem. Bei seiner Bitte für Sodom beginnt Abraham mit 50, geht zweimal um 5 herunter, danach dreimal um 10 und schließt mit 10 ab (1 Mo 18,24–32). An anderer Stelle finden wir die Reihe von 1, 2, 5, 10, 20, 30 Tagen (4 Mo 11,19.20). Auch runde Zahlen, Zahlenverhältnisse und Multiplikationen werden vielfach nach dem Dezimalsystem angegeben: 1000 und Tausende (2 Mo 20,6; 34,7); 10000 (Ri 1,4; 3,29; 4,6; 7,3); 5 : 100, 100 : 10000 (3 Mo 26,8); 1000 : 10000 (1 Sam 18,7); 10 von 100, 100 von 1000, 1000 von 10000 (Ri 20,10; vgl. 4 Mo 31,4; Am 5,3); 1000 × 1000 (1 Mo 24,60). Auch die Gliederung des Volkes Israel in Gruppen von 1000, 100, 50 und 10 folgt dem gleichen Prinzip (2 Mo 18,21; 5 Mo 1,15).
4) Zahlen werden in der Schrift, sofern man sie nicht ausschreibt, durch Buchstaben oder besondere Zeichen wiedergegeben. Im Hebr. dienten die Buchstaben als Zahlzeichen, auch hierbei galt das Zehnersystem (vgl. Abb. Sp. 57). Die ersten 9 Buch-

staben bezeichnen die Einer, die nächsten 9 die Zehner und die letzten 4 die Hunderter von 100–400. Alle übrigen Zahlen schrieb man durch Zusammensetzen der betreffenden Buchstaben. Daneben kannte man, z. B. auf Gewichten (vgl. Abb. Sp. 896) auch besondere Zahlzeichen, wie sie sich ähnlich auf aram. und phön. Münzen und Inschriften finden. Auch hier lag das Dezimalsystem zugrunde.

5) Aus dem Gebrauch der Buchstaben als Zahlzeichen ergab sich die Möglichkeit, einzelne Buchstaben bzw. ganze Worte in Zahlen umzusetzen und umgekehrt. Vgl. dazu → Alphabet, → Nero.

6) Eine besondere literarische Form bildet der Zahlenspruch in den Weisheitsbüchern. Hier wird eine bestimmte Anzahl gleichartiger Dinge aufgezählt (Spr 30,24–28; Sir 25,1.2), meist eingeführt durch die Steigerung von zwei (Sir 26,25–27; Spr 30,29–31; Hi 5,19–22; Sir 25,9–16) oder drei (Spr 30,15.16) Zahlen, die die Aufmerksamkeit erregen sollen. Gelegentlich gipfelt die Aussage dabei im letzten Glied der vollständigen Reihe (Spr 30,18.19; V 29–31; Sir 25,9–16; 26,25–27).
Eine ähnliche Einleitung benutzt Amos bei seiner Gerichtsbotschaft (Am 1,3.6.9.13; 2,1.4.6), durch die Wiederholung wird die Wirkung noch bes. gesteigert. Fortschreitende Zahlenreihen finden sich auch in Pred 4,12; Jes 17,6.

II) Über den reinen Zähl- und Mengenwert hinaus haben die Zahlen in der HS aber vielfach noch eine besondere inhaltliche, SINNBILDLICHE BEDEUTUNG. Sie ist bei vielen Zahlen ganz eindeutig, bei anderen nicht so klar erkennbar, und manche Zahlen zeigen auch gar keine solchen Zusammenhänge. Die Bibel enthält also – im Gegensatz zu gleichzeitigen und späteren systematischen Zahlenspekulationen – in dieser Hinsicht kein geschlossenes System; manche Zahlen stehen sowohl in Beziehung zu Gott wie zu widergöttlichen Mächten (vgl. 2, 6, 7, 10). Die mögliche oder eindeutige symbolische Bedeutung einer Z. braucht darum auch keineswegs ihre sachliche Bedeutung und Richtigkeit auszuschließen; beides kann sehr wohl nebeneinander stehen (vgl. etwa die häufigen Zeitabschnitte von 40 Tagen, z. B. 2 Mo 24,18; Mt 4,2; Apg 1,3).
Die folgenden Beispiele sollen die wichtigsten inhaltlichen Beziehungen der Zahlen aufzeigen.

1) EINS: Gott ist einer (5 Mo 6,4; Gal 3,20; Jak 2,19; Mt 19,17; 23,8), sein Wesen ist Einheit. In der Schöpfung haben die Sünde und Gottes Gericht über sie die ursprüngliche Einheit zerstört (1 Mo 11,1.6.7). Nun ist es die Aufgabe des einen Mittlers zwischen Gott und Menschen, Jesus Christus (1 Tim 2,5; vgl. Mt 23,8.10), der mit dem Vater eins ist (Joh 10,30), die verlorene Einheit und Gemeinschaft wiederherzustellen (Joh 17,11.21–23; 1 Kor 8,6). Er hat aus Juden und Heiden ein neues Gottesvolk geschaffen (Eph 2,14–16), in dem es gilt, die Einigkeit im Geist durch das Band des Friedens zu erhalten: ein Leib und ein Geist, berufen auf einerlei Hoffnung, ein Herr, ein Glaube, eine Taufe, ein Gott und Vater aller, der über allen, durch alle und in allen ist (Eph 4,3–6).

2) Die ZWEI ist die Zahl sowohl der kleinsten Gemeinschaft wie der Trennung und Entscheidung. Sie bedeutet die Überwindung der Einsamkeit und Hilflosigkeit in Ehe (1 Mo 2,20b–24; Mt 19,4–6) und Freundschaft (Pred 4,8–12). 2 → Zeugen müssen die Wahrheit jeder Aussage bestätigen (5 Mo 17,6; Joh 8,17; vgl. Offb 11,3), je 2 Jünger sendet Jesus zusammen aus (Lk 10,1; Mt 21,1; Mk 14,13; vgl. Mt 18,19.20), 2 Tiere ziehen miteinander im → Joch (Lk 14,19). Niemand aber kann 2 Herren dienen (Mt 6,24); und das Bild der 2 Wege (Mt 7,13.14) wie das Beispiel zweier Menschen (Lk 18,9–14; vgl. 17,34–36) machen deutlich, daß es vor Gott um letzte Entscheidung, um Leben oder Tod, Erlösung oder Verdammnis geht.

3) Wie die Eins erscheint auch die DREI in enger Beziehung zu Gott, wobei sie aber nicht immer ausdrücklich genannt ist. Gott offenbart sich als Vater, Sohn und Geist (Mt 28,19; vgl. zur Dreieinigkeit → Gott IV); Geist, Wasser und Blut legen Zeugnis für Jesus ab (1 Joh 5,7.8); dreimal rufen die Seraphim das »Heilig« vor dem Herrn aus (Jes 6,3; vgl. Offb 4,8). 3 Männer kommen zu Abraham (1 Mo 18,2); dreigliedrig ist der aaronitische Segen (4 Mo 6,24–26); Vorhof, Heiliges und Allerheiligstes bilden das Heiligtum, die Wohnung Gottes unter seinem Volk (2 Mo 26,33; 27,9; vgl. → Stiftshütte). 3 Tage liegen zwischen dem Tod und der Auferstehung Jesu (Joh 2,19; Mt 12,40).
Dem entspricht anderseits der dreifache Angriff des Versuchers gegen Jesus (Mt 4,1–11); auch bei der Beschreibung des widergöttlichen Tieres in Offb 13 erscheint die Dreizahl: Parder, Bär, Löwe und Kraft, Thron, Macht (V 2).

4) Die VIER bezeichnet die Gesamtheit der geschaffenen Welt, wenn von den 4 Enden (Jes 11,12; Offb 20,8), Örtern (Hes 7,2) oder Ecken (Offb 7,1) der Erde und den 4 Winden (Dan 11,4; Sach 2,10[6]; Mt 24,31; Mk 13,27) gesprochen wird. Vgl. auch die 4 »Hauptwasser«, in die sich der Paradiesstrom teilt (1 Mo 2,10).
Weiter spielt die Vier eine Rolle in der Beschreibung der 4 lebendigen Wesen am Thron Gottes (Hes 1,5–18; vgl. Offb 4,5–8); und der Herr redet von 4 Strafen, mit denen er sein ungehorsames Volk heimsuchen will (Jer 15,3; vgl. V 2; Hes 14,21).

5) Bei der FÜNF zeigen sich keine deutlichen Beziehungen in bestimmter Richtung.

6) Nach der SECHS zählen die Tage (2 Mo 20,9) und Jahre (2 Mo 23,10; vgl. 21,2) menschlicher Arbeit, die zwischen den Gott geheiligten Sabbaten und Sabbatjahren liegen, und ebenso die Tage des göttlichen Schöpfungswerkes (1 Mo 1,31; 2 Mo 20,11). Bei dem Riesen, der 6 Finger an jeder Hand und 6 Zehen an jedem Fuß hat (2 Sam 21,20), wird jedoch eine Durchbrechung der Ordnung Gottes offenbar; und in Offb 13,18 ist 666 die Zahl des Tieres, der Verkörperung der widergöttlichen Weltmacht; vgl. → Nero.

7) Die SIEBEN drückt ein abgeschlossenes, erfülltes Ganzes in seiner Vollkommenheit aus, meist von Gott gewollt und gesetzt, wie das Werk der Schöpfung (1 Mo 2,2.3). Der 7. Tag, der Sabbat (2 Mo 20,10), und das 7. Jahr, das Sabbatjahr (2 Mo 23,11), gliedern und ordnen Zeit, Arbeit und Gottesdienst des Menschen.
Siebenfältig ist die Vergeltung (1 Mo 4,15; Ps 79,12; Spr 6,31) und die Vergebung (Lk 17,4), die die gestörte Ordnung wiederherstellen, 7mal muß der Priester die sühnende → Besprengung vollziehen (3 Mo 4,6; 8,11; 14,7.16.51; 16,14). Manchmal werden Gruppen von 7 gleichen Tieren gemeinsam geopfert (4 Mo 28,11.19; 1 Chron 15,26; 2 Chron 29,21; Hes 45,23), außerhalb Israels auch auf je 7 Altären (4 Mo 23,1.2.29.30). 7 Nachkommen Sauls müssen für seine Blutschuld sterben (2 Sam 21,6.9). Der Maßlosigkeit des Menschen, der seine Rache 77fach vollziehen will (1 Mo 4,24) steht Gottes grenzenlose Vergebung gegenüber (77mal; Mt 18,22 ZÜ).
So wird die Sieben zur heiligen, zur Zahl Gottes. Das tritt uns am klarsten in der → Offenbarung

des Johannes entgegen: 7 Geister Gottes (Offb 1,4); 7 Sterne, Leuchter und Gemeinden (V 20); 7 Sendschreiben (Offb 2–3); 7 Siegel (Offb 5,1); 7 Hörner und Augen des Lammes (V 6); 7 Posaunen und Zornschalen (Offb 8,2; 15,6.7); 7 Donner (Offb 10, 3.4). Der 7armige Leuchter (2 Mo 25,37) ist Bild des Herrn als der Fülle des Lichtes, in dem keine Finsternis ist (1 Joh 1,5).
Aber auch die Vollendung des Bösen wird 7fach dargestellt: 7 unsaubere Geister (Mt 12,45); 7 Häupter und Kronen des Drachen (Offb 12,3); 7 Häupter der Tiere in Offb 13,1; 17,3.7.

8) Die ACHT erscheint einigemal als Zahl eines neuen Anfangs. 8 Menschen werden vor der Sintflut gerettet (1 Mo 6,18; 1 Petr 3,20; 2 Petr 2,5), und von ihnen stammt die neue Menschheit ab (1 Mo 10, 1ff). Am 8. Tag erfolgt die Beschneidung, die das Kind als Glied des Gottesvolkes kennzeichnet (1 Mo 21,4; 3 Mo 12,3; Lk 2,21). Der 8. Sohn Isais wird der von Gott erwählte König Israels (1 Sam 16,10.11.13), aus dessen Geschlecht der Messias kommt (2 Sam 7,12ff).

9) Die NEUN wird nirgends mit sinnbildlicher Bedeutung gebraucht, ganz im Gegensatz zum Heidentum, wo sie eine große Rolle spielt.

10) Die ZEHN ist die Grundlage des in Israel gebräuchlichen Zahlensystems; in den Maß- und Zahlenangaben der Stiftshütte (2 Mo 26,1.16.18.19; 27, 9–12) und des Tempels (1 Kö 6,3.16.17.20.23–26; 7, 23.24.43.49) kommt sie bzw. ihr Vielfaches häufig vor.
Ein Zeitraum von 10 Tagen bildet ein Monatsdrittel und wird öfter als fester oder ungefährer Zeitabschnitt erwähnt (1 Mo 24,55; 4 Mo 11,19.20; 1 Sam 25,38; Neh 5,18; Jer 42,7; Dan 1,12; Offb 2, 10). Am 10. Monatstag wurde das Passahlamm ausgewählt (2 Mo 12,3) und der Versöhnungstag gefeiert (3 Mo 16,29).
Nachdem der Herr sein Volk durch die 10 ägypt. → Plagen aus der Knechtschaft befreit hatte (2 Mo 7–12), faßte er in den 10 → Geboten seine Forderung und seinen Willen für Israel zusammen (2 Mo 20, 1–17; 34,28) und beanspruchte die Grundabgabe des → Zehnten (3 Mo 27,30). Hier verbindet sich mit der Zehn die Vollendung der Erlösung und der umfassende, vollständige Anspruch Gottes an den Menschen.
Aber auch in Verbindung mit widergöttlichen Mächten erscheint die Zehn: in den Gesichten Daniels und der Offb tragen verschiedene Tiere und der Drache 10 Hörner als Zeichen ihrer Macht, z. T. werden sie auf 10 Könige gedeutet (Dan 7,7.24; Offb 12,3; 13,1; 17,3.7.12.16).

11) Weiter erscheinen einige Vielfache von 10 in besonderer Bedeutung.
a) DREISSIG Jahre war Joseph, als er vor Pharao stand (1 Mo 41,46), im gleichen Alter begann der Dienst der Leviten an der Stiftshütte (4 Mo 4,3), wurde David König von ganz Israel (2 Sam 5,4), und ungefähr ebenso alt war Jesus, als er seine öffentliche Wirksamkeit begann (Lk 3,23). 30 Tage dauerte die Trauer der Israeliten um Aaron (4 Mo 20,29) und Mose (5 Mo 34,8). 30 Silberlinge waren der Hirtenlohn des Propheten Sacharja (Sach 11,12. 13) und der Verräterlohn des Judas (Mt 26,15; 27, 3.5).
b) Die VIERZIG kommt häufig in Zeitangaben vor. 40 Jahre sind der Zeitraum, in der eine alte Generation ausstirbt und eine neue heranwächst; in diesem Sinn sind wohl die wiederholten Angaben im Richterbuch als runde Zahlen zu verstehen (Ri 3,11; 5,31; 8,28; der doppelte Zeitraum in Ri 3,30). Nicht als runde Zahlen zu betrachten sind jedoch die 40 Jahre des → Wüstenzuges (4 Mo 32,13; 5 Mo 2,7; 8,2.4; Jos 5,6; vgl. zu ihrer Chronologie Sp. 939) und die Regierungszeiten Davids (2 Sam 5,4; vgl. V 5), Salomos (1 Kö 11,42) und des Joas (2 Kö 12,2[1]). 40 Tage werden mehrmals im Sintflutbericht genannt (1 Mo 7,4.12.17; 8,6), ebenso lange war Mose zweimal auf dem Sinai (2 Mo 24, 18; 34,28), erkundeten die Israeliten das Land Kanaan (4 Mo 13,25[26]; 14,33.34) und wanderte Elia bis zum Horeb (1 Kö 19,8). Jesus fastete 40 Tage in der Wüste (Mt 4,2; Mk 1,13; Lk 4,2) vor dem Beginn seines öffentlichen Wirkens, und die gleiche Zeit über redete er als Auferstandener mit seinen Jüngern vom Reich Gottes (Apg 1,3). Als Frist zur Buße erscheinen 40 Tage in der Predigt des Jona in Ninive (Jon 3,4). Ein großer Teil der genannten Zeitspannen hat den Sinn der Vorbereitung und Prüfung.
c) SIEBZIG (= 7 × 10) ist wieder eine Zahl der Fülle, der Vollendung. 70 Älteste vertraten Israel vor dem Herrn (2 Mo 24,1.9–11), die gleiche Anzahl wurde ausgesondert, um Mose die Last des Volkes tragen zu helfen (4 Mo 11,16.17). 70 Jünger sandte Jesus vor sich her an die Orte, in die er kommen wollte (Lk 10,1). Das zeigt auch, daß seine Botschaft an die ganze Menschheit ergeht: mit Ausnahme der 3 Stammväter zählt die Völkertafel (1 Mo 10) 70 Namen auf, entsprechend der Zahl der Nachkommen Jakobs (vgl. 5 Mo 32,8; 1 Mo 46,27; 2 Mo 1,5).
Nach 70 Jahren geht die Herrschaft des Neubabyl. Reiches zu Ende (Jer 25,11.12; Jer 29,10), dem Israel unterworfen war; die Gerichtszeit über Tyrus soll ebensolange dauern (Jes 23,15.17). 70 Jahrwochen werden als heilsgeschichtliche Zeitspanne in Dan 9,24–27 genannt.
d) Die TAUSEND (= 10 × 10 × 10) kennzeichnet das → Tausendjährige Reich vollendeter und ungestörter Gottesherrschaft, das Jesus auf dieser Erde aufrichten wird (Offb 20,1–6).

12) Die ZWÖLF, die Zahl der Monate im Jahr (vgl. 1 Chron 27,1) und der Stunden am Tag (Joh 11,9), ist in besonderer Weise die Vollzahl des Gottesvolkes. Aus den 12 Söhnen Jakobs (1 Mo 35,22–26) wurden 12 → Stämme (2 Mo 24,4; 28,1; Jos 4,8.9; 1 Kö 18,31; Mt 19,28; Jak 1,1; vgl. 3 Mo 24,5; Ri 19,29; viell. auch 1 Kö 7,25; 10,20); ihnen entsprechen im NT 12 → Apostel (Mt 10,1–4; Apg 1,13–26). Vierundzwanzig ist die Zahl der Priester- (1 Chron 24) und levitischen Sängerabteilungen (1 Chron 25), achtundvierzig die der Leviten- und Priesterstädte (4 Mo 35,7; Jos 21,42). Bes. häufig ist die 12 mit ihren abgeleiteten Zahlen in der Offb. 12 Sterne hat die Krone der Frau, die die Gemeinde darstellt (Offb 12,1); 12, 12000 und 144 erscheinen in der Beschreibung des neuen Jerusalem (Offb 21, 12–21); 12 × 12000 = 144000 ist die Zahl der Versiegelten aus den Stämmen Israels (Offb 7,4–8; vgl. 14,1); 24 Älteste sitzen und beten an vor dem Thron Gottes (Offb 4,4.10).

Zair, dasselbe Wort heißt sonst »Klein, jung, gering«,
Ort, an dem Joram von Juda die Edomiter schlug (2 Kö 8,21). Der Text sagt nicht, ob der Ort in Südjuda oder in Edom lag, man hat ihn in Ras ez-Zuweira (neuhebr. Rosh Zohar), 37 km östl. von Beer-Seba und 12,5 km vom Toten Meer entfernt, oder in → Zior gesucht.

Zalaph »Kaperstrauch«,
Vater Hanuns z. Zt. Nehemias (Neh 3,30).

Zalmon.
I,1) Berg bei Sichem, vermutlich ein Ausläufer des Garizim (Ri 9,48).
2) Auch in Ps 68,15 kommt Z. als Name eines Berges vor (vgl. EÜ, ZÜ; LÜ: wo es dunkel war). Da im folgenden Vers das »Gebirge Basans« erwähnt wird, handelt es sich hier offenbar um das dunkle Basaltmassiv des → Hauran, bei Ptolemäus als Mons Asalmonus erwähnt.
II) Wohl »Licht, Glanz«.
Einer der Helden Davids, ein Ahohiter (2 Sam 23, 28); in 1 Chron 11,29 wird er Ilai genannt.

Zalmona »Dunkel«,
Lagerort der Israeliten auf der Wüstenwanderung (4 Mo 33,41.42), zwischen dem Berg Hor und Phunon. Man hat ihn in Bir Madhkur, 12 km nordwestl. von Petra, vermutet, wo in nabatäischer und röm. Zeit ein wichtiger Stützpunkt an der Straße durch die Araba lag. Vgl. Karte Sp. 1548.

Zalmuna, König der Midianiter, den Gideon besiegte und tötete (Ri 8,4–21; Ps 83,12).

Zaphon »Norden«,
Ort im Stamm Gad (Jos 13,27). Hier setzten die Ephraimiter über den Jordan, als sie Jephthah zur Rechenschaft ziehen wollten (Ri 12,1 ZÜ; EÜ Anmerkung; LÜ mitternachtwärts). Nelson Glueck lokalisiert Z. im Tell Qos am Wadi Radschib, 5 km nördl. von Sukkoth (vgl. Karte Sp. 722).

Zaredatha (2 Chron 4,17) → Zarthan

Zarpath → Sarepta

Zarthan, Stadt im Jordantal (Jos 3,16; 1 Kö 4,12; 7,46), in 2 Chron 4,17 Zaredatha genannt. Nelson Glueck übersetzt in Jos 3,16 »von Adam bis zur Festung Z.«, in der Voraussetzung, daß hier davon die Rede sein muß, wie weit das Tal hinauf die Aufstauung des Jordans reichte. Er sucht den Ort dementsprechend im Tell es-Saidije, der 18 km oberhalb von Adam (ed-Damije) liegt, südl. des Wadi Kufrindschi und 1,5 km westl. von Kureijima. Diese Lage entspricht auch den übrigen Angaben besser als die übliche Ansetzung von Z. bei Karn Sartabe am Westufer des Jordan gegenüber von Adam (vgl. Karte Sp. 722; 1181).

Zauberei, Zauberer. Mit Zauberer gibt LÜ im wesentlichen zwei hebr. Worte wieder:
1) *Charthummim* sind die Zauberer am ägypt. Hof, die durch »heimliche Zauberkünste« die ersten Wunder des Mose vor dem Pharao nachahmten (2 Mo 7,11.22; 8,3[7]). In 1 Mo 41,8.24 übersetzt Luther dasselbe Wort mit Wahrsager, in Dan 1,20; 2,2 mit Sternseher.
2) *Mekaschep* oder *kaschap*, sind ebenfalls Zauberer (Dan 2,2), deren abgöttische Kunst ebenso wie das → Wahrsagen in Israel streng verboten war (5 Mo 18,10.11). Dennoch haben sie sich zu allen Zeiten, z. T. in großer Zahl (Jes 47,9.12), in Israel gehalten (Jer 27,9), weshalb Gott seinem Volk mehrmals das Gericht ankündigte (Jes 47,9; Mal 3,5; vgl. Nah 3,4). Genauere Unterscheidungen zwischen Wahrsagerei und Zauberei macht das AT nicht. Beides ist Gott ein Greuel und schließt aus seiner Gemeinschaft aus (5 Mo 18,12; Offb 21,8; 22,15); Ungehorsam, Zauberei und Götzendienst sind im Urteil Gottes gleich (1 Sam 15,23).
Das AT spricht von der Zauberei Isebels (2 Kö 9, 22), das NT nennt Simon (Apg 8,9ff) und Bar-Jesus oder Elymas (Apg 13,6.8) als Zauberer (gr. *magoi*), die beide dem Evangelium Widerstand leisteten.

Zaubereiche → More (1)

Zebaim → Pochereth von Zebaim

Zebaoth → Namen Gottes IV,3

Zebedäus, griech. Form des hebr. Sebadja »Der Herr schenkt«, Vater des Apostels → Johannes (Mt 4,21; Mk 1,19.20).

Zeboim.
I) Eine der Städte im Tal Siddim, die mit Sodom u. Gomorra vernichtet wurde (1 Mo 10,19; 14,2.8; 5 Mo 29,22[23]; Hos 11,8). Man hat sie in Ghor el-Mazraa gesucht, dem Ostteil der Halbinsel Lisan im Toten Meer, wo es ein Wadi Sebaije gibt.
II) »Hyänen«.
1) Das Tal Z. an der Wüste (1 Sam 13,18) ist viell. in der Nähe des Wadi el-Kelt bei Jericho zu suchen. Ein südl. Seitental des Wadi el-Kelt heißt heute Wadi Abu Daba (»Vater der Hyänen«), nördl. vom Wadi el-Kelt gibt es ein Tal Schakk ed-Daba (»Hyänenschlucht«).
2) Ort in der Küstenebene, der nach der Gefangenschaft von Benjaminitern bewohnt war (Neh 11, 34). Viell. ist er mit dem Sabuma der Amarnabriefe identisch. Man sucht ihn in Chirbet Sabije (neuhebr. Tsofit), 27 km nördl. von Lod.

Zedad, Ort an der Nordgrenze des verheißenen Landes (4 Mo 34,8; Hes 47,15). Wahrscheinlich ist Z. auch in Hes 27,18 gemeint, wo es durch einen Schreibfehler zu (dem sonst völlig unbekannten) »Zachar« (EÜ, MÜ, ZÜ) entstellt worden ist. Man sucht den Ort in Sadad, ca. 35 km südöstl. von Ribla am Weg nach Palmyra (Thadmor).

Zedekia »Der Herr ist meine Gerechtigkeit«.
1) Sohn Knaenas, falscher Prophet und Gegner Michas, des Sohnes Jemlas, z. Zt. Ahabs. Er kündigte dem König Ahab an, er werde bei Ramoth in Gilead siegen (1 Kö 22,11–25).
2) Sohn Hananjas, einer der obersten Beamten König Jojakims (Jer 36,12).
3) Sohn Maasejas, falscher Prophet unter den Verbannten in Babylon. Sein Tod durch den König Nebukadnezar wird ihm von Jeremia in dem Brief an die gefangenen Juden angekündigt (Jer 29,21–23).
4) Bruder des Joahas und jüngerer Sohn König Josias und der Hamutal (2 Kö 23,31; 24,18). Er hieß urspr. Matthanja und erhielt den Namen Z. von Nebukadnezar, der ihn anstelle seines Neffen Jojachin zum König machte (V 17). Er war der letzte König Judas (597–586 v. Chr.), der allen Warnungen des Propheten Jeremia zum Trotz von Nebukadnezar abfiel und damit den Untergang Judas herbeiführte. Bes. in seinem Verhältnis zu Jeremia, auf den er nicht hört, den er doch zu sich ruft, seinen Gegnern preisgibt und dann wieder retten läßt (Jer 38), wird deutlich, daß Z. im Grunde ein Schwächling ist. 594/3 v. Chr. unternimmt er eine Reise nach Babylon (Jer 51,59), im gleichen Jahr aber treffen sich mit ihm in Jerusalem die Gesandten von Edom, Moab, Ammon, Tyrus und Sidon im Einverständnis, von Nebukadnezar abzufallen (Jer 27,3; 28,1). Über die Folgen dieser Beratung wissen wir nichts, dann aber bringt das Bündnis, das Z. mit Ägypten eingeht, die Entscheidung (Hes 17,11–21). Nebukadnezar fällt in Juda ein, und bald halten sich au-

ßer dem belagerten Jerusalem nur noch Lachis und Aseka (Jer 34,7). Die Belagerung der Hauptstadt wird vorübergehend aufgehoben, als ein ägypt. Heer naht (V 21; 37,5–11; viell. Anfang 587 v. Chr., vgl. Hes 29,1 und 30,20.21), dann aber fortgesetzt, bis Jerusalem 586 v. Chr. fällt und zerstört wird (vgl. Abb. Sp. 657/8). Z. flieht nachts, wird aber von den verfolgenden Chaldäern bei Jericho gefangen und nach Ribla zu Nebukadnezar gebracht. Seine Söhne werden vor seinen Augen hingerichtet, er selber geblendet und in Ketten nach Babylon geführt (2 Kö 25,4–7). Dort blieb er bis zu seinem Tode im Gefängnis (Jer 52,6–11). In 2 Chron 36,10 wird Z. als »Bruder«, d. h. wohl naher Verwandter Jojachins bezeichnet.
5) Sohn Jojachins (1 Chron 3,16). Viell. ist »Sohn« hier aber als »Nachfolger« zu verstehen, so daß ebenfalls Z. (4) gemeint wäre.
6) Priester, der als erster nach Nehemia die Verpflichtung auf das Gesetz unterzeichnete (Neh 10, 2[1]).

Zeder *(Cedrus libani;* hebr. *äräz).*
Die Z. des Libanon gehört zu den Nadelbäumen *(Coniferae).* Sie wird bis zu 40 m hoch und bis zu 4 m dick. In ihrem Nadelbesatz ist sie lärchenähnlich, aber immergrün. Ihre bis zu 10 cm hohen, eiförmigen Fruchtzapfen sind gestielt und stehen aufrecht auf den Zweigen. Von den ausgedehnten Zedernwäldern, die den Libanon früher bedeckten, sind nur noch an drei Stellen klägliche Reste vorhanden; in der Nähe von Bescherre stehen etwa 300 Bäume (vgl. Tafel 93/1472).

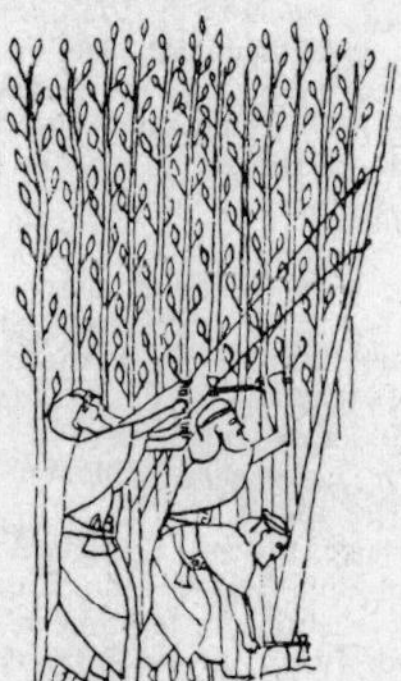

Syr. Fürsten fällen Zedern vom Libanon für Pharao Seti I. (ägypt. Darstellung)

Die Z. wird in der HS oft erwähnt (4 Mo 24,6; Ri 9,15; Ps 29,5; 148,9 u. ö.). Sie gilt als vornehmster Baum (1 Kö 5,13[4,33]; 2 Kö 14,9) und ist ein Bild für Kraft und Macht, aber auch für Stolz und Überheblichkeit (Ps 92,13; Jes 2,13; Hes 17,22–24; 31, 1–18). Gelegentlich wird sie Z. Gottes (Ps 80,11) oder Baum des Herrn (Ps 104,16) genannt.
Das braune Zedernholz ist sehr haltbar und wird von Insekten gemieden, es hat daher seine größte Bedeutung als Baumaterial. Doch auch als Brennholz wird es geschätzt, denn es verbrennt ohne Rauchentwicklung und hinterläßt wenig Asche. Zedernholz war auch für bestimmte Reinigungsopfer vorgeschrieben (3 Mo 14,4.49; 4 Mo 19,6; vgl. → Opfer V, 5c–e). Aus dem duftenden Harz des Baumes wird seit dem Altertum das Zedernöl gewonnen.
Die Phönizier lieferten David Zedernstämme für den Bau seines Palastes (2 Sam 5,11), Salomo für Tempel (1 Kö 5,20[6]–25[11]) und Palast (1 Kö 7,1–12), von dem ein Gebäude nach dem reichlich verwendeten Zedernholz »Haus vom Wald Libanon« (V 2) genannt wurde. Das Bauholz wurde über das Mittelmeer transportiert (2 Chron 2,15[16]), ebenso später beim Bau des zweiten Tempels (Es 3, 7); vgl. dazu Abb. Sp. 669. Die Phönizier selber verwendeten Z. für die Mastbäume ihrer Schiffe (Hes 27,5). Assyrer und Babylonier führten auf ihren Kriegszügen auch häufig Zedernstämme als Beute mit fort (Jes 14,8; 37,24), was ihnen wichtig genug war, um es in ihren Siegesinschriften zu erwähnen.

Zehn → Zahl

Karte der hellenistischen Zehnstädte (Dekapolis)

Zehnstädte (griech. *Dekapolis*),
eine Reihe von Städten im Ostjordanland, die seit der Zeit Alexanders d. Gr. zu Orten mit vorwiegend oder ausschließlich griech., also nichtjüd. Bevölkerung und hellenistischer Kultur geworden waren und sich nach dem Vorbild anderer griech. Kolonien zu einem Städtebund vereinigt hatten. Ihre Territorien bildeten nur z. T. ein geschlossenes Gebiet; in röm. Zeit unterstanden sie unmittelbar dem Statthalter der Provinz Syrien.
Urspr. waren es 10 Orte (vgl. die Karte): Skythopolis (→ Beth-Sean), Hippos (Fik), → Damaskus (vgl. Taf. 21/320), Gadara (Umm Qeis; vgl. → Gadarener), Raphana (er-Rafe), Kanatha (→ Kenath), → Pella, Dion (Tell Aschari oder viell. Aidun, 5 km südl. von Irbid), Gerasa (Dscherasch; vgl. Taf. 96/1505), Philadelphia (→ Rabba); später werden 14 oder 18 genannt, darunter Abila (Tell Abil).
Zweck des Städtebundes war der Schutz der Handelsstraßen in seinem Gebiet gegen die Raubzüge der arab. Wüstenbeduinen und der Einwohner des Hauran; dafür war bes. wichtig die vorgeschobene Lage von Kanatha im O und Philadelphia im S. Skythopolis im W sicherte als einzige westjordanische Stadt die Verbindung der Z. mit Akko und den anderen Mittelmeerhäfen.
Im Anfang seiner öffentlichen Wirksamkeit folg-

ten Jesus auch viele Menschen aus dem Gebiet der Z. nach (Mt 4,25); er wirkte vorübergehend in der Gegend des Städtebundes, die an das Ostufer des Sees Genezareth grenzte (Mk 5,1ff; vgl. V 20; 7,31).

Zehn Gebote → Gebote, Zehn

Zehnten. I) Z. sind einmalige Abgaben von der Kriegsbeute (1 Mo 14,20) oder regelmäßige, meist jährliche Abgaben von Ernte und Einkünften an das Heiligtum (3 Mo 27,30–33) oder den König (1 Sam 8,15.17; vgl. → Abgaben II,1) und umfassen jeweils 1/10 des betreffenden Besitzes oder Einkommens. Sie waren auch außerhalb Israels, etwa bei Phöniziern und Karthagern, Neubabyloniern, Persern, Arabern, auch bei Griechen und Römern bekannt; schon Abraham gab den Z. von seiner Beute an Melchisedek (1 Mo 14,20; Hebr 7,4), und Jakob gelobte ihn dem Herrn von seinem ganzen Erwerb (1 Mo 28,22).

II, 1) Das Gesetz schreibt vor, daß Israel dem Herrn den Z. »vom Samen des Landes und den Früchten der Bäume« (3 Mo 27,30) wie von den Rindern und Schafen (V 32; vgl. 2 Chron 31,6) geben soll, und diese Z. sollen dem Herrn heilig sein. In 4 Mo 18,30 heißt der Getreide- und Früchtezehnt »Ertrag der Tenne und der Kelter« (EÜ, ZÜ); verzehntet wurde demnach das gedroschene Getreide, der gekelterte Most (→ Wein) und das ausgepreßte Öl (vgl. 5 Mo 12,17). Diese Naturalabgabe konnte auch gelöst, d. h. durch eine Geldgabe ersetzt werden, nur mußte deren Betrag um 1/5 des Wertes höher sein (3 Mo 27,31).
Der Viehzehnt wurde so bestimmt, daß man die Tiere der Herde einzeln unter dem Hirtenstab hindurchgehen ließ und jedes 10. Tier aussonderte, wobei (im Gegensatz zum Opfertier; 3 Mo 22,19. 20) gleichgültig blieb, ob es fehlerlos war oder nicht (3 Mo 27,32.33). Ein Auswechseln dieser Tiere war verboten, wo es doch geschah, fielen beide, das urspr. bezeichnete und das an seine Stelle getretene Tier, dem Herrn zu (V 33).

2) Die → Leviten erhielten nach der Einnahme Kanaans nur Städte als Wohnsitze für sich mit den Vorstädten für ihr Vieh (4 Mo 35,2–5; Jos 21,2.3), aber keinen Landbesitz. Als Ersatz dafür fielen ihnen alle Z. in Israel zu (4 Mo 18,21.24), von denen sie wieder den 10. Teil an die Priester zu deren Unterhalt weitergaben (V 26–30). In diesem Zusammenhang sind nur Getreide- und Früchtezehnte ausdrücklich erwähnt (V 27.30).

3) In 5 Mo werden unmittelbar vor der Eroberung des Landes eine Reihe von erweiternden und ergänzenden Vorschriften über die Z. gegeben. Wie alle Opfer, Heben, Gelübde, Erstgeburt und Erstlinge sollten auch die Z. stets zum Zentralheiligtum gebracht werden (5 Mo 12,5.6.11; 14,22.23), nur wenn der Wohnort zu weit entfernt war, durfte man sie verkaufen; der Erlös diente dann am Ort des Heiligtums wieder zum Kauf von entsprechenden Nahrungsmitteln (V 24–26). Denn mit der Ablieferung des Z. war ein Freuden- und Opfermahl verbunden, an dem auch die Leviten teilnahmen (5 Mo 12,17.18; 14,26.27).
In jedem 3. Jahr aber brauchte man die Z. nicht zum Heiligtum zu bringen, sondern sollte sie am Wohnort den Leviten und Armen (Fremdling, Waise und Witwe) zur Verfügung stellen (5 Mo 14,28. 29; 26,12). Den Vollzug dieses Gebotes hatte jeder isrl. Hausvater »vor dem Herrn«, d. h. wohl im Heiligtum, mit einer festen Formel zu bezeugen (V 13–15). Jeweils 2 dieser Zehntenjahre (V 12) fielen in den Zeitraum zwischen 2 → Sabbatjahren, in denen nicht geerntet und also auch keine Z. gegeben wurden.

4) Diese Zehntvorschriften sind in der Geschichte Israels häufig nicht oder nur teilweise beachtet worden, obgleich die Abgabe des Z. auch im Nordreich nach der Trennung vom Tempel in Jerusalem bestehen blieb (Am 4,4), wir wissen aber nicht, in welcher Form. Bei der Reform Hiskias wurden auch die Z. von Vieh und Feldfrüchten wieder durchgeführt und die Vorratsräume des Tempels neu eingerichtet (2 Chron 31,4–12). Nach der babyl. Gefangenschaft tadelte Maleachi, daß die Z. nur z. T. abgeliefert wurden (Mal 3,8–10), und bei der Verpflichtung auf das Gesetz unter Nehemia sind sie ausdrücklich genannt (Neh 10,38[37]). Die Getreide- und Früchtezehnten wurden jetzt wieder in den Vorratskammern des Tempels aufbewahrt (Neh 12, 44; 13,5.12); vom Viehzehnten ist dabei nicht die Rede, Vieh konnte aber auch nicht im Tempel untergebracht werden.
In ntl. Zeit hatten die Pharisäer die Zehntpflicht auf ihr gesamtes Einkommen ausgedehnt (Lk 18, 12 ZÜ), so daß auch die kleinsten Küchenkräuter darunter fielen (Mt 23,23; Lk 11,42).

III) Die atl. Apokryphen erwähnen die Z. allg. in 1 Makk 3,49; die Z. von Wein und Öl in Jdt 11,13 LXX (LÜ V 11). In Tob 1,6–8 LXX steht eine genaue Aufzählung von Z. und Erstlingsgaben, wobei 2 oder 3 Z. unterschieden werden; bei den starken Textabweichungen im einzelnen läßt sich aber der urspr. Text nicht eindeutig feststellen.
Josephus unterscheidet einen Z., der an die Leviten gegeben wird (3 Mo 18), einen 2. oder »heiligen Z.« (5 Mo 12; 14,22–27) und einen »Armenzehnten« (5 Mo 14,28f; 26), ebenso sprechen der Talmud und die andere spätjüd. Literatur von 3 Z., worin der Viehzehnt aber nicht eingeschlossen ist. Der 1. (Getreide- und Früchte-) Z. wurde abgeliefert, der 2. blieb dem Besitzer und sollte bei Festbesuchen in Jerusalem verzehrt werden, der 3. oder »Armenzehnt« trat vielleicht in jedem 3. Jahr an die Stelle des 2. Z., aber darüber besteht keine Sicherheit. Wieweit diese Vorschriften von 2 oder gar 3 Z. wirklich der Praxis entsprachen, entzieht sich unserer Kenntnis.

IV) Die Z. waren, ebenso wie → Erstgeburt und Erstlinge, dem Herrn → heilig (3 Mo 27,30). Ihre Übergabe an Gott bedeutete das Bekenntnis Israels, daß das Land wie sein Ertrag dem Herrn gehörte (2 Mo 19,5; 3 Mo 25,23; Ps 50,12), daß aller Besitz des Volkes kein selbsterworbenes → Eigentum war (5 Mo 8,17.18), sondern daß es ihn als Gabe von Gott empfangen hatte (5 Mo 28,1–14; vgl. auch → Sabbat, → Sabbatjahr, → Halljahr). Zugleich wurde durch diese Abgaben aller Besitz und Erwerb in Israel geheiligt, dem Willen Gottes unterstellt (vgl. Röm 11,16).

Zeichen. I) Äußere Kennzeichen von verschiedener Bedeutung, oft Ausdruck einer bestimmten Zugehörigkeit: z. B. Echtheitszeichen (2 Thess 3,17); Erkennungszeichen (2 Mo 12,13); Erinnerungs- und Bundeszeichen (1 Mo 9,12–17; 17,11; 2 Mo 31,16.17; Hes 20,12.20). Zum militärischen Feldzeichen vgl. → Panier.

II) Offenbarungshandeln Gottes, das den Glauben bestätigen und befestigen (2 Mo 3,12; Ri 6,17) oder wecken soll (2 Mo 4,1–9; Joh 2,23); aber auch Wunder satanischer Mächte, die von Gott fortführen wollen (2 Thess 2,9; Mt 24,24; 5 Mo 13,2[1]f; Offb 13, 13f; 16,13f). Vgl. weiter → Wunder.

III) Zeichen dieser Zeit (Mt 16,3; vgl. Lk 12,56) sind geschichtliche Ereignisse und Entwicklungen, die über sich hinausweisen auf das heilsgeschichtliche Handeln Gottes und das Reifwerden der Welt zum Gericht (vgl. Mt 24,3ff; Mk 13,4ff; Lk 21,7ff), aber nur durch den Glauben recht zu erkennen und zu deuten sind.

IV) Das Zeichen des Propheten Jona (Mt 12,39–41; 16,4; Lk 11,29.30.32), das Jesus den Pharisäern und Sadduzäern verheißt, die ein besonderes »Zeichen vom Himmel« zu seiner Beglaubigung fordern (Mt 16,1), bezieht sich in Mt 12,40 eindeutig auf Tod und Auferstehung Jesu. In Lk 11,29.30 fehlt dieser Hinweis; man hat daher verschiedentlich gemeint, daß hier Jona und seine Predigt, der die Niniviten glaubten, das Zeichen darstelle. Entsprechend wäre dann Jesus und seine Verkündigung das einzige Zeichen, das den Juden gegeben werde. In jedem Fall bedeutet das Jonazeichen die Ablehnung des von den Juden geforderten Beglaubigungswunders, durch das erwiesen und damit nachweisbar wäre, daß Jesus der Messias ist. Jesus verweist seine skeptischen Gegner vielmehr auf die unumgängliche Glaubensentscheidung gegenüber seiner Predigt bzw. der späteren Verkündigung seiner Auferstehung (vgl. Apg 2,32.36 u. 1 Kor 1,22–24).

Zeichendeuter → Wahrsagen

Zeiger → Sonnenzeiger

Zeit. Eine Untersuchung des biblischen Zeitbegriffes muß unterscheiden zwischen 1. den Begriffen für Z. im allgemeinen Sinn ohne Rücksicht auf die Dauer, 2. den Zeitmaßen und 3. dem allgemeinen Verständnis der Z.

I,1) Unter den allgemeinen Begriffen für Z. ist zuerst die → Ewigkeit zu nennen, die hier nicht übergangen werden darf, da griech. *aiôn* sowohl die Ewigkeit in unserem Sinne als Unendlichkeit bezeichnet, wie auch einen bes. langen Zeitabschnitt. Welchen Sinn das Wort im Einzelfall hat, muß aus dem Text erkannt werden, doch liegt fest, daß → Gott selbst (1 Mo 21,33; Jes 40,28) und darum auch seinen Eigenschaften (→ Gnade Ps 89,3; → Barmherzigkeit 2 Chron 5,13; → Güte Ps 138,8) Ewigkeit im Sinne der Unbegrenztheit zukommt. Das gilt auch für sein Wort (1 Petr 1,25), seine Erlösung (Jes 45,17) und sein Reich (Ps 145,13).
Aber der Äon kann auch einen Großabschnitt der Heilsgeschichte meinen, der dann doch einmal zu Ende geht und einmünden wird in die Ewigkeit. So gilt es für die »ewige Z.« des Priestertums der Aaroniten (2 Mo 29,9) und die Ordnungen des Kultus, die doch alle nur Schatten des Kommenden waren und mit dessen Eintreten aufgehoben wurden (Hebr 7,11–22; 9,11.12).

2) Unter die Herrschaft der Z. gestellt ist alles Geschaffene, da es für Gott selbst keine Z. gibt. Z. und Ewigkeit treten aber nicht nacheinander auf, so daß sie auf einer Linie zu vereinen wären und also etwa vor der Schöpfung Ewigkeit war und nach dem Ende der Welt wieder Ewigkeit sein wird, sondern sie sind zwei verschiedene Seinsweisen, stehen für verschiedene Welten, die nebeneinander da sind und sich grundsätzlich unterscheiden als die Welt des Sichtbaren und des Unsichtbaren (2 Kor 4,18). Doch ist auch diese Grenze überschreitbar, die Ewigkeit bricht in das Zeitgebundene ein. Die Heilsgüter der Ewigkeit werden zwar dort aufbewahrt (1 Petr 1,4), doch sind sie den Erwählten schon in ihrem Erdenleben beigelegt (2 Tim 1,12. 14; 4,8), und Menschen können gewürdigt werden, die Zeitgrenze vorübergehend zu überschreiten (2 Kor 12,2.4); sie sind dann »im Geiste« (Offb 4,2), hören und sehen, was in keiner Sprache dieser Welt auszusprechen ist. Die Welten der Ewigkeit und der Z. unterscheiden sich nicht so sehr durch ihre Dauer, als vielmehr durch ihren Inhalt. Wo nur die Unendlichkeit betont werden soll, hat die griech. Sprache andre Worte.

3) Die eigentlichen griech. Begriffe für Zeit sind *chronos* und *kairos*. *Chronos* wird in zwei verschiedenen Bedeutungen verwendet: einmal bezeichnet es den Zeitpunkt, an dem ein Ereignis eingetreten ist (Mt 2,7.16; Mk 2,19f; 9,21; Lk 1,57; Apg 1,6.7), zum anderen die Länge der Z. im Sinne der Dauer eines Zustandes (Lk 8,27; 23,8; Joh 7,33; 14,9). Der Blick ist also auch hier nicht gerichtet auf ein Datum, das bestimmend wäre, sondern auf das Ereignis oder den Zustand, die dem Augenblick oder dem Zeitabschnitt ihre Bedeutung geben.
Kairos dagegen ist die passende, die rechte Z., der gegebene, geforderte Augenblick (Mt 24,45; Lk 12, 42; 20,10; 1 Petr 5,6). Menschen glauben eine Zeitlang, solange es ihnen paßt (Lk 8,13), oder enthalten sich für eine von ihnen selbst bestimmte Z. (1 Kor 7,5). Da *kairos* die passende Z. ist, drückt seine Verneinung die unpassende Z. aus, die Unzeit (Hebr 11,11; 2 Tim 4,2). Der vollkommene Gehorsam Christi zeigt sich darin, daß er alles zur rechten Z. tut (Joh 7,6.8; vgl. Mt 11,25; 12,1; Lk 13,1) und um die ihm vom Vater gesetzten Augenblicke weiß (Mt 26,18). Auch dem Satan ist seine Z. gesetzt (Lk 4,13). Die Menschen jedoch erkennen ihre Z. meist nicht (Lk 19,44; 12,56; Mt 16,3), obwohl alles darauf ankommt, sie auszukaufen (Eph 5,16; vgl. auch 2 Kor 6,2); anderseits aber soll man auch nichts vor der rechten Z. tun (vgl. 1 Kor 4,5). Diese Z. bestimmt Gott selbst für alles, was unter ihm steht (2 Thess 2,6; 1 Petr 4,17; 5,6; Lk 21,24; Mk 13,33; vgl. Pred 3,1–8; Hab 2,3).

II, 1) Wie bei allen Völkern, wird auch in der HS die Z. in → Jahre, Monate, → Tage und → Stunden eingeteilt; diese Einteilungen aber werden hier vorwiegend in Verbindung mit Gott und Gottesdienst erwähnt. »Jährlich« findet sich fast ausschließlich in Anweisungen und Berichten, die den Gottesdienst betreffen (2 Mo 13,10; 30,10; 5 Mo 15,20; 1 Sam 1,3; Sach 14,16), → »jährig« wird für die Opfertiere gebraucht. Aber auch darüber hinaus ist der Ablauf der Jahre von Gott durch Einschnitte fest geordnet, an denen sein Gebot das gewohnte Leben unterbricht, durch das → Sabbatjahr und das → Halljahr.

2) Die Bücher der Geschichte Israels kennen keine durchgehende Chronologie, die von einem bestimmten Zeitpunkt an rechnete (vgl. → Zeitrechnung). Man bestimmt die Jahre nur für die Dauer des → Wüstenzuges fortlaufend vom Auszug aus Ägypten an, wie man in Rom von der Gründung der Stadt an rechnete. In den Chroniken der Königszeit gab man das Jahr eines Ereignisses als Jahr der Regierungszeit des jeweiligen Königs an. Jeder König wird dargestellt in seiner Stellung zu Gott und Gottesdienst, und das Geschehen unter ihm, das nur aus der Frömmigkeit oder Gottlosigkeit dieser Z. zu verstehen ist, wird nicht noch in eine davon unabhängige Weltgeschichte hineingestellt. In dem Volk, für dessen Gott 1000 Jahre sind wie ein Tag und ein Tag wie 1000 Jahre (Ps 90,4; 2 Petr 3,8), ist das Ereignis in seiner Beziehung zu Gott wesentlich, nicht aber der »weltgeschichtliche« Augenblick. Nur an einer Stelle ordnet die HS ein Ereignis bewußt in die Weltgeschich-

te ein: bei der Weltwende durch die Geburt des Sohnes Gottes (Lk 2,1) und den Beginn seines Wirkens (Lk 3,1).

3) So ist zu verstehen, daß der Tag als kalendermäßig festgelegter Termin in der HS fast nur dort vorkommt, wo er der Zeitpunkt eines gottesdienstlichen Festes ist, der nicht übersehen werden darf. Der Begriff Stunde aber findet sich im AT nie als Datumsangabe und nur einmal zur Angabe einer Zeitdauer (Dan 4,16); sonst steht er für »jetzt«, »bis jetzt« oder »von nun an«. Nur ein Geschehen in den Ev. hat solche Bedeutung, daß die Stunden seines Ablaufs angegeben werden: das Sterben Jesu am Kreuz (Mt 27,45.46; Mk 15,25.33.34; Lk 23, 44). Danach finden wir die Angabe der Stunde des Tages noch bei einigen entscheidenden Ereignissen: zu Pfingsten (Apg 2,15), bei dem ersten Wunder der Jünger (Apg 3,1), bei der Sendung des Petrus zu Kornelius (Apg 10,3.9.30) und als Paulus von Jerusalem nach Cäsarea gebracht wird, von wo sein Weg nach Rom führt (Apg 23,23).

III) Daraus wird deutlich, daß die HS die Z. nicht als einen rein innerweltlichen Vorgang und Ablauf auffaßt, etwa als Kreislauf, in welchem alles wiederkehrt und sich wiederholt, oder als ein Dahinströmen aus dem Nichts in das Nichts, sondern als von Gott gegeben und auf ein Ziel ausgerichtet. Gott teilt eine Lebensdauer zu (Ps 31,16; Hi 14,5), und er allein kann daher das Leben eines Menschen über das vorgesehene Maß hinaus verlängern (2 Kö 20,6; Jes 38,5; vgl. Mt 6,27 »Lebenslänge«). Aber Gott bestimmt auch den Inhalt der Z., d. h. jedes Zeitabschnittes, denn er schreibt in sein Buch alle Tage des Lebens eines Menschen vor dessen Geburt auf (Ps 139,16). Ebenso bestimmt Gott die Zeiten im Leben seines Volkes und der Völker nach seinem Willen (1 Mo 15,16; Jer 25,11; Apg 17,26). Wie für Menschen und Völker, so hat Gott auch für die ganze Welt ein Ziel (griech. *telos;* vgl. → Vollendung) bestimmt. Die Stunde der letzten Entscheidung liegt bei ihm allein fest. Alles, was gelebt hat, muß dann in Gottes → Gericht erscheinen (Offb 20,11ff) und Rechenschaft ablegen über die Nutzung der zugemessenen Z. des Lebens auf Erden. Rechter Gebrauch der Z. öffnet dann den Weg zur ewigen Seligkeit, Mißbrauch führt in einen ewigen Zustand der Verdammnis (V 15). So erhält die Z. ihren Sinn als Gnadenzeit zur Annahme des Heils und zur Bereitung und Erziehung für das Bestehen am Tage des Gerichtes.

Zeitalter → Ewigkeit

Zeitrechnung. I) Die HS enthält keine fortlaufende Jahreszählung. Die ISRAELITEN folgten ebensowenig wie die andern Völker des Altertums einer einheitlichen, überall gültigen Z., wie wir sie heute mit der Jahreszählung nach Christi Geburt haben. Die Schwierigkeit, Ereignisse vor Christus zu unserer Z. in Beziehung zu setzen, gilt also auch für die geschichtlichen Ereignisse des AT und ihre dort gegebene Datierung. Wir finden z. B. eine Datierung nach der Sintflut (1 Mo 11,10); 1 Mo 16,3 wird ein Ereignis nach der Ankunft Abrahams in Kanaan datiert. Sehr viel wichtiger ist die Rechnung nach dem Auszug Israels aus Ägypten: 2 Mo 16,1; 19,1; 4 Mo 1,1; 9,1; 33,38; 1 Kö 6,1. Später werden die Regierungsjahre der isrl. und judäischen Könige ständig zueinander in Beziehung gesetzt: z. B. 1 Kö 15,1.9.25.28.33; 2 Chron 13,1; 25,25. Weiter finden wir die Datierung nach der Wegführung König Jojachins: 2 Kö 25,27; Jer 52,31; Hes 1,2; 8,1; 33,21; 40,1 u. ö. und nach der Zerstörung Jerusalems durch Nebukadnezar: Jer 1,3; Hes 40,1.

II) Die ÄGYPTER hatten im Unterschied zu den Israeliten, Babyloniern und den übrigen Völkern des Vorderen Orients kein Mond-, sondern ein Sonnenjahr, das 365 statt 354 Tage umfaßte. Der Beginn dieses Jahres lag urspr. Mitte Juli, wenn der Sirius oder Sothis als Morgenstern aufging. Da das wahre Sonnenjahr aber $365^1/_4$ Tage lang ist, wurde der Sirius alle 4 Jahre einen Tag später sichtbar, was nach 100 Jahren schon 25 Tage ausmachte. Erst nach 1460 ($= 4 \times 365$) Jahren fiel der Aufgang des Sirius als Morgenstern wieder auf das alte Datum. Dieser Zeitraum von 1460 Sonnenjahren = 1461 Sothisjahren heißt Sothisperiode.
Wir wissen, daß eine Sothisperiode in einem der Jahre 1317–1314 v. Chr. anfing. Man hat daraufhin die Einführung dieser ägypt. Zeitrechnung schon auf 4241 v. Chr. festlegen wollen, andere haben erst 2781 v. Chr. genannt. Aber auch dies Datum ist noch durch keinerlei sonst bekannte Tatsachen gestützt und gründet sich allein auf astronomische Berechnungen. Das führt hier wie in der ägypt. Chronologie überhaupt zu großer Unsicherheit, so daß z. B. die zusammenfassende Arbeit von P. van der Meer (The Ancient Chronology of Western Asia and Egypt. Leiden 1947) für das 2. u. 3. Jt. v. Chr. völlig auf Angabe von Jahreszahlen verzichtet. Für die im Lexikon angegebenen Regierungsjahre der Pharaonen des 2. Jt. v. Chr. vgl. Historia Mundi Bd. II, München 1953.

III) Die BABYLONIER datieren seit der Kassitischen Dynastie nach den Regierungsjahren der Könige. In ASSYRIEN hat man die Eponymenlisten. Das sind Aufstellungen, in denen jedes Jahr durch den Namen eines Eponymen, d. h. eines hohen Beamten *(limu* oder *limmu)* des assyr. Reiches, bezeichnet wird, wobei gelegentlich auch ein wichtiges Ereignis des betreffenden Jahres genannt ist. Dank dieser Listen steht die assyr. Chronologie von 890–648 v. Chr. für uns fest. Denn beim 9. Jahr des Königs Assurdan III. mit dem Eponymen Bur-Sagale wird angegeben, daß im Monat Siwan eine Sonnenfinsternis stattfand, die wir nach astronomischen Berechnungen auf den 15. Juni 763 festlegen können. Damit ist der feste Punkt zur Datierung der assyr. Könige gefunden. Vgl. dazu Reallexikon der Assyriologie I: Assyrien; Babylonien; weiter F. Schmidtke, Der Aufbau der babyl. Chronologie. Münster i. W. 1952.

IV,1) Von der assyr. ist nun die ALTTESTAMENTLICHE Z. abhängig. Denn durch assyr. Inschriften, die Ahab und Jehu nennen, können wir den Tod Ahabs auf 853 v. Chr. und den Regierungsantritt Jehus auf 841 v. Chr. festsetzen. Von da aus kann man nun an Hand der biblischen Angaben über die Regierungsjahre der judäischen und isrl. Könige weiterrechnen. Die Jahreszahlen in der → Zeittafel stützen sich für die Zeit der Könige Judas und Israels auf die Arbeiten von E. R. Thiele (The Mysterious Numbers of the Hebrew Kings. Chikago 1951; New Evidence on the Chronology of the Last Kings of Judah. BASOR 143 [1956] S. 22–27; A Comparison of the Chronological Data of Israel and Judah. VT 4 [1954] S. 185–195, vgl. S. 446–448), der bei sorgfältiger Verwertung sämtlicher biblischer Angaben eine lückenlose Chronologie von 931–586 v. Chr. in Übereinstimmung mit den Daten der assyr. und babyl. Geschichte erhält. Jahresangaben wie z. B. 910/9 bezeichnen keine Unsicherheit, sondern beruhen darauf, daß die Regierungsjahre in Juda ab Herbst und in Israel ab Frühjahr rechnen, also Teile von zweien unserer Jahre umfassen (vgl. auch → Jahr II, 2).

2) Nach 1 Kö 6,1 fällt das 4. Regierungsjahr Salomos (967 v. Chr.) mit dem 480. Jahr nach dem → Auszug aus Ägypten zusammen. Danach können wir den Auszug auf rund 1445 v. Chr. ansetzen; in die gleiche Richtung weist auch Ri 11,26. Dagegen bestehen eine Reihe archäologischer Zeugnisse, die für ein späteres Datum des Auszugs etwa um 1270 v. Chr. sprechen, wobei dann allerdings nur eine knappe Zeitspanne für die Richterzeit übrigbleibt.

Biblische Angaben und archäologische Ergebnisse lassen sich bisher weder ohne Schwierigkeiten vereinigen, noch können wir uns mit Sicherheit für den einen oder anderen Ansatz des Auszugs entscheiden. In der Zeittafel stehen daher beide Möglichkeiten nebeneinander. Innerhalb der Zeit zwischen der ägypt.Knechtschaft und Salomo besitzen wir ein in sich geschlossenes chronologisches Gerüst für die 40 Jahre des → Wüstenzuges vom Auszug bis zum Jordanübergang (vgl. die Tabelle Sp. 939).

3) Für die Länge des ägypt. Aufenthalts, der dem Auszug vorangeht, bleiben ebenfalls offene Fragen bestehen. Nach 2 Mo 12,40 (MT, syr. und Vulgatatext) hat Israel 430 Jahre in Ägypten gewohnt; dazu bildet keinen Widerspruch, daß die Weissagung (1 Mo 15,13; Apg 7,6) diese Zeit auf rund 400 Jahre vorherbestimmt. Anderseits ist aber an derselben Stelle (1 Mo 15,16) von 4 Generationen die Rede, was wir nicht ohne weiteres mit 400 bzw. 430 Jahren in Einklang bringen können. Außerdem schließen die LXX, der altlat. und samaritanische Text in 2 Mo 12,40 auch den Aufenthalt der Erzväter in Kanaan in die 430 Jahre mit ein: »Die Zeit aber, die die Kinder Israel in Ägypten und Kanaan gewohnt haben, ist 430 Jahre.« Das läßt für Ägypten nur die Hälfte der Zeit, 215 Jahre, übrig, und die gleiche Rechnung finden wir offenbar bei Paulus (Gal 3,17). Auch die in Apg 13,20 angegebenen 450 Jahre umfassen die Zeit von den Erzvätern bis zur Eroberung Kanaans (V 17–20a; vgl. den griech. Text und RÜ, EÜ, MÜ).

Diese verschiedenen Zahlenangaben lassen sich nicht

Tafel 100

Bodenbeschaffenheit, Bodenbedeckung und Bodenschätze → Palästinas.

Völlig unzugänglich für menschliche Siedlung sind die Dünen- und Basaltgebiete, während die → Wüste weithin wenigstens den viehzüchtenden Nomadenstämmen der Beduinen noch eine Heimat gibt. Den eigentlichen Siedlungsraum Palästinas aber stellt das landwirtschaftlich nutzbare Gebiet dar. Die Karte bezieht auch hier die Gegenden des → Negev mit ein, die in der Mittelbronzezeit, der Eisenzeit II, unter nabatäischer und unter byzantinischer Herrschaft besiedelt waren (vgl. Karte Sp. 984; 1304). Heute dringen die Israelis mit Hilfe umfangreicher Bewässerungsanlagen wieder in diesen Raum vor, wobei sie z. T. die alten nabatäischen Anlagen (vgl. → Nebajoth) wieder benutzen bzw. sich zum Vorbild nehmen. Vgl. zur Grenze von Wüste und Ackerland weiter die Regenkarte Sp. 1125/6; die Landschaftskarte von Palästina Sp. 1031, die die Südgrenze des landwirtschaftlich genutzten Gebietes im Westjordanland nach dem Stand der arab. Zeit angibt; das Gebiet der 38 Jahre → Wüstenwanderung Israels auf Karte Sp. 1548; das archäologisch nachgewiesene Siedlungsgebiet von Moab und Edom im Ostjordanland auf Karte Sp. 932 und die Stammesgrenzen Israels auf Taf. 97/1536.

Der → Wald Palästinas, der in vorgeschichtlicher Zeit große Teile des Landes bedeckte, besteht aus niedrigem Buschwald, Dickichten und lichten Gehölzen; nur den → Jordanlauf begleitet dichter Hochwald (Taf. 55/864). Die jahrtausendelange Rodung (vgl. Jos. 17,15-18) ließ nur noch spärliche Reste des ursprünglichen Waldbestandes übrig. Nach dem Abholzen des Waldes verhinderten die Kleinviehherden, die alle jungen Triebe abweiden, daß Bäume neu aufwuchsen, die heftigen Regengüsse spülten vielfach den fruchtbaren Boden fort, und die Quellen versiegten. Heute versucht man in Jordanien wie in Israel, den Waldbestand durch Aufforstung wieder zu vergrößern. Die Karte deutet den Umfang der früheren Waldgebiete an; er dürfte aber schon z. Zt. des AT an manchen Stellen geringer gewesen sein. Zu den Bodenschätzen (vgl. 5 Mo 8,9), von denen nur die auch im Altertum schon ausgebeuteten Erz- und Asphaltvorkommen verzeichnet sind, vgl. weiter Karte Sp. 1181.

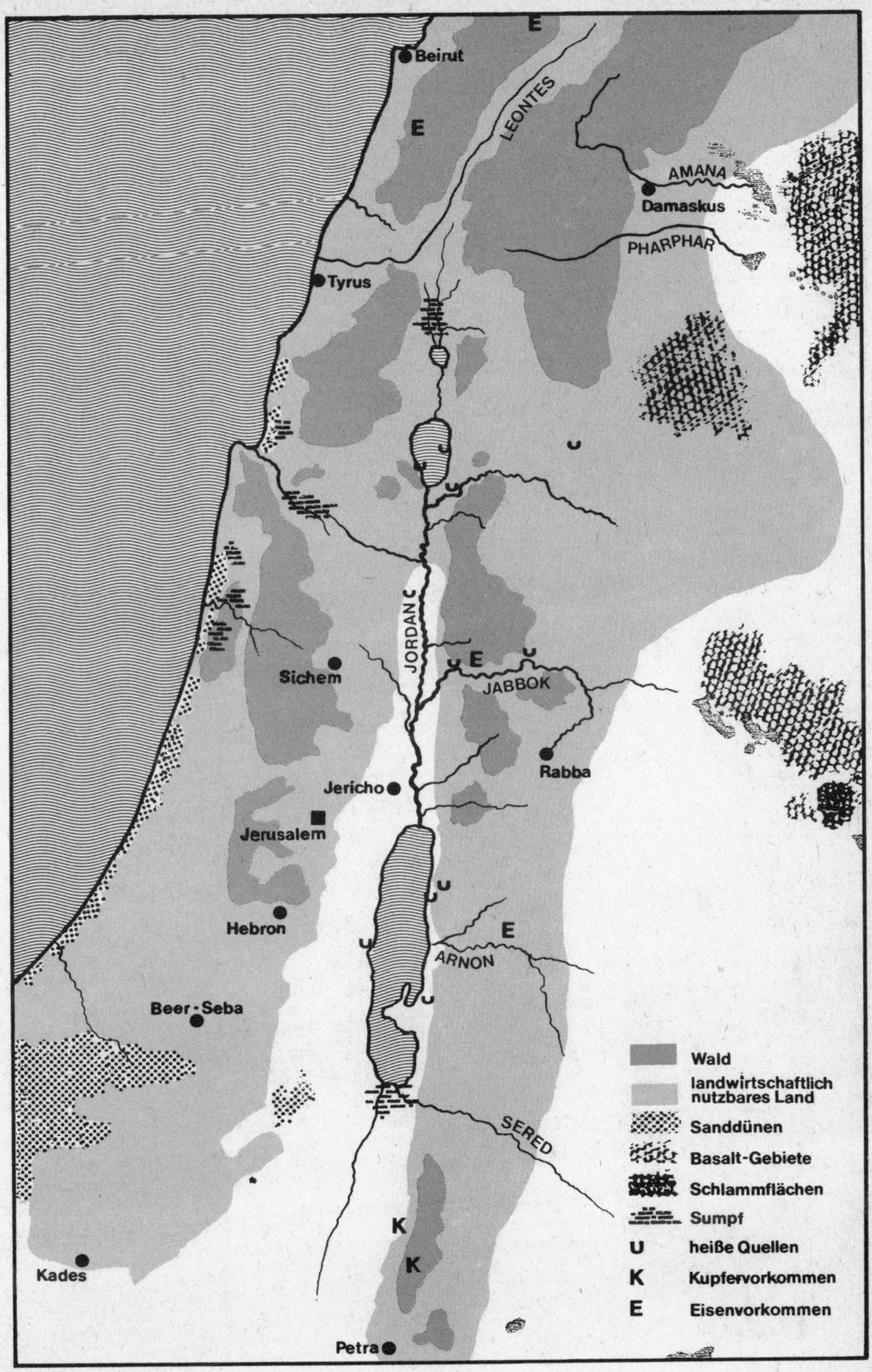
E
Beirut
E
LEONTES
AMANA
Damaskus
PHARPHAR
Tyrus
JORDAN
E
JABBOK
Sichem
Rabba
Jericho
Jerusalem
Hebron
E
ARNON
Beer-Seba
SERED
K
K
Kades
Petra
Wald
landwirtschaftlich nutzbares Land
Sanddünen
Basalt-Gebiete
Schlammflächen
Sumpf
U heiße Quellen
K Kupfervorkommen
E Eisenvorkommen

ohne weiteres alle vereinigen bzw. in ihrer Abweichung erklären. Die größere Wahrscheinlichkeit hat jedoch in Anbetracht der starken Vermehrung der Israeliten in Ägypten (vgl. → Stamm) der längere Aufenthalt von 430 Jahren für sich, dem auch die mindestens 11 Generationen von Ephraim bis Josua besser entsprechen (1 Chron 7,20—27).

4) Für die Erzväterzeit bietet die HS wieder eine in sich geschlossene Chronologie, deren Zeitangaben fest in die Erzählung eingebettet sind. Abraham war bei Isaaks Geburt 100 Jahre alt (1 Mo 21, 5), Isaak bei der Geburt Jakobs 60 (1 Mo 25,26), Jakob zog 130jährig nach Ägypten (1 Mo 47,9). In diesen Rahmen von 290 Jahren fügen sich auch die übrigen Daten der Erzväterberichte ein bzw. schließen sich bis zum Tode Josephs daran an. Je nach dem Ausgangspunkt in der Früh- oder Spätdatierung des Auszugs erhalten wir dann bei einem Ägyptenaufenthalt von 430 Jahren für die Geburt Abrahams das Jahr 2165 oder 1990 v. Chr. Beide Datenreihen sind am Beginn der Zeittafel nebeneinandergestellt. Gegen eine noch spätere Ansetzung der Geburt Abrahams spricht, daß Ur um 1900 v. Chr. schon zerstört war.

5) Vor Abraham werden uns in der Bibel keine Lebensgeschichten mehr, sondern nur noch Zahlenangaben geboten. Zählt man die in 1 Mo 11,10—32 gegebenen Daten zusammen, dann erhält man 292 Jahre für die Zeit zwischen Abraham und der Sintflut, die dann um 2457 bzw. 2282 v. Chr. geschehen wäre. Und im 5. Kap. ergibt sich nach dem MT eine Gesamtzahl von 1656 Jahren zwischen der Flut und Adam, also für die Schöpfung eine Zeit um 4113 bzw. 3938 v. Chr. Diese Zahlen sind aber nun unmöglich in Übereinstimmung zu bringen mit dem, was wir über die älteste Geschichte der Babylonier, Assyrer und Ägypter wissen (vgl. die betr. Artikel).

Man hat zur Beseitigung dieser Schwierigkeit auf die abweichenden Zahlen der samaritanischen Mosebücher und der LXX hingewiesen, die etwa die Zeitspanne zwischen der Flut und Abraham auf 942 bzw. 1072 Jahre ausdehnen. Viell. haben wir mit diesen Zahlen aber bereits Textänderungen vor uns,

Karte III

Karte V

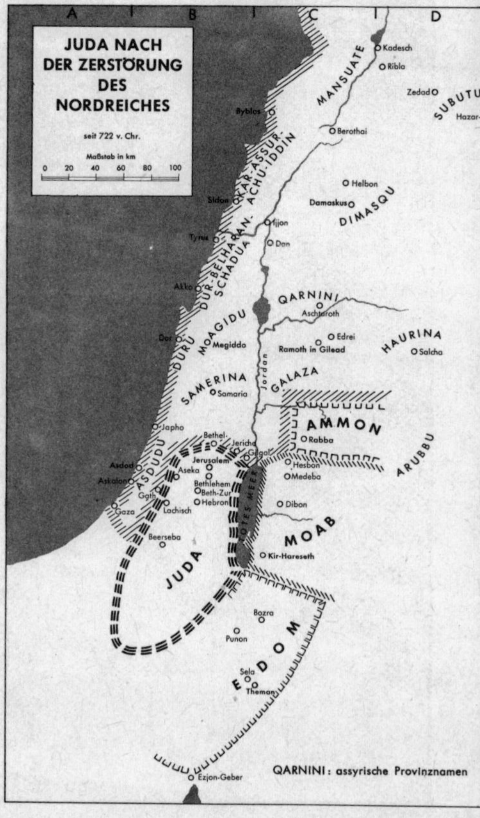

Chronologie der Erzväterzeit
(Die Jahre sind von der Geburt Abrahams an durchgezählt)

Jahr	
1	Abram geboren (1 Mo 12,4)
10	Sara geboren (1 Mo 17,17)
	Kedor-Laomor unterwirft 5 Kanaaniterkönige (1 Mo 14,4)
75	Abram zieht aus Haran nach Kanaan (1 Mo 12, 4–6)
	Abram in Ägypten (1 Mo 12,10–20)
	Trennung von Lot (1 Mo 13)
	Abfall der Kanaaniter von Kedor-Laomor (1 Mo 14,4)
	Feldzug Kedor-Laomors und seiner Verbündeten nach Kanaan (1 Mo 14,5)
85	Abram nimmt Hagar zur Nebenfrau (1 Mo 16,3)
86	Ismael geboren (1 Mo 16,16)
99	Abram empfängt den Namen Abraham und die Beschneidung (1 Mo 17,1.24), Ismael 13 Jahre alt (1 Mo 17,25), Untergang Sodoms und Gomorras (1 Mo 18,10)
100	Isaak geboren (1 Mo 21,5)
	Vertreibung Hagars und Ismaels (1 Mo 21,14)
	Opferung Isaaks (1 Mo 22)
137	Sara stirbt (1 Mo 23,1)
140	Isaak heiratet Rebekka (1 Mo 25,20)
160	Esau und Jakob geboren (1 Mo 25,26)
175	Abraham stirbt (1 Mo 25,7)
	Isaak in Gerar und Beer-Seba (1 Mo 26)
200	Esau heiratet (1 Mo 26,34)
223	Ismael stirbt (1 Mo 25,17)
237	Jakob flieht nach Haran (1 Mo 31,38), Esau heiratet Ismaels Tochter (1 Mo 28,9)
244	Jakob heiratet Lea und Rahel (1 Mo 29,14.18. 20.27)
	Jakobs Söhne geboren (1 Mo 29,31–30,24)
251	Joseph geboren (1 Mo 30,25; 31,41)
257	Jakob kehrt nach Kanaan zurück (1 Mo 31,38.41)
	Jakob in Sukkoth (1 Mo 33,17), bei Sichem (1 Mo 33,18) und in Beth-El (1 Mo 35,1)
	Benjamin geboren, Rahel stirbt (1 Mo 35,16–19)
268	Joseph wird 17jährig Hirt mit seinen Brüdern (1 Mo 37,2.9)
	Verkauf Josephs nach Ägypten (1 Mo 37,28)
280	Isaak stirbt (1 Mo 35,28)
281	Joseph vor Pharao (1 Mo 41,46)
282–288	7 gute Jahre, Manasse und Ephraim geboren (1 Mo 41,50)
289	1. Reise der Jakobssöhne nach Ägypten (1 Mo 42,1)
290	2. Reise der Jakobssöhne nach Ägypten (1 Mo 43,2; 45,6), Jakob vor Pharao (1 Mo 47,9; vgl. 45,11)
307	Jakob stirbt (1 Mo 47,28)
361	Joseph stirbt (1 Mo 50,26)

die sich wohl am besten damit erklären lassen, daß 292 Jahre für diesen Abschnitt schon den betr. Abschreibern oder Übersetzern als viel zu kurz erscheinen.
Die Schwierigkeit entsteht aber nur dann, wenn man annimmt, daß der Stammbaum in 1 Mo 11 lückenlos und mit aneinander anschließenden Zeitangaben überliefert ist. Das scheint jedoch allem Anschein nach nicht der Fall zu sein (vgl. → Kenan 2; auch andere biblische → Geschlechtsregister weisen Lücken auf, etwa Mt 1,1–6). Damit besteht für uns keine Möglichkeit mehr, die Lebenszeit der vor Abraham genannten Männer in eine einigermaßen sichere Beziehung zu unserer Z. zu setzen.

6) Was die Zeit nach der babyl. Gefangenschaft angeht, so erhalten wir in der Seleukidischen Zeitrechnung in Syrien, die 312 v. Chr. beginnt, eine fortlaufende Jahreszählung. Sie wird schon in den Makk-büchern angewendet. 1 Makk 1,11 heißt es: »Antiochus Epiphanes begann zu herrschen im 137. Jahr des griech. Reiches«, d. h. 176/5 v. Chr.

V, 1) Obgleich wir über die allgemeine Geschichte der NEUTESTAMENTLICHEN ZEIT gut unterrichtet sind, ist es doch sehr schwierig, die im NT berichteten Ereignisse genau zu datieren, da dort ein bestimmtes Datum nur Lk 3,1 mit dem 15. Jahr des Kaisers Tiberius angegeben wird. Trotzdem muß an Hand der verschiedenen Tatsachen versucht werden, eine Zeitfolge festzulegen, in die wir die Geschichte Jesu und der Urgemeinde einordnen können. Dabei macht sich die weitere Schwierigkeit bemerkbar, daß die im NT berichteten Vorgänge in einen verhältnismäßig kurzen Abschnitt fallen und rasch aufeinander folgen. Das erforderte eigentlich eine bis in die Einzelheiten genaue Chronologie, aber es gibt eine Anzahl von Umständen, die gerade das sehr erschweren: Unsere Zeitrechnung beginnt zwar mit Christi Geburt, doch Jesus ist sicher nicht i. J. 1 geboren, da er noch während der Regierung Herodes d. Gr. zur Welt kam, der schon 4 v. Chr. starb. Die Geburt Jesu fällt also in die Jahre 5 oder 6, viell. auch 7 v. Chr. Dazu bestehen Meinungsverschiedenheiten über die Dauer der öffentlichen Wirksamkeit Jesu. Nach den synoptischen Evangelien würde ein Jahr genügen, Johannes aber scheint 2½–3 Jahre dafür zu fordern.
Ohne auf die z. T. sehr komplizierten Fragen im einzelnen einzugehen, läßt sich doch sagen, daß Jesus wahrscheinlich i. J. 30 n. Chr. gekreuzigt wurde. Sein öffentliches Wirken begann dann nach dem Joh.-ev. vermutlich am Passah 27 (vgl. Joh 2,20), nachdem Johannes der Täufer im Jahr vorher aufgetreten war.

2) Auch der Zeitablauf in der Apg. ist keineswegs einfach abzuschätzen, wenn der Bericht auch einzelne Festpunkte gibt: die Vertreibung der Juden aus Rom unter Klaudius (Apg 17,2) und vor allem den Aufenthalt des Paulus in Korinth unter Gallion, von dem wir nach einer Inschrift in Delphi wissen, daß er wahrscheinlich im Amtsjahr 51/52 Statthalter von Achaja war. Danach setzt W. Michaelis (Einleitung in das NT., 1954, S. 149–154) diesen Aufenthalt des Paulus in Korinth (nach dem Apostelkonzil im Jahre 49) auf Herbst 50 – Frühjahr 52 an. Auf der 3. Missionsreise war Paulus dann Herbst 52 bis Sommer 55 in Ephesus, Winter 55/56 in Korinth und Passah 56 in Philippi. Seine Verhaftung in Jerusalem trifft demnach auf Pfingsten 56, und die Romfahrt dauert von Herbst 58 bis Frühjahr 59.

VI) Zur Datierung der einzelnen biblischen Bücher vgl. die betreffenden Artikel.

Zeittafel, vgl. den Anhang.

Zela »Seite«,
Ort in Benjamin (Jos 18,28); hier lag das Familiengrab von Kis, dem Vater Sauls (2 Sam 21,14). Man hat den Ort in Chirbet Salah, etwa 3,5 km nordwestl. von Jerusalem, vermutet.

Zelek, viell. »Der gewaltig ruft«,
Ammoniter, einer der Helden Davids (2 Sam 23,37; 1 Chron 11,39).

Zelophehad. Sohn Hephers aus dem Geschlecht Gileads, ein Manassit, der nur 5 Töchter hatte (4 Mo 26,33). Aus diesem Anlaß wurde das Gesetz gegeben, daß das Erbe eines Vaters, der ohne Söhne stirbt, auf die Töchter übergeht (4 Mo 27,1–11). Später kam die Ergänzung hinzu, daß solche Erbtöchter nur innerhalb ihres Stammes heiraten durften, damit das Stammeserbe nicht geschmälert würde (4 Mo 36,1–12). Bei der Verteilung des Landes erhielten die Töchter des Z. ihr Erbteil im Gebiet Manasses im Ostjordanland (Jos 17,3–6).

Zeloten. Die radikalste politische Richtung unter den Juden, die auf den Aufstand → Judas (1) des Galiläers (Apg 5,37) zurückgeht. Die Z. besaßen ein bes. starkes jüd. Nationalgefühl. Sie wollten die Römer mit Gewalt vertreiben und haben dadurch 66 n. Chr. den jüd. Krieg entfesselt. Während der Kämpfe wüteten sie nicht nur gegen die Feinde, sondern auch gegen gemäßigte Elemente im eigenen Volk. Nach seinem Beinamen »der Eiferer« (griech. Zelotes Lk 6,15; Apg 1,13; aram. Kananäus Mt 10, 4; Mk 3,18 RÜ) hatte auch der Apostel → Simon dieser Partei angehört.

Zelt (in der LÜ fast ausschließlich Hütte oder Gezelt).

I, 1) Die bewegliche Wohnung des Nomaden (1 Mo 4,20; Ri 4,11; Jer 35,7), bes. der arab. Wüstenstämme (Ri 8,11; Ps 120,5), und die Unterkunft des Hirten (Jes 38,12) und der Soldaten, vor allem des Königs, im Heerlager und auf dem Feldzug (2 Sam 11,11; 1 Kö 20,12.16; 2 Kö 7,7.8; Jer 37,10; 43,10). Die Erzväter lebten in Zelten (1 Mo 12,8; 13,5; 25,27; 26,17.25; 33,19; Hebr 11,9), ebenso die Israeliten auf der Wüstenwanderung (2 Mo 16, 16; 4 Mo 2,10.18.25; 16,26; 19,14).

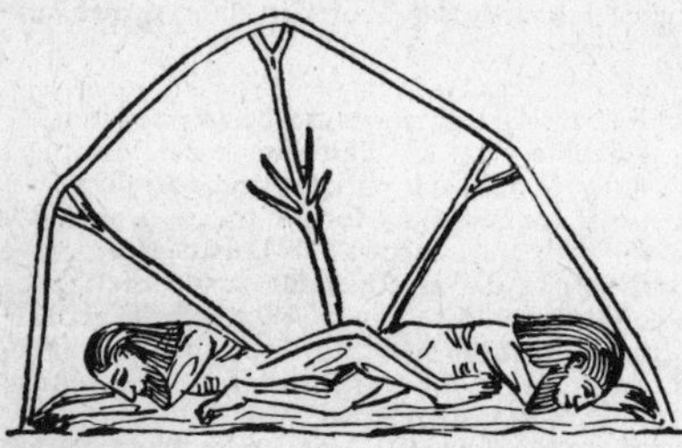

Schlafende Araber im Zelt (assyr. Darstellung)

Das flache, längliche Nomadenzelt besteht gewöhnlich aus schwarzen (Hl 1,5) Zelttüchern (vgl. → Teppich) von Ziegenhaar. Die Zeltpfähle stehen in Gruppen von je 3 (vgl. Abb.); meist sind es 9, es gibt aber auch größere oder kleinere Zelte. Die Zeltbahnen werden mit Seilen ausgespannt, die durch Hartholzpflöcke gesichert sind (Jes 33,20; 54,2). Diese → Nägel (II) werden mit einem Hammer in den Boden geschlagen (Ri 4,21). Zum Aufrichten des Zeltes sind mehrere Helfer nötig (vgl. Jer 10,20). Das Zelt bietet Schutz vor der Sonnenhitze des Tages (vgl. 1 Mo 18,1) und hält auch schweren Regengüssen und Stürmen stand (Jes 4, 6). Im Innern ist es durch einen Vorhang in 2 Abteilungen geteilt, die hintere bildet den Aufenthaltsraum der Frauen (vgl. 1 Mo 18,1.6.9). Bei größeren und reichen Familien gibt es auch besondere Frauenzelte (1 Mo 24,67; 31,33; Ri 4,17).
Die Araber errichten geschlossene Zeltsiedlungen (Hes 25,4), auch die Dörfer oder Flecken Jairs (Ri 10,4; 1 Kö 4,13 u. ö.) sind eigentlich »Zeltdörfer« (ZÜ).
2) Neben dem transportablen Wohnzelt kennt man noch die Laubhütte (vgl. → Laubhüttenfest), ein Schutzdach aus Ästen und Zweigen, mit oder ohne Wände (3 Mo 23,40.42; Neh 8,15–17; vgl. → Nachthütte). Solche Hütten sind offenbar in Mt 17, 4 par. gemeint.

II) Im übertragenen Sinn bedeutet »Zelt« einmal die Wohnung und den Wohnort überhaupt (1 Kö 8,66; 2 Kö 13,5), bes. in der Redewendung: Israel floh, ein jeder zu seinem Zelt (1 Sam 4,10; 2 Sam 18,17; 2 Kö 14,12; vgl. 2 Sam 20,1; 21,22); weiter die Wohnung Gottes im Heiligtum (Ps 76,3; vgl. → Stiftshütte). Die »ewigen Zelte« (Lk 16,9; vgl. Hebr 9,11) sind Bild für den Himmel. Der Schutz und die Hilfe Gottes werden ebenfalls unter dem Bild des Zeltes gesehen (Ps 27,5; Jes 4,6); anderseits auch der menschliche Leib und das irdische Leben (2 Kor 5,1.4; 2 Petr 1,13.14; vgl. Jes 38,12), die eines Tages abgebrochen werden.
Vgl. → Stiftshütte.

Zelzah, Ort an der Grenze von Benjamin in der Nähe des Rahelgrabes (1 Sam 10,2), nach 1 Mo 35,19 also am Weg nach Bethlehem. Die genaue Lage ist unbekannt.

Zemach → Namen Jesu Christi

Zemaraim, Ort in Benjamin (Jos 18,22) und Berg in der Nähe (2 Chron 13,4), wo Abia von Juda Jerobeam I. von Israel schlug. Man sucht den Ort, der auch auf der Liste Sisaks (Karte Sp. 1311) genannt wird, bei Ras ez-Zeimara auf dem Gebirge zwischen Et-Taijibe (= Ephron 2; vgl. 2 Chron 13,19) und Rammun, ca. 20 km nordnordöstl. von Jerusalem.

Zemariter, kanaanitischer Volksstamm (1 Mo 10, 18; 1 Chron 1,16), wahrscheinlich die Einwohner von Simirra oder Simyra, der heutigen Ruinenstätte von Sumra an der Mittelmeerküste südl. von Arvad (vgl. Karte Sp. 754). Die Stadt wird in ägypt. und assyr. Inschriften, ebenso in den Amarnabriefen genannt.

Zenan → Zaenan

Zenas, Kurzform von Zenodoros »Geschenk des Zeus«,
Schriftgelehrter und Reisebegleiter des Apollos auf Kreta (Tit 3,13); Paulus fordert Titus auf, die beiden für ihren weiteren Weg auszurüsten.

Zentner → Maße und Gewichte II; → Geld

Zephanja »Der Herr hat (schützend) verborgen«.
1) Levit, Nachkomme Kahaths (1 Chron 6,21[36]).
2) Prophet, Sohn Chusis und Nachkomme Hiskias (Zeph 1,1); vgl. weiter → Zephanja, Buch.
3) Sohn Maasejas (Jer 21,1), Priester in Jerusalem, der im Rang unmittelbar unter dem Hohenpriester stand (2 Kö 25,18). Der falsche Prophet Semaja, der in der Verbannung lebte, denunzierte Jeremia bei Z., doch der machte dem beschuldigten Propheten Mitteilung davon, ohne gegen ihn vorzugehen (Jer 29,24–32). Zedekia sandte Z. mit anderen zu Jeremia, damit der den Herrn für den König befragen bzw. bitten sollte (Jer 21,1; 37,3). Nach der Eroberung Jerusalems wurde Z. in Ribla hingerichtet (2 Kö 25,18–21; Jer 52,24–27).
4) Vater des Josia z. Zt. des Propheten Sacharja (Sach 6,10.14).

Zephanja, Buch.

I) EINLEITUNGSFRAGEN.

Von dem VERFASSER des B. Z. kennen wir nur seinen Namen und seine Vorfahren durch 4 Generationen (Zeph 1,1). Der Stammbaum endet mit einem Hiskia, in dem man den König dieses Namens vermutet hat; das ist zeitlich möglich, läßt sich aber nicht beweisen. Zephanja scheint ein Einwohner Jerusalems gewesen zu sein, hat aber jedenfalls seine Botschaft hier verkündigt, denn er bezeichnet die Stadt als »diesen Ort« (V 4) und bringt weiter eine Reihe von genauen Ortsangaben (V 10.11).

Sein Auftreten fällt in die ZEIT des Königs → Josia (641/40–609 v. Chr.) vor der Zerstörung Ninives (Zeph 2,13–15; 612 v. Chr.). Aus Zeph 3,5 (vgl. auch Zeph 1,4: den Überrest Baals) scheint hervorzugehen, daß die Reform Josias, die 629/8 v. Chr. begann und mit der Auffindung des Gesetzbuches und der Passahfeier 623/2 v. Chr. ihren äußeren Abschluß fand, im Gange ist, aber bei Fürsten, Richtern, Propheten und Priestern auf Widerstand stößt (Zeph 3,3.4). Zephanja ist also ein Zeitgenosse des jungen Propheten Jeremia, der 627 v. Chr. berufen wurde.

Die ECHTHEIT des Buches ist seit dem Ende des vorigen Jh. angefochten worden, jedoch – auch nach Auffassung der heutigen atl. Wissenschaft – ohne triftige Gründe.

II) INHALT.

1) Gliederung.

Überschrift (1,1).

I. Drohendes Gericht über Juda (1,2–2,3).
  1. Gericht über die Sünden Judas (1,2–13).
  2. Der Gerichtstag des Herrn (1,14–18).
  3. Ruf zur Umkehr (2,1–3).

II. Gericht über die Völker (2,4–15) und Verheißung an den Rest Israels (V 7.9b).
  1. Über die Philister (2,4–7).
  2. Über Moab und Ammon (2,8–10).
  3. Über die Völker im W und S (2,11.12).
  4. Über Assyrien (2,13–15).

III. Weheruf über das verstockte Jerusalem (3,1–7).

IV. Zorn Gottes im Endgericht und kommendes Heil (3,8–20).
  1. Nur ein Überrest aus Heiden und Juden übersteht das Gericht (3,8–13).
  2. Heil für Jerusalem (3,14–20).

2) Grundgedanken.

Die Verkündigung des Zephanja ist völlig von der Botschaft vom → Tag des Herrn bestimmt. Unausweichlich und unabänderlich steht der Gerichtsbeschluß Gottes fest – auch wenn die Menschen die Augen davor verschließen (Zeph 1,12). Hier ist eine Gnadenzeit abgelaufen (V 2.3). Wenn auch der König versucht, sein Volk zu Gott zurückzuführen und zu retten, der Widerstand der vornehmen und mächtigen Kreise ist zu groß (Zeph 3,1–4). Trotz aller Maßnahmen zur Herstellung des rechten Gottesdienstes macht sich die Sünde in jeder Form breit. Baal, Götzen und Gestirne werden neben Gott verehrt (Zeph 1,4.5), man schwört beim Herrn und bei Milkom zugleich (V 5). Andere sind völlig von Gott abgefallen und fragen nichts mehr nach ihm (V 6). Fremde Sitten, abergläubische Gebräuche (vgl. 1 Sam 5,5), Habgier, Betrug und Gewalttat herrschen (Zeph 1,8.9).

In diese Zustände hinein wird das Gericht Gottes schlagen. Es wird ein Tag der Posaune sein, die zum Kriege Gottes ruft, zum Kriege gegen das Volk, das er einmal sein Volk nannte. Der Herr selbst will ihnen bange machen; sie werden voller Angst wie die Blinden herumtappen, aber keinen Ausweg finden, denn Gott hat beschlossen, ihr Blut auszuschütten, als wäre es Staub, und ein Ende zu machen mit allen, die im Lande sind (V 14–18).

Aber angesichts der hereinbrechenden Katastrophe läßt er das Volk nicht ungewarnt in sein Schicksal hineinlaufen. Noch einmal ruft der Herr die Gottlosen zur Umkehr und ermahnt die, die sein Gesetz halten, ihn noch entschiedener zu suchen. Das ist die letzte Möglichkeit, dem Gericht zu entgehen (Zeph 2,1–3).

Danach weitet sich der Blick auf die umwohnenden Völker und Mächte, sie alle stehen unter dem Zorn Gottes. Das Gericht geht in alle Himmelsrichtungen und trifft im W das Land der Philister und die Inseln der Heiden (V 5.11), im O Moab und Ammon (V 8), im S Äthiopien (V 12) und im N Assyrien (V 13). Der Rest Israels aber wird das Philisterland besitzen und Moab und Ammon berauben und beerben (V 7.9b).

Doch Jerusalem hat weder für Drohungen noch Verheißungen des Herrn ein Ohr: es will nicht gehorchen, und seine verantwortlichen Führer treiben es schlimmer als je (Zeph 3,1–4). Darum trennt sich Gott von seinem Volk und läßt es allein (vgl. Mt 23,37–39), bis der Zeitpunkt des endgültigen Gerichtes gekommen ist, das über alle Welt, die Völker und Israel gemeinsam, ergehen wird (Zeph 3, 8). Erst wenn Gott seinen Zorn ausgeschüttet hat, bleibt ein → Rest von Israel übrig, ein armes u. geringes Volk, das wieder auf den Herrn vertrauen gelernt hat (V 12), und auch die Heiden, soweit sie übrig geblieben sind, werden Gott dienen (V 9). Darauf steht am Ende das Heil Gottes, das Lob und der Dank für seine Barmherzigkeit und Vergebung (V 17). Er nimmt alle Furcht hinweg, sammelt die Verstoßenen (V 16.19.20) und seine Anbeter aus den Völkern (V 10), wird als starker Heiland bei ihnen sein und sich über die freuen, die er erlöst hat (V 17).

Zephat, der frühere Name von → Horma (Ri 1,17).

Zephatha, Tal bei Maresa (2 Chron 14,9[10]), möglicherweise der Wadi Safije (neuhebr. Guvrin), der nordöstl. von Maresa beginnt und über Beth Dschibrin nach NW läuft. Man vermutet in dem hebr. *zepatah* aber auch einen Schreibfehler für *zeponah* (= nördlich) und will, wie es die LXX auch tut, übersetzen: »in dem Tal nördlich von Maresa«.

Zephi → Zepho

Zepho, Sohn des Eliphas und Enkel Esaus, edomitischer Fürst (1 Mo 36,11.15). In 1 Chron 1,36 wird er Zephi genannt.

Zepter. Das hebr. Wort *schebäth* hat urspr. die Bedeutung Stock oder Stab (Ps 23,4; vgl. → Stecken und Stab) und bezeichnet dann insbes. den Stab des Herrschers, das Z. (1 Mo 49,10), als Zeichen seiner herrschenden (Ps 110,2; Am 1,5) und richtenden Macht (Ps 45,7 ZÜ, MÜ; Hebr 1,8). Assyr. Abbildungen zeigen das Z. in Form einer Keule, die eine sehr alte Waffe ist. Bei den Ausgrabungen in Palästina fand man Keulen aus Stein, aber auch aus Kupfer und Eisen (vgl. Ps 2,9). Wahrscheinlich ist aus der ursprünglichen Kampfwaffe durch spätere Umformung das königliche Stabzepter entstanden.

In Est 4,11 wird das Entgegenstrecken des goldenen Z. als Zeichen königlicher Gnade genannt. Vgl. Abb. Sp. 277.

Zer, befestigte Stadt des Stammes Naphthali (Jos 19,35), zwischen Ziddim und Hammath genannt. Ihre genaue Lage ist unbekannt.

Zereda. 1) Heimatort Jerobeams I. von Israel (1 Kö 11,26). Der Name hat sich erhalten im Brunnen Ain Sereda, der in der Nähe von Chirbet Balata im Wadi Der Ballut liegt, 4 km nordöstl. von Rentis (Rama 1). Chirbet Balata ist nach den Scherbenfunden jedoch keine alte Siedlung, man hat Z. daher im benachbarten Der Rassane, 7,5 km ostnordöstl von Rentis, vermutet.

2) Der in Ri 7,22 genannte Ort Z. ist viell. mit → Zarthan gleichzusetzen.

Zereth, Sohn des Judäers Ashur und seiner Frau Helea (1 Chron 4,7).

Zereth-Sahar, Stadt im Stamm Ruben »auf dem Berg des Tals«, d. h. wohl über dem Tal (Jos 13,19). Musil vermutet den Ort in der Ruine ez-Zara, die auf einem hohen Felsen am Ostufer des Toten Meeres liegt, etwa 5 km südl. der Mündung des Wadi Zerka Main und 6 km westnordwestl. von Machärus.

Zeror »Beutel« oder »Steinchen«,
Benjaminit, Vorfahr Sauls (1 Sam 9,1).

Zerreißen → Kleid, Kleidung VII

Zerstoßen, zerrieben, zerrissen, ausgeschnitten bezeichnet männliche Tiere, die auf verschiedene Weise ihrer Zeugungskraft beraubt waren (3 Mo 22, 24; vgl. EÜ, MÜ, ZÜ). Diese Verstümmelung war in Israel verboten, und solche Tiere (Ochsen, Hammel) waren untauglich zum Opfer. Vgl. auch → Verschnittener.

Zerstreuung. I) Als Z. oder griech. Diaspora (Joh 7,35) wird jede Ansiedlung von → Juden außerhalb des ihnen vom Herrn verheißenen und gegebenen Landes Kanaan bezeichnet. Die HS sieht die Z. als Gericht Gottes (5 Mo 4,27; Hes 36,19; Sach 7,14), und wenn dadurch auch das jüd. Gesetz und der Gott Israels unter den Völkern bekannt wurde (Apg 15,21), so darf doch das Urteil Jesu über den mit der Diaspora zusammenhängenden Missionseifer der Juden (vgl. → Judengenossen) nicht übersehen werden (Mt 23,15). Erst die Verkündigung des Evangeliums brachte den »Gottesfürchtigen« aus den Heiden wirklich das Heil (Apg 10,1–6; 13,43; 14,1; 16,14; 17,4).

II, 1) Die ersten Anfänge einer Niederlassung von Juden in geschlossenen Siedlungen außerhalb Palästinas reichen schon weit zurück. Im 9. Jh. v. Chr. bestand in der syr. Hauptstadt Damaskus eine jüd. Kolonie, der innerhalb der Stadt ein besonderes Viertel zugewiesen war. Wahrscheinlich gab es solche Siedlungen im 8. Jh. v. Chr. auch schon in Ägypten. Aber der eigentliche Beginn der Diaspora liegt in der Zwangsaussiedlung der Juden nach der Zerstörung des Nordreiches Israel (733–732 und 723/2 v. Chr.) und des Südreiches Juda (586 v. Chr.; vgl. → Gefangenschaft). Die Deportierten scheinen sich in der Mehrzahl in den ihnen zugeteilten Landstrichen recht gut eingewöhnt zu haben; nur eine Minderheit kehrte zurück. So wurde Mesopotamien zu einem wichtigen Mittelpunkt der Z. (vgl. → Masora; → Mischna; → Targum). Zu einem zweiten jüd. Zentrum wurde wenig später auch Ägypten, vor allem Alexandria.

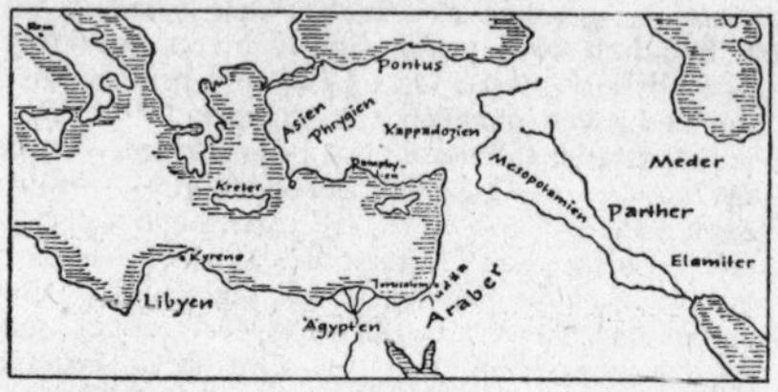

Landschaften und Orte, aus denen die Juden und Proselyten aus der Zerstreuung kamen, die die Pfingstpredigt des Petrus hörten (Apg 2, 8–11). Vgl. auch die Orte, in denen Paulus auf seinen Missionsreisen in den Synagogen predigte (Karte Sp 1045/6; 1049/50)

2) Der zweite wichtige Abschnitt der Diaspora fällt in die hellenistische Epoche nach dem Tode Alexanders d. Gr. (4.–2. Jh. v. Chr.). Die Ausdehnung der Z. in dieser Zeit hatte vor allem 2 Ursachen.

a) Einmal war es der Handel mit jüd. Sklaven, die infolge der ständigen Kämpfe zwischen Syrien und Ägypten um den Besitz Palästinas zu Tausenden auf die Sklavenmärkte der damals bekannten Welt kamen. Da die Juden sich überall als kluge, zuverlässige und geschickte Arbeiter bewährten, gelang es ihnen meist recht rasch, sich hochzuarbeiten und loszukaufen; sie bildeten dann an dem jeweiligen Ort eine gottesdienstliche Gemeinde, die sich um eine Synagoge (→ Schule) oder einen Gebetsplatz (Apg 16,13) sammelte. Wo sich schon solche Gemeinden befanden, war man neu ankommenden jüd. Sklaven beim Freikauf behilflich und gewann dadurch neue Glieder.

b) Zum Sklavenhandel kam der Kriegsdienst jüd. Truppen für fremde Herrscher hinzu. Die Juden genossen überall den Ruf tapferer Soldaten und zuverlässiger Untertanen; sie waren außerdem für ihre Tüchtigkeit bei der Urbarmachung unbebauten Landes bekannt. So bildeten sie bes. an der Westgrenze Ägyptens militärische und bäuerliche jüd. Ansiedlungen. Sie wurden neben dem Grenzschutz – besondere Berühmtheit erlangte hier die jüd. Militärkolonie von Elephantine (Taf. 2b/1) und ihr Tempel – wegen ihrer Verläßlichkeit auch zur Flußpolizei auf dem Nil und zur Zollmiliz herangezogen. Der Mittelpunkt jüd. Lebens in Ägypten war Alexandria, wo die Juden z. Zt. Jesu 2 von insgesamt 5 Stadtbezirken mit einer Bevölkerungszahl von mehr als 100 000 Menschen bewohnten. Hier entstand auch die → Septuaginta (LXX). Man hat die Juden dieser Zeit wegen ihrer militärischen Tüchtigkeit und ihrer Kriegsdienste im Ausland vielfach mit den Schweizern des Mittelalters verglichen. Welcher Wertschätzung sie sich erfreuten, geht aus einem Brief Antiochus III. d. Gr. von Syrien (222–187 v. Chr.) an den Satrapen von Lydien hervor, in dem es heißt: »Ich habe mich entschlossen, 2000 jüd. Familien aus Mesopotamien und Babylonien herauszuziehen, um sie in die wichtigsten

Plätze und Garnisonen zu verlegen, ... denn meine Vorfahren haben ihre Treue und ihren zuverlässigen Gehorsam erprobt.« In der folgenden Generation bat Demetrius I. von Syrien (162–150 v. Chr.) den Makkabäer Jonathan um 30000 Männer für seine Armee.

3) Den nächsten Abschnitt in der Entwicklung der jüd. Diaspora bestimmt die Eroberung der Länder am östl. Mittelmeer durch die Römer. Nach der Unterwerfung Palästinas (63 v. Chr.) führte Pompejus eine große Anzahl jüd. Gefangener nach Rom. Die militärische Bedeutung der Juden trat zu diesem Zeitpunkt zurück, obwohl etwa Antipater, der Vater Herodes d. Gr., Cäsar bei seinen Schwierigkeiten in Ägypten mit jüd. Truppen zu Hilfe kam und dafür dankbare Anerkennung fand. Die den Juden eingeräumten Vorrechte – ihre Versammlungen waren der einzig erlaubte Gottesdienst, der von der heidnischen Religion des Staates unabhängig war – wurden von Augustus nach seinem Sieg bei Aktium (31 v. Chr.) bestätigt. Der zeitgenössische griech. Geograph Strabo sagt von den Juden: »Sie haben Eingang in alle Staaten gefunden; es ist nicht leicht, in der ganzen Welt auch nur ein Gebiet zu finden, wo dieses Volk nicht aufgenommen worden wäre und keine führende Stellung eingenommen hätte« (vgl. Apg 2,9–11). Jüd. Siedlungen fanden sich an der Südküste des Schwarzen Meeres (Apg 18,2); und sogar auf der Krim sind jüd. Inschriften in griech. Sprache erhalten.

4) Die Zerstörung Jerusalems durch Titus 70 n. Chr. brachte den Verlust der jüd. Eigenstaatlichkeit. Die Einbuße an Menschen war ungeheuer: nach dem Bericht des Josephus sollen über 1 Million Todesopfer zu beklagen gewesen sein, während 97000 Juden als Sklaven verkauft wurden und damit letztlich wieder jüd. Gemeinden in der Diaspora vermehrt haben.
Aber noch lebten so viele Juden in Palästina, daß sie im 2. jüd. Aufstand 132–135 n. Chr. unter Führung des Barkochba noch einmal versuchen konnten, sich von der Römerherrschaft zu befreien. Nach der blutigen Niederwerfung dieses Aufstandes verbot Kaiser Hadrian den Juden das Betreten Jerusalems; und wiederum wurde ein großer Teil der Bevölkerung in die Sklaverei verkauft.
Doch noch bis ins 6. und 7. Jh. hat das Judentum in Palästina seine Lebenskraft bewiesen. Das religiöse Zentrum lag nun im N des Landes, in Galiläa und Tiberias. Die Rabbinen legten in diesen Jahrhunderten → Mischna und Talmud schriftlich nieder und setzten den hebr. Text des AT fest (vgl. → Masora). Die Verbindung mit der Z. blieb dauernd erhalten, viele Juden wollten wenigstens nach ihrem Tode im verheißenen Land begraben sein. Ein Zeugnis dafür bildet die ausgedehnte Gräberstadt von Beit Shearim, 14 km westl. von Nazareth (vgl. Abb. Sp. 844).
Im Lauf des Mittelalters und der Kreuzzüge verloren die Juden dann aber ihre Heimat in Palästina endgültig, und das gesamte Volk lebte in der Z.

III) Erst mit der Gründung des Staates Israel 1948 erhielten die Juden wieder eine politische Heimat, die aber bisher nur einen kleinen Teil des Volkes aufgenommen hat. Hier beginnt sich eine Erfüllung atl. Verheißungen abzuzeichnen, daß der Herr die Zerstreuten seines Volkes wieder sammeln will (Jer 31,10; Hes 37), aber noch kann von einem Ende der Z. keine Rede sein. Vgl. → Israel VI; → Juden, Judentum V.

Zertreten → Stechen

Zeruga »Hautkranke« (wohl aussätzig),
Mutter Jerobeams I. von Israel (1 Kö 11,26), sie wird genannt, weil sein Vater früh gestorben war.

Zeruja »Die Mastixduftende«,
Schwester der Abigail und Halbschwester Davids, ihr Vater war Nahas (2 Sam 17,25). Ihre Söhne Abisai, Joab und Asahel (1 Chron 2,16) werden stets nach ihrer Mutter die Söhne der Z. genannt (2 Sam 2,18; 3,39; 16,10 u. ö.).

Zeuge, zeugen, Zeugnis.

I) IM AT.

1) Der Begriff Z. gehört im AT in das Gebiet des Rechts und bezeichnet den Z. in einer Gerichtsverhandlung, der sowohl Entlastungs- wie – häufiger – Belastungszeuge sein kann (4 Mo 5,13; 35,30), ferner den Vertragszeugen (Jer 32,10), der nicht immer ein Mensch sein muß. Auch ein Gegenstand kann als symbolisches Mahnzeichen und Mitwisser Z. genannt werden (Rt 4,7; 1 Mo 31,48; Jos 24,27; Jes 19,20).
Dabei wird von jedem menschlichen Z. absolute Wahrhaftigkeit gefordert (2 Mo 20,16; 5 Mo 5,20), denn er allein begründete das Urteil des Richters, da es die Einrichtung der Anwälte nicht gab. Im Falle eines todeswürdigen Verbrechens war darum auf jeden Fall die übereinstimmende Aussage zweier oder dreier Z. notwendig (5 Mo 17,6), und ihre Verantwortlichkeit wurde dadurch erhöht, daß sie bei einer Steinigung die ersten Steine selber werfen mußten (V 7). Bei nachweislich falschem Zeugnis verfiel ein Z. der gleichen Strafe, die dem fälschlich Bezichtigten zugedacht war (5 Mo 19, 16ff).

2) Dieses vom praktischen Alltag geprägte Bild des Z. und seines Aussagewertes ist dann auf Gott angewendet worden. Weil er der Wahrhaftige ist, wird er da, wo die Rechtschaffenheit einer Tat oder Aussage bes. herausgestellt werden soll, als vornehmster Z. angerufen (1 Mo 31,50; Ri 11,10; Ps 89,37), wobei sich der Anrufende unter die richterliche Gewalt Gottes stellt: zum Segen für sich, sofern sein Tun wirklich gerecht war; zum Fluch für sich, sofern seine vorgegebene Gerechtigkeit sich als Ungerechtigkeit erweisen sollte.
Oder Gott wird als Z. geschildert, der selber für oder gegen jemanden auftritt (Rt 1,21 EÜ, ZÜ) oder durch seine Propheten für oder gegen jemanden zeugen läßt (2 Kö 17,13). Gott als Z. gegen sich zu haben, ist gleichbedeutend mit Verurteilung. Darum wird der Ausdruck »Gott zeugt wider euch« (2 Kö 17,13 EÜ) prophetisches Bild für das Verdammungsurteil Gottes.
Der Aussagewert des Zeugnisses wird für die Verkündigung fruchtbar gemacht, indem man statt Wort Gottes, Gebot Gottes oder Gesetz Gottes auch »Zeugnis(se) Gottes« sagt (vgl. Ps 119). Gottes Wort ist Zeugnis, heißt demnach: es ist absolut wahr, der Wirklichkeit entsprechend, es entspricht den Tatsachen, es setzt ins Recht. Und sofern der Mensch von jedem Wort lebt, das aus dem Mund Gottes hervorgeht (5 Mo 8,3) – oder eben nicht lebt, weil er nicht darauf hört – trifft der Begriff »Zeugnis« für dieses Wort besser als andere Begriffe den (gerichtlichen) Ernst, der im Wort Gottes und seiner Verkündigung beschlossen liegt: es ist Zeugnis zum Leben, das frei macht, oder Zeugnis zum Gericht. Dazwischen gibt es keine andere Möglichkeit. Man nimmt die Wahrheit des Zeugnisses Gottes an – oder man scheitert an ihr.
Dabei ist wesentlich, daß der Begriff des Z. nicht auch

auf die Verkünder des Wortes Gottes angewandt wird. Gott ist der Z., die entscheidende Person im Gericht über die Sünde, sonst niemand. Wenn auch die Propheten das Zeugnis Gottes verkündigen – Z. heißen sie nie, so wie auch Zeugnis ausschließlich Selbstbezeugung Gottes ist, nicht Zeugnis eines Menschen für Gott.
Eine Ausnahme bildet allein Jes 43,9–13; 44,7–11. Im großen Gericht des Herrn über die Nationen wird »Israel, mein Knecht« Z. für Gott sein und an seiner Geschichte und Führung die Erhabenheit Gottes über die Götter erweisen.

II) IM NT.

1) Im NT finden wir den Z. sowohl als Z. vor Gericht (Mk 14,63; Mt 26,65; Apg 6,13) – wobei die Grundsätze der atl. → Rechtsprechung beibehalten sind (vgl. Mt 18,16; 2 Kor 13,1; 1 Tim 5,19) – wie in der religiösen Bedeutung. Schon aus dem AT bekannt ist das Anrufen Gottes als Z., um die Wahrhaftigkeit und Glaubwürdigkeit seines eigenen Tuns oder Redens zu sichern (vgl. ntl Röm 1,9; 1 Thess 2,5; Phil 1,8), und die Verbindung des Anrufens mit einer Selbstverwünschung für den Fall, daß dieses Tun oder Reden nicht der Wahrheit entspräche (2 Kor 1,23).

2) Neu hingegen ist, daß der Tatsachenzeuge nun auch Wahrheitszeuge ist, d. h. über die Tatsächlichkeit des Geschehens hinaus auch seine Bedeutung als Offenbarungshandeln Gottes bezeugt. Der Auferstandene öffnet den Jüngern das Verständnis der Schriften und sagt: »Also steht geschrieben, und also mußte Christus leiden und am dritten Tage auferstehen aus den Toten, und in seinem Namen Buße und Vergebung der Sünden gepredigt werden allen Nationen, von Jerusalem angefangen. Ihr aber seid Z. hiervon« (Lk 24,45–48). Was hier zu bezeugen ist, sind zuerst rein geschichtliche Fakten, aber sie haben ihre eigene Bedeutung, die nicht ohne weiteres einsichtig ist, sondern die verkündigt und geglaubt werden muß. Tatsachenzeugnis und Wahrheitszeugnis fallen zusammen.

Zwar gilt es zunächst, Tatsachen zu bezeugen, darum macht Jesus seine → Jünger zu Z. (Joh 15,27; Apg 1,22; 13,31), die auch im juristischen Sinn allein wahre Z. sein können, zu Z. Jesu aber erst dadurch werden, daß sie dem Tatsachenzeugnis ihr Glaubenszeugnis hinzufügen (vgl. Apg 2,22–24; 4, 10; 1 Joh 1,1–3; 4,14). Bes. stark tritt die Bedeutung des Glaubenszeugnisses von Anfang an bei Paulus hervor, der Z. dessen sein soll, was er vor Damaskus gesehen und gehört hat (Apg 22,14.15) und was ihm der Herr weiterhin noch zeigen will (Apg 26,16). Damit wird deutlich, daß wahres Christuszeugnis, wenn es auch von geschichtlichen Tatsachen ausgeht (vgl. Apg 26,26), doch nur durch das »Zeugnis Jesu, den Geist der Weissagung« (Offb 19,10; Joh 15,26; 1 Joh 5,6) möglich ist. Wie Gott sich in Jesus (V 9) und Jesus in Worten und Werken den Vater bezeugt hat (Joh 1,18; 3,11.32; 5,36; 10,25), der in ihm war (Joh 14,10.11), so ist auch Grundlage jedes christlichen Zeugnisses, daß Gott dem Glaubenden das ewige Leben gegeben und er den Sohn Gottes hat (1 Joh 5,9–12): »Christus in euch, die Hoffnung der Herrlichkeit« (Kol 1,27).

3) Zeugnis im ntl. Sinn darf also nicht auf die Mitteilung von äußeren Tatsachen oder auf die Weitergabe von Gelerntem und Gelesenem eingeschränkt werden. Zu bezeugen ist allein eine Lebenswirklichkeit, die auch das Sterben, den Tod des Z. als letzte Bekräftigung für die Wahrheit seines Zeugnisses einschließt (Apg 22,20; Offb 2,13; 17,6). Auch hierin ist der Knecht nicht über seinem Herrn (Mt 10,24; Joh 15,20; vgl. 1 Joh 5,6; Mk 10,39), dem treuen und wahrhaftigen Z. (Offb 1,5; 3,14).

Zeugen. I) Zu Z. im eigentlichen Sinn (5 Mo 4,25; 28,41; Spr 23,22) vgl. → Vater, → Mutter, → Sohn, → Tochter; → Geburt.

II, 1) Im übertragenen Sinn wird z. gelegentlich vom Schaffen Gottes gebraucht (5 Mo 32,18; Hi 38, 28.29); ebenso, wo der Mensch sein Verhältnis zum Schöpfer auf den Götzen überträgt (Jer 2,27).

2) Unter Anführung von Ps 2,7 spricht das NT davon, daß Gott → Jesus Christus in einzigartiger Weise als seinen Sohn gezeugt hat (Apg 13,33; Hebr 1,5; 5,5); vgl. → Namen Jesu Christi II A 2.

3) Von den wiedergeborenen Gläubigen (1 Petr 1, 23; vgl. → Wiedergeburt) heißt es, daß sie Gott durch das Wort der Wahrheit (Jak 1,18) oder der Apostel in Christus durch das Evangelium gezeugt hat (1 Kor 4,15; Phim 10). Vgl. → Sohn I, 3.

Zeughaus, Gebäude zur Aufbewahrung von Waffen und Rüstungen (2 Kö 20,13; Jes 39,2).

Ziba »Faser, Zweig, Ast«.
Knecht Sauls, von dem David erfuhr, daß Jonathans Sohn Mephiboseth noch am Leben war. Der König holte Mephiboseth an den Hof und gab ihm Z. zum Diener, der mit seinen 15 Söhnen und 20 Knechten den Besitz Sauls für Mephiboseth bewirtschaften mußte (2 Sam 9). Als David auf der Flucht vor Absalom war, kam Z. ihm mit zwei Eseln und Verpflegung entgegen und beschuldigte seinen Herrn, er sei in Jerusalem geblieben, um die Herrschaft Sauls zurückzuerlangen. Daraufhin sprach David ihm Mephiboseths gesamten Besitz zu (2 Sam 16, 1–4). Bei der Rückkehr des Königs nach dem Tod Absaloms erschien Z. erneut vor David (2 Sam 19, 18[17]), mit ihm aber auch Mephiboseth, der sich rechtfertigte. David entschied, daß beide den Landbesitz Sauls teilen sollten (V 25[24]–31[30]).

Zibeon, wohl »Hyäne«.
Großvater Oholibamas, der Frau Esaus, ein Heviter (1 Mo 36,2.14), und ein horitischer Fürst (1 Mo 36,20.24.29; 1 Chron 1,38.40). V ell. handelt es sich bei beiden um dieselbe Person; vgl. → Ana.

Zibja »Gazelle«,
Frau Ahasjas von Juda und Mutter des Königs Joas, aus Beer-Seba gebürtig (2 Kö 12,2[1]).

Ziddim, befestigte Stadt des Stammes Naphthali (Jos 19,35). Der Talmud nennt den Ort Kefar Hattya, danach hat man ihn in Hattin (neuhebr. Kefar Zeitim) gesucht, ca. 1,5 km nördl. des Berges Hattin (neuhebr. Qarnei Hittim) und ca. 8 km westnordwestl. von Tiberias.

Ziege. Die Z. Palästinas, die Mamreziege (*Capra mambrica*; hebr. *ez*), ist groß, lang und schmal gebaut und hat ein schwarzbraunes, langhaariges Fell. Gefleckte Ziegen sind selten (vgl. 1 Mo 30,32). Die kreisförmig gebogenen Hörner können beim Bock bis zu 70 cm lang werden. Die Schlappohren (vgl. Am 3,12) sind so lang, daß sie beim Fressen auf die Erde reichen.

Die Ziegen wurden als Milch- (Spr 27,27) und Schlachtvieh gehalten; ihre Felle fanden für Kleidung Verwendung (Hebr 11,37); aus Ziegenhaar stellte man verschiedene Dinge her (1 Sam 19,13.16; 4 Mo 31,20 EÜ, MÜ, ZÜ; → Pelzwerk), u. a. Zeltdecken (2 Mo 26,7). Gegerbte Ziegenhäute waren

Ziegenhirt mit einer Herde von Böcken und einer Ziege (ägypt. Darstellung)

neben den Krügen die üblichen Wasserbehälter (→ Schlauch).
Die Z. war neben dem Schaf ein wichtiges Opfertier (3 Mo 1,10; 3,12). Meist opferte man Böcke (→ Bock), doch werden in 3 Mo 5,6 auch einmal ausdrücklich weibliche Tiere erwähnt. Ziegenlämmer wurden zum Passah geschlachtet (2 Mo 12,5).

Ziegel. Lehmziegel bildeten im Vorderen Orient das allg. Baumaterial (vgl. → Ausgrabungen II,1; IV,2; → Festung II,4) neben den selteneren und kostbaren Hausteinquadern (vgl. Jes 9,9[10]). Sie wurden in Ägypten aus Nilschlamm und gehacktem Stroh hergestellt (2 Mo 5,7), in Mesopotamien, wo man sie auch für Tempel und Paläste verwendete, aus Ton (1 Mo 11,3). Die Außenmauern babyl. Prunkbauten wurden auch mit farbig glasierten Z. verkleidet (vgl. Taf. 25b/384).
Das Ziegelstreichen gehörte mit zu den schwersten Arbeiten und wurde darum meistens von Sklaven verrichtet. In Ägypten war es z. Zt. Moses die Arbeit der Israeliten (2 Mo 1,14; 5,6ff). Zuerst mußte der Lehm »getreten« werden (Nah 3,14), d. h., er wurde mit den nackten Füßen bearbeitet und so mit dem Stroh vermischt. Um eine gleichmäßige Form zu erreichen, strich man den Lehm in Holzrahmen. Die fertigen Z. wurden zum Trocknen reihenweise in die Sonne gestellt oder in Ziegelöfen gebrannt. In Jer 43,9 ist jedoch vermutlich kein Brennofen, sondern ein Ziegelsteinpflaster gemeint, in 2 Sam 12,31 wohl eine Ziegelei überhaupt. Die ägypt. Z. waren länglich (der in Taf. 9b/128 abgebildete hat 38 cm Länge), die babyl. dagegen flach und quadratisch (Abb. Sp. 981). In beiden Ländern trugen sie oft Stempel mit Namen und Titeln des regierenden Herrschers; in röm. Zeit weisen die vielfach von Soldaten gefertigten Z. den Legionsstempel auf.
Dachziegel werden nur Lk 5,19 genannt. Viell. handelt es sich dabei um einen Ausdruck, der mit Rücksicht auf nichtpalästinensische Leser gewählt wurde (vgl. Mk 2,4; → Dach), ohne daß wir an dieser Stelle in Kapernaum mit den flachen, fliesenartigen Dachpfannen rechnen müßten, die bei röm. und griech. Häusern Verwendung fanden.

Der Z., auf den Hesekiel die Stadt Jerusalem zeichnen sollte (Hes 4,1ff), entspricht in seiner Verwendung dem Gebrauch von Tontafeln zum Schreiben. Die Jes 65,3 erwähnten Räucheraltäre aus Z. für den Götzendienst stehen im Gegensatz zu dem Israel allein erlaubten Altar aus Natursteinen (2 Mo 20, 25).

Ziegeltor → Jerusalem III C

Ziha. 1) Tempelknecht, dessen Nachkommen mit Serubabel aus der babyl. Gefangenschaft heimkehrten (Es 2,43; Neh 7,46).
2) Aufseher über die Tempelknechte am Ophel z. Z. Nehemias (Neh 11,21).

Ägypt. Ziegelarbeiter. Der stehende Mann hackt den Schlamm auf, der Kniende neben ihm hielt urspr. einen Korb, in den der Lehm gefüllt wird. Der Hokkende links formt mit Hilfe eines Holzrahmens die Ziegel. Mehrere Reihen fertiger Ziegel sind durch Einschnitte auf dem Brett angedeutet (hölzernes Grabmodell um 2000 v. Chr.)

Ziklag, Ort im Negev (Jos 15,31), Simeon zugewiesen (Jos 19,5; 1 Chron 4,30). Später gehörte er den Philistern, König Achis von Gath gab Z. an David (1 Sam 27,6; 1 Chron 12,1), und seitdem war der Ort im Besitz der judäischen Könige. Während David Achis auf dem Zug gegen Saul begleitete, wurde Z. von den Amalekitern zerstört (1 Sam 30,1). Hier erhielt David auch wenige Tage später die Nachricht von Sauls Tod (2 Sam 1,1; 4,10). Nach der babyl. Gefangenschaft wurde der Ort neu besiedelt (Neh 11,28). Z. ist wahrscheinlich der heutige Tell el-Chuwelife (neuhebr. Tel Tsiqlag), 16 km nördl. von Beer-Seba (Karte Sp. 279).

Zilizien, röm. Provinz im SO Kleinasiens, im W und N vom Taurusgebirge, im O vom Amanusgebirge begrenzt. Ihre Hauptstadt war → Tarsus, die Heimat des Apostels Paulus (Apg 22,3). Z. wird öfter mit Syrien zusammen genannt (Apg 15,23.41; Gal 1,21), beide Gebiete standen seit 64 v. Chr. als Cilicia et Syria unter gemeinsamer röm. Verwaltung (bereits seit 102 v. Chr. stand Z. weitgehend unter röm. Herrschaft; vgl. Karte Sp. 1151/2). Hier gab es schon früh heidenchristliche Gemeinden (Apg 15,23).
Der Westteil des Landes ist bergig, der Ostteil, in dem Tarsus liegt, eben und fruchtbar. Die Verbin-

dung mit dem übrigen Kleinasien führt durch den berühmten Paß der Zilizischen Pforte (Taf.94/1473). Der ursprüngliche schmale Pfad war hier schon 400 v. Chr. soweit ausgehauen worden, daß der Weg auch für Wagen benutzbar wurde. Cicero bemerkt in einem Brief, daß der Taurus des Schnees wegen nicht vor Juni überschritten werden könne. Daraus schließt man, daß Paulus auf der 2. Missionsreise nicht vor Juni 50 nach Derbe und Lystra gekommen sein kann (Apg 15,41–16,1).
In atl. Zeit hieß Z. Kue (vgl. → Mizraim); in den Jahren 839–833 v. Chr. unterwarf es Salmanasser III. der assyr. Herrschaft.

Zilla »Schatten (d. h. Gottes Schutz)«, eine der Frauen Lamechs, Mutter des Thubalkain und der Naema (1 Mo 4,19.22.23).

Zilthai, Kurzform von Bezaleel (Noth).
1) Benjaminit, Sohn Simeis (1 Chron 8,20).
2) Manassiter, der zu David nach Ziklag kam (1 Chron 12,20).

Zimbel → Becken, → Musikinstrumente

Zimmermann. Das Z.handwerk dürfte sich als Beruf in Palästina erst nach der Zeit Davids ausgebildet haben, dem Hiram zum Bau seines Palastes auch die Holzhandwerker aus Tyrus sandte (2 Sam 5,11). Dem Z., der zugleich Schreiner ist, fallen alle Holzarbeiten beim Bau des Hauses, der Türen, der Fenster, der Stadttore und auch der Möbel zu, am See Genezareth mag er auch beim Bootsbau beschäftigt gewesen sein. Zu seiner Tätigkeit gehörte ebenfalls die Herstellung und Reparatur von Dreschschlitten, Wagen, Pflügen (vgl. → Ackerbau) und ähnlichen Geräten, wenngleich wir hier damit zu rechnen haben, daß ein Großteil der Holzarbeiten von den Bauern selbst ausgeführt wurde.
Als Hauptwerkzeug zur Bearbeitung des Holzes (vgl. → Waffen und Geräte) kann die Axt gelten, man kennt aber auch die – verhältnismäßig kurze – Säge, zunächst aus Feuerstein, oft mit hölzernem Schaft. Später wird sie aus Bronze, dann auch aus Eisen hergestellt, immer aber von nur einem Mann geführt (vgl. Abb. Sp. 550). Fugen und Einsatzlöcher stellte man mit dem massiven, später auch hohlen Meißel her, der mit einem Hammer, urspr. aus Stein, später aus Eisen, getrieben wurde. Zur Verbindung der einzelnen Hölzer sind außer Holzstiften Nägel aus Bronze, später Eisen, verwandt worden. Auch ein Bohrer, ein spitzer Bronzestift, der zwischen dem zu bohrenden Brett und einem in der Hand gehaltenen ausgehöhlten Stein mittels einer in einen Bogen gespannten Schnur zum Rotieren gebracht wurde, war bekannt (vgl. Abb. Sp. 550). Zu den Geräten des Zimmermanns gehören nach Jes 44,13 auch Zirkel, Meßschnur, Zeichenstift und Lot. Nach der erwähnten Stelle haben die Z. offenbar auch Schnitzarbeiten ausgeführt.
Der hebr. Text hat für »Zimmermann« das allgemeine Wort *charasch*, das auch andere (Bau-)Handwerker (an Holz, Stein und Metall) bezeichnen kann. An verschiedenen Stellen geht jedoch aus dem Zushg. eindeutig hervor, daß der Z. gemeint ist (z. B. 2 Kö 22,6; 2 Chron 24,12; 34,11; Jer 10,3 LÜ Werkmeister), an anderen Stellen ist das Wort *ez* (= Holz) zur Verdeutlichung zugefügt worden (*charasch ez* = Holzhandwerker; 2. Sam 5,11; 2 Kö 12,12[11]; 1 Chron 14,1; 22,15; Jes 44,13 ZÜ).
Das griech. Wort *tektôn* (Mt 13,55; Mk 6,3) hat eine ähnlich weite Bedeutung, bezeichnet jedoch vorwiegend den Z. (so übersetzen auch die altsyr.,

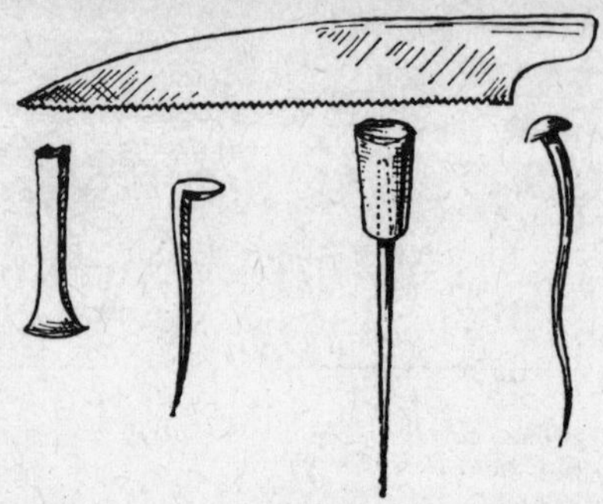

Geräte zur Holzbearbeitung. Oben: Eiserne Säge. Unten: Meißel; Bronzenagel; Bohrer, Metallstift mit Holzgriff (vgl. Abb. Sp. 550); Bronzenagel

koptischen, äthiopischen und armen. Übersetzungen), so daß wir mit Wahrscheinlichkeit sagen können, daß Joseph, der Vater Jesu, von Beruf Z. war. Vgl. auch → Handwerk III.

Zimmerschnur → Messen, Meßschnur

Zimt (hebr. *khinnamon;* griech. *kinnamômon).*
I) Der in der HS öfter erwähnte Z. (2 Mo 30,23; Spr 7,17; Hl 4,14; Offb 18,13) ist der chinesische Z., der bereits im 17. Jh. v. Chr. aus China über Mesopotamien, Phönizien und Palästina nach Ägypten eingeführt wurde. Dieser Z. ist die getrocknete, ineinander gerollte innere Rinde des chinesischen Zimtbaumes *(Cinnamomum cassia)* aus der Familie der Lorbeergewächse *(Lauraceae).*
Man verwendete Z. dazu, Betten (Spr 7,17) und Kleider (Hl 4,14) zu parfümieren; 2 Mo 30,23 wird er als Bestandteil des heiligen Salböls genannt.

II) Neben der Zimtrinde werden auch die getrockneten Blüten des Zimtbaumes unter den hebr. Namen *khiddah* und *khesia* genannt (LÜ Kassia). Auch sie wurden zur Bereitung des heiligen Salböls verwendet (2 Mo 30,24); ferner waren sie Bestandteil von Salben und Parfüms (Ps 45,9 u. ö.). Kassia wurde durch die Phönizier nach Palästina gebracht (Hes 27,19). Das Wort findet sich auch als Mädchenname (Hi 42,14 LÜ Kezia).
Vgl. auch → Kalmus.

Zin, Wüste an der Südgrenze des verheißenen Landes gegen Edom (4 Mo 13,21[22]; 34,3; Jos 15,1). Sie erstreckt sich zwischen der Steige Akrabbim und Kades-Barnea (4 Mo 34,4; Jos 15,3), Kades liegt noch innerhalb ihres Gebiets (4 Mo 20,1; 33,36; 34, 4; 5 Mo 32,51). Die Wüste Z. bildet offenbar einen Teil der Wüste → Pharan.

Zinn. Metall, aus dem mit Kupfer zusammen die Legierung Bronze (→ Erz) hergestellt wird (4 Mo 31,22; Hes 22,18.20). Die Phönizier führten Z. über → Tharsis ein, vermutlich handelt es sich dabei um das Z., das auf den britischen Inseln gefunden und über die phön. Stützpunkte in Spanien nach dem Vorderen Orient ausgeführt wurde.
Das hebr. Wort *bedil* bezeichnet neben dem Zinn wohl auch das bei Schmelzen des Silbererzes ausgeschiedene Blei (so LÜ Jes 1,25; andere übersetzen hier »Schlacke«); denn nur Blei, nicht Z. kommt mit Silber zusammen vor.

Zinne (oberer Mauerabschluß in Form von pfeilerartigen Aufbauten mit dazwischenliegenden Schießscharten) steht in Jes 54,12 für das hebr. Wort *schämäsch*, das eigentl. »Sonne« bedeutet, hier aber (ebenso viell. in Ps 84,12 LÜ Sonne) wohl die Z. bezeichnet.
In Mt 4,5; Lk 4,9 gibt »Z.« das griech. *pterygion* (= Abschluß, Spitze, Giebel) wieder. Hier könnte die SO-Ecke der Umfassungsmauer des Tempels gemeint sein, die sich besonders hoch über dem Kidrontal erhebt (vgl. Stadtplan von Jerusalem Sp. 684, Nr. 8; Taf. 60b/929).

Zins, zinsbar. I) Der Jakobssegen weissagt Isaschar, daß er ein »zinsbarer Knecht« werden wird (1 Mo 49,15); die Israeliten machten die Kanaaniter, die sie nicht vertreiben konnten, »zinsbar« (Jos 16, 10; 17,13; Ri 1,28ff; vgl. 5 Mo 20,11); und nach der Weissagung Jes 31,8 werden ihnen einst auch die assyr. Krieger »zinsbar« sein. Das deutsche Wort bedeutet eigentl. »abgabe-« oder »tributpflichtig«. Nach dem Wort, das an diesen Stellen im hebr. Text steht, handelt es sich hier jedoch nicht um Auferlegung von Abgabepflichten, sondern von Zwangsarbeit, also um Versklavung oder doch ihre Anfänge (so LÜ etwa in 1 Kö 9,21, »zu Fronleuten«). Vgl. EÜ, MÜ, ZÜ zu den Stellen.
II) Tribut, den ein besiegtes Volk dem Eroberer leisten mußte, wird als »Geschenk« (Ri 3,15; 2 Sam 8, 2.6; 1 Kö 5,1[4,21]; 2 Kö 17,3; 2 Chron 17,11; 26,8; Ps 45,13; 72,10) oder »Schatzung« (2 Kö 23,33) erwähnt, wohl auch als »Zins« (Est 10,1). Bes. die Assyrer haben den unterworfenen Völkern schwere, jährliche (vgl. Es 4,13.20; vgl. → Rente) Tribute abgepreßt. Für König Assurnasirpal mußte ein Fürst Lubarna 20 Talente Silber, 1 Talent Gold, 100 Talente Blei, 100 Talente Eisen, 1000 Rinder, 10000 Schafe, 1000 Gewänder und andere Kostbarkeiten als Tribut aufbringen. Von armen syr. Stämmen, die weiter keine Wertgegenstände besaßen, wurden 5% ihres Viehs als jährliche Abgabe gefordert. Die Assyrer rühmen sich einmal, daß ein fremder Fürst jedes Jahr mit reichen Geschenken nach Ninive kam, um die Füße ihres Königs zu küssen. Auch Israel hat den Assyrern Tribut zahlen müssen; ein anschauliches Bild davon erhält man auf dem Obelisken Salmanassars III., auf dem Jehus Tributleistung dargestellt ist (Taf. 46b/705). Jehus Vorgänger Ahab hatte selber noch Tribut von König Mesa von Moab empfangen (2 Kö 3,4).

Syr. Gesandte, die mehrere Gefäße und einen Köcher als Tribut an den Pharao nach Ägypten bringen (ägypt. Grabmalerei des 15. Jh. v. Chr.)

Auch im NT steht Z. für die dem Eroberer zu leistende Abgabe, allg. Mt 17,25, mit Bezug auf den röm. Kaiser Mt 22,17. Zur Zinsmünze (V 19) vgl. → Geld. Der Zinsgroschen Mt 17,24 bezieht sich dagegen auf die jüd. Tempelsteuer.
In 3 Mo 25,36.37; 5 Mo 23,20[19]f; Spr 28,8; Hes 18,8 u. ö.; Mt 25,27 ist von Z. in der heutigen Bedeutung die Rede; vgl. dazu → Wucher.

Zion »Burg«.
Urspr. die alte Jebusiterstadt auf dem SO-Hügel Jerusalems, die nach der Eroberung durch David auch Davidsstadt genannt wurde (2 Sam 5,7; 1 Kö 8,1; 1 Chron 11,5; 2 Chron 5,2); vgl. den Stadtplan Sp. 683.
Später wird Z. als der heilige Berg bezeichnet (Ps 2,6), den der Herr erwählt hat (Ps 78,68), der auf Z. wohnt (Jes 8,18). Der Name Z. wurde also auch auf den Tempelbezirk ausgedehnt (vgl. 1 Makk 7, 33) und schließlich überhaupt gleichbedeutend mit Jerusalem gebraucht (2 Kö 19,31; Ps 51,20; 97,8; 135,21; 147,12 u. ö., bes. häufig in Ps, Jes, Jer, Klgl, Jo, Mi, Sach). Wie bei anderen Städten, ist auch hier verschiedentlich von der »Tochter« Z. (2 Kö 19,21; Jes 1,8; Sach 9,9 u. ö.) die Rede.
Hebr 12,22 spricht auch in Verbindung mit dem himmlischen Jerusalem vom »Berg Z.« (vgl. Offb 14,1).

Zior hängt mit hebr. »gering sein« zusammen,
Ort auf dem Gebirge Juda (Jos 15,54), heute Sair oder Siir, 7,5 km nordnordöstl. von Hebron. Vgl. → Zair.

Ziphjon → Ziphon

Ziphon, hängt viell. mit hebr. »Wache halten, spähen« zusammen,
Sohn Gads. Seine Nachkommen sind die Ziphoniter (4 Mo 26,15). In 1 Mo 46,16 wird er Ziphjon genannt.

Ziphoniter → Ziphon

Zippor »Vogel«,
Vater des Moabiterkönigs Balak (4 Mo 22,4.10).

Zippora »Vogel«,
Tochter des midianitischen Priesters Reguel oder Jethro und Frau des → Mose (2 Mo 2,21.22; 4,25; 18,1–6).

Zisterne. Neben den durch Grundwasser oder Quellen gespeisten → Brunnen dienen der Wasserversorgung im Vorderen Orient die Z. (LÜ Brunnen oder Grube), in denen man das Wasser der Winterregen für die Trockenzeit der Sommermonate speicherte. Es waren in den Fels gehauene Vertiefungen, die abgedichtet sein mußten, damit das Wasser nicht versickerte (vgl. Jer 2,13). Nach Möglichkeit hatte jedes größere Haus seine Zisterne, vielfach im Hof (2 Sam 17,18.19; vgl. 2 Mo 21,34; vgl. den → Mesastein). Wasserleere Z. dienten öfter als Gefängnis (1 Mo 37,22; Jes 24,22; Jer 38,6–13; Klgl. 3,53; Sach 9,11; LÜ Grube). Man sagte daher »über jemandem schließen« (nämlich die Öffnung der Z., die wie beim Brunnen abgedeckt sein mußte) für »ins Gefängnis werfen« (Hi 12,14; vgl. EÜ). Vgl. Taf. 90b/1409.

Zitate, antike → Poeten

Ziz, dasselbe Wort heißt sonst »Blüte«.
Paß, durch den die verbündeten Ammoniter, Moabiter und Meuniter von Engedi aus in Richtung auf Thekoa und die Wüste Jeruel vorrückten (2 Chron 20,2.16.20). Man setzt Z. allg. mit dem Wadi Hasasa gleich, das von der Küste des Toten Meeres, ca. 10 km nördl. von Engedi, auf die Höhe des Gebirges Juda hinaufführt.

Zoan, Stadt im Nildelta (4 Mo 13,22[23]; Hes 30,14) nahe der ägypt. Ostgrenze (Jes 30,4), ägypt. Avaris oder Tanis, in der HS auch → Raemses genannt. Z. war zeitweise die Hauptstadt Unterägyptens (Jes 19, 11.13; vgl. → Auszug V,1; Karte Sp. 35). Ihre Umgebung heißt Feld oder Land Z. (Ps 78, 12.43). Vgl. auch → Hebron (1).

Zoar, urspr. Bela genannt (1 Mo 14,2.8), Stadt am Südende des Toten Meeres (5 Mo 34,3), die beim Gericht über Sodom und Gomorra um Lots willen verschont wurde (1 Mo 19,20–23.30). Später war der Ort moabitisch (Jes 15,5; Jer 48,34). Heute vermutlich Chirbet Scheich Isa, 4,5 km südl. vom Toten Meer und 12 km ostnordöstl. von Thamar. Der Ort liegt am linken Ufer des Seil el-Kurahi, des Unterlaufs des Wadi el-Hesa (Sered) dicht unterhalb der Stelle, an der der Fluß das Gebirge verläßt.

Zoba, kleineres Aramäerreich in → Syrien, nördl. von Damaskus gelegen (1 Sam 14,47; 2 Sam 8,3; 10, 6; 23,36; 1 Kö 11,23; 1 Chron 18,3; 19,6; Ps 60,2).

Zohar, viell. »Rötlich-weiß«.
1) Hethiter, Vater Ephrons (1 Mo 23,8; 25,9).
2) Sohn Simeons (1 Mo 46,10), auch Serah (3) genannt (4 Mo 26,13).

Zoll, Zöllner. I) Im AT ist mit dem in Es 4,13.20; 7,24 genannten Z. wahrscheinlich eine Steuer gemeint, die in den pers. Provinzen, viell. in Form von Naturalien, erhoben wurde.

II) In ntl. Zeit wurden Steuern und Zölle in den röm. Provinzen nicht vom röm. Staat eingezogen, sondern dieser verpachtete die Einkünfte der einzelnen Gebiete an Zollpächter *(publicani)*, die sie durch Unterbeamte (die Zöllner, die man meist aus der einheimischen Bevölkerung nahm) eintreiben ließen. Der Staat gewann dadurch eine feste Einnahme ohne jedes Risiko (etwa Mißernten), da er vom Pächter eine bestimmte Summe erhielt. Natürlich versuchten unter diesen Umständen sowohl der Zollpächter wie die beteiligten Beamten, sich soviel zu bereichern, wie nur irgend möglich. Die festgesetzten Tarife wurden dabei meist überschritten. Klagen in Rom waren erfolglos, der Staat duldete die Mißstände um seiner sicheren Einnahmequelle willen.
Von daher wird es verständlich, daß die Zöllner im ganzen röm. Reich verhaßt waren. Für den strengen Juden kam noch hinzu, daß der Zöllner sich durch den Umgang mit Heiden ständig verunreinigte. Der Begriff »Zöllner« wurde daher fast gleichbedeutend mit »Sünder« (Mt 5,46ff; 9,10ff; 11,19; 21,31; Lk 5,30; 7,34). Jesus aber, der gekommen war, »Sünder zur Buße zu rufen« (Mt 9,13) ging auch zu den Zöllnern (Mk 2,15; Lk 5,27.29; 19,5ff) trotz der Entrüstung unter den Juden (Mt 5,11; 11,19; Lk 5, 30; 7,34; 19,7), ja er stellt den bußfertigen Zöllner über den frommen Pharisäer (Lk 18,9–14).
Mit Namen werden uns die Zöllner Matthäus oder Levi (Mt 10,3; Mk 2,14) und Zachäus (Lk 19,2) genannt.

Zopf. I) In Hl 4,1.3; 6,6[7]; Jes 47,2 steht im hebr. Text statt »Zöpfe« (LÜ) wörtl. »Schleier«.

II) Modefrisuren röm. Frauen bestanden vielfach aus einer großen Zahl eng aneinanderliegender Zöpfe (vgl. Abb. Sp. 529 rechts), deren Herrichten außerordentlich viel Zeit in Anspruch nahm. Solche übertriebenen Moden lehnten die Apostel für die Frauen in der Gemeinde ab (1 Tim 2,9; 1 Petr 3,3).

Zoph. Statt »Elkana von Zoph« (1 Chron 6,11[26] LÜ) lesen ZÜ, MÜ (vgl. EÜ) mit LXX und Peschitta nur »Zophai«; wahrscheinlich ist der Name Elkana hier aus Versehen doppelt in den hebr. Text geraten. Vgl. → Zuph.

Zophah »Bauchiger Krug«,
Asserit, Sohn Helems (1 Chron 7,35.36).

Zophar, hängt viell. mit hebr. »piepen, zwitschern« zusammen,
einer der drei Freunde Hiobs, er stammt aus Naema (Hi 2,11; 11,1; 20,1; 42,9).

Zophim. Das Feld Z. (4 Mo 23,14; LÜ freier Platz; EÜ Feld der Wächter; ZÜ, MÜ Späherfeld) ist ein hochgelegener Ort in der Nähe des Pisga, nach Musil viell. das heutige Talaat es-Safa im N des Nebomassivs, ca. 3 km östl. vom Pisga.

Zora, Ort auf der Grenze von Juda und Dan (Jos 15, 33; 19,41), die Heimat Simsons (Ri 13,2.25; 16,31), heute Sara, neuhebr. Tel Tsora, 3 km nordnordöstl. von Beth-Semes. Die Einwohner heißen Zoraiter (1 Chron 2,54) oder Zorathiter (V 53; 4,2).

Zoraiter, Zorathiter → Zora

Zorn, zürnen meint in bezug auf den Menschen eine Reaktion des Gefühls, die da entsteht, wo etwas dem Menschen Liebes oder Wertvolles angetastet, verletzt oder bedroht wird. Sie richtet sich als äußere Erscheinungsform inneren Aufbegehrens gegen den, der die als solche empfundene Schädigung des eigenen Glückes oder Besitzes herbeiführt. Daraus erwächst das Losfahren, Schelten, Schnauben und die »Glut« des Zornes. Z. ist zunächst eine plötzliche Augenblicksregung; er kann sich steigern, durch Worte oder Handlungen abreagiert oder auch durch innere Besinnung unterdrückt bzw. aufgehoben werden. Wo er sich im Menschen verfestigt, führt er zum → Haß.

I, 1) Der ZORN DES MENSCHEN wird leicht zur ungebändigten Leidenschaft, die die Existenz des andern zu vernichten trachtet (1 Mo 4,5; 27,41–45). Z. und Sünde stehen dicht beieinander (Ps 4,5; Jak 1,19. 20). Die Sprüche warnen deshalb vor dem Z. und raten zur Beherrschung (Spr 12,16; 15,1; 21,24; 27, 4; 30,33). Jesus verbietet, dem Bruder zu zürnen (Mt 5,22); Paulus wiederholt die atl. Mahnung (Ps 4,5) und gebietet, den Z. nicht bis zum nächsten Tag zu bewahren, d. h. seinen Anlaß sofort zu klären und zu beseitigen (Eph 4,26). Unter den Glaubenden hat der Z. als Werk des Fleisches (Gal 5, 20) keinen Platz (Eph 4,31), vor allem nicht beim Gebet (1 Tim 2,8), und die Väter werden gewarnt, ihre Kinder nicht zum Z. zu reizen (Eph 6,4).
2) Es gibt jedoch auch einen Z., den die HS nicht verurteilt; da nämlich, wo ein Mensch nicht um seiner selbst, sondern angesichts menschlicher Sünde um der Gerechtigkeit Gottes willen in Z. gerät. So erging es Samuel gegenüber der Eigenmächtigkeit Sauls (1 Sam 15,11ff), und Nehemia bei der unbarmherzigen Habgier der Juden nach der Gefangenschaft (Neh 5,6). So zürnte Mose, als Israel vom Herrn abgefallen war und sich ein goldenes → Kalb gegossen hatte (2 Mo 32,19ff). Solches Zürnen ist heilig und gerecht (Mk 3,5; vgl. Joh 2,14–17); sein Ziel aber muß doch die Rettung und Umkehr der Menschen bleiben, denen man zürnt; das Verlangen nach ihrer Vernichtung verwehrt Jesus seinen Jüngern (Lk 9,54ff). Menschen haben den Z. Gottes nicht zu vollstrecken, sondern ihm Raum zu geben (Röm 12,19).

II, 1) Mit letzter Eindringlichkeit spricht die HS

davon, daß der ZORN GOTTES, der sich am Bösen, an der Ungerechtigkeit entzündet, in furchtbarer Wirklichkeit über dem sündigen Menschen bleibt (Eph 2, 3) und sich über denen zu entladen droht, die Gehorsam und Gnade verschmähen. Gott liebt die Menschen bis zur Hingabe seines Sohnes (Joh 3,16), aber als der Heilige und Reine zürnt er allem, was seinem innersten Wesen zuwider ist, und vernichtet, was sich gegen ihn und seine Ordnung erhebt (Ps 5,5–7). Weil Gottes Gegenwart und die Gemeinschaft mit ihm das Unreine ausschließt, haßt er das → Böse und versucht, den Menschen zur Trennung von der → Sünde zu veranlassen, um ihn zu retten (Hes 18,21–23). Trennt er sich aber nicht von der Sünde, so trifft Gottes Gerichtszorn beide, Sünde und Sünder (Nah 1,2; Jes 9,11[12]f).

2) Die Männer des Alten Bundes haben diesen Z. Gottes erfahren (4 Mo 11,1; 22,22; Jos 7,1; Ri 3,8; Jer 52,3) und gewußt, wie schwer er brennt (Jes 30, 27; 42,25; 5 Mo 32,22) und daß der Mensch darunter vergeht (Ps 90,7), wenn Gott verstößt (Ps 27, 9; vgl. Jer 21,5–7) und zuschlägt. Gottes Z. kehrt Berge um (Hi 9,5), und niemand kann ihn stillen V 13), wenn die Sünden seines Volkes ihn angezündet haben (Jer 17,4). Aber auch die Heiden werden davon getroffen (Jer 10,10; Ps 110,5.6; Jes 63,3).
So wird die Bitte verständlich, Gott möge von seinem Z. lassen (Ps 85,6; Dan 9,16; 2 Mo 32,12), der Wunsch, sich davor zu verbergen (Jes 26,20), aber auch die große Freude über die Verheißung und Erkenntnis, daß sein Z. nur eine begrenzte Zeit währt (Ps 30,6; 103,9; Mi 7,18) im Gegensatz zu seiner ewigen Gnade.

3) Mit gleicher Deutlichkeit spricht das NT vom Z. Gottes über alles gottlose und ungerechte Wesen (Joh 3,36; Lk 21,23; Röm 1,18; 4,15; Eph 5,6; Kol 3,6; 1 Thess 2,16). Dabei bezieht sich der »Tag des Z.« (Röm 2,5; Offb 6,17) und der »zukünftige«, kommende Z. (Mt 3,7; Lk 3,7; 1 Thess 1,10) auf das letzte Gericht am Ende der Zeit (Offb 20,11–15). In der Bildersprache der Offb erscheinen die Gerichte Gottes als der Kelch seines Z., den die Betroffenen austrinken müssen (Offb 14,10; 16,19; vgl. Jer 25,15ff), und als die 7 Zornschalen, die seine Engel über die gerichtsreife Erde ausgießen (Offb 16). Wer aber durch den Glauben an Jesus Christus gerettet ist, steht nicht mehr unter dem Z. Gottes, er kommt nicht mehr ins Gericht, sondern hat das ewige Leben (1 Thess 5,9; Joh 5,24).

Zuar, hängt mit hebr. »gering sein« zusammen, Vater Nathanaels, des Fürsten über Isaschar während der Wüstenwanderung (4 Mo 1,8; 2,5; 7,18. 23; 10,15).

Zucht, züchtigen, züchtig. I) Jeder Mensch muß durch → Erziehung in das Leben eingeleitet werden, damit er den ihm von Gott zugewiesenen Platz ausfüllen und das ihm von Gott gesteckte Ziel erreichen kann. Dazu sind bestimmte Kenntnisse erforderlich, welche ihm der → Unterricht vermittelt, aber er muß auch zu einer bestimmten Lebensführung erzogen werden, und das erfolgt durch die Z. Von Natur liegt allen Menschen der Zug nach unten, in die Sünde (1 Mo 6,5; Spr 1,16; Jer 3,17). Dem soll die Z. entgegenwirken, und wehe dem, der sie haßt und sich ihr entzieht (Spr 5,12–14; 15, 10). Wer willig ist (Spr 13,1), folgt dem ermahnenden Wort (Spr 1,2.5; 23,12). Je mehr aber der Widerstand dessen wächst, der in der Z. steht, um so schärfere Mittel muß die Züchtigung anwenden (Spr 13,24; 22,15; 23,13.14), damit die Erziehung ein Weg zum Leben bleibt (Spr 6,23; 10,17). Aber bei aller notwendigen Härte sollen die Kinder nicht erbittert (Kol 3,21) noch zum Zorn gereizt werden, was nur möglich ist, wenn die Erzieher selber »in der Z. und Vermahnung des Herrn« (Eph 6,4 wörtl., vgl. EÜ) stehen.
Die aus rechter Erziehung wachsende innere und äußere Haltung kann dann auch selber als Z. (Selbstbeherrschung, Sittsamkeit) und züchtig bezeichnet werden (1 Tim 2,9; Tit 1,8; 2,2.4.6.12; vgl. 2. Tim 1,7).

II) Das Ziel der Z., die Einfügung in Gottes Willen und Ordnung, ist von Gott gesetzt, der es nicht Menschen allein überläßt, andere dahin zu führen (Spr 3,11.12).

1 a) So trägt der Herr das Volk, dem er seine Verheißungen gegeben hat, zwar mit Geduld, doch greift er zu allen Mitteln der Z., wo es den → Bund bricht (3 Mo 26,23ff; Hab 1,12). Propheten rufen das Volk zur Ordnung (1 Sam 7,3–6), aber Gott schlägt seit der Bundesschließung auch durch schwere Gerichte zu, wo es erforderlich wird (4 Mo 16; 21,4–9), gibt sein Volk vorübergehend in die Knechtschaft der Heiden (Ri 2,11–15; 3,7.8) und läßt es schließlich (vgl. Hes 21,18[13]) ganz in die Verbannung und → Zerstreuung führen (Hes 6,8; 11,16). Das Endurteil über den Alten Bund heißt, daß Gott sein Volk als ganzes hat dazu zwingen müssen (Jer 31,32).

b) Auch die einzelnen Glieder seines Volkes stehen unter der Z. des Herrn. Er straft sie für ihre Sünden (Ps 39,12) und sie erkennen die Strafe als Eingreifen Gottes (Ps 6,2; 38,2). Aber sie wissen auch, daß die Strafe als Mittel des Z. Gottes nicht zum Tode führen soll, sondern vor dem völligen Abirren bewahrt (Ps 94,12; 118,18).

2) Noch deutlicher wird die Z. Gottes an der Gemeinde, die nicht nur eine in Gebote gefaßte Ordnung Gottes einhalten, sondern der Welt die Herrlichkeit und Liebe Gottes offenbaren soll (2 Kor 4, 6). Diese Aufgabe erfordert eine → Heiligung durch und durch (1 Thess 5,23), für die gesamte Gemeinde (Eph 5,27) wie für das einzelne Glied (1 Tim 6, 11.12).

So wird die → Wiedergeburt zum Eintritt in die Z. Gottes, denn das neue Leben fordert die volle Bereitschaft zur Preisgabe alles Eigenen (Lk 14,33). Das ist ohne Z. nicht möglich, und darum nimmt Gott keinen Menschen als sein Kind an ohne Züchtigung (Hebr 12,6–11; Offb 3,19), deren Ziel eine Frieden bringende Frucht der Gerechtigkeit ist (Hebr 12,11).

III) Wie Gott die Gemeinde in sein Werk zur Rettung der Menschen eingliedert, will er auch, daß sie in ihren eigenen Reihen Z. übt. Dazu sind die Aufseher (griech. *episkopoi*) gesetzt (Apg 20,28), die »Engel« der Gemeinden (Offb 2,1.8.12), die Gott dafür verantwortlich sind, daß in der Gemeinde keine Sünden und Irrlehren um sich greifen (V 14–16) und daß kein Glied zurückbleibt (Hebr 12,15). Auch hier muß die Z., die → Ermahnung (Apg 20,31) immer das Ziel haben, wieder zurechtzubringen (Gal 6,1; Jak 5,19.20), doch darf die Gemeinde nicht vor der Anwendung des äußersten Mittels zurückschrecken, vor dem Ausschluß des Unbelehrbaren (Mt 18,15–18; 1 Kor 5,3–5.13; 2 Kor 6,14–17; 1 Tim 1,20; 2 Tim 3,5; Tit 3,10) und der Verweigerung des Grußes auf der Straße (2 Joh 10.11).

Zuchtmeister (griech. *paidagogos*),
Sklave, dem die Erziehung der Kinder anvertraut war und der sie dazu ganz unter seiner Aufsicht

hatte (1 Kor 4,15). Als solch einen Erzieher auf Christus hin bezeichnet Paulus das Gesetz (Gal 3,24.25).

Zukunft. Die HS kennt den Begriff der Z. im Sinn einer ungewissen, noch-nicht-seienden Zeit, abgelöst von Inhalt und Geschehen, nicht. Wo sie von den zukünftigen Zeiten spricht (Eph 2,7), geht es nicht um die Zeitalter an sich, sondern um ihren Inhalt, daß nämlich in den kommenden Zeiten Christus den überschwenglichen Reichtum der Gnade erzeigen wird. An allen anderen Stellen wird das Wort Z. gebraucht, um die Ankunft, die → Wiederkunft Jesu zu bezeichnen, der nur die Z. des Boshaften (→ Antichristus), der nach der Wirkung Satans kommt, vorausgeht (2 Thess 2,9).
Mit diesem Kommen Christi wird offenbar das endgültige Gericht (Apg 24,25), der zukünftige Zorn (Lk 3,7; 1 Thess 1,10) über die, die nicht glauben (Röm 1,18; 1 Thess 2,16). Die Gläubigen aber werden dann aller zukünftigen Güter teilhaftig werden, deren Hoherpriester Christus ist (Hebr 9, 11): des ewigen Lebens (1 Tim 4,8) in der neuen Welt (Hebr 2,5; Eph 1,21) und Gottesstadt (Hebr 13,14), der kommenden Herrlichkeit (Röm 5,2; vgl. → Vollendung).
Das ganze Leben der Gläubigen ist auf diese Z., d. h. ihren Inhalt ausgerichtet und durch ihn bestimmt, denn er ist für sie bereits heute Gegenwart, da die Kräfte der zukünftigen Welt jetzt schon an und in ihnen wirken (Hebr 6,5).

Zunge. Die Z. als Werkzeug menschlicher → Sprache kann Urheberin und Mittlerin sowohl vieler Sünden (Jak 3,5ff) als auch des Lobes Gottes sein (Phil 2,11).
Bes. das Buch Hiob, die Psalmen und die Sprüche warnen vor ihr. Sie ist Trägerin der List (Hi 15,5), Heuchelei (Ps 5,10; Röm 3,13) und Lüge (Ps 50,19; 78,36). Zank (Ps 31,21), Verführung (Spr 6,24), überhaupt Bosheit und Sünde (Hi 20,12; vgl. Ps 39, 2) gehen von der Z. aus. Man sieht in ihr eine Schlange (Ps 140,4), eine Geißel (Hi 5,21) oder ein Schwert (Ps 57,5; 64,4).
Die Z. des Gottesfürchtigen dagegen rühmt und preist den Herrn (Ps 66,17; 126,2) und redet von seiner Gerechtigkeit (Ps 35,28). Der Gottesfürchtige hütet seine Z. vor Trug und Sünde (Hi 27,4; Ps 39, 2), weil er weiß, daß kein Wort auf seiner Zunge ist, das Gott nicht kennt (Ps 139,4).
An vielen dieser und anderer Stellen der HS können wir das bildhaft-konkrete Wort Z. ohne weiteres durch die unserem Sprachgebrauch gemäßeren Wörter »Rede, Worte, Sprache« ersetzen. Vgl. → Zungenreden.

Zungenrede bezeichnet ein Reden in verschiedenen (1 Kor 12,10.30), dem Sprecher unbekannten (Apg 2,4) und neuen (Mk 16,17) Sprachen der Menschen (Apg 2,8–11) oder Engel (1 Kor 13,1), das unmittelbar vom Heiligen Geist gewirkt wird (Apg 2,4; 1 Kor 12,11). Der Redende ist dabei mit seinem Geist, nicht aber mit dem Verstand (griech. *nous;* LÜ Sinn; 1 Kor 14,14.19) beteiligt; was er spricht, kann seinen Zuhörern verständlich sein (Apg 2,6. 11), ist es meist aber wohl nicht (1 Kor 14,2.9). Darum fordert Paulus für das Zungenreden in der Gemeinde die Auslegung, die dem Redenden (V 5. 13) oder einem andern unmittelbar von Gott gegeben wird (1 Kor 12,10.11; 14,26.27). Mit solcher Auslegung dient auch die Zungenrede wie die Weissagung zur Erbauung, Tröstung und Ermahnung der Gemeinde (V 5).
Abgesehen davon ist das Reden in Zungen ein Beten (V 14), Danken (V 16.17) und Reden zu Gott (V 2), das den bessert, der es auch ohne Auslegung für sich tut (V 4). Paulus ermahnt daher, diese Gabe und Waffe im geistlichen → Kampf nicht zu vernachlässigen oder zu unterdrücken (V 28.39), und dankt Gott, daß er selber mehr in Zungen redet als alle Gemeindeglieder in Korinth (V 18).
Der Apostel sieht im Zungenreden die Erfüllung der atl. Verheißung: »Ich will mit anderen Zungen und mit anderen Lippen reden zu diesem Volk, und sie werden mich auch so nicht hören« (Jes 28, 11.12; 1 Kor 14,21), ein Zeichen also, an dem das Gericht über die Ungläubigen, ihre Trennung von Gott und Verständnislosigkeit für geistliche Dinge offenbar wird (V 22). Das Reden in unverständlichen Sprachen wirkt auf den Außenstehenden so, daß er die Sprechenden für »betrunken« (Apg 2, 13) oder »verrückt« (1 Kor 14,23) erklärt (vgl. 1 Kor 2,14). Diese Reaktion gibt aber keinen Grund zu der Annahme, daß es sich beim Zungenreden um eine ekstatische Erscheinung handele, bei der das Bewußtsein der Redenden ausgeschaltet wäre; Petrus hat jedenfalls die Bemerkungen der Umstehenden deutlich verstanden (Apg 2,13.15).
Neben der Zungenrede, die wie die übrigen → Gaben des Geistes nicht jedem einzelnen gegeben ist (1 Kor 12,10.11.30), gibt es auch ein entsprechendes Singen im Geist (1 Kor 14,15; vgl. → Gottesdienst V,3).

Zuph, viell. »Die überfließende Honigmasse, Seim«.
1) Levit, Vorfahr Samuels (1 Sam 1,1; 1 Chron 6,20 [35]), in V 11[26] steht an der gleichen Stelle im Stammbaum »Elkana von Zoph« (LÜ) bzw. »Zophai« (EÜ, ZÜ, MÜ). Vgl. → Zoph.
2) Landschaft um die Stadt Samuels (1 Sam 9,5.6; vgl. 7,17), → Rama (1) oder Ramathaim-Zophim (1 Sam 1,1).

Zur »Fels«.
1) Midianiterkönig, Vasall oder Verbündeter des Amoriterkönigs Sihon zu Hesbon, Vater der → Kosbi. Im Kampf der Israeliten gegen die Midianiter wurde er getötet (4 Mo 25,15.18; 31,8; Jos 13,21).
2) Benjaminit, Sohn Jeiels aus Gibeon (1 Chron 8, 30; 9,36).

Zuriel »Gott ist (mein) Fels«,
Levit, Sohn Abihails, Oberster der Merariter während der Wüstenwanderung (4 Mo 3,35).

Zuri-Saddai »(Mein) Fels ist der Allmächtige«,
Vater des Fürsten Selumiel aus Simeon (4 Mo 1,6; 2,12; 7,36.41; 10,19).

Zurücktreiben → Verengern

Zuversicht ist das feste → Vertrauen, das man grundsätzlich zu Gott haben soll und darf, der aus aller Not helfen kann. Die Armen und Elenden lernen, sich an ihn klammern (Ps 14,6; Jes 14,32), und die Verfolgten und Angefochtenen finden bei ihm die Sicherheit bietende Zuflucht (2 Sam 22,18.19; Ps 91,2; 94,22), wie sie die Menschen nicht geben können (Jes 20,6). Die Z. wird ein bleibendes Heilsgut für alle, die unter seinen Flügeln leben (Rt 2, 12; vgl. Ps 62,8; 73,28). Sie wächst durch die Erfahrung, daß Gott jedes begonnene Werk zur Vollendung durchführt (Phil 1,6). Solche Z. auf Gott ist Kennzeichen des Glaubens (Hebr 11,1) und bringt Segen, der im Leben sichtbar wird (Jer 17,7.8).
Trügerisch aber ist die Z. der Gottlosen auf irdischen Besitz und Reichtum (Hi 8,13–15; 31,24).

Zweifel, zweifeln. I) Im AT kommen diese Worte nicht vor. Wo die LÜ »ohne Z.« hat (Hi 34,12;

36,4; Ps 56,9; Dan 2,47), steht im Hebr wörtl. »fürwahr, gewiß, wahrhaftig, tatsächlich«.

II, 1) Im NT ist das häufigste griech. Wort für »zweifeln« *diakrinô*, das sonst »unterscheiden, beurteilen« bedeutet. Wer Gottes Verheißungen beurteilen und ihre Wahrscheinlichkeit abwägen will, stellt sich damit auf den Standpunkt des Unglaubens (Röm 4,20; vgl. 14,23). Glauben heißt vertrauen und gehorchen, ohne zu zweifeln (Mt 21,21; Mk 11,23; Apg 10,20; 11,12). Wer Gottes Gebot und Offenbarung gegenüber seinen Verstand zum Maßstab setzt, wird von seinen zweifelnden Gedanken und Überlegungen hin- und hergeworfen, wie eine Welle von der Macht des Windes (Jak 1, 6). Er ist ein Mensch »mit zwei Seelen« (griech. *dipsychos;* Jak 1,8; 4,8 LÜ wankelmütig), uneins in sich selbst und in allem seinem Handeln unbeständig. Er hat seinen festen Standort verloren (griech. *distazô*); dies Wort beschreibt den Zustand des Petrus, als er auf dem Wasser gehend vor dem Windstoß erschrickt, den Blick von Jesus wendet und zu sinken beginnt (Mt 14,30.31), und den der Jünger, denen ihr Verstand die Erscheinung des Auferstandenen unwahrscheinlich macht (Mt 28,17). Alles Tun und Beten im Glauben aber soll ohne Z. sein (Phil 2,14; 1 Tim 2,8; hier griech. *dialogismos* »Bedenken, Überlegung«). In Hebr 11,1 steht für Nichtzweifeln (LÜ) griech. *elenchos* »Nachweis, Überführtsein«.

2) Der Z. kann mit der Hoffnung auf seine Widerlegung, mit dem Wunsch nach Glaubensgewißheit zusammenhängen, wie bei Thomas (Joh 20,24–29). Der Auferstandene hat seinem Jünger die erstrebte Gewißheit geschenkt, hat seine Haltung aber doch unmißverständlich als Unglauben gekennzeichnet (V 27). Glückselig zu preisen ist dagegen der, der sich Gott vorbehaltlos anvertraut (V 28).
Wo aber der Z. jemanden als Hoffnungslosigkeit überfällt, wo der Mensch sich selber aufgibt und keine Hilfe von Gott mehr erwartet, da herrscht die Verzweiflung, oft unerträglich gemacht durch unvergebene Schuld. In völliger Ratlosigkeit und Verwirrung der Gedanken erscheint als einziger Ausweg häufig nur der Selbstmord (vgl. Judas Mt 27,4.5; Ahitophel 2 Sam 17,23), der jedoch auch nicht vor dem Gericht Gottes bewahren kann (2 Tim 4,1). Wenn aber der Glaubende keine Möglichkeit mehr sieht, dem irdischen Tod zu entgehen, so kann er doch getrost bleiben im Vertrauen auf Gott, der die Toten auferweckt (2 Kor 1,8–11; vgl. → Verzagen).

Zweizüngig = doppelzüngig (griech. *dilogos*) ist ein Mensch, der seine Worte je nach Umständen und Vorteil setzt (1 Tim 3,8).

Zwiebel. Die Z. (*Allium cepa*) aus der Familie der Liliengewächse wurde z. Zt. des AT meist roh gegessen, aber auch gebraten oder als Gemüse gekocht. Auf der Wüstenreise vermißten die Israeliten die ägypt. Z. sehr (4 Mo 11,5). In Palästina werden die Z. wie der Zwiebelsame gegessen, während man die röhrenförmigen Blätter für schädlich hält. Als Zutat gehört die Z. bes. zu Linsengerichten.

Zwilling. In der HS wird uns von zwei Zwillingsgeburten berichtet. Bei Jakob und Esau wird der Gegensatz zwischen beiden schon in die Zeit vor ihrer Geburt zurückgeführt (1 Mo 25,22–26); er setzt sich dann in Jakobs Streben nach dem Segen des Erstgeborenen fort. Auch bei der Geburt von Thamars Söhnen ist nicht Serah, dessen Hand zuerst erschien, der Erstgeborene, sondern Perez (1 Mo 38,27–30), der dann zum Vorfahren Jesu wird (Mt 1,3; Lk 3, 33). Im NT wird der Apostel → Thomas durch seinen Namen als Z. gekennzeichnet (Joh 11,16).
Das Panier der Z. (Apg 28,11) am Schiff des Paulus ist das Zeichen oder Bild der griech. Zwillingsgottheiten Kastor und Pollux, unter deren Schutz das Schiff gestellt war; vgl. → Schiff, Schiffahrt, → Panier.

Zwinger, im Dt. der Raum zwischen Vor- und Hauptmauer einer Festung; in Klgl 2,8 ist jedoch wahrscheinlich der Wall, die Böschung am Fuß der Stadtmauer, gemeint.

Zwischenspiel (LÜ) oder Saitenspiel (MÜ) steht in Ps 9,17 für das hebr. *higgajon*, eine für uns nicht mehr verständliche Anweisung für den Vortrag des Psalms (vgl. → Psalmen I,3c).

Zwölf → Zahl, → Stamm, → Apostel

Zyperblume *(Lawsonia inermis* oder *alba;* hebr. *kopär),*
Blüte des Hennastrauchs aus der Familie der Weiderichgewächse *(Lythraceae)*, der bis zu 3,5 m hoch wird und unserem Liguster ähnelt. Er wuchs in den Weingärten Engedis (Hl 1,14), wo er auch heute noch vorkommt. Seine langen, dunkelgrünen Zweige tragen lanzettförmige, hellgrüne Blätter und in großen aufrecht stehenden Trauben weiße, stark duftende Blüten (Hl 1,14; 4,13). In Ägypten wurde aus Stengeln und Blättern des Strauches ein gelb-

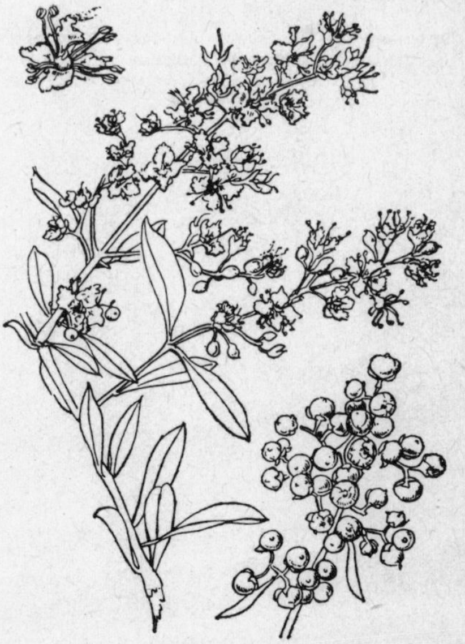

Zweig des Hennastrauchs mit Blüten und Früchten

roter Farbstoff gewonnen, aus dem man eine Art Nagellack für die Frauen herstellte (weibliche Mumien aus dem Anfang des 3. Jt. v. Chr. tragen an Finger- und Zehennägeln noch Spuren dieser Farbe). Noch heute färben sich die orientalischen Frauen mit Henna Haare (vgl. viell. Hl 7,6[5]), Handflächen und Nägel orange.

Zypern, große Insel im O des Mittelmeeres, südl. von Zilizien und westl. von Syrien. Die Insel durchziehen zwei Bergketten in ostwestl. Richtung, an ihren Hängen wachsen Wein, Öl- und Johannisbrotbäume. Zwischen beiden Bergketten liegt eine fruchtbare Ebene, im S. erstreckt sich eine schmale Küstenebene. Die Fruchtbarkeit der Insel (Schiffsbauholz [Hes 27,6], Wein) und ihre reichen Erzvorkommen werden schon früh gerühmt. Kupfer wurde bereits in der Bronzezeit abgebaut (das Wort »Kupfer« ist von »Zypern« abgeleitet).
Zu den ersten Einwohnern der Insel vgl. → Chittim. Schon im 2. Jt. v. Chr. stand Z. in regem Handelsverkehr mit Ägypten (das in den Amarnabriefen erwähnte Alaschia scheint Z. zu sein; vgl. → Elisa 1). Zu den um 1350 v. Chr. eingewanderten Griechen gesellten sich seit dem 9. Jh. v. Chr. auch phönizische Kolonisten, die ihre Fruchtbarkeitskulte dorthin mitbrachten. Später stand die Insel unter assyr., ägypt., pers. und griech. Herrschaft. 58 v. Chr. wurde sie röm. Vgl. auch Abb. Sp. 544; 874.
Im NT wird Z. als Heimat des Barnabas (Apg 4,36) und des Mnason (Apg 21,16) genannt. Aus Jerusalem vertriebene Christen verkündeten dort schon früh das Evangelium unter den Juden (Apg 11,19). Auf das Wirken von Christen aus Z. und Kyrene geht die Gründung der heidenchristlichen Gemeinde von Antiochia zurück (V 20ff). Paulus und Barnabas durchzogen die Insel auf der 1. Missionsreise (Apg 13,4–13). Barnabas und Johannes Markus besuchten sie noch einmal, nachdem sie sich zu Beginn der 2. Missionsreise von Paulus getrennt hatten (Apg 15,39).

Zypresse. Aus der Pflanzengattung der Zypressen *(Cupressoideae)* kommt in Palästina nur eine Art vor: die echte Z. *(Cupressus sempervirens)*, allerdings in 2 Wuchsformen:
1) Die häufigere schlanke Kegelform, die 20 bis 50 m hoch wird. Ihre Zweige stehen schräg nach oben und liegen eng aneinander.
2) Die seltenere und kleinere Form mit ausgebreiteter, zedernartiger Krone *(Cupressus sempervirens var. horizontalis)*.
Beide Formen sind wie fast alle Nadelhölzer immergrün (vgl. Hos 14,9). Die Blätter sind klein und schuppenartig, die Zapfen eiförmig und holzig. Das Holz ist rötlichgelb, hart und wird von Insekten gemieden.

Zwei hebr. Wörter bezeichnen vermutlich die Zypresse: *berosch* (1 Kö 5,22[8].24[10]; 6,15.34; 2 Kö 19,23; Ps 104,17; Jes 60,13; Sach 11,2 u. ö.; LÜ meist Tanne [nur in Hl 1,17 u. Hes 27,5 Z.]) und *teaschur* (nur Jes 41,19; 60,13; Hes 27,6; LÜ Buchsbaum; wahrscheinlich auch Hes 31,3 statt Assur). Da das erste Wort häufig genannt wird, das zweite seltener, hat man *berosch* auch auf die kegelförmige und *teaschur* auf die horizontale Wuchsform deuten wollen, doch das bleibt unsicher. Koehler (LVTL) hält *berosch* für den zypressenähnlichen phön. Wacholder (*Juniperus phoenicea*).
Die Z. (LÜ Tanne s. o.) wird als ein stattlicher Baum (vgl. Hes 31,8) des Libanon (2 Kö 19,23; Jes 14,8; 60,13 u. ö.) und des Senir (Hermon) (Hes 27,5) erwähnt, häufig zusammen mit der Zeder. Sie liefert ein sehr wertvolles Bauholz, das man vor allem wegen seiner Dauerhaftigkeit schätzte. Salomo verwandte es zur Täfelung des Tempelinneren (1 Kö 6, 15.34; 2 Chron 3,5); geliefert wurde es ihm von Hiram von Tyrus (1 Kö 5,22[8].24[10]; 2 Chron 2,7 [8]). Planken (LÜ Tafelwerk) und Verdeck (vgl. ZÜ, MÜ) der tyrischen Schiffe waren aus Z.holz (Hes 27, 5.6; V 5 *berosch*, V 6 *teaschur*). Viell. stellte man auch Musikinstrumente daraus her (2 Sam 6,5, der Text ist hier nicht eindeutig, vgl. EÜ Anm., MÜ, ZÜ). Vgl. auch → Arche.

ANHANG: Zeittafel

Evangelienharmonie

Bibliographie

Verzeichnis der Text- und Tafel=
abbildungen

Register

Zeittafel

Zeittafel von Abraham bis zur Zerstörung Jerusalems

(vgl. → Zeitrechnung)

MESOPOTAMIEN	ISRAEL				ÄGYPTEN
Babylonien	(nach der Frühdatierung des Auszugs)			(nach der Spätdatierung des Auszugs)	
um 2270–2130 Dynastie von Akkad					
	um 2165–1990 Abraham				
um 2130–2060 Gutäerherrschaft. Ur von Lagasch abhängig					
	um 2066 Abraham empfängt die Beschneidung. Untergang Sodoms um 2065–1885 Isaak				
um 2050–1950 3. Dynastie von Ur	um 2005–1858 Jakob				um 2050–1700 Mittler. Reich (12. Dynastie)
				um 1990–1815 Abraham	
	um 1914–1804 Joseph				
				um 1891 Abraham empfängt die Beschneidung. Untergang Sodoms um 1890–1710 Isaak	
	um 1875 Jakob zieht nach Ägypten				
				um 1830–1683 Jakob um 1739–1629 Joseph	
vor und um 1700 Hammurabi von Babylon. Zeit der Maribriefe				um 1700 Jakob zieht nach Ägypten	um 1700–1570 Hyksosherrschaft (15. u. 16. Dynastie) um 1570 Beginn des Neuen Reiches (18. Dynastie)
	um 1528 Aaron geboren um 1525 Mose geboren				1525–1508 Thutmose I. 1504–1483 Hatschepsut, Tochter Thutmoses I.
um 1500–1150 Herrschaft der Kassiten in Babylonien					
	um 1485 Mose flieht nach Midian	**Propheten**			1504–1450 Thutmose III.
					1450–1423 Amenophis II.
	um 1445 Auszug Israels aus Ägypten. Bundesschluß am Sinai	Mose Mirjam			

Assyrien	Israel	Propheten	Hohepriester	Ägypten	
	(nach der Frühdatierung des Auszugs)			(nach der Spätdatierung des Auszugs)	
	um 1444 Aufrichtung d. hl. Zeltes, Passah u. 1. Volkszählung. Israel v. d. Kanaanitern geschlagen (Kaleb 40 Jahre) 38 Jahre Wüstenwanderung		um 1444–1406 Aaron		
					1423–1410 Thutmose IV., nicht der älteste Sohn Amenophis II.
					Amarnazeit: 1410–1372 Amenophis III.
	um 1406 Sieg über Sihon u. Og. 2. Volkszählung um 1405 Moses Abschiedsreden u. Tod. Jordanübergang u. Eroberung Jerichos um 1399 Verteilung des Landes Kanaan unter d. isrl. Stämme (Kaleb 85 Jahre)		um 1406 Eleasar		
	Eroberung Kanaans				
					1380–1360 Amenophis IV. (Echnaton), Zeitgenosse Assuruballits von Assyrien
1363–1328 Assuruballit I. Briefwechsel mit Pharao Amenophis IV. Ausdehnung der assyr. Herrschaft auf Babylonien	Richterzeit		Pinehas		
					Unter seinen Nachfolgern Tutanchamun u. Eje liegt die Macht in Händen des Generals Haremhab
				um 1353 Aaron geboren um 1350 Mose geboren	
					1340–1314 Haremhab Pharao 1314–1313 Ramses I. 1313–1301 Seti I.
				um 1310 Mose flieht nach Midian	
					1301–1234 Ramses II.
		Mose Mirjam		um 1270 Auszug Israels aus Ägypten. Bundesschluß am Sinai	

Assyrien	Israel	Propheten	Hohepriester	Israel	Ägypten
	(nach der Frühdatierung des Auszugs)			(nach der Spätdatierung des Auszugs)	
		Debora	um 1269–1231 Aaron	um 1269 Aufrichtung d. hl. Zeltes, Passah u. 1. Volkszählung. Israel v. d. Kanaanitern geschlagen (Kaleb 40 Jahre)	
				38 Jahre Wüstenwanderung	1234–1222 Merneptah
			um 1231 Eleasar	um 1231 Sieg über Sihon u. Og. 2. Volkszählung	
				um 1230 Moses Abschiedsreden und Tod. Jordanübergang und Eroberung Jerichos um 1224 Verteilung des Landes unter d. isrl. Stämme (Kaleb 85 Jahre)	
				Eroberung Kanaans	
			Pinehas	Richterzeit	
					1195–1164 Ramses III., er wehrt die Einfälle der Seevölker ab
			Debora		
	Israel	**Propheten**	**Juda**	**Hohepriester**	
				Eli. Das Hohepriesteramt im Geschlecht Ithamars	
		Samuel			
	nach 1050 Saul König von Israel			Ahia Ahimelech	
	um 1012/1–972/1 David König von Juda und Israel	Gad Nathan Asaph d. Seher, Jedithun d. Seher, Heman d. Schauer		Abjathar und Zadok	
	972/1–931/30 Salomo				
	967–961 Salomos Tempelbau			Abjathar abgesetzt, mit Zadok d. Hohepriesteramt wieder im Geschlecht Eleasars	
					945–924 Scheschonk I. (Sisak), Gründer der 22. Dyn.
	931/30 Reichsteilung	Ahia von Silo Jeddi			
	931/30–910/9 Jerobeam I.	Semaja Iddo Ahia von Silo	931/30–913 Rehabeam		

Zeittafel

Assyrien	Israel	Propheten		Juda	Hohepriester	Ägypten
	925 Pharao Sisaks Beutezug			925 Pharao Sisaks Beutezug 913–911/10 Abia 911/10–870/69 Asa		
	910/9–909/8 Nadab 909/8–886/5 Baesa	Jehu d. Sohn Hananis				
			Asarja d. Sohn Odeds Hanani	895 Dankopfer Asas nach d. Sieg über Serah		
	886/5–885/4 Ela 885/4 Simri 885/4–880 Thibni u. Omri herrschen nebeneinander 880–874/3 Omri König über ganz Israel 874/3–853 Ahab					
				873/2 Asa erkrankt, Josaphat Mitregent		
859–824 Salmanasser III.		Elia		870/69–848 Josaphat König		
853 Schlacht bei Karkar	853 Ahab u. Josaphat vor Ramoth in Gilead	Micha d. Sohn Jemlas		853 Joram Mitregent	Amarja	
			Jehu d. Sohn Hananis Elieser d. Sohn Dodavas Jahasiel d. Sohn Sacharjas			
	853–852 Ahasja	Elias Entrückung				
	852–841 Joram	Elisa				
849 Feldzug Salmanassers nach Syrien						
848 Feldzug Salmanassers nach Syrien			Obadja (?)	848–841 Joram König		
845 Feldzug Salmanassers nach Syrien						
	841–814/3 Jehu. Er erschlägt Joram u. Ahasja			841 Ahasja		
841 Feldzug Salmanassers gegen Hasael von Damaskus Tribut von Jehu				841–835 Athalja Königin	Jojada	
838 Feldzug Salmanassers gegen Hasael von Damaskus						
	814/3–798 Joahas		Joel (?)	835–796 Joas 814/3 Joas ordnet d. Ausbesserung d. Tempels neu		
			Sacharja d. Sohn Jojadas		viell. Sacharja d. Sohn Jojadas	

Zeittafel

Assyrien	Israel	Propheten		Juda	
810–782 Adadnirari III.					
	798–782/1 Joas				
		Elisas Tod			
				796–767 Amazja 793 Amazja besiegt Edom	
	793/2 Jerobeam Mitregent 792 Joas erobert Jerusalem				
				792/1 d. Volk macht Usia (Asarja) zum Regenten	
			Sacharja d. Lehrer i. d. Gesichten Gottes		
	782/1–753 Jerobeam II. König	Jona			
781–772 Salmanasser IV.					
				767–740/39 Usia (Asarja) König	
		Amos Hosea			
15. 6. 763 Sonnenfinsternis im Jahr Bur-Sagale					
	753–752 Sacharja 752 Sallum 752–742/1 Menahem 752 von hier an rechnet Pekah später seine Regierungsjahre				
				750 Usia (Asarja) wird aussätzig, Jotham Mitregent	Asarja
745–727 Thiglath-Pileser III. 743 Thiglath-Pilesers Zug nach Westen. Tribut von Menahem. Usia (Asarja) erwähnt					
	742/1–740/39 Pekahja 740/39–732/1 Pekah				
			740/39 Jesajas Berufung	740/39–732/1 Jotham König	
		Hosea	Micha		
				735 Ahas Mitregent	
		Oded			Uria
734 Feldzug Thiglath-Pilesers gegen Philistäa 733 Feldzug Thiglath-Pilesers gegen Damaskus					

Zeittafel

Assyrien	Israel	Propheten	Juda	Hohepriester	Ägypten
732 Feldzug Thiglath-Pilesers gegen Damaskus. Er setzt Hosea in Israel auf den Thron	732/1–723/2 Hosea	Hosea Jesaja Micha	732/1–716/5 Ahas König		
726–722 Salmanasser V.					
	725/4 Beginn d. Belagerung Samarias 723/2 Fall Samarias				
	Babylonien				
721–705 Sargon II.	721–710/9 Merodach-Baladan König	Hosea Jesaja Micha	716/5–687/6 Hiskia		
			714 Tempelreinigung u. Passah	Asarja	
712 Assyrer erobern Asdod		712 Jesaja muß zum Zeichen für Ägypten ohne Obergewand und barfuß gehen			
	702 Merodach-Baladan z. 2. Mal König				
705–681 Sanherib 701 Sanheribs Zug nach Westen. Eroberung von Lachis. Tribut von Hiskia			701 Belagerung Jerusalems		
			697/6 Manasse Mitregent		
	689 Sanherib zerstört Babylon				689–664 Pharao Taharka (Thirhaka)
680–669 Asar-Haddon			687/6–643/2 Manasse König		
					671 Asar-Haddon erobert Memphis. Unterägypten assyr.
669 bis mindestens Juni 631 Assurbanipal (Asnaphar)	669–648 Samassumukin				
					663 Assurbanipal erobert Theben 655 Pharao Psammetich I. einigt Ägypten und macht es unabhängig
		Nahum			
		Zephanja	643/2–641/40 Amon 641/40–609 Josia 633/2 Josia beginnt, den Herrn zu suchen 629/8 Beginn d. Reform Josias		

Zeittafel

Assyrien	Neubabyl. Reich	Propheten	Juda	Hohepriester	Ägypten
		627 Jeremias Berufung			
	626–605 Nabopolassar	Hulda	623/2 Auffindung d. Gesetzbuches u. Passah	Hilkia	
612 Babylonier u. Meder erobern Ninive. Ende d. assyr. Reiches					
			609 Josia fällt bei Megiddo 609 Joahas 609–598 Jojakim		609–594 Pharao Necho II.
		Habakuk (?) Uria d. Sohn Semajas			
	605 Schlacht bei Karchemis 605–562 Nebukadnezar II. 604 Nebukadnezar erobert Askalon 601 Schlacht zwischen Nebukadnezar und Pharao Necho	605 Daniel in die Verbannung geführt 604 Jojakim verbrennt die Sprüche Jeremias	605 Belagerung Jerusalems durch Nebukadnezar		
		597 Hesekiel in die Verbannung geführt	8. 12. 598–597 Jojachin 16. 3. 597 Einnahme Jerusalems durch Nebukadnezar 16. 3. 597–586 Zedekia 594/3 Reise Zedekias nach Babylon		
		593 Berufung Hesekiels 15. 1. 588 Hesekiel muß d. Gericht über Jerusalem durch d. Topf auf d. Feuer darstellen 587 Jeremia im Vorhof d. Gefängnisses 587–586 Hesekiels Weissagungen gegen Tyrus und Ägypten	15. 1. 588 Beginn d. Belagerung Jerusalems		588–569 Pharao Hophra
			19. 7. 586 Fall Jerusalems 15. 8. 586 Zerstörung des Tempels	Seraja	
		586 Jeremia zieht mit nach Ägypten	586 Ermordung Gedaljas. Der Rest des Volkes zieht nach Ägypten		
	585–573 Nebukadnezar belagert Tyrus	8. 1. 585 Hesekiel erhält die Nachricht vom Fall Jerusalems 573 Hesekiels Gesicht vom neuen Tempel u. hl. Land			

Zeittafel

Zeittafel

Persien	Neubabyl. Reich	Propheten	Juda	Hohepriester	Ägypten
			21. 3. 561 Jojachin a .d. Gefängnis entlassen		569–526 Pharao Amasis II. 568 Nebukadnezar besiegt Ägypten
	562–560 Evil-Merodach				
	560–556 Nergalsarezer				
559–530 Kyrus (Kores), Gründer des pers. Reiches	556–539 Nabunaid 553–539 Belsazer Mitregent in Babylon 539 Kyrus erobert Babylon				
		538 Daniels Bußgebet	538 d. Erlaß d. Kores erlaubt d. verbannten Juden d. Rückkehr unter Serubabel 537 Beginn des Tempelbaus	Jesua	
530–522 Kambyses					525 Ägypten unter pers. Herrschaft
522–486 Darius I. Hystapsis		520 Haggai und Sacharja	520 Neubeginn des Tempelbaus 515 Tempeleinweihung		
486–465 Xerxes I. (Ahasveros) 479/8 Esther Königin 474–473 Anschlag Hamans und Rettung des jüd. Volkes durch Mardochai und Esther 465–423 Artaxerxes I. Longimanus (Arthahsastha)		Maleachi (?)		Jojakim	
			458 Esra kehrt mit jüd. Verbannten nach Jerusalem zurück 445 Nehemia Statthalter von Jerusalem. Mauerbau 433 Nehemia erstattet Bericht am pers. Hof	Eljasib	
423–404 Darius II. Nothus	**Griech. Reiche**				
336–331 Darius III. Codomannus, der letzte Perserkönig	336–323 Alexander d. Gr., der Eroberer des Perserreiches		vor 410 – nach 407 Bagohi pers. Statthalter von Judäa	Jojada Johanan	
	323–301 Kämpfe d. Nachfolger Alexanders 312 Gründung der Seleukidendynastie in Syrien		332 Alexander d. Gr. in Jerusalem	Jaddua	332 Alexander d. Gr. besetzt Ägypten 323–30 Dynastie der Ptolemäer

Rom	Griech. Reiche	Propheten	Juda	Hohepriester	Ägypten
			301–198 Palästina unter ägypt. Herrschaft 198 Palästina wird syrisch		
	175–164 Antiochus IV. Epiphanes				
			167 Aufstand der Makkabäer 166–160 Judas Makkabäus 165 Judas erobert Jerusalem und reinigt den Tempel 160–143 Jonathan		
				153 Jonathan Hoherpriester	
			142–135 Simon 140 Beginn der Hasmonäerdynastie	140 Simon Hoherpriester u. Fürst	
66 Pompejus erhält den Oberbefehl in Kleinasien					
	64 Pompejus erobert Syrien				
			63 Pompejus erobert Jerusalem		
					48–47 Cäsar in Ägypten
			47 Cäsar setzt den Idumäer Antipater zum Prokurator v. Judäa ein		
44 Cäsars Ermordung 42–31 Antonius Herr d. östl. Reichshälfte					
			40–4 Herodes d. Gr. König von Judäa 37 Herodes erobert Jerusalem. Tod des letzten Hasmonäers Antigonus		
31 v. – 14. n. Chr. Octavian (Kaiser Augustus) Alleinherrscher	**Urgemeinde**				
					30 Alexandria erobert. Ägypten römisch
	(*Kursive* Zahlen sind erschlossen Vgl. → Zeitrechnung V) *7 v. Chr.* Geburt Jesu	Simeon und Hanna in Jerusalem			
			4 v. – 6 n. Chr. Archelaus Ethnarch v. Judäa u. Samaria 4 v. – 39 n. Chr. Herodes Antipas Tetrarch v. Galiläa und Peräa 4 v. – 34 n. Chr. Philippus Tetrarch v. Ituräa u. Trachonitis		

Zeittafel

Zeittafel

Rom	Urgemeinde	Propheten	Juda	Hohepriester
	6. n. Chr. Tempelbesuch d. 12jähr. Jesus		6 Judäa römische Provinz	6–15 Hannas
14–37 Kaiser Tiberius				
				18–36 Kaiphas
			26–36 Pilatus Prokurator v. Judäa	
		26 Auftreten Johannes des Täufers *28* Verhaftung des Täufers *29* Hinrichtung des Täufers		
	30 Kreuzestod Jesu			
37–41 Kaiser Caligula			37 Herodes Agrippa I. König über die Tetrarchie d. Philippus u. Abilene 39 Erweiterung seines Reiches um Galiläa u. Peräa	
41–54 Kaiser Klaudius			41–44 Herodes Agrippa herrscht über das gesamte Reich Herodes d. Gr.	
	44 Hinrichtung des Jakobus u. Gefangenschaft des Petrus		44 Judäa wieder römische Provinz	
		Agabus sagt d. Hungersnot voraus Barnabas, Simon Niger, Luzius v. Kyrene, Manahen in Antiochien		
			48 Herodes Agrippa II. König von Chalkis	Ananias
49 Vertreibung der Juden aus Rom	*49* Apostelkonzil in Jerusalem	Judas u. Silas in Jerusalem und Antiochien		
	Herbst *50* bis Frühjahr *52* Paulus in Korinth			
51/2 Gallion Statthalter von Achaja				
	Herbst *52* bis Sommer *55* Paulus in Ephesus		52–56/60 Felix Prokurator v. Judäa 53 Herodes Agrippa II. erhält die Tetrarchie d. Philippus und Abilene	
54–68 Kaiser Nero				
	55/56 Paulus überwintert in Korinth Passah *56* Paulus in Philippi Pfingsten *56* Paulus in Jerusalem verhaftet	Die Töchter d. Philippus u. Agabus in Cäsarea		

Zeittafel

Rom	Urgemeinde	Propheten	Juda	Hohepriester
	58/59 Reise des Paulus nach Rom		56/60–62 Festus Prokurator von Judäa	
	62 der Herrenbruder Jakobus von den Juden gesteinigt 64 erste Christenverfolgung unter Nero in Rom			
69–79 Kaiser Vespasian			66 Beginn des jüdischen Aufstandes	
			70 Titus zerstört Jerusalem	

Vgl. auch die Chronologie der Erzväterzeit (Sp. 1571), das chronologische Gerüst zum Leben des Mose (Sp. 939) und das Verzeichnis der Kriege in der Geschichte Israels (Sp. 816–819).

Evangelienharmonie

Vorbemerkung: Die Evangelienharmonie versucht, die in den Evangelien berichteten Ereignisse aus dem Leben Jesu in ihrer zeitlichen Reihenfolge aufzuführen; sie bietet eine Übersicht über den Inhalt der 4 Evangelien mit sämtlichen Stellenangaben. Die Anordnung verwertet die Aussagen des Textes, ist in ihren Einzelheiten aber vielfach auf Vermutungen angewiesen. Denn wenn den Evangelisten die zeitliche Abfolge des Geschehens auch nicht gleichgültig ist (vgl. Lk 1,3), so lassen ihre knappen Angaben doch öfter verschiedene Möglichkeiten der zeitlichen Einordnung der einzelnen Berichte zu. Auch alle Evangelien zusammen ergeben keine vollständige Biographie Jesu im heutigen Sinn; ihr Anliegen ist die Verkündigung der Botschaft, des einen Evangeliums.

Handlungen	*Ort*	*Matthäus*	*Markus*	*Lukas*	*Johannes*
	Geburt, Jugend und Taufe Jesu				
1. Einl. Verse zum Lukasevang.		–	–	1, 1– 4	–
2. Prolog z. Johannesevangelium		–	–	–	1, 1–18
3. Stammbaum Jesu		1, 1–17	–	3,23–38	–
4. Ankündigung der Geburt Johannes d. Täufers an Zacharias	Tempel in Jerusalem	–	–	1, 5–25	–
5. Ank. d. Geburt Jesu an Maria	Nazareth	–	–	1,26–38	–
6. Besuch Marias bei Elisabeth	Stadt im Gebirge Juda	–	–	1,39–56	–
7. Geburt Johannes des Täufers	Stadt im Gebirge Juda	–	–	1,57. 58	–
8. Beschneidung u. Namengebung Johannes des Täufers	Stadt im Gebirge Juda	–	–	1,59–79	–
9. Ankündigung der Geburt Jesu an Joseph	Nazareth	1,18–23	–	–	–
10. Geburt Jesu	Bethlehem	1,24. 25	–	2, 1– 7	–
11. Ankündigung der Geburt Jesu an die Hirten	Hirtenfeld bei Bethlehem	–	–	2, 8–14	–
12. Anbetung der Hirten	Bethlehem	–	–	2,15–20	–
13. Beschneidung Jesu	Bethlehem	–	–	2,21	–
14. Darstellung im Tempel; Prophetie des Simeon u. d. Hanna	Tempel in Jerusalem	–	–	2,22–38	–
15. Besuch der Weisen aus dem Morgenland	Bethlehem	2, 1–12	–	–	–
16. Flucht nach Ägypten	Von Bethlehem nach Ägypt.	2,13–15	–	–	–
17. Kindermord des Herodes	Bethlehem	2,16–18	–	–	–
18. Rückkehr v. Ägypt. n. Nazareth	Von Ägypten nach Nazareth	2,19–23	–	2,39	–
19. Die ersten 30 Jahre Jesu in Nazareth u. Bericht v. Besuch des 12jähr. Jesus i. Tempel.	Nazareth	–	–	2,40–52	–
Johannes d. Täufer befand sich während dieser Zeit zurückgezogen in der Wüste		–	–	1,80	–
20. Öffentliches Auftreten Johannes des Täufers	Am Jordan	3, 1–12	1, 1– 8	3, 1–18	1,19–28
21. Taufe Jesu, Zeugn. d. Johannes	Am Jordan	3,13–17	1, 9–11	3,21–23	1,29–34
22. Versuchung Jesu	In der Wüste am Jordan	4, 1–11	1,12. 13	4, 1–13	–
23. Begegnung des Johannes (?), Andreas und Petrus mit Jesus	In der Nähe des Jordan	–	–	–	1,35–42
24. Berufung des Philippus und des Nathanael	In der Nähe des Jordan	–	–	–	1,43–51
25. Erstes Zeichen: Wasser wird zu Wein	Kana in Galiläa	–	–	–	2, 1–11
26. Jesus zieht nach Kapernaum	Kapernaum	–	–	–	2,12
	Erstes Auftreten Jesu in Judäa				
27. 1. *Passah:* 1. Tempelreinigung	Jerusalem	–	–	–	2,13–25
28. Unterredung mit Nikodemus	Jerusalem	–	–	–	3, 1–21
29. Jesus predigt in Judäa	Judäa	–	–	–	3,22
30. Letztes Zeugnis Johannes des Täufers von Christus	Judäa	–	–	–	3,23–36
31. Jesus zieht nach Gäliläa	Von Judäa nach Galiläa	–	–	–	4, 1– 3
32. Gespräch Jesu mit der Samariterin und seine Wirkung	Jakobsbrunnen bei Sichar	–	–	–	4, 4–42
33. Heilung des Sohnes eines Königischen	Kana	–	–	–	4,43–54
34. Gefangennahme Joh. d. Täufers	Festung Machärus östl. vom Toten Meer	14, 3– 5	6,17–20	3,19. 20	–

Das frühere Wirken in Galiläa

Handlungen	*Ort*	*Matthäus*	*Markus*	*Lukas*	*Johannes*
35. Beginn des öffentl. Wirkens in Galiläa	Galiläa	4,12–17	1,14. 15	4,14. 15	–
36. Ablehnung in Nazareth	Nazareth	–	–	4,16–30	–
37. Berufung des Simon, Andreas, Jakobus und Johannes	Bei Kapernaum	4,18–22	1,16–20	5, 1–11	–
38. Heilung eines Besessenen in der Synagoge	Kapernaum	–	1,21–28	4,31–37	–
39. Heilung der Schwiegermutter des Petrus	Kapernaum	8,14. 15	1,29–31	4,38. 39	–
40. Heilung vieler Kranker am gleichen Abend	Kapernaum	8,16. 17	1,32–34	4,40. 41	–
41. Rundreise durch Galiläa	Galiläa	4,23–25	1,35–39	4,42–44	–
42. Heilung eines Aussätzigen	Galiläa	8, 2– 4	1,40–45	5,12–16	–
43. Heilung eines Gichtbrüchigen	Kapernaum	9, 1– 8	2, 1–12	5,17–26	–
44. Berufung des Matthäus (Levi); Jesus in seinem Hause	Kapernaum	9, 9–13	2,13–17	5,27–32	–
45. *2. Passah:* Heilung des Kranken am Teich Bethesda; Diskussion mit den Juden	Jerusalem	–	–	–	5, 1–47
46. Ährenausraufen a. Sabbat führt z. Diskussion üb. d. Sabbatfrage	Auf dem Weg n. Galiläa (?)	12, 1– 8	2,23–28	6, 1– 5	–
47. Heilung des Mannes mit der verdorrten Hand	Kapernaum	12, 9–13	3, 1– 5	6, 6–11	–
48. Verschwörung gegen Jesus; Begeisterung des Volkes	In der Nähe Kapernaums	12,14–21	3, 6–12	6,17–19	–
49. Erwählung der 12 Apostel	In der Nähe Kapernaums	10, 2– 4	3,13–19	6,12–16	–
50. Bergpredigt	In der Nähe Kapernaums	5,1–8,1	–	6,20–49	–
51. Jesus heilt des Hauptmanns Knecht	Kapernaum	8, 5–13	–	7, 1–10	–
52. Rundreise durch Galiläa	Galiläa	11, 1	–	–	–
53. Auferweckung eines Jünglings	Nain	–	–	7,11–17	–
54. Anfrage Johannes des Täufers an Jesus; Jesu Antwort	Galiläa	11, 2–19	–	7,18–35	–
55. Salbung Jesu durch d. Sünderin	Galiläa	–	–	7,36–50	–
56. Weitere Rundreise Jesu durch Galiläa mit seinen Jüngern	Galiläa	–	–	8, 1– 3	–
57. Heilung eines Besessenen; Lästerung der Pharisäer wird von Jesus gestraft	Kapernaum	12,22–37 43–45	3,20–30	11,14. 15 17–28	–
58. Zeichenforderung der Pharisäer	Kapernaum	12,38–42	–	11,16 11,29–36	–
59. Jesu Mutter und Brüder wünschen Jesus zu sehen	Kapernaum	12,46–50	3,31–35	8,19–21	–
60. Strafrede gegen die Pharisäer	Kapernaum	–	–	11,37–54	–
61. Warnung vor der Heuchelei; Ermunterung zum Bekenntnis; Warnung vor irdischem Sinn; Ermahnung zur Wachsamkeit	Kapernaum	–	–	12, 1–59	–
62. Bemerkungen zu der Bluttat des Pilatus u. z. Unglück b. Siloah	Kapernaum	–	–	13, 1– 5	–
63. Gleichnisse vom Säemann, dem Unkraut unter dem Weizen, dem Senfkorn, dem Sauerteig, dem Schatz im Acker, der Perle, dem Fischnetz u. a. (sog. Himmelreichsgleichnisse)	Kapernaum	13, 1–53	4, 1–34	8, 4–18 13,18–21	–
64. Die drei Nachfolger	I. d. Nähe d. Sees Genezareth	8,18–22	–	9,57–62	–
65. Stillung des Sturmes	See Genezareth	8,23–27	4,35–41	8,22–25	–
66. Heilung eines Besessenen	Ostufer des Sees Genezareth	8,28–34	5, 1–20	8,26–39	–
67. Belehrung über das Fasten	Kapernaum	9,14–17	2,18–22	5,33–39	–
68. Auferweckung der Tochter des Jairus; Heilung der blutflüssigen Frau	Kapernaum	9,18–26	5,21–43	8,40–56	–
69. Heilung von 2 Blinden	Kapernaum	9,27–31	–	–	–
70. Heilg. eines stumm. Besessenen	Kapernaum	9,32–34	–	–	–
71. Zweite Ablehnung in Nazareth	Nazareth	13,54–58	6, 1– 6	–	–
72. Aussendung der Zwölf	Galiläa	9,35–10,1 10,5–11,1	6, 6–13	9, 1– 6	–

Handlungen	Ort	Matthäus	Markus	Lukas	Johannes
73. Herodes hört von Jesus; Bericht über die Enthauptung Johannes des Täufers	Galiläa	14, 1. 2. 6–12	6,14–16 21–29	9, 7– 9	–
74. Rückkehr der Zwölf; Jesus entweicht mit ihnen über den See; Speisung der 5000	Nordostküste des Sees Genezareth	14,13–21	6,30–44	9,10–17	6, 1–14
75. Jesus wandelt auf dem Meer	See Genezareth	14,22–33	6,45–52	–	6,15–21
76. Krankenheilungen	Land Genezareth	14,34–36	6,53–56	–	–
77. Gespräch über das Brot des Lebens z. Zt. *des 3. Passah*	Kapernaum	–	–	–	6,22–71
78. Jesus warnt vor den Satzungen der Pharisäer	Kapernaum	15, 1–20	7, 1–23	–	–

Das spätere Wirken in Galiläa

Handlungen	Ort	Matthäus	Markus	Lukas	Johannes
79. Tochter der kanaanäischen Frau geheilt	Gebiet von Tyrus und Sidon	15,21–28	7,24–30	–	–
80. Weitere Krankenheilungen	Gebiet der Zehnstädte	15,29–31	7,31–37	–	7, 1
81. Speisung der 4000	Gebiet der Zehnstädte	15,32–38	8, 1– 9	–	–
82. Zeichenforderung der Pharisäer und Sadduzäer	Gegend von Magdala	15,39–16,4	8,10–12	–	–
83. Warnung vor dem Sauerteig der Pharisäer usw.	See Genezareth	16, 5–12	8,13–21	–	–
84. Heilung eines Blinden	Bethsaida	–	8,22–26	–	–
85. Bekenntnis des Petrus	Cäsarea Philippi	16,13–20	8,27–30	9,18–21	–
86. Erste Leidensankündigung und Voraussage der Auferstehung	Gebiet um Cäsarea Philippi	16,21–28	8,31–9,1	9,22–27	–
87. Verklärung Jesu	Gebiet um Cäsarea Philippi	17, 1–13	9, 2–13	9,28–36	–
88. Heilg. eines besessenen Knaben	Gebiet um Cäsarea Philippi	17,14–21	9,14–29	9,37–43	–
89. Zweite Leidensankündigung u. Voraussage der Auferstehung	Galiläa	17,22. 23	9,30–32	9,43–45	–
90. Die Steuerfrage	Kapernaum	17,24–27	–	–	–
91. Belehrung der Jünger üb. rechte Demut, Kindersinn, Ärgernis, Sorge für die Kleinen und Schwachen u. a.	Kapernaum	18, 1–35	9,33–50	9,46–50	–

Letzte Reise nach Jerusalem (Wirken in Judäa und Peräa)

Handlungen	Ort	Matthäus	Markus	Lukas	Johannes
92. Abschied von Galiläa; Ablehnung in Samaria	Auf dem Weg von Galiläa nach Judäa	19, 1	10, 1	9,51–56	–
93. Aussendung der 70 Jünger	Auf dem Weg nach Judäa	11,20–24	–	10, 1–16	–
94. Jesus auf dem *Laubhüttenfest*	Jerusalem	–	–	–	7, 2–52
95. Die Ehebrecherin	Jerusalem	–	–	–	7,53–8,11
96. Diskussion mit den Juden während des Festes	Jerusalem	–	–	–	8,12–59
97. Jesus verläßt Jerusalem; die 70 Ausgesandten kehren zurück	Judäa	11,25–30	–	10,17–24	–
98. Belehrung des Schriftgelehrten; Gleichnis vom barmherzigen Samariter	Judäa	–	–	10,25–37	–
99. Jesus im Hause der Martha und Maria	Bethanien	–	–	10,38–42	–
100. Jesus lehrt seine Jünger beten	Judäa	–	–	11, 1–13	–
101. *Fest der Tempelweihe;* Heilung des Blindgeborenen; Gleichnis vom guten Hirten; Konflikt mit den Juden; Jesus entweicht nach Peräa jenseits des Jordan	Jerusalem	–	–	–	9,1–10,38
102. Wirken in Peräa	Peräa	19, 1. 2	10, 1	–	10,39–41
103. Gleichnis vom unfruchtbaren Feigenbaum	Peräa	–	–	13, 6– 9	–
104. Heilung der gekrümmten Frau am Sabbat	Peräa	–	–	13,10–17	–
105. Wanderung nach Jerusalem; Rede über Israels Verwerfung; Warnung vor Herodes	Peräa	–	–	13,22–35	–
106. Jesus zu Gast im Hause eines Pharisäers; Heilung des Wassersüchtigen; Gleichnis vom großen Abendmahl	Peräa	–	–	14, 1–24	–
107. Aufforderung zu echt. Nachfolge	Peräa	–	–	14,25–35	–

Handlungen	Ort	Matthäus	Markus	Lukas	Johannes
108. Gleichnisse vom verlorenen Schaf, Groschen und Sohn	Peräa	–	–	15, 1–32	–
109. Gleichnis vom ungerechten Haushalter	Peräa	–	–	16, 1–13	–
110. Jesus straft die spottenden Pharisäer; Gleichnis vom reichen Mann und armen Lazarus	Peräa	–	–	16,14–31	–
111. Belehrung der Jünger in Geduld, Glauben und Demut	Peräa	–	–	17, 1–10	–
112. Die 10 Aussätzigen	Zwisch. Samaria und Galiläa	–	–	17,11–19	–
113. Von der Zukunft des Reiches Gottes; Jesus kommt wieder!	Peräa	–	–	17,20–37	–
114. Gleichnis v. d. bedrängt. Witwe	Peräa	–	–	18, 1– 8	–
115. Gleichnis v. Pharisäer u. Zöllner	Peräa	–	–	18, 9–14	–
116. Auferweckung des Lazarus	Bethanien	–	–	–	11, 1–46
117. Anschläge der Hohenpriester u. Pharisäer gegen das Leben Jesu; Jesus zieht sich erneut zurück	Jerusalem, Ephrem	–	–	–	11,47–54
118. Vorschriften über Ehescheidung und Verzicht auf Ehe	Peräa (?)	19, 3–12	10, 2–12	–	–
119. Jesus segnet die Kinder	Peräa	19,13–15	10,13–16	18,15–17	–
120. Der reiche Jüngling	Peräa	19,16–30	10,17–31	18,18–30	–
121. Gleichnis von den Arbeitern im Weinberg	Peräa	20, 1–16	–	–	–
122. Dritte Leidensankündigung u. Voraussage der Auferstehung	Peräa	20,17–19	10,32–34	18,31–34	–
123. Aufbruch nach Jerusalem; Salomes Bitte für ihre beiden Söhne	Peräa	20,20–28	10,35–45	–	–
124. Zwei Blinde werden sehend	Jericho	20,29–34	10,46–52	18,35–43	–
125. Bekehrung des Zachäus	Jericho	–	–	19, 1–10	–
126. Gleichnis von den anvertrauten Pfunden	Jericho	–	–	19,11–28	–
127. Ankunft in Bethanien 6 Tage vor dem Passah	Bethanien	–	–	–	11,55–12,1

Die letzte Woche

Handlungen	Ort	Matthäus	Markus	Lukas	Johannes
128. Salbung zu Bethanien; Feindschaft der Hohenpriester	Bethanien	26, 6–13	14, 3– 9	–	12, 2–11
129. Einzug in Jerusalem; eine Nacht in Bethanien	Ölberg, Jerusalem, Bethanien	21, 1–11	11, 1–11	19,29–44	12,12–19
130. Verfluchung des unfruchtbaren Feigenbaum.; Tempelreinigung; Lobpreis der Kinder; Wunder	Bei und in Jerusalem	21,12–19	11,12–19	19,45–48 21,37. 38	–
131. Der verdorrte Feigenbaum	Auf dem Weg n. Jerusalem	21,20–22	11,20–26	–	–
132. Jesus verteidigt seine Vollmacht; Gleichnis von den 2 ungleichen Söhnen, den bösen Weingärtnern u. d. königlichen Hochzeit	Jerusalem	21,23–32 33–46 22, 1–14	11,27–33 12, 1–12	20, 1– 8 9–19	–
133. Frage der Pharisäer nach dem Zinsgroschen; der Sadduzäer nach der Totenauferstehung; des Schriftgelehrten nach dem vornehmsten Gebot; Jesu Frage nach Davids Sohn und Herrn	Jerusalem	22,15–22 23–33 34–40 41–46	12,13–17 18–27 28–34 35–37	20,20–26 27–40 41–44	–
134. Warnung vor den Pharisäern und Schriftgelehrten	Jerusalem	23, 1–39	12,38–40	20,45–47	–
135. Scherflein der Witwe	Jerusalem	–	12,41–44	21, 1– 4	–
136. Besuch der Griechen; v. d. Frucht sein. Todes; d. Juden Unglaube	Jerusalem	–	–	–	12,20–50
137. Rede Jesu über den Untergang Jerusalems, die Zukunft der Gemeinde und seine Wiederkunft	Ölberg	24, 1–31	13, 1–27	21, 5–28	–
138. Aufforderung zur Wachsamkeit; Gleichnis von d. 10 Jungfrauen u. den anvertrauten Zentnern; das kommende Weltgericht	Ölberg	24,32–25,46	13,28–37	21,29–36	–
139. Beratung der geistlichen Führer des Volkes; Judas verkauft seinen Herrn	Jerusalem	26, 1– 5 14–16	14, 1. 2. 10. 11	22, 1– 6	–
140. Vorbereitungen für das Passah	Bethanien und Jerusalem	26,17–19	14,12–16	22, 7–13	–

Handlungen	Ort	Matthäus	Markus	Lukas	Johannes
141. *Das letzte Passah.*	Obersaal in Jerusalem	26,20	14,17	22,14–18 24–30	–
142. Fußwaschung	Obersaal in Jerusalem	–	–	–	13, 1–20
143. Der Verräter gekennzeichnet; Judas entfernt sich	Obersaal in Jerusalem	26,21–25	14,18–21	22,21–23	13,21–35
144. Das Abendmahl	Obersaal in Jerusalem	26,26–29	14,22–25	22,19. 20	–
145. Vorhersage der Verleugnung des Petrus und andere Warnungen	Obersaal in Jerusalem	–	–	22,31–38	13,36–38
146. Abschiedsreden Jesu an d. Jünger, das hohepriesterliche Gebet Jesu	Obersaal in Jerusalem	–	–	–	14,1–17,26
147. Erneute Vorhersage der Verleugnung Petri und der Zerstreuung der Jünger	Auf dem Weg n. Gethsemane	26,30–35	14,26–31	–	–
148. Gebetskampf im Garten Gethsemane	Gethsemane	26,36–46	14,32–42	22,39–46	18, 1
149. Gefangennahme Jesu, Flucht der Jünger	Gethsemane	26,47–56	14,43–52	22,47–53	18, 2–12
150. Einleitende Verhandlungen vor Hannas	Palast des Hohenpriesters in Jerusalem	–	–	–	18,13. 14 19–24
151. Verhör vor dem Hohen Rat; Verspottung Jesu	Palast des Hohenpriesters in Jerusalem	26,57. 59–68	14,53. 55–65	22,54. 55.63–65	–
152. Verleugnung des Petrus	Palast des Hohenpriesters in Jerusalem	26,58. 69–75	14,54. 66–72	22,56–62	18,15–18 25–27
153. Endgültige Verurteilung Jesu durch den Hohen Rat	Palast des Hohenpriesters	27, 1	15, 1	22,66–71	–
154. Jesus vor Pilatus	Richthaus in Jerusalem	27, 2. 11–14	15, 1– 5	23, 1– 5	18,28–37
155. Jesus vor Herodes	Pal. d. Herodes in Jerusalem	–	–	23, 6–12	–
156. Wieder vor Pilatus	Richthaus in Jerusalem	27,15–26	15, 6–15	23,13–25	18,38–40
157. Pilatus überantwortet Jesus dem Tode. Geißelung	Richthaus in Jerusalem	27,26–30	15,15–19	–	19, 1– 3
158. Letzter Versuch des Pilatus, Jesus freizugeben; endgültige Verurteilung	Richthaus in Jerusalem	–	–	–	19, 4–16
159. Gewissensnot und Selbstmord des Judas	Jerusalem	27, 3–10	–	–	–
160. Auf dem Weg nach Golgatha	Jerusalem	27,31–34	15,20–23	23,26–33	19,16 17
161. Kreuzigung	Golgatha	27,35–38	15,24–28	23,33. 34. 38	19,18–24
162. Begebenheiten zwischen Kreuzigung und Tod	Golgatha	27,39–49	15,29–36	23,35–37 39–45	19,25–29
163. Tod Jesu	Golgatha	27,50	15,37	23,46	19,30
164. Zeichen beim Tod Jesu	Jerusalem und Umgebung	27,51–56	15,38–41	23,45. 47–49	–
165. Kreuzabnahme und Begräbnis	Golgatha und Garten Josephs	27,57–61	15,42–47	23,50–56	19,31–42
166. Die Grabbewachung	Garten Josephs	27,62–66	–	–	–

Die Auferstehung

Handlungen	Ort	Matthäus	Markus	Lukas	Johannes
167. Die Frauen finden das leere Grab	Jerusalem u. Garten Josephs	28, 1–10	16, 1– 8	24, 1–11	–
168. Petrus und Johannes kommen zum Grab; Jesus erscheint der Maria Magdalena	Garten Josephs	–	16, 9–11	24,12	20, 1–18
169. Bestechung der Wächter des Grabes durch die Hohenpriester	Jerusalem	28,11–15	–	–	–
170. Jesu Erscheinung auf dem Weg nach Emmaus	Von Jerusalem nach Emmaus	–	16,12. 13	24,13–35	–
171. Jesus erscheint den Jüngern, während Thomas abwesend ist	Jerusalem	–	16,14	24,36–49	20,19–24
172. Erneute Erscheinung Jesu im Jüngerkreis; Thomas ist anwesend	Jerusalem	–	–	–	20,25–29
173. Erscheinung am See Tiberias; Wiedereinsetzung des Apostels Petrus in sein Amt	Am See Genezareth	–	–	–	21, 1–23
174. Missionsbefehl	Berg in Galiläa	28,16–20	16,15–18	–	–
175. Himmelfahrt	Ölberg	–	16,19. 20	24,50–53	–
176. Schlußwort des Apostels Johannes		–	–	–	21,24. 25

Bibliographie

Vorbemerkung: Die folgende Bibliographie soll dem Leser, der selbständig weiterarbeiten will, eine Möglichkeit zur ersten Unterrichtung und Orientierung geben, zunächst für die Sachgebiete der Heiligen Schrift (Text, Schriftgeltung, Einleitungen, Auslegung, Apokryphen) und die Hilfswissenschaften (Geographie, Archäologie, Geschichte, Chronologie). Der Schwerpunkt der Auswahl liegt auf konservativer Literatur, deswegen sind auch eine ganze Reihe kath. Arbeiten (sämtlich gekennzeichnet) aufgenommen worden. Die historisch-kritische bzw. in dieser Richtung beeinflußte Literatur läßt sich nach Lage der Sache jedoch nicht ausschließen; ebensowenig ist eine grundsätzliche Scheidung aller Arbeiten in konservative und bibelkritische durchführbar. Um dem Benutzer der Bibliographie aber doch eine Hilfe zu geben, haben wir außer gelegentlichen Hinweisen auf den Inhalt einzelner Arbeiten die für einen größeren Leserkreis bestimmten Kommentarreihen und Einzelarbeiten als »allgemeinverständlich« gekennzeichnet. Das bedeutet jedoch nicht, daß alle diese Arbeiten von historisch-kritischen Meinungen frei sind; so übernehmen z. B. ATD und NTD, auch BAT öfter Ansichten und Ergebnisse der historisch-kritischen Forschung. Grundsätzlich konservativ dagegen sind die holländischen Kommentare COT, CNT und KVHS eingestellt.

Abkürzungen

QUELLEN UND NACHSCHLAGEWERKE.

AOT — H. Greßmann, Altorient. Texte zum AT. 1926^{2}.
Jos. Ant. — Flavius Josephus, Antiquitatum Judaicarum libri XX. In: Josephi opera, hrsg. v. B. Niese. 7 Bde. 1887–95.
Jos. Bell. — Flavius Josephus, De bello Judaico libri VII (ebd.).
LVTL — L. Koehler - W. Baumgartner, Lexicon in Veteris Testamenti Libros. 1958.
Onomastikon — Eusebius' Onomastikon der bibl. Ortsnamen. Hrsg. v. E. Klostermann. 1904.
RLA — Reallexikon der Assyriologie. Hrsg. v. E. Ebeling - B. Meißner. 1932ff.
StB — H. L. Strack - P. Billerbeck, Kommentar zum NT aus Talmud und Midrasch. Neudruck 1954–56.

ARCHÄOLOGISCHE UND THEOLOGISCHE ZEITSCHRIFTEN.

AASOR — Annual of the American Schools of Oriental Research.
BA — The Biblical Archaeologist.
BASOR — Bulletin of the American Schools of Oriental Research.
Bb — Biblica.
BWAT — Beiträge zur Wissenschaft des AT.
BWANT — Beiträge zur Wissenschaft vom AT u. NT.
BZ — Biblische Zeitschrift.
BZAW — Beihefte zur Zs. für die atl. Wissenschaft.
BZNW — Beihefte zur Zs. für die ntl. Wissenschaft.
EvTh — Evangelische Theologie.
IEJ — Israel Exploration Journal.
JBL — Journal of Biblical Literature.
JCS — Journal of Cuneiform Studies.
JNES — Journal of Near Eastern Studies.
JPOS — Journal of the Palestine Oriental Society.
NKZ — Neue Kirchliche Zeitschrift.
PEQ — Palestine Explorations Quarterly.
PJb — Palästinajahrbuch.
RB — Revue Biblique.
RQ — Römische Quartalschrift.
StZ — Stimmen der Zeit.
ThBl — Theologische Blätter.
ThLZ — Theologische Literaturzeitung.
ThPQ — Theologische Praktische Quartalschrift.
ThR — Theologische Rundschau.
ThStKr — Theologische Studien und Kritiken.
ThZ — Theologische Zeitschrift.
VT — Vetus Testamentum.
VT Suppl. — Vetus Testamentum Supplement.
ZAW — Zeitschrift für die atl. Wissenschaft.
ZDMG — Zeitschrift der Deutschen Morgenländischen Gesellschaft.
ZDPV — Zeitschrift des Deutschen Palästina-Vereins.
ZNW — Zeitschrift für die ntl. Wissenschaft.
ZThK — Zeitschrift für Theologie und Kirche.

KOMMENTARE.

Vgl. unten Heilige Schrift IV A. Sp. 1638/39.

Heilige Schrift

I) TEXT.

A) AUSGABEN.

1) Altes Testament.

Biblia hebraica, hrsg. v. R. Kittel 1951^{7}.
H. B. Swete, The Old Testament in Greek. 3 Bde. 1887–91.
Septuaginta, hersg. v. A. Rahlfs. 2 Bde. 1952^{5}.

2) Neues Testament.

a) Gesamtausgaben.

H. v. Soden, Die Schriften des NT in ihrer ältesten erreichbaren Textgestalt. I, 1–3 1902–07, II 1913.
E. Nestle - K. Aland, Novum Testamentum Graece. 1960^{24}.
H. J. Vogels, Novum Testamentum Graece et Latine. 1955^{4} (kath.).

b) Evangeliensynopsen.

A. Huck - H. Lietzmann, Synopse der drei ersten Evangelien. 1950^{10} (griech.).
K. Aland, Vier-Evangelien-Synopse griech. 1961.
J. Schmid, Synopse der drei ersten Evangelien. Mit Beifügung der Johannes-Parallelen. 1956^{2} (kath., nur dt. Text).

B) WÖRTERBÜCHER.

W. Gesenius, Hebr. und aram. Handwörterbuch über das AT. 1949^{17} (Neudruck).
L. Koehler - W. Baumgartner, Lexicon in Veteris Testamenti Libros. 1958.
W. Bauer, Griech.-dt. Wörterbuch zu den Schriften des NT und der übrigen urchristlichen Literatur. 1958^{5}.

G. Kittel, Theologisches Wörterbuch zum NT. I–V 1954², VI 1959. VII 1960ff.
F. Rienecker, Sprachlicher Schlüssel zum NT. 1952⁸.
E. Osterloh - H. Engelland, Bibl.-theologisches Handwörterbuch zur Lutherbibel und neueren Übersetzungen. 1958².
R. Luther. Ntl. Wörterbuch. 1951¹³.

C) KONKORDANZEN.
G. Lisowsky - L. Rost, Stuttgarter Hebr. Wortkonkordanz. 1958.
S. Mandelkern, Veteris Testamenti Concordantiae hebraice atque chaldaice. 2 Bde. 1955². (Neudruck).
E. Hatch - H. Redpath, A Concordance to the Septuagint and the other Greek Versions of the Old Testament. 1954 (Neudruck).
A. Schmoller, Handkonkordanz zum griech. NT. 1949⁸.
W. F. Moulton - A. S. Geden, A Concordance to the Greek New Testament. 1950³.
R. Young, Analytical Concordance to the Holy Bible. 1956⁸ (Neudruck).
(Engl. Konkordanz, die zu jeder Stelle das hebr. bzw. griech. Wort angibt).
Calwer Bibelkonkordanz. 1922³. (Zur LÜ).
Bremer Bibl. Handkonkordanz. 1959 (Neudruck). (Zur LÜ).
Elberfelder Bibel-Konkordanz. Biblisches Wörter-, Zahlen- und Namenregister. 1957. (Zur EÜ).

D) GRAMMATIKEN.
O. Grether, Hebr. Grammatik. 1955².
F. Blaß - A. Debrunner, Grammatik des ntl. Griech. 1959¹⁰.
J. Warns, Lehrbuch des ntl. Griech. 1954³.

E) ÜBERLIEFERUNG UND TEXTGESCHICHTE.
1) Allgemein.
E. Würthwein, Der Text des AT. 1952.
F. G. Kenyon, Der Text der griech. Bibel. 1960².
O. Paret, Die Bibel – ihre Überlieferung in Druck und Schrift. 1950².
E. v. Dobschütz, Die Bibel im Leben der Völker. 1952².

2) Deutsche Bibel bis Luther.
G. Baesecke, Der dt. Abrogans und die Herkunft des dt. Schrifttums. 1930.
G. Baeseke, Der Vocabularius Sti. Galli in der angelsächsischen Mission. 1933.
W. Walther, Die dt. Bibelübersetzung des Mittelalters. I–III 1889–92.
J. Bergsma, De Levens van Jezus in het Middelnederlandsch. 1895ff.
(Die mittelniederländische Evangelienharmonie).
F. Maurer, Studien zur mitteldt. Bibelübersetzung vor Luther. 1929.
H. Vollmer, Materialien zur Bibelgeschichte und religiösen Volkskunde des Mittelalters. I–IV 1912–29. (Arbeiten und Texte zu den dt. Historienbibeln).
W. Kurrelmeyer, Die erste dt. Bibel. 10 Bde. 1904–15. (Text der 14 hochdt. Bibeldrucke von 1466–1518).
P. Pietsch, Ewangely und Epistel Teutsch. Die gedruckten hochdt. Perikopenbücher (Plenarien) 1473–1523. 1927.
Bibel und dt. Kultur. Veröffentlichungen des Dt. Bibel-Archivs in Hamburg. I–X 1931–41. (Texte, Tabellen und Untersuchungen zur mittelalterlichen dt. Bibelübersetzung).
Dt. Bibel-Archiv: Schrift, Bild und Druck der Bibel 1255–1455–1955. (Ausstellungskatalog).
D. Martin Luthers Werke. Kritische Gesamtausgabe (Weimarer Ausgabe).
Deutsche Bibel. Bd. 1–11. 1906–60.

II) SCHRIFTGELTUNG.
H. Strathmann, Die Krise des Kanons der Kirche. ThBl 20 (1941) Sp. 295–310.
W. G. Kümmel, Notwendigkeit und Grenze des ntl. Kanons. ZThK 47 (1950) S. 277–313.
K. E. Skydsgaard, Christus – der Herr der Tradition. In: Schrift en Kerk. Festschrift Th. L. Haitjema. 1953.
K. E. Skydsgaard, Schrift und Tradition. Kerygma und Dogma 1 (1955) S. 161–179.
The Infallible Word. Hrsg. v. N. B. Stonehouse - P. Woolley. 1953².
R. V. G. Tasker, Our Lord's Use of the Old Testament. 1953.
R. V. G. Tasker, The Old Testament in the New Testament. 1954².
O. Cullmann, Die Tradition als exegetisches, historisches und theologisches Problem. 1954.
H. Ridderbos, Heilsgeschiedenis en Heilige Schrift van het Nieuwe Testament. Het Gezag van het Nieuwe Testament. 1955.
(Apostolische Tradition und Schriftautorität).
J. W. Wenham, Our Lord's View of the Old Testament. 1955.
H. Riesenfeld, The Gospel Tradition and Its Beginnings. A Study of the Limits of »Formgeschichte«. 1957.
H. Riesenfeld, Tradition und Redaktion im Markusevangelium.
In: Ntl. Studien für R. Bultmann. (BZNW 21, 1954) 1957². S. 157–164.
E. Earle Ellis, Paul's Use of the Old Testament. 1957.
J. I. Parker, Fundamentalism and the Word of God. 1958.
(Konservative und liberale Theologie scheiden sich an der Frage der Autorität der Schrift).
Revelation and the Bible. Contemporary Evangelical Thought. Hrsg. v. C. F. H. Henry. 1958. (24 Beiträge zum Thema Schrift und Offenbarung aus der Sicht der konservativen Theologie).
H. W. Wolff - J. Moltmann - R. Bohren, Die Bibel – Gotteswort oder Menschenwort? Dargestellt am Buch Jona und am Apostolat des Paulus nach 2 Kor 4. 1959.
C. Westermann, Umstrittene Bibel. 1960.

III) EINLEITUNGEN.
A) ALTES TESTAMENT.
W. Möller, Einleitung in das AT. 1934 (im Gegensatz zur Quellenscheidung).
G. Ch. Aalders, Oud-Testamentische Kanoniek. 1952 (konservativ).
E. J. Young, Introduction to the Old Testament. 1954² (konservativ).
O. Eißfeldt, Einleitung in das AT. 1956².
A. Weiser, Einleitung in das AT. 1957⁴, 1959⁵.

B) NEUES TESTAMENT.
R. Knopf - H. Lietzmann - H. Weinel, Einführung in das NT. 1949⁵.
P. Feine - J. Behm, Einleitung in das NT. 1959¹².
W. Michaelis, Einleitung in das NT. 1954².
A. Wikenhauser, Einleitung in das NT. 1959³ (kath.).

IV) AUSLEGUNG.
A) KOMMENTARREIHEN.

1) Altes Testament.

ATD Das AT Deutsch. Neues Göttinger Bibelwerk. Hersg. v. V. Herntrich u. A. Weiser. Göttingen (allgemeinverständlich).

BAT Die Botschaft des AT. Erläuterungen atl. Schriften. Stuttgart (allgemeinverständlich).

BK Bibl. Kommentar – AT, hrsg. von M. Noth. Neukirchen.

BhfdG Bibelhilfe für die Gemeinde. Kassel (allgemeinverständlich).

COT Commentaar op het Oude Testament. Kampen.

EB Echterbibel, hrsg. v. F. Nötscher. Würzburg (kath., allgemeinverständlich; knappe sachliche Anmerkungen unter dem Text).

EH Exegetisches Handbuch zum AT. Münster (kath.).

HAT Handbuch zum AT, hrsg. v. O. Eißfeldt. Tübingen.

HBK Herders Bibelkommentar. Freiburg (kath., allgemeinverständlich).

HS Die Heilige Schrift des AT. Bonn (kath., allgemeinverständlich; bes. gut sind Jesaja, Jeremia, Daniel und die kleinen Propheten).

HSAT Die Heilige Schrift des AT, hrsg. v. E. Kautzsch u. A. Bertholet. Tübingen.

KAT Kommentar zum AT, hrsg. v. E. Sellin. Leipzig.

KD Bibl. Kommentar über das AT, hrsg. v. C. F. Keil u. F. Delitzsch. Leipzig.

KVHS Korte Verklaring der Heilige Schrift met nieuwe Vertaling. Kampen (allgemeinverständlich).

ZBK Zürcher Bibelkommentar (Prophezei). Zürich (allgemeinverständlich).

2) Neues Testament.

BhfdG Bibelhilfe für die Gemeinde. Kassel (allgemeinverständlich).

CNT Commentaar op het Nieuwe Testament. Kampen.

EB Echterbibel, hrsg. v. K. Staab. Würzburg (kath., allgemeinverständlich; knappe sachliche Anmerkungen unter dem Text).

HBK Herders Bibelkommentar. Freiburg (kath., allgemeinverständlich).

HSNT Die Heilige Schrift des NT. Bonn (kath., allgemeinverständlich).

KVHS Korte Verklaring der Heilige Schrift met nieuwe Vertaling. Kampen (allgemeinverständlich).

MEYER Kritisch-exegetischer Kommentar über das NT, hrsg. v. H. A. W. Meyer. Göttingen.

NTD Das NT Deutsch. Neues Göttinger Bibelwerk. Hrsg. v. P. Althaus u. G. Friedrich. Göttingen (allgemeinverständlich).

RNT Regensburger NT, hrsg. v. A. Wikenhauser u. O. Kuß. Regensburg (kath., allgemeinverständlich; bes. gut sind Römerbrief und Hebräerbrief).

StB siehe unter Abkürzungen Sp. 1635.

ThHK Theologischer Handkommentar zum NT, hrsg. v. P. Althaus. Leipzig.

UB Die urchristliche Botschaft. Eine Einführung in die Schriften des NT. Hamburg (allgemeinverständlich).

WStB Wuppertaler Studienbibel. Wuppertal (allgemeinverständlich).

ZAHN Kommentar zum NT, hrsg. v. Th. Zahn. Leipzig.

ZBK Zürcher Bibelkommentar (Prophezei). Zürich (allgemeinverständlich).

B) LITERATUR ZU DEN EINZELNEN BÜCHERN DES AT.

1) Mosebücher.

a) Kommentare.

H. Frey, Das Buch der Anfänge (1 Mo 1–11). BAT 1959[6].

H. Frey, Das Buch des Glaubens (1 Mo 12–25). BAT 1959[5].

H. Frey, Das Buch des Kampfes (1 Mo 25–35). BAT 1957[3].

H. Frey, Das Buch der Führung (1 Mo 36–50). BAT 1957[3].

H. Frey, Das Buch der Heimsuchung und des Auszugs (2 Mo 1–18). BAT 1957[3].

H. Frey, Das Buch der Verbindung Gottes mit seiner Gemeinde (2 Mo 19–24) BAT 1957[2].

H. Frey, Das Buch der Gegenwart Gottes unter seiner Gemeinde (2 Mo 25–40). BAT 1957[2].

W. Zimmerli, 1 Mo 1–11. Die Urgeschichte. ZBK 1957[2].

G. v. Rad, Das 1. Buch Mose. ATD 1958[5].

M. Noth, Das 2. Buch Mose. ATD 1961[2].

G. Ch. Aalders, Genesis. KVHS I 1960[3], II/III 1949.

W. H. Gispen, Exodus. KVHS I 1951[3], II 1951[2].

W. H. Gispen, Leviticus. COT 1950.

A. Noordtzij, Levitikus. KVHS 1955[2].

A. Noordtzij, Numeri. KVHS 1957[2].

W. H. Gispen, Numeri. COT I 1959 (4 Mo 1,1–20, 13).

J. Ridderbos, Deuteronomium. KVHS I 1950, II 1951.

b) Übersichten über die Forschungsgeschichte.

J. Kley, Die Pentateuchfrage. Ihre Geschichte und ihre Systeme. 1903.

E. König, Die moderne Pentateuchkritik und ihre neueste Bekämpfung. 1914.

A. Bea, Dt. Pentateuchforschung und Altertumskunde in den letzten 40 Jahren. Neue Wege in der Pentateuchforschung. StZ 94 (1918) S. 460–470, 585–594 (kath.).

W. Baumgartner, Wellhausen und der heutige Stand der atl. Wissenschaft. ThR 2 (1930) S. 287–307.

A. Bea, Der heutige Stand der Pentateuchfrage. Bb. 16 (1935) S. 175–200 (kath.).

W. Baumgartner, Atl. Einleitung und Literaturgeschichte. ThR 8 (1936) S. 179–222.

O. Eißfeldt, Die literarkritische Arbeit am AT in den letzten 12 Jahren. ThR 10 (1938) S. 255–291.

K. T. Euler, Kath. Auslegung des Pentateuchs. Kirche im Angriff 14 (1938) S. 161–172 (kath.).

O. Eißfeldt, Die neueste Phase in der Entwicklung der Pentateuchkritik. ThR 18 (1950) S. 91–112, 179–215, 267–287.

H.-J. Kraus, Geschichte der historisch-kritischen Erforschung des AT von der Reformation bis zur Gegenwart. 1956.

c) Literatur im Gegensatz zur Quellenscheidung.

C. F. Keil, Lehrbuch der historisch-kritischen Einleitung in die kanonischen u. apokryphischen Schriften des AT. 1873[3].

A. Zahn, Ernste Blicke in den Wahn der modernen Kritik des AT. 2 Teile. 1893/4.

W. H. Green, Die Einheit der Genesis. 1903.

C. H. Finn, The Unity of the Pentateuch. 2. Aufl. o. J., nach 1911.

R. D. Wilson, A Scientific Investigation of the Old Testament. 1926. Revidiert und neu hrsg. v. E. J. Young 1959.

W. Möller, Historisch-kritische Bedenken gegen die Graf-Wellhausensche Hypothese von einem früheren Anhänger. 1899.

W. Möller, Wider den Bann der Quellenscheidung. 1912.

W. Möller, Rückbeziehungen des 5. Buches Moses auf die ersten 4 Bücher. 1925.

W. Möller, Die Einheit und Echtheit der 5 Bücher Moses. 1931.

W. Möller, Biblische Theologie des AT in heilsgeschichtlicher Entwicklung. 1937.

Naville, La Haute Critique dans le Pentateuque. 1921.

A. S. Yahuda, Die Sprache des Pentateuch in ihren Beziehungen zum Ägypt. 1929.

P. Heinisch, Das Buch Genesis übersetzt und erklärt. HS 1930 (kath.).

M. D. U. Cassuto, Studi sulla Genesi. I–III 1925f.

M. D. U. Cassuto, La Questione della Genesi. 1934.

M. D. U. Cassuto, The Documentary Hypothesis and the Composition of the Pentateuch. 1941.

P. Volz - W. Rudolph, Der Elohist als Erzähler, ein Irrweg der Pentateuchkritik? 1933.

W. Rudolph, Der Elohist von Exodus bis Josua. BZAW 68 (1938).

I. Engnell, Gamla Testamentet. 1945.

O. T. Allis, The Five Books of Moses. 1943.

K. H. Rabast, Die Genesis. 1951.

G. Ch. Aalders, Short Introduction to the Pentateuch. 1949.

B. Holwerda, Geschiedenis der Pentateuchkritiek. Historia Revelationis 1954/7/8.

C. H. Gordon in: Christianity Today, Nov. 1959.

A. Heidel, The Gilgamesh Epic and O. T. Parallels. 1949^{2}.

A. Heidel, The Babylonian Genesis. 1951^{2}.

2) Josua.

J. Garstang, From Joshua to Judges. 1931.

M. Noth, Josua. HAT 1953^{2} (Vernachlässigung der archäologischen Funde, extremer Zweifel am historischen Wert des Textes).

C. J. Goslinga, Jozua. KVHS 1955^{3}.

K. Gutbrod, Das Buch vom Lande Gottes (Jos u. Ri). BAT 1957^{2}.

H. W. Hertzberg, Die Bücher Josua, Richter, Ruth. ATD 1959^{2}.

F. Nötscher, Josua, Richter. EB 1955^{2} (kath.).

A. Alt, Josua. BZAW 66 (1936) S. 13–29.

A. Alt, Erwägungen über die Landnahme der Israeliten in Palästina. PJb 35 (1939) S. 8–63.

S. Mowinckel, Zur Frage nach dokumentarischen Quellen in Jos 13–19. 1946.

O. Eißfeldt, Die Eroberung Palästinas durch Altisrael. Die Welt des Orients II, 2 (1955) S. 158ff.

3) Richter.

Vgl. unter Josua: Garstang, Gutbrod, Hertzberg, Nötscher.

C. J. Goslinga, Richteren – Ruth. KVHS I 1951^{2}, II 1952^{2}.

O. Eißfeldt, Die Quellen des Richterbuches. 1925.

M. Noth, Das Amt des »Richters Israels«. Bertholet-Festschrift. 1950. S. 404ff.

M. Buber, Das Königtum Gottes. 1956^{2}.

E. Täuler, Biblische Studien. Die Epoche der Richter. 1958.

4) Ruth.

Vgl. unter Josua: Hertzberg; unter Richter: Goslinga.

A. Schulz, Ruth. HS 1926 (kath.).

W. Rudolph, Das Buch Ruth. KAT 1939.

J. Fischer, Hoheslied, Ruth, Weisheit. EB 1950 (kath.).

H. Gunkel, Ruth. In: Reden und Aufsätze. 1932. S. 65ff.

A. Jepsen, Das Buch Ruth. ThStKr 3 (1937/8) S. 416–428.

5) Samuelbücher.

A. Schulz, Die Bücher Samuel. 2 Bde. EH 1919/20 (kath.).

W. Caspari, Die Samuelbücher. KAT 1926.

M. Rehm, Die Bücher Samuel. EB 1949 (kath.).

K. Gutbrod, Das Buch vom König (1 Sam). BAT 1956.

K. Gutbrod, Das Buch vom Reich (2 Sam). BAT 1958.

H. W. Hertzberg, Die Samuelbücher. ATD 1956.

C. J. Goslinga, De Boeken Samuel. KVHS I 1959^{2}, II 1956.

C. J. Goslinga, II Samuel. COT 1960.

L. Rost, Die Überlieferung von der Thronnachfolge Davids. BWAT 1926.

L. Kreyßig, Gerechtigkeit für David. 1949 (allgemeinverständlich).

6) Königsbücher.

C. van Gelderen, Koningen. KVHS I 1951^{3}, II 1956^{2}, III 1956^{2}, IV 1956.

M. Rehm, Königsbücher. EB 1953 (kath.).

P. Ketter, Die Königsbücher. HBK 1953 (kath.).

A. Jepsen, Die Quellen des Königsbuchs. 1956^{2}.

J. Kroeker, Israel, ein Wunder der Geschichte. Das Königtum und die Theokratie in Israel. 1959^{2} (allgemeinverständlich).

7) Chronik.

J. Göttsberger, Die Bücher der Chronik. HS 1939 (kath.).

K. Galling, Chronik, Esra und Nehemia. ATD 1954.

W. Rudolph, Chronikbücher. HAT 1955.

A. Noordtzij, Kronieken. KVHS I/II 1957^{2}.

F. X. Kugler, Von Moses bis Paulus. 1922.

F. X. Kugler, Rätselhafte Riesenzahlen im AT. Angebliche Übertreibungen der bibl. Chronik. StZ 109 (1925) S. 96–112, 367–382.

M. Rehm, Textkritische Untersuchungen zu den Parallelstellen der Samuel-Königsbücher und der Chronik. 1937.

G. v. Rad, Das Geschichtsbild des chronistischen Werkes. 1930.

G. v. Rad, die levitische Predigt in den Büchern der Chronik. Procksch-Festschrift 1934. S. 113–124.

8) Esra und Nehemia.

Vgl. Unter Chronik: Galling.

W. Rudolph, Esra und Nehemia samt 3. Esra. HAT 1949.

A. Noordtzij, Ezra – Nehemia. KVHS 1951^{2}.

H. Schneider, Die Bücher Esra und Nehemia. HS 1959 (kath.; S. 67–75 Darstellung und Beurteilung der verschiedenen Ansichten zur Datierung Esras)

H. H. Schaeder, Esra der Schreiber. 1930.

9) Esther.

W. Fischer, Esther. 1947^{2} (allgemeinverständlich).

F. Stummer, Esther. EB 1950 (kath.).

G. Ch. Aalders, Ester. KVHS 1950^{2}.

H. Ringgren - A. Weiser, Hoheslied, Klagelieder, Esther. ATD 1958.

10) Hiob.

W. Vischer, Hiob, ein Zeuge Jesu Christi. 1947.

H. W. Hertzberg, Das Buch Hiob. BhfdG 1949.

H. W. Hertzberg, Der Aufbau des Buches Hiob. Bertholet-Festschrift 1950.

A. Weiser, Das Buch Hiob. ATD 1956^{2}.

H. Junker, Das Buch Job. EB 1951 (kath.).

F. Stier, Das Buch Ijjob hebr. u. dt. 1954.

H. Lamparter, Das Buch der Anfechtung (Hi). BAT 1955^{2}.

F. Horst, Hiob. BK 1960ff.

J. H. Kroeze, Job. KVHS 1960.

J. H. Kroeze, Job. COT 1961.

J. Lindblom, Die Vergeltung Gottes im Buche Hiob. Eine ideengeschichtliche Skizze. 1938.

C. Kuhl, Vom Hiobbuch und seinen Problemen. ThR 22 (1954) S. 261–316.
H. v. Oettingen, Gott in der Faust? 1957[3] (allgemeinverständlich).

11) Psalmen.

E. H. Spurgeon, Die Schatzkammer Davids, eine Auslegung der Psalmen. 4 Bde. 1924 (allgemeinverständlich).
R. Kittel, Die Psalmen. KAT 1929[6].
H. Schmidt, Die Psalmen. HAT 1934.
H. Herkenne, Das Buch der Psalmen übersetzt und erklärt. HS 1936 (kath.).
J. Ridderbos, Psalmen. COT I 1955, II 1958 (Ps 1–106).
N. H. Ridderbos, Psalmen. KVHS I 1961 (Ps 1–41).
H. Lamparter, Das Buch der Psalmen. BAT I 1958, II 1959.
A. Weiser, Die Psalmen. ATD 1959[5].
H. J. Kraus, Psalmen. 2 Bde. BK 1960.
F. Stummer, Sumerisch-akkad. Parallelen zum Aufbau atl. Psalmen. 1922.
H. Gunkel, Einleitung in die Psalmen. Die Gattung der religiösen Lyrik. 1933.
H. J. Kraus, Die Königsherrschaft Gottes im AT. 1951.
J. J. Stamm, Ein Vierteljahrhundert Psalmenforschung (1930–1954). ThR 23 (1955) S. 1–68.

12) Sprüche Salomos.

H. Wiesmann, Das Buch der Sprüche. HS 1923 (kath.).
W. H. Gispen, Spreuken. KVHS I 1952, II 1954.
H. Lamparter, Das Buch der Weisheit. Prediger und Sprüche. BAT 1955.
G. Kuhn, Beiträge zur Erklärung des Salomonischen Spruchbuches. BWAT 1931.
W. Zimmerli, Zur Struktur der atl. Weisheit. ZAW 51 (1933) S. 177–204.
G. Boström, Proverbiastudien. Die Weisheit und das fremde Weib in Spr 1–9. 1935.
H. J. Kraus, Die Verkündigung der Weisheit. Eine Auslegung des Kap Spr 8. 1951.
H. Gese, Lehre und Wirklichkeit in der alten Weisheit. 1958.

13) Prediger Salomo.

Vgl. unter Sprüche Salomos: Lamparter.
F. Delitzsch, Hoheslied und Prediger. KD 1875.
A. Allgeier, Das Buch des Predigers. HS 1925 (kath.).
H. W. Hertzberg, Der Prediger übersetzt und erklärt. KAT 1932.
G. Ch. Aalders, Prediker. COT 1948.
G. Ch. Aalders, Prediker. KVHS 1958.
K. Galling, Koheletstudien. ZAW 50 (1932) S. 276–299.
F. Dornseiff, Das Buch Prediger. ZDMG 89 (1935) S. 43–249.
W. Zimmerli, Die Weisheit des Predigers Salomo. 1936.
H. J. Blieffert, Weltanschauung und Gottesglaube im Prediger. 1938.
A. Lauha, Die Krise des religiösen Glaubens bei Kohelet. VT Suppl. III (1955) S. 183ff.

14) Hoheslied.

Vgl. unter Ruth: Fischer; unter Esther: Ringgren-Weiser; unter Prediger Salomo: Delitzsch.
C. Kuhl, Das Hohelied und seine Deutung. ThR 9 1937) S. 137–167.
M. Thilo, Das Hohelied. 1921.
G. Kuhn, Erklärung des Hohenliedes. 1926.

A. Miller, Das Hohelied übersetzt und erklärt. HS 1927 (kath.).
F. Wutz, Das Hohelied. 1940 (kath.).
J. H. Taylor, Das Hohelied Salomos. 1951[4] (allgemeinverständlich).
G. Ch. Aalders, Hooglied. COT 1952.
G. Ch. Aalders, Hooglied. KVHS 1953.
W. Rudolph, Das Hohelied im Kanon. ZAW 59 1941) S. 189–199.
H. Ringgren, Die Volksdichtung und das Hohelied. In: S. Linder, Palästinische Volksgesänge. 1952.

15) Jesaja

G. Fohrer, Neuere Literatur zur atl. Prophetie. ThR 20 (1952) S. 193–207, 295–315. (Bericht über die Jahre 1940–50).
J. J. Stamm, Neuere Arbeiten zum Immanuel-Problem. ZAW 68 (1956) S. 46ff.
D. Guthe - K. Budde, Das Buch Jesaja. HSAT 1922.
F. Feldmann, Das Buch Isaias. 2 Bde. EH 1925/6 (kath.).
E. König, Das Buch Jesaja. 1926.
J. Kroeker, Jesaja der Ältere. 1934 (allgemeinverständlich).
J. Fischer, Das Buch Isaias. 2 Bde. HS 1937/9 (kath.).
J. Ridderbos, Jesaja. KVHS I 1953[4], II 1953[3].
H. W. Hertzberg, Der erste Jesaja. BhfdG 1952[2].
V. Herntrich, Das Buch Jesaja (Kap 1–12). ATD 1954[2].
O. Kaiser, Der Prophet Jesaja (Kap 1–12). ATD 1960.
W. Eichrodt, Der Heilige in Israel (Jes 1–12). BAT 1960.
G. Fohrer, Jesaja I (Kap 1–23). ZBK 1960.
P. Volz, Jesaja II. KAT 1932.
Th. Brandt, Der Prophet der Geschichte (Jes 40–55). 1933.
H. Frey, Das Buch der Weltpolitik Gottes (Jes 40–55). BAT 1958[5].
W. Keßler, Gott geht es um das Ganze (Jes 56–66 u. 24–27). BAT 1960.
L. Köhler, Deuterojesaja stilkritisch untersucht. BZAW 37 (1923).
L. Glan - L. Köhler, Der Prophet der Heimkehr. 1934.
W. Zimmerli, Zur Sprache Tritojesajas. Schweizer Theologische Umschau 1950, S. 62ff.
H. Junker, Ecce Servus meus (Is. 42,1). Der gegenwärtige Stand des Ebed-Jahwe-Problems. In: Festschrift F. R. Bornewasser. 1941. S. 23–43.
H. H. Rowley, The Servant of the Lord. 1952 (mit reichen Literaturangaben).
O. Eißfeldt, Der Gottesknecht bei Deuterojesaja im Lichte der isrl. Anschauung von Gemeinschaft und Individuum. 1933.
A. Bentzen, Messias, Moses Redivivus, Menschensohn. 1948.

16) Jeremia.

C. H. Cornhill, Das Buch Jeremia. 1905.
F. Nötscher, Das Buch Jeremias. HS 1934 (kath.).
J. Kroeker, Jeremia. 1937 (allgemeinverständlich).
V. Herntrich, Jeremia. Der Prophet und sein Volk. 1938.
G. Ch. Aalders, Jeremia. KVHS I 1953[2], II 1954[2].
A. Weiser, Jeremia. ATD 1959[3].
W. Rudolph, Jeremia. HAT 1958[2].
H. Bardtke, Jeremia, der Fremdvölkerprophet. ZAW 53 (1936) S. 209–239.
M. Sekine, Davidsbund und Sinaibund bei Jeremia. VT 9 (1959) S. 47ff.

Bibliographie

17) Klagelieder.

Vgl. unter Esther: Ringgren - Weiser.
Th. Paffrath, die Klagelieder. HS 1932 (kath.).
W. Rudolph, Die Klagelieder. KAT 1939.
M. Haller, Die Klagelieder. HAT 1940.
G. Ch. Aalders, Klaagliederen. KVHS 1952^{3}.
N. Schneider, Die Klagelieder. HBK 1954 (kath.).
H. J. Kraus, Die Klagelieder. BK 1960^{2}.
H. Jahnow, Das hebr. Leichenlied im Rahmen der Völkerdichtung. BZAW 36 (1923).
W. Baumgartner, Die Klagegedichte des Jeremia. 1926.
C. Westermann, Struktur und Geschichte der Klage im AT. ZAW 66 (1954) S. 44–80.

18) Hesekiel.

C. Kuhl, Zum Stand der Hesekiel-Forschung. ThR 24 (1957/8) S. 1–53.
G. Fohrer, Das Symptomatische der Ezechielforschung. ThLZ 4 (1958) S. 240–250.
J. Herrmann, Ezechiel. KAT 1924.
M. Schumpp, Das Buch Ezechiel. HBK 1942 (kath.).
R. Brunner, Ezechiel. 2 Bde. ZBK 1944.
W. Zimmerli, Ezechiel. BK 1955ff.
G. Fohrer - K. Galling, Ezechiel. HAT 1955^{2}
A. Noordtzij, Ezechiel. KVHS I 1956^{2}, II 1957^{2}.
G. Ch. Aalders, Ezechiel. COT I/II 1955.
W. Eichrodt, Der Prophet Hesekiel (Kap 1–18). ATD 1959.
E. Osterloh, Die Offenbarung Gottes in der Fremde. 1939 (kath.).
H. Haag, Ezechiels Beitrag zur messianischen Theologie. In: Miscellanea A. Miller. 1951. S. 276–285 (kath.).
W. Zimmerli, Erkenntnis Gottes nach dem Buche Ezechiel. 1954.
J. W. Miller, Das Verhältnis Jeremias und Hesekiels, sprachlich und theologisch untersucht. 1955.
K. v. Rabenau, Die Entstehung des Buches Ezechiel in formgeschichtlicher Sicht. Wiss. Zs. der Martin-Luther-Universität Halle-Wittenberg 1955/6, S. 659–694.
H. Gese, Der Verfassungsentwurf des Ezechiel (Kap 40–48) traditionsgeschichtlich untersucht. 1957.

19) Daniel.

W. Baumgartner, Ein Vierteljahrhundert Danielforschung. ThR 11 (1939) S. 59–83, 125–143, 201–228.
J. Goettsberger, Das Buch Daniel. HS 1928 (kath.).
W. Baumgartner, Das Buch Daniel und seine Botschaft von den letzten Dingen. 1944.
F. Nötscher, Das Buch Daniel. EB 1948 (kath.).
G. Ch. Aalders, Daniel. KVHS 1951^{2}.
G. Ch. Aalders, Daniel. COT 1960.
A. Bentzen, Daniel. HAT 1952^{2}.
W. Keßler, Zwischen Gott und Weltmacht (Dan). BAT 1955.
J. Kroeker, Daniel als Staatsmann und Prophet. 1957^{3} (allgemeinverständlich).
M. A. Beek, Das Danielbuch: sein historischer Hintergrund und seine literarische Entstehung. Dissertation 1935.

20) Das Zwölfprophetenbuch.

Vgl. auch die folgenden Angaben zu den einzelnen Propheten.
E. Sellin, Das Zwölfprophetenbuch. KAT 1929^{3}.
A. Jepsen, Das Zwölfprophetenbuch. BhfdG 1938.
J. Lippl - J. Theis - H. Junker, Die zwölf kleinen Propheten. HS 1937–39 (kath.).
F. Nötscher, Zwölfprophetenbuch. EB 1948 (kath.).
J. Ridderbos, Kleine Profeten. KVHS I 1953^{2}, II 1951^{2}, III 1952^{2}.
H. Frey, Das Buch der Kirche in der Weltwende: die kleinen nachexilischen Propheten. BAT 1957^{4}.
A. Weiser - K. Elliger, Die kleinen Propheten. ATD 1959 $^{3-4}$.
Th. H. Robinson - F. Horst, Die zwölf kleinen Propheten. HAT 1954^{2}.

21) Hosea.

C. van Gelderen - W. H. Gispen, Hosea. COT 1953.
H. W. Wolff, Hosea. BK 1956ff (mit umfangreicher Literatur zu Hos 1–3).
H. Frey, Das Buch des Werbens Gottes um seine Kirche (Hos). BAT 1957.
J. Kroeker, Amos und Hosea. 1960^{2} (allgemeinverständlich).
J. Rieger, Die Bedeutung der Geschichte für die Verkündigung des Amos und Hosea. 1929.
H. W. Wolff, »Wissen um Gott« bei Hosea als Urform der Theologie. EvTh 12 (1952/3) S. 533ff.
G. Fohrer, Umkehr und Erlösung beim Propheten Hosea. ThZ 11 (1955) S. 161–189.
H. W. Wolff, Hoseas geistige Heimat. ThLZ 81 (1956) S. 83–94.

22) Joel.

A. Jepsen, Kleine Beiträge zum Zwölfprophetenbuch: I Joel. ZAW 56 (1938) S. 85–96.
G. Amon, Die Abfassungszeit des Buches Joel. Dissertation 1942.

23) Amos.

Vgl. unter Hosea: Kroeker, Rieger.
L. Köhler. Amosforschung von 1917–1932. ThR 4 (1932) S. 195–213.
V. Herntrich, Amos, der Prophet Gottes. 1941 (allgemeinverständlich).
H. Frey, Das Buch des Ringens Gottes um seine Kirche (Am). BAT 1958.
A. Weiser, Die Prophetie des Amos. 1929.
E. Würthwein, Amosstudien. ZAW 62 (1949/50) S. 12–52.
V. Maag, Text, Wortschatz und Begriffswelt des Buches Amos. 1951.
R. Bach, Gottesrecht und weltliches Recht in der Verkündigung des Propheten Amos.
In: Festschrift G. Dehn. 1957. S. 23ff.
H. J. Stoebe, Der Prophet Amos und sein bürgerlicher Beruf. Wort u. Dienst (Jb. der theologischen Schule Bethel) 1957. S. 160ff.

24) Obadja.

G. Ch. Aalders, Obadja en Jona. COT 1958.
W. Rudolph, Obadja. ZAW 49 (1931) S. 222–231 (dort weitere Literatur).
M. Bic, Zur Problematik des Buches Obadjah. VT Suppl. I (1953) S. 19ff.

25) Jona.

Vgl. unter Obadja: Aalders.
G. v. Rad, Der Prophet Jona. 1950.
R. v. Ungern-Sternberg - H. Lamparter, Der Tag des Gerichtes Gottes (Hab, Zeph, Jon, Nah). BAT 1960.
R. Brunner, Unterwegs mit Gott. Das Zeugnis des Propheten Jona. O. J.
B. Mair, Jonas im Bauche des Fisches. ThPQ 85 (1932)

S. 829–832. (Betrachtet die Frage vom naturwissenschaftlichen Standpunkt aus; vgl. dazu auch ThPQ 91 (1938) S. 140ff).

26) Micha.

R. v. Ungern-Sternberg, Der Rechtsstreit Gottes mit seiner Gemeinde (Mi). BAT 1958.
K. Elliger, Die Heimat des Propheten Micha. ZDPV 57 (1934) S. 81ff.
W. Beyerlein, Die Kulttraditionen Israels in der Verkündigung des Propheten Micha. 1959.

27) Nahum.

Vgl. unter Jona: Ungern-Sternberg - Lamparter.

28) Habakuk.

Vgl. unter Jona: Ungern-Sternberg - Lamparter.
J. Lachmann, Das Buch Habakuk. 1932.
M. Wittenberg, Habakuk. 1949.

29) Zephanja.

Vgl. unter Jona: Ungern-Sternberg - Lamparter.
G. Gerleman, Zephanja. Textkritisch und literarisch untersucht. 1942.
O. H. Kühner, Zephanja. ZBK 1943.

30) Haggai.

G. v. Rad, Die Stadt auf dem Berge. EvTh 9 (1949/50) S. 439ff.
H. W. Wolff, Haggai. In: Biblische Studien. 1951. S. 41ff.

31) Sacharja.

R. Brunner, Sacharja. ZBK 1960.
J. Kremer, Die Hirtenallegorie im Buche Zacharias auf ihre Messianität untersucht. 1930.
K. Galling, Die Exilswende in der Sicht des Propheten Sacharja. VT 2 (1952) S. 18–36.

32) Maleachi.

A. v. Bulmerincq, Der Prophet Maleachi. I 1926, II 1932.

C) LITERATUR ZU DEN EINZELNEN BÜCHERN DES NT.

1) Matthäusevangelium.

Th. Zahn, Das Evangelium des Matthäus. ZAHN 1922^{4}.
J. Jeremias, Das Evangelium nach Matthäus. 1932 (allgemeinverständlich).
J. Wilkens, Matthäusevangelium – Der König Israels. UB 1934/7.
E. Klostermann, Das Matthäusevangelium. HNT 1938^{3}.
W. Michaelis, Das Evangelium nach Matthäus. 3 Bde. ZBK 1948/9.
F. Lau, Das Matthäus-Evangelium. BhfdG 1949.
J. Dillersberger. Das Evangelium des hl. Matthäus in theologischer und heilsgeschichtlicher Schau. 1953 (kath.).
F. Rienecker, Das Evangelium des Matthäus. WStB 1953.
A. Schlatter, Das Evangelium nach Matthäus. 1953 (allgemeinverständlich).
A. Schlatter, Der Evangelist Matthäus. 1959^{5}.
H. N. Ridderbos, Mattheus. KVHS I 1952^{2}, II 1954^{2}.
F. W. Grosheide, Mattheus. CNT 1954^{2}.
K. Staab, Das Evangelium nach Matthäus. EB 1954 (kath.).
J. Schniewind, Das Evangelium nach Matthäus. NTD 1960^{9}.
J. Schmid, Das Evangelium nach Matthäus. RNT 1956^{3} (kath.).
E. Lohmeyer, Das Evangelium des Matthäus. Nachgelassene Entwürfe zur Übersetzung und Erklärung, erarbeitet und hrsg. v. W. Schmauch. MEYER 1958.
J. Stählin, Das Evangelium als Kunstwerk. I Matthäus und seine Strophen. 1944.
K. Thieme, Matthäus, der schriftgelehrte Evangelist. Judaica 5 (1949) S. 130–152, 161–182.
E. K. Winter, Das Evangelium der jerusalemitischen Mutterkirche. Aufgabe der Matthäusforschung. Judaica 9 (1953) S. 1–33 (kath.).
G. Bornkamm - G. Barth - H. J. Held, Überlieferung und Auslegung im Matthäusevangelium. 1960.

2) Markusevangelium.

G. Wohlenberg, Das Evangelium des Markus. ZAHN 1930^{4}.
W. Herbst, Das Markusevangelium. BhfdG 1955^{2}.
A. Schlatter, Das Evangelium nach Markus. 1947 (allgemeinverständlich).
A. Schlatter, Markus, der Evangelist für die Griechen. 1935.
J. Dillersberger, Das Evangelium des hl. Markus in theologischer und heilsgeschichtlicher Schau. 1947^{4} (kath.).
G. Dehn, Markusevangelium – Der Gottessohn. UB 1952^{6}.
J. A. C. van Leeuwen, Markus. KVHS 1953^{3}.
J. Schmid, Das Evangelium nach Markus. RNT 1954^{3} (kath.).
F. Rienecker, Das Evangelium des Markus. WStB 1955.
J. Schniewind, Das Evangelium nach Markus. NTD 1960^{9}.
E. Lohmeyer, Das Evangelium des Markus. MEYER 1957^{14}.
W. Grundmann, Das Evangelium nach Markus. ThHK 1957^{2}.
W. Marxsen, Der Evangelist Markus. 1956.

3) Lukasevangelium.

Th. Zahn, Das Evangelium des Lukas. ZAHN 1920^{3}.
L. Fendt, Lukasevangelium – Der Christus in der Gemeinde. UB 1937.
J. Dillersberger, Das Evangelium des hl. Lukas in theologischer und heilsgeschichtlicher Schau. 1947/9 (kath.).
S. Greijdanus, Lucas. KVHS I/II 1955^{2}.
J. Schmid, Das Evangelium nach Lukas. RNT 1955^{3} (kath.).
W. Herbst, Das Lukasevangelium. BhfdG 1957.
K. H. Rengstorf, Das Evangelium nach Lukas. NTD 1958^{8}.
F. Rienecker, Das Evangelium des Lukas. WStB 1959.
A. Schlatter, Das Evangelium des Lukas. Aus seinen Quellen erklärt. 1960^{2}.
W. Grundmann, Das Evangelium nach Lukas. ThHK 1960^{2}.
K. Bornhäuser, Studien zum Sondergut des Lukas. 1934.
J. Stählin, Das Evangelium als Kunstwerk. II Von Markus zu Lukas. 1947.
R. Morgenthaler, Die lukanische Geschichtsschreibung als Zeugnis. Gestalt und Gehalt der Kunst des Lukas. 2 Bde. 1948–50.

Bibliographie

E. Lohse, Lukas als Theologe der Heilsgeschichte. EvTh 14 (1954) S. 256–275.
H. Conzelmann, Die Mitte der Zeit. Studien zur Theologie des Lukas. 1960³.

4) Johannesevangelium.

Th. Zahn, Das Evangelium des Johannes. ZAHN 1921⁶.
W. Schütz, Das Johannesevangelium. BhfdG 1949.
W. Brandt, Johannesevangelium – Das Ewige Wort. UB 1940².
F. Büchsel, Das Evangelium nach Johannes. NTD 1949⁵.
H, Strathmann, Das Evangelium nach Johannes. NTD 1959⁹.
A. Schlatter, Das Evangelium nach Johannes. 1950 (allgemeinverständlich).
A. Schlatter, Der Evangelist Johannes. Wie er spricht, denkt und glaubt. 1948².
G. Spörri, Das Johannesevangelium. 2 Bde. ZBK 1950.
F. W. Grosheide, Het Evangelie van Johannes. I/II CNT 1950.
C. Bouma, Evangelie Johannes. KVHS I/II 1950³.
R. Bultmann, Das Evangelium des Johannes. Mit Ergänzungsheft. MEYER 1957¹⁶. (Radikaler Zweifel an der Geschichtlichkeit des Ev., Johannes sei nur auf dem Hintergrund des gnostischen Erlösungsmythos zu verstehen).
R. Frick, Das Johannesevangelium in Bibelstunden. 1957. (Ein Versuch, Bultmanns Kommentar zu benutzen, ohne seine theologische Grundanschauung zu teilen).
A. Wikenhauser, Das Evangelium nach Johannes. RNT 1957² (kath.).
T. Sigge, Das Johannesevangelium und die Synoptiker. Eine Untersuchung seiner Selbständigkeit und der gegenseitigen Beziehungen. 1935 (kath.).
E. Percy, Untersuchungen über den Ursprung der johanneischen Theologie 1939. (Zugleich ein Beitrag zur Frage der Entstehung der Gnosis. Vertritt die Ansicht, daß nicht das Joh.-ev. gnostisch beeinflußt, sondern die Gnosis aus der johanneischen Gedankenwelt hervorgegangen sei).
E. Schweizer, Ego eimi ... Die religionsgeschichtliche Herkunft und theologische Bedeutung der johanneischen Bildreden, zugleich ein Beitrag zur Quellenfrage des vierten Evangeliums. 1939. (Vertritt die Einheit des Ev. auf Grund sprachlich-stilistischer Untersuchungen).
E. Ruckstuhl, Die literarische Einheit des Johannesevangeliums. Der gegenwärtige Stand der einschlägigen Forschungen. 1951 (kath.).
F. Mußner, Zoe! Die Anschauung vom »Leben« im vierten Evangelium. 1952 (kath.).
B. Noack, Zur johanneischen Tradition: Beiträge zur Kritik an der literarischen Analyse des vierten Evangeliums. 1954. (Das Joh.-ev. hängt nicht von den Synoptikern ab, ist viell. sogar vor ihnen abgefaßt).
W. Wilkens, Die Entstehungsgeschichte des vierten Evangeliums. 1958. (Das Joh.-ev. ist in seiner Grundgestalt älter als Mt und Lk).
C. Baumbach, Qumran und das Johannesevangelium. 1958.

5) Apostelgeschichte.

Vgl. auch oben Lukasevangelium.
E. Grässer, Die Apostelgeschichte in der Forschung der Gegenwart. ThR 26 (1960) S. 1–43.
Th. Zahn, Apostelgeschichte. ZAHN 1927⁴.
F. W. Grosheide, De Handelingen der Apostelen. CNT 1948.
F. W. Grosheide, Handelingen der Apostelen. KVHS I/II 1950³.
O. Dibelius, Die werdende Kirche. Einführung in die Apostelgeschichte. UB 1956⁵.
H. W. Beyer, Die Apostelgeschichte. NTD 1957⁸.
G. Stählin, Die Apostelgeschichte. NTD 1959⁹.
A. Wikenhauser, Die Apostelgeschichte. RNT 1956³ (kath.).
E. Haenchen, Die Apostelgeschichte. MEYER 1959¹².
U. Smidt, Die Apostelgeschichte. BhfdG 1959³.
A. Wikenhauser, Die Apostelgeschichte und ihr Geschichtswert. 1921 (kath.).
W. Schmid, Die Rede des Apostels Paulus vor den Philosophen und Areopagiten in Athen. Philologus 95 (1942) S. 79–120.
O. Bruder, Die Urgemeinde und wir. Ein Gang durch die Apostelgeschichte. 1949 (allgemeinverständlich).
W. Nauck, Tradition und Komposition der Areopagrede. Eine motivgeschichtliche Untersuchung. ZThK 53 (1956) S. 11–52.
B. Reicke, Glauben und Leben der Urgemeinde. Bemerkungen zu Apg 1–7. 1957 (Volkshochschulvorlesungen).
U. Wilckens, Die Missionsreden der Apostelgeschichte. Form- und traditionsgeschichtliche Untersuchungen. 1960.

6) Römerbrief.

K. H. Schelkle, Paulus – Lehrer der Völker. Die altkirchliche Auslegung von Röm 1–11. 1956.
M. Luther, Vorlesung über den Römerbrief 1515/16. Dt. v. E. Ellwein. 1937⁴.
J. Calvin, Der Römer- und die Korintherbriefe. Übersetzt und bearbeitet von G. Graffmann. 1960.
Th. Zahn, Der Brief des Paulus an die Römer. ZAHN 1924³.
K. Heim, Der Römerbrief. Vorlesungsnachschrift vom Wintersemester 1924/5. Maschinenschrift.
A. Schlatter, Der Römerbrief. 1928⁸ (allgemeinverständlich).
A. Schlatter, Gottes Gerechtigkeit. Ein Kommentar zum Römerbrief. 1959³.
J. Sickenberger, Die Briefe des hl. Paulus an die Korinther und Römer. HSNT 1932⁴ (kath.).
E. Brunner, Der Römerbrief. BhfdG 1948.
J. Kroeker, Römerbrief. Kapitel 1–8. 1949 (allgemeinverständlich).
E. Gaugler, Der Römerbrief. ZBK I 1959², II 1952.
J. A. C. van Leeuwen, Romeinen. KVHS 1952³.
H. Ridderbos, Romeinen. CNT 1959.
K. Barth, Der Römerbrief. 1954.
K. Barth, Kurze Erklärung des Römerbriefs. 1956 (allgemeinverständlich).
P. Althaus, Der Brief an die Römer. NTD 1956⁷⁻⁸.
O. Michel, Der Brief an die Römer. MEYER 1957¹¹.
O. Kuß, Der Römerbrief. RNT 1957ff (kath.).
J. Munck, Christus und Israel. Eine Auslegung von Röm 9–11. 1956.
G. Bornkamm, Das Ende des Gesetzes. Paulusstudien. 1958².
N. P. Grubb, Das befreiende Geheimnis. 1958 (allgemeinverständlich).
Watchman Nee, The Normal Christian Life. 1960⁴.

7) Korintherbriefe.

Vgl. unter Römerbrief: Calvin, Sickenberger.
Ph. Bachmann, Der erste Brief des Paulus an die Korinther. ZAHN 1936⁴.
Ph. Bachmann, Der zweite Brief des Paulus an die Korinther. ZAHN 1922⁴.
O. Schmitz, 1. Korintherbrief – Urchristliche Gemeindenöte. UB 1939.

O. Schmitz, 2. Korintherbrief – Apostolische Seelsorge. UB 1940.
O. Kuß, Der 2. Korintherbrief. RNT 1941 (kath.).
W. Meyer, 1. Korintherbrief. 2 Bde. ZBK 1945/7.
E. Stange, Die Korintherbriefe. BhfdG 1960.
K. Heim, Die Gemeinde des Auferstandenen. 1949 (Vorlesung über 1 Kor).
A. Schlatter, Die Korintherbriefe. 1950 (allgemeinverständlich).
A. Schlatter, Paulus, der Bote Jesu. Eine Deutung seiner Briefe an die Korinther. 1958².
D. Wendland, Die Briefe an die Korinther. NTD 1956⁷⁻⁸.
F. W. Grosheide, I Korinthe. II Korinthe. KVHS 1955².
F. W. Grosheide, I Korinthe. II Korinthe. CNT 1957², 1959².
K. Barth, Die Auferstehung der Toten (1 Kor). 1953.
H. v. Soden, Sakrament und Ethik bei Paulus. 1931.
H. Schlier, Das Hauptanliegen des 1 Kor. EvTh 8 (1948/9) S. 462–473.
E. Dinkler, Zum Problem der Ethik bei Paulus. ZThK 49 (1952) Heft 2.
J. Schniewind, Die Leugner der Auferstehung in Korinth. In: Nachgelassene Reden und Aufsätze. 1952.

8) Galaterbrief.

Th. Zahn, Der Brief des Paulus an die Galater. ZAHN 1922³.
O. Kuß, Der Galaterbrief. RNT 1941 (kath.).
Ch. Maurer, Der Brief an die Galater. ZBK 1943.
A. Schlatter, Galater, Epheser, Kolosser und Philemon. 1950 (allgemeinverständlich).
S. Greijdanus, Galaten. KVHS 1953³.
A. Oepke, Der Brief des Paulus an die Galater. ThHK 1957².
P. Burckhardt, Der Galaterbrief. BhfdG 1958.
P. Huber, Lob der Gnade. Der Brief an die Galater. 1960 (allgemeinverständlich).
H. Schlier, Der Brief an die Galater. MEYER 1960¹³.
H. W. Beyer - P. Althaus, Der Galaterbrief. NTD 1961⁹.
H. Brandenburg, Der Brief des Paulus an die Galater. WStB 1961.
F. F. Bruce, The Book of Acts. 1954. S. 244, 298ff (Galaterbrief vor dem Apostelkonzil geschrieben).

9) Epheserbrief.

Vgl. unter Galaterbrief: Schlatter.
P. Ewald, Epheser, Kolosser, Philemon. ZAHN 1910².
F. Rienecker, Handkommentar zum Epheserbrief. 1933 (allgemeinverständlich).
M. Meinertz - F. Tillmann, Die Gefangenschaftsbriefe des hl. Paulus. HSNT 1931⁴ (kath.).
K. Mittring, Epheserbrief – Das Christusgeheimnis. UB 1936.
P. Le Seur, Die Briefe an die Epheser, Kolosser und an Philemon. BhfdG 1956.
H. Asmussen, Der Brief des Paulus an die Epheser. 1949.
H. Rendtorff, Der Brief an die Epheser, Kolosser, an Philemon. NTD 1956⁷⁻⁸.
H. Conzelmann, Der Brief an die Epheser, Kolosser und an Philemon. NTD 1961⁹.
H. Schlier, Der Brief an die Epheser. 1958 (kath.).
P. Huber, Er – das Haupt. Eine Auslegung des Epheserbriefes. 1960 (allgemeinverständlich).
F. W. Grosheide, Efeziers. CNT 1960.
S. Greijdanus, Epheze – Philippenzen. KVHS 1961⁴.
W. Michaelis, Die Gefangenschaftsbriefe des Paulus und antike Gefangenenbriefe. NKZ 36 (1925) S. 586–595.
H. Schlier, Christus und die Kirche im Epheserbrief. 1933.
E. Percy, Die Probleme der Kolosser- und Epheserbriefe. 1946.
E. Percy, Zu den Problemen der Kolosser- und Epheserbriefe. ZNW 43 (1950/1) S. 178–194.
G. Schille, Der Autor des Epheserbriefs. ThLZ 82 1957) S. 321–334 (für die Echtheit des Briefes).
M. Barth, Israel und die Kirche im Brief des Paulus an die Epheser. 1959.
M. Barth, Solidarität mit den Sündern. Wesen und Auftrag der Gemeinde nach dem Epheserbrief. 1961.

10) Philipperbrief.

Vgl. unter Epheserbrief: Meinertz - Tillmann, Greijdanus, Michaelis; unter Thessalonicherbriefe: Schlatter.
O. Schmitz, Philipperbrief – Aus der Welt eines Gefangenen. UB 1931⁴.
G. Heinzelmann, Der Brief an die Philipper. NTD 1956⁷⁻⁸.
G. Friedrich, Der Brief an die Philipper. NTD 1961⁹.
E. Lohmeyer, Der Brief an die Philipper. MEYER 1956¹¹.
W. de Boor, Die Briefe des Apostels Paulus an die Philipper und Kolosser. WStB 1957.
P. Kalweit, Der Philipperbrief. BhfdG 1958.
E. Thurneysen, Der Brief des Paulus an die Philipper. 1958 (allgemeinverständlich).
K. Barth, Erläuterung des Philipperbriefes. 1959⁶.

11) Kolosserbrief.

Vgl. unter Galaterbrief: Schlatter; unter Epheserbrief: Ewald, Meinertz - Tillmann, Le Seur, Rendtorff, Conzelmann, Michaelis, Percy; unter Philipperbrief: de Boor.
W. Bieder, Der Kolosserbrief. ZBK 1943.
E. Lohmeyer, Die Briefe an die Kolosser und an Philemon. MEYER 1954¹¹.
J. A. C. van Leeuwen, Colossensen – Thessalonicensen. KVHS 1953².
H. Ridderbos, Kolossenzen. CNT 1960.
G. Bornkamm, Die Häresie des Kolosserbriefs. ThLZ 73 (1948) S. 11–20.

12) Thessalonicherbriefe.

Vgl. unter Kolosserbrief: van Leeuwen.
G. Wohlenberg, Der 1. und 2. Thessalonicherbrief. ZAHN 1909².
J. Schneider, 1. Thessalonicherbrief – Der Kommende Tag. UB 1932.
G. Helbig, 2. Thessalonicherbrief – Vorzeichen der Zukunft. UB 1953².
K. Staab, Die Briefe an die Thessalonicher. RNT 1950 (kath.).
A. Schlatter, Thessalonicher, Philipper, Timotheus und Titus. 1950 (allgemeinverständlich).
W. Pfendsack, Junge Gemeinde. Auslegung des 1. Thess. 1950 (allgemeinverständlich).
P. Huber, Licht und Irrlicht. Auslegung des 2 Thess. 1959 (allgemeinverständlich).
A. Oepke, Die Briefe an die Thessalonicher. NTD 1956⁷⁻⁸.
G. Friedrich, Die Briefe an die Thessalonicher. NTD 1961⁹.
G. Puttkammer, Die Thessalonicherbriefe. BhfdG 1958.
W. de Boor, Die Briefe des Paulus an die Thessalonicher. WStB 1960.

13) Timotheus- und Titusbriefe.

Vgl. unter Thessalonicherbriefe: Schlatter.
G. Wohlenberg, Die Pastoralbriefe. ZAHN 1923.
P. Leo, Pastoralbriefe – Das anvertraute Gut. UB 1935.
W. Brandt, Die Briefe an Timotheus und Titus. UB 1941.
C. Bouma, I en II Timotheus – Titus – Filemon. KVHS 1953².
J. Jeremias, Die Briefe an Timotheus und Titus. NTD 1956⁶⁻⁷.
A. Schlatter, Die Kirche der Griechen im Urteil des Paulus. Eine Auslegung seiner Briefe an Timotheus und Titus. 1958².
W. Knappe, Die Briefe an Timotheus und Titus. BhfdG 1959.
W. Michaelis, Pastoralbriefe und Wortstatistik. ZNW 28 (1929) S. 69–76.
W. Michaelis, Pastoralbriefe und Gefangenschaftsbriefe. Zur Echtheitsfrage der Pastoralbriefe. 1930.
O. Michel, Grundfragen der Pastoralbriefe. In: Festschrift Th. Wurm. 1948. S. 83–99.
J. Gewieß, Die ntl. Grundlagen der kirchl. Hierarchie. Historisches Jahrbuch der Görres-Gesellschaft 72 (1953) S. 1–24.
O. Roller, Das Formular der Paulinischen Briefe. BWANT 4, Heft 6. 1933.

14) Philemonbrief.

Vgl. unter Galaterbrief: Schlatter; unter Epheserbrief: Ewald, Meinertz - Tillmann, Le Seur, Rendtorff, Conzelmann, Michaelis; unter Kolosserbrief: Lohmeyer; unter Timotheus- und Titusbriefe: Bouma.
W. Bieder, Der Philemonbrief. ZBK 1943.

15) Petrusbriefe.

G. Wohlenberg, Der 1. und 2. Petrusbrief und der Judasbrief. ZAHN 1923².
H. Lilje, Die Petrusbriefe und der Judasbrief. BhfdG 1954.
H. Rendtorff, 1. Petrusbrief – Getrostes Wandern. UB 1941⁶.
E. Schweizer, Der 1. Petrusbrief. ZBK 1949².
A. Schlatter, Petrus, Judas, Jakobus, Hebräer. 1950. (allgemeinverständlich).
F. Hauck, Die Kirchenbriefe. NTD 1957¹⁰.
W. Zilz, Lebendige Hoffnung. Eine Auslegung des 1 Petr. 1958 (allgemeinverständlich).
S. Greijdanus, I en II Petrus. KVHS 1960³.
A. Schlatter, Petrus und Paulus nach dem 1. Petrusbrief. 1937.
E. Krafft, Christologie und Anthropologie im 1 Petr. EvTh 10 (1950/1) S. 120–126.
E. Lohse, Paränese und Kerygma im 1 Petr. ZNW 45 (1954) S. 68–90.

16) Johannesbriefe.

Vgl. unter Petrusbriefe: Hauck.
E. Haenchen, Neuere Literatur zu den Johannesbriefen. ThR 26 (1960) S. 1–43, 267–291.
F. Büchsel, Die Johannesbriefe. ThHK 1933.
H. Asmussen, Johannesbriefe – Wahrheit und Liebe. UB 1939.
A. Schlatter, Briefe und Offenbarung des Johannes. 1950 (allgemeinverständlich).
S. Greijdanus, I, II en III Johannes. KVHS 1952².
R. Schnackenburg, Die Johannesbriefe. Herders Theologischer Kommentar zum NT 1953 (kath.).
W. Schütz, Die Briefe des Johannes. BhfdG 1954.
E. F. Ströter, Christus unsere Heiligung. Der Brief des Johannes. 1956 (allgemeinverständlich).
W. Nauck, Die Tradition und der Charakter des 1. Joh. Zugleich ein Beitrag zur Taufe im Urchristentum und in der alten Kirche. 1957.

17) Hebräerbrief.

Vgl. unter Petrusbriefe: Schlatter.
E. Riggenbach, Der Brief an die Hebräer. ZAHN 1922²⁻³.
J. Schneider, Der Hebräerbrief. BhfdG 1954.
W. Loew, Habräerbrief – Der Glaubensweg des Neuen Bundes. UB 1941³.
O. Kuß, Der Hebräerbrief. RNT 1952 (kath.).
F. W. Grosheide, Hebreeën. KVHS 1953³.
F. W. Grosheide, Hebreeën en Jakobus. CNT 1955².
H. Strathmann, Der Brief an die Hebräer. NTD 1956⁶⁻⁷.
O. Michel, Der Brief an die Hebräer. MEYER 1957¹⁰.
J. Ungeheuer, Der große Priester über dem Hause Gottes. Die Christologie des Hebr. Dissertation 1939 (kath.).
F. Graber, Der Glaubensweg des Gottesvolkes. Eine Erklärung von Hebr 11 als Beitrag zum Verständnis des AT. 1943.
A. Oepke, Das neue Gottesvolk. 1950. S. 11–24, 57–74.

18) Jakobusbrief.

Vgl. unter Petrusbriefe: Schlatter, Hauck; unter Hebräerbrief: Grosheide.
F. Hauck, Der Brief des Jakobus. ZAHN 1926.
P. Le Seur, Der Jakobusbrief. BhfdG 1953.
H. Rendtorff, Jakobusbrief – Hörer und Täter. UB 1953.
A. Schlatter, Der Brief des Jakobus. 1956².
K. Henning, Der Jakobusbrief. 1956 (allgemeinverständlich).
F. W. Grosheide - S. Greijdanus, Jacobus – Judas. KVHS 1961³.
G. Kittel, Der geschichtliche Ort des Jakobusbriefs. ZNW 41 (1942) S. 71–105 (Frühdatierung).
G. Kittel, Der Jakobusbrief und die Apostolischen Väter. ZNW 43 (1950/1) S. 54–112.
W. Bieder, Christliche Existenz nach dem Zeugnis des Jakobus. ThZ 5 (1949) S. 93–113.
G. Eichholz, Jakobus und Paulus. Theol. Existenz heute NF 39. 1953.
E. Lohse, Glaube und Werke. Zur Theologie des Jakobus. ZNW 48 (1957) S. 1–22.

19) Judasbrief.

Vgl. unter Petrusbriefe: Wohlenberg, Lilje, Schlatter, Hauck; unter Jakobusbrief: Grosheide - Greijdanus.

20) Offenbarung Johannes.

Vgl. unter Johannesbriefe: Schlatter.
Th. Zahn, Die Offenbarung St. Johannis. 2 Bde. ZAHN 1924/6.
J. Sickenberger, Erklärung der Johannes-Apokalypse. 1942² (kath., allgemeinverständlich).
E. Lohmeyer, Die Offenbarung des Johannes. HNT 1953².
K. Hartenstein, Der wiederkommende Herr. 1954³ (allgemeinverständlich).
E. Schnepel, Die Offenbarung des Johannes. 2 Bde. 1955 (allgemeinverständlich).
Ch. Brütsch, Die Offenbarung Jesu Christi. ZBK 1955.

S. Greijdanus, Openbaring. KVHS 1955³.
H. Lilje, Offenbarung des Johannes – Das letzte Buch der Bibel. UB 1959³.
J. Behm, Die Offenbarung des Johannes. NTD 1960⁸.
J. Sickenberger, Die Johannes-Apokalypse und Rom. BZ 17 (1926) S. 270–282 (kath.).
A. Wikenhauser, Das Problem des 1000jährigen Reiches in der Johannes-Apokalypse. RQ 40 (1932) S. 13–25; 45 (1937) S. 1–25 (kath.).
A. Wikenhauser, Weltwoche und 1000jähriges Reich. ThQ 127 (1947) S. 390–417 (kath.).
G. Bornkamm, Die Komposition der apokalyptischen Visionen in der Offenbarung Johannis. ZNW 36 (1937) S. 132–149.
O. Cullmann, Urchristentum und Gottesdienst. 1944.
K. L. Schmidt, Die Bildersprache in der Apokalypse. ThZ 3 (1947) S. 161–177.
M. Rissi, Zeit und Geschichte in der Offenbarung des Johannes. 1952.
M. Rissi, Das Judenproblem im Lichte der Johannes-Apokalypse. ThZ 13 (1957) S. 241–259.

V) APOKRYPHEN.

A) Altes Testament.

E. Kautzsch, Die Apokryphen und Pseudepigraphen des AT. 1900.
P. Rießler, Altjüd. Schrifttum außerhalb der Bibel. 1928.
O. Eißfeldt, Einleitung in das AT. S. 707–787.
A. Weiser, Einleitung in das AT. 1957⁴. S. 309–357.

B) Qumran.

W. Foerster, Ntl. Zeitgeschichte I, S. 50–72, 78–84, 161–164.
O. Eißfeldt, Einleitung in das AT. S. 788–822.
A. Weiser, Einleitung in das AT. 1957⁴. S. 357–380.
F. F. Bruce, Die Handschriftenfunde am Toten Meer und die moderne bibl. Forschung. 1959.
J. Maier, Die Texte vom Toten Meer. I Übersetzung. II Anmerkungen. 1960 (mit Literaturangaben).
O. Betz, Offenbarung und Schriftforschung in der Qumransekte. Wiss. Untersuchungen zum NT 1960.
A. Dupont-Sommer, Die essenischen Schriften vom Toten Meer. Unter Zugrundelegung der Originaltexte übersetzt von W. W. Müller. 1960.
C. Burchard, Bibliographie zu den Handschriften vom Toten Meer. BZAW 76. 1959².

C) Neues Testament.

E. Hennecke, Ntl. Apokryphen. 1924².
W. Schneemelcher - E. Hennecke, Ntl. Apokryphen in dt. Übersetzung. I Evangelien. Außerbiblisches über Jesus. 1959³.
W. Michaelis, Die Apokryphen Schriften zum NT. 1958².
W. C. van Unnik, Evangelien aus dem Nilsand. 1960 (mit Bibliographie).
R. Schippers, Het Evangelie van Thomas. Apocriefe Woorden van Jezus. 1960 (Taschenbuch).
J. Jeremias, Unbekannte Jesusworte. 1951.
W. J. Oehler, Am Rande der Evangelien. 1951.
A. Rosenberg, Unbekannte Worte Jesu aus nichtbiblischen Quellen. 1954.

Hilfswissenschaften

M. Noth, Die Welt des AT. Einführung in die Grenzgebiete der atl. Wissenschaft. 1957³. (Umfassendes Nachschlagewerk mit ausführlichen Literaturangaben).

I) GEOGRAPHIE.

1) Darstellungen.

G. A. Smith, The historical Geography of the Holy Land. 1931²⁵.
A. Musil, Arabia Petraea. I u. II. 1907/8 (mit Karten 1:300 000).
A. Musil, The Northern Hegaz. 1926. Arabia Deserta. 1927. The Middle Euphrates. 1927. Palmyrena. 1928. Northern Negd. 1928. American Geographical Society. Oriental Explorations and Studies. Nr. 1–5 (mit Karten.)
H. Guthe, Palästina. Monographien zur Erdkunde 21. 1927².
F.-M. Abel, Géographie de la Palestine. I Géographie physique et historique. 1933. II Géographie politique. Les villes. 1938.
K.-E. Wilken, Bibl. Erleben im Heiligen Land. I Galiläa und nördliches Ostjordanland. 1954. II Samaria und Judäa. 1956.
A. Reifenberg, The Struggle Between the Desert and the Sown. Rise and Fall of Agriculture in the Levant. 1955.
D. Baly, The Geography of the Bible. 1958 (mit Bibliographie).
F. J. Bruijel, Es wird nicht aufhören Tag und Nacht. Das Naturjahr in der Bibel, Tier- und Pflanzenkunde, Ackerbau, Viehzucht, Land und Leute in Palästina. 1956.
G. Dalman, Arbeit und Sitte in Palästina. I-VII. 1928–1942.

2) Bildbände.

L. Preis - P. Rohrbach, Palästina und das Ostjordanland. 1925.
G. Dalman, Hundert dt. Fliegerbilder aus Palästina. Schriften des Dt. Palästina-Instituts 2. 1925.
R. Koeppel, Palästina. Die Landschaft in Karten und Bildern. 1930.
H. Haag, Auf den Spuren Jesu. 1954.
P. Hommel, Durchs Gelobte Land. Eine Bilderschau vom Libanon bis zum Roten Meer. 1954.
F. Lüpsen, Palästina. Bilder einer Reise. 1958.
H. Bardtke, Zu beiden Seiten des Jordans. Bilder zur Landeskunde Palästinas. 1958.

3) Atlanten.

H. Guthe, Bibelatlas. 1926².
G. E. Wright - F. V. Filson, The Westminster Historical Atlas to the Bible. 1945¹, 1956².
Philip's New Scripture Atlas. London o. J.
P. Lemaire - D. Baldi, Atlante Storico della Bibbia. 1955.
E. G. Kraeling, Rand McNally Bible Atlas. 1956 (ausführlicher Text, aber primitive Karten).
A. van Deursen, Schoolatlas voor Bijbelse Geschiedenis. 1957⁷.
S. Terrien, Länder der Bibel. 1958.
L. H. Grollenberg O. P., Bildatlas zur Bibel. 1958².
Atlas of the Bible Lands. Maplewood N. J. (USA) 1959.
G. E. Wright - F. V. Filson, Kleiner historischer Bibelatlas. 1960 (kleine dt. Ausgabe des Westminster Atlas).

4) Karten.

M. Avi-Yonah, The Madaba Mosaic Map. 1954.
Map of Western Palestine 1:63 360 (Palestine Exploration Fund, 26 Blatt).
Karte des Ostjordanlandes 1:63 360. 1908–24 (10 Blatt).

Karte von Palästina 1:25 000 (7 Blatt) u. 1:50 000 (39 Blatt). (Umfaßt das Gebiet zwischen Haifa-Tiberias-Astharoth im N und Askalon-Betlehem-Medeba im S).
The Negeb or Desert South of Beersheba 1:250 000. 1921.
The Hashemite Kingdom of the Jordan 1:250 000. 1948 (3 Blatt, Departement of Lands and Surveys of the Jordan).
Israel 1:250 000 1951/55 (3 Blatt, Survey of Israel).

II) ARCHÄOLOGIE.

1) Darstellungen.

J. Benzinger, Hebr. Archäologie. 1927 (kath.).
C. Watzinger, Denkmäler Palästinas. I 1933, II 1935.
G. Dalman, Jerusalem und sein Gelände. 1930.
G. Dalman, Orte und Wege Jesu. 1924².
K. Galling, Bibl. Reallexikon. HAT I, 1. 1937.
N. Glueck, Explorations in Eastern Palestine. I–IV. 1934–1951. AASOR Bd. 14, 15, 18/19, 25–28.
N. Glueck, The Other Side of Jordan. 1940.
N. Glueck, The River Jordan. 1946.
N. Glueck, Rivers in the Desert. The Explorations of the Negev. 1959.
A.-G.Barrois, Manuel d'Archéologie biblique. I 1939, II 1953.
F. Nötscher, Biblische Altertumskunde. 1940 (kath.).
M. Burrows, What Mean These Stones? The Significance of Archaeology for Biblical Studies. 1941.
W. F. Albright, Von der Steinzeit zum Christentum. Sammlung Dalp 55. 1949.
W. F. Albrigth, The Archaeology of Palestine. Pelican Book 1954².
W. F. Albright, Die Religion Israels im Lichte der archäologischen Ausgrabungen. 1956.
W. F. Albright, Die Bibel im Lichte der Altertumsforschung. 1957.
J. P. Free, Archaeology and Bible History. 1950.
J. Simons, Jerusalem in the Old Testament. Researches and Theories. 1952.
L.-H. Vincent, Jérusalem de l'Ancien Testament. I 1954, II/III 1956.
A. Jirku, Die Ausgrabungen in Palästina und Syrien. 1956.
A. Parrot, Entdeckung begrabener Welten. Einführungsband zu Bibel und Archäologie. 1954.
A. Parrot, Sintflut und Arche Noahs. Der Turm zu Babel. Ninive und das AT. Bibel und Archäologie I. 1955.
A. Parrot, Der Tempel zu Jerusalem. Golgatha und das heilige Grab. Bibel und Archäologie II. 1956.
A. Parrot, Babylon und das AT. Samaria, Hauptstadt Israels. Bibel und Archäologie III. 1957.
P. Montet, Das alte Ägypten und die Bibel. Bibel und Archäologie IV. 1960.
G. E. Wright, Biblische Archäologie. 1958.
J. B. Pritchard, Archaeology and the Old Testament. 1958.
J. Finegan, Light from the Ancient Past. 1959².
R. de Vaux, Die hebr. Patriarchen und die modernen Entdeckungen. 1959.
D. J. Wiseman, Zwischen Nil und Euphrat. Archäologische Erläuterungen zur Bibel. 1959 (mit Bibliographie).

2) Quellenausgaben.

H. Greßmann. Altorient. Texte zum AT 1926².
H. Greßmann, Altorient. Bilder zum AT. 1927² (Neudruck 1954).
D. D. Luckenbill, Ancient Records of Assyria and Babylonia. 2 Bde. 1926.
J. B. Pritchard, Ancient Near Eastern Texts Relating to the Old Testament. 1955².
J. B. Pritchard, The Ancient Near East in Pictures Relating to the Old Testament. 1954.
D. W. Thomas, Documents from Old Testament Times. 1958 (mit ausführlichem Kommentar).

III) GESCHICHTE.

1) Zeit des Alten Testaments.

A. Erman - H. Ranke, Ägypten und ägypt. Leben im Altertum. 1922.
A. Scharff - A. Moortgat, Ägypten und Vorderasien im Altertum. 1950.
E. Otto, Ägypten, Der Weg des Pharaonenreiches. 1953.
E. Drioton - J. Vandier, L'Egypte. 1957.
Historia Mundi Bd. II 1953:
R. Anthes, Ägypten. S. 130–223.
A. Moortgat, Grundlagen und Entfaltung der sumerisch-akkad. Kultur. S. 224–260.
G. Furlani, Babylonien und Assyrien. S. 261–330.
F. W. Albright, Syrien, Phönizien und Palästina. S. 331–376.
Sir John L. Myres, Kleinasien. S. 449–483.
Weißbach, Babylonien. RLA I, S. 369–384.
Weißbach, Assyrien, RLA I, S. 228–303.
H. Schmökel, Geschichte des Alten Vorderasiens. Handbuch der Orientalistik 2,3. 1957.
Große Kulturen der Frühzeit.
1. M. Riemenschneider, Die Welt der Hethiter. 1954.
2. H. Schmökel, Ur, Assur und Babylon. 1955².
3. W. Wolf, Die Welt der Ägypter. 1954.
5. H. H. v. d. Osten, Die Welt der Perser. 1956.
6. A. Jirku, Die Welt der Bibel. 1957.
K. Galling, Textbuch zur Geschichte Israels. 1950.
G. Ricciotti, Geschichte Israels. I 1953, II 1955 (bis zur Zeit Hadrians; konservativ).
R. K. Harrison. A History of Old Testament Times. 1957 (konservativ).
M. Noth, Geschichte Israels. 1959⁴ (historisch-kritisch).
J. Bright, A History of Israel. 1959 (mit 16 Karten des Westminster Atlas).
E. W. Heaton, Biblischer Alltag – Zeit des AT. 1957.

2) Zeit des Neuen Testaments.

H. Preisker, Ntl. Zeitgeschichte. 1937.
W. Foerster, Ntl. Zeitgeschichte. I Das Judentum Palästinas z. Zt. Jesu und der Apostel. 1959³. II Das röm. Weltreich z. Zt. des NT. 1956.
A. Meier, Die Umwelt Jesu und seiner Apostel. 1944².
E. F. Klein, Gestalten aus Jesu Umwelt. 1953 (Von Antiochus IV. bis zu Vespasian).
E. Stauffer, Jerusalem und Rom im Zeitalter Jesu Christi. Sammlung Dalp 332. 1957.
J. Jeremias, Jerusalem z. Zt. Jesu. 1958².
Historia Mundi Bd. IV 1956:
A. Aymard - F. Gschnitzer, Welt und Kultur des Hellenismus. S. 53–90.
E. Stauffer, Geschichte Jesu. S. 128–189.
A. Alföldi, Röm. Kaiserzeit. S. 190–297.
E. Stauffer, Die Urkirche. S. 298–310.
C. Schneider, Die Christen im röm. Weltreich. S. 311–335.
H. L. Strack - P. Billerbeck, Kommentar zum NT aus Talmud und Midrasch. 4 Bde. 1922–28 (Neudruck I–V 1954–56).
A. C. Bouquet, Biblischer Alltag – Zeit des NT. 1958.

IV) CHRONOLOGIE.

F. Schmidtke, Der Aufbau der babyl. Chronologie. 1952.
R. A. Parker - H. W. Dubberstein, Babylonian Chronology 626 BC — AD 75. Brown University Studies XIX. 1956.
Ungnad, Eponymen. RLA II, S. 412—457.
E. R. Thiele, The Mysterious Numbers of the Hebrew Kings. 1951.
E. R. Thiele, New Evidence on the Chronology of the Last Kings of Judah. BASOR 143 (1956) S. 22—27.
E. R. Thiele, A Comparison of the Chronological Data of Israel and Judah. VT 4 (1954) S. 185—195.
E. Vogt, Die neubabyl. Chronik über die Schlacht bei Karchemis und die Einnahme von Jerusalem. VT Suppl. IV, S. 67—96.
H. Tadmor, The Campaign of Sargon II of Assur: a Chronological-historical Study. JCS 12 (1958) S. 22—40, 77—100.
W. W. Hallo, From Qarqar to Qarchemish. Assyria and Israel in the Light of New Discoveries. BA 23 (1960) S. 34—61.
E. Auerbach, Wann eroberte Nebukadnezar Jerusalem? VT 11 (1961) S. 128—136 (für 586 v. Chr.).
Die Diskussion über die chronologischen Fragen wird vor allem in den einschlägigen Zeitschriften geführt, außer den genannten vgl. u. a. Archiv für Orientforschung, JNES, IEJ, JBL, Iraq.

Verzeichnis der Text- und Tafelabbildungen

I) ZUR GESCHICHTE.

1) Urgeschichte.

2) Erzväterzeit.

3) Das Neue Reich in Ägypten, Kanaaniter, Phönizier und Syrer.

4) Aufenthalt in Ägypten, Auszug und Wüstenwanderung Israels.

5) Von der Eroberung Kanaans bis zu Saul.

6) David und Salomo.

7) Die Reiche Juda und Israel.

II) ZUR GEOGRAPHIE.

1) Palästina.

2) Mesopotamien und Syrien.

3) Ägypten.

4) Kleinasien und Griechenland.

(Vgl. auch I, 10 Die Urgemeinde).

5) Pflanzen.

Abbildungsverzeichnis

Register

Dies Register soll in erster Linie eine Hilfe sein, die dem Leser der Elberfelder, der Zürcher, der Menge-Übersetzung und des neu revidierten Luthertestaments die Benutzung des Lexikons erleichtert. In der ersten Spalte stehen in alphabethischer Ordnung vom Luthertext abweichende Ausdrücke dieser 4 Übersetzungen, nach dem Doppelpunkt jeweils die entsprechenden Stichworte des Lexikons (nach Möglichkeit mit Bezeichnung des betreffenden Abschnitts im Artikel), unter denen zur Sache etwas gesagt ist. Die Lutherübersetzungen, die keinen eigenen Artikel haben, sind in Klammern hinzugesetzt worden, um das Auffinden der gesuchten Stelle in den größeren Artikeln zu erleichtern.

Normalerweise sind Wörter, die im Lexikon als Stichwort vorkommen, nicht mehr ins Register aufgenommen worden. Die Leser der genannten Übersetzungen sollten also zunächst im Lexikon selbst nachschlagen, ehe sie das Register zu Rate ziehen. In Einzelfällen ist jedoch von dieser Regel abgewichen worden. So findet sich z. B. ein Verweis von »Rohrdommel« auf: »(Uhu)Eule«, obwohl das Stichwort Rohrdommel im Lexikon vorhanden ist. Der Leser der Elberfelder Übersetzung findet nämlich in 3 Mo 11,17 das Wort Rohrdommel vor, im Artikel »Rohrdommel« gibt das Lexikon aber keine Erklärung zur genannten Stelle, da Luther hier »Uhu« übersetzt. Durch den Verweis im Register erfährt der Leser, daß das entsprechende Luther-Stichwort »Uhu« heißt und daß im Artikel »Eule« steht, was in 3 Mo 11,17 mit »Uhu« gemeint ist. Für die Leser etwa der Zürcher oder der Menge-Bibel, ebenso für jemanden, der etwas über die Rohrdommel erfahren möchte, ist dieser Verweis natürlich nutzlos.

Trotzdem läßt sich das Register in vielen Fällen auch als Sachregister verwenden. Verweise wie »Hofbeamter, Höfling: Fürst, Hofmeister, Kämmerer, Kanzler, Landvogt, Schreiber« oder »Gemeindevorsteher: Bischof, Älteste« können auch zur allgemeinen Orientierung hilfreich sein. Auch ein Benutzer der Lutherübersetzung kann also im Register noch manchen Hinweis zur Klärung seiner Frage finden.

A

B

C

D

E

F

G

H

I

L

M

N

O

P

Q

R

S

T

U

V

W